上海证券交易所统计年鉴

SHANGHAI STOCK EXCHANGE STATISTICS ANNUAL

2021卷

上海证券交易所　编

中国金融出版社

本书编委会

名誉总编

黄红元

总　　编

蔡建春

副 总 编

潘学先　管兴业　刘绍统

徐毅林　卢文道　卢大彪

董国群　刘　逖

编　　辑

张志明　敖　雯　马铭阳

数　　据

朱　立　张　乐　陈　翀

指标说明

1. 成交数量和成交金额两类指标均按交易的买方或卖方单向计算。

2. 交易数量和交易金额两类指标均按交易的买方和卖方双向计算。

3. 统计范围：在本所上市交易的各类证券，包括普通股（存托凭证）、优先股、基金、债券、期权、回购等。

4. 统计内容：包括在本所上市的各类证券的交易状况和参与者的交易状况，上市公司的股本结构及财务状况，会员情况及其交易状况等。

5. 统计日期：2020 年 1 月 1 日至 12 月 31 日。

6. 数据类型：证券数目及会员数目、股本、市值、市盈率、股价、指数等为月底或年底的时点数，不具有可加性；交易金额、交易数量等为全年或某月的时期数字，具有可加性，由相应时期内各交易日的实际数字累加而成。

7. 误差：本年鉴数字采用截尾方式计算，个别数字采用四舍五入方式计算。由于舍入误差，分类数字之和未必等于总额数字。

8. 席位数：包括本所会员申请的席位及其他非会员申请的特别席位，如国债专用席位、B 股境外券商特别席位。

9. 成交笔数：由交易系统完成配对交易的记录数。

10. 发行数量，指在交易所上市证券的已发行总量。

11. 市价总值，指在交易所上市的证券在某一时点按市价与发行数量计算的总金额：

$$\sum（市价\times发行数量）$$

12. 流通数量，指在交易所上市证券的发行数量中可流通交易的数量。

13. 流通市值，指在交易所上市的证券在某一时点按市价与流通数量计算的总金额：

$$\sum（市价\times流通数量）$$

14. 上年每股税后利润，指按上一年度年末股本计算，分配到每一股的净利润。

15. 到期年收益率：按人民银行发布的银货政〔2001〕51 号文所提供的公式计算。

16. $市净率=\frac{每股价格}{每股净资产}$

17. $市盈率=\frac{股票价格}{每股收益}$

$$平均市盈率=\frac{总市价}{总收益}=\frac{\sum（收盘价\times发行数量）}{\sum（每股收益\times发行数量）}$$

18. $年换手率=\sum 日换手率$

19. 回购价格为该品种年收益率。

特别说明1：股东情况统计是依据投资者申请开设股票账户时填写的“上海证券中央登记结算公司记名证券名册登记表”上的身份证号码进行的。身份证号码是基本统计单位。目前的统计存在不可避免的误差，且以统计指标“其他”来表现的误差占据相当的比例。主要原因：（1）因历史原因尚有部分股票账户缺乏身份证号码；（2）部分投资者未使用身份证而使用诸如军官证等特殊证件；（3）由于登记公司以前异地开户采用对异地登记会员先放空号由其代理开户再统一在一个时点汇总资料的方法，故每月统计时均有相当数量的空号出现。

特别说明2：（1）当股票除息时，上证指数不予修正，自然回落；（2）有些指标的绝对数是放大了计量单位的；（3）本年鉴中走势图均为日线图，其标明的最高、最低与市场表现中的最高、最低不同，是因为其最高、最低为收盘价，而市场表现中的最高、最低为盘中价；（4）未注明成交数量、发行数量单位的，单位为亿股。

特别说明3：投资者包括自然人投资者、一般法人及专业机构，其中专业机构包括券商自营、投资基金、社保基金、保险资金、资产管理及QFII。数据说明：（1）投资者盈亏数据根据对每个投资者账户每日的交易持股情况推算得出，不考虑过户费、佣金等交易费用的影响；（2）统计样本为沪市无限售条件A股，股份指无限售条件的股份，对于有限售条件的股份，按照解除限售条件后的交易持股情况进行推算；（3）考虑因素包括股票分红送配、增发、新股申购、股票非交易过户、限售股解禁、股权分置改革等。

特别说明4：无备注单位的，一般均以人民币作为货币单位。

特别说明5：会员及营业部成交合计不含权证。

特别说明6：无备注单位的，股票以股作为数量单位，债券一般均以张作为数量单位，基金和权证以份作为数量单位。

目 录

CONTENTS

一、市场概况

二、股价指数

三、证券成交

四、上市公司

五、会员公司

六、投资者

七、大事记

一 市场概况

MARKET OVERVIEW

市场概况
Market Overview

	2020 年	2019 年	2018 年
交易天数（天）Number of Trading Days	243	244	243
上市公司总数（家）Number of Listed Companies	1800	1572	1450
新上市公司数（家）Number of New Listed Company	235	125	57
其中：科创板 Star Market	145	70	—
上市证券总数（只）Number of Listed Securities	22922	17623	14069
股票 Share	1843	1615	1494
主板 A Main Board A	1580	1495	1443
主板 B Main Board B	48	50	51
科创板 Star Market	215	70	—
优先股 Preferred	36	35	30
债券 Bond	20376	15368	12146
政府债 G-Bond	5498	3982	3077
公司债 C-Bond	14878	11386	9012
基金 Fund	380	308	233
封闭式 Closed-end Fund	0	0	1
ETF	236	169	110
LOF	120	115	98
交易型货币基金 Exchange-traded Money Market Fund	24	24	24
期权 Option	242	240	166
回购 Repo	45	57	57
发行数量（亿股）Issued Vol（100M Shares）			
股票 Share	42600.52	40199.42	37708.96
其中：科创板 Star Market	641.59	241.69	—
优先股 Preferred Share	78.43	83.08	57.92
股票流通数量（亿股）Circulating Share（100M Shares）	37501.48	35170.22	33497.24
股票市价总值（亿元）Market Capitalization（100M Yuan）	455321.59	355519.70	269515.01
股票流通市值（亿元）Negotiable Capitalization（100M Yuan）	380012.99	301254.52	232698.75
股价指数（点）Index			
上证综合指数 SSE Composite Index	3473.07	3050.12	2493.90
科创 50 指数 SSE Star 50 Index	1393.03	—	—
上证 50 指数 SSE 50 Index	3640.64	3063.22	2293.10
上证 180 指数 SSE 180 Index	10685.41	8877.77	6808.80
上证 380 指数 SSE 380 Index	5815.60	4816.61	3858.01

市场概况
Market Overview

	2020年	2019年	2018年
成交金额（亿元）Trading Value（100M Yuan）	3667030.12	2834818.77	2646248.80
股票 Share	839860.86	543844.01	403184.38
主板 A Main Board A	773240.14	530150.00	401575.27
主板 B Main Board B	390.56	380.21	389.75
科创板 Star Market	66230.17	13313.81	—
优先股 Preferred Share	1101.02	390.67	157.11
债券 Bond	114502.25	64086.85	51252.13
政府债 G-Bond	4104.88	2383.57	2552.16
公司债 C-Bond	110397.37	61703.28	48699.98
基金 Fund	107526.85	68589.58	71651.49
封闭式 Closed-end Fund	0.00	72.19	86.56
ETF	52914.55	26844.32	16586.78
LOF	687.06	292.89	121.81
交易型货币基金 Exchange-traded Money Market Fund	53925.23	41380.19	54856.31
期权 Option	7167.08	3388.78	1797.66
回购 Repo	2596872.07	2154518.86	2118206.02
沪股通交易金额（亿元人民币）	90358.58	49913.66	26623.08
港股通交易金额（亿元人民币）	26237.11	13742.75	15214.51
平均市盈率（倍）P/E Ratio	16.76	14.55	12.49
主板 A Main Board A	15.90	14.28	12.50
主板 B Main Board B	8.27	9.03	10.60
科创板 Star Market	94.63	74.36	—
集资总额（亿元）Capital Raised（100M Yuan）			
股票 Share	9151.73	7695.33	7338.96
其中：科创板 Star Market	2237.35	824.27	—
优先股 Preferred Share	170.00	2550.00	1225.00
会员公司数（家）Members	119	117	117
营业部数（家）Sales Branches	11731	11703	11468
交易单元数（个）Seats Number	25514	22399	20070
投资者（万户）Investor（10K）	27550.29	24398.47	29610.11
A股总户数 Investor of A Share	26438.98	23431.88	21279.91
B股总户数 Investor of B Share	169.09	168.39	167.96
基金总户数 Investor of Fund	942.22	798.20	8162.24
信用交易开户数（万户）Credit Investor（10K）	55.52	44.44	469.00
WFE 排名 WFE Rank			
总市值排名 Rank of Market Capitalization	3	4	4
总筹资额排名 Rank of Total Capital Raised	2	1	2
总成交金额排名 Rank of Total Trading Value	4	4	5

二 股价指数

SSE INDICES

上证指数数据
Data of SSE Indices

上证综合指数历年数据
Data of SSE Composite Index，1992—2020 年

年份 Year	开盘 Open	最高 High	日期 Date	最低 Low	日期 Date	收盘 Close
1992	293. 74	1429. 01	05. 26	292. 76	01. 02	780. 39
1993	802. 14	1558. 95	02. 16	750. 46	12. 20	833. 80
1994	837. 70	1052. 94	09. 13	325. 89	07. 29	647. 87
1995	637. 72	926. 41	05. 22	524. 43	02. 07	555. 29
1996	550. 26	1258. 69	12. 11	512. 83	01. 19	917. 02
1997	914. 06	1510. 18	05. 12	870. 18	02. 20	1194. 10
1998	1200. 95	1422. 98	06. 04	1043. 02	08. 18	1146. 70
1999	1144. 89	1756. 18	06. 30	1047. 83	05. 17	1366. 58
2000	1368. 69	2125. 72	11. 23	1361. 21	01. 04	2073. 48
2001	2077. 08	2245. 44	06. 14	1514. 86	10. 22	1645. 97
2002	1643. 49	1748. 89	06. 25	1339. 20	01. 29	1357. 65
2003	1347. 43	1649. 60	04. 16	1307. 40	11. 13	1497. 04
2004	1492. 72	1783. 01	04. 07	1259. 43	09. 13	1266. 50
2005	1260. 78	1328. 53	02. 25	998. 23	06. 06	1161. 06
2006	1163. 88	2698. 90	12. 29	1161. 91	01. 04	2675. 47
2007	2728. 19	6124. 04	10. 16	2541. 53	02. 06	5261. 56
2008	5265. 00	5522. 78	01. 14	1664. 93	10. 28	1820. 81
2009	1849. 02	3478. 01	08. 04	1844. 09	01. 05	3277. 14
2010	3289. 75	3306. 75	01. 11	2319. 74	07. 02	2808. 08
2011	2825. 33	3067. 46	04. 18	2134. 02	12. 28	2199. 42
2012	2212. 00	2478. 38	02. 27	1949. 46	12. 04	2269. 13
2013	2289. 51	2444. 80	02. 18	1849. 65	06. 25	2115. 98
2014	2112. 13	3239. 36	12. 31	1974. 38	03. 12	3234. 68
2015	3258. 63	5178. 19	06. 12	2850. 71	08. 26	3539. 18
2016	3536. 59	3538. 69	01. 04	2638. 30	01. 27	3103. 64
2017	3105. 31	3450. 50	11. 14	3016. 53	05. 11	3307. 17
2018	3314. 03	3587. 03	01. 29	2449. 20	10. 19	2493. 90
2019	2497. 88	3288. 45	04. 08	2440. 91	01. 04	3050. 12
2020	3066. 34	3474. 92	12. 31	2646. 81	03. 19	3473. 07

注：指数数据的单位为点。

分类指数数据及图表

Data and Chart of Sector Indices

上证综合指数 SSE Composite Index

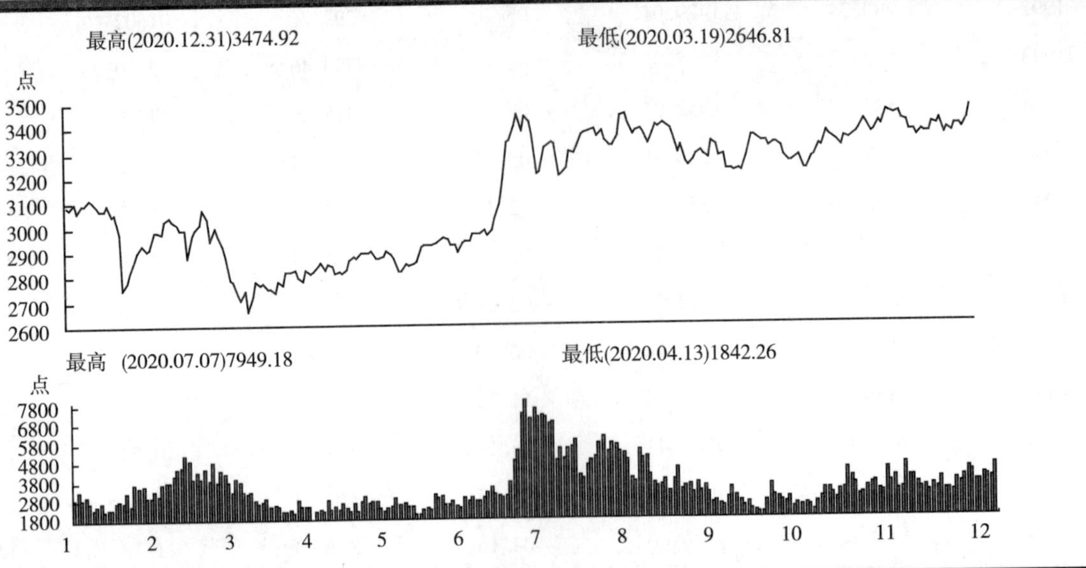

每日收盘指数 Daily Index

日期 Date	1月 Jan	2月 Feb	3月 Mar	4月 Apr	5月 May	6月 Jun	7月 Jul	8月 Aug	9月 Sep	10月 Oct	11月 Nov	12月 Dec
1	—	—	—	2734.52	—	2915.43	3025.98	—	3410.61	—	—	3451.94
2	3085.20	—	2970.93	2780.64	—	2921.40	3090.57	—	3404.80	—	3225.12	3449.38
3	3083.79	2746.61	2992.90	2763.99	—	2923.37	3152.81	3367.97	3384.98	—	3271.07	3442.14
4	—	2783.29	3011.67	—	—	2919.25	—	3371.69	3355.37	—	3277.44	3444.58
5	—	2818.09	3071.68	—	—	2930.80	—	3377.57	—	—	3320.13	—
6	3083.41	2866.51	3034.51	—	2878.14	—	3332.88	3386.46	—	—	3312.16	—
7	3104.80	2875.96	—	2820.76	2871.52	—	3345.34	3354.04	3292.59	—	—	3416.60
8	3066.89	—	—	2815.37	2895.34	2937.77	3403.44	—	3316.42	—	—	3410.18
9	3094.88	—	2943.29	2825.90	—	2956.11	3450.59	—	3254.63	3272.08	3373.73	3371.96
10	3092.29	2890.49	2996.76	2796.63	—	2943.75	3383.32	3379.25	3234.82	—	3360.15	3373.28
11	—	2901.67	2968.52	—	2894.80	2920.90	—	3340.29	3260.35	—	3342.20	3347.19
12	—	2926.90	2923.49	—	2891.56	2919.74	—	3319.27	—	3358.47	3338.68	—
13	3115.57	2906.07	2887.43	2783.05	2898.05	—	3443.29	3320.73	—	3359.75	3310.11	—
14	3106.82	2917.01	—	2827.28	2870.34	—	3414.62	3360.10	3278.81	3340.78	—	3369.12
15	3090.04	—	—	2811.17	2868.46	2890.03	3361.30	—	3295.68	3332.18	—	3367.23
16	3074.08	—	2789.25	2819.94	—	2931.75	3210.10	—	3283.92	3336.36	3346.97	3366.98
17	3075.50	2983.62	2779.64	2838.50	—	2935.87	3214.13	3438.80	3270.44	—	3339.90	3404.87
18	—	2984.97	2728.76	—	2875.42	2939.32	—	3451.09	3338.09	—	3347.30	3394.90
19	—	2975.40	2702.13	—	2898.58	2967.63	—	3408.13	—	3312.67	3363.09	—
20	3095.79	3030.15	2745.62	2852.55	2883.74	—	3314.15	3363.90	—	3328.10	3377.73	—
21	3052.14	3039.67	—	2827.01	2867.92	—	3320.90	3380.68	3316.94	3325.03	—	3420.57
22	3060.76	—	—	2843.98	2813.77	2965.27	3333.16	—	3274.30	3312.50	—	3356.78
23	2976.53	—	2660.17	2838.50	—	2970.62	3325.11	—	3279.71	3278.00	3414.49	3382.32
24	—	3031.23	2722.44	2808.53	—	2979.55	3196.77	3385.64	3223.18	—	3402.82	3363.11
25	—	3013.05	2781.59	—	2817.97	—	—	3373.58	3219.42	—	3362.33	3396.56
26	—	2987.93	2764.91	—	2846.55	—	—	3329.74	—	3251.12	3369.73	—
27	—	2991.33	2772.20	2815.50	2836.80	—	3205.23	3350.11	—	3254.32	3408.31	—
28	—	2880.30	—	2810.02	2846.22	—	3227.96	3403.81	3217.54	3269.24	—	3397.29
29	—	—	—	2822.44	2852.35	2961.52	3294.55	—	3224.36	3272.73	—	3379.04
30	—	—	2747.21	2860.08	—	2984.67	3286.82	—	3218.05	3224.53	3391.76	3414.45
31	—	—	2750.30	—	—	—	3310.01	3395.68	—	—	—	3473.07
最高 High	3127.17	3058.90	3074.26	2865.59	2914.28	2990.83	3458.79	3456.72	3425.63	3371.09	3456.74	H3474.92
最低 Low	2955.35	2685.27	L2646.81	2719.90	2802.47	2871.96	2984.98	3263.27	3202.34	3219.42	3209.91	3325.17

注：指数数据的单位为点。

分类指数数据及图表
Data and Chart of Sector Indices

科创 50 指数　SSE Star 50 Index

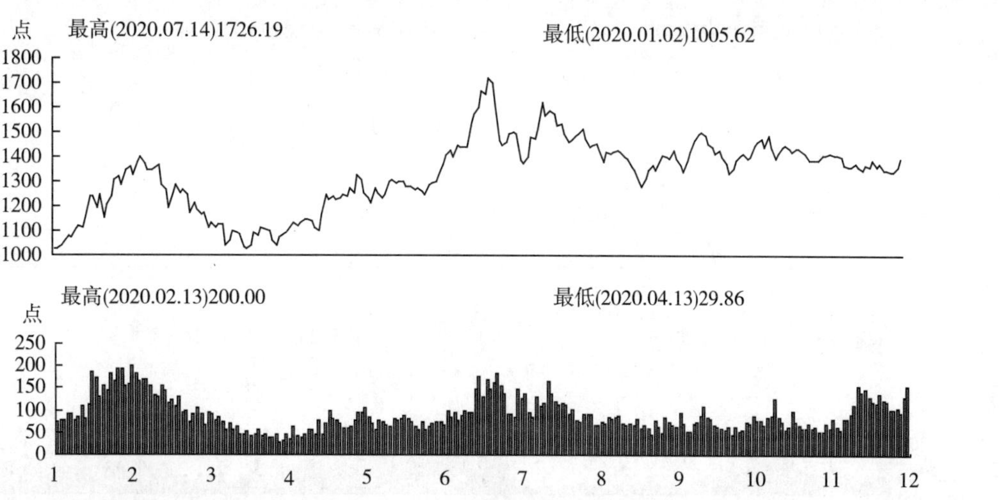

每日收盘指数 Daily Index

日期 Date	1月 Jan	2月 Feb	3月 Mar	4月 Apr	5月 May	6月 Jun	7月 Jul	8月 Aug	9月 Sep	10月 Oct	11月 Nov	12月 Dec
1	—	—	—	1037.93	—	1300.74	1439.88	—	1426.65	—	—	1404.24
2	1019.72	—	1252.62	1094.83	—	1305.64	1437.05	—	1422.95	—	1400.91	1408.49
3	1024.48	1030.55	1285.03	1080.53	—	1294.28	1438.59	1622.81	1402.14	—	1449.01	1410.83
4	—	1153.23	1255.72	—	—	1299.80	—	1566.06	1390.28	—	1458.90	1404.87
5	—	1203.61	1264.79	—	—	1297.31	—	1588.62	—	—	1475.38	—
6	1027.28	1238.76	1243.37	—	1247.51	—	1538.40	1573.87	—	—	1441.47	—
7	1043.08	1307.76	—	1111.65	1224.11	—	1572.19	1526.80	1356.70	—	—	1406.19
8	1051.16	—	—	1104.15	1240.25	1280.05	1599.91	—	1344.61	—	—	1398.73
9	1078.31	—	1171.86	1101.28	—	1278.51	1666.85	—	1298.08	1465.96	1485.15	1365.04
10	1076.44	1322.25	1216.33	1058.44	—	1269.98	1654.83	1535.60	1280.19	—	1441.97	1360.18
11	—	1283.57	1184.71	—	1226.06	1273.59	—	1491.84	1312.51	—	1395.51	1362.96
12	—	1348.70	1167.07	—	1233.59	1262.29	—	1458.64	—	1490.58	1413.29	—
13	1105.85	1360.71	1175.28	1042.15	1247.03	—	1721.98	1468.23	—	1497.60	1436.89	—
14	1118.31	1327.22	—	1073.22	1242.17	—	1701.58	1484.04	1348.07	1488.67	—	1375.06
15	1114.77	—	—	1088.20	1270.48	1249.91	1612.04	—	1364.60	1453.79	—	1363.18
16	1154.30	—	1115.08	1091.93	—	1289.14	1469.80	—	1349.67	1438.53	1446.95	1345.13
17	1238.66	1381.55	1131.55	1117.07	—	1291.12	1443.40	1496.40	1383.59	—	1430.81	1363.36
18	—	1399.38	1115.02	—	1254.30	1302.37	—	1512.51	1403.90	—	1419.23	1361.11
19	—	1373.44	1128.97	—	1324.42	1325.15	—	1472.02	—	1412.15	1435.93	—
20	1240.51	1348.34	1127.37	1133.36	1307.00	—	1459.03	1442.58	—	1426.18	1430.72	—
21	1195.01	1346.86	—	1119.22	1251.93	—	1490.17	1447.71	1397.75	1396.98	—	1388.67
22	1244.53	—	—	1135.85	1230.66	1371.21	1497.23	—	1390.09	1376.58	—	1358.62
23	1202.10	—	1039.88	1149.72	—	1407.19	1494.14	—	1423.90	1336.53	1418.10	1376.60
24	—	1351.71	1060.84	1144.15	—	1424.28	1389.31	1450.67	1394.93	—	1412.75	1348.01
25	—	1367.37	1101.32	—	1212.09	1401.64	—	1427.71	1364.03	—	1388.36	1349.79
26	—	1288.24	1095.34	—	1272.66	1447.89	—	1383.31	—	1356.11	1385.31	—
27	—	1264.94	1084.51	1138.10	1253.27	—	1374.52	1417.56	—	1385.75	1387.77	—
28	—	1191.06	—	1113.51	1232.22	—	1400.54	1413.64	1338.95	1406.08	—	1339.01
29	—	—	—	1102.70	1246.11	—	1476.93	—	1389.96	1412.06	—	1337.47
30	—	—	1035.83	1166.35	—	—	1472.79	—	1418.80	1393.91	1385.48	1362.91
31	—	—	1029.75	—	—	—	1512.98	1423.24	—	—	—	1393.03
最高 High	1270.36	1412.17	1332.84	1171.80	1348.58	1454.31	H1726.19	1628.14	1440.64	1498.83	1520.27	1419.11
最低 Low	L1005.62	1015.60	1020.25	1026.58	1155.12	1246.80	1361.98	1377.21	1272.84	1313.45	1370.90	1335.21

注：指数数据的单位为点。

分类指数数据及图表

Data and Chart of Sector Indices

上证 180 指数　SSE 180 Index

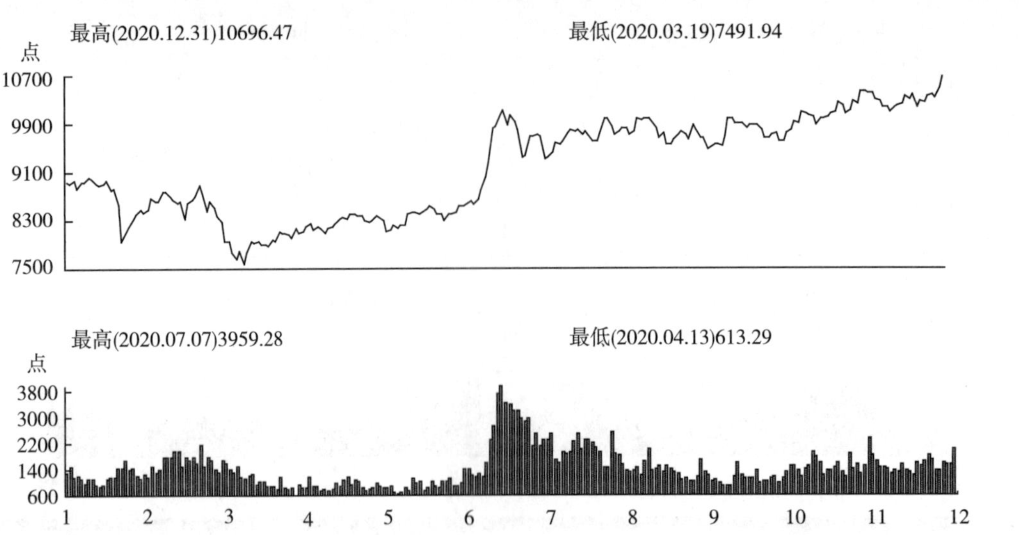

每日收盘指数 Daily Index

日期 Date	1 月 Jan	2 月 Feb	3 月 Mar	4 月 Apr	5 月 May	6 月 Jun	7 月 Jul	8 月 Aug	9 月 Sep	10 月 Oct	11 月 Nov	12 月 Dec
1	—	—	—	7874. 99	—	8401. 65	8819. 18	—	9986. 89	—	—	10443. 08
2	8970. 52	—	8592. 47	7992. 90	—	8430. 57	9033. 08	—	9975. 74	—	9597. 73	10424. 87
3	8946. 55	7947. 28	8643. 95	7950. 08	—	8427. 41	9236. 03	9732. 83	9926. 39	—	9730. 87	10398. 45
4	—	8116. 43	8709. 72	—	—	8404. 98	—	9789. 57	9829. 09	—	9782. 51	10413. 11
5	—	8190. 71	8895. 41	—	—	8441. 85	—	9772. 59	—	—	9919. 90	—
6	8903. 64	8320. 89	8740. 92	—	8359. 52	—	9829. 80	9798. 74	—	—	9909. 58	—
7	8957. 65	8340. 74	—	8108. 37	8332. 67	—	9850. 38	9707. 98	9650. 63	—	—	10310. 28
8	8844. 56	—	—	8076. 21	8399. 59	8473. 94	10024. 17	—	9745. 16	—	—	10284. 26
9	8934. 60	—	8455. 66	8099. 73	—	8527. 20	10113. 95	—	9565. 41	9681. 02	10090. 18	10179. 07
10	8934. 77	8357. 59	8629. 43	8057. 16	—	8479. 11	9882. 73	9760. 50	9563. 03	—	10063. 61	10173. 82
11	—	8417. 80	8524. 00	—	8393. 93	8400. 62	—	9671. 65	9631. 58	—	10026. 44	10076. 54
12	—	8487. 00	8389. 96	—	8384. 23	8409. 48	—	9614. 06	—	9971. 82	10001. 70	—
13	9011. 02	8431. 66	8280. 94	8017. 39	8388. 11	—	10027. 01	9604. 31	—	9968. 32	9861. 89	—
14	8982. 59	8488. 74	—	8160. 03	8296. 44	—	9927. 70	9733. 32	9701. 31	9908. 58	—	10178. 92
15	8924. 20	—	—	8099. 52	8270. 83	8293. 93	9794. 58	—	9761. 77	9892. 22	—	10182. 20
16	8883. 78	—	7961. 33	8121. 96	—	8409. 97	9349. 99	—	9715. 40	9901. 35	9980. 12	10209. 01
17	8905. 52	8669. 22	7944. 91	8205. 76	—	8418. 11	9375. 81	9973. 87	9640. 21	—	9975. 53	10358. 69
18	—	8621. 71	7774. 39	—	8307. 42	8446. 38	—	9973. 58	9875. 35	—	10002. 85	10307. 51
19	—	8606. 91	7654. 80	—	8373. 54	8544. 42	—	9843. 93	—	9821. 92	10060. 94	—
20	8958. 39	8786. 72	7798. 79	8236. 50	8341. 52	—	9683. 40	9715. 58	—	9864. 80	10090. 87	—
21	8811. 02	8776. 92	—	8140. 42	8305. 18	—	9680. 40	9774. 22	9780. 28	9884. 73	—	10369. 06
22	8833. 86	—	—	8190. 86	8114. 60	8550. 86	9707. 32	—	9655. 08	9863. 65	—	10176. 86
23	8577. 70	—	7572. 91	8165. 83	—	8578. 42	9694. 63	—	9664. 82	9781. 27	10238. 07	10266. 67
24	—	8693. 78	7779. 37	8098. 55	—	8623. 82	9310. 02	9809. 75	9486. 02	—	10180. 14	10239. 90
25	—	8639. 73	7954. 84	—	8137. 55	—	—	9814. 27	9512. 04	—	10066. 25	10341. 98
26	—	8586. 78	7916. 41	—	8207. 65	—	—	9709. 18	—	9664. 56	10124. 57	—
27	—	8614. 32	7953. 54	8153. 95	8170. 53	—	9350. 45	9761. 75	—	9650. 45	10267. 61	—
28	—	8323. 11	—	8201. 66	8209. 14	—	9408. 81	9974. 54	9549. 87	9708. 40	—	10375. 47
29	—	—	—	8242. 62	8208. 98	8560. 69	9586. 10	—	9542. 30	9740. 08	—	10324. 69
30	—	—	7906. 52	8326. 52	—	8640. 58	9556. 61	—	9520. 34	9604. 23	10210. 25	10476. 12
31	—	—	7912. 58	—	—	—	9612. 92	9944. 37	—	—	—	10685. 41
最高 High	9058. 54	8851. 11	8912. 76	8358. 91	8467. 73	8667. 66	10144. 56	10112. 60	10064. 05	10033. 51	10461. 47	H10696. 47
最低 Low	8513. 77	7817. 08	L7491. 94	7828. 14	8076. 68	8272. 36	8643. 20	9459. 50	9473. 62	9582. 78	9550. 25	10010. 98

注：指数数据的单位为点。

分类指数数据及图表

Data and Chart of Sector Indices

上证 50 指数 SSE 50 Index

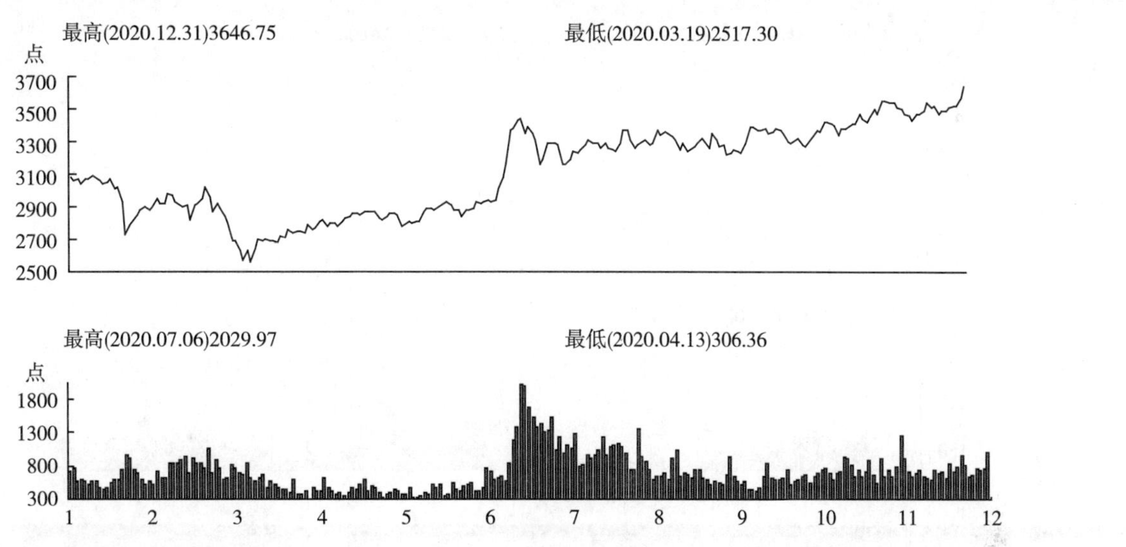

每日收盘指数 Daily Index

日期 Date	1月 Jan	2月 Feb	3月 Mar	4月 Apr	5月 May	6月 Jun	7月 Jul	8月 Aug	9月 Sep	10月 Oct	11月 Nov	12月 Dec
1	—	—	—	2682.08	—	2870.36	3009.86	—	3355.10	—	—	3554.01
2	3090.83	—	2907.89	2719.89	—	2885.92	3084.24	—	3347.30	—	3265.90	3545.34
3	3078.28	2727.09	2921.44	2708.83	—	2889.11	3159.16	3281.10	3334.41	—	3307.49	3536.81
4	—	2794.66	2947.57	—	—	2883.36	—	3312.13	3309.21	—	3332.19	3541.52
5	—	2812.90	3018.07	—	—	2896.35	—	3292.31	—	—	3369.50	—
6	3056.84	2854.89	2964.84	—	2863.85	—	3374.14	3292.20	—	—	3359.12	—
7	3074.02	2851.71	—	2757.41	2854.42	—	3381.76	3263.75	3253.43	—	—	3509.94
8	3037.85	—	—	2743.89	2873.01	2909.59	3429.95	—	3289.91	—	—	3499.06
9	3067.55	—	2868.83	2752.59	—	2928.30	3442.02	—	3235.70	3286.86	3418.28	3468.53
10	3067.88	2850.06	2924.22	2749.85	—	2908.48	3351.78	3285.76	3245.50	—	3416.14	3459.04
11	—	2879.86	2888.36	—	2871.85	2876.51	—	3262.82	3265.50	—	3411.23	3427.86
12	—	2895.59	2841.98	—	2869.60	2884.12	—	3249.74	—	3387.89	3397.35	—
13	3090.13	2875.48	2798.77	2739.17	2867.71	—	3390.12	3241.85	—	3386.89	3338.31	—
14	3080.60	2895.06	—	2785.72	2834.53	—	3348.03	3288.51	3294.15	3369.50	—	3467.77
15	3058.01	—	—	2764.49	2819.69	2838.61	3313.77	—	3317.64	3371.40	—	3468.83
16	3043.09	—	2694.02	2768.26	—	2878.99	3162.03	—	3295.58	3380.17	3377.11	3485.41
17	3053.17	2950.07	2685.59	2809.08	—	2881.13	3185.89	3368.85	3264.69	—	3379.27	3539.54
18	—	2924.40	2625.75	—	2837.17	2888.96	—	3367.33	3347.78	—	3387.05	3507.97
19	—	2923.76	2569.79	—	2860.67	2925.94	—	3307.66	—	3354.31	3410.09	—
20	3065.99	2978.18	2628.42	2819.79	2856.14	—	3287.92	3264.53	—	3363.50	3411.93	—
21	3012.11	2968.14	—	2784.53	2846.82	—	3286.82	3284.73	3311.59	3377.43	—	3522.26
22	3017.88	—	—	2804.24	2775.81	2921.89	3291.36	—	3270.52	3369.53	—	3470.90
23	2932.49	—	2559.62	2797.66	—	2925.42	3284.11	—	3275.74	3346.61	3469.81	3494.59
24	—	2930.03	2639.38	2776.03	—	2943.47	3158.29	3298.72	3218.72	—	3442.72	3489.27
25	—	2909.32	2700.19	—	2789.71	—	—	3310.84	3229.78	—	3420.29	3512.49
26	—	2901.67	2689.28	—	2808.84	—	—	3277.89	—	3304.70	3445.74	—
27	—	2912.04	2701.45	2805.22	2795.48	—	3163.23	3290.79	—	3294.09	3498.66	—
28	—	2821.04	—	2825.14	2809.67	—	3185.89	3368.44	3250.50	3313.23	—	3523.84
29	—	—	—	2844.81	2806.66	2925.48	3243.39	—	3241.32	3324.44	—	3517.35
30	—	—	2690.04	2861.91	—	2942.07	3231.52	—	3232.42	3280.38	3469.42	3574.13
31	—	—	2689.38	—	—	—	3249.34	3343.89	—	—	—	3640.64
最高 High	3108.18	2991.06	3023.12	2882.70	2897.99	2951.12	3466.63	3408.58	3374.01	3430.56	3570.22	H3646.75
最低 Low	2910.39	2676.01	L2517.30	2665.81	2762.30	2832.22	2941.38	3199.55	3214.70	3271.27	3249.96	3404.93

注：指数数据的单位为点。

上证红利指数　SSE Dividend Index

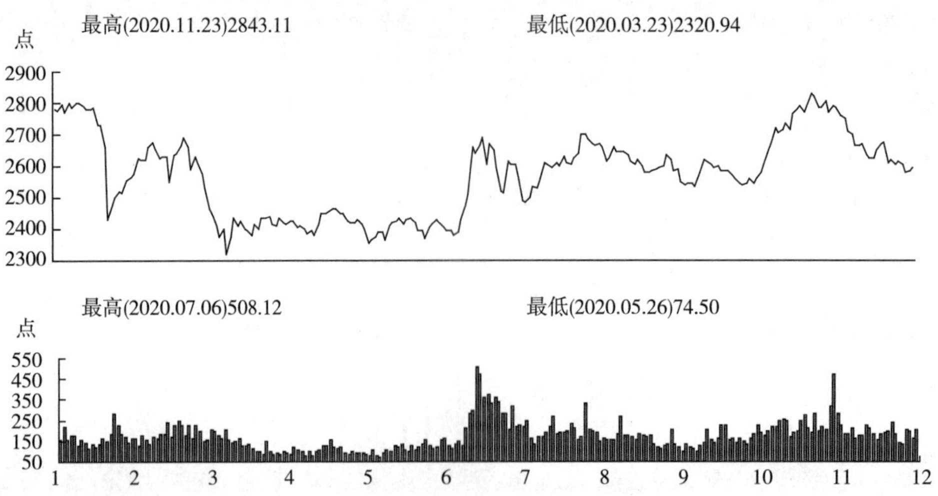

每日收盘指数 Daily Index

日期 Date	1月 Jan	2月 Feb	3月 Mar	4月 Apr	5月 May	6月 Jun	7月 Jul	8月 Aug	9月 Sep	10月 Oct	11月 Nov	12月 Dec
1	—	—	—	2379.59	—	2409.33	2427.71	—	2645.89	—	—	2789.82
2	2781.71	—	2636.95	2413.14	—	2422.46	2477.36	—	2645.43	—	2558.99	2785.91
3	2779.46	2429.55	2640.21	2399.91	—	2425.42	2509.63	2609.52	2633.80	—	2580.85	2761.45
4	—	2473.13	2665.85	—	—	2432.78	—	2606.33	2615.98	—	2603.92	2748.29
5	—	2500.79	2690.05	—	—	2413.12	—	2594.45	—	—	2647.87	—
6	2775.57	2520.01	2658.80	—	2447.71	—	2659.04	2608.24	—	—	2669.74	—
7	2794.12	2517.12	—	2436.50	2453.72	—	2638.35	2600.19	2604.53	—	—	2707.56
8	2772.29	—	—	2432.93	2467.14	2428.42	2664.80	—	2620.93	—	—	2701.24
9	2798.62	—	2591.09	2439.16	—	2433.76	2689.49	—	2598.92	2575.21	2718.98	2663.57
10	2785.91	2556.26	2631.22	2414.74	—	2417.64	2605.00	2631.32	2580.60	—	2703.95	2664.41
11	—	2566.59	2610.00	—	2465.51	2396.41	—	2610.10	2578.03	—	2716.25	2669.44
12	—	2575.32	2574.51	—	2451.20	2396.68	—	2602.82	—	2621.16	2735.88	—
13	2800.86	2559.28	2528.11	2408.84	2452.45	—	2667.56	2623.47	—	2613.36	2714.05	—
14	2801.59	2576.28	—	2433.05	2426.77	—	2649.08	2638.52	2585.46	2606.30	—	2636.22
15	2788.18	—	—	2419.25	2419.78	2368.91	2594.81	—	2591.31	2593.14	—	2627.44
16	2780.45	—	2464.54	2414.60	—	2405.42	2520.16	—	2596.39	2599.04	2767.20	2624.04
17	2781.85	2625.84	2451.04	2423.82	—	2412.53	2514.65	2697.92	2598.79	—	2778.79	2650.73
18	—	2621.55	2411.79	—	2418.38	2428.05	—	2700.34	2635.47	—	2792.31	2670.55
19	—	2621.77	2375.53	—	2430.70	2419.52	—	2685.20	—	2587.04	2770.06	—
20	2782.94	2660.53	2400.15	2426.45	2413.12	—	2616.22	2668.41	—	2583.72	2787.75	—
21	2728.50	2676.00	—	2405.96	2401.50	—	2605.39	2666.43	2622.33	2583.28	—	2676.00
22	2732.37	—	—	2410.40	2357.26	2405.74	2606.38	—	2584.54	2568.66	—	2612.21
23	2657.88	—	2321.85	2400.78	—	2393.76	2571.43	—	2588.12	2558.61	2828.44	2619.93
24	—	2656.87	2375.15	2382.59	—	2392.89	2488.36	2669.80	2548.89	—	2820.49	2605.44
25	—	2624.35	2433.14	—	2367.03	—	—	2660.29	2539.56	—	2786.77	2615.92
26	—	2631.99	2408.63	—	2376.32	—	—	2616.62	—	2545.45	2784.94	—
27	—	2627.94	2423.23	2392.84	2391.98	—	2483.81	2624.91	—	2538.65	2807.01	—
28	—	2549.53	—	2378.61	2387.63	—	2502.25	2661.11	2547.26	2543.09	—	2603.06
29	—	—	—	2414.55	2364.23	2378.83	2535.31	—	2546.54	2562.34	—	2579.41
30	—	—	2399.89	2451.31	—	2388.16	2531.70	—	2537.42	2543.82	2768.18	2585.18
31	—	—	2396.44	—	—	—	2552.79	2644.04	—	—	—	2594.99
最高 High	2814.07	2687.04	2695.22	2453.20	2480.51	2445.41	2716.24	2717.72	2663.21	2628.19	H2843.11	2800.30
最低 Low	2643.68	2375.55	L2320.94	2341.70	2349.89	2362.68	2387.01	2562.52	2528.01	2519.97	2544.51	2572.45

注：指数数据的单位为点。

分类指数数据及图表
Data and Chart of Sector Indices

上证 A 股指数 SSE A Share Index

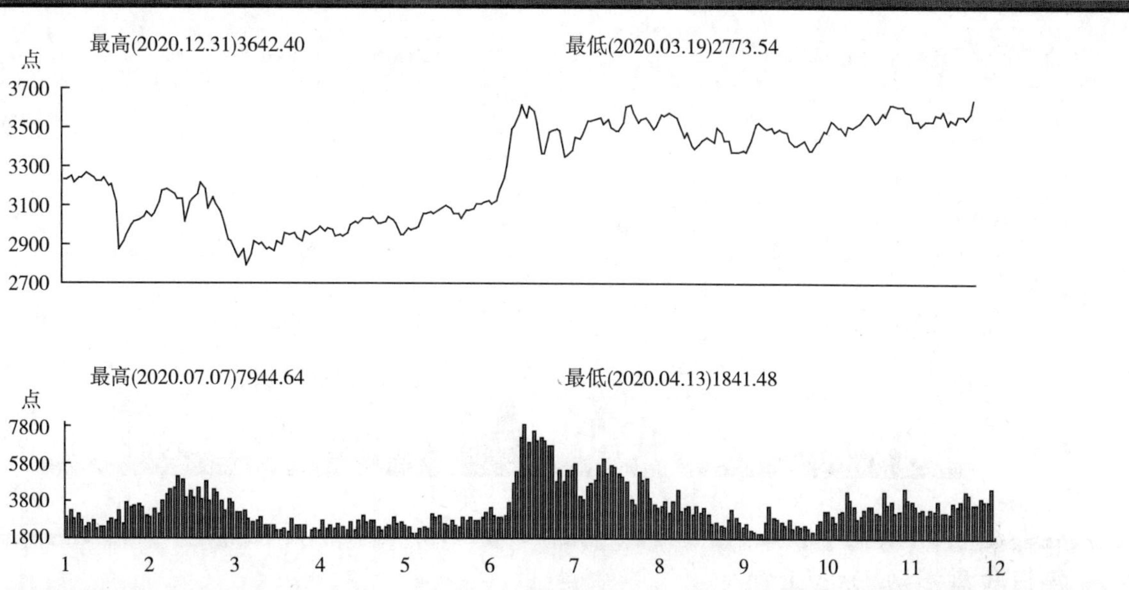

每日收盘指数 Daily Index

日期 Date	1月 Jan	2月 Feb	3月 Mar	4月 Apr	5月 May	6月 Jun	7月 Jul	8月 Aug	9月 Sep	10月 Oct	11月 Nov	12月 Dec
1	—	—	—	2865.69	—	3055.94	3171.80	—	3574.64	—	—	3618.41
2	3232.69	—	3113.33	2914.09	—	3062.17	3239.49	—	3568.48	—	3380.21	3615.63
3	3231.19	2878.14	3136.39	2896.62	—	3064.31	3304.72	3530.18	3547.69	—	3428.39	3608.03
4	—	2916.57	3156.06	—	—	3059.97	—	3534.12	3516.64	--	3435.08	3610.59
5	—	2953.01	3218.98	—	—	3072.03	—	3540.26	—	—	3479.81	—
6	3230.80	3003.81	3179.96	—	3016.54	—	3493.44	3549.61	—	—	3471.43	—
7	3253.19	3013.74	—	2956.15	3009.61	—	3506.50	3515.59	3450.71	—	—	3581.22
8	3213.43	—	—	2950.48	3034.58	3079.32	3567.46	—	3475.79	—	—	3574.52
9	3242.78	—	3084.33	2961.54	—	3098.58	3616.87	—	3411.05	3429.25	3535.95	3534.44
10	3240.07	3028.92	3140.46	2930.86	—	3085.61	3546.31	3542.07	3390.30	—	3521.70	3535.81
11	—	3040.67	3110.82	—	3034.08	3061.65	—	3501.28	3417.02	—	3502.88	3508.47
12	—	3067.11	3063.64	—	3030.98	3060.43	—	3479.21	—	3519.84	3499.23	—
13	3264.58	3045.30	3025.88	2916.67	3037.92	—	3609.20	3480.70	—	3521.19	3469.23	—
14	3255.41	3056.79	—	2963.04	3008.80	—	3579.19	3522.00	3436.40	3501.36	—	3531.51
15	3237.81	—	—	2946.18	3006.78	3029.24	3523.30	—	3454.12	3492.34	—	3529.53
16	3221.10	—	2922.93	2955.43	—	3072.99	3364.75	—	3441.77	3496.71	3507.84	3529.28
17	3222.53	3126.60	2912.87	2974.91	—	3077.31	3368.90	3604.54	3427.55	—	3500.46	3568.96
18	—	3128.02	2859.49	—	3013.88	3080.90	—	3617.42	3498.55	—	3508.24	3558.51
19	—	3117.99	2831.55	—	3038.14	3110.56	—	3572.31	—	3471.88	3524.79	—
20	3243.82	3175.36	2877.16	2989.62	3022.67	—	3473.75	3525.90	—	3488.03	3540.14	—
21	3198.08	3185.33	—	2962.85	3006.09	—	3480.82	3543.47	3476.35	3484.85	—	3585.40
22	3207.12	—	—	2980.70	2949.33	3108.07	3493.66	—	3431.65	3471.68	—	3518.50
23	3118.92	—	2787.62	2974.92	—	3113.70	3485.25	—	3437.30	3435.57	3578.71	3545.30
24	—	3176.48	2852.95	2943.51	—	3123.07	3350.64	3548.47	3378.02	—	3566.55	3525.15
25	—	3157.44	2914.98	—	2953.65	—	—	3535.72	3374.05	—	3524.11	3560.24
26	—	3131.12	2897.51	—	2983.55	—	—	3489.88	—	3407.41	3531.91	—
27	—	3134.71	2905.17	2950.86	2973.34	—	3359.54	3511.20	—	3410.72	3572.44	—
28	—	3018.36	—	2945.14	2983.28	—	3383.37	3567.58	3372.13	3426.36	—	3561.03
29	—	—	—	2958.15	2989.86	3104.20	3453.21	—	3379.22	3430.04	—	3541.84
30	—	—	2879.03	2997.56	—	3128.46	3445.09	—	3372.60	3379.53	3555.23	3578.98
31	—	—	2882.25	—	—	—	3469.43	3558.98	—	—	—	3640.46
最高 High	3276.75	3205.49	3221.71	3003.34	3054.45	3134.91	3625.48	3623.33	3590.32	3533.15	3623.30	H3642.40
最低 Low	3096.72	2814.01	L2773.54	2850.39	2937.42	3010.42	3128.77	3420.49	3356.09	3374.18	3364.23	3485.38

注：指数数据的单位为点。

上证 B 股指数　SSE B Share Index

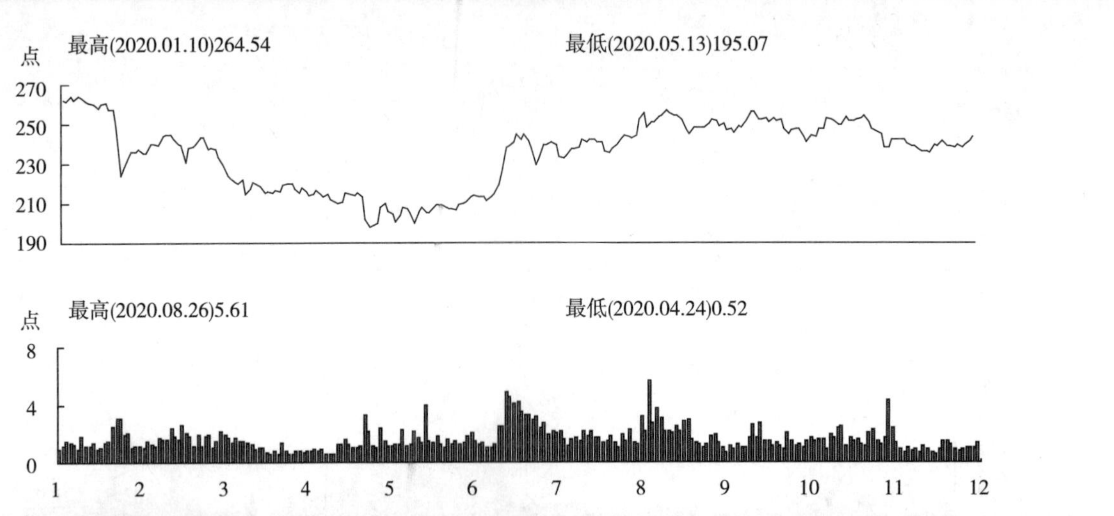

每日收盘指数 Daily Index

日期 Date	1月 Jan	2月 Feb	3月 Mar	4月 Apr	5月 May	6月 Jun	7月 Jul	8月 Aug	9月 Sep	10月 Oct	11月 Nov	12月 Dec
1	—	—	—	215.58	—	206.07	214.77	—	253.97	—	—	238.12
2	261.12	—	238.09	216.88	—	207.68	219.50	—	256.43	—	240.85	241.78
3	261.76	224.31	238.60	216.03	—	205.27	224.67	242.10	255.59	—	243.85	241.85
4	—	227.46	240.02	—	—	205.66	—	240.74	253.74	—	243.31	242.16
5	—	231.33	243.56	—	—	208.11	—	242.12	—	—	247.22	—
6	261.54	233.20	243.05	—	214.81	—	238.27	241.68	—	—	247.44	—
7	264.16	233.25	—	219.58	213.92	—	238.85	240.75	254.25	—	—	242.05
8	262.28	—	—	219.70	215.66	209.06	240.96	—	252.00	—	—	240.04
9	264.08	—	237.20	219.71	—	209.28	244.91	—	246.65	251.14	252.85	238.51
10	263.44	235.76	237.89	217.63	—	208.73	241.72	240.70	244.66	—	252.12	238.81
11	—	235.73	237.46	—	213.11	207.22	—	235.92	247.86	—	251.17	236.73
12	—	237.46	233.30	—	202.25	207.44	—	235.57	—	255.74	249.29	—
13	261.26	235.20	229.36	215.01	197.89	—	244.94	237.19	—	255.77	249.21	—
14	260.65	235.07	—	217.95	198.87	—	241.31	239.10	248.17	252.29	—	235.81
15	259.72	—	—	215.95	200.21	207.00	237.74	—	247.81	252.20	—	235.70
16	258.14	—	224.06	214.19	—	209.28	229.24	—	248.23	252.63	253.13	235.60
17	260.15	240.14	222.98	214.66	—	209.83	232.33	242.79	250.07	—	251.13	239.62
18	—	240.31	220.95	—	207.78	210.78	—	243.86	251.80	—	251.30	238.45
19	—	239.43	220.01	—	209.85	213.58	—	243.57	—	250.77	252.08	—
20	260.68	244.11	222.33	216.50	205.84	—	239.09	242.34	—	252.94	252.73	—
21	257.30	244.91	—	214.80	204.73	—	239.52	244.26	251.33	251.13	—	241.39
22	257.52	—	—	213.55	200.67	213.81	240.99	—	248.88	251.70	—	238.44
23	248.58	—	215.00	214.40	—	213.45	239.45	—	250.04	247.06	254.01	238.88
24	—	244.51	217.28	212.07	—	213.49	233.21	252.09	246.62	—	250.51	238.20
25	—	242.59	220.56	—	204.10	—	—	255.34	247.44	—	247.03	239.51
26	—	240.30	219.08	—	208.13	—	—	248.03	—	244.92	245.99	—
27	—	239.61	218.91	210.72	207.05	—	232.58	250.81	—	246.58	244.68	—
28	—	230.73	—	209.93	205.50	—	234.22	250.73	245.32	247.57	—	238.08
29	—	—	—	210.99	200.23	211.23	237.59	—	248.39	247.05	—	239.50
30	—	—	215.14	215.28	—	213.45	237.59	—	248.10	243.25	238.00	241.07
31	—	—	216.00	—	—	—	237.90	253.16	—	—	—	243.48
最高 High	H264.54	246.04	243.61	220.54	216.69	215.00	245.29	259.19	257.81	255.94	255.01	244.06
最低 Low	246.43	214.21	214.35	207.75	L195.07	201.74	213.42	232.36	244.04	242.55	238.00	232.48

注：指数数据的单位为点。

分类指数数据及图表

Data and Chart of Sector Indices

上证基金指数　SSE Fund Index

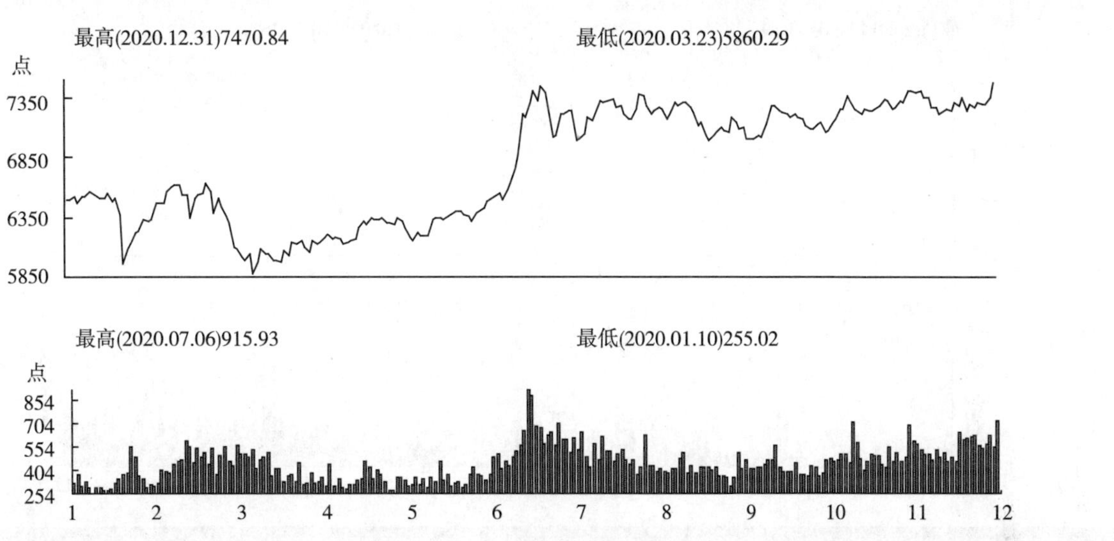

每日收盘指数 Daily Index

日期 Date	1月 Jan	2月 Feb	3月 Mar	4月 Apr	5月 May	6月 Jun	7月 Jul	8月 Aug	9月 Sep	10月 Oct	11月 Nov	12月 Dec
1	—	—	—	5973.09	—	6330.67	6639.87	—	7311.67	—	—	7403.27
2	6487.91	—	6508.07	6064.28	—	6342.91	6753.69	—	7301.55	—	7074.35	7404.35
3	6489.67	5964.26	6531.27	6028.50	—	6344.00	6872.46	7315.67	7270.86	—	7147.21	7396.81
4	—	6080.08	6554.98	—	—	6336.39	—	7303.25	7231.40	—	7165.03	7397.16
5	—	6131.34	6638.75	—	—	6363.06	—	7318.15	—	—	7248.69	—
6	6494.12	6218.75	6567.18	—	6312.98	—	7214.52	7337.50	—	—	7246.65	—
7	6524.61	6236.79	—	6137.27	6295.62	—	7189.83	7270.93	7119.57	—	—	7353.53
8	6474.37	—	—	6128.14	6342.46	6371.59	7308.25	—	7145.21	—	—	7349.94
9	6519.07	—	6392.59	6149.89	—	6400.41	7399.09	—	7035.08	7123.13	7365.92	7273.09
10	6517.61	6260.80	6507.96	6097.16	—	6394.55	7322.98	7285.04	6997.10	—	7315.35	7263.07
11	—	6285.15	6439.50	—	6334.78	6366.22	—	7212.53	7036.07	—	7247.53	7208.67
12	—	6335.89	6358.16	—	6333.42	6360.65	—	7172.33	—	7280.55	7245.42	—
13	6565.98	6313.59	6309.16	6061.60	6341.69	—	7446.76	7174.14	—	7279.59	7216.66	—
14	6547.86	6336.46	—	6149.47	6299.87	—	7385.60	7253.48	7065.96	7240.59	—	7241.95
15	6523.91	—	—	6126.60	6307.30	6314.18	7271.60	—	7098.59	7226.06	—	7251.17
16	6515.60	—	6103.63	6144.01	—	6387.14	7021.81	—	7072.57	7213.20	7250.23	7240.19
17	6510.85	6467.75	6078.73	6178.03	—	6395.16	7036.18	7372.16	7061.84	—	7237.09	7305.88
18	—	6470.85	6010.92	—	6286.99	6433.81	—	7369.00	7181.34	—	7233.00	7284.13
19	—	6463.39	5985.27	—	6338.26	6486.22	—	7275.64	—	7179.44	7267.14	—
20	6556.73	6567.38	6039.54	6205.76	6312.01	—	7208.17	7205.36	—	7207.43	7284.96	—
21	6487.49	6607.69	—	6161.10	6266.40	—	7204.76	7242.98	7147.25	7183.38	—	7346.49
22	6513.23	—	—	6186.73	6173.87	6510.69	7243.91	—	7086.75	7169.61	—	7240.01
23	6376.69	—	5873.03	6171.25	—	6526.03	7235.96	—	7094.39	7115.73	7334.82	7294.36
24	—	6623.48	5967.71	6122.36	—	6552.17	6998.04	7273.11	7002.22	—	7317.92	7269.14
25	—	6613.77	6078.77	—	6155.56	—	—	7258.37	7009.96	—	7258.60	7307.87
26	—	6532.28	6036.03	—	6219.85	—	—	7172.62	—	7080.94	7261.28	—
27	—	6532.25	6045.80	6134.23	6189.68	—	7008.36	7211.40	—	7091.45	7319.85	—
28	—	6341.10	—	6151.32	6189.89	—	7046.72	7312.81	7004.21	7124.21	—	7296.02
29	—	—	—	6164.05	6196.77	6501.42	7184.34	—	7033.44	7140.45	—	7287.63
30	—	—	5991.55	6268.63	—	6574.12	7154.39	—	7016.72	7057.02	7307.11	7353.65
31	—	—	5985.96	—	—	—	7207.43	7284.28	—	—	—	7467.43
最高 High	6579.87	6641.37	6647.58	6274.78	6379.91	6589.03	7463.24	7398.89	7323.65	7286.53	7390.89	H7470.84
最低 Low	6331.53	5953.35	L5860.29	5956.90	6141.97	6231.00	6579.51	7074.79	6973.66	7038.52	7048.32	7174.63

注：指数数据的单位为点。

上证国债指数 SSE T-Bond Index

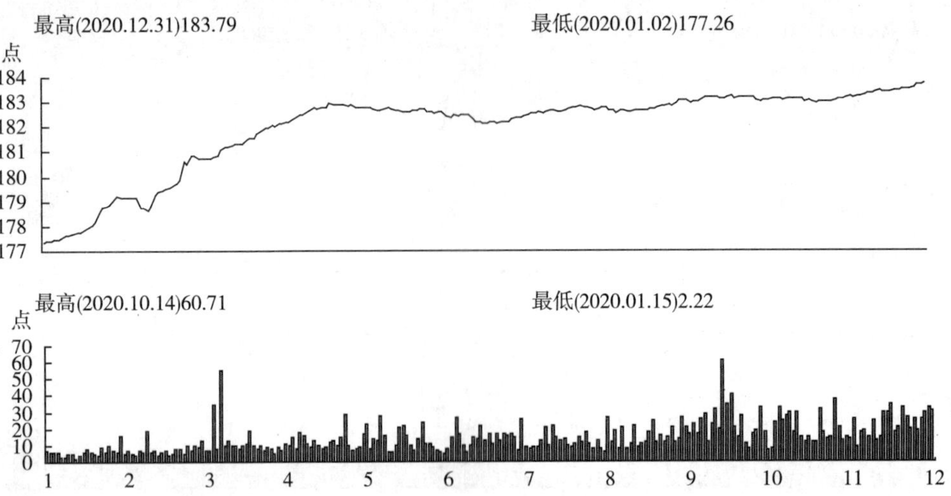

每日收盘指数 Daily Index

日期 Date	1月 Jan	2月 Feb	3月 Mar	4月 Apr	5月 May	6月 Jun	7月 Jul	8月 Aug	9月 Sep	10月 Oct	11月 Nov	12月 Dec
1	—	—	—	181.50	—	182.76	182.48	—	182.63	—	—	183.15
2	177.33	—	179.50	181.56	—	182.70	182.49	—	182.61	—	183.05	183.18
3	177.33	178.58	179.54	181.56	—	182.65	182.47	182.62	182.62	—	183.04	183.23
4	—	178.76	179.65	—	—	182.66	—	182.68	182.66	—	183.11	183.20
5	—	178.78	179.73	—	—	182.62	—	182.66	—	—	183.11	—
6	177.39	178.87	179.88	—	182.77	—	182.32	182.58	—	—	183.11	—
7	177.41	179.12	—	181.75	182.78	—	182.20	182.60	182.64	—	—	183.24
8	177.44	—	—	181.82	182.97	182.61	182.22	—	182.65	—	—	183.22
9	177.46	—	180.59	181.94	—	182.61	182.15	—	182.63	183.18	183.08	183.31
10	177.54	179.20	180.50	181.98	—	182.63	182.12	182.66	182.73	—	183.12	183.36
11	—	179.14	180.84	—	182.91	182.65	—	182.69	182.73	—	183.14	183.37
12	—	179.14	180.85	—	182.91	182.69	—	182.75	—	183.16	183.12	—
13	177.64	179.16	180.73	182.05	182.91	—	182.19	182.78	—	183.19	183.11	—
14	177.67	179.18	—	182.03	182.91	—	182.17	182.84	182.80	183.19	—	183.39
15	177.69	—	—	182.11	182.86	182.69	182.15	—	182.82	183.12	—	183.46
16	177.73	—	180.75	182.15	—	182.60	182.17	—	182.83	183.11	183.13	183.42
17	177.78	179.18	180.71	182.18	—	182.59	182.19	182.80	182.87	—	183.03	183.40
18	—	178.77	180.72	—	182.89	182.56	—	182.79	182.82	—	183.04	183.40
19	—	178.76	180.81	—	182.80	182.58	—	182.69	—	183.17	182.98	—
20	177.85	178.66	180.85	182.19	182.79	—	182.21	182.68	—	183.22	182.93	—
21	177.95	178.81	—	182.28	182.77	—	182.31	182.74	182.96	183.10	—	183.46
22	178.06	—	—	182.38	182.78	182.61	182.34	—	183.04	183.20	—	183.47
23	178.15	—	181.08	182.51	—	182.45	182.35	—	183.04	183.16	182.98	183.51
24	—	178.82	181.18	182.50	—	182.39	182.44	182.76	183.04	—	182.99	183.51
25	—	178.85	181.21	—	182.76	—	—	182.76	182.96	—	183.00	183.56
26	—	179.26	181.25	—	182.69	—	—	182.66	—	183.18	183.02	—
27	—	179.37	181.29	182.62	182.64	—	182.51	182.67	—	183.21	183.07	—
28	—	179.44	—	182.64	182.68	—	182.57	182.55	183.00	183.17	—	183.62
29	—	—	—	182.76	182.69	182.46	182.55	—	183.02	183.04	—	183.69
30	—	—	181.29	182.71	—	182.43	182.59	—	183.04	183.00	183.11	183.73
31	—	—	181.34	—	—	—	182.55	182.63	—	—	—	183.78
最高 High	178.17	179.44	181.35	182.78	183.02	182.99	182.72	182.90	183.07	183.25	183.18	H183.79
最低 Low	L177.26	178.35	179.42	181.36	182.64	182.33	182.03	182.54	182.60	182.89	182.88	183.13

注：指数数据的单位为点。

三 证券成交

SECURITIES TRADING

股票市场概貌
Share Market Overview

股票市场交易 Stock Market Data	2020 年	2019 年	增减（%） Change
交易天数（天）Number of Trading Days	243	244	-0.41
上市股票数（只）Number of Stocks	1843.00	1615	14.12
主板 A Main Board A	1580	1495	5.69
主板 B Main Board B	48	50	-4.00
科创板 Star Market	215	70	207.14
新上市股票数（只）Number of New Listed Stocks	235	125	88.00
主板 A Main Board A	90	55	63.64
科创板 Star Market	145	70	107.14
股票市价总值（亿元）Total Market Cap（100M Yuan）	455321.59	355519.70	28.07
主板 A Main Board A	421151.69	346094.57	21.69
主板 B Main Board B	679.19	787.49	-13.75
科创板 Star Market	33490.72	8637.64	287.73
股票非限售市值（亿元）Negotiable Cap（100M Yuan）	380012.99	301254.52	26.14
股票现货总成交金额（亿元）Total Trading Val（100M Yuan）	839860.86	543844.01	54.43
主板 A Main Board A	773240.14	530150.00	45.85
主板 B Main Board B	390.56	380.21	2.72
科创板 Star Market	66230.17	13313.81	397.45
股票回购总成交金额（亿元）Total Trading Val（100M Yuan）	872.73	770.35	13.29
股票现货日均成交金额（亿元）Average Trading Val（100M Yuan）	3456.22	2228.87	55.07
主板 A Main Board A	3182.06	2172.75	46.45
主板 B Main Board B	1.61	1.56	3.21
科创板 Star Market	272.55	119.94	127.24
股票回购日均成交金额（亿元）Average Trading Val（100M Yuan）	3.71	3.20	15.94
股票现货总成交量（亿股）Total Trading Vol（100M Shares）	68360.89	53792.15	27.08
主板 A Main Board A	67085.81	53421.08	25.58
主板 B Main Board B	71.55	65.65	8.99
科创板 Star Market	1203.53	305.42	294.06
股票现货总成交笔数（百万笔）Total Number of Trades（M）	4603.67	3234.96	42.31
主板 A Main Board A	4427.78	3194.56	38.60
主板 B Main Board B	4.04	3.90	3.59
科创板 Star Market	171.85	36.50	370.82
大宗交易成交 Bulk Trading			
总成交金额（亿元）Total Trading Val（100M Yuan）	2411.83	1729.99	39.41
总成交量（亿股）Total Trading Vol（100M Shares）	173.73	197.68	-12.12
总成交笔数（笔）Number of Trades	10462.00	5341.00	95.88
股票平均价格（元）Average Price	12.29	10.11	21.56
主板 A Main Board A	11.53	9.92	16.23
主板 B Main Board B	5.46	5.79	-5.70
科创板 Star Market	55.03	43.59	26.24
股票换手率（%）Turnover Rate	214.04	165.89	29.03
主板 A Main Board A	208.93	163.34	27.91
主板 B Main Board B	54.79	43.98	24.58
科创板 Star Market	319.65	212.34	50.54
股票市盈率（倍）P/E	16.76	14.55	15.19
主板 A Main Board A	15.90	14.28	11.34
主板 B Main Board B	8.27	9.03	-8.42
科创板 Star Market	94.63	74.36	27.26

主板 A 股每日成交（亿元/亿股） 股票
Main Board A Share Trading（100M Yuan/100M Shares） Share

日期 Date	1月 Jan		2月 Feb		3月 Mar		4月 Apr		5月 May		6月 Jun	
	金额 Value	数量 Vol	金额 Value	数量 Vol	金额 Value	数量 Vol	金额 Value	数量 Vol	金额 Value	数量 Vol	金额 Value	数量 Vol
1	—	—	—	—	—	—	2171. 33	215. 97	—	—	2816. 16	255. 26
2	3187. 60	290. 51	—	—	3732. 57	362. 37	2222. 73	216. 18	—	—	2681. 62	251. 24
3	2806. 24	259. 57	2344. 46	210. 22	4197. 63	404. 76	2048. 61	199. 02	—	—	2741. 93	250. 65
4	—	—	3486. 88	358. 50	3688. 71	350. 05	—	—	—	—	2281. 24	221. 26
5	—	—	3181. 83	304. 23	4629. 80	441. 61	—	—	—	—	2295. 41	212. 53
6	3197. 00	310. 07	3296. 97	310. 64	3621. 25	361. 43	—	—	2800. 11	244. 12	—	—
7	2769. 05	274. 37	3300. 08	303. 74	—	—	2768. 39	268. 05	2463. 13	221. 34	—	—
8	2935. 02	295. 09	—	—	—	—	2447. 70	241. 79	2557. 88	222. 11	2505. 58	226. 86
9	2593. 54	241. 04	—	—	4195. 44	410. 71	2379. 06	236. 14	—	—	2301. 02	204. 86
10	2314. 92	208. 51	3116. 27	289. 17	4044. 69	389. 26	2355. 45	231. 12	—	—	2214. 56	202. 31
11	—	—	2767. 91	264. 65	3609. 34	348. 36	—	—	2528. 14	221. 27	2653. 94	229. 39
12	—	—	2700. 56	243. 94	3156. 04	305. 19	—	—	2210. 95	192. 78	2524. 23	231. 24
13	2474. 52	208. 25	2995. 34	268. 80	3751. 54	362. 83	1770. 03	175. 52	2052. 82	180. 66	—	—
14	2566. 43	227. 10	2777. 82	245. 35	—	—	2168. 09	201. 29	2177. 38	194. 15	—	—
15	2215. 72	199. 97	—	—	—	—	2230. 77	204. 94	2261. 38	184. 90	2703. 94	238. 39
16	2210. 62	200. 31	—	—	3592. 79	349. 57	2137. 73	201. 16	—	—	2460. 79	218. 89
17	2163. 17	184. 53	3392. 33	308. 20	3079. 43	303. 32	2680. 49	243. 44	—	—	2528. 91	229. 82
18	—	—	3438. 02	306. 70	3027. 95	288. 00	—	—	2629. 47	222. 17	2659. 44	254. 92
19	—	—	3520. 62	310. 27	3160. 63	299. 25	—	—	2312. 71	192. 41	2987. 32	264. 73
20	2454. 75	205. 32	3892. 04	341. 65	2686. 89	249. 98	2220. 52	206. 83	2406. 10	204. 81	—	—
21	2656. 05	230. 64	4126. 46	360. 23	—	—	2381. 23	229. 43	2263. 97	199. 29	—	—
22	2554. 59	219. 10	—	—	—	—	2213. 05	213. 68	2248. 27	204. 78	3125. 08	260. 86
23	3033. 87	267. 98	—	—	2546. 19	247. 15	2485. 95	244. 98	—	—	2775. 92	219. 89
24	—	—	4261. 47	369. 11	2669. 71	254. 69	2307. 10	231. 62	—	—	2662. 80	207. 15
25	—	—	4840. 44	437. 17	2813. 58	271. 34	—	—	1865. 05	171. 25	—	—
26	—	—	4666. 29	464. 11	2378. 41	232. 25	—	—	1873. 51	170. 15	—	—
27	—	—	3677. 35	345. 77	2432. 05	238. 60	2123. 36	207. 80	2066. 21	193. 48	—	—
28	—	—	4056. 59	395. 87	—	—	2529. 41	249. 18	2184. 72	204. 71	—	—
29	—	—	—	—	—	—	2106. 25	198. 86	2121. 79	203. 15	2692. 19	215. 41
30	—	—	—	—	2398. 12	237. 80	2602. 43	238. 10	—	—	2692. 00	210. 10
31	—	—	—	—	2156. 24	216. 85	—	—	—	—	—	—
最高 High	3197. 00	310. 07	4840. 44	437. 17	4629. 80	441. 61	2768. 39	268. 05	2800. 11	244. 12	3125. 08	264. 73
最低 Low	2163. 17	184. 53	2344. 46	210. 22	2156. 24	216. 85	L1770. 03	175. 52	1865. 05	171. 25	2214. 56	202. 31

主板 A 股每日成交（亿元/亿股） 股票
Main Board A Share Trading（100M Yuan/100M Shares） Share

日期 Date	7月 Jul		8月 Aug		9月 Sep		10月 Oct		11月 Nov		12月 Dec	
	金额 Value	数量 Vol	金额 Value	数量 Vol	金额 Value	数量 Vol	金额 Value	数量 Vol	金额 Value	数量 Vol	金额 Value	数量 Vol
1	3375. 17	267. 38	—	—	3034. 42	243. 00	—	—	—	—	3640. 20	312. 93
2	4464. 33	385. 78	—	—	3188. 45	257. 09	—	—	2970. 22	221. 76	3542. 98	308. 01
3	5042. 08	452. 69	5060. 58	397. 67	3217. 52	250. 84	—	—	2759. 11	210. 66	3297. 18	294. 71
4	—	—	5512. 89	434. 81	2799. 95	217. 31	—	—	2479. 94	186. 38	3076. 30	253. 01
5	—	—	4753. 30	378. 73	—	—	—	—	2898. 61	222. 73	—	—
6	6780. 69	633. 78	5211. 14	408. 56	—	—	—	—	2997. 53	231. 06	—	—
7	7387. 38	647. 32	5116. 11	396. 61	3219. 02	254. 63	—	—	—	—	3112. 17	250. 51
8	6527. 01	580. 18	—	—	2946. 65	267. 26	—	—	—	—	2823. 39	224. 09
9	6951. 89	610. 95	—	—	3124. 73	345. 52	2398. 38	183. 43	3851. 09	303. 16	3154. 00	256. 89
10	6532. 22	548. 39	4838. 02	375. 32	2874. 99	307. 98	—	—	3568. 56	273. 18	2970. 57	243. 64
11	—	—	4756. 97	395. 40	2354. 68	217. 82	—	—	3237. 50	265. 86	3440. 34	291. 99
12	—	—	4391. 91	372. 37	—	—	3208. 67	253. 13	2651. 42	212. 84	—	—
13	6652. 98	549. 81	3504. 97	320. 33	—	—	2614. 22	200. 58	2789. 93	224. 82	—	—
14	6454. 20	533. 51	3375. 39	301. 57	2454. 13	209. 99	2559. 64	194. 18	—	—	2910. 32	235. 39
15	6074. 18	481. 80	—	—	2300. 68	193. 79	2380. 05	187. 19	—	—	2894. 13	221. 68
16	5834. 42	476. 99	—	—	2219. 56	196. 31	2309. 13	190. 47	3081. 16	275. 11	2761. 07	215. 85
17	4308. 31	350. 64	4997. 90	426. 90	2456. 27	194. 77	—	—	3288. 73	279. 56	3431. 52	281. 48
18	—	—	4480. 20	372. 76	3080. 59	250. 25	—	—	3327. 99	282. 80	3285. 27	277. 23
19	—	—	4559. 90	397. 62	—	—	2585. 22	208. 45	2975. 61	249. 00	—	—
20	4861. 02	409. 14	3701. 56	329. 62	—	—	2065. 94	161. 43	2898. 33	256. 93	—	—
21	4400. 32	352. 32	3343. 68	282. 58	2622. 45	211. 80	2240. 01	173. 82	—	—	3539. 06	278. 76
22	4775. 22	383. 62	—	—	2427. 54	208. 63	2153. 34	162. 73	—	—	4028. 55	319. 00
23	4907. 02	398. 93	—	—	2113. 50	163. 65	2262. 97	170. 59	4066. 50	369. 50	3846. 86	295. 00
24	5257. 81	416. 78	3162. 67	260. 69	2345. 05	202. 44	—	—	3324. 03	296. 30	3349. 44	271. 28
25	—	—	3290. 62	271. 94	2023. 70	161. 46	—	—	3576. 14	317. 74	3337. 42	290. 26
26	—	—	3468. 07	288. 99	—	—	2175. 28	164. 76	2966. 82	252. 18	—	—
27	3645. 10	293. 76	2851. 88	231. 02	—	—	1990. 65	146. 37	3065. 01	277. 88	—	—
28	3567. 79	284. 56	3461. 99	265. 96	1878. 51	151. 97	2329. 69	170. 44	—	—	3706. 58	312. 49
29	4059. 24	318. 27	—	—	1874. 38	148. 08	2537. 22	181. 18	—	—	3588. 38	308. 05
30	4273. 68	333. 78	—	—	1862. 23	150. 14	2945. 05	224. 38	4307. 98	380. 83	3465. 86	286. 60
31	4369. 05	345. 23	4063. 97	317. 77	—	—	—	—	—	—	4157. 91	331. 67
最高 High	H7387. 38	H647. 32	5512. 89	434. 81	3219. 02	345. 52	3208. 67	253. 13	4307. 98	380. 83	4157. 91	331. 67
最低 Low	3375. 17	267. 38	2851. 88	231. 02	1862. 23	148. 08	1990. 65	L146. 37	2479. 94	186. 38	2761. 07	215. 85

科创板每日成交（亿元/亿股） 股票
Star Market Trading（100M Yuan/100M Shares） Share

日期 Date	1月 Jan		2月 Feb		3月 Mar		4月 Apr		5月 May		6月 Jun	
	金额 Value	数量 Vol	金额 Value	数量 Vol	金额 Value	数量 Vol	金额 Value	数量 Vol	金额 Value	数量 Vol	金额 Value	数量 Vol
1	—	—	—	—	—	—	88. 34	1. 75	—	—	261. 50	5. 07
2	93. 20	2. 20	—	—	242. 49	4. 98	111. 52	2. 09	—	—	263. 38	4. 85
3	96. 81	2. 16	223. 97	5. 47	275. 46	5. 12	93. 05	1. 81	—	—	263. 63	4. 80
4	—	—	252. 24	5. 29	215. 45	3. 82	—	—	—	—	266. 62	5. 50
5	—	—	312. 45	5. 86	207. 53	4. 31	—	—	—	—	239. 76	4. 74
6	119. 82	2. 66	289. 07	5. 59	168. 89	3. 26	—	—	242. 09	5. 63	—	—
7	119. 60	2. 68	323. 98	5. 67	—	—	97. 58	1. 99	225. 63	5. 42	—	—
8	135. 11	3. 21	—	—	—	—	84. 27	1. 71	210. 34	4. 66	244. 98	4. 73
9	129. 21	2. 84	—	—	188. 82	3. 87	95. 96	2. 03	—	—	218. 22	4. 28
10	107. 71	2. 52	300. 68	5. 94	206. 43	4. 07	109. 23	2. 27	—	—	227. 23	5. 71
11	—	—	266. 41	5. 04	181. 55	4. 25	—	—	192. 70	4. 13	245. 07	5. 35
12	—	—	276. 18	4. 77	132. 34	2. 81	—	—	173. 52	3. 82	221. 22	4. 81
13	116. 94	2. 47	350. 62	6. 15	178. 61	3. 38	71. 45	1. 52	188. 10	4. 07	—	—
14	153. 10	3. 26	305. 07	5. 31	—	—	69. 44	1. 43	205. 70	4. 68	—	—
15	115. 57	2. 42	—	—	—	—	90. 13	1. 66	214. 01	4. 32	229. 64	4. 68
16	161. 24	3. 09	—	—	169. 34	3. 18	87. 21	1. 79	—	—	257. 96	5. 32
17	260. 88	5. 88	279. 64	4. 97	154. 78	2. 97	121. 64	2. 59	—	—	260. 92	5. 46
18	—	—	314. 55	4. 91	159. 09	3. 00	—	—	266. 68	5. 08	241. 95	5. 00
19	—	—	294. 00	4. 78	144. 61	2. 79	—	—	253. 91	4. 81	230. 74	4. 73
20	259. 00	5. 20	255. 05	4. 22	131. 49	2. 36	118. 06	5. 02	287. 27	5. 63	—	—
21	208. 31	4. 21	328. 09	4. 48	—	—	106. 83	3. 84	246. 77	4. 95	—	—
22	231. 35	4. 80	—	—	—	—	118. 17	3. 82	206. 25	4. 24	339. 11	7. 11
23	239. 09	4. 43	—	—	139. 95	2. 83	142. 96	4. 06	—	—	288. 97	5. 80
24	—	—	272. 50	4. 20	121. 70	2. 37	135. 49	3. 59	—	—	315. 11	6. 38
25	—	—	292. 11	4. 61	124. 41	2. 50	—	—	164. 60	3. 39	—	—
26	—	—	288. 45	5. 02	109. 89	2. 11	—	—	206. 28	4. 47	—	—
27	—	—	284. 49	5. 03	106. 44	2. 29	135. 61	3. 15	215. 92	4. 57	—	—
28	—	—	275. 61	5. 13	—	—	178. 49	4. 61	212. 11	4. 24	—	—
29	—	—	—	—	—	—	123. 15	3. 10	223. 68	4. 50	255. 46	5. 25
30	—	—	—	—	110. 68	2. 26	171. 62	4. 09	—	—	289. 59	5. 54
31	—	—	—	—	87. 27	1. 70	—	—	—	—	—	—
最高 High	260. 88	5. 88	350. 62	6. 15	275. 46	5. 12	178. 49	5. 02	287. 27	5. 63	339. 11	7. 11
最低 Low	93. 20	2. 16	223. 97	4. 20	87. 27	1. 70	L69. 44	L1. 43	164. 60	3. 39	218. 22	4. 28

科创板每日成交（亿元/亿股） 股票
Star Market Trading（100M Yuan/100M Shares） Share

日期 Date	7月 Jul		8月 Aug		9月 Sep		10月 Oct		11月 Nov		12月 Dec	
	金额 Value	数量 Vol	金额 Value	数量 Vol	金额 Value	数量 Vol	金额 Value	数量 Vol	金额 Value	数量 Vol	金额 Value	数量 Vol
1	332.31	6.28	—	—	247.67	4.43	—	—	—	—	223.50	3.75
2	323.88	6.00	—	—	285.04	4.92	—	—	290.89	5.26	315.48	5.80
3	317.17	6.03	669.91	9.69	313.10	5.35	—	—	288.08	5.04	250.53	4.61
4	—	—	551.68	7.83	296.66	4.92	—	—	241.76	4.19	236.33	4.20
5	—	—	518.98	7.18	—	—	—	—	279.50	4.83	—	—
6	461.38	9.45	506.12	7.00	—	—	—	—	270.75	4.60	—	—
7	557.26	10.33	500.64	7.37	368.76	6.21	—	—	—	—	278.89	4.78
8	450.19	7.92	—	—	268.55	4.45	—	—	—	—	248.67	4.34
9	576.42	9.68	—	—	295.09	6.28	248.69	4.93	461.43	7.83	260.76	4.80
10	506.25	7.82	439.31	6.08	233.72	4.75	—	—	340.69	5.84	302.96	5.11
11	—	—	390.11	5.78	205.72	4.06	—	—	327.99	5.66	366.38	6.70
12	—	—	426.50	6.35	—	—	357.21	6.65	233.74	4.23	—	—
13	528.26	8.10	377.44	4.95	—	—	279.98	5.11	238.56	4.21	—	—
14	620.36	9.45	300.60	4.35	246.27	4.39	255.96	4.68	—	—	267.91	4.66
15	680.85	10.01	—	—	228.69	4.15	272.61	4.60	—	—	278.80	4.80
16	974.49	13.82	—	—	207.34	4.14	226.73	3.78	265.28	4.75	338.38	5.63
17	560.43	8.97	387.97	7.57	367.54	8.45	—	—	269.54	4.90	294.56	4.93
18	—	—	457.15	8.00	306.06	6.43	—	—	266.02	5.08	273.69	4.73
19	—	—	429.03	8.05	—	—	257.18	4.03	232.02	4.54	—	—
20	579.21	9.06	324.28	6.19	—	—	223.35	3.91	235.91	4.73	—	—
21	499.60	7.60	277.64	5.23	278.06	5.21	233.47	3.90	—	—	310.78	5.30
22	650.48	9.97	—	—	273.59	5.58	216.32	3.35	—	—	309.57	5.23
23	580.33	8.98	—	—	312.03	6.28	239.51	3.78	259.69	4.78	299.58	5.22
24	587.83	10.26	299.16	5.61	250.04	5.04	—	—	277.79	4.92	301.75	5.78
25	—	—	282.86	5.27	200.10	3.83	—	—	267.15	4.67	267.70	4.99
26	—	—	351.84	6.55	—	—	187.15	3.11	216.85	3.82	—	—
27	385.26	6.29	326.16	6.07	—	—	192.18	3.15	210.25	3.73	—	—
28	340.90	5.49	346.92	5.77	228.15	4.59	244.63	4.18	—	—	288.95	5.22
29	496.40	7.39	—	—	215.38	4.34	269.04	4.62	—	—	262.38	4.91
30	513.40	7.45	—	—	207.79	4.05	355.17	6.14	250.34	4.19	333.53	5.22
31	597.04	8.60	316.49	5.51	—	—	—	—	—	—	363.73	5.47
最高 High	H974.49	H13.82	669.91	9.69	368.76	8.45	357.21	6.65	461.43	7.83	366.38	6.70
最低 Low	317.17	5.49	277.64	4.35	200.10	3.83	187.15	3.11	210.25	3.73	223.50	3.75

A股 股票
A Share Share

股票代码 Code	股票简称 Stock Name	市价总值 Tot_cap	无限售股市值 Nego_cap	发行股本 Issued Vol	无限售股股本 Negotiable Vol	上年收盘 Last Year Close	本年开盘 Open	本年最高 High	本年最低 Low
600000	浦发银行	284128.66	284128.66	29352.13	29352.13	12.37	12.47	12.69	9.22
600004	白云机场	33441.73	29239.50	2366.72	2069.32	17.45	17.56	18.30	11.91
600006	东风汽车	18880.00	18880.00	2000.00	2000.00	4.58	4.62	11.10	3.53
600007	中国国贸	12540.67	12540.67	1007.28	1007.28	17.50	17.62	17.80	11.96
600008	首创股份	20773.87	20773.87	7340.59	7340.59	3.29	3.31	3.59	2.77
600009	上海机场	145793.68	82732.42	1926.96	1093.48	78.75	78.78	82.99	58.00
600010	包钢股份	53334.49	37062.34	45585.03	31677.21	1.32	1.33	1.39	1.04
600011	华能国际	49269.74	49269.74	10997.71	10997.71	5.58	5.61	6.25	4.06
600012	皖通高速	7203.41	7203.41	1165.60	1165.60	5.88	5.90	6.62	5.02
600015	华夏银行	96170.15	80141.79	15387.22	12822.69	7.67	7.72	7.77	6.04
600016	民生银行	184403.04	184403.04	35462.12	35462.12	6.31	6.36	6.72	5.11
600017	日照港	8857.88	8857.88	3075.65	3075.65	2.91	2.93	3.33	2.35
600018	上港集团	105903.69	105903.69	23173.67	23173.67	5.77	5.80	5.94	3.95
600019	宝钢股份	132503.21	131828.10	22269.45	22155.98	5.74	5.77	6.65	4.45
600020	中原高速	7618.59	7618.59	2247.37	2247.37	4.40	4.43	4.59	3.21
600021	上海电力	18634.21	16712.39	2617.16	2347.25	8.05	8.05	8.35	6.40
600022	山东钢铁	15653.57	15653.57	10946.55	10946.55	1.43	1.44	1.63	1.15
600023	浙能电力	49370.50	49370.50	13600.69	13600.69	3.96	3.97	4.01	3.33
600025	华能水电	80280.00	80280.00	18000.00	18000.00	4.22	4.24	4.69	3.40
600026	中远海能	23157.50	18276.70	3466.69	2736.03	6.38	6.42	9.75	5.48
600027	华电国际	27695.53	27695.53	8145.74	8145.74	3.67	3.67	4.55	3.00
600028	中国石化	385097.82	385097.82	95557.77	95557.77	5.11	5.13	5.41	3.85
600029	南方航空	65882.78	48344.66	11054.16	8111.52	7.18	7.27	7.49	4.95
600030	中信证券	313064.38	288551.05	10648.45	9814.66	25.30	25.74	34.35	20.78
600031	三一重工	296480.52	296480.52	8475.72	8475.72	17.05	17.29	35.16	14.39
600033	福建高速	7217.77	7217.77	2744.40	2744.40	3.07	3.08	3.17	2.56
600035	楚天高速	4685.44	4668.80	1610.12	1604.40	3.41	3.42	3.83	2.76
600036	招商银行	906642.11	906642.11	20628.94	20628.94	37.58	38.03	47.77	28.71
600037	歌华有线	12804.36	12804.36	1391.78	1391.78	9.01	9.10	16.97	8.05
600038	中直股份	36966.08	36966.08	589.48	589.48	47.71	47.99	71.07	39.50
600039	四川路桥	21546.84	16283.47	4777.57	3610.53	3.36	3.39	5.57	3.00
600048	保利地产	189327.68	189327.68	11967.62	11967.62	16.18	16.45	18.70	13.40
600050	中国联通	138329.56	136196.20	31015.60	30537.27	5.89	5.92	6.24	4.43
600051	宁波联合	2769.94	2769.94	310.88	310.88	6.00	6.00	14.50	5.11
600052	浙江广厦	2498.82	2498.82	844.19	844.19	4.50	4.55	5.50	2.85
600053	九鼎投资	8475.72	8475.72	433.54	433.54	25.43	27.97	37.37	18.33
600054	黄山旅游	4609.43	4609.43	513.30	513.30	9.17	9.20	10.06	7.08
600055	万东医疗	5473.06	5473.06	540.82	540.82	10.32	10.38	19.73	9.94
600056	中国医药	15311.40	15305.99	1068.49	1068.11	13.05	13.05	18.35	12.90
600057	厦门象屿	12987.87	12987.87	2157.45	2157.45	4.15	4.17	8.10	3.53
600058	五矿发展	7857.11	7857.11	1071.91	1071.91	8.02	8.01	8.18	5.89
600059	古越龙山	13753.00	13753.00	808.52	808.52	8.51	8.53	18.58	7.02
600060	海信视像	15021.36	15021.36	1308.48	1308.48	10.85	10.90	15.45	9.22
600061	国投资本	58461.20	58461.20	4227.13	4227.13	15.14	15.70	17.34	11.39
600062	华润双鹤	12508.42	12508.42	1043.24	1043.24	13.05	13.10	15.83	11.78
600063	皖维高新	7048.77	7048.77	1925.89	1925.89	3.92	3.96	4.94	2.97
600064	南京高科	12693.28	12693.28	1235.96	1235.96	9.75	9.86	12.57	8.09
600066	宇通客车	37459.85	37459.85	2213.94	2213.94	14.25	14.29	19.00	11.56
600067	冠城大通	5446.20	5446.20	1492.11	1492.11	3.98	4.00	4.85	3.14
600068	葛洲坝	30299.44	30299.44	4604.78	4604.78	6.68	6.82	7.71	5.30

注：市价总值、无限售股市值、成交金额的单位为百万元（M Yuan），发行股本、无限售股股本、成交数量的单位为百万股（M Shares），上年收盘、本年开盘、本年最高、本年最低、本年收盘、涨跌值的单位为元（Yuan）。

A 股 A Share

股票 Share

本年收盘 Close	涨跌（%） Change	涨跌值 Change	市盈率（倍） P/E	市净率（倍） P/B	换手率（%） Turnover Rate	成交数量 Trading Vol	成交金额 Trading Val
9. 68	-17. 49	-2. 69	4. 82	0. 51	37. 29	10944. 29	114443. 72
14. 13	-18. 22	-3. 32	33. 45	2. 05	229. 45	4843. 90	72485. 63
9. 44	109. 57	4. 86	42. 68	2. 55	513. 09	10261. 77	65576. 08
12. 45	-27. 00	-5. 05	12. 90	1. 66	67. 07	675. 62	9305. 91
2. 83	-5. 85	-0. 46	21. 68	0. 97	138. 58	8346. 16	26775. 25
75. 66	-2. 95	-3. 09	28. 98	4. 56	180. 14	3471. 32	248468. 69
1. 17	-11. 36	-0. 15	79. 86	1. 01	150. 90	68789. 61	81088. 00
4. 48	-17. 31	-1. 10	41. 70	0. 71	72. 63	7987. 57	39746. 55
6. 18	9. 52	0. 30	9. 34	0. 96	90. 54	1055. 39	5924. 07
6. 25	-15. 17	-1. 42	4. 39	0. 36	39. 77	6120. 05	40293. 88
5. 20	-12. 42	-1. 11	4. 23	0. 44	65. 39	23189. 66	131529. 80
2. 88	-0. 25	-0. 03	14. 03	0. 75	149. 17	4588. 07	12927. 48
4. 57	-18. 27	-1. 20	11. 69	1. 29	36. 33	8418. 77	38699. 14
5. 95	9. 94	0. 21	10. 67	0. 74	83. 62	18623. 04	100697. 70
3. 39	-21. 76	-1. 01	5. 22	0. 63	128. 65	2891. 23	11171. 49
7. 12	-9. 98	-0. 93	19. 36	0. 98	61. 15	1600. 33	12000. 63
1. 43	0. 00	0. 00	27. 03	0. 75	167. 90	18379. 44	25457. 31
3. 63	-3. 30	-0. 33	11. 50	0. 77	34. 88	4743. 62	17236. 87
4. 46	10. 20	0. 24	14. 48	1. 46	45. 65	8216. 09	32713. 65
6. 68	5. 26	0. 30	73. 71	1. 13	299. 98	9874. 30	70413. 60
3. 40	-3. 54	-0. 27	9. 84	0. 55	103. 73	8449. 42	30575. 53
4. 03	-15. 98	-1. 08	8. 47	0. 66	30. 26	28913. 21	124097. 11
5. 96	-16. 99	-1. 22	34. 46	1. 43	158. 85	15605. 36	91597. 76
29. 40	18. 05	4. 10	31. 08	2. 35	387. 68	40408. 65	1115978. 12
34. 98	109. 00	17. 93	26. 46	6. 68	236. 31	19967. 90	427509. 94
2. 63	-12. 79	-0. 44	8. 72	0. 76	61. 53	1688. 74	4716. 55
2. 91	-10. 23	-0. 50	7. 35	0. 72	180. 09	3030. 81	9723. 25
43. 95	20. 58	6. 37	11. 94	1. 81	79. 72	16445. 87	613242. 16
9. 20	6. 60	0. 19	22. 00	0. 95	375. 35	5224. 06	63720. 13
62. 71	32. 06	15. 00	62. 84	4. 52	347. 49	2048. 36	104307. 91
4. 51	36. 53	1. 15	12. 66	1. 38	203. 79	7642. 34	31349. 14
15. 82	3. 24	-0. 36	6. 77	1. 21	166. 37	19866. 67	317831. 35
4. 46	-23. 35	-1. 43	27. 77	0. 97	103. 36	32068. 67	169217. 67
8. 91	52. 02	2. 91	8. 66	1. 04	773. 47	2404. 56	22032. 02
2. 96	-32. 60	-1. 54	2. 04	0. 69	366. 57	3182. 67	13102. 67
19. 55	-23. 12	-5. 88	10. 70	3. 23	303. 26	1314. 74	36444. 13
8. 98	-0. 82	-0. 19	19. 25	1. 50	257. 34	1320. 90	11600. 85
10. 12	-1. 64	-0. 20	32. 41	2. 62	603. 22	3262. 28	48418. 87
14. 33	11. 98	1. 28	15. 60	1. 70	489. 28	5227. 87	79918. 35
6. 02	50. 97	1. 87	11. 74	0. 96	346. 06	7466. 02	45203. 82
7. 33	-8. 60	-0. 69	45. 17	1. 19	130. 33	1396. 99	9753. 55
17. 01	102. 06	8. 50	65. 60	3. 29	546. 11	4415. 47	50996. 51
11. 48	6. 87	0. 63	27. 01	1. 03	326. 84	4276. 68	52973. 15
13. 83	-7. 58	-1. 31	19. 70	1. 50	188. 92	7985. 81	115328. 15
11. 99	-6. 07	-1. 06	11. 86	1. 45	235. 48	2456. 62	33114. 87
3. 66	-4. 95	-0. 26	18. 31	1. 38	391. 61	7542. 08	29473. 24
10. 27	9. 54	0. 52	6. 89	1. 07	277. 30	3427. 33	35138. 87
16. 92	28. 07	2. 67	19. 31	2. 14	192. 41	4259. 77	63571. 69
3. 65	-8. 29	-0. 33	13. 00	0. 70	116. 41	1736. 93	6637. 91
6. 58	0. 89	-0. 10	5. 57	0. 58	238. 19	10968. 20	73224. 39

A 股 股票
A Share Share

股票代码 Code	股票简称 Stock Name	市价总值 Tot_cap	无限售股市值 Nego_cap	发行股本 Issued Vol	无限售股股本 Negotiable Vol	上年收盘 Last Year Close	本年开盘 Open	本年最高 High	本年最低 Low
600070	浙江富润	4436.54	4436.54	521.95	521.95	9.65	9.80	15.92	7.91
600071	凤凰光学	3212.76	2709.56	281.57	237.47	11.46	11.46	14.19	8.22
600072	中船科技	10049.81	10049.81	736.25	736.25	13.38	13.58	17.60	10.14
600073	上海梅林	9649.24	9649.24	937.73	937.73	7.97	8.00	14.42	6.50
600075	新疆天业	7682.46	5494.75	1359.73	972.52	5.06	5.19	7.84	4.10
600076	康欣新材	3754.38	3754.38	1034.26	1034.26	4.39	4.41	4.67	3.13
600077	宋都股份	4127.58	4127.58	1340.12	1340.12	2.99	2.98	4.35	2.55
600078	澄星股份	2617.16	2617.16	662.57	662.57	5.16	5.20	6.31	3.81
600079	人福医药	52311.56	45863.50	1544.02	1353.70	13.51	13.42	39.54	12.90
600080	ST 金花	2086.58	1706.60	373.27	305.30	6.03	6.05	7.77	3.70
600081	东风科技	5556.28	5556.28	313.56	313.56	11.57	11.72	20.20	9.39
600082	海泰发展	1957.73	1921.90	646.12	634.29	4.02	4.05	4.30	2.92
600083	*ST 博信	1308.70	1297.28	230.00	227.99	21.30	21.25	30.65	3.27
600084	ST 中葡	2550.86	2550.86	1123.73	1123.73	2.60	2.60	2.76	2.08
600085	同仁堂	32778.14	32778.14	1371.47	1371.47	28.18	28.35	33.75	23.25
600086	*ST 金钰	1161.00	908.89	1350.00	1056.85	2.77	2.77	3.36	0.82
600088	中视传媒	4732.71	4732.71	397.71	397.71	13.31	13.51	18.76	10.09
600089	特变电工	37700.27	37700.27	3714.31	3714.31	6.65	6.70	10.88	5.61
600090	*ST 济堂	1972.34	1972.34	1439.66	1439.66	4.18	4.20	5.19	1.34
600091	ST 明科	787.34	787.34	437.41	437.41	3.73	3.75	3.91	1.66
600093	易见股份	8990.80	8990.80	1122.45	1122.45	13.96	14.10	16.48	7.60
600094	大名城	9151.95	9151.95	2276.60	2276.60	5.85	5.88	8.57	3.85
600095	湘财股份	39157.06	5274.45	2681.99	361.26	9.82	10.80	20.13	7.74
600096	云天化	8655.31	8020.77	1425.92	1321.38	5.30	5.35	6.41	4.26
600097	开创国际	2462.37	2462.37	240.94	240.94	9.88	9.93	12.15	8.24
600098	广州发展	17774.80	17774.80	2726.20	2726.20	6.54	6.55	7.89	5.40
600099	林海股份	1347.59	1347.59	219.12	219.12	6.64	6.63	8.43	5.16
600100	同方股份	18376.17	18376.17	2963.90	2963.90	8.77	8.96	10.65	5.99
600101	明星电力	2499.10	2499.10	421.43	421.43	6.96	7.05	7.42	5.37
600103	青山纸业	4358.00	4358.00	2305.82	2305.82	2.07	2.08	2.49	1.69
600104	上汽集团	285543.80	285543.80	11683.46	11683.46	23.85	24.00	28.80	16.90
600105	永鼎股份	5104.01	5104.01	1364.71	1364.71	4.50	4.55	7.99	3.08
600106	重庆路桥	3561.79	3561.79	1329.03	1329.03	3.11	3.12	3.14	2.42
600107	美尔雅	3294.00	3294.00	360.00	360.00	6.81	6.88	14.38	5.45
600108	亚盛集团	7203.59	7203.59	1946.92	1946.92	2.91	2.95	4.46	2.35
600109	国金证券	49206.33	49206.33	3024.36	3024.36	9.30	9.44	19.46	7.40
600110	诺德股份	12924.73	10640.39	1397.27	1150.31	4.68	4.68	9.75	3.89
600111	北方稀土	47556.83	47556.83	3633.07	3633.07	10.84	10.88	14.88	8.28
600112	ST 天成	605.95	605.95	509.20	509.20	2.10	2.12	2.35	1.10
600113	浙江东日	2698.99	2698.99	411.43	411.43	7.17	7.22	8.49	5.61
600114	东睦股份	4807.84	4783.80	616.39	613.31	8.58	8.63	15.80	7.57
600115	东方航空	52428.78	45903.71	11202.73	9808.49	5.81	5.83	5.90	4.01
600116	三峡水利	16100.24	8361.11	1912.14	993.01	7.59	7.65	11.45	6.30
600117	西宁特钢	3961.00	3961.00	1045.12	1045.12	3.57	3.59	4.70	2.76
600118	中国卫星	38052.50	38052.50	1182.49	1182.49	21.37	21.51	45.97	21.41
600119	ST 长投	2348.54	2348.54	307.40	307.40	5.44	5.46	11.83	5.01
600120	浙江东方	13300.81	13300.81	2227.94	2227.94	8.73	8.83	11.00	5.82
600121	郑州煤电	11355.60	11355.60	1218.41	1218.41	2.37	2.39	9.94	1.71
600122	*ST 宏图	1239.34	1239.34	1158.26	1158.26	2.65	2.66	3.00	1.02
600123	兰花科创	6545.95	6545.95	1142.40	1142.40	6.42	6.45	6.65	4.65

注：市价总值、无限售股市值、成交金额的单位为百万元（M Yuan），发行股本、无限售股股本、成交数量的单位为百万股（M Shares），上年收盘、本年开盘、本年最高、本年最低、本年收盘、涨跌值的单位为元（Yuan）。

A 股
A Share

股票
Share

本年收盘 Close	涨跌（%） Change	涨跌值 Change	市盈率（倍） P/E	市净率（倍） P/B	换手率（%） Turnover Rate	成交数量 Trading Vol	成交金额 Trading Val
8.50	-11.42	-1.15	9.14	1.56	793.54	4141.85	47889.63
11.41	-0.44	-0.05	723.98	6.49	357.85	1007.60	10881.09
13.65	2.40	0.27	72.96	2.59	696.82	5130.33	69607.94
10.29	30.65	2.32	26.36	2.40	804.91	7547.90	74688.46
5.65	11.66	0.59	264.51	1.69	339.84	4246.25	26533.44
3.63	-17.31	-0.76	9.63	0.91	283.39	2931.03	10997.10
3.08	4.30	0.09	7.02	0.89	190.25	2549.61	8562.97
3.95	-23.29	-1.21	43.36	1.50	776.49	5144.82	25615.25
33.88	151.17	20.37	62.09	5.15	340.16	4648.67	112534.16
5.59	-6.76	-0.44	80.56	1.22	512.34	1912.43	11567.11
17.72	55.13	6.15	37.59	3.99	583.88	1830.80	22696.22
3.03	-24.63	-0.99	130.72	1.14	219.64	1419.10	5114.05
5.69	-73.29	-15.61	0.00	0.00	1043.22	2399.40	24673.50
2.27	-12.69	-0.33	170.93	1.16	121.70	1367.58	3309.29
23.90	-14.36	-4.28	33.26	3.55	217.88	2988.15	81843.14
0.86	-68.95	-1.91	0.00	3.49	589.65	7960.26	13966.47
11.90	-10.12	-1.41	52.65	3.83	432.96	1721.91	24604.52
10.15	56.11	3.50	18.68	1.08	525.58	19521.77	160192.39
1.37	-67.22	-2.81	16.21	0.32	361.83	5209.12	15033.25
1.80	-51.74	-1.93	80.75	0.87	137.12	599.77	1859.65
8.01	-42.62	-5.95	10.15	1.13	402.45	4517.32	58850.00
4.02	-30.94	-1.83	13.38	0.77	509.73	11604.52	74908.44
14.60	48.82	4.78	3650.00	45.89	1140.58	8806.29	113739.42
6.07	14.53	0.77	56.98	1.98	286.76	4100.47	22687.86
10.22	4.33	0.34	14.38	1.39	350.58	844.68	8791.29
6.52	0.54	-0.02	22.07	1.04	44.30	1207.81	7499.06
6.15	-6.87	-0.49	232.34	2.78	339.07	742.98	5016.14
6.20	-29.05	-2.57	61.73	1.13	222.62	6598.08	54837.43
5.93	-14.14	-1.03	25.07	1.06	231.31	974.81	6036.10
1.89	-8.70	-0.18	34.17	1.22	286.59	6608.23	13648.75
24.44	7.75	0.59	11.15	1.14	96.16	11234.65	244047.51
3.74	-15.88	-0.76	235.81	1.89	783.67	9992.33	51725.61
2.68	-3.10	-0.43	14.24	0.95	202.26	2596.42	7206.27
9.15	34.36	2.34	83.49	5.46	1039.95	3743.84	32656.33
3.70	27.15	0.79	89.37	1.48	712.30	13867.90	48810.78
16.27	75.76	6.97	37.89	2.38	702.48	21245.50	290347.40
9.25	97.65	4.57	0.00	6.41	1028.07	12061.59	72397.90
13.09	20.76	2.25	77.17	4.96	498.25	18101.63	214482.53
1.19	-43.33	-0.91	0.00	1.65	254.49	1295.86	2191.36
6.56	-7.80	-0.61	19.83	1.85	487.03	2003.80	13828.69
7.80	-7.18	-0.78	15.62	1.82	896.26	5525.19	60907.94
4.68	-18.55	-1.13	23.99	1.15	115.51	12939.88	61766.46
8.42	12.23	0.83	84.00	5.27	199.97	2836.28	25250.64
3.79	6.16	0.22	41.40	2.89	319.12	3335.14	12005.52
32.18	50.99	10.81	113.38	6.64	630.80	7459.19	260158.96
7.64	40.44	2.20	38.84	11.63	253.12	778.08	5735.36
5.97	-3.67	-2.76	16.56	1.18	293.15	5795.45	46193.02
9.32	293.25	6.95	0.00	4.13	642.20	7824.62	33446.23
1.07	-59.62	-1.58	0.00	0.47	386.13	4472.33	7512.91
5.73	-7.04	-0.69	9.88	0.62	251.56	2873.79	15722.79

A股 A Share

股票 Share

股票代码 Code	股票简称 Stock Name	市价总值 Tot_cap	无限售股市值 Nego_cap	发行股本 Issued Vol	无限售股股本 Negotiable Vol	上年收盘 Last Year Close	本年开盘 Open	本年最高 High	本年最低 Low
600125	铁龙物流	7859.24	7859.24	1305.52	1305.52	5.98	6.04	7.09	4.58
600126	杭钢股份	17865.33	17865.33	3377.19	3377.19	4.89	4.90	10.97	4.22
600127	金健米业	7220.06	7220.06	641.78	641.78	4.01	4.06	16.38	3.14
600128	弘业股份	1591.65	1591.65	246.77	246.77	7.53	7.60	8.27	6.22
600129	太极集团	7423.35	7250.07	556.89	543.89	11.37	11.41	18.46	10.96
600130	波导股份	2880.00	2880.00	768.00	768.00	3.66	3.69	5.62	3.03
600131	国网信通	17010.46	7687.25	1195.39	540.21	19.82	19.83	26.32	13.71
600132	重庆啤酒	57587.73	57587.73	483.97	483.97	51.96	52.27	123.00	40.83
600133	东湖高新	4422.81	4313.74	795.47	775.85	5.36	5.40	7.59	4.09
600135	乐凯胶片	4000.41	2696.73	553.31	372.99	7.11	7.15	9.66	6.33
600136	当代文体	3998.79	3330.27	584.62	486.88	12.30	12.55	15.86	6.10
600137	浪莎股份	1331.88	1331.88	97.22	97.22	15.58	15.65	20.35	11.89
600138	中青旅	7426.60	7426.60	723.84	723.84	12.60	12.70	13.39	9.24
600139	西部资源	2323.24	2323.24	661.89	661.89	3.51	3.51	5.11	2.60
600141	兴发集团	12346.90	9282.32	1119.39	841.55	10.28	10.33	14.10	8.51
600143	金发科技	44111.89	44111.89	2573.62	2573.62	7.28	7.33	19.13	7.25
600145	*ST新亿	1878.79	1878.79	1491.10	1491.10	1.87	2.71	2.71	1.19
600146	*ST环球	484.07	484.07	469.97	469.97	13.50	13.91	16.62	1.02
600148	长春一东	2056.23	2056.23	141.52	141.52	13.34	13.37	18.38	10.46
600149	ST坊展	1805.76	1805.76	380.16	380.16	5.35	5.38	5.64	4.58
600150	中国船舶	79117.26	24378.90	4472.43	1378.12	21.76	21.85	24.50	17.00
600151	航天机电	12406.28	12406.28	1434.25	1434.25	4.74	4.76	9.37	3.74
600152	维科技术	3081.14	2220.34	420.92	303.33	6.76	6.80	8.38	5.28
600153	建发股份	23509.77	23277.00	2863.55	2835.20	8.99	9.06	10.49	6.99
600155	华创阳安	22944.75	22944.75	1739.56	1739.56	14.03	14.33	16.34	10.70
600156	华升股份	1660.72	1660.72	402.11	402.11	4.47	4.55	7.03	3.44
600157	*ST永泰	29771.80	29771.80	22217.76	22217.76	1.43	1.44	1.80	1.16
600158	中体产业	11763.63	8060.89	959.51	657.50	10.03	10.11	17.70	7.93
600159	大龙地产	2108.21	2108.21	830.00	830.00	2.55	2.57	3.22	2.05
600160	巨化股份	21894.94	21894.94	2699.75	2699.75	7.28	7.35	9.79	6.02
600161	天坛生物	52310.16	52310.16	1254.44	1254.44	27.94	27.95	53.49	26.90
600162	香江控股	6553.86	6553.86	3395.78	3395.78	2.29	2.31	2.41	1.80
600163	中闽能源	6993.71	4137.79	1689.30	999.47	3.46	3.48	4.38	2.96
600165	新日恒力	5020.20	5020.20	684.88	684.88	3.87	3.88	12.21	3.33
600166	福田汽车	20711.85	20711.85	6575.19	6575.19	2.09	2.09	3.72	1.70
600167	联美控股	25970.16	25970.16	2288.12	2288.12	13.16	13.21	16.27	11.03
600168	武汉控股	4881.84	4881.84	709.57	709.57	6.69	6.72	11.30	5.60
600169	太原重工	5538.14	5538.14	2563.96	2563.96	2.33	2.35	2.45	1.70
600170	上海建工	26802.24	26802.24	8904.40	8904.40	3.54	3.56	3.71	2.91
600171	上海贝岭	9871.79	9808.53	704.12	699.61	15.75	15.83	23.58	13.40
600172	黄河旋风	4730.37	4015.45	1442.18	1224.22	2.91	2.93	4.35	2.24
600173	卧龙地产	3497.94	3495.08	700.99	700.42	5.21	5.25	6.10	4.06
600176	中国巨石	69906.04	69906.04	3502.31	3502.31	10.90	11.05	20.52	7.52
600177	雅戈尔	33282.53	33282.53	4629.00	4629.00	6.97	7.02	7.73	5.93
600178	东安动力	3511.81	3511.81	462.08	462.08	4.80	4.82	11.98	3.84
600179	*ST安通	17500.79	14295.43	4364.29	3564.95	4.38	4.29	6.66	3.06
600180	瑞茂通	5295.85	5295.85	1016.48	1016.48	6.98	7.01	7.44	5.16
600182	S佳通	5198.60	2599.30	340.00	170.00	16.22	16.30	17.48	12.55
600183	生益科技	64485.29	64485.29	2289.96	2289.96	20.92	21.38	36.80	19.86
600184	光电股份	5743.91	5743.91	508.76	508.76	11.34	11.41	14.18	8.81

注：市价总值、无限售股市值、成交金额的单位为百万元（M Yuan），发行股本、无限售股股本、成交数量的单位为百万股（M Shares），上年收盘、本年开盘、本年最高、本年最低、本年收盘、涨跌值的单位为元（Yuan）。

A 股
A Share

股票
Share

本年收盘 Close	涨跌（%） Change	涨跌值 Change	市盈率（倍） P/E	市净率（倍） P/B	换手率（%） Turnover Rate	成交数量 Trading Vol	成交金额 Trading Val
6. 02	2. 70	0. 04	17. 29	1. 32	308. 92	4032. 96	22607. 62
5. 29	10. 24	0. 40	19. 46	0. 94	287. 46	9708. 10	72722. 40
11. 25	180. 55	7. 24	567. 61	10. 06	2748. 04	17636. 46	183878. 32
6. 45	-13. 71	-1. 08	45. 00	0. 94	523. 46	1291. 72	9245. 14
13. 33	17. 24	1. 96	0. 00	2. 34	299. 17	1666. 05	24363. 68
3. 75	2. 46	0. 09	103. 16	3. 19	833. 50	6401. 26	27084. 64
14. 23	-27. 81	-5. 59	34. 93	6. 22	289. 52	3338. 18	66505. 00
118. 99	134. 27	67. 03	87. 66	40. 59	165. 03	798. 69	56861. 48
5. 56	4. 09	0. 20	24. 16	0. 92	627. 43	4835. 24	29600. 40
7. 23	2. 47	0. 12	47. 02	1. 82	361. 37	1984. 25	15276. 80
6. 84	-44. 39	-5. 46	38. 05	0. 93	393. 75	2301. 93	21903. 77
13. 70	-11. 50	-1. 88	84. 09	2. 64	220. 96	214. 81	3473. 83
10. 26	-18. 25	-2. 34	13. 07	1. 13	599. 10	4336. 50	47762. 04
3. 51	0. 00	0. 00	0. 00	6. 58	1056. 98	6996. 07	25141. 07
11. 03	8. 43	0. 75	40. 82	1. 52	454. 28	4721. 06	51186. 29
17. 14	137. 22	9. 86	35. 45	4. 19	737. 47	18979. 69	244351. 92
1. 26	-55. 79	-0. 61	151. 62	3. 03	100. 35	1496. 27	2368. 69
1. 03	-92. 37	-12. 47	0. 00	0. 55	1161. 46	5458. 52	25511. 30
14. 53	9. 82	1. 19	102. 24	4. 68	571. 89	809. 32	11777. 16
4. 75	-11. 21	-0. 60	715. 36	8. 65	163. 18	620. 33	3116. 49
17. 69	-18. 70	-4. 07	195. 47	5. 13	122. 40	3468. 07	70009. 12
8. 65	82. 49	3. 91	0. 00	2. 35	530. 67	7611. 21	51829. 16
7. 32	8. 28	0. 56	0. 00	2. 27	505. 43	2127. 47	14618. 18
8. 21	-3. 23	-0. 78	5. 03	0. 76	161. 27	4575. 82	40757. 91
13. 19	-5. 99	-0. 84	88. 11	1. 53	378. 01	6575. 78	87341. 65
4. 13	-7. 61	-0. 34	0. 00	2. 41	646. 34	2598. 99	13177. 63
1. 34	-6. 29	-0. 09	212. 36	1. 25	252. 69	31567. 47	44923. 04
12. 26	22. 67	2. 23	119. 74	6. 64	634. 48	5670. 70	69425. 57
2. 54	1. 66	-0. 01	20. 84	0. 90	251. 19	2084. 86	5458. 06
8. 11	13. 45	0. 83	24. 45	1. 70	310. 30	8448. 61	63562. 57
41. 70	79. 31	13. 76	85. 60	13. 28	297. 48	3401. 09	134609. 02
1. 93	-12. 70	-0. 36	14. 41	1. 23	108. 71	3691. 65	7886. 83
4. 14	19. 65	0. 68	46. 46	3. 50	139. 32	2038. 32	7571. 48
7. 33	89. 41	3. 46	0. 00	5. 58	1055. 65	7229. 97	47574. 45
3. 15	50. 72	1. 06	108. 14	1. 36	504. 67	33183. 19	92282. 89
11. 35	-12. 46	-1. 81	16. 32	3. 43	57. 05	1305. 25	17716. 23
6. 88	4. 37	0. 19	19. 55	0. 94	445. 35	3160. 07	25722. 70
2. 16	-7. 30	-0. 17	0. 00	1. 66	190. 70	4889. 47	10319. 08
3. 01	-11. 24	-0. 53	6. 82	0. 81	84. 39	7514. 70	24326. 56
14. 02	-10. 41	-1. 73	41. 00	3. 24	813. 53	5727. 11	105164. 17
3. 28	12. 71	0. 37	121. 08	1. 13	660. 10	9519. 86	31639. 82
4. 99	-1. 05	-0. 22	6. 85	1. 27	117. 14	821. 29	4131. 79
19. 96	86. 84	9. 06	32. 84	4. 47	318. 34	11149. 05	136397. 16
7. 19	6. 53	0. 22	8. 38	1. 20	103. 20	4892. 60	33819. 28
7. 60	58. 33	2. 80	332. 02	1. 87	820. 79	3792. 70	29517. 41
4. 01	-2. 51	-0. 37	0. 00	0. 00	110. 24	1759. 03	8467. 59
5. 21	-24. 04	-1. 77	12. 81	0. 86	80. 62	819. 44	5344. 27
15. 29	-5. 22	-0. 93	59. 85	5. 34	120. 18	408. 61	6049. 78
28. 16	36. 60	7. 24	44. 51	7. 30	414. 37	9450. 37	263806. 71
11. 29	-0. 03	-0. 05	92. 72	2. 43	293. 92	1495. 35	16753. 79

A 股
A Share

股票
Share

股票代码 Code	股票简称 Stock Name	市价总值 Tot_cap	无限售股市值 Nego_cap	发行股本 Issued Vol	无限售股股本 Negotiable Vol	上年收盘 Last Year Close	本年开盘 Open	本年最高 High	本年最低 Low
600185	格力地产	13314.65	13314.65	2061.09	2061.09	4.84	4.89	18.10	3.74
600186	莲花健康	3891.39	3891.39	1379.92	1379.92	2.77	2.77	3.68	2.42
600187	国中水务	4134.84	4134.84	1653.94	1653.94	2.56	2.57	3.45	2.02
600188	兖州煤业	29807.20	29807.20	2960.00	2960.00	10.56	10.63	11.88	8.07
600189	泉阳泉	10506.26	8267.56	715.20	562.80	3.80	3.84	14.69	2.92
600190	锦州港	5391.84	5391.84	1779.48	1779.48	3.06	3.09	3.60	2.43
600191	华资实业	3404.22	3404.22	484.93	484.93	5.20	5.23	10.20	3.92
600192	长城电工	2301.51	2301.51	441.75	441.75	5.14	5.16	5.85	4.07
600193	ST 创兴	2007.76	2007.76	425.37	425.37	3.87	3.88	6.00	3.16
600195	中牧股份	13009.97	13009.97	1015.61	1015.61	11.55	11.60	20.77	10.56
600196	复星医药	108571.62	108571.62	2010.96	2010.96	26.60	26.77	79.19	23.99
600197	伊力特	12282.26	12282.26	434.62	434.62	16.03	16.03	35.45	12.31
600198	大唐电信	9076.90	9059.88	882.11	880.45	10.69	10.74	19.19	7.70
600199	金种子酒	12767.84	11771.57	657.80	606.47	6.23	6.25	22.53	4.73
600200	江苏吴中	3832.65	3832.65	712.39	712.39	5.38	5.37	11.86	5.21
600201	生物股份	23527.16	23395.99	1126.24	1119.96	18.72	18.86	31.15	18.14
600202	哈空调	1613.86	1613.86	383.34	383.34	4.88	4.91	5.10	3.82
600203	福日电子	4537.08	4537.08	456.45	456.45	6.40	6.43	14.22	5.46
600206	有研新材	11310.86	11242.14	846.62	841.48	12.20	12.29	17.68	10.89
600207	安彩高科	5773.18	5773.18	862.96	862.96	4.67	4.70	7.54	3.73
600208	新湖中宝	26657.97	26654.33	8599.34	8598.17	3.78	3.86	4.07	2.93
600209	ST 罗顿	1988.72	1988.72	439.01	439.01	3.25	3.26	6.07	2.69
600210	紫江企业	6597.80	6597.80	1516.74	1516.74	3.77	3.78	5.87	3.17
600211	西藏药业	16681.26	16681.26	247.94	247.94	31.99	32.12	182.07	23.88
600212	*ST 江泉	1632.31	1632.31	511.70	511.70	4.13	4.16	4.30	2.53
600213	亚星客车	1991.00	1991.00	220.00	220.00	8.68	8.70	10.52	6.42
600215	*ST 经开	2511.18	2511.18	465.03	465.03	6.56	7.22	12.39	4.91
600216	浙江医药	13125.74	13125.68	965.13	965.12	13.35	13.30	22.31	12.19
600217	中再资环	7970.91	7970.91	1388.66	1388.66	5.12	5.16	6.61	4.64
600218	全柴动力	3366.73	3366.73	368.76	368.76	11.18	11.30	12.18	8.24
600219	南山铝业	37763.52	37763.52	11950.48	11950.48	2.24	2.26	3.42	2.00
600220	江苏阳光	5082.52	5082.52	1783.34	1783.34	2.28	2.30	3.44	1.84
600221	海航控股	24983.74	24982.72	16436.67	16436.00	1.73	1.74	2.03	1.38
600222	太龙药业	2875.17	2875.17	573.89	573.89	4.57	4.49	8.90	4.43
600223	鲁商发展	8595.24	8595.24	1008.83	1008.83	8.43	9.27	15.90	6.32
600225	*ST 松江	1272.27	1268.78	935.49	932.92	2.96	2.99	3.10	1.28
600226	*ST 瀚叶	5444.48	4262.84	3129.01	2449.91	3.14	3.16	3.45	0.98
600227	圣济堂	4740.78	3578.90	1693.13	1278.18	2.51	2.52	3.70	2.27
600228	ST 昌九	2661.76	2661.76	241.32	241.32	6.26	6.28	14.09	5.43
600229	城市传媒	4732.13	4732.13	702.10	702.10	7.10	7.13	10.15	6.60
600230	沧州大化	3743.84	3743.84	411.86	411.86	10.33	10.45	13.48	7.48
600231	凌钢股份	6955.42	6955.42	2771.08	2771.08	2.76	2.77	2.83	2.05
600232	金鹰股份	2027.84	2027.84	364.72	364.72	6.42	6.49	8.66	5.32
600233	圆通速递	36338.05	36312.91	3159.83	3157.64	12.65	12.68	18.37	10.29
600234	ST 山水	1898.94	1898.94	202.45	202.45	9.01	9.08	11.75	8.51
600235	民丰特纸	1752.99	1752.99	351.30	351.30	5.80	6.38	6.38	3.95
600236	桂冠电力	35155.41	35155.41	7882.38	7882.38	4.89	4.89	5.19	4.14
600237	铜峰电子	2550.95	2550.95	564.37	564.37	3.52	3.55	6.77	2.71
600238	ST 椰岛	3908.30	3880.41	448.20	445.00	5.92	5.91	8.72	3.94
600239	云南城投	3885.76	3885.76	1605.69	1605.69	2.89	2.91	5.38	2.34

注：市价总值、无限售股市值、成交金额的单位为百万元（M Yuan），发行股本、无限售股股本、成交数量的单位为百万股（M Shares），上年收盘、本年开盘、本年最高、本年最低、本年收盘、涨跌值的单位为元（Yuan）。

A 股
A Share

股票
Share

本年收盘 Close	涨跌（%） Change	涨跌值 Change	市盈率（倍） P/E	市净率（倍） P/B	换手率（%） Turnover Rate	成交数量 Trading Vol	成交金额 Trading Val
6.46	33.47	1.62	25.30	1.70	420.17	8660.05	97900.78
2.82	10.36	0.05	56.21	12.52	343.66	4685.78	13381.85
2.50	-2.34	-0.06	209.38	1.21	269.36	4454.98	11643.14
10.07	0.94	-0.49	5.65	0.77	220.34	6522.10	63700.46
14.69	286.58	10.89	0.00	7.49	583.42	4177.07	32018.92
3.03	-0.33	-0.03	36.19	0.96	98.52	1753.18	5432.34
7.02	35.19	1.82	142.65	1.80	1149.14	5572.56	37538.58
5.21	1.58	0.07	196.16	1.19	349.76	1545.04	7921.35
4.72	21.96	0.85	104.75	8.65	110.57	470.35	2035.64
12.81	33.73	1.26	50.92	3.16	565.46	5187.06	75299.85
53.99	104.40	27.39	41.66	4.34	728.90	14657.79	678946.27
28.26	80.12	12.23	27.49	4.65	877.42	3812.62	81520.35
10.29	-3.74	-0.40	0.00	270.58	857.07	7560.26	95338.25
19.41	211.56	13.18	0.00	4.52	1047.82	6892.50	71649.44
5.38	0.00	0.00	59.39	1.63	792.83	5648.01	43916.36
20.89	11.86	2.17	106.44	5.06	334.98	3772.67	91811.93
4.21	-12.99	-0.67	31.91	2.41	221.92	850.72	3799.47
9.94	55.31	3.54	102.92	2.16	927.78	4234.82	40941.41
13.36	9.68	1.16	106.76	3.69	1109.46	9393.23	133409.18
6.69	43.25	2.02	290.24	3.62	320.08	2762.18	14734.13
3.10	-17.75	-0.68	12.38	0.77	225.88	19424.01	66245.64
4.53	39.38	1.28	0.00	3.86	259.32	1138.46	4854.05
4.35	20.06	0.58	13.35	1.34	296.62	4498.86	20380.80
67.28	202.74	35.29	53.41	6.85	933.64	2222.79	170423.40
3.19	-22.76	-0.94	0.00	7.03	267.39	1368.22	4681.73
9.05	4.26	0.37	142.77	11.45	931.15	2048.52	16791.40
5.40	-16.93	-1.16	32.61	0.98	288.15	1340.01	10603.16
13.60	7.00	0.25	38.29	1.67	759.23	7327.52	121520.35
5.74	12.11	0.62	19.84	4.41	307.32	4267.61	23904.34
9.13	-17.67	-2.05	34.79	1.66	962.90	3550.74	35847.88
3.16	44.58	0.92	23.27	0.96	228.65	27324.73	68324.07
2.85	25.88	0.57	72.54	2.33	307.63	5486.07	14914.90
1.52	-12.14	-0.21	47.03	0.49	214.86	35315.26	59260.03
5.01	9.63	0.44	62.90	2.20	879.98	5050.06	30861.96
8.52	1.90	0.09	24.95	3.13	862.81	8640.37	86946.26
1.36	-54.05	-1.60	0.00	4.02	313.93	2936.77	6688.97
1.74	-44.59	-1.40	0.00	1.54	387.10	12133.56	25540.28
2.80	11.55	0.29	0.00	1.50	204.12	3455.99	10347.03
11.03	76.20	4.77	0.00	48.22	234.87	566.79	5959.87
6.74	-2.65	-0.36	12.63	1.70	245.52	1723.80	13737.72
9.09	-11.84	-1.24	81.66	1.06	578.59	2382.98	24473.51
2.51	-6.96	-0.25	16.26	0.90	121.00	3352.96	8059.16
5.56	-10.60	-0.86	78.93	1.83	404.39	1474.87	9999.28
11.50	-8.15	-1.15	21.79	2.82	179.05	5543.14	79354.05
9.38	4.11	0.37	112.43	25.84	61.25	124.00	1174.89
4.99	-13.97	-0.81	136.98	1.35	791.01	2778.82	14432.59
4.46	-4.65	-0.43	16.63	2.42	16.62	1309.98	5956.90
4.52	28.41	1.00	0.00	2.33	1536.03	8668.90	39870.81
8.72	47.30	2.80	0.00	7.36	129.28	579.42	3138.45
2.42	-16.26	-0.47	0.00	1.43	500.89	8042.79	30445.47

A股 A Share

股票 Share

股票代码 Code	股票简称 Stock Name	市价总值 Tot_cap	无限售股市值 Nego_cap	发行股本 Issued Vol	无限售股股本 Negotiable Vol	上年收盘 Last Year Close	本年开盘 Open	本年最高 High	本年最低 Low
600241	*ST时万	947.65	947.65	294.30	294.30	5.08	5.11	5.35	2.96
600242	*ST中昌	1137.10	1123.72	456.67	451.29	7.87	7.87	11.38	2.36
600243	*ST海华	1220.00	1220.00	438.85	438.85	4.39	4.42	4.62	2.05
600246	万通发展	14316.44	14316.44	2054.01	2054.01	5.26	5.33	10.43	4.44
600247	*ST成城	390.27	390.27	336.44	336.44	3.66	3.71	4.30	1.11
600248	延长化建	14449.24	3014.18	3147.98	656.68	4.40	4.40	5.01	3.59
600249	两面针	2607.00	2607.00	550.00	550.00	4.57	4.57	6.06	3.56
600250	南纺股份	1667.89	1450.10	310.59	270.04	6.46	6.47	8.60	4.85
600251	冠农股份	5768.59	5714.35	784.84	777.46	5.46	5.48	9.77	4.75
600252	中恒集团	10668.58	10668.58	3475.11	3475.11	3.26	3.29	4.05	2.91
600255	*ST鑫科	3256.05	3256.05	1769.59	1769.59	1.56	1.56	2.16	0.84
600256	广汇能源	19113.91	19113.91	6754.03	6754.03	3.31	3.33	3.53	2.40
600257	大湖股份	2767.11	2767.11	481.24	481.24	4.32	4.38	7.09	3.21
600258	首旅酒店	20959.32	20772.07	987.72	978.89	20.61	20.66	26.10	12.93
600259	广晟有色	9105.38	9105.38	301.80	301.80	34.77	35.00	37.73	25.89
600260	凯乐科技	10869.28	10601.05	997.18	972.57	13.57	13.63	16.56	10.37
600261	阳光照明	5343.74	5343.74	1452.10	1452.10	4.75	4.78	5.00	3.43
600262	北方股份	2720.00	2720.00	170.00	170.00	18.15	18.13	22.79	14.40
600265	ST景谷	2480.48	2480.48	129.80	129.80	24.17	24.21	25.72	15.84
600266	城建发展	11463.21	11463.21	2256.54	2256.54	8.10	8.18	8.25	5.00
600267	海正药业	15960.24	15960.24	965.53	965.53	9.91	9.86	21.97	9.75
600268	国电南自	5193.63	5193.63	695.27	695.27	5.14	5.18	13.55	4.11
600269	赣粤高速	7987.09	7987.09	2335.41	2335.41	4.13	4.14	4.19	3.33
600271	航天信息	23345.90	23345.90	1852.85	1852.85	23.17	23.41	25.88	11.95
600272	开开实业	1157.30	1136.00	163.00	160.00	7.61	7.65	9.98	6.40
600273	嘉化能源	13238.43	13238.43	1432.73	1432.73	11.25	11.25	14.14	8.32
600275	ST昌鱼	1267.00	1267.00	508.84	508.84	2.19	2.20	3.87	1.83
600276	恒瑞医药	594273.18	590262.95	5331.72	5295.74	87.52	88.00	116.50	77.18
600277	亿利洁能	8189.43	8189.43	2738.94	2738.94	4.56	4.62	4.66	2.93
600278	东方创业	7512.17	4517.39	868.46	522.24	10.61	10.75	11.99	8.46
600279	重庆港九	4545.70	3331.81	1186.87	869.92	4.60	4.59	4.72	3.40
600280	*ST中商	2733.04	2733.04	1148.33	1148.33	2.78	2.79	2.98	1.37
600281	太化股份	2011.31	2011.31	514.40	514.40	4.12	4.14	4.64	3.28
600282	南钢股份	19173.24	13874.97	6145.27	4447.11	3.45	3.47	3.94	2.70
600283	钱江水利	3586.44	3586.44	353.00	353.00	10.46	10.80	17.86	7.86
600284	浦东建设	5899.16	5899.16	970.26	970.26	6.35	6.43	7.18	5.94
600285	羚锐制药	4809.34	4809.34	567.81	567.81	9.90	9.95	12.53	7.99
600287	江苏舜天	2712.50	2712.50	436.80	436.80	6.03	6.07	7.32	4.99
600288	大恒科技	4455.36	4455.36	436.80	436.80	11.72	11.88	14.10	9.70
600289	*ST信通	2871.29	2574.95	631.05	565.92	3.53	3.50	6.23	3.01
600290	*ST华仪	2028.94	2028.94	759.90	759.90	2.84	2.70	2.93	0.99
600291	西水股份	6197.68	6197.68	1093.06	1093.06	8.99	9.11	15.99	5.06
600292	远达环保	5567.22	5567.22	780.82	780.82	5.67	5.71	9.33	4.53
600293	三峡新材	3260.01	3260.01	1160.15	1160.15	3.14	3.18	3.89	2.24
600295	鄂尔多斯	10502.81	6799.47	1007.95	652.54	9.02	9.10	12.07	6.86
600297	广汇汽车	23195.46	23195.46	8110.30	8110.30	3.26	3.28	4.79	2.76
600298	安琪酵母	42085.81	42085.81	824.08	824.08	30.67	30.89	71.95	25.17
600299	安迪苏	30868.68	30868.68	2681.90	2681.90	11.06	11.13	16.80	9.70
600300	维维股份	7875.12	7875.12	1672.00	1672.00	2.95	2.99	5.59	2.39
600301	ST南化	1573.14	1573.14	235.15	235.15	6.88	6.85	7.34	5.66

注：市价总值、无限售股市值、成交金额的单位为百万元（M Yuan），发行股本、无限售股股本、成交数量的单位为百万股（M Shares），上年收盘、本年开盘、本年最高、本年最低、本年收盘、涨跌值的单位为元（Yuan）。

A股 A Share

股票 Share

本年收盘 Close	涨跌（%） Change	涨跌值 Change	市盈率（倍） P/E	市净率（倍） P/B	换手率（%） Turnover Rate	成交数量 Trading Vol	成交金额 Trading Val
3. 22	-36. 61	-1. 86	0. 00	0. 97	201. 33	592. 52	2258. 60
2. 49	-68. 36	-5. 38	0. 00	2. 19	1032. 13	4713. 36	30397. 59
2. 78	-36. 67	-1. 61	0. 00	1. 09	181. 92	798. 35	2698. 97
6. 97	33. 38	1. 71	23. 67	1. 86	213. 57	4386. 79	33803. 24
1. 16	-68. 31	-2. 50	0. 00	0. 00	321. 81	1082. 70	2198. 48
4. 59	4. 80	0. 19	48. 87	4. 88	159. 05	1518. 10	6467. 77
4. 74	3. 72	0. 17	0. 00	1. 26	446. 97	2458. 32	11676. 63
5. 37	-16. 87	-1. 09	15. 36	1. 57	368. 27	1143. 45	7015. 42
7. 35	34. 62	1. 89	33. 99	2. 66	616. 77	4840. 68	34640. 61
3. 07	-4. 09	-0. 19	14. 32	1. 67	207. 99	7227. 86	24920. 23
1. 84	17. 95	0. 28	0. 00	3. 14	445. 19	7878. 10	10561. 42
2. 83	-14. 50	-0. 48	11. 97	1. 20	129. 20	8770. 25	25602. 56
5. 75	33. 10	1. 43	0. 00	2. 39	1098. 91	5288. 37	25803. 50
21. 22	3. 35	0. 61	23. 68	2. 34	399. 64	3948. 08	71196. 58
30. 17	-13. 23	-4. 60	206. 45	5. 30	515. 48	1555. 72	50253. 41
10. 90	-19. 68	-2. 67	12. 44	1. 76	862. 06	8626. 04	121524. 72
3. 68	-18. 91	-1. 07	11. 03	1. 43	223. 16	3240. 51	13437. 23
16. 00	-11. 34	-2. 15	43. 41	2. 31	154. 59	262. 80	4794. 54
19. 11	-20. 94	-5. 06	723. 59	63. 30	35. 62	46. 24	914. 98
5. 08	-21. 85	-3. 02	5. 49	0. 45	131. 36	2730. 11	17247. 76
16. 53	67. 34	6. 62	171. 47	2. 54	924. 22	8923. 62	139946. 69
7. 47	46. 23	2. 33	92. 30	2. 16	1097. 82	7632. 75	64868. 24
3. 42	-13. 80	-0. 71	7. 18	0. 51	83. 31	1945. 66	7067. 31
12. 60	-44. 91	-10. 57	16. 38	1. 96	196. 09	3647. 38	69486. 46
7. 10	-6. 36	-0. 51	78. 51	3. 35	420. 34	685. 16	5499. 49
9. 24	-14. 85	-2. 01	10. 79	1. 90	427. 61	6126. 48	64118. 10
2. 49	13. 70	0. 30	0. 00	9. 53	270. 85	1378. 20	3627. 79
111. 46	53. 19	23. 94	111. 54	23. 99	127. 84	6354. 32	584059. 99
2. 99	-32. 66	-1. 57	9. 10	0. 53	221. 15	6057. 09	22370. 61
8. 65	-17. 94	-1. 96	66. 69	1. 78	189. 87	1148. 14	11436. 19
3. 83	-15. 65	-0. 77	28. 55	0. 84	105. 42	1251. 23	4947. 80
2. 38	-14. 39	-0. 40	0. 00	3. 24	244. 67	2809. 64	5725. 30
3. 91	-5. 10	-0. 21	41. 67	4. 15	205. 49	1057. 07	4295. 36
3. 12	-0. 40	-0. 33	7. 36	1. 14	286. 81	14280. 37	46823. 72
10. 16	-2. 87	-0. 30	83. 09	1. 93	328. 22	1158. 59	13539. 93
6. 08	-2. 10	-0. 27	14. 45	0. 96	244. 65	2373. 68	15614. 59
8. 47	-11. 55	-1. 43	16. 33	2. 18	504. 93	2867. 05	28539. 44
6. 21	4. 65	0. 18	10. 16	1. 20	277. 75	1213. 20	7236. 02
10. 20	-12. 90	-1. 52	60. 96	2. 72	236. 37	1032. 44	12451. 68
4. 55	28. 90	1. 02	1. 91	3. 97	223. 75	1411. 98	6423. 02
2. 67	-5. 99	-0. 17	0. 00	1. 77	578. 05	4392. 63	7874. 48
5. 67	-36. 93	-3. 32	0. 00	0. 57	732. 92	8011. 27	68340. 22
7. 13	26. 90	1. 46	50. 13	1. 09	192. 21	1500. 80	9119. 73
2. 81	-10. 51	-0. 33	301. 18	0. 83	442. 43	5133. 99	14415. 19
10. 42	22. 02	1. 40	11. 10	1. 18	258. 40	2604. 57	24616. 94
2. 86	-12. 27	-0. 40	8. 92	0. 61	197. 53	16047. 95	58535. 11
51. 07	68. 18	20. 40	46. 68	8. 37	342. 19	2819. 90	132729. 67
11. 51	5. 46	0. 45	31. 11	2. 24	96. 43	2586. 13	32751. 81
4. 71	59. 66	1. 76	107. 98	3. 20	833. 05	13928. 59	52273. 24
6. 69	-2. 76	-0. 19	241. 87	4. 87	96. 86	227. 75	1473. 50

A 股 A Share

股票 Share

股票代码 Code	股票简称 Stock Name	市价总值 Tot_cap	无限售股市值 Nego_cap	发行股本 Issued Vol	无限售股股本 Negotiable Vol	上年收盘 Last Year Close	本年开盘 Open	本年最高 High	本年最低 Low
600302	标准股份	1581.26	1581.26	346.01	346.01	5.04	5.04	5.20	3.51
600303	曙光股份	3006.44	3006.44	675.60	675.60	3.52	3.54	5.29	2.78
600305	恒顺醋业	22205.45	22205.45	1002.96	1002.96	15.25	15.23	27.58	14.89
600306	*ST 商城	922.76	919.31	178.14	177.47	5.69	5.70	6.56	3.82
600307	酒钢宏兴	10334.54	10334.54	6263.36	6263.36	2.06	2.07	2.11	1.48
600308	华泰股份	6047.97	6047.97	1167.56	1167.56	4.59	4.72	5.94	4.00
600309	万华化学	285842.53	129618.78	3139.75	1423.76	56.17	56.50	93.33	37.60
600310	桂东电力	4736.47	3782.93	1036.43	827.78	4.29	4.30	5.05	3.41
600311	*ST 荣华	1104.90	1104.90	665.60	665.60	3.39	3.37	4.36	1.34
600312	平高电气	9688.42	9688.42	1356.92	1356.92	6.46	6.50	10.46	5.16
600313	农发种业	6384.97	6014.44	1082.20	1019.40	2.82	2.86	7.06	2.30
600315	上海家化	23545.88	23312.46	677.97	671.25	30.94	31.02	52.20	24.44
600316	洪都航空	40782.30	40782.30	717.11	717.11	13.03	13.07	56.87	11.30
600317	营口港	16635.57	16635.57	6472.98	6472.98	2.55	2.56	3.10	2.00
600318	新力金融	5256.85	5163.11	513.36	504.21	7.00	7.05	16.65	5.12
600319	ST 亚星	1637.93	1637.93	315.59	315.59	4.63	4.86	6.63	4.10
600320	振华重工	11826.31	11826.31	3322.00	3322.00	3.63	3.66	3.76	2.82
600321	正源股份	3202.37	3202.37	1510.55	1510.55	2.17	2.18	3.22	1.72
600322	天房发展	2587.34	2587.34	1105.70	1105.70	3.00	3.03	3.18	2.30
600323	瀚蓝环境	19011.01	19011.01	766.26	766.26	17.54	17.56	31.10	17.56
600325	华发股份	13147.93	13108.14	2117.22	2110.81	7.83	7.95	8.32	6.02
600326	西藏天路	6448.05	6448.05	918.53	918.53	7.33	7.35	12.30	5.68
600327	大东方	3671.84	3671.84	884.78	884.78	3.52	3.53	6.13	3.53
600328	中盐化工	6387.62	3732.61	957.66	559.61	8.26	8.29	9.55	6.12
600329	中新药业	10050.23	9914.01	573.64	565.87	13.86	13.87	20.55	12.05
600330	天通股份	10085.25	10085.25	996.57	996.57	8.04	8.05	13.14	7.30
600331	宏达股份	4490.72	4490.72	2032.00	2032.00	2.63	2.65	3.15	1.96
600332	白云山	41122.31	41122.31	1405.89	1405.89	35.61	35.20	41.50	28.65
600333	长春燃气	5286.39	5286.39	609.03	609.03	5.20	5.20	10.16	3.61
600335	国机汽车	7240.67	5117.79	1456.88	1029.74	5.80	5.84	7.46	4.55
600336	澳柯玛	7951.87	7799.32	799.18	783.85	4.39	4.42	11.35	3.85
600337	美克家居	8074.15	8074.15	1766.77	1766.77	4.43	4.44	6.33	3.84
600338	西藏珠峰	9580.92	9580.92	914.21	914.21	12.50	12.58	15.25	7.09
600339	中油工程	17196.09	17196.09	5583.15	5583.15	3.39	3.41	3.76	2.25
600340	华夏幸福	50604.40	50341.08	3913.72	3893.36	28.70	29.08	29.45	12.42
600343	航天动力	6228.89	6228.89	638.21	638.21	9.15	9.20	12.76	6.98
600345	长江通信	3496.68	3496.68	198.00	198.00	22.55	22.68	28.82	16.79
600346	恒力石化	196883.62	129555.24	7039.10	4631.94	16.08	16.06	28.98	11.94
600348	阳泉煤业	13492.05	13492.05	2405.00	2405.00	5.53	5.57	6.03	4.06
600350	山东高速	29733.01	29733.01	4811.17	4811.17	4.91	4.95	7.40	4.03
600351	亚宝药业	3834.60	3834.60	770.00	770.00	5.83	5.84	9.43	4.80
600352	浙江龙盛	44310.38	44310.38	3253.33	3253.33	14.47	14.58	16.50	11.09
600353	旭光电子	2941.53	2941.53	543.72	543.72	5.61	5.63	7.18	4.39
600354	*ST 敦种	2301.22	2301.22	527.80	527.80	5.19	5.21	6.70	3.06
600355	精伦电子	1269.59	1269.59	492.09	492.09	3.41	3.43	4.66	2.40
600356	恒丰纸业	2497.39	2497.39	298.73	298.73	7.75	7.80	9.68	6.00
600358	*ST 联合	1494.61	1494.61	504.94	504.94	4.20	4.36	5.08	2.49
600359	新农开发	3368.76	3368.76	381.51	381.51	5.47	5.47	12.36	4.29
600360	华微电子	7980.05	7980.05	960.30	960.30	6.59	6.61	11.54	5.88
600361	华联综超	2649.92	2649.92	665.81	665.81	3.78	3.80	5.87	3.10

注：市价总值、无限售股市值、成交金额的单位为百万元（M Yuan），发行股本、无限售股股本、成交数量的单位为百万股（M Shares），上年收盘、本年开盘、本年最高、本年最低、本年收盘、涨跌值的单位为元（Yuan）。

A 股
A Share

股票
Share

本年收盘 Close	涨跌（%） Change	涨跌值 Change	市盈率（倍） P/E	市净率（倍） P/B	换手率（%） Turnover Rate	成交数量 Trading Vol	成交金额 Trading Val
4. 57	-9. 33	-0. 47	0. 00	1. 48	302. 95	1048. 23	4659. 44
4. 45	27. 18	0. 93	64. 46	1. 03	1008. 59	6814. 07	27984. 77
22. 14	87. 54	6. 89	68. 42	9. 86	508. 86	4602. 88	94195. 96
5. 18	-8. 96	-0. 51	0. 00	0. 00	259. 92	463. 02	2270. 91
1. 65	-19. 90	-0. 41	8. 35	0. 88	158. 58	9932. 48	16843. 82
5. 18	16. 65	0. 59	8. 89	0. 74	321. 34	3751. 82	18604. 25
91. 04	66. 79	34. 87	28. 22	6. 75	147. 62	4634. 77	283986. 15
4. 57	8. 20	0. 28	31. 21	2. 32	230. 41	1940. 14	8061. 45
1. 66	-51. 03	-1. 73	0. 00	1. 76	716. 98	4772. 23	12045. 25
7. 14	11. 21	0. 68	42. 40	1. 07	456. 60	6195. 71	51406. 78
5. 90	109. 22	3. 08	351. 19	4. 43	1557. 63	16856. 65	74446. 51
34. 73	12. 95	3. 79	42. 27	3. 75	276. 27	1855. 39	68854. 73
56. 87	336. 62	43. 84	492. 13	8. 22	868. 13	6225. 46	171692. 22
2. 57	2. 68	0. 02	16. 44	1. 35	50. 13	3244. 78	8143. 35
10. 24	46. 48	3. 24	162. 85	4. 18	1604. 21	8235. 47	92037. 26
5. 19	12. 10	0. 56	56. 06	25. 36	151. 90	479. 40	2472. 36
3. 56	-0. 38	-0. 07	36. 42	1. 21	75. 39	2504. 43	8033. 82
2. 12	-1. 83	-0. 05	145. 50	1. 18	296. 69	4481. 58	10402. 89
2. 34	-22. 00	-0. 66	18. 28	0. 56	326. 92	3614. 78	9770. 98
24. 81	42. 82	7. 27	20. 83	2. 90	216. 32	1657. 57	38242. 65
6. 21	-16. 54	-1. 62	4. 72	0. 67	269. 82	5712. 66	39718. 38
7. 02	-3. 30	-0. 31	14. 87	1. 77	775. 23	6754. 08	58005. 51
4. 15	38. 11	0. 63	16. 46	1. 09	646. 39	5719. 09	25011. 05
6. 67	-16. 48	-1. 59	7. 14	1. 18	245. 57	2143. 81	17032. 55
17. 52	28. 59	3. 66	21. 67	2. 52	252. 82	1448. 57	23330. 64
10. 12	26. 49	2. 08	62. 09	2. 48	981. 18	9778. 09	95924. 55
2. 21	-15. 97	-0. 42	53. 14	1. 96	402. 38	8176. 27	20682. 83
29. 25	-16. 46	-6. 36	14. 91	1. 97	217. 92	3063. 76	104460. 70
8. 68	66. 92	3. 48	551. 81	2. 51	472. 29	2876. 38	15885. 42
4. 97	-13. 30	-0. 83	13. 47	0. 72	293. 33	4273. 48	25005. 60
9. 95	129. 73	5. 56	41. 21	3. 94	1129. 86	9029. 67	68520. 68
4. 57	3. 16	0. 14	17. 41	1. 75	283. 09	5006. 78	24283. 54
10. 48	-16. 16	-2. 02	15. 96	3. 50	562. 55	5142. 90	54564. 16
3. 08	-7. 69	-0. 31	21. 39	0. 72	142. 65	7964. 27	22713. 77
12. 93	-38. 11	-15. 77	3. 46	1. 01	108. 87	3707. 75	74191. 38
9. 76	6. 67	0. 61	0. 00	2. 98	466. 49	2977. 17	28594. 13
17. 66	-21. 30	-4. 89	31. 01	1. 79	526. 67	1042. 80	22753. 51
27. 97	79. 10	11. 89	19. 64	5. 42	115. 92	8160. 04	145751. 85
5. 61	8. 11	0. 08	7. 93	0. 60	214. 25	5152. 74	25909. 27
6. 18	33. 36	1. 27	9. 77	0. 93	56. 21	2704. 39	15256. 49
4. 98	-14. 27	-0. 85	275. 75	1. 43	460. 07	3542. 51	22249. 25
13. 62	-4. 23	-0. 85	8. 82	1. 81	433. 60	14106. 38	198044. 02
5. 41	-2. 57	-0. 20	52. 65	2. 64	429. 43	2334. 89	13623. 75
4. 36	-15. 99	-0. 83	0. 00	4. 34	745. 46	3934. 55	18257. 09
2. 58	-24. 34	-0. 83	0. 00	4. 30	821. 07	4040. 39	13455. 77
8. 36	9. 34	0. 61	27. 93	1. 15	212. 29	634. 18	4889. 00
2. 96	-29. 52	-1. 24	0. 00	6. 40	171. 43	865. 59	2936. 20
8. 83	61. 43	3. 36	404. 67	7. 60	1886. 62	7197. 68	62937. 76
8. 31	26. 40	1. 72	122. 78	2. 57	1615. 27	15556. 49	135951. 97
3. 98	6. 63	0. 20	31. 45	0. 96	477. 93	3182. 11	14261. 72

A股 股票

A Share Share

股票代码 Code	股票简称 Stock Name	市价总值 Tot_cap	无限售股市值 Nego_cap	发行股本 Issued Vol	无限售股股本 Negotiable Vol	上年收盘 Last Year Close	本年开盘 Open	本年最高 High	本年最低 Low
600362	江西铜业	41401.19	41401.19	2075.25	2075.25	16.93	17.06	22.95	12.10
600363	联创光电	11218.39	10922.83	455.48	443.48	15.29	15.43	30.39	12.31
600365	ST通葡	992.00	992.00	400.00	400.00	4.19	4.21	4.65	2.19
600366	宁波韵升	6310.55	6310.55	989.11	989.11	6.66	6.69	7.37	5.00
600367	红星发展	2142.22	2111.20	295.48	291.20	7.56	7.70	9.27	6.40
600368	五洲交通	4119.81	4119.81	1125.63	1125.63	4.52	4.55	4.70	3.40
600369	西南证券	35750.69	30370.69	6645.11	5645.11	5.19	5.27	6.30	4.17
600370	三房巷	11190.93	2439.57	3657.17	797.24	3.05	3.04	4.35	2.40
600371	万向德农	4663.69	4663.69	292.58	292.58	12.20	12.20	20.47	9.19
600372	中航电子	37889.41	37889.41	1928.21	1928.21	14.24	14.30	23.50	12.12
600373	中文传媒	13672.59	13672.59	1355.06	1355.06	13.61	13.70	18.81	9.93
600375	汉马科技	4462.60	4462.60	555.74	555.74	4.68	4.72	9.95	3.66
600376	首开股份	15142.05	15142.05	2579.57	2579.57	7.97	8.05	8.30	5.70
600377	宁沪高速	35143.03	34995.85	3815.75	3799.77	11.22	11.30	11.66	8.91
600378	昊华科技	19271.00	7492.84	917.23	356.63	19.31	19.36	25.72	14.52
600379	宝光股份	2020.83	2020.83	330.20	330.20	5.75	5.67	7.12	4.59
600380	健康元	27135.45	27135.45	1950.79	1950.79	10.35	10.41	22.47	9.34
600381	青海春天	5054.59	5054.59	587.06	587.06	5.39	5.45	8.61	4.22
600382	广东明珠	4646.82	4646.82	788.93	788.93	6.99	7.03	7.24	4.92
600383	金地集团	60946.88	60946.88	4514.58	4514.58	14.50	14.65	17.77	11.83
600385	ST金泰	784.97	756.70	148.11	142.77	7.82	7.83	8.43	4.95
600386	北巴传媒	2935.30	2935.30	806.40	806.40	3.72	3.73	5.22	3.00
600387	海越能源	2972.18	2545.51	471.77	404.05	8.30	8.37	9.67	6.24
600388	龙净环保	9493.18	9493.18	1069.05	1069.05	9.75	9.79	11.79	8.28
600389	江山股份	6115.23	6115.23	297.00	297.00	20.67	20.68	26.85	16.53
600390	五矿资本	31396.50	31396.50	4498.07	4498.07	8.26	8.39	9.27	6.55
600391	航发科技	8533.84	8533.84	330.13	330.13	13.81	13.90	35.67	11.75
600392	盛和资源	15603.44	15603.44	1755.17	1755.17	9.07	9.13	9.70	6.17
600393	粤泰股份	5199.31	2025.82	2536.25	988.21	2.70	2.73	3.94	1.97
600395	盘江股份	13025.26	13025.26	1655.05	1655.05	6.11	6.14	9.15	5.00
600396	金山股份	4123.58	4123.58	1472.71	1472.71	1.86	1.89	3.45	1.74
600397	安源煤业	3405.46	3405.46	989.96	989.96	2.82	2.80	3.91	1.98
600398	海澜之家	27731.77	27731.77	4319.59	4319.59	7.68	7.71	8.16	5.77
600399	ST抚钢	29384.29	29384.29	1972.10	1972.10	3.30	3.30	15.88	3.07
600400	红豆股份	8005.09	8005.09	2533.26	2533.26	3.36	3.36	5.48	3.10
600403	大有能源	13364.64	13364.64	2390.81	2390.81	4.10	4.13	6.53	3.10
600405	动力源	3688.29	3662.68	557.14	553.28	4.73	4.74	6.62	4.30
600406	国电南瑞	122799.51	121787.96	4621.74	4583.66	21.18	21.40	27.08	16.35
600408	ST安泰	2466.66	2466.66	1006.80	1006.80	2.38	2.38	2.98	1.63
600409	三友化工	21159.58	21159.58	2064.35	2064.35	6.32	6.32	10.35	4.20
600410	华胜天成	9734.87	9734.87	1098.74	1098.74	10.31	10.43	16.96	8.33
600415	小商品城	29992.11	29992.11	5443.21	5443.21	3.87	3.89	8.49	3.17
600416	*ST湘电	19843.60	19843.60	945.83	945.83	7.14	7.13	23.60	5.74
600418	江淮汽车	23155.21	23155.21	1893.31	1893.31	5.02	5.04	14.36	4.31
600419	天润乳业	3918.86	3918.86	268.60	268.60	13.80	13.89	19.42	10.50
600420	现代制药	9766.37	9766.37	1026.96	1026.96	8.94	8.97	11.85	8.51
600421	ST华嵘	1887.54	1887.54	195.60	195.60	8.16	8.48	16.57	8.16
600422	昆药集团	6558.91	6558.91	758.26	758.26	10.73	10.76	12.07	8.47
600423	ST柳化	1988.75	1988.75	798.70	798.70	3.33	3.35	3.41	2.38
600425	青松建化	5101.52	5101.52	1378.79	1378.79	3.94	3.99	6.87	3.04

注：市价总值、无限售股市值、成交金额的单位为百万元（M Yuan），发行股本、无限售股股本、成交数量的单位为百万股（M Shares），上年收盘、本年开盘、本年最高、本年最低、本年收盘、涨跌值的单位为元（Yuan）。

A 股
A Share

股票
Share

本年收盘 Close	涨跌（%） Change	涨跌值 Change	市盈率（倍） P/E	市净率（倍） P/B	换手率（%） Turnover Rate	成交数量 Trading Vol	成交金额 Trading Val
19. 95	18. 59	3. 02	28. 01	1. 31	373. 00	7740. 76	128379. 42
24. 63	61. 49	9. 34	57. 55	4. 29	1031. 40	4575. 05	95594. 27
2. 48	-40. 81	-1. 71	0. 00	1. 50	634. 52	2538. 07	8577. 61
6. 38	-3. 57	-0. 28	127. 02	1. 48	772. 07	7636. 64	47964. 57
7. 25	-3. 69	-0. 31	28. 65	1. 60	293. 09	871. 68	6639. 81
3. 66	-17. 34	-0. 86	4. 69	0. 95	258. 68	2911. 78	11153. 05
5. 38	5. 54	0. 19	34. 31	1. 83	191. 12	11378. 68	60896. 12
3. 06	1. 37	0. 01	203. 73	8. 33	291. 38	2507. 37	8420. 21
15. 94	70. 89	3. 74	79. 42	9. 52	1977. 63	5027. 88	74888. 53
19. 65	38. 40	5. 41	68. 14	4. 83	228. 32	4155. 30	69540. 55
10. 09	-22. 74	-3. 52	7. 92	0. 97	244. 71	3315. 94	44628. 14
8. 03	71. 58	3. 35	103. 15	1. 56	678. 36	3769. 92	27794. 61
5. 87	-21. 32	-2. 10	5. 49	0. 51	85. 28	2199. 71	14916. 53
9. 21	-14. 03	-2. 01	11. 05	1. 63	35. 92	1370. 77	13774. 85
21. 01	9. 65	1. 70	36. 70	3. 24	148. 19	1343. 37	27708. 89
6. 12	7. 82	0. 37	45. 75	3. 70	314. 09	1037. 14	6264. 27
13. 91	35. 81	3. 56	30. 34	2. 62	328. 52	6390. 89	95930. 57
8. 61	59. 74	3. 22	870. 58	2. 12	401. 47	2356. 88	13465. 58
5. 89	10. 49	-1. 10	12. 53	0. 77	322. 49	2397. 31	14478. 26
13. 50	-2. 98	-1. 00	6. 05	1. 13	184. 76	8340. 96	119398. 42
5. 30	-32. 23	-2. 52	251. 18	33. 44	107. 26	158. 86	1061. 69
3. 64	-1. 18	-0. 08	33. 68	1. 67	377. 38	3043. 17	11903. 38
6. 30	-24. 10	-2. 00	6. 22	0. 98	419. 25	1977. 90	15597. 58
8. 88	-7. 04	-0. 87	11. 15	1. 66	233. 01	2490. 99	24764. 97
20. 59	5. 74	-0. 08	20. 38	3. 04	244. 96	727. 53	15653. 16
6. 98	-14. 55	-1. 28	11. 48	0. 91	113. 03	5084. 05	39258. 41
25. 85	87. 18	12. 04	377. 98	5. 83	1136. 55	3752. 09	82538. 88
8. 89	-1. 98	-0. 18	153. 67	2. 96	598. 18	10499. 07	85348. 93
2. 05	-24. 07	-0. 65	28. 89	0. 86	274. 31	6957. 17	19982. 77
7. 87	37. 21	1. 76	11. 94	1. 77	184. 29	3050. 01	20215. 24
2. 80	50. 54	0. 94	61. 16	2. 02	364. 35	5365. 76	14235. 72
3. 44	21. 99	0. 62	179. 54	3. 98	739. 06	7316. 40	21443. 89
6. 42	-12. 77	-1. 26	8. 64	2. 04	67. 64	2959. 85	19696. 23
14. 90	351. 52	11. 60	97. 29	6. 57	213. 35	4207. 52	30896. 41
3. 16	-4. 55	-0. 20	47. 23	2. 01	217. 22	5502. 76	21527. 62
5. 59	36. 68	1. 49	173. 87	1. 82	105. 64	2525. 70	11002. 62
6. 62	39. 96	1. 89	333. 17	3. 52	755. 40	4224. 97	23398. 15
26. 57	27. 11	5. 39	28. 28	4. 02	124. 74	5765. 21	121812. 79
2. 45	2. 94	0. 07	5. 40	1. 27	208. 74	2101. 62	4445. 85
10. 25	67. 64	3. 93	30. 98	1. 88	553. 68	11429. 99	75301. 63
8. 86	-13. 90	-1. 45	59. 35	2. 02	1323. 21	14538. 67	190457. 46
5. 51	43. 71	1. 64	23. 89	2. 30	292. 69	15931. 54	93706. 41
20. 98	193. 84	13. 84	0. 00	7. 51	354. 17	3349. 89	44376. 87
12. 23	144. 12	7. 21	218. 43	1. 79	1130. 18	21397. 75	204530. 12
14. 59	21. 44	0. 79	28. 08	3. 82	727. 61	1942. 31	28809. 29
9. 51	7. 48	0. 57	14. 88	1. 29	289. 78	2975. 90	30017. 70
9. 65	18. 26	1. 49	578. 19	74. 88	87. 23	170. 62	1990. 38
8. 65	-17. 72	-2. 08	14. 44	1. 56	419. 15	3187. 64	33614. 48
2. 49	-25. 23	-0. 84	0. 00	5. 24	51. 64	412. 45	1172. 49
3. 70	-6. 09	-0. 24	23. 13	1. 10	830. 17	11446. 36	53861. 65

A股 股票
A Share Share

股票代码 Code	股票简称 Stock Name	市价总值 Tot_cap	无限售股市值 Nego_cap	发行股本 Issued Vol	无限售股股本 Negotiable Vol	上年收盘 Last Year Close	本年开盘 Open	本年最高 High	本年最低 Low
600426	华鲁恒升	60674.41	60438.30	1626.66	1620.33	19.87	19.93	39.10	14.50
600428	中远海特	9767.26	9767.26	2146.65	2146.65	3.74	3.76	5.10	2.90
600429	三元股份	7442.86	7442.86	1497.56	1497.56	5.45	5.48	6.50	4.61
600433	冠豪高新	5873.48	5873.48	1271.32	1271.32	3.31	3.32	4.99	2.77
600435	北方导航	13403.88	13403.88	1489.32	1489.32	8.32	8.37	12.98	6.85
600436	片仔癀	161393.39	161393.39	603.32	603.32	109.87	109.99	293.98	107.75
600438	通威股份	173039.51	164825.17	4501.55	4287.86	13.13	13.30	41.10	11.21
600439	瑞贝卡	2796.00	2796.00	1131.99	1131.99	3.59	3.64	3.95	2.43
600444	国机通用	1385.15	1385.15	146.42	146.42	10.55	10.55	11.58	8.61
600446	金证股份	13947.74	13865.20	860.44	855.35	20.58	20.95	24.67	15.41
600448	华纺股份	2311.44	2311.44	629.82	629.82	5.41	5.46	8.10	3.61
600449	宁夏建材	6340.68	6340.68	478.18	478.18	11.16	11.32	19.50	8.40
600452	涪陵电力	7222.21	7222.21	439.04	439.04	18.45	18.67	22.98	13.88
600455	博通股份	1274.14	1274.14	62.46	62.46	35.16	34.88	51.00	19.59
600456	宝钛股份	22412.54	22412.54	430.27	430.27	24.29	24.39	52.88	21.12
600458	时代新材	6831.81	6831.81	802.80	802.80	7.05	7.16	9.40	5.47
600459	贵研铂业	11270.98	11270.98	437.71	437.71	15.10	15.19	32.40	11.99
600460	士兰微	32801.54	32801.54	1312.06	1312.06	15.47	15.60	26.33	13.28
600461	洪城水业	6408.74	6155.45	948.04	910.57	5.97	6.00	7.44	5.69
600462	*ST九有	1319.50	1206.34	583.85	533.78	1.64	1.65	2.59	1.28
600463	空港股份	1872.00	1872.00	300.00	300.00	7.29	7.36	9.55	5.55
600466	蓝光发展	14051.73	14051.73	3034.93	3034.93	7.37	7.48	7.75	4.54
600467	好当家	4120.00	4120.00	1460.99	1460.99	2.48	2.49	3.63	1.91
600468	百利电气	4947.56	4947.56	1121.90	1121.90	3.70	3.71	6.62	3.13
600469	风神股份	3918.90	3014.53	731.14	562.41	4.92	4.95	6.16	4.39
600470	*ST六化	2175.07	2175.07	521.60	521.60	4.28	4.29	4.61	2.40
600475	华光环能	6377.07	6195.94	559.39	543.50	9.99	10.01	15.20	8.10
600476	湘邮科技	1683.18	1683.18	161.07	161.07	14.61	14.73	16.79	10.14
600477	杭萧钢构	8076.52	8075.97	2153.74	2153.59	2.82	2.84	5.58	2.83
600478	科力远	8101.08	7860.24	1653.28	1604.13	4.40	4.45	5.62	3.63
600479	千金药业	3615.90	3615.90	418.51	418.51	8.77	8.79	11.10	8.24
600480	凌云股份	6643.15	6626.85	765.34	763.46	7.68	7.61	14.32	6.45
600481	双良节能	6349.63	6330.03	1632.30	1627.26	3.32	3.33	6.57	2.60
600482	中国动力	38719.41	15587.33	2160.68	869.83	20.00	20.15	22.20	15.60
600483	福能股份	13959.79	12306.06	1760.38	1551.84	9.20	9.29	9.75	7.12
600485	*ST信威	4064.00	2634.05	2923.74	1895.00	3.06	3.21	4.11	1.22
600486	扬农化工	40906.66	40906.66	309.90	309.90	68.63	68.79	134.20	58.07
600487	亨通光电	33047.02	26652.68	2362.19	1905.12	16.26	16.36	22.15	13.46
600488	天药股份	5426.88	4866.21	1100.79	987.06	4.16	4.17	6.20	4.12
600489	中金黄金	42704.82	30404.52	4847.31	3451.14	8.48	8.45	12.45	7.17
600490	鹏欣资源	10223.54	7755.61	2212.89	1678.70	4.65	4.68	5.24	3.03
600491	龙元建设	8000.63	8000.63	1529.76	1529.76	7.31	7.39	10.07	5.04
600493	凤竹纺织	1384.48	1384.48	272.00	272.00	5.60	5.63	7.01	4.30
600495	晋西车轴	4965.66	4965.66	1208.19	1208.19	4.20	4.22	5.18	3.30
600496	精工钢构	9017.68	6766.79	2012.87	1510.45	2.89	2.92	7.41	2.68
600497	驰宏锌锗	24438.20	24438.20	5091.29	5091.29	4.38	4.40	5.13	3.33
600498	烽火通信	28177.28	27247.52	1170.15	1131.54	27.45	27.59	41.95	21.10
600499	科达制造	13237.82	11056.21	1888.42	1577.21	4.33	4.36	7.47	3.83
600500	中化国际	14548.29	14270.72	2760.59	2707.92	5.30	5.33	6.64	4.72
600501	航天晨光	4364.50	4364.50	421.28	421.28	7.81	7.90	14.20	7.02

注：市价总值、无限售股市值、成交金额的单位为百万元（M Yuan），发行股本、无限售股股本、成交数量的单位为百万股（M Shares），上年收盘、本年开盘、本年最高、本年最低、本年收盘、涨跌值的单位为元（Yuan）。

A 股
A Share

股票
Share

本年收盘 Close	涨跌（%） Change	涨跌值 Change	市盈率（倍） P/E	市净率（倍） P/B	换手率（%） Turnover Rate	成交数量 Trading Vol	成交金额 Trading Val
37.30	91.18	17.43	24.73	4.26	243.69	3963.93	92390.88
4.55	21.66	0.81	96.77	1.01	234.02	5023.57	19724.95
4.97	-8.34	-0.48	55.40	1.48	102.14	1529.53	8336.84
4.62	40.96	1.31	34.48	2.20	316.99	4029.88	14779.22
9.00	8.17	0.68	300.60	6.22	496.91	7400.53	68655.34
267.51	144.68	157.64	117.43	24.34	188.07	1134.63	205037.89
38.44	197.03	25.31	65.68	9.85	501.94	21211.33	440113.93
2.47	-30.61	-1.12	13.20	0.98	247.51	2801.77	8993.57
9.46	-8.88	-1.09	28.52	2.36	219.72	321.72	3293.08
16.21	-21.13	-4.37	58.26	7.25	587.21	5052.59	100017.62
3.67	-18.63	-1.74	199.24	1.56	940.70	5363.37	27127.17
13.26	23.60	2.10	8.25	1.14	688.68	3293.13	45915.51
16.45	26.23	-2.00	18.20	3.89	271.76	1018.16	18712.84
20.40	-41.98	-14.76	72.89	8.54	860.58	537.50	14943.19
52.09	116.19	27.80	93.38	6.00	499.13	2147.57	67460.08
8.51	21.08	1.46	126.79	1.52	330.21	2650.95	19791.54
25.75	72.10	10.65	48.53	3.50	1031.75	4516.07	99899.17
25.00	61.60	9.53	2256.32	9.71	903.01	11847.99	211123.44
6.76	17.64	0.79	13.11	1.35	216.39	2050.78	13746.78
2.26	37.80	0.62	0.00	0.00	309.82	1670.57	3103.54
6.24	-14.40	-1.05	0.00	1.49	233.51	700.52	4944.64
4.63	-33.99	-2.74	4.06	0.73	207.05	6262.04	35965.85
2.82	14.11	0.34	63.33	1.28	803.05	11732.51	33115.57
4.41	19.19	0.71	87.87	2.94	306.31	3436.45	16595.14
5.36	10.12	0.44	19.00	1.87	263.08	1515.48	7889.05
4.17	-2.57	-0.11	0.00	1.85	430.82	2247.15	7970.20
11.40	17.26	1.41	14.20	1.07	119.81	670.19	8107.11
10.45	-28.47	-4.16	0.00	10.06	546.04	879.50	12128.40
3.75	36.47	0.93	17.22	2.31	391.36	8428.86	35962.26
4.90	11.36	0.50	0.00	3.23	433.47	7166.47	32402.64
8.64	3.84	-0.13	12.29	1.66	457.73	1915.62	18008.74
8.68	58.16	1.00	0.00	1.44	570.69	3592.28	35222.36
3.89	21.84	0.57	30.71	2.79	346.40	5655.99	23638.38
17.92	-10.40	-2.08	39.07	1.42	85.01	1716.55	31960.79
7.93	-10.82	-1.27	11.22	1.10	68.38	1120.51	9234.29
1.39	-54.58	-1.67	0.00	0.00	154.99	4531.58	9179.61
132.00	93.69	63.37	34.97	8.09	282.42	875.22	74122.52
13.99	-13.54	-2.27	24.26	2.42	501.54	9714.36	169535.45
4.93	19.57	0.77	37.35	1.86	266.75	2925.22	14730.16
8.81	4.10	0.33	238.88	3.11	286.69	12016.13	114462.14
4.62	-0.65	-0.03	32.89	1.59	336.10	7441.84	30822.02
5.23	-27.92	-2.08	7.84	0.75	233.56	3572.88	28813.02
5.09	-8.62	-0.51	53.34	1.86	443.69	1206.84	6783.59
4.11	-1.69	-0.09	82.65	1.56	438.36	5296.22	23379.52
4.48	55.58	1.59	22.36	1.71	629.84	11715.48	56426.05
4.80	13.39	0.42	31.45	1.64	241.05	12272.57	51969.87
24.08	-11.24	-3.37	28.79	2.46	559.09	6546.38	206627.29
7.01	61.89	2.68	110.94	2.85	209.69	3652.99	18695.20
5.27	2.59	-0.03	31.64	1.11	167.49	4593.94	25612.70
10.36	32.65	2.55	124.88	2.06	627.39	2643.10	27113.47

A股 A Share

股票 Share

股票代码 Code	股票简称 Stock Name	市价总值 Tot_cap	无限售股市值 Nego_cap	发行股本 Issued Vol	无限售股股本 Negotiable Vol	上年收盘 Last Year Close	本年开盘 Open	本年最高 High	本年最低 Low
600502	安徽建工	6505.99	6505.99	1721.16	1721.16	4.06	4.09	5.35	3.18
600503	华丽家族	5832.34	5832.34	1602.29	1602.29	3.18	3.22	5.07	2.81
600505	西昌电力	2570.20	2570.20	364.57	364.57	9.54	9.69	11.80	6.50
600506	香梨股份	1491.84	1491.84	147.71	147.71	10.20	10.23	12.56	7.70
600507	方大特钢	14962.29	14962.29	2155.95	2155.95	10.06	10.10	10.44	4.96
600508	上海能源	7328.36	7328.36	722.72	722.72	9.39	9.43	10.88	7.61
600509	天富能源	5837.67	5837.67	1151.42	1151.42	3.62	3.64	5.90	2.74
600510	黑牡丹	7109.78	7109.78	1047.10	1047.10	6.70	6.75	10.18	5.89
600511	国药股份	37204.54	27285.51	754.50	553.35	27.29	27.33	62.95	24.20
600512	腾达建设	4732.75	4732.75	1598.90	1598.90	2.81	2.83	4.34	2.45
600513	联环药业	2969.18	2943.05	287.99	285.46	7.79	7.89	23.30	7.80
600515	海航基础	26376.25	11193.49	3907.59	1658.30	4.46	4.48	10.93	4.10
600516	方大炭素	26908.21	26908.21	3805.97	3805.97	12.16	12.26	12.93	6.06
600517	国网英大	34768.09	10719.15	5718.44	1763.02	8.24	8.42	9.02	5.21
600518	ST康美	13329.95	11815.55	4973.86	4408.79	3.73	3.74	4.82	2.31
600519	贵州茅台	2509883.20	2509883.20	1256.20	1256.20	1183.00	1128.00	1998.98	960.10
600520	文一科技	1080.49	1080.49	158.43	158.43	10.81	10.90	11.98	6.61
600521	华海药业	49180.30	49180.30	1454.61	1454.61	17.26	17.42	45.70	15.75
600522	中天科技	33237.03	33237.03	3066.15	3066.15	8.30	8.35	13.93	7.00
600523	贵航股份	6173.83	6169.76	404.31	404.04	13.70	13.71	21.85	11.16
600525	长园集团	8409.19	8409.19	1305.78	1305.78	5.93	5.93	7.77	4.46
600526	菲达环保	2479.74	2479.74	547.40	547.40	5.07	5.06	6.81	4.30
600527	江南高纤	4658.44	4658.44	1731.76	1731.76	2.09	2.10	5.42	2.09
600528	中铁工业	19416.36	19416.36	2221.55	2221.55	11.50	11.35	11.44	8.45
600529	山东药玻	29837.63	29837.63	594.97	594.97	27.64	28.18	76.85	26.77
600530	*ST交昂	2207.40	2207.40	780.00	780.00	4.92	4.95	5.28	2.55
600531	豫光金铅	6443.33	6443.33	1090.24	1090.24	4.69	4.69	7.42	3.67
600532	宏达矿业	6961.73	6961.73	516.07	516.07	3.77	3.86	14.96	2.73
600533	栖霞建设	3339.00	3339.00	1050.00	1050.00	3.35	3.38	4.28	2.75
600535	天士力	22372.33	22372.33	1512.67	1512.67	15.42	15.50	19.97	13.33
600536	中国软件	38951.76	38951.76	494.56	494.56	71.69	72.08	129.67	58.57
600537	亿晶光电	5952.38	5952.38	1176.36	1176.36	3.11	3.14	6.00	2.51
600538	国发股份	2739.97	2739.97	464.40	464.40	5.06	5.57	9.45	3.69
600539	ST狮头	1690.50	1690.50	230.00	230.00	6.79	6.79	8.02	5.62
600540	新赛股份	2580.66	2580.66	470.92	470.92	3.92	3.93	7.00	3.12
600543	莫高股份	3053.85	3053.85	321.12	321.12	5.79	5.84	12.49	4.65
600545	卓郎智能	6633.95	6633.95	1895.41	1895.41	6.07	6.10	7.32	3.39
600546	山煤国际	16870.70	16870.70	1982.46	1982.46	6.98	7.03	16.71	6.91
600547	山东黄金	85373.15	77720.27	3614.44	3290.44	32.62	32.31	47.57	23.12
600548	深高速	12727.44	12727.44	1433.27	1433.27	11.50	11.52	11.71	8.50
600549	厦门钨业	23691.88	23691.88	1406.05	1406.05	13.04	13.18	18.36	10.18
600550	保变电气	9391.80	7826.50	1841.53	1534.61	3.08	3.10	8.10	2.64
600551	时代出版	3722.87	3722.87	505.83	505.83	8.20	8.22	11.39	7.06
600552	凯盛科技	5255.52	5255.52	763.88	763.88	5.88	5.95	8.07	4.75
600555	*ST海创	1440.78	1440.78	973.50	973.50	2.31	2.32	3.73	1.00
600556	天下秀	22868.01	4411.73	1807.75	348.75	12.14	12.24	24.60	10.33
600557	康缘药业	6029.60	6029.60	592.88	592.88	14.74	14.72	16.78	10.12
600558	大西洋	2845.41	2845.41	897.60	897.60	3.26	3.28	3.56	2.57
600559	老白干酒	28246.61	27599.25	897.29	876.72	11.24	11.24	33.25	8.10
600560	金自天正	2021.76	2021.76	223.65	223.65	8.70	8.73	13.16	7.16

注：市价总值、无限售股市值、成交金额的单位为百万元（M Yuan），发行股本、无限售股股本、成交数量的单位为百万股（M Shares），上年收盘、本年开盘、本年最高、本年最低、本年收盘、涨跌值的单位为元（Yuan）。

A 股
A Share

股票
Share

本年收盘 Close	涨跌（%）Change	涨跌值 Change	市盈率（倍）P/E	市净率（倍）P/B	换手率（%）Turnover Rate	成交数量 Trading Vol	成交金额 Trading Val
3. 78	-3. 79	-0. 28	10. 91	0. 76	306. 58	5276. 74	22877. 90
3. 64	14. 95	0. 46	29. 68	1. 47	679. 74	10891. 44	42931. 06
7. 05	-25. 87	-2. 49	69. 36	2. 18	280. 64	1023. 11	9269. 13
10. 10	-0. 98	-0. 10	0. 00	5. 44	1187. 67	1754. 26	18058. 23
6. 94	2. 73	-3. 12	8. 74	2. 29	309. 66	6209. 58	41252. 32
10. 14	11. 14	0. 75	12. 76	0. 74	177. 01	1279. 29	11766. 27
5. 07	40. 06	1. 45	0. 00	0. 96	349. 01	4018. 50	17005. 64
6. 79	3. 96	0. 09	9. 10	0. 84	291. 98	3057. 35	25574. 47
49. 31	83. 61	22. 02	23. 20	3. 53	777. 29	5864. 66	244177. 62
2. 96	6. 43	0. 15	9. 95	1. 01	716. 28	11452. 69	37212. 62
10. 31	33. 27	2. 52	37. 24	3. 00	1505. 91	4337. 64	58078. 82
6. 75	51. 35	2. 29	0. 00	1. 13	399. 52	15611. 54	108488. 42
7. 07	-18. 57	-5. 09	13. 35	1. 79	432. 65	14207. 73	116105. 60
6. 08	-26. 21	-2. 16	2194. 95	10. 16	128. 12	4722. 39	34198. 16
2. 68	-28. 15	-1. 05	0. 00	0. 65	150. 16	7468. 50	23475. 66
1998. 00	70. 86	815. 00	60. 91	18. 45	70. 48	885. 32	1276541. 21
6. 82	-36. 91	-3. 99	0. 00	2. 92	849. 40	1345. 70	12171. 33
33. 81	116. 88	16. 55	86. 34	8. 77	416. 09	5720. 40	161187. 16
10. 84	31. 63	2. 54	16. 88	1. 56	620. 02	19010. 39	207009. 50
15. 27	12. 72	1. 57	45. 70	2. 43	386. 60	1563. 07	25273. 07
6. 44	8. 60	0. 51	0. 00	1. 97	361. 59	4721. 56	28942. 50
4. 53	-10. 65	-0. 54	27. 36	1. 24	291. 81	1597. 38	8859. 78
2. 69	59. 48	0. 60	56. 60	1. 97	1198. 19	18710. 40	60883. 65
8. 74	-22. 97	-2. 76	11. 94	1. 04	114. 96	2553. 87	24847. 29
50. 15	82. 44	22. 51	65. 05	7. 71	667. 25	3969. 94	197944. 13
2. 83	-42. 48	-2. 09	0. 00	2. 93	195. 11	1521. 86	5156. 07
5. 91	27. 79	1. 22	29. 78	1. 86	878. 23	9574. 88	52601. 17
13. 49	257. 82	9. 72	191. 56	3. 73	633. 83	3270. 97	24854. 84
3. 18	-2. 69	-0. 17	11. 20	0. 84	553. 45	5811. 27	20656. 90
14. 79	-1. 89	-0. 63	22. 34	2. 01	272. 97	4129. 05	68143. 43
78. 76	9. 92	7. 07	629. 93	17. 14	925. 84	4578. 85	392865. 54
5. 06	62. 70	1. 95	0. 00	1. 79	533. 37	6274. 34	25373. 51
5. 90	16. 60	0. 84	474. 66	4. 68	618. 37	2871. 74	19624. 39
7. 35	8. 25	0. 56	0. 00	4. 12	83. 81	192. 76	1294. 96
5. 48	39. 80	1. 56	123. 59	3. 86	1268. 76	5974. 91	31454. 72
9. 51	64. 78	3. 72	111. 35	2. 59	1237. 31	3973. 25	34573. 52
3. 50	-42. 34	-2. 57	10. 89	1. 34	155. 48	2946. 99	15446. 95
8. 51	22. 49	1. 53	14. 39	2. 00	489. 00	9694. 12	101479. 29
23. 62	1. 60	-9. 00	79. 02	4. 41	360. 56	10032. 21	343016. 28
8. 88	-18. 61	-2. 62	7. 75	1. 05	63. 25	906. 57	8584. 96
16. 85	30. 29	3. 81	90. 88	3. 21	358. 89	5046. 19	72887. 87
5. 10	65. 58	2. 02	617. 43	14. 79	506. 08	9319. 60	53706. 93
7. 36	-10. 24	-0. 84	15. 99	0. 82	169. 04	855. 04	7486. 20
6. 88	18. 69	1. 00	54. 46	2. 11	661. 15	5050. 43	32373. 52
1. 48	-35. 93	-0. 83	0. 00	1. 84	584. 97	5694. 70	11669. 06
12. 65	4. 30	0. 51	88. 43	23. 74	159. 91	2683. 90	47465. 90
10. 17	-30. 62	-4. 57	11. 89	1. 53	293. 66	1741. 06	24509. 82
3. 17	-1. 85	-0. 09	34. 29	1. 40	343. 25	3081. 01	9668. 78
31. 48	184. 25	20. 24	69. 87	8. 59	1272. 18	11415. 12	195465. 86
9. 04	4. 32	0. 34	72. 59	2. 60	700. 09	1565. 71	15853. 17

A股 A Share

股票 Share

股票代码 Code	股票简称 Stock Name	市价总值 Tot_cap	无限售股市值 Nego_cap	发行股本 Issued Vol	无限售股股本 Negotiable Vol	上年收盘 Last Year Close	本年开盘 Open	本年最高 High	本年最低 Low
600561	江西长运	1280.15	1066.79	284.48	237.06	5.84	5.86	6.05	4.31
600562	国睿科技	21136.42	10592.41	1241.86	622.35	14.34	14.41	23.02	12.00
600563	法拉电子	24198.75	24198.75	225.00	225.00	49.45	49.72	110.59	43.16
600565	迪马股份	6994.91	6558.49	2562.24	2402.38	3.58	3.59	3.65	2.70
600566	济川药业	17969.44	16485.98	888.26	814.93	24.18	24.27	29.67	19.60
600567	山鹰国际	13878.68	13878.68	4595.59	4595.59	3.77	3.83	3.94	2.80
600568	*ST中珠	2770.09	2320.00	1992.87	1669.07	1.75	1.75	2.15	1.00
600569	安阳钢铁	7324.67	6103.90	2872.42	2393.68	2.55	2.56	2.70	1.91
600570	恒生电子	109525.12	109525.12	1044.09	1044.09	77.73	78.81	122.40	77.96
600571	信雅达	3329.72	3264.79	439.28	430.71	9.53	9.66	12.13	7.03
600572	康恩贝	12563.08	12531.32	2667.32	2660.58	6.15	6.25	7.25	4.68
600573	惠泉啤酒	2922.50	2922.50	250.00	250.00	6.64	6.67	14.57	5.36
600575	淮河能源	9016.13	9016.13	3886.26	3886.26	2.57	2.58	2.67	2.04
600576	祥源文化	2217.46	2217.46	619.40	619.40	4.89	4.88	5.35	3.46
600577	精达股份	5975.57	5975.57	1921.41	1921.41	2.73	2.75	4.36	2.28
600578	京能电力	20375.14	20375.14	6746.73	6746.73	3.12	3.12	3.53	2.54
600579	克劳斯	3619.79	2018.94	734.24	409.52	6.65	6.68	12.85	4.77
600580	卧龙电驱	20403.90	20383.27	1307.94	1306.62	12.02	12.09	16.05	9.90
600581	八一钢铁	5871.00	5871.00	1532.90	1532.90	3.56	3.59	4.49	2.60
600582	天地科技	12746.85	12746.85	4138.59	4138.59	3.19	3.21	3.69	2.67
600583	海油工程	19851.88	19851.88	4421.35	4421.35	7.38	7.48	8.20	4.14
600584	长电科技	68234.37	57888.56	1602.87	1359.84	21.98	22.10	53.43	19.53
600585	海螺水泥	206464.65	206464.65	3999.70	3999.70	54.80	55.30	63.56	43.21
600586	金晶科技	9287.01	9287.01	1428.77	1428.77	2.88	2.89	6.62	2.31
600587	新华医疗	5779.41	5737.30	406.43	403.47	14.28	14.42	21.90	14.08
600588	用友网络	143474.61	142608.27	3270.45	3250.70	28.40	28.59	54.85	28.59
600589	广东榕泰	2295.15	2295.15	704.03	704.03	5.44	5.48	8.30	3.14
600590	泰豪科技	4886.47	4807.63	858.78	844.93	5.82	6.00	7.75	4.63
600592	龙溪股份	4147.37	4147.37	399.55	399.55	15.49	15.50	18.13	9.35
600593	大连圣亚	2408.56	2408.56	128.80	128.80	43.46	43.49	48.13	18.26
600594	益佰制药	4133.86	4133.86	791.93	791.93	4.98	4.97	8.00	4.83
600595	*ST中孚	4550.04	4040.37	1961.22	1741.54	2.20	2.20	2.95	1.38
600596	新安股份	8879.99	7593.54	818.43	699.87	9.84	9.94	16.80	7.82
600597	光明乳业	19910.17	19907.15	1224.49	1224.30	12.69	12.70	22.66	9.80
600598	北大荒	34220.34	34220.34	1777.68	1777.68	9.74	9.79	22.88	8.82
600599	*ST熊猫	778.54	778.54	166.00	166.00	10.52	10.70	11.78	4.53
600600	青岛啤酒	70485.89	69173.81	709.11	695.91	51.00	51.50	108.85	36.40
600601	方正科技	8713.72	8713.72	2194.89	2194.89	3.66	3.66	5.95	2.78
600602	云赛智联	6037.58	6037.58	1074.30	1074.30	8.24	8.28	9.85	5.38
600603	广汇物流	6071.44	6033.63	1257.03	1249.20	4.95	4.99	6.50	4.50
600604	市北高新	9289.20	9289.20	1407.45	1407.45	8.86	8.99	11.45	6.41
600605	汇通能源	1769.61	1769.61	147.34	147.34	11.13	11.15	14.42	9.55
600606	绿地控股	70940.34	70940.34	12168.15	12168.15	6.95	7.08	9.49	5.18
600608	ST沪科	1348.33	1305.32	328.86	318.37	4.54	4.55	5.05	3.96
600609	金杯汽车	7513.18	6260.98	1311.20	1092.67	3.96	4.02	9.78	3.16
600610	ST毅达	3590.12	1896.65	710.91	375.57	3.26	7.00	7.04	3.70
600611	大众交通	5518.51	5518.51	1563.32	1563.32	4.06	4.08	4.35	3.23
600612	老凤祥	14374.58	14374.58	317.11	317.11	47.61	47.65	68.01	35.65
600613	神奇制药	2348.67	2348.67	479.32	479.32	7.22	7.18	10.18	4.71
600614	*ST鹏起	1118.50	1118.50	1511.49	1511.49	1.63	1.55	2.12	0.74

注：市价总值、无限售股市值、成交金额的单位为百万元（M Yuan），发行股本、无限售股股本、成交数量的单位为百万股（M Shares），上年收盘、本年开盘、本年最高、本年最低、本年收盘、涨跌值的单位为元（Yuan）。

A 股
A Share

股票
Share

本年收盘 Close	涨跌（%） Change	涨跌值 Change	市盈率（倍） P/E	市净率（倍） P/B	换手率（%） Turnover Rate	成交数量 Trading Vol	成交金额 Trading Val
4. 50	-22. 95	-1. 34	0. 00	1. 09	292. 30	756. 19	3859. 02
17. 02	18. 85	2. 68	508. 06	11. 70	274. 51	2512. 15	42673. 51
107. 55	122. 91	58. 10	53. 07	9. 19	350. 87	789. 45	53484. 92
2. 73	-22. 17	-0. 85	4. 88	0. 77	222. 65	5473. 76	16504. 26
20. 23	-11. 50	-3. 95	11. 07	2. 94	216. 55	1775. 39	42586. 94
3. 02	-19. 89	-0. 75	10. 19	0. 96	293. 15	13463. 09	43685. 29
1. 39	-20. 57	-0. 36	0. 00	0. 75	429. 59	8561. 13	13716. 88
2. 55	2. 23	0. 00	28. 56	0. 74	184. 75	5306. 73	12127. 93
104. 90	76. 29	27. 17	77. 36	24. 45	436. 84	4015. 62	392778. 28
7. 58	-19. 35	-1. 95	55. 77	3. 52	579. 29	2546. 03	24828. 49
4. 71	-23. 41	-1. 44	0. 00	2. 70	378. 13	10085. 86	58505. 27
11. 69	76. 78	5. 05	147. 45	2. 57	947. 13	2367. 83	20434. 31
2. 32	-5. 72	-0. 25	10. 24	0. 95	175. 76	6830. 42	15465. 74
3. 58	-26. 79	-1. 31	0. 00	2. 22	223. 56	1384. 71	5951. 55
3. 11	18. 30	0. 38	13. 65	1. 68	453. 24	8708. 65	29525. 33
3. 02	0. 45	-0. 10	14. 96	0. 86	26. 12	1762. 00	5332. 78
4. 93	-25. 86	-1. 72	0. 00	0. 66	365. 60	3081. 02	21543. 25
15. 60	31. 43	3. 58	21. 19	2. 92	609. 80	7955. 49	102492. 05
3. 83	7. 58	0. 27	52. 83	1. 42	618. 24	9477. 07	34002. 58
3. 08	-0. 46	-0. 11	11. 51	0. 75	152. 27	6301. 67	19987. 24
4. 49	-38. 37	-2. 89	710. 44	0. 88	143. 45	6342. 23	32919. 88
42. 57	93. 68	20. 59	769. 52	5. 40	1109. 97	17791. 43	605021. 58
51. 62	-2. 32	-3. 18	8. 14	1. 99	189. 03	7560. 79	423837. 95
6. 50	127. 31	3. 62	94. 35	2. 28	745. 85	10656. 49	44321. 98
14. 22	0. 23	-0. 06	6. 71	1. 38	514. 71	2091. 92	36499. 74
43. 87	101. 86	15. 47	121. 28	20. 00	217. 93	6189. 15	262698. 72
3. 26	-40. 07	-2. 18	0. 00	0. 87	860. 25	6056. 41	33580. 86
5. 69	-1. 43	-0. 13	33. 92	1. 23	364. 74	3157. 80	19416. 89
10. 38	-32. 35	-5. 11	28. 34	2. 14	358. 57	1432. 69	18175. 28
18. 70	-56. 97	-24. 76	57. 67	4. 37	281. 30	362. 31	11873. 23
5. 22	15. 23	0. 24	29. 13	1. 15	488. 91	3871. 83	23977. 48
2. 32	5. 45	0. 12	43. 60	1. 34	118. 64	2326. 83	4609. 64
10. 85	12. 87	1. 01	23. 48	1. 56	889. 63	6475. 32	73868. 13
16. 26	29. 28	3. 57	39. 95	3. 48	415. 96	5093. 33	79926. 62
19. 25	102. 46	9. 51	40. 33	5. 15	633. 48	11261. 20	181177. 25
4. 69	-55. 42	-5. 83	0. 00	1. 35	816. 08	1354. 69	9759. 54
99. 40	96. 39	48. 40	73. 21	7. 07	257. 99	1808. 94	122060. 94
3. 97	8. 47	0. 31	0. 00	4. 62	373. 34	8194. 35	33760. 09
5. 62	-31. 35	-2. 62	31. 79	1. 87	232. 07	2493. 14	19921. 11
4. 83	5. 74	-0. 12	7. 42	0. 94	191. 18	2404. 58	12880. 27
6. 60	-25. 42	-2. 26	58. 60	1. 97	486. 72	6850. 38	59024. 18
12. 01	8. 42	0. 88	76. 71	2. 49	213. 38	314. 41	3744. 72
5. 83	-12. 41	-1. 12	4. 81	0. 90	129. 32	15735. 73	112464. 58
4. 10	-9. 69	-0. 44	303. 25	22. 20	136. 78	449. 81	1998. 58
5. 73	44. 70	1. 77	123. 87	17. 85	378. 65	4675. 29	28394. 55
5. 05	54. 91	1. 79	208. 16	121. 91	75. 64	537. 77	2669. 02
3. 53	-10. 42	-0. 53	8. 51	0. 89	122. 65	1917. 37	7320. 30
45. 33	-2. 97	-2. 28	16. 84	3. 38	164. 60	521. 96	25422. 78
4. 90	-32. 13	-2. 32	31. 16	1. 00	328. 84	1576. 20	11901. 46
0. 74	-54. 60	-0. 89	0. 00	0. 00	165. 55	2502. 29	3459. 91

A股 A Share

股票 Share

股票代码 Code	股票简称 Stock Name	市价总值 Tot_cap	无限售股市值 Nego_cap	发行股本 Issued Vol	无限售股股本 Negotiable Vol	上年收盘 Last Year Close	本年开盘 Open	本年最高 High	本年最低 Low
600615	丰华股份	1259.74	1257.08	188.02	187.62	11.44	11.45	11.72	6.50
600616	金枫酒业	7178.42	7178.42	669.00	669.00	5.05	5.06	13.13	4.07
600617	国新能源	4572.35	4572.35	974.91	974.91	4.77	4.78	5.74	3.35
600618	氯碱化工	5481.33	5481.33	749.84	749.84	7.39	7.43	11.66	6.84
600619	海立股份	4289.78	4168.13	599.13	582.14	8.25	8.29	9.70	6.61
600620	天宸股份	4236.80	4236.80	686.68	686.68	6.47	6.50	9.97	5.09
600621	华鑫股份	24156.68	24156.68	1060.90	1060.90	15.31	15.65	28.66	11.31
600622	光大嘉宝	5068.94	5068.94	1499.69	1499.69	3.90	3.95	5.12	3.11
600623	华谊集团	10800.74	10800.74	1862.20	1862.20	6.65	6.68	6.92	5.02
600624	复旦复华	5361.30	5361.30	684.71	684.71	9.69	9.75	11.40	7.76
600626	申达股份	3400.64	3224.55	852.29	808.16	5.98	5.92	7.20	3.86
600628	新世界	5045.63	5045.63	646.88	646.88	9.42	9.44	15.95	6.90
600629	华建集团	4185.79	4066.21	533.90	518.65	8.69	8.77	9.58	7.32
600630	龙头股份	2489.69	2489.69	424.86	424.86	7.59	7.44	11.00	5.81
600633	浙数文化	10597.66	10597.66	1301.92	1301.92	9.15	9.25	12.80	7.83
600634	*ST富控	472.10	472.10	575.73	575.73	1.57	1.60	1.81	0.76
600635	大众公用	10013.80	10013.80	2418.79	2418.79	4.91	4.97	5.65	3.83
600636	国新文化	5997.89	5997.89	446.94	446.94	10.16	10.22	17.78	9.51
600637	东方明珠	30525.63	30525.63	3414.50	3414.50	9.36	9.40	12.49	8.55
600638	新黄浦	4727.25	4727.25	673.40	673.40	7.02	7.08	8.55	4.81
600639	浦东金桥	10542.94	10542.94	850.24	850.24	13.50	13.64	17.43	11.38
600640	号百控股	9747.28	9747.28	795.70	795.70	25.81	26.00	28.55	11.81
600641	万业企业	19321.46	19321.46	957.93	957.93	18.80	18.80	30.50	15.90
600642	申能股份	25640.84	23761.64	4912.04	4552.04	5.81	5.84	6.18	4.98
600643	爱建集团	12196.86	10784.12	1621.92	1434.06	9.60	9.75	10.38	7.35
600644	乐山电力	3208.87	3208.87	538.40	538.40	5.59	5.61	6.75	4.50
600645	中源协和	9176.48	8059.08	467.95	410.97	16.93	17.00	34.77	15.35
600647	同达创业	1669.72	1669.72	139.14	139.14	13.65	13.75	16.82	11.13
600648	外高桥	13059.04	13059.04	934.79	934.79	17.37	17.46	17.88	13.64
600649	城投控股	13735.60	13735.60	2529.58	2529.58	5.72	5.78	6.75	4.56
600650	锦江投资	3522.85	3522.85	390.56	390.56	10.15	10.20	11.48	8.02
600651	*ST飞乐	8599.11	3379.30	2507.03	985.22	4.42	4.45	4.60	2.79
600652	ST游久	1540.50	1540.50	832.70	832.70	2.32	2.38	2.96	1.79
600653	申华控股	3522.95	3522.95	1946.38	1946.38	2.04	2.05	2.59	1.56
600654	ST中安	2232.46	1313.78	1283.02	755.04	1.90	2.00	2.65	1.50
600655	豫园股份	34524.30	14271.10	3883.50	1605.30	7.84	7.88	12.29	6.36
600657	信达地产	11550.11	6173.25	2851.88	1524.26	3.99	4.03	5.93	3.05
600658	电子城	6051.55	6051.55	1118.59	1118.59	5.28	5.34	7.41	3.94
600660	福耀玻璃	96243.49	96243.49	2002.99	2002.99	23.99	24.00	49.03	17.86
600661	昂立教育	4286.77	4286.77	286.55	286.55	17.17	17.27	25.16	13.32
600662	强生控股	9290.65	9290.65	1053.36	1053.36	4.54	4.57	11.18	3.60
600663	陆家嘴	31388.04	31388.04	2933.46	2933.46	13.51	13.60	14.26	10.01
600664	哈药股份	7997.19	7997.19	2506.96	2506.96	3.79	3.80	6.53	3.00
600665	天地源	2696.06	2696.06	864.12	864.12	3.70	3.65	3.98	3.08
600666	ST瑞德	1521.88	996.53	1227.33	803.66	2.20	2.29	2.71	1.19
600667	太极实业	19903.50	19903.50	2106.19	2106.19	8.11	8.21	16.19	8.11
600668	尖峰集团	4810.29	4810.29	344.08	344.08	15.80	15.90	18.65	12.87
600671	*ST目药	1048.52	1048.01	121.78	121.72	12.32	12.32	13.82	5.97
600673	东阳光	15159.90	12368.40	3013.90	2458.93	10.24	10.19	10.19	5.00
600674	川投能源	44241.55	44241.55	4402.14	4402.14	9.85	9.86	10.66	8.32

注：市价总值、无限售股市值、成交金额的单位为百万元（M Yuan），发行股本、无限售股股本、成交数量的单位为百万股（M Shares），上年收盘、本年开盘、本年最高、本年最低、本年收盘、涨跌值的单位为元（Yuan）。

A 股
A Share

股票
Share

本年收盘 Close	涨跌（%） Change	涨跌值 Change	市盈率（倍） P/E	市净率（倍） P/B	换手率（%） Turnover Rate	成交数量 Trading Vol	成交金额 Trading Val
6. 70	-41. 43	-4. 74	40. 75	2. 00	366. 38	688. 86	6230. 62
10. 73	177. 56	5. 68	243. 75	3. 67	687. 16	4372. 13	32405. 26
4. 69	-1. 68	-0. 08	146. 70	1. 34	120. 43	1174. 09	5257. 45
7. 31	0. 10	-0. 08	10. 42	1. 82	250. 84	1880. 92	15874. 02
7. 16	-11. 42	-1. 09	22. 16	1. 40	116. 96	700. 76	5723. 00
6. 17	-4. 33	-0. 30	63. 11	1. 68	189. 94	1304. 25	9135. 75
22. 77	48. 85	7. 46	376. 05	3. 89	926. 71	9831. 46	182851. 61
3. 38	-12. 19	-0. 52	11. 23	0. 80	441. 30	6618. 08	27534. 02
5. 80	-11. 21	-0. 85	19. 54	0. 67	122. 10	2273. 79	13353. 67
7. 83	-18. 95	-1. 86	96. 58	4. 53	739. 30	5062. 11	49228. 49
3. 99	-33. 04	-1. 99	51. 80	1. 02	350. 74	2989. 35	16888. 60
7. 80	-16. 97	-1. 62	137. 76	1. 17	144. 90	937. 34	10661. 60
7. 84	-8. 58	-0. 85	15. 36	1. 43	78. 80	420. 88	3573. 47
5. 86	-22. 79	-1. 73	130. 02	1. 37	574. 68	2441. 58	20324. 80
8. 14	-10. 31	-1. 01	20. 85	1. 32	340. 54	4433. 53	45295. 81
0. 82	-47. 77	-0. 75	0. 38	0. 00	327. 85	1887. 54	2273. 64
4. 14	-14. 64	-0. 77	23. 22	1. 52	289. 15	6993. 89	32689. 09
13. 42	33. 15	3. 26	50. 23	1. 98	387. 07	1729. 97	23586. 47
8. 94	-1. 96	-0. 42	14. 94	1. 05	143. 45	4898. 22	50155. 40
7. 02	0. 00	0. 00	0. 00	1. 16	164. 12	1105. 16	7372. 75
12. 40	-6. 45	-1. 10	12. 83	1. 40	100. 75	856. 65	12044. 70
12. 25	-52. 42	-13. 56	68. 61	2. 15	297. 53	2367. 47	47340. 14
20. 17	27. 49	1. 37	33. 73	3. 08	547. 60	4677. 59	102070. 55
5. 22	-6. 75	-0. 59	11. 21	0. 87	48. 37	2375. 75	13177. 60
7. 52	-19. 11	-2. 08	9. 25	1. 13	230. 12	3732. 34	32295. 08
5. 96	6. 62	0. 37	35. 96	2. 16	201. 47	1084. 73	6012. 75
19. 61	15. 83	2. 68	184. 65	2. 74	526. 33	2463. 08	58552. 92
12. 00	-12. 09	-1. 65	88. 92	5. 80	285. 53	397. 30	5533. 61
13. 97	-18. 38	-3. 40	18. 12	1. 50	135. 17	1263. 59	19538. 74
5. 43	-3. 92	-0. 29	22. 67	0. 71	95. 02	2403. 69	13722. 85
9. 02	-8. 97	-1. 13	18. 58	1. 42	149. 77	584. 92	5739. 50
3. 43	-22. 40	-0. 99	0. 00	0. 00	205. 15	2213. 13	8286. 99
1. 85	-20. 26	-0. 47	89. 68	0. 90	212. 94	1773. 16	3975. 47
1. 81	-11. 27	-0. 23	0. 00	1. 87	244. 38	4756. 60	9590. 51
1. 74	-8. 42	-0. 16	33. 39	7. 13	142. 86	1832. 95	3462. 96
8. 89	17. 27	1. 05	10. 76	1. 10	71. 90	2792. 55	25482. 01
4. 05	4. 00	0. 06	4. 99	0. 53	117. 46	3349. 69	14909. 09
5. 41	4. 70	0. 13	17. 24	0. 91	293. 04	3277. 85	19079. 09
48. 05	106. 24	24. 06	41. 59	5. 64	274. 75	5503. 29	160206. 17
14. 96	-12. 87	-2. 21	79. 16	4. 69	183. 71	526. 42	9738. 80
8. 82	95. 04	4. 28	99. 62	2. 89	452. 04	4761. 58	39722. 26
10. 70	-17. 55	-2. 81	11. 74	2. 38	38. 42	1127. 01	13658. 47
3. 19	-15. 83	-0. 60	143. 31	1. 47	360. 28	9032. 28	37488. 95
3. 12	-12. 36	-0. 58	6. 36	0. 73	84. 50	730. 17	2577. 33
1. 24	-43. 64	-0. 96	22. 67	2. 05	214. 58	2633. 59	4845. 39
9. 45	17. 99	1. 34	31. 99	2. 92	671. 26	14138. 10	163007. 90
13. 98	-9. 86	-1. 82	6. 64	1. 27	697. 81	2401. 04	37248. 87
8. 61	-30. 11	-3. 71	20. 92	9. 89	349. 13	425. 17	4535. 31
5. 03	-50. 88	-5. 21	13. 63	2. 19	190. 30	5735. 52	42981. 85
10. 05	5. 64	0. 20	15. 01	1. 63	43. 92	1933. 27	18396. 37

A股 A Share

股票 Share

股票代码 Code	股票简称 Stock Name	市价总值 Tot_cap	无限售股市值 Nego_cap	发行股本 Issued Vol	无限售股股本 Negotiable Vol	上年收盘 Last Year Close	本年开盘 Open	本年最高 High	本年最低 Low
600675	中华企业	20483.01	7527.98	6096.14	2240.47	4.65	4.70	5.31	3.34
600676	交运股份	5029.33	5029.33	1028.49	1028.49	4.32	4.33	6.64	3.66
600677	*ST航通	1570.59	1366.01	521.79	453.82	8.72	8.79	10.20	3.01
600678	四川金顶	2128.84	2128.84	348.99	348.99	7.81	8.15	9.77	5.27
600679	上海凤凰	4062.08	3184.57	294.14	230.60	12.34	12.49	16.95	9.60
600681	百川能源	7314.69	7304.30	1442.74	1440.69	6.80	6.83	7.03	4.92
600682	南京新百	15157.45	13118.24	1346.13	1165.03	10.11	10.15	17.76	7.55
600683	京投发展	2970.52	2970.52	740.78	740.78	4.53	4.98	5.40	3.38
600684	珠江实业	2560.38	2560.38	853.46	853.46	3.79	3.84	4.72	2.88
600685	中船防务	21833.75	21833.75	821.44	821.44	14.75	14.98	45.10	11.80
600686	金龙汽车	6166.61	5217.95	717.05	606.74	7.02	7.07	10.60	5.53
600687	*ST刚泰	744.36	744.36	1488.72	1488.72	1.74	1.74	1.93	0.50
600688	上海石化	25211.12	25211.12	7328.81	7328.81	3.87	3.89	5.45	3.23
600689	上海三毛	1076.08	1076.08	152.20	152.20	9.80	9.86	10.17	6.95
600690	海尔智家	184272.82	184272.82	6308.55	6308.55	19.50	19.56	30.62	13.80
600691	阳煤化工	5631.08	4162.65	2375.98	1756.39	2.10	2.10	2.55	1.62
600692	亚通股份	2462.35	1785.07	351.76	255.01	6.39	6.44	8.73	5.21
600693	东百集团	3871.37	3867.14	898.23	897.25	5.23	5.25	6.30	4.14
600694	大商股份	5962.49	5962.49	293.72	293.72	27.39	27.55	31.00	19.67
600695	绿庭投资	2517.63	2517.63	366.47	366.47	8.77	9.00	11.09	5.91
600696	ST岩石	3913.29	3913.29	334.47	334.47	12.86	12.83	14.66	7.58
600697	欧亚集团	2222.46	2167.53	159.09	155.16	17.75	17.83	21.50	13.25
600698	ST天雁	2069.34	1829.19	834.41	737.58	2.92	2.97	3.09	1.89
600699	均胜电子	34694.63	31376.99	1368.08	1237.26	17.90	17.91	32.80	17.61
600701	*ST工新	1210.64	907.78	1034.74	775.88	1.80	1.78	2.21	1.06
600702	ST舍得	28723.14	28324.82	336.18	331.52	30.01	30.01	96.36	21.16
600703	三安光电	120987.01	110158.26	4479.34	4078.42	18.36	18.51	31.63	18.32
600704	物产中大	22121.74	22121.74	5062.18	5062.18	5.25	5.28	5.82	4.17
600705	中航资本	39069.49	38925.25	8919.97	8887.04	4.85	4.91	5.79	3.70
600706	曲江文旅	1540.19	1526.46	215.41	213.49	8.83	8.83	9.32	6.58
600707	彩虹股份	23898.68	16482.90	3588.39	2474.91	4.20	4.23	8.60	3.16
600708	光明地产	5683.02	5674.46	2228.64	2225.28	3.52	3.56	3.61	2.50
600710	苏美达	7317.80	7317.80	1306.75	1306.75	5.55	5.58	6.56	4.28
600711	盛屯矿业	23483.77	19812.79	2563.73	2162.97	5.29	5.30	10.24	3.56
600712	南宁百货	2445.50	2417.29	544.66	538.37	9.68	9.66	10.32	4.33
600713	南京医药	4635.17	3993.54	1041.61	897.43	4.68	4.70	5.60	4.12
600714	金瑞矿业	1559.03	1559.03	288.18	288.18	5.81	5.84	6.98	4.49
600715	文投控股	4377.45	4377.45	1854.85	1854.85	3.55	3.55	3.94	2.21
600716	凤凰股份	3847.21	3847.21	936.06	936.06	4.17	4.23	4.56	3.33
600717	天津港	11527.77	11527.77	2411.67	2411.67	6.28	6.36	6.57	4.40
600718	东软集团	12933.07	12933.07	1242.37	1242.37	11.35	11.40	15.54	9.97
600719	大连热电	1598.17	1598.17	404.60	404.60	4.62	4.66	5.18	3.62
600720	祁连山	10542.02	10540.29	776.29	776.16	12.55	12.80	22.46	9.85
600721	ST百花	1459.27	1403.56	375.13	360.81	6.40	6.56	7.24	3.76
600722	金牛化工	3163.49	3163.49	680.32	680.32	4.74	4.78	5.36	3.17
600723	首商股份	5879.58	5876.56	658.41	658.07	6.12	6.14	14.29	5.23
600724	宁波富达	5173.96	5172.89	1445.24	1444.94	3.77	3.80	5.47	2.80
600725	ST云维	2107.52	2107.52	1232.47	1232.47	2.61	2.63	2.65	1.66
600726	华电能源	3683.22	3683.22	1534.68	1534.68	1.77	1.78	3.45	1.52
600727	鲁北化工	3705.37	2460.00	528.58	350.93	7.09	7.13	8.98	6.19

注：市价总值、无限售股市值、成交金额的单位为百万元（M Yuan），发行股本、无限售股股本、成交数量的单位为百万股（M Shares），上年收盘、本年开盘、本年最高、本年最低、本年收盘、涨跌值的单位为元（Yuan）。

A 股
A Share

股票
Share

本年收盘 Close	涨跌（%）Change	涨跌值 Change	市盈率（倍）P/E	市净率（倍）P/B	换手率（%）Turnover Rate	成交数量 Trading Vol	成交金额 Trading Val
3. 36	-25. 42	-1. 29	8. 75	1. 35	33. 91	2067. 22	8947. 76
4. 89	13. 99	0. 57	39. 67	0. 86	203. 48	2092. 75	10586. 11
3. 01	-65. 48	-5. 71	0. 00	0. 00	321. 87	1679. 48	10034. 64
6. 10	-21. 90	-1. 71	54. 16	17. 54	1338. 13	4669. 93	34368. 98
13. 81	11. 91	1. 47	238. 93	4. 68	379. 12	876. 82	11705. 83
5. 07	-19. 61	-1. 73	10. 04	1. 62	81. 91	1181. 78	6635. 67
11. 26	11. 37	1. 15	8. 98	0. 97	298. 89	4023. 40	47235. 25
4. 01	-11. 48	-0. 52	38. 67	1. 11	248. 33	1839. 60	7929. 49
3. 00	-20. 17	-0. 79	11. 68	0. 80	209. 86	1791. 03	6358. 28
26. 58	80. 20	11. 83	68. 52	3. 70	596. 36	4898. 69	128596. 12
8. 60	22. 91	1. 58	34. 00	1. 39	390. 62	2771. 01	21139. 69
0. 50	-71. 26	-1. 24	0. 00	0. 49	185. 73	2764. 95	3269. 69
3. 44	-8. 32	-0. 43	16. 82	1. 25	69. 92	5124. 62	20346. 89
7. 07	-27. 77	-2. 73	173. 28	3. 06	451. 21	686. 76	5835. 89
29. 21	52. 84	9. 71	32. 13	5. 51	193. 21	12188. 64	250422. 24
2. 37	12. 86	0. 27	0. 00	1. 04	179. 13	4256. 20	9110. 87
7. 00	9. 55	0. 61	72. 09	3. 00	611. 58	2151. 31	14878. 54
4. 31	-17. 59	-0. 92	11. 73	1. 55	171. 64	1541. 76	8027. 23
20. 30	-23. 54	-7. 09	6. 67	0. 66	231. 76	680. 71	16917. 63
6. 87	-21. 66	-1. 90	127. 22	6. 93	1521. 76	5576. 73	45552. 01
11. 70	-9. 02	-1. 16	315. 96	15. 36	107. 47	359. 47	3613. 66
13. 97	-19. 48	-3. 78	9. 32	0. 69	305. 20	485. 54	7986. 65
2. 48	-15. 07	-0. 44	224. 64	3. 46	207. 33	1730. 01	4224. 12
25. 36	42. 05	7. 46	36. 91	2. 76	666. 72	8325. 69	198108. 16
1. 17	-35. 00	-0. 63	0. 00	0. 00	92. 29	954. 94	1539. 70
85. 44	185. 61	55. 43	56. 55	9. 45	820. 20	2760. 85	106370. 06
27. 01	47. 70	8. 65	93. 18	5. 56	562. 48	23862. 39	590986. 95
4. 37	-11. 91	-0. 88	8. 09	0. 88	138. 94	7033. 21	33845. 75
4. 38	-7. 63	-0. 47	12. 75	1. 31	133. 07	11926. 07	55852. 80
7. 15	-18. 81	-1. 68	34. 21	1. 46	376. 27	810. 53	6414. 59
6. 66	58. 57	2. 46	368. 16	1. 17	234. 01	8397. 02	44558. 19
2. 55	-24. 97	-0. 97	9. 96	0. 40	157. 90	3519. 04	10727. 94
5. 60	3. 17	0. 05	16. 60	1. 52	285. 58	3731. 88	19871. 11
9. 16	74. 36	3. 87	73. 50	2. 68	783. 52	18315. 05	117495. 92
4. 49	-53. 62	-5. 19	514. 91	2. 39	1414. 52	7704. 24	50718. 30
4. 45	-2. 72	-0. 23	13. 36	1. 16	243. 76	2539. 08	12035. 81
5. 41	-6. 88	-0. 40	0. 00	2. 53	208. 70	601. 41	3419. 14
2. 36	-33. 52	-1. 19	337. 63	0. 68	180. 56	3349. 12	10229. 05
4. 11	0. 90	-0. 06	45. 33	0. 67	128. 39	1201. 77	4866. 05
4. 78	-7. 14	-1. 50	19. 15	0. 71	99. 25	2231. 01	11417. 79
10. 41	-8. 28	-0. 94	347. 81	1. 48	301. 55	3746. 32	46131. 74
3. 95	-14. 30	-0. 67	141. 78	2. 17	250. 80	1014. 75	4334. 54
13. 58	12. 03	1. 03	8. 54	1. 55	860. 20	6677. 63	105833. 63
3. 89	-39. 22	-2. 51	42. 44	1. 53	159. 76	631. 14	3637. 22
4. 65	-1. 90	-0. 09	101. 22	3. 15	397. 61	2705. 03	11583. 12
8. 93	48. 17	2. 81	14. 79	1. 37	362. 76	2388. 48	21356. 22
3. 58	1. 17	-0. 19	10. 62	1. 77	180. 27	2605. 31	10991. 91
1. 71	-34. 48	-0. 90	167. 32	7. 00	77. 62	956. 68	2063. 60
2. 40	35. 59	0. 63	62. 47	2. 84	308. 21	4730. 01	10917. 93
7. 01	-1. 13	-0. 08	22. 51	2. 62	548. 70	2164. 28	16298. 74

A 股 A Share

股票 Share

股票代码 Code	股票简称 Stock Name	市价总值 Tot_cap	无限售股市值 Nego_cap	发行股本 Issued Vol	无限售股股本 Negotiable Vol	上年收盘 Last Year Close	本年开盘 Open	本年最高 High	本年最低 Low
600728	佳都科技	13338.72	13128.67	1757.41	1729.73	9.38	9.49	11.97	7.31
600729	重庆百货	11748.67	11745.72	406.53	406.43	29.85	30.00	39.50	24.93
600730	中国高科	2610.62	2610.62	586.66	586.66	4.96	4.99	6.16	3.74
600731	湖南海利	2902.17	2669.38	355.22	326.73	7.22	7.27	12.98	5.64
600732	爱旭股份	32520.18	7128.74	2036.33	446.38	7.79	7.80	18.33	6.50
600733	北汽蓝谷	30290.03	15819.74	3493.66	1824.65	5.84	6.02	10.54	4.81
600734	*ST 实达	753.07	647.28	622.37	534.94	6.79	6.81	7.23	1.17
600735	新华锦	1876.20	1876.20	375.99	375.99	6.64	6.74	7.28	4.88
600736	苏州高新	5411.08	5411.08	1151.29	1151.29	5.83	5.85	6.44	4.51
600737	中粮糖业	20704.05	20435.44	2138.85	2111.10	8.46	8.50	10.47	7.20
600738	兰州民百	4965.64	4753.80	773.46	740.47	4.94	4.94	8.07	4.03
600739	辽宁成大	37202.54	37202.54	1529.71	1529.71	15.23	15.98	31.85	14.55
600740	山西焦化	11608.38	5671.63	1970.86	962.93	7.46	7.50	8.04	4.28
600741	华域汽车	90861.51	90861.51	3152.72	3152.72	25.99	26.37	35.88	18.06
600742	一汽富维	6717.97	6717.97	669.12	669.12	12.09	12.13	14.65	8.13
600743	华远地产	5091.04	5091.04	2346.10	2346.10	2.49	2.50	2.56	2.00
600744	华银电力	5521.49	2565.67	1781.12	827.63	2.56	2.57	3.77	1.93
600745	闻泰科技	123248.84	81150.42	1244.94	819.70	92.50	92.68	171.88	90.18
600746	江苏索普	6615.08	1922.42	1048.35	304.66	7.21	7.25	10.48	5.52
600748	上实发展	9056.80	9056.80	1844.56	1844.56	5.94	6.02	7.00	4.35
600749	西藏旅游	1995.03	1995.03	226.97	226.97	9.48	9.56	13.76	7.31
600750	江中药业	6684.30	6684.30	630.00	630.00	12.53	12.53	14.80	10.32
600751	海航科技	6793.22	6793.22	2573.19	2573.19	2.93	2.95	4.59	2.38
600753	东方银星	3322.37	3322.37	179.20	179.20	15.56	15.61	22.51	9.71
600754	锦江酒店	41323.78	41323.78	801.94	801.94	28.71	28.99	59.63	23.12
600755	厦门国贸	12497.43	12358.49	1870.87	1850.07	7.34	7.39	7.85	6.00
600756	浪潮软件	5052.70	5052.70	324.10	324.10	20.68	20.78	24.50	14.73
600757	长江传媒	6420.21	6419.40	1213.65	1213.50	6.16	6.18	6.60	4.96
600758	辽宁能源	5340.95	5335.80	1322.02	1320.74	4.34	4.35	4.58	2.71
600759	洲际油气	4051.68	4042.15	2263.51	2258.18	2.77	2.79	3.15	1.74
600760	中航沈飞	109482.43	109317.08	1400.39	1398.27	31.60	31.87	79.01	25.00
600761	安徽合力	10510.57	10510.57	740.18	740.18	9.73	9.80	16.79	8.77
600763	通策医疗	88663.37	88663.37	320.64	320.64	102.53	103.03	280.08	90.90
600764	中国海防	25731.89	15103.21	710.63	417.10	28.46	28.46	47.97	24.58
600765	中航重机	23492.02	21435.06	939.68	857.40	10.23	10.24	25.42	7.99
600766	园城黄金	1228.76	1227.15	224.23	223.93	7.45	7.43	9.20	5.32
600767	ST 运盛	975.29	975.00	341.01	340.91	4.77	4.77	5.16	2.53
600768	宁波富邦	1171.63	1171.63	133.75	133.75	12.25	12.33	13.81	8.61
600769	祥龙电业	1964.88	1964.88	374.98	374.98	5.55	5.56	6.94	4.32
600770	综艺股份	7982.00	7982.00	1300.00	1300.00	5.39	5.45	7.46	4.21
600771	广誉远	7345.56	7345.56	492.00	492.00	16.96	17.00	17.98	11.48
600773	西藏城投	5721.23	5207.81	819.66	746.10	5.80	5.86	8.03	4.66
600774	汉商集团	3109.19	3106.58	226.95	226.76	11.16	11.01	16.79	9.20
600775	南京熊猫	5032.07	5032.07	671.84	671.84	10.16	10.30	12.30	6.91
600776	东方通信	11328.60	11328.60	956.00	956.00	20.83	21.25	21.99	10.80
600777	新潮能源	10472.76	9597.40	6800.50	6232.08	2.10	2.11	2.35	1.46
600778	友好集团	1242.85	1241.75	311.49	311.21	5.43	5.45	6.36	3.93
600779	水井坊	40549.92	40538.96	488.44	488.30	51.75	51.75	86.49	38.51
600780	通宝能源	4196.20	4196.20	1146.50	1146.50	3.52	3.53	3.92	3.00
600781	*ST 辅仁	2238.95	1336.12	627.16	374.26	5.81	5.80	5.96	3.33

注：市价总值、无限售股市值、成交金额的单位为百万元（M Yuan），发行股本、无限售股股本、成交数量的单位为百万股（M Shares），上年收盘、本年开盘、本年最高、本年最低、本年收盘、涨跌值的单位为元（Yuan）。

A 股
A Share

股票
Share

本年收盘 Close	涨跌（%） Change	涨跌值 Change	市盈率（倍） P/E	市净率（倍） P/B	换手率（%） Turnover Rate	成交数量 Trading Vol	成交金额 Trading Val
7.59	-18.74	-1.79	19.60	2.74	591.04	10159.90	100730.98
28.90	-0.88	-0.95	11.92	1.87	280.58	1140.64	34747.82
4.45	-10.28	-0.51	0.00	1.38	363.32	2131.43	10844.95
8.17	13.16	0.95	28.71	2.48	779.72	2769.73	24320.62
15.97	105.01	8.18	55.57	15.66	196.24	3719.67	44177.64
8.67	48.46	2.83	329.16	1.74	241.44	8435.15	61085.02
1.21	-82.18	-5.58	0.00	0.00	622.41	3873.74	12264.97
4.99	-23.99	-1.65	23.92	1.95	356.41	1340.07	7978.11
4.70	-18.67	-1.13	15.31	0.58	287.33	3307.98	18109.75
9.68	16.13	1.22	35.72	2.57	350.56	7497.92	67113.42
6.42	29.96	1.48	20.17	3.11	472.35	3653.44	21577.40
24.32	60.53	9.09	31.30	1.72	445.80	6819.40	153195.80
5.89	4.29	-1.57	24.48	1.14	294.54	5371.17	30651.63
28.82	15.28	2.83	14.06	1.84	166.92	5262.53	133773.41
10.04	9.97	-2.05	12.54	1.22	354.26	2109.61	23551.77
2.17	-7.92	-0.32	6.72	0.61	120.05	2816.40	6343.16
3.10	21.09	0.54	216.78	1.80	248.39	4424.09	12410.36
99.00	7.14	6.50	98.32	5.82	396.56	4613.82	552354.69
6.31	-12.48	-0.90	0.00	2.71	269.60	1659.84	12261.56
4.91	-15.87	-1.03	11.58	0.86	230.94	4259.85	23939.03
8.79	-7.28	-0.69	95.72	1.89	330.09	749.18	7603.11
10.61	3.81	-1.92	14.42	1.88	405.10	2369.38	30010.78
2.64	-9.90	-0.29	14.67	0.55	550.03	14153.27	48226.51
18.54	66.79	2.98	171.35	16.46	608.34	957.52	13858.41
51.53	83.21	22.82	45.18	3.72	178.71	1433.12	51574.93
6.68	-5.88	-0.66	5.41	0.53	237.16	4398.13	30546.43
15.59	-24.49	-5.09	183.17	2.07	628.67	2037.50	40632.60
5.29	-10.83	-0.87	8.16	0.88	186.69	2265.71	12782.49
4.04	-6.66	-0.30	203.73	0.98	251.48	3324.66	11545.42
1.79	-35.38	-0.98	72.35	0.76	370.17	8378.81	18687.57
78.18	148.56	46.58	124.72	12.60	334.68	4686.83	237372.73
14.20	51.51	4.47	16.14	2.11	286.37	2119.64	25411.67
276.52	169.70	173.99	191.47	49.66	243.67	781.31	121625.75
36.21	28.07	7.75	39.81	6.19	178.92	1261.55	42916.63
25.00	145.40	14.77	85.35	3.83	526.38	4936.53	69098.39
5.48	-26.44	-1.97	122.46	20.06	1212.82	2719.48	21078.01
2.86	-40.04	-1.91	0.00	4.55	170.18	580.32	2107.45
8.76	-28.49	-3.49	10.50	5.21	682.78	913.20	9944.44
5.24	-5.59	-0.31	636.70	35.34	262.64	984.84	5548.47
6.14	13.91	0.75	143.12	2.24	409.02	5317.27	30658.32
14.93	-11.97	-2.03	56.47	3.12	535.20	2633.16	39477.57
6.98	20.55	1.18	53.78	1.64	371.53	3045.29	19711.75
13.70	22.76	2.54	104.09	5.01	185.22	420.35	5215.92
7.49	-26.12	-2.67	129.99	1.99	416.80	2800.20	25492.96
11.85	-42.96	-8.98	113.03	4.75	340.19	3252.25	55066.47
1.54	-26.67	-0.56	9.72	0.65	364.39	24780.14	45229.24
3.99	-26.52	-1.44	10.72	1.36	477.19	1486.40	7461.40
83.02	63.69	31.27	49.08	19.20	283.82	1386.53	84935.55
3.66	6.37	0.14	14.99	0.78	91.71	1051.43	3638.07
3.57	-38.55	-2.24	4.86	0.39	275.76	1729.44	7717.48

A股 A Share

股票 Share

股票代码 Code	股票简称 Stock Name	市价总值 Tot_cap	无限售股市值 Nego_cap	发行股本 Issued Vol	无限售股股本 Negotiable Vol	上年收盘 Last Year Close	本年开盘 Open	本年最高 High	本年最低 Low
600782	新钢股份	14636.24	14636.24	3188.72	3188.72	5.13	5.18	5.28	3.88
600783	鲁信创投	11038.85	11038.85	744.36	744.36	15.74	16.22	20.36	11.63
600784	鲁银投资	3210.20	3210.20	568.18	568.18	5.24	5.28	6.50	4.01
600785	新华百货	2856.49	2856.49	225.63	225.63	15.02	15.07	19.40	12.20
600787	中储股份	10141.08	10141.08	2199.80	2199.80	5.21	5.24	5.57	4.20
600789	鲁抗医药	8247.75	7984.38	880.23	852.12	7.21	7.48	18.35	7.11
600790	轻纺城	4939.72	4939.72	1465.79	1465.79	3.40	3.41	3.87	3.00
600791	京能置业	2277.99	2275.14	452.88	452.31	3.84	3.86	6.22	3.02
600792	云煤能源	4108.18	4108.18	989.92	989.92	3.51	3.55	4.35	2.72
600793	宜宾纸业	1425.85	1425.85	176.90	176.90	16.13	16.17	18.08	7.72
600794	保税科技	4000.10	4000.10	1212.15	1212.15	3.82	3.84	4.14	3.01
600795	国电电力	44213.40	44213.40	19650.40	19650.40	2.34	2.35	2.37	1.79
600796	钱江生化	1482.90	1482.90	301.40	301.40	5.42	5.46	7.41	4.50
600797	浙大网新	7151.59	7151.59	1027.53	1027.53	10.07	10.17	11.50	6.64
600798	宁波海运	6213.65	5308.88	1206.53	1030.85	3.56	3.58	6.19	2.82
600800	天津磁卡	5525.77	2847.06	1185.79	610.96	5.54	5.57	6.16	4.24
600801	华新水泥	28095.58	28095.58	1361.88	1361.88	26.43	26.79	29.15	18.00
600802	福建水泥	3739.31	3739.31	458.25	458.25	8.84	8.94	13.46	7.15
600803	新奥股份	35333.76	16706.95	2599.98	1229.36	10.64	10.70	15.39	7.99
600804	鹏博士	9625.69	9625.44	1432.39	1432.36	6.12	6.17	10.79	4.40
600805	悦达投资	3829.03	3826.24	850.89	850.28	5.07	5.09	5.54	3.87
600807	济南高新	3158.15	2809.66	884.63	787.02	3.61	3.63	5.90	2.87
600808	马钢股份	15874.22	15874.22	5967.75	5967.75	3.07	3.09	3.40	2.40
600809	山西汾酒	327075.84	324944.20	871.53	865.85	89.70	88.91	375.33	75.50
600810	神马股份	7779.22	5341.42	837.38	574.96	7.89	7.93	11.77	5.94
600811	东方集团	13558.20	13558.20	3714.58	3714.58	3.36	3.39	5.50	2.80
600812	华北制药	16780.98	16780.98	1630.80	1630.80	9.84	9.60	20.24	6.76
600814	杭州解百	3997.00	3997.00	715.03	715.03	5.09	5.12	9.02	4.50
600815	*ST厦工	4098.16	4098.16	1774.09	1774.09	2.89	2.91	2.93	1.97
600816	*ST安信	7930.25	7633.22	5469.14	5264.29	4.44	4.54	4.72	1.20
600817	ST宏盛	7677.57	2288.48	522.28	155.68	7.27	7.33	16.66	7.25
600818	中路股份	1887.01	1887.01	237.96	237.96	11.92	12.00	15.10	7.58
600819	耀皮玻璃	4529.34	4529.34	747.42	747.42	5.09	5.09	6.90	4.25
600820	隧道股份	17009.56	17009.56	3144.10	3144.10	6.04	6.09	6.45	5.03
600821	*ST劝业	5643.32	1923.16	1221.50	416.27	4.59	4.62	5.26	3.34
600822	上海物贸	4207.09	4207.09	396.15	396.15	10.22	10.30	13.68	7.80
600823	世茂股份	17292.89	17292.89	3751.17	3751.17	4.50	4.54	7.40	3.67
600824	益民集团	3868.28	3868.28	1054.03	1054.03	3.44	3.47	5.17	2.84
600825	新华传媒	4660.20	4660.20	1044.89	1044.89	5.73	5.79	7.35	4.27
600826	兰生股份	4544.61	3567.05	535.92	420.64	11.39	11.48	12.33	8.30
600827	百联股份	23424.97	23424.97	1604.45	1604.45	8.98	9.04	29.01	7.29
600828	茂业商业	6460.29	6457.97	1731.98	1731.36	4.70	4.71	5.90	3.49
600829	人民同泰	4302.77	4302.77	579.89	579.89	6.82	6.84	11.50	6.66
600830	香溢融通	2421.54	2421.54	454.32	454.32	5.51	5.56	8.57	4.26
600831	广电网络	4795.59	4795.59	710.46	710.46	9.26	9.30	11.50	6.38
600833	第一医药	2170.63	2170.63	223.09	223.09	9.41	9.42	15.79	8.82
600834	申通地铁	4487.39	4487.39	477.38	477.38	7.22	7.27	18.01	5.87
600835	上海机电	15694.57	15694.57	806.50	806.50	16.57	16.64	23.77	13.41
600836	*ST界龙	3260.75	3260.75	662.75	662.75	4.97	5.01	6.64	3.43
600837	海通证券	124158.56	104064.81	9654.63	8092.13	15.46	15.75	17.25	11.45

注：市价总值、无限售股市值、成交金额的单位为百万元（M Yuan），发行股本、无限售股股本、成交数量的单位为百万股（M Shares），上年收盘、本年开盘、本年最高、本年最低、本年收盘、涨跌值的单位为元（Yuan）。

A 股
A Share

股票
Share

本年收盘 Close	涨跌（%） Change	涨跌值 Change	市盈率（倍） P/E	市净率（倍） P/B	换手率（%） Turnover Rate	成交数量 Trading Vol	成交金额 Trading Val
4.59	-6.10	-0.54	4.29	0.67	253.92	8096.64	35799.21
14.83	-5.05	-0.91	49.26	3.03	343.47	2556.65	40001.52
5.65	7.99	0.41	245.76	2.07	250.86	1425.34	7537.03
12.66	-14.65	-2.36	15.69	1.21	92.10	207.79	3187.44
4.61	-11.52	-0.60	36.28	0.91	147.15	3237.03	15676.90
9.37	30.48	2.16	68.02	2.73	1486.79	13087.19	140225.42
3.37	4.23	-0.03	14.57	0.84	223.31	3273.31	10929.44
5.03	31.37	1.19	126.51	0.96	428.79	1941.90	8836.12
4.15	18.23	0.64	17.12	1.22	281.45	2786.13	9365.88
8.06	-30.06	-8.07	115.42	2.04	267.19	398.06	4961.22
3.30	-13.61	-0.52	25.40	2.05	382.93	4641.69	16212.62
2.25	-1.23	-0.09	23.66	0.82	81.90	16094.66	33245.80
4.92	-9.23	-0.50	77.31	2.48	485.76	1464.10	8403.59
6.96	-30.65	-3.11	132.07	1.70	612.96	6378.61	59916.39
5.15	47.62	1.59	37.48	1.76	362.38	4372.26	16164.25
4.66	-15.88	-0.88	0.00	62.82	228.34	2214.29	11290.30
20.63	-18.20	-5.80	6.82	2.03	376.70	5130.21	128182.22
8.16	12.22	-0.68	8.01	2.68	1212.49	4914.20	52683.08
13.59	30.31	2.95	29.33	3.78	179.18	2538.03	28881.96
6.72	9.80	0.60	0.00	12.83	1139.09	16316.21	125169.91
4.50	-11.24	-0.57	35.88	0.62	228.12	1941.10	8854.20
3.57	-1.11	-0.04	50.03	2.43	256.44	2268.58	9842.39
2.66	-10.76	-0.41	18.16	0.76	185.53	11071.93	30795.99
375.29	321.23	285.59	168.73	43.92	150.65	1312.98	212499.88
9.29	21.20	1.40	18.56	2.31	639.80	4043.64	35215.24
3.65	8.63	0.29	23.23	0.65	298.74	11096.74	44946.76
10.29	4.77	0.45	109.36	3.02	677.59	11050.21	126719.82
5.59	11.35	0.50	16.99	1.56	262.64	1877.95	11528.06
2.31	-20.07	-0.58	0.00	3.09	52.10	924.31	2242.98
1.45	-67.34	-2.99	0.00	1.04	153.79	8411.07	21550.87
14.70	102.20	7.43	4140.85	74.24	180.12	334.36	3713.65
7.93	-33.47	-3.99	0.00	4.48	360.66	858.21	9809.71
6.06	20.67	0.97	27.17	1.72	252.76	1889.15	9676.94
5.41	-7.15	-0.63	7.96	0.78	127.81	4018.58	23678.75
4.62	0.65	0.03	0.00	475.57	185.40	907.65	3967.47
10.62	3.91	0.40	85.76	7.85	362.09	1434.41	15568.35
4.61	8.16	0.11	7.12	0.68	119.33	4476.38	24485.20
3.67	7.12	0.23	44.22	1.56	190.50	2007.97	7791.80
4.46	-22.03	-1.27	226.51	1.74	216.03	2257.26	13376.72
8.48	-24.60	-2.91	26.07	1.29	135.72	582.16	6216.25
14.60	63.42	5.62	27.19	1.42	391.41	6280.01	99593.99
3.73	-14.52	-0.97	5.13	0.96	122.48	2121.27	9464.98
7.42	8.80	0.60	16.10	2.33	305.75	1772.99	14490.66
5.33	-2.96	-0.18	90.77	1.15	788.93	3584.28	23107.73
6.75	-27.11	-2.51	0.00	1.31	878.21	6233.95	53944.57
9.73	3.98	0.32	40.89	2.99	417.46	931.29	10506.44
9.40	30.60	2.18	65.84	3.03	631.65	3015.38	39101.07
19.46	19.93	2.89	18.44	1.75	160.52	1294.57	22415.56
4.92	-1.01	-0.05	0.00	4.21	322.20	2135.36	10709.10
12.86	-15.06	-2.60	17.64	1.33	240.12	20505.43	292406.98

A股 A Share

股票 Share

股票代码 Code	股票简称 Stock Name	市价总值 Tot_cap	无限售股市值 Nego_cap	发行股本 Issued Vol	无限售股股本 Negotiable Vol	上年收盘 Last Year Close	本年开盘 Open	本年最高 High	本年最低 Low
600838	上海九百	2742.03	2742.03	400.88	400.88	6.38	6.40	9.99	4.77
600839	四川长虹	13387.11	13383.38	4616.24	4614.96	2.91	2.90	4.05	2.14
600841	上柴股份	5641.66	5641.66	521.89	521.89	7.07	7.10	11.13	5.68
600843	上工申贝	1882.71	1882.71	304.65	304.65	7.69	7.71	9.50	6.05
600844	丹化科技	3389.65	3389.65	822.73	822.73	4.95	4.98	5.35	2.52
600845	宝信软件	59184.76	57692.79	858.00	836.37	32.90	33.00	78.02	32.70
600846	同济科技	5160.53	5160.53	624.76	624.76	9.31	9.33	10.02	7.49
600847	万里股份	1502.22	1502.22	153.29	153.29	11.14	11.26	16.59	9.23
600848	上海临港	39938.35	24315.94	1994.92	1214.58	24.55	24.49	27.13	18.18
600850	华东电脑	11495.13	11495.13	426.85	426.85	25.36	26.30	32.54	20.49
600851	海欣股份	5994.23	5994.23	738.21	738.21	8.04	8.04	10.74	6.93
600853	龙建股份	2703.19	2252.66	1004.90	837.42	3.18	3.21	5.04	2.56
600854	春兰股份	1963.55	1963.55	519.46	519.46	3.81	3.82	4.88	2.94
600855	航天长峰	6696.45	5206.03	438.54	340.93	12.29	12.35	29.66	9.56
600856	*ST中天	1776.65	1746.45	1366.65	1343.42	2.51	2.48	2.58	0.84
600857	宁波中百	1991.96	1991.96	224.32	224.32	9.21	9.27	10.89	8.40
600858	银座股份	3406.44	3389.94	520.07	517.55	5.17	5.20	8.56	4.03
600859	王府井	25290.24	18530.76	776.25	568.78	13.99	14.12	79.19	11.58
600860	*ST京城	1686.30	1410.36	385.00	322.00	6.00	5.99	6.23	3.01
600861	北京城乡	5658.14	5658.14	316.80	316.80	8.51	8.53	23.31	8.36
600862	中航高科	41930.78	41930.78	1393.05	1393.05	11.02	11.20	30.95	10.04
600863	内蒙华电	14927.92	14927.92	5808.53	5808.53	2.75	2.76	3.00	2.20
600864	哈投股份	17664.04	17664.04	2080.57	2080.57	8.06	8.30	9.48	5.79
600865	百大集团	2690.12	2690.12	376.24	376.24	6.30	6.31	8.99	5.62
600866	星湖科技	3687.71	3604.54	739.02	722.35	4.44	4.47	8.47	4.32
600867	通化东宝	27214.77	27121.24	2033.99	2027.00	12.65	12.80	18.45	10.01
600868	梅雁吉祥	5865.28	5865.28	1898.15	1898.15	3.45	3.47	4.10	2.73
600869	智慧能源	8855.22	8855.22	2219.35	2219.35	4.90	4.92	5.50	3.41
600870	ST厦华	1501.58	1501.58	523.20	523.20	2.98	2.98	3.69	2.39
600871	石化油服	26595.98	23603.62	13569.38	12042.66	2.26	2.27	2.59	1.67
600872	中炬高新	53095.87	53095.87	796.64	796.64	39.35	39.38	83.38	34.07
600873	梅花生物	14446.10	14385.44	3100.02	3087.00	4.45	4.47	6.95	3.86
600874	创业环保	7360.54	7360.54	1087.23	1087.23	7.19	7.23	7.94	6.36
600875	东方电气	27714.25	19909.10	2779.76	1996.90	9.19	9.25	12.05	7.20
600876	洛阳玻璃	5815.57	5427.52	298.54	278.62	16.13	16.00	19.50	11.83
600877	ST电能	7078.81	5917.50	822.16	687.28	5.81	5.90	10.13	5.40
600879	航天电子	20340.15	20340.15	2719.27	2719.27	5.98	6.03	8.77	5.20
600880	博瑞传播	4231.20	4230.03	1093.33	1093.03	3.99	4.01	5.51	3.20
600881	亚泰集团	10071.63	10071.63	3248.91	3248.91	3.19	3.20	3.78	2.76
600882	妙可蓝多	23371.55	23341.31	409.31	408.78	14.58	14.60	57.34	13.83
600883	博闻科技	1817.88	1817.88	236.09	236.09	7.64	7.60	12.47	7.23
600884	杉杉股份	29353.01	29353.01	1628.01	1628.01	13.51	13.61	19.35	10.09
600885	宏发股份	40380.97	40380.97	744.76	744.76	34.45	34.45	54.84	25.90
600886	国投电力	60185.15	60185.15	6965.87	6965.87	9.18	9.17	9.95	7.33
600887	伊利股份	269886.06	263124.62	6082.62	5930.24	30.94	31.16	45.00	26.89
600888	新疆众和	6189.22	5607.05	1024.71	928.32	4.59	4.62	7.18	3.77
600889	南京化纤	1597.27	1473.87	366.35	338.04	4.62	4.62	9.18	4.03
600890	中房股份	2768.55	2768.55	579.19	579.19	6.33	6.33	10.40	4.70
600891	*ST秋林	734.93	457.25	617.59	384.24	1.50	1.50	1.73	1.13
600892	*ST大晟	1628.04	1572.45	559.46	540.36	5.71	5.73	6.05	2.49

注：市价总值、无限售股市值、成交金额的单位为百万元（M Yuan），发行股本、无限售股股本、成交数量的单位为百万股（M Shares），上年收盘、本年开盘、本年最高、本年最低、本年收盘、涨跌值的单位为元（Yuan）。

A 股
A Share

股票
Share

本年收盘 Close	涨跌（%） Change	涨跌值 Change	市盈率（倍） P/E	市净率（倍） P/B	换手率（%） Turnover Rate	成交数量 Trading Vol	成交金额 Trading Val
6. 84	8. 10	0. 46	27. 70	2. 06	670. 00	2685. 89	19042. 20
2. 90	-0. 06	-0. 01	221. 04	1. 03	387. 66	17895. 34	54629. 85
10. 81	53. 72	3. 74	80. 17	2. 47	126. 83	661. 91	5604. 99
6. 18	-19. 64	-1. 51	39. 56	1. 47	204. 81	623. 94	4537. 27
4. 12	-16. 77	-0. 83	0. 00	2. 48	432. 23	3556. 13	13687. 22
68. 98	111. 20	36. 08	90. 64	11. 28	227. 46	1934. 21	107317. 09
8. 26	-7. 77	-1. 05	8. 50	1. 85	486. 29	3038. 17	27435. 65
9. 80	-12. 03	-1. 34	168. 65	2. 17	230. 04	352. 62	4011. 52
20. 02	-17. 54	-4. 53	31. 25	3. 09	80. 48	1605. 54	36073. 00
26. 93	7. 35	1. 57	35. 75	4. 50	344. 01	1468. 38	38626. 00
8. 12	1. 33	0. 08	94. 30	2. 55	144. 07	1063. 54	8790. 65
2. 69	2. 85	-0. 49	12. 11	1. 47	454. 66	3823. 91	14136. 10
3. 78	0. 17	-0. 03	72. 83	0. 98	323. 26	1679. 22	6818. 71
15. 27	24. 48	2. 98	156. 84	3. 96	1057. 96	4649. 60	86054. 02
1. 30	-48. 21	-1. 21	0. 00	2. 61	180. 40	2465. 42	3574. 79
8. 88	-3. 58	-0. 33	48. 31	3. 09	144. 75	324. 71	3111. 59
6. 55	27. 19	1. 38	64. 50	1. 10	249. 30	1296. 54	7791. 81
32. 58	134. 84	18. 59	26. 31	2. 22	558. 54	4335. 70	187827. 19
4. 38	-27. 00	-1. 62	0. 00	6. 30	187. 48	621. 91	2636. 22
17. 86	110. 07	9. 35	572. 07	2. 42	549. 50	1740. 86	28746. 98
30. 10	174. 99	19. 08	76. 02	10. 03	385. 08	5364. 37	101424. 24
2. 57	-1. 72	-0. 18	13. 52	1. 07	77. 37	4494. 08	11833. 30
8. 49	5. 91	0. 43	71. 87	1. 32	470. 58	9790. 67	72343. 26
7. 15	15. 52	0. 85	13. 12	1. 42	471. 60	1774. 33	12614. 97
4. 99	12. 39	0. 55	24. 66	2. 43	782. 87	5785. 58	31612. 87
13. 38	7. 20	0. 73	33. 55	5. 44	429. 02	8726. 30	121398. 20
3. 09	-10. 15	-0. 36	103. 52	2. 51	454. 87	8634. 06	29250. 87
3. 99	-18. 37	-0. 91	197. 23	1. 81	311. 97	6923. 69	30556. 42
2. 87	-3. 69	-0. 11	799. 44	143. 72	148. 17	775. 22	2281. 16
1. 96	-13. 27	-0. 30	40. 70	5. 50	64. 26	8719. 95	17856. 54
66. 65	70. 32	27. 30	73. 96	13. 45	238. 80	1902. 38	104998. 25
4. 66	10. 74	0. 21	14. 61	1. 61	274. 88	8525. 51	44549. 61
6. 77	-4. 41	-0. 42	19. 05	1. 57	187. 33	2036. 74	14513. 02
9. 97	10. 66	0. 78	24. 34	1. 06	200. 70	5575. 93	56017. 18
19. 48	20. 77	3. 35	197. 89	8. 23	644. 76	1945. 37	30117. 72
8. 61	48. 19	2. 80	88. 77	21. 87	221. 13	1818. 07	12250. 38
7. 48	26. 07	1. 50	44. 38	1. 64	567. 14	15421. 97	110247. 83
3. 87	-2. 56	-0. 12	64. 06	1. 48	345. 16	3773. 71	16407. 54
3. 10	-2. 82	-0. 09	188. 45	0. 70	128. 11	4162. 11	13607. 63
57. 10	291. 63	42. 52	1215. 41	18. 47	396. 11	1621. 47	54842. 33
7. 70	0. 89	0. 06	254. 29	2. 75	394. 84	932. 17	8717. 10
18. 03	95. 09	4. 52	108. 79	2. 48	657. 22	9484. 53	124483. 32
54. 22	58. 52	19. 77	57. 36	8. 20	296. 52	2208. 40	89234. 23
8. 64	-3. 20	-0. 54	12. 66	1. 49	64. 33	4384. 46	37205. 80
44. 37	47. 31	13. 43	38. 92	10. 33	248. 66	15119. 59	516590. 13
6. 04	33. 30	1. 45	44. 04	1. 39	573. 50	5892. 24	33296. 48
4. 36	-5. 63	-0. 26	0. 00	1. 15	408. 43	1496. 26	8997. 96
4. 78	-24. 49	-1. 55	97. 19	9. 87	336. 57	1949. 37	14544. 49
1. 19	-20. 67	-0. 31	0. 00	0. 00	52. 04	321. 40	446. 79
2. 91	-49. 04	-2. 80	0. 00	6. 45	332. 87	1862. 28	7703. 07

A股 A Share

股票 Share

股票代码 Code	股票简称 Stock Name	市价总值 Tot_cap	无限售股市值 Nego_cap	发行股本 Issued Vol	无限售股股本 Negotiable Vol	上年收盘 Last Year Close	本年开盘 Open	本年最高 High	本年最低 Low
600893	航发动力	158203.02	125118.07	2665.59	2108.14	21.68	21.70	59.73	19.08
600894	广日股份	6948.37	6948.37	859.95	859.95	7.51	7.60	9.05	6.06
600895	张江高科	26389.67	26389.67	1548.69	1548.69	15.31	15.46	24.49	11.75
600896	览海医疗	4119.72	3493.78	1024.81	869.10	4.28	4.32	6.60	3.61
600897	厦门空港	4949.60	4949.60	297.81	297.81	22.34	22.50	23.50	16.39
600898	*ST美讯	1520.19	1520.19	252.52	252.52	7.86	7.98	8.89	5.13
600900	长江电力	435734.02	435734.02	22741.86	22741.86	18.38	18.46	21.00	16.01
600901	江苏租赁	16456.44	9870.01	2986.65	1791.29	6.32	6.38	6.75	4.88
600903	贵州燃气	14454.95	14454.95	1138.19	1138.19	14.78	14.83	15.87	9.50
600908	无锡银行	11237.64	10479.49	1848.30	1723.60	5.55	5.61	7.42	4.76
600909	华安证券	28968.31	28968.31	3621.04	3621.04	7.30	7.48	9.78	5.81
600917	重庆燃气	10674.16	10674.16	1556.00	1556.00	7.26	7.32	7.83	6.02
600918	中泰证券	128919.58	12891.96	6968.63	696.86	4.38	5.26	23.08	5.26
600919	江苏银行	63033.04	62409.28	11544.51	11430.27	7.24	7.29	7.33	5.34
600926	杭州银行	88478.59	75217.10	5930.20	5041.36	9.16	9.27	16.19	7.45
600928	西安银行	24711.11	6425.33	4444.44	1155.64	7.77	8.04	8.16	5.01
600929	雪天盐业	5102.70	1875.64	917.75	337.35	6.56	6.59	7.63	5.33
600933	爱柯迪	13419.50	13327.76	860.22	854.34	13.94	14.04	17.26	9.08
600936	广西广电	5564.52	5564.52	1671.03	1671.03	3.84	3.86	4.59	3.25
600939	重庆建工	6713.73	6713.73	1814.52	1814.52	4.81	4.81	4.90	3.56
600956	新天绿能	20229.71	1355.59	2010.91	134.75	3.18	3.82	14.37	3.82
600958	东方证券	69391.28	66716.38	5966.58	5736.58	10.76	10.90	13.80	8.70
600959	江苏有线	16552.38	14985.17	5000.72	4527.24	3.98	4.00	4.29	3.25
600960	渤海汽车	4410.39	4410.39	950.52	950.52	3.19	3.22	4.64	2.54
600961	株冶集团	3839.89	3839.89	527.46	527.46	8.31	8.41	10.00	5.18
600962	国投中鲁	2409.71	2334.44	262.21	254.02	8.18	8.20	11.26	6.42
600963	岳阳林纸	7563.17	7563.17	1805.05	1805.05	4.43	4.48	5.50	3.46
600965	福成股份	4642.03	4642.03	818.70	818.70	7.08	7.15	8.78	5.29
600966	博汇纸业	20092.77	20092.77	1336.84	1336.84	5.31	5.84	16.53	5.44
600967	内蒙一机	20545.92	20545.92	1689.63	1689.63	10.63	10.66	14.27	9.00
600968	海油发展	24294.60	4457.60	10165.10	1865.10	2.93	2.95	3.18	2.21
600969	郴电国际	2734.67	2734.67	370.05	370.05	6.62	6.65	7.56	5.42
600970	中材国际	11955.01	11955.01	1737.65	1737.65	6.97	7.04	7.92	5.25
600971	恒源煤电	7548.03	7548.03	1200.00	1200.00	5.98	6.05	6.94	4.47
600973	宝胜股份	5965.44	5316.19	1371.37	1222.11	3.80	3.83	5.57	3.38
600975	新五丰	5247.51	5247.51	652.68	652.68	8.04	8.13	12.95	5.80
600976	健民集团	3894.79	3892.25	153.40	153.30	17.77	17.55	31.89	14.87
600977	中国电影	23262.82	23262.82	1867.00	1867.00	15.22	15.29	17.40	11.19
600978	*ST宜生	1275.27	1275.27	1482.87	1482.87	2.97	2.99	3.17	0.76
600979	广安爱众	4128.07	4128.07	1232.26	1232.26	4.19	4.22	4.94	3.00
600980	北矿科技	2129.48	2088.32	155.21	152.21	14.06	14.09	19.68	10.65
600981	汇鸿集团	6861.85	6861.85	2242.43	2242.43	3.72	3.75	4.38	2.91
600982	宁波热电	4191.63	2800.99	1117.77	746.93	3.02	3.03	4.27	2.51
600983	惠而浦	5012.51	3484.51	766.44	532.80	4.93	4.95	12.29	4.01
600984	建设机械	11941.92	10609.33	966.96	859.06	10.33	10.44	31.96	9.55
600985	淮北矿业	24309.80	7274.91	2172.46	650.13	9.99	10.14	12.26	7.63
600986	科达股份	5682.33	5646.71	1324.55	1316.25	4.96	5.04	6.26	3.52
600987	航民股份	6193.09	5278.47	1080.82	921.20	6.33	6.35	6.96	5.16
600988	赤峰黄金	29800.65	25546.49	1663.91	1426.38	5.03	4.99	25.40	4.94
600989	宝丰能源	85800.31	23332.96	7333.36	1994.27	9.51	9.56	13.69	7.36

注：市价总值、无限售股市值、成交金额的单位为百万元（M Yuan），发行股本、无限售股股本、成交数量的单位为百万股（M Shares），上年收盘、本年开盘、本年最高、本年最低、本年收盘、涨跌值的单位为元（Yuan）。

A 股 A Share

股票 Share

本年收盘 Close	涨跌（%）Change	涨跌值 Change	市盈率（倍）P/E	市净率（倍）P/B	换手率（%）Turnover Rate	成交数量 Trading Vol	成交金额 Trading Val
59.35	174.94	37.67	146.84	5.51	271.45	6390.62	234415.25
8.08	9.88	0.57	16.29	0.93	271.42	2334.10	17869.71
17.04	11.96	1.73	45.28	2.84	425.81	6594.50	122937.85
4.02	-6.07	-0.26	0.00	2.59	284.16	2509.23	12235.84
16.62	-23.41	-5.72	9.55	1.33	119.17	354.91	6593.06
6.02	-23.41	-1.84	0.00	0.00	388.12	980.10	6774.57
19.16	8.09	0.78	20.23	2.91	28.06	6228.11	115903.88
5.51	-8.79	-0.81	10.39	1.37	133.22	3978.67	23080.47
12.70	-13.65	-2.08	75.82	5.22	254.13	2892.44	35003.79
6.08	13.54	0.53	8.99	0.97	275.67	5095.16	29289.38
8.00	10.95	0.70	26.14	2.18	580.29	21012.37	172694.34
6.86	-4.47	-0.40	26.54	2.57	66.38	1032.87	7375.08
18.50	322.37	14.12	57.31	3.80	172.03	11987.97	196790.56
5.46	-16.48	-1.78	5.61	0.61	94.63	10924.62	68221.45
14.92	68.30	5.76	13.40	1.42	134.04	7707.06	86061.95
5.56	-25.91	-2.21	9.24	1.05	117.49	5221.58	30713.62
5.56	-14.98	-1.00	34.71	2.06	227.74	2090.10	13660.74
15.60	14.36	1.66	30.54	3.29	138.41	1188.09	15937.50
3.33	-12.85	-0.51	50.61	1.47	115.00	1921.71	7666.29
3.70	-21.53	-1.11	14.62	0.78	65.92	1196.14	4941.58
10.06	220.83	6.88	27.37	3.28	85.53	1719.99	18001.02
11.63	9.80	0.87	33.40	1.51	190.96	11394.06	127235.81
3.31	-16.22	-0.67	49.99	0.77	92.11	4606.38	17422.56
4.64	45.90	1.45	60.93	0.93	406.16	3860.63	13901.43
7.28	-12.39	-1.03	49.58	68.57	359.22	1894.75	14550.32
9.19	12.35	1.01	669.83	2.86	598.60	1569.60	13764.07
4.19	23.13	-0.24	24.14	0.92	256.62	4192.58	18379.77
5.67	-18.09	-1.41	22.15	2.27	189.50	1551.45	11382.52
15.03	183.59	9.72	150.19	3.81	428.96	5734.50	57518.33
12.16	15.00	1.53	35.92	2.24	334.68	5654.87	63183.68
2.39	-17.23	-0.54	19.70	1.32	100.81	10247.38	26229.28
7.39	12.36	0.77	49.52	0.78	214.81	794.89	5216.10
6.88	4.10	-0.09	7.51	1.17	329.92	5737.72	37045.51
6.29	12.98	0.31	6.69	0.87	363.34	4360.13	24324.20
4.35	15.33	0.55	38.73	1.56	328.07	4424.96	19785.53
8.04	0.35	0.00	82.90	4.50	969.65	6328.64	59139.79
25.39	44.49	7.62	42.57	3.24	398.77	611.71	13440.01
12.46	-16.27	-2.76	21.92	1.94	190.49	3556.38	49704.10
0.86	-71.04	-2.11	0.00	0.16	387.83	5750.99	8632.69
3.35	4.61	-0.84	16.82	1.08	168.32	1958.16	7158.99
13.72	-2.19	-0.34	46.88	3.41	665.92	1033.57	14787.35
3.06	-16.56	-0.66	20.36	1.30	151.14	3389.15	12100.85
3.75	26.25	0.73	35.18	1.26	223.78	2493.45	8099.35
6.54	33.99	1.61	0.00	1.34	351.20	2691.77	17698.14
12.35	19.55	2.02	23.63	3.14	416.16	3836.07	66202.53
11.19	20.17	1.20	6.70	1.28	96.07	2087.13	20834.53
4.29	-13.51	-0.67	0.00	1.60	1124.15	14895.25	72877.42
5.73	-5.94	-0.60	8.40	1.29	139.11	1503.57	8716.07
17.91	256.06	12.88	158.51	10.13	1439.84	23803.49	288203.66
11.70	26.93	2.19	22.57	3.67	92.79	6804.66	72994.29

A 股 股票
A Share Share

股票代码 Code	股票简称 Stock Name	市价总值 Tot_cap	无限售股市值 Nego_cap	发行股本 Issued Vol	无限售股股本 Negotiable Vol	上年收盘 Last Year Close	本年开盘 Open	本年最高 High	本年最低 Low
600990	四创电子	7398.65	7398.65	159.18	159.18	44.58	44.60	56.37	35.60
600992	贵绳股份	1737.69	1737.69	245.09	245.09	6.86	6.89	7.76	5.56
600993	马应龙	8681.43	8666.38	431.05	430.31	17.49	17.50	28.19	14.24
600995	文山电力	3890.42	3890.42	478.53	478.53	7.80	7.84	9.98	6.78
600996	贵广网络	5742.28	5742.28	1051.70	1051.70	8.05	8.10	11.30	5.26
600997	开滦股份	9113.97	9113.97	1587.80	1587.80	5.44	5.49	6.30	4.32
600998	九州通	34028.41	34028.09	1873.81	1873.79	14.15	13.98	20.59	13.79
600999	招商证券	173229.60	173229.60	7422.01	7422.01	18.29	18.53	31.39	15.79
601000	唐山港	14696.30	14696.30	5925.93	5925.93	2.60	2.62	2.81	2.12
601001	晋控煤业	10544.31	10544.31	1673.70	1673.70	4.40	4.42	6.90	3.36
601002	晋亿实业	4841.75	4324.03	951.23	849.51	5.88	5.92	6.90	4.56
601003	柳钢股份	13300.90	13300.90	2562.79	2562.79	5.65	5.71	5.74	4.32
601005	重庆钢铁	12403.10	12403.10	8380.48	8380.48	1.85	1.86	1.87	1.28
601006	大秦铁路	96039.47	96039.47	14866.79	14866.79	8.21	8.22	8.25	6.32
601007	金陵饭店	2370.00	2370.00	300.00	300.00	9.27	9.33	9.44	6.90
601008	连云港	4681.58	4345.12	1093.83	1015.22	3.87	3.90	5.04	3.06
601009	南京银行	80856.70	68536.24	10007.02	8482.21	8.77	8.88	9.28	6.98
601010	文峰股份	5451.60	5451.60	1848.00	1848.00	3.06	3.07	3.95	2.61
601011	宝泰隆	6804.38	6804.38	1604.81	1604.81	4.51	4.56	4.79	3.03
601012	隆基股份	347757.09	347749.20	3771.77	3771.68	24.83	25.08	94.70	21.75
601015	陕西黑猫	6828.82	6828.82	1629.79	1629.79	3.20	3.22	4.98	2.49
601016	节能风电	17104.29	14253.57	4986.67	4155.56	2.41	2.43	3.72	2.03
601018	宁波港	61965.08	51637.56	15807.42	13172.85	3.80	3.82	4.35	2.96
601019	山东出版	11790.99	11790.99	2086.90	2086.90	6.95	6.98	7.28	5.51
601020	华钰矿业	6034.20	6019.49	555.12	553.77	9.13	9.18	18.18	7.39
601021	春秋航空	50799.53	50799.53	916.46	916.46	43.89	44.40	56.19	28.88
601028	玉龙股份	9537.25	9537.25	783.03	783.03	5.11	5.15	14.19	4.47
601038	一拖股份	7227.88	7227.88	593.91	593.91	6.94	6.98	14.97	5.15
601058	赛轮轮胎	16304.86	15455.72	2699.48	2558.89	4.47	4.51	6.60	3.46
601066	中信建投	268185.18	55230.00	6385.36	1315.00	30.40	31.25	60.14	27.56
601068	中铝国际	9112.14	1053.43	2559.59	295.91	5.54	5.59	5.66	3.44
601069	西部黄金	8579.64	8579.64	636.00	636.00	15.10	15.02	18.35	12.90
601077	渝农商行	39796.49	26435.09	8843.66	5874.47	6.70	6.81	6.86	4.38
601086	国芳集团	2830.50	2830.50	666.00	666.00	5.10	5.14	8.36	4.15
601088	中国神华	297003.59	297003.59	16491.04	16491.04	18.25	18.43	20.17	14.31
601098	中南传媒	17115.88	17115.88	1796.00	1796.00	11.94	12.02	13.57	9.46
601099	太平洋	27810.57	27810.57	6816.32	6816.32	3.79	3.85	5.07	2.88
601100	恒立液压	147505.68	147505.68	1305.36	1305.36	49.75	49.76	114.02	43.28
601101	昊华能源	5651.99	5651.99	1200.00	1200.00	4.89	4.83	5.28	3.21
601106	中国一重	20504.77	20504.77	6857.78	6857.78	2.91	2.92	3.67	2.36
601107	四川成渝	6877.51	6877.51	2162.74	2162.74	4.21	4.22	4.38	3.15
601108	财通证券	45400.85	45400.85	3589.00	3589.00	11.34	11.60	18.29	8.90
601111	中国国航	74616.37	74616.37	9962.13	9962.13	9.69	9.80	9.98	6.31
601113	ST 华鼎	3241.81	2577.82	1141.48	907.68	3.42	3.42	3.63	2.30
601116	三江购物	5723.24	4292.43	547.68	410.76	12.91	12.98	17.49	10.06
601117	中国化学	28956.71	28956.71	4933.00	4933.00	6.44	6.48	7.74	5.24
601118	海南橡胶	20626.84	20626.84	4279.43	4279.43	4.92	4.96	6.34	3.87
601126	四方股份	5659.68	5659.68	813.17	813.17	5.54	5.58	8.80	4.52
601127	小康股份	21533.93	15942.26	1260.77	933.39	11.40	11.46	24.38	7.62
601128	常熟银行	20227.52	19220.03	2740.86	2604.34	9.11	9.30	9.39	6.47

注：市价总值、无限售股市值、成交金额的单位为百万元（M Yuan），发行股本、无限售股股本、成交数量的单位为百万股（M Shares），上年收盘、本年开盘、本年最高、本年最低、本年收盘、涨跌值的单位为元（Yuan）。

A 股
A Share

股票
Share

本年收盘 Close	涨跌（%） Change	涨跌值 Change	市盈率（倍） P/E	市净率（倍） P/B	换手率（%） Turnover Rate	成交数量 Trading Vol	成交金额 Trading Val
46.48	4.42	1.90	66.62	2.99	364.97	580.96	25791.86
7.09	3.94	0.23	59.51	1.23	242.45	594.23	4025.51
20.14	16.44	2.65	24.12	3.40	527.62	2274.30	48830.75
8.13	7.26	0.33	11.71	1.78	335.58	1605.83	13197.51
5.46	-31.26	-2.59	26.77	1.22	236.82	2490.66	20036.85
5.74	10.46	0.30	7.93	0.81	174.83	2776.00	14719.92
18.16	28.34	4.01	19.71	1.81	139.16	2612.08	45963.82
23.34	56.14	5.05	27.87	2.39	125.89	8174.63	175186.60
2.48	-0.68	-0.12	8.27	0.86	145.18	8603.12	21252.42
6.30	43.18	1.90	11.75	1.65	352.65	5902.35	30347.25
5.09	-13.44	-0.79	34.96	1.78	336.46	2917.69	17139.85
5.19	0.60	-0.46	5.67	1.17	101.04	2589.36	13011.90
1.48	-20.00	-0.37	14.26	0.68	133.85	11217.23	17588.52
6.46	-15.54	-1.75	7.03	0.84	50.40	7493.05	51491.96
7.90	-14.78	-1.37	31.48	1.59	189.02	567.07	4733.72
4.28	10.59	0.41	687.00	1.36	366.74	4011.53	15626.86
8.08	-2.98	-0.69	6.49	0.93	115.70	11049.98	89578.35
2.95	-0.67	-0.11	16.31	1.14	162.10	2995.65	9980.75
4.24	-5.99	-0.27	96.65	1.10	465.25	7477.49	29531.23
92.20	274.65	67.37	65.87	12.59	370.83	13987.56	703276.97
4.19	35.88	0.99	237.13	1.21	266.58	4344.71	15609.62
3.43	45.65	1.02	29.28	2.33	284.46	12869.68	36818.19
3.92	5.80	0.12	18.11	1.52	41.30	5670.13	20941.14
5.65	-14.48	-1.30	7.64	1.10	54.03	1127.62	7348.19
10.87	19.06	1.74	48.22	2.76	639.89	3409.85	38827.54
55.43	26.94	11.54	27.59	3.38	182.62	1673.93	67917.37
12.18	138.36	7.07	467.20	4.61	195.01	1526.98	15308.26
12.17	75.36	5.23	195.16	2.95	704.91	4186.53	39337.50
6.04	38.84	1.57	13.64	2.31	347.48	9381.44	43758.03
42.00	39.01	11.60	58.37	5.76	177.12	11309.61	460399.23
3.56	-35.74	-1.98	302.21	0.93	93.46	2392.31	10466.74
13.49	-10.53	-1.61	208.92	5.02	508.07	3231.31	48772.48
4.50	-29.60	-2.20	5.24	0.58	110.16	9742.49	51821.52
4.25	-14.90	-0.85	24.63	1.56	300.17	1999.11	10658.34
18.01	6.96	-0.24	8.28	1.02	51.08	8424.20	141383.82
9.53	-15.69	-2.41	13.42	1.25	102.54	1841.64	20409.39
4.08	7.65	0.29	60.08	2.69	830.02	56577.11	230598.55
113.00	238.72	63.25	113.80	26.42	121.38	1333.63	92082.66
4.71	-2.06	-0.18	21.56	0.83	201.56	2418.71	10397.87
2.99	2.75	0.08	159.30	1.86	111.70	7660.21	23430.05
3.18	-22.05	-1.03	8.98	0.64	82.48	1783.87	6506.88
12.65	12.86	1.31	24.24	2.13	719.05	25806.88	331205.50
7.49	-22.28	-2.20	16.98	1.16	159.51	15891.13	118849.19
2.84	-16.96	-0.58	0.00	0.73	111.77	1275.86	3822.21
10.45	-17.98	-2.46	35.66	1.81	226.91	1242.74	17099.59
5.87	-5.98	-0.57	9.46	0.82	173.83	8575.03	52625.96
4.82	-2.03	-0.10	152.63	2.12	253.86	10863.92	57276.43
6.96	28.95	1.42	30.12	1.45	340.02	2764.93	18937.84
17.08	50.49	5.68	322.75	3.94	243.26	2966.85	42998.85
7.38	-16.93	-1.73	11.33	1.20	360.08	9869.17	76285.81

A 股 股票
A Share Share

股票代码 Code	股票简称 Stock Name	市价总值 Tot_cap	无限售股市值 Nego_cap	发行股本 Issued Vol	无限售股股本 Negotiable Vol	上年收盘 Last Year Close	本年开盘 Open	本年最高 High	本年最低 Low
601137	博威合金	9069.72	8265.95	790.04	720.03	11.26	11.37	18.19	9.34
601138	工业富联	272023.57	39645.97	19870.24	2895.98	18.27	18.33	21.00	12.42
601139	深圳燃气	20827.80	20827.53	2876.77	2876.73	7.83	7.80	8.50	6.33
601155	新城控股	78567.33	78351.09	2255.74	2249.53	38.72	39.26	39.88	25.94
601158	重庆水务	24576.00	24576.00	4800.00	4800.00	5.60	5.61	5.70	4.95
601162	天风证券	40662.40	23414.73	6665.97	3838.48	7.36	7.57	8.55	5.00
601163	三角轮胎	12856.00	12856.00	800.00	800.00	15.30	15.41	18.98	12.51
601166	兴业银行	433557.36	409370.28	20774.19	19615.25	19.80	20.07	22.07	14.93
601168	西部矿业	29501.54	29501.54	2383.00	2383.00	6.62	6.69	14.49	5.18
601169	北京银行	102332.04	102332.04	21142.98	21142.98	5.68	5.72	5.77	4.66
601177	杭齿前进	3224.48	3224.48	400.06	400.06	9.37	9.41	10.51	7.38
601179	中国西电	23630.32	23630.32	5125.88	5125.88	3.64	3.67	8.11	3.03
601186	中国铁建	90875.64	90875.64	11503.25	11503.25	10.14	10.22	11.24	7.83
601187	厦门银行	34836.49	3483.65	2639.13	263.91	6.71	8.05	15.48	7.35
601188	龙江交通	3566.03	3566.03	1315.88	1315.88	3.03	3.04	3.49	2.47
601198	东兴证券	36736.04	36736.04	2757.96	2757.96	13.14	13.35	15.55	10.20
601199	江南水务	3647.32	3647.32	935.21	935.21	3.79	3.80	5.44	3.28
601200	上海环境	12228.26	12228.26	1121.86	1121.86	11.10	11.16	15.07	10.17
601208	东材科技	6541.71	6404.22	626.60	613.43	4.92	4.99	12.31	4.50
601211	国泰君安	131766.36	130381.49	7516.62	7437.62	18.49	18.80	22.20	15.65
601212	白银有色	21918.13	21918.13	7404.77	7404.77	3.68	3.68	4.04	2.48
601216	君正集团	41768.19	41768.19	8438.02	8438.02	3.13	3.15	11.36	2.39
601218	吉鑫科技	3753.06	3753.06	977.36	977.36	2.84	2.85	4.35	2.38
601222	林洋能源	13851.14	13851.14	1748.88	1748.88	4.86	4.89	9.10	4.58
601225	陕西煤业	93400.00	93400.00	10000.00	10000.00	8.99	9.05	10.98	6.71
601226	华电重工	4885.65	4885.65	1155.00	1155.00	4.24	4.31	4.67	3.45
601228	广州港	20809.08	20809.08	6193.18	6193.18	3.83	3.85	3.92	2.95
601229	上海银行	111379.19	107438.22	14206.53	13703.86	9.49	9.58	9.95	7.71
601231	环旭电子	42725.60	42223.92	2209.18	2183.24	19.23	19.50	28.29	15.42
601233	桐昆股份	43943.23	43943.23	2134.20	2134.20	14.99	15.14	22.60	11.25
601236	红塔证券	67545.01	27418.77	3633.41	1474.92	16.77	17.12	27.88	14.63
601238	广汽集团	96238.36	94881.43	7241.41	7139.31	11.69	11.75	15.80	8.88
601258	ST 庞大	10329.50	10329.50	10227.23	10227.23	1.40	1.41	1.69	0.98
601288	农业银行	1002426.82	923333.62	319244.21	294055.29	3.69	3.71	3.86	3.12
601298	青岛港	34671.04	12023.43	5392.08	1869.90	6.87	6.92	7.80	5.32
601311	骆驼股份	10487.93	10487.93	1121.70	1121.70	9.38	9.45	11.26	7.23
601318	中国平安	942225.16	942225.16	10832.66	10832.66	85.46	85.90	94.62	66.00
601319	中国人保	233220.26	36802.30	35497.76	5601.57	7.59	7.71	8.70	6.02
601326	秦港股份	13416.32	13416.32	4757.56	4757.56	3.19	3.20	3.27	2.49
601328	交通银行	175843.87	175843.87	39250.86	39250.86	5.63	5.66	5.78	4.43
601330	绿色动力	8535.76	2206.26	989.08	255.65	10.63	10.70	13.19	8.31
601333	广深铁路	12547.97	12547.97	5652.24	5652.24	3.06	3.08	3.13	2.17
601336	新华保险	120892.92	120892.92	2085.44	2085.44	49.15	50.05	70.30	37.88
601339	百隆东方	6000.00	6000.00	1500.00	1500.00	3.99	4.01	5.60	3.16
601360	三六零	106263.31	28108.83	6764.06	1789.23	23.51	23.68	29.47	14.91
601366	利群股份	5989.08	5989.08	860.50	860.50	5.63	5.66	8.26	4.81
601368	绿城水务	4732.74	4611.13	882.97	860.28	5.84	5.86	6.07	4.93
601369	陕鼓动力	12047.75	11766.37	1677.96	1638.77	6.65	6.65	7.53	5.44
601375	中原证券	24201.59	18769.41	3447.52	2673.71	5.36	5.42	7.02	4.35
601377	兴业证券	58127.11	58127.11	6696.67	6696.67	7.08	7.19	10.80	5.62

注：市价总值、无限售股市值、成交金额的单位为百万元（M Yuan），发行股本、无限售股股本、成交数量的单位为百万股（M Shares），上年收盘、本年开盘、本年最高、本年最低、本年收盘、涨跌值的单位为元（Yuan）。

A 股
A Share

股票
Share

本年收盘 Close	涨跌（%） Change	涨跌值 Change	市盈率（倍） P/E	市净率（倍） P/B	换手率（%） Turnover Rate	成交数量 Trading Vol	成交金额 Trading Val
11. 48	3. 47	0. 22	20. 61	2. 42	331. 62	2355. 97	31592. 05
13. 69	-24. 07	-4. 58	14. 62	3. 05	62. 79	12471. 88	193171. 90
7. 24	-4. 98	-0. 59	19. 69	1. 89	100. 82	2900. 26	21299. 10
34. 83	-5. 71	-3. 89	6. 21	2. 05	120. 78	2725. 52	91511. 37
5. 12	-3. 90	-0. 48	14. 76	1. 62	19. 87	953. 92	5099. 88
6. 10	-6. 23	-1. 26	132. 12	3. 35	655. 64	41153. 12	267308. 81
16. 07	7. 48	0. 77	15. 18	1. 28	186. 34	1490. 68	23133. 99
20. 87	10. 23	1. 07	6. 58	0. 80	110. 73	23003. 33	403083. 39
12. 38	90. 42	5. 76	29. 29	2. 94	448. 36	10684. 47	98147. 97
4. 84	-9. 76	-0. 84	4. 77	0. 49	68. 77	14539. 02	73131. 49
8. 06	-13. 77	-1. 31	163. 42	1. 95	177. 33	709. 41	6095. 76
4. 61	27. 89	0. 97	57. 18	1. 19	319. 27	16365. 51	90029. 51
7. 90	-20. 23	-2. 24	5. 31	0. 51	137. 21	15783. 29	147155. 40
13. 20	96. 72	6. 49	20. 36	2. 28	170. 72	4505. 53	49422. 07
2. 71	-5. 30	-0. 32	9. 79	0. 79	93. 38	1228. 76	3524. 20
13. 32	2. 42	0. 18	30. 09	1. 81	199. 85	5511. 89	70215. 19
3. 90	5. 00	0. 11	15. 53	1. 25	253. 55	2371. 22	10080. 56
10. 90	-1. 24	-0. 20	19. 84	1. 79	308. 82	2908. 17	36012. 51
10. 44	112. 20	5. 52	89. 77	2. 82	529. 74	3319. 33	25795. 58
17. 53	-3. 16	-0. 96	18. 08	1. 14	133. 09	10003. 11	183710. 69
2. 96	-19. 57	-0. 72	377. 55	1. 56	185. 21	13714. 44	42870. 26
4. 95	79. 11	1. 82	16. 76	2. 21	515. 16	43469. 29	307130. 82
3. 84	35. 70	1. 00	57. 39	1. 50	446. 80	4413. 57	15066. 12
7. 92	64. 22	3. 06	19. 78	1. 35	415. 99	7287. 72	49344. 82
9. 34	8. 30	0. 35	8. 02	1. 60	96. 01	9600. 96	82159. 39
4. 23	0. 48	-0. 01	59. 41	1. 35	82. 02	947. 32	3871. 57
3. 36	-11. 14	-0. 47	24. 48	1. 58	53. 65	3322. 77	11233. 99
7. 84	-13. 74	-1. 65	5. 49	0. 63	43. 45	6172. 50	52179. 89
19. 34	1. 47	0. 11	33. 85	4. 16	282. 38	6159. 08	132285. 41
20. 59	39. 56	5. 60	15. 23	2. 37	416. 94	7918. 09	127685. 20
18. 59	11. 39	1. 82	80. 65	5. 05	268. 43	9753. 31	201073. 81
13. 29	15. 88	1. 60	20. 77	1. 72	100. 94	7215. 45	84757. 58
1. 01	-27. 86	-0. 39	89. 07	0. 98	92. 69	9479. 50	11720. 51
3. 14	-10. 48	-0. 55	5. 18	0. 56	14. 48	46236. 70	154522. 25
6. 43	-3. 57	-0. 44	11. 01	1. 38	56. 19	3029. 60	18883. 14
9. 35	32. 42	-0. 03	17. 62	1. 61	479. 12	4853. 82	43509. 36
86. 98	4. 65	1. 52	10. 64	2. 36	156. 29	16930. 81	1344287. 35
6. 57	-11. 53	-1. 02	12. 97	1. 59	48. 07	17064. 16	121073. 24
2. 82	-8. 44	-0. 37	16. 92	1. 08	50. 92	2422. 43	6733. 55
4. 48	-15. 62	-1. 15	4. 31	0. 42	61. 85	24275. 15	120126. 15
8. 63	-17. 97	-2. 00	28. 90	3. 65	421. 20	3203. 48	33751. 26
2. 22	-25. 73	-0. 84	21. 01	0. 54	101. 12	5715. 52	14238. 51
57. 97	20. 88	8. 82	12. 42	2. 14	195. 93	4085. 93	224361. 80
4. 00	1. 94	0. 01	20. 15	0. 75	190. 27	2854. 12	11878. 89
15. 71	-32. 99	-7. 80	17. 77	3. 70	102. 33	6921. 77	135623. 69
6. 96	26. 61	1. 33	22. 41	1. 28	265. 19	2281. 95	14897. 68
5. 36	-6. 74	-0. 48	18. 03	1. 13	76. 38	674. 36	3758. 39
7. 18	12. 11	0. 53	19. 98	1. 80	91. 30	1532. 05	10016. 99
7. 02	30. 97	1. 66	559. 81	3. 37	374. 81	10851. 04	61754. 36
8. 68	23. 77	1. 60	32. 98	1. 69	349. 65	23415. 02	187189. 66

A 股 A Share

股票 Share

股票代码 Code	股票简称 Stock Name	市价总值 Tot_cap	无限售股市值 Nego_cap	发行股本 Issued Vol	无限售股股本 Negotiable Vol	上年收盘 Last Year Close	本年开盘 Open	本年最高 High	本年最低 Low
601388	怡球资源	6649.21	6072.69	2201.73	2010.82	1.93	1.94	3.89	1.43
601390	中国中铁	107315.85	107315.85	20363.54	20363.54	5.94	5.97	6.15	4.90
601398	工商银行	1345364.94	1345364.94	269612.21	269612.21	5.88	5.92	6.05	4.88
601399	ST 国重装	29000.37	1969.38	7268.26	493.58	3.32	6.00	9.59	3.64
601456	国联证券	41283.77	10147.09	1935.48	475.72	4.25	5.10	23.45	5.10
601500	通用股份	5155.23	5155.23	872.29	872.29	6.51	6.53	7.34	5.02
601512	中新集团	14898.97	7926.26	1498.89	797.41	13.90	14.00	14.12	9.89
601515	东风股份	7512.71	7512.71	1334.41	1334.41	6.75	6.79	8.22	5.26
601518	吉林高速	3092.40	2778.23	1350.40	1213.20	2.64	2.65	3.06	2.22
601519	大智慧	20632.33	20632.33	1987.70	1987.70	7.89	8.10	14.25	6.28
601555	东吴证券	38261.92	38261.92	3880.52	3880.52	9.99	10.23	12.18	7.31
601566	九牧王	6550.86	6550.86	574.64	574.64	11.44	11.47	13.96	8.60
601567	三星医疗	9220.68	9220.68	1386.57	1386.57	7.40	7.42	9.27	6.55
601568	北元集团	33186.11	3318.61	3611.11	361.11	10.17	12.20	14.64	9.06
601577	长沙银行	32573.19	9475.57	3421.55	995.33	9.07	9.16	10.88	7.51
601579	会稽山	6883.46	6883.46	497.36	497.36	8.56	8.57	16.56	7.43
601588	北辰实业	6064.80	6064.80	2660.00	2660.00	3.28	3.30	3.39	2.21
601595	上海电影	4889.86	4889.86	448.20	448.20	14.51	14.56	19.60	10.20
601598	中国外运	23126.03	5947.20	5255.92	1351.64	4.26	4.29	5.25	3.18
601599	鹿港文化	2481.78	2481.78	892.72	892.72	3.32	3.35	4.68	2.28
601600	中国铝业	47475.71	47475.71	13078.71	13078.71	3.54	3.58	4.32	2.74
601601	中国太保	262849.59	262849.59	6845.04	6845.04	37.84	38.50	40.86	26.00
601606	长城军工	8676.26	3566.77	724.23	297.73	10.94	10.98	19.36	8.30
601607	上海医药	36921.92	36920.35	1923.02	1922.94	18.37	18.34	25.98	17.02
601608	中信重工	17184.10	17184.10	4339.42	4339.42	3.72	3.75	4.71	3.06
601609	金田铜业	14788.24	2456.30	1456.97	242.00	6.55	7.86	15.66	7.61
601611	中国核建	19295.38	19110.15	2650.46	2625.02	7.13	7.18	10.16	5.82
601615	明阳智能	35581.22	18646.56	1874.67	982.43	12.30	12.38	21.17	9.65
601616	广电电气	3049.97	3049.97	935.58	935.58	3.05	3.06	4.19	2.39
601618	中国中冶	48737.65	48737.65	17852.62	17852.62	2.80	2.82	3.15	2.33
601619	嘉泽新能	7051.94	7051.94	2074.10	2074.10	3.82	3.83	4.13	2.89
601628	中国人寿	799415.32	799415.32	20823.53	20823.53	34.87	35.12	52.16	23.97
601633	长城汽车	229749.19	227908.43	6076.41	6027.73	8.85	8.90	38.19	7.40
601636	旗滨集团	34383.82	34345.07	2686.24	2683.21	5.49	5.60	13.92	4.45
601658	邮储银行	320845.05	53891.93	67122.40	11274.46	5.86	5.90	6.02	4.47
601666	平煤股份	13803.29	13803.29	2327.70	2327.70	4.02	4.03	6.70	3.52
601668	中国建筑	208566.41	205030.41	41965.07	41253.60	5.62	5.71	6.20	4.76
601669	中国电建	59360.26	43240.28	15299.04	11144.40	4.34	4.34	4.88	3.40
601677	明泰铝业	8714.51	8419.96	616.30	595.47	11.53	11.63	14.97	8.59
601678	滨化股份	8108.10	8108.10	1544.40	1544.40	5.11	5.12	6.35	4.17
601686	友发集团	17475.07	1757.96	1411.56	142.00	12.86	15.43	18.53	12.11
601688	华泰证券	132510.45	132510.45	7357.60	7357.60	20.31	20.82	25.00	16.76
601689	拓普集团	40543.18	40543.18	1054.99	1054.99	17.43	17.39	45.47	15.06
601696	中银证券	76895.04	7695.04	2778.00	278.00	5.47	6.56	40.81	6.56
601698	中国卫通	72560.00	7394.55	4000.00	407.64	11.32	11.40	27.30	11.31
601699	潞安环能	19444.16	19444.16	2991.41	2991.41	7.26	7.31	7.50	5.40
601700	风范股份	5405.52	5405.52	1133.23	1133.23	6.46	6.55	7.56	4.35
601702	华峰铝业	8327.75	2081.91	998.53	249.63	3.69	4.43	10.89	4.43
601717	郑煤机	16277.36	16277.36	1489.24	1489.24	6.47	6.50	12.65	4.57
601718	际华集团	13306.64	13306.64	4391.63	4391.63	3.26	3.27	5.31	2.95

注：市价总值、无限售股市值、成交金额的单位为百万元（M Yuan），发行股本、无限售股股本、成交数量的单位为百万股（M Shares），上年收盘、本年开盘、本年最高、本年最低、本年收盘、涨跌值的单位为元（Yuan）。

A 股 A Share

股票 Share

本年收盘 Close	涨跌（%） Change	涨跌值 Change	市盈率（倍） P/E	市净率（倍） P/B	换手率（%） Turnover Rate	成交数量 Trading Vol	成交金额 Trading Val
3. 02	57. 91	1. 09	57. 84	2. 43	687. 88	14851. 35	36450. 92
5. 27	-8. 56	-0. 67	5. 47	0. 59	80. 79	16450. 72	91639. 87
4. 99	-10. 71	-0. 89	5. 70	0. 67	19. 54	52686. 25	273278. 78
3. 99	20. 18	0. 67	58. 18	2. 35	32. 68	2374. 95	11572. 76
21. 33	401. 88	17. 08	97. 30	6. 29	431. 97	8360. 78	150870. 36
5. 91	-8. 45	-0. 60	49. 51	1. 41	110. 50	963. 88	6061. 01
9. 94	-27. 13	-3. 96	13. 75	1. 47	103. 33	1548. 85	18617. 01
5. 63	-14. 52	-1. 12	18. 24	1. 85	136. 16	1816. 99	12154. 88
2. 29	-13. 26	-0. 35	16. 33	0. 85	101. 38	1369. 08	3375. 06
10. 38	31. 56	2. 49	3460. 00	14. 05	669. 07	13299. 12	127348. 37
9. 86	6. 86	-0. 13	36. 89	1. 83	347. 85	12571. 73	123495. 59
11. 40	6. 82	-0. 04	17. 70	1. 54	138. 49	795. 83	8800. 16
6. 65	-7. 42	-0. 75	8. 90	1. 15	240. 22	3330. 77	24882. 88
9. 19	-9. 64	-0. 98	19. 99	4. 21	41. 26	1489. 82	16993. 89
9. 52	8. 84	0. 45	6. 41	0. 80	121. 98	4173. 57	37187. 00
13. 84	61. 68	5. 28	41. 35	2. 18	335. 37	1667. 97	18514. 52
2. 28	-26. 79	-1. 00	4. 64	0. 44	132. 98	3537. 33	9781. 14
10. 91	-9. 17	-3. 60	35. 66	1. 97	305. 47	1218. 46	17618. 72
4. 40	6. 75	0. 14	11. 62	1. 15	163. 76	8607. 12	34887. 29
2. 78	-16. 27	-0. 54	0. 00	1. 58	322. 40	2878. 16	9334. 76
3. 63	2. 54	0. 09	72. 61	1. 13	167. 42	21895. 79	74362. 35
38. 40	5. 72	0. 56	13. 32	2. 07	133. 35	8867. 12	287848. 10
11. 98	9. 82	1. 04	86. 39	3. 76	766. 78	5553. 24	73440. 43
19. 20	6. 96	0. 83	13. 37	1. 31	299. 35	5756. 62	116521. 59
3. 96	6. 71	0. 24	146. 99	2. 40	160. 17	6950. 58	26917. 66
10. 15	56. 02	3. 60	29. 91	3. 07	459. 39	6693. 17	76512. 46
7. 28	2. 98	0. 15	15. 99	1. 24	177. 22	4688. 07	36023. 53
18. 98	55. 34	6. 68	49. 93	5. 30	410. 79	6042. 94	92073. 53
3. 26	8. 50	0. 21	17. 33	1. 17	542. 76	5077. 94	17358. 97
2. 73	-0. 03	-0. 07	8. 57	0. 58	103. 46	18470. 48	50980. 87
3. 40	-10. 07	-0. 42	24. 05	2. 12	166. 01	3443. 14	11559. 15
38. 39	12. 16	3. 52	18. 62	2. 69	28. 44	5921. 24	225165. 95
37. 81	341. 16	28. 96	77. 15	6. 38	111. 94	6786. 03	117260. 23
12. 80	144. 95	7. 31	25. 54	4. 17	512. 11	13759. 06	115300. 02
4. 78	-15. 01	-1. 08	6. 82	0. 76	24. 73	16589. 20	83306. 69
5. 93	58. 83	1. 91	11. 95	0. 96	259. 17	6050. 56	30461. 55
4. 97	-8. 26	-0. 65	4. 98	0. 75	128. 78	54045. 58	285301. 64
3. 88	-9. 73	-0. 46	8. 20	0. 55	103. 08	15769. 75	64293. 01
14. 14	24. 02	2. 61	9. 50	1. 33	444. 47	2739. 24	32509. 24
5. 25	5. 06	0. 14	18. 49	1. 36	341. 88	5279. 99	27977. 60
12. 38	-3. 73	-0. 48	20. 21	4. 70	25. 97	366. 60	5572. 63
18. 01	-10. 15	-2. 30	18. 16	1. 33	260. 95	19199. 93	382694. 88
38. 43	121. 66	21. 00	88. 87	5. 50	349. 74	3689. 77	102399. 76
27. 68	406. 51	22. 21	96. 33	6. 04	303. 66	8435. 81	213256. 75
18. 14	60. 42	6. 82	162. 53	6. 42	221. 04	8841. 67	167726. 79
6. 50	-6. 64	-0. 76	8. 17	0. 78	185. 21	5540. 24	35243. 23
4. 77	-26. 16	-1. 69	0. 00	2. 27	486. 42	5512. 30	32738. 97
8. 34	126. 02	4. 65	45. 38	5. 49	430. 72	4300. 82	34966. 15
10. 93	73. 94	4. 46	18. 20	1. 55	536. 09	7983. 72	66848. 57
3. 03	-6. 29	-0. 23	212. 63	0. 74	272. 25	11956. 03	46304. 38

A 股
A Share

股票
Share

股票代码 Code	股票简称 Stock Name	市价总值 Tot_cap	无限售股市值 Nego_cap	发行股本 Issued Vol	无限售股股本 Negotiable Vol	上年收盘 Last Year Close	本年开盘 Open	本年最高 High	本年最低 Low
601727	上海电气	65786.74	60364.71	12182.73	11178.65	4.98	5.00	6.23	4.22
601766	中国中车	129180.61	129180.61	24327.80	24327.80	7.14	7.19	7.33	5.26
601777	*ST 力帆	21417.12	21285.00	4527.93	4500.00	3.08	3.10	6.45	2.21
601778	晶科科技	20077.54	4316.74	2765.50	594.59	4.37	5.24	10.56	5.24
601788	光大证券	72352.06	72352.06	3906.70	3906.70	13.10	13.36	31.10	10.57
601789	宁波建工	3894.56	3894.56	976.08	976.08	3.81	3.84	6.31	3.12
601798	蓝科高新	2063.35	2063.35	354.53	354.53	6.21	6.23	11.59	5.07
601799	星宇股份	55369.12	55369.12	276.16	276.16	94.98	93.00	203.42	78.01
601800	中国交建	85284.93	85284.93	11747.24	11747.24	9.16	9.23	10.37	7.12
601801	皖新传媒	9448.72	9448.72	1989.20	1989.20	5.48	5.50	6.85	4.55
601808	中海油服	37805.18	37805.18	2960.47	2960.47	19.20	19.21	21.20	10.40
601811	新华文轩	7198.41	7198.41	791.90	791.90	13.19	13.25	14.08	8.85
601816	京沪高铁	277942.70	18179.12	49106.48	3211.86	4.88	5.86	8.22	5.50
601818	光大银行	158844.31	158844.31	39810.60	39810.60	4.41	4.45	4.80	3.48
601827	三峰环境	13896.06	3132.06	1678.27	378.27	6.84	8.21	11.99	8.21
601828	美凯龙	26859.94	3696.27	3163.71	435.37	11.33	11.44	12.43	8.38
601838	成都银行	38542.72	20220.49	3612.25	1895.08	9.07	9.24	12.50	7.36
601857	中国石油	671976.62	671976.62	161922.08	161922.08	5.83	5.86	6.30	4.04
601858	中国科传	7478.13	7478.13	790.50	790.50	10.96	11.06	12.57	8.43
601860	紫金银行	15412.34	7325.54	3660.89	1740.03	5.62	5.77	5.81	3.88
601865	福莱特	60033.54	13605.10	1504.60	340.98	12.13	12.43	44.88	10.15
601866	中远海发	23558.41	23558.41	7932.13	7932.13	2.59	2.60	3.38	1.81
601869	长飞光纤	10987.39	2881.75	406.34	106.57	33.03	33.33	43.97	26.05
601872	招商轮船	38081.68	29941.94	6740.12	5299.46	8.26	8.28	8.56	5.03
601877	正泰电器	84192.96	84192.96	2149.97	2149.97	26.80	26.68	39.37	22.47
601878	浙商证券	55294.88	55294.88	3614.04	3614.04	11.13	11.40	21.25	8.63
601880	大连港	14930.13	14930.13	7735.82	7735.82	2.03	2.03	2.50	1.61
601881	中国银河	80642.89	80642.89	6446.27	6446.27	11.61	11.95	17.10	9.17
601882	海天精工	6305.76	6305.76	522.00	522.00	7.25	7.28	16.27	6.31
601886	江河集团	6705.03	6705.03	1154.05	1154.05	7.26	7.31	8.27	5.54
601888	中国中免	551476.72	551476.72	1952.48	1952.48	88.95	89.01	285.80	66.50
601890	亚星锚链	6226.51	6226.51	959.40	959.40	5.72	5.75	7.76	4.69
601898	中煤能源	40726.40	40726.40	9152.00	9152.00	5.02	5.04	5.24	3.68
601899	紫金矿业	182458.57	182458.57	19640.32	19640.32	4.59	4.62	9.70	3.27
601900	南方传媒	7417.86	7417.86	895.88	895.88	9.26	9.25	14.58	8.12
601901	方正证券	85366.89	85366.89	8232.10	8232.10	8.67	8.93	10.37	6.66
601908	京运通	20508.15	20508.15	1993.02	1993.02	3.00	3.03	10.46	2.58
601916	浙商银行	68195.96	28603.44	16714.70	7010.65	4.78	4.83	5.24	3.82
601918	新集能源	8108.40	8108.40	2590.54	2590.54	3.24	3.27	3.52	2.32
601919	中远海控	118179.73	105705.65	9678.93	8657.30	5.27	5.29	12.65	3.14
601928	凤凰传媒	16109.22	16109.22	2544.90	2544.90	7.61	7.62	8.01	6.21
601929	吉视传媒	6222.22	6222.22	3111.11	3111.11	2.13	2.16	2.55	1.74
601933	永辉超市	68326.93	67982.05	9516.29	9468.25	7.54	7.58	11.20	6.98
601939	建设银行	60248.17	60248.17	9593.66	9593.66	7.23	7.29	7.56	6.04
601949	中国出版	10297.13	10297.13	1822.50	1822.50	6.33	6.40	7.25	4.82
601952	苏垦农发	19374.68	19374.68	1378.00	1378.00	6.99	7.03	17.26	6.02
601956	东贝集团	5097.86	2063.79	511.32	207.00	9.77	11.39	13.75	9.50
601958	金钼股份	20037.21	20037.21	3226.60	3226.60	8.01	8.05	8.22	5.61
601965	中国汽研	14640.07	14285.33	988.53	964.57	8.28	8.30	18.53	7.03
601966	玲珑轮胎	48306.43	47864.92	1373.51	1360.96	22.93	22.90	35.17	18.72

注：市价总值、无限售股市值、成交金额的单位为百万元（M Yuan），发行股本、无限售股股本、成交数量的单位为百万股（M Shares），上年收盘、本年开盘、本年最高、本年最低、本年收盘、涨跌值的单位为元（Yuan）。

A股 A Share

股票 Share

本年收盘 Close	涨跌（%） Change	涨跌值 Change	市盈率（倍） P/E	市净率（倍） P/B	换手率（%） Turnover Rate	成交数量 Trading Vol	成交金额 Trading Val
5.40	8.43	0.42	23.38	1.30	76.53	9321.24	49372.44
5.31	-23.74	-1.83	12.92	1.12	57.63	14019.20	85597.09
4.73	53.57	1.65	0.00	7.80	587.34	7779.23	31509.76
7.26	66.82	2.89	27.55	2.43	254.93	7050.00	57491.66
18.52	41.59	5.42	150.35	1.80	432.37	16891.34	351354.35
3.99	6.81	0.18	16.21	1.35	983.27	9597.46	47676.57
5.82	-6.28	-0.39	0.00	1.17	279.35	990.37	7658.96
200.50	112.97	105.52	70.10	11.33	140.51	388.02	51798.41
7.26	-18.33	-1.90	5.84	0.51	107.88	12672.79	105848.80
4.75	-11.00	-0.73	16.96	0.91	120.27	2392.34	13394.83
12.77	-32.70	-6.43	24.35	1.66	122.72	3633.03	50113.56
9.09	-29.07	-4.10	9.85	1.22	74.89	593.07	6621.87
5.66	16.90	0.78	23.28	1.75	54.46	26742.80	178676.25
3.99	-4.20	-0.42	5.61	0.56	89.42	35599.32	141233.69
8.28	21.05	1.44	25.10	3.06	139.19	2335.90	23369.87
8.49	-15.66	-2.84	7.40	0.73	51.54	1534.97	15816.33
10.67	23.06	1.60	6.94	1.08	216.60	7824.15	75976.45
4.15	-26.06	-1.68	16.63	0.62	15.56	25193.47	116699.91
9.46	-11.98	-1.50	16.08	1.89	151.35	1196.42	12450.33
4.21	-23.25	-1.41	10.88	1.12	303.54	11112.17	50589.43
39.90	229.44	27.77	108.73	18.05	242.38	3640.44	87422.86
2.97	16.97	0.38	19.78	1.42	214.95	17050.30	43339.02
27.04	-17.29	-5.99	25.58	2.33	178.56	725.54	24549.44
5.65	-30.39	-2.61	23.61	1.50	283.03	18977.26	120315.64
39.16	48.95	12.36	22.38	3.48	129.29	2779.93	81886.86
15.30	38.72	4.17	57.15	3.72	555.35	18998.85	274990.14
1.93	-4.00	-0.10	34.65	1.33	96.02	7428.04	14630.44
12.51	8.90	0.90	24.26	1.79	191.07	12317.15	150438.43
12.08	67.45	4.83	82.19	4.91	204.00	1064.88	11304.30
5.81	-15.92	-1.45	19.00	0.86	135.05	1558.53	10010.42
282.45	218.74	193.50	119.14	27.73	186.57	3642.64	555953.78
6.49	14.07	0.77	69.26	2.08	729.74	7001.09	44136.14
4.45	-8.69	-0.57	10.49	0.61	45.06	4124.04	17525.13
9.29	106.19	4.70	55.03	4.61	347.12	68176.48	396798.70
8.28	-8.13	-0.98	10.12	1.23	156.61	1403.02	14503.70
10.37	19.61	1.70	84.72	2.21	160.49	13211.39	111564.43
10.29	243.00	7.29	77.85	2.87	476.74	9501.55	51694.23
4.08	-10.38	-0.70	6.71	0.69	94.48	15791.62	67985.72
3.13	-2.68	-0.11	14.08	1.33	238.29	6172.91	17485.56
12.21	131.69	6.94	22.13	4.23	171.26	16575.74	114344.26
6.33	-13.30	-1.28	11.99	1.16	81.19	2066.30	14778.27
2.00	-6.10	-0.13	62.00	0.89	198.90	6187.95	13722.51
7.18	-3.47	-0.36	43.70	3.40	210.10	20061.75	179323.12
6.28	-9.08	-0.95	5.89	0.71	251.34	24112.70	157261.69
5.65	-8.99	-0.68	14.65	1.55	125.58	2288.77	13324.80
14.06	105.49	7.07	32.76	3.28	682.51	9405.00	103797.63
9.97	2.05	0.20	52.17	5.81	35.25	180.25	1980.75
6.21	-18.68	-1.80	35.22	1.53	109.62	3536.89	23036.23
14.81	83.92	6.53	31.35	3.12	216.59	2127.81	24617.18
35.17	56.70	12.24	28.96	4.38	188.35	2338.92	59405.93

A股 A Share

股票 Share

股票代码 Code	股票简称 Stock Name	市价总值 Tot_cap	无限售股市值 Nego_cap	发行股本 Issued Vol	无限售股股本 Negotiable Vol	上年收盘 Last Year Close	本年开盘 Open	本年最高 High	本年最低 Low
601968	宝钢包装	6750.00	6750.00	833.33	833.33	5.07	5.08	9.20	4.20
601969	海南矿业	11689.23	11689.23	1954.72	1954.72	5.79	5.90	7.83	4.46
601975	招商南油	12404.71	8997.57	4942.12	3584.69	2.81	2.82	3.13	2.17
601985	中国核电	76582.08	76582.08	15565.46	15565.46	5.00	5.03	5.17	4.02
601988	中国银行	670234.34	670234.34	210765.51	210765.51	3.69	3.71	3.96	3.16
601989	中国重工	95540.53	76609.57	22802.04	18283.91	5.24	5.28	5.60	3.98
601990	南京证券	45231.65	25288.33	3686.36	2060.99	12.91	13.50	20.32	10.32
601991	大唐发电	29626.65	23886.52	12396.09	9994.36	2.45	2.46	2.77	1.93
601992	金隅集团	24766.85	24752.45	8339.01	8334.16	3.73	3.75	3.89	2.86
601995	中金公司	220055.04	19591.17	2923.54	260.28	28.78	34.54	76.76	34.54
601996	丰林集团	3436.87	3241.02	1145.62	1080.34	2.83	2.85	3.42	2.31
601997	贵阳银行	25583.33	24613.12	3218.03	3095.99	9.56	9.66	9.70	7.10
601998	中信银行	174009.15	163035.58	34052.67	31905.20	6.17	6.20	6.30	4.97
601999	出版传媒	3266.92	3266.92	550.91	550.91	5.96	5.98	12.55	5.63
603000	人民网	18686.18	18686.18	1105.69	1105.69	19.79	20.04	26.08	16.06
603001	奥康国际	2887.06	2887.06	400.98	400.98	9.00	9.02	9.34	7.08
603002	宏昌电子	4672.93	3256.38	881.68	614.41	4.26	4.31	6.91	3.81
603003	龙宇燃油	3157.32	3157.32	416.53	416.53	8.12	8.19	11.70	6.01
603005	晶方科技	20695.04	20695.04	321.55	321.55	39.38	40.50	138.54	39.60
603006	联明股份	2338.80	2338.80	191.08	191.08	11.00	11.06	13.78	8.75
603007	花王股份	1796.09	1783.56	335.72	333.38	6.87	6.95	8.90	5.30
603008	喜临门	7484.91	7484.91	387.42	387.42	15.47	15.60	20.32	10.32
603009	北特科技	2103.75	1922.32	359.00	328.04	6.21	6.24	9.95	5.17
603010	万盛股份	7729.70	7701.79	346.62	345.37	11.31	11.38	25.75	9.70
603011	合锻智能	2393.26	2383.92	450.71	448.95	5.03	5.04	7.49	4.01
603012	创力集团	4099.45	4099.45	636.56	636.56	8.92	9.00	9.27	6.16
603013	亚普股份	7492.25	874.20	514.22	60.00	15.36	15.45	18.90	11.67
603015	弘讯科技	2473.82	2473.82	404.22	404.22	6.39	6.41	8.42	4.88
603016	新宏泰	3468.43	3468.43	148.16	148.16	16.90	18.59	33.27	14.45
603017	中衡设计	2685.04	2651.02	276.81	273.30	10.52	10.58	16.02	8.50
603018	华设集团	6101.17	6101.17	557.18	557.18	10.29	10.35	15.78	8.80
603019	中科曙光	49658.45	44569.20	1450.73	1302.05	34.58	35.00	54.11	31.54
603020	爱普股份	3164.80	3164.80	320.00	320.00	8.22	8.25	13.76	7.03
603021	山东华鹏	1855.70	1855.70	319.95	319.95	8.29	8.25	8.50	5.14
603022	新通联	2486.00	2486.00	200.00	200.00	12.73	12.89	20.68	12.41
603023	威帝股份	2428.18	2428.18	562.08	562.08	4.82	4.85	7.30	3.66
603025	大豪科技	25254.79	25139.96	926.10	921.89	9.47	9.48	28.48	6.91
603026	石大胜华	10217.10	10217.10	202.68	202.68	35.02	35.02	61.80	22.89
603027	千禾味业	24882.94	24662.27	665.68	659.77	21.26	21.35	46.76	18.00
603028	赛福天	2380.22	2380.22	220.80	220.80	11.82	11.92	14.86	9.24
603029	天鹅股份	1219.02	1219.02	93.34	93.34	14.61	14.59	19.10	12.00
603030	全筑股份	2647.53	2647.53	538.12	538.12	5.77	5.80	10.80	4.74
603031	安德利	2533.44	2533.44	112.00	112.00	24.10	24.58	40.86	21.00
603032	德新交运	2380.92	2380.92	160.01	160.01	22.20	22.20	23.94	14.12
603033	三维股份	10147.47	5925.85	426.19	248.88	18.55	18.72	31.75	15.68
603035	常熟汽饰	4522.30	4522.30	335.48	335.48	13.00	13.04	18.00	10.25
603036	如通股份	1756.79	1735.36	206.68	204.16	10.71	10.71	11.15	8.28
603037	凯众股份	1696.25	1696.25	104.90	104.90	18.95	19.08	23.64	14.74
603038	华立股份	1644.30	1644.30	184.13	184.13	14.57	14.68	17.10	8.58
603039	泛微网络	21433.01	21116.29	212.29	209.16	58.50	58.45	109.59	58.05

注：市价总值、无限售股市值、成交金额的单位为百万元（M Yuan），发行股本、无限售股股本、成交数量的单位为百万股（M Shares），上年收盘、本年开盘、本年最高、本年最低、本年收盘、涨跌值的单位为元（Yuan）。

A股 A Share

股票 Share

本年收盘 Close	涨跌（%） Change	涨跌值 Change	市盈率（倍） P/E	市净率（倍） P/B	换手率（%） Turnover Rate	成交数量 Trading Vol	成交金额 Trading Val
8.10	61.48	3.03	52.94	2.92	197.46	1645.49	11241.28
5.98	3.28	0.19	91.54	3.01	113.08	2210.39	12884.18
2.51	-10.68	-0.30	14.14	2.65	325.41	16141.58	43193.29
4.92	1.13	-0.08	16.60	1.72	56.43	8783.59	40387.53
3.18	-9.12	-0.51	5.00	0.51	12.40	26139.06	89018.16
4.19	-20.04	-1.05	190.63	1.12	105.87	24140.46	111811.59
12.27	-4.58	-0.64	63.72	4.08	766.49	25414.37	379455.17
2.39	-0.12	-0.06	41.50	0.68	33.58	4162.90	9745.13
2.97	-17.51	-0.76	8.59	0.52	99.26	8277.26	27602.12
75.27	161.54	46.49	85.72	7.52	86.24	2521.25	147411.79
3.00	8.65	0.17	20.21	1.23	270.21	3095.78	8727.74
7.95	-13.26	-1.61	4.41	0.66	201.40	6481.20	52335.21
5.11	-13.53	-1.06	5.21	0.48	18.35	6247.91	33640.57
5.93	0.63	-0.03	22.03	1.45	397.89	2192.05	16825.92
16.90	-14.06	-2.89	55.48	5.85	429.84	4752.66	100219.90
7.20	-14.87	-1.80	128.32	0.76	153.87	616.99	5010.58
5.30	25.80	1.04	61.34	4.03	580.99	3575.22	18850.17
7.58	-6.65	-0.54	482.19	0.81	693.41	2888.27	25684.07
64.36	129.02	24.98	191.08	10.42	1300.78	3487.72	286571.05
12.24	12.53	1.24	32.02	2.11	316.30	604.38	6722.37
5.35	-20.94	-1.52	18.44	1.55	289.97	975.98	6861.60
19.32	25.43	3.85	19.68	2.82	446.54	1736.76	24166.05
5.86	-5.64	-0.35	0.00	1.33	701.39	2518.02	17904.40
22.30	99.44	10.99	46.63	6.29	698.35	2421.52	42239.76
5.31	5.98	0.28	87.64	1.43	642.54	2907.64	16756.05
6.44	-27.09	-2.48	13.88	1.57	682.06	4341.72	33475.49
14.57	-2.15	-0.79	19.51	2.31	180.11	925.08	14199.06
6.12	-4.23	-0.27	74.64	2.05	256.80	1042.46	7211.90
23.41	41.72	6.51	57.87	4.17	322.28	477.49	10595.10
9.70	-4.30	-0.82	13.46	1.43	311.33	858.87	10325.34
10.95	30.16	0.66	11.78	2.13	441.35	2262.56	27764.29
34.23	38.96	-0.35	83.65	11.49	809.84	8993.31	385879.65
9.89	21.92	1.67	20.85	1.50	512.63	1640.42	17279.34
5.80	-30.04	-2.49	0.00	1.50	329.81	1055.21	7147.81
12.43	-2.36	-0.30	83.56	3.89	381.49	762.97	12614.35
4.32	8.50	-0.50	106.27	3.40	611.01	2964.14	15735.15
27.27	196.40	17.80	99.21	14.05	229.12	2121.94	28725.12
50.41	43.95	15.39	33.12	5.65	1102.57	2234.69	90776.78
37.38	146.94	16.12	125.51	15.63	372.76	2175.96	73363.13
10.78	-8.64	-1.04	165.69	3.36	369.91	816.76	9869.22
13.06	-10.00	-1.55	120.00	1.68	245.36	229.02	3534.16
4.92	-14.40	-0.85	12.69	1.24	447.38	2407.57	16166.46
22.62	-6.14	-1.48	165.82	4.09	311.04	348.37	11414.16
14.88	-32.97	-7.32	333.26	3.49	495.13	792.24	14826.38
23.81	81.15	5.26	45.51	3.56	129.09	466.87	11461.80
13.48	6.04	0.48	17.10	1.60	942.43	2818.59	41038.94
8.50	-19.58	-2.21	27.10	1.66	227.82	469.53	4481.93
16.17	-11.90	-2.78	20.93	2.01	500.08	528.62	9602.75
8.93	-13.01	-5.64	17.54	1.52	176.07	281.98	3459.12
100.96	142.02	42.46	153.38	23.97	131.24	244.70	20609.62

A股
A Share

股票
Share

股票代码 Code	股票简称 Stock Name	市价总值 Tot_cap	无限售股市值 Nego_cap	发行股本 Issued Vol	无限售股股本 Negotiable Vol	上年收盘 Last Year Close	本年开盘 Open	本年最高 High	本年最低 Low
603040	新坐标	2894. 63	2894. 63	103. 31	103. 31	34. 82	34. 90	37. 82	23. 50
603041	美思德	2052. 91	2045. 42	140. 90	140. 39	17. 26	17. 33	20. 20	12. 11
603042	华脉科技	1895. 84	1895. 84	136. 00	136. 00	15. 25	15. 26	29. 68	13. 00
603043	广州酒家	15646. 77	15646. 77	404. 00	404. 00	30. 37	30. 45	47. 56	23. 95
603045	福达合金	1661. 07	1145. 84	137. 62	94. 93	15. 00	15. 06	17. 83	11. 32
603050	科林电气	2154. 15	2145. 42	162. 21	161. 55	11. 15	11. 20	17. 30	10. 42
603053	成都燃气	11102. 24	7005. 52	888. 89	560. 89	19. 42	19. 44	24. 00	11. 71
603055	台华新材	5042. 19	4691. 90	832. 04	774. 24	6. 83	6. 85	11. 13	5. 44
603056	德邦股份	12182. 40	2762. 09	960. 00	217. 66	11. 11	11. 19	18. 30	9. 12
603058	永吉股份	2950. 28	2945. 11	419. 07	418. 34	7. 42	7. 47	12. 96	5. 98
603059	倍加洁	2256. 00	564. 00	100. 00	25. 00	28. 20	28. 24	39. 36	21. 81
603060	国检集团	8434. 27	8434. 27	431. 20	431. 20	24. 28	24. 56	27. 25	17. 47
603063	禾望电气	8359. 56	8242. 36	432. 47	426. 40	9. 34	9. 38	21. 88	7. 02
603066	音飞储存	2592. 06	2592. 06	300. 70	300. 70	7. 68	7. 68	13. 41	6. 12
603067	振华股份	2841. 61	2841. 61	431. 20	431. 20	6. 06	6. 08	9. 32	4. 77
603068	博通集成	11829. 49	8029. 40	138. 71	94. 15	90. 07	91. 06	130. 79	52. 80
603069	海汽集团	7239. 56	7239. 56	316. 00	316. 00	10. 35	10. 37	68. 22	9. 38
603076	乐惠国际	3519. 38	3519. 38	74. 50	74. 50	24. 33	24. 18	65. 22	18. 24
603077	和邦生物	12540. 38	12540. 38	8831. 25	8831. 25	1. 48	1. 48	1. 92	1. 30
603078	江化微	5167. 64	4866. 39	150. 75	141. 96	34. 18	34. 35	60. 68	31. 49
603079	圣达生物	3697. 68	3697. 68	171. 19	171. 19	39. 82	39. 70	61. 47	20. 83
603080	新疆火炬	1838. 09	1133. 18	141. 50	87. 24	16. 59	16. 69	19. 65	11. 69
603081	大丰实业	4359. 67	4359. 67	401. 81	401. 81	16. 31	16. 31	16. 63	10. 35
603083	剑桥科技	3601. 71	3601. 71	252. 22	252. 22	28. 51	28. 51	44. 38	12. 20
603085	天成自控	3783. 70	2973. 88	370. 23	290. 99	8. 16	8. 27	11. 52	5. 55
603086	先达股份	2464. 52	2438. 24	158. 49	156. 80	24. 98	25. 08	25. 60	14. 40
603087	甘李药业	74246. 82	7441. 34	561. 54	56. 28	63. 32	91. 18	286. 18	91. 18
603088	宁波精达	1699. 08	1699. 08	219. 52	219. 52	8. 88	8. 94	12. 98	7. 61
603089	正裕工业	2514. 18	2514. 18	221. 12	221. 12	14. 29	14. 30	15. 66	8. 30
603090	宏盛股份	1496. 00	1496. 00	100. 00	100. 00	16. 38	16. 40	19. 50	13. 25
603093	南华期货	10666. 20	2030. 24	580. 00	110. 40	26. 95	27. 40	32. 80	17. 12
603095	越剑智能	3090. 12	772. 53	132. 00	33. 00	26. 16	31. 39	41. 44	22. 97
603096	新经典	7067. 38	7067. 38	135. 89	135. 89	55. 30	55. 48	70. 89	40. 18
603098	森特股份	3960. 14	3960. 14	480. 02	480. 02	11. 08	11. 30	11. 49	8. 14
603099	长白山	2109. 36	2109. 36	266. 67	266. 67	9. 94	9. 88	10. 00	7. 01
603100	川仪股份	4455. 60	4455. 60	395. 00	395. 00	8. 88	8. 97	14. 00	7. 70
603101	汇嘉时代	2243. 81	2243. 81	470. 40	470. 40	8. 95	8. 96	9. 65	4. 68
603103	横店影视	11954. 67	11954. 67	634. 20	634. 20	18. 81	18. 81	24. 37	12. 93
603105	芯能科技	4620. 00	2848. 69	500. 00	308. 30	7. 15	7. 19	13. 30	5. 52
603106	恒银科技	2886. 88	2886. 88	400. 40	400. 40	8. 81	8. 93	11. 58	6. 55
603108	润达医疗	6479. 19	6479. 19	579. 53	579. 53	9. 94	10. 00	18. 09	9. 46
603109	神驰机电	3454. 08	1099. 08	146. 67	46. 67	26. 47	29. 12	51. 19	19. 33
603110	东方材料	4109. 34	4109. 34	143. 73	143. 73	16. 39	16. 56	31. 90	12. 74
603111	康尼机电	5552. 41	4673. 15	993. 28	835. 98	5. 28	5. 29	8. 50	4. 90
603112	华翔股份	4845. 00	606. 48	425. 00	53. 20	7. 82	9. 38	18. 14	9. 38
603113	金能科技	13200. 29	11051. 80	807. 36	675. 95	10. 79	10. 86	16. 87	8. 62
603115	海星股份	3159. 52	789. 88	208. 00	52. 00	20. 65	20. 71	23. 48	14. 60
603116	红蜻蜓	3439. 92	3439. 92	576. 20	576. 20	6. 83	6. 88	9. 65	5. 32
603117	万林物流	2299. 47	2279. 32	638. 74	633. 14	3. 80	3. 81	4. 50	3. 19
603118	共进股份	8036. 60	8036. 60	775. 73	775. 73	11. 24	11. 40	18. 37	9. 74

注：市价总值、无限售股市值、成交金额的单位为百万元（M Yuan），发行股本、无限售股股本、成交数量的单位为百万股（M Shares），上年收盘、本年开盘、本年最高、本年最低、本年收盘、涨跌值的单位为元（Yuan）。

A 股
A Share

股票
Share

本年收盘 Close	涨跌（%） Change	涨跌值 Change	市盈率（倍） P/E	市净率（倍） P/B	换手率（%） Turnover Rate	成交数量 Trading Vol	成交金额 Trading Val
28. 02	6. 32	-6. 80	22. 22	3. 66	301. 43	290. 74	9095. 87
14. 57	19. 55	-2. 69	28. 50	2. 58	367. 20	463. 23	7385. 91
13. 94	-8. 32	-1. 31	80. 14	2. 35	1044. 13	1420. 02	25902. 36
38. 73	28. 73	8. 36	40. 73	7. 15	268. 43	1084. 45	37245. 27
12. 07	-18. 63	-2. 93	22. 70	2. 02	725. 09	997. 86	14058. 35
13. 28	20. 73	2. 13	23. 85	1. 92	964. 73	1565. 01	21364. 25
12. 49	-34. 72	-6. 93	24. 61	3. 23	189. 84	1687. 47	27802. 41
6. 06	-10. 37	-0. 77	25. 74	1. 90	183. 90	1414. 45	11208. 64
12. 69	14. 47	1. 58	37. 64	3. 00	190. 65	1830. 28	24676. 90
7. 04	-3. 64	-0. 38	20. 89	2. 87	239. 53	1003. 79	8957. 71
22. 56	-19. 39	-5. 64	20. 63	2. 32	355. 08	355. 08	9967. 96
19. 56	13. 66	-4. 72	40. 48	6. 71	179. 11	674. 12	14112. 98
19. 33	107. 53	9. 99	126. 01	3. 39	480. 51	2074. 87	26031. 13
8. 62	12. 79	0. 94	33. 18	2. 66	546. 75	1644. 08	16117. 61
6. 59	10. 47	0. 53	20. 75	2. 12	461. 64	1990. 58	13239. 67
85. 28	-4. 89	-4. 79	46. 87	9. 37	491. 25	681. 44	58374. 79
22. 91	121. 85	12. 56	142. 70	6. 33	1055. 25	3334. 59	84669. 41
47. 24	94. 16	22. 91	0. 00	4. 66	521. 30	388. 37	15110. 39
1. 42	-4. 05	-0. 06	24. 26	1. 12	363. 91	32137. 61	47641. 15
34. 28	30. 71	0. 10	149. 71	6. 54	895. 13	1158. 06	49184. 05
21. 60	-23. 84	-18. 22	78. 62	4. 18	633. 13	916. 11	32876. 19
12. 99	-21. 35	-3. 60	21. 12	1. 62	573. 91	812. 08	12285. 13
10. 85	-32. 79	-5. 46	18. 46	2. 16	181. 91	730. 93	9272. 72
14. 28	-34. 83	-14. 23	165. 62	3. 04	800. 63	1584. 64	46043. 52
10. 22	25. 25	2. 06	0. 00	7. 94	445. 22	1403. 21	11648. 30
15. 55	-11. 58	-9. 43	12. 04	1. 58	284. 96	385. 62	7351. 33
132. 22	193. 04	68. 90	63. 61	13. 57	65. 88	316. 03	51310. 22
7. 74	25. 99	-1. 14	27. 08	3. 10	460. 95	838. 33	8179. 41
11. 37	11. 10	-2. 92	33. 75	3. 08	307. 55	598. 36	7204. 85
14. 96	-8. 16	-1. 42	48. 21	2. 98	325. 46	325. 46	5493. 60
18. 39	-31. 61	-8. 56	134. 17	4. 39	312. 49	1812. 46	43472. 88
23. 41	-10. 51	-2. 75	17. 89	2. 99	319. 04	421. 13	12870. 48
52. 01	-4. 78	-3. 29	29. 41	3. 70	133. 27	180. 95	9743. 28
8. 25	-24. 38	-2. 83	18. 63	1. 92	97. 17	466. 45	4517. 45
7. 91	-20. 05	-2. 03	28. 03	1. 95	190. 18	507. 14	4314. 15
11. 28	30. 13	2. 40	19. 02	1. 84	224. 68	887. 48	9091. 04
4. 77	-25. 33	-4. 18	80. 79	1. 63	381. 63	1530. 66	10417. 90
18. 85	1. 26	0. 04	38. 62	5. 01	188. 16	1193. 31	21472. 33
9. 24	29. 23	2. 09	109. 69	3. 18	982. 81	4914. 03	45979. 72
7. 21	-18. 16	-1. 60	0. 00	1. 81	786. 56	3149. 38	28390. 70
11. 18	12. 47	1. 24	20. 93	2. 35	426. 94	2474. 26	31642. 53
23. 55	-10. 37	-2. 92	31. 06	2. 76	729. 66	1070. 19	32975. 49
28. 59	80. 09	12. 20	78. 23	6. 30	443. 08	636. 86	11641. 65
5. 59	5. 87	0. 31	8. 54	2. 19	355. 94	3535. 46	23727. 59
11. 40	45. 78	3. 58	27. 89	4. 16	95. 16	404. 41	5144. 72
16. 35	51. 53	5. 56	17. 32	2. 35	351. 78	2474. 58	31999. 15
15. 19	-23. 74	-5. 46	26. 24	2. 49	353. 83	735. 97	13833. 12
5. 97	-10. 54	-0. 86	26. 33	1. 00	151. 36	872. 14	6414. 28
3. 60	-4. 30	-0. 20	31. 31	1. 02	242. 89	1556. 83	5986. 08
10. 36	-6. 88	-0. 88	25. 86	1. 81	663. 87	5149. 86	70310. 93

A 股 A Share

股票 Share

股票代码 Code	股票简称 Stock Name	市价总值 Tot_cap	无限售股市值 Nego_cap	发行股本 Issued Vol	无限售股股本 Negotiable Vol	上年收盘 Last Year Close	本年开盘 Open	本年最高 High	本年最低 Low
603121	华培动力	2908.22	1333.91	259.20	118.89	21.87	22.15	23.17	10.80
603123	翠微股份	5413.66	3794.80	747.74	524.14	6.83	6.88	12.98	5.75
603126	中材节能	3742.37	3742.37	610.50	610.50	4.90	4.94	6.50	3.89
603127	昭衍新药	23452.86	23395.67	227.45	226.90	57.80	57.97	133.40	57.02
603128	华贸物流	12164.91	12164.91	1309.46	1309.46	6.31	6.35	10.17	4.87
603129	春风动力	23407.34	23352.99	134.38	134.07	42.30	42.75	183.46	29.89
603131	上海沪工	9555.13	8858.26	317.97	294.78	13.97	14.01	30.20	12.47
603133	碳元科技	2345.11	2330.10	210.32	208.98	24.93	24.94	30.13	10.49
603136	天目湖	2941.01	2941.01	116.02	116.02	26.62	26.66	34.69	19.84
603138	海量数据	3605.52	3605.52	252.66	252.66	16.14	16.28	30.27	13.63
603139	康惠制药	1675.99	1675.99	99.88	99.88	17.22	17.26	22.33	15.64
603155	新亚强	5318.60	1329.65	155.56	38.89	31.85	38.22	50.45	31.21
603156	养元饮品	32700.35	19827.92	1265.49	767.33	29.03	29.12	30.70	20.42
603157	＊ST 拉夏	486.01	212.87	332.88	145.80	5.70	5.76	6.62	1.39
603158	腾龙股份	4404.52	4404.52	216.97	216.97	15.44	15.44	30.79	15.30
603159	上海亚虹	1556.80	1556.80	140.00	140.00	11.57	11.57	15.68	9.24
603160	汇顶科技	71190.07	70507.92	457.67	453.28	206.30	209.10	388.00	137.58
603161	科华控股	2403.87	1250.59	133.40	69.40	13.60	13.66	20.40	11.43
603165	荣晟环保	3044.94	3044.94	250.41	250.41	16.92	17.02	18.70	11.10
603166	福达股份	3510.67	3510.67	592.02	592.02	5.93	5.98	8.68	5.02
603167	渤海轮渡	4160.70	4098.23	472.81	465.71	10.79	10.83	21.58	7.00
603168	莎普爱思	2529.13	2529.13	322.59	322.59	8.68	8.76	11.10	6.78
603169	兰石重装	4889.49	4889.49	1051.50	1051.50	5.84	5.88	6.22	4.07
603177	德创环保	1807.90	1807.90	202.00	202.00	10.14	10.18	10.90	7.60
603178	圣龙股份	1776.06	1774.50	201.14	200.96	11.95	12.13	18.72	6.96
603179	新泉股份	10722.93	10722.93	316.31	316.31	18.83	18.83	34.97	16.83
603180	金牌厨柜	5157.84	5070.36	103.26	101.51	66.78	66.46	79.92	45.65
603181	皇马科技	7827.68	7827.68	406.00	406.00	17.30	17.50	31.20	13.51
603183	建研院	2308.69	1928.46	298.28	249.16	10.64	10.69	14.45	6.94
603185	上机数控	32190.87	8058.29	232.51	58.20	25.20	25.32	154.97	25.17
603186	华正新材	4627.84	4586.47	142.05	140.78	38.16	38.81	69.90	29.51
603187	海容冷链	9508.80	7096.97	158.48	118.28	32.64	32.95	63.88	24.30
603188	ST 亚邦	3012.48	3012.48	576.00	576.00	6.58	6.62	7.31	5.15
603189	网达软件	3956.74	3956.74	220.80	220.80	16.97	16.98	35.37	16.71
603192	汇得科技	2470.40	617.60	106.67	26.67	28.28	28.40	30.68	21.83
603195	公牛集团	123300.01	12317.40	600.61	60.00	59.45	71.34	213.00	71.34
603196	日播时尚	1356.00	1356.00	240.00	240.00	10.21	10.87	11.97	5.43
603197	保隆科技	4645.19	4611.66	165.13	163.94	31.53	31.68	43.60	22.01
603198	迎驾贡酒	27920.00	27920.00	800.00	800.00	19.92	19.93	42.38	14.41
603199	九华旅游	2147.19	2147.19	110.68	110.68	23.62	23.75	25.20	18.39
603200	上海洗霸	2537.33	2523.97	100.77	100.24	19.24	19.34	81.58	18.04
603203	快克股份	4353.20	4353.20	156.53	156.53	27.70	27.41	37.48	23.62
603208	江山欧派	11057.66	11057.66	105.06	105.06	50.96	51.39	167.10	51.39
603212	赛伍技术	15552.39	1555.59	400.01	40.01	10.46	15.06	41.94	15.06
603214	爱婴室	3276.02	1784.75	142.81	77.80	42.10	42.28	44.88	22.51
603217	元利科技	3353.37	1202.35	127.46	45.70	49.29	49.39	50.39	25.84
603218	日月股份	29270.02	25003.67	967.60	826.57	20.77	20.99	33.50	16.10
603220	中贝通信	4887.39	2686.29	337.76	185.65	21.49	22.30	28.20	13.00
603221	爱丽家居	3124.80	781.20	240.00	60.00	12.90	15.48	24.73	12.78
603222	济民制药	4326.40	4326.40	320.00	320.00	55.00	53.26	57.50	13.11

注：市价总值、无限售股市值、成交金额的单位为百万元（M Yuan），发行股本、无限售股股本、成交数量的单位为百万股（M Shares），上年收盘、本年开盘、本年最高、本年最低、本年收盘、涨跌值的单位为元（Yuan）。

A 股
A Share

股票
Share

本年收盘 Close	涨跌（%） Change	涨跌值 Change	市盈率（倍） P/E	市净率（倍） P/B	换手率（%） Turnover Rate	成交数量 Trading Vol	成交金额 Trading Val
11.22	-37.61	-10.65	29.77	2.63	511.16	1216.01	19418.53
7.24	7.27	0.41	30.72	1.67	326.50	1719.33	15497.36
6.13	27.25	1.23	30.40	2.14	344.76	2104.77	10601.38
103.11	150.41	45.31	131.48	28.38	354.34	687.06	62155.92
9.29	91.67	2.98	34.63	2.96	732.30	8376.98	59853.68
174.19	314.28	131.89	129.28	22.50	323.80	435.13	33904.02
30.05	116.43	16.08	100.34	7.81	453.39	1441.67	30526.36
11.15	-55.27	-13.78	0.00	2.63	631.87	1332.89	26341.92
25.35	-2.45	-1.27	23.77	3.27	287.49	333.49	8730.63
14.27	6.28	-1.87	61.36	7.37	668.93	1512.26	33695.39
16.78	-2.12	-0.44	39.19	1.71	286.27	285.93	5346.72
34.19	7.35	2.34	24.24	8.00	196.36	305.45	11495.20
25.84	14.75	-3.19	12.13	2.63	82.04	986.98	25329.86
1.46	-74.39	-4.24	0.00	0.65	578.09	1924.36	7141.72
20.30	32.13	4.86	36.12	4.15	451.05	978.66	21539.35
11.12	-1.99	-0.45	68.30	3.61	322.70	451.78	5586.74
155.55	-24.33	-50.75	30.72	11.06	280.76	1281.70	293476.48
18.02	32.50	4.42	29.16	1.87	569.14	759.24	11916.65
12.16	3.26	-4.76	12.22	2.10	218.44	489.46	7022.70
5.93	2.63	0.00	26.34	1.63	206.37	1225.83	8263.38
8.80	-14.41	-1.99	10.14	1.23	714.38	3377.64	39587.44
7.84	-9.56	-0.84	321.84	1.70	359.45	1159.55	10122.79
4.65	-20.38	-1.19	86.71	2.67	268.88	2827.27	14175.94
8.95	-11.74	-1.19	289.46	3.38	228.44	461.44	4180.29
8.83	-26.11	-3.12	0.00	2.86	572.09	1154.37	12403.13
33.90	138.03	15.07	58.52	6.33	266.12	743.00	19193.10
49.95	5.92	-16.83	21.27	4.26	390.50	331.54	19457.02
19.28	64.39	1.98	30.56	4.91	275.97	846.92	16985.43
7.74	3.09	-2.90	28.57	2.34	855.15	2089.47	19864.27
138.45	619.71	113.25	173.71	19.75	522.48	1097.39	70267.76
32.58	-14.32	-5.58	45.31	6.23	613.26	833.00	37406.24
60.00	161.82	27.36	43.45	6.50	557.70	799.83	32917.12
5.23	-20.52	-1.35	0.00	1.02	67.13	386.69	2363.76
17.92	5.84	0.95	115.03	4.86	670.48	1480.43	36281.70
23.16	-16.97	-5.12	18.69	2.05	311.46	332.22	8912.68
205.29	252.66	145.84	53.52	22.21	108.11	648.91	110598.30
5.65	-43.19	-4.56	153.87	1.47	616.38	1479.31	12461.87
28.13	-9.86	-3.40	26.96	4.49	616.67	1023.02	31777.31
34.90	80.64	14.98	30.01	5.88	393.17	3145.35	81326.38
19.40	-17.02	-4.22	18.35	1.79	198.37	219.55	4792.74
25.18	30.87	5.94	62.41	3.28	733.11	741.93	29973.79
27.81	1.16	0.11	25.06	4.39	206.41	324.00	9575.16
105.25	170.35	54.29	42.32	8.43	318.02	297.93	31178.45
38.88	272.39	28.42	81.74	11.89	236.75	947.02	29059.56
22.94	-22.72	-19.16	21.24	3.23	309.44	395.88	13422.32
26.31	-24.16	-22.98	24.60	1.56	182.76	204.30	7071.32
30.25	106.56	9.48	58.01	8.26	244.52	1837.23	41293.29
14.47	-32.10	-7.02	32.05	3.03	469.25	1584.95	31694.90
13.02	2.13	0.12	22.00	4.40	412.61	990.26	15841.91
13.52	-75.39	-41.48	62.52	4.96	202.75	648.79	21332.99

A 股 股票
A Share Share

股票代码 Code	股票简称 Stock Name	市价总值 Tot_cap	无限售股市值 Nego_cap	发行股本 Issued Vol	无限售股股本 Negotiable Vol	上年收盘 Last Year Close	本年开盘 Open	本年最高 High	本年最低 Low
603223	恒通股份	5311.76	5311.76	282.24	282.24	6.31	6.35	24.15	5.03
603225	新凤鸣	19405.84	19007.82	1396.10	1367.47	12.35	12.43	14.34	9.41
603226	菲林格尔	2023.57	2023.57	210.35	210.35	19.02	19.38	22.03	9.49
603227	雪峰科技	3115.65	3115.65	658.70	658.70	4.65	4.67	5.44	3.54
603228	景旺电子	25732.53	25307.23	853.48	839.38	43.82	44.47	55.88	27.36
603229	奥翔药业	8764.52	8207.36	239.21	224.00	20.26	20.26	81.10	19.14
603232	格尔软件	5167.40	4608.09	193.10	172.20	32.51	32.89	59.00	25.25
603233	大参林	51602.97	51424.29	658.62	656.34	52.25	52.32	99.44	50.55
603236	移远通信	20005.57	13275.73	107.02	71.02	145.90	146.08	285.00	146.08
603238	诺邦股份	3924.94	3810.00	123.62	120.00	17.37	17.41	48.50	17.40
603239	浙江仙通	4840.47	4840.47	270.72	270.72	11.21	11.25	18.99	9.03
603256	宏和科技	7750.97	1200.64	877.80	135.97	14.77	14.87	16.18	8.14
603258	电魂网络	7804.34	7590.81	247.99	241.21	23.48	23.68	64.80	23.68
603259	药明康德	287594.93	190386.62	2134.76	1413.20	92.12	92.49	136.55	78.77
603260	合盛硅业	31366.72	31366.72	938.00	938.00	29.47	29.80	42.68	21.60
603266	天龙股份	2224.43	2199.82	198.96	196.76	11.51	11.57	14.68	9.84
603267	鸿远电子	29804.85	20281.29	231.48	157.51	51.31	51.69	129.50	36.93
603268	松发股份	2089.76	2089.76	124.17	124.17	15.99	16.00	20.16	13.27
603269	海鸥股份	1282.72	1282.72	112.52	112.52	13.86	13.90	16.64	11.17
603277	银都股份	5047.78	5024.60	410.06	408.17	10.74	10.75	16.70	8.43
603278	大业股份	2339.77	2339.77	289.93	289.93	9.63	9.52	12.42	7.13
603279	景津环保	7567.77	3497.91	411.74	190.31	21.36	21.50	28.84	18.10
603283	赛腾股份	6975.45	6805.28	176.06	171.76	31.25	31.25	66.29	30.18
603286	日盈电子	1341.40	1341.40	88.08	88.08	15.59	15.74	20.14	13.76
603288	海天味业	649838.48	649838.48	3240.44	3240.44	107.51	107.75	204.88	92.18
603289	泰瑞机器	2190.43	2181.57	266.80	265.72	9.25	9.31	12.69	7.25
603290	斯达半导	38544.00	9636.00	160.00	40.00	12.74	15.29	303.79	15.29
603297	永新光学	3993.45	1845.56	110.53	51.08	34.75	35.25	48.95	29.35
603298	杭叉集团	18202.98	18202.98	866.40	866.40	12.88	12.91	22.78	9.03
603299	苏盐井神	5482.61	3960.84	774.38	559.44	6.91	6.96	8.23	5.62
603300	华铁应急	5551.65	4114.05	902.71	668.95	7.78	7.82	9.05	5.68
603301	振德医疗	14207.11	6722.75	227.20	107.51	21.75	21.58	106.11	21.16
603303	得邦照明	5179.54	5179.54	487.72	487.72	10.31	10.38	14.97	8.35
603305	旭升股份	13987.83	13987.83	447.04	447.04	33.95	33.75	61.30	30.58
603306	华懋科技	7094.85	7055.31	308.74	307.02	13.83	13.81	23.55	11.25
603308	应流股份	14492.47	14492.47	487.96	487.96	15.01	15.05	32.14	12.48
603309	维力医疗	3257.80	3257.80	260.00	260.00	14.66	14.73	22.81	11.19
603311	金海高科	2396.10	2396.10	210.00	210.00	11.18	11.28	18.82	10.00
603313	梦百合	12052.42	11163.83	371.76	344.35	21.11	21.11	39.27	16.76
603315	福鞍股份	3536.94	2533.83	307.03	219.95	12.15	12.19	14.26	10.11
603316	诚邦股份	1492.08	1492.08	203.28	203.28	9.29	9.32	13.50	7.25
603317	天味食品	51776.76	10297.66	629.58	125.21	44.90	45.01	82.24	32.20
603318	派思股份	2895.57	2895.57	402.16	402.16	11.53	11.67	12.24	6.17
603319	湘油泵	4137.32	4137.32	104.90	104.90	17.90	17.95	53.00	14.95
603320	迪贝电气	1461.28	1461.28	130.01	130.01	16.84	16.97	21.08	11.04
603321	梅轮电梯	2502.05	2502.05	307.00	307.00	8.24	8.37	11.20	6.58
603322	超讯通信	2684.32	2684.32	156.52	156.52	20.85	21.08	26.44	14.84
603323	苏农银行	8943.22	7142.35	1803.07	1439.99	5.29	5.37	5.65	4.28
603326	我乐家居	2829.91	2811.39	316.54	314.47	15.35	15.35	20.49	8.61
603327	福蓉科技	7815.49	1997.15	401.00	102.47	29.19	29.24	35.80	18.60

注：市价总值、无限售股市值、成交金额的单位为百万元（M Yuan），发行股本、无限售股股本、成交数量的单位为百万股（M Shares），上年收盘、本年开盘、本年最高、本年最低、本年收盘、涨跌值的单位为元（Yuan）。

A 股 股票
A Share Share

本年收盘 Close	涨跌（%） Change	涨跌值 Change	市盈率（倍） P/E	市净率（倍） P/B	换手率（%） Turnover Rate	成交数量 Trading Vol	成交金额 Trading Val
18. 82	198. 26	12. 51	2070. 41	5. 16	335. 37	946. 55	12721. 31
13. 90	14. 02	1. 55	14. 32	1. 66	83. 72	1170. 59	13434. 55
9. 62	-29. 70	-9. 40	17. 94	2. 20	547. 16	950. 81	14106. 85
4. 73	3. 11	0. 08	32. 73	2. 47	400. 47	2637. 86	11714. 37
30. 15	-3. 03	-13. 67	30. 74	4. 74	185. 60	1358. 60	53783. 63
36. 64	153. 49	16. 38	155. 44	13. 59	362. 87	695. 97	27462. 62
26. 76	17. 47	-5. 75	73. 74	7. 79	602. 56	920. 72	33439. 09
78. 35	81. 16	26. 10	73. 44	12. 17	156. 62	952. 16	69980. 97
186. 94	54. 07	41. 04	135. 17	11. 67	385. 99	383. 25	76546. 76
31. 75	84. 16	14. 38	47. 56	4. 41	454. 79	547. 75	17110. 51
17. 88	65. 77	6. 67	49. 70	4. 86	421. 56	1141. 25	16653. 49
8. 83	-39. 85	-5. 94	74. 36	5. 44	164. 26	1441. 87	18185. 91
31. 47	35. 61	7. 99	34. 21	4. 09	573. 11	1399. 72	54753. 63
134. 72	105. 34	42. 60	177. 37	19. 00	192. 18	3484. 60	360811. 16
33. 44	14. 52	3. 97	28. 35	3. 69	149. 02	1397. 83	45130. 74
11. 18	-2. 28	-0. 33	34. 16	2. 44	508. 36	1011. 83	12184. 25
128. 76	251. 41	77. 45	106. 95	14. 33	444. 55	881. 22	55518. 70
16. 83	5. 25	0. 84	73. 56	3. 24	361. 77	449. 20	7353. 59
11. 40	-8. 12	-2. 46	26. 45	1. 86	289. 26	284. 16	3882. 64
12. 31	16. 90	1. 57	16. 98	2. 48	268. 54	1101. 17	13039. 08
8. 07	-14. 46	-1. 56	15. 37	1. 37	277. 69	805. 11	7287. 40
18. 38	-11. 54	-2. 98	18. 32	2. 83	222. 83	893. 71	20118. 27
39. 62	28. 32	8. 37	56. 98	7. 02	548. 88	966. 37	45069. 34
15. 23	-1. 95	-0. 36	50. 05	2. 95	484. 75	426. 95	7253. 81
200. 54	125. 76	93. 03	121. 39	39. 19	43. 45	1329. 27	185994. 55
8. 21	-9. 15	-1. 04	19. 07	2. 13	256. 41	684. 09	6391. 96
240. 90	1794. 09	228. 16	284. 92	68. 87	558. 06	892. 90	157540. 37
36. 13	5. 13	1. 38	28. 72	3. 54	289. 16	318. 78	12408. 83
21. 01	134. 44	8. 13	28. 24	4. 22	192. 28	1537. 37	23191. 28
7. 08	4. 14	0. 17	20. 99	1. 38	282. 35	2189. 15	15228. 32
6. 15	-20. 95	-1. 63	20. 14	3. 16	363. 35	2541. 98	18181. 24
62. 53	305. 67	40. 78	90. 55	10. 46	1256. 91	2080. 41	112741. 88
10. 62	5. 25	0. 31	16. 72	1. 95	202. 52	987. 71	11142. 80
31. 29	-7. 84	-2. 66	67. 71	9. 01	415. 52	1749. 13	77484. 65
22. 98	71. 30	9. 15	29. 96	2. 95	326. 51	1010. 78	17868. 07
29. 70	98. 73	14. 69	110. 90	4. 03	430. 19	2099. 14	44464. 57
12. 53	12. 46	-2. 13	26. 89	3. 17	550. 04	1246. 19	20012. 41
11. 41	3. 46	0. 23	29. 91	2. 92	534. 33	1122. 10	15581. 09
32. 42	53. 58	11. 31	32. 25	5. 20	437. 21	1502. 69	39707. 09
11. 52	-4. 04	-0. 63	31. 02	2. 68	167. 60	514. 59	6207. 80
7. 34	-20. 71	-1. 95	47. 32	1. 73	510. 99	1038. 74	9902. 39
82. 24	166. 84	37. 34	174. 35	28. 15	151. 78	820. 35	46190. 50
7. 20	-37. 55	-4. 33	0. 00	3. 20	706. 28	2840. 39	25441. 54
39. 44	123. 27	21. 54	44. 43	5. 16	720. 30	755. 61	22739. 31
11. 24	-12. 49	-5. 60	35. 62	2. 12	467. 52	536. 23	7992. 53
8. 15	-0. 43	-0. 09	63. 20	2. 37	445. 12	1366. 51	11119. 90
17. 15	-17. 75	-3. 70	0. 00	7. 04	578. 28	905. 12	18147. 23
4. 96	-3. 01	-0. 33	9. 79	0. 78	362. 85	6542. 38	31820. 79
8. 94	-17. 30	-6. 41	18. 38	2. 97	262. 85	742. 48	11227. 48
19. 49	-32. 59	-9. 70	29. 71	6. 14	219. 66	880. 83	24941. 99

A 股 A Share

股票 Share

股票代码 Code	股票简称 Stock Name	市价总值 Tot_cap	无限售股市值 Nego_cap	发行股本 Issued Vol	无限售股股本 Negotiable Vol	上年收盘 Last Year Close	本年开盘 Open	本年最高 High	本年最低 Low
603328	依顿电子	7937.62	7937.62	998.44	998.44	11.32	11.42	14.46	7.72
603329	上海雅仕	1648.68	1648.68	132.00	132.00	13.79	13.87	17.80	9.83
603330	上海天洋	4636.85	4636.85	152.88	152.88	15.14	15.23	37.35	12.30
603331	百达精工	1861.10	1852.82	178.95	178.16	16.35	16.41	18.95	9.93
603332	苏州龙杰	2090.93	522.74	118.94	29.74	27.04	27.26	37.84	16.90
603333	尚纬股份	3005.05	2986.91	519.91	516.77	10.23	10.40	11.40	5.55
603335	迪生力	1986.59	1986.59	428.14	428.14	4.85	4.89	5.71	3.83
603336	宏辉果蔬	3478.25	3478.25	329.07	329.07	13.84	13.84	20.97	9.68
603337	杰克股份	13559.15	13521.33	445.73	444.49	20.96	21.19	35.00	15.52
603338	浙江鼎力	49126.28	49126.28	485.49	485.49	71.50	72.00	113.55	54.50
603339	四方科技	3440.99	3440.99	309.44	309.44	13.56	13.59	14.43	9.11
603345	安井食品	45647.44	44372.95	236.67	230.07	59.41	59.75	200.03	48.47
603348	文灿股份	6890.99	2564.53	251.50	93.60	24.34	24.95	37.63	15.30
603351	威尔药业	2979.20	1360.38	130.67	59.67	35.31	35.05	38.31	22.13
603353	和顺石油	5108.45	1278.45	133.38	33.38	27.79	33.35	85.45	27.50
603355	莱克电气	12426.72	12122.23	411.07	401.00	23.67	23.93	38.60	19.80
603356	华菱精工	1514.74	1025.13	133.34	90.24	12.82	12.83	18.70	11.01
603357	设计总院	4213.61	4213.61	454.54	454.54	10.52	10.62	12.12	8.47
603358	华达科技	5927.04	5927.04	313.60	313.60	14.79	14.78	22.66	13.73
603359	东珠生态	5095.05	5095.05	318.64	318.64	14.99	15.05	22.60	14.80
603360	百傲化学	3988.15	3988.15	261.35	261.35	34.97	34.97	38.63	14.55
603363	傲农生物	8351.06	7740.78	674.02	624.76	15.84	15.94	27.15	11.19
603365	水星家纺	3560.04	3560.04	266.67	266.67	15.32	15.41	17.80	12.80
603366	日出东方	4152.00	4152.00	800.00	800.00	5.72	6.15	9.56	4.58
603367	辰欣药业	6306.14	6306.14	453.35	453.35	16.55	16.61	20.65	13.60
603368	柳药股份	7811.75	7752.94	362.66	359.93	33.64	33.77	40.66	21.00
603369	今世缘	71983.21	71983.21	1254.50	1254.50	32.72	32.56	59.80	24.80
603377	东方时尚	11383.68	11383.68	588.00	588.00	18.26	18.50	24.09	13.50
603378	亚士创能	8805.66	8319.91	206.17	194.80	22.32	22.00	87.56	20.90
603379	三美股份	11660.15	3687.46	610.48	193.06	37.35	37.42	41.53	18.01
603380	易德龙	3264.00	3264.00	160.00	160.00	16.70	16.80	29.09	13.39
603383	顶点软件	5294.84	5294.84	168.25	168.25	72.97	75.00	86.30	29.73
603385	惠达卫浴	4022.73	4022.73	369.40	369.40	11.51	11.61	19.38	8.89
603386	广东骏亚	3493.10	3288.99	224.49	211.37	15.95	16.08	19.58	13.05
603387	基蛋生物	8911.47	8889.62	260.34	259.70	23.05	23.11	46.43	22.70
603388	元成股份	1927.56	1927.56	285.14	285.14	8.11	8.26	8.99	6.54
603389	*ST 亚振	914.38	914.38	262.75	262.75	5.84	5.88	7.20	3.40
603390	通达电气	3710.30	1355.95	351.69	128.53	18.74	18.88	19.65	10.22
603392	万泰生物	87383.41	8786.71	433.60	43.60	8.75	12.60	296.80	12.60
603393	新天然气	7407.23	7407.23	313.60	313.60	27.79	27.80	50.64	22.40
603396	金辰股份	4803.44	4803.44	105.78	105.78	21.43	21.25	52.42	16.99
603398	邦宝益智	3085.34	3085.34	296.38	296.38	10.16	10.23	12.75	8.04
603399	吉翔股份	2440.30	2428.48	510.52	508.05	13.50	12.90	13.00	4.63
603408	建霖家居	7285.35	733.95	446.68	45.00	15.53	22.36	29.77	16.00
603416	信捷电气	12768.47	8286.86	140.56	91.22	27.99	28.02	109.52	25.82
603421	鼎信通讯	6100.69	6058.85	656.69	652.19	17.32	17.36	18.93	8.89
603429	集友股份	11296.90	11068.96	380.24	372.57	35.30	35.76	51.21	27.81
603439	贵州三力	8252.35	825.39	407.32	40.74	7.35	8.82	44.10	8.82
603444	吉比特	30614.30	30614.30	71.86	71.86	298.49	301.68	671.60	296.11
603456	九洲药业	28827.41	28758.43	805.23	803.31	13.94	13.89	38.36	13.40

注：市价总值、无限售股市值、成交金额的单位为百万元（M Yuan），发行股本、无限售股股本、成交数量的单位为百万股（M Shares），上年收盘、本年开盘、本年最高、本年最低、本年收盘、涨跌值的单位为元（Yuan）。

A 股
A Share

股票
Share

本年收盘 Close	涨跌（%） Change	涨跌值 Change	市盈率（倍） P/E	市净率（倍） P/B	换手率（%） Turnover Rate	成交数量 Trading Vol	成交金额 Trading Val
7. 95	-26. 56	-3. 37	15. 31	2. 23	266. 82	2663. 82	28926. 00
12. 49	-9. 43	-1. 30	0. 00	2. 75	642. 84	848. 55	11856. 14
30. 33	181. 03	15. 19	272. 92	7. 61	666. 80	807. 96	18294. 38
10. 40	-9. 69	-5. 95	24. 91	2. 44	224. 65	330. 97	4735. 36
17. 58	-33. 24	-9. 46	12. 46	1. 52	362. 12	430. 70	11233. 87
5. 78	-43. 03	-4. 45	28. 99	1. 96	502. 51	2612. 58	19873. 58
4. 64	-3. 87	-0. 21	218. 76	3. 52	518. 59	2220. 31	10585. 40
10. 57	11. 34	-3. 27	44. 04	4. 08	1172. 21	3286. 82	46504. 26
30. 42	46. 30	9. 46	44. 98	5. 10	142. 06	632. 37	15379. 22
101. 19	98. 84	29. 69	70. 78	15. 32	157. 76	667. 79	57186. 61
11. 12	22. 96	-2. 44	26. 58	1. 97	293. 94	802. 31	9192. 68
192. 87	226. 04	133. 46	122. 27	16. 64	196. 10	463. 22	55769. 76
27. 40	13. 56	3. 06	97. 01	3. 13	790. 73	1836. 78	44430. 03
22. 80	-8. 34	-12. 51	23. 26	2. 40	381. 70	465. 64	13607. 24
38. 30	38. 94	10. 51	31. 59	7. 49	435. 10	580. 34	25809. 19
30. 23	29. 16	6. 56	24. 74	3. 89	120. 49	485. 73	13364. 98
11. 36	-10. 29	-1. 46	21. 95	2. 07	521. 21	694. 98	9827. 33
9. 27	-10. 11	-1. 25	12. 97	1. 80	212. 62	966. 46	10151. 21
18. 90	29. 91	4. 11	38. 03	2. 24	242. 77	761. 34	13634. 70
15. 99	7. 94	1. 00	14. 09	1. 74	250. 87	799. 37	15072. 17
15. 26	-37. 59	-19. 71	13. 00	3. 86	389. 13	924. 63	20625. 23
12. 39	2. 23	-3. 45	286. 41	10. 09	506. 39	2484. 41	48697. 92
13. 35	-8. 23	-1. 97	11. 28	1. 56	195. 09	520. 25	7768. 64
5. 19	-8. 33	-0. 53	50. 28	1. 30	594. 04	4752. 35	30590. 15
13. 91	-14. 64	-2. 64	12. 26	1. 38	268. 89	1219. 01	20713. 57
21. 54	-8. 51	-12. 10	11. 40	1. 79	345. 31	1090. 91	30732. 55
57. 38	77. 25	24. 66	49. 37	9. 99	225. 98	2834. 92	119321. 82
19. 36	7. 31	1. 10	46. 60	6. 70	163. 82	963. 28	17822. 45
42. 71	92. 15	20. 39	77. 12	6. 45	243. 95	475. 44	22403. 98
19. 10	-27. 35	-18. 25	18. 05	2. 35	95. 45	499. 76	13305. 13
20. 40	23. 91	3. 70	25. 67	3. 81	419. 57	671. 31	13352. 52
31. 47	-39. 11	-41. 50	41. 63	4. 70	378. 93	559. 20	29674. 31
10. 89	-3. 03	-0. 62	12. 23	1. 22	429. 36	1586. 05	21546. 33
15. 56	-2. 12	-0. 39	100. 88	3. 45	353. 05	795. 86	12916. 50
34. 23	50. 45	11. 18	26. 24	5. 48	588. 57	1532. 42	53895. 94
6. 76	-16. 65	-1. 35	14. 12	1. 86	250. 77	721. 49	5558. 15
3. 48	-40. 41	-2. 36	0. 00	1. 40	189. 06	496. 74	2230. 89
10. 55	-43. 29	-8. 19	25. 81	2. 15	461. 21	1622. 01	23989. 97
201. 53	2203. 20	192. 78	418. 37	56. 06	105. 25	456. 38	84389. 11
23. 62	20. 96	-4. 17	17. 54	2. 93	614. 65	1703. 79	56926. 23
45. 41	113. 30	23. 98	79. 87	5. 18	744. 53	787. 56	24622. 78
10. 41	2. 46	0. 25	40. 67	4. 17	408. 89	1211. 89	12142. 31
4. 78	-64. 59	-8. 72	0. 00	1. 13	518. 95	2791. 33	23734. 89
16. 31	6. 93	0. 78	21. 81	4. 88	64. 96	290. 15	6262. 57
90. 84	225. 59	62. 85	78. 12	10. 62	326. 63	459. 11	26938. 88
9. 29	-24. 42	-8. 03	37. 67	2. 02	160. 31	859. 94	12098. 56
29. 71	18. 58	-5. 59	56. 01	9. 62	354. 82	1236. 25	47078. 02
20. 26	175. 65	12. 91	62. 01	12. 67	256. 29	1043. 93	32903. 11
426. 00	44. 41	127. 51	37. 83	9. 97	375. 47	269. 84	125353. 07
35. 80	158. 64	21. 86	121. 23	10. 10	361. 99	2914. 19	71601. 69

A股 A Share

股票 Share

股票代码 Code	股票简称 Stock Name	市价总值 Tot_cap	无限售股市值 Nego_cap	发行股本 Issued Vol	无限售股股本 Negotiable Vol	上年收盘 Last Year Close	本年开盘 Open	本年最高 High	本年最低 Low
603458	勘设股份	3450.15	3380.96	241.44	236.60	19.09	19.18	22.79	13.53
603466	风语筑	6728.98	6696.85	291.55	290.16	14.82	14.93	26.76	12.35
603477	巨星农牧	5109.60	2620.80	467.91	240.00	12.06	12.19	16.40	8.88
603486	科沃斯	49940.71	15897.12	564.37	179.65	20.29	20.45	90.84	17.90
603488	展鹏科技	2966.13	2960.78	292.52	291.99	8.79	8.80	13.79	6.14
603489	八方股份	22895.94	13587.42	120.31	71.40	102.74	102.34	214.81	64.30
603496	恒为科技	3185.62	3152.05	200.99	198.87	21.84	22.00	34.10	15.00
603499	翔港科技	1631.35	1616.56	202.15	200.32	15.90	15.90	20.53	7.92
603500	祥和实业	1998.61	1998.61	176.40	176.40	12.44	12.48	26.51	10.37
603501	韦尔股份	200502.22	181290.69	867.60	784.47	143.40	143.40	252.80	132.01
603505	金石资源	7080.00	7010.62	240.00	237.65	20.79	20.85	31.20	19.30
603506	南都物业	2657.06	664.26	134.13	33.53	21.26	21.38	33.40	17.15
603507	振江股份	3000.95	2972.44	126.84	125.63	22.48	22.90	36.46	20.70
603508	思维列控	6625.01	5472.46	272.52	225.11	59.18	59.82	64.78	23.72
603515	欧普照明	22799.36	22771.05	754.70	753.76	28.11	28.18	34.41	22.91
603516	淳中科技	4305.60	2851.33	133.30	88.28	37.99	38.50	54.98	30.00
603517	绝味食品	47193.22	47193.22	608.63	608.63	46.45	46.50	95.80	34.36
603518	锦泓集团	1297.31	1284.95	252.40	249.99	7.07	7.09	10.26	5.06
603519	立霸股份	2956.24	2956.24	221.94	221.94	14.01	14.06	17.98	10.55
603520	司太立	16122.08	15450.44	244.90	234.70	42.50	42.51	98.50	39.60
603527	众源新材	1957.91	1957.91	243.82	243.82	11.83	11.70	16.47	7.81
603528	多伦科技	5691.16	5666.86	626.78	624.10	6.88	6.93	13.49	5.63
603530	神马电力	9173.02	918.22	400.04	40.04	20.23	20.38	36.85	15.57
603533	掌阅科技	13473.60	13473.60	401.00	401.00	16.94	17.00	58.20	13.98
603535	嘉诚国际	6431.10	6431.10	150.40	150.40	18.12	18.20	55.55	14.43
603536	惠发食品	3116.29	3045.84	171.89	168.00	23.61	23.62	25.10	11.00
603538	美诺华	5554.99	5488.34	149.61	147.81	24.69	24.69	62.30	20.73
603551	奥普家居	5964.15	596.55	400.01	40.01	15.21	18.25	25.53	14.16
603555	*ST贵人	1408.07	1408.07	628.60	628.60	5.90	5.90	6.08	1.61
603556	海兴电力	6719.41	6719.41	488.68	488.68	16.30	16.43	18.83	13.18
603557	起步股份	4294.84	4276.81	471.96	469.98	8.27	8.32	17.55	7.19
603558	健盛集团	3339.18	3339.18	416.36	416.36	10.75	10.77	12.12	7.71
603559	中通国脉	2229.95	2229.95	143.31	143.31	17.79	17.98	34.99	14.00
603565	中谷物流	15206.67	1520.67	666.67	66.67	22.19	26.63	31.95	20.51
603566	普莱柯	6664.61	6664.61	321.50	321.50	18.92	19.12	32.28	13.99
603567	珍宝岛	9476.63	9476.63	849.16	849.16	12.74	12.99	15.81	11.00
603568	伟明环保	23786.65	23780.87	1256.56	1256.25	22.94	23.05	32.10	18.01
603569	长久物流	4414.98	4414.98	560.28	560.28	10.42	10.44	11.75	7.20
603577	汇金通	2672.25	2271.41	288.27	245.03	10.61	10.71	17.54	8.75
603578	三星新材	2035.68	2028.80	91.74	91.43	20.02	20.18	27.20	17.82
603579	荣泰健康	4223.80	4223.80	140.00	140.00	31.10	31.18	44.99	24.68
603580	艾艾精工	1500.13	1500.13	130.67	130.67	12.58	12.59	16.00	9.87
603583	捷昌驱动	21075.41	11414.43	272.82	147.76	44.53	44.55	81.68	37.44
603585	苏利股份	3348.00	3348.00	180.00	180.00	21.02	21.13	22.88	16.88
603586	金麒麟	3026.22	2983.42	203.65	200.77	17.89	18.01	20.75	14.53
603587	地素时尚	9176.48	2173.98	481.20	114.00	25.38	25.52	28.40	16.28
603588	高能环境	11307.74	10515.73	806.54	750.05	9.50	9.56	18.24	9.22
603589	口子窖	41340.00	41340.00	600.00	600.00	54.91	54.82	75.94	34.80
603590	康辰药业	5916.80	3082.94	160.00	83.37	34.92	35.15	56.96	32.08
603595	东尼电子	4271.28	3236.06	212.93	161.32	25.81	25.83	41.69	19.48

注：市价总值、无限售股市值、成交金额的单位为百万元（M Yuan），发行股本、无限售股股本、成交数量的单位为百万股（M Shares），上年收盘、本年开盘、本年最高、本年最低、本年收盘、涨跌值的单位为元（Yuan）。

A股 A Share

股票 Share

本年收盘 Close	涨跌（%） Change	涨跌值 Change	市盈率（倍） P/E	市净率（倍） P/B	换手率（%） Turnover Rate	成交数量 Trading Vol	成交金额 Trading Val
14. 29	0. 47	-4. 80	8. 02	1. 31	447. 05	918. 26	16631. 17
23. 08	55. 74	8. 26	25. 66	4. 03	465. 82	1358. 67	25085. 10
10. 92	-9. 10	-1. 14	129. 32	6. 00	516. 73	1443. 99	18773. 31
88. 49	336. 13	68. 20	413. 74	20. 18	200. 64	1131. 74	42175. 86
10. 14	66. 57	1. 35	34. 33	3. 34	637. 13	1751. 04	17733. 97
190. 30	86. 81	87. 56	70. 70	11. 55	250. 65	300. 80	36524. 34
15. 85	-27. 09	-5. 99	47. 31	3. 98	433. 31	874. 90	21089. 97
8. 07	-28. 63	-7. 83	110. 17	3. 04	413. 90	718. 33	10012. 62
11. 33	-6. 96	-1. 11	22. 54	2. 23	499. 60	881. 29	13755. 32
231. 10	61. 21	87. 70	430. 60	25. 30	214. 14	1849. 55	354929. 74
29. 50	43. 72	8. 71	31. 83	7. 08	431. 72	1036. 12	25151. 63
19. 81	-6. 07	-1. 45	23. 32	3. 68	329. 88	442. 46	10747. 28
23. 66	5. 63	1. 18	80. 17	2. 14	237. 54	303. 80	8048. 18
24. 31	-41. 93	-34. 87	8. 39	1. 52	204. 18	468. 27	20710. 24
30. 21	9. 48	2. 10	25. 61	4. 55	85. 06	642. 90	17835. 19
32. 30	-14. 30	-5. 69	37. 70	5. 17	406. 45	539. 33	22076. 76
77. 54	68. 24	31. 09	58. 90	10. 33	197. 22	1200. 34	75077. 23
5. 14	-27. 30	-1. 93	11. 92	0. 50	499. 60	1260. 90	9385. 82
13. 32	-2. 76	-0. 69	22. 36	4. 04	310. 90	690. 00	9759. 35
65. 83	117. 70	23. 33	94. 65	16. 19	384. 94	826. 21	58172. 29
8. 03	-3. 45	-3. 80	21. 10	2. 12	402. 60	825. 25	9701. 04
9. 08	33. 23	2. 20	37. 10	3. 56	363. 11	2275. 97	22256. 48
22. 93	14. 28	2. 70	72. 09	8. 53	310. 76	1243. 16	30612. 40
33. 60	99. 29	16. 66	83. 68	10. 86	650. 28	2607. 64	82965. 64
42. 76	137. 11	24. 64	50. 29	4. 03	429. 55	646. 05	19663. 11
18. 13	-23. 11	-5. 48	523. 69	4. 84	1186. 09	1993. 41	31356. 40
37. 13	50. 72	12. 44	36. 81	4. 07	963. 72	1442. 38	54304. 70
14. 91	-0. 16	-0. 30	22. 29	5. 02	200. 69	802. 76	14288. 60
2. 24	-62. 03	-3. 66	0. 00	2. 88	255. 51	1606. 14	4931. 56
13. 75	-12. 17	-2. 55	13. 43	1. 29	152. 78	748. 78	11559. 81
9. 10	15. 38	0. 83	30. 13	2. 70	690. 91	3268. 17	36067. 95
8. 02	-22. 38	-2. 73	12. 22	1. 10	264. 64	1101. 83	10648. 02
15. 56	-12. 54	-2. 23	131. 98	2. 54	1739. 51	2492. 94	57466. 85
22. 81	2. 79	0. 62	17. 73	5. 14	71. 18	474. 54	11857. 53
20. 73	10. 36	1. 81	61. 00	4. 02	351. 92	1131. 40	26412. 85
11. 16	-10. 80	-1. 58	23. 19	1. 81	82. 53	700. 81	9115. 45
18. 93	8. 43	-4. 01	24. 41	5. 65	99. 32	1115. 19	27650. 32
7. 88	-18. 91	-2. 54	43. 60	1. 67	96. 95	543. 20	5227. 82
9. 27	22. 96	-1. 34	45. 27	2. 15	612. 60	1540. 93	18403. 44
22. 19	11. 95	2. 17	33. 05	3. 22	339. 65	305. 45	6941. 77
30. 17	1. 98	-0. 93	14. 29	2. 59	310. 60	434. 84	14037. 67
11. 48	-8. 23	-1. 10	42. 20	3. 58	246. 32	321. 87	4137. 18
77. 25	144. 51	32. 72	74. 31	11. 92	284. 44	590. 15	34228. 22
18. 60	-8. 55	-2. 42	11. 04	1. 71	156. 12	281. 01	5363. 26
14. 86	-14. 05	-3. 03	14. 90	1. 38	170. 46	347. 28	6157. 86
19. 07	-5. 60	-6. 31	14. 70	2. 77	164. 97	753. 23	15837. 88
14. 02	48. 32	4. 52	27. 45	3. 63	497. 08	3586. 80	47213. 08
68. 90	29. 37	13. 99	24. 03	5. 90	349. 85	2099. 07	112314. 65
36. 98	7. 40	2. 06	22. 24	2. 17	360. 26	576. 41	23614. 78
20. 06	-22. 28	-5. 75	0. 00	4. 03	361. 71	771. 95	23746. 06

A 股 A Share

股票 Share

股票代码 Code	股票简称 Stock Name	市价总值 Tot_cap	无限售股市值 Nego_cap	发行股本 Issued Vol	无限售股股本 Negotiable Vol	上年收盘 Last Year Close	本年开盘 Open	本年最高 High	本年最低 Low
603596	伯特利	13980. 96	5865. 09	408. 56	171. 39	22. 50	22. 69	43. 66	21. 03
603598	引力传媒	2949. 79	2919. 71	270. 62	267. 86	16. 99	18. 69	24. 68	10. 50
603599	广信股份	11138. 36	11062. 30	464. 68	461. 51	14. 99	15. 04	25. 90	12. 92
603600	永艺股份	4017. 37	4017. 37	302. 51	302. 51	12. 28	12. 38	22. 64	9. 57
603601	再升科技	9813. 96	9813. 96	718. 97	718. 97	7. 65	7. 65	19. 58	7. 49
603602	纵横通信	2499. 08	2499. 08	203. 84	203. 84	23. 65	23. 83	29. 10	10. 70
603603	博天环境	2113. 99	1296. 70	417. 78	256. 27	9. 18	9. 16	10. 92	4. 82
603605	珀莱雅	35798. 81	35665. 77	201. 12	200. 37	88. 05	87. 69	193. 48	86. 70
603606	东方电缆	16319. 91	16319. 91	654. 10	654. 10	10. 98	11. 07	29. 74	10. 33
603607	京华激光	2643. 83	2643. 83	178. 52	178. 52	22. 01	22. 15	24. 18	13. 60
603608	天创时尚	2753. 51	2726. 71	428. 90	424. 72	9. 49	9. 30	14. 88	6. 33
603609	禾丰牧业	10898. 75	10688. 91	922. 06	904. 31	11. 83	11. 87	19. 14	9. 13
603610	麒盛科技	5014. 29	2489. 17	207. 46	102. 99	45. 92	46. 08	52. 98	22. 33
603611	诺力股份	3847. 46	3847. 46	267. 18	267. 18	16. 52	16. 61	25. 15	13. 09
603612	索通发展	5927. 04	5824. 02	433. 58	426. 04	12. 39	12. 47	19. 09	9. 96
603613	国联股份	30377. 07	15395. 74	237. 17	120. 20	75. 67	77. 02	136. 50	63. 50
603615	茶花股份	2577. 56	2548. 78	244. 55	241. 82	9. 44	9. 47	14. 11	7. 88
603616	韩建河山	1719. 09	1719. 09	293. 36	293. 36	8. 24	8. 26	9. 13	5. 58
603617	君禾股份	1986. 60	1972. 94	199. 46	198. 09	14. 68	14. 81	19. 55	9. 96
603618	杭电股份	3904. 37	3904. 37	691. 04	691. 04	5. 50	5. 53	7. 20	4. 27
603619	中曼石油	3640. 00	3640. 00	400. 00	400. 00	13. 94	13. 98	19. 01	8. 88
603626	科森科技	5650. 09	5548. 96	490. 89	482. 10	10. 39	10. 50	18. 55	8. 83
603628	清源股份	2910. 49	2910. 49	273. 80	273. 80	7. 96	8. 02	11. 69	6. 45
603629	利通电子	3367. 00	1010. 10	100. 00	30. 00	27. 67	27. 80	38. 80	21. 00
603630	拉芳家化	3663. 80	3627. 06	226. 72	224. 45	13. 50	13. 80	23. 86	11. 40
603633	徕木股份	2537. 52	2537. 52	263. 50	263. 50	10. 27	10. 35	22. 99	9. 03
603636	南威软件	5494. 38	5494. 38	590. 79	590. 79	11. 33	11. 44	16. 65	8. 62
603637	镇海股份	1949. 62	1944. 23	243. 70	243. 03	15. 46	15. 46	16. 49	7. 37
603638	艾迪精密	41281. 93	38536. 78	598. 81	558. 99	30. 46	30. 49	69. 98	25. 01
603639	海利尔	4841. 58	4821. 62	237. 45	236. 47	24. 91	24. 93	30. 56	19. 44
603648	畅联股份	3129. 98	3129. 98	368. 67	368. 67	9. 96	10. 06	10. 99	7. 82
603650	彤程新材	18165. 61	4073. 94	585. 99	131. 42	17. 42	17. 52	41. 99	14. 20
603655	朗博科技	2285. 36	2285. 36	106. 00	106. 00	22. 06	22. 15	68. 00	17. 82
603656	泰禾智能	2248. 05	2185. 58	153. 14	148. 88	14. 98	15. 10	18. 86	11. 70
603657	春光科技	2338. 56	697. 31	134. 40	40. 08	24. 64	24. 66	26. 98	16. 33
603658	安图生物	65473. 08	62514. 93	450. 98	430. 60	96. 38	97. 62	180. 99	92. 60
603659	璞泰来	55748. 63	49827. 56	496. 03	443. 35	85. 15	84. 50	127. 45	58. 95
603660	苏州科达	3644. 73	3607. 45	499. 28	494. 17	11. 00	11. 06	17. 00	6. 81
603661	恒林股份	5434. 00	1562. 28	100. 00	28. 75	43. 94	44. 39	90. 29	31. 63
603662	柯力传感	4827. 60	2200. 22	167. 16	76. 19	54. 99	55. 42	57. 71	26. 92
603663	三祥新材	2886. 91	2876. 89	192. 46	191. 79	13. 38	13. 40	22. 22	10. 52
603665	康隆达	3253. 04	3253. 04	148. 00	148. 00	21. 88	21. 88	35. 94	15. 36
603666	亿嘉和	13294. 07	3791. 87	138. 64	39. 54	70. 80	70. 41	122. 01	69. 81
603667	五洲新春	2215. 85	1994. 48	292. 33	263. 12	9. 55	9. 55	10. 59	7. 27
603668	天马科技	2656. 90	2647. 12	339. 76	338. 51	8. 26	8. 29	13. 16	6. 71
603669	灵康药业	6149. 85	6149. 85	713. 44	713. 44	7. 34	7. 49	12. 49	7. 04
603676	卫信康	3802. 77	3802. 77	423. 00	423. 00	10. 61	10. 62	14. 36	8. 85
603677	奇精机械	2180. 67	2180. 67	192. 13	192. 13	12. 49	12. 55	14. 54	9. 44
603678	火炬电子	32727. 75	32727. 75	452. 67	452. 67	22. 94	23. 08	72. 50	19. 25
603679	华体科技	3247. 96	3217. 89	142. 89	141. 57	41. 20	41. 20	55. 00	20. 28

注：市价总值、无限售股市值、成交金额的单位为百万元（M Yuan），发行股本、无限售股股本、成交数量的单位为百万股（M Shares），上年收盘、本年开盘、本年最高、本年最低、本年收盘、涨跌值的单位为元（Yuan）。

A 股
A Share

股票
Share

本年收盘 Close	涨跌（%） Change	涨跌值 Change	市盈率（倍） P/E	市净率（倍） P/B	换手率（%） Turnover Rate	成交数量 Trading Vol	成交金额 Trading Val
34. 22	52. 51	11. 72	34. 82	6. 23	278. 73	1138. 77	36169. 87
10. 90	-35. 84	-6. 09	0. 00	8. 46	1248. 36	3378. 35	52960. 89
23. 97	59. 91	8. 98	22. 03	2. 19	399. 78	1857. 71	34684. 42
13. 28	10. 24	1. 00	22. 16	3. 25	579. 99	1754. 73	24108. 83
13. 65	79. 64	6. 00	57. 41	6. 89	1050. 92	7467. 70	97266. 38
12. 26	-32. 49	-11. 39	64. 90	3. 56	875. 44	1517. 36	30533. 29
5. 06	-44. 88	-4. 12	0. 00	2. 17	460. 89	1925. 52	14068. 12
178. 00	102. 98	89. 95	91. 16	17. 64	207. 47	417. 53	62724. 79
24. 95	129. 35	13. 97	36. 10	7. 63	633. 11	4141. 19	75302. 66
14. 81	-4. 52	-7. 20	25. 17	3. 17	358. 60	555. 56	9743. 27
6. 42	-30. 68	-3. 07	13. 28	1. 28	732. 76	3151. 44	33222. 36
11. 82	1. 46	-0. 01	9. 09	1. 91	310. 36	2861. 99	41281. 81
24. 17	-25. 65	-21. 75	12. 70	1. 76	311. 66	551. 77	20410. 80
14. 40	-12. 83	-2. 12	15. 88	2. 40	310. 44	830. 49	16530. 31
13. 67	10. 77	1. 28	68. 56	2. 28	597. 45	2271. 97	32768. 01
128. 08	145. 69	52. 41	191. 12	28. 14	343. 11	619. 79	57285. 54
10. 54	19. 48	1. 10	37. 44	1. 87	373. 45	913. 40	9542. 45
5. 86	-28. 88	-2. 38	0. 00	2. 40	360. 09	1056. 37	7827. 31
9. 96	-4. 05	-4. 72	26. 47	3. 36	531. 11	942. 95	12584. 02
5. 65	4. 52	0. 15	33. 58	1. 48	410. 32	2835. 41	17187. 90
9. 10	-34. 72	-4. 84	211. 33	1. 54	445. 69	1782. 75	23600. 39
11. 51	10. 78	1. 12	0. 00	3. 41	501. 50	2324. 59	31248. 19
10. 63	33. 54	2. 67	0. 00	3. 24	324. 52	888. 55	8193. 81
33. 67	22. 66	6. 00	53. 06	3. 43	473. 20	473. 20	12992. 79
16. 16	20. 79	2. 66	73. 82	2. 12	551. 04	1249. 32	20207. 37
9. 63	15. 47	-0. 64	59. 98	3. 34	581. 37	1259. 45	16981. 71
9. 30	-16. 80	-2. 03	25. 73	2. 66	592. 99	3359. 55	43791. 27
8. 00	-26. 51	-7. 46	33. 91	2. 51	173. 16	377. 79	4223. 44
68. 94	229. 39	38. 48	120. 64	20. 63	108. 24	564. 54	26696. 54
20. 39	15. 81	-4. 52	15. 33	2. 16	293. 33	601. 04	14512. 77
8. 49	-13. 26	-1. 47	26. 44	1. 85	285. 66	1053. 11	9908. 89
31. 00	80. 88	13. 58	54. 95	8. 07	244. 50	1432. 71	38949. 44
21. 56	-2. 02	-0. 50	99. 69	4. 63	896. 57	950. 37	28758. 12
14. 68	-1. 26	-0. 30	36. 02	2. 42	199. 91	300. 85	4418. 89
17. 40	0. 84	-7. 24	21. 94	2. 68	363. 05	428. 77	8972. 77
145. 18	51. 48	48. 80	84. 57	25. 61	128. 27	554. 78	80584. 39
112. 39	32. 75	27. 24	85. 63	16. 35	253. 78	1115. 32	105694. 77
7. 30	-33. 35	-3. 70	40. 00	2. 00	551. 36	2769. 04	32201. 11
54. 34	24. 35	10. 40	22. 33	2. 16	354. 42	354. 42	19575. 52
28. 88	-25. 66	-26. 11	26. 37	2. 76	320. 96	443. 30	17168. 88
15. 00	12. 91	1. 62	34. 90	5. 47	351. 39	669. 28	10627. 69
21. 98	57. 79	0. 10	64. 98	3. 38	474. 96	655. 80	15979. 46
95. 89	90. 08	25. 09	51. 89	11. 05	212. 69	250. 57	23615. 81
7. 58	-18. 95	-1. 97	21. 64	1. 28	343. 08	1002. 91	8847. 08
7. 82	-5. 33	-0. 44	46. 73	2. 32	695. 65	2368. 58	23405. 97
8. 62	67. 68	1. 28	30. 51	4. 68	339. 53	2125. 32	19373. 55
8. 99	-14. 94	-1. 62	68. 30	4. 09	237. 14	1003. 10	11448. 21
11. 35	-4. 99	-1. 14	28. 57	2. 03	196. 53	378. 43	4534. 32
72. 30	217. 43	49. 36	85. 80	10. 68	662. 05	2996. 87	101286. 70
22. 73	-22. 52	-18. 47	34. 51	4. 77	393. 57	478. 21	16506. 87

A股 A Share

股票 Share

股票代码 Code	股票简称 Stock Name	市价总值 Tot_cap	无限售股市值 Nego_cap	发行股本 Issued Vol	无限售股股本 Negotiable Vol	上年收盘 Last Year Close	本年开盘 Open	本年最高 High	本年最低 Low
603680	今创集团	11385.71	3642.53	790.67	252.95	10.41	10.47	14.90	8.10
603681	永冠新材	3315.17	1226.98	166.59	61.66	25.45	25.77	27.10	16.20
603682	锦和商业	3945.38	789.08	472.50	94.50	7.91	9.49	14.63	7.95
603683	晶华新材	1617.58	1617.58	126.67	126.67	13.58	13.68	18.57	10.21
603685	晨丰科技	1869.14	1869.14	169.00	169.00	13.24	13.39	20.19	10.71
603686	龙马环卫	6683.74	6683.74	415.66	415.66	10.92	10.97	29.80	9.80
603687	大胜达	3742.67	1291.69	410.83	141.79	14.47	14.54	17.00	8.98
603688	石英股份	8301.57	8301.57	352.96	352.96	18.80	20.68	34.03	18.20
603689	皖天然气	4159.68	4159.68	336.00	336.00	11.15	11.16	13.38	9.60
603690	至纯科技	10225.09	9527.32	260.05	242.30	32.59	32.46	63.50	28.00
603693	江苏新能	7959.84	2485.84	618.00	193.00	10.18	10.28	16.36	8.06
603696	安记食品	2740.08	2740.08	235.20	235.20	8.43	8.47	18.98	6.77
603697	有友食品	5984.31	1766.59	304.55	89.90	13.59	13.67	34.66	10.31
603698	航天工程	6244.28	6244.28	535.99	535.99	12.57	12.66	14.08	10.05
603699	纽威股份	9367.50	9367.50	750.00	750.00	13.82	13.84	17.78	11.53
603700	宁水集团	5928.57	3013.94	203.24	103.32	23.03	23.16	40.47	23.09
603701	德宏股份	2272.29	2260.78	262.69	261.36	12.80	12.98	14.28	8.30
603703	盛洋科技	2852.87	2852.87	229.70	229.70	15.23	15.26	25.78	10.48
603706	东方环宇	2606.40	950.35	160.00	58.34	20.01	20.12	22.68	14.00
603707	健友股份	32816.91	32764.95	934.16	932.68	41.48	41.70	65.49	33.53
603708	家家悦	12958.92	12958.92	608.40	608.40	24.34	24.50	49.37	20.52
603709	中源家居	1676.80	419.20	80.00	20.00	25.20	25.20	39.50	19.98
603711	香飘飘	8840.14	8510.23	418.17	402.57	25.60	25.64	33.50	19.50
603712	七一二	32153.80	15262.09	772.00	366.44	24.18	24.31	58.69	20.09
603713	密尔克卫	20269.00	8910.48	154.74	68.02	40.05	40.50	160.90	35.06
603716	塞力医疗	3376.79	3169.69	205.03	192.45	16.89	17.15	22.95	13.81
603717	天域生态	2055.27	2055.27	241.80	241.80	8.77	8.80	10.02	7.16
603718	海利生物	8120.84	8120.84	644.00	644.00	12.80	12.92	54.03	11.97
603719	良品铺子	23526.67	2405.47	401.00	41.00	11.90	17.14	87.24	17.14
603721	中广天择	1636.70	1636.70	130.00	130.00	26.34	26.50	42.54	12.07
603722	阿科力	2408.61	2374.71	87.94	86.70	31.40	31.43	59.60	24.99
603725	天安新材	1466.21	1466.21	205.35	205.35	7.64	7.64	9.30	5.58
603726	朗迪集团	2244.52	2244.52	185.65	185.65	11.70	11.70	27.70	10.80
603727	博迈科	3719.00	3719.00	234.19	234.19	19.42	19.58	22.86	14.18
603728	鸣志电器	6481.28	6481.28	416.00	416.00	11.08	11.18	22.70	10.48
603729	龙韵股份	1285.26	1285.26	93.34	93.34	15.90	15.90	22.80	13.17
603730	岱美股份	16545.65	16545.65	579.53	579.53	30.21	30.20	40.98	22.04
603733	仙鹤股份	17649.31	3899.31	705.97	155.97	14.26	14.35	30.76	12.85
603737	三棵树	40739.06	39495.38	268.90	260.70	80.65	82.16	177.00	72.68
603738	泰晶科技	3547.53	3483.87	173.30	170.19	19.58	20.06	37.69	18.60
603739	蔚蓝生物	3473.82	1670.49	154.67	74.38	25.55	25.50	31.42	20.00
603755	日辰股份	7704.69	2672.05	98.61	34.20	48.61	48.75	92.30	34.43
603757	大元泵业	3117.04	3055.01	167.58	164.25	15.49	15.60	29.01	13.20
603758	秦安股份	4251.94	4251.94	438.80	438.80	6.31	6.35	12.40	5.23
603766	隆鑫通用	7187.40	7187.40	2053.54	2053.54	3.73	3.76	4.85	3.10
603767	中马传动	2213.09	2180.77	306.10	301.63	7.43	7.48	10.68	5.97
603768	常青股份	3241.56	3241.56	204.00	204.00	10.91	10.95	20.72	8.80
603773	沃格光电	2560.70	1741.34	94.60	64.33	33.69	34.55	44.50	25.08
603776	永安行	3106.32	3106.32	187.58	187.58	17.10	17.25	25.00	15.92
603777	来伊份	4173.70	4166.61	337.13	336.56	11.77	11.80	22.44	8.92

注：市价总值、无限售股市值、成交金额的单位为百万元（M Yuan），发行股本、无限售股股本、成交数量的单位为百万股（M Shares），上年收盘、本年开盘、本年最高、本年最低、本年收盘、涨跌值的单位为元（Yuan）。

A 股 A Share

股票 Share

本年收盘 Close	涨跌（%） Change	涨跌值 Change	市盈率（倍） P/E	市净率（倍） P/B	换手率（%） Turnover Rate	成交数量 Trading Vol	成交金额 Trading Val
14.40	40.05	3.99	28.78	2.75	63.60	503.02	5716.01
19.90	-21.18	-5.55	22.36	2.43	360.65	600.81	12223.39
8.35	9.57	0.44	22.04	4.47	365.93	1729.04	19869.68
12.77	-5.05	-0.81	466.23	2.05	428.30	542.52	7486.12
11.06	-14.68	-2.18	16.69	1.78	332.35	561.67	8273.39
16.08	48.61	5.16	24.72	2.67	704.21	2927.11	53690.60
9.11	-36.91	-5.36	35.43	2.59	260.46	1070.05	15017.72
23.52	25.96	4.72	50.89	5.40	501.21	1712.80	40693.88
12.38	13.20	1.23	18.58	1.89	240.43	807.84	8954.75
39.32	20.91	6.73	92.74	6.90	756.41	1957.87	76822.71
12.88	27.92	2.70	31.34	1.73	319.62	1975.24	24290.31
11.65	41.31	3.22	64.03	4.64	1040.09	2446.30	31642.33
19.65	45.17	6.06	33.42	3.82	701.98	2137.84	41043.54
11.65	-6.54	-0.92	40.21	2.24	117.81	631.47	7518.23
12.49	-7.42	-1.33	20.57	3.57	104.71	785.37	11402.38
29.17	65.99	6.14	27.93	4.77	416.96	756.19	23855.59
8.65	-10.64	-4.15	39.51	3.26	591.88	1403.70	15194.69
12.42	-18.39	-2.81	737.97	6.47	611.22	1403.98	22212.58
16.29	-16.53	-3.72	23.02	2.65	351.47	562.36	10316.81
35.13	10.63	-6.35	54.25	11.06	121.32	991.57	49291.25
21.30	-11.30	-3.04	28.32	4.44	209.55	1274.91	38575.64
20.96	-16.02	-4.24	49.74	2.73	408.21	326.57	8717.34
21.14	-16.76	-4.46	25.45	3.49	144.51	604.39	15980.55
41.65	72.80	17.47	93.11	12.57	261.94	2022.16	69646.30
130.99	227.76	90.94	103.38	14.13	270.90	418.99	36798.72
16.47	-1.98	-0.42	30.58	2.27	346.78	711.33	12172.88
8.50	-3.08	-0.27	33.46	1.46	337.58	816.27	6842.57
12.61	-1.46	-0.19	668.26	7.66	470.98	3033.08	72469.58
58.67	394.65	46.77	69.12	16.62	208.68	836.80	54783.95
12.59	-52.20	-13.75	84.59	3.01	970.97	1262.27	31317.61
27.39	-11.87	-4.01	61.43	4.45	730.10	640.84	23082.79
7.14	-5.16	-0.50	225.59	1.82	310.05	636.69	4801.76
12.09	5.97	0.39	21.27	2.43	526.47	977.39	15415.66
15.88	-17.72	-3.54	107.32	1.59	246.17	576.42	10625.15
15.58	41.03	4.50	37.11	3.23	260.51	1083.72	16293.92
13.77	-13.40	-2.13	0.00	1.59	523.58	488.70	8353.04
28.55	39.02	-1.66	26.46	4.43	139.56	645.66	19510.41
25.00	79.78	10.74	40.12	4.61	349.81	2293.35	48175.50
151.50	164.39	70.85	100.31	23.62	187.72	416.76	50982.01
20.47	4.92	0.89	311.66	4.77	1027.58	1732.57	43840.81
22.46	-11.36	-3.09	44.68	3.61	477.15	738.00	19153.57
78.13	61.85	29.52	90.35	13.24	205.89	203.03	13239.40
18.60	23.56	3.11	18.27	2.77	351.27	578.33	11234.44
9.69	55.49	3.38	36.04	1.73	284.99	1250.54	11033.96
3.50	-3.88	-0.23	11.54	1.04	234.09	4807.11	19060.71
7.23	0.19	-0.20	29.58	1.53	368.60	1128.29	9291.48
15.89	46.00	4.98	132.22	1.91	245.84	501.51	7604.52
27.07	-19.29	-6.62	50.30	1.58	480.27	454.32	15672.76
16.56	-2.25	-0.54	6.21	1.15	534.20	1002.06	20274.21
12.38	5.69	0.61	402.47	2.37	589.03	1994.70	31663.89

A股 A Share

股票 Share

股票代码 Code	股票简称 Stock Name	市价总值 Tot_cap	无限售股市值 Nego_cap	发行股本 Issued Vol	无限售股股本 Negotiable Vol	上年收盘 Last Year Close	本年开盘 Open	本年最高 High	本年最低 Low
603778	乾景园林	2732.14	2125.00	642.86	500.00	4.27	4.29	4.91	3.14
603779	ST威龙	1959.89	1799.10	332.75	305.45	6.01	6.05	7.28	4.87
603786	科博达	27054.76	2711.56	400.10	40.10	52.15	53.00	84.44	44.88
603787	新日股份	6036.36	6036.36	204.00	204.00	13.83	13.90	39.92	9.62
603788	宁波高发	3105.07	3105.07	223.07	223.07	16.54	16.58	20.19	13.49
603789	星光农机	3390.40	3390.40	260.00	260.00	14.32	14.32	18.16	12.60
603790	雅运股份	2171.94	698.96	191.36	61.58	15.99	16.10	17.10	11.12
603797	联泰环保	3553.20	3553.20	449.77	449.77	11.25	11.32	13.12	7.61
603798	康普顿	1926.00	1926.00	200.00	200.00	13.78	13.64	14.20	9.28
603799	华友钴业	90502.04	87797.10	1141.26	1107.15	39.39	40.43	80.03	28.35
603800	道森股份	2048.80	2048.80	208.00	208.00	13.17	13.20	14.14	9.60
603801	志邦家居	7707.23	7516.64	223.33	217.81	23.29	22.99	44.83	18.50
603803	瑞斯康达	4652.66	4652.66	421.06	421.06	12.90	13.01	17.47	9.98
603806	福斯特	65719.77	65719.77	769.55	769.55	48.60	47.85	91.50	33.47
603808	歌力思	4389.21	4389.21	332.52	332.52	14.87	14.97	18.91	10.05
603809	豪能股份	4476.24	4325.72	216.35	209.07	9.54	9.68	31.00	9.29
603810	丰山集团	2760.55	1313.77	116.23	55.32	30.01	30.09	53.80	22.03
603811	诚意药业	3857.52	3857.52	166.99	166.99	25.73	25.85	33.52	19.30
603813	原尚股份	1313.09	1313.09	88.78	88.78	18.96	19.08	21.88	14.44
603815	交建股份	5164.65	1690.03	499.00	163.29	17.37	17.40	31.85	10.03
603816	顾家家居	44591.36	43916.87	632.41	622.85	45.73	45.90	83.78	33.80
603817	海峡环保	2700.03	2700.03	450.01	450.01	6.74	6.75	7.23	5.23
603818	曲美家居	4907.85	4076.29	582.88	484.12	8.36	8.35	11.70	6.21
603819	神力股份	2490.83	2486.46	217.73	217.35	13.91	13.97	20.35	10.06
603822	嘉澳环保	1362.23	1362.23	73.36	73.36	27.30	27.34	30.12	17.59
603823	百合花	4627.35	4627.35	315.00	315.00	26.50	25.10	35.24	13.83
603825	华扬联众	4236.25	4195.19	228.62	226.40	19.35	19.30	38.89	18.02
603826	坤彩科技	16890.12	16890.12	468.00	468.00	16.39	16.30	44.85	16.20
603828	柯利达	2450.67	2387.36	562.08	547.56	5.18	5.20	8.01	3.88
603829	洛凯股份	1755.20	794.23	160.00	72.40	10.74	10.78	14.57	8.40
603833	欧派家居	80210.22	80210.22	596.36	596.36	117.00	117.00	139.00	84.50
603838	四通股份	2233.71	1988.02	320.02	284.82	8.38	8.36	11.52	6.73
603839	安正时尚	3945.01	3945.01	400.10	400.10	13.10	13.24	19.57	9.75
603843	正平股份	2139.22	2139.22	560.00	560.00	4.68	4.69	6.03	3.65
603848	好太太	5036.56	5036.56	401.00	401.00	13.87	13.96	17.20	11.12
603855	华荣股份	5449.83	5343.47	337.66	331.07	9.79	9.79	21.99	8.20
603856	东宏股份	3094.92	3094.92	256.41	256.41	10.35	10.40	21.29	9.45
603858	步长制药	26336.26	26336.26	1141.58	1141.58	20.62	20.69	33.12	18.70
603859	能科股份	4919.03	4586.81	139.15	129.75	27.60	27.66	51.60	23.94
603860	中公高科	1482.30	1482.30	66.68	66.68	27.36	27.69	32.60	22.10
603861	白云电器	3645.01	3405.45	441.82	412.78	8.73	8.79	10.48	7.11
603863	松炀资源	2069.23	1091.87	205.89	108.64	16.28	16.46	18.60	9.65
603866	桃李面包	40197.02	40197.02	680.15	680.15	42.44	42.50	67.88	34.50
603867	新化股份	3288.61	1976.98	140.90	84.70	23.96	24.10	38.66	18.75
603868	飞科电器	20377.37	20377.37	435.60	435.60	37.68	38.25	63.79	33.19
603869	新智认知	4918.88	4918.88	504.50	504.50	11.92	11.97	14.35	8.95
603871	嘉友国际	4721.88	1180.47	219.52	54.88	30.68	30.78	34.32	20.21
603876	鼎胜新材	6630.20	3658.21	433.63	239.26	15.86	15.97	20.64	11.91
603877	太平鸟	14301.83	14301.83	476.73	476.73	15.27	15.20	43.74	13.53
603878	武进不锈	3053.78	3053.78	400.76	400.76	11.45	11.40	12.50	7.31

注：市价总值、无限售股市值、成交金额的单位为百万元（M Yuan），发行股本、无限售股股本、成交数量的单位为百万股（M Shares），上年收盘、本年开盘、本年最高、本年最低、本年收盘、涨跌值的单位为元（Yuan）。

A 股 A Share

股票 Share

本年收盘 Close	涨跌（%） Change	涨跌值 Change	市盈率（倍） P/E	市净率（倍） P/B	换手率（%） Turnover Rate	成交数量 Trading Vol	成交金额 Trading Val
4. 25	-0. 19	-0. 02	162. 90	2. 72	273. 54	1370. 19	5466. 38
5. 89	-2. 00	-0. 12	0. 00	1. 44	112. 46	374. 21	2239. 74
67. 62	30. 43	15. 47	56. 97	8. 35	67. 09	268. 41	18002. 01
29. 59	116. 00	15. 76	85. 59	6. 27	641. 09	1307. 82	26555. 10
13. 92	-12. 46	-2. 62	17. 42	1. 68	240. 10	535. 58	9062. 28
13. 04	-8. 94	-1. 28	280. 49	3. 25	356. 09	925. 83	12887. 97
11. 35	-28. 01	-4. 64	18. 52	1. 94	469. 15	897. 77	12416. 30
7. 90	-0. 46	-3. 35	20. 19	2. 46	263. 87	961. 70	9852. 35
9. 63	-29. 77	-4. 15	22. 75	2. 09	284. 98	569. 95	6161. 68
79. 30	101. 32	39. 91	757. 11	11. 68	925. 72	10400. 47	449734. 20
9. 85	-21. 77	-3. 32	18. 25	2. 03	231. 71	481. 95	5603. 90
34. 51	51. 32	11. 22	23. 40	4. 00	439. 97	982. 61	28608. 03
11. 05	-13. 18	-1. 85	26. 24	1. 77	375. 52	1581. 16	20817. 85
85. 40	148. 87	36. 80	68. 67	10. 07	156. 47	1086. 75	67166. 13
13. 20	-9. 65	-1. 67	12. 31	2. 35	455. 86	1515. 82	21019. 81
20. 69	120. 51	11. 15	36. 70	2. 82	395. 86	832. 63	15018. 62
23. 75	11. 07	-6. 26	79. 42	2. 51	311. 82	308. 64	10648. 67
23. 10	27. 44	-2. 63	29. 36	5. 10	505. 75	740. 32	18946. 40
14. 79	-20. 95	-4. 17	19. 01	1. 95	284. 11	253. 42	4587. 34
10. 35	-40. 13	-7. 02	48. 39	4. 76	399. 33	1992. 64	39315. 00
70. 51	58. 14	24. 78	38. 40	7. 55	134. 88	825. 69	46782. 42
6. 00	-10. 16	-0. 74	20. 75	1. 58	163. 35	735. 10	4725. 88
8. 42	0. 72	0. 06	59. 74	3. 27	137. 99	730. 34	6670. 39
11. 44	8. 63	-2. 47	26. 17	3. 20	383. 14	764. 02	10242. 27
18. 57	-31. 30	-8. 73	22. 28	1. 75	353. 56	259. 36	6689. 06
14. 69	-21. 43	-11. 81	20. 36	2. 92	246. 82	680. 44	14376. 23
18. 53	-3. 48	-0. 82	22. 05	2. 51	1077. 96	2478. 67	69369. 36
36. 09	120. 20	19. 70	115. 05	12. 04	173. 43	811. 67	23601. 61
4. 36	-15. 83	-0. 82	65. 73	2. 14	387. 47	2134. 31	11790. 12
10. 97	3. 00	0. 23	36. 35	2. 57	426. 24	681. 99	7892. 62
134. 50	62. 26	17. 50	43. 61	8. 46	89. 72	443. 31	49775. 82
6. 98	-16. 18	-1. 40	51. 26	2. 98	163. 39	482. 18	4225. 29
9. 86	-20. 40	-3. 24	13. 03	1. 40	261. 63	1049. 19	14583. 82
3. 82	-18. 06	-0. 86	29. 96	1. 54	356. 22	1994. 84	9240. 25
12. 56	-7. 78	-1. 31	18. 02	3. 44	155. 95	625. 35	9001. 96
16. 14	70. 00	6. 35	28. 66	3. 63	291. 49	982. 43	15027. 84
12. 07	18. 69	1. 72	15. 37	1. 82	540. 22	1385. 20	19966. 91
23. 07	17. 71	2. 45	13. 53	1. 93	267. 32	3051. 62	74933. 60
35. 35	28. 29	7. 75	54. 59	3. 82	657. 58	915. 04	32535. 33
22. 23	-18. 20	-5. 13	26. 94	2. 31	163. 50	109. 02	2949. 51
8. 25	-4. 23	-0. 48	22. 89	1. 42	121. 08	544. 96	4730. 79
10. 05	-37. 75	-6. 23	23. 21	1. 85	556. 87	1146. 56	15597. 45
59. 10	42. 08	16. 66	58. 82	10. 74	146. 53	971. 37	51165. 75
23. 34	-1. 67	-0. 62	26. 63	2. 45	815. 31	1141. 61	31064. 99
46. 78	26. 94	9. 10	29. 71	7. 75	68. 47	298. 27	13718. 60
9. 75	-18. 20	-2. 17	22. 91	1. 25	169. 22	853. 72	9828. 91
21. 51	1. 37	-9. 17	13. 75	2. 53	210. 86	420. 73	11459. 11
15. 29	-2. 98	-0. 57	21. 48	1. 71	331. 86	1438. 45	22044. 44
30. 00	105. 71	14. 73	25. 93	4. 07	91. 40	436. 80	10607. 39
7. 62	-0. 97	-3. 83	9. 70	1. 29	354. 63	1233. 02	11758. 18

A股 A Share

股票 Share

股票代码 Code	股票简称 Stock Name	市价总值 Tot_cap	无限售股市值 Nego_cap	发行股本 Issued Vol	无限售股股本 Negotiable Vol	上年收盘 Last Year Close	本年开盘 Open	本年最高 High	本年最低 Low
603879	永悦科技	2120.56	2120.56	279.39	279.39	12.20	12.45	29.26	7.13
603880	南卫股份	2855.28	2785.80	225.18	219.70	11.69	11.90	24.48	10.71
603881	数据港	14122.72	12658.36	234.95	210.59	37.95	38.10	114.86	35.40
603882	金域医学	58869.55	58869.55	459.49	459.49	51.22	51.45	129.70	46.66
603883	老百姓	25680.64	25596.21	408.73	407.39	64.08	64.64	116.13	61.31
603885	吉祥航空	22355.06	20432.04	1966.14	1797.01	15.00	15.13	15.70	8.82
603886	元祖股份	4089.60	4089.60	240.00	240.00	17.71	17.81	21.99	14.28
603887	城地香江	6595.19	5033.30	375.58	286.63	24.77	24.92	37.84	16.96
603888	新华网	9861.56	9861.56	519.03	519.03	21.10	21.15	34.88	17.68
603889	新澳股份	2461.50	2461.50	511.75	511.75	5.71	5.74	6.89	4.68
603890	春秋电子	4471.10	4396.17	384.78	378.33	10.56	10.64	19.50	8.97
603893	瑞芯微	30088.77	3038.70	415.88	42.00	9.68	11.62	114.98	11.62
603895	天永智能	1835.20	556.39	108.08	32.77	23.12	23.30	25.65	16.60
603896	寿仙谷	5041.98	4994.58	143.52	142.17	30.22	30.24	48.88	24.80
603897	长城科技	3179.15	989.73	178.40	55.54	19.25	19.35	23.14	15.00
603898	好莱客	5017.76	5017.76	311.28	311.28	16.34	16.34	24.60	13.35
603899	晨光文具	82132.99	81475.20	927.43	920.00	48.74	49.02	89.17	40.31
603900	莱绅通灵	2403.75	2403.75	340.47	340.47	9.45	9.48	10.79	6.85
603901	永创智能	3836.03	3762.90	439.41	431.03	10.64	10.70	15.51	6.78
603903	中持股份	2225.34	2225.34	202.30	202.30	13.88	14.02	20.77	9.70
603906	龙蟠科技	11587.99	11539.58	344.37	342.93	10.54	10.61	33.65	8.40
603908	牧高笛	1551.88	1551.88	66.69	66.69	24.96	24.98	30.25	20.50
603909	合诚股份	2204.26	2204.26	143.23	143.23	13.54	13.68	21.35	11.51
603912	佳力图	3106.74	3046.10	216.95	212.72	13.75	13.82	30.90	11.53
603915	国茂股份	12560.31	3320.57	472.55	124.93	14.78	14.90	30.66	11.71
603916	苏博特	8045.41	7926.91	350.26	345.10	16.88	17.08	37.45	13.70
603917	合力科技	1533.50	1533.50	156.80	156.80	10.50	10.55	15.00	8.40
603918	金桥信息	2430.36	2403.44	235.04	232.44	11.21	11.28	15.60	9.01
603919	金徽酒	20538.96	19893.03	507.26	491.31	17.71	18.00	56.17	11.39
603920	世运电路	10712.39	10648.72	409.50	407.06	19.09	19.36	34.32	18.00
603922	金鸿顺	1762.56	1762.56	128.00	128.00	15.40	15.34	20.50	12.52
603926	铁流股份	1860.06	1841.04	160.21	158.57	11.95	11.93	14.48	9.80
603927	中科软	16998.16	13012.74	424.00	324.59	67.42	67.67	84.94	37.88
603928	兴业股份	2294.21	2294.21	201.60	201.60	12.32	12.40	13.76	9.90
603929	亚翔集成	2421.64	2421.64	213.36	213.36	15.24	15.23	24.21	11.00
603931	格林达	4150.00	1037.50	101.82	25.45	21.38	30.79	72.55	30.79
603933	睿能科技	2235.70	2235.70	201.23	201.23	15.94	16.00	17.28	10.72
603936	博敏电子	6418.31	4982.05	511.01	396.66	17.19	17.33	26.25	11.91
603937	丽岛新材	2072.09	2072.09	208.88	208.88	11.24	11.24	15.95	8.92
603938	三孚股份	3252.61	3252.61	150.17	150.17	21.27	21.99	36.78	19.85
603939	益丰药房	47897.05	46413.36	531.07	514.62	73.22	73.50	110.23	66.31
603948	建业股份	3076.80	769.20	160.00	40.00	14.25	17.10	39.60	17.10
603949	雪龙集团	3174.37	793.69	209.81	52.46	12.66	15.19	33.86	14.96
603950	长源东谷	5139.79	1284.95	231.52	57.88	15.81	22.77	32.20	21.48
603955	大千生态	1965.23	1965.23	135.72	135.72	16.01	16.04	21.59	13.60
603956	威派格	6466.07	1333.72	425.96	87.86	16.59	16.68	21.95	12.81
603958	哈森股份	1338.94	1338.94	217.36	217.36	7.40	7.42	8.44	6.01
603959	百利科技	6060.10	6060.10	490.30	490.30	10.10	10.03	15.47	6.47
603960	克来机电	12251.34	12078.38	260.94	257.26	32.22	32.80	55.55	21.45
603963	大理药业	1713.66	1713.66	219.70	219.70	11.30	11.22	13.20	7.55

注：市价总值、无限售股市值、成交金额的单位为百万元（M Yuan），发行股本、无限售股股本、成交数量的单位为百万股（M Shares），上年收盘、本年开盘、本年最高、本年最低、本年收盘、涨跌值的单位为元（Yuan）。

A 股 股票
A Share Share

本年收盘 Close	涨跌（%） Change	涨跌值 Change	市盈率（倍） P/E	市净率（倍） P/B	换手率（%） Turnover Rate	成交数量 Trading Vol	成交金额 Trading Val
7.59	-13.23	-4.61	86.94	4.03	876.20	1966.55	24899.41
12.68	41.50	0.99	101.79	5.06	957.79	1801.53	28100.88
60.11	58.51	22.16	127.99	12.86	694.81	1487.37	100073.51
128.12	150.53	76.90	146.32	25.88	306.80	1406.12	114185.10
62.83	37.84	-1.25	50.48	7.36	234.14	763.42	62427.96
11.37	-23.36	-3.63	22.48	1.73	205.90	4048.22	44257.66
17.04	3.07	-0.67	16.51	2.74	472.04	1132.89	20114.38
17.56	-0.59	-7.21	19.90	1.99	336.28	1056.89	29478.01
19.00	-9.29	-2.10	34.25	3.33	470.17	2440.33	61682.70
4.81	-13.22	-0.90	17.19	1.04	181.29	927.73	5158.66
11.62	55.67	1.06	28.69	2.94	779.59	2553.49	38280.26
72.35	651.31	62.67	146.98	17.54	231.29	954.18	71377.67
16.98	-26.56	-6.14	0.00	3.14	371.46	401.47	8288.80
35.13	17.79	4.91	40.70	4.44	315.33	452.74	16436.81
17.82	-4.50	-1.43	20.40	1.66	301.49	537.86	10238.21
16.12	0.90	-0.22	13.77	1.97	121.30	375.88	6335.47
88.56	83.13	39.82	77.48	19.55	105.96	979.02	57649.09
7.06	-21.39	-2.39	16.45	1.03	300.05	1021.60	8688.22
8.73	-17.15	-1.91	38.92	2.67	507.61	2230.41	21992.59
11.00	11.39	-2.88	20.03	2.48	478.11	786.64	11235.74
33.65	223.47	23.11	90.95	8.56	525.21	1605.62	30497.26
23.27	-3.91	-1.69	38.05	3.50	285.35	190.30	4858.55
15.39	13.66	1.85	29.72	2.78	319.51	457.75	7633.11
14.32	5.26	0.57	36.73	3.94	630.70	1368.30	28114.67
26.58	82.57	11.80	44.26	5.58	257.88	1200.26	23151.15
22.97	37.76	6.09	22.71	3.37	373.55	1172.73	29080.84
9.78	-6.00	-0.72	20.20	1.58	538.89	844.98	9583.34
10.34	-7.12	-0.87	38.13	3.80	491.42	1146.94	13740.37
40.49	201.92	22.78	75.90	8.08	679.96	3311.14	99306.89
26.16	39.56	7.07	32.58	4.14	584.30	2393.40	61661.22
13.77	-10.58	-1.63	0.00	1.71	323.02	413.47	7094.24
11.61	-0.42	-0.34	15.36	1.64	241.09	386.43	4784.69
40.09	-40.08	-27.33	44.07	8.40	198.40	841.21	47068.52
11.38	-5.90	-0.94	17.30	1.74	199.19	401.58	4773.85
11.35	-24.40	-3.89	23.91	2.11	682.51	1456.20	24685.20
40.76	90.65	19.38	40.50	7.94	266.46	271.30	14062.84
11.11	-29.77	-4.83	74.22	2.15	366.01	736.54	10483.28
12.56	2.66	-4.63	31.84	2.60	724.70	2781.72	48419.95
9.92	-10.67	-1.32	17.92	1.46	442.83	924.98	11380.97
21.66	2.54	0.39	30.21	2.84	406.97	611.13	16309.76
90.19	73.00	16.97	88.09	10.63	171.61	816.37	73346.09
19.23	36.46	4.98	21.59	3.73	514.09	822.54	21241.21
15.13	69.85	2.47	31.78	7.40	694.19	1115.99	25649.04
22.20	46.47	6.39	19.12	4.71	340.02	787.23	20985.36
14.48	-7.00	-1.53	20.87	1.62	255.48	316.94	5452.18
15.18	-7.68	-1.41	53.79	5.77	198.56	845.79	14995.44
6.16	-16.43	-1.24	141.51	1.31	262.05	569.59	4091.66
12.36	22.38	2.26	0.00	13.44	439.49	2031.36	20109.68
46.95	105.13	14.73	122.52	20.21	334.29	765.05	28382.27
7.80	-10.30	-3.50	126.89	3.67	266.86	512.04	5232.55

A股 A Share

股票 Share

股票代码 Code	股票简称 Stock Name	市价总值 Tot_cap	无限售股市值 Nego_cap	发行股本 Issued Vol	无限售股股本 Negotiable Vol	上年收盘 Last Year Close	本年开盘 Open	本年最高 High	本年最低 Low
603966	法兰泰克	3242.76	3224.44	210.98	209.79	10.32	10.36	20.36	8.30
603967	中创物流	3589.33	897.33	266.67	66.67	16.00	16.11	17.18	12.31
603968	醋化股份	3416.86	3416.86	204.48	204.48	14.76	14.87	19.97	11.92
603969	银龙股份	3338.77	3338.77	841.00	841.00	4.27	4.31	6.08	3.27
603970	中农立华	4051.20	2015.47	192.00	95.52	12.89	12.98	23.49	11.11
603976	正川股份	11005.85	11005.85	151.20	151.20	17.44	17.54	108.00	13.55
603977	国泰集团	3888.65	3054.88	551.58	433.32	8.21	8.25	10.28	6.28
603978	深圳新星	2758.40	2758.40	160.00	160.00	25.81	25.99	29.99	16.71
603979	金诚信	7245.93	7245.93	583.41	583.41	8.93	8.98	14.18	7.58
603980	吉华集团	4529.00	4529.00	700.00	700.00	8.25	8.24	9.37	6.38
603982	泉峰汽车	4056.85	1639.39	201.53	81.44	18.73	18.75	28.13	13.81
603983	丸美股份	20936.21	4020.17	401.00	77.00	60.03	60.70	92.89	50.26
603985	恒润股份	6728.76	6728.76	203.84	203.84	15.60	15.65	36.35	12.82
603986	兆易创新	93146.27	86735.14	471.63	439.17	204.89	207.01	428.18	173.05
603987	康德莱	6928.85	6847.41	441.61	436.42	8.12	8.12	23.55	8.12
603988	中电电机	2904.72	2904.72	235.20	235.20	9.66	9.68	20.47	8.20
603989	艾华集团	10617.23	10617.23	396.17	396.17	21.82	21.88	35.90	21.55
603990	麦迪科技	5316.34	4678.13	165.46	145.60	34.70	34.49	65.42	30.51
603991	至正股份	2935.93	2935.93	74.53	74.53	17.16	17.20	47.60	13.57
603992	松霖科技	7354.52	821.63	401.01	44.80	20.12	20.17	26.07	14.01
603993	洛阳钼业	110411.08	110411.08	17665.77	17665.77	4.36	4.39	6.38	3.27
603995	甬金股份	6002.03	2688.50	230.67	103.32	27.16	27.28	39.49	19.61
603996	*ST中新	546.27	546.27	300.15	300.15	5.03	4.98	5.05	1.76
603997	继峰股份	7700.22	5885.53	1021.25	780.57	8.08	8.10	12.45	6.30
603998	方盛制药	2572.28	2572.28	429.43	429.43	8.30	8.31	8.76	5.88
603999	读者传媒	3179.52	3179.52	576.00	576.00	7.34	7.43	8.88	5.30
605001	威奥股份	5198.18	1299.63	302.22	75.56	16.14	19.37	28.11	16.02
605003	众望布艺	2585.44	646.36	88.00	22.00	25.75	37.08	40.79	28.24
605006	山东玻纤	4130.00	826.00	500.00	100.00	3.84	4.61	12.33	4.61
605007	五洲特纸	9676.24	967.84	400.01	40.01	10.09	12.11	32.99	12.11
605008	长鸿高科	11370.13	1139.88	458.84	46.00	10.54	12.65	37.77	12.65
605009	豪悦护理	20299.30	5075.30	106.67	26.67	62.26	74.71	245.88	74.71
605018	长华股份	5166.83	516.83	416.68	41.68	9.72	11.66	24.67	11.66
605050	福然德	4702.35	810.75	435.00	75.00	10.90	13.08	17.27	10.52
605058	澳弘电子	3434.46	858.62	142.92	35.73	18.23	26.25	34.95	22.58
605066	天正电气	5245.08	928.68	401.00	71.00	10.02	12.02	21.13	12.02
605068	明新旭腾	5463.06	1365.77	166.00	41.50	23.17	27.80	47.58	27.80
605088	冠盛股份	3428.80	857.20	160.00	40.00	15.57	18.68	29.84	18.11
605099	共创草坪	12422.79	1244.79	400.09	40.09	15.44	22.23	35.35	20.38
605100	华丰股份	3838.21	960.66	86.70	21.70	39.43	56.78	75.58	43.00
605108	同庆楼	4762.00	1190.50	200.00	50.00	16.70	24.05	35.11	21.08
605111	新洁能	19788.65	4947.16	101.20	25.30	19.91	28.67	242.69	28.67
605116	奥锐特	6363.87	650.67	401.00	41.00	8.37	10.04	24.65	10.04
605118	力鼎光电	6143.33	621.15	405.50	41.00	9.28	11.14	27.45	11.14
605123	派克新材	8678.88	2169.72	108.00	27.00	30.33	36.40	92.00	36.40
605128	上海沿浦	2319.20	579.80	80.00	20.00	23.31	27.97	36.93	27.57
605136	丽人丽妆	11308.28	1131.08	400.01	40.01	12.23	17.61	55.28	17.61
605151	西上海	2806.81	701.81	133.34	33.34	16.13	19.36	28.11	19.36
605155	N西大门	2926.08	731.52	96.00	24.00	21.17	25.40	30.48	25.40
605158	华达新材	4390.34	1098.14	393.40	98.40	8.55	10.26	18.02	10.26

注：市价总值、无限售股市值、成交金额的单位为百万元（M Yuan），发行股本、无限售股股本、成交数量的单位为百万股（M Shares），上年收盘、本年开盘、本年最高、本年最低、本年收盘、涨跌值的单位为元（Yuan）。

A股 A Share

股票 Share

本年收盘 Close	涨跌（%） Change	涨跌值 Change	市盈率（倍） P/E	市净率（倍） P/B	换手率（%） Turnover Rate	成交数量 Trading Vol	成交金额 Trading Val
15.37	50.58	5.05	31.59	3.21	390.28	823.42	10851.04
13.46	-13.66	-2.54	18.09	1.89	253.32	675.52	10162.85
16.71	17.13	1.95	15.46	2.17	331.54	677.94	11016.28
3.97	-5.72	-0.30	20.10	1.84	436.78	3673.35	16260.43
21.10	66.49	8.21	34.08	4.24	606.36	1164.21	18622.59
72.79	320.18	55.35	180.26	10.62	1305.73	1974.26	106869.28
7.05	21.73	-1.16	27.08	1.97	376.64	1846.63	14999.73
17.24	-33.01	-8.57	29.26	1.83	394.03	630.45	14570.71
12.42	40.20	3.49	23.41	1.70	281.19	1640.51	17845.53
6.47	-16.41	-1.78	10.42	1.00	148.82	1041.70	7847.11
20.13	8.29	1.40	47.23	2.77	931.41	1870.43	34977.33
52.21	-12.63	-7.82	40.66	7.84	123.33	494.57	35975.00
33.01	202.83	17.41	81.14	5.89	638.15	1196.86	28885.95
197.50	35.12	-7.39	153.47	17.83	600.83	2459.02	584815.56
15.69	95.30	7.57	40.73	4.32	699.20	3087.72	44856.39
12.35	31.82	2.69	25.60	4.18	536.00	1260.67	17046.09
26.80	24.18	4.98	31.44	4.65	213.26	835.22	23531.59
32.13	20.68	-2.57	113.39	10.66	506.76	660.06	30682.93
39.39	129.55	22.23	0.00	7.01	534.11	398.10	11766.35
18.34	-7.88	-1.78	31.41	4.07	199.49	799.97	14467.84
6.25	44.93	1.89	72.69	3.31	307.56	54332.27	241804.80
26.02	-1.22	-1.14	18.03	2.07	390.77	901.40	24225.58
1.82	-63.82	-3.21	0.00	0.00	216.20	648.93	1886.09
7.54	-4.18	-0.54	25.87	1.70	245.58	2511.40	20733.58
5.99	-26.48	-2.31	32.60	2.28	304.30	1316.41	9455.69
5.52	-24.46	-1.82	49.18	1.88	303.63	1748.92	11689.22
17.20	6.57	1.06	22.05	3.30	199.19	601.99	13011.61
29.38	14.10	3.63	20.78	7.57	207.29	182.41	5903.35
8.26	115.10	4.42	28.23	3.04	299.92	1499.61	14552.21
24.19	139.74	14.10	48.56	9.59	103.05	412.20	11200.21
24.78	135.10	14.24	52.84	11.31	105.35	483.38	11312.87
190.30	205.65	128.04	64.38	31.79	238.53	254.44	48428.92
12.40	27.57	2.68	25.14	3.69	92.24	384.33	6584.24
10.81	-0.83	-0.09	16.84	2.58	81.82	355.93	4494.02
24.03	31.82	5.80	27.69	5.85	158.77	226.92	6300.76
13.08	30.54	3.06	24.30	6.34	102.24	410.00	6485.91
32.91	42.04	9.74	30.47	8.90	129.10	214.31	8277.57
21.43	39.69	5.86	28.72	4.48	225.02	360.03	7899.67
31.05	101.10	15.61	43.65	13.53	86.59	346.44	9982.04
44.27	12.27	4.84	24.57	4.75	130.91	113.50	6123.12
23.81	42.57	7.11	24.10	4.83	243.32	486.64	13613.14
195.54	882.12	175.63	201.49	34.62	246.30	249.26	42798.17
15.87	89.61	7.50	34.19	6.51	82.37	330.30	6217.89
15.15	63.25	5.87	33.90	9.96	82.18	333.23	7001.39
80.36	164.95	50.03	53.60	13.33	221.37	239.08	18715.03
28.99	24.37	5.68	26.24	4.53	173.95	139.16	4212.81
28.27	131.15	16.04	39.54	7.14	72.98	291.94	11274.89
21.05	30.50	4.92	29.40	5.09	70.11	93.48	2157.18
30.48	43.98	9.31	33.11	5.90	10.52	10.10	302.55
11.16	30.53	2.61	22.95	4.67	138.49	544.80	7205.28

A股 股票
A Share Share

股票代码 Code	股票简称 Stock Name	市价总值 Tot_cap	无限售股市值 Nego_cap	发行股本 Issued Vol	无限售股股本 Negotiable Vol	上年收盘 Last Year Close	本年开盘 Open	本年最高 High	本年最低 Low
605166	聚合顺	3149.16	787.29	315.55	78.89	7.05	8.46	16.59	8.46
605168	三人行	12636.07	3131.32	69.68	17.27	60.62	72.74	307.00	72.74
605169	洪通燃气	4041.60	1010.40	160.00	40.00	22.22	26.66	32.97	24.45
605177	东亚药业	4032.80	1008.20	113.60	28.40	31.13	37.36	57.25	33.90
605178	时空科技	3509.25	877.49	70.89	17.73	64.31	77.17	92.61	48.43
605179	一鸣食品	7081.66	1077.26	401.00	61.00	9.21	13.26	17.66	13.26
605183	确成股份	7021.75	826.30	414.02	48.72	14.38	17.26	30.33	16.36
605186	健麾信息	3825.68	956.42	136.00	34.00	14.20	20.45	32.95	20.45
605188	国光连锁	4940.93	494.31	495.58	49.58	4.65	5.58	17.73	5.58
605198	德利股份	6127.64	453.00	270.54	20.00	7.60	9.12	30.88	9.12
605199	葫芦娃	9650.62	967.21	400.11	40.10	5.19	6.23	49.88	6.23
605218	伟时电子	3045.65	761.41	212.83	53.21	10.97	13.16	21.03	13.16
605222	起帆电缆	8608.46	1074.50	400.58	50.00	18.43	22.12	32.11	21.30
605255	天普股份	2158.69	539.67	134.08	33.52	12.66	15.19	24.27	15.19
605258	协和电子	3214.64	803.66	88.00	22.00	26.56	31.87	55.90	31.87
605266	健之佳	5889.36	1472.34	53.00	13.25	72.89	87.47	171.50	87.47
605288	凯迪股份	6245.00	1561.25	50.00	12.50	92.59	111.11	160.87	111.11
605299	舒华体育	5205.46	632.50	411.50	50.00	7.27	8.72	15.33	8.72
605318	法狮龙	1896.23	474.06	129.17	32.29	13.09	15.71	27.60	14.38
605333	沪光股份	5990.94	599.09	401.00	40.10	5.30	6.36	29.00	6.36
605336	帅丰电器	3993.09	998.27	140.80	35.20	24.29	29.15	38.48	27.02
605338	巴比食品	9364.48	2341.12	248.00	62.00	12.72	15.26	56.67	15.26
605358	立昂微	48229.83	4885.83	400.58	40.58	4.92	5.90	145.00	5.90
605366	宏柏新材	4050.40	1012.60	332.00	83.00	9.98	11.98	21.04	11.75
605369	拱东医疗	4620.00	1155.00	80.00	20.00	31.65	37.98	80.75	37.98
605376	博迁新材	12295.20	3073.80	261.60	65.40	11.69	14.03	49.97	14.03
605377	华旺科技	4071.22	1017.81	203.87	50.97	18.63	22.36	26.83	19.88
605388	均瑶健康	9623.40	1566.60	430.00	70.00	13.43	16.12	32.25	16.12
605399	晨光新材	3262.32	815.58	184.00	46.00	13.16	15.79	29.79	15.79
605500	森林包装	3932.00	983.00	200.00	50.00	18.97	27.32	27.32	19.43
688001	华兴源创	17278.35	1566.59	438.54	39.76	44.28	45.02	59.50	33.07
688002	睿创微纳	49395.00	25571.48	445.00	230.37	38.09	38.25	117.47	36.69
688003	天准科技	5838.98	2183.80	193.60	72.41	29.34	29.42	38.58	22.03
688004	博汇科技	2651.99	640.37	56.80	13.72	28.77	92.00	132.98	44.44
688005	容百科技	22846.95	14180.68	443.29	275.14	33.27	33.39	56.47	24.02
688006	杭可科技	33295.03	9054.51	401.00	109.05	39.73	39.88	86.00	29.50
688007	光峰科技	8398.64	5304.04	452.76	285.93	27.70	28.16	33.93	18.18
688008	澜起科技	93638.98	34826.33	1129.81	420.20	71.61	72.50	126.70	66.08
688009	中国通号	50519.17	11790.28	8621.02	2011.99	6.92	6.98	7.79	5.41
688010	福光股份	4341.76	1732.93	153.58	61.30	41.76	41.89	53.00	27.75
688011	新光光电	5120.00	2099.21	100.00	41.00	41.97	42.64	64.00	33.23
688012	中微公司	84288.94	38832.10	534.86	246.41	92.40	92.62	298.00	92.62
688013	天臣医疗	2416.80	498.21	80.00	16.49	18.62	45.11	48.00	28.99
688015	交控科技	6006.40	3443.20	160.00	91.72	33.10	33.45	54.02	29.00
688016	心脉医疗	18080.91	9418.98	71.98	37.50	146.96	148.00	373.80	134.00
688017	绿的谐波	17641.05	4071.30	120.42	27.79	35.06	65.00	156.98	52.22
688018	乐鑫科技	11894.93	6624.05	80.03	44.57	167.77	168.51	305.00	142.28
688019	安集科技	15815.68	8951.36	53.11	30.06	132.08	134.39	500.85	128.00
688020	方邦股份	7616.80	3502.60	80.00	36.79	90.73	91.39	132.50	80.47
688021	奥福环保	4739.80	2802.68	77.28	45.70	36.31	36.66	94.44	30.24

注：市价总值、无限售股市值、成交金额的单位为百万元（M Yuan），发行股本、无限售股股本、成交数量的单位为百万股（M Shares），上年收盘、本年开盘、本年最高、本年最低、本年收盘、涨跌值的单位为元（Yuan）。

A 股 A Share

股票 Share

本年收盘 Close	涨跌（%）Change	涨跌值 Change	市盈率（倍）P/E	市净率（倍）P/B	换手率（%）Turnover Rate	成交数量 Trading Vol	成交金额 Trading Val
9.98	41.56	2.93	31.42	5.64	217.89	687.54	9278.88
181.35	200.69	120.73	65.26	33.57	269.75	186.32	45722.33
25.26	13.68	3.04	25.27	6.74	234.49	375.19	10540.83
35.50	14.04	4.37	23.96	4.76	87.42	99.31	4568.08
49.50	-23.03	-14.81	17.09	3.86	105.47	74.77	4881.42
17.66	91.75	8.45	40.70	10.71	1.40	5.60	94.30
16.96	17.94	2.58	26.03	4.19	26.78	110.87	2249.40
28.13	98.10	13.93	41.63	13.30	29.66	40.34	1204.16
9.97	114.41	5.32	43.16	6.07	87.06	431.44	5663.86
22.65	198.03	15.05	50.58	4.48	73.21	198.07	5296.47
24.12	364.74	18.93	80.20	14.99	117.35	469.51	15633.69
14.31	30.45	3.34	29.26	6.12	147.84	314.66	5316.57
21.49	16.60	3.06	25.82	5.52	81.80	327.69	8240.83
16.10	27.17	3.44	27.66	4.22	183.39	245.89	4645.20
36.53	37.54	9.97	29.48	6.66	109.45	96.31	4238.99
111.12	52.45	38.23	35.03	9.96	88.94	47.14	6596.51
124.90	34.90	32.31	28.93	8.66	242.20	121.10	15600.11
12.65	74.00	5.38	35.42	5.94	27.86	114.63	1502.77
14.68	12.15	1.59	22.40	4.49	214.60	277.20	5901.01
14.94	181.89	9.64	59.11	11.15	151.94	609.27	11272.22
28.36	16.76	4.07	22.95	5.60	160.90	226.55	7396.30
37.76	196.86	25.04	60.53	13.10	161.68	400.96	18407.64
120.40	2347.15	115.48	376.24	31.86	127.12	509.22	43944.97
12.20	22.24	2.22	25.86	5.01	162.84	540.63	8142.88
57.75	82.46	26.10	40.67	11.40	188.09	150.47	9830.32
47.00	302.05	35.31	91.55	21.76	95.93	250.96	10070.82
19.97	7.19	1.34	23.84	3.78	26.27	53.56	1195.62
22.38	66.64	8.95	32.59	10.22	189.79	816.08	19006.75
17.73	34.73	4.57	27.45	7.31	302.79	557.13	12458.44
19.66	3.64	0.69	23.14	3.92	47.46	94.91	2175.27
39.40	-10.74	-4.88	97.92	9.11	161.20	659.01	30595.62
111.00	191.73	72.91	244.45	21.09	271.83	1209.66	85141.81
30.16	3.54	0.82	70.20	3.57	363.96	704.63	22358.69
46.69	62.29	17.92	52.09	8.59	217.24	123.39	11613.63
51.54	55.31	18.27	261.36	5.30	291.22	1290.95	48675.74
83.03	110.02	43.30	114.34	14.98	161.03	645.74	33656.41
18.55	-32.85	-9.15	45.04	4.25	147.59	666.57	17467.98
82.88	16.08	11.27	100.38	12.78	134.07	1514.75	134175.12
5.86	-12.64	-1.06	16.26	1.51	113.52	9786.51	64403.63
28.27	-32.01	-13.49	47.11	2.44	340.64	523.16	21742.89
51.20	22.52	9.23	84.64	4.18	466.09	466.09	22473.10
157.59	70.55	65.19	447.00	22.47	213.58	1142.36	207765.92
30.21	62.24	11.59	57.53	22.55	123.31	98.65	3704.90
37.54	13.95	4.44	47.19	5.54	389.45	623.12	27591.48
251.20	71.31	104.24	127.55	16.96	238.93	171.98	40744.01
146.50	317.86	111.44	301.67	27.92	134.91	162.45	13539.42
148.63	-11.04	-19.14	75.04	7.39	294.26	235.42	47568.59
297.80	125.69	165.72	240.19	17.82	547.99	291.03	80228.56
95.21	5.45	4.48	59.20	5.00	292.26	233.81	24114.01
61.33	69.34	25.02	91.82	5.70	378.83	292.78	17703.28

A 股 A Share

股票 Share

股票代码 Code	股票简称 Stock Name	市价总值 Tot_cap	无限售股市值 Nego_cap	发行股本 Issued Vol	无限售股股本 Negotiable Vol	上年收盘 Last Year Close	本年开盘 Open	本年最高 High	本年最低 Low
688022	瀚川智能	3585. 60	1926. 07	108. 00	58. 01	43. 96	44. 22	72. 00	27. 22
688023	安恒信息	19266. 67	13518. 88	74. 07	51. 98	140. 00	140. 98	340. 00	137. 01
688025	杰普特	4037. 43	2128. 36	92. 37	48. 69	42. 15	42. 38	81. 77	38. 40
688026	洁特生物	4778. 00	1178. 61	100. 00	24. 67	16. 49	55. 10	157. 00	46. 09
688027	国盾量子	18854. 40	4135. 33	80. 00	17. 55	36. 18	280. 00	496. 00	205. 30
688028	沃尔德	2976. 00	1397. 27	80. 00	37. 56	63. 62	64. 25	80. 00	35. 31
688029	南微医学	24535. 89	8081. 03	133. 34	43. 92	160. 60	160. 81	283. 00	149. 00
688030	山石网科	6812. 45	3580. 15	180. 22	94. 71	41. 29	41. 80	66. 50	29. 11
688033	天宜上佳	6430. 40	4380. 58	448. 74	305. 69	27. 02	27. 21	34. 89	13. 80
688036	传音控股	121712. 00	59563. 16	800. 00	391. 50	45. 63	45. 44	155. 58	41. 51
688037	芯源微	8656. 20	4567. 04	84. 00	44. 32	73. 29	73. 00	168. 00	71. 01
688039	当虹科技	4712. 00	2882. 86	80. 00	48. 95	83. 00	83. 50	143. 01	56. 66
688050	爱博医疗	18186. 99	3756. 47	105. 14	21. 72	33. 55	188. 88	310. 00	157. 01
688051	佳华科技	6277. 97	1513. 55	77. 33	18. 64	50. 81	132. 00	193. 78	76. 01
688055	龙腾光电	27933. 33	2284. 23	3333. 33	272. 58	1. 22	8. 68	15. 20	7. 97
688056	莱伯泰科	2136. 63	501. 24	67. 00	15. 72	24. 80	63. 10	63. 10	30. 25
688057	金达莱	9102. 48	2109. 56	276. 00	63. 96	25. 84	42. 05	48. 48	31. 98
688058	宝兰德	3525. 60	1933. 97	40. 00	21. 94	99. 16	99. 16	198. 88	75. 76
688060	云涌科技	4967. 40	1138. 40	60. 00	13. 75	44. 47	252. 18	328. 00	80. 33
688063	派能科技	40045. 89	9597. 24	154. 84	37. 11	56. 00	200. 01	261. 00	193. 77
688065	凯赛生物	35438. 80	3229. 14	416. 68	37. 97	133. 45	150. 86	198. 00	83. 16
688066	航天宏图	7026. 97	4107. 66	166. 32	97. 22	38. 30	39. 00	62. 70	38. 00
688068	热景生物	2425. 04	1687. 09	62. 20	43. 27	46. 93	46. 93	97. 66	34. 72
688069	德林海	3793. 00	876. 53	59. 47	13. 74	67. 20	92. 00	147. 98	60. 42
688077	大地熊	3083. 20	715. 50	80. 00	18. 57	28. 07	53. 11	89. 00	38. 05
688078	龙软科技	1944. 21	960. 85	70. 75	34. 97	51. 10	50. 65	61. 20	25. 51
688080	映翰通	2867. 85	691. 74	52. 43	12. 65	27. 63	141. 52	159. 88	48. 68
688081	兴图新科	2229. 34	536. 83	73. 60	17. 72	28. 21	58. 00	60. 89	29. 20
688085	三友医疗	7958. 73	1766. 13	205. 33	45. 57	20. 96	40. 00	89. 90	34. 80
688086	紫晶存储	7453. 44	1797. 09	190. 38	45. 90	21. 49	85. 00	86. 98	37. 19
688088	虹软科技	28387. 52	18606. 15	406. 00	266. 11	47. 25	47. 41	109. 88	47. 41
688089	嘉必优	4752. 00	2599. 63	120. 00	65. 65	37. 22	37. 65	64. 50	28. 91
688090	瑞松科技	2684. 99	646. 56	67. 36	16. 22	27. 55	91. 00	105. 80	38. 40
688093	世华科技	4267. 32	979. 44	172. 00	39. 48	17. 55	30. 20	32. 00	23. 50
688095	福昕软件	11649. 88	2652. 84	48. 14	10. 96	238. 53	350. 97	373. 00	226. 88
688096	京源环保	2032. 14	491. 20	107. 29	25. 93	14. 34	27. 00	33. 00	18. 26
688098	申联生物	6592. 07	4199. 65	409. 70	261. 01	16. 77	16. 94	34. 90	15. 05
688099	晶晨股份	32367. 48	16735. 35	411. 12	212. 57	53. 99	54. 72	90. 15	41. 42
688100	威胜信息	11055. 00	982. 33	500. 00	44. 43	13. 78	31. 00	40. 30	19. 20
688101	三达膜	5665. 94	3046. 98	333. 88	179. 55	19. 97	20. 16	27. 19	16. 70
688106	金宏气体	14723. 74	3291. 58	484. 33	108. 28	15. 48	40. 11	59. 40	25. 88
688108	赛诺医疗	5522. 70	3887. 10	410. 00	288. 57	16. 26	16. 31	43. 60	12. 88
688111	金山办公	189471. 00	89455. 90	461. 00	217. 65	163. 90	163. 21	436. 00	147. 02
688116	天奈科技	14375. 20	11099. 24	231. 86	179. 02	32. 35	32. 90	67. 50	29. 61
688118	普元信息	2508. 07	1759. 43	95. 40	66. 92	40. 19	40. 73	60. 06	24. 51
688122	西部超导	35085. 54	24822. 86	441. 27	312. 20	33. 67	33. 95	80. 46	27. 95
688123	聚辰股份	7268. 64	5000. 58	120. 84	83. 14	71. 68	71. 46	108. 50	50. 00
688126	沪硅产业	82146. 21	16543. 01	2480. 26	499. 49	3. 89	9. 50	69. 00	8. 96
688127	蓝特光学	14464. 91	1354. 97	401. 58	37. 62	15. 41	30. 00	44. 48	25. 66
688128	中国电研	6989. 76	1630. 98	404. 50	94. 39	19. 52	19. 70	30. 11	16. 20

注：市价总值、无限售股市值、成交金额的单位为百万元（M Yuan），发行股本、无限售股股本、成交数量的单位为百万股（M Shares），上年收盘、本年开盘、本年最高、本年最低、本年收盘、涨跌值的单位为元（Yuan）。

A股
A Share

股票
Share

本年收盘 Close	涨跌（%） Change	涨跌值 Change	市盈率（倍） P/E	市净率（倍） P/B	换手率（%） Turnover Rate	成交数量 Trading Vol	成交金额 Trading Val
33.20	-23.97	-10.76	48.93	4.10	380.30	410.73	19070.67
260.10	86.05	120.10	208.92	12.43	204.64	151.58	36783.26
43.71	4.12	1.56	62.45	2.57	368.14	340.04	17546.31
47.78	191.36	31.29	72.23	13.73	635.08	635.08	50641.71
235.68	551.41	199.50	382.39	19.13	247.37	197.90	61170.43
37.20	-40.44	-26.42	49.58	3.44	411.97	329.58	18669.13
184.01	15.20	23.41	80.82	9.91	173.04	230.73	45348.32
37.80	-8.33	-3.49	74.82	4.94	290.00	522.64	23891.68
14.33	-46.77	-12.69	23.75	2.74	168.34	755.43	17850.03
152.14	237.05	106.51	67.87	14.75	127.98	1023.87	86533.37
103.05	40.74	29.76	295.68	11.47	803.57	675.00	80934.13
58.90	-28.73	-24.10	55.65	3.37	304.98	243.98	24225.32
172.98	415.59	139.43	272.73	29.45	114.00	119.85	26278.25
81.18	60.16	30.37	52.82	13.04	358.40	277.16	31148.80
8.38	586.89	7.16	113.97	8.91	114.16	3805.35	38199.72
31.89	28.59	7.09	34.84	6.54	151.01	101.18	4123.12
32.98	27.63	7.14	35.33	7.86	86.18	237.86	9431.78
88.14	-10.78	-11.02	57.57	3.75	427.15	170.86	23107.13
82.79	86.17	38.32	75.90	20.55	155.69	93.42	15811.22
258.62	361.82	202.62	277.88	90.10	23.96	37.10	8306.93
85.05	-36.27	-48.40	74.00	7.64	38.53	160.56	19160.42
42.25	10.41	3.95	84.14	5.84	438.50	727.85	36088.44
38.99	-16.54	-7.94	71.58	3.76	674.86	419.74	25607.20
63.78	-4.70	-3.42	37.77	12.08	168.88	100.43	9802.00
38.54	37.30	10.47	53.16	8.31	334.60	267.68	16117.80
27.48	-45.95	-23.62	41.29	3.74	432.97	306.32	14353.41
54.70	98.40	27.07	55.40	9.27	331.51	173.81	17567.41
30.29	7.99	2.08	42.96	3.12	408.15	300.40	14532.62
38.76	84.92	17.80	81.36	18.18	221.11	454.00	24926.38
39.15	82.70	17.66	54.08	8.30	370.45	705.26	44324.11
69.92	48.18	22.67	134.94	11.36	191.43	777.19	56937.80
39.60	7.44	2.38	40.21	3.81	375.05	450.06	19740.17
39.86	45.09	12.31	43.95	5.27	303.38	204.36	13742.63
24.81	41.37	7.26	52.31	15.48	146.01	251.14	6928.65
242.00	1.45	3.47	157.14	35.56	108.09	52.04	16228.36
18.94	34.15	4.60	33.17	5.49	314.77	337.72	8791.70
16.09	-3.70	-0.68	84.56	5.15	231.11	946.85	20734.87
78.73	46.14	24.74	204.80	11.57	189.93	780.85	51395.84
22.11	61.38	8.33	50.86	7.10	148.04	740.20	22023.49
16.97	-14.05	-3.00	20.48	1.79	314.46	1049.92	22837.19
30.40	96.38	14.92	83.15	17.32	246.74	1195.04	50126.57
13.47	-16.88	-2.79	61.34	5.03	241.53	990.26	21776.83
411.00	151.03	247.10	472.99	31.22	103.58	477.52	134942.70
62.00	92.08	29.65	130.58	9.09	388.11	899.86	40924.85
26.29	-34.33	-13.90	49.89	2.61	479.22	457.17	20241.07
79.51	138.18	45.84	221.72	13.66	263.92	1164.60	53399.55
60.15	-15.77	-11.53	76.43	5.47	527.29	637.18	48829.45
33.12	751.41	29.23	0.00	16.20	465.59	11547.77	370526.70
36.02	133.74	20.61	124.55	22.39	78.27	314.32	9920.24
17.28	-10.14	-2.24	27.72	3.28	160.12	647.68	13741.21

A 股 股票
A Share Share

股票代码 Code	股票简称 Stock Name	市价总值 Tot_cap	无限售股市值 Nego_cap	发行股本 Issued Vol	无限售股股本 Negotiable Vol	上年收盘 Last Year Close	本年开盘 Open	本年最高 High	本年最低 Low
688129	东来技术	2413.20	551.94	120.00	27.45	15.22	35.00	38.47	19.50
688133	泰坦科技	10196.77	2194.14	76.25	16.41	44.47	63.38	151.92	57.52
688135	利扬芯片	5852.92	1219.29	136.40	28.42	15.72	70.00	73.10	41.56
688136	科兴制药	8114.93	1675.34	198.70	41.02	22.33	44.00	55.66	38.00
688138	清溢光电	6157.74	1823.68	266.80	79.02	16.97	17.10	46.48	15.25
688139	海尔生物	20701.62	11966.34	317.07	183.28	28.88	28.91	99.60	26.01
688155	先惠技术	5294.10	1224.93	75.63	17.50	38.77	88.00	92.55	50.56
688156	路德环境	1886.39	431.13	91.84	20.99	15.91	30.10	31.82	19.93
688157	松井股份	6606.80	1591.05	79.60	19.17	34.48	82.55	123.55	75.72
688158	优刻得	17585.79	2016.54	422.53	48.45	33.23	72.00	126.00	39.79
688159	有方科技	2528.52	558.47	91.68	20.25	20.35	54.13	87.60	26.30
688160	步科股份	3395.28	775.88	84.00	19.20	20.34	55.55	75.80	38.33
688165	埃夫特	6965.76	1584.73	521.78	118.71	6.35	26.66	34.66	12.51
688166	博瑞医药	18778.00	8286.33	410.00	180.92	31.77	31.77	72.43	31.22
688168	安博通	3063.63	1704.77	51.18	28.48	103.01	103.50	154.18	57.00
688169	石头科技	69066.67	17151.42	66.67	16.56	271.12	470.00	1073.99	315.11
688177	百奥泰	13167.74	1875.17	414.08	58.97	32.76	60.00	78.00	29.80
688178	万德斯	2657.03	645.12	85.00	20.64	25.20	45.00	56.70	30.08
688179	阿拉丁	8054.49	1830.39	100.93	22.94	19.43	48.00	80.13	39.82
688180	君实生物	55938.68	5746.77	689.75	70.86	55.50	216.00	220.40	64.80
688181	八亿时空	5177.71	1188.82	96.47	22.15	43.98	58.00	94.37	43.10
688185	康希诺	42939.97	8649.37	114.78	23.12	209.71	470.00	477.00	249.23
688186	广大特材	5978.94	1460.54	164.80	40.26	17.16	41.90	77.28	28.00
688188	柏楚电子	26362.00	6916.92	100.00	26.24	157.22	159.18	327.67	120.50
688189	南新制药	6844.60	1642.70	140.00	33.60	34.94	69.00	83.66	38.00
688196	卓越新能	7269.60	1761.59	120.00	29.08	40.80	40.93	75.50	31.22
688198	佰仁医疗	7455.36	1784.87	96.00	22.98	42.15	42.18	149.88	39.63
688199	久日新材	4905.10	3461.38	111.23	78.49	61.90	61.93	76.70	42.77
688200	华峰测控	22854.50	5337.93	61.19	14.29	107.41	355.00	380.00	180.02
688202	美迪西	9748.26	4113.07	62.00	26.16	58.35	58.58	198.50	56.09
688208	道通科技	30829.50	3371.51	450.00	49.21	24.36	80.40	85.98	33.01
688215	瑞晟智能	1892.69	436.08	40.04	9.23	34.73	90.00	108.00	45.03
688218	江苏北人	2170.79	1524.82	117.34	82.42	27.35	27.61	38.97	17.53
688219	会通股份	8763.13	798.17	459.28	41.83	8.29	36.00	42.22	18.60
688221	前沿生物	6925.38	1590.55	359.76	82.63	20.50	29.11	35.53	18.01
688222	成都先导	12068.48	1138.03	400.68	37.78	20.52	40.00	61.99	28.00
688228	开普云	3237.17	732.21	67.13	15.18	59.26	100.20	105.00	46.07
688229	博睿数据	4701.96	1082.78	44.40	10.22	65.82	113.10	184.99	96.04
688233	神工股份	6995.20	1678.28	160.00	38.39	21.67	90.00	96.00	39.80
688256	寒武纪	58726.68	4935.67	400.10	33.63	64.39	250.00	297.77	136.08
688258	卓易信息	4834.79	2380.69	86.96	42.82	86.16	86.23	147.70	53.04
688266	泽璟制药	15525.60	3837.70	240.00	59.32	33.76	67.52	128.92	49.50
688268	华特气体	7369.20	2066.74	120.00	33.65	43.85	44.20	114.25	43.00
688277	天智航	15955.22	1347.53	418.44	35.34	12.04	70.00	141.60	35.20
688278	特宝生物	13871.88	1369.97	406.80	40.18	8.24	30.53	81.50	28.52
688286	敏芯股份	6622.87	1541.24	53.20	12.38	62.67	228.00	249.90	107.08
688288	鸿泉物联	3833.00	1983.05	100.00	51.74	32.12	32.80	64.56	28.72
688289	圣湘生物	45580.00	3794.83	400.00	33.30	50.48	151.00	155.55	95.00
688298	东方生物	24360.00	5929.71	120.00	29.21	21.25	91.00	284.20	60.00
688299	长阳科技	7058.56	5606.35	282.57	224.43	17.29	17.44	34.58	17.33

注：市价总值、无限售股市值、成交金额的单位为百万元（M Yuan），发行股本、无限售股股本、成交数量的单位为百万股（M Shares），上年收盘、本年开盘、本年最高、本年最低、本年收盘、涨跌值的单位为元（Yuan）。

A股 A Share

股票 Share

本年收盘 Close	涨跌（%） Change	涨跌值 Change	市盈率（倍） P/E	市净率（倍） P/B	换手率（%） Turnover Rate	成交数量 Trading Vol	成交金额 Trading Val
20. 11	32. 13	4. 89	29. 43	7. 98	174. 10	208. 92	5842. 23
133. 73	200. 72	89. 26	137. 58	18. 09	145. 98	111. 31	10362. 30
42. 91	172. 96	27. 19	96. 20	12. 91	155. 29	211. 81	12281. 92
40. 84	82. 89	18. 51	50. 78	11. 65	74. 87	148. 77	6537. 14
23. 08	36. 40	6. 11	87. 61	5. 48	595. 49	1588. 77	41200. 34
65. 29	127. 10	36. 41	113. 71	8. 44	314. 47	997. 10	50965. 05
70. 00	81. 67	31. 23	73. 60	13. 14	235. 44	178. 06	12177. 03
20. 54	29. 10	4. 63	42. 82	5. 61	93. 20	85. 60	2231. 83
83. 00	140. 72	48. 52	71. 14	16. 52	297. 01	236. 42	23930. 13
41. 62	25. 35	8. 39	829. 91	10. 09	204. 18	862. 72	64337. 45
27. 58	35. 73	7. 23	46. 34	4. 93	486. 76	446. 26	26540. 66
40. 42	100. 14	20. 08	80. 32	15. 70	146. 87	123. 37	7336. 72
13. 35	110. 24	7. 00	0. 00	4. 33	156. 08	814. 38	16889. 88
45. 80	44. 39	14. 03	169. 05	14. 30	137. 09	562. 09	29084. 83
59. 86	-41. 61	-43. 15	41. 53	3. 07	316. 98	162. 23	16693. 42
1036. 00	283. 81	764. 88	88. 22	46. 52	216. 48	144. 32	70951. 01
31. 80	-2. 93	-0. 96	0. 00	20. 88	135. 32	560. 33	29916. 76
31. 26	25. 48	6. 06	21. 34	4. 76	333. 19	283. 21	12945. 57
79. 80	310. 71	60. 37	126. 46	23. 27	166. 27	167. 82	9397. 40
81. 10	46. 13	25. 60	0. 00	23. 76	71. 61	493. 25	54278. 70
53. 67	22. 70	9. 69	46. 95	3. 34	417. 44	402. 72	25175. 34
374. 11	78. 39	164. 40	0. 00	62. 95	207. 19	237. 81	85357. 78
36. 28	114. 51	19. 12	42. 25	5. 88	444. 38	732. 34	29625. 72
263. 62	68. 50	106. 40	107. 03	12. 27	202. 72	202. 72	38083. 90
48. 89	39. 93	13. 95	74. 83	20. 58	373. 59	523. 02	28187. 44
60. 58	51. 49	19. 78	33. 72	3. 52	405. 98	487. 18	24367. 19
77. 66	84. 54	35. 51	118. 18	9. 74	250. 53	240. 51	18428. 31
44. 10	-27. 49	-17. 80	19. 72	1. 84	307. 60	342. 13	19935. 46
373. 53	248. 62	266. 12	224. 09	53. 40	345. 23	211. 23	58889. 43
157. 23	169. 46	98. 88	146. 43	9. 82	335. 10	207. 76	23125. 22
68. 51	183. 84	44. 15	94. 29	26. 46	124. 68	561. 06	32101. 22
47. 27	36. 11	12. 54	42. 34	15. 36	151. 90	60. 82	4159. 43
18. 50	-32. 01	-8. 85	41. 43	2. 61	337. 15	395. 61	11559. 67
19. 08	130. 16	10. 79	80. 50	7. 43	50. 56	232. 24	6885. 87
19. 25	-6. 10	-1. 25	0. 00	11. 49	103. 85	373. 61	9027. 29
30. 12	47. 13	9. 60	100. 35	23. 58	117. 62	471. 26	20584. 87
48. 22	-18. 24	-11. 04	41. 35	13. 84	289. 60	194. 42	14426. 58
105. 90	62. 48	40. 08	77. 03	23. 06	165. 63	73. 54	9640. 62
43. 72	102. 31	22. 05	90. 91	19. 39	407. 88	652. 60	36776. 47
146. 78	127. 95	82. 39	0. 00	13. 48	72. 29	289. 24	60955. 37
55. 60	-35. 37	-30. 56	117. 71	5. 65	447. 98	389. 55	37296. 03
64. 69	91. 62	30. 93	0. 00	4531. 49	267. 26	641. 41	50051. 37
61. 41	40. 46	17. 56	101. 51	6. 16	615. 84	739. 01	55743. 55
38. 13	216. 69	26. 09	0. 00	27. 26	95. 33	398. 89	34020. 38
34. 10	314. 03	25. 86	215. 75	24. 62	143. 75	584. 79	27318. 58
124. 49	98. 64	61. 82	111. 34	23. 23	200. 58	106. 71	16359. 64
38. 33	20. 39	6. 21	55. 00	4. 52	509. 99	509. 99	21085. 21
113. 95	127. 35	63. 47	1154. 51	81. 76	57. 92	231. 67	26268. 93
203. 00	857. 01	181. 75	296. 69	96. 77	569. 57	683. 48	90935. 12
24. 98	45. 49	7. 69	49. 33	4. 38	408. 96	1155. 60	28843. 03

A股 股票
A Share Share

股票代码 Code	股票简称 Stock Name	市价总值 Tot_cap	无限售股市值 Nego_cap	发行股本 Issued Vol	无限售股股本 Negotiable Vol	上年收盘 Last Year Close	本年开盘 Open	本年最高 High	本年最低 Low
688300	联瑞新材	4026.13	2464.29	85.97	52.62	45.45	46.00	84.77	40.75
688301	奕瑞科技	12455.74	2702.09	72.55	15.74	119.60	170.20	223.85	144.02
688308	欧科亿	2724.00	653.71	100.00	24.00	23.99	40.18	47.00	25.81
688309	恒誉环保	2626.75	603.91	80.01	18.40	24.79	97.50	97.50	32.02
688310	迈得医疗	2456.17	1085.35	83.60	36.94	28.97	29.20	51.89	26.56
688311	盟升电子	13748.93	3190.61	114.67	26.61	41.58	150.00	185.20	85.70
688312	燕麦科技	3888.27	891.16	143.48	32.88	19.68	68.00	69.00	25.20
688313	仕佳光子	10818.56	991.97	458.80	42.07	10.82	42.00	47.00	21.77
688318	财富趋势	14184.04	3449.29	66.67	16.21	107.41	208.18	428.00	171.14
688321	微芯生物	15174.10	9325.53	410.00	251.97	56.10	56.55	82.89	36.30
688330	宏力达	8095.00	1887.57	100.00	23.32	88.23	118.00	120.00	76.61
688333	铂力特	12158.40	6885.72	80.00	45.31	55.21	55.22	158.99	42.56
688335	复洁环保	2712.30	625.98	72.52	16.74	46.22	66.00	78.37	36.60
688336	三生国健	15189.61	1393.18	616.21	56.52	28.18	44.00	57.52	23.11
688338	赛科希德	4569.02	1060.61	81.65	18.95	50.35	180.00	186.00	53.70
688339	亿华通	19199.27	4397.15	70.50	16.15	76.65	260.00	299.32	144.97
688356	键凯科技	6589.20	1506.58	60.00	13.72	41.18	127.67	150.60	76.16
688357	建龙微纳	3702.79	1714.77	57.82	26.78	47.47	47.50	89.00	40.12
688358	祥生医疗	4047.20	971.33	80.00	19.20	51.31	51.52	99.98	47.15
688360	德马科技	2695.39	643.52	85.68	20.46	25.12	68.00	78.77	30.60
688363	华熙生物	70286.40	13725.87	480.00	93.74	83.40	83.90	173.98	72.00
688365	光云科技	10490.16	927.62	401.00	35.46	10.80	28.99	79.86	24.81
688366	昊海生科	12422.67	3557.01	137.80	39.46	89.96	90.70	204.88	69.25
688368	晶丰明源	10600.74	2632.25	61.60	15.30	88.48	88.49	213.98	65.68
688369	致远互联	5912.80	4494.70	76.99	58.52	58.76	58.99	98.29	58.21
688377	迪威尔	3671.42	841.42	194.67	44.61	16.42	40.10	41.85	18.06
688378	奥来德	4034.95	831.00	73.14	15.06	62.57	100.00	112.00	54.42
688379	华光新材	2131.36	489.88	88.00	20.23	16.78	47.00	57.35	23.02
688386	泛亚微透	4307.80	884.49	70.00	14.37	16.28	37.77	87.45	35.60
688388	嘉元科技	20349.41	14644.95	230.88	166.16	56.67	57.05	95.00	45.06
688389	普门科技	8866.20	3273.29	422.20	155.87	16.42	16.49	40.96	16.10
688390	固德威	20935.20	4816.30	88.00	20.25	37.93	114.00	255.31	104.00
688393	安必平	3451.71	790.23	93.34	21.37	30.56	69.60	74.00	35.11
688396	华润微	75983.17	15929.22	1215.93	254.91	12.80	50.00	74.89	31.77
688398	赛特新材	4416.00	1068.84	80.00	19.36	24.12	70.00	113.00	42.10
688399	硕世生物	11274.97	6622.50	58.62	34.43	57.90	57.84	476.76	57.10
688408	中信博	23174.78	5399.80	135.72	31.62	42.19	75.00	189.38	75.00
688418	震有科技	5049.35	1047.90	193.61	40.18	16.25	32.00	61.50	25.00
688466	金科环境	2551.53	614.33	102.76	24.74	24.61	46.00	58.88	24.35
688488	艾迪药业	10416.00	1284.08	420.00	51.78	13.99	35.00	45.26	24.51
688500	慧辰资讯	2913.05	669.29	74.27	17.06	34.21	100.00	121.00	38.00
688505	复旦张江	12154.87	1689.03	703.00	97.69	8.95	35.00	42.35	16.89
688508	芯朋微	10659.60	2424.92	112.80	25.66	28.30	102.00	165.00	89.00
688510	航亚科技	9154.50	2209.58	258.38	62.36	8.17	35.00	45.50	30.60
688513	苑东生物	5715.08	1181.16	120.09	24.82	44.36	78.00	88.00	46.35
688516	奥特维	7844.27	1701.28	98.67	21.40	23.28	55.02	90.78	51.20
688518	联赢激光	4562.80	1090.53	299.20	71.51	7.81	28.00	31.00	14.12
688519	南亚新材	7378.91	1540.39	234.40	48.93	32.60	44.00	66.66	31.06
688520	神州细胞	19829.54	2275.90	435.34	49.96	25.64	85.00	103.99	40.21
688521	芯原股份	39123.09	3535.46	485.52	43.88	38.53	150.00	174.00	73.00

注：市价总值、无限售股市值、成交金额的单位为百万元（M Yuan），发行股本、无限售股股本、成交数量的单位为百万股（M Shares），上年收盘、本年开盘、本年最高、本年最低、本年收盘、涨跌值的单位为元（Yuan）。

A 股 A Share

股票 Share

本年收盘 Close	涨跌（%） Change	涨跌值 Change	市盈率（倍） P/E	市净率（倍） P/B	换手率（%） Turnover Rate	成交数量 Trading Vol	成交金额 Trading Val
46.83	3.83	1.38	53.90	4.49	312.88	269.00	15450.13
171.69	43.55	52.09	129.21	29.27	113.07	82.03	14376.26
27.24	13.55	3.25	30.80	4.02	68.46	68.46	2344.12
32.83	32.43	8.04	40.77	11.59	132.15	105.73	6162.09
29.38	2.44	0.41	52.54	3.47	364.99	305.13	11027.64
119.90	189.24	78.32	188.19	26.41	209.01	239.67	31310.22
27.10	38.39	7.42	42.61	7.69	186.21	267.18	13687.34
23.58	117.93	12.76	0.00	16.24	91.37	419.23	12921.94
212.75	98.58	105.34	81.49	14.68	460.66	307.12	78611.92
37.01	-34.03	-19.09	781.30	10.49	174.95	717.31	38505.13
80.95	-8.25	-7.28	33.93	12.64	93.04	93.04	8861.62
151.98	175.70	96.77	163.71	11.37	491.23	392.98	31647.71
37.40	-19.08	-8.82	42.28	10.96	149.65	108.53	6324.41
24.65	-12.53	-3.53	66.25	5.30	48.30	297.61	12584.54
55.96	11.14	5.61	64.32	12.19	155.12	126.65	12948.98
272.33	255.29	195.68	300.38	18.20	220.27	155.29	29625.39
109.82	166.68	68.64	107.07	29.90	152.18	91.31	9819.30
64.04	36.42	16.57	43.05	4.25	421.06	243.46	14660.83
50.59	-0.12	-0.72	38.50	3.46	281.54	225.23	15842.37
31.46	25.24	6.34	42.11	7.45	218.28	187.02	11030.08
146.43	76.03	63.03	120.02	15.45	100.25	481.22	56528.31
26.16	142.80	15.36	108.85	14.54	174.23	698.67	37097.30
90.15	0.81	0.19	43.24	2.94	153.71	211.81	23172.00
172.09	95.71	83.61	114.80	9.36	302.32	186.23	19527.69
76.80	31.47	18.04	60.66	4.84	409.34	315.15	23485.60
18.86	14.86	2.44	38.72	5.15	112.27	218.56	7178.57
55.17	-11.83	-7.40	37.13	8.94	124.97	91.40	6935.68
24.22	44.34	7.44	35.93	4.20	147.57	129.87	4396.70
61.54	278.01	45.26	98.49	15.28	199.45	139.61	7840.32
88.14	56.83	31.47	61.72	8.06	385.64	890.35	53308.85
21.00	28.46	4.58	88.17	8.45	176.66	745.84	18775.56
237.90	527.21	199.97	203.62	49.99	148.70	130.85	20763.90
36.98	21.01	6.42	46.65	7.79	138.89	129.64	6567.17
62.49	388.55	49.69	189.60	14.01	374.63	4517.57	223079.22
55.20	130.03	31.08	59.41	13.48	358.69	286.95	17750.10
192.34	236.49	134.44	134.62	11.05	779.58	456.99	86430.00
170.76	304.74	128.57	142.83	26.05	119.39	162.03	18307.15
26.08	60.49	9.83	82.69	10.08	190.20	368.25	16076.33
24.83	1.07	0.22	34.15	7.61	332.83	342.01	14542.85
24.80	77.27	10.81	309.54	18.73	110.72	465.01	16231.67
39.22	14.64	5.01	47.92	4.87	165.38	122.83	8347.95
17.29	93.18	8.34	79.32	19.36	118.48	832.90	26882.36
94.50	233.92	66.20	161.09	22.81	249.16	281.05	34051.71
35.43	333.66	27.26	217.00	22.57	87.27	225.48	8340.62
47.59	7.28	3.23	52.62	8.19	116.90	140.38	8473.76
79.50	243.34	56.22	106.83	17.40	343.51	338.94	21845.48
15.25	95.26	7.44	63.31	5.21	187.75	561.76	14282.28
31.48	-3.44	-1.12	48.83	11.00	127.21	298.19	11923.32
45.55	77.65	19.91	0.00	546.33	103.57	450.86	33971.02
80.58	109.14	42.05	0.00	40.69	49.98	241.99	27473.22

A股 A Share

股票 Share

股票代码 Code	股票简称 Stock Name	市价总值 Tot_cap	无限售股市值 Nego_cap	发行股本 Issued Vol	无限售股股本 Negotiable Vol	上年收盘 Last Year Close	本年开盘 Open	本年最高 High	本年最低 Low
688526	科前生物	19344.00	3331.57	465.00	80.09	11.69	29.50	51.11	28.78
688528	秦川物联	2745.12	629.97	168.00	38.55	11.33	31.16	34.00	15.81
688529	豪森股份	4718.08	1089.64	128.00	29.56	20.20	60.00	79.50	35.14
688536	思瑞浦	34560.00	7860.70	80.00	18.20	115.71	250.00	453.18	202.00
688550	瑞联新材	6043.34	1406.90	70.18	16.34	113.72	147.00	148.00	81.53
688551	科威尔	2783.20	643.28	80.00	18.49	37.94	51.02	66.31	33.84
688555	泽达易盛	2967.03	711.60	83.11	19.93	19.49	75.10	86.28	33.55
688556	高测股份	4518.89	1043.63	161.85	37.38	14.41	42.10	51.00	25.38
688557	兰剑智能	2940.95	672.27	72.67	16.61	27.70	70.01	77.00	38.66
688558	国盛智科	3523.08	847.70	132.00	31.76	17.37	46.60	48.00	25.11
688559	海目星	6598.00	1530.09	200.00	46.38	14.56	31.00	36.20	21.96
688560	明冠新材	4505.85	973.28	164.09	35.44	15.87	41.00	43.05	27.41
688561	奇安信	85699.58	8773.53	679.62	69.58	56.10	121.01	142.66	84.52
688566	吉贝尔	4875.44	1048.22	186.94	40.19	23.69	49.50	54.97	25.26
688567	孚能科技	48983.14	7007.53	1070.67	153.17	15.90	34.00	48.10	22.40
688568	中科星图	9787.80	2114.84	220.00	47.54	16.21	90.01	108.00	41.26
688569	铁科轨道	4327.09	994.59	210.67	48.42	22.46	36.13	39.96	20.48
688571	杭华股份	3232.00	774.45	320.00	76.68	5.33	16.33	17.60	9.75
688577	浙海德曼	2342.91	536.10	53.97	12.35	33.13	58.00	73.73	43.01
688578	艾力斯	12816.00	1989.81	450.00	69.87	22.73	42.00	43.50	26.96
688579	山大地纬	5836.15	536.96	400.01	36.80	8.12	33.00	37.91	13.91
688580	伟思医疗	6944.70	1592.80	68.35	15.68	67.58	165.00	237.00	88.00
688585	上纬新材	5306.11	518.32	403.20	39.39	2.49	20.68	20.68	12.56
688586	江航装备	12536.27	2778.33	403.74	89.48	10.27	45.00	53.18	28.32
688588	凌志软件	9628.24	954.60	400.01	39.66	11.49	48.00	54.60	22.67
688589	力合微	3612.00	896.42	100.00	24.82	17.91	52.00	121.00	34.71
688590	新致软件	3585.84	818.41	182.02	41.54	10.73	33.60	33.60	18.58
688595	芯海科技	6487.00	1341.57	100.00	20.68	22.82	72.00	84.08	61.38
688596	正帆科技	5153.09	1103.56	256.50	54.93	15.67	39.99	39.99	19.06
688598	金博股份	17302.40	4315.73	80.00	19.95	47.20	110.00	227.97	76.72
688599	天合光能	47874.81	7042.15	2068.03	304.20	8.16	16.69	26.34	14.65
688600	皖仪科技	2285.45	525.48	133.34	30.66	15.50	35.50	40.60	16.51
688608	恒玄科技	39720.00	7810.53	120.00	23.60	162.07	391.00	403.00	293.93
688618	三旺通信	2711.31	610.96	50.53	11.39	34.08	54.00	86.40	50.05
688658	悦康药业	10966.50	2086.92	450.00	85.63	24.36	28.50	36.66	24.01
688668	鼎通科技	2554.20	611.99	85.14	20.40	20.07	40.44	49.99	29.15
688678	福立旺	3779.03	816.57	173.35	37.46	18.05	30.03	32.88	21.77
688679	通源环境	2008.27	481.90	131.69	31.60	12.05	18.00	22.80	15.22
688686	N 奥普特	17880.73	3696.03	82.48	17.05	78.49	200.11	238.80	200.11
688698	伟创电气	3220.20	775.96	180.00	43.37	10.75	20.00	22.95	17.33
688699	明微电子	4102.88	984.03	74.37	17.84	38.43	82.27	96.16	53.00
688777	中控技术	49227.26	4030.00	491.29	40.22	35.73	110.00	130.60	94.00
688788	科思科技	10068.71	2254.26	75.53	16.91	106.04	222.00	249.80	120.63
688981	中芯国际	111946.24	64223.59	1938.46	1112.10	27.46	95.00	95.00	49.45
689009	九号公司	60425.15	5046.72	704.09	58.81	18.94	33.00	88.39	33.00

注：市价总值、无限售股市值、成交金额的单位为百万元（M Yuan），发行股本、无限售股股本、成交数量的单位为百万股（M Shares），上年收盘、本年开盘、本年最高、本年最低、本年收盘、涨跌值的单位为元（Yuan）。

A 股
A Share

股票
Share

本年收盘 Close	涨跌（%） Change	涨跌值 Change	市盈率（倍） P/E	市净率（倍） P/B	换手率（%） Turnover Rate	成交数量 Trading Vol	成交金额 Trading Val
41. 60	255. 86	29. 91	79. 72	17. 29	90. 15	419. 19	15766. 34
16. 34	44. 22	5. 01	62. 07	9. 41	145. 28	244. 07	6696. 32
36. 86	82. 48	16. 66	138. 33	13. 12	137. 23	175. 65	9722. 99
432. 00	273. 35	316. 29	486. 90	157. 82	128. 39	102. 71	30956. 51
86. 11	-24. 28	-27. 61	40. 71	8. 99	98. 88	69. 40	7559. 83
34. 79	-8. 30	-3. 15	45. 16	14. 82	199. 71	159. 76	6905. 56
35. 70	83. 17	16. 21	35. 50	7. 22	175. 38	145. 76	10167. 53
27. 92	93. 75	13. 51	141. 12	11. 48	218. 94	354. 36	11874. 63
40. 47	46. 10	12. 77	40. 10	8. 82	75. 12	54. 59	3021. 57
26. 69	53. 66	9. 32	41. 80	5. 95	169. 61	223. 89	8593. 85
32. 99	126. 58	18. 43	45. 33	10. 08	255. 03	510. 07	13712. 87
27. 46	73. 03	11. 59	42. 95	6. 96	47. 32	77. 64	2643. 59
126. 10	124. 78	70. 00	0. 00	17. 06	58. 96	400. 70	46204. 19
26. 08	10. 87	2. 39	43. 49	10. 51	216. 92	405. 51	17927. 09
45. 75	187. 74	29. 85	373. 26	6. 90	121. 38	1299. 62	39694. 89
44. 49	174. 46	28. 28	95. 13	33. 86	182. 06	400. 53	31132. 12
20. 54	-8. 16	-1. 92	29. 61	4. 67	106. 37	224. 08	6118. 16
10. 10	89. 49	4. 77	35. 86	3. 70	78. 53	251. 31	3078. 74
43. 41	31. 03	10. 28	51. 38	7. 09	141. 98	76. 63	4202. 37
28. 48	25. 30	5. 75	0. 00	10. 82	52. 33	235. 48	8230. 32
14. 59	79. 68	6. 47	74. 65	6. 94	74. 59	298. 39	7306. 72
101. 61	50. 36	34. 03	69. 64	27. 86	147. 32	100. 69	15794. 94
13. 16	428. 51	10. 67	67. 79	6. 16	77. 65	313. 08	4851. 39
31. 05	202. 34	20. 78	110. 77	15. 59	225. 96	912. 31	34272. 55
24. 07	110. 44	12. 58	64. 26	14. 17	166. 05	664. 21	29137. 76
36. 12	101. 68	18. 21	83. 12	13. 75	241. 28	241. 28	14657. 70
19. 70	83. 60	8. 97	45. 06	6. 45	71. 85	130. 78	3211. 98
64. 87	184. 27	42. 05	151. 56	23. 93	204. 34	204. 34	14313. 55
20. 09	28. 21	4. 42	62. 07	7. 70	178. 09	456. 80	12383. 01
216. 28	359. 35	169. 08	222. 76	64. 08	359. 63	287. 70	30360. 42
23. 15	185. 35	14. 99	74. 74	4. 00	198. 24	4099. 74	75408. 11
17. 14	10. 58	1. 64	34. 37	7. 22	157. 41	209. 89	6550. 74
331. 00	104. 23	168. 93	589. 50	76. 08	41. 11	49. 33	17387. 18
53. 66	57. 45	19. 58	46. 76	12. 11	26. 76	13. 52	748. 60
24. 37	0. 04	0. 01	38. 42	9. 78	30. 16	135. 71	3796. 24
30. 00	49. 48	9. 93	47. 35	9. 03	58. 69	49. 97	1846. 75
21. 80	20. 78	3. 75	35. 20	7. 12	41. 47	71. 88	1928. 19
15. 25	26. 56	3. 20	23. 20	3. 15	41. 08	54. 10	930. 61
216. 80	176. 21	138. 31	86. 61	31. 73	15. 65	12. 90	2877. 87
17. 89	66. 42	7. 14	55. 95	12. 13	36. 81	66. 26	1302. 75
55. 17	43. 56	16. 74	50. 83	12. 24	65. 94	49. 04	3412. 18
100. 20	180. 44	64. 47	134. 69	27. 02	37. 92	186. 28	20602. 14
133. 30	25. 71	27. 26	46. 19	13. 30	134. 67	101. 72	20400. 28
57. 75	110. 31	30. 29	247. 21	10. 18	362. 31	6576. 18	454266. 53
85. 82	353. 12	66. 88	0. 00	28. 51	87. 03	612. 80	40009. 26

主板A股十大发行股本股票
Top 10 A Shares by Issued Vol

股票
Share

股票代码 Code	股票简称 Stock Name	公司名称 Company Name	发行股数 Issued Vol	占比（%）
601288	农业银行	中国农业银行股份有限公司	319244.21	7.64
601398	工商银行	中国工商银行股份有限公司	269612.21	6.45
601988	中国银行	中国银行股份有限公司	210765.51	5.04
601857	中国石油	中国石油天然气股份有限公司	161922.08	3.87
600028	中国石化	中国石油化工股份有限公司	95557.77	2.29
601658	邮储银行	中国邮政储蓄银行股份有限公司	67122.40	1.61
601816	京沪高铁	京沪高速铁路股份有限公司	49106.48	1.18
600010	包钢股份	内蒙古包钢钢联股份有限公司	45585.03	1.09
601668	中国建筑	中国建筑股份有限公司	41965.07	1.00
601818	光大银行	中国光大银行股份有限公司	39810.60	0.95
	总　计		1300691.37	31.12
	市场总计		4179836.37	100.00

主板A股十大流通股本股票
Top 10 A Shares by Negotiable Vol

股票代码 Code	股票简称 Stock Name	公司名称 Company Name	流通股数 Negotiable Vol	占比（%）
601288	农业银行	中国农业银行股份有限公司	294055.29	7.91
601398	工商银行	中国工商银行股份有限公司	269612.21	7.25
601988	中国银行	中国银行股份有限公司	210765.51	5.67
601857	中国石油	中国石油天然气股份有限公司	161922.08	4.36
600028	中国石化	中国石油化工股份有限公司	95557.77	2.57
601668	中国建筑	中国建筑股份有限公司	41253.60	1.11
601818	光大银行	中国光大银行股份有限公司	39810.60	1.07
601328	交通银行	交通银行股份有限公司	39250.86	1.06
600016	民生银行	中国民生银行股份有限公司	35462.12	0.95
601998	中信银行	中信银行股份有限公司	31905.20	0.86
	总　计		1219595.26	32.81
	市场总计		3717089.66	100.00

注：股票排名中，发行股数、流通股数、成交股数单位为百万股（M Shares），成交金额、市价总值、流通市值单位为百万元（M Yuan），收盘价格单位为元（Yuan）。

科创板股十大发行股本股票 股票
Top 10 Star Market Shares by Issued Vol Share

股票代码 Code	股票简称 Stock Name	公司名称 Company Name	发行股数 Issued Vol	占比（%）
688009	中国通号	中国铁路通信信号股份有限公司	8621.02	13.44
688055	龙腾光电	昆山龙腾光电股份有限公司	3333.33	5.20
688126	沪硅产业	上海硅产业集团股份有限公司	2480.26	3.87
688599	天合光能	天合光能股份有限公司	2068.03	3.22
688981	中芯国际	中芯国际集成电路制造有限公司	1938.46	3.02
688396	华润微	华润微电子有限公司	1215.93	1.90
688008	澜起科技	澜起科技股份有限公司	1129.81	1.76
688567	孚能科技	孚能科技（赣州）股份有限公司	1070.67	1.67
688036	传音控股	深圳传音控股股份有限公司	800.00	1.25
689009	九号公司	九号有限公司	704.09	1.10
	总　　计		23361.60	36.41
	市场总计		64159.17	100.00

科创板股十大流通股本股票
Top 10 Star Market Shares by Negotiable Vol

股票代码 Code	股票简称 Stock Name	公司名称 Company Name	流通股数 Negotiable Vol	占比（%）
688009	中国通号	中国铁路通信信号股份有限公司	2011.99	11.83
688981	中芯国际	中芯国际集成电路制造有限公司	1112.10	6.54
688126	沪硅产业	上海硅产业集团股份有限公司	499.49	2.94
688008	澜起科技	澜起科技股份有限公司	420.20	2.47
688036	传音控股	深圳传音控股股份有限公司	391.50	2.30
688122	西部超导	西部超导材料科技股份有限公司	312.20	1.84
688033	天宜上佳	北京天宜上佳高新材料股份有限公司	305.69	1.80
688599	天合光能	天合光能股份有限公司	304.20	1.79
688108	赛诺医疗	赛诺医疗科学技术股份有限公司	288.57	1.70
688007	光峰科技	深圳光峰科技股份有限公司	285.93	1.68
	总　　计		5931.88	34.89
	市场总计		17002.04	100.00

注：股票排名中，发行股数、流通股数、成交股数单位为百万股（M Shares），成交金额、市价总值、流通市值单位为百万元（M Yuan），收盘价格单位为元（Yuan）。

主板A股十大市值股票 股票
Top 10 A Shares by Market Capitalization Share

股票代码 Code	股票简称 Stock Name	公司名称 Company Name	市价总值 Market Capitalization	占比（%）
600519	贵州茅台	贵州茅台酒股份有限公司	2509883.20	5.96
601398	工商银行	中国工商银行股份有限公司	1345364.94	3.19
601288	农业银行	中国农业银行股份有限公司	1002426.82	2.38
601318	中国平安	中国平安保险（集团）股份有限公司	942225.16	2.24
600036	招商银行	招商银行股份有限公司	906642.11	2.15
601628	中国人寿	中国人寿保险股份有限公司	799415.32	1.90
601857	中国石油	中国石油天然气股份有限公司	671976.62	1.60
601988	中国银行	中国银行股份有限公司	670234.34	1.59
603288	海天味业	佛山市海天调味食品股份有限公司	649838.48	1.54
600276	恒瑞医药	江苏恒瑞医药股份有限公司	594273.18	1.41
	总　计		10092280.17	23.96
	市场总计		42115168.92	100.00

主板A股十大流通市值股票
Top 10 A Shares by Negotiable Capitalization

股票代码 Code	股票简称 Stock Name	公司名称 Company Name	流通市值 Negotiable Capitalization	占比（%）
600519	贵州茅台	贵州茅台酒股份有限公司	2509883.20	6.80
601398	工商银行	中国工商银行股份有限公司	1345364.94	3.64
601318	中国平安	中国平安保险（集团）股份有限公司	942225.16	2.55
601288	农业银行	中国农业银行股份有限公司	923333.62	2.50
600036	招商银行	招商银行股份有限公司	906642.11	2.46
601628	中国人寿	中国人寿保险股份有限公司	799415.32	2.16
601857	中国石油	中国石油天然气股份有限公司	671976.62	1.82
601988	中国银行	中国银行股份有限公司	670234.34	1.82
603288	海天味业	佛山市海天调味食品股份有限公司	649838.48	1.76
600276	恒瑞医药	江苏恒瑞医药股份有限公司	590262.95	1.60
	总　计		10009176.74	27.10
	市场总计		36933169.83	100.00

注：股票排名中，发行股数、流通股数、成交股数单位为百万股（M Shares），成交金额、市价总值、流通市值单位为百万元（M Yuan），收盘价格单位为元（Yuan）。

科创板股十大市值股票 股票
Top 10 Star Market Shares by Market Capitalization Share

股票代码 Code	股票简称 Stock Name	公司名称 Company Name	市价总值 Market Capitalization	占比（%）
688111	金山办公	北京金山办公软件股份有限公司	189471.00	5.66
688036	传音控股	深圳传音控股股份有限公司	121712.00	3.63
688981	中芯国际	中芯国际集成电路制造有限公司	111946.24	3.34
688008	澜起科技	澜起科技股份有限公司	93638.98	2.80
688561	奇安信	奇安信科技集团股份有限公司	85699.58	2.56
688012	中微公司	中微半导体设备（上海）股份有限公司	84288.94	2.52
688126	沪硅产业	上海硅产业集团股份有限公司	82146.21	2.45
688396	华润微	华润微电子有限公司	75983.17	2.27
688363	华熙生物	华熙生物科技股份有限公司	70286.40	2.10
688169	石头科技	北京石头世纪科技股份有限公司	69066.67	2.06
	总　计		984239.17	29.39
	市场总计		3349071.63	100.00

科创板股十大流通市值股票
Top 10 Star Market Shares by Negotiable Capitalization

股票代码 Code	股票简称 Stock Name	公司名称 Company Name	流通市值 Negotiable Capitalization	占比（%）
688111	金山办公	北京金山办公软件股份有限公司	89455.90	8.94
688981	中芯国际	中芯国际集成电路制造有限公司	64223.59	6.42
688036	传音控股	深圳传音控股股份有限公司	59563.16	5.96
688012	中微公司	中微半导体设备（上海）股份有限公司	38832.10	3.88
688008	澜起科技	澜起科技股份有限公司	34826.33	3.48
688002	睿创微纳	烟台睿创微纳技术股份有限公司	25571.48	2.56
688122	西部超导	西部超导材料科技股份有限公司	24822.86	2.48
688088	虹软科技	虹软科技股份有限公司	18606.15	1.86
688169	石头科技	北京石头世纪科技股份有限公司	17151.42	1.71
688099	晶晨股份	晶晨半导体（上海）股份有限公司	16735.35	1.67
	总　计		389788.34	38.97
	市场总计		1000210.53	100.00

注：股票排名中，发行股数、流通股数、成交股数单位为百万股（M Shares），成交金额、市价总值、流通市值单位为百万元（M Yuan），收盘价格单位为元（Yuan）。

主板A股十大成交金额股票 股票
Top 10 A Shares by Trading Value Share

股票代码 Code	股票简称 Stock Name	公司名称 Company Name	成交金额 Trading Value	占比（%）
601318	中国平安	中国平安保险（集团）股份有限公司	1344287.35	1.74
600519	贵州茅台	贵州茅台酒股份有限公司	1276541.21	1.65
600030	中信证券	中信证券股份有限公司	1115978.12	1.44
601012	隆基股份	隆基绿能科技股份有限公司	703276.97	0.91
600196	复星医药	上海复星医药（集团）股份有限公司	678946.27	0.88
600036	招商银行	招商银行股份有限公司	613242.16	0.79
600584	长电科技	江苏长电科技股份有限公司	605021.58	0.78
600703	三安光电	三安光电股份有限公司	590986.95	0.76
603986	兆易创新	北京兆易创新科技股份有限公司	584815.56	0.76
600276	恒瑞医药	江苏恒瑞医药股份有限公司	584059.99	0.76
	总　计		8097156.16	10.47
	市场总计		77324013.83	100.00

主板A股十大成交股数股票
Top 10 A Shares by Trading Vol

股票代码 Code	股票简称 Stock Name	公司名称 Company Name	成交股数 Trading Vol	占比（%）
600010	包钢股份	内蒙古包钢钢联股份有限公司	68789.61	1.03
601899	紫金矿业	紫金矿业集团股份有限公司	68176.48	1.02
601099	太平洋	太平洋证券股份有限公司	56577.11	0.84
603993	洛阳钼业	洛阳栾川钼业集团股份有限公司	54332.27	0.81
601668	中国建筑	中国建筑股份有限公司	54045.58	0.81
601398	工商银行	中国工商银行股份有限公司	52686.25	0.79
601288	农业银行	中国农业银行股份有限公司	46236.70	0.69
601216	君正集团	内蒙古君正能源化工集团股份有限公司	43469.29	0.65
601162	天风证券	天风证券股份有限公司	41153.12	0.61
600030	中信证券	中信证券股份有限公司	40408.65	0.60
	总　计		525875.04	7.84
	市场总计		6708580.97	100.00

注：股票排名中，发行股数、流通股数、成交股数单位为百万股（M Shares），成交金额、市价总值、流通市值单位为百万元（M Yuan），收盘价格单位为元（Yuan）。

科创板十大成交金额股票 股票
Top 10 Most Active Star Market Shares by Trading Value Share

股票代码 Code	股票简称 Stock Name	公司名称 Company Name	成交金额 Trading Value	占比（%）
688981	中芯国际	中芯国际集成电路制造有限公司	454266. 53	6. 86
688126	沪硅产业	上海硅产业集团股份有限公司	370526. 70	5. 59
688396	华润微	华润微电子有限公司	223079. 22	3. 37
688012	中微公司	中微半导体设备（上海）股份有限公司	207765. 92	3. 14
688111	金山办公	北京金山办公软件股份有限公司	134942. 70	2. 04
688008	澜起科技	澜起科技股份有限公司	134175. 12	2. 03
688298	东方生物	浙江东方基因生物制品股份有限公司	90935. 12	1. 37
688036	传音控股	深圳传音控股股份有限公司	86533. 36	1. 31
688399	硕世生物	江苏硕世生物科技股份有限公司	86430. 00	1. 30
688185	康希诺	康希诺生物股份公司	85357. 78	1. 29
	总　计		1874012. 46	28. 30
	市场总计		6623016. 75	100. 00

科创板十大成交股数股票
Top 10 Most Active Star Market Shares by Trading Vol

股票代码 Code	股票简称 Stock Name	公司名称 Company Name	成交股数 Trading Vol	占比（%）
688126	沪硅产业	上海硅产业集团股份有限公司	11547. 77	9. 59
688009	中国通号	中国铁路通信信号股份有限公司	9786. 51	8. 13
688981	中芯国际	中芯国际集成电路制造有限公司	6576. 18	5. 46
688396	华润微	华润微电子有限公司	4517. 57	3. 75
688599	天合光能	天合光能股份有限公司	4099. 74	3. 41
688055	龙腾光电	昆山龙腾光电股份有限公司	3805. 35	3. 16
688138	清溢光电	深圳清溢光电股份有限公司	1588. 77	1. 32
688008	澜起科技	澜起科技股份有限公司	1514. 75	1. 26
688567	孚能科技	孚能科技（赣州）股份有限公司	1299. 62	1. 08
688005	容百科技	宁波容百新能源科技股份有限公司	1290. 95	1. 07
	总　计		46027. 21	38. 24
	市场总计		120353. 12	100. 00

注：股票排名中，发行股数、流通股数、成交股数单位为百万股（M Shares），成交金额、市价总值、流通市值单位为百万元（M Yuan），收盘价格单位为元（Yuan）。

主板A股十大涨幅股票
Top 10 Main Board A Shares by Percentage of Price Increased

股票
Share

股票代码 Code	股票简称 Stock Name	公司名称 Company Name	上年收盘 Last Year Close	本年收盘 Close	涨幅（%） Change
605358	立昂微	杭州立昂微电子股份有限公司	4. 92	120. 40	2347. 16
603392	万泰生物	北京万泰生物药业股份有限公司	8. 75	201. 53	2203. 20
603290	斯达半导	嘉兴斯达半导体股份有限公司	12. 74	240. 90	1794. 09
605111	新洁能	无锡新洁能股份有限公司	19. 91	195. 54	882. 12
603893	瑞芯微	瑞芯微电子股份有限公司	9. 68	72. 35	651. 31
603185	上机数控	无锡上机数控股份有限公司	25. 20	138. 45	619. 71
601696	中银证券	中银国际证券股份有限公司	5. 47	27. 68	406. 51
601456	国联证券	国联证券股份有限公司	4. 25	21. 33	401. 88
603719	良品铺子	良品铺子股份有限公司	11. 90	58. 67	394. 65
605199	葫芦娃	海南葫芦娃药业集团股份有限公司	5. 19	24. 12	364. 74

主板A股十大跌幅股票
Top 10 Main Board A Shares by Percentage of Price Decreased

股票代码 Code	股票简称 Stock Name	公司名称 Company Name	上年收盘 Last Year Close	本年收盘 Close	跌幅（%） Change
600146	*ST环球	商赢环球股份有限公司	13. 50	1. 03	-92. 37
600069	退市银鸽	河南银鸽实业投资股份有限公司	2. 67	0. 28	-89. 51
600175	退市美都	美都能源股份有限公司	1. 82	0. 21	-88. 46
600074	退市保千	江苏保千里视像科技集团股份有限公司	1. 04	0. 17	-83. 65
600734	*ST实达	福建实达集团股份有限公司	6. 79	1. 21	-82. 18
601558	退市锐电	华锐风电科技（集团）股份有限公司	1. 09	0. 25	-77. 06
603222	济民制药	济民健康管理股份有限公司	55. 00	13. 52	-75. 39
603157	*ST拉夏	新疆拉夏贝尔服饰股份有限公司	5. 70	1. 46	-74. 39
600083	*ST博信	江苏博信投资控股股份有限公司	21. 30	5. 69	-73. 29
600687	*ST刚泰	甘肃刚泰控股（集团）股份有限公司	1. 74	0. 50	-71. 26

注：股票排名中，发行股数、流通股数、成交股数单位为百万股（M Shares），成交金额、市价总值、流通市值单位为百万元（M Yuan），收盘价格单位为元（Yuan）。

科创板股十大涨幅股票 股票
Top 10 Star Market Shares by Percentage of Price Increased Share

股票代码 Code	股票简称 Stock Name	公司名称 Company Name	上年收盘 Last Year Close	本年收盘 Close	跌幅（%） Change
688298	东方生物	浙江东方基因生物制品股份有限公司	21.25	203.00	857.01
688126	沪硅产业	上海硅产业集团股份有限公司	3.89	33.12	751.41
688055	龙腾光电	昆山龙腾光电股份有限公司	1.22	8.38	586.89
688027	国盾量子	科大国盾量子技术股份有限公司	36.18	235.68	551.41
688390	固德威	江苏固德威电源科技股份有限公司	37.93	237.90	527.21
688585	上纬新材	上纬新材料科技股份有限公司	2.49	13.16	428.51
688050	爱博医疗	爱博诺德（北京）医疗科技股份有限公司	33.55	172.98	415.59
688396	华润微	华润微电子有限公司	12.80	62.49	388.56
688063	派能科技	上海派能能源科技股份有限公司	56.00	258.62	361.82
688598	金博股份	湖南金博碳素股份有限公司	47.20	216.28	359.35

科创板股十大跌幅股票
Top 10 Star Market Shares by Percentage of Price Decreased

股票代码 Code	股票简称 Stock Name	公司名称 Company Name	上年收盘 Last Year Close	本年收盘 Close	跌幅（%） Change
688033	天宜上佳	北京天宜上佳高新材料股份有限公司	27.02	14.33	-46.77
688078	龙软科技	北京龙软科技股份有限公司	51.10	27.48	-45.95
688168	安博通	北京安博通科技股份有限公司	103.01	59.86	-41.61
688028	沃尔德	北京沃尔德金刚石工具股份有限公司	63.62	37.20	-40.44
688065	凯赛生物	上海凯赛生物技术股份有限公司	133.45	85.05	-36.27
688258	卓易信息	江苏卓易信息科技股份有限公司	86.16	55.60	-35.37
688118	普元信息	普元信息技术股份有限公司	40.19	26.29	-34.33
688321	微芯生物	深圳微芯生物科技股份有限公司	56.10	37.01	-34.03
688007	光峰科技	深圳光峰科技股份有限公司	27.70	18.55	-32.85
688218	江苏北人	江苏北人机器人系统股份有限公司	27.35	18.50	-32.01

注：股票排名中，发行股数、流通股数、成交股数单位为百万股（M Shares），成交金额、市价总值、流通市值单位为百万元（M Yuan），收盘价格单位为元（Yuan）。

主板A股十大换手率股票
Top 10 Main Board A Shares by Turnover Rate

股票
Share

股票代码 Code	股票简称 Stock Name	公司名称 Company Name	成交股数 Trading Vol	发行股数 Issued Vol	换手率（%） Turnover Rate
600127	金健米业	金健米业股份有限公司	17636.46	641.78	2748.04
600371	万向德农	万向德农股份有限公司	5027.88	292.58	1977.63
600359	新农开发	新疆塔里木农业综合开发股份有限公司	7197.68	381.51	1886.62
603559	中通国脉	中通国脉通信股份有限公司	2492.94	143.31	1739.51
600360	华微电子	吉林华微电子股份有限公司	15556.49	960.30	1615.27
600318	新力金融	安徽新力金融股份有限公司	8235.47	513.36	1604.22
600313	农发种业	中农发种业集团股份有限公司	16856.65	1082.20	1557.63
600237	铜峰电子	安徽铜峰电子股份有限公司	8668.90	564.37	1536.03
600695	绿庭投资	上海绿庭投资控股集团股份有限公司	5576.73	366.47	1521.76
600513	联环药业	江苏联环药业股份有限公司	4337.64	287.99	1505.91

科创板十大换手率股票
Top 10 Star Market Shares by Turnover Rate

股票代码 Code	股票简称 Stock Name	公司名称 Company Name	成交股数 Trading Vol	流通股数 Negotiable Vol	换手率（%） Turnover Rate
688037	芯源微	沈阳芯源微电子设备股份有限公司	675.00	84.00	803.57
688399	硕世生物	江苏硕世生物科技股份有限公司	456.99	58.62	779.58
688068	热景生物	北京热景生物技术股份有限公司	419.74	62.20	674.86
688026	洁特生物	广州洁特生物过滤股份有限公司	635.08	100.00	635.08
688268	华特气体	广东华特气体股份有限公司	739.01	120.00	615.84
688138	清溢光电	深圳清溢光电股份有限公司	1588.77	266.80	595.49
688298	东方生物	浙江东方基因生物制品股份有限公司	683.48	120.00	569.57
688019	安集科技	安集微电子科技（上海）股份有限公司	291.03	53.11	547.99
688123	聚辰股份	聚辰半导体股份有限公司	637.18	120.84	527.29
688288	鸿泉物联	杭州鸿泉物联网技术股份有限公司	509.99	100.00	509.99

注：股票排名中，发行股数、流通股数、成交股数单位为百万股（M Shares），成交金额、市价总值、流通市值单位为百万元（M Yuan），收盘价格为美元（Dollar）。

B 股每日成交（亿元/亿股） 股票
B Share Trading（100M Yuan/100M Shares） Share

日期 Date	1月 Jan		2月 Feb		3月 Mar		4月 Apr		5月 May		6月 Jun	
	金额 Value	数量 Vol	金额 Value	数量 Vol	金额 Value	数量 Vol	金额 Value	数量 Vol	金额 Value	数量 Vol	金额 Value	数量 Vol
1	—	—	—	—	—	—	0.54	0.11	—	—	1.69	0.34
2	1.63	0.27	—	—	2.07	0.32	0.76	0.14	—	—	1.31	0.29
3	0.88	0.17	2.99	0.50	1.78	0.34	0.56	0.11	—	—	3.91	0.52
4	—	—	3.07	0.56	1.16	0.23	—	—	—	—	1.42	0.28
5	—	—	2.17	0.38	1.86	0.36	—	—	—	—	1.31	0.28
6	1.11	0.21	2.27	0.39	1.09	0.22	—	—	1.29	0.29	—	—
7	1.49	0.24	1.86	0.30	—	—	1.36	0.21	1.01	0.28	—	—
8	1.34	0.25	—	—	—	—	0.83	0.16	0.99	0.23	1.76	0.37
9	1.22	0.21	—	—	1.78	0.35	0.61	0.14	—	—	1.19	0.22
10	0.87	0.15	2.01	0.29	1.95	0.36	0.60	0.13	—	—	1.06	0.19
11	—	—	1.02	0.18	1.04	0.24	—	—	1.18	0.23	1.63	0.28
12	—	—	1.17	0.18	1.50	0.28	—	—	3.32	0.78	1.26	0.24
13	1.81	0.22	1.17	0.18	2.15	0.42	0.78	0.15	2.18	0.60	—	—
14	1.11	0.17	1.05	0.17	—	—	0.81	0.12	1.15	0.34	—	—
15	1.09	0.18	—	—	—	—	0.70	0.13	0.98	0.26	1.47	0.27
16	1.34	0.19	—	—	1.88	0.34	0.74	0.12	—	—	1.27	0.26
17	0.86	0.14	1.45	0.28	1.70	0.33	0.84	0.18	—	—	1.33	0.24
18	—	—	1.22	0.23	1.36	0.25	—	—	2.42	0.57	1.82	0.32
19	—	—	1.09	0.20	1.67	0.33	—	—	1.46	0.38	2.02	0.33
20	0.99	0.16	1.66	0.34	1.45	0.28	0.87	0.16	1.18	0.29	—	—
21	1.38	0.20	1.56	0.32	—	—	0.75	0.16	1.14	0.28	—	—
22	1.44	0.23	—	—	—	—	0.92	0.19	1.25	0.26	1.48	0.32
23	2.49	0.39	—	—	1.51	0.28	0.60	0.13	—	—	1.27	0.21
24	—	—	1.62	0.30	1.35	0.21	0.52	0.13	—	—	1.38	0.31
25	—	—	2.34	0.40	1.28	0.21	—	—	1.22	0.33	—	—
26	—	—	1.82	0.33	0.89	0.16	—	—	2.28	0.48	—	—
27	—	—	1.56	0.23	0.98	0.17	0.53	0.13	1.17	0.26	—	—
28	—	—	2.59	0.43	—	—	1.29	0.27	1.21	0.23	—	—
29	—	—	—	—	—	—	1.20	0.21	2.09	0.52	1.00	0.20
30	—	—	—	—	1.07	0.20	1.54	0.31	—	—	1.03	0.20
31	—	—	—	—	0.64	0.13	—	—	—	—	—	—
最高 High	2.49	0.39	3.07	0.56	2.15	0.42	1.54	0.31	3.32	0.78	3.91	0.52
最低 Low	0.86	0.14	1.02	0.17	0.64	0.13	L0.52	0.11	0.98	0.23	1.00	0.19

B股每日成交（亿元/亿股）　　股票
B Share Trading (100M Yuan/100M Shares)　　Share

日期 Date	7月 Jul		8月 Aug		9月 Sep		10月 Oct		11月 Nov		12月 Dec	
	金额 Value	数量 Vol	金额 Value	数量 Vol	金额 Value	数量 Vol	金额 Value	数量 Vol	金额 Value	数量 Vol	金额 Value	数量 Vol
1	1.28	0.21	—	—	2.16	0.39	—	—	—	—	2.34	0.59
2	2.49	0.47	—	—	2.11	0.39	—	—	1.71	0.30	1.36	0.31
3	2.47	0.52	2.10	0.41	1.99	0.43	—	—	1.48	0.22	0.91	0.20
4	—	—	1.85	0.37	2.47	0.44	—	—	1.56	0.20	0.65	0.16
5	—	—	2.14	0.32	—	—	—	—	1.63	0.24	—	—
6	4.90	1.01	1.71	0.30	—	—	—	—	0.93	0.14	—	—
7	4.54	0.91	1.65	0.28	2.18	0.39	—	—	—	—	1.00	0.20
8	4.05	0.74	—	—	2.86	0.55	—	—	—	—	0.82	0.18
9	4.15	0.75	—	—	2.96	0.53	1.65	0.22	1.88	0.31	0.95	0.19
10	3.44	0.64	1.31	0.22	1.62	0.35	—	—	1.64	0.22	0.64	0.13
11	—	—	1.49	0.28	1.39	0.22	—	—	2.42	0.26	1.13	0.25
12	—	—	1.76	0.31	—	—	2.54	0.38	2.47	0.26	—	—
13	3.26	0.65	1.34	0.20	—	—	1.74	0.21	1.16	0.14	—	—
14	3.25	0.73	0.98	0.16	1.28	0.21	2.69	0.31	—	—	0.95	0.19
15	2.94	0.68	—	—	1.00	0.20	1.47	0.19	—	—	0.72	0.17
16	3.20	0.65	—	—	1.27	0.25	1.48	0.19	1.71	0.28	0.60	0.13
17	2.39	0.50	1.89	0.43	1.76	0.28	—	—	1.42	0.20	0.93	0.21
18	—	—	1.51	0.28	1.92	0.37	—	—	1.58	0.20	1.44	0.31
19	—	—	2.21	0.47	—	—	1.17	0.14	1.19	0.22	—	—
20	2.74	0.55	1.37	0.34	—	—	1.32	0.15	1.17	0.25	—	—
21	1.86	0.37	1.28	0.28	1.39	0.27	1.09	0.15	—	—	1.41	0.28
22	2.19	0.40	—	—	0.98	0.19	0.91	0.11	—	—	1.19	0.24
23	2.00	0.36	—	—	0.68	0.13	2.07	0.21	1.98	0.35	0.87	0.17
24	2.16	0.40	3.13	0.47	1.08	0.19	—	—	2.20	0.26	0.84	0.17
25	—	—	2.17	0.44	0.91	0.13	—	—	1.42	0.25	0.93	0.23
26	—	—	5.61	0.65	—	—	1.46	0.18	1.21	0.25	—	—
27	1.55	0.24	2.73	0.37	—	—	1.08	0.14	1.68	0.38	—	—
28	1.15	0.20	3.76	0.52	1.25	0.27	1.24	0.16	—	—	1.06	0.20
29	1.53	0.31	—	—	1.03	0.16	1.03	0.12	—	—	1.07	0.25
30	1.64	0.29	—	—	1.02	0.15	1.45	0.25	4.24	1.08	0.96	0.20
31	1.43	0.28	3.03	0.51	—	—	—	—	—	—	1.37	0.25
最高 High	4.90	1.01	H5.61	0.65	2.96	0.55	2.69	0.38	4.24	H1.08	2.34	0.59
最低 Low	1.15	0.20	0.98	0.16	0.68	0.13	0.91	L0.11	0.93	0.14	0.60	0.13

B 股 股票
B Share Share

股票代码 Code	股票简称 Stock Name	市价总值 Tot_cap	无限售股市值 Nego_cap	发行股本 Issued Vol	流通股本 Negotiable Vol	上年收盘 Last Year Close	本年开盘 Open	本年最高 High	本年最低 Low
900901	云赛 B 股	860. 59	860. 59	293. 37	293. 37	0. 610	0. 612	0. 681	0. 435
900902	市北 B 股	1031. 76	1031. 76	465. 85	465. 85	0. 384	0. 390	0. 460	0. 306
900903	大众 B 股	1569. 57	1569. 57	800. 81	800. 81	0. 439	0. 442	0. 452	0. 280
900904	神奇 B 股	150. 95	150. 95	54. 75	54. 75	0. 812	0. 809	0. 951	0. 411
900905	老凤祥 B	3900. 46	3900. 46	206. 01	206. 01	3. 271	3. 273	3. 498	2. 670
900906	ST 毅达 B	430. 84	430. 84	360. 36	360. 36	0. 179	0. 226	0. 247	0. 162
900907	*ST 鹏起 B	69. 19	69. 19	241. 29	241. 29	0. 100	0. 097	0. 129	0. 041
900908	氯碱 B 股	1197. 94	1197. 94	406. 56	406. 56	0. 562	0. 562	0. 615	0. 361
900909	华谊 B 股	732. 18	732. 18	243. 10	243. 10	0. 578	0. 588	0. 592	0. 362
900910	海立 B 股	956. 13	956. 13	284. 17	284. 17	0. 678	0. 684	0. 728	0. 476
900911	金桥 B 股	1632. 40	1632. 40	272. 18	272. 18	0. 931	0. 948	1. 095	0. 792
900912	外高 B 股	1205. 48	1205. 48	200. 56	200. 56	1. 226	1. 233	1. 250	0. 805
900913	国新 B 股	222. 99	222. 99	109. 75	109. 75	0. 371	0. 370	0. 415	0. 240
900914	锦投 B 股	703. 91	703. 91	161. 05	161. 05	0. 873	0. 873	0. 910	0. 628
900915	中路 B 股	242. 73	242. 73	83. 49	83. 49	0. 627	0. 635	0. 650	0. 398
900916	凤凰 B 股	566. 16	566. 16	171. 60	171. 60	0. 448	0. 452	0. 518	0. 281
900917	海欣 B 股	1050. 66	1050. 66	468. 85	468. 85	0. 401	0. 401	0. 436	0. 258
900918	耀皮 B 股	581. 87	581. 87	187. 50	187. 50	0. 529	0. 538	0. 583	0. 337
900919	绿庭 B 股	619. 24	619. 24	344. 66	344. 66	0. 373	0. 375	0. 414	0. 225
900920	上柴 B 股	977. 66	977. 66	344. 80	344. 80	0. 443	0. 444	0. 482	0. 302
900921	丹科 B 股	238. 03	238. 03	193. 79	193. 79	0. 304	0. 307	0. 324	0. 146
900922	三毛 B 股	146. 30	146. 30	48. 79	48. 79	0. 646	0. 645	0. 672	0. 367
900923	百联 B 股	952. 24	952. 24	179. 72	179. 72	0. 846	0. 860	1. 259	0. 592
900924	上工 B 股	588. 10	588. 10	243. 94	243. 94	0. 458	0. 458	0. 491	0. 296
900925	机电 B 股	2099. 31	2099. 31	216. 24	216. 24	1. 483	1. 496	1. 605	0. 994
900926	宝信 B	7903. 26	7903. 26	297. 44	297. 44	1. 908	1. 914	4. 238	1. 905
900927	物贸 B 股	412. 18	412. 18	99. 83	99. 83	0. 536	0. 536	0. 689	0. 286
900928	临港 B 股	905. 82	905. 82	107. 15	107. 15	1. 460	1. 458	1. 500	1. 045
900929	锦旅 B 股	699. 83	699. 83	66. 00	66. 00	1. 630	1. 630	1. 940	0. 950
900932	陆家 B 股	5623. 70	5623. 70	1100. 74	1100. 74	0. 967	0. 975	0. 999	0. 702
900933	华新 B 股	10401. 92	10401. 92	734. 72	734. 72	2. 077	2. 105	2. 676	1. 420
900934	锦江 B 股	1997. 62	1997. 62	156. 00	156. 00	1. 891	1. 900	1. 984	1. 266
900936	鄂资 B 股	2664. 41	2664. 41	420. 00	420. 00	0. 873	0. 874	1. 028	0. 646
900937	华电 B 股	397. 96	397. 96	432. 00	432. 00	0. 120	0. 120	0. 228	0. 105
900938	海科 B	509. 27	509. 27	326. 15	326. 15	0. 278	0. 282	0. 386	0. 217
900939	汇丽 B	449. 02	449. 02	88. 00	88. 00	0. 659	0. 668	0. 996	0. 402
900940	大名城 B	488. 16	488. 16	198. 72	198. 72	0. 386	0. 399	0. 419	0. 307
900941	东信 B 股	858. 48	858. 48	300. 00	300. 00	0. 535	0. 541	0. 586	0. 410
900942	黄山 B 股	1050. 31	1050. 31	216. 08	216. 08	0. 895	0. 900	0. 947	0. 626
900943	开开 B 股	240. 43	240. 43	80. 00	80. 00	0. 489	0. 496	0. 543	0. 400
900945	海控 B 股	463. 43	463. 43	369. 45	369. 45	0. 273	0. 271	0. 301	0. 174
900946	ST 天雁 B	234. 41	234. 41	230. 00	230. 00	0. 184	0. 185	0. 192	0. 107
900947	振华 B 股	3280. 76	3280. 76	1946. 36	1946. 36	0. 330	0. 331	0. 347	0. 202
900948	伊泰 B 股	4858. 68	4858. 68	1328. 00	1328. 00	0. 810	0. 815	0. 874	0. 457
900951	退市大化	47. 68	47. 68	100. 00	100. 00	0. 350	0. 363	0. 379	0. 037
900952	锦港 B 股	353. 73	353. 73	222. 81	222. 81	0. 308	0. 311	0. 317	0. 193
900953	凯马 B	602. 11	602. 11	240. 00	240. 00	0. 478	0. 480	0. 565	0. 258
900955	*ST 海创 B	260. 87	260. 87	330. 00	330. 00	0. 183	0. 188	0. 297	0. 074
900956	东贝 B 股	2340. 19	2340. 19	115. 00	115. 00	1. 332	1. 350	3. 293	0. 937
900957	凌云 B 股	604. 67	604. 67	184. 00	184. 00	0. 556	0. 567	0. 639	0. 282

注：B 股价格单位为美元（Dollar），市价总值、无限售股市值、成交金额单位为百万元（M Yuan），发行股本、流通股本、成交数量单位为百万股（M Shares），上年收盘、本年开盘、本年最高、本年最低、本年收盘、涨跌值单位为元（Yuan）。

B股
B Share

本年收盘 Close	涨跌（%） Change	涨跌值 Change	市盈率（倍） P/E	市净率（倍） P/B	换手率（%） Turnover Rate	成交数量 Trading Vol	成交金额 Trading Val
0.449	-25.26	-0.161	17.75	1.04	52.28	153.37	602.84
0.339	-11.21	-0.045	21.03	0.71	60.56	282.12	748.64
0.300	-28.01	-0.139	5.05	0.53	15.90	127.30	306.82
0.422	-48.03	-0.390	18.76	0.60	84.38	46.20	230.77
2.898	-6.87	-0.373	7.52	1.51	40.49	83.40	1759.61
0.183	2.23	0.004	52.74	30.87	26.55	95.67	137.46
0.041	-59.00	-0.059	—	3.23	42.42	102.35	63.64
0.451	-17.29	-0.111	4.49	0.78	40.21	163.47	547.94
0.461	-17.73	-0.117	10.85	0.37	26.02	63.25	206.48
0.515	-20.23	-0.163	11.14	0.70	23.08	65.58	267.19
0.918	2.65	-0.013	6.64	0.73	30.14	82.03	547.10
0.920	-22.42	-0.306	8.34	0.69	22.60	45.32	310.13
0.311	-16.17	-0.060	68.05	0.62	35.84	39.33	88.32
0.669	-19.78	-0.204	9.63	0.74	20.86	33.59	172.06
0.445	-29.03	-0.182	—	1.76	80.29	67.04	234.35
0.505	12.72	0.057	61.06	1.20	55.92	95.97	283.91
0.343	-13.53	-0.058	27.84	0.75	32.41	151.96	366.32
0.475	-8.37	-0.054	14.89	0.94	51.61	96.78	306.51
0.275	-26.27	-0.098	35.58	1.94	46.93	161.76	357.40
0.434	-0.44	-0.009	22.49	0.69	41.50	143.09	403.41
0.188	-38.16	-0.116	—	0.72	70.77	137.14	189.06
0.459	-28.61	-0.187	78.60	1.39	38.96	19.01	69.16
0.811	-2.76	-0.035	10.55	0.55	76.57	137.61	856.90
0.369	-19.43	-0.089	16.51	0.61	27.16	66.24	182.33
1.486	4.78	0.003	9.84	0.93	60.01	129.76	1137.97
4.067	118.36	2.159	37.34	4.65	155.94	463.82	8789.33
0.632	17.91	0.096	35.67	3.26	80.25	80.11	286.41
1.294	-8.84	-0.166	14.11	1.40	54.44	58.33	533.66
1.623	1.63	-0.007	23.55	1.73	56.11	37.03	386.09
0.782	-12.46	-0.185	5.99	1.22	28.41	312.73	1793.56
2.167	14.32	0.090	5.01	1.49	59.14	434.50	5777.18
1.960	10.34	0.069	12.01	0.99	49.61	77.39	870.25
0.971	20.65	0.098	7.23	0.77	25.48	107.03	636.17
0.141	17.50	0.021	25.64	1.16	120.64	521.17	594.29
0.239	-14.03	-0.039	9.28	0.35	93.13	303.73	632.29
0.781	18.51	0.122	131.04	12.34	113.67	100.03	512.49
0.376	-1.41	-0.010	8.75	0.50	17.00	33.78	86.58
0.438	-16.96	-0.097	29.20	1.23	49.92	149.76	508.47
0.744	-15.10	-0.151	11.15	0.87	37.07	80.10	411.36
0.460	-5.15	-0.029	35.55	1.52	45.73	36.58	122.84
0.192	-29.67	-0.081	41.47	0.43	23.72	87.61	138.14
0.156	-15.22	-0.028	98.73	1.52	42.80	98.44	102.73
0.258	-19.57	-0.072	18.44	0.61	11.96	232.74	414.89
0.560	-25.53	-0.250	3.36	0.36	53.52	710.68	3148.27
0.069	-80.29	-0.281	—	—	47.54	47.54	36.44
0.243	-19.98	-0.065	20.28	0.54	30.78	68.58	118.62
0.384	-19.67	-0.094	55.73	2.23	50.10	120.24	353.50
0.121	-33.88	-0.062	—	1.05	52.88	174.50	206.94
3.070	130.48	1.738	36.84	3.78	97.17	111.75	1806.99
0.503	-9.53	-0.053	48.51	2.58	63.99	117.73	411.85

B 股十大发行股本股票
Top 10 B Shares by Issued Vol

股票代码 Code	股票简称 Stock Name	公司名称 Company Name	发行股数 Issued Vol	占比（%）
900947	振华 B 股	上海振华重工（集团）股份有限公司	1946.36	12.12
900948	伊泰 B 股	内蒙古伊泰煤炭股份有限公司	1328.00	8.27
900932	陆家 B 股	上海陆家嘴金融贸易区开发股份有限公司	1100.74	6.86
900903	大众 B 股	大众交通（集团）股份有限公司	800.81	4.99
900933	华新 B 股	华新水泥股份有限公司	734.72	4.58
900917	海欣 B 股	上海海欣集团股份有限公司	468.85	2.92
900902	市北 B 股	上海市北高新股份有限公司	465.85	2.90
900937	华电 B 股	华电能源股份有限公司	432.00	2.69
900936	鄂资 B 股	内蒙古鄂尔多斯资源股份有限公司	420.00	2.62
900908	氯碱 B 股	上海氯碱化工股份有限公司	406.56	2.53
	总　计		8103.88	50.47
	市场总计		16056.60	100.00

B 股十大市价总值股票
Top 10 B Shares by Market Capitalization

股票代码 Code	股票简称 Stock Name	公司名称 Company Name	市价总值 Market Capitalization	占比（%）
900933	华新 B 股	华新水泥股份有限公司	10401.92	15.32
900926	宝信 B	上海宝信软件股份有限公司	7903.26	11.64
900932	陆家 B 股	上海陆家嘴金融贸易区开发股份有限公司	5623.70	8.28
900948	伊泰 B 股	内蒙古伊泰煤炭股份有限公司	4858.68	7.15
900905	老凤祥 B	老凤祥股份有限公司	3900.46	5.74
900947	振华 B 股	上海振华重工（集团）股份有限公司	3280.76	4.83
900936	鄂资 B 股	内蒙古鄂尔多斯资源股份有限公司	2664.41	3.92
900925	机电 B 股	上海机电股份有限公司	2099.31	3.09
900934	锦江 B 股	上海锦江国际酒店股份有限公司	1997.62	2.94
900911	金桥 B 股	上海金桥出口加工区开发股份有限公司	1632.40	2.40
	总　计		44362.52	65.32
	市场总计		67918.55	100.00

注：股票排名中，发行股数、发行股数、成交股数单位为百万股（M Shares），成交金额、市价总值单位为百万元（M Yuan），收盘价格单位为美元（Dollar）。

B 股十大成交金额股票
Top 10 B Shares by Trading Value

股票代码 Code	股票简称 Stock Name	公司名称 Company Name	成交金额 Trading Value	占比（%）
900926	宝信 B	上海宝信软件股份有限公司	8789. 33	22. 51
900933	华新 B 股	华新水泥股份有限公司	5777. 18	14. 79
900948	伊泰 B 股	内蒙古伊泰煤炭股份有限公司	3148. 27	8. 06
900956	东贝 B 股	黄石东贝电器股份有限公司	1806. 99	4. 63
900932	陆家 B 股	上海陆家嘴金融贸易区开发股份有限公司	1793. 56	4. 59
900905	老凤祥 B	老凤祥股份有限公司	1759. 61	4. 51
900925	机电 B 股	上海机电股份有限公司	1137. 97	2. 91
900934	锦江 B 股	上海锦江国际酒店股份有限公司	870. 25	2. 23
900923	百联 B 股	上海百联集团股份有限公司	856. 90	2. 19
900902	市北 B 股	上海市北高新股份有限公司	748. 64	1. 92
	总　计		26688. 70	68. 34
	市场总计		39055. 65	100. 00

B 股十大成交股数股票
Top 10 B Shares by Trading Vol

股票代码 Code	股票简称 Stock Name	公司名称 Company Name	成交股数 Trading Vol	占比（%）
900948	伊泰 B 股	内蒙古伊泰煤炭股份有限公司	710. 68	9. 93
900937	华电 B 股	华电能源股份有限公司	521. 17	7. 28
900926	宝信 B	上海宝信软件股份有限公司	463. 82	6. 48
900933	华新 B 股	华新水泥股份有限公司	434. 50	6. 07
900932	陆家 B 股	上海陆家嘴金融贸易区开发股份有限公司	312. 73	4. 37
900938	海科 B	海航科技股份有限公司	303. 73	4. 25
900902	市北 B 股	上海市北高新股份有限公司	282. 12	3. 94
900947	振华 B 股	上海振华重工（集团）股份有限公司	232. 74	3. 25
900955	*ST 海创 B	海航创新股份有限公司	174. 50	2. 44
900908	氯碱 B 股	上海氯碱化工股份有限公司	163. 47	2. 29
	总　计		3599. 47	50. 31
	市场总计		7155. 25	100. 00

注：股票排名中，发行股数、发行股数、成交股数单位为百万股（M Shares），成交金额、市价总值单位为百万元（M Yuan），收盘价格单位为美元（Dollar）。

B 股十大涨幅股票 股票
Top 10 B Shares by Percentage of Price Increased Share

股票代码 Code	股票简称 Stock Name	公司名称 Company Name	上年收盘 Last Year Close	本年收盘 Close	涨幅（%） Change
900956	东贝 B 股	黄石东贝电器股份有限公司	1. 33	3. 07	130. 48
900926	宝信 B	上海宝信软件股份有限公司	1. 91	4. 07	118. 36
900936	鄂资 B 股	内蒙古鄂尔多斯资源股份有限公司	0. 87	0. 97	20. 65
900939	汇丽 B	上海汇丽建材股份有限公司	0. 66	0. 78	18. 51
900927	物贸 B 股	上海物资贸易股份有限公司	0. 54	0. 63	17. 91
900937	华电 B 股	华电能源股份有限公司	0. 12	0. 14	17. 5
900933	华新 B 股	华新水泥股份有限公司	2. 08	2. 17	14. 32
900916	凤凰 B 股	上海凤凰企业（集团）股份有限公司	0. 45	0. 51	12. 72
900934	锦江 B 股	上海锦江国际酒店股份有限公司	1. 89	1. 96	10. 34
900925	机电 B 股	上海机电股份有限公司	1. 48	1. 49	4. 78

B 股十大跌幅股票
Top 10 B Shares by Percentage of Price Decreased

股票代码 Code	股票简称 Stock Name	公司名称 Company Name	上年收盘 Last Year Close	本年收盘 Close	涨幅（%） Change
900951	退市大化	大化集团大连化工股份有限公司	0. 35	0. 07	-80. 29
900907	退市鹏 B	鹏起科技发展股份有限公司	0. 10	0. 04	-59. 00
900904	神奇 B 股	上海神奇制药投资管理股份有限公司	0. 81	0. 42	-48. 03
900921	丹科 B 股	丹化化工科技股份有限公司	0. 30	0. 19	-38. 16
900955	* ST 海创 B	海航创新股份有限公司	0. 18	0. 12	-33. 88
900945	海控 B 股	海南航空控股股份有限公司	0. 27	0. 19	-29. 67
900915	中路 B 股	中路股份有限公司	0. 63	0. 45	-29. 03
900922	三毛 B 股	上海三毛企业（集团）股份有限公司	0. 65	0. 46	-28. 61
900903	大众 B 股	大众交通（集团）股份有限公司	0. 44	0. 30	-28. 01
900919	绿庭 B 股	上海绿庭投资控股集团股份有限公司	0. 37	0. 28	-26. 27

注：股票排名中，发行股数、发行股数、成交股数单位为百万股（M Shares），成交金额、市价总值单位为百万元（M Yuan），收盘价格单位为美元（Dollar）。

B 股十大换手率股票 股票
Top 10 B Shares by Percentage of Price Decreased Share

股票代码 Code	股票简称 Stock Name	公司名称 Company Name	成交股数 Trading Vol	发行股数 Issued Vol	换手率（%）Turnover Rate
900926	宝信 B	上海宝信软件股份有限公司	463. 82	297. 44	155. 938
900937	华电 B 股	华电能源股份有限公司	521. 17	432. 00	120. 641
900939	汇丽 B	上海汇丽建材股份有限公司	100. 03	88. 00	113. 667
900956	东贝 B 股	黄石东贝电器股份有限公司	111. 75	115. 00	97. 17
900938	海科 B	海航科技股份有限公司	303. 73	326. 15	93. 128
900904	神奇 B 股	上海神奇制药投资管理股份有限公司	46. 20	54. 75	84. 385
900915	中路 B 股	中路股份有限公司	67. 04	83. 49	80. 292
900927	物贸 B 股	上海物资贸易股份有限公司	80. 11	99. 83	80. 252
900923	百联 B 股	上海百联集团股份有限公司	137. 61	179. 72	76. 572
900921	丹科 B 股	丹化化工科技股份有限公司	137. 14	193. 79	70. 765

注：股票排名中，发行股数、发行股数、成交股数单位为百万股（M Shares），成交金额、市价总值单位为百万元（M Yuan），收盘价格单位为美元（Dollar）。

年末主板 A 股股价分布 股票
Main Board A Shares Price Distribution by 2020 Share

股票价格（元）	0~10	10~20	20~30	30~50	50~100	≥100
股票数（只）	815	414	140	97	62	46
比例（%）	51.78	26.30	8.89	6.16	3.94	2.92

年末主板 A 股市价总值分布
Main Board A Shares Market Capitalization Distribution by 2020

市值（亿元）	≤5	5~10	10~50	50~100	100~500	500~1000	≥1000
股票数（只）	3	12	619	353	444	71	72
比例（%）	0.19	0.76	39.33	22.43	28.21	4.51	4.57

年末主板 A 股市盈率分布
Main Board A Shares P/E Ratio Distribution by 2020

市盈率（倍）	0~10	10~30	30~50	50~100	≥100	其他
股票数（只）	136	557	258	257	233	133
比例（%）	8.64	35.39	16.39	16.33	14.80	8.45

年度主板 A 股换手率分布
Main Board A Shares Turnover Rate Distribution in 2020

换手率（%）	0~100	100~200	200~300	300~500	500~1000	≥1000
股票数（只）	155	322	324	412	303	58
比例（%）	9.85	20.46	20.58	26.18	19.25	3.68

注：各类分布不含暂停上市的股票，剔除年内摘牌的股票。

年末科创板股票股价分布
Star Market Shares Price Distribution by 2020

股票
Share

股票价格（元）	0~10	10~20	20~30	30~50	50~100	≥100
股票数（只）	2	22	32	63	51	45
比例（%）	0.93	10.23	14.88	29.30	23.72	20.93

年末科创板股票市价总值分布
Star Market Shares Market Capitalization Distribution by 2020

市值（亿元）	≤5	5~10	10~50	50~100	100~500	500~1000	≥1000
股票数（只）	0	0	76	55	70	11	3
比例（%）	0	0	35.35	25.58	32.56	5.12	1.4

年末科创板股票市盈率分布
Star Market Shares P/E Ratio Distribution by 2020

市盈率（倍）	0~10	10~30	30~50	50~100	≥100	其他
股票数（只）	0	9	56	71	64	15
比例（%）	0	4.19	26.05	33.02	29.77	6.98

年度科创板股票换手率分布
Star Market Shares Turnover Rate Distribution in 2020

换手率（%）	0~100	100~200	200~300	300~500	500~1000	≥1000
股票数（只）	38	78	36	53	10	0
比例（%）	17.67	36.28	16.74	24.65	4.65	0

注：各类分布不含暂停上市的股票，剔除年内摘牌的股票。

股票分行业成交概况
Trading Overview of Shares by Sectorial-type

行业名称 Industry	股票数（只） Number of Listed Stocks	市价总值（亿元） Market Capitalization (100M Yuan)	成交金额（亿元） Trading Value (100M Yuan)	换手率（%） Turnover Rate	市盈率（倍） P/E
农、林、牧、渔业	16	1096. 71	7065. 94	713. 03	59. 86
采矿业	51	24696. 99	31162. 90	130. 71	13. 99
制造业	1097	212227. 47	475722. 19	291. 72	37. 97
电力、热力、燃气及水生产和供应业	71	14750. 22	13114. 72	94. 02	19. 28
建筑业	47	9239. 09	15958. 47	164. 79	6. 91
批发和零售业	105	9219. 84	29182. 72	306. 48	18. 82
交通运输、仓储和邮政业	78	17911. 74	24107. 54	143. 55	17. 41
住宿和餐饮业	5	714. 13	1419. 89	265. 47	31. 90
信息传输、软件和信息技术服务业	106	20307. 00	53943. 04	305. 95	50. 74
金融业	83	117944. 88	132477. 35	118. 06	8. 61
房地产业	72	10187. 08	23167. 29	208. 95	7. 81
租赁和商务服务业	19	6860. 26	10348. 58	244. 09	50. 23
科学研究和技术服务业	23	4343. 55	7758. 34	248. 21	75. 01
水利、环境和公共设施管理业	28	1588. 42	4006. 09	289. 20	24. 24
教育	3	182. 81	384. 06	206. 92	52. 51
卫生和社会工作	3	1516. 53	2480. 47	271. 20	170. 48
文化、体育和娱乐业	27	2041. 08	4602. 25	200. 49	14. 18
综合	9	493. 80	2871. 85	347. 75	20. 78

科创板分行业成交概况
Trading Overview of Star Market Shares by Sectorial-type

行业名称 Industry	股票数（只） Number of Listed Stocks	市价总值（亿元） Market Capitalization (100M Yuan)	成交金额（亿元） Trading Value (100M Yuan)	换手率（%） Turnover Rate	市盈率（倍） P/E
高端装备	42	3937. 86	7369. 10	307. 54	47. 36
节能环保	14	685. 30	1722. 47	469. 51	44. 15
生物医药	42	6463. 47	11959. 37	269. 81	105. 54
新材料	29	2573. 68	6268. 74	431. 89	70. 85
新能源	9	2156. 69	2325. 81	320. 58	147. 02
新一代信息技术	73	17292. 32	35506. 55	314. 58	127. 22
其他	6	381. 40	1078. 14	443. 38	58. 17

证券代码 Code	证券简称 Security Name	融资买入（百万元）	卖券还款（百万元）	融券卖出（百万元）	买券还券（百万元）	合计（百万元）
501001	财通精选	0.00	0.01	0.00	0.00	0.01
501005	精准医疗	0.00	0.10	0.00	0.00	0.10
501007	互联医疗	0.00	0.02	0.00	0.00	0.02
501009	生物科技	0.00	1.00	0.00	0.00	1.00
501010	生物科 C	0.00	0.10	0.00	0.00	0.10
501011	中药基金	0.00	0.32	0.00	0.00	0.32
501012	中药 C	0.00	0.01	0.00	0.00	0.01
501016	券商基金	0.00	2.06	0.00	0.00	2.06
501018	南方原油	0.00	14.82	0.00	0.00	14.82
501019	军工基金	0.00	0.07	0.00	0.00	0.07
501021	香港中小	0.00	0.94	0.00	0.00	0.94
501022	银华鑫盛	0.00	0.00	0.00	0.00	0.00
501025	香港银行	0.00	1.23	0.00	0.00	1.23
501026	财通福享	0.00	0.02	0.00	0.00	0.02
501029	红利基金	0.00	2.21	0.00	0.00	2.21
501030	环境治理	0.00	0.13	0.00	0.00	0.13
501031	环境 C	0.00	0.01	0.00	0.00	0.01
501036	中证 500A	0.00	0.07	0.00	0.00	0.07
501037	中证 500C	0.00	0.01	0.00	0.00	0.01
501038	银华明择	0.00	0.36	0.00	0.00	0.36
501043	沪深 300A	0.00	0.06	0.00	0.00	0.06
501046	财通福鑫	0.00	0.88	0.00	0.00	0.88
501049	东证睿玺	0.00	0.34	0.00	0.00	0.34
501050	50AH	0.00	1.40	0.00	0.00	1.40
501054	东证睿泽	0.00	5.35	0.00	0.00	5.35
501057	新能源车	0.00	12.15	0.00	0.00	12.15
501058	新能车 C	0.00	0.11	0.00	0.00	0.11
501062	南方瑞合	0.00	2.44	0.00	0.00	2.44
501063	添富悦享	0.00	0.49	0.00	0.00	0.49
501065	经典成长	0.00	0.12	0.00	0.00	0.12
501066	东证恒元	0.00	0.62	0.00	0.00	0.62
501070	广发睿阳	0.00	0.02	0.00	0.00	0.02
501071	泓德丰泽	0.00	0.30	0.00	0.00	0.30
501073	科创混合	0.00	4.32	0.00	0.00	4.32
501075	科创主题	0.00	2.90	0.00	0.00	2.90
501076	科创基金	0.00	9.20	0.00	0.00	9.20
501077	科创富国	0.00	6.10	0.00	0.00	6.10
501078	科创配置	0.00	9.26	0.00	0.00	9.26
501079	科创大成	0.00	4.20	0.00	0.00	4.20
501080	科创中金	0.00	1.80	0.00	0.00	1.80
501081	科创中欧	0.00	1.35	0.00	0.00	1.35
501082	科创投资	0.00	1.64	0.00	0.00	1.64
501083	科创银华	0.00	8.65	0.00	0.00	8.65
501085	科创财通	0.00	2.49	0.00	0.00	2.49
501087	交银瑞丰	0.00	0.10	0.00	0.00	0.10
501089	消费增强	0.00	0.18	0.00	0.00	0.18
501090	消费基金	0.00	1.28	0.00	0.00	1.28
501095	BOCI 科创	0.00	0.44	0.00	0.00	0.44
501096	科创国联	0.00	0.00	0.00	0.00	0.00
501097	科创国寿	0.00	0.13	0.00	0.00	0.13

信用交易
Credit Trading

证券代码 Code	证券简称 Security Name	融资买入（百万元）	卖券还款（百万元）	融券卖出（百万元）	买券还券（百万元）	合计（百万元）
501098	科创建信	0.00	0.13	0.00	0.00	0.13
501099	科创平安	0.00	0.04	0.00	0.00	0.04
501186	华夏兴融	0.00	1.70	0.00	0.00	1.70
501188	添富精选	0.00	2.35	0.00	0.00	2.35
501189	嘉实优选	0.00	1.87	0.00	0.00	1.87
501202	科创华泰	0.00	0.26	0.00	0.00	0.26
501300	美元债	0.00	0.02	0.00	0.00	0.02
501301	香港大盘	0.00	0.00	0.00	0.00	0.00
501302	恒生联接	0.00	0.04	0.00	0.00	0.04
501303	恒生中型	0.00	0.01	0.00	0.00	0.01
501310	价值基金	0.00	0.06	0.00	0.00	0.06
501311	新经济 HK	0.00	0.11	0.00	0.00	0.11
502000	500 等权	0.00	0.00	0.00	0.00	0.00
502000	500 增强	0.00	0.00	0.00	0.00	0.00
502003	军工 LOF	0.00	0.22	0.00	0.00	0.22
502003	军工分级	0.00	0.22	0.00	0.00	0.22
502005	军工 B	0.00	0.15	0.00	0.00	0.15
502010	证券 LOF	0.00	0.14	0.00	0.00	0.14
502010	证券分级	0.00	0.14	0.00	0.00	0.14
502012	证券 B	0.00	0.32	0.00	0.00	0.32
502013	一带一路	0.00	0.47	0.00	0.00	0.47
502020	50 增强	0.00	0.08	0.00	0.00	0.08
502020	国金 50	0.00	0.08	0.00	0.00	0.08
502036	互联金融	0.00	0.00	0.00	0.00	0.00
502040	上 50LOF	0.00	0.00	0.00	0.00	0.00
502040	上 50 分级	0.00	0.00	0.00	0.00	0.00
502048	50LOF	0.00	0.00	0.00	0.00	0.00
502048	50 分级	0.00	0.00	0.00	0.00	0.00
502049	上证 50A	0.00	0.28	0.00	0.00	0.28
502050	上证 50B	0.00	0.42	0.00	0.00	0.42
502053	券商 LOF	0.00	0.01	0.00	0.00	0.01
502053	券商分级	0.00	0.01	0.00	0.00	0.01
502056	医疗分级	0.00	0.03	0.00	0.00	0.03
502056	医疗基金	0.00	0.03	0.00	0.00	0.03
510010	治理 ETF	0.00	0.01	0.00	0.00	0.01
510020	超大 ETF	0.00	0.13	0.00	0.00	0.13
510030	价值 ETF	0.00	0.76	0.00	0.00	0.76
510050	50ETF	27324.67	12020.99	7957.61	5158.92	52462.19
510060	央企 ETF	0.00	6.62	0.00	0.00	6.62
510070	民企 ETF	0.00	0.03	0.00	0.00	0.03
510090	责任 ETF	0.00	0.02	0.00	0.00	0.02
510100	SZ50ETF	0.00	2.53	0.00	0.00	2.53
510110	周期 ETF	0.00	0.12	0.00	0.00	0.12
510120	非周 ETF	0.00	0.03	0.00	0.00	0.03
510150	消费 ETF	0.00	9.26	0.00	0.00	9.26
510160	小康 ETF	7.92	1.01	0.00	0.00	8.93
510170	商品 ETF	0.00	0.46	0.00	0.00	0.46
510180	180ETF	289.44	98.18	56.76	55.35	499.73
510190	龙头 ETF	0.00	0.11	0.00	0.00	0.11
510200	上证券商	0.00	3.13	0.00	0.00	3.13

信用交易
Credit Trading

证券代码 Code	证券简称 Security Name	融资买入（百万元）	卖券还款（百万元）	融券卖出（百万元）	买券还券（百万元）	合计（百万元）
510210	综指 ETF	32.45	21.65	0.00	0.00	54.10
510220	中小 ETF	0.00	0.01	0.00	0.00	0.01
510230	金融 ETF	525.51	189.97	0.00	0.00	715.48
510270	国企 ETF	0.00	0.23	0.00	0.00	0.23
510290	380ETF	0.00	0.44	0.00	0.00	0.44
510300	300ETF	27232.49	8282.96	20058.65	16405.56	71979.66
510310	HS300ETF	1101.64	219.29	4866.12	3988.06	10175.11
510330	华夏 300	3302.61	377.87	4071.09	2259.08	10010.65
510350	工银 300	30.18	3.33	0.00	0.00	33.51
510360	广发 300	22.03	8.08	0.00	0.00	30.11
510390	平安 300	211.86	29.38	1134.23	970.00	2345.47
510410	资源 ETF	0.00	15.21	0.00	0.00	15.21
510440	500 沪市	0.00	0.04	0.00	0.00	0.04
510500	500ETF	14219.95	4845.62	35742.52	23047.58	77855.67
510510	广发 500	296.54	174.61	2148.97	1183.63	3803.75
510530	工银 500	0.00	4.58	0.00	0.00	4.58
510550	方正 500	0.00	0.03	0.00	0.00	0.03
510560	国寿 500	0.00	0.01	0.00	0.00	0.01
510570	兴业 500	0.00	0.00	0.00	0.00	0.00
510580	ZZ500ETF	100.64	80.88	10.04	9.22	200.78
510590	平安 500	103.19	94.59	268.96	251.20	717.94
510600	沪 50ETF	0.00	0.14	0.00	0.00	0.14
510630	消费行业	0.00	8.37	0.00	0.00	8.37
510650	金融行业	0.00	0.37	0.00	0.00	0.37
510660	医药行业	0.00	0.71	0.00	0.00	0.71
510680	万家 50	0.00	0.82	0.00	0.00	0.82
510690	180 金融	0.00	0.13	0.00	0.00	0.13
510710	上证 50ETF	105.18	46.93	0.00	0.00	152.11
510760	上证 ETF	25.24	14.56	0.00	0.00	39.80
510800	上证 50	0.00	5.87	0.00	0.00	5.87
510810	上海国企	20.62	6.40	0.00	0.00	27.02
510850	工银上 50	43.71	4.35	0.00	0.00	48.06
510880	红利 ETF	332.23	131.80	0.00	0.00	464.03
510890	红利低波	0.00	0.00	0.00	0.00	0.00
510900	H 股 ETF	90074.38	52161.67	0.00	0.00	142236.05
511010	国债 ETF	61.44	46.01	0.00	0.00	107.45
511180	上证转债	5.52	1.71	0.00	0.00	7.23
511220	城投 ETF	0.00	0.64	0.00	0.00	0.64
511260	十年国债	0.00	3.61	0.00	0.00	3.61
511270	10 年地债	0.00	5.06	0.00	0.00	5.06
511380	转债 ETF	289.99	71.33	0.00	0.00	361.32
511600	货币 ETF	0.00	0.25	0.00	0.00	0.25
511650	华夏快线	0.00	0.26	0.00	0.00	0.26
511660	建信添益	0.00	901.61	0.00	0.00	901.61
511670	华泰天金	0.00	0.06	0.00	0.00	0.06
511690	交易货币	0.00	26.52	0.00	0.00	26.52
511700	场内货币	0.00	13.11	0.00	0.00	13.11
511770	金鹰增益	0.00	0.09	0.00	0.00	0.09
511800	易货币	0.00	3.98	0.00	0.00	3.98
511810	理财金 H	0.00	161.39	0.00	0.00	161.39

信用交易
Credit Trading

证券代码 Code	证券简称 Security Name	融资买入（百万元）	卖券还款（百万元）	融券卖出（百万元）	买券还券（百万元）	合计（百万元）
511830	华泰货币	0.00	0.52	0.00	0.00	0.52
511850	财富宝 E	0.00	17.25	0.00	0.00	17.25
511860	博时货币	0.00	0.03	0.00	0.00	0.03
511880	银华日利	0.00	4981.96	0.00	0.00	4981.96
511900	富国货币	0.00	2.34	0.00	0.00	2.34
511970	国寿货币	0.00	0.05	0.00	0.00	0.05
511980	现金添富	0.00	0.29	0.00	0.00	0.29
511990	华宝添益	0.00	3825.70	0.00	0.00	3825.70
512000	券商 ETF	27250.22	11010.71	1164.44	397.27	39822.64
512010	医药 ETF	1865.55	625.21	17.93	0.00	2508.69
512040	国信价值	8.02	6.72	0.00	0.00	14.74
512070	证券保险	747.98	198.05	0.00	0.00	946.03
512090	MSCI 易基	11.81	6.87	0.00	0.00	18.68
512100	1000ETF	30.70	12.35	17.52	0.00	60.57
512120	医药 50	0.00	1.79	0.00	0.00	1.79
512150	A50ETF	0.00	1.08	0.00	0.00	1.08
512160	MSCI 基金	92.89	38.14	0.00	0.00	131.03
512170	医疗 ETF	2012.72	884.98	21.26	0.00	2918.96
512180	建信 MSCI	0.45	1.11	0.00	0.00	1.56
512200	地产 ETF	361.19	94.68	0.00	0.00	455.87
512220	科技 150	0.00	0.57	0.00	0.00	0.57
512260	500 低波	0.00	2.21	0.00	0.00	2.21
512270	300 低波	0.00	0.03	0.00	0.00	0.03
512280	景顺 MSCI	0.00	0.38	0.00	0.00	0.38
512290	生物医药	3706.42	1154.91	6.33	0.00	4867.66
512300	500 医药	0.00	0.66	0.00	0.00	0.66
512310	工业 ETF	0.00	0.92	0.00	0.00	0.92
512320	工银 MSCI	0.00	0.02	0.00	0.00	0.02
512330	信息 ETF	328.89	88.02	0.00	0.00	416.91
512340	原料 ETF	0.00	0.15	0.00	0.00	0.15
512380	MSCI 中国	37.87	10.49	0.00	0.00	48.36
512390	MSCI 低波	0.00	0.04	0.00	0.00	0.04
512400	有色 ETF	4098.99	1463.21	0.00	0.00	5562.20
512480	半导体	7868.95	2768.79	0.00	0.00	10637.74
512500	中证 500	979.73	549.77	6468.58	4684.95	12683.03
512510	ETF500	159.16	125.05	65.20	60.11	409.52
512520	MSCIETF	0.00	2.08	0.00	0.00	2.08
512530	300 红利	0.16	0.47	0.00	0.00	0.63
512550	富时 A50	0.00	0.58	0.00	0.00	0.58
512560	中证军工	0.00	12.50	0.00	0.00	12.50
512570	中证证券	0.00	1.06	0.00	0.00	1.06
512580	环保 ETF	260.13	79.63	0.00	0.00	339.76
512590	高股息	0.00	0.75	0.00	0.00	0.75
512600	主要消费	0.00	0.63	0.00	0.00	0.63
512610	医药卫生	0.00	0.18	0.00	0.00	0.18
512640	金融地产	0.00	0.24	0.00	0.00	0.24
512650	长三角	0.00	0.03	0.00	0.00	0.03
512660	军工 ETF	8876.68	3228.40	28.73	1.14	12134.95
512670	国防 ETF	0.00	16.93	0.00	0.00	16.93
512680	军工基金	41.15	20.36	0.00	0.00	61.51

信用交易
Credit Trading

证券代码 Code	证券简称 Security Name	融资买入（百万元）	卖券还款（百万元）	融券卖出（百万元）	买券还券（百万元）	合计（百万元）
512690	酒 ETF	955. 68	369. 76	0. 00	0. 00	1325. 44
512700	银行基金	44. 68	14. 99	1. 51	0. 00	61. 18
512710	军工龙头	2067. 28	586. 16	0. 00	0. 00	2653. 44
512720	计算机	478. 25	218. 21	0. 00	0. 00	696. 46
512730	银行 FUND	0. 00	2. 19	0. 00	0. 00	2. 19
512750	基本面 50	15. 78	12. 91	0. 00	0. 00	28. 69
512760	芯片 ETF	29341. 60	12636. 22	969. 27	433. 65	43380. 74
512770	战略新兴	0. 00	0. 45	0. 00	0. 00	0. 45
512780	京津冀基	0. 00	0. 11	0. 00	0. 00	0. 11
512800	银行 ETF	8486. 08	2764. 53	982. 01	171. 88	12404. 50
512810	军工行业	0. 00	4. 70	0. 00	0. 00	4. 70
512820	银行股基	0. 00	5. 54	0. 00	0. 00	5. 54
512850	北京 50	0. 00	0. 00	0. 00	0. 00	0. 00
512860	MSCI 中国	0. 00	0. 00	0. 00	0. 00	0. 00
512870	杭州湾区	0. 00	0. 05	0. 00	0. 00	0. 05
512880	证券 ETF	58999. 36	22314. 45	61. 42	53. 21	81428. 44
512890	红利 LV	0. 00	0. 04	0. 00	0. 00	0. 04
512900	证券基金	690. 71	120. 99	0. 00	0. 00	811. 70
512910	100ETF	55. 95	20. 51	0. 00	0. 00	76. 46
512930	AIETF	0. 00	5. 86	0. 00	0. 00	5. 86
512950	央企改革	9. 73	3. 85	0. 00	0. 00	13. 58
512960	央调 ETF	11. 31	5. 66	0. 00	0. 00	16. 97
512970	湾区 ETF	0. 00	0. 51	0. 00	0. 00	0. 51
512980	传媒 ETF	878. 78	237. 04	0. 00	0. 00	1115. 82
512990	MSCIA 股	43. 15	8. 55	0. 00	0. 00	51. 70
513000	225ETF	0. 00	1. 89	0. 00	0. 00	1. 89
513030	德国 30	990. 94	378. 75	0. 00	0. 00	1369. 69
513050	中概互联	4917. 33	2368. 53	19. 92	6. 30	7312. 08
513080	法国 ETF	0. 00	0. 71	0. 00	0. 00	0. 71
513090	香港证券	453. 21	193. 52	0. 00	0. 00	646. 73
513100	纳指 ETF	3818. 89	1881. 37	0. 00	0. 00	5700. 26
513300	纳斯达克	0. 00	2. 63	0. 00	0. 00	2. 63
513500	标普 500	5773. 39	2895. 68	0. 00	0. 00	8669. 07
513520	日经 ETF	0. 00	8. 51	0. 00	0. 00	8. 51
513600	恒指 ETF	0. 00	1. 46	0. 00	0. 00	1. 46
513660	恒生通	325. 81	215. 47	0. 00	0. 00	541. 28
513680	建信 H 股	0. 00	0. 01	0. 00	0. 00	0. 01
513800	东证 ETF	0. 00	0. 02	0. 00	0. 00	0. 02
513880	日经 225	0. 00	1. 05	0. 00	0. 00	1. 05
513900	港股 100	0. 00	0. 47	0. 00	0. 00	0. 47
513990	港股通综	0. 00	0. 46	0. 00	0. 00	0. 46
515000	科技 ETF	13014. 97	6752. 95	22. 30	10. 62	19800. 84
515010	华夏证券	16. 32	7. 87	0. 00	0. 00	24. 19
515020	华夏银基	0. 00	0. 50	0. 00	0. 00	0. 50
515030	新汽车	4651. 86	1588. 89	32. 11	25. 30	6298. 16
515050	5GETF	25747. 17	9423. 11	7. 15	4. 14	35181. 57
515060	华夏地产	0. 00	0. 48	0. 00	0. 00	0. 48
515070	AI 智能	1152. 86	428. 22	2. 22	2. 35	1585. 65
515080	中证红利	0. 00	3. 29	0. 00	0. 00	3. 29
515090	可持续	0. 00	0. 79	0. 00	0. 00	0. 79

信用交易
Credit Trading

证券代码 Code	证券简称 Security Name	融资买入 （百万元）	卖券还款 （百万元）	融券卖出 （百万元）	买券还券 （百万元）	合计 （百万元）
515100	红利 100	0.00	2.53	0.00	0.00	2.53
515110	国企方达	0.00	0.00	0.00	0.00	0.00
515130	HS300E	0.00	0.03	0.00	0.00	0.03
515150	国企富国	0.00	0.03	0.00	0.00	0.03
515160	MSCICHNA	0.00	0.05	0.00	0.00	0.05
515180	100 红利	143.31	34.95	0.00	0.00	178.26
515190	BOCI500	0.00	0.00	0.00	0.00	0.00
515200	创新 100	30.54	12.32	0.00	0.00	42.86
515210	钢铁 ETF	0.00	9.41	0.00	0.00	9.41
515220	煤炭 ETF	0.00	55.96	0.00	0.00	55.96
515260	电子 ETF	160.50	59.64	0.00	0.00	220.14
515280	银行龙头	0.00	0.17	0.00	0.00	0.17
515300	红利 300	0.39	0.38	0.00	0.00	0.77
515330	天弘 300	0.00	0.06	0.00	0.00	0.06
515350	民生 300	0.00	19.80	0.00	0.00	19.80
515380	泰康 300	34.14	9.66	278.17	134.90	456.87
515390	HS300	0.00	1.39	0.00	0.00	1.39
515450	红利 50	4.89	3.16	0.00	0.00	8.05
515500	长三角 LX	0.00	0.01	0.00	0.00	0.01
515510	500 成长	0.00	0.56	0.00	0.00	0.56
515520	价值 100	1.83	0.81	0.00	0.00	2.64
515530	泰康 500	0.00	0.01	0.00	0.00	0.01
515550	中融 500	0.00	0.40	0.00	0.00	0.40
515560	证券 E	231.10	40.19	0.00	0.00	271.29
515570	山证红利	0.00	0.33	0.00	0.00	0.33
515580	中证科技	153.57	55.49	0.00	0.00	209.06
515590	500ETFEW	0.00	0.56	0.00	0.00	0.56
515600	央企创新	0.00	0.23	0.00	0.00	0.23
515620	ZZ800	0.00	0.01	0.00	0.00	0.01
515630	证保 ETF	0.00	11.44	0.00	0.00	11.44
515650	消费 50	862.89	177.44	0.00	0.00	1040.33
515660	沪深 300E	23.82	18.52	0.00	0.00	42.34
515670	中银 100	0.00	0.43	0.00	0.00	0.43
515680	创新央企	44.57	14.16	0.00	0.00	58.73
515690	股息龙头	0.00	0.01	0.00	0.00	0.01
515700	新能车	2702.25	1007.81	36.07	5.98	3752.11
515750	科技 50	1070.05	358.75	0.00	0.00	1428.80
515760	浙江国资	0.00	0.01	0.00	0.00	0.01
515770	MSCIAETF	8.37	1.81	0.00	0.00	10.18
515780	浦银 MSCI	0.00	0.00	0.00	0.00	0.00
515790	光伏 ETF	0.00	35.99	0.00	0.00	35.99
515800	800ETF	40.19	9.36	92.91	73.81	216.27
515810	ZZ800ETF	0.00	0.04	0.00	0.00	0.04
515820	沪深 800	0.00	0.01	0.00	0.00	0.01
515830	工银 800	0.00	0.01	0.00	0.00	0.01
515850	证券龙头	0.00	1.63	0.00	0.00	1.63
515860	科技 100	283.97	106.52	0.00	0.00	390.49
515870	制造 100	0.00	0.31	0.00	0.00	0.31
515880	通信 ETF	3085.07	1126.63	13.59	0.00	4225.29
515890	红利博时	0.00	0.05	0.00	0.00	0.05

信用交易
Credit Trading

证券代码 Code	证券简称 Security Name	融资买入（百万元）	卖券还款（百万元）	融券卖出（百万元）	买券还券（百万元）	合计（百万元）
515900	央创 ETF	0.00	3.50	0.00	0.00	3.50
515930	永赢 300	0.00	4.07	0.00	0.00	4.07
515950	医药龙头	0.00	2.13	0.00	0.00	2.13
515960	医药 100	0.00	2.19	0.00	0.00	2.19
515980	人工智能	231.24	77.76	0.00	0.00	309.00
518600	上海金	0.00	0.08	0.00	0.00	0.08
518660	工银黄金	0.00	1.28	0.00	0.00	1.28
518680	金 ETF	0.00	2.91	0.00	0.00	2.91
518800	黄金基金	4812.84	2147.59	0.00	0.00	6960.43
518850	黄金 9999	0.00	0.23	0.00	0.00	0.23
518880	黄金 ETF	151686.39	51434.42	810.02	40.86	203971.69
588000	科创 50	0.00	57.38	0.00	0.00	57.38
588050	科创 ETF	0.00	8.55	0.00	0.00	8.55
588080	科创板 50	0.00	8.67	0.00	0.00	8.67
588090	科创板	0.00	6.45	0.00	0.00	6.45
600000	浦发银行	13768.22	4748.42	1383.05	500.83	20400.52
600004	白云机场	5414.39	2158.61	229.12	181.76	7983.88
600006	东风汽车	8073.26	2985.60	138.83	64.52	11262.21
600007	中国国贸	1114.21	357.43	2.28	1.57	1475.49
600008	XD 首创股	2960.89	1098.17	118.59	92.24	4269.89
600009	上海机场	18743.39	6484.07	832.09	667.26	26726.81
600010	包钢股份	13679.31	3780.70	432.88	208.39	18101.28
600011	华能国际	3590.27	1674.44	224.16	87.32	5576.19
600012	皖通高速	593.71	310.90	0.28	0.26	905.15
600015	华夏银行	5783.04	2941.41	248.46	57.37	9030.28
600016	民生银行	16683.74	7206.39	1645.71	409.95	25945.79
600017	日照港	1697.87	692.10	67.40	56.53	2513.90
600018	上港集团	4348.78	1597.31	158.67	89.39	6194.15
600019	宝钢股份	12045.53	5683.47	383.98	264.34	18377.32
600020	中原高速	1800.18	794.98	12.96	7.77	2615.89
600021	XD 上海电	900.66	434.33	125.47	111.81	1572.27
600022	山东钢铁	3876.32	1295.92	383.45	297.57	5853.26
600023	浙能电力	2328.52	1021.60	32.13	23.45	3405.70
600025	华能水电	5975.40	2235.41	36.22	22.41	8269.44
600026	中远海能	8819.45	3612.47	359.28	207.54	12998.74
600027	华电国际	3447.62	1206.35	69.55	40.56	4764.08
600028	中国石化	13382.38	4838.97	852.66	477.20	19551.21
600029	南方航空	9786.34	4220.82	365.05	227.64	14599.85
600030	中信证券	204857.79	83078.67	8111.29	3908.00	299955.75
600031	三一重工	30349.39	12987.63	1767.85	1203.59	46308.46
600033	福建高速	738.26	308.22	0.11	0.03	1046.62
600035	楚天高速	1237.28	478.53	3.79	0.84	1720.44
600036	招商银行	54236.41	22855.67	11545.95	3207.06	91845.09
600037	歌华有线	9419.84	3842.97	205.80	157.51	13626.12
600038	中直股份	13618.66	5543.40	326.82	196.55	19685.43
600039	四川路桥	3194.10	1429.10	161.80	126.44	4911.44
600048	保利地产	35423.90	15136.53	2055.72	860.56	53476.71
600050	中国联通	22343.71	9502.85	502.22	282.01	32630.79
600051	宁波联合	0.00	75.36	0.00	0.00	75.36
600052	浙江广厦	0.00	43.90	0.00	0.00	43.90

信用交易
Credit Trading

证券代码 Code	证券简称 Security Name	融资买入 （百万元）	卖券还款 （百万元）	融券卖出 （百万元）	买券还券 （百万元）	合计 （百万元）
600053	九鼎投资	4695.65	1835.29	108.89	58.03	6697.86
600054	黄山旅游	0.00	85.75	0.00	0.00	85.75
600055	万东医疗	6159.81	2491.75	20.87	8.45	8680.88
600056	中国医药	11837.31	5252.36	162.04	122.80	17374.51
600057	厦门象屿	5928.67	2381.83	23.56	17.45	8351.51
600058	五矿发展	1088.56	382.23	42.58	41.90	1555.27
600059	古越龙山	7384.83	3141.92	22.25	6.89	10555.89
600060	海信视像	5898.86	2241.22	238.99	201.56	8580.63
600061	国投资本	22348.51	8340.30	470.48	187.72	31347.01
600062	华润双鹤	4749.64	1941.23	89.60	78.46	6858.93
600063	皖维高新	4737.69	1774.63	4.50	3.99	6520.81
600064	南京高科	5931.10	2471.15	122.31	98.66	8623.22
600066	宇通客车	4191.06	1890.10	368.98	236.82	6686.96
600067	冠城大通	1149.10	423.76	0.41	0.27	1573.54
600068	葛洲坝	10187.70	4388.97	239.34	145.28	14961.29
600069	退市银鸽	0.00	21.17	0.00	0.00	21.17
600070	浙江富润	0.00	216.92	0.00	0.00	216.92
600071	凤凰光学	0.00	29.32	0.00	0.00	29.32
600072	中船科技	8102.96	3243.22	4.56	0.37	11351.11
600073	上海梅林	11281.78	4784.49	222.12	173.66	16462.05
600074	退市保千	0.00	0.09	0.00	0.00	0.09
600075	新疆天业	3213.97	1128.41	10.03	2.12	4354.53
600076	康欣新材	1733.44	503.73	5.34	2.79	2245.30
600077	宋都股份	1122.76	352.78	0.38	0.28	1476.20
600078	*ST 澄星	3746.20	1439.48	3.02	0.00	5188.70
600079	人福医药	12092.77	4216.93	584.54	372.69	17266.93
600080	金花股份	0.00	25.16	0.00	0.00	25.16
600081	东风科技	3067.40	1216.02	6.02	0.38	4289.82
600082	海泰发展	0.00	14.70	0.00	0.00	14.70
600083	*ST 博信	361.95	202.84	0.00	0.00	564.79
600084	*ST 中葡	0.00	0.81	0.00	0.00	0.81
600085	同仁堂	10148.59	3566.57	123.43	82.34	13920.93
600086	退市金钰	292.55	82.75	0.00	0.00	375.30
600088	中视传媒	3759.53	1402.91	30.55	11.80	5204.79
600089	特变电工	23500.66	10099.26	669.47	213.11	34482.50
600090	*ST 济堂	1083.68	503.77	0.00	0.00	1587.45
600093	易见股份	8110.73	3475.55	55.30	11.00	11652.58
600094	大名城	8649.40	3239.16	500.26	178.41	12567.23
600095	湘财股份	0.00	414.12	0.00	0.00	414.12
600096	云天化	3568.61	1399.36	160.79	0.76	5129.52
600097	开创国际	0.00	24.98	0.00	0.00	24.98
600098	广州发展	936.56	412.27	11.63	11.37	1371.83
600099	林海股份	0.00	18.80	0.00	0.00	18.80
600100	同方股份	9522.12	3406.86	100.20	63.32	13092.50
600101	明星电力	0.00	32.12	0.00	0.00	32.12
600103	青山纸业	0.00	54.61	0.00	0.00	54.61
600104	上汽集团	22842.42	9910.39	1205.27	761.21	34719.29
600105	永鼎股份	4034.98	1581.69	12.69	3.09	5632.45
600106	重庆路桥	0.00	47.05	0.00	0.00	47.05
600107	美尔雅	4022.97	1679.19	3.22	2.17	5707.55

证券代码 Code	证券简称 Security Name	融资买入（百万元）	卖券还款（百万元）	融券卖出（百万元）	买券还券（百万元）	合计（百万元）
600108	亚盛集团	7929. 44	3369. 76	51. 78	39. 08	11390. 06
600109	国金证券	51621. 78	19987. 88	1979. 76	425. 02	74014. 44
600110	诺德股份	9184. 02	3545. 95	6. 31	2. 20	12738. 48
600111	北方稀土	35350. 11	14611. 47	859. 80	193. 26	51014. 64
600112	＊ST 天成	0. 00	2. 76	0. 00	0. 00	2. 76
600113	浙江东日	2516. 66	1051. 58	1. 18	0. 85	3570. 27
600114	东睦股份	0. 00	236. 43	0. 00	0. 00	236. 43
600115	东方航空	5949. 44	2256. 17	233. 54	145. 43	8584. 58
600116	三峡水利	3055. 77	1301. 21	89. 75	8. 74	4455. 47
600117	西宁特钢	0. 00	40. 86	0. 00	0. 00	40. 86
600118	中国卫星	43342. 31	16020. 80	1561. 65	377. 31	61302. 07
600119	长江投资	0. 00	7. 63	0. 00	0. 00	7. 63
600120	浙江东方	7916. 35	3017. 37	151. 64	114. 44	11199. 80
600121	郑州煤电	0. 00	84. 61	0. 00	0. 00	84. 61
600122	ST 宏图	241. 23	157. 23	0. 17	0. 11	398. 74
600123	兰花科创	2636. 69	1066. 86	32. 08	20. 16	3755. 79
600125	铁龙物流	3045. 07	1252. 41	67. 23	58. 71	4423. 42
600126	杭钢股份	11112. 46	3786. 89	303. 41	79. 20	15281. 96
600127	金健米业	6512. 08	2745. 99	1. 24	1. 20	9260. 51
600128	弘业股份	0. 00	26. 73	0. 00	0. 00	26. 73
600129	太极集团	2850. 76	1014. 50	21. 58	11. 30	3898. 14
600130	波导股份	3488. 98	1438. 85	7. 65	0. 11	4935. 59
600131	国网信通	9482. 08	3815. 29	223. 55	84. 65	13605. 57
600132	重庆啤酒	2403. 49	1018. 56	454. 31	406. 52	4282. 88
600133	东湖高新	4126. 83	1568. 83	66. 31	14. 65	5776. 62
600135	乐凯胶片	2540. 12	1020. 89	4. 22	3. 23	3568. 46
600136	当代文体	2161. 97	752. 27	9. 33	3. 60	2927. 17
600137	浪莎股份	0. 00	7. 51	0. 00	0. 00	7. 51
600138	中青旅	6285. 14	2517. 58	93. 69	96. 87	8993. 28
600139	ST 西源	1822. 04	952. 49	0. 67	0. 30	2775. 50
600141	兴发集团	8146. 35	3143. 89	103. 75	83. 37	11477. 36
600143	金发科技	44144. 26	16646. 75	721. 27	456. 95	61969. 23
600145	＊ST 新亿	0. 00	0. 01	0. 00	0. 00	0. 01
600146	＊ST 环球	915. 02	503. 57	0. 56	0. 03	1419. 18
600148	长春一东	0. 00	42. 36	0. 00	0. 00	42. 36
600149	廊坊发展	0. 00	1. 32	0. 00	0. 00	1. 32
600150	中国船舶	8029. 35	3218. 58	446. 06	213. 55	11907. 54
600151	航天机电	6857. 61	2105. 59	37. 09	10. 52	9010. 81
600152	维科技术	0. 00	45. 38	0. 00	0. 00	45. 38
600153	建发股份	4473. 84	1765. 26	210. 49	171. 65	6621. 24
600155	华创阳安	14058. 39	5253. 01	720. 22	295. 66	20327. 28
600156	华升股份	0. 00	28. 98	0. 00	0. 00	28. 98
600157	永泰能源	2812. 05	1457. 83	4. 31	1. 03	4275. 22
600158	中体产业	10963. 67	3563. 07	162. 15	114. 35	14803. 24
600159	大龙地产	0. 00	21. 01	0. 00	0. 00	21. 01
600160	巨化股份	10671. 59	3976. 70	169. 65	126. 62	14944. 56
600161	天坛生物	16256. 92	6469. 05	493. 44	442. 48	23661. 89
600162	香江控股	787. 56	310. 16	2. 50	1. 71	1101. 93
600163	中闽能源	1070. 65	461. 19	3. 26	1. 25	1536. 35
600165	新日恒力	0. 00	135. 12	0. 00	0. 00	135. 12

信用交易
Credit Trading

证券代码 Code	证券简称 Security Name	融资买入 (百万元)	卖券还款 (百万元)	融券卖出 (百万元)	买券还券 (百万元)	合计 (百万元)
600166	福田汽车	11080.49	4323.88	2219.06	684.34	18307.77
600167	联美控股	1591.87	557.84	159.74	138.19	2447.64
600168	武汉控股	3842.95	1670.15	4.87	1.41	5519.38
600169	太原重工	1402.83	511.94	9.58	0.78	1925.13
600170	上海建工	2738.72	1238.47	80.49	48.82	4106.50
600171	上海贝岭	17881.97	7270.04	496.92	292.97	25941.90
600172	黄河旋风	4029.38	1478.02	0.00	0.00	5507.40
600173	卧龙地产	0.00	14.54	0.00	0.00	14.54
600175	退市美都	555.61	369.28	0.00	0.00	924.89
600176	中国巨石	11975.93	5550.17	276.24	197.09	17999.43
600177	雅戈尔	4335.96	1991.24	89.10	71.67	6487.97
600178	东安动力	0.00	87.89	0.00	0.00	87.89
600179	安通控股	0.00	3.09	0.00	0.00	3.09
600180	瑞茂通	578.56	195.12	0.11	0.09	773.88
600182	SST 佳通	0.00	18.53	0.00	0.00	18.53
600183	XD 生益科	29051.67	11313.85	723.91	437.30	41526.73
600184	光电股份	2034.60	776.54	63.76	16.08	2890.98
600185	格力地产	12247.61	4530.10	15.39	3.49	16796.59
600186	莲花健康	0.00	37.88	0.00	0.00	37.88
600187	国中水务	1566.10	597.68	2.91	1.48	2168.17
600188	兖州煤业	8282.51	3619.91	174.36	88.98	12165.76
600189	泉阳泉	0.00	96.57	0.00	0.00	96.57
600190	锦州港	0.00	20.09	0.00	0.00	20.09
600191	*ST 华资	4437.75	1605.36	1.62	0.09	6044.82
600192	长城电工	0.00	33.28	0.00	0.00	33.28
600193	ST 创兴	0.00	3.69	0.00	0.00	3.69
600195	中牧股份	4298.67	1784.48	78.83	52.25	6214.23
600196	复星医药	110457.79	43051.11	5731.40	1346.49	160586.79
600197	伊力特	11302.23	4328.13	36.07	27.67	15694.10
600198	*ST 大唐	6391.99	2489.52	0.29	0.00	8881.80
600199	金种子酒	5191.78	2122.39	26.45	13.56	7354.18
600200	江苏吴中	4531.55	1909.40	1.06	0.55	6442.56
600201	生物股份	10365.62	4830.84	424.08	380.81	16001.35
600202	哈空调	0.00	8.09	0.00	0.00	8.09
600203	福日电子	0.00	135.72	0.00	0.00	135.72
600206	有研新材	21767.64	8802.44	298.66	6.60	30875.34
600207	安彩高科	0.00	36.84	0.00	0.00	36.84
600208	新湖中宝	12136.77	4534.04	173.73	63.37	16907.91
600209	*ST 罗顿	0.00	0.94	0.00	0.00	0.94
600210	紫江企业	3443.81	1219.93	1.06	0.46	4665.26
600211	西藏药业	0.00	547.76	0.00	0.00	547.76
600212	江泉实业	0.00	6.85	0.00	0.00	6.85
600213	亚星客车	1824.27	844.05	0.47	0.00	2668.79
600215	长春经开	0.00	22.10	0.00	0.00	22.10
600216	浙江医药	14542.43	5120.87	271.15	211.33	20145.78
600217	中再资环	3718.43	1402.99	13.05	10.48	5144.95
600218	全柴动力	5275.78	2019.03	67.67	2.17	7364.65
600219	南山铝业	8808.72	3698.86	311.04	175.21	12993.83
600220	江苏阳光	1980.57	769.53	0.20	0.06	2750.36
600221	*ST 海航	6827.37	2524.82	455.18	187.26	9994.63

证券代码 Code	证券简称 Security Name	融资买入（百万元）	卖券还款（百万元）	融券卖出（百万元）	买券还券（百万元）	合计（百万元）
600222	太龙药业	3594.80	1611.38	6.73	2.24	5215.15
600223	鲁商发展	13065.72	4758.49	30.69	2.26	17857.16
600225	*ST松江	210.36	119.50	0.00	0.06	329.92
600226	ST瀚叶	1650.46	766.48	4.50	0.50	2421.94
600227	圣济堂	0.00	27.50	0.00	0.00	27.50
600228	返利科技	0.00	0.23	0.00	0.00	0.23
600229	城市传媒	2263.58	909.40	1.53	1.19	3175.70
600230	沧州大化	3387.46	1199.78	0.84	0.80	4588.88
600231	凌钢股份	965.52	333.40	0.00	0.00	1298.92
600232	金鹰股份	0.00	43.15	0.00	0.00	43.15
600233	圆通速递	7722.56	2321.67	847.99	158.73	11050.95
600235	民丰特纸	0.00	34.19	0.00	0.00	34.19
600236	桂冠电力	578.33	268.96	6.50	5.57	859.36
600237	铜峰电子	4580.89	1856.19	0.76	0.19	6438.03
600238	海南椰岛	0.00	1.85	0.00	0.00	1.85
600239	*ST云城	4705.86	1826.22	2.13	0.52	6534.73
600240	退市华业	0.00	0.24	0.00	0.00	0.24
600241	ST时万	0.00	1.51	0.00	0.00	1.51
600242	ST中昌	0.00	76.55	0.00	0.00	76.55
600243	青海华鼎	0.00	2.52	0.00	0.00	2.52
600246	万通发展	1891.05	638.45	143.03	0.00	2672.53
600247	*ST成城	0.00	0.00	0.00	0.00	0.00
600248	陕西建工	0.00	20.15	0.00	0.00	20.15
600249	两面针	0.00	30.82	0.00	0.00	30.82
600250	南纺股份	0.00	17.23	0.00	0.00	17.23
600251	冠农股份	5317.48	2197.53	52.48	13.12	7580.61
600252	XD中恒集	3563.91	1581.87	29.51	15.50	5190.79
600255	鑫科材料	0.00	6.51	0.00	0.00	6.51
600256	广汇能源	4272.08	1787.84	143.64	122.26	6325.82
600257	大湖股份	3235.07	1372.59	2.44	0.58	4610.68
600258	首旅酒店	5700.70	2155.88	158.52	149.80	8164.90
600259	广晟有色	7937.26	2976.74	260.06	74.14	11248.20
600260	凯乐科技	19858.83	7810.83	307.40	220.67	28197.73
600261	阳光照明	1645.66	622.96	0.23	0.29	2269.14
600262	北方股份	0.00	12.07	0.00	0.00	12.07
600266	城建发展	3034.40	1323.96	93.58	76.90	4528.84
600267	海正药业	17983.19	7810.81	113.34	36.50	25943.84
600268	国电南自	7242.64	2763.64	113.25	8.05	10127.58
600269	赣粤高速	1171.26	476.14	0.73	0.73	1648.86
600271	航天信息	9844.64	4440.08	165.39	121.37	14571.48
600272	开开实业	0.00	14.55	0.00	0.00	14.55
600273	嘉化能源	10979.40	3753.67	168.45	147.39	15048.91
600275	*ST昌鱼	0.00	0.12	0.00	0.00	0.12
600276	恒瑞医药	45600.54	19142.08	11258.65	2483.13	78484.40
600277	亿利洁能	3476.93	1120.95	64.73	55.34	4717.95
600278	东方创业	1297.65	514.94	8.05	3.90	1824.54
600279	重庆港九	0.00	28.59	0.00	0.00	28.59
600280	中央商场	0.00	5.51	0.00	0.00	5.51
600281	太化股份	0.00	12.72	0.00	0.00	12.72
600282	南钢股份	6286.94	2299.07	163.84	106.86	8856.71

信用交易
Credit Trading

证券代码 Code	证券简称 Security Name	融资买入（百万元）	卖券还款（百万元）	融券卖出（百万元）	买券还券（百万元）	合计（百万元）
600283	钱江水利	0.00	46.87	0.00	0.00	46.87
600284	浦东建设	1794.13	696.82	5.82	5.49	2502.26
600285	羚锐制药	3880.53	1636.13	1.67	0.63	5518.96
600287	江苏舜天	1339.73	483.50	2.78	1.31	1827.32
600288	大恒科技	2149.90	828.87	10.60	9.42	2998.79
600289	ST 信通	0.00	2.85	0.00	0.00	2.85
600290	ST 华仪	0.00	7.48	0.00	0.00	7.48
600291	*ST 西水	7867.44	3261.43	118.98	72.35	11320.20
600292	远达环保	1427.79	504.63	0.29	0.31	1933.02
600293	三峡新材	1727.79	790.14	1.00	0.46	2519.39
600295	鄂尔多斯	3140.98	1120.93	16.38	6.91	4285.20
600297	广汇汽车	7856.05	2967.38	236.10	115.74	11175.27
600298	安琪酵母	12361.77	5864.79	484.40	447.65	19158.61
600299	安迪苏	4223.69	1511.58	54.25	38.72	5828.24
600300	ST 维维	7229.17	3022.71	86.15	59.43	10397.46
600301	*ST 南化	0.00	0.16	0.00	0.00	0.16
600302	标准股份	0.00	10.34	0.00	0.00	10.34
600303	曙光股份	2541.82	1175.75	0.63	0.50	3718.70
600305	恒顺醋业	4224.20	1718.11	53.78	10.66	6006.75
600306	*ST 商城	0.00	1.92	0.00	0.00	1.92
600307	酒钢宏兴	2779.97	851.51	87.85	71.93	3791.26
600308	华泰股份	3027.91	1146.00	5.13	1.76	4180.80
600309	万华化学	27230.11	11992.27	2405.79	1081.25	42709.42
600310	桂东电力	984.43	336.88	3.01	0.95	1325.27
600311	ST 荣华	0.00	17.67	0.00	0.00	17.67
600312	平高电气	6747.80	2741.81	371.69	111.60	9972.90
600313	农发种业	0.00	224.36	0.00	0.00	224.36
600315	上海家化	7413.11	3154.32	860.51	328.66	11756.60
600316	洪都航空	25030.66	8276.88	703.52	340.94	34352.00
600317	营口港	958.93	284.00	10.16	9.63	1262.72
600318	新力金融	11560.56	4252.82	81.39	3.30	15898.07
600319	*ST 亚星	0.00	0.57	0.00	0.00	0.57
600320	振华重工	883.78	361.54	0.62	0.38	1246.32
600321	正源股份	0.00	28.14	0.00	0.00	28.14
600322	天房发展	1507.90	588.44	4.48	1.63	2102.45
600323	瀚蓝环境	3367.44	1502.79	5.61	5.98	4881.82
600325	华发股份	6394.50	2694.55	148.06	125.14	9362.25
600326	西藏天路	9505.79	3463.59	31.95	5.06	13006.39
600327	大东方	0.00	101.41	0.00	0.00	101.41
600328	中盐化工	2652.60	1024.72	4.52	1.92	3683.76
600329	中新药业	3368.79	1412.42	86.37	68.22	4935.80
600330	天通股份	16542.84	6006.32	109.05	42.26	22700.47
600331	宏达股份	2336.10	922.78	0.86	0.14	3259.88
600332	白云山	15430.83	7165.10	284.54	203.25	23083.72
600333	长春燃气	1621.38	671.64	0.62	0.32	2293.96
600335	国机汽车	3446.38	1229.29	52.56	37.07	4765.30
600336	澳柯玛	10122.48	4157.21	7.28	2.21	14289.18
600337	美克家居	2756.32	1033.06	36.39	13.98	3839.75
600338	西藏珠峰	0.00	271.46	0.00	0.00	271.46
600339	中油工程	2828.07	1109.63	93.38	80.51	4111.59

信用交易
Credit Trading

证券代码 Code	证券简称 Security Name	融资买入（百万元）	卖券还款（百万元）	融券卖出（百万元）	买券还券（百万元）	合计（百万元）
600340	华夏幸福	10732.24	4445.59	233.47	195.67	15606.97
600343	航天动力	3223.20	1215.84	10.60	9.00	4458.64
600345	长江通信	3590.16	1310.02	7.81	2.06	4910.05
600346	恒力石化	12564.08	4969.65	533.81	225.75	18293.29
600348	华阳股份	3915.13	1704.42	92.37	78.96	5790.88
600350	山东高速	1010.07	601.06	76.55	64.67	1752.35
600351	亚宝药业	3042.75	1011.79	7.76	2.27	4064.57
600352	浙江龙盛	32849.25	13923.57	465.03	308.06	47545.91
600353	旭光电子	0.00	46.79	0.00	0.00	46.79
600354	敦煌种业	800.30	377.50	0.00	0.00	1177.80
600355	精伦电子	0.00	36.78	0.00	0.00	36.78
600356	恒丰纸业	0.00	24.14	0.00	0.00	24.14
600358	国旅联合	0.00	2.11	0.00	0.00	2.11
600359	新农开发	0.00	150.22	0.00	0.00	150.22
600360	华微电子	19260.37	7342.21	186.97	16.46	26806.01
600361	华联综超	0.00	49.53	0.00	0.00	49.53
600362	江西铜业	19464.71	8095.90	1518.82	258.52	29337.95
600363	联创光电	16734.37	5645.60	106.68	69.85	22556.50
600365	ST通葡	0.00	15.96	0.00	0.00	15.96
600366	宁波韵升	7191.46	2971.99	93.16	6.94	10263.55
600367	红星发展	0.00	19.97	0.00	0.00	19.97
600368	五洲交通	1264.01	477.03	2.87	1.85	1745.76
600369	西南证券	8561.33	3630.55	309.88	158.87	12660.63
600370	三房巷	0.00	37.40	0.00	0.00	37.40
600371	万向德农	0.00	247.23	0.00	0.00	247.23
600372	中航电子	9839.67	3692.00	276.12	177.34	13985.13
600373	中文传媒	6648.94	2155.53	144.48	110.68	9059.63
600375	汉马科技	4280.15	1345.03	13.06	0.07	5638.31
600376	首开股份	1908.23	716.43	112.72	99.74	2837.12
600377	宁沪高速	871.16	337.44	47.46	45.61	1301.67
600378	昊华科技	3026.59	1287.46	5.39	1.51	4320.95
600379	宝光股份	0.00	16.99	0.00	0.00	16.99
600380	健康元	11346.81	4355.65	284.15	240.45	16227.06
600381	青海春天	0.00	37.21	0.00	0.00	37.21
600382	*ST广珠	2003.40	868.95	2.11	1.24	2875.70
600383	金地集团	13214.59	5272.68	752.41	517.28	19756.96
600385	*ST金泰	0.00	0.29	0.00	0.00	0.29
600386	北巴传媒	1985.35	842.88	0.41	0.23	2828.87
600387	ST海越	2457.57	1094.96	60.58	8.02	3621.13
600388	龙净环保	2752.99	958.99	118.09	109.92	3939.99
600389	江山股份	2475.38	905.66	4.09	2.74	3387.87
600390	五矿资本	6837.02	2363.98	85.61	48.11	9334.72
600391	航发科技	11005.84	4411.49	5.46	0.00	15422.79
600392	盛和资源	14678.00	5146.23	348.67	119.50	20292.40
600393	ST粤泰	0.00	119.25	0.00	0.00	119.25
600395	盘江股份	2243.24	1026.29	57.32	9.74	3336.59
600396	金山股份	0.00	28.16	0.00	0.00	28.16
600397	安源煤业	0.00	62.06	0.00	0.00	62.06
600398	海澜之家	1707.92	688.14	88.13	72.60	2556.79
600399	抚顺特钢	0.00	17.46	0.00	0.00	17.46

信用交易
Credit Trading

证券代码 Code	证券简称 Security Name	融资买入（百万元）	卖券还款（百万元）	融券卖出（百万元）	买券还券（百万元）	合计（百万元）
600400	红豆股份	2090.60	775.17	0.91	0.60	2867.28
600403	ST 大有	1127.08	488.11	0.41	0.00	1615.60
600405	动力源	0.00	77.76	0.00	0.00	77.76
600406	国电南瑞	11988.91	5037.59	424.50	283.46	17734.46
600408	ST 安泰	0.00	0.42	0.00	0.00	0.42
600409	三友化工	8721.35	3228.95	164.25	143.43	12257.98
600410	华胜天成	28162.24	11552.56	587.38	262.90	40565.08
600415	小商品城	10118.89	3667.22	1631.81	551.68	15969.60
600416	湘电股份	2166.88	850.81	1.61	0.45	3019.75
600418	江淮汽车	28373.95	9702.66	373.59	227.04	38677.24
600419	天润乳业	0.00	165.15	0.00	0.00	165.15
600420	国药现代	0.00	168.55	0.00	0.00	168.55
600421	ST 华嵘	0.00	1.82	0.00	0.00	1.82
600422	昆药集团	5309.99	2193.98	10.51	0.78	7515.26
600423	柳化股份	0.00	0.28	0.00	0.00	0.28
600425	青松建化	8001.28	2938.94	4.21	0.52	10944.95
600426	华鲁恒升	4787.21	2358.22	685.74	546.67	8377.84
600428	中远海特	2322.88	814.71	57.42	47.88	3242.89
600429	三元股份	0.00	43.87	0.00	0.00	43.87
600433	冠豪高新	2670.06	1118.92	0.29	0.35	3789.62
600435	北方导航	8097.14	3205.65	220.11	134.20	11657.10
600436	片仔癀	24463.54	11762.42	841.12	460.17	37527.25
600438	通威股份	49271.96	17189.70	1790.95	912.12	69164.73
600439	瑞贝卡	0.00	41.75	0.00	0.00	41.75
600444	国机通用	0.00	6.64	0.00	0.00	6.64
600446	金证股份	16105.31	5678.43	397.88	195.61	22377.23
600448	华纺股份	3390.05	1355.97	10.37	1.33	4757.72
600449	宁夏建材	6465.04	2491.28	25.90	14.11	8996.33
600452	涪陵电力	2316.34	971.66	4.01	1.77	3293.78
600455	博通股份	0.00	23.70	0.00	0.00	23.70
600456	宝钛股份	10853.49	4253.85	12.35	9.26	15128.95
600458	时代新材	3019.67	1073.64	8.95	4.81	4107.07
600459	贵研铂业	14665.90	6006.83	95.72	28.63	20797.08
600460	士兰微	29589.53	11071.69	1319.65	378.60	42359.47
600461	洪城环境	0.00	55.79	0.00	0.00	55.79
600462	ST 九有	0.00	0.12	0.00	0.00	0.12
600463	空港股份	0.00	7.17	0.00	0.00	7.17
600466	蓝光发展	4837.49	1881.22	128.74	109.07	6956.52
600467	好当家	4230.52	1606.80	0.71	0.51	5838.54
600468	百利电气	0.00	43.67	0.00	0.00	43.67
600469	风神股份	1187.59	473.47	6.50	6.22	1673.78
600470	六国化工	499.49	274.66	26.68	2.14	802.97
600475	华光环能	0.00	34.20	0.00	0.00	34.20
600476	湘邮科技	0.00	30.53	0.00	0.00	30.53
600477	杭萧钢构	4540.02	1894.05	18.81	0.17	6453.05
600478	科力远	4110.98	1489.48	127.04	91.20	5818.70
600479	千金药业	0.00	90.82	0.00	0.00	90.82
600480	凌云股份	3963.64	1230.53	25.72	1.55	5221.44
600481	双良节能	3356.47	1077.69	1.13	0.40	4435.69
600482	中国动力	4606.27	1722.08	186.01	100.51	6614.87

证券代码 Code	证券简称 Security Name	融资买入 （百万元）	卖券还款 （百万元）	融券卖出 （百万元）	买券还券 （百万元）	合计 （百万元）
600483	福能股份	1163. 40	422. 75	1. 28	1. 34	1588. 77
600485	＊ST 信威	0. 00	1. 57	0. 00	0. 00	1. 57
600486	扬农化工	4852. 75	2279. 89	561. 70	446. 19	8140. 53
600487	亨通光电	27390. 76	10480. 97	705. 23	261. 01	38837. 97
600488	天药股份	0. 00	56. 62	0. 00	0. 00	56. 62
600489	中金黄金	16283. 28	7101. 25	271. 82	149. 86	23806. 21
600490	鹏欣资源	5088. 95	1844. 24	66. 01	21. 10	7020. 30
600491	龙元建设	3684. 96	1644. 48	2. 93	2. 17	5334. 54
600493	凤竹纺织	0. 00	43. 52	0. 00	0. 00	43. 52
600495	晋西车轴	3363. 14	1366. 50	30. 15	1. 56	4761. 35
600496	精工钢构	0. 00	255. 96	0. 00	0. 00	255. 96
600497	驰宏锌锗	7198. 45	2800. 65	205. 98	156. 17	10361. 25
600498	烽火通信	30522. 37	11812. 27	1444. 79	381. 22	44160. 65
600499	科达制造	2746. 99	928. 41	79. 47	38. 28	3793. 15
600500	中化国际	4407. 66	1768. 78	107. 20	89. 64	6373. 28
600501	航天晨光	3416. 97	1298. 05	0. 00	0. 00	4715. 02
600502	安徽建工	3305. 55	1364. 77	4. 14	2. 91	4677. 37
600503	华丽家族	6305. 82	2455. 50	8. 50	0. 83	8770. 65
600505	西昌电力	0. 00	41. 46	0. 00	0. 00	41. 46
600506	＊ST 香梨	0. 00	43. 06	0. 00	0. 00	43. 06
600507	方大特钢	3811. 37	1404. 55	114. 33	92. 85	5423. 10
600508	上海能源	1690. 64	638. 99	1. 60	0. 00	2331. 23
600509	天富能源	2046. 75	842. 89	12. 78	4. 11	2906. 53
600510	黑牡丹	3711. 86	1452. 57	10. 90	4. 79	5180. 12
600511	国药股份	30889. 37	12103. 49	490. 56	286. 80	43770. 22
600512	腾达建设	4815. 55	2005. 19	14. 98	0. 00	6835. 72
600513	联环药业	0. 00	218. 89	0. 00	0. 00	218. 89
600515	＊ST 基础	13229. 19	5324. 18	256. 69	157. 70	18967. 76
600516	方大炭素	15908. 40	6454. 99	520. 92	147. 43	23031. 74
600517	国网英大	4681. 68	1802. 83	72. 67	33. 94	6591. 12
600518	＊ST 康美	0. 00	12. 21	0. 00	0. 34	12. 55
600519	贵州茅台	148144. 27	59499. 81	9726. 29	3654. 92	221025. 29
600520	文一科技	0. 00	29. 70	0. 00	0. 00	29. 70
600521	华海药业	13079. 56	5941. 81	493. 68	391. 29	19906. 34
600522	中天科技	28617. 40	11594. 28	722. 52	344. 22	41278. 42
600523	贵航股份	4680. 28	1520. 55	54. 42	30. 50	6285. 75
600525	长园集团	3260. 37	1592. 30	25. 75	9. 13	4887. 55
600526	菲达环保	0. 00	33. 54	0. 00	0. 00	33. 54
600527	江南高纤	0. 00	181. 81	0. 00	0. 00	181. 81
600528	中铁工业	3792. 89	1465. 70	158. 36	117. 40	5534. 35
600529	山东药玻	24480. 00	9247. 83	544. 12	348. 10	34620. 05
600530	交大昂立	206. 04	87. 48	0. 00	0. 00	293. 52
600531	豫光金铅	6669. 33	2633. 25	700. 96	105. 87	10109. 41
600532	未来股份	1278. 53	462. 18	1. 01	0. 00	1741. 72
600533	栖霞建设	3008. 13	1246. 48	7. 05	0. 32	4261. 98
600535	天士力	10815. 69	4412. 70	256. 30	218. 09	15702. 78
600536	XD 中国软	57473. 17	21445. 66	1402. 54	451. 14	80772. 51
600537	亿晶光电	3231. 04	1223. 70	4. 32	0. 49	4459. 55
600538	国发股份	0. 00	25. 75	0. 00	0. 00	25. 75
600539	狮头股份	0. 00	0. 09	0. 00	0. 00	0. 09

信用交易
Credit Trading

证券代码 Code	证券简称 Security Name	融资买入（百万元）	卖券还款（百万元）	融券卖出（百万元）	买券还券（百万元）	合计（百万元）
600540	新赛股份	0.00	87.21	0.00	0.00	87.21
600543	莫高股份	4210.92	1768.16	15.46	7.32	6001.86
600545	卓郎智能	1988.45	662.96	85.45	75.24	2812.10
600546	山煤国际	6026.61	2380.76	33.92	9.04	8450.33
600547	山东黄金	46139.86	20218.59	766.96	359.86	67485.27
600548	深高速	826.28	268.75	4.45	4.53	1104.01
600549	厦门钨业	10470.91	3692.46	308.40	225.41	14697.18
600550	保变电气	960.62	408.07	0.00	0.00	1368.69
600551	时代出版	1313.28	465.79	77.77	6.08	1862.92
600552	凯盛科技	5542.46	2185.68	10.16	2.57	7740.87
600555	*ST 海创	0.00	14.78	0.00	0.00	14.78
600556	天下秀	0.00	100.20	0.00	0.00	100.20
600557	康缘药业	2690.60	993.57	59.88	57.82	3801.87
600558	大西洋	0.00	34.86	0.00	0.00	34.86
600559	老白干酒	22966.99	10204.98	67.78	27.13	33266.88
600560	金自天正	0.00	35.62	0.00	0.00	35.62
600561	江西长运	0.00	11.60	0.00	0.00	11.60
600562	国睿科技	5299.17	1973.04	67.96	45.18	7385.35
600563	法拉电子	4590.98	1700.20	278.82	249.76	6819.76
600565	迪马股份	2036.75	844.32	48.03	45.77	2974.87
600566	济川药业	4786.76	2105.33	227.74	117.57	7237.40
600567	山鹰国际	5692.40	2023.68	129.77	112.79	7958.64
600568	ST 中珠	548.27	461.75	0.04	0.03	1010.09
600569	安阳钢铁	1395.69	526.63	9.06	0.08	1931.46
600570	恒生电子	53548.40	26759.55	1009.45	798.22	82115.62
600571	信雅达	3438.58	1456.41	8.87	1.39	4905.25
600572	康恩贝	7257.06	2983.37	193.04	123.39	10556.86
600573	惠泉啤酒	0.00	79.49	0.00	0.00	79.49
600575	淮河能源	2544.79	1174.39	42.81	36.81	3798.80
600576	祥源文化	0.00	13.37	0.00	0.00	13.37
600577	精达股份	3523.90	1236.60	9.00	2.48	4771.98
600578	京能电力	716.02	288.10	10.41	7.18	1021.71
600579	克劳斯	0.00	50.70	0.00	0.00	50.70
600580	卧龙电驱	15382.53	5585.76	264.56	225.31	21458.16
600581	八一钢铁	3818.08	1446.92	61.10	3.51	5329.61
600582	天地科技	2621.13	931.04	70.78	57.96	3680.91
600583	海油工程	2793.99	1137.36	131.83	50.11	4113.29
600584	长电科技	71714.61	25447.20	4445.28	953.73	102560.82
600585	海螺水泥	46895.76	19372.12	1710.01	872.14	68850.03
600586	金晶科技	0.00	153.15	0.00	0.00	153.15
600587	新华医疗	4828.83	1958.02	11.03	7.02	6804.90
600588	用友网络	31851.93	12899.65	1248.02	812.55	46812.15
600589	ST 榕泰	0.00	94.65	0.00	0.00	94.65
600590	泰豪科技	3012.12	1185.51	2.84	1.60	4202.07
600592	龙溪股份	2346.83	1070.61	2.64	2.36	3422.44
600593	大连圣亚	0.00	48.82	0.00	0.00	48.82
600594	益佰制药	4059.22	1586.16	21.72	9.22	5676.32
600595	*ST 中孚	0.00	5.76	0.00	0.00	5.76
600596	新安股份	13095.51	5054.09	7.62	4.90	18162.12
600597	光明乳业	9323.82	3306.98	306.33	252.34	13189.47

证券代码 Code	证券简称 Security Name	融资买入 （百万元）	卖券还款 （百万元）	融券卖出 （百万元）	买券还券 （百万元）	合计 （百万元）
600598	北大荒	24422.59	10806.08	1033.98	260.51	36523.16
600599	ST熊猫	392.18	215.40	0.00	0.00	607.58
600600	青岛啤酒	7898.33	3393.91	205.40	172.98	11670.62
600601	ST方科	3573.06	1546.28	0.96	0.13	5120.43
600602	云赛智联	3106.93	1219.51	15.67	12.17	4354.28
600603	广汇物流	0.00	57.97	0.00	0.00	57.97
600604	市北高新	7507.87	2983.53	145.94	15.66	10653.00
600605	汇通能源	0.00	15.27	0.00	0.00	15.27
600606	绿地控股	18951.33	7188.31	1125.28	217.08	27482.00
600608	ST沪科	0.00	0.00	0.00	0.00	0.00
600609	金杯汽车	4023.61	1267.01	18.93	1.88	5311.43
600610	中毅达	0.00	0.02	0.00	0.00	0.02
600611	大众交通	990.56	360.28	3.01	1.42	1355.27
600612	老凤祥	1752.04	725.59	14.23	14.99	2506.85
600613	神奇制药	0.00	33.83	0.00	0.00	33.83
600614	*ST鹏起	0.00	1.73	0.00	0.01	1.74
600615	*ST丰华	0.00	9.70	0.00	0.00	9.70
600616	金枫酒业	3767.63	1603.28	13.37	5.00	5389.28
600617	国新能源	456.62	157.18	4.89	1.45	620.14
600618	氯碱化工	2057.32	793.25	18.92	8.13	2877.62
600619	海立股份	0.00	23.06	0.00	0.00	23.06
600620	天宸股份	1727.15	520.29	3.79	2.70	2253.93
600621	华鑫股份	27909.13	10761.91	509.75	84.36	39265.15
600622	光大嘉宝	4376.22	1606.41	7.65	2.72	5993.00
600623	华谊集团	1654.19	522.15	49.88	43.75	2269.97
600624	复旦复华	6602.24	3029.88	83.26	5.91	9721.29
600626	申达股份	2537.28	1108.07	6.85	6.27	3658.47
600628	新世界	0.00	53.42	0.00	0.00	53.42
600629	华建集团	0.00	10.41	0.00	0.00	10.41
600630	龙头股份	0.00	70.35	0.00	0.00	70.35
600633	浙数文化	7325.63	2824.77	152.44	119.21	10422.05
600634	*ST富控	0.00	0.05	0.00	0.00	0.05
600635	大众公用	5221.49	1982.69	16.06	4.07	7224.31
600636	国新文化	3774.05	970.84	8.97	6.33	4760.19
600637	东方明珠	8111.02	3269.12	118.57	77.18	11575.89
600638	新黄浦	0.00	43.53	0.00	0.00	43.53
600639	浦东金桥	1030.41	411.06	79.94	63.85	1585.26
600640	号百控股	6537.30	2300.53	145.38	106.40	9089.61
600641	万业企业	15002.67	5914.77	55.63	42.53	21015.60
600642	申能股份	1105.84	431.62	200.48	162.61	1900.55
600643	爱建集团	5263.24	2042.94	108.14	95.68	7510.00
600644	乐山电力	0.00	60.96	0.00	0.00	60.96
600645	中源协和	9838.04	3719.72	190.70	150.65	13899.11
600647	同达创业	0.00	11.59	0.00	0.00	11.59
600648	外高桥	3901.44	1746.77	118.06	98.78	5865.05
600649	城投控股	2731.83	968.16	127.06	109.43	3936.48
600650	锦江在线	0.00	14.79	0.00	0.00	14.79
600651	飞乐音响	164.48	72.69	3.94	0.07	241.18
600652	*ST游久	0.00	4.94	0.00	0.00	4.94
600653	申华控股	1105.12	500.47	3.93	0.24	1609.76

信用交易
Credit Trading

证券代码 Code	证券简称 Security Name	融资买入 （百万元）	卖券还款 （百万元）	融券卖出 （百万元）	买券还券 （百万元）	合计 （百万元）
600654	ST 中安	0.00	0.76	0.00	0.00	0.76
600655	豫园股份	2769.98	1121.44	71.74	47.79	4010.95
600657	信达地产	1855.52	626.21	51.59	47.62	2580.94
600658	电子城	0.00	64.59	0.00	0.00	64.59
600660	福耀玻璃	10419.29	4148.79	606.52	430.86	15605.46
600661	昂立教育	1271.40	493.38	0.15	0.07	1765.00
600662	强生控股	5216.00	2250.16	17.62	4.50	7488.28
600663	陆家嘴	1316.94	619.87	39.18	25.60	2001.59
600664	哈药股份	3533.83	1506.95	107.16	73.01	5220.95
600665	天地源	0.00	7.28	0.00	0.00	7.28
600666	ST 瑞德	0.00	0.39	0.00	0.00	0.39
600667	太极实业	24659.56	9430.46	567.89	265.33	34923.24
600668	尖峰集团	7285.58	3115.89	1.26	0.96	10403.69
600671	ST 目药	0.00	14.83	0.00	0.00	14.83
600673	东阳光	5850.93	2018.95	103.25	86.84	8059.97
600674	川投能源	2145.28	876.40	53.10	49.73	3124.51
600675	中华企业	1094.75	359.46	76.51	60.95	1591.67
600676	交运股份	1406.80	639.97	46.97	20.09	2113.83
600677	*ST 航通	242.79	185.83	0.00	0.00	428.62
600678	四川金顶	0.00	116.68	0.00	0.00	116.68
600679	上海凤凰	0.00	22.20	0.00	0.00	22.20
600681	百川能源	798.06	287.10	4.94	4.40	1094.50
600682	南京新百	0.00	257.83	0.00	0.00	257.83
600683	京投发展	0.00	41.05	0.00	0.00	41.05
600684	珠江股份	1021.78	394.04	0.14	0.09	1416.05
600685	中船防务	10696.20	3886.65	90.45	24.54	14697.84
600686	金龙汽车	2754.83	965.57	0.44	0.29	3721.13
600687	退市刚泰	0.00	0.31	0.00	0.00	0.31
600688	上海石化	2675.48	1182.45	261.24	66.57	4185.74
600689	上海三毛	0.00	15.56	0.00	0.00	15.56
600690	海尔智家	17773.93	7511.88	1028.42	549.94	26864.17
600691	阳煤化工	994.09	359.71	4.45	0.17	1358.42
600692	亚通股份	2656.99	1056.28	6.90	4.04	3724.21
600693	东百集团	0.00	77.13	0.00	0.00	77.13
600694	大商股份	2733.55	944.98	55.05	52.17	3785.75
600695	*ST 绿庭	4937.06	1935.33	14.04	0.11	6886.54
600696	ST 岩石	0.00	0.19	0.00	0.00	0.19
600697	欧亚集团	0.00	40.72	0.00	0.00	40.72
600698	ST 天雁	0.00	0.36	0.00	0.00	0.36
600699	均胜电子	29668.02	11838.30	753.38	500.83	42760.53
600701	退市工新	0.00	27.12	0.00	0.00	27.12
600702	舍得酒业	9596.97	3594.60	84.91	47.02	13323.50
600703	三安光电	84573.11	32679.46	2995.67	1431.84	121680.08
600704	物产中大	4719.99	1603.40	148.37	126.56	6598.32
600705	中航资本	9742.80	3578.76	299.35	125.93	13746.84
600706	曲江文旅	0.00	18.35	0.00	0.00	18.35
600707	彩虹股份	5508.70	2000.22	320.90	74.61	7904.43
600708	光明地产	1415.82	504.73	12.07	7.84	1940.46
600710	苏美达	2790.23	959.40	22.16	4.50	3776.29
600711	盛屯矿业	20079.13	6784.16	18.13	5.55	26886.97

证券代码 Code	证券简称 Security Name	融资买入 （百万元）	卖券还款 （百万元）	融券卖出 （百万元）	买券还券 （百万元）	合计 （百万元）
600712	南宁百货	0.00	118.13	0.00	0.00	118.13
600713	南京医药	0.00	101.53	0.00	0.00	101.53
600714	金瑞矿业	0.00	4.27	0.00	0.00	4.27
600715	文投控股	0.00	23.57	0.00	0.00	23.57
600716	凤凰股份	929.76	315.01	1.17	0.44	1246.38
600717	天津港	1401.15	665.36	84.34	64.33	2215.18
600718	东软集团	8634.52	3112.13	230.25	195.81	12172.71
600719	大连热电	0.00	12.78	0.00	0.00	12.78
600720	祁连山	11386.05	4988.50	69.41	39.37	16483.33
600721	＊ST 百花	0.00	1.01	0.00	0.00	1.01
600722	金牛化工	1552.38	603.96	6.49	0.33	2163.16
600723	首商股份	0.00	109.94	0.00	0.00	109.94
600724	宁波富达	0.00	38.36	0.00	0.00	38.36
600725	ST 云维	0.00	0.09	0.00	0.00	0.09
600726	华电能源	0.00	13.68	0.00	0.00	13.68
600727	鲁北化工	0.00	66.01	0.00	0.00	66.01
600728	佳都科技	16830.97	7164.89	577.01	344.72	24917.59
600729	重庆百货	3868.76	1418.88	134.75	121.13	5543.52
600730	中国高科	1293.27	586.65	2.71	0.54	1883.17
600731	湖南海利	0.00	92.01	0.00	0.00	92.01
600732	爱旭股份	0.00	121.84	0.00	0.00	121.84
600733	北汽蓝谷	7844.85	2766.41	862.16	267.66	11741.08
600734	＊ST 实达	0.00	14.74	0.00	0.00	14.74
600735	新华锦	0.00	27.26	0.00	0.00	27.26
600736	苏州高新	2483.15	979.98	1.66	0.00	3464.79
600737	中粮糖业	10299.44	4221.77	244.21	161.85	14927.27
600738	丽尚国潮	0.00	74.56	0.00	0.00	74.56
600739	辽宁成大	28730.02	10674.98	599.30	526.97	40531.27
600740	DR 山西焦	4253.35	1538.24	108.07	23.47	5923.13
600741	华域汽车	8577.15	3568.90	436.66	313.13	12895.84
600742	一汽富维	3418.51	1374.96	2.82	2.25	4798.54
600743	华远地产	1124.83	400.10	1.02	1.00	1526.95
600744	华银电力	1615.09	570.69	0.05	0.05	2185.88
600745	闻泰科技	71855.02	26220.39	1127.73	540.72	99743.86
600746	江苏索普	0.00	23.77	0.00	0.00	23.77
600748	上实发展	3230.15	1239.35	108.13	65.05	4642.68
600749	西藏旅游	0.00	26.51	0.00	0.00	26.51
600750	江中药业	3621.33	1628.96	7.26	3.90	5261.45
600751	海航科技	5948.62	2566.82	115.86	70.63	8701.93
600753	东方银星	0.00	42.12	0.00	0.00	42.12
600754	锦江酒店	1986.15	818.55	245.89	218.24	3268.83
600755	厦门国贸	4879.92	1886.19	130.41	97.47	6993.99
600756	浪潮软件	6377.79	2614.85	170.49	27.50	9190.63
600757	长江传媒	2194.10	760.73	32.61	32.51	3019.95
600758	辽宁能源	0.00	30.24	0.00	0.00	30.24
600759	洲际油气	2447.82	1029.16	42.26	17.69	3536.93
600760	中航沈飞	34104.16	13258.01	1346.87	318.01	49027.05
600761	安徽合力	2722.76	1222.07	7.99	6.21	3959.03
600763	通策医疗	11946.85	4785.04	263.72	207.72	17203.33
600764	中国海防	5632.91	1722.15	61.91	26.85	7443.82

信用交易
Credit Trading

证券代码 Code	证券简称 Security Name	融资买入 （百万元）	卖券还款 （百万元）	融券卖出 （百万元）	买券还券 （百万元）	合计 （百万元）
600765	中航重机	8597.99	3362.00	202.98	177.33	12340.30
600766	＊ST 园城	1448.00	712.75	0.00	0.00	2160.75
600767	ST 运盛	0.00	0.29	0.00	0.00	0.29
600768	宁波富邦	0.00	17.94	0.00	0.00	17.94
600769	祥龙电业	0.00	15.84	0.00	0.00	15.84
600770	综艺股份	4742.58	1800.07	83.21	72.04	6697.90
600771	广誉远	6186.83	2474.42	16.79	14.43	8692.47
600773	西藏城投	2930.77	1027.77	12.14	7.23	3977.91
600774	汉商集团	0.00	16.39	0.00	0.00	16.39
600775	南京熊猫	3206.51	1170.50	34.81	1.23	4413.05
600776	东方通信	5205.32	2115.97	454.27	93.39	7868.95
600777	新潮能源	5198.17	2483.46	91.69	83.80	7857.12
600778	友好集团	0.00	18.18	0.00	0.00	18.18
600779	水井坊	6970.85	2704.18	402.09	294.95	10372.07
600780	通宝能源	0.00	10.03	0.00	0.00	10.03
600781	ST 辅仁	0.00	0.37	0.00	0.00	0.37
600782	新钢股份	5935.14	2177.52	111.82	99.64	8324.12
600783	鲁信创投	7033.17	2721.89	81.33	3.27	9839.66
600784	鲁银投资	0.00	23.64	0.00	0.00	23.64
600785	新华百货	0.00	14.01	0.00	0.00	14.01
600787	中储股份	2278.24	859.56	54.80	47.33	3239.93
600789	鲁抗医药	15310.02	6414.81	290.11	2.40	22017.34
600790	轻纺城	1894.75	739.14	0.48	0.12	2634.49
600791	京能置业	0.00	21.69	0.00	0.00	21.69
600792	云煤能源	0.00	34.73	0.00	0.00	34.73
600793	宜宾纸业	0.00	6.30	0.00	0.00	6.30
600794	保税科技	0.00	55.18	0.00	0.00	55.18
600795	国电电力	3807.90	1730.99	492.22	296.40	6327.51
600796	钱江生化	0.00	17.34	0.00	0.00	17.34
600797	浙大网新	9619.98	3679.71	18.25	2.53	13320.47
600798	宁波海运	1938.17	635.46	6.08	0.00	2579.71
600800	渤海化学	980.25	469.75	0.72	0.05	1450.77
600801	华新水泥	15359.92	6400.74	364.07	254.19	22378.92
600802	福建水泥	7273.07	2753.98	41.95	2.52	10071.52
600803	新奥股份	2641.41	1396.07	13.65	11.53	4062.66
600804	鹏博士	15376.60	6451.72	566.68	231.73	22626.73
600805	悦达投资	1520.37	555.19	0.23	0.16	2075.95
600807	济南高新	0.00	17.59	0.00	0.00	17.59
600808	马钢股份	3554.25	1359.95	110.79	88.39	5113.38
600809	山西汾酒	14162.79	6162.39	1976.79	974.94	23276.91
600810	神马股份	4401.98	1700.25	7.93	3.84	6114.00
600811	东方集团	7017.22	2900.82	215.10	146.56	10279.70
600812	华北制药	16917.60	5716.32	232.52	13.66	22880.10
600814	杭州解百	0.00	76.63	0.00	0.00	76.63
600815	厦工股份	0.00	3.72	0.00	0.00	3.72
600816	ST 安信	1143.95	626.66	28.56	10.17	1809.34
600817	宏盛科技	0.00	0.04	0.00	0.00	0.04
600818	中路股份	0.00	52.58	0.00	0.00	52.58
600819	耀皮玻璃	0.00	48.37	0.00	0.00	48.37
600820	隧道股份	2916.45	1145.61	158.07	129.40	4349.53

信用交易
Credit Trading

证券代码 Code	证券简称 Security Name	融资买入（百万元）	卖券还款（百万元）	融券卖出（百万元）	买券还券（百万元）	合计（百万元）
600821	津劝业	0.00	1.98	0.00	0.00	1.98
600822	上海物贸	1751.41	619.71	22.68	6.78	2400.58
600823	世茂股份	2466.11	1247.69	120.75	79.31	3913.86
600824	益民集团	0.00	23.39	0.00	0.00	23.39
600825	新华传媒	2093.04	998.80	15.56	7.11	3114.51
600826	兰生股份	1016.06	460.35	8.62	7.33	1492.36
600827	百联股份	15064.88	5250.31	813.15	310.15	21438.49
600828	茂业商业	0.00	26.69	0.00	0.00	26.69
600829	人民同泰	0.00	47.70	0.00	0.00	47.70
600830	香溢融通	3650.32	1723.33	60.02	1.37	5435.04
600831	广电网络	7032.75	3002.58	112.56	34.01	10181.90
600833	第一医药	0.00	29.76	0.00	0.00	29.76
600834	申通地铁	0.00	149.37	0.00	0.00	149.37
600835	上海机电	2501.60	923.12	112.93	98.45	3636.10
600836	界龙实业	0.00	31.65	0.00	0.00	31.65
600837	海通证券	44413.45	18610.71	7682.01	2843.73	73549.90
600838	上海九百	2960.41	1182.86	13.46	3.30	4160.03
600839	四川长虹	9426.87	4022.13	384.94	209.03	14042.97
600841	上柴股份	0.00	25.07	0.00	0.00	25.07
600843	上工申贝	0.00	13.78	0.00	0.00	13.78
600844	丹化科技	0.00	56.59	0.00	0.00	56.59
600845	宝信软件	8569.31	3488.61	470.94	386.65	12915.51
600846	同济科技	3634.89	1592.17	10.79	4.89	5242.74
600847	万里股份	0.00	12.84	0.00	0.00	12.84
600848	上海临港	3939.20	1457.94	126.48	78.38	5602.00
600850	华东电脑	5770.96	2359.80	7.29	4.75	8142.80
600851	海欣股份	1003.26	409.23	0.22	0.24	1412.95
600853	龙建股份	0.00	44.17	0.00	0.00	44.17
600854	春兰股份	0.00	16.14	0.00	0.00	16.14
600855	航天长峰	10226.14	4054.73	38.63	9.90	14329.40
600856	ST中天	0.00	8.09	0.00	0.00	8.09
600857	宁波中百	0.00	8.28	0.00	0.00	8.28
600858	银座股份	0.00	17.13	0.00	0.00	17.13
600859	王府井	23614.30	7135.82	415.56	299.66	31465.34
600860	京城股份	0.00	1.01	0.00	0.00	1.01
600861	北京城乡	0.00	115.32	0.00	0.00	115.32
600862	中航高科	11200.03	4951.89	457.78	331.17	16940.87
600863	内蒙华电	1621.26	506.15	75.97	69.74	2273.12
600864	哈投股份	11238.55	4198.71	101.21	25.37	15563.84
600865	百大集团	0.00	44.39	0.00	0.00	44.39
600866	星湖科技	0.00	107.11	0.00	0.00	107.11
600867	通化东宝	15756.72	5657.14	261.63	151.56	21827.05
600868	梅雁吉祥	3167.36	1463.51	50.09	3.11	4684.07
600869	远东股份	3387.18	1494.03	103.74	55.57	5040.52
600870	*ST厦华	0.00	3.84	0.00	0.00	3.84
600871	石化油服	2608.79	866.45	14.35	0.91	3490.50
600872	中炬高新	7300.36	2786.40	228.72	216.66	10532.14
600873	梅花生物	6845.24	2471.73	72.94	36.79	9426.70
600874	创业环保	2011.03	836.02	40.31	34.95	2922.31
600875	东方电气	8302.65	3367.31	202.99	172.15	12045.10

信用交易
Credit Trading

证券代码 Code	证券简称 Security Name	融资买入（百万元）	卖券还款（百万元）	融券卖出（百万元）	买券还券（百万元）	合计（百万元）
600876	洛阳玻璃	0.00	70.95	0.00	0.00	70.95
600877	电能股份	0.00	5.67	0.00	0.00	5.67
600879	航天电子	15960.12	6517.75	430.23	244.35	23152.45
600880	博瑞传播	2741.64	1122.46	2.51	0.22	3866.83
600881	亚泰集团	2073.41	807.43	114.70	96.91	3092.45
600882	妙可蓝多	0.00	208.04	0.00	0.00	208.04
600883	博闻科技	0.00	20.17	0.00	0.00	20.17
600884	杉杉股份	16999.14	6347.37	525.75	326.20	24198.46
600885	宏发股份	4796.99	1723.07	393.51	343.27	7256.84
600886	国投电力	3669.07	1550.59	247.21	149.97	5616.84
600887	伊利股份	40099.33	15670.08	2772.91	1195.51	59737.83
600888	新疆众和	4634.31	1625.48	1.93	1.12	6262.84
600889	南京化纤	0.00	22.81	0.00	0.00	22.81
600890	*ST 中房	0.00	61.12	0.00	0.00	61.12
600891	退市秋林	0.00	0.00	0.00	0.00	0.00
600892	大晟文化	0.00	9.77	0.00	0.00	9.77
600893	航发动力	32495.36	13140.97	1536.80	660.30	47833.43
600894	广日股份	3004.46	1186.03	0.82	0.76	4192.07
600895	张江高科	17817.96	6891.38	684.95	260.30	25654.59
600896	*ST 海医	0.00	32.35	0.00	0.00	32.35
600897	厦门空港	805.29	251.85	8.64	7.97	1073.75
600898	ST 美讯	0.00	7.29	0.00	0.00	7.29
600900	长江电力	7327.20	2990.15	4864.61	604.13	15786.09
600901	江苏租赁	3688.50	1408.56	59.41	48.28	5204.75
600903	贵州燃气	3198.17	1115.84	160.61	45.70	4520.32
600908	无锡银行	0.00	188.29	0.00	0.00	188.29
600909	华安证券	28130.05	10776.00	683.63	293.76	39883.44
600917	重庆燃气	712.58	252.63	24.60	16.11	1005.92
600918	中泰证券	6905.85	2884.63	94.24	30.19	9914.91
600919	江苏银行	8838.60	3307.17	812.16	80.27	13038.20
600926	杭州银行	9607.71	3844.91	642.09	147.11	14241.82
600928	西安银行	4558.27	1714.05	115.90	34.11	6422.33
600929	雪天盐业	1928.76	659.76	8.00	3.81	2600.33
600933	爱柯迪	0.00	54.97	0.00	0.00	54.97
600936	广西广电	959.69	350.59	4.40	1.29	1315.97
600939	重庆建工	0.00	14.85	0.00	0.00	14.85
600956	新天绿能	0.00	42.05	0.00	0.00	42.05
600958	东方证券	19205.34	8351.83	1911.94	984.58	30453.69
600959	江苏有线	2542.60	776.93	108.73	95.32	3523.58
600960	渤海汽车	0.00	50.96	0.00	0.00	50.96
600961	株冶集团	0.00	90.23	0.00	0.00	90.23
600962	国投中鲁	0.00	34.33	0.00	0.00	34.33
600963	XD 岳阳林	2664.72	1031.63	2.88	1.00	3700.23
600965	福成股份	1388.76	510.78	0.08	0.07	1899.69
600966	博汇纸业	5275.84	2373.97	1.79	1.20	7652.80
600967	内蒙一机	7686.81	2857.07	210.69	159.42	10913.99
600968	海油发展	3815.53	1529.28	62.01	49.76	5456.58
600969	郴电国际	0.00	15.30	0.00	0.00	15.30
600970	中材国际	5896.61	2157.09	101.86	81.40	8236.96
600971	XD 恒源煤	3311.63	1305.33	38.42	13.22	4668.60

信用交易
Credit Trading

证券代码 Code	证券简称 Security Name	融资买入（百万元）	卖券还款（百万元）	融券卖出（百万元）	买券还券（百万元）	合计（百万元）
600973	宝胜股份	0.00	96.14	0.00	0.00	96.14
600975	新五丰	5658.11	2069.20	7.87	2.03	7737.21
600976	健民集团	2152.22	755.70	0.09	0.10	2908.11
600977	中国电影	6740.62	2320.71	100.17	67.01	9228.51
600978	*ST宜生	634.78	280.87	0.74	0.82	917.21
600979	广安爱众	0.00	22.64	0.00	0.00	22.64
600980	北矿科技	0.00	46.06	0.00	0.00	46.06
600981	汇鸿集团	0.00	35.08	0.00	0.00	35.08
600982	XD宁波能	0.00	25.19	0.00	0.00	25.19
600983	惠而浦	0.00	39.81	0.00	0.00	39.81
600984	建设机械	0.00	112.08	0.00	0.00	112.08
600985	淮北矿业	0.00	96.16	0.00	0.00	96.16
600986	浙文互联	8537.38	3360.59	6.47	0.89	11905.33
600987	航民股份	1416.75	510.55	4.24	4.20	1935.74
600988	赤峰黄金	17369.61	6994.15	3.75	0.55	24368.06
600989	宝丰能源	0.00	319.40	0.00	0.00	319.40
600990	四创电子	4010.43	1300.92	21.68	13.82	5346.85
600992	贵绳股份	0.00	9.23	0.00	0.00	9.23
600993	马应龙	6562.50	2434.91	17.39	6.99	9021.79
600995	文山电力	0.00	91.14	0.00	0.00	91.14
600996	贵广网络	2406.63	939.10	82.55	41.90	3470.18
600997	开滦股份	2223.09	901.11	21.02	9.33	3154.55
600998	九州通	5011.04	1597.99	82.54	67.30	6758.87
600999	招商证券	21746.65	8421.25	1405.39	532.38	32105.67
601000	唐山港	2835.51	870.38	79.48	64.19	3849.56
601001	晋控煤业	3999.07	1611.50	77.02	31.80	5719.39
601002	晋亿实业	2426.77	936.58	43.25	4.07	3410.67
601003	柳钢股份	1150.06	478.29	54.88	44.74	1727.97
601005	重庆钢铁	2470.09	648.68	137.73	100.10	3356.60
601006	大秦铁路	5255.02	1944.08	404.61	113.35	7717.06
601007	金陵饭店	0.00	31.66	0.00	0.00	31.66
601008	连云港	1560.58	562.76	8.71	0.00	2132.05
601009	南京银行	10709.20	4996.28	182.91	103.41	15991.80
601010	文峰股份	1110.49	408.28	4.01	0.06	1522.84
601011	宝泰隆	3644.92	1339.23	9.39	1.22	4994.76
601012	隆基股份	83994.99	29937.09	2500.71	1089.93	117522.72
601015	陕西黑猫	1899.06	681.78	10.47	0.85	2592.16
601016	节能风电	4389.51	1666.28	59.21	41.74	6156.74
601018	宁波港	1849.63	756.95	162.37	66.41	2835.36
601019	山东出版	0.00	30.28	0.00	0.00	30.28
601020	ST华钰	4769.87	1827.44	0.21	0.14	6597.66
601021	春秋航空	6572.12	2561.87	178.35	140.22	9452.56
601028	玉龙股份	0.00	31.00	0.00	0.00	31.00
601038	一拖股份	4129.25	1742.26	29.26	5.15	5905.92
601058	赛轮轮胎	4158.99	1827.00	16.64	13.21	6015.84
601066	中信建投	70259.44	29228.66	3336.59	1180.36	104005.05
601068	中铝国际	0.00	30.69	0.00	0.00	30.69
601069	西部黄金	5098.10	1988.39	5.36	2.17	7094.02
601077	渝农商行	0.00	311.82	0.00	0.00	311.82
601086	国芳集团	0.00	21.97	0.00	0.00	21.97

信用交易
Credit Trading

证券代码 Code	证券简称 Security Name	融资买入（百万元）	卖券还款（百万元）	融券卖出（百万元）	买券还券（百万元）	合计（百万元）
601088	中国神华	14448.81	6303.63	365.40	264.01	21381.85
601098	中南传媒	1622.35	673.54	123.15	102.68	2521.72
601099	太平洋	37003.29	14249.33	1225.45	350.42	52828.49
601100	恒立液压	5078.33	2326.54	273.31	261.39	7939.57
601101	昊华能源	1307.22	598.36	0.86	0.23	1906.67
601106	中国一重	3758.05	1087.87	113.48	86.86	5046.26
601107	四川成渝	995.04	323.82	0.47	0.43	1319.76
601108	财通证券	69120.19	23682.53	2350.50	523.32	95676.54
601111	中国国航	13341.24	4943.49	316.82	219.08	18820.63
601113	ST 华鼎	0.00	0.65	0.00	0.00	0.65
601116	三江购物	2011.24	714.49	9.37	0.00	2735.10
601117	中国化学	6844.13	2910.87	70.36	55.99	9881.35
601118	海南橡胶	9876.21	3720.02	229.31	120.11	13945.65
601126	四方股份	2912.56	1155.12	14.41	7.51	4089.60
601127	小康股份	4490.13	1493.33	74.62	54.04	6112.12
601128	常熟银行	6120.12	2333.41	483.40	314.79	9251.72
601137	博威合金	4059.22	1459.70	8.36	6.66	5533.94
601138	工业富联	23096.40	8996.18	441.29	288.10	32821.97
601139	深圳燃气	1980.69	764.39	82.49	56.81	2884.38
601155	新城控股	16910.45	6457.14	200.08	146.39	23714.06
601158	重庆水务	611.91	219.32	1.18	0.81	833.22
601162	天风证券	28980.93	10833.02	739.20	149.33	40702.48
601163	三角轮胎	3076.70	1286.12	3.47	2.67	4368.96
601166	兴业银行	51578.80	25159.07	7344.40	857.24	84939.51
601168	西部矿业	13178.89	5113.06	351.14	239.38	18882.47
601169	北京银行	9926.93	3951.40	1289.48	123.33	15291.14
601177	杭齿前进	0.00	9.82	0.00	0.00	9.82
601179	中国西电	11067.27	4259.89	826.02	226.06	16379.24
601186	中国铁建	21473.68	9204.55	424.96	223.83	31327.02
601187	厦门银行	0.00	168.81	0.00	0.00	168.81
601188	龙江交通	0.00	15.77	0.00	0.00	15.77
601198	东兴证券	11891.68	4853.92	173.15	87.26	17006.01
601199	江南水务	1294.24	552.15	0.10	0.06	1846.55
601200	上海环境	0.00	202.47	0.00	0.00	202.47
601208	东材科技	0.00	98.15	0.00	0.00	98.15
601211	国泰君安	25928.45	10811.56	4111.20	1232.09	42083.30
601212	白银有色	4747.25	1829.16	56.39	33.68	6666.48
601216	君正集团	32515.39	11460.96	355.77	57.11	44389.23
601218	吉鑫科技	2488.05	908.51	5.25	2.72	3404.53
601222	林洋能源	6344.04	2091.89	12.60	2.85	8451.38
601225	陕西煤业	10959.78	4591.74	229.57	106.81	15887.90
601226	华电重工	0.00	12.08	0.00	0.00	12.08
601228	广州港	1268.97	449.33	75.13	56.95	1850.38
601229	上海银行	4324.11	1984.27	603.93	93.90	7006.21
601231	环旭电子	16414.87	6058.36	241.63	157.77	22872.63
601233	桐昆股份	16202.46	6176.06	486.39	323.63	23188.54
601236	红塔证券	13499.00	5597.44	393.75	79.86	19570.05
601238	广汽集团	9063.67	3508.54	459.06	219.37	13250.64
601258	庞大集团	0.00	14.52	0.00	0.00	14.52
601288	农业银行	24240.21	8060.72	3068.97	1210.42	36580.32

信用交易
Credit Trading

证券代码 Code	证券简称 Security Name	融资买入（百万元）	卖券还款（百万元）	融券卖出（百万元）	买券还券（百万元）	合计（百万元）
601298	青岛港	1859.47	799.43	31.60	14.99	2705.49
601311	骆驼股份	6525.30	2690.57	19.58	11.01	9246.46
601318	中国平安	167177.38	76230.12	10278.62	3857.38	257543.50
601319	中国人保	17232.85	6823.72	160.46	69.81	24286.84
601326	秦港股份	656.91	219.09	8.77	8.35	893.12
601328	交通银行	13235.93	3932.46	2091.59	335.41	19595.39
601330	绿色动力	0.00	93.69	0.00	0.00	93.69
601333	广深铁路	2072.53	986.99	131.67	94.91	3286.10
601336	新华保险	28343.39	12581.36	815.17	533.88	42273.80
601339	百隆东方	1719.67	657.05	0.26	0.09	2377.07
601360	三六零	17834.65	6912.88	226.83	135.76	25110.12
601366	利群股份	0.00	44.03	0.00	0.00	44.03
601368	绿城水务	0.00	12.82	0.00	0.00	12.82
601369	陕鼓动力	1691.45	694.31	1.18	0.95	2387.89
601375	中原证券	8566.40	2825.24	240.02	43.47	11675.13
601377	兴业证券	30527.60	12119.96	1171.62	395.03	44214.21
601388	怡球资源	4430.13	1701.01	0.34	0.23	6131.71
601390	中国中铁	11472.31	4851.96	325.11	196.18	16845.56
601398	工商银行	26338.87	9337.58	1496.17	484.05	37656.67
601399	国机重装	0.00	0.25	0.00	0.00	0.25
601456	国联证券	0.00	827.77	0.00	0.00	827.77
601500	通用股份	0.00	22.58	0.00	0.00	22.58
601512	中新集团	0.00	61.42	0.00	0.00	61.42
601515	东风股份	1926.01	692.39	7.77	2.11	2628.28
601518	吉林高速	0.00	20.36	0.00	0.00	20.36
601519	大智慧	12592.05	4727.07	15.48	0.41	17335.01
601555	东吴证券	21554.19	8994.08	883.25	259.28	31690.80
601558	退市锐电	0.00	0.88	0.00	0.00	0.88
601566	九牧王	1000.32	349.16	8.69	6.39	1364.56
601567	三星医疗	3062.62	1074.32	1.61	0.80	4139.35
601568	北元集团	0.00	60.27	0.00	0.00	60.27
601577	长沙银行	5881.81	2115.53	70.65	45.49	8113.48
601579	会稽山	0.00	91.32	0.00	0.00	91.32
601588	北辰实业	1441.29	561.52	2.13	2.07	2007.01
601595	上海电影	0.00	98.14	0.00	0.00	98.14
601598	中国外运	4355.76	1976.09	82.74	67.66	6482.25
601599	浙文影业	0.00	24.42	0.00	0.00	24.42
601600	中国铝业	11450.67	4727.25	304.84	147.88	16630.64
601601	中国太保	32282.10	12515.41	2618.11	2163.08	49578.70
601606	长城军工	9452.41	4601.55	31.82	1.91	14087.69
601607	上海医药	16930.88	6978.23	306.81	180.46	24396.38
601608	中信重工	4021.62	1792.59	402.23	107.83	6324.27
601609	金田铜业	0.00	237.18	0.00	0.00	237.18
601611	中国核建	5101.99	1927.14	113.59	73.93	7216.65
601615	明阳智能	11061.16	3892.16	264.71	205.54	15423.57
601616	广电电气	0.00	65.32	0.00	0.00	65.32
601618	中国中冶	7039.67	2941.75	290.98	115.31	10387.71
601619	嘉泽新能	0.00	29.93	0.00	0.00	29.93
601628	中国人寿	27451.33	11034.65	1333.67	607.11	40426.76
601633	长城汽车	8679.45	3094.37	1524.85	486.93	13785.60

信用交易
Credit Trading

证券代码 Code	证券简称 Security Name	融资买入（百万元）	卖券还款（百万元）	融券卖出（百万元）	买券还券（百万元）	合计（百万元）
601636	旗滨集团	11764.66	4256.02	81.66	28.98	16131.32
601658	邮储银行	3144.80	1359.93	46.57	29.97	4581.27
601666	平煤股份	3441.17	1427.98	122.48	34.43	5026.06
601668	中国建筑	43077.35	20629.02	1010.19	529.25	65245.81
601669	中国电建	10314.12	4094.93	258.18	79.21	14746.44
601677	明泰铝业	0.00	104.53	0.00	0.00	104.53
601678	滨化股份	4219.21	1460.99	88.18	83.35	5851.73
601686	友发集团	0.00	14.40	0.00	0.00	14.40
601688	华泰证券	50459.28	18930.25	2117.31	689.12	72195.96
601689	拓普集团	8655.00	3061.48	503.98	332.18	12552.64
601696	中银证券	10072.93	4276.56	45.28	30.22	14424.99
601698	中国卫通	5479.37	2688.60	253.17	56.32	8477.46
601699	潞安环能	4912.36	2019.30	203.44	147.85	7282.95
601700	风范股份	3153.15	1226.10	7.49	0.32	4387.06
601702	华峰铝业	0.00	93.67	0.00	0.00	93.67
601717	郑煤机	8191.02	3131.53	178.22	132.99	11633.76
601718	际华集团	6666.63	2449.84	234.04	108.09	9458.60
601727	上海电气	6347.27	2599.89	1023.86	451.79	10422.81
601766	中国中车	11143.93	4197.94	416.05	301.97	16059.89
601777	力帆科技	1825.35	1061.07	2.54	0.60	2889.56
601778	晶科科技	0.00	235.11	0.00	0.00	235.11
601788	光大证券	58887.65	22715.48	2557.22	588.25	84748.60
601789	宁波建工	6992.13	2713.80	31.42	0.34	9737.69
601798	蓝科高新	0.00	8.98	0.00	0.00	8.98
601799	星宇股份	1331.66	466.02	280.06	245.37	2323.11
601800	中国交建	17152.04	6771.25	304.90	146.85	24375.04
601801	皖新传媒	1873.90	711.16	53.72	41.82	2680.60
601808	中海油服	4245.39	1830.23	161.11	126.28	6363.01
601811	新华文轩	0.00	16.73	0.00	0.00	16.73
601816	京沪高铁	4685.98	2289.77	22.40	12.61	7010.76
601818	光大银行	18981.40	9886.39	2209.39	1276.16	32353.34
601827	三峰环境	0.00	91.30	0.00	0.00	91.30
601828	美凯龙	1644.00	688.01	35.50	28.83	2396.34
601838	成都银行	10110.72	4111.35	496.04	97.01	14815.12
601857	中国石油	12974.43	5794.91	385.44	255.42	19410.20
601858	中国科传	1506.11	596.34	3.37	0.86	2106.68
601860	紫金银行	6711.98	2463.72	127.99	86.26	9389.95
601865	福莱特	8503.00	2836.25	118.64	74.64	11532.53
601866	中远海发	6038.37	2240.22	177.22	121.27	8577.08
601869	长飞光纤	2906.44	1253.03	107.42	75.80	4342.69
601872	招商轮船	16238.99	6853.38	376.32	154.32	23623.01
601877	正泰电器	7833.26	2709.08	287.55	160.04	10989.93
601878	浙商证券	44107.47	16013.88	1515.55	431.58	62068.48
601880	辽港股份	1381.51	429.95	69.35	41.30	1922.11
601881	中国银河	28187.95	12061.55	446.79	198.33	40894.62
601882	海天精工	0.00	33.47	0.00	0.00	33.47
601886	江河集团	2420.05	1204.12	5.32	3.77	3633.26
601888	中国中免	54736.96	19644.58	2487.02	1375.68	78244.24
601890	亚星锚链	4577.20	1772.54	36.52	0.01	6386.27
601898	中煤能源	2515.26	992.50	17.45	12.63	3537.84

证券代码 Code	证券简称 Security Name	融资买入 （百万元）	卖券还款 （百万元）	融券卖出 （百万元）	买券还券 （百万元）	合计 （百万元）
601899	紫金矿业	45228.12	20723.33	1592.14	690.30	68233.89
601900	南方传媒	2028.78	687.97	4.25	1.68	2722.68
601901	方正证券	15731.35	6746.70	1219.67	479.23	24176.95
601908	京运通	8349.00	3107.70	274.47	3.97	11735.14
601916	浙商银行	0.00	472.30	0.00	0.00	472.30
601918	新集能源	2502.69	983.16	1.72	2.25	3489.82
601919	中远海控	15131.63	5338.80	723.19	280.32	21473.94
601928	凤凰传媒	1795.18	701.39	61.06	51.37	2609.00
601929	吉视传媒	2393.21	1071.08	176.94	80.23	3721.46
601933	永辉超市	20646.18	8161.98	331.44	214.78	29354.38
601939	建设银行	13060.75	6289.73	653.76	226.78	20231.02
601949	中国出版	1401.97	597.46	4.07	1.38	2004.88
601952	苏垦农发	13144.66	5261.45	98.78	0.28	18505.17
601956	东贝集团	0.00	2.88	0.00	0.00	2.88
601958	金钼股份	3027.21	1182.68	200.10	94.83	4504.82
601965	中国汽研	2688.62	1070.22	13.74	7.11	3779.69
601966	玲珑轮胎	4046.61	1693.41	296.39	229.71	6266.12
601968	宝钢包装	0.00	31.48	0.00	0.00	31.48
601969	海南矿业	1454.79	538.78	27.70	22.18	2043.45
601975	招商南油	5636.77	2236.57	113.51	82.63	8069.48
601985	中国核电	5827.70	2355.73	145.94	72.22	8401.59
601988	中国银行	16422.56	5347.04	1110.03	628.64	23508.27
601989	中国重工	16293.83	6676.66	903.58	379.56	24253.63
601990	南京证券	59562.19	23320.75	2668.93	380.27	85932.14
601991	大唐发电	1257.62	503.53	21.94	8.94	1792.03
601992	金隅集团	4095.95	1654.28	106.77	45.92	5902.92
601995	中金公司	0.00	681.91	0.00	0.00	681.91
601996	丰林集团	1578.64	614.24	0.16	0.15	2193.19
601997	贵阳银行	9596.53	3514.29	125.81	71.29	13307.92
601998	中信银行	4407.71	1674.72	127.71	68.53	6278.67
601999	出版传媒	2313.55	929.27	0.25	0.22	3243.29
603000	人民网	15051.46	6044.64	512.08	196.65	21804.83
603001	奥康国际	882.57	334.68	1.37	1.32	1219.94
603002	宏昌电子	0.00	50.77	0.00	0.00	50.77
603003	龙宇燃油	0.00	85.63	0.00	0.00	85.63
603005	晶方科技	37846.34	14347.76	507.65	148.53	52850.28
603006	联明股份	0.00	29.67	0.00	0.00	29.67
603007	ST花王	0.00	19.39	0.00	0.00	19.39
603008	喜临门	0.00	54.49	0.00	0.00	54.49
603009	北特科技	0.00	53.57	0.00	0.00	53.57
603010	万盛股份	0.00	137.72	0.00	0.00	137.72
603011	合锻智能	0.00	36.41	0.00	0.00	36.41
603012	创力集团	3926.60	1477.59	4.44	0.65	5409.28
603013	亚普股份	0.00	35.07	0.00	0.00	35.07
603015	弘讯科技	0.00	20.75	0.00	0.00	20.75
603016	新宏泰	0.00	26.51	0.00	0.00	26.51
603017	中衡设计	0.00	25.29	0.00	0.00	25.29
603018	华设集团	2562.88	966.39	6.65	0.60	3536.52
603019	中科曙光	55475.02	23027.32	1175.97	601.49	80279.80
603020	爱普股份	0.00	49.97	0.00	0.00	49.97

信用交易
Credit Trading

证券代码 Code	证券简称 Security Name	融资买入 （百万元）	卖券还款 （百万元）	融券卖出 （百万元）	买券还券 （百万元）	合计 （百万元）
603021	山东华鹏	0.00	16.12	0.00	0.00	16.12
603022	新通联	0.00	32.35	0.00	0.00	32.35
603023	威帝股份	0.00	40.90	0.00	0.00	40.90
603025	大豪科技	3422.70	1068.78	24.38	26.19	4542.05
603026	石大胜华	15327.73	5401.24	90.71	53.96	20873.64
603027	千禾味业	1937.26	1036.71	3.64	2.55	2980.16
603028	赛福天	0.00	26.17	0.00	0.00	26.17
603029	天鹅股份	0.00	9.67	0.00	0.00	9.67
603030	全筑股份	0.00	69.31	0.00	0.00	69.31
603031	安德利	0.00	25.81	0.00	0.00	25.81
603032	*ST 德新	1236.06	453.21	0.35	0.13	1689.75
603033	三维股份	0.00	23.03	0.00	0.00	23.03
603035	XD 常熟汽	0.00	140.54	0.00	0.00	140.54
603036	如通股份	0.00	8.56	0.00	0.00	8.56
603037	凯众股份	0.00	30.87	0.00	0.00	30.87
603038	华立股份	0.00	7.66	0.00	0.00	7.66
603039	泛微网络	0.00	37.37	0.00	0.00	37.37
603040	新坐标	0.00	58.01	0.00	0.00	58.01
603041	美思德	0.00	13.52	0.00	0.00	13.52
603042	华脉科技	3468.43	1246.36	0.01	0.01	4714.81
603043	广州酒家	0.00	157.33	0.00	0.00	157.33
603045	福达合金	2614.83	928.53	1.93	0.36	3545.65
603050	科林电气	0.00	61.00	0.00	0.00	61.00
603053	成都燃气	0.00	64.04	0.00	0.00	64.04
603055	XD 台华新	0.00	26.28	0.00	0.00	26.28
603056	德邦股份	0.00	117.27	0.00	0.00	117.27
603058	永吉股份	0.00	25.61	0.00	0.00	25.61
603059	倍加洁	0.00	38.80	0.00	0.00	38.80
603060	国检集团	0.00	50.51	0.00	0.00	50.51
603063	禾望电气	0.00	97.50	0.00	0.00	97.50
603066	音飞储存	0.00	54.04	0.00	0.00	54.04
603067	振华股份	0.00	35.36	0.00	0.00	35.36
603068	博通集成	0.00	252.38	0.00	0.00	252.38
603069	海汽集团	0.00	292.05	0.00	0.00	292.05
603076	乐惠国际	0.00	32.66	0.00	0.00	32.66
603077	和邦生物	6406.19	2109.33	106.69	72.93	8695.14
603078	江化微	0.00	169.53	0.00	0.00	169.53
603079	圣达生物	0.00	117.91	0.00	0.00	117.91
603080	新疆火炬	0.00	32.97	0.00	0.00	32.97
603081	大丰实业	0.00	19.41	0.00	0.00	19.41
603083	剑桥科技	6015.10	2194.35	39.34	24.94	8273.73
603085	天成自控	1288.85	452.21	8.11	3.74	1752.91
603086	先达股份	0.00	58.47	0.00	0.00	58.47
603087	甘李药业	0.00	238.66	0.00	0.00	238.66
603088	宁波精达	0.00	15.50	0.00	0.00	15.50
603089	正裕工业	0.00	15.56	0.00	0.00	15.56
603090	宏盛股份	0.00	9.73	0.00	0.00	9.73
603093	南华期货	0.00	145.43	0.00	0.00	145.43
603095	越剑智能	0.00	21.37	0.00	0.00	21.37
603096	新经典	0.00	15.35	0.00	0.00	15.35

证券代码 Code	证券简称 Security Name	融资买入（百万元）	卖券还款（百万元）	融券卖出（百万元）	买券还券（百万元）	合计（百万元）
603098	森特股份	0.00	11.59	0.00	0.00	11.59
603099	长白山	0.00	9.65	0.00	0.00	9.65
603100	川仪股份	0.00	31.64	0.00	0.00	31.64
603101	汇嘉时代	0.00	23.25	0.00	0.00	23.25
603103	横店影视	0.00	65.18	0.00	0.00	65.18
603105	芯能科技	0.00	144.73	0.00	0.00	144.73
603106	恒银科技	0.00	83.39	0.00	0.00	83.39
603108	润达医疗	4034.45	1271.20	17.31	5.81	5328.77
603109	神驰机电	0.00	69.98	0.00	0.00	69.98
603110	东方材料	0.00	27.16	0.00	0.00	27.16
603111	康尼机电	0.00	83.48	0.00	0.00	83.48
603112	华翔股份	0.00	11.37	0.00	0.00	11.37
603113	金能科技	3430.40	1259.22	64.38	13.85	4767.85
603115	海星股份	0.00	33.88	0.00	0.00	33.88
603116	红蜻蜓	0.00	18.79	0.00	0.00	18.79
603117	万林物流	0.00	21.36	0.00	0.00	21.36
603118	共进股份	9936.93	3603.38	21.78	9.44	13571.53
603121	华培动力	0.00	41.18	0.00	0.00	41.18
603123	翠微股份	0.00	55.20	0.00	0.00	55.20
603126	中材节能	0.00	35.63	0.00	0.00	35.63
603127	昭衍新药	6096.98	2341.56	60.31	31.69	8530.54
603128	华贸物流	6248.00	2363.66	23.08	5.85	8640.59
603129	春风动力	0.00	44.30	0.00	0.00	44.30
603131	上海沪工	0.00	114.88	0.00	0.00	114.88
603133	碳元科技	0.00	104.91	0.00	0.00	104.91
603136	天目湖	0.00	22.53	0.00	0.00	22.53
603138	海量数据	0.00	114.47	0.00	0.00	114.47
603139	康惠制药	0.00	8.41	0.00	0.00	8.41
603155	新亚强	0.00	42.69	0.00	0.00	42.69
603156	养元饮品	3321.09	1037.72	136.53	79.94	4575.28
603157	*ST 拉夏	0.00	7.12	0.00	0.00	7.12
603158	腾龙股份	0.00	63.49	0.00	0.00	63.49
603159	上海亚虹	0.00	11.92	0.00	0.00	11.92
603160	汇顶科技	30759.95	10825.42	405.45	279.34	42270.16
603161	科华控股	0.00	34.91	0.00	0.00	34.91
603165	荣晟环保	0.00	16.45	0.00	0.00	16.45
603166	福达股份	0.00	19.60	0.00	0.00	19.60
603167	渤海轮渡	4680.98	1575.65	48.42	6.83	6311.88
603168	莎普爱思	0.00	54.06	0.00	0.00	54.06
603169	兰石重装	1657.46	639.49	18.29	0.52	2315.76
603177	德创环保	0.00	8.39	0.00	0.00	8.39
603178	圣龙股份	0.00	17.02	0.00	0.00	17.02
603179	新泉股份	0.00	20.96	0.00	0.00	20.96
603180	金牌厨柜	0.00	118.88	0.00	0.00	118.88
603181	皇马科技	0.00	57.00	0.00	0.00	57.00
603183	建研院	0.00	59.44	0.00	0.00	59.44
603185	上机数控	0.00	229.18	0.00	0.00	229.18
603186	华正新材	0.00	155.13	0.00	0.00	155.13
603187	海容冷链	0.00	112.31	0.00	0.00	112.31
603188	亚邦股份	0.00	3.91	0.00	0.00	3.91

信用交易
Credit Trading

证券代码 Code	证券简称 Security Name	融资买入 (百万元)	卖券还款 (百万元)	融券卖出 (百万元)	买券还券 (百万元)	合计 (百万元)
603189	网达软件	0.00	100.89	0.00	0.00	100.89
603192	汇得科技	0.00	18.43	0.00	0.00	18.43
603195	公牛集团	3560.15	1435.84	2.65	0.39	4999.03
603196	日播时尚	0.00	32.46	0.00	0.00	32.46
603197	保隆科技	0.00	132.47	0.00	0.00	132.47
603198	迎驾贡酒	9496.47	4117.17	314.98	159.39	14088.01
603199	九华旅游	0.00	19.65	0.00	0.00	19.65
603200	上海洗霸	0.00	78.41	0.00	0.00	78.41
603203	快克股份	0.00	27.98	0.00	0.00	27.98
603208	江山欧派	0.00	81.19	0.00	0.00	81.19
603212	赛伍技术	0.00	72.97	0.00	0.00	72.97
603214	爱婴室	0.00	50.31	0.00	0.00	50.31
603217	元利科技	0.00	25.37	0.00	0.00	25.37
603218	日月股份	0.00	82.62	0.00	0.00	82.62
603220	中贝通信	4005.56	1475.58	17.14	0.42	5498.70
603221	爱丽家居	0.00	32.66	0.00	0.00	32.66
603222	济民制药	0.00	1270.54	0.00	0.00	1270.54
603223	恒通股份	0.00	15.76	0.00	0.00	15.76
603225	新凤鸣	0.00	46.72	0.00	0.00	46.72
603226	菲林格尔	0.00	28.93	0.00	0.00	28.93
603227	雪峰科技	0.00	29.62	0.00	0.00	29.62
603228	景旺电子	5707.19	2117.70	182.81	144.85	8152.55
603229	奥翔药业	0.00	58.77	0.00	0.00	58.77
603232	格尔软件	0.00	96.65	0.00	0.00	96.65
603233	大参林	3271.14	1096.95	266.39	268.17	4902.65
603236	移远通信	0.00	302.21	0.00	0.00	302.21
603238	诺邦股份	0.00	45.66	0.00	0.00	45.66
603239	浙江仙通	0.00	42.79	0.00	0.00	42.79
603256	宏和科技	0.00	30.38	0.00	0.00	30.38
603258	电魂网络	0.00	189.37	0.00	0.00	189.37
603259	药明康德	33648.79	11467.69	616.50	396.92	46129.90
603260	合盛硅业	5713.16	2159.67	58.92	44.68	7976.43
603266	天龙股份	0.00	25.63	0.00	0.00	25.63
603267	鸿远电子	0.00	183.89	0.00	0.00	183.89
603268	松发股份	0.00	23.77	0.00	0.00	23.77
603269	海鸥股份	0.00	3.57	0.00	0.00	3.57
603277	银都股份	0.00	32.57	0.00	0.00	32.57
603278	大业股份	0.00	10.95	0.00	0.00	10.95
603279	景津环保	0.00	67.00	0.00	0.00	67.00
603283	赛腾股份	0.00	125.30	0.00	0.00	125.30
603286	日盈电子	0.00	15.26	0.00	0.00	15.26
603288	海天味业	10149.21	3787.89	775.44	544.10	15256.64
603289	泰瑞机器	0.00	11.04	0.00	0.00	11.04
603290	斯达半导	0.00	547.83	0.00	0.00	547.83
603297	永新光学	0.00	51.71	0.00	0.00	51.71
603298	杭叉集团	0.00	71.10	0.00	0.00	71.10
603299	苏盐井神	2228.86	940.61	9.60	2.67	3181.74
603300	华铁应急	0.00	35.81	0.00	0.00	35.81
603301	振德医疗	0.00	410.93	0.00	0.00	410.93
603303	XD 得邦照	0.00	50.02	0.00	0.00	50.02

信用交易
Credit Trading

证券代码 Code	证券简称 Security Name	融资买入 （百万元）	卖券还款 （百万元）	融券卖出 （百万元）	买券还券 （百万元）	合计 （百万元）
603305	旭升股份	0.00	366.83	0.00	0.00	366.83
603306	华懋科技	0.00	59.54	0.00	0.00	59.54
603308	应流股份	0.00	197.18	0.00	0.00	197.18
603309	维力医疗	0.00	64.35	0.00	0.00	64.35
603311	金海高科	0.00	60.29	0.00	0.00	60.29
603313	梦百合	0.00	108.43	0.00	0.00	108.43
603315	福鞍股份	0.00	9.89	0.00	0.00	9.89
603316	诚邦股份	0.00	18.54	0.00	0.00	18.54
603317	天味食品	0.00	176.57	0.00	0.00	176.57
603318	派思股份	2195.00	934.34	2.70	2.15	3134.19
603319	湘油泵	0.00	49.32	0.00	0.00	49.32
603320	迪贝电气	0.00	12.91	0.00	0.00	12.91
603321	梅轮电梯	0.00	23.96	0.00	0.00	23.96
603322	超讯通信	0.00	55.12	0.00	0.00	55.12
603323	苏农银行	6718.54	2577.15	71.57	55.33	9422.59
603326	我乐家居	0.00	20.64	0.00	0.00	20.64
603327	福蓉科技	0.00	69.80	0.00	0.00	69.80
603328	依顿电子	3866.21	1469.29	71.32	65.18	5472.00
603329	上海雅仕	1532.64	612.19	1.62	0.94	2147.39
603330	上海天洋	0.00	34.33	0.00	0.00	34.33
603331	百达精工	0.00	14.85	0.00	0.00	14.85
603332	苏州龙杰	0.00	33.26	0.00	0.00	33.26
603333	尚纬股份	0.00	68.55	0.00	0.00	68.55
603335	迪生力	0.00	22.37	0.00	0.00	22.37
603336	宏辉果蔬	0.00	121.38	0.00	0.00	121.38
603337	杰克股份	0.00	54.32	0.00	0.00	54.32
603338	浙江鼎力	2237.09	828.80	267.10	234.56	3567.55
603339	四方科技	0.00	25.82	0.00	0.00	25.82
603345	安井食品	2690.41	939.72	303.77	104.62	4038.52
603348	文灿股份	0.00	94.96	0.00	0.00	94.96
603351	威尔药业	0.00	33.65	0.00	0.00	33.65
603353	和顺石油	0.00	85.02	0.00	0.00	85.02
603355	莱克电气	1197.95	438.08	35.42	28.83	1700.28
603356	华菱精工	0.00	18.80	0.00	0.00	18.80
603357	设计总院	0.00	40.21	0.00	0.00	40.21
603358	华达科技	0.00	93.57	0.00	0.00	93.57
603359	东珠生态	0.00	63.93	0.00	0.00	63.93
603360	百傲化学	0.00	70.23	0.00	0.00	70.23
603363	傲农生物	4609.31	1766.57	10.65	5.66	6392.19
603365	水星家纺	0.00	34.35	0.00	0.00	34.35
603366	日出东方	0.00	58.74	0.00	0.00	58.74
603367	辰欣药业	0.00	95.62	0.00	0.00	95.62
603368	柳药股份	4061.64	1586.84	2.37	1.55	5652.40
603369	今世缘	7205.99	2857.69	378.30	234.21	10676.19
603377	东方时尚	1963.59	718.38	91.48	76.93	2850.38
603378	亚士创能	0.00	24.46	0.00	0.00	24.46
603379	XD三美股	1742.47	591.33	18.66	12.96	2365.42
603380	易德龙	0.00	43.61	0.00	0.00	43.61
603383	顶点软件	0.00	129.15	0.00	0.00	129.15
603385	惠达卫浴	0.00	57.16	0.00	0.00	57.16

信用交易
Credit Trading

证券代码 Code	证券简称 Security Name	融资买入 (百万元)	卖券还款 (百万元)	融券卖出 (百万元)	买券还券 (百万元)	合计 (百万元)
603386	广东骏亚	0. 00	35. 04	0. 00	0. 00	35. 04
603387	基蛋生物	7595. 27	2987. 85	39. 72	20. 45	10643. 29
603388	元成股份	0. 00	8. 01	0. 00	0. 00	8. 01
603389	亚振家居	0. 00	4. 58	0. 00	0. 00	4. 58
603390	通达电气	0. 00	40. 88	0. 00	0. 00	40. 88
603392	万泰生物	0. 00	464. 65	0. 00	0. 00	464. 65
603393	新天然气	2376. 99	933. 25	0. 00	0. 00	3310. 24
603396	金辰股份	0. 00	39. 95	0. 00	0. 00	39. 95
603398	邦宝益智	0. 00	35. 35	0. 00	0. 00	35. 35
603399	吉翔股份	2313. 74	769. 38	0. 08	0. 08	3083. 28
603408	建霖家居	0. 00	15. 72	0. 00	0. 00	15. 72
603416	信捷电气	0. 00	87. 99	0. 00	0. 00	87. 99
603421	鼎信通讯	0. 00	33. 75	0. 00	0. 00	33. 75
603429	集友股份	0. 00	194. 00	0. 00	0. 00	194. 00
603439	贵州三力	0. 00	60. 29	0. 00	0. 00	60. 29
603444	吉比特	7689. 95	3053. 33	222. 78	204. 18	11170. 24
603456	九洲药业	4901. 81	2060. 89	12. 79	7. 90	6983. 39
603458	勘设股份	0. 00	69. 17	0. 00	0. 00	69. 17
603466	风语筑	0. 00	83. 78	0. 00	0. 00	83. 78
603477	巨星农牧	0. 00	80. 98	0. 00	0. 00	80. 98
603486	科沃斯	0. 00	91. 88	0. 00	0. 00	91. 88
603488	展鹏科技	0. 00	32. 68	0. 00	0. 00	32. 68
603489	八方股份	0. 00	94. 06	0. 00	0. 00	94. 06
603496	恒为科技	0. 00	63. 27	0. 00	0. 00	63. 27
603499	翔港科技	0. 00	14. 96	0. 00	0. 00	14. 96
603500	祥和实业	0. 00	43. 95	0. 00	0. 00	43. 95
603501	韦尔股份	22242. 10	7599. 84	908. 25	487. 65	31237. 84
603505	金石资源	3409. 74	1236. 55	4. 05	3. 24	4653. 58
603506	南都物业	0. 00	37. 02	0. 00	0. 00	37. 02
603507	振江股份	0. 00	12. 01	0. 00	0. 00	12. 01
603508	思维列控	2520. 61	1035. 98	8. 36	7. 07	3572. 02
603515	欧普照明	1430. 28	502. 86	93. 23	56. 80	2083. 17
603516	淳中科技	0. 00	80. 90	0. 00	0. 00	80. 90
603517	绝味食品	3561. 20	1112. 13	428. 66	423. 44	5525. 43
603518	锦泓集团	0. 00	28. 88	0. 00	0. 00	28. 88
603519	立霸股份	0. 00	56. 24	0. 00	0. 00	56. 24
603520	司太立	0. 00	114. 75	0. 00	0. 00	114. 75
603527	众源新材	0. 00	22. 51	0. 00	0. 00	22. 51
603528	多伦科技	0. 00	69. 45	0. 00	0. 00	69. 45
603530	神马电力	0. 00	49. 51	0. 00	0. 00	49. 51
603533	XD 掌阅科	0. 00	241. 98	0. 00	0. 00	241. 98
603535	嘉诚国际	0. 00	59. 62	0. 00	0. 00	59. 62
603536	惠发食品	0. 00	55. 48	0. 00	0. 00	55. 48
603538	美诺华	0. 00	202. 12	0. 00	0. 00	202. 12
603551	奥普家居	0. 00	29. 85	0. 00	0. 00	29. 85
603555	*ST 贵人	0. 00	1. 98	0. 00	0. 00	1. 98
603556	海兴电力	0. 00	36. 37	0. 00	0. 00	36. 37
603557	ST 起步	0. 00	116. 31	0. 00	0. 00	116. 31
603558	健盛集团	0. 00	23. 80	0. 00	0. 00	23. 80
603559	中通国脉	7163. 56	2521. 23	13. 34	0. 26	9698. 39

证券代码 Code	证券简称 Security Name	融资买入 （百万元）	卖券还款 （百万元）	融券卖出 （百万元）	买券还券 （百万元）	合计 （百万元）
603565	中谷物流	0.00	40.08	0.00	0.00	40.08
603566	普莱柯	0.00	92.54	0.00	0.00	92.54
603567	珍宝岛	1322.75	563.21	0.00	0.00	1885.96
603568	伟明环保	2497.36	999.68	136.30	110.07	3743.41
603569	长久物流	0.00	8.53	0.00	0.00	8.53
603577	汇金通	0.00	42.08	0.00	0.00	42.08
603578	DR 三星新	0.00	20.30	0.00	0.00	20.30
603579	荣泰健康	0.00	51.56	0.00	0.00	51.56
603580	艾艾精工	0.00	4.35	0.00	0.00	4.35
603583	捷昌驱动	0.00	88.31	0.00	0.00	88.31
603585	苏利股份	0.00	34.44	0.00	0.00	34.44
603586	XD 金麒麟	0.00	17.95	0.00	0.00	17.95
603587	地素时尚	0.00	40.94	0.00	0.00	40.94
603588	高能环境	5882.57	2466.66	7.50	5.04	8361.77
603589	口子窖	10131.68	4452.51	149.51	87.34	14821.04
603590	康辰药业	0.00	100.48	0.00	0.00	100.48
603595	东尼电子	0.00	77.50	0.00	0.00	77.50
603596	伯特利	0.00	131.49	0.00	0.00	131.49
603598	引力传媒	0.00	129.94	0.00	0.00	129.94
603599	广信股份	4558.03	1809.18	8.53	4.39	6380.13
603600	永艺股份	0.00	44.41	0.00	0.00	44.41
603601	再升科技	13884.93	5149.45	30.51	10.85	19075.74
603602	纵横通信	4341.37	1706.71	24.18	0.18	6072.44
603603	博天环境	0.00	33.81	0.00	0.00	33.81
603605	珀莱雅	4725.06	1844.48	44.72	33.96	6648.22
603606	东方电缆	8750.13	3069.93	68.45	35.67	11924.18
603607	京华激光	0.00	25.32	0.00	0.00	25.32
603608	天创时尚	0.00	82.64	0.00	0.00	82.64
603609	禾丰股份	3885.46	1629.54	10.64	6.62	5532.26
603610	麒盛科技	0.00	59.92	0.00	0.00	59.92
603611	诺力股份	0.00	59.42	0.00	0.00	59.42
603612	索通发展	0.00	103.85	0.00	0.00	103.85
603613	国联股份	0.00	266.51	0.00	0.00	266.51
603615	XD 茶花股	0.00	33.48	0.00	0.00	33.48
603616	韩建河山	0.00	16.19	0.00	0.00	16.19
603617	君禾股份	0.00	17.21	0.00	0.00	17.21
603618	XD 杭电股	2371.75	825.18	10.00	8.74	3215.67
603619	中曼石油	0.00	70.67	0.00	0.00	70.67
603626	科森科技	0.00	70.25	0.00	0.00	70.25
603628	清源股份	0.00	14.09	0.00	0.00	14.09
603629	利通电子	0.00	50.83	0.00	0.00	50.83
603630	拉芳家化	0.00	54.93	0.00	0.00	54.93
603633	徕木股份	0.00	43.86	0.00	0.00	43.86
603636	南威软件	7141.10	2517.32	29.66	21.28	9709.36
603637	镇海股份	0.00	4.72	0.00	0.00	4.72
603638	艾迪精密	966.83	255.89	18.98	3.87	1245.57
603639	海利尔	0.00	57.06	0.00	0.00	57.06
603648	畅联股份	0.00	40.72	0.00	0.00	40.72
603650	彤程新材	0.00	203.94	0.00	0.00	203.94
603655	朗博科技	0.00	144.87	0.00	0.00	144.87

信用交易
Credit Trading

证券代码 Code	证券简称 Security Name	融资买入 (百万元)	卖券还款 (百万元)	融券卖出 (百万元)	买券还券 (百万元)	合计 (百万元)
603656	泰禾智能	0.00	7.73	0.00	0.00	7.73
603657	春光科技	0.00	17.29	0.00	0.00	17.29
603658	安图生物	3536.31	1100.93	478.50	326.90	5442.64
603659	璞泰来	7367.25	2476.73	601.89	470.12	10915.99
603660	苏州科达	4473.54	1803.76	7.70	4.20	6289.20
603661	恒林股份	0.00	65.23	0.00	0.00	65.23
603662	柯力传感	0.00	68.37	0.00	0.00	68.37
603663	三祥新材	0.00	35.28	0.00	0.00	35.28
603665	康隆达	0.00	16.91	0.00	0.00	16.91
603666	亿嘉和	0.00	105.74	0.00	0.00	105.74
603667	五洲新春	0.00	26.41	0.00	0.00	26.41
603668	天马科技	0.00	72.35	0.00	0.00	72.35
603669	灵康药业	0.00	38.50	0.00	0.00	38.50
603676	卫信康	0.00	26.30	0.00	0.00	26.30
603677	奇精机械	0.00	10.65	0.00	0.00	10.65
603678	火炬电子	12829.22	4641.97	340.59	58.69	17870.47
603679	华体科技	0.00	46.73	0.00	0.00	46.73
603680	今创集团	0.00	16.05	0.00	0.00	16.05
603681	永冠新材	1736.34	765.52	1.66	0.03	2503.55
603682	锦和商业	0.00	32.38	0.00	0.00	32.38
603683	晶华新材	0.00	12.02	0.00	0.00	12.02
603685	晨丰科技	0.00	20.06	0.00	0.00	20.06
603686	龙马环卫	0.00	199.71	0.00	0.00	199.71
603687	大胜达	0.00	28.69	0.00	0.00	28.69
603688	XD 石英股	5562.65	1950.90	5.91	1.95	7521.41
603689	皖天然气	0.00	44.92	0.00	0.00	44.92
603690	至纯科技	0.00	330.47	0.00	0.00	330.47
603693	江苏新能	0.00	85.99	0.00	0.00	85.99
603696	安记食品	3784.59	1332.89	26.94	6.74	5151.16
603697	有友食品	0.00	108.34	0.00	0.00	108.34
603698	航天工程	1244.39	494.52	3.20	1.47	1743.58
603699	纽威股份	1002.49	369.22	0.00	0.00	1371.71
603700	宁水集团	0.00	50.62	0.00	0.00	50.62
603701	德宏股份	0.00	32.87	0.00	0.00	32.87
603703	盛洋科技	0.00	43.63	0.00	0.00	43.63
603706	东方环宇	0.00	30.65	0.00	0.00	30.65
603707	健友股份	3072.55	1217.91	188.62	179.12	4658.20
603708	家家悦	2568.97	912.87	129.40	61.34	3672.58
603709	中源家居	0.00	14.42	0.00	0.00	14.42
603711	香飘飘	0.00	34.48	0.00	0.00	34.48
603712	七一二	5798.79	2081.10	317.10	228.94	8425.93
603713	密尔克卫	0.00	95.33	0.00	0.00	95.33
603716	塞力医疗	0.00	45.63	0.00	0.00	45.63
603717	天域生态	0.00	13.52	0.00	0.00	13.52
603718	海利生物	7697.54	2749.76	23.53	3.77	10474.60
603719	良品铺子	1748.40	843.20	3.14	0.00	2594.74
603721	中广天择	0.00	99.10	0.00	0.00	99.10
603722	阿科力	0.00	82.56	0.00	0.00	82.56
603725	天安新材	0.00	12.23	0.00	0.00	12.23
603726	朗迪集团	0.00	26.98	0.00	0.00	26.98

信用交易
Credit Trading

证券代码 Code	证券简称 Security Name	融资买入 （百万元）	卖券还款 （百万元）	融券卖出 （百万元）	买券还券 （百万元）	合计 （百万元）
603727	博迈科	0. 00	30. 96	0. 00	0. 00	30. 96
603728	鸣志电器	0. 00	54. 28	0. 00	0. 00	54. 28
603729	ST 龙韵	0. 00	19. 43	0. 00	0. 00	19. 43
603730	岱美股份	0. 00	53. 98	0. 00	0. 00	53. 98
603733	仙鹤股份	0. 00	262. 52	0. 00	0. 00	262. 52
603737	三棵树	2531. 17	626. 36	10. 13	4. 98	3172. 64
603738	泰晶科技	0. 00	99. 86	0. 00	0. 00	99. 86
603739	蔚蓝生物	0. 00	81. 32	0. 00	0. 00	81. 32
603755	日辰股份	0. 00	31. 10	0. 00	0. 00	31. 10
603757	大元泵业	0. 00	20. 48	0. 00	0. 00	20. 48
603758	秦安股份	0. 00	41. 00	0. 00	0. 00	41. 00
603766	隆鑫通用	2403. 74	968. 50	47. 43	47. 07	3466. 74
603767	中马传动	0. 00	22. 11	0. 00	0. 00	22. 11
603768	常青股份	0. 00	12. 89	0. 00	0. 00	12. 89
603773	沃格光电	0. 00	60. 96	0. 00	0. 00	60. 96
603776	永安行	3779. 28	1271. 54	10. 05	6. 31	5067. 18
603777	来伊份	0. 00	80. 39	0. 00	0. 00	80. 39
603778	乾景园林	0. 00	15. 44	0. 00	0. 00	15. 44
603779	ST 威龙	0. 00	0. 82	0. 00	0. 00	0. 82
603786	科博达	0. 00	19. 68	0. 00	0. 00	19. 68
603787	新日股份	0. 00	59. 53	0. 00	0. 00	59. 53
603788	宁波高发	0. 00	26. 64	0. 00	0. 00	26. 64
603789	星光农机	1338. 73	506. 94	0. 00	0. 00	1845. 67
603790	雅运股份	0. 00	26. 27	0. 00	0. 00	26. 27
603797	联泰环保	0. 00	39. 66	0. 00	0. 00	39. 66
603798	康普顿	0. 00	11. 58	0. 00	0. 00	11. 58
603799	XD 华友钴	54226. 09	19000. 83	3132. 79	1044. 96	77404. 67
603800	道森股份	0. 00	9. 87	0. 00	0. 00	9. 87
603801	志邦家居	0. 00	86. 66	0. 00	0. 00	86. 66
603803	瑞斯康达	3482. 50	1319. 38	9. 58	4. 66	4816. 12
603806	福斯特	3065. 99	1153. 98	325. 06	283. 93	4828. 96
603808	歌力思	0. 00	77. 91	0. 00	0. 00	77. 91
603809	豪能股份	0. 00	34. 47	0. 00	0. 00	34. 47
603810	丰山集团	0. 00	33. 76	0. 00	0. 00	33. 76
603811	诚意药业	0. 00	65. 56	0. 00	0. 00	65. 56
603813	原尚股份	0. 00	13. 97	0. 00	0. 00	13. 97
603815	交建股份	0. 00	90. 44	0. 00	0. 00	90. 44
603816	顾家家居	2217. 77	697. 95	175. 73	149. 61	3241. 06
603817	海峡环保	0. 00	14. 89	0. 00	0. 00	14. 89
603818	曲美家居	0. 00	16. 07	0. 00	0. 00	16. 07
603819	神力股份	0. 00	32. 58	0. 00	0. 00	32. 58
603822	嘉澳环保	0. 00	12. 70	0. 00	0. 00	12. 70
603823	百合花	0. 00	32. 54	0. 00	0. 00	32. 54
603825	华扬联众	0. 00	160. 71	0. 00	0. 00	160. 71
603826	坤彩科技	0. 00	149. 44	0. 00	0. 00	149. 44
603828	柯利达	0. 00	62. 09	0. 00	0. 00	62. 09
603829	洛凯股份	0. 00	11. 10	0. 00	0. 00	11. 10
603833	欧派家居	2448. 48	841. 17	312. 60	242. 31	3844. 56
603838	四通股份	0. 00	21. 98	0. 00	0. 00	21. 98
603839	安正时尚	0. 00	49. 97	0. 00	0. 00	49. 97

信用交易
Credit Trading

证券代码 Code	证券简称 Security Name	融资买入（百万元）	卖券还款（百万元）	融券卖出（百万元）	买券还券（百万元）	合计（百万元）
603843	正平股份	0.00	21.27	0.00	0.00	21.27
603848	好太太	0.00	16.51	0.00	0.00	16.51
603855	华荣股份	0.00	35.16	0.00	0.00	35.16
603856	东宏股份	0.00	45.65	0.00	0.00	45.65
603858	步长制药	11401.09	5010.93	251.84	220.56	16884.42
603859	能科股份	0.00	105.44	0.00	0.00	105.44
603860	中公高科	0.00	6.24	0.00	0.00	6.24
603861	白云电器	0.00	16.31	0.00	0.00	16.31
603863	ST 松炀	0.00	39.78	0.00	0.00	39.78
603866	桃李面包	2388.86	976.35	334.76	277.39	3977.36
603867	新化股份	0.00	67.89	0.00	0.00	67.89
603868	飞科电器	1029.45	436.69	29.51	21.38	1517.03
603869	新智认知	0.00	33.57	0.00	0.00	33.57
603871	嘉友国际	0.00	30.27	0.00	0.00	30.27
603876	鼎胜新材	0.00	65.43	0.00	0.00	65.43
603877	太平鸟	0.00	19.73	0.00	0.00	19.73
603878	武进不锈	0.00	48.49	0.00	0.00	48.49
603879	永悦科技	0.00	51.24	0.00	0.00	51.24
603880	南卫股份	0.00	76.75	0.00	0.00	76.75
603881	数据港	11387.60	4188.20	97.95	37.29	15711.04
603882	金域医学	6407.50	2703.54	388.03	326.90	9825.97
603883	老百姓	4118.75	1546.11	164.31	107.31	5936.48
603885	吉祥航空	4329.95	1706.88	130.90	120.05	6287.78
603886	XD 元祖股	0.00	68.51	0.00	0.00	68.51
603887	城地香江	0.00	91.56	0.00	0.00	91.56
603888	新华网	9246.71	3448.91	172.64	77.80	12946.06
603889	新澳股份	0.00	13.00	0.00	0.00	13.00
603890	春秋电子	4851.64	1706.95	13.02	4.49	6576.10
603893	瑞芯微	0.00	195.38	0.00	0.00	195.38
603895	天永智能	0.00	13.08	0.00	0.00	13.08
603896	寿仙谷	0.00	58.57	0.00	0.00	58.57
603897	长城科技	0.00	28.57	0.00	0.00	28.57
603898	好莱客	0.00	52.97	0.00	0.00	52.97
603899	晨光文具	2518.98	1175.92	124.97	115.48	3935.35
603900	莱绅通灵	0.00	27.54	0.00	0.00	27.54
603901	永创智能	0.00	44.88	0.00	0.00	44.88
603903	中持股份	0.00	30.46	0.00	0.00	30.46
603906	龙蟠科技	0.00	124.65	0.00	0.00	124.65
603908	牧高笛	0.00	11.19	0.00	0.00	11.19
603909	合诚股份	0.00	11.30	0.00	0.00	11.30
603912	佳力图	0.00	66.80	0.00	0.00	66.80
603915	国茂股份	0.00	54.49	0.00	0.00	54.49
603916	苏博特	0.00	106.67	0.00	0.00	106.67
603917	合力科技	0.00	41.14	0.00	0.00	41.14
603918	金桥信息	0.00	45.55	0.00	0.00	45.55
603919	金徽酒	9581.21	3780.84	477.62	13.76	13853.43
603920	世运电路	0.00	210.90	0.00	0.00	210.90
603922	金鸿顺	0.00	9.49	0.00	0.00	9.49
603926	铁流股份	0.00	9.13	0.00	0.00	9.13
603927	中科软	0.00	209.86	0.00	0.00	209.86

证券代码 Code	证券简称 Security Name	融资买入 （百万元）	卖券还款 （百万元）	融券卖出 （百万元）	买券还券 （百万元）	合计 （百万元）
603928	兴业股份	0.00	7.23	0.00	0.00	7.23
603929	亚翔集成	0.00	61.21	0.00	0.00	61.21
603931	格林达	0.00	26.66	0.00	0.00	26.66
603933	睿能科技	0.00	23.57	0.00	0.00	23.57
603936	博敏电子	6813.28	2596.38	5.04	1.18	9415.88
603937	丽岛新材	0.00	22.53	0.00	0.00	22.53
603938	三孚股份	0.00	60.45	0.00	0.00	60.45
603939	益丰药房	3431.80	1122.71	364.77	333.13	5252.41
603948	建业股份	0.00	39.15	0.00	0.00	39.15
603949	雪龙集团	0.00	52.25	0.00	0.00	52.25
603950	长源东谷	0.00	102.15	0.00	0.00	102.15
603955	大千生态	0.00	14.69	0.00	0.00	14.69
603956	威派格	0.00	46.74	0.00	0.00	46.74
603958	哈森股份	0.00	6.34	0.00	0.00	6.34
603959	百利科技	2129.15	705.88	31.52	18.05	2884.60
603960	克来机电	0.00	76.32	0.00	0.00	76.32
603963	大理药业	0.00	7.77	0.00	0.00	7.77
603966	法兰泰克	0.00	22.35	0.00	0.00	22.35
603967	中创物流	0.00	20.30	0.00	0.00	20.30
603968	醋化股份	0.00	32.57	0.00	0.00	32.57
603969	银龙股份	0.00	46.10	0.00	0.00	46.10
603970	中农立华	0.00	69.66	0.00	0.00	69.66
603976	正川股份	0.00	323.16	0.00	0.00	323.16
603977	国泰集团	0.00	48.53	0.00	0.00	48.53
603978	深圳新星	0.00	72.47	0.00	0.00	72.47
603979	金诚信	0.00	56.42	0.00	0.00	56.42
603980	吉华集团	0.00	38.92	0.00	0.00	38.92
603982	泉峰汽车	0.00	75.44	0.00	0.00	75.44
603983	丸美股份	0.00	218.76	0.00	0.00	218.76
603985	恒润股份	0.00	55.69	0.00	0.00	55.69
603986	兆易创新	77291.97	31267.69	1602.16	980.43	111142.25
603987	康德莱	0.00	137.45	0.00	0.00	137.45
603988	中电电机	0.00	57.82	0.00	0.00	57.82
603989	艾华集团	2051.69	752.34	4.58	2.54	2811.15
603990	麦迪科技	0.00	96.28	0.00	0.00	96.28
603991	至正股份	0.00	21.47	0.00	0.00	21.47
603992	松霖科技	0.00	26.60	0.00	0.00	26.60
603993	洛阳钼业	32765.87	12079.24	1325.15	460.35	46630.61
603995	甬金股份	0.00	56.42	0.00	0.00	56.42
603996	*ST中新	0.00	0.77	0.00	0.00	0.77
603997	继峰股份	0.00	54.96	0.00	0.00	54.96
603998	方盛制药	0.00	25.51	0.00	0.00	25.51
603999	读者传媒	0.00	41.39	0.00	0.00	41.39
605001	威奥股份	0.00	31.17	0.00	0.00	31.17
605003	众望布艺	0.00	14.14	0.00	0.00	14.14
605006	山东玻纤	0.00	53.80	0.00	0.00	53.80
605007	五洲特纸	0.00	23.08	0.00	0.00	23.08
605008	长鸿高科	0.00	29.36	0.00	0.00	29.36
605009	豪悦护理	0.00	170.33	0.00	0.00	170.33
605018	长华股份	0.00	7.52	0.00	0.00	7.52

信用交易
Credit Trading

证券代码 Code	证券简称 Security Name	融资买入 （百万元）	卖券还款 （百万元）	融券卖出 （百万元）	买券还券 （百万元）	合计 （百万元）
605050	福然德	0.00	9.65	0.00	0.00	9.65
605058	澳弘电子	0.00	12.12	0.00	0.00	12.12
605066	天正电气	0.00	12.89	0.00	0.00	12.89
605068	明新旭腾	0.00	13.64	0.00	0.00	13.64
605088	冠盛股份	0.00	18.40	0.00	0.00	18.40
605099	共创草坪	0.00	29.47	0.00	0.00	29.47
605100	华丰股份	0.00	14.10	0.00	0.00	14.10
605108	同庆楼	0.00	33.11	0.00	0.00	33.11
605111	新洁能	0.00	102.21	0.00	0.00	102.21
605116	奥锐特	0.00	12.19	0.00	0.00	12.19
605118	力鼎光电	0.00	12.51	0.00	0.00	12.51
605123	派克新材	0.00	39.54	0.00	0.00	39.54
605128	上海沿浦	0.00	6.73	0.00	0.00	6.73
605136	丽人丽妆	0.00	39.66	0.00	0.00	39.66
605151	西上海	0.00	2.73	0.00	0.00	2.73
605155	西大门	0.00	0.53	0.00	0.00	0.53
605158	华达新材	0.00	17.97	0.00	0.00	17.97
605166	聚合顺	0.00	18.74	0.00	0.00	18.74
605168	三人行	0.00	129.60	0.00	0.00	129.60
605169	洪通燃气	0.00	23.00	0.00	0.00	23.00
605177	东亚药业	0.00	7.26	0.00	0.00	7.26
605178	时空科技	0.00	13.73	0.00	0.00	13.73
605179	一鸣食品	0.00	0.17	0.00	0.00	0.17
605183	确成股份	0.00	3.69	0.00	0.00	3.69
605186	健麾信息	0.00	2.28	0.00	0.00	2.28
605188	国光连锁	0.00	9.67	0.00	0.00	9.67
605198	德利股份	0.00	6.98	0.00	0.00	6.98
605199	葫芦娃	0.00	29.45	0.00	0.00	29.45
605218	伟时电子	0.00	11.23	0.00	0.00	11.23
605222	起帆电缆	0.00	18.97	0.00	0.00	18.97
605255	天普股份	0.00	13.62	0.00	0.00	13.62
605258	协和电子	0.00	6.90	0.00	0.00	6.90
605266	健之佳	0.00	11.30	0.00	0.00	11.30
605288	凯迪股份	0.00	33.65	0.00	0.00	33.65
605299	舒华体育	0.00	2.09	0.00	0.00	2.09
605318	法狮龙	0.00	18.94	0.00	0.00	18.94
605333	沪光股份	0.00	19.53	0.00	0.00	19.53
605336	帅丰电器	0.00	17.84	0.00	0.00	17.84
605338	巴比食品	0.00	60.44	0.00	0.00	60.44
605358	立昂微	0.00	294.86	0.00	0.00	294.86
605366	宏柏新材	0.00	27.17	0.00	0.00	27.17
605369	拱东医疗	0.00	38.74	0.00	0.00	38.74
605376	博迁新材	0.00	23.43	0.00	0.00	23.43
605377	华旺科技	0.00	2.45	0.00	0.00	2.45
605388	均瑶健康	0.00	55.00	0.00	0.00	55.00
605399	晨光新材	0.00	27.13	0.00	0.00	27.13
605500	森林包装	0.00	5.74	0.00	0.00	5.74
688001	华兴源创	2523.50	1009.60	540.06	397.19	4470.35
688002	睿创微纳	6019.76	1859.70	1202.49	874.45	9956.40
688003	XD 天准科	1907.72	675.85	462.56	376.30	3422.43

信用交易
Credit Trading

证券代码 Code	证券简称 Security Name	融资买入（百万元）	卖券还款（百万元）	融券卖出（百万元）	买券还券（百万元）	合计（百万元）
688004	博汇科技	762.43	247.10	43.57	23.38	1076.48
688005	容百科技	4144.07	1405.11	577.27	375.98	6502.43
688006	杭可科技	2077.40	792.80	712.82	521.14	4104.16
688007	光峰科技	1240.18	453.70	365.61	273.00	2332.49
688008	澜起科技	12367.65	4252.71	1104.52	710.72	18435.60
688009	中国通号	6095.88	2182.63	1082.79	1139.70	10501.00
688010	福光股份	1619.21	589.82	233.61	217.88	2660.52
688011	XD新光光	2040.20	656.05	305.33	266.65	3268.23
688012	中微公司	14233.21	5073.14	4528.91	2323.05	26158.31
688013	天臣医疗	235.73	56.14	129.39	46.58	467.84
688015	交控科技	2426.42	774.34	739.10	480.12	4419.98
688016	心脉医疗	2656.66	837.94	874.36	700.95	5069.91
688017	绿的谐波	852.73	236.62	295.76	155.82	1540.93
688018	乐鑫科技	3760.62	1379.97	828.52	794.70	6763.81
688019	安集科技	5939.17	1768.45	1955.16	1282.49	10945.27
688020	方邦股份	2050.24	690.73	425.18	398.95	3565.10
688021	奥福环保	1292.25	479.58	432.35	244.94	2449.12
688022	瀚川智能	1692.00	662.03	383.12	347.79	3084.94
688023	安恒信息	2129.03	617.46	1040.27	885.30	4672.06
688025	杰普特	1504.75	510.49	333.27	275.19	2623.70
688026	洁特生物	3065.30	1055.35	1063.74	565.64	5750.03
688027	国盾量子	4919.47	1610.22	3024.01	1013.73	10567.43
688028	沃尔德	1146.96	410.03	439.19	367.84	2364.02
688029	南微医学	3225.54	1211.13	604.77	380.05	5421.49
688030	山石网科	1873.46	591.15	425.62	352.21	3242.44
688033	天宜上佳	1171.36	385.55	318.85	256.77	2132.53
688036	传音控股	5536.88	1786.88	1642.50	1068.31	10034.57
688037	芯源微	5360.72	2007.55	2583.74	1024.73	10976.74
688039	当虹科技	2221.00	740.93	459.52	401.29	3822.74
688050	爱博医疗	2173.38	487.71	751.34	329.71	3742.14
688051	佳华科技	2148.92	641.98	328.77	181.05	3300.72
688055	龙腾光电	2748.58	999.26	730.77	169.08	4647.69
688056	莱伯泰科	350.46	100.87	61.32	23.41	536.06
688057	金达莱	685.92	185.52	136.19	53.58	1061.21
688058	宝兰德	1536.94	603.75	612.63	497.58	3250.90
688060	云涌科技	787.50	225.80	442.06	195.64	1651.00
688063	派能科技	725.83	70.82	240.56	30.81	1068.02
688065	凯赛生物	1399.48	340.51	317.34	166.25	2223.58
688066	XD航天宏	2936.99	1003.19	818.77	609.49	5368.44
688068	热景生物	1630.12	612.46	685.98	485.99	3414.55
688069	德林海	625.91	194.99	212.15	107.52	1140.57
688077	大地熊	912.22	295.61	400.62	175.18	1783.63
688078	龙软科技	928.30	316.67	227.23	156.62	1628.82
688080	映翰通	1200.65	402.97	244.01	112.70	1960.33
688081	兴图新科	1006.20	315.54	164.70	99.66	1586.10
688085	三友医疗	1845.66	527.38	648.83	223.83	3245.70
688086	紫晶存储	3982.20	1197.00	798.62	458.98	6436.80
688088	虹软科技	4761.44	1827.38	1581.31	1093.81	9263.94
688089	嘉必优	1793.46	603.59	355.51	318.99	3071.55
688090	瑞松科技	867.00	269.12	311.29	191.72	1639.13

信用交易
Credit Trading

证券代码 Code	证券简称 Security Name	融资买入（百万元）	卖券还款（百万元）	融券卖出（百万元）	买券还券（百万元）	合计（百万元）
688093	世华科技	536.41	157.87	83.39	23.68	801.35
688095	福昕软件	1217.65	278.06	336.99	198.81	2031.51
688096	京源环保	596.44	207.64	125.20	80.11	1009.39
688098	申联生物	1349.53	517.98	399.82	353.84	2621.17
688099	晶晨股份	3258.09	1189.52	786.55	732.49	5966.65
688100	XD 威胜信	1480.80	533.29	425.12	230.76	2669.97
688101	三达膜	2178.32	849.90	0.00	0.00	3028.22
688106	金宏气体	3961.34	1154.46	797.08	325.81	6238.69
688108	赛诺医疗	1625.14	593.07	440.09	333.31	2991.61
688111	金山办公	8658.45	2410.93	4046.09	2154.04	17269.51
688116	天奈科技	3296.28	1000.29	633.66	452.36	5382.59
688118	普元信息	1631.18	579.03	212.74	172.81	2595.76
688122	西部超导	3790.72	1342.42	484.51	368.68	5986.33
688123	聚辰股份	3993.08	1370.81	1100.04	739.14	7203.07
688126	沪硅产业	25969.11	8421.58	13041.51	3369.73	50801.93
688127	蓝特光学	816.47	214.49	137.88	47.89	1216.73
688128	中国电研	1142.56	415.40	244.75	225.99	2028.70
688129	东来技术	391.64	122.81	62.08	19.50	596.03
688133	泰坦科技	733.29	253.97	524.60	224.01	1735.87
688135	利扬芯片	878.02	228.01	182.84	45.80	1334.67
688136	科兴制药	523.57	148.98	0.12	0.00	672.67
688138	清溢光电	2979.58	1132.27	670.38	512.63	5294.86
688139	海尔生物	4355.58	1598.70	1149.00	893.99	7997.27
688155	先惠技术	971.13	254.08	269.96	151.00	1646.17
688156	路德环境	177.34	42.24	35.90	15.06	270.54
688157	松井股份	1707.50	555.42	377.80	173.06	2813.78
688158	优刻得	4627.20	1590.39	1557.33	845.49	8620.41
688159	有方科技	1767.39	562.13	659.55	363.48	3352.55
688160	步科股份	531.07	126.46	110.96	34.41	802.90
688165	埃夫特	839.24	240.09	349.87	127.55	1556.75
688166	博瑞医药	1671.38	591.70	783.99	433.68	3480.75
688168	安博通	1233.57	417.32	360.03	312.90	2323.82
688169	石头科技	4940.88	1620.44	878.98	425.53	7865.83
688177	百奥泰	1995.47	659.51	500.32	299.99	3455.29
688178	万德斯	879.87	287.14	166.35	98.18	1431.54
688179	阿拉丁	582.84	197.48	0.00	0.00	780.32
688180	君实生物	3291.63	1042.48	1488.56	773.64	6596.31
688181	XD 八亿时	1984.70	599.59	427.66	279.17	3291.12
688185	康希诺	6365.28	2007.62	1770.49	580.38	10723.77
688186	广大特材	2001.30	670.52	612.71	345.41	3629.94
688188	柏楚电子	2539.63	774.25	714.31	556.21	4584.40
688189	南新制药	2164.47	772.49	0.00	0.00	2936.96
688196	卓越新能	2432.81	748.16	284.76	277.70	3743.43
688198	佰仁医疗	1228.45	423.22	458.20	356.22	2466.09
688199	久日新材	1864.72	626.68	262.58	241.76	2995.74
688200	华峰测控	4642.05	1454.92	1282.13	806.59	8185.69
688202	美迪西	1917.07	683.39	366.59	328.91	3295.96
688208	道通科技	2076.78	561.02	645.62	358.22	3641.64
688215	瑞晟智能	300.46	71.94	71.79	36.98	481.17
688218	江苏北人	824.87	294.91	227.17	175.35	1522.30

证券代码 Code	证券简称 Security Name	融资买入 （百万元）	卖券还款 （百万元）	融券卖出 （百万元）	买券还券 （百万元）	合计 （百万元）
688219	会通股份	423.42	116.19	107.81	23.71	671.13
688221	前沿生物	489.06	181.51	0.00	0.00	670.57
688222	成都先导	1726.47	554.21	466.10	224.92	2971.70
688228	开普云	1071.18	313.54	0.00	0.00	1384.72
688229	博睿数据	809.98	234.27	236.18	69.58	1350.01
688233	神工股份	2779.89	868.24	844.55	488.83	4981.51
688256	寒武纪	4609.01	1779.23	1883.54	635.84	8907.62
688258	卓易信息	2958.84	984.54	917.73	662.60	5523.71
688266	泽璟制药	3275.24	986.51	1002.53	545.06	5809.34
688268	华特气体	4923.40	1760.45	1469.64	886.83	9040.32
688277	天智航	2027.57	669.60	1104.44	521.79	4323.40
688278	特宝生物	1558.32	563.59	0.00	0.00	2121.91
688286	敏芯股份	1429.99	352.24	349.43	139.44	2271.10
688288	XD 鸿泉物	1984.32	754.14	380.82	286.68	3405.96
688289	圣湘生物	2100.66	636.29	9.32	5.47	2751.74
688298	东方生物	6667.79	1994.06	2751.24	1662.99	13076.08
688299	长阳科技	2666.48	881.62	492.88	449.06	4490.04
688300	联瑞新材	1311.52	482.92	317.85	289.59	2401.88
688301	奕瑞科技	1167.92	344.69	413.11	209.34	2135.06
688308	欧科亿	129.15	31.85	54.05	25.27	240.32
688309	恒誉环保	322.12	89.12	164.95	110.89	687.08
688310	迈得医疗	920.39	290.92	43.93	52.52	1307.76
688311	盟升电子	2477.50	715.61	711.84	284.71	4189.66
688312	燕麦科技	920.50	319.07	270.94	151.23	1661.74
688313	仕佳光子	657.30	209.59	284.48	107.73	1259.10
688318	财富趋势	8564.20	2582.54	1601.61	663.40	13411.75
688321	微芯生物	2894.29	1145.16	360.88	342.11	4742.44
688330	XD 宏力达	758.86	208.93	132.07	66.96	1166.82
688333	铂力特	3155.41	927.19	640.43	326.91	5049.94
688335	复洁环保	574.73	153.57	120.64	51.21	900.15
688336	三生国健	881.88	240.61	245.55	120.18	1488.22
688338	赛科希德	746.79	186.60	252.21	96.27	1281.87
688339	亿华通	2946.69	938.27	831.65	349.92	5066.53
688356	键凯科技	738.45	163.12	207.17	83.72	1192.46
688357	建龙微纳	1309.10	453.64	224.57	192.86	2180.17
688358	祥生医疗	1410.52	410.59	66.56	62.05	1949.72
688360	德马科技	679.51	175.28	162.00	82.58	1099.37
688363	华熙生物	5564.24	1837.81	846.30	783.77	9032.12
688365	光云科技	2552.99	790.02	876.03	406.35	4625.39
688366	昊海生科	1989.55	665.41	119.08	113.39	2887.43
688368	晶丰明源	1215.13	503.20	384.47	353.27	2456.07
688369	致远互联	2135.59	776.25	396.83	349.68	3658.35
688377	迪威尔	399.06	106.37	174.98	108.24	788.65
688378	奥来德	808.13	243.86	101.53	35.75	1189.27
688379	华光新材	299.40	90.45	83.18	34.95	507.98
688386	泛亚微透	574.12	168.98	203.96	87.41	1034.47
688388	嘉元科技	3853.90	1475.80	923.99	796.25	7049.94
688389	普门科技	1134.61	382.95	412.34	327.19	2257.09
688390	固德威	1544.06	503.55	346.55	161.71	2555.87
688393	XD 安必平	464.21	123.99	124.33	47.52	760.05

信用交易
Credit Trading

证券代码 Code	证券简称 Security Name	融资买入（百万元）	卖券还款（百万元）	融券卖出（百万元）	买券还券（百万元）	合计（百万元）
688396	华润微	21663.79	7226.61	4072.79	2075.04	35038.23
688398	赛特新材	1185.51	350.37	323.21	191.46	2050.55
688399	硕世生物	6073.19	1889.74	3070.74	1486.03	12519.70
688408	中信博	1303.08	357.91	527.40	152.31	2340.70
688418	震有科技	1065.00	341.69	523.51	160.02	2090.22
688466	金科环境	1134.94	322.87	286.55	163.50	1907.86
688488	艾迪药业	987.40	312.90	373.26	175.04	1848.60
688500	慧辰资讯	542.95	162.54	192.24	82.90	980.63
688505	复旦张江	2027.81	652.27	475.09	119.97	3275.14
688508	芯朋微	2563.59	802.09	42.81	32.94	3441.43
688510	航亚科技	906.85	220.32	603.00	154.34	1884.51
688513	苑东生物	755.52	154.74	150.53	59.22	1120.01
688516	奥特维	1457.87	483.25	279.22	173.43	2393.77
688518	联赢激光	1012.55	323.63	203.07	84.13	1623.38
688519	南亚新材	665.97	212.27	180.05	111.89	1170.18
688520	神州细胞	2160.70	704.04	701.24	212.74	3778.72
688521	芯原股份	1720.36	430.64	691.99	252.93	3095.92
688526	科前生物	1453.43	341.51	208.34	58.46	2061.74
688528	秦川物联	417.36	125.13	89.43	39.53	671.45
688529	豪森股份	647.77	147.87	153.23	51.69	1000.56
688536	思瑞浦	2137.91	656.75	507.28	136.01	3437.95
688550	瑞联新材	575.13	129.95	105.91	50.61	861.60
688551	科威尔	528.56	157.30	83.91	33.86	803.63
688555	泽达易盛	759.73	201.26	174.91	46.45	1182.35
688556	高测股份	807.70	218.05	277.99	115.39	1419.13
688557	兰剑智能	199.12	55.98	61.24	15.42	331.76
688558	国盛智科	589.68	159.54	123.57	72.43	945.22
688559	海目星	1222.78	341.05	209.19	82.49	1855.51
688560	明冠新材	252.50	42.27	88.72	22.78	406.27
688561	奇安信	3947.61	983.91	709.70	407.30	6048.52
688566	吉贝尔	1032.74	334.05	0.00	0.00	1366.79
688567	孚能科技	3256.18	950.51	732.91	334.41	5274.01
688568	中科星图	2168.01	732.84	938.92	361.86	4201.63
688569	铁科轨道	438.63	126.34	87.60	21.86	674.43
688571	杭华股份	157.71	30.04	65.33	25.95	279.03
688577	浙海德曼	340.08	96.62	56.30	34.07	527.07
688578	艾力斯	537.98	147.47	317.46	75.15	1078.06
688579	山大地纬	384.19	106.25	146.36	28.39	665.19
688580	伟思医疗	1367.01	306.97	2.60	0.61	1677.19
688585	上纬新材	347.21	123.19	40.01	13.36	523.77
688586	江航装备	2628.15	769.66	729.33	275.36	4402.50
688588	凌志软件	1790.01	576.83	414.25	157.04	2938.13
688589	力合微	862.39	273.36	411.51	146.26	1693.52
688590	新致软件	191.87	57.50	130.62	48.59	428.58
688595	芯海科技	1274.28	393.55	296.34	96.80	2060.97
688596	正帆科技	911.08	209.88	343.23	112.72	1576.91
688598	金博股份	2772.66	802.91	509.64	246.47	4331.68
688599	天合光能	6718.90	2026.17	1038.52	521.38	10304.97
688600	皖仪科技	393.06	118.13	123.05	68.73	702.97
688608	恒玄科技	1529.34	465.61	272.63	115.16	2382.74

信用交易
Credit Trading

证券代码 Code	证券简称 Security Name	融资买入 （百万元）	卖券还款 （百万元）	融券卖出 （百万元）	买券还券 （百万元）	合计 （百万元）
688618	三旺通信	41.36	4.22	36.97	3.12	85.67
688658	悦康药业	185.26	30.72	90.91	26.03	332.92
688668	鼎通科技	148.56	22.97	49.11	17.46	238.10
688678	福立旺	155.73	20.00	71.99	17.39	265.11
688679	通源环境	49.34	9.18	31.38	17.93	107.83
688686	奥普特	196.13	3.38	234.91	0.00	434.42
688698	伟创电气	81.22	12.76	122.43	29.56	245.97
688699	明微电子	216.36	52.61	86.75	10.71	366.43
688777	中控技术	1655.22	447.62	643.40	246.65	2992.89
688788	科思科技	1889.98	492.40	240.09	128.34	2750.81
688981	中芯国际	45638.40	13129.31	15204.71	3186.11	77158.53
689009	九号公司	2704.42	880.08	1222.00	365.75	5172.25

基金市场概貌
Fund Market Overview

基金市场交易 Fund Market Data	2020 年	2019 年	增减（%） Change
交易天数（天）Trading Days	243	244	-0.41
上市基金数（只）No. of Funds	380	308	23.38
ETFs	236	169	39.64
LOF	120	115	4.35
交易型货币基金 Exchange-traded Money Market Fund	24	24	0.00
新上市基金数（只）No. of New Funds	87	88	-1.14
总成交金额（亿元）Total Trading Value（100M Yuan）	107526.85	68589.58	56.77
ETFs	52914.55	26844.32	97.12
LOF	687.06	292.89	134.58
交易型货币基金 Exchange-traded Money Market Fund	53925.23	41380.19	30.32
日均成交金额（亿元）Average Trading Value（100M Yuan）	442.50	281.10	57.42
ETFs	217.76	110.02	97.93
LOF	2.83	1.20	135.83
交易型货币基金 Exchange-traded Money Market Fund	221.91	169.59	30.85
总成交量（亿份）Total Trading Vol（100M Units）	31560.17	14364.59	119.71
ETFs	30414.32	13595.15	123.71
LOF	609.49	285.28	113.65
交易型货币基金 Exchange-traded Money Market Fund	536.37	411.55	30.33
日均成交量（百万份）Average Trading Vol（M Units）	12987.72	5887.13	120.61
ETFs	12516.18	5571.78	124.64
LOF	250.82	116.92	114.52
交易型货币基金 Exchange-traded Money Market Fund	220.73	168.67	30.87
总成交笔数（万笔）Number of Trades（10000）	18339.73	6310.84	190.61
ETFs	16372.80	5057.40	223.74
LOF	589.98	220.96	167.01
交易型货币基金 Exchange-traded Money Market Fund	1376.94	1013.41	35.87
日均成交笔数（万笔）Average Transactions（10000）	75.47	25.86	191.84
ETFs	67.38	20.73	225.04
LOF	2.43	0.91	167.03
交易型货币基金 Exchange-traded Money Market Fund	5.67	4.15	36.63
大宗交易成交 Bulk Trading			
总成交金额（亿元）Total Trading Value（100M Yuan）	45.99	106.75	-56.92
总成交量（亿份）Total Trading Vol（100M Units）	34.05	59.48	-42.75
总成交笔数（笔）Number of Trades	131	169	-22.49

基金基本信息
List of Funds

基金代码 Code	基金简称 Fund Name	发行时间 Issue Date	上市日 Listing Date	基金管理人 Management Company	托管人 Trustee
501000	国金鑫新	2015.06.08	2015.07.14	国金基金管理有限公司	平安银行股份有限公司
501001	财通精选	2015.06.09	2015.09.25	财通基金管理有限公司	中国光大银行股份有限公司
501005	精准医疗	2015.12.28	2016.03.21	汇添富基金管理股份有限公司	中国工商银行股份有限公司
501006	精准医C	2015.12.28	2016.03.21	汇添富基金管理股份有限公司	中国工商银行股份有限公司
501007	互联医疗	2016.11.28	2017.02.20	汇添富基金管理股份有限公司	中国工商银行股份有限公司
501008	互联医C	2016.11.28	2017.02.20	汇添富基金管理股份有限公司	中国工商银行股份有限公司
501009	生物科技	2016.11.28	2017.02.20	汇添富基金管理股份有限公司	中国建设银行股份有限公司
501010	生物科C	2016.11.28	2017.02.20	汇添富基金管理股份有限公司	中国建设银行股份有限公司
501011	中药基金	2016.11.28	2017.02.20	汇添富基金管理股份有限公司	中国建设银行股份有限公司
501012	中药C	2016.11.28	2017.02.20	汇添富基金管理股份有限公司	中国建设银行股份有限公司
501015	财通升级	2016.02.18	2016.06.06	财通基金管理有限公司	中国工商银行股份有限公司
501016	券商基金	2017.03.30	2017.05.19	国泰基金管理有限公司	中国建设银行股份有限公司
501017	国泰融丰	2016.05.03	2016.08.26	国泰基金管理有限公司	中国银行股份有限公司
501018	南方原油	2016.05.17	2016.06.28	南方基金管理股份有限公司	中国工商银行股份有限公司
501019	军工基金	2017.03.10	2017.04.21	国泰基金管理有限公司	中国建设银行股份有限公司
501021	香港中小	2016.05.23	2016.07.06	华宝基金管理有限公司	中国建设银行股份有限公司
501022	银华鑫盛	2016.08.24	2016.11.10	银华基金管理股份有限公司	中国工商银行股份有限公司
501023	港中小企	2016.08.29	2016.10.24	鹏华基金管理有限公司	中国银行股份有限公司
501025	香港银行	2016.10.10	2016.11.24	鹏华基金管理有限公司	中国建设银行股份有限公司
501026	财通福享	2016.08.15	2016.12.15	财通基金管理有限公司	中国农业银行股份有限公司
501027	国泰融信	2016.12.01	2017.06.01	国泰基金管理有限公司	中国银行股份有限公司
501028	财通福瑞	2016.10.17	2017.02.20	财通基金管理有限公司	中国工商银行股份有限公司
501029	红利基金	2016.12.01	2017.02.13	华宝基金管理有限公司	中国银行股份有限公司
501030	环境治理	2016.11.28	2017.02.20	汇添富基金管理股份有限公司	中国工商银行股份有限公司
501031	环境C	2016.11.28	2017.02.20	汇添富基金管理股份有限公司	中国工商银行股份有限公司
501032	财通福盛	2016.12.19	2017.04.21	财通基金管理有限公司	中国工商银行股份有限公司
501036	中证500A	2017.07.26	2017.10.09	汇添富基金管理股份有限公司	招商证券股份有限公司
501037	中证500C	2017.07.26	2017.10.09	汇添富基金管理股份有限公司	招商证券股份有限公司
501038	银华明择	2017.07.10	2017.11.24	银华基金管理股份有限公司	中国建设银行股份有限公司
501039	添富睿丰	2017.09.05	2018.03.08	汇添富基金管理股份有限公司	中国银行股份有限公司
501040	添富睿C	2017.09.05	2018.01.12	汇添富基金管理股份有限公司	中国银行股份有限公司
501043	沪深300A	2017.08.28	2017.10.09	汇添富基金管理股份有限公司	中国国际金融股份有限公司
501045	沪深300C	2017.08.28	2017.10.09	汇添富基金管理股份有限公司	中国国际金融股份有限公司
501046	财通福鑫	2017.08.30	2017.12.01	财通基金管理有限公司	中国工商银行股份有限公司
501047	全指证券	2017.11.08	2018.01.18	汇添富基金管理股份有限公司	中信建投证券股份有限公司
501048	证券C	2017.11.08	2018.01.18	汇添富基金管理股份有限公司	中信建投证券股份有限公司
501049	东证睿玺	2017.11.08	2018.06.01	上海东方证券资产管理有限公司	中国工商银行股份有限公司
501050	50AH	2016.09.19	2016.11.28	华夏基金管理有限公司	中国建设银行股份有限公司
501051	圆信汇利	2017.11.06	2018.01.31	圆信永丰基金管理有限公司	兴业证券股份有限公司
501053	东证目优	2017.12.12	2018.08.24	上海东方证券资产管理有限公司	招商银行股份有限公司
501054	东证睿泽	2018.01.23	2018.10.17	上海东方证券资产管理有限公司	招商银行股份有限公司
501057	新能源车	2018.05.07	2018.06.20	汇添富基金管理股份有限公司	中国工商银行股份有限公司
501058	新能车C	2018.05.07	2018.06.20	汇添富基金管理股份有限公司	中国工商银行股份有限公司
501059	国企红利	2018.05.21	2018.07.26	西部利得基金管理有限公司	中国光大银行股份有限公司
501060	金选300A	2018.07.23	2018.09.25	中金基金管理有限公司	中国建设银行股份有限公司
501061	金选300C	2018.07.23	2018.09.25	中金基金管理有限公司	中国建设银行股份有限公司
501062	南方瑞合	2018.08.06	2018.12.05	南方基金管理股份有限公司	中国建设银行股份有限公司
501063	添富悦享	2019.01.07	2019.07.01	汇添富基金管理股份有限公司	中国建设银行股份有限公司
501064	国泰价值	2018.12.10	2019.05.16	国泰基金管理有限公司	招商银行股份有限公司
501065	经典成长	2018.09.06	2019.05.08	汇添富基金管理股份有限公司	中国工商银行股份有限公司

基金基本信息 基金
List of Funds Fund

基金代码 Code	基金简称 Fund Name	发行时间 Issue Date	上市日 Listing Date	基金管理人 Management Company	托管人 Trustee
501066	东证恒元	2018.10.23	2019.04.26	上海东方证券资产管理有限公司	中国建设银行股份有限公司
501067	富时 AH50	2018.11.01	2019.01.04	招商基金管理有限公司	中国银行股份有限公司
501068	AH50C	2018.11.01	2019.01.04	招商基金管理有限公司	中国银行股份有限公司
501069	质量基金	2018.11.26	2019.03.05	华宝基金管理有限公司	中国银行股份有限公司
501070	广发睿阳	2018.12.28	2019.07.31	广发基金管理有限公司	中国工商银行股份有限公司
501071	泓德丰泽	2019.02.25	2019.09.19	泓德基金管理有限公司	招商银行股份有限公司
501072	红利增强	2019.04.08	2019.07.02	国金基金管理有限公司	招商证券股份有限公司
501073	科创混合	2019.06.05	2019.12.20	华安基金管理有限公司	中国建设银行股份有限公司
501075	科创主题	2019.06.05	2019.09.12	万家基金管理有限公司	中国建设银行股份有限公司
501076	科创基金	2019.06.05	2019.12.09	鹏华基金管理有限公司	中国工商银行股份有限公司
501077	科创富国	2019.06.05	2019.10.28	富国基金管理有限公司	招商银行股份有限公司
501078	科创配置	2019.06.05	2019.11.18	广发基金管理有限公司	中国农业银行股份有限公司
501079	科创大成	2019.06.24	2020.01.20	大成基金管理有限公司	中国建设银行股份有限公司
501080	科创中金	2019.06.24	2019.12.25	中金基金管理有限公司	中国银行股份有限公司
501081	科创中欧	2019.06.24	2019.09.06	中欧基金管理有限公司	招商银行股份有限公司
501082	科创投资	2019.06.24	2019.12.26	博时基金管理有限公司	中国工商银行股份有限公司
501083	科创银华	2019.06.24	2020.01.07	银华基金管理股份有限公司	招商银行股份有限公司
501085	科创财通	2019.06.24	2020.02.07	财通基金管理有限公司	中国工商银行股份有限公司
501086	ESG 基金	2019.07.19	2019.09.12	华宝基金管理有限公司	中国工商银行股份有限公司
501087	交银瑞丰	2019.08.26	2020.03.09	交银施罗德基金管理有限公司	招商银行股份有限公司
501088	嘉实瑞虹	2019.08.12	2020.03.09	嘉实基金管理有限公司	中国银行股份有限公司
501089	消费增强	2019.10.08	2019.12.31	方正富邦基金管理有限公司	中国民生银行股份有限公司
501090	消费龙头	2019.10.08	2020.01.06	华宝基金管理有限公司	中国民生银行股份有限公司
501091	嘉实瑞熙	2019.12.19	2020.07.22	嘉实基金管理有限公司	招商银行股份有限公司
501092	交银瑞思	2020.02.17	2020.08.05	交银施罗德基金管理有限公司	中国农业银行股份有限公司
501095	BOCI 科创	2020.02.27	2020.07.08	中银国际证券股份有限公司	中国农业银行股份有限公司
501096	科创国联	2020.02.25	2020.07.22	国联安基金管理有限公司	中国建设银行股份有限公司
501097	科创国寿	2020.03.12	2020.08.28	国寿安保基金管理有限公司	中国民生银行股份有限公司
501098	科创建信	2020.03.05	2020.04.27	建信基金管理有限责任公司	中国农业银行股份有限公司
501099	科创平安	2020.03.05	2020.07.01	平安基金管理有限公司	平安银行股份有限公司
501106	十年国开	2017.11.03	2017.12.13	广发基金管理有限公司	宁波银行股份有限公司
501186	华夏兴融	2018.06.11	2019.03.29	华夏基金管理有限公司	中国工商银行股份有限公司
501188	添富精选	2018.06.11	2019.03.29	汇添富基金管理股份有限公司	中国工商银行股份有限公司
501189	嘉实优选	2018.06.11	2019.03.29	嘉实基金管理有限公司	中国银行股份有限公司
501200	科创加银	2020.03.17	2020.12.21	民生加银基金管理有限公司	招商银行股份有限公司
501202	科创华泰	2020.06.18	2020.11.16	华泰证券（上海）资产管理有限公司	中国银行股份有限公司
501300	美元债	2016.11.17	2017.02.16	海富通基金管理有限公司	中国银行股份有限公司
501301	香港大盘	2017.03.20	2017.05.08	华宝基金管理有限公司	招商证券股份有限公司
501302	恒生联接	2017.04.17	2017.08.15	南方基金管理股份有限公司	中国工商银行股份有限公司
501303	恒生中型	2017.08.07	2017.10.25	广发基金管理有限公司	中国银行股份有限公司
501305	港股高息	2017.11.06	2018.01.18	汇添富基金管理股份有限公司	中国工商银行股份有限公司
501306	港股高 C	2017.11.06	2018.01.18	汇添富基金管理股份有限公司	中国工商银行股份有限公司
501307	银河高股	2018.02.26	2018.04.25	银河基金管理有限公司	北京银行股份有限公司
501309	港股通	2018.08.22	2018.12.10	国泰基金管理有限公司	招商银行股份有限公司
501310	价值基金	2018.08.27	2018.11.22	华宝基金管理有限公司	中国建设银行股份有限公司
501311	新经济 HK	2018.11.28	2019.02.14	嘉实基金管理有限公司	中国银行股份有限公司
502000	500 增强	2015.03.30	2015.04.27	西部利得基金管理有限公司	兴业银行股份有限公司
502001	500 等权 A	2015.03.30	2015.04.27	西部利得基金管理有限公司	兴业银行股份有限公司
502002	500 等权 B	2015.03.30	2015.04.27	西部利得基金管理有限公司	兴业银行股份有限公司
502003	军工分级	2015.06.23	2015.07.15	易方达基金管理有限公司	中国建设银行股份有限公司

基金基本信息 List of Funds

基金代码 Code	基金简称 Fund Name	发行时间 Issue Date	上市日 Listing Date	基金管理人 Management Company	托管人 Trustee
502004	军工A	2015.06.23	2015.07.15	易方达基金管理有限公司	中国建设银行股份有限公司
502005	军工B	2015.06.23	2015.07.15	易方达基金管理有限公司	中国建设银行股份有限公司
502006	国企改革	2015.06.08	2015.06.25	易方达基金管理有限公司	中国建设银行股份有限公司
502007	国企改A	2015.06.08	2015.06.25	易方达基金管理有限公司	中国建设银行股份有限公司
502008	国企改B	2015.06.08	2015.06.25	易方达基金管理有限公司	中国建设银行股份有限公司
502010	证券分级	2015.06.23	2015.07.15	易方达基金管理有限公司	中国建设银行股份有限公司
502011	证券A	2015.06.23	2015.07.15	易方达基金管理有限公司	中国建设银行股份有限公司
502012	证券B	2015.06.23	2015.07.15	易方达基金管理有限公司	中国建设银行股份有限公司
502013	一带一路	2015.05.12	2015.06.09	长盛基金管理有限公司	中国银行股份有限公司
502014	一带一A	2015.05.12	2015.06.09	长盛基金管理有限公司	中国银行股份有限公司
502015	一带一B	2015.05.12	2015.06.09	长盛基金管理有限公司	中国银行股份有限公司
502020	50增强	2015.05.11	2015.06.05	国金基金管理有限公司	中国民生银行股份有限公司
502023	钢铁分级	2015.06.23	2015.08.24	鹏华基金管理有限公司	招商银行股份有限公司
502024	钢铁A	2015.06.23	2015.08.24	鹏华基金管理有限公司	招商银行股份有限公司
502025	钢铁B	2015.06.23	2015.08.24	鹏华基金管理有限公司	招商银行股份有限公司
502036	互联金融	2015.06.15	2015.07.07	大成基金管理有限公司	中国工商银行股份有限公司
502037	网金A	2015.06.15	2015.07.07	大成基金管理有限公司	中国工商银行股份有限公司
502038	网金B	2015.06.15	2015.07.07	大成基金管理有限公司	中国工商银行股份有限公司
502040	上50LOF	2015.06.29	2015.08.24	长盛基金管理有限公司	中国银行股份有限公司
502041	上50A	2015.06.29	2015.08.24	长盛基金管理有限公司	中国银行股份有限公司
502042	上50B	2015.06.29	2015.08.24	长盛基金管理有限公司	中国银行股份有限公司
502048	50分级	2015.03.30	2015.04.27	易方达基金管理有限公司	交通银行股份有限公司
502049	上证50A	2015.03.30	2015.04.27	易方达基金管理有限公司	交通银行股份有限公司
502050	上证50B	2015.03.30	2015.04.27	易方达基金管理有限公司	交通银行股份有限公司
502053	券商分级	2015.07.13	2015.08.24	长盛基金管理有限公司	中国农业银行股份有限公司
502054	券商A	2015.07.13	2015.08.24	长盛基金管理有限公司	中国农业银行股份有限公司
502055	券商B	2015.07.13	2015.08.24	长盛基金管理有限公司	中国农业银行股份有限公司
502056	医疗基金	2015.07.01	2015.07.31	广发基金管理有限公司	北京银行股份有限公司
502057	医疗A	2015.07.01	2015.07.31	广发基金管理有限公司	北京银行股份有限公司
502058	医疗B	2015.07.01	2015.07.31	广发基金管理有限公司	北京银行股份有限公司
510010	治理ETF	2009.09.18	2009.12.15	交银施罗德基金管理有限公司	中国农业银行股份有限公司
510020	超大ETF	2009.12.23	2010.03.19	博时基金管理有限公司	中国建设银行股份有限公司
510030	价值ETF	2010.04.14	2010.05.28	华宝基金管理有限公司	中国工商银行股份有限公司
510050	50ETF	2004.12.24	2005.02.23	华夏基金管理有限公司	中国工商银行股份有限公司
510060	央企ETF	2009.08.20	2009.10.27	工银瑞信基金管理有限公司	招商银行股份有限公司
510070	民企ETF	2010.07.27	2010.10.29	鹏华基金管理有限公司	中国工商银行股份有限公司
510090	责任ETF	2010.05.19	2010.08.09	建信基金管理有限责任公司	中国工商银行股份有限公司
510100	SZ50ETF	2019.08.28	2019.10.09	易方达基金管理有限公司	招商银行股份有限公司
510110	周期ETF	2010.09.08	2010.11.15	海富通基金管理有限公司	中国工商银行股份有限公司
510120	非周ETF	2011.04.13	2011.06.08	海富通基金管理有限公司	中国工商银行股份有限公司
510130	中盘ETF	2010.03.17	2010.06.23	易方达基金管理有限公司	中国工商银行股份有限公司
510150	消费ETF	2010.11.30	2011.02.25	招商基金管理有限公司	中国工商银行股份有限公司
510160	小康ETF	2010.08.18	2010.11.01	南方基金管理股份有限公司	中国工商银行股份有限公司
510170	商品ETF	2010.11.17	2011.01.25	国联安基金管理有限公司	中国银行股份有限公司
510180	180ETF	2006.03.09	2006.05.18	华安基金管理有限公司	中国建设银行股份有限公司
510190	龙头ETF	2010.11.10	2011.01.10	华安基金管理有限公司	中国工商银行股份有限公司
510200	上证券商	2020.03.27	2020.05.08	汇安基金管理有限责任公司	兴业证券股份有限公司
510210	综指ETF	2011.01.20	2011.03.25	富国基金管理有限公司	中国工商银行股份有限公司
510220	中小ETF	2011.01.14	2011.03.28	华泰柏瑞基金管理有限公司	中国银行股份有限公司
510230	金融ETF	2011.03.23	2011.05.23	国泰基金管理有限公司	中国银行股份有限公司

基金基本信息 基金
List of Funds Fund

基金代码 Code	基金简称 Fund Name	发行时间 Issue Date	上市日 Listing Date	基金管理人 Management Company	托管人 Trustee
510260	新兴 ETF	2011. 03. 28	2011. 06. 08	诺安基金管理有限公司	中国工商银行股份有限公司
510270	国企 ETF	2011. 06. 08	2011. 08. 18	中银基金管理有限公司	招商银行股份有限公司
510290	380ETF	2011. 09. 07	2011. 11. 08	南方基金管理股份有限公司	中国建设银行股份有限公司
510300	300ETF	2012. 04. 24	2012. 05. 28	华泰柏瑞基金管理有限公司	中国工商银行股份有限公司
510310	HS300ETF	2013. 02. 26	2013. 03. 25	易方达基金管理有限公司	中国建设银行股份有限公司
510330	华夏 300	2012. 12. 17	2013. 01. 16	华夏基金管理有限公司	中国工商银行股份有限公司
510350	工银 300	2019. 05. 08	2019. 08. 16	工银瑞信基金管理有限公司	中国农业银行股份有限公司
510360	广发 300	2015. 08. 05	2015. 09. 09	广发基金管理有限公司	中国工商银行股份有限公司
510370	兴业 300	2020. 09. 02	2020. 10. 27	兴业基金管理有限公司	中信银行股份有限公司
510380	国寿 300	2018. 01. 10	2018. 02. 07	国寿安保基金管理有限公司	中国农业银行股份有限公司
510390	平安 300	2017. 12. 13	2018. 01. 26	平安基金管理有限公司	中国工商银行股份有限公司
510410	资源 ETF	2012. 03. 28	2012. 05. 11	博时基金管理有限公司	中国建设银行股份有限公司
510430	50 等权	2012. 08. 15	2012. 09. 24	银华基金管理股份有限公司	中国建设银行股份有限公司
510440	500 沪市	2012. 08. 15	2012. 10. 08	大成基金管理有限公司	中国银行股份有限公司
510500	500ETF	2013. 01. 29	2013. 03. 15	南方基金管理股份有限公司	中国农业银行股份有限公司
510510	广发 500	2013. 03. 27	2013. 05. 24	广发基金管理有限公司	中国工商银行股份有限公司
510530	工银 500	2019. 10. 09	2020. 01. 03	工银瑞信基金管理有限公司	中国银行股份有限公司
510550	方正 500	2018. 11. 21	2019. 01. 16	方正富邦基金管理有限公司	中国建设银行股份有限公司
510560	国寿 500	2015. 05. 20	2015. 07. 03	国寿安保基金管理有限公司	中国农业银行股份有限公司
510570	兴业 500	2020. 06. 16	2020. 08. 12	兴业基金管理有限公司	中国银行股份有限公司
510580	ZZ500ETF	2015. 08. 19	2015. 09. 14	易方达基金管理有限公司	中国工商银行股份有限公司
510590	平安 500	2018. 03. 14	2018. 05. 04	平安基金管理有限公司	平安银行股份有限公司
510600	沪 50ETF	2018. 08. 22	2018. 09. 20	申万菱信基金管理有限公司	中国工商银行股份有限公司
510630	消费行业	2013. 03. 20	2013. 05. 08	华夏基金管理有限公司	中国建设银行股份有限公司
510650	金融行业	2013. 03. 20	2013. 05. 08	华夏基金管理有限公司	中国建设银行股份有限公司
510660	医药行业	2013. 03. 20	2013. 05. 08	华夏基金管理有限公司	中国建设银行股份有限公司
510680	万家 50	2013. 10. 23	2013. 12. 02	万家基金管理有限公司	华夏银行股份有限公司
510690	180 金融	2020. 04. 22	2020. 06. 22	兴业基金管理有限公司	招商银行股份有限公司
510710	上 50ETF	2015. 05. 19	2015. 06. 15	博时基金管理有限公司	招商银行股份有限公司
510760	上证 ETF	2020. 08. 12	2020. 09. 09	国泰基金管理有限公司	上海银行股份有限公司
510800	上证 50	2017. 12. 13	2018. 01. 15	建信基金管理有限责任公司	中国银河证券股份有限公司
510810	上海国企	2016. 07. 20	2016. 08. 29	汇添富基金管理股份有限公司	中国工商银行股份有限公司
510850	工银上 50	2018. 11. 28	2019. 03. 06	工银瑞信基金管理有限公司	招商银行股份有限公司
510880	红利 ETF	2006. 11. 08	2007. 01. 18	华泰柏瑞基金管理有限公司	招商银行股份有限公司
510890	红利低波	2019. 04. 10	2019. 06. 24	兴业基金管理有限公司	中国工商银行股份有限公司
510900	H 股 ETF	2012. 08. 01	2012. 10. 22	易方达基金管理有限公司	交通银行股份有限公司
511000	长三角债	2020. 09. 17	2020. 10. 29	招商基金管理有限公司	浙商银行股份有限公司
511010	国债 ETF	2013. 02. 25	2013. 03. 25	国泰基金管理有限公司	中国建设银行股份有限公司
511020	活跃国债	2018. 12. 12	2019. 02. 22	平安基金管理有限公司	平安银行股份有限公司
511030	公司债	2018. 12. 19	2019. 03. 22	平安基金管理有限公司	平安银行股份有限公司
511050	兴业地债	2020. 06. 08	2020. 07. 30	兴业基金管理有限公司	中国银行股份有限公司
511060	5 年地债	2019. 10. 29	2019. 12. 12	海富通基金管理有限公司	招商银行股份有限公司
511180	上证转债	2020. 07. 01	2020. 08. 26	海富通基金管理有限公司	中信证券股份有限公司
511220	城投 ETF	2014. 11. 05	2014. 12. 16	海富通基金管理有限公司	中国银行股份有限公司
511230	周期债	2017. 01. 11	2017. 04. 21	海富通基金管理有限公司	交通银行股份有限公司
511260	十年国债	2017. 07. 26	2017. 08. 24	国泰基金管理有限公司	中国建设银行股份有限公司
511270	10 年地债	2018. 09. 25	2018. 11. 22	海富通基金管理有限公司	中国银行股份有限公司
511280	中期信用	2018. 04. 20	2018. 05. 31	华夏基金管理有限公司	中国建设银行股份有限公司
511290	国债十年	2018. 03. 14	2018. 04. 27	广发基金管理有限公司	中国工商银行股份有限公司
511310	十年债	2018. 03. 07	2018. 04. 26	富国基金管理有限公司	中国工商银行股份有限公司

基金基本信息 List of Funds

基金代码 Code	基金简称 Fund Name	发行时间 Issue Date	上市日 Listing Date	基金管理人 Management Company	托管人 Trustee
511360	短融ETF	2020.07.22	2020.09.25	海富通基金管理有限公司	兴业银行股份有限公司
511380	转债ETF	2020.02.26	2020.04.07	博时基金管理有限公司	招商银行股份有限公司
511600	货币ETF	—	2016.09.09	华安基金管理有限公司	中国建设银行股份有限公司
511620	货币基金	2017.07.26	2017.09.07	国泰基金管理有限公司	中国建设银行股份有限公司
511650	华夏快线	2016.12.19	2017.01.16	华夏基金管理有限公司	招商证券股份有限公司
511660	建信添益	2016.08.24	2016.09.21	建信基金管理有限责任公司	国泰君安证券股份有限公司
511670	华泰天金	2017.08.03	2017.08.28	华泰证券（上海）资产管理有限公司	中国建设银行股份有限公司
511690	交易货币	2016.09.20	2016.10.20	大成基金管理有限公司	中国银行股份有限公司
511700	场内货币	2016.09.12	2016.10.17	平安基金管理有限公司	国泰君安证券股份有限公司
511770	金鹰增益	2017.03.08	2017.04.10	金鹰基金管理有限公司	招商证券股份有限公司
511800	易货币	—	2014.12.08	易方达基金管理有限公司	中国银行股份有限公司
511810	理财金H	2014.11.26	2015.01.05	南方基金管理股份有限公司	中国农业银行股份有限公司
511820	鹏华添利	2016.01.20	2016.02.22	鹏华基金管理有限公司	中国工商银行股份有限公司
511830	华泰货币	2015.07.02	2015.08.03	华泰柏瑞基金管理有限公司	中国建设银行股份有限公司
511850	财富宝E	2016.06.20	2016.07.18	招商基金管理有限公司	中国建设银行股份有限公司
511860	博时货币	2014.11.17	2014.12.09	博时基金管理有限公司	中国建设银行股份有限公司
511880	银华日利	2013.03.22	2013.04.18	银华基金管理股份有限公司	中国建设银行股份有限公司
511900	富国货币	2015.11.13	2015.12.09	富国基金管理有限公司	中国银行股份有限公司
511910	融通货币	—	2016.06.20	融通基金管理有限公司	中国民生银行股份有限公司
511920	广发货币	—	2016.03.28	广发基金管理有限公司	中国工商银行股份有限公司
511930	中融日盈	2015.11.19	2015.12.15	中融基金管理有限公司	国泰君安证券股份有限公司
511950	广发添利	2016.11.09	2016.12.19	广发基金管理有限公司	中国工商银行股份有限公司
511960	嘉实快线	—	2015.12.28	嘉实基金管理有限公司	上海浦东发展银行股份有限公司
511970	国寿货币	—	2016.07.04	国寿安保基金管理有限公司	中国工商银行股份有限公司
511980	现金添富	2015.10.14	2015.11.02	汇添富基金管理股份有限公司	中国工商银行股份有限公司
511990	华宝添益	2012.12.19	2013.01.28	华宝基金管理有限公司	中国建设银行股份有限公司
512000	券商ETF	2016.08.18	2016.09.14	华宝基金管理有限公司	中国建设银行股份有限公司
512010	医药ETF	2013.09.11	2013.10.28	易方达基金管理有限公司	中国建设银行股份有限公司
512040	国信价值	2018.10.29	2018.11.29	富国基金管理有限公司	中国建设银行股份有限公司
512070	非银ETF	2014.06.18	2014.07.18	易方达基金管理有限公司	中国建设银行股份有限公司
512090	MSCI易基	2018.05.08	2018.06.01	易方达基金管理有限公司	中国银行股份有限公司
512100	1000ETF	2016.09.21	2016.11.04	南方基金管理股份有限公司	招商银行股份有限公司
512120	医药50	2013.11.26	2014.01.06	华安基金管理有限公司	中国建设银行股份有限公司
512150	A50ETF	2018.12.12	2019.01.21	汇安基金管理有限责任公司	中国工商银行股份有限公司
512160	MSCI基金	2018.03.26	2018.04.27	南方基金管理股份有限公司	中国银行股份有限公司
512170	医疗ETF	2019.05.09	2019.06.17	华宝基金管理有限公司	中国银行股份有限公司
512180	建信MSCI	2018.04.11	2018.05.21	建信基金管理有限责任公司	中国国际金融股份有限公司
512190	之江凤凰	2019.07.24	2019.09.09	浙江浙商证券资产管理有限公司	中国银行股份有限公司
512200	地产ETF	2017.08.15	2017.09.25	南方基金管理股份有限公司	中国工商银行股份有限公司
512220	科技150	2014.07.09	2014.08.19	景顺长城基金管理有限公司	中国银行股份有限公司
512260	500低波	2018.11.21	2019.01.11	华安基金管理有限公司	中国建设银行股份有限公司
512270	300低波	2019.02.26	2019.03.29	华安基金管理有限公司	中国建设银行股份有限公司
512280	景顺MSCI	2018.04.18	2018.05.25	景顺长城基金管理有限公司	中国农业银行股份有限公司
512290	生物医药	2019.04.10	2019.05.20	国泰基金管理有限公司	中国银行股份有限公司
512300	500医药	2014.10.22	2014.12.18	南方基金管理股份有限公司	中国农业银行股份有限公司
512310	工业ETF	2015.03.30	2015.05.08	南方基金管理股份有限公司	中国农业银行股份有限公司
512320	工银MSCI	2020.06.17	2020.08.07	工银瑞信基金管理有限公司	中信建投证券股份有限公司
512330	信息ETF	2015.06.17	2015.07.20	南方基金管理股份有限公司	中国农业银行股份有限公司
512340	原料ETF	2015.04.08	2015.05.15	南方基金管理股份有限公司	中国农业银行股份有限公司
512350	福建50	2020.07.15	2020.09.10	兴业基金管理有限公司	招商银行股份有限公司

基金基本信息
List of Funds

基金代码 Code	基金简称 Fund Name	发行时间 Issue Date	上市日 Listing Date	基金管理人 Management Company	托管人 Trustee
512360	MSCI 国际	2018. 06. 06	2018. 07. 20	平安基金管理有限公司	中国工商银行股份有限公司
512380	银华 MSCI	2019. 03. 07	2019. 04. 30	银华基金管理股份有限公司	中国工商银行股份有限公司
512390	MSCI 低波	2018. 05. 30	2018. 07. 13	平安基金管理有限公司	平安银行股份有限公司
512400	有色 ETF	2017. 07. 24	2017. 09. 01	南方基金管理股份有限公司	中国工商银行股份有限公司
512480	半导体	2019. 04. 24	2019. 06. 12	国联安基金管理有限公司	国泰君安证券股份有限公司
512500	中证 500	2015. 04. 24	2015. 05. 29	华夏基金管理有限公司	中国建设银行股份有限公司
512510	ETF500	2015. 05. 04	2015. 06. 12	华泰柏瑞基金管理有限公司	中国银行股份有限公司
512520	MSCIETF	2018. 04. 18	2018. 05. 18	华泰柏瑞基金管理有限公司	中国建设银行股份有限公司
512530	300 红利	2019. 08. 14	2019. 09. 23	建信基金管理有限责任公司	中信证券股份有限公司
512550	富时 A50	2017. 06. 21	2017. 08. 07	嘉实基金管理有限公司	中国银行股份有限公司
512560	中证军工	2017. 07. 05	2017. 07. 28	易方达基金管理有限公司	招商银行股份有限公司
512570	中证证券	2017. 07. 19	2017. 08. 11	易方达基金管理有限公司	招商银行股份有限公司
512580	环保 ETF	2017. 01. 12	2017. 02. 28	广发基金管理有限公司	中国银行股份有限公司
512590	高股息	2019. 01. 21	2019. 03. 08	浦银安盛基金管理有限公司	交通银行股份有限公司
512600	主要消费	2014. 06. 04	2014. 07. 25	嘉实基金管理有限公司	中国银行股份有限公司
512610	医药卫生	2014. 06. 04	2014. 07. 25	嘉实基金管理有限公司	中国银行股份有限公司
512640	金融地产	2014. 06. 11	2014. 07. 25	嘉实基金管理有限公司	中国银行股份有限公司
512650	长三角	2019. 07. 17	2019. 10. 25	汇添富基金管理股份有限公司	上海浦东发展银行股份有限公司
512660	军工 ETF	2016. 07. 14	2016. 08. 08	国泰基金管理有限公司	中国建设银行股份有限公司
512670	国防 ETF	2019. 06. 26	2019. 08. 01	鹏华基金管理有限公司	中国建设银行股份有限公司
512680	军工基金	2016. 08. 18	2016. 10. 14	广发基金管理有限公司	中国工商银行股份有限公司
512690	酒 ETF	2019. 03. 27	2019. 05. 06	鹏华基金管理有限公司	中国建设银行股份有限公司
512700	银行基金	2017. 06. 16	2017. 07. 26	南方基金管理股份有限公司	中国工商银行股份有限公司
512710	军工龙头	2019. 07. 09	2019. 08. 26	富国基金管理有限公司	中国建设银行股份有限公司
512720	计算机	2019. 07. 02	2019. 08. 16	国泰基金管理有限公司	中国农业银行股份有限公司
512730	银行 FUND	2019. 12. 11	2020. 02. 07	鹏华基金管理有限公司	中国建设银行股份有限公司
512750	基本面 50	2019. 05. 15	2019. 07. 05	嘉实基金管理有限公司	中国工商银行股份有限公司
512760	芯片 ETF	2019. 05. 08	2019. 06. 12	国泰基金管理有限公司	中国银行股份有限公司
512770	战略新兴	2018. 07. 04	2018. 08. 16	华夏基金管理有限公司	中国建设银行股份有限公司
512780	京津冀基	2018. 04. 09	2018. 05. 24	广发基金管理有限公司	中国工商银行股份有限公司
512790	民企成长	2019. 07. 17	2019. 09. 06	华安基金管理有限公司	海通证券股份有限公司
512800	银行 ETF	2017. 07. 06	2017. 08. 03	华宝基金管理有限公司	中国银行股份有限公司
512810	军工行业	2016. 07. 28	2016. 08. 22	华宝基金管理有限公司	中国建设银行股份有限公司
512820	银行股基	2018. 10. 12	2018. 11. 23	汇添富基金管理股份有限公司	招商银行股份有限公司
512850	北京 50	2018. 09. 18	2018. 11. 09	中信建投基金管理有限公司	招商银行股份有限公司
512860	MSCI 中国	2018. 09. 14	2018. 10. 26	华安基金管理有限公司	中国农业银行股份有限公司
512870	杭州湾区	2018. 12. 05	2019. 02. 22	南华基金管理有限公司	中国银行股份有限公司
512880	证券 ETF	2016. 07. 14	2016. 08. 08	国泰基金管理有限公司	中国建设银行股份有限公司
512890	红利 LV	2018. 12. 10	2019. 01. 18	华泰柏瑞基金管理有限公司	中国建设银行股份有限公司
512900	证券基金	2017. 03. 01	2017. 03. 31	南方基金管理股份有限公司	中国银行股份有限公司
512910	100ETF	2019. 05. 15	2019. 07. 01	广发基金管理有限公司	中国工商银行股份有限公司
512920	MSCI 新华	2018. 10. 29	2018. 12. 07	新华基金管理股份有限公司	中国农业银行股份有限公司
512930	AIETF	2019. 07. 03	2019. 08. 23	平安基金管理有限公司	交通银行股份有限公司
512950	央企改革	2018. 10. 10	2019. 01. 18	华夏基金管理有限公司	中国农业银行股份有限公司
512960	央调 ETF	2018. 10. 10	2019. 01. 18	博时基金管理有限公司	招商银行股份有限公司
512970	湾区 ETF	2019. 09. 11	2019. 11. 11	平安基金管理有限公司	中国工商银行股份有限公司
512980	传媒 ETF	2017. 12. 13	2018. 01. 19	广发基金管理有限公司	中国工商银行股份有限公司
512990	MSCIA 股	2015. 02. 04	2015. 03. 25	华夏基金管理有限公司	中国银行股份有限公司
513000	225ETF	2019. 06. 03	2019. 06. 25	易方达基金管理有限公司	中国工商银行股份有限公司
513030	德国 30	2014. 07. 14	2014. 09. 05	华安基金管理有限公司	招商银行股份有限公司

基金基本信息
List of Funds

基金代码 Code	基金简称 Fund Name	发行时间 Issue Date	上市日 Listing Date	基金管理人 Management Company	托管人 Trustee
513050	中概互联	2016. 12. 23	2017. 01. 18	易方达基金管理有限公司	招商银行股份有限公司
513080	法国 ETF	2020. 05. 20	2020. 06. 12	华安基金管理有限公司	中国银行股份有限公司
513090	香港证券	2020. 03. 04	2020. 03. 26	易方达基金管理有限公司	招商银行股份有限公司
513100	纳指 ETF	2013. 04. 17	2013. 05. 15	国泰基金管理有限公司	中国建设银行股份有限公司
513300	纳斯达克	2020. 10. 14	2020. 11. 05	华夏基金管理有限公司	中国工商银行股份有限公司
513500	标普 500	2013. 11. 27	2014. 01. 15	博时基金管理有限公司	中国工商银行股份有限公司
513520	日经 ETF	2019. 06. 03	2019. 06. 25	华夏基金管理有限公司	中国建设银行股份有限公司
513600	恒指 ETF	2014. 12. 15	2015. 01. 26	南方基金管理股份有限公司	中国工商银行股份有限公司
513660	恒生通	2014. 12. 15	2015. 01. 26	华夏基金管理有限公司	中国农业银行股份有限公司
513680	建信 H 股	2018. 12. 05	2019. 01. 21	建信基金管理有限责任公司	兴业银行股份有限公司
513800	东证 ETF	2019. 06. 03	2019. 06. 25	南方基金管理股份有限公司	中国工商银行股份有限公司
513880	日经 225	2019. 06. 03	2019. 06. 25	华安基金管理有限公司	中国银行股份有限公司
513900	港股 100	2018. 04. 18	2018. 05. 25	华安基金管理有限公司	中国农业银行股份有限公司
513990	港股通综	2020. 07. 23	2020. 08. 18	招商基金管理有限公司	兴业银行股份有限公司
515000	科技 ETF	2019. 07. 11	2019. 08. 16	华宝基金管理有限公司	中国工商银行股份有限公司
515010	华夏证券	2019. 09. 05	2019. 11. 07	华夏基金管理有限公司	中国银行股份有限公司
515020	华夏银基	2019. 10. 16	2019. 12. 03	华夏基金管理有限公司	中国银行股份有限公司
515030	新汽车	2020. 02. 12	2020. 03. 04	华夏基金管理有限公司	中国银行股份有限公司
515050	5GETF	2019. 09. 05	2019. 10. 16	华夏基金管理有限公司	中国银行股份有限公司
515060	华夏地产	2019. 11. 20	2020. 01. 03	华夏基金管理有限公司	中国银行股份有限公司
515070	AI 智能	2019. 11. 29	2019. 12. 24	华夏基金管理有限公司	中国银行股份有限公司
515080	中证红利	2019. 11. 20	2019. 12. 27	招商基金管理有限公司	上海浦东发展银行股份有限公司
515090	可持续	2020. 01. 09	2020. 02. 20	博时基金管理有限公司	招商银行股份有限公司
515100	红利 100	2020. 05. 13	2020. 07. 03	景顺长城基金管理有限公司	交通银行股份有限公司
515110	国企方达	2019. 10. 29	2020. 01. 15	易方达基金管理有限公司	中国建设银行股份有限公司
515130	HS300E	2020. 03. 25	2020. 05. 11	博时基金管理有限公司	中国建设银行股份有限公司
515150	国企富国	2019. 10. 29	2020. 01. 15	富国基金管理有限公司	中国银行股份有限公司
515160	MSCICHNA	2020. 01. 15	2020. 03. 02	招商基金管理有限公司	中国银行股份有限公司
515180	100 红利	2019. 11. 18	2019. 12. 20	易方达基金管理有限公司	中国银行股份有限公司
515190	BOCI500	2020. 04. 22	2020. 05. 27	中银国际证券股份有限公司	招商银行股份有限公司
515200	创新 100	2019. 10. 16	2019. 11. 15	申万菱信基金管理有限公司	中国农业银行股份有限公司
515210	钢铁 ETF	2020. 01. 14	2020. 03. 02	国泰基金管理有限公司	招商银行股份有限公司
515220	煤炭 ETF	2020. 01. 10	2020. 03. 02	国泰基金管理有限公司	中国工商银行股份有限公司
515260	电子 ETF	2020. 07. 09	2020. 07. 31	华宝基金管理有限公司	中国建设银行股份有限公司
515280	银行行业	2020. 03. 23	2020. 04. 17	富国基金管理有限公司	中信证券股份有限公司
515290	银行 TH	2020. 12. 07	2020. 12. 28	天弘基金管理有限公司	招商证券股份有限公司
515300	红利 300	2019. 07. 31	2019. 09. 19	嘉实基金管理有限公司	中国工商银行股份有限公司
515310	添富 300	2019. 11. 26	2019. 12. 25	汇添富基金管理股份有限公司	招商银行股份有限公司
515330	天弘 300	2019. 11. 27	2019. 12. 26	天弘基金管理有限公司	招商证券股份有限公司
515350	民生 300	2019. 12. 16	2020. 02. 07	民生加银基金管理有限公司	中国农业银行股份有限公司
515360	方正 300	2019. 09. 16	2019. 11. 01	方正富邦基金管理有限公司	中国建设银行股份有限公司
515380	泰康 300	2019. 12. 18	2020. 03. 23	泰康资产管理有限责任公司	招商银行股份有限公司
515390	HS300	2019. 12. 04	2020. 01. 10	华安基金管理有限公司	招商银行股份有限公司
515450	红利 50	2020. 01. 08	2020. 02. 26	南方基金管理股份有限公司	中国农业银行股份有限公司
515500	长三角 LX	2020. 08. 03	2020. 09. 18	海富通基金管理有限公司	中国银行股份有限公司
515510	500 成长	2020. 03. 04	2020. 05. 06	嘉实基金管理有限公司	中国银行股份有限公司
515520	价值 100	2019. 09. 16	2019. 11. 18	大成基金管理有限公司	中国农业银行股份有限公司
515530	泰康 500	2020. 09. 09	2020. 11. 09	泰康资产管理有限责任公司	招商银行股份有限公司
515550	中融 500	2019. 11. 06	2019. 12. 25	中融基金管理有限公司	中国光大银行股份有限公司
515560	证券 E	2020. 06. 17	2020. 07. 20	建信基金管理有限责任公司	中信证券股份有限公司

基金基本信息
List of Funds

基金代码 Code	基金简称 Fund Name	发行时间 Issue Date	上市日 Listing Date	基金管理人 Management Company	托管人 Trustee
515570	山证红利	2020.01.07	2020.04.09	山西证券股份有限公司	中国银行股份有限公司
515580	中证科技	2019.09.19	2019.10.28	华泰柏瑞基金管理有限公司	中信证券股份有限公司
515590	500ETFEW	2019.11.06	2020.01.20	前海开源基金管理有限公司	中国银河证券股份有限公司
515600	央企创新	2019.09.10	2019.12.18	广发基金管理有限公司	中国工商银行股份有限公司
515610	中银 800	2020.07.06	2020.08.18	中银基金管理有限公司	中信银行股份有限公司
515620	ZZ800	2020.04.08	2020.05.25	建信基金管理有限责任公司	中国国际金融股份有限公司
515630	证保 ETF	2020.02.19	2020.04.03	鹏华基金管理有限公司	中国建设银行股份有限公司
515650	消费 50	2019.09.25	2019.11.11	富国基金管理有限公司	中信证券股份有限公司
515660	沪深 300E	2019.11.15	2019.12.24	国联安基金管理有限公司	中国工商银行股份有限公司
515670	中银 100	2020.04.08	2020.05.20	中银基金管理有限公司	中信证券股份有限公司
515680	创新央企	2019.09.10	2019.12.18	嘉实基金管理有限公司	中国银行股份有限公司
515690	股息龙头	2020.03.11	2020.05.13	鹏华基金管理有限公司	中信证券股份有限公司
515700	新能车	2019.12.20	2020.02.10	平安基金管理有限公司	招商证券股份有限公司
515750	科技 50	2019.11.06	2019.12.06	富国基金管理有限公司	中信建投证券股份有限公司
515760	浙江国资	2020.09.07	2020.10.12	华夏基金管理有限公司	中国农业银行股份有限公司
515770	MSCIAETF	2020.04.28	2020.06.19	上投摩根基金管理有限公司	平安银行股份有限公司
515780	浦银 MSCI	2020.04.22	2020.05.29	浦银安盛基金管理有限公司	中国银行股份有限公司
515790	光伏 ETF	2020.12.01	2020.12.18	华泰柏瑞基金管理有限公司	中国银行股份有限公司
515800	800ETF	2019.09.23	2019.12.16	汇添富基金管理股份有限公司	平安银行股份有限公司
515810	ZZ800ETF	2019.09.23	2019.10.25	易方达基金管理有限公司	中国建设银行股份有限公司
515820	中证 800E	2020.04.28	2020.05.29	富国基金管理有限公司	中国工商银行股份有限公司
515830	工银 800	2020.05.20	2020.07.17	工银瑞信基金管理有限公司	兴业银行股份有限公司
515850	证券 FG	2020.01.13	2020.02.21	富国基金管理有限公司	中国建设银行股份有限公司
515860	科技 100	2019.09.18	2019.10.22	嘉实基金管理有限公司	中国银行股份有限公司
515870	制造 100	2019.11.27	2020.01.17	嘉实基金管理有限公司	中国银行股份有限公司
515880	通信 ETF	2019.08.07	2019.09.06	国泰基金管理有限公司	中国工商银行股份有限公司
515890	博时红利	2020.03.11	2020.04.20	博时基金管理有限公司	招商银行股份有限公司
515900	央创 ETF	2019.09.10	2019.12.18	博时基金管理有限公司	招商银行股份有限公司
515930	永赢 300	2020.04.01	2020.05.08	永赢基金管理有限公司	中国工商银行股份有限公司
515950	药 ETF	2020.03.04	2020.04.01	富国基金管理有限公司	招商银行股份有限公司
515960	医药 100	2020.04.15	2020.06.10	嘉实基金管理有限公司	中国银行股份有限公司
515980	人工智能	2019.12.13	2020.02.10	华富基金管理有限公司	招商银行股份有限公司
515990	添富国企	2019.10.29	2020.01.15	汇添富基金管理股份有限公司	中国农业银行股份有限公司
518600	上海金	2020.06.24	2020.08.05	广发基金管理有限公司	招商银行股份有限公司
518660	工银黄金	2020.04.15	2020.05.29	工银瑞信基金管理有限公司	中国农业银行股份有限公司
518680	金 ETF	2020.06.24	2020.07.28	富国基金管理有限公司	上海浦东发展银行股份有限公司
518800	黄金基金	2013.07.10	2013.07.29	国泰基金管理有限公司	中国工商银行股份有限公司
518850	黄金 9999	2020.04.02	2020.06.05	华夏基金管理有限公司	中国建设银行股份有限公司
518860	上海金 E	2020.07.27	2020.09.07	建信基金管理有限责任公司	交通银行股份有限公司
518880	黄金 ETF	2013.07.10	2013.07.29	华安基金管理有限公司	中国建设银行股份有限公司
518890	中银黄金	2020.08.19	2020.09.28	中银基金管理有限公司	招商银行股份有限公司
588000	科创 50	2020.09.22	2020.11.16	华夏基金管理有限公司	招商银行股份有限公司
588050	科创 ETF	2020.09.22	2020.11.16	工银瑞信基金管理有限公司	中国农业银行股份有限公司
588080	科创板 50	2020.09.22	2020.11.16	易方达基金管理有限公司	中国工商银行股份有限公司
588090	科创板	2020.09.22	2020.11.16	华泰柏瑞基金管理有限公司	中国建设银行股份有限公司

ETF 每日成交（亿元/亿份） 基金
ETF Trading（100M Yuan/100M Units） Fund

日期 Date	1月 Jan		2月 Feb		3月 Mar		4月 Apr		5月 May		6月 Jun	
	金额 Value	数量 Vol	金额 Value	数量 Vol	金额 Value	数量 Vol	金额 Value	数量 Vol	金额 Value	数量 Vol	金额 Value	数量 Vol
1	—	—	—	—	—	—	170.69	113.28	—	—	220.30	150.39
2	180.55	102.62	—	—	298.95	183.02	185.03	124.71	—	—	150.84	93.60
3	146.93	84.60	275.42	139.45	310.35	187.67	141.73	90.29	—	—	174.29	102.92
4	—	—	252.67	157.18	263.84	176.79	—	—	—	—	137.62	77.39
5	—	—	211.83	131.89	303.26	195.04	—	—	—	—	137.82	82.99
6	185.10	101.84	190.10	115.20	209.64	135.76	—	—	186.92	115.42	—	—
7	140.65	75.24	161.79	98.56	—	—	199.10	126.29	161.10	94.48	—	—
8	188.39	108.76	—	—	—	—	142.36	91.08	189.69	119.64	151.76	86.58
9	154.92	87.77	—	—	286.38	183.39	143.14	90.54	—	—	132.34	79.80
10	130.07	71.00	170.27	101.00	321.17	192.63	181.22	110.26	—	—	135.35	80.40
11	—	—	165.22	103.07	265.94	154.77	—	—	180.03	107.00	167.15	103.81
12	—	—	158.20	98.02	227.71	148.29	—	—	173.64	94.67	165.64	96.25
13	151.60	82.15	168.89	104.44	318.24	201.37	138.89	89.99	132.61	74.74	—	—
14	148.31	80.80	173.37	108.28	—	—	167.25	110.51	142.58	83.40	—	—
15	139.88	78.85	—	—	—	—	156.15	100.47	175.84	99.82	165.37	99.37
16	140.84	74.07	—	—	292.10	194.99	139.42	88.33	—	—	172.27	105.19
17	142.81	75.17	217.70	128.58	291.16	183.81	208.45	128.04	—	—	140.63	81.14
18	—	—	229.23	123.39	271.54	174.84	—	—	179.13	109.83	190.94	116.10
19	—	—	242.17	140.07	324.12	210.54	—	—	165.34	97.81	231.49	148.13
20	157.75	88.50	264.66	152.66	235.08	151.30	131.19	76.97	160.42	95.71	—	—
21	200.63	105.65	269.23	162.53	—	—	162.53	98.70	163.25	105.35	—	—
22	214.60	113.49	—	—	—	—	133.52	76.91	201.04	122.85	245.58	145.22
23	242.55	132.06	—	—	251.07	168.30	115.99	70.29	—	—	197.88	111.26
24	—	—	296.74	176.32	268.04	173.49	132.86	81.32	—	—	178.42	100.20
25	—	—	416.97	245.49	297.28	190.51	—	—	149.75	93.79	—	—
26	—	—	375.67	218.69	180.87	120.30	—	—	174.51	108.77	—	—
27	—	—	289.33	170.19	193.99	129.58	137.87	81.49	132.71	74.96	—	—
28	—	—	347.12	208.75	—	—	181.23	111.19	153.21	95.06	—	—
29	—	—	—	—	—	—	137.31	77.63	151.09	98.75	185.50	115.61
30	—	—	—	—	193.04	127.14	190.71	120.32	—	—	231.10	136.43
31	—	—	—	—	162.47	101.48	—	—	—	—	—	—
最高 High	242.55	132.06	416.97	245.49	324.12	210.54	208.45	128.04	201.04	122.85	245.58	150.39
最低 Low	130.07	71.00	158.20	98.02	162.47	101.48	L115.99	70.29	132.61	74.74	132.34	77.39

ETF 每日成交（亿元/亿份） 基金
ETF Trading（100M Yuan/100M Units） Fund

日期 Date	7月 Jul		8月 Aug		9月 Sep		10月 Oct		11月 Nov		12月 Dec	
	金额 Value	数量 Vol	金额 Value	数量 Vol	金额 Value	数量 Vol	金额 Value	数量 Vol	金额 Value	数量 Vol	金额 Value	数量 Vol
1	240.40	136.62	—	—	178.34	94.22	—	—	—	—	288.86	170.16
2	298.83	184.49	—	—	207.48	100.71	—	—	160.65	92.90	268.20	160.76
3	363.16	226.87	281.45	153.86	169.38	90.04	—	—	195.64	107.56	223.15	128.06
4	—	—	291.12	160.52	182.51	89.85	—	—	191.15	103.27	211.82	121.70
5	—	—	260.70	137.48	—	—	—	—	213.70	121.13	—	—
6	572.75	317.16	293.64	168.03	—	—	—	—	206.39	116.02	—	—
7	582.23	316.73	294.39	172.71	212.11	109.80	—	—	—	—	212.51	115.94
8	440.86	245.08	—	—	214.14	113.64	—	—	—	—	179.10	94.80
9	442.77	248.69	—	—	202.83	105.50	162.96	86.77	322.60	187.73	234.56	128.24
10	356.28	192.20	269.37	164.48	194.62	103.67	—	—	239.73	135.29	196.16	110.96
11	—	—	255.91	146.18	158.03	82.62	—	—	201.68	116.56	221.35	126.92
12	—	—	254.81	142.26	—	—	222.23	130.46	164.17	88.02	—	—
13	399.41	211.60	188.94	98.73	—	—	170.04	91.11	190.19	104.80	—	—
14	420.72	226.68	214.45	108.01	150.82	78.38	152.14	82.19	—	—	175.19	101.79
15	385.03	199.12	—	—	154.31	77.50	157.81	82.57	—	—	175.05	101.18
16	446.79	224.86	—	—	125.90	66.33	157.14	87.01	211.61	126.78	161.65	93.04
17	347.09	186.59	344.35	195.85	166.37	85.02	—	—	213.06	127.92	251.66	144.23
18	—	—	223.82	118.15	237.62	122.00	—	—	209.57	118.78	227.86	124.25
19	—	—	216.44	111.27	—	—	208.85	102.44	193.31	115.34	—	—
20	354.11	197.93	200.68	106.26	—	—	152.69	80.76	183.30	104.76	—	—
21	273.72	147.25	181.96	95.92	199.23	107.68	161.38	83.87	—	—	279.85	165.86
22	336.11	178.72	—	—	199.88	100.99	152.96	78.58	—	—	289.26	166.04
23	303.68	173.08	—	—	160.41	80.99	192.36	94.30	270.34	153.43	259.88	152.38
24	358.75	204.87	187.55	94.09	154.79	77.65	—	—	210.31	114.79	230.06	134.94
25	—	—	166.99	88.10	155.02	79.59	—	—	235.65	134.41	236.61	136.00
26	—	—	197.01	106.72	—	—	177.00	92.88	189.73	104.14	—	—
27	251.07	144.46	164.50	85.61	—	—	134.11	71.07	214.06	120.10	—	—
28	225.16	121.64	226.45	112.58	128.77	64.45	163.09	83.16	—	—	249.54	145.71
29	284.58	160.19	—	—	146.01	76.05	191.52	100.46	—	—	271.22	173.00
30	221.84	119.77	—	—	158.84	77.73	194.39	109.41	342.55	193.82	252.08	155.11
31	322.48	164.20	241.01	124.99	—	—	—	—	—	—	377.86	218.98
最高 High	H582.23	H317.16	344.35	195.85	237.62	122.00	222.23	130.46	342.55	193.82	377.86	218.98
最低 Low	221.84	119.77	164.50	85.61	125.90	L64.45	134.11	71.07	160.65	88.02	161.65	93.04

货币型基金每日成交（亿元/亿份）
Money Market Fund Trading（100M Yuan/100M Units）

基金
Fund

日期 Date	1月 Jan		2月 Feb		3月 Mar		4月 Apr		5月 May		6月 Jun	
	金额 Value	数量 Vol	金额 Value	数量 Vol	金额 Value	数量 Vol	金额 Value	数量 Vol	金额 Value	数量 Vol	金额 Value	数量 Vol
1	—	—	—	—	—	—	191.97	1.91	—	—	234.78	2.34
2	223.70	2.24	—	—	183.68	1.83	186.79	1.86	—	—	188.82	1.88
3	168.64	1.69	275.75	2.76	196.05	1.96	179.49	1.79	—	—	194.70	1.94
4	—	—	229.35	2.29	170.37	1.70	—	—	—	—	159.76	1.59
5	—	—	154.07	1.54	232.26	2.32	—	—	—	—	180.00	1.79
6	184.20	1.84	156.75	1.56	166.15	1.66	—	—	232.55	2.32	—	—
7	154.45	1.54	125.23	1.25	—	—	243.62	2.43	185.29	1.85	—	—
8	139.19	1.39	—	—	—	—	168.96	1.68	215.41	2.15	176.43	1.76
9	134.35	1.34	—	—	203.37	2.03	174.40	1.74	—	—	154.88	1.54
10	123.04	1.23	149.73	1.49	230.03	2.29	196.55	1.96	—	—	174.48	1.74
11	—	—	129.53	1.29	189.88	1.89	—	—	192.83	1.92	208.69	2.08
12	—	—	150.76	1.50	196.66	1.96	—	—	157.42	1.57	257.27	2.56
13	136.16	1.36	129.91	1.30	232.30	2.32	177.50	1.77	140.76	1.40	—	—
14	144.10	1.44	141.54	1.41	—	—	158.14	1.58	130.91	1.30	—	—
15	132.59	1.33	—	—	—	—	194.91	1.94	176.04	1.75	204.85	2.04
16	126.54	1.26	—	—	211.24	2.11	162.20	1.62	—	—	195.40	1.95
17	132.91	1.33	177.37	1.77	210.10	2.09	226.21	2.25	—	—	194.24	1.93
18	—	—	164.57	1.64	213.42	2.13	—	—	178.27	1.77	185.80	1.85
19	—	—	140.10	1.40	204.27	2.04	—	—	172.99	1.72	250.98	2.50
20	159.21	1.59	168.00	1.68	172.66	1.72	171.63	1.71	134.13	1.34	—	—
21	146.11	1.46	181.62	1.81	—	—	180.30	1.80	141.94	1.41	—	—
22	161.39	1.61	—	—	—	—	154.68	1.54	154.91	1.54	253.75	2.53
23	142.24	1.42	—	—	210.89	2.10	168.09	1.68	—	—	211.56	2.11
24	—	—	168.64	1.68	212.75	2.12	177.38	1.77	—	—	276.08	2.75
25	—	—	165.73	1.65	211.09	2.10	—	—	154.55	1.54	—	—
26	—	—	171.30	1.71	177.45	1.77	—	—	167.97	1.67	—	—
27	—	—	160.23	1.60	212.40	2.12	174.17	1.74	158.03	1.57	—	—
28	—	—	192.51	1.92	—	—	149.88	1.49	201.25	2.01	—	—
29	—	—	—	—	—	—	209.71	2.09	176.39	1.76	238.42	2.37
30	—	—	—	—	218.11	2.17	261.40	2.61	—	—	248.33	2.47
31	—	—	—	—	166.37	1.66	—	—	—	—	—	—
最高 High	223.70	2.24	275.75	2.76	232.30	2.32	261.40	2.61	232.55	2.32	276.08	2.75
最低 Low	L123.04	L1.23	125.23	1.25	166.15	1.66	149.88	1.49	130.91	1.30	154.88	1.54

货币型基金每日成交（亿元/亿份） 基金
Money Market Fund Trading（100M Yuan/100M Units） Fund

日期 Date	7月 Jul		8月 Aug		9月 Sep		10月 Oct		11月 Nov		12月 Dec	
	金额 Value	数量 Vol	金额 Value	数量 Vol	金额 Value	数量 Vol	金额 Value	数量 Vol	金额 Value	数量 Vol	金额 Value	数量 Vol
1	275.96	2.75	—	—	208.46	2.07	—	—	—	—	300.60	2.98
2	260.07	2.59	—	—	219.63	2.18	—	—	301.45	3.00	299.01	2.96
3	286.68	2.86	239.00	2.38	215.91	2.15	—	—	269.13	2.67	313.52	3.10
4	—	—	227.11	2.26	235.12	2.34	—	—	315.59	3.13	296.08	2.94
5	—	—	196.37	1.95	—	—	—	—	291.26	2.89	—	—
6	335.85	3.34	205.84	2.05	—	—	—	—	239.63	2.38	—	—
7	291.43	2.90	234.17	2.33	204.07	2.03	—	—	—	—	294.39	2.92
8	238.95	2.38	—	—	208.29	2.07	—	—	—	—	283.81	2.81
9	221.24	2.20	—	—	195.62	1.94	301.90	3.00	387.31	3.84	296.19	2.93
10	210.63	2.10	193.73	1.93	222.61	2.21	—	—	336.08	3.33	286.38	2.84
11	—	—	184.80	1.84	207.54	2.06	—	—	272.72	2.71	296.21	2.94
12	—	—	210.37	2.09	—	—	341.31	3.39	241.78	2.40	—	—
13	217.56	2.17	182.18	1.81	—	—	254.33	2.53	267.12	2.65	—	—
14	216.00	2.15	205.97	2.05	210.84	2.10	244.38	2.43	—	—	278.87	2.77
15	172.25	1.71	—	—	202.73	2.01	231.92	2.31	—	—	309.60	3.07
16	248.22	2.47	—	—	175.59	1.75	238.91	2.37	288.48	2.86	296.94	2.94
17	248.40	2.47	278.97	2.77	193.41	1.92	—	—	279.94	2.77	389.40	3.86
18	—	—	202.06	2.01	273.47	2.72	—	—	283.83	2.82	369.57	3.67
19	—	—	214.15	2.13	—	—	235.74	2.34	241.33	2.39	—	—
20	241.64	2.40	194.20	1.93	—	—	217.15	2.15	238.29	2.36	—	—
21	233.29	2.32	225.42	2.24	207.27	2.06	216.06	2.14	—	—	329.63	3.27
22	263.51	2.62	—	—	267.80	2.66	213.89	2.12	—	—	325.84	3.23
23	227.87	2.27	—	—	247.22	2.46	238.87	2.37	279.57	2.77	360.91	3.58
24	282.66	2.81	201.64	2.01	258.62	2.57	—	—	249.84	2.47	326.39	3.23
25	—	—	213.76	2.13	264.02	2.62	—	—	275.68	2.73	301.83	2.99
26	—	—	210.19	2.09	—	—	247.00	2.45	267.86	2.65	—	—
27	231.95	2.31	243.47	2.42	—	—	231.55	2.30	270.11	2.68	—	—
28	190.77	1.90	245.39	2.44	295.95	2.94	222.80	2.21	—	—	317.36	3.14
29	283.12	2.82	—	—	290.17	2.88	277.94	2.76	—	—	349.75	3.47
30	241.96	2.41	—	—	308.24	3.06	278.94	2.77	343.77	3.41	297.41	2.95
31	288.46	2.87	272.29	2.71	—	—	—	—	—	—	338.11	3.38
最高 High	335.85	3.34	278.97	2.77	308.24	3.06	341.31	3.39	387.31	3.84	H389.40	H3.86
最低 Low	172.25	1.71	182.18	1.81	175.59	1.75	213.89	2.12	238.29	2.36	278.87	2.77

LOF 每日成交（亿元/亿份）
LOF Trading（100M Yuan/100M Units）

基金
Fund

日期 Date	1月 Jan		2月 Feb		3月 Mar		4月 Apr		5月 May		6月 Jun	
	金额 Value	数量 Vol	金额 Value	数量 Vol	金额 Value	数量 Vol	金额 Value	数量 Vol	金额 Value	数量 Vol	金额 Value	数量 Vol
1	—	—	—	—	—	—	1. 67	1. 82	—	—	2. 07	2. 00
2	2. 49	2. 30	—	—	3. 44	3. 09	4. 49	5. 15	—	—	1. 53	1. 47
3	2. 39	2. 19	5. 14	4. 95	5. 14	4. 59	3. 79	4. 33	—	—	2. 68	2. 66
4	—	—	4. 41	4. 10	3. 47	3. 14	—	—	—	—	1. 62	1. 61
5	—	—	4. 16	3. 70	4. 12	3. 71	—	—	—	—	1. 33	1. 29
6	3. 14	2. 87	4. 53	3. 96	3. 26	2. 99	—	—	2. 47	2. 69	—	—
7	2. 55	2. 31	4. 89	4. 27	—	—	3. 11	3. 41	1. 97	2. 17	—	—
8	3. 02	2. 74	—	—	—	—	1. 87	2. 02	2. 48	2. 62	2. 42	2. 66
9	2. 75	2. 49	—	—	4. 07	3. 89	1. 87	1. 98	—	—	2. 78	3. 27
10	1. 92	1. 71	5. 05	4. 54	5. 79	5. 94	2. 62	2. 75	—	—	2. 21	2. 23
11	—	—	4. 49	4. 05	4. 16	4. 26	—	—	1. 93	1. 93	2. 60	2. 52
12	—	—	4. 70	4. 21	5. 62	6. 25	—	—	1. 70	1. 77	1. 86	1. 93
13	2. 65	2. 37	4. 16	3. 68	7. 12	8. 18	2. 08	2. 20	2. 18	2. 39	—	—
14	2. 47	2. 18	4. 56	4. 07	—	—	1. 83	1. 88	2. 16	2. 69	—	—
15	2. 21	1. 98	—	—	—	—	1. 47	1. 54	1. 57	1. 72	2. 42	2. 36
16	2. 43	2. 21	—	—	4. 30	4. 76	1. 57	1. 65	—	—	2. 20	2. 08
17	1. 93	1. 73	5. 03	4. 47	6. 72	7. 42	2. 63	2. 69	—	—	2. 71	2. 48
18	—	—	4. 01	3. 50	3. 46	3. 85	—	—	1. 87	2. 01	2. 10	1. 86
19	—	—	4. 10	3. 55	4. 14	4. 75	—	—	1. 75	1. 86	3. 29	2. 90
20	2. 73	2. 38	5. 61	4. 96	3. 86	4. 42	2. 10	2. 25	1. 78	1. 75	—	—
21	2. 94	2. 56	4. 94	4. 22	—	—	1. 94	2. 14	1. 69	1. 67	—	—
22	3. 09	2. 70	—	—	—	—	2. 20	2. 61	1. 94	1. 98	3. 41	2. 98
23	3. 38	2. 96	—	—	3. 16	3. 64	2. 25	2. 58	—	—	3. 08	2. 67
24	—	—	4. 75	4. 05	4. 98	5. 32	2. 46	2. 75	—	—	3. 08	2. 59
25	—	—	6. 04	5. 15	3. 20	3. 49	—	—	1. 33	1. 35	—	—
26	—	—	5. 12	4. 39	3. 65	3. 83	—	—	1. 31	1. 32	—	—
27	—	—	3. 72	3. 28	2. 42	2. 58	2. 21	2. 46	1. 14	1. 18	—	—
28	—	—	4. 53	4. 11	—	—	2. 67	3. 13	1. 05	1. 07	—	—
29	—	—	—	—	—	—	3. 09	3. 87	1. 10	1. 08	3. 50	2. 99
30	—	—	—	—	1. 77	1. 99	3. 22	3. 59	—	—	3. 20	2. 68
31	—	—	—	—	1. 88	2. 17	—	—	—	—	—	—
最高 High	3. 38	2. 96	6. 04	5. 15	7. 12	H8. 18	4. 49	5. 15	2. 48	2. 69	3. 50	3. 27
最低 Low	1. 92	1. 71	3. 72	3. 28	1. 77	1. 99	1. 47	1. 54	1. 05	1. 07	1. 33	1. 29

LOF 每日成交（亿元/亿份） 基金
LOF Trading（100M Yuan/100M Units） Fund

日期 Date	7月 Jul		8月 Aug		9月 Sep		10月 Oct		11月 Nov		12月 Dec	
	金额 Value	数量 Vol	金额 Value	数量 Vol	金额 Value	数量 Vol	金额 Value	数量 Vol	金额 Value	数量 Vol	金额 Value	数量 Vol
1	4.81	3.99	—	—	2.19	1.79	—	—	—	—	1.93	1.51
2	4.90	4.03	—	—	1.89	1.48	—	—	1.64	1.38	1.65	1.28
3	5.15	4.33	4.00	2.95	1.97	1.57	—	—	1.70	1.32	1.63	1.32
4	—	—	3.86	2.71	1.86	1.53	—	—	2.73	2.29	1.62	1.39
5	—	—	3.00	2.12	—	—	—	—	2.61	2.10	—	—
6	7.34	6.43	3.78	2.72	—	—	—	—	2.13	1.53	—	—
7	8.02	6.62	3.34	2.44	2.09	1.83	—	—	—	—	1.54	1.22
8	6.72	5.44	—	—	1.54	1.34	—	—	—	—	1.45	1.08
9	7.90	6.23	—	—	2.40	2.12	1.82	1.34	3.07	2.28	1.96	1.53
10	7.70	6.03	2.50	1.82	1.63	1.40	—	—	2.53	2.16	1.62	1.31
11	—	—	2.69	2.16	1.38	1.19	—	—	2.03	1.60	1.71	1.45
12	—	—	2.62	1.99	—	—	2.42	1.83	1.67	1.33	—	—
13	7.48	5.84	1.68	1.30	—	—	1.87	1.41	1.61	1.26	—	—
14	7.01	5.10	2.12	1.59	1.40	1.13	1.48	1.10	—	—	1.46	1.13
15	7.09	5.12	—	—	1.13	0.92	1.20	0.89	—	—	1.82	1.37
16	7.27	5.48	—	—	1.06	0.95	1.26	0.94	2.54	1.97	1.51	1.19
17	4.60	3.60	3.05	2.31	1.37	1.18	—	—	1.92	1.41	2.08	1.73
18	—	—	2.13	1.55	2.05	1.66	—	—	1.68	1.24	1.81	1.37
19	—	—	2.12	1.57	—	—	1.24	0.94	1.73	1.26	—	—
20	4.83	3.68	1.56	1.20	—	—	1.30	0.96	1.69	1.26	—	—
21	4.12	3.16	1.55	1.15	1.45	1.21	1.27	0.97	—	—	2.46	1.85
22	5.19	4.03	—	—	1.58	1.30	1.35	1.10	—	—	2.63	1.98
23	4.94	3.76	—	—	2.59	2.21	1.75	1.38	2.36	1.72	2.10	1.54
24	5.01	3.74	1.79	1.33	1.71	1.43	—	—	1.83	1.59	2.03	1.65
25	—	—	2.13	1.56	1.55	1.28	—	—	2.50	2.35	2.01	1.40
26	—	—	1.89	1.46	—	—	1.23	1.01	1.74	1.46	—	—
27	2.74	2.06	2.03	1.62	—	—	1.51	1.24	1.29	1.04	—	—
28	2.74	2.24	2.32	1.77	0.93	0.79	1.67	1.42	—	—	2.59	1.90
29	3.61	2.80	—	—	1.30	1.05	2.01	1.63	—	—	2.16	1.56
30	2.70	1.96	—	—	1.73	1.42	1.88	1.55	2.11	1.70	2.64	1.85
31	3.50	2.61	2.30	1.75	—	—	—	—	—	—	3.29	2.36
最高 High	H8.02	6.62	4.00	2.95	2.59	2.21	2.42	1.83	3.07	2.35	3.29	2.36
最低 Low	2.70	1.96	1.55	1.15	L0.93	L0.79	1.20	0.89	1.29	1.04	1.45	1.08

基金 Fund

基金代码 Code	基金简称 Fund Name	发行数量 Issued Vol	市价总值 Market Capitalization	上年收盘 Last Year Close	本年开盘 Open	本年最高 High
501000	国金鑫新	1. 20	1. 18	1. 041	1. 062	1. 120
501001	财通精选	39. 42	81. 24	1. 133	1. 144	2. 061
501005	精准医疗	25. 54	43. 95	1. 042	1. 042	2. 049
501006	精准医 C	0. 38	0. 38	1. 000	0. 000	0. 000
501007	互联医疗	5. 62	6. 65	1. 009	1. 021	1. 578
501008	互联医 C	1. 58	1. 83	1. 003	1. 017	1. 560
501009	生物科技	27. 93	68. 63	1. 352	1. 353	2. 888
501010	生物科 C	14. 27	35. 03	1. 355	1. 365	3. 060
501011	中药基金	18. 92	17. 82	0. 804	0. 802	1. 109
501012	中药 C	2. 27	2. 11	0. 783	0. 783	1. 107
501015	财通升级	88. 58	97. 17	0. 902	0. 900	1. 255
501016	券商基金	69. 18	86. 68	1. 103	1. 125	1. 448
501017	国泰融丰	13. 08	13. 61	0. 885	0. 888	1. 040
501018	南方原油	1602. 42	924. 60	1. 176	1. 176	1. 342
501019	军工基金	34. 43	45. 06	0. 814	0. 814	1. 380
501021	香港中小	67. 96	116. 22	1. 517	1. 517	1. 712
501022	银华鑫盛	11. 76	22. 92	1. 126	1. 127	2. 047
501023	港中小企	2. 34	2. 51	1. 092	1. 109	1. 196
501025	香港银行	126. 65	114. 24	1. 099	1. 099	1. 114
501026	财通福享	28. 26	32. 70	0. 909	0. 910	1. 158
501027	国泰融信	1. 67	1. 82	1. 028	1. 059	1. 377
501028	财通福瑞	18. 23	30. 16	1. 018	1. 021	1. 657
501029	红利基金	413. 74	450. 56	0. 995	0. 997	1. 160
501030	环境治理	15. 42	8. 50	0. 558	0. 560	0. 683
501031	环境 C	3. 38	1. 86	0. 559	0. 561	0. 716
501032	财通福盛	0. 66	0. 66	0. 758	0. 761	1. 290
501036	中证 500A	8. 50	9. 23	0. 850	0. 852	1. 140
501037	中证 500C	5. 14	5. 50	0. 847	0. 855	1. 128
501038	银华明择	38. 33	89. 03	1. 260	1. 263	2. 330
501039	添富睿丰	0. 33	0. 41	1. 080	1. 080	1. 485
501040	添富睿 C	0. 35	0. 43	1. 082	1. 095	1. 265
501043	沪深 300A	23. 25	36. 03	1. 124	1. 150	1. 570
501045	沪深 300C	4. 92	7. 55	1. 119	1. 124	1. 599
501046	财通福鑫	43. 65	90. 23	1. 410	1. 417	2. 253
501047	全指证券	5. 16	6. 47	1. 058	1. 103	1. 499
501048	证券 C	4. 00	5. 02	1. 052	1. 090	1. 435
501049	东证睿玺	250. 87	314. 34	1. 245	1. 253	1. 737
501050	50AH	284. 57	459. 58	1. 369	1. 375	1. 615
501051	圆信汇利	16. 60	29. 04	1. 178	1. 180	1. 877
501053	东证目优	7. 12	7. 13	1. 055	1. 057	1. 128
501054	东证睿泽	1112. 89	1982. 05	1. 139	1. 141	1. 783
501057	新能源车	119. 70	251. 74	1. 027	1. 029	2. 156
501058	新能车 C	20. 37	42. 57	1. 021	1. 022	2. 165
501059	国企红利	9. 02	14. 22	1. 241	1. 307	1. 870
501060	金选 300A	3. 42	5. 57	1. 286	1. 301	1. 673
501061	金选 300C	1. 69	2. 75	1. 279	1. 303	1. 662
501062	南方瑞合	330. 95	437. 51	1. 047	1. 050	1. 323
501063	添富悦享	218. 35	242. 37	1. 025	1. 035	1. 467
501064	国泰价值	14. 45	33. 46	1. 355	1. 355	2. 331
501065	经典成长	33. 93	61. 88	1. 279	1. 277	1. 974

注：发行数量、成交数量单位为百万份（M Units），市价总值、成交金额单位为百万元（M Yuan），上年收盘、本年开盘、本年最高、本年最低、本年收盘、年初净值、年末净值单位为元（Yuan）。

基金 Fund

本年最低 Low	本年收盘 Close	涨跌（%） Change	成交数量 Trading Vol	成交金额 Trading Value	年初净值 Open Value	年末净值 Close Value
0. 946	0. 980	-5. 86	3. 57	3. 66	1. 024	0. 990
1. 125	2. 061	81. 91	26. 09	38. 48	1. 175	2. 107
1. 031	1. 721	65. 16	150. 92	236. 45	1. 049	1. 747
0. 000	1. 000	0. 00	0. 00	0. 00	1. 034	1. 715
0. 963	1. 183	17. 24	64. 16	76. 87	1. 016	1. 183
0. 970	1. 156	15. 25	22. 59	27. 29	1. 008	1. 170
1. 297	2. 457	81. 73	338. 52	691. 06	1. 324	2. 471
1. 252	2. 455	81. 18	108. 91	254. 32	1. 328	2. 469
0. 726	0. 942	17. 16	240. 06	208. 89	0. 783	0. 945
0. 721	0. 927	18. 39	35. 17	30. 90	0. 778	0. 935
0. 831	1. 097	21. 62	216. 44	225. 62	0. 925	1. 126
0. 951	1. 253	13. 60	559. 32	672. 86	1. 118	1. 274
0. 836	1. 040	17. 51	37. 61	36. 94	0. 895	1. 049
0. 497	0. 577	-50. 94	13130. 10	9712. 31	1. 178	0. 582
0. 760	1. 309	60. 81	263. 30	290. 51	0. 831	1. 334
1. 183	1. 710	12. 72	197. 81	291. 24	1. 551	1. 741
1. 015	1. 949	73. 09	25. 35	35. 42	1. 143	1. 984
0. 831	1. 071	-1. 92	7. 03	7. 34	1. 116	1. 096
0. 786	0. 902	-17. 93	528. 80	463. 19	1. 110	0. 912
0. 758	1. 157	27. 28	75. 63	76. 89	0. 926	1. 185
0. 965	1. 090	6. 03	5. 02	5. 32	1. 047	1. 114
0. 877	1. 655	62. 57	80. 07	93. 58	1. 036	1. 685
0. 884	1. 089	9. 45	1496. 57	1498. 86	1. 015	1. 097
0. 479	0. 551	-1. 25	162. 00	95. 37	0. 564	0. 550
0. 503	0. 549	-1. 79	27. 61	16. 33	0. 563	0. 548
0. 686	1. 004	32. 45	5. 85	5. 41	0. 769	1. 153
0. 791	1. 086	27. 76	40. 72	39. 85	0. 868	1. 092
0. 788	1. 070	26. 33	22. 88	22. 32	0. 864	1. 084
1. 078	2. 323	84. 37	227. 20	363. 88	1. 326	2. 408
1. 031	1. 263	16. 94	2. 59	3. 19	1. 110	1. 288
1. 016	1. 224	13. 12	0. 91	1. 06	1. 100	1. 271
0. 985	1. 550	37. 90	172. 78	215. 83	1. 141	1. 544
1. 000	1. 536	37. 27	33. 14	42. 49	1. 139	1. 536
1. 412	2. 067	46. 60	440. 02	809. 65	1. 523	2. 303
0. 889	1. 255	18. 62	39. 13	48. 96	1. 059	1. 265
0. 907	1. 256	19. 39	27. 24	32. 19	1. 066	1. 269
1. 070	1. 253	41. 55	725. 90	966. 32	1. 276	1. 283
1. 140	1. 615	17. 97	570. 27	780. 72	1. 396	1. 637
1. 031	1. 749	48. 47	18. 86	24. 43	1. 193	1. 779
0. 973	1. 001	10. 14	16. 77	17. 75	1. 072	1. 010
0. 935	1. 781	67. 46	2581. 27	3385. 98	1. 186	1. 812
0. 905	2. 103	104. 77	2729. 58	3488. 32	1. 045	2. 137
0. 921	2. 090	104. 70	216. 20	317. 62	1. 039	2. 121
1. 128	1. 577	27. 07	3. 11	4. 47	1. 289	1. 578
1. 131	1. 629	26. 67	14. 10	18. 73	1. 310	1. 644
1. 125	1. 626	27. 13	3. 54	5. 17	1. 303	1. 632
0. 900	1. 322	39. 98	793. 41	884. 50	1. 134	1. 400
0. 908	1. 110	38. 29	367. 89	420. 84	1. 091	1. 149
1. 235	2. 315	70. 85	11. 26	20. 27	1. 446	2. 372
1. 122	1. 824	83. 42	80. 69	135. 25	1. 319	1. 849

基金 Fund

基金 Fund

基金代码 Code	基金简称 Fund Name	发行数量 Issued Vol	市价总值 Market Capitalization	上年收盘 Last Year Close	本年开盘 Open	本年最高 High
501066	东证恒元	63.78	133.31	1.520	1.520	2.178
501067	富时 AH50	0.37	0.55	1.275	1.319	1.511
501068	AH50C	0.86	1.27	1.321	1.297	1.900
501069	质量基金	1.28	1.84	1.129	1.130	1.517
501070	广发睿阳	30.08	50.05	1.270	1.269	2.000
501071	泓德丰泽	67.18	141.09	1.181	1.182	2.132
501072	红利增强	0.60	0.59	1.005	1.050	1.157
501073	科创混合	366.25	398.49	0.950	0.950	1.088
501075	科创主题	172.75	267.77	1.014	1.022	1.550
501076	科创基金	312.79	461.99	0.982	0.987	1.478
501077	科创富国	227.88	528.68	1.115	1.120	2.418
501078	科创配置	361.69	675.27	1.008	1.011	2.019
501079	科创大成	235.56	443.32	1.277	1.178	1.891
501080	科创中金	319.40	482.62	1.041	1.042	1.512
501081	科创中欧	186.26	287.95	1.009	1.009	1.549
501082	科创投资	623.22	1075.68	1.023	1.029	1.885
501083	科创银华	322.22	576.45	1.186	1.077	1.803
501085	科创财通	318.24	425.80	1.176	1.112	1.499
501086	ESG 基金	0.80	1.18	1.073	1.079	1.560
501087	交银瑞丰	37.60	61.40	1.116	1.080	1.633
501088	嘉实瑞虹	75.68	113.52	1.124	1.050	1.505
501089	消费增强	3.70	5.25	1.030	1.030	1.505
501090	消费龙头	62.15	105.83	1.000	1.000	1.712
501091	嘉实瑞熙	69.12	104.37	1.272	1.150	1.530
501092	交银瑞思	19.76	23.67	1.183	1.094	1.232
501095	BOCI 科创	181.59	182.86	1.169	1.080	1.179
501096	科创国联	40.97	42.89	1.206	1.201	1.201
501097	科创国寿	2.48	3.04	1.089	1.089	1.730
501098	科创建信	26.52	30.52	1.000	0.920	1.530
501099	科创平安	16.66	25.20	1.174	1.070	2.090
501106	十年国开	0.24	0.29	1.149	1.153	1.768
501186	华夏兴融	1552.06	1649.84	1.044	1.044	1.083
501188	添富精选	1969.10	2301.88	1.052	1.052	1.170
501189	嘉实优选	980.26	1126.31	1.037	1.036	1.155
501200	科创加银	6.11	7.48	1.232	1.116	1.328
501202	科创华泰	228.79	234.74	1.052	1.001	1.026
501300	美元债	5.06	5.26	1.067	1.067	1.188
501301	香港大盘	12.08	13.75	1.230	1.230	1.269
501302	恒生联接	4.72	4.88	1.110	1.118	1.508
501303	恒生中型	8.58	8.92	0.929	0.945	1.116
501305	港股高息	17.47	14.53	1.009	1.009	1.026
501306	港股高 C	3.92	3.24	0.959	0.979	0.999
501307	银河高股	5.47	5.50	1.002	1.025	1.100
501309	港股通	0.51	0.61	1.051	1.054	1.328
501310	价值基金	37.92	32.68	1.002	1.002	1.019
501311	新经济 HK	6.18	9.39	1.120	1.060	1.582
502000	500 增强	1.68	2.44	1.012	0.996	1.454
502001	500 等权 A	1.44	1.43	1.030	1.034	1.034
502002	500 等权 B	1.44	1.34	1.043	0.942	1.035
502003	军工分级	19.59	27.97	1.211	1.211	1.556

注：发行数量、成交数量单位为百万份（M Units），市价总值、成交金额单位为百万元（M Yuan），上年收盘、本年开盘、本年最高、本年最低、本年收盘、年初净值、年末净值单位为元（Yuan）。

基金 Fund

本年最低 Low	本年收盘 Close	涨跌（%）Change	成交数量 Trading Vol	成交金额 Trading Value	年初净值 Open Value	年末净值 Close Value
1. 238	2. 090	37. 50	110. 94	179. 28	1. 507	2. 189
1. 069	1. 480	16. 08	3. 75	4. 80	1. 308	1. 522
1. 042	1. 478	11. 88	3. 81	5. 28	1. 303	1. 509
0. 949	1. 435	27. 10	12. 56	14. 68	1. 150	1. 443
1. 144	1. 664	49. 19	58. 97	91. 27	1. 298	1. 745
1. 059	2. 100	87. 73	195. 01	288. 24	1. 281	2. 116
0. 875	0. 991	-1. 39	3. 38	3. 44	1. 022	0. 999
0. 941	1. 088	14. 53	1168. 76	1191. 84	1. 029	1. 139
0. 967	1. 550	52. 86	906. 38	1085. 83	1. 168	1. 731
0. 970	1. 477	50. 41	1474. 39	1730. 55	1. 105	1. 633
1. 020	2. 320	108. 07	1587. 56	2568. 26	1. 273	2. 388
1. 010	1. 867	85. 22	2322. 42	3464. 89	1. 155	2. 079
1. 088	1. 882	47. 38	1783. 24	2587. 60	1. 135	2. 100
0. 970	1. 511	45. 15	1611. 09	1954. 38	1. 177	1. 704
0. 980	1. 546	53. 22	646. 73	772. 85	1. 125	1. 715
0. 990	1. 726	68. 72	1226. 46	1692. 43	1. 174	1. 920
0. 940	1. 789	50. 84	2293. 74	3061. 86	1. 163	1. 951
0. 929	1. 338	13. 78	1967. 96	2329. 20	1. 088	1. 520
0. 958	1. 477	37. 65	7. 88	8. 86	1. 090	1. 480
0. 960	1. 633	46. 33	82. 26	112. 39	1. 055	1. 677
0. 886	1. 500	33. 45	195. 17	237. 28	1. 088	1. 575
0. 908	1. 418	37. 67	50. 62	56. 15	1. 002	1. 414
0. 821	1. 703	70. 30	872. 78	974. 81	1. 000	1. 700
1. 112	1. 510	18. 71	104. 39	128. 04	0. 995	1. 571
1. 094	1. 198	1. 27	21. 65	25. 40	1. 000	1. 295
0. 977	1. 007	-13. 86	390. 60	406. 97	1. 000	1. 156
0. 977	1. 047	-13. 18	51. 81	54. 37	0. 998	1. 192
1. 021	1. 227	12. 67	10. 89	13. 64	0. 999	1. 214
0. 910	1. 151	15. 10	101. 94	115. 67	1. 000	1. 259
1. 070	1. 513	28. 88	84. 94	126. 82	1. 000	1. 592
1. 117	1. 217	5. 92	0. 81	1. 03	1. 152	1. 219
1. 023	1. 063	1. 82	3535. 69	3724. 07	1. 088	1. 095
1. 010	1. 169	11. 12	3724. 18	4034. 76	1. 092	1. 206
1. 002	1. 149	10. 80	2796. 93	2939. 10	1. 064	1. 184
1. 116	1. 224	-0. 65	0. 22	0. 26	1. 000	1. 305
0. 885	1. 026	-2. 47	92. 82	89. 09	1. 000	1. 169
1. 016	1. 039	-2. 62	18. 68	19. 91	1. 079	1. 046
0. 984	1. 138	-7. 48	34. 89	38. 83	1. 249	1. 157
0. 902	1. 035	-6. 76	29. 29	30. 39	1. 133	1. 047
0. 724	1. 040	11. 95	7. 59	7. 27	0. 955	1. 065
0. 714	0. 832	-17. 54	13. 49	11. 81	1. 001	0. 844
0. 701	0. 828	-13. 66	5. 94	4. 99	0. 993	0. 834
0. 810	1. 005	0. 30	0. 95	0. 95	1. 035	0. 995
0. 850	1. 177	11. 99	6. 39	6. 70	1. 076	1. 200
0. 790	0. 862	-13. 97	78. 27	70. 66	1. 022	0. 861
0. 832	1. 519	35. 62	28. 34	35. 24	1. 061	1. 483
0. 896	1. 451	35. 61	5. 15	5. 87	1. 001	1. 457
0. 981	0. 995	-0. 21	0. 40	0. 40	1. 000	1. 006
0. 817	0. 933	-10. 55	0. 01	0. 01	1. 003	1. 047
1. 101	1. 428	70. 06	90. 17	117. 09	1. 241	1. 459

基金 Fund

基金代码 Code	基金简称 Fund Name	发行数量 Issued Vol	市价总值 Market Capitalization	上年收盘 Last Year Close	本年开盘 Open	本年最高 High
502004	军工 A	11. 08	11. 08	1. 007	1. 006	1. 128
502005	军工 B	11. 08	20. 43	1. 424	1. 430	2. 155
502006	国企改革	15. 24	22. 48	1. 069	1. 077	1. 477
502007	国企改 A	20. 12	20. 12	1. 042	1. 043	1. 150
502008	国企改 B	20. 12	39. 15	1. 090	1. 110	1. 950
502010	证券分级	22. 34	29. 76	1. 148	1. 180	1. 466
502011	证券 A	66. 43	66. 29	1. 005	1. 005	1. 040
502012	证券 B	66. 43	110. 93	1. 291	1. 353	1. 959
502013	一带一路	44. 35	61. 95	1. 144	1. 145	1. 405
502014	一带一 A	7. 64	7. 54	0. 992	0. 991	1. 028
502015	一带一 B	7. 64	13. 85	1. 293	1. 322	1. 833
502020	50 增强	3. 70	4. 73	1. 049	1. 058	1. 325
502023	钢铁分级	0. 73	0. 93	0. 748	0. 740	2. 418
502024	钢铁 A	0. 35	0. 35	0. 993	0. 995	1. 240
502025	钢铁 B	0. 35	0. 55	0. 516	0. 516	3. 022
502036	互联金融	5. 20	5. 24	0. 918	0. 919	1. 213
502037	网金 A	2. 19	2. 26	0. 990	0. 996	1. 075
502038	网金 B	2. 19	2. 41	0. 881	0. 881	1. 565
502040	上 50LOF	2. 26	2. 65	1. 352	1. 321	1. 745
502041	上 50A	2. 03	2. 11	0. 987	0. 989	1. 123
502042	上 50B	2. 03	2. 45	1. 605	1. 652	2. 210
502048	50 分级	38. 47	48. 63	1. 009	1. 016	1. 268
502049	上证 50A	53. 26	54. 11	1. 016	1. 016	1. 109
502050	上证 50B	53. 26	80. 27	1. 002	1. 015	1. 510
502053	券商分级	6. 75	7. 24	0. 972	0. 998	1. 400
502054	券商 A	11. 77	11. 63	0. 991	0. 990	1. 099
502055	券商 B	11. 77	13. 66	0. 979	1. 010	1. 635
502056	医疗基金	6. 73	9. 56	1. 211	1. 220	1. 868
502057	医疗 A	0. 97	0. 97	0. 905	0. 993	1. 221
502058	医疗 B	0. 97	1. 85	1. 593	1. 434	2. 390
510010	治理 ETF	216. 52	327. 60	1. 206	1. 134	1. 600
510020	超大 ETF	39. 95	150. 52	3. 074	3. 077	3. 848
510030	价值 ETF	19. 53	122. 62	5. 593	5. 656	6. 750
510050	50ETF	15564. 37	56560. 91	3. 058	3. 071	3. 643
510060	央企 ETF	53. 96	111. 16	1. 906	1. 906	2. 180
510070	民企 ETF	5. 12	11. 16	1. 836	1. 826	2. 234
510090	责任 ETF	35. 58	84. 40	1. 917	1. 913	2. 564
510100	SZ50ETF	304. 23	425. 02	1. 061	1. 062	1. 400
510110	周期 ETF	8. 42	35. 37	4. 018	4. 018	4. 634
510120	非周 ETF	5. 09	22. 26	3. 100	3. 116	4. 601
510130	中盘 ETF	43. 89	241. 32	4. 059	4. 101	5. 599
510150	消费 ETF	52. 73	527. 95	5. 525	5. 528	10. 080
510160	小康 ETF	590. 06	406. 55	0. 587	0. 591	0. 716
510170	商品 ETF	57. 73	144. 61	1. 776	1. 809	2. 623
510180	180ETF	5590. 56	23899. 63	3. 546	3. 562	4. 278
510190	龙头 ETF	18. 65	77. 21	3. 476	3. 527	4. 385
510200	上证券商	84. 89	108. 82	0. 997	1. 003	1. 475
510210	综指 ETF	97. 64	471. 69	3. 907	3. 910	4. 880
510220	中小 ETF	4. 23	22. 82	4. 228	4. 289	6. 130
510230	金融 ETF	4190. 81	4920. 01	5. 745	5. 824	6. 627

注：发行数量、成交数量单位为百万份（M Units），市价总值、成交金额单位为百万元（M Yuan），上年收盘、本年开盘、本年最高、本年最低、本年收盘、年初净值、年末净值单位为元（Yuan）。

基金 Fund

本年最低 Low	本年收盘 Close	涨跌（%） Change	成交数量 Trading Vol	成交金额 Trading Value	年初净值 Open Value	年末净值 Close Value
0. 908	1. 000	4. 17	31. 45	31. 42	1. 022	1. 022
1. 211	1. 843	138. 71	109. 72	178. 11	1. 460	1. 780
0. 951	1. 475	41. 25	36. 81	45. 55	1. 090	1. 507
0. 903	1. 000	2. 69	20. 02	20. 15	1. 025	1. 025
0. 880	1. 946	78. 53	49. 28	72. 11	1. 155	1. 928
1. 002	1. 332	10. 17	437. 18	543. 93	1. 117	1. 361
0. 976	0. 998	2. 48	425. 06	427. 72	1. 022	1. 022
0. 977	1. 670	29. 36	1350. 15	1942. 44	1. 212	1. 588
0. 953	1. 397	22. 65	163. 07	192. 78	1. 172	1. 421
0. 899	0. 987	1. 88	26. 33	26. 47	1. 005	1. 004
1. 000	1. 813	40. 22	21. 00	28. 37	1. 339	1. 838
0. 909	1. 277	21. 73	19. 82	22. 78	1. 067	1. 309
0. 711	1. 277	30. 04	16. 99	21. 13	0. 732	1. 309
0. 957	0. 995	4. 63	3. 58	3. 60	1. 015	1. 015
0. 433	1. 560	27. 84	7. 37	9. 25	0. 449	1. 603
0. 774	1. 007	9. 69	21. 21	20. 82	0. 898	1. 009
0. 926	1. 030	4. 04	4. 92	5. 02	1. 003	1. 048
0. 606	1. 098	24. 63	3. 72	3. 66	0. 793	0. 970
1. 009	1. 175	24. 09	7. 12	8. 68	1. 346	1. 193
0. 912	1. 038	5. 17	3. 51	3. 55	1. 005	1. 050
1. 002	1. 205	56. 09	2. 99	4. 17	1. 687	1. 222
0. 865	1. 264	28. 01	71. 84	78. 09	1. 023	1. 282
0. 952	1. 016	4. 60	186. 68	189. 58	1. 033	1. 032
0. 753	1. 507	50. 40	870. 88	921. 19	1. 014	1. 487
0. 792	1. 073	8. 53	46. 52	51. 47	0. 906	1. 100
0. 935	0. 988	2. 09	39. 93	40. 33	1. 005	1. 004
0. 635	1. 161	18. 59	120. 27	138. 59	0. 807	1. 196
0. 847	1. 420	68. 09	61. 58	79. 15	1. 202	1. 444
0. 970	1. 001	12. 60	6. 30	6. 45	1. 003	1. 025
0. 701	1. 913	143. 31	13. 05	19. 35	1. 402	1. 536
1. 011	1. 513	25. 46	24. 99	31. 76	1. 234	1. 479
2. 611	3. 768	22. 58	27. 64	90. 28	3. 124	3. 769
4. 755	6. 279	12. 27	30. 34	172. 92	5. 687	6. 274
2. 505	3. 634	20. 56	121034. 50	381363. 05	3. 084	3. 635
1. 600	2. 060	8. 08	62. 21	117. 90	1. 948	2. 075
1. 643	2. 177	18. 57	6. 85	13. 60	1. 881	2. 169
1. 620	2. 372	23. 74	9. 40	19. 81	1. 951	2. 412
0. 890	1. 397	31. 67	3418. 79	3969. 53	1. 072	1. 399
3. 130	4. 202	4. 58	30. 79	125. 46	4. 018	4. 252
2. 761	4. 372	41. 03	6. 28	23. 70	3. 150	4. 494
3. 599	5. 499	35. 48	26. 30	128. 17	4. 124	5. 546
4. 973	10. 012	81. 21	460. 63	3462. 24	5. 559	9. 996
0. 501	0. 689	17. 38	353. 45	204. 63	0. 596	0. 688
1. 486	2. 505	41. 05	72. 05	156. 15	1. 803	2. 504
2. 989	4. 275	22. 58	5134. 23	18868. 82	3. 585	4. 276
3. 130	4. 140	19. 10	44. 62	172. 62	3. 544	4. 141
0. 942	1. 282	28. 59	872. 42	1083. 85	1. 000	1. 280
3. 476	4. 831	23. 65	1037. 80	4619. 11	3. 944	4. 827
3. 799	5. 396	27. 63	20. 51	98. 36	4. 315	5. 487
1. 108	1. 174	0. 46	6215. 08	12506. 88	5. 818	1. 175

基金

Fund

基金
Fund

基金代码 Code	基金简称 Fund Name	发行数量 Issued Vol	市价总值 Market Capitalization	上年收盘 Last Year Close	本年开盘 Open	本年最高 High
510260	新兴 ETF	13. 98	14. 79	1. 058	0. 000	0. 000
510270	国企 ETF	10. 83	14. 33	1. 168	1. 171	1. 450
510290	380ETF	80. 45	151. 40	1. 494	1. 504	1. 995
510300	300ETF	8657. 59	45772. 67	4. 096	4. 120	5. 293
510310	HS300ETF	3788. 31	8970. 71	1. 814	1. 827	2. 370
510330	华夏 300	5764. 75	30622. 35	4. 170	4. 190	5. 316
510350	工银 300	644. 51	3370. 17	4. 076	4. 074	5. 240
510360	广发 300	1472. 38	2588. 45	1. 346	1. 353	1. 761
510370	兴业 300	114. 26	124. 88	0. 990	0. 995	1. 098
510380	国寿 300	3672. 80	5006. 03	1. 050	1. 060	1. 376
510390	平安 300	412. 85	2208. 33	4. 237	4. 245	5. 540
510410	资源 ETF	478. 26	361. 09	0. 640	0. 642	0. 769
510430	50 等权	45. 92	80. 83	1. 580	1. 580	2. 038
510440	500 沪市	20. 06	38. 59	1. 590	1. 620	2. 145
510500	500ETF	5419. 87	38172. 13	5. 705	5. 758	7. 567
510510	广发 500	1825. 04	3392. 75	1. 504	1. 520	2. 001
510530	工银 500	50. 48	321. 81	5. 351	5. 342	6. 888
510550	方正 500	15. 74	24. 69	1. 248	1. 255	1. 687
510560	国寿 500	588. 32	806. 58	1. 122	1. 140	1. 580
510570	兴业 500	158. 06	149. 37	0. 983	0. 983	1. 011
510580	ZZ500ETF	127. 70	896. 56	5. 372	5. 392	7. 400
510590	平安 500	285. 19	1943. 54	5. 412	5. 430	7. 227
510600	沪 50ETF	51. 42	208. 28	3. 192	3. 220	4. 142
510630	消费行业	68. 59	402. 08	2. 991	3. 010	5. 870
510650	金融行业	35. 95	76. 40	2. 044	2. 064	2. 418
510660	医药行业	36. 38	118. 23	1. 917	1. 917	3. 289
510680	万家 50	48. 12	158. 33	2. 560	2. 616	4. 990
510690	180 金融	53. 84	61. 70	1. 012	1. 000	1. 300
510710	上 50ETF	168. 22	730. 57	3. 435	3. 478	4. 357
510760	上证 ETF	830. 50	831. 33	0. 993	0. 980	1. 005
510800	上证 50	294. 58	432. 14	1. 135	1. 143	1. 500
510810	上海国企	10918. 09	10131. 99	0. 933	0. 939	1. 000
510850	工银上 50	82. 70	306. 07	3. 098	3. 109	3. 717
510880	红利 ETF	3335. 68	9136. 42	2. 897	2. 910	2. 995
510890	红利低波	275. 56	294. 58	1. 030	1. 026	1. 219
510900	H 股 ETF	8509. 02	9895. 99	1. 272	1. 273	1. 328
511000	长三角债	0. 62	62. 30	100. 196	92. 010	101. 000
511010	国债 ETF	8. 54	1035. 55	119. 851	119. 601	126. 818
511020	活跃国债	11. 80	1225. 60	101. 900	101. 800	108. 000
511030	公司债	50. 49	5180. 35	101. 808	101. 706	106. 165
511050	兴业地债	4. 02	390. 84	100. 205	99. 500	100. 503
511060	5 年地债	5. 51	556. 04	100. 507	100. 506	105. 120
511180	上证转债	31. 26	314. 35	10. 099	10. 070	10. 999
511220	城投 ETF	14. 29	1365. 87	96. 533	96. 539	99. 500
511230	周期债	1. 87	183. 03	98. 000	0. 000	0. 000
511260	十年国债	8. 57	943. 21	108. 470	108. 352	114. 900
511270	10 年地债	7. 67	806. 69	104. 000	103. 950	110. 369
511280	中期信用	0. 28	30. 83	105. 000	102. 001	111. 200
511290	国债十年	0. 12	12. 04	101. 003	101. 500	127. 600
511310	十年债	0. 27	29. 86	101. 351	101. 551	129. 900

注：发行数量、成交数量单位为百万份（M Units），市价总值、成交金额单位为百万元（M Yuan），上年收盘、本年开盘、本年最高、本年最低、本年收盘、年初净值、年末净值单位为元（Yuan）。

基金 Fund

本年最低 Low	本年收盘 Close	涨跌（%） Change	成交数量 Trading Vol	成交金额 Trading Value	年初净值 Open Value	年末净值 Close Value
0. 000	1. 058	0. 00	0. 00	0. 00	0. 000	0. 000
0. 970	1. 323	13. 27	46. 25	55. 95	1. 186	1. 342
1. 364	1. 882	25. 97	196. 87	310. 61	1. 517	1. 885
3. 492	5. 287	29. 08	106995. 86	469080. 07	4. 149	5. 284
1. 553	2. 368	30. 54	24823. 23	48966. 61	1. 839	2. 369
3. 501	5. 312	29. 53	36985. 23	162572. 59	4. 225	5. 306
3. 487	5. 229	28. 29	4109. 99	17224. 87	4. 133	5. 236
1. 151	1. 758	30. 61	3400. 69	4859. 83	1. 362	1. 762
0. 980	1. 093	10. 40	135. 80	139. 31	1. 000	1. 096
0. 920	1. 363	29. 81	80. 07	87. 56	1. 070	1. 364
3. 622	5. 349	32. 97	2537. 80	11134. 97	4. 300	5. 347
0. 516	0. 755	17. 97	5351. 90	3439. 23	0. 648	0. 755
1. 360	1. 760	11. 39	7. 60	12. 59	1. 618	1. 746
1. 401	1. 924	21. 01	23. 59	44. 52	1. 617	1. 952
5. 284	7. 043	23. 45	51523. 03	332569. 58	5. 815	7. 055
1. 390	1. 859	23. 60	8624. 21	14909. 77	1. 536	1. 863
4. 735	6. 375	19. 14	1071. 69	6121. 77	5. 351	6. 387
1. 144	1. 568	25. 64	170. 02	237. 18	1. 273	1. 553
1. 047	1. 371	22. 19	17. 13	20. 36	1. 149	1. 376
0. 888	0. 945	-3. 87	101. 39	98. 05	1. 000	0. 949
4. 966	7. 021	30. 70	1152. 45	7174. 74	5. 481	7. 040
4. 948	6. 815	25. 92	764. 29	4633. 22	5. 519	6. 834
2. 678	4. 051	26. 91	507. 26	1716. 46	3. 225	4. 048
2. 612	5. 862	95. 99	749. 35	3394. 40	3. 010	5. 860
1. 662	2. 125	3. 96	283. 93	593. 70	2. 076	2. 127
1. 885	3. 250	69. 54	395. 02	1002. 74	1. 931	3. 246
2. 178	3. 290	28. 52	146. 40	444. 09	2. 623	3. 291
1. 000	1. 146	13. 24	330. 51	364. 94	1. 001	1. 160
2. 858	4. 343	26. 43	1901. 15	6943. 61	3. 469	4. 352
0. 941	1. 001	0. 81	3121. 99	3044. 44	1. 000	1. 003
0. 953	1. 467	29. 25	3193. 85	3948. 79	1. 145	1. 469
0. 748	0. 928	-0. 54	5385. 49	4901. 43	0. 942	0. 929
2. 542	3. 701	19. 46	10178. 02	31262. 14	3. 125	3. 713
2. 326	2. 739	-0. 60	7532. 10	20258. 06	2. 931	2. 737
0. 868	1. 069	3. 79	1094. 13	1082. 64	1. 046	1. 066
0. 967	1. 163	-8. 57	334687. 02	387465. 22	1. 286	1. 171
89. 999	99. 999	-0. 20	0. 31	30. 62	1. 000	100. 813
119. 230	121. 312	1. 22	167. 84	20490. 99	119. 619	121. 801
101. 800	103. 849	1. 91	0. 80	83. 00	102. 004	104. 264
101. 392	102. 600	3. 96	1. 07	111. 22	102. 787	102. 530
90. 584	97. 333	-2. 87	0. 04	3. 45	1. 000	100. 100
100. 290	100. 982	2. 56	28. 31	2893. 86	101. 038	101. 214
9. 779	10. 056	-0. 43	115. 39	1157. 85	0. 999	10. 099
90. 098	95. 595	2. 62	11. 77	1139. 06	97. 971	97. 211
0. 000	98. 000	0. 00	0. 00	0. 00	0. 000	0. 000
108. 270	110. 105	1. 51	134. 49	14912. 84	108. 489	110. 653
102. 555	105. 210	4. 40	41. 04	4438. 31	105. 806	105. 391
95. 668	111. 200	5. 90	0. 24	26. 19	108. 203	110. 936
100. 019	103. 992	2. 96	0. 07	7. 73	105. 541	105. 945
100. 800	109. 401	7. 94	0. 12	12. 89	109. 209	111. 242

基金 Fund

基金
Fund

基金代码 Code	基金简称 Fund Name	发行数量 Issued Vol	市价总值 Market Capitalization	上年收盘 Last Year Close	本年开盘 Open	本年最高 High
511360	短融 ETF	1.66	167.89	100.263	100.220	101.448
511380	转债 ETF	99.39	1021.99	9.897	9.950	10.626
511600	货币 ETF	0.47	47.12	99.987	99.984	100.790
511620	货币基金	0.36	36.33	99.988	99.990	110.000
511650	华夏快线	1.40	140.42	100.000	99.999	100.399
511660	建信添益	260.14	26018.29	99.993	99.985	100.333
511670	华泰天金	0.20	19.68	99.996	99.810	101.006
511690	交易货币	20.72	2072.49	99.991	99.983	100.400
511700	场内货币	1.76	176.12	100.005	100.005	100.100
511770	金鹰增益	0.05	4.64	99.983	99.983	110.000
511800	易货币	3.44	343.80	100.000	99.998	100.500
511810	理财金 H	35.27	3528.22	99.989	99.984	100.337
511820	鹏华添利	2.36	235.70	99.988	99.968	100.768
511830	华泰货币	0.24	24.37	99.990	99.990	100.980
511850	财富宝 E	7.57	757.13	99.989	99.983	100.200
511860	博时货币	2.66	266.26	99.999	99.983	102.000
511880	银华日利	888.36	88956.21	100.101	100.106	102.113
511900	富国货币	2.16	216.34	99.992	99.986	110.008
511910	融通货币	0.04	4.19	99.905	99.950	109.190
511920	广发货币	0.09	8.82	99.983	99.996	106.190
511930	中融日盈	0.03	2.79	99.999	99.957	109.190
511950	广发添利	0.12	11.53	100.053	100.056	105.980
511960	嘉实快线	0.11	11.31	99.994	99.968	101.200
511970	国寿货币	0.07	6.55	99.941	99.986	100.855
511980	现金添富	0.66	65.86	99.977	99.954	100.988
511990	华宝添益	1353.49	135367.54	99.994	99.980	100.600
512000	券商 ETF	19647.92	22929.12	0.991	1.011	1.335
512010	医药 ETF	749.17	2249.02	1.897	1.900	3.153
512040	国信价值	127.86	190.12	1.172	1.172	1.569
512070	非银 ETF	1323.16	3481.23	2.336	2.356	2.840
512090	MSCI 易基	383.59	652.11	1.155	1.157	1.701
512100	1000ETF	575.89	540.19	0.714	0.721	1.006
512120	医药 50	68.75	163.21	1.566	1.568	2.682
512150	A50ETF	22.07	40.66	1.330	1.338	1.939
512160	MSCI 基金	509.78	850.82	1.165	1.179	1.681
512170	医疗 ETF	543.94	1279.89	1.260	1.262	2.360
512180	建信 MSCI	128.05	193.48	1.112	1.115	1.511
512190	之江凤凰	43.32	63.63	1.058	1.063	1.566
512200	地产 ETF	2273.88	1953.26	0.920	0.938	1.114
512220	科技 150	265.47	460.06	1.409	1.410	2.030
512260	500 低波	115.70	156.65	1.191	1.195	1.492
512270	300 低波	9.18	10.19	1.008	1.008	1.131
512280	景顺 MSCI	122.01	192.77	1.113	1.129	1.582
512290	生物医药	2184.82	4192.67	1.197	1.195	2.503
512300	500 医药	19.62	31.74	1.127	1.126	1.999
512310	工业 ETF	49.39	35.76	0.489	0.493	0.730
512320	工银 MSCI	134.04	146.91	1.015	1.010	1.099
512330	信息 ETF	1015.19	1053.77	0.965	0.968	1.380
512340	原料 ETF	26.73	25.48	0.779	0.778	1.015
512350	福建 50	117.83	126.43	0.968	0.970	1.088

注：发行数量、成交数量单位为百万份（M Units），市价总值、成交金额单位为百万元（M Yuan），上年收盘、本年开盘、本年最高、本年最低、本年收盘、年初净值、年末净值单位为元（Yuan）。

基金
Fund

本年最低 Low	本年收盘 Close	涨跌（%） Change	成交数量 Trading Vol	成交金额 Trading Value	年初净值 Open Value	年末净值 Close Value
98. 254	101. 102	0. 84	9. 81	986. 54	100. 000	101. 074
9. 555	10. 283	3. 90	1355. 66	13810. 30	10. 000	10. 366
99. 505	100. 011	0. 02	15. 38	1537. 59	100. 000	100. 000
98. 000	100. 012	0. 02	1. 05	105. 01	100. 000	100. 000
99. 200	100. 010	0. 01	11. 68	1168. 12	100. 000	100. 000
99. 895	100. 016	0. 02	2165. 37	216538. 70	100. 000	100. 000
99. 808	100. 017	0. 02	5. 82	581. 81	100. 000	100. 000
99. 901	100. 027	0. 04	145. 44	14544. 52	100. 000	100. 000
99. 505	100. 016	0. 01	27. 63	2763. 49	100. 000	100. 000
99. 040	99. 999	0. 02	0. 34	33. 91	100. 000	100. 000
99. 505	100. 082	0. 08	61. 66	6166. 89	100. 000	100. 000
98. 505	100. 041	0. 05	374. 40	37441. 08	100. 000	100. 000
99. 880	100. 013	0. 03	2. 09	208. 57	100. 000	100. 000
98. 412	100. 013	0. 02	3. 11	311. 12	100. 000	100. 000
99. 790	100. 044	0. 06	119. 63	11962. 96	100. 000	100. 000
99. 505	100. 012	0. 01	6. 56	656. 31	100. 000	100. 000
100. 098	100. 135	0. 03	23090. 53	2337891. 15	100. 131	100. 139
99. 900	100. 042	0. 05	24. 11	2410. 77	100. 000	100. 000
99. 910	100. 000	0. 10	0. 32	32. 22	100. 000	100. 000
95. 936	100. 238	0. 26	0. 40	40. 47	100. 000	100. 000
99. 803	100. 069	0. 07	0. 33	33. 26	100. 000	100. 000
99. 981	100. 085	0. 03	0. 09	9. 52	100. 000	100. 000
95. 990	100. 036	0. 04	0. 42	41. 62	100. 000	100. 000
95. 550	100. 099	0. 16	0. 05	5. 48	100. 000	100. 000
99. 900	100. 012	0. 04	4. 52	451. 50	100. 000	100. 000
99. 900	100. 014	0. 02	27575. 61	2757586. 77	100. 000	100. 000
0. 830	1. 167	17. 76	211168. 26	227016. 95	0. 998	1. 169
1. 738	3. 002	58. 25	10978. 42	26537. 19	1. 891	3. 005
1. 031	1. 487	26. 88	886. 43	1131. 39	1. 194	1. 490
1. 916	2. 631	12. 63	4046. 89	10035. 52	2. 355	2. 632
1. 030	1. 700	47. 19	4438. 04	5918. 44	1. 172	1. 699
0. 658	0. 938	31. 37	5724. 28	4991. 78	0. 728	0. 938
1. 490	2. 374	51. 60	630. 83	1312. 80	1. 572	2. 372
1. 121	1. 842	38. 50	421. 85	599. 77	1. 349	1. 838
1. 028	1. 669	43. 26	5313. 03	7135. 39	1. 180	1. 670
1. 235	2. 353	86. 75	16233. 00	30395. 93	1. 260	2. 357
0. 970	1. 511	35. 88	1063. 93	1214. 31	1. 129	1. 519
0. 977	1. 469	38. 85	101. 24	118. 30	1. 083	1. 450
0. 752	0. 859	-6. 63	14413. 38	13326. 46	0. 926	0. 857
1. 367	1. 733	23. 00	1120. 49	1869. 01	1. 451	1. 736
1. 080	1. 354	13. 69	2241. 19	2908. 96	1. 207	1. 359
0. 878	1. 110	10. 12	272. 55	280. 25	1. 023	1. 110
0. 984	1. 580	41. 96	1693. 37	2083. 66	1. 129	1. 582
1. 185	1. 919	60. 32	27889. 46	51904. 84	1. 198	1. 918
1. 101	1. 618	43. 57	397. 49	592. 87	1. 133	1. 604
0. 450	0. 724	48. 06	198. 27	123. 89	0. 505	0. 722
0. 964	1. 096	7. 98	974. 86	989. 99	1. 000	1. 100
0. 944	1. 038	7. 56	2883. 05	3226. 30	1. 000	1. 035
0. 652	0. 953	22. 34	142. 97	124. 05	0. 786	0. 963
0. 956	1. 073	10. 85	141. 23	142. 26	1. 000	1. 089

基金
Fund

基金
Fund

基金代码 Code	基金简称 Fund Name	发行数量 Issued Vol	市价总值 Market Capitalization	上年收盘 Last Year Close	本年开盘 Open	本年最高 High
512360	MSCI 国际	80.34	134.73	1.179	1.188	1.769
512380	银华 MSCI	228.81	336.34	1.044	1.050	1.471
512390	MSCI 低波	201.68	294.46	1.100	1.102	1.562
512400	有色 ETF	4346.54	4429.12	0.726	0.738	1.042
512480	半导体	5043.50	10596.40	1.434	1.445	2.724
512500	中证 500	1646.41	5393.64	2.651	2.666	3.516
512510	ETF500	358.43	545.17	1.164	1.173	1.589
512520	MSCIETF	417.06	696.48	1.152	1.152	1.671
512530	300 红利	87.50	101.33	1.052	1.061	1.240
512550	富时 A50	68.91	122.10	1.297	1.310	1.772
512560	中证军工	121.56	177.85	0.816	0.816	1.466
512570	中证证券	45.81	54.83	0.994	1.019	1.350
512580	环保 ETF	1790.07	2210.74	0.786	0.790	1.248
512590	高股息	95.50	128.83	1.058	1.069	1.464
512600	主要消费	37.95	197.88	2.962	2.968	5.220
512610	医药卫生	7.64	16.65	1.492	1.508	2.462
512640	金融地产	37.74	83.52	2.097	2.100	2.578
512650	长三角	1510.94	1902.28	1.021	1.019	1.260
512660	军工 ETF	7995.08	10297.66	0.758	0.762	1.309
512670	国防 ETF	399.83	832.04	1.058	1.059	2.084
512680	军工基金	1884.13	2462.56	0.767	0.770	1.337
512690	酒 ETF	999.63	2687.99	1.194	1.190	2.690
512700	银行基金	1466.58	1749.63	1.240	1.257	1.300
512710	军工龙头	3323.33	6085.02	1.040	1.045	1.832
512720	计算机	944.45	1344.90	1.150	1.154	1.698
512730	银行 FUND	141.58	154.75	0.925	0.927	1.182
512750	基本面 50	156.35	175.43	1.062	1.068	1.206
512760	芯片 ETF	12436.32	14811.66	1.555	1.565	2.903
512770	战略新兴	201.77	429.77	1.172	1.174	2.130
512780	京津冀基	57.09	49.44	0.770	0.778	0.948
512790	民企成长	2.98	3.45	1.060	1.057	1.215
512800	银行 ETF	8082.14	9254.05	1.132	1.142	1.237
512810	军工行业	103.79	134.31	0.731	0.732	1.295
512820	银行股基	389.20	451.47	1.170	1.174	1.310
512850	北京 50	18.53	23.00	1.131	1.136	1.435
512860	MSCI 中国	15.63	26.53	1.307	1.308	1.698
512870	杭州湾区	41.41	74.62	1.287	1.300	1.802
512880	证券 ETF	31834.29	38901.50	1.040	1.061	1.395
512890	红利 LV	58.56	77.76	1.212	1.205	1.446
512900	证券基金	5589.91	6758.20	1.011	1.039	1.371
512910	100ETF	450.63	678.20	1.101	1.118	1.507
512920	MSCI 新华	35.09	63.24	1.297	1.310	1.802
512930	AIETF	238.13	355.53	1.180	1.190	1.792
512950	央企改革	7644.55	8867.68	1.003	1.004	1.160
512960	央调 ETF	8628.26	9991.52	1.000	1.006	1.159
512970	湾区 ETF	292.99	437.14	1.029	1.033	1.500
512980	传媒 ETF	2911.42	2509.65	0.835	0.840	1.093
512990	MSCIA 股	474.52	838.94	1.255	1.259	1.769
513000	225ETF	51.41	66.01	1.111	1.112	1.284
513030	德国 30	911.28	1045.24	1.111	1.114	1.163

注：发行数量、成交数量单位为百万份（M Units），市价总值、成交金额单位为百万元（M Yuan），上年收盘、本年开盘、本年最高、本年最低、本年收盘、年初净值、年末净值单位为元（Yuan）。

基金 Fund

基金 Fund

本年最低 Low	本年收盘 Close	涨跌（%） Change	成交数量 Trading Vol	成交金额 Trading Value	年初净值 Open Value	年末净值 Close Value
1. 041	1. 677	42. 24	63. 24	80. 32	1. 195	1. 688
0. 923	1. 470	40. 80	6411. 41	7250. 94	1. 059	1. 472
0. 965	1. 460	32. 73	48. 56	64. 07	1. 120	1. 462
0. 607	1. 019	40. 36	48203. 75	41111. 75	0. 737	1. 022
1. 435	2. 101	46. 51	42774. 50	87915. 75	1. 493	2. 093
2. 380	3. 276	23. 58	19940. 39	60128. 24	2. 702	3. 282
1. 075	1. 521	30. 67	3332. 53	4415. 80	1. 186	1. 525
1. 029	1. 670	44. 97	604. 32	770. 03	1. 172	1. 679
0. 875	1. 158	10. 08	555. 43	577. 11	1. 068	1. 165
1. 087	1. 772	36. 62	543. 38	758. 01	1. 313	1. 769
0. 715	1. 463	79. 29	1671. 77	1978. 74	0. 831	1. 450
0. 769	1. 197	20. 42	436. 35	494. 29	0. 994	1. 197
0. 726	1. 235	57. 12	3520. 67	3378. 60	0. 804	1. 241
0. 954	1. 349	27. 50	1405. 08	1673. 27	1. 076	1. 350
2. 590	5. 214	76. 03	137. 00	566. 81	2. 986	5. 208
1. 421	2. 179	46. 05	99. 19	183. 00	1. 493	2. 204
1. 680	2. 213	5. 53	94. 63	204. 04	2. 117	2. 216
0. 880	1. 259	23. 31	3120. 20	3388. 88	1. 035	1. 261
0. 686	1. 288	69. 92	98774. 50	104620. 93	0. 770	1. 283
0. 985	2. 081	96. 69	3864. 89	6118. 43	1. 077	2. 067
0. 700	1. 307	70. 40	3932. 37	4304. 73	0. 779	1. 311
0. 943	2. 689	125. 21	18340. 63	33367. 63	1. 182	2. 684
0. 972	1. 193	6. 22	2265. 30	2604. 24	1. 260	1. 194
0. 944	1. 831	76. 06	25088. 29	33807. 58	1. 061	1. 812
1. 124	1. 424	23. 83	13034. 57	18237. 90	1. 182	1. 420
0. 824	1. 093	18. 16	2414. 41	2358. 14	1. 005	1. 095
0. 888	1. 122	5. 65	2941. 36	3030. 01	1. 079	1. 124
1. 063	1. 191	60. 46	138634. 69	256734. 98	1. 618	1. 190
1. 141	2. 130	81. 74	562. 79	931. 86	1. 199	2. 123
0. 646	0. 866	12. 47	191. 10	157. 22	0. 787	0. 868
0. 983	1. 157	9. 15	14. 88	16. 53	1. 086	1. 155
0. 923	1. 145	1. 15	68279. 82	73990. 56	1. 151	1. 142
0. 680	1. 294	77. 02	2041. 95	2172. 81	0. 742	1. 296
0. 951	1. 160	-0. 85	1776. 78	1940. 21	1. 189	1. 160
1. 048	1. 241	9. 73	12. 59	15. 69	1. 159	1. 214
1. 149	1. 698	29. 92	152. 14	211. 46	1. 322	1. 698
1. 170	1. 802	40. 02	199. 70	288. 39	1. 315	1. 802
0. 871	1. 222	17. 50	416732. 77	471798. 34	1. 047	1. 222
1. 029	1. 328	9. 57	513. 29	619. 45	1. 228	1. 331
0. 839	1. 209	19. 58	15188. 20	16544. 59	1. 018	1. 210
0. 922	1. 505	36. 69	4087. 08	4952. 60	1. 116	1. 504
1. 187	1. 802	38. 94	31. 97	50. 16	1. 315	1. 820
1. 184	1. 493	26. 53	1638. 47	2398. 23	1. 220	1. 495
0. 867	1. 160	15. 65	11525. 58	12141. 41	1. 022	1. 162
0. 870	1. 158	15. 80	6234. 65	6666. 12	1. 018	1. 159
0. 920	1. 492	45. 00	4944. 83	5457. 28	1. 056	1. 494
0. 775	0. 862	3. 23	12402. 44	11419. 43	0. 873	0. 864
1. 116	1. 768	40. 88	4311. 20	6073. 57	1. 272	1. 770
0. 782	1. 284	15. 57	1105. 99	1096. 75	1. 119	1. 284
0. 703	1. 147	3. 24	9237. 32	8539. 57	1. 133	1. 155

基金代码 Code	基金简称 Fund Name	发行数量 Issued Vol	市价总值 Market Capitalization	上年收盘 Last Year Close	本年开盘 Open	本年最高 High
513050	中概互联	2683. 43	5621. 79	1. 424	1. 430	2. 299
513080	法国 ETF	46. 42	52. 73	1. 001	0. 975	1. 140
513090	香港证券	756. 49	932. 75	1. 019	1. 001	1. 539
513100	纳指 ETF	369. 62	1617. 10	3. 193	3. 201	5. 400
513300	纳斯达克	492. 67	522. 72	1. 000	1. 050	1. 066
513500	标普 500	1118. 82	2564. 33	2. 111	2. 113	2. 476
513520	日经 ETF	68. 89	88. 18	1. 111	1. 112	1. 284
513600	恒指 ETF	98. 83	249. 84	2. 706	2. 707	2. 790
513660	恒生通	405. 00	1044. 09	2. 699	2. 700	2. 870
513680	建信 H 股	25. 75	24. 33	1. 020	1. 014	1. 247
513800	东证 ETF	51. 04	59. 72	1. 119	1. 103	1. 175
513880	日经 225	46. 47	57. 44	1. 099	1. 100	1. 246
513900	港股 100	32. 98	36. 94	1. 024	1. 024	1. 141
513990	港股通综	61. 00	63. 26	1. 003	1. 003	1. 043
515000	科技 ETF	4697. 29	8516. 19	1. 259	1. 265	1. 940
515010	华夏证券	544. 27	721. 70	1. 066	1. 077	1. 495
515020	华夏银基	270. 85	303. 62	1. 027	1. 036	1. 211
515030	新汽车	4967. 38	8265. 73	0. 982	0. 996	1. 670
515050	5GETF	17637. 07	20970. 47	0. 997	1. 004	1. 496
515060	华夏地产	113. 48	109. 96	1. 001	0. 999	1. 263
515070	AI 智能	1242. 47	1494. 69	0. 992	0. 999	1. 500
515080	中证红利	346. 15	426. 46	1. 060	1. 070	1. 388
515090	可持续	218. 80	294. 51	1. 019	1. 013	1. 347
515100	红利 100	106. 94	127. 90	1. 047	1. 050	1. 268
515110	国企方达	1074. 29	1222. 55	1. 017	1. 000	1. 164
515130	HS300E	469. 46	686. 82	1. 034	1. 034	1. 506
515150	国企富国	1957. 70	2231. 78	1. 031	1. 022	1. 173
515160	MSCICHNA	851. 96	1229. 37	1. 000	0. 991	1. 443
515180	100 红利	1265. 64	1396. 00	1. 018	1. 021	1. 199
515190	BOCI500	79. 47	98. 86	1. 005	1. 002	1. 357
515200	创新 100	154. 94	294. 08	1. 054	1. 058	1. 900
515210	钢铁 ETF	201. 23	248. 11	0. 982	0. 976	1. 340
515220	煤炭 ETF	454. 59	596. 87	0. 971	0. 970	1. 366
515260	电子 ETF	2446. 28	2451. 18	1. 009	1. 018	1. 084
515280	银行行业	38. 42	45. 33	1. 001	1. 001	1. 308
515290	银行 TH	9598. 49	9694. 48	0. 988	0. 987	1. 018
515300	红利 300	66. 18	71. 67	1. 047	1. 048	1. 169
515310	添富 300	129. 11	173. 01	1. 021	1. 021	1. 343
515330	天弘 300	4421. 71	5929. 51	1. 028	1. 031	1. 350
515350	民生 300	50. 40	286. 62	3. 903	3. 883	5. 699
515360	方正 300	52. 28	301. 97	4. 024	4. 057	5. 778
515380	泰康 300	1360. 90	7227. 74	3. 653	3. 600	5. 323
515390	HS300	434. 68	563. 35	1. 013	1. 012	1. 297
515450	红利 50	635. 34	692. 52	0. 987	0. 970	1. 165
515500	长三角 LX	214. 40	219. 34	0. 986	0. 982	1. 052
515510	500 成长	19. 53	26. 04	1. 030	1. 020	1. 430
515520	价值 100	65. 87	90. 70	1. 033	1. 040	1. 390
515530	泰康 500	41. 04	131. 71	3. 153	3. 157	3. 268
515550	中融 500	35. 35	45. 35	1. 046	1. 047	1. 491
515560	证券 E	1044. 88	1126. 38	1. 055	1. 070	1. 163

注：发行数量、成交数量单位为百万份（M Units），市价总值、成交金额单位为百万元（M Yuan），上年收盘、本年开盘、本年最高、本年最低、本年收盘、年初净值、年末净值单位为元（Yuan）。

基金
Fund

本年最低 Low	本年收盘 Close	涨跌（%） Change	成交数量 Trading Vol	成交金额 Trading Value	年初净值 Open Value	年末净值 Close Value
1. 260	2. 095	47. 12	21370. 23	39257. 99	1. 466	2. 065
0. 926	1. 136	13. 49	478. 18	486. 50	1. 000	1. 134
0. 976	1. 233	21. 00	23587. 08	28334. 32	1. 000	1. 237
2. 940	4. 375	37. 02	7889. 92	30926. 49	3. 210	4. 329
0. 976	1. 061	6. 10	1263. 73	1284. 73	1. 000	1. 070
1. 634	2. 292	8. 57	11749. 63	24248. 88	2. 122	2. 310
0. 793	1. 280	15. 21	3731. 47	3661. 03	1. 102	1. 284
2. 089	2. 528	-6. 58	1205. 52	2934. 83	2. 747	2. 550
2. 089	2. 578	-4. 48	1047. 67	2582. 71	2. 731	2. 594
0. 790	0. 945	-7. 35	77. 38	75. 34	1. 031	0. 957
0. 825	1. 170	4. 56	43. 52	44. 48	1. 121	1. 184
0. 779	1. 236	12. 47	1239. 34	1217. 70	1. 098	1. 241
0. 793	1. 120	9. 38	889. 16	880. 30	1. 036	1. 118
0. 928	1. 037	3. 39	941. 10	943. 44	0. 998	1. 046
1. 259	1. 813	44. 00	81631. 12	125372. 88	1. 288	1. 817
0. 857	1. 326	24. 39	1295. 91	1570. 35	1. 074	1. 328
0. 846	1. 121	9. 15	605. 02	631. 76	1. 043	1. 121
0. 716	1. 664	69. 45	80497. 44	86394. 08	1. 001	1. 662
0. 978	1. 189	19. 26	230934. 94	272241. 47	1. 027	1. 189
0. 788	0. 969	-3. 20	796. 18	793. 43	1. 001	0. 968
0. 995	1. 203	21. 27	11428. 43	13974. 24	1. 023	1. 201
0. 926	1. 232	21. 58	2301. 70	2587. 57	1. 076	1. 236
0. 874	1. 346	32. 09	2080. 72	2282. 31	0. 992	1. 349
1. 048	1. 196	14. 23	2290. 87	2578. 54	1. 000	1. 198
0. 854	1. 138	11. 90	9541. 36	8763. 04	1. 025	1. 139
0. 992	1. 463	41. 49	1472. 92	1843. 31	1. 000	1. 466
0. 869	1. 140	10. 57	9392. 86	9011. 85	1. 036	1. 141
0. 897	1. 443	44. 30	840. 91	897. 24	1. 001	1. 444
0. 898	1. 103	13. 41	4661. 66	4837. 29	1. 034	1. 103
0. 957	1. 244	23. 78	273. 12	302. 38	1. 000	1. 258
1. 030	1. 898	80. 08	1996. 16	2604. 76	1. 081	1. 901
0. 956	1. 233	25. 56	8040. 36	9084. 91	1. 000	1. 232
0. 881	1. 313	35. 22	11087. 67	12622. 23	1. 000	1. 312
0. 920	1. 002	-0. 69	13837. 63	13833. 62	1. 000	1. 004
0. 990	1. 180	17. 88	899. 40	960. 95	1. 000	1. 179
0. 981	1. 010	2. 23	1761. 71	1758. 69	1. 000	1. 010
0. 906	1. 083	3. 44	1090. 30	1106. 22	1. 061	1. 083
0. 879	1. 340	31. 24	649. 37	716. 88	1. 037	1. 344
0. 880	1. 341	30. 45	5146. 78	5681. 22	1. 043	1. 343
3. 520	5. 687	45. 71	917. 93	4129. 07	1. 031	5. 701
3. 497	5. 776	43. 54	97. 94	447. 87	4. 088	5. 782
3. 518	5. 311	45. 39	6033. 48	27586. 51	1. 001	5. 318
0. 854	1. 296	27. 94	4421. 11	4722. 12	1. 010	1. 295
0. 888	1. 090	10. 44	1508. 50	1525. 18	1. 000	1. 091
0. 952	1. 023	3. 75	456. 54	462. 42	1. 000	1. 036
1. 006	1. 333	29. 42	525. 09	618. 61	1. 002	1. 332
0. 901	1. 377	33. 30	1812. 05	2032. 52	1. 045	1. 382
3. 110	3. 209	1. 78	328. 88	1047. 91	1. 000	3. 216
0. 899	1. 283	22. 66	154. 55	174. 04	1. 067	1. 289
0. 995	1. 078	2. 18	9536. 73	10239. 32	1. 003	1. 081

基金 Fund

基金代码 Code	基金简称 Fund Name	发行数量 Issued Vol	市价总值 Market Capitalization	上年收盘 Last Year Close	本年开盘 Open	本年最高 High
515570	山证红利	39. 44	53. 72	0. 900	0. 901	1. 365
515580	中证科技	542. 02	894. 87	1. 093	1. 098	1. 652
515590	500ETFEW	42. 11	56. 85	1. 088	1. 075	1. 441
515600	央企创新	2183. 80	2255. 86	0. 926	0. 929	1. 052
515610	中银 800	62. 86	66. 94	1. 024	1. 022	1. 156
515620	ZZ800	18. 16	23. 61	0. 973	0. 961	1. 300
515630	证保 ETF	153. 72	203. 37	0. 950	0. 941	1. 401
515650	消费 50	749. 18	1296. 09	1. 013	1. 013	1. 731
515660	沪深 300E	288. 69	1579. 16	4. 078	4. 076	5. 474
515670	中银 100	102. 32	138. 85	1. 010	1. 000	1. 358
515680	创新央企	3013. 26	3163. 93	0. 934	0. 934	1. 076
515690	股息龙头	189. 09	235. 79	1. 021	1. 007	1. 375
515700	新能车	2292. 51	4768. 42	1. 102	1. 102	2. 084
515750	科技 50	1169. 14	1749. 03	1. 062	1. 066	1. 630
515760	浙江国资	407. 39	428. 16	1. 002	1. 002	1. 076
515770	MSCIAETF	270. 73	362. 23	1. 028	1. 027	1. 339
515780	浦银 MSCI	203. 79	300. 18	1. 003	0. 986	1. 474
515790	光伏 ETF	8512. 49	9670. 19	1. 015	1. 016	1. 169
515800	800ETF	1793. 44	2340. 44	1. 003	1. 004	1. 309
515810	ZZ800ETF	71. 91	103. 12	0. 995	0. 998	1. 436
515820	中证 800E	122. 53	160. 02	0. 989	0. 980	1. 306
515830	工银 800	8. 15	43. 93	4. 835	4. 759	5. 388
515850	证券 FG	89. 79	123. 28	1. 112	1. 111	1. 487
515860	科技 100	380. 88	552. 66	1. 081	1. 090	1. 631
515870	制造 100	40. 50	52. 93	1. 044	1. 044	1. 350
515880	通信 ETF	2652. 46	2779. 78	1. 070	1. 078	1. 396
515890	博时红利	28. 44	34. 10	1. 008	1. 001	1. 302
515900	央创 ETF	4710. 65	4903. 78	0. 938	0. 938	1. 076
515930	永赢 300	85. 97	492. 98	3. 930	3. 945	5. 734
515950	药 ETF	83. 20	140. 69	1. 052	1. 046	1. 723
515960	医药 100	91. 99	126. 58	1. 051	1. 048	1. 462
515980	人工智能	545. 06	605. 57	1. 112	1. 116	1. 367
515990	添富国企	514. 35	608. 99	1. 030	1. 026	1. 253
518600	上海金	61. 99	241. 78	4. 278	4. 290	4. 482
518660	工银黄金	26. 85	104. 62	3. 923	3. 895	4. 479
518680	金 ETF	62. 36	243. 26	4. 262	4. 308	4. 475
518800	黄金基金	156. 12	595. 13	3. 355	3. 347	4. 380
518850	黄金 9999	43. 88	171. 08	3. 880	3. 891	4. 484
518860	上海金 E	24. 76	96. 56	4. 137	4. 137	4. 180
518880	黄金 ETF	2683. 84	10332. 79	3. 384	3. 371	4. 415
518890	中银黄金	33. 85	133. 32	4. 019	4. 019	4. 111
588000	科创 50	8676. 57	12442. 20	1. 439	1. 556	1. 620
588050	科创 ETF	3455. 24	4913. 35	1. 439	1. 500	1. 522
588080	科创板 50	4581. 13	6500. 62	1. 439	1. 510	1. 521
588090	科创板	3462. 47	4965. 19	1. 442	1. 501	1. 530

注：发行数量、成交数量单位为百万份（M Units），市价总值、成交金额单位为百万元（M Yuan），上年收盘、本年开盘、本年最高、本年最低、本年收盘、年初净值、年末净值单位为元（Yuan）。

基金 Fund

本年最低 Low	本年收盘 Close	涨跌（%） Change	成交数量 Trading Vol	成交金额 Trading Value	年初净值 Open Value	年末净值 Close Value
0.888	1.362	51.33	345.32	379.21	1.000	1.360
1.030	1.651	51.05	4048.15	5446.14	1.125	1.654
0.916	1.350	24.08	1255.69	1385.06	1.073	1.362
0.815	1.033	11.56	7125.57	6523.71	0.945	1.035
0.962	1.065	4.00	504.40	512.98	1.000	1.071
0.961	1.300	33.61	451.51	489.21	1.001	1.302
0.926	1.323	39.26	3316.75	3918.74	1.001	1.325
0.835	1.730	70.78	8217.67	9830.15	1.025	1.725
3.500	5.470	34.13	87.09	408.40	4.132	5.508
0.953	1.357	34.36	427.82	456.49	1.000	1.358
0.774	1.050	12.42	10738.50	10078.42	0.957	1.050
0.981	1.247	25.84	558.03	618.34	1.004	1.246
0.863	2.080	88.75	60896.02	75807.39	1.015	2.082
1.047	1.496	40.87	17946.46	23464.61	1.091	1.500
0.995	1.051	4.89	1099.92	1118.03	0.999	1.052
1.026	1.338	30.16	5783.49	6888.57	1.000	1.340
0.986	1.473	46.86	2800.95	3414.76	1.000	1.474
1.013	1.136	11.92	14582.22	16156.80	1.000	1.137
0.875	1.305	30.11	12313.61	13337.84	1.018	1.305
0.895	1.434	44.12	1771.32	1915.95	1.012	1.435
0.980	1.306	32.05	781.97	880.31	1.000	1.308
4.759	5.388	11.44	124.44	628.37	1.001	5.411
0.950	1.373	23.47	2027.61	2429.13	0.998	1.374
1.081	1.451	34.23	4193.48	5475.59	1.114	1.456
0.884	1.307	25.19	575.74	616.71	1.039	1.306
0.994	1.048	-2.06	32226.21	38011.58	1.092	1.046
0.984	1.199	18.95	869.30	946.43	1.000	1.199
0.817	1.041	10.98	13169.11	12620.62	0.960	1.047
3.816	5.734	45.90	333.04	1604.56	1.000	5.745
1.026	1.691	60.74	1112.74	1507.90	1.005	1.690
1.046	1.376	30.92	1280.46	1598.80	0.999	1.376
0.988	1.111	-0.09	5815.96	6768.83	1.006	1.111
0.843	1.184	14.95	3434.63	3265.46	1.038	1.177
3.595	3.900	-8.84	587.74	2428.67	1.000	3.909
3.649	3.896	-0.69	935.73	3747.92	1.000	3.879
3.652	3.901	-8.47	378.32	1566.84	0.999	3.907
3.180	3.812	13.62	12160.79	46178.47	3.346	3.792
3.654	3.899	0.49	424.43	1711.33	0.998	3.882
3.652	3.900	-5.73	40.10	164.71	1.000	3.912
3.250	3.850	13.77	107932.01	412374.83	3.376	3.831
3.682	3.938	-2.02	82.46	330.09	1.001	3.938
1.371	1.434	-0.35	20752.05	29321.64	1.003	1.436
1.365	1.422	-1.18	4734.96	6651.37	1.002	1.424
1.364	1.419	-1.39	7282.18	10247.60	1.003	1.423
1.375	1.434	-0.55	4849.95	6874.81	1.001	1.440

期权市场概貌
Option Market Overview

期权市场交易 Option Market Data	2020年	2019年	增减（%）Change
交易天数（天）No. of Trading Days	243	244	-0.41
期权合约数 No. of Options	242	240	0.83
认购期权 Call Option	121	120	0.83
认沽期权 Put Option	121	120	0.83
总成交金额（亿元）Total Trading Val（100M Yuan）	7167.08	3388.78	111.49
认购期权 Call Option	4055.18	2017.80	100.97
认沽期权 Put Option	3111.89	1370.99	126.98
日均成交金额（百万元）Average Trading Val（M Yuan）	2949.41	1388.85	112.36
认购期权 Call Option	1668.80	826.97	101.80
认沽期权 Put Option	1280.61	561.88	127.92
总成交量（万张）Total Trading Vol（10 Thousand Lots）	98249.19	62282.04	57.75
认购期权 Call Option	53838.40	34198.90	57.43
认沽期权 Put Option	44410.79	28083.15	58.14
日均成交量（万张）Average Trading Vol（10 Thousand Lots）	404.32	255.25	58.40
认购期权 Call Option	221.56	140.16	58.08
认沽期权 Put Option	182.76	115.09	58.79
总成交笔数（万笔）Total Number of Trades	20670.22	14316.93	44.38
认购期权 Call Option	11337.26	7893.14	43.63
认沽期权 Put Option	9332.96	6423.79	45.29
日均成交笔数（万笔）Average Number of Trades	85.06	58.68	44.97
认购期权 Call Option	46.66	32.35	44.23
认沽期权 Put Option	38.41	26.33	45.89

期权每日成交（亿元/万张） 期权
Option Trading（100M Yuan/10000 Lots） Option

日期 Date	1月 Jan		2月 Feb		3月 Mar		4月 Apr		5月 May		6月 Jun	
	金额 Value	数量 Vol	金额 Value	数量 Vol	金额 Value	数量 Vol	金额 Value	数量 Vol	金额 Value	数量 Vol	金额 Value	数量 Vol
1	—	—	—	—	—	—	26.81	329.59	—	—	21.37	387.14
2	30.95	534.14	—	—	39.59	580.65	23.39	304.13	—	—	13.99	251.86
3	15.25	292.76	60.44	562.41	31.07	455.12	19.41	265.84	—	—	18.51	315.96
4	—	—	37.45	498.54	24.72	348.97	—	—	—	—	12.33	206.15
5	—	—	29.33	458.55	43.41	648.85	—	—	—	—	12.82	219.82
6	23.21	440.10	34.58	539.83	29.28	436.30	—	—	20.14	310.79	—	—
7	18.55	326.56	24.38	373.52	—	—	22.43	325.42	12.94	213.70	—	—
8	18.89	376.39	—	—	—	—	15.30	240.38	18.19	307.26	18.09	311.50
9	15.15	298.26	—	—	48.92	652.21	13.41	228.16	—	—	16.51	283.28
10	11.93	239.39	23.44	356.02	48.55	662.55	23.00	383.05	—	—	11.77	207.50
11	—	—	24.35	426.34	31.36	434.16	—	—	15.82	280.07	22.77	407.25
12	—	—	15.71	293.12	46.54	599.76	—	—	13.24	230.39	22.26	398.93
13	16.14	337.01	19.58	347.76	72.55	841.60	13.99	245.05	12.96	230.07	—	—
14	18.88	377.20	17.84	347.47	—	—	17.91	329.15	13.84	252.61	—	—
15	17.60	362.27	—	—	—	—	14.40	263.88	14.13	270.77	21.38	400.72
16	14.58	309.11	—	—	54.17	658.51	14.74	268.47	—	—	18.23	355.00
17	14.10	316.72	27.11	554.66	61.97	707.92	27.22	486.82	—	—	12.74	248.90
18	—	—	21.79	415.88	52.18	758.13	—	—	15.79	309.77	19.65	373.84
19	—	—	19.29	378.28	75.94	834.55	—	—	11.76	240.04	26.87	486.32
20	14.29	290.83	34.96	641.62	46.96	624.51	14.79	268.45	10.44	214.58	—	—
21	20.23	426.30	30.57	562.27	—	—	22.58	375.97	11.85	235.06	—	—
22	26.03	498.63	—	—	—	—	18.63	298.01	27.34	534.96	22.56	405.89
23	33.90	518.31	—	—	45.44	547.94	16.82	229.06	—	—	18.34	329.62
24	—	—	29.25	519.53	43.95	575.61	14.01	186.16	—	—	20.62	334.65
25	—	—	35.48	621.52	44.77	525.38	—	—	16.45	319.55	—	—
26	—	—	37.65	572.02	31.57	315.37	—	—	12.64	258.62	—	—
27	—	—	24.70	341.67	32.86	335.46	17.57	250.34	12.39	236.83	—	—
28	—	—	52.29	696.12	—	—	23.50	330.58	23.85	377.38	—	—
29	—	—	—	—	—	—	15.35	235.82	15.22	233.11	17.14	279.24
30	—	—	—	—	30.72	309.32	24.26	352.57	—	—	19.44	322.77
31	—	—	—	—	23.95	279.88	—	—	—	—	—	—
最高 High	33.90	534.14	60.44	696.12	75.94	841.60	27.22	486.82	27.34	534.96	26.87	486.32
最低 Low	11.93	239.39	15.71	293.12	23.95	279.88	13.41	L186.16	L10.44	213.70	11.77	206.15

期权每日成交（亿元/万张） 期权
Option Trading（100M Yuan/10000 Lots） Option

日期 Date	7月 Jul		8月 Aug		9月 Sep		10月 Oct		11月 Nov		12月 Dec	
	金额 Value	数量 Vol	金额 Value	数量 Vol	金额 Value	数量 Vol	金额 Value	数量 Vol	金额 Value	数量 Vol	金额 Value	数量 Vol
1	31.29	487.56	—	—	22.18	255.16	—	—	—	—	46.53	581.66
2	48.35	645.33	—	—	31.71	362.77	—	—	24.88	293.36	45.83	545.82
3	54.20	639.45	36.93	351.56	31.31	350.27	—	—	29.59	351.14	29.54	340.10
4	—	—	39.19	392.53	29.95	355.65	—	—	29.90	358.97	33.61	399.24
5	—	—	32.73	337.17	—	—	—	—	35.61	434.85	—	—
6	113.03	905.14	39.68	424.05	—	—	—	—	23.06	301.28	—	—
7	92.22	732.05	43.56	477.04	32.55	401.20	—	—	—	—	31.32	400.96
8	65.01	639.33	—	—	28.20	362.85	—	—	—	—	24.93	359.96
9	58.84	533.47	—	—	39.58	484.52	23.45	330.81	45.51	573.71	29.69	417.96
10	50.15	519.76	37.75	429.35	28.52	376.57	—	—	29.35	383.71	25.60	390.54
11	—	—	37.71	469.55	22.71	325.40	—	—	23.25	300.57	37.73	589.96
12	—	—	44.71	552.09	—	—	36.75	496.39	20.49	284.61	—	—
13	54.82	594.35	24.18	317.23	—	—	21.21	286.53	33.21	506.70	—	—
14	50.05	582.50	31.67	440.71	19.95	315.80	17.03	235.23	—	—	20.84	345.25
15	47.32	544.36	—	—	22.60	329.58	21.72	289.75	—	—	20.01	329.66
16	70.82	849.86	—	—	19.14	294.89	24.06	337.19	21.60	340.24	18.85	306.27
17	55.67	711.33	51.03	667.67	26.18	405.16	—	—	18.30	291.45	37.37	569.48
18	—	—	25.67	334.80	37.74	571.63	—	—	26.62	420.84	25.09	395.25
19	—	—	31.15	434.77	—	—	37.18	558.07	28.01	420.30	—	—
20	47.52	645.97	30.77	465.88	—	—	17.92	272.64	18.66	305.17	—	—
21	29.97	383.87	24.61	396.89	24.67	370.72	20.63	314.62	—	—	31.99	459.18
22	53.47	605.28	—	—	28.28	427.18	26.52	408.74	—	—	28.23	437.04
23	56.00	522.54	—	—	20.75	308.25	30.26	479.61	37.22	545.71	29.06	426.85
24	66.16	604.81	24.30	369.81	32.94	358.96	—	—	21.07	317.77	24.51	302.19
25	—	—	25.34	366.96	20.83	234.68	—	—	28.37	409.73	27.02	333.27
26	—	—	29.77	393.29	—	—	29.70	467.14	22.37	298.86	—	—
27	39.27	377.67	22.07	254.49	—	—	19.29	297.46	30.36	379.47	—	—
28	29.17	301.88	38.68	423.41	20.16	220.27	22.74	328.57	—	—	26.73	317.28
29	42.64	437.86	—	—	18.94	208.05	32.28	360.14	—	—	22.94	261.58
30	27.40	283.63	—	—	27.26	304.29	31.92	365.76	57.92	704.35	29.69	336.87
31	55.10	542.25	37.33	391.78	—	—	—	—	—	—	52.18	583.56
最高 High	H113.03	H905.14	51.03	667.67	39.58	571.63	37.18	558.07	57.92	704.35	52.18	589.96
最低 Low	27.40	283.63	22.07	254.49	18.94	208.05	17.03	235.23	18.30	284.61	18.85	261.58

债券市场概貌
Bond Market Overview

债券
Bond

债券市场交易 Bond Market Data	2020 年	2019 年	增减（%） Change
交易天数（天）Trading Days	243	244	-0.41
上市债券数（只）No. of Bonds	20423	15425	32.40
政府债 G-Bonds	5498	3982	38.07
公司债 C-Bonds	14880	11386	30.69
债券回购 Repo	45	57	-21.05
新上市债券数（只）No. of New Bonds	8475	5789	46.40
总成交金额（亿元）Total Trading Val（100M Yuan）	2710501.59	2217835.36	22.21
政府债 G-Bonds	4104.88	2383.57	72.22
公司债 C-Bonds	110397.37	61703.28	78.92
债券回购 Repo	2595999.34	2153748.51	20.53
日均成交金额（百万元）Average Turnover In Val（M Yuan）	1115432.75	908948.92	22.72
政府债 G-Bonds	1689.25	976.87	72.92
公司债 C-Bonds	45431.02	25288.23	79.65
债券回购 Repo	1068312.49	882683.82	21.03
总成交量（百万张）Total Trading Vol（M Lots）	2702722.51	2217483.33	21.88
政府债 G-Bonds	4110.86	2385.16	72.35
公司债 C-Bonds	102612.27	61349.51	67.26
债券回购 Repo	2595999.38	2153748.67	20.53
日均成交量（百万张）Average Trading Vol（M Lots）	11122.31	9088.05	22.38
政府债 G-Bonds	16.92	9.78	73.06
公司债 C-Bonds	422.27	251.43	67.95
债券回购 Repo	10683.13	8826.84	21.03
总成交笔数（万笔）Total Transactions	31777.69	17302.49	83.66
政府债 G-Bonds	67.43	47.33	42.48
公司债 C-Bonds	15518.61	2768.07	460.63
债券回购 Repo	16191.64	14487.09	11.77
日均成交笔数（万笔）Average Transactions	130.77	70.91	84.42
政府债 G-Bonds	0.28	0.19	43.06
公司债 C-Bonds	63.86	11.34	462.94
债券回购 Repo	66.63	59.37	12.23
债券托管量（亿元）Amount of Bonds under Custody（100M Yuan）	132358.27	101369.92	30.57
政府债 G-Bonds	14051.01	10129.35	38.72
公司债 C-Bonds	118307.26	91240.57	29.67
大宗交易成交 Bulk Trading			
总成交金额（亿元）Total Trading Val（100M Yuan）	794.27	645.30	23.08
总成交量（百万张）Total Trading Vol（M Lots）	784.80	667.70	17.54
总成交笔数（笔）Total Transactions	2016	2509	-19.65

政府债现货每日成交（亿元/百万张） 债券
G-Bond Spot Trading（100M Yuan/M Lots） Bond

日期 Date	1月 Jan		2月 Feb		3月 Mar		4月 Apr		5月 May		6月 Jun	
	金额 Value	数量 Vol	金额 Value	数量 Vol	金额 Value	数量 Vol	金额 Value	数量 Vol	金额 Value	数量 Vol	金额 Value	数量 Vol
1	—	—	—	—	—	—	21.65	21.06	—	—	40.97	40.66
2	5.26	5.35	—	—	3.97	3.93	12.28	12.08	—	—	10.06	10.10
3	8.14	8.24	9.08	9.19	5.11	5.09	7.73	7.65	—	—	21.62	21.66
4	—	—	6.47	6.44	8.11	8.05	—	—	—	—	22.27	21.98
5	—	—	10.26	10.24	8.47	8.34	—	—	—	—	15.30	15.41
6	6.51	6.56	7.26	7.27	7.06	6.97	—	—	8.78	8.73	—	—
7	10.81	10.84	6.01	5.98	—	—	17.85	17.35	11.35	11.31	—	—
8	7.27	7.36	—	—	—	—	7.53	7.40	13.35	13.28	10.00	10.05
9	3.83	3.90	—	—	9.98	9.72	10.57	10.35	—	—	15.21	15.03
10	5.42	5.43	16.41	16.20	9.37	9.12	10.20	10.02	—	—	24.20	23.79
11	—	—	4.72	4.70	10.56	10.43	—	—	10.40	10.42	33.34	32.94
12	—	—	8.03	7.92	9.14	8.96	—	—	14.58	14.51	16.73	16.65
13	11.09	11.04	6.54	6.52	13.11	12.88	7.49	7.33	31.51	31.59	—	—
14	7.92	7.87	3.93	3.94	—	—	10.29	10.16	17.60	17.55	—	—
15	2.32	2.35	—	—	—	—	9.13	8.95	8.27	8.16	13.05	13.01
16	11.31	11.32	—	—	8.35	8.17	12.36	12.18	—	—	11.78	11.79
17	6.40	6.33	9.45	9.30	9.74	9.59	10.52	10.33	—	—	6.94	6.94
18	—	—	9.01	8.99	80.69	78.84	—	—	8.31	8.33	6.37	6.42
19	—	—	22.78	22.74	10.89	10.68	—	—	9.12	9.12	5.70	5.80
20	7.78	7.83	6.56	6.51	57.93	57.00	14.42	14.29	18.06	18.10	—	—
21	6.73	6.78	8.93	8.82	—	—	8.56	8.41	24.54	24.32	—	—
22	5.72	5.69	—	—	—	—	19.80	19.48	8.33	8.28	9.95	10.02
23	3.52	3.57	—	—	29.91	29.25	15.86	15.54	—	—	18.43	18.54
24	—	—	8.40	8.29	13.50	13.31	11.61	11.38	—	—	26.23	26.45
25	—	—	5.95	5.89	13.01	12.72	—	—	13.77	13.73	—	—
26	—	—	4.42	4.43	10.43	10.26	—	—	12.78	12.75	—	—
27	—	—	5.64	5.63	7.56	7.43	11.87	11.64	27.37	27.29	—	—
28	—	—	10.39	10.27	—	—	13.17	13.02	21.82	21.53	—	—
29	—	—	—	—	—	—	10.15	9.97	7.30	7.26	16.59	16.61
30	—	—	—	—	11.30	11.12	8.15	8.08	—	—	9.58	9.65
31	—	—	—	—	12.12	11.94	—	—	—	—	—	—
最高 High	11.31	11.32	22.78	22.74	H80.69	H78.84	21.65	21.06	31.51	31.59	40.97	40.66
最低 Low	L2.32	L2.35	3.93	3.94	3.97	3.93	7.49	7.33	7.30	7.26	5.70	5.80

债券
Bond

政府债现货每日成交（亿元/百万张）
G-Bond Spot Trading（100M Yuan/M Lots）

日期 Date	7月 Jul		8月 Aug		9月 Sep		10月 Oct		11月 Nov		12月 Dec	
	金额 Value	数量 Vol	金额 Value	数量 Vol	金额 Value	数量 Vol	金额 Value	数量 Vol	金额 Value	数量 Vol	金额 Value	数量 Vol
1	6. 37	6. 42	—	—	11. 33	11. 35	—	—	—	—	14. 60	14. 71
2	15. 53	15. 24	—	—	22. 28	22. 41	—	—	8. 96	9. 03	30. 92	31. 14
3	15. 53	15. 34	21. 91	21. 92	9. 01	9. 08	—	—	34. 17	34. 28	9. 34	9. 40
4	—	—	19. 11	19. 12	11. 25	11. 31	—	—	42. 37	42. 55	18. 34	18. 49
5	—	—	13. 28	13. 37	—	—	—	—	37. 15	37. 26	—	—
6	22. 13	22. 26	13. 45	13. 55	—	—	—	—	34. 89	35. 07	—	—
7	21. 76	22. 02	9. 67	9. 90	11. 42	11. 52	—	—	—	—	23. 08	23. 27
8	15. 34	15. 47	—	—	17. 67	17. 82	—	—	—	—	14. 92	15. 15
9	17. 67	17. 92	—	—	25. 77	26. 09	22. 62	22. 72	35. 04	35. 17	26. 19	26. 40
10	12. 06	12. 25	9. 15	9. 23	11. 88	12. 15	—	—	20. 91	21. 07	15. 47	15. 56
11	—	—	13. 67	13. 70	17. 74	17. 95	—	—	34. 47	34. 65	17. 75	17. 88
12	—	—	15. 23	15. 37	—	—	31. 30	31. 62	16. 48	16. 63	—	—
13	17. 55	17. 66	15. 68	15. 62	—	—	20. 20	20. 34	12. 77	12. 96	—	—
14	14. 66	14. 85	21. 60	21. 46	14. 25	14. 38	61. 91	62. 44	—	—	29. 70	29. 76
15	17. 41	17. 67	—	—	15. 24	15. 34	35. 43	35. 93	—	—	33. 12	33. 22
16	16. 77	17. 00	—	—	21. 50	21. 63	40. 88	41. 47	15. 32	15. 41	38. 77	39. 05
17	16. 67	16. 76	10. 69	10. 74	12. 26	12. 36	—	—	12. 48	12. 57	24. 00	24. 27
18	—	—	7. 82	7. 87	15. 13	15. 23	—	—	12. 71	12. 88	26. 26	26. 53
19	—	—	14. 33	14. 43	—	—	21. 05	21. 16	31. 43	31. 62	—	—
20	15. 32	15. 44	7. 67	7. 82	—	—	16. 09	16. 12	17. 88	17. 99	—	—
21	7. 42	7. 54	5. 83	5. 89	30. 04	30. 13	34. 09	34. 25	—	—	44. 09	44. 53
22	27. 42	27. 70	—	—	20. 46	20. 53	14. 59	14. 76	—	—	30. 77	31. 05
23	9. 06	9. 17	—	—	18. 03	18. 14	8. 19	8. 24	14. 96	15. 08	23. 31	23. 50
24	8. 31	8. 47	26. 85	26. 36	24. 11	24. 28	—	—	20. 82	20. 91	51. 12	52. 08
25	—	—	13. 25	13. 25	18. 54	18. 63	—	—	44. 96	45. 32	22. 15	22. 29
26	—	—	18. 99	19. 16	—	—	23. 41	23. 59	20. 39	20. 60	—	—
27	11. 51	11. 49	7. 72	7. 78	—	—	20. 49	20. 58	15. 91	16. 01	—	—
28	9. 78	9. 91	21. 69	21. 77	29. 73	29. 77	36. 88	37. 21	—	—	67. 97	69. 49
29	18. 64	18. 69	—	—	28. 59	28. 82	18. 59	18. 69	—	—	29. 63	29. 73
30	21. 54	21. 59	—	—	12. 58	12. 67	7. 40	7. 45	16. 29	16. 50	34. 88	35. 00
31	13. 75	13. 92	8. 33	8. 45	—	—	—	—	—	—	34. 71	35. 13
最高 High	27. 42	27. 70	26. 85	26. 36	30. 04	30. 13	61. 91	62. 44	44. 96	45. 32	67. 97	69. 49
最低 Low	6. 37	6. 42	5. 83	5. 89	9. 01	9. 08	7. 40	7. 45	8. 96	9. 03	9. 34	9. 40

公司债每日成交（亿元/百万张）
C-Bond Trading（100M Yuan/M Lots）

债券
Bond

日期 Date	1月 Jan		2月 Feb		3月 Mar		4月 Apr		5月 May		6月 Jun	
	金额 Value	数量 Vol	金额 Value	数量 Vol	金额 Value	数量 Vol	金额 Value	数量 Vol	金额 Value	数量 Vol	金额 Value	数量 Vol
1	—	—	—	—	—	—	462.98	420.76	—	—	402.77	375.13
2	263.74	255.99	—	—	311.32	295.39	581.53	532.95	—	—	351.53	330.03
3	246.20	235.67	178.11	168.26	307.20	291.27	353.57	321.27	—	—	452.50	425.56
4	—	—	234.99	221.82	308.58	296.22	—	—	—	—	479.21	440.88
5	—	—	234.48	218.18	336.49	319.94	—	—	—	—	367.27	327.93
6	351.36	344.27	193.07	174.59	299.24	279.54	—	—	360.51	335.77	—	—
7	430.04	418.34	189.18	171.70	—	—	412.99	387.95	440.94	422.67	—	—
8	287.61	278.10	—	—	—	—	563.61	528.03	296.77	279.94	432.23	417.84
9	365.26	357.38	—	—	442.68	417.51	525.81	501.87	—	—	510.95	486.89
10	266.28	261.79	275.36	257.97	384.39	350.57	320.94	307.19	—	—	505.52	482.55
11	—	—	278.49	263.07	483.15	434.64	—	—	461.11	437.96	496.78	461.81
12	—	—	275.85	259.23	443.13	381.61	—	—	417.26	398.44	386.19	359.95
13	331.83	321.45	317.68	298.33	454.86	394.73	350.74	332.92	514.01	492.61	—	—
14	331.26	317.45	191.40	177.29	—	—	367.48	348.96	551.28	533.19	—	—
15	332.33	322.22	—	—	—	—	454.62	427.89	363.96	350.10	391.09	366.58
16	350.94	342.07	—	—	470.21	417.54	425.12	406.32	—	—	415.80	382.02
17	243.11	236.09	277.61	264.76	510.84	459.48	347.56	326.48	—	—	429.92	408.26
18	—	—	303.63	289.62	530.30	464.50	—	—	420.81	409.32	485.73	466.45
19	—	—	250.84	239.15	528.71	484.19	—	—	378.72	362.82	343.58	321.89
20	340.12	332.04	273.63	260.31	483.70	429.34	390.19	376.99	421.25	416.96	—	—
21	385.13	392.92	244.38	231.76	—	—	401.87	376.93	414.01	402.41	—	—
22	293.68	283.34	—	—	—	—	429.76	410.37	392.43	365.94	415.72	400.93
23	99.23	90.36	—	—	518.93	487.83	488.24	464.77	—	—	460.80	445.26
24	—	—	338.21	318.66	502.91	475.31	375.69	346.08	—	—	350.21	336.60
25	—	—	333.91	312.18	587.57	543.55	—	—	393.78	370.59	—	—
26	—	—	332.35	313.20	588.20	528.59	—	—	377.34	356.51	—	—
27	—	—	298.06	286.43	408.22	354.71	477.63	439.73	407.28	390.24	—	—
28	—	—	276.40	256.08	—	—	540.93	496.44	420.45	396.12	—	—
29	—	—	—	—	—	—	603.85	580.71	256.81	238.96	435.09	424.08
30	—	—	—	—	507.96	463.20	353.50	313.70	—	—	361.81	337.88
31	—	—	—	—	383.05	340.21	—	—	—	—	—	—
最高 High	430.04	418.34	338.21	318.66	588.20	543.55	603.85	580.71	551.28	533.19	510.95	486.89
最低 Low	L99.23	L90.36	178.11	168.26	299.24	279.54	320.94	307.19	256.81	238.96	343.58	321.89

公司债每日成交（亿元/百万张） 债券
C-Bond Trading（100M Yuan/M Lots） Bond

日期 Date	7月 Jul		8月 Aug		9月 Sep		10月 Oct		11月 Nov		12月 Dec	
	金额 Value	数量 Vol	金额 Value	数量 Vol	金额 Value	数量 Vol	金额 Value	数量 Vol	金额 Value	数量 Vol	金额 Value	数量 Vol
1	367.99	334.94	—	—	391.28	368.63	—	—	—	—	645.91	599.07
2	591.24	549.10	—	—	388.28	379.90	—	—	520.25	453.85	580.50	544.66
3	464.56	417.98	566.46	488.29	540.11	506.30	—	—	650.37	609.78	572.90	539.34
4	—	—	550.17	464.12	329.19	308.15	—	—	592.30	563.10	422.74	388.11
5	—	—	568.82	492.40	—	—	—	—	612.88	573.54	—	—
6	631.21	560.91	527.34	457.91	—	—	—	—	382.21	361.87	—	—
7	563.98	495.35	399.37	343.60	397.68	382.04	—	—	—	—	513.75	474.66
8	642.57	550.06	—	—	421.39	410.15	—	—	—	—	500.37	476.27
9	683.19	586.63	—	—	424.99	411.21	205.13	173.90	535.00	499.51	562.99	548.85
10	533.10	452.86	437.25	393.07	472.13	443.99	—	—	545.39	515.34	564.79	539.16
11	—	—	459.20	398.53	381.39	361.00	—	—	579.12	555.69	440.53	412.44
12	—	—	534.41	481.65	—	—	487.61	448.49	586.28	570.27	—	—
13	557.81	482.65	464.07	406.80	—	—	557.21	522.70	440.38	430.55	—	—
14	606.03	544.67	436.33	392.23	451.61	428.37	511.04	469.10	—	—	507.97	479.05
15	672.18	589.79	—	—	454.03	422.02	545.57	528.53	—	—	610.50	590.84
16	599.36	547.95	—	—	475.67	438.26	406.32	381.23	564.78	532.69	608.99	578.22
17	516.60	461.25	575.63	519.13	521.01	497.19	—	—	523.22	498.09	654.17	635.58
18	—	—	539.57	500.73	406.84	382.39	—	—	566.72	552.77	536.89	503.12
19	—	—	489.42	445.64	—	—	480.45	456.46	593.64	571.88	—	—
20	591.99	545.93	567.13	503.22	—	—	564.50	515.46	584.00	551.33	—	—
21	553.73	481.82	379.05	313.76	471.27	428.27	595.11	527.18	—	—	639.34	594.20
22	641.66	572.38	—	—	492.09	429.53	690.12	626.73	—	—	727.83	693.88
23	625.11	564.98	—	—	561.04	527.67	453.99	417.35	651.72	616.57	655.95	606.92
24	458.88	424.68	421.22	355.83	524.86	506.38	—	—	654.41	634.69	664.36	624.50
25	—	—	418.13	383.80	401.55	385.01	—	—	625.14	602.59	532.99	489.01
26	—	—	471.95	439.67	—	—	518.38	494.85	646.53	632.50	—	—
27	435.72	392.54	469.55	443.30	—	—	564.24	522.07	467.16	442.61	—	—
28	540.74	475.83	394.61	358.38	445.12	433.60	547.01	529.36	—	—	580.59	534.85
29	501.50	452.23	—	—	584.83	573.29	555.25	509.39	—	—	732.68	700.51
30	480.39	434.05	—	—	211.68	184.88	349.15	296.47	472.26	435.29	577.36	537.38
31	386.46	316.31	422.56	381.19	—	—	—	—	—	—	252.83	202.15
最高 High	683.19	589.79	575.63	519.13	584.83	573.29	690.12	626.73	654.41	634.69	H732.68	H700.51
最低 Low	367.99	316.31	379.05	313.76	211.68	184.88	205.13	173.90	382.21	361.87	252.83	202.15

债券回购每日成交（亿元/百万张） Bond Repo Trading（100M Yuan /M Lots）

日期 Date	1月 Jan		2月 Feb		3月 Mar		4月 Apr		5月 May		6月 Jun	
	金额 Value	数量 Vol	金额 Value	数量 Vol	金额 Value	数量 Vol	金额 Value	数量 Vol	金额 Value	数量 Vol	金额 Value	数量 Vol
1	—	—	—	—	—	—	10028.95	10028.95	—	—	10104.51	10104.51
2	12301.05	12301.05	—	—	11270.10	11270.10	9731.03	9731.03	—	—	9503.03	9503.03
3	10956.19	10956.19	15605.74	15605.74	9530.59	9530.59	8822.16	8822.16	—	—	10822.47	10822.47
4	—	—	10448.56	10448.56	9144.19	9144.19	—	—	—	—	10222.53	10222.53
5	—	—	8971.71	8971.71	8789.91	8789.91	—	—	—	—	9376.94	9376.94
6	10896.53	10896.53	8394.64	8394.64	8139.11	8139.11	—	—	14515.38	14515.38	—	—
7	10118.67	10118.67	7159.61	7159.61	—	—	12008.94	12008.94	11247.95	11247.95	—	—
8	8336.67	8336.67	—	—	—	—	10142.85	10142.85	9133.94	9133.94	10186.12	10186.12
9	9334.66	9334.66	—	—	10423.03	10423.03	10143.80	10143.80	—	—	9899.21	9899.21
10	8554.82	8554.82	11881.85	11881.85	9224.10	9224.10	9186.51	9186.51	—	—	10895.88	10895.88
11	—	—	9351.99	9351.99	8970.66	8970.66	—	—	9109.33	9109.33	10357.36	10357.36
12	—	—	8759.37	8759.37	9061.67	9061.67	—	—	8335.05	8335.05	9523.08	9523.08
13	9544.94	9544.94	8658.14	8658.14	8523.56	8523.56	8950.41	8950.41	11234.78	11234.78	—	—
14	10631.13	10631.13	7828.24	7828.24	—	—	10114.82	10114.82	10032.32	10032.32	—	—
15	10329.96	10329.96	—	—	—	—	9467.31	9467.31	8803.57	8803.57	10189.26	10189.26
16	11526.30	11526.30	—	—	10506.02	10506.02	9638.59	9638.59	—	—	9957.93	9957.93
17	11332.21	11332.21	11139.85	11139.85	9116.34	9116.34	9079.77	9079.77	—	—	10963.35	10963.35
18	—	—	9159.15	9159.15	9299.57	9299.57	—	—	8908.06	8908.06	10671.62	10671.62
19	—	—	8619.07	8619.07	9935.35	9935.35	—	—	8632.48	8632.48	10074.36	10074.36
20	12268.01	12268.01	8534.14	8534.14	9552.56	9552.56	8721.57	8721.57	10893.73	10893.73	—	—
21	11300.71	11300.71	7831.90	7831.90	—	—	10014.85	10014.85	9769.90	9769.90	—	—
22	9356.36	9356.36	—	—	—	—	9329.70	9329.70	8833.47	8833.47	10953.75	10953.75
23	8235.27	8235.27	—	—	11823.03	11823.03	9831.85	9831.85	—	—	10568.92	10568.92
24	—	—	10925.46	10925.46	10686.99	10686.99	9475.77	9475.77	—	—	11382.62	11382.62
25	—	—	9076.46	9076.46	10193.12	10193.12	—	—	9620.81	9620.81	—	—
26	—	—	8817.61	8817.61	9753.50	9753.50	—	—	9452.68	9452.68	—	—
27	—	—	9211.08	9211.08	9279.53	9279.53	10028.98	10028.98	11390.66	11390.66	—	—
28	—	—	8230.61	8230.61	—	—	10121.49	10121.49	11050.88	11050.88	—	—
29	—	—	—	—	—	—	9402.19	9402.19	9781.32	9781.32	14745.00	14745.00
30	—	—	—	—	11484.92	11484.92	9066.46	9066.46	—	—	11344.24	11344.24
31	—	—	—	—	10271.42	10271.42	—	—	—	—	—	—
最高 High	12301.05	12301.05	15605.74	15605.74	11823.03	11823.03	12008.94	12008.94	14515.38	14515.38	14745.00	14745.00
最低 Low	8235.27	8235.27	L7159.61	L7159.61	8139.11	8139.11	8721.57	8721.57	8335.05	8335.05	9376.94	9376.94

债券回购每日成交（亿元/百万张）
Bond Repo Trading（100M Yuan /M Lots）

日期 Date	7月 Jul		8月 Aug		9月 Sep		10月 Oct		11月 Nov		12月 Dec	
	金额 Value	数量 Vol	金额 Value	数量 Vol	金额 Value	数量 Vol	金额 Value	数量 Vol	金额 Value	数量 Vol	金额 Value	数量 Vol
1	11971. 84	11971. 84	—	—	11159. 62	11159. 62	—	—	—	—	9897. 17	9897. 17
2	9979. 32	9979. 32	—	—	11164. 46	11164. 46	—	—	12990. 15	12990. 15	13374. 74	13374. 74
3	8827. 28	8827. 28	11607. 67	11607. 67	10827. 37	10827. 37	—	—	12260. 96	12260. 96	12113. 06	12113. 06
4	—	—	10710. 45	10710. 45	10375. 11	10375. 11	—	—	11445. 40	11445. 40	11869. 19	11869. 19
5	—	—	10689. 03	10689. 03	—	—	—	—	11181. 74	11181. 74	—	—
6	11011. 05	11011. 05	10261. 68	10261. 68	—	—	—	—	11678. 31	11678. 31	—	—
7	9789. 93	9789. 93	9656. 53	9656. 53	11060. 35	11060. 35	—	—	—	—	12462. 56	12462. 56
8	10445. 07	10445. 07	—	—	10484. 20	10484. 20	—	—	—	—	11511. 51	11511. 51
9	9801. 25	9801. 25	—	—	10564. 81	10564. 81	18082. 04	18082. 04	12367. 07	12367. 07	12102. 12	12102. 12
10	9199. 23	9199. 23	11226. 91	11226. 91	10458. 04	10458. 04	—	—	11821. 50	11821. 50	11639. 07	11639. 07
11	—	—	10447. 30	10447. 30	10232. 57	10232. 57	—	—	11518. 38	11518. 38	11642. 89	11642. 89
12	—	—	10808. 08	10808. 08	—	—	14515. 54	14515. 54	12016. 09	12016. 09	—	—
13	10926. 33	10926. 33	10725. 51	10725. 51	—	—	12230. 26	12230. 26	12533. 46	12533. 46	—	—
14	9859. 11	9859. 11	10083. 23	10083. 23	11126. 03	11126. 03	10821. 97	10821. 97	—	—	12580. 77	12580. 77
15	10366. 34	10366. 34	—	—	10589. 70	10589. 70	9846. 40	9846. 40	—	—	11654. 24	11654. 24
16	10226. 67	10226. 67	—	—	10762. 80	10762. 80	12134. 83	12134. 83	13156. 41	13156. 41	11823. 14	11823. 14
17	9920. 55	9920. 55	11404. 79	11404. 79	10816. 72	10816. 72	—	—	12474. 15	12474. 15	11570. 60	11570. 60
18	—	—	10934. 30	10934. 30	10947. 03	10947. 03	—	—	11793. 86	11793. 86	11706. 55	11706. 55
19	—	—	11000. 44	11000. 44	—	—	12465. 77	12465. 77	11630. 60	11630. 60	—	—
20	11197. 92	11197. 92	10961. 52	10961. 52	—	—	11261. 97	11261. 97	12209. 22	12209. 22	—	—
21	10193. 08	10193. 08	10305. 64	10305. 64	12237. 16	12237. 16	10961. 08	10961. 08	—	—	12822. 48	12822. 48
22	10562. 79	10562. 79	—	—	11331. 36	11331. 36	10290. 99	10290. 99	—	—	11972. 09	11972. 09
23	10109. 97	10109. 97	—	—	11435. 30	11435. 30	12044. 24	12044. 24	13247. 57	13247. 57	12113. 93	12113. 93
24	9824. 57	9824. 57	11357. 87	11357. 87	11479. 20	11479. 20	—	—	12562. 46	12562. 46	12015. 35	12015. 35
25	—	—	10922. 05	10922. 05	11521. 73	11521. 73	—	—	14186. 50	14186. 50	12059. 54	12059. 54
26	—	—	10773. 00	10773. 00	—	—	12888. 87	12888. 87	9052. 49	9052. 49	—	—
27	11361. 34	11361. 34	10465. 18	10465. 18	—	—	12179. 20	12179. 20	10155. 25	10155. 25	—	—
28	10819. 06	10819. 06	10294. 96	10294. 96	12885. 71	12885. 71	11970. 53	11970. 53	—	—	13578. 64	13578. 64
29	11132. 54	11132. 54	—	—	11576. 28	11576. 28	11883. 42	11883. 42	—	—	12585. 40	12585. 40
30	10725. 31	10725. 31	—	—	9808. 11	9808. 11	12198. 37	12198. 37	10369. 22	10369. 22	13473. 05	13473. 05
31	10010. 22	10010. 22	11015. 71	11015. 71	—	—	—	—	—	—	11844. 25	11844. 25
最高 High	11971. 84	11971. 84	11607. 67	11607. 67	12885. 71	12885. 71	H18082. 04	H18082. 04	14186. 50	14186. 50	13578. 64	13578. 64
最低 Low	8827. 28	8827. 28	9656. 53	9656. 53	9808. 11	9808. 11	9846. 40	9846. 40	9052. 49	9052. 49	9897. 17	9897. 17

债券信息 债券
List of Bonds Bond

债券简称（代码）Bond Name（Code）	发行量（百万元）Issued Vol（M Yuan）	到期日 Expiration Date	票面利率（%）Coupon Rate	债券简称（代码）Bond Name（Code）	发行量（百万元）Issued Vol（M Yuan）	到期日 Expiration Date	票面利率（%）Coupon Rate
21国债(7)（010107）	24000.00	2021.07.31	4.2600	03国债(3)（010303）	26000.00	2023.04.17	3.4000
05国债(4)（010504）	33920.00	2025.05.15	4.1100	05国债(12)（010512）	34410.00	2020.11.15	3.6500
06国债(9)（010609）	31090.00	2026.06.26	3.7000	06国债(19)（010619）	30000.00	2021.11.15	3.2700
07国债06（010706）	30000.00	2037.05.17	4.2700	07国债13（010713）	28000.00	2027.08.16	4.5200
国开1401（018003）	2500.00	2029.04.15	5.8500	国开1702（018006）	3000.00	2022.04.06	3.9100
国开1801（018007）	5000.00	2020.08.01	3.4900	国开1802（018008）	3000.00	2023.08.01	3.8700
国开1803（018009）	1500.00	2038.08.01	4.5900	国开1902（018010）	4000.00	2022.12.06	2.9000
国开2002（018011）	4000.00	2025.02.03	3.1400	国开2003（018012）	2000.00	2027.02.03	3.3900
国开2004（018013）	2000.00	2021.03.03	1.9900	国开2005（018014）	2000.00	2027.07.06	3.2300
国开2006（018015）	2000.00	2040.07.17	4.0000	国开19G1（018016）	1000.00	2022.11.21	3.1000
国开2007（018017）	4000.00	2025.07.23	3.0200	进出1911（018061）	3000.00	2020.09.02	2.3500
进出1912（018062）	2000.00	2022.09.02	2.9200	农发1901（018081）	5000.00	2020.05.13	2.6300
农发1902（018082）	5000.00	2022.05.13	3.2800	农发2001（018083）	5000.00	2025.09.01	3.1400
农发2002（018084）	5000.00	2027.09.01	3.3000	10国债02（019002）	26000.00	2020.02.04	3.4300
10国债03（019003）	24000.00	2040.03.01	4.0800	10国债07（019007）	26000.00	2020.03.25	3.3600
10国债09（019009）	28000.00	2030.04.15	3.9600	10国债12（019012）	29600.00	2020.05.13	3.2500
10国债14（019014）	28000.00	2060.05.24	4.0300	10国债18（019018）	28000.00	2040.06.21	4.0300
10国债19（019019）	28010.00	2020.06.24	3.4100	10国债23（019023）	28000.00	2040.07.29	3.9600
10国债24（019024）	30440.00	2020.08.05	3.2800	10国债26（019026）	28000.00	2040.08.16	3.9600
10国债29（019029）	28000.00	2030.09.02	3.8200	10国债31（019031）	28260.00	2020.09.16	3.2900
10国债34（019034）	28000.00	2020.10.28	3.6700	10国债37（019037）	28000.00	2060.11.18	4.4000
10国债40（019040）	28000.00	2040.12.09	4.2300	10国债41（019041）	30780.00	2020.12.16	3.7700
11国债02（019102）	32060.00	2021.01.20	3.9400	11国债05（019105）	28000.00	2041.02.24	4.3100
11国债08（019108）	30000.00	2021.03.17	3.8300	11国债10（019110）	28000.00	2031.04.28	4.1500
11国债12（019112）	30000.00	2061.05.26	4.4800	11国债15（019115）	31030.00	2021.06.16	3.9900
11国债16（019116）	28000.00	2041.06.23	4.5000	11国债19（019119）	33050.00	2021.08.18	3.9300
11国债23（019123）	28000.00	2061.11.10	4.3300	11国债24（019124）	28000.00	2021.11.17	3.5700
12国债04（019204）	30000.00	2022.02.23	3.5100	12国债06（019206）	28000.00	2032.04.23	4.0300
12国债08（019208）	28000.00	2062.05.17	4.2500	12国债09（019209）	32620.00	2022.05.24	3.3600
12国债12（019212）	28000.00	2042.06.28	4.0700	12国债13（019213）	28000.00	2042.08.02	4.1200
12国债15（019215）	26140.00	2022.08.23	3.3900	12国债18（019218）	28000.00	2032.09.27	4.1000
12国债20（019220）	26000.00	2062.11.15	4.3500	12国债21（019221）	29010.00	2022.12.13	3.5500
13国债03（019303）	22000.00	2020.01.24	3.4200	13国债05（019305）	30790.00	2023.02.21	3.5200
13国债08（019308）	31400.00	2020.04.18	3.2900	13国债09（019309）	26000.00	2033.04.22	3.9900
13国债10（019310）	20000.00	2063.05.20	4.2400	13国债11（019311）	30000.00	2023.05.23	3.3800
13国债15（019315）	30150.00	2020.07.11	3.4600	13国债16（019316）	26000.00	2033.08.12	4.3200
13国债18（019318）	24000.00	2023.08.22	4.0800	13国债19（019319）	26000.00	2043.09.16	4.7600
13国债20（019320）	29280.00	2020.10.17	4.0700	13国债24（019324）	20000.00	2063.11.18	5.3100
13国债25（019325）	24000.00	2043.12.09	5.0500	14国债03（019403）	28000.00	2021.01.16	4.4400
14国债05（019405）	28000.00	2024.03.20	4.4200	14国债06（019406）	28030.00	2021.04.03	4.3300
14国债09（019409）	26000.00	2034.04.28	4.7700	14国债10（019410）	26000.00	2064.05.26	4.6700
14国债12（019412）	28000.00	2024.06.19	4.0000	14国债13（019413）	28010.00	2021.07.03	4.0200
14国债16（019416）	26000.00	2044.07.24	4.7600	14国债17（019417）	26000.00	2034.08.11	4.6300
14国债21（019421）	28000.00	2024.09.18	4.1300	14国债24（019424）	28000.00	2021.10.23	3.7000
14国债25（019425）	26000.00	2044.10.27	4.3000	14国债27（019427）	26000.00	2064.11.24	4.2400
14国债29（019429）	20000.00	2024.12.18	3.7700	15国债02（019502）	20000.00	2022.01.22	3.3600
15国债03（019503）	30410.00	2020.02.05	3.3100	15国债05（019505）	30060.00	2025.04.09	3.6400
15国债07（019507）	30050.00	2022.04.16	3.5400	15国债08（019508）	26000.00	2035.04.27	4.0900
15国债10（019510）	26000.00	2065.05.25	3.9900	15国债11（019511）	30000.00	2020.05.28	3.1000
15国债14（019514）	30040.00	2022.07.09	3.3000	15国债16（019516）	30000.00	2025.07.16	3.5100

债券信息
List of Bonds

债券简称（代码）Bond Name（Code）	发行量（百万元）Issued Vol（M Yuan）	到期日 Expiration Date	票面利率（%）Coupon Rate	债券简称（代码）Bond Name（Code）	发行量（百万元）Issued Vol（M Yuan）	到期日 Expiration Date	票面利率（%）Coupon Rate
15 国债 17（019517）	26000.00	2045.07.27	3.9400	15 国债 19（019519）	28050.00	2020.09.08	3.1400
15 国债 21（019521）	26000.00	2035.09.22	3.7400	15 国债 23（019523）	20000.00	2025.10.15	2.9900
15 国债 25（019525）	26000.00	2045.10.20	3.7400	15 国债 26（019526）	20000.00	2022.10.22	3.0500
15 国债 28（019528）	26000.00	2065.11.23	3.8900	16 国债 02（019530）	20000.00	2021.01.14	2.5300
16 国债 04（019532）	33150.00	2026.01.28	2.8500	16 国债 06（019534）	35690.00	2023.03.17	2.7500
16 国债 07（019535）	39720.00	2021.04.14	2.5800	16 国债 08（019536）	32590.00	2046.04.25	3.5200
16 国债 10（019538）	34960.00	2026.05.05	2.9000	16 国债 13（019541）	28410.00	2066.05.23	3.7000
16 国债 14（019542）	35090.00	2023.06.16	2.9500	16 国债 15（019543）	40290.00	2021.07.14	2.6500
16 国债 17（019545）	28160.00	2026.08.04	2.7400	16 国债 19（019547）	22960.00	2046.08.22	3.2700
16 国债 20（019548）	28260.00	2023.09.01	2.7500	16 国债 21（019549）	28000.00	2021.10.20	2.3900
16 国债 23（019551）	20000.00	2026.11.03	2.7000	16 国债 25（019553）	20000.00	2023.11.17	2.7900
16 国债 26（019554）	24200.00	2066.11.21	3.4800	17 国债 01（019555）	20000.00	2022.01.12	2.8800
17 国债 02（019556）	20000.00	2020.01.19	2.7700	17 国债 04（019558）	32000.00	2027.02.09	3.4000
17 国债 05（019559）	28700.00	2047.02.20	3.7700	17 国债 06（019560）	36000.00	2024.03.16	3.2000
17 国债 07（019561）	42000.00	2022.04.13	3.1300	17 国债 08（019562）	40200.00	2020.04.27	3.2300
17 国债 10（019564）	32160.00	2027.05.04	3.5200	17 国债 11（019565）	29150.00	2067.05.22	4.0800
17 国债 13（019567）	36000.00	2024.06.22	3.5700	17 国债 14（019568）	40000.00	2022.07.13	3.4700
17 国债 15（019569）	29340.00	2047.07.24	4.0500	17 国债 16（019570）	40000.00	2020.07.27	3.4600
17 国债 18（019572）	36100.00	2027.08.03	3.5900	17 特国 03（019574）	26400.00	2022.09.19	3.5900
17 国债 20（019575）	32790.00	2024.09.21	3.6900	17 国债 21（019576）	26150.00	2022.10.19	3.7300
17 国债 22（019577）	20000.00	2047.10.23	4.2800	17 国债 23（019578）	26000.00	2020.10.26	3.6000
17 国债 25（019580）	20000.00	2027.11.02	3.8200	17 国债 26（019581）	29370.00	2067.11.20	4.3700
17 国债 27（019582）	20000.00	2024.12.21	3.9000	18 国债 01（019583）	20000.00	2023.01.18	3.8100
18 国债 02（019584）	20000.00	2021.01.25	3.5600	18 国债 04（019586）	29000.00	2028.02.01	3.8500
18 国债 05（019587）	41000.00	2025.03.08	3.7700	18 国债 06（019588）	29870.00	2048.03.19	4.2200
18 国债 07（019589）	45310.00	2021.04.12	3.4200	18 国债 08（019590）	29060.00	2020.04.19	3.0600
18 国债 09（019591）	45150.00	2023.04.19	3.1700	18 国债 11（019593）	37000.00	2028.05.17	3.6900
18 国债 12（019594）	30520.00	2068.05.21	4.1300	18 国债 13（019595）	41000.00	2025.06.07	3.6100
18 国债 14（019596）	45150.00	2021.07.05	3.2400	18 国债 15（019597）	29000.00	2020.07.12	3.1400
18 国债 16（019598）	45050.00	2023.07.12	3.3000	18 国债 17（019599）	30450.00	2048.07.23	3.9700
18 国债 19（019601）	39050.00	2028.08.16	3.5400	18 国债 20（019602）	35120.00	2025.09.06	3.6000
18 国债 21（019603）	20000.00	2021.10.11	3.1700	18 国债 22（019604）	20000.00	2020.10.18	3.0000
18 国债 23（019605）	20000.00	2023.10.18	3.2900	18 国债 24（019606）	37130.00	2048.10.22	4.0800
18 国债 25（019607）	20640.00	2068.11.19	3.8200	18 国债 27（019609）	48040.00	2028.11.22	3.2500
18 国债 28（019610）	50580.00	2025.12.06	3.2200	19 国债 01（019611）	40000.00	2020.01.17	2.3100
19 国债 02（019612）	34000.00	2021.02.21	2.4400	19 国债 03（019613）	48030.00	2022.03.07	2.6900
19 国债 04（019614）	50090.00	2024.04.11	3.1900	19 国债 05（019615）	40220.00	2020.05.23	2.6500
19 国债 06（019616）	45000.00	2029.05.23	3.2900	19 国债 07（019617）	43040.00	2026.06.06	3.2500
19 国债 08（019618）	34650.00	2069.06.24	4.0000	19 国债 09（019619）	34340.00	2021.07.11	2.7400
19 国债 10（019620）	37250.00	2049.07.22	3.8600	19 国债 11（019621）	22000.00	2022.08.08	2.7500
19 国债 12（019622）	40080.00	2020.09.19	2.4600	19 国债 13（019623）	43000.00	2024.10.17	2.9400
19 国债 14（019624）	21000.00	2021.11.14	2.6900	19 国债 15（019625）	56000.00	2029.11.21	3.1300
19 国债 16（019626）	67000.00	2026.12.05	3.1200	20 国债 01（019627）	48100.00	2021.01.09	2.2500
20 国债 02（019628）	20000.00	2022.02.13	2.2000	20 国债 03（019629）	50000.00	2023.03.05	2.2400
20 国债 04（019630）	53460.00	2050.03.16	3.3900	20 国债 05（019631）	78850.00	2025.04.09	1.9900
20 国债 06（019632）	59090.00	2030.05.21	2.6800	20 国债 07（019633）	39690.00	2070.05.25	3.7300
20 国债 08（019634）	74460.00	2027.06.04	2.8500	20 特国 01（019635）	50000.00	2025.06.19	2.4100
20 特国 02（019636）	50000.00	2027.06.19	2.7100	20 特国 03（019637）	70000.00	2030.06.24	2.7700
20 国债 09（019638）	79050.00	2023.07.02	2.3600	20 特国 04（019639）	70000.00	2030.07.16	2.8600
20 国债 10（019640）	55000.00	2021.07.16	2.1500	20 国债 11（019641）	72290.00	2022.08.13	2.6400

债券信息 债券

List of Bonds Bond

债券简称（代码） Bond Name（Code）	发行量 （百万元） Issued Vol （M Yuan）	到期日 Expiration Date	票面利率（%） Coupon Rate	债券简称（代码） Bond Name（Code）	发行量 （百万元） Issued Vol （M Yuan）	到期日 Expiration Date	票面利率（%） Coupon Rate
20 国债 12（019642）	36500. 00	2050. 09. 14	3. 8100	20 国债 13（019643）	70140. 00	2025. 10. 22	3. 0200
20 国债 14（019644）	68270. 00	2023. 11. 05	2. 8800	20 国债 15（019645）	61830. 00	2021. 11. 19	2. 8900
20 国债 16（019646）	65100. 00	2030. 11. 19	3. 2700	20 国债 17（019647）	68010. 00	2027. 12. 03	3. 2800
20 国债 18（019648）	50360. 00	2022. 12. 10	2. 9300	08 国债 02（019802）	28000. 00	2023. 02. 28	4. 1600
08 国债 06（019806）	28000. 00	2038. 05. 08	4. 5000	08 国债 13（019813）	24000. 00	2028. 08. 11	4. 9400
08 国债 20（019820）	24000. 00	2038. 10. 23	3. 9100	08 国债 23（019823）	24000. 00	2023. 11. 27	3. 6200
09 国债 02（019902）	22000. 00	2029. 02. 19	3. 8600	09 国债 05（019905）	22000. 00	2039. 04. 09	4. 0200
09 国债 11（019911）	28000. 00	2024. 06. 11	3. 6900	09 国债 20（019920）	26000. 00	2029. 08. 27	4. 0000
09 国债 25（019925）	24000. 00	2039. 10. 15	4. 1800	09 国债 30（019930）	20000. 00	2059. 11. 30	4. 3000
19 贴债 29（020306）	10010. 00	2020. 01. 13	0. 0000	19 贴债 34（020311）	10000. 00	2020. 02. 10	0. 0000
19 贴债 39（020316）	10010. 00	2020. 03. 09	0. 0000	19 贴债 42（020319）	15150. 00	2020. 01. 13	0. 0000
19 贴债 43（020320）	10000. 00	2020. 04. 13	0. 0000	19 贴债 44（020321）	15100. 00	2020. 01. 20	0. 0000
19 贴债 45（020322）	15010. 00	2020. 01. 27	0. 0000	19 贴债 46（020323）	15050. 00	2020. 02. 04	0. 0000
19 贴债 47（020324）	15000. 00	2020. 02. 10	0. 0000	19 贴债 48（020325）	10000. 00	2020. 05. 11	0. 0000
19 贴债 49（020326）	15150. 00	2020. 02. 17	0. 0000	19 贴债 50（020327）	15000. 00	2020. 02. 24	0. 0000
19 贴债 51（020328）	15000. 00	2020. 03. 02	0. 0000	19 贴债 52（020329）	15110. 00	2020. 03. 09	0. 0000
19 贴债 53（020330）	15000. 00	2020. 03. 16	0. 0000	19 贴债 54（020331）	10160. 00	2020. 06. 15	0. 0000
19 贴债 55（020332）	15120. 00	2020. 03. 23	0. 0000	19 贴债 56（020333）	15100. 00	2020. 03. 30	0. 0000
20 贴债 01（020334）	10000. 00	2020. 04. 06	0. 0000	20 贴债 02（020335）	10000. 00	2020. 07. 06	0. 0000
20 贴债 03（020336）	10000. 00	2020. 04. 13	0. 0000	20 贴债 04（020337）	10000. 00	2020. 04. 20	0. 0000
20 贴债 05（020338）	10000. 00	2020. 05. 11	0. 0000	20 贴债 06（020339）	10000. 00	2020. 08. 10	0. 0000
20 贴债 07（020340）	10000. 00	2020. 05. 18	0. 0000	20 贴债 08（020341）	10000. 00	2020. 05. 25	0. 0000
20 贴债 09（020342）	10000. 00	2020. 06. 01	0. 0000	20 贴债 10（020343）	15000. 00	2020. 06. 08	0. 0000
20 贴债 11（020344）	15000. 00	2020. 09. 07	0. 0000	20 贴债 12（020345）	15000. 00	2020. 06. 15	0. 0000
20 贴债 13（020346）	15000. 00	2020. 06. 22	0. 0000	20 贴债 14（020347）	15000. 00	2020. 06. 29	0. 0000
20 贴债 15（020348）	10240. 00	2020. 07. 07	0. 0000	20 贴债 16（020349）	10090. 00	2020. 10. 06	0. 0000
20 贴债 17（020350）	20000. 00	2020. 07. 13	0. 0000	20 贴债 18（020351）	20060. 00	2020. 07. 20	0. 0000
20 贴债 19（020352）	20150. 00	2020. 07. 27	0. 0000	20 贴债 20（020353）	20000. 00	2020. 08. 10	0. 0000
20 贴债 21（020354）	20000. 00	2020. 11. 09	0. 0000	20 贴债 22（020355）	20060. 00	2020. 08. 17	0. 0000
20 贴债 23（020356）	20020. 00	2020. 08. 24	0. 0000	20 贴债 24（020357）	20000. 00	2020. 11. 23	0. 0000
20 贴债 25（020358）	10030. 00	2020. 08. 31	0. 0000	20 贴债 26（020359）	10000. 00	2020. 09. 07	0. 0000
20 贴债 27（020360）	10000. 00	2020. 12. 07	0. 0000	20 贴债 28（020361）	10190. 00	2020. 09. 14	0. 0000
20 贴债 29（020362）	10130. 00	2020. 09. 21	0. 0000	20 贴债 30（020363）	10060. 00	2020. 10. 05	0. 0000
20 贴债 31（020364）	10260. 00	2020. 10. 12	0. 0000	20 贴债 32（020365）	10090. 00	2020. 10. 19	0. 0000
20 贴债 33（020366）	10000. 00	2021. 01. 18	0. 0000	20 贴债 34（020367）	10100. 00	2020. 10. 26	0. 0000
20 贴债 35（020368）	20000. 00	2020. 11. 02	0. 0000	20 贴债 36（020369）	30000. 00	2020. 11. 09	0. 0000
20 贴债 37（020370）	10030. 00	2020. 11. 16	0. 0000	20 贴债 38（020371）	40000. 00	2021. 02. 15	0. 0000
20 贴债 39（020372）	10050. 00	2020. 11. 23	0. 0000	20 贴债 40（020373）	10030. 00	2021. 02. 22	0. 0000
20 贴债 41（020374）	10000. 00	2020. 11. 30	0. 0000	20 贴债 42（020375）	40230. 00	2020. 12. 07	0. 0000
20 贴债 43（020376）	40200. 00	2021. 03. 08	0. 0000	20 贴债 44（020377）	30180. 00	2020. 12. 14	0. 0000
20 贴债 45（020378）	30190. 00	2020. 12. 21	0. 0000	20 贴债 46（020379）	30060. 00	2020. 12. 28	0. 0000
20 贴债 47（020380）	40000. 00	2021. 03. 29	0. 0000	20 贴债 48（020381）	50000. 00	2021. 01. 11	0. 0000
20 贴债 49（020382）	35090. 00	2021. 04. 12	0. 0000	20 贴债 50（020383）	50260. 00	2021. 01. 18	0. 0000
20 贴债 51（020384）	30410. 00	2021. 01. 25	0. 0000	20 贴债 52（020385）	35070. 00	2021. 04. 26	0. 0000
20 贴债 53（020386）	50060. 00	2021. 02. 01	0. 0000	20 贴债 54（020387）	30250. 00	2021. 05. 10	0. 0000
20 贴债 55（020388）	50130. 00	2021. 02. 15	0. 0000	20 贴债 56（020389）	50000. 00	2021. 02. 22	0. 0000
20 贴债 57（020390）	30040. 00	2021. 05. 24	0. 0000	20 贴债 58（020391）	50330. 00	2021. 03. 01	0. 0000
20 贴债 59（020392）	40700. 00	2021. 03. 08	0. 0000	20 贴债 60（020393）	30860. 00	2021. 06. 07	0. 0000
20 贴债 61（020394）	40010. 00	2021. 03. 15	0. 0000	20 贴债 62（020395）	50050. 00	2021. 03. 22	0. 0000
20 贴债 63（020396）	50110. 00	2021. 03. 29	0. 0000	20 贴债 64（020397）	30100. 00	2021. 06. 28	0. 0000

债券信息
List of Bonds

债券简称（代码） Bond Name（Code）	发行量 （百万元） Issued Vol （M Yuan）	到期日 Expiration Date	票面利率（%） Coupon Rate	债券简称（代码） Bond Name（Code）	发行量 （百万元） Issued Vol （M Yuan）	到期日 Expiration Date	票面利率（%） Coupon Rate
航信转债（110031）	2400.00	2021.06.12	0.2000	国贸转债（110033）	2800.00	2022.01.05	0.3000
九州转债（110034）	1500.00	2022.01.15	0.2000	济川转债（110038）	843.16	2022.11.13	0.2000
蒙电转债（110041）	1875.22	2023.12.22	0.4000	航电转债（110042）	2400.00	2020.09.08	0.2000
无锡转债（110043）	3000.00	2024.01.30	0.3000	广电转债（110044）	800.00	2024.06.27	0.4000
海澜转债（110045）	3000.00	2024.07.13	0.3000	圆通转债（110046）	3650.00	2020.03.23	0.5000
山鹰转债（110047）	2300.00	2024.11.21	0.4000	福能转债（110048）	2830.00	2024.12.07	0.4000
佳都转债（110050）	874.72	2020.04.09	0.4000	中天转债（110051）	3965.12	2025.02.28	0.4000
贵广转债（110052）	1600.00	2025.03.05	0.5000	苏银转债（110053）	20000.00	2025.03.14	0.2000
通威转债（110054）	5000.00	2020.03.17	0.5000	伊力转债（110055）	876.00	2025.03.15	0.5000
亨通转债（110056）	1733.00	2025.03.19	0.3000	现代转债（110057）	1615.94	2025.04.01	0.2000
永鼎转债（110058）	980.00	2025.04.16	0.4000	浦发转债（110059）	50000.00	2025.10.28	0.2000
天路转债（110060）	1086.99	2025.10.28	0.4000	川投转债（110061）	4000.00	2025.11.11	0.2000
烽火转债（110062）	3088.35	2025.12.02	0.2000	鹰19转债（110063）	1860.00	2025.12.13	0.3000
建工转债（110064）	1660.00	2025.12.20	0.4000	淮矿转债（110065）	2757.40	2025.12.23	0.2000
盛屯转债（110066）	2386.46	2026.03.02	0.4000	华安转债（110067）	2800.00	2026.03.12	0.2000
龙净转债（110068）	2000.00	2026.03.24	0.2000	瀚蓝转债（110069）	992.32	2026.04.07	0.2000
凌钢转债（110070）	440.00	2026.04.13	0.4000	湖盐转债（110071）	720.00	2026.07.10	0.3000
广汇转债（110072）	3370.00	2026.08.18	0.2000	国投转债（110073）	8000.00	2026.07.24	0.2000
精达转债（110074）	787.00	2026.08.19	0.4000	南航转债（110075）	16000.00	2026.10.15	0.2000
华海转债（110076）	1842.60	2026.11.02	0.3000	洪城转债（110077）	1800.00	2026.11.20	0.2000
电气转债（113008）	6000.00	2021.02.02	0.2000	广汽转债（113009）	4105.58	2022.01.22	0.2000
光大转债（113011）	30000.00	2023.03.17	0.2000	骆驼转债（113012）	717.00	2023.03.24	0.3000
国君转债（113013）	7000.00	2023.07.07	0.2000	林洋转债（113014）	3000.00	2023.10.27	0.3000
小康转债（113016）	1500.00	2023.11.06	0.3000	吉视转债（113017）	1560.00	2023.12.27	0.3000
玲珑转债（113019）	2000.00	2020.09.04	0.3000	桐昆转债（113020）	3800.00	2020.11.27	0.3000
中信转债（113021）	40000.00	2025.03.04	0.3000	浙商转债（113022）	3500.00	2020.08.26	0.2000
核建转债（113024）	2996.25	2025.04.08	0.2000	明泰转债（113025）	1839.11	2025.04.10	0.4000
核能转债（113026）	7800.00	2025.04.15	0.2000	华钰转债（113027）	640.00	2025.06.14	0.3000
环境转债（113028）	2170.00	2020.09.18	0.2000	明阳转债（113029）	1700.00	2025.12.16	0.4000
东风转债（113030）	295.33	2025.12.24	0.4000	博威转债（113031）	1200.00	2020.08.31	0.3000
桐20转债（113032）	2300.00	2021.01.14	0.3000	利群转债（113033）	1800.00	2026.04.01	0.4000
滨化转债（113034）	2400.00	2026.04.10	0.3000	福莱转债（113035）	1450.00	2026.05.27	0.4000
宁建转债（113036）	540.00	2026.07.06	0.4000	紫银转债（113037）	4500.00	2026.07.23	0.2000
隆20转债（113038）	5000.00	2026.07.31	0.3000	嘉泽转债（113039）	1300.00	2026.08.24	0.3000
星宇转债（113040）	1500.00	2026.10.22	0.2000	紫金转债（113041）	6000.00	2025.11.03	0.2000
财通转债（113043）	3800.00	2026.12.10	0.2000	嘉澳转债（113502）	185.00	2023.11.10	0.4000
泰晶转债（113503）	215.00	2020.05.27	0.4000	艾华转债（113504）	691.00	2024.03.02	0.3000
杭电转债（113505）	780.00	2024.03.06	0.3000	新凤转债（113508）	2153.00	2024.04.26	0.3000
新泉转债（113509）	450.00	2024.06.04	0.3000	再升转债（113510）	114.00	2020.03.25	0.4000
千禾转债（113511）	356.00	2020.05.29	0.3000	威帝转债（113514）	200.00	2020.08.31	0.4000
高能转债（113515）	840.00	2020.06.18	0.4000	苏农转债（113516）	2500.00	2024.08.02	0.5000
曙光转债（113517）	1120.00	2020.03.31	0.4000	顾家转债（113518）	1097.31	2020.08.28	0.4000
长久转债（113519）	700.00	2024.11.07	0.5000	百合转债（113520）	510.00	2021.01.07	0.5000
科森转债（113521）	610.00	2020.11.27	0.5000	旭升转债（113522）	420.00	2020.02.28	0.4000
伟明转债（113523）	670.00	2020.02.06	0.4000	奇精转债（113524）	330.00	2024.12.14	0.4000
台华转债（113525）	533.00	2024.12.17	0.4000	联泰转债（113526）	390.00	2025.01.23	0.3000
维格转债（113527）	746.00	2025.01.24	0.5000	长城转债（113528）	634.00	2025.03.01	0.5000
大丰转债（113530）	630.00	2025.03.27	0.4000	百姓转债（113531）	327.00	2020.05.21	0.2000
海环转债（113532）	460.00	2025.04.02	0.4000	参林转债（113533）	1000.00	2020.01.17	0.3000
鼎胜转债（113534）	1254.00	2025.04.09	0.4000	大业转债（113535）	500.00	2024.05.09	0.4000

债券信息
List of Bonds

债券简称（代码） Bond Name（Code）	发行量（百万元） Issued Vol （M Yuan）	到期日 Expiration Date	票面利率（%） Coupon Rate	债券简称（代码） Bond Name（Code）	发行量（百万元） Issued Vol （M Yuan）	到期日 Expiration Date	票面利率（%） Coupon Rate
三星转债（113536）	191.57	2025.05.31	0.4000	文灿转债（113537）	800.00	2025.06.10	0.5000
安图转债（113538）	682.98	2020.02.19	0.3000	圣达转债（113539）	299.14	2020.03.11	0.6000
南威转债（113540）	660.00	2020.03.25	0.5000	荣晟转债（113541）	330.00	2025.07.23	0.5000
好客转债（113542）	630.00	2025.08.01	0.4000	欧派转债（113543）	1495.00	2025.08.16	0.4000
桃李转债（113544）	1000.00	2020.09.18	0.4000	金能转债（113545）	1500.00	2025.10.14	0.4000
迪贝转债（113546）	229.93	2025.10.23	0.5000	索发转债（113547）	945.00	2020.09.16	0.5000
石英转债（113548）	360.00	2025.10.28	0.4000	白电转债（113549）	880.00	2025.11.15	0.3000
常汽转债（113550）	992.42	2025.11.18	0.5000	福特转债（113551）	1100.00	2020.07.16	0.4000
克来转债（113552）	180.00	2020.08.07	0.5000	金牌转债（113553）	392.00	2020.12.04	0.4000
仙鹤转债（113554）	1250.00	2020.09.11	0.3000	振德转债（113555）	440.00	2020.12.04	0.5000
至纯转债（113556）	356.00	2025.12.20	0.4000	森特转债（113557）	600.00	2025.12.19	0.4000
日月转债（113558）	1200.00	2020.08.19	0.4000	永创转债（113559）	512.17	2025.12.23	0.6000
正裕转债（113561）	290.00	2025.12.31	0.5000	璞泰转债（113562）	870.00	2020.12.21	0.3000
柳药转债（113563）	802.20	2026.01.16	0.3000	天目转债（113564）	300.00	2026.02.28	0.5000
宏辉转债（113565）	332.00	2026.02.26	0.4000	翔港转债（113566）	200.00	2026.02.28	0.5000
君禾转债（113567）	210.00	2026.03.04	0.5000	新春转债（113568）	330.00	2026.03.06	0.5000
科达转债（113569）	516.00	2026.03.09	0.4000	百达转债（113570）	280.00	2026.03.11	0.4000
博特转债（113571）	696.80	2020.11.18	0.5000	三祥转债（113572）	205.00	2026.03.12	0.4000
纵横转债（113573）	270.00	2026.04.17	0.5000	华体转债（113574）	208.80	2026.03.31	0.5000
东时转债（113575）	428.00	2026.04.09	0.4000	起步转债（113576）	520.00	2026.04.10	0.5000
春秋转债（113577）	240.00	2026.04.14	0.5000	全筑转债（113578）	384.00	2026.04.20	0.4000
健友转债（113579）	503.19	2026.04.23	0.3000	康隆转债（113580）	200.00	2026.04.23	0.4000
龙蟠转债（113581）	400.00	2020.12.11	0.5000	火炬转债（113582）	600.00	2026.05.27	0.4000
益丰转债（113583）	1581.01	2026.06.01	0.4000	家悦转债（113584）	645.00	2026.06.05	0.4000
寿仙转债（113585）	360.00	2026.06.09	0.5000	上机转债（113586）	665.00	2026.06.09	0.5000
泛微转债（113587）	316.00	2026.06.15	0.5000	润达转债（113588）	550.00	2026.06.17	0.3000
天创转债（113589）	600.00	2026.06.24	0.4000	海容转债（113590）	500.13	2026.06.29	0.4000
胜达转债（113591）	550.00	2026.07.01	0.5000	安 20 转债（113592）	900.00	2026.07.08	0.3000
沪工转债（113593）	400.00	2026.07.20	0.4000	淳中转债（113594）	300.00	2026.07.21	0.5000
花王转债（113595）	330.00	2026.07.21	0.5000	城地转债（113596）	1200.00	2026.07.28	0.4000
佳力转债（113597）	300.00	2026.07.30	0.5000	法兰转债（113598）	330.00	2026.07.31	0.4000
嘉友转债（113599）	720.00	2026.08.05	0.4000	新星转债（113600）	595.00	2026.08.13	0.4000
塞力转债（113601）	543.31	2026.08.21	0.5000	景 20 转债（113602）	1780.00	2026.08.24	0.4000
东缆转债（113603）	800.00	2026.09.24	0.3000	多伦转债（113604）	640.00	2026.10.13	0.4000
大参转债（113605）	1405.00	2026.10.22	0.3000	荣泰转债（113606）	600.00	2026.10.30	0.5000
伟 20 转债（113607）	1200.00	2026.11.02	0.3000	威派转债（113608）	420.00	2026.11.09	0.5000
永安转债（113609）	886.48	2026.11.24	0.4000	灵康转债（113610）	525.00	2026.12.01	0.4000
福 20 转债（113611）	1700.00	2026.12.01	0.2500	永冠转债（113612）	520.00	2026.12.08	0.5000
健 20 转债（113614）	780.00	2026.12.17	0.3000	金诚转债（113615）	1000.00	2026.12.23	0.4000
韦尔转债（113616）	2440.00	2026.12.28	0.2000	02 三峡债（120201）	5000.00	2022.09.20	4.7600
03 三峡债（120303）	3000.00	2033.08.01	4.8600	05 大唐债（120506）	3000.00	2020.04.29	5.2800
05 铁道债（120508）	5000.00	2020.07.29	4.8500	05 沪建(2)（120512）	1000.00	2020.07.27	5.1800
05 武城投（120527）	1000.00	2020.12.26	4.7000	05 宁煤债（120529）	1000.00	2020.09.16	4.9000
06 大唐债（120601）	2000.00	2026.02.16	4.2000	06 冀建投（120602）	1000.00	2026.03.28	4.1800
06 航天债（120603）	2000.00	2021.04.18	4.0000	06 三峡债（120605）	3000.00	2026.05.11	4.1500
06 沪水务（120607）	1500.00	2021.06.29	4.2500	06 鲁高速（120608）	1000.00	2026.04.07	4.1000
06 赣投债（120609）	800.00	2021.09.11	4.3800	07 世博(2)（120702）	2000.00	2022.02.15	4.1500
10 中铁 G2（122046）	5000.00	2020.01.27	4.8800	10 石化 02（122052）	9000.00	2020.05.21	4.0500
10 中铁 G3（122054）	2500.00	2020.10.19	4.3400	10 中铁 G4（122055）	3500.00	2025.10.19	4.5000
10 龙源 02（122057）	2000.00	2020.12.10	5.0500	11 西矿 02（122062）	2000.00	2021.01.17	5.3000

债券信息
List of Bonds

债券简称（代码） Bond Name（Code）	发行量（百万元） Issued Vol（M Yuan）	到期日 Expiration Date	票面利率（%） Coupon Rate	债券简称（代码） Bond Name（Code）	发行量（百万元） Issued Vol（M Yuan）	到期日 Expiration Date	票面利率（%） Coupon Rate
11 龙源 02（122064）	1500.00	2021.01.21	5.0400	11 大唐 01（122066）	3000.00	2021.04.20	5.2500
11 海航 02（122071）	1440.00	2021.05.24	6.2000	11 大连港（122072）	2350.00	2021.05.23	5.3000
12 亿利 01（122143）	800.00	2020.04.23	7.3000	12 石化 02（122150）	7000.00	2022.06.01	4.9000
12 西钢债（122158）	430.00	2020.07.16	6.5000	12 亿利 02（122159）	800.00	2020.07.19	6.4200
12 兖煤 02（122168）	4000.00	2022.07.23	4.9500	12 中海 02（122172）	1500.00	2022.08.03	5.0000
12 中交 02（122174）	2000.00	2022.08.09	5.0000	12 中交 03（122175）	4000.00	2027.08.09	5.1500
12 科环 03（122179）	2000.00	2022.08.20	5.1500	12 桂冠 02（122192）	930.00	2022.10.24	5.1000
12 中水 02（122194）	3000.00	2022.10.29	5.2000	12 中海 04（122196）	1000.00	2022.10.29	5.1800
12 海螺 02（122203）	3500.00	2022.11.07	5.1000	12 中油 02（122210）	2000.00	2022.11.22	4.9000
12 中油 03（122211）	2000.00	2027.11.22	5.0400	12 国航 01（122218）	5000.00	2023.01.18	5.1000
12 重工 02（122221）	600.00	2020.01.25	5.2000	12 招商 03（122234）	5500.00	2023.03.05	5.1500
13 中油 02（122240）	4000.00	2023.03.15	4.8800	12 东航 01（122241）	4800.00	2023.03.18	5.0500
12 广汽 02（122243）	3000.00	2023.03.20	5.0900	12 大唐 01（122244）	3000.00	2023.03.27	5.1000
13 甬热电（122245）	300.00	2020.04.15	5.6000	13 福新 02（122248）	1000.00	2023.03.25	5.3000
13 平煤债（122249）	4500.00	2023.04.17	5.0700	13 和邦 01（122250）	400.00	2020.04.22	5.8000
13 南车 02（122252）	1500.00	2023.04.22	5.0000	13 赣粤 01（122255）	1800.00	2023.04.19	5.1500
13 云煤业（122258）	250.00	2020.12.03	8.8000	13 中信 02（122260）	12000.00	2023.06.07	5.0500
13 华泰 02（122262）	6000.00	2023.06.05	5.1000	12 国航 03（122269）	1500.00	2023.08.16	5.3000
12 兖煤 04（122272）	3050.00	2024.03.03	6.1500	13 海通 03（122282）	2390.00	2023.11.25	6.1800
13 鲁金 02（122284）	1300.00	2020.03.30	5.3000	13 兴业 02（122293）	1000.00	2021.03.13	6.3500
13 天房债（122302）	1200.00	2021.04.25	8.9000	13 海通 06（122313）	800.00	2024.07.14	5.8500
14 赣粤 01（122316）	500.00	2021.08.11	5.7400	14 赣粤 02（122317）	2300.00	2024.08.11	6.0900
14 银河 G2（122322）	1000.00	2020.02.04	4.8000	12 开滦 02（122328）	1500.00	2020.09.26	6.3000
14 营口港（122331）	1000.00	2020.09.30	5.6000	14 亿利 01（122332）	1000.00	2020.01.26	7.1000
12 大唐 02（122334）	3000.00	2024.11.03	5.0000	14 爱众 01（122335）	300.00	2021.10.28	6.0000
13 金桥债（122338）	1200.00	2022.11.17	5.0000	14 连云港（122341）	645.00	2020.03.20	6.2000
14 贵人鸟（122346）	800.00	2099.12.31	7.0000	14 北辰 01（122348）	1000.00	2020.01.20	5.6500
14 中炬 02（122349）	400.00	2020.01.26	5.5000	14 北辰 02（122351）	1500.00	2022.01.20	5.2000
12 广汽 03（122352）	2000.00	2020.01.19	4.7000	15 康美债（122354）	2400.00	2022.01.27	5.3300
14 齐鲁债（122355）	3000.00	2020.01.29	5.2000	14 富贵鸟（122356）	800.00	2099.12.31	6.3000
15 际华 03（122358）	2000.00	2022.09.15	4.1000	14 福田债（122361）	1000.00	2020.03.31	5.1000
14 上实 01（122362）	1000.00	2020.03.23	5.6900	14 渝路 01（122364）	450.00	2020.03.16	6.0700
14 昊华 01（122365）	1500.00	2022.03.26	5.5000	14 财富债（122367）	800.00	2020.03.31	5.8300
14 渝路 02（122368）	410.00	2020.04.27	5.8400	14 华远债（122370）	1400.00	2020.04.27	5.2400
14 亨通 01（122371）	800.00	2020.06.23	6.2000	14 财通债（122372）	1500.00	2020.05.19	4.0000
15 舟港债（122373）	700.00	2020.05.22	4.4800	14 招商债（122374）	5500.00	2025.05.26	5.0800
15 首置 01（122376）	3000.00	2020.05.27	4.5800	14 首开债（122377）	4000.00	2020.06.03	4.8000
13 楚天 02（122378）	600.00	2020.06.08	4.5800	14 瀚华 01（122380）	1500.00	2020.06.10	6.9000
14 安源债（122381）	1200.00	2020.11.20	7.0000	15 恒大 01（122383）	5000.00	2020.06.19	6.8000
15 中信 01（122384）	5500.00	2020.06.25	4.6000	15 中信 02（122385）	2500.00	2025.06.25	5.1000
15 城乡 01（122387）	300.00	2020.06.30	4.9800	15 龙湖 01（122390）	2000.00	2020.07.07	4.6000
15 云能投（122391）	500.00	2020.07.06	4.4900	15 恒大 03（122393）	8200.00	2022.07.08	6.9800
15 富力债（122395）	6500.00	2020.07.13	7.0000	15 时代债（122396）	2000.00	2020.07.10	7.5000
15 宜华 01（122397）	1200.00	2099.12.31	6.8800	15 北巴债（122398）	700.00	2020.07.14	5.0000
15 远洋 03（122401）	1500.00	2025.08.19	5.0000	15 城建 01（122402）	5800.00	2022.07.20	4.4000
14 西南 02（122404）	2000.00	2020.07.23	5.3700	15 宜华 02（122405）	600.00	2099.12.31	6.8800
15 新湖债（122406）	3500.00	2020.07.23	7.2000	15 广证债（122407）	1000.00	2020.07.24	5.2500
15 龙湖 02（122409）	2000.00	2020.07.27	5.5000	15 龙湖 03（122410）	2000.00	2022.07.27	3.3000
14 招金债（122411）	950.00	2020.07.29	4.8000	15 精工债（122413）	600.00	2020.07.29	5.2000
15 好民居（122416）	2000.00	2020.07.30	7.4500	15 东旭集（122417）	2000.00	2099.12.31	7.0000

债券信息
List of Bonds

债券
Bond

债券简称（代码）Bond Name（Code）	发行量（百万元）Issued Vol（M Yuan）	到期日 Expiration Date	票面利率（%）Coupon Rate	债券简称（代码）Bond Name（Code）	发行量（百万元）Issued Vol（M Yuan）	到期日 Expiration Date	票面利率（%）Coupon Rate
15 天房债（122421）	1000.00	2020.08.06	7.5000	15 五洋债（122423）	800.00	2099.12.31	7.7800
15 华业债（122424）	1500.00	2099.12.31	8.5000	15 际华 01（122425）	2000.00	2020.08.07	4.6000
15 际华 02（122426）	500.00	2022.08.07	3.9800	15 海正 01（122427）	800.00	2020.08.13	5.7000
15 信投 01（122428）	1800.00	2020.08.13	4.2000	15 海亮 01（122429）	1500.00	2020.08.10	5.3900
15 闽高速（122431）	2000.00	2020.08.11	4.9000	15 融创 01（122432）	2500.00	2020.08.14	6.8000
15 融创 02（122433）	2500.00	2020.08.14	5.7000	15 清能债（122434）	1200.00	2020.08.18	7.5000
15 兴发债（122435）	600.00	2020.08.20	5.2000	15 远洋 02（122436）	1500.00	2022.08.19	4.1500
15 远洋 01（122437）	2000.00	2020.08.19	4.9000	15 红豆债（122439）	1000.00	2020.08.20	5.9900
15 龙光 01（122440）	4000.00	2020.08.19	7.3000	15 赣长运（122441）	690.00	2020.08.24	7.3000
15 桂金债（122443）	4000.00	2023.08.21	5.5000	15 冠城债（122444）	2800.00	2020.08.26	7.6000
15 融创 03（122445）	1000.00	2020.09.01	7.5000	15 万达 01（122446）	5000.00	2020.08.27	6.8000
15 绿城 01（122449）	3000.00	2020.08.27	5.3500	15 齐鲁债（122450）	2500.00	2020.08.28	4.5000
15 九鼎债（122451）	1000.00	2020.08.31	7.0300	15 杭实 01（122452）	1500.00	2020.09.09	4.4800
15 五洋 02（122454）	560.00	2099.12.31	7.8000	15 绿城 02（122455）	2000.00	2020.09.16	4.9100
15 绿城 03（122456）	2000.00	2022.09.16	3.8000	15 新金债（122457）	700.00	2022.09.16	4.6500
15 粤路建（122460）	1500.00	2030.12.11	4.2500	15 杭实 02（122461）	1000.00	2020.09.17	4.3600
15 花样年（122463）	2000.00	2020.09.16	7.9500	15 世茂 01（122464）	6000.00	2020.09.18	6.5000
15 广越 02（122466）	1500.00	2020.09.18	3.9700	15 万达 02（122467）	5000.00	2020.10.14	6.6000
15 五矿 01（122468）	2000.00	2020.09.21	3.8800	15 五矿 02（122469）	2000.00	2025.09.21	4.7500
15 泛海 03（122470）	1000.00	2021.09.21	8.6000	15 盛屯债（122472）	500.00	2020.09.24	7.0000
15 联发 02（122473）	1000.00	2020.09.24	4.2000	15 格房产（122474）	700.00	2020.09.24	6.5000
15 亿达 01（122475）	1000.00	2099.12.31	6.0000	PR 天瑞债（122476）	1000.00	2020.09.25	5.9500
14 粤运 01（122478）	400.00	2022.09.28	4.2000	15 南铝 01（122479）	500.00	2020.09.25	4.9700
15 南铝 02（122480）	1500.00	2020.09.25	5.0000	15 铁建 01（122481）	3000.00	2020.09.25	4.8000
15 金茂债（122482）	1000.00	2020.10.12	8.0000	15 新光 01（122483）	2000.00	2099.12.31	8.0000
15 龙源 01（122484）	3000.00	2020.09.28	4.2000	15 厦住宅（122485）	2000.00	2020.10.14	5.4000
15 旭辉 01（122486）	3495.00	2020.10.14	5.2000	15 金地 01（122488）	3000.00	2022.10.15	4.1800
15 三福 01（122490）	500.00	2020.10.19	7.5000	15 藏城投（122491）	900.00	2022.10.15	5.0000
15 新光 02（122492）	2000.00	2099.12.31	8.0000	14 国电 03（122493）	1500.00	2020.10.16	3.8700
15 华夏 05（122494）	4000.00	2022.10.22	5.5000	14 亨通 02（122495）	700.00	2020.10.21	5.4400
15 世茂 02（122496）	1400.00	2022.10.16	4.1500	15 远洋 04（122497）	2000.00	2021.10.19	5.1500
15 远洋 05（122498）	3000.00	2025.10.19	4.7600	PR 吴交投（122506）	1200.00	2020.10.31	6.8000
PR 定海债（122554）	1000.00	2020.08.31	7.2500	PR 椒江债（122564）	1000.00	2020.09.13	7.4600
PR 新海连（122585）	1300.00	2020.08.27	7.0000	PR 鹤城投（122590）	1500.00	2020.07.22	7.0500
PR 荆门债（122598）	800.00	2022.07.09	6.8500	PR 黔铁债（122616）	2000.00	2022.03.27	7.2000
12 统众债（122618）	1500.00	2022.04.11	6.9500	PR 晋国电（122631）	2000.00	2022.05.24	5.8800
12 昆钢控（122654）	2000.00	2020.04.26	5.7800	12 石油 06（122659）	10000.00	2022.04.12	4.5000
12 石油 07（122660）	10000.00	2022.04.12	4.7300	12 国网 01（122666）	5000.00	2022.04.17	4.9900
12 国网 02（122667）	10000.00	2027.04.17	5.2600	PR 河套债（122679）	1000.00	2022.03.31	8.5400
12 三胞债（122690）	800.00	2099.12.31	8.2800	12 冀交通（122713）	1400.00	2022.03.27	6.0000
12 石油 05（122723）	20000.00	2022.03.15	4.8000	PR 攀国 02（122724）	1000.00	2022.03.13	8.1800
11 京资 02（122734）	6000.00	2021.12.26	5.4000	12 石油 04（122737）	10000.00	2027.02.22	5.0000
12 鲁高速（122742）	2000.00	2022.02.09	5.7200	12 晋煤运（122747）	2500.00	2022.01.18	6.4000
12 石油 02（122749）	10000.00	2022.01.11	4.6900	11 泛海 02（122765）	1000.00	2021.12.13	8.9000
11 国网 01（122770）	10000.00	2021.12.08	5.1400	11 国网 02（122771）	5000.00	2026.12.08	5.2400
PR 滨投 02（122774）	2500.00	2021.11.23	6.1000	11 新光债（122776）	1600.00	2099.12.31	8.1000
PR 株城债（122779）	1500.00	2021.11.10	8.3600	11 冀投 01（122796）	1000.00	2021.06.27	5.7500
11 冀投 02（122797）	1000.00	2024.06.27	5.8500	PR 滁建投（122803）	1000.00	2021.11.30	6.3000
11 宁交通（122813）	1500.00	2021.04.27	6.1000	11 兴泸债（122835）	1000.00	2021.03.01	6.3900
11 横店债（122845）	1200.00	2021.01.27	6.3000	11 甬交投（122847）	1000.00	2021.02.10	6.3000

债券信息
List of Bonds

债券简称（代码）Bond Name（Code）	发行量（百万元）Issued Vol（M Yuan）	到期日 Expiration Date	票面利率（%）Coupon Rate	债券简称（代码）Bond Name（Code）	发行量（百万元）Issued Vol（M Yuan）	到期日 Expiration Date	票面利率（%）Coupon Rate
10 杭交投（122866）	1200.00	2020.10.19	5.1200	PR 石城建（122867）	1000.00	2021.03.09	6.5500
10 冀交通（122885）	2000.00	2025.09.28	4.9500	PR 凯迪债（122890）	1000.00	2020.08.24	6.1200
PR 攀国投（122898）	600.00	2020.07.29	5.4100	10 鄂国资（122912）	2800.00	2020.05.11	6.8800
10 太仓港（122917）	600.00	2020.01.21	7.1000	10 镇城投（122941）	2000.00	2020.12.17	6.7600
10 武高债（123006）	500.00	2020.05.24	6.2000	PR 梅州债（123011）	1000.00	2020.09.10	6.9500
14 京投 02（123017）	4000.00	2020.08.11	4.9000	PR 阳纸业（123019）	500.00	2021.07.21	8.1900
PR 沿江债（123020）	700.00	2020.07.29	7.4800	14 首创 01（123022）	2000.00	2023.11.03	4.7700
PR 穗热电（123024）	800.00	2024.11.18	6.3800	15 中电续（123026）	3000.00	2068.06.08	4.6000
14 首创 02（123027）	1000.00	2068.06.16	4.6000	15 津融债（123030）	1200.00	2022.04.23	5.9000
PR 温城 01（123031）	1000.00	2023.01.25	4.0500	16 穗铁 01（123032）	2600.00	2022.01.26	3.4200
16 神雾债（123034）	500.00	2099.12.31	7.9000	14 大东方（123036）	250.00	2020.08.28	6.2000
14 浙商次（123037）	400.00	2020.12.03	6.3000	16 宁水 01（123046）	550.00	2021.05.12	5.5000
18 昌控 01（123048）	800.00	2023.08.27	5.3500	15 华创 01（123052）	500.00	2020.06.25	6.0000
15 中金 Y1（123064）	1000.00	2020.05.29	5.7000	15 齐鲁 Y1（123073）	6000.00	2020.05.28	5.9500
15 齐鲁 01（123094）	4000.00	2020.04.23	5.9000	15 国君 Y2（123213）	5000.00	2020.04.03	5.8000
15 湘财 02（123218）	580.00	2020.03.27	7.0000	15 中信投（123238）	3000.00	2020.03.19	5.8000
15 湘财 01（123263）	500.00	2020.02.04	7.3000	15 中信建（123268）	2000.00	2020.01.19	6.0000
15 国君 Y1（123269）	5000.00	2020.01.22	6.0000	15 首创 01（123275）	900.00	2020.01.29	5.6000
14 泰康 02（123283）	3000.00	2020.01.08	5.6000	14 天安次（123284）	1300.00	2024.12.30	6.7000
11 泰康 01（123493）	1000.00	2021.05.27	7.3900	11 泰康 02（123494）	1000.00	2021.06.01	5.3900
14 迁热 07（123526）	210.00	2020.12.26	9.0000	PR 交 05（123583）	300.00	2020.03.27	6.2500
禾燃气 05（123591）	200.00	2020.03.20	6.7000	15 瑞热 06（123598）	132.00	2020.12.26	7.1000
15 瑞热 07（123599）	139.00	2021.12.26	7.8000	海航 104（123608）	500.00	2099.12.31	7.5500
PR 水务 05（123614）	149.00	2020.03.26	6.9500	吉水务 06（123615）	170.00	2020.07.14	7.3000
吉水务 07（123616）	195.00	2020.07.14	7.3000	15 富水 10（123653）	45.00	2020.05.20	7.2000
PR 环球 A3（123707）	365.00	2020.02.27	5.5000	PR 环球 B（123708）	182.00	2020.05.28	6.4300
兴光 1 号 H（123760）	280.00	2020.02.11	5.7000	兴光 1 号 I（123761）	300.00	2020.08.11	5.8000
丰源 A09（123806）	40.50	2020.02.13	7.5000	丰源 A10（123807）	40.50	2020.08.13	7.7000
丰源 B（123808）	5.00	2020.08.13	10.0000	PRA03（123830）	327.00	2020.07.26	5.2000
连徐 A04（123831）	207.00	2020.08.03	5.2400	连徐 A05（123832）	240.00	2020.08.03	5.2400
15 鹤热 05（123844）	110.00	2020.03.24	8.5000	世茂天 05（123872）	320.00	2020.08.12	7.1000
海航 202（123908）	800.00	2099.12.31	5.8000	海航 203（123909）	500.00	2099.12.31	6.1000
PR 节能 05（123915）	150.00	2020.07.26	5.0700	首航 04（123924）	800.00	2099.12.31	7.0000
高新热 05（123930）	280.00	2020.04.23	5.0000	高新热 06（123931）	315.00	2020.04.23	5.2000
高新热 07（123932）	325.00	2020.04.23	5.2000	15 濮热 04（123936）	105.00	2020.01.20	5.9800
15 濮热 05（123937）	120.00	2021.01.20	6.4500	15 濮热 06（123938）	130.00	2022.01.20	6.9000
协鑫 05（123975）	470.00	2020.06.01	7.0000	15 庆热 05（123986）	420.00	2020.02.26	5.7000
15 庆热 06（123987）	470.00	2020.02.26	6.0000	15 庆热 07（123988）	510.00	2020.02.26	7.0000
12 青投资（124024）	600.00	2099.12.31	7.0800	12 豫铁投（124031）	2800.00	2022.11.19	6.3800
12 联想债（124044）	2300.00	2022.11.30	5.7000	12 营口港（124053）	2200.00	2020.11.13	5.6000
PR 启国投（124056）	1500.00	2022.11.20	7.3000	PR 汕城开（124057）	1300.00	2022.03.23	8.5700
12 国网 04（124064）	5000.00	2022.11.20	5.0000	PR 津开 02（124066）	450.00	2022.12.03	6.5000
PR 青国信（124082）	2000.00	2022.12.12	6.4000	12 甬交投（124094）	800.00	2022.12.21	6.4000
PR 同创债（124103）	800.00	2020.01.09	7.0500	PR 宁新开（124110）	700.00	2020.01.08	6.8000
PR 抚城投（124122）	1200.00	2020.01.16	6.7800	PR 南城投（124123）	1300.00	2020.02.20	6.1900
PR 温经开（124125）	1000.00	2020.01.15	6.4900	PR 柳城投（124126）	1500.00	2022.12.31	7.1800
13 陕东岭（124130）	700.00	2023.01.15	7.9800	PR 安国资（124131）	800.00	2020.01.10	6.9800
PR 太城投（124136）	1600.00	2020.01.11	6.7500	13 赣发投（124137）	1500.00	2020.01.18	6.6000
PR 通港闸（124139）	1200.00	2020.01.09	7.1500	PR 沧建投（124140）	1200.00	2020.01.23	6.7200
13 浙吉利（124141）	1200.00	2020.01.24	5.9000	PR 泰投资（124143）	1800.00	2020.01.25	6.7600

债券信息
List of Bonds

债券简称（代码） Bond Name（Code）	发行量（百万元） Issued Vol （M Yuan）	到期日 Expiration Date	票面利率（%） Coupon Rate	债券简称（代码） Bond Name（Code）	发行量（百万元） Issued Vol （M Yuan）	到期日 Expiration Date	票面利率（%） Coupon Rate
PR 蓉城投（124144）	2000.00	2020.01.14	6.1800	PR 蓉兴城（124145）	2000.00	2020.01.28	6.1700
13 海发控（124146）	2500.00	2020.01.24	6.1000	PR 甬东投（124147）	1500.00	2020.01.21	6.4500
PR 镇水利（124149）	1400.00	2020.01.30	6.6000	13 宁禄口（124152）	1600.00	2023.01.29	5.1500
13 国网 01（124153）	10000.00	2020.01.23	4.7500	13 国网 02（124154）	10000.00	2028.01.23	5.1000
PR 涪国资（124156）	1700.00	2020.01.21	6.3900	PR 锡东城（124158）	1500.00	2020.01.28	6.6500
PR 绍城改（124159）	1200.00	2020.01.24	6.5000	13 瑞水泥（124161）	2000.00	2021.02.04	8.0000
PR 建城投（124164）	1000.00	2020.02.22	6.5000	PR 洪市政（124165）	1200.00	2020.02.25	5.8800
PR 江滨投（124166）	1200.00	2020.02.28	6.6000	PR 滇投债（124167）	1200.00	2020.02.04	6.5000
13 华峰债（124169）	800.00	2020.02.26	6.8500	PR 厦杏林（124170）	500.00	2020.02.22	6.6000
PR 长投建（124171）	1300.00	2020.02.26	6.4600	PR 常城投（124172）	1500.00	2020.02.25	6.5000
PR 吉城债（124174）	1800.00	2020.02.26	6.3400	PR 湘高新（124175）	800.00	2020.01.15	6.9000
PR 武地铁（124176）	2000.00	2020.02.04	5.7000	PR 乌高新（124177）	1000.00	2020.03.05	6.1800
13 广越秀（124179）	2800.00	2020.02.28	5.2000	PR 綦东开（124180）	1200.00	2020.01.29	6.7500
PR 余开投（124181）	1000.00	2020.03.04	6.7500	PR 津广成（124183）	1500.00	2023.02.22	6.9700
13 京投债（124184）	2800.00	2023.03.11	5.0400	PR 海宁债（124185）	1500.00	2020.03.06	6.0800
PR 泰矿债（124187）	900.00	2020.03.12	5.8000	13 大旅游（124189）	800.00	2020.03.07	7.5000
PR 奉南城（124190）	650.00	2020.03.05	6.2500	PR 杭高新（124191）	500.00	2020.01.28	6.4500
PR 邗城建（124192）	1300.00	2020.03.12	6.2000	PR 滨海 02（124195）	3000.00	2020.03.13	5.1900
PR 泰交债（124199）	800.00	2020.03.11	6.1500	PR 南高速（124201）	1500.00	2020.01.28	6.6900
PR 津城投（124204）	8000.00	2023.02.26	5.7000	PR 余创债（124205）	1200.00	2020.03.18	6.5000
13 祥源债（124206）	600.00	2020.02.26	6.8500	13 西投债（124208）	700.00	2023.03.19	6.1800
PR 皋投债（124210）	1200.00	2020.02.04	6.7000	甘投暂停（124211）	800.00	2020.03.06	5.4000
PR 德清债（124213）	1000.00	2020.02.22	6.4000	PR 九国资（124215）	900.00	2020.03.07	6.6800
13 晋能交（124220）	1000.00	2020.03.08	6.4000	PR 微山矿（124223）	850.00	2020.03.13	6.1500
PR 朝国资（124224）	1600.00	2020.03.27	5.2500	PR 宁国 01（124227）	3500.00	2020.03.06	5.4000
PR 宁国 02（124228）	3000.00	2023.03.06	5.6000	PR 晋公投（124229）	800.00	2020.03.18	6.5000
PR 临海投（124231）	1200.00	2020.03.21	6.3000	PR 苏海发（124232）	1000.00	2023.03.29	4.6500
PR 鹏铁 01（124234）	5000.00	2023.03.25	5.4000	PR 清河投（124235）	700.00	2020.01.24	6.6800
PR 鄞城投（124239）	600.00	2020.03.18	6.5000	PR 合工投（124240）	1000.00	2020.03.20	6.3000
PR 常高新（124243）	1600.00	2020.03.21	6.1800	PR 杭运河（124245）	1000.00	2020.04.02	6.0000
PR 溧城发（124246）	1200.00	2020.03.08	6.2000	13 绍交投（124247）	1500.00	2020.03.04	6.0000
PR 宿建投（124250）	1500.00	2020.04.17	6.4000	13 鲁信投（124251）	1000.00	2020.04.17	5.6000
13 邯交通（124252）	1000.00	2021.04.18	6.5000	PR 新乡投（124253）	900.00	2020.04.15	5.8500
PR 常熟发（124254）	1000.00	2020.04.19	5.8000	PR 浙新昌（124255）	1200.00	2020.04.24	6.6000
PR 海浆纸（124257）	1200.00	2020.04.15	6.1000	13 潞矿 01（124258）	3000.00	2023.04.25	5.1500
13 潞矿 02（124259）	1000.00	2023.04.25	5.1000	PR 遂发展（124260）	600.00	2020.04.25	6.6200
PR 楚雄投（124262）	2000.00	2020.03.29	6.6000	PR 临国资（124263）	500.00	2020.04.11	6.5800
PR 晋城投（124264）	1600.00	2020.04.26	6.3500	PR 红河路（124265）	500.00	2020.05.06	6.2700
PR 金坛投（124267）	1000.00	2020.04.26	6.3800	PR 渝南发（124268）	1800.00	2020.04.27	6.4300
PR 渝大足（124269）	1200.00	2020.04.26	6.7500	PR 渝万盛（124270）	1300.00	2020.04.17	6.3900
PR 金外滩（124271）	500.00	2020.04.24	6.3500	13 翔宇债（124273）	500.00	2020.02.27	7.8000
13 大丰港（124277）	800.00	2020.05.08	7.1800	PR 渝双桥（124278）	1000.00	2020.04.26	6.7500
PR 通经开（124280）	800.00	2020.05.17	5.8000	PR 石地产（124281）	2200.00	2020.05.15	5.6500
13 武新港（124283）	800.00	2020.04.18	5.8900	13 琼洋浦（124284）	800.00	2020.03.11	6.4000
13 同煤债（124285）	5400.00	2028.04.24	5.2000	13 海航债（124286）	1150.00	2099.12.31	7.1000
PR 丽城投（124289）	1000.00	2020.05.23	6.0000	PR 长轨交（124290）	2500.00	2023.04.23	6.2000
PR 溧城建（124292）	1000.00	2020.05.29	5.8000	PR 苏华靖（124294）	1200.00	2020.05.16	6.0000
13 江泉债（124296）	600.00	2020.05.31	6.7000	PR 桐乡投（124297）	1300.00	2020.05.16	6.1000
PR 临汾投（124298）	1500.00	2020.05.23	6.2000	PR 西经开（124299）	600.00	2020.06.04	5.9000
PR 日照债（124301）	800.00	2020.06.06	5.8000	12 桂交投（124302）	2000.00	2022.12.11	6.2000

债券信息
List of Bonds

债券简称（代码） Bond Name（Code）	发行量（百万元） Issued Vol（M Yuan）	到期日 Expiration Date	票面利率（%） Coupon Rate	债券简称（代码） Bond Name（Code）	发行量（百万元） Issued Vol（M Yuan）	到期日 Expiration Date	票面利率（%） Coupon Rate
PR 咸荣盛（124303）	1500.00	2020.06.05	5.8000	PR 合川投（124304）	1000.00	2020.06.17	6.1900
PR 眉宏大（124308）	1600.00	2020.06.19	6.5600	13 弘燃气（124309）	700.00	2020.08.17	6.4900
PR 洪水利（124310）	1500.00	2020.06.21	6.2800	PR 弘湘资（124311）	1600.00	2020.06.19	6.2000
PR 景国资（124312）	1200.00	2020.06.25	6.5900	PR 苏家屯（124313）	1300.00	2020.06.20	6.4000
13 瓯交投（124315）	1000.00	2020.04.22	6.0500	PR 新天治（124323）	1500.00	2020.07.17	6.3000
PR 京生物（124325）	600.00	2020.07.23	6.3500	PR 郑建投（124326）	700.00	2020.07.17	5.9800
13 中电投（124327）	2000.00	2023.07.22	5.2000	PR 渝鸿业（124328）	800.00	2020.06.03	6.3000
13 龙工贸（124330）	800.00	2021.03.11	6.6800	PR 湘振湘（124332）	1800.00	2020.08.07	6.6000
PR 铜城建（124333）	1600.00	2020.08.08	6.6000	PR 博国资（124334）	900.00	2020.08.09	7.1800
PR 海国资（124335）	1600.00	2020.08.07	5.5000	PR 渝地债（124336）	1800.00	2020.08.22	6.3000
PR 铜建设（124337）	1500.00	2020.08.26	6.9800	PR 闽经开（124338）	1800.00	2020.08.06	6.7000
PR 渝城投（124339）	2200.00	2020.05.21	5.1200	PR 张保债（124340）	1100.00	2020.08.23	7.1000
PR 阳江债（124343）	1000.00	2020.09.09	6.8500	PR 京煤债（124345）	1400.00	2020.09.09	6.1400
PR 京谷财（124348）	600.00	2020.09.06	6.6000	13 晋煤运（124350）	2500.00	2023.01.28	5.5500
PR 平凉债（124352）	1000.00	2020.09.17	7.1000	PR 商洛 01（124353）	1000.00	2020.09.09	7.0500
PR 珠汇华（124356）	1500.00	2020.09.17	7.1500	PR 成阿债（124360）	800.00	2020.09.12	7.1800
PR 钦滨海（124362）	900.00	2020.08.27	7.0000	PR 临尧都（124364）	1500.00	2020.09.27	6.9900
PR 锡城发（124367）	1500.00	2020.10.11	6.1000	PR 虞新区（124370）	1800.00	2020.10.11	6.9500
PR 北辰发（124371）	1300.00	2021.04.21	7.0000	PR 平天湖（124373）	1000.00	2020.10.23	7.4000
PR 渝物流（124376）	1500.00	2020.10.18	7.0800	PR 渝碚城（124377）	900.00	2020.10.16	7.3000
PR 湘九华（124378）	1800.00	2020.10.15	7.1500	PR 曹妃甸（124380）	2000.00	2020.10.15	7.5000
PR 新沂债（124386）	1500.00	2020.10.15	7.3900	PR 湛基投（124387）	1200.00	2020.10.21	6.9300
PR 任城债（124388）	600.00	2020.10.18	7.3000	PR 资水务（124389）	1800.00	2020.10.21	7.4000
PR 葫岛 01（124390）	1400.00	2020.10.18	7.0500	PR 葫岛 02（124391）	400.00	2023.10.18	7.5000
PR 荆门投（124392）	1600.00	2020.10.17	7.0000	PR 永城投（124394）	1000.00	2020.10.23	7.3000
PR 堰城投（124395）	1600.00	2020.10.11	6.8800	PR 姜发展（124396）	800.00	2020.09.03	7.1000
PR 郫国投（124397）	1000.00	2020.10.15	7.2500	PR 株城发（124398）	2000.00	2020.10.16	6.9500
PR 渝双福（124400）	1200.00	2020.10.23	7.4900	13 冀广网（124401）	300.00	2021.10.23	6.7500
PR 丹投 01（124402）	800.00	2020.10.23	6.9000	PR 怀化工（124404）	1200.00	2020.10.29	7.7000
PR 宝工债（124405）	1000.00	2020.10.17	7.1000	PR 荆经开（124406）	400.00	2020.12.09	8.2000
PR 泰州债（124407）	1800.00	2023.10.16	6.9200	PR 宛城投（124408）	1800.00	2020.10.24	7.0500
PR 宿城投（124409）	1000.00	2020.10.29	6.8800	13 国网 03（124410）	5000.00	2020.10.23	5.5000
13 国网 04（124411）	5000.00	2028.10.23	5.7300	PR 金利源（124412）	1000.00	2020.10.28	7.0000
PR 寿城投（124413）	480.00	2020.10.18	7.1000	13 鄂投 01（124415）	500.00	2023.10.28	5.9800
13 鄂投 02（124416）	2500.00	2028.10.28	6.1800	PR 江高新（124417）	950.00	2020.11.04	7.3900
PR 盐国资（124420）	1200.00	2020.09.04	7.0000	PR 海新区（124421）	1300.00	2020.11.04	6.9000
PR 宜环科（124423）	1000.00	2020.10.18	7.1000	PR 柳东城（124424）	1000.00	2020.10.29	7.4000
PR 澄港城（124426）	650.00	2020.11.07	7.1000	PR 亭公投（124429）	1000.00	2020.11.15	7.9500
PR 襄建投（124432）	1500.00	2020.11.11	7.3000	PR 渝豪江（124434）	700.00	2020.11.22	7.9900
PR 冶城投（124438）	1000.00	2020.11.27	7.9500	PR 武威 01（124442）	500.00	2020.12.09	8.2000
PR 泰成兴（124445）	800.00	2020.12.12	8.3000	PR 大理 01（124448）	400.00	2020.12.11	8.3000
PR 常滨湖（124449）	1500.00	2020.12.12	8.0400	PR 濮建债（124451）	500.00	2020.12.11	8.0000
PR 府谷债（124452）	1200.00	2020.12.16	8.6900	PR 秦开 01（124453）	700.00	2020.12.17	8.0000
PR 武清 01（124454）	600.00	2020.12.17	8.0000	PR 越都债（124455）	1200.00	2020.12.12	8.2000
13 闽投债（124456）	1500.00	2021.04.09	5.3000	PR 镇投 01（124458）	1200.00	2020.12.18	7.9000
PR 随州 01（124459）	300.00	2020.12.20	8.5000	PR 忻州 01（124460）	600.00	2020.12.18	8.5000
PR 清远债（124461）	1000.00	2020.12.19	8.2000	PR 海财 01（124462）	300.00	2020.12.19	8.5600
PR 津住宅（124463）	700.00	2020.12.19	8.0000	PR 天易 01（124464）	500.00	2020.12.23	8.0000
PR 黄冈 01（124465）	1600.00	2020.12.25	8.6000	PR 锦州 01（124467）	1000.00	2020.12.27	8.5000
PR 丰城 01（124468）	500.00	2020.12.30	8.5000	PR 格尔木（124469）	1400.00	2020.12.30	8.7000

债券信息 债券
List of Bonds Bond

债券简称（代码） Bond Name（Code）	发行量（百万元） Issued Vol （M Yuan）	到期日 Expiration Date	票面利率（%） Coupon Rate	债券简称（代码） Bond Name（Code）	发行量（百万元） Issued Vol （M Yuan）	到期日 Expiration Date	票面利率（%） Coupon Rate
PR 宁海 01（124471）	400.00	2021.01.02	8.0000	PR 海西州（124472）	1000.00	2021.01.02	8.6000
PR 滨高新（124477）	500.00	2021.01.10	8.6000	PR 仪城发（124478）	1000.00	2021.01.09	8.6000
PR 东台 01（124480）	600.00	2021.01.13	8.6500	PR 镇投 02（124481）	1000.00	2021.01.13	8.2000
14 苏沿海（124485）	700.00	2021.01.15	7.0000	PR 锦开 01（124486）	200.00	2021.01.21	9.1000
PR 邵城债（124487）	1800.00	2021.01.17	8.5800	PR 吴兴南（124488）	1200.00	2021.01.16	8.7900
PR 首开 01（124490）	650.00	2021.01.15	7.1900	PR 皋开债（124491）	1000.00	2021.01.22	8.3000
PR 江夏投（124492）	800.00	2021.01.20	8.9900	PR 伊宁债（124493）	1500.00	2021.01.23	8.9000
PR 迁安 01（124494）	500.00	2021.01.23	8.8800	PR 丰城 02（124496）	800.00	2021.01.24	8.7000
PR 扬化工（124497）	800.00	2021.01.24	8.5800	14 金资 01（124498）	1000.00	2021.01.24	6.6600
PR 鹏铁 02（124500）	3000.00	2024.01.24	6.7500	PR 皋沿江（124501）	1300.00	2021.01.24	8.6000
PR 嘉市镇（124505）	900.00	2021.02.26	7.4500	PR 湘潭新（124509）	1200.00	2021.02.25	8.1600
PR 赣开 02（124510）	500.00	2020.02.19	7.4000	PR 赣开投（124511）	1000.00	2021.02.19	7.4300
云路暂停（124515）	350.00	2020.02.21	7.5800	PR 忻州 02（124518）	1000.00	2021.02.21	7.9000
PR 淮新 01（124519）	1000.00	2021.03.04	7.4500	PR14 太资（124520）	1200.00	2021.02.27	7.0000
PR 连普湾（124522）	2500.00	2021.02.20	7.0900	PR 毕开源（124525）	1300.00	2021.02.25	7.7800
14 甘公 01（124532）	2500.00	2020.02.27	7.0000	PR 酒经投（124533）	1600.00	2021.02.26	7.4000
PR 渝中债（124534）	800.00	2021.02.26	7.2500	PR 眉山资（124535）	1400.00	2021.02.26	7.8400
PR 莱开投（124536）	1300.00	2021.02.28	7.0800	PR 伊财通（124537）	1600.00	2021.02.28	7.6800
PR 汉车都（124540）	2000.00	2021.02.27	7.1800	PR 临港控（124543）	1200.00	2021.02.26	7.7500
PR 锦州 02（124544）	800.00	2021.02.25	8.3800	PR 双水 01（124545）	800.00	2020.02.26	7.4000
14 裕峰债（124548）	900.00	2021.02.28	7.0800	PR 新滨江（124549）	1000.00	2021.03.05	7.6000
PR 桃城投（124550）	1000.00	2021.02.24	8.1500	PR 长兴经（124551）	1300.00	2021.03.03	7.9900
PR 如金鑫（124552）	900.00	2021.03.03	8.0800	PR 余城集（124555）	1300.00	2021.03.03	7.0000
PR 余经开（124556）	1200.00	2021.03.03	7.4500	PR 天易 02（124557）	700.00	2021.03.03	7.1000
14 宏桥 01（124558）	1200.00	2021.03.03	8.6900	PR 冶城投（124559）	600.00	2021.03.03	7.3000
PR 大理 02（124560）	400.00	2021.03.04	7.9000	PR 苏汾湖（124561）	1200.00	2021.02.28	7.4900
PR 吉铁投（124563）	1000.00	2021.03.04	7.1800	PR 潭两型（124566）	1200.00	2020.12.25	7.8900
PR 扬开发（124567）	1000.00	2021.03.05	7.4000	14 株国投（124568）	800.00	2021.02.19	7.3900
PR 嘉经投（124569）	900.00	2021.03.05	7.8900	PR 首开 02（124570）	1000.00	2021.02.27	6.5000
14 高新投（124571）	410.00	2021.03.12	8.5000	PR 遂川中（124572）	1000.00	2021.04.21	8.6900
PR 攀国 01（124574）	600.00	2021.03.05	7.6000	PR 汕投资（124575）	1800.00	2024.03.04	7.9900
PR 甬广聚（124577）	1200.00	2021.03.06	7.7500	PR 青莱西（124578）	1000.00	2021.03.06	7.5000
PR 淮开发（124580）	1300.00	2021.03.10	7.3000	PR 黄冈 02（124581）	400.00	2021.03.04	7.4500
PR 津房信（124583）	1000.00	2099.12.31	8.5900	14 南网债（124585）	5000.00	2024.03.19	5.9000
PR 武清 02（124590）	2000.00	2021.03.19	7.1800	PR 长土开（124591）	1800.00	2021.03.17	7.3600
PR 并国投（124592）	2000.00	2021.03.19	7.2000	PR 相城投（124593）	1500.00	2021.03.19	6.9500
PR 涪陵债（124595）	1200.00	2021.03.20	7.8900	14 长影债（124596）	600.00	2021.03.03	7.2000
14 海资 01（124597）	800.00	2021.04.29	8.0000	PR 济城投（124598）	1600.00	2021.03.20	6.8000
14 国网 02（124603）	5000.00	2029.03.13	6.0000	PR 温高 01（124605）	600.00	2021.03.21	7.9500
PR 菏泽债（124606）	700.00	2021.03.24	7.1400	PR 津环城（124607）	1800.00	2021.03.21	7.2000
PR 句容福（124608）	1200.00	2021.03.21	7.7000	PR 常德投（124609）	1700.00	2021.03.24	7.0000
PR 长星建（124613）	1200.00	2020.01.06	7.9000	14 桂农垦（124614）	700.00	2021.03.18	7.5000
PR 昆高新（124615）	1500.00	2021.03.26	7.1000	14 鄂交 01（124616）	2480.00	2024.03.27	6.6800
14 鄂交 02（124617）	3020.00	2024.03.27	6.8000	PR14 渝黔（124620）	1000.00	2021.03.21	8.0000
PR 宣国资（124621）	1500.00	2021.03.27	7.9500	PR 钦临海（124622）	900.00	2021.02.20	7.6800
PR 穗铁 01（124623）	2000.00	2024.04.02	6.4500	PR 盛经 01（124624）	800.00	2021.04.08	8.1900
PR 渝豪 02（124626）	300.00	2021.03.06	8.0500	PR 启东 01（124628）	1000.00	2021.04.04	8.2000
PR 苏金灌（124629）	1000.00	2021.04.08	7.9000	PR 防城港（124636）	1600.00	2021.04.16	8.0900
PR 信阳债（124638）	1200.00	2021.04.15	7.5500	PR14 沭阳（124639）	1300.00	2021.04.14	7.3900
PR 江宁开（124641）	1000.00	2024.04.14	7.9400	PR 鸠建投（124642）	1300.00	2021.04.14	8.4900

债券信息
List of Bonds

债券简称（代码）Bond Name（Code）	发行量（百万元）Issued Vol（M Yuan）	到期日 Expiration Date	票面利率（%）Coupon Rate	债券简称（代码）Bond Name（Code）	发行量（百万元）Issued Vol（M Yuan）	到期日 Expiration Date	票面利率（%）Coupon Rate
14 冀高开（124643）	2000.00	2021.04.15	7.2200	PR 娄底债（124647）	1800.00	2021.04.15	7.9500
PR14 润城（124649）	1300.00	2021.04.16	7.8800	PR 海财 02（124650）	700.00	2021.04.16	8.1700
PR 遂河投（124653）	1200.00	2021.04.17	8.3600	PR 宁海 02（124655）	1000.00	2021.04.16	7.9900
PR 张经投（124657）	1000.00	2021.04.17	7.8000	PR14 桂城（124658）	900.00	2021.04.14	7.5900
PR 平经开（124659）	700.00	2021.04.17	7.9900	PR 桐庐投（124660）	700.00	2021.04.18	8.0900
PR 赣四通（124661）	1200.00	2021.04.18	8.2000	14 京投债（124662）	5000.00	2029.04.16	3.9000
PR 秦开 02（124664）	700.00	2021.04.18	8.4500	PR 余交通（124665）	1500.00	2021.04.18	7.1900
14 苏元禾（124667）	1000.00	2021.04.21	6.8500	14 滇公路（124668）	2500.00	2020.04.24	7.0000
PR 蚌高新（124670）	600.00	2021.04.17	8.7000	PR 徐开发（124672）	1600.00	2021.04.21	7.3500
PR 火炬债（124673）	700.00	2021.04.21	7.4900	PR 崇川债（124675）	1100.00	2021.04.18	7.1500
PR 衢国资（124676）	1500.00	2021.04.21	7.2000	PR 乌城建（124677）	1000.00	2021.04.21	8.1900
PR 宁开控（124678）	500.00	2021.04.21	7.0900	PR 宜经开（124679）	1600.00	2021.04.18	7.6900
PR 徐高新（124681）	1300.00	2021.04.22	7.8600	PR 宝高新（124682）	400.00	2021.04.21	8.2500
PR 新城基（124684）	1800.00	2021.04.21	7.5000	PR 昌平债（124686）	2000.00	2021.04.22	6.7400
PR 南化债（124687）	1100.00	2021.04.21	8.2800	PR 潜城投（124688）	1500.00	2021.04.22	8.3800
PR 雨城投（124689）	1800.00	2021.04.18	7.1700	PR 嘉公路（124692）	800.00	2021.04.23	6.8000
PR 新凯迪（124693）	900.00	2021.04.22	7.8000	PR 广元控（124695）	1000.00	2021.04.22	7.3000
PR 东台 02（124696）	1200.00	2021.04.23	7.5800	PR 马城投（124697）	1500.00	2021.04.24	7.1400
PR 汇通债（124699）	800.00	2020.04.25	8.3000	PR 内江投（124700）	1800.00	2021.04.24	7.9900
PR 临开债（124701）	1000.00	2021.04.23	7.9000	PR 衡水投（124702）	1300.00	2021.04.23	7.4000
PR 蓉隆博（124703）	700.00	2021.04.24	8.1000	PR 武威 02（124704）	800.00	2021.04.24	8.2000
PR 巴国资（124706）	500.00	2021.04.25	8.5000	PR 渝江 01（124707）	2000.00	2021.04.25	6.7000
PR 安吉债（124709）	1400.00	2021.04.24	8.3000	PR 兴展债（124710）	2600.00	2021.04.24	6.6600
PR 并经开（124712）	700.00	2021.04.24	7.4300	PR 黔铁投（124713）	1700.00	2024.04.23	7.5000
14 鲁国集（124714）	600.00	2020.04.25	7.5000	PR 宁国债（124716）	1300.00	2021.04.28	8.7000
PR 姜鑫源（124717）	1000.00	2020.04.23	8.5000	14 电投 01（124720）	2000.00	2029.04.24	6.1000
PR 青海创（124721）	1000.00	2021.04.25	6.8800	PR 启东 02（124723）	800.00	2021.04.28	7.9000
PR 富山居（124724）	1500.00	2021.04.28	7.7000	PR 曲开投（124725）	1500.00	2021.04.28	7.4800
PR 德高新（124726）	1200.00	2021.04.28	7.9000	PR 渝保税（124727）	1500.00	2021.04.24	7.5000
PR 长交 01（124730）	600.00	2021.01.08	7.8800	PR 渝高开（124732）	2300.00	2021.04.25	7.8000
PR 随州 02（124734）	1200.00	2021.04.30	8.4000	PR 合建投（124735）	4500.00	2024.04.29	7.2000
PR 柳龙投（124736）	1800.00	2024.04.30	8.2800	PR 虞交公（124737）	2300.00	2021.04.29	7.0000
PR 西塞山（124739）	1000.00	2021.04.29	7.8000	PR 青经开（124740）	500.00	2021.04.30	6.8700
PR 银城投（124743）	1800.00	2021.05.12	6.8800	PR 萧经开（124744）	1300.00	2021.05.13	6.9000
PR 贺城投（124746）	1000.00	2021.05.16	8.1600	PR 太仓港（124747）	1200.00	2021.04.28	7.4000
PR 铜示范（124748）	700.00	2020.10.14	7.3000	PR 宜春投（124750）	1600.00	2021.05.15	7.0900
PR 徐高铁（124751）	2400.00	2021.05.15	7.0900	14 海控 01（124753）	1200.00	2021.05.16	6.4800
PR 鄂城 01（124757）	800.00	2021.05.15	7.7600	PR 余城投（124760）	1500.00	2021.05.19	7.0900
14 深业团（124761）	2400.00	2021.05.21	3.9500	PR 萍昌盛（124762）	500.00	2021.05.22	8.1800
PR 昆交发（124763）	1800.00	2021.05.22	6.9500	PR 蔡家湖（124764）	1200.00	2020.02.19	7.5000
PR 景洪投（124766）	1000.00	2021.05.23	8.0800	PR 云城投（124768）	700.00	2021.05.23	6.7700
PR 亳建投（124771）	1800.00	2021.05.23	6.8500	PR 当阳债（124772）	1200.00	2021.05.23	7.9900
PR 温高 02（124773）	1200.00	2021.05.30	7.3000	PR 新余东（124775）	1200.00	2020.07.08	8.4800
PR 绿地债（124776）	2000.00	2020.05.23	6.2400	PR 渝江 02（124781）	2000.00	2021.09.16	5.8800
PR 绍袍江（124783）	1000.00	2021.05.29	6.9800	PR 青宏源（124785）	1000.00	2021.05.29	7.5900
PR 苏海集（124786）	1300.00	2021.05.29	7.2800	PR 陶都债（124790）	1200.00	2021.05.28	7.6000
PR 孝城投（124791）	1600.00	2021.05.29	6.8900	PR 渝惠通（124795）	1800.00	2021.05.30	7.2800
PR 襄高投（124796）	600.00	2021.05.29	7.0000	14 十二师（124797）	800.00	2021.06.03	6.6800
PR 金城债（124800）	1200.00	2021.04.28	6.8800	PR 恩城投（124801）	1100.00	2021.06.03	7.5000
PR 津宁投（124803）	1500.00	2021.05.30	7.0000	PR 津南债（124804）	1800.00	2021.06.03	6.5000

债券信息 债券
List of Bonds Bond

债券简称（代码） Bond Name（Code）	发行量 （百万元） Issued Vol （M Yuan）	到期日 Expiration Date	票面利率（%） Coupon Rate	债券简称（代码） Bond Name（Code）	发行量 （百万元） Issued Vol （M Yuan）	到期日 Expiration Date	票面利率（%） Coupon Rate
PR 穗铁 02（124805）	3000.00	2024.06.03	6.0500	PR 渝园业（124806）	800.00	2021.06.03	8.4500
PR 金国发（124807）	600.00	2021.05.30	6.8500	PR 龙国投（124809）	2000.00	2021.05.30	6.9000
PR 长交 02（124812）	600.00	2021.01.08	6.7500	PR 井开债（124813）	800.00	2021.06.03	7.9900
14 郑投控（124814）	720.00	2021.07.18	5.0000	14 天瑞 02（124815）	1000.00	2024.06.25	8.5000
14 北国资（124817）	1600.00	2024.06.25	5.9000	PR 德源债（124818）	1000.00	2021.06.16	6.5000
PR 渝旅开（124819）	700.00	2021.06.19	7.1000	PR 济高债（124820）	800.00	2021.06.19	6.3800
PR 百色投（124821）	700.00	2021.06.20	7.2700	14 金桥棚（124824）	700.00	2021.06.19	6.8800
PR 普国资（124827）	1700.00	2022.06.20	7.1800	PR 孝高 01（124829）	800.00	2021.06.23	7.4300
PR 崇建设（124831）	1000.00	2020.06.13	6.4000	PR 睢宁润（124832）	1200.00	2021.06.25	7.1000
PR 如东泰（124833）	1100.00	2021.06.20	6.9900	PR 渝南债（124835）	1500.00	2021.06.17	7.0500
PR 漳九龙（124840）	700.00	2021.06.20	6.4800	PR 神木债（124842）	1500.00	2021.06.23	7.2800
PR 宏河债（124843）	360.00	2021.06.23	8.5000	PR 晋开发（124845）	800.00	2021.06.27	7.0800
PR 瘦西湖（124846）	1000.00	2021.06.25	6.8000	PR 辽沿海（124849）	2200.00	2021.04.01	8.9000
PR 合川投（124850）	1600.00	2021.07.07	7.3000	PR 喀什深（124854）	1000.00	2020.07.07	7.0800
PR 淮城投（124855）	1800.00	2021.07.09	6.7900	PR 临桂新（124857）	1000.00	2021.06.13	6.9000
14 柳产投（124859）	900.00	2021.07.03	6.9500	PR 汤建投（124860）	800.00	2021.06.30	6.8000
PR 兴城建（124864）	1200.00	2020.07.15	7.3600	PR 奎屯润（124865）	800.00	2020.07.10	7.1500
PR 南二建（124866）	750.00	2021.07.10	8.1000	PR 渝长寿（124869）	700.00	2021.07.15	7.2000
PR 嵊投控（124870）	1000.00	2021.07.17	7.6000	14 绿国资（124871）	600.00	2021.07.16	6.9000
PR 杭拱墅（124872）	600.00	2021.07.21	6.9000	PR 盛经 02（124873）	700.00	2021.08.25	6.9500
PR 苏高新（124878）	1000.00	2021.07.22	6.2000	PR 淮新 02（124879）	600.00	2021.07.28	6.9500
PR 曲经开（124880）	1700.00	2021.07.21	7.4800	PR 江北嘴（124882）	1000.00	2021.07.21	6.5000
PR 西微债（124883）	1500.00	2021.07.25	6.5800	PR 双水 02（124884）	1000.00	2020.07.30	6.9200
PR 临城建（124885）	1000.00	2021.08.01	6.9400	PR 长农建（124886）	1100.00	2021.07.25	7.0000
PR 城南投（124887）	1600.00	2021.07.30	6.7000	PR 定国资（124889）	1200.00	2021.08.04	7.1300
14 甘电投（124890）	1000.00	2024.08.05	6.4000	PR 株高 01（124891）	1000.00	2021.08.11	6.9500
PR 株高 02（124892）	1000.00	2022.04.17	6.3800	14 海资 02（124894）	1000.00	2021.08.08	8.0000
14 北港债（124896）	900.00	2021.07.30	6.2900	PR 津广投（124897）	1500.00	2021.07.24	7.4500
PR 津水务（124898）	1000.00	2021.07.28	6.6000	PR 虞城建（124901）	1800.00	2021.08.07	6.8000
PR 鹤投资（124903）	900.00	2021.08.01	7.8800	PR 迁安 02（124906）	500.00	2021.08.11	7.1900
PR 芜宜居（124907）	2300.00	2021.08.11	6.4500	PR 靖江港（124908）	800.00	2021.08.05	7.3000
14 超威债（124909）	600.00	2020.08.14	7.9800	PR 石景山（124910）	1000.00	2021.08.18	6.0800
PR 北辰债（124911）	1500.00	2021.08.20	6.8700	PR 锦城 02（124912）	1000.00	2021.08.18	6.4400
PR 绍交投（124913）	1500.00	2021.08.20	6.4000	PR 慈建投（124914）	1200.00	2021.08.18	6.1800
14 宏桥 02（124915）	1100.00	2021.08.21	7.4500	PR 新开元（124916）	1200.00	2021.08.12	7.4300
PR 沣西债（124917）	1200.00	2021.08.15	6.8500	PR 沪南汇（124918）	1500.00	2021.08.20	6.0400
PR 浏阳债（124921）	1500.00	2021.08.22	6.9800	PR 白沙投（124924）	1200.00	2021.08.22	6.8700
PR 金湖资（124925）	700.00	2021.08.25	7.7500	PR 阜宁债（124926）	1200.00	2021.08.15	7.1900
PR 九龙债（124928）	900.00	2021.08.19	6.6000	PR 巴南 01（124929）	500.00	2021.08.20	7.0000
PR 堰城债（124930）	1500.00	2021.08.20	6.5800	PR 揭城投（124933）	1600.00	2021.08.27	6.5500
14 冀建投（124935）	2000.00	2025.09.01	4.1600	PR 天门债（124936）	1000.00	2021.08.28	8.2000
PR 湖中兴（124937）	1100.00	2021.08.28	6.4800	PR 郴百福（124938）	1800.00	2021.08.28	6.5400
PR 蒙盛祥（124939）	700.00	2021.08.21	8.1800	PR 滁州债（124940）	1400.00	2021.08.22	6.4000
PR14 钦滨（124941）	1000.00	2021.07.07	6.9900	PR 南绿港（124942）	500.00	2021.06.27	7.3000
PR 兰国投（124943）	700.00	2021.09.10	6.3200	PR 广建设（124944）	800.00	2021.08.26	8.3500
PR 西港债（124947）	900.00	2021.09.23	7.9000	14 金资 02（124948）	1500.00	2021.09.05	5.5500
PR 随建投（124949）	1000.00	2021.09.02	7.1800	14 登电债（124950）	350.00	2020.09.01	6.6100
PR 马高新（124952）	1200.00	2021.09.09	6.8500	PR 锑都债（124956）	1200.00	2021.08.27	7.1800
PR 滨投债（124957）	800.00	2021.09.11	6.3900	PR 胶发展（124960）	1150.00	2021.09.18	6.3300
PR 苏望涛（124961）	1000.00	2020.09.15	6.8200	PR 武经开（124962）	800.00	2021.09.12	6.6500

债券信息
List of Bonds

债券简称（代码） Bond Name（Code）	发行量（百万元） Issued Vol（M Yuan）	到期日 Expiration Date	票面利率（%） Coupon Rate	债券简称（代码） Bond Name（Code）	发行量（百万元） Issued Vol（M Yuan）	到期日 Expiration Date	票面利率（%） Coupon Rate
14 京国资（124966）	4500.00	2029.09.16	3.7000	PR 盐东投（124968）	1200.00	2021.09.15	6.4800
PR 杭地铁（124970）	5000.00	2024.09.17	5.9700	PR 安高债（124972）	900.00	2021.09.17	8.7800
PR 宣建债（124973）	900.00	2021.09.22	7.9500	PR 泸纳债（124974）	800.00	2021.09.11	7.1700
PR 溧经开（124975）	1200.00	2021.09.22	6.2700	PR 张掖债（124976）	1100.00	2021.09.22	6.9200
14 天瑞 03（124977）	1500.00	2021.10.16	8.0000	PR 陂城投（124979）	1200.00	2021.09.17	6.4300
PR 嘉峪关（124981）	1000.00	2021.09.23	7.8300	PR 孝高 02（124983）	800.00	2021.09.22	6.8700
PR 鄂城 02（124984）	700.00	2021.09.19	6.6800	PR 建开债（124986）	1300.00	2021.09.25	7.2900
14 闽投债（124988）	1500.00	2021.10.16	2.1000	15 饶城投（125604）	2000.00	2020.12.30	5.9700
15 贵安债（125605）	5000.00	2020.12.30	7.9800	15 津港债（125608）	2000.00	2020.01.10	7.9000
15 驻投 01（125609）	1000.00	2020.12.31	7.5000	15 碧园 01（125611）	1000.00	2020.12.29	6.3000
15 华资债（125616）	500.00	2099.12.31	7.4000	15 碧海债（125623）	800.00	2020.12.23	7.8000
15 昆经开（125624）	1000.00	2020.12.25	6.0000	15 鄂铁 01（125627）	1000.00	2020.12.24	6.0000
15 柳东 02（125629）	1000.00	2020.12.24	5.9000	15 金坛 01（125635）	500.00	2020.12.18	8.5000
15 吴江 01（125639）	1000.00	2020.12.18	4.8000	15 柳东 01（125641）	1000.00	2020.12.18	5.9000
15 新投 01（125642）	1000.00	2020.12.03	8.8000	15 绿投 01（125647）	1000.00	2020.12.01	7.8000
PR 绵科 01（125655）	1000.00	2020.11.26	6.3000	PR 绵科 02（125659）	1000.00	2020.11.27	6.3000
15 南城 01（125660）	250.00	2020.03.20	9.7000	15 晋交 01（125665）	1500.00	2020.12.11	6.2000
15 苏宁 01（125668）	10000.00	2020.12.16	7.3000	15 中房 01（125670）	1000.00	2020.12.09	6.8000
15 润弘投（125673）	2000.00	2020.12.03	8.0000	15 中地 01（125678）	4000.00	2020.12.09	4.4000
15 南通债（125679）	1500.00	2020.12.16	5.5000	15 自高 01（125681）	1000.00	2020.12.16	7.5000
15 浙五金（125682）	800.00	2020.12.10	7.2000	15 启迪 01（125683）	1000.00	2020.12.09	7.3000
15 望城 01（125685）	1500.00	2020.12.10	7.5000	15 伊财 02（125686）	1000.00	2020.12.10	6.0000
15 淮水 01（125688）	800.00	2020.12.15	5.5000	15 遵桥梁（125693）	2300.00	2020.12.15	6.5000
16 海陵 01（125698）	1400.00	2021.03.18	7.8000	15 政通债（125702）	1500.00	2020.11.26	7.5000
15 惠憬 02（125704）	1000.00	2020.11.24	7.1500	15 太湖 01（125705）	500.00	2020.11.19	7.8000
15 漳龙债（125707）	1000.00	2020.11.23	5.6000	15 潭九华（125712）	2000.00	2020.11.19	7.5000
15 伊财 01（125715）	1500.00	2020.11.18	6.0000	15 都兴市（125719）	1000.00	2020.11.27	8.0000
15 中科债（125720）	500.00	2020.11.10	5.6000	15 汾湖 01（125725）	1000.00	2020.11.16	6.7000
15 永兴债（125729）	800.00	2020.11.13	7.8000	15 国控债（125733）	1000.00	2020.12.10	5.9000
15 海资债（125744）	1000.00	2020.11.09	5.5000	15 新业 01（125749）	1000.00	2020.11.10	7.2000
15 株循环（125753）	1200.00	2020.09.03	8.0500	15 都江堰（125755）	2000.00	2020.10.30	8.3000
15 山钢 04（125756）	1500.00	2020.11.02	6.7900	15 伊资 02（125760）	1200.00	2020.10.28	8.1800
15 天风次（125762）	2000.00	2020.10.28	5.5000	15 漳九龙（125765）	2500.00	2020.10.27	5.8000
15 首股 01（125766）	3000.00	2020.10.27	5.5000	15 坛国 01（125773）	1000.00	2020.10.23	7.0500
15 银发债（125780）	800.00	2020.10.19	6.3000	15 恒大 04（125782）	17500.00	2020.10.16	8.0000
15 恒大 05（125783）	2500.00	2020.10.16	7.8800	15 潞矿 02（125785）	430.00	2020.10.15	6.5000
15 潞矿 01（125786）	2570.00	2020.10.15	6.2000	15 首开 01（125787）	2000.00	2020.10.12	5.6000
15 晋经 01（125789）	800.00	2020.10.09	7.6000	15 绵投控（125791）	2000.00	2021.10.13	7.4500
16 山煤 01（125798）	300.00	2021.01.27	7.6000	15 华信 02（125804）	1000.00	2020.09.24	6.7000
15 锡东科（125808）	3000.00	2020.09.24	6.5000	15 宜城 01（125813）	1000.00	2020.09.21	6.3000
15 扬化债（125815）	1000.00	2020.09.21	8.5000	15 华信 01（125821）	1000.00	2020.09.17	6.9000
15 常城 02（125823）	1500.00	2020.09.16	6.8000	15 常城 01（125824）	1500.00	2020.09.15	6.8000
15 蒙高 01（125833）	900.00	2020.09.10	7.5000	15 云城投（125847）	2000.00	2020.09.01	5.8000
15 南华 01（125854）	450.00	2020.08.28	5.8000	15 金禹 02（125857）	500.00	2020.08.27	8.0000
15 广证 02（125861）	800.00	2020.08.26	6.0400	15 焦作 02（125864）	1000.00	2020.08.20	6.8000
15 鄂长投（125868）	2000.00	2020.08.14	6.3000	15 伊资 01（125870）	1000.00	2020.08.14	7.5000
15 无锡 01（125874）	1000.00	2020.08.10	6.2000	15 焦作 01（125875）	1000.00	2020.08.12	6.8000
15 城六局（125877）	1050.00	2099.12.31	8.0000	15 金禹 01（125879）	1000.00	2020.08.12	8.0000
15 天房发（125885）	3000.00	2020.08.05	9.0000	15 普湾 02（125909）	2000.00	2020.07.31	6.8500
15 伟驰 03（125915）	500.00	2020.07.21	8.3000	15 宁化工（125921）	800.00	2020.07.15	6.9000

债券信息 债券
List of Bonds Bond

债券简称（代码）Bond Name（Code）	发行量（百万元）Issued Vol（M Yuan）	到期日 Expiration Date	票面利率（%）Coupon Rate	债券简称（代码）Bond Name（Code）	发行量（百万元）Issued Vol（M Yuan）	到期日 Expiration Date	票面利率（%）Coupon Rate
15 湘财 04（125926）	500.00	2020.07.16	7.0000	15 伟驰 02（125927）	500.00	2020.07.14	8.3000
15 华福 Y1（125929）	1200.00	2020.07.13	6.1000	15 伟驰 01（125972）	500.00	2020.07.02	8.3000
15 恒泰续（125975）	1500.00	2020.06.29	6.8000	14 永诚债（125980）	900.00	2020.06.15	6.2000
15 东海债（125991）	1000.00	2020.06.11	5.7000	14 电投 02（127001）	3000.00	2029.09.17	5.7400
14 天能 02（127002）	400.00	2020.09.29	8.0000	PR 溧昆仑（127004）	1100.00	2021.10.24	5.9000
PR 乐清投（127005）	1000.00	2021.10.20	5.9900	PR 蓬莱债（127006）	1000.00	2022.10.22	6.9800
PR 潭万楼（127007）	2000.00	2022.01.14	6.9000	PR 海城投（127010）	1300.00	2021.10.22	5.5800
PR 乐山债（127013）	1200.00	2021.10.22	5.6800	PR 三门 01（127014）	400.00	2021.10.29	6.8500
PR 世园债（127015）	1200.00	2021.10.21	6.2000	14 忠旺债（127016）	1100.00	2020.10.22	5.4800
14 粤高债（127017）	2000.00	2029.10.29	5.4000	PR 新昌 01（127018）	600.00	2021.10.30	5.8800
PR 丹徒投（127019）	1500.00	2021.11.03	5.8900	PR 玉交 01（127020）	500.00	2021.11.03	5.6500
14 京天恒（127021）	1500.00	2020.10.24	5.4000	PR 沪建债（127026）	2000.00	2024.11.05	4.8000
PR 晋城债（127027）	1400.00	2021.11.11	4.9900	PR 岳阳债（127029）	1300.00	2021.11.03	5.5000
PR 鹿城债（127030）	1200.00	2021.11.03	5.5800	PR 鹤建投（127031）	1600.00	2020.07.22	5.6000
PR 连交通（127032）	900.00	2021.11.17	5.4700	PR 即旅投（127033）	1000.00	2021.11.17	5.4700
PR 永嘉债（127034）	800.00	2021.11.12	6.5000	PR 双桥债（127037）	900.00	2021.11.19	5.9900
PR 吴经发（127038）	2000.00	2021.11.19	5.4900	PR 中山交（127041）	800.00	2021.11.26	5.2500
PR 来工投（127042）	1000.00	2021.11.26	5.9700	PR 黑重建（127043）	700.00	2020.11.20	7.0600
PR 河润业（127044）	900.00	2021.12.03	6.2000	PR 长兴债（127045）	1300.00	2021.12.03	6.0000
14 海控 02（127046）	1200.00	2021.12.04	5.6500	PR 江油债（127047）	1100.00	2022.09.02	6.5500
PR 浏经开（127048）	1300.00	2021.11.27	5.7000	PR 绍柯开（127049）	800.00	2021.12.10	7.0000
PR 松原债（127050）	1100.00	2021.12.04	5.7900	PR 滕建债（127051）	800.00	2022.06.08	6.0000
14 甘公 02（127052）	2500.00	2021.12.01	5.8500	15 天瑞 01（127053）	1500.00	2021.01.15	8.0000
15 黔物资（127054）	500.00	2022.01.23	6.0000	PR 邳恒润（127055）	1200.00	2021.12.05	6.4600
16 朝国资（127056）	1900.00	2023.03.23	3.2500	PR 牟中债（127057）	1000.00	2021.12.11	7.4800
PR 芜建债（127059）	1600.00	2021.12.08	6.6000	PR 博兴债（127062）	1000.00	2021.12.22	8.0000
PR 遵经债（127067）	600.00	2023.01.22	4.8700	PR 新昌 02（127068）	600.00	2021.12.31	6.9500
PR 淮国投（127069）	1700.00	2021.12.31	6.5400	PR 泾河债（127072）	1000.00	2022.01.05	6.8900
PR 铁西债（127073）	1200.00	2022.01.14	6.0000	PR 铜大江（127074）	800.00	2020.05.22	6.5000
PR 鸡西资（127075）	1300.00	2022.01.19	6.8700	PR 宁城建（127076）	1300.00	2022.01.20	6.7000
PR 本溪债（127077）	900.00	2022.01.22	6.2400	PR 郴高投（127079）	1500.00	2022.01.23	6.4500
PR 达州 01（127080）	500.00	2022.01.14	6.5500	PR 望经开（127082）	1200.00	2022.01.22	6.5700
PR 宜创债（127083）	1000.00	2022.03.23	6.7000	PR 中区债（127084）	1500.00	2022.01.29	6.3900
PR 榕城 01（127087）	600.00	2022.01.26	5.4800	PR15 汇丰（127088）	1000.00	2022.01.26	6.6000
PR 梵净山（127091）	1500.00	2022.01.28	6.9500	PR 淀山湖（127092）	1300.00	2021.01.30	5.9500
15 铜发债（127093）	500.00	2022.01.28	6.9800	PR 盘经开（127094）	800.00	2022.01.22	7.2500
PR 湘九债（127095）	1500.00	2022.01.21	6.5900	PR 东方财（127096）	1600.00	2022.01.29	5.1900
PR 毕建投（127097）	1600.00	2022.01.28	6.5000	PR 营沿海（127098）	1500.00	2022.01.26	6.4500
15 天瑞 02（127099）	1000.00	2021.02.06	8.0000	PR 新交投（127100）	1300.00	2022.02.06	6.1400
PR 吉华投（127101）	800.00	2022.02.09	7.1800	PR 襄矿债（127102）	800.00	2022.02.11	8.8000
PR 涪交旅（127104）	800.00	2022.02.03	6.6800	PR 咸荣投（127105）	1400.00	2022.02.10	6.2900
PR 黑债 01（127106）	900.00	2020.11.19	7.1000	PR 常天宁（127108）	1200.00	2022.02.12	6.4800
PR 天盈债（127109）	800.00	2022.03.25	6.7900	PR 兴城债（127110）	600.00	2022.03.20	6.0000
PR 黔南投（127111）	1800.00	2022.03.09	6.4300	PR 天诚 01（127112）	800.00	2022.03.11	6.5000
PR 马建投（127115）	600.00	2022.03.06	6.4900	PR 淳新开（127116）	1100.00	2022.03.11	6.1000
PR 娄开债（127117）	1300.00	2022.03.13	6.3600	PR 丰城投（127118）	1000.00	2022.02.10	6.4900
PR 兴堰债（127119）	800.00	2022.03.12	6.1000	PR 巴南债（127120）	600.00	2022.03.13	6.1700
15 苏国信（127121）	2800.00	2020.03.16	4.9000	10 湘高速（127122）	2800.00	2020.04.08	5.5000
PR 阜新 02（127123）	800.00	2022.03.18	6.1800	14 中色 03（127124）	3000.00	2025.03.20	5.3000
PR 三门 02（127125）	300.00	2022.03.18	6.8000	PR 遂富源（127126）	900.00	2022.03.17	6.3900

债券信息
List of Bonds

债券简称（代码）Bond Name（Code）	发行量（百万元）Issued Vol（M Yuan）	到期日 Expiration Date	票面利率（%）Coupon Rate	债券简称（代码）Bond Name（Code）	发行量（百万元）Issued Vol（M Yuan）	到期日 Expiration Date	票面利率（%）Coupon Rate
PR 渭城债（127127）	600.00	2022.03.11	6.0900	PR 沈大东（127128）	700.00	2022.03.20	6.0500
PR 苏通债（127129）	900.00	2022.03.18	6.2000	PR 尧都债（127130）	1200.00	2022.03.13	7.1900
PR 玉交 02（127131）	500.00	2022.03.20	6.1800	PR 梅山债（127132）	800.00	2022.03.23	6.2700
PR 泗洪债（127133）	1000.00	2022.03.16	6.1500	PR 广安债（127134）	1200.00	2022.03.24	6.3900
PR 阳高新（127135）	1600.00	2022.03.30	7.0000	PR 株今添（127137）	1600.00	2020.03.25	6.2500
PR 柯岩债（127138）	800.00	2022.03.24	6.2800	PR 邛崃债（127139）	800.00	2022.03.25	6.9800
PR 东南债（127141）	800.00	2022.03.26	6.5300	PR 怀经开（127142）	700.00	2022.03.26	6.8000
PR 新泰债（127143）	1000.00	2022.03.23	6.3500	15 黄河债（127144）	700.00	2021.03.27	8.0000
PR 长轨 01（127145）	3000.00	2025.04.03	5.9700	PR 汴新债（127146）	800.00	2020.03.12	6.3500
PR15 郫国（127147）	1400.00	2022.04.01	6.9500	PR 九江置（127148）	1200.00	2022.03.23	6.2000
15 粤路桥（127149）	2000.00	2030.05.21	5.1800	PR 包科教（127150）	600.00	2022.03.25	6.4800
PR 白工投（127151）	1000.00	2022.03.27	7.3000	PR 渝铜梁（127152）	1200.00	2022.04.08	6.5900
PR 吐国投（127153）	1200.00	2022.03.19	6.2000	PR 宜兴债（127155）	1100.00	2022.03.30	6.1600
15 联峰债（127156）	1000.00	2021.04.07	7.2000	PR 石城投（127157）	800.00	2022.05.04	6.1000
PR 东营资（127158）	800.00	2022.03.31	5.5700	PR 越投债（127159）	1100.00	2022.04.07	6.3800
PR 石国控（127161）	850.00	2022.04.09	5.7500	PR 湘铁投（127162）	1100.00	2025.04.30	6.0900
PR15 海门（127163）	1400.00	2022.04.03	6.2200	PR 庐江债（127164）	1000.00	2022.04.16	6.7000
PR 高国资（127165）	900.00	2022.04.14	6.6800	PR 洋口港（127166）	900.00	2022.04.10	6.2300
PR 阳江投（127167）	1100.00	2022.04.14	6.2400	PR 绍城建（127168）	1300.00	2022.04.17	5.7500
PR 鄂长江（127169）	450.00	2022.04.03	6.1500	PR 渝水债（127170）	1200.00	2022.06.24	7.7000
PR 乌经开（127171）	990.00	2022.04.13	6.4000	PR 滨中海（127172）	500.00	2022.04.13	6.6500
PR 津铁投（127173）	2400.00	2025.04.13	5.5800	PR 迁安投（127174）	1500.00	2022.04.22	6.2500
15 武铁 01（127175）	1800.00	2030.04.14	3.5500	PR 武铁 02（127176）	1500.00	2022.04.14	5.2500
PR 梅金叶（127177）	1000.00	2022.04.22	6.0200	PR 兴泸债（127179）	1000.00	2025.04.23	6.4100
PR 郴新债（127180）	1050.00	2020.08.31	6.1500	PR 桂经投（127181）	1000.00	2022.04.22	5.6000
PR 阿信投（127182）	800.00	2022.04.20	6.4000	PR 淮城债（127183）	1200.00	2022.04.23	5.7000
PR 漳经发（127184）	600.00	2022.04.27	6.1700	PR 绍城债（127185）	500.00	2022.04.27	6.0900
PR 遵道桥（127186）	900.00	2023.04.27	6.1000	PR 宜城债（127187）	1600.00	2022.04.27	6.0100
PR 江新债（127188）	800.00	2022.04.22	6.0300	PR 渝悦投（127189）	1100.00	2022.04.29	6.0900
PR 大足债（127190）	700.00	2022.04.28	6.3000	PR 济高 02（127191）	800.00	2022.04.30	6.0900
PR 沪闵城（127192）	2000.00	2022.04.20	5.6300	PR 马花山（127193）	1000.00	2022.04.20	6.0700
PR 天诚 02（127194）	500.00	2022.04.30	6.4500	16 闽投 02（127195）	1000.00	2024.03.01	3.2000
PR 海海业（127196）	600.00	2020.06.24	6.8400	PR 瓯海债（127197）	1600.00	2022.04.23	6.4500
PR 绍城北（127198）	400.00	2022.04.30	6.1300	PR 津城债（127200）	1200.00	2022.04.27	5.7500
PR 丹开债（127201）	900.00	2022.04.24	6.4000	PR 呼伦债（127202）	700.00	2022.04.30	6.3100
15 兴泰债（127203）	1000.00	2022.04.29	5.6000	PR 巢城债（127205）	800.00	2022.04.30	6.5000
PR 沈经区（127206）	1200.00	2022.04.29	7.1700	15 国网 01（127208）	8000.00	2022.04.09	4.9000
15 国网 02（127209）	2000.00	2020.04.09	4.9500	PR 黄山债（127211）	900.00	2022.05.06	5.9500
PR 黄城债（127212）	1500.00	2022.04.29	5.9900	PR 枝江 02（127213）	800.00	2023.03.28	4.3800
15 建发债（127214）	1000.00	2022.05.27	4.2800	PR 兴荣控（127215）	900.00	2023.03.31	4.8600
PR 蜀城投（127216）	500.00	2022.05.26	6.5800	PR 九城投（127219）	1400.00	2022.05.22	5.5000
PR 邯建投（127220）	1300.00	2022.05.27	5.4800	PR 赣城投（127221）	2000.00	2022.06.16	5.5000
PR 建湖债（127222）	1400.00	2022.06.01	6.3000	PR 大洼债（127223）	800.00	2022.06.12	6.2900
PR 鹰高新（127225）	900.00	2022.07.31	6.7500	15 海基债（127226）	1500.00	2022.06.17	7.5000
PR 锡山债（127227）	800.00	2022.07.20	5.7800	PR 邗建债（127228）	1000.00	2022.06.15	5.8800
PR 潍高新（127229）	1000.00	2022.06.18	6.0500	PR 牡新区（127230）	600.00	2022.06.30	6.4800
15 冀广 01（127231）	300.00	2023.06.12	4.8000	PR 长轨 02（127232）	3000.00	2025.07.14	5.4000
16 余金控（127233）	300.00	2020.03.22	5.1800	15 十师债（127234）	350.00	2022.04.24	3.1000
PR 椒江 01（127235）	1000.00	2022.07.06	6.1800	PR 吴江投（127236）	1200.00	2022.07.08	5.2500
PR 喀城建（127237）	700.00	2022.07.20	5.8000	PR 陕东岭（127238）	1000.00	2022.07.14	8.0000

债券信息
List of Bonds

债券
Bond

债券简称（代码） Bond Name（Code）	发行量（百万元） Issued Vol（M Yuan）	到期日 Expiration Date	票面利率（%） Coupon Rate	债券简称（代码） Bond Name（Code）	发行量（百万元） Issued Vol（M Yuan）	到期日 Expiration Date	票面利率（%） Coupon Rate
15洪轨02（127240）	3600.00	2030.08.03	4.3000	PR郑经开（127241）	1300.00	2022.07.31	5.4800
PR当涂债（127242）	900.00	2022.08.10	5.3800	15潍渤海（127243）	500.00	2023.08.05	7.5000
PR中关村（127244）	1100.00	2022.08.12	4.2000	PR荆高新（127245）	700.00	2022.08.11	5.4800
PR徐新盛（127246）	2000.00	2022.08.12	5.1300	PR京科债（127248）	1000.00	2022.08.13	4.2000
PR丽水债（127249）	600.00	2022.08.13	5.6700	PR闽漳龙（127250）	600.00	2022.08.07	4.9900
PR丰县债（127251）	1000.00	2022.03.20	6.4800	PR通途债（127252）	700.00	2020.03.27	6.0000
15粤电01（127253）	1500.00	2025.08.20	4.5400	PR平湖债（127255）	1500.00	2022.08.25	4.9500
15温铁01（127256）	800.00	2020.08.27	7.0000	PR博投债（127257）	800.00	2022.08.26	5.7700
15温铁02（127258）	700.00	2030.08.27	5.8000	PR太科债（127259）	1400.00	2022.08.28	5.5400
PR般阳债（127261）	500.00	2022.09.09	5.5000	PR连江债（127262）	1000.00	2022.04.30	6.2900
PR15沭阳（127263）	800.00	2022.09.11	5.4900	15彬煤债（127264）	800.00	2020.09.09	8.0000
PR邵武债（127267）	700.00	2022.09.11	5.8800	PR汝州债（127268）	800.00	2021.09.16	6.3000
PR武夷债（127269）	1500.00	2022.09.28	4.9600	PR高邮债（127272）	1000.00	2022.09.15	5.4800
PR黑山债（127273）	400.00	2022.09.18	6.7900	PR铜城投（127274）	1000.00	2022.09.18	5.2300
PR津地铁（127278）	2500.00	2025.10.16	4.2700	PR浏新城（127279）	1500.00	2022.10.23	4.4300
15魏桥债（127280）	1000.00	2022.10.26	6.2600	PR邳经发（127281）	1000.00	2022.10.29	5.0000
PR贵路桥（127282）	1500.00	2022.10.28	4.1700	PR大同建（127283）	2000.00	2022.10.22	4.4900
PR桐建债（127284）	800.00	2020.06.30	5.4700	15茂名港（127285）	600.00	2020.11.16	2.2400
PR沛城投（127286）	900.00	2022.11.10	5.2000	PR芜新投（127287）	1000.00	2022.11.04	4.8700
PR通高新（127288）	1300.00	2022.10.19	5.0000	PR河池债（127289）	700.00	2022.11.13	5.5800
PR伊国投（127290）	500.00	2022.09.24	5.3700	PR苍南债（127291）	800.00	2022.11.11	5.5800
15国网04（127293）	5000.00	2020.10.21	3.7900	PR天心01（127294）	800.00	2022.11.06	4.2000
PR泰虹桥（127295）	600.00	2022.10.29	5.0300	15云能源（127296）	1500.00	2025.11.17	4.8000
PR任丘债（127298）	700.00	2022.11.18	5.6800	15国泰债（127300）	800.00	2022.09.09	5.5800
PR武清投（127301）	1800.00	2022.11.17	4.1500	PR桂城投（127302）	1600.00	2022.12.02	5.2300
PR秦汉债（127303）	1400.00	2022.11.27	5.1500	PR蒙金隆（127304）	600.00	2022.11.19	7.3000
16穗港03（127305）	500.00	2026.11.24	3.3800	16神木债（127307）	800.00	2020.03.16	4.4800
PR巴中债（127308）	1300.00	2022.12.02	5.1300	PR赣陶债（127309）	1000.00	2022.11.27	5.3800
PR海城改（127310）	1150.00	2022.11.27	5.0800	PR麒麟债（127311）	1000.00	2022.11.26	5.3700
15海航债（127312）	3000.00	2022.11.27	5.9900	PR东丽投（127313）	2500.00	2020.08.17	4.2800
PR睢润企（127314）	1500.00	2022.11.20	5.4200	15机场债（127315）	800.00	2022.12.03	6.8800
PR洛城债（127316）	1000.00	2022.12.02	4.4700	PR平崆旅（127317）	350.00	2022.11.30	6.8500
15闽投专（127318）	800.00	2020.12.23	2.7000	PR日建债（127319）	600.00	2022.12.07	3.9800
15湘产债（127321）	300.00	2020.12.18	4.9500	PR义城投（127322）	1100.00	2022.12.07	4.3100
PR海资债（127323）	1200.00	2022.12.14	4.6000	PR达州02（127324）	500.00	2022.11.27	5.1000
15国网06（127327）	2000.00	2020.11.11	3.7500	PR长轨03（127328）	2000.00	2025.12.21	4.1000
PR马高投（127329）	850.00	2023.11.28	3.9000	PR和济投（127330）	500.00	2022.12.17	5.0900
PR威海投（127331）	1100.00	2022.12.17	4.8000	PR凤城债（127332）	500.00	2022.12.17	5.7600
PR榕城02（127333）	600.00	2022.07.08	4.8900	15锡创投（127334）	400.00	2022.12.21	4.3300
PR昌乐债（127335）	900.00	2022.12.16	5.1800	PR潜城债（127337）	1700.00	2022.12.21	5.1900
PR宜高投（127338）	2000.00	2022.12.15	4.8000	PR金昌债（127339）	650.00	2022.12.21	6.7900
15冀广02（127340）	200.00	2023.12.14	5.0000	PR正棚改（127341）	1800.00	2025.12.24	5.2800
PR内双创（127342）	600.00	2022.12.25	5.0300	PR仁发债（127344）	1000.00	2022.12.22	6.4200
PR盐高新（127345）	1000.00	2022.12.14	3.9000	15昆水务（127347）	700.00	2022.12.25	4.1500
PR响水债（127348）	1300.00	2022.12.24	4.9800	PR邵东债（127349）	1000.00	2023.01.11	6.5000
PR浙滨债（127350）	1800.00	2022.12.23	4.6500	PR黔畅达（127351）	2000.00	2022.12.21	5.7900
16恒投01（127352）	2300.00	2026.05.10	4.1000	PR渝缙云（127353）	1200.00	2022.12.31	4.5000
PR梅建投（127354）	1300.00	2022.12.30	5.0000	PR凯投01（127355）	1400.00	2022.12.17	5.2900
PR常德债（127356）	1900.00	2023.01.12	3.5900	PR永经投（127357）	1300.00	2023.01.14	3.5500
PR平阳债（127358）	1500.00	2023.01.08	4.9700	16穗金控（127359）	1000.00	2026.02.02	3.4800

债券信息
List of Bonds

债券简称（代码） Bond Name（Code）	发行量（百万元） Issued Vol（M Yuan）	到期日 Expiration Date	票面利率（%） Coupon Rate	债券简称（代码） Bond Name（Code）	发行量（百万元） Issued Vol（M Yuan）	到期日 Expiration Date	票面利率（%） Coupon Rate
PR 兴义债（127360）	1000.00	2022.12.16	5.4000	PR 老边 01（127361）	800.00	2020.09.30	5.6300
16 闽投 01（127362）	1500.00	2024.01.15	3.2000	PR 新沂投（127363）	1900.00	2023.01.19	4.3000
PR 潼南债（127364）	2000.00	2022.12.31	4.9900	PR 渝两江（127365）	2800.00	2021.01.13	3.1700
16 红小微（127366）	1200.00	2020.01.14	6.5000	PR 沪城建（127367）	2000.00	2023.01.06	3.5000
PR 衡阳债（127368）	1400.00	2023.01.21	4.2800	16 来宾债（127369）	800.00	2020.03.07	7.5000
16 奥德 01（127370）	500.00	2023.01.15	5.7700	PR 普兰店（127371）	1500.00	2023.01.25	3.8000
PR 大理债（127372）	500.00	2023.01.25	6.0100	PR 枝江 01（127373）	800.00	2023.01.11	4.7800
PR 六盘水（127374）	2000.00	2023.01.20	3.7400	15 西微 02（127376）	400.00	2020.01.29	5.5000
PR 黄冈债（127377）	2000.00	2023.01.18	4.0800	PR 禹州债（127378）	1200.00	2023.01.19	4.6800
PR 泗阳债（127379）	1200.00	2023.01.21	4.9400	PR 阿勒泰（127380）	700.00	2023.01.22	4.8500
PR 仪征发（127381）	700.00	2023.01.08	4.6300	16 赣投债（127382）	1000.00	2026.01.11	3.7000
PR 宁乡债（127383）	1500.00	2023.01.27	3.8700	PR 开福 01（127384）	600.00	2023.01.21	4.2000
PR 兴资债（127385）	800.00	2023.01.18	5.9700	PR 丹投资（127386）	1600.00	2023.01.25	3.9900
PR 雨花债（127387）	1400.00	2023.01.28	3.8000	PR 瓯专项（127388）	1700.00	2023.01.21	4.8300
PR 芙蓉债（127390）	2500.00	2023.01.26	3.8800	PR 瓦沿海（127391）	1500.00	2023.02.01	3.9800
PR 平交投（127392）	1500.00	2023.01.29	3.9200	16 合川债（127393）	500.00	2020.01.29	6.5000
PR 吉城建（127395）	2150.00	2023.01.27	3.8000	16 陕旅债（127396）	350.00	2023.03.01	4.5800
PR 威海债（127398）	1600.00	2023.03.02	3.3300	16 鲁信债（127399）	600.00	2023.03.09	3.3600
16 广晟 01（127400）	2000.00	2031.03.11	3.7000	PR 铜建专（127401）	1190.00	2023.03.14	4.1200
PR 下城债（127402）	1400.00	2023.03.14	3.8000	PR 老边 02（127403）	1500.00	2023.03.11	4.9800
16 唐金债（127404）	1600.00	2023.03.16	4.3500	PR 盐都债（127405）	1300.00	2023.03.17	3.6700
16 宏小微（127406）	900.00	2020.03.16	7.5000	PR 汇盛债（127407）	1000.00	2024.03.15	4.4900
PR 港经开（127408）	700.00	2023.03.22	3.9500	PR 渝产债（127409）	2300.00	2023.03.21	3.3600
PR 德投债（127410）	800.00	2023.03.21	5.9900	16 滁小微（127411）	1000.00	2020.03.23	6.3000
PR 鸠江债（127412）	1200.00	2023.03.21	3.9600	PR 皋交投（127413）	1500.00	2023.03.23	3.7400
PR 邕高 01（127414）	500.00	2023.03.25	4.2800	PR 三明交（127415）	1300.00	2023.03.29	3.6800
PR 贾汪债（127416）	1600.00	2023.03.23	4.0000	PR 启交通（127418）	1500.00	2023.03.18	4.0000
PR 启国控（127419）	1500.00	2023.03.09	4.0000	PR 渝开债（127420）	1500.00	2023.04.13	3.9500
16 青小微（127421）	1000.00	2020.03.29	6.5000	PR 惠开债（127424）	1600.00	2023.04.08	4.1600
16 穗港 01（127425）	500.00	2026.04.18	3.5700	PR 两江 01（127426）	2500.00	2021.04.19	3.6000
PR 渤海 01（127427）	3000.00	2023.04.18	3.8200	PR 渤海 02（127428）	600.00	2026.04.18	4.1000
G16 京汽 1（127429）	2500.00	2023.04.22	3.4500	PR 淮资债（127430）	1200.00	2023.05.03	4.6300
PR16 洛新（127431）	1500.00	2023.04.26	4.2800	PR 太新 01（127432）	1000.00	2023.05.03	4.4900
PR 海发债（127433）	1060.00	2023.06.06	4.6700	16 晋煤 01（127434）	1000.00	2021.05.03	6.8000
PR 磁湖 01（127435）	1500.00	2023.06.08	4.5000	PR 惠棚改（127436）	1000.00	2021.06.08	4.3800
PR 扬城投（127437）	1000.00	2020.08.25	5.1500	PR 望城建（127438）	2700.00	2023.07.13	3.7500
PR 樟树债（127439）	900.00	2023.06.22	4.8000	PR 惠投 01（127440）	1000.00	2023.07.07	3.7500
PR 苏筑富（127441）	1600.00	2023.07.20	4.4700	16 广晟 02（127442）	1400.00	2031.07.21	3.7500
PR 湘潭 01（127443）	1600.00	2023.08.04	3.6000	PR 两江 02（127445）	2000.00	2021.08.05	3.1000
16 穗城 02（127446）	1000.00	2026.07.22	3.3300	PR 宁地铁（127447）	2600.00	2023.08.29	3.2900
PR 天心 02（127448）	700.00	2023.08.08	3.4300	PR 太新 02（127449）	1000.00	2023.08.29	3.4700
PR16 晋城（127450）	3000.00	2023.08.24	3.3500	G17 龙湖 1（127451）	1600.00	2022.02.17	3.6600
PR 硚口债（127452）	1400.00	2023.08.29	3.4800	PR 建安 01（127453）	1600.00	2023.09.05	3.5000
PR 南管廊（127454）	1270.00	2026.09.12	3.5800	PR 广陵债（127455）	1500.00	2023.09.07	3.6200
16 穗港 02（127456）	500.00	2026.09.18	3.1900	PR 广饶债（127457）	2000.00	2023.09.08	3.6100
PR 济市中（127458）	900.00	2023.09.14	3.5200	16 广晟 03（127459）	1200.00	2031.11.10	3.6000
PR 建湖项（127460）	1000.00	2021.10.13	3.2800	G16 国网 2（127462）	5000.00	2021.10.20	2.9900
PR 溧经技（127463）	1500.00	2023.11.09	3.4100	PR 德清投（127465）	870.00	2023.11.11	3.6000
G17 龙湖 2（127467）	1440.00	2024.02.17	4.6700	PR 长经 01（127468）	1000.00	2024.03.03	4.7800
17 首房专（127469）	1180.00	2027.03.20	5.4900	G17 龙湖 3（127470）	1000.00	2024.03.07	4.7500

债券信息 List of Bonds

债券 Bond

债券简称（代码） Bond Name（Code）	发行量（百万元） Issued Vol（M Yuan）	到期日 Expiration Date	票面利率（%） Coupon Rate	债券简称（代码） Bond Name（Code）	发行量（百万元） Issued Vol（M Yuan）	到期日 Expiration Date	票面利率（%） Coupon Rate
PR 苏众安（127471）	1200.00	2024.03.24	5.6500	PR 宿裕丰（127472）	1000.00	2024.04.21	5.5000
PR 慈溪债（127473）	950.00	2024.04.07	4.9000	PR 三明国（127474）	1000.00	2024.04.17	5.1000
PR 宿经开（127475）	1200.00	2024.04.20	5.4000	PR 众邦债（127476）	1500.00	2024.06.02	5.9500
PR 邳润债（127477）	1700.00	2024.04.19	5.6500	PR 新交通（127478）	1250.00	2024.04.24	5.3500
PR 瀚瑞01（127479）	1600.00	2023.04.15	4.6300	PR 陂城债（127480）	1730.00	2024.04.19	5.4800
PR 产建1（127482）	900.00	2024.05.02	5.7500	PR 宝城投（127483）	800.00	2024.04.18	5.0500
17 乌城投（127484）	2000.00	2021.04.26	3.0800	PR 枞阳债（127485）	1000.00	2024.04.25	5.8500
PR 威高新（127486）	1800.00	2024.04.28	5.3200	PR 惠通投（127488）	1000.00	2024.04.10	4.8800
PR 六交投（127489）	1400.00	2024.05.02	5.9800	PR 延新投（127490）	1000.00	2024.04.21	5.6000
PR 灌东债（127491）	660.00	2024.05.16	6.4200	PR 海盐债（127492）	1500.00	2024.06.12	5.8000
PR 郑通01（127493）	400.00	2024.06.27	5.9800	PR 泰高港（127494）	1500.00	2024.06.22	5.5400
G17 京汽1（127495）	2300.00	2024.07.04	4.7200	PR 毕节01（127496）	1230.00	2024.07.06	5.7800
PR 永兴01（127497）	700.00	2024.07.07	6.9300	PR 秦投01（127499）	800.00	2024.07.07	6.6800
PR 青投01（127500）	1000.00	2024.07.10	6.4000	PR 望铜官（127501）	1200.00	2027.07.12	5.7300
PR 宿迁01（127502）	300.00	2024.07.11	5.3000	PR 即旅债（127503）	1200.00	2024.07.10	5.3500
PR 沛国经（127504）	1310.00	2024.07.19	5.9800	PR 榕经开（127505）	1000.00	2023.08.25	3.5300
PR 扬经开（127506）	1100.00	2024.07.06	5.2800	PR 永州投（127507）	1300.00	2024.07.13	5.3000
PR 蚌经投（127508）	1160.00	2024.07.13	6.4500	PR 邮发02（127509）	600.00	2024.07.13	5.2600
PR 诸经开（127510）	1500.00	2024.07.12	5.3700	PR 崇川01（127511）	1500.00	2022.07.21	5.7000
PR 民科债（127512）	1200.00	2024.07.18	6.4400	PR 广国投（127513）	1400.00	2024.07.18	5.3700
PR 白云01（127514）	460.00	2024.07.17	6.4800	PR 鼎力债（127515）	1700.00	2024.07.20	6.1000
PR 诸资01（127516）	1000.00	2024.06.28	5.3400	PR 荆投债（127517）	1490.00	2024.07.20	5.6800
PR 嵊州债（127518）	1700.00	2024.07.20	5.3500	PR 桂阳投（127519）	1400.00	2024.07.21	5.9800
PR 伟驰01（127520）	300.00	2024.07.24	6.1800	PR 邮发01（127521）	1000.00	2023.09.02	3.6500
17 厦轨01（127522）	1000.00	2020.07.30	1.5500	PR 启创债（127523）	1200.00	2024.07.14	5.1600
PR 诸资02（127524）	1300.00	2024.07.18	5.2300	PR 兴宁债（127525）	500.00	2024.07.24	5.9900
PR 襄经债（127526）	800.00	2024.07.19	6.1000	PR 攀投债（127527）	800.00	2024.07.24	7.3000
PR 新天债（127528）	1420.00	2024.07.26	6.0000	PR 秦投02（127529）	700.00	2024.07.25	6.9100
PR 浠凤01（127531）	1000.00	2024.07.28	6.5200	PR 红投债（127532）	1000.00	2024.07.12	5.9000
PR 惠华02（127533）	900.00	2024.07.26	5.9600	PR 衡滨江（127534）	1530.00	2024.07.27	5.4700
PR 古蔺专（127535）	640.00	2024.07.24	5.9600	PR 黔投（127536）	700.00	2024.07.28	6.7700
PR 咸宁债（127537）	1350.00	2027.07.27	5.9900	PR 雨山01（127539）	500.00	2024.07.31	5.6200
G17 龙源2（127540）	3000.00	2024.08.01	4.7800	PR 新津02（127541）	310.00	2024.08.03	6.2800
PR 铜建01（127542）	1000.00	2024.07.31	5.7700	PR 张家界（127544）	1000.00	2027.07.24	6.4700
PR 毕节02（127545）	500.00	2024.08.03	5.5500	PR 含浦债（127546）	700.00	2024.07.28	5.8000
PR 宿新债（127547）	1200.00	2024.08.04	5.9800	PR 安皖江（127548）	1000.00	2024.08.02	6.5000
PR 泗专项（127549）	1200.00	2024.07.31	7.4000	PR 包头01（127550）	1500.00	2024.07.27	5.2500
PR 湖滨01（127551）	700.00	2024.08.02	6.8500	PR 黄岩01（127552）	1000.00	2024.08.01	6.1000
PR 金投01（127553）	1490.00	2024.08.01	6.5000	PR 开投债（127554）	1500.00	2024.08.03	7.0800
PR 柔刚02（127555）	500.00	2024.08.02	6.8000	PR 靖新债（127556）	970.00	2024.07.25	5.3700
17 广铁01（127557）	3000.00	2027.08.09	4.8400	PR 蒲城债（127558）	1000.00	2024.08.10	6.5700
17 粤海01（127559）	1500.00	2027.08.07	4.7700	17 厦轨02（127560）	1500.00	2020.09.11	1.6100
PR 宁国投（127561）	1100.00	2024.08.07	7.1400	PR 株湘江（127562）	1400.00	2024.08.09	6.4000
PR 怀建投（127563）	1000.00	2024.08.07	5.7700	PR 鄱阳债（127564）	1200.00	2024.08.08	6.5300
PR 淮水债（127565）	1500.00	2024.08.11	5.2800	PR 永兴02（127566）	800.00	2024.08.14	6.5000
PR 萍昌债（127568）	880.00	2024.08.11	6.0000	PR 宁开02（127569）	600.00	2024.08.14	6.0800
PR 产建2（127570）	900.00	2024.08.10	5.8800	PR 淄创01（127571）	600.00	2024.08.10	5.2800
PR 包头02（127572）	1500.00	2024.08.10	5.3100	PR 秭归01（127573）	600.00	2027.08.14	7.0800
17 宜城投（127574）	2500.00	2027.08.14	5.7700	PR 铜建02（127576）	1000.00	2024.08.16	5.8000
PR 濮阳债（127577）	850.00	2024.08.17	5.1800	PR 启城投（127578）	1300.00	2024.08.16	5.2500

债券信息
List of Bonds

债券简称（代码）Bond Name（Code）	发行量（百万元）Issued Vol（M Yuan）	到期日 Expiration Date	票面利率（%）Coupon Rate	债券简称（代码）Bond Name（Code）	发行量（百万元）Issued Vol（M Yuan）	到期日 Expiration Date	票面利率（%）Coupon Rate
PR 信泰债（127579）	1500.00	2024.11.01	7.8000	PR 运通债（127581）	1700.00	2024.08.10	6.1300
PR 渌湘投（127582）	1200.00	2024.08.16	7.0900	17 湘管廊（127584）	1000.00	2024.10.27	7.5000
PR 宝开 01（127585）	600.00	2024.08.21	5.4500	PR 遵经开（127586）	970.00	2024.08.17	7.4800
PR 新东观（127587）	800.00	2024.09.05	7.7000	PR 柯城 02（127588）	1100.00	2024.08.03	5.7400
G17 武铁 1（127589）	3000.00	2032.08.22	4.9900	PR 威经发（127590）	810.00	2024.08.23	5.8000
PR 吴国太（127591）	1500.00	2027.08.23	6.4000	PR 资兴 02（127592）	1100.00	2024.08.09	6.1800
PR 金洲投（127593）	1500.00	2024.08.24	6.6000	PR17 泾河（127594）	800.00	2024.08.23	6.6700
PR 兴蜀债（127595）	1300.00	2024.08.21	6.7800	PR 湖滨 02（127596）	800.00	2024.08.25	6.9300
PR 舜发债（127597）	700.00	2024.08.23	7.0000	PR 平停车（127598）	870.00	2027.08.24	6.9000
17 青州 02（127599）	1000.00	2024.08.25	6.8000	PR 义乌专（127601）	1620.00	2024.08.18	5.4800
PR 广安鑫（127602）	600.00	2024.08.28	7.1800	PR 开元 02（127603）	700.00	2024.08.29	7.2800
PR 老河口（127604）	1040.00	2024.08.16	6.4900	18 百东 01（127606）	200.00	2025.06.29	7.9000
PR 苏科债（127607）	1500.00	2024.08.30	5.7000	PR 运城债（127608）	840.00	2024.08.29	6.3000
PR 邵阳 01（127610）	1000.00	2024.09.01	5.9800	PR 渝丰都（127611）	1200.00	2024.09.05	6.3800
PR 彭山 01（127612）	880.00	2024.09.05	7.0000	PR 淮南 01（127613）	1100.00	2024.09.04	5.7400
PR 新经开（127614）	890.00	2024.09.27	6.6600	PR 夷陵 01（127615）	500.00	2024.09.05	6.4500
G17 发展 1（127616）	2400.00	2022.09.06	4.9400	PR 汴投 1（127617）	1300.00	2027.09.08	6.1000
PR 南陵债（127618）	1500.00	2024.09.06	6.2000	PR 阜宁投（127620）	1000.00	2024.03.14	6.0000
PR 新宇 01（127621）	700.00	2024.09.08	7.6000	PR 吉首 02（127622）	900.00	2024.09.11	6.4500
17 桂金债（127623）	500.00	2024.09.08	6.5000	PR17 滨江（127624）	1450.00	2024.09.13	6.4000
PR 盈地债（127625）	1000.00	2024.11.07	7.0000	PR 随专 02（127626）	490.00	2024.09.15	5.9700
PR 安丘债（127627）	1000.00	2024.09.14	7.0000	PR 城建 01（127628）	700.00	2024.11.06	5.9000
PR 黄岩 02（127629）	650.00	2024.09.14	6.2200	PR 当经债（127631）	600.00	2024.09.11	6.0000
PR 怀城投（127632）	950.00	2024.08.28	5.8000	PR 高建投（127633）	500.00	2024.09.18	5.9500
PR 安投债（127634）	1500.00	2024.09.15	7.3000	PR 沅陵 01（127635）	500.00	2024.09.20	6.5000
PR 淮安债（127636）	1500.00	2024.09.20	5.2200	PR 蒙城债（127637）	800.00	2024.09.21	5.6000
PR 武隆 01（127638）	800.00	2024.09.21	6.8000	PR 柳龙建（127639）	500.00	2027.09.21	7.0000
PR 汇丰债（127641）	2000.00	2024.09.21	5.7900	PR 遵湘江（127643）	1100.00	2024.09.25	6.9900
PR 新津债（127644）	580.00	2024.10.23	7.3000	PR 雨山 02（127645）	500.00	2024.09.22	5.8500
PR 资城 02（127646）	500.00	2024.09.26	6.3000	PR 江北债（127648）	1000.00	2024.09.26	5.5900
PR 句容 01（127649）	800.00	2024.09.18	6.8900	PR 白云 02（127650）	740.00	2024.09.25	7.2800
PR17 邳经（127651）	700.00	2024.09.19	6.6600	PR 锡东债（127652）	1500.00	2024.09.14	5.7300
PR 泸汇兴（127653）	1000.00	2024.10.19	6.2800	PR 温高新（127654）	450.00	2024.09.18	5.9000
PR 恒驰 01（127655）	500.00	2024.09.22	7.4500	PR 食科债（127656）	1600.00	2024.09.28	5.7000
PR 莒南 01（127657）	770.00	2024.09.26	7.5000	PR 扬化工（127658）	400.00	2024.10.09	6.8000
PR 绵宏达（127659）	800.00	2024.09.29	7.2000	PR 武胜债（127660）	830.00	2024.11.03	7.0500
PR 旅投 01（127661）	500.00	2027.09.27	7.7000	PR 珲春 01（127664）	400.00	2024.09.29	8.4800
PR 昆银桥（127666）	760.00	2024.10.18	5.5000	PR 宝开 02（127667）	600.00	2024.10.17	5.4900
PR 郑蒲 01（127669）	600.00	2024.10.13	6.0000	PR 郑通 02（127670）	400.00	2024.10.18	5.8000
PR 秀洲债（127671）	1000.00	2024.09.25	5.6000	PR 双福债（127672）	760.00	2024.10.13	6.3700
PR 播投 02（127673）	700.00	2024.10.24	7.8500	PR 恒驰 02（127674）	1000.00	2024.10.27	7.4000
PR 黄梅 02（127675）	200.00	2024.10.18	6.6800	PR 隆发债（127676）	800.00	2024.10.31	7.0900
PR 都江堰（127677）	600.00	2024.10.19	6.9000	PR 含山债（127678）	900.00	2024.08.30	6.2000
PR 黄梅 01（127679）	1000.00	2024.10.09	6.8000	PR 南谯债（127680）	800.00	2024.10.23	5.9500
PR 安交投（127681）	1400.00	2024.10.31	7.5000	PR 淮产债（127682）	1500.00	2024.10.25	5.6900
PR 润企债（127683）	840.00	2024.11.02	6.7800	PR 哈密债（127685）	1360.00	2024.10.27	6.5500
G17 扬城 1（127686）	2000.00	2027.10.30	5.6900	PR 芦溪债（127687）	1000.00	2024.10.27	6.8000
PR 南漳 02（127688）	340.00	2024.10.25	6.5800	PR 抚投债（127689）	930.00	2024.10.30	5.7000
PRG 丹徒 1（127690）	1400.00	2024.11.06	5.9800	PR 金坛 01（127691）	1000.00	2024.11.07	6.5000
PR 寿县债（127692）	1000.00	2024.10.13	6.2000	PR 成阿 01（127693）	900.00	2024.11.06	7.5000

债券信息 List of Bonds

债券 Bond

债券简称（代码） Bond Name（Code）	发行量（百万元） Issued Vol（M Yuan）	到期日 Expiration Date	票面利率（%） Coupon Rate	债券简称（代码） Bond Name（Code）	发行量（百万元） Issued Vol（M Yuan）	到期日 Expiration Date	票面利率（%） Coupon Rate
PR 临朐债（127694）	1000.00	2024.11.23	7.2000	PR 乐行债（127695）	700.00	2024.11.01	6.0500
PR 威中债（127696）	1000.00	2024.11.02	6.0500	PR 句容 02（127697）	700.00	2024.11.06	6.8000
PR 孝感债（127698）	1480.00	2027.11.10	6.3500	PR 襄城债（127699）	1000.00	2024.11.10	7.4500
PR 普定 01（127700）	1000.00	2024.11.13	7.7900	PR 凤阳债（127701）	1000.00	2024.11.16	6.0000
PR 六枝特（127702）	700.00	2024.11.16	7.0000	PR 汕尾债（127703）	1100.00	2024.11.09	5.6800
PR 石柱 01（127705）	700.00	2024.11.13	7.0000	PR 云岩债（127706）	1500.00	2024.11.17	6.8000
PR 天台债（127707）	700.00	2024.11.22	6.5000	PR 钟山开（127708）	1600.00	2027.11.22	6.4600
PR 红果 01（127709）	500.00	2024.11.24	7.8000	PR 乐清 01（127710）	900.00	2024.12.14	6.7900
17 青交 01（127713）	1100.00	2027.12.11	5.9000	PR 定远债（127714）	600.00	2024.12.06	5.8000
PR 射阳债（127715）	1110.00	2024.11.27	7.8000	PR 成阿 02（127716）	270.00	2024.11.29	7.5000
PR 湖织债（127717）	1500.00	2024.11.23	7.5000	PR17 森特（127718）	500.00	2024.11.28	6.9000
PR17 临港（127719）	500.00	2024.12.01	7.0000	PR 沅陵 02（127720）	500.00	2024.11.30	6.5000
PR 太和债（127721）	1200.00	2024.08.07	5.8700	PR 红安债（127722）	800.00	2024.12.04	7.5000
PR 长物流（127723）	800.00	2025.11.30	6.5000	PR 南高新（127724）	800.00	2024.12.06	6.0000
PR 郎溪债（127725）	900.00	2024.12.11	6.1300	PR 湖口债（127726）	900.00	2024.12.01	6.8000
PR 石桥 02（127727）	600.00	2024.12.01	7.8200	PR 金坛 02（127729）	1000.00	2024.12.21	7.1000
PR 桃源 01（127733）	600.00	2024.12.08	7.0000	PR 襄阳债（127734）	2190.00	2024.12.15	6.1000
PR 射洪 01（127735）	500.00	2024.12.14	7.3000	PR 桐建 01（127736）	400.00	2024.12.18	6.6000
PR 鹤岗债（127737）	400.00	2024.12.18	6.9000	17 青交 02（127738）	780.00	2027.12.18	5.8900
PR 西平债（127739）	700.00	2024.12.26	7.5000	PR 宿迁 02（127740）	400.00	2024.12.26	6.4400
PR 嘉陵 01（127742）	500.00	2024.12.12	7.8000	PR 融盛债（127743）	1000.00	2024.12.27	6.8500
PR 武隆 02（127744）	400.00	2024.12.28	6.8000	PR 凤城河（127745）	500.00	2024.12.29	7.9000
18 潜山债（127746）	1000.00	2025.01.19	6.9800	18 营北 01（127747）	590.00	2025.01.25	7.9800
18 城建债（127748）	500.00	2025.02.01	6.5000	18 兴义 01（127749）	800.00	2025.01.31	7.9000
18 泾县债（127751）	950.00	2025.02.07	6.8000	18 红果债（127752）	350.00	2025.02.08	7.8000
18 吉水 01（127753）	660.00	2025.02.07	6.8000	18 渝中 01（127754）	700.00	2025.02.08	6.9000
18 秭归 01（127756）	200.00	2028.02.12	7.8000	18 铜梁债（127757）	1220.00	2025.02.11	6.8000
PR 肥西债（127758）	1500.00	2023.06.03	4.4500	18 嘉禾 01（127759）	400.00	2025.03.13	7.5000
18 京诚债（127760）	950.00	2025.02.07	7.0000	18 普定 01（127761）	400.00	2025.03.13	8.0000
18 郑蒲 01（127762）	600.00	2025.03.19	6.8000	18 淮南 01（127763）	700.00	2025.03.20	7.5000
G18 城南 1（127764）	1000.00	2025.03.19	6.0000	18 哈城投（127765）	1500.00	2025.03.19	6.0400
18 钱投债（127767）	4900.00	2025.03.19	5.6400	18 白云 01（127768）	600.00	2025.03.21	8.3000
18 粤海 01（127769）	1800.00	2028.03.20	5.4000	18 东宝债（127770）	500.00	2025.03.23	7.3000
18 邵赛 01（127771）	700.00	2025.03.26	7.2000	18 临邑 01（127772）	700.00	2025.03.21	7.7800
18 文停 01（127773）	1000.00	2028.05.02	7.7000	18 西发债（127774）	500.00	2025.04.04	6.2800
18 洋口 01（127775）	900.00	2025.04.03	7.3800	18 舟城 01（127776）	1000.00	2025.04.04	6.3300
18 新城 01（127777）	400.00	2025.03.23	7.6000	18 万盛 01（127778）	500.00	2025.03.27	7.5000
18 巢城投（127779）	1800.00	2025.05.03	5.6700	18 吉水 02（127780）	280.00	2025.04.10	7.5000
18 歙县债（127781）	500.00	2020.10.16	6.5000	G18 金控 1（127782）	1000.00	2025.03.21	5.8800
18 芜新债（127783）	1200.00	2025.04.10	6.0000	18 泸工债（127784）	1040.00	2025.04.12	7.2000
18 榕城 01（127785）	600.00	2028.03.22	5.6500	18 伟驰 01（127786）	450.00	2025.04.13	7.2000
18 来安债（127787）	800.00	2025.04.18	6.5000	G18 武铁 1（127788）	2000.00	2033.04.11	5.2900
18 陶都 01（127789）	500.00	2025.04.13	5.9900	18 温岭 01（127791）	1200.00	2025.04.19	5.7300
G18 龙源 1（127792）	3000.00	2025.04.23	4.8300	18 草堂债（127793）	500.00	2025.04.25	6.4900
18 荣经开（127794）	1500.00	2025.04.24	5.7500	18 秀湖债（127796）	1050.00	2025.04.16	6.8000
18 庐江债（127797）	1300.00	2025.05.02	5.8900	G18 嘉湘 1（127798）	580.00	2025.04.19	6.4000
18 韶高新（127799）	1000.00	2025.05.02	8.0000	18 谷城 01（127800）	400.00	2025.04.27	7.8800
18 泗阳 01（127801）	600.00	2025.04.27	7.5000	18 芜湖 01（127802）	300.00	2028.04.27	6.5000
18 绵安 01（127803）	300.00	2025.05.04	8.1000	18 黔投 01（127804）	630.00	2026.01.02	8.0000
18 益阳 01（127805）	850.00	2025.04.24	6.4300	G18 安吉 1（127806）	500.00	2025.05.02	7.2000

债券信息
List of Bonds

债券简称（代码）Bond Name（Code）	发行量（百万元）Issued Vol（M Yuan）	到期日 Expiration Date	票面利率（%）Coupon Rate	债券简称（代码）Bond Name（Code）	发行量（百万元）Issued Vol（M Yuan）	到期日 Expiration Date	票面利率（%）Coupon Rate
18 于都债（127807）	1000.00	2025.05.03	7.5000	G18 黄山 1（127808）	850.00	2025.04.27	6.7400
18 彭山 01（127809）	500.00	2025.05.03	7.9800	G18 广业 1（127810）	900.00	2025.04.28	5.0800
18 唐金债（127811）	1600.00	2025.05.16	7.6000	18 万盛 02（127812）	1000.00	2025.05.03	7.0900
18 都江堰（127813）	300.00	2025.05.02	7.8000	18 永修 01（127814）	500.00	2025.05.02	7.5000
18 泗县债（127815）	800.00	2025.04.16	6.5000	18 弋阳 01（127817）	700.00	2025.06.07	7.5000
18 乳山债（127818）	560.00	2025.06.07	7.4000	18 常德源（127819）	1600.00	2020.06.19	7.7000
18 鄂交投（127820）	5000.00	2025.06.05	5.2900	18 蓉园 01（127822）	600.00	2025.06.13	8.0000
18 城北 01（127823）	1500.00	2025.06.06	6.9500	18 产投 01（127824）	2000.00	2025.06.15	6.9000
18 嘉陵 01（127825）	500.00	2025.05.23	7.9800	18 定远 01（127827）	600.00	2025.06.27	7.0000
18 青平度（127828）	1800.00	2025.07.11	6.0500	18 常鼎 01（127829）	500.00	2025.10.19	7.5800
18 珠江债（127830）	1020.00	2033.07.19	5.7000	18 西高 01（127831）	1000.00	2025.06.26	5.8700
18 桐建 01（127832）	800.00	2025.07.23	7.5000	18 宿高 01（127833）	600.00	2025.07.20	6.9700
18 射洪 01（127834）	320.00	2025.08.22	7.5000	18 南溪 01（127835）	600.00	2025.07.24	8.1000
18 金交投（127836）	800.00	2025.08.10	7.3800	18 京投 02（127837）	500.00	2033.08.09	4.6500
18 京投 01（127838）	1500.00	2028.08.09	4.3000	G18 树业（127839）	200.00	2022.08.14	7.5000
G18 广业 2（127840）	1000.00	2025.08.15	4.9800	18 武义 01（127841）	700.00	2025.08.10	8.0000
G18 安吉 2（127842）	500.00	2025.09.25	7.4900	18 新宇 01（127843）	1300.00	2025.08.16	8.0500
18 东坡 01（127844）	600.00	2025.08.16	8.0800	G18 武铁 2（127845）	2130.00	2025.08.21	5.0900
18 洋口 02（127846）	900.00	2025.08.17	7.6000	18 浔开 01（127847）	800.00	2025.08.21	7.8000
18 厦轨 01（127848）	1500.00	2027.08.24	4.4100	18 宏鼎债（127849）	1200.00	2025.08.17	7.5000
18 良渚债（127850）	1500.00	2025.08.23	6.3000	18 永修 02（127851）	900.00	2025.08.27	7.8000
18 溧停车（127852）	1150.00	2025.07.31	5.4000	18 孟投 01（127853）	100.00	2025.09.03	8.0000
18 尖山 01（127854）	700.00	2025.09.10	6.9800	18 南黄海（127855）	1000.00	2025.09.11	5.9800
18 安发 01（127856）	800.00	2025.09.11	8.8000	18 桃源 01（127857）	600.00	2025.09.06	8.2000
18 当涂债（127858）	850.00	2025.09.06	7.4700	18 华汽 01（127859）	1500.00	2099.12.31	5.4000
18 华汽 02（127860）	500.00	2099.12.31	6.3000	18 天易 01（127861）	500.00	2025.09.17	7.5000
18 兴义 02（127862）	800.00	2025.11.21	8.0000	18 苏交 04（127863）	3500.00	2023.10.24	4.4300
18 威蓝债（127864）	1000.00	2025.10.11	7.7000	18 南康 01（127865）	300.00	2025.09.27	8.0000
18 舟蓬 01（127866）	1000.00	2026.09.25	7.0000	18 崇左债（127867）	1300.00	2025.09.26	8.5000
18 西桃花（127868）	700.00	2025.09.28	7.5000	18 桂东 01（127870）	500.00	2025.10.11	7.9500
18 沛经 01（127871）	950.00	2025.10.24	6.2000	18 宿高 02（127872）	600.00	2025.10.17	6.4900
18 章贡债（127873）	1400.00	2025.10.16	7.8000	18 舟城 02（127874）	900.00	2025.10.22	5.9400
18 都新城（127875）	300.00	2025.10.11	7.8000	18 乌铁 01（127876）	120.00	2025.10.19	7.5000
18 天易 02（127877）	580.00	2025.10.24	8.0000	18 即旅投（127878）	990.00	2025.10.15	6.2700
18 城北 02（127879）	1000.00	2025.10.26	7.0000	18 南康 02（127880）	230.00	2025.10.29	8.0000
18 成金 01（127881）	700.00	2025.10.23	5.9900	18 射洪 02（127882）	350.00	2025.10.22	7.6000
18 水高科（127884）	1000.00	2025.10.26	7.5000	18 乌兴 01（127885）	300.00	2025.10.25	7.5000
18 什邡债（127886）	600.00	2025.12.05	8.0000	18 射洪 03（127887）	330.00	2025.10.25	7.6000
18 弥勒 01（127888）	500.00	2025.10.25	8.0000	G18 余旅（127889）	600.00	2025.10.31	5.5700
18 云阳 01（127890）	800.00	2025.10.26	7.5000	18 邮政债（127891）	2000.00	2023.10.23	4.0000
18 瓯专债（127892）	700.00	2025.11.05	7.8000	18 华汽 03（127893）	2000.00	2099.12.31	5.8000
18 弋阳 02（127894）	800.00	2025.11.05	7.9000	18 彭泽 01（127895）	500.00	2025.04.19	7.0000
18 凤建 01（127897）	1000.00	2025.11.07	5.4800	18 华通 01（127898）	300.00	2025.11.05	6.0800
18 漳城投（127899）	730.00	2025.10.31	5.7300	18 铁道 17（127900）	10000.00	2023.06.07	4.4600
18 铁道 18（127901）	10000.00	2038.06.07	4.7800	18 铁道 19（127902）	7000.00	2023.07.05	4.1800
18 铁道 20（127903）	13000.00	2038.07.05	4.6500	18 铁道 21（127904）	7000.00	2023.07.26	4.0900
18 铁道 22（127905）	13000.00	2038.07.26	4.6500	18 铁道 23（127906）	10000.00	2023.08.23	4.1500
18 铁道 24（127907）	10000.00	2028.08.23	4.5300	19 铁道 01（127908）	10000.00	2024.07.11	3.5000
19 铁道 02（127909）	5000.00	2039.07.11	0.0000	19 铁道 03（127910）	10000.00	2024.07.25	0.0000
19 铁道 04（127911）	5000.00	2039.07.25	0.0000	19 铁道 05（127912）	10000.00	2024.08.08	3.3400

债券信息
List of Bonds

债券
Bond

债券简称（代码）Bond Name（Code）	发行量（百万元）Issued Vol（M Yuan）	到期日 Expiration Date	票面利率（%）Coupon Rate	债券简称（代码）Bond Name（Code）	发行量（百万元）Issued Vol（M Yuan）	到期日 Expiration Date	票面利率（%）Coupon Rate
19铁道06（127913）	5000.00	2039.08.08	4.0200	19铁道07（127914）	13000.00	2024.08.22	0.0000
19铁道08（127915）	7000.00	2039.08.22	0.0000	19铁道09（127916）	12000.00	2024.09.05	3.3700
19铁道10（127917）	8000.00	2039.09.05	4.0300	19铁道11（127918）	12000.00	2024.09.19	3.4100
19铁道12（127919）	8000.00	2039.09.19	4.0300	19铁道13（127920）	12000.00	2024.10.14	3.5000
19铁道14（127921）	8000.00	2039.10.14	4.0800	19铁道15（127922）	12000.00	2024.10.24	3.5300
19铁道16（127923）	8000.00	2039.10.24	4.1600	19铁道17（127924）	15000.00	2024.11.07	3.6000
19铁道18（127925）	5000.00	2039.11.07	4.1600	20铁道01（127926）	20000.00	2025.06.05	3.0700
20铁道02（127927）	12000.00	2030.06.18	3.5800	20铁道03（127928）	8000.00	2040.06.18	3.9700
20铁道04（127929）	20000.00	2030.07.30	3.5700	20铁道05（127930）	15000.00	2030.08.17	3.6800
20铁道06（127931）	5000.00	2040.08.17	3.9300	20铁道07（127932）	15000.00	2030.09.10	3.7400
20铁道08（127933）	5000.00	2050.09.10	4.1500	20铁道09（127934）	15000.00	2025.09.24	3.4700
20铁道10（127935）	5000.00	2040.09.24	4.0400	20铁道11（127936）	15000.00	2025.10.15	3.4500
20铁道12（127937）	5000.00	2040.10.15	4.0400	20铁道13（127938）	15000.00	2025.11.19	3.4700
20铁道14（127939）	5000.00	2040.11.19	4.0300	13山东02（130103）	5600.00	2020.08.26	4.0000
13上海02（130106）	5600.00	2020.09.09	4.0100	13广东02（130109）	6050.00	2020.09.17	4.1000
13江苏02（130111）	7650.00	2020.10.11	4.0000	13浙江02（130115）	5900.00	2020.10.28	4.1700
13深圳02（130117）	1800.00	2020.11.11	4.1800	14广东02（130121）	4440.00	2021.06.24	3.9700
14广东03（130122）	4440.00	2024.06.24	4.0500	14地债03（130123）	18300.00	2021.06.23	4.1000
14山东02（130127）	4110.00	2021.07.14	3.8800	14山东03（130128）	4110.00	2024.07.14	3.9300
14地债08（130131）	19800.00	2021.07.21	4.5000	14江苏02（130133）	5220.00	2021.07.25	4.2100
14江苏03（130134）	5220.00	2024.07.25	4.2900	14江西02（130136）	4290.00	2021.08.06	4.1800
14江西03（130137）	4290.00	2024.08.06	4.2700	14宁夏02（130139）	1650.00	2021.08.12	4.1700
14宁夏03（130140）	1650.00	2024.08.12	4.2600	14青岛02（130144）	750.00	2021.08.19	4.1800
14青岛03（130145）	750.00	2024.08.19	4.2500	14浙江02（130147）	4110.00	2021.08.20	4.1700
14浙江03（130148）	4110.00	2024.08.20	4.2300	14北京02（130150）	3150.00	2021.08.22	4.1800
14北京03（130151）	3150.00	2024.08.22	4.2400	14上海02（130153）	3780.00	2021.09.12	4.2200
14上海03（130154）	3780.00	2024.09.12	4.3300	14地债13（130157）	20700.00	2021.09.25	4.1200
14深圳02（130159）	1260.00	2021.10.24	3.7900	14深圳03（130160）	1260.00	2024.10.24	3.8100
15江苏02（130162）	15660.00	2020.05.19	3.1200	15江苏03（130163）	15660.00	2022.05.19	3.4100
15江苏04（130164）	10440.00	2025.05.19	3.4100	15新疆02（130166）	1770.00	2020.05.22	3.0700
15新疆03（130167）	1770.00	2022.05.22	3.3700	15新疆04（130168）	1180.00	2025.05.22	3.4100
15湖北02（130170）	6000.00	2020.05.28	3.1500	15湖北03（130171）	6000.00	2022.05.28	3.4000
15湖北04（130172）	6000.00	2025.05.28	3.4500	15广西02（130174）	6000.00	2020.05.29	3.1600
15广西03（130175）	6000.00	2022.05.29	3.4200	15广西04（130176）	4000.00	2025.05.29	3.4700
15山东02（130178）	10800.00	2020.06.01	3.2000	15山东03（130179）	10800.00	2022.06.01	3.4600
15山东04（130180）	7200.00	2025.06.01	3.4900	15重庆02（130182）	7900.00	2020.06.03	3.2600
15重庆03（130183）	8000.00	2022.06.03	3.5500	15重庆04（130184）	6600.00	2025.06.03	3.5700
15贵州02（130186）	10000.00	2020.06.05	3.3000	15贵州03（130187）	10000.00	2022.06.05	3.5800
15贵州04（130188）	6800.00	2025.06.05	3.6000	15安徽02（130190）	9300.00	2020.06.08	3.2900
15安徽03（130191）	9300.00	2022.06.08	3.5800	15安徽04（130192）	6300.00	2025.06.08	3.6100
15天津02（130194）	3900.00	2020.06.09	3.2800	15天津03（130195）	3900.00	2022.06.09	3.5600
15天津04（130196）	3900.00	2025.06.09	3.6000	15湖北06（130198）	10920.00	2020.06.10	3.2600
15湖北07（130199）	10920.00	2022.06.10	3.5400	15湖北08（130200）	10920.00	2025.06.10	3.6000
15浙江02（130202）	12000.00	2020.06.10	3.2600	15浙江03（130203）	12000.00	2022.06.10	3.5400
15浙江04（130204）	12000.00	2025.06.10	3.5900	15河北02（130206）	14100.00	2020.06.11	3.2500
15河北03（130207）	14100.00	2022.06.11	3.5300	15河北04（130208）	9400.00	2025.06.11	3.5800
15吉林02（130210）	6870.00	2020.06.12	3.2500	15吉林03（130211）	6870.00	2022.06.12	3.5200
15吉林04（130212）	6870.00	2025.06.12	3.5800	15山西02（130214）	4800.00	2020.06.15	3.2500
15山西03（130215）	4800.00	2022.06.15	3.5200	15山西04（130216）	4800.00	2025.06.15	3.5800
15河北Z2（130218）	480.00	2020.06.12	3.2500	15河北Z3（130219）	640.00	2022.06.12	3.5200

债券信息
List of Bonds

债券简称（代码） Bond Name（Code）	发行量 （百万元） Issued Vol （M Yuan）	到期日 Expiration Date	票面利率（%） Coupon Rate	债券简称（代码） Bond Name（Code）	发行量 （百万元） Issued Vol （M Yuan）	到期日 Expiration Date	票面利率（%） Coupon Rate
15 广东 02（130221）	9300.00	2020.06.15	3.2500	15 广东 03（130222）	9300.00	2022.06.15	3.5200
15 广东 04（130223）	9300.00	2025.06.15	3.5800	15 江西 02（130225）	12510.00	2020.06.16	3.2500
15 江西 03（130226）	12510.00	2022.06.16	3.5200	15 江西 04（130227）	12510.00	2025.06.16	3.5900
15 宁夏 02（130229）	2100.00	2020.06.16	3.2500	15 宁夏 03（130230）	2100.00	2022.06.16	3.5200
15 宁夏 04（130231）	2100.00	2025.06.16	3.5900	15 新疆 06（130233）	7530.00	2020.06.17	3.2600
15 新疆 07（130234）	7530.00	2022.06.17	3.5400	15 新疆 08（130235）	5020.00	2025.06.17	3.6100
15 四川 02（130237）	13500.00	2020.06.17	3.2600	15 四川 03（130238）	13500.00	2022.06.17	3.5400
15 四川 04（130239）	4500.00	2025.06.17	3.6200	15 河南 02（130241）	12700.00	2020.06.19	3.2700
15 河南 03（130242）	12700.00	2022.06.19	3.5500	15 河南 04（130243）	12700.00	2025.06.19	3.6300
15 辽宁 02（130245）	10900.00	2020.06.23	3.2600	15 辽宁 03（130246）	10900.00	2022.06.23	3.5400
15 辽宁 04（130247）	7300.00	2025.06.23	3.6200	15 云南 02（130249）	8000.00	2020.06.23	3.2600
15 云南 03（130250）	8000.00	2022.06.23	3.5400	15 云南 04（130251）	8000.00	2025.06.23	3.6200
15 青岛 02（130253）	840.00	2020.06.24	3.2400	15 青岛 03（130254）	840.00	2022.06.24	3.5300
15 青岛 04（130255）	840.00	2025.06.24	3.6100	15 海南 02（130257）	2430.00	2020.06.24	3.2400
15 海南 03（130258）	2430.00	2022.06.24	3.5300	15 海南 04（130259）	2430.00	2025.06.24	3.6100
15 江苏 Z1（130260）	4227.87	2020.06.26	3.2100	15 江苏 Z2（130261）	1680.00	2022.06.26	3.5200
15 江苏 Z3（130262）	2520.00	2025.06.26	3.5900	15 陕西 02（130264）	5300.00	2020.06.30	3.2000
15 陕西 03（130265）	5300.00	2022.06.30	3.5300	15 陕西 04（130266）	5300.00	2025.06.30	3.6000
15 山东 06（130268）	10700.00	2020.06.29	3.2000	15 山东 07（130269）	10700.00	2022.06.29	3.5200
15 山东 08（130270）	7100.00	2025.06.29	3.5900	15 大连 02（130272）	1900.00	2020.07.03	3.2100
15 大连 03（130273）	1900.00	2022.07.03	3.5400	15 大连 04（130274）	1260.00	2025.07.03	3.6000
15 大连 Z2（130276）	240.00	2020.07.03	3.2100	15 大连 Z3（130277）	240.00	2022.07.03	3.5400
15 大连 Z4（130278）	160.00	2025.07.03	3.6000	15 贵州 06（130280）	12000.00	2020.07.06	3.2000
15 贵州 07（130281）	12000.00	2022.07.06	3.5400	15 贵州 08（130282）	8000.00	2025.07.06	3.6100
15 内蒙 02（130284）	8800.00	2020.07.06	3.2000	15 内蒙 03（130285）	8800.00	2022.07.06	3.5400
15 内蒙 04（130286）	7400.00	2025.07.06	3.6100	15 新疆 Z2（130288）	990.00	2020.07.07	3.1900
15 新疆 Z3（130289）	990.00	2022.07.07	3.5400	15 新疆 Z4（130290）	660.00	2025.07.07	3.6000
15 北京 02（130292）	8400.00	2020.07.08	3.1700	15 北京 03（130293）	8400.00	2022.07.08	3.5200
15 北京 04（130294）	8400.00	2025.07.08	3.5800	15 四川 06（130296）	15000.00	2020.07.08	3.1800
15 四川 07（130297）	15000.00	2022.07.08	3.5300	15 四川 08（130298）	5000.00	2025.07.08	3.6000
15 甘肃 02（130300）	6000.00	2020.07.10	3.1400	15 甘肃 03（130301）	6000.00	2022.07.10	3.4800
15 甘肃 04（130302）	6000.00	2025.07.10	3.5100	15 青海 02（130304）	4000.00	2020.07.13	3.1300
15 青海 03（130305）	4000.00	2022.07.13	3.4600	15 青海 04（130306）	4500.00	2025.07.13	3.4700
15 宁波 02（130308）	4410.00	2020.07.13	3.1300	15 宁波 03（130309）	2990.00	2022.07.13	3.4600
15 宁波 04（130310）	4380.00	2025.07.13	3.4700	15 宁波 Z2（130312）	1500.00	2020.07.13	3.1300
15 宁波 Z3（130313）	1220.00	2022.07.13	3.4600	15 宁波 Z4（130314）	1690.00	2025.07.13	3.4700
15 广东 Z1（130315）	2750.00	2020.07.14	3.1200	15 广东 Z2（130316）	1100.00	2022.07.14	3.4500
15 广东 Z3（130317）	1650.00	2025.07.14	3.4600	15 福建 02（130319）	3480.00	2020.07.15	3.1300
15 福建 03（130320）	3480.00	2022.07.15	3.4500	15 福建 04（130321）	3480.00	2025.07.15	3.4600
15 湖南 02（130323）	12600.00	2020.07.17	3.1400	15 湖南 03（130324）	12600.00	2022.07.17	3.4800
15 湖南 04（130325）	12600.00	2025.07.17	3.5000	15 湖北 10（130327）	6330.00	2020.07.20	3.1500
15 湖北 11（130328）	6330.00	2022.07.20	3.4900	15 湖北 12（130329）	6330.00	2025.07.20	3.5200
15 湖北 Z2（130331）	920.00	2020.07.20	3.1700	15 湖北 Z3（130332）	460.00	2022.07.20	3.5900
15 湖北 Z4（130333）	690.00	2025.07.20	3.6200	15 广西 06（130335）	8500.00	2020.07.20	3.1500
15 广西 07（130336）	8500.00	2022.07.20	3.4900	15 广西 08（130337）	5600.00	2025.07.20	3.5200
15 广西 Z1（130338）	650.00	2020.07.20	3.1500	15 广西 Z2（130339）	650.00	2022.07.20	3.4900
15 广东 06（130341）	7770.00	2020.07.22	3.1600	15 广东 07（130342）	7770.00	2022.07.22	3.4900
15 广东 08（130343）	7770.00	2025.07.22	3.5300	15 山东 Z1（130344）	9005.64	2020.07.27	3.1600
15 山东 Z2（130345）	3600.00	2022.07.27	3.4600	15 山东 Z3（130346）	5400.00	2025.07.27	3.5000
15 福建 Z1（130347）	8550.00	2020.07.27	3.1600	15 福建 Z2（130348）	8550.00	2025.07.27	3.5000

债券信息
List of Bonds

债券简称（代码） Bond Name（Code）	发行量 （百万元） Issued Vol （M Yuan）	到期日 Expiration Date	票面利率（%） Coupon Rate	债券简称（代码） Bond Name（Code）	发行量 （百万元） Issued Vol （M Yuan）	到期日 Expiration Date	票面利率（%） Coupon Rate
15福建06（130350）	2400.00	2020.07.27	3.1600	15福建07（130351）	2400.00	2022.07.27	3.4600
15福建08（130352）	2400.00	2025.07.27	3.5000	15黑龙02（130354）	5460.00	2020.07.28	3.1700
15黑龙03（130355）	2800.00	2022.07.28	3.4500	15黑龙04（130356）	5400.00	2025.07.28	3.5000
15黑龙Z1（130357）	1790.00	2020.07.28	3.1600	15黑龙Z2（130358）	680.00	2022.07.28	3.4500
15黑龙Z3（130359）	1100.00	2025.07.28	3.4900	15云南Z2（130361）	1300.00	2020.07.28	3.1600
15云南Z3（130362）	1300.00	2022.07.28	3.4500	15云南Z4（130363）	800.00	2025.07.28	3.4900
15重庆06（130365）	11600.00	2020.08.05	3.1900	15重庆07（130366）	11600.00	2022.08.05	3.4400
15重庆08（130367）	9700.00	2025.08.05	3.4700	15重庆Z1（130368）	1300.00	2020.08.05	3.1900
15重庆Z2（130369）	1200.00	2025.08.05	3.4700	15新疆10（130371）	1110.00	2020.08.07	3.1900
15新疆11（130372）	1110.00	2022.08.07	3.4500	15新疆12（130373）	740.00	2025.08.07	3.4700
15新疆Z6（130375）	360.00	2020.08.07	3.1900	15新疆Z7（130376）	360.00	2022.08.07	3.4500
15新疆Z8（130377）	240.00	2025.08.07	3.4700	15上海02（130379）	11610.00	2020.08.07	3.1900
15上海03（130380）	11610.00	2022.08.07	3.4500	15上海04（130381）	11610.00	2025.08.07	3.4700
15上海Z1（130382）	4700.00	2020.08.07	3.1900	15上海Z2（130383）	4700.00	2025.08.07	3.4700
15辽宁06（130385）	6800.00	2020.08.10	3.4800	15辽宁07（130386）	6800.00	2022.08.10	3.7500
15辽宁08（130387）	2471.61	2025.08.10	3.6700	15辽宁Z1（130388）	550.00	2020.08.10	3.4800
15辽宁Z2（130389）	400.00	2025.08.10	3.9900	15青岛06（130391）	240.00	2020.08.17	3.3300
15青岛07（130392）	240.00	2022.08.17	3.5700	15青岛08（130393）	240.00	2025.08.17	3.6000
15青岛Z1（130394）	350.00	2020.08.17	3.3300	15青岛Z2（130395）	140.00	2022.08.17	3.5700
15青岛Z3（130396）	210.00	2025.08.17	3.6000	15天津06（130398）	2300.00	2020.08.19	3.3600
15天津07（130399）	2300.00	2022.08.19	3.6000	15天津08（130400）	2300.00	2025.08.19	3.6200
15天津Z1（130401）	4541.00	2020.08.19	3.3600	15天津Z2（130402）	500.00	2022.08.19	3.6000
15天津Z3（130403）	3600.00	2025.08.19	3.6200	15甘肃06（130405）	2000.00	2020.08.21	3.3600
15甘肃07（130406）	2000.00	2022.08.21	3.6000	15甘肃08（130407）	2000.00	2025.08.21	3.6100
15甘肃Z1（130408）	4462.28	2020.08.21	3.3600	15甘肃Z2（130409）	4400.00	2025.08.21	3.6100
15安徽07（130412）	7500.00	2020.08.21	3.3600	15安徽08（130413）	7500.00	2022.08.21	3.6100
15安徽09（130414）	5000.00	2025.08.21	3.6100	15安徽Z1（130415）	4936.61	2020.08.21	3.3600
15安徽Z2（130416）	4900.00	2022.08.21	3.6000	15厦门02（130418）	940.00	2020.08.22	3.2600
15厦门03（130419）	940.00	2022.08.22	3.5100	15厦门04（130420）	630.00	2025.08.22	3.5100
15厦门Z1（130421）	707.42	2020.08.22	3.2600	15厦门Z2（130422）	690.00	2025.08.22	3.5100
15青海06（130424）	2600.00	2020.08.25	3.3600	15青海07（130425）	2600.00	2022.08.25	3.6100
15青海08（130426）	2600.00	2025.08.25	3.6100	15青海Z2（130428）	900.00	2020.08.25	3.3600
15青海Z3（130429）	800.00	2022.08.25	3.6100	15青海Z4（130430）	800.00	2025.08.25	3.6100
15北京Z2（130432）	3640.00	2020.08.26	3.3600	15北京Z3（130433）	1560.00	2022.08.26	3.6100
15北京Z4（130434）	2340.00	2025.08.26	3.6000	15陕西06（130436）	5280.00	2020.08.31	3.3600
15陕西07（130437）	5280.00	2022.08.31	3.6200	15陕西08（130438）	3530.00	2025.08.31	3.6000
15陕西Z2（130440）	3940.00	2020.08.31	3.3600	15陕西Z3（130441）	3940.00	2022.08.31	3.6200
15陕西Z4（130442）	2630.00	2025.08.31	3.6000	15陕西Z6（130444）	150.00	2020.08.31	3.3600
15陕西Z7（130445）	150.00	2022.08.31	3.6200	15陕西Z8（130446）	100.00	2025.08.31	3.6000
15河南06（130448）	7660.00	2020.09.01	3.2900	15河南07（130449）	7660.00	2022.09.01	3.5400
15河南08（130450）	5100.00	2025.09.01	3.5300	15河南Z2（130452）	4700.00	2020.09.01	3.2900
15河南Z3（130453）	4700.00	2022.09.01	3.5400	15河南Z4（130454）	3140.00	2025.09.01	3.5300
15内蒙06（130456）	12720.00	2020.09.09	3.3500	15内蒙07（130457）	12720.00	2022.09.09	3.5300
15内蒙08（130458）	12720.00	2025.09.09	3.5200	15内蒙Z2（130460）	4470.00	2020.09.09	3.3500
15内蒙Z3（130461）	2230.00	2022.09.09	3.5300	15内蒙Z4（130462）	3350.00	2025.09.09	3.5200
15宁夏06（130464）	1000.00	2020.09.09	3.3500	15宁夏07（130465）	1000.00	2022.09.09	3.5300
15宁夏08（130466）	1000.00	2025.09.09	3.5200	15江苏06（130468）	14190.00	2020.09.11	3.4700
15江苏07（130469）	14190.00	2022.09.11	3.6400	15江苏08（130470）	9460.00	2025.09.11	3.6300
15江苏Z5（130472）	9740.00	2020.09.11	3.4700	15江苏Z6（130473）	9740.00	2022.09.11	3.6400
15江苏Z7（130474）	6500.00	2025.09.11	3.6300	15山东10（130476）	20250.00	2020.09.15	3.4400

债券信息
List of Bonds

债券简称（代码）Bond Name（Code）	发行量（百万元）Issued Vol（M Yuan）	到期日 Expiration Date	票面利率（%）Coupon Rate	债券简称（代码）Bond Name（Code）	发行量（百万元）Issued Vol（M Yuan）	到期日 Expiration Date	票面利率（%）Coupon Rate
15 山东 11（130477）	20250.00	2022.09.15	3.6100	15 山东 12（130478）	6816.00	2025.09.15	3.6000
15 山东 Z5（130480）	2220.00	2020.09.15	3.4400	15 山东 Z6（130481）	2220.00	2022.09.15	3.6000
15 山东 Z7（130482）	777.00	2025.09.15	3.5900	15 新疆 14（130484）	5550.00	2020.09.16	3.3700
15 新疆 15（130485）	5550.00	2022.09.16	3.5500	15 新疆 16（130486）	3700.00	2025.09.16	3.4900
15 新疆 17（130488）	1740.00	2020.09.16	3.1800	15 新疆 18（130489）	1740.00	2022.09.16	3.4100
15 新疆 19（130490）	1160.00	2025.09.16	3.3400	15 广西 10（130492）	8800.00	2020.09.16	3.4300
15 广西 11（130493）	8800.00	2022.09.16	3.6000	15 广西 12（130494）	5900.00	2025.09.16	3.5900
15 广西 Z3（130495）	950.00	2020.09.16	3.4300	15 广西 Z4（130496）	950.00	2022.09.16	3.6000
15 浙江 06（130498）	6990.00	2020.09.18	3.2700	15 浙江 07（130499）	6990.00	2022.09.18	3.3800
15 浙江 08（130500）	6990.00	2025.09.18	3.4300	15 浙江 Z2（130502）	6540.00	2020.09.18	3.1700
15 浙江 Z3（130503）	4310.00	2022.09.18	3.3400	15 浙江 Z4（130504）	6540.00	2025.09.18	3.3300
15 河北 06（130506）	14000.00	2020.09.18	3.3700	15 河北 07（130507）	14000.00	2022.09.18	3.5400
15 河北 08（130508）	4945.00	2025.09.18	3.5300	15 河北 Z5（130510）	4774.00	2020.09.21	3.3700
15 贵州 10（130512）	15000.00	2020.09.21	3.4200	15 贵州 11（130513）	15000.00	2022.09.21	3.5800
15 贵州 12（130514）	10000.00	2025.09.21	3.5700	15 云南 06（130516）	5000.00	2020.09.22	3.3600
15 云南 07（130517）	5000.00	2022.09.22	3.5300	15 云南 08（130518）	5000.00	2025.09.22	3.5200
15 云南 Z6（130520）	4100.00	2020.09.22	3.3600	15 云南 Z7（130521）	4200.00	2022.09.22	3.5300
15 云南 Z8（130522）	4200.00	2025.09.22	3.5200	15 福建 10（130524）	2090.00	2020.09.23	3.4500
15 福建 11（130525）	2090.00	2022.09.23	3.6200	15 福建 12（130526）	2090.00	2025.09.23	3.6100
15 福建 Z3（130527）	7360.03	2020.09.23	3.4500	15 福建 Z4（130528）	7360.00	2025.09.23	3.6100
15 青海 10（130530）	800.00	2020.09.25	3.3500	15 青海 11（130531）	800.00	2022.09.25	3.5300
15 青海 12（130532）	800.00	2025.09.25	3.5200	15 湖北 14（130534）	2340.00	2020.10.10	3.0700
15 湖北 15（130535）	2340.00	2022.10.10	3.4500	15 湖北 16（130536）	2340.00	2025.10.10	3.4400
15 湖北 Z6（130538）	720.00	2020.10.10	3.0700	15 湖北 Z7（130539）	360.00	2022.10.10	3.2800
15 湖北 Z8（130540）	540.00	2025.10.10	3.3000	15 四川 10（130542）	8400.00	2020.10.10	3.3700
15 四川 11（130543）	8400.00	2022.10.10	3.5800	15 四川 12（130544）	2800.00	2025.10.10	3.5600
15 广东 10（130546）	5779.06	2020.10.12	3.1400	15 广东 11（130547）	5779.06	2022.10.12	3.3500
15 广东 12（130548）	5779.06	2025.10.12	3.3300	15 广东 Z4（130549）	7750.80	2020.10.12	3.1500
15 广东 Z5（130550）	3100.32	2022.10.12	3.3500	15 广东 Z6（130551）	4650.48	2025.10.12	3.3300
15 海南 06（130553）	1530.00	2020.10.14	3.2000	15 海南 07（130554）	1530.00	2022.10.14	3.4000
15 海南 08（130555）	1530.00	2025.10.14	3.3900	15 海南 Z1（130556）	1844.84	2020.10.14	3.2000
15 海南 Z2（130557）	700.00	2022.10.14	3.4000	15 海南 Z3（130558）	1050.00	2025.10.14	3.3900
15 浙江 10（130560）	3960.00	2020.10.16	3.0400	15 浙江 11（130561）	3960.00	2022.10.16	3.2300
15 浙江 12（130562）	3960.00	2025.10.16	3.3100	15 浙江 Z6（130564）	4310.00	2020.10.16	3.0400
15 浙江 Z7（130565）	2870.00	2022.10.16	3.2300	15 浙江 Z8（130566）	4310.00	2025.10.16	3.3100
15 甘肃 10（130568）	700.00	2020.10.21	3.1300	15 甘肃 11（130569）	770.00	2022.10.21	3.3200
15 甘肃 12（130570）	1000.00	2025.10.21	3.2900	15 甘肃 Z3（130571）	1000.00	2020.10.21	3.1300
15 甘肃 Z4（130572）	1000.00	2025.10.21	3.2900	15 江西 06（130574）	13450.00	2020.10.21	3.1800
15 江西 07（130575）	13450.00	2022.10.21	3.3700	15 江西 08（130576）	13450.00	2025.10.21	3.3400
15 江西 Z2（130578）	750.00	2020.10.21	3.0700	15 江西 Z3（130579）	750.00	2022.10.21	3.2700
15 江西 Z4（130580）	750.00	2025.10.21	3.3400	15 江西 Z6（130582）	150.00	2020.10.21	3.0500
15 江西 Z7（130583）	150.00	2022.10.21	3.3600	15 江西 Z8（130584）	150.00	2025.10.21	3.3400
15 上海 05（130585）	500.00	2020.10.26	2.9300	15 上海 06（130586）	7860.00	2022.10.26	3.1000
15 上海 07（130587）	7860.00	2025.10.26	3.0800	15 上海 Z4（130589）	4750.00	2020.10.26	2.9300
15 上海 Z5（130590）	4750.00	2022.10.26	3.1000	15 上海 Z6（130591）	3150.00	2025.10.26	3.0800
15 四川 Z2（130593）	15300.00	2020.10.27	3.2100	15 四川 Z3（130594）	15300.00	2022.10.27	3.3800
15 四川 Z4（130595）	5342.00	2025.10.27	3.3700	15 福建 14（130597）	930.00	2020.10.28	3.0900
15 福建 15（130598）	930.00	2022.10.28	3.2600	15 福建 16（130599）	930.00	2025.10.28	3.2500
15 福建 Z5（130600）	330.00	2020.10.28	3.0900	15 福建 Z6（130601）	320.00	2025.10.28	3.2500
15 福建 Z7（130602）	180.00	2020.10.28	3.0900	15 福建 Z8（130603）	170.00	2025.10.28	3.2500

债券信息 List of Bonds

债券简称（代码）Bond Name（Code）	发行量（百万元）Issued Vol（M Yuan）	到期日 Expiration Date	票面利率（%）Coupon Rate	债券简称（代码）Bond Name（Code）	发行量（百万元）Issued Vol（M Yuan）	到期日 Expiration Date	票面利率（%）Coupon Rate
15安徽11（130605）	9540.00	2020.10.28	3.2400	15安徽12（130606）	6360.00	2022.10.28	3.3600
15安徽13（130607）	6436.86	2025.10.28	3.4500	15安徽Z3（130608）	9901.05	2020.10.28	3.1900
15安徽Z4（130609）	5200.00	2025.10.28	3.3900	15宁夏10（130611）	2500.00	2020.10.30	3.1500
15宁夏11（130612）	2500.00	2022.10.30	3.3700	15宁夏12（130613）	2010.11	2025.10.30	3.3700
15宁夏Z2（130615）	1500.00	2020.10.30	3.1500	15宁夏Z3（130616）	1500.00	2022.10.30	3.3700
15宁夏Z4（130617）	917.65	2025.10.30	3.3700	15宁夏Z5（130618）	200.00	2022.10.30	3.3700
15宁夏Z6（130619）	500.00	2025.10.30	3.3700	15天津10（130621）	1540.00	2020.10.30	3.1000
15天津11（130622）	1540.00	2022.10.30	3.2700	15天津12（130623）	1540.00	2025.10.30	3.2700
15天津Z4（130624）	831.00	2020.10.30	3.1000	15天津Z5（130625）	310.00	2022.10.30	3.2500
15天津Z6（130626）	370.00	2025.10.30	3.2700	15广东14（130628）	4750.00	2020.11.03	2.9600
15广东15（130629）	4750.00	2022.11.03	3.1200	15广东16（130630）	4750.00	2025.11.03	3.1200
15山西06（130632）	6620.79	2020.11.04	3.0700	15山西07（130633）	6620.79	2022.11.04	3.2300
15山西08（130634）	6620.79	2025.11.04	3.2300	15山西Z1（130635）	6998.25	2020.11.04	2.9700
15山西Z2（130636）	6748.27	2025.11.04	3.1800	15河南10（130638）	10200.00	2020.11.04	3.1700
15河南11（130639）	10200.00	2022.11.04	3.3300	15河南12（130640）	6800.00	2025.11.04	3.3300
15河南Z6（130642）	6300.00	2020.11.04	3.1700	15河南Z7（130643）	6300.00	2022.11.04	3.3300
15河南Z8（130644）	4200.00	2025.11.04	3.3300	15贵州Z2（130646）	15000.00	2020.11.06	3.1700
15贵州Z3（130647）	15000.00	2022.11.06	3.3200	15贵州Z4（130648）	10000.00	2025.11.06	3.3300
15江苏10（130650）	24360.00	2020.11.06	3.1100	15江苏11（130651）	24360.00	2022.11.06	3.2600
15江苏12（130652）	16240.00	2025.11.06	3.2300	15江苏Z9（130654）	10670.00	2020.11.06	3.0700
15江苏13（130655）	10670.00	2022.11.06	3.2200	15江苏14（130656）	7120.00	2025.11.06	3.1800
15云南10（130658）	10900.00	2020.11.09	3.1400	15云南11（130659）	10900.00	2022.11.09	3.2900
15云南12（130660）	10900.00	2025.11.09	3.2900	15云南13（130662）	6500.00	2020.11.09	3.1400
15云南14（130663）	6300.00	2022.11.09	3.2900	15云南15（130664）	6300.00	2025.11.09	3.2900
15内蒙10（130666）	5670.00	2020.11.10	3.3900	15内蒙11（130667）	5670.00	2022.11.10	3.5600
15内蒙12（130668）	5670.00	2025.11.10	3.5500	15内蒙Z6（130670）	2000.00	2020.11.10	3.3900
15内蒙Z7（130671）	1480.00	2022.11.10	3.5600	15内蒙Z8（130672）	1000.00	2025.11.10	3.5500
15宁波06（130674）	1530.00	2020.11.11	3.0800	15宁波07（130675）	1020.00	2022.11.11	3.2400
15宁波08（130676）	1530.00	2025.11.11	3.3300	15宁波Z6（130678）	1260.00	2020.11.11	3.0800
15宁波Z7（130679）	840.00	2022.11.11	3.2400	15宁波Z8（130680）	1260.00	2025.11.11	3.3300
15厦门06（130682）	270.00	2020.11.11	2.9800	15厦门07（130683）	270.00	2022.11.11	3.1400
15厦门08（130684）	180.00	2025.11.11	3.1300	15厦门Z3（130685）	1081.89	2020.11.11	2.9800
15厦门Z4（130686）	1080.00	2025.11.11	3.1300	15陕西10（130688）	4960.00	2020.11.13	3.3900
15陕西11（130689）	4960.00	2022.11.13	3.5700	15陕西12（130690）	1666.51	2025.11.13	3.5500
15陕西13（130692）	6620.00	2020.11.13	3.2400	15陕西14（130693）	6620.00	2022.11.13	3.4400
15陕西15（130694）	2230.58	2025.11.13	3.5400	15黑龙06（130696）	13000.00	2020.11.16	3.3400
15黑龙07（130697）	13000.00	2022.11.16	3.4800	15黑龙08（130698）	5214.12	2025.11.16	3.4700
15黑龙Z4（130699）	1500.00	2020.11.16	3.3200	15黑龙Z5（130700）	900.00	2022.11.16	3.4700
15大连06（130702）	1770.00	2020.11.18	3.2600	15大连07（130703）	1770.00	2022.11.18	3.4000
15大连08（130704）	1180.00	2025.11.18	3.3900	15大连Z6（130706）	1750.00	2020.11.18	3.2600
15大连Z7（130707）	1750.00	2022.11.18	3.4400	15大连Z8（130708）	1170.00	2025.11.18	3.4300
15吉林06（130710）	7320.00	2020.11.20	3.4400	15吉林07（130711）	7320.00	2022.11.20	3.4500
15吉林08（130712）	7320.00	2025.11.20	3.4500	15吉林Z1（130713）	5432.21	2020.11.20	3.3500
15吉林Z2（130714）	5430.00	2025.11.20	3.4500	15吉林Z3（130715）	1648.29	2020.11.20	3.3500
15吉林Z4（130716）	886.40	2025.11.20	3.5700	15北京06（130718）	2405.46	2020.11.20	3.1000
15北京07（130719）	2538.86	2022.11.20	3.2400	15北京08（130720）	1673.85	2025.11.20	3.2300
15北京Z6（130722）	6960.62	2020.11.20	3.1000	15北京Z7（130723）	6690.75	2022.11.20	3.2400
15北京Z8（130724）	5787.00	2025.11.20	3.2300	15北京Z9（130725）	203.00	2022.11.20	3.2400
15湖南06（130727）	13200.00	2020.11.23	3.1900	15湖南07（130728）	13200.00	2022.11.23	3.3500
15湖南08（130729）	13200.00	2025.11.23	3.3300	15上海09（130731）	5000.00	2020.11.25	3.1000

债券信息
List of Bonds

债券
Bond

债券简称（代码） Bond Name（Code）	发行量（百万元） Issued Vol（M Yuan）	到期日 Expiration Date	票面利率（%） Coupon Rate	债券简称（代码） Bond Name（Code）	发行量（百万元） Issued Vol（M Yuan）	到期日 Expiration Date	票面利率（%） Coupon Rate
15 山东 14（130733）	840.00	2020.11.27	3.1900	15 山东 15（130734）	840.00	2022.11.27	3.3800
15 山东 16（130735）	840.00	2025.11.27	3.3400	15 贵州 14（130737）	3900.00	2020.11.27	3.2200
15 贵州 15（130738）	3900.00	2022.11.27	3.4100	15 贵州 16（130739）	2600.00	2025.11.27	3.4000
15 贵州 Z6（130741）	8500.00	2020.11.27	3.2500	15 贵州 Z7（130742）	8500.00	2022.11.27	3.4100
15 贵州 Z8（130743）	5600.00	2025.11.27	3.4700	15 浙江 14（130745）	7600.00	2020.11.30	3.0600
15 浙江 15（130746）	7600.00	2022.11.30	3.2400	15 浙江 16（130747）	7600.00	2025.11.30	3.2000
15 青岛 10（130749）	420.00	2020.12.04	3.1500	15 青岛 11（130750）	420.00	2022.12.04	3.3200
15 青岛 12（130751）	420.00	2025.12.04	3.3000	15 福建 18（130753）	4800.00	2020.12.04	3.1500
15 福建 19（130754）	4800.00	2022.12.04	3.3200	15 福建 20（130755）	4800.00	2025.12.04	3.3000
15 福建 Z9（130756）	12281.85	2020.12.04	3.1500	15 福建 21（130757）	12280.00	2025.12.04	3.3000
15 内蒙 14（130759）	1810.00	2020.12.07	3.2900	15 内蒙 15（130760）	1810.00	2022.12.07	3.4200
15 内蒙 16（130761）	1810.00	2025.12.07	3.4400	15 内蒙 Z9（130762）	1100.00	2020.12.07	3.1900
15 内蒙 17（130763）	1000.00	2022.12.07	3.3600	15 辽宁 10（130765）	21660.00	2020.12.09	3.1800
15 辽宁 11（130766）	21660.00	2022.12.09	3.3400	15 辽宁 12（130767）	7220.00	2025.12.09	3.3400
15 甘肃 14（130769）	1500.00	2020.12.11	3.1500	15 甘肃 15（130770）	1570.00	2022.12.11	3.3300
15 甘肃 16（130771）	1500.00	2025.12.11	3.3200	15 山西 10（130773）	1580.00	2020.12.16	2.8300
15 山西 11（130774）	1580.00	2022.12.16	3.0100	15 山西 12（130775）	1580.00	2025.12.16	3.0000
15 贵州 18（130777）	900.00	2020.12.24	2.9900	15 贵州 19（130778）	900.00	2022.12.24	3.1800
15 贵州 20（130779）	600.00	2025.12.24	3.2300	16 湖北 02（130781）	18000.00	2021.02.19	2.9000
16 湖北 03（130782）	18000.00	2023.02.19	3.0700	16 湖北 04（130783）	6000.00	2026.02.19	3.0400
16 广东 01（130784）	22850.00	2021.02.24	2.9000	16 广东 02（130785）	9140.00	2023.02.24	3.0700
16 广东 03（130786）	13710.00	2026.02.24	3.0400	16 广东 05（130788）	12390.00	2021.03.02	2.8500
16 广东 06（130789）	12390.00	2023.03.02	3.0700	16 广东 07（130790）	12390.00	2026.03.02	3.0600
16 浙江 02（130792）	9000.00	2021.03.11	2.7900	16 浙江 03（130793）	9000.00	2023.03.11	3.0700
16 浙江 04（130794）	9000.00	2026.03.11	3.2100	16 山东 02（130796）	9480.00	2021.03.11	2.7900
16 山东 03（130797）	9480.00	2023.03.11	3.0900	16 山东 04（130798）	6320.00	2026.03.11	3.1100
16 山东 06（130800）	8520.00	2021.03.11	2.7900	16 山东 07（130801）	8520.00	2023.03.11	3.0900
16 山东 08（130802）	5680.00	2026.03.11	3.1100	16 内蒙 02（130804）	18900.00	2021.03.14	2.9300
16 内蒙 03（130805）	18900.00	2023.03.14	3.1900	16 内蒙 04（130806）	18900.00	2026.03.14	3.2000
16 江苏 02（130808）	18250.00	2021.03.16	2.7600	16 江苏 03（130809）	18250.00	2023.03.16	3.0500
16 江苏 04（130810）	12180.00	2026.03.16	3.0600	16 江苏 06（130812）	15820.00	2021.03.16	2.7600
16 江苏 07（130813）	15820.00	2023.03.16	3.0500	16 江苏 08（130814）	10550.00	2026.03.16	3.0600
16 重庆 02（130816）	5100.00	2021.03.18	2.7800	16 重庆 03（130817）	5100.00	2023.03.18	3.0400
16 重庆 04（130818）	4200.00	2026.03.18	3.0400	16 重庆 05（130819）	6500.00	2021.03.18	2.7800
16 重庆 06（130820）	6500.00	2023.03.18	3.0400	16 天津 02（130822）	550.00	2021.03.21	2.7600
16 天津 03（130823）	4975.00	2021.03.21	2.7300	16 天津 04（130824）	2326.00	2023.03.21	2.9800
16 天津 05（130825）	2695.00	2026.03.21	3.0300	16 云南 01（130826）	3760.00	2023.03.22	3.0200
16 云南 02（130827）	3700.00	2026.03.22	3.0500	16 云南 03（130828）	6850.00	2023.03.22	3.0000
16 云南 04（130829）	7000.00	2026.03.22	3.0500	16 新疆 02（130831）	5595.00	2021.03.23	2.7200
16 新疆 03（130832）	5595.00	2023.03.23	3.0000	16 新疆 04（130833）	3730.00	2026.03.23	3.0200
16 江西 02（130835）	8790.00	2021.03.25	2.7100	16 江西 03（130836）	8790.00	2023.03.25	3.0000
16 江西 04（130837）	8790.00	2026.03.25	3.0100	16 江西 06（130839）	2670.00	2021.03.25	2.7100
16 江西 07（130840）	2670.00	2023.03.25	3.0500	16 江西 08（130841）	2670.00	2026.03.25	3.0700
16 宁夏 02（130843）	2100.00	2021.03.25	2.7800	16 宁夏 03（130844）	2100.00	2023.03.25	3.0400
16 宁夏 04（130845）	700.00	2026.03.25	3.0500	16 广西 02（130847）	4200.00	2021.03.28	2.6500
16 广西 03（130848）	4200.00	2023.03.28	2.9600	16 广西 04（130849）	2900.00	2026.03.28	2.9900
16 广西 05（130850）	8500.00	2021.03.28	2.6100	16 广西 06（130851）	8500.00	2023.03.28	2.9300
16 四川 02（130853）	13800.00	2021.03.29	2.7500	16 四川 03（130854）	13800.00	2023.03.29	3.0400
16 四川 04（130855）	4562.00	2026.03.29	3.0800	16 辽宁 02（130857）	22700.00	2021.03.29	2.8500
16 辽宁 03（130858）	22700.00	2023.03.29	3.1400	16 辽宁 04（130859）	7800.00	2026.03.29	3.1800

债券信息
List of Bonds

债券
Bond

债券简称（代码） Bond Name（Code）	发行量（百万元） Issued Vol（M Yuan）	到期日 Expiration Date	票面利率（%） Coupon Rate	债券简称（代码） Bond Name（Code）	发行量（百万元） Issued Vol（M Yuan）	到期日 Expiration Date	票面利率（%） Coupon Rate
16安徽02（130861）	6200.00	2021.04.01	2.7100	16安徽03（130862）	6200.00	2023.04.01	3.0000
16安徽04（130863）	6200.00	2026.04.01	3.0400	16青海02（130865）	5200.00	2021.04.01	2.6600
16青海03（130866）	5200.00	2023.04.01	3.0000	16青海04（130867）	5850.00	2026.04.01	3.0400
16广东09（130869）	8610.00	2021.04.06	2.6700	16广东10（130870）	8610.00	2023.04.06	2.9800
16广东11（130871）	8610.00	2026.04.06	3.0300	16广东12（130872）	1500.00	2021.04.06	2.6400
16广东13（130873）	600.00	2023.04.06	2.9800	16广东14（130874）	900.00	2026.04.06	3.0300
16广西08（130876）	3000.00	2021.04.07	2.6800	16广西09（130877）	3000.00	2023.04.07	2.9900
16广西10（130878）	2000.00	2026.04.07	3.0700	16新疆06（130880）	7060.00	2021.04.08	2.6200
16新疆07（130881）	7060.00	2023.04.08	2.9800	16新疆08（130882）	4700.00	2026.04.08	3.0800
16新疆10（130884）	2180.00	2021.04.08	2.5800	16新疆11（130885）	2180.00	2023.04.08	2.9300
16新疆12（130886）	1450.00	2026.04.08	3.0500	16贵州02（130888）	15000.00	2021.04.08	2.6900
16贵州03（130889）	15000.00	2023.04.08	3.0500	16贵州04（130890）	10000.00	2026.04.08	3.1400
16贵州06（130892）	9000.00	2021.04.08	2.7200	16贵州07（130893）	9000.00	2023.04.08	3.0300
16贵州08（130894）	6000.00	2026.04.08	3.1500	16黑龙02（130896）	13860.00	2021.04.11	2.7700
16黑龙03（130897）	13860.00	2023.04.11	3.0900	16黑龙04（130898）	9240.00	2026.04.11	3.1800
16黑龙06（130900）	3900.00	2021.04.11	2.7700	16黑龙07（130901）	3900.00	2023.04.11	3.0900
16黑龙08（130902）	2600.00	2026.04.11	3.1800	16湖南01（130903）	10100.00	2023.04.12	2.9700
16湖南02（130904）	31000.00	2026.04.12	3.0600	16河南02（130906）	15000.00	2021.04.15	2.7300
16河南03（130907）	15000.00	2023.04.15	3.0600	16河南04（130908）	10000.00	2026.04.15	3.1600
16河北02（130910）	11900.00	2021.04.15	2.6800	16河北03（130911）	11900.00	2023.04.15	3.0000
16河北04（130912）	7900.00	2026.04.15	3.1000	16河北06（130914）	9100.00	2021.04.15	2.6800
16河北07（130915）	9100.00	2023.04.15	3.0600	16河北08（130916）	6000.00	2026.04.15	3.1400
16湖北06（130918）	4500.00	2021.04.18	2.7800	16湖北07（130919）	4500.00	2023.04.18	3.1000
16湖北08（130920）	1500.00	2026.04.18	3.2100	16湖北09（130921）	12500.00	2021.04.18	2.8200
16湖北10（130922）	12500.00	2023.04.18	3.0700	16甘肃02（130924）	10834.10	2021.04.18	2.7600
16甘肃03（130925）	9000.00	2023.04.18	3.0200	16甘肃04（130926）	7324.65	2021.04.18	2.7600
16甘肃05（130927）	1300.00	2023.04.18	3.0200	16山西02（130929）	8100.00	2021.04.20	2.6500
16山西03（130930）	8100.00	2023.04.20	2.9800	16山西04（130931）	8100.00	2026.04.20	3.1200
16山东10（130933）	20712.00	2021.04.27	2.9400	16山东11（130934）	20712.00	2023.04.27	3.1800
16山东12（130935）	13808.00	2026.04.27	3.1500	16陕西02（130937）	9290.00	2021.04.29	2.9400
16陕西03（130938）	9290.00	2023.04.29	3.2300	16陕西04（130939）	3154.48	2026.04.29	3.2000
16陕西06（130941）	6590.00	2021.04.29	2.9500	16陕西07（130942）	6590.00	2023.04.29	3.2300
16陕西08（130943）	2225.57	2026.04.29	3.2100	16湖南04（130945）	48166.82	2021.05.09	2.9100
16海南02（130947）	2400.00	2021.05.13	2.9100	16海南03（130948）	3100.00	2026.05.13	3.1000
16宁波02（130950）	2620.00	2021.05.16	2.7800	16宁波03（130951）	1920.00	2023.05.16	3.0200
16宁波04（130952）	2620.00	2026.05.16	3.0900	16宁波06（130954）	760.00	2021.05.16	2.7000
16宁波07（130955）	420.00	2023.05.16	2.9100	16宁波08（130956）	760.00	2026.05.16	2.9500
16青岛02（130958）	1170.00	2021.05.17	2.8700	16青岛03（130959）	1170.00	2023.05.17	3.1200
16青岛04（130960）	1170.00	2026.05.17	3.1500	16青岛05（130961）	1950.00	2021.05.17	2.8500
16青岛06（130962）	780.00	2023.05.17	3.1000	16青岛07（130963）	1170.00	2026.05.17	3.1400
16四川06（130965）	6000.00	2021.05.18	2.9800	16四川07（130966）	6000.00	2023.05.18	3.1600
16四川08（130967）	2000.00	2026.05.18	3.2100	16四川10（130969）	12000.00	2021.05.18	2.9800
16四川11（130970）	12000.00	2023.05.18	3.1800	16四川12（130971）	4000.00	2026.05.18	3.2100
16宁夏06（130973）	1400.00	2021.05.20	2.9000	16宁夏07（130974）	1400.00	2023.05.20	3.1800
16宁夏08（130975）	421.00	2026.05.20	3.2000	16辽宁06（130977）	6100.00	2021.05.25	3.0500
16辽宁07（130978）	6100.00	2023.05.25	3.3000	16辽宁08（130979）	2200.00	2026.05.25	3.3000
16云南05（130980）	23500.00	2021.05.27	2.9800	16云南06（130981）	25000.00	2023.05.27	3.2300
16云南07（130982）	5500.00	2021.05.27	2.9800	16云南08（130983）	4000.00	2023.05.27	3.2300
16陕西10（130985）	9060.00	2021.05.27	2.9400	16陕西11（130986）	9060.00	2023.05.27	3.2000
16陕西12（130987）	3020.00	2026.05.27	3.2500	16陕西14（130989）	1020.00	2021.05.27	2.9500

债券信息
List of Bonds

债券简称（代码）Bond Name（Code）	发行量（百万元）Issued Vol（M Yuan）	到期日 Expiration Date	票面利率（%）Coupon Rate	债券简称（代码）Bond Name（Code）	发行量（百万元）Issued Vol（M Yuan）	到期日 Expiration Date	票面利率（%）Coupon Rate
16 陕西 15（130990）	1020.00	2023.05.27	3.1800	16 陕西 16（130991）	340.00	2026.05.27	3.1900
16 陕西 18（130993）	150.00	2021.05.27	2.9000	16 陕西 19（130994）	150.00	2023.05.27	3.1300
16 陕西 20（130995）	50.00	2026.05.27	3.1000	16 青海 06（130997）	1950.00	2021.05.30	2.9000
16 青海 07（130998）	2000.00	2023.05.30	3.1800	16 青海 08（130999）	2050.00	2026.05.30	3.1800
巩燃 05（131036）	100.00	2020.10.27	7.5000	巩燃 06（131037）	100.00	2021.10.27	7.5000
津桥 06（131076）	110.00	2020.01.21	5.5800	津桥 07（131077）	120.00	2020.01.21	5.6300
津桥 08（131078）	145.00	2020.01.21	5.8500	津桥 09（131079）	160.00	2020.01.21	5.9000
津桥 10（131080）	175.00	2020.01.21	5.9500	扬汽 05（131101）	200.00	2020.04.30	5.2000
余燃气 5（131129）	299.00	2020.12.30	6.0000	余燃气 6（131130）	331.00	2021.12.30	6.3000
哈热 04（131143）	285.00	2020.01.25	5.5000	哈热 05（131144）	310.00	2020.12.30	5.7500
15 昆西 05（131157）	39.00	2020.12.10	5.6000	PR 昆西中（131158）	20.00	2020.12.10	9.0000
PR 云 A（131188）	770.00	2034.01.26	6.2000	恒浩云 B（131189）	4930.00	2025.01.26	6.8000
恒浩云 C（131190）	100.00	2025.01.26	7.5000	并燃气 17（131207）	55.00	2020.03.24	5.6000
并燃气 18（131208）	60.00	2020.06.24	5.6000	并燃气 19（131209）	60.00	2020.09.24	5.6000
并燃气 20（131210）	60.00	2020.12.24	5.6500	并燃气次（131211）	40.00	2020.12.24	0.0000
PR 呼 05（131247）	90.00	2020.12.08	5.7000	呼公交 06（131248）	90.00	2020.12.08	5.8000
呼公交 07（131249）	90.00	2020.12.08	5.8000	呼公交 08（131250）	100.00	2020.12.08	5.8000
呼公交 09（131251）	100.00	2020.12.08	5.8000	呼公交 10（131252）	40.00	2020.12.08	5.8000
PR 常交 05（131265）	25.00	2020.12.18	5.6000	常公交 06（131266）	27.00	2020.12.18	5.6000
常公交 07（131267）	29.00	2020.12.18	5.6000	常公交 08（131268）	31.00	2020.12.18	5.6000
常公交 09（131269）	33.00	2020.12.18	5.6000	常公交 10（131270）	24.00	2020.12.18	5.6000
东宇 05（131276）	80.00	2020.12.09	7.7000	东宇次（131277）	30.00	2020.12.09	0.0000
高燃气 5（131293）	125.00	2020.06.30	6.8000	PR 苏帕 05（131299）	95.00	2020.09.25	4.6000
苏帕河 6（131300）	100.00	2020.09.25	4.8000	苏帕河 7（131301）	105.00	2020.09.25	4.8000
苏帕河 8（131302）	120.00	2020.09.25	4.8000	苏帕河 9（131303）	80.00	2020.09.25	4.8000
启供水 5（131315）	128.00	2020.12.31	5.6000	启供水 6（131316）	150.00	2021.12.31	5.8000
启供水 7（131317）	175.00	2022.12.30	6.1500	武经开 02（131327）	73.00	2020.01.13	6.6500
武经开 03（131328）	87.00	2021.01.13	6.9500	武经开 04（131329）	100.00	2022.01.13	7.1500
恒源 04（131376）	110.00	2020.01.20	4.7300	恒源 05（131377）	118.00	2021.01.20	4.7500
迎宾馆 09（131397）	40.00	2020.06.20	6.4000	迎宾馆 10（131398）	40.00	2020.12.20	6.5000
PR05（131445）	75.00	2020.12.24	5.7500	PR1 优 2（131448）	154.00	2020.01.23	4.8500
PR1 优 3（131449）	48.00	2020.01.23	4.8800	16 广汇 08（131474）	60.00	2020.03.10	6.1000
16 广汇 09（131475）	85.00	2020.09.10	6.2000	16 广汇 10（131476）	65.00	2021.03.10	6.3000
16 广汇 11（131477）	91.00	2021.09.10	6.3000	16 广汇 12（131478）	71.00	2022.03.10	6.3000
16 广汇 13（131479）	97.00	2022.09.10	6.3000	16 广汇 14（131480）	77.00	2023.03.10	6.3000
16 广汇次（131481）	50.00	2023.03.10	0.0000	金林 1A3（131518）	450.00	2020.12.23	6.1000
协电力 05（131569）	300.00	2020.08.31	6.4000	保利物 04（131586）	230.00	2020.01.26	4.8000
保利物 05（131587）	240.00	2021.01.26	4.9000	保利物 09（131588）	300.00	2025.01.26	5.0000
保利物 10（131589）	200.00	2026.01.26	5.0000	上实次级（131591）	179.20	2021.05.24	0.0000
凯公 04（131628）	90.00	2020.03.23	6.3000	凯公 05（131629）	90.00	2021.03.23	6.6000
今典 04（131664）	230.00	2020.01.20	8.5000	今典 05（131665）	270.00	2020.08.12	8.5000
PRA8（131668）	36.00	2020.05.21	5.5800	PR 上实 A9（131669）	35.00	2020.11.23	5.6000
上实 A10（131670）	215.60	2021.05.24	5.9000	上实 B（131671）	499.20	2021.05.24	7.1000
宇光二 A4（131688）	113.50	2020.03.10	6.3000	宇光二 A5（131689）	103.50	2020.05.07	6.5000
PR 兴乾 5（131711）	760.00	2020.03.26	4.2800	秦动 04（131715）	120.00	2020.03.16	5.5000
秦动 05（131716）	130.00	2021.03.16	6.2000	秦动 06（131717）	130.00	2022.03.16	6.4000
秦动 07（131718）	100.00	2023.03.16	6.8000	16 中民 07（131751）	114.00	2020.01.15	5.5000
16 中民 08（131752）	115.00	2020.07.15	5.5000	16 中民 09（131753）	129.00	2021.01.15	5.5000
16 中民 10（131754）	77.00	2021.07.15	5.5000	16 中民次（131755）	50.00	2021.07.15	0.0000
PR1D（131824）	62.00	2020.09.12	6.0100	镇交 1E（131825）	70.00	2021.09.12	6.2100

债券信息
List of Bonds

债券
Bond

债券简称（代码） Bond Name（Code）	发行量（百万元） Issued Vol（M Yuan）	到期日 Expiration Date	票面利率（%） Coupon Rate	债券简称（代码） Bond Name（Code）	发行量（百万元） Issued Vol（M Yuan）	到期日 Expiration Date	票面利率（%） Coupon Rate
镇交 1F（131826）	80.00	2022.09.12	7.1000	镇交 1G（131827）	92.00	2023.09.12	7.3300
镇交 1H（131828）	101.00	2024.09.12	7.5500	华供热 04（131845）	85.00	2020.05.25	7.8000
华供热 05（131846）	90.00	2021.05.25	8.2000	16 华凌 4（131858）	250.00	2020.01.22	7.2000
16 华凌 5（131859）	260.00	2020.06.19	7.3000	16 华凌 6（131860）	260.00	2020.06.19	7.5000
16 幸福 A4（131921）	490.00	2020.06.15	7.0000	16 幸福 A5（131922）	530.00	2020.12.21	7.0000
漳长运 05（131931）	55.00	2020.10.26	5.4200	漳长运 06（131932）	55.00	2021.10.26	5.4200
漳长运 07（131933）	50.00	2022.10.26	5.4200	漳长运次（131934）	20.00	2022.10.26	0.0000
铜供水 04（131941）	45.00	2020.05.03	6.2000	铜供水 05（131942）	50.00	2021.05.03	6.9000
PRG 风绿 D（131998）	270.00	2020.08.03	4.2000	G 金风绿 E（131999）	285.00	2021.08.03	4.5000
15 国盛 EB（132004）	5000.00	2021.11.05	1.0000	15 国资 EB（132005）	2000.00	2020.12.08	1.7000
16 皖新 EB（132006）	2500.00	2021.06.23	1.0000	16 凤凰 EB（132007）	5000.00	2021.10.31	1.0000
17 山高 EB（132008）	2500.00	2022.04.24	1.7000	17 中油 EB（132009）	10000.00	2022.07.13	1.0000
17 浙报 EB（132011）	2400.00	2022.08.17	1.0000	17 巨化 EB（132012）	2000.00	2020.09.04	1.0000
17 宝武 EB（132013）	15000.00	2020.11.24	1.0000	18 中化 EB（132014）	3500.00	2023.04.24	0.9000
18 中油 EB（132015）	20000.00	2023.02.01	1.4000	19 东创 EB（132016）	150.00	2022.03.26	1.5000
19 新钢 EB（132017）	2000.00	2022.04.18	0.5000	G 三峡 EB1（132018）	20000.00	2024.04.09	0.5000
19 蓝星 EB（132020）	4500.00	2024.10.18	1.0000	19 中电 EB（132021）	2100.00	2022.11.27	0.5000
20 广版 EB（132022）	800.00	2023.04.30	0.1000	16 兴长 01（135029）	1000.00	2021.04.06	7.0000
16 湄潭 01（135033）	300.00	2021.04.06	10.5000	15 黔南 01（135041）	1000.00	2020.12.30	8.8000
16 首股 01（135052）	2000.00	2021.01.11	4.9000	16 遵桥 01（135062）	700.00	2021.01.13	6.5000
16 中地 01（135067）	1000.00	2021.01.15	4.4000	16 世茂 01（135068）	4000.00	2021.01.18	6.9000
16 承控 01（135071）	1500.00	2021.01.29	7.5000	16 锡藕 01（135072）	1000.00	2021.01.22	7.1500
16 城发 01（135077）	500.00	2020.01.22	6.5000	16 华夏 01（135082）	2800.00	2021.03.09	7.4000
16 柳东 01（135086）	1000.00	2021.01.25	5.9000	16 沪腾达（135092）	800.00	2020.05.29	6.3000
16 润新债（135097）	300.00	2021.01.13	8.0000	16 郑地 01（135099）	500.00	2021.01.25	4.9300
16 渝开 01（135204）	400.00	2021.01.25	7.0000	16 玉柴 01（135206）	500.00	2020.06.23	6.9000
16 远东二（135208）	2000.00	2021.01.26	5.1000	16 渝物 01（135211）	1000.00	2021.01.27	7.2000
16 永城投（135213）	1500.00	2020.08.03	7.3000	16 马经开（135216）	1500.00	2021.01.26	7.6000
16 桂东 01（135219）	1000.00	2021.02.04	6.3000	16 珠投 02（135220）	330.00	2020.01.28	7.5000
16 西矿 03（135226）	500.00	2020.02.04	6.8000	16 方正 01（135240）	3810.00	2099.12.31	6.5000
16 桂东 02（135248）	1000.00	2021.03.01	5.7000	16 庞大 01（135250）	600.00	2021.01.07	8.0000
16 无锡 01（135251）	500.00	2021.02.26	4.6800	16 无锡 02（135252）	1000.00	2021.02.26	4.5800
16 财通 Y1（135253）	500.00	2021.02.26	4.6000	16 永兴 01（135258）	1000.00	2021.03.01	7.5000
16 滨海 01（135260）	6000.00	2021.03.21	4.0800	16 碧园 01（135261）	4000.00	2021.03.02	6.3000
16 华发 01（135266）	500.00	2021.03.03	5.8000	16 融创 03（135268）	3500.00	2021.03.07	6.5000
16 东兴 01（135269）	600.00	2021.03.04	5.6000	16 黔高 01（135270）	2000.00	2021.03.09	4.1800
16 钟山债（135277）	1000.00	2021.03.07	8.8000	16 城发 02（135280）	500.00	2020.03.09	6.5000
16 长湖 01（135281）	900.00	2021.03.09	7.3000	16 镇投 01（135282）	600.00	2021.03.09	4.9900
16 海河 01（135283）	1500.00	2021.03.09	4.3800	16 住宅 01（135284）	500.00	2021.03.14	5.6000
16 宜城 01（135286）	1000.00	2021.03.10	4.9000	16 盘城发（135289）	800.00	2020.08.19	9.0000
16 昆投 01（135291）	1000.00	2021.03.14	5.6000	16 方正 02（135292）	4190.00	2099.12.31	6.5000
16 江东 01（135295）	2000.00	2021.03.11	5.9500	16 株湘 01（135297）	1500.00	2021.03.15	5.5000
16 柯桥 01（135298）	1900.00	2021.03.15	4.8200	16 太湖 01（135301）	500.00	2021.03.15	7.2000
16 华夏 04（135302）	3000.00	2021.03.24	7.4000	16 迈瑞 01（135305）	2000.00	2023.03.14	5.3800
16 常熟 01（135308）	1000.00	2021.03.17	5.0000	16 贵安 01（135309）	5000.00	2021.03.17	7.5000
16 常交 01（135311）	1000.00	2021.03.22	7.3000	16 蓉文旅（135312）	500.00	2021.03.17	4.9000
16 华信 02（135313）	1500.00	2021.03.21	7.9500	16 洛投 01（135316）	2000.00	2021.03.18	4.9000
16 新控 01（135319）	400.00	2099.12.31	8.0000	16 田岭涧（135322）	500.00	2021.03.03	8.8000
16 昆银桥（135323）	1000.00	2021.03.28	4.9500	16 普湾 01（135327）	2000.00	2021.03.18	5.4000
16 顺投债（135328）	1000.00	2020.03.23	7.4900	16 华发 03（135329）	1500.00	2021.03.21	5.7000

债券信息
List of Bonds

债券
Bond

债券简称（代码） Bond Name（Code）	发行量（百万元） Issued Vol（M Yuan）	到期日 Expiration Date	票面利率（%） Coupon Rate	债券简称（代码） Bond Name（Code）	发行量（百万元） Issued Vol（M Yuan）	到期日 Expiration Date	票面利率（%） Coupon Rate
PR 岳阳 01（135331）	2000.00	2021.03.21	4.4500	16 柳龙 01（135334）	800.00	2022.03.28	6.7000
16 金坛 01（135338）	500.00	2021.03.23	6.9000	16 远东四（135339）	2000.00	2021.03.23	4.0000
16 宝投 01（135341）	1000.00	2021.03.24	5.3200	16 同煤 01（135343）	3000.00	2021.11.21	6.8000
16 柳投 02（135345）	2380.00	2022.03.25	6.7000	16 凤凰 01（135346）	2000.00	2021.03.29	4.5900
16 刚泰 02（135349）	1000.00	2099.12.31	8.0000	16 住总 02（135351）	2000.00	2021.03.28	4.2000
16 武经 01（135353）	500.00	2021.05.24	5.6000	16 常文旅（135354）	400.00	2021.03.30	7.5000
16 碧园 02（135355）	4000.00	2020.03.29	4.5500	16 泰交债（135356）	2000.00	2021.03.30	4.8000
16 昆投 02（135359）	500.00	2021.04.01	5.6000	16 绵投 01（135360）	1000.00	2022.03.28	6.3000
16 绵投 02（135361）	1000.00	2022.03.29	6.3000	16 庞大 02（135362）	1400.00	2021.01.07	8.3000
16 新芦淞（135367）	1000.00	2021.03.31	8.0000	16 海陵 02（135368）	600.00	2021.04.01	7.5000
16 望城 01（135369）	1500.00	2021.03.30	7.2000	16 先导 02（135370）	1500.00	2021.04.07	4.8500
16 自贡债（135371）	1000.00	2021.04.19	7.5000	16 汇通 01（135372）	500.00	2021.04.01	8.9500
16 大江债（135375）	800.00	2021.04.08	6.6900	16 硕经发（135382）	500.00	2020.04.30	2.5000
16 首业 02（135384）	2300.00	2021.04.18	4.5000	16 中交 01（135386）	2300.00	2021.04.14	4.5000
16 郑地 02（135388）	1000.00	2021.04.11	4.7300	16 濮阳 01（135389）	1500.00	2021.06.29	5.9000
16 新控 02（135390）	2000.00	2099.12.31	7.0000	16 华夏 05（135391）	2000.00	2021.04.18	7.2000
16 桐乡债（135393）	1500.00	2021.08.10	4.2000	16 迈瑞 02（135397）	2000.00	2023.04.18	5.2900
16 鑫域 01（135398）	600.00	2021.04.15	7.5000	16 华建债（135400）	800.00	2020.04.19	6.1700
16 北辰 01（135403）	1500.00	2021.04.21	4.4800	16 华融 C1（135406）	1000.00	2020.04.21	4.1000
16 中铁 03（135407）	1500.00	2021.04.20	4.7500	16 融创 04（135408）	2700.00	2020.05.15	3.0000
16 宁建发（135410）	1000.00	2021.04.21	5.5000	PR 合华债（135412）	700.00	2021.04.21	7.8000
16 内投债（135413）	1000.00	2021.04.19	7.5000	16 滕建 01（135414）	2000.00	2021.04.20	7.5000
16 星城 01（135416）	2000.00	2021.04.22	6.5000	16 昆旅 01（135419）	500.00	2020.04.20	5.6000
16 南通债（135420）	1500.00	2021.04.27	4.8000	16 湘型 01（135421）	1200.00	2020.08.01	7.3800
16 侨鑫 01（135424）	3000.00	2020.04.25	8.0000	16 金港债（135425）	570.00	2021.04.25	5.4000
16 天房 03（135430）	700.00	2099.12.31	7.7000	16 三水 01（135432）	270.00	2021.04.26	5.4500
PR 汝水电（135433）	900.00	2021.04.27	7.0000	16 苏望涛（135439）	400.00	2021.04.28	7.5000
16 甬海 01（135440）	1500.00	2021.04.28	4.9900	16 眉控 01（135441）	600.00	2021.04.28	7.8500
16 龙光 02（135446）	500.00	2020.05.16	6.9900	16 新控 03（135447）	1600.00	2099.12.31	7.0000
16 金建债（135448）	600.00	2021.04.13	7.3000	16 巴中 01（135450）	2000.00	2021.05.04	7.5000
16 黔投 01（135451）	600.00	2020.05.14	8.5000	16 盐国 02（135453）	1000.00	2021.04.29	7.0000
16 靖北辰（135455）	600.00	2021.04.29	8.0000	16 红谷滩（135456）	1000.00	2021.05.05	6.0000
16 金建 02（135457）	400.00	2021.04.22	7.3000	16 盛泽 01（135459）	300.00	2021.05.04	5.5000
16 九州 01（135461）	400.00	2020.06.03	6.3000	16 华夏 06（135465）	4000.00	2021.05.12	7.2000
16 天恒 01（135467）	1500.00	2021.05.12	5.0000	16 富力 06（135468）	4600.00	2022.05.16	6.8000
16 云能 01（135472）	2000.00	2021.05.18	4.5500	16 循环债（135473）	2000.00	2021.05.13	8.0000
16 高投 01（135475）	1800.00	2021.05.16	4.5000	16 綦江债（135476）	1000.00	2021.05.19	7.3000
16 同益 01（135477）	550.00	2099.12.31	8.0000	16 淮经 01（135480）	800.00	2021.05.20	7.9000
16 常通 01（135482）	800.00	2021.05.25	5.0600	16 海通 02（135485）	5000.00	2021.05.18	3.8000
16 住总 03（135486）	500.00	2021.05.20	4.2000	16 滨海 02（135489）	2000.00	2021.05.27	4.3500
16 中铁建（135495）	1500.00	2021.05.25	4.7000	16 梅州 01（135498）	1000.00	2021.05.27	6.0000
14 昆高 01（135500）	1400.00	2020.01.20	6.8500	14 昆高 02（135501）	1100.00	2020.06.25	7.5000
PR 邳经债（135504）	1000.00	2021.05.25	7.8000	16 株教 01（135506）	500.00	2021.05.30	7.2000
16 华夏 07（135507）	1000.00	2020.06.01	5.1900	16 富力 08（135508）	10400.00	2020.05.30	6.5000
16 大庆 01（135509）	500.00	2021.05.27	7.0000	16 郑地 03（135512）	1000.00	2021.05.30	5.2000
16 鑫隆 01（135513）	500.00	2021.06.17	8.0000	16 黔投 02（135514）	900.00	2021.05.30	8.5000
16 晋交 01（135515）	1000.00	2021.05.31	5.7000	16 眉控 02（135518）	600.00	2021.05.30	7.4800
16 首业 04（135522）	1700.00	2021.06.01	4.4000	16 海兴 01（135523）	1000.00	2021.06.01	5.9500
16 湖州 01（135525）	2000.00	2021.06.02	4.8500	16 安庆 01（135528）	200.00	2021.06.06	6.1700
16 碧园 03（135531）	1000.00	2021.07.29	5.6000	16 华业 02（135532）	430.00	2099.12.31	8.5000

债券信息 债券

List of Bonds Bond

债券简称（代码） Bond Name（Code）	发行量 （百万元） Issued Vol （M Yuan）	到期日 Expiration Date	票面利率（%） Coupon Rate	债券简称（代码） Bond Name（Code）	发行量 （百万元） Issued Vol （M Yuan）	到期日 Expiration Date	票面利率（%） Coupon Rate
16 四面债（135536）	500.00	2021.06.08	7.3000	16 滁城投（135537）	800.00	2021.06.07	4.7500
16 先导 03（135540）	1500.00	2021.06.07	5.0000	16 任城债（135541）	1500.00	2021.06.07	7.0000
16 融创 05（135548）	2300.00	2022.06.13	7.0000	16 盐城 01（135549）	2000.00	2021.06.15	7.5000
16 常港 01（135552）	500.00	2021.07.15	7.0000	16 姜城 01（135553）	600.00	2021.06.17	6.8000
16 滇投 01（135554）	1500.00	2021.06.14	8.0000	16 华夏 08（135557）	5200.00	2020.06.21	6.9500
16 财通 02（135558）	1000.00	2020.06.16	5.3000	16 滁同创（135559）	1000.00	2020.06.15	6.5000
16 金泰 01（135560）	500.00	2021.06.16	6.0000	16 长沙 01（135562）	1500.00	2021.06.20	4.3500
16 双福 01（135563）	300.00	2021.06.17	5.7000	16 先导 04（135565）	2000.00	2020.06.16	6.5000
16 红塔 01（135566）	500.00	2020.01.10	8.5000	16 张公 01（135567）	3000.00	2021.06.20	4.8000
16 开乾 01（135572）	1000.00	2021.08.01	7.0000	16 珠实 01（135574）	720.00	2021.06.22	4.5000
16 格地 01（135577）	3000.00	2021.06.23	7.0000	16 任兴债（135580）	1500.00	2021.06.23	7.0000
16 悦来债（135582）	2000.00	2021.06.24	4.9000	16 甬海 02（135587）	1000.00	2021.06.24	4.6000
16 安投 01（135589）	800.00	2021.06.23	7.0000	16 盛锦债（135590）	400.00	2021.06.28	7.2000
16 盐国 03（135592）	1000.00	2021.06.27	6.8000	16 九华 01（135593）	1200.00	2021.06.27	7.5000
16 宁城投（135594）	1000.00	2021.06.30	6.5000	16 淮水 02（135596）	600.00	2021.07.04	4.9900
16 国际 02（135598）	3000.00	2099.12.31	7.7000	16 无锡 04（135600）	500.00	2021.07.04	4.7500
16 运和债（135602）	1500.00	2021.07.01	6.8000	16 鲁水 01（135606）	1000.00	2021.07.07	5.3000
16 天房 01（135607）	870.00	2021.07.01	8.9000	16 天房 02（135608）	330.00	2022.07.01	8.9000
16 海宁 01（135610）	1000.00	2021.07.05	4.7000	16 牟中 01（135611）	600.00	2021.07.11	4.6800
16 渝物 02（135612）	500.00	2021.07.07	6.5000	16 渝开 02（135617）	900.00	2021.07.11	6.7000
16 武经 02（135620）	1500.00	2021.07.12	5.5000	16 鲁水 02（135624）	1000.00	2021.07.15	5.3000
16 长开 01（135627）	1500.00	2021.07.14	6.3000	16 常通 02（135629）	600.00	2021.07.18	4.6300
16 建房 01（135631）	1500.00	2021.07.19	4.6000	16 首业 06（135637）	1000.00	2021.07.19	4.1000
16 大庆 02（135638）	1000.00	2021.07.18	7.5000	16 哈居 01（135640）	1500.00	2021.07.18	6.0000
PR 淮交债（135642）	700.00	2021.07.21	4.4800	16 上虞 01（135647）	3000.00	2021.07.21	4.8800
16 鲁宏 02（135649）	3000.00	2021.07.15	6.8000	16 余姚 01（135650）	500.00	2021.07.19	6.4000
16 合景 01（135658）	2000.00	2021.07.25	6.8500	16 雨投 02（135659）	500.00	2021.07.22	4.3500
16 方正 08（135670）	600.00	2099.12.31	4.8000	16 长寿 01（135671）	500.00	2023.07.25	5.7800
16 碧海 01（135672）	700.00	2021.07.27	8.5000	16 生态 01（135673）	500.00	2021.07.28	7.6000
16 盛泽 02（135678）	1000.00	2021.07.28	5.4000	16 丰盛 01（135679）	1400.00	2099.12.31	8.0000
16 丰盛 02（135680）	600.00	2099.12.31	8.0000	16 黔水 02（135683）	920.00	2021.07.29	8.5000
16 中民 F2（135685）	5000.00	2099.12.31	7.5000	16 绿建 01（135687）	1500.00	2021.07.28	5.2000
16 雅居 01（135690）	3000.00	2020.07.29	7.5000	16 东海债（135691）	1500.00	2021.07.28	3.9000
16 合景 02（135693）	1300.00	2021.07.29	6.9500	16 世茂 02（135696）	540.00	2021.07.31	4.6000
16 国联 C1（135699）	1500.00	2021.07.29	3.8900	PR 秀山 01（135702）	500.00	2021.07.28	7.0000
16 大航 01（135704）	1000.00	2021.07.29	6.5000	16 美兰 01（135705）	1400.00	2099.12.31	6.8000
16 海航 02（135706）	1500.00	2099.12.31	6.2000	16 九华 02（135707）	1900.00	2021.07.29	7.5000
16 珠投 05（135710）	2000.00	2020.07.29	8.5000	16 株教 02（135714）	500.00	2021.08.08	7.2000
16 清浦 01（135716）	500.00	2021.08.09	7.2500	16 宜城 02（135717）	1000.00	2021.08.05	4.8000
16 贵安 03（135719）	5000.00	2021.08.08	7.4000	16 汾湖投（135721）	1000.00	2021.08.08	5.3500
16 首发 01（135726）	1500.00	2021.08.10	4.5000	16 汇通 02（135729）	500.00	2021.08.09	8.9500
16 景陶 01（135730）	1000.00	2021.08.12	6.9000	16 碧海 02（135733）	300.00	2021.08.18	8.5000
16 南城 04（135734）	100.00	2021.08.11	9.5000	16 鑫鸿 01（135737）	1000.00	2021.08.10	7.5000
16 江城 02（135742）	1500.00	2021.08.16	4.7500	16 京融 01（135751）	4000.00	2021.08.18	4.4800
16 锡洲 01（135756）	500.00	2099.12.31	7.9000	16 五控 02（135762）	1500.00	2021.08.23	5.8000
16 上虞 02（135765）	500.00	2021.08.25	4.0500	16 上虞 03（135766）	1500.00	2021.08.25	4.7800
16 余交 01（135768）	1000.00	2021.08.25	4.2000	16 滇投 03（135770）	1500.00	2020.10.26	7.5000
16 淮经 02（135772）	600.00	2021.09.09	4.7500	16 渝南 01（135781）	800.00	2021.08.25	5.0000
16 鲁公用（135782）	500.00	2021.08.24	6.3000	16 永开 01（135783）	1500.00	2021.08.29	7.3000
16 盛泽 03（135786）	700.00	2021.08.31	5.4000	16 沪证 Y1（135787）	2000.00	2021.09.02	4.1000

债券信息
List of Bonds

债券简称（代码）Bond Name（Code）	发行量（百万元）Issued Vol（M Yuan）	到期日 Expiration Date	票面利率（%）Coupon Rate	债券简称（代码）Bond Name（Code）	发行量（百万元）Issued Vol（M Yuan）	到期日 Expiration Date	票面利率（%）Coupon Rate
16 沪城开（135789）	1700.00	2020.06.30	3.9000	16 漯河 01（135792）	1000.00	2021.08.30	6.2000
16 京开 01（135793）	2000.00	2021.09.02	5.5000	16 迈瑞 03（135794）	1000.00	2023.09.05	4.5000
16 碧园 04（135796）	4170.00	2020.09.02	6.8000	16 碧园 05（135797）	5830.00	2023.09.02	5.6500
16 铜旅 01（135798）	1500.00	2021.09.01	7.5000	16 海河 02（135800）	1500.00	2021.09.05	3.7700
16 方洋 01（135801）	1100.00	2021.09.02	4.6800	16 兴长 02（135804）	1000.00	2021.09.08	4.9000
16 政通 01（135808）	1000.00	2021.09.05	6.3000	16 万林 01（135811）	500.00	2021.09.08	4.7900
16 首股 02（135812）	3000.00	2021.09.05	3.5900	16 金交 01（135814）	500.00	2021.09.02	5.2000
16 南县债（135817）	500.00	2020.03.20	9.0000	16 绍城 01（135819）	1000.00	2021.09.08	5.8000
16 厦特 01（135820）	2000.00	2021.09.09	5.3000	16 九华 03（135822）	900.00	2021.09.05	7.5000
16 天房 04（135823）	2000.00	2099.12.31	7.7000	PR 岳阳 02（135825）	1000.00	2021.09.05	3.9200
16 清浦 02（135828）	500.00	2021.09.13	5.3000	16 通经 01（135831）	200.00	2021.09.08	4.5000
16 天宁 01（135832）	500.00	2021.09.13	4.9000	16 华发 05（135834）	2000.00	2021.09.12	4.7500
16 六安 02（135836）	500.00	2021.09.09	7.4800	16 新城 04（135838）	500.00	2023.09.12	4.8000
16 承控 02（135839）	1500.00	2021.09.08	5.8000	16 新中泰（135840）	500.00	2021.09.30	5.6000
16 筑投 01（135841）	2800.00	2023.09.12	4.0000	16 旭辉 02（135842）	3500.00	2021.09.23	6.0000
16 旭辉 03（135843）	500.00	2021.09.23	5.5000	16 潞矿 02（135845）	1500.00	2021.09.09	5.2000
16 三水 02（135846）	1000.00	2021.09.12	4.7000	16 永兴 02（135847）	1000.00	2021.09.13	6.8000
16 邳州债（135848）	500.00	2021.09.09	6.8000	16 正源 03（135850）	2000.00	2099.12.31	8.8000
16 海西 01（135853）	500.00	2021.09.20	5.4000	16 诸资 01（135855）	2000.00	2021.09.13	4.4000
16 南城 05（135859）	150.00	2021.09.14	10.0000	16 锡洲 02（135860）	1500.00	2099.12.31	7.4000
16 花园 02（135862）	1000.00	2021.09.29	8.5000	16 常高 01（135863）	1500.00	2021.09.20	4.0800
16 通泰 02（135866）	400.00	2021.09.20	7.0000	16 湘财 01（135871）	500.00	2026.09.12	4.9200
16 大足债（135872）	800.00	2021.09.27	8.0000	16 兴业 02（135874）	3000.00	2021.09.26	3.6800
16 大庆 03（135875）	500.00	2021.09.20	7.3000	16 新港 05（135877）	500.00	2021.09.23	3.9000
16 华创 01（135878）	800.00	2020.09.22	4.0000	16 世茂 05（135881）	1200.00	2021.09.21	4.9000
16 雅居 02（135882）	1800.00	2021.10.11	5.3000	16 雅居 03（135883）	1200.00	2023.10.11	5.7000
16 市北 01（135885）	1000.00	2021.09.27	5.4000	16 郑地 04（135887）	1500.00	2021.09.22	4.1900
16 三盛 04（135888）	750.00	2099.12.31	8.2000	16 国开次（135889）	5000.00	2021.09.26	3.5800
16 威海投（135897）	1500.00	2023.09.26	4.9500	16 双鸭 01（135899）	800.00	2021.09.27	6.0000
15 浙国资（136000）	1600.00	2020.10.19	4.5800	15 福能债（136001）	500.00	2020.10.22	3.8800
15 赣粤 02（136002）	700.00	2022.10.23	3.8500	15 如意债（136003）	2000.00	2020.10.23	7.9000
14 武控 02（136004）	350.00	2021.06.24	3.6000	15 鲁星 01（136006）	1100.00	2020.10.26	7.8000
15 协鑫债（136008）	1000.00	2099.12.31	7.3000	15 中骏 01（136010）	2000.00	2020.10.28	7.6000
15 财达债（136013）	2500.00	2020.10.28	4.9500	15 福投债（136014）	3000.00	2020.11.02	3.8600
15 名城 01（136017）	1600.00	2020.11.04	7.8800	15 龙湖 04（136019）	2000.00	2022.11.02	3.3000
15 华安 02（136020）	500.00	2020.11.02	4.7000	15 新城 01（136021）	3000.00	2020.11.03	7.0000
15 东吴债（136022）	2500.00	2020.11.09	4.1500	15 沪城开（136024）	1800.00	2022.11.06	4.4700
15 三福 02（136027）	400.00	2020.11.09	7.5000	15 花园 01（136028）	2000.00	2020.11.10	7.2500
15 吉利 01（136030）	2000.00	2021.11.09	3.8800	15 常发投（136031）	1000.00	2020.11.11	4.3000
15 红美 01（136032）	5000.00	2020.11.10	5.9000	15 东旭 02（136033）	2000.00	2099.12.31	7.5000
15 沪国资（136034）	3000.00	2020.11.11	4.0000	15 远东一（136035）	2000.00	2020.11.11	4.8000
15 苏元禾（136036）	1000.00	2020.11.11	5.2700	15 旭辉 02（136037）	500.00	2020.11.11	5.9600
15 石化 02（136040）	4000.00	2020.11.19	3.7000	15 渝信 02（136042）	5300.00	2022.11.18	4.7600
15 华凌 01（136043）	1200.00	2020.11.23	8.0000	15 通运 01（136044）	500.00	2022.11.18	4.9000
15 复地 01（136045）	4000.00	2020.11.20	6.9500	15 中海 01（136046）	7000.00	2021.11.19	4.2000
15 国君 G2（136048）	1000.00	2020.11.19	3.8000	15 中海 02（136049）	1000.00	2020.12.17	3.2000
15 景德 01（136050）	500.00	2022.11.19	5.3000	15 五矿 03（136051）	1500.00	2022.11.20	4.5000
15 五矿 04（136052）	2500.00	2025.11.20	4.9000	15 南航 01（136053）	3000.00	2020.11.20	4.1500
15 华发 01（136057）	3000.00	2020.11.26	5.5000	15 宜集债（136058）	1000.00	2099.12.31	7.5000
15 东证债（136061）	12000.00	2020.11.26	3.9000	15 大连港（136062）	3000.00	2020.11.26	3.9400

债券信息 List of Bonds

债券 Bond

债券简称（代码） Bond Name（Code）	发行量（百万元） Issued Vol（M Yuan）	到期日 Expiration Date	票面利率（%） Coupon Rate	债券简称（代码） Bond Name（Code）	发行量（百万元） Issued Vol（M Yuan）	到期日 Expiration Date	票面利率（%） Coupon Rate
15 中骏 02（136063）	1500.00	2020.12.08	7.6000	15 晋电 01（136065）	3000.00	2025.11.27	4.8000
15 西王 01（136066）	1000.00	2099.12.31	7.8000	15 洪市政（136067）	1000.00	2022.12.02	4.0700
15 哈投 02（136068）	800.00	2020.12.09	4.0000	15 双欣债（136069）	1060.00	2020.12.04	7.8000
15 开元 01（136071）	1400.00	2020.12.03	4.2500	15 云能 02（136073）	3300.00	2020.12.11	4.1500
15 合作债（136074）	600.00	2020.12.03	7.5000	15 桂铁投（136075）	1000.00	2025.12.07	4.5000
15 瑞贝卡（136076）	560.00	2020.12.08	5.6800	15 禹洲 01（136078）	3000.00	2020.12.07	7.5000
15 中航债（136079）	5000.00	2020.12.07	3.7200	15 北汽 01（136080）	1500.00	2020.12.10	3.6000
15 广汇 01（136081）	520.00	2020.12.08	7.0000	15 浙交 01（136082）	1000.00	2020.12.11	3.6800
15 浙交 02（136083）	500.00	2025.12.11	4.0000	15 金茂投（136085）	2200.00	2020.12.09	3.9000
15 保利 01（136087）	3000.00	2020.12.11	3.4000	15 保利 02（136088）	2000.00	2022.12.11	3.0000
15 绿地 01（136089）	2000.00	2020.12.10	3.9000	15 绿地 02（136090）	8000.00	2020.12.10	6.8000
15 华集 01（136091）	500.00	2020.12.11	6.6000	15 连云港（136092）	660.00	2020.12.10	5.8000
15 华信债（136093）	3000.00	2099.12.31	4.9800	15 晋电 02（136094）	1000.00	2025.12.14	4.8000
15 锡交 01（136095）	1500.00	2020.12.16	3.8800	16 复星 01（136096）	4000.00	2021.01.21	5.5500
15 鲁高 01（136097）	1000.00	2020.12.17	3.6700	15 义市 01（136098）	1000.00	2020.12.16	3.9000
15 绍交 01（136099）	500.00	2020.12.15	3.9000	15 合景 01（136101）	2500.00	2021.12.17	7.0000
15 合景 02（136102）	800.00	2022.12.17	6.1500	15 滇路 01（136103）	2000.00	2020.12.15	4.9000
15 市北债（136104）	900.00	2020.12.21	4.3300	15 三友 01（136105）	500.00	2020.12.17	4.2000
15 三友 02（136106）	500.00	2022.12.17	5.3000	15 穗工债（136107）	550.00	2020.12.18	5.1000
14 粤运 02（136108）	380.00	2020.12.17	4.5000	15 康达债（136109）	900.00	2020.06.19	7.0000
14 昊华 02（136110）	1500.00	2023.01.22	5.8500	15 中环 01（136111）	600.00	2020.12.18	5.2000
15 华集 02（136112）	500.00	2020.12.21	6.7500	15 广证 G2（136115）	1000.00	2020.12.21	4.6500
15 天富债（136116）	600.00	2020.12.21	4.3000	PR 苏伟驰（136117）	2000.00	2020.12.21	5.4000
15 融信 01（136118）	1200.00	2020.12.23	6.9000	15 国创 01（136119）	400.00	2020.12.23	8.0000
15 鲁能债（136120）	3000.00	2020.12.23	3.7600	15 南山 02（136121）	1000.00	2020.12.25	5.7000
15 中合 01（136123）	700.00	2021.01.07	1.0000	16 新奥债（136124）	1700.00	2020.12.10	6.2500
15 洛娃 01（136125）	1000.00	2099.12.31	5.8000	15 鑫苑 01（136126）	1000.00	2020.12.09	8.2000
15 中江 01（136127）	500.00	2020.12.25	4.4600	15 圣牧 01（136129）	1000.00	2020.12.28	6.4800
16 葛洲 01（136130）	3000.00	2021.01.19	3.1400	15 陕投债（136131）	500.00	2020.12.30	6.5000
15 邢钢债（136132）	300.00	2020.12.31	7.3000	16 番雅债（136134）	1600.00	2021.01.12	6.9500
16 联泰 01（136135）	1000.00	2022.01.06	7.0000	16 茂业 02（136137）	1700.00	2021.01.05	7.5000
16 常高新（136138）	1000.00	2021.01.13	3.5800	16 国美 01（136139）	3000.00	2022.01.07	7.6000
16 富力 01（136140）	6000.00	2021.01.11	7.2000	16 邦信 01（136141）	1000.00	2022.07.01	4.5700
16 中铁 01（136142）	2800.00	2021.01.11	3.7000	16 万达 01（136143）	5000.00	2021.01.14	5.5000
16 远东一（136144）	1000.00	2021.01.13	4.0000	16 金辉 01（136145）	500.00	2021.01.13	7.3000
16 东兴债（136146）	2800.00	2021.01.13	3.0300	16 中粮 01（136147）	3000.00	2021.01.14	3.9500
16 宏桥 01（136148）	2000.00	2021.01.14	7.3000	16 宏桥 02（136149）	1000.00	2021.01.14	4.8800
16 保利 01（136151）	2500.00	2021.01.15	4.0000	16 保利 02（136152）	2500.00	2023.01.15	3.1900
16 珠投 01（136153）	3900.00	2021.01.14	7.5000	16 西王 01（136154）	1000.00	2099.12.31	7.8000
16 电建 01（136155）	2000.00	2021.01.26	3.7000	16 同益债（136156）	1000.00	2099.12.31	7.4800
16 重水 01（136157）	500.00	2021.01.15	3.2700	16 融信 01（136158）	1300.00	2021.01.18	6.9000
16 沪国资（136159）	1000.00	2021.01.15	3.0000	16 东旭 01（136160）	1000.00	2099.12.31	7.5000
16 渝交投（136161）	1000.00	2021.01.18	3.1000	16 中静 01（136162）	800.00	2020.12.25	7.8000
16 青国信（136163）	2500.00	2026.01.18	3.6000	16 中油 01（136164）	8800.00	2021.01.19	3.0300
16 中油 02（136165）	4700.00	2026.01.19	3.5000	16 广新 01（136166）	1000.00	2021.01.19	3.3300
16 华夏债（136167）	1500.00	2023.01.20	4.8800	16 建发 01（136168）	1500.00	2023.01.21	3.3000
16 狮桥债（136169）	450.00	2021.01.29	7.5000	16 景瑞 01（136170）	1500.00	2021.03.17	7.0000
16 华证 01（136171）	600.00	2021.01.21	4.5000	16 亿阳 01（136172）	209.00	2099.12.31	7.1000
16 龙源 01（136173）	3700.00	2021.01.21	3.2800	16 工艺 01（136174）	1000.00	2021.03.30	3.8000
16 绿地 01（136176）	9000.00	2021.01.21	6.8000	16 兆泰 01（136178）	2000.00	2021.01.21	7.5000

债券信息
List of Bonds

债券
Bond

债券简称（代码） Bond Name（Code）	发行量（百万元） Issued Vol（M Yuan）	到期日 Expiration Date	票面利率（%） Coupon Rate	债券简称（代码） Bond Name（Code）	发行量（百万元） Issued Vol（M Yuan）	到期日 Expiration Date	票面利率（%） Coupon Rate
16 绿地 02（136179）	1000.00	2021.01.21	3.8000	16 国汽 01（136180）	1000.00	2021.01.25	4.7000
16 万通 01（136181）	1460.00	2021.01.25	8.5000	16 新华债（136183）	1700.00	2099.12.31	7.5000
16 上港 01（136184）	2500.00	2021.01.22	3.0000	16 国发 01（136185）	1250.00	2021.01.21	4.3000
16 苏新债（136186）	1000.00	2021.01.25	4.0000	16 景德 01（136187）	500.00	2023.01.25	4.5000
16 富力 03（136188）	3600.00	2021.01.22	7.0000	16 新业 01（136189）	600.00	2023.01.26	4.3800
16 靖江港（136191）	600.00	2021.05.25	7.2000	16 信威 01（136192）	500.00	2099.12.31	7.5000
16 广越 01（136193）	2000.00	2023.01.27	3.3800	16 广越 02（136194）	1000.00	2026.01.27	3.7300
16 龙湖 01（136195）	2300.00	2021.01.25	4.5000	16 龙湖 02（136196）	1800.00	2024.01.25	3.6800
16 鑫苑 01（136197）	700.00	2021.01.27	8.2000	16 铁工 01（136199）	2050.00	2021.01.28	3.9000
16 铁工 02（136200）	2120.00	2026.01.28	3.8000	16 宏桥 03（136202）	1800.00	2021.01.27	7.0000
16 国创 01（136203）	250.00	2021.01.28	8.0000	16 丹港 01（136204）	2000.00	2021.01.27	5.5000
16 龙盛 01（136205）	890.00	2021.01.29	4.3500	16 龙盛 02（136206）	110.00	2021.01.29	4.1800
16 武金 01（136207）	1200.00	2021.03.29	3.5000	16 广新 02（136208）	1000.00	2021.01.29	3.7500
16 国美 02（136209）	300.00	2022.01.28	7.6000	16 中交债（136212）	500.00	2021.01.28	4.1800
16 晋建发（136213）	800.00	2021.01.29	7.5000	14 上实 02（136214）	1000.00	2021.03.11	3.2300
16 华凌 01（136218）	800.00	2021.02.01	8.0000	16 新投 01（136220）	600.00	2021.02.02	4.1900
16 天铝 01（136221）	860.00	2021.02.04	7.8000	16 疏浚 01（136222）	2000.00	2021.02.24	3.7000
16 卓越 01（136223）	2500.00	2021.02.25	6.6000	16 新业 02（136224）	200.00	2023.03.04	3.9800
16 锡公 01（136226）	1200.00	2023.02.25	3.2800	16 住总 01（136227）	1500.00	2021.02.24	4.0500
16 珠投 03（136229）	3100.00	2021.02.24	7.8000	16 宏桥 05（136230）	1200.00	2021.02.24	6.7000
16 金茂 01（136231）	500.00	2021.04.01	6.9700	16 漳九龙（136232）	2500.00	2023.04.07	3.6000
16 保利 03（136233）	2000.00	2021.02.25	3.9800	16 保利 04（136234）	3000.00	2026.02.25	4.1900
16 晋然 01（136235）	500.00	2021.03.01	5.1500	16 复药 01（136236）	3000.00	2021.03.04	4.5000
16 兴发 01（136238）	400.00	2021.03.08	6.0000	16 国联 01（136239）	1000.00	2021.03.03	4.0000
16 北部湾（136240）	1500.00	2021.03.01	3.6000	16 中车 G1（136242）	1000.00	2021.03.03	3.4000
16 中车 G2（136243）	1500.00	2026.03.03	3.2300	16 华夏 02（136244）	2000.00	2021.03.03	7.0000
16 津投 01（136246）	2000.00	2026.03.01	3.3400	16 华综 01（136247）	2500.00	2021.03.11	4.4000
16 外运 01（136248）	2000.00	2021.03.02	3.2000	16 海怡 01（136249）	1500.00	2021.03.30	7.8000
16 信地 01（136251）	2500.00	2021.03.01	5.3000	16 亿阳 03（136252）	755.00	2021.03.02	7.1000
16 中油 03（136253）	12700.00	2021.03.03	3.1500	16 中油 04（136254）	2300.00	2026.03.03	3.7000
PR 泰阳债（136255）	700.00	2021.03.02	5.9700	16 新投 02（136257）	900.00	2021.03.03	3.7000
16 龙湖 03（136259）	2500.00	2022.03.04	4.3500	16 龙湖 04（136260）	1500.00	2026.03.04	3.7500
16 建元 01（136262）	1000.00	2021.03.07	4.5000	16 建元 02（136263）	500.00	2021.03.07	3.6200
16 隆基 01（136264）	1000.00	2021.03.07	5.8500	16 鑫苑 02（136266）	500.00	2021.03.14	8.2000
16 广越 03（136267）	1500.00	2023.03.09	3.2000	16 广越 04（136268）	1500.00	2026.03.09	3.8000
16 伊品债（136269）	380.00	2020.04.30	7.6000	16 南网 01（136270）	5000.00	2021.03.11	3.1400
16 天富 01（136271）	1000.00	2021.03.08	7.0000	16 国控 01（136272）	4000.00	2021.03.09	2.9200
16 亿达 01（136273）	2000.00	2021.03.09	10.0000	16 海正债（136275）	1200.00	2021.03.16	5.9000
16 南山 01（136276）	2500.00	2021.03.14	5.5000	16 紫江 01（136278）	600.00	2021.03.18	5.2500
16 渤水产（136279）	1000.00	2023.03.16	4.8500	16 北汽 01（136280）	1500.00	2021.03.17	3.1500
16 华综 02（136281）	1500.00	2021.03.11	3.5700	16 华峰 01（136282）	500.00	2021.03.14	4.9500
16 浙交 01（136283）	2000.00	2021.03.16	3.2000	16 浙交 02（136284）	1000.00	2026.03.16	3.8400
16 金隅 01（136285）	3200.00	2021.03.14	3.9000	16 金隅 02（136286）	1800.00	2023.03.14	3.5000
16 首开 01（136287）	750.00	2021.03.14	3.3000	16 建发 02（136288）	1500.00	2023.03.21	3.2000
16 珠江 01（136289）	500.00	2021.03.15	3.3200	16 力帆 02（136291）	1100.00	2099.12.31	7.5000
16 中星 01（136292）	3700.00	2021.03.16	4.1000	16 兆泰 02（136293）	1000.00	2021.03.16	7.5000
16 信地 02（136294）	500.00	2021.03.15	5.1000	16 川电 01（136295）	1000.00	2021.03.23	3.3800
16 珠投 04（136296）	1000.00	2021.03.16	7.5000	16 青港 01（136298）	1500.00	2021.03.18	3.6800
16 翠微 01（136299）	550.00	2021.03.21	4.2000	16 联泰 02（136300）	1000.00	2022.03.18	7.0000
16 龙盛 03（136301）	3500.00	2021.03.17	4.1500	16 龙盛 04（136302）	500.00	2021.03.17	3.9300

债券信息 List of Bonds

债券 Bond

债券简称（代码）Bond Name（Code）	发行量（百万元）Issued Vol（M Yuan）	到期日 Expiration Date	票面利率（%）Coupon Rate	债券简称（代码）Bond Name（Code）	发行量（百万元）Issued Vol（M Yuan）	到期日 Expiration Date	票面利率（%）Coupon Rate
16紫金01（136304）	3000.00	2021.03.18	2.9900	16紫金02（136305）	2000.00	2021.03.18	3.3700
16协信03（136307）	2000.00	2021.03.17	6.5000	16皖经01（136308）	500.00	2099.12.31	7.3000
16云投01（136309）	2000.00	2021.03.18	3.4000	16中化01（136311）	3000.00	2021.03.21	3.1500
16皖投01（136312）	2000.00	2021.03.18	2.9600	16西高科（136313）	2500.00	2023.03.21	3.9000
16远东三（136315）	2000.00	2021.03.22	4.0000	16福能债（136316）	500.00	2021.03.23	3.2700
15智慧01（136317）	800.00	2021.04.05	4.8000	16中油05（136318）	9500.00	2021.03.24	3.0800
16中油06（136319）	2000.00	2026.03.24	3.6000	16宇通02（136322）	1000.00	2023.03.22	3.5000
16越交01（136323）	300.00	2021.03.21	4.1000	16越交02（136324）	700.00	2023.03.21	3.3800
16金地01（136325）	1300.00	2022.03.22	4.3500	16金地02（136326）	1700.00	2024.03.22	3.5000
16特房01（136327）	2100.00	2021.03.22	5.3000	16国美03（136329）	1700.00	2022.05.10	7.6000
16扬城控（136330）	1500.00	2021.03.25	3.3500	16金辉02（136331）	1500.00	2021.03.23	7.3000
16泰豪01（136332）	500.00	2020.09.28	4.7500	16银宝01（136334）	1100.00	2021.03.25	5.8000
16北汽集（136335）	1000.00	2023.03.28	3.6000	16宏泰债（136336）	1000.00	2021.03.24	3.5400
16乌房01（136337）	1500.00	2021.03.25	6.1000	16漳诏01（136338）	500.00	2021.03.30	4.1000
16滇路01（136339）	2000.00	2021.03.25	4.7000	16洋河01（136341）	1000.00	2026.03.24	3.2400
16浦集01（136342）	2000.00	2023.03.25	3.1800	16泸工债（136343）	1000.00	2021.03.25	5.3900
16广电01（136344）	2500.00	2021.03.25	3.4800	16天建01（136345）	600.00	2022.03.28	7.0000
16天建02（136346）	1600.00	2026.03.28	4.8000	16永利债（136347）	1000.00	2021.03.28	7.2000
16国机债（136348）	2000.00	2021.03.30	3.3900	16象屿债（136353）	500.00	2023.04.12	3.8000
16鲁商01（136354）	1000.00	2023.04.08	3.6600	16大华01（136355）	500.00	2021.04.01	5.8000
16宁远高（136356）	530.00	2021.04.12	7.9000	16亚泰01（136357）	1000.00	2021.04.05	6.0000
16川电02（136358）	1000.00	2021.04.11	3.4400	16富力04（136360）	1950.00	2022.04.07	6.7000
16富力05（136361）	950.00	2023.04.07	3.9500	16复星02（136363）	1600.00	2021.04.14	4.9500
16十二师（136364）	800.00	2023.04.11	4.6600	16桂铁债（136365）	1000.00	2026.04.11	3.5500
16当代02（136366）	800.00	2021.04.12	7.0000	16国君G2（136368）	1000.00	2023.04.12	3.2500
16宁开控（136370）	1000.00	2021.04.12	4.1000	16众品01（136371）	500.00	2099.12.31	7.5000
16光大01（136372）	5000.00	2021.04.12	3.3000	16建业01（136374）	3000.00	2021.04.12	7.2000
16恒健01（136375）	1800.00	2021.04.12	3.2700	16泰玻债（136377）	700.00	2021.09.06	4.4000
16华泰01（136378）	2000.00	2099.12.31	7.2000	16新湖01（136380）	3500.00	2021.05.20	7.1000
16南港01（136383）	1000.00	2021.04.25	4.0600	16三花01（136384）	1000.00	2021.07.13	4.5000
16九华债（136385）	400.00	2020.11.27	4.5000	16财信债（136386）	2000.00	2021.04.19	4.2000
16福投01（136387）	1000.00	2024.04.25	3.6700	16亿阳04（136388）	1210.00	2021.04.21	7.1000
16鲁商02（136389）	1000.00	2021.04.22	7.3000	16武金02（136393）	800.00	2021.04.20	3.8900
16北水01（136397）	2000.00	2021.04.25	3.6000	16华融德（136398）	1500.00	2021.04.27	4.8000
16金辉03（136400）	1000.00	2021.04.25	7.3000	16华润01（136401）	5000.00	2023.06.13	3.4900
16红星01（136402）	1000.00	2020.07.24	6.1000	16红星02（136403）	1000.00	2023.04.28	5.3000
16外高01（136404）	750.00	2021.04.27	3.5000	14亿利02（136405）	1000.00	2021.04.26	7.3000
16正才03（136406）	784.00	2021.04.25	6.2000	16房信01（136412）	200.00	2099.12.31	7.9000
16绵投债（136414）	910.00	2021.04.27	5.5000	16华建01（136415）	600.00	2021.04.27	4.8000
16南山03（136416）	2400.00	2021.05.26	4.8000	16万达02（136417）	8000.00	2021.05.06	4.9000
16信威02（136418）	500.00	2099.12.31	7.8000	16中电01（136420）	2000.00	2021.05.04	3.5000
16春秋01（136421）	2300.00	2021.06.02	3.8000	16葛洲02（136427）	3000.00	2021.05.04	3.2700
16浙五金（136430）	800.00	2021.05.06	6.0000	16广安01（136431）	400.00	2021.05.12	4.3000
16协信05（136432）	1260.00	2021.05.12	8.5000	16晟晏债（136433）	1000.00	2021.05.19	7.9000
16葛洲03（136434）	4000.00	2021.05.13	3.4500	16远洋01（136436）	4000.00	2021.05.19	4.1500
16渝开投（136440）	2000.00	2021.06.16	3.6300	15智慧02（136441）	500.00	2021.05.24	5.3300
16国盛01（136442）	1000.00	2021.05.24	5.0000	16蓉金01（136443）	1500.00	2021.05.25	4.0000
16复星03（136447）	4400.00	2021.05.26	4.9600	16万达03（136448）	5000.00	2021.05.24	4.8000
16油服02（136450）	3000.00	2026.05.27	4.1000	16南航02（136452）	5000.00	2021.05.25	3.7000
PR吴交01（136454）	300.00	2023.05.26	3.7500	16银河G2（136456）	600.00	2021.06.01	3.3500

债券信息
List of Bonds

债券简称（代码）Bond Name（Code）	发行量（百万元）Issued Vol（M Yuan）	到期日 Expiration Date	票面利率（%）Coupon Rate	债券简称（代码）Bond Name（Code）	发行量（百万元）Issued Vol（M Yuan）	到期日 Expiration Date	票面利率（%）Coupon Rate
16希望01（136457）	700.00	2021.05.30	5.2000	16上港02（136459）	3000.00	2021.06.02	3.0800
16市政01（136460）	500.00	2021.06.03	3.6500	16东辰01（136461）	700.00	2099.06.02	7.5000
16漕河泾（136462）	900.00	2023.06.02	3.7600	16香城建（136463）	600.00	2021.06.07	4.7500
16国投01（136465）	3000.00	2023.06.03	3.7900	16东南01（136467）	1000.00	2099.06.06	7.0000
16联通02（136470）	1000.00	2021.06.07	3.4300	16杨农债（136471）	600.00	2023.06.07	5.1800
16青港02（136472）	2000.00	2021.06.08	3.6800	16中化债（136473）	2500.00	2021.06.06	3.6100
16万达04（136474）	3000.00	2021.06.13	4.7500	16华宇01（136475）	900.00	2021.06.08	6.5000
16北控02（136478）	1000.00	2026.06.13	3.9900	16华能01（136479）	3000.00	2021.06.13	3.4800
16华能02（136480）	1200.00	2026.06.13	3.9800	16华福G1（136482）	900.00	2021.06.14	3.6700
16光大02（136483）	2000.00	2021.06.07	3.4900	16长城01（136486）	600.00	2099.12.31	7.5000
16南港02（136488）	500.00	2021.06.17	3.6500	16红美01（136490）	1500.00	2021.07.13	5.4000
16红美02（136491）	1500.00	2023.07.13	5.2900	16成渝01（136493）	1000.00	2021.06.17	3.4800
16滇博01（136494）	300.00	2021.06.15	4.5000	16粤高01（136495）	2000.00	2031.06.16	4.1000
16西王02（136497）	1000.00	2099.12.31	7.8000	PR河西01（136498）	2000.00	2021.06.17	3.4700
16洪市政（136499）	1000.00	2023.06.20	3.5100	16天风01（136501）	2000.00	2021.06.20	4.1800
16穗控01（136502）	4000.00	2021.07.08	3.3200	16中关01（136504）	2000.00	2021.06.28	3.3800
16洛娃01（136506）	1000.00	2099.12.31	5.5300	16奥克斯（136507）	810.00	2021.06.28	7.5000
16广电02（136508）	1500.00	2021.07.06	3.3600	16三胞02（136509）	730.00	2099.12.31	6.6000
16广安02（136512）	300.00	2023.07.01	3.7500	16远东五（136514）	2000.00	2021.07.06	3.5000
16疏浚02（136515）	3000.00	2021.07.05	3.8000	16疏浚03（136516）	1000.00	2021.07.05	3.3500
16云投02（136517）	1000.00	2021.07.04	3.6400	16鲁高01（136518）	2500.00	2021.07.06	3.3200
16陆嘴01（136519）	5000.00	2021.07.05	3.9500	16鸿坤01（136521）	900.00	2021.07.08	6.5000
16首股债（136522）	1000.00	2021.07.07	3.3000	16广新03（136523）	1200.00	2021.07.07	3.5800
16联想01（136524）	1500.00	2021.07.06	3.3000	16联想02（136525）	2000.00	2026.07.06	4.6000
16亿阳05（136526）	326.00	2021.07.11	7.1000	16中车G3（136529）	1500.00	2021.07.07	3.6500
16深燃01（136530）	500.00	2021.07.11	2.9700	13牡丹02（136531）	850.00	2021.07.08	4.3000
16粤桥01（136532）	3000.00	2031.07.12	4.0000	G16能新1（136533）	1140.00	2021.07.11	3.9000
16晟晏02（136534）	200.00	2021.07.12	7.8000	16万达05（136535）	2000.00	2021.07.12	4.7000
16国汽02（136536）	1000.00	2021.07.12	3.9000	16GLP02（136538）	500.00	2021.07.13	3.5800
16协信06（136540）	1000.00	2021.07.14	7.5000	16希望02（136541）	1000.00	2021.07.13	5.0000
16云工01（136542）	700.00	2021.07.27	3.9900	16龙湖05（136543）	700.00	2021.07.14	4.1000
16皖经02（136545）	3000.00	2099.12.31	7.3000	16龙湖06（136546）	3000.00	2023.07.14	3.6800
16正源01（136548）	2000.00	2099.12.31	8.0000	16紫金03（136549）	1800.00	2021.07.15	3.0500
16紫金04（136550）	1200.00	2021.07.15	3.4500	16融侨01（136551）	2000.00	2021.07.15	6.5000
16圆融02（136552）	1000.00	2021.07.13	3.3700	16联投01（136553）	2000.00	2023.07.14	3.5000
16中金01（136554）	3000.00	2021.07.18	3.5800	16中金02（136555）	1000.00	2023.07.18	3.2900
16鸿坤02（136556）	400.00	2021.07.18	6.5000	16国寿投（136557）	2000.00	2023.07.20	3.2400
16华电02（136558）	3000.00	2021.07.21	2.9500	16华电03（136559）	3000.00	2021.07.21	3.2500
16福投02（136563）	2000.00	2024.07.22	3.3000	16东旭02（136564）	3500.00	2099.12.31	7.8000
16凯华01（136567）	700.00	2021.07.22	5.3000	16张江01（136568）	2000.00	2021.07.26	3.6300
16海亮03（136569）	800.00	2021.07.22	6.5000	16中江债（136570）	300.00	2021.07.22	4.0000
16正源02（136571）	2000.00	2099.12.31	8.0000	16港投债（136573）	500.00	2021.08.08	5.0000
PR河西02（136574）	800.00	2021.07.22	3.2000	16光控01（136575）	1000.00	2021.07.22	3.8500
16光控02（136576）	3000.00	2021.07.22	3.2400	16鲁能01（136577）	4000.00	2021.07.26	3.7600
16华泰02（136579）	1000.00	2099.12.31	7.2000	16万达06（136580）	2000.00	2021.07.27	4.7000
16外高02（136581）	1250.00	2021.07.27	3.6000	16国联02（136582）	1000.00	2021.07.28	3.0000
16北新集（136583）	700.00	2021.07.29	4.2500	16水务02（136588）	2200.00	2023.07.28	3.3300
16融侨02（136589）	2000.00	2021.07.29	6.8000	16海伟01（136590）	1000.00	2020.01.09	5.8900
16西经发（136591）	750.00	2021.08.01	5.7500	16鄂稻01（136592）	1000.00	2021.08.04	6.9000
16新华01（136593）	1000.00	2021.07.29	4.3000	16同仁堂（136594）	800.00	2021.07.31	4.3500

债券信息 债券
List of Bonds Bond

债券简称（代码）Bond Name（Code）	发行量（百万元）Issued Vol（M Yuan）	到期日 Expiration Date	票面利率（%）Coupon Rate	债券简称（代码）Bond Name（Code）	发行量（百万元）Issued Vol（M Yuan）	到期日 Expiration Date	票面利率（%）Coupon Rate
16 南港 03（136595）	500.00	2021.08.10	3.3000	16 南港 04（136596）	500.00	2023.08.10	3.5500
16 首旅 01（136598）	500.00	2023.08.02	3.2000	16 首旅 02（136599）	1500.00	2026.08.02	3.3000
16 穗建 02（136601）	2000.00	2021.07.31	3.7500	16 义市 01（136603）	1000.00	2021.08.03	3.4000
16 兴发 02（136604）	400.00	2021.08.08	5.5000	G16 北控 1（136605）	700.00	2024.08.03	3.2500
16 宁安 01（136607）	2800.00	2021.08.09	3.6500	16 广新 04（136608）	800.00	2021.08.08	3.3500
16 舟交 01（136609）	500.00	2021.08.09	3.3000	16 信威 03（136610）	1000.00	2099.12.31	7.5000
16 电投 04（136611）	4000.00	2021.08.11	3.5000	16 不动产（136612）	4000.00	2023.08.05	3.2800
16 西王 03（136613）	1000.00	2099.12.31	7.8000	16 碱业 02（136615）	600.00	2023.08.08	3.8000
16 中静 02（136619）	900.00	2022.08.24	8.5000	16 锡交 01（136620）	1500.00	2021.08.12	3.2400
16 粤高 02（136621）	1000.00	2031.08.11	3.5700	16 国君 G4（136623）	3000.00	2021.08.12	3.1400
16 融创 07（136624）	2800.00	2023.08.16	4.0000	G16 节能 2（136626）	2000.00	2023.08.18	3.1300
16 杭汽 01（136628）	500.00	2026.08.16	3.9500	16 兵装 01（136629）	1500.00	2021.08.16	3.3500
16 兵装 02（136630）	2000.00	2023.08.16	3.1000	16 亚洲浆（136632）	1000.00	2021.08.24	8.3400
16 融创 06（136633）	1200.00	2021.08.16	6.5000	16 黔高速（136634）	2000.00	2023.08.15	3.4600
16 津投 03（136635）	2000.00	2026.08.17	3.5500	16 海资 01（136638）	1000.00	2023.08.16	3.4000
16 海亮 05（136641）	950.00	2021.08.17	6.5000	16 华宇 02（136643）	2700.00	2020.09.29	6.5000
16 中海 01（136646）	6000.00	2026.08.23	3.1000	16 华新 01（136647）	1200.00	2021.08.22	4.7900
16 佳源 01（136648）	1500.00	2021.08.23	7.5000	16 普天 01（136650）	3000.00	2020.08.31	4.2000
16 普天 02（136651）	500.00	2026.08.19	3.3500	16 洪政 02（136652）	1000.00	2023.08.22	3.2300
16 清控 01（136653）	1000.00	2021.08.24	4.1000	16 外运 03（136654）	1500.00	2021.08.24	3.7000
14 银河 G4（136656）	1000.00	2021.08.23	3.1400	16 天铝 03（136660）	1140.00	2021.08.23	7.9000
16 友阿 01（136662）	1000.00	2021.08.24	7.2000	16 友阿 02（136663）	500.00	2021.08.24	5.7000
16 云工 02（136664）	800.00	2021.09.27	3.9700	16 外高 03（136666）	1000.00	2021.08.30	3.3800
16 重水 02（136668）	500.00	2021.08.25	3.9900	16 南山 04（136669）	900.00	2021.08.29	5.7000
16 南山 05（136670）	700.00	2021.08.29	4.5000	16 中车 01（136671）	2000.00	2021.08.30	3.4000
16 正才 05（136674）	1500.00	2021.09.05	6.2000	16 天风 02（136676）	1300.00	2021.08.31	3.4800
16 穗建 03（136678）	2500.00	2022.08.29	3.8000	16 穗建 04（136679）	500.00	2021.08.29	3.1900
16 川电 03（136680）	1000.00	2021.08.30	3.3500	G16 三峡 2（136683）	2500.00	2026.08.30	3.3900
16 丰盛 03（136684）	2200.00	2099.12.31	7.9000	16 海投债（136685）	1600.00	2021.09.06	3.5900
16 环球 01（136686）	600.00	2021.09.06	4.0000	16 鸿商 01（136688）	1900.00	2021.09.05	6.3000
16 绿水 01（136689）	1000.00	2021.09.12	4.3000	16 恒安 01（136690）	1000.00	2021.09.08	3.3000
16 鲁能 02（136692）	1000.00	2023.09.07	3.3500	16 晋然 02（136693）	500.00	2021.09.08	5.0000
16 铁峰 01（136694）	1000.00	2021.09.09	4.8000	16 长城 02（136695）	600.00	2099.12.31	6.9800
16 路劲 01（136696）	1500.00	2021.09.12	4.5000	16 申信 01（136698）	6000.00	2099.12.31	4.0800
16 皖经 03（136699）	1500.00	2099.12.31	5.6800	16 蓝光 01（136700）	3000.00	2021.09.14	7.4000
16 椒江债（136701）	2000.00	2021.09.21	4.2000	16 宁资 01（136703）	500.00	2023.09.13	3.5900
16 协信 08（136705）	540.00	2021.09.27	6.5000	16 当代 03（136706）	700.00	2021.09.14	7.2500
16 邢钢 01（136707）	700.00	2021.09.19	7.5000	16 通运 01（136708）	300.00	2021.09.13	4.1000
16 粤桥 02（136709）	2000.00	2031.09.23	3.6900	16 福新 01（136710）	3000.00	2021.09.21	3.5000
16 港务 01（136712）	1500.00	2023.09.23	3.1800	16 康恩贝（136713）	1100.00	2021.09.26	5.3700
G16 节能 3（136714）	500.00	2023.09.26	3.1100	G16 节能 4（136715）	1500.00	2026.09.26	3.5500
16 浙证债（136718）	1900.00	2021.09.23	3.4800	16 珠江 02（136719）	1500.00	2021.09.22	3.4400
16 西王 04（136720）	1000.00	2099.12.31	7.8000	16 石化 01（136721）	13000.00	2021.09.23	2.8300
16 石化 02（136722）	4300.00	2023.09.23	3.0200	16 石化 03（136723）	800.00	2026.09.23	3.3000
16 鲁公债（136724）	200.00	2021.09.22	3.9000	16 中材 01（136725）	3000.00	2021.09.27	3.0900
16 中材 02（136726）	2000.00	2023.09.27	3.4500	16 平海 01（136727）	700.00	2021.09.26	4.1500
G16 唐新 2（136730）	500.00	2021.09.27	3.1500	16 刚集 01（136731）	500.00	2099.12.31	6.8000
16 穗建 05（136732）	1500.00	2021.09.26	3.6000	16 穗建 06（136733）	500.00	2023.09.26	3.1500
16 大唐 01（136734）	4800.00	2022.09.28	2.9400	16 大唐 02（136735）	2200.00	2026.09.28	3.3800
16 通用 01（136738）	2500.00	2021.09.28	3.3000	16 通用 02（136739）	2500.00	2021.09.28	3.1700

债券信息
List of Bonds

债券
Bond

债券简称（代码）Bond Name（Code）	发行量（百万元）Issued Vol（M Yuan）	到期日 Expiration Date	票面利率（%）Coupon Rate	债券简称（代码）Bond Name（Code）	发行量（百万元）Issued Vol（M Yuan）	到期日 Expiration Date	票面利率（%）Coupon Rate
16 渝钢 01（136740）	600.00	2021.09.30	7.8000	16 重机债（136741）	800.00	2021.09.29	4.2800
16 众品 02（136742）	500.00	2099.12.31	7.5000	16 祥源债（136744）	600.00	2021.09.29	6.9900
16 南港 05（136745）	500.00	2021.10.17	3.1800	16 南港 06（136746）	500.00	2023.10.17	3.5500
16 南港 07（136747）	500.00	2026.10.17	3.7000	G16 博天（136749）	300.00	2021.10.12	7.5000
16 荣盛 01（136750）	600.00	2021.10.13	5.6000	16 佳源 07（136752）	380.00	2021.10.18	7.5000
16 大华 02（136753）	2000.00	2021.10.12	5.8000	16 兵装 04（136755）	1400.00	2023.10.17	3.1400
16 兵装 05（136756）	1000.00	2026.10.17	3.3900	16 凯华 02（136757）	1000.00	2021.10.14	5.1000
16 凯华 03（136758）	400.00	2021.10.14	4.0900	16 三胞 05（136759）	770.00	2099.12.31	6.3000
16 长电 01（136762）	3000.00	2026.10.17	3.3500	16 张江 02（136763）	900.00	2021.10.24	3.3600
16 蓝光 02（136764）	1000.00	2021.10.18	7.6000	16 陕燃 01（136765）	700.00	2023.10.18	3.1400
16 油服 03（136766）	2100.00	2021.10.24	3.0800	16 油服 04（136767）	2900.00	2023.10.24	3.3500
16 苏海 01（136768）	600.00	2021.10.21	3.4600	16 华资 01（136770）	1000.00	2021.10.20	2.9800
16 沪宁 01（136771）	1200.00	2023.10.20	3.1400	16 清控 02（136773）	4500.00	2021.10.25	3.1500
16 中船 01（136774）	1500.00	2021.10.18	2.9500	16 中船 02（136775）	5500.00	2023.10.18	3.1700
16 国航 02（136776）	4000.00	2021.10.20	3.0800	G16 唐新 3（136777）	500.00	2021.10.21	3.1000
16 融强债（136778）	1500.00	2021.11.03	6.5000	16 腾越 01（136779）	1000.00	2020.10.21	6.8000
16 腾越 02（136780）	2000.00	2023.10.21	3.9000	16 华泰 03（136786）	2000.00	2099.12.31	6.1000
16 天目湖（136787）	1000.00	2021.10.24	5.2300	16 东航 01（136789）	1500.00	2026.10.24	3.0300
16 东航 02（136790）	1500.00	2026.10.24	3.3000	16 丰盛 04（136791）	800.00	2099.12.31	7.9000
16 中筑 01（136792）	1000.00	2021.11.07	7.8000	16 国投电（136793）	700.00	2021.10.27	3.1000
16 华阳 01（136794）	1498.00	2099.12.31	5.0000	16 瀚蓝 01（136797）	1000.00	2021.10.26	4.1000
16 环球 02（136798）	500.00	2021.10.26	3.9500	16 中金 04（136800）	900.00	2023.10.27	3.1300
16 津创 01（136801）	700.00	2021.10.25	3.1300	16 中燃 G1（136802）	2000.00	2021.10.27	3.4000
16 南三 01（136803）	1000.00	2021.10.31	6.8000	16 越交 03（136804）	200.00	2021.10.26	3.6000
16 七师 01（136805）	1000.00	2021.10.27	6.5000	16 越交 04（136806）	800.00	2023.10.26	3.1800
16 方圆 01（136807）	1500.00	2099.12.31	6.5000	16 常城 01（136809）	600.00	2021.11.08	3.0300
16 福新 02（136810）	900.00	2021.11.02	3.0200	16 福新 03（136811）	1100.00	2023.11.02	3.1800
16 中电 02（136813）	3000.00	2021.11.07	3.2800	16 伟星 01（136816）	500.00	2021.11.07	6.5000
16 刚集 02（136817）	500.00	2099.12.31	7.5700	16 新华 02（136818）	400.00	2020.11.03	4.9000
16 川发 01（136819）	3000.00	2026.11.17	3.9000	16 中安消（136821）	1100.00	2099.12.31	4.4500
16 南山 06（136822）	700.00	2021.11.16	5.7000	16 南山 07（136823）	800.00	2021.11.16	4.2000
16 滇路 02（136824）	300.00	2021.11.10	4.2000	16 滇路 03（136825）	700.00	2021.11.10	3.6000
16 国网 02（136827）	5000.00	2021.11.14	3.1500	16 中信 G2（136831）	2500.00	2021.11.17	3.3800
16 正大债（136832）	1000.00	2020.08.05	3.6900	G17 三峡 1（136833）	3500.00	2020.08.15	4.5600
16 紫金债（136835）	750.00	2021.11.16	3.9000	16 鲁信 01（136836）	1500.00	2026.11.25	3.7000
16 穗发 01（136837）	3000.00	2021.11.22	3.6300	16 国投控（136838）	500.00	2021.11.18	3.3200
16 港务 02（136839）	1000.00	2023.11.18	3.4200	16 华福 G2（136840）	900.00	2021.11.21	3.5300
16 银鹰 01（136842）	400.00	2021.11.23	8.5000	17 苏新 01（136843）	1000.00	2022.01.24	4.3800
16 环球 03（136845）	1100.00	2021.11.23	3.9500	16 深燃 02（136846）	500.00	2021.11.22	3.2400
16 玉皇 03（136847）	500.00	2099.12.31	6.0000	16 华能债（136849）	4000.00	2026.11.24	3.6500
16 宝丰 02（136850）	1000.00	2021.11.23	6.2000	16 华泰 G2（136852）	2500.00	2021.12.06	3.7800
16 洪业 02（136853）	1000.00	2099.12.31	6.4800	16 光控 03（136855）	2000.00	2022.11.23	3.7500
16 光控 04（136856）	2000.00	2023.11.23	3.8000	16 重汽 01（136857）	1560.00	2021.11.24	3.4500
PR 鲁通 02（136859）	860.00	2021.11.29	7.9700	16 乌资 01（136860）	1000.00	2023.11.28	4.2800
16 恒健 02（136861）	3000.00	2021.11.25	3.4500	16 丹港 02（136863）	550.00	2021.11.25	8.5000
16 汇丰 02（136866）	1000.00	2020.03.20	7.0000	16 广核 01（136869）	2000.00	2026.12.08	3.8400
16 中关 02（136870）	1150.00	2021.12.07	3.8000	16 玉皇 04（136871）	500.00	2099.12.31	7.0000
16 豫投债（136872）	1500.00	2021.12.13	4.1800	16 华泰 G4（136874）	3000.00	2021.12.14	3.9700
16 华晨 01（136875）	2000.00	2099.12.31	6.0000	16 合盛 01（136877）	200.00	2021.12.14	5.5500
16 恒信 01（136880）	250.00	2020.04.24	5.0000	17 甬开投（136881）	1000.00	2022.03.22	4.5000

债券信息 List of Bonds

债券 Bond

债券简称（代码） Bond Name（Code）	发行量（百万元） Issued Vol （M Yuan）	到期日 Expiration Date	票面利率（%） Coupon Rate	债券简称（代码） Bond Name（Code）	发行量（百万元） Issued Vol （M Yuan）	到期日 Expiration Date	票面利率（%） Coupon Rate
16科发01（136882）	50.00	2021.12.21	7.0000	16南翔03（136886）	1800.00	2021.12.19	6.9000
17沪资01（136887）	300.00	2020.03.30	3.0000	17中材01（136888）	1500.00	2020.02.05	1.0000
17华阳01（136889）	402.00	2099.12.31	5.6000	17北汽01（136892）	800.00	2024.01.20	4.2900
17泰达债（136893）	3000.00	2022.01.20	5.8000	17黄河01（136894）	200.00	2020.05.13	7.1000
17中信G1（136895）	10000.00	2020.02.17	4.2000	17中信G2（136896）	2000.00	2022.02.17	4.4000
17绿原01（136897）	500.00	2022.02.13	5.2900	17蚌投01（136898）	600.00	2022.02.17	5.4800
18海航Y5（136901）	1400.00	2021.11.27	7.3000	18铁工Y6（136902）	1600.00	2021.11.27	4.5500
18铁工Y7（136903）	1400.00	2023.11.27	4.8000	18津保Y1（136905）	650.00	2020.11.30	6.5500
18建三Y1（136907）	2000.00	2021.11.27	4.8000	18航租Y1（136910）	500.00	2021.11.22	5.5000
18路建Y1（136912）	1000.00	2021.11.28	5.1000	G18京Y3（136913）	2900.00	2021.11.23	4.4500
G18京Y4（136914）	2100.00	2023.11.23	4.7000	18中大Y1（136915）	2000.00	2021.11.26	5.2000
18中公Y2（136916）	1000.00	2021.11.22	4.6800	18蒙电Y1（136917）	1500.00	2021.11.20	4.8900
18蒙电Y2（136918）	500.00	2023.11.20	5.1500	18三峡Y1（136919）	200.00	2021.11.22	6.5000
18铁工Y3（136921）	1200.00	2021.11.15	4.5900	18铁工Y4（136922）	1800.00	2023.11.15	4.9000
18特变Y3（136923）	530.00	2021.11.13	6.4000	18铁工Y1（136924）	2300.00	2021.11.06	4.6900
18铁工Y2（136925）	700.00	2023.11.06	4.9900	18方程Y1（136926）	2000.00	2021.11.14	5.0000
18联投Y1（136928）	1500.00	2021.11.22	5.4400	18滇建Y2（136931）	810.00	2021.11.21	7.0000
18中化Y5（136932）	2500.00	2020.11.12	4.5700	18中化Y6（136933）	2500.00	2021.11.12	4.6800
18海航Y4（136934）	800.00	2021.11.05	7.3500	G18XHY1（136935）	1000.00	2021.11.09	5.0000
18CHNG3Y（136936）	2800.00	2023.10.31	4.8800	18CHNG4Y（136937）	200.00	2028.10.31	5.3000
18CHNG1Y（136938）	1500.00	2023.10.25	4.8800	18CHNG2Y（136939）	500.00	2028.10.25	5.3000
18青城Y2（136942）	2000.00	2023.10.30	5.5000	18大唐Y5（136943）	500.00	2023.10.25	4.9800
18大唐Y4（136944）	2800.00	2021.10.25	4.7700	18大唐Y3（136945）	1500.00	2020.10.25	4.6400
18海航Y3（136946）	1500.00	2021.10.19	7.4500	18建材Y5（136947）	1000.00	2021.10.22	4.9000
18建材Y6（136948）	800.00	2023.10.22	5.2500	18中化Y3（136949）	1500.00	2020.10.19	4.6500
18中化Y4（136950）	1500.00	2021.10.19	4.7800	18紫金Y1（136951）	4500.00	2021.10.17	5.1700
18中公Y1（136952）	1000.00	2021.10.17	5.2000	18风电Y1（136953）	700.00	2021.10.15	4.9000
18风电Y2（136954）	300.00	2023.10.15	5.3000	18沪建Y3（136955）	1500.00	2023.10.10	5.4500
18海航Y2（136956）	800.00	2021.09.27	7.4500	18大唐Y1（136957）	4200.00	2021.09.21	5.0500
18中交Y1（136959）	1950.00	2021.10.19	4.9400	18海航Y1（136960）	500.00	2021.09.14	7.6000
18中化Y1（136961）	1800.00	2020.09.13	4.9000	18中化Y2（136962）	1200.00	2021.09.13	4.9600
G18京Y1（136963）	1000.00	2021.09.12	4.9100	18新金Y2（136965）	500.00	2021.10.23	6.8000
18建集Y2（136966）	1500.00	2021.10.23	5.3000	18新际Y5（136968）	1500.00	2021.10.23	5.0000
17沪建Y1（136970）	1000.00	2020.03.06	4.7800	17中冶Y3（136972）	2000.00	2020.03.13	4.9800
17中工Y1（136974）	500.00	2020.03.17	6.0000	17苏建01（136976）	600.00	2022.04.05	6.8000
17中材02（136977）	1500.00	2022.04.05	2.6000	17迪信01（136978）	600.00	2020.04.05	7.5000
17鑫海01（136979）	300.00	2020.05.21	7.0000	17申证01（136980）	7500.00	2022.02.17	4.4000
17申证02（136981）	500.00	2024.02.17	4.5000	17晋电01（136983）	2390.00	2022.02.23	5.3000
17银鹰01（136984）	100.00	2022.12.27	7.0000	17黄金债（136985）	700.00	2020.03.20	5.5000
17中山01（136986）	500.00	2020.02.28	4.8800	17中冶Y1（136987）	2700.00	2020.03.01	4.9900
17锡投Y1（136989）	1000.00	2022.03.15	5.2800	G16北Y1（136991）	2800.00	2021.09.13	3.6800
16葛洲Y4（136993）	3000.00	2021.08.03	3.4300	16葛洲Y2（136995）	2500.00	2021.07.21	3.4800
16电投Y1（136996）	4000.00	2021.06.29	3.6500	16浙交Y1（136999）	2000.00	2021.03.09	3.6000
16体EB01（137012）	400.00	2099.12.31	6.1000	16体EB02（137013）	600.00	2099.12.31	8.0000
17塔城EB（137025）	1000.00	2020.04.19	10.0000	17豪园EB（137026）	500.00	2020.02.21	4.0000
17蛟龙EB（137027）	495.00	2020.12.29	1.0000	17新华EB（137028）	1849.00	2020.02.24	7.0000
17华夏EB（137030）	3000.00	2020.06.23	4.0000	17盛EB02（137031）	400.00	2020.06.09	7.0000
17阳煤EB（137032）	1000.00	2022.07.19	6.8000	17华西EB（137035）	1139.00	2021.08.04	0.1000
17旗滨EB（137037）	1000.00	2020.07.22	6.0000	17中兵EB（137038）	1000.00	2020.08.30	1.0000
17顺01EB（137039）	139.00	2020.08.25	4.5000	17顺02EB（137040）	225.00	2021.08.25	5.0000

债券信息
List of Bonds

债券简称（代码） Bond Name（Code）	发行量 （百万元） Issued Vol （M Yuan）	到期日 Expiration Date	票面利率（%） Coupon Rate	债券简称（代码） Bond Name（Code）	发行量 （百万元） Issued Vol （M Yuan）	到期日 Expiration Date	票面利率（%） Coupon Rate
17 百 EB01（137041）	596.00	2021.09.07	5.9000	17 湘电 EB（137042）	940.00	2020.07.06	1.0000
17 兖 02EB（137043）	3000.00	2020.09.25	2.7000	17 百 02EB（137044）	404.00	2021.09.26	5.9000
17 百 03EB（137045）	200.00	2020.06.11	1.0000	17 中交 EB（137047）	16000.00	2020.11.10	1.0000
17 康 01EB（137048）	2000.00	2099.12.31	4.0000	17 版 01EB（137049）	650.00	2020.11.28	1.5000
17 康 02EB（137050）	3000.00	2099.12.31	4.0000	17 正集 EB（137051）	1500.00	2020.12.06	1.0000
17 云投 EB（137053）	500.00	2020.12.27	3.9000	17 郑瑞 EB（137055）	900.00	2020.12.29	1.0000
18 豫 01EB（137056）	849.00	2021.01.16	7.0000	18 伊力 EB（137057）	400.00	2020.08.20	0.5000
18 红豆 EB（137058）	1000.00	2021.01.25	6.0000	18 浙能 EB（137059）	7900.00	2021.01.25	1.0000
18 广 EB01（137060）	590.00	2021.02.08	6.0000	18 和安 EB（137061）	188.00	2024.02.02	0.5000
18 豫 02EB（137062）	151.00	2021.03.20	7.0000	18 兖 01EB（137063）	120.00	2021.04.04	3.0000
18 立业 EB（137065）	1000.00	2021.03.29	6.0000	18 大冷 EB（137067）	176.00	2021.07.30	1.3000
18 广 01EB（137069）	663.30	2021.10.22	3.0000	18 红星 EB（137070）	500.00	2020.11.10	7.5000
18 广 02EB（137071）	353.00	2021.12.19	4.0000	18 美克 EB（137072）	100.00	2020.12.30	8.5000
19 美克 EB（137073）	360.00	2020.12.25	8.5000	19 中 01EB（137074）	120.00	2022.01.30	6.6000
19 美 02EB（137075）	200.00	2020.12.25	8.5000	19 美 03EB（137076）	100.00	2020.08.17	5.0000
19 方钢 EB（137077）	2500.00	2022.04.29	2.0000	19 新华 EB（137078）	2844.00	2020.02.14	2.6000
19 红 01EB（137079）	4359.40	2024.05.14	3.2500	19 美 04EB（137080）	196.00	2022.05.10	8.5000
19 联众 EB（137081）	500.00	2022.06.11	1.0000	19 嘉 EB01（137082）	500.00	2022.06.11	3.0000
19 德华 EB（137083）	100.00	2020.11.20	7.0000	19 嘉 EB02（137085）	500.00	2022.07.23	3.0000
19 新控 EB（137087）	1762.00	2020.03.31	5.0500	19YG01EB（137088）	270.00	2020.06.24	0.5000
19 楚 EB01（137089）	500.00	2022.09.30	6.5000	19YG02EB（137090）	324.00	2020.07.17	0.5000
19 楚 EB02（137091）	497.00	2022.10.16	6.5000	19YG03EB（137092）	406.00	2020.06.09	0.5000
19 九 01EB（137093）	150.00	2020.06.05	2.0000	19 百业 EB（137094）	1000.00	2020.12.03	1.5000
19 安图 EB（137095）	1500.00	2020.07.31	0.5000	19 九 02EB（137096）	350.00	2020.07.15	2.0000
19 中 02EB（137097）	180.00	2022.12.24	7.5000	20 国资 EB（137098）	200.00	2020.09.28	1.0000
20 电气 EB（137099）	4000.00	2023.02.03	0.1000	20 康 EB01（137100）	179.00	2020.12.10	8.0000
20 顾家 EB（137101）	1000.00	2020.12.01	0.5000	20 华夏 EB（137102）	2400.00	2023.03.26	7.7000
20 卧龙 EB（137104）	1200.00	2023.05.08	2.4500	20 盛 01EB（137105）	198.00	2023.05.19	1.0000
20 诚控 EB（137106）	1400.00	2023.05.27	0.0100	20 福 01EB（137107）	500.00	2022.06.10	1.0000
20 黄河 EB（137108）	700.00	2023.06.08	7.5000	20 华 EB02（137110）	700.00	2023.06.12	6.9000
20 康 EB02（137111）	200.00	2023.06.19	8.0000	20 华 EB04（137112）	209.15	2023.07.02	7.7000
20 市北 EB（137114）	1200.00	2023.07.17	0.5000	20 三一 EB（137116）	8000.00	2026.09.14	1.5000
PR 襄经开（139001）	1100.00	2023.01.25	4.6200	PR 井发债（139002）	850.00	2023.01.27	4.8700
PR 高密债（139003）	1500.00	2023.01.26	4.6900	PR 浏产专（139004）	1100.00	2023.01.19	4.7200
PR 郴福城（139005）	1500.00	2023.01.22	4.7300	PR 上饶债（139006）	1180.00	2023.01.29	4.6500
PR 富春债（139007）	1500.00	2023.01.27	4.7600	PR 泸兴阳（139008）	1000.00	2023.01.28	4.8700
PR 万宝 01（139009）	500.00	2023.02.01	5.1300	PR 岳专项（139010）	2100.00	2026.01.27	4.8000
PR 观投 01（139011）	1500.00	2023.01.28	4.8700	PR 沣东债（139012）	2000.00	2023.01.08	4.6700
PR 娄锑都（139013）	770.00	2023.01.20	4.8300	PR 普湾债（139014）	2800.00	2023.02.01	4.5000
PR 新密财（139015）	880.00	2023.02.28	4.3500	PR 齐河债（139016）	1500.00	2023.03.07	5.1000
PR 四国资（139017）	1100.00	2023.01.14	4.5900	PR 嘉建投（139018）	500.00	2023.01.19	5.7000
PR 常鼎力（139019）	1080.00	2023.03.10	4.3000	PR 郴新天（139020）	800.00	2026.03.08	5.3800
PR 瑞安债（139021）	450.00	2023.01.27	4.5600	PR 观投 02（139022）	1000.00	2023.03.09	4.4800
PR 安开债（139023）	1000.00	2023.03.09	4.0900	16 新泰债（139024）	570.00	2020.03.10	6.5000
PR 恒澄债（139025）	1500.00	2023.03.01	4.4000	PR 建安债（139027）	1500.00	2023.03.08	4.3000
PR 龙旅发（139028）	1150.00	2023.03.16	4.3500	PR 荆城投（139029）	1600.00	2023.03.10	3.9700
PR 资水投（139030）	1900.00	2023.03.17	3.9700	PR 百福债（139031）	1490.00	2026.03.22	4.9600
PR 广元债（139032）	880.00	2023.03.10	4.4800	PR 永银都（139033）	880.00	2023.03.24	5.6000
PR 湘天易（139034）	1490.00	2023.03.17	4.2000	PR 阿克债（139035）	1100.00	2023.03.11	4.0900
PR 枣阳债（139036）	1500.00	2023.03.22	5.5000	PR 株循环（139037）	1400.00	2023.03.24	4.3800

债券信息 债券
List of Bonds Bond

债券简称（代码） Bond Name（Code）	发行量（百万元） Issued Vol （M Yuan）	到期日 Expiration Date	票面利率（%） Coupon Rate	债券简称（代码） Bond Name（Code）	发行量（百万元） Issued Vol （M Yuan）	到期日 Expiration Date	票面利率（%） Coupon Rate
16亿利债（139039）	1000.00	2021.03.22	7.5000	PR宝应债（139040）	1600.00	2023.03.24	4.5000
PR眉宏投（139041）	2000.00	2023.03.28	4.1800	PR靖城投（139042）	1500.00	2023.03.30	4.5500
PR如皋债（139043）	1600.00	2023.03.24	3.9500	PR苏新城（139044）	1100.00	2023.03.23	4.1800
PR筑城01（139045）	3000.00	2026.03.25	4.3700	PR国融债（139046）	1000.00	2023.03.24	6.1600
PR泰鑫债（139047）	1000.00	2023.03.23	4.0700	PR白国资（139048）	1400.00	2023.03.29	3.9800
PR璧山债（139049）	2300.00	2023.03.29	4.9300	PR肥城资（139050）	880.00	2023.03.23	4.0400
16冀建投（139052）	2000.00	2021.06.06	4.2500	PR奉化投（139053）	1000.00	2022.03.28	4.5800
PR宿建债（139054）	1870.00	2023.03.24	3.8900	PR玉鑫债（139055）	1300.00	2023.03.28	4.6500
PR当鑫源（139056）	1100.00	2023.03.29	4.9700	PR遵车债（139057）	1400.00	2026.04.07	5.9900
PR仁怀债（139058）	1400.00	2023.04.14	5.1200	PR文专项（139059）	880.00	2023.03.21	3.9700
PR庐城投（139060）	1100.00	2023.03.30	4.5800	PR开乾债（139061）	1000.00	2023.03.21	4.6400
PR大冶01（139062）	1200.00	2023.03.28	4.5000	PR温港城（139063）	2000.00	2023.03.29	5.1900
PR宣城债（139064）	2400.00	2023.04.07	4.1200	16谷小微（139065）	1500.00	2020.03.31	4.5000
PR钱城债（139066）	1800.00	2023.03.22	4.0000	16邹城01（139067）	700.00	2020.04.08	6.3000
PR海开债（139068）	1000.00	2023.04.13	5.4500	PR虞经开（139069）	1890.00	2023.04.11	4.7600
PR遂开债（139070）	700.00	2023.04.08	4.8900	PR安泰01（139071）	880.00	2023.04.11	4.5800
PR盱眙债（139072）	1200.00	2023.04.15	5.1000	PR安泰02（139073）	320.00	2023.04.11	5.1600
PR纳兴债（139074）	680.00	2023.03.31	4.6800	PR广安开（139075）	690.00	2023.04.14	5.1600
PR龙铁债（139076）	800.00	2023.04.13	4.9800	PR都梁债（139077）	1110.00	2023.04.13	5.5000
PR药都债（139078）	800.00	2020.06.10	6.5000	PR水城债（139079）	880.00	2023.05.03	6.1500
PR宜居债（139080）	1500.00	2023.04.14	4.7800	PR16昌兴（139081）	590.00	2023.04.11	5.2600
16海集01（139082）	2000.00	2022.04.14	9.2200	PR秦城发（139083）	1200.00	2023.04.14	4.6900
PR牟发投（139084）	880.00	2023.04.18	4.5900	PR红日债（139085）	800.00	2023.04.20	5.0900
PR扬中01（139086）	950.00	2023.04.07	4.9800	PR扬中02（139087）	950.00	2023.04.07	4.9500
PR内人和（139088）	700.00	2023.04.12	6.2000	PR津广集（139089）	1100.00	2023.04.20	5.4000
PR聊开债（139090）	1400.00	2023.04.13	5.2000	PR渝迈瑞（139091）	2000.00	2023.04.21	4.9500
PR长乐债（139092）	1000.00	2023.04.11	4.5000	PR秀工投（139093）	800.00	2020.10.12	5.8500
16遵小微（139094）	700.00	2020.04.22	2.6800	PR仙桃债（139095）	900.00	2023.04.18	4.5900
PR西湖债（139096）	1200.00	2023.04.25	4.3000	PR温城02（139097）	3000.00	2023.04.26	5.0000
PR舒城债（139098）	1500.00	2023.04.29	5.5000	PR金专债（139099）	1100.00	2023.04.25	5.9000
PR阆名城（139100）	1000.00	2023.04.19	5.6000	PR泰控债（139101）	600.00	2023.04.26	5.5000
PR津宁河（139102）	1500.00	2023.04.22	5.5000	PR瀚瑞02（139103）	800.00	2023.08.31	5.0000
PR溧水债（139104）	980.00	2023.04.28	4.9700	PR怀化投（139105）	1400.00	2023.04.12	4.9600
PR开元债（139106）	1400.00	2023.04.27	5.2900	PR平城发（139108）	1370.00	2023.04.29	5.1300
16广铁01（139109）	4000.00	2026.04.28	3.9900	PR芜交01（139110）	1400.00	2023.04.28	4.5000
PR渝宏安（139111）	1200.00	2023.05.03	5.7500	PR新东港（139112）	800.00	2023.04.27	5.5300
PR宜建债（139114）	1180.00	2023.04.27	5.4400	PR襄建债（139115）	850.00	2023.04.28	5.1800
16邯小微（139116）	500.00	2020.01.02	2.2600	PR吉经开（139117）	800.00	2023.04.29	6.2000
PR娄经债（139118）	1060.00	2023.03.30	4.8900	PR堰管廊（139119）	1500.00	2026.01.11	4.8800
PR海西债（139120）	1000.00	2023.05.12	4.3600	PR全椒债（139121）	1000.00	2023.05.18	5.1000
PR浏城建（139122）	2200.00	2023.05.24	4.4500	PR湘城建（139123）	500.00	2023.05.18	5.8400
PR惠交01（139124）	1000.00	2023.05.17	4.1600	PR16文登（139125）	1000.00	2023.05.26	4.8000
PR莆高新（139126）	500.00	2022.05.03	5.9000	PR龙建投（139128）	750.00	2023.05.27	5.4500
PR宁债01（139129）	500.00	2023.06.03	4.8900	18云和债（139130）	940.00	2025.05.04	7.4900
PR空港债（139131）	1300.00	2023.06.06	5.1000	PR西发01（139132）	1500.00	2023.06.06	4.2600
PR磁湖02（139133）	700.00	2023.06.08	4.9700	PR曲经投（139134）	900.00	2023.06.01	5.7500
PR姜堰债（139135）	1260.00	2023.06.02	5.1000	PR萧县债（139136）	900.00	2023.06.22	4.8500
PR江夏城（139137）	450.00	2023.06.03	4.8000	PR盘改债（139138）	1500.00	2023.06.07	6.0000
16首创01（139139）	2500.00	2021.05.31	4.4000	PR丰棚改（139140）	1300.00	2021.07.13	4.2300
16蓉铁01（139141）	1000.00	2021.06.17	4.2400	PR栖霞债（139142）	1400.00	2023.06.24	4.1000

债券信息 List of Bonds

债券 Bond

债券简称（代码）Bond Name（Code）	发行量（百万元）Issued Vol（M Yuan）	到期日 Expiration Date	票面利率（%）Coupon Rate	债券简称（代码）Bond Name（Code）	发行量（百万元）Issued Vol（M Yuan）	到期日 Expiration Date	票面利率（%）Coupon Rate
PR 宁科债（139143）	1100.00	2023.06.24	4.3700	16 鄂旅投（139144）	500.00	2023.06.16	4.2000
16 旅顺债（139146）	770.00	2026.06.17	6.1900	PR 北固债（139147）	1400.00	2023.06.20	5.8000
PR 临川债（139148）	1500.00	2023.07.05	5.6800	PR 遵红城（139149）	1100.00	2023.06.27	5.0500
PR 汇华债（139150）	1500.00	2023.06.27	4.7000	16 鄂交 01（139152）	1000.00	2021.07.04	4.0000
PR 东坡债（139153）	1100.00	2023.06.30	5.9000	PR 金农债（139155）	800.00	2023.07.14	5.4900
PR 寒亭债（139156）	400.00	2026.07.13	5.0000	PR16 鑫城（139157）	1400.00	2023.07.15	4.1300
PR 南投债（139158）	1200.00	2023.07.11	4.2000	PR 洪泽债（139159）	1000.00	2023.07.18	4.3700
PR 江南债（139160）	500.00	2023.07.08	4.7600	PR 柳东通（139161）	2000.00	2023.07.22	4.4500
PR 一带债（139162）	2600.00	2023.07.15	4.7000	PR 嘉湘 01（139163）	600.00	2023.07.20	4.1300
16 淮小微（139164）	1500.00	2020.07.20	6.3000	PR 汉建投（139165）	1200.00	2023.07.18	4.2500
PR 安城债（139166）	860.00	2023.07.18	5.9000	PR 镜停债（139167）	1200.00	2023.07.20	4.3700
PR 宜双 01（139168）	800.00	2023.07.21	3.7400	PR 安顺债（139169）	1100.00	2023.07.18	4.4800
PR 新天地（139170）	1000.00	2023.07.18	4.3700	PR 金湖债（139171）	1000.00	2022.07.26	4.0000
16 穗城 01（139172）	1500.00	2021.07.22	3.8100	PR 禹停车（139173）	1280.00	2026.08.11	3.8900
PR 马经 01（139174）	1490.00	2023.07.25	4.5300	PR 岳港 01（139175）	1200.00	2023.07.21	4.2400
PR 新路鑫（139177）	900.00	2023.07.29	6.4100	PR 东至债（139178）	1000.00	2023.06.20	4.8800
PR 双创债（139179）	1000.00	2026.07.25	5.0000	16 铜小微（139180）	700.00	2020.07.26	6.4100
16 南康债（139181）	1000.00	2020.08.04	7.6000	PR 镇新债（139182）	1160.00	2023.07.14	5.3100
PR 兴港债（139183）	1950.00	2026.07.20	4.2700	PR 古蔺债（139184）	1000.00	2023.08.04	4.1800
16 穗铁 02（139185）	2000.00	2022.07.25	3.6300	PR 湘潭 02（139186）	400.00	2023.08.04	3.9500
PR 营开 01（139187）	1500.00	2023.08.05	5.2000	PR16 荆高（139188）	1800.00	2023.07.28	4.1500
PR 万宝 02（139189）	1000.00	2023.08.01	4.4200	PR 海财债（139190）	1000.00	2020.10.29	5.3700
PR 合江债（139191）	1000.00	2023.08.11	5.0000	PR 新干债（139192）	1000.00	2023.08.03	5.4800
PR 赤壁债（139193）	1000.00	2023.08.10	4.3800	PR 章丘债（139194）	1500.00	2023.08.09	3.6900
PR 十经开（139195）	650.00	2023.08.05	3.9800	16 穗铁 03（139196）	2400.00	2022.08.16	3.4400
16 穗城 03（139197）	2500.00	2021.08.25	3.8100	PR 玉城 01（139198）	600.00	2023.05.03	5.1000
PR 公安债（139199）	650.00	2023.08.30	4.3000	PR 秦经开（139200）	250.00	2023.08.26	4.0700
PR 牡城 01（139201）	900.00	2020.03.26	6.4400	PR 金发债（139202）	1800.00	2023.08.22	4.6000
PR 内兴元（139203）	1000.00	2023.08.16	4.2800	PR 开福 02（139204）	1100.00	2023.08.22	3.7300
16 海集 02（139205）	1800.00	2022.08.23	8.7000	PR 宜兴投（139206）	800.00	2024.09.02	5.4900
PR 大冶 02（139207）	1000.00	2023.08.31	4.0500	PR 渝新梁（139208）	900.00	2023.08.26	4.7600
PR 湘环科（139209）	1500.00	2023.09.06	4.1700	PR 足棚改（139210）	1200.00	2022.08.11	3.9700
PR 合川债（139211）	1200.00	2023.09.06	3.9500	PR 金沙债（139212）	1650.00	2023.09.05	6.0100
PR 马经 02（139213）	1400.00	2023.09.02	4.4300	PR 湘乡投（139214）	1500.00	2023.09.09	5.2800
PR 怀专项（139215）	2270.00	2023.08.31	4.1800	PR 建安 02（139216）	900.00	2023.09.05	3.8500
16 济专项（139217）	1000.00	2031.09.07	3.5500	16 库小微（139219）	900.00	2020.09.06	5.6000
PR 通港债（139220）	1500.00	2021.09.06	3.8000	16 黔开投（139221）	790.00	2023.09.08	4.4200
16 鲁经投（139222）	1800.00	2026.09.08	3.5400	PR 白城投（139223）	1200.00	2026.09.13	4.7500
PR 诸城建（139225）	1500.00	2023.08.26	3.8900	PR 瑞金债（139226）	1200.00	2023.09.06	4.1300
PR 文山债（139227）	1160.00	2023.09.13	4.5000	PR 柯城债（139229）	1000.00	2023.09.19	3.6400
PR 瀛洲债（139230）	800.00	2023.09.21	4.3300	PR 番禺 01（139231）	500.00	2026.09.08	4.5000
PR 青昌阳（139232）	1770.00	2023.09.12	3.7300	16 滨旅债（139233）	1000.00	2025.09.20	4.6800
PR 荆经开（139234）	770.00	2026.09.23	4.8700	PR 洪经债（139235）	770.00	2023.09.22	3.8300
PR 凯宏债（139236）	1400.00	2026.09.22	5.3000	PR 宁高 01（139237）	400.00	2023.09.23	3.6700
PR 芜交 02（139238）	1400.00	2023.09.23	3.5800	PR 嘉湘 02（139239）	600.00	2023.09.21	3.8700
PR 汝州投（139240）	2000.00	2023.09.26	4.4300	16 永专 01（139241）	500.00	2026.09.23	4.1900
PR 苏大行（139242）	1000.00	2023.09.22	5.1800	PR 株高孵（139243）	1130.00	2023.09.28	3.7800
16 温铁债（139244）	1030.00	2031.09.22	3.8500	16 宁投 01（139245）	700.00	2026.09.12	3.6800
PR 鹤山 01（139246）	300.00	2023.09.28	4.0800	PR 黔凯专（139247）	1100.00	2023.10.13	4.2000
PR 锦都债（139248）	1000.00	2023.10.13	3.6500	16 中瑞债（139249）	560.00	2023.09.29	6.5000

债券信息 List of Bonds

债券简称（代码） Bond Name（Code）	发行量（百万元） Issued Vol（M Yuan）	到期日 Expiration Date	票面利率（%） Coupon Rate	债券简称（代码） Bond Name（Code）	发行量（百万元） Issued Vol（M Yuan）	到期日 Expiration Date	票面利率（%） Coupon Rate
PR 大方债（139250）	550.00	2023.09.26	6.0000	PR 蕲春债（139251）	870.00	2023.10.18	4.9600
16 武铁 01（139252）	2000.00	2022.09.27	3.5000	PR 邕高 02（139253）	500.00	2023.10.20	3.8200
PR 新港债（139254）	1000.00	2023.10.20	3.4200	PR 大洼临（139255）	1470.00	2024.10.19	5.9900
16 鄂国资（139256）	1500.00	2031.10.21	5.5500	PR 玉城 02（139257）	570.00	2023.10.21	3.7200
PR 瓯新城（139258）	2000.00	2023.10.26	3.9800	PR 杭运（139259）	1000.00	2023.10.17	3.4000
PR 韶关债（139260）	1000.00	2024.10.25	3.6700	16 陕高 01（139261）	1000.00	2021.10.13	4.1800
16 邹城 02（139262）	480.00	2020.10.21	5.5000	PR 文蓝海（139263）	1500.00	2023.10.26	3.6400
16 柳东城（139264）	830.00	2020.10.24	6.2000	PR 恩施债（139265）	590.00	2023.11.01	3.8400
PR 益集 01（139266）	1200.00	2023.10.13	4.9500	PR 宁债 02（139267）	1000.00	2023.11.02	3.8800
PR 贵溪债（139268）	1800.00	2023.08.18	4.1800	16 荆管廊（139269）	1200.00	2026.08.19	4.3700
PR 岳港 02（139270）	1200.00	2023.10.26	3.9400	16 桂金 02（139272）	1500.00	2023.11.01	4.8000
PR 钟楼债（139273）	1500.00	2023.10.26	3.6400	PR 河国投（139274）	440.00	2023.11.04	4.3700
PR 淳安债（139275）	690.00	2023.11.04	3.8400	PR 共青城（139277）	800.00	2023.03.25	5.8500
PR16 达州（139278）	700.00	2026.11.04	3.9900	PR 锡新城（139279）	2000.00	2023.11.09	3.9200
PR 徐高开（139280）	1130.00	2023.11.11	3.7800	PR 简州债（139281）	1000.00	2023.11.10	3.9300
PR 筑城 02（139282）	3000.00	2026.11.14	4.0000	PR 牡城 02（139283）	900.00	2020.03.16	5.3400
PR 分宜债（139284）	1450.00	2023.08.22	4.5400	PR 海创债（139286）	1500.00	2023.11.16	4.4700
PR 天城债（139287）	600.00	2023.11.15	3.9800	PR 京诚债（139288）	670.00	2023.08.29	4.3800
PR 东宝债（139289）	700.00	2020.07.22	4.4400	PR 水城投（139290）	1060.00	2023.11.22	4.9800
PR 昌吉债（139291）	800.00	2023.11.18	4.2400	PR 江城建（139292）	900.00	2023.11.11	3.4800
PR 湘开债（139294）	1500.00	2022.11.25	5.3900	PR 乐平债（139295）	1800.00	2023.10.20	3.7000
PR 金潼 01（139297）	1000.00	2023.11.16	4.4400	PR 金阳 01（139298）	2000.00	2026.11.17	4.4600
PR 德溪 01（139299）	550.00	2023.11.17	4.6000	PR 兴安债（139300）	1200.00	2022.12.21	6.1800
PR 中岳债（139301）	1200.00	2021.11.16	4.1000	PR 宁高 02（139302）	400.00	2023.11.23	3.9200
PR 冠隆债（139303）	1000.00	2023.11.10	4.7000	PR 益集 02（139304）	1200.00	2023.11.23	5.1600
PR 西秀债（139305）	1500.00	2023.11.22	4.7000	PR 临城开（139306）	1200.00	2023.11.22	3.8500
PR 七城建（139307）	900.00	2020.11.24	5.7500	16 宁投 02（139308）	800.00	2026.11.28	3.8700
PR 富源债（139309）	1050.00	2023.12.02	5.3400	PR 韩城投（139310）	1000.00	2023.12.05	4.6900
PR 沾化债（139311）	700.00	2023.11.29	4.9300	PR 鹤山 02（139312）	900.00	2023.12.07	5.0800
PR 德溪 02（139313）	500.00	2023.12.05	5.1000	PR 邵开债（139315）	2000.00	2023.12.13	6.5800
PR 金鑫 01（139316）	750.00	2023.07.26	4.5700	PR 金鑫 02（139317）	750.00	2023.07.26	3.8000
16 首创 02（139320）	1500.00	2021.11.09	3.7000	16 奥德 02（139322）	500.00	2023.08.22	4.7000
PR 惠交 02（139323）	2000.00	2023.12.27	4.9500	PR 衡东债（139324）	1200.00	2023.12.27	6.6000
PR 嘉鱼 01（139326）	300.00	2024.01.19	6.5000	PR 肇东 01（139329）	500.00	2024.01.20	6.5000
PR 柔刚 01（139330）	500.00	2024.01.24	5.6500	PR 南漳 01（139331）	300.00	2024.01.20	6.0000
PR 浏阳 01（139332）	900.00	2023.01.19	4.3700	PR 浏经债（139333）	1100.00	2023.04.06	4.3900
PR 昆滇投（139335）	1550.00	2024.07.24	5.7500	PR 广水债（139336）	800.00	2024.03.01	6.1900
PR 綦江东（139337）	800.00	2023.09.05	4.0000	PR 东乡债（139339）	1000.00	2024.03.20	6.2000
PR 蚌埠债（139340）	2500.00	2024.04.13	5.8000	PR 凤台债（139341）	1200.00	2024.03.13	5.6000
17 永专债（139342）	500.00	2027.04.05	6.3000	PR 嘉鱼 02（139343）	300.00	2024.03.23	5.7000
PR 资兴 01（139344）	300.00	2024.03.16	6.2000	PR 南开债（139345）	1200.00	2024.11.29	7.2500
PR 遂天泰（139346）	1000.00	2024.03.28	5.9800	PR 博山债（139347）	800.00	2024.03.29	5.6300
PR 随专 01（139348）	400.00	2024.04.07	5.7000	PR 达投 02（139349）	600.00	2027.04.07	6.5000
17 鄂高投（139350）	400.00	2024.04.11	5.9000	17 鄂交 Y1（139351）	1000.00	2022.04.13	5.4000
PR 惠华 01（139352）	500.00	2024.04.18	5.7800	PR 邵建投（139353）	1400.00	2024.04.19	7.1000
PR 应城债（139354）	1200.00	2024.04.14	6.5000	PR 营开 02（139355）	1000.00	2024.04.19	6.9800
PR 黔南 01（139356）	1000.00	2024.04.19	6.9900	PR 营北 01（139357）	400.00	2024.07.12	7.1900
PR 资城 01（139358）	800.00	2024.05.03	6.0000	PR 襄汉江（139359）	2500.00	2024.04.21	5.4000
17 醴陵债（139360）	1120.00	2020.03.31	6.5000	PR 德山债（139361）	1200.00	2024.09.14	6.4600
PR 沣西 G1（139362）	1500.00	2024.08.23	7.1000	PR 阳新债（139363）	1000.00	2024.04.26	6.5000

债券信息
List of Bonds

债券
Bond

债券简称（代码） Bond Name（Code）	发行量 （百万元） Issued Vol （M Yuan）	到期日 Expiration Date	票面利率（%） Coupon Rate	债券简称（代码） Bond Name（Code）	发行量 （百万元） Issued Vol （M Yuan）	到期日 Expiration Date	票面利率（%） Coupon Rate
PR 伍家债（139365）	500.00	2024.04.20	6.5000	PR 松滋债（139366）	1000.00	2024.06.21	6.6000
PR 监利债（139367）	900.00	2024.04.28	6.7800	PR 石首债（139370）	860.00	2024.06.15	6.9800
PR 长葛债（139371）	1330.00	2024.04.19	7.1000	G17 云绿 1（139372）	550.00	2027.06.01	6.3000
PR 西双创（139373）	350.00	2024.05.02	6.2000	PR 简工债（139374）	1370.00	2024.04.24	6.0000
PR 宜创 01（139375）	800.00	2024.05.18	6.1000	PR 嘉禾 01（139376）	800.00	2024.05.25	6.5000
PR 开元 01（139377）	700.00	2024.05.26	7.3000	PR 咸双创（139378）	1000.00	2027.06.01	6.6000
17 鄂交 Y2（139380）	1500.00	2022.06.07	5.6500	PR 襄高新（139381）	800.00	2024.06.12	6.2500
17 武铁 Y1（139382）	1500.00	2020.06.15	5.5500	PR 鹤城建（139383）	2000.00	2020.12.09	6.9500
PR 阿纺织（139384）	700.00	2024.06.21	7.5000	PR 巴州债（139385）	1600.00	2024.06.19	6.0800
PR 吉首 01（139386）	500.00	2024.06.21	6.5000	17 鄂交 Y3（139387）	1000.00	2022.06.16	5.6000
PR 津国投（139388）	500.00	2024.07.05	6.4000	PR 宁开 01（139390）	400.00	2024.06.26	5.6600
PR 观投债（139391）	1600.00	2024.06.22	6.4900	PR 科投债（139392）	910.00	2024.06.30	5.9900
PR 黔南 02（139393）	1000.00	2024.07.06	6.9800	PR 金鑫债（139394）	1000.00	2024.07.31	7.0800
PR 市北 01（139395）	1500.00	2024.08.07	5.9800	PR 湘东山（139396）	1150.00	2024.08.03	6.2000
PR 宿马债（139397）	1000.00	2024.08.03	6.1000	17 蓉轨 Y1（139398）	2000.00	2022.08.10	5.6900
PR 高科 01（139399）	1440.00	2027.09.14	5.6000	PR 钟祥债（139400）	800.00	2024.09.01	6.5000
PR 清浦债（139401）	1500.00	2024.09.29	6.7500	PR 蒙自 01（139402）	600.00	2024.09.25	7.6500
PR 西高 01（139403）	5000.00	2024.12.27	6.1200	18 陕高 Y1（139404）	500.00	2023.08.02	5.9700
18 首旅 01（139405）	2500.00	2027.08.20	4.6700	18 首旅 02（139406）	1500.00	2028.08.20	5.0000
18 上饶县（139407）	1500.00	2025.07.24	7.9500	18 瑞专 01（139408）	700.00	2028.09.12	6.4800
18 绵金债（139410）	850.00	2025.12.18	7.8700	G18HGY1（139411）	920.00	2022.12.21	5.8000
18 建德债（139413）	1000.00	2026.01.03	7.4300	19 首旅 01（139414）	1200.00	2028.02.28	3.9900
19 首旅 02（139415）	800.00	2029.02.28	4.3900	19 首创 Y1（139416）	1000.00	2022.12.17	3.9900
19 清镇债（139417）	1000.00	2026.03.18	7.5000	PR 兴开投（139418）	1390.00	2023.06.22	5.9000
G19QGY1（139419）	1000.00	2022.04.19	5.2000	19 凉农投（139420）	400.00	2027.04.26	8.0000
19 和县债（139421）	500.00	2026.04.26	7.2000	19 般阳债（139422）	800.00	2026.07.11	6.8000
19 蓉轨 Y1（139423）	1500.00	2022.07.23	4.3500	18 漯经开（139424）	410.00	2025.12.18	7.5000
G19HGY2（139425）	1580.00	2023.08.09	4.7200	19 蓉轨 Y2（139426）	1500.00	2022.09.24	4.1300
G19 商都 1（139427）	800.00	2026.10.28	7.8000	19 惠宁 01（139428）	570.00	2026.11.05	8.5000
19 陕投 Y1（139429）	1000.00	2022.11.15	4.8800	19 鄂交 Y1（139430）	2500.00	2024.12.03	4.4700
19 河钢 01（139431）	1500.00	2024.12.05	4.2800	G19QGY2（139432）	2000.00	2024.12.12	4.3900
19 陕煤 Y1（139433）	8000.00	2022.12.16	4.2800	G19 珠 Y1（139434）	600.00	2022.12.17	5.4800
19 桂铁 Y1（139435）	1000.00	2022.12.19	5.8900	19 陕投 Y2（139436）	1000.00	2022.12.24	4.4800
19 陕煤 Y2（139437）	7000.00	2022.12.25	4.2600	20 河钢 01（139438）	1500.00	2025.01.09	4.1000
20 甘交 Y1（139439）	1000.00	2023.01.14	4.4900	20 鄂交 Y1（139440）	3000.00	2025.03.09	3.9300
20 云投 Y2（139442）	1000.00	2023.04.10	5.1700	20 蓉轨 Y1（139443）	1000.00	2023.04.21	3.3000
20 兖矿 01（139444）	1500.00	2030.04.28	3.4800	20 北港 Y1（139446）	1000.00	2023.06.02	5.8000
20 河钢 02（139447）	1500.00	2025.06.01	3.7800	20 融鑫债（139448）	550.00	2027.07.22	6.5000
20 河钢 03（139449）	1500.00	2023.08.18	3.7000	20 兖矿 02（139450）	1000.00	2030.08.28	4.4800
20 陕投 Y1（139451）	1000.00	2023.08.31	4.5900	G20 公交 1（139452）	1700.00	2026.09.21	3.8800
G20 武 Y1（139453）	1500.00	2025.09.01	4.5000	20 中色 Y1（139455）	500.00	2023.09.25	4.8800
20 特变 Y1（139456）	500.00	2023.11.10	5.5000	20 蓉轨 Y2（139457）	1000.00	2023.10.28	4.4200
18 陕交 Y（139459）	668.00	2023.10.23	6.5000	19 桂铁 01（139460）	2000.00	2024.02.26	4.7800
16 青海 10（140001）	610.00	2021.05.30	2.9000	16 青海 11（140002）	690.00	2023.05.30	3.1800
16 青海 12（140003）	500.00	2026.05.30	3.2400	16 内蒙 06（140005）	7421.00	2021.05.31	3.0500
16 内蒙 07（140006）	7421.00	2023.05.31	3.3100	16 内蒙 08（140007）	7421.00	2026.05.31	3.2900
16 河南 06（140009）	11400.00	2021.05.31	3.0300	16 河南 07（140010）	11400.00	2023.05.31	3.2600
16 河南 08（140011）	7600.00	2026.05.31	3.2400	16 河南 10（140013）	7890.00	2021.05.31	3.0300
16 河南 11（140014）	7890.00	2023.05.31	3.2600	16 河南 12（140015）	5260.00	2026.05.31	3.2400
16 天津 07（140017）	13480.00	2021.06.01	2.8600	16 天津 08（140018）	13761.00	2023.06.01	3.1000

债券信息 List of Bonds

债券 Bond

债券简称（代码）Bond Name（Code）	发行量（百万元）Issued Vol（M Yuan）	到期日 Expiration Date	票面利率（%）Coupon Rate	债券简称（代码）Bond Name（Code）	发行量（百万元）Issued Vol（M Yuan）	到期日 Expiration Date	票面利率（%）Coupon Rate
16天津09（140019）	13760.00	2026.06.01	3.1300	16天津10（140020）	5835.00	2021.06.01	2.7500
16天津11（140021）	2120.00	2023.06.01	2.9700	16天津12（140022）	2028.00	2026.06.01	2.9500
16河北10（140024）	14500.00	2021.06.02	2.9400	16河北11（140025）	14500.00	2023.06.02	3.2300
16河北12（140026）	4958.00	2026.06.02	3.2100	16河北14（140028）	5942.00	2021.06.02	2.9000
16河北15（140029）	4300.00	2023.06.02	3.1800	16贵州10（140031）	12000.00	2021.06.03	2.9900
16贵州11（140032）	12000.00	2023.06.03	3.1800	16贵州12（140033）	8000.00	2026.06.03	3.2700
16湖北12（140035）	7680.00	2021.06.06	3.0100	16湖北13（140036）	7680.00	2023.06.06	3.2800
16湖北14（140037）	2560.00	2026.06.06	3.3400	16湖北15（140038）	15000.00	2021.06.06	3.0400
16湖北16（140039）	15000.00	2023.06.06	3.3000	16山东14（140041）	19493.00	2021.06.07	3.0300
16山东15（140042）	19493.00	2023.06.07	3.2600	16山东16（140043）	12996.00	2026.06.07	3.2700
16山东18（140045）	900.00	2021.06.07	3.0300	16山东19（140046）	900.00	2023.06.07	3.2600
16山东20（140047）	600.00	2026.06.07	3.2700	16甘肃06（140048）	7700.00	2026.06.07	3.2700
16重庆08（140050）	4000.00	2021.06.08	3.0000	16重庆09（140051）	4000.00	2023.06.08	3.1900
16重庆10（140052）	3600.00	2026.06.08	3.2700	16重庆12（140054）	6700.00	2021.06.08	2.9600
16重庆13（140055）	6700.00	2023.06.08	3.1900	16重庆14（140056）	6700.00	2026.06.08	3.2300
16广西12（140058）	10000.00	2021.06.08	2.9600	16广西13（140059）	10000.00	2023.06.08	3.2400
16广西14（140060）	10000.00	2026.06.08	3.2800	16广西15（140061）	1600.00	2021.06.08	2.9600
16广西16（140062）	600.00	2023.06.08	3.2400	16广西17（140063）	1000.00	2026.06.08	3.2800
16江苏10（140065）	10000.00	2021.06.14	2.9600	16江苏11（140066）	10000.00	2023.06.14	3.1900
16江苏12（140067）	6700.00	2026.06.14	3.2100	16江苏14（140069）	16100.00	2021.06.14	2.8900
16江苏15（140070）	16100.00	2023.06.14	3.1500	16江苏16（140071）	10800.00	2026.06.14	3.1800
16浙江06（140073）	12650.00	2021.06.15	2.8800	16浙江07（140074）	12650.00	2023.06.15	3.1000
16浙江08（140075）	12650.00	2026.06.15	3.2000	16浙江09（140076）	1950.00	2021.06.15	2.8000
16浙江10（140077）	1950.00	2026.06.15	3.0900	16新疆14（140079）	1410.00	2021.06.16	2.8000
16新疆15（140080）	1410.00	2023.06.16	2.9900	16新疆16（140081）	940.00	2026.06.16	3.0000
16宁夏10（140083）	2300.00	2021.06.17	3.0100	16宁夏11（140084）	2300.00	2023.06.17	3.2700
16宁夏12（140085）	1080.00	2026.06.17	3.2900	16宁夏13（140086）	600.00	2021.06.17	3.0100
16宁夏14（140087）	400.00	2023.06.17	3.2500	16宁夏15（140088）	300.00	2026.06.17	3.2800
16广东16（140090）	4540.00	2021.06.17	2.9800	16广东17（140091）	4540.00	2023.06.17	3.1700
16广东18（140092）	4540.00	2026.06.17	3.1700	16广东19（140093）	8904.50	2021.06.17	2.9500
16广东20（140094）	3550.00	2023.06.17	3.1700	16广东21（140095）	5330.00	2026.06.17	3.1700
16福建02（140097）	8470.00	2021.06.20	2.9900	16福建03（140098）	8470.00	2023.06.20	3.1700
16福建04（140099）	8470.00	2026.06.20	3.1700	16福建05（140100）	16004.18	2021.06.20	2.9900
16福建06（140101）	15990.00	2026.06.20	3.1700	16四川14（140103）	8200.00	2021.06.20	2.9900
16四川15（140104）	8200.00	2023.06.20	3.1800	16四川16（140105）	2910.00	2026.06.20	3.2700
16四川18（140107）	9200.00	2021.06.20	2.9900	16四川19（140108）	9200.00	2023.06.20	3.2300
16四川20（140109）	3300.00	2026.06.20	3.2600	16吉林02（140111）	7549.00	2021.06.21	2.9800
16吉林03（140112）	7549.00	2023.06.21	3.1600	16吉林04（140113）	7549.00	2026.06.21	3.3000
16吉林05（140114）	1500.00	2021.06.21	2.9800	16吉林06（140115）	438.00	2023.06.21	3.2500
16吉林07（140116）	1062.00	2026.06.21	3.3000	16江西10（140118）	6350.00	2021.06.22	2.9000
16江西11（140119）	6350.00	2023.06.22	3.0700	16江西12（140120）	6350.00	2026.06.22	3.2100
16江西14（140122）	3920.00	2021.06.22	2.8300	16江西15（140123）	3920.00	2023.06.22	3.0500
16江西16（140124）	3920.00	2026.06.22	3.1800	16湖南06（140126）	25600.00	2023.06.24	3.1500
16内蒙10（140128）	7545.00	2021.06.24	3.0600	16内蒙11（140129）	7545.00	2023.06.24	3.2600
16内蒙12（140130）	2515.00	2026.06.24	3.3000	16内蒙14（140132）	5188.00	2021.06.24	3.0600
16内蒙15（140133）	5164.00	2023.06.24	3.2600	16内蒙16（140134）	1134.00	2026.06.24	3.3000
16山西06（140136）	4000.00	2021.06.27	2.7700	16山西07（140137）	4000.00	2023.06.27	3.0200
16山西08（140138）	4000.00	2026.06.27	3.0800	16山西09（140139）	2900.00	2021.06.27	2.7600
16山西10（140140）	2900.00	2026.06.27	3.0600	16河南14（140142）	5608.70	2021.06.29	2.7800
16河南15（140143）	5608.70	2023.06.29	3.0800	16河南16（140144）	3739.14	2026.06.29	3.1000

债券信息
List of Bonds

债券简称（代码）Bond Name（Code）	发行量（百万元）Issued Vol（M Yuan）	到期日 Expiration Date	票面利率（%）Coupon Rate	债券简称（代码）Bond Name（Code）	发行量（百万元）Issued Vol（M Yuan）	到期日 Expiration Date	票面利率（%）Coupon Rate
16 河南 18（140146）	5757.29	2021.06.29	2.7300	16 河南 19（140147）	5757.29	2023.06.29	2.9000
16 河南 20（140148）	3838.20	2026.06.29	2.9200	16 安徽 06（140150）	13700.00	2021.07.01	2.8500
16 安徽 07（140151）	13700.00	2023.07.01	3.0800	16 安徽 08（140152）	4770.00	2026.07.01	3.1000
16 安徽 09（140153）	22500.00	2021.07.01	2.8500	16 安徽 10（140154）	22500.00	2023.07.01	3.1000
16 北京 02（140156）	11488.37	2021.07.08	2.6700	16 青海 14（140158）	759.00	2021.07.11	2.8100
16 青海 15（140159）	759.00	2023.07.11	2.9800	16 青海 16（140160）	549.00	2026.07.11	3.0300
16 辽宁 10（140162）	13800.00	2021.07.13	2.9500	16 辽宁 11（140163）	13800.00	2023.07.13	3.1200
16 辽宁 12（140164）	4600.00	2026.07.13	3.1100	16 新疆 18（140166）	4810.00	2021.07.13	2.6600
16 新疆 19（140167）	4820.00	2023.07.13	2.8300	16 新疆 20（140168）	3210.00	2026.07.13	2.8200
16 新疆 22（140170）	450.00	2021.07.13	2.6600	16 新疆 23（140171）	450.00	2023.07.13	2.8300
16 新疆 24（140172）	300.00	2026.07.13	2.8200	16 广东 23（140174）	5140.00	2021.07.19	2.8600
16 广东 24（140175）	5140.00	2023.07.19	3.0100	16 广东 25（140176）	5140.00	2026.07.19	3.0200
16 广东 26（140177）	6374.00	2021.07.19	2.8300	16 广东 27（140178）	2550.00	2023.07.19	3.0100
16 广东 28（140179）	3820.00	2026.07.19	3.0200	16 贵州 14（140181）	6000.00	2021.07.20	2.8400
16 贵州 15（140182）	6000.00	2023.07.20	2.9800	16 贵州 16（140183）	4000.00	2026.07.20	3.0700
16 贵州 18（140185）	12000.00	2023.07.20	2.9600	16 上海 02（140187）	24390.00	2021.07.25	2.6500
16 上海 03（140188）	16260.00	2023.07.25	2.8100	16 上海 04（140189）	24390.00	2026.07.25	2.8100
16 黑龙 10（140191）	6800.00	2021.07.27	2.8600	16 黑龙 11（140192）	6800.00	2023.07.27	3.0900
16 黑龙 12（140193）	4500.00	2026.07.27	3.1000	16 黑龙 13（140194）	5595.22	2021.07.27	2.8900
16 黑龙 14（140195）	5500.00	2023.07.27	3.0800	16 江苏 18（140197）	19000.00	2021.08.01	2.5900
16 江苏 19（140198）	19000.00	2023.08.01	2.8200	16 江苏 20（140199）	12700.00	2026.08.01	2.9000
16 江苏 22（140201）	11300.00	2021.08.01	2.5900	16 江苏 23（140202）	11300.00	2023.08.01	2.7900
16 江苏 24（140203）	7500.00	2026.08.01	2.7900	16 吉林 09（140205）	3596.00	2021.08.01	2.6900
16 吉林 10（140206）	3596.00	2023.08.01	2.8900	16 吉林 11（140207）	3596.00	2026.08.01	2.9900
16 吉林 12（140208）	1302.10	2021.08.01	2.6800	16 吉林 13（140209）	174.20	2023.08.01	2.8400
16 吉林 14（140210）	1127.80	2026.08.01	2.9900	16 陕西 22（140212）	5070.00	2021.08.03	2.5900
16 陕西 23（140213）	5070.00	2023.08.03	2.8300	16 陕西 24（140214）	1740.05	2026.08.03	2.9400
16 北京 03（140215）	13819.10	2023.08.05	2.7900	16 北京 04（140216）	13515.93	2026.08.05	2.7900
16 四川 22（140218）	9000.00	2021.08.05	2.6900	16 四川 23（140219）	9000.00	2023.08.05	2.9300
16 四川 24（140220）	3000.00	2026.08.05	3.0300	16 四川 26（140222）	9000.00	2021.08.05	2.7300
16 四川 27（140223）	9000.00	2023.08.05	2.9300	16 四川 28（140224）	3000.00	2026.08.05	3.0700
16 云南 10（140226）	16300.00	2026.08.08	2.9600	16 云南 12（140228）	900.00	2021.08.08	2.5800
16 云南 13（140229）	900.00	2023.08.08	2.7700	16 云南 14（140230）	900.00	2026.08.08	2.9100
16 浙江 12（140232）	8144.01	2021.08.09	2.5800	16 浙江 13（140233）	8144.01	2023.08.09	2.7700
16 浙江 14（140234）	8144.01	2026.08.09	2.7700	16 浙江 16（140236）	18855.98	2021.08.09	2.5800
16 浙江 17（140237）	12570.65	2023.08.09	2.7700	16 浙江 18（140238）	18855.98	2026.08.09	2.7700
16 河北 17（140240）	4600.00	2021.08.10	2.5700	16 河北 18（140241）	4600.00	2023.08.10	2.7600
16 河北 19（140242）	1551.00	2026.08.10	2.7600	16 河北 20（140243）	6398.00	2021.08.10	2.5700
16 山西 12（140245）	1020.00	2021.08.12	2.5400	16 山西 13（140246）	1020.00	2023.08.12	2.7200
16 山西 14（140247）	1020.00	2026.08.12	2.7400	16 山西 15（140248）	4915.64	2021.08.12	2.5400
16 山西 16（140249）	4900.00	2026.08.12	2.7500	16 湖北 18（140251）	2925.00	2021.08.15	2.6300
16 湖北 19（140252）	2925.00	2023.08.15	2.8000	16 湖北 20（140253）	975.00	2026.08.15	2.8700
16 上海 06（140255）	10740.00	2021.08.19	2.5300	16 上海 07（140256）	16110.00	2023.08.19	2.7200
16 上海 08（140257）	16110.00	2026.08.19	2.7500	16 湖南 08（140259）	35000.00	2023.08.23	2.7800
16 福建 08（140261）	13090.00	2021.08.24	2.6000	16 福建 09（140262）	13090.00	2023.08.24	2.8300
16 福建 10（140263）	13090.00	2026.08.24	2.8700	16 福建 11（140264）	8718.07	2021.08.24	2.5600
16 福建 12（140265）	8700.00	2026.08.24	2.8000	16 海南 04（140266）	2857.91	2021.08.26	2.5800
16 海南 05（140267）	5100.00	2023.08.26	2.7700	16 海南 06（140268）	1200.00	2026.08.26	2.8000
16 贵州 20（140270）	6000.00	2021.09.02	2.6600	16 贵州 21（140271）	6000.00	2023.09.02	2.8700
16 贵州 22（140272）	4000.00	2026.09.02	2.9200	16 贵州 23（140273）	12000.00	2021.09.02	2.6200

债券信息 债券
List of Bonds Bond

债券简称（代码）Bond Name（Code）	发行量（百万元）Issued Vol（M Yuan）	到期日 Expiration Date	票面利率（%）Coupon Rate	债券简称（代码）Bond Name（Code）	发行量（百万元）Issued Vol（M Yuan）	到期日 Expiration Date	票面利率（%）Coupon Rate
16 贵州 24（140274）	8000.00	2026.09.02	2.9900	16 山东 22（140276）	4402.00	2021.09.06	2.6000
16 山东 23（140277）	4402.00	2023.09.06	2.8800	16 山东 24（140278）	2934.00	2026.09.06	2.8900
16 宁夏 17（140280）	2200.00	2021.09.07	2.6400	16 宁夏 18（140281）	2200.00	2023.09.07	2.9100
16 宁夏 19（140282）	1200.00	2026.09.07	2.9200	16 甘肃 08（140284）	1000.00	2021.09.08	2.6400
16 甘肃 09（140285）	621.54	2023.09.08	2.8900	16 甘肃 10（140286）	166.07	2021.09.08	2.6400
16 北京 06（140288）	10054.19	2021.09.09	2.6200	16 北京 07（140289）	1360.86	2023.09.09	2.8400
16 北京 08（140290）	966.20	2026.09.09	2.8100	16 江西 18（140292）	2818.00	2021.09.09	2.5700
16 江西 19（140293）	2818.00	2023.09.09	2.7900	16 江西 20（140294）	2818.00	2026.09.09	2.8600
16 江西 22（140296）	1789.00	2021.09.09	2.5700	16 江西 23（140297）	1789.00	2023.09.09	2.7900
16 江西 24（140298）	1789.00	2026.09.09	3.0000	16 广西 19（140300）	1000.00	2021.09.12	2.6700
16 广西 20（140301）	1000.00	2023.09.12	2.8900	16 广西 21（140302）	1000.00	2026.09.12	2.9100
16 广西 22（140303）	11620.00	2021.09.12	2.6700	16 广西 23（140304）	4500.00	2023.09.12	2.8900
16 广西 24（140305）	6800.00	2026.09.12	2.9100	16 宁波 10（140307）	2590.00	2021.09.14	2.5900
16 宁波 11（140308）	1740.00	2023.09.14	2.8300	16 宁波 12（140309）	2590.00	2026.09.14	2.8200
16 宁波 14（140311）	380.00	2021.09.14	2.5700	16 宁波 15（140312）	240.00	2023.09.14	2.7900
16 宁波 16（140313）	380.00	2026.09.14	2.7800	16 陕西 26（140315）	3260.00	2021.09.21	2.5700
16 陕西 27（140316）	3260.00	2023.09.21	2.7700	16 陕西 28（140317）	1193.12	2026.09.21	2.7800
16 辽宁 14（140319）	6000.00	2021.09.21	2.7100	16 辽宁 15（140320）	6000.00	2023.09.21	2.8800
16 辽宁 16（140321）	1905.86	2026.09.21	2.9100	16 湖北 22（140323）	2115.00	2021.09.26	2.5700
16 湖北 23（140324）	2115.00	2023.09.26	2.7600	16 湖北 24（140325）	705.00	2026.09.26	2.7700
16 湖北 25（140326）	2500.00	2021.09.26	2.6000	16 湖北 26（140327）	2500.00	2023.09.26	2.7600
16 河南 22（140329）	4650.00	2021.09.28	2.5600	16 河南 23（140330）	4650.00	2023.09.28	2.7500
16 河南 24（140331）	3100.00	2026.09.28	2.7400	16 河南 26（140333）	2760.00	2021.09.28	2.5600
16 河南 27（140334）	2760.00	2023.09.28	2.7500	16 河南 28（140335）	1840.00	2026.09.28	2.7400
16 新疆 26（140337）	1330.00	2021.09.29	2.6100	16 新疆 27（140338）	1330.00	2023.09.29	2.8700
16 新疆 28（140339）	880.00	2026.09.29	2.8500	16 新疆 30（140341）	1470.00	2021.09.29	2.6100
16 新疆 31（140342）	1470.00	2023.09.29	2.8700	16 新疆 32（140343）	980.00	2026.09.29	2.8500
16 江苏 26（140345）	15500.00	2021.10.11	2.5500	16 江苏 27（140346）	15500.00	2023.10.11	2.7300
16 江苏 28（140347）	10400.00	2026.10.11	2.7100	16 江苏 30（140349）	12100.00	2021.10.11	2.5500
16 江苏 31（140350）	12100.00	2023.10.11	2.7300	16 江苏 32（140351）	8100.00	2026.10.11	2.7100
16 安徽 12（140353）	5000.00	2021.10.12	2.5400	16 安徽 13（140354）	3600.00	2023.10.12	2.7200
16 安徽 14（140355）	3600.00	2026.10.12	2.7000	16 安徽 15（140356）	7769.13	2021.10.12	2.5400
16 安徽 16（140357）	7700.00	2023.10.12	2.7200	16 湖南 10（140359）	20000.00	2021.10.14	2.5200
16 湖南 11（140360）	25000.00	2026.10.14	2.7900	16 青海 18（140362）	56.50	2021.10.17	2.5200
16 青海 19（140363）	56.50	2023.10.17	2.7000	16 青海 20（140364）	56.50	2026.10.17	2.6900
16 青岛 09（140366）	120.00	2021.10.18	2.5100	16 青岛 10（140367）	120.00	2023.10.18	2.6900
16 青岛 11（140368）	120.00	2026.10.18	2.6900	16 青岛 12（140369）	1600.00	2021.10.18	2.5100
16 青岛 13（140370）	640.00	2023.10.18	2.6900	16 青岛 14（140371）	960.00	2026.10.18	2.6900
16 山东 26（140373）	7094.00	2021.10.19	2.5200	16 山东 27（140374）	7094.00	2023.10.19	2.7400
16 山东 28（140375）	4729.00	2026.10.19	2.7800	16 山东 30（140377）	5461.00	2021.10.19	2.5200
16 山东 31（140378）	5461.00	2023.10.19	2.7400	16 山东 32（140379）	3640.00	2026.10.19	2.7800
16 山东 34（140381）	405.00	2021.10.19	2.5200	16 山东 35（140382）	405.00	2023.10.19	2.7400
16 山东 36（140383）	270.00	2026.10.19	2.7800	16 内蒙 18（140385）	12130.00	2021.10.21	2.5700
16 内蒙 19（140386）	12130.00	2023.10.21	2.8100	16 内蒙 20（140387）	12130.00	2026.10.21	2.8900
16 内蒙 21（140388）	950.06	2021.10.21	2.5700	16 内蒙 22（140389）	950.06	2026.10.21	2.8900
16 重庆 16（140391）	4000.00	2021.10.26	2.4300	16 重庆 17（140392）	4000.00	2023.10.26	2.6300
16 重庆 18（140393）	2800.00	2026.10.26	2.6600	16 重庆 19（140394）	5920.00	2021.10.26	2.4300
16 重庆 20（140395）	5900.00	2026.10.26	2.6600	16 辽宁 18（140397）	4950.00	2021.10.26	2.4900
16 辽宁 19（140398）	4950.00	2023.10.26	2.7000	16 辽宁 20（140399）	1650.00	2026.10.26	2.7500
16 辽宁 22（140401）	1840.30	2021.10.26	2.5000	16 辽宁 23（140402）	1100.00	2023.10.26	2.7000

债券信息 List of Bonds

债券 Bond

债券简称（代码）Bond Name（Code）	发行量（百万元）Issued Vol（M Yuan）	到期日 Expiration Date	票面利率（%）Coupon Rate	债券简称（代码）Bond Name（Code）	发行量（百万元）Issued Vol（M Yuan）	到期日 Expiration Date	票面利率（%）Coupon Rate
16 辽宁 24（140403）	294.91	2026.10.26	2.7600	16 四川 30（140405）	9100.00	2021.10.31	2.4800
16 四川 31（140406）	9100.00	2023.10.31	2.7000	16 四川 32（140407）	3324.00	2026.10.31	2.8700
16 四川 34（140409）	2400.00	2021.10.31	2.5700	16 四川 35（140410）	2400.00	2023.10.31	2.7000
16 四川 36（140411）	828.00	2026.10.31	3.0700	16 浙江 20（140413）	6126.63	2021.11.04	2.4500
16 浙江 21（140414）	6126.63	2023.11.04	2.6800	16 浙江 22（140415）	6126.63	2026.11.04	2.7300
16 浙江 24（140417）	6533.37	2021.11.04	2.4500	16 浙江 25（140418）	4355.58	2023.11.04	2.6800
16 浙江 26（140419）	6533.37	2026.11.04	2.7300	16 贵州 26（140421）	3600.00	2021.11.07	2.4400
16 贵州 27（140422）	3600.00	2023.11.07	2.8000	16 贵州 28（140423）	2400.00	2026.11.07	2.8700
16 贵州 30（140425）	2400.00	2021.11.07	2.4400	16 贵州 31（140426）	2400.00	2023.11.07	2.7100
16 贵州 32（140427）	1600.00	2026.11.07	2.8100	16 广西 26（140429）	2000.00	2021.11.07	2.5200
16 广西 27（140430）	2000.00	2023.11.07	2.7700	16 广西 28（140431）	2000.00	2026.11.07	2.8800
16 广西 30（140433）	2000.00	2021.11.07	2.5200	16 广西 31（140434）	3000.00	2023.11.07	2.7700
16 广西 32（140435）	2000.00	2026.11.07	2.8800	16 广东 29（140436）	3837.13	2021.11.08	2.4500
16 广东 30（140437）	1550.00	2023.11.08	2.7000	16 广东 31（140438）	2310.00	2026.11.08	2.7400
16 山西 18（140440）	786.48	2021.11.09	2.4500	16 山西 19（140441）	2290.00	2023.11.09	2.7000
16 山西 20（140442）	2290.00	2026.11.09	2.7400	16 山西 22（140444）	2300.00	2023.11.09	2.7000
16 厦门 02（140446）	2860.00	2021.11.09	2.4500	16 厦门 03（140447）	2860.00	2023.11.09	2.7000
16 厦门 04（140448）	1900.00	2026.11.09	2.7400	16 厦门 05（140449）	3290.35	2021.11.09	2.4500
16 厦门 06（140450）	3280.00	2026.11.09	2.7400	16 湖南 13（140452）	15000.00	2026.11.11	2.9500
16 湖南 14（140453）	15000.00	2021.11.11	2.6800	16 湖南 15（140454）	20000.00	2023.11.11	2.9700
16 陕西 30（140456）	1800.00	2021.11.15	2.4900	16 陕西 31（140457）	1800.00	2023.11.15	2.7500
16 陕西 32（140458）	780.00	2026.11.15	2.7800	16 大连 02（140460）	2340.74	2021.11.16	2.7300
16 大连 03（140461）	2340.74	2023.11.16	3.1100	16 大连 04（140462）	1560.50	2026.11.16	3.1400
16 大连 06（140464）	569.49	2021.11.16	2.8000	16 大连 07（140465）	569.49	2023.11.16	3.1300
16 大连 08（140466）	379.66	2026.11.16	3.2000	16 海南 08（140468）	2679.41	2021.11.18	2.6100
16 海南 09（140469）	2000.00	2023.11.18	2.8900	16 海南 10（140470）	2600.00	2026.11.18	2.9800
16 云南 16（140473）	7800.00	2021.11.21	2.6800	16 云南 17（140474）	12700.00	2026.11.21	2.9600
16 云南 19（140476）	5000.00	2021.11.21	2.6800	16 新疆 34（140478）	2120.00	2021.11.23	2.6700
16 新疆 35（140479）	2120.00	2023.11.23	2.9500	16 新疆 36（140480）	1410.00	2026.11.23	2.9800
16 新疆 38（140482）	1400.00	2021.11.23	2.6700	16 新疆 39（140483）	1400.00	2023.11.23	2.9500
16 新疆 40（140484）	920.00	2026.11.23	2.9800	16 西藏 02（140486）	348.00	2021.11.30	2.6500
16 西藏 03（140487）	283.00	2023.11.30	2.8400	16 西藏 04（140488）	305.00	2026.11.30	2.8600
16 北京 09（140490）	405.14	2026.12.01	2.9100	16 北京 11（140492）	1500.00	2021.12.01	2.6700
16 北京 12（140493）	1635.19	2026.12.01	2.9100	16 天津 14（140496）	3371.00	2026.12.02	3.0700
16 天津 16（140498）	6001.00	2021.12.02	2.8700	16 天津 17（140499）	2491.00	2023.12.02	2.9700
16 天津 18（140500）	5380.00	2026.12.02	3.1700	16 江苏 34（140502）	1390.00	2021.12.05	2.7100
16 江苏 35（140503）	1390.00	2023.12.05	2.8900	16 江苏 36（140504）	930.00	2026.12.05	2.9100
16 江苏 38（140506）	3370.00	2021.12.05	2.7100	16 江苏 39（140507）	3370.00	2023.12.05	2.8900
16 江苏 40（140508）	2250.00	2026.12.05	2.9100	16 内蒙 24（140510）	5390.00	2021.12.07	3.0600
16 内蒙 25（140511）	5390.00	2023.12.07	3.2900	16 内蒙 26（140512）	5390.00	2026.12.07	3.4200
16 内蒙 27（140513）	1512.78	2021.12.07	3.0600	16 内蒙 28（140514）	1512.78	2026.12.07	3.4200
16 广东 33（140517）	1436.89	2021.12.12	2.8500	16 广东 34（140518）	580.00	2023.12.12	3.0500
16 广东 35（140519）	860.00	2026.12.12	3.0600	16 新疆 41（140520）	620.00	2021.12.16	3.1000
16 新疆 42（140521）	610.00	2026.12.16	3.3400	17 新疆 01（140522）	5680.00	2020.03.02	3.0300
17 新疆 02（140523）	5670.00	2024.03.02	3.4000	17 新疆 03（140524）	2150.00	2020.03.02	3.1900
17 新疆 04（140525）	2150.00	2024.03.02	3.5400	17 河北 01（140526）	3800.00	2022.03.10	3.2000
17 河北 02（140527）	3800.00	2024.03.10	3.3500	17 河北 03（140528）	2400.00	2022.03.10	3.2000
17 辽宁 01（140529）	4170.00	2020.03.15	3.1300	17 辽宁 02（140530）	4170.00	2022.03.15	3.3000
17 辽宁 03（140531）	4170.00	2024.03.15	3.4800	17 辽宁 04（140532）	1390.00	2027.03.15	3.6500
17 广西 01（140533）	2400.00	2020.03.17	3.1200	17 广西 02（140534）	2200.00	2022.03.17	3.3300

债券信息
List of Bonds

债券简称（代码）Bond Name（Code）	发行量（百万元）Issued Vol（M Yuan）	到期日 Expiration Date	票面利率（%）Coupon Rate	债券简称（代码）Bond Name（Code）	发行量（百万元）Issued Vol（M Yuan）	到期日 Expiration Date	票面利率（%）Coupon Rate
17 广西 03（140535）	3300.00	2024.03.17	3.4700	17 广西 04（140536）	3300.00	2027.03.17	3.6400
17 广西 05（140537）	9500.00	2022.03.17	3.3300	17 广西 06（140538）	3800.00	2024.03.17	3.5100
17 广西 07（140539）	5700.00	2027.03.17	3.6900	17 广西 08（140540）	450.00	2022.03.17	3.3300
17 广西 09（140541）	450.00	2027.03.17	3.7000	17 云南 01（140542）	7700.00	2020.03.20	3.2400
17 云南 02（140543）	7720.00	2027.03.20	3.7900	17 云南 03（140544）	8800.00	2020.03.20	3.3600
17 云南 04（140545）	8840.00	2027.03.20	3.8700	17 山西 01（140546）	1800.00	2020.03.22	2.9200
17 山西 02（140547）	1800.00	2022.03.22	3.1100	17 山西 03（140548）	2400.00	2024.03.22	3.4000
17 山西 04（140549）	2500.00	2022.03.22	3.2500	17 山西 05（140550）	2500.00	2024.03.22	3.5800
17 贵州 01（140551）	7600.00	2020.03.24	3.1500	17 贵州 02（140552）	11400.00	2024.03.24	3.5100
17 江西 01（140553）	868.90	2020.03.24	2.9900	17 江西 02（140554）	2606.70	2022.03.24	3.3800
17 江西 03（140555）	2606.70	2024.03.24	3.6000	17 江西 04（140556）	2606.70	2027.03.24	3.6600
17 江西 05（140557）	1227.63	2020.03.24	3.1800	17 江西 06（140558）	1227.79	2022.03.24	3.4900
17 江西 07（140559）	1227.79	2024.03.24	3.6800	17 江西 08（140560）	1227.79	2027.03.24	3.7400
17 山东 01（140561）	13600.00	2022.04.01	3.2800	17 山东 02（140562）	13600.00	2024.04.01	3.6300
17 江苏 01（140563）	19010.00	2020.04.10	3.2700	17 江苏 02（140564）	19000.00	2024.04.10	3.6000
17 江苏 03（140565）	14770.00	2022.04.10	3.5000	17 江苏 04（140566）	14770.00	2027.04.10	3.7800
17 重庆 01（140567）	4000.00	2022.04.10	3.4600	17 重庆 02（140568）	6000.00	2024.04.10	3.6100
17 重庆 03（140569）	4000.00	2022.04.10	3.4000	17 重庆 04（140570）	14000.00	2024.04.10	3.6100
17 河南 01（140571）	9357.74	2020.04.14	3.3400	17 河南 02（140572）	9400.00	2024.04.14	3.6300
17 河南 03（140573）	6904.63	2020.04.14	3.3300	17 河南 04（140574）	6900.00	2024.04.14	3.6600
17 四川 01（140575）	4200.00	2020.04.14	3.3500	17 四川 02（140576）	4200.00	2022.04.14	3.5400
17 四川 03（140577）	4200.00	2024.04.14	3.7200	17 四川 04（140578）	1400.00	2027.04.14	3.8000
17 四川 05（140579）	4800.00	2020.04.14	3.4500	17 四川 06（140580）	4800.00	2022.04.14	3.5700
17 四川 07（140581）	4800.00	2024.04.14	3.7000	17 四川 08（140582）	1600.00	2027.04.14	3.8100
17 浙江 01（140583）	2856.58	2022.04.17	3.1300	17 浙江 02（140584）	2856.58	2024.04.17	3.5100
17 浙江 03（140585）	3808.77	2027.04.17	3.6700	17 浙江 04（140586）	8671.19	2022.04.17	3.1300
17 浙江 05（140587）	3468.47	2024.04.17	3.4100	17 浙江 06（140588）	5202.70	2027.04.17	3.6100
17 青海 01（140589）	985.00	2020.04.18	3.2800	17 青海 02（140590）	2205.00	2022.04.18	3.5000
17 青海 03（140591）	2205.00	2024.04.18	3.7400	17 青海 04（140592）	2205.00	2027.04.18	3.8300
17 甘肃 01（140593）	4000.00	2022.04.19	3.5700	17 甘肃 02（140594）	5000.00	2024.04.19	3.7700
17 辽宁 05（140595）	5877.00	2020.04.19	3.5300	17 辽宁 06（140596）	5877.00	2022.04.19	3.7600
17 辽宁 07（140597）	5877.00	2024.04.19	3.8100	17 辽宁 08（140598）	1959.00	2027.04.19	3.8300
17 贵州 03（140599）	8000.00	2020.04.24	3.5600	17 贵州 04（140600）	12000.00	2024.04.24	3.8900
17 新疆 05（140601）	620.00	2020.05.09	3.8000	17 新疆 06（140602）	610.00	2024.05.09	4.0500
17 新疆 07（140603）	560.00	2020.05.09	3.8000	17 新疆 08（140604）	570.00	2024.05.09	4.0500
17 黑龙 01（140605）	3450.00	2020.05.08	3.9300	17 黑龙 02（140606）	9600.00	2022.05.08	4.0800
17 黑龙 03（140607）	9600.00	2024.05.08	4.2300	17 黑龙 04（140608）	9600.00	2027.05.08	4.1700
17 黑龙 05（140609）	2000.00	2022.05.08	4.1600	17 黑龙 06（140610）	1131.00	2024.05.08	4.0500
17 云南 05（140611）	5710.00	2022.05.19	4.2000	17 云南 06（140612）	6000.00	2024.05.19	4.2800
17 云南 07（140613）	4550.00	2022.05.19	4.2000	17 云南 08（140614）	5000.00	2024.05.19	4.2600
17 北京 01（140615）	276.80	2022.05.10	3.4600	17 北京 02（140616）	4505.92	2022.05.10	3.4600
17 陕西 01（140617）	7000.00	2022.05.12	4.0800	17 陕西 02（140618）	7000.00	2024.05.12	4.2300
17 陕西 03（140619）	5000.00	2022.05.12	4.1300	17 陕西 04（140620）	5000.00	2024.05.12	4.2600
17 青岛 01（140621）	317.00	2020.05.16	3.9900	17 青岛 02（140622）	951.00	2022.05.16	4.0500
17 青岛 03（140623）	951.00	2024.05.16	4.1200	17 青岛 04（140624）	951.00	2027.05.16	4.1900
17 青岛 05（140625）	850.00	2022.05.16	4.0300	17 青岛 06（140626）	1380.00	2024.05.16	4.1000
17 青岛 07（140627）	2620.00	2027.05.16	4.1200	17 宁波 01（140628）	950.00	2020.05.17	3.7700
17 宁波 02（140629）	1420.00	2022.05.17	3.8900	17 宁波 03（140630）	950.00	2024.05.17	4.0300
17 宁波 04（140631）	1420.00	2027.05.17	4.1300	17 宁波 05（140632）	440.00	2020.05.17	3.8800
17 宁波 06（140633）	650.00	2022.05.17	3.8900	17 宁波 07（140634）	440.00	2024.05.17	4.0800

债券信息
List of Bonds

债券
Bond

债券简称（代码）Bond Name（Code）	发行量（百万元）Issued Vol（M Yuan）	到期日 Expiration Date	票面利率（%）Coupon Rate	债券简称（代码）Bond Name（Code）	发行量（百万元）Issued Vol（M Yuan）	到期日 Expiration Date	票面利率（%）Coupon Rate
17 宁波 08（140635）	650.00	2027.05.17	4.1000	17 广东 01（140636）	440.00	2020.05.19	3.8300
17 广东 02（140637）	1320.00	2022.05.19	3.8500	17 广东 03（140638）	1320.00	2024.05.19	3.9600
17 广东 04（140639）	1320.00	2027.05.19	3.9300	17 广东 05（140640）	3300.00	2022.05.19	3.8500
17 广东 06（140641）	1320.00	2024.05.19	3.9600	17 广东 07（140642）	1980.00	2027.05.19	3.9300
17 四川 09（140643）	600.00	2020.05.23	4.2900	17 四川 10（140644）	600.00	2022.05.23	4.3500
17 四川 11（140645）	600.00	2024.05.23	4.4400	17 四川 12（140646）	200.00	2027.05.23	4.3400
17 四川 13（140647）	3000.00	2020.05.23	4.3800	17 四川 14（140648）	3000.00	2022.05.23	4.3900
17 四川 15（140649）	3000.00	2024.05.23	4.4400	17 四川 16（140650）	1000.00	2027.05.23	4.3400
17 广西 10（140651）	11000.00	2020.05.24	4.2900	17 广西 11（140652）	22000.00	2022.05.24	4.3200
17 广西 12（140653）	22000.00	2024.05.24	4.4100	17 广西 13（140654）	3200.00	2022.05.24	4.3200
17 湖北 01（140655）	4100.00	2022.05.26	4.2000	17 湖北 02（140656）	5900.00	2024.05.26	4.3900
17 河南 05（140657）	14.00	2020.06.05	4.1200	17 河南 06（140658）	14200.00	2022.06.05	4.2000
17 河南 07（140659）	14200.00	2024.06.05	4.3100	17 河南 08（140660）	8600.00	2027.06.05	4.3200
17 河南 09（140661）	2542.11	2022.06.05	4.1800	17 上海 01（140662）	15460.00	2022.06.06	3.7500
17 上海 02（140663）	10000.00	2024.06.06	3.8600	17 上海 03（140664）	15460.00	2027.06.06	3.8300
17 福建 01（140665）	1095.90	2020.06.07	4.0000	17 福建 02（140666）	3210.00	2022.06.07	4.0500
17 福建 03（140667）	3210.00	2024.06.07	4.2100	17 福建 04（140668）	3210.00	2027.06.07	4.2200
17 福建 05（140669）	7382.98	2022.06.07	4.1900	17 福建 06（140670）	3690.00	2024.06.07	4.2000
17 福建 07（140671）	3690.00	2027.06.07	4.2500	17 贵州 05（140672）	6000.00	2022.06.09	4.1800
17 贵州 06（140673）	4000.00	2027.06.09	4.3200	17 贵州 07（140674）	6000.00	2022.06.09	4.1300
17 贵州 08（140675）	4000.00	2027.06.09	4.3000	17 宁夏 01（140676）	2880.41	2020.06.12	3.9900
17 宁夏 02（140677）	4200.00	2022.06.12	4.0900	17 宁夏 03（140678）	4200.00	2024.06.12	4.2300
17 宁夏 04（140679）	2900.00	2027.06.12	4.2800	17 宁夏 05（140680）	1423.71	2022.06.12	4.0800
17 宁夏 06（140681）	900.00	2024.06.12	4.2000	17 河北 08（140682）	4600.00	2024.06.13	4.0500
17 河北 09（140683）	12500.00	2022.06.13	4.0000	17 河北 10（140684）	15000.00	2024.06.13	4.0800
17 河北 11（140685）	7500.00	2027.06.13	4.0700	17 陕西 05（140686）	5000.00	2020.06.13	4.0000
17 陕西 06（140687）	7500.00	2022.06.13	4.0500	17 陕西 07（140688）	7500.00	2024.06.13	4.1000
17 陕西 08（140689）	5000.00	2027.06.13	4.1000	17 陕西 09（140690）	1000.00	2022.06.13	4.0000
17 新疆 09（140691）	11200.00	2022.06.14	4.0200	17 新疆 10（140692）	11220.00	2027.06.14	4.0900
17 新疆 11（140693）	1000.00	2022.06.14	4.0200	17 海南 01（140694）	1600.00	2020.06.16	3.9300
17 海南 02（140695）	3400.00	2024.06.16	4.0800	17 海南 03（140696）	2400.00	2027.06.16	4.0500
17 山西 06（140697）	3800.00	2022.06.19	3.7000	17 山西 07（140698）	7950.00	2024.06.19	4.0200
17 山西 08（140699）	18250.00	2022.06.19	3.9600	17 山西 09（140700）	2000.00	2024.06.19	4.0200
17 甘肃 03（140701）	11000.00	2020.06.16	3.9700	17 甘肃 04（140702）	6256.93	2022.06.16	3.9800
17 甘肃 05（140703）	3000.00	2020.06.16	3.9900	17 甘肃 06（140704）	4315.11	2024.06.16	4.0400
17 青海 05（140705）	3040.00	2020.06.20	4.0000	17 青海 06（140706）	3040.00	2022.06.20	4.0400
17 青海 07（140707）	2620.00	2024.06.20	4.1100	17 湖南 01（140708）	14200.00	2020.06.21	3.8900
17 湖南 02（140709）	20000.00	2022.06.21	3.9500	17 安徽 01（140710）	9080.00	2022.07.05	3.8500
17 安徽 02（140711）	10000.00	2024.07.05	4.0200	17 安徽 03（140712）	17900.00	2022.07.05	3.8800
17 安徽 04（140713）	17800.00	2024.07.05	3.9800	17 山东 07（140714）	2400.00	2022.07.06	3.8300
17 山东 08（140715）	1065.00	2022.07.06	3.8000	17 江西 09（140716）	1605.00	2020.07.10	3.8000
17 江西 10（140717）	4815.00	2022.07.10	3.9000	17 江西 11（140718）	4815.00	2024.07.10	4.0100
17 江西 12（140719）	4815.00	2027.07.10	4.1000	17 江西 13（140720）	5425.00	2020.07.10	3.8700
17 江西 14（140721）	5425.00	2022.07.10	3.9200	17 江西 15（140722）	5425.00	2024.07.10	4.0100
17 江西 16（140723）	5425.00	2027.07.10	4.0800	17 北京 03（140724）	2900.00	2020.07.11	3.5000
17 北京 04（140725）	8623.00	2022.07.11	3.6100	17 北京 05（140726）	8663.00	2024.07.11	3.8200
17 北京 06（140727）	9514.00	2027.07.11	3.8800	17 广西 14（140728）	6500.00	2027.07.11	4.0900
17 广西 15（140729）	3200.00	2022.07.11	3.9600	17 广西 16（140730）	9500.00	2024.07.11	4.0200
17 广西 17（140731）	800.00	2022.07.11	3.9600	17 江苏 05（140732）	14000.00	2022.07.12	3.8300
17 江苏 06（140733）	14000.00	2027.07.12	3.9300	17 江苏 07（140734）	14550.00	2020.07.12	3.8500

债券信息
List of Bonds

债券
Bond

债券简称（代码） Bond Name（Code）	发行量 （百万元） Issued Vol （M Yuan）	到期日 Expiration Date	票面利率（%） Coupon Rate	债券简称（代码） Bond Name（Code）	发行量 （百万元） Issued Vol （M Yuan）	到期日 Expiration Date	票面利率（%） Coupon Rate
17江苏08（140735）	14550.00	2022.07.12	3.9000	17江苏09（140736）	14550.00	2024.07.12	3.9900
17江苏10（140737）	14550.00	2027.07.12	4.0400	17新疆12（140738）	9940.00	2022.07.12	3.8800
17新疆13（140739）	9930.00	2024.07.12	4.0000	17新疆14（140740）	2250.00	2022.07.12	3.9800
17新疆15（140741）	2250.00	2024.07.12	4.0000	17辽宁09（140742）	8720.00	2020.07.14	3.8100
17辽宁10（140743）	6540.00	2022.07.14	3.8300	17辽宁11（140744）	6540.00	2024.07.14	3.9500
17辽宁12（140745）	1271.20	2020.07.14	3.7800	17辽宁13（140746）	953.40	2022.07.14	3.7900
17辽宁14（140747）	953.40	2024.07.14	3.9000	17重庆05（140748）	9000.00	2022.07.17	3.8200
17重庆06（140749）	8000.00	2024.07.17	4.0000	17重庆07（140750）	3800.00	2027.07.17	4.0100
17重庆08（140751）	6800.00	2020.07.17	3.7400	17重庆09（140752）	6000.00	2024.07.17	3.9700
17重庆10（140753）	5400.00	2027.07.17	4.0100	17北京07（140754）	5650.00	2022.07.17	3.5700
17北京08（140755）	3980.00	2024.07.17	3.7500	17北京09（140756）	3170.00	2027.07.17	3.7800
17北京10（140757）	1000.00	2022.07.17	3.5500	17北京11（140758）	1310.00	2020.07.17	3.4900
17北京12（140759）	3050.00	2022.07.17	3.5400	17北京13（140760）	360.00	2022.07.17	3.5500
17北京14（140761）	3630.00	2022.07.17	3.5500	17北京15（140762）	650.00	2022.07.17	3.5500
17四川21（140763）	2900.00	2020.07.18	3.7800	17四川22（140764）	2900.00	2022.07.18	3.8600
17四川23（140765）	2900.00	2024.07.18	3.9800	17四川24（140766）	1150.00	2027.07.18	4.0000
17四川25（140767）	6200.00	2020.07.18	3.7800	17四川26（140768）	6200.00	2022.07.18	3.8500
17四川27（140769）	6200.00	2024.07.18	3.9600	17四川28（140770）	2300.00	2027.07.18	3.9800
17厦门01（140771）	180.00	2020.07.18	3.6700	17厦门02（140772）	540.00	2022.07.18	3.7100
17厦门03（140773）	540.00	2024.07.18	3.9000	17厦门04（140774）	540.00	2027.07.18	3.8800
17厦门05（140775）	4000.00	2022.07.18	3.8100	17厦门06（140776）	3900.00	2027.07.18	3.8800
17陕西10（140777）	10000.00	2020.07.19	3.7000	17陕西11（140778）	5470.00	2027.07.19	3.9000
17陕西12（140779）	1900.00	2022.07.19	3.8000	17广东08（140780）	2710.00	2020.07.13	3.6800
17广东09（140781）	8090.00	2022.07.13	3.7000	17广东10（140782）	8090.00	2024.07.13	3.9000
17广东11（140783）	8090.00	2027.07.13	3.8800	17广东12（140784）	19050.00	2022.07.13	3.7000
17广东13（140785）	7620.00	2024.07.13	3.9000	17广东14（140786）	11430.00	2027.07.13	3.8800
17吉林01（140787）	5000.00	2020.07.19	3.7600	17吉林02（140788）	14000.00	2022.07.19	3.8900
17吉林03（140789）	14000.00	2024.07.19	4.0000	17吉林04（140790）	5750.02	2027.07.19	3.9700
17吉林05（140791）	6573.24	2022.07.19	3.9500	17贵州09（140792）	12000.00	2022.07.21	3.8300
17贵州10（140793）	8000.00	2027.07.21	3.9900	17贵州11（140794）	6000.00	2022.07.21	3.8100
17贵州12（140795）	4000.00	2027.07.21	3.8800	17湖南03（140796）	24540.00	2024.07.21	3.9800
17湖南04（140797）	30000.00	2027.07.21	4.1400	17河北12（140798）	5000.00	2020.07.24	3.6500
17河北13（140799）	5000.00	2022.07.24	3.7200	17河北14（140800）	5000.00	2024.07.24	3.9200
17河北15（140801）	1351.00	2027.07.24	3.8800	17河北16（140802）	3800.00	2024.07.24	3.9000
17河北17（140803）	3745.00	2027.07.24	3.9300	17四川29（140804）	9000.00	2020.08.02	3.7600
17四川30（140805）	9000.00	2022.08.02	3.8700	17四川31（140806）	9000.00	2024.08.02	3.9800
17四川32（140807）	3000.00	2027.08.02	3.9800	17山东09（140808）	36200.00	2024.08.08	4.0000
17山东10（140809）	1500.00	2024.08.08	3.9700	17广东15（140810）	3100.00	2020.08.14	3.5700
17广东16（140811）	1590.00	2022.08.14	3.8100	17广东17（140812）	1590.00	2024.08.14	3.9900
17广东18（140813）	4306.00	2022.08.11	3.8000	17广东19（140814）	450.00	2022.08.11	3.8000
17广东20（140815）	667.00	2022.08.11	3.8000	17广东21（140816）	2464.00	2022.08.11	3.8000
17广东22（140817）	415.00	2022.08.11	3.8000	17广东23（140818）	437.00	2022.08.11	3.8000
17广东24（140819）	1553.00	2022.08.11	3.8000	17广东25（140820）	1030.00	2022.08.11	3.8000
17广东26（140821）	1356.00	2022.08.11	3.8000	17广东27（140822）	84.00	2022.08.11	3.8000
17广东28（140823）	2177.00	2022.08.11	3.8000	17广东29（140824）	167.00	2022.08.11	3.8000
17广东30（140825）	641.00	2022.08.11	3.8000	17广东31（140826）	634.00	2022.08.11	3.8000
17广东32（140827）	770.00	2022.08.11	3.8000	17广东33（140828）	369.00	2022.08.11	3.8000
17广东34（140829）	265.00	2022.08.11	3.8000	17广东35（140830）	642.00	2022.08.11	3.8000
17广东36（140831）	436.00	2022.08.11	3.8000	17广东37（140832）	137.00	2022.08.11	3.8000
17广东38（140833）	6300.00	2024.08.11	3.9900	17广东39（140834）	2400.00	2022.08.14	3.8100

债券信息
List of Bonds

债券简称（代码）Bond Name（Code）	发行量（百万元）Issued Vol（M Yuan）	到期日 Expiration Date	票面利率（%）Coupon Rate	债券简称（代码）Bond Name（Code）	发行量（百万元）Issued Vol（M Yuan）	到期日 Expiration Date	票面利率（%）Coupon Rate
17 广东 40（140835）	2400.00	2024.08.14	3.9900	17 海南 04（140836）	2000.00	2024.08.18	4.0200
17 海南 05（140837）	3000.00	2022.08.18	3.8600	17 海南 06（140838）	3000.00	2027.08.18	4.0900
17 新疆 16（140839）	4440.00	2027.08.28	4.0600	17 新疆 17（140840）	3410.00	2022.08.28	3.9000
17 新疆 18（140841）	770.00	2022.08.28	4.0000	17 新疆 19（140842）	120.00	2022.08.28	4.1500
17 新疆 20（140843）	110.00	2022.08.28	4.1500	17 安徽 05（140844）	8714.55	2022.09.01	4.0000
17 安徽 06（140845）	8000.00	2024.09.01	4.0800	17 浙江 11（140846）	8040.00	2024.09.01	3.8600
17 浙江 12（140847）	30.00	2024.09.01	3.7100	17 浙江 13（140848）	480.00	2024.09.01	3.9600
17 浙江 14（140849）	250.00	2024.09.01	3.8600	17 浙江 15（140850）	280.00	2024.09.01	3.8600
17 浙江 16（140851）	20.00	2024.09.01	3.7100	17 浙江 17（140852）	1380.00	2022.09.01	3.7700
17 浙江 18（140853）	500.00	2022.09.01	3.6700	17 浙江 19（140854）	2020.00	2022.09.01	3.7700
17 浙江 20（140855）	13200.00	2027.09.01	3.9100	17 浙江 21（140856）	1400.00	2022.09.01	3.7700
17 浙江 22（140857）	530.00	2022.09.01	3.6700	17 浙江 23（140858）	3000.00	2022.09.01	3.6300
17 浙江 24（140859）	6700.00	2022.09.01	3.7700	17 浙江 25（140860）	830.00	2022.09.01	3.7700
17 浙江 26（140861）	2730.00	2022.09.01	3.7700	17 浙江 27（140862）	250.00	2022.09.01	3.7000
17 浙江 28（140863）	3560.00	2022.09.01	3.7700	17 山西 10（140864）	1583.00	2020.09.06	3.5800
17 山西 11（140865）	10000.00	2027.09.06	3.9300	17 山西 12（140866）	1100.00	2022.09.06	3.6200
17 山西 13（140867）	200.00	2022.09.06	3.7200	17 山西 14（140868）	60.00	2022.09.06	3.7700
17 山西 15（140869）	900.00	2022.09.06	3.6200	17 山西 16（140870）	100.00	2022.09.06	3.7700
17 山西 17（140871）	20.00	2022.09.06	3.6200	17 山西 18（140872）	3000.00	2027.09.06	4.1200
17 吉林 06（140873）	7753.70	2020.09.07	3.8300	17 吉林 07（140874）	562.00	2022.09.07	3.9200
17 吉林 08（140875）	108.00	2022.09.07	3.9200	17 吉林 09（140876）	330.00	2022.09.07	4.0000
17 贵州 13（140877）	8200.00	2020.09.08	3.8300	17 贵州 14（140878）	5700.00	2022.09.08	3.8800
17 贵州 15（140879）	12300.00	2024.09.08	4.0100	17 贵州 16（140880）	3800.00	2027.09.08	3.9500
17 江苏 11（140881）	1100.00	2022.09.18	3.8400	17 江苏 12（140882）	3000.00	2022.09.18	3.8800
17 江苏 13（140883）	5880.00	2022.09.18	3.9000	17 江苏 14（140884）	3800.00	2022.09.18	3.8900
17 江苏 15（140885）	3700.00	2022.09.18	3.8900	17 江苏 16（140886）	1000.00	2022.09.18	3.8900
17 江苏 17（140887）	1000.00	2022.09.18	3.9000	17 江苏 18（140888）	4200.00	2022.09.18	3.9000
17 江苏 19（140889）	2900.00	2022.09.18	3.9000	17 江苏 20（140890）	2700.00	2022.09.18	3.9900
17 江苏 21（140891）	3800.00	2020.09.18	3.8200	17 江苏 22（140892）	2800.00	2020.09.18	3.7000
17 江苏 23（140893）	1120.00	2020.09.18	3.7200	17 西藏 01（140894）	908.00	2020.09.19	3.6700
17 西藏 02（140895）	1117.00	2022.09.19	3.7500	17 西藏 03（140896）	755.00	2024.09.19	3.8800
17 西藏 04（140897）	1007.00	2027.09.19	3.8100	17 西藏 05（140898）	909.00	2022.09.19	3.7500
17 西藏 06（140899）	909.00	2027.09.19	3.8100	16 上海 10（140901）	6000.00	2021.11.14	2.5200
16 上海 11（140902）	9000.00	2023.11.14	2.8100	16 上海 12（140903）	9000.00	2026.11.14	2.8600
17 河北 04（140904）	5600.00	2020.05.10	3.5100	17 河北 05（140905）	5600.00	2022.05.10	3.6400
17 河北 06（140906）	5600.00	2024.05.10	3.7400	17 河北 07（140907）	2000.00	2027.05.10	3.7400
17 山东 03（140908）	18093.00	2020.05.22	4.0400	17 山东 04（140909）	10341.00	2022.05.22	4.2000
17 山东 05（140910）	10341.00	2024.05.22	4.2300	17 山东 06（140911）	17397.00	2022.05.22	4.2100
17 内蒙 01（140912）	7050.00	2020.05.23	4.4300	17 内蒙 02（140913）	7050.00	2022.05.23	4.4500
17 内蒙 03（140914）	7050.00	2024.05.23	4.5200	17 湖北 03（140915）	9000.00	2020.06.19	3.9400
17 湖北 04（140916）	8000.00	2024.06.19	4.0500	17 湖北 05（140917）	3000.00	2027.06.19	4.0500
17 湖北 06（140918）	6000.00	2020.06.19	3.9400	17 湖北 07（140919）	6100.00	2022.06.19	3.9600
17 湖北 08（140920）	6000.00	2024.06.19	4.0200	17 四川 17（140921）	12000.00	2020.06.09	4.0500
17 四川 18（140922）	12000.00	2022.06.09	4.1800	17 四川 19（140923）	12000.00	2024.06.09	4.2800
17 四川 20（140924）	4000.00	2027.06.09	4.2900	17 天津 01（140925）	3489.00	2020.06.21	3.8400
17 天津 02（140926）	3728.00	2022.06.21	3.7900	17 天津 03（140927）	3900.00	2024.06.21	3.8900
17 天津 04（140928）	3072.00	2027.06.21	3.9000	17 天津 05（140929）	6670.00	2024.06.21	3.9500
17 内蒙 04（140930）	10782.00	2020.07.07	3.9300	17 内蒙 05（140931）	10782.00	2022.07.07	3.9000
17 内蒙 06（140932）	10782.00	2024.07.07	4.0200	17 内蒙 07（140933）	3594.00	2027.07.07	3.9500
17 浙江 07（140936）	3300.00	2020.07.07	3.5000	17 浙江 08（140937）	8900.00	2022.07.07	3.6000

债券信息 List of Bonds

债券 Bond

债券简称（代码）Bond Name（Code）	发行量（百万元）Issued Vol（M Yuan）	到期日 Expiration Date	票面利率（%）Coupon Rate	债券简称（代码）Bond Name（Code）	发行量（百万元）Issued Vol（M Yuan）	到期日 Expiration Date	票面利率（%）Coupon Rate
17浙江09（140938）	8900.00	2024.07.07	3.7100	17浙江10（140939）	8800.00	2027.07.07	3.8100
17云南09（140940）	14500.00	2022.07.10	3.9300	17云南10（140941）	14500.00	2024.07.10	4.0000
17云南11（140942）	10000.00	2027.07.10	4.1100	17云南12（140943）	500.00	2022.07.10	3.9300
17云南13（140944）	500.00	2024.07.10	4.1100	17河南10（140945）	11000.00	2020.07.14	3.8600
17河南11（140946）	12400.00	2022.07.14	3.8900	17河南12（140947）	12400.00	2024.07.14	3.9800
17河南13（140948）	5000.00	2027.07.14	4.0200	17福建08（140949）	4610.00	2020.07.24	3.8100
17福建09（140950）	13790.00	2022.07.24	3.9300	17福建10（140951）	13790.00	2024.07.24	4.0100
17福建11（140952）	13790.00	2027.07.24	4.0800	17福建12（140953）	300.00	2022.07.24	3.9600
17福建13（140954）	650.00	2024.07.24	4.1200	17福建14（140955）	650.00	2027.07.24	4.0800
17福建15（140956）	1000.00	2022.07.24	4.0600	17陕西13（140957）	2910.00	2020.08.16	3.6800
17陕西14（140958）	2833.46	2027.08.16	4.0700	17陕西15（140959）	4000.00	2020.08.16	3.7600
17陕西16（140960）	3968.00	2027.08.16	4.1000	17河北18（140961）	3070.00	2022.08.07	3.9700
17河北19（140962）	230.00	2022.08.07	3.9500	17河北20（140963）	245.00	2022.08.07	3.9500
17河北21（140964）	635.00	2020.08.07	3.8200	17湖北09（140965）	1500.00	2020.08.14	3.7700
17湖北10（140966）	6000.00	2027.08.14	4.0700	17湖北11（140967）	5000.00	2020.08.14	3.8500
17湖北12（140968）	6700.00	2022.08.14	3.9900	17湖北13（140969）	3300.00	2024.08.14	4.0200
17云南14（140970）	5130.00	2020.08.11	3.7800	17云南15（140971）	2350.00	2022.08.11	3.9500
17云南16（140972）	6690.00	2024.08.11	3.9900	17云南17（140973）	2200.00	2027.08.11	4.1100
17云南18（140974）	2980.00	2022.08.11	3.9800	17云南19（140975）	2500.00	2024.08.11	4.0100
17广西18（140976）	4600.00	2020.08.18	3.8600	17广西19（140977）	2400.00	2022.08.18	3.9600
17广西20（140978）	2400.00	2024.08.18	4.0700	17广西21（140979）	2600.00	2020.08.18	3.8600
17广西22（140980）	7700.00	2024.08.18	4.1200	17广西23（140981）	7800.00	2027.08.18	4.1300
17龙江07（140982）	1956.00	2020.08.25	3.8900	17龙江08（140983）	5200.00	2022.08.25	3.9900
17龙江09（140984）	5200.00	2024.08.25	4.1000	17龙江10（140985）	5200.00	2027.08.25	4.1500
17龙江11（140986）	1500.00	2024.08.25	4.1400	17天津06（140987）	2000.00	2020.09.04	3.7800
17天津07（140988）	2856.00	2022.09.04	3.8700	17天津08（140989）	3527.00	2024.09.04	4.0100
17天津09（140990）	5000.00	2022.09.04	3.8700	17天津10（140991）	4900.00	2022.09.04	3.8700
17天津11（140992）	1500.00	2022.09.04	3.8700	17天津12（140993）	2100.00	2022.09.04	3.8700
17天津13（140994）	1400.00	2022.09.04	3.8700	17天津14（140995）	600.00	2022.09.04	4.0100
17天津15（140996）	1300.00	2022.09.04	3.8700	17天津16（140997）	100.00	2022.09.04	4.0200
17天津17（140998）	500.00	2022.09.04	3.9200	17天津18（140999）	800.00	2022.09.04	4.0200
海航302（142023）	800.00	2099.12.31	5.1500	海航303（142024）	500.00	2099.12.31	5.8000
海航3次（142025）	50.00	2099.12.31	0.0000	PR银泰A（142037）	4000.00	2035.01.24	4.5000
银泰B（142038）	3300.00	2035.01.24	5.8000	银泰C（142039）	200.00	2035.01.24	7.0000
PRA（142050）	5000.00	2021.02.19	5.0000	兴银B（142051）	2138.00	2021.03.24	6.2000
兴银次（142052）	794.00	2021.03.24	16.3000	16聚信次（142064）	117.00	2020.01.22	0.0000
PR04（142085）	85.00	2020.07.15	5.3000	泰兴05（142086）	92.00	2020.07.15	5.8000
学费05（142100）	150.00	2020.11.01	5.9000	学费06（142101）	160.00	2021.11.01	6.4000
宏达09（142115）	48.00	2020.04.30	7.3000	宏达10（142116）	54.00	2020.04.30	7.4000
青州优04（142127）	33.00	2020.05.26	5.1000	青州优05（142128）	36.00	2021.09.13	5.6000
青州优06（142129）	38.00	2022.09.12	5.7000	青州优07（142130）	41.00	2023.09.12	5.8000
PR次（142131）	13.00	2023.09.12	0.0000	PR远东4B（142152）	340.00	2020.08.26	5.5000
PR水04（142167）	40.00	2020.07.18	4.8000	PR水05（142168）	43.00	2021.07.18	5.0000
如皋水06（142169）	45.00	2022.07.18	5.1000	如皋水07（142170）	48.00	2023.07.18	5.1000
如皋水08（142171）	51.00	2024.07.18	5.1000	PR水次（142172）	17.00	2024.07.18	0.0000
广汇热04（142176）	100.00	2020.05.19	5.8000	广汇热05（142177）	105.00	2021.05.19	6.1000
广汇次级（142178）	25.00	2021.05.19	0.0000	16新热04（142182）	84.00	2020.12.10	6.9500
16新热05（142183）	98.00	2021.12.10	7.3000	16新热06（142184）	106.00	2022.12.10	7.5000
PR青租04（142189）	75.00	2020.01.25	4.3000	PR青租05（142190）	72.00	2021.02.25	4.4000
16云水04（142208）	88.00	2020.08.14	5.5000	16云水05（142209）	98.00	2021.08.14	5.8000

债券信息
List of Bonds

债券
Bond

债券简称（代码） Bond Name（Code）	发行量（百万元） Issued Vol（M Yuan）	到期日 Expiration Date	票面利率（%） Coupon Rate	债券简称（代码） Bond Name（Code）	发行量（百万元） Issued Vol（M Yuan）	到期日 Expiration Date	票面利率（%） Coupon Rate
16 云水 06（142210）	110.00	2022.08.14	6.0000	16 云水 07（142211）	121.00	2023.08.14	4.4000
16 云水 08（142212）	133.00	2024.08.14	4.6000	16 云水 09（142213）	146.00	2025.08.14	4.9900
16 云水次（142214）	100.00	2025.08.14	0.0000	PR4 次（142252）	31.60	2020.02.19	0.0000
PR 公交 4（142255）	185.00	2020.10.25	3.7600	G 锡公交 5（142256）	180.00	2021.10.25	3.8800
G 锡公交 6（142257）	180.00	2022.10.25	3.8800	G 锡公交 7（142258）	190.00	2023.10.25	3.8800
G 锡公交 8（142259）	190.00	2024.10.25	3.8800	G 锡公交 9（142260）	200.00	2025.10.25	3.8800
G 锡交 10（142261）	210.00	2026.10.25	3.8800	PR 交次（142262）	100.00	2026.10.25	0.0000
PR 郑 1A3（142284）	370.00	2021.09.26	4.2000	PR 一次（142299）	62.36	2020.01.31	4.0000
上实 2 次（142324）	100.80	2020.04.23	0.0000	16 亚泰 A4（142388）	162.00	2020.01.13	5.6000
16 亚泰 A5（142389）	170.00	2020.01.13	6.1000	16 亚泰 A6（142390）	175.00	2020.01.13	7.1000
16 亚泰次（142391）	50.00	2020.02.27	0.0000	PR 远东 5A（142392）	2950.00	2020.03.26	3.5000
PR 远东 5B（142393）	367.00	2020.09.28	5.0000	16 远东 5C（142394）	199.11	2020.09.28	0.0000
PR 聚肆 B（142402）	70.00	2020.06.21	6.5000	PR 聚肆次（142403）	130.00	2020.07.31	4.0000
PRB（142433）	50.00	2020.01.21	6.8000	PR 次级（142434）	125.95	2020.03.17	0.0000
PR04（142469）	83.00	2020.02.28	5.0000	德清 05（142470）	102.00	2020.06.30	5.2000
德清 06（142471）	124.00	2020.06.30	5.2500	德清 07（142472）	146.00	2020.06.30	5.3000
德清 1 次（142473）	31.00	2020.06.30	0.0000	PR 三胞 A（142474）	1575.00	2040.11.27	3.8000
16 三胞 B（142475）	1478.00	2099.12.31	6.9500	PR04（142479）	132.00	2020.10.26	6.0000
正商 05（142480）	153.00	2021.09.26	6.5000	PR 次（142481）	60.00	2021.09.26	0.0000
PR 皖新 1A（142491）	360.00	2035.01.18	4.7000	16 皖新 1B（142492）	195.00	2035.01.18	5.4000
PR 平安 4C（142495）	70.00	2020.02.18	6.5000	G 葛洲坝 4（142529）	150.00	2020.11.22	3.5000
G 葛洲坝 5（142530）	160.00	2021.11.22	3.6000	G 葛洲坝 B（142531）	40.00	2021.11.22	0.0000
PR03（142536）	295.00	2020.03.26	5.4000	PR04（142537）	300.00	2021.03.26	6.0000
富龙 05（142538）	280.00	2022.03.26	6.1000	富龙 06（142539）	230.00	2023.03.26	6.2000
富龙 07（142540）	240.00	2024.09.26	6.3000	富龙次（142541）	100.00	2024.09.26	0.0000
PR 聚伍 A3（142544）	293.00	2020.03.21	5.5000	PR 聚伍 B（142545）	70.00	2020.09.21	6.5000
PR 聚伍次（142546）	112.00	2020.10.16	4.0000	PR 远东 6A（142556）	3346.00	2020.09.26	5.2800
PR 远东 6B（142557）	345.00	2021.03.26	6.5000	16 远东 6C（142558）	229.00	2021.12.26	0.0000
怀运 03（142644）	110.00	2020.02.24	6.6800	怀运 04（142645）	115.00	2021.02.24	6.7200
怀运 05（142646）	125.00	2022.02.24	6.7600	怀运 06（142647）	130.00	2023.02.24	7.0200
怀运 07（142648）	140.00	2024.02.24	7.0200	PR1D（142670）	77.00	2020.07.23	4.8000
绍兴 1E（142671）	82.00	2021.07.23	5.4000	绍兴 1F（142672）	87.00	2022.07.25	5.5000
绍兴 1G（142673）	92.00	2023.07.24	5.5000	绍兴 1H（142674）	99.00	2024.07.23	5.5000
绍兴 1 次（142675）	34.00	2024.07.23	0.0000	龙矿 1D（142689）	250.00	2020.11.18	5.3000
龙矿 1E（142690）	260.00	2020.11.18	5.3500	兴光 2 号 E（142726）	110.00	2020.01.24	4.1000
兴光 2 号 F（142727）	120.00	2020.07.24	4.5000	兴光 2 号 G（142728）	120.00	2021.01.24	4.5000
兴光 2 号 H（142729）	130.00	2021.07.24	4.5000	兴光 2 号 I（142730）	130.00	2022.01.24	4.8700
兴光 2 号 J（142731）	50.00	2022.01.24	0.0000	龙光次优（142733）	532.35	2020.01.31	6.0800
龙光次级（142734）	76.05	2020.01.31	0.0000	PR 双塔 A（142739）	1130.00	2035.01.23	5.0000
双塔 B（142740）	1520.00	2035.01.23	6.5000	双塔 C（142741）	50.00	2035.01.23	7.0000
PR04（142756）	99.00	2020.12.31	7.0000	PR05（142757）	101.00	2021.12.31	7.1000
财信 06（142758）	103.00	2022.12.30	7.2000	财信次级（142759）	35.00	2022.12.30	0.0000
PR 聚 01A3（142762）	301.00	2020.09.16	5.5800	PR 聚 01B（142763）	143.00	2021.03.16	6.5000
17 聚 01 次（142764）	176.00	2022.03.16	0.0000	凯恒优 A（142779）	1600.00	2027.01.20	4.6000
凯恒优 B（142780）	850.00	2027.01.20	5.2000	凯恒次（142787）	555.00	2027.01.20	0.0000
17 九通 A3（142798）	102.00	2020.04.24	5.2000	17 九通 A4（142799）	128.00	2021.04.23	5.8000
17 九通 A5（142800）	143.00	2022.04.22	6.2000	17 九通 A6（142801）	159.00	2023.04.24	6.8000
17 九通次（142802）	36.00	2023.04.24	0.0000	PR 首创 03（142819）	20.00	2020.03.20	4.6000
17 首创 04（142820）	20.00	2020.03.20	4.6000	17 首创 05（142821）	22.00	2020.03.20	4.6000
17 首创 06（142822）	22.00	2020.03.20	4.6000	17 首创 07（142823）	24.00	2020.03.20	4.6000

债券信息 List of Bonds

债券 Bond

债券简称（代码） Bond Name (Code)	发行量（百万元） Issued Vol (M Yuan)	到期日 Expiration Date	票面利率（%） Coupon Rate	债券简称（代码） Bond Name (Code)	发行量（百万元） Issued Vol (M Yuan)	到期日 Expiration Date	票面利率（%） Coupon Rate
17首创08（142824）	26.00	2020.03.20	4.6000	17首创09（142825）	26.00	2020.03.20	4.6000
17首创10（142826）	28.00	2020.03.20	4.6000	17首创11（142827）	28.00	2020.03.20	4.6000
17首创12（142828）	30.00	2020.03.20	4.6000	17首创13（142829）	32.00	2020.03.20	4.6000
17首创14（142830）	32.00	2020.03.20	4.6000	17首创15（142831）	36.00	2020.03.20	4.6000
17首创16（142832）	38.00	2020.03.20	4.6000	17首创17（142833）	40.00	2020.03.20	4.6000
17首创18（142834）	42.00	2020.03.20	4.6000	苏高速03（142838）	50.00	2020.03.15	4.6000
苏高速次（142839）	50.00	2020.03.15	0.0000	17镇保A3（142842）	500.00	2020.03.08	6.2900
17镇保次（142843）	110.00	2020.03.08	0.0000	17上实A6（142849）	410.00	2020.02.12	5.9000
17上实B（142850）	420.00	2020.02.12	7.2000	PR上实次（142851）	361.00	2020.04.28	0.0000
21世纪07（142861）	30.00	2020.02.21	6.4000	21世纪08（142862）	37.00	2020.08.21	6.5000
21世纪09（142863）	38.00	2021.02.21	6.5000	21世纪10（142864）	40.00	2021.08.21	6.5000
21世纪次（142865）	15.00	2021.08.21	0.0000	枣优A6（142884）	65.00	2020.03.21	5.8000
枣优A7（142885）	65.00	2020.09.21	5.8500	枣优A8（142886）	65.00	2021.03.21	6.3000
枣优A9（142887）	65.00	2021.09.21	6.5000	枣优A10（142888）	65.00	2022.03.21	6.3000
枣优B（142889）	35.00	2022.03.21	8.0000	枣矿次（142890）	35.00	2022.03.21	0.0000
PRG贵交3（142893）	290.00	2020.03.29	5.5000	PRG贵交4（142894）	310.00	2021.03.29	5.8000
G贵公交5（142895）	330.00	2022.03.29	6.0000	G贵公交6（142896）	330.00	2023.03.29	6.1900
PR庆春A（142897）	700.00	2031.03.13	4.0500	PR庆春B（142898）	400.00	2031.03.13	4.1500
17庆春次（142899）	58.00	2031.03.13	0.0000	G贵公交7（142900）	350.00	2024.03.29	6.0000
G贵公交8（142901）	370.00	2025.03.29	6.0000	G贵交次（142902）	150.00	2025.03.29	0.0000
PR优A（142953）	4300.00	2035.02.28	4.1500	SKP优B（142954）	700.00	2035.02.28	4.2500
SKP次（142955）	200.00	2035.02.28	0.0000	新华03（142972）	121.00	2020.04.27	6.2500
新华04（142973）	134.00	2020.04.27	6.2500	新华05（142974）	72.00	2020.04.27	6.2500
PR02（142984）	200.00	2020.08.20	6.2000	PR03（142985）	220.00	2021.08.20	6.4000
天颐次级（142986）	50.00	2021.08.20	0.0000	17中民05（142995）	154.00	2020.02.09	6.6000
17中民06（142996）	165.00	2020.08.09	6.6000	17中民07（142997）	171.00	2020.09.17	6.7000
17中民08（142998）	180.00	2020.08.10	6.7000	17中民09（142999）	187.00	2020.08.10	6.7000
17浦建01（143001）	200.00	2020.02.28	4.4600	17中核01（143002）	1000.00	2020.05.12	2.6700
17中核02（143003）	1000.00	2027.04.26	4.9000	17联邦01（143004）	1100.00	2020.03.12	2.0000
17长发01（143005）	500.00	2022.03.03	5.0000	17洛娃01（143006）	1200.00	2099.12.31	6.4000
17东旭01（143007）	2500.00	2099.12.31	6.5500	17东旭02（143008）	500.00	2099.12.31	6.8000
17宏泰债（143009）	1000.00	2020.03.02	4.6900	17鲁资01（143010）	2000.00	2022.03.08	3.0000
17沪投01（143011）	530.00	2022.03.06	4.4500	17渝信01（143012）	2500.00	2020.03.09	4.6800
17渝信02（143013）	2500.00	2024.03.09	5.0000	17锡公01（143015）	1100.00	2022.03.09	4.3800
17智慧01（143016）	460.00	2020.03.09	5.6800	17华汽01（143017）	2000.00	2099.12.31	6.3000
18金地07（143018）	1000.00	2023.07.18	5.0000	17东莞债（143019）	1100.00	2022.03.08	4.6200
17复药01（143020）	1250.00	2022.03.14	4.5000	17东吴债（143021）	2500.00	2022.03.13	4.7000
17豫电01（143023）	300.00	2020.03.15	4.8500	17桂农01（143024）	640.00	2020.03.13	5.5000
17辽能01（143025）	1500.00	2022.03.13	4.8000	18中储01（143026）	500.00	2023.07.19	5.7800
17荣盛01（143027）	900.00	2022.03.13	5.3000	18沪资02（143029）	800.00	2023.07.26	4.3200
17金元债（143030）	450.00	2020.03.15	4.9900	17华置债（143031）	1900.00	2020.03.31	2.1000
17杭旅01（143032）	500.00	2022.03.15	4.7500	17保文01（143033）	300.00	2020.03.15	4.8000
17中保债（143034）	500.00	2022.03.17	3.5000	17工投01（143035）	100.00	2022.03.28	5.5000
17国证债（143036）	2500.00	2020.03.14	4.3900	17中科01（143037）	500.00	2022.03.28	7.5000
17北方01（143039）	2000.00	2022.03.20	5.0000	17金钰债（143040）	750.00	2099.12.31	7.0000
17维维01（143041）	500.00	2020.03.23	8.0000	17闽电01（143042）	300.00	2022.03.24	4.8000
17邮政01（143043）	3000.00	2020.03.23	4.4800	17晋电05（143044）	1110.00	2022.03.22	5.2800
17广晟01（143045）	2500.00	2022.03.22	3.3000	17南传01（143047）	900.00	2020.04.02	6.4700
17兵器01（143048）	2000.00	2020.04.13	4.2400	17国地01（143049）	100.00	2020.03.23	5.3000
17海矿01（143050）	200.00	2020.04.08	6.5000	17长峰01（143051）	1920.00	2020.03.26	5.9500

债券信息
List of Bonds

债券简称（代码） Bond Name（Code）	发行量 （百万元） Issued Vol （M Yuan）	到期日 Expiration Date	票面利率（%） Coupon Rate	债券简称（代码） Bond Name（Code）	发行量 （百万元） Issued Vol （M Yuan）	到期日 Expiration Date	票面利率（%） Coupon Rate
17 成龙 01（143052）	200.00	2099.12.31	7.6000	17 成龙 02（143053）	180.00	2020.04.10	7.5000
17 南三 01（143055）	1000.00	2022.04.13	6.8000	17 力控债（143056）	457.00	2020.04.10	7.5000
17 富宇 01（143057）	300.00	2022.04.06	8.1000	17 中经债（143058）	1400.00	2022.04.11	5.1700
17 大海 01（143059）	500.00	2022.04.11	7.3000	17 蚌投 02（143060）	600.00	2022.04.12	5.2500
17 正集 01（143061）	1000.00	2020.04.11	4.9800	17 首农 01（143062）	1000.00	2022.04.11	2.9500
17 三鼎 01（143063）	344.00	2099.12.31	7.5000	17 邮政 02（143064）	4000.00	2020.04.13	4.3200
17 海资 01（143065）	1000.00	2024.04.12	5.0300	17 桂铁 01（143066）	500.00	2022.04.14	4.9600
17 广晟 02（143067）	1800.00	2022.04.12	3.1000	17 新新 01（143068）	500.00	2024.04.11	5.7900
17 川投 01（143069）	2000.00	2022.04.14	3.1000	17 鲁高 01（143070）	970.00	2020.04.18	4.3400
17 鲁高 02（143071）	530.00	2022.04.18	4.5800	17 北汽集（143072）	1000.00	2020.04.17	4.3500
17 桂交 01（143073）	1500.00	2022.04.17	3.2800	18 亦庄 01（143074）	3000.00	2023.07.27	4.5800
17 重汽 01（143075）	1440.00	2022.04.17	3.1000	17 兵装 01（143076）	2000.00	2020.04.19	3.2000
17 兵装 02（143077）	2000.00	2022.04.19	2.9000	17 神州 01（143078）	300.00	2020.05.12	5.5000
17 信投 G1（143079）	4000.00	2020.04.20	4.4800	17 津投 01（143080）	1000.00	2022.04.24	3.0100
17 长电 01（143081）	2500.00	2020.07.11	4.5000	18 陕燃 01（143082）	500.00	2023.07.25	5.0000
17 金诚 01（143083）	200.00	2020.04.24	7.1500	17 国电资（143084）	3000.00	2020.04.30	2.0000
17 光明 01（143085）	3000.00	2020.04.23	2.7000	17 鲁资 02（143086）	1000.00	2022.04.27	3.0000
17 穗发 01（143087）	3000.00	2022.04.26	3.2500	17 南水 01（143088）	1500.00	2020.05.11	2.0000
17 南水 02（143089）	200.00	2024.04.25	5.0000	17 桂铁 02（143090）	500.00	2020.04.24	5.0800
17 华资 01（143091）	1000.00	2022.06.14	2.9800	17 广汇 G1（143092）	1170.00	2020.07.11	7.5000
17 瑞控 01（143093）	200.00	2020.07.02	7.0000	18 三友 01（143094）	600.00	2023.07.25	5.3800
17 金玛 01（143095）	400.00	2099.12.31	7.5000	17 宜交 01（143096）	650.00	2022.04.24	5.5000
17 华阳 02（143097）	900.00	2099.12.31	5.7000	18 川投 01（143098）	2000.00	2023.07.27	4.3700
17 连港 01（143099）	1070.00	2022.04.27	4.8000	17 晋交 01（143100）	1500.00	2022.05.03	3.6000
17 当代 01（143101）	500.00	2022.05.02	6.8000	17 南海 01（143102）	600.00	2022.09.19	3.4000
17 云投 G1（143103）	2000.00	2022.04.28	5.5000	17 陕能债（143104）	1600.00	2024.04.26	5.5000
17 能投 01（143105）	2200.00	2022.06.22	3.0000	17 洋河 01（143106）	500.00	2027.04.28	4.9500
17 欣捷 01（143107）	450.00	2022.05.16	7.5000	17 翔业 01（143108）	1000.00	2020.06.30	4.4900
18 国证债（143109）	2500.00	2021.07.24	4.3500	G17 龙源 1（143110）	2000.00	2022.05.16	2.5000
17 兵器 03（143112）	1000.00	2027.05.16	5.0500	17 亦庄 01（143113）	300.00	2022.06.01	5.6000
17 电投 01（143114）	2670.00	2020.05.17	3.2000	17 电投 02（143115）	830.00	2022.05.17	2.9000
17 信投 G2（143116）	3000.00	2020.05.18	4.8800	17 常熟 01（143117）	700.00	2022.05.22	3.4000
17 常熟 02（143118）	222.00	2022.05.22	5.9700	17 璞泰 01（143119）	200.00	2020.05.18	5.3000
17 电投 03（143120）	2000.00	2020.05.22	3.2000	17 电投 04（143121）	500.00	2022.05.22	2.8500
皖交控 01（143122）	500.00	2022.05.24	4.9500	皖交控 02（143123）	500.00	2022.05.24	5.1000
17 天图 01（143124）	1000.00	2022.05.22	5.8000	17 金隅 01（143125）	3500.00	2022.05.19	5.2000
17 金隅 02（143126）	500.00	2024.05.19	5.3800	17 天风 01（143127）	1500.00	2022.06.26	2.9000
17 兵装 04（143129）	2000.00	2027.06.06	5.0400	G17 华电 1（143130）	2000.00	2022.06.09	2.0000
17 浦土 01（143132）	1000.00	2022.06.12	2.3700	17 兴泸 01（143133）	1000.00	2022.06.07	3.2500
18 双欣 01（143134）	200.00	2020.12.23	7.8000	17 东兴 02（143135）	1500.00	2020.06.15	4.8000
17 东兴 03（143136）	900.00	2022.06.15	4.9900	18 际华 01（143137）	1000.00	2023.07.20	4.6000
17 长园债（143139）	1000.00	2022.07.13	5.6700	18 金玛 01（143141）	285.00	2099.12.31	7.5000
17 武投 01（143142）	2000.00	2024.06.15	4.9900	17 鹏博债（143143）	1000.00	2022.06.16	6.0000
17 祥鹏 01（143144）	600.00	2022.06.20	8.9800	17 皖盐债（143145）	770.00	2020.09.03	6.9000
17 恒信 01（143146）	1500.00	2020.06.21	4.9500	17 特变 01（143147）	200.00	2020.06.21	5.3000
17 特变 02（143148）	800.00	2020.07.06	3.8000	17 广汇 01（143149）	600.00	2022.06.22	7.7000
17 金玛 02（143150）	400.00	2099.12.31	7.5000	17 国信二（143152）	750.00	2020.07.06	4.5700
17 圆融 01（143153）	1000.00	2020.07.03	4.5300	17 光证 G1（143154）	3000.00	2020.07.04	4.5800
17 光证 G2（143155）	1500.00	2022.07.04	4.7000	17 港务 01（143156）	1000.00	2020.07.03	4.4800
17 华融 G1（143157）	1500.00	2020.07.04	4.9800	17 银河 G1（143158）	5000.00	2020.07.10	4.5500

债券信息 List of Bonds

债券 Bond

债券简称（代码）Bond Name（Code）	发行量（百万元）Issued Vol（M Yuan）	到期日 Expiration Date	票面利率（%）Coupon Rate	债券简称（代码）Bond Name（Code）	发行量（百万元）Issued Vol（M Yuan）	到期日 Expiration Date	票面利率（%）Coupon Rate
17 联想 01（143159）	2500.00	2022.07.05	5.0500	17 电投 05（143160）	1100.00	2020.07.10	3.4000
17 电投 06（143161）	900.00	2022.07.10	2.3000	17 电投 07（143162）	1500.00	2020.07.12	3.4000
17 电投 08（143163）	500.00	2022.07.12	2.3000	17 建屋 01（143164）	100.00	2020.07.21	3.0000
17 世茂 G1（143165）	2500.00	2020.07.12	4.9500	17 光控 01（143166）	1000.00	2022.07.10	3.2000
17 光控 02（143167）	1500.00	2024.07.10	4.8000	17 南传 02（143168）	1020.00	2020.07.28	6.5000
17 兵装 05（143169）	2000.00	2022.07.13	2.8500	17 兵装 06（143170）	2000.00	2027.07.13	4.9000
17 杭旅 02（143171）	1500.00	2022.07.11	4.7100	17 沪宁 01（143172）	800.00	2024.07.25	5.0000
17 广药 02（143174）	1700.00	2020.08.21	2.3000	17 金地 01（143175）	3000.00	2022.07.13	4.8500
17 金地 02（143176）	1000.00	2024.07.13	5.0500	17 杭金 01（143178）	300.00	2022.07.14	4.7900
17 杭金 02（143179）	700.00	2022.07.14	2.9900	G17 华电 2（143180）	1000.00	2020.07.30	2.0000
G17 华电 3（143181）	500.00	2027.07.20	4.6400	17 建材 01（143182）	3000.00	2020.08.04	2.5000
17 建材 02（143183）	1000.00	2024.07.17	4.8900	17 巨化 01（143184）	700.00	2020.07.17	5.1500
17 湘财 01（143185）	500.00	2020.09.25	5.4300	17 工贸债（143186）	600.00	2020.07.17	5.3000
17 洪政 01（143187）	1000.00	2020.07.27	4.5800	18 长电 01（143188）	2500.00	2021.07.26	4.1900
18 蓉产 01（143189）	1500.00	2023.08.22	5.2800	17 荣盛 02（143190）	1000.00	2020.07.21	5.5800
17 恒信 02（143191）	1000.00	2020.07.21	4.7000	17 邮政 03（143192）	3000.00	2020.07.24	4.4500
17 电投 09（143193）	1300.00	2020.07.24	3.4000	17 电投 10（143194）	700.00	2022.07.24	2.8000
18 格地 02（143195）	600.00	2023.07.27	3.5000	17 张江 01（143196）	1100.00	2022.07.25	3.1800
17 晋圣 01（143197）	1500.00	2022.07.24	5.8000	17 华鲁 01（143198）	1300.00	2020.07.24	4.9400
17 中煤 01（143199）	1000.00	2022.07.20	2.8500	17 产发 01（143200）	1000.00	2027.07.25	4.8500
17 南山 01（143201）	500.00	2022.07.25	5.5000	18 晶澳 01（143202）	100.00	2020.03.26	6.9000
17 电控 01（143203）	1380.00	2020.07.25	4.5000	17 平租 02（143204）	1600.00	2022.07.27	3.3500
17 福投 01（143205）	1000.00	2025.07.27	4.6900	17 圣泉 01（143206）	100.00	2020.08.01	7.0000
17 皖交 03（143207）	400.00	2022.07.31	4.5000	17 皖交 04（143208）	600.00	2022.07.31	4.7000
G17 光水 1（143209）	1000.00	2022.07.24	3.2800	17 合盛 01（143210）	420.00	2022.09.22	6.8000
17 豫高速（143213）	2000.00	2022.08.04	3.4000	17 晋然债（143214）	600.00	2022.08.02	3.5000
17 京资 01（143215）	4000.00	2022.08.01	1.5000	17 京资 02（143216）	1000.00	2022.08.01	4.6800
17 华药债（143217）	210.00	2020.07.28	6.5000	17 清控 01（143218）	2500.00	2022.08.08	4.9500
17 昌控 01（143219）	500.00	2022.07.31	5.0500	17 连云港（143220）	1000.00	2022.08.04	4.2000
17 海资 02（143221）	1000.00	2024.08.03	2.5000	17 圆融 02（143222）	1000.00	2022.08.03	2.9500
17 南水 03（143223）	1800.00	2020.08.18	2.0000	17 南水 04（143224）	200.00	2022.08.03	5.0000
17 津投 03（143225）	1500.00	2032.08.02	3.3000	18 格地 03（143226）	600.00	2023.07.27	5.5000
17 船重 01（143227）	2000.00	2020.08.07	4.5500	18 中煤 07（143228）	800.00	2023.07.26	4.4000
17 国君 G1（143229）	4700.00	2020.08.04	4.5700	17 国君 G2（143230）	600.00	2022.08.04	4.7000
17 海通 01（143231）	5000.00	2020.08.11	4.6300	17 海通 02（143232）	1000.00	2022.08.11	4.8000
17 东方债（143233）	4000.00	2027.08.03	4.9800	17 陕煤 01（143234）	1000.00	2020.08.10	4.7500
17 舟交 01（143235）	500.00	2022.08.08	5.3300	17 鲁信 01（143236）	1000.00	2024.08.04	4.7700
17 苏新 02（143237）	1000.00	2022.08.08	5.1000	17 普天 01（143238）	1000.00	2026.08.07	4.9900
17 电投 11（143239）	1070.00	2020.08.09	3.3000	17 电投 12（143240）	430.00	2022.08.09	2.9000
17 南山 02（143241）	500.00	2022.08.14	5.4900	17 首农 02（143242）	1000.00	2020.08.20	2.6000
17 光大 01（143243）	3800.00	2020.09.22	3.0000	17 光大 02（143244）	1200.00	2024.08.10	4.8000
17 电投 13（143245）	940.00	2020.08.11	3.3000	17 电投 14（143246）	560.00	2022.08.11	2.9200
17 浦土 02（143247）	500.00	2022.08.17	3.6400	18 杭金 03（143248）	700.00	2023.07.25	4.4100
G17 华电 4（143249）	1500.00	2022.08.18	2.0000	18 杭金 04（143250）	300.00	2023.07.25	4.7900
17 荣盛 03（143251）	1000.00	2020.08.15	5.5000	17 鄂资 01（143252）	1300.00	2020.08.27	4.3500
17 豫电 02（143253）	300.00	2020.08.24	5.2000	17 国联 01（143254）	1000.00	2020.08.24	5.0000
17 中油 01（143255）	2000.00	2020.08.18	4.3000	17 泰瑞 01（143256）	500.00	2020.09.02	6.5000
17 广电 01（143257）	2000.00	2022.08.23	4.9700	17 洋河 02（143258）	600.00	2026.08.21	3.7500
18 闽能 02（143259）	1000.00	2021.07.27	4.3000	17 国投 01（143260）	2000.00	2022.08.22	3.0000
17 百联 01（143261）	1200.00	2020.09.09	2.7000	17 平租 04（143263）	2200.00	2022.08.23	3.7000

债券信息
List of Bonds

债券简称（代码）Bond Name（Code）	发行量（百万元）Issued Vol（M Yuan）	到期日 Expiration Date	票面利率（%）Coupon Rate	债券简称（代码）Bond Name（Code）	发行量（百万元）Issued Vol（M Yuan）	到期日 Expiration Date	票面利率（%）Coupon Rate
17 港务 02（143264）	1500.00	2020.08.25	4.6300	17 泰达 02（143265）	3000.00	2022.08.30	6.0000
17 光大 03（143266）	800.00	2020.10.09	3.0000	17 光大 04（143267）	1200.00	2024.08.23	4.7900
17 远东四（143268）	500.00	2020.08.29	4.7500	17 远东五（143269）	2500.00	2022.08.29	5.1900
17 东港 01（143270）	500.00	2022.08.25	5.6800	17 南铝债（143271）	1500.00	2022.08.29	5.3700
17 建发 01（143272）	1000.00	2020.08.29	3.5000	17 两江 01（143273）	1350.00	2020.08.25	4.6900
17 君华 01（143274）	1200.00	2020.08.30	7.4500	17 沪国 01（143275）	1500.00	2022.09.05	4.9000
17 川电 01（143276）	1800.00	2022.09.07	5.5800	17 瑞控 03（143277）	720.00	2020.09.08	7.1000
17 信债 01（143278）	2000.00	2020.09.16	2.0000	17 宁资债（143280）	500.00	2020.09.16	2.8000
18 张江 02（143281）	600.00	2023.07.30	4.2900	17 平租 05（143282）	600.00	2022.09.07	3.6200
17 江海 G1（143283）	1000.00	2020.09.07	5.3000	17 鑫海 02（143284）	200.00	2020.05.22	7.2000
G17 风电 1（143285）	300.00	2022.09.07	4.8300	17 杭汽 01（143286）	1000.00	2020.09.24	2.8800
17 联投 01（143287）	2000.00	2022.09.11	4.0800	17 广汇 02（143290）	400.00	2020.10.23	7.5000
17 渝高 01（143291）	1600.00	2022.09.14	4.9300	17 津投 05（143292）	1000.00	2032.09.14	3.9500
18 川发 02（143293）	2000.00	2025.08.06	4.5500	17 银河 G2（143294）	4000.00	2020.09.18	4.6900
17 象屿 01（143295）	1000.00	2020.11.06	3.5000	17 富宇 02（143296）	200.00	2022.09.18	8.1000
17 大华 01（143297）	600.00	2022.12.12	5.2000	17 兵装 07（143298）	1500.00	2020.09.30	2.9000
17 兵装 08（143299）	900.00	2024.09.18	4.8500	17 兵装 09（143300）	600.00	2027.09.18	5.0000
17 海通 03（143301）	5500.00	2027.09.22	4.9900	17 中科 02（143302）	500.00	2022.09.25	7.6000
17 北方 02（143303）	1600.00	2022.09.19	5.1200	17 江铜 01（143304）	500.00	2022.09.21	4.7400
17 电建债（143305）	1000.00	2022.09.25	5.5800	17 不动 01（143306）	2000.00	2021.01.08	2.3800
17 世茂 G2（143308）	1000.00	2020.09.21	5.1500	18 苏通 01（143309）	2500.00	2023.04.18	4.8000
17 建租 01（143310）	1000.00	2020.09.22	5.4800	17 义乌 01（143311）	1900.00	2022.09.22	3.7000
17 义乌 02（143312）	200.00	2022.09.22	5.3000	17 华药 02（143313）	290.00	2020.09.25	6.2000
17 居然 01（143314）	790.00	2022.09.26	5.2500	17 广汇 G2（143315）	945.00	2020.10.11	7.6000
17 三鼎 02（143316）	427.00	2099.12.31	7.3000	18 五资 02（143317）	1000.00	2021.07.27	4.3900
17 农投 01（143319）	600.00	2020.09.28	4.9500	17 晋中 01（143320）	800.00	2020.09.28	5.7000
17 金玛 03（143321）	315.00	2099.12.31	7.3000	17 金玛 04（143322）	300.00	2099.12.31	7.3000
17 首创债（143323）	1000.00	2022.10.12	3.2000	17 苏保债（143324）	500.00	2020.11.05	2.0000
17 光证 G3（143325）	4100.00	2020.10.16	4.8000	17 光证 G4（143326）	1600.00	2022.10.16	4.9000
17 中材 03（143328）	500.00	2024.10.18	4.9900	G17 三峡 3（143329）	2000.00	2020.10.19	4.6800
18 华数 02（143330）	1200.00	2023.08.06	4.3300	17 广汇 03（143331）	480.00	2022.10.12	7.5000
17 世茂 G3（143332）	500.00	2020.10.18	5.1900	17 江海 G2（143333）	2000.00	2020.10.18	5.5000
17 蓉工 01（143334）	1000.00	2022.10.23	3.8000	17 国元 01（143335）	1000.00	2022.10.20	4.7800
17 海通 04（143336）	500.00	2020.10.25	4.7700	17 国君 G3（143337）	3700.00	2020.10.18	4.7800
17 益佰 01（143338）	500.00	2020.11.03	5.9000	17 卓越 01（143339）	1950.00	2020.10.20	6.4800
17 老窖 01（143340）	600.00	2022.11.13	3.8000	17 南京 01（143341）	1000.00	2022.10.24	4.8800
17 招商 G2（143342）	1060.00	2020.10.23	4.7800	17 洪政 02（143343）	1000.00	2020.10.26	4.8800
17 红星 01（143344）	2500.00	2022.11.07	6.8000	17 红星 02（143345）	1000.00	2024.11.07	6.5000
17 科工 01（143346）	1200.00	2020.11.12	1.0000	G17 能源 1（143347）	480.00	2022.10.23	4.2000
17 五资 01（143348）	800.00	2020.10.27	4.8000	17 天图 02（143349）	800.00	2022.10.24	5.8000
17 科发债（143350）	1537.50	2022.10.31	7.5000	18 翔业 01（143352）	1000.00	2023.08.03	4.1800
17 中车 G1（143353）	1000.00	2020.12.03	3.0000	17 中车 G2（143354）	3000.00	2027.10.24	5.0000
17 国控 01（143355）	1000.00	2022.10.27	4.8000	17 日照 01（143356）	600.00	2022.10.25	5.0700
17 工投 02（143357）	400.00	2020.12.24	4.6500	17 天风 02（143358）	500.00	2022.10.25	4.0000
17 华汇 01（143359）	300.00	2020.10.27	5.6000	17 川发 01（143360）	4000.00	2024.10.25	5.0900
17 中冶 01（143361）	570.00	2022.10.25	4.9900	17 三鼎 03（143362）	735.00	2099.12.31	7.3000
18 广汇 G1（143363）	700.00	2021.08.08	7.3000	17 北控 02（143364）	2000.00	2022.10.30	5.0000
17 九华旅（143365）	400.00	2020.12.08	4.7500	17 环能 01（143366）	6000.00	2022.10.27	5.3400
17 金证 01（143367）	350.00	2022.11.13	5.3900	17 招金 01（143368）	500.00	2022.11.01	3.6600
17 招商 G3（143369）	1000.00	2020.10.31	4.8500	17 联合 04（143370）	800.00	2020.10.31	7.0000

债券信息
List of Bonds

债券
Bond

债券简称（代码）Bond Name（Code）	发行量（百万元）Issued Vol（M Yuan）	到期日 Expiration Date	票面利率（%）Coupon Rate	债券简称（代码）Bond Name（Code）	发行量（百万元）Issued Vol（M Yuan）	到期日 Expiration Date	票面利率（%）Coupon Rate
17沪中环（143371）	300.00	2022.10.30	4.1800	18核建01（143372）	2000.00	2023.04.18	4.8000
18核建02（143373）	2000.00	2023.04.26	4.6700	17红豆01（143374）	1000.00	2020.11.12	6.5000
17东辰01（143375）	200.00	2099.12.31	7.3000	17成龙03（143376）	200.00	2099.12.31	7.6000
17穗金控（143377）	1200.00	2022.10.31	5.2400	17绍交02（143378）	1000.00	2022.11.02	3.9000
17合盛02（143379）	180.00	2022.11.03	6.8000	17华能01（143380）	2300.00	2020.11.06	4.9900
18宁安02（143381）	1800.00	2023.08.08	4.1500	17颍泰01（143383）	1200.00	2020.12.28	5.5000
17富宇03（143385）	100.00	2022.11.08	8.1000	18粤控01（143386）	1000.00	2023.08.08	3.9700
17刚股01（143387）	500.00	2099.12.31	7.2000	17永钢01（143389）	300.00	2022.11.13	5.5000
17永钢02（143390）	300.00	2024.11.13	6.8000	17金玛05（143391）	300.00	2099.12.31	7.3000
18招商G6（143392）	3000.00	2021.08.08	3.9400	17招金02（143394）	350.00	2020.11.27	1.0000
17汇鸿01（143395）	1000.00	2022.11.13	3.8000	17浙旅01（143396）	400.00	2020.11.26	3.5000
18闽电01（143397）	500.00	2023.08.15	5.0000	17中船01（143398）	1100.00	2022.11.16	2.3800
17中船02（143399）	900.00	2024.11.16	5.2000	17开旅01（143401）	450.00	2020.12.04	5.8000
17远洋01（143402）	1000.00	2022.11.21	4.2900	17三福01（143403）	100.00	2020.01.21	7.0000
17三福02（143404）	150.00	2022.11.17	7.1000	17新大01（143405）	1000.00	2099.12.31	7.0000
17新大02（143406）	1000.00	2099.12.31	7.5000	17不动02（143407）	500.00	2020.12.02	2.3800
18招金02（143408）	1300.00	2023.08.10	4.1900	17万向01（143409）	900.00	2020.12.17	5.3000
17义乌03（143410）	900.00	2022.11.21	3.8800	17星星01（143412）	250.00	2020.11.23	7.5000
17贵产01（143413）	1130.00	2022.11.28	6.2000	17兴泸03（143414）	700.00	2022.11.24	3.8200
18钢钒02（143415）	1000.00	2023.08.10	5.4000	17中信G4（143417）	2400.00	2020.11.28	5.3300
17亚通01（143418）	80.00	2022.12.19	7.5000	18津投05（143419）	1200.00	2021.07.30	4.8000
18津投06（143420）	800.00	2023.07.30	5.0500	18新发01（143421）	500.00	2023.02.01	6.3000
18复药01（143422）	1300.00	2023.08.13	5.1000	17联讯01（143423）	530.00	2020.11.28	6.6000
17绍交03（143424）	600.00	2022.12.01	4.1000	17绍城投（143426）	100.00	2024.12.05	5.5000
17红星03（143427）	1000.00	2022.12.14	6.8000	17三鼎04（143429）	494.00	2099.12.31	7.2000
18三峡01（143430）	100.00	2023.03.21	5.7800	17泰瑞02（143431）	500.00	2022.12.28	7.0000
18云工01（143432）	1180.00	2021.09.03	7.5000	17陕能02（143433）	1060.00	2022.12.07	5.6500
17陕能03（143434）	1940.00	2024.12.07	6.0000	17紫江01（143435）	200.00	2020.12.21	6.6000
17海科01（143436）	250.00	2020.10.27	7.5000	17新大03（143437）	2000.00	2099.12.31	7.2000
17乌资01（143438）	1000.00	2020.12.30	3.5000	17昌润01（143439）	135.00	2020.01.09	3.0000
18熊猫01（143440）	310.00	2020.05.15	6.8000	17贵安01（143441）	2800.00	2024.12.19	7.0000
18光水01（143442）	400.00	2023.08.16	4.5800	17中民G1（143443）	4480.00	2099.12.31	7.0000
17南传03（143445）	500.00	2020.08.14	7.5000	18复星01（143446）	1200.00	2023.01.12	6.4800
18力控01（143447）	500.00	2099.12.31	7.5000	18大华01（143448）	1900.00	2023.03.15	6.4800
18航租01（143449）	1500.00	2020.01.20	5.5000	18绿城01（143450）	2000.00	2023.03.12	5.5000
18市北02（143451）	300.00	2023.08.09	4.5500	18国都G1（143452）	1000.00	2020.01.18	4.6000
18吉高01（143453）	1500.00	2023.01.22	6.1500	18路桥01（143454）	1000.00	2023.01.23	5.5900
18红狮01（143455）	300.00	2021.01.23	6.3400	18新大01（143456）	1000.00	2099.12.31	7.0000
18新大02（143457）	1000.00	2099.12.31	7.1000	18成大01（143458）	300.00	2023.01.26	6.3500
18招商G1（143460）	1940.00	2021.02.05	5.3500	18紫金01（143461）	2000.00	2023.01.26	5.6000
18东风01（143462）	300.00	2021.01.31	5.4900	18延长01（143463）	6000.00	2023.03.30	5.2300
18海通04（143464）	3000.00	2021.08.06	3.9800	18亦庄02（143465）	2000.00	2023.08.17	4.4300
18中银01（143466）	1000.00	2020.01.31	5.2700	18联想01（143467）	1000.00	2023.01.31	6.0000
18国联01（143468）	700.00	2020.02.06	5.6500	18建材09（143469）	900.00	2021.08.09	4.0300
18建材10（143470）	700.00	2023.08.09	4.2500	18新业01（143471）	300.00	2025.02.07	6.8000
18陕投01（143473）	780.00	2023.02.05	5.7400	18陕投02（143474）	720.00	2025.02.05	6.0500
18建材01（143475）	500.00	2021.02.08	5.5000	18台金01（143476）	500.00	2023.03.19	6.3000
18贵安01（143477）	7200.00	2025.04.26	7.6000	18皖投01（143478）	2000.00	2023.02.13	5.5000
18浦建01（143479）	400.00	2022.03.08	5.5700	18海通01（143480）	3000.00	2021.03.08	5.1500
18东辰01（143481）	300.00	2021.03.06	7.3000	18京资01（143482）	1500.00	2023.03.08	5.2800

债券信息
List of Bonds

债券简称（代码）Bond Name（Code）	发行量（百万元）Issued Vol（M Yuan）	到期日 Expiration Date	票面利率（%）Coupon Rate	债券简称（代码）Bond Name（Code）	发行量（百万元）Issued Vol（M Yuan）	到期日 Expiration Date	票面利率（%）Coupon Rate
18 京资 02（143483）	1000.00	2026.03.08	5.4000	18 房信 01（143484）	274.00	2099.12.31	8.0000
18 房信 02（143485）	285.00	2099.12.31	9.5000	18 南水 02（143486）	800.00	2021.08.16	4.3900
18 帝泰 01（143487）	100.00	2020.03.27	7.5000	18 复星 02（143488）	600.00	2023.03.12	6.8000
18 渝高 01（143489）	1600.00	2023.03.16	5.3600	18 武商 01（143490）	500.00	2021.03.12	5.0000
18 银河 G1（143492）	2500.00	2021.03.14	5.1500	18 象屿 01（143493）	1000.00	2023.03.15	5.5900
18 香江 01（143494）	910.00	2022.03.09	7.9000	18 豫高 01（143495）	1500.00	2023.03.20	5.6700
18 沪资 01（143496）	1000.00	2023.03.14	5.2800	18 天风 01（143497）	2420.00	2023.03.14	5.9500
18 国信三（143498）	500.00	2021.08.17	4.2000	18 深航 02（143499）	500.00	2021.03.14	5.2700
18 公用 01（143500）	500.00	2023.03.13	5.5800	18 南山 03（143501）	1100.00	2021.08.17	5.8000
18 铁建 Y1（143502）	3000.00	2021.03.19	5.5600	18 招金 01（143503）	1750.00	2021.03.15	5.4500
18 华能 01（143504）	1500.00	2021.04.04	4.9000	18 舟交 01（143505）	1000.00	2021.03.19	6.0000
18 建材 02（143507）	2000.00	2021.03.16	5.3700	18 榕投 01（143508）	50.00	2020.08.19	5.5000
18 宜华 01（143509）	600.00	2099.12.31	6.8000	18 龙湖 01（143510）	3000.00	2023.03.21	5.6000
18 南报 01（143511）	200.00	2023.08.30	5.3800	18 中信 G1（143512）	1700.00	2021.03.20	5.1400
18 国控 01（143513）	1000.00	2023.03.20	5.8500	PR 璞泰 02（143514）	100.00	2021.03.19	5.5000
18 粤桥 01（143515）	500.00	2033.08.16	4.9000	18 当代 01（143516）	500.00	2021.03.16	7.0000
18 锦江 01（143517）	500.00	2023.03.16	5.2500	G18 临港 1（143518）	650.00	2022.03.20	3.6000
G18 临港 2（143519）	350.00	2023.03.20	5.2800	18 金地 01（143520）	3000.00	2023.03.19	5.6800
18 吉高 02（143522）	3500.00	2023.03.21	6.0800	18 宁安 01（143523）	1000.00	2023.03.22	5.3600
18 信通 01（143524）	185.00	2021.03.20	6.9000	G18 光水 1（143525）	400.00	2023.08.16	4.6000
18 老窖 01（143526）	2400.00	2023.03.27	5.2000	18 华药 01（143527）	80.00	2020.04.07	5.7000
18 国君 G1（143528）	4300.00	2021.03.21	5.1500	18 海通 02（143529）	3000.00	2021.03.22	5.1400
18 陕投 03（143530）	870.00	2023.03.20	5.6500	18 陕投 04（143531）	430.00	2025.03.20	5.9800
18 绍城 01（143532）	700.00	2023.03.22	5.8700	18 国投 01（143533）	3000.00	2023.03.23	5.1700
18 天风 02（143534）	880.00	2023.03.27	5.8000	18 荣和 01（143535）	850.00	2023.03.28	7.5500
18 复星 03（143536）	1500.00	2020.09.08	3.0000	18 陆债 01（143538）	500.00	2023.03.26	5.0800
18 凤祥 01（143539）	330.00	2023.03.29	7.4000	18 栖建 01（143540）	1340.00	2023.04.02	6.3600
18 南资 01（143541）	1000.00	2023.04.18	5.3000	18 钢钒 01（143542）	1000.00	2023.04.12	6.1000
G18 华综 1（143544）	1000.00	2023.03.30	5.2700	18 建材 11（143545）	1300.00	2021.11.15	3.9900
18 福日 01（143546）	100.00	2021.04.09	6.9000	18 旭辉 03（143547）	2500.00	2020.08.20	2.8000
18 海科 01（143548）	400.00	2020.10.27	7.3000	18 珠实 01（143549）	1400.00	2023.04.02	6.9300
18 华夏 01（143550）	2475.00	2022.05.30	6.8000	18 华夏 02（143551）	525.00	2023.05.30	6.8000
18 市政 01（143552）	500.00	2028.04.03	5.1500	18 市政 02（143553）	700.00	2028.04.03	5.4000
18 国信一（143554）	900.00	2020.04.16	4.7200	18 国信二（143555）	600.00	2021.04.16	4.7900
18 特变 01（143556）	900.00	2021.04.04	4.3000	18 特变 02（143557）	100.00	2023.04.04	6.1500
18 桂交 01（143559）	2000.00	2021.04.09	5.2900	18 豫高 02（143560）	1300.00	2023.04.13	5.2100
18 航集 01（143561）	750.00	2021.04.13	4.7800	18 川发 01（143562）	3000.00	2025.06.05	5.1700
18 张江 01（143563）	1500.00	2023.04.12	4.8700	18 京投 03（143564）	3300.00	2023.04.12	4.7900
18 京投 04（143565）	1700.00	2028.04.12	5.0900	18 不动 01（143566）	1500.00	2021.04.11	5.0000
18 住总 01（143567）	1200.00	2023.04.11	5.3400	18 建材 12（143568）	600.00	2023.11.15	4.3500
18 国控 02（143569）	1000.00	2023.04.17	5.4000	18 兵器 01（143570）	5000.00	2023.04.17	4.7700
18 南水 01（143571）	2000.00	2021.04.17	4.8900	18 南京 01（143572）	800.00	2023.04.16	4.8600
18 杭金 01（143573）	1300.00	2023.04.13	4.9000	18 杭金 02（143574）	700.00	2023.04.13	5.1000
18 光证 G1（143575）	2700.00	2020.04.18	4.6800	18 光证 G2（143576）	3300.00	2021.04.18	4.7800
18 南山 01（143577）	1300.00	2021.04.19	5.3000	18 南山 02（143578）	700.00	2023.04.19	5.5000
18 军工债（143579）	400.00	2023.04.19	5.9100	18 穗发 01（143580）	2200.00	2023.04.19	4.8400
18 象屿 02（143581）	1000.00	2023.04.20	4.8000	18 中化 01（143582）	3000.00	2023.04.18	4.5900
18 龙湖 03（143583）	3000.00	2023.08.02	4.9600	18 电投 01（143584）	3000.00	2021.04.23	4.5000
18 深燃 01（143585）	1900.00	2023.04.18	4.8000	18 神州 01（143586）	730.00	2020.05.12	6.3000
18 航集 02（143587）	3200.00	2020.09.15	2.5000	18 沪国 01（143588）	1000.00	2023.04.23	4.9000

债券信息 List of Bonds

债券简称（代码） Bond Name（Code）	发行量（百万元） Issued Vol （M Yuan）	到期日 Expiration Date	票面利率（%） Coupon Rate	债券简称（代码） Bond Name（Code）	发行量（百万元） Issued Vol （M Yuan）	到期日 Expiration Date	票面利率（%） Coupon Rate
18 建材 03（143589）	800.00	2021.04.23	4.5900	18 建材 04（143590）	400.00	2023.04.23	4.7800
18 鲁金 02（143591）	1000.00	2023.04.24	4.9900	18 能建 01（143592）	3000.00	2023.04.23	4.6500
18 招金 03（143593）	700.00	2021.08.27	4.4700	18 华数 01（143594）	800.00	2023.04.23	4.7000
18 君华 01（143595）	1200.00	2021.05.04	7.0000	18 华胜 01（143596）	100.00	2020.05.18	8.0000
18 陕煤 01（143598）	2000.00	2021.04.27	4.8600	18 甬投 01（143599）	1000.00	2023.04.25	3.4800
18 阳集 01（143600）	1000.00	2021.08.24	7.5000	18 深航 04（143601）	800.00	2021.04.24	4.5500
18 雅砻 01（143602）	1000.00	2023.04.24	4.5000	18 同济 01（143603）	220.00	2021.04.25	7.8000
18 同济 02（143604）	200.00	2021.04.25	7.8000	18 扬城控（143605）	1500.00	2023.04.27	5.5000
18 鹏博债（143606）	1000.00	2023.04.25	7.0000	18 国君 G2（143607）	4300.00	2021.04.25	4.5500
18 威国 01（143608）	1000.00	2023.05.02	5.7000	18 津创 01（143609）	1100.00	2023.04.26	5.1700
18 新工 01（143610）	725.00	2023.04.30	4.9700	18 新工 02（143611）	275.00	2025.04.30	4.9700
18 绍城 02（143612）	700.00	2023.04.25	4.9900	18 市北 01（143613）	500.00	2023.04.23	5.0300
18 景国 01（143614）	200.00	2021.04.27	6.9200	18 远海 01（143615）	2000.00	2021.04.24	4.5000
18 浙能 01（143616）	3000.00	2023.04.26	4.8800	18 迈科 01（143617）	500.00	2021.04.26	7.5000
18 陕旅 01（143618）	600.00	2028.04.24	7.6600	18 歌山 01（143619）	250.00	2020.04.24	7.4000
18 国科 01（143620）	500.00	2024.04.27	4.7000	18 蓝星 02（143621）	800.00	2023.08.22	5.0000
18 粤电 01（143623）	2000.00	2021.05.07	4.7200	18 中科 01（143624）	100.00	2021.05.03	5.9000
18 贵产 01（143625）	870.00	2023.05.03	6.6000	18 招商 G2（143626）	2000.00	2020.06.12	4.7800
18 招商 G3（143627）	1000.00	2021.06.12	4.7800	18 新业 03（143628）	700.00	2025.05.03	6.5700
18 中凯 01（143629）	1000.00	2023.06.11	5.4900	18 华谊 01（143630）	1000.00	2025.05.04	5.1000
18 南港 01（143631）	600.00	2023.09.03	5.7000	18 海通 03（143632）	3000.00	2021.05.10	4.7000
18 粤财 01（143633）	2000.00	2023.05.10	4.7500	18 中冶 01（143634）	870.00	2021.05.08	4.7800
18 中冶 02（143635）	220.00	2023.05.08	4.9800	18 国联 G1（143636）	1000.00	2023.05.09	4.8800
18 日照 01（143637）	600.00	2023.05.10	5.3800	18 中煤 01（143638）	1100.00	2023.05.09	4.8500
18 中煤 02（143639）	400.00	2025.05.09	5.0000	18 隧道 01（143640）	500.00	2021.05.14	4.8000
18 江海债（143641）	1000.00	2021.05.15	5.8000	18 国电 01（143642）	1800.00	2021.05.15	4.7400
18 联想 02（143643）	1600.00	2021.06.29	5.9900	18 复地 01（143644）	3000.00	2021.08.27	4.0000
18 电投 02（143645）	3000.00	2021.05.18	4.8400	18 中租一（143646）	1059.00	2021.09.21	7.5500
18 电投 03（143647）	3000.00	2021.05.21	4.8300	18 国投 02（143648）	2000.00	2023.05.16	4.7400
18 成龙 01（143649）	220.00	2099.12.31	7.5000	18 绿城 07（143650）	1650.00	2023.08.10	4.7300
18 北方 01（143651）	500.00	2020.09.24	2.1200	18 光证 G3（143652）	2800.00	2021.09.26	4.3000
18 元禾 01（143653）	700.00	2023.05.25	5.1800	18 泰富 01（143654）	1000.00	2021.05.31	4.9000
18 文投 01（143656）	1200.00	2023.05.25	5.1000	18 金地 03（143657）	1000.00	2021.05.28	5.2900
18 金地 04（143658）	2000.00	2023.05.28	5.3800	18 西地 01（143659）	300.00	2023.06.01	7.5000
18 泛海 G1（143661）	1000.00	2023.06.05	7.5500	18 国电 02（143662）	2500.00	2021.06.05	4.7200
18 苏城 01（143663）	1000.00	2023.06.01	4.8000	18 保集 01（143664）	450.00	2021.06.07	7.5000
18 兴泸 01（143665）	860.00	2025.06.07	6.0300	18 远洋 01（143666）	2000.00	2023.08.02	4.7000
18 农投 01（143667）	400.00	2023.06.06	5.3500	18 皖高速（143668）	1000.00	2023.06.07	5.6000
18 宁开控（143669）	1000.00	2023.06.11	6.3800	18 中煤 03（143670）	1700.00	2023.06.05	4.9000
18 恒安 01（143671）	3000.00	2020.08.12	3.0000	18 兴泸 02（143672）	140.00	2025.06.07	6.4000
18 伊泰 01（143673）	1500.00	2021.06.08	6.0000	18 临债 01（143674）	600.00	2022.06.12	2.4800
18 方正 12（143675）	1200.00	2099.12.31	6.0500	18 津投 02（143676）	400.00	2033.06.08	5.4700
18 临债 02（143677）	600.00	2023.06.12	5.1700	18 新望 01（143678）	1800.00	2020.06.19	5.7900
18 龙湖 04（143679）	2000.00	2023.08.17	4.9800	18 西股 01（143680）	700.00	2023.06.08	6.5000
18 中银投（143681）	1000.00	2021.06.19	4.9000	18 中核 01（143682）	2000.00	2023.06.12	4.7800
18 铁牛 01（143683）	280.00	2099.12.31	7.2000	18 建材 05（143684）	2000.00	2021.06.14	4.9700
18 中证 G1（143685）	2400.00	2021.06.15	4.8000	18 中证 G2（143686）	600.00	2023.06.15	4.9000
18 建材 06（143687）	500.00	2023.06.14	5.1900	18 泛海 G2（143688）	1700.00	2023.06.14	7.8000
18 建投 01（143689）	1000.00	2023.06.19	4.9900	18 齐鲁 01（143690）	1500.00	2023.06.19	5.0000
18 桂交 02（143691）	1500.00	2023.06.19	5.3800	18 当代 02（143692）	1000.00	2023.06.20	7.5500

债券信息
List of Bonds

债券
Bond

债券简称（代码）Bond Name（Code）	发行量（百万元）Issued Vol（M Yuan）	到期日 Expiration Date	票面利率（%）Coupon Rate	债券简称（代码）Bond Name（Code）	发行量（百万元）Issued Vol（M Yuan）	到期日 Expiration Date	票面利率（%）Coupon Rate
18 华夏 03（143693）	2000.00	2022.06.20	4.4000	18 金地 05（143694）	1000.00	2021.06.20	5.5800
18 金地 06（143695）	1000.00	2023.06.20	5.7000	18 盛屯 01（143696）	100.00	2020.07.09	7.5000
18 中民 G1（143697）	1000.00	2021.07.26	3.8500	18 华宇 05（143698）	2000.00	2023.06.27	6.9900
18 佛控 01（143699）	300.00	2021.07.06	4.7200	18 宁资 01（143700）	500.00	2021.07.09	4.7700
18 居然 01（143701）	300.00	2020.07.30	4.0500	18 闽能 01（143704）	1000.00	2021.07.13	4.6000
18 蓝星 01（143705）	1500.00	2023.07.04	5.2800	18 中煤 05（143706）	2200.00	2023.07.06	4.6900
18 中煤 06（143707）	800.00	2025.07.06	4.8900	18 中庚 G1（143708）	1000.00	2023.06.29	8.5000
18 诚通 01（143709）	3000.00	2021.07.10	4.6700	18 招商 G5（143712）	2500.00	2021.07.18	4.3800
18 实业 02（143714）	366.00	2021.07.30	6.5000	18 国电 03（143716）	2300.00	2021.07.10	4.4300
18 渝高 02（143719）	800.00	2023.07.17	4.6000	18 建材 07（143721）	1300.00	2021.07.16	4.6500
18 建材 08（143722）	1000.00	2023.07.16	4.8900	G18 风电 1（143723）	700.00	2023.07.18	4.9000
18 津投 03（143724）	1200.00	2021.07.17	5.0000	18 光明 01（143725）	3000.00	2021.07.16	4.4300
18 津投 04（143727）	1300.00	2023.07.17	5.2800	18 国科 02（143728）	1200.00	2023.07.18	4.5700
18 国科 03（143729）	800.00	2026.07.18	4.8000	18 康美 01（143730）	1500.00	2021.07.20	7.3000
18 金隅 01（143731）	1500.00	2023.07.12	4.7000	18 国君 G3（143732）	4700.00	2021.07.16	4.4400
18 国君 G4（143733）	300.00	2023.07.16	4.6400	18 金隅 02（143734）	1500.00	2025.07.12	5.0000
18 方正 09（143735）	2000.00	2099.12.31	6.2000	18 远海 02（143736）	2500.00	2021.07.23	4.4300
18 远海 03（143737）	1500.00	2023.07.23	4.6400	18 广开 01（143738）	1500.00	2023.07.23	4.9500
18 广开 02（143739）	3500.00	2023.07.23	4.7500	18 公用 03（143740）	510.00	2023.07.18	4.6500
18 江河 01（143741）	100.00	2020.07.30	7.2000	18 华资 01（143742）	1000.00	2023.07.23	4.4800
18 公用 04（143743）	680.00	2023.07.18	4.8900	G18 三峡 1（143744）	2500.00	2021.08.03	4.0000
G18 三峡 2（143745）	1000.00	2023.08.03	4.2000	18 光明 02（143746）	2000.00	2023.08.02	4.0900
18 粤财 02（143747）	2000.00	2023.08.20	4.2000	18 粤财 03（143748）	1000.00	2025.08.20	4.5000
18 云城 01（143749）	3780.00	2021.08.15	5.9000	18 云城 02（143750）	360.00	2023.08.15	6.2000
18 华综 01（143751）	2000.00	2023.08.17	4.6800	18 京投 05（143753）	2000.00	2023.08.20	4.2000
18 京投 06（143754）	500.00	2028.08.20	4.8000	18CHNG1A（143755）	1700.00	2028.08.17	4.8900
18CHNG1B（143756）	300.00	2028.08.17	4.8900	18CHNG1C（143757）	1000.00	2023.08.17	4.4800
18CHNG1D（143758）	1000.00	2020.02.17	3.0000	18 保文 01（143760）	400.00	2021.09.07	4.9200
18 电投 04（143761）	4000.00	2021.08.22	4.3800	18 招商 G8（143762）	1800.00	2021.09.07	4.2300
18 电投 05（143764）	3500.00	2021.08.30	4.3400	18 津投 07（143765）	1600.00	2020.10.12	4.5800
18 兵装 01（143769）	2000.00	2021.08.30	4.3000	18 诚通 03（143771）	3000.00	2021.09.14	4.5900
18 诚通 02（143772）	3500.00	2021.08.28	4.5000	18 北汽集（143774）	1000.00	2023.08.31	4.6900
18 红星 01（143777）	300.00	2020.12.03	6.5000	18 绿城 09（143779）	500.00	2023.09.04	4.9800
18 中燃 01（143781）	1500.00	2023.09.11	4.5000	18 国元债（143783）	500.00	2023.09.04	4.7000
18 湘财 01（143784）	300.00	2020.09.13	5.7700	18 湘财 02（143785）	700.00	2021.09.13	6.0000
18 京投 07（143787）	2200.00	2023.09.07	4.3000	18 京投 08（143788）	300.00	2028.09.07	4.9000
18 中车 G1（143789）	2500.00	2023.09.10	4.2900	18 电投 06（143791）	3500.00	2021.09.07	4.2900
18 深航 06（143793）	600.00	2021.09.07	4.3500	18 兵器 02（143794）	2000.00	2023.09.11	4.2700
18 华福 G1（143795）	1500.00	2021.09.11	4.5500	18 华能 03（143798）	5000.00	2028.09.10	5.0500
18 天目湖（143799）	1000.00	2023.09.27	5.3000	18 佛控 02（143800）	800.00	2023.09.14	4.4900
18 双欣 02（143801）	200.00	2020.12.23	7.8000	18 爱众 01（143802）	200.00	2023.09.17	6.2000
18 中铝 01（143804）	1100.00	2021.09.18	4.5500	18 中铝 02（143805）	900.00	2023.09.18	4.9900
18 纺织 01（143806）	500.00	2020.12.31	4.4500	18 电投 07（143807）	3500.00	2021.09.19	4.3400
18 华宝 01（143808）	2400.00	2021.09.17	4.6000	18 首置 01（143812）	2500.00	2023.09.14	4.8900
18 通用 01（143814）	2000.00	2023.09.20	4.4800	18 居然 02（143816）	310.00	2020.11.09	4.0500
18 广汇 G2（143817）	350.00	2021.09.20	7.3000	18 如意 01（143818）	1500.00	2023.09.18	7.9000
18 杭城 01（143820）	1760.00	2023.09.20	4.3700	18 旭辉 05（143821）	875.00	2022.09.19	6.3900
G18 绿园 1（143822）	1200.00	2023.09.19	4.7400	18 闽能 03（143823）	1000.00	2021.09.25	4.4200
18 国美 01（143824）	600.00	2024.12.21	7.8000	18 长电 02（143825）	3000.00	2021.09.27	3.1500
18 粤电 02（143826）	1000.00	2021.09.25	4.3000	18 中航集（143827）	3000.00	2021.09.21	4.3000

债券信息 债券
List of Bonds Bond

债券简称（代码）Bond Name（Code）	发行量（百万元）Issued Vol（M Yuan）	到期日 Expiration Date	票面利率（%）Coupon Rate	债券简称（代码）Bond Name（Code）	发行量（百万元）Issued Vol（M Yuan）	到期日 Expiration Date	票面利率（%）Coupon Rate
18油气01（143828）	800.00	2023.09.20	4.6800	18恒信01（143829）	800.00	2021.09.21	5.0500
18保利01（143831）	600.00	2021.10.08	4.2800	18奥园04（143835）	1500.00	2021.10.12	5.8500
18建投02（143836）	1000.00	2023.10.15	4.2200	18永钢01（143838）	600.00	2023.09.26	7.0000
18晟晏G1（143839）	600.00	2023.09.27	7.5000	18雪松01（143840）	400.00	2021.10.17	7.5000
18香江02（143841）	150.00	2022.09.27	7.9000	18康美04（143842）	2000.00	2023.10.09	6.8000
18淄矿01（143843）	300.00	2023.10.12	6.0000	18南港02（143844）	1200.00	2023.10.18	5.5000
18航租02（143846）	1000.00	2020.10.15	4.3400	18方正13（143847）	2000.00	2099.12.31	6.0500
18兴杭01（143848）	2000.00	2023.10.22	4.3500	S18红狮2（143849）	300.00	2021.10.31	3.9500
18华宝03（143850）	1100.00	2021.10.16	4.3000	18华宝04（143851）	500.00	2023.10.16	4.6000
18中凯02（143852）	1000.00	2023.10.18	4.6800	18阳集02（143853）	375.00	2021.10.16	7.5000
18穗建01（143854）	800.00	2021.10.22	4.2400	18穗建02（143855）	700.00	2023.10.22	4.2500
18北汽02（143856）	1000.00	2023.10.19	4.4800	18鸿坤01（143857）	100.00	2022.10.12	7.5000
18甬投02（143858）	1000.00	2023.10.18	4.2400	18东港01（143859）	500.00	2023.10.17	6.6000
18南水04（143860）	1500.00	2021.10.17	4.2600	18保集02（143862）	260.00	2021.12.10	7.5000
18腾越01（143863）	3000.00	2021.10.26	2.9000	18渝信01（143865）	1000.00	2021.10.23	5.5000
18电投08（143867）	2400.00	2021.10.22	4.1000	18电投09（143868）	1400.00	2023.10.22	4.4500
18格力01（143869）	500.00	2023.10.22	4.2400	18蓉高01（143871）	1200.00	2021.10.22	4.4800
18实业05（143874）	1000.00	2021.10.23	7.5000	18宜华02（143875）	700.00	2099.12.31	7.5000
G18三峡3（143876）	4000.00	2021.10.24	4.0800	18浦土01（143878）	800.00	2023.10.24	4.2400
18中民G2（143879）	1010.00	2021.10.22	3.8500	18滇城01（143880）	2180.00	2021.10.24	8.1000
18恒信03（143883）	400.00	2021.10.26	4.8500	18复星04（143885）	2000.00	2020.11.10	3.0000
18津投09（143886）	1000.00	2021.10.26	4.5200	18津投10（143887）	400.00	2023.10.26	5.0000
18西地02（143888）	1060.00	2023.11.23	7.5000	18华证01（143889）	1500.00	2021.10.30	4.4000
18陆债02（143890）	1000.00	2023.10.26	4.1500	18疏浚01（143891）	4000.00	2023.10.25	4.2500
18凤祥02（143892）	500.00	2021.11.01	7.9000	18洋河01（143893）	500.00	2023.10.29	4.4900
18洋河02（143894）	500.00	2023.10.29	4.1700	18新控05（143896）	2160.00	2022.10.29	5.9000
18兴杭02（143897）	500.00	2023.11.01	4.2700	18福晟02（143899）	1000.00	2021.11.19	7.9000
17招金Y1（143900）	500.00	2022.04.21	5.4300	17云续Y1（143901）	1500.00	2020.05.03	5.9000
17中冶Y5（143902）	2000.00	2020.07.11	5.1000	18能投Y5（143903）	1400.00	2020.09.17	6.1400
17远东Y1（143904）	5000.00	2020.07.06	5.5000	17首旅Y1（143905）	950.00	2020.07.10	4.9900
17首旅Y2（143906）	550.00	2022.07.10	5.2000	17中冶Y7（143907）	1300.00	2020.07.28	5.1000
17中航Y1（143909）	1500.00	2020.07.31	5.0000	18建五Y3（143910）	300.00	2021.08.01	5.3700
17首旅Y3（143911）	500.00	2020.08.07	4.9500	17首旅Y4（143912）	1000.00	2022.08.07	5.2000
17渝信Y1（143913）	2580.00	2020.08.15	5.5800	17渝信Y2（143914）	800.00	2022.08.15	5.7800
17电投Y1（143915）	1500.00	2022.08.16	5.1000	17兖煤Y1（143916）	5000.00	2020.08.17	5.7000
17紫金Y1（143917）	500.00	2020.09.13	5.1700	17华能Y1（143918）	2500.00	2020.09.25	5.0500
17华能Y2（143919）	2500.00	2022.09.25	5.1700	17云建Y1（143920）	1120.00	2020.09.29	5.8800
18阳煤Y3（143921）	1350.00	2021.07.30	6.9000	17锡投Y2（143922）	1000.00	2022.10.13	5.5600
17建材Y1（143923）	3000.00	2020.10.16	5.1800	17建材Y2（143924）	1500.00	2022.10.16	5.3000
17电投Y2（143925）	1500.00	2022.10.16	5.1400	17电投Y3（143926）	1500.00	2022.10.18	5.1300
17鲁高Y1（143927）	2500.00	2020.10.20	5.2200	17平租Y1（143928）	4500.00	2020.10.26	5.4700
17建集Y1（143929）	2000.00	2022.11.01	5.4000	17中保Y1（143930）	2000.00	2020.10.26	5.3000
17中保Y2（143931）	500.00	2022.10.26	5.4900	17云建Y3（143932）	1880.00	2020.11.01	5.9800
18建集Y1（143933）	1000.00	2021.08.07	5.1200	17新际Y1（143934）	1800.00	2020.11.07	5.2500
17新际Y2（143935）	200.00	2022.11.07	5.4000	17福新Y1（143936）	2000.00	2020.11.06	5.3000
17鲁高Y2（143938）	2500.00	2020.11.06	5.3000	17中交Y1（143939）	1500.00	2020.11.21	5.4500
17建集Y2（143940）	1000.00	2022.11.23	5.6900	18新际Y3（143941）	800.00	2021.07.23	5.1500
17华信Y1（143943）	1000.00	2099.12.31	7.8000	17华信Y2（143944）	3000.00	2099.12.31	7.8000
17能投Y1（143945）	1000.00	2020.12.26	6.2800	18闽电Y1（143946）	500.00	2021.09.26	6.5400
17铁投Y1（143947）	1700.00	2020.12.27	5.9500	18航集Y1（143948）	2000.00	2021.01.18	5.5000

债券信息
List of Bonds

债券简称（代码）Bond Name（Code）	发行量（百万元）Issued Vol（M Yuan）	到期日 Expiration Date	票面利率（%）Coupon Rate	债券简称（代码）Bond Name（Code）	发行量（百万元）Issued Vol（M Yuan）	到期日 Expiration Date	票面利率（%）Coupon Rate
18 航集 Y2（143950）	1000.00	2021.01.25	5.4900	18 中建 Y1（143951）	1000.00	2023.02.07	6.5500
G18 新 Y1（143952）	590.00	2021.03.13	5.9600	18 电力 Y1（143953）	500.00	2021.03.15	5.5000
18 能投 Y1（143954）	1000.00	2021.03.26	6.2700	18 供销 Y1（143955）	1000.00	2021.08.14	5.9900
18 鲁高 Y2（143956）	1500.00	2021.03.27	5.5700	18 鲁高 Y1（143957）	1500.00	2021.03.23	5.7000
18 京汽 Y1（143958）	2000.00	2021.03.23	5.6000	18 兖煤 Y1（143959）	5000.00	2021.03.26	6.0000
18 阳煤 Y1（143960）	1150.00	2021.04.02	7.0000	18 铁建 Y2（143961）	2000.00	2021.04.17	5.2300
18 能投 Y3（143962）	600.00	2021.04.23	6.0000	18 华电 Y3（143963）	1150.00	2021.08.15	4.8700
18 特变 Y1（143964）	1700.00	2021.04.17	6.3000	18 华电 Y4（143965）	850.00	2023.08.15	5.0500
18 新际 Y1（143966）	2700.00	2021.04.24	5.2000	18 新际 Y2（143967）	300.00	2023.04.24	5.2900
18 渝信 Y1（143968）	1620.00	2021.04.25	6.1000	18 新金 Y1（143969）	200.00	2021.04.25	6.1000
18 鲁商 Y1（143970）	640.00	2021.12.18	7.5000	18 鲁商 Y2（143971）	1000.00	2021.12.24	7.5000
18 厦贸 Y1（143972）	1000.00	2020.04.26	5.3000	18 电力 Y2（143973）	1500.00	2021.05.09	5.2300
18 铁投 Y1（143974）	700.00	2021.05.09	5.6000	18 兵装 Y1（143975）	2000.00	2021.05.15	5.2800
18 建五 Y1（143976）	700.00	2021.05.21	6.0000	18 沪建 Y1（143977）	2000.00	2021.08.20	5.1500
18 铁建 Y3（143978）	2000.00	2021.05.31	5.3000	18 阳煤 Y2（143979）	500.00	2021.06.01	7.0000
18 建材 Y1（143980）	900.00	2021.06.07	5.5000	18 建材 Y2（143981）	300.00	2023.06.07	5.7000
18 电投 Y1（143982）	2500.00	2023.06.06	5.5000	18 电投 Y2（143983）	1500.00	2023.06.12	5.5700
18 建二 Y1（143984）	2000.00	2021.06.26	6.2500	18 中关 Y1（143989）	4000.00	2021.07.13	5.7900
18 铁投 Y2（143990）	600.00	2020.07.17	5.4000	18 铁投 Y3（143991）	1200.00	2021.07.17	5.7900
18 华电 Y1（143992）	1500.00	2021.07.17	5.0000	18 华电 Y2（143993）	1500.00	2023.07.17	5.2000
18 电力 Y3（143994）	2000.00	2021.07.18	4.9800	18 福新 Y1（143995）	1500.00	2021.08.07	4.7000
18 福新 Y2（143996）	500.00	2023.08.07	5.0000	18 山招 Y2（143997）	400.00	2021.08.10	5.0300
18 建材 Y3（143998）	800.00	2021.08.13	4.7900	18 建材 Y4（143999）	500.00	2023.08.13	5.0000
16 太证 C1（145001）	1500.00	2021.09.28	4.0000	16 潞矿 04（145003）	880.00	2021.09.27	5.2000
16 智光 03（145005）	2000.00	2021.10.13	7.5000	16 德邦 03（145007）	1250.00	2021.09.27	4.2000
16 九州 02（145008）	1100.00	2020.09.27	6.9900	16 仁怀 01（145010）	1500.00	2021.09.26	7.5000
16 宜居 01（145014）	1500.00	2021.09.29	1.0000	16 上饶 01（145015）	1000.00	2021.09.28	4.7000
16 合景 03（145016）	2500.00	2023.10.14	7.1000	16 合景 04（145017）	2500.00	2023.10.14	5.7000
16 合景 05（145018）	3000.00	2023.10.14	5.8000	16 山金 01（145020）	2500.00	2021.09.27	3.7500
16 阜水债（145022）	300.00	2020.10.26	9.6000	16 上饶 02（145027）	1000.00	2021.10.10	4.7000
16 慈溪 01（145028）	500.00	2021.10.13	4.3000	16 锡城投（145032）	1500.00	2021.10.13	3.8900
16 中保 01（145033）	1500.00	2021.10.14	4.2000	16 天易 01（145034）	1500.00	2022.10.17	6.3700
16 余城建（145035）	1000.00	2021.10.13	4.2000	16 新泰 02（145036）	680.00	2021.10.24	5.6000
16 海兴 02（145037）	1000.00	2021.10.20	4.7000	16 山金 02（145038）	2500.00	2021.10.18	3.7000
16 青建投（145040）	3000.00	2024.10.19	3.6800	16 秋林 01（145041）	520.00	2099.12.31	8.5000
16 首股 03（145042）	1000.00	2021.10.27	3.5700	16 兴业 03（145044）	5000.00	2021.10.20	3.4800
16 长湖 02（145045）	600.00	2021.10.25	6.8000	16 嵊州 01（145046）	1500.00	2021.10.19	5.9900
16 新泰发（145047）	800.00	2020.11.25	6.9000	16 大庆 04（145051）	700.00	2021.10.24	7.3000
16 安投 02（145052）	750.00	2021.10.19	7.2000	16 湘财 03（145053）	500.00	2021.10.24	4.4800
16 商飞 01（145057）	3000.00	2026.10.20	3.6200	17 青城 01（145058）	1000.00	2022.10.31	4.3000
17 青城 02（145059）	2000.00	2025.10.31	5.6600	16 新光债（145062）	2000.00	2099.12.31	8.0000
16 泉丰 01（145066）	520.00	2021.10.19	8.0000	16 柯桥 02（145068）	2500.00	2021.10.21	4.3300
16 同益 02（145069）	450.00	2099.12.31	8.0000	16 中民 F3（145076）	5000.00	2099.12.31	7.5000
16 东泰 01（145077）	500.00	2021.12.02	4.5000	16 涪交旅（145078）	700.00	2020.11.05	3.5000
16 广利债（145080）	700.00	2021.10.28	6.2000	16 新泰 03（145082）	20.00	2021.10.24	5.0000
16 苏控 01（145083）	400.00	2021.10.24	5.3000	16 淮水 05（145084）	600.00	2021.10.27	3.9800
16 东丽 02（145092）	1000.00	2021.10.28	7.5000	16 江都 01（145094）	1100.00	2021.10.26	6.9000
16 长寿 02（145097）	1000.00	2023.10.27	5.1000	17 海亮 01（145099）	400.00	2020.11.01	7.2000
16 信集 01（145100）	500.00	2099.12.31	7.5000	16 绍交 01（145102）	1500.00	2021.10.31	3.7800
16 开乾 02（145104）	1400.00	2021.11.01	6.8000	16 株金科（145105）	500.00	2021.10.27	7.5000

债券信息
List of Bonds

债券
Bond

债券简称（代码） Bond Name（Code）	发行量（百万元） Issued Vol （M Yuan）	到期日 Expiration Date	票面利率（%） Coupon Rate	债券简称（代码） Bond Name（Code）	发行量（百万元） Issued Vol （M Yuan）	到期日 Expiration Date	票面利率（%） Coupon Rate
16成阿债（145108）	800.00	2021.10.26	7.2000	16文旅01（145109）	500.00	2021.11.04	5.2000
16先导05（145112）	2000.00	2021.10.28	3.8800	17湘乡01（145113）	500.00	2022.11.01	7.0000
17湘乡02（145114）	300.00	2020.11.01	6.7800	17郴高01（145115）	1100.00	2020.11.13	6.5000
16盛州01（145116）	800.00	2021.10.31	5.0400	17颐和01（145118）	304.00	2099.12.31	8.0000
16景陶02（145120）	1000.00	2021.11.04	6.9500	16银控01（145121）	440.00	2099.12.31	8.5000
16银控02（145122）	1560.00	2099.12.31	8.5000	PR博润01（145125）	300.00	2021.11.02	6.5000
16国融C1（145126）	400.00	2020.10.31	5.2000	16江东02（145127）	1000.00	2021.11.01	4.1200
16嵊州02（145128）	1000.00	2021.11.04	5.8500	17高创03（145129）	600.00	2022.11.10	5.7500
16绿投01（145133）	1500.00	2021.11.02	5.5800	16普湾02（145134）	1000.00	2020.01.09	6.5000
16庞大03（145135）	1000.00	2021.01.07	8.0000	17太高01（145136）	100.00	2020.11.17	4.3000
16秋林02（145140）	480.00	2099.12.31	8.5000	16余姚03（145144）	1000.00	2021.11.14	4.7800
16双鸭02（145146）	200.00	2021.11.09	8.0000	16大庆05（145147）	600.00	2021.11.07	7.3000
16国君C4（145149）	3000.00	2021.11.11	3.5500	16茶开01（145150）	800.00	2021.11.17	4.7000
16信集02（145151）	510.00	2099.12.31	7.5000	16国都01（145153）	1000.00	2020.11.11	3.7000
16皖高债（145154）	1000.00	2020.12.25	6.8000	16长兴01（145155）	1000.00	2023.11.15	5.7000
16东证次（145159）	4000.00	2021.11.14	3.4500	16凯文01（145160）	1000.00	2021.11.14	8.0000
16郑建01（145164）	800.00	2021.11.14	3.8900	16姜城02（145166）	600.00	2021.11.14	7.3000
16安庆02（145169）	250.00	2021.01.05	6.8000	16美兰02（145172）	1600.00	2099.12.31	5.6000
16德感01（145174）	50.00	2021.11.16	7.0000	16东控02（145175）	400.00	2021.11.21	4.1000
16海通C2（145180）	2000.00	2021.11.17	3.4000	16驻投03（145182）	1000.00	2021.11.18	6.6000
16昆投03（145183）	500.00	2021.11.21	5.2200	16梅州02（145184）	1000.00	2021.11.23	5.8000
17东兴F2（145185）	2000.00	2020.11.09	5.3900	16东辰03（145187）	600.00	2099.12.31	7.1000
16扬广01（145188）	600.00	2021.11.25	4.9500	17东投01（145189）	500.00	2020.11.03	7.0000
16中联01（145191）	500.00	2020.10.15	8.0000	17乌经建（145193）	900.00	2020.11.30	4.3800
16中期02（145196）	1690.00	2099.12.31	7.5000	16马花山（145198）	1000.00	2021.11.23	5.2000
16稻花香（145200）	1000.00	2021.11.24	7.1800	17苏商02（145201）	40.00	2020.11.26	3.7000
16万林02（145202）	1000.00	2021.12.06	4.9800	16铁牛01（145204）	1500.00	2099.12.31	7.5000
16星城02（145205）	1000.00	2021.12.01	5.5000	16千里01（145206）	1200.00	2099.12.31	6.0000
16双鸭03（145207）	1000.00	2021.11.25	8.0000	16宝龙03（145208）	3000.00	2023.11.24	6.8000
17华阳04（145212）	213.00	2099.12.31	7.5000	16清浦03（145213）	500.00	2021.12.05	6.9800
17凉山01（145216）	1200.00	2020.11.08	6.9800	16金花02（145217）	410.00	2099.12.31	6.7000
17恒泰01（145218）	1500.00	2022.11.01	5.9000	16信集03（145219）	370.00	2099.12.31	6.8000
16浙商02（145222）	1000.00	2021.11.30	4.4000	16赣开01（145224）	1000.00	2022.12.05	5.8000
16桂金债（145229）	2000.00	2021.12.07	6.7000	16慈商01（145230）	300.00	2021.12.09	4.7500
16新新能（145232）	350.00	2021.12.06	5.1000	17港闸01（145233）	1500.00	2022.04.06	5.5000
17长隆01（145234）	1100.00	2022.05.22	1.0000	16洪业债（145235）	500.00	2099.12.31	7.2000
17民生C1（145239）	500.00	2020.03.17	5.2000	17漳九01（145240）	3000.00	2022.07.10	5.7400
16漯河02（145242）	2000.00	2021.12.09	5.9500	16新会02（145244）	200.00	2020.01.08	4.8000
16东辰04（145247）	500.00	2021.12.29	5.8000	16生态02（145248）	500.00	2021.12.15	7.8000
17绍城01（145249）	1000.00	2024.02.20	5.1800	16中金C2（145251）	3400.00	2021.12.15	4.6000
16中金期（145259）	100.00	2024.12.16	5.0000	16大航02（145261）	500.00	2020.06.30	5.6500
16苏商02（145262）	230.00	2021.12.19	5.0000	16西工投（145263）	500.00	2021.12.29	8.0000
17剑江01（145264）	700.00	2020.02.21	6.9900	16渝园01（145265）	1000.00	2021.12.23	8.0000
16西秀01（145266）	600.00	2021.12.20	8.0000	16物流01（145270）	300.00	2021.12.21	5.8000
17枝金03（145273）	330.00	2020.12.24	7.2000	16大庆06（145274）	1700.00	2021.12.23	7.3000
17金港02（145277）	1000.00	2020.11.19	3.8000	16川投债（145278）	700.00	2020.01.10	7.0000
16巨洋债（145280）	600.00	2099.12.31	9.9000	16晋电01（145282）	1500.00	2020.01.10	5.9700
17钟山01（145285）	500.00	2022.01.12	7.0000	17常交01（145286）	1000.00	2020.02.28	6.5000
17国裕01（145289）	500.00	2020.01.10	5.2500	17滁城01（145290）	700.00	2022.01.12	4.9000
17仁怀01（145291）	1000.00	2022.01.10	7.5000	17锡洲01（145292）	1000.00	2099.12.31	7.3000

债券信息 List of Bonds

债券 Bond

债券简称（代码）Bond Name（Code）	发行量（百万元）Issued Vol（M Yuan）	到期日 Expiration Date	票面利率（%）Coupon Rate	债券简称（代码）Bond Name（Code）	发行量（百万元）Issued Vol（M Yuan）	到期日 Expiration Date	票面利率（%）Coupon Rate
17国裕02（145293）	500.00	2020.01.13	5.2500	17六安01（145295）	500.00	2020.03.12	6.3600
17西秀01（145296）	550.00	2020.03.14	7.5000	17宝材01（145297）	10.00	2020.01.13	6.5000
17双福债（145298）	500.00	2020.01.16	5.5000	17金洲01（145299）	700.00	2022.01.18	7.8000
17中金01（145300）	4000.00	2020.01.20	4.3500	17高创01（145303）	800.00	2023.01.24	6.5000
17淮新01（145305）	1000.00	2020.01.13	5.6000	17张公01（145306）	1000.00	2022.01.18	4.6000
17乳山01（145307）	800.00	2020.04.03	7.5000	17安仁01（145308）	500.00	2022.01.19	5.8000
17首创C1（145309）	1000.00	2020.01.19	4.8900	17同煤01（145313）	4700.00	2022.01.19	6.8000
17银控01（145314）	110.00	2099.12.31	8.5000	17银控02（145315）	630.00	2099.12.31	8.5000
17安汉债（145316）	500.00	2022.01.24	6.4000	17桂物01（145317）	500.00	2020.01.23	7.0000
17新奥01（145318）	1500.00	2022.01.19	4.7300	17昊华02（145320）	300.00	2020.01.24	6.2000
17华建01（145322）	200.00	2020.01.23	6.5000	17古蔺01（145323）	500.00	2022.11.17	6.5000
17益交债（145325）	75.00	2020.03.10	6.8000	17云济01（145326）	500.00	2020.01.24	6.1000
17金杯01（145328）	500.00	2020.01.24	6.5000	17汾西01（145329）	450.00	2020.01.23	7.2000
17云投01（145330）	500.00	2020.01.24	4.6000	17昊华04（145332）	500.00	2020.02.10	5.8500
17苏商01（145333）	200.00	2020.03.17	5.0000	17南浔债（145334）	1000.00	2020.03.10	6.0000
17镇投01（145335）	900.00	2020.02.12	3.5000	17光证04（145337）	2000.00	2020.02.14	4.4500
17远东一（145338）	4000.00	2022.02.14	4.4000	17保集债（145339）	1000.00	2020.03.28	8.0000
17招商Y1（145340）	4000.00	2022.02.17	5.1800	17云能01（145341）	1330.00	2022.02.17	5.2000
17信达C1（145342）	3000.00	2020.02.23	4.9900	17海兴01（145344）	600.00	2022.02.20	5.5000
17长沙01（145345）	800.00	2022.02.21	3.0000	17通经01（145347）	100.00	2020.02.27	3.8000
17长兴01（145348）	600.00	2024.03.14	6.5000	17昊华06（145350）	700.00	2020.02.23	5.6500
17华泰02（145352）	2000.00	2020.02.24	4.6500	17虞尚01（145354）	300.00	2020.02.20	4.8000
17新会01（145355）	300.00	2022.02.27	5.4900	17中投01（145358）	1000.00	2020.02.23	4.8500
17中投02（145359）	1800.00	2022.02.23	5.0000	17平证03（145361）	1300.00	2020.02.22	4.6500
17平证04（145362）	1200.00	2020.02.24	4.9900	17国君C1（145365）	5000.00	2020.02.28	4.6000
17黔江01（145366）	2000.00	2022.03.02	7.6600	17同煤02（145368）	2300.00	2022.03.01	6.8000
17金杯02（145369）	1000.00	2020.02.25	5.7500	17招商Y2（145371）	5000.00	2022.03.03	5.1500
17鸿业01（145373）	1050.00	2022.03.02	7.5000	17常城01（145375）	1100.00	2024.03.03	5.7800
17晋能01（145376）	3840.00	2020.03.07	7.0000	17鑫科02（145377）	670.00	2020.08.28	7.5000
17东泰01（145378）	1700.00	2022.03.10	5.6000	17常交通（145379）	600.00	2022.03.06	5.5500
17物流01（145380）	160.00	2020.04.07	6.2500	17新沂01（145381）	1350.00	2022.03.01	6.5000
17余交02（145383）	550.00	2022.03.15	5.5000	17青山02（145385）	630.00	2020.03.07	7.0000
17浙湖01（145387）	720.00	2022.04.18	6.5000	17晋电02（145388）	3000.00	2020.03.10	6.0800
17新奥02（145391）	1000.00	2022.03.13	4.8900	17星城01（145392）	1000.00	2022.03.13	5.4900
17润达02（145393）	300.00	2020.11.09	6.7000	17方洋01（145394）	700.00	2020.03.31	6.0800
17太证C1（145395）	900.00	2020.03.15	5.5000	17天富01（145396）	2000.00	2020.03.23	6.7000
17潍水01（145398）	500.00	2020.03.14	5.4000	17经贸01（145399）	720.00	2020.07.07	5.0000
17长寿01（145400）	900.00	2022.03.13	7.3000	17长寿02（145401）	600.00	2024.03.13	6.1000
17枝金01（145402）	600.00	2022.04.25	5.6000	17吴发01（145403）	1000.00	2020.03.15	5.0000
17鸿业02（145404）	950.00	2020.11.30	7.5000	17信达C2（145405）	3000.00	2020.03.17	5.1200
17长兴债（145406）	630.00	2022.03.21	5.2000	17准国投（145407）	832.00	2020.11.19	6.0000
17渝南债（145408）	700.00	2022.03.16	5.5000	17东兴01（145410）	3000.00	2020.03.20	5.0000
17海通C1（145411）	4500.00	2020.03.16	4.8000	17UCR01（145412）	1000.00	2020.03.20	5.5000
17泰佳鑫（145413）	750.00	2020.05.08	7.9000	17亿利01（145415）	2100.00	2020.03.21	6.5000
17兴业C2（145416）	4000.00	2020.03.21	5.0000	17宿惠01（145417）	1130.00	2020.08.21	7.0000
17融禾01（145418）	1000.00	2022.03.21	7.6000	17廊控01（145421）	560.00	2020.03.22	7.0000
17海兴02（145422）	400.00	2022.03.22	5.6900	17紫光01（145423）	3400.00	2020.04.01	5.5000
17苏宁01（145425）	3870.00	2022.03.20	7.3000	17晋能02（145427）	3000.00	2020.03.24	6.9000
17德感01（145430）	500.00	2022.03.22	7.3000	17赣开01（145431）	1500.00	2023.03.31	6.9800
17丰经开（145434）	500.00	2020.04.02	8.2000	17瓦房01（145435）	300.00	2020.03.27	5.5000

债券信息 List of Bonds

债券 Bond

债券简称（代码） Bond Name（Code）	发行量（百万元） Issued Vol（M Yuan）	到期日 Expiration Date	票面利率（%） Coupon Rate	债券简称（代码） Bond Name（Code）	发行量（百万元） Issued Vol（M Yuan）	到期日 Expiration Date	票面利率（%） Coupon Rate
17住保01（145436）	800.00	2022.05.03	5.4400	17宝材02（145439）	300.00	2020.03.24	7.2000
17织里01（145440）	800.00	2022.03.24	7.2000	17云能02（145441）	1025.00	2022.04.05	4.6500
17盐城01（145442）	2000.00	2022.04.10	6.1000	17东怀01（145443）	170.00	2020.03.24	7.0000
17海宁01（145445）	1000.00	2020.06.03	3.2000	17长建债（145446）	870.00	2022.04.06	4.9000
17常城02（145447）	1610.00	2022.04.05	5.7000	17来雁01（145448）	1000.00	2022.03.31	6.8000
17安仁02（145449）	100.00	2022.03.30	5.8000	17廊控02（145450）	440.00	2020.04.06	7.0000
17云投03（145451）	940.00	2020.03.31	6.0000	17大宁01（145452）	600.00	2022.10.31	5.4800
PR麓置业（145453）	350.00	2020.04.12	5.6000	17晋电06（145454）	2500.00	2020.04.11	5.8700
17苏控01（145455）	600.00	2022.04.12	5.6900	17沣西债（145456）	1400.00	2020.04.13	5.6000
17汇盛01（145457）	500.00	2022.04.12	5.8000	17新能01（145458）	300.00	2099.12.31	8.0000
17鑫业01（145459）	1130.00	2020.04.07	8.2000	17祥云债（145460）	300.00	2020.05.04	7.5000
17城发01（145461）	700.00	2022.04.13	4.4000	17洛新01（145462）	1500.00	2020.04.27	3.8000
17德感02（145464）	450.00	2022.04.07	7.3000	17鄂宏泰（145465）	1000.00	2022.04.27	4.0000
17天风次（145466）	1000.00	2022.04.11	5.2000	17渝园债（145467）	500.00	2022.04.14	7.1000
17常城03（145468）	270.00	2024.04.13	3.6000	17长兴02（145469）	400.00	2020.04.23	6.2500
17常港01（145470）	300.00	2020.04.30	3.8000	17淮经01（145471）	600.00	2022.04.11	7.0500
20瓦房02（145473）	400.00	2025.04.13	7.5000	17天源债（145474）	300.00	2020.11.10	6.9000
17开乾01（145475）	1300.00	2020.06.04	6.0000	17谷财01（145476）	500.00	2020.04.29	1.0000
17海西01（145478）	800.00	2020.04.28	2.0000	17动力01（145481）	170.00	2020.04.20	5.7000
17太证C2（145483）	500.00	2020.04.25	5.5000	17瓦房03（145484）	300.00	2020.04.25	7.8000
17长开01（145485）	1500.00	2022.04.25	6.3000	17绿港01（145486）	500.00	2020.04.21	7.3000
17江海C1（145487）	2150.00	2020.04.24	5.3000	17天源01（145488）	400.00	2022.07.20	7.0000
17绍兴01（145489）	875.00	2022.04.27	6.0000	17连工01（145491）	300.00	2020.12.04	7.2000
17任丘01（145492）	1000.00	2022.04.20	6.4000	17高创02（145493）	600.00	2022.04.26	6.5000
17东吴01（145494）	4060.00	2020.04.26	5.2000	17东吴02（145495）	1650.00	2022.04.26	5.5000
17工控01（145496）	750.00	2022.06.08	6.5000	17银控03（145497）	250.00	2099.12.31	8.5000
17银控04（145498）	1010.00	2099.12.31	8.5000	17余经01（145499）	700.00	2022.04.25	5.4000
17泉丰01（145501）	480.00	2022.04.24	7.5000	17欧控01（145502）	600.00	2020.07.21	6.6000
17金洲02（145503）	800.00	2022.04.26	7.5000	17兴业C4（145504）	3000.00	2020.04.25	5.1500
17光证06（145507）	4000.00	2020.04.26	5.0000	17苏宁03（145508）	1160.00	2022.07.14	7.0000
17苏宁04（145509）	800.00	2022.07.14	7.3000	17文投01（145510）	200.00	2020.06.08	7.0000
17大装01（145511）	300.00	2020.11.25	4.8500	17长寿03（145512）	500.00	2022.04.28	7.3000
17东次01（145513）	1500.00	2020.04.26	4.9000	17东次02（145514）	1500.00	2022.04.26	5.1000
17华融C1（145515）	4530.00	2020.04.26	5.3000	17银河F6（145517）	4720.00	2020.04.28	4.9900
17胥口01（145519）	200.00	2020.08.11	6.4000	17定城01（145520）	1690.00	2020.10.23	4.5000
17薛城01（145521）	500.00	2022.05.02	7.0000	G17首Y1（145523）	1000.00	2020.05.26	5.5000
17复地F1（145524）	3000.00	2020.05.02	6.5500	17常港02（145525）	200.00	2020.05.20	4.3000
17中区01（145526）	1500.00	2022.04.28	6.5000	17UCR02（145527）	500.00	2020.09.04	4.0000
17金发债（145529）	530.00	2022.05.26	6.3000	17南翔01（145530）	570.00	2020.05.03	7.7000
17钦临01（145531）	500.00	2020.05.29	6.9900	17云投04（145532）	960.00	2022.08.29	6.0000
17中金02（145533）	1000.00	2020.05.08	4.9700	17中金03（145534）	1000.00	2022.05.08	5.1900
17民生C2（145535）	500.00	2020.07.14	5.9500	17东莞01（145536）	1150.00	2020.05.09	5.5000
17华泰04（145538）	6000.00	2020.05.15	5.2500	17政通01（145539）	500.00	2020.04.30	6.7500
17腾越02（145541）	1200.00	2021.11.10	2.9000	17大丰01（145542）	300.00	2022.05.11	6.5000
17国资01（145543）	1000.00	2020.05.16	4.6000	17沪券C1（145544）	1400.00	2020.05.17	5.3000
17招商Y3（145545）	3700.00	2022.05.22	5.6500	17冶园01（145546）	200.00	2020.05.12	5.4000
17新华01（145548）	500.00	2099.12.31	7.5000	17东吴03（145550）	2740.00	2020.05.22	5.4000
17东吴04（145551）	1230.00	2022.05.22	5.6000	17太证C3（145552）	1100.00	2020.05.26	6.2000
17东次03（145553）	1500.00	2020.05.15	5.1500	17东次04（145554）	1500.00	2022.05.15	5.3500
17余交03（145555）	550.00	2022.05.25	6.5000	17中金C1（145556）	600.00	2022.05.22	5.3900

债券信息 List of Bonds

债券 Bond

债券简称（代码）Bond Name（Code）	发行量（百万元）Issued Vol（M Yuan）	到期日 Expiration Date	票面利率（%）Coupon Rate	债券简称（代码）Bond Name（Code）	发行量（百万元）Issued Vol（M Yuan）	到期日 Expiration Date	票面利率（%）Coupon Rate
17 苏控 02（145557）	600.00	2022.05.19	6.2000	17 中信 C1（145558）	2000.00	2020.05.25	5.1000
17 中信 C2（145559）	2300.00	2022.05.25	5.3000	17 株高 01（145560）	780.00	2022.05.19	6.2000
17 渤海 C1（145561）	1500.00	2020.05.26	5.6500	17 红塔 01（145562）	500.00	2022.05.19	8.0000
17 方洋 02（145564）	200.00	2020.06.05	6.0000	17 钦临 02（145565）	800.00	2020.06.05	7.3000
17 兴阳 01（145567）	1000.00	2022.06.02	7.2000	17 刚泰 01（145568）	500.00	2099.12.31	7.9600
17 首创 C2（145571）	500.00	2020.07.21	5.6900	17 深业 01（145572）	400.00	2020.06.07	7.8000
17 富阳债（145573）	2000.00	2022.06.07	6.1000	17 中盐 01（145574）	1100.00	2022.06.09	3.9500
17 泰交 01（145575）	2000.00	2022.06.08	5.9900	17 东证 01（145576）	4000.00	2020.06.09	5.3000
17 东证 02（145577）	1000.00	2022.06.09	5.5000	17 高投 01（145578）	1000.00	2022.06.14	6.5000
17 招商 Y4（145579）	2300.00	2022.06.19	5.5800	17 华阔 01（145580）	500.00	2022.06.15	7.0000
17 沅江 01（145581）	300.00	2022.06.15	6.8000	17 余交 04（145582）	600.00	2022.06.20	6.5000
17 当涂 01（145583）	330.00	2020.08.07	6.7000	17 建房 01（145584）	1000.00	2020.06.23	5.7000
17 新郑 01（145586）	1000.00	2020.11.12	3.5000	17 政通 02（145587）	500.00	2022.06.26	6.9500
17 长隆 02（145588）	4000.00	2022.07.04	1.0000	17 枝金 02（145589）	570.00	2022.08.28	6.5000
17 亭湖 01（145590）	610.00	2020.08.21	7.5000	17 宁化 01（145591）	600.00	2020.06.21	5.8300
17 汇盛 02（145592）	240.00	2022.06.26	6.2800	17 金投 01（145593）	500.00	2021.06.27	6.7000
17 浙湖 02（145596）	180.00	2020.07.17	6.7000	17 精功债（145597）	500.00	2022.06.23	7.5000
17 金交 01（145598）	500.00	2022.06.29	6.8000	17 新华 02（145599）	300.00	2099.12.31	7.5000
17 花竹 01（145601）	350.00	2020.05.27	8.6300	17 余交 05（145603）	300.00	2022.07.03	6.1000
17 萍乡 01（145604）	500.00	2020.07.06	6.4900	G7 云水 Y1（145605）	1200.00	2020.06.29	7.0000
17 佳源 02（145606）	1500.00	2020.07.06	8.5000	17 滨海 01（145607）	2000.00	2027.11.13	5.5900
17 雅居 01（145608）	3000.00	2020.07.12	6.6000	17 锡藕 01（145609）	940.00	2020.11.25	6.5000
17 天府 01（145610）	560.00	2022.07.06	7.8000	17 城发 02（145614）	1300.00	2022.07.12	4.5000
17 仙居 01（145615）	600.00	2020.07.10	4.7000	17 南翔 02（145616）	280.00	2020.07.07	7.5000
17 厦特 01（145617）	1500.00	2020.07.13	5.8500	17 乌高 01（145619）	600.00	2022.07.13	5.8000
17 华创 01（145621）	2000.00	2022.07.26	5.5000	17 沭阳 01（145622）	1037.00	2022.07.11	5.4000
17 太证 C4（145623）	2000.00	2020.07.18	6.0000	17 余杭 01（145624）	600.00	2022.07.18	4.1600
17 金隅 03（145625）	1250.00	2020.07.13	3.6000	17 信投 F1（145626）	5000.00	2020.07.18	4.7400
17 长隆 03（145627）	900.00	2022.07.13	1.0000	17 旭杰债（145628）	15.60	2020.07.11	7.0000
17 金隅 04（145629）	1750.00	2022.07.13	2.3000	17 宝投资（145632）	1000.00	2022.07.17	5.9000
17 扬教 01（145634）	600.00	2020.07.24	4.8000	17 株高 02（145635）	820.00	2022.07.13	6.5000
17 新中泰（145637）	1200.00	2022.07.17	6.5000	17 织里 02（145638）	700.00	2022.07.14	7.0000
17 平煤 01（145639）	1000.00	2022.07.20	7.0000	17 江海 C2（145640）	2260.00	2020.07.19	5.7000
17 家园 01（145641）	1600.00	2020.07.24	4.5000	17 中盐 02（145642）	1500.00	2022.07.18	4.3000
17 平租 01（145643）	2000.00	2022.07.20	3.7000	17 中原 01（145644）	1500.00	2020.07.26	5.1500
17 天目湖（145645）	500.00	2020.07.18	6.0000	17 金港 01（145646）	700.00	2020.07.29	3.0000
17 清浦 01（145647）	500.00	2022.07.19	7.4500	17 冶园 02（145648）	680.00	2020.07.20	6.5000
17 云港债（145649）	1000.00	2020.07.19	5.5800	17 中金 C2（145650）	1500.00	2022.07.24	4.9800
17 山金 Y1（145652）	2475.00	2020.07.19	5.8000	17 中投 F1（145653）	3000.00	2020.07.18	4.9500
17 中投 F2（145654）	1000.00	2022.07.18	5.1000	17 阳山 01（145657）	500.00	2020.07.19	6.4000
17 宁化 02（145659）	600.00	2020.07.20	5.5700	17 迈瑞 01（145660）	1100.00	2024.07.21	6.3800
17 宝工 01（145661）	800.00	2022.07.21	6.5000	G17 丰盛 1（145662）	2000.00	2099.12.31	7.9000
17 中原 02（145663）	1000.00	2020.11.17	5.4900	17 华泰 C2（145664）	5000.00	2020.07.27	4.9500
17 联合 01（145665）	200.00	2020.07.25	7.5000	17 宝庆 01（145666）	1250.00	2022.07.26	6.8000
17 中金 04（145668）	2000.00	2020.07.27	4.7800	17 信达 01（145670）	2500.00	2020.07.26	5.0500
17 鸿达 01（145671）	1010.00	2020.07.27	7.5000	17 天山 01（145672）	500.00	2022.07.24	6.6500
17 慈溪 01（145673）	1000.00	2022.07.27	3.5000	17 天宁 01（145674）	500.00	2020.08.07	3.8000
17 上虞 01（145676）	1000.00	2020.08.05	3.0000	17 剑江 02（145677）	200.00	2020.08.10	7.5000
17 兴阳 02（145678）	400.00	2022.07.25	7.2000	17 迈瑞 02（145679）	400.00	2024.09.01	6.3800
17 华福 C1（145681）	1200.00	2022.07.28	5.5000	17 福华 01（145682）	600.00	2020.07.28	8.2000

债券信息 List of Bonds

债券 Bond

债券简称（代码） Bond Name（Code）	发行量（百万元） Issued Vol（M Yuan）	到期日 Expiration Date	票面利率（%） Coupon Rate	债券简称（代码） Bond Name（Code）	发行量（百万元） Issued Vol（M Yuan）	到期日 Expiration Date	票面利率（%） Coupon Rate
17东建01（145684）	1500.00	2024.07.28	7.4800	17江公01（145685）	2000.00	2020.08.19	2.5000
17昭投01（145686）	765.00	2022.07.31	7.5000	17上虞02（145688）	500.00	2020.08.07	3.0000
17中金C3（145689）	1500.00	2022.11.16	5.5000	17铜旅01（145690）	300.00	2022.08.03	7.4800
17鄱阳01（145691）	1000.00	2022.07.28	6.8000	17冶园03（145693）	620.00	2020.08.10	6.5000
17巴中02（145694）	640.00	2022.11.14	7.2000	17水务02（145695）	1300.00	2020.08.12	3.0000
17金发02（145697）	110.00	2020.12.29	5.9000	17沪券C2（145698）	600.00	2020.08.08	5.3000
17联合02（145702）	300.00	2020.08.10	6.7200	17融和01（145704）	2000.00	2020.08.09	4.0000
17华信01（145705）	1020.00	2020.12.31	6.2000	17腾越01（145706）	3800.00	2020.12.03	2.9000
17九通01（145707）	1000.00	2021.08.17	6.2000	17常通02（145708）	500.00	2022.11.15	6.0000
17金堂01（145709）	850.00	2020.09.17	7.5000	17亭公01（145711）	1260.00	2022.08.21	7.5000
17山金Y2（145712）	1525.00	2020.08.15	5.6000	17玄武债（145713）	900.00	2022.08.11	5.8500
17浦交01（145714）	500.00	2022.08.11	5.8000	17株湘01（145715）	650.00	2020.10.23	6.8000
17平租03（145716）	1800.00	2022.08.21	4.0800	17物流03（145717）	437.00	2020.10.30	6.9000
17九华01（145718）	750.00	2022.08.16	6.8800	17新港01（145719）	1000.00	2020.08.14	5.3900
17新港02（145720）	500.00	2022.08.14	5.7000	17绍交01（145721）	1500.00	2022.08.22	5.4000
17盛泽01（145722）	500.00	2020.09.25	4.5000	17物流02（145723）	1450.00	2022.08.18	6.9000
17华融C2（145724）	1470.00	2020.08.16	5.0000	17苏宁05（145725）	1100.00	2020.09.29	7.0000
17苏宁06（145726）	600.00	2022.08.21	7.3000	17文投02（145727）	800.00	2020.09.15	7.5000
17华靖01（145728）	600.00	2022.08.23	6.2000	G17启迪1（145729）	350.00	2020.09.25	6.1000
17华建03（145730）	300.00	2020.11.13	6.5900	17红日02（145732）	440.00	2020.11.26	5.0000
17常投01（145733）	500.00	2022.08.18	5.8500	17宁城01（145734）	740.00	2022.08.18	6.3500
PR延旅01（145736）	350.00	2027.10.12	7.0000	17中冶Y9（145739）	1500.00	2020.08.24	5.6800
17钱城01（145741）	1480.00	2020.08.24	4.8000	17联合03（145742）	500.00	2020.08.25	6.7200
17瑞茂01（145743）	950.00	2020.09.01	7.5000	17潞安01（145744）	2000.00	2022.08.29	5.0000
17山能01（145746）	800.00	2022.08.28	4.0000	17如皋01（145747）	740.00	2020.08.30	6.5000
17工控02（145748）	1250.00	2022.09.04	6.5000	17华汽03（145749）	2000.00	2020.08.29	5.3500
17大成01（145750）	250.00	2020.11.26	5.9800	17白沙01（145751）	600.00	2020.09.08	6.9000
17云工01（145757）	600.00	2020.09.01	6.0000	17太仓01（145758）	200.00	2022.08.31	4.3000
17中银01（145759）	1500.00	2020.09.04	4.9500	17九通03（145760）	600.00	2022.10.27	6.4000
17精功02（145761）	300.00	2099.12.31	7.3000	17陶都01（145762）	300.00	2020.09.11	6.5000
17巴中01（145763）	360.00	2022.08.31	7.0000	17观城01（145764）	140.00	2022.11.17	4.9000
17昭投02（145765）	735.00	2022.09.05	7.3000	17中金06（145771）	2500.00	2020.11.21	5.4500
17定城03（145773）	86.00	2020.09.17	3.5000	17颐和04（145774）	760.00	2099.12.31	8.0000
17薛城02（145776）	500.00	2022.09.07	7.0000	17中泰F1（145777）	3000.00	2020.09.13	5.0000
17时代01（145782）	500.00	2020.09.08	7.2000	17时代02（145783）	1100.00	2022.09.08	5.5000
17国都01（145784）	1000.00	2020.09.12	5.7800	17大同01（145786）	200.00	2020.09.07	6.3000
17融德02（145787）	1500.00	2022.10.17	5.4000	G17丰盛2（145788）	500.00	2099.12.31	7.9000
17如皋02（145789）	170.00	2020.09.12	6.6000	17西高地（145791）	600.00	2022.09.08	6.8000
PR东广01（145792）	1500.00	2022.09.15	5.8000	17平租06（145793）	1200.00	2022.09.13	3.9500
17昌吉01（145794）	2000.00	2020.11.12	3.9900	17惠基01（145795）	430.00	2022.09.18	6.5000
17惠基03（145796）	370.00	2020.12.30	6.5000	17当涂02（145797）	600.00	2022.09.15	6.7000
17铁投01（145798）	1500.00	2022.09.13	7.5000	17维泰01（145803）	500.00	2020.12.19	5.6000
17沅江02（145804）	200.00	2022.09.15	6.8000	17西矿01（145805）	800.00	2020.09.20	6.4800
17本钢01（145806）	1300.00	2020.11.27	6.0000	17神华01（145808）	230.00	2020.10.19	7.5000
17银产01（145809）	600.00	2022.11.21	5.8000	17金凤01（145811）	500.00	2022.09.19	4.5000
17方正C1（145812）	1900.00	2020.09.19	5.7000	17崇川01（145813）	500.00	2022.09.20	4.6000
17邹城01（145815）	410.00	2020.09.01	6.8000	17兴业F3（145816）	1500.00	2020.11.22	5.4000
17安吉01（145817）	1000.00	2022.09.20	6.7000	17温投01（145818）	800.00	2022.11.20	4.3800
17皋投债（145819）	2000.00	2020.10.09	3.5000	G17华昱1（145820）	800.00	2022.09.27	6.7000
17宁高新（145821）	1240.00	2022.09.28	5.5900	17天源02（145822）	150.00	2020.11.09	7.0000

债券信息
List of Bonds

债券简称（代码）Bond Name（Code）	发行量（百万元）Issued Vol（M Yuan）	到期日 Expiration Date	票面利率（%）Coupon Rate	债券简称（代码）Bond Name（Code）	发行量（百万元）Issued Vol（M Yuan）	到期日 Expiration Date	票面利率（%）Coupon Rate
17 精功 03（145823）	500.00	2099.12.31	7.3000	17 刚泰 02（145824）	500.00	2099.12.31	7.8000
17 宝工 02（145825）	500.00	2022.09.28	7.5000	17 鑫科 01（145826）	330.00	2020.08.21	7.5000
17 麒麟 01（145829）	1000.00	2020.10.19	7.0000	17 仁水 01（145830）	800.00	2022.09.26	7.5000
17 虞资 01（145831）	3000.00	2022.09.29	4.2000	17 泰交 02（145833）	1000.00	2022.09.27	5.6000
17 富通 01（145834）	500.00	2020.10.09	6.3000	17 红日 01（145836）	1070.00	2020.10.16	5.6000
17 彭统建（145837）	830.00	2020.10.16	6.6500	17 洛新 03（145840）	1500.00	2022.10.12	3.8000
17 精功 05（145841）	150.00	2099.12.31	7.3000	17 方正 C2（145842）	2220.00	2020.10.12	5.7000
17 湖州 01（145843）	2000.00	2022.11.17	5.9800	17 晋路 01（145844）	2000.00	2020.10.13	6.3000
17 港闸 02（145845）	1000.00	2022.10.18	6.0000	17 国融 01（145846）	300.00	2021.10.27	6.5000
17 剑江 03（145847）	300.00	2020.12.02	7.8000	17 新源 01（145848）	620.00	2022.11.17	6.5000
17 华阔 02（145849）	750.00	2022.10.12	6.9000	18 安通 01（145850）	100.00	2021.01.04	7.5000
18 安通 02（145851）	240.00	2021.01.04	7.3500	17 振浔 01（145853）	500.00	2022.10.20	6.5700
17 中金 05（145855）	2000.00	2020.10.20	5.1300	17 威凯 01（145856）	700.00	2020.10.29	6.3000
17 鲁胜 01（145857）	700.00	2022.10.16	7.2000	17 响水债（145858）	1500.00	2022.10.18	7.5000
17 民生 C3（145859）	500.00	2020.10.20	5.8000	17 华汽 05（145860）	1000.00	2099.12.31	5.3000
17 台商债（145861）	800.00	2022.10.18	4.5000	17 锡交 01（145864）	1500.00	2022.10.25	5.3200
17 启迪 01（145865）	1070.00	2020.11.25	6.6000	17 新港 03（145866）	1200.00	2020.10.19	5.3800
17 信投 F2（145868）	3000.00	2020.10.24	5.0700	17 财富 01（145869）	2000.00	2020.10.23	5.5800
17 常经 01（145870）	1000.00	2022.10.25	5.5000	17 中信 C3（145871）	800.00	2020.10.26	5.0500
17 中信 C4（145872）	4900.00	2022.10.26	5.2500	17 中信资（145873）	500.00	2020.12.03	5.8000
17 亭公 02（145874）	740.00	2022.10.25	7.5000	17 汇盛 03（145875）	460.00	2022.10.23	6.4900
17 惠基 02（145876）	360.00	2022.10.25	6.9900	17 绍兴 02（145877）	375.00	2022.10.25	6.1700
17 精功 04（145878）	300.00	2099.12.31	7.3000	17 方程 01（145880）	300.00	2020.10.30	5.0900
17 兴化债（145881）	1000.00	2022.10.23	6.2000	17 蒙中 01（145882）	700.00	2020.11.23	6.0000
17 中天 01（145883）	500.00	2021.01.04	7.5000	17 恒盛 02（145884）	500.00	2022.10.26	8.0000
17 阳煤 01（145885）	1000.00	2020.10.25	2.0000	17 阳煤 02（145886）	1000.00	2020.10.25	5.9200
17 濮阳 01（145892）	1500.00	2022.10.26	5.8000	17 申太 01（145893）	660.00	2022.11.20	7.2000
17 茅山湖（145894）	600.00	2020.12.31	6.5000	17 淮交控（145896）	1500.00	2022.11.27	6.0000
17 盘江 01（145897）	1000.00	2020.11.23	7.5000	17 物流 04（145898）	653.00	2022.10.27	6.9000
17 旭杰转（145900）	10.60	2020.05.22	6.5000	17 虞山 01（145902）	200.00	2020.12.17	4.3000
17 中民 10（146000）	197.00	2020.08.10	6.7000	17 中民 11（146001）	204.00	2020.09.17	6.7000
17 中民 12（146002）	195.00	2020.09.17	6.7000	17 中民次（146003）	20.00	2020.09.17	0.0000
PR17 远 1A（146016）	3060.00	2020.12.28	5.3000	PR17 远 1B（146017）	291.00	2021.06.26	6.5000
17 远东次（146018）	209.00	2022.03.26	0.0000	PR 搜候优（146023）	3800.00	2037.03.24	4.6000
17 搜候次（146024）	10.00	2037.03.24	0.0000	常城投 A4（146028）	280.00	2020.12.21	5.5000
常城投次（146029）	30.00	2020.12.21	0.0000	PR 租 A4（146043）	130.00	2020.09.26	5.8000
PR 租 A5（146044）	70.00	2021.09.26	5.8000	青城租次（146045）	30.00	2021.09.26	0.0000
PR 诚 1 优 B（146052）	32.00	2020.06.26	6.5000	PR 诚 1 次（146053）	61.32	2020.09.28	0.0000
PR17A（146056）	1377.00	2020.07.27	6.1000	PR17B（146057）	111.00	2021.01.26	6.8500
君创 17 次（146058）	224.38	2022.01.26	0.0000	疏浚 1 优（146064）	1040.00	2020.11.09	4.8800
疏浚 1 次（146065）	111.00	2020.11.09	0.0000	17 七热 03（146084）	79.00	2020.01.23	6.9000
17 七热 04（146085）	84.00	2020.05.27	7.0000	17 七热 05（146086）	91.00	2020.05.27	7.1000
17 七热次（146087）	20.00	2020.05.27	0.0000	乌经开 03（146117）	81.00	2020.06.06	5.9000
乌经开 04（146118）	86.00	2021.06.06	6.1000	乌经开 05（146119）	87.00	2022.06.06	6.3000
乌经开 06（146120）	84.00	2023.06.06	6.9000	乌经开 07（146121）	82.00	2024.06.06	7.0000
乌经开次（146122）	50.00	2024.06.06	0.0000	PR 郑 2A3（146138）	987.40	2020.06.09	6.2000
PR 七 A9（146149）	1563.65	2020.02.20	5.3000	PR 七 B（146150）	410.00	2020.03.03	5.6000
PR 七次（146151）	521.55	2020.04.07	7.0000	PR1 次（146164）	488.00	2021.03.26	0.0000
PR 优 A（146177）	460.00	2035.10.26	6.0400	华邦优 B（146178）	275.00	2035.10.26	6.0400
华邦次（146179）	30.00	2035.10.26	0.0000	PR 鑫安 A4（146186）	1654.83	2020.01.03	4.5000

债券信息
List of Bonds

债券
Bond

债券简称（代码） Bond Name（Code）	发行量 （百万元） Issued Vol （M Yuan）	到期日 Expiration Date	票面利率（%） Coupon Rate	债券简称（代码） Bond Name（Code）	发行量 （百万元） Issued Vol （M Yuan）	到期日 Expiration Date	票面利率（%） Coupon Rate
17 鑫安 B（146187）	1504.39	2020.01.03	5.5000	PR 鑫安次（146188）	827.41	2020.05.27	0.0000
PR 优先（146207）	80.00	2020.04.21	6.0000	德华次级（146208）	20.00	2020.04.21	0.0000
PR 聚 02A3（146211）	290.00	2020.12.16	6.0000	PR 聚 02B1（146212）	105.00	2021.03.16	6.8000
17 聚 02B2（146213）	30.00	2021.06.16	0.1000	17 聚 02 次（146214）	184.00	2022.03.16	0.0000
17 遵义 06（146220）	50.00	2020.06.26	5.5000	17 遵义 07（146221）	48.00	2020.06.29	5.5000
17 遵义 08（146222）	53.00	2020.06.29	5.5000	17 遵义 09（146223）	50.00	2020.06.29	5.5000
17 遵义 10（146224）	57.00	2020.06.29	5.5000	G 武铁 05（146229）	59.00	2020.01.18	4.8000
G 武铁 06（146230）	58.00	2020.07.18	4.8000	G 武铁 07（146231）	65.00	2021.01.18	4.8000
G 武铁 08（146232）	63.00	2021.07.18	4.8000	G 武铁 09（146233）	70.00	2022.01.18	4.8000
G 武铁 10（146234）	69.00	2022.07.18	5.2900	G 武铁 11（146235）	76.00	2023.01.18	5.2900
G 武铁 12（146236）	76.00	2023.07.18	5.2900	G 武铁 13（146237）	84.00	2024.01.18	5.2900
G 武铁 14（146238）	83.00	2024.07.18	5.2900	G 武铁 15（146239）	91.00	2025.01.18	5.2900
G 武铁 16（146240）	90.00	2025.07.18	5.2900	G 武铁 17（146241）	99.00	2026.01.18	5.2900
G 武铁 18（146242）	99.00	2026.07.18	5.2900	G 武铁 19（146243）	109.00	2027.01.18	5.2900
G 武铁 20（146244）	109.00	2027.07.18	5.2900	恒信 04 优（146248）	1567.50	2020.06.24	2.0000
恒信 04 次（146249）	82.50	2020.06.24	0.0000	PR01A3（146252）	115.00	2020.07.27	6.1000
PR01B1（146253）	41.00	2020.10.26	6.7000	PR01C1（146254）	26.00	2021.04.26	7.3000
国药 01 次（146255）	74.76	2021.04.26	0.0000	17 荣发 03（146264）	500.00	2020.02.26	6.4000
17 荣发次（146265）	90.00	2020.02.26	0.0000	PR 桥 02（146267）	90.00	2020.01.26	5.4200
PR 桥 03（146268）	110.00	2022.01.26	5.5000	鄂黄桥 04（146269）	248.00	2027.01.26	6.0000
鄂黄桥次（146270）	10.00	2027.01.26	0.0000	PRA1（146271）	323.00	2021.12.15	6.3000
PRA2（146272）	83.00	2021.12.15	6.5000	科高次（146273）	25.00	2021.12.15	0.0000
武夷优 01（146283）	400.00	2020.07.28	6.5000	武夷优 02（146284）	350.00	2021.07.28	7.0000
武夷优 03（146285）	250.00	2022.01.26	7.5000	武夷次级（146286）	50.00	2022.01.26	0.0000
东环 A4（146290）	28.00	2020.11.28	4.4550	东环 A5（146291）	28.00	2021.11.28	4.4550
东环 A6（146292）	88.00	2022.11.28	4.4550	东环 A7（146293）	89.00	2023.11.28	4.4550
东环 A8（146294）	89.00	2024.11.28	4.4550	东环 A9（146295）	90.00	2025.11.28	4.4550
东环 A10（146296）	91.00	2026.11.28	4.4550	东环 A11（146297）	92.00	2027.11.28	4.4550
东环 A12（146298）	93.00	2028.11.28	4.4550	东环 A13（146299）	94.00	2029.11.28	4.4550
东环 A14（146300）	95.00	2030.11.28	4.4550	东环 A15（146301）	96.00	2031.11.28	4.4550
东环次（146302）	470.80	2031.11.28	0.0000	17 临热 03（146308）	130.00	2020.01.23	6.4000
17 临热 04（146309）	160.00	2021.01.25	6.6000	17 临热 05（146310）	180.00	2022.01.25	6.7000
17 临热 06（146311）	210.00	2023.01.30	6.8000	17 临热次（146312）	50.00	2023.01.30	0.0000
绿城优先（146313）	1500.00	2020.01.21	5.2900	绿城次级（146314）	100.00	2020.04.20	0.0000
PR 黄交 03（146320）	108.00	2020.08.26	6.1700	PR 交 04（146321）	114.00	2021.08.26	6.4000
黄公交 05（146322）	118.00	2022.08.26	6.6000	黄公交 06（146323）	126.00	2023.08.26	6.6000
黄公交 07（146324）	135.00	2024.08.26	6.6000	黄公交次（146325）	40.00	2024.08.26	0.0000
PRG 桑德（146326）	768.20	2027.01.18	6.5000	G 桑德次（146327）	51.80	2027.01.18	0.0000
青兰路 03（146333）	219.00	2020.02.20	6.3500	青兰路 04（146334）	231.00	2020.02.20	6.8000
青兰路 05（146335）	244.00	2020.02.20	6.9000	青兰路次（146336）	50.00	2020.02.20	0.0000
PR3B2（146364）	140.00	2020.01.20	6.3500	PR3B3（146365）	95.00	2020.04.20	6.3500
PR3B4（146366）	105.00	2020.04.29	6.3500	海亮 3B5（146367）	44.00	2020.04.29	6.3500
海亮 3 次（146368）	146.00	2020.04.29	0.0000	PR 保利优（146372）	3500.00	2029.01.20	4.8800
PR 保利 A（146373）	810.00	2035.04.30	4.0000	保利优 B（146374）	810.00	2035.04.30	4.1000
保利次级（146375）	1.00	2035.04.30	0.0000	PR 远东 2A（146376）	2850.00	2020.10.26	5.5600
PR 远东 2B（146377）	351.00	2021.10.26	6.9500	17 远东 2C（146378）	201.00	2022.07.26	0.0000
PR 平安 1A（146380）	2385.00	2020.02.21	5.5000	PR 平安 1B（146381）	330.00	2020.11.13	6.5000
17 沣西 03（146394）	19.00	2020.02.04	6.2700	17 沣西 04（146395）	20.00	2021.01.26	6.5700
17 沣西 05（146396）	20.00	2022.01.26	6.8700	17 沣西次（146397）	5.00	2022.01.26	0.0000
PR 一 B（146409）	334.00	2020.01.29	5.2000	PR 一次（146410）	664.20	2022.06.07	0.0000

债券信息
List of Bonds

债券简称（代码） Bond Name（Code）	发行量 （百万元） Issued Vol （M Yuan）	到期日 Expiration Date	票面利率（%） Coupon Rate	债券简称（代码） Bond Name（Code）	发行量 （百万元） Issued Vol （M Yuan）	到期日 Expiration Date	票面利率（%） Coupon Rate
PR 海洋 B（146439）	100.00	2020.03.26	6.3500	17 海洋次（146440）	69.06	2020.03.26	0.0000
PR 坤 2 优 A（146441）	305.00	2020.07.20	6.5000	PR 坤 2 优 B（146442）	178.00	2020.08.18	7.5000
金坤 2 次（146443）	25.95	2020.08.18	0.0000	王晁 10（146453）	34.00	2020.03.06	6.9000
王晁 11（146454）	34.00	2020.06.06	7.0000	王晁 12（146455）	34.00	2020.09.06	7.1000
王晁次级（146456）	20.00	2020.09.06	0.0000	PR 阆燃 03（146480）	100.00	2020.10.30	5.9000
17 阆燃 04（146481）	100.00	2020.11.11	6.4500	17 阆燃 05（146482）	100.00	2020.11.11	6.6000
17 阆燃次（146483）	25.00	2020.11.11	0.0000	金地优 3（146492）	44.00	2020.06.10	5.7400
金地优 4（146493）	45.00	2021.06.10	5.7400	金地优 5（146494）	55.00	2022.06.10	5.7400
金地优 6（146495）	57.00	2023.06.12	5.7400	金地优 7（146496）	69.00	2024.06.10	5.7400
金地优 8（146497）	72.00	2025.06.10	5.7400	金地次（146498）	20.00	2025.06.10	0.0000
PR 诚 2A3（146501）	114.50	2020.06.29	6.3000	PR 诚 02B（146502）	38.00	2020.12.26	6.8000
PR 诚 02 次（146503）	80.82	2022.03.26	0.0000	PR 优 01（146521）	910.00	2020.03.02	5.7500
PR 优 02（146522）	146.50	2020.09.01	6.5600	番雅次级（146523）	55.00	2020.09.01	0.0000
PR 奥 5A3（146531）	63.00	2020.04.28	5.7000	PR 奥租 5B（146532）	68.00	2020.07.28	6.5000
PR03（146538）	60.00	2020.10.13	5.7500	南汽 04（146539）	60.00	2021.10.13	5.7500
南汽 05（146540）	60.00	2022.10.13	5.7500	南汽次级（146541）	37.50	2022.10.13	0.0000
PR 龙 1A（146550）	1350.00	2020.09.24	5.0000	美凯龙 1B（146551）	1050.00	2020.09.24	6.2000
17 红博 03（146583）	80.00	2020.09.30	6.5500	17 红博 04（146584）	90.00	2021.09.30	6.6000
17 红博 05（146585）	100.00	2022.09.30	6.6000	17 红博 06（146586）	110.00	2023.09.30	6.7000
17 红博 07（146587）	120.00	2024.09.30	7.5000	17 红博 08（146588）	130.00	2025.09.30	7.5000
17 红博 09（146589）	140.00	2026.09.30	7.5000	17 红博次（146590）	50.00	2026.09.30	0.0000
PRC1（146598）	185.00	2020.01.31	7.0000	光谷 C2（146599）	15.00	2020.01.31	7.2000
PRD（146600）	181.00	2021.07.28	8.0000	光谷次级（146601）	100.00	2022.02.16	0.0000
上实 6A5（146606）	621.00	2020.01.30	6.5000	上实 6A6（146607）	390.00	2020.07.30	6.7000
上实 6B（146608）	393.00	2020.07.30	7.2000	上实 6 次（146609）	378.00	2020.07.30	0.0000
厦工院 04（146613）	108.00	2020.11.07	6.7000	厦工院 05（146614）	116.00	2021.11.07	6.8000
厦工院 06（146615）	124.50	2022.11.07	6.9000	17 畅星 01（146616）	1368.00	2022.09.13	6.2700
17 畅星 02（146617）	432.00	2022.09.13	6.7100	17 畅星次（146618）	850.00	2022.09.13	0.0000
电投优（146619）	683.62	2020.07.02	4.7500	电投次（146620）	35.98	2020.07.02	0.0000
首开优先（146621）	2910.00	2020.09.28	5.3400	首开次级（146622）	90.00	2020.09.28	0.0000
PR 平安 2A（146659）	3098.87	2021.08.10	5.8000	17 平安 2B（146660）	107.04	2021.11.10	6.5000
17 平安 2C（146661）	203.18	2023.04.25	0.0000	PR17 三 A（146665）	2965.00	2020.10.26	5.4500
PR17 三 B（146666）	445.00	2022.04.26	6.9500	17 远东 3C（146667）	205.00	2022.10.26	0.0000
PR17A（146700）	2000.00	2020.11.03	5.7000	复地 17B（146701）	1200.00	2020.11.03	6.0000
复地 17C（146702）	170.00	2035.11.03	0.0000	PRWT03 优（146711）	480.00	2020.11.08	6.0000
PR 易鑫 4B（146721）	153.00	2020.02.04	6.9000	PR 易鑫 4C（146722）	90.00	2020.03.13	0.0000
PR 八 A9（146756）	622.68	2020.02.21	5.0000	恒信八 B（146757）	337.67	2020.02.21	5.0000
恒信八次（146758）	488.70	2020.03.23	7.0000	长虹优 A（146759）	581.41	2020.11.03	5.4400
长虹优 B（146760）	68.36	2020.11.03	5.5300	长虹优 C（146761）	352.48	2020.11.03	6.1600
长虹次级（146762）	52.75	2020.11.03	0.0000	天风 17 次（146767）	122.60	2020.01.21	0.0000
宁海 A5（146776）	59.00	2020.06.01	5.8000	宁海次级（146777）	70.00	2020.06.01	0.0000
镜泊湖 A3（146787）	30.00	2020.10.20	7.0000	镜泊湖 A4（146788）	33.00	2020.10.20	7.2000
镜泊湖 A5（146789）	35.00	2020.10.20	7.2000	镜泊湖 A6（146790）	40.00	2020.10.20	7.2000
镜泊湖 A7（146791）	45.00	2020.10.20	7.2000	镜泊湖次（146792）	26.11	2020.10.20	0.0000
PR 聚 03A2（146794）	665.00	2020.03.17	6.0000	PR 聚 03A3（146795）	357.00	2021.03.16	6.1800
17 聚 03B1（146796）	90.00	2021.06.16	7.0000	17 聚 03B2（146797）	40.00	2021.09.16	6.5000
17 聚 03 次（146798）	218.00	2022.09.16	4.0000	仪师 03（146805）	20.50	2020.03.20	5.8000
仪师 04（146806）	21.00	2021.03.20	6.5000	仪师 05（146807）	22.50	2022.03.20	6.5000
仪师 06（146808）	23.50	2023.03.20	6.5000	仪师 07（146809）	25.00	2024.03.20	6.5000
仪师 08（146810）	26.00	2025.03.20	6.5000	仪师 09（146811）	27.50	2026.03.20	6.5000

债券信息 债券
List of Bonds Bond

债券简称（代码） Bond Name（Code）	发行量（百万元） Issued Vol （M Yuan）	到期日 Expiration Date	票面利率（%） Coupon Rate	债券简称（代码） Bond Name（Code）	发行量（百万元） Issued Vol （M Yuan）	到期日 Expiration Date	票面利率（%） Coupon Rate
仪师10（146812）	29.00	2027.03.20	6.5000	仪师11（146813）	30.50	2028.03.20	6.5000
仪师12（146814）	81.50	2029.03.20	6.5000	仪师次级（146815）	28.00	2029.03.20	0.0000
PR次级（146820）	318.82	2020.04.24	0.0000	PRA4（146859）	1470.00	2020.01.31	6.0000
PR17汇B（146860）	660.00	2020.04.28	6.5000	17汇融C（146861）	330.00	2020.04.28	6.5000
PR17汇次（146862）	640.00	2021.01.28	0.0000	17华夏A3（146871）	500.00	2020.06.30	6.6000
17华夏A4（146872）	500.00	2021.06.30	6.6000	17华夏A5（146873）	500.00	2022.06.30	6.6000
17华夏A6（146874）	500.00	2023.06.30	6.6000	PR次（146877）	1242.00	2020.07.09	0.0000
新湖优A（146878）	975.00	2020.11.29	6.5000	新湖优B（146879）	450.00	2020.11.29	6.9000
新湖次（146880）	75.00	2020.11.29	0.0000	建房优2（146882）	390.00	2020.10.26	4.3000
建房优3（146883）	480.00	2020.08.04	4.3000	建房次级（146884）	50.00	2020.10.26	0.0000
17中投1A（146885）	1900.00	2020.11.21	5.4500	17中投次（146886）	100.00	2020.11.21	0.0000
PR2B（146890）	1497.00	2020.06.04	5.1000	鑫安2次（146891）	449.10	2020.06.04	0.0000
PR1A（146895）	1600.00	2035.11.24	5.4500	泛海1B（146896）	730.00	2035.11.24	5.7800
泛海1次（146897）	70.00	2035.11.24	0.0000	中飞租03（146903）	20.43	2020.11.10	3.2800
中飞租04（146904）	23.74	2021.11.10	3.4800	中飞租05（146905）	24.11	2022.11.10	3.5800
中飞租06（146906）	27.45	2023.11.10	3.6000	中飞租07（146907）	22.50	2024.11.12	3.9000
中飞租08（146908）	17.47	2025.08.11	4.0000	17河北22（147000）	271.00	2022.09.25	3.9100
17河北23（147001）	420.00	2022.09.25	3.9800	17河北24（147002）	210.00	2022.09.25	3.9500
17河北25（147003）	160.00	2022.09.25	3.9800	17河北26（147004）	1014.00	2022.09.25	3.9500
17河北27（147005）	409.00	2022.09.25	3.9800	17河北28（147006）	500.00	2020.09.25	3.9000
17河北29（147007）	619.00	2020.09.25	3.7400	17河北30（147008）	1065.00	2022.09.25	3.9500
17河北31（147009）	1426.00	2022.09.25	3.9900	17河北32（147010）	136.00	2022.09.25	3.9900
17新疆21（147011）	12930.00	2027.09.25	4.0500	17江西17（147012）	1880.00	2022.10.11	3.7700
17江西18（147013）	1880.00	2024.10.11	3.9800	17江西19（147014）	715.00	2022.10.11	3.7700
17江西20（147015）	715.00	2024.10.11	3.9800	17青海08（147016）	813.20	2020.10.13	3.8700
17青海09（147017）	2033.00	2022.10.13	3.9300	17青海10（147018）	2439.00	2024.10.13	3.9900
17青海11（147019）	2845.00	2027.10.13	4.0300	17青海12（147020）	300.00	2020.10.13	3.8700
17青海13（147021）	300.00	2022.10.13	3.9500	17青海14（147022）	200.00	2024.10.13	3.9900
17青海15（147023）	300.00	2027.10.13	4.0500	17青海16（147024）	400.00	2022.10.13	3.9600
17青海17（147025）	500.00	2022.10.13	3.9600	17青海18（147026）	500.00	2022.10.13	3.9600
17青海19（147027）	200.00	2022.10.13	3.9900	17青海20（147028）	100.00	2022.10.13	3.9900
17青海21（147029）	100.00	2022.10.13	3.9900	17青海22（147030）	100.00	2022.10.13	3.9900
17青海23（147031）	100.00	2022.10.13	3.9900	17湖北14（147032）	5213.56	2022.10.16	3.9400
17湖北15（147033）	328.96	2022.10.16	4.0500	17湖北16（147034）	522.66	2022.10.16	3.9800
17湖北17（147035）	968.41	2022.10.16	3.9600	17湖北18（147036）	2204.67	2022.10.16	3.9500
17湖北19（147037）	724.79	2022.10.16	3.9400	17湖北20（147038）	997.00	2022.10.16	4.1900
17湖北21（147039）	1762.85	2022.10.16	3.9800	17湖北22（147040）	866.73	2022.10.16	3.9800
17湖北23（147041）	753.71	2022.10.16	4.0500	17湖北24（147042）	472.12	2022.10.16	4.0500
17湖北25（147043）	686.07	2022.10.16	4.2400	17湖北26（147044）	400.72	2022.10.16	4.2800
17湖北27（147045）	97.75	2022.10.16	4.3200	17重庆11（147046）	4460.00	2027.10.17	3.9600
17重庆12（147047）	5740.00	2020.10.17	3.7800	17重庆13（147048）	11500.00	2022.10.17	3.9500
17重庆14（147049）	800.00	2022.10.17	4.0000	17重庆15（147050）	200.00	2022.10.17	3.9600
17甘肃07（147051）	1700.00	2022.10.18	3.8500	17甘肃08（147052）	100.00	2022.10.18	3.9900
17甘肃09（147053）	100.00	2022.10.18	3.9900	17甘肃10（147054）	500.00	2022.10.18	3.8700
17甘肃11（147055）	500.00	2022.10.18	3.8700	17甘肃12（147056）	200.00	2022.10.18	3.9200
17甘肃13（147057）	200.00	2022.10.18	3.9300	17甘肃14（147058）	200.00	2022.10.18	3.8700
17甘肃15（147059）	300.00	2022.10.18	3.8500	17甘肃16（147060）	400.00	2022.10.18	3.8500
17甘肃17（147061）	200.00	2022.10.18	3.8600	17甘肃18（147062）	300.00	2022.10.18	3.8600
17甘肃19（147063）	300.00	2022.10.18	3.8600	17甘肃20（147064）	3000.00	2027.10.18	4.2600
17甘肃21（147065）	2800.00	2024.10.18	3.8000	17四川33（147066）	6000.00	2020.10.24	3.7700

债券信息
List of Bonds

债券简称（代码） Bond Name（Code）	发行量（百万元） Issued Vol （M Yuan）	到期日 Expiration Date	票面利率（%） Coupon Rate	债券简称（代码） Bond Name（Code）	发行量（百万元） Issued Vol （M Yuan）	到期日 Expiration Date	票面利率（%） Coupon Rate
17 四川 34（147067）	6000.00	2022.10.24	3.9400	17 四川 35（147068）	6000.00	2024.10.24	4.0600
17 四川 36（147069）	2000.00	2027.10.24	4.1300	17 河北 33（147070）	2000.00	2024.10.23	3.9000
17 河北 34（147071）	100.00	2024.10.23	3.9800	17 广西 24（147072）	2000.00	2027.10.25	4.1100
17 广西 25（147073）	1100.00	2020.10.25	3.9000	17 广西 26（147074）	4700.00	2020.10.25	3.8500
17 广西 27（147075）	2000.00	2024.10.25	4.0700	17 广西 28（147076）	4000.00	2027.10.25	4.0500
17 辽宁 15（147077）	7700.00	2020.10.27	3.8100	17 辽宁 16（147078）	10000.00	2022.10.27	3.9800
17 辽宁 17（147079）	7646.00	2024.10.27	4.0800	17 辽宁 18（147080）	2200.00	2020.10.27	3.8600
17 辽宁 19（147081）	2900.00	2022.10.27	3.9800	17 辽宁 20（147082）	2117.00	2024.10.27	4.0800
17 浙江 29（147083）	2403.33	2020.11.01	3.6600	17 浙江 30（147084）	1977.40	2022.11.01	3.8500
17 浙江 31（147085）	1977.40	2024.11.01	3.9100	17 浙江 32（147086）	7056.40	2022.11.01	3.8400
17 浙江 33（147087）	2882.57	2024.11.01	3.9400	17 浙江 34（147088）	4773.85	2027.11.01	3.9500
17 贵州 17（147089）	8000.00	2020.11.01	3.8600	17 贵州 18（147090）	2000.00	2024.11.01	4.1400
17 贵州 19（147091）	6000.00	2020.11.01	3.8600	17 贵州 20（147092）	9000.00	2022.11.01	4.0000
17 贵州 21（147093）	9000.00	2024.11.01	4.1400	17 贵州 22（147094）	6000.00	2027.11.01	4.1000
17 江苏 24（147095）	8620.00	2020.11.03	3.8400	17 江苏 25（147096）	8500.00	2022.11.03	3.9900
17 江苏 26（147097）	8500.00	2024.11.03	3.9900	17 江苏 27（147098）	8500.00	2027.11.03	4.0000
17 江苏 28（147099）	14810.00	2020.11.03	3.7900	17 江苏 29（147100）	14800.00	2024.11.03	4.0900
17 上海 04（147101）	5490.00	2020.11.06	3.7500	17 上海 05（147102）	8210.00	2022.11.06	3.9700
17 上海 06（147103）	5480.00	2024.11.06	4.0600	17 上海 07（147104）	8210.00	2027.11.06	4.0700
17 新疆 22（147105）	9140.00	2020.11.07	3.8400	17 新疆 23（147106）	2220.00	2024.11.07	4.2200
17 山东 28（147107）	7145.00	2020.11.08	3.7800	17 山东 29（147108）	1297.00	2022.11.08	4.0500
17 山东 30（147109）	1271.00	2024.11.08	4.1500	17 山东 31（147110）	4879.00	2022.11.08	4.0600
17 山东 32（147111）	6000.00	2024.11.08	4.2200	17 山东 33（147112）	450.00	2022.11.08	4.0500
17 宁夏 07（147113）	600.00	2022.11.08	3.8800	17 宁夏 08（147114）	600.00	2024.11.08	3.9200
17 宁夏 09（147115）	876.64	2027.11.08	3.8800	17 宁夏 10（147116）	216.07	2022.11.08	3.8800
17 宁夏 11（147117）	500.00	2027.11.08	3.8800	17 大连 01（147118）	1498.22	2020.11.10	3.8700
17 大连 02（147119）	2244.43	2022.11.10	4.0900	17 大连 03（147120）	2245.59	2024.11.10	4.1800
17 大连 04（147121）	1497.06	2027.11.10	4.1800	17 大连 05（147122）	106.53	2020.11.10	3.8900
17 大连 06（147123）	159.79	2022.11.10	4.0500	17 大连 07（147124）	159.79	2024.11.10	4.2200
17 大连 08（147125）	106.52	2027.11.10	4.3800	17 山西 19（147126）	5827.00	2020.11.13	3.6900
17 山西 20（147127）	700.00	2024.11.13	3.9200	17 山西 21（147128）	1000.00	2027.11.13	3.8800
17 山西 22（147129）	1615.00	2027.11.13	3.8800	17 山西 23（147130）	2600.00	2027.11.13	3.9100
17 山西 24（147131）	540.00	2022.11.13	3.9000	17 山西 25（147132）	80.00	2022.11.13	3.9000
17 广东 41（147133）	3580.00	2022.11.10	3.9900	17 广东 42（147134）	3580.00	2024.11.10	3.9900
17 河北 35（147135）	2290.00	2020.11.14	3.7000	17 河北 36（147136）	5000.00	2020.11.14	3.7000
17 河北 37（147137）	5360.00	2022.11.14	3.9000	17 海南 07（147138）	1900.00	2020.11.15	3.8400
17 海南 08（147139）	3517.95	2022.11.15	3.9600	17 海南 09（147140）	1500.00	2027.11.15	4.1400
17 海南 10（147141）	1887.27	2024.11.15	4.0200	17 海南 11（147142）	800.00	2022.11.15	4.1500
17 海南 12（147143）	800.00	2022.11.15	4.3000	17 海南 13（147144）	200.00	2022.11.15	4.2600
17 海南 14（147145）	300.00	2022.11.15	4.4900	17 海南 15（147146）	1000.00	2022.11.15	4.4900
17 海南 16（147147）	100.00	2022.11.15	4.3000	17 海南 17（147148）	100.00	2022.11.15	4.4900
17 海南 18（147149）	100.00	2022.11.15	4.4900	17 海南 19（147150）	100.00	2022.11.15	4.4900
17 海南 20（147151）	100.00	2022.11.15	4.4900	17 海南 21（147152）	100.00	2022.11.15	4.4900
17 海南 22（147153）	100.00	2022.11.15	4.4900	17 海南 23（147154）	200.00	2022.11.15	4.4900
17 福建 16（147155）	941.87	2020.11.17	3.9200	17 福建 17（147156）	2820.00	2022.11.17	4.0600
17 福建 18（147157）	2820.00	2024.11.17	4.2200	17 福建 19（147158）	2820.00	2027.11.17	4.3000
17 福建 20（147159）	6621.67	2022.11.17	4.1000	17 福建 21（147160）	3300.00	2024.11.17	4.2600
17 福建 22（147161）	3300.00	2027.11.17	4.3200	17 安徽 10（147162）	661.19	2022.11.20	4.0600
17 安徽 11（147163）	436.97	2022.11.20	4.2500	17 安徽 12（147164）	500.50	2022.11.20	4.2000
17 安徽 13（147165）	972.40	2022.11.20	4.2000	17 安徽 14（147166）	6108.90	2022.11.20	4.1300

债券信息 List of Bonds

债券 Bond

债券简称（代码）Bond Name（Code）	发行量（百万元）Issued Vol（M Yuan）	到期日 Expiration Date	票面利率（%）Coupon Rate	债券简称（代码）Bond Name（Code）	发行量（百万元）Issued Vol（M Yuan）	到期日 Expiration Date	票面利率（%）Coupon Rate
17 安徽 15（147167）	297.99	2022.11.20	4.2000	17 安徽 16（147168）	1351.95	2022.11.20	4.1500
17 安徽 17（147169）	821.77	2020.11.20	4.2200	17 安徽 18（147170）	1569.33	2020.11.20	4.1900
17 安徽 19（147171）	98.23	2022.11.20	4.2000	17 安徽 20（147172）	395.30	2022.11.20	4.3500
17 安徽 21（147173）	587.80	2022.11.20	4.3900	17 安徽 22（147174）	206.72	2022.11.20	4.3000
17 四川 37（147175）	2200.00	2020.11.21	3.9900	17 四川 38（147176）	2200.00	2022.11.21	4.0800
17 四川 39（147177）	2200.00	2024.11.21	4.1700	17 四川 40（147178）	714.00	2027.11.21	4.2500
17 湖北 28（147179）	800.00	2022.11.27	4.0800	17 湖北 29（147180）	6000.00	2027.11.27	4.7100
17 湖北 30（147181）	1500.00	2022.11.27	3.9700	17 青海 24（147182）	879.66	2027.11.27	4.3000
17 青海 25（147183）	600.00	2022.11.27	4.2000	17 青海 26（147184）	1400.00	2024.11.27	4.4900
17 青海 27（147185）	2800.00	2027.11.27	4.7000	17 青海 28（147186）	200.00	2020.11.27	3.9700
17 青海 29（147187）	300.00	2022.11.27	4.0700	17 青海 30（147188）	300.00	2020.11.27	3.9300
17 青海 31（147189）	700.00	2022.11.27	4.0900	17 青海 32（147190）	32.85	2022.11.27	4.5900
17 吉林 10（147191）	1839.80	2027.12.01	4.2900	17 吉林 11（147192）	635.00	2022.12.01	4.0400
17 吉林 12（147193）	883.00	2027.12.01	4.5900	17 北京 16（147194）	3833.64	2020.12.01	3.7900
17 北京 17（147195）	117.40	2027.12.01	3.9600	17 北京 18（147196）	2500.00	2020.12.01	3.7900
17 北京 19（147197）	7620.00	2027.12.01	3.9600	17 陕西 17（147198）	580.00	2022.12.04	4.0300
17 陕西 18（147199）	120.00	2022.12.04	4.4400	17 陕西 19（147200）	40.00	2022.12.04	4.0300
17 陕西 20（147201）	40.00	2022.12.04	4.5900	17 陕西 21（147202）	30.00	2022.12.04	4.5000
17 陕西 22（147203）	70.00	2022.12.04	4.4400	17 陕西 23（147204）	120.00	2022.12.04	4.0300
17 天津 25（147205）	1240.00	2020.12.06	4.0200	17 天津 26（147206）	4750.00	2020.12.06	4.1800
17 天津 27（147207）	600.00	2022.12.06	4.3000	17 甘肃 22（147208）	770.00	2022.12.11	3.9500
17 甘肃 23（147209）	300.00	2024.12.11	4.1000	17 河南 38（147210）	1900.00	2024.12.12	4.1500
17 深圳 01（147211）	2000.00	2022.12.12	3.8200	17 内蒙 13（147212）	380.00	2022.12.18	4.4900
17 内蒙 14（147213）	170.00	2022.12.18	4.6800	17 内蒙 15（147214）	490.00	2022.12.18	4.5000
17 内蒙 16（147215）	240.00	2022.12.18	4.7500	17 内蒙 17（147216）	270.00	2022.12.18	4.6800
17 内蒙 18（147217）	500.00	2022.12.18	4.5000	17 内蒙 19（147218）	250.00	2022.12.18	4.7500
17 内蒙 20（147219）	230.00	2022.12.18	4.6800	17 内蒙 21（147220）	470.00	2022.12.18	4.5000
17 内蒙 22（147221）	200.00	2022.12.18	4.6700	17 内蒙 23（147222）	90.00	2022.12.18	4.7200
17 内蒙 24（147223）	60.00	2022.12.18	4.6400	17 内蒙 25（147224）	30.00	2022.12.18	4.2800
17 内蒙 26（147225）	120.00	2022.12.18	4.2000	17 云南 23（147226）	1000.00	2020.12.27	4.2400
18 新疆 01（147227）	1400.00	2021.02.28	3.6100	18 新疆 02（147228）	2460.00	2021.02.28	3.8000
18 广西 01（147229）	4840.00	2023.03.09	3.9700	18 广西 02（147230）	3120.00	2023.03.09	4.1000
18 广西 03（147231）	600.00	2023.03.09	4.1000	18 广西 04（147232）	1500.00	2025.03.09	4.1800
18 内蒙 01（147233）	1056.48	2021.03.14	3.9700	18 内蒙 02（147234）	3240.00	2023.03.14	4.1600
18 内蒙 03（147235）	3240.00	2025.03.14	4.2900	18 内蒙 04（147236）	3240.00	2028.03.14	4.3200
18 内蒙 05（147237）	1886.78	2023.03.14	4.1500	18 内蒙 06（147238）	1886.78	2028.03.14	4.3500
18 贵州 01（147239）	12000.00	2021.03.14	4.0300	18 贵州 02（147240）	18000.00	2025.03.14	4.3200
18 贵州 03（147241）	4400.00	2021.03.14	4.1400	18 贵州 04（147242）	6600.00	2025.03.14	4.3200
18 河北 01（147243）	2600.00	2021.03.16	3.6800	18 河北 02（147244）	2600.00	2023.03.16	3.9600
18 河北 03（147245）	2600.00	2025.03.16	3.9600	18 河北 04（147246）	1100.00	2028.03.16	4.2300
18 河北 05（147247）	2300.00	2023.03.16	3.8800	18 河北 06（147248）	2240.00	2028.03.16	4.2000
18 湖北 02（147250）	2969.65	2021.03.26	3.8200	18 山东 01（147251）	13958.00	2023.04.04	4.0000
18 山东 02（147252）	5000.00	2028.04.04	4.0500	18 山东 03（147253）	5668.00	2021.04.04	3.7600
18 山东 04（147254）	5000.00	2025.04.04	4.1000	18 辽宁 01（147255）	4540.00	2021.04.04	3.8600
18 辽宁 02（147256）	4540.00	2023.04.04	4.0500	18 辽宁 03（147257）	4540.00	2025.04.04	4.0400
18 辽宁 04（147258）	1529.00	2028.04.04	4.0800	18 辽宁 05（147259）	3000.00	2023.04.04	4.0100
18 辽宁 06（147260）	2851.00	2025.04.04	4.0400	18 山西 01（147261）	3000.00	2021.04.10	3.5500
18 山西 02（147262）	5000.00	2023.04.10	3.6500	18 山西 03（147263）	5000.00	2025.04.10	3.9400
18 广东 01（147264）	3510.00	2023.04.11	3.8400	18 广东 02（147265）	2870.00	2023.04.11	3.8400
18 宁夏 01（147266）	2293.66	2028.04.13	3.7100	18 重庆 01（147267）	6270.00	2021.04.23	3.2800

债券信息
List of Bonds

债券
Bond

债券简称（代码）Bond Name（Code）	发行量（百万元）Issued Vol（M Yuan）	到期日 Expiration Date	票面利率（%）Coupon Rate	债券简称（代码）Bond Name（Code）	发行量（百万元）Issued Vol（M Yuan）	到期日 Expiration Date	票面利率（%）Coupon Rate
18 重庆 02（147268）	8000.00	2025.04.23	3.6100	18 甘肃 01（147269）	6600.00	2023.04.24	3.3900
18 陕西 01（147270）	2493.41	2021.05.09	3.5200	18 陕西 02（147271）	2493.36	2023.05.09	3.5600
18 陕西 03（147272）	2493.38	2025.05.09	3.8500	18 陕西 04（147273）	831.13	2028.05.09	3.9500
18 陕西 05（147274）	4245.82	2021.05.09	3.7200	18 陕西 06（147275）	4245.86	2023.05.09	3.6100
18 陕西 07（147276）	4245.85	2025.05.09	4.0400	18 陕西 08（147277）	1415.27	2028.05.09	3.9400
18 新疆 03（147278）	5270.00	2023.05.14	3.4800	18 大连 01（147279）	6268.46	2021.05.16	3.7100
18 大连 02（147280）	5520.30	2025.05.16	4.0500	18 大连 03（147281）	255.92	2021.05.16	3.7100
18 大连 04（147282）	496.00	2025.05.16	4.1600	18 江苏 02（147283）	16780.00	2021.05.21	3.3800
18 江苏 03（147284）	16600.00	2025.05.21	3.8500	18 江苏 04（147285）	12510.00	2023.05.21	3.6100
18 江苏 05（147286）	12500.00	2028.05.21	3.9000	18 广西 05（147287）	6800.00	2021.05.18	3.6000
18 广西 06（147288）	5000.00	2021.05.18	3.6100	18 广西 07（147289）	5700.00	2023.05.18	3.7500
18 河北 07（147290）	8100.00	2021.05.28	3.6000	18 河北 08（147291）	8190.00	2023.05.28	3.6400
18 河北 09（147292）	790.00	2021.05.28	3.6500	18 贵州 05（147293）	4000.00	2021.05.28	3.7600
18 贵州 06（147294）	2500.00	2023.05.28	3.9400	18 贵州 07（147295）	2000.00	2025.05.28	4.1200
18 贵州 08（147296）	1500.00	2028.05.28	4.2300	18 贵州 09（147297）	5700.00	2021.05.28	3.9000
18 贵州 10（147298）	3300.00	2023.05.28	3.9700	18 贵州 11（147299）	2700.00	2025.05.28	4.1400
18 贵州 12（147300）	2300.00	2028.05.28	4.3000	18 安徽 01（147301）	10000.00	2021.06.01	3.8600
18 安徽 02（147302）	10134.86	2023.06.01	4.0000	18 安徽 03（147303）	10000.00	2025.06.01	4.1500
18 安徽 04（147304）	10000.00	2023.06.01	4.1600	18 安徽 05（147305）	7280.60	2025.06.01	4.2300
18 四川 04（147306）	10000.00	2023.06.04	3.7100	18 四川 05（147307）	1000.00	2025.06.04	4.0700
18 新疆 04（147308）	13600.00	2028.06.05	4.0900	18 新疆 05（147309）	820.00	2021.06.05	3.5600
18 广西 08（147310）	8849.00	2023.06.07	3.8500	18 重庆 03（147311）	6600.00	2023.06.11	3.6700
18 重庆 04（147312）	7000.00	2025.06.11	3.9300	18 重庆 05（147313）	9000.00	2021.06.11	3.5600
18 重庆 06（147314）	7100.00	2028.06.11	4.0000	18 陕西 09（147315）	6656.17	2021.06.12	3.7600
18 陕西 10（147316）	10000.00	2023.06.12	4.0000	18 陕西 11（147317）	10000.00	2025.06.12	4.1400
18 陕西 12（147318）	6600.00	2028.06.12	4.2000	18 广东 03（147319）	13190.00	2023.06.13	3.6600
18 广东 04（147320）	6430.00	2023.06.13	3.6800	18 湖北 03（147321）	11970.10	2023.06.19	3.7900
18 湖北 04（147322）	2175.26	2023.06.19	3.9400	18 山东 07（147323）	14526.00	2023.06.20	3.7600
18 青海 01（147324）	2000.00	2021.06.22	4.0000	18 青海 02（147325）	4000.00	2023.06.22	4.1000
18 青海 03（147326）	4960.00	2025.06.22	4.2100	18 浙江 01（147327）	2900.00	2023.06.22	3.4700
18 浙江 02（147328）	30300.00	2028.06.22	3.8100	18 海南 01（147329）	1600.00	2021.06.25	3.6900
18 海南 02（147330）	3000.00	2023.06.25	3.8000	18 海南 03（147331）	3000.00	2025.06.25	4.0500
18 海南 04（147332）	3900.00	2028.06.25	4.1300	18 河北 10（147333）	17700.00	2023.06.25	4.0800
18 河北 11（147334）	17700.00	2028.06.25	4.2700	18 贵州 13（147335）	1437.49	2023.06.26	4.0900
18 贵州 14（147336）	5000.00	2021.06.26	4.0000	18 贵州 15（147337）	10000.00	2023.06.26	4.1300
18 新疆 06（147338）	15000.00	2028.07.06	4.1500	18 广东 05（147339）	20000.00	2025.07.10	3.6900
18 广东 06（147340）	10289.98	2028.07.10	3.7000	18 广东 07（147341）	3500.00	2021.07.10	3.3700
18 广东 08（147342）	7000.00	2025.07.10	3.6900	18 广东 09（147343）	6990.00	2028.07.10	3.7000
18 宁波 01（147344）	1870.00	2021.07.11	3.2700	18 宁波 02（147345）	2830.00	2023.07.11	3.3700
18 宁波 03（147346）	1880.00	2025.07.11	3.6500	18 宁波 04（147347）	2830.00	2028.07.11	3.7200
18 宁波 05（147348）	1480.00	2021.07.11	3.2700	18 宁波 06（147349）	2220.00	2023.07.11	3.3700
18 宁波 07（147350）	1490.00	2025.07.11	3.6500	18 宁波 08（147351）	2260.00	2028.07.11	3.7200
18 广东 10（147352）	1200.00	2023.07.10	3.5000	18 广东 11（147353）	1200.00	2023.07.10	3.5000
18 广东 12（147354）	1800.00	2023.07.10	3.5000	18 广东 13（147355）	1400.00	2023.07.10	3.5000
18 广东 14（147356）	1900.00	2023.07.10	3.5000	18 广东 15（147357）	500.00	2023.07.10	3.5000
18 广东 16（147358）	2910.00	2023.07.10	3.5000	18 广东 17（147359）	1900.00	2023.07.10	3.5000
18 广东 18（147360）	500.00	2023.07.10	3.5000	18 广东 19（147361）	7100.00	2028.07.10	3.7100
18 江苏 06（147362）	29400.00	2023.07.16	3.7000	18 江苏 07（147363）	22340.00	2028.07.16	3.9300
18 江苏 08（147364）	13560.00	2021.07.16	3.6000	18 浙江 03（147365）	15100.00	2028.07.17	3.6200
18 广西 09（147366）	31865.65	2023.07.19	3.8500	18 广西 10（147367）	1374.51	2025.07.19	4.0000

债券信息
List of Bonds

债券
Bond

债券简称（代码） Bond Name（Code）	发行量（百万元） Issued Vol (M Yuan)	到期日 Expiration Date	票面利率（%） Coupon Rate	债券简称（代码） Bond Name（Code）	发行量（百万元） Issued Vol (M Yuan)	到期日 Expiration Date	票面利率（%） Coupon Rate
18上海01（147368）	6100.00	2021.07.20	3.2400	18上海02（147369）	6100.00	2023.07.20	3.3200
18上海03（147370）	9040.00	2025.07.20	3.5500	18上海04（147371）	9040.00	2028.07.20	3.5700
18上海05（147372）	2360.00	2023.07.20	3.3000	18上海06（147373）	1690.00	2025.07.20	3.4800
18重庆07（147374）	8000.00	2021.07.23	3.4300	18重庆08（147375）	6608.00	2028.07.23	3.7500
18重庆09（147376）	2862.00	2025.07.23	3.7200	18甘肃06（147377）	3500.00	2023.07.24	3.7400
18甘肃07（147378）	3270.00	2025.07.24	3.9000	18甘肃08（147379）	3141.98	2028.07.24	3.9500
18四川08（147380）	15000.00	2023.07.27	3.8400	18新疆07（147381）	14350.00	2023.07.27	3.8000
18新疆08（147382）	4010.00	2021.07.27	3.5900	18新疆09（147383）	2150.00	2025.07.27	4.0000
18北京01（147384）	9823.00	2021.08.01	3.1800	18北京02（147385）	3679.00	2023.08.01	3.3000
18北京03（147386）	6536.00	2025.08.01	3.5300	18北京04（147387）	9562.00	2028.08.01	3.6400
18云南12（147388）	6800.00	2023.08.13	3.4100	18云南13（147389）	4400.00	2025.08.13	3.8300
18云南14（147390）	2300.00	2023.08.13	3.7200	18云南15（147391）	1000.00	2023.08.13	3.7800
18湖南13（147392）	10000.00	2021.08.15	3.4800	18湖南14（147393）	12719.44	2025.08.15	4.0000
18湖南15（147394）	2000.00	2023.08.15	3.8000	18厦门01（147395）	1700.00	2023.08.15	3.6500
18厦门02（147396）	2500.00	2028.08.15	3.9400	18厦门03（147397）	1000.00	2020.08.15	2.8600
18厦门04（147398）	1400.00	2023.08.15	3.6500	18厦门05（147399）	2400.00	2028.08.15	3.9400
18厦门06（147400）	1000.00	2038.08.15	4.0800	18新疆10（147401）	4580.00	2028.08.17	3.9600
18新疆11（147402）	2400.00	2028.08.17	3.9700	18新疆12（147403）	5000.00	2028.08.17	4.2500
18新疆13（147404）	1000.00	2023.08.17	3.8000	18新疆14（147405）	6500.00	2023.08.17	3.8000
18新疆15（147406）	200.00	2023.08.17	3.9700	18新疆16（147407）	380.00	2023.08.17	3.9700
18新疆17（147408）	500.00	2023.08.17	3.9700	18新疆18（147409）	200.00	2023.08.17	3.9700
18新疆19（147410）	300.00	2023.08.17	3.9700	18江苏09（147411）	13700.00	2021.08.20	3.5800
18江苏10（147412）	30000.00	2025.08.20	3.9400	18江苏11（147413）	16000.00	2028.08.20	3.9800
18海南05（147414）	2760.63	2021.08.21	3.6100	18海南06（147415）	1900.00	2025.08.21	3.9500
18海南07（147416）	2300.00	2028.08.21	4.0000	18海南08（147417）	1463.02	2021.08.21	3.6900
18海南09（147418）	2000.00	2025.08.21	3.9500	18广东20（147419）	3706.14	2025.08.17	3.9300
18广东21（147420）	12924.41	2025.08.17	3.9300	18广东22（147421）	1000.00	2028.08.17	3.9600
18广东23（147422）	200.00	2023.08.17	3.7100	18广东24（147423）	800.00	2023.08.17	3.7100
18广东25（147424）	100.00	2023.08.17	3.7100	18广东26（147425）	100.00	2023.08.17	3.7100
18广东27（147426）	200.00	2023.08.17	3.7100	18广东28（147427）	700.00	2023.08.17	3.7100
18广东29（147428）	4200.00	2023.08.17	3.7100	18广东30（147429）	500.00	2023.08.17	3.7100
18广东31（147430）	400.00	2023.08.17	3.7100	18广东32（147431）	200.00	2023.08.17	3.7100
18广东33（147432）	1700.00	2023.08.17	3.7100	18广东34（147433）	34190.00	2023.08.17	3.7100
18龙江11（147434）	10112.59	2025.08.22	4.0100	18龙江12（147435）	1200.00	2023.08.22	3.7600
18龙江13（147436）	300.00	2023.08.22	3.9600	18龙江14（147437）	9936.58	2023.08.22	3.7800
18龙江15（147438）	1193.11	2023.08.22	3.9000	18龙江16（147439）	1091.03	2023.08.22	3.9500
18龙江17（147440）	979.28	2023.08.22	4.0100	18甘肃09（147441）	1977.28	2021.08.27	3.7000
18甘肃10（147442）	5202.74	2023.08.27	3.8300	18甘肃11（147443）	3400.00	2025.08.27	3.9900
18龙江18（147444）	2000.00	2023.08.22	3.7900	18广西11（147445）	6845.00	2025.08.29	3.9900
18广西12（147446）	20200.00	2023.08.29	3.8300	18广西13（147447）	1300.00	2023.08.29	3.8700
18广西14（147448）	4800.00	2028.08.29	4.2500	18新疆20（147449）	2500.00	2023.08.29	3.8300
18安徽09（147450）	10120.76	2023.08.30	3.8200	18安徽10（147451）	2444.50	2025.08.30	3.9800
18安徽11（147452）	5357.72	2025.08.30	3.9800	18青海04（147453）	5450.00	2023.08.30	3.8200
18青海05（147454）	5500.00	2025.08.30	3.9800	18青海06（147455）	200.00	2028.08.30	4.1000
18青海07（147456）	700.00	2028.08.30	4.0200	18青海08（147457）	200.00	2023.08.30	3.8200
18青海09（147458）	500.00	2025.08.30	4.0800	18湖北08（147459）	1800.00	2023.09.03	3.8000
18湖北09（147460）	11387.36	2025.09.03	3.9800	18湖北10（147461）	9799.04	2028.09.03	4.0100
18内蒙21（147462）	1200.00	2028.09.05	4.0500	18深圳01（147463）	300.00	2020.09.12	3.4100
18深圳02（147464）	1000.00	2023.09.12	3.8300	18浙江12（147465）	14270.00	2023.09.13	3.8500
18浙江13（147466）	7600.00	2025.09.13	4.0400	18北京05（147467）	2100.00	2023.09.17	3.8900

债券信息
List of Bonds

债券简称（代码）Bond Name（Code）	发行量（百万元）Issued Vol（M Yuan）	到期日 Expiration Date	票面利率（%）Coupon Rate	债券简称（代码）Bond Name（Code）	发行量（百万元）Issued Vol（M Yuan）	到期日 Expiration Date	票面利率（%）Coupon Rate
18 北京 06（147468）	3700.00	2025.09.17	4.0600	18 北京 07（147469）	5000.00	2028.09.17	4.0500
18 北京 08（147470）	7000.00	2023.09.17	3.8900	18 北京 09（147471）	9200.00	2028.09.17	4.0500
18 四川 18（147472）	2772.00	2021.09.18	3.8000	18 四川 19（147473）	23083.00	2023.09.18	3.9000
18 四川 20（147474）	827.00	2023.09.18	3.9000	18 四川 21（147475）	2877.00	2025.09.18	4.0600
18 四川 22（147476）	670.00	2028.09.18	4.0500	18 四川 23（147477）	1500.00	2028.09.18	4.0500
18 四川 24（147478）	400.00	2028.09.18	4.0500	18 四川 25（147479）	400.00	2028.09.18	4.0500
18 四川 26（147480）	500.00	2025.09.18	4.0600	18 四川 27（147481）	904.00	2025.09.18	4.0600
18 四川 28（147482）	1068.00	2028.09.18	4.0500	18 四川 29（147483）	1350.00	2025.09.18	4.0600
18 河北 37（147484）	6500.00	2025.09.19	4.0600	18 河北 38（147485）	500.00	2023.09.19	3.9000
18 河北 39（147486）	18000.00	2023.09.19	3.9000	18 河北 40（147487）	17799.00	2025.09.19	4.0600
18 湖北 11（147488）	8216.48	2021.09.19	3.7900	18 湖北 12（147489）	29850.52	2023.09.19	3.9000
18 湖北 13（147490）	108.78	2025.09.19	4.0600	18 湖北 14（147491）	554.86	2028.09.19	4.0500
18 陕西 24（147492）	3115.00	2021.09.19	3.7900	18 陕西 25（147493）	8776.00	2023.09.19	3.9000
18 陕西 26（147494）	1672.00	2023.09.19	3.9000	18 陕西 27（147495）	2060.00	2025.09.19	4.0600
18 陕西 28（147496）	877.00	2028.09.19	4.0500	18 广西 15（147497）	4765.78	2025.09.20	4.0600
18 广西 16（147498）	2942.00	2025.09.20	4.0600	18 广西 17（147499）	733.30	2025.09.20	4.0600
18 河北 31（147501）	2257.00	2023.08.24	3.8200	18 河北 32（147502）	733.00	2023.08.24	3.8700
18 河北 33（147503）	2360.00	2025.08.24	3.9800	18 河北 34（147504）	1300.00	2028.08.24	4.1900
18 河北 35（147505）	3968.00	2025.08.24	3.9800	18 河北 36（147506）	3700.00	2028.08.24	4.0300
18 山西 11（147507）	3170.87	2025.09.11	4.0200	18 山西 12（147508）	3000.00	2028.09.11	4.0100
18 山西 13（147509）	1757.00	2023.09.11	3.8100	18 山西 14（147510）	4325.69	2028.09.11	4.0100
18 山西 15（147511）	400.00	2028.09.11	4.0100	18 山西 16（147512）	2900.00	2023.09.11	3.8100
18 山西 17（147513）	1500.00	2028.09.11	4.0100	18 内蒙 22（147514）	2460.00	2028.09.13	4.0400
18 内蒙 23（147515）	2705.00	2023.09.13	3.8500	18 天津 27（147518）	898.00	2021.09.07	3.7100
18 天津 28（147519）	898.00	2023.09.07	3.7800	18 天津 29（147520）	1000.00	2021.09.07	3.7100
18 天津 30（147521）	2200.00	2023.09.07	3.7800	18 山东 13（147523）	9161.00	2023.09.12	3.8300
18 山东 14（147524）	15993.00	2021.09.12	3.7600	18 山东 15（147525）	16266.00	2021.09.12	3.7600
18 山东 16（147526）	789.00	2021.09.12	3.7600	18 山东 17（147527）	1959.00	2021.09.12	3.7600
18 辽宁 15（147528）	8805.88	2021.09.14	3.7900	18 辽宁 16（147529）	823.21	2028.09.14	4.0500
18 宁波 09（147530）	600.00	2023.09.18	3.9000	18 宁波 10（147531）	600.00	2028.09.18	4.0500
18 宁波 11（147532）	600.00	2023.09.18	3.9000	18 宁波 12（147533）	700.00	2028.09.18	4.0500
18 宁波 13（147534）	700.00	2028.09.18	4.0500	18 宁波 14（147535）	2500.00	2023.09.18	3.9000
18 宁波 15（147536）	3300.00	2028.09.18	4.0500	18 甘肃 12（147537）	10200.00	2023.09.17	3.8900
18 甘肃 13（147538）	3300.00	2025.09.17	4.0600	18 江西 18（147539）	4300.00	2023.09.17	3.8900
18 江西 19（147540）	34800.00	2023.09.17	3.8900	18 宁夏 07（147541）	1395.22	2023.09.14	3.8700
18 宁夏 08（147542）	1300.00	2021.09.14	3.7800	18 宁夏 09（147543）	1300.00	2023.09.14	3.8700
18 宁夏 10（147544）	1300.00	2025.09.14	4.0500	18 宁夏 11（147545）	1900.00	2028.09.14	4.0500
18 宁夏 12（147546）	600.00	2023.09.14	3.8700	18 宁夏 13（147547）	700.00	2028.09.14	4.0500
18 上海 07（147548）	1600.00	2021.09.17	3.7900	18 上海 08（147549）	1600.00	2023.09.17	3.8900
18 上海 09（147550）	2360.00	2025.09.17	4.0600	18 上海 10（147551）	2370.00	2028.09.17	4.0500
18 上海 11（147552）	1830.00	2025.09.17	4.0600	18 上海 12（147553）	7370.00	2021.09.17	3.7900
18 上海 13（147554）	13730.00	2023.09.17	3.8900	18 上海 14（147555）	5400.00	2028.09.17	4.0500
18 贵州 22（147556）	1761.01	2025.09.17	4.0600	18 贵州 23（147557）	800.00	2023.09.17	3.8900
18 福建 14（147558）	19375.00	2023.09.21	3.8900	18 福建 15（147559）	6435.00	2023.09.21	3.8900
18 福建 16（147560）	2050.00	2033.09.21	4.3300	18 海南 10（147561）	700.00	2025.09.21	4.0600
18 海南 11（147562）	1500.00	2021.09.21	3.7600	18 海南 12（147563）	8600.00	2023.09.21	3.8900
18 河南 25（147564）	4963.07	2023.09.25	3.9000	18 河南 26（147565）	5662.15	2023.09.25	3.9000
18 河南 27（147566）	1536.94	2021.09.25	3.7600	18 河南 28（147567）	7550.76	2023.09.25	3.9000
18 河南 29（147568）	5200.00	2033.09.25	4.3300	18 河南 30（147569）	7460.95	2023.09.25	3.9000
18 河南 31（147570）	10872.22	2025.09.25	4.0600	18 云南 19（147571）	8650.00	2023.09.20	3.9000

债券信息 债券
List of Bonds Bond

债券简称（代码） Bond Name（Code）	发行量 （百万元） Issued Vol （M Yuan）	到期日 Expiration Date	票面利率（%） Coupon Rate	债券简称（代码） Bond Name（Code）	发行量 （百万元） Issued Vol （M Yuan）	到期日 Expiration Date	票面利率（%） Coupon Rate
18云南20（147572）	2770.00	2023.09.20	3.9000	18云南21（147573）	1900.00	2025.09.20	4.0600
18云南22（147574）	1530.00	2025.09.20	4.0600	18云南23（147575）	600.00	2025.09.20	4.0600
18广东35（147576）	3500.00	2021.09.21	3.7600	18广东36（147577）	3542.29	2023.09.21	3.8900
18四川30（147578）	14229.26	2025.09.27	4.0700	18宁夏14（147579）	1984.96	2021.10.10	3.6800
18宁夏15（147580）	2000.00	2025.10.10	4.0200	18宁夏16（147581）	1000.00	2028.10.10	4.0200
18宁夏17（147582）	999.95	2023.10.10	3.8500	18宁夏18（147583）	1000.00	2025.10.10	4.0200
18宁夏19（147584）	1700.00	2028.10.10	4.0200	18辽宁17（147585）	21656.89	2021.10.17	3.6200
18辽宁18（147586）	4990.00	2028.10.17	4.0000	18辽宁19（147587）	200.00	2023.10.17	3.8200
18辽宁20（147588）	370.00	2023.10.17	3.8200	18辽宁21（147589）	30.00	2023.10.17	3.8200
18辽宁22（147590）	300.00	2028.10.17	4.0000	18辽宁23（147591）	174.00	2028.10.17	4.0000
18重庆13（147592）	5000.00	2028.10.22	3.9800	18重庆14（147593）	5000.00	2023.10.22	3.8000
18四川31（147595）	2695.44	2025.10.17	4.0000	18四川32（147596）	11998.34	2025.10.17	4.0000
18吉林09（147597）	7841.00	2023.10.25	3.7800	18吉林10（147598）	14613.00	2023.10.25	3.7800
18吉林11（147599）	500.00	2028.10.25	3.9700	18吉林04（147601）	4605.86	2023.08.08	3.7000
18吉林05（147602）	5000.00	2025.08.08	3.9400	18吉林06（147603）	5000.00	2028.08.08	3.9700
18吉林07（147604）	6036.27	2023.08.08	3.7700	18吉林08（147605）	224.07	2025.08.08	3.9600
18山东08（147607）	32591.00	2021.08.07	3.4300	18山东09（147608）	15728.00	2023.08.07	3.6700
18浙江04（147609）	6120.80	2023.08.22	3.7600	18浙江05（147610）	4706.81	2021.08.22	3.6300
18浙江06（147611）	5800.00	2028.08.22	4.0100	18浙江07（147612）	2000.00	2033.08.22	4.2900
18陕西19（147613）	4964.03	2023.08.16	3.7500	18陕西20（147614）	5092.50	2025.08.16	3.9900
18陕西21（147615）	1300.00	2025.08.16	4.1200	18陕西22（147616）	3569.00	2023.08.16	3.7900
18陕西23（147617）	3570.00	2025.08.16	4.0000	18河南04（147618）	9112.80	2023.08.10	3.3700
18河南05（147619）	6309.33	2023.08.10	3.6000	18河南06（147620）	864.20	2023.08.10	3.8000
18河南07（147621）	1265.25	2023.08.10	3.9400	18河南08（147622）	780.00	2023.08.10	3.7500
18河南09（147623）	1779.44	2023.08.10	3.9500	18河南10（147624）	239.19	2023.08.10	3.6600
18河南11（147625）	1223.26	2023.08.10	3.9700	18河南12（147626）	1424.23	2021.08.10	3.3300
18河南13（147627）	2018.21	2023.08.10	3.7500	18河南14（147628）	401.77	2023.08.10	3.6000
18河南15（147629）	1707.64	2023.08.10	3.9000	18河南16（147630）	163.50	2023.08.10	3.9500
18河南17（147631）	1898.14	2023.08.10	3.8800	18河南18（147632）	303.87	2023.08.10	3.9000
18河南19（147633）	1497.11	2023.08.10	3.8500	18河南20（147634）	640.27	2023.08.10	3.9000
18河南21（147635）	752.68	2023.08.10	3.8000	18河南22（147636）	259.00	2023.08.10	3.6000
18河南23（147637）	2058.76	2023.08.10	3.9000	18河南24（147638）	196.69	2021.08.10	3.5400
18天津16（147639）	3729.00	2021.08.13	3.6000	18天津17（147640）	880.00	2021.08.13	3.5300
18天津18（147641）	5000.00	2023.08.13	3.8000	18天津19（147642）	6000.00	2023.08.13	3.9500
18天津20（147643）	300.00	2023.08.13	3.4800	18天津21（147644）	1700.00	2023.08.13	3.9500
18天津22（147645）	2200.00	2023.08.13	3.9500	18天津23（147646）	2500.00	2023.08.13	3.4300
18天津24（147647）	600.00	2023.08.13	3.8000	18天津25（147648）	1500.00	2023.08.13	3.4300
18天津26（147649）	2000.00	2023.08.13	3.4800	18大连09（147650）	2200.00	2023.09.12	3.8300
18大连10（147651）	2900.00	2025.09.12	4.0300	18大连11（147652）	410.00	2023.09.12	3.8300
18大连12（147653）	290.00	2025.09.12	4.0300	18内蒙15（147655）	8000.00	2020.08.23	3.6400
18内蒙16（147656）	8347.20	2021.08.23	3.7000	18内蒙17（147657）	11000.00	2025.08.23	4.0500
18内蒙18（147658）	11000.00	2028.08.23	4.1900	18内蒙19（147659）	10000.00	2038.08.23	4.4400
18内蒙20（147660）	2161.15	2023.08.23	3.7900	18贵州19（147661）	9150.95	2023.08.22	3.7600
18贵州20（147662）	7000.00	2028.08.22	4.1000	18贵州21（147663）	3313.67	2028.08.22	4.1100
18四川09（147664）	5139.14	2021.08.21	3.6600	18四川10（147665）	13600.00	2025.08.21	3.9500
18四川11（147666）	4901.84	2025.08.21	3.9500	18四川12（147667）	11700.00	2023.08.21	3.8000
18四川13（147668）	2000.00	2025.08.21	4.1000	18四川14（147669）	500.00	2028.08.21	4.2500
18四川15（147670）	500.00	2023.08.21	3.7500	18四川16（147671）	300.00	2028.08.21	4.1500
18四川17（147672）	1000.00	2025.08.21	4.1000	18云南16（147673）	8900.00	2021.08.23	3.6700
18云南17（147674）	1750.00	2023.08.23	3.7900	18云南18（147675）	4700.00	2023.08.23	3.7900

债券信息
List of Bonds

债券简称（代码） Bond Name（Code）	发行量（百万元） Issued Vol（M Yuan）	到期日 Expiration Date	票面利率（%） Coupon Rate	债券简称（代码） Bond Name（Code）	发行量（百万元） Issued Vol（M Yuan）	到期日 Expiration Date	票面利率（%） Coupon Rate
18 青岛 04（147676）	4594. 85	2021. 08. 28	3. 7100	18 青岛 05（147677）	2200. 00	2023. 08. 28	3. 8300
18 青岛 06（147678）	3300. 00	2025. 08. 28	3. 9900	18 青岛 07（147679）	840. 00	2021. 08. 28	3. 7100
18 浙江 08（147680）	6941. 00	2021. 09. 03	3. 7000	18 浙江 09（147681）	10410. 00	2028. 09. 03	4. 0100
18 浙江 10（147682）	11519. 00	2028. 09. 03	4. 0100	18 浙江 11（147683）	23130. 00	2023. 09. 03	3. 8000
18 重庆 10（147684）	11700. 00	2023. 08. 27	3. 8300	18 重庆 11（147685）	9000. 00	2023. 08. 27	3. 8300
18 重庆 12（147686）	9300. 00	2023. 08. 27	3. 8300	18 青海 10（147687）	600. 00	2025. 09. 14	4. 0500
18 青海 11（147688）	300. 00	2025. 09. 14	4. 0500	18 青海 12（147689）	1500. 00	2025. 09. 14	4. 0500
18 青海 13（147690）	200. 00	2025. 09. 14	4. 0500	18 青海 14（147691）	700. 00	2025. 09. 14	4. 0500
18 山东 10（147692）	4899. 00	2021. 09. 03	3. 7000	18 山东 11（147693）	39135. 00	2023. 09. 03	3. 8000
18 山东 12（147694）	2614. 00	2021. 09. 03	3. 7000	18 河北 26（147695）	14030. 00	2021. 08. 24	3. 7000
18 河北 27（147696）	10500. 00	2025. 08. 24	3. 9800	18 河北 28（147697）	10500. 00	2028. 08. 24	4. 0300
18 河北 29（147698）	1882. 00	2023. 08. 24	3. 8700	18 河北 30（147699）	2160. 00	2023. 08. 24	3. 9200
18 天津 09（147701）	700. 00	2023. 06. 21	4. 1000	18 天津 10（147702）	2300. 00	2021. 06. 21	4. 0900
18 天津 11（147703）	2100. 00	2023. 06. 21	4. 0000	18 天津 12（147704）	2300. 00	2023. 06. 21	4. 2000
18 天津 13（147705）	700. 00	2021. 06. 21	3. 5600	18 天津 14（147706）	1117. 00	2021. 06. 21	4. 1500
18 天津 15（147707）	885. 00	2021. 06. 21	4. 0800	18 甘肃 02（147708）	9125. 00	2023. 06. 15	3. 7900
18 甘肃 03（147709）	4587. 24	2025. 06. 15	3. 9000	18 甘肃 04（147710）	3000. 00	2028. 06. 15	4. 1800
18 甘肃 05（147711）	493. 72	2023. 06. 15	4. 0800	18 龙江 04（147712）	6749. 06	2021. 06. 20	3. 9900
18 龙江 05（147713）	6893. 48	2023. 06. 20	4. 0700	18 龙江 06（147714）	6000. 00	2025. 06. 20	4. 2100
18 龙江 07（147715）	5000. 00	2028. 06. 20	4. 2400	18 龙江 08（147716）	2038. 11	2023. 06. 20	4. 2400
18 湖南 09（147717）	10000. 00	2023. 06. 19	4. 0000	18 湖南 10（147718）	10000. 00	2025. 06. 19	4. 0800
18 辽宁 09（147719）	10203. 39	2023. 06. 22	4. 1500	18 辽宁 10（147720）	10440. 56	2025. 06. 22	4. 2300
18 青岛 01（147721）	4203. 50	2023. 06. 26	3. 6100	18 青岛 02（147722）	4200. 00	2025. 06. 26	3. 8300
18 青岛 03（147723）	2300. 00	2023. 06. 26	3. 7300	18 江西 09（147724）	3929. 47	2021. 07. 04	3. 6700
18 江西 10（147725）	11720. 00	2023. 07. 04	3. 9500	18 江西 11（147726）	11720. 00	2025. 07. 04	4. 0800
18 江西 12（147727）	11720. 00	2028. 07. 04	4. 1700	18 江西 13（147728）	2122. 51	2021. 07. 04	3. 8500
18 江西 14（147729）	1140. 00	2023. 07. 04	3. 9500	18 江西 15（147730）	2090. 00	2025. 07. 04	4. 1500
18 江西 16（147731）	2090. 00	2028. 07. 04	4. 2000	18 内蒙 13（147732）	4432. 42	2023. 07. 03	4. 0800
18 山西 04（147733）	3983. 00	2023. 07. 09	3. 3300	18 山西 05（147734）	4000. 00	2025. 07. 09	3. 8900
18 山西 06（147735）	10000. 00	2028. 07. 09	4. 0400	18 山西 07（147736）	1117. 00	2023. 07. 09	3. 3300
18 山西 08（147737）	639. 56	2023. 07. 09	3. 3300	18 山西 09（147738）	1500. 00	2025. 07. 09	3. 9500
18 山西 10（147739）	2000. 00	2028. 07. 09	4. 0000	18 云南 08（147740）	6000. 00	2021. 07. 09	3. 5300
18 云南 09（147741）	11290. 00	2023. 07. 09	3. 9000	18 云南 10（147742）	11290. 00	2025. 07. 09	4. 0500
18 云南 11（147743）	6000. 00	2028. 07. 09	4. 1300	18 江西 17（147744）	950. 00	2023. 07. 04	3. 9800
18 四川 06（147745）	11800. 00	2021. 07. 03	3. 9300	18 四川 07（147746）	11700. 00	2023. 07. 03	3. 9900
18 宁夏 02（147747）	2579. 93	2021. 07. 06	3. 5000	18 宁夏 03（147748）	5000. 00	2023. 07. 06	3. 6000
18 宁夏 04（147749）	3800. 00	2025. 07. 06	3. 9500	18 宁夏 05（147750）	1300. 00	2028. 07. 06	4. 0900
18 宁夏 06（147751）	157. 66	2023. 07. 06	4. 0400	18 龙江 09（147752）	10593. 84	2023. 07. 13	3. 8500
18 龙江 10（147753）	8700. 00	2025. 07. 13	4. 1000	18 辽宁 11（147754）	5660. 17	2021. 07. 18	3. 7800
18 辽宁 12（147755）	810. 00	2021. 07. 18	3. 7500	18 辽宁 13（147756）	734. 00	2023. 07. 18	3. 5600
18 辽宁 14（147757）	182. 00	2023. 07. 18	3. 8600	18 大连 05（147758）	9303. 14	2023. 07. 24	3. 8200
18 大连 06（147759）	6464. 86	2025. 07. 24	4. 0000	18 大连 07（147760）	198. 92	2023. 07. 24	3. 9300
18 大连 08（147761）	772. 00	2025. 07. 24	3. 9800	18 陕西 13（147762）	5129. 45	2021. 07. 18	3. 6100
18 陕西 14（147763）	5110. 00	2028. 07. 18	4. 0900	18 陕西 15（147764）	3566. 86	2021. 07. 18	3. 7700
18 陕西 16（147765）	3570. 00	2028. 07. 18	4. 1300	18 陕西 17（147766）	4450. 00	2023. 07. 18	3. 9700
18 陕西 18（147767）	3550. 00	2025. 07. 18	4. 1200	18 福建 08（147769）	6339. 57	2023. 07. 20	3. 5400
18 福建 09（147770）	4750. 00	2025. 07. 20	3. 7800	18 福建 10（147771）	4750. 00	2028. 07. 20	3. 9500
18 福建 11（147772）	2849. 20	2023. 07. 20	3. 7500	18 福建 12（147773）	2120. 00	2025. 07. 20	3. 9800
18 福建 13（147774）	2120. 00	2028. 07. 20	4. 0500	18 湖南 11（147775）	4400. 00	2021. 07. 13	3. 6100
18 湖南 12（147776）	19640. 45	2025. 07. 13	4. 0500	18 安徽 06（147777）	7303. 83	2023. 07. 23	3. 7400

债券信息
List of Bonds

债券
Bond

债券简称（代码） Bond Name（Code）	发行量（百万元） Issued Vol（M Yuan）	到期日 Expiration Date	票面利率（%） Coupon Rate	债券简称（代码） Bond Name（Code）	发行量（百万元） Issued Vol（M Yuan）	到期日 Expiration Date	票面利率（%） Coupon Rate
18 安徽 07（147778）	10000.00	2025.07.23	3.9000	18 安徽 08（147779）	9653.68	2023.07.23	3.8500
18 河北 12（147780）	2320.00	2023.07.25	3.9000	18 河北 13（147781）	1460.00	2023.07.25	3.9900
18 河北 14（147782）	1497.00	2023.07.25	4.0000	18 河北 15（147783）	1287.00	2023.07.25	4.0000
18 河北 16（147784）	840.00	2023.07.25	3.9500	18 河北 17（147785）	2090.00	2023.07.25	3.8500
18 河北 18（147786）	2460.00	2023.07.25	3.9900	18 河北 19（147787）	370.00	2023.07.25	3.9900
18 河北 20（147788）	1890.00	2023.07.25	4.0300	18 河北 21（147789）	699.00	2021.07.25	3.7700
18 河北 22（147790）	140.00	2023.07.25	3.9500	18 河北 23（147791）	300.00	2023.07.25	4.0000
18 河北 24（147792）	50.00	2023.07.25	3.9500	18 河北 25（147793）	178.00	2023.07.25	4.0100
18 湖北 05（147794）	17600.00	2020.08.01	3.4700	18 湖北 06（147795）	14600.00	2025.08.01	3.9000
18 湖北 07（147796）	7300.00	2028.08.01	3.9500	18 贵州 16（147797）	5978.11	2021.07.30	3.7200
18 贵州 17（147798）	6000.00	2028.07.30	4.1300	18 贵州 18（147799）	521.89	2028.07.30	4.1400
17 江西 34（147801）	402.15	2022.11.17	4.3300	17 龙江 12（147802）	3783.96	2020.11.16	3.8300
17 龙江 13（147803）	3358.24	2020.11.16	3.8900	17 龙江 14（147804）	2714.00	2022.11.16	4.0200
17 龙江 15（147805）	2000.00	2024.11.16	4.1200	17 龙江 16（147806）	286.00	2027.11.16	4.3500
17 龙江 17（147807）	90.00	2022.11.16	4.1200	17 龙江 18（147808）	20.00	2022.11.16	4.0600
17 龙江 19（147809）	338.28	2022.11.16	4.1200	17 龙江 20（147810）	150.00	2022.11.16	4.1500
17 龙江 21（147811）	401.72	2022.11.16	4.3000	17 四川 41（147812）	2800.00	2020.11.22	3.9600
17 四川 42（147813）	2800.00	2022.11.22	4.0800	17 四川 43（147814）	2800.00	2024.11.22	4.1800
17 四川 44（147815）	1168.00	2027.11.22	4.2800	17 四川 45（147816）	1000.00	2022.11.22	4.1500
17 四川 46（147817）	152.00	2022.11.22	4.3400	17 四川 47（147818）	40.00	2022.11.22	4.6600
17 四川 48（147819）	614.00	2022.11.22	4.2000	17 四川 49（147820）	50.00	2022.11.22	4.5200
17 四川 50（147821）	80.00	2022.11.22	4.3000	17 四川 51（147822）	43.00	2022.11.22	4.6600
17 四川 52（147823）	100.00	2022.11.22	4.3800	17 四川 53（147824）	73.00	2022.11.22	4.5000
17 四川 54（147825）	23.00	2022.11.22	4.4000	17 四川 55（147826）	83.00	2022.11.22	4.3800
17 四川 56（147827）	378.00	2022.11.22	4.3800	17 四川 57（147828）	50.00	2022.11.22	4.6000
17 湖南 07（147829）	15500.00	2020.11.30	4.2100	17 湖南 08（147830）	10000.00	2022.11.30	4.2500
17 湖南 09（147831）	5000.00	2024.11.30	4.3000	17 湖南 11（147833）	20000.00	2020.11.30	4.3500
17 湖南 12（147834）	13300.00	2022.11.30	4.3900	17 青岛 17（147835）	500.00	2022.12.12	3.8500
17 青岛 18（147836）	200.00	2024.12.12	3.9500	17 青岛 19（147837）	300.00	2027.12.12	3.9400
17 湖南 13（147838）	1000.00	2024.12.27	4.3000	18 江西 01（147839）	1307.33	2021.03.19	3.6800
18 江西 02（147840）	3921.97	2023.03.19	3.9700	18 江西 03（147841）	3921.97	2025.03.19	4.3400
18 江西 04（147842）	3921.97	2028.03.19	4.4100	18 江西 05（147843）	1838.73	2021.03.19	3.8300
18 江西 06（147844）	1838.74	2023.03.19	4.2600	18 江西 07（147845）	1838.74	2025.03.19	4.2900
18 江西 08（147846）	1838.74	2028.03.19	4.4100	18 云南 01（147847）	5100.00	2021.03.23	3.8900
18 云南 02（147848）	6600.00	2028.03.23	4.3700	18 云南 03（147849）	4650.00	2021.03.23	3.7900
18 四川 01（147850）	5400.00	2021.03.23	3.7300	18 四川 02（147851）	5300.00	2025.03.23	4.1000
18 四川 03（147852）	2800.00	2023.03.23	3.8400	18 江苏 01（147853）	7500.00	2023.04.12	3.6300
18 福建 01（147854）	1177.67	2021.04.20	3.3700	18 福建 02（147855）	3500.00	2023.04.20	3.5700
18 福建 03（147856）	3500.00	2025.04.20	3.7700	18 福建 04（147857）	3500.00	2028.04.20	3.8500
18 福建 05（147858）	4986.00	2023.04.20	3.6400	18 福建 06（147859）	2480.00	2025.04.20	3.8000
18 福建 07（147860）	2480.00	2028.04.20	3.9000	18 湖南 01（147861）	11000.00	2021.04.19	3.5300
18 湖南 02（147862）	17100.00	2023.04.19	3.6700	18 湖南 03（147863）	9000.00	2021.04.19	3.6600
18 辽宁 07（147864）	7080.45	2023.05.18	3.7000	18 辽宁 08（147865）	5760.03	2025.05.18	3.9500
18 山东 05（147866）	20332.00	2025.05.21	4.0100	18 山东 06（147867）	9722.00	2025.05.21	4.0900
18 内蒙 07（147868）	2182.55	2021.05.31	3.7700	18 内蒙 08（147869）	6527.67	2023.05.31	4.0800
18 内蒙 09（147870）	6527.67	2025.05.31	4.1500	18 内蒙 10（147871）	6527.67	2028.05.31	4.3000
18 内蒙 11（147872）	127.94	2023.05.31	4.0500	18 内蒙 12（147873）	127.94	2028.05.31	4.3200
18 湖南 04（147874）	4646.70	2023.05.22	3.7400	18 湖南 05（147875）	12300.00	2025.05.22	4.0400
18 湖南 06（147876）	3100.00	2028.05.22	4.1000	18 湖南 07（147877）	6000.00	2023.05.22	3.9800
18 湖南 08（147878）	2700.00	2025.05.22	4.0500	18 云南 04（147879）	6670.00	2023.05.23	3.8000

债券信息
List of Bonds

债券简称（代码）Bond Name（Code）	发行量（百万元）Issued Vol（M Yuan）	到期日 Expiration Date	票面利率（%）Coupon Rate	债券简称（代码）Bond Name（Code）	发行量（百万元）Issued Vol（M Yuan）	到期日 Expiration Date	票面利率（%）Coupon Rate
18 云南 05（147880）	6860.00	2028.05.23	4.2100	18 云南 06（147881）	3300.00	2021.05.23	3.4900
18 云南 07（147882）	7400.00	2025.05.23	4.1400	18 吉林 01（147883）	10106.85	2023.06.15	4.0800
18 吉林 02（147884）	10000.00	2025.06.15	4.2000	18 吉林 03（147885）	7000.00	2028.06.15	4.1000
18 龙江 01（147886）	5114.24	2021.05.30	3.8200	18 龙江 02（147887）	6000.00	2023.05.30	3.9500
18 龙江 03（147888）	6000.00	2025.05.30	4.0000	18 河南 01（147889）	14644.96	2021.06.12	3.7500
18 河南 02（147890）	14700.00	2023.06.12	3.9700	18 河南 03（147891）	14700.00	2025.06.12	4.0400
18 天津 01（147892）	4079.00	2020.06.21	3.8400	18 天津 02（147893）	3190.00	2023.06.21	3.9000
18 天津 03（147894）	3180.00	2023.06.21	4.1000	18 天津 04（147895）	3900.00	2025.06.21	4.2900
18 天津 05（147896）	1500.00	2023.06.21	3.8800	18 天津 06（147897）	300.00	2023.08.13	3.3400
18 天津 07（147898）	5400.00	2023.06.21	4.1300	18 天津 08（147899）	700.00	2023.06.21	4.2000
17 天津 19（147901）	1200.00	2020.09.04	3.7800	17 天津 20（147902）	800.00	2022.09.04	4.0100
17 天津 21（147903）	1200.00	2022.09.04	4.0100	17 天津 22（147904）	700.00	2020.09.04	3.8800
17 天津 23（147905）	1200.00	2022.09.04	4.1100	17 天津 24（147906）	2759.00	2024.09.04	4.1300
17 宁波 09（147907）	1840.00	2020.09.13	3.6000	17 宁波 10（147908）	2760.00	2022.09.13	3.7100
17 宁波 11（147909）	1940.00	2024.09.13	3.8500	17 宁波 12（147910）	2760.00	2027.09.13	3.9300
17 宁波 13（147911）	770.00	2022.09.13	3.6600	17 宁波 14（147912）	600.00	2027.09.13	3.8300
17 宁波 15（147913）	500.00	2022.09.13	3.6600	17 宁波 16（147914）	200.00	2022.09.13	3.6600
17 宁波 17（147915）	100.00	2022.09.13	3.6100	17 宁波 18（147916）	200.00	2022.09.13	3.6600
17 宁波 19（147917）	1000.00	2027.09.13	4.0800	17 湖南 05（147918）	16000.00	2022.09.11	3.9200
17 湖南 06（147919）	17000.00	2024.09.11	4.0600	17 山东 11（147920）	8441.00	2027.09.15	4.0500
17 山东 12（147921）	80.00	2022.09.15	3.9500	17 山东 13（147922）	380.00	2022.09.15	3.9500
17 山东 14（147923）	440.00	2022.09.15	3.9500	17 山东 15（147924）	480.00	2022.09.15	3.9500
17 山东 16（147925）	650.00	2022.09.15	3.9500	17 山东 17（147926）	710.00	2022.09.15	3.9700
17 山东 18（147927）	740.00	2022.09.15	3.9700	17 山东 19（147928）	750.00	2022.09.15	3.9600
17 山东 20（147929）	850.00	2022.09.15	3.9600	17 山东 21（147930）	1160.00	2022.09.15	3.9500
17 山东 22（147931）	1210.00	2022.09.15	3.9600	17 山东 23（147932）	1330.00	2022.09.15	3.9500
17 山东 24（147933）	1670.00	2022.09.15	3.9600	17 山东 25（147934）	1710.00	2022.09.15	3.9600
17 山东 26（147935）	2410.00	2022.09.15	3.9500	17 山东 27（147936）	3430.00	2022.09.15	3.9000
17 河南 14（147937）	5650.49	2022.09.20	3.7400	17 河南 15（147938）	5650.50	2027.09.20	4.0400
17 河南 16（147939）	760.41	2022.09.20	3.9100	17 河南 17（147940）	6688.40	2022.09.20	3.9100
17 河南 18（147941）	1040.00	2022.09.20	3.9500	17 河南 19（147942）	800.00	2022.09.20	3.9100
17 河南 20（147943）	21.00	2022.09.20	4.3200	17 河南 21（147944）	204.00	2022.09.20	3.9900
17 河南 22（147945）	421.00	2022.09.20	3.9500	17 河南 23（147946）	27.00	2022.09.20	4.3100
17 河南 24（147947）	408.00	2022.09.20	3.9500	17 河南 25（147948）	45.00	2022.09.20	4.2100
17 河南 26（147949）	282.00	2022.09.20	3.9800	17 河南 27（147950）	144.00	2022.09.20	4.0000
17 河南 28（147951）	989.00	2022.09.20	3.9100	17 河南 29（147952）	849.00	2022.09.20	3.9100
17 河南 30（147953）	669.00	2022.09.20	3.9100	17 河南 31（147954）	273.00	2022.09.20	3.9600
17 内蒙 08（147955）	3584.60	2022.10.24	3.9400	17 内蒙 09（147956）	5840.00	2024.10.24	4.0500
17 内蒙 10（147957）	12990.00	2027.10.24	4.0600	17 内蒙 11（147958）	3842.70	2022.10.24	3.9400
17 内蒙 12（147959）	3842.70	2027.10.24	4.0400	17 安徽 07（147960）	16917.58	2020.10.20	3.9100
17 安徽 08（147961）	5400.00	2022.10.20	3.9000	17 安徽 09（147962）	7000.00	2027.10.20	4.1500
17 云南 20（147963）	1070.00	2022.10.20	3.9100	17 云南 21（147964）	1050.00	2024.10.20	3.9500
17 云南 22（147965）	1000.00	2020.10.20	3.9000	17 青岛 08（147966）	239.86	2020.10.23	3.6900
17 青岛 09（147967）	719.58	2022.10.23	3.8000	17 青岛 10（147968）	719.58	2024.10.23	3.9000
17 青岛 11（147969）	719.58	2027.10.23	3.8600	17 青岛 12（147970）	3069.75	2022.10.23	3.8300
17 青岛 13（147971）	1047.90	2024.10.23	3.9300	17 青岛 14（147972）	1021.85	2027.10.23	3.9100
17 青岛 15（147973）	150.00	2022.10.23	4.0000	17 青岛 16（147974）	2000.00	2022.10.23	3.9300
17 河南 32（147975）	3466.76	2020.11.14	3.7000	17 河南 33（147976）	10300.00	2022.11.14	3.9000
17 河南 34（147977）	6500.00	2024.11.14	4.0400	17 河南 35（147978）	7500.00	2027.11.14	4.1300
17 河南 36（147979）	10780.69	2027.11.14	4.0800	17 河南 37（147980）	62.60	2022.11.14	4.1000

债券信息
List of Bonds

债券
Bond

债券简称（代码）Bond Name（Code）	发行量（百万元）Issued Vol（M Yuan）	到期日 Expiration Date	票面利率（%）Coupon Rate	债券简称（代码）Bond Name（Code）	发行量（百万元）Issued Vol（M Yuan）	到期日 Expiration Date	票面利率（%）Coupon Rate
17 上海 08（147981）	5260.00	2020.11.13	3.6900	17 上海 09（147982）	790.00	2020.11.13	3.6900
17 上海 10（147983）	780.00	2020.11.13	3.6900	17 上海 11（147984）	1110.00	2020.11.13	3.6900
17 上海 12（147985）	1960.00	2020.11.13	3.6900	17 上海 13（147986）	100.00	2020.11.13	3.6900
17 江西 21（147987）	460.00	2020.11.17	3.8900	17 江西 22（147988）	1500.00	2020.11.17	3.8300
17 江西 23（147989）	1500.00	2027.11.17	4.0900	17 江西 24（147990）	3351.69	2022.11.17	4.0500
17 江西 25（147991）	1201.69	2022.11.17	4.0600	17 江西 26（147992）	249.00	2022.11.17	4.0600
17 江西 27（147993）	439.39	2022.11.17	4.3000	17 江西 28（147994）	221.81	2022.11.17	4.3000
17 江西 29（147995）	193.59	2022.11.17	4.4100	17 江西 30（147996）	1285.41	2022.11.17	4.3300
17 江西 31（147997）	871.35	2022.11.17	4.4100	17 江西 32（147998）	1116.76	2022.11.17	4.3200
17 江西 33（147999）	667.16	2022.11.17	4.4100	PR 业 03（149002）	83.00	2020.10.25	8.0000
泛物业 04（149003）	88.00	2020.11.09	8.0000	泛物业 05（149004）	94.00	2020.11.09	8.0000
泛物业 06（149005）	100.00	2020.11.09	8.3000	泛物业 07（149006）	107.00	2020.11.09	8.5000
泛物业次（149007）	33.00	2020.11.09	0.0000	PR 浙商 2B（149028）	764.00	2020.04.15	5.8000
浙商 2 优 C（149029）	477.00	2020.04.15	5.9000	PR 浙商 2（149030）	653.00	2022.04.15	0.0000
PRHJ 次（149036）	660.00	2020.09.30	0.0000	PR1A3（149046）	134.80	2020.01.31	6.2000
PR1B（149047）	296.56	2020.10.30	5.0000	光租次级（149048）	67.40	2020.10.30	0.0000
建工 1 优（149049）	2820.00	2020.12.15	5.7000	建工 1 次（149050）	180.00	2020.12.15	0.0000
PR 云城 A（149051）	1650.00	2036.02.14	6.1500	17 云城 B（149052）	1800.00	2036.02.14	7.5000
17 云城 C（149053）	50.00	2036.02.14	7.6000	PR01A3（149056）	770.00	2020.04.10	6.0000
PR01A4（149057）	340.00	2020.07.10	6.2000	PR01A5（149058）	510.00	2021.04.10	6.2500
PR 七局优（149059）	857.00	2020.12.25	5.8000	华邦 01B（149060）	330.00	2021.07.20	6.3000
华邦 01C（149061）	629.00	2022.03.10	0.0000	17 七局次（149062）	117.00	2020.12.25	0.0000
宝冶 17 优（149064）	1322.00	2020.12.15	5.5000	宝冶 17 次（149065）	147.00	2020.12.15	0.0000
PR 局优 A（149079）	827.00	2020.09.16	6.2800	18 局优 B（149080）	87.00	2020.09.16	6.6000
PR 局次 1（149081）	88.00	2020.12.16	0.0000	18 局次 2（149082）	31.00	2020.12.16	0.0000
PR 优 A（149114）	510.00	2020.08.28	4.8300	创置优 B（149115）	580.00	2020.08.28	4.8300
创置次级（149116）	10.00	2020.08.28	0.0000	PR 优 01（149117）	1110.00	2020.06.22	6.7300
PR 优 02（149118）	540.00	2020.09.21	7.5000	佳源次级（149119）	50.00	2020.12.11	0.0000
铁建 001A（149120）	1704.00	2020.01.20	5.7000	铁建 001C（149121）	90.00	2020.01.20	0.0000
PR 优 B（149141）	264.29	2020.01.17	5.8700	PR 优 C（149142）	176.20	2020.04.17	5.8800
国融次级（149143）	176.20	2020.04.17	5.0000	PR 五 A（149148）	2540.00	2021.04.15	6.2400
平安五 B（149149）	125.00	2021.07.15	7.5000	平安五次（149150）	159.19	2023.01.15	0.0000
PR 优 2（149158）	33.00	2020.02.04	7.0000	彩 1 优 3（149159）	36.00	2020.02.04	7.3000
彩 1 次（149160）	12.00	2020.02.04	0.0000	PRX6A3（149163）	60.00	2020.08.28	6.0000
PRX6A4（149164）	415.00	2020.08.28	6.5000	AUX6 次（149165）	175.00	2020.08.28	0.0000
PR17 四 4A（149166）	3470.00	2021.07.26	6.1800	17 远东 4B（149167）	353.00	2022.01.26	6.5000
17 远东 4C（149168）	230.00	2022.07.26	0.0000	PR18 易 1B（149174）	210.00	2020.05.08	7.1000
18 易鑫 1C（149175）	119.00	2020.05.08	0.0000	山财大 03（149178）	55.40	2020.12.25	4.2500
山财大 04（149179）	58.20	2022.01.06	4.2500	山财大 05（149180）	61.30	2023.01.16	4.2500
山财大 06（149181）	64.60	2024.01.25	4.2500	山财大 07（149182）	68.00	2025.02.12	4.2500
山财大 08（149183）	71.60	2026.02.13	4.2500	山财大 09（149184）	75.50	2027.03.04	4.2500
山财大 10（149185）	79.40	2028.03.03	4.2500	山财大次（149186）	33.00	2028.03.03	0.0000
PRA（149187）	573.00	2036.01.27	6.7500	PRB（149188）	225.00	2036.01.27	7.5000
阳光次（149189）	42.00	2036.01.27	0.0000	17 民通 03（149195）	230.00	2020.01.26	7.0000
17 民通 04（149196）	240.00	2021.01.26	7.2000	17 民通 05（149197）	70.00	2022.01.26	7.4000
17 民通次（149198）	50.00	2022.01.26	0.0000	PRJC02A2（149200）	160.37	2020.04.21	6.6000
PRJC02B（149201）	30.84	2020.07.21	6.7000	PRJC02C（149202）	51.40	2020.10.21	6.8000
17JC02 次（149203）	81.87	2020.10.21	0.0000	PR1A（149210）	1179.00	2020.10.26	6.3000
PR1B（149211）	174.00	2021.10.26	7.0000	保利 R1 优（149212）	1545.30	2036.03.13	5.5000
保利 R1 次（149213）	171.70	2036.03.13	0.0000	新建元 1A（149214）	1450.00	2023.02.08	5.8000

债券信息
List of Bonds

债券简称（代码）Bond Name（Code）	发行量（百万元）Issued Vol（M Yuan）	到期日 Expiration Date	票面利率（%）Coupon Rate	债券简称（代码）Bond Name（Code）	发行量（百万元）Issued Vol（M Yuan）	到期日 Expiration Date	票面利率（%）Coupon Rate
新建元 1B（149215）	600.00	2023.02.08	0.0000	华信 01A（149219）	972.00	2099.12.31	7.6000
华信 01B（149220）	51.53	2099.12.31	0.0000	国控 1 次（149221）	116.50	2026.04.27	0.0000
PR 福田 1A（149222）	375.00	2020.09.21	6.1000	PR 福田 1B（149223）	100.00	2020.12.21	6.4200
福田 01 次（149224）	26.17	2020.12.21	0.0000	PR 石榴 A（149225）	1288.00	2036.02.06	6.7000
石榴优 B（149226）	712.00	2036.02.06	7.0000	石榴次（149227）	100.00	2036.02.06	0.0000
PR 中安优（149233）	550.00	2020.11.23	6.5000	18 中安次（149234）	92.00	2020.11.23	0.0000
PR 金腾优（149235）	1999.00	2038.02.09	5.8000	18 金腾次（149236）	1.00	2038.02.09	0.0000
PR 光明 1A（149237）	362.00	2039.02.14	5.9900	18 光明 B（149238）	498.00	2039.02.14	6.4800
18 光明 C（149239）	20.00	2039.02.14	6.9900	PR 青 3A3（149242）	510.00	2020.09.21	6.5000
青城 3 次（149243）	50.00	2020.09.21	0.0000	18 金辉 1A（149254）	800.00	2020.04.27	7.2000
PR18 金 1B（149255）	220.00	2020.07.26	8.2000	18 金辉 1C（149256）	180.00	2020.07.26	0.0000
PR 翌成 A3（149259）	74.00	2020.10.15	7.2000	18 翌成 B1（149260）	70.00	2020.11.04	10.0000
18 翌成次（149261）	30.00	2020.11.04	0.0000	PR 垠 1A4（149265）	166.00	2020.12.21	6.6900
PR 垠 1 次（149266）	48.00	2022.06.21	0.0000	PRA3（149272）	131.00	2020.02.23	5.6500
PRA4（149273）	140.00	2021.02.23	5.6500	松江 A5（149274）	152.00	2022.02.23	5.6500
松江 A6（149275）	160.00	2023.02.23	5.9000	松江 A7（149276）	170.00	2024.02.23	6.0000
松江 A8（149277）	183.00	2025.02.23	6.2000	松江 A9（149278）	195.00	2026.02.23	6.2000
松江 A10（149279）	90.00	2026.08.23	6.2500	松江次级（149280）	150.00	2027.02.23	0.0000
PR 二 A3（149289）	170.00	2020.11.15	7.0000	博格二 B（149290）	55.00	2020.11.16	8.2000
博格二次（149291）	35.00	2020.11.16	0.0000	PR 长安 A（149299）	700.00	2035.10.24	6.3000
18 长安 B（149300）	800.00	2035.10.24	6.5000	18 长安次（149301）	1.00	2038.03.24	0.0000
PRG 福 01（149302）	102.77	2020.03.15	5.1000	PRG 福新 2（149303）	107.97	2021.03.15	5.1000
G 福新 03（149304）	113.44	2022.03.15	5.1000	G 福新 04（149305）	119.18	2023.03.15	5.1000
G 福新 05（149306）	124.80	2024.03.15	5.1000	G 福新 06（149307）	57.42	2025.03.15	5.1000
G 福新 07（149308）	60.32	2026.03.15	5.1000	G 福新 08（149309）	63.68	2027.03.15	5.1000
G 福新 09（149310）	26.30	2028.03.15	5.1000	G 福新 10（149311）	27.64	2029.03.15	5.1000
G 福新 11（149312）	26.48	2030.03.15	5.1000	G 福新次（149313）	10.00	2030.03.15	0.0000
PR 东莞 1A（149321）	1245.00	2021.03.30	6.0000	18 东莞 1B（149322）	180.00	2021.03.30	6.1000
18 东莞次（149323）	75.00	2021.03.30	0.0000	PR 聚 01A2（149325）	765.00	2020.09.16	6.9000
PR 聚 01A3（149326）	378.00	2021.12.16	7.1500	18 聚 01B1（149327）	180.00	2022.06.17	7.6000
18 聚 01 次（149328）	97.00	2023.03.16	0.0000	沂水 03（149330）	123.00	2020.03.30	6.5000
沂水 04（149331）	135.00	2020.05.27	6.6000	沂水 05（149332）	178.00	2020.05.27	6.7500
PR01 优（149333）	1800.00	2020.01.15	5.4000	智慧 01 次（149334）	180.00	2020.08.03	0.0000
沂水次（149335）	37.00	2020.05.27	0.0000	PR18 易 2A（149336）	2218.00	2020.05.05	6.1800
PR18 易 2B（149337）	280.00	2020.08.05	7.3800	18 易鑫 2C（149338）	157.00	2020.08.05	0.0000
PR 豫盛 A2（149340）	587.00	2020.01.10	5.9000	PR 豫盛 A3（149341）	1354.00	2021.04.12	6.2000
18 豫盛 B（149342）	240.00	2021.07.12	4.2000	18 豫盛次（149343）	480.94	2022.09.12	0.0000
PR 国 2A2（149345）	124.00	2020.06.21	6.2000	PR 国 2A3（149346）	167.00	2020.12.21	6.6000
PR 国药 2B（149347）	62.00	2021.09.21	7.8000	国药 2 次（149348）	80.07	2022.12.21	0.0000
PR 皖新 1A（149349）	355.00	2036.01.18	6.1000	18 皖新 1B（149350）	200.00	2036.01.18	6.5000
PR06A3（149353）	200.00	2020.06.18	6.1000	PR06 次（149354）	44.36	2020.08.31	0.0000
PRYD01A（149355）	2103.00	2021.06.26	6.2500	18YD01B（149356）	207.00	2022.03.26	7.5000
18YD01C（149357）	138.79	2023.03.26	0.0000	PR 康 3A3（149360）	209.00	2020.12.21	6.6000
PR 康 3A4（149361）	285.00	2021.06.21	6.8000	康富 3B（149362）	177.00	2022.03.21	7.0000
康富 3 次 1（149363）	75.50	2022.06.21	7.5000	康富 3 次 2（149364）	144.13	2027.12.21	0.0000
财通 04（149368）	96.00	2020.01.17	6.5000	财通 05（149369）	100.00	2020.07.13	6.7000
财通 06（149370）	90.00	2021.01.15	6.9000	财通 07（149371）	105.00	2021.07.14	7.0000
财通 08（149372）	88.00	2022.01.17	4.7500	财通 09（149373）	86.00	2022.07.06	4.7500
财通 10（149374）	1.00	2022.10.13	4.7500	财通次级（149375）	47.00	2022.10.13	0.0000
金供链优（149376）	4950.00	2020.04.23	6.8000	金供链次（149377）	550.00	2020.04.23	0.0000

债券信息 List of Bonds

债券 Bond

债券简称（代码） Bond Name（Code）	发行量（百万元） Issued Vol（M Yuan）	到期日 Expiration Date	票面利率（%） Coupon Rate	债券简称（代码） Bond Name（Code）	发行量（百万元） Issued Vol（M Yuan）	到期日 Expiration Date	票面利率（%） Coupon Rate
西南优先（149398）	1900.00	2020.04.16	6.1000	西南次（149399）	100.00	2020.04.16	0.0000
18融侨A（149404）	835.00	2020.04.18	6.8000	18融侨B（149405）	327.00	2020.04.18	7.5000
18融侨次（149406）	87.00	2020.04.18	0.0000	PR上雅优（149407）	4100.00	2036.01.21	5.8500
上雅次级（149408）	500.00	2036.01.21	0.0000	PR远东A2（149428）	2330.00	2021.05.26	6.2500
18远东B（149429）	400.00	2022.02.26	7.5000	18远东次（149430）	223.00	2023.02.26	0.0000
PR信睿A（149434）	6080.00	2020.04.15	5.5000	PR信睿B（149435）	615.00	2020.04.30	5.6000
18信睿次（149436）	1039.00	2020.04.30	0.0000	华发优A（149437）	517.00	2020.03.25	6.5000
PR华发B（149438）	333.00	2020.06.29	7.0000	华发1次（149440）	100.00	2020.06.29	0.0000
PR岚桥A1（149456）	220.00	2034.06.28	6.5000	PR岚桥A2（149457）	380.00	2035.06.28	6.5000
PRX7A2（149460）	141.00	2020.05.28	5.7400	PRX7A3（149461）	96.00	2021.02.28	6.7000
PRX7A4（149462）	330.00	2020.11.30	6.9000	AUX7B（149463）	51.00	2021.11.28	7.5000
AUX7次（149464）	130.00	2023.02.28	0.0000	PR富力1A（149465）	1360.00	2020.12.24	6.5000
18富力1B（149466）	1.00	2020.12.24	0.0000	PRG能03（149469）	192.00	2020.10.26	5.6000
G节能04（149470）	209.00	2021.10.26	5.6000	G节能05（149471）	218.00	2022.10.26	5.8000
G节能次（149472）	47.00	2022.10.26	0.0000	PR8A3（149475）	52.00	2020.02.27	7.5000
PR8B（149476）	30.00	2020.05.27	7.6000	太盟8次（149477）	29.00	2020.05.27	0.0000
PR03A2（149479）	112.00	2020.03.10	6.3000	PR03A3（149480）	271.00	2020.12.09	6.8000
PR03B（149481）	30.00	2021.03.09	6.9000	诚泰03C（149482）	20.00	2021.06.09	7.1500
诚泰03次（149483）	96.68	2023.03.09	0.0000	PR正荣优（149484）	2300.00	2021.01.11	7.3000
正荣次（149485）	121.00	2021.01.11	0.0000	PRG宁铁2（149492）	71.00	2020.05.18	4.9500
PR铁03（149493）	83.00	2021.05.18	5.1300	G宁铁04（149494）	94.00	2022.05.18	5.1300
G宁铁05（149495）	108.00	2023.05.18	5.1300	G宁铁06（149496）	120.00	2024.05.18	5.1300
G宁铁07（149497）	140.00	2025.05.18	5.1300	G宁铁08（149498）	156.00	2026.05.18	5.1300
G宁铁09（149499）	174.00	2027.05.18	5.1300	G宁铁10（149500）	193.00	2028.05.18	5.1300
G宁铁次（149501）	1.00	2028.05.18	0.0000	PR百新2A（149502）	456.00	2020.01.31	6.5000
PR百新2B（149503）	35.00	2020.04.30	7.5000	PR百新2C（149504）	14.00	2020.06.30	10.0000
百新2次（149505）	26.62	2020.06.30	0.0000	高供水02（149510）	49.00	2020.01.17	6.8000
高供水03（149511）	56.00	2021.01.19	7.1000	高供水04（149512）	62.00	2022.01.18	7.4000
高供水05（149513）	65.00	2023.01.17	7.7000	高供水06（149514）	69.00	2024.01.17	8.0000
高供水次（149515）	20.00	2024.01.17	0.0000	PRDZC优A（149518）	1430.00	2020.07.22	5.6000
18DZC优B（149519）	270.00	2020.07.22	5.8800	18DZC次（149520）	100.00	2020.07.22	0.0000
PR日A06（149523）	3751.00	2020.01.18	5.1500	PR日A07（149524）	1805.00	2020.04.18	5.1500
1如日A08（149525）	420.00	2020.04.20	5.2000	PR日A09（149526）	1122.00	2020.07.20	5.3500
PR日A10（149527）	1545.00	2020.10.19	5.4000	1如日次（149528）	578.01	2020.10.19	0.0000
18天房1B（149529）	560.00	2021.04.16	8.7000	18天房1C（149530）	140.00	2023.04.16	0.0000
PR租A2（149534）	985.00	2020.10.15	6.0500	PR租A3（149535）	160.00	2021.07.15	6.7000
远海租次（149536）	161.10	2022.07.15	0.0000	PR3A3（149541）	195.00	2020.12.28	6.6000
PR3B（149542）	88.00	2022.03.28	7.8000	国药3次（149543）	101.10	2022.03.28	0.0000
18电投优（149545）	737.30	2020.12.31	5.2000	18电投次（149546）	38.80	2020.12.31	0.0000
18荣发02（149550）	600.00	2020.01.27	6.8000	18荣发03（149551）	600.00	2020.10.27	7.2000
18荣发次（149552）	100.00	2020.10.27	0.0000	18新城1A（149562）	1513.00	2021.05.20	7.5000
18新城1B（149563）	80.00	2021.05.20	0.0000	18天房1A（149565）	700.00	2021.04.16	6.7000
PR京蓝优（149568）	390.00	2026.07.05	7.5000	18京蓝次（149569）	21.00	2026.07.05	0.0000
PR2A2（149571）	1864.00	2020.04.15	5.8000	PR2A3（149572）	1594.00	2021.04.15	6.3000
豫盛2B（149583）	381.00	2021.04.15	6.8000	豫盛2次（149584）	666.00	2021.05.15	0.0000
18花12A1（149591）	2670.00	2020.09.28	4.9200	18花12A2（149592）	105.00	2020.09.28	5.3000
18花12B（149593）	225.00	2020.09.28	0.0000	PR13A3（149596）	243.00	2020.06.29	7.0000
汇通13B（149597）	194.00	2020.06.29	0.0000	华鑫融1A（149598）	656.00	2020.03.27	5.8000
华鑫融1B（149599）	104.00	2020.03.27	6.1000	华鑫融次（149600）	40.00	2020.03.27	0.0000
PR07A3（149603）	275.00	2020.09.18	5.8400	PR07次（149604）	75.00	2020.11.11	0.0000

债券信息 债券
List of Bonds Bond

债券简称（代码） Bond Name（Code）	发行量 （百万元） Issued Vol （M Yuan）	到期日 Expiration Date	票面利率（%） Coupon Rate	债券简称（代码） Bond Name（Code）	发行量 （百万元） Issued Vol （M Yuan）	到期日 Expiration Date	票面利率（%） Coupon Rate
PR18 汇 A2（149609）	770.00	2020.05.15	6.0000	PR18 汇 A3（149610）	750.00	2021.02.15	6.4000
18 汇融 B（149611）	370.00	2021.05.15	6.5000	18 汇融 C（149612）	50.00	2021.08.15	6.5000
18 汇融次（149613）	420.00	2023.01.15	0.0000	PR 亚中 02（149619）	120.00	2020.07.25	6.8000
PR 亚中 03（149620）	125.00	2021.07.25	6.9000	18 亚中 04（149621）	145.00	2022.07.25	7.6000
18 亚中 05（149622）	150.00	2023.07.25	7.6000	PR 广租（149623）	760.00	2020.10.21	6.3000
18 亚中 06（149624）	165.00	2024.07.25	7.6000	广租次级（149625）	40.00	2025.10.21	0.0000
18 亚中 07（149626）	180.00	2025.07.25	7.6000	18 亚中次（149627）	50.00	2025.07.25	0.0000
18 领昱 1A（149628）	90.00	2021.06.21	5.9000	18 领昱 1B（149629）	60.00	2021.06.21	6.5000
18 领昱次（149630）	100.00	2021.06.21	0.0000	PR18 优（149631）	2330.00	2021.06.11	6.3000
福碧 18 次（149632）	123.00	2021.06.11	0.0000	花呗 60A1（149637）	1335.00	2020.07.08	5.6500
花呗 60A2（149638）	52.50	2020.07.08	5.8000	花呗 60B（149639）	112.50	2020.07.08	0.0000
一局优 A（149644）	336.00	2020.03.16	5.8000	一局优 B（149645）	160.34	2020.03.16	6.2000
一局次（149646）	74.17	2020.03.16	0.0000	PR003A（149647）	2003.00	2020.06.29	5.5000
铁建 003C（149648）	106.00	2020.06.29	0.0000	PR18 优（149649）	1350.00	2020.06.14	5.7000
首置 18 次（149650）	70.00	2020.06.14	0.0000	18 联储 A（149651）	385.00	2020.06.15	6.4000
18 联储 B（149652）	85.00	2020.06.15	6.5000	18 联储次（149653）	30.00	2020.06.15	0.0000
PR 汇 01（149656）	5300.00	2039.07.29	6.5000	合生汇次（149657）	300.00	2039.07.29	0.0000
PR 易鑫 3C（149658）	143.66	2020.11.30	0.0000	PR 易鑫 3B（149659）	270.00	2020.09.07	7.8000
PR 易鑫 3A（149660）	1780.00	2020.06.05	6.5000	19 二航次（149666）	1.00	2020.12.11	0.0000
PR 湖 02（149676）	200.00	2020.12.29	6.7000	青山湖 03（149677）	200.00	2021.12.29	7.0000
青山湖 04（149678）	350.00	2022.12.29	7.0000	青山湖次（149679）	50.00	2022.12.29	0.0000
铁建 006A（149680）	3114.00	2020.08.31	4.6600	铁建 006C（149681）	164.00	2020.08.31	5.0000
PR2A2（149694）	473.59	2020.03.10	5.8000	国融 2A3（149695）	189.43	2020.03.10	5.8300
国融 2B（149696）	177.59	2020.03.10	6.0000	PR2C（149697）	201.27	2020.09.10	6.1000
PR2 次（149698）	142.08	2020.12.10	5.0000	PR 建房 A（149699）	1600.00	2020.04.30	6.3000
建房尾 B（149700）	800.00	2020.04.30	6.6000	建房次（149701）	100.00	2020.04.30	0.0000
18 光大优（149702）	1900.00	2020.01.12	5.0000	18 光大次（149703）	100.00	2020.01.12	0.0000
PR 工诚 1A（149704）	5152.68	2020.07.28	4.4000	PR18 世茂（149705）	450.00	2038.03.31	5.6000
18 世茂次（149706）	50.00	2038.03.31	0.0000	PR 工诚 1B（149709）	1453.32	2022.08.30	0.0000
PR 邹热 02（149711）	42.00	2020.01.16	7.5000	PR 邹热 03（149712）	45.00	2021.01.18	7.5000
邹热 04（149713）	46.00	2022.01.17	7.5000	邹热 05（149714）	48.00	2023.01.16	7.5000
邹城次级（149715）	20.00	2023.01.16	0.0000	PR 优 02（149719）	101.00	2020.03.20	5.3800
越物优 03（149720）	107.00	2020.06.19	5.3800	越物优 04（149721）	114.00	2020.06.19	5.5000
越物优 05（149722）	122.00	2020.06.19	5.5000	越物优 06（149723）	130.00	2020.06.19	5.5000
越物优 07（149724）	138.00	2020.06.19	5.5000	越物优 08（149725）	148.00	2020.06.19	5.5000
越物优 09（149726）	157.00	2020.06.19	5.5000	越物次级（149727）	39.00	2020.06.19	0.0000
PR 平租 18（149729）	1637.00	2021.03.17	6.0900	平租 18 次（149730）	122.00	2022.12.19	0.0000
宁远 05A4（149734）	1560.00	2020.06.25	5.0000	宁远 05A5（149735）	2710.00	2020.12.25	5.1500
宁远 05A6（149736）	800.00	2021.06.25	5.1500	PR05A7（149737）	218.00	2021.06.25	5.1500
宁远 05 次（149738）	10.92	2021.06.25	0.0000	PR 亿家 A2（149742）	273.00	2020.04.15	5.8000
PR 亿家 A3（149743）	285.00	2020.11.11	6.1000	18 亿家 A4（149744）	299.00	2020.11.11	6.0500
18 亿家 A5（149745）	318.00	2020.11.11	6.2000	18 亿家 A6（149746）	336.00	2020.11.11	6.2000
18 亿家 A7（149747）	358.00	2020.11.11	6.4000	18 亿家 A8（149748）	383.00	2020.11.11	6.4000
18 亿家 A9（149749）	413.00	2020.11.11	6.4000	18 亿家次（149750）	158.00	2027.04.15	0.0000
资源 1B（149752）	190.00	2099.12.31	7.0000	资源 1C（149753）	300.00	2021.03.28	8.0000
资源 1 次（149754）	50.00	2021.03.28	0.0000	G1 华光 02（149758）	83.50	2020.03.20	5.5000
G1 华光 03（149759）	88.00	2021.03.19	5.6000	PR2B（149761）	77.00	2020.02.24	7.0000
悦达 2 次（149762）	73.74	2020.03.25	0.0000	G1 华光次（149763）	15.00	2021.03.19	0.0000
PR 红企优（149764）	855.00	2020.12.26	7.5000	18 红企次（149765）	45.00	2020.12.28	0.0000
PR18 泛 1A（149770）	1700.00	2036.11.17	6.2000	18 泛海 1B（149771）	935.00	2036.11.17	8.5000

债券信息 债券
List of Bonds Bond

债券简称（代码）Bond Name（Code）	发行量（百万元）Issued Vol（M Yuan）	到期日 Expiration Date	票面利率（%）Coupon Rate	债券简称（代码）Bond Name（Code）	发行量（百万元）Issued Vol（M Yuan）	到期日 Expiration Date	票面利率（%）Coupon Rate
18 泛海 1C（149772）	50.00	2036.11.17	0.0000	PR 碧海 02（149782）	56.00	2020.08.10	6.8000
PR 碧海 03（149783）	60.00	2021.08.10	7.3000	18 碧海 04（149784）	63.00	2022.08.10	7.5000
18 碧海 05（149785）	68.00	2023.08.10	7.5000	18 碧海次（149786）	16.00	2023.08.10	0.0000
18 海融 1A（149790）	475.00	2020.09.11	4.5500	18 海融 1B（149791）	25.00	2020.09.11	0.0000
PR 金融优（149792）	3000.00	2033.02.01	4.9600	18 金融次（149793）	30.00	2033.02.01	0.0000
铁建 005A（149796）	1364.00	2020.02.19	4.8800	铁建 005C（149797）	72.00	2020.02.19	0.0000
PR1A（149798）	3600.00	2021.06.29	4.8000	致远 1B（149799）	1384.62	2023.05.18	0.0000
PRZR3 优 A（149800）	234.00	2020.01.16	5.8100	PRZR3 优 B（149801）	21.00	2020.02.19	6.6500
PRZR3 中 A（149802）	18.00	2020.03.17	7.5000	PR 永达 1A（149803）	680.00	2020.04.27	5.9500
18 永达次（149804）	121.00	2020.04.27	0.0000	PR 昌西 02（149818）	82.00	2020.03.28	5.4000
PR 昌西 03（149819）	94.00	2021.03.28	5.6000	昌西 04（149820）	106.00	2022.03.28	5.9000
昌西 05（149821）	113.00	2023.03.28	6.3000	昌西 06（149822）	120.00	2024.03.28	6.5000
昌西 07（149823）	128.00	2025.03.28	6.5000	昌西 08（149824）	141.00	2026.03.28	6.5000
昌西 09（149825）	154.00	2027.03.28	6.5000	PR 大华 A（149827）	1280.00	2039.05.18	6.0000
18 大华 B（149828）	710.00	2039.05.18	6.5000	18 大华次（149829）	10.00	2039.05.18	0.0000
PR08A3（149834）	370.00	2020.11.19	5.8300	PR08 次（149835）	70.00	2020.12.25	0.0000
PR 易鑫 A4（149836）	1972.00	2020.06.29	6.0000	PR 易鑫 4B（149837）	293.00	2020.09.25	7.8000
18 易鑫 4C（149838）	166.00	2020.09.25	0.0000	PR 德远优（149839）	370.00	2021.07.29	5.4000
18 德远次（149840）	1.00	2021.07.29	0.0000	18 保置优（149841）	1438.00	2021.11.01	6.3500
18 保置次（149842）	76.00	2021.11.01	0.0000	PR 鑫宁 A2（149844）	840.00	2020.04.26	4.6000
18 鑫宁 B（149845）	325.00	2020.04.26	6.0000	PR 鑫宁次（149846）	623.90	2020.07.27	4.0000
PR 平租 4A（149847）	1253.00	2020.11.20	6.0000	PR 平租 4B（149848）	90.00	2021.08.20	7.0000
18 平租 4C（149849）	75.00	2022.02.20	7.5000	18 次 4（149850）	91.00	2023.02.20	0.0000
PR 中铝 02（149852）	530.00	2020.07.26	5.0000	PR 租 03（149853）	420.00	2021.10.26	5.3000
中铝租次（149854）	70.00	2022.04.26	0.0000	18 花 13A1（149858）	3560.00	2020.09.30	4.8800
18 花 13A2（149859）	140.00	2020.09.30	5.2000	18 花 13B（149860）	300.00	2020.09.30	0.0000
18 花 16A1（149867）	1780.00	2020.11.27	4.6000	18 花 16A2（149868）	70.00	2020.11.27	4.9500
18 花 16B（149869）	150.00	2020.11.27	0.0000	18 借 01A1（149873）	1700.00	2020.09.22	5.3500
18 借 01A2（149874）	150.00	2020.09.22	5.7500	18 借 01B（149875）	150.00	2020.09.22	0.0000
18 借 02A1（149876）	1700.00	2020.09.23	5.1900	18 借 02A2（149877）	150.00	2020.09.23	5.6500
18 借 02B（149878）	150.00	2020.09.23	0.0000	18 借 03A1（149879）	1700.00	2020.10.21	5.2000
18 借 03A2（149880）	150.00	2020.10.21	5.3900	18 借 03B（149881）	150.00	2020.10.21	0.0000
18 借 04A1（149882）	1700.00	2020.10.27	5.2500	18 借 04A2（149883）	150.00	2020.10.27	5.4500
18 借 04B（149884）	150.00	2020.10.27	0.0000	18 借 05A1（149885）	1275.00	2020.11.25	5.0000
18 借 05A2（149886）	112.50	2020.11.25	5.1300	18 借 05B（149887）	112.50	2020.11.25	0.0000
PRG 康达 1（149891）	48.00	2021.06.20	7.5000	G1 康达 02（149892）	48.00	2024.06.20	7.5000
G1 康达 03（149893）	60.00	2027.06.20	7.5000	G1 康达 04（149894）	78.00	2030.06.20	7.5000
G1 康达 05（149895）	96.00	2033.06.20	7.5000	G1 康达次（149896）	30.00	2033.06.20	0.0000
PR18 红 1A（149897）	838.00	2021.08.30	7.5000	18 红星 1B（149898）	47.00	2021.08.30	0.0000
建设 1A（149902）	1003.00	2020.09.14	4.9500	建设 1B（149903）	183.00	2020.09.14	6.1000
建设 1 次（149904）	37.00	2020.09.14	0.0000	PR 中三 A（149905）	640.00	2021.02.26	5.7000
中交三 B（149906）	18.00	2021.02.26	6.2000	中交三 C（149907）	52.00	2021.02.26	6.6000
中交三次（149908）	164.63	2021.02.26	0.0000	花呗 62A1（149909）	1780.00	2020.09.30	4.9000
花呗 62A2（149910）	70.00	2020.09.30	5.2000	花呗 62B（149911）	150.00	2020.09.30	0.0000
花呗 61A1（149912）	3560.00	2020.09.23	4.9500	花呗 61A2（149913）	140.00	2020.09.23	5.4000
花呗 61B（149914）	300.00	2020.09.23	0.0000	PR02A（149915）	375.00	2020.12.11	6.0000
福田 02B（149916）	51.00	2020.12.11	7.0000	PR02 次（149917）	74.94	2021.08.12	0.0000
18 建花 A（149933）	1780.00	2020.09.23	5.0000	18 建花 B（149934）	70.00	2020.09.23	5.5000
18 建花 C（149935）	150.00	2020.09.23	0.0000	18 借呗 1A（149936）	2550.00	2020.09.23	5.1000
18 借呗 1B（149937）	225.00	2020.09.23	5.4500	18 借呗 1C（149938）	225.00	2020.09.23	0.0000

债券信息
List of Bonds

债券简称（代码）Bond Name（Code）	发行量（百万元）Issued Vol（M Yuan）	到期日 Expiration Date	票面利率（%）Coupon Rate	债券简称（代码）Bond Name（Code）	发行量（百万元）Issued Vol（M Yuan）	到期日 Expiration Date	票面利率（%）Coupon Rate
18 借呗 2A（149939）	2550.00	2020.09.28	5.1900	18 借呗 2B（149940）	225.00	2020.09.28	5.3900
18 借呗 2C（149941）	225.00	2020.09.28	0.0000	PR 国美优（149942）	750.00	2033.09.03	6.2000
18 国美次（149943）	40.00	2033.09.03	0.0000	PR 鹭 01A1（149944）	1370.00	2020.01.17	5.1000
PR 鹭 01A2（149945）	561.00	2020.04.17	5.2500	PR 鹭 01A3（149946）	819.00	2020.07.17	5.3000
18 鹭 01B1（149947）	140.00	2020.07.17	5.5000	PR 鹭 01C1（149948）	125.00	2021.04.17	5.6000
18 鹭 01 次（149949）	184.35	2021.07.17	0.0000	华润 3 优 1（149962）	1682.00	2020.09.21	4.8800
华润 3 优 2（149963）	182.00	2020.09.21	5.8000	华润 3 次 1（149964）	122.00	2020.09.21	0.0000
华润 3 次 2（149965）	41.00	2020.09.21	0.0000	18 悠唐 A（149966）	1615.00	2036.09.18	5.9000
PR 悠唐 B（149967）	985.00	2036.09.18	6.2000	18 悠唐次（149968）	1.00	2036.09.18	0.0000
PRX8A2（149971）	230.00	2020.04.28	6.1000	PRX8A3（149972）	320.00	2022.01.28	6.5000
AUX8B（149973）	90.00	2022.07.28	7.8000	AUX8 次（149974）	106.00	2023.07.28	0.0000
PR 平安 6A（149977）	1970.00	2021.08.15	5.9800	18 平安 6B（149978）	100.00	2022.02.15	7.5000
18 平安 6C（149979）	176.37	2024.02.15	0.0000	18 铁置优（149987）	1096.00	2021.09.17	5.6000
18 铁置次（149988）	104.00	2021.09.17	0.0000	平裕 3 优（149989）	261.00	2021.03.15	3.7800
花呗 64A1（149990）	2225.00	2020.09.30	4.9000	花呗 64A2（149991）	87.50	2020.09.30	5.4500
花呗 64B（149992）	187.50	2020.09.30	0.0000	花呗 65A1（149993）	2225.00	2020.09.30	4.9500
花呗 65A2（149994）	87.50	2020.09.30	5.5000	花呗 65B（149995）	187.50	2020.09.30	0.0000
18 建花 2A（149997）	2670.00	2020.09.30	4.9000	18 建花 2B（149998）	105.00	2020.09.30	5.2000
18 建花 2C（149999）	225.00	2020.09.30	0.0000	17 华融 F1（150004）	2000.00	2020.11.28	5.8600
17 淮矿 01（150005）	2000.00	2020.11.24	6.1000	17 木渎 01（150008）	600.00	2020.11.27	6.3000
17 黄发 01（150009）	1000.00	2022.11.29	5.3000	17 滨江 01（150010）	200.00	2022.12.01	7.0000
17 黄发 02（150011）	500.00	2022.12.08	5.3000	17 公投 01（150012）	950.00	2022.12.01	4.5500
17 通高新（150013）	1100.00	2021.01.03	6.9600	17 乐米债（150014）	10.00	2020.12.15	6.5000
17 伟控 01（150016）	250.00	2022.11.30	6.2000	17 遵红债（150017）	250.00	2022.12.15	7.5000
17 方圆 01（150018）	1000.00	2020.12.06	8.0000	17 沧港 01（150020）	100.00	2020.12.16	7.2000
17 巨力债（150022）	300.00	2020.12.06	7.0000	17 方正 01（150024）	800.00	2099.12.31	6.2000
17 府谷 01（150027）	400.00	2020.12.07	7.0000	17 鲁水 01（150028）	1200.00	2022.12.06	5.9500
17 镇新债（150029）	900.00	2022.12.08	7.5000	17 振浔 02（150030）	260.00	2022.12.14	7.0000
17 苏宁 07（150031）	1040.00	2020.12.22	7.0000	17 江城 01（150034）	900.00	2022.12.12	5.9700
17 铜城 01（150039）	600.00	2020.12.19	6.5000	17 伟控 02（150040）	325.00	2022.12.15	6.2000
17 晋开 01（150041）	350.00	2020.12.18	6.5000	17 任兴 01（150043）	320.00	2022.12.13	7.5000
17 涪交 01（150044）	200.00	2022.12.15	7.0000	17 盛泽 02（150046）	550.00	2020.12.18	5.0000
17 永泰 01（150048）	300.00	2020.03.31	7.5000	17 博天 01（150049）	300.00	2022.12.19	6.5000
17 平投债（150050）	620.00	2020.12.08	5.0000	17 华置 F1（150051）	2220.00	2022.12.20	4.3400
17 金灌债（150052）	400.00	2022.12.21	6.5000	18 红河 01（150053）	500.00	2023.06.29	7.8000
17 红日 03（150054）	140.00	2020.12.30	5.0000	17 天物债（150055）	285.00	2099.12.31	6.8000
17 青投债（150056）	1000.00	2099.12.31	7.2000	17 嘉兴 01（150057）	500.00	2022.12.22	6.1000
17 西南 C1（150058）	1000.00	2020.12.21	6.2700	17 通滨海（150059）	2000.00	2021.01.05	4.3000
17 顾家 02（150062）	200.00	2020.12.26	7.3000	17 振浔 03（150064）	150.00	2022.12.22	7.0000
17 丰电债（150067）	30.00	2020.02.13	6.4200	17 亭湖 02（150069）	260.00	2020.01.15	7.8000
G17 启迪 2（150070）	550.00	2022.12.29	6.8000	18 渝旅 01（150073）	1300.00	2023.05.03	6.8000
17 连工 02（150074）	200.00	2021.01.11	7.2700	18 惠金债（150076）	800.00	2021.01.08	6.8000
18 桂交投（150077）	500.00	2021.01.05	6.5000	18 招商 C1（150078）	1640.00	2020.01.12	5.5600
18 寿光 01（150079）	300.00	2023.01.12	7.5000	18 金港债（150080）	300.00	2021.01.04	6.0000
18 润田 01（150082）	1000.00	2025.01.16	7.0000	18 漳九 01（150083）	1100.00	2023.01.16	6.4900
18 机电 01（150084）	1200.00	2020.04.03	5.5000	18 顾家 01（150086）	530.00	2021.01.17	7.3000
18 鲁胜 01（150088）	200.00	2023.01.18	7.5000	18 开滦 01（150089）	620.00	2021.01.12	7.5000
18 银河 F1（150090）	3500.00	2020.01.17	5.5500	18 银河 F2（150091）	1500.00	2021.01.17	5.6500
18 光证 02（150094）	2000.00	2020.01.18	5.5500	18 兴业 F1（150095）	4500.00	2021.01.22	5.7000
18 金灌 01（150096）	100.00	2023.01.12	7.5000	18 招商 C2（150097）	5150.00	2020.01.22	5.7000

债券信息
List of Bonds

债券
Bond

债券简称（代码） Bond Name（Code）	发行量（百万元） Issued Vol（M Yuan）	到期日 Expiration Date	票面利率（%） Coupon Rate	债券简称（代码） Bond Name（Code）	发行量（百万元） Issued Vol（M Yuan）	到期日 Expiration Date	票面利率（%） Coupon Rate
18溧水01（150098）	1500.00	2023.01.17	6.5000	18华友01（150099）	100.00	2020.01.19	7.8000
18台基01（150100）	900.00	2023.01.19	6.4800	18滨海01（150102）	1420.00	2028.01.22	6.2900
18淮资01（150103）	510.00	2023.03.23	7.9900	18东吴F1（150105）	4500.00	2021.01.29	5.7000
18民生F1（150106）	950.00	2020.01.25	6.2000	18民生F2（150107）	550.00	2021.01.25	6.5000
18海门01（150108）	600.00	2021.02.01	6.9000	18方正01（150109）	1090.00	2099.12.31	6.0000
18方正02（150110）	1730.00	2099.12.31	6.8000	18中金01（150111）	1000.00	2020.01.26	5.5800
18中金02（150112）	1000.00	2021.01.26	5.7000	18桂金01（150113）	500.00	2021.01.29	6.7000
18方正C1（150114）	640.00	2020.01.29	6.3000	18昌吉01（150117）	450.00	2023.07.23	7.5000
18粤铁01（150118）	620.00	2021.01.30	4.7000	18阿尔特（150119）	60.00	2021.02.02	6.5000
18公投01（150120）	400.00	2023.01.30	7.3000	18晋交01（150121）	1620.00	2023.03.28	6.9900
18龙控01（150123）	2000.00	2022.02.01	5.4000	18水产01（150124）	300.00	2023.02.12	7.4000
18创启01（150125）	200.00	2021.01.30	6.8000	18中泰F1（150126）	2000.00	2021.02.06	5.8000
18启迪01（150127）	200.00	2023.02.01	6.9700	18雨花01（150129）	500.00	2023.02.02	7.0000
18海门02（150130）	400.00	2023.02.06	7.2000	18东兴01（150131）	1000.00	2021.02.05	4.2000
18科投01（150132）	800.00	2021.03.20	7.0700	18连工01（150133）	200.00	2023.02.02	7.2000
18汇通01（150135）	500.00	2020.02.19	4.8000	18临淄01（150136）	750.00	2023.04.13	7.0000
18江水01（150137）	1000.00	2023.02.07	6.8000	18融盛01（150138）	50.00	2023.02.13	7.2000
18融盛02（150139）	1100.00	2023.02.13	7.5000	18义乌01（150140）	3000.00	2023.04.16	3.7000
18川铁01（150141）	2570.00	2023.02.08	6.2900	18建租01（150142）	960.00	2020.02.09	6.7900
18德鑫泉（150143）	30.00	2020.02.20	5.8000	18镇交01（150144）	500.00	2020.03.02	8.0000
18明诚01（150145）	100.00	2021.02.06	8.5000	18银河F3（150146）	1200.00	2020.02.12	5.6000
18银河F4（150147）	1000.00	2021.02.12	5.7000	18华安01（150148）	300.00	2023.02.08	7.5000
18华融F1（150149）	2500.00	2021.02.08	5.9800	18德清01（150150）	250.00	2023.02.09	6.8000
18六合01（150152）	187.00	2023.05.02	6.8000	18云锡01（150153）	1240.00	2021.02.27	7.5000
18鸿达01（150154）	330.00	2021.02.13	7.5000	18大同01（150156）	100.00	2021.02.12	7.3000
18顾家03（150157）	270.00	2021.02.12	7.5000	18邦信02（150160）	1000.00	2023.03.09	5.8000
18广能01（150161）	300.00	2021.02.22	7.8000	18汇通02（150162）	650.00	2020.03.18	4.5000
18高投01（150163）	1000.00	2023.03.02	6.9000	18协信01（150164）	710.00	2021.03.09	7.5000
18旭辉01（150166）	800.00	2022.03.21	5.3000	18旭辉02（150167）	2700.00	2023.03.21	6.8000
18三盛01（150168）	400.00	2099.12.31	8.0000	18三盛02（150169）	1600.00	2099.12.31	8.2000
18九通01（150170）	1090.00	2023.03.12	6.9500	18涪交01（150171）	450.00	2023.03.07	6.8800
18宝工01（150173）	200.00	2023.03.13	7.1500	18创启02（150174）	300.00	2021.03.14	6.7000
18华泰C1（150175）	1000.00	2020.03.15	5.6500	18山钢01（150176）	2000.00	2021.03.09	5.7000
18景德01（150178）	200.00	2023.03.16	6.9000	18华发01（150181）	2500.00	2020.03.26	1.0000
18财通C1（150183）	3000.00	2020.03.19	5.8500	18连金01（150185）	200.00	2021.04.19	7.0000
18大同02（150186）	100.00	2021.03.12	7.0000	18信投F1（150187）	4000.00	2020.03.15	5.4300
18明诚02（150188）	150.00	2021.03.15	7.5000	18同煤01（150191）	3000.00	2023.03.19	5.8000
18银产01（150193）	400.00	2023.03.20	6.5000	18云投01（150194）	500.00	2020.03.16	6.5000
18滨海02（150196）	2010.00	2028.04.13	5.9800	18建租02（150197）	500.00	2020.03.20	6.4400
18鲁钢01（150198）	1450.00	2021.03.19	4.8500	18大宁01（150199）	1200.00	2023.03.21	6.0000
18南州01（150202）	480.00	2023.04.02	7.3000	18首创C1（150203）	500.00	2021.03.20	6.5000
18鲁金01（150204）	1200.00	2023.03.27	5.9500	18绿城03（150206）	500.00	2022.04.13	3.9000
18绿城04（150207）	2500.00	2023.04.13	5.9900	18中投01（150208）	1000.00	2021.03.23	5.9500
18柯建01（150209）	200.00	2023.03.26	5.3500	18柯建02（150210）	300.00	2023.03.26	7.0000
18龙控02（150211）	2000.00	2022.03.22	4.9000	18平投01（150212）	300.00	2020.04.22	4.0000
18蓝光02（150215）	700.00	2021.03.29	7.5000	18蓝光03（150216）	550.00	2021.03.29	7.5000
18苏园01（150217）	290.00	2023.03.26	6.7200	18滁城01（150218）	1500.00	2023.04.02	6.4600
18中宝01（150219）	500.00	2022.03.23	7.6000	18漳九02（150220）	1400.00	2023.03.26	6.5000
18平证01（150221）	2840.00	2020.03.22	5.6000	18九通02（150222）	1400.00	2021.06.01	5.9000
18溧水02（150223）	570.00	2023.03.27	6.7000	18淮矿01（150225）	2000.00	2021.04.03	6.0000

债券信息
List of Bonds

债券
Bond

债券简称（代码）Bond Name（Code）	发行量（百万元）Issued Vol（M Yuan）	到期日 Expiration Date	票面利率（%）Coupon Rate	债券简称（代码）Bond Name（Code）	发行量（百万元）Issued Vol（M Yuan）	到期日 Expiration Date	票面利率（%）Coupon Rate
18 川铁 02（150226）	1000.00	2023.03.26	6.0000	18 余杭 01（150227）	140.00	2023.03.27	4.2500
18 金凤 01（150228）	940.00	2023.04.10	6.8000	18 大成 01（150231）	370.00	2023.03.30	6.8000
18 相城 01（150232）	800.00	2023.03.27	6.1800	18 国金 01（150233）	1500.00	2020.04.02	5.7500
18 国金 02（150234）	1500.00	2021.04.02	5.8500	18 吴开 01（150235）	600.00	2023.03.28	6.3500
18 镇国 01（150236）	714.00	2023.03.30	7.8000	18 盐城 01（150237）	700.00	2025.03.29	7.1000
18 泰通债（150239）	350.00	2020.03.06	8.0000	18 薛城 01（150240）	210.00	2023.03.27	8.0000
18 绍兴 01（150241）	1400.00	2023.03.29	7.2000	18 鲁胜 02（150243）	200.00	2023.03.30	7.5000
18 太仓 01（150244）	200.00	2023.03.30	6.5000	18 绵投 01（150245）	1800.00	2023.03.30	6.9800
G18 湖州 1（150246）	500.00	2021.04.03	6.2800	18 滨江 01（150247）	900.00	2023.04.09	6.8000
18 卓越 01（150249）	300.00	2020.05.21	6.5000	18 桂金 02（150251）	500.00	2021.03.30	7.3000
18 川铁 03（150252）	1020.00	2023.04.02	5.9900	18 凉山 01（150253）	500.00	2021.03.30	7.1000
18 海资 01（150254）	1000.00	2023.04.04	6.0500	18 云投 03（150255）	2700.00	2020.04.03	6.5000
18 鹏欣 01（150256）	400.00	2023.04.10	7.5000	18 连工 02（150257）	250.00	2023.03.30	7.2000
18 宜春 01（150258）	300.00	2023.04.26	6.8000	18 宜春 02（150259）	700.00	2020.05.12	4.3500
18 华宇 02（150260）	300.00	2020.07.22	8.5000	18 余杭 02（150261）	230.00	2023.03.30	4.2500
18 方正 03（150262）	1030.00	2099.12.31	6.0000	18 雨花 02（150264）	500.00	2023.04.03	6.8800
18 新港 01（150265）	1300.00	2022.04.02	6.0000	18 振浔 01（150266）	50.00	2023.04.02	7.5000
S18 云电 1（150268）	650.00	2023.04.09	6.2000	18 东兴 02（150271）	1000.00	2021.04.04	5.9400
18 乳山 01（150272）	540.00	2023.04.09	7.7500	18 建租 03（150274）	1100.00	2020.04.11	6.0000
18 台基 02（150275）	1000.00	2023.04.10	6.5000	18 山钢 03（150276）	2000.00	2021.04.10	5.5800
18 首业 01（150278）	1000.00	2021.04.09	2.9500	18 首业 02（150279）	2000.00	2023.04.09	5.8400
18 融通 01（150280）	120.00	2020.05.21	7.0000	18 融通 02（150281）	230.00	2023.04.04	7.0000
18 中信 01（150283）	4800.00	2020.04.16	5.0500	18 建租 04（150284）	500.00	2021.04.11	6.4000
18 东兴 F1（150285）	3000.00	2021.04.12	5.3700	18 常新 01（150286）	600.00	2023.04.16	3.9000
18 常新 02（150287）	400.00	2023.04.16	6.5500	18 信投 F2（150288）	4000.00	2021.04.17	5.1200
18 海盐 01（150290）	1500.00	2023.04.16	6.7700	18 苏新 01（150291）	1100.00	2020.09.07	4.0000
18 新昌 01（150292）	700.00	2023.04.19	6.4500	18 安租 01（150293）	2260.00	2021.04.13	6.2900
18 长安 01（150295）	450.00	2021.04.19	7.5000	18 财通 C2（150296）	2500.00	2020.04.17	5.4000
18 苏交 01（150297）	1500.00	2020.04.25	2.9000	18 寿光 02（150299）	570.00	2022.04.17	7.0000
18 义乌 02（150300）	2000.00	2023.04.16	6.3000	18 融和 01（150303）	700.00	2021.04.19	6.4000
18 桂金 03（150305）	1000.00	2021.04.26	7.3000	18 浙商 C2（150306）	2000.00	2020.04.23	5.3000
18 柯建 04（150307）	1000.00	2023.04.24	6.8900	18 柯建 03（150308）	500.00	2023.04.24	5.1000
18 银河 C1（150309）	800.00	2020.04.19	5.2000	18 蓝光 06（150312）	1110.00	2021.04.27	7.5000
18 金辉 01（150313）	1000.00	2021.04.23	7.5000	18 银河 C2（150314）	3200.00	2021.04.19	5.3000
18 中金 C1（150315）	1000.00	2023.04.20	5.3000	18 华融 C1（150317）	2500.00	2021.04.18	5.8000
18 金控 01（150318）	285.00	2023.04.26	7.3000	18 国联 02（150319）	1000.00	2020.04.25	5.6000
18 中金 03（150320）	500.00	2020.04.24	4.8000	18 中金 04（150321）	1000.00	2021.04.24	4.9400
18 海门 03（150322）	1150.00	2021.04.25	7.5000	18 中原 01（150323）	1500.00	2021.04.27	5.5800
18 方程 01（150324）	700.00	2021.04.26	5.5500	18 邦信 03（150325）	1200.00	2023.04.26	6.3000
18 邦信 04（150326）	300.00	2023.04.26	4.3400	18 民生 C1（150327）	1800.00	2021.04.24	6.8000
18 民生 C2（150328）	1200.00	2020.04.24	6.5000	18 甬展 01（150329）	500.00	2023.04.27	6.7000
18 天风 C1（150330）	900.00	2021.04.26	6.0000	18 薛城 02（150332）	790.00	2023.04.23	7.5000
18 任城 01（150333）	640.00	2023.04.27	7.7000	18 南湖 01（150337）	430.00	2023.04.24	7.5000
18 滨海 03（150338）	570.00	2028.04.26	5.8800	18 青城 01（150339）	950.00	2023.05.02	5.6500
18 青城 02（150340）	250.00	2023.05.02	6.0000	18 东兴 F3（150342）	1300.00	2021.04.26	5.1000
18 云港 01（150343）	1000.00	2023.04.26	6.2000	18 中泰 F2（150344）	2000.00	2021.04.26	5.1000
18 金堂 01（150345）	200.00	2023.04.25	7.8000	18 台基 03（150346）	1100.00	2022.04.27	3.9300
18 绵投 02（150347）	800.00	2023.04.26	6.9900	18 绍兴 03（150348）	970.00	2023.05.02	7.2000
18 绍兴 04（150349）	220.00	2023.05.02	7.0000	18 恒驰 01（150350）	500.00	2021.04.25	7.6000
18 恒驰 02（150351）	70.00	2020.06.08	8.0000	18 建租 05（150352）	440.00	2021.04.27	6.7600

债券信息 债券
List of Bonds Bond

债券简称（代码） Bond Name（Code）	发行量 （百万元） Issued Vol （M Yuan）	到期日 Expiration Date	票面利率（%） Coupon Rate	债券简称（代码） Bond Name（Code）	发行量 （百万元） Issued Vol （M Yuan）	到期日 Expiration Date	票面利率（%） Coupon Rate
18 宝工 02（150353）	500.00	2023.04.27	7.1500	18 泰投 01（150354）	790.00	2023.04.26	7.5000
18 万联 C1（150355）	500.00	2021.05.02	3.6000	18 九联 01（150356）	460.00	2023.04.27	7.5000
18 徐矿 01（150357）	1530.00	2020.05.12	1.0000	18 云锡 02（150359）	320.00	2021.05.24	7.5000
18 国厚 01（150360）	1000.00	2023.05.02	7.5000	18 公投 02（150364）	650.00	2023.08.21	5.3600
18 东投 01（150369）	500.00	2021.05.11	7.5000	18 海亮 01（150370）	200.00	2020.05.15	7.5000
18 延安 01（150372）	142.00	2028.05.03	8.2000	18 泰通 02（150373）	220.00	2020.06.08	7.0000
18 黔物 01（150374）	100.00	2021.06.19	7.8000	18 西南 C1（150375）	1900.00	2021.05.08	6.1000
18 长投 01（150378）	530.00	2023.05.09	8.0000	18 海金 01（150380）	200.00	2021.05.03	6.6000
18 杭租 01（150381）	600.00	2021.08.30	4.8000	18 中信 02（150384）	2500.00	2021.05.10	5.0900
18 格地 01（150385）	1020.00	2023.05.08	7.0000	18 华泰 C2（150386）	2800.00	2021.05.10	5.2000
18 兴业 F2（150388）	2000.00	2021.05.10	5.2000	18 俊发 01（150390）	2000.00	2022.10.22	8.0000
18 绿城 05（150392）	1000.00	2022.05.25	3.9000	18 金辉 02（150394）	1700.00	2021.09.28	6.9000
18 安租 03（150395）	1710.00	2023.05.14	6.0000	18 人居债（150396）	1500.00	2021.05.14	7.5000
18 上虞 01（150397）	1000.00	2023.05.30	7.5000	18 先导 01（150398）	3300.00	2023.05.22	6.5000
18 龙控 03（150399）	1000.00	2022.05.21	3.5000	18 中盐 01（150402）	700.00	2023.05.18	6.0000
18 雨花 03（150403）	500.00	2023.05.17	6.9900	18 平证 03（150404）	1000.00	2021.05.17	5.3000
18 天府 01（150407）	640.00	2023.05.18	7.5000	18 蓝光 07（150409）	600.00	2021.05.29	7.9000
18 国发 01（150410）	1300.00	2023.05.21	5.6700	18 包钢 01（150411）	1506.00	2023.05.21	4.8000
18 蓝光 09（150413）	150.00	2021.05.29	7.5000	18 银河 C3（150416）	5500.00	2020.05.24	5.3800
18 连金 02（150418）	750.00	2020.09.08	3.9000	18 泛海 F1（150420）	1000.00	2021.05.30	7.8000
18 农发 01（150421）	200.00	2020.06.04	3.8500	18 金鑫 01（150422）	600.00	2020.12.24	7.0000
18 海伟 01（150423）	160.00	2021.05.24	7.3000	18 金城 01（150424）	800.00	2023.05.28	6.1800
18 金堂 02（150425）	450.00	2023.05.24	7.8000	18 科教 01（150426）	500.00	2021.06.15	8.5000
18 华宇 03（150427）	1000.00	2021.05.29	7.9900	18 方正 05（150428）	3000.00	2099.12.31	6.8000
18 常熟 01（150430）	480.00	2023.05.28	6.5000	18 锡交 01（150431）	1500.00	2023.07.30	5.4700
18 灵璧债（150432）	1000.00	2023.05.25	8.0000	18 锡交 02（150433）	1000.00	2023.08.17	5.3000
18 融和 02（150434）	300.00	2021.08.03	6.5000	18 东兴 03（150435）	1000.00	2020.05.25	5.9900
18 东兴 04（150436）	1000.00	2021.05.25	3.7000	18 富力 01（150437）	1000.00	2021.06.01	6.8000
18 山钢 05（150440）	1500.00	2021.06.01	5.1000	18 张投 01（150441）	530.00	2023.05.29	6.1700
18 泰交 01（150442）	950.00	2023.05.29	3.6000	18 豫能 01（150445）	3000.00	2023.05.29	7.4500
18 华福 C1（150446）	1000.00	2021.05.29	5.7500	18 川铁 04（150447）	560.00	2023.06.19	6.2900
18 方正 F1（150449）	2000.00	2020.05.29	6.0800	18 财达 C1（150450）	2000.00	2020.08.20	3.7000
18 蒙中 01（150451）	255.00	2023.06.01	6.5000	18 同煤 03（150452）	2000.00	2023.05.31	6.0000
18 融侨 01（150453）	1000.00	2020.06.17	7.5000	18 昆租 01（150454）	700.00	2025.08.23	5.5000
18 射阳 01（150455）	400.00	2023.06.05	7.5000	18 华创 C1（150457）	800.00	2021.08.23	5.6000
18 环球 01（150460）	600.00	2023.06.13	3.7000	18 即旅 01（150461）	1000.00	2023.11.08	4.6000
18 天山 01（150464）	171.00	2020.06.17	6.9500	18 九通 03（150466）	910.00	2021.06.11	5.9000
18 安租 04（150467）	1000.00	2023.06.13	6.2000	18 中银 02（150468）	2500.00	2020.06.11	3.1000
18 中证 03（150470）	3000.00	2020.06.15	5.1000	18 鲁金 03（150472）	1400.00	2020.06.29	2.5000
18 鲁金 04（150473）	400.00	2023.06.15	5.9400	18 常熟 02（150474）	600.00	2023.06.14	6.5000
18 富力 04（150476）	500.00	2021.06.27	6.8000	18 文控 01（150477）	780.00	2023.06.14	7.2000
18 渝南 01（150478）	600.00	2023.06.22	7.4000	18 汇川 01（150480）	750.00	2023.06.14	8.0000
18 华宇 04（150481）	300.00	2020.07.31	8.5000	18 德泰 01（150482）	1000.00	2023.07.19	7.5000
18 卓越 04（150484）	1000.00	2023.07.09	6.3000	18 东科 01（150485）	100.00	2023.06.15	7.8000
18 常经 01（150487）	500.00	2023.06.20	6.3000	18 名城 01（150489）	300.00	2020.11.30	8.2000
18 吴开 02（150490）	240.00	2023.06.21	6.3000	18 滇中 01（150491）	750.00	2023.06.20	7.5000
18 蓝光 12（150495）	1890.00	2021.07.27	7.5000	18 泛海 F2（150496）	300.00	2020.07.06	7.8000
18 方正 07（150497）	2000.00	2099.12.31	6.8000	18 大宁 02（150499）	800.00	2023.06.28	6.3000
18 新昌 02（150500）	300.00	2023.09.27	7.0000	18 中金 05（150501）	1000.00	2020.06.28	5.2000
G18 天成 1（150502）	400.00	2020.07.06	2.3500	18 晋交 03（150503）	1140.00	2023.08.08	7.2000

债券信息
List of Bonds

债券简称（代码）Bond Name（Code）	发行量（百万元）Issued Vol（M Yuan）	到期日 Expiration Date	票面利率（%）Coupon Rate	债券简称（代码）Bond Name（Code）	发行量（百万元）Issued Vol（M Yuan）	到期日 Expiration Date	票面利率（%）Coupon Rate
18 中金 06（150504）	1000.00	2021.06.28	5.3000	18 长安 02（150505）	200.00	2021.06.25	8.0000
18 通泰 01（150508）	500.00	2023.07.03	7.4000	18 安租 06（150509）	1740.00	2021.09.14	6.0800
18 鄂资 02（150511）	500.00	2020.11.06	7.0000	18 城发 01（150515）	1000.00	2021.12.12	4.4000
18 新源 01（150516）	550.00	2023.06.29	7.4000	18 申太 01（150518）	100.00	2023.06.27	8.0000
18 宝钛债（150519）	700.00	2023.07.27	6.8500	18 中庚 F1（150521）	400.00	2021.06.29	8.8000
18 奥园 01（150522）	1200.00	2021.07.24	5.0000	S18 酉阳（150523）	600.00	2023.06.28	7.5000
G18 华昱 1（150527）	620.00	2020.07.09	7.5000	18 中证 04（150528）	4000.00	2020.07.09	4.8000
18 华安 02（150530）	500.00	2023.07.04	7.5000	18 方正 F3（150532）	1460.00	2020.07.10	6.1000
18 信投 F3（150533）	3500.00	2021.07.11	4.8600	18 广能 02（150534）	300.00	2020.10.15	7.9000
18 山能 01（150535）	750.00	2023.07.06	6.2000	18 山能 02（150536）	830.00	2021.07.06	2.9000
18 太高 01（150537）	650.00	2023.07.11	6.8000	18 常新 03（150538）	1000.00	2023.07.26	4.0000
18 首业 03（150540）	1500.00	2021.07.11	3.1000	18 首业 04（150541）	500.00	2023.07.11	5.9400
18 东次 01（150542）	6400.00	2020.07.12	5.1800	18 奥园 02（150545）	1200.00	2021.07.24	5.0000
18 安租 05（150546）	960.00	2020.07.28	2.0000	18 山能 04（150548）	1600.00	2021.07.20	3.2000
18 西能 01（150550）	200.00	2023.07.13	7.5000	18 住宅 02（150553）	1000.00	2020.07.17	6.7900
18 丰盛 01（150554）	500.00	2099.12.31	7.5000	18 汝州 01（150556）	1500.00	2023.07.24	8.0000
18 国兴 01（150557）	1000.00	2023.08.02	6.7000	18 常通 01（150558）	1000.00	2021.08.01	6.7200
18 嘉兴 01（150559）	700.00	2020.08.06	2.0000	18 中租 01（150561）	1050.00	2020.07.29	1.9500
18 中租 02（150562）	620.00	2023.07.20	6.1900	18 信投 F4（150563）	2500.00	2021.07.24	4.8400
18 嘉善 01（150564）	1500.00	2023.07.24	6.2000	18 嘉善 02（150565）	500.00	2023.07.24	6.7000
18 腾冲 01（150566）	800.00	2023.09.07	7.5000	18 青城 03（150567）	1750.00	2023.07.26	5.6000
18 浩通 01（150570）	1210.00	2099.12.31	7.5000	18 温投 01（150572）	1200.00	2023.07.31	6.5900
18 保置 01（150574）	700.00	2021.08.13	5.2800	18 中租 03（150575）	1000.00	2020.07.30	4.3000
18 紫光 03（150576）	1000.00	2021.08.02	5.5000	18 如皋债（150577）	1000.00	2023.09.07	7.3000
18 鄂长 01（150578）	1000.00	2021.09.06	5.1000	18 常熟 03（150579）	420.00	2023.07.30	6.3500
18 国发 02（150580）	2700.00	2021.07.30	5.1000	18 蒙城 01（150581）	257.00	2023.07.27	7.3900
18 蒙中 02（150582）	545.00	2020.08.10	6.4000	18 包钢 02（150583）	3000.00	2023.07.27	4.9800
18 光证 05（150584）	1000.00	2020.07.30	4.5500	18 光证 06（150585）	4000.00	2021.07.30	4.6700
18 甬交 01（150586）	110.00	2023.08.02	7.3000	G18 青信 1（150587）	1450.00	2023.08.13	5.0000
18 长安 03（150588）	250.00	2021.08.06	8.0000	18 皖高债（150589）	500.00	2021.08.06	3.6000
18 苏高新（150590）	500.00	2023.08.01	5.3300	18 东兴 F4（150592）	3000.00	2021.08.06	4.8800
18 潞矿 02（150594）	2000.00	2023.08.07	4.9500	18 宁新 01（150595）	1000.00	2021.08.21	7.0300
18 晟晏 01（150597）	300.00	2021.08.06	8.5000	18 方正 10（150598）	2350.00	2099.12.31	6.6800
18 泛海 F3（150599）	1000.00	2021.08.08	7.8000	18 明诚 03（150600）	350.00	2021.08.15	8.5000
18 科教 02（150601）	1000.00	2021.08.09	8.5000	18 晋交 04（150604）	2591.00	2020.08.20	2.0000
18 郑地 01（150605）	500.00	2023.08.14	5.3500	18 中租 04（150607）	1000.00	2020.08.26	2.5000
18 兴城 01（150608）	2000.00	2021.08.15	5.3900	18 阿地 01（150609）	640.00	2023.10.08	4.0000
18 富力 06（150611）	1200.00	2021.09.18	7.0000	18 富力 07（150612）	550.00	2020.11.06	7.7000
18 秦发 01（150613）	500.00	2023.11.15	6.6000	18 相城 02（150615）	450.00	2023.08.23	5.7000
18 岳阳 01（150616）	740.00	2023.08.28	7.2800	18 江公 01（150617）	1000.00	2023.08.16	6.2500
18 财通 C3（150618）	2500.00	2021.08.23	5.1900	18 绵投 03（150619）	400.00	2023.08.17	6.5000
18 新控 01（150620）	600.00	2021.08.20	6.0000	18 兴业 F3（150621）	5000.00	2021.08.20	4.7900
18 开滦 02（150623）	1380.00	2021.08.16	6.3000	18 住宅 04（150628）	800.00	2020.08.21	6.1100
18 长安 04（150629）	510.00	2021.08.23	8.0000	18 环球 02（150630）	2000.00	2021.08.23	3.6000
18 盛泽 01（150631）	1000.00	2023.09.12	6.9000	18 时代 09（150632）	2200.00	2020.09.01	3.0000
18 先导 02（150634）	2700.00	2023.08.29	5.7500	18 电建 01（150635）	2000.00	2023.08.22	3.2000
18 禹洲 01（150636）	1000.00	2021.08.29	5.9800	18 中航 01（150639）	500.00	2020.09.03	2.5000
18 临矿 01（150641）	500.00	2020.09.03	3.2000	18 常通 02（150642）	500.00	2021.08.24	6.2500
18 江投 01（150643）	200.00	2023.08.23	8.1000	18 华安 C1（150644）	2000.00	2021.08.27	5.4000
18 射阳 02（150645）	980.00	2023.08.23	7.5000	G18 乌交 1（150646）	1500.00	2023.08.23	6.6000

债券信息　　　　债券
List of Bonds　　　　Bond

债券简称（代码） Bond Name（Code）	发行量（百万元） Issued Vol （M Yuan）	到期日 Expiration Date	票面利率（%） Coupon Rate	债券简称（代码） Bond Name（Code）	发行量（百万元） Issued Vol （M Yuan）	到期日 Expiration Date	票面利率（%） Coupon Rate
18 川资 01（150647）	500.00	2021.08.24	4.2400	18 淮资 02（150649）	500.00	2023.08.23	7.9900
18 中金 C2（150650）	1500.00	2021.08.29	4.7000	18 岳阳 02（150652）	460.00	2023.08.28	7.5000
18 海信 01（150653）	1700.00	2021.08.29	3.5000	18 首股 01（150654）	3000.00	2023.08.29	5.7000
18 山钢 06（150655）	715.00	2021.08.28	4.7900	18 康欣 01（150656）	100.00	2023.09.20	8.0000
18 农垦 01（150657）	500.00	2023.09.21	6.3000	18 粤铁 02（150658）	1070.00	2023.09.17	4.5000
G18 安租 1（150659）	508.00	2021.09.03	6.0800	18 天物 01（150660）	425.00	2099.12.31	7.0000
18 包钢 03（150661）	494.00	2020.10.09	4.8000	18 振湘 01（150663）	1000.00	2023.08.31	7.7000
18 中投 02（150664）	2000.00	2020.09.03	4.7200	18 淮北 02（150666）	700.00	2020.09.15	1.0000
18 泸工 01（150667）	900.00	2023.09.26	7.4000	18 滇中 02（150668）	1500.00	2023.09.27	7.5000
18 德清 02（150669）	450.00	2023.09.07	4.4000	18 滇投 01（150670）	1180.00	2021.08.31	7.8000
18 绿城 11（150674）	1000.00	2023.09.21	5.7000	18 联发 01（150675）	1000.00	2020.10.21	2.0000
18 广汇 01（150677）	500.00	2020.09.17	6.5000	18 淮发 01（150678）	600.00	2023.09.03	7.3000
18 临淄 02（150679）	1250.00	2020.09.24	6.5000	18 甬交 02（150680）	890.00	2023.09.13	7.3000
18 柳控 01（150681）	1000.00	2020.09.19	6.9000	18 华夏 04（150683）	1300.00	2021.09.10	5.6000
18 通泰 03（150684）	700.00	2023.09.14	7.6000	18 中宝 02（150685）	1800.00	2022.09.10	7.8000
18 扬交产（150687）	500.00	2023.09.20	6.6000	18 景德 02（150688）	200.00	2020.09.14	7.0000
18 山钢 07（150689）	2500.00	2021.09.26	4.7800	18 宁投 01（150690）	600.00	2020.10.29	3.3000
18 联储 C1（150691）	1000.00	2020.09.21	6.6000	S18 凉山 2（150692）	300.00	2021.09.20	7.1000
18 川港 01（150694）	700.00	2021.09.19	5.3900	18 富通 02（150697）	150.00	2020.01.15	6.3000
18 四联 01（150699）	200.00	2023.09.13	7.0000	18 新汶 01（150700）	3000.00	2021.09.25	3.9600
G18 天成 2（150701）	600.00	2021.11.08	5.9000	18 禹洲 03（150702）	1200.00	2021.09.25	5.9800
18 厦特 02（150704）	550.00	2020.09.21	6.1400	18 禹洲 04（150705）	800.00	2021.09.25	5.9800
18 晟晏 02（150708）	300.00	2021.09.18	8.5000	18 环球 03（150709）	500.00	2020.11.11	3.6000
18 云锡 03（150711）	560.00	2021.09.27	7.5000	18 海信 02（150712）	1100.00	2021.09.27	3.5000
18 顺城 01（150713）	300.00	2020.10.16	3.0000	18 中投 03（150714）	1000.00	2021.09.21	4.9900
18 中租 05（150715）	1000.00	2021.09.26	3.0000	18 滨城 01（150718）	560.00	2023.09.20	6.9700
18 滨城 02（150719）	200.00	2020.10.09	3.5000	18 乌经建（150720）	1000.00	2021.09.26	6.9900
18 京发 01（150721）	2000.00	2020.09.21	5.5000	18 木渎 01（150723）	200.00	2020.11.05	5.0000
18 新力 02（150725）	313.00	2021.10.19	7.0000	18 淮资 03（150726）	990.00	2023.10.11	7.3000
18 鑫业 01（150727）	600.00	2020.09.20	8.5000	18 安顺 01（150728）	780.00	2023.09.26	8.0000
18 沣东 01（150729）	250.00	2023.11.09	7.2000	18 南州 02（150730）	320.00	2023.09.27	7.5000
18 云化 01（150731）	300.00	2021.09.28	7.4000	18 中资 01（150732）	1000.00	2021.09.25	3.8000
18 景旅 01（150733）	820.00	2023.09.21	6.0000	18 江水 02（150734）	2000.00	2023.11.22	5.9900
18 生态 01（150735）	1110.00	2020.10.22	3.8500	18 天物 02（150736）	1290.00	2099.12.31	7.3000
18 鄂旅 01（150737）	1000.00	2023.10.08	6.1000	18 峨眉 01（150738）	650.00	2023.10.19	8.0000
18 粤铁 03（150739）	610.00	2023.10.11	4.5000	18 融强 01（150740）	350.00	2021.10.12	7.9000
18 金控 02（150741）	950.00	2023.12.07	7.5000	18 兴海 01（150742）	500.00	2020.10.16	7.5000
18 百矿 01（150743）	500.00	2020.09.28	7.5000	G18 川铁 1（150744）	1000.00	2023.10.17	5.2000
18 华远 01（150745）	1500.00	2021.12.14	7.5000	18 漳九 03（150746）	1000.00	2021.10.26	5.6900
18 国太 01（150748）	500.00	2023.09.28	6.9000	18 山煤 Y1（150749）	1500.00	2021.09.29	7.9000
18 苏新 02（150751）	400.00	2020.12.03	4.0000	18 平投 02（150752）	1080.00	2020.11.11	4.0000
18 涪交 03（150753）	1120.00	2020.11.10	3.5000	18 时代 11（150755）	1700.00	2020.10.29	3.0000
18 红河 02（150757）	700.00	2023.10.16	7.5000	18 湘洞庭（150758）	700.00	2023.10.15	7.2000
18 中银 C1（150759）	2500.00	2021.10.19	4.6900	18 中证 C1（150760）	5000.00	2021.10.19	4.4800
18 渝开 01（150761）	400.00	2023.10.17	6.5000	18 株国 01（150762）	910.00	2023.10.31	7.5000
18 兵国 01（150765）	1000.00	2020.10.29	3.2000	18 龙马 01（150767）	650.00	2023.11.14	7.5000
18 安租 07（150768）	1740.00	2021.10.16	3.6000	18 银河 C6（150770）	5000.00	2021.10.25	4.4800
18 革新债（150771）	10.00	2020.09.10	7.5000	18 协信 03（150772）	1400.00	2020.10.26	8.0000
18 济高 02（150773）	2000.00	2023.11.01	5.5000	18 同煤 06（150775）	4000.00	2021.10.26	5.5000
18 首创 C2（150776）	1000.00	2021.10.26	6.3000	18 新津 01（150777）	590.00	2023.10.25	7.5700

债券信息
List of Bonds

债券
Bond

债券简称（代码）Bond Name（Code）	发行量（百万元）Issued Vol（M Yuan）	到期日 Expiration Date	票面利率（%）Coupon Rate	债券简称（代码）Bond Name（Code）	发行量（百万元）Issued Vol（M Yuan）	到期日 Expiration Date	票面利率（%）Coupon Rate
18 通泰 04（150778）	700.00	2023.10.25	7.5000	18 金辉 03（150779）	400.00	2020.12.16	6.0000
18 海资 02（150780）	1000.00	2023.10.31	5.3400	18 浙商 C3（150782）	3600.00	2021.10.30	5.2800
18 融和 03（150783）	1000.00	2021.10.25	6.0000	18 太水 01（150784）	500.00	2020.11.05	3.0000
18 江公 02（150785）	1500.00	2023.10.25	6.3000	18 中航 03（150788）	1000.00	2020.11.05	2.3500
18 川资 03（150789）	500.00	2021.10.24	4.2400	18 南通 01（150791）	1500.00	2023.10.26	5.5000
18 华安 03（150793）	200.00	2020.12.04	8.5000	18 融信 01（150794）	2000.00	2020.12.10	5.0000
18 国惠 01（150796）	3000.00	2021.10.29	4.4500	18 黄交 01（150797）	1000.00	2023.11.01	6.0000
18 交实 01（150798）	800.00	2023.11.30	5.3000	18 豫控 01（150799）	500.00	2023.11.12	6.1500
18 晋能 01（150800）	1500.00	2020.11.12	3.6500	18 兴港 Y1（150801）	2000.00	2021.10.30	6.4000
18 鲁钢 02（150802）	2000.00	2020.11.10	3.7000	18 陕集 01（150805）	1800.00	2023.11.01	5.0500
18 海门 04（150806）	850.00	2023.11.08	6.7700	18 南开 01（150807）	700.00	2020.11.11	5.5000
18 国融 C1（150808）	400.00	2021.11.01	6.7000	18 水发 01（150810）	500.00	2023.11.01	6.2000
18 安租 08（150811）	590.00	2020.11.26	5.0000	18 有色 Y1（150812）	500.00	2021.12.26	5.5000
18 潍城投（150814）	2000.00	2023.10.29	6.4000	18 鸿坤 02（150815）	1400.00	2021.11.01	8.5000
18 中资 02（150816）	1000.00	2021.11.19	4.5000	18 浙浔 01（150818）	800.00	2025.12.11	7.4900
18 粤江 01（150819）	1500.00	2021.11.01	8.0000	18 汽车园（150820）	400.00	2023.10.31	7.5000
18 陕旅 02（150821）	500.00	2023.11.02	7.5000	18 皋投 02（150822）	1100.00	2023.11.19	7.3000
18 融侨 02（150824）	2100.00	2021.11.06	7.5000	18 工投 01（150825）	1500.00	2021.11.12	8.5000
18 吉投 01（150826）	910.00	2021.11.12	7.5000	18 海专项（150828）	800.00	2021.11.02	4.7000
18 中证 C2（150829）	4000.00	2021.11.07	4.4000	19 京源 01（150831）	10.00	2021.03.07	8.0000
18 信投 C1（150832）	5000.00	2021.11.07	4.3800	18 豫能 02（150833）	2000.00	2023.11.12	7.3900
18 康富 01（150834）	500.00	2021.11.12	6.0000	G18 平煤 2（150838）	970.00	2020.11.19	3.1900
18 国裕 01（150839）	1000.00	2021.11.14	6.0000	18 洞庭债（150840）	800.00	2023.11.08	7.2000
18 新控 02（150841）	1200.00	2021.11.07	3.5000	18 兴海 02（150843）	500.00	2020.11.18	7.3000
18 泸工 02（150844）	600.00	2023.11.08	7.5000	18 财信 01（150845）	4500.00	2023.11.12	4.9000
18 济轨 01（150846）	3000.00	2023.11.14	5.0000	18 牡丹 01（150847）	500.00	2020.11.13	5.6400
18 海怡 01（150848）	1380.00	2021.11.21	7.8800	18 湖州 01（150849）	2000.00	2023.11.13	5.3800
18 雨经发（150850）	500.00	2023.11.09	6.9000	18 中区 01（150851）	2000.00	2023.11.08	7.5000
18 嘉善 03（150852）	1000.00	2023.11.13	5.5000	G18 海兴 1（150853）	100.00	2020.12.17	5.5000
18 农化 01（150854）	1500.00	2021.11.13	3.5000	18 山煤 Y2（150856）	1500.00	2021.11.22	7.9000
18 方正 14（150857）	2000.00	2099.12.31	6.5000	18 六合 02（150858）	813.00	2023.11.23	6.8500
18 云锡 04（150860）	880.00	2021.11.26	7.9000	18 元年债（150861）	40.00	2020.12.30	7.3000
18 华控 01（150862）	1700.00	2021.11.29	8.5000	18 潭高 01（150863）	1200.00	2023.11.20	7.5000
18 东科 02（150864）	300.00	2023.11.15	7.2000	18 滨海 04（150865）	3200.00	2028.11.19	5.3900
18 滨海 05（150866）	800.00	2028.11.19	5.7000	18 任城 03（150867）	860.00	2023.11.19	7.3000
18 淮发 02（150868）	1900.00	2023.11.20	7.5000	18 海盐 02（150869）	500.00	2023.11.28	5.6000
18 南通 02（150870）	1500.00	2023.11.20	5.0000	18 江城 01（150872）	900.00	2023.11.21	5.0000
18 财达 C2（150873）	2000.00	2021.11.26	5.2400	18 湘轻盐（150874）	2000.00	2023.11.19	5.2000
18 科投 02（150876）	1700.00	2023.12.03	6.6500	18 民泰债（150877）	800.00	2023.11.21	7.5000
18 华创 02（150878）	700.00	2021.11.21	5.3000	18 渝南 02（150879）	600.00	2023.11.23	7.5000
18 建资 01（150880）	150.00	2023.11.30	8.0000	18 金科 01（150881）	3000.00	2020.11.26	4.3500
18 津金地（150882）	1390.00	2023.11.27	7.4000	18 鲁公 01（150883）	500.00	2021.11.26	5.2000
19 株金 01（150884）	1000.00	2024.04.01	7.5000	18 唐煤 01（150885）	500.00	2021.11.27	4.3000
18 唐煤 02（150886）	2500.00	2023.11.27	5.5000	18 合川 01（150887）	1100.00	2023.11.29	7.5000
18 华凌 01（150889）	800.00	2021.11.27	7.9900	18 滨城 04（150891）	800.00	2020.12.10	3.5000
18 金沙 01（150892）	1000.00	2023.11.26	8.5000	18 阿地 03（150893）	1000.00	2023.11.29	5.0000
18 昆发 01（150895）	600.00	2023.11.30	7.2000	18 晋能 02（150896）	1500.00	2021.12.03	4.3500
18 厦特 03（150897）	1220.00	2020.11.30	6.7900	18 航发 01（150898）	600.00	2021.11.30	5.5000
18 国太 02（150900）	600.00	2023.12.03	5.9500	18SMGJY1（150902）	2000.00	2021.11.29	8.1000
18 株高 01（150905）	1000.00	2021.11.29	6.9500	18 兴阳 01（150906）	860.00	2023.12.05	7.8000

债券信息 债券
List of Bonds Bond

债券简称（代码） Bond Name（Code）	发行量（百万元） Issued Vol （M Yuan）	到期日 Expiration Date	票面利率（%） Coupon Rate	债券简称（代码） Bond Name（Code）	发行量（百万元） Issued Vol （M Yuan）	到期日 Expiration Date	票面利率（%） Coupon Rate
18 清源 01（150907）	500.00	2021.11.30	7.4500	18 宝龙 01（150908）	1000.00	2021.12.13	6.6000
18 六住 01（150909）	500.00	2023.11.30	7.8000	18 泰交 02（150911）	1350.00	2023.12.11	5.5000
18 江北 01（150912）	750.00	2023.12.04	5.1000	18 潼南 01（150914）	1000.00	2023.12.06	7.5000
18 交水 01（150916）	700.00	2023.12.03	5.0000	18 平神 01（150917）	500.00	2020.12.17	7.6000
18 文控 04（150919）	500.00	2020.11.30	6.8000	18 兴化 01（150920）	1000.00	2023.12.14	7.3000
18 龙控 06（150921）	1000.00	2020.12.17	4.4000	18 秋林 01（150922）	500.00	2099.12.31	8.0000
18 清源 02（150923）	9.00	2021.12.06	7.4500	18 清源 03（150924）	471.00	2021.12.06	7.5000
18 镇城 01（150926）	800.00	2021.12.04	4.5000	18 陕集 02（150927）	3200.00	2023.12.06	5.0000
18 金城 04（150928）	500.00	2023.12.03	5.0000	18 招 F10（150930）	2500.00	2021.12.05	4.1500
18 高科债（150931）	550.00	2021.12.17	8.1000	18 漳九 04（150932）	1000.00	2021.12.14	5.0000
18 丰经 01（150933）	1000.00	2023.12.07	7.5000	18 新津 02（150934）	210.00	2023.12.07	7.5000
G19 湖州 1（150935）	500.00	2022.01.18	4.8000	18 西秀 01（150936）	1340.00	2023.12.07	7.8000
S18 春蕾 1（150938）	60.00	2021.12.10	8.0000	18 文控 05（150939）	300.00	2023.12.06	7.0600
18 赣开 01（150940）	2500.00	2021.12.18	6.0000	18 华发 03（150941）	1500.00	2021.12.10	4.4000
18 光证 C1（150942）	3000.00	2021.12.13	4.3000	18 永煤 Y1（150944）	2000.00	2021.12.19	7.4800
18 新力 03（150945）	276.00	2021.12.24	7.0000	18 长轨 01（150947）	700.00	2023.12.17	4.9500
18 醴渌 01（150948）	750.00	2023.12.13	7.8000	18 吉投 02（150949）	290.00	2023.12.13	7.5000
18 金科 02（150951）	2000.00	2020.12.13	4.3000	18 银河 C8（150953）	1500.00	2021.12.17	4.2800
18 新投 01（150954）	1200.00	2023.12.17	7.3000	18 仁寿债（151001）	1000.00	2021.12.06	7.5000
18 渭南 01（151005）	500.00	2020.12.29	3.5000	18 腾越 03（151006）	2100.00	2021.12.18	2.9000
18 萧县 01（151007）	500.00	2021.12.14	8.4000	18 萧县 02（151008）	500.00	2023.12.14	8.5000
18 中租 06（151009）	1330.00	2023.12.13	5.0800	19 邳经 01（151010）	1150.00	2026.04.26	7.8000
19 安东 01（151011）	300.00	2024.01.21	7.2000	18 唐煤 04（151013）	2000.00	2023.12.19	5.1800
18 百投债（151014）	900.00	2023.12.18	8.0000	18 宁郸 02（151015）	1000.00	2021.12.20	5.7000
18 浩通 02（151016）	169.00	2099.12.31	7.5000	18 常城 01（151017）	1000.00	2023.12.19	5.6700
18 渝物 01（151018）	1000.00	2023.12.19	7.5200	18 昆投 01（151019）	1300.00	2023.12.18	5.4800
S18 鄂旅 2（151020）	300.00	2023.12.28	5.2700	18 邢路 01（151023）	200.00	2020.01.02	7.9900
18 乳山 F1（151025）	1000.00	2023.12.18	8.0000	18 乳山 F2（151026）	130.00	2023.12.18	7.7500
18 融侨 03（151029）	1300.00	2021.12.20	7.5000	18 鲁纾 01（151030）	1000.00	2021.12.26	4.4500
18 株城 01（151031）	1000.00	2023.12.21	7.3200	18 阜阳 01（151032）	200.00	2023.12.27	7.5000
18 云克 01（151033）	50.00	2020.09.09	7.5000	18 延长 Y1（151034）	1000.00	2020.12.19	4.9000
18 海投 Y1（151036）	500.00	2021.12.19	7.1000	18 常投 01（151037）	300.00	2020.12.31	2.8000
S18 西 02（151038）	400.00	2020.12.25	7.5000	18 中资 03（151039）	1000.00	2021.12.24	4.6000
18 盐城 02（151041）	890.00	2021.01.07	5.5000	18 安顺 02（151044）	394.00	2023.12.27	8.0000
18 新投 02（151045）	700.00	2023.12.25	7.3000	18 水发 02（151050）	500.00	2023.12.26	5.1000
18 柳建 01（151051）	500.00	2020.12.28	7.3000	18 惠临 01（151052）	100.00	2023.12.27	7.2000
18 新投 03（151053）	600.00	2024.01.04	7.3000	19 清能 01（151054）	580.00	2022.01.15	7.0000
18 柳控 03（151055）	200.00	2022.01.04	6.5000	18 东丽 01（151057）	520.00	2023.12.27	7.4000
19 开扶贫（151058）	500.00	2024.03.25	7.5000	18 东吴 F2（151059）	1000.00	2021.12.29	4.6000
18 鑫业 02（151060）	600.00	2022.01.04	8.5000	18 冀资 01（151061）	500.00	2020.12.28	6.0000
18 吉保 01（151062）	480.00	2023.12.27	7.4000	18 能投 01（151063）	200.00	2022.12.27	6.9700
18 国瑞 C1（151064）	500.00	2022.01.03	4.8900	18 蓉纾 01（151066）	1500.00	2021.12.28	4.9700
18 粤江 02（151068）	1500.00	2023.12.28	8.0000	18 新投 04（151069）	500.00	2024.01.07	7.3000
18 桂建 Y1（151070）	800.00	2021.12.28	7.5000	19 清源 01（151072）	300.00	2022.01.03	7.5000
19 财通 C1（151073）	3000.00	2022.01.11	4.4000	19 澄港 01（151075）	1400.00	2024.01.09	6.8700
19 晋能 01（151076）	1500.00	2022.01.08	5.8800	19 瑞安 01（151077）	700.00	2024.01.11	4.9200
19 信投 C1（151078）	5500.00	2022.01.21	4.0000	19 桂金 01（151079）	1000.00	2022.01.14	7.3000
19 城发 01（151082）	500.00	2022.01.15	5.5000	19 城发 02（151083）	500.00	2024.01.15	5.9000
19 中铁 01（151084）	1500.00	2022.01.10	4.7300	19 华控 01（151085）	1000.00	2022.01.10	8.2000
19 华控 02（151086）	800.00	2022.01.10	8.7500	19 东资 01（151087）	2800.00	2024.04.22	5.2800

债券信息
List of Bonds

债券简称（代码）Bond Name（Code）	发行量（百万元）Issued Vol（M Yuan）	到期日 Expiration Date	票面利率（%）Coupon Rate	债券简称（代码）Bond Name（Code）	发行量（百万元）Issued Vol（M Yuan）	到期日 Expiration Date	票面利率（%）Coupon Rate
19 红塔债（151088）	500.00	2024.01.10	8.5000	19 建投 02（151090）	800.00	2024.01.18	4.8000
19 北仑 01（151091）	1500.00	2024.01.17	4.8800	19 金港 01（151092）	1000.00	2024.01.11	5.4000
19 中铁 02（151093）	1500.00	2024.01.10	4.9000	19 连工 01（151095）	230.00	2020.02.13	7.0000
19 兴港 Y1（151096）	3000.00	2022.01.17	6.2000	19 苏通 02（151098）	500.00	2024.01.14	6.2000
19 昆投 01（151099）	1000.00	2024.01.10	5.6000	19 厦特 01（151100）	1700.00	2022.01.16	6.1700
19 桃城 01（151101）	285.00	2024.01.18	8.0000	19 同煤 01（151102）	2000.00	2022.02.26	5.0500
19 大航 01（151103）	180.00	2022.01.14	7.5000	19 滨海 01（151104）	2000.00	2029.01.17	5.2500
19 国都 C1（151105）	700.00	2022.01.15	5.8000	19 信地 01（151106）	1500.00	2022.01.22	5.5000
19 青纾 01（151107）	1500.00	2024.01.14	4.7000	19 浩通 01（151108）	250.00	2099.12.31	7.3000
19 常城 01（151109）	1500.00	2026.01.16	5.5000	19 杭租 01（151112）	200.00	2022.01.18	5.0800
19 光证 01（151115）	3000.00	2022.01.22	3.8800	19 晋能 02（151116）	1500.00	2022.01.23	5.8500
19 大航 02（151117）	320.00	2024.01.17	7.5000	19 鲁华 01（151118）	700.00	2022.03.01	6.5000
19 太水 01（151119）	500.00	2022.01.22	5.3000	19 渝销 01（151120）	280.00	2022.01.18	7.5000
19 科学城（151121）	1100.00	2024.01.22	5.5000	19 华晨 02（151123）	1000.00	2099.12.31	6.5000
19 湖织 01（151124）	550.00	2022.01.21	7.9000	19 银宝 01（151125）	300.00	2020.04.30	6.5000
19 柳控 01（151127）	1670.00	2022.01.30	6.5000	19 滕投 01（151128）	1000.00	2024.05.31	7.1800
19 天地 01（151129）	300.00	2024.01.18	6.9500	19 中泰 C1（151130）	2000.00	2022.01.24	4.1400
19 中资 01（151131）	1000.00	2022.01.31	5.6800	19 财鑫 01（151132）	1000.00	2024.03.22	6.4300
19 时代 01（151133）	1100.00	2022.01.25	7.5000	19 江都 01（151135）	568.00	2024.01.23	7.2000
19 江都 02（151136）	442.00	2024.01.23	7.0000	19 华控 03（151137）	500.00	2022.01.24	8.2000
19 京房 01（151138）	1500.00	2022.01.24	5.1600	19HG01（151139）	2000.00	2022.01.30	4.7700
19 双龙 01（151140）	1110.00	2026.01.29	7.9800	19 遵经 01（151141）	800.00	2024.01.29	8.0000
19 滇度 01（151142）	1050.00	2024.01.25	7.0000	19 银河 C2（151144）	4000.00	2022.01.30	4.0500
19 酒投 01（151145）	800.00	2024.06.28	7.0000	19 融和 01（151146）	1000.00	2021.01.25	5.0400
19 吉保 01（151147）	100.00	2024.01.29	7.3900	19 绍城 Y1（151149）	300.00	2022.01.29	5.6800
19 浙金 01（151150）	900.00	2024.01.30	6.8000	19 醴渌 01（151151）	750.00	2024.01.31	7.8000
19 昆旅 01（151152）	800.00	2024.04.19	5.9500	19 国裕 01（151153）	2000.00	2022.02.20	5.9000
19 复地 F1（151154）	1440.00	2022.01.25	6.0000	19 惠临 01（151155）	300.00	2024.03.26	7.5000
19 平湖 01（151156）	1000.00	2024.02.27	4.6000	19 天门 01（151157）	1000.00	2024.01.28	8.0000
19 金海 01（151159）	1000.00	2022.01.30	7.2000	S19 春蕾 1（151162）	215.00	2022.01.28	8.0000
19 振湘 01（151163）	500.00	2024.01.29	7.5000	S19 阳煤 1（151165）	1000.00	2024.01.29	5.7900
19 青水 01（151166）	300.00	2022.01.30	7.0000	19 建湖 01（151167）	500.00	2022.01.29	8.0000
19 峨眉 01（151169）	500.00	2024.05.30	8.2000	19 云城 01（151170）	1260.00	2022.01.29	6.0000
19 华远 01（151171）	1500.00	2022.01.25	6.6500	19 贵安 01（151172）	1213.00	2022.03.12	7.5000
19 广湖 01（151173）	100.00	2022.03.21	7.0000	19 广湖 02（151174）	140.00	2024.03.21	7.4000
19 豫峡 01（151175）	540.00	2024.01.31	5.7000	19 天保 01（151177）	3040.00	2024.04.02	5.9600
S19 九龙 1（151178）	100.00	2026.06.28	8.0000	19 漳交 01（151179）	1000.00	2024.01.29	5.2800
19 长旅 01（151181）	200.00	2022.01.28	7.2000	19 柳建 01（151182）	400.00	2022.01.31	7.3000
19 宁海 01（151183）	1500.00	2024.01.31	7.5000	19 滨水 01（151184）	300.00	2024.01.31	7.5000
19 新航 02（151185）	1040.00	2022.07.09	7.0000	19 东集 01（151186）	500.00	2022.02.01	7.5000
19 电建债（151187）	1000.00	2024.01.30	5.1800	19 雨经发（151188）	190.00	2024.01.31	6.7000
19 大航 03（151189）	200.00	2022.02.01	7.5000	19 张公 01（151190）	1000.00	2022.02.15	4.6000
19 长安 01（151191）	670.00	2020.12.29	7.5000	19 望城 01（151192）	500.00	2024.03.06	7.5000
G19 青信 1（151193）	1050.00	2024.02.25	4.3800	19 建租 01（151194）	500.00	2022.02.22	5.5000
19 华发 01（151195）	750.00	2024.02.25	5.0000	19 华发 02（151196）	779.50	2022.02.25	4.8000
19 银河 C4（151198）	3400.00	2022.02.27	4.2000	19 吴开 01（151199）	1200.00	2024.02.25	4.4000
19 水发 Y1（151200）	1500.00	2022.02.22	6.9400	19 淮交 01（151201）	1000.00	2024.02.26	5.9500
19 海通 C1（151202）	3300.00	2022.02.28	4.0900	19 吉发 01（151203）	1450.00	2022.03.29	7.5000
19 江控 01（151204）	1500.00	2024.03.12	5.0400	19 方正 F1（151205）	2500.00	2022.02.27	4.7100
19 柳建 02（151206）	1100.00	2020.11.26	7.0000	19 国瑞 C2（151207）	1000.00	2022.03.05	4.3800

债券信息
List of Bonds

债券
Bond

债券简称（代码） Bond Name (Code)	发行量（百万元） Issued Vol (M Yuan)	到期日 Expiration Date	票面利率（%） Coupon Rate	债券简称（代码） Bond Name (Code)	发行量（百万元） Issued Vol (M Yuan)	到期日 Expiration Date	票面利率（%） Coupon Rate
19昆经02（151208）	1000.00	2024.02.26	5.5900	19恒信01（151209）	500.00	2022.02.28	5.2000
19中证01（151210）	2700.00	2022.02.28	3.9000	19高新01（151211）	500.00	2024.03.05	6.0000
19赣纾01（151212）	1000.00	2022.03.07	4.4500	19泛海F1（151213）	550.00	2022.03.01	7.2000
19鄂长01（151214）	1000.00	2024.03.07	4.7700	19江城Y1（151215）	600.00	2022.02.28	6.9300
19常新01（151216）	1000.00	2024.03.08	6.8000	19澄港02（151217）	1100.00	2024.03.14	6.3500
19临矿01（151218）	1000.00	2022.03.06	5.3000	19药租01（151219）	600.00	2022.03.05	5.0000
19联投01（151220）	1000.00	2024.03.14	4.6800	19方正02（151221）	1500.00	2099.12.31	6.3000
19皋投01（151223）	1000.00	2024.03.07	5.2000	19渝南01（151224）	800.00	2024.03.06	7.5000
19淮新01（151225）	680.00	2024.03.01	7.4000	19长投01（151227）	3000.00	2024.03.04	7.2000
19滨海02（151228）	1000.00	2029.03.07	5.1000	19中泰C2（151229）	2000.00	2022.03.11	4.3000
19舟城01（151230）	1000.00	2024.03.08	4.5200	19首发01（151231）	6000.00	2031.03.05	4.2800
19镇城01（151232）	1500.00	2022.03.11	5.5000	19中交02（151233）	1400.00	2024.03.06	4.7900
19翔宇01（151234）	200.00	2022.03.08	7.5000	19华晨04（151236）	2000.00	2099.12.31	6.5000
G19川铁1（151237）	1500.00	2024.03.13	4.5900	19鄂旅01（151238）	700.00	2024.03.07	5.0500
19滨海03（151239）	550.00	2029.04.15	5.3000	19民生01（151240）	1200.00	2021.03.06	5.2000
19冀控01（151241）	700.00	2024.03.20	5.5700	19银河C5（151242）	3200.00	2021.03.11	4.1000
19银河C6（151243）	3400.00	2022.03.11	4.2500	19金港02（151244）	500.00	2024.03.07	5.0900
19慈商01（151245）	1000.00	2024.03.15	5.7000	19郑建01（151246）	1000.00	2024.03.26	4.6000
19西秀01（151247）	960.00	2024.03.07	7.5000	19株城01（151248）	200.00	2024.03.08	5.8000
19株城02（151249）	800.00	2024.03.08	6.8900	19绵控01（151252）	2000.00	2024.03.13	5.6900
19京融01（151253）	1800.00	2024.03.14	4.4000	19龙腾01（151254）	10.00	2020.03.07	6.2000
19东吴C1（151255）	2000.00	2022.03.18	4.2500	19东莞01（151256）	1000.00	2022.03.15	4.5000
19长投02（151257）	2000.00	2024.03.13	6.4900	19宋都01（151258）	800.00	2022.05.30	8.5000
19鄂桥01（151259）	500.00	2024.03.12	5.2800	19江油01（151260）	400.00	2024.03.15	7.5000
19豫金01（151261）	500.00	2022.03.19	6.4000	19景旅01（151262）	430.00	2024.03.13	7.3000
19瑞安02（151263）	1600.00	2024.03.13	4.8000	19龙交01（151264）	1200.00	2024.03.29	6.1000
19莱钢01（151265）	2500.00	2022.03.15	5.0000	19吴开02（151267）	800.00	2024.03.14	4.6900
19中证02（151268）	3000.00	2022.03.21	3.9800	19信达C1（151269）	1700.00	2022.03.18	4.5500
19天投01（151270）	1250.00	2022.03.27	4.5000	19兴业F1（151271）	3000.00	2022.03.20	4.1000
19格地01（151272）	400.00	2022.03.18	5.3000	19联储01（151273）	1000.00	2021.03.19	6.0000
19滁城01（151274）	1500.00	2024.03.22	4.9300	19三盛02（151276）	2150.00	2099.12.31	8.4000
19平证02（151277）	3500.00	2022.03.18	4.0500	19东次01（151278）	6000.00	2022.03.19	4.2000
19余投01（151279）	300.00	2024.03.20	5.9800	19余投02（151280）	200.00	2024.03.20	4.8200
19天地F1（151281）	2000.00	2022.03.22	7.9800	19曹国01（151283）	210.00	2024.03.15	6.5000
19曹国02（151284）	1020.00	2024.03.15	6.8000	19桃城02（151285）	1115.00	2024.04.01	7.8000
19复地F2（151286）	1000.00	2022.03.22	5.8800	G19高能1（151287）	600.00	2022.03.14	7.0000
19俊发01（151288）	2000.00	2023.03.13	8.0000	19方正F2（151290）	600.00	2022.03.21	4.6500
19望城02（151291）	850.00	2024.03.28	7.0000	19中铁03（151293）	300.00	2024.03.18	4.9000
19昆投03（151294）	1000.00	2024.03.15	5.6800	19康富01（151295）	1000.00	2022.03.20	6.5000
19句福01（151296）	500.00	2024.04.30	7.5000	19东兴F1（151297）	4000.00	2020.03.20	3.5400
19华控D1（151298）	1300.00	2020.04.01	7.8000	19新汶01（151299）	1800.00	2022.03.27	5.2000
19银宝02（151300）	900.00	2020.04.30	6.5000	G19淮海1（151301）	300.00	2022.03.22	6.5000
S19延安1（151302）	1000.00	2022.03.21	7.0000	19津金地（151304）	350.00	2024.03.21	7.4000
19润弘01（151306）	1100.00	2024.04.15	7.5000	19华远02（151307）	1000.00	2022.03.25	6.5000
19张公02（151308）	700.00	2022.03.20	4.7000	19建湖03（151309）	500.00	2022.03.25	8.0000
19海投01（151310）	500.00	2024.03.25	5.0000	19金纾01（151311）	1000.00	2024.03.22	4.8900
19公用01（151313）	1000.00	2024.03.26	5.2000	19武政01（151314）	200.00	2024.04.01	7.0000
19盐高新（151315）	400.00	2024.04.12	6.9900	19渝开01（151316）	1000.00	2024.04.02	5.7800
19兰石债（151317）	500.00	2020.04.08	3.0000	19绍城01（151318）	800.00	2024.03.27	4.4000
19吉铁01（151319）	900.00	2024.03.19	7.0000	G19南浔1（151320）	500.00	2024.03.25	7.5000

债券信息
List of Bonds

债券
Bond

债券简称（代码） Bond Name（Code）	发行量 （百万元） Issued Vol （M Yuan）	到期日 Expiration Date	票面利率（%） Coupon Rate	债券简称（代码） Bond Name（Code）	发行量 （百万元） Issued Vol （M Yuan）	到期日 Expiration Date	票面利率（%） Coupon Rate
19 华福 C1（151321）	1900.00	2022.03.26	4.7900	19 漯河 02（151323）	1000.00	2022.04.02	6.0000
19 启东 01（151324）	1000.00	2024.03.26	5.0000	19 石交 01（151325）	1000.00	2024.03.29	5.7500
19 国联 C1（151326）	800.00	2022.03.27	4.7400	19 苏水 01（151327）	1000.00	2024.03.26	5.3000
19 秦发 01（151328）	500.00	2024.03.25	5.8000	19 桂金 04（151329）	800.00	2022.03.28	6.7000
19 惠开 01（151330）	800.00	2022.03.29	5.8000	19 泰投 01（151331）	860.00	2024.03.27	7.2000
19 武经 01（151332）	400.00	2024.03.26	5.6000	19 相城 01（151333）	1000.00	2024.03.27	4.6000
19 中纾 01（151334）	1000.00	2022.03.27	5.3000	19 广元 01（151335）	1600.00	2024.04.03	7.5000
19 六合 01（151336）	1200.00	2024.03.22	6.0000	19 财通 C3（151337）	2000.00	2022.04.08	4.2500
19 空港 01（151338）	430.00	2022.03.28	7.5000	19 荆城 01（151339）	750.00	2024.03.28	6.1300
19 泛华 01（151340）	40.00	2022.03.25	6.5000	19 安吉 01（151342）	1000.00	2024.03.28	7.5000
G19 海兴 1（151343）	624.00	2024.03.25	6.2000	19 海门 01（151344）	1000.00	2020.03.27	4.7900
G19 新港 1（151345）	1200.00	2024.03.28	6.0000	19 咸金 01（151346）	500.00	2024.06.13	7.5000
19 高新 02（151347）	420.00	2022.05.22	6.5000	19 象山 01（151348）	900.00	2026.04.01	7.6000
19 北辰 01（151349）	800.00	2024.04.02	7.0000	19 融德 01（151350）	4700.00	2024.04.02	4.5000
19 融德 02（151351）	1300.00	2025.04.02	6.0000	19 嘉建 01（151353）	370.00	2024.04.29	6.2000
19 镇城 02（151354）	1000.00	2022.06.14	6.8000	19 株高 01（151355）	1130.00	2022.03.28	6.0000
19 华融 C1（151356）	2500.00	2022.04.02	4.8900	19 国惠 01（151358）	2000.00	2022.03.27	4.7700
19 永煤 01（151359）	500.00	2022.08.20	6.6500	19 绵控 02（151361）	1000.00	2024.04.02	5.5700
19 通泰 01（151362）	1110.00	2024.05.31	7.5000	19 阿地 01（151363）	860.00	2024.04.11	5.9900
19 鲁公债（151365）	500.00	2024.04.02	6.7000	19 新力 02（151366）	417.00	2022.04.22	7.5000
19 陕纾 01（151367）	2000.00	2022.03.28	4.5000	19 大同 01（151368）	100.00	2022.03.29	6.0000
19 闽电 F1（151369）	1000.00	2022.04.02	5.7000	19 航发 01（151370）	600.00	2022.04.12	5.0800
19 江都 03（151371）	990.00	2024.05.31	7.0000	19 徐庄 01（151372）	800.00	2024.04.12	6.0000
19 住宅 01（151373）	1000.00	2022.04.03	4.9000	19 高创 01（151374）	1000.00	2024.04.03	6.6000
19 京融 02（151375）	1200.00	2024.04.03	4.4000	19 余水务（151379）	1000.00	2024.04.03	4.6000
19 悦达 01（151380）	300.00	2022.04.09	7.4000	19 金海 02（151382）	900.00	2022.04.04	7.1800
19 遵投 01（151384）	1000.00	2024.04.11	7.3000	19 张公 03（151385）	800.00	2022.04.08	4.8800
19 渝经开（151386）	950.00	2022.04.09	7.0600	19 阿克苏（151387）	500.00	2024.04.09	7.5000
19 中环 01（151388）	2320.00	2024.04.11	5.1200	19 江北 01（151389）	250.00	2024.04.04	4.5000
19 湘纾 01（151390）	2000.00	2024.04.09	4.5000	19 甬象 01（151391）	1350.00	2024.04.04	7.5000
19 晋能 04（151393）	1500.00	2021.04.03	5.5700	19 京源 02（151394）	20.00	2020.05.08	8.0000
19 晋经 01（151395）	500.00	2024.04.17	6.4000	19 常新 D1（151396）	1000.00	2020.04.11	5.2000
19 江公 01（151398）	500.00	2024.04.08	4.6000	19 晋能 06（151400）	1100.00	2021.04.16	5.6700
19 天风 01（151401）	1200.00	2022.04.18	4.3000	19 首业 01（151402）	1500.00	2022.04.10	4.3000
19 首业 02（151403）	1000.00	2024.04.10	4.5800	19 兰交 01（151404）	400.00	2024.04.12	5.0000
19 兰交 02（151405）	600.00	2024.04.12	6.5000	S19 安租 1（151406）	500.00	2024.04.23	5.0000
19 中原 F1（151407）	1500.00	2020.04.16	3.8000	19 华晨 05（151408）	800.00	2099.12.31	6.5000
19 惠通债（151409）	472.00	2024.04.15	6.0000	19 首租 01（151410）	1500.00	2022.04.12	4.7800
19 招商 F3（151412）	1700.00	2021.04.10	3.8500	19 招商 F4（151413）	3600.00	2022.04.10	4.0000
PR 飞企债（151414）	20.00	2022.04.16	6.5000	19 交水 01（151415）	1300.00	2024.04.16	4.8000
19 常熟 01（151416）	1200.00	2024.04.15	4.7100	19 蓝创 01（151417）	793.00	2024.04.19	7.2000
19 建资 01（151418）	350.00	2024.04.15	6.5000	19 北辰 F1（151419）	1200.00	2024.04.16	4.8000
19 东吴 F1（151420）	2000.00	2022.04.16	4.2000	19 阳安 01（151421）	800.00	2024.04.12	5.9000
19 潞安 01（151423）	2000.00	2024.04.25	5.5000	19 信投 C2（151427）	5000.00	2022.04.17	4.2000
19 鑫泰 01（151428）	1000.00	2022.04.17	7.1500	19 绿投债（151429）	1000.00	2022.04.17	5.9800
19 上虞 01（151430）	2000.00	2024.04.18	5.9800	19 宁资 01（151431）	500.00	2024.04.16	5.4900
19 济建 01（151432）	3000.00	2022.04.16	4.5000	19 郑地 01（151433）	500.00	2024.05.24	4.9700
19 漳州 02（151434）	500.00	2024.05.09	5.1400	19 郑建 02（151435）	500.00	2024.04.19	4.6900
19 东兴 C1（151436）	2000.00	2022.04.22	4.2000	19 丹高 01（151437）	1000.00	2024.04.18	6.5000
19 东莞债（151438）	2000.00	2022.04.19	4.9000	19 中投 01（151439）	2000.00	2022.04.22	4.2200

债券信息 债券

List of Bonds Bond

债券简称（代码） Bond Name（Code）	发行量 （百万元） Issued Vol （M Yuan）	到期日 Expiration Date	票面利率（%） Coupon Rate	债券简称（代码） Bond Name（Code）	发行量 （百万元） Issued Vol （M Yuan）	到期日 Expiration Date	票面利率（%） Coupon Rate
19中金C1（151440）	1500.00	2022.04.19	4.2000	19平湖02（151442）	600.00	2024.04.24	4.9000
19迈瑞01（151443）	2000.00	2024.04.25	6.2000	19北仑02（151444）	500.00	2024.04.18	4.7000
19冀交01（151445）	500.00	2022.04.23	4.5000	19科城02（151446）	700.00	2024.04.25	5.5000
19汾湖01（151447）	1240.00	2024.04.24	5.2800	19济西01（151448）	2000.00	2024.04.25	4.5000
G19长滨1（151449）	440.00	2024.05.08	7.0000	G19鲁钢1（151450）	2000.00	2024.04.18	5.5000
19天府01（151451）	500.00	2024.04.17	7.5000	19淳建01（151452）	630.00	2024.04.17	6.0800
19腾越01（151453）	2900.00	2021.04.26	4.3000	19中证C1（151454）	2500.00	2022.04.23	4.2000
19南浔01（151455）	1050.00	2024.04.24	7.5000	19漯河03（151456）	2000.00	2022.06.06	5.8900
19浙商C1（151458）	1000.00	2022.04.25	4.6000	19平证04（151459）	2000.00	2022.04.23	4.2000
19水发01（151460）	1000.00	2024.04.29	5.9500	19吉铁02（151461）	800.00	2024.04.22	7.5000
19锡滨01（151462）	400.00	2024.04.25	4.8900	19济纾01（151463）	1000.00	2024.04.25	4.7600
19中投C1（151464）	3000.00	2022.04.25	4.5000	19鲁班01（151465）	1400.00	2022.05.17	7.3000
19江旅01（151466）	900.00	2024.04.30	7.5000	19天房01（151467）	750.00	2022.04.23	8.9000
19建邺01（151468）	800.00	2022.05.08	5.1100	19药租02（151469）	200.00	2022.04.23	5.1000
19方正C1（151470）	1560.00	2021.04.24	4.8000	19滨湖01（151471）	1500.00	2024.04.24	5.8000
19澄港03（151472）	500.00	2024.04.26	6.5000	19华靖01（151473）	200.00	2024.05.06	6.9000
19海航01（151474）	3357.00	2022.04.29	7.0000	19嵊州01（151475）	1000.00	2024.05.07	6.2700
19宁海02（151477）	1000.00	2024.04.29	6.2800	19巴中01（151478）	1500.00	2022.04.25	7.5000
19联创01（151479）	400.00	2024.04.30	6.5000	19兵国01（151480）	1000.00	2022.05.09	5.1800
19豫峡03（151481）	1050.00	2024.04.26	5.9500	19天宁01（151483）	500.00	2022.10.24	5.0000
19晋能08（151485）	1070.00	2021.04.25	5.7700	19崇川01（151486）	1000.00	2024.04.29	5.6100
19城发03（151487）	1000.00	2022.05.06	5.7600	19嘉高01（151489）	2000.00	2024.04.26	4.8800
19山能01（151490）	1000.00	2022.04.24	4.7500	19绵控03（151492）	500.00	2024.05.06	5.6500
19盐高02（151494）	500.00	2024.05.07	6.6000	19招商F5（151495）	2000.00	2021.04.25	4.0800
19招商F6（151496）	4000.00	2022.04.25	4.2800	19武纾01（151497）	3000.00	2024.05.21	5.4500
19肇庆01（151498）	1500.00	2024.04.30	6.3000	19长轨01（151499）	2300.00	2024.05.06	4.9000
19上投01（151500）	2000.00	2031.04.29	5.2500	19平神01（151501）	2000.00	2024.06.03	7.5000
19潍滨01（151504）	400.00	2022.05.07	7.8000	19西游发（151505）	500.00	2024.04.29	6.3000
19融海01（151506）	670.00	2026.05.23	7.3000	19余投03（151507）	500.00	2024.04.26	5.9900
19曹国03（151509）	650.00	2024.05.06	6.5000	19曹国04（151510）	870.00	2024.05.06	6.8000
19浙商01（151511）	800.00	2024.05.28	4.4700	19浔交01（151512）	675.00	2024.05.15	7.0000
19安租02（151513）	2000.00	2024.04.26	4.9800	19淮新03（151514）	500.00	2024.04.25	6.7500
S19兰考1（151515）	1000.00	2024.04.30	7.5000	19沪唐01（151516）	500.00	2022.04.29	5.3800
19桂东01（151517）	500.00	2024.04.25	6.9000	19嘉善01（151518）	500.00	2026.04.30	4.9700
19中证03（151519）	3000.00	2022.04.30	4.2800	19惠开债（151520）	1500.00	2024.04.29	5.9500
19金海03（151521）	1100.00	2022.06.06	6.8800	19民生C1（151523）	1060.00	2021.04.29	6.0000
19康富02（151524）	800.00	2022.04.30	6.3000	G19南浔2（151525）	500.00	2024.06.18	7.5000
19盐投01（151526）	1000.00	2022.04.29	7.5000	19黔江01（151527）	1000.00	2024.05.15	7.5000
19青控01（151528）	2500.00	2022.05.07	4.8000	19南资01（151529）	1000.00	2024.05.06	6.5000
19开乾01（151530）	1400.00	2024.10.25	7.5000	19冀交02（151531）	1000.00	2022.05.14	4.4500
19扬经开（151532）	320.00	2025.05.08	5.5000	19瀚控01（151533）	1050.00	2023.08.16	6.9000
19日港01（151534）	1000.00	2024.05.07	5.0700	19滨城01（151537）	440.00	2024.05.14	5.2800
19山能03（151538）	1000.00	2022.05.10	3.0000	19山能04（151539）	2000.00	2022.05.10	4.7300
19新航01（151541）	110.00	2022.05.10	7.5000	19鄂桥02（151542）	500.00	2024.05.14	5.3400
19桓台02（151543）	1000.00	2022.05.10	7.0000	19首发02（151544）	4000.00	2031.05.15	4.2700
19金纾03（151545）	3000.00	2024.05.15	4.9000	19吉发02（151547）	100.00	2022.05.31	7.5000
19长开01（151548）	400.00	2022.05.22	6.3000	19长开02（151549）	1400.00	2024.05.22	6.5000
19华安C1（151550）	1000.00	2022.05.30	4.5000	19城资01（151551）	1000.00	2022.05.21	5.8000
19信投C3（151552）	4000.00	2022.05.15	4.1200	19常新D2（151553）	1000.00	2020.05.15	5.2000
19昆产01（151554）	2000.00	2024.05.24	6.4300	19天保02（151555）	1000.00	2022.05.16	5.8600

债券信息
List of Bonds

债券
Bond

债券简称（代码）Bond Name（Code）	发行量（百万元）Issued Vol（M Yuan）	到期日 Expiration Date	票面利率（%）Coupon Rate	债券简称（代码）Bond Name（Code）	发行量（百万元）Issued Vol（M Yuan）	到期日 Expiration Date	票面利率（%）Coupon Rate
19 新泰 01（151557）	1000.00	2024.05.21	6.9900	19 津港 01（151559）	2700.00	2024.05.21	4.4500
19 津港 02（151560）	1200.00	2024.05.21	4.8500	19 沭东 01（151561）	1000.00	2020.03.09	7.5000
19 株高 02（151562）	370.00	2024.05.14	6.5000	G19 株国 1（151563）	280.00	2024.05.16	6.8000
19 遵红 01（151564）	360.00	2024.05.16	7.5000	19 云龙 01（151565）	800.00	2022.05.15	7.5000
19 维扬债（151566）	400.00	2022.05.20	6.5000	19 安顺 02（151568）	700.00	2024.05.21	7.5000
19 江海 C1（151569）	500.00	2022.05.22	5.0000	19 首股 01（151570）	2000.00	2024.05.22	4.3900
19 红腾 01（151571）	1300.00	2024.05.20	8.0000	19 信地 02（151572）	2700.00	2022.05.21	4.9800
19 合川 01（151573）	1310.00	2024.05.30	7.4000	19 义市 01（151574）	2000.00	2024.05.20	5.0000
19 安租 03（151575）	600.00	2022.05.31	4.6000	19 唐租 02（151576）	1000.00	2022.05.23	4.6500
19 永兴债（151577）	810.00	2024.05.22	7.0000	19 华泰 02（151579）	5000.00	2022.05.27	3.9400
19 晋路桥（151580）	1000.00	2024.06.05	5.5700	19 山钢 01（151582）	2000.00	2022.05.23	4.4300
19 龙实 01（151583）	650.00	2024.05.30	7.5000	G19 株国 2（151584）	1620.00	2024.05.23	5.7900
19 恒润 01（151585）	420.00	2022.05.24	6.4000	19 首业 04（151587）	3460.00	2024.05.27	4.3700
19 北科 01（151589）	900.00	2024.06.12	7.5000	19 云能 01（151590）	800.00	2023.05.27	6.7000
19 锡山 01（151591）	1310.00	2024.05.24	4.8500	19 海盐 01（151592）	500.00	2024.05.23	5.0000
19 郑地 02（151593）	500.00	2024.05.24	4.5700	19 中泰 C3（151594）	4000.00	2022.05.28	4.3000
19 华晨 06（151595）	1200.00	2099.12.31	6.5000	19 浦口 01（151596）	1500.00	2022.05.28	6.0000
19 靖投 01（151598）	800.00	2024.05.27	7.0000	19 招商 F8（151600）	4000.00	2021.05.29	3.7800
19 新蒲 01（151602）	200.00	2022.06.14	7.5000	19 瑞安 03（151603）	360.00	2024.05.29	4.8900
19 瑞安 04（151604）	340.00	2024.05.29	5.5000	19 方正 D1（151605）	1000.00	2099.12.31	6.2000
19 太和 01（151606）	1470.00	2024.05.31	8.0000	S20 盘旅（151607）	1000.00	2027.01.08	8.0000
19 武经 03（151609）	1500.00	2024.05.29	5.5000	19 渝开 D1（151610）	1000.00	2020.05.29	5.1400
G19 绿洲 1（151611）	1500.00	2024.05.31	7.3000	19 郑控 01（151612）	1000.00	2024.05.29	5.4500
19 山水 01（151613）	500.00	2022.05.28	4.8700	19 甘农垦（151614）	500.00	2024.05.31	5.4900
19 舟普 01（151615）	1000.00	2024.06.05	6.0000	19 中证 C2（151616）	3000.00	2022.06.03	4.1000
19 新沂 01（151617）	1270.00	2024.05.31	7.5000	19 高投 01（151618）	2000.00	2022.05.28	4.7500
19 吉铁 03（151619）	400.00	2022.05.30	7.5000	19 内投 01（151620）	1000.00	2024.06.28	7.5000
19 融和 02（151621）	600.00	2024.06.05	4.7000	19 津港 03（151622）	100.00	2024.08.08	4.4500
19 濮阳 01（151623）	2000.00	2024.05.28	5.9500	19 苏新 01（151625）	1000.00	2024.05.30	4.3000
19 惠鑫 01（151626）	200.00	2024.05.28	6.6000	19 山水 02（151627）	700.00	2020.06.15	2.5000
19 丹阳债（151628）	500.00	2022.05.31	6.5000	19 天城 01（151629）	250.00	2022.06.12	8.0000
19 佳源 01（151630）	350.00	2022.06.04	8.0000	19 眉资 01（151632）	850.00	2024.06.06	7.0000
19 兴旅 01（151633）	1500.00	2022.06.03	7.5000	19 建湖 04（151636）	500.00	2022.06.03	8.0000
19 句茅 01（151637）	260.00	2022.05.31	7.8000	19 句茅 02（151638）	100.00	2022.05.31	7.5000
19 华靖 02（151639）	1300.00	2024.06.17	6.8000	19 连工 02（151640）	270.00	2022.06.04	6.5000
19 甘交 01（151641）	800.00	2024.06.04	4.8000	19 贵安 02（151643）	7767.00	2022.06.04	7.4000
19 盛泽 01（151644）	500.00	2024.06.06	5.5000	19 江城 Y2（151645）	300.00	2022.05.31	6.5000
19 安投 01（151646）	800.00	2027.05.31	8.0000	19 兴港 01（151648）	1500.00	2022.06.06	4.7900
19 玄武 01（151649）	500.00	2024.06.03	5.0000	19 山煤 01（151650）	1500.00	2022.06.10	7.8000
19 天保 03（151651）	600.00	2022.06.06	5.9900	19 惠临 02（151652）	450.00	2024.06.05	7.5000
19 昆投 04（151653）	1000.00	2024.06.04	5.2900	19 苏科 01（151654）	1000.00	2024.06.06	4.7000
19 皋投 02（151655）	700.00	2024.06.17	5.3800	19 荆城 02（151656）	500.00	2024.07.05	6.4500
19 城资 02（151657）	1000.00	2022.06.10	5.9000	19 青资 01（151658）	3000.00	2024.06.05	6.3000
19 滨江 01（151659）	500.00	2024.06.06	4.9900	19 中租 01（151661）	450.00	2022.06.24	4.5400
19 中企 01（151662）	3150.00	2024.06.05	4.3500	19 安城 01（151663）	500.00	2024.06.13	6.8000
19 华远 03（151664）	1000.00	2022.06.06	6.0000	19 遵旅 01（151665）	400.00	2029.06.06	7.9000
19 南浦 01（151666）	500.00	2024.06.14	4.7500	19 正荣 01（151667）	350.00	2022.06.14	6.8000
19 冶投 01（151668）	500.00	2024.11.12	7.4600	19 城东 01（151669）	1000.00	2024.06.05	5.1000
19 江控 02（151670）	1500.00	2024.06.14	4.9800	19 沪唐 02（151671）	500.00	2022.06.11	5.0000
19 融侨 F1（151672）	1000.00	2022.06.05	7.0000	19 兴城 01（151673）	2000.00	2022.06.12	4.4500

债券信息 List of Bonds

债券 Bond

债券简称（代码）Bond Name（Code）	发行量（百万元）Issued Vol（M Yuan）	到期日 Expiration Date	票面利率（%）Coupon Rate	债券简称（代码）Bond Name（Code）	发行量（百万元）Issued Vol（M Yuan）	到期日 Expiration Date	票面利率（%）Coupon Rate
19靖城01（151674）	400.00	2024.06.13	7.0000	19海航02（151675）	570.00	2022.06.06	6.5000
19海门02（151676）	1000.00	2020.06.12	4.7900	19晋国01（151677）	800.00	2022.09.26	7.5000
19宏圣01（151678）	500.00	2022.06.13	7.2000	19金坛01（151679）	1200.00	2022.06.12	7.0000
19宜春02（151681）	2000.00	2024.06.12	6.2500	19迈瑞02（151682）	1052.00	2024.07.22	6.1000
19东次02（151683）	4000.00	2022.06.14	4.2000	19中证04（151684）	1500.00	2022.06.14	4.0000
19启东02（151685）	500.00	2024.06.13	4.9500	19南湖01（151686）	800.00	2024.06.11	7.3000
19建城01（151687）	1000.00	2024.06.14	6.0000	19软件01（151688）	500.00	2022.06.13	5.7000
19HG02（151690）	3000.00	2022.06.19	4.7900	19建投04（151692）	600.00	2024.06.13	4.6900
19川瑞债（151693）	600.00	2022.06.14	6.9800	19眉山01（151695）	970.00	2024.06.18	7.0000
19张公04（151696）	800.00	2022.06.14	4.6500	G19鲁钢2（151697）	1500.00	2024.08.15	5.2900
19苏通03（151698）	740.00	2024.07.10	5.8900	19方正D2（151699）	500.00	2099.12.31	6.1500
19不动01（151700）	1500.00	2022.06.17	4.4500	19盛泽02（151701）	500.00	2022.06.24	5.7500
19龙投01（151702）	300.00	2022.06.27	6.1000	19寿光01（151703）	750.00	2024.06.17	7.3000
19慈建02（151706）	1000.00	2024.08.01	4.8800	19住宅03（151708）	1100.00	2022.06.18	5.1600
19交投01（151709）	850.00	2024.06.25	4.7000	19赤水01（151710）	250.00	2022.06.24	7.5000
19洛轴01（151711）	200.00	2024.06.18	6.5000	19药租03（151712）	600.00	2022.09.02	5.2000
19湘高01（151713）	2000.00	2023.08.12	4.2000	19恒澄01（151714）	1000.00	2024.06.21	5.4200
19遵旅02（151715）	700.00	2029.10.22	8.0000	19明宫01（151716）	500.00	2022.06.14	7.5000
19海航03（151717）	1073.00	2024.06.21	6.0000	19绍城02（151718）	600.00	2024.06.19	4.5000
19余杭01（151719）	600.00	2024.06.19	4.8000	19句容02（151721）	315.00	2024.06.24	7.0000
19吉发03（151722）	687.00	2022.11.19	7.5000	19安东02（151723）	300.00	2022.06.28	7.1000
19正润01（151724）	500.00	2022.06.17	6.5000	19常新02（151725）	1000.00	2024.06.21	5.9900
19建邺02（151726）	1200.00	2022.06.21	4.9900	19盐湖01（151727）	250.00	2024.07.11	7.0000
19嘉海01（151728）	500.00	2024.06.21	5.8000	19泸投01（151729）	500.00	2024.06.28	7.5000
19芜湖01（151730）	2000.00	2026.06.19	4.9000	19兖投01（151731）	1240.00	2024.08.22	7.3000
19吉铁04（151732）	620.00	2022.06.24	7.5000	19日港02（151733）	1000.00	2024.07.17	5.0000
19洛投01（151734）	1400.00	2024.06.20	4.8500	19洛投02（151735）	600.00	2026.06.20	5.9500
19虞资01（151736）	1000.00	2024.06.21	4.9000	19安租05（151738）	500.00	2023.06.27	4.7500
G19川铁2（151739）	1700.00	2024.07.01	4.4700	19余开01（151741）	400.00	2029.06.24	4.9000
19国金C1（151742）	1000.00	2022.06.24	4.6000	19通达01（151743）	1500.00	2024.06.25	7.5000
19绍兴01（151744）	1000.00	2024.06.21	5.3000	19洪政F1（151745）	1000.00	2024.07.09	4.0800
19洋口01（151747）	1000.00	2022.08.09	7.5000	19龙交02（151748）	1800.00	2024.06.27	5.8500
19首钢01（151749）	2000.00	2025.06.24	4.5700	19肇庆02（151750）	1500.00	2024.07.05	6.0000
19金瓯01（151752）	1000.00	2022.06.25	5.0000	19环城02（151755）	2000.00	2024.09.27	6.1000
19相城02（151758）	1000.00	2024.06.27	4.6000	19吉华01（151759）	520.00	2022.06.26	8.0000
19日通01（151760）	800.00	2022.07.01	7.3000	19双龙02（151761）	1000.00	2026.06.27	7.9800
19嵊州02（151762）	1000.00	2024.07.17	6.4900	19靖投02（151763）	400.00	2024.06.27	7.0000
19饶江01（151764）	1500.00	2024.07.02	7.0000	19珠实01（151765）	650.00	2022.07.10	5.7000
19宝龙02（151766）	600.00	2022.07.15	7.4000	19鼎力01（151767）	1000.00	2024.07.05	7.4800
19望城04（151768）	500.00	2024.07.01	6.9000	19宁桥01（151769）	500.00	2022.07.03	6.0000
19三盛03（151770）	700.00	2099.12.31	8.2000	19海科01（151772）	350.00	2024.06.27	7.0000
19联创02（151773）	1100.00	2024.07.31	6.3000	19天富01（151774）	200.00	2022.07.05	6.5000
19贵安D1（151775）	550.00	2020.07.15	7.3000	19苏新02（151776）	1000.00	2024.07.04	4.2400
19内建01（151777）	800.00	2022.08.16	7.0000	S19利发1（151778）	100.00	2021.07.02	5.6000
S19利发3（151780）	485.00	2022.07.02	7.5000	19武侯01（151781）	1500.00	2024.07.09	5.3000
19衢州01（151782）	100.00	2022.06.28	6.3000	19渝开02（151783）	520.00	2022.06.28	6.5000
19南安债（151784）	1000.00	2024.09.06	6.8000	19义市02（151785）	500.00	2024.07.11	4.8000
19华创01（151786）	600.00	2023.07.02	5.2000	19秦发02（151788）	300.00	2024.07.03	5.5000
同煤Y2（151790）	1000.00	2021.09.24	5.0000	19海兴01（151791）	500.00	2024.07.09	6.2000
19义佛01（151792）	1000.00	2022.07.04	6.0000	19赤水02（151793）	331.00	2022.07.04	7.5000

债券信息
List of Bonds

债券
Bond

债券简称（代码） Bond Name（Code）	发行量（百万元） Issued Vol（M Yuan）	到期日 Expiration Date	票面利率（%） Coupon Rate	债券简称（代码） Bond Name（Code）	发行量（百万元） Issued Vol（M Yuan）	到期日 Expiration Date	票面利率（%） Coupon Rate
19 红企 01（151796）	800.00	2021.06.28	7.2000	19 东兴 F2（151797）	3000.00	2022.07.12	3.9800
19 珠投 02（151799）	500.00	2022.07.03	8.0000	19 江旅 02（151800）	1100.00	2024.07.16	7.2000
19 株国 03（151801）	1000.00	2024.07.05	5.7800	19 信达 C2（151802）	900.00	2022.07.15	4.6400
19 海宁 03（151803）	1000.00	2024.07.09	4.5000	19 常港 01（151805）	300.00	2022.08.01	7.0900
19 浙金 02（151806）	700.00	2024.07.12	6.2000	19 阜阳 01（151807）	400.00	2024.07.11	8.5000
19 峨眉 02（151808）	850.00	2024.07.15	8.2000	19 平湖 03（151809）	1400.00	2024.07.25	4.5700
19 盐高 03（151810）	530.00	2024.08.26	6.8000	19 首业 06（151812）	2130.00	2024.07.12	4.2600
19 曹国 06（151814）	1250.00	2024.07.11	6.6000	19 惠通 02（151815）	1028.00	2024.07.12	6.2000
19 建桥 01（151817）	1000.00	2024.09.04	7.4000	19 长滨 01（151818）	1000.00	2022.08.20	6.5000
G19 川铁 3（151819）	1800.00	2024.07.12	4.4500	19 上投 02（151820）	1000.00	2031.07.12	4.9900
19 不动 02（151822）	1500.00	2022.07.16	4.3500	19 绿港 01（151823）	500.00	2022.07.09	7.3000
G19 菱花 1（151824）	90.00	2022.07.12	6.5000	G19 菱花 2（151825）	10.00	2022.07.12	6.5000
19 兴城 02（151826）	1000.00	2022.07.15	4.3400	19 海盐 02（151827）	1000.00	2024.07.16	4.9000
19 海航 04（151828）	2209.00	2024.07.29	6.0000	19 新蒲 02（151829）	100.00	2022.07.12	7.5000
19 兴阳 01（151830）	540.00	2024.08.09	7.5000	19 中控 02（151831）	500.00	2022.07.23	6.2000
19 豫资 01（151832）	1500.00	2023.07.17	4.3800	19 双龙 03（151834）	540.00	2026.07.19	7.9800
G19 济轨 1（151836）	2000.00	2024.07.23	4.7900	19 包钢 01（151837）	1250.00	2022.07.26	6.3000
19 黔投 01（151839）	550.00	2022.07.26	7.8000	19 嘉海 02（151840）	500.00	2024.07.22	5.6500
19 天风 C1（151841）	750.00	2022.08.27	4.9900	19 惠控 01（151842）	800.00	2024.07.19	4.8300
19 滇度 02（151843）	600.00	2024.07.19	7.0000	19 潍东 01（151844）	1300.00	2024.07.22	5.5000
19 营海 01（151846）	500.00	2024.07.18	8.2000	19 建业 02（151848）	1500.00	2022.07.23	7.5000
19 安信 C5（151849）	3500.00	2022.07.22	4.0500	19 立根 01（151850）	500.00	2022.07.18	7.5000
19 绿建 01（151851）	1380.00	2024.10.24	6.3900	19 川菜 01（151852）	1000.00	2024.07.30	7.0000
19 株城 04（151854）	500.00	2024.08.02	6.8000	19 鲁金 01（151855）	500.00	2024.07.24	6.5000
19 相城 03（151856）	1000.00	2024.07.19	4.4800	19 首钢 02（151857）	3000.00	2024.07.22	4.1900
19 宁高 01（151858）	400.00	2024.08.06	6.6800	19 长轨 02（151859）	2000.00	2024.07.22	4.6800
19 句福 02（151860）	700.00	2024.09.03	7.0000	19 华金 C1（151861）	1000.00	2022.07.25	4.8800
19 黔水债（151862）	1000.00	2024.07.22	8.0000	19 正润 02（151863）	500.00	2022.08.27	6.4600
19 恒信 02（151864）	500.00	2022.07.24	4.8300	19 浙商 02（151865）	800.00	2024.07.23	4.3500
19 宝发投（151866）	450.00	2022.08.01	7.5000	19 滨城 02（151867）	1000.00	2024.07.19	5.0800
19 靖城 02（151868）	580.00	2024.08.29	7.2000	19 首证 C1（151869）	500.00	2022.07.24	6.0000
19 融侨 F2（151870）	770.00	2022.07.23	7.5000	19 路公 01（151871）	1000.00	2024.07.24	6.9900
19 湛交 01（151872）	1500.00	2022.07.23	5.0000	19 崇川 02（151873）	500.00	2024.07.29	5.1000
19 恒达 01（151874）	750.00	2024.09.27	6.3000	19 饶江 02（151875）	500.00	2024.08.01	7.0000
19 余投 05（151876）	500.00	2024.08.02	5.2800	19 豫资 03（151878）	1000.00	2022.07.23	4.6000
19 中租 02（151879）	400.00	2022.07.23	2.9000	19 中租 03（151880）	600.00	2024.07.23	4.7800
19 长开 03（151881）	936.00	2022.08.06	6.6000	19 信地 03（151883）	700.00	2022.07.26	4.9000
19 镇城 03（151884）	350.00	2022.07.24	6.5000	19 彭统建（151885）	1000.00	2024.08.07	7.2000
19 吴城 01（151886）	1000.00	2024.08.09	4.4800	19 昆产 02（151887）	1000.00	2024.08.29	6.3000
19 硕放 01（151889）	250.00	2024.08.01	5.6000	19 商城 01（151890）	650.00	2022.07.26	6.5000
19 贵文 01（151891）	400.00	2024.07.24	7.8000	19 交投 02（151892）	1000.00	2024.08.22	4.3800
19 同创 01（151893）	600.00	2024.07.30	6.5000	19 吴发 01（151894）	1000.00	2024.07.29	4.4700
19 滨水 02（151895）	200.00	2022.07.25	7.3000	19 虞交 01（151896）	1000.00	2024.07.30	4.8000
19 青控 03（151897）	500.00	2022.07.25	4.4000	19 锡工 01（151898）	500.00	2024.08.02	5.8000
19 惠投 01（151899）	1200.00	2024.07.26	5.0000	19 凯里 01（151900）	300.00	2022.07.25	8.0000
G19 安租 1（151901）	800.00	2023.07.29	4.5300	19 启东 D1（151902）	1000.00	2020.07.29	4.3500
19 云港 01（151903）	1000.00	2022.08.02	5.4000	19 苏通 04（151904）	730.00	2022.08.06	5.5000
19 舟交 01（151905）	800.00	2022.08.06	4.4400	19 江城 01（151906）	750.00	2024.08.05	4.5600
19 江城 02（151907）	750.00	2024.08.05	5.4000	19 山钢 Y1（151908）	1000.00	2021.08.08	7.0000
19 姜交 01（151909）	500.00	2022.07.30	7.0000	19 豫峡 04（151910）	810.00	2024.09.05	5.4500

债券信息
List of Bonds

债券
Bond

债券简称（代码） Bond Name（Code）	发行量（百万元） Issued Vol（M Yuan）	到期日 Expiration Date	票面利率（%） Coupon Rate	债券简称（代码） Bond Name（Code）	发行量（百万元） Issued Vol（M Yuan）	到期日 Expiration Date	票面利率（%） Coupon Rate
19融和03（151911）	1400.00	2024.08.05	4.6900	19连城01（151912）	800.00	2024.07.25	4.9900
19桐城01（151913）	1500.00	2022.07.30	4.4500	19句容03（151915）	700.00	2024.11.12	7.0000
19瀛洲01（151916）	310.00	2022.07.30	7.9900	19德投01（151917）	880.00	2027.10.23	7.5000
19韩城01（151918）	900.00	2024.11.14	8.5000	19长旅02（151919）	200.00	2022.07.30	7.5000
19淮城01（151920）	1000.00	2024.08.27	6.5000	19淮交02（151921）	1000.00	2024.07.31	5.5000
19济纾02（151922）	1000.00	2024.08.08	4.4000	19清浦01（151923）	500.00	2024.09.23	7.5000
G19织里1（151924）	700.00	2022.08.02	7.5000	19景瑞01（151925）	500.00	2024.08.07	7.0000
19腾海01（151926）	200.00	2022.08.01	6.9000	19黔投02（151927）	370.00	2022.08.08	7.8000
19鑫泰02（151928）	400.00	2022.08.02	7.2000	19贵安03（151929）	1020.00	2022.09.05	7.4000
19株教01（151930）	500.00	2020.08.13	3.0000	19永投01（151931）	1500.00	2024.08.12	5.9800
19晋交01（151932）	1500.00	2024.08.12	5.4500	PRG国太（151934）	570.00	2024.08.06	4.7800
19安租06（151935）	1400.00	2023.08.06	4.6000	19兴港02（151936）	2000.00	2022.08.08	4.5900
19海投Y1（151937）	1000.00	2022.08.05	6.5000	19融禾01（151938）	1500.00	2024.08.08	7.6000
19漳龙03（151940）	600.00	2024.08.09	4.7000	19三盛05（151942）	530.00	2099.12.31	8.2000
19文蓝01（151944）	2500.00	2024.08.14	6.4500	19江津01（151946）	1400.00	2024.08.08	5.4700
19潍东03（151947）	1500.00	2024.08.19	5.0000	19昆发01（151949）	400.00	2021.08.26	5.6000
19虞资03（151950）	1800.00	2024.08.14	4.5000	19景旅02（151952）	1000.00	2024.08.07	7.1500
19镇城04（151953）	450.00	2022.08.09	5.5000	19苏铁01（151954）	600.00	2022.08.12	4.4500
19兰花01（151955）	500.00	2024.08.26	6.7000	19于控01（151958）	1870.00	2022.08.14	6.5000
19淮开01（151959）	1300.00	2022.08.21	6.4000	19济西02（151961）	1500.00	2024.08.20	4.5000
19新沂02（151962）	540.00	2024.08.13	7.5000	19浙浔01（151963）	420.00	2026.08.19	7.0000
19嘉高02（151964）	1000.00	2024.08.12	4.2800	19晋佳01（151965）	1000.00	2024.08.08	5.8000
19锡滨02（151966）	400.00	2024.08.15	4.5600	19东丽01（151967）	1250.00	2024.08.13	7.9000
19东丽03（151969）	750.00	2020.09.22	7.5000	19靖投03（151970）	300.00	2024.08.19	7.2000
19天门02（151971）	500.00	2024.08.13	8.0000	19宁城01（151972）	1500.00	2024.08.15	5.8000
19循环01（151973）	800.00	2024.08.13	7.9900	19宁东01（151974）	1810.00	2024.08.09	4.7500
19新会01（151975）	2000.00	2024.08.16	6.0000	19融盛01（151976）	1200.00	2024.08.22	7.0000
19黄发01（151978）	1000.00	2024.08.19	4.8000	19平煤01（151979）	2000.00	2024.08.16	6.2000
19浦现01（151980）	600.00	2024.08.15	4.2800	19遵桥01（151981）	400.00	2024.08.16	7.3000
19滨投01（151982）	500.00	2024.08.21	7.5000	19绍城03（151983）	600.00	2024.08.19	4.1000
19佳源03（151984）	645.00	2022.08.19	8.0000	19滁城02（151985）	2000.00	2024.08.19	4.5000
19滨投02（151986）	365.00	2022.08.21	7.0000	19先导01（151988）	2500.00	2024.08.22	4.0000
19大华01（151990）	1500.00	2024.08.21	6.0000	19余经01（151991）	1500.00	2024.08.19	4.6000
19华发03（151992）	500.00	2024.08.19	4.6700	19华发04（151993）	500.00	2022.08.19	4.4500
19安吉02（151994）	1000.00	2024.08.21	7.0000	19蒙水务（151995）	1500.00	2024.08.22	5.2000
19张经01（151996）	500.00	2022.08.21	4.3400	19首钢03（151997）	3000.00	2024.08.21	4.0500
G19长滨2（151998）	410.00	2024.08.29	6.5000	19上饶01（151999）	2100.00	2024.08.22	4.9500
18温岭02（152001）	1400.00	2025.11.12	5.4300	18朔州01（152002）	900.00	2025.10.23	7.5000
18西工01（152003）	700.00	2025.11.15	7.9000	18尖山02（152004）	700.00	2025.11.16	6.1500
18安吉01（152005）	300.00	2025.11.19	7.0000	18海宁债（152006）	1380.00	2025.11.13	5.4700
18绵安02（152007）	500.00	2025.11.22	8.1000	18孟投02（152008）	100.00	2025.11.06	8.0000
18赤壁债（152009）	500.00	2025.11.22	6.9500	18梧州01（152010）	500.00	2028.11.28	7.9500
18京投09（152011）	2000.00	2028.11.26	4.2500	18京投10（152012）	1000.00	2033.11.26	4.5700
18泰兴黄（152013）	400.00	2025.11.15	8.5000	18西苑01（152014）	600.00	2025.11.15	7.5000
18永安01（152015）	900.00	2025.11.26	8.5000	18水城债（152016）	1500.00	2025.11.27	8.0000
18滨江债（152017）	950.00	2025.11.30	5.7700	18振东01（152018）	500.00	2025.11.26	7.5000
18南溪02（152019）	600.00	2025.11.28	8.1000	18和济01（152020）	600.00	2022.11.27	7.6000
18易盛德（152021）	800.00	2028.11.28	5.2200	18邵赛02（152022）	300.00	2025.11.28	8.0000
18宁地铁（152023）	2600.00	2023.11.28	4.2200	18铜管廊（152024）	1000.00	2028.11.29	8.0000
18博望01（152026）	500.00	2025.11.29	7.8000	18桐产投（152027）	920.00	2025.11.29	7.8800

债券信息
List of Bonds

债券简称（代码）Bond Name（Code）	发行量（百万元）Issued Vol（M Yuan）	到期日 Expiration Date	票面利率（%）Coupon Rate	债券简称（代码）Bond Name（Code）	发行量（百万元）Issued Vol（M Yuan）	到期日 Expiration Date	票面利率（%）Coupon Rate
18 百东 02（152028）	200.00	2025.12.24	7.6000	18 信丰 01（152029）	500.00	2025.12.05	7.8000
18 振东 02（152030）	760.00	2025.12.06	7.5000	18 粤高 01（152031）	1000.00	2033.12.13	4.6500
18 毕节债（152032）	800.00	2025.12.03	8.0500	18 安发 02（152033）	700.00	2025.12.04	8.0000
18 锡惠债（152034）	950.00	2025.12.07	5.2700	18 合力 01（152035）	1000.00	2025.12.10	5.4900
18 大冶债（152036）	800.00	2025.12.03	7.2000	18 海发 01（152037）	900.00	2025.12.13	5.1800
18 柯岩债（152038）	1200.00	2025.12.04	5.8800	18 禅城 01（152039）	100.00	2026.12.19	5.2900
18 国盛 01（152040）	2500.00	2023.12.14	3.9600	18 蓉高投（152041）	1000.00	2023.12.13	4.2000
18 浙资 01（152042）	900.00	2023.12.13	4.1500	18 济西投（152043）	3300.00	2028.12.18	4.6300
18 嘉善债（152045）	800.00	2025.12.17	5.1900	18 通化 01（152046）	400.00	2025.12.18	8.0000
G18 先行（152047）	300.00	2025.12.20	5.3700	18 泗阳 02（152048）	400.00	2025.12.14	7.5000
18 利津 01（152049）	400.00	2025.12.20	7.5000	18 泰新债（152050）	600.00	2025.12.21	5.3400
18 榕城 02（152051）	800.00	2028.12.14	4.4000	18 吴中债（152053）	960.00	2025.12.25	5.2600
18 众鑫 01（152054）	950.00	2025.12.20	5.3800	18 朔州 02（152055）	900.00	2025.12.25	7.8000
18 大荔债（152056）	800.00	2025.12.25	8.0000	18 国新债（152057）	1100.00	2023.12.27	3.2000
18 珠管 01（152058）	100.00	2023.12.26	6.2000	18 长湖 01（152059）	600.00	2025.12.26	7.5000
18 泰华诚（152062）	400.00	2025.12.26	8.5000	18 南充债（152063）	1000.00	2028.12.21	6.9800
18 武义 02（152064）	800.00	2025.12.21	8.0000	18 湘高速（152065）	1500.00	2025.12.26	4.4800
19 乌经开（152066）	920.00	2026.03.15	5.3200	18 东坡 02（152067）	600.00	2026.01.03	8.0000
19 昆空港（152068）	1000.00	2026.01.28	7.5000	18 桂东 02（152069）	300.00	2025.12.25	7.9300
18 顺兴 01（152071）	600.00	2026.01.07	7.5000	19 百东 01（152072）	600.00	2026.01.08	7.5900
19 鑫鸿 01（152073）	670.00	2026.01.03	5.2800	19 景城债（152074）	1000.00	2026.01.08	7.4900
G19 广铁 1（152075）	3000.00	2024.01.18	3.9000	19 赤城投（152076）	1000.00	2026.01.18	8.5000
19 安方债（152077）	1200.00	2026.01.18	7.8000	G19 水投 1（152078）	1600.00	2029.01.24	4.0200
19 怀远债（152079）	800.00	2026.01.23	5.1700	19 常鼎 01（152081）	650.00	2026.01.22	6.9800
19 龙岭债（152083）	810.00	2026.01.23	7.6000	19 轩达 02（152084）	700.00	2026.01.24	7.5000
19 轩达 01（152085）	800.00	2026.01.23	7.5000	19 南康债（152086）	240.00	2026.01.23	8.0000
19 吴江 01（152087）	750.00	2029.01.24	5.3000	19 贾旅 01（152088）	800.00	2026.01.28	7.8800
19 潜江 01（152089）	800.00	2026.01.16	5.6700	19 新平 01（152090）	500.00	2026.01.24	7.7000
19 宜都债（152091）	400.00	2026.01.17	7.0000	19 监利债（152092）	800.00	2026.01.14	7.5000
19 栾川 01（152093）	400.00	2026.01.23	8.5000	19 上栗 01（152094）	300.00	2026.01.22	7.8000
19 麒麟债（152095）	570.00	2026.01.21	8.5000	19 西工 01（152096）	690.00	2026.01.29	8.0000
19 龙海 01（152097）	480.00	2026.01.28	7.3500	19 绵经 01（152098）	500.00	2026.03.15	8.2000
19 冶高 01（152099）	450.00	2026.01.30	6.9800	19 普陀 01（152100）	700.00	2027.01.25	6.6000
19 大洼债（152101）	760.00	2026.01.30	7.8000	19 宏河债（152102）	730.00	2026.01.29	7.5000
19 盘双 01（152103）	140.00	2026.01.29	8.5000	19 舟蓬 01（152104）	800.00	2027.01.30	7.5000
19 金霞债（152105）	800.00	2026.02.14	7.0000	19 海发 01（152106）	330.00	2026.02.15	7.3000
19 杨凌 01（152107）	300.00	2026.02.20	7.8000	19 西苑债（152108）	400.00	2026.01.29	7.8000
19 渝江 01（152110）	1600.00	2024.02.28	4.2800	19 弥勒 01（152111）	500.00	2026.02.27	7.6000
19 白云 01（152112）	500.00	2026.03.06	7.5000	19 祥云债（152113）	450.00	2026.03.04	7.0300
19 文停债（152114）	1000.00	2029.03.04	7.5000	19 息烽债（152115）	800.00	2026.03.14	8.0000
19 渝三峡（152116）	149.00	2026.03.01	7.8000	19 成兴 01（152117）	400.00	2026.03.05	7.8000
19 东台债（152118）	900.00	2026.03.08	5.3700	19 浔经债（152119）	380.00	2026.03.12	7.4000
19 简州债（152120）	600.00	2026.03.12	6.1700	19 瓯经投（152121）	1500.00	2026.03.11	5.4500
19 鄂科 01（152122）	2000.00	2034.03.08	4.7500	19 粤路建（152123）	2000.00	2034.03.25	4.6200
19 袁州债（152124）	850.00	2026.03.08	7.2000	19 榕城 01（152125）	600.00	2029.03.12	4.3800
19 钟停 01（152126）	400.00	2029.03.18	8.0000	19 桐乡 01（152127）	700.00	2026.03.14	5.3800
19 金乡 01（152128）	700.00	2026.03.20	7.5000	19 扬子 01（152129）	1500.00	2024.03.19	4.4700
19 长顺债（152130）	700.00	2026.03.19	8.5000	19 射阳 01（152131）	800.00	2026.03.14	5.3300
19 普洱 01（152132）	200.00	2026.03.14	7.5000	19 海城投（152133）	700.00	2029.03.21	5.5000
19 华汽 01（152134）	1100.00	2099.12.31	5.8000	19 梧州 01（152136）	450.00	2029.03.26	7.9000

债券信息
List of Bonds

债券
Bond

债券简称（代码）Bond Name（Code）	发行量（百万元）Issued Vol（M Yuan）	到期日 Expiration Date	票面利率（%）Coupon Rate	债券简称（代码）Bond Name（Code）	发行量（百万元）Issued Vol（M Yuan）	到期日 Expiration Date	票面利率（%）Coupon Rate
19 梅山债（152138）	700.00	2026.03.21	8.0000	19 武管廊（152139）	1200.00	2026.03.21	7.1900
19 普陀 02（152140）	800.00	2027.03.21	6.3000	G19 云投 1（152141）	1000.00	2029.03.25	5.4900
19 凤建 01（152142）	400.00	2026.03.28	6.5800	19 兰陵债（152143）	1200.00	2026.03.28	7.4500
19 蒙自债（152144）	600.00	2026.03.25	8.0000	19 柯桥 01（152145）	1000.00	2034.03.25	4.3800
19 翠屏债（152146）	1000.00	2026.03.28	5.1700	19 夷陵 01（152147）	500.00	2026.03.28	7.5000
19 楚晟债（152148）	540.00	2026.03.27	7.5000	19 井冈债（152149）	700.00	2026.04.01	7.0000
19 安高债（152150）	730.00	2026.03.28	6.8500	19 山南 01（152151）	700.00	2026.04.01	7.9400
19 淄创 01（152152）	560.00	2026.04.03	5.0300	19 冶高 02（152154）	950.00	2026.04.01	7.5000
19 定南债（152155）	550.00	2026.04.08	7.8000	19 海城发（152156）	1400.00	2026.04.02	5.2000
19 粤高 01（152157）	2000.00	2034.07.31	4.5900	19 孟津债（152158）	900.00	2026.04.11	7.0600
19 郯国资（152159）	500.00	2026.04.09	7.5000	19 成兴 02（152160）	400.00	2026.04.04	7.6000
19 木渎债（152161）	600.00	2024.04.16	4.9400	19 信丰 01（152162）	700.00	2026.04.16	7.8000
19 汉江债（152163）	2400.00	2026.04.10	5.3800	19 德清 01（152164）	700.00	2026.10.28	5.9900
19 渝中 01（152165）	700.00	2026.04.17	5.4300	19 射阳 02（152166）	700.00	2026.04.12	7.3900
19 同建债（152167）	1000.00	2026.08.19	5.0000	19 乐亭债（152168）	1000.00	2026.04.11	7.5000
19 费城 01（152169）	600.00	2026.04.12	7.5000	19 博望 01（152170）	280.00	2026.04.18	7.5000
19 君山 01（152171）	700.00	2026.04.23	7.9600	19 临潼债（152172）	800.00	2026.04.22	7.6900
19 川投 01（152173）	900.00	2029.04.26	4.5000	19 川投 02（152174）	1100.00	2024.04.26	4.4000
19 鱼台 01（152175）	1000.00	2026.04.10	7.5000	19 国盛 01（152176）	2750.00	2024.04.24	3.8000
19 阿勒泰（152177）	470.00	2029.04.24	6.9800	19 安吉债（152178）	400.00	2026.04.26	6.8000
19 锡西债（152179）	950.00	2026.04.25	5.2300	19 靖滨债（152180）	800.00	2029.06.10	5.2000
19 鄂科 02（152181）	1000.00	2034.04.25	5.0000	19 成兴 03（152182）	400.00	2026.04.24	7.6000
19 利投 01（152183）	600.00	2026.04.26	7.5000	19 筑经 01（152184）	1150.00	2026.04.30	7.5000
19 渭投债（152185）	600.00	2026.04.28	7.5000	19 贾旅 02（152186）	700.00	2026.05.06	7.9800
19 武穴债（152187）	1080.00	2026.04.12	7.5000	19 济城 01（152188）	400.00	2026.05.06	7.3000
19 通源 01（152191）	400.00	2026.04.30	7.8000	19 蓉国投（152192）	1500.00	2026.05.06	6.0000
19 双鸭 01（152193）	360.00	2026.04.30	8.5000	19 旺通债（152194）	500.00	2026.05.06	7.5000
19 红日债（152195）	1490.00	2026.05.06	7.1900	19 鹰高新（152196）	630.00	2026.05.06	8.0000
19 福州 01（152197）	300.00	2029.05.08	4.7000	19 安岳 01（152198）	760.00	2026.05.06	7.5000
19 东财 01（152199）	500.00	2026.05.05	7.0000	19 东财 02（152200）	500.00	2026.05.05	7.3000
19 谷城 01（152201）	300.00	2026.04.26	7.0000	19 舟山债（152202）	600.00	2026.04.28	5.3400
19 启迪 01（152203）	500.00	2029.04.26	6.9000	19 长湖 01（152204）	570.00	2026.05.16	7.5000
19 锡藕 01（152205）	600.00	2026.05.15	5.0900	19 广鑫 01（152206）	400.00	2026.06.03	7.5000
19 桐乡 02（152207）	500.00	2026.05.24	5.1600	19 森特 01（152208）	800.00	2026.06.06	7.3000
G19HGY1（152209）	1000.00	2023.06.03	5.1600	19 宜春债（152210）	500.00	2026.06.10	6.9700
19 万年债（152211）	1000.00	2026.06.03	7.2000	19 伊川债（152212）	700.00	2026.06.12	6.1500
19 柯桥 02（152213）	2700.00	2034.06.17	4.6900	19 国兴 01（152214）	800.00	2026.06.14	5.0500
19 金东 01（152215）	930.00	2026.06.20	5.3700	G19 广铁 2（152216）	2000.00	2024.07.17	3.5800
G19 青州（152217）	1200.00	2027.06.17	7.6000	19 华汽 02（152218）	1000.00	2099.12.31	5.8000
19 杨凌 02（152219）	800.00	2026.06.19	7.8000	G19 城南 1（152221）	1000.00	2026.06.26	4.5400
19 邯建投（152222）	360.00	2026.07.04	5.4300	19 曲经开（152223）	500.00	2026.07.18	7.4000
19 宜高投（152226）	1000.00	2029.07.12	5.2300	19 海控 01（152227）	1300.00	2024.07.19	3.9000
19 广控 01（152228）	900.00	2024.07.12	4.3100	19 云建 01（152229）	2000.00	2024.07.18	5.0800
19 句容债（152230）	900.00	2026.07.23	4.9800	19 中豫 01（152231）	600.00	2024.07.18	3.8300
19 钟祥债（152232）	600.00	2026.07.05	7.5000	19 南网 05（152233）	2500.00	2025.07.25	3.5500
19 北仑 Q1（152234）	1000.00	2026.07.19	4.8900	19 龙海 02（152235）	220.00	2026.07.22	7.4700
19 柳东债（152236）	1500.00	2024.07.24	6.5000	19 亳城建（152237）	1400.00	2026.07.29	6.3000
19 金建 01（152238）	500.00	2026.07.24	6.8000	19 即墨债（152239）	1200.00	2026.08.05	4.8700
19 桂发 01（152240）	500.00	2026.07.31	7.5000	19 秦投 01（152241）	400.00	2026.07.31	8.0000
19 颍上债（152242）	850.00	2026.08.06	6.8000	19 兴蜀债（152243）	660.00	2026.07.29	6.1300

债券信息
List of Bonds

债券简称（代码）Bond Name（Code）	发行量（百万元）Issued Vol（M Yuan）	到期日 Expiration Date	票面利率（%）Coupon Rate	债券简称（代码）Bond Name（Code）	发行量（百万元）Issued Vol（M Yuan）	到期日 Expiration Date	票面利率（%）Coupon Rate
19 扬子 02（152244）	2000.00	2024.08.12	3.9500	19 怀工 01（152245）	500.00	2026.08.08	7.3000
19 金灌 01（152246）	550.00	2026.08.12	4.7900	19 昌控 01（152247）	600.00	2029.08.16	4.3800
19 东财 03（152248）	1000.00	2026.08.13	7.0000	19 嵊城 01（152249）	1000.00	2026.08.15	4.9000
19 平天湖（152250）	700.00	2026.08.13	7.5000	19 金凤凰（152251）	1000.00	2026.08.19	7.6000
19 南网 06（152252）	2500.00	2025.08.23	3.4000	19 蓉兴 01（152253）	1500.00	2024.08.20	3.9400
19 中电 01（152254）	4000.00	2022.08.26	3.4800	19 浙资 01（152255）	600.00	2024.08.20	3.8900
19 双鸭 02（152256）	300.00	2026.08.26	8.5000	19 陕投 01（152257）	1500.00	2024.08.28	3.7600
19 陕投 02（152258）	1500.00	2026.08.28	4.7500	G19 长交 1（152259）	1300.00	2026.08.27	6.0000
19 苏交 01（152260）	2000.00	2024.08.29	3.7600	19 滨海债（152261）	750.00	2026.08.26	4.7300
19 国兴 02（152262）	800.00	2026.08.29	4.6800	G19 承控 1（152263）	840.00	2026.09.02	6.5000
19 桂建 01（152264）	1000.00	2020.09.29	4.5000	G19 广铁 3（152265）	2000.00	2024.09.03	3.4000
19 武夷债（152266）	530.00	2026.09.04	6.2300	19 嘉善债（152267）	700.00	2026.09.03	4.5000
19 旅投 01（152268）	1500.00	2029.03.07	7.8000	19 咸宁债（152269）	1200.00	2026.06.13	6.4000
19 河投 01（152270）	1000.00	2024.09.11	3.8500	19 齐交 01（152271）	1000.00	2029.09.12	4.4600
19 龙游债（152272）	1440.00	2026.09.11	6.4700	19 临朐债（152273）	900.00	2026.09.16	7.3700
19 沪建 01（152274）	900.00	2029.09.12	3.7000	19 沪建 02（152275）	600.00	2024.09.12	3.3800
19 瑞丽债（152276）	1000.00	2026.09.20	8.0000	19 皋高债（152277）	940.00	2026.09.18	4.6000
19 皖投 02（152278）	2000.00	2029.09.17	3.9100	19 桃源 01（152279）	400.00	2026.09.11	7.5000
19 贵溪债（152280）	1040.00	2026.09.17	7.5000	19 通瑞 01（152282）	500.00	2026.09.18	7.5000
19 六横 01（152283）	600.00	2026.09.12	6.5000	19 大悟债（152284）	850.00	2026.09.20	7.5000
G19 黄石（152285）	650.00	2026.09.24	5.8000	19 西峡债（152286）	750.00	2026.09.23	6.8000
19 四面债（152287）	880.00	2026.09.24	7.2000	G19 宁铁 1（152288）	2000.00	2024.09.19	3.9800
G19 萍昌（152289）	680.00	2026.09.26	6.7000	G19 武铁 1（152290）	2000.00	2039.09.24	4.4900
19 吴江 02（152291）	750.00	2029.09.25	5.0300	19 桃源 02（152292）	400.00	2026.10.17	8.0000
19 银开债（152293）	700.00	2026.09.26	7.0000	19 中豫 02（152294）	1500.00	2024.10.18	4.0400
19 长兴债（152295）	900.00	2026.09.25	5.9800	19 长子 01（152296）	300.00	2026.10.18	7.5000
19 张建发（152297）	800.00	2026.10.15	4.4700	19 山高 01（152298）	2000.00	2024.10.21	4.0000
19 绵经 02（152299）	500.00	2026.09.29	8.0000	19 扬子 03（152300）	1000.00	2024.10.21	3.6300
19 沪国际（152301）	2200.00	2024.10.23	3.3500	19 国资债（152302）	600.00	2026.10.21	5.9500
19 南网 07（152303）	2500.00	2025.10.25	3.5900	19 易盛德（152304）	800.00	2029.10.24	4.9800
19 海资 01（152305）	2000.00	2024.10.24	3.7000	19 嵊城 02（152306）	800.00	2026.11.04	5.1800
19 金灌 02（152307）	360.00	2026.10.25	7.0000	19 扬子 04（152308）	2100.00	2024.10.29	4.1700
19 金建 02（152309）	500.00	2026.10.23	6.5000	19 广建 01（152310）	400.00	2026.10.30	7.5000
19 西投 01（152311）	1500.00	2026.11.05	5.9500	19 梁平债（152312）	800.00	2026.10.31	7.2000
19 郑住投（152313）	700.00	2026.10.31	4.9300	19 沛经开（152315）	600.00	2026.11.04	7.5100
19 兴堰 01（152316）	700.00	2026.11.01	7.5000	19 涪新债（152317）	700.00	2026.11.04	5.8700
19 天泰债（152318）	500.00	2024.11.01	6.8000	19 西咸 01（152319）	500.00	2024.11.08	3.9700
19 西咸 02（152320）	1500.00	2026.11.08	4.4700	19 众鑫 01（152321）	550.00	2026.11.12	5.1500
19 蓉产 01（152322）	1000.00	2026.11.14	4.2300	19 蓉产 02（152323）	500.00	2024.11.14	3.8000
19 云建 02（152324）	1000.00	2024.11.14	5.0000	19 绵安 01（152325）	200.00	2026.11.25	7.9000
19 天水 01（152326）	500.00	2026.11.15	6.4000	19 吉安债（152327）	800.00	2026.11.20	5.8000
19 永安 01（152328）	900.00	2026.11.21	7.5000	19 含浦 01（152329）	500.00	2026.11.15	6.0000
19 含浦 02（152330）	500.00	2026.11.15	5.9300	19 齐交 02（152331）	2000.00	2024.11.21	3.9400
19 乌铁 01（152332）	730.00	2026.11.26	6.8900	19 南网 08（152333）	2500.00	2025.11.25	3.5000
19 贵高科（152334）	1100.00	2026.11.25	8.0000	19 山高 02（152335）	2000.00	2029.11.26	4.4200
19 安陆 01（152336）	170.00	2026.11.28	7.8000	19 禅城 01（152337）	200.00	2027.12.04	4.2000
19 国兴 03（152338）	700.00	2026.12.02	4.7000	19 平原债（152339）	500.00	2026.12.03	6.5000
G19 水投 2（152340）	1000.00	2029.12.06	3.9500	19 赣城投（152341）	1000.00	2026.12.04	5.2300
19 埇桥债（152342）	800.00	2026.12.06	4.8700	19 柯城债（152343）	1200.00	2026.12.03	5.9000
19 崇川债（152344）	680.00	2026.12.12	4.6600	19 天山债（152345）	270.00	2026.12.10	4.6600

债券信息
List of Bonds

债券
Bond

债券简称（代码） Bond Name（Code）	发行量（百万元） Issued Vol（M Yuan）	到期日 Expiration Date	票面利率（%） Coupon Rate	债券简称（代码） Bond Name（Code）	发行量（百万元） Issued Vol（M Yuan）	到期日 Expiration Date	票面利率（%） Coupon Rate
19新天地（152346）	800.00	2026.12.06	7.5000	19天水02（152347）	600.00	2026.12.06	5.8000
19渝江02（152348）	1500.00	2024.12.13	3.9300	19国开投（152349）	1500.00	2029.12.11	4.3600
19潜江02（152350）	500.00	2026.12.16	4.7800	19台循债（152351）	1200.00	2026.12.23	4.9500
19潍滨城（152352）	520.00	2026.12.19	7.2000	19双鸭03（152353）	130.00	2026.12.16	8.5000
19宁新城（152354）	350.00	2026.12.17	5.5000	G19广铁4（152355）	1500.00	2024.12.19	3.5300
G19望城1（152356）	360.00	2026.12.20	5.7000	G19望城2（152357）	280.00	2026.12.20	5.8000
19福州02（152358）	400.00	2029.12.18	3.9800	19天轨01（152359）	1000.00	2024.12.19	4.1500
19樊城01（152360）	800.00	2026.12.18	6.4800	19怀工02（152361）	500.00	2026.12.20	7.3000
19皖投03（152362）	600.00	2024.12.19	4.0000	19广建02（152363）	400.00	2026.12.23	7.5000
19北部湾（152364）	500.00	2024.12.19	4.2900	19栾川02（152365）	400.00	2026.12.30	6.2800
19金牛01（152366）	800.00	2026.12.26	4.9700	19华山债（152367）	600.00	2026.12.27	7.5000
19渝鸿业（152369）	460.00	2026.12.24	7.5000	19益阳01（152370）	700.00	2026.12.25	6.2000
19阳交债（152371）	720.00	2026.12.25	6.0000	19秦投02（152372）	340.00	2026.12.27	7.5000
19邵东债（152373）	500.00	2026.12.31	6.9700	19惠临债（152374）	700.00	2026.12.23	7.5000
19六横02（152375）	600.00	2026.12.31	6.2500	19杭投01（152376）	1000.00	2029.12.30	4.3800
G19长交2（152377）	650.00	2027.01.02	5.8900	19济建设（152378）	1500.00	2025.01.03	3.5700
20龙川01（152379）	1200.00	2027.01.07	4.4400	20启专债（152380）	850.00	2027.01.14	4.5000
20石首债（152382）	670.00	2027.01.15	6.4400	20吉利01（152383）	2000.00	2025.01.10	3.7800
G20广铁1（152384）	1500.00	2025.01.10	3.7200	20嘉创债（152385）	800.00	2027.01.09	4.8000
20福州01（152386）	500.00	2030.01.14	3.8000	20镜湖债（152387）	1000.00	2027.01.07	5.1800
20海控01（152388）	700.00	2025.01.14	3.5000	20豫辉债（152389）	800.00	2027.01.15	4.3200
G20遂河1（152390）	600.00	2027.01.15	7.4900	20德清01（152391）	760.00	2027.01.16	5.5000
20宁经开（152392）	800.00	2027.09.11	6.2000	20乐行债（152393）	1000.00	2027.03.27	6.2000
20郑产投（152394）	670.00	2027.01.21	7.5000	20津资01（152395）	1500.00	2027.02.19	5.0300
G20晋开（152396）	760.00	2025.02.19	4.0000	20同创01（152397）	1200.00	2027.03.02	5.1200
20云建01（152398）	1500.00	2025.03.02	4.4000	20首基01（152399）	500.00	2025.02.28	3.2700
20上投债（152400）	2000.00	2027.03.09	3.8700	G20广铁2（152401）	1500.00	2027.03.10	3.6000
20鄂交01（152402）	3000.00	2025.03.03	3.3800	20吉利02（152403）	2000.00	2025.03.09	3.9200
20锡新城（152404）	750.00	2027.03.12	4.4700	20空港01（152405）	800.00	2027.03.11	4.0000
20鄂科01（152406）	2000.00	2040.03.10	3.5500	G20武控（152407）	870.00	2025.03.12	3.6000
20君山01（152408）	600.00	2027.03.13	7.9600	20交投01（152409）	2000.00	2027.03.16	3.9000
20国新债（152410）	2000.00	2025.03.10	3.3900	20雪浪债（152411）	1000.00	2027.03.18	4.9700
20鄂投01（152412）	3000.00	2027.03.17	4.2700	20陕煤一（152413）	4000.00	2035.03.17	3.9400
20昆高新（152414）	1800.00	2027.04.13	3.8900	20丽江债（152415）	700.00	2027.03.12	6.8000
20天轨01（152416）	1500.00	2025.04.01	3.7900	20天轨02（152417）	500.00	2030.04.01	4.2000
20泰信01（152418）	800.00	2030.03.23	6.3000	G20德源1（152419）	1500.00	2027.03.24	5.5000
20天长债（152420）	1200.00	2027.03.20	4.1900	20蜀州01（152421）	700.00	2027.03.25	5.4000
20国盛01（152422）	2400.00	2025.03.19	3.0700	20邵东债（152423）	600.00	2027.03.23	6.9000
20淮管廊（152424）	800.00	2027.04.01	6.0000	20金牛01（152425）	1000.00	2027.03.26	4.5000
20北仑Q1（152426）	800.00	2027.03.27	4.0500	20沪建01（152427）	2000.00	2027.03.27	3.2000
20沪建02（152428）	1000.00	2030.03.27	3.7500	20空港债（152429）	850.00	2027.03.27	4.9500
G20桐乡（152430）	1000.00	2027.03.23	4.4500	20渝隆债（152432）	740.00	2027.03.30	4.4500
20齐交01（152433）	1500.00	2030.04.01	4.0400	20龙停债（152434）	900.00	2027.04.01	5.0200
G20奉化（152435）	1000.00	2027.04.24	3.7800	20万国债（152436）	1000.00	2027.03.26	6.3000
G20永兴（152437）	700.00	2027.04.16	5.8000	20宜国01（152438）	1700.00	2025.03.30	3.5000
G20武铁1（152439）	1500.00	2040.04.02	3.9900	20仙桃债（152440）	1000.00	2027.04.02	4.3000
20兴发债（152441）	600.00	2027.04.02	7.0000	20桂北01（152442）	4000.00	2025.04.02	3.4400
20孝高创（152443）	960.00	2027.04.09	6.2800	20五华债（152444）	500.00	2027.04.13	4.3500
20双龙01（152445）	1000.00	2030.04.20	7.5000	20海投债（152446）	800.00	2027.04.13	6.3000
20西江01（152447）	1000.00	2025.04.13	3.2000	20建安01（152448）	1000.00	2030.04.14	4.1400

债券信息
List of Bonds

债券
Bond

债券简称（代码）Bond Name（Code）	发行量（百万元）Issued Vol（M Yuan）	到期日 Expiration Date	票面利率（%）Coupon Rate	债券简称（代码）Bond Name（Code）	发行量（百万元）Issued Vol（M Yuan）	到期日 Expiration Date	票面利率（%）Coupon Rate
20 昌控 01（152449）	600.00	2030.04.15	3.9000	G20 兴发 1（152450）	1000.00	2030.04.13	5.0000
20 佛建 01（152451）	500.00	2027.05.06	3.7700	20 怀工 01（152452）	300.00	2027.04.14	6.5000
20 景陶债（152453）	800.00	2027.04.20	6.5000	20 京保 01（152454）	1500.00	2040.04.16	3.1900
20 兴城 01（152455）	950.00	2027.04.27	3.9900	20 兴城 02（152456）	200.00	2027.04.27	4.9500
20 虞专 01（152457）	1000.00	2027.04.20	3.8900	G20 宁铁 1（152458）	3000.00	2025.04.20	3.1800
20 空港 02（152459）	1000.00	2027.04.23	4.0600	20 井开债（152460）	900.00	2027.04.28	6.2000
20 厦轨 01（152461）	3000.00	2025.04.24	3.2800	20 济建设（152462）	3000.00	2030.04.22	2.7300
20 天源债（152463）	800.00	2027.04.24	3.9500	G20 淮南（152464）	1500.00	2027.04.23	5.0000
20 晋建 01（152465）	900.00	2030.04.29	4.8000	20 攸养老（152466）	620.00	2027.04.30	5.3500
20 湘速 01（152467）	1000.00	2027.04.23	3.3400	G20 榆神 1（152468）	1200.00	2027.05.07	7.5000
20 黄桥债（152469）	800.00	2027.05.06	3.8300	G20 滨江（152470）	500.00	2027.04.27	3.7800
20 蓉产 01（152471）	1200.00	2027.04.29	3.5000	20 桂交 01（152472）	1250.00	2025.05.07	3.3100
20 西咸 03（152473）	1500.00	2025.05.06	3.0800	20 西咸 04（152474）	1500.00	2027.05.06	4.0000
20 云建 02（152475）	1000.00	2025.05.06	4.2800	20 松滋债（152476）	820.00	2027.05.07	4.0700
20 龙川债（152477）	480.00	2027.05.07	4.5800	20 渭投债（152478）	600.00	2027.06.30	7.5000
20 科学城（152479）	1000.00	2027.05.07	4.1600	20 洞庭 01（152480）	400.00	2027.05.06	6.0000
20 海资 01（152481）	2000.00	2025.05.12	2.8000	20 恩施债（152482）	950.00	2027.05.14	5.5000
20 眉岷债（152483）	640.00	2025.05.20	7.3000	20 叙州债（152484）	800.00	2027.05.14	4.9700
G20 公安 1（152485）	800.00	2027.06.19	5.8000	20 崇左债（152486）	1000.00	2027.05.20	6.9800
20 渝铝 01（152487）	700.00	2027.05.19	5.8000	20 宜国 02（152488）	500.00	2028.05.19	4.0700
G20 广铁 3（152489）	1500.00	2023.05.27	2.5000	20 天投 G1（152490）	2000.00	2030.05.28	3.6800
20 环天债（152491）	630.00	2027.06.02	5.3800	20 惠通 01（152492）	1000.00	2027.04.30	5.3000
20 田东债（152493）	600.00	2027.06.04	7.5000	20 陕煤二（152494）	4000.00	2035.06.10	4.3700
20 筑富债（152495）	800.00	2027.06.10	5.9700	G20 遂东 2（152496）	400.00	2027.06.23	7.0000
20 黔西南（152497）	1400.00	2027.06.10	7.9900	20 陕高速（152498）	1270.00	2030.06.15	3.7800
G20 寿光（152499）	600.00	2027.07.08	5.8000	20 陆嘴 01（152500）	2000.00	2023.06.18	3.1300
20 兴安债（152501）	900.00	2027.06.22	8.0000	20 厦轨 02（152502）	3000.00	2025.06.22	3.8000
20 上党债（152503）	600.00	2027.06.24	6.5000	20 梅溪湖（152504）	1400.00	2027.06.24	4.2000
20 安陆 01（152505）	330.00	2027.06.28	5.5000	20 晋建 02（152506）	900.00	2030.06.29	4.7000
20 嘉兴 01（152507）	600.00	2027.06.29	4.4800	20 皖投 01（152508）	2600.00	2025.06.29	3.9000
20 桂发 01（152509）	600.00	2027.06.28	7.0000	20 东通 01（152510）	600.00	2027.07.03	6.5000
20 丰都 01（152511）	510.00	2027.07.01	6.7000	20 栾川 01（152512）	400.00	2027.07.02	6.5000
20 钦临 01（152513）	890.00	2027.07.06	6.9500	20 安庆 01（152514）	800.00	2030.07.09	4.9200
20 泰信 02（152515）	400.00	2030.07.29	4.6800	20 泸投债（152516）	500.00	2027.07.14	5.6500
20 洞庭 02（152517）	850.00	2027.07.20	6.0000	20 禹投 01（152518）	500.00	2027.07.23	4.3900
20 渝百盐（152519）	590.00	2027.07.16	6.6000	20 蜀州 02（152520）	330.00	2027.08.13	6.4000
20 苏交 01（152521）	1600.00	2025.07.23	3.8500	20 京保 02（152522）	1500.00	2038.07.22	3.6400
20 豫资 1（152523）	1100.00	2025.07.23	4.0000	20 广金债（152525）	670.00	2027.07.30	5.9900
20 安溪债（152526）	800.00	2027.07.30	5.0900	G20 水投 1（152527）	500.00	2030.08.14	4.0000
20 海潮 01（152528）	1500.00	2027.08.03	4.4000	20 义经开（152529）	1000.00	2027.08.03	5.0000
20 天轨 03（152530）	1000.00	2025.08.06	4.3100	20 宜国 03（152531）	2200.00	2025.08.06	4.0000
20 嘉湘 01（152532）	400.00	2027.08.07	4.9200	20 宜高投（152533）	1089.00	2025.08.25	4.4900
20 盛泽债（152534）	700.00	2025.08.13	4.1800	G20 云绿 1（152535）	330.00	2030.08.14	6.3000
G20 常鼎 1（152536）	600.00	2027.08.14	5.8000	20 山水债（152537）	800.00	2027.08.14	4.8300
20 东乡债（152538）	1000.00	2027.08.17	5.4600	20 海安债（152539）	700.00	2027.08.17	6.5000
20 黄冈债（152540）	1800.00	2027.08.14	4.5000	20 青州债（152541）	800.00	2027.08.18	7.0000
20 闻川 01（152542）	500.00	2027.08.14	5.4000	G20 广业 1（152543）	1800.00	2027.08.19	4.0300
20 沪地 01（152544）	2000.00	2025.08.20	2.8800	20 邯城 01（152545）	800.00	2027.08.18	4.7000
20 禹投 02（152546）	500.00	2027.08.20	5.5900	20 乐清 01（152547）	800.00	2027.08.21	4.3000
G20 交通 1（152548）	650.00	2027.08.25	5.4900	20 黄城债（152549）	1800.00	2027.08.24	5.5000

债券信息
List of Bonds

债券
Bond

债券简称（代码） Bond Name（Code）	发行量（百万元） Issued Vol（M Yuan）	到期日 Expiration Date	票面利率（%） Coupon Rate	债券简称（代码） Bond Name（Code）	发行量（百万元） Issued Vol（M Yuan）	到期日 Expiration Date	票面利率（%） Coupon Rate
20荆门01（152550）	580.00	2025.08.25	5.3500	20当阳债（152551）	1000.00	2027.08.24	4.9500
20汉江01（152552）	1080.00	2027.09.21	4.5200	20南平债（152554）	1000.00	2025.09.29	5.2300
20财金债（152555）	1700.00	2025.08.31	3.9000	20开远01（152556）	300.00	2027.09.22	7.5000
20永兴01（152557）	600.00	2027.08.28	5.4900	G20德源2（152558）	1000.00	2027.09.02	5.5000
20荆经开（152559）	1000.00	2027.09.02	5.0000	20应城债（152560）	660.00	2027.08.27	5.0000
20江干债（152561）	200.00	2027.09.07	3.9900	20盐高01（152563）	670.00	2027.09.01	6.0000
20雨经01（152564）	600.00	2027.08.31	4.7000	20南川债（152565）	1000.00	2026.09.03	6.9000
20定西债（152566）	1000.00	2027.09.01	6.5000	20连云01（152567）	800.00	2027.09.08	4.9900
20丰管廊（152568）	1200.00	2027.09.18	5.3800	20萍城投（152569）	900.00	2027.09.22	6.5000
20蒙开01（152570）	400.00	2027.09.09	6.8800	20禹投03（152571）	500.00	2027.09.10	6.2000
20天轨04（152572）	1500.00	2023.09.15	4.0800	20汇丰01（152573）	500.00	2027.09.16	4.7500
20汇丰02（152574）	700.00	2027.09.16	5.6000	20郑发01（152575）	5000.00	2027.09.17	3.9800
20温控01（152576）	1000.00	2027.09.11	4.5000	20临海01（152578）	1000.00	2027.09.21	4.4800
20富开债（152579）	1300.00	2027.10.27	4.9400	20乌城01（152580）	1000.00	2030.09.14	4.2500
20资中债（152581）	420.00	2027.09.29	7.2000	20渤水01（152582）	400.00	2030.09.18	7.0000
20温铁01（152583）	800.00	2035.09.16	3.8800	20云建03（152584）	1000.00	2025.09.21	5.5000
20衡高01（152585）	500.00	2027.09.16	5.3700	20蒙城债（152586）	1000.00	2027.09.23	5.4000
20高创03（152587）	800.00	2030.09.21	5.4800	G20资兴1（152588）	800.00	2027.09.21	5.7600
20攸投01（152589）	500.00	2027.09.22	5.7800	20京投03（152590）	3000.00	2023.10.22	3.7200
20富诚债（152591）	700.00	2027.09.29	6.6000	20利民债（152592）	500.00	2027.09.28	6.5000
G20黔水1（152593）	700.00	2027.09.25	7.5000	20鹤城投（152594）	1160.00	2027.09.25	6.9800
20玉投01（152595）	700.00	2027.09.28	6.7000	G20冶高（152596）	1100.00	2027.09.24	6.0300
G20宁铁2（152597）	2000.00	2026.10.15	3.7900	20晋江01（152599）	680.00	2027.09.28	4.9800
20晋江02（152600）	1120.00	2027.09.28	5.2500	20临泉债（152601）	320.00	2027.09.29	6.0000
20濂溪债（152602）	1300.00	2027.10.12	5.1200	20山高01（152603）	2000.00	2023.10.15	3.8000
20川债01（152604）	500.00	2025.10.09	3.8300	20雨花01（152605）	1000.00	2027.10.12	4.9000
20聊开债（152606）	700.00	2027.09.30	7.2000	20汇微01（152608）	500.00	2025.10.29	4.4000
20扶绥债（152609）	500.00	2027.09.28	6.5000	20扬子债（152610）	400.00	2030.10.19	4.6500
20宁国债（152611）	790.00	2027.10.15	4.8900	20湘速02（152612）	1000.00	2027.10.20	4.1700
20宜国04（152613）	1800.00	2025.10.21	3.7900	20明城02（152614）	770.00	2027.10.26	4.8000
20舟城01（152615）	700.00	2027.10.23	4.6800	20邯城02（152616）	800.00	2027.10.20	5.0800
20十堰（152617）	680.00	2025.11.11	4.2900	20蓉高G1（152618）	1000.00	2025.10.27	3.7700
20常鼎01（152619）	900.00	2027.10.26	5.8000	20丹高新（152620）	210.00	2025.11.04	6.4800
20白沙03（152621）	850.00	2027.10.23	5.7000	20乐清02（152623）	500.00	2027.10.28	4.4200
20萧资01（152624）	1500.00	2027.10.23	4.1800	20苏高投（152625）	600.00	2027.10.28	4.0000
G20吉安1（152626）	1600.00	2027.11.02	5.3000	20大双债（152627）	700.00	2027.10.30	6.4500
20南专01（152628）	480.00	2027.11.03	4.7300	20吉凤01（152629）	900.00	2027.10.30	5.7900
20中马债（152630）	560.00	2027.10.30	5.9500	20皖江债（152631）	450.00	2027.11.03	4.9700
20蓉园01（152632）	700.00	2027.11.03	6.8000	20常城投（152633）	630.00	2027.11.02	4.8000
20咸宁债（152634）	290.00	2025.11.13	4.4800	20醴陵债（152635）	750.00	2027.11.06	5.8000
20浙投01（152636）	1000.00	2023.11.11	3.6400	20钦临02（152637）	210.00	2027.11.06	6.9000
20桂交02（152638）	1400.00	2025.12.01	4.2600	20铸康债（152639）	500.00	2027.11.13	5.6000
20雨经02（152640）	900.00	2027.11.06	4.9500	20安溪02（152641）	200.00	2027.11.17	5.2800
20国盛02（152642）	2350.00	2025.11.06	3.6000	20黄山债（152643）	260.00	2025.11.12	4.8000
G20常鼎2（152644）	500.00	2027.11.11	6.3000	20德兴债（152645）	500.00	2027.11.09	5.7000
20双福债（152646）	700.00	2027.11.11	5.7900	20浙资01（152647）	500.00	2023.11.12	3.7500
G20内建1（152648）	530.00	2027.11.13	5.9000	G20内建2（152649）	30.00	2027.11.13	7.0000
20双龙02（152650）	1000.00	2030.11.17	7.5000	20盐高02（152652）	830.00	2027.11.13	6.0000
20桂农02（152654）	840.00	2027.11.18	5.5000	20胶州01（152655）	1500.00	2027.11.17	4.9000
20福州02（152656）	800.00	2030.11.16	4.0600	20广元债（152658）	800.00	2025.11.09	7.0000

债券信息 List of Bonds

债券 Bond

债券简称（代码） Bond Name（Code）	发行量 （百万元） Issued Vol （M Yuan）	到期日 Expiration Date	票面利率（%） Coupon Rate	债券简称（代码） Bond Name（Code）	发行量 （百万元） Issued Vol （M Yuan）	到期日 Expiration Date	票面利率（%） Coupon Rate
G20 洪轨 2（152659）	2000.00	2030.11.18	4.3500	20 娄海情（152660）	1000.00	2027.11.24	7.5000
20 众邦债（152661）	380.00	2027.11.25	5.4800	20 宜国 05（152663）	2400.00	2028.11.23	4.3000
20 宿州债（152665）	310.00	2025.11.20	5.0000	20 莲专债（152666）	500.00	2027.11.27	4.9500
20 洞头 01（152667）	500.00	2027.11.26	5.5000	20 桂城投（152668）	370.00	2027.11.25	6.3000
20 沪地 02（152670）	2500.00	2023.11.30	3.4800	20 航高 01（152671）	700.00	2027.11.30	6.5000
20 高创 05（152672）	700.00	2030.11.27	5.7000	20 乌建发（152673）	500.00	2027.12.02	5.3000
20 德联 01（152674）	470.00	2027.12.07	5.0000	20 温岭 01（152675）	1000.00	2027.12.01	4.6900
20 宣州债（152676）	360.00	2027.12.04	6.5000	20 大余债（152677）	610.00	2027.12.08	7.2500
20 宜管廊（152678）	900.00	2027.12.11	5.6000	G20 国通（152679）	1500.00	2027.12.09	5.4900
20 文登债（152681）	600.00	2027.12.09	6.2000	20 瀛洲债（152682）	650.00	2027.12.14	5.3000
20 常经 02（152683）	380.00	2027.12.11	4.8700	20 蒙开 02（152684）	400.00	2027.12.09	6.5000
G20 环投（152685）	800.00	2027.12.15	5.0000	20 宜国 06（152687）	1400.00	2028.12.11	4.2700
20 通投债（152688）	600.00	2027.12.23	5.2700	20 沪国际（152689）	2000.00	2025.12.15	3.4600
20 天台债（152690）	800.00	2027.12.14	4.8000	20 杭投 01（152691）	1000.00	2030.12.10	4.3600
20 嘉秀 01（152692）	500.00	2027.12.11	5.0000	20 渤水 02（152694）	500.00	2030.12.21	6.5000
20 潜江债（152695）	250.00	2025.12.15	6.3000	20 浏城建（152697）	300.00	2027.12.18	5.0000
20 黔开债（152702）	900.00	2027.12.21	8.0000	20 绵科债（152706）	1600.00	2025.12.21	6.5000
20 玉投 02（152710）	800.00	2027.12.25	6.6000	18 红美 01（155001）	3000.00	2020.12.16	5.5000
18 都城 01（155003）	1000.00	2023.11.23	4.4800	18 平证 06（155004）	3000.00	2023.11.05	4.1000
18 上药 01（155006）	3000.00	2021.11.07	4.1000	18 宜华 03（155007）	500.00	2099.12.31	6.8000
18 远海 05（155009）	5000.00	2028.11.05	4.9000	18 龙湖 06（155010）	2000.00	2023.11.06	4.8000
18 广核 01（155012）	2000.00	2021.11.15	3.9600	18 中租二（155013）	1330.00	2021.11.15	2.7500
18 铁龙 01（155014）	750.00	2020.11.07	4.7000	18 电投 10（155015）	2200.00	2021.11.12	4.0300
18 电投 11（155016）	1500.00	2023.11.12	4.3400	18 鲁商 02（155017）	1400.00	2021.11.16	7.5000
18 邮政 01（155018）	2500.00	2023.11.13	3.9900	18 浙商 01（155019）	2000.00	2023.11.08	4.4800
18 实业 08（155022）	650.00	2020.11.26	6.5000	18 台纾 01（155024）	500.00	2023.11.15	5.7000
18 光大 01（155025）	3000.00	2021.11.09	4.0200	18 沪资 03（155026）	900.00	2023.11.19	4.0000
18 杭机 01（155027）	500.00	2023.11.15	4.0800	18 闽纾债（155028）	1000.00	2023.11.15	4.1000
18 青城 05（155029）	1500.00	2028.11.20	4.3800	18 三友 03（155030）	600.00	2023.11.19	4.7500
18 中铝 03（155032）	1400.00	2021.11.16	4.1900	18 中铝 04（155033）	1600.00	2023.11.16	4.5000
18 柳投控（155035）	2000.00	2021.11.21	5.7400	18 电投 12（155036）	1500.00	2021.11.20	3.9700
18 电投 13（155037）	2500.00	2023.11.20	4.2000	18 海通 05（155038）	3000.00	2021.11.22	3.8800
18 粤桥 02（155039）	1500.00	2033.11.20	4.7000	18 高新 01（155040）	900.00	2023.11.22	4.3300
18 远高 01（155041）	100.00	2099.12.31	7.5000	18 锦江 02（155042）	1000.00	2023.11.20	4.1800
18 复星 05（155043）	2200.00	2022.11.22	4.6000	18 元禾 02（155044）	500.00	2023.11.26	4.2400
18 豫园 01（155045）	2000.00	2023.11.26	4.9700	18 华泰 G1（155047）	3000.00	2021.11.26	3.8800
18 华泰 G2（155048）	1000.00	2023.11.26	4.1700	18 齐鲁 02（155049）	1500.00	2021.11.27	4.0500
18 中航 G1（155050）	500.00	2021.11.27	4.2500	18 迈科 02（155051）	500.00	2021.11.26	7.5000
18 南航 01（155052）	2000.00	2021.11.27	3.9200	G18 首股（155053）	2000.00	2023.11.27	4.2400
18 国药 01（155054）	3300.00	2021.11.28	3.9900	18 津投 11（155055）	800.00	2022.11.28	4.2800
18 津投 12（155056）	1200.00	2023.11.28	4.7000	G18 龙源 2（155057）	3000.00	2021.12.04	3.9600
18 京能 01（155058）	600.00	2021.12.11	3.9500	18 镇投 01（155059）	300.00	2021.12.05	4.1000
18 联想 03（155060）	1500.00	2023.12.03	4.7000	18 富力 08（155061）	4000.00	2022.12.04	6.5800
18 渝信 03（155063）	3000.00	2021.12.12	5.5000	18 三福 01（155065）	300.00	2023.11.30	7.5000
18 中储 02（155066）	1000.00	2023.12.03	5.0000	18 复药 02（155067）	500.00	2022.11.30	3.8300
18 复药 03（155068）	1000.00	2023.11.30	4.6800	18 保文 02（155069）	300.00	2021.12.05	4.7000
18 大众 01（155070）	800.00	2021.12.05	4.3300	18 首置 03（155071）	1500.00	2021.12.03	4.1600
18 首置 04（155072）	1000.00	2023.12.03	4.5000	18 悦达 01（155074）	530.00	2023.12.06	7.5000
18 宁农 01（155076）	340.00	2023.12.12	5.8000	18 东风 03（155077）	2000.00	2021.12.06	3.9600
18 东风 04（155078）	1000.00	2023.12.06	4.2100	18 新大 03（155079）	1500.00	2099.12.31	7.1000

债券信息 List of Bonds

债券 Bond

债券简称（代码）Bond Name (Code)	发行量（百万元）Issued Vol (M Yuan)	到期日 Expiration Date	票面利率（%）Coupon Rate	债券简称（代码）Bond Name (Code)	发行量（百万元）Issued Vol (M Yuan)	到期日 Expiration Date	票面利率（%）Coupon Rate
18汽车G3（155080）	796.00	2021.12.20	7.2000	18沱牌01（155081）	100.00	2023.12.07	7.5000
18时代13（155082）	1100.00	2020.12.22	2.5000	18时代14（155083）	1900.00	2023.12.10	8.1000
18紫光04（155085）	5000.00	2023.12.10	5.2000	18津投13（155086）	500.00	2022.12.10	4.2400
18津投14（155087）	2000.00	2023.12.10	4.6800	18粤控02（155088）	1500.00	2023.12.11	3.9000
18中泰01（155089）	3000.00	2021.12.12	3.9500	18福晟03（155090）	1500.00	2021.12.17	7.9000
18景国02（155091）	1000.00	2020.12.14	6.2000	18花样年（155092）	1000.00	2021.12.17	7.5000
18万向01（155093）	1500.00	2021.12.25	5.3000	18皖投02（155095）	1800.00	2023.12.17	4.0900
19国管01（155098）	3000.00	2024.01.14	3.8500	18海纾困（155100）	5000.00	2023.12.17	4.1400
18华夏06（155102）	3000.00	2023.12.20	6.0000	18华夏07（155103）	4000.00	2025.12.20	8.3000
18铁牛02（155104）	1720.00	2099.12.31	7.2000	18富力10（155106）	7020.00	2023.01.03	7.0000
19浦土01（155108）	700.00	2024.01.09	3.8000	18金光01（155112）	1000.00	2021.12.24	7.2000
18爱建01（155113）	500.00	2021.12.25	5.4000	18南山05（155115）	500.00	2021.01.06	5.7000
18新大陆（155116）	100.00	2020.04.15	6.3000	18鸿坤03（155117）	550.00	2022.12.18	7.5000
18伊泰02（155118）	2000.00	2021.12.18	5.0000	19津住01（155119）	70.00	2021.01.04	6.5000
18新大04（155120）	1000.00	2099.12.31	7.7000	18海怡02（155121）	650.00	2021.12.29	7.2000
19中粮01（155123）	1660.00	2025.01.09	3.9400	19中粮02（155124）	700.00	2026.01.09	4.1000
19津投01（155125）	1800.00	2023.01.11	3.9900	19津投02（155126）	700.00	2024.01.11	4.2600
19铁工01（155127）	2500.00	2022.01.17	3.6800	19葛洲01（155129）	1000.00	2024.01.09	3.8500
19京投01（155130）	3000.00	2022.01.14	3.5700	19京投02（155131）	3000.00	2024.01.14	3.8500
19蓝星01（155132）	1500.00	2022.01.10	4.0700	19金隅01（155133）	500.00	2024.01.09	3.7300
19金隅02（155134）	1500.00	2026.01.09	4.0700	19闽电01（155136）	1200.00	2022.01.15	5.5000
19联想01（155138）	2000.00	2022.01.15	4.5000	19联想02（155139）	1000.00	2024.01.15	5.3000
19镇投01（155140）	210.00	2022.01.16	7.7500	19世茂G1（155142）	2000.00	2022.01.15	4.6500
19栖建01（155143）	160.00	2024.07.12	5.4000	19汽车01（155144）	1000.00	2022.01.29	7.5000
19阳集01（155145）	400.00	2022.01.15	7.5000	19无锡01（155146）	650.00	2024.01.16	4.2500
19无锡02（155147）	350.00	2027.01.16	4.4800	19南山01（155148）	1000.00	2022.01.21	5.3000
19临债01（155150）	300.00	2023.01.17	3.7400	19临债02（155151）	500.00	2024.01.17	3.8500
19红星01（155152）	1000.00	2022.01.28	6.5000	19渤海01（155154）	2000.00	2022.01.21	3.9900
19光水01（155155）	700.00	2024.01.21	3.8900	19绿城01（155156）	500.00	2024.01.22	3.9800
19新燃01（155158）	500.00	2022.01.22	4.1900	19CHNE01（155159）	2000.00	2022.01.18	3.5500
19渝物01（155160）	500.00	2024.01.25	7.3600	19津投03（155161）	900.00	2025.01.24	4.0500
19津投04（155162）	1250.00	2029.01.24	4.9500	19蓝光01（155163）	1100.00	2022.03.19	7.5000
19建材01（155164）	500.00	2022.01.21	3.6600	19建材02（155165）	500.00	2024.01.21	3.8700
19中铝01（155166）	2000.00	2022.01.23	3.8000	19航租01（155167）	1000.00	2024.01.22	4.0200
19口岸01（155168）	150.00	2020.06.19	7.5000	19紫光01（155169）	600.00	2024.01.25	5.1100
19正才01（155171）	500.00	2022.03.29	6.9800	19实业01（155172）	984.00	2020.02.13	6.8000
19东方01（155175）	500.00	2022.01.29	7.1500	19山招01（155176）	1000.00	2024.02.01	4.3900
19长电01（155177）	3000.00	2022.02.19	3.4500	19住总01（155178）	900.00	2024.02.20	4.0700
G19三峡1（155180）	2500.00	2024.02.26	3.7300	G19三峡2（155181）	500.00	2029.02.26	4.4000
19CHNE02（155182）	3000.00	2022.02.27	3.5000	19翔业01（155183）	1000.00	2022.02.22	3.5800
19南航01（155185）	3000.00	2022.02.22	3.4500	19蓝星02（155186）	1200.00	2022.02.21	3.9700
19金茂投（155188）	1800.00	2024.02.22	3.7200	19龙湖01（155189）	1700.00	2024.02.21	3.9900
19龙湖02（155190）	500.00	2026.02.21	4.7000	19信债01（155191）	3500.00	2022.02.25	3.5000
19信债02（155192）	1500.00	2024.02.25	3.8500	19平证01（155193）	2000.00	2024.02.27	3.7000
19泰达01（155194）	2800.00	2024.02.26	5.2000	19国美01（155195）	500.00	2025.02.27	7.8000
19津投05（155196）	1200.00	2025.02.28	4.0800	19津投06（155197）	1300.00	2029.02.28	4.9900
19柳投控（155198）	1000.00	2022.03.04	5.4500	19远海02（155200）	1000.00	2029.03.08	4.5600
19陆债01（155201）	2800.00	2024.03.04	3.9500	19渝高01（155203）	800.00	2024.03.12	4.3600
19华宇01（155204）	400.00	2024.03.06	7.5000	19福晟01（155205）	1000.00	2022.03.18	7.8000
19远高01（155206）	100.00	2024.03.12	7.5000	19新燃02（155207）	1000.00	2022.03.08	4.2000

债券信息
List of Bonds

债券简称（代码）Bond Name（Code）	发行量（百万元）Issued Vol（M Yuan）	到期日 Expiration Date	票面利率（%）Coupon Rate	债券简称（代码）Bond Name（Code）	发行量（百万元）Issued Vol（M Yuan）	到期日 Expiration Date	票面利率（%）Coupon Rate
19 招商 G1（155208）	1500.00	2022.03.08	3.5900	19 广能 01（155209）	500.00	2021.03.19	6.8000
19 苏城 01（155210）	1000.00	2024.03.08	3.8000	19 建材 03（155211）	1000.00	2022.03.11	3.6500
19 苏垦 01（155213）	500.00	2022.03.12	3.9500	19 浙旅 01（155214）	400.00	2024.03.12	4.9500
19 北汽 01（155215）	1000.00	2024.03.13	4.2000	19 漳九 01（155216）	2000.00	2024.03.14	4.4000
19 洪政 G1（155217）	1000.00	2024.03.19	3.9000	19 中航 G1（155219）	900.00	2022.03.12	3.9300
19 兵装 01（155220）	2000.00	2021.03.18	2.9000	19 兵装 02（155221）	1500.00	2024.03.18	3.7000
19 兵装 03（155222）	1000.00	2024.05.06	3.9700	19 葛洲 02（155223）	1500.00	2024.03.13	4.1000
19 住总 03（155224）	900.00	2024.03.12	4.3500	19 中希 01（155228）	1600.00	2022.03.25	8.2000
19 阳煤 01（155229）	1500.00	2024.03.21	4.6800	19 台州 01（155230）	500.00	2024.03.19	4.3900
19 兴发 01（155231）	300.00	2022.03.15	6.5000	19 红星 03（155232）	1000.00	2022.03.26	6.5000
19 银宝 G1（155234）	300.00	2024.09.27	6.2000	19 特变 01（155235）	500.00	2024.03.14	5.5800
19 杭纾 01（155236）	800.00	2024.03.21	4.0300	19 中林 02（155239）	1000.00	2024.03.18	6.9000
19 华泰 G1（155240）	7000.00	2022.03.19	3.6800	19 成龙 01（155242）	200.00	2099.12.31	7.6000
19 闽交 02（155244）	1000.00	2022.03.18	4.1000	19 风电 01（155245）	300.00	2022.03.19	3.7800
19 风电 02（155246）	700.00	2029.03.19	4.6000	19 京发 G1（155247）	1000.00	2024.03.14	3.9900
19 华润 01（155248）	3000.00	2022.03.18	3.6500	19 中信 02（155250）	2000.00	2029.03.19	4.5900
19 湖州 01（155251）	1400.00	2024.03.21	4.3800	19 中铁 04（155252）	2700.00	2024.03.15	4.2500
19 世茂 G2（155254）	1000.00	2022.03.19	4.6400	19 远洋 01（155255）	1700.00	2024.03.20	4.0600
19 远洋 02（155256）	1200.00	2026.03.20	4.5900	19 北方 01（155257）	1000.00	2024.03.21	3.6500
19 中原 01（155259）	2000.00	2022.03.26	3.9000	19 荣和 01（155260）	650.00	2024.03.27	7.6500
19 东风 01（155261）	2700.00	2022.03.21	3.7800	19 国科 01（155263）	700.00	2024.04.24	3.9900
19 阳集 02（155265）	500.00	2022.03.29	7.5000	19 建集 01（155266）	1500.00	2024.03.25	4.5700
19 新城 01（155268）	1100.00	2023.03.20	5.0500	19 新城 02（155269）	1000.00	2024.03.20	5.9000
G19 鲁金 1（155270）	1000.00	2022.03.22	3.8500	19 鲁创 01（155271）	500.00	2029.04.03	4.9000
19 五资 01（155272）	2000.00	2022.03.22	3.9400	19 华夏 01（155273）	1000.00	2024.03.25	5.5000
19 国新 01（155274）	2000.00	2024.03.22	3.8900	19 三友 01（155275）	600.00	2024.03.25	4.4300
19 川发 01（155277）	2000.00	2024.03.26	4.3000	19 川发 02（155278）	1000.00	2029.03.26	4.7500
19 紫光 02（155279）	2000.00	2022.03.25	4.9400	19 云投 01（155280）	860.00	2022.03.26	5.9700
19 起步 01（155281）	100.00	2022.04.01	5.8000	19 常高 01（155283）	500.00	2024.03.26	4.6500
19 唐租 01（155285）	1000.00	2024.03.25	4.5800	19 爱建 01（155286）	1500.00	2022.03.28	5.3400
19 平证 03（155287）	2700.00	2024.04.04	3.7500	19 成大 01（155288）	500.00	2022.04.08	5.1000
19 三峡 01（155289）	500.00	2024.04.04	4.6000	19 中保 01（155290）	2500.00	2024.04.02	3.8700
19 鑫苑 01（155291）	980.00	2024.04.01	8.4000	19 镇投 03（155292）	1000.00	2022.04.01	6.0000
19 云工 02（155294）	1060.00	2022.04.03	6.8000	19 光明 01（155295）	500.00	2024.04.09	3.8000
19 西南 01（155296）	2500.00	2022.04.02	3.8500	19 漳九 02（155297）	1000.00	2024.04.08	4.4700
19 建银 01（155298）	2000.00	2022.04.04	3.8700	19 兰石 01（155301）	500.00	2024.04.04	7.0000
19 特电 01（155302）	500.00	2022.04.08	4.2800	19 京客隆（155303）	400.00	2024.08.26	3.7700
19 禹洲 01（155304）	2000.00	2024.04.03	6.5000	19 禹洲 02（155305）	1500.00	2024.04.03	7.5000
19 伊泰 01（155306）	500.00	2024.04.04	4.9000	19 建材 05（155307）	500.00	2022.04.08	3.8000
19 新工 01（155309）	1000.00	2026.04.09	4.2800	19 汇鸿 01（155310）	1000.00	2024.04.04	5.2000
19 硅谷 01（155311）	50.00	2024.04.03	7.5000	19 节能 01（155312）	500.00	2022.04.10	4.1900
19 碧地 01（155313）	590.00	2024.04.02	5.0300	19 洋河 01（155314）	400.00	2024.04.15	4.4400
19 路桥 01（155315）	1000.00	2022.04.12	3.9700	19 海通 01（155316）	5000.00	2022.04.11	3.7500
19 浙投 01（155317）	50.00	2024.04.10	7.5000	19 铁投 01（155318）	1200.00	2024.04.10	3.9800
19 津投 07（155319）	760.00	2025.04.16	4.3500	19 津投 08（155320）	670.00	2029.04.16	5.3000
19 楚天 01（155321）	600.00	2024.04.15	4.3400	19 无锡 03（155322）	800.00	2024.04.15	4.3800
19 湘粮债（155324）	200.00	2024.04.24	5.9000	19 佛控 01（155325）	700.00	2024.04.17	4.5900
19 汇金 01（155326）	500.00	2022.04.18	4.2300	19 香江 01（155327）	100.00	2023.05.31	8.1000
19 首集 01（155328）	1000.00	2024.04.12	4.3200	19 国信一（155329）	2500.00	2022.04.15	3.8500
19 铁工 03（155331）	1300.00	2022.04.15	3.4000	19 铁工 04（155332）	2200.00	2022.04.15	3.7000

债券信息 债券
List of Bonds Bond

债券简称（代码）Bond Name（Code）	发行量（百万元）Issued Vol（M Yuan）	到期日 Expiration Date	票面利率（%）Coupon Rate	债券简称（代码）Bond Name（Code）	发行量（百万元）Issued Vol（M Yuan）	到期日 Expiration Date	票面利率（%）Coupon Rate
19西股01（155333）	1300.00	2024.04.11	5.8000	19中旅01（155334）	4000.00	2022.04.16	3.6800
19沪国01（155336）	900.00	2022.06.19	3.7800	19舜通01（155337）	800.00	2024.04.25	6.4000
19中产01（155339）	500.00	2022.04.18	4.6800	19华宝01（155340）	1300.00	2022.04.17	4.1500
19建材07（155342）	1200.00	2022.06.10	3.8000	19鲁资01（155344）	2000.00	2024.04.19	4.2800
19安租01（155346）	1200.00	2024.04.19	4.3000	19口岸02（155347）	100.00	2020.06.19	7.5000
19京能01（155348）	1500.00	2022.04.18	3.9000	19中信03（155349）	2000.00	2029.04.22	4.7100
19国联01（155350）	500.00	2024.04.23	4.5700	19兴杭01（155351）	2500.00	2024.04.24	4.3000
19华电01（155352）	3000.00	2022.04.29	3.9000	19创控01（155353）	1500.00	2022.05.10	4.0700
19航控02（155355）	2000.00	2022.04.25	3.9800	19福晟02（155356）	1000.00	2022.04.22	7.8000
19华能01（155357）	2300.00	2029.04.23	4.7000	19华泰G3（155358）	5000.00	2022.04.22	3.8000
19杭机01（155362）	1300.00	2024.04.23	3.9800	19泸水01（155363）	500.00	2024.04.26	5.9900
19上实01（155364）	890.00	2024.04.24	4.2800	19浦集01（155366）	2000.00	2022.04.24	4.0000
19中林03（155367）	1000.00	2024.04.29	6.8600	19能投01（155368）	2000.00	2022.04.26	4.6300
19葛洲03（155370）	1500.00	2024.04.24	3.9500	19国君G1（155371）	3000.00	2022.04.24	3.9000
19津投09（155373）	2100.00	2025.04.25	4.4400	19津投10（155374）	400.00	2029.04.25	4.8000
19中天01（155375）	1000.00	2022.04.24	6.5000	19雅砻01（155376）	1000.00	2024.04.25	3.9300
19朝纾01（155377）	1500.00	2024.04.26	4.1900	19赣投01（155378）	1000.00	2022.04.29	4.2000
19西集01（155380）	500.00	2099.12.31	8.2000	19金光01（155382）	2000.00	2022.04.25	7.0000
19邮政01（155383）	1700.00	2024.04.25	3.9000	19紫竹01（155384）	500.00	2024.05.13	5.4500
19电控01（155385）	620.00	2022.06.12	3.8100	19晋中01（155386）	400.00	2024.04.29	5.3000
19深航01（155388）	1000.00	2022.04.26	4.0000	19南网01（155389）	3500.00	2022.04.25	3.9500
19绿原01（155390）	420.00	2022.05.07	6.6000	19世茂G3（155391）	500.00	2022.05.22	4.1500
19新际01（155392）	2000.00	2022.05.23	3.8500	19宏泰债（155394）	600.00	2024.05.06	5.0000
19陆债03（155395）	700.00	2024.05.13	3.8800	19宜华01（155396）	200.00	2099.12.31	7.0000
19宜华02（155397）	200.00	2099.12.31	8.5000	19国租01（155398）	200.00	2022.04.29	4.5800
19鲁高01（155399）	500.00	2034.05.08	4.8900	19杭实01（155400）	1500.00	2024.05.09	4.0900
19齐鲁01（155402）	2000.00	2024.06.04	3.9000	19淮矿01（155403）	1000.00	2022.04.29	4.8000
19富力01（155404）	1580.00	2023.05.09	5.6000	19富力02（155405）	400.00	2024.05.09	6.4800
19恒大01（155406）	15000.00	2023.05.06	6.2700	19恒大02（155407）	5000.00	2024.05.06	6.8000
19无锡05（155408）	200.00	2024.05.06	4.6000	19光大债（155410）	1000.00	2022.05.14	5.0000
19穗专01（155411）	1500.00	2024.05.20	3.8300	19宇通01（155413）	500.00	2024.05.14	3.9300
19粤港01（155414）	1200.00	2022.05.16	3.7800	19中银01（155415）	3500.00	2022.05.17	3.7300
19隧道01（155416）	2500.00	2022.05.17	3.8000	19南航02（155417）	2000.00	2022.05.17	3.7200
19泰富01（155418）	1000.00	2022.05.20	3.9000	19南网02（155419）	1500.00	2022.05.17	3.7200
19南网03（155420）	800.00	2024.05.17	4.0500	19津投11（155421）	1500.00	2025.05.21	4.1000
19津投12（155422）	1000.00	2029.05.21	4.6400	19国君G3（155423）	2900.00	2022.05.17	3.7300
19风电03（155424）	600.00	2024.05.20	4.3500	19风电04（155425）	400.00	2029.05.20	4.7100
19国投01（155426）	2000.00	2022.05.20	3.7200	19川桥01（155427）	1500.00	2022.05.20	4.3400
19金辉01（155428）	2000.00	2023.05.23	7.5000	19平证05（155429）	2300.00	2024.05.27	3.7300
19润药01（155430）	1000.00	2022.05.24	3.7800	19京投03（155431）	3500.00	2022.05.27	3.7500
19京投04（155432）	500.00	2024.05.27	4.1500	19中泰01（155433）	900.00	2022.08.08	3.5700
19苏城02（155434）	1000.00	2024.05.27	3.8000	19南网04（155435）	4200.00	2024.05.30	4.1000
19穗建01（155436）	1950.00	2022.05.28	3.8500	19穗建02（155437）	550.00	2024.05.28	3.9300
19远租01（155438）	1000.00	2022.07.11	5.0000	19中船01（155439）	4000.00	2023.05.29	3.7000
19中核01（155441）	2600.00	2022.05.31	3.7500	19中飞01（155443）	1000.00	2022.06.10	5.2000
19津投13（155444）	2000.00	2023.06.03	4.1800	19安租04（155446）	800.00	2024.06.19	4.0300
19义纾01（155447）	500.00	2024.06.05	5.0000	19融侨01（155448）	2000.00	2024.06.03	6.5000
19航控04（155449）	3000.00	2022.06.10	3.8400	19小商01（155450）	800.00	2022.06.05	4.3000
19泰达02（155451）	1700.00	2024.06.10	5.1500	19京电01（155452）	1100.00	2022.06.10	3.7900
19时代04（155454）	500.00	2024.06.10	6.8000	19南山03（155456）	1000.00	2022.06.18	5.5000

债券信息
List of Bonds

债券简称（代码）Bond Name（Code）	发行量（百万元）Issued Vol（M Yuan）	到期日 Expiration Date	票面利率（%）Coupon Rate	债券简称（代码）Bond Name（Code）	发行量（百万元）Issued Vol（M Yuan）	到期日 Expiration Date	票面利率（%）Coupon Rate
19国投电（155457）	1200.00	2029.06.12	4.5900	19红美02（155458）	2000.00	2023.06.10	5.3500
19航控05（155459）	1200.00	2022.07.19	3.7200	19津投15（155460）	1200.00	2023.06.18	4.3400
19津投16（155461）	600.00	2024.06.18	4.7500	19中船03（155462）	2000.00	2023.07.11	3.2000
19环球01（155463）	600.00	2024.06.19	4.2500	19兴泰01（155466）	1000.00	2022.06.14	4.1000
19昆交01（155467）	550.00	2024.06.14	5.4000	19能源01（155469）	1500.00	2022.06.20	3.7200
19鲁星01（155471）	319.00	2024.08.30	7.9000	19华电02（155472）	2100.00	2022.06.20	3.7000
19华电03（155473）	1900.00	2024.06.20	4.0500	19沪国02（155475）	600.00	2024.06.19	4.1000
19阳集03（155476）	339.00	2022.06.19	7.5000	19联想03（155477）	2000.00	2024.06.21	5.5000
19联通01（155478）	2000.00	2022.06.19	3.6700	G19天成1（155480）	500.00	2022.06.20	4.1500
19光大01（155481）	1200.00	2022.06.24	3.7000	19光大02（155482）	300.00	2024.06.24	4.0200
19鲁高Y1（155483）	1500.00	2022.06.21	4.2700	19蓝光02（155484）	1100.00	2022.07.23	7.5000
19渝物02（155485）	700.00	2024.06.26	6.4000	19北控01（155486）	1000.00	2022.06.24	3.6700
19海宁01（155487）	1000.00	2024.06.25	4.5900	19芯鑫01（155489）	1000.00	2021.07.22	3.9900
19节能02（155490）	500.00	2022.06.27	4.0700	19中产02（155491）	500.00	2024.06.27	4.4000
19永钢01（155492）	500.00	2024.07.31	6.5000	19花样年（155493）	800.00	2022.07.05	8.2000
19伊泰02（155494）	1000.00	2024.07.02	4.7500	19东方02（155495）	800.00	2022.07.05	7.5000
19美置03（155496）	1700.00	2023.07.04	5.2000	19兰石02（155499）	200.00	2024.07.05	7.5000
19融信01（155500）	2850.00	2023.07.03	6.4500	19融信02（155501）	1150.00	2024.07.03	6.7800
19鸿商01（155502）	1000.00	2022.07.09	6.3500	19西集03（155503）	400.00	2099.12.31	8.0000
19北汽02（155504）	1000.00	2022.07.04	3.5600	19北汽03（155505）	2000.00	2024.07.04	3.9900
19文投01（155507）	1000.00	2022.07.22	4.5000	19津投17（155508）	1600.00	2023.07.10	4.1000
19津投18（155509）	900.00	2024.07.10	4.5500	19恒健01（155510）	6000.00	2024.08.07	3.8400
19华润02（155511）	1800.00	2022.08.16	3.4000	19铁工05（155512）	1900.00	2022.07.16	3.5900
19铁工06（155513）	1100.00	2024.07.16	3.9900	19华能02（155514）	1000.00	2022.07.09	3.5500
19晋建发（155515）	700.00	2024.08.07	5.9800	19北新01（155516）	700.00	2024.07.18	3.7700
19建房01（155518）	1000.00	2026.07.09	4.2000	19建房02（155519）	1000.00	2025.07.09	3.8000
19龙湖03（155520）	500.00	2024.07.19	3.9000	19龙湖04（155521）	1500.00	2026.07.19	4.6700
19国电01（155522）	1000.00	2022.07.15	3.5400	19榕建01（155523）	300.00	2024.09.03	5.4800
19中证G1（155524）	2000.00	2022.09.10	3.3900	19中证G2（155525）	1000.00	2024.09.10	3.7800
19青控02（155526）	1000.00	2024.07.23	3.8200	19京融G1（155527）	1000.00	2024.07.18	3.7800
19京融G2（155528）	1000.00	2024.07.18	4.1700	19中信04（155529）	700.00	2029.07.17	4.4600
19中信05（155530）	1800.00	2034.07.17	4.6000	19国联02（155531）	1000.00	2022.07.19	3.7500
19常高03（155533）	1000.00	2024.07.16	4.5900	19建银03（155535）	2500.00	2022.07.25	3.6800
19建银04（155536）	500.00	2024.07.25	3.9800	19邮政02（155537）	2000.00	2022.07.16	3.5500
19新工02（155538）	800.00	2024.07.17	3.8300	19西南02（155539）	2500.00	2022.07.18	3.7700
19津保01（155540）	1200.00	2022.07.19	4.9000	19环球02（155541）	300.00	2024.08.21	3.9800
19京发G2（155542）	500.00	2024.07.17	3.7800	19华电04（155543）	3000.00	2022.07.17	3.5500
19昆交03（155546）	1000.00	2024.08.06	5.1800	19电气01（155548）	3000.00	2024.07.29	3.5500
19财金01（155549）	1000.00	2024.07.23	3.9500	19皖投01（155551）	2200.00	2024.07.23	3.7000
19鲁能01（155552）	1960.00	2024.07.18	3.8500	19金证债（155554）	300.00	2024.07.26	4.8500
19津投19（155555）	1000.00	2023.07.24	4.1100	19津投20（155556）	1000.00	2024.07.24	4.6300
19当代01（155557）	880.00	2022.07.30	7.8000	19伊泰03（155558）	1000.00	2024.07.23	4.7000
19渤海02（155559）	2000.00	2022.08.01	3.8300	19宏泰02（155560）	400.00	2024.07.29	4.4000
19国投02（155561）	2000.00	2029.07.25	4.4800	19北汽05（155562）	1000.00	2022.08.01	3.5000
19北汽06（155563）	2000.00	2024.08.01	3.9400	19中交G1（155565）	3000.00	2024.07.26	3.5000
19中交G2（155566）	1000.00	2026.07.26	3.9700	19湘投01（155567）	900.00	2024.08.08	4.1200
19碧地02（155569）	2210.00	2023.08.01	5.1400	19宁安01（155570）	2800.00	2024.07.25	3.7800
19中核03（155571）	1200.00	2024.07.26	3.5500	19不动04（155573）	750.00	2026.07.26	4.4000
19江河01（155574）	100.00	2021.07.30	6.8000	19兵装05（155575）	2000.00	2022.12.02	3.5000
19锡公01（155576）	200.00	2024.08.05	4.0000	19国科03（155578）	900.00	2024.08.08	3.5400

债券信息
List of Bonds

债券
Bond

债券简称（代码） Bond Name（Code）	发行量（百万元） Issued Vol（M Yuan）	到期日 Expiration Date	票面利率（%） Coupon Rate	债券简称（代码） Bond Name（Code）	发行量（百万元） Issued Vol（M Yuan）	到期日 Expiration Date	票面利率（%） Coupon Rate
19国科04（155579）	900.00	2027.08.08	3.9000	19南方01（155580）	500.00	2022.08.02	3.4000
19南山04（155583）	1000.00	2022.08.07	5.1000	19国创01（155584）	500.00	2024.08.08	3.8300
19建材09（155585）	2300.00	2029.08.05	4.5500	19建房03（155586）	500.00	2026.08.08	4.0900
19建房04（155587）	500.00	2025.08.08	3.7100	19京融G3（155588）	500.00	2024.08.12	3.5700
19京融G4（155589）	1500.00	2024.08.12	3.9800	19无锡07（155590）	500.00	2024.08.06	4.0800
19蓝光04（155592）	300.00	2022.08.06	7.0000	19中铝G3（155594）	2000.00	2029.08.09	4.5500
19美置04（155595）	1300.00	2024.08.05	5.7000	19东吴债（155596）	3000.00	2022.08.12	3.6000
19民生G1（155597）	900.00	2022.11.19	5.0000	19景国01（155598）	800.00	2024.08.14	5.6500
19航集01（155599）	500.00	2022.08.13	3.4500	19联发01（155600）	1500.00	2024.08.13	3.7400
19联发02（155601）	1500.00	2024.08.13	4.1500	19焦煤01（155602）	500.00	2022.08.12	3.5100
19焦煤02（155603）	500.00	2024.08.12	3.9200	G19天成2（155604）	500.00	2022.08.09	3.7700
19中交G3（155605）	2000.00	2024.08.15	3.3500	19中交G4（155606）	2000.00	2029.08.15	4.3500
19华福G1（155607）	1770.00	2022.08.20	4.0000	19宇通02（155608）	1000.00	2024.08.13	3.8200
19津投21（155609）	1000.00	2022.08.27	3.9300	19国宏01（155611）	1000.00	2024.09.03	5.3500
19中车G1（155612）	1500.00	2024.08.14	3.4100	19中车G2（155613）	1000.00	2029.08.14	3.7500
19中信06（155614）	500.00	2029.08.14	4.3800	19中信07（155615）	2000.00	2039.08.14	4.5800
19恒健02（155616）	4000.00	2024.08.13	3.8100	19西集04（155617）	500.00	2099.12.31	8.0000
19东航01（155618）	3000.00	2024.08.20	3.6000	19航集02（155619）	1000.00	2022.08.20	3.3800
19津保02（155620）	1000.00	2022.08.23	4.7000	19大唐Y5（155621）	2000.00	2022.08.22	3.7300
19大唐Y6（155622）	3000.00	2024.08.22	4.0700	19川发03（155623）	1500.00	2024.08.19	3.8300
19川发04（155624）	1500.00	2026.08.19	4.2200	19都城01（155625）	810.00	2024.08.23	4.2700
19新际03（155626）	1000.00	2024.08.16	3.9000	19新际04（155627）	500.00	2029.08.16	4.5500
19建材11（155629）	800.00	2024.08.19	3.6900	19不动05（155631）	710.00	2024.08.21	3.7000
19不动06（155632）	940.00	2026.08.21	4.3000	19豫投01（155633）	1000.00	2024.08.20	3.7400
19云投G1（155634）	1200.00	2022.08.21	4.0900	19云投G2（155635）	800.00	2024.08.21	4.6600
19椒江01（155636）	2000.00	2024.08.23	4.5900	19宁德01（155637）	800.00	2024.08.22	4.5000
19包钢联（155638）	1680.00	2024.08.22	6.3800	19国管02（155639）	2000.00	2024.08.23	3.7000
19浦土02（155642）	1200.00	2024.08.22	3.5500	19航集03（155643）	700.00	2022.08.27	3.3800
19陕金01（155644）	700.00	2022.08.28	3.9800	19金茂02（155646）	2000.00	2024.08.28	3.6500
19沪开01（155647）	1150.00	2022.08.23	3.9500	19滇城01（155648）	320.00	2020.10.16	7.8000
19华集01（155651）	1000.00	2099.12.31	6.2000	19鸿商02（155652）	700.00	2022.08.27	6.5000
19杭旅01（155653）	1000.00	2022.09.02	3.5500	19天地一（155655）	1000.00	2022.08.27	7.5000
19保利01（155656）	3000.00	2022.08.29	3.3500	19保利02（155657）	500.00	2024.08.29	3.8000
19国集01（155658）	200.00	2022.08.30	7.0000	19华证01（155659）	600.00	2024.09.02	4.3000
19红狮01（155660）	500.00	2024.08.29	4.9000	19建房05（155661）	1000.00	2026.09.02	4.1800
19建房06（155662）	300.00	2025.09.02	3.7000	19国控01（155663）	4000.00	2022.09.05	3.5300
19鲁资03（155664）	1000.00	2024.09.09	3.5800	19鲁资04（155665）	1000.00	2024.09.09	3.9900
19阳股02（155666）	1500.00	2024.09.11	4.0000	19君创01（155667）	400.00	2022.09.06	5.3000
19南建01（155669）	500.00	2024.09.02	4.7400	19北汽08（155670）	1000.00	2022.09.06	3.4200
19北汽09（155671）	2000.00	2024.09.06	3.8000	19洪政G3（155673）	800.00	2026.09.03	3.9900
19长电02（155674）	2000.00	2024.09.04	3.8000	19国新02（155675）	2000.00	2029.09.10	4.3900
19当代F1（155676）	600.00	2024.09.03	7.3000	19中铝G4（155677）	1000.00	2022.09.05	3.5000
19兴发02（155679）	600.00	2022.09.10	6.2000	G19三峡3（155680）	500.00	2022.09.11	3.3800
G19三峡4（155681）	3000.00	2029.09.11	4.3000	19沱牌01（155682）	400.00	2024.09.06	7.5000
19云建G1（155683）	1500.00	2022.09.10	4.8500	G19鲁高1（155684）	1000.00	2022.09.12	3.5000
19新湖01（155685）	750.00	2023.09.06	7.5000	19奥园02（155688）	1500.00	2023.09.03	6.8000
19正荣02（155689）	1100.00	2023.09.18	7.1600	19朗诗01（155691）	600.00	2024.09.20	7.5000
19航控07（155692）	1600.00	2022.09.16	3.5800	19航控08（155693）	1000.00	2024.09.16	3.9600
19安租07（155694）	1600.00	2024.09.16	3.8400	19昆租01（155695）	1000.00	2026.09.10	4.8300
19昆租02（155696）	500.00	2026.09.10	6.4500	19路劲01（155697）	1500.00	2022.09.09	7.0000

债券信息
List of Bonds

债券简称（代码）Bond Name（Code）	发行量（百万元）Issued Vol（M Yuan）	到期日 Expiration Date	票面利率（%）Coupon Rate	债券简称（代码）Bond Name（Code）	发行量（百万元）Issued Vol（M Yuan）	到期日 Expiration Date	票面利率（%）Coupon Rate
19 希望 01（155699）	180.00	2022.09.10	4.8500	19 杭城 01（155701）	1110.00	2024.09.10	3.7000
G19 科环（155702）	900.00	2024.09.16	3.9700	19 昆交 05（155703）	2450.00	2024.09.11	5.5000
19 昆速 01（155704）	350.00	2024.09.18	5.3700	19 建材 12（155706）	800.00	2022.09.16	3.4200
19 建材 14（155708）	700.00	2029.09.16	4.3800	19 上汽 01（155709）	3000.00	2022.09.19	3.4200
19 汽车 02（155710）	1000.00	2022.09.25	7.1000	19 钢联 03（155712）	3320.00	2024.09.20	5.9200
19CHNE03（155713）	5000.00	2022.09.18	3.5000	19 建银 05（155714）	1500.00	2022.09.19	3.5500
19 建银 06（155715）	500.00	2024.09.19	3.9500	19 西集 05（155716）	150.00	2099.12.31	8.0000
19 世茂 01（155719）	1000.00	2024.09.19	4.3000	19 通用 01（155721）	3300.00	2022.09.23	3.5700
19 台金 01（155723）	1000.00	2024.09.25	4.5700	19 泸水 02（155724）	200.00	2024.09.23	5.0000
19 上报 01（155725）	250.00	2024.09.23	4.1000	19 北方 03（155726）	2000.00	2022.10.14	3.4900
19 牡丹 01（155727）	1000.00	2024.09.24	5.1800	19 招金 01（155728）	1500.00	2022.09.20	3.5700
19 建工 01（155729）	1200.00	2024.09.24	3.9000	19 北新能（155731）	1500.00	2022.09.25	4.2000
19 绵投 01（155732）	1500.00	2024.09.26	4.4500	19 淄矿 01（155733）	1000.00	2024.09.24	3.8800
19 邮政 03（155734）	2000.00	2022.09.23	3.4200	19 国贸 01（155735）	500.00	2024.09.26	3.6500
19 嘉宝 01（155736）	880.00	2024.09.24	4.4600	19 爱众 01（155737）	400.00	2024.09.23	4.9800
19 朝纾 02（155738）	2000.00	2024.10.22	3.6800	19 远高 02（155739）	400.00	2024.09.26	7.0000
19 财信 01（155740）	1500.00	2024.09.23	3.7500	19 华兴 01（155741）	300.00	2022.09.24	3.9000
19 赣国资（155742）	800.00	2024.09.24	4.2800	19 保利 03（155743）	3500.00	2022.09.24	3.3300
19 沪众 01（155745）	800.00	2022.09.25	3.6000	19 云工 03（155746）	480.00	2022.09.25	6.0000
19HDGJ01（155747）	2000.00	2022.10.17	3.5800	19 恒力 01（155749）	1000.00	2022.09.27	6.3000
19 小商 02（155750）	700.00	2022.09.27	3.9900	19 正奇 01（155751）	600.00	2022.09.27	5.8000
19 南建 02（155753）	500.00	2024.09.27	4.8000	19 凯盛 01（155754）	200.00	2022.09.25	3.9000
19 唐新 01（155756）	1200.00	2022.09.26	3.5800	19 发展 01（155758）	500.00	2024.09.27	3.5500
19 穗建 04（155760）	1500.00	2024.09.27	3.6000	19 青城 G1（155761）	800.00	2027.10.14	3.9500
19 国发 01（155762）	1000.00	2024.10.17	3.6000	19 杉杉 01（155764）	1200.00	2024.10.16	7.5000
19 建发 01（155765）	1000.00	2021.10.15	3.5000	19 南山 05（155766）	500.00	2022.10.22	5.4000
19 青租 01（155767）	800.00	2020.11.11	3.9000	19 中财 01（155768）	3000.00	2024.10.16	3.5800
19 能源 03（155769）	1200.00	2022.10.16	3.6300	19 国君 G4（155771）	2500.00	2022.10.16	3.4800
19CHNE04（155772）	3000.00	2022.10.18	3.5000	19 津投 23（155773）	1720.00	2022.10.21	3.8800
19 津投 24（155774）	900.00	2024.10.21	4.3700	19 中地 01（155775）	300.00	2024.10.23	4.5500
19 东风 03（155776）	4000.00	2022.10.17	3.5800	19 联想 04（155778）	1600.00	2022.10.18	1.9000
19 陕金 02（155780）	1200.00	2023.10.28	3.9000	19 新燃 03（155781）	600.00	2022.11.12	3.9800
19 同方 01（155782）	500.00	2022.10.24	5.7000	19 义乌 01（155784）	1500.00	2024.10.28	4.3000
19 成大 02（155786）	700.00	2022.10.31	4.9600	19 天集 03（155787）	800.00	2021.12.03	6.0000
19 中航 G2（155788）	1000.00	2022.10.28	4.1900	19 赣投 03（155792）	1000.00	2024.10.28	4.0000
19 新能 02（155793）	500.00	2022.12.20	4.1500	19CHNE05（155794）	3000.00	2022.10.28	3.5500
19 港航 02（155796）	300.00	2024.11.04	4.9400	19 沪城 01（155797）	1500.00	2024.10.25	3.5500
19 宁投 01（155799）	400.00	2024.11.25	4.8000	19 华证 02（155800）	600.00	2024.10.30	4.5000
19 宝钛 01（155801）	900.00	2024.10.30	4.0000	19 宝钛 02（155802）	300.00	2024.10.30	4.4500
19 华创 03（155803）	1630.00	2023.10.30	4.6000	19 华创 04（155804）	370.00	2024.10.30	5.1900
19 天富债（155805）	900.00	2024.10.30	6.3000	19 青城 G2（155806）	1500.00	2027.10.31	4.2200
19 中华 01（155807）	500.00	2022.11.01	3.9700	19 中信 08（155808）	1000.00	2039.11.05	4.6500
19 油气 01（155809）	1500.00	2024.11.06	4.0000	19 贵安 G1（155810）	2500.00	2024.10.29	7.3000
19 伟驰 01（155811）	1000.00	2024.11.22	6.4900	19 国集 02（155812）	200.00	2022.11.01	6.6000
19 杉杉 02（155813）	800.00	2024.11.05	7.5000	19 兴业 G1（155814）	10500.00	2022.11.06	3.7800
19 紫金 01（155816）	1000.00	2024.11.01	3.8000	19 川发 05（155817）	500.00	2026.11.07	4.4000
19 川发 06（155818）	2000.00	2029.11.07	4.7500	19 昆速 03（155819）	1550.00	2024.11.04	5.5500
19 新际 05（155821）	1500.00	2024.11.22	4.0500	19 财金 02（155822）	1000.00	2024.11.05	3.4900
19 杭交 01（155826）	1300.00	2024.11.15	4.0000	19 国丰 01（155827）	1000.00	2022.11.07	3.7700
19 国丰 02（155828）	1000.00	2024.11.07	4.2600	19 雪松 01（155829）	1000.00	2022.12.20	7.5000

债券信息 List of Bonds

债券 Bond

债券简称（代码）Bond Name（Code）	发行量（百万元）Issued Vol（M Yuan）	到期日 Expiration Date	票面利率（%）Coupon Rate	债券简称（代码）Bond Name（Code）	发行量（百万元）Issued Vol（M Yuan）	到期日 Expiration Date	票面利率（%）Coupon Rate
19海通02（155830）	4500.00	2022.11.15	3.5200	19世茂03（155831）	900.00	2024.11.11	4.3000
19世茂04（155832）	1000.00	2026.11.11	4.8000	19中大01（155833）	800.00	2022.11.11	3.8000
19华电06（155834）	1000.00	2021.11.12	3.3500	19国联03（155835）	800.00	2024.11.14	4.1000
19张江01（155836）	765.00	2024.11.11	3.6000	19渝高股（155837）	1000.00	2024.11.11	3.7900
19安信G1（155838）	3000.00	2022.11.14	3.6100	19镇投05（155839）	1000.00	2022.11.25	6.3000
19京投05（155840）	2000.00	2022.11.13	3.6000	19国投03（155842）	1000.00	2024.11.13	3.5900
19国投04（155843）	2000.00	2029.11.13	4.5000	19柳投资（155844）	1200.00	2024.11.20	5.2000
19京洁01（155845）	1000.00	2022.11.13	3.6400	19电建Y1（155846）	4000.00	2022.11.15	3.9900
19上汽02（155847）	2000.00	2022.11.14	3.6000	19延长Y5（155848）	4000.00	2022.11.14	4.0300
19滇建Y1（155850）	600.00	2021.11.18	6.5000	19润药Y1（155852）	2000.00	2022.11.13	3.9400
19交建Y1（155853）	5000.00	2022.11.14	4.1000	19铁建Y3（155855）	3500.00	2022.11.18	4.0800
19铁建Y4（155856）	1500.00	2024.11.18	4.3900	19首股Y1（155857）	3000.00	2022.11.08	4.2000
19通用Y1（155859）	2500.00	2022.11.08	4.1000	19中化Y1（155862）	1500.00	2021.11.11	3.8000
19CHNG9Y（155864）	1500.00	2024.11.07	4.2900	19CHNG0Y（155865）	500.00	2029.11.07	4.6900
19中工Y1（155867）	1500.00	2022.10.31	5.2900	19铁建Y1（155868）	3500.00	2022.10.29	4.0300
19铁建Y2（155869）	500.00	2024.10.29	4.3000	19信保Y1（155870）	1000.00	2022.10.25	4.2400
19延长Y3（155871）	2500.00	2022.10.18	3.9100	19延长Y4（155872）	500.00	2024.10.18	4.2400
19平煤Y1（155873）	500.00	2020.12.27	5.8000	19华电Y3（155874）	1000.00	2022.09.27	3.8000
19华电Y4（155875）	2000.00	2024.09.27	4.2000	电投Y25（155876）	500.00	2022.10.22	3.8000
电投Y26（155877）	500.00	2024.10.22	4.2000	19延长Y1（155878）	2000.00	2022.09.27	3.8800
19延长Y2（155879）	1000.00	2024.09.27	4.2000	19大唐Y7（155881）	2700.00	2022.09.25	3.8100
19大唐Y8（155882）	2500.00	2024.09.25	4.2000	19住总Y1（155883）	800.00	2022.09.23	4.2000
19CHNG7Y（155884）	900.00	2024.09.11	4.1000	19CHNG8Y（155885）	1100.00	2029.09.11	4.6500
G19京Y1（155886）	2000.00	2022.09.11	3.8500	G19京Y2（155887）	2000.00	2024.09.11	4.1500
19建集Y1（155888）	1500.00	2022.09.09	4.2700	19华电Y1（155889）	1200.00	2022.09.05	3.8500
19华电Y2（155890）	1800.00	2024.09.05	4.1700	电投Y23（155891）	1000.00	2022.09.02	3.8200
电投Y24（155892）	1000.00	2024.09.02	4.1500	电投Y21（155893）	1000.00	2022.08.23	3.7900
电投Y22（155894）	1000.00	2024.08.23	4.1000	电投Y19（155895）	600.00	2022.08.16	3.7500
电投Y20（155896）	1400.00	2024.08.16	4.0700	19象屿Y2（155897）	1130.00	2022.08.19	4.9900
19山招Y3（155898）	500.00	2022.08.15	4.1200	19北控Y1（155899）	500.00	2022.08.06	3.8900
19晋建Y2（155901）	550.00	2022.08.05	4.9900	电投Y17（155902）	1100.00	2022.07.30	3.9200
电投Y18（155903）	900.00	2024.07.30	4.2400	电投Y15（155904）	1300.00	2022.07.22	3.9600
电投Y16（155905）	700.00	2024.07.22	4.2500	19四局Y1（155906）	1000.00	2022.11.27	4.6000
电投Y13（155907）	1300.00	2022.07.12	3.9800	电投Y14（155908）	700.00	2024.07.12	4.2800
19路建Y1（155910）	500.00	2022.07.15	4.0000	19中交Y1（155911）	1500.00	2022.07.10	4.4000
19国泰Y1（155912）	500.00	2022.07.03	6.9000	19漳九Y2（155913）	1500.00	2021.06.21	5.4500
19远发Y8（155914）	800.00	2022.06.17	4.4800	19风电Y1（155916）	1300.00	2022.06.14	4.2400
19风电Y2（155917）	700.00	2024.06.14	4.6900	19核建Y5（155918）	500.00	2024.06.13	4.6700
19核建Y3（155919）	1500.00	2022.06.13	4.2300	19大唐Y3（155920）	3500.00	2022.06.10	4.1800
19大唐Y4（155921）	1500.00	2024.06.10	4.5800	19CHNG5Y（155922）	1200.00	2024.06.05	4.5500
19CHNG6Y（155923）	800.00	2029.06.05	5.0300	19特变Y1（155924）	770.00	2022.05.28	6.3000
电投Y11（155925）	1300.00	2022.05.27	4.2500	电投Y12（155926）	700.00	2024.05.27	4.6000
19远发Y6（155927）	1700.00	2022.05.24	4.5100	19CHNG3Y（155929）	300.00	2024.05.20	4.5800
19CHNG4Y（155930）	1700.00	2029.05.20	5.1500	19葛洲Y1（155931）	5000.00	2022.05.20	4.3500
19电投Y9（155933）	1400.00	2022.05.16	4.3100	19电投Y0（155934）	600.00	2024.05.16	4.7000
19电投Y7（155935）	1500.00	2022.05.09	4.4200	19电投Y8（155936）	500.00	2024.05.09	4.7700
19象屿Y1（155937）	760.00	2022.05.06	6.2000	19电投Y5（155938）	1500.00	2022.04.23	4.4700
19电投Y6（155939）	500.00	2024.04.23	4.8400	19山招Y1（155940）	300.00	2022.03.25	4.7800
19远发Y3（155941）	1000.00	2022.04.25	4.6800	19大唐Y1（155943）	1900.00	2022.04.12	4.3900
19大唐Y2（155944）	900.00	2024.04.12	4.7800	19桂建Y1（155945）	500.00	2022.04.12	6.5000

债券信息
List of Bonds

债券简称（代码）Bond Name（Code）	发行量（百万元）Issued Vol（M Yuan）	到期日 Expiration Date	票面利率（%）Coupon Rate	债券简称（代码）Bond Name（Code）	发行量（百万元）Issued Vol（M Yuan）	到期日 Expiration Date	票面利率（%）Coupon Rate
19漳九Y1（155947）	1000.00	2021.03.28	5.6900	19中航Y5（155948）	2500.00	2022.03.26	4.3800
19CHNG1Y（155950）	2500.00	2024.03.13	4.6900	19远发Y1（155952）	1500.00	2022.03.13	4.4700
19中航Y3（155954）	4000.00	2022.03.12	4.5000	G19新Y1（155956）	910.00	2022.03.05	4.7000
19电投Y3（155957）	1400.00	2022.04.10	4.3800	19电投Y4（155958）	600.00	2024.04.10	4.7900
19不动Y2（155959）	1000.00	2022.02.22	4.7100	19中航Y1（155960）	2000.00	2022.01.25	4.2800
19建材Y1（155962）	1500.00	2022.01.23	4.2000	19安租Y1（155964）	1900.00	2022.01.22	4.9600
19电投Y1（155966）	1100.00	2022.01.16	4.2000	19电投Y2（155967）	900.00	2024.01.16	4.4700
19中公Y1（155969）	1000.00	2022.01.21	4.2000	19核建Y1（155970）	1500.00	2022.01.15	4.2500
19核建Y2（155971）	500.00	2024.01.15	4.4700	18远发Y1（155972）	1000.00	2021.12.17	4.6800
18中电Y1（155974）	6500.00	2021.12.27	4.9000	G18八Y1（155976）	220.00	2021.12.27	5.9900
18环球Y1（155977）	1660.00	2021.12.27	6.0000	18化学Y1（155979）	4500.00	2021.12.24	4.9000
18铁Y09（155982）	1200.00	2021.12.18	4.5500	18铁Y10（155983）	800.00	2023.12.18	4.7800
18象屿Y3（155984）	700.00	2021.12.24	6.2000	18津保Y3（155985）	1000.00	2021.12.18	6.7400
18美达Y1（155987）	500.00	2021.12.18	6.5000	18铁投Y4（155988）	800.00	2021.12.11	4.7000
18阳煤Y4（155989）	2000.00	2021.12.10	6.5000	18漳九Y1（155990）	500.00	2020.12.24	5.9900
18中化Y7（155992）	2500.00	2020.12.06	4.4500	18中化Y8（155993）	2500.00	2021.12.06	4.5500
18鲁高Y3（155994）	1000.00	2021.12.05	4.6000	18青城Y4（155996）	1000.00	2023.12.07	5.1700
18建集Y4（155997）	500.00	2021.12.04	5.0900	18联投Y3（155998）	1000.00	2021.12.07	5.3500
19不动Y1（155999）	1000.00	2022.01.09	4.8000	PR2A2（156001）	2380.00	2020.07.17	5.4000
PR2B（156002）	273.00	2020.10.17	6.0000	PR2C（156003）	156.00	2021.07.02	6.1000
同享2次（156004）	227.11	2021.07.02	0.0000	宁远06A4（156008）	1580.00	2020.06.25	4.5000
宁远06A5（156009）	1890.00	2020.12.25	4.7000	宁远06A6（156010）	1460.00	2021.06.25	4.8000
PR06A7（156011）	220.00	2020.12.25	4.8000	宁远06次（156012）	16.40	2021.06.25	0.0000
PR上实A2（156030）	966.00	2020.07.20	6.7000	PR上实A3（156031）	808.00	2021.04.19	6.8000
18上实B（156032）	252.00	2021.04.19	7.2000	18上实次（156033）	347.00	2023.04.18	0.0000
PRA（156034）	650.00	2020.12.16	6.8000	联东B（156035）	300.00	2020.12.16	7.0000
联东次（156036）	50.00	2020.12.16	0.0000	PR18GLP1（156039）	1500.00	2036.07.12	5.0000
18GLP1B（156040）	1.50	2036.07.12	0.0000	PR18联A（156052）	132.00	2020.02.26	6.5000
18联想次（156053）	18.00	2020.02.26	0.0000	PR2XM1A（156054）	800.00	2020.01.31	5.2800
18小米1B（156055）	80.00	2020.01.31	6.2900	18小米1C（156056）	40.00	2020.01.31	7.6000
PR2XM1D（156057）	30.00	2020.02.28	8.0000	18小米1E（156058）	50.00	2020.03.31	0.0000
18借呗3A（156064）	1700.00	2020.10.28	5.2500	18借呗3B（156065）	150.00	2020.10.28	5.4500
18借呗3C（156066）	150.00	2020.10.28	0.0000	PR局优（156067）	917.00	2021.10.24	4.6000
十六局次（156068）	48.00	2021.10.24	5.0000	PR2A1（156069）	242.00	2020.04.25	6.3000
PR2A2（156070）	338.00	2021.10.25	6.5000	赣发2B（156071）	157.00	2022.07.25	8.5000
赣发2次（156072）	63.00	2024.10.25	0.0000	PR优A（156073）	950.00	2020.02.26	7.0000
滇中优B（156074）	240.00	2020.02.26	8.5000	滇中次（156075）	100.00	2020.02.26	0.0000
借呗58A1（156078）	3400.00	2020.11.04	5.2000	借呗58A2（156079）	300.00	2020.11.04	5.4500
借呗58B（156080）	300.00	2020.11.04	0.0000	PR10A2（156094）	450.00	2020.05.25	4.7300
PR10A3（156095）	170.00	2020.11.19	5.8000	PR10次（156096）	75.00	2020.12.25	0.0000
18十局优（156097）	1402.50	2021.09.06	5.1000	18十局次（156098）	97.50	2021.09.06	0.0000
PR蚌交02（156101）	50.00	2020.10.19	6.4000	蚌公交03（156102）	55.00	2021.10.18	6.6000
蚌公交04（156103）	60.00	2022.10.18	6.8000	蚌公交05（156104）	65.00	2023.10.18	7.0600
蚌公交06（156105）	70.00	2024.10.18	7.3000	蚌公交07（156106）	75.00	2025.10.20	7.5000
蚌公交08（156107）	80.00	2026.10.19	7.7000	蚌公交次（156108）	30.00	2026.10.19	0.0000
PR金辉优（156109）	3000.00	2036.09.29	6.0000	PR金辉次（156110）	200.00	2036.09.29	0.0000
长兴03（156113）	40.50	2020.12.31	7.2000	长兴04（156114）	45.50	2020.12.31	7.5000
长兴05（156115）	49.50	2020.12.31	7.6000	长兴06（156116）	52.50	2020.12.31	7.8000
长兴07（156117）	56.00	2020.12.31	8.0000	长兴次（156118）	40.00	2020.12.31	0.0000
PR01优（156119）	6280.00	2020.01.03	4.2000	PR01次（156120）	2038.00	2022.07.04	0.0000

债券信息 List of Bonds

债券简称（代码）Bond Name（Code）	发行量（百万元）Issued Vol（M Yuan）	到期日 Expiration Date	票面利率（%）Coupon Rate	债券简称（代码）Bond Name（Code）	发行量（百万元）Issued Vol（M Yuan）	到期日 Expiration Date	票面利率（%）Coupon Rate
PR 海洋 B（156124）	78.00	2020.12.28	7.0000	18 海洋次（156125）	62.00	2020.12.28	0.0000
物产 1 优 A（156130）	613.00	2020.07.16	5.2000	物产 1 优 B（156131）	113.00	2020.07.16	6.3000
物产 1 次（156132）	80.00	2020.07.16	0.0000	PR02（156134）	46.00	2020.07.28	5.3000
平遥 03（156135）	53.00	2021.07.28	5.5000	平遥 04（156136）	60.00	2022.07.28	6.9000
平遥 05（156137）	66.00	2023.07.28	6.9000	平遥 06（156138）	74.00	2024.07.26	6.9000
平遥 07（156139）	80.00	2025.07.28	7.0000	平遥 08（156140）	88.00	2026.07.28	7.0000
平遥 09（156141）	94.00	2027.07.28	7.0000	平遥 10（156142）	101.00	2028.07.28	7.0000
平遥次级（156143）	40.00	2028.07.28	0.0000	PR 太盟 9A（156144）	395.00	2020.04.27	7.0000
PR 太盟 9B（156145）	52.00	2020.07.27	8.5000	太盟 9 次（156146）	52.00	2020.07.27	0.0000
PR 京水优（156147）	600.00	2024.08.15	3.3000	京水次级（156148）	50.00	2024.08.15	0.0000
八局 1 优（156151）	2580.00	2021.07.23	4.9000	八局 1 次（156152）	220.00	2021.07.23	0.0000
PR18 平 GA（156153）	668.00	2021.04.30	5.3700	G18 平 1B（156154）	70.00	2021.10.31	7.5000
G18 平 1C（156155）	59.00	2023.10.31	0.0000	PR 中关 3A（156158）	489.00	2020.01.21	5.8000
PR 中关 3B（156159）	142.00	2020.07.21	6.7000	中关 3 次（156160）	50.00	2020.07.21	0.0000
PR 海尔 1A（156162）	1060.00	2021.04.30	7.0000	18 海尔 1B（156163）	90.00	2022.01.28	7.9500
18 海尔次（156164）	67.01	2023.04.28	0.0000	东兴 1 优（156165）	950.00	2020.04.30	4.5000
东兴 1 次（156166）	50.00	2020.04.30	0.0000	PR4A3（156170）	176.00	2022.06.27	6.5000
国药 4B（156171）	53.00	2022.09.26	7.5000	国药 4 次（156172）	112.00	2025.06.26	0.0000
国花 02A（156173）	3560.00	2020.11.24	4.7000	国花 02B（156174）	140.00	2020.11.24	5.1000
国花 02 次（156175）	300.00	2020.11.24	0.0000	PR 二 A2（156179）	750.00	2021.10.26	5.8300
国控二 B（156180）	139.00	2022.04.26	7.5000	国控二次（156181）	129.70	2023.07.26	4.0000
PR 豫煤 02（156183）	95.00	2020.04.23	6.2500	PR 豫煤 03（156184）	99.00	2021.04.23	5.8000
豫煤气 04（156185）	105.00	2022.04.23	5.9000	豫煤气 05（156186）	111.00	2023.04.23	6.3000
豫煤气次（156187）	30.00	2023.04.23	0.0000	借呗 59A1（156189）	2550.00	2020.11.18	5.0500
借呗 59A2（156190）	225.00	2020.11.18	5.3900	借呗 59B（156191）	225.00	2020.11.18	0.0000
18 七局优（156197）	857.00	2021.11.25	4.9500	18 七局次（156198）	96.00	2021.11.25	0.0000
PR 航租 A2（156200）	920.00	2021.07.31	5.1000	18 航租 C（156201）	135.13	2023.07.31	0.0000
PR 金茂 A2（156203）	130.00	2020.07.15	4.9000	PR 金茂 A3（156204）	138.00	2021.07.15	4.9000
18 金茂 A4（156205）	149.00	2022.07.15	4.9000	18 金茂 A5（156206）	158.00	2023.07.15	5.3000
18 金茂 A6（156207）	167.00	2024.07.15	5.5000	18 金茂 A7（156208）	178.00	2025.07.15	5.5000
18 金茂 A8（156209）	188.00	2026.07.15	5.5000	18 金茂 A9（156210）	201.00	2027.07.15	5.5000
18 金茂次（156211）	80.00	2027.07.15	0.0000	PR2XM2A（156212）	800.00	2020.03.31	5.1900
PR2XM2B（156213）	80.00	2020.04.30	6.3000	18 小米 2C（156214）	40.00	2020.04.30	7.7400
18 小米 2D（156215）	30.00	2020.04.30	8.0000	18 小米 2E（156216）	50.00	2020.04.30	0.0000
川新房优（156217）	1425.00	2021.11.02	5.7000	川新房次（156218）	75.00	2021.11.02	0.0000
PR 国赢 A2（156226）	2110.00	2020.10.17	5.4000	PR 国赢 A3（156227）	250.00	2021.07.17	5.5000
18 国赢 B（156228）	250.00	2021.08.17	6.0000	18 国赢 C（156229）	160.00	2021.08.17	6.1000
18 国赢次（156230）	192.60	2021.08.17	0.0000	18 二局 1A（156234）	1056.00	2021.11.16	4.7000
18 二局 1C（156235）	117.00	2021.11.16	0.0000	花呗 68A1（156236）	890.00	2020.11.27	4.5900
花呗 68A2（156237）	35.00	2020.11.27	4.9900	花呗 68B（156238）	75.00	2020.11.27	0.0000
PR 公租 02（156249）	21.00	2020.10.23	4.9000	武公租 03（156250）	23.50	2021.10.22	4.9900
武公租 04（156251）	25.50	2022.10.24	4.9900	武公租 05（156252）	28.50	2023.10.23	4.9900
武公租 06（156253）	31.50	2024.10.22	4.9900	武公租 07（156254）	34.00	2025.10.22	4.9900
武公租 08（156255）	37.50	2026.10.22	4.9900	武公租 09（156256）	41.50	2027.10.22	4.9900
武公租 10（156257）	44.50	2028.10.23	4.9900	武公租 11（156258）	49.50	2029.10.22	4.9900
武公租 12（156259）	53.50	2030.10.22	4.9900	武公租 13（156260）	58.00	2031.10.22	4.9900
武公租 14（156261）	63.00	2032.10.22	4.9900	武公租 15（156262）	69.00	2033.10.24	4.9900
武公租 16（156263）	75.00	2034.10.23	4.9900	武公租 17（156264）	81.50	2035.10.22	5.5000
武公租 18（156265）	89.00	2036.10.22	5.5000	武公租次（156266）	36.00	2036.10.22	0.0000
PR 日 A02（156268）	3690.00	2020.10.25	4.3000	PR 日 A03（156269）	1800.00	2021.10.25	4.5500

债券信息
List of Bonds

债券简称（代码）Bond Name（Code）	发行量（百万元）Issued Vol（M Yuan）	到期日 Expiration Date	票面利率（%）Coupon Rate	债券简称（代码）Bond Name（Code）	发行量（百万元）Issued Vol（M Yuan）	到期日 Expiration Date	票面利率（%）Coupon Rate
2 如日次（156270）	133.00	2021.10.25	0.0000	道桥优 A（156271）	313.00	2021.07.12	6.5000
道桥优 B（156272）	678.00	2021.07.12	7.0000	道桥次级（156273）	52.00	2021.07.12	0.0000
18 浣水 02（156275）	101.00	2020.05.04	5.5000	18 浣水 03（156276）	107.00	2021.05.04	6.0000
18 浣水 04（156277）	114.00	2022.05.04	6.2000	18 浣水 05（156278）	122.00	2023.05.04	6.2000
18 浣水 06（156279）	130.00	2024.05.06	6.3000	18 浣水次（156280）	36.00	2024.05.06	0.0000
PR 悦达 B（156286）	92.00	2020.02.27	7.0000	18 悦达次（156287）	43.00	2020.02.27	0.0000
宁远 07A4（156291）	2690.00	2020.06.25	4.2000	宁远 07A5（156292）	1160.00	2020.10.20	4.3000
PR07A6（156293）	250.00	2020.10.20	4.3500	宁远 07 次（156294）	11.31	2020.10.20	0.0000
东花 01A1（156295）	890.00	2020.12.02	4.6000	东花 01A2（156296）	35.00	2020.12.02	4.9900
东花 01B（156297）	75.00	2020.12.02	0.0000	东借 01A1（156298）	425.00	2020.12.02	4.9700
东借 01A2（156299）	37.50	2020.12.02	5.1300	东借 01B（156300）	37.50	2020.12.02	0.0000
PR 云交 A（156301）	3000.00	2033.10.20	5.2000	18 云交 B（156302）	160.00	2033.10.20	0.0000
PR 远东 3A（156306）	2030.00	2020.09.28	5.2000	PR 远东 3B（156307）	327.00	2022.03.26	7.5000
18 远东 3C（156308）	143.50	2023.09.26	0.0000	PR 君创 A2（156316）	245.00	2020.10.09	6.8000
18 君创 B（156317）	42.00	2020.10.09	7.5000	18 君创次（156318）	140.68	2020.10.16	0.0000
PR 经发 03（156323）	36.00	2020.12.31	6.5000	18 经发 04（156324）	39.00	2020.12.31	4.5000
18 经发 05（156325）	41.00	2020.12.31	4.5000	18 经发 06（156326）	44.00	2020.12.31	4.5000
18 经发 07（156327）	47.00	2020.12.31	4.5000	18 经发 08（156328）	50.00	2020.12.31	4.5000
18 经发 09（156329）	53.00	2020.12.31	4.5000	18 经发次（156330）	20.00	2020.12.31	0.0000
PR 环球 A（156331）	2000.00	2036.12.24	6.5000	18 环球 B（156332）	1300.00	2036.12.24	7.5000
18 环球 C（156333）	200.00	2036.12.24	0.0000	PR18 正优（156334）	1029.00	2020.08.31	7.2000
18 正荣次（156335）	55.00	2020.08.31	0.0000	PR03B（156337）	175.00	2020.03.26	5.4000
PR03 次（156338）	75.41	2020.08.26	0.0000	PR01A1（156339）	415.00	2020.04.10	4.1000
PR01A2（156340）	262.00	2021.01.12	4.2500	铁保 01A3（156341）	220.00	2022.01.21	4.5500
铁保 01 次（156342）	1.00	2022.01.21	0.0000	G 国电 1 优（156343）	1710.58	2021.09.30	5.0900
G 国电 1 次（156344）	90.03	2021.09.30	0.0000	PR 智慧 A2（156346）	1018.00	2020.10.21	4.4000
18 智慧 B（156347）	182.00	2021.07.23	0.0000	PR 八 A2（156352）	300.00	2020.08.24	5.0000
PR 八 A3（156353）	230.00	2021.11.23	5.7000	平租八 B（156354）	74.00	2022.05.24	7.0000
平租八 C（156355）	30.00	2022.11.23	7.5000	平租八次（156356）	75.31	2023.11.23	0.0000
PR 优 A（156357）	525.00	2036.01.23	6.0000	瑞安优 B（156358）	120.00	2036.01.23	6.5000
瑞安优 C（156359）	120.00	2036.01.23	6.5000	瑞安次级（156360）	5.00	2036.01.23	0.0000
PRG 康 4A2（156364）	358.00	2020.09.21	6.5000	PRG 康 4A3（156365）	239.00	2021.06.21	6.8000
PRG 康 4A4（156366）	384.00	2021.12.21	6.8000	G 康富 4B（156367）	243.00	2022.06.21	7.0000
G 康富 4C1（156368）	93.00	2022.12.21	7.5000	G 康富 4C2（156369）	165.79	2027.12.21	0.0000
PR 诚泰 A2（156371）	370.00	2020.05.13	6.3000	PR 诚泰 A3（156372）	266.00	2021.08.12	7.0000
诚泰 2B（156373）	49.00	2021.11.11	7.2000	诚泰 2C（156374）	50.00	2022.02.11	7.2000
诚泰 2 次（156375）	135.00	2023.05.11	0.0000	PR14A2（156378）	520.00	2020.05.27	6.4000
PR14A3（156379）	280.00	2020.11.27	6.8000	PR14B1（156380）	145.00	2020.12.15	10.0000
汇通 14B2（156381）	130.00	2020.12.15	10.0000	汇通 14B3（156382）	53.00	2020.12.15	10.0000
汇通 14B4（156383）	14.00	2020.12.15	10.0000	奥园 1 优（156384）	1120.00	2020.02.27	8.5000
奥园 1 次（156385）	140.00	2020.02.27	0.0000	PRG 电建 A（156386）	700.00	2020.03.09	4.1500
PR8 电建 C（156387）	47.00	2020.06.07	6.0000	PR 新生 1A（156393）	507.00	2020.08.31	5.8000
PR 新生 1B（156394）	43.00	2020.11.30	7.5000	PR 新生 1C（156395）	18.00	2021.02.26	10.0000
18 新生 1D（156396）	44.00	2021.02.26	0.0000	借呗 61A1（156398）	1700.00	2020.12.16	4.8000
借呗 61A2（156399）	150.00	2020.12.16	5.0000	借呗 61B（156400）	150.00	2020.12.16	0.0000
PR18 聚 A2（156402）	355.00	2020.09.16	7.0000	PR18 聚 A3（156403）	260.00	2021.12.16	7.1500
18 聚信 A4（156404）	30.00	2022.03.16	7.3000	18 聚信 B1（156405）	85.00	2022.09.16	7.8000
18 聚信 B2（156406）	43.00	2022.09.16	8.2000	18 聚信次（156407）	85.00	2023.06.16	0.0000
18 借 06A1（156408）	1700.00	2020.12.23	4.7200	18 借 06A2（156409）	150.00	2020.12.23	4.9000
18 借 06B（156410）	150.00	2020.12.23	0.0000	18 远洋 A2（156412）	125.00	2020.09.04	5.8000

债券信息 List of Bonds

债券 Bond

债券简称（代码）Bond Name (Code)	发行量（百万元）Issued Vol (M Yuan)	到期日 Expiration Date	票面利率（%）Coupon Rate	债券简称（代码）Bond Name (Code)	发行量（百万元）Issued Vol (M Yuan)	到期日 Expiration Date	票面利率（%）Coupon Rate
18远洋次（156413）	100.00	2020.09.04	0.0000	PR2XM3A（156414）	800.00	2020.05.29	5.1000
18小米3B（156415）	80.00	2020.05.29	5.7000	18小米3C（156416）	40.00	2020.05.29	7.7000
PR2XM3D（156417）	30.00	2020.06.30	8.0000	18小米3E（156418）	50.00	2020.06.30	0.0000
中原建优（156419）	589.00	2021.12.10	4.9800	中原建次（156420）	31.00	2021.12.10	0.0000
18八局1A（156421）	1132.20	2021.09.30	4.5000	18八局1B（156422）	125.80	2021.09.30	0.0000
二十冶01（156428）	1387.00	2021.10.27	4.8000	二十冶02（156429）	73.00	2021.10.27	0.0000
18电建优（156430）	2110.00	2021.12.13	4.5500	18电建次（156431）	135.90	2021.12.13	0.0000
东借02A1（156432）	1700.00	2020.12.23	4.8000	东借02A2（156433）	150.00	2020.12.23	4.9900
东借02B（156434）	150.00	2020.12.23	0.0000	PR华1优（156435）	1800.00	2020.08.26	4.7000
华能1次（156436）	200.00	2020.08.26	0.0000	建工2优（156439）	2656.00	2021.12.10	4.5000
建工2次（156440）	184.00	2021.12.10	0.0000	电投18优（156443）	831.33	2021.09.30	4.7500
电投18次（156444）	43.75	2021.09.30	0.0000	PR02优（156455）	450.00	2020.09.30	6.9900
世茂02次（156456）	50.00	2020.09.30	0.0000	远洋R1A1（156457）	1601.50	2023.12.13	5.5000
远洋R1A2（156458）	1281.20	2023.12.13	6.0000	远洋R1次（156459）	320.30	2023.12.13	0.0000
18铁工A1（156460）	800.00	2021.12.11	4.7300	18铁工A2（156461）	145.00	2021.12.11	4.8500
18铁工次（156462）	80.00	2021.12.11	0.0000	18八局优（156463）	1134.00	2021.09.23	4.7000
18八局次（156464）	125.00	2021.09.23	0.0000	铁建008A（156465）	1045.00	2020.12.14	4.4700
铁建008C（156466）	55.00	2020.12.14	5.0000	PR平9A2（156468）	750.00	2021.05.15	5.1900
18平9B（156469）	106.00	2021.11.15	7.5000	18平9C（156470）	147.29	2023.08.15	0.0000
PR交02（156472）	28.00	2020.12.21	6.2000	慈公交03（156473）	30.00	2021.12.21	6.3500
慈公交04（156474）	32.00	2022.12.21	6.4000	慈公交05（156475）	34.00	2023.12.21	6.4500
慈公交06（156476）	36.00	2024.12.21	6.5000	慈公交07（156477）	38.00	2025.12.21	6.5000
慈公交08（156478）	40.00	2026.12.21	6.5000	慈公交09（156479）	42.00	2027.12.21	6.5000
慈公交10（156480）	45.00	2028.12.21	6.5000	慈公交11（156481）	48.00	2029.12.21	6.5000
慈公交12（156482）	50.00	2030.12.21	6.5000	慈公交次（156483）	35.00	2030.12.21	0.0000
18华电优（156484）	973.75	2021.09.30	4.6500	18华电次（156485）	51.25	2021.09.30	0.0000
PR红美A1（156486）	2289.00	2036.12.17	5.8000	18红美A2（156487）	211.00	2036.12.17	6.3000
18红美次（156488）	100.00	2036.12.17	0.0000	PR青城A（156489）	840.00	2020.12.21	6.5000
PR青城B（156490）	69.00	2021.03.21	7.2000	青城次级（156491）	50.00	2021.03.21	0.0000
铁一1优（156494）	1367.10	2021.12.17	4.4800	铁一1次（156495）	102.90	2021.12.17	0.0000
PRSOHO优（156496）	3500.00	2038.12.26	5.2000	18SOHO次（156497）	10.00	2038.12.26	0.0000
18武地优（156498）	403.00	2021.12.20	5.5000	18武地次（156499）	22.00	2021.12.20	0.0000
珠华发05（156500）	733.00	2021.03.24	3.5400	PR18平7A（156503）	1075.50	2020.06.01	5.4000
PR18平7B（156504）	99.00	2020.08.31	7.5000	18平安7C（156505）	135.50	2020.08.31	0.0000
安装1优（156509）	1269.00	2021.12.19	4.4500	安装1次（156510）	140.00	2021.12.19	0.0000
申七局1A（156517）	1035.90	2021.11.15	5.1000	申七局1S（156518）	115.10	2021.11.15	0.0000
18二局2A（156519）	863.00	2021.12.20	4.5000	18二局2C（156520）	95.00	2021.12.20	0.0000
PR北辰A（156521）	527.00	2036.11.30	5.2000	18北辰B（156522）	473.00	2036.11.30	6.2000
18北辰C（156523）	50.00	2036.11.30	0.0000	PR建投优（156524）	722.00	2020.12.18	4.4900
南建投次（156525）	38.00	2020.12.18	0.0000	PR18易A2（156527）	700.00	2020.07.27	5.3000
PR18易B（156528）	258.00	2021.04.25	8.0000	18易鑫C（156529）	145.00	2021.10.25	0.0000
18西塘02（156531）	53.00	2020.07.24	5.1000	18西塘03（156532）	72.00	2021.07.23	5.1000
18西塘04（156533）	92.00	2022.07.26	5.1000	18西塘05（156534）	112.00	2023.07.26	5.1000
18西塘06（156535）	132.00	2024.07.24	5.1000	18西塘07（156536）	151.00	2025.07.24	6.3000
18西塘08（156537）	163.00	2026.07.24	6.3000	18西塘09（156538）	181.00	2027.07.26	6.3000
18西塘次（156539）	60.00	2027.07.26	0.0000	天士力优（156540）	1280.00	2021.08.20	6.0000
天士力次（156541）	220.00	2021.11.22	0.0000	中化01（156544）	1121.00	2021.11.18	4.5000
PR11A1（156545）	800.00	2020.02.20	5.0000	PR 11A2（156546）	150.00	2020.05.25	5.5000
PR11次（156547）	50.00	2020.07.31	0.0000	18铁五优（156548）	1360.00	2021.10.28	4.4000
18铁五次（156549）	105.00	2021.10.28	0.0000	申一局1A（156550）	867.60	2021.11.11	4.5000

债券信息
List of Bonds

债券简称（代码） Bond Name（Code）	发行量 （百万元） Issued Vol （M Yuan）	到期日 Expiration Date	票面利率（%） Coupon Rate	债券简称（代码） Bond Name（Code）	发行量 （百万元） Issued Vol （M Yuan）	到期日 Expiration Date	票面利率（%） Coupon Rate
申一局 1S（156551）	96.40	2021.11.11	0.0000	中交 001A（156552）	786.60	2021.12.21	4.4800
中交 001C（156553）	41.40	2021.12.21	0.0000	PRG 新 1 优（156554）	423.00	2020.06.29	4.5800
G 福新 1 次（156555）	22.00	2020.06.29	0.0000	奇艺优 A2（156557）	400.00	2020.12.25	5.5000
奇艺次级（156558）	46.00	2020.12.25	0.0000	东建投优（156559）	1111.00	2021.12.24	4.5000
东建投次（156560）	59.00	2021.12.24	0.0000	PR 优（156561）	215.00	2028.01.28	7.5000
山钢次（156562）	25.00	2028.01.28	0.0000	中化 02（156565）	59.00	2021.11.18	0.0000
PR 朗诗 02（156575）	41.50	2020.09.26	6.5000	朗诗优 03（156576）	44.50	2020.12.18	7.2000
朗诗优 04（156577）	99.00	2020.12.18	7.3000	朗诗优 05（156578）	250.00	2020.12.18	7.5000
朗诗次 01（156579）	25.00	2020.12.18	0.0000	中交 004A（156580）	881.00	2021.12.25	4.4800
中交 004C（156581）	46.00	2021.12.25	0.0000	PR 优先（156587）	1000.00	2021.06.03	7.0000
乡投次级（156588）	50.00	2021.06.03	0.0000	PR19A（156589）	167.00	2020.09.29	6.5000
远大 19B（156590）	133.60	2020.09.29	7.5000	远大 19 次（156591）	33.40	2020.09.29	0.0000
PR01 优（156597）	867.00	2020.10.26	5.9000	云租 01 次（156598）	44.70	2020.10.26	0.0000
19 信易 01（156599）	1366.00	2020.01.13	4.7000	威新 01 优（156600）	223.00	2020.01.10	4.3000
光明 A2（156604）	450.00	2021.10.26	6.5000	光明次（156605）	50.00	2021.10.26	0.0000
恒大 R1 优（156606）	1062.00	2036.12.29	7.5000	恒大 R1 次（156607）	118.00	2036.12.29	0.0000
18 南水优（156608）	893.00	2021.12.27	4.7000	18 南水次（156609）	99.00	2021.12.27	8.0000
九局优（156610）	1150.00	2021.12.20	4.5800	九局次（156611）	100.00	2021.12.20	0.0000
PR 金次 1（156613）	40.22	2020.03.31	0.0000	PR 金次 2（156614）	14.23	2021.03.31	0.0000
威新 01 次（156615）	1.00	2020.01.10	0.0000	PR 八局 A（156616）	1469.40	2020.12.24	4.5000
18 八局 B（156617）	110.60	2020.12.24	0.0000	PR 奥 9A2（156619）	170.00	2020.09.22	5.9500
PR 奥 9A3（156620）	170.00	2020.12.22	6.0000	奥克 9A4（156621）	68.00	2020.12.22	6.3000
PR 奥克 9B（156622）	32.00	2023.03.22	7.5000	奥克 9 次（156623）	52.00	2023.12.22	0.0000
PR 中渝 1（156624）	320.00	2036.12.17	7.3000	中渝优 2（156625）	880.00	2036.12.17	7.5000
中渝次（156626）	10.00	2038.12.17	0.0000	PR 北方（156627）	460.00	2020.12.28	4.6500
能建次级（156628）	46.00	2020.12.28	0.0000	联保 5 优（156629）	797.00	2020.01.07	7.5000
联保 5 次（156630）	1.00	2020.01.07	0.0000	金地 08A（156634）	396.00	2020.01.10	4.0000
金地 08 次（156635）	1.00	2020.01.10	0.0000	19 裕源 03（156636）	805.00	2020.01.10	4.6500
璀璨 7A（156637）	775.00	2020.01.25	5.0700	荣茂 02 优（156638）	634.00	2020.01.06	3.9000
荣茂 02 次（156639）	1.00	2020.01.06	0.0000	19 佳美 1A（156640）	500.00	2020.01.14	6.9000
19 佳美 1C（156641）	27.00	2020.01.14	0.0000	PR 云能 03（156644）	90.00	2020.04.07	6.1000
PR 云能 04（156645）	38.00	2020.10.12	6.3000	18 云能 05（156646）	36.00	2021.04.06	6.5000
18 云能 06（156647）	2.00	2021.10.11	6.7000	18 云能次（156648）	60.19	2022.01.06	0.0000
滨丽 01（156649）	170.00	2020.01.25	6.5000	滨丽 02（156650）	595.00	2021.01.25	7.0000
滨丽 03（156651）	765.00	2022.01.25	7.5000	滨丽次（156652）	170.00	2022.01.25	0.0000
旭辉 19 优（156653）	1300.00	2022.01.15	7.4000	旭辉 19 次（156654）	70.00	2022.01.15	0.0000
PR 国三 A2（156656）	646.00	2021.10.26	4.8300	国控三 B（156657）	133.00	2022.07.26	7.5000
国控三次（156658）	123.03	2023.10.26	0.0000	PR 产 1A（156659）	1710.00	2043.10.26	4.4800
沪地产 1C（156660）	90.00	2043.10.26	0.0000	PR 德远 02（156661）	822.00	2021.01.07	4.2000
19 德远次（156662）	1.00	2021.01.07	0.0000	联保 6 优（156663）	821.00	2020.01.15	7.5000
联保 6 次（156664）	1.00	2020.01.15	0.0000	皖贷 04 优（156665）	480.00	2022.03.21	4.8700
财碧 18 优（156666）	1100.00	2020.08.17	6.3000	财碧 18 次（156667）	60.00	2020.10.21	0.0000
禹物优 08（156668）	99.00	2027.01.30	7.9000	PR 华 2 优（156669）	1350.00	2020.09.11	4.5000
华能 2 次（156670）	150.00	2020.09.11	0.0000	合生 2A（156671）	575.00	2020.01.21	7.8500
合生 2 次（156672）	1.00	2020.01.21	0.0000	ZJBL01A（156673）	296.00	2020.01.23	3.9900
威新 02 优（156674）	423.00	2020.01.17	3.9000	威新 02 次（156675）	1.00	2020.01.17	0.0000
链科 02 优（156678）	225.00	2020.01.17	3.8900	链科 02 次（156679）	1.00	2020.01.17	0.0000
PR 二局 02（156680）	479.00	2020.01.17	4.2500	二局 02 次（156681）	1.00	2020.01.17	0.0000
海门优 A1（156682）	83.00	2020.01.24	5.3000	海门优 A2（156683）	101.00	2021.01.24	5.5000
海门优 A3（156684）	288.00	2022.01.24	5.9000	海门次（156685）	28.00	2022.01.24	0.0000

债券信息
List of Bonds

债券
Bond

债券简称（代码） Bond Name（Code）	发行量（百万元） Issued Vol (M Yuan)	到期日 Expiration Date	票面利率（%） Coupon Rate	债券简称（代码） Bond Name（Code）	发行量（百万元） Issued Vol (M Yuan)	到期日 Expiration Date	票面利率（%） Coupon Rate
PR 优 B（156687）	225.00	2020.04.09	7.0000	中财次级（156688）	25.66	2020.04.09	0.0000
PR 普者黑（156689）	710.00	2028.09.18	6.9900	普者黑 B（156690）	40.00	2028.09.18	0.0000
滨江优 02（156692）	58.00	2020.01.23	4.0000	滨江优 03（156693）	65.00	2020.07.23	4.5000
滨江优 04（156694）	67.00	2021.01.24	4.6000	滨江优 05（156695）	78.00	2021.07.25	4.8000
滨江优 06（156696）	80.00	2022.01.23	4.9000	滨江优 07（156697）	82.00	2022.07.24	4.9000
滨江优 08（156698）	84.00	2023.01.23	4.9000	滨江优 09（156699）	84.00	2023.07.23	4.9000
19 信易 02（156700）	769.00	2020.01.21	4.0000	滨江优 10（156701）	86.00	2024.01.23	4.9000
滨江次级（156702）	20.00	2024.01.23	0.0000	PR18GLP2（156703）	1500.00	2037.01.12	4.4900
18GLP2B（156704）	1.50	2037.01.12	0.0000	时代优 A（156705）	885.00	2020.10.19	7.2000
时代优 B（156706）	330.00	2020.10.19	8.0000	时代次（156707）	130.00	2020.10.19	0.0000
PR 金源 A（156708）	1715.00	2037.01.25	5.4000	19 金源 B（156709）	1185.00	2037.01.25	5.7000
19 金源次（156710）	100.00	2037.01.25	0.0000	吴中优 03（156713）	111.00	2020.05.21	5.3000
吴中优 04（156714）	118.00	2020.11.20	5.4000	吴中优 05（156715）	94.00	2021.05.21	5.6000
吴中优 06（156716）	100.00	2021.11.22	5.7000	吴中次（156717）	29.00	2021.11.22	0.0000
中建材 3A（156718）	512.00	2020.04.29	5.7000	PR 材 3B（156719）	110.00	2020.05.29	6.0000
中建材 3C（156720）	152.00	2020.05.29	6.5000	中建 3 次（156721）	609.00	2020.05.29	0.0000
PRPA 十 A（156722）	1576.00	2021.08.13	4.6800	平安十 B（156723）	107.00	2022.02.15	7.2000
平安十 C（156724）	105.00	2022.05.16	7.3000	平安十次（156725）	134.58	2023.11.15	0.0000
金地 09A（156726）	792.00	2020.01.23	3.7500	金地 09 次（156727）	1.00	2020.01.23	0.0000
启程 01 优（156728）	568.00	2020.01.15	5.1000	启程 01 次（156729）	1.00	2020.01.15	0.0000
联中 03 优（156730）	774.00	2020.01.21	7.6000	联中 03 次（156731）	41.00	2020.01.21	0.0000
PR01（156732）	638.40	2020.11.09	6.0000	泰豪 02（156733）	145.92	2020.11.09	6.8000
泰豪次 A（156734）	45.60	2020.11.09	7.0000	泰豪次 B（156735）	82.08	2020.11.09	0.0000
福晟 1 优 A（156738）	610.00	2021.02.10	7.5000	福晟 1 优 B（156739）	160.00	2021.02.10	7.6000
福晟 1 次（156740）	60.00	2021.02.10	0.0000	逸锟 02A（156741）	574.00	2020.02.18	5.6800
逸锟 02 次（156742）	6.00	2020.02.18	0.0000	PR 晋气 02（156744）	308.00	2020.06.15	5.7000
PR 晋气 03（156745）	315.00	2020.10.23	6.2000	晋气次（156746）	50.00	2020.10.23	0.0000
PR 租 01（156747）	1300.00	2020.05.20	4.5000	PR 租 02（156748）	560.00	2021.02.20	5.1000
远海租 03（156749）	458.00	2022.08.20	5.6500	远海租 C（156750）	137.00	2023.02.20	0.0000
金地 10A（156751）	780.00	2020.01.17	3.7500	金地 10 次（156752）	1.00	2020.01.17	0.0000
开新 2 优（156753）	350.00	2020.01.23	5.1500	开新 2 次（156754）	20.00	2020.01.23	0.0000
19 瑞融 A（156755）	670.00	2022.01.30	7.0000	19 瑞融 B（156756）	140.00	2022.01.30	7.1000
19 瑞融次（156757）	60.00	2022.01.30	0.0000	PR 借条 1A（156758）	249.00	2020.11.02	4.9500
PR 借条 1B（156759）	16.50	2020.12.01	6.5000	借条 1C（156760）	10.50	2020.12.01	8.0000
借条 1 次（156761）	24.00	2020.12.01	0.0000	禹物优 01（156762）	136.00	2020.01.30	7.4000
禹物优 02（156763）	68.00	2021.01.30	7.9000	禹物优 03（156764）	72.00	2022.01.30	7.9000
禹物优 04（156765）	76.00	2023.01.30	7.9000	禹物优 05（156766）	81.00	2024.01.30	7.9000
禹物优 06（156767）	87.00	2025.01.30	7.9000	禹物优 07（156768）	93.00	2026.01.30	7.9000
皖贷 04 次（156769）	20.00	2022.03.21	0.0000	禹物次级（156770）	68.00	2027.01.30	0.0000
19 裕源 04（156771）	977.00	2020.02.13	4.0000	PR 国金 A2（156773）	180.00	2020.09.21	4.9000
PR 国金 A3（156774）	115.00	2021.12.20	5.5000	国金次（156775）	25.00	2023.12.20	0.0000
PR 中骏 A（156776）	1115.00	2021.03.20	7.5000	19 中骏 B（156777）	285.00	2021.03.20	8.5000
19 中骏次（156778）	95.00	2021.06.20	0.0000	PR12A2（156780）	560.00	2020.11.19	4.1800
PR12A3（156781）	280.00	2021.11.18	5.0000	恒信 12 次（156782）	80.00	2022.02.18	0.0000
和信 01 优（156783）	129.00	2020.02.14	6.9500	和信 01 次（156784）	3.50	2020.02.14	0.0000
19 信易 03（156785）	366.00	2020.02.21	3.9900	璀璨 8A（156786）	785.00	2020.02.28	4.9000
逸锟 03A（156787）	820.00	2020.03.06	5.5800	逸锟 03 次（156788）	10.00	2020.03.06	0.0000
PR13A1（156789）	600.00	2020.01.21	4.0000	PR13A2（156790）	200.00	2020.04.21	4.0500
PR 13A3（156791）	150.00	2020.10.28	4.7000	恒信 13 次（156792）	50.00	2020.10.28	0.0000
信泽 01A3（156795）	1510.00	2020.06.25	3.5500	信泽 01A4（156796）	2570.00	2020.12.25	3.7300

债券信息
List of Bonds

债券简称（代码）Bond Name（Code）	发行量（百万元）Issued Vol（M Yuan）	到期日 Expiration Date	票面利率（%）Coupon Rate	债券简称（代码）Bond Name（Code）	发行量（百万元）Issued Vol（M Yuan）	到期日 Expiration Date	票面利率（%）Coupon Rate
信泽 01A5（156797）	550.00	2021.06.25	3.9000	信泽 01A6（156798）	1100.00	2021.10.25	3.9500
PR01A7（156799）	250.00	2021.10.25	3.9500	信泽 01 次（156800）	14.93	2021.10.25	0.0000
PR 安吉 1A（156801）	1676.00	2020.03.16	3.6000	PR 安吉 1B（156802）	145.00	2020.06.15	4.1000
19 安吉 1C（156803）	77.00	2020.06.15	7.0500	19 安吉 1D（156804）	171.00	2020.06.15	0.0000
19 中置 01（156805）	144.00	2020.02.26	5.3000	19 中置 02（156806）	79.50	2021.02.26	5.4000
19 中置 03（156807）	70.00	2022.02.26	5.5000	19 中置 04（156808）	73.50	2023.02.26	5.9800
19 中置 05（156809）	76.00	2024.02.26	5.9800	19 中置 06（156810）	80.00	2025.02.26	5.9800
19 中置 07（156811）	78.50	2026.02.26	5.9800	19 中置 08（156812）	83.00	2027.02.26	5.9800
19 中置 09（156813）	88.50	2028.02.26	5.9800	19 中置次（156814）	30.00	2028.02.26	0.0000
PRG 西江 1（156815）	114.00	2020.02.27	4.0000	PRG 西江 2（156816）	122.00	2021.02.27	4.7000
G 西江 E3（156817）	133.00	2022.02.27	5.0000	G 西江 E4（156818）	142.00	2023.02.27	5.5000
G 西江 E5（156819）	152.00	2023.11.30	5.8000	G 西江 E 次（156820）	37.00	2023.11.30	0.0000
PR1 优（156821）	950.00	2037.03.13	4.6000	平朗 1 次（156822）	118.00	2037.03.13	0.0000
PR 中和 1A（156823）	430.00	2021.03.12	5.8000	19 中和 1C（156824）	70.00	2021.03.12	0.0000
PR19 度 1C（156827）	45.00	2020.01.21	4.7000	PR19 度 1D（156828）	36.00	2020.02.20	6.5000
PR19 度 1E（156829）	45.00	2020.03.19	13.5000	PR19 度 1F（156830）	49.80	2020.03.30	0.0000
PR 太 10A2（156832）	97.00	2020.06.29	6.0000	PR 太 10B（156833）	34.00	2020.09.28	7.8000
太盟 10 次（156834）	36.00	2020.09.28	0.0000	PR 沣 2A2（156836）	220.00	2020.02.28	6.0000
PR 沣邦 2B（156837）	53.00	2020.04.30	8.0000	沣邦 2C（156838）	97.00	2020.04.30	0.0000
时代 02 优（156839）	700.00	2020.03.04	7.5000	时代 02 次（156840）	40.00	2020.03.04	0.0000
逸锟 04A（156841）	310.00	2020.03.13	5.5800	逸锟 04 次（156842）	3.00	2020.03.13	0.0000
PR01A（156843）	2290.00	2020.03.13	3.4500	太保 01B（156844）	185.00	2020.03.13	12.0000
太保 01C（156845）	25.00	2020.03.13	10.0000	PR 租 11A（156846）	1074.00	2020.01.31	4.2000
PR 租 11B（156847）	65.00	2020.04.30	4.5000	安租 11C（156848）	32.00	2020.04.30	6.9500
PR 租 11 次（156849）	115.00	2020.07.30	0.0000	PR 海 A（156850）	1700.00	2037.01.25	6.5000
爱琴海 B（156851）	400.00	2037.01.25	7.5000	爱琴海次（156852）	200.00	2037.01.25	0.0000
19 中泰 1A（156853）	950.00	2021.03.28	4.0500	19 中泰 1C（156854）	50.00	2021.03.28	0.0000
苏宁 02 优（156855）	342.00	2020.01.17	7.5000	苏宁 02 次（156856）	19.00	2020.01.17	0.0000
PR 光谷 2B（156858）	330.00	2020.09.25	6.5000	PR 光谷 2C（156859）	210.00	2021.06.25	6.5000
光谷 2B（156860）	220.00	2022.09.25	7.5000	光谷 2 次（156861）	127.00	2023.06.25	0.0000
威新 03 优（156862）	154.00	2020.02.28	3.7500	威新 03 次（156863）	1.00	2020.02.28	0.0000
19 绿城 A（156864）	1591.00	2037.01.26	5.1400	19 绿城 B（156865）	1.00	2037.01.26	0.0000
联保 7 优（156866）	744.00	2020.03.04	7.5000	联保 7 次（156867）	1.00	2020.03.04	0.0000
太保 19A（156868）	2250.00	2021.03.18	3.6700	太保 19B（156869）	175.00	2021.03.18	12.0000
太保 19 次（156870）	75.00	2021.03.18	0.0000	PR 租 11（156871）	770.00	2020.04.20	4.0000
PR 租 12（156872）	592.00	2021.10.26	4.8000	远海租 13（156873）	100.00	2022.07.20	5.9000
远海租 1C（156874）	86.88	2026.10.26	0.0000	PR 日 A01（156875）	6501.80	2021.01.25	3.7300
3 如日 A02（156876）	500.00	2022.01.25	3.9500	3 如日次（156877）	300.01	2022.01.25	0.0000
PR 产优（156878）	940.00	2034.03.28	4.4800	不动产次（156879）	60.00	2034.03.28	0.0000
PR 中航 2A（156880）	448.00	2020.01.21	4.2000	PR 中航 2B（156881）	300.00	2021.01.21	4.6000
18 中航 2C（156882）	186.00	2022.01.21	5.2000	18 中航次（156883）	66.00	2023.04.21	0.0000
嘉善水 01（156884）	26.00	2020.04.25	3.6500	嘉善水 02（156885）	30.00	2021.04.25	4.2000
嘉善水 03（156886）	32.00	2022.04.25	4.5500	嘉善水 04（156887）	34.00	2023.04.25	4.5500
嘉善水 05（156888）	36.00	2024.04.25	4.5500	嘉善水 06（156889）	38.00	2025.04.25	4.5500
嘉善水 07（156890）	40.00	2026.04.25	6.0000	嘉善水 08（156891）	42.00	2027.04.25	6.0000
嘉善水 09（156892）	44.00	2028.04.25	6.0000	嘉善水次（156893）	18.00	2028.04.25	0.0000
PR19 建优（156894）	402.12	2021.01.20	4.3500	19 建工次（156895）	44.68	2021.01.20	0.0000
建五 01 优（156896）	355.00	2020.03.10	3.7000	建五 01 次（156897）	1.00	2020.03.10	0.0000
PR01 优（156898）	736.16	2020.12.14	3.8000	电气 01 次（156899）	64.02	2020.12.14	0.0000
菜鸟 19 优（156900）	670.00	2022.03.21	4.4500	菜鸟 19 次（156901）	400.00	2022.03.21	0.0000

债券信息 List of Bonds

债券 Bond

债券简称（代码） Bond Name（Code）	发行量（百万元） Issued Vol（M Yuan）	到期日 Expiration Date	票面利率（%） Coupon Rate	债券简称（代码） Bond Name（Code）	发行量（百万元） Issued Vol（M Yuan）	到期日 Expiration Date	票面利率（%） Coupon Rate
PR平1A1（156902）	375.00	2020.03.20	4.1500	PR平1A2（156903）	224.00	2020.09.18	4.3000
PR平1A3（156904）	141.00	2021.09.20	4.4000	19平1B（156905）	37.00	2021.12.20	7.0000
19平1C（156906）	72.00	2022.09.19	7.5000	19平1次（156907）	76.28	2024.03.20	0.0000
PRT4优A（156908）	700.00	2020.09.30	5.9000	PRT4优B（156909）	250.00	2020.10.30	6.3000
JZT4次（156910）	50.00	2020.10.30	0.0000	19佳美2A（156911）	950.00	2020.03.13	6.3000
19佳美2C（156912）	50.00	2020.03.13	0.0000	G国中优2（156914）	49.00	2020.09.27	4.5000
G国中优3（156915）	50.00	2021.09.27	6.3000	G国中优4（156916）	59.00	2022.09.27	6.0000
G国中优5（156917）	60.00	2023.09.27	6.9500	G国中优6（156918）	67.00	2024.09.27	6.5000
G国中优7（156919）	69.00	2025.09.27	7.0000	G国中优8（156920）	78.00	2026.09.27	6.8000
G国中优9（156921）	82.00	2027.09.27	7.1000	G国中次（156922）	31.00	2027.09.27	0.0000
西安热01（156923）	330.00	2020.01.25	3.7000	西安热02（156924）	360.00	2021.01.25	4.1800
西安热03（156925）	380.00	2022.01.25	4.4600	西安热04（156926）	270.00	2023.01.25	4.7800
西安热05（156927）	270.00	2024.01.25	4.8300	西安热06（156928）	270.00	2025.01.25	4.9000
西安热次（156929）	120.00	2025.01.25	0.0000	PR操A2（156931）	330.00	2020.12.25	3.9000
G曹操A3（156932）	260.00	2021.12.27	4.4000	G曹操C（156933）	100.00	2021.12.27	0.0000
人福优A（156934）	678.00	2021.12.10	6.5000	人福优B（156935）	81.00	2021.12.10	7.5000
人福次级（156936）	84.00	2021.12.10	0.0000	中天01优（156937）	401.00	2020.03.18	6.5000
海尔03A（156938）	530.59	2021.03.26	5.3800	海尔03B（156939）	16.41	2021.03.26	0.0000
花呗70A1（156940）	1780.00	2021.04.07	3.8000	花呗70A2（156941）	70.00	2021.04.07	4.1700
花呗70B（156942）	150.00	2021.04.07	0.0000	金地11A（156943）	206.00	2020.03.20	3.7500
金地11次（156944）	1.00	2020.03.20	0.0000	华发R1优（156945）	1391.00	2037.03.27	5.0000
华发R1次（156946）	157.00	2037.03.27	0.0000	PR云城A1（156947）	500.00	2021.03.19	4.9000
19云城A2（156948）	40.00	2021.06.21	5.9000	19云城次（156949）	60.00	2027.03.19	0.0000
19建花4A（156950）	1780.00	2021.04.07	3.6900	19建花4B（156951）	70.00	2021.04.07	4.1300
19建花4C（156952）	150.00	2021.04.07	0.0000	PR水01（156957）	67.00	2020.04.03	4.9800
PR水02（156958）	74.00	2021.04.03	5.3000	苍南水03（156959）	82.00	2022.04.03	5.6800
苍南水04（156960）	90.00	2023.04.03	6.6000	苍南水05（156961）	95.00	2024.04.03	6.4500
苍南水06（156962）	102.00	2025.04.03	6.1800	苍南水次（156963）	36.00	2025.04.03	0.0000
PR1A2（156965）	134.00	2020.08.27	3.8000	PR1A3（156966）	90.00	2020.11.27	4.2000
汇益1次（156967）	77.00	2020.11.27	0.0000	东花02A1（156968）	1780.00	2021.04.08	3.6700
东花02A2（156969）	70.00	2021.04.08	4.1300	东花02B（156970）	150.00	2021.04.08	0.0000
PR19远A（156971）	2723.00	2021.01.26	5.0000	19远优B（156972）	360.00	2021.07.26	7.4000
19远东次（156973）	185.00	2024.01.26	0.0000	遵运01（156978）	51.00	2020.08.19	4.5000
遵运02（156979）	51.00	2021.08.18	5.5000	遵运03（156980）	54.00	2022.08.17	7.5000
遵运04（156981）	57.00	2023.08.17	7.5000	遵运05（156982）	58.00	2024.08.19	7.5000
遵运06（156983）	65.00	2025.08.19	7.5000	遵运07（156984）	68.00	2026.08.19	7.5000
遵运08（156985）	74.00	2027.08.18	7.5000	遵运09（156986）	79.00	2028.08.17	7.5000
遵运10（156987）	82.00	2029.08.17	7.5000	遵运次级（156988）	34.00	2029.08.17	0.0000
中车保1A（156989）	595.60	2020.07.10	3.5000	中车保1C（156990）	31.40	2020.07.10	0.0000
PR19泛1A（156991）	1300.00	2037.05.07	6.0000	19泛海1B（156992）	840.00	2037.05.07	7.5000
19泛海1C（156993）	50.00	2037.05.07	0.0000	PR19二A（156994）	950.00	2020.03.31	3.8000
PR19二B（156995）	547.00	2020.09.30	4.1000	PR远东2C（156996）	555.00	2023.12.29	0.0000
19云建优（156997）	981.00	2022.03.15	5.9800	19云建次（156998）	66.00	2022.03.15	0.0000
PR梅溪优（156999）	1243.00	2037.01.31	4.8000	18广西18（157000）	1129.70	2025.09.20	4.0600
18广西19（157001）	295.00	2025.09.20	4.0600	18湖南16（157002）	7145.00	2023.09.21	3.8900
18湖南17（157003）	13530.00	2023.09.21	3.8900	18湖南18（157004）	6825.00	2023.09.21	3.8900
18湖南19（157005）	6500.00	2025.09.21	4.0600	18江苏12（157006）	5900.00	2021.09.25	3.7600
18江苏13（157007）	43600.00	2023.09.25	3.9000	18江苏14（157008）	2300.00	2025.09.25	4.0600
18江苏15（157009）	22220.00	2023.09.25	3.9000	18新疆21（157010）	890.00	2028.09.25	4.0600
18新疆22（157011）	10350.00	2028.09.25	4.0600	18新疆23（157012）	370.00	2028.09.25	4.3100

债券信息
List of Bonds

债券
Bond

债券简称（代码）Bond Name（Code）	发行量（百万元）Issued Vol（M Yuan）	到期日 Expiration Date	票面利率（%）Coupon Rate	债券简称（代码）Bond Name（Code）	发行量（百万元）Issued Vol（M Yuan）	到期日 Expiration Date	票面利率（%）Coupon Rate
18 新疆 24（157013）	320.00	2028.09.25	4.3100	18 新疆 25（157014）	290.00	2028.09.25	4.3100
18 青岛 08（157015）	1300.00	2023.09.27	3.9000	18 青岛 09（157016）	1300.00	2025.09.27	4.0700
18 青岛 10（157017）	1400.00	2023.09.27	3.9000	18 内蒙 26（157018）	80.00	2021.09.27	3.7500
18 内蒙 27（157019）	2404.80	2023.09.27	3.9000	18 内蒙 28（157020）	550.00	2025.09.27	4.0700
18 内蒙 29（157021）	4083.20	2028.09.27	4.0700	18 内蒙 30（157022）	1340.00	2033.09.27	4.3400
18 安徽 12（157023）	1719.84	2021.09.28	3.7400	18 安徽 13（157024）	25607.38	2023.09.28	3.9000
18 安徽 14（157025）	45702.82	2023.09.28	3.9000	18 安徽 15（157026）	794.65	2025.09.28	4.0700
18 安徽 16（157027）	2000.00	2028.09.28	4.0700	18 福建 17（157028）	11025.00	2023.09.28	3.9000
18 福建 18（157029）	2465.00	2023.09.28	3.9000	18 福建 19（157030）	550.00	2033.09.28	4.3300
18 深圳 03（157031）	480.00	2028.09.28	4.0700	18 深圳 04（157032）	360.00	2033.09.28	4.3300
18 深圳 05（157033）	1000.00	2033.09.28	4.3300	18 深圳 06（157034）	500.00	2028.09.28	4.0700
18 深圳 07（157035）	1500.00	2033.09.28	4.3300	18 深圳 08（157036）	100.00	2028.09.28	4.0700
18 山西 18（157037）	1617.58	2023.10.08	3.8900	18 山西 19（157038）	2870.60	2028.10.08	4.0700
18 山西 20（157039）	800.00	2023.10.08	3.8900	18 湖北 15（157040）	450.00	2028.10.08	4.0700
18 湖北 16（157041）	500.00	2028.10.08	4.0700	18 湖北 17（157042）	1532.96	2028.10.08	4.0700
18 天津 31（157043）	2299.00	2038.10.12	4.3300	18 天津 32（157044）	1500.00	2025.10.12	4.0200
18 天津 33（157045）	800.00	2033.10.12	4.2900	18 天津 34（157046）	4000.00	2023.10.12	3.8500
18 云南 24（157047）	9060.00	2025.10.17	4.0000	18 云南 25（157048）	12060.00	2023.10.17	3.8200
18 青海 15（157049）	5020.00	2023.10.17	3.8200	18 青海 16（157050）	5240.00	2028.10.17	4.0000
18 湖南 20（157051）	6700.00	2028.10.18	3.9900	18 浙江 14（157052）	11304.44	2023.10.19	3.8100
18 浙江 15（157053）	7232.57	2023.10.19	3.8100	18 浙江 16（157054）	2800.00	2028.10.19	3.9800
18 新疆 26（157055）	4440.00	2021.10.19	3.6000	18 西藏 01（157056）	1000.00	2020.10.19	3.4500
18 西藏 02（157057）	1152.79	2021.10.19	3.6000	18 西藏 03（157058）	1312.00	2023.10.19	3.8100
18 西藏 04（157059）	760.00	2025.10.19	3.9800	18 西藏 05（157060）	594.00	2023.10.19	3.8100
18 西藏 06（157061）	679.00	2025.10.19	3.9800	18 内蒙 31（157062）	2460.11	2020.10.24	3.4400
18 内蒙 32（157063）	77.00	2028.10.24	3.9700	18 内蒙 33（157064）	452.48	2028.10.24	3.9700
18 山东 18（157065）	100.00	2028.10.25	3.9700	18 河南 32（157066）	7064.84	2025.10.29	3.9600
18 河南 33（157067）	3335.50	2021.10.29	3.6000	18 兵团 01（157068）	1600.00	2023.10.31	3.7500
18 兵团 02（157069）	2400.00	2028.10.31	3.9400	18 兵团 03（157070）	2000.00	2038.10.31	4.2500
18 广西 20（157071）	629.00	2028.10.31	3.9400	18 山西 21（157072）	4801.89	2021.11.01	3.5700
18 山西 22（157073）	295.00	2021.11.01	3.5700	18 山西 23（157074）	3630.00	2023.11.01	3.7400
18 山西 24（157075）	465.00	2023.11.01	3.7400	18 山西 25（157076）	417.15	2028.11.01	3.9300
18 天津 35（157077）	1500.00	2021.11.01	3.5700	18 天津 36（157078）	1700.00	2023.11.01	3.7400
18 北京 10（157079）	254.06	2021.11.01	3.5700	18 北京 11（157080）	1695.57	2023.11.01	3.7400
18 北京 12（157081）	1344.73	2028.11.01	3.9300	18 北京 13（157082）	607.66	2021.11.01	3.5700
18 北京 14（157083）	1503.00	2023.11.01	3.7400	18 北京 15（157084）	2480.50	2025.11.01	3.9300
18 四川 50（157085）	4000.00	2025.11.09	3.9100	18 大连 13（157086）	2437.55	2021.11.14	3.5100
18 大连 14（157087）	1446.72	2025.11.14	3.8800	18 湖南 21（157088）	10000.00	2038.11.15	4.1900
18 江西 20（157089）	327.00	2023.11.19	3.6100	18 湖北 18（157090）	470.00	2033.11.23	4.0300
18 内蒙 34（157091）	2639.21	2020.11.28	3.1100	18 内蒙 35（157092）	464.87	2028.11.28	3.7900
18 广东 37（157093）	200.00	2023.12.21	3.4500	18 广东 38（157094）	500.00	2023.12.21	3.4500
18 广东 39（157095）	7800.00	2025.12.21	3.6700	18 新疆 27（157096）	1500.00	2028.12.25	3.7400
18 新疆 28（157097）	500.00	2028.12.25	3.7400	18 青海 17（157098）	417.70	2021.12.25	3.3100
18 青海 18（157099）	9480.00	2028.12.25	3.7400	18 广西 21（157100）	790.00	2023.12.28	3.4600
18 广西 22（157101）	150.00	2023.12.28	3.4600	18 山东 19（157102）	130.00	2023.12.26	3.4500
18 山东 20（157103）	3726.00	2023.12.26	3.4500	18 浙江 17（157104）	1860.00	2023.12.28	3.4600
18 浙江 18（157105）	2200.00	2025.12.28	3.6500	18 天津 37（157106）	500.00	2025.12.28	3.6500
18 天津 38（157107）	1700.00	2023.12.28	3.4600	18 天津 39（157108）	300.00	2023.12.28	3.4600
18 龙江 20（157109）	1095.70	2024.01.02	3.4500	18 龙江 21（157110）	4.30	2024.01.02	3.4500
19 新疆 01（157111）	10000.00	2029.01.22	3.5000	19 河南 01（157112）	16500.00	2022.01.23	3.1300

债券信息 List of Bonds

债券 Bond

债券简称（代码）Bond Name（Code）	发行量（百万元）Issued Vol（M Yuan）	到期日 Expiration Date	票面利率（%）Coupon Rate	债券简称（代码）Bond Name（Code）	发行量（百万元）Issued Vol（M Yuan）	到期日 Expiration Date	票面利率（%）Coupon Rate
19河南02（157113）	13900.00	2024.01.23	3.3300	19河南03（157114）	940.00	2022.01.23	3.1300
19河南04（157115）	11334.00	2024.01.23	3.3300	19河南05（157116）	211.00	2022.01.23	3.1300
19河南06（157117）	1139.00	2024.01.23	3.3300	19河南07（157118）	1300.00	2034.01.23	3.7900
19兵团01（157119）	1120.00	2024.01.24	3.3300	19兵团02（157120）	1680.00	2029.01.24	3.4900
19兵团03（157121）	200.00	2029.01.24	3.4900	19兵团04（157122）	1000.00	2029.01.24	3.4900
19山东01（157123）	10459.00	2029.01.25	3.5000	19山东02（157124）	3951.00	2024.01.25	3.3300
19山东03（157125）	1774.00	2022.01.25	3.1100	19山东04（157126）	7511.00	2029.01.25	3.5000
19山东05（157127）	823.00	2029.01.25	3.5000	19河北01（157128）	3000.00	2026.01.28	3.4700
19河北02（157129）	2315.00	2029.01.28	3.5100	19湖北01（157130）	17962.50	2029.01.30	3.3800
19湖北02（157131）	1800.00	2024.01.30	3.1900	19安徽01（157132）	15017.66	2026.01.31	3.3700
19厦门01（157133）	1200.00	2024.01.31	3.1900	19厦门02（157134）	200.00	2026.01.31	3.3200
19厦门03（157135）	1500.00	2029.01.31	3.3800	19深圳01（157136）	900.00	2021.01.31	2.8300
19甘肃01（157137）	5700.00	2026.01.31	3.3200	19甘肃02（157138）	2000.00	2029.01.31	3.3800
19陕西01（157139）	3500.00	2029.01.31	3.3800	19江苏01（157140）	19500.00	2029.02.01	3.3800
19海南01（157141）	4100.00	2024.02.01	3.1900	19海南02（157142）	4000.00	2029.02.01	3.3800
19内蒙01（157143）	10000.00	2024.02.01	3.1900	19广西01（157144）	5800.00	2026.02.01	3.3200
19北京01（157145）	2075.00	2022.02.01	2.9700	19北京02（157146）	2200.00	2024.02.01	3.1900
19北京03（157147）	6300.00	2026.02.01	3.3200	19北京04（157148）	2820.00	2029.02.01	3.3800
19浙江01（157149）	5200.00	2024.02.01	3.1900	19浙江02（157150）	18000.00	2029.02.01	3.3800
19浙江03（157151）	23100.00	2024.02.01	3.1900	19广东01（157152）	5760.00	2024.02.01	3.1900
19广东02（157153）	8640.00	2029.02.01	3.3800	19广东03（157154）	2600.00	2029.02.01	3.3800
19广东04（157155）	4650.00	2026.02.01	3.3200	19广东05（157156）	5350.00	2024.02.01	3.1900
19广东06（157157）	4000.00	2026.02.01	3.3200	19广东07（157158）	4000.00	2029.02.01	3.3800
19广东08（157159）	2960.00	2024.02.21	3.1400	19广东09（157160）	13370.83	2029.02.21	3.3400
19广东10（157161）	2000.00	2024.02.21	3.1400	19广东11（157162）	12368.00	2024.02.21	3.1400
19广东12（157163）	4778.00	2026.02.21	3.3000	19广东13（157164）	145.00	2029.02.21	3.3400
19广东14（157165）	2592.08	2024.02.21	3.1400	19广东15（157166）	195.92	2026.02.21	3.3000
19广东16（157167）	10285.50	2029.02.21	3.3400	19广东17（157168）	1400.00	2034.02.21	3.6500
19广东18（157169）	435.50	2039.02.21	3.6800	19上海01（157170）	20900.00	2029.02.22	3.3500
19上海02（157171）	15610.00	2024.02.22	3.1500	19上海03（157172）	1990.00	2029.02.22	3.3500
19新疆02（157173）	3990.00	2024.02.22	3.3000	19新疆03（157174）	5700.00	2029.02.22	3.5000
19新疆04（157175）	3200.00	2024.02.22	3.3000	19新疆05（157176）	1140.00	2029.02.22	3.5000
19湖南01（157177）	20000.00	2029.02.22	3.3500	19山东06（157178）	10600.00	2029.02.25	3.3600
19山东07（157179）	4873.00	2029.02.25	3.3600	19山东08（157180）	16915.00	2024.02.25	3.1600
19山东09（157181）	6973.00	2022.02.25	2.9300	19山东10（157182）	1000.00	2029.02.25	3.3600
19山东11（157183）	138.00	2024.02.25	3.1600	19山东12（157184）	668.00	2024.02.25	3.1600
19四川20（157185）	10000.00	2029.02.26	3.3800	19四川21（157186）	1634.03	2029.02.26	3.3800
19四川22（157187）	4987.75	2029.02.26	3.3800	19四川23（157188）	1282.00	2022.02.26	2.9400
19四川24（157189）	6964.00	2024.02.26	3.1600	19四川25（157190）	146.00	2024.02.26	3.1600
19四川26（157191）	262.00	2026.02.26	3.3200	19四川27（157192）	298.00	2029.02.26	3.3800
19四川28（157193）	30.00	2029.02.26	3.3800	19四川29（157194）	100.00	2026.02.26	3.3200
19四川30（157195）	1090.00	2029.02.26	3.3800	19四川31（157196）	50.00	2024.02.26	3.1600
19四川32（157197）	201.00	2029.02.26	3.3800	19四川33（157198）	61.00	2029.02.26	3.3800
19四川34（157199）	46.00	2024.02.26	3.1600	19陕西02（157200）	10200.00	2026.02.27	3.3400
19陕西03（157201）	10200.00	2029.02.27	3.3900	19青海01（157202）	5000.00	2029.02.27	3.3900
19广西02（157203）	10500.00	2026.02.27	3.3400	19广西03（157204）	5000.00	2026.02.27	3.3400
19广西04（157205）	4500.00	2024.02.27	3.1800	19宁波01（157206）	800.00	2029.02.28	3.4000
19宁波02（157207）	2000.00	2029.02.28	3.4000	19内蒙02（157208）	13600.00	2024.03.01	3.2300
19天津12（157209）	700.00	2022.03.08	3.0600	19天津13（157210）	700.00	2029.03.08	3.4500
19内蒙03（157211）	6279.17	2026.03.13	3.4300	19新疆06（157212）	10210.00	2029.03.15	3.4400

债券信息
List of Bonds

债券
Bond

债券简称（代码）Bond Name（Code）	发行量（百万元）Issued Vol（M Yuan）	到期日 Expiration Date	票面利率（%）Coupon Rate	债券简称（代码）Bond Name（Code）	发行量（百万元）Issued Vol（M Yuan）	到期日 Expiration Date	票面利率（%）Coupon Rate
19 新疆 07（157213）	8020. 00	2029. 03. 15	3. 4400	19 新疆 08（157214）	4320. 00	2029. 03. 15	3. 4400
19 新疆 09（157215）	1440. 00	2029. 03. 15	3. 4400	19 新疆 10（157216）	1620. 00	2026. 03. 15	3. 4700
19 江苏 02（157217）	3070. 00	2022. 03. 18	3. 0700	19 江苏 03（157218）	29720. 00	2024. 03. 18	3. 3000
19 江苏 04（157219）	10540. 00	2024. 03. 18	3. 3000	19 江苏 05（157220）	3560. 00	2024. 03. 18	3. 3000
19 江苏 06（157221）	3740. 00	2026. 03. 18	3. 4200	19 江苏 07（157222）	31170. 00	2029. 03. 18	3. 3900
19 湖北 14（157223）	9393. 18	2029. 03. 18	3. 3900	19 龙江 01（157224）	22527. 71	2029. 03. 18	3. 3900
19 龙江 02（157225）	8000. 00	2039. 03. 18	3. 8600	19 天津 14（157226）	1497. 00	2029. 03. 20	3. 3900
19 天津 15（157227）	4500. 00	2029. 03. 20	3. 3900	19 天津 16（157228）	2100. 00	2022. 03. 20	3. 0600
19 天津 17（157229）	600. 00	2024. 03. 20	3. 3100	19 天津 18（157230）	730. 00	2024. 03. 20	3. 3100
19 龙江 03（157231）	2599. 99	2029. 03. 18	3. 3900	19 云南 07（157232）	740. 00	2024. 03. 20	3. 3100
19 云南 08（157233）	1280. 00	2024. 03. 20	3. 3100	19 贵州 02（157234）	700. 00	2026. 03. 22	3. 4200
19 宁波 03（157235）	840. 00	2022. 03. 28	3. 0400	19 宁波 04（157236）	1160. 00	2024. 03. 25	3. 3200
19 浙江 04（157237）	2200. 00	2024. 03. 28	3. 3200	19 河北 06（157238）	3193. 00	2026. 03. 25	3. 4200
19 河北 07（157239）	1370. 00	2024. 03. 25	3. 3200	19 河北 08（157240）	774. 00	2024. 03. 25	3. 3200
19 河北 09（157241）	413. 00	2029. 03. 25	3. 3900	19 河北 10（157242）	1692. 00	2024. 03. 25	3. 3200
19 宁夏 03（157243）	2062. 21	2026. 03. 25	3. 4300	19 宁夏 04（157244）	2100. 00	2029. 03. 25	3. 4400
19 宁夏 05（157245）	700. 00	2024. 03. 25	3. 3700	19 宁夏 06（157246）	962. 00	2024. 03. 25	3. 3700
19 宁夏 07（157247）	832. 07	2029. 03. 25	3. 4400	19 宁夏 08（157248）	47. 93	2024. 03. 25	3. 3700
19 宁夏 09（157249）	59. 00	2029. 03. 25	3. 4400	19 宁夏 10（157250）	484. 00	2024. 03. 25	3. 3700
19 宁夏 11（157251）	115. 00	2024. 03. 25	3. 3700	19 青岛 03（157252）	1300. 00	2024. 03. 26	3. 3100
19 青岛 04（157253）	1000. 00	2026. 03. 26	3. 4100	19 青岛 05（157254）	400. 00	2029. 03. 26	3. 3800
19 青岛 06（157255）	800. 00	2026. 03. 26	3. 4100	19 青岛 07（157256）	600. 00	2026. 03. 26	3. 4100
19 青岛 08（157257）	400. 00	2026. 03. 26	3. 4100	19 甘肃 04（157258）	2311. 00	2029. 03. 26	3. 3800
19 甘肃 06（157260）	3415. 00	2026. 03. 26	3. 4100	19 四川 35（157261）	11100. 00	2026. 03. 26	3. 4100
19 四川 36（157262）	13432. 65	2026. 03. 26	3. 4100	19 四川 37（157263）	5929. 00	2024. 03. 29	3. 3100
19 四川 38（157264）	349. 00	2024. 03. 26	3. 3100	19 四川 39（157265）	744. 00	2026. 03. 26	3. 4100
19 四川 40（157266）	100. 00	2024. 03. 26	3. 3100	19 四川 41（157267）	1241. 00	2026. 03. 26	3. 4100
19 四川 42（157268）	800. 00	2029. 03. 26	3. 3800	19 四川 43（157269）	2011. 00	2026. 03. 26	3. 4100
19 四川 44（157270）	378. 00	2026. 03. 26	3. 4100	19 四川 45（157271）	382. 00	2029. 03. 26	3. 3800
19 四川 46（157272）	280. 00	2026. 03. 26	3. 4100	19 四川 47（157273）	111. 00	2029. 03. 26	3. 3800
19 四川 48（157274）	150. 00	2024. 03. 26	3. 3100	19 四川 49（157275）	550. 00	2026. 03. 26	3. 4100
19 四川 50（157276）	832. 00	2029. 03. 26	3. 3800	19 四川 51（157277）	116. 00	2026. 03. 26	3. 4100
19 四川 52（157278）	195. 00	2029. 03. 26	3. 3800	19 四川 53（157279）	138. 00	2026. 03. 26	3. 4100
19 四川 54（157280）	45. 00	2024. 03. 26	3. 3100	19 四川 55（157281）	1157. 00	2026. 03. 26	3. 4100
19 四川 56（157282）	372. 00	2029. 03. 26	3. 3800	19 四川 57（157283）	269. 00	2029. 03. 26	3. 3800
19 四川 58（157284）	149. 00	2029. 03. 26	3. 3800	19 四川 59（157285）	54. 00	2024. 03. 26	3. 3100
19 福建 05（157286）	3942. 17	2024. 03. 27	3. 3000	19 福建 06（157287）	2971. 83	2024. 03. 27	3. 3000
19 福建 07（157288）	676. 00	2026. 03. 27	3. 4000	19 福建 08（157289）	300. 00	2034. 03. 27	3. 6600
19 福建 09（157290）	1720. 00	2029. 03. 27	3. 3700	19 福建 10（157291）	806. 00	2029. 03. 27	3. 3700
19 福建 11（157292）	634. 00	2029. 03. 27	3. 3700	19 吉林 01（157293）	8500. 00	2026. 03. 27	3. 4000
19 吉林 02（157294）	12000. 00	2029. 03. 27	3. 4700	19 陕西 04（157295）	1766. 00	2022. 03. 28	3. 0600
19 陕西 05（157296）	5500. 00	2024. 04. 02	3. 3300	19 陕西 06（157297）	4850. 00	2026. 03. 28	3. 4400
19 陕西 07（157298）	810. 00	2029. 03. 28	3. 4100	19 陕西 08（157299）	2374. 00	2022. 03. 28	3. 0600
19 陕西 09（157300）	200. 00	2024. 03. 28	3. 3300	19 山东 13（157301）	2612. 00	2024. 03. 28	3. 2800
19 山东 14（157302）	2369. 00	2022. 04. 02	3. 0100	19 山东 15（157303）	260. 00	2029. 03. 28	3. 3600
19 山东 16（157304）	550. 00	2024. 03. 28	3. 2800	19 山东 17（157305）	1142. 00	2024. 03. 28	3. 2800
19 山东 18（157306）	398. 00	2024. 03. 28	3. 2800	19 山东 19（157307）	412. 00	2024. 03. 28	3. 2800
19 山东 20（157308）	7762. 00	2026. 03. 28	3. 3900	19 广西 05（157309）	11037. 00	2026. 03. 29	3. 3700
19 广西 06（157310）	815. 00	2026. 03. 29	3. 3700	19 广西 07（157311）	985. 00	2026. 03. 29	3. 3700
19 广西 08（157312）	5500. 00	2024. 03. 29	3. 2700	19 广西 09（157313）	1330. 00	2026. 03. 29	3. 3700

债券信息
List of Bonds

债券简称（代码） Bond Name（Code）	发行量 （百万元） Issued Vol （M Yuan）	到期日 Expiration Date	票面利率（%） Coupon Rate	债券简称（代码） Bond Name（Code）	发行量 （百万元） Issued Vol （M Yuan）	到期日 Expiration Date	票面利率（%） Coupon Rate
19广西10（157314）	670.00	2026.03.29	3.3700	19西藏01（157315）	300.00	2024.03.29	3.2700
19西藏02（157316）	1000.00	2026.03.29	3.3700	19西藏03（157317）	700.00	2024.03.29	3.2700
19辽宁03（157318）	6891.73	2029.03.29	3.4400	19辽宁04（157319）	9647.65	2029.03.29	3.4400
PR深圳02（157320）	400.00	2022.03.29	3.0000	19深圳03（157321）	3000.00	2024.03.29	3.2700
19深圳04（157322）	1850.00	2029.03.29	3.3400	19深圳05（157323）	500.00	2029.03.29	3.3400
PR深圳06（157324）	300.00	2026.03.29	3.3700	19深圳07（157325）	200.00	2024.03.29	3.2700
19深圳08（157326）	800.00	2026.03.29	3.3700	19深圳09（157327）	200.00	2026.03.29	3.3700
19深圳10（157328）	700.00	2034.03.29	3.6400	19深圳11（157329）	100.00	2026.03.29	3.3700
19深圳12（157330）	1500.00	2034.03.29	3.6400	19深圳13（157331）	350.00	2024.03.29	3.2700
19深圳14（157332）	2700.00	2026.03.29	3.3700	19北京05（157333）	2600.00	2024.04.04	3.2500
19北京06（157334）	3300.00	2024.04.01	3.2500	19北京07（157335）	2200.00	2024.04.04	3.2500
19北京08（157336）	2600.00	2026.04.01	3.3600	19北京09（157337）	5500.00	2029.04.01	3.3300
19湖北15（157338）	12551.63	2026.04.01	3.3600	19湖北16（157339）	1759.26	2029.04.01	3.4800
19浙江05（157340）	2900.00	2029.04.01	3.3300	19浙江06（157341）	14400.00	2026.04.01	3.3600
19浙江07（157342）	1000.00	2029.04.01	3.3300	19浙江08（157343）	15670.00	2029.04.01	3.3300
19山西12（157344）	1271.00	2022.04.12	3.1600	19山西13（157345）	2400.00	2026.04.12	3.5400
19山西14（157346）	2400.00	2029.04.12	3.5200	19山西15（157347）	148.00	2022.04.12	3.1600
19山西16（157348）	894.00	2024.04.12	3.4100	19山西17（157349）	997.00	2026.04.12	3.5400
19山西18（157350）	2076.00	2029.04.12	3.5200	19山西19（157351）	490.00	2022.04.12	3.1600
19山西20（157352）	3250.00	2024.04.12	3.4100	19山西21（157353）	720.00	2024.04.12	3.4100
19山西22（157354）	273.00	2026.04.12	3.5400	19山西23（157355）	671.00	2029.04.12	3.5200
19甘肃07（157356）	4400.00	2024.04.15	3.4300	19龙江04（157357）	12000.00	2029.04.16	3.7900
19广东19（157358）	3806.59	2024.04.26	3.4800	19广东20（157359）	3710.19	2029.04.26	3.6500
19湖南04（157360）	3933.17	2026.04.26	3.8000	19湖南05（157361）	7018.60	2024.04.26	3.4800
19湖南06（157362）	3849.40	2026.04.26	3.8100	19湖南07（157363）	988.40	2029.04.26	3.8900
19河北13（157364）	14460.00	2029.05.14	3.7300	19青海05（157365）	5859.90	2024.05.15	3.4000
19青海06（157366）	2200.00	2026.05.15	3.6600	19青海07（157367）	442.11	2024.05.15	3.4000
19宁夏12（157368）	492.82	2026.05.16	3.6300	19宁夏13（157369）	1389.97	2029.05.16	3.6300
19福建12（157370）	11293.65	2029.05.17	3.6300	19青岛09（157371）	1640.00	2026.05.21	3.5700
19青岛10（157372）	1240.00	2024.05.21	3.3900	19青岛11（157373）	1000.00	2026.05.21	3.5700
19青岛12（157374）	700.00	2026.05.21	3.5700	19宁波05（157375）	1751.80	2024.05.23	3.3900
19宁波06（157376）	1761.71	2029.05.23	3.5300	19宁波07（157377）	1232.00	2024.05.23	3.3900
19宁波08（157378）	1254.38	2029.05.23	3.5300	19宁波09（157379）	700.00	2029.05.23	3.5300
19内蒙12（157380）	4534.03	2022.05.24	3.2200	19新疆11（157381）	3100.00	2034.05.24	3.9800
19新疆12（157382）	17000.00	2034.05.24	4.0200	19河南14（157383）	11126.00	2026.05.27	3.5800
19河南15（157384）	3224.30	2026.05.27	3.5800	19广西11（157385）	19521.25	2029.05.29	3.7700
19广西12（157386）	15000.00	2029.05.29	3.7700	19广东21（157387）	2869.00	2024.05.30	3.3800
19广东22（157388）	2627.00	2026.05.30	3.6000	19广东23（157389）	8838.00	2024.05.30	3.3800
19广东24（157390）	2867.00	2026.05.30	3.6000	19广东25（157391）	455.18	2029.05.30	3.5700
19广东26（157392）	2052.00	2029.05.30	3.5700	19广东27（157393）	465.00	2039.05.30	3.9100
19广东28（157394）	1473.62	2029.05.30	3.5700	19广东29（157395）	600.00	2029.05.30	3.5700
19广东30（157396）	908.51	2034.05.30	3.8800	19广东31（157397）	310.00	2039.05.30	3.9100
19广东32（157398）	9473.26	2029.05.30	3.5700	19广东33（157399）	1260.52	2034.05.30	3.8800
19广东34（157400）	1094.42	2039.05.30	3.9100	19湖北17（157401）	6950.85	2026.06.03	3.5900
19湖北18（157402）	3124.43	2049.06.03	4.1900	19四川85（157403）	6488.95	2024.06.04	3.3600
19四川86（157404）	7000.00	2049.06.04	4.1900	19四川87（157405）	15390.57	2026.06.04	3.5800
19四川88（157406）	2904.00	2026.06.04	3.5800	19四川89（157407）	400.00	2024.06.04	3.3600
19四川90（157408）	232.00	2029.06.04	3.5500	19四川91（157409）	300.00	2039.06.04	3.9000
19四川92（157410）	50.00	2024.06.04	3.4600	19四川93（157411）	282.00	2026.06.04	3.5800
19四川94（157412）	365.00	2029.06.04	3.6500	19四川95（157413）	100.00	2039.06.04	3.9000

债券信息
List of Bonds

债券简称（代码）Bond Name（Code）	发行量（百万元）Issued Vol（M Yuan）	到期日 Expiration Date	票面利率（%）Coupon Rate	债券简称（代码）Bond Name（Code）	发行量（百万元）Issued Vol（M Yuan）	到期日 Expiration Date	票面利率（%）Coupon Rate
19四川96（157414）	147.00	2026.06.04	3.5800	19北京10（157415）	9834.90	2024.06.12	3.3100
19北京11（157416）	3531.20	2021.06.12	3.0400	19北京12（157417）	400.00	2024.06.12	3.3100
19北京13（157418）	352.50	2026.06.12	3.5200	19湖南08（157419）	29999.95	2026.06.12	3.5200
19大连05（157420）	666.88	2029.06.14	3.4800	19大连06（157421）	651.09	2029.06.14	3.4800
19海南08（157422）	3500.00	2022.06.14	3.2200	19海南09（157423）	2000.00	2029.06.14	3.4900
19海南10（157424）	800.00	2022.06.19	3.2200	19海南11（157425）	1050.00	2026.06.14	3.5300
19海南12（157426）	1500.00	2029.06.14	3.4900	19海南13（157427）	1500.00	2024.06.14	3.3300
19海南14（157428）	2000.00	2024.06.14	3.3300	19山西24（157429）	330.00	2022.06.14	3.2200
19山西25（157430）	4405.00	2024.06.14	3.3300	19山西26（157431）	6100.00	2026.06.14	3.5300
19山西27（157432）	113.00	2022.06.14	3.2200	19山西28（157433）	773.00	2024.06.14	3.3300
19山西29（157434）	169.00	2024.06.14	3.3300	19山西30（157435）	220.00	2026.06.14	3.5300
19山西31（157436）	1295.00	2029.06.14	3.4800	19山西32（157437）	700.00	2029.06.14	3.4900
19山西33（157438）	1169.00	2026.06.14	3.5300	19山西34（157439）	562.50	2029.06.14	3.4800
19上海04（157440）	3300.00	2022.06.18	3.2200	19上海05（157441）	300.00	2024.06.18	3.3400
19上海06（157442）	2530.00	2022.06.21	3.2200	19上海07（157443）	43260.00	2024.06.18	3.3400
19上海08（157444）	1500.00	2026.06.18	3.5300	19上海09（157445）	2310.00	2029.06.18	3.5000
19广东35（157446）	2410.00	2024.06.18	3.3400	19广东36（157447）	7100.00	2026.06.18	3.5300
19广东37（157448）	13222.00	2024.06.18	3.3400	19广东38（157449）	4871.00	2026.06.18	3.5300
19广东39（157450）	785.00	2029.06.18	3.5000	19广东40（157451）	2497.00	2029.06.18	3.5000
19广东41（157452）	186.32	2034.06.18	3.8000	19广东42（157453）	4079.33	2029.06.18	3.5000
19广东43（157454）	359.00	2034.06.18	3.8000	19广东44（157455）	673.00	2029.06.18	3.5000
19广东45（157456）	2761.65	2024.06.21	3.3400	19广东46（157457）	3378.49	2029.06.18	3.5000
19广东47（157458）	543.70	2034.06.18	3.8000	19广东48（157459）	421.09	2034.06.18	3.8000
19广东49（157460）	399.00	2039.06.18	3.8400	19广东50（157461）	12455.65	2029.06.18	3.5000
19广东51（157462）	1351.91	2034.06.18	3.8000	19广东52（157463）	3612.35	2039.06.18	3.8400
19深圳15（157464）	200.00	2024.06.18	3.3400	19深圳16（157465）	8000.00	2029.06.18	3.5000
19深圳17（157466）	6400.00	2029.06.18	3.5000	19深圳18（157467）	500.00	2024.06.18	3.3400
19深圳19（157468）	600.00	2026.06.18	3.5300	19深圳20（157469）	300.00	2024.06.18	3.3400
19内蒙13（157470）	10688.56	2039.06.19	3.8400	19内蒙14（157471）	3200.25	2039.06.19	3.8400
19广西13（157472）	7800.00	2029.06.20	3.5000	19广西14（157473）	400.00	2022.06.25	3.4300
19广西15（157474）	951.00	2049.06.20	4.1100	19广西16（157475）	2062.00	2049.06.20	4.1100
19广西17（157476）	585.00	2049.06.20	4.1100	19广西18（157477）	502.00	2049.06.20	4.1100
19广西19（157478）	6500.00	2049.06.20	4.1000	19福建13（157479）	6786.78	2049.06.21	4.1000
19福建14（157480）	7580.00	2034.06.21	3.7900	19福建15（157481）	3620.00	2034.06.21	3.7900
19陕西13（157482）	11060.06	2049.06.25	4.1000	19陕西14（157483）	9000.00	2034.06.25	3.8400
19陕西15（157484）	2142.00	2029.06.25	3.5400	19陕西16（157485）	600.00	2029.06.25	3.5800
19湖北19（157486）	6369.85	2024.06.25	3.3000	19湖北20（157487）	1466.77	2029.06.25	3.4800
19湖北21（157488）	1500.00	2034.06.25	3.8400	19云南09（157489）	11190.00	2049.06.25	4.1000
19湖南09（157490）	6437.10	2049.06.26	4.1100	19湖南10（157491）	5280.60	2024.06.26	3.3100
19湖南11（157492）	494.00	2024.06.26	3.3100	19湖南12（157493）	1656.00	2026.06.26	3.5100
19湖南13（157494）	113.00	2029.06.26	3.7200	19新疆13（157495）	3600.00	2034.06.28	3.8500
19新疆14（157496）	6800.00	2049.06.28	4.1700	19新疆15（157497）	4800.00	2039.06.28	3.8800
19新疆16（157498）	4190.00	2034.06.28	3.8500	19新疆17（157499）	3840.00	2024.06.28	3.3500
18吉林12（157500）	490.00	2023.10.25	3.7800	18吉林13（157501）	2110.00	2028.10.25	3.9700
18吉林14（157502）	407.00	2028.10.25	3.9700	18吉林15（157503）	480.00	2028.10.25	3.9700
18江苏16（157504）	3280.00	2023.10.25	3.7800	18龙江19（157505）	15634.07	2028.10.24	3.9700
18青岛11（157506）	1200.00	2023.10.29	3.7700	18青岛12（157507）	1000.00	2025.10.29	3.9600
18安徽17（157508）	1776.83	2023.10.31	3.7500	18安徽18（157509）	655.49	2023.10.31	3.7500
18四川33（157510）	209.00	2021.10.26	3.6000	18四川34（157511）	5182.00	2023.10.26	3.7700
18四川35（157512）	234.00	2023.10.26	3.7700	18四川36（157513）	653.00	2025.10.26	3.9600

债券信息
List of Bonds

债券简称（代码）Bond Name（Code）	发行量（百万元）Issued Vol（M Yuan）	到期日 Expiration Date	票面利率（%）Coupon Rate	债券简称（代码）Bond Name（Code）	发行量（百万元）Issued Vol（M Yuan）	到期日 Expiration Date	票面利率（%）Coupon Rate
18 四川 37（157514）	80.00	2028.10.26	3.9600	18 四川 38（157515）	40.00	2028.10.26	3.9600
18 四川 39（157516）	70.00	2025.10.26	3.9600	18 四川 40（157517）	20.00	2025.10.26	3.9600
18 四川 41（157518）	30.00	2023.10.26	3.7700	18 四川 42（157519）	1759.00	2028.10.26	3.9600
18 四川 43（157520）	119.00	2025.10.26	3.9600	18 四川 44（157521）	130.00	2025.10.26	3.9600
18 四川 45（157522）	536.00	2025.10.26	3.9600	18 四川 46（157523）	179.00	2023.10.26	3.7700
18 四川 47（157524）	273.00	2028.10.26	3.9600	18 四川 48（157525）	608.00	2028.10.26	3.9600
18 四川 49（157526）	227.00	2028.10.26	3.9600	18 贵州 24（157527）	10000.00	2021.10.29	3.6000
18 贵州 25（157528）	400.00	2023.10.29	3.7700	18 宁波 16（157529）	1182.67	2023.11.21	3.5600
18 宁波 17（157530）	1750.00	2028.11.21	3.8000	18 宁波 18（157531）	528.00	2023.11.21	3.5600
18 宁波 19（157532）	770.00	2028.11.21	3.8000	18 贵州 26（157533）	6509.28	2023.11.21	3.5600
18 贵州 27（157534）	5741.33	2025.11.21	3.7900	18 辽宁 24（157535）	3028.00	2028.11.30	3.7900
18 河北 41（157536）	6000.00	2023.12.20	3.4400	18 河北 42（157537）	9000.00	2028.12.20	3.7400
18 河北 43（157538）	3000.00	2028.12.20	3.7400	18 河北 44（157539）	10000.00	2038.12.20	4.0100
18 河北 45（157540）	2000.00	2048.12.20	4.2200	18 江西 21（157541）	662.26	2025.12.28	3.6500
18 江西 22（157542）	240.00	2025.12.28	3.6500	18 青岛 13（157543）	26.82	2023.12.28	3.4600
18 青岛 14（157544）	29.24	2023.12.28	3.4600	19 江西 01（157546）	2846.57	2022.01.30	2.9900
19 江西 02（157547）	6300.00	2024.01.30	3.1900	19 江西 03（157548）	6300.00	2026.01.30	3.3200
19 江西 04（157549）	6300.00	2029.01.30	3.3800	19 江西 05（157550）	2669.70	2022.01.30	2.9900
19 天津 01（157551）	1920.00	2021.01.28	2.9400	19 天津 02（157552）	1280.00	2024.01.28	3.3400
19 天津 03（157553）	1400.00	2039.01.28	3.8400	19 天津 04（157554）	6300.00	2024.01.28	3.3400
19 天津 05（157555）	400.00	2034.01.28	3.8100	19 天津 06（157556）	400.00	2024.01.28	3.3400
19 天津 07（157557）	1000.00	2029.01.28	3.5100	19 天津 08（157558）	500.00	2022.01.28	3.1200
19 天津 09（157559）	13200.00	2024.01.28	3.3400	19 天津 10（157560）	2700.00	2024.01.28	3.3400
19 天津 11（157561）	600.00	2024.01.28	3.3400	19 福建 01（157562）	4280.00	2024.01.25	3.3300
19 福建 02（157563）	3210.00	2026.01.25	3.4700	19 福建 03（157564）	3210.00	2029.01.25	3.5000
19 青岛 01（157565）	2200.00	2024.01.29	3.3400	19 青岛 02（157566）	3500.00	2026.01.29	3.4700
19 云南 01（157567）	2550.00	2022.01.29	3.1300	19 云南 02（157568）	7650.00	2024.01.29	3.3400
19 云南 03（157569）	7650.00	2026.01.29	3.4700	19 云南 04（157570）	7650.00	2029.01.29	3.5200
19 云南 05（157571）	15000.00	2024.01.29	3.3400	19 云南 06（157572）	4100.00	2026.01.29	3.4700
19 贵州 01（157573）	5100.00	2024.01.29	3.3400	19 四川 01（157574）	2000.00	2024.01.30	3.1900
19 四川 02（157575）	8000.00	2029.01.30	3.3800	19 四川 03（157576）	528.00	2022.01.30	2.9900
19 四川 04（157577）	4684.00	2024.01.30	3.1900	19 四川 05（157578）	475.00	2024.01.30	3.1900
19 四川 06（157579）	1680.00	2026.01.30	3.3200	19 四川 07（157580）	105.00	2029.01.30	3.3800
19 四川 08（157581）	300.00	2026.01.30	3.3200	19 四川 09（157582）	285.00	2029.01.30	3.3800
19 四川 10（157583）	446.00	2026.01.30	3.3200	19 四川 11（157584）	90.00	2026.01.30	3.3200
19 四川 12（157585）	115.00	2029.01.30	3.3800	19 四川 13（157586）	60.00	2029.01.30	3.3800
19 四川 14（157587）	400.00	2026.01.30	3.3200	19 四川 15（157588）	800.00	2029.01.30	3.3800
19 四川 16（157589）	300.00	2024.01.30	3.1900	19 四川 17（157590）	40.00	2026.01.30	3.3200
19 四川 18（157591）	300.00	2026.01.30	3.3200	19 四川 19（157592）	110.00	2029.01.30	3.3800
19 山西 01（157593）	2870.00	2024.02.22	3.1500	19 山西 02（157594）	4500.00	2026.02.22	3.3000
19 山西 03（157595）	4500.00	2029.02.22	3.3500	19 山西 04（157596）	131.00	2022.02.22	2.9200
19 山西 05（157597）	463.00	2024.02.22	3.1500	19 山西 06（157598）	230.00	2026.02.22	3.3000
19 山西 07（157599）	1147.00	2029.02.22	3.3500	19 山西 08（157600）	1444.00	2024.02.22	3.1500
19 山西 09（157601）	320.00	2022.02.22	2.9200	19 山西 10（157602）	290.00	2024.02.22	3.1500
19 山西 11（157603）	556.00	2029.02.22	3.3500	19 辽宁 01（157604）	24978.55	2029.02.25	3.3600
19 辽宁 02（157605）	900.00	2024.02.25	3.1600	19 湖北 03（157606）	4148.00	2024.03.01	3.2300
19 湖北 04（157607）	2916.45	2029.03.01	3.4100	19 湖北 05（157608）	5113.55	2024.03.01	3.2300
19 湖北 06（157609）	1000.00	2029.03.01	3.4100	19 湖北 07（157610）	2500.00	2029.03.01	3.4100
19 湖北 08（157611）	3668.22	2029.03.01	3.4100	19 湖北 09（157612）	2200.00	2034.03.01	3.6900
19 湖北 10（157613）	1126.50	2029.03.01	3.4100	19 湖北 11（157614）	2853.65	2026.03.01	3.3700

债券信息
List of Bonds

债券简称（代码）Bond Name（Code）	发行量（百万元）Issued Vol（M Yuan）	到期日 Expiration Date	票面利率（%）Coupon Rate	债券简称（代码）Bond Name（Code）	发行量（百万元）Issued Vol（M Yuan）	到期日 Expiration Date	票面利率（%）Coupon Rate
19 湖北 12（157615）	2317. 30	2029. 03. 01	3. 4100	19 湖北 13（157616）	6760. 76	2024. 03. 01	3. 2300
19 宁夏 01（157617）	4000. 00	2024. 03. 01	3. 2800	19 宁夏 02（157618）	4500. 00	2029. 03. 01	3. 4600
19 重庆 01（157619）	2600. 00	2024. 02. 27	3. 1800	19 重庆 02（157620）	6000. 00	2029. 02. 27	3. 3900
19 重庆 03（157621）	7000. 00	2049. 02. 27	3. 9800	19 重庆 04（157622）	7800. 00	2024. 02. 27	3. 1800
19 重庆 05（157623）	2200. 00	2026. 02. 27	3. 3400	19 甘肃 03（157624）	8889. 00	2029. 02. 28	3. 4000
19 福建 04（157625）	17950. 00	2024. 03. 15	3. 2900	19 河南 08（157626）	19586. 70	2026. 03. 14	3. 4300
19 河南 09（157627）	1314. 40	2024. 03. 14	3. 3000	19 河南 10（157628）	755. 60	2024. 03. 14	3. 3000
19 河南 11（157629）	500. 00	2024. 03. 14	3. 3000	19 河南 12（157630）	300. 00	2029. 03. 14	3. 4100
19 河南 13（157631）	5000. 00	2034. 03. 14	3. 6900	19 大连 01（157632）	1800. 00	2026. 03. 20	3. 4200
19 大连 02（157633）	200. 00	2026. 03. 20	3. 4200	19 厦门 04（157634）	3500. 00	2034. 03. 22	3. 6800
19 河北 03（157635）	8860. 00	2034. 03. 15	3. 6800	19 河北 04（157636）	12314. 00	2024. 03. 15	3. 2900
19 河北 05（157637）	6554. 00	2034. 03. 15	3. 6800	19 江西 06（157638）	2125. 91	2029. 03. 21	3. 3900
19 江西 07（157639）	10181. 29	2024. 03. 21	3. 3200	19 江西 08（157640）	14018. 71	2024. 03. 21	3. 3200
19 江西 09（157641）	2000. 00	2024. 03. 21	3. 3200	19 江西 10（157642）	2007. 72	2029. 03. 21	3. 3900
19 湖南 02（157643）	10300. 00	2029. 03. 22	3. 3900	19 湖南 03（157644）	5000. 00	2024. 03. 22	3. 3200
19 安徽 02（157645）	40122. 80	2024. 04. 01	3. 3000	19 安徽 03（157646）	7020. 37	2026. 04. 01	3. 4100
19 安徽 04（157647）	4276. 00	2029. 04. 01	3. 3800	19 青海 02（157648）	10000. 00	2029. 03. 28	3. 4600
19 青海 03（157649）	3595. 46	2024. 03. 28	3. 2800	19 青海 04（157650）	600. 00	2026. 03. 28	3. 3900
19 贵州 03（157651）	10000. 00	2024. 04. 02	3. 2300	19 贵州 04（157652）	6000. 00	2024. 04. 02	3. 2300
19 内蒙 04（157653）	390. 00	2022. 04. 10	3. 0900	19 内蒙 05（157654）	660. 00	2024. 04. 10	3. 3400
19 内蒙 06（157655）	910. 00	2026. 04. 10	3. 6500	19 内蒙 07（157656）	2530. 00	2029. 04. 10	3. 6100
19 内蒙 08（157657）	510. 00	2034. 04. 10	3. 8800	19 内蒙 09（157658）	1290. 00	2024. 04. 10	3. 3400
19 内蒙 10（157659）	110. 00	2029. 04. 10	3. 7100	19 内蒙 11（157660）	2500. 00	2029. 04. 10	3. 7100
19 江苏 08（157661）	17270. 00	2022. 04. 17	3. 2000	19 江苏 09（157662）	17190. 00	2029. 04. 17	3. 5600
19 河北 11（157663）	4000. 00	2026. 04. 10	3. 5000	19 河北 12（157664）	22200. 00	2039. 04. 10	3. 9100
19 吉林 03（157665）	5909. 00	2024. 04. 17	3. 4600	19 吉林 04（157666）	560. 00	2024. 04. 17	3. 4600
19 吉林 05（157667）	970. 00	2026. 04. 17	3. 8000	19 吉林 06（157668）	3690. 00	2029. 04. 17	3. 8100
19 吉林 07（157669）	330. 00	2029. 04. 17	3. 8100	19 吉林 08（157670）	150. 00	2029. 04. 17	3. 8100
19 陕西 10（157671）	7380. 29	2024. 04. 24	3. 5800	19 陕西 11（157672）	14700. 00	2026. 04. 24	3. 8000
19 陕西 12（157673）	14800. 00	2029. 04. 24	3. 8800	19 辽宁 05（157674）	3282. 00	2039. 04. 26	4. 1900
19 辽宁 06（157675）	6098. 73	2039. 04. 26	4. 2400	19 海南 03（157676）	3995. 88	2026. 04. 29	3. 8100
19 海南 04（157677）	800. 00	2024. 04. 29	3. 4900	19 海南 05（157678）	900. 00	2024. 04. 29	3. 4900
19 海南 06（157679）	3600. 00	2024. 04. 29	3. 4900	19 海南 07（157680）	1585. 92	2029. 04. 29	3. 9000
19 大连 03（157681）	600. 00	2024. 04. 30	3. 4900	19 大连 04（157682）	1500. 00	2022. 04. 30	3. 2800
19 龙江 05（157683）	10414. 67	2024. 04. 29	3. 4900	19 甘肃 08（157684）	4553. 30	2026. 05. 06	3. 8400
19 四川 60（157685）	5840. 50	2039. 05. 07	4. 1000	19 四川 61（157686）	11000. 34	2039. 05. 07	4. 1100
19 四川 62（157687）	2816. 00	2024. 05. 07	3. 4600	19 四川 63（157688）	2831. 00	2026. 05. 07	3. 7600
19 四川 64（157689）	2985. 50	2029. 05. 07	3. 8900	19 四川 65（157690）	1000. 00	2049. 05. 07	4. 2200
19 四川 66（157691）	840. 00	2029. 05. 07	3. 8000	19 四川 67（157692）	125. 00	2034. 05. 07	4. 1800
19 四川 68（157693）	1129. 00	2024. 05. 07	3. 4600	19 四川 69（157694）	3871. 00	2026. 05. 07	3. 7200
19 四川 70（157695）	2369. 50	2029. 05. 07	3. 9000	19 四川 71（157696）	916. 00	2026. 05. 07	3. 7200
19 四川 72（157697）	1288. 00	2029. 05. 07	3. 9900	19 四川 73（157698）	813. 00	2026. 05. 07	3. 8000
19 四川 74（157699）	1600. 00	2029. 05. 07	3. 7500	19 四川 75（157700）	1829. 00	2029. 05. 07	3. 9900
19 四川 76（157701）	210. 00	2026. 05. 07	3. 7300	19 四川 77（157702）	1222. 00	2029. 05. 07	3. 9500
19 四川 78（157703）	260. 00	2024. 05. 07	3. 4600	19 四川 79（157704）	160. 00	2026. 05. 07	3. 7600
19 四川 80（157705）	1729. 00	2029. 05. 07	3. 8600	19 四川 81（157706）	200. 00	2026. 05. 07	3. 6800
19 四川 82（157707）	464. 00	2029. 05. 07	3. 9500	19 四川 83（157708）	1023. 00	2026. 05. 07	3. 7200
19 四川 84（157709）	619. 00	2029. 05. 07	3. 9000	19 山东 21（157710）	18238. 00	2024. 05. 17	3. 4000
19 山东 22（157711）	9230. 00	2029. 05. 17	3. 7800	19 山东 23（157712）	914. 00	2026. 05. 17	3. 5900
19 天津 19（157713）	6783. 00	2022. 05. 13	3. 2600	19 天津 20（157714）	2800. 00	2024. 05. 13	3. 4100

债券信息 债券
List of Bonds Bond

债券简称（代码）Bond Name（Code）	发行量（百万元）Issued Vol（M Yuan）	到期日 Expiration Date	票面利率（%）Coupon Rate	债券简称（代码）Bond Name（Code）	发行量（百万元）Issued Vol（M Yuan）	到期日 Expiration Date	票面利率（%）Coupon Rate
19天津21（157715）	2800.00	2024.05.13	3.4100	19天津22（157716）	1300.00	2024.05.13	3.4100
19天津23（157717）	500.00	2026.05.13	3.6400	19天津24（157718）	1100.00	2026.05.13	3.6400
19辽宁07（157719）	13790.64	2049.05.29	4.2800	19龙江06（157720）	10059.74	2049.05.31	4.1900
19贵州05（157721）	11431.87	2049.05.29	4.2000	19吉林09（157722）	11179.29	2029.06.12	3.4700
19吉林10（157723）	500.00	2024.06.12	3.3100	19吉林11（157724）	60.00	2029.06.12	3.4700
19吉林12（157725）	200.00	2029.06.12	3.4700	19宁夏14（157726）	2000.00	2029.06.13	3.4700
19甘肃09（157727）	5342.64	2026.06.05	3.5600	19甘肃10（157728）	8210.00	2049.06.05	4.1800
19河北14（157729）	10873.88	2024.06.10	3.3100	19河北15（157730）	6500.00	2049.06.10	4.1500
19天津25（157731）	500.00	2022.06.10	3.1900	19天津26（157732）	4000.00	2024.06.10	3.3100
19天津27（157733）	4400.00	2024.06.10	3.3100	19天津28（157734）	800.00	2022.06.10	3.1900
19天津29（157735）	1400.00	2024.06.10	3.3100	19天津30（157736）	400.00	2024.06.10	3.3100
19天津31（157737）	100.00	2026.06.10	3.5300	19天津32（157738）	3700.00	2029.06.10	3.4900
19天津33（157739）	200.00	2024.06.10	3.3100	19天津34（157740）	1000.00	2024.06.10	3.3100
19重庆06（157741）	4066.00	2022.06.13	3.2100	19重庆07（157742）	10600.00	2049.06.13	4.1100
19重庆08（157743）	10434.00	2029.06.13	3.4700	19重庆09（157744）	10000.00	2024.06.13	3.3200
19重庆10（157745）	9130.00	2024.06.13	3.3200	19浙江09（157746）	11250.00	2029.06.21	3.4800
19浙江10（157747）	15800.00	2039.06.21	3.8200	19浙江11（157748）	2250.00	2022.06.21	3.1900
19浙江12（157749）	12150.00	2024.06.21	3.3200	19浙江13（157750）	6900.00	2029.06.21	3.4800
19浙江14（157751）	10700.00	2034.06.21	3.7900	19甘肃11（157752）	6771.70	2026.06.12	3.5200
19甘肃12（157753）	6300.00	2029.06.12	3.4700	19甘肃13（157754）	5500.00	2039.06.12	3.8200
19河南16（157757）	6674.43	2024.06.17	3.3400	19河南17（157758）	13481.16	2049.06.17	4.1200
19河南18（157759）	26264.60	2024.06.17	3.3400	19河南19（157760）	5100.00	2034.06.17	3.8000
19安徽05（157761）	4397.82	2049.06.18	4.1100	19安徽06（157762）	13693.23	2026.06.18	3.6300
19安徽07（157763）	1224.00	2029.06.18	3.6000	19江西11（157764）	1327.22	2029.06.19	3.5000
19江西12（157765）	9715.56	2049.06.19	4.1100	19江西13（157766）	13437.42	2024.06.19	3.3400
19江西14（157767）	300.00	2049.06.19	4.1100	19江西15（157768）	207.66	2029.06.19	3.5000
19江西16（157769）	500.00	2029.06.19	3.5100	19河北16（157770）	439.00	2022.06.21	3.1900
19河北17（157771）	8549.00	2024.06.21	3.3200	19河北18（157772）	14853.00	2029.06.21	3.6300
19河北19（157773）	2546.00	2029.06.21	3.6300	19龙江07（157774）	10238.37	2049.06.25	4.1800
19辽宁08（157775）	2999.94	2049.06.25	4.1500	19辽宁09（157776）	126.00	2029.06.25	3.6800
19山东24（157777）	5351.00	2026.06.26	3.5100	19山东25（157778）	4151.00	2024.06.26	3.3100
19山东26（157779）	21865.00	2024.06.26	3.3100	19山东27（157780）	3148.00	2022.06.26	3.1700
19山东28（157781）	3128.00	2039.06.26	3.8300	19山东29（157782）	176.00	2029.06.26	3.6400
19山东30（157783）	1000.00	2024.06.26	3.3100	19山东31（157784）	1662.00	2029.06.26	3.4900
19江苏10（157785）	12700.00	2024.07.01	3.3100	19江苏11（157786）	5550.00	2022.07.01	3.1800
19江苏12（157787）	18990.00	2024.07.01	3.3100	19江苏13（157788）	17360.00	2024.07.01	3.3100
19贵州06（157789）	19569.00	2024.06.26	3.3100	19贵州07（157790）	5002.00	2029.06.26	3.5900
19贵州08（157791）	6465.00	2049.06.26	4.1100	19宁夏15（157792）	2438.45	2029.06.28	3.4900
19厦门05（157793）	6600.00	2024.07.17	3.2700	19厦门06（157794）	500.00	2024.07.17	3.2700
19厦门07（157795）	3000.00	2024.07.17	3.2700	19青海08（157796）	6998.20	2049.07.19	4.1200
19青海09（157797）	100.00	2026.07.19	3.4400	19青海10（157798）	650.00	2026.07.19	3.4400
19青海11（157799）	400.00	2029.07.19	3.4700	19青海12（157800）	320.00	2026.07.19	3.4400
19青海13（157801）	800.00	2029.07,19	3.4700	19青海14（157802）	3150.00	2026.07.19	3.4400
19青海15（157803）	1200.00	2026.07.19	3.4400	19青海16（157804）	850.00	2026.07.19	3.4400
19青海17（157805）	350.00	2026.07.19	3.4400	19青海18（157806）	250.00	2026.07.19	3.4400
19青海19（157807）	400.00	2026.07.19	3.4400	19山西35（157808）	1089.91	2029.07.23	3.4200
19山西36（157809）	1800.00	2039.07.23	3.7800	19山西37（157810）	150.00	2024.07.23	3.2700
19山西38（157811）	620.00	2029.07.23	3.4200	19山西39（157812）	150.00	2024.07.23	3.2700
19山西40（157813）	1313.00	2026.07.23	3.4400	19山西41（157814）	1326.00	2029.07.23	3.4200
19山西42（157815）	300.00	2034.07.23	3.7500	19山西43（157816）	300.00	2024.07.23	3.2700

债券信息
List of Bonds

债券
Bond

债券简称（代码）Bond Name（Code）	发行量（百万元）Issued Vol（M Yuan）	到期日 Expiration Date	票面利率（%）Coupon Rate	债券简称（代码）Bond Name（Code）	发行量（百万元）Issued Vol（M Yuan）	到期日 Expiration Date	票面利率（%）Coupon Rate
19山西44（157817）	534.00	2026.07.23	3.4400	19山西45（157818）	2269.00	2029.07.23	3.4200
19山西46（157819）	325.00	2034.07.23	3.7500	19陕西17（157820）	11610.00	2026.07.25	3.4300
19陕西18（157821）	11600.00	2029.07.25	3.4100	19陕西19（157822）	2024.00	2024.07.25	3.2600
19陕西20（157823）	1250.00	2026.07.25	3.4300	19陕西21（157824）	750.00	2034.07.25	3.7400
19陕西22（157825）	2000.00	2034.07.25	3.7400	19青岛13（157826）	2300.00	2026.07.29	3.4200
19青岛14（157827）	500.00	2024.07.26	3.2500	19青岛15（157828）	1860.00	2026.07.26	3.4300
19青岛16（157829）	1000.00	2029.07.26	3.4100	19青岛17（157830）	1900.00	2024.07.26	3.2500
19青岛18（157831）	2300.00	2026.07.26	3.4300	19青岛19（157832）	1000.00	2029.07.26	3.4100
19青岛20（157833）	200.00	2026.07.26	3.4300	19青岛21（157834）	300.00	2026.07.29	3.4200
19青岛22（157835）	2050.00	2026.07.29	3.4200	19青岛23（157836）	200.00	2026.07.29	3.4200
19青岛24（157837）	150.00	2026.07.29	3.4200	19青岛25（157838）	50.00	2024.07.29	3.2500
19青岛26（157839）	150.00	2024.07.29	3.2500	19吉林13（157840）	1410.00	2024.07.25	3.2600
19吉林14（157841）	366.00	2024.07.25	3.2600	19吉林15（157842）	2362.00	2026.07.25	3.4300
19吉林16（157843）	3764.00	2029.07.25	3.4100	19重庆11（157844）	7000.00	2049.07.22	4.0700
19重庆12（157845）	3800.00	2049.07.22	4.0700	19重庆13（157846）	9000.00	2024.07.22	3.2700
19重庆14（157847）	5670.00	2024.07.22	3.2700	19重庆15（157848）	9400.00	2024.07.22	3.2700
19宁夏16（157849）	2897.62	2049.07.18	4.0800	19宁夏17（157850）	1164.00	2024.07.18	3.2700
19宁夏18（157851）	375.00	2026.07.18	3.4400	19宁夏19（157852）	575.00	2029.07.18	3.4300
19宁夏20（157853）	95.00	2024.07.18	3.2700	19宁夏21（157854）	238.00	2029.07.18	3.4300
19宁夏22（157855）	568.00	2029.07.18	3.4300	19宁夏23（157856）	598.00	2024.07.18	3.2700
19宁夏24（157857）	777.00	2026.07.18	3.4400	19宁夏25（157858）	938.55	2029.07.18	3.4300
19辽宁11（157859）	109.00	2024.07.24	3.2600	19辽宁12（157860）	2938.00	2029.07.24	3.4100
19辽宁13（157861）	4353.00	2034.07.24	3.7500	19辽宁14（157862）	274.00	2029.07.24	3.4100
19内蒙15（157863）	11160.00	2029.07.30	3.4100	19内蒙16（157864）	1240.00	2024.07.30	3.2500
19内蒙17（157865）	110.00	2029.07.30	3.4100	19内蒙18（157866）	180.00	2024.07.30	3.2500
19内蒙19（157867）	10700.00	2029.07.30	3.4100	19内蒙20（157868）	1140.00	2034.07.30	3.7500
19内蒙21（157869）	100.00	2026.07.30	3.4200	19内蒙22（157870）	1360.00	2029.07.30	3.4100
19内蒙23（157871）	60.00	2034.07.30	3.7500	19云南10（157872）	14377.00	2022.07.25	3.1400
19云南11（157873）	7270.00	2024.07.25	3.2600	19云南12（157874）	3124.00	2022.07.25	3.1400
19云南13（157875）	4000.00	2024.07.25	3.2600	19云南14（157876）	5200.00	2029.07.25	3.4100
19云南15（157877）	3000.00	2029.07.25	3.4100	19福建16（157878）	10964.00	2024.07.26	3.2500
19福建17（157879）	3120.00	2024.07.26	3.2500	19福建18（157880）	3189.00	2024.07.26	3.2500
19福建19（157881）	1535.00	2026.07.26	3.4300	19福建20（157882）	90.50	2024.07.26	3.2500
19福建21（157883）	1086.75	2029.07.26	3.4100	19福建22（157884）	800.00	2039.07.26	3.7800
19福建23（157885）	815.00	2029.07.26	3.4100	19福建24（157886）	927.00	2029.07.26	3.4100
19福建25（157887）	672.00	2029.07.26	3.4100	19福建26（157888）	1311.00	2029.07.26	3.4100
19福建27（157889）	2889.75	2029.07.26	3.4100	19湖南14（157890）	8198.11	2039.07.24	3.7800
19湖南15（157891）	4044.00	2026.07.24	3.4300	19湖南16（157892）	5998.20	2024.07.24	3.2600
19湖南17（157893）	1985.00	2024.07.24	3.2600	19湖南18（157894）	3224.80	2026.07.24	3.4300
19湖南19（157895）	5115.00	2029.07.24	3.4100	19贵州09（157896）	18819.86	2022.07.25	3.1400
19贵州10（157897）	6579.98	2049.07.25	4.0900	19贵州11（157898）	11296.61	2049.07.25	4.0900
19山东32（157899）	8206.00	2024.07.29	3.2500	19山东33（157900）	3431.00	2022.07.29	3.1400
19山东34（157901）	2700.00	2039.07.29	3.8300	19山东35（157902）	707.00	2039.07.29	3.8300
19山东36（157903）	450.00	2039.07.29	3.8300	19山东37（157904）	1484.00	2024.07.29	3.2500
19山东38（157905）	4181.00	2029.07.29	3.4100	19山东39（157906）	530.00	2024.07.29	3.2500
19四川97（157907）	8575.83	2049.07.29	4.0900	19四川98（157908）	7511.15	2049.07.29	4.0900
19四川99（157909）	239.00	2026.07.29	3.4200	19川100（157910）	686.00	2029.07.29	3.4100
19川101（157911）	700.00	2049.07.29	4.0900	19川102（157912）	1137.00	2026.07.29	3.4200
19川103（157913）	671.00	2029.07.29	3.4100	19川104（157914）	9797.00	2024.07.29	3.2500
19川105（157915）	1134.00	2024.07.29	3.2500	19川106（157916）	1976.50	2029.07.29	3.4100

债券信息
List of Bonds

债券
Bond

债券简称（代码） Bond Name（Code）	发行量（百万元） Issued Vol （M Yuan）	到期日 Expiration Date	票面利率（%） Coupon Rate	债券简称（代码） Bond Name（Code）	发行量（百万元） Issued Vol （M Yuan）	到期日 Expiration Date	票面利率（%） Coupon Rate
19川107（157917）	300.00	2024.07.29	3.2500	19川108（157918）	670.00	2026.07.29	3.4200
19川109（157919）	3460.50	2029.07.29	3.4100	19川110（157920）	1131.00	2029.07.29	3.4100
19川111（157921）	82.00	2026.07.29	3.4200	19川112（157922）	283.00	2029.07.29	3.4600
19川113（157923）	400.00	2029.07.29	3.4100	19川114（157924）	1221.00	2029.07.29	3.4100
19川115（157925）	597.00	2024.07.29	3.2500	19川116（157926）	530.00	2029.07.29	3.4100
19川117（157927）	305.00	2029.07.29	3.4100	19湖北23（157928）	2853.55	2024.08.12	3.1800
19湖北24（157929）	5222.00	2024.08.12	3.1800	19湖北25（157930）	14405.74	2026.08.12	3.3400
19湖北26（157931）	1419.18	2029.08.12	3.3100	19河南20（157934）	7371.39	2049.08.23	3.8700
19河南21（157935）	1343.14	2029.08.23	3.2800	19河南22（157936）	4567.00	2022.08.23	3.0300
19河南23（157937）	9919.90	2024.08.23	3.1800	19河南24（157938）	3669.00	2024.08.23	3.1800
19河南25（157939）	722.50	2026.08.23	3.3100	19河南26（157940）	495.00	2029.08.23	3.2800
19河南27（157941）	1146.00	2029.08.23	3.2800	19河南28（157942）	1354.00	2026.08.23	3.3100
19河南29（157943）	3300.00	2029.08.23	3.2800	19河南30（157944）	1807.00	2029.08.23	3.2800
19河南31（157945）	5806.00	2034.08.23	3.5700	19河南32（157946）	1103.00	2024.08.23	3.1800
19河南33（157947）	452.00	2026.08.23	3.3100	19宁夏26（157948）	2200.00	2049.08.23	3.9000
19宁夏27（157949）	763.00	2024.08.23	3.1800	19宁夏28（157950）	159.00	2024.08.23	3.1800
19宁夏29（157951）	811.00	2024.08.23	3.1800	19宁夏30（157952）	600.00	2029.08.23	3.3000
19吉林17（157953）	5982.83	2029.08.30	3.3000	19吉林18（157954）	11911.00	2024.08.30	3.2100
19吉林19（157955）	760.00	2029.08.30	3.3000	19吉林20（157956）	340.00	2029.08.30	3.5500
19吉林21（157957）	200.00	2049.08.30	3.9100	19吉林22（157958）	154.00	2026.08.30	3.4300
19吉林23（157959）	215.00	2029.08.30	3.5500	19吉林24（157960）	100.00	2039.08.30	4.0100
19云南16（157961）	4090.00	2024.08.26	3.1900	19云南17（157962）	10710.00	2026.08.26	3.3200
19云南18（157963）	300.00	2026.08.26	3.3200	19云南19（157964）	1690.00	2026.08.26	3.3200
19云南20（157965）	2685.00	2026.08.26	3.3200	19云南21（157966）	1075.00	2026.08.26	3.3200
19云南22（157967）	950.00	2026.08.26	3.3200	19云南23（157968）	1100.00	2024.08.26	3.1900
19青岛27（157969）	4000.00	2024.08.29	3.2100	19上海10（157970）	21970.00	2024.08.21	3.1700
19上海11（157971）	2620.00	2024.08.21	3.1700	19上海12（157972）	10460.00	2029.08.21	3.2600
19辽宁17（157973）	7302.00	2029.08.23	3.2800	19辽宁18（157974）	9437.00	2039.08.23	3.6100
19河北24（157975）	929.00	2029.08.22	3.2700	19河北25（157976）	10052.00	2024.08.22	3.1700
19河北26（157977）	894.00	2024.08.22	3.1700	19河北27（157978）	1575.00	2024.08.22	3.1700
19河北28（157979）	2228.00	2024.08.22	3.1700	19天津48（157980）	3686.00	2024.08.23	3.1800
19天津49（157981）	1400.00	2024.08.23	3.1800	19天津50（157982）	1100.00	2034.08.23	3.5700
19湖南24（157983）	6100.00	2049.08.26	3.8800	19湖南25（157984）	6063.58	2039.08.26	3.6200
19湖南26（157985）	1037.00	2026.08.26	3.3200	19湖南27（157986）	5842.23	2029.08.26	3.2900
19湖南28（157987）	1266.00	2034.08.26	3.5800	19湖南29（157988）	9742.36	2049.08.26	3.8800
19贵州12（157989）	9164.81	2049.08.29	3.9100	19贵州13（157990）	4358.74	2049.08.29	3.9100
19甘肃15（157991）	2441.00	2026.08.29	3.3300	19甘肃16（157992）	1580.00	2039.08.29	3.6400
19甘肃17（157993）	940.00	2039.08.29	3.6400	19甘肃18（157994）	300.00	2026.08.29	3.3300
19宁波14（157995）	3395.19	2026.09.18	3.3400	19宁波15（157996）	866.60	2026.09.18	3.3400
19内蒙26（157997）	4056.49	2024.09.25	3.2400	19内蒙27（157998）	3860.00	2034.09.25	3.6500
19内蒙28（157999）	519.20	2029.09.25	3.3600	19建七01（159000）	627.00	2020.07.10	3.6000
梅溪湖次（159001）	1.50	2037.01.31	0.0000	PR一优（159002）	480.00	2039.02.26	4.9000
人才一次（159003）	24.00	2039.02.26	0.0000	PR19优（159004）	440.00	2020.04.20	5.5000
中和19次（159005）	60.00	2020.04.23	0.0000	PR坊A（159006）	345.00	2034.02.10	5.1000
虹桥坊B（159007）	200.00	2034.02.10	5.8000	虹桥坊次（159008）	20.00	2034.02.10	0.0000
PR14A2（159010）	600.00	2020.12.18	3.8300	PR14A3（159011）	230.00	2021.09.20	4.4000
恒信14次（159012）	80.00	2022.03.18	0.0000	19信易04（159013）	418.00	2020.04.09	3.9400
逸锟05A（159014）	443.00	2020.04.17	5.4600	逸锟05次（159015）	2.00	2020.04.17	0.0000
19裕源05（159016）	168.00	2020.04.03	3.9500	启程02优（159017）	208.00	2020.03.27	4.9000
启程02次（159018）	1.00	2020.03.27	0.0000	合生3A（159019）	445.00	2020.03.26	6.5000

债券信息
List of Bonds

债券简称（代码）Bond Name（Code）	发行量（百万元）Issued Vol（M Yuan）	到期日 Expiration Date	票面利率（%）Coupon Rate	债券简称（代码）Bond Name（Code）	发行量（百万元）Issued Vol（M Yuan）	到期日 Expiration Date	票面利率（%）Coupon Rate
合生3次（159020）	1.00	2020.03.26	0.0000	PRBL02A（159021）	199.00	2020.04.10	3.6000
PR海尔A1（159022）	46.50	2020.02.05	5.0000	PR海尔A2（159023）	42.50	2021.02.05	5.9000
19海尔A3（159024）	40.50	2022.02.07	6.0000	19海尔A4（159025）	40.00	2023.02.06	6.0000
19海尔A5（159026）	41.50	2024.02.05	6.0000	19海尔A6（159027）	45.00	2025.02.05	6.0000
19海尔A7（159028）	48.00	2026.02.05	6.0000	19海尔A8（159029）	52.00	2027.02.05	6.0000
19海尔A9（159030）	56.00	2028.02.07	6.0000	19海尔次（159031）	38.00	2028.02.07	0.0000
PR利程A1（159032）	384.00	2020.01.20	5.2000	PR利程A2（159033）	244.00	2020.10.20	5.5000
PR利程A3（159034）	195.00	2022.01.20	5.7000	利程A4（159035）	68.00	2022.07.20	5.9000
利程次（159036）	47.00	2023.01.20	0.0000	19建花5A（159037）	2670.00	2021.04.28	3.6600
19建花5B（159038）	105.00	2021.04.28	4.1300	19建花5C（159039）	225.00	2021.04.28	0.0000
联保8优（159040）	537.00	2020.04.02	6.8300	联保8次（159041）	1.00	2020.04.02	0.0000
19花01A1（159042）	2670.00	2021.04.28	3.7500	19花01A2（159043）	105.00	2021.04.28	4.1000
19花01B（159044）	225.00	2021.04.28	0.0000	18海融2A（159045）	4750.00	2020.04.23	3.4000
18海融2B（159046）	250.00	2020.04.23	0.0000	PR青城5A（159048）	330.00	2020.06.29	6.3000
PR青城5B（159049）	390.00	2022.03.27	6.5000	青城5B（159050）	80.00	2022.06.27	7.2000
青城5次（159051）	60.00	2023.09.27	0.0000	光花10A（159052）	2670.00	2021.05.06	3.9000
光花10B（159053）	105.00	2021.05.06	4.2000	光花10C（159054）	225.00	2021.05.06	0.0000
PR美1优A（159055）	430.00	2020.09.28	4.5900	PR美1优B（159056）	37.00	2020.10.26	5.3000
PR美1次（159057）	33.00	2020.11.03	0.0000	东花03A1（159058）	2670.00	2021.05.06	3.8000
东花03A2（159059）	105.00	2021.05.06	4.1000	东花03B（159060）	225.00	2021.05.06	0.0000
PR平2A2（159062）	1000.00	2021.06.25	4.7000	19平2B（159063）	140.00	2021.09.25	6.9000
19平次（159064）	184.13	2023.09.25	0.0000	联中04优（159065）	374.00	2020.04.16	6.5000
联中04次（159066）	20.00	2020.04.16	0.0000	金保03优（159067）	316.00	2020.04.14	6.1900
金保03次（159068）	9.00	2020.04.14	0.0000	PR脱贫A2（159070）	830.00	2020.01.17	4.6000
PR脱贫A3（159071）	358.00	2021.01.17	5.2000	19脱贫B（159072）	272.00	2021.01.17	7.0000
19脱贫C（159073）	130.00	2021.01.17	7.1000	19脱贫次（159074）	590.00	2021.02.17	4.0000
PR融和A1（159075）	598.00	2020.10.21	4.4000	PR融和A2（159076）	265.00	2023.10.21	5.8000
19融和次（159077）	46.00	2026.12.31	0.0000	龙联01A（159078）	277.00	2020.04.09	5.0700
龙联01次（159079）	1.00	2020.04.09	0.0000	19建业A（159080）	627.00	2021.04.26	6.8000
19建业B（159081）	227.00	2021.04.26	7.0000	19建业次（159082）	57.00	2021.04.26	0.0000
PR19聚A1（159083）	340.00	2020.06.16	6.5000	PR19聚A2（159084）	160.00	2020.12.16	6.8000
PR19聚A3（159085）	130.00	2021.06.17	7.0000	19聚01A4（159086）	100.00	2021.12.16	7.2000
19聚01B1（159087）	55.00	2022.06.17	7.5000	19聚01B2（159088）	48.00	2022.09.19	7.8000
19聚01次（159089）	44.00	2023.06.16	0.0000	逸锟优04（159090）	900.00	2020.04.23	5.6000
逸锟次04（159091）	1.00	2020.04.23	0.0000	PR中和2A（159092）	430.00	2021.05.14	5.8000
19中和2C（159093）	70.00	2021.05.14	0.0000	PRG漳交1（159094）	36.00	2020.05.07	6.0000
PRG漳交2（159095）	39.50	2021.05.07	6.1000	G漳公交3（159096）	41.50	2022.05.09	6.2000
G漳公交4（159097）	45.50	2023.05.08	6.7000	G漳公交5（159098）	49.00	2024.05.07	6.7000
G漳公交6（159099）	53.50	2025.05.07	6.7000	G漳公交7（159100）	58.00	2026.05.07	6.9000
G漳公交8（159101）	63.50	2027.05.07	6.9000	G漳公交9（159102）	69.50	2028.05.08	6.9000
G漳交次（159103）	24.00	2028.05.08	0.0000	万隆热02（159105）	60.00	2020.08.31	6.2000
万隆热03（159106）	65.00	2021.08.31	6.4000	万隆热04（159107）	70.00	2022.08.31	6.6000
万隆热05（159108）	75.00	2023.08.31	6.8000	万隆热次（159109）	20.00	2023.08.31	0.0000
PR云泰A（159110）	1750.00	2042.11.01	6.5000	云泰优B（159111）	1500.00	2042.11.01	7.5000
云泰次C（159112）	50.00	2042.11.01	8.0000	PR融创A（159113）	1290.00	2037.04.28	5.8000
19融创B（159114）	400.00	2037.04.28	6.3000	19融创次（159115）	100.00	2037.04.28	0.0000
PR19四A（159116）	2623.00	2021.09.30	4.6000	19远东4B（159117）	110.00	2021.09.30	5.8000
19远东4C（159118）	200.00	2022.03.31	7.5000	19远东4D（159119）	171.00	2024.03.29	0.0000
同煤联05（159120）	573.00	2020.04.01	5.2000	PR海济01（159121）	132.00	2020.02.26	5.0000
PR海济02（159122）	130.00	2021.08.26	5.5000	19海济C（159123）	18.65	2022.02.26	0.0000

债券信息
List of Bonds

债券简称（代码） Bond Name（Code）	发行量（百万元） Issued Vol （M Yuan）	到期日 Expiration Date	票面利率（%） Coupon Rate	债券简称（代码） Bond Name（Code）	发行量（百万元） Issued Vol （M Yuan）	到期日 Expiration Date	票面利率（%） Coupon Rate
PR 光明 A（159124）	320.00	2040.01.22	4.5000	19 光明 B（159125）	279.00	2040.01.22	5.0000
19 光明 C（159126）	1.00	2040.01.22	5.9900	PR 盈祥 A（159127）	2600.00	2037.04.30	4.4000
PR 盈祥 B（159128）	2400.00	2037.04.30	5.2500	19 盈祥 C（159129）	100.00	2037.04.30	0.0000
链科 03 优（159130）	100.00	2020.04.23	3.8000	链科 03 次（159131）	1.00	2020.04.23	0.0000
蚂蚁 02A1（159132）	152.00	2020.05.11	4.4500	蚂蚁 02A2（159133）	14.00	2020.05.11	5.0000
蚂蚁 02B（159134）	34.00	2020.05.11	0.0000	金地 12A（159135）	495.00	2020.04.24	3.8000
金地 12 次（159136）	1.00	2020.04.24	0.0000	PR 保二 1（159137）	133.00	2020.01.26	4.3000
PR 保二 2（159138）	121.00	2021.01.26	4.4000	保物二 3（159139）	115.00	2022.01.26	4.6000
保物二 4（159140）	115.00	2023.01.26	4.6000	保物二 5（159141）	120.00	2024.01.26	4.6000
保物二 6（159142）	127.00	2025.01.26	4.6000	保物二 7（159143）	143.00	2026.01.26	4.8000
保物二 8（159144）	135.00	2027.01.26	4.8000	保物二 9（159145）	151.00	2028.01.26	4.8000
保物二次（159146）	100.00	2028.01.26	0.0000	PR 瓜子 1A（159147）	133.50	2020.04.27	5.5000
PR 瓜子 1B（159148）	16.50	2020.05.27	6.0000	19 瓜子 1C（159149）	17.00	2020.05.27	0.0000
PR 金控优（159150）	779.00	2021.10.26	4.6500	19 金控次（159151）	41.00	2022.07.26	0.0000
PR 泰山 A1（159152）	150.00	2020.05.25	5.0000	PR 泰山 A2（159153）	40.00	2020.08.25	5.5000
19 泰山 B1（159154）	60.00	2020.11.25	6.0000	PR 泰山 B2（159155）	30.00	2021.05.25	6.3000
19 泰山 B3（159156）	75.00	2022.02.25	6.5000	19 泰山次（159157）	32.62	2023.02.25	0.0000
PR 海信优（159158）	2200.00	2037.04.28	4.6000	19 海信次（159159）	2.00	2037.04.28	0.0000
金港 01（159160）	220.00	2020.08.15	5.8000	PR 金港 02（159161）	160.00	2020.11.16	6.3000
阳煤 01 优（159162）	179.00	2020.04.29	5.1300	19 金港次（159163）	94.91	2020.11.16	0.0000
PR 国新 1（159164）	400.00	2020.01.03	3.7000	19 智慧 A1（159165）	1400.00	2020.05.19	3.4000
PR 智慧 A2（159166）	1045.00	2021.05.17	3.8000	19 智慧 A3（159167）	205.00	2021.11.12	4.1000
19 智慧次（159168）	278.51	2022.02.18	0.0000	PR 平一 A1（159169）	600.00	2020.02.26	3.8900
PR 平一 A2（159170）	486.00	2020.11.26	4.0000	PR 平一 B（159171）	105.00	2021.02.26	4.7800
19 平一 C（159172）	118.16	2021.08.26	5.0000	前海 01 优（159173）	116.00	2020.04.25	6.9000
前海 01 次（159174）	6.20	2020.04.25	0.0000	PR19 易 A（159175）	1300.00	2020.12.25	4.7000
PR19 易 B（159176）	190.00	2021.06.25	6.8000	19 易鑫 C（159177）	104.00	2022.03.25	0.0000
19 裕源 06（159178）	269.00	2020.05.08	3.9500	19 信易 05（159179）	487.00	2020.05.13	3.9300
信泽 02A2（159181）	2730.00	2020.06.25	3.6500	信泽 02A3（159182）	3400.00	2020.12.25	3.8000
信泽 02A4（159183）	560.00	2021.06.25	3.9500	信泽 02A5（159184）	1590.00	2021.12.25	4.1500
PR02A6（159185）	250.00	2021.12.25	4.1500	信泽 02 次（159186）	14.85	2022.01.25	0.0000
PR 二局 03（159187）	774.00	2020.05.08	3.6000	二局 03 次（159188）	1.00	2020.05.08	0.0000
18 海融 3A（159189）	4275.00	2020.05.15	3.3700	18 海融 3B（159190）	225.00	2020.05.15	0.0000
PRGLP1A（159191）	475.00	2020.09.22	4.3500	19GLP1B（159192）	25.33	2020.09.22	0.0000
PR3XM1A（159193）	830.00	2020.08.31	4.1500	PR3XM1B（159194）	60.00	2020.09.30	5.0000
小米 031C（159195）	30.00	2020.09.30	7.5000	小米 031D（159196）	80.00	2020.09.30	0.0000
19 中泰 2A（159197）	950.00	2021.09.09	3.7800	19 中泰 2C（159198）	50.00	2021.09.09	0.0000
19 龙光优（159199）	1180.00	2021.04.16	6.2000	19 龙光次（159200）	63.00	2021.04.16	0.0000
东花 04A1（159201）	1780.00	2021.05.24	3.9000	东花 04A2（159202）	70.00	2021.05.24	4.1900
东花 04B（159203）	150.00	2021.05.24	0.0000	联保 9 优（159204）	900.00	2020.05.07	7.0000
联保 9 次（159205）	1.00	2020.05.07	0.0000	PR 国 2A1（159206）	436.00	2020.02.26	3.8300
PR 国 2A2（159207）	305.00	2021.05.26	4.1600	国控 2A3（159208）	296.00	2022.08.26	5.0000
国控 2B（159209）	114.00	2023.02.26	6.5000	国控 2 次（159210）	113.25	2024.02.26	0.0000
PR19 京 3A（159211）	1425.00	2020.04.22	4.1000	19 京保 3B（159212）	75.00	2020.04.24	0.0000
PR19 京 4A（159213）	1425.00	2020.04.24	4.1500	19 京保 4B（159214）	75.00	2020.04.24	0.0000
19 建花 6A（159215）	1780.00	2021.05.24	3.9000	19 建花 6B（159216）	70.00	2021.05.24	4.1900
19 建花 6C（159217）	150.00	2021.05.24	0.0000	威新 04 优（159218）	138.00	2020.05.13	3.8900
威新 04 次（159219）	1.00	2020.05.13	0.0000	PR 鼎晟 01（159220）	48.00	2020.04.21	5.0000
PR 鼎晟 02（159221）	48.00	2020.12.28	5.2000	鼎晟 03 优（159222）	53.00	2020.12.28	5.4000
鼎晟 04 优（159223）	56.00	2020.12.28	5.5000	鼎晟 05 优（159224）	62.00	2020.12.28	5.6000

债券信息 List of Bonds

债券 Bond

债券简称（代码）Bond Name（Code）	发行量（百万元）Issued Vol（M Yuan）	到期日 Expiration Date	票面利率（%）Coupon Rate	债券简称（代码）Bond Name（Code）	发行量（百万元）Issued Vol（M Yuan）	到期日 Expiration Date	票面利率（%）Coupon Rate
鼎晟06优（159225）	66.00	2020.12.28	5.6000	鼎晟07优（159226）	73.00	2020.12.28	5.7000
鼎晟08优（159227）	79.00	2020.12.28	5.7000	鼎晟09优（159228）	85.00	2020.12.28	5.7000
鼎晟次级（159229）	30.00	2020.12.28	0.0000	荣茂03优（159230）	133.00	2020.04.29	3.7000
荣茂03次（159231）	1.00	2020.04.29	0.0000	龙联02A（159232）	467.00	2020.05.15	4.8500
龙联02次（159233）	1.00	2020.05.15	0.0000	PRM1A（159234）	160.00	2021.10.27	4.0000
DXM1B（159235）	21.00	2021.10.27	5.8000	DXM1次1（159236）	9.50	2021.10.27	9.0000
DXM1次2（159237）	9.50	2021.10.27	0.0000	建五02优（159238）	874.00	2020.05.05	3.5800
建五02次（159239）	1.00	2020.05.05	0.0000	PR15A1（159240）	450.00	2020.01.21	4.0000
PR15A2（159241）	350.00	2020.10.28	4.1500	PR15A3（159242）	150.00	2021.01.20	4.3400
恒信15次（159243）	50.00	2022.04.20	0.0000	PR平4A2（159245）	900.00	2021.12.10	4.3000
19平4B（159246）	159.00	2022.09.10	6.2900	19平4次（159247）	154.87	2023.03.10	0.0000
福链1优（159250）	286.90	2020.01.17	7.5000	福链1次（159251）	15.10	2020.01.17	0.0000
宝联2A（159252）	177.00	2020.04.09	7.2000	宝联2次（159253）	10.17	2020.04.09	0.0000
PR斯01（159254）	500.00	2037.05.29	5.9500	奥克斯02（159255）	400.00	2037.05.29	8.0000
奥克斯C（159256）	50.00	2037.05.29	0.0000	PR5优A（159257）	183.00	2020.03.05	4.8000
PR5优B（159258）	39.00	2020.05.05	6.5000	中电5次A（159259）	3.87	2020.05.05	0.0000
中电5次B（159260）	1.29	2020.05.05	0.0000	中电5次C（159261）	7.74	2020.05.05	0.0000
中电5次D（159262）	23.10	2020.05.05	0.0000	宁汽02（159264）	34.50	2020.02.04	5.0000
宁汽03（159265）	35.00	2020.07.28	5.2000	宁汽04（159266）	34.50	2021.01.26	5.4000
宁汽05（159267）	35.00	2021.07.27	5.5000	宁汽06（159268）	34.00	2022.01.26	5.5000
宁汽07（159269）	35.00	2022.07.26	5.5000	宁汽08（159270）	35.00	2023.01.26	5.5000
宁汽09（159271）	36.00	2023.07.26	5.5000	宁汽10（159272）	36.00	2024.01.26	5.5000
宁汽次级（159273）	40.00	2024.01.26	0.0000	泰通01（159274）	14.00	2020.05.31	7.0000
泰通02（159275）	17.00	2021.05.31	7.2000	泰通03（159276）	21.00	2022.05.31	7.5000
泰通04（159277）	24.00	2023.05.31	7.5000	泰通05（159278）	27.00	2024.05.31	7.5000
泰通06（159279）	31.00	2025.05.31	7.5000	泰通07（159280）	33.00	2026.05.31	7.5000
泰通08（159281）	36.00	2027.05.31	7.5000	泰通09（159282）	38.00	2028.05.31	7.5000
泰通10（159283）	41.00	2029.05.31	7.5000	泰通次级（159284）	15.00	2029.05.31	0.0000
PR合生优（159285）	1950.00	2037.06.04	5.7000	19合生次（159286）	50.00	2037.06.04	0.0000
PR天富A1（159287）	723.00	2020.04.30	5.9000	天富04A2（159288）	46.00	2020.04.30	8.2000
天富04次（159289）	40.57	2020.04.30	0.0000	PR01A（159290）	300.00	2020.04.22	5.5000
PR台金1B（159291）	107.00	2020.10.29	6.9000	台金01次（159292）	35.00	2020.11.26	0.0000
时代03优（159293）	1000.00	2020.05.28	6.3000	时代03次（159294）	1.00	2020.05.28	0.0000
PR国泰A2（159298）	430.00	2020.02.20	5.5000	PR国泰A3（159299）	177.00	2020.05.20	5.9000
PR国泰B（159300）	317.00	2020.11.20	6.4000	19国泰次（159301）	80.00	2020.11.20	0.0000
启程03优（159302）	319.00	2020.05.28	4.5000	启程03次（159303）	1.00	2020.05.28	0.0000
金地13A（159304）	798.00	2020.05.29	3.9000	金地13次（159305）	1.00	2020.05.29	0.0000
G1首创优（159306）	95.00	2020.06.03	3.5900	G1首创次（159307）	1.00	2020.06.03	0.0000
辉玥02优（159308）	300.00	2020.05.19	7.5000	辉玥02次（159309）	16.00	2020.05.19	0.0000
PRG京投（159310）	2850.00	2037.02.26	3.9000	G京投1次（159311）	150.00	2037.02.26	0.0000
信泽03A2（159313）	1260.00	2020.03.25	3.5500	信泽03A3（159314）	3270.00	2020.09.25	3.6500
信泽03A4（159315）	2590.00	2021.03.25	3.8000	信泽03A5（159316）	1260.00	2021.09.25	3.9500
PR03A6（159317）	250.00	2021.09.25	3.9500	信泽03次（159318）	12.57	2022.01.25	0.0000
PR16优（159319）	600.00	2020.02.20	4.0000	恒信16次（159320）	80.00	2022.05.19	0.0000
新鸥鹏02（159322）	49.00	2020.07.15	7.0000	新鸥鹏03（159323）	51.00	2021.07.15	9.8000
新鸥鹏04（159324）	55.00	2022.07.15	9.8000	新鸥鹏05（159325）	59.00	2023.07.15	9.8000
新鸥鹏次（159326）	40.00	2023.07.15	0.0000	PR19华A（159327）	150.51	2020.03.06	6.3000
19华科B（159328）	20.92	2020.03.06	7.3000	19华科次（159329）	123.58	2020.03.06	0.0000
19裕源07（159330）	430.00	2020.06.05	3.9900	PR16A2（159331）	540.00	2021.05.20	4.3000
恒信16A3（159332）	300.00	2022.02.24	4.5000	旭辉02优（159333）	108.00	2020.12.30	4.9900

债券信息 债券
List of Bonds Bond

债券简称（代码） Bond Name（Code）	发行量 （百万元） Issued Vol （M Yuan）	到期日 Expiration Date	票面利率（%） Coupon Rate	债券简称（代码） Bond Name（Code）	发行量 （百万元） Issued Vol （M Yuan）	到期日 Expiration Date	票面利率（%） Coupon Rate
旭辉02次（159334）	1.00	2020.12.30	0.0000	鲁商1A（159335）	340.00	2020.05.29	6.5000
鲁商1次（159336）	6.00	2020.05.29	0.0000	PR建津1A（159337）	747.00	2020.09.30	4.5000
PR津1B（159338）	273.00	2021.09.30	5.5000	建租津1C（159339）	54.00	2024.03.29	0.0000
19花02A1（159340）	2670.00	2021.06.24	4.0500	19花02A2（159341）	105.00	2021.06.24	4.2500
19花02B（159342）	225.00	2021.06.24	0.0000	光花11A（159343）	1424.00	2021.06.24	4.1000
光花11B（159344）	56.00	2021.06.24	4.2500	光花11C（159345）	120.00	2021.06.24	0.0000
PR02优（159346）	730.14	2021.07.13	3.9200	电气02次（159347）	81.13	2021.07.13	0.0000
PR1A（159348）	450.00	2020.06.29	5.5000	PR1B（159349）	70.00	2020.12.28	6.5000
信远1次（159350）	180.00	2023.03.28	0.0000	19同津A1（159351）	340.00	2020.06.25	6.0000
19同津A2（159352）	300.00	2021.06.25	6.2000	19同津A3（159353）	300.00	2022.06.25	6.8000
19同津A4（159354）	300.00	2023.06.25	7.0000	19同津A5（159355）	300.00	2024.06.25	7.2000
19同津A6（159356）	300.00	2025.06.25	7.3000	19同津次（159357）	260.00	2025.06.25	0.0000
花呗71A1（159358）	2403.00	2021.06.24	4.1000	花呗71A2（159359）	94.50	2021.06.24	4.2500
花呗71B（159360）	202.50	2021.06.24	0.0000	东花05A1（159361）	2670.00	2021.06.24	4.0900
东花05A2（159362）	105.00	2021.06.24	4.2500	东花05B（159363）	225.00	2021.06.24	0.0000
PR优A（159364）	790.00	2020.05.06	5.3000	PR优B（159365）	180.00	2020.08.04	6.1000
PR次级（159366）	158.00	2022.11.04	0.0000	PR二局04（159367）	702.00	2020.06.12	3.8000
二局04次（159368）	1.00	2020.06.12	0.0000	19吉水01（159369）	27.00	2020.05.28	6.5000
19吉水02（159370）	30.00	2021.05.28	6.6000	19吉水03（159371）	33.00	2022.05.28	6.7000
19吉水04（159372）	36.00	2023.05.28	6.8000	19吉水05（159373）	39.00	2024.05.28	6.9000
19吉水06（159374）	41.00	2025.05.28	7.1000	19吉水07（159375）	45.00	2026.05.28	8.0000
19吉水08（159376）	48.00	2027.05.28	9.0000	19吉水09（159377）	51.00	2028.05.28	9.2000
吉水次级（159378）	20.00	2028.05.28	0.0000	仁恒1优（159379）	414.00	2020.05.28	4.5000
仁恒1次（159380）	1.00	2020.05.28	0.0000	联中05优（159381）	1118.00	2020.06.19	6.5000
联中05次（159382）	59.00	2020.06.19	0.0000	晋建投优（159385）	1006.00	2021.04.30	5.2000
晋建投次（159386）	53.00	2021.04.30	0.0000	璀璨9A（159387）	670.00	2020.06.20	5.0000
19建花7A（159388）	890.00	2021.06.23	4.0500	19建花7B（159389）	35.00	2021.06.23	4.2000
19建花7C（159390）	75.00	2021.06.23	0.0000	PR优A（159391）	332.00	2040.06.28	4.9800
锡东优B（159392）	168.00	2040.06.28	5.6000	锡东次级（159393）	50.00	2040.06.28	0.0000
合生4A（159394）	497.00	2020.09.10	6.5000	合生4次（159395）	1.00	2020.09.10	0.0000
华湾区01（159396）	579.00	2020.06.23	4.1000	PR远东5A（159397）	2730.00	2021.09.27	4.8000
19远东5B（159398）	280.00	2022.03.28	6.6800	19远东5C（159399）	177.00	2024.03.26	0.0000
苏宁03优（159400）	151.00	2020.06.12	7.5000	苏宁03次（159401）	9.00	2020.06.12	0.0000
PR上实A1（159402）	1260.00	2020.11.20	6.1000	PR上实A2（159403）	685.00	2021.05.20	6.3000
19上实B（159404）	173.00	2021.08.20	7.0000	19上实次（159405）	250.00	2021.08.20	0.0000
PR务01（159406）	94.00	2020.04.17	5.4500	PR务02（159407）	100.00	2021.04.19	6.0000
盐水务03（159408）	108.00	2022.04.20	6.5000	盐水务04（159409）	116.00	2023.04.19	6.7000
盐水务05（159410）	124.00	2024.04.19	7.0000	盐水务06（159411）	134.00	2025.04.17	7.0000
盐水务次（159412）	40.00	2025.04.17	0.0000	PR009A（159413）	2569.00	2021.01.21	3.9000
铁建009C（159414）	135.00	2021.01.21	5.5000	荣隽02优（159415）	340.00	2020.05.29	6.5000
荣隽02次（159416）	18.00	2020.05.29	0.0000	联保10优（159417）	924.00	2020.06.10	7.2000
联保10次（159418）	1.00	2020.06.10	0.0000	PR同程1A（159419）	310.00	2020.11.26	5.1000
同程1B（159420）	62.00	2020.11.26	5.8000	同程1次（159421）	42.50	2020.11.26	0.0000
19开投优（159422）	892.00	2020.07.01	4.3000	19开投次（159423）	98.00	2020.07.01	0.0000
启程04优（159424）	307.00	2020.06.24	5.2000	启程04次（159425）	1.00	2020.06.24	0.0000
铁建010A（159426）	2845.00	2021.06.25	4.0000	铁建010C（159427）	150.00	2021.06.25	6.0000
PR康1A1（159428）	239.00	2020.06.19	4.5000	PR康1A2（159429）	200.00	2021.03.19	5.0000
康高1A3（159430）	200.00	2022.03.21	5.5000	康高1次（159431）	40.99	2023.06.21	0.0000
黄岩优02（159433）	115.00	2020.06.24	5.7000	黄岩优03（159434）	117.00	2020.12.24	5.9000
黄岩优04（159435）	120.50	2021.06.24	6.1000	黄岩优05（159436）	168.00	2021.12.24	6.3000

债券信息
List of Bonds

债券简称（代码）Bond Name（Code）	发行量（百万元）Issued Vol（M Yuan）	到期日 Expiration Date	票面利率（%）Coupon Rate	债券简称（代码）Bond Name（Code）	发行量（百万元）Issued Vol（M Yuan）	到期日 Expiration Date	票面利率（%）Coupon Rate
黄岩优 06（159437）	173.50	2022.06.23	6.5000	黄岩次（159438）	115.00	2022.06.23	0.0000
PR 优 A（159439）	184.00	2031.07.10	5.5000	贵产优 B（159440）	61.00	2031.07.10	6.0000
贵产次（159441）	18.00	2031.07.10	0.0000	PR02A1（159442）	334.00	2020.07.10	3.7000
PR02A2（159443）	283.00	2021.04.12	3.9000	铁保 02A3（159444）	43.00	2022.05.23	4.1600
19 隆泰优（159445）	130.00	2020.12.21	9.0000	19 隆泰次（159446）	70.00	2020.12.21	0.0000
PR 中铝 1A（159447）	954.02	2020.07.27	3.7700	19 中铝 1B（159448）	50.21	2020.07.27	0.0000
PR 借条 2A（159449）	830.00	2021.07.19	4.9800	借条 2B（159450）	55.00	2021.07.19	6.5000
借条 2C（159451）	35.00	2021.07.19	7.5000	借条 2 次（159452）	80.00	2021.07.19	0.0000
PR 柳东 01（159453）	227.00	2020.06.28	7.0000	PR 柳东 02（159454）	202.00	2021.06.28	7.0000
19 柳东 03（159455）	255.00	2022.06.28	7.0000	19 柳东次（159456）	36.00	2022.06.28	0.0000
19 昆交 A1（159457）	175.00	2020.07.01	6.0000	19 昆交 A2（159458）	185.00	2021.07.01	6.3000
19 昆交 A3（159459）	190.00	2022.07.01	6.4000	19 昆交 A4（159460）	195.00	2023.07.01	6.5000
19 昆交 A5（159461）	205.00	2024.07.01	6.9000	19 昆交次（159462）	50.00	2024.07.01	0.0000
PR 万达优（159463）	2600.00	2037.01.23	6.0000	19 万达次（159464）	100.00	2037.01.23	0.0000
PR01A（159465）	246.00	2020.07.21	4.9000	搜车 01B（159466）	27.00	2020.07.21	10.5000
搜车 01 次（159467）	27.00	2020.07.21	0.0000	PR 鄂科优（159468）	1550.00	2040.07.09	4.9000
19 鄂科次（159469）	80.00	2040.07.09	0.0000	十七 01（159470）	1615.00	2022.06.21	4.2000
十七 02（159471）	85.00	2022.06.21	0.0000	二十二 01（159472）	1296.00	2022.06.21	4.2000
二十二 02（159473）	68.00	2022.06.21	0.0000	PR 城投优（159474）	1014.00	2021.07.14	4.0900
19 城投次（159475）	101.00	2021.07.14	0.0000	19 融侨 A（159476）	770.00	2021.07.15	7.0000
19 融侨 B（159477）	260.00	2021.07.15	7.2000	19 融侨次（159478）	70.00	2021.07.15	0.0000
PR 远东 6A（159479）	3554.00	2021.11.26	4.8800	19 远东 6B（159480）	356.00	2022.02.26	6.7000
19 远东 6C（159481）	227.00	2024.05.26	0.0000	PR 租 21（159482）	580.00	2020.05.26	3.8000
PR 租 22（159483）	360.00	2021.05.26	4.0900	远海租 2C（159484）	55.09	2022.02.26	0.0000
绿联 1A1（159485）	501.00	2020.06.24	5.0000	绿联 1 次（159486）	1.00	2020.06.24	0.0000
19 信易 06（159487）	964.00	2020.07.10	3.9800	19 金茂 A（159488）	550.00	2037.07.16	4.4000
19 金茂 B（159489）	200.00	2037.07.16	4.9000	金茂权益（159490）	415.00	2037.07.16	0.0000
辉玥 03 优（159491）	305.00	2020.06.19	7.5000	辉玥 03 次（159492）	16.00	2020.06.19	0.0000
PR 远古优（159493）	800.00	2028.07.12	4.6000	19 远古次（159494）	43.00	2028.07.12	0.0000
PR19 微 1A（159495）	880.00	2020.09.30	4.4000	19 小微 1B（159496）	53.00	2020.09.30	4.6000
PR 小微 1C（159497）	26.00	2020.12.30	5.9000	19 微 1 次（159498）	94.00	2020.12.30	5.0000
时代 04 优（159499）	1040.00	2020.07.12	6.4000	时代 04 次（159500）	1.00	2020.07.12	0.0000
PR 一 A2（159502）	97.00	2020.01.17	3.8000	宜票一 B（159503）	20.00	2020.01.17	4.2000
宜票一次（159504）	27.35	2020.01.17	0.0000	19 裕源 08（159507）	686.00	2020.07.08	3.9800
PR 杭租优（159508）	660.00	2022.03.22	4.5000	19 杭租次（159509）	35.00	2022.12.22	0.0000
龙联 03A（159510）	878.00	2020.07.15	5.5000	龙联 03 次（159511）	1.00	2020.07.15	0.0000
G 安运 01（159512）	20.50	2020.07.18	4.2000	G 安运 02（159513）	20.00	2021.07.18	4.5000
G 安运 03（159514）	19.50	2022.07.18	4.8000	G 安运 04（159515）	20.00	2023.07.18	5.1000
G 安运 05（159516）	21.00	2024.07.18	5.5000	G 安运 06（159517）	22.00	2025.07.18	5.9000
G 安运次（159518）	7.00	2025.07.18	0.0000	PR 新湖 A2（159520）	132.00	2020.10.26	6.8000
19 新湖 A3（159521）	141.00	2021.10.26	7.0000	PR 一 01（159522）	92.00	2020.07.27	4.3000
PR 一 02（159523）	102.00	2021.07.26	4.5000	珠实一 03（159524）	109.00	2022.07.25	5.0000
珠实一 04（159525）	115.00	2023.07.25	5.0000	珠实一 05（159526）	121.00	2024.07.25	5.0000
珠实一 06（159527）	129.00	2025.07.25	5.0000	珠实一 07（159528）	137.00	2026.07.27	5.3000
珠实一 08（159529）	145.00	2027.07.26	5.3000	珠实一次（159530）	50.00	2027.07.26	0.0000
信泽 04A2（159532）	2910.00	2020.06.25	3.5000	信泽 04A3（159533）	2940.00	2020.12.25	3.6000
信泽 04A4（159534）	660.00	2021.06.25	3.7000	信泽 04A5（159535）	1400.00	2021.12.25	3.9000
PR04A6（159536）	250.00	2021.12.25	3.9000	信泽 04 次（159537）	19.66	2022.03.09	0.0000
19 新湖 A4（159538）	150.00	2022.10.26	7.1000	19 新湖 A5（159539）	161.00	2023.10.26	7.2000
19 新湖次（159540）	52.00	2023.10.26	0.0000	PR 中航 01（159541）	1080.00	2020.06.18	3.9000

债券信息 List of Bonds

债券 Bond

债券简称（代码） Bond Name（Code）	发行量 （百万元） Issued Vol （M Yuan）	到期日 Expiration Date	票面利率（%） Coupon Rate	债券简称（代码） Bond Name（Code）	发行量 （百万元） Issued Vol （M Yuan）	到期日 Expiration Date	票面利率（%） Coupon Rate
PR 中航 02（159542）	410.00	2020.12.18	4.4000	PR 中航 03（159543）	190.00	2021.09.18	4.9000
19 中航次（159544）	94.00	2022.06.18	0.0000	福链 2 优（159545）	269.00	2020.07.07	7.5000
福链 2 次（159546）	15.00	2020.07.07	0.0000	联保 11 优（159547）	778.00	2020.07.08	7.2000
联保 11 次（159548）	1.00	2020.07.08	0.0000	19 海伦 1A（159549）	227.00	2020.07.17	7.5000
19 海伦 1B（159550）	12.00	2020.07.17	0.0000	19 建花 8A（159551）	890.00	2021.08.24	3.6500
19 建花 8B（159552）	35.00	2021.08.24	4.0400	19 建花 8C（159553）	75.00	2021.08.24	0.0000
珠华发 02（159554）	654.00	2020.07.22	4.3000	19 绿城 A1（159555）	723.00	2020.07.17	3.8500
19 绿城 B1（159556）	1.00	2020.07.17	0.0000	PR 红美 A（159557）	1700.00	2040.06.26	5.8000
19 红美 B（159558）	410.00	2040.06.26	7.0000	19 红美次（159559）	150.00	2040.06.26	0.0000
19 和信优（159560）	419.00	2020.07.24	4.4500	19 和信次（159561）	1.00	2020.07.24	0.0000
19 邵水 01（159562）	67.00	2020.09.17	6.5000	19 邵水 02（159563）	75.00	2021.09.17	6.7000
19 邵水 03（159564）	85.00	2022.09.17	7.0000	19 邵水 04（159565）	96.00	2023.09.17	7.5000
19 邵水 05（159566）	107.00	2024.09.17	8.0000	19 邵水次（159567）	30.00	2024.09.17	0.0000
PR 优 A（159568）	400.00	2043.08.19	4.9000	PR 优 B（159569）	450.00	2043.08.19	6.0000
兴创次级（159570）	50.00	2043.08.19	0.0000	19 佳美 3A（159571）	475.00	2020.07.28	6.0000
19 佳美 3C（159572）	25.00	2020.07.28	0.0000	PR 银河 01（159573）	418.00	2025.08.31	7.5000
19 银河次（159574）	22.00	2025.08.31	0.0000	PR 中车 1A（159575）	750.00	2020.11.24	4.2000
PR 中车 1B（159576）	200.00	2021.05.26	5.9500	19 中车次（159577）	53.30	2022.05.26	0.0000
绿联 2A1（159578）	644.00	2020.07.24	5.0000	绿联 2 次（159579）	1.00	2020.07.24	0.0000
PRYX2A1（159580）	780.00	2020.03.26	5.0000	PRYX2A2（159581）	410.00	2021.09.26	5.3000
19YX2B（159582）	140.00	2021.12.26	6.9800	19YX2C（159583）	96.00	2022.06.26	0.0000
PR17A1（159584）	450.00	2020.04.21	3.9500	PR17A2（159585）	350.00	2020.10.28	4.4000
PR17A3（159586）	150.00	2021.04.20	4.8000	恒信 17 次（159587）	50.00	2022.07.20	0.0000
融信 01 优（159588）	1090.00	2021.07.26	7.2000	融信 01 次（159589）	57.40	2021.07.26	0.0000
联中 06 优（159590）	507.00	2020.07.24	6.5000	联中 06 次（159591）	27.00	2020.07.24	0.0000
荣茂 04 优（159592）	492.00	2020.07.06	3.7500	荣茂 04 次（159593）	1.00	2020.07.06	0.0000
同煤联 06（159594）	189.00	2020.07.17	5.1000	春秋 01 优（159595）	404.00	2020.07.24	4.1500
PR 寓 01（159596）	120.00	2022.07.17	6.2000	朗诗寓 02（159597）	86.00	2024.01.17	6.5000
朗诗寓 03（159598）	110.00	2025.07.17	6.8000	朗诗寓次（159599）	35.00	2025.07.17	0.0000
PR02A（159600）	246.00	2020.08.25	4.9000	搜车 02B（159601）	27.00	2020.08.25	9.5500
搜车 02 次（159602）	27.00	2020.08.25	0.0000	PR 贵水 A1（159603）	20.00	2020.07.30	4.8000
PR 贵水 A2（159604）	23.80	2021.07.30	4.9000	19 贵水 A3（159605）	27.20	2022.07.30	5.0000
19 贵水 A4（159606）	30.80	2023.07.30	5.2000	19 贵水 A5（159607）	34.70	2024.07.30	5.3000
19 贵水 A6（159608）	38.60	2025.07.30	5.4000	19 贵水 A7（159609）	42.70	2026.07.30	5.5000
19 贵水 A8（159610）	47.20	2027.07.30	5.6000	19 贵水 A9（159611）	52.00	2028.07.30	5.7000
19 贵水次（159612）	17.00	2028.07.30	0.0000	PR 遵投 A1（159615）	93.00	2020.07.23	7.0000
PR 遵投 A2（159616）	102.00	2021.07.23	7.3000	19 遵投 A3（159617）	111.00	2022.07.25	7.5000
19 遵投 A4（159618）	122.00	2023.07.24	7.5000	19 遵投 A5（159619）	128.00	2024.07.23	7.5000
19 遵投 A6（159620）	126.00	2025.07.23	7.0000	19 遵投 A7（159621）	120.00	2026.07.23	7.0000
19 遵投 A8（159622）	98.00	2027.07.23	7.0000	19 遵投 C（159623）	50.00	2027.07.23	0.0000
阳煤 02 优（159624）	181.00	2020.07.30	4.9800	PR 广租 01（159625）	276.00	2020.03.17	3.6000
PR 广租 02（159626）	309.00	2020.12.17	4.2000	PR 广租 03（159627）	188.00	2022.03.17	4.5000
19 广租次（159628）	41.00	2024.06.17	0.0000	PRG 武铁 1（159629）	88.00	2020.08.02	3.4000
G2 武铁 02（159630）	94.00	2021.08.02	3.7000	G2 武铁 03（159631）	100.00	2022.08.02	3.9500
G2 武铁 04（159632）	102.00	2023.08.02	4.1400	G2 武铁 05（159633）	111.00	2024.08.02	4.3000
G2 武铁 06（159634）	120.00	2025.08.02	4.3000	G2 武铁 07（159635）	130.00	2026.08.02	4.3000
G2 武铁 08（159636）	141.00	2027.08.02	4.3000	G2 武铁 09（159637）	151.00	2028.08.02	4.3000
G2 武铁 10（159638）	163.00	2029.08.02	4.3000	隆辉 01 优（159639）	93.30	2020.10.15	6.7000
隆辉 01 次（159640）	5.00	2020.10.15	0.0000	PR032A（159641）	830.00	2020.12.31	4.2000
小米 032B（159642）	70.00	2020.12.31	5.5000	小米 032C（159643）	20.00	2020.12.31	7.5000

债券信息
List of Bonds

债券简称（代码） Bond Name（Code）	发行量（百万元） Issued Vol（M Yuan）	到期日 Expiration Date	票面利率（%） Coupon Rate	债券简称（代码） Bond Name（Code）	发行量（百万元） Issued Vol（M Yuan）	到期日 Expiration Date	票面利率（%） Coupon Rate
小米 032D（159644）	80.00	2020.12.31	0.0000	PR 灿谷优（159645）	435.00	2020.12.21	5.1500
PR 灿谷次（159646）	120.88	2020.12.25	0.0000	19 凯晨 A1（159647）	7290.00	2037.05.25	4.1000
19 凯晨次（159649）	1.00	2037.05.25	0.0000	PR 宝龙 A（159650）	650.00	2037.09.06	6.2000
19 宝龙 B（159651）	200.00	2037.09.06	6.8000	19 宝龙次（159652）	50.00	2037.09.06	0.0000
启程 05 优（159653）	371.00	2020.07.30	5.2000	启程 05 次（159654）	1.00	2020.07.30	0.0000
PR18A1（159655）	560.00	2020.06.29	4.2800	PR18A2（159656）	550.00	2021.06.26	4.4000
恒信 18A3（159657）	280.00	2022.03.26	4.4500	恒信 18 次（159658）	74.00	2022.06.26	0.0000
荣隽 03 优（159659）	330.00	2020.08.16	6.5000	荣隽 03 次（159660）	20.00	2020.08.16	0.0000
PR 平 7A1（159661）	650.00	2020.06.08	4.1000	PR 平 7A2（159662）	650.00	2021.12.08	4.7500
19 平 7B（159663）	107.00	2022.06.08	6.5000	19 平 7 次（159664）	122.05	2024.03.08	0.0000
PR 借条 3A（159665）	249.00	2022.04.10	4.8600	借条 3B（159666）	16.50	2022.04.10	6.5000
借条 3C（159667）	10.50	2022.04.10	7.5000	借条 3 次（159668）	24.00	2022.04.10	0.0000
开新 3 优（159669）	427.00	2020.07.20	4.9500	开新 3 次（159670）	23.00	2020.07.20	0.0000
PR 平二 A1（159671）	750.00	2020.07.27	4.0000	PR 平二 A2（159672）	550.00	2021.07.26	4.8000
19 平二 B（159673）	150.00	2021.10.26	5.1000	19 平二 C（159674）	162.48	2022.04.26	5.0000
PR 德银 5A（159675）	249.00	2020.07.25	4.9000	19 德银 5B（159676）	19.50	2020.07.27	4.9500
PR 德银 5C（159677）	25.00	2020.10.25	5.1500	德银 5 次（159678）	29.50	2020.10.26	0.0000
PR 桂交 01（159679）	44.00	2020.05.20	6.4000	PR 交 02（159680）	40.00	2021.05.20	6.7000
桂公交 03（159681）	40.00	2022.05.20	6.8000	桂公交 04（159682）	50.50	2023.05.20	7.4000
桂公交 05（159683）	28.50	2024.05.20	7.4000	桂公交 06（159684）	31.00	2025.05.20	7.5000
桂公交 07（159685）	33.50	2026.05.20	7.5000	桂公交 08（159686）	36.50	2027.05.20	7.5000
桂公交 09（159687）	50.00	2028.05.20	7.5000	桂公交 10（159688）	60.00	2029.05.20	7.5000
桂公交次（159689）	100.00	2029.05.20	0.0000	璀璨 10A（159690）	1260.00	2020.08.26	5.2000
PR 贺交 1（159691）	7.20	2020.08.20	8.2000	PR 交 02（159692）	7.50	2021.08.20	8.2000
G 贺交 03（159693）	8.20	2022.08.20	8.2000	G 贺交 04（159694）	9.40	2023.08.20	8.2000
G 贺交 05（159695）	10.70	2024.08.20	8.2000	G 贺交 06（159696）	12.20	2025.08.20	8.2000
G 贺交次（159697）	4.80	2025.08.20	0.0000	19 八局优（159698）	660.00	2022.08.16	4.1000
19 八局次（159699）	50.00	2022.08.16	0.0000	PR01A（159700）	1078.00	2020.07.28	3.5000
信泽 05A2（159702）	2660.00	2020.06.25	3.2000	信泽 05A3（159703）	1590.00	2020.12.25	3.4000
信泽 05A4（159704）	2060.00	2021.06.25	3.5000	信泽 05A5（159705）	950.00	2022.05.12	3.7000
PR 诚泰 A1（159706）	300.00	2020.07.16	5.5000	PR 诚泰 A2（159707）	230.00	2022.01.19	6.2000
19 诚泰 B（159708）	55.00	2022.07.18	8.0000	19 诚泰次（159709）	68.87	2024.01.17	2.0000
PR05A6（159710）	250.00	2022.05.12	3.7000	信泽 05 次（159711）	15.74	2022.05.12	0.0000
东花 06A1（159712）	890.00	2021.08.25	3.6000	东花 06A2（159713）	35.00	2021.08.25	4.0400
东花 06B（159714）	75.00	2021.08.25	0.0000	PR 国控 A1（159715）	391.00	2020.05.26	3.9400
PR 国控 A2（159716）	633.00	2022.05.26	4.9000	19 国控 B（159717）	130.00	2023.02.27	6.5000
19 国控次（159718）	106.59	2024.08.26	0.0000	PR 置 01（159719）	140.00	2020.04.20	4.0000
PR 置 02（159720）	150.00	2021.04.20	4.5000	娄安置 03（159721）	160.00	2022.04.20	4.8000
娄安置 04（159722）	170.00	2023.04.20	5.1900	娄安置 05（159723）	180.00	2024.04.20	5.1900
PR 置次（159724）	40.00	2024.04.20	0.0000	19 建材 1A（159725）	861.75	2022.06.22	4.2000
19 建材 1B（159726）	95.75	2022.06.22	0.0000	PR 国 5A1（159727）	200.00	2020.03.26	5.1000
PR 国 5A2（159728）	190.00	2021.06.28	6.0000	国药 5A3（159729）	136.00	2022.03.28	6.2000
国药 5B（159730）	51.00	2022.09.26	7.0000	国药 5 次 1（159731）	51.00	2022.12.26	0.0000
国药 5 次 2（159732）	54.60	2025.12.26	0.0000	PR 农信优（159733）	435.00	2021.11.10	5.8000
农信 01 次（159734）	65.00	2021.11.10	0.0000	珠华发 03（159735）	500.00	2020.08.21	4.0500
荣茂 05 优（159746）	188.00	2020.08.05	3.8000	荣茂 05 次（159747）	1.00	2020.08.05	0.0000
PR1A1（159748）	300.00	2020.01.31	3.7000	PR1A2（159749）	400.00	2020.06.29	4.9800
PR1A3（159750）	285.00	2022.08.26	4.9900	合惠 1 次（159751）	15.00	2022.08.26	8.0000
19 首置优（159752）	1500.00	2021.08.30	4.2000	19 首置次（159753）	50.00	2021.08.30	0.0000
PR 平 6A1（159754）	1000.00	2020.09.26	4.3000	PR 平 6A2（159755）	710.00	2022.03.26	5.0000

债券信息 债券
List of Bonds Bond

债券简称（代码） Bond Name（Code）	发行量（百万元） Issued Vol （M Yuan）	到期日 Expiration Date	票面利率（%） Coupon Rate	债券简称（代码） Bond Name（Code）	发行量（百万元） Issued Vol （M Yuan）	到期日 Expiration Date	票面利率（%） Coupon Rate
19平6B（159756）	86.00	2022.06.26	6.5000	19平6次（159757）	138.22	2025.03.26	0.0000
龙控01优（159758）	780.00	2021.09.27	6.5000	龙控01次（159759）	42.00	2021.09.27	0.0000
万融1优（159760）	334.00	2020.08.10	3.6000	万融1次（159761）	1.00	2020.08.10	0.0000
苏宁04优（159762）	133.00	2020.08.27	7.5000	苏宁04次（159763）	8.00	2020.08.27	0.0000
建五03优（159764）	528.00	2020.08.27	3.6000	建五03次（159765）	1.00	2020.08.27	0.0000
平裕1优（159766）	123.00	2020.08.20	5.5000	19山钢优（159767）	320.00	2022.09.30	6.9000
19山钢次（159768）	20.00	2022.09.30	0.0000	红美01优（159769）	137.00	2020.03.06	5.5000
红美01次（159770）	1.00	2020.03.06	0.0000	PR01（159771）	120.00	2020.10.25	4.0000
岷水02（159772）	140.00	2021.10.25	4.2000	岷水03（159773）	160.00	2022.10.25	4.6000
岷水04（159774）	185.00	2023.10.25	5.0000	岷水05（159775）	205.00	2024.10.25	5.0800
岷水06（159776）	225.00	2025.10.25	5.1000	岷水07（159777）	265.00	2026.10.25	5.5000
岷水08（159778）	300.00	2027.10.25	5.5000	岷水次（159779）	170.00	2027.10.25	0.0000
PR国贸01（159780）	44.80	2020.09.09	4.4000	PR国贸02（159781）	47.40	2021.09.09	4.5000
国贸03（159782）	53.20	2022.09.09	4.7000	国贸04（159783）	58.10	2023.09.09	4.8000
国贸05（159784）	62.20	2024.09.09	4.8000	国贸06（159785）	66.50	2025.09.09	4.8000
国贸07（159786）	71.00	2026.09.09	4.8000	国贸08（159787）	75.80	2027.09.09	4.8000
国贸09（159788）	81.00	2028.09.09	4.8000	国贸次（159789）	40.00	2028.09.09	0.0000
PR03优（159790）	896.00	2021.06.15	3.7500	电气03次（159791）	99.00	2021.06.15	0.0000
19海安01（159794）	92.50	2020.01.25	4.5000	PR海安02（159795）	60.50	2021.01.25	4.4000
19海安03（159796）	66.50	2022.01.25	4.6500	19海安04（159797）	73.50	2023.01.25	5.2000
19海安05（159798）	81.50	2024.01.25	5.4000	19海安06（159799）	89.50	2025.01.25	6.2000
19海安次（159800）	36.00	2025.01.25	0.0000	PR宁铁01（159801）	55.00	2020.09.12	3.3000
19宁铁02（159802）	59.00	2021.09.12	3.7000	19宁铁03（159803）	63.00	2022.09.12	3.9500
19宁铁04（159804）	68.00	2023.09.12	3.9800	19宁铁05（159805）	74.00	2024.09.12	3.9800
19宁铁06（159806）	79.00	2025.09.12	3.9800	19宁铁07（159807）	84.00	2026.09.12	3.9800
19宁铁08（159808）	90.00	2027.09.12	3.9800	19宁铁09（159809）	97.00	2028.09.12	3.9800
19宁铁10（159810）	103.00	2029.09.12	3.9800	19宁铁11（159811）	110.00	2030.09.12	3.9800
19宁铁12（159812）	118.00	2031.09.12	3.9800	启程06优（159813）	554.00	2020.09.08	5.4000
启程06次（159814）	1.00	2020.09.08	0.0000	PR电租优（159815）	922.00	2029.08.20	3.9400
19电租次（159816）	78.00	2029.08.20	0.0000	19电建优（159817）	3443.00	2022.09.12	3.8200
19电建次（159818）	182.00	2022.09.12	7.0000	武安02（159820）	54.00	2020.12.20	5.9000
武安03（159821）	59.00	2021.12.20	6.0000	武安04（159822）	66.00	2022.12.20	6.2500
武安05（159823）	73.00	2023.12.20	6.5000	武安次级（159824）	30.00	2023.12.20	0.0000
PR融资A1（159825）	704.00	2022.07.21	4.3000	19融资A2（159826）	340.00	2024.07.21	4.6000
19融资次（159827）	55.00	2026.12.31	0.0000	19佳源A（159828）	273.00	2022.03.31	7.1000
19佳源B（159829）	117.00	2022.03.31	8.1000	19佳源C（159830）	44.00	2022.03.31	0.0000
联中07优（159831）	642.00	2020.09.10	6.8000	联中07次（159832）	34.00	2020.09.10	0.0000
PR甬优（159833）	900.00	2034.09.23	3.7000	沪杭甬次（159834）	1113.00	2034.09.23	0.0000
PR19微2A（159835）	831.00	2020.12.30	4.1500	PR19微2B（159836）	50.00	2021.03.30	5.0000
19小微2C（159837）	30.00	2021.03.30	6.2000	19微2次（159838）	89.08	2022.06.30	5.0000
PR易03A1（159839）	944.00	2020.09.02	4.7300	PR易03A2（159840）	880.00	2021.09.02	5.7000
易鑫03B（159841）	230.00	2021.12.02	7.5000	易鑫03次（159842）	151.00	2022.09.02	0.0000
华能3优（159843）	900.00	2020.10.12	3.9000	华能3次（159844）	100.00	2020.10.12	0.0000
PR19米1A（159845）	436.00	2021.10.25	4.7000	19小米1B（159846）	29.00	2021.10.25	5.5000
19小米1C（159847）	35.00	2021.10.25	0.0000	19建花9A（159848）	1780.00	2021.09.22	3.5900
19建花9B（159849）	70.00	2021.09.22	3.8500	19建花9C（159850）	150.00	2021.09.22	0.0000
国器1优1（159851）	1479.00	2021.03.31	4.3800	国器1优2（159852）	123.00	2021.03.31	5.4900
国器1次（159853）	158.00	2021.03.31	0.0000	PR耀达A1（159854）	100.00	2020.06.25	3.6400
PR耀达A2（159855）	90.00	2021.06.25	4.2000	19耀达A3（159856）	95.00	2022.06.25	4.4000
19耀达次（159857）	15.00	2022.06.25	0.0000	PR长水A1（159858）	176.00	2020.08.28	3.8000

债券信息
List of Bonds

债券
Bond

债券简称（代码）Bond Name（Code）	发行量（百万元）Issued Vol（M Yuan）	到期日 Expiration Date	票面利率（%）Coupon Rate	债券简称（代码）Bond Name（Code）	发行量（百万元）Issued Vol（M Yuan）	到期日 Expiration Date	票面利率（%）Coupon Rate
PR 长水 A2（159859）	216.00	2021.08.27	4.0400	19 长水 A3（159860）	232.00	2022.08.26	4.1300
19 长水 A4（159861）	248.50	2023.08.28	4.7000	19 长水 A5（159862）	267.50	2024.08.28	4.8000
19 长水 B（159863）	60.00	2024.08.28	0.0000	PR 锦 1A1（159864）	244.00	2020.08.28	4.8000
PR 锦 1A2（159865）	317.20	2020.08.28	4.7500	PR 锦 1A3（159866）	317.20	2020.08.28	5.5000
PR 锦 1A4（159867）	341.60	2020.08.28	5.5400	锦安 1 次（159868）	65.00	2020.10.15	0.0000
海尔 01 优（159869）	53.16	2020.04.17	4.1500	海尔 01 次（159870）	1.00	2020.04.17	0.0000
PR 国新 2（159871）	800.00	2020.09.07	2.5000	19 中安优（159872）	393.00	2022.11.10	4.3500
19 中安次（159873）	21.00	2022.11.21	0.0000	联发优 A（159874）	1030.00	2023.04.27	4.3300
联发优 B（159875）	300.00	2023.04.27	4.9000	联发次级（159876）	70.00	2023.04.27	0.0000
恒泰 R1 优（159877）	840.00	2024.09.27	4.3000	恒泰 R1 次（159878）	360.00	2024.09.27	0.0000
PR 奥 10A1（159879）	340.00	2020.09.22	5.2000	PR 奥 10A2（159880）	250.00	2021.09.22	5.3000
奥克 10A3（159881）	103.00	2022.03.22	6.0000	奥克 10B（159882）	35.00	2022.06.22	6.2500
奥克 10 次（159883）	63.40	2024.06.22	0.0000	PR01 优（159884）	491.00	2020.06.30	3.7000
水 11 优 01（159885）	89.00	2020.09.18	3.9000	水 11 次 01（159886）	1.00	2020.09.18	0.0000
领途 19 优（159887）	430.00	2020.09.21	5.4000	领途 19 次（159888）	5.00	2020.09.21	0.0000
东花 07A1（159889）	2670.00	2021.09.27	3.6000	东花 07A2（159890）	105.00	2021.09.27	3.8500
东花 07B（159891）	225.00	2021.09.27	0.0000	PRBL03A（159892）	229.00	2020.09.18	3.6000
PR 优 A（159893）	520.00	2021.01.07	6.8000	中天次（159894）	30.00	2021.01.07	0.0000
时代 05 优（159895）	499.00	2020.09.25	6.9000	时代 05 次（159896）	1.00	2020.09.25	0.0000
19 城乡 1A（159897）	90.00	2020.06.17	3.5000	19 城乡 1B（159898）	90.00	2020.06.17	3.5000
19 城乡 1C（159899）	75.00	2020.06.17	3.5000	19 城乡 1D（159900）	29.95	2020.06.17	4.0000
19 城乡次（159901）	15.05	2020.06.30	0.0000	蒙高路 01（159902）	137.00	2020.11.27	4.2000
蒙高路 02（159903）	146.00	2021.11.27	4.8000	蒙高路 03（159904）	159.00	2022.11.27	5.4800
蒙高路 04（159905）	173.00	2023.11.27	5.4800	蒙高路 05（159906）	185.00	2024.11.27	5.4800
蒙高路次（159907）	100.00	2024.11.27	0.0000	申六局 1A（159908）	190.00	2020.09.11	4.3900
19 借 02A1（159909）	1720.00	2020.10.15	3.7500	19 借 02A2（159910）	150.00	2020.10.15	3.9500
19 借 02B（159911）	130.00	2020.10.15	0.0000	中花 01A1（159912）	2670.00	2021.09.24	3.6000
中花 01A2（159913）	105.00	2021.09.24	3.8500	中花 01B（159914）	225.00	2021.09.24	0.0000
19 借 01A1（159915）	860.00	2020.09.30	3.7800	19 借 01A2（159916）	75.00	2020.09.30	3.9000
19 借 01B（159917）	65.00	2020.09.30	0.0000	PR19 京 7A（159918）	950.00	2020.02.05	4.1900
19 京保 7B（159919）	50.00	2020.02.05	0.0000	中车保 2A（159920）	628.00	2021.01.08	3.5000
中车保 2C（159921）	33.00	2021.01.08	0.0000	如皋优（159924）	475.00	2021.10.11	6.8000
如皋次级（159925）	25.00	2021.10.11	0.0000	PR 青 6A1（159926）	580.00	2021.05.26	5.8000
青城 6A2（159927）	360.00	2022.02.26	6.3000	青城 6A3（159928）	249.00	2022.11.26	6.6000
青城 6 次（159929）	132.00	2024.05.26	0.0000	PR 天域优（159930）	1995.00	2037.09.27	5.1900
19 天域次（159931）	5.00	2037.09.27	0.0000	PR 赁 A2（159933）	14.35	2020.05.21	6.0000
PR 赁 B（159934）	62.30	2022.04.21	7.0000	湘租赁次（159935）	11.40	2022.04.21	0.0000
宝联 3A（159936）	161.00	2020.09.23	7.5000	宝联 3 次（159937）	9.00	2020.09.23	0.0000
PR 红星优（159938）	700.00	2040.07.30	6.8000	19 红星次（159939）	50.00	2040.07.30	0.0000
19 广州优（159940）	653.00	2022.09.26	3.9000	19 广州次（159941）	72.00	2022.09.26	0.0000
悦秀 1 优（159942）	128.00	2020.08.06	3.7500	PR 优 01（159943）	150.00	2021.01.27	4.1000
相城优 02（159944）	200.00	2022.01.26	4.5000	相城优 03（159945）	220.00	2023.02.02	4.8000
相城优 04（159946）	290.00	2024.01.25	5.2000	相城优 05（159947）	240.00	2025.02.05	5.2000
相城次级（159948）	50.00	2025.02.05	0.0000	PRK1 优（159949）	190.00	2021.04.30	4.3000
FSK1 次（159950）	10.00	2021.11.01	0.0000	19 六局 1A（159951）	420.00	2020.09.28	4.4000
19 六局 1B（159952）	1.00	2020.09.28	0.0000	阳光寿 1A（159953）	2750.00	2021.11.12	3.8000
阳光寿 1B（159954）	250.00	2021.11.12	0.0000	白玉兰 A1（159955）	10500.00	2043.10.25	4.8000
白玉兰 A2（159956）	3200.00	2043.10.25	5.3000	白玉兰次（159957）	100.00	2043.10.25	0.0000
PR 平 8A1（159958）	580.00	2020.09.28	4.2000	PR 平 8A2（159959）	335.00	2022.06.28	4.9500
19 平 8B（159960）	76.00	2022.12.28	6.5000	19 平 8 次（159961）	83.50	2024.06.28	0.0000

债券信息
List of Bonds

债券
Bond

债券简称（代码） Bond Name（Code）	发行量（百万元） Issued Vol（M Yuan）	到期日 Expiration Date	票面利率（%） Coupon Rate	债券简称（代码） Bond Name（Code）	发行量（百万元） Issued Vol（M Yuan）	到期日 Expiration Date	票面利率（%） Coupon Rate
PR君创1（159962）	560.00	2020.08.27	6.0000	PR君创2（159963）	380.00	2021.11.27	6.5000
19君创B（159964）	60.00	2022.02.27	7.0000	19君创C（159965）	20.00	2022.05.27	7.5000
19君创次（159966）	115.00	2024.02.27	0.0000	建花10A（159967）	1800.00	2020.02.21	3.3000
建花10B（159968）	60.00	2020.02.21	3.4500	建花10C（159969）	140.00	2020.02.21	0.0000
19中泰3A（159970）	1425.00	2021.10.18	3.7400	19中泰3C（159971）	75.00	2021.10.18	0.0000
19资本1A（159972）	5252.00	2022.10.17	3.7500	19资本1C（159973）	336.00	2022.10.17	0.0000
弘花01A（159974）	2700.00	2020.02.24	3.3000	弘花01B（159975）	90.00	2020.02.24	3.4500
弘花01次（159976）	210.00	2020.02.24	0.0000	19铭著A1（159977）	430.00	2021.09.25	7.5000
19铭著A2（159978）	220.00	2021.09.25	8.5000	19铭著次（159979）	130.00	2021.09.25	0.0000
PRG顺泰A（159980）	80.00	2022.01.28	4.9000	G顺泰B（159981）	36.00	2023.01.28	5.2000
G顺泰次（159982）	21.05	2027.04.28	0.0000	PR建租1A（159983）	617.00	2020.12.31	3.8500
PR建租1B（159984）	180.00	2021.12.31	5.5000	19建租1C（159985）	42.90	2024.03.29	0.0000
PR京采1A（159986）	464.00	2020.08.10	4.5000	19京采1B（159987）	23.00	2020.08.10	5.1800
19京采1C（159988）	61.00	2020.08.10	6.5000	19京采1D（159989）	97.00	2020.08.10	0.0000
19苏新优（159990）	1150.00	2037.09.25	4.2000	19苏新次（159991）	50.00	2037.09.25	0.0000
19花03A1（159992）	3600.00	2020.02.21	3.2000	19花03A2（159993）	120.00	2020.02.21	3.4500
19花03B（159994）	280.00	2020.02.21	0.0000	开新4优（159995）	410.00	2020.10.14	4.9500
开新4次（159996）	20.00	2020.10.14	0.0000	东花08A1（159997）	890.00	2021.10.21	3.6000
东花08A2（159998）	35.00	2021.10.21	3.8500	东花08B（159999）	75.00	2021.10.21	0.0000
19深圳21（160000）	1000.00	2024.06.28	3.3000	19深圳22（160001）	600.00	2024.06.28	3.3000
19北京14（160002）	400.00	2024.07.01	3.3100	19北京15（160003）	4500.00	2029.07.01	3.4900
19北京16（160004）	510.00	2022.07.01	3.1800	19北京17（160005）	460.00	2022.07.01	3.1800
19北京18（160006）	490.00	2022.07.01	3.1800	19北京19（160007）	300.00	2022.07.01	3.1800
19北京20（160008）	6000.00	2022.07.01	3.1800	19北京21（160009）	7950.00	2024.07.01	3.3100
19北京22（160010）	1200.00	2022.07.01	3.1800	19北京23（160011）	3200.00	2022.07.01	3.1800
19北京24（160012）	500.00	2021.07.01	3.1100	19北京25（160013）	5410.00	2022.07.01	3.1800
19北京26（160014）	26240.00	2024.07.01	3.3100	19北京27（160015）	11200.00	2026.07.01	3.5200
19北京28（160016）	12940.00	2029.07.01	3.4900	19江西17（160017）	500.00	2029.07.05	3.4600
19江西18（160018）	7600.00	2024.07.05	3.2900	19江西19（160019）	7000.00	2029.07.05	3.4600
19江西20（160020）	2940.89	2024.07.05	3.2900	19江西21（160021）	800.00	2029.07.05	3.4600
19江西22（160022）	1000.00	2029.07.05	3.4600	19江西23（160023）	500.00	2029.07.05	3.4600
19江西24（160024）	400.00	2029.07.05	3.4600	19江西25（160025）	500.00	2024.07.05	3.2900
19江西26（160026）	5014.03	2024.07.05	3.2900	19湖北22（160027）	15068.41	2026.07.09	3.4600
19天津35（160028）	400.00	2029.07.10	3.4200	19天津36（160029）	800.00	2039.07.10	3.8100
19天津37（160030）	4900.00	2024.07.10	3.2600	19天津38（160031）	800.00	2039.07.10	3.8100
19天津39（160032）	3050.00	2024.07.10	3.2600	19天津40（160033）	500.00	2022.07.10	3.1400
19深圳23（160034）	300.00	2026.07.11	3.4400	19辽宁10（160035）	4216.00	2049.07.12	4.0500
19江苏14（160036）	19020.00	2026.07.17	3.4400	19江苏15（160037）	16750.00	2026.07.17	3.4400
19宁波10（160038）	400.00	2029.07.18	3.4200	19宁波11（160039）	5400.00	2029.07.18	3.4200
19宁波12（160040）	800.00	2024.07.18	3.2700	19宁波13（160041）	200.00	2029.07.18	3.4200
19新疆18（160042）	2560.00	2049.07.19	4.1200	19新疆19（160043）	1300.00	2039.07.19	3.8200
19新疆20（160044）	700.00	2039.07.19	3.8200	19新疆21（160045）	1870.00	2049.07.19	4.1200
19甘肃14（160046）	2605.00	2049.07.24	4.0900	19甘肃05（160047）	3366.00	2039.07.24	3.7800
19河北20（160048）	9485.00	2029.07.26	3.4100	19河北21（160049）	2318.00	2022.07.26	3.1400
19河北22（160050）	2598.00	2029.07.26	3.4100	19河北23（160051）	8285.00	2029.07.26	3.4100
19安徽08（160052）	6216.24	2029.08.01	3.4700	19安徽09（160053）	2842.00	2024.08.06	3.4100
19安徽10（160054）	2501.00	2026.08.01	3.4800	19安徽11（160055）	12457.00	2029.08.01	3.4700
19浙江15（160056）	17110.00	2024.08.01	3.2600	19浙江16（160057）	12690.00	2026.08.01	3.4300
19浙江17（160058）	11785.00	2029.08.01	3.4200	19天津41（160059）	100.00	2024.08.05	3.2600
19天津42（160060）	2220.00	2024.08.05	3.2600	19天津43（160061）	1100.00	2029.08.05	3.4200

债券信息
List of Bonds

债券简称（代码） Bond Name（Code）	发行量（百万元） Issued Vol（M Yuan）	到期日 Expiration Date	票面利率（%） Coupon Rate	债券简称（代码） Bond Name（Code）	发行量（百万元） Issued Vol（M Yuan）	到期日 Expiration Date	票面利率（%） Coupon Rate
19 天津 44（160062）	300.00	2029.08.05	3.4200	19 天津 45（160063）	300.00	2029.08.05	3.4200
19 天津 46（160064）	1000.00	2039.08.05	3.7900	19 天津 47（160065）	4000.00	2034.08.05	3.7500
19 北京 29（160066）	1600.00	2022.08.07	3.1300	19 北京 30（160067）	7719.20	2021.08.07	3.0000
19 北京 31（160068）	3152.50	2024.08.07	3.2200	19 辽宁 15（160069）	4922.58	2029.08.09	3.3300
19 辽宁 16（160070）	7748.13	2039.08.09	3.7000	19 湖南 20（160071）	5000.00	2026.08.12	3.3400
19 湖南 21（160072）	10000.00	2029.08.12	3.3100	19 湖南 22（160073）	10000.00	2034.08.12	3.6400
19 湖南 23（160074）	4999.80	2049.08.12	3.9800	19 江西 27（160075）	7117.63	2024.08.14	3.1700
19 江西 28（160076）	3553.06	2024.08.14	3.1700	19 内蒙 24（160077）	13087.42	2049.08.20	3.8900
19 内蒙 25（160078）	12802.00	2049.08.20	3.8900	19 海南 15（160079）	700.00	2022.08.21	3.0300
19 海南 16（160080）	700.00	2024.08.21	3.1700	19 海南 17（160081）	700.00	2026.08.21	3.3000
19 海南 18（160082）	800.00	2029.08.21	3.2600	19 海南 19（160083）	2930.00	2024.08.21	3.1700
19 海南 20（160084）	2420.00	2026.08.21	3.3000	19 海南 21（160085）	600.00	2029.08.21	3.2600
19 安徽 12（160086）	4873.66	2029.08.21	3.3100	19 安徽 13（160087）	23674.37	2024.08.21	3.2200
19 安徽 14（160088）	11933.67	2026.08.21	3.3500	19 安徽 15（160089）	755.43	2022.08.21	3.0300
19 安徽 16（160090）	11793.36	2024.08.21	3.2200	19 山西 47（160091）	455.00	2022.08.26	3.0300
19 山西 48（160092）	770.00	2034.08.26	3.5800	19 山西 49（160093）	315.00	2026.08.26	3.3200
19 山西 50（160094）	681.00	2029.08.26	3.2900	19 山西 51（160095）	141.00	2026.08.26	3.3200
19 山西 52（160096）	1580.00	2029.08.26	3.2900	19 山西 53（160097）	587.00	2034.08.26	3.5800
19 山东 40（160098）	9918.00	2029.08.28	3.3000	19 山东 41（160099）	11589.00	2026.08.28	3.3300
19 山东 42（160100）	2274.00	2049.08.28	3.9000	19 山东 43（160101）	2251.00	2039.08.28	3.6300
19 山东 44（160102）	450.00	2039.08.28	3.6300	19 山东 45（160103）	11713.00	2026.08.28	3.3300
19 山东 46（160104）	6000.00	2024.08.28	3.2000	19 山东 47（160105）	7742.00	2049.08.28	3.9000
19 山东 48（160106）	9160.00	2024.08.28	3.2000	19 陕西 23（160107）	1338.00	2022.08.28	3.0300
19 陕西 24（160108）	4246.00	2024.08.28	3.2000	19 陕西 25（160109）	5450.00	2034.08.28	3.6000
19 陕西 26（160110）	1000.00	2029.08.28	3.3000	19 西藏 04（160111）	2359.94	2021.08.29	2.9500
19 西藏 05（160112）	3316.90	2022.08.29	3.0300	19 西藏 06（160113）	2199.92	2024.08.29	3.2100
19 西藏 07（160114）	2223.24	2026.08.29	3.3300	19 西藏 08（160115）	700.00	2029.08.29	3.3100
19 湖北 27（160116）	5094.73	2024.08.30	3.2100	19 湖北 28（160117）	15785.58	2024.08.30	3.2100
19 江苏 16（160118）	4070.00	2024.09.02	3.2000	19 江苏 17（160119）	4750.00	2026.09.02	3.3300
19 江苏 18（160120）	33850.00	2029.09.02	3.3000	19 江苏 19（160121）	1430.00	2026.09.02	3.3300
19 龙江 08（160122）	1689.10	2024.09.02	3.2000	19 龙江 09（160123）	910.51	2039.09.02	3.6400
19 龙江 10（160124）	668.92	2024.09.02	3.2000	19 龙江 11（160125）	702.00	2034.09.02	3.6000
19 龙江 12（160126）	1001.97	2022.09.02	3.0200	19 龙江 13（160127）	4732.83	2024.09.02	3.2000
19 龙江 14（160128）	1500.00	2026.09.02	3.3300	19 龙江 15（160129）	400.00	2024.09.02	3.2000
19 龙江 16（160130）	60.00	2029.09.02	3.3000	19 龙江 17（160131）	1520.00	2049.09.02	3.9100
19 青海 20（160132）	1146.05	2029.09.04	3.3000	19 青海 21（160133）	500.00	2022.09.09	3.2300
19 青海 22（160134）	150.00	2026.09.04	3.3300	19 青海 23（160135）	50.00	2026.09.04	3.3300
19 青海 24（160136）	1155.60	2029.09.04	3.3000	19 新疆 22（160137）	510.00	2049.09.06	3.9800
19 新疆 23（160138）	790.00	2049.09.06	3.9800	19 兵团 05（160139）	1108.00	2026.09.11	3.3200
19 兵团 06（160140）	80.00	2026.09.11	3.3200	19 兵团 07（160141）	1300.00	2026.09.11	3.3200
19 兵团 08（160142）	150.00	2026.09.11	3.3200	19 天津 51（160143）	300.00	2024.09.16	3.1900
19 天津 52（160144）	1300.00	2029.09.16	3.2800	19 宁夏 31（160145）	1762.11	2049.09.18	3.9300
19 山西 54（160146）	1300.29	2024.09.20	3.2300	19 山西 55（160147）	1400.00	2034.09.20	3.6300
19 山西 56（160148）	203.00	2024.09.20	3.2300	19 山西 57（160149）	170.00	2024.09.20	3.2300
19 山西 58（160150）	350.00	2026.09.20	3.3700	19 山西 59（160151）	385.50	2029.09.20	3.3400
19 山西 60（160152）	1262.00	2024.09.20	3.2300	19 山西 61（160153）	1396.00	2026.09.20	3.3700
19 山西 62（160154）	4235.00	2029.09.20	3.3400	19 山西 63（160155）	2412.00	2034.09.20	3.6300
19 河北 38（160156）	5000.00	2024.09.23	3.2400	19 河北 39（160157）	10000.00	2029.09.23	3.3500
19 甘肃 19（160158）	319.00	2026.09.24	3.3800	19 甘肃 20（160159）	420.00	2039.09.24	3.6800
19 甘肃 21（160160）	260.00	2039.09.24	3.6800	19 甘肃 22（160161）	2000.00	2049.09.24	3.9400

债券信息
List of Bonds

债券简称（代码）Bond Name（Code）	发行量（百万元）Issued Vol（M Yuan）	到期日 Expiration Date	票面利率（%）Coupon Rate	债券简称（代码）Bond Name（Code）	发行量（百万元）Issued Vol（M Yuan）	到期日 Expiration Date	票面利率（%）Coupon Rate
19 云南 24（160162）	9868.00	2026.09.24	3.3800	19 云南 25（160163）	5952.00	2022.09.24	3.0000
19 云南 26（160164）	6800.00	2026.09.24	3.3800	19 湖北 29（160165）	603.17	2022.09.25	3.0000
19 湖北 30（160166）	3598.90	2024.09.25	3.2400	19 湖北 31（160167）	744.00	2026.09.25	3.3900
19 湖北 32（160168）	1500.00	2034.09.25	3.6500	19 湖北 33（160169）	238.00	2026.09.25	3.3900
19 湖北 34（160170）	500.00	2029.09.25	3.3600	19 湖北 35（160171）	135.00	2029.09.25	3.3600
19 湖北 36（160172）	3346.15	2029.09.25	3.3600	19 湖北 37（160173）	2336.00	2034.09.25	3.6500
19 湖北 38（160174）	395.35	2024.09.25	3.2400	19 湖北 39（160175）	2805.00	2034.09.25	3.6500
19 重庆 16（160176）	2830.00	2049.09.26	3.9600	19 重庆 17（160177）	8000.00	2024.09.26	3.2400
19 重庆 18（160178）	500.00	2024.09.26	3.2400	19 重庆 19（160179）	5390.00	2029.09.26	3.3600
19 重庆 20（160180）	3910.00	2049.09.26	3.9600	19 河北 40（160181）	2965.00	2024.09.26	3.2400
19 河北 41（160182）	4000.00	2029.09.26	3.3600	19 河北 42（160183）	6000.00	2039.09.26	3.6900
19 河北 43（160184）	15000.00	2049.09.26	3.9600	19 内蒙 29（160185）	4024.35	2029.10.15	3.3800
19 青岛 28（160186）	1810.00	2029.10.16	3.4000	19 川 118（160187）	8343.68	2049.10.24	4.0700
19 川 119（160188）	2014.63	2049.10.24	4.0700	19 海南 22（160189）	3158.88	2049.10.25	4.0800
19 湖南 38（160190）	14999.76	2024.10.28	3.2700	19 湖南 39（160191）	8570.01	2034.10.28	3.7700
19 湖南 40（160192）	4305.95	2049.10.28	4.0900	19 北京 32（160193）	923.73	2022.11.05	3.1300
19 北京 33（160194）	1266.40	2029.11.05	3.5400	19 北京 34（160195）	470.00	2024.11.05	3.3300
19 云南 27（160196）	4476.00	2022.11.07	3.1500	19 云南 28（160197）	4369.00	2022.11.07	3.1500
19 新疆 24（160198）	1170.00	2039.11.15	3.9000	19 新疆 25（160199）	90.00	2029.11.15	3.6600
19 广西 20（160200）	1281.00	2049.11.21	4.0800	19 广西 21（160201）	2600.00	2049.11.21	4.0800
19 厦门 08（160202）	2700.00	2049.11.28	4.0300	19 吉林 33（160203）	570.81	2026.12.06	3.4100
19 江苏 20（160204）	15000.00	2029.12.09	3.4300	19 兵团 09（160205）	1666.00	2026.12.20	3.4100
19 兵团 10（160206）	1066.00	2026.12.20	3.4100	19 兵团 11（160207）	1927.00	2039.12.20	3.7800
19 兵团 12（160208）	16007.00	2049.12.20	4.0500	20 河南 01（160209）	1281.00	2030.01.03	3.3800
20 河南 02（160210）	4158.00	2035.01.03	3.6700	20 河南 03（160211）	1663.70	2025.01.03	3.1400
20 河南 04（160212）	2284.50	2035.01.03	3.6700	20 河南 05（160213）	2919.60	2030.01.03	3.3800
20 河南 06（160214）	2453.80	2035.01.03	3.6700	20 河南 07（160215）	2909.00	2027.01.03	3.3100
20 河南 08（160216）	11275.30	2030.01.03	3.3800	20 河南 09（160217）	4343.60	2035.01.03	3.6700
20 河南 10（160218）	7046.50	2030.01.03	3.3800	20 河南 11（160219）	6527.00	2035.01.03	3.6700
20 河南 12（160220）	5038.00	2050.01.03	3.9700	20 新疆 01（160221）	530.00	2027.01.10	3.3700
20 新疆 02（160222）	1250.00	2030.01.10	3.4400	20 新疆 03（160223）	1530.00	2035.01.10	3.7300
20 新疆 04（160224）	980.00	2035.01.10	3.7300	20 新疆 05（160225）	6000.00	2040.01.10	3.7600
20 新疆 06（160226）	3310.00	2050.01.10	4.0200	20 河北 01（160227）	7702.00	2030.01.10	3.3900
20 河北 02（160228）	1460.00	2025.01.10	3.1700	20 河北 03（160229）	3566.00	2030.01.10	3.3900
20 河北 04（160230）	315.00	2025.01.10	3.1700	20 河北 05（160231）	7276.00	2030.01.10	3.3900
20 河北 06（160232）	1228.00	2025.01.10	3.1700	20 河北 07（160233）	153.00	2025.01.10	3.1700
20 广西 01（160234）	1100.00	2027.01.10	3.3200	20 广西 02（160235）	5657.00	2050.01.10	3.9700
20 广西 03（160236）	3710.00	2050.01.10	3.9700	20 广西 04（160237）	1174.00	2050.01.10	3.9700
20 深圳 01（160238）	4450.00	2027.01.14	3.3100	20 深圳 02（160239）	3150.00	2035.01.14	3.6600
20 深圳 03（160240）	140.00	2035.01.14	3.6600	20 深圳 04（160241）	70.00	2027.01.14	3.3100
20 深圳 05（160242）	200.00	2035.01.14	3.6600	20 深圳 06（160243）	120.00	2025.01.14	3.1500
20 深圳 07（160244）	185.00	2030.01.14	3.3700	20 深圳 08（160245）	200.00	2040.01.14	3.7000
20 深圳 09（160246）	305.00	2035.01.14	3.6600	20 深圳 10（160247）	310.00	2027.01.14	3.3100
20 深圳 11（160248）	200.00	2027.01.14	3.3100	20 深圳 12（160249）	2000.00	2030.01.14	3.3700
20 深圳 13（160250）	1620.00	2030.01.14	3.3700	20 深圳 14（160251）	200.00	2030.01.14	3.3700
20 深圳 15（160252）	50.00	2030.01.14	3.3700	20 深圳 16（160253）	649.00	2030.01.14	3.3700
20 深圳 17（160254）	53.00	2030.01.14	3.3700	20 深圳 18（160255）	68.00	2035.01.14	3.6600
20 深圳 19（160256）	400.00	2030.01.14	3.3700	20 深圳 20（160257）	450.00	2025.01.14	3.1500
20 深圳 21（160258）	160.00	2025.01.14	3.1500	20 深圳 22（160259）	1020.00	2027.01.14	3.3100
20 福建 01（160260）	399.00	2030.01.17	3.3400	20 福建 02（160261）	974.00	2035.01.17	3.6300

债券信息
List of Bonds

债券简称（代码）Bond Name（Code）	发行量（百万元）Issued Vol（M Yuan）	到期日 Expiration Date	票面利率（%）Coupon Rate	债券简称（代码）Bond Name（Code）	发行量（百万元）Issued Vol（M Yuan）	到期日 Expiration Date	票面利率（%）Coupon Rate
20福建03（160262）	12852.00	2040.01.17	3.6700	20福建04（160263）	8780.00	2050.01.17	3.9300
20福建05（160264）	2364.00	2030.01.17	3.3400	20福建06（160265）	6183.00	2035.01.17	3.6300
20福建07（160266）	3840.00	2030.01.17	3.3400	20福建08（160267）	994.00	2035.01.17	3.6300
20福建09（160268）	1520.00	2040.01.17	3.6700	20福建10（160269）	1238.00	2030.01.17	3.3400
20福建11（160270）	674.00	2040.01.17	3.6700	20福建12（160271）	484.00	2030.01.17	3.3400
20福建13（160272）	396.00	2035.01.17	3.6300	20福建14（160273）	1990.00	2040.01.17	3.6700
20福建15（160274）	3059.00	2030.01.17	3.3400	20福建16（160275）	1238.00	2035.01.17	3.6300
20福建17（160276）	1615.00	2040.01.17	3.6700	20广东01（160277）	17355.28	2027.01.20	3.3000
20广东02（160278）	7953.83	2030.01.20	3.3400	20广东03（160279）	4075.00	2050.01.20	3.9200
20广东04（160280）	1640.12	2030.01.20	3.3400	20广东05（160281）	14747.89	2030.01.20	3.3400
20广东06（160282）	2158.00	2050.01.20	3.9200	20广东07（160283）	5393.00	2030.01.20	3.3400
20广东08（160284）	6056.88	2030.01.20	3.3400	20广东09（160285）	800.00	2025.01.20	3.1300
20广东10（160286）	17139.78	2030.01.20	3.3400	20广东11（160287）	6950.00	2035.01.20	3.6300
20广东12（160288）	1097.00	2050.01.20	3.9200	20广东13（160289）	1155.00	2040.01.20	3.6700
20广东14（160290）	434.62	2030.01.20	3.3400	20广东15（160291）	777.00	2035.01.20	3.6300
20广东16（160292）	2254.12	2030.01.20	3.3400	20广东17（160293）	251.00	2035.01.20	3.6300
20广东18（160294）	940.60	2040.01.20	3.6700	20广东19（160295）	1353.00	2050.01.20	3.9200
20广东20（160296）	11019.45	2030.01.20	3.3400	20广东21（160297）	1139.00	2040.01.20	3.6700
20广东22（160298）	1512.69	2050.01.20	3.9200	20广东23（160299）	177.00	2035.01.20	3.6300
20广东24（160300）	5783.39	2030.01.20	3.3400	20广东25（160301）	564.00	2035.01.20	3.6300
20广东26（160302）	570.00	2040.01.20	3.6700	20广东27（160303）	3502.35	2050.01.20	3.9200
20广东28（160304）	5500.00	2030.01.20	3.3400	20广东29（160305）	1200.00	2035.01.20	3.6300
20广东30（160306）	9168.00	2030.01.20	3.3400	20浙江01（160307）	1630.00	2030.01.20	3.3400
20浙江02（160308）	3010.00	2025.01.20	3.1300	20浙江03（160309）	3130.00	2027.01.20	3.3000
20浙江04（160310）	11470.00	2030.01.20	3.3400	20浙江05（160311）	5545.00	2035.01.20	3.6300
20浙江06（160312）	6970.00	2040.01.20	3.6700	20浙江07（160313）	1000.00	2050.01.20	3.9200
20龙江01（160314）	685.71	2027.01.21	3.2900	20龙江02（160315）	240.50	2035.01.21	3.6300
20龙江03（160316）	1493.79	2040.01.21	3.6700	20龙江04（160317）	180.00	2050.01.21	3.9200
20湖北01（160318）	1830.78	2030.01.21	3.3400	20湖北02（160319）	1000.00	2027.01.21	3.2900
20湖北03（160320）	200.00	2027.01.21	3.2900	20湖北04（160321）	2620.00	2030.01.21	3.3400
20湖北05（160322）	379.00	2035.01.21	3.6300	20吉林01（160323）	155.00	2030.01.22	3.3300
20吉林02（160324）	100.00	2030.01.22	3.3300	20吉林03（160325）	600.00	2050.01.22	3.9200
20吉林04（160326）	200.00	2030.01.22	3.3300	20陕西01（160327）	6000.00	2030.01.22	3.3300
20陕西02（160328）	1500.00	2030.01.22	3.3300	20陕西03（160329）	300.00	2035.01.22	3.6200
20陕西04（160330）	2200.00	2035.01.22	3.6200	20北京01（160331）	2000.00	2023.02.11	2.6600
20北京02（160332）	1600.00	2025.02.11	2.8800	20北京03（160333）	4600.00	2030.02.11	3.0800
20北京04（160334）	1000.00	2035.02.11	3.3800	20北京05（160335）	421.00	2025.02.11	2.8800
20北京06（160336）	12970.00	2025.02.11	2.8800	20北京07（160337）	23770.00	2030.02.11	3.0800
20北京08（160338）	1140.00	2035.02.11	3.3800	20北京09（160339）	8359.00	2040.02.11	3.4200
20北京10（160340）	12140.00	2050.02.11	3.6800	20北京11（160341）	1200.00	2035.02.11	3.3800
20广东31（160342）	14732.00	2030.02.19	3.1000	20湖北06（160343）	7259.00	2050.02.21	3.7200
20湖北07（160344）	90.00	2027.02.21	3.0600	20湖北08（160345）	89.00	2027.02.21	3.0600
20湖北09（160346）	717.00	2030.02.21	3.1100	20湖北10（160347）	1000.00	2035.02.21	3.4100
20湖北11（160348）	843.00	2035.02.21	3.4100	20贵州06（160349）	315.00	2030.02.24	3.1300
20贵州07（160350）	1295.00	2035.02.24	3.4300	20贵州08（160351）	690.00	2040.02.24	3.4600
20贵州09（160352）	2605.00	2050.02.24	3.7300	20海南01（160353）	600.00	2023.02.24	2.6800
20海南02（160354）	730.00	2027.02.24	3.0800	20海南03（160355）	3380.00	2025.02.24	2.9000
20海南04（160356）	1000.00	2030.02.24	3.1300	20海南05（160357）	1340.00	2050.02.24	3.7300
20海南06（160358）	350.00	2030.02.24	3.1300	20山西06（160359）	5000.00	2030.02.24	3.1300
20山西07（160360）	5000.00	2035.02.24	3.4300	20山西08（160361）	7300.00	2040.02.24	3.4600

债券信息
List of Bonds

债券简称（代码）Bond Name（Code）	发行量（百万元）Issued Vol（M Yuan）	到期日 Expiration Date	票面利率（%）Coupon Rate	债券简称（代码）Bond Name（Code）	发行量（百万元）Issued Vol（M Yuan）	到期日 Expiration Date	票面利率（%）Coupon Rate
20 湖南 13（160362）	7300.00	2030.02.24	3.1300	20 湖南 14（160363）	5589.00	2035.02.24	3.4300
20 湖南 15（160364）	2850.00	2040.02.24	3.4600	20 湖南 16（160365）	396.00	2027.02.24	3.0800
20 湖南 17（160366）	888.00	2030.02.24	3.1300	20 湖南 18（160367）	3555.00	2035.02.24	3.4300
20 湖南 19（160368）	417.00	2040.02.24	3.4600	20 江西 11（160369）	22000.00	2030.02.25	3.1200
20 山东 15（160370）	4560.00	2050.02.25	3.7300	20 山东 16（160371）	3463.00	2030.02.25	3.1200
20 山东 17（160372）	1882.00	2035.02.25	3.4200	20 山东 18（160373）	1236.00	2040.02.25	3.4600
20 山东 19（160374）	1949.00	2030.02.25	3.1200	20 山东 20（160375）	470.00	2040.02.25	3.4600
20 天津 16（160376）	2000.00	2050.02.26	3.7200	20 天津 17（160377）	680.00	2050.02.26	3.7200
20 天津 18（160378）	30.00	2023.02.26	2.6700	20 天津 19（160379）	40.00	2035.02.26	3.4100
20 天津 20（160380）	4500.00	2035.02.26	3.4100	20 天津 21（160381）	610.00	2027.02.26	3.0800
20 天津 22（160382）	120.00	2023.02.26	2.6700	20 天津 23（160383）	50.00	2025.02.26	2.9100
20 天津 24（160384）	9420.00	2030.02.26	3.1100	20 天津 25（160385）	2210.00	2035.02.26	3.4100
20 天津 26（160386）	1500.00	2025.02.26	2.9100	20 天津 27（160387）	50.00	2025.02.26	2.9100
20 天津 28（160388）	550.00	2030.02.26	3.1100	20 天津 29（160389）	220.00	2050.02.26	3.7200
20 天津 30（160390）	320.00	2030.02.26	3.1100	20 青海 01（160391）	1540.00	2050.02.26	3.7700
20 青海 02（160392）	1000.00	2030.02.26	3.1600	20 青海 03（160393）	530.00	2030.02.26	3.1600
20 青海 04（160394）	390.00	2040.02.26	3.5000	20 青海 05（160395）	300.00	2030.02.26	3.1600
20 青海 06（160396）	240.00	2030.02.26	3.1600	20 青海 07（160397）	100.00	2035.02.26	3.4600
20 新疆 07（160398）	14800.00	2050.02.27	3.7600	20 上海 01（160399）	4500.00	2027.02.27	3.0800
20 上海 02（160400）	5000.00	2027.02.27	3.0800	20 上海 03（160401）	7000.00	2030.02.27	3.1000
20 上海 04（160402）	13000.00	2035.02.27	3.4000	20 陕西 05（160403）	315.00	2030.02.27	3.1000
20 陕西 06（160404）	510.00	2040.02.27	3.4400	20 陕西 07（160405）	765.00	2030.02.27	3.1000
20 陕西 08（160406）	440.00	2040.02.27	3.4400	20 陕西 09（160407）	479.00	2025.02.27	2.9000
20 陕西 10（160408）	775.00	2030.02.27	3.1000	20 陕西 11（160409）	2847.00	2040.02.27	3.4400
20 四川 48（160410）	2630.00	2023.02.28	2.6500	20 四川 49（160411）	2000.00	2025.02.28	2.9000
20 四川 50（160412）	23070.00	2050.02.28	3.7000	20 四川 51（160413）	178.00	2025.02.28	2.9000
20 四川 52（160414）	1071.00	2027.02.28	3.0800	20 四川 53（160415）	3853.00	2030.02.28	3.0800
20 四川 54（160416）	760.00	2035.02.28	3.4000	20 四川 55（160417）	288.00	2040.02.28	3.4400
20 四川 56（160418）	2033.00	2050.02.28	3.7000	20 四川 57（160419）	1471.00	2030.02.28	3.0800
20 四川 58（160420）	180.00	2035.02.28	3.4000	20 四川 59（160421）	150.00	2040.02.28	3.4400
20 四川 60（160422）	572.00	2027.02.28	3.0800	20 四川 61（160423）	575.00	2030.02.28	3.0800
20 四川 62（160424）	140.00	2035.02.28	3.4000	20 四川 63（160425）	270.00	2040.02.28	3.4400
20 四川 64（160426）	121.00	2025.02.28	2.9000	20 青岛 08（160427）	3400.00	2030.02.28	3.0800
20 青岛 09（160428）	500.00	2030.02.28	3.0800	20 青岛 10（160429）	300.00	2030.02.28	3.0800
20 广西 05（160430）	20000.00	2050.02.28	3.7000	20 广西 06（160431）	480.00	2050.02.28	3.7000
20 广西 07（160432）	698.00	2030.02.28	3.0800	20 广西 08（160433）	3424.00	2050.02.28	3.7000
20 广西 09（160434）	626.00	2030.02.28	3.0800	20 广西 10（160435）	5711.00	2050.02.28	3.7000
20 广西 11（160436）	340.00	2030.02.28	3.0800	20 广西 12（160437）	4350.00	2050.02.28	3.7000
20 广西 13（160438）	2730.00	2050.02.28	3.7000	20 江苏 05（160439）	22400.00	2030.03.02	3.0600
20 浙江 08（160440）	3000.00	2050.03.02	3.6800	20 浙江 09（160441）	2000.00	2030.03.02	3.0600
20 浙江 10（160442）	9180.00	2035.03.02	3.3900	20 浙江 11（160443）	5000.00	2050.03.02	3.6800
20 重庆 01（160444）	9800.00	2050.03.02	3.6800	20 重庆 02（160445）	1075.00	2025.03.02	2.8800
20 重庆 03（160446）	22325.00	2050.03.02	3.6800	20 福建 18（160447）	12600.00	2030.03.02	3.0600
20 内蒙 01（160448）	5200.00	2025.03.02	2.8800	20 内蒙 02（160449）	76.00	2025.03.02	2.8800
20 内蒙 03（160450）	365.00	2027.03.02	3.0700	20 内蒙 04（160451）	3923.00	2030.03.02	3.0600
20 内蒙 05（160452）	1466.00	2035.03.02	3.3900	20 内蒙 06（160453）	670.00	2040.03.02	3.4200
20 龙江 05（160454）	29800.00	2050.03.04	3.6600	20 河北 08（160455）	6100.00	2027.03.04	3.0400
20 河北 09（160456）	19000.00	2050.03.04	3.6600	20 河北 10（160457）	870.00	2025.03.04	2.8400
20 河北 11（160458）	3150.00	2025.03.04	2.8400	20 河北 12（160459）	6547.00	2030.03.04	3.0200
20 河北 13（160460）	4313.00	2050.03.04	3.6600	20 河北 14（160461）	120.00	2025.03.04	2.8400

债券信息
List of Bonds

债券
Bond

债券简称（代码）Bond Name（Code）	发行量（百万元）Issued Vol（M Yuan）	到期日 Expiration Date	票面利率（%）Coupon Rate	债券简称（代码）Bond Name（Code）	发行量（百万元）Issued Vol（M Yuan）	到期日 Expiration Date	票面利率（%）Coupon Rate
20 甘肃 06（160462）	5290.00	2027.03.10	2.9600	20 宁夏 01（160463）	4690.00	2050.03.11	3.5900
20 兵团 01（160464）	1280.00	2025.03.11	2.7200	20 兵团 02（160465）	2920.00	2035.03.11	3.3000
20 辽宁 08（160466）	5600.00	2040.03.17	3.3200	20 宁波 01（160467）	800.00	2050.03.17	3.4700
20 宁波 02（160468）	800.00	2035.03.17	3.2400	20 宁波 03（160469）	1450.00	2030.03.17	2.8600
20 宁波 04（160470）	3200.00	2040.03.17	3.3200	20 宁波 05（160471）	4450.00	2050.03.17	3.4700
20 龙江 06（160472）	366.00	2025.03.18	2.7400	20 龙江 07（160473）	613.80	2027.03.18	2.9000
20 龙江 08（160474）	1949.58	2030.03.18	2.8900	20 龙江 09（160475）	474.38	2035.03.18	3.2700
20 龙江 10（160476）	1669.24	2040.03.18	3.3400	20 龙江 11（160477）	4980.00	2050.03.18	3.5000
20 龙江 12（160478）	1071.00	2025.03.18	2.7400	20 龙江 13（160479）	1350.00	2050.03.18	3.5000
20 厦门 05（160480）	2000.00	2030.03.19	2.9100	20 厦门 06（160481）	3000.00	2050.03.19	3.5200
20 贵州 10（160482）	7582.61	2030.03.18	2.8900	20 贵州 11（160483）	1129.10	2030.03.18	2.8900
20 贵州 12（160484）	1065.90	2035.03.18	3.2700	20 贵州 13（160485）	910.00	2050.03.18	3.5000
20 新疆 08（160486）	1330.00	2030.03.20	2.9800	20 新疆 09（160487）	2290.00	2035.03.20	3.3700
20 新疆 10（160488）	10260.00	2040.03.20	3.4400	20 新疆 11（160489）	1420.00	2050.03.20	3.6000
20 湖北 12（160490）	14210.22	2050.03.20	3.5500	20 湖北 13（160491）	42.00	2027.03.20	2.9400
20 湖北 14（160492）	1240.00	2030.03.20	2.9300	20 湖北 15（160493）	2678.00	2035.03.20	3.3200
20 湖北 16（160494）	400.00	2050.03.20	3.5500	20 西藏 01（160495）	70.00	2027.03.20	2.9400
20 西藏 02（160496）	430.00	2030.03.20	2.9300	20 西藏 03（160497）	300.00	2035.03.20	3.3200
20 西藏 04（160498）	800.00	2040.03.20	3.3900	20 河南 13（160499）	21716.41	2050.03.23	3.5800
19 吉林 25（160500）	102.00	2024.09.27	3.2400	19 吉林 26（160501）	1098.00	2026.09.27	3.3800
19 吉林 27（160502）	161.00	2026.09.27	3.3800	19 吉林 28（160503）	198.00	2029.09.27	3.5100
19 吉林 29（160504）	1710.00	2024.09.27	3.2400	19 吉林 30（160505）	130.00	2029.09.27	3.5100
19 吉林 31（160506）	250.00	2049.09.27	4.0000	19 吉林 32（160507）	400.00	2029.09.27	3.3600
19 河北 29（160508）	2165.00	2022.09.19	3.0000	19 河北 30（160509）	2960.00	2024.09.19	3.2200
19 河北 31（160510）	3519.00	2029.09.19	3.3300	19 河北 32（160511）	2280.00	2024.09.19	3.2200
19 河北 33（160512）	420.00	2029.09.19	3.3300	19 河北 34（160513）	300.00	2029.09.19	3.3300
19 河北 35（160514）	300.00	2024.09.19	3.2200	19 河北 36（160515）	495.00	2034.09.19	3.6100
19 河北 37（160516）	3370.00	2034.09.19	3.6100	19 青海 25（160517）	300.00	2029.09.26	3.3600
19 青海 26（160518）	230.00	2029.09.26	3.3600	19 湖南 30（160519）	2271.41	2039.09.25	3.6900
19 湖南 31（160520）	1496.21	2029.09.25	3.3600	19 湖南 32（160521）	558.56	2034.09.25	3.6500
19 湖南 33（160522）	670.80	2029.09.25	3.3600	19 湖南 34（160523）	9921.20	2024.09.25	3.2400
19 湖南 35（160524）	11300.00	2039.09.25	3.6900	19 湖南 36（160525）	1448.69	2039.09.25	3.6900
19 湖南 37（160526）	16787.10	2049.09.25	3.9500	19 龙江 18（160527）	500.00	2049.09.27	3.9600
19 龙江 19（160528）	1000.00	2049.09.27	3.9600	19 贵州 14（160529）	7196.35	2039.09.27	3.6900
19 贵州 15（160530）	2756.62	2049.09.27	3.9600	19 浙江 18（160531）	14440.00	2049.10.22	4.0400
19 浙江 19（160532）	4280.00	2029.10.22	3.4200	19 大连 07（160533）	5583.54	2049.11.06	4.1500
19 大连 08（160534）	2473.96	2049.11.06	4.1500	19 贵州 16（160535）	3907.95	2026.10.30	3.4800
19 贵州 17（160536）	6282.71	2049.10.30	4.1100	19 天津 53（160537）	5401.00	2049.11.08	4.1300
19 天津 54（160538）	12203.00	2024.11.08	3.3200	19 宁夏 32（160539）	263.34	2024.11.08	3.3200
19 宁夏 33（160540）	518.35	2026.11.08	3.5100	19 内蒙 30（160541）	1750.53	2029.12.03	3.4200
20 四川 01（160542）	800.00	2030.01.03	3.3800	20 四川 02（160543）	400.00	2040.01.03	3.7100
20 四川 03（160544）	729.00	2027.01.03	3.3100	20 四川 04（160545）	6630.00	2030.01.03	3.3800
20 四川 05（160546）	1364.00	2035.01.03	3.6700	20 四川 06（160547）	400.00	2050.01.03	3.9700
20 四川 07（160548）	370.00	2027.01.03	3.3100	20 四川 08（160549）	1652.00	2030.01.03	3.3800
20 四川 09（160550）	1478.00	2027.01.03	3.3100	20 四川 10（160551）	5610.00	2030.01.03	3.3800
20 四川 11（160552）	1982.12	2035.01.03	3.6700	20 四川 12（160553）	1571.00	2030.01.03	3.3800
20 四川 13（160554）	493.40	2035.01.03	3.6700	20 四川 14（160555）	508.00	2050.01.03	3.9700
20 四川 15（160556）	922.00	2027.01.03	3.3100	20 四川 16（160557）	1925.00	2030.01.03	3.3800
20 四川 17（160558）	567.00	2027.01.03	3.3100	20 四川 18（160559）	3259.40	2030.01.03	3.3800
20 四川 19（160560）	645.00	2035.01.03	3.6700	20 四川 20（160561）	400.00	2050.01.03	3.9700

债券信息
List of Bonds

债券简称（代码） Bond Name（Code）	发行量（百万元） Issued Vol （M Yuan）	到期日 Expiration Date	票面利率（%） Coupon Rate	债券简称（代码） Bond Name（Code）	发行量（百万元） Issued Vol （M Yuan）	到期日 Expiration Date	票面利率（%） Coupon Rate
20四川21（160562）	395.00	2027.01.03	3.3100	20四川22（160563）	1718.48	2030.01.03	3.3800
20四川23（160564）	1247.00	2030.01.03	3.3800	20四川24（160565）	604.60	2035.01.03	3.6700
20青岛01（160566）	1000.00	2030.01.10	3.3900	20青岛02（160567）	3760.00	2030.01.10	3.3900
20青岛03（160568）	2170.00	2030.01.10	3.3900	20青岛04（160569）	400.00	2025.01.10	3.1700
20青岛05（160570）	210.00	2030.01.10	3.3900	20青岛06（160571）	460.00	2030.01.10	3.3900
20云南01（160572）	7490.00	2050.01.07	3.9700	20云南02（160573）	15630.00	2050.01.07	3.9700
20云南03（160574）	2520.00	2030.01.07	3.3900	20云南04（160575）	1120.00	2025.01.07	3.1500
20云南05（160576）	3830.00	2027.01.07	3.3100	20云南06（160577）	910.00	2027.01.07	3.3100
20云南07（160578）	2800.00	2030.01.07	3.3900	20云南08（160579）	420.00	2027.01.07	3.3100
20云南09（160580）	2510.00	2025.01.07	3.1500	20云南10（160581）	7770.00	2027.01.07	3.3100
20山西01（160582）	484.00	2027.01.22	3.2800	20山西02（160583）	4568.00	2030.01.22	3.3300
20山西03（160584）	6456.00	2035.01.22	3.6200	20山西04（160585）	2772.00	2040.01.22	3.6600
20山西05（160586）	1720.00	2050.01.22	3.9200	20安徽01（160587）	1747.26	2025.01.17	3.1800
20安徽02（160588）	2903.50	2027.01.17	3.3500	20安徽03（160589）	17142.22	2030.01.17	3.3900
20安徽04（160590）	2980.02	2035.01.17	3.6800	20安徽05（160591）	2927.00	2030.01.17	3.3900
20江苏01（160592）	3170.00	2025.01.14	3.1500	20江苏02（160593）	3110.00	2027.01.14	3.3100
20江苏03（160594）	28185.00	2030.01.14	3.3700	20江苏04（160595）	1235.00	2027.01.14	3.3100
20厦门01（160596）	3600.00	2030.01.16	3.3500	20厦门02（160597）	2500.00	2040.01.16	3.6800
20厦门03（160598）	900.00	2040.01.16	3.6800	20厦门04（160599）	3000.00	2027.01.16	3.3000
20江西01（160600）	2485.06	2030.01.14	3.3700	20江西02（160601）	2502.95	2030.01.14	3.3700
20江西03（160602）	1605.15	2030.01.14	3.3700	20江西04（160603）	1849.51	2030.01.14	3.3700
20江西05（160604）	1377.86	2025.01.14	3.1500	20江西06（160605）	8222.46	2030.01.14	3.3700
20江西07（160606）	9655.65	2035.01.14	3.6600	20江西08（160607）	12560.33	2030.01.14	3.3700
20江西09（160608）	7542.58	2035.01.14	3.6600	20江西10（160609）	4898.45	2025.01.14	3.1500
20辽宁01（160610）	550.00	2040.01.15	3.6900	20辽宁02（160611）	1000.00	2040.01.15	3.6900
20辽宁03（160612）	936.00	2030.01.15	3.3600	20辽宁04（160613）	1537.00	2035.01.15	3.6500
20辽宁05（160614）	672.00	2040.01.15	3.6900	20辽宁06（160615）	750.00	2030.01.15	3.3600
20辽宁07（160616）	755.00	2035.01.15	3.6500	20四川25（160617）	2015.50	2030.01.13	3.3800
20四川26（160618）	1650.00	2035.01.13	3.6700	20四川27（160619）	800.00	2040.01.13	3.7100
20四川28（160620）	380.00	2050.01.13	3.9600	20四川29（160621）	330.00	2027.01.13	3.3100
20四川30（160622）	736.00	2030.01.13	3.3800	20四川31（160623）	609.00	2035.01.13	3.6700
20四川32（160624）	430.00	2040.01.13	3.7100	20四川33（160625）	300.00	2025.01.13	3.1600
20四川34（160626）	663.00	2027.01.13	3.3100	20四川35（160627）	1219.00	2030.01.13	3.3800
20四川36（160628）	773.00	2035.01.13	3.6700	20四川37（160629）	350.00	2040.01.13	3.7100
20四川38（160630）	418.00	2035.01.13	3.6700	20四川39（160631）	518.00	2030.01.13	3.3800
20四川40（160632）	689.00	2030.01.13	3.3800	20四川41（160633）	425.00	2027.01.13	3.3100
20四川42（160634）	829.50	2030.01.13	3.3800	20四川43（160635）	396.00	2030.01.13	3.3800
20四川44（160636）	342.00	2035.01.13	3.6700	20四川45（160637）	300.00	2040.01.13	3.7100
20四川46（160638）	355.00	2030.01.13	3.3800	20四川47（160639）	539.00	2035.01.13	3.6700
20安徽06（160640）	11900.00	2027.01.17	3.3500	20湖南01（160641）	3500.00	2025.01.15	3.1400
20湖南02（160642）	768.00	2027.01.15	3.3000	20湖南03（160643）	3836.00	2030.01.15	3.3600
20湖南04（160644）	6255.00	2035.01.15	3.6500	20湖南05（160645）	1557.00	2040.01.15	3.6900
20湖南06（160646）	1195.00	2030.01.15	3.3600	20湖南07（160647）	2854.00	2035.01.15	3.6500
20湖南08（160648）	900.00	2040.01.15	3.6900	20湖南09（160649）	619.00	2030.01.15	3.3600
20湖南10（160650）	1209.00	2035.01.15	3.6500	20湖南11（160651）	928.00	2040.01.15	3.6900
20云南11（160652）	7150.00	2050.01.20	3.9200	20云南12（160653）	4200.00	2027.01.20	3.3000
20云南13（160654）	2750.00	2030.01.20	3.3400	20山东01（160655）	394.00	2027.01.17	3.3000
20山东02（160656）	3359.00	2027.01.17	3.3000	20山东03（160657）	20779.00	2030.01.17	3.3400
20山东04（160658）	6177.00	2035.01.17	3.6300	20山东05（160659）	4606.00	2040.01.17	3.6700
20山东06（160660）	2137.00	2050.01.17	3.9300	20山东07（160661）	10328.00	2030.01.17	3.3400

债券信息
List of Bonds

债券简称（代码）Bond Name（Code）	发行量（百万元）Issued Vol（M Yuan）	到期日 Expiration Date	票面利率（%）Coupon Rate	债券简称（代码）Bond Name（Code）	发行量（百万元）Issued Vol（M Yuan）	到期日 Expiration Date	票面利率（%）Coupon Rate
20山东08（160662）	900.00	2035.01.17	3.6300	20山东09（160663）	1411.00	2040.01.17	3.6700
20山东10（160664）	7661.00	2050.01.17	3.9300	20山东11（160665）	2801.00	2027.01.17	3.3000
20山东12（160666）	6775.00	2030.01.17	3.3400	20山东13（160667）	3560.00	2035.01.17	3.6300
20山东14（160668）	1106.00	2040.01.17	3.6700	20天津01（160669）	6000.00	2050.01.21	3.9200
20天津02（160670）	1000.00	2025.01.21	3.1300	20天津03（160671）	1110.00	2030.01.21	3.3400
20天津04（160672）	70.00	2030.01.22	3.3300	20天津05（160673）	290.00	2030.01.22	3.3300
20天津06（160674）	520.00	2035.01.21	3.6300	20天津07（160675）	700.00	2050.01.21	3.9200
20天津08（160676）	1000.00	2030.01.22	3.3300	20天津09（160677）	900.00	2027.01.22	3.2800
20天津10（160678）	5130.00	2030.01.22	3.3300	20天津11（160679）	970.00	2025.01.22	3.1200
20天津12（160680）	1700.00	2027.01.22	3.2800	20天津13（160681）	1200.00	2035.01.21	3.6300
20天津14（160682）	850.00	2050.01.22	3.9200	20天津15（160683）	2360.00	2035.01.21	3.6300
20青岛07（160684）	1740.00	2030.01.21	3.3400	20甘肃01（160685）	8010.00	2027.01.22	3.2800
20甘肃02（160686）	2860.00	2030.01.22	3.3300	20甘肃03（160687）	461.00	2040.01.22	3.6600
20甘肃04（160688）	3401.00	2040.01.22	3.6600	20甘肃05（160689）	5600.00	2050.01.22	3.9200
20湖南12（160690）	10000.00	2050.01.21	3.9200	20贵州01（160691）	670.00	2030.01.21	3.3400
20贵州02（160692）	950.00	2030.01.21	3.3400	20贵州03（160693）	1310.00	2035.01.21	3.6300
20贵州04（160694）	2160.00	2035.01.21	3.6300	20贵州05（160695）	1900.00	2050.01.21	3.9200
20江苏09（160696）	26242.00	2030.05.13	2.8800	20江苏10（160697）	17724.00	2035.05.13	3.3700
20江苏11（160698）	2334.00	2030.05.13	2.8800	20天津31（160699）	11468.00	2025.05.22	2.3100
20天津32（160700）	520.00	2035.05.22	3.4600	20天津33（160701）	139.00	2025.05.22	2.3100
20天津34（160702）	8940.00	2030.05.22	2.9500	20天津35（160703）	1500.00	2030.05.22	2.9500
20天津36（160704）	5940.00	2035.05.22	3.4600	20天津37（160705）	1100.00	2050.05.22	3.7700
20天津38（160706）	950.00	2035.05.22	3.4600	20天津40（160708）	100.00	2023.05.22	1.8600
20天津41（160709）	170.00	2025.05.22	2.3100	20天津42（160710）	565.00	2030.05.22	2.9500
20天津43（160711）	840.00	2035.05.22	3.4600	20天津44（160712）	1389.00	2050.05.22	3.7700
20天津45（160713）	342.00	2050.05.22	3.7700	20天津46（160714）	90.00	2027.05.22	2.8300
20天津47（160715）	465.00	2030.05.22	2.9500	20天津48（160716）	350.00	2025.05.22	2.3100
20天津49（160717）	800.00	2027.05.22	2.8300	20天津50（160718）	1860.00	2030.05.22	2.9500
20天津51（160719）	1950.00	2035.05.22	3.4600	20天津52（160720）	860.00	2050.05.22	3.7700
20天津53（160721）	500.00	2035.05.22	3.4600	20天津54（160722）	330.00	2050.05.22	3.7700
20宁波06（160723）	3604.50	2025.05.25	2.3400	20宁波07（160724）	2555.00	2027.05.25	2.8400
20宁波08（160725）	1130.00	2030.05.25	2.9500	20宁波09（160726）	1020.00	2035.05.25	3.4600
20宁波10（160727）	2730.00	2040.05.25	3.5800	20宁波11（160728）	1720.00	2050.05.25	3.7700
20四川73（160729）	237.00	2025.05.19	2.2700	20四川74（160730）	2783.50	2027.05.19	2.8000
20四川75（160731）	9866.14	2030.05.19	2.9300	20四川76（160732）	7421.75	2035.05.19	3.4300
20四川77（160733）	3996.25	2040.05.19	3.5500	20四川78（160734）	6800.00	2050.05.19	3.7200
20四川79（160735）	100.00	2025.05.19	2.2700	20四川80（160736）	141.00	2035.05.19	3.4300
20四川81（160737）	1156.60	2040.05.19	3.5500	20四川82（160738）	1454.20	2027.05.19	2.8000
20四川83（160739）	9000.76	2030.05.19	2.9300	20四川84（160740）	5462.30	2035.05.19	3.4300
20四川85（160741）	2427.50	2040.05.19	3.5500	20四川86（160742）	485.00	2050.05.19	3.7200
20四川87（160743）	790.00	2027.05.19	2.8000	20四川88（160744）	1602.00	2030.05.19	2.9300
20四川89（160745）	230.00	2035.05.19	3.4300	20天津55（160746）	1700.00	2050.05.22	3.7700
20云南16（160747）	6280.00	2025.05.29	2.4200	20云南17（160748）	8962.00	2027.05.29	2.8600
20云南18（160749）	6334.00	2027.05.29	2.8600	20云南19（160750）	1657.00	2030.05.29	2.9500
20云南20（160751）	2803.00	2030.05.29	2.9500	20云南21（160752）	2402.00	2030.05.29	2.9500
20云南22（160753）	7412.00	2030.05.29	2.9500	20云南23（160754）	18750.00	2050.05.29	3.7500
20河北23（160755）	932.00	2025.05.26	2.3500	20河北24（160756）	14618.00	2030.05.26	2.9400
20河北25（160757）	15000.00	2050.05.26	3.7600	20河北26（160758）	5600.00	2030.05.26	2.9400
20河北27（160759）	10650.00	2050.05.26	3.7600	20大连04（160760）	5621.69	2040.06.03	3.5900
20大连05（160761）	5771.13	2040.06.03	3.5900	20湖南28（160762）	1293.00	2027.05.29	2.8600

债券信息
List of Bonds

债券
Bond

债券简称（代码）Bond Name (Code)	发行量（百万元）Issued Vol (M Yuan)	到期日 Expiration Date	票面利率（%）Coupon Rate	债券简称（代码）Bond Name (Code)	发行量（百万元）Issued Vol (M Yuan)	到期日 Expiration Date	票面利率（%）Coupon Rate
20 湖南 29（160763）	7073.00	2030.05.29	2.9500	20 湖南 30（160764）	8966.40	2035.05.29	3.4500
20 湖南 31（160765）	1958.00	2040.05.29	3.5700	20 湖南 32（160766）	783.00	2030.05.29	2.9500
20 湖南 33（160767）	2319.00	2035.05.29	3.4500	20 湖南 34（160768）	2640.00	2040.05.29	3.5700
20 湖南 35（160769）	1542.00	2030.05.29	2.9500	20 湖南 36（160770）	3065.80	2035.05.29	3.4500
20 湖南 37（160771）	1832.00	2040.05.29	3.5700	20 湖南 38（160772）	166.00	2027.05.29	2.8600
20 湖南 39（160773）	2521.00	2030.05.29	2.9500	20 湖南 40（160774）	4813.00	2035.05.29	3.4500
20 湖南 41（160775）	1857.80	2040.05.29	3.5700	20 湖南 42（160776）	218.00	2030.05.29	2.9500
20 湖南 43（160777）	520.00	2035.05.29	3.4500	20 湖南 44（160778）	334.00	2040.05.29	3.5700
20 湖南 45（160779）	1200.00	2050.05.29	3.7500	20 重庆 08（160780）	7540.00	2025.06.09	2.6400
20 重庆 09（160781）	28474.00	2050.06.09	3.8200	20 大连 06（160782）	2961.96	2050.06.29	3.8600
20 大连 07（160783）	1111.42	2050.06.29	3.8600	20 大连 08（160784）	770.00	2040.06.29	3.7200
20 大连 09（160785）	2095.15	2030.06.29	3.1400	20 大连 10（160786）	734.85	2040.06.29	3.7200
20 江苏 14（160787）	14233.00	2050.06.22	3.8100	20 江苏 15（160788）	19013.00	2027.06.22	3.1000
20 青岛 20（160789）	840.00	2030.06.23	3.1000	20 内蒙 16（160790）	19170.82	2023.06.30	2.6900
20 内蒙 17（160791）	1740.00	2030.06.30	3.1300	20 内蒙 18（160792）	2200.00	2035.06.30	3.5900
20 内蒙 19（160793）	5436.00	2030.06.30	3.1300	20 内蒙 20（160794）	5306.00	2035.06.30	3.5900
20 内蒙 21（160795）	1768.00	2040.06.30	3.7200	20 宁波 12（160796）	4293.33	2025.07.29	2.8700
20 宁波 13（160797）	3864.70	2027.07.29	3.1300	20 宁波 14（160798）	510.00	2023.07.29	2.7200
20 青岛 21（160799）	711.00	2027.07.23	3.2300	20 宁波 15（160800）	572.00	2025.07.29	2.8700
20 宁波 16（160801）	1619.50	2030.07.29	3.1400	20 重庆 10（160802）	17062.00	2025.07.30	2.8800
20 重庆 11（160803）	16826.00	2050.07.30	3.8800	20 江西 23（160804）	6071.00	2030.08.07	3.2000
20 江西 24（160805）	6917.10	2050.08.07	3.9500	20 江西 25（160806）	3815.22	2025.08.07	2.9600
20 江西 26（160807）	7486.04	2025.08.07	2.9600	20 江西 27（160808）	10233.61	2027.08.07	3.2300
20 江西 28（160809）	3709.00	2027.08.07	3.2300	20 江西 29（160810）	2572.70	2030.08.07	3.2000
20 江西 30（160811）	12591.71	2035.08.07	3.6700	20 江西 31（160812）	7102.95	2040.08.07	3.7900
20 江西 32（160813）	4703.99	2050.08.07	3.9500	20 西藏 11（160814）	20.00	2030.08.13	3.2200
20 西藏 12（160815）	300.00	2030.08.13	3.2200	20 西藏 13（160816）	550.00	2040.08.13	3.8200
20 西藏 14（160817）	58.00	2035.08.13	3.7000	20 西藏 15（160818）	1120.00	2030.08.13	3.2200
20 西藏 16（160819）	12.00	2035.08.13	3.7000	20 西藏 17（160820）	495.00	2040.08.13	3.8200
20 西藏 18（160821）	45.00	2040.08.13	3.8200	20 西藏 19（160822）	3100.00	2030.08.13	3.2200
20 西藏 20（160823）	3100.00	2035.08.13	3.7000	20 青岛 22（160824）	3920.00	2027.08.13	3.2700
20 青岛 23（160825）	1848.00	2027.08.13	3.2700	20 青岛 24（160826）	1199.00	2035.08.13	3.7000
20 浙江 25（160827）	5100.00	2030.08.14	3.2200	20 浙江 26（160828）	12000.00	2050.08.14	3.9900
20 浙江 27（160829）	10785.00	2050.08.14	3.9900	20 浙江 28（160830）	620.00	2023.08.14	2.9400
20 浙江 29（160831）	6735.00	2050.08.14	3.9900	20 四川 94（160832）	10000.00	2027.08.11	3.2600
20 四川 95（160833）	9880.47	2040.08.11	3.8200	20 四川 96（160834）	5464.20	2027.08.11	3.2600
20 四川 97（160835）	8851.16	2027.08.11	3.2600	20 河南 31（160836）	15826.02	2025.08.14	3.0800
20 河南 32（160837）	7627.60	2030.08.14	3.2200	20 河南 33（160838）	4098.29	2025.08.14	3.0800
20 河南 34（160839）	2576.80	2030.08.14	3.2200	20 河南 35（160840）	6755.20	2035.08.14	3.7000
20 河南 36（160841）	2161.00	2050.08.14	3.9900	20 河南 37（160842）	2093.70	2030.08.14	3.2200
20 河南 38（160843）	8116.70	2035.08.14	3.7000	20 河南 39（160844）	3079.60	2050.08.14	3.9900
20 河南 40（160845）	2586.00	2035.08.14	3.7000	20 山西 16（160846）	3584.00	2027.08.19	3.2500
20 山西 17（160847）	4159.00	2035.08.19	3.6800	20 山西 18（160848）	660.00	2030.08.19	3.2000
20 山西 19（160849）	1070.00	2035.08.19	3.6800	20 山西 20（160850）	244.00	2040.08.19	3.8000
20 山西 21（160851）	700.00	2050.08.19	3.9600	20 山西 22（160852）	2237.00	2035.08.19	3.6800
20 甘肃 19（160853）	1100.00	2040.08.17	3.8200	20 甘肃 20（160854）	1868.00	2040.08.17	3.8200
20 甘肃 21（160855）	3690.00	2035.08.17	3.7000	20 天津 60（160856）	4200.00	2050.08.18	3.9700
20 天津 61（160857）	2438.00	2030.08.18	3.2000	20 天津 62（160858）	5830.00	2035.08.18	3.6900
20 天津 63（160859）	2100.00	2050.08.18	3.9700	20 天津 64（160860）	1200.00	2050.08.18	3.9700
20 天津 65（160861）	790.00	2050.08.18	3.9700	20 天津 66（160862）	1105.00	2035.08.18	3.6900

债券信息
List of Bonds

债券
Bond

债券简称（代码）Bond Name（Code）	发行量（百万元）Issued Vol（M Yuan）	到期日 Expiration Date	票面利率（%）Coupon Rate	债券简称（代码）Bond Name（Code）	发行量（百万元）Issued Vol（M Yuan）	到期日 Expiration Date	票面利率（%）Coupon Rate
20天津67（160863）	460.00	2025.08.18	3.0800	20天津68（160864）	2616.00	2025.08.18	3.0800
20天津69（160865）	5104.00	2030.08.18	3.2000	20天津70（160866）	2760.00	2035.08.18	3.6900
20天津71（160867）	3180.00	2030.08.18	3.2000	20天津72（160868）	10379.00	2035.08.18	3.6900
20天津73（160869）	420.00	2035.08.18	3.6900	20天津74（160870）	1380.00	2050.08.18	3.9700
20天津75（160871）	1040.00	2030.08.18	3.2000	20天津76（160872）	500.00	2025.08.18	3.0800
20天津77（160873）	970.00	2035.08.18	3.6900	20天津78（160874）	1170.00	2050.08.18	3.9700
20天津79（160875）	658.00	2050.08.18	3.9700	20云南31（160876）	28500.00	2050.08.25	3.9700
20云南32（160877）	1098.00	2030.08.25	3.2300	20云南33（160878）	2897.00	2030.08.25	3.2300
20云南34（160879）	5670.00	2027.08.25	3.2700	20云南35（160880）	1705.00	2027.08.25	3.2700
20云南36（160881）	9530.00	2027.08.25	3.2700	20青岛25（160882）	680.00	2040.08.24	3.8200
20青岛26（160883）	680.00	2040.08.24	3.8200	20青岛27（160884）	1440.00	2050.08.24	3.9700
20青岛28（160885）	1560.00	2035.08.24	3.7000	20青岛29（160886）	2550.00	2030.08.24	3.2200
20青岛30（160887）	230.00	2040.08.24	3.8200	20青岛31（160888）	4210.00	2030.08.24	3.2200
20青海20（160889）	10150.16	2030.08.28	3.3100	20青海21（160890）	200.00	2030.08.28	3.3100
20福建34（160891）	900.00	2027.08.28	3.3100	20福建35（160892）	3036.14	2030.08.28	3.2600
20福建36（160893）	3036.14	2035.08.28	3.7300	20贵州63（160894）	24816.96	2050.09.02	4.0100
20贵州64（160895）	2188.70	2027.09.02	3.3600	20山东64（160896）	6795.00	2030.09.08	3.3300
20山东65（160897）	3250.00	2035.09.08	3.7800	20山东66（160898）	3807.00	2040.09.08	3.9000
20山东67（160899）	1588.00	2050.09.08	4.0200	20山东68（160900）	11085.00	2027.09.08	3.4200
20山东69（160901）	5960.00	2030.09.08	3.3300	20山东70（160902）	6040.00	2050.09.08	4.0200
20辽宁29（160903）	3626.96	2025.09.09	3.3200	20辽宁30（160904）	3942.05	2040.09.09	3.9200
20内蒙26（160905）	13024.88	2050.09.15	4.0700	20内蒙27（160906）	3735.00	2030.09.15	3.5100
20内蒙28（160907）	100.00	2040.09.15	3.9400	20内蒙29（160908）	978.00	2035.09.15	3.9200
20内蒙30（160909）	3404.00	2025.09.15	3.3500	20内蒙31（160910）	414.00	2027.09.15	3.5300
20内蒙32（160911）	5495.00	2030.09.15	3.4600	20内蒙33（160912）	744.00	2035.09.15	4.0000
20内蒙34（160913）	80.00	2025.09.15	3.4000	20内蒙35（160914）	179.00	2027.09.15	3.5200
20内蒙36（160915）	3473.00	2030.09.15	3.4600	20内蒙37（160916）	3126.00	2035.09.15	4.0200
20内蒙38（160917）	2672.00	2040.09.15	4.1300	20内蒙39（160918）	300.00	2050.09.15	4.2200
20青海22（160919）	7955.88	2027.09.23	3.6200	20青海23（160920）	1594.11	2027.09.23	3.4700
20青海24（160921）	890.00	2027.09.23	3.4700	20青海25（160922）	144.00	2030.09.23	3.4200
20青海26（160923）	638.00	2035.09.23	3.8700	20青海27（160924）	828.00	2050.09.23	4.1200
20云南37（160925）	4801.00	2025.09.17	3.2800	20云南38（160926）	3393.00	2025.09.17	3.2800
20河北34（160927）	23029.00	2030.09.15	3.3600	20河北35（160928）	7059.00	2035.09.15	3.8200
20河北36（160929）	1285.00	2025.09.15	3.3000	20河北37（160930）	855.00	2035.09.15	3.8200
20福建39（160931）	658.00	2025.09.17	3.2800	20福建40（160932）	1596.00	2027.09.17	3.4200
20福建41（160933）	2044.00	2030.09.17	3.3600	20福建42（160934）	447.00	2035.09.17	3.8100
20福建43（160935）	90.00	2040.09.17	3.9300	20福建44（160936）	505.00	2030.09.17	3.3600
20福建45（160937）	516.00	2035.09.17	3.8100	20福建46（160938）	3980.50	2040.09.17	3.9300
20福建47（160939）	506.50	2050.09.17	4.0600	20福建48（160940）	795.00	2035.09.17	3.8100
20福建49（160941）	3730.00	2030.09.17	3.3600	20福建50（160942）	2903.00	2035.09.17	3.8100
20福建51（160943）	1448.00	2040.09.17	3.9300	20福建52（160944）	364.00	2030.09.17	3.3600
20福建53（160945）	678.00	2035.09.17	3.8100	20福建54（160946）	888.00	2040.09.17	3.9300
20福建55（160947）	2721.00	2030.09.17	3.3600	20福建56（160948）	1057.00	2035.09.17	3.8100
20福建57（160949）	1173.00	2040.09.17	3.9300	20广东94（160950）	4049.13	2027.09.18	3.4200
20广东95（160951）	15165.84	2035.09.18	3.8200	20广东96（160952）	1813.71	2027.09.18	3.4200
20青岛33（160953）	400.00	2030.09.23	3.3700	20青岛34（160954）	700.00	2030.09.23	3.3700
20青岛35（160955）	800.00	2035.09.23	3.8200	20青岛36（160956）	1650.00	2040.09.23	3.9400
20青岛37（160957）	600.00	2030.09.23	3.3700	20湖南66（160958）	610.00	2030.09.24	3.3600
20湖南67（160959）	1794.80	2035.09.24	3.8200	20湖南68（160960）	1237.00	2040.09.24	3.9400
20湖南69（160961）	154.00	2030.09.24	3.5100	20湖南70（160962）	727.00	2035.09.24	3.8200

债券信息 债券
List of Bonds Bond

债券简称（代码）Bond Name（Code）	发行量（百万元）Issued Vol（M Yuan）	到期日 Expiration Date	票面利率（%）Coupon Rate	债券简称（代码）Bond Name（Code）	发行量（百万元）Issued Vol（M Yuan）	到期日 Expiration Date	票面利率（%）Coupon Rate
20湖南71（160963）	711.00	2040.09.24	3.9400	20湖南72（160964）	520.00	2030.09.24	3.3600
20湖南73（160965）	772.00	2035.09.24	3.8200	20湖南74（160966）	558.00	2040.09.24	3.9400
20湖南75（160967）	125.00	2025.09.24	3.2200	20湖南76（160968）	1001.00	2030.09.24	3.3600
20湖南77（160969）	1377.20	2035.09.24	3.8200	20湖南78（160970）	592.00	2040.09.24	3.9400
20湖南79（160971）	200.00	2050.09.24	4.0700	20上海12（160972）	7400.00	2025.09.24	3.2200
20上海13（160973）	6800.00	2050.09.24	4.0700	20上海14（160974）	3900.00	2025.09.24	3.2200
20上海15（160975）	1080.00	2030.09.24	3.3600	20上海16（160976）	8400.00	2035.09.24	3.8200
20上海17（160977）	1230.00	2040.09.24	3.9400	20上海18（160978）	4420.00	2025.09.24	3.2200
20上海19（160979）	3100.00	2027.09.24	3.4100	20上海20（160980）	30520.00	2030.09.24	3.3600
20上海21（160981）	8950.00	2035.09.24	3.8200	20甘肃22（160982）	7463.97	2050.09.25	4.0700
20甘肃23（160983）	4709.30	2027.09.25	3.4000	20甘肃24（160984）	443.48	2030.09.25	3.3600
20甘肃25（160985）	12057.22	2040.09.25	3.9300	20甘肃26（160986）	3020.00	2050.09.25	4.0700
20甘肃27（160987）	370.00	2030.09.25	3.3600	20甘肃28（160988）	700.00	2040.09.25	3.9300
20宁夏15（160989）	4849.38	2050.09.29	4.1200	20宁夏16（160990）	300.00	2050.09.29	4.1200
20江苏19（160993）	35615.00	2027.10.19	3.5300	20广西40（160994）	4235.00	2027.10.23	3.5100
20鄂108（160995）	2030.00	2025.10.20	3.3800	20鄂109（160996）	3903.00	2027.10.20	3.5300
20鄂110（160997）	1947.00	2030.10.20	3.4600	20鄂111（160998）	109.00	2025.10.20	3.3800
20鄂112（160999）	1106.00	2027.10.20	3.5300	19杭湾01（162001）	700.00	2024.08.22	4.9500
19光证02（162002）	3000.00	2022.08.22	3.7500	19联投02（162003）	3000.00	2024.11.04	4.9500
19常新03（162005）	1000.00	2024.09.09	5.8000	19信投Y1（162006）	5000.00	2024.08.27	4.4500
19淮建01（162007）	1000.00	2024.08.20	7.2000	19株国04（162008）	1000.00	2024.09.09	6.0000
19财富01（162009）	800.00	2022.09.03	4.2900	19惠憬01（162011）	370.00	2024.08.21	5.9800
19昆城01（162012）	500.00	2024.08.28	4.1000	19郑建03（162013）	500.00	2024.08.26	4.2400
19江油02（162014）	600.00	2024.08.23	7.6000	19宜城01（162015）	1000.00	2024.08.23	4.4300
19余工01（162016）	600.00	2024.08.27	5.2800	19军融01（162017）	1300.00	2024.09.03	4.8000
19鹰潭债（162018）	600.00	2024.09.02	7.2000	19崇川03（162019）	1000.00	2024.08.27	4.7200
19宋都02（162020）	200.00	2022.08.29	8.5000	新交投01（162021）	200.00	2020.09.09	3.8500
新交投02（162022）	300.00	2022.08.28	7.1000	19HG03（162023）	3000.00	2022.09.04	4.2000
19能投03（162024）	1000.00	2022.08.26	4.9000	19铜旅01（162025）	1500.00	2024.08.27	7.8000
19常城03（162026）	1000.00	2024.08.23	4.3000	19连城02（162027）	600.00	2024.08.28	4.7500
19海瀛01（162029）	700.00	2022.08.26	7.5000	19江海C2（162030）	310.00	2022.08.27	5.5000
19华控04（162031）	2000.00	2022.08.29	7.8000	19驻投02（162034）	800.00	2024.08.28	6.5000
19咸阳01（162035）	1150.00	2024.08.29	6.9000	19咸阳02（162036）	1850.00	2024.08.29	6.7000
19海保01（162037）	500.00	2024.08.30	4.7300	19蓝创02（162038）	690.00	2024.08.30	7.2000
19雅安01（162039）	500.00	2022.08.27	7.0000	G19高能2（162040）	190.00	2022.08.23	5.3500
G19高能3（162041）	410.00	2022.08.23	5.5000	19广宇01（162042）	640.00	2024.08.27	7.5000
19江北03（162044）	500.00	2024.08.27	4.5000	19绍改01（162045）	1000.00	2024.09.03	5.9800
G19天成3（162046）	1000.00	2022.08.30	4.3700	19沪宁债（162047）	500.00	2024.08.27	5.7000
19泰通01（162048）	385.00	2024.09.02	7.8000	19慈东01（162049）	1500.00	2024.09.03	5.0800
19经开01（162050）	1000.00	2024.08.30	4.3900	19建投05（162051）	600.00	2024.08.29	4.3000
19融控01（162052）	1300.00	2024.09.06	4.3000	19华凌01（162054）	1000.00	2024.08.30	7.8000
19永煤03（162055）	1200.00	2022.09.11	6.4800	19明升01（162057）	200.00	2022.09.12	7.5000
19贵文02（162058）	500.00	2024.08.27	7.8000	19华创02（162059）	510.00	2023.09.09	5.5000
19甬海01（162060）	1500.00	2022.09.04	4.1700	19宁交01（162061）	1000.00	2024.09.25	5.7500
19惠建01（162062）	480.00	2022.08.30	5.7000	19淮新04（162063）	1000.00	2024.09.03	6.0000
19华宇02（162065）	600.00	2022.09.10	8.5000	19高创02（162066）	1000.00	2024.09.03	6.1000
19金港03（162067）	500.00	2024.09.06	4.3700	19首股02（162068）	1680.00	2024.08.28	4.1400
19市北01（162069）	1000.00	2022.09.06	5.4500	19舟城02（162070）	1500.00	2024.09.04	4.4000
19联储02（162071）	700.00	2021.09.02	6.2000	19山钢02（162072）	1000.00	2024.09.05	5.2000
19漳龙04（162073）	400.00	2024.09.16	4.6000	19滨湖02（162074）	800.00	2024.09.10	5.5000

债券信息
List of Bonds

债券简称（代码） Bond Name（Code）	发行量 （百万元） Issued Vol （M Yuan）	到期日 Expiration Date	票面利率（%） Coupon Rate	债券简称（代码） Bond Name（Code）	发行量 （百万元） Issued Vol （M Yuan）	到期日 Expiration Date	票面利率（%） Coupon Rate
19 泸投 02（162075）	700.00	2024.09.11	7.5000	19 盐城 01（162076）	400.00	2022.09.04	5.9000
19 海兴 02（162078）	500.00	2024.09.06	6.2000	19 启东 D2（162080）	1000.00	2020.09.09	4.0800
19 嘉高 03（162081）	1000.00	2024.09.05	4.3000	19 滨江 02（162082）	450.00	2024.09.06	4.5500
19 城资 03（162083）	960.00	2022.09.06	6.1800	19 豫纾 01（162084）	800.00	2024.11.25	4.8700
19 望城 05（162085）	500.00	2024.09.20	6.3900	19 海瀛 02（162088）	800.00	2022.09.10	7.5000
19 兴永 01（162089）	510.00	2024.09.10	6.8000	19 中租 04（162090）	1000.00	2022.09.10	4.2300
19 大庆 01（162091）	1000.00	2022.09.09	6.6000	19 遵桥 02（162092）	2280.00	2024.09.12	7.3000
19 东莞 02（162093）	1000.00	2022.09.12	4.6000	19 锡山 02（162094）	690.00	2024.11.27	4.6500
19 惠玉 01（162096）	350.00	2024.09.05	6.8000	19 柳投 01（162097）	1000.00	2023.09.11	7.0000
19 安投 02（162099）	800.00	2027.09.11	8.0000	19 银桥 01（162100）	1000.00	2024.09.11	4.2000
19 国惠 02（162101）	2000.00	2022.09.09	4.1300	19 姜城 01（162102）	690.00	2024.09.18	7.3000
19 瀚控 02（162103）	1000.00	2023.09.27	5.0000	19 潍东 05（162104）	1200.00	2024.09.12	4.9000
19 西海 01（162106）	1800.00	2024.09.12	4.1800	19 莱钢 03（162108）	1100.00	2022.09.16	4.9900
19 鲁公 02（162109）	500.00	2024.09.10	6.0000	19 绍交 01（162110）	1050.00	2024.09.18	4.1000
19 柯建 01（162111）	2000.00	2024.09.11	5.5000	19 珠实 02（162112）	780.00	2022.11.06	5.5900
19 天风 02（162113）	1300.00	2022.09.11	4.4700	19 阳安 02（162114）	515.00	2024.09.09	5.9000
19 川纾 01（162115）	1000.00	2022.09.16	6.8900	19 不动 07（162116）	1100.00	2022.09.12	4.2800
19 申太 01（162117）	610.00	2024.09.16	7.0000	19 智光 01（162118）	667.00	2024.09.23	7.5000
19 北碚 01（162119）	1500.00	2024.10.25	7.0000	19 邯纾 01（162120）	1500.00	2024.10.17	5.4300
19 贵安 D2（162121）	1580.00	2020.09.19	7.3000	19 浙商 03（162122）	800.00	2024.09.16	4.2400
19 嵊南 01（162123）	760.00	2026.09.11	6.6000	19 冀控 02（162124）	1800.00	2024.09.19	6.9000
G19 天府 1（162125）	930.00	2024.09.24	7.5000	19 冀资 01（162127）	500.00	2022.09.11	5.9800
19 渝开 03（162128）	600.00	2024.09.20	5.2000	19 慈建 03（162129）	1200.00	2024.09.20	4.6500
19 广湖 04（162131）	540.00	2024.09.12	7.0000	19 河西 01（162132）	920.00	2024.09.12	4.0000
19 七师 01（162134）	500.00	2024.09.23	7.5000	19 高淳 01（162135）	1000.00	2024.09.12	5.8000
19 西南 C1（162136）	2640.00	2022.09.12	4.5000	19 余工 02（162137）	400.00	2024.09.20	5.3900
19 方洋 01（162138）	800.00	2024.11.19	6.3000	S19 石门 1（162139）	280.00	2024.09.20	8.5000
19 翠屏 01（162141）	780.00	2024.09.19	6.1000	19 嵊州 03（162142）	1000.00	2024.09.25	6.0500
19 昆投 05（162143）	700.00	2024.09.18	5.1700	19 吴发 02（162144）	1000.00	2024.09.23	4.2500
19 醴渌 02（162145）	500.00	2024.12.17	7.5000	19 吴城 02（162146）	500.00	2024.09.19	4.4500
19 恒澄 D1（162147）	1230.00	2020.09.16	4.7000	19 青城 01（162149）	2000.00	2024.09.18	4.0700
19 财投 01（162151）	800.00	2024.09.26	4.0400	19 湖城 01（162152）	2000.00	2024.09.20	4.2500
19 晋佳 02（162153）	500.00	2024.09.18	5.1600	19 柳龙 01（162155）	960.00	2024.11.08	6.7000
20 盐投 D1（162156）	500.00	2021.03.20	5.2000	19 浔发 01（162157）	450.00	2024.09.18	7.0000
19 国都 C2（162158）	520.00	2022.09.23	5.8000	19 九鼎 01（162159）	334.00	2022.09.27	7.5000
19 驻投 04（162162）	1000.00	2024.09.23	6.5700	19 政通 01（162163）	750.00	2024.09.20	6.4600
19 宿城 01（162164）	200.00	2024.09.18	7.2900	19 仁怀 01（162165）	140.00	2024.09.18	7.5000
19 仁怀 02（162166）	560.00	2024.09.18	7.5000	19 国君 Y1（162167）	5000.00	2024.09.23	4.2000
19 城建 02（162169）	1500.00	2024.09.25	5.7000	19 九通 01（162170）	2000.00	2024.10.31	6.4000
19 崇川 04（162172）	500.00	2024.09.19	4.6900	19 高密 01（162173）	800.00	2024.09.26	6.7000
19 济产 01（162174）	1350.00	2024.09.24	5.3000	19 通经 01（162175）	500.00	2024.09.20	4.4500
19 西苑 01（162176）	400.00	2024.09.25	7.5000	19 融海 02（162177）	580.00	2026.09.20	7.2000
19 融海 03（162178）	750.00	2026.09.20	7.3000	19 淮开 03（162179）	500.00	2024.09.27	6.7500
S19 西江 1（162180）	360.00	2024.09.20	5.5000	19 兴港 03（162181）	700.00	2022.09.23	4.6000
19 首钢 04（162182）	3000.00	2024.09.23	4.1500	19 张投 01（162183）	1500.00	2024.10.21	4.2700
19 渝枢 01（162184）	1000.00	2024.09.19	5.2000	19 江公 Y1（162185）	1000.00	2022.09.25	6.0000
19 新宇 01（162186）	150.00	2024.09.23	8.5000	19 吐国 01（162187）	1000.00	2022.09.24	8.0000
19 绍城 04（162189）	800.00	2024.09.24	3.9500	19 新昌 01（162190）	1400.00	2024.09.23	6.5000
19 海城 01（162194）	1000.00	2024.09.25	4.3700	19 株城 06（162196）	500.00	2024.09.25	6.5500
19 海门 03（162197）	700.00	2020.10.30	4.4800	19 科城 03（162198）	200.00	2024.09.25	5.0000

债券信息
List of Bonds

债券
Bond

债券简称（代码） Bond Name（Code）	发行量 （百万元） Issued Vol （M Yuan）	到期日 Expiration Date	票面利率（%） Coupon Rate	债券简称（代码） Bond Name（Code）	发行量 （百万元） Issued Vol （M Yuan）	到期日 Expiration Date	票面利率（%） Coupon Rate
19 滕房 01（162199）	500.00	2022.09.24	7.0000	19 温江投（162200）	1500.00	2024.09.20	7.0000
19 漳交 03（162201）	500.00	2024.09.26	4.7000	19 潍滨 02（162202）	700.00	2022.12.16	7.2000
19 即墨 01（162203）	1000.00	2024.09.24	5.1500	19 开源 D1（162204）	300.00	2020.06.21	3.8000
19 山煤 02（162205）	1500.00	2022.09.26	7.5000	19 中区 01（162206）	1000.00	2022.09.25	7.5000
19 虞尚 01（162207）	200.00	2022.09.18	5.4000	19 同创 02（162208）	900.00	2024.09.24	6.3000
19 恒润 02（162209）	980.00	2022.09.25	6.5000	G19 株湘 1（162210）	1500.00	2024.10.16	6.0000
19 相城 04（162211）	500.00	2024.09.25	4.1300	19 濮阳 03（162212）	1000.00	2024.09.24	6.3700
19 遵投 02（162213）	1100.00	2024.09.27	7.5000	19 宜兴 01（162215）	600.00	2024.09.25	5.7000
19 轻纺 01（162216）	300.00	2024.09.25	5.3000	19 轻纺 02（162217）	800.00	2022.09.25	4.5000
19 百投债（162218）	410.00	2022.09.20	8.0000	19 南浔 03（162220）	1220.00	2024.09.24	7.0000
19 秀宏 01（162221）	1000.00	2024.09.25	5.3900	19 天府 02（162222）	400.00	2024.09.30	7.8000
19 迈瑞 03（162223）	1000.00	2024.10.23	5.6000	19 有色 Y1（162224）	1000.00	2022.09.24	4.8900
19 永兴 02（162225）	690.00	2024.09.27	6.8000	19 云铁 01（162226）	500.00	2024.10.23	6.1000
19 杭城建（162227）	500.00	2024.09.23	3.8000	19 兰花 02（162228）	600.00	2024.10.08	6.7000
19 吴中 01（162229）	500.00	2024.10.25	5.5000	19 碧桂 02（162230）	1850.00	2023.09.26	6.8000
19 亭公 01（162231）	1000.00	2024.10.14	7.5000	19 乌经建（162232）	1000.00	2024.09.26	5.5000
19 嘉梅 01（162233）	400.00	2024.09.26	6.0000	19 浔城 01（162234）	800.00	2024.09.26	7.5000
19 陕煤 01（162235）	5000.00	2024.10.14	3.9800	19 三水 01（162236）	600.00	2024.10.15	4.6800
19 海江 01（162237）	500.00	2024.12.06	4.8000	19 桂金 05（162238）	600.00	2022.09.27	6.7000
19 遵红 02（162240）	240.00	2024.12.20	8.0000	19 兰交 03（162241）	300.00	2024.09.27	6.4000
19 袍工 01（162242）	800.00	2024.09.26	7.0000	19 景旅 03（162243）	1000.00	2024.09.26	7.0000
19 湘侨 01（162244）	1000.00	2022.09.26	6.1000	19 太湖 01（162246）	850.00	2024.09.27	6.5000
19 安租 08（162247）	2000.00	2022.09.27	4.8000	19 玉柴 01（162248）	210.00	2022.10.14	6.0000
19 建工 Y1（162249）	485.00	2022.10.21	7.0000	19 东港 01（162250）	500.00	2024.09.27	5.5000
19 晋纾 01（162251）	1000.00	2024.11.27	5.5000	S19 万州 1（162252）	1000.00	2024.12.27	6.5000
19 渝丰资（162253）	500.00	2024.10.14	7.5000	19 荆城 03（162254）	750.00	2024.09.27	6.1800
19 泰投 02（162255）	710.00	2024.10.23	6.5000	19 城乡 01（162256）	2000.00	2024.09.27	7.3800
19 城乡 02（162257）	500.00	2024.09.27	7.1800	19 千建 01（162259）	550.00	2026.10.11	6.0000
19 城发 05（162260）	1000.00	2024.10.21	5.4700	19 金辉 02（162261）	850.00	2020.11.23	6.0000
19 黔城 01（162262）	600.00	2024.10.15	6.3500	19 黔城 02（162263）	900.00	2024.10.15	8.0000
19 丰经 01（162264）	600.00	2022.10.29	7.0000	19 万盛 01（162265）	1500.00	2024.10.23	7.5000
19 即旅 01（162266）	600.00	2024.10.16	4.5000	19 循环 02（162267）	1200.00	2024.10.08	7.9900
19 榕交 01（162268）	300.00	2024.10.17	4.0000	19 苏科 02（162269）	1000.00	2024.10.17	4.3000
19 融控 03（162270）	1100.00	2024.10.23	4.2900	19 厦特 02（162271）	1280.00	2022.10.15	4.7800
19 海科 02（162272）	1650.00	2024.10.16	6.5000	19 中金 C3（162273）	1500.00	2024.10.14	4.0900
19 江海 C3（162274）	1060.00	2022.10.16	5.7000	19 安国投（162275）	1000.00	2024.10.18	6.7000
19 军融 02（162276）	700.00	2024.10.30	4.7000	19 瀚控 03（162277）	220.00	2023.10.11	6.8000
19 安城 02（162278）	500.00	2024.10.16	6.8000	19 天风 03（162279）	500.00	2022.10.18	4.3000
19 海交 01（162280）	800.00	2024.10.17	4.6500	19 浏新 01（162281）	810.00	2024.10.15	6.6000
19 惠控 02（162282）	800.00	2024.10.21	4.4800	19 常城 04（162283）	1000.00	2024.10.15	4.2000
G19XHY（162284）	1500.00	2022.10.22	4.8300	19 不动 08（162285）	500.00	2022.10.16	4.3500
19 交投 03（162286）	1150.00	2024.10.25	4.2000	G19 永荣（162287）	300.00	2022.10.16	7.3000
19 泰州 01（162288）	350.00	2022.10.18	7.5000	19 晋交 03（162289）	1500.00	2024.10.23	5.4300
19 阳澄 01（162291）	300.00	2024.11.04	5.4800	19 洋口 02（162292）	588.00	2022.12.23	7.0000
19 康富 04（162293）	500.00	2022.10.24	6.3000	19 肇庆 03（162294）	500.00	2024.10.25	5.2800
19 镇城 D1（162295）	1000.00	2020.10.18	5.9900	19 浦现 02（162296）	260.00	2024.10.18	4.0500
19 环球 03（162297）	1000.00	2024.10.25	4.5000	19 大庆 02（162298）	1000.00	2022.10.21	6.5000
19 金水 01（162300）	1000.00	2024.10.17	5.3800	19 硕放 02（162304）	350.00	2024.10.23	5.6000
19 日通 02（162305）	700.00	2022.10.22	7.0000	19 铜梁 01（162306）	1000.00	2024.10.18	7.1000
19 山钢 03（162307）	2000.00	2022.10.23	4.5000	19 渝隆 01（162310）	2500.00	2024.10.21	5.2000

债券信息
List of Bonds

债券简称（代码） Bond Name（Code）	发行量（百万元） Issued Vol（M Yuan）	到期日 Expiration Date	票面利率（%） Coupon Rate	债券简称（代码） Bond Name（Code）	发行量（百万元） Issued Vol（M Yuan）	到期日 Expiration Date	票面利率（%） Coupon Rate
19川城01（162311）	1000.00	2024.10.18	5.3000	19百投02（162312）	100.00	2022.10.16	8.0000
19天投02（162313）	1750.00	2024.10.28	4.0000	19滨湖03（162314）	700.00	2024.10.21	5.4500
19舟普02（162315）	1400.00	2024.11.06	5.3000	19创鸿01（162316）	500.00	2024.10.21	7.3000
19淮高新（162317）	340.00	2024.11.25	7.5000	19柳控02（162318）	800.00	2024.10.25	5.5000
19金投01（162321）	1000.00	2024.11.04	4.9500	19铜官01（162322）	1250.00	2024.10.18	7.0000
19中原C1（162323）	1000.00	2022.10.30	4.9000	19华泰03（162324）	4000.00	2022.10.24	3.6800
19泸工01（162325）	1000.00	2022.11.28	7.0000	20恒澄D1（162326）	200.00	2021.02.24	4.5000
19淮经01（162327）	750.00	2024.12.06	7.0000	19佳源04（162328）	840.00	2021.09.20	8.0000
19郑蒲01（162329）	250.00	2024.10.21	7.5000	19义佛02（162330）	890.00	2024.10.31	6.5000
19渝合01（162331）	2000.00	2024.10.30	6.2000	19星发01（162332）	1000.00	2024.10.28	4.8000
19南开01（162333）	800.00	2022.11.20	7.3000	19淮开D1（162334）	940.00	2020.10.24	6.0000
19衢资01（162335）	1500.00	2024.10.24	4.2000	19惠建02（162336）	1020.00	2022.10.28	5.7000
19澄港04（162337）	3000.00	2024.10.24	6.2000	19民泰01（162338）	400.00	2024.11.26	7.2800
同煤Y4（162340）	1000.00	2020.11.05	5.0000	19望水01（162341）	1000.00	2024.10.23	6.9900
19汇川02（162343）	500.00	2024.12.26	8.2000	19江都04（162344）	560.00	2022.10.23	7.4000
19寿光02（162346）	1250.00	2024.10.31	7.3000	19新蒲03（162347）	110.00	2022.10.24	7.5000
19铸康债（162348）	520.00	2024.10.24	6.5000	19金纾05（162349）	1000.00	2024.10.22	4.6000
19莱钢04（162351）	400.00	2022.10.22	4.9700	19铁十六（162352）	1000.00	2029.10.30	4.7300
19威凯01（162353）	375.00	2024.11.05	5.8000	19东丽04（162354）	845.00	2024.10.24	7.9000
19津建01（162358）	800.00	2024.11.12	8.0000	19禹通01（162359）	700.00	2024.10.28	6.5000
19黔水03（162361）	500.00	2024.10.28	8.0000	19世纪01（162362）	500.00	2024.11.08	7.5000
19兴奉01（162363）	800.00	2024.10.29	6.3500	19云租01（162364）	1000.00	2022.10.31	6.5000
19通泰02（162365）	890.00	2024.11.11	7.5000	19淮新06（162366）	500.00	2024.10.28	5.8000
19诸资01（162368）	1800.00	2024.10.29	4.6000	19蔡家01（162370）	1600.00	2024.10.25	7.0000
19先行01（162371）	1000.00	2022.11.12	5.1000	19明升02（162372）	200.00	2022.11.20	8.0000
19眉控01（162373）	1500.00	2024.12.03	6.8000	19简阳01（162374）	400.00	2024.11.08	6.5000
19家园01（162375）	500.00	2022.11.06	6.3400	19瀚控D1（162376）	460.00	2020.10.24	5.5000
19海保02（162377）	500.00	2024.10.30	4.7800	19扬临港（162378）	500.00	2021.10.28	6.2000
19淮建02（162379）	1000.00	2024.10.25	7.2000	19娄城01（162380）	500.00	2026.11.04	4.3500
19新郑01（162381）	1200.00	2024.11.04	6.3800	19绿舍01（162382）	300.00	2024.10.28	7.0000
19首证C2（162383）	500.00	2022.10.30	4.7000	19西旅01（162384）	1000.00	2022.10.31	5.0000
19进纾01（162386）	700.00	2024.11.20	4.8900	19安租09（162387）	2000.00	2022.10.29	4.7000
19陕煤02（162388）	4000.00	2024.11.05	4.1500	19瓯经01（162389）	1500.00	2024.11.01	6.1000
19黄投01（162390）	800.00	2024.11.05	6.3000	19金禹01（162391）	290.00	2024.11.01	7.2000
19筑城01（162392）	3000.00	2024.11.06	5.8000	19济建02（162393）	3000.00	2022.11.08	4.2000
19惠投02（162394）	1070.00	2024.10.29	4.8000	19新泰03（162395）	400.00	2024.10.30	6.8000
19清浦02（162397）	500.00	2024.11.08	7.4900	19遵投03（162398）	800.00	2024.12.05	7.5000
19开源D2（162399）	400.00	2020.08.29	4.0000	19大庆04（162400）	1000.00	2024.11.04	7.5000
19长发01（162401）	3000.00	2022.10.30	4.7600	19远东一（162402）	1000.00	2020.11.13	3.4500
19长交01（162403）	1000.00	2024.11.01	5.7000	19绿产D1（162407）	400.00	2020.11.26	4.9900
19安龙01（162408）	500.00	2022.11.13	7.5000	G19德交1（162409）	250.00	2029.11.14	6.5000
19曹国D1（162410）	2000.00	2020.11.06	5.6000	19国都C5（162412）	500.00	2022.11.04	6.3800
19桂金07（162413）	700.00	2020.11.19	6.5000	19皖江01（162414）	660.00	2024.11.05	7.5000
19常城05（162415）	1500.00	2024.11.04	4.3000	19广旅发（162418）	2000.00	2024.10.30	5.9800
19沪券D1（162419）	2000.00	2020.05.04	3.7000	19明宫02（162420）	500.00	2022.10.31	7.4000
19山钢Y2（162421）	1000.00	2021.11.04	6.8400	19靖城03（162422）	550.00	2024.11.04	7.2000
19中江01（162423）	300.00	2024.11.04	5.7000	19苏国01（162424）	500.00	2024.11.06	4.1000
19鑫投01（162425）	330.00	2024.12.27	7.5000	19济西03（162426）	1500.00	2024.11.20	4.4000
20汽车园（162427）	320.00	2023.01.15	8.0000	19金坛02（162428）	1000.00	2023.11.08	6.8000
19太仓01（162429）	1000.00	2024.12.30	4.0900	G20桐庐1（162430）	620.00	2030.02.04	7.0000

债券信息 债券
List of Bonds Bond

债券简称（代码） Bond Name（Code）	发行量 （百万元） Issued Vol （M Yuan）	到期日 Expiration Date	票面利率（%） Coupon Rate	债券简称（代码） Bond Name（Code）	发行量 （百万元） Issued Vol （M Yuan）	到期日 Expiration Date	票面利率（%） Coupon Rate
19柳投03（162431）	800.00	2023.11.05	6.9900	19慈商02（162433）	700.00	2024.11.07	4.9800
19长兴02（162435）	1000.00	2024.11.06	6.5000	19惠鑫02（162436）	335.00	2024.10.31	6.6000
19淳资01（162437）	640.00	2024.11.04	5.8000	19浙商04（162440）	600.00	2024.11.21	4.3000
S19石门2（162442）	140.00	2024.12.12	8.2000	19青纾02（162443）	1500.00	2024.11.06	4.2500
19天易D1（162446）	330.00	2020.11.05	5.8000	G19有轨1（162447）	300.00	2026.11.08	4.8500
19汾湖02（162448）	760.00	2024.11.07	4.7900	19鲁海洋（162449）	500.00	2022.11.19	4.5000
19长开05（162450）	554.00	2022.11.12	6.7000	19长开06（162451）	954.00	2024.11.12	7.0000
19滕投03（162452）	200.00	2024.11.12	7.2000	19农投01（162454）	1000.00	2024.11.06	7.2000
19通经02（162455）	1000.00	2024.11.07	4.3500	19天宁02（162456）	500.00	2022.11.20	5.1000
19抚州01（162457）	2100.00	2024.11.15	4.7000	19日交01（162459）	400.00	2024.11.14	7.0000
19平金01（162461）	3000.00	2024.11.07	4.3000	19建邺03（162462）	500.00	2024.11.07	4.6500
19瀚宇01（162463）	1000.00	2024.11.12	7.5000	19绍兴02（162464）	800.00	2024.11.08	4.2800
19舟交02（162465）	700.00	2022.11.11	4.3000	19汇盛01（162466）	920.00	2024.11.19	5.1000
19华阔01（162467）	735.00	2024.11.13	6.3500	19大晟01（162469）	1000.00	2024.11.07	7.1000
19中金C4（162470）	1500.00	2024.11.11	4.1200	19豫铁01（162471）	1500.00	2026.11.12	4.5000
19中企02（162472）	1520.00	2024.11.14	4.1700	19姜城02（162473）	250.00	2024.11.08	7.3000
19韩城02（162474）	310.00	2024.11.28	8.5000	19世园01（162475）	900.00	2026.11.12	5.3000
19镇城D2（162476）	600.00	2020.11.13	6.0500	19虞纾01（162477）	600.00	2024.11.13	4.5500
19驻投06（162480）	700.00	2024.11.12	6.7000	19栖科01（162481）	500.00	2022.12.12	4.5000
19蓟州01（162482）	500.00	2024.11.07	7.0000	19成华债（162484）	1500.00	2026.11.08	4.9200
19荆投01（162485）	500.00	2024.12.11	7.8000	19龙川01（162487）	1300.00	2024.11.14	5.4900
19青信01（162488）	2500.00	2024.11.12	4.1900	19康富D1（162489）	500.00	2020.11.18	6.0000
19运和02（162491）	1500.00	2024.11.25	6.6800	19萍乡01（162492）	570.00	2024.11.11	6.5000
19萍乡02（162493）	430.00	2022.11.11	5.9500	19万经01（162494）	1000.00	2024.12.18	7.5000
19豫水01（162495）	500.00	2024.11.19	4.0000	19昌兴01（162496）	700.00	2024.11.13	7.6000
19鲁金02（162497）	500.00	2024.11.13	6.3800	19阜宁债（162500）	600.00	2024.11.14	7.5000
19嘉城01（162501）	1000.00	2024.11.21	4.0000	19镇旅01（162502）	300.00	2020.11.15	6.8000
19蓝光07（162505）	400.00	2022.11.22	7.5000	19首钢05（162506）	3000.00	2023.11.14	4.1000
19姚经01（162507）	500.00	2024.11.14	5.2000	19海交投（162508）	500.00	2024.11.25	4.7000
19沿海01（162509）	1300.00	2024.11.14	4.3000	19富港01（162511）	500.00	2024.11.21	6.9000
19蓉投01（162513）	1500.00	2024.11.18	4.0000	19桂铁F1（162514）	1000.00	2022.11.19	4.4500
19天目01（162515）	500.00	2022.11.15	6.0000	19扬庆01（162516）	500.00	2022.11.19	5.8900
19海曙01（162517）	1000.00	2024.11.18	4.0000	19黔投03（162518）	580.00	2022.11.18	7.8000
19阳安03（162519）	600.00	2024.11.18	5.7000	19宁海03（162520）	1000.00	2024.11.22	5.1000
19淮开04（162521）	1350.00	2024.11.14	6.7000	19腾海02（162523）	285.00	2022.11.15	7.6000
19遵经02（162525）	700.00	2024.11.26	8.0000	19义建01（162526）	1000.00	2022.11.21	4.8900
19虞城01（162527）	1000.00	2024.11.28	4.1800	19盐交01（162528）	1000.00	2024.12.09	4.9000
19南京C1（162530）	800.00	2022.11.19	4.3900	19喀斯特（162531）	800.00	2024.12.27	7.8000
19新蒲05（162532）	210.00	2022.11.26	7.5000	19遵旅03（162533）	500.00	2029.11.25	8.0000
19慎祥01（162534）	750.00	2024.12.17	8.0000	19瀚控D2（162535）	285.00	2020.11.18	6.5000
19环球04（162536）	300.00	2024.12.02	4.5000	19四面山（162537）	1000.00	2024.11.19	7.0000
19泰投03（162538）	200.00	2024.11.22	6.5000	19兴资01（162539）	500.00	2022.11.20	4.1000
19兴资02（162540）	500.00	2024.11.20	4.2500	19华福F1（162541）	2000.00	2024.11.25	4.1500
19西经01（162542）	630.00	2024.12.13	6.8000	19金城01（162543）	500.00	2024.11.20	4.2000
19袍工02（162544）	270.00	2024.11.20	7.0000	19海盐03（162545）	1000.00	2024.11.20	4.6000
19渝南02（162546）	500.00	2024.11.27	7.3000	19哈纾01（162547）	1000.00	2024.11.25	6.0900
19遵桥03（162548）	800.00	2024.12.19	7.3000	19宁高02（162549）	1200.00	2024.11.29	6.0000
19九通03（162550）	1000.00	2024.12.06	6.4000	19泰顺01（162552）	500.00	2024.12.05	5.9800
19余杭02（162553）	1000.00	2024.11.22	3.9000	19吴发03（162554）	1000.00	2024.11.25	4.1500
19伊资01（162555）	850.00	2024.11.25	7.4800	19临经01（162556）	500.00	2024.11.28	7.0000

债券信息
List of Bonds

债券简称（代码） Bond Name（Code）	发行量（百万元） Issued Vol（M Yuan）	到期日 Expiration Date	票面利率（%） Coupon Rate	债券简称（代码） Bond Name（Code）	发行量（百万元） Issued Vol（M Yuan）	到期日 Expiration Date	票面利率（%） Coupon Rate
19 青租 02（162557）	1500. 00	2024. 11. 28	4. 6800	19 太重 01（162558）	500. 00	2024. 11. 28	6. 5000
G19 盐交 1（162560）	500. 00	2024. 11. 25	4. 9500	19 锡南 01（162561）	1100. 00	2024. 12. 10	4. 3400
19 渝枢 02（162562）	310. 00	2024. 11. 22	5. 8000	19 渝枢 03（162563）	1240. 00	2024. 11. 22	5. 0000
19 远东二（162564）	3000. 00	2022. 12. 04	3. 5000	19 诸新 02（162566）	2000. 00	2024. 11. 28	5. 4300
19 邗江 01（162567）	1500. 00	2024. 11. 22	4. 7500	19 住保债（162568）	800. 00	2022. 11. 22	4. 2500
19 潞安 Y1（162569）	2000. 00	2022. 11. 25	6. 9500	19 中证 05（162570）	5000. 00	2022. 11. 26	3. 7500
19 西电 01（162571）	680. 00	2024. 11. 20	5. 0000	19 徐庄 02（162572）	800. 00	2024. 11. 26	5. 2000
19 家园 02（162573）	500. 00	2022. 11. 22	6. 3700	20 华安 01（162574）	1000. 00	2025. 06. 22	7. 0000
19 金水 02（162575）	2000. 00	2024. 11. 25	5. 0000	20 东港 01（162576）	500. 00	2025. 03. 30	4. 9000
19 万州 01（162577）	500. 00	2024. 11. 22	6. 5000	19 柯岩 01（162578）	1850. 00	2024. 11. 26	5. 6000
19 华宇 03（162579）	300. 00	2021. 01. 13	8. 5000	19 滨投 03（162580）	135. 00	2022. 12. 17	6. 9800
19 铜示 01（162581）	500. 00	2024. 11. 29	7. 2000	19 铜示 02（162582）	500. 00	2024. 11. 29	8. 0000
19 绿洲 01（162583）	750. 00	2024. 12. 16	6. 6000	19 柳房 01（162584）	2000. 00	2024. 11. 28	6. 6000
19 浙证 01（162585）	2000. 00	2024. 11. 25	3. 8500	19 新能 03（162587）	360. 00	2022. 11. 29	6. 4000
G19 滁绿 1（162588）	500. 00	2024. 12. 06	6. 2000	19 滨江 D1（162589）	290. 00	2020. 11. 25	4. 5000
19 鹰投 01（162590）	850. 00	2024. 11. 27	5. 6500	19 江东 01（162591）	2000. 00	2024. 12. 10	4. 1000
19 兰扶 01（162592）	250. 00	2024. 11. 27	7. 5000	19 建工 Y2（162593）	500. 00	2022. 11. 26	7. 0000
19 曲水 01（162594）	400. 00	2022. 12. 24	7. 5000	19 惠基 01（162595）	500. 00	2024. 12. 02	5. 9500
19 海门 04（162598）	1300. 00	2020. 11. 28	4. 0800	19 铜山 01（162599）	600. 00	2022. 12. 12	5. 0000
19 山煤 Y1（162600）	1000. 00	2022. 12. 04	7. 4500	19 洛建 01（162601）	2000. 00	2024. 11. 29	4. 9000
G19 贵水 1（162602）	3200. 00	2024. 11. 27	4. 5900	19 瀛洲 02（162603）	260. 00	2022. 11. 22	7. 8000
G19 莱芜 1（162604）	500. 00	2022. 11. 29	7. 3000	19 长寿 D1（162605）	800. 00	2020. 11. 26	5. 8000
19 湖交 01（162607）	2000. 00	2024. 11. 28	4. 0400	19 宜城 F1（162608）	1100. 00	2024. 11. 27	4. 2000
19 农副 01（162609）	1000. 00	2024. 12. 10	4. 5000	19 龙投 02（162610）	500. 00	2022. 11. 28	6. 2700
19 洪泽 01（162611）	200. 00	2024. 11. 29	6. 8900	19 南平 01（162612）	800. 00	2024. 11. 28	5. 9800
19 温投债（162613）	420. 00	2024. 11. 29	6. 5000	19 宁开 01（162614）	850. 00	2024. 11. 29	6. 5000
19 渝开 D2（162615）	1000. 00	2020. 11. 29	4. 5000	19 兴城建（162616）	1000. 00	2024. 12. 18	5. 1500
19 公用 02（162617）	1000. 00	2024. 12. 02	4. 7000	19 晋佳 03（162619）	1000. 00	2024. 12. 02	5. 1000
19 海创 01（162620）	2000. 00	2024. 11. 29	4. 6000	19 常德 01（162621）	690. 00	2024. 12. 05	4. 7900
19 衡滨 01（162622）	640. 00	2022. 12. 03	5. 8800	19 株高 03（162623）	1000. 00	2022. 12. 18	6. 0000
19 百盐 01（162625）	340. 00	2024. 12. 03	7. 5000	19 阳山 01（162627）	200. 00	2022. 11. 27	5. 9000
19 阳山 02（162628）	300. 00	2022. 11. 27	6. 5000	19 锡工 02（162629）	1000. 00	2024. 12. 17	5. 4000
19 甬象 02（162630）	650. 00	2024. 11. 29	7. 2900	20 青开 01（162631）	670. 00	2025. 01. 02	5. 5800
19 云龙 02（162632）	700. 00	2022. 11. 29	7. 5000	20 海瀛 01（162633）	500. 00	2023. 09. 18	7. 0000
20 松原 01（162634）	1000. 00	2025. 04. 23	7. 4800	19 南安 02（162635）	1000. 00	2024. 12. 03	6. 4000
19 镇城 D3（162636）	500. 00	2020. 12. 10	6. 0000	G19 衢交 1（162637）	500. 00	2024. 12. 09	4. 4800
19 浔旅 01（162638）	1100. 00	2034. 12. 27	6. 8000	19 华融 C3（162639）	1250. 00	2022. 12. 03	5. 0000
19 中德 01（162640）	600. 00	2024. 12. 03	5. 9000	19 筑铁 01（162642）	1000. 00	2024. 12. 03	6. 8000
19 黄桥 01（162644）	500. 00	2022. 12. 02	4. 2300	19 中金 C5（162645）	2000. 00	2024. 12. 05	4. 2000
19 豫资 04（162646）	500. 00	2022. 12. 04	4. 3700	19 平神 Y1（162647）	950. 00	2022. 12. 06	7. 2000
19 青信 02（162648）	500. 00	2024. 12. 04	4. 1400	19 天台 01（162649）	800. 00	2024. 12. 10	5. 9800
19 创投 01（162650）	640. 00	2024. 12. 02	6. 5000	19 金东债（162651）	1450. 00	2024. 12. 12	5. 9600
20 娄城 01（162652）	540. 00	2027. 01. 07	4. 1800	19 龙川 02（162653）	500. 00	2024. 12. 06	6. 5000
19 宿城 02（162654）	1000. 00	2024. 12. 16	7. 2800	19 高明 01（162655）	1290. 00	2024. 12. 17	4. 5000
19 昆高新（162656）	600. 00	2024. 12. 06	4. 0900	19 藏投 01（162657）	3000. 00	2024. 12. 05	4. 6900
19 联投 04（162658）	2000. 00	2024. 12. 09	4. 5000	19 虞经开（162659）	1500. 00	2024. 12. 09	4. 8000
19 新锦 01（162662）	1000. 00	2024. 12. 06	4. 9000	19 渝园业（162663）	1200. 00	2024. 12. 12	7. 8000
19 宁城 02（162664）	1000. 00	2024. 12. 11	5. 0500	19 世园 02（162665）	400. 00	2026. 12. 09	5. 3000
19 晋交 Y1（162666）	1000. 00	2022. 12. 30	5. 7000	19 于控 02（162667）	1855. 00	2022. 12. 11	7. 5000
19 冀控 D1（162668）	860. 00	2020. 12. 23	6. 8000	19 新城债（162669）	800. 00	2024. 12. 11	7. 8000

债券信息
List of Bonds

债券
Bond

债券简称（代码） Bond Name（Code）	发行量（百万元） Issued Vol (M Yuan)	到期日 Expiration Date	票面利率（%） Coupon Rate	债券简称（代码） Bond Name（Code）	发行量（百万元） Issued Vol (M Yuan)	到期日 Expiration Date	票面利率（%） Coupon Rate
19姚江01（162670）	800.00	2024.12.27	5.4800	19药租04（162671）	600.00	2022.12.17	5.0000
19恒泰01（162672）	300.00	2024.12.24	7.5000	19酒投02（162673）	320.00	2024.12.31	7.5000
19仁怀03（162674）	600.00	2024.12.20	7.5000	19仁怀04（162675）	500.00	2024.12.20	7.5000
19长湖债（162676）	800.00	2024.12.09	6.4000	19宁科创（162677）	1000.00	2024.12.09	5.3000
19柯资01（162678）	500.00	2022.12.11	4.7000	19白沙洲（162679）	700.00	2024.12.10	8.0000
19象港01（162680）	2000.00	2024.12.09	5.8800	19建开01（162681）	200.00	2022.12.10	7.5000
19苏铁D1（162682）	600.00	2020.12.12	3.9000	19传感01（162683）	800.00	2024.12.09	4.4000
19新安01（162684）	300.00	2024.12.06	7.5000	19南京C2（162685）	900.00	2022.12.17	4.4500
19六新01（162686）	400.00	2024.12.09	5.6000	19南投01（162689）	1500.00	2024.12.13	5.8000
19财达C1（162690）	800.00	2022.12.13	5.3800	20农副01（162691）	300.00	2025.02.17	4.7000
19威中城（162692）	1700.00	2024.12.13	6.9900	19柯建02（162693）	2000.00	2024.12.10	4.9800
19兰溪（162694）	1500.00	2024.12.11	6.8000	20遵桥D1（162695）	870.00	2021.01.22	6.4000
19蓝光08（162696）	300.00	2022.12.13	7.5000	19柳城01（162697）	1680.00	2024.12.17	6.5000
19临淄01（162698）	850.00	2024.12.12	6.6000	19惠鑫03（162699）	200.00	2024.12.17	5.9000
19华通01（162700）	1000.00	2024.12.09	4.4700	19泸汇兴（162701）	200.00	2024.12.16	7.5000
19西海03（162705）	1500.00	2024.12.12	4.1500	19余杭03（162706）	1000.00	2024.12.12	3.9200
19开封01（162707）	200.00	2024.12.16	7.0000	19鑫泰03（162708）	700.00	2024.12.24	6.8000
19新泰05（162709）	100.00	2022.12.20	6.8000	19长建01（162711）	500.00	2024.12.18	5.6000
19滨州01（162714）	1220.00	2024.12.12	5.8000	19雅安02（162715）	500.00	2024.12.12	7.5000
19盐建01（162716）	1200.00	2024.12.17	5.1500	19高控01（162717）	1500.00	2024.12.16	4.4000
19宜经01（162719）	800.00	2024.12.19	5.4000	19潍水D1（162720）	920.00	2020.12.12	7.0000
19新昌02（162721）	700.00	2024.12.12	6.0800	19天府03（162722）	100.00	2024.12.12	7.5000
19阿纺01（162723）	312.00	2024.12.13	7.0000	19航城01（162724）	1000.00	2024.12.25	6.9800
19苏海01（162725）	200.00	2024.12.20	6.7800	19石刻01（162726）	400.00	2024.12.23	7.3000
19信诚02（162727）	500.00	2024.12.13	7.4800	19滁城03（162728）	500.00	2024.12.12	4.4800
19吉发04（162729）	1680.00	2022.12.16	7.5000	19潼南01（162730）	760.00	2024.12.18	7.5000
20万盛01（162731）	1000.00	2023.07.30	7.0000	19宏大01（162732）	490.00	2024.12.31	7.6800
19启东03（162733）	1500.00	2024.12.19	4.6000	19兴信01（162734）	1900.00	2024.12.30	4.4000
19凯里02（162735）	150.00	2022.12.13	8.0000	19凯里03（162736）	350.00	2022.12.13	8.0000
19武政02（162737）	350.00	2022.12.23	5.7000	19黄城债（162738）	900.00	2024.12.17	6.0000
19建邺D1（162739）	500.00	2020.12.17	3.8900	19曹国D2（162740）	1500.00	2020.12.23	5.7000
19中资02（162742）	500.00	2022.12.19	4.6000	19裕丰01（162743）	120.00	2022.12.27	7.0000
19泰滨01（162744）	200.00	2024.12.25	7.0000	19惠投03（162745）	730.00	2024.12.17	4.7000
19广林01（162746）	300.00	2024.12.16	6.5000	19石交02（162749）	1000.00	2024.12.13	4.8000
19九江01（162750）	1000.00	2024.12.18	5.0000	S19兰考2（162751）	60.00	2023.12.20	6.1000
S19兰考3（162752）	550.00	2024.12.20	7.0000	19鹰投02（162753）	650.00	2024.12.17	5.0000
19大庆05（162754）	1200.00	2022.12.17	6.5000	19赣振01（162755）	1000.00	2024.12.18	5.7800
19赣振02（162756）	1800.00	2023.12.18	5.3700	19晋经02（162757）	500.00	2024.12.26	6.0000
19晋煤01（162760）	1400.00	2022.12.19	4.3800	19廊控01（162761）	500.00	2022.12.20	7.5000
19宁滨01（162763）	1000.00	2024.12.24	4.1000	19沿海03（162765）	700.00	2024.12.20	4.3000
19晋能09（162766）	550.00	2022.12.18	5.5000	19滇祥01（162767）	990.00	2024.12.13	7.2000
19嘉建02（162769）	630.00	2024.12.19	5.5000	19申太02（162770）	100.00	2024.12.18	6.8000
19邳经债（162771）	1000.00	2024.12.27	7.8000	19天山01（162772）	1000.00	2022.12.26	6.0000
19通投01（162773）	200.00	2024.12.23	7.3000	19赣建01（162775）	1500.00	2022.12.19	7.5000
19景城01（162776）	500.00	2024.12.25	6.0000	19泰通02（162777）	421.00	2024.12.24	7.6000
19贵电01（162778）	1000.00	2024.12.18	7.5000	19桂物01（162779）	500.00	2022.12.18	6.5000
19浦保01（162780）	400.00	2024.12.18	4.4000	19通泰债（162781）	600.00	2024.12.20	7.0000
19南新01（162783）	860.00	2024.12.25	5.8000	19宁创01（162784）	500.00	2024.12.23	4.7000
19高密债（162785）	290.00	2024.12.20	7.0000	19临城债（162786）	2000.00	2024.12.20	4.3400
19兴荣01（162787）	1000.00	2024.12.19	7.0000	19姜交02（162788）	500.00	2022.12.23	7.5000

债券信息
List of Bonds

债券简称（代码）Bond Name（Code）	发行量（百万元）Issued Vol（M Yuan）	到期日 Expiration Date	票面利率（%）Coupon Rate	债券简称（代码）Bond Name（Code）	发行量（百万元）Issued Vol（M Yuan）	到期日 Expiration Date	票面利率（%）Coupon Rate
19遵物01（162790）	1000.00	2024.12.18	8.0000	20怀交01（162791）	600.00	2025.03.31	7.0000
G19日照（162793）	500.00	2024.12.24	7.2000	20南岸01（162794）	1000.00	2025.02.27	5.4000
19茅山01（162795）	200.00	2024.12.23	6.5000	19深业01（162797）	1510.00	2024.12.25	7.5000
19泸交01（162798）	600.00	2024.12.20	7.5000	19百东投（162799）	250.00	2022.12.20	8.0000
S19百东1（162800）	200.00	2022.12.20	7.5000	19龙债01（162801）	800.00	2024.12.19	4.7000
19龙债02（162802）	400.00	2024.12.19	5.0800	19天地02（162803）	350.00	2024.12.24	5.5000
19镇交01（162804）	1000.00	2023.12.24	4.9300	19新业01（162805）	600.00	2024.12.23	6.1000
19兴永02（162808）	1080.00	2024.12.26	6.8000	19新沂债（162809）	780.00	2024.12.23	7.6000
19奥体01（162810）	400.00	2024.12.23	4.3000	20融晋01（162811）	1050.00	2025.03.27	5.9700
19青财01（162813）	1500.00	2024.12.24	4.5700	19兴市01（162815）	500.00	2024.12.24	7.5000
19婺城债（162816）	1690.00	2024.12.26	5.9000	19鄂供01（162818）	300.00	2024.12.26	6.1000
19桂东02（162819）	350.00	2022.12.24	6.8000	19兖投02（162820）	810.00	2024.12.24	7.5000
19赣水Y1（162822）	2000.00	2022.12.23	4.8400	19浦城01（162824）	400.00	2028.12.30	5.5000
19泰州02（162825）	500.00	2022.12.31	7.5000	S19六民（162826）	780.00	2024.12.31	7.3500
19九通05（162829）	2000.00	2024.12.30	6.4000	20慈建01（162831）	800.00	2025.01.02	4.3700
20西湖01（162832）	2000.00	2025.01.07	4.0000	20万州01（162834）	1000.00	2025.01.17	6.2000
20群英01（162835）	620.00	2027.03.10	5.5000	19东泰01（162838）	1000.00	2024.12.30	5.4800
19云阳01（162839）	660.00	2024.12.30	7.0000	20西峡01（162840）	500.00	2023.01.06	7.4000
19贵港01（162841）	500.00	2023.12.25	7.4500	19贵港02（162842）	1000.00	2024.12.25	7.5000
S19安远1（162843）	500.00	2024.12.30	6.9800	19大足01（162844）	634.00	2024.12.27	7.5000
19嵊经01（162845）	565.00	2024.12.26	6.5000	19镇投D1（162847）	500.00	2020.12.30	6.5000
19冶投02（162848）	1000.00	2024.12.27	7.4100	19东海债（162850）	1000.00	2022.12.30	5.5000
19遵经03（162852）	100.00	2024.12.26	8.0000	19生态01（162854）	800.00	2024.12.30	7.0000
19皖再贷（162855）	700.00	2024.12.31	5.0000	20同城01（162859）	200.00	2023.01.03	6.5000
19常经01（162860）	1000.00	2024.12.30	5.3700	19临港01（162862）	500.00	2024.12.31	8.0000
20任兴01（162863）	1200.00	2025.01.13	7.5000	19千建02（162864）	450.00	2026.12.31	6.0000
20锦生态（162866）	1500.00	2025.01.16	4.6800	20开投01（162867）	1000.00	2038.01.02	6.9800
20新蒲01（162868）	110.00	2023.01.09	7.5000	20湘型01（162869）	520.00	2025.01.08	8.0000
20威凯01（162870）	620.00	2025.01.08	5.6000	20晋电01（162871）	2000.00	2023.01.07	5.1000
20远东一（162872）	3000.00	2025.01.08	4.3500	20镇旅01（162873）	1000.00	2021.01.07	6.5000
20嵊南01（162874）	940.00	2027.01.10	6.0000	20潍滨01（162875）	800.00	2023.01.08	7.4900
S20独山1（162876）	200.00	2023.06.19	7.8000	20武经01（162877）	1200.00	2025.01.07	4.7500
20药租01（162878）	600.00	2023.01.10	4.6500	20常交01（162879）	450.00	2025.01.08	6.7500
20湘投01（162880）	200.00	2025.01.10	6.0000	20遵桥01（162881）	1058.00	2025.01.07	7.3000
20鲁公01（162882）	350.00	2023.03.17	5.7000	20咸金01（162883）	580.00	2025.01.16	7.5000
20安投债（162884）	630.00	2027.01.09	8.0000	20舟交01（162885）	500.00	2023.03.09	3.6900
20迈瑞01（162886）	948.00	2025.01.13	5.3000	20城发01（162887）	700.00	2025.01.09	4.9500
20韩城01（162888）	100.00	2025.02.06	8.5000	20滨江D1（162889）	660.00	2021.01.09	4.4000
20上投01（162890）	1000.00	2032.01.09	4.6800	20镇投01（162891）	900.00	2025.01.15	4.0000
20新昌01（162892）	900.00	2025.03.02	6.0000	20诸资01（162893）	1000.00	2025.01.10	4.2000
20惠基01（162895）	500.00	2025.02.28	4.9900	20晋能01（162896）	760.00	2023.01.13	5.5000
20兴阳01（162897）	320.00	2025.01.09	7.5000	20济城01（162898）	2000.00	2025.01.10	3.9700
20云港01（162899）	1000.00	2023.02.13	4.8500	G20天成1（162900）	500.00	2023.01.13	4.2000
20南浦01（162901）	500.00	2025.01.15	4.2600	20扬子01（162902）	2000.00	2025.01.10	3.8700
20天富01（162903）	450.00	2025.01.13	6.7000	20淳建01（162905）	300.00	2025.01.09	5.0000
G20长交1（162906）	1500.00	2025.02.18	5.0000	20镇城D1（162907）	540.00	2021.01.14	6.3000
20银河C1（162908）	1000.00	2022.01.14	3.6500	20银河C2（162909）	4000.00	2023.01.14	3.7500
G20盛泽1（162910）	200.00	2025.01.10	5.3900	20太经01（162911）	500.00	2025.01.17	4.0000
20陶都01（162912）	500.00	2025.01.17	6.1000	20盐湖01（162913）	300.00	2025.01.14	7.0000
20海保01（162914）	500.00	2025.01.15	4.4200	20凯文01（162915）	600.00	2025.03.23	8.0000

债券信息
List of Bonds

债券
Bond

债券简称（代码） Bond Name（Code）	发行量（百万元） Issued Vol （M Yuan）	到期日 Expiration Date	票面利率（%） Coupon Rate	债券简称（代码） Bond Name（Code）	发行量（百万元） Issued Vol （M Yuan）	到期日 Expiration Date	票面利率（%） Coupon Rate
20铁投01（162916）	500.00	2023.01.10	3.8000	20铁投02（162917）	500.00	2025.01.10	4.1500
20太城01（162918）	700.00	2025.01.09	4.8000	20城乡01（162919）	500.00	2025.01.14	7.5000
20南平01（162920）	700.00	2025.01.20	5.4000	20创投01（162921）	360.00	2025.04.09	6.5000
20宁桥01（162922）	350.00	2023.01.16	5.3800	20中租01（162923）	1500.00	2023.01.14	4.1400
20寿城01（162925）	1000.00	2025.03.18	6.5000	20黄发01（162926）	1000.00	2025.01.14	4.4300
20舟蓬01（162927）	500.00	2025.02.13	5.5000	20吉发01（162928）	300.00	2023.01.16	7.5000
20水发01（162929）	1500.00	2025.01.10	4.6200	20江城01（162930）	900.00	2025.01.14	4.2000
20中德01（162932）	800.00	2025.03.10	5.3000	20遵经01（162933）	300.00	2025.03.20	7.5000
20鼎力01（162934）	378.00	2025.04.20	7.5000	20鼎力02（162935）	30.00	2025.04.20	7.2000
G20洞庭1（162936）	1200.00	2025.01.17	7.0000	G20洞庭2（162937）	300.00	2025.01.17	6.5000
20建开01（162938）	300.00	2023.01.14	8.0000	20六新01（162939）	640.00	2025.01.14	5.5000
20商铁01（162940）	1000.00	2025.01.13	6.5000	20晋煤01（162941）	1300.00	2025.01.17	4.3800
20建邺01（162943）	500.00	2023.01.16	4.0100	20兴化01（162944）	1050.00	2025.05.28	6.6700
20溧水01（162945）	1000.00	2025.01.20	5.6800	20鼎兴01（162946）	1000.00	2025.05.08	7.0000
20国泰01（162947）	400.00	2023.01.21	6.5000	20新师01（162948）	300.00	2025.01.15	6.2000
20共享01（162949）	500.00	2025.01.22	6.3000	20光证D1（162950）	3000.00	2021.01.14	3.3000
20青向01（162951）	880.00	2025.01.17	5.5000	20金洲01（162953）	500.00	2025.03.30	7.9900
20昆交01（162955）	2000.00	2025.01.15	5.7800	20新田01（162957）	950.00	2025.01.15	4.5000
20国联01（162958）	800.00	2023.01.16	4.1300	20如皋01（162959）	500.00	2025.01.15	6.8000
20洛建01（162960）	1000.00	2025.01.15	4.8000	20定城01（162961）	1200.00	2025.01.17	5.8000
20裕丰01（162962）	200.00	2023.01.16	7.5000	20松滋01（162963）	400.00	2025.03.19	6.5000
20兴阳02（162964）	680.00	2025.01.15	6.4500	20虞尚01（162965）	300.00	2023.01.13	5.3000
G20贵水1（162966）	800.00	2025.01.20	4.5900	20海交01（162967）	700.00	2025.02.25	4.1000
20蓟州01（162968）	190.00	2025.01.10	8.0000	20柳控01（162969）	1500.00	2025.02.20	5.0000
20仙游01（162970）	850.00	2025.01.16	7.0000	20昌吉01（162971）	600.00	2023.01.16	7.5000
20北辰01（162972）	600.00	2025.01.15	4.1700	20株金科（162973）	500.00	2023.03.16	7.0000
20宁交01（162974）	500.00	2023.01.17	5.0000	20川城01（162975）	740.00	2025.01.16	4.9800
20新城01（162976）	1000.00	2025.01.16	5.3000	20西苑01（162978）	300.00	2025.01.20	5.9000
20常高01（162979）	1000.00	2025.01.21	4.1300	20遵投01（162980）	940.00	2025.01.16	7.5000
20惠控01（162981）	700.00	2025.01.22	4.4000	20镇交01（162982）	500.00	2025.01.22	6.5000
20仪征01（162983）	1000.00	2025.01.21	6.2800	20家园01（162984）	1000.00	2023.01.17	5.4900
20句容01（162985）	640.00	2025.03.17	6.9000	20乳山01（162986）	1000.00	2025.03.23	6.8000
20纳兴01（162987）	800.00	2025.01.15	7.5000	20遵旅01（162988）	670.00	2030.01.21	8.0000
20启创投（162989）	600.00	2025.01.16	6.5000	20景德01（162990）	400.00	2025.01.20	5.4500
20环球02（162992）	500.00	2024.01.16	4.3300	20安阳02（162994）	800.00	2025.01.20	6.2000
20兴港01（162995）	2000.00	2023.01.21	4.3000	20柳城01（162996）	1000.00	2025.01.17	6.7000
20淮新01（162997）	1000.00	2025.01.17	5.3900	20宁海01（162998）	1000.00	2025.01.20	4.4700
20柳州01（162999）	2000.00	2025.01.17	6.5000	19浙纾02（163003）	700.00	2024.11.19	3.7200
19厦航01（163004）	1500.00	2022.11.20	3.5800	19北汽11（163005）	2000.00	2022.11.15	3.5800
19北汽12（163006）	1000.00	2024.11.15	3.9500	19宝龙G1（163008）	1070.00	2024.11.20	7.2000
19浦集02（163010）	1500.00	2024.11.26	3.5600	19浦集03（163011）	1500.00	2029.11.26	4.3900
19龙控04（163012）	2000.00	2024.11.18	5.0900	19平煤债（163013）	600.00	2024.11.20	4.6000
19申资01（163014）	1200.00	2022.11.27	3.8000	19碧地03（163015）	3000.00	2023.11.20	4.9800
19贵安G2（163016）	1550.00	2024.11.19	7.5000	19新湖03（163017）	920.00	2023.11.22	7.5000
19中金04（163019）	1500.00	2025.11.21	3.5200	19上国投（163020）	800.00	2024.11.21	3.6500
19君创03（163021）	300.00	2022.11.21	5.5000	19鸿坤01（163023）	343.70	2023.11.22	7.5000
19东方债（163024）	4900.00	2022.11.25	3.5000	19花样02（163025）	730.00	2022.11.29	7.8000
19杭纾03（163026）	800.00	2024.11.27	3.7700	19漳九03（163028）	1000.00	2025.12.09	3.9500
19济金控（163029）	500.00	2024.11.27	4.4900	19鲁高02（163030）	2000.00	2024.12.02	3.9200
19山金01（163031）	1500.00	2024.11.26	3.9000	19兖东01（163033）	1000.00	2022.12.02	3.9900

债券信息 List of Bonds

债券 Bond

债券简称（代码） Bond Name（Code）	发行量（百万元） Issued Vol（M Yuan）	到期日 Expiration Date	票面利率（%） Coupon Rate	债券简称（代码） Bond Name（Code）	发行量（百万元） Issued Vol（M Yuan）	到期日 Expiration Date	票面利率（%） Coupon Rate
19津保03（163034）	1500.00	2022.11.27	4.7800	19伊利01（163035）	1000.00	2021.01.06	2.9000
19实业03（163036）	1000.00	2022.12.09	7.5000	19狮桥01（163037）	200.00	2022.12.24	6.2000
19豫园01（163038）	600.00	2024.11.27	4.9500	19当代02（163039）	700.00	2024.11.28	7.5000
19朗诗02（163040）	600.00	2024.12.02	7.5000	19文投02（163041）	1000.00	2022.11.29	4.3000
19国资01（163042）	500.00	2024.12.03	3.9900	19洛钼01（163043）	1000.00	2022.11.28	4.2800
G19华综1（163044）	500.00	2024.12.04	4.1700	19绿城02（163045）	1000.00	2024.11.29	3.7800
19绿城03（163046）	500.00	2026.11.29	4.3400	19金辉03（163047）	1130.00	2023.11.29	7.5000
19东科02（163049）	500.00	2022.12.30	7.6000	19豫投02（163050）	1200.00	2029.12.09	4.5400
19油气02（163051）	800.00	2022.12.04	3.5500	19长电03（163052）	2000.00	2022.12.06	3.4900
19中泰02（163053）	2000.00	2022.12.09	3.5600	19兴投01（163054）	1000.00	2022.12.05	3.9000
19绿城04（163055）	500.00	2021.12.11	3.6100	19华租01（163056）	1000.00	2022.12.11	3.8400
19川发07（163057）	500.00	2024.12.06	3.9000	19川发08（163058）	2000.00	2029.12.06	4.5700
19常高05（163059）	400.00	2024.12.10	4.0800	19常高06（163060）	600.00	2024.12.10	4.9800
19温交01（163061）	1000.00	2026.12.09	3.8700	19青信03（163063）	2500.00	2024.12.06	3.7000
19津保04（163065）	1000.00	2022.12.13	5.0000	19淄矿02（163066）	700.00	2022.12.13	3.8700
19苏农01（163067）	500.00	2024.12.16	4.0000	19中航04（163068）	1000.00	2020.12.14	3.1800
19中航05（163069）	2000.00	2022.12.12	3.4800	G19唐环1（163070）	600.00	2024.12.16	3.6500
19津投25（163071）	1000.00	2024.12.12	3.8700	19津投26（163072）	1000.00	2024.12.12	4.3700
19津投27（163073）	1000.00	2029.12.12	5.1000	19同辐债（163074）	500.00	2022.12.16	3.8000
19正奇03（163075）	300.00	2022.12.20	6.5000	19远东三（163077）	3000.00	2024.12.17	3.9800
19株国06（163079）	2000.00	2024.12.27	4.8100	19靖江港（163081）	400.00	2024.12.24	7.5000
19云投02（163082）	2000.00	2022.12.17	5.9000	19齐鲁Y1（163083）	1500.00	2024.12.19	4.2500
20国泰债（163084）	500.00	2023.06.05	5.5000	19诚通01（163085）	4500.00	2022.12.23	3.6000
19兰创01（163086）	1000.00	2024.12.23	5.0800	19当代03（163087）	700.00	2024.12.27	7.5000
20建投01（163090）	1000.00	2023.01.14	3.4000	20京汽01（163091）	600.00	2023.01.08	3.3900
20安信G1（163092）	3000.00	2023.01.16	3.4000	20成高01（163093）	500.00	2025.01.03	3.6700
20江东01（163094）	2300.00	2025.01.17	3.9800	20长电01（163096）	1500.00	2023.01.08	3.3700
20长电02（163097）	500.00	2025.01.08	3.7000	20津保01（163098）	1000.00	2023.01.08	4.7000
20张江01（163099）	370.00	2025.01.14	3.4000	20龙控01（163100）	1000.00	2025.01.08	4.8000
20津投01（163101）	1200.00	2023.01.10	3.7300	20津投02（163102）	1800.00	2025.01.10	4.2000
20青信01（163103）	1000.00	2025.01.09	3.5500	20建发01（163104）	2000.00	2022.01.09	3.3800
20国君G1（163105）	4000.00	2023.01.09	3.3700	20潍柴01（163106）	2500.00	2025.01.13	3.4800
20CHNE01（163108）	3000.00	2023.01.10	3.4400	20奉发01（163109）	1000.00	2025.01.15	3.7500
20东方01（163110）	1000.00	2023.01.14	3.6300	20金隅02（163112）	4500.00	2027.01.10	3.9900
20象屿01（163113）	800.00	2025.01.15	3.9500	20大宁01（163114）	1000.00	2027.01.14	4.0000
20鲁创01（163115）	500.00	2027.01.17	4.3000	20义乌01（163116）	1200.00	2023.01.14	3.8000
20义乌02（163117）	300.00	2025.01.14	4.2900	20华集01（163118）	700.00	2099.12.31	5.9500
20甘交G1（163119）	1000.00	2025.11.11	4.0800	20伟驰01（163120）	400.00	2025.01.15	6.5000
20风电01（163121）	1000.00	2023.01.17	3.4800	20青城G1（163123）	1500.00	2028.01.16	3.8800
20中航01（163124）	1500.00	2023.01.17	3.4100	20中航02（163125）	500.00	2025.01.17	3.8000
20中财G1（163126）	2000.00	2025.01.16	3.4400	20红星01（163127）	600.00	2023.01.21	6.8000
20红星02（163128）	400.00	2025.01.21	7.2000	20贵安G1（163129）	1710.00	2025.01.14	7.5000
20财富01（163130）	800.00	2025.01.17	3.7300	20国投01（163131）	800.00	2025.01.16	3.8900
20国投02（163132）	1200.00	2025.01.16	3.4300	20中电01（163133）	2000.00	2023.01.20	3.4800
20平证01（163134）	1500.00	2025.01.20	3.4000	20顾家01（163135）	600.00	2023.01.21	7.3000
20云投01（163136）	2000.00	2023.01.20	5.4800	20诚通01（163137）	5000.00	2023.01.20	3.5500
20宝龙01（163138）	930.00	2025.01.20	6.6700	20龙湖01（163139）	500.00	2025.01.17	3.5500
20龙湖02（163140）	2300.00	2027.01.17	4.2000	20时代01（163141）	575.00	2027.02.24	6.2000
20时代02（163142）	740.00	2025.02.24	5.0000	20国新01（163144）	1000.00	2025.01.22	3.7400
20复地01（163145）	1000.00	2023.02.14	4.2000	20津投03（163146）	1000.00	2026.02.17	3.4000

债券信息 List of Bonds

债券 Bond

债券简称（代码） Bond Name（Code）	发行量（百万元） Issued Vol（M Yuan）	到期日 Expiration Date	票面利率（%） Coupon Rate	债券简称（代码） Bond Name（Code）	发行量（百万元） Issued Vol（M Yuan）	到期日 Expiration Date	票面利率（%） Coupon Rate
20津投04（163147）	2000.00	2025.02.17	3.7800	20海通01（163148）	5000.00	2023.02.27	3.0100
20兴业G1（163149）	3000.00	2023.02.17	3.1000	20东科01（163150）	200.00	2022.02.11	5.9800
20CHNE02（163152）	3000.00	2023.02.18	3.0500	20浦建01（163153）	900.00	2025.02.24	3.2800
20凯盛01（163154）	260.00	2023.02.18	3.6000	20凯盛02（163155）	540.00	2023.02.18	4.0000
20中证G1（163156）	3000.00	2023.02.21	3.0200	20中证G2（163157）	2000.00	2025.02.21	3.3100
20长交01（163158）	480.00	2025.02.28	4.2800	20嘉投01（163160）	1000.00	2025.03.17	3.4800
20财金01（163161）	2000.00	2027.02.25	3.5900	20天集01（163162）	300.00	2022.03.09	6.4000
20航控01（163164）	700.00	2023.02.26	3.1000	20航控02（163165）	500.00	2025.02.26	3.5100
20三友01（163166）	600.00	2023.02.24	3.5000	20华发02（163168）	1580.00	2025.02.24	3.3800
20广越01（163169）	1200.00	2025.02.24	3.0300	20广越02（163170）	300.00	2027.02.24	3.3900
20美置01（163171）	1440.00	2024.02.25	4.0000	20豫园01（163172）	1900.00	2025.02.20	3.6000
20中信02（163175）	2000.00	2030.02.26	3.8800	20象屿02（163176）	1200.00	2025.03.02	3.6500
20安租Y1（163177）	1600.00	2023.03.03	4.0000	20中冶01（163178）	2000.00	2023.03.03	3.0400
20北电01（163179）	800.00	2023.02.27	3.3500	20银宝G1（163180）	450.00	2025.02.27	5.7000
20东风01（163181）	3000.00	2023.02.27	3.0500	20国新02（163182）	1200.00	2030.02.27	3.8900
20贵安G2（163183）	1000.00	2025.04.30	7.0000	20涪交02（163185）	1000.00	2025.03.11	5.5000
20国金01（163186）	1500.00	2022.02.26	3.0300	20国金02（163187）	1000.00	2023.02.26	3.1800
20奥园01（163188）	2540.00	2025.03.03	5.5000	20兰石01（163189）	500.00	2025.02.28	6.0000
20绵投01（163190）	1000.00	2025.02.28	3.7200	20新投01（163191）	200.00	2025.03.03	4.1500
20能源01（163192）	1500.00	2023.03.02	3.0800	20能源02（163193）	500.00	2025.03.02	3.4600
20渝枢02（163195）	1000.00	2025.03.04	4.0200	20龙湖04（163197）	3000.00	2027.03.04	3.8000
20兰创01（163198）	2000.00	2025.03.02	4.5000	20青城G2（163199）	1300.00	2028.03.05	3.4500
G20天成2（163200）	900.00	2023.03.02	3.2700	20联储G1（163202）	800.00	2023.03.06	6.0000
20津投05（163203）	500.00	2025.03.04	3.6100	20津投06（163204）	1000.00	2030.03.04	4.2300
20成高02（163205）	500.00	2025.03.04	3.2500	20金控01（163206）	800.00	2025.03.05	3.8200
20航集01（163207）	750.00	2023.03.05	3.0000	20武金01（163208）	600.00	2030.03.11	5.1900
20国机01（163209）	2000.00	2025.03.03	3.0200	20皖控01（163210）	300.00	2025.03.09	3.4000
20海国01（163211）	3000.00	2023.03.04	3.1000	20焦煤01（163212）	1000.00	2023.03.06	3.0500
20焦煤02（163213）	1000.00	2025.03.06	3.4200	20甬港01（163214）	1500.00	2023.03.06	3.0300
20甬港02（163215）	1000.00	2030.03.06	3.8900	20世茂G1（163216）	2000.00	2023.03.05	3.6000
20津保02（163217）	1800.00	2023.03.06	4.1200	20中铝01（163219）	500.00	2025.03.05	3.3000
20诚通02（163220）	2000.00	2023.03.04	3.0700	20诚通03（163221）	1000.00	2025.03.04	3.4400
20信投G1（163222）	5000.00	2023.03.11	2.9400	20信投G2（163223）	1000.00	2025.03.11	3.1300
20柳投资（163224）	1200.00	2025.03.13	4.5000	20宝钢01（163225）	3000.00	2023.03.06	2.9500
20浦集01（163226）	1000.00	2025.03.09	2.9800	20渝水01（163228）	2000.00	2025.03.10	3.3700
20亦纾01（163229）	300.00	2023.03.16	3.0800	20北方01（163230）	500.00	2023.03.10	3.2700
20首创01（163231）	1000.00	2025.03.06	3.3900	20民生G1（163232）	650.00	2023.03.18	5.0000
20建租01（163233）	600.00	2023.03.09	3.7900	20兖煤01（163234）	300.00	2023.03.12	2.9900
20兖煤02（163235）	2700.00	2025.03.12	3.4300	20兖煤03（163236）	2000.00	2030.03.12	4.2900
20浙交01（163237）	1000.00	2025.03.12	3.3500	20浙交02（163238）	1000.00	2030.03.12	3.8800
20新控01（163239）	600.00	2023.03.09	5.1000	20宁证01（163241）	2400.00	2022.03.10	2.9000
20绿城01（163242）	1430.00	2025.03.06	3.1900	20中证G3（163244）	2200.00	2023.03.10	2.9500
20中证G4（163245）	2000.00	2025.03.10	3.2000	20上国投（163246）	800.00	2025.03.10	3.0500
20国投G1（163247）	1000.00	2023.03.10	2.9400	20国投G2（163248）	2000.00	2030.03.10	3.8400
20同方01（163249）	1500.00	2023.03.10	4.8200	20象屿G1（163251）	1600.00	2025.03.12	3.1800
20象屿G2（163252）	600.00	2027.03.12	3.5800	20电信01（163253）	2000.00	2023.03.10	2.9000
20同安01（163254）	1000.00	2025.03.12	3.6000	20建材01（163255）	1500.00	2025.03.09	3.1800
20临矿01（163256）	2000.00	2025.03.13	4.0000	20铁投G1（163257）	800.00	2025.03.12	3.1800
20铁投G2（163258）	600.00	2027.03.12	3.4500	20红美01（163259）	500.00	2023.03.10	4.9500
20海国02（163260）	3000.00	2025.03.12	3.1000	20汽车G1（163261）	950.00	2023.03.27	7.5000

债券信息
List of Bonds

债券简称（代码） Bond Name（Code）	发行量 （百万元） Issued Vol （M Yuan）	到期日 Expiration Date	票面利率（%） Coupon Rate	债券简称（代码） Bond Name（Code）	发行量 （百万元） Issued Vol （M Yuan）	到期日 Expiration Date	票面利率（%） Coupon Rate
20武金02（163262）	400.00	2030.03.11	3.9400	20北港01（163263）	1000.00	2025.03.23	3.7000
20北控01（163264）	1000.00	2023.03.11	2.9400	20南海01（163265）	1000.00	2025.03.12	3.0200
20湖州01（163266）	600.00	2025.03.20	3.5200	20建工01（163267）	1400.00	2025.03.16	3.2000
20建工02（163268）	800.00	2025.03.16	3.6800	20人福01（163269）	450.00	2023.03.12	6.8000
20新投02（163270）	500.00	2025.03.19	4.5800	20风电03（163271）	700.00	2023.03.16	3.0700
20风电04（163272）	300.00	2025.03.16	3.4000	20厦航01（163273）	1000.00	2023.03.16	2.9500
20蓝光02（163275）	750.00	2023.03.16	7.1500	20中船01（163276）	2000.00	2023.03.16	2.9500
20新汶01（163278）	1500.00	2025.03.23	3.5000	20电控01（163279）	2000.00	2023.03.20	3.2800
20铁投G3（163280）	500.00	2025.03.17	3.2000	20CHNE03（163281）	3000.00	2023.03.16	2.9800
20宜春01（163282）	700.00	2025.03.20	4.6000	20狮桥01（163283）	100.00	2022.05.29	6.0000
20联想01（163284）	1800.00	2023.06.03	4.5000	20兴信01（163286）	1500.00	2025.03.17	3.5000
20控租01（163287）	600.00	2023.03.18	3.7000	20川发02（163289）	500.00	2030.03.19	3.9900
20海通02（163290）	3500.00	2023.03.19	2.9900	S20凉山1（163292）	2000.00	2025.04.02	5.5000
20川金01（163293）	1000.00	2023.03.18	3.1800	20华远01（163294）	1100.00	2023.04.03	4.8000
20诚通04（163295）	1000.00	2023.03.18	3.1000	20冀资01（163297）	550.00	2023.03.18	4.7500
20陕建01（163298）	1000.00	2025.03.23	3.8700	20杭城01（163299）	1070.00	2025.03.19	3.4000
20深高01（163300）	1400.00	2025.03.20	3.0500	20保利01（163301）	2000.00	2025.04.01	3.0000
20楚天01（163303）	600.00	2025.03.19	3.3800	20穗建01（163304）	1500.00	2025.03.19	3.1300
20港发债（163306）	1000.00	2023.03.20	3.3500	20南钢01（163307）	800.00	2023.03.20	5.2000
20镇投G1（163308）	990.00	2023.03.19	5.6600	20中林01（163309）	800.00	2023.03.19	6.5000
20美置02（163310）	984.00	2025.03.26	4.2000	20财信02（163311）	500.00	2023.03.19	3.5000
20中铝02（163312）	1000.00	2023.03.20	3.0500	20新际Y2（163313）	1000.00	2025.03.20	3.9000
20远租01（163314）	300.00	2023.03.20	3.9500	20时代04（163315）	950.00	2027.03.30	6.3000
20时代05（163316）	1550.00	2025.03.30	5.1000	20首集01（163317）	1000.00	2025.03.24	3.4500
20香建01（163318）	350.00	2025.03.24	3.7500	20中煤01（163319）	3000.00	2025.03.18	3.6000
20能源03（163320）	1500.00	2023.04.03	2.9700	20能源04（163321）	1000.00	2025.04.03	3.4100
20温交01（163322）	1000.00	2027.04.02	3.3700	20中信03（163323）	1000.00	2030.03.23	4.0000
20中信04（163324）	600.00	2040.03.23	4.3000	20国君G2（163325）	4000.00	2023.03.23	3.0500
20国电01（163327）	1000.00	2023.03.24	3.0200	20四局Y1（163328）	800.00	2023.03.27	3.6400
20桂农01（163330）	950.00	2023.03.30	5.0000	20鲁高01（163331）	1500.00	2023.04.22	2.6000
20港航01（163332）	500.00	2025.03.27	3.9500	20实业01（163333）	1000.00	2023.03.27	6.5000
20华证01（163334）	1000.00	2023.03.24	3.1000	20中车01（163335）	1000.00	2023.04.01	2.9500
20兵器01（163336）	2000.00	2023.03.26	2.7900	20邮政01（163337）	3000.00	2023.03.25	2.9900
20赣版01（163338）	2000.00	2027.04.20	3.4000	20中证G5（163339）	1500.00	2021.04.16	1.8800
20中证G6（163340）	3300.00	2023.04.14	2.5400	20中证G7（163341）	1000.00	2025.04.14	3.1000
20盐投01（163342）	1000.00	2025.04.03	6.4500	20宜春02（163343）	300.00	2025.04.01	4.5500
20紫江债（163344）	200.00	2025.03.26	4.5000	20世茂02（163346）	1700.00	2025.03.25	3.2300
20世茂03（163347）	2800.00	2027.03.25	3.9000	20华鲁01（163348）	1000.00	2023.03.27	2.9700
20中旅01（163349）	2000.00	2025.03.26	3.5200	20远东三（163350）	3000.00	2025.03.27	3.6400
20信达01（163351）	2000.00	2023.03.27	3.0800	20信达02（163352）	1000.00	2025.03.27	3.5700
20华泰G1（163353）	8000.00	2023.03.26	2.9900	20靖江01（163355）	500.00	2025.04.28	7.0000
20华电Y1（163356）	2000.00	2023.03.30	3.3400	20华电Y2（163357）	1000.00	2025.03.30	3.6900
20沪城01（163358）	1500.00	2023.03.26	3.0400	20华宇G1（163359）	1000.00	2025.03.27	7.0000
20创元01（163360）	500.00	2025.03.31	3.6400	20中金G1（163361）	1500.00	2026.04.03	2.8900
20中金G2（163362）	1000.00	2027.04.03	3.2500	20碧地01（163363）	3400.00	2025.04.01	4.2000
20津投07（163366）	1000.00	2026.04.03	3.2400	20津投08（163367）	1000.00	2028.04.03	3.6300
20兴投01（163370）	1500.00	2023.04.17	3.2400	20同方03（163371）	600.00	2025.04.02	4.9000
20华融G1（163373）	3000.00	2023.04.02	3.1400	20华远02（163374）	300.00	2023.04.03	5.5000
20融创01（163376）	4000.00	2024.04.01	4.7800	20融创02（163377）	3300.00	2025.05.27	5.6000
20绿城03（163378）	1000.00	2025.03.31	3.2600	20绿城04（163379）	500.00	2027.03.31	3.8700

债券信息
List of Bonds

债券
Bond

债券简称（代码） Bond Name（Code）	发行量（百万元） Issued Vol（M Yuan）	到期日 Expiration Date	票面利率（%） Coupon Rate	债券简称（代码） Bond Name（Code）	发行量（百万元） Issued Vol（M Yuan）	到期日 Expiration Date	票面利率（%） Coupon Rate
20 中交 Y1（163380）	2000.00	2023.04.27	3.3500	20 川发 03（163381）	500.00	2025.04.09	3.1300
20 川发 04（163382）	3000.00	2030.04.09	3.9900	20 建发 G1（163383）	1000.00	2025.04.10	4.2300
20 厦贸 Y5（163384）	500.00	2023.04.20	3.6000	20 青城 G3（163385）	400.00	2028.04.08	3.3800
20 青城 G4（163386）	500.00	2027.04.08	3.7500	20 沪国 01（163387）	500.00	2025.04.13	2.9500
20 沪国 02（163388）	1000.00	2030.04.13	3.8500	20 浦房 01（163389）	1600.00	2025.04.07	3.0000
20 诚通 06（163391）	1000.00	2023.04.07	3.0000	20 诚通 07（163392）	500.00	2025.04.07	3.4400
20 湘粮债（163393）	200.00	2025.04.08	5.4800	20 盛泽 01（163394）	500.00	2025.04.21	3.4900
G20 雅砻 1（163395）	1000.00	2023.04.08	2.9300	20 宏河 01（163396）	350.00	2023.04.07	7.5000
20 环球 05（163397）	380.00	2025.04.14	3.4000	20 阳煤 01（163398）	1000.00	2025.04.14	3.3000
20 亿利 01（163399）	500.00	2025.04.10	7.0000	20 晶电 01（163400）	600.00	2022.04.10	4.1900
20 二局 Y1（163401）	1000.00	2023.04.15	3.3800	20 新际 01（163402）	1600.00	2030.04.08	4.1500
20 国丰 01（163403）	2000.00	2025.04.10	3.3200	20 国联 03（163404）	1500.00	2022.04.15	2.8800
20 昆租 01（163405）	800.00	2027.04.08	4.0100	20 信投 G3（163406）	3000.00	2023.04.15	2.5600
20 华宝 01（163407）	1200.00	2023.04.17	2.6700	20 元禾 01（163408）	500.00	2025.04.10	2.9000
20HBST01（163409）	800.00	2030.04.13	3.5500	20 厦贸 Y3（163410）	600.00	2023.04.13	3.6300
20 风电 05（163412）	1000.00	2023.04.17	2.5000	20 复星 01（163414）	1700.00	2024.04.21	3.2800
20 复星 02（163415）	300.00	2025.04.21	4.5000	20 金高 01（163416）	1000.00	2025.04.20	3.2500
20 新汶 02（163418）	1500.00	2025.04.22	3.1700	20 光明 01（163420）	3000.00	2023.04.15	2.6700
20 国机 02（163421）	2000.00	2025.04.15	2.6700	G20 八 Y1（163422）	680.00	2023.04.29	3.7500
20 天风 01（163423）	1500.00	2023.04.15	2.8700	20 扬子 Y1（163424）	700.00	2023.04.20	3.3000
20 扬子 Y2（163425）	300.00	2025.04.20	3.7000	20 杭租 01（163426）	500.00	2023.04.15	3.3400
20 泰豪 01（163427）	400.00	2023.04.23	6.4900	20 桂投 Y1（163428）	1000.00	2023.04.16	5.8000
20 京投 01（163429）	3000.00	2023.04.16	2.6000	20 国宏 01（163430）	950.00	2025.05.06	3.8300
G20FXY1（163431）	2000.00	2023.04.15	3.1500	20 京洁 01（163433）	400.00	2023.04.16	2.6500
20 京洁 02（163434）	600.00	2025.04.16	3.2200	20 中车 G1（163435）	3000.00	2025.04.20	2.5000
20 紫金 G1（163437）	1000.00	2025.04.22	2.7000	20 津保 Y1（163439）	1000.00	2022.04.21	5.7900
20 阳泰 01（163440）	500.00	2023.04.16	6.5000	20 外高 01（163441）	1500.00	2025.04.17	2.6100
20 延长 01（163442）	2000.00	2025.04.21	3.1400	20 柳控 03（163443）	600.00	2025.04.17	4.9600
20 能源 Y1（163444）	2000.00	2023.04.16	3.1500	20 浦创 01（163445）	300.00	2025.04.21	2.5000
20 扬州 01（163446）	1000.00	2025.04.17	3.5400	20 津投 09（163447）	1000.00	2025.04.17	3.4300
20 津投 10（163448）	1000.00	2030.04.17	4.2300	20 浦创 03（163449）	700.00	2025.04.21	2.5000
20 大众 01（163450）	500.00	2023.04.21	2.7800	20 北汽 01（163451）	2000.00	2025.04.16	2.9800
20 北汽 02（163452）	1000.00	2027.04.16	3.2800	20 中化 01（163453）	2000.00	2023.04.20	2.4600
20 邮政 02（163454）	3000.00	2023.04.17	2.5300	20 财通 01（163455）	2500.00	2023.04.22	2.5900
20 财通 02（163456）	1000.00	2025.04.22	3.2500	20 住总 01（163457）	300.00	2025.04.17	2.7300
20 新际 02（163458）	1500.00	2023.04.17	2.6500	20 国航 01（163459）	1500.00	2022.04.17	1.9500
20 中信 05（163460）	1000.00	2030.04.21	3.8700	20 中信 06（163461）	1500.00	2040.04.21	4.1600
20 铁发 01（163463）	1000.00	2025.04.22	3.2000	20 铁发 02（163464）	1000.00	2030.04.22	3.8500
20 鲁资 01（163465）	1000.00	2025.04.17	3.2800	20 相城 02（163466）	500.00	2023.04.22	3.0000
20 江东 04（163467）	700.00	2025.04.23	3.3800	20 路桥 01（163469）	500.00	2023.04.23	2.6400
20 华能 Y3（163470）	2500.00	2023.04.23	3.0900	20 世茂 04（163472）	3100.00	2025.05.11	3.2000
20 永钢 01（163474）	500.00	2025.04.30	5.9800	20 东航 01（163475）	2000.00	2023.04.28	2.3900
20 云投 G1（163476）	1000.00	2023.04.24	3.2200	20 云投 G2（163477）	1000.00	2025.04.24	4.1700
G20 三峡 1（163478）	1000.00	2030.04.30	3.7000	G20 三峡 2（163479）	2000.00	2040.04.30	4.0000
20 上实 01（163480）	800.00	2025.04.28	2.7400	20 苏垦 01（163481）	500.00	2023.04.28	2.6000
20 华泰 G3（163482）	3500.00	2025.04.29	2.9000	20 锦港 01（163483）	420.00	2023.05.07	7.0000
20 杭资 01（163484）	2000.00	2025.05.11	2.7400	20 中冶 02（163485）	1500.00	2023.04.27	2.5000
20 余投 01（163486）	500.00	2025.04.28	3.5400	20 路桥 Y1（163487）	500.00	2023.04.27	3.2000
20 扬子 G1（163488）	1500.00	2025.04.28	3.1000	20 临城 01（163489）	2000.00	2025.04.28	2.8900
20 国发 01（163490）	1500.00	2025.04.28	2.5700	20 厦贸 G1（163491）	500.00	2023.04.27	2.5800

债券信息
List of Bonds

债券简称（代码）Bond Name（Code）	发行量（百万元）Issued Vol（M Yuan）	到期日 Expiration Date	票面利率（%）Coupon Rate	债券简称（代码）Bond Name（Code）	发行量（百万元）Issued Vol（M Yuan）	到期日 Expiration Date	票面利率（%）Coupon Rate
20国美01（163492）	200.00	2026.06.15	7.0000	20兵装01（163493）	1000.00	2022.04.24	1.8000
20兵装02（163494）	2000.00	2023.04.24	2.4200	20一汽01（163495）	5000.00	2023.04.27	2.4900
20杭城02（163497）	1060.00	2025.04.28	2.9500	20杭旅01（163498）	1000.00	2023.05.06	2.4800
20中船03（163500）	3000.00	2023.04.28	2.3800	20汇金01（163501）	500.00	2023.10.14	3.8000
20不动Y1（163502）	3000.00	2027.05.06	4.4000	20青城Y1（163503）	2800.00	2025.04.29	3.6800
20中天01（163504）	1000.00	2023.04.30	5.8000	20新国资（163505）	500.00	2025.04.28	5.0000
20楚昌01（163506）	800.00	2025.05.06	5.0000	20海通04（163507）	5600.00	2023.04.30	2.3800
20海通05（163508）	700.00	2025.04.30	2.8800	20红星03（163509）	2500.00	2023.05.29	6.8200
20居然01（163511）	1000.00	2023.05.26	4.9500	20产发01（163512）	1000.00	2025.04.29	2.7300
20中金G3（163513）	3300.00	2026.05.06	2.3700	20中金G4（163514）	700.00	2027.05.06	2.8800
20云投02（163515）	3000.00	2023.04.30	6.0000	20北控02（163516）	1000.00	2023.05.08	2.3900
20华港Y1（163518）	1000.00	2023.05.07	4.4900	20能投01（163520）	2000.00	2023.04.29	3.0500
20北汽03（163521）	2000.00	2025.04.30	2.9900	20柳建01（163523）	900.00	2025.04.30	7.0000
20渤海01（163525）	2500.00	2023.05.13	2.9800	20渝高01（163526）	2500.00	2025.05.11	3.2900
20中信08（163528）	1900.00	2040.05.11	4.2000	20诚通08（163529）	2000.00	2023.05.06	2.5300
20诚通09（163530）	1500.00	2025.05.06	3.1700	20首投01（163531）	300.00	2023.05.08	3.9000
20泰山02（163532）	1000.00	2025.05.13	4.3000	20欣捷02（163534）	500.00	2023.05.13	7.0000
20芯鑫01（163535）	700.00	2023.05.20	2.8900	20芯鑫02（163536）	300.00	2022.05.20	2.6500
20首集租（163537）	1000.00	2023.05.18	2.6800	20旭辉01（163539）	2120.00	2025.05.29	3.8000
20旭辉02（163540）	1000.00	2025.05.29	4.5000	20诚通10（163541）	2000.00	2023.05.18	2.7800
20诚通11（163542）	1000.00	2025.05.18	3.4800	20宏泰01（163544）	1500.00	2025.05.15	3.0800
20首创02（163545）	1000.00	2025.05.19	3.3500	20十六01（163546）	500.00	2025.05.21	3.4300
20华建02（163547）	500.00	2025.05.22	3.1800	20华创01（163548）	1090.00	2024.05.18	3.2000
20华创02（163549）	470.00	2025.05.18	3.6000	20蒙资01（163550）	1000.00	2023.05.19	3.8000
20国电02（163551）	1500.00	2023.05.25	2.5600	20建设02（163553）	500.00	2025.05.25	2.8500
20鲁海洋（163554）	500.00	2023.08.28	4.5000	20铁工Y1（163555）	2600.00	2023.05.27	3.1100
20世博01（163557）	2000.00	2025.05.27	2.5000	20华泰G4（163558）	3000.00	2025.05.21	3.2000
G20FXY3（163559）	3000.00	2023.05.22	3.3000	20津保Y2（163561）	1000.00	2022.06.04	5.7500
20渝开01（163563）	700.00	2025.05.26	3.8000	20渝开02（163564）	300.00	2025.05.26	4.4900
20国金03（163565）	1500.00	2021.05.27	1.9900	20中化Y1（163566）	2000.00	2022.05.25	2.7500
20海通06（163568）	6700.00	2023.05.25	2.7000	20时代07（163571）	2500.00	2025.05.27	5.2400
20大宁02（163572）	100.00	2027.09.14	4.5500	20绍城01（163573）	1000.00	2027.05.27	3.3200
20际华01（163574）	1500.00	2025.06.15	3.4900	20鲁金01（163575）	1000.00	2025.05.29	3.1000
20南瑞01（163577）	1000.00	2023.05.26	2.5800	20武金Y1（163578）	500.00	2023.06.12	4.7000
20海湾01（163580）	1500.00	2023.05.28	3.4000	20榕建01（163581）	400.00	2025.05.27	3.9300
20环境01（163582）	1000.00	2025.05.29	3.1000	20中证08（163583）	1000.00	2021.06.02	2.0800
20中证09（163584）	4500.00	2023.06.02	2.7000	20龙翔01（163586）	1000.00	2023.07.01	7.5000
20红美02（163587）	500.00	2023.06.03	5.1600	20武资01（163588）	1000.00	2030.05.29	3.6500
20电投Y1（163589）	2000.00	2023.05.27	3.1000	20景控01（163590）	600.00	2025.06.08	4.5000
20常城01（163591）	500.00	2025.06.01	3.5000	20常城02（163592）	600.00	2030.06.01	4.5000
20平煤Y1（163593）	1000.00	2021.06.01	4.9800	20诚通13（163594）	2500.00	2025.06.12	3.3500
20诚通14（163595）	1000.00	2025.06.12	3.8000	20京路01（163596）	1000.00	2025.06.02	3.0400
20电力Y1（163599）	500.00	2023.06.04	3.4000	20浦土01（163600）	850.00	2025.06.05	3.1800
20苏信02（163602）	200.00	2025.06.04	3.4900	20天盈01（163603）	450.00	2025.06.09	6.8000
20东方02（163604）	500.00	2025.06.11	3.4000	20北汽05（163605）	2000.00	2023.06.03	2.8800
20北汽06（163606）	500.00	2025.06.03	3.5500	20北汽07（163607）	500.00	2027.06.03	4.0000
20西南01（163608）	500.00	2023.06.08	3.1000	20中金G5（163610）	1500.00	2026.06.22	3.1000
20长控01（163612）	1000.00	2025.06.24	4.0400	20弘辉01（163614）	500.00	2025.10.28	4.0500
20中林02（163616）	400.00	2023.06.05	6.5000	20藏投01（163617）	1000.00	2025.06.09	3.8800
20新金01（163618）	500.00	2023.06.12	4.9500	20天盈02（163619）	150.00	2025.06.09	6.8000

债券信息 List of Bonds

债券 Bond

债券简称（代码）Bond Name（Code）	发行量（百万元）Issued Vol（M Yuan）	到期日 Expiration Date	票面利率（%）Coupon Rate	债券简称（代码）Bond Name（Code）	发行量（百万元）Issued Vol（M Yuan）	到期日 Expiration Date	票面利率（%）Coupon Rate
20 浙商 01（163620）	1000.00	2025.06.23	3.5000	20 浦创 04（163621）	200.00	2025.11.02	3.7800
20 浦创 05（163622）	300.00	2025.11.02	3.7700	20 远东四（163623）	3000.00	2025.06.12	3.7700
20 西证 01（163624）	2000.00	2023.07.14	3.8000	20 龙控 03（163625）	2000.00	2025.07.24	4.6900
20 中泰 01（163626）	1500.00	2023.06.19	3.2700	20 新控 03（163627）	500.00	2024.09.01	5.7000
20 新控 04（163628）	1000.00	2025.09.01	5.9000	20 中证 11（163629）	2000.00	2023.06.19	3.1000
20 电投 Y2（163632）	2000.00	2023.06.10	3.5700	20 保利 03（163633）	1500.00	2025.06.22	3.1400
20 保利 04（163634）	500.00	2027.06.22	3.7800	20 津投 11（163635）	1200.00	2026.06.11	3.4900
20 沪开 01（163637）	550.00	2023.06.18	3.4900	20 深业 03（163638）	2300.00	2025.06.11	7.5000
20 铁工 Y3（163639）	2000.00	2023.06.16	3.5000	20 铁工 Y4（163640）	1500.00	2025.06.16	3.9900
20 光证 G1（163641）	1500.00	2023.06.22	3.1000	20 世茂 G2（163644）	1000.00	2022.07.07	3.7600
20 蚌投 01（163645）	500.00	2023.07.27	5.5000	20 中核 Y5（163648）	3000.00	2022.09.25	3.9700
20 能建 Y1（163650）	1000.00	2023.06.19	3.5000	20 海国 03（163651）	1000.00	2025.07.31	3.8000
20 东兴 G1（163652）	2400.00	2021.06.15	2.6000	20 国联 G1（163654）	700.00	2023.06.15	3.2700
20 盐投 03（163656）	500.00	2025.06.17	6.0000	20 工投 01（163657）	800.00	2025.06.17	3.9000
20 金辉 01（163658）	650.00	2024.06.16	6.9500	20 融侨 01（163659）	2000.00	2025.06.22	6.5000
20 金隅 03（163660）	2000.00	2025.06.16	3.2400	20 中航 Y1（163661）	500.00	2023.07.10	3.7000
20 汽车 01（163663）	1000.00	2023.11.26	7.4000	20 宏泰 02（163664）	500.00	2025.06.19	3.6800
20 柳投 02（163665）	1000.00	2025.06.18	6.8000	20 远东 Y3（163666）	700.00	2022.06.18	3.9800
20 大宁 Y1（163667）	1000.00	2025.06.19	4.6000	G20 柳控 1（163668）	1000.00	2025.06.22	4.8800
20 华泰 G5（163669）	2300.00	2021.06.18	2.5800	20 华泰 G6（163670）	3200.00	2023.06.18	3.1000
20 晋旅 Y1（163671）	500.00	2023.07.30	6.5000	20 泛海 G1（163672）	300.00	2025.06.17	7.0000
国电投 01（163673）	2000.00	2023.06.18	3.1000	20 筑城 01（163674）	3000.00	2025.06.23	4.5000
20 株国 04（163676）	1000.00	2025.07.03	4.3000	20 核电 Y1（163678）	2000.00	2023.08.05	3.8400
20 诚通 15（163679）	1500.00	2025.06.24	3.3500	20 建房 01（163681）	700.00	2027.06.23	4.1500
20CHNG5Y（163682）	1000.00	2025.06.24	3.8300	20CHNG6Y（163683）	1000.00	2030.06.24	4.4000
20 金港 01（163684）	700.00	2025.07.10	3.8000	20 厦贸 G2（163685）	500.00	2023.10.26	3.8500
20 锡铁 01（163686）	1120.00	2025.06.24	3.1900	20 深业 04（163688）	2700.00	2025.06.23	7.5000
20 狮桥 02（163689）	200.00	2022.06.23	5.7000	20 铁工 Y5（163690）	1000.00	2023.06.24	3.6000
20 亿利 02（163692）	500.00	2025.07.07	7.0000	20 泰山 03（163693）	1000.00	2025.08.31	4.0000
20 正奇 01（163694）	200.00	2023.08.28	6.4000	20 建二 Y1（163696）	1500.00	2023.06.30	3.7400
20 电投 Y3（163698）	2000.00	2023.07.06	3.5700	20 津投 13（163699）	1500.00	2026.07.06	3.6600
20 广药 01（163701）	1700.00	2025.07.09	3.4000	20 碧地 02（163702）	1360.00	2025.07.07	4.1900
20 城建 01（163703）	1000.00	2025.07.09	3.5000	20 钢联 03（163705）	850.00	2025.07.27	6.0000
20 北电 02（163706）	1700.00	2023.07.10	3.9200	20 中证 13（163707）	3000.00	2023.07.14	3.5800
20 唐新 Y4（163709）	2000.00	2023.07.21	4.1500	20 信投 G4（163711）	3000.00	2023.07.14	3.5500
20 航租 01（163712）	870.00	2023.07.09	3.8000	20 东海 01（163713）	1000.00	2022.07.14	4.0000
20 东海 02（163714）	1000.00	2023.07.14	4.2000	20 建集 Y3（163715）	1200.00	2023.07.13	4.3400
20 经开 01（163717）	1000.00	2025.07.15	3.9500	20 美置 03（163719）	600.00	2025.07.14	4.1800
20 美置 04（163720）	400.00	2024.07.14	4.1000	20 时代 09（163722）	1600.00	2025.07.17	5.9400
20 国药 01（163723）	2700.00	2023.07.28	3.2700	20 远东五（163726）	2600.00	2023.07.17	4.0000
20 新望 01（163727）	1000.00	2023.08.18	4.2000	20 冠城 01（163729）	1730.00	2022.07.14	7.0000
20 恒信 G1（163730）	1200.00	2023.07.28	4.0000	20 光证 G3（163731）	3700.00	2023.07.14	3.6000
20 信达 G1（163736）	2500.00	2023.07.17	3.8000	20 电投 Y4（163738）	2000.00	2023.07.15	4.0200
20 复地 02（163739）	3000.00	2023.07.17	4.5700	20 当代 01（163740）	180.00	2025.07.15	6.2000
20 诚通 17（163741）	3000.00	2025.08.06	3.7500	20 诚通 18（163742）	500.00	2030.08.06	4.0500
20 粤港 01（163743）	1000.00	2023.07.23	3.5000	20 财信 01（163746）	2000.00	2025.10.15	3.9700
20 长控 03（163747）	1000.00	2025.07.21	4.4900	20 盛泽 02（163749）	300.00	2023.07.22	3.9500
20 张江一（163750）	800.00	2025.07.20	3.6700	20 闽高 01（163751）	600.00	2022.07.27	3.5400
20 中建 G1（163753）	2000.00	2023.07.29	3.4800	20 厦贸 Y6（163755）	500.00	2023.07.28	4.6000
20 国君 G4（163756）	5000.00	2023.07.22	3.5500	20 招商 G1（163757）	3000.00	2023.07.22	3.5500

债券信息
List of Bonds

债券
Bond

债券简称（代码）Bond Name（Code）	发行量（百万元）Issued Vol（M Yuan）	到期日 Expiration Date	票面利率（%）Coupon Rate	债券简称（代码）Bond Name（Code）	发行量（百万元）Issued Vol（M Yuan）	到期日 Expiration Date	票面利率（%）Coupon Rate
20 平证 03（163759）	4000.00	2023.07.23	3.5800	20 京资 01（163760）	4000.00	2023.07.27	3.4900
20 融信 01（163761）	1650.00	2024.07.27	5.6000	20 信投 G5（163763）	4500.00	2023.07.28	3.4600
20 常城 03（163764）	1000.00	2025.07.28	4.0700	20 云投 G3（163765）	2000.00	2023.07.24	4.3000
20 中泰 02（163767）	1500.00	2022.07.28	3.3500	20 铁工 Y7（163769）	3500.00	2023.07.24	3.9500
20 沪盛 01（163771）	500.00	2025.07.23	3.4800	20 中证 15（163774）	7500.00	2023.07.28	3.4900
20 电投 Y5（163775）	2000.00	2023.07.28	3.7800	20 华综 Y2（163776）	1000.00	2023.08.03	4.1800
20 津保 Y3（163777）	800.00	2022.08.07	6.4800	20 晋金 01（163778）	2000.00	2025.07.28	3.7500
20 华宇 G2（163779）	800.00	2025.07.30	7.0000	20 昆交 G1（163780）	1500.00	2025.07.28	5.1600
20 正荣 02（163782）	1000.00	2025.07.27	5.7500	20GLP01（163783）	200.00	2023.07.30	3.8800
20 平证 04（163785）	3000.00	2021.10.29	3.1000	20 浙商 02（163786）	1000.00	2025.09.10	4.0000
20 蓝光 04（163788）	800.00	2023.07.31	7.0000	20 浦土 02（163789）	1000.00	2025.07.30	3.5800
20 北控 Y1（163792）	1000.00	2023.07.31	3.8400	20 唐租 Y1（163793）	1500.00	2023.08.04	4.2800
20 铁龙 01（163794）	750.00	2025.08.19	3.8500	20 交投 Y1（163795）	1500.00	2023.08.11	4.1900
20 茂业 01（163796）	300.00	2022.08.04	4.7900	20 茂业 02（163797）	300.00	2023.08.04	4.9400
20 京投 02（163798）	3000.00	2023.08.10	3.4500	20 国元 G1（163799）	2000.00	2023.08.04	3.7800
20 光明 S1（163801）	1000.00	2020.09.15	2.0500	20 浙资 S1（163802）	500.00	2020.12.20	2.3000
20 豫投 S1（163803）	500.00	2020.11.23	1.7900	20 伊利 S2（163804）	500.00	2020.11.02	1.9800
20 特电 S1（163805）	500.00	2020.12.02	2.5500	20 伊利 S1（163806）	500.00	2020.09.03	1.9500
20 海通 S1（163807）	1000.00	2021.03.02	2.2000	20 红星 S1（163808）	200.00	2020.12.05	5.5000
20HHPS1（163811）	500.00	2020.11.24	2.8900	20 信投 S2（163812）	1500.00	2021.07.28	2.9000
20 招商 S2（163814）	2100.00	2021.05.14	2.8500	20 中证 S1（163815）	500.00	2021.04.28	2.8400
20 中证 S2（163816）	2800.00	2021.08.07	2.9500	20 国君 S1（163817）	4700.00	2021.08.12	2.9500
20 银河 S1（163820）	3500.00	2021.08.31	3.0400	20 安租 S1（163821）	1000.00	2021.08.26	3.2000
20 豫园 S4（163822）	300.00	2021.08.27	3.2800	20 华泰 S1（163823）	5500.00	2021.08.31	3.1000
20 华泰 S2（163824）	1500.00	2021.05.28	3.0500	20 津投 S1（163825）	1500.00	2021.05.13	3.5800
20 天风 S1（163826）	2000.00	2021.10.19	3.6500	20 安租 S2（163827）	800.00	2021.09.15	3.5500
20 华泰 S3（163828）	5000.00	2021.08.11	3.2000	20 光证 S1（163829）	5000.00	2021.10.18	3.2000
20 华泰 S4（163830）	4000.00	2021.04.17	3.1500	20 石化 S1（163831）	3000.00	2020.12.17	1.9000
20CHNES1（163832）	5000.00	2021.06.14	3.0900	20 国君 S2（163833）	3000.00	2021.09.17	3.2000
20 浙资 S2（163835）	1000.00	2021.10.14	3.2500	20 安租 S3（163837）	800.00	2021.10.20	3.4500
20 银河 S2（163838）	2000.00	2021.10.23	3.1700	20 津投 S2（163839）	1200.00	2021.08.10	3.6200
20 国金 S1（163841）	1000.00	2021.09.16	3.3400	20 国君 S3（163842）	4500.00	2021.10.27	3.2500
20 安信 S1（163843）	4000.00	2021.10.21	3.5500	20 中泰 S1（163844）	3000.00	2021.11.09	3.5500
20 东吴 S1（163846）	2800.00	2021.05.25	3.5500	20 银河 S3（163847）	2000.00	2021.11.27	3.5800
20 红狮 S1（163848）	800.00	2021.11.30	4.3900	20 安租 S4（163849）	1500.00	2021.12.01	3.9000
20 天风 S2（163850）	1000.00	2021.12.08	3.8000	20 华发 S1（163852）	1500.00	2021.06.09	3.6500
20 兴业 S1（163853）	4000.00	2021.04.15	3.1800	20 中租 S1（163854）	1500.00	2021.12.16	3.8400
20 国联 S1（163855）	1000.00	2021.12.24	3.3500	20 国君 S4（163856）	2500.00	2021.12.24	3.1200
20 银河 S4（163857）	3000.00	2021.09.23	3.1000	20 银河 S5（163858）	2000.00	2021.12.24	3.1200
20 龙湖 05（163900）	2000.00	2025.08.07	3.7800	20 龙湖 06（163901）	1000.00	2027.08.07	4.3000
20 航租 02（163902）	1000.00	2023.08.06	3.8800	20 海通 08（163903）	6000.00	2023.08.11	3.5300
20 控租 02（163904）	700.00	2023.08.14	3.9700	20 海保 G1（163905）	1000.00	2025.08.10	3.9800
20 电投 Y6（163906）	2000.00	2023.08.06	3.9000	20 天宁 01（163907）	600.00	2023.08.12	4.0500
20CMG1YA（163908）	2000.00	2023.08.11	3.8900	20 中证 16（163910）	5200.00	2023.08.07	3.5500
20 奥园 02（163911）	1180.00	2025.08.06	5.6500	20 津投 15（163912）	1000.00	2024.08.10	3.7300
20 津投 16（163913）	1000.00	2023.08.10	3.9900	G20 天成 Y（163914）	1000.00	2023.08.20	4.3500
20 远东六（163915）	2000.00	2023.08.13	3.7200	20 复星 03（163916）	1900.00	2025.08.07	4.4800
20 中化 Y3（163917）	2500.00	2022.08.10	3.7000	20 安租 04（163919）	1500.00	2023.08.12	3.8500
20 同股 01（163920）	2000.00	2025.08.13	4.2900	20 新湖 01（163921）	820.00	2024.08.25	7.9000
20 浙金 01（163923）	1200.00	2025.08.18	2.8000	20 招证 G2（163924）	1800.00	2021.08.26	2.9300

债券信息
List of Bonds

债券
Bond

债券简称（代码）Bond Name（Code）	发行量（百万元）Issued Vol（M Yuan）	到期日 Expiration Date	票面利率（%）Coupon Rate	债券简称（代码）Bond Name（Code）	发行量（百万元）Issued Vol（M Yuan）	到期日 Expiration Date	票面利率（%）Coupon Rate
20招证G3（163925）	3000.00	2023.08.13	3.5000	20花园01（163926）	1000.00	2025.08.12	7.1000
20东债01（163927）	4000.00	2023.08.19	3.5000	20能投Y1（163928）	2000.00	2023.03.24	4.8800
20鄂长Y1（163929）	500.00	2023.03.17	3.6900	20建集Y1（163930）	700.00	2023.04.16	3.3800
20建集Y2（163931）	200.00	2025.04.16	3.7900	20华能Y1（163932）	2000.00	2023.03.23	3.5800
20华能Y2（163933）	1000.00	2025.03.23	3.8500	20CHNG3Y（163934）	1500.00	2025.03.16	3.5700
20CHNG4Y（163935）	500.00	2030.03.16	4.1500	20华综Y1（163936）	1000.00	2023.03.16	3.5400
20中核Y3（163937）	3000.00	2023.03.10	3.2700	20中核Y4（163938）	2000.00	2025.03.10	3.5300
20七局Y1（163939）	1000.00	2023.03.27	4.7000	20CHNG1Y（163940）	1500.00	2025.03.09	3.5500
20CHNG2Y（163941）	500.00	2030.03.09	4.0800	20新际Y1（163942）	2000.00	2025.03.05	3.8800
20建材Y1（163943）	1000.00	2025.03.02	3.6500	20齐鲁Y1（163944）	1000.00	2023.02.27	3.4400
19航租Y1（163945）	1500.00	2022.12.04	4.7000	19工业Y1（163947）	1460.00	2022.11.21	4.2500
G19八Y1（163949）	700.00	2022.12.12	5.2300	19通用Y3（163950）	500.00	2022.12.09	3.8500
19晋建Y4（163952）	2450.00	2022.11.28	5.3000	CHNG11Y（163953）	1400.00	2024.11.22	4.1500
CHNG12Y（163954）	600.00	2029.11.22	4.5800	19锡公Y1（163955）	500.00	2022.12.12	4.1300
19电建Y2（163956）	3000.00	2024.11.22	4.2000	19电建Y3（163957）	3000.00	2022.11.29	3.9000
19首股Y3（163958）	2000.00	2022.12.05	4.0700	19厦贸Y1（163960）	600.00	2022.12.13	4.5000
19阳煤Y1（163962）	1000.00	2022.12.10	5.1700	中化债Y1（163963）	1300.00	2021.12.16	3.8000
19中化Y3（163964）	2500.00	2021.12.16	3.6900	19能建Y1（163965）	3000.00	2022.12.13	3.9000
19铁建Y5（163969）	2000.00	2022.12.17	3.9000	19铁建Y6（163970）	1000.00	2024.12.17	4.2000
19建集Y2（163971）	2000.00	2022.12.17	4.1400	19青控Y1（163975）	1000.00	2022.12.24	5.5000
19交建Y3（163976）	2000.00	2022.12.27	3.8800	19中航Y7（163978）	1500.00	2022.12.27	3.8800
19特电Y1（163982）	500.00	2022.12.26	5.9500	19二商Y1（163983）	1200.00	2022.12.30	4.4000
19中铝Y1（163984）	500.00	2022.12.27	5.2800	19京粮Y1（163985）	1000.00	2022.12.30	4.3000
20中核Y1（163986）	1500.00	2023.01.13	3.6800	20中核Y2（163987）	1500.00	2025.01.13	4.0000
20唐新Y1（163988）	2000.00	2023.01.16	3.8800	20赣投Y1（163989）	2000.00	2023.01.15	3.8100
20厦贸Y1（163991）	1500.00	2023.02.26	3.7000	20鲁资Y1（163993）	1000.00	2023.03.04	3.4800
20远东Y1（163994）	1500.00	2022.02.18	3.8700	20远东Y2（163995）	500.00	2023.02.18	4.1300
20象屿Y1（163996）	500.00	2022.02.24	4.0300	20象屿Y2（163997）	1100.00	2023.02.24	4.3500
20唐新Y2（163998）	2000.00	2023.02.27	3.5800	G国山优（165000）	405.00	2022.12.22	4.1000
PR1A1（165001）	300.00	2020.07.15	3.9000	PR1A2（165002）	400.00	2021.10.15	4.6000
万安1A3（165003）	285.00	2022.10.15	5.0000	万安1次（165004）	15.00	2023.01.15	0.0000
仁恒2优（165005）	400.00	2020.10.19	4.5000	仁恒2次（165006）	1.00	2020.10.19	0.0000
PR安吉2A（165007）	2446.00	2020.12.15	3.5000	PR安吉2B（165008）	156.90	2021.03.15	4.0000
19安吉2C（165009）	137.00	2021.03.15	5.8000	19安吉次（165010）	246.74	2021.12.15	0.0000
PR2A1（165011）	300.00	2020.02.26	3.7000	PR2A2（165012）	400.00	2020.08.26	4.3800
PR2A3（165013）	285.00	2022.09.26	4.7600	合惠2次（165014）	15.00	2022.09.26	8.0000
企发01A（165015）	200.00	2020.10.15	5.0000	企发01次（165016）	2.00	2020.10.15	0.0000
PR优A（165017）	1100.00	2037.07.31	5.1000	海发优B（165018）	700.00	2037.07.31	6.5000
海发次（165019）	100.00	2037.07.31	0.0000	19佳美4A（165020）	475.00	2020.09.29	5.8000
19佳美4C（165021）	25.00	2020.09.29	0.0000	PR19京8A（165022）	1425.00	2020.03.25	4.0500
PR19京8B（165023）	75.00	2020.04.02	0.0000	PR19京9A（165024）	950.00	2020.03.26	4.1000
19京保9B（165025）	50.00	2020.03.26	0.0000	PR京10A（165026）	950.00	2020.03.12	4.0600
PR京10B（165027）	50.00	2020.03.19	0.0000	PR19A1（165028）	430.00	2020.05.26	4.0500
PR19A2（165029）	400.00	2021.08.26	4.2000	恒信19A3（165030）	120.00	2022.05.26	4.6000
恒信19次（165031）	50.00	2022.08.26	0.0000	建一1期（165032）	425.00	2020.10.31	3.5900
PR二局05（165033）	189.00	2020.10.13	3.6000	二局05次（165034）	1.00	2020.10.13	0.0000
中花02A1（165035）	2700.00	2020.02.24	3.3800	中花02A2（165036）	90.00	2020.02.24	3.4500
中花02B（165037）	210.00	2020.02.24	0.0000	19花04A1（165038）	1800.00	2020.02.24	3.3000
19花04A2（165039）	60.00	2020.02.24	3.4500	19花04B（165040）	140.00	2020.02.24	0.0000
联保12优（165041）	575.00	2020.09.16	7.5000	联保12次（165042）	1.00	2020.09.16	0.0000

债券信息
List of Bonds

债券简称（代码）Bond Name（Code）	发行量（百万元）Issued Vol（M Yuan）	到期日 Expiration Date	票面利率（%）Coupon Rate	债券简称（代码）Bond Name（Code）	发行量（百万元）Issued Vol（M Yuan）	到期日 Expiration Date	票面利率（%）Coupon Rate
花呗 72A1（165043）	2670.00	2020.02.21	3.3000	花呗 72A2（165044）	120.00	2020.02.21	3.4500
花呗 72B（165045）	210.00	2020.02.21	0.0000	花呗 73A1（165046）	1780.00	2020.02.25	3.3800
花呗 73A2（165047）	80.00	2020.02.25	3.6000	花呗 73B（165048）	140.00	2020.02.25	0.0000
碧强 01 优（165049）	960.00	2020.07.30	6.3000	碧强 01 次（165050）	51.00	2020.07.30	0.0000
PR1A1（165051）	329.00	2020.05.27	5.2000	PR1A2（165052）	223.00	2021.08.27	5.8000
爱建 1B（165053）	97.00	2022.05.27	6.7000	爱建 1 次（165054）	71.00	2024.05.27	0.0000
PR19A1（165055）	230.00	2020.07.21	5.0000	PR19A2（165056）	190.00	2021.04.21	6.1000
云能 19A3（165057）	180.00	2022.04.21	6.9000	云能 19 次（165058）	82.00	2024.03.21	0.0000
PR 苏 1 优 A（165059）	505.00	2021.07.20	4.0000	苏信 1 优 B（165060）	90.00	2022.04.20	4.5000
苏信 1 次（165061）	105.00	2022.04.20	0.0000	龙联 04A（165062）	499.00	2020.10.21	5.5000
龙联 04 次（165063）	1.00	2020.10.21	0.0000	PRG 虞优（165064）	800.00	2028.06.25	4.3500
G 上虞次（165065）	50.00	2028.06.25	0.0000	新建元 2A（165066）	1200.00	2024.10.28	4.2900
新建元 2B（165067）	600.00	2024.10.28	0.0000	PR 车 01（165068）	61.00	2020.10.23	3.7000
成停车 02（165069）	67.00	2021.10.22	3.8500	成停车 03（165070）	75.00	2022.10.24	4.2500
成停车 04（165071）	83.00	2023.10.23	4.3000	成停车 05（165072）	91.00	2024.10.22	4.3000
成停车 06（165073）	99.00	2025.10.22	4.3000	成停车 07（165074）	106.00	2026.10.22	4.3000
成停车 08（165075）	115.00	2027.10.22	4.3000	成停车 09（165076）	123.00	2028.10.23	4.3000
成停车次（165077）	44.00	2028.10.23	0.0000	PR 中大 1A（165078）	617.00	2020.09.30	4.3000
PR 中大 1B（165079）	55.00	2020.11.30	5.0000	PR 大 01 次（165080）	119.47	2020.12.24	0.0000
PR19 度 2A（165081）	490.00	2020.09.18	4.2000	PR19 度 2B（165082）	30.00	2020.10.28	5.6000
PR19 度 2C（165083）	29.00	2020.11.19	5.9900	PR 度 E2D（165084）	24.00	2020.12.18	6.4000
PR19 度 2E（165085）	29.00	2021.03.31	9.7000	19 度 E2F（165086）	31.70	2023.03.31	0.0000
19 国风 1A（165091）	497.00	2020.10.23	3.7700	19 国风 1C（165092）	1.00	2020.10.23	0.0000
聚盈 01A（165093）	890.00	2020.10.22	3.9000	聚盈 01B（165094）	40.00	2020.10.22	4.2500
聚盈 01C（165095）	40.00	2020.10.22	6.1500	聚盈 01D（165096）	30.00	2020.10.22	0.0000
建融 01 优（165097）	475.00	2020.10.23	3.8000	建融 01 次（165098）	25.00	2020.10.23	0.0000
荣茂 06 优（165099）	495.00	2020.09.29	3.8000	荣茂 06 次（165100）	1.00	2020.09.29	0.0000
荣隽 04 优（165101）	107.00	2020.09.28	6.8000	荣隽 04 次（165102）	13.00	2020.09.28	0.0000
东花 09A1（165103）	1780.00	2021.10.22	3.6500	东花 09A2（165104）	70.00	2021.10.22	3.9800
东花 09B（165105）	150.00	2021.10.22	0.0000	PR 海垦 01（165106）	90.00	2020.10.17	3.5000
海垦 02（165107）	110.00	2021.10.17	3.7500	海垦 03（165108）	110.00	2022.10.17	4.2000
海垦 04（165109）	110.00	2023.10.17	4.2000	海垦 05（165110）	100.00	2024.10.17	4.2000
海垦次级（165111）	30.00	2024.10.17	0.0000	PRYD8A1（165112）	1024.00	2020.12.28	4.0900
PRYD8A2（165113）	711.00	2021.12.27	4.6000	19YD8B（165114）	175.00	2022.06.27	6.8900
19YD8C（165115）	108.00	2024.09.26	0.0000	苏天 A2（165117）	110.00	2020.12.18	3.5000
苏天 A3（165118）	123.00	2021.12.17	3.6500	苏天 A4（165119）	137.00	2022.12.19	3.7000
苏天 A5（165120）	152.00	2023.12.20	3.7000	苏天 A6（165121）	168.00	2024.12.20	3.7000
苏天 A7（165122）	186.00	2025.12.19	3.6500	苏天 A8（165123）	204.00	2026.12.18	3.6500
苏天 A9（165124）	225.00	2027.12.17	3.6500	苏天 A10（165125）	247.00	2028.12.20	3.6500
苏天次（165126）	85.00	2028.12.20	0.0000	PR2A1（165127）	300.00	2020.07.15	3.8000
PR2A2（165128）	400.00	2021.10.30	4.5000	万安 2A3（165129）	285.00	2022.10.30	4.8500
万安 2 次（165130）	15.00	2023.01.30	0.0000	19 奥通优（165131）	900.00	2021.11.01	6.9000
19 奥通次（165132）	100.00	2021.11.01	0.0000	PR02A（165133）	1096.00	2020.10.16	3.3500
渝学院 02（165135）	32.00	2020.12.19	5.7000	渝学院 03（165136）	36.00	2021.12.19	6.0000
渝学院 04（165137）	42.00	2022.12.19	6.7000	渝学院 05（165138）	47.00	2023.12.19	6.9000
渝学院 06（165139）	54.00	2024.12.19	7.1000	渝学院次（165140）	12.00	2024.12.19	0.0000
19 西北优（165141）	570.00	2022.10.31	3.8800	19 西北次（165142）	30.00	2022.10.31	0.0000
联中 08 优（165143）	344.00	2020.10.29	6.3000	联中 08 次（165144）	19.00	2020.10.29	0.0000
PR3XM3A（165145）	415.00	2021.05.31	4.2000	小米 033B（165146）	35.00	2021.05.31	5.7500
小米 033C（165147）	10.00	2021.05.31	7.5000	小米 033D（165148）	40.00	2021.05.31	0.0000

债券信息
List of Bonds

债券简称（代码） Bond Name（Code）	发行量（百万元） Issued Vol （M Yuan）	到期日 Expiration Date	票面利率（%） Coupon Rate	债券简称（代码） Bond Name（Code）	发行量（百万元） Issued Vol （M Yuan）	到期日 Expiration Date	票面利率（%） Coupon Rate
PR19诚1A（165149）	1425.00	2020.04.24	4.3000	19京诚1B（165150）	75.00	2020.04.24	0.0000
十九冶优（165151）	1444.00	2022.09.20	3.9800	十九冶次（165152）	76.00	2022.09.20	0.0000
铁建Y03A（165153）	1499.00	2020.11.08	3.6500	铁建Y03C（165154）	8.00	2020.11.08	0.0000
19建七02（165155）	353.00	2020.11.06	3.6000	PR宁A（165156）	1700.00	2037.07.31	4.0000
新长宁B（165157）	700.00	2037.07.31	4.4000	新长宁次（165158）	130.00	2037.07.31	0.0000
东借03A1（165162）	860.00	2020.11.25	3.7300	东借03A2（165163）	75.00	2020.11.25	4.1500
东借03B（165164）	65.00	2020.11.25	0.0000	东花10A1（165165）	2670.00	2021.11.23	3.8500
东花10A2（165166）	105.00	2021.11.23	4.0500	东花10B（165167）	225.00	2021.11.23	0.0000
华润4优A（165168）	1723.00	2020.11.06	3.5900	华润4优B（165169）	142.80	2020.11.06	4.7800
华润4次A（165170）	133.20	2020.11.06	0.0000	华润4次B（165171）	40.00	2020.11.06	0.0000
19绿城A2（165172）	449.00	2020.10.30	3.9800	19绿城B2（165173）	1.00	2020.10.30	0.0000
PRSC03A（165174）	332.00	2020.12.01	5.8000	搜车03B（165175）	61.00	2020.12.01	6.8000
搜车03C（165176）	23.00	2020.12.01	8.5000	搜车03次（165177）	22.00	2020.12.01	0.0000
PR联发01（165178）	136.00	2020.10.15	5.2000	联发优02（165179）	73.00	2021.10.15	5.2500
联发优03（165180）	78.00	2022.10.15	5.3000	联发优04（165181）	83.00	2023.10.15	5.3000
联发优05（165182）	89.00	2024.10.15	5.3000	联发优06（165183）	95.00	2025.10.15	5.3000
联发优07（165184）	101.00	2026.10.15	5.3000	联发优08（165185）	108.00	2027.10.15	5.3000
联发优09（165186）	145.00	2029.01.15	5.3000	19联发次（165187）	150.00	2029.01.15	0.0000
PR金光A（165188）	6660.00	2043.11.29	4.8000	PR3A1（165189）	300.00	2020.07.15	3.8000
PR3A2（165190）	400.00	2021.11.15	4.5000	PR19海A（165191）	390.00	2037.11.07	6.3000
19海联B（165192）	110.00	2037.11.07	7.2000	19海联次（165193）	27.00	2037.11.07	0.0000
万安3A3（165194）	285.00	2022.11.15	4.8700	万安3次（165195）	15.00	2023.02.15	0.0000
19金光B（165196）	2340.00	2043.11.29	5.3000	19金光次（165197）	10.00	2043.11.29	0.0000
19核建A（165198）	2450.00	2022.11.28	3.8000	19核建C（165199）	130.00	2022.11.28	0.0000
PR19汇A1（165206）	585.00	2020.09.27	5.5000	PR汇通A2（165207）	384.00	2021.09.27	6.5000
19汇通B（165208）	217.00	2021.09.27	0.0000	PR安吉3A（165209）	2288.00	2022.06.15	4.2700
19安吉3B（165210）	100.00	2022.09.15	4.7500	19安吉3C（165211）	153.50	2024.12.15	0.0000
水11优02（165212）	89.00	2020.11.06	3.8500	水11次02（165213）	1.00	2020.11.06	0.0000
19借03A1（165214）	1275.00	2021.12.01	4.2000	19借03A2（165215）	112.50	2021.12.01	4.4000
19借03B（165216）	112.50	2021.12.01	0.0000	19花05A1（165217）	1800.00	2020.01.22	3.3000
19花05A2（165218）	60.00	2020.01.22	3.7000	19花05B（165219）	140.00	2020.01.22	0.0000
苏高1901（165220）	95.00	2020.11.20	3.8000	苏高1902（165221）	100.00	2021.11.20	4.1000
苏高1903（165222）	105.00	2022.11.20	4.2000	苏高19次（165223）	15.00	2022.11.20	0.0000
链盈1优（165224）	49.40	2020.09.29	4.8000	链盈1次（165225）	2.60	2020.09.29	0.0000
19信易07（165226）	509.00	2020.11.19	4.3500	PR京诚2A（165227）	950.00	2020.04.27	4.1000
PR京诚2B（165228）	50.00	2020.05.14	0.0000	光借4A（165229）	860.00	2020.11.30	3.7400
光借4B（165230）	75.00	2020.11.30	4.1500	光借4C（165231）	65.00	2020.11.30	0.0000
PR2优（165232）	260.00	2038.05.28	3.9800	平朗2次（165233）	66.00	2038.05.28	0.0000
聚盈02A（165236）	890.00	2020.11.25	4.1000	聚盈02B（165237）	40.00	2020.11.25	4.2000
聚盈02C（165238）	40.00	2020.11.25	6.2000	聚盈02D（165239）	30.00	2020.11.25	0.0000
东花11A1（165240）	2670.00	2021.11.24	3.8500	东花11A2（165241）	105.00	2021.11.24	4.0500
东花11B（165242）	225.00	2021.11.24	0.0000	建花11A（165243）	1780.00	2020.11.25	3.7000
建花11B（165244）	80.00	2020.11.25	3.8000	建花11C（165245）	140.00	2020.11.25	0.0000
19花06A1（165246）	2700.00	2020.01.22	3.5000	19花06A2（165247）	90.00	2020.01.22	3.8000
19花06B（165248）	210.00	2020.01.22	0.0000	19奇艺优（165249）	500.00	2021.11.01	5.1000
19奇艺次（165250）	27.00	2021.11.01	0.0000	PR远大2A（165251）	172.50	2021.07.26	6.5000
19远大2B（165252）	138.00	2021.07.26	7.5000	19远大次（165253）	34.50	2021.07.26	0.0000
19天启01（165254）	921.00	2020.11.13	4.3500	声赫01优（165255）	207.00	2021.01.20	6.0000
声赫01次（165256）	12.00	2021.01.20	0.0000	铁一2优（165257）	1156.20	2022.11.22	3.7400
铁一2次（165258）	73.80	2022.11.22	0.0000	华冶优（165259）	803.00	2022.08.18	3.9000

债券信息
List of Bonds

债券简称（代码）Bond Name（Code）	发行量（百万元）Issued Vol（M Yuan）	到期日 Expiration Date	票面利率（%）Coupon Rate	债券简称（代码）Bond Name（Code）	发行量（百万元）Issued Vol（M Yuan）	到期日 Expiration Date	票面利率（%）Coupon Rate
华冶次（165260）	43.00	2022.08.18	0.0000	铁建 011A（165261）	3075.00	2021.07.27	3.6800
铁建 011C（165262）	162.00	2021.07.27	0.0000	花呗 74A1（165263）	1780.00	2020.11.23	3.7000
花呗 74A2（165264）	80.00	2020.11.23	3.8500	花呗 74B（165265）	140.00	2020.11.23	0.0000
PR 优先（165266）	87.00	2022.05.30	6.8000	航空次级（165267）	13.00	2022.05.30	0.0000
天信 1A（165268）	890.00	2020.11.25	4.1000	天信 1B（165269）	40.00	2020.11.25	4.2000
天信 1C（165270）	40.00	2020.11.25	6.2000	天信 1 次（165271）	30.00	2020.11.25	0.0000
天信 2A（165272）	890.00	2020.12.23	4.0300	天信 2B（165273）	40.00	2020.12.23	4.5000
天信 2C（165274）	40.00	2020.12.23	6.2000	天信 2 次（165275）	30.00	2020.12.23	0.0000
中花 03A1（165276）	1780.00	2020.11.25	3.6800	中花 03A2（165277）	80.00	2020.11.25	3.8500
中花 03B（165278）	140.00	2020.11.25	0.0000	19 教投优（165279）	720.00	2024.11.27	4.2500
19 教投次（165280）	300.00	2024.11.27	0.0000	PR3A1（165281）	300.00	2020.05.26	3.8800
PR3A2（165282）	400.00	2020.10.26	4.3500	PR3A3（165283）	285.00	2022.11.26	4.7800
合惠 3 次（165284）	15.00	2022.11.26	8.0000	米科 191A（165285）	415.00	2021.07.30	4.6000
米科 191B（165286）	35.00	2021.07.30	5.8000	米科 191C（165287）	10.00	2021.07.30	7.5000
米科 191D（165288）	40.00	2021.07.30	0.0000	花呗 75A1（165289）	1780.00	2020.11.24	3.7000
花呗 75A2（165290）	80.00	2020.11.24	3.9000	花呗 75B（165291）	140.00	2020.11.24	0.0000
聚盈 03A（165292）	890.00	2020.11.25	4.0800	聚盈 03B（165293）	40.00	2020.11.25	4.2000
聚盈 03C（165294）	40.00	2020.11.25	6.2000	聚盈 03D（165295）	30.00	2020.11.25	0.0000
PR3XM4A（165296）	415.00	2021.05.31	4.2000	小米 034B（165297）	35.00	2021.05.31	5.7500
小米 034C（165298）	10.00	2021.05.31	7.5000	小米 034D（165299）	40.00	2021.05.31	0.0000
PR 共进 A1（165300）	453.00	2020.11.02	3.8000	PR 共进 A2（165301）	236.00	2021.08.02	3.9500
19 共进 B（165302）	288.00	2022.10.31	5.9500	19 共进次（165303）	51.00	2025.01.31	0.0000
19 裕源 09（165304）	327.00	2020.11.13	4.3500	PR 国金 A1（165305）	560.00	2020.12.21	4.9800
PR 国金 A2（165306）	420.00	2022.03.21	5.7500	19 国金 B1（165307）	62.00	2022.03.21	7.0000
19 国金 B2（165308）	70.00	2022.06.20	7.5000	19 国金次（165309）	73.00	2024.03.20	0.0000
19 海尔 1A（165310）	550.00	2021.12.27	5.0000	19 海尔 1C（165311）	47.00	2021.12.27	0.0000
春源 02（165313）	64.00	2020.12.15	6.5000	春源 03（165314）	69.00	2021.12.15	7.0000
春源 04（165315）	75.00	2022.12.15	7.5000	春源 05（165316）	81.00	2023.12.15	7.5000
春源 06（165317）	88.00	2024.12.16	7.5000	PR 春源次（165318）	48.45	2024.12.16	0.0000
PR4A1（165319）	300.00	2020.07.15	3.8800	PR4A2（165320）	400.00	2021.11.29	4.4000
万安 4A3（165321）	285.00	2022.11.29	4.8500	万安 4 次（165322）	15.00	2023.02.28	0.0000
晋建 01（165323）	515.00	2020.11.25	5.1000	PR 海国优（165324）	2700.00	2037.12.12	4.5000
19 海国次（165325）	1.00	2037.12.12	0.0000	19 英才 01（165326）	80.00	2020.09.28	5.4000
19 英才 02（165327）	90.00	2021.09.28	5.6000	19 英才 03（165328）	100.00	2022.09.28	5.6000
19 英才 04（165329）	110.00	2023.09.28	6.0000	19 英才 05（165330）	120.00	2024.09.28	6.0000
19 英才次（165331）	140.00	2024.09.28	0.0000	19 十局优（165332）	744.00	2022.12.22	3.8500
19 十局次（165333）	56.00	2022.12.22	0.0000	信泽 06A1（165334）	1460.00	2020.09.25	3.4000
信泽 06A2（165335）	1910.00	2021.03.25	3.5000	信泽 06A3（165336）	950.00	2021.09.25	3.6000
信泽 06A4（165337）	2010.00	2022.03.25	3.7000	信泽 06A5（165338）	2960.00	2022.09.25	3.8000
信泽 06A6（165339）	390.00	2022.11.25	3.8000	PR06A7（165340）	250.00	2022.11.25	3.8000
信泽 06 次（165341）	16.62	2022.11.25	0.0000	PR 锦 2A1（165342）	297.00	2020.11.27	4.1400
PR 锦 2A2（165343）	386.10	2020.11.27	4.1400	PR 锦 2A3（165344）	386.10	2020.11.27	4.6500
PR 锦 2A4（165345）	415.80	2020.11.27	4.9900	锦安 2 次（165346）	80.00	2020.11.27	0.0000
辉玥 04 优（165347）	300.00	2020.10.23	7.5000	辉玥 04 次（165348）	16.00	2020.10.23	0.0000
PR 优先（165349）	1200.00	2030.01.22	5.5000	乌房次级（165350）	64.00	2030.01.22	0.0000
龙控 02 优（165351）	644.00	2020.11.25	3.0000	龙控 02 次（165352）	34.00	2020.11.25	0.0000
申六局 2A（165353）	544.00	2020.11.26	4.3900	PR 青 7A1（165354）	619.00	2021.08.26	5.8000
青城 7A2（165355）	293.00	2022.08.26	6.4000	青城 7A3（165356）	68.00	2022.11.26	6.7000
青城 7 次（165357）	135.00	2024.08.26	0.0000	中交 007A（165358）	1460.00	2022.12.05	3.7300
中交 007C（165359）	76.00	2022.12.05	0.0000	冶建 19 优（165360）	1026.00	2022.12.16	3.9400

债券信息
List of Bonds

债券简称（代码）Bond Name（Code）	发行量（百万元）Issued Vol（M Yuan）	到期日 Expiration Date	票面利率（%）Coupon Rate	债券简称（代码）Bond Name（Code）	发行量（百万元）Issued Vol（M Yuan）	到期日 Expiration Date	票面利率（%）Coupon Rate
冶建19次（165361）	55.00	2022.12.16	0.0000	PR三01（165362）	1160.00	2020.11.25	4.0900
PR三02（165363）	790.00	2021.11.25	4.2000	中航三03（165364）	374.00	2022.08.25	5.5000
中航三次（165365）	153.00	2023.08.25	0.0000	PR大众1A（165368）	275.50	2021.07.30	4.0000
19大众1B（165369）	14.50	2021.10.29	0.0000	PR迈科A（165370）	2200.00	2038.01.23	5.5000
PR迈科B（165371）	800.00	2038.01.23	7.0000	19迈科次（165372）	300.00	2038.01.23	0.0000
万融2优（165373）	337.00	2020.11.09	3.9000	万融2次（165374）	1.00	2020.11.09	0.0000
19中骏1A（165375）	680.00	2021.12.20	6.8000	19中骏1B（165376）	100.00	2021.12.20	7.2000
19中骏1C（165377）	50.00	2022.01.20	0.0000	碧强02优（165378）	933.00	2020.09.16	5.5000
碧强02次（165379）	50.00	2020.09.16	0.0000	19苏宁A1（165380）	1000.00	2037.11.09	6.5000
19苏宁B1（165381）	500.00	2037.11.09	7.5000	19苏宁C1（165382）	300.00	2037.11.09	7.9000
19苏宁次（165383）	100.00	2037.11.09	0.0000	19交通01（165384）	513.00	2022.11.18	3.9500
19交通02（165385）	27.00	2022.11.18	0.0000	铁建013A（165386）	1689.00	2021.12.13	3.6800
铁建013C（165387）	89.00	2021.12.13	0.0000	PRBL04A（165388）	138.00	2020.12.04	3.5800
八局德1A（165389）	501.00	2020.11.30	3.4900	八局德1C（165390）	1.00	2020.11.30	0.0000
铁建012A（165391）	2326.00	2021.11.18	3.6800	铁建012C（165392）	122.00	2021.11.18	0.0000
PR铁控A1（165393）	410.00	2020.12.21	3.5400	PR铁控A2（165394）	590.00	2023.03.20	3.7400
19铁控次（165395）	12.00	2023.09.20	0.0000	PR04优（165396）	1765.00	2021.01.15	3.6000
电气04次（165397）	184.50	2022.04.18	0.0000	广药1A（165398）	800.00	2021.06.30	3.6500
广药1B（165399）	150.00	2021.06.30	4.0000	广药1C（165400）	50.00	2021.09.30	0.0000
PR04A（165401）	314.00	2021.01.06	5.5000	搜车04B（165402）	61.00	2021.01.06	6.6000
搜车04C（165403）	21.00	2021.01.06	9.0000	搜车04次（165404）	23.00	2021.01.06	0.0000
19天启02（165405）	582.00	2020.12.04	4.2300	19大桥A（165406）	673.00	2022.12.12	3.7400
19大桥B（165407）	43.00	2022.12.12	0.0000	PR03A（165408）	826.00	2020.12.04	3.7000
PR5A1（165409）	300.00	2020.10.21	3.8800	PR5A2（165410）	400.00	2021.12.18	4.4000
万安5A3（165411）	285.00	2022.12.18	4.8500	万安5次（165412）	15.00	2023.03.18	0.0000
阳煤03优（165413）	177.00	2020.12.11	4.8500	PR晋汽01（165414）	120.00	2020.12.23	5.0000
19晋汽02（165415）	120.00	2021.12.23	5.4000	19晋汽03（165416）	110.00	2022.12.23	5.9000
19晋汽次（165417）	50.00	2022.12.23	0.0000	PR和1A（165418）	2006.00	2028.10.23	4.3800
G融和1次（165419）	174.00	2029.10.22	0.0000	PR平三A1（165420）	970.00	2020.11.26	4.0000
PR平三A2（165421）	660.00	2021.11.26	4.6000	19平三B（165422）	177.00	2022.02.28	4.9000
19平三C（165423）	200.97	2022.08.26	5.0000	PR首约01（165424）	250.00	2020.12.12	3.5900
19首约02（165425）	280.00	2021.12.12	3.8000	19首约03（165426）	300.00	2022.12.12	4.1000
19首约04（165427）	330.00	2023.12.12	4.1300	19首约05（165428）	340.00	2024.12.12	4.1300
19首约次（165429）	80.00	2024.12.12	0.0000	宏源热2（165431）	53.00	2021.01.04	6.0000
宏源热3（165432）	61.00	2022.01.03	6.8000	宏源热4（165433）	68.00	2023.01.03	6.8000
宏源热5（165434）	74.00	2024.01.03	7.0000	宏源热6（165435）	79.00	2025.01.03	7.0000
宏源热7（165436）	79.00	2026.01.05	7.0000	宏源热C（165437）	25.00	2026.01.05	0.0000
大渡河优（165438）	665.00	2022.10.31	4.0000	大渡河次（165439）	35.00	2022.10.31	0.0000
一局01优（165440）	626.00	2021.01.13	3.4800	一局01次（165441）	1.00	2021.01.13	0.0000
19花07A1（165442）	1780.00	2020.12.23	3.6200	19花07A2（165443）	80.00	2020.12.23	3.8500
19花07B（165444）	140.00	2020.12.23	0.0000	东花12A1（165445）	1780.00	2021.12.22	3.9000
东花12A2（165446）	70.00	2021.12.22	4.0500	东花12B（165447）	150.00	2021.12.22	0.0000
PR19微3A（165448）	1630.00	2021.05.28	4.3000	19小微3B（165449）	100.00	2021.05.28	5.0800
19小微3C（165450）	47.00	2021.08.28	6.4000	19微3次（165451）	169.91	2022.11.28	5.0000
太平优01（165452）	40.00	2020.09.22	4.7000	太平优02（165453）	45.00	2021.09.23	4.9000
太平优03（165454）	45.00	2022.09.23	5.1000	太平优04（165455）	97.00	2023.09.22	5.2000
太平优05（165456）	251.00	2024.09.24	5.3000	太平次级（165457）	20.00	2024.09.24	0.0000
华发R2优（165458）	725.00	2037.12.24	5.3900	华发R2次（165459）	404.00	2037.12.24	0.0000
19建材2A（165460）	860.00	2021.12.20	3.6700	19建材2B（165461）	75.00	2021.12.20	0.0000
PR4A1（165462）	200.00	2020.06.29	3.8800	PR4A2（165463）	400.00	2020.10.26	4.4000

债券信息
List of Bonds

债券
Bond

债券简称（代码）Bond Name（Code）	发行量（百万元）Issued Vol（M Yuan）	到期日 Expiration Date	票面利率（%）Coupon Rate	债券简称（代码）Bond Name（Code）	发行量（百万元）Issued Vol（M Yuan）	到期日 Expiration Date	票面利率（%）Coupon Rate
PR4A3（165464）	385.00	2022.12.26	4.7200	合惠4次（165465）	15.00	2022.12.26	8.0000
PR20A1（165466）	400.00	2020.08.26	4.2000	PR20A2（165467）	360.00	2021.11.26	4.3500
恒信20A3（165468）	190.00	2022.08.26	4.6000	恒信20次（165469）	50.00	2022.11.26	0.0000
19瑞碧优（165470）	820.00	2020.09.17	5.9000	19瑞碧次（165471）	180.00	2020.09.17	0.0000
PR1A（165472）	310.00	2020.07.27	4.8000	PR1B（165473）	130.00	2021.01.26	5.5000
华宸1C（165474）	80.51	2022.07.26	0.0000	远洋R2优（165475）	1042.00	2022.12.26	4.2300
远洋R2次（165476）	261.00	2022.12.26	0.0000	开新5优（165477）	418.00	2020.12.16	4.9800
开新5次（165478）	22.00	2020.12.16	0.0000	PR淮电01（165479）	475.00	2024.07.25	5.1600
19淮电次（165480）	25.00	2024.07.25	0.0000	PR19海优（165481）	860.00	2021.10.29	5.4000
19海租次（165482）	103.87	2024.01.31	0.0000	19资本2A（165483）	4147.00	2022.12.16	3.7200
19资本2C（165484）	265.00	2022.12.16	0.0000	19中联1A（165492）	904.00	2021.11.19	3.9800
19中联1B（165493）	48.00	2021.11.19	0.0000	红美02优（165494）	357.00	2020.11.03	5.9800
红美02次（165495）	1.00	2020.11.03	0.0000	19象屿优（165496）	280.00	2022.10.24	5.0000
19象屿次（165497）	10.00	2022.10.24	0.0000	PR19三局（165500）	405.00	2020.12.18	3.3900
G冀建投1（165501）	285.00	2022.12.26	4.0900	G冀建投2（165502）	15.00	2022.12.26	0.0000
PR江保01（165503）	157.00	2020.12.23	4.0500	19江保02（165504）	168.00	2021.12.23	4.4700
19江保03（165505）	178.00	2022.12.23	4.5000	19江保次（165506）	30.00	2022.12.23	0.0000
PR03A1（165507）	343.00	2020.12.09	3.4000	PR03A2（165508）	72.00	2021.06.09	3.6000
铁保03A3（165509）	236.00	2022.12.13	3.7200	铁保03次（165510）	1.00	2022.12.13	0.0000
PR仑1A（165511）	584.00	2029.12.25	4.8000	G北仑1C（165512）	31.00	2029.12.25	0.0000
PR02优（165513）	604.00	2021.12.08	4.0000	水八02次（165514）	1.00	2021.12.08	0.0000
天信3A（165515）	890.00	2020.12.23	4.0500	天信3B（165516）	40.00	2020.12.23	4.5000
天信3C（165517）	40.00	2020.12.23	6.2000	天信3次（165518）	30.00	2020.12.23	0.0000
天信4A（165519）	890.00	2020.12.23	4.0000	天信4B（165520）	40.00	2020.12.23	4.5000
天信4C（165521）	40.00	2020.12.23	6.2000	天信4次（165522）	30.00	2020.12.23	0.0000
G国电2优（165523）	2428.20	2022.11.30	4.2000	G国电2次（165524）	127.80	2022.11.30	0.0000
五冶19优（165525）	1867.00	2022.09.30	3.9800	五冶19次（165526）	98.00	2022.09.30	0.0000
中电建A1（165530）	402.00	2020.12.17	3.7500	中电建A2（165531）	100.00	2021.12.17	3.9000
中电建次（165532）	1.00	2021.12.17	0.0000	19恒风01（165533）	37.00	2020.04.27	3.8000
19恒风02（165534）	37.50	2020.10.26	3.8000	19恒风03（165535）	38.00	2021.04.26	4.0000
19恒风04（165536）	38.50	2021.10.26	4.1000	19恒风05（165537）	39.00	2022.04.26	4.6000
19恒风06（165538）	40.00	2022.10.26	4.6000	19恒风07（165539）	41.00	2023.04.26	4.6000
19恒风08（165540）	42.00	2023.10.26	4.6000	19恒风09（165541）	43.00	2024.04.26	4.6000
19恒风10（165542）	44.00	2024.10.28	4.6000	19恒风次（165543）	30.00	2024.10.28	0.0000
申七局2A（165544）	864.00	2022.11.23	4.8000	申七局2S（165545）	96.00	2022.11.23	0.0000
PRG交01（165546）	32.00	2020.12.26	7.5000	G铜交02（165547）	35.00	2021.12.26	7.6000
G铜交03（165548）	40.00	2022.12.26	7.9000	G铜交04（165549）	44.00	2023.12.26	8.3000
G铜交05（165550）	49.00	2024.12.26	8.5000	G铜交次（165551）	22.00	2024.12.26	0.0000
PR宝业A1（165552）	400.00	2037.12.25	5.9000	19宝业B1（165553）	150.00	2037.12.25	6.1000
19宝业次（165554）	30.00	2037.12.25	0.0000	PR6优A（165555）	636.00	2020.10.09	4.1000
中电6优B（165556）	71.00	2020.10.09	5.5000	中电6次A（165557）	11.78	2020.10.09	0.0000
中电6次B（165558）	3.93	2020.10.09	0.0000	中电6次C（165559）	23.55	2020.10.09	0.0000
中电6次D（165560）	38.75	2020.10.09	0.0000	PR融信优（165561）	640.00	2021.01.11	3.8000
PRBL05A（165562）	278.00	2020.12.25	3.4000	PR19云1A（165563）	853.00	2024.07.26	4.4000
19云租1B（165564）	45.00	2024.07.26	0.0000	19二航1A（165565）	641.00	2020.12.11	3.4000
19十堰01（165566）	88.00	2023.01.18	3.8800	19十堰02（165567）	129.00	2026.01.19	3.8800
19十堰03（165568）	149.00	2029.01.17	3.8800	19十堰04（165569）	174.00	2032.01.19	3.8800
19十堰05（165570）	201.00	2035.01.17	3.8800	19十堰06（165571）	234.00	2038.01.19	3.8800
19十堰07（165572）	271.00	2041.01.17	3.8800	19十堰08（165573）	315.00	2044.01.19	3.8800
19十堰09（165574）	365.00	2047.01.17	3.8800	19十堰10（165575）	274.00	2049.01.19	3.8800

债券信息
List of Bonds

债券
Bond

债券简称（代码） Bond Name (Code)	发行量（百万元） Issued Vol (M Yuan)	到期日 Expiration Date	票面利率（%） Coupon Rate	债券简称（代码） Bond Name (Code)	发行量（百万元） Issued Vol (M Yuan)	到期日 Expiration Date	票面利率（%） Coupon Rate
19十堰次（165576）	116.00	2049.01.19	0.0000	PR1号（165577）	300.00	2020.06.30	3.5000
星沙优01（165578）	64.00	2020.12.02	4.4000	星沙优02（165579）	71.00	2020.12.02	4.5000
星沙优03（165580）	79.00	2020.12.02	4.5500	星沙优04（165581）	87.00	2020.12.02	5.2000
星沙优05（165582）	96.00	2020.12.02	5.6000	星沙优06（165583）	100.00	2020.12.02	6.4500
星沙优07（165584）	103.00	2020.12.02	6.4500	星沙次级（165585）	32.00	2020.12.02	0.0000
PR达公01（165586）	51.00	2020.12.25	5.9600	19达公02（165589）	57.00	2021.12.25	6.6200
19达公03（165590）	71.00	2022.12.25	6.8500	19达公04（165591）	95.00	2023.12.25	6.9000
19达公05（165592）	109.00	2024.12.25	6.9500	19达公06（165593）	121.00	2025.12.25	7.0000
19达公次（165594）	28.00	2025.12.25	0.0000	华润5优A（165595）	2284.00	2020.12.27	3.6500
华润5优B（165596）	177.00	2020.12.27	4.6000	华润5次A（165597）	203.00	2020.12.27	0.0000
华润5次B（165598）	55.00	2020.12.27	0.0000	中工01A（165599）	882.00	2022.12.16	4.7000
中工01B（165600）	315.00	2022.12.16	5.1000	中工01C（165601）	63.00	2022.12.16	0.0000
PR21A1（165602）	600.00	2020.10.26	4.1000	PR21A2（165603）	350.00	2021.07.26	4.6000
恒信21次（165604）	50.00	2024.07.26	0.0000	19七局优（165607）	765.00	2022.12.05	4.1000
19七局次（165608）	111.00	2022.12.05	0.0000	PR05优（165609）	462.60	2021.01.15	4.1000
电气05次（165610）	51.40	2021.01.15	0.0000	中电1A（165611）	147.00	2022.06.24	4.0200
中电1B（165612）	28.00	2022.06.24	6.0000	中电1C（165613）	47.00	2022.06.24	5.0000
中电1次（165614）	12.00	2022.06.24	0.0000	申一局2A（165615）	323.00	2022.11.11	3.8400
申一局2S（165616）	36.00	2022.11.11	0.0000	花呗76A1（165617）	1780.00	2020.12.23	3.6200
花呗76A2（165618）	80.00	2020.12.23	3.9500	花呗76B（165619）	140.00	2020.12.23	0.0000
PR票1A（165620）	227.10	2020.11.06	3.5000	五局票1C（165621）	25.00	2020.11.06	0.0000
PR电气优（165622）	3145.33	2022.06.26	3.7000	19电气次（165623）	183.06	2022.06.26	0.0000
PR新兴A（165630）	495.00	2021.12.14	4.8000	19新兴次（165631）	46.00	2021.12.14	0.0000
PR财通A1（165632）	550.00	2020.10.28	3.6000	PR财通A2（165633）	580.00	2021.10.27	3.8500
19财通A3（165634）	283.00	2022.04.21	4.3500	19财通次（165635）	74.83	2023.10.27	0.0000
G国和优（165636）	560.00	2022.12.22	4.1000	PR交建01（165637）	165.00	2020.12.18	3.3300
PR05A（165638）	268.00	2021.03.09	5.9500	搜车05B（165639）	53.00	2021.04.07	7.0000
搜车05C（165640）	19.00	2021.04.07	9.0000	搜车05次（165641）	20.00	2021.04.07	0.0000
阳光寿2A（165642）	2200.00	2022.01.21	3.5400	阳光寿2B（165643）	200.00	2022.01.21	0.0000
PR安吉4A（165644）	1990.00	2022.09.15	3.9700	20安吉4B（165645）	16.00	2022.09.15	4.4600
20安吉4C（165646）	181.08	2024.12.15	0.0000	PR海洋A（165647）	290.00	2020.08.26	6.3000
PR海洋B（165648）	134.00	2022.05.26	6.5000	19海洋次（165649）	71.76	2024.02.26	5.0000
国科04优（165650）	417.00	2020.12.25	3.9000	国科04次（165651）	1.00	2020.12.25	0.0000
杭安居01（165652）	690.00	2038.03.29	3.9000	杭安居次（165653）	10.00	2038.03.29	0.0000
PR城燃01（165654）	172.00	2020.09.15	4.0000	PR优02（165655）	180.00	2021.09.15	4.2000
城燃优03（165656）	188.00	2022.09.15	4.4000	城燃优04（165657）	195.00	2023.09.15	5.3000
城燃优05（165658）	205.00	2024.09.16	5.3000	PR城燃次（165659）	50.00	2024.09.16	0.0000
电建BL优（165660）	665.00	2021.07.09	3.7500	电建BL次（165661）	35.00	2021.07.09	0.0000
苏宁05优（165662）	235.00	2021.01.12	7.5000	苏宁05次（165663）	13.00	2021.01.12	0.0000
PRYD9A1（165664）	1040.00	2020.11.20	3.9000	PRYD9A2（165665）	927.00	2022.02.21	4.3400
19YD9B（165666）	179.00	2022.05.20	6.0000	19YD9C（165667）	125.80	2023.08.21	0.0000
PR6A1（165668）	300.00	2020.10.21	3.8500	PR6A2（165669）	400.00	2022.01.10	4.3000
万安6A3（165670）	285.00	2023.01.10	4.7800	万安6次（165671）	15.00	2023.04.10	0.0000
弘阳优A（165672）	1500.00	2038.01.29	6.0000	弘阳优B（165673）	500.00	2038.01.29	7.0000
弘阳次（165674）	150.00	2038.01.29	0.0000	20钢构1A（165675）	187.00	2021.01.08	3.9000
20钢构1C（165676）	1.00	2021.01.08	0.0000	PR领航1A（165677）	745.00	2021.05.26	3.9800
20领航1B（165678）	200.00	2021.11.26	4.2400	20领航1C（165679）	55.00	2022.02.28	0.0000
小米035A（165680）	415.00	2021.07.30	4.2000	小米035B（165681）	35.00	2021.07.30	5.7500
小米035C（165682）	10.00	2021.07.30	7.5000	小米035D（165683）	40.00	2021.07.30	0.0000
PR陕煤优（165684）	130.00	2022.10.26	3.9000	陕煤次01（165685）	10.00	2022.10.26	0.0000

债券信息 List of Bonds

债券 Bond

债券简称（代码） Bond Name（Code）	发行量（百万元） Issued Vol（M Yuan）	到期日 Expiration Date	票面利率（%） Coupon Rate	债券简称（代码） Bond Name（Code）	发行量（百万元） Issued Vol（M Yuan）	到期日 Expiration Date	票面利率（%） Coupon Rate
宝联 4A（165686）	215.00	2021.01.13	7.0000	宝联 4 次（165687）	11.49	2021.01.13	0.0000
天信 5A（165688）	890.00	2020.12.23	3.9500	天信 5B（165689）	40.00	2020.12.23	4.5000
天信 5C（165690）	40.00	2020.12.23	6.2000	天信 5 次（165691）	30.00	2020.12.23	0.0000
建花 13A（165692）	1780.00	2021.01.21	3.5700	建花 13B（165693）	80.00	2021.01.21	3.8500
建花 13C（165694）	140.00	2021.01.21	0.0000	金地 14A（165695）	875.00	2020.12.25	3.9000
金地 14 次（165696）	1.00	2020.12.25	0.0000	PRG 成 1A1（165697）	108.00	2020.10.26	3.5000
PRG 成 1A2（165698）	870.00	2027.04.26	4.3000	G 天成 1 次（165699）	51.58	2030.10.26	0.0000
合生 5A（165700）	301.00	2020.12.31	6.5000	合生 5 次（165701）	1.00	2020.12.31	0.0000
复地 02A（165702）	300.00	2021.01.08	4.7900	复地 02 次（165703）	2.00	2021.01.08	0.0000
PR05A（165704）	742.00	2021.05.26	4.0000	福田 05B（165705）	198.00	2021.11.26	5.8800
福田 05 次（165706）	49.87	2022.11.26	0.0000	PR 二局 06（165707）	91.00	2021.01.05	3.5800
二局 06 次（165708）	1.00	2021.01.05	0.0000	仁恒 3 优（165709）	414.00	2021.01.15	4.5000
仁恒 3 次（165710）	1.00	2021.01.15	0.0000	PR01A1（165711）	866.00	2021.07.25	3.3000
中宏 01A2（165712）	133.00	2022.04.25	3.5000	中宏 01 次（165713）	53.00	2022.10.25	0.0000
20 佳美 1A（165714）	950.00	2021.01.14	5.5000	20 佳美 1C（165715）	50.00	2021.01.14	0.0000
春秋 02 优（165716）	404.00	2021.01.15	3.8800	20 六局 2A（165717）	712.00	2021.01.11	4.3900
20 六局 2B（165718）	1.00	2021.01.11	0.0000	龙联 05A（165719）	717.00	2021.01.15	4.7100
龙联 05 次（165720）	1.00	2021.01.15	0.0000	时代 06 优（165721）	1000.00	2021.01.14	5.5000
时代 06 次（165722）	1.00	2021.01.14	0.0000	东花 13A1（165723）	2670.00	2022.01.24	3.8500
东花 13A2（165724）	105.00	2022.01.24	4.0500	东花 13B（165725）	225.00	2022.01.24	0.0000
20 首置优（165728）	1200.00	2022.01.14	4.1700	20 首置次（165729）	50.00	2022.01.14	0.0000
中花 04A1（165730）	1780.00	2021.01.22	3.5000	中花 04A2（165731）	80.00	2021.01.22	3.8500
中花 04B（165732）	140.00	2021.01.22	0.0000	铁十 01 优（165733）	174.00	2021.07.13	4.2000
铁十 01 次（165734）	1.00	2021.07.13	0.0000	20 花 01A1（165735）	1780.00	2021.01.21	3.5100
20 花 01A2（165736）	80.00	2021.01.21	3.8500	20 花 01B（165737）	140.00	2021.01.21	0.0000
PR 卓越 1A（165738）	334.00	2038.02.05	5.5000	20 卓越 1B（165739）	466.00	2038.02.05	6.5000
20 卓越次（165740）	50.00	2038.02.05	0.0000	璀璨 11A（165741）	660.00	2021.01.16	4.9500
珑悦优先（165742）	250.00	2038.01.20	4.4000	珑悦权益（165743）	150.00	2038.01.20	0.0000
PR5A1（165744）	200.00	2020.07.27	3.8500	PR5A2（165745）	400.00	2020.11.26	4.1900
PR5A3（165746）	385.00	2023.01.17	4.5000	合惠 5 次（165747）	15.00	2023.01.17	8.0000
赤兔 01 优（165748）	838.00	2021.01.15	5.5000	赤兔 01 次（165749）	45.00	2021.01.15	0.0000
PR 建租 A1（165750）	880.00	2021.03.02	4.0000	20 建租 A2（165751）	455.00	2022.03.01	5.0000
20 建租 A3（165752）	88.00	2022.05.26	4.6000	20 建租 B（165753）	95.00	2022.11.23	5.2000
20 建租次（165754）	80.00	2024.11.25	0.0000	聚盈 05A（165755）	890.00	2020.12.23	3.9500
聚盈 05B（165756）	40.00	2020.12.23	4.5000	聚盈 05C（165757）	40.00	2020.12.23	6.2000
聚盈 05D（165758）	30.00	2020.12.23	0.0000	花呗 77A1（165759）	1780.00	2021.01.22	3.5500
花呗 77A2（165760）	80.00	2021.01.22	3.8500	花呗 77B（165761）	140.00	2021.01.22	0.0000
聚盈 04A（165762）	890.00	2020.12.23	3.9500	聚盈 04B（165763）	40.00	2020.12.23	4.5000
聚盈 04C（165764）	40.00	2020.12.23	6.2000	聚盈 04D（165765）	30.00	2020.12.23	0.0000
链科 05 优（165766）	511.00	2021.01.14	3.8600	链科 05 次（165767）	1.00	2021.01.14	0.0000
荣隽 05 优（165768）	577.00	2021.01.15	6.8000	荣隽 05 次（165769）	31.00	2021.01.15	0.0000
旭辉 03 优（165770）	290.00	2021.01.19	3.6300	旭辉 03 次（165771）	3.00	2021.01.19	0.0000
君美 1 优（165772）	716.00	2022.01.21	5.8500	君美 1 次（165773）	38.00	2022.01.21	0.0000
铁 18 优 01（165774）	621.00	2022.01.14	3.9200	铁 18 次 01（165775）	1.00	2022.01.14	0.0000
PR7A1（165776）	300.00	2020.10.21	3.8500	PR7A2（165777）	400.00	2022.01.21	4.2000
万安 7A3（165778）	285.00	2023.01.21	4.6000	万安 7 次（165779）	15.00	2023.04.21	0.0000
兴港 1A（165780）	55.00	2021.01.06	3.9000	兴港 1B（165781）	1.00	2021.01.06	0.0000
PR 置 01（165782）	200.00	2021.04.20	4.6000	溧安置 02（165783）	200.00	2022.04.20	5.3000
溧安置 03（165784）	250.00	2023.04.20	5.8000	溧安置 04（165785）	270.00	2024.04.20	5.8000
溧安置 05（165786）	280.00	2025.04.20	5.8000	溧安置次（165787）	60.00	2025.04.20	0.0000

债券信息 List of Bonds

债券 Bond

债券简称（代码）Bond Name（Code）	发行量（百万元）Issued Vol（M Yuan）	到期日 Expiration Date	票面利率（%）Coupon Rate	债券简称（代码）Bond Name（Code）	发行量（百万元）Issued Vol（M Yuan）	到期日 Expiration Date	票面利率（%）Coupon Rate
飞驰 01 优（165788）	285.00	2021.01.13	3.4700	飞驰 01 次（165789）	1.00	2021.01.13	0.0000
平裕 2 优（165790）	412.00	2021.01.13	4.9000	启程 07 优（165791）	683.00	2021.01.16	4.9500
启程 07 次（165792）	1.00	2021.01.16	0.0000	PR 二局 07（165793）	834.00	2021.01.15	3.5000
二局 07 次（165794）	1.00	2021.01.15	0.0000	申六局 3A（165795）	388.00	2021.01.14	4.3000
PRSC06A（165796）	280.00	2021.03.26	5.9800	搜车 06B（165797）	58.00	2021.04.27	7.0000
搜车 06C（165798）	20.00	2021.04.27	9.0000	搜车 06 次（165799）	20.00	2021.04.27	0.0000
璀璨 12A（165800）	877.00	2021.02.27	3.6000	通商优 A（165801）	172.00	2020.08.21	5.0000
PR 通商 YB（165802）	32.00	2020.09.21	6.5000	PR 通商 CA（165803）	12.60	2020.12.10	0.0000
PR 通商 CB（165804）	17.70	2020.12.10	0.0000	PR 通商 CC（165805）	17.70	2020.12.10	0.0000
赤兔 02 优（165806）	1061.00	2021.02.10	4.8000	赤兔 02 次（165807）	56.00	2021.02.10	0.0000
大峡谷 1（165808）	35.00	2020.11.26	7.0000	大峡谷 2（165809）	38.00	2021.11.25	7.1000
大峡谷 3（165810）	40.00	2022.11.25	7.2000	大峡谷 4（165811）	42.00	2023.11.27	7.5000
大峡谷 5（165812）	45.00	2024.11.27	7.8000	大峡谷次（165813）	15.00	2024.11.27	0.0000
PR 安吉 5A（165814）	2077.00	2022.12.15	3.7400	20 安吉 5B（165815）	17.00	2022.12.15	4.3100
20 安吉 5C（165816）	189.00	2024.12.15	0.0000	知识 1 优（165817）	34.20	2020.12.16	3.5900
知识 1 次（165818）	3.80	2020.12.16	0.0000	PRW1A（165819）	455.00	2020.12.28	6.5000
PRW1B（165820）	35.00	2021.03.29	7.4500	君创 W1 次（165821）	110.00	2021.12.27	0.0000
20 三冶优（165822）	800.00	2022.12.31	4.0300	20 三冶次（165823）	42.00	2022.12.31	0.0000
中车保 3A（165824）	512.00	2021.06.11	2.9800	中车保 3C（165825）	27.00	2021.06.11	0.0000
PR 垠 01A1（165826）	530.00	2021.03.22	2.4000	中垠 01A2（165827）	355.00	2021.12.20	2.6000
中垠 01A3（165828）	220.00	2022.06.20	2.8000	中垠 01C（165829）	57.00	2023.03.20	0.0000
PR8A1（165830）	300.00	2020.10.21	3.6000	PR8A2（165831）	400.00	2022.02.28	3.9000
万安 8A3（165832）	285.00	2023.02.28	4.4000	万安 8 次（165833）	15.00	2023.05.28	0.0000
PR 优 01（165834）	27.00	2020.10.31	3.7000	北控优 02（165835）	32.00	2021.11.21	3.8000
北控优 03（165836）	105.00	2022.11.21	4.0000	北控优 04（165837）	109.00	2023.11.21	4.3000
北控优 05（165838）	113.00	2024.11.21	4.5000	北控优 06（165839）	121.00	2025.11.21	5.6100
北控优 07（165840）	123.00	2026.11.21	5.6600	北控优 08（165841）	123.00	2027.11.21	5.7000
北控优 09（165842）	123.00	2028.11.21	5.7300	北控优 10（165843）	124.00	2029.11.21	5.7500
PR 安 1A1（165845）	1300.00	2020.12.14	3.8000	PR 安 1A2（165846）	900.00	2022.06.13	4.3000
平租 1B（165847）	88.00	2022.09.12	6.0000	平租 1 次（165848）	148.51	2024.09.12	0.0000
金诚 01A（165849）	884.00	2021.01.22	3.8000	金诚 01 次（165850）	1.00	2021.01.22	0.0000
东借 04A1（165851）	850.00	2022.06.29	3.3900	东借 04A2（165852）	75.00	2022.06.29	3.7500
东借 04B（165853）	75.00	2022.06.29	0.0000	东花 14A1（165854）	890.00	2022.06.22	3.2900
东花 14A2（165855）	35.00	2022.06.22	3.3600	东花 14B（165856）	75.00	2022.06.22	0.0000
链科 06 优（165857）	257.00	2021.01.21	3.4700	链科 06 次（165858）	1.00	2021.01.21	0.0000
中花 05A1（165859）	1800.00	2021.03.01	3.4000	中花 05A2（165860）	60.00	2021.03.01	3.7000
中花 05B（165861）	140.00	2021.03.01	0.0000	20 花 02A1（165862）	890.00	2023.02.22	3.7000
20 花 02A2（165863）	35.00	2023.02.22	3.9000	20 花 02B（165864）	75.00	2023.02.22	0.0000
龙联 06A（165865）	712.00	2021.02.26	4.0000	龙联 06 次（165866）	1.00	2021.02.26	0.0000
威新 05 优（165867）	400.00	2021.02.05	3.5000	威新 05 次（165868）	1.00	2021.02.05	0.0000
PR01A（165869）	104.40	2022.01.24	4.8000	讯融 01B（165870）	5.59	2022.01.24	0.0000
20 小米 1A（165871）	436.00	2022.03.14	3.9900	20 小米 1B（165872）	29.00	2022.03.14	4.7000
20 小米 1C（165873）	35.00	2022.03.14	0.0000	PR22A1（165874）	520.00	2020.12.14	3.7000
PR22A2（165875）	340.00	2021.12.13	4.2600	恒信 22B（165876）	73.00	2022.03.14	5.7500
恒信 22 次（165877）	75.33	2024.09.12	0.0000	泰富 1 优（165878）	270.00	2021.02.10	4.9000
泰富 1 次（165879）	1.00	2021.02.10	0.0000	PR6A1（165880）	300.00	2020.08.26	3.7000
PR6A2（165881）	300.00	2020.11.26	3.9000	PR6A3（165882）	385.00	2023.02.26	4.0000
合惠 6 次（165883）	15.00	2023.02.26	8.0000	PR20 京 1A（165884）	1425.00	2020.08.03	3.5000
PR20 京 1B（165885）	75.00	2020.08.14	0.0000	20 二航 2A（165886）	229.00	2021.02.04	2.8000
20 二航次（165887）	1.00	2021.02.04	0.0000	PR 京诚 2A（165888）	1425.00	2020.07.10	3.3000

债券信息
List of Bonds

债券
Bond

债券简称（代码） Bond Name（Code）	发行量 （百万元） Issued Vol （M Yuan）	到期日 Expiration Date	票面利率（%） Coupon Rate	债券简称（代码） Bond Name（Code）	发行量 （百万元） Issued Vol （M Yuan）	到期日 Expiration Date	票面利率（%） Coupon Rate
PR 京诚 2B（165889）	75.00	2020.07.17	0.0000	淮开优 01（165890）	135.00	2021.02.09	5.5000
淮开次 01（165891）	1.00	2021.02.09	0.0000	建融 02 优（165892）	475.00	2021.02.26	3.2000
建融 02 次（165893）	25.00	2021.02.26	0.0000	珠华发 04（165894）	1000.00	2021.03.09	3.3400
正荣 01 优（165895）	1121.00	2022.03.17	6.1000	正荣 01 次（165896）	60.00	2022.03.17	0.0000
联融 01 优（165897）	700.00	2021.08.27	4.7000	联融 01 次（165898）	1.00	2021.08.27	0.0000
悦秀 2 优（165899）	128.00	2021.01.13	3.5000	PR 租 31（165900）	556.00	2020.12.21	3.8000
PR 租 32（165901）	427.00	2022.03.21	4.5000	远海租 33（165902）	116.00	2022.06.20	4.5000
远海租 3C（165903）	85.82	2024.09.20	0.0000	太保 02A（165904）	1800.00	2022.03.02	3.1700
太保 02B（165905）	140.00	2022.03.02	12.0000	太保 02 次（165906）	60.00	2022.03.02	0.0000
滇中 2 优 A（165907）	670.00	2022.02.28	6.0000	滇中 2 优 B（165908）	200.00	2022.02.28	6.6000
滇中 2 次（165909）	50.00	2022.02.28	0.0000	荣茂 07 优（165910）	864.00	2021.02.02	3.2000
荣茂 07 次（165911）	1.00	2021.02.02	0.0000	20 佳美 2A（165912）	500.00	2021.02.09	4.7000
20 佳美 2C（165913）	27.00	2021.02.09	0.0000	开新 6 优（165914）	465.50	2021.02.26	4.2000
开新 6 次（165915）	24.50	2021.02.26	0.0000	PR20 京 3A（165916）	1425.00	2021.03.04	3.6000
20 京诚 3B（165917）	75.00	2021.03.04	0.0000	云能投 1A（165918）	494.00	2021.02.10	3.7700
云能投 1B（165919）	5.00	2021.02.10	0.0000	PR 金地 1（165920）	110.00	2029.01.24	4.5000
金地 1 次（165921）	1.00	2029.01.24	0.0000	PR18GLP3（165922）	1900.00	2038.01.12	3.4000
18GLP3B（165923）	2.00	2038.01.12	0.0000	20 三局 1A（165924）	640.00	2021.03.09	2.7000
红美 03 优（165925）	410.00	2021.02.25	5.7000	红美 03 次（165926）	1.00	2021.02.25	0.0000
PR 惠 1A1（165927）	196.00	2020.10.23	3.1500	PR 惠 1A2（165928）	215.00	2022.02.24	3.7900
惠沣 1A3（165929）	140.70	2022.11.24	4.0500	惠沣 1 次（165930）	11.30	2023.03.24	0.0000
华能 4 优（165931）	900.00	2022.01.21	3.8000	华能 4 次（165932）	100.00	2022.12.23	0.0000
申领 1（165933）	512.00	2021.03.09	3.8000	PR 微 A（165934）	685.00	2021.04.26	5.5000
诚泰微 B（165935）	110.00	2021.10.26	7.0000	诚泰微次（165936）	91.59	2023.07.26	0.0000
华能 5 优（165937）	900.00	2022.01.25	3.8000	华能 5 次（165938）	100.00	2022.12.23	0.0000
PR9A1（165939）	300.00	2021.03.11	3.5000	万安 9A2（165940）	400.00	2022.03.11	3.8000
万安 9A3（165941）	285.00	2023.03.11	4.2000	万安 9 次（165942）	15.00	2023.06.11	0.0000
PR 国控 A1（165943）	1270.00	2023.02.28	3.8000	20 国控 A2（165944）	139.00	2023.09.28	4.9500
20 国控次（165945）	153.34	2024.12.30	4.0000	PR1 优（165946）	513.00	2020.10.09	3.3000
永辉 1 次（165947）	27.00	2020.12.21	0.0000	PR 吴都 A1（165948）	279.00	2021.04.19	2.6400
吴都 A2（165949）	140.00	2022.04.22	2.6500	吴都 A3（165950）	152.00	2023.04.21	2.6800
吴都 A4（165951）	288.00	2024.04.19	2.6800	吴都 A5（165952）	61.00	2025.04.21	2.7800
吴都次（165953）	50.00	2027.01.20	0.0000	PR1A1（165954）	780.00	2021.02.19	2.8000
PR1A2（165955）	600.00	2022.02.18	3.1800	智慧 1A3（165956）	92.00	2022.05.17	3.6000
智慧 1 次（165957）	154.94	2023.02.14	0.0000	PR 润 1A1（165964）	300.00	2020.10.15	3.7000
PR 润 1A2（165965）	400.00	2022.03.15	3.8000	安润 1A3（165966）	285.00	2023.03.09	4.2000
安润 1 次（165967）	15.00	2023.03.09	0.0000	PR1 优（165968）	270.00	2022.06.21	4.2300
云城 1 次（165969）	30.00	2027.09.21	0.0000	20 济钢优（165970）	477.00	2022.11.29	6.0000
20 济钢次（165971）	25.00	2022.11.29	0.0000	融信 02 优（165972）	1225.00	2022.03.11	5.9000
融信 02 次（165973）	65.00	2022.03.11	0.0000	信润 01A1（165982）	4430.00	2020.12.25	2.6500
信润 01A2（165983）	480.00	2021.06.25	2.8500	信润 01A3（165984）	1460.00	2021.12.25	3.0000
信润 01A4（165985）	1260.00	2022.06.25	3.1200	信润 01A5（165986）	2100.00	2022.12.25	3.2500
PR01A6（165987）	250.00	2022.12.25	3.2500	信润 01 次（165988）	12.25	2022.12.25	0.0000
新华优 A（165989）	372.00	2038.03.27	3.9000	新华优 B（165990）	128.00	2038.03.27	5.0000
新华次（165991）	20.00	2038.03.27	0.0000	链融优（165992）	999.00	2021.09.17	4.8500
链融次（165993）	1.00	2021.09.17	0.0000	PR20 京 4A（165994）	1425.00	2020.08.18	3.2400
PR20 京 4B（165995）	75.00	2020.09.07	0.0000	PR20 京 5A（165996）	1425.00	2020.08.21	3.1900
PR20 京 5B（165997）	75.00	2020.09.04	0.0000	平易 01 优（165998）	220.00	2021.03.05	2.8000
平易 01 次（165999）	1.00	2021.03.05	0.0000	20 鄂租 01（166001）	400.00	2025.01.20	5.5000
20 津静 01（166002）	850.00	2025.01.17	7.5000	20 渝生 01（166004）	300.00	2025.01.20	7.3000

债券信息 List of Bonds

债券 Bond

债券简称（代码） Bond Name（Code）	发行量（百万元） Issued Vol（M Yuan）	到期日 Expiration Date	票面利率（%） Coupon Rate	债券简称（代码） Bond Name（Code）	发行量（百万元） Issued Vol（M Yuan）	到期日 Expiration Date	票面利率（%） Coupon Rate
20金坛01（166005）	500.00	2025.01.21	6.8000	20奉化01（166006）	700.00	2025.01.20	5.2000
20皖江01（166007）	300.00	2025.01.20	7.5000	20滨海01（166008）	1000.00	2030.01.21	5.2000
20世纪01（166009）	500.00	2025.01.16	7.0000	20双溪01（166010）	200.00	2025.01.20	7.5000
20瀚控01（166011）	620.00	2024.03.19	7.0000	20晋能02（166012）	1690.00	2022.01.20	5.1900
20海财01（166014）	500.00	2025.01.20	7.0600	20泉丰01（166015）	630.00	2025.01.17	7.5000
20诸城01（166016）	1800.00	2025.01.20	4.2800	G20新津1（166017）	500.00	2025.03.16	7.5000
20富春01（166018）	2000.00	2025.01.22	4.9000	20东丽01（166019）	280.00	2023.01.20	7.6000
20闻川债（166020）	800.00	2025.01.22	5.0900	20泰交D1（166021）	1700.00	2021.01.17	4.1000
20铅山01（166022）	600.00	2027.01.20	7.9000	20兴化D1（166023）	1000.00	2021.01.10	6.8000
20普城01（166024）	1500.00	2025.01.21	5.4000	20中浦01（166025）	600.00	2025.03.03	4.3000
20牟中01（166026）	1500.00	2025.01.21	6.5000	20聊城01（166027）	630.00	2025.01.17	7.5000
20润新01（166028）	200.00	2025.01.22	7.0000	20天目01（166029）	600.00	2023.01.20	5.9500
20新昌G1（166031）	600.00	2025.01.22	6.0000	S20百盐1（166032）	600.00	2025.04.22	7.5000
20常经01（166033）	1440.00	2025.02.20	5.0000	20华融C1（166035）	3600.00	2023.03.26	4.6000
20黔江01（166036）	510.00	2025.01.21	7.3000	20江都01（166037）	540.00	2023.01.20	7.2900
20云济01（166038）	900.00	2025.06.03	7.0000	20兴南01（166039）	200.00	2023.01.17	8.2000
20开滦02（166041）	1110.00	2025.01.21	5.9000	20颍上01（166043）	750.00	2025.03.05	7.5000
20上数01（166044）	800.00	2025.03.03	4.9800	20振东01（166045）	1000.00	2025.03.02	7.2000
20驻投02（166047）	160.00	2025.01.21	6.8000	20新安01（166049）	300.00	2025.01.17	6.5000
20润弘01（166050）	624.00	2025.01.22	7.5000	20海投01（166051）	360.00	2025.01.22	7.0000
20齐河01（166052）	420.00	2025.01.22	7.3000	20大同01（166053）	100.00	2023.01.21	6.0000
20水城01（166054）	250.00	2025.01.21	8.0000	20靖投D1（166055）	1000.00	2021.02.28	5.6000
20首钢01（166056）	3000.00	2025.02.12	3.8500	20潍州01（166057）	550.00	2025.01.21	7.5000
20蓉水城（166058）	900.00	2025.01.22	7.5000	20溧开01（166059）	1400.00	2025.01.21	5.6700
20徐新01（166060）	1150.00	2025.01.22	5.1000	20星城01（166061）	340.00	2025.02.14	6.8000
20叠石02（166064）	800.00	2022.03.02	6.5000	20盐交01（166065）	200.00	2023.02.11	7.0000
20百东01（166067）	950.00	2023.08.24	7.8000	20赣港01（166068）	850.00	2027.02.25	6.5000
20中金C1（166069）	1500.00	2025.02.17	3.8500	20泰通01（166070）	394.00	2025.03.13	7.5000
20高明01（166071）	600.00	2025.02.26	4.3000	20蚌资01（166072）	400.00	2025.03.03	6.2000
20银河F1（166073）	3200.00	2022.02.17	3.1500	20银河F2（166074）	1800.00	2023.02.17	3.2500
20长投01（166075）	800.00	2025.02.17	3.9000	20首股01（166076）	2700.00	2025.02.26	3.7400
20产投01（166077）	1350.00	2025.03.16	3.7000	20武经02（166078）	900.00	2025.02.18	4.2900
20舟普01（166079）	600.00	2025.02.27	4.9500	20药租02（166080）	600.00	2023.02.14	4.1600
20能交01（166081）	1000.00	2025.02.14	4.8000	20瓯经01（166083）	1000.00	2025.02.18	5.9800
20洛建02（166084）	1000.00	2025.02.18	4.5000	20晋能05（166086）	1000.00	2023.02.24	5.0800
20锡山01（166087）	1000.00	2025.02.24	4.1500	20华福C1（166088）	2000.00	2025.02.21	4.1000
20高控01（166089）	550.00	2025.02.20	4.0000	20高控02（166090）	500.00	2025.02.20	5.2000
20安租D1（166091）	500.00	2021.02.14	3.1000	20乳山02（166092）	1000.00	2025.03.23	7.0000
20商铁02（166093）	500.00	2025.02.19	6.5000	20韩城02（166095）	280.00	2025.02.20	8.5000
20玄武01（166096）	500.00	2025.02.24	3.9000	20鄂旅01（166097）	300.00	2025.02.17	4.5000
20陕煤债（166098）	1000.00	2025.02.17	3.7000	20远东二（166099）	3000.00	2025.02.20	3.9700
20青租01（166100）	500.00	2025.02.27	4.0200	20余杭01（166101）	1200.00	2025.02.20	3.6000
20山煤D1（166102）	700.00	2021.02.26	6.9000	20渝能01（166103）	500.00	2023.07.09	6.0000
20南新01（166104）	1000.00	2025.02.21	5.5000	20山钢01（166105）	2000.00	2023.02.24	4.0500
20顺德01（166106）	900.00	2025.02.26	5.2800	20汕投01（166107）	800.00	2025.02.27	3.8000
20沪唐D1（166108）	1000.00	2021.02.25	3.9000	20深业01（166109）	1490.00	2025.02.27	7.5000
20邯建01（166110）	1500.00	2025.02.21	4.5000	20天易01（166111）	1000.00	2025.02.25	4.5000
20晋电02（166112）	3000.00	2023.02.25	4.9000	20太经02（166113）	100.00	2025.02.21	3.7000
G20衢交1（166114）	500.00	2025.03.03	3.8000	20东资01（166115）	1000.00	2024.02.24	4.0000
20东资02（166116）	2000.00	2025.02.24	4.1700	20绍交01（166117）	1400.00	2025.02.21	3.5500

债券信息 债券
List of Bonds Bond

债券简称（代码）Bond Name（Code）	发行量（百万元）Issued Vol（M Yuan）	到期日 Expiration Date	票面利率（%）Coupon Rate	债券简称（代码）Bond Name（Code）	发行量（百万元）Issued Vol（M Yuan）	到期日 Expiration Date	票面利率（%）Coupon Rate
20 农投 01（166118）	300.00	2025.02.24	6.5000	20 农投 02（166119）	700.00	2025.02.24	4.5000
20 苏金 01（166120）	100.00	2025.02.19	4.2800	20 吴发 01（166121）	1000.00	2025.03.09	3.6700
20 吴城 D1（166122）	500.00	2021.02.25	3.2800	20 兴港 02（166123）	1300.00	2023.02.24	4.0300
20 镇旅 D2（166124）	1000.00	2021.02.27	6.2500	20 绿产 D1（166125）	600.00	2021.02.27	4.2500
20 晋煤 02（166126）	1300.00	2025.02.26	3.9000	20 济城 02（166127）	4000.00	2025.03.02	3.6800
20 天风 C1（166128）	670.00	2023.02.27	3.9000	20 天风 C2（166129）	1080.00	2025.02.27	4.9000
20 共享 02（166130）	700.00	2025.04.30	6.0100	20 平证 D1（166131）	1000.00	2021.02.25	2.8600
20 中金 F1（166132）	4000.00	2025.02.26	3.2000	20 苏科 01（166133）	1000.00	2023.02.28	6.0000
20 东吴 C1（166134）	1000.00	2023.02.25	3.8000	20 蓟州 02（166135）	388.00	2025.02.25	7.5000
20 康居 01（166136）	500.00	2023.02.25	4.1000	20 陕金 01（166137）	1500.00	2023.02.28	3.9000
20 润田 01（166138）	890.00	2025.02.28	7.5000	20 綦江 01（166139）	1030.00	2025.03.12	7.2000
20 缙云 01（166140）	800.00	2025.02.28	6.0000	20 淮建 D1（166141）	2000.00	2021.02.28	5.3000
G20 株高 1（166142）	800.00	2025.02.27	6.9800	20 晋旅 01（166143）	200.00	2023.06.10	6.8000
20 遵旅 02（166144）	600.00	2030.03.18	8.0000	20 绵兴 01（166145）	650.00	2025.02.26	7.0000
20 西湖 02（166146）	1000.00	2025.03.09	3.6400	20 财投 01（166147）	2000.00	2025.03.06	3.6000
20 津资 D1（166148）	1200.00	2021.02.28	3.9900	20 恒天 Y1（166149）	300.00	2023.03.02	6.0000
20 丰县 01（166151）	600.00	2023.02.24	7.0000	20 瀚控 D1（166152）	500.00	2021.02.27	6.0000
20 商古 01（166153）	1000.00	2025.02.28	6.5000	20 韩城 03（166154）	1090.00	2025.11.20	7.5000
20 环球 04（166156）	600.00	2025.03.03	3.9000	20 宏贸 01（166157）	1000.00	2025.03.02	4.3800
20 牡资 F1（166158）	450.00	2025.03.13	7.3000	20 义市 01（166159）	500.00	2025.03.10	3.9000
20 融盛 01（166160）	1740.00	2025.02.28	5.8500	20 丰住 01（166161）	800.00	2025.03.06	6.3600
20 晋信 01（166162）	1000.00	2023.03.03	3.8000	20 丰经 01（166163）	200.00	2023.02.27	6.5000
20 甘交 01（166164）	1200.00	2025.03.03	3.9500	20 长开 01（166165）	756.00	2025.03.02	6.5000
20 新安 02（166166）	300.00	2025.02.27	7.5000	G20 唐租 1（166167）	1000.00	2023.03.03	3.9400
G20 宁经 1（166168）	620.00	2025.02.28	6.5000	20 中区 01（166169）	750.00	2023.03.04	6.8000
20 星发 01（166170）	1000.00	2025.03.02	4.0000	20 亭湖 01（166171）	200.00	2023.03.04	7.1000
20 平发 01（166172）	910.00	2023.03.10	4.1000	20 湘高 01（166173）	2500.00	2023.03.09	3.6000
20 湘投 02（166174）	1300.00	2025.03.09	4.8000	20 芜湖 01（166175）	500.00	2027.03.04	3.7500
20 镇城 D2（166176）	860.00	2021.03.04	5.2500	20 防港 01（166177）	300.00	2028.03.05	6.7000
20 防港 02（166178）	300.00	2028.03.05	7.0000	20 晋能 06（166179）	1000.00	2023.03.03	4.8000
20 即旅 D1（166180）	500.00	2021.03.04	3.2000	20 曹国 D1（166181）	2500.00	2021.03.05	5.3000
20 浙天 01（166182）	820.00	2027.03.06	6.9500	20 豫纾 01（166183）	700.00	2025.03.16	3.9800
20 联投 Y1（166184）	2000.00	2023.03.03	5.5000	20 开滦 04（166185）	700.00	2025.05.07	5.4000
20 牛首 01（166187）	500.00	2023.03.10	4.3100	G20 新昌 1（166188）	960.00	2025.03.03	5.7000
20 不动 01（166189）	1400.00	2022.03.06	3.3000	20 康富 01（166190）	500.00	2023.03.06	6.5000
20 京宝 01（166191）	1000.00	2025.03.10	4.6400	20 邗江 01（166192）	500.00	2025.03.04	4.0900
20 岳阳 01（166193）	1500.00	2025.03.10	4.0000	20 太仓 01（166194）	1000.00	2025.03.06	3.6600
20 连工 01（166195）	210.00	2025.03.04	7.0000	20 锡藕 01（166196）	533.00	2025.03.10	5.0800
20 融和 01（166197）	1000.00	2025.03.09	3.8000	20 上投 02（166199）	1000.00	2032.03.12	3.9800
20 国联 C1（166200）	700.00	2023.03.05	4.2500	20 新沂债（166201）	320.00	2025.03.03	7.8000
20 华晨 01（166202）	1400.00	2099.12.31	6.1000	20 方洋 01（166203）	350.00	2025.03.06	6.5000
20 国君 Y1（166204）	5000.00	2025.03.11	3.8500	20 响水 01（166205）	200.00	2023.03.02	7.5000
20 招商 F1（166206）	3000.00	2021.03.26	2.6500	20 冀交 01（166208）	2000.00	2023.03.12	3.4000
20 廊控 01（166209）	500.00	2023.03.04	6.7800	20 浦交 01（166210）	419.00	2027.03.10	4.1000
20 鑫泰 01（166211）	600.00	2025.03.19	6.4800	20 华金 C1（166212）	750.00	2023.03.10	3.9000
20 衢资 01（166213）	800.00	2025.03.09	3.5000	20 枫桥 01（166214）	500.00	2025.03.06	3.7500
20 惠民 01（166215）	600.00	2027.03.09	6.5000	20 国联 02（166216）	1500.00	2023.03.11	3.6000
20 首股 02（166217）	1200.00	2025.03.06	3.6900	20 宁城 01（166218）	500.00	2025.03.10	4.4500
20 华福 01（166219）	550.00	2023.03.12	3.4500	20 华福 02（166220）	450.00	2025.03.12	4.1000
20 高密债（166221）	520.00	2025.03.11	6.5000	20 光证 F1（166222）	3000.00	2023.03.09	3.1900

债券信息 债券
List of Bonds Bond

债券简称（代码） Bond Name（Code）	发行量 （百万元） Issued Vol （M Yuan）	到期日 Expiration Date	票面利率（%） Coupon Rate	债券简称（代码） Bond Name（Code）	发行量 （百万元） Issued Vol （M Yuan）	到期日 Expiration Date	票面利率（%） Coupon Rate
20 惠建 01（166223）	850.00	2023.03.19	4.4000	20 长兴 02（166225）	1000.00	2025.03.06	6.5000
20 漳九 01（166226）	1300.00	2025.03.16	3.7000	20 中租 02（166227）	500.00	2023.03.11	3.5000
20 银河 F3（166228）	4000.00	2022.03.11	2.8800	20 银河 F4（166229）	1000.00	2023.03.11	3.0300
20 兰交 01（166230）	600.00	2025.03.10	6.0000	20 华建债（166232）	300.00	2025.03.17	4.2800
20 青松 D1（166233）	65.00	2021.03.12	7.0000	20 永投 01（166234）	1500.00	2025.03.18	5.0000
20 漳州 01（166235）	1000.00	2032.03.10	3.9700	20 中泰 F1（166236）	1600.00	2022.03.17	3.0800
20 梁溪 01（166237）	500.00	2023.04.23	3.8400	20 南资 01（166238）	1000.00	2025.03.10	4.7500
20 晋能 07（166239）	700.00	2023.03.10	4.6000	20 滨海 02（166240）	1000.00	2030.04.10	4.3700
20 淮经 01（166241）	700.00	2025.03.10	6.1000	20 龙川 D1（166242）	500.00	2021.03.10	3.6700
20 科投 01（166243）	600.00	2025.03.10	4.2500	20 物流 01（166244）	1000.00	2025.03.12	3.8000
20 相城 01（166245）	1500.00	2025.03.10	3.6300	20 绿投债（166246）	800.00	2025.03.11	4.7900
20 云控 01（166247）	2000.00	2025.03.10	4.0500	20 沪唐 D2（166248）	600.00	2021.03.18	3.8900
20 眉山 01（166249）	10.00	2025.03.09	6.5000	20 绿港 01（166250）	500.00	2023.03.17	6.5000
20 吴中 01（166251）	700.00	2023.03.17	4.0000	20 常新 D1（166252）	1000.00	2021.03.12	3.8700
20 扬子 02（166253）	2800.00	2025.03.11	3.3900	20 淮交 D1（166254）	1000.00	2021.03.09	3.5700
20 兴港 D1（166255）	1000.00	2021.03.13	3.4900	20 东乡 01（166256）	920.00	2027.03.18	6.5000
20 镇旅 D3（166257）	1000.00	2021.03.16	5.7000	G20 莱开 1（166258）	1000.00	2023.03.10	7.5000
20 城发 02（166259）	500.00	2025.03.13	4.2000	20 宁通 01（166260）	500.00	2025.03.11	4.4500
20 绿建 01（166261）	620.00	2025.03.18	4.9000	20 苏纾 01（166262）	1500.00	2023.03.16	3.7000
20 晋路 01（166263）	1350.00	2023.03.11	4.9800	20 东丽 02（166265）	99.00	2025.04.24	7.5000
20 宜经 01（166266）	728.00	2025.03.13	4.6000	20 平证 02（166267）	3000.00	2023.03.13	3.1900
20 浦现 01（166268）	340.00	2025.03.16	3.7300	20 淮新 02（166269）	500.00	2025.03.13	4.8000
20 滨新 01（166270）	500.00	2025.03.17	4.1900	20 新业 01（166271）	1500.00	2023.03.16	5.8000
20 川城 02（166272）	830.00	2025.03.19	4.5000	20 宿惠 01（166273）	1500.00	2025.03.13	4.4500
20 惠投 D1（166275）	1000.00	2021.03.25	3.6200	20 津资 D2（166276）	1300.00	2021.03.13	4.2000
20 海陵 01（166277）	850.00	2025.03.26	6.9700	20 盐城 D1（166278）	594.00	2021.03.24	5.5000
20 泰安 01（166279）	497.00	2023.03.19	6.0000	20 赣建 01（166280）	1000.00	2023.03.16	6.4000
20 陕旅 01（166281）	816.00	2021.03.18	5.9500	20 津静 03（166282）	1000.00	2025.03.12	7.0600
20 桂城 01（166283）	1000.00	2025.03.13	6.5000	20 天生债（166284）	700.00	2025.03.12	6.8000
20 仁和 01（166285）	1400.00	2025.03.16	3.6000	20 秀宏 01（166286）	1000.00	2025.03.13	4.3000
20 钱塘 01（166287）	1000.00	2025.03.18	3.5000	20 泰山 01（166288）	1000.00	2025.03.13	3.9400
20 淮开 02（166290）	1000.00	2025.03.16	5.1000	20 达州 02（166292）	1000.00	2025.03.17	6.4700
20 乌当 01（166293）	400.00	2025.03.27	7.5000	20 长寿 D1（166294）	1200.00	2021.03.16	4.9900
20 清浦 01（166295）	1000.00	2025.03.17	6.0000	20 合景 01（166296）	1000.00	2023.03.18	5.7500
20 德恒 01（166299）	600.00	2025.03.17	5.8000	20 平凉债（166300）	600.00	2023.03.16	5.8000
20 济轨 01（166301）	2000.00	2025.03.18	4.1500	20 淮交 Y1（166302）	800.00	2023.05.29	5.5000
20 鲁公 02（166303）	150.00	2023.03.17	5.4000	20 黄投 01（166304）	600.00	2025.03.17	5.9700
20 漯河 01（166305）	250.00	2023.03.20	5.6000	20 娄城 D1（166306）	200.00	2021.03.16	2.9000
20 昆城 01（166307）	500.00	2025.03.16	3.6000	20 柳龙 01（166308）	540.00	2025.03.16	6.0000
20 西港 01（166309）	2000.00	2025.03.20	6.5000	20 明诚 01（166310）	150.00	2023.03.12	7.5000
20 双江 01（166311）	1010.00	2025.03.17	5.0000	20 锡建 01（166312）	400.00	2025.03.27	3.4000
20 锡建 02（166313）	600.00	2027.03.27	3.8900	20 滨州 01（166314）	800.00	2025.03.17	4.9000
20 路公 01（166315）	1000.00	2025.03.18	4.5200	20 东兴 F1（166316）	2000.00	2023.03.17	3.2000
20 豫峡 D1（166317）	1000.00	2021.03.17	3.6300	20 靖城 01（166318）	470.00	2025.03.16	7.0000
20 西城 01（166319）	500.00	2025.03.25	5.0000	G20 吴城 1（166320）	200.00	2025.03.19	3.6000
20 龙川 02（166323）	500.00	2025.03.18	4.4000	20 周口 01（166324）	800.00	2025.03.26	4.9500
20 常投 01（166325）	1400.00	2025.03.18	4.2000	20 河海 01（166326）	1000.00	2025.03.24	3.7000
20 贵安 01（166327）	420.00	2025.03.19	6.9000	20 金外滩（166329）	500.00	2025.03.20	3.9400
20 融德 01（166330）	500.00	2026.03.19	4.7000	20 蓉投 01（166332）	700.00	2025.03.18	3.4000
20 金坛 02（166333）	500.00	2025.03.23	6.9800	20 桂物 01（166334）	500.00	2023.03.18	6.5000

债券信息
List of Bonds

债券
Bond

债券简称（代码）Bond Name（Code）	发行量（百万元）Issued Vol（M Yuan）	到期日 Expiration Date	票面利率（%）Coupon Rate	债券简称（代码）Bond Name（Code）	发行量（百万元）Issued Vol（M Yuan）	到期日 Expiration Date	票面利率（%）Coupon Rate
20 交投 D1（166335）	500.00	2021.03.18	2.8700	20 晋电 03（166336）	1000.00	2023.03.20	4.6000
20 上虞 01（166337）	500.00	2025.03.19	4.0000	20 天易 D1（166338）	1000.00	2021.03.18	6.0000
20 安阳 03（166339）	500.00	2025.06.23	6.4000	20 常新 01（166340）	1000.00	2025.03.18	4.5000
20 宜兴 01（166341）	500.00	2025.03.20	4.3800	20 山钢 02（166342）	1000.00	2025.03.17	4.6900
20 宁交 02（166343）	450.00	2023.03.20	4.5000	20 石刻 01（166344）	100.00	2025.05.29	6.0000
20 石刻 02（166345）	307.00	2025.07.14	7.5000	20 鸿达 01（166346）	530.00	2023.04.17	6.5000
20 天台 01（166347）	1000.00	2025.03.20	5.2300	20 亿集 01（166348）	2100.00	2025.03.18	6.5000
20 兴化 D2（166349）	800.00	2021.03.15	6.5000	20 海洋 01（166350）	1000.00	2025.03.23	3.9800
20 兴永 01（166351）	1100.00	2025.05.08	6.8000	20 金阳 01（166352）	1050.00	2027.03.24	6.3500
20 锡开 01（166353）	500.00	2023.03.24	4.4500	20 海门 01（166354）	1020.00	2025.03.19	4.2000
20 余经 01（166355）	400.00	2025.03.25	3.8800	20 瀚控 D2（166356）	525.00	2021.03.18	6.0000
20 金建债（166357）	750.00	2025.03.20	7.2000	20 信投 Y1（166358）	5000.00	2025.03.30	3.9000
20 丰县 02（166359）	600.00	2023.03.18	7.0000	20 瀚控 02（166361）	500.00	2025.04.22	7.5000
20 财通 C1（166362）	3000.00	2023.03.24	3.5500	20 渝合 01（166363）	1400.00	2025.03.19	5.2000
20 郴投 01（166364）	860.00	2025.03.27	7.5000	20 长发 01（166365）	2000.00	2025.03.25	4.1800
20 兴资 01（166366）	400.00	2022.03.20	3.4000	20 兴资 02（166367）	450.00	2023.03.20	3.6500
20 巴中 01（166368）	500.00	2023.03.31	7.2000	20 桐城 01（166369）	500.00	2023.03.24	3.8300
20 衡高新（166370）	650.00	2023.03.19	6.9000	20 启东 01（166371）	1000.00	2025.03.23	4.1700
20 东证 01（166372）	2000.00	2021.03.24	2.7000	20 东证 02（166373）	3000.00	2022.03.24	2.9500
20 秦发 01（166374）	700.00	2025.03.19	4.7500	20 金禹 01（166375）	950.00	2025.03.25	4.5800
20 华靖 01（166377）	1000.00	2021.03.24	4.4500	20 新沂 01（166378）	500.00	2025.03.26	7.8000
20 金凤 01（166379）	700.00	2025.03.23	3.8800	20 昆承 01（166380）	400.00	2023.04.14	4.0000
20 常高 02（166381）	1000.00	2025.03.24	3.9800	20 港闸 01（166382）	900.00	2025.03.30	4.5000
20 郑建 01（166383）	500.00	2025.03.26	3.7700	20 世纪 D1（166384）	616.00	2021.04.14	6.8000
20 安城 01（166385）	750.00	2025.03.23	5.6000	20 象港 01（166386）	1000.00	2025.03.23	4.7800
20 复地 F1（166387）	1160.00	2023.03.20	4.9700	20 临投 01（166388）	1500.00	2025.03.26	3.6800
20 慈交 01（166389）	500.00	2025.03.27	3.9000	20 中证 C1（166390）	2000.00	2023.03.24	3.3200
20 象开 01（166392）	700.00	2025.03.24	6.3000	20 良渚 01（166393）	1000.00	2025.04.15	4.1700
20 万联 C1（166394）	700.00	2023.03.20	4.3400	20 广林 01（166395）	300.00	2025.03.26	6.3000
20 华建 01（166396）	1500.00	2025.03.25	3.9900	20 长建 01（166397）	600.00	2025.04.03	4.8000
20 洛城 01（166398）	1500.00	2025.03.23	4.8000	20 政通 01（166399）	1090.00	2025.03.23	5.9700
20 桂金 01（166400）	1900.00	2025.03.23	4.5000	20 云化 01（166401）	400.00	2023.03.27	6.8000
20 济建 01（166402）	1500.00	2025.03.27	3.5900	20 塔城 01（166404）	500.00	2025.03.20	6.6000
20 宜城 01（166405）	800.00	2025.03.26	3.8500	20 碑林 01（166406）	3500.00	2025.03.23	4.6000
20 禾裕 01（166407）	200.00	2025.03.19	3.9000	20 浏城 01（166408）	2000.00	2025.03.27	4.6200
20 瀚宇 01（166409）	700.00	2025.03.31	5.9900	20 南新 02（166410）	1140.00	2025.03.24	5.0000
20 滨江 01（166411）	250.00	2025.03.25	5.5000	G20 永荣（166412）	300.00	2023.04.16	7.0000
20 东资 03（166413）	1000.00	2024.03.24	3.7900	20 招商 F3（166414）	2000.00	2021.04.14	2.6500
20 招商 F4（166415）	1500.00	2022.03.25	2.8500	20 海瀛 D1（166416）	500.00	2021.03.24	6.0000
20 柳控 02（166417）	700.00	2025.06.09	5.3000	20 太湖 01（166418）	1150.00	2025.03.27	5.9900
20 融侨 F1（166419）	1230.00	2023.03.26	6.5000	20 雅安 01（166420）	200.00	2025.04.17	6.0000
20 渝东 01（166421）	600.00	2027.04.07	4.4800	20 十一冶（166423）	800.00	2023.03.25	6.6000
20 鹤壁 01（166424）	1500.00	2025.04.01	6.9500	20 宜国投（166425）	300.00	2025.03.25	4.8000
20 蓉江 01（166426）	1000.00	2025.03.27	5.4000	20 蓉江 02（166427）	500.00	2025.03.27	5.8000
20 广安 01（166428）	400.00	2025.03.24	4.3000	20 广安 02（166429）	600.00	2025.03.24	3.9400
20 穗开 01（166430）	600.00	2025.03.25	3.6000	20 奥体 01（166431）	900.00	2025.03.27	4.0000
20 首业 02（166433）	790.00	2025.03.30	3.6500	20 宜新 01（166434）	2000.00	2025.03.31	4.2000
20 醴陵 01（166435）	900.00	2027.03.26	7.5000	20 众兴 01（166436）	1000.00	2025.03.27	4.7500
20 天信 01（166437）	500.00	2025.04.30	3.2000	20 新能 01（166438）	300.00	2023.03.30	5.9900
20 渝南 01（166439）	1000.00	2025.03.31	7.0000	20 惠控 02（166440）	615.00	2025.03.30	3.9800

债券信息 债券

List of Bonds Bond

债券简称（代码） Bond Name（Code）	发行量 （百万元） Issued Vol （M Yuan）	到期日 Expiration Date	票面利率（%） Coupon Rate	债券简称（代码） Bond Name（Code）	发行量 （百万元） Issued Vol （M Yuan）	到期日 Expiration Date	票面利率（%） Coupon Rate
20德建01（166441）	1395.00	2025.03.27	4.9000	20德旅01（166442）	254.00	2025.03.31	6.0000
20镇城F1（166443）	1000.00	2023.04.03	5.5000	20高创01（166445）	500.00	2025.04.08	5.2900
20华宇01（166446）	350.00	2023.03.23	8.5000	20金鑫01（166447）	650.00	2025.06.29	7.0000
20临淄01（166448）	1150.00	2025.03.30	6.3900	20安控01（166450）	800.00	2025.04.02	6.0000
20先行01（166451）	1000.00	2023.09.22	4.2000	20银桥D1（166452）	200.00	2021.03.27	2.8000
20柳州02（166453）	1500.00	2025.03.26	6.2000	20鑫诚债（166454）	1300.00	2025.03.30	3.9000
20海兴02（166456）	600.00	2025.04.23	5.8000	20富阳01（166457）	4000.00	2025.04.20	3.6000
20淮建01（166459）	2100.00	2025.04.16	6.5000	20杭港01（166460）	500.00	2025.05.07	3.6000
20金交01（166461）	800.00	2025.03.27	6.0000	20新建01（166463）	400.00	2026.05.06	5.8600
G20江北1（166464）	400.00	2023.03.27	3.9500	20苏甪直（166465）	500.00	2025.03.27	4.5000
20海发01（166466）	820.00	2025.04.02	4.8500	20绍改01（166467）	220.00	2025.03.27	4.6600
20临经01（166468）	650.00	2025.04.01	7.0000	20聊开01（166469）	560.00	2025.03.30	7.5000
20冶园01（166470）	500.00	2023.03.30	4.2700	20西苑02（166471）	300.00	2025.03.27	5.8000
20青开02（166472）	330.00	2025.03.31	5.0900	20龙城01（166473）	1000.00	2025.03.26	6.5000
20铜梁01（166474）	1000.00	2025.03.31	6.9000	20潍经投（166475）	870.00	2023.03.26	7.0000
20北碚01（166476）	500.00	2025.04.08	6.0900	20贵控01（166477）	500.00	2025.03.30	3.9900
20浦水01（166479）	670.00	2025.04.07	4.5000	20住宅02（166482）	1300.00	2023.04.01	3.9800
G20建湖1（166483）	500.00	2025.09.18	7.3000	20国裕债（166484）	1000.00	2023.04.03	3.8300
S20鸿业1（166485）	450.00	2027.03.30	6.2500	20如开01（166486）	510.00	2025.03.31	5.9900
20锡经D1（166487）	700.00	2021.04.09	3.3000	20城资01（166490）	1000.00	2023.04.21	5.8900
20潍文01（166491）	600.00	2025.04.20	5.0000	20太重01（166492）	1000.00	2025.04.10	6.0000
20曲水01（166493）	880.00	2023.03.31	6.9800	20申太01（166494）	760.00	2025.04.03	6.4000
20禹通01（166495）	600.00	2025.03.31	5.7000	20牛首02（166496）	500.00	2023.04.09	4.2500
20山煤D2（166497）	1300.00	2021.05.07	4.5000	20永开01（166498）	550.00	2025.04.01	5.4400
20金城01（166499）	500.00	2025.04.13	3.6700	20九联01（166500）	1000.00	2025.03.30	7.0000
20新会01（166501）	1000.00	2025.03.31	4.1500	20陶都02（166502）	630.00	2025.07.29	5.4800
20陶都03（166503）	800.00	2025.10.29	5.1000	20南康01（166504）	640.00	2027.04.01	6.5000
20南康02（166505）	400.00	2027.04.01	6.5000	20西旅01（166506）	500.00	2023.04.02	4.6800
20蔡家01（166507）	400.00	2025.03.31	6.2000	20丰兴01（166508）	200.00	2023.04.03	7.1000
20仁怀01（166509）	240.00	2025.03.31	7.5000	20仁怀02（166510）	310.00	2025.03.31	7.5000
20临港01（166511）	470.00	2025.04.02	7.5000	20华通01（166514）	1000.00	2025.04.09	3.8000
20内江01（166515）	110.00	2027.04.02	7.5000	20财信03（166518）	1000.00	2021.04.08	3.5000
20财信04（166519）	900.00	2022.04.08	3.7700	20上数02（166520）	700.00	2025.05.07	5.0900
20麓投资（166521）	242.00	2023.04.03	4.2500	20泰交01（166522）	1500.00	2025.04.17	3.9500
20浙农01（166523）	200.00	2023.04.15	4.5000	20大庆01（166524）	600.00	2025.06.10	6.5000
20昆新01（166525）	400.00	2025.04.07	3.5000	20联和01（166526）	1000.00	2024.04.03	3.2500
20瀚控D3（166527）	1040.00	2021.04.07	6.0000	20瓦房01（166528）	300.00	2023.04.07	7.5000
20兰溪01（166529）	1050.00	2025.04.08	5.8000	20浔交01（166530）	500.00	2025.04.16	5.8000
20姜交01（166531）	200.00	2025.04.08	5.5000	20连城01（166532）	1000.00	2025.04.07	4.1000
20旧改01（166533）	1000.00	2027.04.13	3.9000	20虞资01（166534）	1000.00	2025.04.14	3.8000
20海盐01（166536）	1000.00	2025.04.07	3.8000	20昆旅01（166538）	1000.00	2023.04.08	4.0800
20双福01（166539）	527.00	2023.04.14	6.5500	20中财F1（166540）	3000.00	2025.04.09	3.1700
20济城03（166541）	2300.00	2025.04.20	3.3000	20金水01（166542）	1000.00	2025.04.29	4.5000
20麓建01（166543）	1300.00	2025.04.29	5.1800	20国瑞C1（166544）	300.00	2023.04.21	4.8000
20榕交01（166545）	400.00	2025.04.14	3.4000	G20莱芜1（166546）	500.00	2023.04.17	6.7000
20绵控01（166547）	2200.00	2021.04.09	3.9900	20义乌03（166548）	2500.00	2023.04.09	3.9300
20苏国01（166549）	800.00	2025.04.09	3.4300	20经投01（166550）	850.00	2025.04.21	4.5000
20德创01（166551）	1000.00	2027.04.28	5.7800	20新发01（166552）	1000.00	2025.04.17	3.3800
20传感01（166553）	400.00	2025.04.10	3.8500	20周投01（166554）	500.00	2025.04.14	4.2000
20扬建工（166555）	300.00	2025.04.15	4.0000	20洋口01（166556）	412.00	2023.04.14	5.8000

债券信息 List of Bonds

债券 Bond

债券简称（代码） Bond Name（Code）	发行量 （百万元） Issued Vol （M Yuan）	到期日 Expiration Date	票面利率（%） Coupon Rate	债券简称（代码） Bond Name（Code）	发行量 （百万元） Issued Vol （M Yuan）	到期日 Expiration Date	票面利率（%） Coupon Rate
20 义乌 04（166557）	500.00	2025.04.09	4.5500	20 浙越 01（166558）	500.00	2023.04.10	5.4000
20 首钢 02（166560）	3000.00	2025.04.10	3.2300	20 融和 D1（166561）	500.00	2021.04.27	2.7800
20 象经 01（166562）	1000.00	2025.04.24	5.4000	G20 邗江（166563）	500.00	2025.04.15	3.9000
20 明升 01（166564）	500.00	2025.04.13	4.5000	20 溧水 02（166565）	1000.00	2025.04.10	4.9900
20 天投 01（166566）	1000.00	2025.04.10	3.3000	20 兖东 01（166568）	1400.00	2023.04.13	3.9800
20 即旅 01（166569）	600.00	2025.04.13	3.7700	20 滁城 01（166570）	1500.00	2025.04.10	3.8000
20 东投 01（166571）	2000.00	2023.04.14	3.1700	20 百福 01（166572）	1350.00	2025.05.11	7.0000
20 晋信 02（166573）	500.00	2023.08.04	4.5000	20 南开 01（166574）	550.00	2025.04.29	6.0000
20 苏金 02（166575）	400.00	2025.04.14	3.6800	20 遵和 01（166576）	100.00	2027.04.23	7.5000
20 康居 02（166577）	700.00	2023.04.20	3.7900	20 浔城 01（166578）	500.00	2025.04.17	5.8000
20 渝隆 D1（166579）	1000.00	2021.04.16	3.0000	20 海交投（166580）	500.00	2025.04.23	3.8800
20 襄投 01（166581）	670.00	2027.05.07	5.5000	20 滨投 01（166582）	1500.00	2025.05.07	6.7000
G20 德交 1（166583）	900.00	2030.05.06	6.0000	20 大晟 01（166584）	1000.00	2025.04.15	6.9000
20 中租 03（166585）	600.00	2023.04.16	3.2700	20 北投 01（166587）	800.00	2023.04.15	4.0000
20 汾湖 D1（166588）	300.00	2021.05.21	2.8000	20 新密 01（166589）	1000.00	2023.04.16	6.5000
20 云龙 01（166590）	500.00	2023.04.24	7.5000	20 萍乡 01（166591）	500.00	2023.04.27	5.5000
20 中财 C1（166592）	2000.00	2025.04.17	3.8000	20 豫铁 01（166593）	1500.00	2027.04.22	3.8000
20 衡建 01（166594）	600.00	2025.04.17	4.9800	20 苏投 01（166595）	1000.00	2025.04.20	3.5000
20 张投 01（166596）	500.00	2025.04.24	3.4000	20 天运 01（166597）	710.00	2025.04.20	5.9800
20 深业 D1（166598）	1000.00	2021.05.12	7.0000	20 龙控 02（166599）	1500.00	2024.04.16	4.6900
20 家投 01（166600）	2000.00	2025.04.27	7.0000	20 启国 01（166602）	1500.00	2027.04.17	4.0000
20 宁高 01（166603）	1000.00	2025.04.27	4.9000	20 株高 01（166605）	800.00	2021.04.29	4.8000
20 衢资 02（166606）	700.00	2025.04.23	3.4000	20 德恒 02（166607）	400.00	2025.04.17	5.9400
20 浙商 C1（166608）	1100.00	2025.04.20	4.0800	20 浙商 C2（166609）	800.00	2023.04.20	3.5000
20 湖东 01（166610）	730.00	2023.04.17	6.7000	20 兰扶 01（166611）	250.00	2025.04.20	5.9800
20 深业 02（166612）	1000.00	2025.04.29	7.5000	20 兰溪 02（166613）	150.00	2025.04.21	5.8000
20 宁开 01（166615）	550.00	2025.04.21	5.5000	20 余杭 02（166616）	1200.00	2025.04.17	3.0500
20 锡东 01（166617）	1200.00	2025.04.23	3.8000	20 漳九 02（166618）	1500.00	2025.04.27	3.6000
20 东泰 01（166619）	1000.00	2025.04.21	5.1500	20 眉控 01（166621）	1500.00	2025.04.23	6.4000
20 海安 01（166622）	1000.00	2025.04.17	6.8500	20 镇城 F3（166623）	620.00	2023.04.27	5.4000
20 娄城 02（166625）	800.00	2025.05.06	3.4000	20 城发 03（166626）	800.00	2025.04.28	3.9300
20 沿海 01（166627）	200.00	2022.06.08	4.1000	20 海陵 D1（166628）	1000.00	2021.04.17	4.5000
20 新开 01（166629）	440.00	2025.04.24	7.8000	20 镇旅 D4（166630）	700.00	2021.04.29	5.9700
20 中原 C1（166631）	1500.00	2023.04.23	4.0800	20 豫资 01（166632）	1500.00	2023.04.21	3.6300
20 川资 02（166633）	500.00	2023.04.28	4.2400	20 姚经 02（166635）	865.00	2025.04.20	4.5000
20 文旅 01（166636）	800.00	2027.05.19	8.0000	20 先导 01（166637）	1000.00	2025.04.27	3.2000
20 通新 01（166639）	1180.00	2025.04.24	3.8000	G20 台高 1（166640）	60.00	2023.05.06	4.2000
20 银桥 01（166641）	1000.00	2025.04.21	3.5000	20 明诚 02（166642）	300.00	2023.04.17	7.2000
20 淮开 03（166643）	200.00	2025.09.10	5.5900	20 淮开 04（166644）	300.00	2025.09.10	5.8000
20 开扶贫（166645）	400.00	2025.05.22	6.5000	20 扬交 01（166646）	500.00	2025.04.27	3.9700
20 西旅一（166647）	1650.00	2025.04.29	3.5500	20 襄置 01（166648）	2000.00	2026.04.29	4.4500
20 平金 01（166650）	2000.00	2025.04.23	3.4000	20 六民债（166651）	1500.00	2025.06.04	7.0000
20 丰住 02（166652）	570.00	2025.04.24	6.0000	20 丰住 03（166653）	630.00	2025.04.24	5.7000
20 溪地 01（166654）	200.00	2025.04.30	7.0000	20 潍控 01（166655）	400.00	2025.04.22	7.1000
20 淮控 01（166656）	400.00	2030.10.30	4.7000	20 绍国 01（166657）	1500.00	2025.05.25	3.1500
20 遵桥 03（166658）	462.00	2025.04.28	7.3000	20 穗开 02（166659）	600.00	2025.04.23	3.4000
20 桐庐 01（166660）	500.00	2025.04.29	4.1900	20 海尖 01（166661）	1500.00	2025.04.24	4.0000
20 新城 03（166662）	1000.00	2025.04.24	4.7000	20 常新 02（166663）	1000.00	2025.04.22	4.5000
20 银产 01（166664）	400.00	2023.04.27	6.0000	20 江海 01（166665）	1180.00	2022.04.23	4.4000
20 江海 02（166666）	1440.00	2023.04.23	4.9000	S20 安远 1（166667）	500.00	2025.06.12	6.9900

债券信息 List of Bonds

债券 Bond

债券简称（代码） Bond Name（Code）	发行量（百万元） Issued Vol（M Yuan）	到期日 Expiration Date	票面利率（%） Coupon Rate	债券简称（代码） Bond Name（Code）	发行量（百万元） Issued Vol（M Yuan）	到期日 Expiration Date	票面利率（%） Coupon Rate
20大气债（166668）	150.00	2023.04.24	4.0000	20桂铁F1（166669）	1000.00	2023.04.27	3.8500
20宜春03（166670）	700.00	2025.04.23	4.4900	20玉环01（166671）	1000.00	2025.04.29	3.5700
20海发02（166673）	1200.00	2025.05.06	4.7500	20海门02（166674）	500.00	2025.04.23	3.9000
20明诚03（166675）	150.00	2023.04.22	6.5000	20交通01（166676）	500.00	2025.05.07	4.3000
20市中01（166677）	1500.00	2022.04.23	6.7800	20淮经02（166678）	550.00	2025.05.29	5.7700
20华阔01（166679）	600.00	2032.04.24	5.0000	20金石01（166680）	200.00	2025.06.23	5.7500
20华荣01（166681）	900.00	2025.04.29	6.5000	20常交02（166682）	500.00	2025.04.30	6.0000
20牛首03（166683）	500.00	2023.05.06	4.2500	20锡滨01（166684）	500.00	2025.04.28	3.5500
20邯纾01（166685）	1500.00	2025.05.06	4.4500	20柯岩01（166686）	1150.00	2025.04.23	4.3500
20靖投D2（166687）	500.00	2021.04.29	4.9000	20高邮01（166688）	700.00	2025.04.24	5.7000
20新安04（166689）	300.00	2025.04.28	5.5000	20金投01（166690）	1500.00	2025.05.07	3.9400
20宜春D1（166691）	1000.00	2021.04.23	3.9900	20龙阳01（166692）	500.00	2025.05.15	5.4700
20豫管01（166693）	400.00	2023.04.24	3.8500	20万联01（166694）	1100.00	2025.04.27	3.3000
20富通01（166696）	880.00	2025.04.28	4.5000	20连城02（166697）	500.00	2025.04.28	3.9800
20西南D1（166698）	2000.00	2021.04.24	2.7000	20株国01（166699）	500.00	2025.06.02	4.5000
20招商F5（166701）	3000.00	2021.06.09	2.0000	20航城01（166702）	900.00	2025.04.30	6.3800
20兴湘01（166703）	1000.00	2025.04.28	3.2900	20泰滨01（166704）	565.00	2025.05.22	6.5000
20华阔02（166705）	700.00	2025.06.05	5.0000	20新昌02（166706）	400.00	2023.04.24	5.7000
20崇川01（166707）	500.00	2021.04.27	2.8000	20德建02（166708）	105.00	2025.04.24	4.9000
20庐陵01（166709）	250.00	2025.07.01	6.5000	20柳州03（166710）	500.00	2025.04.24	6.5000
20湖城01（166711）	1500.00	2025.04.28	3.4000	20新沂02（166712）	470.00	2025.07.21	7.0000
20如皋02（166713）	550.00	2025.04.27	6.2800	20兖东02（166715）	600.00	2023.05.06	3.9700
20郑交01（166716）	1000.00	2025.04.28	3.6800	20镇文01（166717）	500.00	2023.05.06	6.7000
20振坪01（166718）	285.00	2023.04.28	7.5000	20贵控02（166719）	1300.00	2025.04.28	4.5000
20海城01（166720）	1000.00	2025.04.28	3.2600	20明宫01（166721）	1200.00	2025.04.29	6.4800
20兴阳03（166722）	400.00	2025.04.29	6.5000	20武开01（166723）	1440.00	2025.04.27	5.1000
20南投01（166724）	500.00	2025.04.29	5.5000	20安龙01（166725）	500.00	2023.04.28	7.5000
20简工01（166726）	700.00	2025.05.07	6.0000	20大丰01（166727）	500.00	2022.04.29	6.9500
20滨江02（166728）	550.00	2025.04.30	6.9000	20邳恒润（166729）	570.00	2022.06.23	6.1700
20亿集02（166730）	200.00	2025.04.30	6.5000	20河池债（166731）	1000.00	2025.06.12	7.5000
20周东01（166732）	1000.00	2023.05.07	6.5000	20扬经开（166733）	300.00	2035.04.29	4.2000
20杭湾01（166734）	700.00	2025.04.30	3.8000	20置业01（166735）	1000.00	2027.08.04	7.5000
20长湖债（166736）	700.00	2025.04.29	5.3000	20姜交02（166737）	300.00	2023.04.28	6.2700
20华鑫01（166738）	700.00	2022.04.30	3.8000	20自贡01（166739）	1000.00	2025.04.30	6.5000
20张经01（166740）	1000.00	2025.04.29	3.7000	20融禾01（166741）	500.00	2025.08.31	7.0000
20污水债（166742）	100.00	2022.05.06	3.6800	20亭湖02（166743）	140.00	2023.04.29	6.5000
20新经01（166745）	500.00	2025.04.29	5.9500	20裕城01（166746）	600.00	2027.06.05	7.4000
20同创D1（166747）	800.00	2021.04.28	4.1800	20金建02（166749）	250.00	2025.06.09	6.0000
20药城01（166750）	400.00	2022.04.29	6.9000	20桃源01（166751）	500.00	2025.04.27	7.8000
20羊安01（166752）	450.00	2025.09.18	7.5000	20天易02（166753）	500.00	2025.06.09	7.0000
20柯资D1（166754）	1000.00	2021.05.06	2.6800	20济产01（166755）	800.00	2025.05.11	4.5000
20南康03（166757）	460.00	2027.04.30	6.4500	20临发01（166758）	1900.00	2025.04.30	3.9900
20临发02（166759）	600.00	2025.04.30	4.4000	20枝金02（166761）	600.00	2025.04.30	6.5000
20渝合02（166762）	1200.00	2025.04.30	5.0000	20甘公Y1（166763）	1000.00	2023.04.30	4.9500
20芙蓉01（166764）	2000.00	2025.05.06	3.8900	20益交01（166765）	79.00	2023.05.28	6.2000
20郑蒲01（166766）	500.00	2025.05.06	7.0000	20恒金01（166767）	1000.00	2027.06.15	5.3500
20动迁01（166768）	1000.00	2025.05.06	5.0000	20茅山01（166769）	340.00	2023.07.17	6.8000
20雅安02（166770）	200.00	2025.05.08	4.9300	20雅安03（166771）	300.00	2025.05.08	6.0000
20海创D1（166772）	1500.00	2021.04.30	2.6500	20青即01（166773）	500.00	2023.04.30	3.8000
20渝旅债（166776）	1000.00	2025.04.30	3.9400	G20江北2（166777）	490.00	2023.04.30	3.7500

债券信息
List of Bonds

债券
Bond

债券简称（代码）Bond Name (Code)	发行量（百万元）Issued Vol (M Yuan)	到期日 Expiration Date	票面利率（%）Coupon Rate	债券简称（代码）Bond Name (Code)	发行量（百万元）Issued Vol (M Yuan)	到期日 Expiration Date	票面利率（%）Coupon Rate
20 济高 Y1（166778）	610.00	2023.04.29	4.9500	20 锡东 02（166779）	300.00	2025.05.07	3.7400
20 高密 01（166780）	700.00	2025.07.30	6.9000	20 津港 02（166782）	750.00	2025.04.30	7.5000
20 筑投 01（166783）	500.00	2025.04.30	4.9900	20 义建 01（166784）	900.00	2023.04.30	3.9000
20 恒信 F1（166785）	1000.00	2023.05.11	3.5000	20 乐居 01（166786）	850.00	2025.05.08	3.9000
20 溪城 01（166787）	300.00	2025.04.28	7.0000	20 湛基 01（166788）	1500.00	2023.05.25	4.0000
20 湛基 02（166789）	1000.00	2025.05.25	4.9700	20 建控 01（166790）	500.00	2023.05.07	3.7900
20 建控 02（166791）	500.00	2025.05.07	3.9400	20 城旅 01（166792）	500.00	2025.05.06	3.5800
20 明升 02（166793）	100.00	2023.08.03	7.6000	20 鑫域 01（166794）	500.00	2025.05.08	4.8500
20 新港 01（166795）	500.00	2025.05.06	6.0000	20 平原 02（166798）	200.00	2025.05.15	5.5000
20 铁投 03（166800）	1600.00	2023.05.08	3.0700	20 铁投 04（166801）	400.00	2025.05.08	3.6900
20 红塔 01（166802）	500.00	2025.05.11	7.5000	20 鄂租 02（166803）	500.00	2023.06.08	4.9000
20 泸汇兴（166804）	170.00	2025.06.23	7.0000	20 台城 01（166805）	2000.00	2025.05.07	3.5000
20 吉铁 01（166806）	280.00	2025.06.23	7.5000	20 邳经 01（166807）	700.00	2022.05.13	6.4000
20 通泰 01（166808）	1000.00	2025.09.09	7.0000	20 河口 01（166810）	400.00	2025.05.13	7.5000
20 嘉海 01（166811）	500.00	2025.07.31	4.8800	20 动投 01（166812）	1500.00	2023.05.15	4.2500
20 宜高 01（166813）	1143.00	2025.05.19	3.9900	20 安控 02（166814）	1000.00	2025.05.19	5.8000
20 龙廷 01（166815）	400.00	2025.05.13	6.8000	20 财达 C1（166816）	1500.00	2023.05.14	4.5000
20 唐山 01（166817）	1190.00	2025.05.15	6.5000	20 湘型 02（166818）	540.00	2025.05.22	7.5000
20 淳安 01（166819）	1000.00	2025.05.19	4.1600	20 昌兴 01（166820）	1300.00	2025.05.21	7.5000
20 昌投 01（166821）	1500.00	2025.06.04	4.8500	20 牟中 02（166822）	1000.00	2025.05.19	5.8000
20 实创债（166823）	350.00	2025.07.02	4.6500	20 兴化 D3（166824）	200.00	2021.05.13	5.5000
20 津高新（166825）	900.00	2025.05.18	6.2000	20 栖科 01（166826）	500.00	2023.05.18	3.9500
20 西苑 03（166827）	400.00	2025.05.19	7.5000	20 嵊经 01（166828）	928.00	2025.06.16	4.9700
20 首证 01（166829）	500.00	2023.05.22	3.9500	20 苏铁 01（166830）	400.00	2023.05.18	3.4000
20 江海 03（166831）	688.00	2022.05.20	4.5000	20 江海 04（166832）	550.00	2023.05.20	5.0000
20 柳建 02（166833）	400.00	2023.05.21	7.3000	20 首业 04（166835）	3000.00	2025.05.21	3.6000
20 淮建 02（166836）	900.00	2025.06.16	6.0000	20 舟海 01（166838）	700.00	2023.05.20	4.9000
20 舟海 02（166839）	500.00	2025.05.20	5.5600	20 贵安 02（166841）	1050.00	2025.05.19	7.3000
20 家园 02（166842）	770.00	2022.06.08	4.8500	20 建桥 01（166844）	1000.00	2025.05.27	6.7000
20 纳兴 02（166845）	1000.00	2025.05.21	7.5000	20 东坡 01（166846）	500.00	2025.07.15	6.9800
20 佳源 01（166847）	350.00	2021.09.20	8.0000	20 江津 01（166848）	1500.00	2025.05.21	4.4500
20 吴城 01（166849）	700.00	2025.05.22	3.3500	20 昆自 01（166850）	1150.00	2023.05.27	6.2000
20 嘉服 01（166851）	900.00	2025.05.25	3.9700	20 苏园 01（166852）	1200.00	2038.06.02	4.0800
20 苏园 02（166853）	300.00	2038.06.02	4.4000	20 锡藕 02（166854）	800.00	2025.05.26	4.7800
20 苏国 02（166855）	700.00	2025.05.22	3.3000	20 海城 D1（166856）	1000.00	2021.05.27	2.8000
20 中金 F2（166857）	3000.00	2025.05.28	2.9500	20 普城 02（166858）	800.00	2025.06.17	4.8000
20 津静 04（166859）	1150.00	2025.05.22	7.0000	20 承控 01（166860）	1500.00	2023.05.25	4.7800
20 花竹 01（166861）	500.00	2025.05.22	7.9000	20 枫桥 02（166862）	500.00	2025.05.26	3.9000
20 锡经 D2（166864）	400.00	2021.06.08	3.3000	20 兴荣 01（166865）	1000.00	2025.05.22	6.0000
20 东兴 C1（166866）	2000.00	2023.05.21	3.4000	20 农银 01（166868）	500.00	2025.06.22	3.8000
20 遵投 02（166869）	1000.00	2025.06.12	7.5000	20 眉资 01（166870）	600.00	2025.06.02	6.2900
20 荣成 01（166871）	1100.00	2025.05.25	4.9900	20 商建 01（166872）	800.00	2023.05.22	5.0800
20 陕金 02（166873）	1000.00	2023.06.09	3.9000	20 浔发 01（166874）	1220.00	2023.05.27	5.7000
20 惠憬 01（166875）	868.00	2025.05.26	4.5000	20 秀湖 01（166876）	1500.00	2025.06.08	4.3000
20 宏信 01（166877）	500.00	2025.05.22	7.5000	20 渝枢 03（166878）	100.00	2025.05.27	4.8500
20 渝枢 04（166879）	880.00	2025.05.27	4.7800	20 诸资 03（166880）	1200.00	2025.05.28	3.6700
20 蓉高 Y1（166883）	1000.00	2023.05.27	4.4000	20 合川 01（166884）	950.00	2025.05.26	6.7000
20 响水 02（166885）	500.00	2023.08.27	7.5000	20 食科 01（166886）	600.00	2023.06.09	4.0000
20 南司 01（166887）	1500.00	2025.05.27	4.9400	20 靖建 01（166888）	400.00	2025.05.25	6.5000
20 科技 01（166889）	1000.00	2025.05.22	7.5000	20 南旅 01（166890）	500.00	2025.05.28	4.2500

债券信息
List of Bonds

债券
Bond

债券简称（代码） Bond Name（Code）	发行量 （百万元） Issued Vol （M Yuan）	到期日 Expiration Date	票面利率（%） Coupon Rate	债券简称（代码） Bond Name（Code）	发行量 （百万元） Issued Vol （M Yuan）	到期日 Expiration Date	票面利率（%） Coupon Rate
20 泰顺 01（166891）	200.00	2025.06.23	5.0000	20 中银 F1（166892）	2600.00	2023.05.28	2.9200
20 星发 02（166893）	1000.00	2025.05.27	3.6000	20 康居 03（166894）	650.00	2023.05.28	3.6000
20 昌吉 02（166895）	900.00	2023.05.28	7.5000	20 柳投 01（166896）	800.00	2025.06.05	7.3000
20 高密 02（166897）	1070.00	2025.05.27	6.5000	20 锡山 D1（166898）	1000.00	2021.05.27	2.8000
20 邛崃 01（166899）	1000.00	2025.05.27	7.0000	20 浦城 01（166900）	800.00	2029.05.28	4.4900
20 惠鑫 01（166901）	600.00	2025.06.01	5.2800	20 泉丰 02（166902）	670.00	2025.05.27	7.5000
20 桐控 01（166903）	1000.00	2023.05.29	3.9800	20 宜城 Y1（166904）	600.00	2023.05.29	4.5000
20 潍恒 01（166905）	1050.00	2025.06.03	6.5000	20 虞交 01（166906）	1000.00	2025.05.27	3.5000
20 高科 01（166907）	1000.00	2025.06.08	5.5000	20 高科 02（166908）	1000.00	2025.06.08	5.8000
G20 生态（166910）	673.00	2025.05.29	6.5000	20 土地 01（166911）	2000.00	2025.05.28	3.4800
20 威产 01（166912）	1500.00	2025.06.02	3.8700	20 海曙 01（166913）	1000.00	2025.05.29	3.2900
20 鑫泰 02（166914）	700.00	2025.06.29	5.9700	20 吴发 02（166915）	600.00	2025.06.01	3.3500
20 世纪 02（166916）	500.00	2025.05.29	6.8000	20 武开 02（166917）	2560.00	2025.06.10	5.7000
20 宝星 01（166918）	840.00	2023.05.29	7.0000	20 皖盐 01（166920）	670.00	2025.06.02	6.0000
20 靖建 02（166921）	140.00	2025.06.01	6.1400	20 万州 02（166922）	910.00	2025.07.27	6.2000
20 安化 01（166923）	360.00	2025.06.05	6.0000	20 苏电 01（166924）	1000.00	2024.06.23	7.0000
20 余开 01（166925）	550.00	2030.06.04	3.4900	20 滨城 01（166926）	355.00	2025.06.02	6.5000
G20 金枪（166927）	20.00	2021.05.28	4.9500	20 蓝创 01（166928）	1100.00	2023.08.28	6.0000
20 滨海 03（166930）	1000.00	2030.06.05	4.5000	20 鼎通 01（166931）	800.00	2025.05.29	4.0500
20 丰经 02（166932）	450.00	2023.05.29	7.0000	20 世园 01（166933）	700.00	2027.06.02	4.1000
20 宏利 01（166934）	1000.00	2023.06.19	7.5000	20 泰州 01（166935）	200.00	2023.06.02	5.8000
20 商城 01（166937）	350.00	2023.06.09	6.5000	20 振东 02（166938）	800.00	2025.06.01	7.0000
20 浦里 01（166939）	300.00	2025.05.29	6.5000	20 怀经 01（166940）	500.00	2025.07.31	7.0000
20 济轨 02（166941）	3000.00	2025.06.18	4.1300	20 融德 03（166942）	850.00	2026.06.03	4.6500
20 进纾 01（166944）	1100.00	2025.06.10	3.5000	20 大江债（166945）	640.00	2025.06.02	6.6900
20 华宇 02（166946）	650.00	2023.06.11	8.5000	20 石交 01（166948）	1000.00	2025.06.09	4.4200
20 运和 02（166950）	1000.00	2025.06.18	5.1300	20 浔旅 01（166951）	775.00	2025.06.05	6.0000
20 仪征 02（166952）	1000.00	2025.06.05	5.5500	20 平神 Y1（166953）	500.00	2023.06.05	6.8000
S20 兰考 1（166954）	390.00	2025.06.09	5.2000	20 仙游 02（166955）	1150.00	2025.06.05	6.8000
20 黔东 01（166956）	500.00	2027.06.09	6.5000	20 哈创 01（166957）	600.00	2025.06.02	6.2000
20 平原 04（166958）	300.00	2025.06.03	6.4000	20 青平 01（166959）	2000.00	2025.06.16	4.7000
20 平金 02（166960）	3000.00	2025.06.09	3.8000	20 龙游 01（166961）	1000.00	2023.06.15	4.1800
20 禾泽 01（166962）	810.00	2025.06.09	6.4200	20 湖城 02（166963）	1000.00	2025.08.10	4.0700
20 港发 01（166964）	570.00	2025.06.08	6.8500	20 北投 02（166965）	700.00	2023.06.10	4.0500
20 东海债（166966）	800.00	2023.06.09	4.8000	20 长白山（166967）	400.00	2021.06.10	6.5000
20 双溪 02（166969）	200.00	2025.06.09	7.5000	20 成金 01（166970）	300.00	2025.06.08	6.5000
20 定投债（166971）	880.00	2023.06.30	5.9800	20 新昌 03（166972）	500.00	2025.06.11	4.3000
20 财通 F1（166973）	2000.00	2023.06.16	3.4000	20 日照 01（166974）	600.00	2028.06.18	5.2900
20 东阳 01（166975）	1000.00	2025.06.10	3.6600	20 扬广 01（166976）	650.00	2025.06.09	5.5000
20 宁海 02（166977）	1000.00	2025.09.18	4.6000	S20 播交 1（166978）	350.00	2030.06.10	8.0000
20 兴航 01（166979）	900.00	2027.06.16	7.0000	20 苏金 03（166980）	340.00	2025.06.11	3.6800
20 东吴 C2（166981）	500.00	2023.06.10	3.8000	20 联投 Y2（166982）	1000.00	2022.06.10	5.3600
20 天信 Y1（166983）	1000.00	2023.06.29	4.8000	20 碧海 01（166984）	700.00	2025.06.18	7.5000
20 瀚控 D4（166985）	680.00	2021.06.10	5.8000	20 桃源 02（166986）	500.00	2025.06.11	7.9500
20 白沙 01（166987）	650.00	2025.06.11	4.8800	20 通投 01（166988）	140.00	2025.06.10	5.9900
20 芦淞 01（166989）	800.00	2025.06.16	7.5000	20 诸城 02（166990）	2200.00	2025.06.18	3.9900
20 长宁 01（166991）	1000.00	2025.06.12	3.5000	20 沂城 01（166992）	1070.00	2022.06.12	7.5000
20 忻州 01（166994）	500.00	2025.06.22	5.2700	20 融控 01（166995）	500.00	2025.06.18	3.6000
20 招商 F6（166996）	2000.00	2021.07.08	2.6300	20 招商 F7（166997）	4000.00	2022.06.11	3.1500
20 海兴 03（166998）	500.00	2025.06.15	5.9900	20 灵宝 01（166999）	300.00	2022.06.23	5.5000

债券信息
List of Bonds

债券
Bond

债券简称（代码）Bond Name（Code）	发行量（百万元）Issued Vol（M Yuan）	到期日 Expiration Date	票面利率（%）Coupon Rate	债券简称（代码）Bond Name（Code）	发行量（百万元）Issued Vol（M Yuan）	到期日 Expiration Date	票面利率（%）Coupon Rate
20 苏高 01（167001）	300.00	2025.06.12	3.6500	20 丽投 01（167002）	1100.00	2023.06.15	4.9800
20 缙资 01（167003）	720.00	2023.06.17	4.9600	20 启东 D1（167004）	1000.00	2021.07.20	3.7900
20 津建 02（167006）	800.00	2025.06.16	7.3000	20 明宫 02（167007）	250.00	2025.06.15	6.3600
G20 新津 2（167008）	500.00	2025.06.16	7.5000	20 金湖 01（167009）	470.00	2023.06.16	8.0000
20 东证 03（167010）	4000.00	2023.06.18	3.4500	20 古蔺 01（167011）	300.00	2025.06.18	7.0000
20 江安债（167012）	240.00	2023.07.31	6.5000	20 启海 01（167013）	400.00	2025.06.18	5.5000
20 醴渌 01（167014）	1000.00	2025.06.24	7.5000	20 兖投 01（167017）	1000.00	2025.06.16	6.5000
20 鼎城 01（167018）	540.00	2023.06.17	7.0000	20 锡新 01（167019）	700.00	2025.08.14	4.3000
20 遵经 02（167020）	200.00	2025.07.02	7.5000	20 通海 01（167021）	800.00	2023.06.19	4.3000
20 奉化 02（167022）	700.00	2025.06.15	4.4000	20 西城 02（167023）	600.00	2024.06.19	5.0000
20 泉港 01（167025）	500.00	2023.07.06	5.4900	20 同创 D2（167027）	700.00	2021.06.18	4.2700
20 保税债（167028）	400.00	2023.06.29	4.2000	20 镇文 02（167029）	500.00	2022.06.12	6.4000
20 青租 02（167030）	1000.00	2025.06.23	4.3000	20 景城 01（167031）	1000.00	2032.06.23	5.5000
20 松原 02（167032）	750.00	2025.06.17	7.4000	20 古镇 01（167033）	300.00	2023.07.15	5.4800
20 商古 02（167034）	500.00	2025.09.24	5.3400	20 安租 01（167035）	2000.00	2023.06.19	3.9800
20 恒利轩（167036）	950.00	2027.06.16	7.5000	20 国都 C1（167037）	700.00	2023.07.20	6.2000
20 淮高 01（167038）	1000.00	2025.06.22	6.5000	20 瀚宇 02（167039）	300.00	2025.06.16	7.5000
20 永开 02（167040）	350.00	2025.06.17	5.2700	20 永开 03（167041）	600.00	2025.06.17	7.3900
20 鹰控 01（167042）	800.00	2025.06.17	4.6300	20 佳源 02（167043）	540.00	2022.07.16	8.0000
20 冀交 02（167044）	900.00	2023.06.17	3.7500	20 南明 01（167045）	900.00	2025.06.23	7.0000
20 贵安 03（167046）	900.00	2025.06.18	7.3000	20 济城 04（167047）	1700.00	2025.06.19	3.9000
20 峨眉 01（167048）	222.00	2022.06.22	7.5000	20 诸东 01（167050）	1500.00	2023.06.19	4.3000
20 天府 01（167051）	500.00	2025.06.18	7.5000	20 恒信 F2（167052）	700.00	2022.06.19	3.9500
20 百投 01（167054）	300.00	2023.06.11	7.5000	20 渝东 03（167055）	460.00	2027.06.30	4.3000
20 晋资 01（167057）	1000.00	2025.07.28	4.9800	20 铜仁 01（167060）	1150.00	2025.06.18	7.0000
20 潍水 01（167061）	600.00	2025.06.18	7.0000	20 盐交 02（167062）	500.00	2023.06.23	7.0000
20 恒业 02（167063）	640.00	2025.12.04	4.8000	20 冶园 02（167065）	1000.00	2023.06.22	3.9900
20 平阳 01（167066）	1000.00	2023.06.19	4.9800	20 临颍 01（167067）	300.00	2022.06.23	5.5000
20 高港 01（167068）	760.00	2025.06.18	7.0000	20 福晟 01（167069）	1000.00	2022.06.22	7.5000
20 济金 01（167070）	1000.00	2023.06.23	3.9800	20 旅业 01（167071）	300.00	2025.09.04	4.3000
20 浙天 02（167072）	180.00	2027.06.24	6.4000	20 蓟州 03（167073）	60.00	2025.06.17	7.5000
20 金交 02（167075）	600.00	2025.06.24	6.5000	20 贵控 03（167076）	3300.00	2025.06.18	4.5000
20 盈地 01（167077）	1000.00	2025.06.23	7.0000	20 六新 02（167078）	257.00	2025.11.30	4.5000
20 海水 01（167079）	500.00	2025.06.22	4.0000	20 任兴 02（167080）	400.00	2025.07.27	7.5000
20 郓城 01（167081）	600.00	2023.06.23	6.5000	20 中租 D1（167082）	500.00	2021.06.22	3.0000
20 广林 02（167083）	260.00	2025.06.24	6.5000	20 佳鑫 01（167085）	700.00	2025.06.23	6.5000
20 中荆 01（167086）	500.00	2023.07.06	5.5000	20 双岛 01（167087）	1300.00	2023.06.29	4.8000
20 遵物 01（167088）	1000.00	2025.06.19	8.0000	20 延安 01（167089）	1300.00	2025.06.22	5.5000
20 通达 01（167090）	600.00	2025.08.04	7.0000	20 厦特 01（167091）	1500.00	2023.07.07	4.2400
20 滨江债（167092）	1200.00	2023.06.29	5.5000	20 动迁 02（167093）	1000.00	2025.06.22	4.3000
20 梅旅 01（167094）	750.00	2027.06.30	8.0000	20 幸庄 01（167095）	1000.00	2023.06.24	4.8500
20 昆发 01（167096）	500.00	2025.06.23	6.0000	20 凯里 01（167097）	300.00	2023.06.30	8.0000
20 桂债 01（167098）	800.00	2025.06.24	5.5000	20 潼南 01（167099）	1120.00	2025.06.24	7.5000
20 淮新 03（167100）	1000.00	2025.07.29	5.2500	20 绵兴 02（167101）	400.00	2025.06.24	5.7000
20 宁科创（167102）	100.00	2025.06.24	4.5000	20 浦江 01（167103）	1000.00	2023.07.16	5.7900
20 营海 01（167104）	500.00	2025.07.06	7.9000	20 海投 02（167105）	714.00	2025.06.24	6.5000
20 柳建 03（167106）	400.00	2023.09.04	7.3000	20 海盐 03（167107）	500.00	2025.07.30	4.2000
20 濉水 01（167108）	600.00	2025.06.29	6.0000	20 天风 C3（167109）	1800.00	2023.06.23	4.7000
20 海昌 01（167111）	200.00	2023.07.14	7.5000	20 舟蓬 02（167112）	500.00	2025.06.29	4.8000
20 芜建 01（167113）	1000.00	2025.09.18	4.1800	20 桐控 02（167114）	700.00	2023.06.29	4.2700

债券信息 List of Bonds

债券 Bond

债券简称（代码） Bond Name（Code）	发行量（百万元） Issued Vol（M Yuan）	到期日 Expiration Date	票面利率（%） Coupon Rate	债券简称（代码） Bond Name（Code）	发行量（百万元） Issued Vol（M Yuan）	到期日 Expiration Date	票面利率（%） Coupon Rate
20兴湘02（167115）	1000.00	2025.06.24	3.6000	20荆投01（167116）	500.00	2025.06.24	6.2000
20临港02（167117）	530.00	2025.06.29	7.0000	20锡经D3（167118）	700.00	2021.08.24	3.9900
20唐控D1（167119）	500.00	2021.09.29	6.3000	20兴市01（167120）	1000.00	2025.07.06	7.5000
20豫水01（167121）	500.00	2025.06.24	3.8000	20筑铁01（167122）	500.00	2025.06.24	6.5000
20武侯D1（167123）	1100.00	2021.07.10	3.9300	20茅控01（167124）	150.00	2025.06.24	5.9800
20筑投02（167125）	1000.00	2025.06.29	5.5000	20百投02（167126）	200.00	2023.06.24	7.5000
20莲湖01（167127）	3000.00	2025.07.03	4.6000	20番雅01（167129）	1500.00	2022.07.13	6.2000
20常宁01（167130）	1500.00	2025.08.25	7.5000	G20仙山（167131）	700.00	2029.06.29	6.4800
20瀚控D5（167132）	450.00	2021.06.29	5.5000	20曲水02（167134）	220.00	2023.06.24	5.9500
20金坛03（167135）	500.00	2025.06.24	6.0000	20柳州D1（167136）	1000.00	2021.06.24	5.2900
20青科01（167137）	500.00	2027.09.01	4.5000	20裕丰02（167138）	500.00	2023.06.30	7.6000
20建控03（167139）	1000.00	2023.07.03	4.3800	G20安吉1（167140）	800.00	2025.07.17	6.0000
20古都01（167141）	200.00	2022.07.06	6.8000	20巴资01（167142）	600.00	2023.06.29	7.5000
20皋城01（167143）	200.00	2025.07.24	5.5800	20上城01（167144）	2100.00	2025.07.08	4.9000
20南川01（167145）	1500.00	2025.08.31	6.7000	20舜宁01（167146）	500.00	2023.07.06	4.5000
20潍州03（167148）	500.00	2022.06.30	7.0000	20广成D1（167149）	400.00	2021.06.30	6.3000
20成金02（167150）	400.00	2025.06.29	6.5000	20福晟02（167151）	2000.00	2022.07.03	7.5000
20嵊交01（167153）	800.00	2023.07.29	4.5000	20融盛02（167154）	1300.00	2023.10.20	6.0000
20城发D1（167155）	1000.00	2021.07.06	4.0700	20科技02（167156）	500.00	2025.06.30	7.0000
20仁水01（167157）	1000.00	2025.07.13	7.5000	20红发D1（167158）	300.00	2021.07.03	6.5000
20益民01（167159）	450.00	2025.07.17	5.6000	20益民02（167160）	340.00	2025.09.24	7.0000
20上饶01（167161）	800.00	2023.07.10	5.1000	20简阳01（167163）	300.00	2025.06.29	8.0000
20泰交D2（167164）	1300.00	2021.07.03	3.8000	20南新D1（167165）	250.00	2021.07.02	3.9000
20定城02（167166）	1800.00	2025.07.16	5.8000	20首业06（167168）	1419.00	2025.07.06	3.8500
20扬教01（167170）	600.00	2023.07.07	4.5000	20罗美01（167172）	500.00	2025.09.01	7.2000
20彭泽01（167173）	200.00	2025.06.30	7.0000	20瓦房03（167174）	300.00	2023.06.30	7.5000
20鹰控02（167176）	700.00	2025.07.27	5.7500	20吴城02（167177）	300.00	2025.07.20	4.2000
20湖产01（167178）	580.00	2023.07.14	5.2000	20资开01（167179）	240.00	2025.07.03	7.2000
20资开02（167180）	200.00	2025.07.03	7.5000	20烟投01（167181）	1000.00	2025.07.07	4.4000
20新发02（167182）	500.00	2025.07.10	3.7700	20遵和02（167183）	450.00	2027.09.28	7.3000
20海怡01（167184）	1000.00	2025.07.03	7.9000	20滨海04（167185）	600.00	2030.07.09	4.9500
G20惠建1（167187）	600.00	2023.07.07	4.0000	20雅安04（167188）	300.00	2025.07.20	7.5000
20滕房01（167189）	300.00	2023.07.08	7.0000	20江津02（167190）	1500.00	2025.07.10	4.5500
20盐镇01（167191）	400.00	2022.09.14	6.5000	20南黄海（167192）	600.00	2027.07.21	5.0000
20高新01（167193）	600.00	2025.07.14	4.8000	20聊城02（167194）	970.00	2025.07.14	6.5000
20中盐01（167195）	1100.00	2025.07.10	4.4900	20贵安04（167197）	620.00	2025.07.10	7.3000
20桐交01（167198）	600.00	2023.07.20	4.6200	20廣资03（167199）	700.00	2025.07.14	4.2500
20常高03（167201）	800.00	2025.07.14	4.5000	20仁投01（167202）	850.00	2025.07.10	6.8000
20郑交02（167203）	600.00	2025.10.30	4.4000	20崂发01（167204）	800.00	2023.08.14	5.0000
20济矿02（167208）	500.00	2023.07.20	6.5000	20廣水01（167209）	800.00	2023.07.16	4.7000
20苏科D1（167210）	600.00	2021.11.02	4.2000	20政通02（167211）	480.00	2025.07.27	5.4700
20烟台01（167212）	2930.00	2025.07.14	4.0000	20安信D1（167213）	2800.00	2021.07.13	3.3000
20娄城D2（167214）	200.00	2021.07.10	3.3000	20遵资01（167215）	1000.00	2023.07.16	7.5000
20长建02（167216）	500.00	2025.07.14	5.0000	20众安01（167217）	540.00	2025.07.13	7.3000
20中租D2（167218）	500.00	2021.07.15	3.7000	20振坪02（167219）	250.00	2023.07.14	7.5000
20国兴01（167220）	1000.00	2025.07.21	4.4000	20嘉滨01（167221）	400.00	2025.07.20	5.0000
20新庐01（167222）	1200.00	2023.07.20	5.1500	20安租03（167224）	500.00	2023.07.20	4.3000
20安租D2（167225）	1000.00	2021.07.20	3.7000	20海发03（167226）	400.00	2025.07.30	5.5000
20昆城D1（167227）	200.00	2021.07.27	2.5000	20旅发D1（167228）	750.00	2021.08.14	4.3000
20湘侨01（167229）	650.00	2022.07.22	6.5000	20梁溪02（167230）	500.00	2023.09.21	4.4000

债券信息
List of Bonds

债券简称（代码）Bond Name（Code）	发行量（百万元）Issued Vol（M Yuan）	到期日 Expiration Date	票面利率（%）Coupon Rate	债券简称（代码）Bond Name（Code）	发行量（百万元）Issued Vol（M Yuan）	到期日 Expiration Date	票面利率（%）Coupon Rate
20温港01（167231）	2000.00	2032.07.14	4.4800	20瑞投01（167232）	400.00	2027.07.09	5.7000
20苏科02（167233）	300.00	2023.07.17	5.0100	20天长01（167234）	200.00	2023.07.14	7.0000
20惠通债（167235）	500.00	2025.07.21	4.4000	20溪地02（167236）	500.00	2025.08.03	7.5000
20薛城债（167237）	500.00	2025.07.17	6.5000	20盐城D2（167239）	1000.00	2021.07.28	5.7000
20泰凤01（167240）	500.00	2025.11.06	4.9500	20淮开D1（167241）	1100.00	2021.07.28	4.9900
20北铁01（167242）	2000.00	2048.07.21	3.9000	20彭统建（167243）	830.00	2023.07.21	6.6500
20食科02（167244）	900.00	2023.09.22	4.4000	20市中02（167246）	2000.00	2022.07.22	6.5000
S20百东1（167247）	550.00	2025.10.27	7.5000	20睢专01（167248）	165.00	2025.09.17	7.5000
20宿新01（167249）	1130.00	2025.07.15	6.5000	20阳山01（167250）	500.00	2023.07.14	4.9000
20融控02（167251）	1500.00	2025.07.21	4.4000	20平融01（167252）	600.00	2025.07.24	6.5000
20银河F5（167253）	4000.00	2021.07.17	3.2800	20景旅01（167254）	1340.00	2025.08.10	6.0000
20吉发02（167255）	1620.00	2023.07.20	7.3000	20嘉滨02（167256）	300.00	2023.07.20	4.5000
20华荣02（167257）	600.00	2025.07.17	6.5000	20鄂租03（167259）	500.00	2023.07.16	4.9000
20鸿达02（167260）	75.00	2023.07.22	6.0000	20桐庐02（167261）	500.00	2025.07.27	4.7500
20芜湖02（167262）	500.00	2025.09.16	4.3000	20定城建（167264）	500.00	2023.07.30	5.9800
20福华01（167265）	500.00	2023.07.17	8.0000	20海创01（167266）	1000.00	2025.07.16	4.2500
20松滋02（167267）	100.00	2025.07.30	6.3000	20科技03（167268）	200.00	2025.07.17	7.5000
20交通02（167269）	900.00	2025.07.22	4.9800	20兖投02（167270）	520.00	2025.07.21	6.9000
20兖投03（167271）	300.00	2025.07.21	7.4000	20眉府01（167272）	700.00	2027.07.31	5.2000
20碧海02（167273）	1800.00	2025.07.20	7.5000	20钱投01（167274）	400.00	2025.07.21	4.3000
20创鸿D1（167276）	660.00	2021.09.23	5.0000	20乌投01（167277）	1000.00	2025.07.28	5.5000
20宁统01（167278）	200.00	2030.07.21	7.3000	20乌高01（167279）	1200.00	2025.07.24	4.3800
20遵旅03（167280）	540.00	2030.09.25	6.0000	20娄城03（167281）	500.00	2025.08.07	4.0000
20大同02（167282）	58.00	2023.07.21	6.0000	G20宁经2（167283）	600.00	2025.09.04	5.9000
20滨海05（167284）	1000.00	2030.07.24	4.9500	20珠海01（167285）	500.00	2025.08.11	4.3500
20嘉服02（167286）	700.00	2023.07.23	4.0700	20中金F3（167287）	3000.00	2025.07.24	3.8000
20共享03（167288）	800.00	2025.08.25	5.3000	20宁滨01（167289）	1000.00	2025.08.17	5.5000
20绍滨01（167290）	1000.00	2025.07.28	4.7500	20东阳02（167291）	500.00	2025.07.23	4.1800
20华泰02（167293）	10000.00	2022.07.24	3.2000	20海实01（167294）	1000.00	2025.07.27	4.2000
20恒达01（167295）	500.00	2030.08.04	4.9000	20盐控01（167296）	1000.00	2025.07.29	4.8000
20漯河02（167298）	1470.00	2023.07.28	6.1000	20长融01（167299）	965.00	2025.07.31	4.9000
20沪券D1（167300）	1000.00	2021.01.23	3.3900	20株金01（167301）	500.00	2025.07.27	7.4500
20海宁01（167302）	800.00	2025.08.10	3.9500	20安投01（167303）	1000.00	2023.08.21	6.4700
20中财F2（167305）	2000.00	2023.07.28	3.8000	20恒泰01（167306）	430.00	2025.07.27	7.0000
20红豆01（167307）	300.00	2022.09.03	8.5000	20惠民02（167308）	320.00	2027.07.30	6.5000
20豫峡D2（167309）	1000.00	2021.07.27	3.9700	20安租D3（167310）	500.00	2021.07.29	3.5800
20弋阳01（167311）	500.00	2025.07.29	5.0000	20禹洲01（167312）	1500.00	2025.07.24	6.5000
20汕投02（167313）	1200.00	2025.07.29	4.0300	20财鑫01（167314）	500.00	2025.11.10	5.1000
20银河F6（167315）	3000.00	2022.07.29	3.5000	20银河F7（167316）	3000.00	2023.07.29	3.7200
20柳州04（167317）	740.00	2025.07.27	6.5000	20万联03（167318）	400.00	2023.07.30	3.9000
20湖东02（167319）	450.00	2023.07.29	6.3000	20融和02（167320）	600.00	2025.08.03	4.3500
20济产02（167321）	850.00	2025.07.31	5.0000	20沭东01（167322）	150.00	2025.07.27	6.5000
20苏海01（167323）	500.00	2025.08.03	7.2000	20遵投03（167324）	875.00	2025.09.21	7.5000
20金辉02（167325）	500.00	2023.07.29	7.0000	20台商债（167326）	800.00	2023.07.30	4.9000
20桐控03（167327）	300.00	2023.08.19	4.3400	S20石门1（167328）	80.00	2025.07.29	8.0000
20宁城02（167329）	800.00	2025.08.12	5.0000	20株城01（167330）	1000.00	2025.07.30	4.5700
20通经01（167332）	1000.00	2021.08.03	3.3000	20泾河01（167333）	1500.00	2023.10.29	7.5000
20赣恒01（167334）	320.00	2027.08.03	7.0000	20南沙01（167335）	600.00	2023.08.06	3.9000
20市北01（167336）	1200.00	2025.07.28	4.1800	20南开02（167337）	600.00	2025.07.30	5.5700
20柯经开（167339）	1330.00	2023.08.27	4.6000	20时代10（167340）	500.00	2024.08.04	5.6800

债券信息
List of Bonds

债券
Bond

债券简称（代码） Bond Name（Code）	发行量（百万元） Issued Vol（M Yuan）	到期日 Expiration Date	票面利率（%） Coupon Rate	债券简称（代码） Bond Name（Code）	发行量（百万元） Issued Vol（M Yuan）	到期日 Expiration Date	票面利率（%） Coupon Rate
20兴信02（167341）	3100.00	2025.07.29	4.3800	20木渎01（167342）	450.00	2023.07.31	4.6000
20大同03（167343）	342.00	2023.09.08	6.0000	20钱城01（167344）	1500.00	2025.07.30	4.1700
20长安01（167345）	100.00	2023.07.31	7.5000	20句农01（167346）	425.00	2025.08.06	6.5000
20潍水02（167347）	300.00	2025.07.30	6.5000	20哈居01（167348）	990.00	2025.07.27	5.9900
20崇投01（167349）	900.00	2025.08.26	6.8000	20延旅债（167350）	450.00	2023.08.04	5.6800
20润田02（167351）	590.00	2025.07.30	6.8000	20南建01（167352）	900.00	2025.07.31	4.2500
20松原03（167353）	540.00	2025.07.29	7.4000	20玉城01（167354）	1000.00	2025.08.03	4.2900
20福华02（167355）	100.00	2023.08.04	8.0000	20新安05（167356）	600.00	2025.08.24	7.5000
20陕财01（167358）	800.00	2022.08.03	5.6800	20玉林01（167359）	800.00	2025.07.31	6.9500
20邹城01（167360）	410.00	2023.08.04	6.2000	G20德交2（167361）	350.00	2030.08.04	6.0000
20吴兴01（167362）	1500.00	2025.08.06	5.0800	20海投03（167363）	426.00	2025.09.10	7.0000
20赣江01（167364）	1420.00	2027.08.25	6.3900	20蓟州04（167365）	50.00	2025.07.29	7.5000
20兴蓉西（167366）	500.00	2025.07.31	4.8800	20盘水01（167367）	200.00	2025.07.31	7.6000
20九联02（167368）	1000.00	2025.09.07	4.8000	20虞建开（167369）	2130.00	2025.08.03	4.5000
20简州债（167370）	1000.00	2025.08.04	6.5000	20古蔺02（167371）	100.00	2025.07.30	7.0000
20宜文01（167372）	500.00	2029.08.03	4.2000	20太科01（167373）	200.00	2023.08.05	4.3000
20惠基02（167374）	160.00	2023.08.05	5.0000	20滨投02（167375）	500.00	2023.08.04	6.5000
20炜赋01（167376）	600.00	2023.08.04	4.5000	20弘湘01（167377）	800.00	2023.09.07	5.0000
20铜川01（167378）	1800.00	2025.08.03	6.4000	20纳兴03（167379）	200.00	2025.11.12	7.4000
20新开02（167380）	200.00	2025.07.31	6.5000	20新开03（167381）	760.00	2025.07.31	7.0000
20盐投D2（167382）	1000.00	2021.08.07	5.0300	20世纪D2（167383）	884.00	2021.08.14	6.3000
20沭新01（167384）	500.00	2025.09.03	7.7000	20安信02（167385）	4200.00	2021.08.12	3.2000
20新昌G2（167386）	200.00	2025.08.06	4.9000	20西海01（167387）	1500.00	2025.08.06	4.1800
20溧开02（167388）	637.00	2025.08.27	5.0000	20鼎力03（167389）	581.00	2025.08.10	6.3000
20瀛洲01（167390）	540.00	2023.08.04	6.2000	20苏园03（167391）	600.00	2038.08.04	4.7800
20苏园04（167392）	500.00	2038.08.04	4.9000	20豫水02（167393）	800.00	2025.08.05	3.9500
20桓台01（167394）	900.00	2023.08.10	6.6000	20南新D2（167396）	750.00	2021.08.14	4.3000
20信诚01（167397）	500.00	2022.08.06	7.0000	20金坛04（167398）	500.00	2025.08.24	5.9000
S20产城1（167399）	350.00	2023.08.06	5.8000	20轻纺01（167400）	1000.00	2023.08.12	4.3000
20锡西01（167401）	500.00	2023.08.12	4.4300	20西城04（167402）	300.00	2024.08.14	5.3000
20南湖01（167403）	2000.00	2023.08.25	5.4800	20绿投03（167404）	220.00	2025.10.23	5.4000
20文汇01（167405）	1000.00	2023.08.05	4.1500	20渝合D1（167406）	1000.00	2021.08.07	3.9800
20滨海06（167407）	600.00	2030.08.12	4.9500	20九江01（167408）	500.00	2025.08.07	4.7800
20昆投01（167409）	2000.00	2023.08.11	6.1000	20青城D1（167410）	1500.00	2021.08.10	3.3800
20渝园01（167411）	971.00	2023.08.14	6.7000	20兴福02（167414）	500.00	2022.09.04	4.4400
20泰州02（167415）	150.00	2023.08.10	6.4800	20兴旅01（167416）	200.00	2023.08.24	5.9800
20兴港D2（167417）	1000.00	2021.08.27	3.8000	20十堰01（167418）	1000.00	2023.08.07	7.3000
20安阳04（167419）	500.00	2025.10.29	5.1000	20惠临01（167421）	200.00	2027.09.11	7.5000
20晋资02（167422）	500.00	2025.08.12	4.6900	20绿产D2（167423）	500.00	2021.08.13	4.5000
20岳交01（167424）	700.00	2023.08.24	4.8000	20岳交02（167425）	100.00	2023.08.24	6.0000
20泗宏01（167426）	1000.00	2025.09.18	6.8000	20娄海01（167427）	540.00	2025.08.21	5.4000
20中航C1（167428）	500.00	2023.08.21	4.6000	20株城03（167429）	1000.00	2025.08.14	4.4400
20连城03（167431）	1000.00	2025.08.19	4.4700	20金城02（167432）	800.00	2025.08.17	4.0300
20东丽05（167434）	1000.00	2025.08.11	7.0600	20财通C2（167435）	2000.00	2023.08.14	4.0900
20镇交02（167436）	500.00	2023.08.18	5.4500	20龙水01（167437）	500.00	2023.08.17	4.5000
20葛化01（167438）	1000.00	2023.08.21	4.6700	20高新02（167439）	2000.00	2025.08.18	5.0500
20宁证C1（167440）	700.00	2022.08.14	4.0800	20路公D1（167441）	700.00	2021.08.18	3.8000
20莱城发（167442）	380.00	2022.08.28	6.7800	20山钢03（167443）	1000.00	2023.08.13	4.9900
20河口02（167444）	600.00	2025.08.14	7.5000	20六安01（167446）	500.00	2023.09.21	7.0900
20株国06（167447）	1500.00	2025.08.18	4.7000	20惠鑫02（167448）	200.00	2025.10.22	4.8800

债券信息
List of Bonds

债券
Bond

债券简称（代码）Bond Name（Code）	发行量（百万元）Issued Vol（M Yuan）	到期日 Expiration Date	票面利率（%）Coupon Rate	债券简称（代码）Bond Name（Code）	发行量（百万元）Issued Vol（M Yuan）	到期日 Expiration Date	票面利率（%）Coupon Rate
20 浏城 02（167450）	1000.00	2025.08.18	4.6900	20 财投 02（167451）	430.00	2025.08.14	3.7000
20 绵控 02（167452）	1300.00	2021.08.19	4.1800	20 建开 02（167453）	350.00	2023.08.17	7.5000
20 建开 03（167454）	350.00	2023.08.17	7.5000	20 焦作 01（167455）	400.00	2022.08.14	4.9800
20 焦作 02（167456）	600.00	2023.08.14	5.5000	20 丰兴 02（167457）	500.00	2023.09.10	7.5000
20 荣成 02（167458）	1900.00	2025.08.18	4.7000	20 元和 01（167460）	500.00	2023.08.24	4.2500
20 虞舜 01（167461）	500.00	2023.08.19	4.3500	20 时代 12（167463）	1100.00	2024.08.24	5.9400
20 龙川 03（167464）	680.00	2025.09.01	4.8000	20 先导 03（167465）	1000.00	2023.08.19	4.0000
20 海连 01（167466）	1000.00	2023.08.18	5.1000	20 金义 01（167467）	1000.00	2023.08.24	4.7000
20 德源 01（167468）	500.00	2025.08.18	4.6100	20 余发 01（167469）	1000.00	2029.08.19	4.7000
20 兴资 03（167470）	550.00	2022.08.21	3.6500	20 兴资 04（167471）	600.00	2023.08.21	4.0000
20 瀚控 D6（167472）	920.00	2021.08.18	6.9000	20 沪券 C1（167473）	2600.00	2023.08.17	4.5500
20 渝隆 D2（167474）	1000.00	2021.08.19	3.7000	20 通海 02（167475）	1200.00	2023.08.20	4.2800
20 遵桥 D2（167476）	1300.00	2021.08.18	7.5000	20 融控 03（167477）	600.00	2025.09.02	4.3500
20 禹城 01（167478）	1000.00	2025.08.20	6.5000	20 长寿 01（167479）	700.00	2025.09.18	7.0000
20 乌经建（167480）	500.00	2025.08.18	5.3200	20 温国 01（167481）	600.00	2023.09.16	5.5000
20 柯资 01（167482）	1500.00	2023.08.24	4.3000	20 南司 02（167483）	1000.00	2025.08.31	5.4600
20 汾湖 01（167484）	500.00	2023.09.14	4.3500	G20 建城 1（167485）	1500.00	2023.09.01	4.8000
20 湖交 01（167486）	1000.00	2025.08.20	3.8500	20 云济 02（167487）	800.00	2025.08.26	7.0000
20 虞发 01（167488）	450.00	2027.08.27	4.2500	G20 潼南 1（167489）	1000.00	2022.09.01	6.9000
20 民泰 01（167490）	800.00	2023.08.24	5.5500	20 高港 02（167491）	220.00	2025.08.20	7.0000
20 高港 03（167492）	120.00	2025.08.20	6.5000	20 丰经 03（167493）	100.00	2023.09.17	7.0000
20 融和 D2（167494）	500.00	2021.08.21	3.6000	20 云控 02（167495）	2000.00	2025.09.22	5.0000
20 滨建 01（167496）	830.00	2025.08.27	4.2800	20 悦达 01（167497）	100.00	2023.08.24	7.2000
20 旅发 D2（167498）	250.00	2021.08.21	4.3000	20 天投 03（167499）	2000.00	2023.08.24	3.9900
20 河西 01（167500）	900.00	2023.08.27	3.9700	20 蓉西 D1（167501）	660.00	2021.10.30	4.3000
20 松原 04（167502）	510.00	2025.08.24	7.4000	20 桂城 02（167503）	640.00	2025.08.21	6.0000
20 虞水 02（167504）	700.00	2023.09.03	4.5000	G20 日照（167505）	500.00	2025.08.28	6.5000
20 中泰 F2（167506）	3000.00	2021.08.28	3.4000	20 农谷债（167507）	500.00	2025.09.29	6.4000
20 银城 01（167508）	620.00	2025.08.24	5.0000	20 崇川 02（167509）	500.00	2021.08.28	3.5000
20 金石 02（167510）	150.00	2025.08.21	5.5000	20 柳州 D2（167511）	1000.00	2021.08.25	5.6000
20 康居 04（167512）	270.00	2023.08.27	4.3000	20 华鑫 02（167513）	400.00	2022.08.27	4.5000
20 弋阳 02（167514）	500.00	2025.08.31	6.5000	20 张发 01（167516）	600.00	2022.08.25	6.2000
20 柯资 D2（167518）	1410.00	2021.08.28	3.8000	20 产建 01（167519）	800.00	2023.08.25	6.0900
20 畅道 01（167520）	1200.00	2023.09.01	5.3500	G20 苏科 1（167521）	620.00	2023.08.31	5.0000
20 蓉兴 01（167522）	770.00	2025.09.01	5.2400	20 遵桥 D3（167523）	1180.00	2021.08.27	7.5000
20 大庆 02（167524）	600.00	2025.09.04	7.1000	20 苏金 04（167525）	300.00	2025.08.26	4.0800
20 富开 01（167526）	900.00	2025.09.14	4.3000	20 绵兴 03（167527）	300.00	2025.08.28	6.0000
20 曹国 01（167528）	1400.00	2025.09.01	6.0000	20 枝金 03（167529）	600.00	2025.08.24	5.9800
20 嘉城 01（167531）	500.00	2025.08.27	3.8800	20 安控 03（167532）	450.00	2025.10.22	5.4000
G20 生态 2（167533）	327.00	2023.08.31	6.0000	20 舜宁 02（167534）	500.00	2023.08.28	4.4900
20 江来 01（167535）	1000.00	2025.09.02	6.7000	20 古蔺 03（167536）	700.00	2025.09.22	7.0000
20 兰投 01（167539）	850.00	2023.09.02	5.4000	20 启海 02（167540）	700.00	2025.10.27	5.4000
20 洛城 02（167541）	1000.00	2025.08.27	4.8500	20 高投 01（167542）	500.00	2023.09.22	5.9000
20 古都 02（167543）	300.00	2023.08.28	5.8200	20 启东 D2（167544）	1600.00	2021.09.03	3.8400
20 曲金 01（167545）	500.00	2025.09.29	5.2000	20 象港 02（167546）	1000.00	2025.08.31	4.3900
20 近湖 01（167547）	150.00	2022.08.31	7.5000	20 空港 F1（167548）	1000.00	2025.08.28	4.3000
20 相高 01（167549）	1300.00	2023.09.01	4.8000	20 文登 01（167550）	500.00	2023.09.29	6.0000
20 句容 02（167551）	500.00	2025.09.15	5.8000	20 广安 03（167552）	3000.00	2025.09.02	4.2000
20 全南 01（167553）	400.00	2025.11.16	7.2500	20 东泰 D1（167554）	1000.00	2021.08.31	3.9800
20 赣恒 04（167556）	650.00	2027.09.01	7.0000	20 海陵 02（167557）	500.00	2025.08.31	5.5000

债券信息
List of Bonds

债券
Bond

债券简称（代码） Bond Name（Code）	发行量（百万元） Issued Vol （M Yuan）	到期日 Expiration Date	票面利率（%） Coupon Rate	债券简称（代码） Bond Name（Code）	发行量（百万元） Issued Vol （M Yuan）	到期日 Expiration Date	票面利率（%） Coupon Rate
20虞开02（167558）	870.00	2025.08.31	4.4800	20广瀚01（167559）	800.00	2025.08.31	7.5000
20山煤01（167560）	1500.00	2023.10.28	5.9700	20黄城01（167561）	600.00	2023.08.31	4.7400
20库城01（167562）	600.00	2027.08.31	6.0000	20宝材01（167563）	80.00	2021.09.04	6.5000
20宝材02（167564）	90.00	2022.09.04	6.5000	20宝材03（167565）	100.00	2023.09.04	7.0000
20宝材04（167566）	105.00	2024.09.04	7.5000	20浙商C3（167567）	1500.00	2022.08.31	3.9500
20浙商C4（167568）	500.00	2023.08.31	4.1000	20铜开01（167569）	1440.00	2025.09.07	7.5000
20济金02（167570）	1000.00	2023.09.09	4.5000	20未央01（167571）	3000.00	2025.09.08	4.9900
20新发03（167572）	532.00	2025.09.08	3.9500	20穗开03（167573）	600.00	2025.09.03	4.2000
20锡藕03（167574）	500.00	2025.09.07	4.7500	20德兴01（167575）	500.00	2022.09.29	7.0000
20临公01（167576）	400.00	2022.09.03	6.0000	20怀经02（167577）	500.00	2025.11.05	7.2000
20钱塘债（167578）	1500.00	2023.09.04	3.7900	20齐财01（167579）	1000.00	2023.09.04	6.5000
20临颍02（167580）	200.00	2023.09.08	5.9500	20深钜01（167581）	870.00	2025.09.14	7.5000
20西经D1（167582）	600.00	2021.09.10	6.0000	20智慧01（167583）	350.00	2025.09.17	3.7800
20陕金控（167584）	500.00	2025.10.29	4.7000	20开封01（167585）	450.00	2025.09.07	7.0000
20恒澄01（167586）	530.00	2023.11.09	4.5800	20鑫通01（167587）	300.00	2025.09.10	5.8000
20建开04（167588）	520.00	2025.09.17	7.5000	20饶资01（167589）	1450.00	2027.10.27	4.9500
20沂发01（167590）	500.00	2027.09.03	7.3000	20裕丰03（167591）	180.00	2023.10.20	7.5000
20海江01（167592）	437.00	2023.09.07	4.0500	20怀远01（167593）	1100.00	2025.09.03	7.0000
20兴化02（167594）	950.00	2025.09.08	6.4500	20柳控F3（167595）	500.00	2025.09.11	5.9900
20禹洲02（167596）	1500.00	2025.09.15	6.5000	20鄞开01（167597）	1000.00	2025.09.11	4.1000
20合川02（167598）	550.00	2025.09.09	6.7000	20高创02（167599）	1000.00	2025.09.07	5.8000
20滨湖D1（167600）	650.00	2021.09.08	3.8000	20红塔02（167601）	500.00	2025.09.10	7.5000
20锡西02（167602）	500.00	2023.09.14	4.7700	20襄国01（167603）	1120.00	2023.09.14	7.0000
20水发D1（167604）	1500.00	2021.09.08	4.1200	20中租D3（167605）	800.00	2021.09.16	3.8700
20如东01（167606）	1000.00	2025.09.10	5.2500	20进纾02（167607）	830.00	2025.09.15	4.2000
20滨海07（167608）	700.00	2030.09.21	5.2000	20高邮02（167609）	500.00	2025.09.14	5.5000
20三阳01（167610）	750.00	2023.09.24	4.5000	20安吉01（167611）	500.00	2025.09.17	5.9000
20东广01（167612）	1000.00	2025.09.10	4.5000	20网租Y1（167613）	430.00	2022.11.16	4.1000
20宜城D1（167614）	400.00	2021.09.09	3.5000	20平城01（167615）	1200.00	2023.09.21	5.0500
20药城02（167616）	200.00	2023.09.08	6.5000	20扬化01（167618）	200.00	2025.09.11	6.3000
G20虞交1（167619）	300.00	2025.09.11	4.1500	20甬滨01（167620）	1000.00	2025.09.14	4.3900
20汾湖D2（167621）	500.00	2021.09.17	3.7900	20建湖01（167622）	500.00	2023.09.25	6.9000
20通投02（167624）	660.00	2025.09.14	5.7800	20潍水D1（167625）	580.00	2021.09.09	7.0000
20恒信F4（167626）	1000.00	2022.09.10	4.4000	20浔城02（167627）	200.00	2025.09.22	5.9800
20南投02（167628）	500.00	2025.09.16	5.8000	20广林03（167629）	140.00	2025.09.10	6.5000
20生态01（167630）	1200.00	2025.09.11	4.8000	20太旅01（167631）	500.00	2023.09.18	4.2000
20晋资03（167632）	1000.00	2025.09.24	4.5000	20铜国控（167633）	330.00	2023.09.11	6.0000
20西高地（167635）	270.00	2025.12.14	7.5000	20唐山02（167636）	810.00	2025.09.10	6.4000
20惠投D2（167637）	1000.00	2021.09.14	3.8200	20皋沿01（167638）	800.00	2025.09.15	5.2000
20双溪03（167639）	220.00	2025.09.10	7.2000	20贵产01（167640）	1000.00	2025.09.11	7.5000
20茅控02（167642）	300.00	2025.09.14	5.0900	20济建03（167643）	3000.00	2023.09.18	4.2000
20怀高01（167644）	1350.00	2025.09.10	6.9000	20桐发01（167645）	600.00	2027.09.16	4.6100
20盘水02（167646）	400.00	2025.09.09	7.6000	20龙海01（167647）	423.00	2022.09.14	5.1000
20安化02（167648）	110.00	2025.09.14	6.3000	20黄经01（167649）	1000.00	2023.09.17	4.6900
20乌高02（167650）	1300.00	2025.09.17	4.9500	20仙城01（167651）	500.00	2025.09.14	4.6000
20城阳01（167652）	1000.00	2025.09.15	4.3300	20瀚控D7（167653）	462.00	2021.09.17	6.5000
20仁怀03（167654）	410.00	2025.09.14	6.8000	20浙天03（167655）	440.00	2023.09.22	6.0000
20郴投02（167656）	1170.00	2023.09.28	7.2000	20海瀛D2（167657）	500.00	2021.09.14	6.0000
20宁证C2（167658）	800.00	2022.09.16	4.2000	20虞资05（167659）	1500.00	2025.09.21	4.4900
20建设03（167660）	1000.00	2025.10.27	4.1500	20通融02（167662）	500.00	2025.09.21	6.4000

债券信息
List of Bonds

债券简称（代码） Bond Name（Code）	发行量（百万元） Issued Vol（M Yuan）	到期日 Expiration Date	票面利率（%） Coupon Rate	债券简称（代码） Bond Name（Code）	发行量（百万元） Issued Vol（M Yuan）	到期日 Expiration Date	票面利率（%） Coupon Rate
20沣西债（167663）	1500.00	2023.10.12	6.5000	20抚州01（167664）	1000.00	2025.09.17	4.7000
20盐交03（167665）	500.00	2023.10.28	7.0000	20三门01（167666）	1000.00	2023.09.16	4.6000
20兴业C1（167668）	3500.00	2023.09.15	4.1000	G20有轨1（167669）	400.00	2023.09.18	4.5000
20渝合D2（167670）	1000.00	2021.09.17	4.2800	20博山01（167671）	950.00	2023.09.16	7.0000
20中新01（167672）	350.00	2022.09.24	7.6000	20大行01（167673）	350.00	2023.09.16	7.2000
20科技04（167674）	650.00	2025.09.14	7.5000	20开福01（167675）	1500.00	2025.09.24	4.5000
20兴南02（167677）	200.00	2023.09.15	7.9500	20溧开03（167678）	1200.00	2025.09.29	4.9800
20长建03（167679）	1000.00	2021.09.17	4.3000	20株产01（167681）	1000.00	2023.09.17	6.2000
20安吉02（167682）	500.00	2025.09.17	5.9000	20百投03（167683）	700.00	2023.09.14	8.0000
20缙云02（167684）	800.00	2025.09.29	5.5000	20佳源03（167685）	400.00	2022.09.23	8.0000
20伊资01（167686）	600.00	2025.09.21	6.5000	20漳九03（167687）	1200.00	2025.10.20	4.1900
20四维01（167688）	700.00	2023.10.30	5.5000	20中航C2（167689）	800.00	2023.10.20	4.7400
20成金03（167690）	160.00	2025.09.18	6.5000	20金控03（167691）	770.00	2025.09.28	4.3800
20赣租01（167692）	1000.00	2023.10.29	5.8000	20扬开01（167693）	340.00	2025.09.23	4.4800
20城控01（167695）	1000.00	2025.10.20	4.3000	20株城05（167696）	600.00	2025.09.22	5.1500
20金洲03（167697）	1000.00	2025.09.30	7.5000	20红豆02（167698）	200.00	2022.09.18	8.5000
20交通03（167699）	600.00	2025.10.29	5.0000	20雪浪01（167701）	500.00	2023.09.22	4.1900
20桂债02（167702）	510.00	2025.12.08	5.9000	20博融01（167703）	300.00	2023.12.04	7.5000
20泰顺02（167704）	500.00	2025.09.28	4.9900	G20新天1（167705）	550.00	2025.09.25	5.5000
20城资D1（167706）	700.00	2021.09.22	5.1000	G20贵开1（167707）	1400.00	2025.09.29	7.0000
20蓉西02（167708）	700.00	2025.09.22	4.6000	20锡东03（167709）	1450.00	2025.09.23	4.3400
20能投02（167710）	1000.00	2023.09.29	4.9500	20天目02（167711）	900.00	2023.09.21	5.4000
20兴安01（167712）	800.00	2025.09.25	7.5000	20溧水F1（167713）	1024.00	2025.09.21	4.6900
20三江投（167714）	800.00	2025.09.24	4.8000	20海兴04（167715）	900.00	2025.09.22	5.1700
20浦经01（167716）	1000.00	2028.09.21	4.7900	20资开03（167717）	560.00	2025.09.28	7.2000
20绿港03（167719）	700.00	2025.09.22	6.4500	20如开D1（167720）	1000.00	2021.11.03	4.5000
20葫岛01（167721）	700.00	2025.09.18	7.2000	20吴园01（167722）	350.00	2023.09.21	4.0500
20新经02（167723）	220.00	2025.09.21	4.9900	20会展01（167724）	300.00	2025.09.30	6.2000
20山金01（167725）	500.00	2025.09.23	5.8900	20宿控01（167726）	500.00	2027.10.20	4.9500
20城旅02（167727）	800.00	2025.09.28	4.1800	20麒麟01（167728）	500.00	2023.09.21	7.5000
20北仑01（167730）	1000.00	2025.09.24	4.2900	20绍滨02（167731）	1000.00	2025.09.23	4.5000
20申太02（167733）	700.00	2023.09.25	5.6000	20泸建01（167734）	1000.00	2025.09.25	6.5000
20泉水01（167735）	500.00	2023.09.23	5.9800	20新创01（167736）	400.00	2023.10.28	4.4800
20驻投03（167737）	340.00	2025.09.23	5.9800	20万通01（167738）	582.00	2022.09.22	8.5000
20濮水02（167740）	650.00	2025.09.25	6.3800	20郓城02（167741）	600.00	2023.09.22	6.5000
20晋产01（167742）	500.00	2023.10.15	4.8500	20世园D1（167743）	1000.00	2021.09.24	4.0000
20如皋04（167744）	260.00	2025.09.22	5.7500	20桐振01（167745）	900.00	2025.09.28	4.2000
20延平债（167746）	300.00	2023.09.23	7.5000	20灵宝02（167747）	300.00	2022.10.26	5.6000
20运河01（167748）	600.00	2023.09.23	4.2800	20兆泰01（167749）	1630.00	2022.09.24	7.0000
20岳湖01（167750）	1200.00	2023.09.25	5.6900	20宁科02（167751）	400.00	2025.09.22	4.8000
20番雅02（167752）	1500.00	2022.10.19	6.2000	G20盐城1（167753）	500.00	2023.09.25	7.3000
20浙商C5（167754）	1000.00	2022.09.25	3.9500	20浙商C6（167755）	1000.00	2023.09.25	4.1500
20浔交02（167756）	300.00	2025.09.23	5.9800	20遵桥D4（167757）	418.00	2021.09.21	6.5000
20即墨D1（167758）	500.00	2021.09.23	3.7800	20临建01（167759）	1000.00	2023.09.24	4.6500
20广成D2（167760）	430.00	2021.09.24	6.3000	20国祥01（167761）	2000.00	2023.12.22	6.5000
20皋通01（167762）	1000.00	2025.10.22	4.7000	20佳鑫02（167763）	520.00	2025.09.29	6.5000
20任兴03（167764）	400.00	2025.09.28	6.5000	20中租D4（167765）	1000.00	2021.09.25	3.8700
20明城01（167766）	300.00	2023.09.23	4.8000	20麒麟02（167767）	500.00	2023.09.24	8.0000
20SAICC1（167768）	400.00	2023.09.24	3.6000	20洛城03（167769）	500.00	2025.09.24	4.7000
20吴兴02（167770）	1800.00	2025.09.29	5.2000	20兴海02（167772）	500.00	2023.09.24	6.8000

债券信息
List of Bonds

债券
Bond

债券简称（代码）Bond Name（Code）	发行量（百万元）Issued Vol（M Yuan）	到期日 Expiration Date	票面利率（%）Coupon Rate	债券简称（代码）Bond Name（Code）	发行量（百万元）Issued Vol（M Yuan）	到期日 Expiration Date	票面利率（%）Coupon Rate
20甬开01（167773）	1000.00	2023.10.29	4.5900	20深钜02（167774）	2320.00	2025.09.23	6.0000
20江公02（167775）	500.00	2025.11.03	4.2800	20浏新01（167776）	650.00	2023.09.28	4.5600
20舟金债（167777）	1000.00	2023.09.28	5.4500	20环湖01（167778）	1900.00	2025.10.20	5.3000
20同租01（167779）	500.00	2023.09.29	5.6000	20柯资D3（167780）	970.00	2021.09.28	3.8500
20日经01（167781）	371.00	2025.09.28	7.0000	20江油02（167782）	800.00	2023.09.28	7.5000
20金堂01（167783）	311.00	2022.09.29	7.8000	20潭高01（167784）	500.00	2025.11.06	7.5000
20成兴01（167785）	500.00	2025.11.05	6.4800	20天泰01（167786）	130.00	2025.10.09	6.5000
20振坪03（167787）	465.00	2023.09.25	7.5000	20兴锦01（167788）	1300.00	2027.09.29	5.5000
20泰控债（167789）	210.00	2023.09.24	7.2000	20咸阳01（167791）	1000.00	2022.11.06	6.0000
G20阿地1（167792）	1000.00	2025.09.29	5.6700	20宁运01（167794）	1000.00	2023.09.30	4.9400
20连工02（167795）	300.00	2025.09.25	6.5000	20富湾01（167796）	1500.00	2025.09.28	4.2000
20富港01（167798）	500.00	2025.09.28	5.4000	20恒泰C1（167799）	1500.00	2023.09.28	5.8000
20浔旅02（167800）	1430.00	2035.09.29	6.0000	20诸交01（167801）	1500.00	2025.10.20	4.8000
20寿光01（167802）	900.00	2025.09.28	6.3000	20徐州01（167803）	500.00	2023.09.28	7.0000
20信诚02（167804）	500.00	2022.09.29	6.9500	20杭港02（167806）	730.00	2025.11.23	4.2000
20沭东02（167807）	130.00	2025.09.25	7.7000	20平远01（167808）	3000.00	2022.09.29	4.3000
20平发02（167810）	1080.00	2023.10.22	4.8200	20伊川01（167811）	200.00	2022.09.25	7.0000
20新昌D1（167812）	400.00	2021.09.29	3.8000	20润投01（167813）	1000.00	2023.10.27	6.0000
20城资D2（167814）	800.00	2021.09.30	5.4100	20镇海01（167815）	500.00	2023.09.29	4.0000
20柯资02（167816）	1000.00	2023.09.29	4.6000	20富开02（167817）	600.00	2025.11.19	4.3000
20启创01（167818）	600.00	2025.09.29	4.9000	20魏投01（167819）	200.00	2022.10.16	5.6500
20魏投02（167820）	300.00	2023.10.16	6.0000	20象开02（167821）	800.00	2025.10.09	5.3200
20淮宏01（167822）	500.00	2023.09.30	7.8000	20淮开05（167823）	350.00	2025.10.23	5.0900
20株高F1（167824）	1365.00	2025.09.29	5.8800	20泰兴01（167825）	100.00	2022.10.20	7.0000
20泽洲01（167826）	500.00	2023.09.29	5.5000	20惠农01（167827）	1000.00	2027.10.16	6.5000
20葫岛02（167828）	500.00	2025.09.30	6.8000	20太湖02（167829）	980.00	2025.10.14	6.1000
20鹤山01（167830）	1000.00	2023.10.23	5.2000	20溪城02（167831）	300.00	2025.10.22	4.8300
20射城01（167832）	500.00	2022.09.30	7.0000	20镇城F5（167833）	600.00	2023.09.29	5.6500
20青田债（167835）	1405.00	2023.10.28	4.9000	20遵桥D5（167836）	800.00	2021.11.02	7.5000
20嵊南02（167837）	440.00	2023.10.09	4.9000	20深钜03（167838）	1500.00	2025.09.30	6.0000
20昌发01（167839）	200.00	2023.10.15	4.3000	20华诚01（167840）	320.00	2023.09.30	6.5000
20金坛05（167841）	500.00	2025.09.29	5.9000	20沭东03（167842）	500.00	2023.10.20	7.3000
S20播交2（167843）	400.00	2030.09.30	7.5000	20深钜D1（167844）	1590.00	2021.09.30	7.0000
20首股03（167845）	1905.00	2025.09.29	4.2700	20新泰01（167846）	800.00	2025.11.27	6.9000
20溧城D1（167848）	1000.00	2021.10.16	3.8000	20恒瑞01（167849）	500.00	2025.10.12	6.5000
20涪交03（167850）	1800.00	2025.10.19	5.8800	20国联04（167851）	1000.00	2022.10.15	4.0700
20丹阳01（167852）	300.00	2022.12.25	7.0000	20遵湘01（167854）	350.00	2023.10.28	6.5000
20宜经02（167855）	460.00	2025.10.14	4.6800	20建发02（167857）	600.00	2025.10.22	5.5000
20九洲02（167858）	500.00	2025.10.19	4.4000	20濮阳02（167859）	640.00	2025.10.20	5.4500
20醴渌02（167860）	500.00	2026.10.15	7.5000	20大庆03（167861）	300.00	2025.11.23	7.1000
20义城01（167863）	1300.00	2023.10.26	4.5000	20广丰01（167864）	2000.00	2025.10.15	6.0000
20嘉服03（167865）	1100.00	2025.10.26	4.3600	20嘉服04（167866）	300.00	2025.10.26	4.7900
20海润03（167867）	500.00	2025.10.30	4.5000	20金义02（167868）	1000.00	2023.10.21	4.8900
20济高Y2（167869）	1270.00	2023.12.16	5.6000	20鄞城04（167871）	500.00	2025.10.16	4.7500
20通湾01（167874）	370.00	2023.11.24	4.5000	20亭湖04（167875）	600.00	2023.10.16	7.5000
20家园05（167876）	300.00	2023.10.14	5.0000	20湖产02（167877）	320.00	2023.11.20	5.5000
20淳安02（167878）	1000.00	2025.10.22	4.7900	20新昌04（167880）	500.00	2025.11.30	5.1000
20宿东01（167881）	200.00	2023.10.19	6.1000	20宁科01（167882）	500.00	2025.11.03	3.9000
20新余02（167884）	700.00	2023.10.27	5.5900	20深钜04（167885）	310.00	2025.10.22	6.0000
20智谷01（167886）	800.00	2023.10.26	4.7900	20财通C3（167887）	1500.00	2023.10.22	4.2000

债券信息
List of Bonds

债券
Bond

债券简称（代码）Bond Name（Code）	发行量（百万元）Issued Vol（M Yuan）	到期日 Expiration Date	票面利率（%）Coupon Rate	债券简称（代码）Bond Name（Code）	发行量（百万元）Issued Vol（M Yuan）	到期日 Expiration Date	票面利率（%）Coupon Rate
20宜新02（167888）	1000.00	2025.10.16	4.5000	20伊资02（167889）	550.00	2025.10.16	6.4500
20皋发01（167890）	1000.00	2025.10.27	4.6500	20新源01（167891）	630.00	2022.10.30	6.0000
20深钜D2（167893）	410.00	2021.10.22	6.0000	20新集01（167895）	1000.00	2025.10.20	5.6900
20海通F1（167896）	5000.00	2021.10.23	3.5000	20海通F2（167897）	5000.00	2022.10.21	3.8200
20淮新05（167899）	700.00	2025.10.19	5.0500	20滨惠01（167900）	840.00	2025.10.21	6.5000
20泰州03（167901）	100.00	2023.10.20	7.0000	20万通03（167902）	120.00	2022.10.30	9.0000
20泰投01（167903）	1500.00	2025.11.13	5.0000	20同煤04（167904）	1000.00	2023.10.19	5.4700
20富通02（167905）	920.00	2025.10.30	4.5000	20惠基03（167906）	428.00	2023.11.05	5.0000
20东城01（167907）	600.00	2023.10.28	4.9800	20忻州02（167908）	500.00	2025.10.19	5.1800
20椒社01（167909）	1400.00	2023.11.03	4.7000	20鹿城01（167910）	1500.00	2025.10.26	4.3000
20余开投（167911）	500.00	2025.10.22	4.7500	20宁经01（167912）	500.00	2025.10.23	5.9000
20新锦01（167913）	1000.00	2023.10.26	4.5700	20家园06（167914）	530.00	2022.10.26	4.8500
20昆交发（167915）	500.00	2025.10.21	4.0000	20淮开06（167917）	1080.00	2025.10.21	5.7800
20连城04（167918）	1000.00	2023.10.29	4.4900	20华融F1（167919）	2000.00	2023.10.23	4.6500
20华融C2（167920）	1000.00	2023.10.26	4.9500	20华靖02（167921）	800.00	2023.11.03	5.4000
20厦特02（167922）	550.00	2023.10.23	4.2500	20海曙02（167923）	500.00	2025.10.22	4.1500
20奉投01（167924）	1500.00	2025.10.26	4.3000	20邵东01（167925）	600.00	2025.10.26	7.2000
20武港01（167926）	1450.00	2023.11.20	4.7000	20余杭03（167927）	1500.00	2025.10.26	4.0300
20萧经01（167928）	1500.00	2025.10.27	4.0000	20肥西01（167929）	1300.00	2027.11.09	4.5500
20渝枢08（167931）	1300.00	2025.10.28	5.1000	20西电01（167932）	820.00	2025.10.27	4.4900
20昆城D2（167933）	800.00	2021.10.26	3.5000	20永安债（167934）	300.00	2023.11.23	4.3000
20乌开01（167935）	500.00	2025.11.02	4.6300	20滨海08（167936）	300.00	2021.11.09	5.1500
20平金03（167937）	2000.00	2023.10.26	4.1900	20近湖02（167938）	150.00	2022.10.23	7.5000
20淮水01（167939）	1160.00	2025.10.26	4.5800	20同煤05（167940）	3000.00	2023.10.26	5.2800
20天府02（167941）	300.00	2025.10.22	7.7000	20柳旅01（167942）	130.00	2023.10.23	6.0000
20宁旅01（167943）	900.00	2023.10.27	5.4400	20滨旅01（167944）	500.00	2025.10.27	7.0000
20远景01（167945）	900.00	2023.10.27	7.5000	20衢城01（167946）	700.00	2023.10.29	4.4500
G20建湖2（167947）	450.00	2025.10.29	7.3000	20沭东04（167949）	80.00	2025.10.27	7.8000
20滇投01（167950）	500.00	2025.10.30	7.5000	20崇发01（167951）	1200.00	2023.10.30	4.4000
20襄置02（167952）	1200.00	2026.11.13	5.2500	20兴堰01（167953）	1650.00	2023.10.27	5.7500
G20嵊交1（167954）	600.00	2030.10.30	4.8800	20瀚控D8（167955）	678.00	2021.10.27	6.9000
20海城D2（167956）	920.00	2021.10.27	3.9800	20恒泰F1（167957）	1000.00	2023.10.27	5.4000
20苏金05（167958）	360.00	2025.10.27	4.2500	20三资01（167959）	2000.00	2023.11.02	4.2000
20高创04（167960）	500.00	2025.11.02	5.8000	20兴港D3（167961）	1500.00	2021.11.02	3.9000
20黔江02（167962）	1140.00	2023.10.27	7.5000	20句农02（167963）	425.00	2025.11.03	6.4900
20未来01（167964）	520.00	2023.10.28	4.9900	20长投02（167965）	1200.00	2025.10.28	4.4500
20南新03（167966）	1400.00	2025.10.30	5.4000	20药城03（167967）	298.00	2023.10.29	6.9000
20龙经01（167968）	300.00	2023.11.20	6.3000	20鑫华01（167969）	1200.00	2025.10.30	4.8000
20余交01（167970）	1000.00	2025.10.30	4.0000	20普城03（167971）	700.00	2025.11.03	4.9500
20创投02（167972）	2000.00	2025.10.29	5.5000	20南湖02（167974）	1250.00	2023.11.16	5.6000
20鲁旅01（167975）	500.00	2023.10.28	5.9800	20曹国D2（167977）	2000.00	2021.10.29	5.5000
20永兴03（167978）	1000.00	2025.10.30	5.8000	20西海02（167980）	1200.00	2025.10.29	4.2900
G20桐庐2（167981）	780.00	2030.11.03	5.5000	20铜交01（167982）	500.00	2025.11.04	5.8000
20龙川D2（167984）	500.00	2021.11.02	4.1300	20株城06（167985）	600.00	2025.10.30	4.4500
20广鑫01（167987）	832.00	2025.10.30	7.0000	20沂水01（167988）	630.00	2023.12.21	7.0000
20玉环02（167989）	1200.00	2025.11.12	4.4800	20赣建02（167990）	1500.00	2022.10.29	6.0000
20阜建02（167993）	300.00	2022.10.30	7.5000	20商铁04（167995）	500.00	2025.11.02	5.5900
20古镇02（167996）	300.00	2022.11.02	5.3800	20曲控02（167998）	500.00	2025.12.11	5.5000
20天信Y2（167999）	500.00	2023.11.03	4.9000	4如日A01（168000）	3878.00	2020.06.22	2.3000
4如日A02（168001）	2180.00	2020.09.21	2.5000	4如日A03（168002）	2770.00	2021.03.22	2.7000

债券信息
List of Bonds

债券
Bond

债券简称（代码）Bond Name（Code）	发行量（百万元）Issued Vol（M Yuan）	到期日 Expiration Date	票面利率（%）Coupon Rate	债券简称（代码）Bond Name（Code）	发行量（百万元）Issued Vol（M Yuan）	到期日 Expiration Date	票面利率（%）Coupon Rate
4如日次（168003）	101.00	2021.03.22	0.0000	PR1优（168004）	290.00	2040.04.25	6.0000
润德1次（168005）	10.00	2040.04.25	0.0000	亚特01A（168006）	6800.00	2044.01.28	5.0000
亚特01B（168007）	201.00	2044.01.28	0.0000	小米036A（168008）	581.00	2021.09.30	3.7900
小米036B（168009）	49.00	2021.09.30	4.7000	小米036C（168010）	14.00	2021.09.30	7.2000
小米036D（168011）	56.00	2021.09.30	0.0000	PR23A1（168012）	450.00	2020.11.26	3.0800
PR23A2（168013）	350.00	2021.08.26	3.6000	恒信23A3（168014）	150.00	2021.11.26	3.6500
恒信23次（168015）	50.00	2023.11.26	0.0000	菜鸟20优（168016）	550.00	2022.03.21	3.5800
菜鸟20次（168017）	335.00	2022.03.21	0.0000	开新7优（168018）	285.00	2021.03.19	4.1000
开新7次（168019）	15.00	2021.03.19	0.0000	合生6A（168020）	437.00	2021.03.17	5.9000
合生6次（168021）	1.00	2021.03.17	0.0000	兆玺01优（168022）	960.00	2022.04.29	3.6200
兆玺01次（168023）	40.00	2022.04.29	0.0000	20宁远1A（168024）	120.00	2021.09.17	6.0000
20宁远1C（168025）	11.50	2021.09.17	0.0000	PR10A1（168026）	300.00	2021.03.20	3.5000
万安10A2（168027）	400.00	2022.03.20	3.7500	万安10A3（168028）	285.00	2023.03.20	4.2000
聚盈06A（168029）	890.00	2021.04.22	3.3900	聚盈06B（168030）	40.00	2021.04.22	3.7000
聚盈06C（168031）	40.00	2021.04.22	6.1500	聚盈06D（168032）	30.00	2022.03.23	0.0000
万安10次（168033）	15.00	2023.06.20	0.0000	君美2优（168034）	1183.00	2022.03.26	4.9800
君美2次（168035）	63.00	2022.03.26	0.0000	华鑫融2A（168036）	574.00	2021.09.27	3.8000
华鑫融2B（168037）	91.00	2021.09.27	4.1000	华鑫融2C（168038）	35.00	2021.09.27	0.0000
PRBL06A（168039）	109.00	2021.03.26	2.7500	20德清A1（168040）	270.00	2021.03.19	4.8000
20德清A2（168041）	350.00	2022.03.21	6.2000	20德清A3（168042）	340.00	2023.03.20	6.3000
20德清A4（168043）	340.00	2024.03.19	6.8000	20德清A5（168044）	340.00	2025.03.19	6.9000
20德清次（168045）	270.00	2025.03.19	0.0000	PR租41（168046）	350.00	2021.01.20	3.2000
远海租42（168047）	407.00	2022.10.20	3.8800	远海租4C（168048）	41.76	2024.10.20	0.0000
PR君创2A（168049）	630.00	2021.09.13	6.3000	19君创2B（168050）	40.00	2021.12.13	6.8000
君创2次（168051）	142.68	2025.12.12	0.0000	PR建上A1（168052）	470.00	2021.01.15	3.4000
20建上A2（168053）	556.00	2023.01.15	3.9000	20建上B（168054）	78.00	2023.04.15	4.9900
20建上C（168055）	62.00	2025.01.15	0.0000	PR张保01（168056）	200.00	2021.05.20	3.3800
张保02（168057）	220.00	2022.05.20	3.5800	张保03（168058）	250.00	2023.05.20	4.1000
张保04（168059）	260.00	2024.05.20	4.1000	张保05（168060）	270.00	2025.05.20	4.1000
张保次（168061）	60.00	2025.05.20	0.0000	PR平一A1（168062）	750.00	2021.02.26	2.9100
20平一A2（168063）	490.00	2021.11.26	3.0000	20平一B（168064）	140.00	2022.02.28	4.0000
20平一C（168065）	141.08	2022.11.28	5.0000	PR半岛优（168066）	670.00	2037.12.21	4.3000
20半岛次（168067）	40.00	2037.12.21	0.0000	绿联3A1（168068）	566.00	2021.03.24	4.8000
绿联3次（168069）	1.00	2021.03.24	0.0000	PRG谷优1（168070）	33.00	2020.09.28	3.6000
PRG谷优2（168071）	39.00	2021.03.26	3.6000	G光谷优3（168072）	36.00	2021.09.30	3.8000
G光谷优4（168073）	41.00	2022.03.28	3.8000	G光谷优5（168074）	38.00	2022.09.28	4.0000
G光谷优6（168075）	41.00	2023.03.28	4.0000	G光谷优7（168076）	39.00	2023.09.28	4.0000
G光谷优8（168077）	45.00	2024.03.28	4.0000	G光谷优9（168078）	42.00	2024.09.30	4.0000
G光优10（168079）	46.00	2025.03.28	4.0000	G光谷次（168080）	40.00	2025.03.28	0.0000
光耀01A（168081）	200.00	2021.03.26	3.9200	光耀01次（168082）	1.00	2021.03.26	0.0000
逸锟06A（168087）	396.00	2021.04.16	5.3000	逸锟06次（168088）	1.00	2021.04.16	0.0000
PR润2A1（168089）	600.00	2020.11.16	3.6000	PR润2A2（168090）	800.00	2022.05.16	3.8000
安润2A3（168091）	570.00	2023.02.15	4.2000	安润2次（168092）	30.00	2023.03.27	0.0000
20裕源01（168093）	204.60	2021.03.11	3.3000	威新06优（168094）	216.00	2021.03.26	3.1500
威新06次（168095）	1.00	2021.03.26	0.0000	PRG达01（168096）	119.00	2021.03.15	2.9800
G远达02（168097）	127.00	2022.03.15	3.1500	G远达03（168098）	134.00	2023.03.15	3.3000
G远达04（168099）	142.00	2024.03.15	3.5000	G远达次（168100）	28.00	2024.03.15	0.0000
PR1A（168101）	430.00	2021.02.01	3.6000	光信1B（168102）	37.00	2021.02.01	4.8000
光信1C（168103）	33.00	2021.02.01	0.0000	PR交A1（168104）	77.00	2020.12.24	4.5000
银公交A2（168105）	75.00	2021.12.24	4.9000	银公交A3（168106）	75.00	2022.12.26	5.0000

债券信息
List of Bonds

债券
Bond

债券简称（代码）Bond Name（Code）	发行量（百万元）Issued Vol（M Yuan）	到期日 Expiration Date	票面利率（%）Coupon Rate	债券简称（代码）Bond Name（Code）	发行量（百万元）Issued Vol（M Yuan）	到期日 Expiration Date	票面利率（%）Coupon Rate
银公交 A4（168107）	633.00	2029.12.24	5.4000	银公交次（168108）	50.00	2029.12.24	0.0000
苏高 2001（168109）	45.00	2021.04.07	3.1000	苏高 2002（168110）	46.00	2022.04.07	3.3000
苏高 2003（168111）	85.00	2023.04.07	3.6000	苏高 20 次（168112）	9.00	2023.04.07	0.0000
PR1A1（168113）	300.00	2020.11.16	3.5000	PR1A2（168114）	400.00	2022.03.31	3.7500
睿安 1A3（168115）	285.00	2023.03.31	4.2000	睿安 1 次（168116）	15.00	2023.06.30	8.0000
PR 金外 A（168117）	480.00	2036.04.29	3.0000	金外滩 B（168118）	200.00	2038.04.29	3.9000
金外滩次（168119）	1.00	2038.04.29	0.0000	PR7A1（168120）	300.00	2020.09.28	3.6200
PR7A2（168121）	300.00	2022.07.26	3.7900	合惠 7A3（168122）	385.00	2023.04.01	4.1000
合惠 7 次（168123）	15.00	2023.04.01	8.0000	PR5A1（168124）	368.00	2021.03.22	5.5000
康富 5A2（168125）	195.00	2022.03.21	5.8000	康富 5A3（168126）	214.00	2023.09.21	6.2000
康富 5B（168127）	198.00	2026.03.23	6.5000	康富 5 次（168128）	90.00	2029.12.21	0.0000
建一 2 期（168133）	400.00	2021.04.23	2.3000	中交 003A（168134）	510.00	2023.04.17	2.9300
中交 003C（168135）	27.00	2023.04.17	0.0000	20 财鑫 A1（168136）	401.50	2022.06.14	5.0000
20 财鑫 A2（168137）	428.00	2023.06.13	5.3000	20 财鑫 A3（168138）	456.50	2024.06.14	5.5000
20 财鑫次（168139）	67.69	2024.06.14	0.0000	PR20 易 1A（168140）	896.00	2022.01.25	5.5000
20 易鑫 1B（168141）	134.00	2022.07.25	7.7000	20 易鑫 1C（168142）	77.10	2022.10.25	0.0000
PR 安一 A1（168143）	465.00	2021.01.30	3.4000	20 安一 A2（168144）	300.00	2022.01.30	3.8400
20 安一 A3（168145）	197.00	2022.10.30	4.5000	20 安一 B（168146）	80.00	2023.04.30	5.8000
20 安一次（168147）	91.04	2024.10.30	0.0000	PR 大 02A1（168148）	515.00	2021.03.08	3.0000
中大 02A2（168149）	121.00	2021.07.01	3.5000	中大 02B（168150）	57.00	2021.07.28	4.0000
中大 02 次（168151）	121.68	2023.02.06	0.0000	PR04A（168152）	499.00	2021.01.29	2.6000
融信 04C（168153）	1.00	2021.01.29	0.0000	PR24A1（168154）	400.00	2020.11.26	2.7000
PR24A2（168155）	350.00	2022.02.28	2.9500	恒信 24A3（168156）	200.00	2023.02.27	3.4000
恒信 24 次（168157）	50.00	2023.02.27	0.0000	厦水 01 优（168158）	522.00	2032.04.28	2.9100
厦水 01 次（168159）	28.00	2032.04.28	0.0000	JZT5 优 A（168160）	360.00	2022.03.18	3.6000
JZT5 优 B（168161）	115.00	2022.03.18	4.0000	JZT5 次（168162）	25.00	2022.03.18	0.0000
仁恒 4 优（168163）	400.00	2021.04.09	4.0000	仁恒 4 次（168164）	1.00	2021.04.09	0.0000
PR 世纪 A1（168165）	40.00	2021.01.28	4.6000	21 世纪 A2（168166）	44.00	2022.01.28	5.1000
21 世纪 A3（168167）	76.00	2023.02.06	5.4000	21 世纪 A4（168168）	82.00	2024.01.30	6.0000
21 世纪 A5（168169）	90.00	2025.02.06	6.4000	21 世纪 C（168170）	18.00	2025.02.06	0.0000
开新 8 优（168171）	169.00	2021.04.09	4.1000	开新 8 次（168172）	9.00	2021.04.09	0.0000
希尔顿 01（168173）	700.00	2038.04.10	4.9800	20 中泰 1A（168174）	950.00	2021.08.09	3.2800
20 中泰 1C（168175）	50.00	2021.08.09	0.0000	PR05A（168176）	2499.00	2021.03.09	2.5000
融信 05C（168177）	1.00	2021.03.09	0.0000	20 宋都优（168178）	300.00	2022.04.20	8.3000
20 宋都次（168179）	16.00	2022.04.20	0.0000	PR 润 3A1（168180）	300.00	2020.12.15	3.5000
PR 润 3A2（168181）	400.00	2022.06.15	3.7500	安润 3A3（168182）	285.00	2023.03.15	4.2000
安润 3 次（168183）	15.00	2023.04.08	0.0000	PR 京玺 1A（168184）	950.00	2020.09.24	3.1000
PR 京玺 1B（168185）	50.00	2020.10.15	0.0000	龙控 03 优（168186）	700.00	2022.04.15	3.9800
龙控 03 次（168187）	37.00	2022.04.15	0.0000	PR 燃产 01（168188）	240.00	2020.12.23	4.6000
燃产 02（168189）	270.00	2021.12.23	4.9000	燃产 03（168190）	300.00	2022.12.23	6.0000
燃产 04（168191）	190.00	2023.12.23	6.5000	燃产次（168192）	53.00	2023.12.23	0.0000
PR 浙 1 优（168193）	475.00	2022.01.25	2.8000	浙资 1 次（168194）	25.00	2022.01.25	0.0000
PR 惠农 01（168195）	300.00	2021.04.19	3.8000	惠农 01 次（168196）	19.00	2021.04.19	0.0000
希尔顿次（168197）	10.00	2038.04.10	0.0000	PR08 优（168198）	98.00	2021.04.09	2.9900
二局 08 次（168199）	1.00	2021.04.09	0.0000	PR2A1（168200）	600.00	2020.12.15	3.5000
PR2A2（168201）	800.00	2022.04.09	3.7500	睿安 2A3（168202）	570.00	2023.04.09	4.2000
睿安 2 次（168203）	30.00	2023.07.09	8.0000	PR1A1（168204）	248.00	2020.09.21	3.0000
PR1A2（168205）	496.00	2021.04.06	3.3000	恒远 1A3（168206）	297.60	2022.07.01	3.7000
恒远 1C（168207）	198.40	2022.12.13	0.0000	兴港 2A（168208）	211.00	2021.04.13	3.5300
兴港 2B（168209）	1.00	2021.04.13	0.0000	PR 五局 1A（168210）	477.00	2021.04.16	2.5000

债券信息
List of Bonds

债券
Bond

债券简称（代码） Bond Name（Code）	发行量（百万元） Issued Vol （M Yuan）	到期日 Expiration Date	票面利率（%） Coupon Rate	债券简称（代码） Bond Name（Code）	发行量（百万元） Issued Vol （M Yuan）	到期日 Expiration Date	票面利率（%） Coupon Rate
PR 京玺 2A（168211）	950.00	2020.09.30	3.1000	PR 京玺 2B（168212）	50.00	2020.10.19	0.0000
PR 京玺 3A（168213）	950.00	2020.09.04	3.0500	PR 京玺 3B（168214）	50.00	2020.09.16	0.0000
金地 15A（168215）	179.00	2021.03.26	3.1000	金地 15 次（168216）	1.00	2021.03.26	0.0000
20 太平 1A（168217）	999.00	2020.10.14	2.5000	20 太平 1C（168218）	1.00	2020.10.14	0.0000
20 信易 01（168220）	201.00	2021.04.22	2.7900	靖安置 02（168221）	140.00	2021.01.22	6.0000
靖安置 03（168222）	300.00	2022.01.22	6.8000	靖安置次（168223）	30.00	2022.01.22	0.0000
荣隽 06 优（168224）	134.00	2021.04.10	5.5000	荣隽 06 次（168225）	8.00	2021.04.10	0.0000
20 科贷 1A（168226）	190.00	2023.06.12	3.5000	20 科贷 1C（168227）	10.00	2023.06.12	0.0000
PR 惠享 1A（168228）	85.00	2020.06.03	4.8000	惠享 01B（168229）	5.00	2020.06.03	5.6500
惠享 01 次（168230）	10.00	2020.06.03	0.0000	PR 京玺 4A（168231）	950.00	2020.11.24	3.1000
PR 京玺 4B（168232）	50.00	2020.12.10	0.0000	PR 优 A（168233）	700.00	2038.04.21	5.9000
PR 优 B（168234）	450.00	2038.04.21	6.7000	迪马次（168235）	10.00	2038.04.21	0.0000
PR 德水 01（168236）	89.00	2021.04.22	5.0000	德泰水 02（168237）	94.00	2022.04.22	5.2000
德泰水 03（168238）	99.00	2023.04.24	5.3500	德泰水 04（168239）	105.00	2024.04.22	5.7500
德泰水 05（168240）	113.00	2025.04.22	5.9000	德泰水次（168241）	30.00	2025.04.22	0.0000
平易 02 优（168242）	192.00	2021.04.08	2.5000	晋建 02（168243）	317.00	2021.04.13	4.0000
PR 远东 A1（168244）	974.00	2021.02.26	2.6000	20 远东 A2（168245）	1286.00	2023.02.27	3.5900
20 远东次（168246）	73.00	2025.02.26	0.0000	兆玺 02 优（168247）	960.00	2022.04.29	3.1200
兆玺 02 次（168248）	40.00	2022.04.29	0.0000	20 金茂 A1（168249）	2200.00	2037.12.25	2.6500
20 金茂 B（168251）	1.00	2037.12.25	0.0000	PR1A（168252）	138.00	2021.02.23	6.0000
悦租 1B（168253）	32.00	2021.05.23	7.5000	悦租 1 次（168254）	18.90	2021.11.23	0.0000
豫资 01 优（168255）	900.00	2038.04.30	4.0000	豫资 01 次（168256）	50.00	2038.04.30	0.0000
正荣 02 优（168257）	778.00	2022.05.08	6.0000	正荣 02 次（168258）	41.00	2022.05.08	0.0000
华能 6 优（168259）	900.00	2022.03.07	3.0000	华能 6 次（168260）	100.00	2023.02.10	0.0000
PR 仁皇优（168261）	1600.00	2038.04.21	3.8000	仁皇冠次（168262）	150.00	2038.04.21	0.0000
碧山 01 优（168263）	1190.00	2021.04.20	4.3000	碧山 01 次（168264）	63.00	2021.04.20	0.0000
PR 同盛 01（168265）	380.00	2020.08.28	3.5000	PR 同盛 02（168266）	100.00	2020.10.28	3.5000
20 同盛次（168267）	43.71	2020.10.28	0.0000	泰华信 1A（168268）	337.00	2021.04.28	5.8000
泰华信 1C（168269）	1.00	2021.04.28	0.0000	信润 02A1（168270）	1610.00	2020.09.25	1.8000
信润 02A2（168271）	2390.00	2021.03.25	2.0500	信润 02A3（168272）	700.00	2021.09.25	2.5000
信润 02A4（168273）	2160.00	2022.03.25	2.7000	信润 02A5（168274）	2440.00	2022.09.25	2.8000
信润 02A6（168275）	430.00	2023.03.25	2.9000	PR02A7（168276）	250.00	2023.03.25	2.9000
信润 02 次（168277）	19.42	2023.03.25	0.0000	中交建 03（168278）	242.00	2022.04.22	2.4800
PR 龙发 01（168279）	42.00	2021.04.27	3.8800	20 龙发 02（168280）	49.00	2022.04.27	3.9800
20 龙发 03（168281）	57.00	2023.04.27	3.9000	20 龙发 04（168282）	68.00	2024.04.27	3.9500
20 龙发 05（168283）	76.00	2025.04.27	3.9900	20 龙发 06（168284）	88.00	2026.04.27	3.9900
龙发次级（168285）	20.00	2026.04.27	0.0000	PR6A1（168286）	200.00	2021.02.28	4.5000
国药 6A2（168287）	210.00	2022.02.28	5.1000	国药 6A3（168288）	200.00	2023.02.28	5.9000
国药 6B（168289）	70.00	2023.05.28	6.5000	国药 6 次 1（168290）	70.00	2023.11.28	0.0000
国药 6 次 2（168291）	50.00	2025.01.17	0.0000	PR 泰 A（168292）	700.00	2040.05.29	4.8000
20 国泰 B（168293）	650.00	2040.05.29	5.2000	20 国泰次（168294）	5.00	2040.05.29	0.0000
赤兔 03 优（168295）	360.00	2021.04.23	4.8000	赤兔 03 次（168296）	4.00	2021.04.23	0.0000
中交建 02（168297）	106.00	2021.04.23	2.2500	时粤 01 优（168298）	520.00	2023.04.20	6.0000
时粤 01 次（168299）	28.00	2023.04.20	0.0000	PR06 优（168300）	760.00	2022.04.18	2.6000
电气 06 次（168301）	75.40	2023.07.14	0.0000	20 核建 1A（168302）	902.00	2023.04.28	2.5000
20 核建 1C（168303）	48.00	2023.04.28	0.0000	健弘 01A（168304）	910.00	2020.11.06	2.5000
健弘 01B（168305）	40.00	2020.11.06	3.0000	健弘 01C（168306）	50.00	2020.11.06	0.0000
PR 麒麟 A（168307）	920.00	2037.11.06	4.6000	20 麒麟 B（168308）	480.00	2037.11.06	4.9000
20 麒麟次（168309）	1.00	2038.06.26	0.0000	陕钢 01 优（168310）	500.00	2021.04.06	3.4000
陕钢 01 次（168311）	5.00	2021.04.06	0.0000	PRDJWK1A（168312）	422.00	2023.05.11	2.5700

债券信息
List of Bonds

债券简称（代码） Bond Name（Code）	发行量（百万元） Issued Vol（M Yuan）	到期日 Expiration Date	票面利率（%） Coupon Rate	债券简称（代码） Bond Name（Code）	发行量（百万元） Issued Vol（M Yuan）	到期日 Expiration Date	票面利率（%） Coupon Rate
电建 WK1S（168313）	22.50	2023.05.11	0.0000	20 光肆优（168314）	1900.00	2021.10.29	2.2500
20 光肆次（168315）	100.00	2021.10.29	0.0000	PR 天祥优（168316）	4649.00	2038.04.27	3.6300
20 天祥次（168317）	1.00	2038.04.27	0.0000	益行 01A1（168318）	425.00	2023.05.11	3.6900
益行 01A2（168319）	37.50	2023.05.11	4.0000	益行 01B（168320）	37.50	2023.05.11	0.0000
20 联想优（168321）	1368.00	2021.11.01	4.0000	20 联想次（168322）	152.00	2021.11.01	0.0000
20 太保 1A（168323）	1800.00	2021.04.28	2.1000	20 太保 1B（168324）	140.00	2021.04.28	12.0000
20 太保 1C（168325）	60.00	2021.04.28	0.0000	融信 03 优（168326）	1050.00	2022.04.29	5.9000
融信 03 次（168327）	56.00	2022.04.29	0.0000	PR2A（168328）	688.00	2021.02.01	3.2400
光信 2B（168329）	59.20	2021.02.01	4.8000	光信 2C（168330）	52.80	2021.02.01	0.0000
万和 1 优（168331）	310.00	2022.04.29	3.0000	万和 1 次（168332）	17.00	2022.04.29	0.0000
均信 01 优（168333）	85.00	2022.04.22	5.8000	均信 01 次（168334）	10.00	2022.04.22	0.0000
PR 北优（168335）	1950.00	2032.01.27	2.9500	保置北次（168336）	50.00	2032.01.27	0.0000
PR3A1（168337）	300.00	2020.12.15	2.7000	PR3A2（168338）	400.00	2022.05.11	3.1000
睿安 3A3（168339）	285.00	2023.05.11	3.7000	睿安 3 次（168340）	15.00	2023.08.11	8.0000
PR 润 4A1（168341）	300.00	2020.12.15	2.7000	PR 润 4A2（168342）	400.00	2022.06.15	3.1000
安润 4A3（168343）	285.00	2023.03.15	3.7000	安润 4 次（168344）	15.00	2023.04.28	0.0000
PR 慧 1A1（168345）	300.00	2020.09.15	2.7000	PR 慧 1A2（168346）	300.00	2022.11.15	3.1000
安慧 1A3（168347）	385.00	2023.05.06	3.7000	安慧 1 次（168348）	15.00	2023.05.06	0.0000
桂东优先（168349）	950.00	2023.04.26	5.2500	桂东次级（168350）	50.00	2023.04.26	0.0000
20 昌优 01（168351）	3.85	2020.06.30	5.6000	20 昌优 02（168352）	3.85	2020.09.30	5.6000
20 昌优 03（168353）	4.50	2020.12.31	5.6000	20 昌优 04（168354）	5.00	2021.03.31	5.6000
20 昌优 05（168355）	4.25	2021.06.30	6.0000	20 昌优 06（168356）	4.35	2021.09.30	6.0000
20 昌优 07（168357）	4.80	2021.12.31	6.0000	20 昌优 08（168358）	5.20	2022.03.31	6.0000
20 昌优 09（168359）	4.55	2022.06.30	6.1000	20 昌优 10（168360）	4.70	2022.09.30	6.2000
20 昌优 11（168361）	5.20	2022.12.31	6.3000	20 昌优 12（168362）	5.55	2023.03.31	6.4000
20 昌优 13（168363）	4.90	2023.06.30	6.8000	20 昌优 14（168364）	5.05	2023.09.30	6.8000
20 昌优 15（168365）	5.55	2023.12.31	6.8000	20 昌优 16（168366）	5.95	2024.03.31	6.8000
20 昌优 17（168367）	5.30	2024.06.30	6.8000	20 昌优 18（168368）	5.45	2024.09.30	6.8000
20 昌优 19（168369）	5.95	2024.12.31	6.8000	20 昌优 20（168370）	6.35	2025.03.31	6.8000
20 昌优 21（168371）	5.70	2025.06.30	6.8000	20 昌优 22（168372）	5.85	2025.09.30	6.8000
20 昌优 23（168373）	6.35	2025.12.31	6.8000	20 昌优 24（168374）	6.80	2026.03.31	6.8000
20 昌次（168375）	10.00	2026.03.31	0.0000	PR 顺泰 2A（168376）	300.00	2022.04.28	4.2000
顺泰 2B（168377）	237.00	2023.04.28	4.5000	顺泰 2C（168378）	29.00	2023.10.28	0.0000
PR02A1（168379）	725.00	2021.10.25	2.5000	中宏 02A2（168380）	168.00	2022.07.25	2.9000
中宏 02 次（168381）	47.00	2024.01.25	0.0000	逸锟优 05（168382）	890.00	2021.05.21	5.3800
逸锟次 05（168383）	1.00	2021.05.21	0.0000	铁建 014A（168384）	2118.00	2021.04.28	2.1100
铁建 014C（168385）	112.00	2021.04.28	0.0000	20 中林 1A（168386）	162.00	2022.05.27	5.8000
20 中林 1B（168387）	351.00	2022.05.27	6.2000	20 中林 1C（168388）	27.00	2022.05.27	0.0000
绿联 4A1（168389）	579.00	2021.06.15	5.0000	绿联 4 次（168390）	1.00	2021.06.15	0.0000
PRA1（168391）	22.50	2021.03.23	6.5000	韶旅 A2（168392）	28.80	2022.03.23	6.5000
韶旅 A3（168393）	34.10	2023.03.23	5.7500	韶旅 A4（168394）	40.00	2024.03.23	5.7500
韶旅 A5（168395）	46.20	2025.03.23	5.7500	韶旅 A6（168396）	53.00	2026.03.23	5.7500
韶旅次（168397）	27.70	2026.03.23	0.0000	太融 1 优（168398）	129.00	2021.10.29	5.0000
太融 1 次（168399）	2.50	2021.10.29	0.0000	PRG 顺 2A（168400）	59.00	2023.04.28	3.9900
G 顺泰 2B（168401）	42.00	2025.07.28	4.7000	G 顺泰 2C（168402）	17.69	2028.01.28	0.0000
PR 光水 01（168403）	50.00	2021.03.26	2.9800	20 光水 02（168404）	54.50	2022.03.26	3.3800
20 光水 03（168405）	57.00	2023.03.26	3.4200	20 光水 04（168406）	60.50	2024.03.26	3.8000
20 光水 05（168407）	63.00	2025.03.26	3.9900	20 光水次（168408）	15.00	2025.03.26	0.0000
诚泰优 A1（168409）	232.00	2020.08.19	5.5000	PR 优 A2（168410）	186.00	2021.11.17	6.5000
诚泰优 A3（168411）	103.00	2022.08.17	6.7000	诚泰优 A4（168412）	86.00	2023.02.17	7.0000

债券信息 债券
List of Bonds Bond

债券简称（代码）Bond Name (Code)	发行量（百万元）Issued Vol (M Yuan)	到期日 Expiration Date	票面利率（%）Coupon Rate	债券简称（代码）Bond Name (Code)	发行量（百万元）Issued Vol (M Yuan)	到期日 Expiration Date	票面利率（%）Coupon Rate
诚泰优B（168413）	64.00	2023.11.17	7.1000	诚泰次级（168414）	75.00	2024.11.19	0.0000
PR20众1A（168415）	765.70	2022.03.31	2.8000	20大众1B（168416）	40.30	2023.03.31	0.0000
复地03A（168417）	287.00	2021.05.13	3.7800	复地03次（168418）	1.00	2021.05.13	0.0000
PR海创A（168419）	680.00	2038.05.12	3.0900	海创园B（168420）	620.00	2038.05.12	3.5000
海创园次（168421）	1.00	2038.05.12	0.0000	20海天1A（168422）	750.00	2022.07.14	5.2800
20海天1B（168423）	240.00	2022.07.14	6.0000	20海天1C（168424）	53.00	2022.07.14	0.0000
合生7A（168425）	326.00	2021.04.26	5.2500	合生7次（168426）	1.00	2021.04.26	0.0000
金地16A（168429）	280.00	2021.05.14	2.2800	金地16次（168430）	1.00	2021.05.14	0.0000
国药股1A（168431）	509.00	2022.03.26	2.8800	国药股1B（168432）	10.00	2022.03.26	3.8000
国药股1C（168433）	48.40	2022.06.26	0.0000	龙工投优（168434）	500.00	2038.05.18	6.8000
龙工投次（168435）	27.00	2038.05.18	0.0000	惠盈01A（168436）	890.00	2021.06.24	2.4900
惠盈01B（168437）	40.00	2021.06.24	3.2000	惠盈01C（168438）	40.00	2021.06.24	5.4800
惠盈01D（168439）	30.00	2022.05.25	0.0000	PR25A1（168440）	380.00	2021.04.26	2.4300
恒信25A2（168441）	380.00	2022.04.26	2.8400	恒信25A3（168442）	120.00	2022.07.26	3.4000
恒信25次（168443）	46.00	2022.07.26	0.0000	金港优01（168444）	210.00	2020.12.10	5.5000
PRPR金02（168445）	160.00	2021.11.25	6.2000	20金港次（168446）	92.77	2021.11.25	0.0000
PR领航21（168447）	600.00	2021.08.26	2.4000	20领航22（168448）	315.00	2022.08.26	2.8000
20领航2C（168449）	49.10	2023.11.27	0.0000	PR20度1A（168450）	441.00	2020.12.18	3.3000
20度E1B（168451）	27.00	2020.12.18	4.0500	PR20度1C（168452）	26.00	2021.04.30	6.4000
20度E1D（168453）	22.00	2021.05.31	6.4000	20度E1E（168454）	26.00	2021.07.31	8.5000
20度E1F（168455）	28.70	2023.01.31	0.0000	惠盈1A（168456）	930.00	2021.06.10	5.4300
惠盈1次（168457）	1.00	2021.06.10	0.0000	荣茂08优（168458）	390.00	2021.04.29	2.2800
荣茂08次（168459）	1.00	2021.04.29	0.0000	PR润5A1（168460）	300.00	2020.12.15	2.7000
PR润5A2（168461）	400.00	2022.07.15	3.0000	安润5A3（168462）	285.00	2023.04.17	3.7000
安润5次（168463）	15.00	2023.05.20	0.0000	20六局3A（168464）	397.00	2021.05.28	3.0000
20六局3B（168465）	1.00	2021.05.28	0.0000	PRXF1A1（168466）	398.00	2021.04.28	4.5000
QCXF1A2（168467）	149.00	2021.12.28	5.0000	QCXF1B（168468）	65.00	2022.04.28	6.0000
QCXF1C（168469）	81.00	2023.12.28	0.0000	小米037A（168470）	680.00	2021.12.31	3.8000
小米037B（168471）	40.00	2021.12.31	4.8000	小米037C（168472）	16.00	2021.12.31	6.7000
小米037D（168473）	64.00	2021.12.31	0.0000	20钢构2A（168474）	173.00	2021.05.28	2.5000
20钢构2C（168475）	1.00	2021.05.28	0.0000	水八03优（168476）	946.00	2022.05.27	3.4500
水八03次（168477）	1.00	2022.05.27	0.0000	PR01A1（168478）	268.00	2021.02.26	2.3000
中恒01A2（168479）	208.00	2022.02.28	2.5800	中恒01次（168480）	25.00	2022.02.28	0.0000
PR致远优（168481）	674.00	2021.12.20	3.4900	20致远次（168482）	36.00	2021.12.20	0.0000
健弘02A（168483）	850.00	2023.06.07	3.5500	健弘02B（168484）	75.00	2023.06.07	3.9300
健弘02C（168485）	75.00	2023.06.07	0.0000	01正泰优（168486）	473.00	2020.11.27	3.8000
01正泰次（168487）	53.00	2020.11.27	0.0000	光赫1优（168488）	494.00	2021.05.21	7.5000
光赫1次（168489）	1.00	2021.05.21	0.0000	山海01优（168490）	3000.00	2032.04.19	3.5000
山海01次（168491）	30.00	2032.04.19	0.0000	前交01A1（168492）	29.50	2020.08.04	3.5000
前交01A2（168493）	258.50	2021.04.30	3.5000	前交01次（168494）	34.00	2021.04.30	0.0000
PRYD2A1（168495）	1540.00	2021.05.26	2.8000	20YD2A2（168496）	553.00	2022.05.26	3.1500
20YD2C（168497）	111.00	2025.02.26	0.0000	PR优1A（168498）	2800.00	2038.06.09	4.8000
吾悦次1C（168499）	147.00	2038.06.09	0.0000	安远01优（168500）	78.00	2021.06.03	3.0000
安远01次（168501）	1.00	2021.06.03	0.0000	辉玥05优（168502）	200.00	2021.04.26	7.5000
辉玥05次（168503）	10.00	2021.04.26	0.0000	碧胜01优（168504）	788.00	2023.06.03	4.2000
碧胜01次（168505）	42.00	2023.06.03	0.0000	PR中交4A（168506）	49.00	2021.05.19	2.6800
中交建4B（168507）	30.00	2022.05.19	2.8800	鑫创201A（168508）	300.00	2021.06.16	2.5900
PR安车1A（168509）	650.00	2020.11.04	2.9300	PR安车1B（168510）	84.00	2021.01.29	3.5000
安车1次（168511）	78.44	2022.01.31	0.0000	PR优先（168519）	475.00	2032.04.24	4.3500
银滩次级（168520）	25.00	2032.04.24	0.0000	PR4A1（168521）	300.00	2021.06.10	2.7000

债券信息
List of Bonds

债券
Bond

债券简称（代码）Bond Name（Code）	发行量（百万元）Issued Vol（M Yuan）	到期日 Expiration Date	票面利率（%）Coupon Rate	债券简称（代码）Bond Name（Code）	发行量（百万元）Issued Vol（M Yuan）	到期日 Expiration Date	票面利率（%）Coupon Rate
睿安 4A2（168522）	400.00	2022.06.10	3.1000	睿安 4A3（168523）	285.00	2023.06.10	3.7000
睿安 4 次（168524）	15.00	2023.09.10	8.0000	PR 惠 2A1（168525）	286.00	2021.05.24	2.8500
惠沣 2A2（168526）	199.00	2022.05.24	3.3000	惠沣 2A3（168527）	111.00	2023.03.24	3.8000
惠沣 2 次（168528）	13.00	2023.05.24	0.0000	时宁 01 优（168529）	700.00	2021.12.10	4.9500
时宁 01 次（168530）	1.00	2021.12.10	0.0000	PR8A1（168531）	600.00	2021.10.22	4.8000
青城 8A2（168532）	400.00	2022.10.25	5.6000	青城 8A3（168533）	200.00	2023.04.21	6.3000
青城 8 次（168534）	248.00	2026.01.20	0.0000	20 二航 3A（168535）	515.00	2021.05.28	2.3000
20 二航 3D（168536）	1.00	2021.05.28	0.0000	PR26A1（168537）	650.00	2021.04.26	3.1400
恒信 26A2（168538）	250.00	2021.10.26	3.5400	恒信 26A3（168539）	50.00	2022.01.26	3.8000
恒信 26 次（168540）	50.00	2023.10.26	0.0000	链科 07 优（168541）	399.00	2021.06.07	2.4500
链科 07 次（168542）	1.00	2021.06.07	0.0000	龙控 04 优（168543）	620.00	2022.06.17	4.2000
龙控 04 次（168544）	33.00	2022.06.17	0.0000	威新 07 优（168545）	212.00	2021.06.08	2.4500
威新 07 次（168546）	1.00	2021.06.08	0.0000	DJBL02 优（168547）	973.00	2022.06.09	2.9000
DJBL02 次（168548）	1.00	2022.06.09	0.0000	PR 中航 A1（168549）	910.00	2021.04.26	2.6200
20 中航 A2（168550）	690.00	2022.04.26	3.2000	20 中航 A3（168551）	309.00	2023.04.26	3.5000
20 中航次（168552）	101.00	2023.10.26	0.0000	20 绿城 A1（168553）	790.00	2021.06.04	2.6000
20 绿城 B1（168554）	1.00	2021.06.04	0.0000	PR 正凯 01（168555）	332.00	2038.06.25	6.5000
20 正凯次（168556）	18.00	2038.06.25	0.0000	PR 慧 2A1（168557）	300.00	2020.11.16	3.1000
PR 慧 2A2（168558）	300.00	2023.01.16	3.6000	安慧 2A3（168559）	385.00	2023.06.05	4.0000
安慧 2 次（168560）	15.00	2023.07.03	0.0000	PR03A1（168563）	726.00	2021.11.25	3.3500
中宏 03A2（168564）	228.00	2022.11.25	3.5000	中宏 03 次（168565）	51.00	2023.08.25	0.0000
光信 3A（168566）	860.00	2021.05.31	3.2000	光信 3B（168567）	74.00	2021.05.31	4.4000
光信 3C（168568）	66.00	2021.05.31	0.0000	铁建 015A（168569）	2067.00	2021.06.15	2.5700
铁建 015C（168570）	109.00	2021.06.15	5.0000	PR 远海 51（168571）	730.00	2021.04.20	3.0900
远海租 52（168572）	180.00	2022.07.20	3.3500	远海租 5C（168573）	48.00	2023.01.20	0.0000
PR5A1（168581）	300.00	2021.07.01	3.1000	睿安 5A2（168582）	400.00	2022.07.01	3.6000
睿安 5A3（168583）	285.00	2023.07.01	4.0000	睿安 5 次（168584）	15.00	2023.10.01	15.0000
天信 6A（168585）	890.00	2022.05.23	3.4800	天信 6B（168586）	35.00	2022.05.23	3.8000
天信 6C（168587）	30.00	2022.05.23	5.9000	天信 6 次（168588）	45.00	2023.04.21	0.0000
天信 7A（168589）	890.00	2021.07.22	3.1200	天信 7B（168590）	40.00	2021.07.22	3.3000
天信 7C（168591）	40.00	2021.07.22	5.6000	天信 7 次（168592）	30.00	2022.06.22	0.0000
PR09 优（168593）	319.00	2021.06.11	2.6500	二局 09 次（168594）	1.00	2021.06.11	0.0000
20 信易 02（168595）	1036.00	2021.06.17	2.7800	PR27A1（168596）	410.00	2021.05.26	3.2500
恒信 27A2（168597）	450.00	2022.08.26	3.6000	恒信 27A3（168598）	90.00	2023.02.27	3.7000
恒信 27 次（168599）	50.00	2023.05.26	0.0000	弘花 02A（168600）	890.00	2022.06.22	3.2900
弘花 02B（168601）	35.00	2022.06.22	3.7000	弘花 02 次（168602）	75.00	2022.06.22	0.0000
健弘 03A（168605）	850.00	2023.05.26	3.9800	健弘 03B（168606）	75.00	2023.05.26	4.1000
健弘 03C（168607）	75.00	2023.05.26	0.0000	健弘 04A（168608）	860.00	2022.07.05	3.5800
健弘 04B（168609）	75.00	2022.07.05	3.7900	健弘 04C（168610）	65.00	2022.07.05	0.0000
DJHBGC 优（168611）	809.00	2023.06.12	3.4500	DJHBGC 次（168612）	42.00	2023.06.12	0.0000
智禾 01A（168613）	890.00	2021.06.24	3.0500	智禾 01B（168614）	40.00	2021.06.24	3.3000
智禾 01C（168615）	40.00	2021.06.24	5.6000	智禾 01 次（168616）	30.00	2022.05.23	0.0000
益行 02A1（168617）	425.00	2023.05.29	3.9000	益行 02A2（168618）	37.50	2023.05.29	4.1000
益行 02B（168619）	37.50	2023.05.29	0.0000	益行 03A1（168620）	850.00	2023.06.02	3.9000
益行 03A2（168621）	75.00	2023.06.02	4.1000	益行 03B（168622）	75.00	2023.06.02	0.0000
一局 02 优（168623）	397.00	2020.12.16	2.3000	一局 02 次（168624）	1.00	2020.12.16	0.0000
20 花呗 1A（168625）	890.00	2022.06.22	3.3900	20 花呗 1B（168626）	35.00	2022.06.22	3.4200
20 花呗 1C（168627）	75.00	2022.06.22	0.0000	金地 17A（168628）	602.00	2021.06.11	2.4500
金地 17 次（168629）	1.00	2021.06.11	0.0000	PR 安吉 6A（168630）	2014.00	2022.09.26	3.1500
20 安吉 6B（168631）	40.00	2022.10.26	3.6800	20 安吉 6C（168632）	184.47	2025.02.26	0.0000

债券信息 List of Bonds

债券 Bond

债券简称（代码） Bond Name（Code）	发行量（百万元） Issued Vol （M Yuan）	到期日 Expiration Date	票面利率（%） Coupon Rate	债券简称（代码） Bond Name（Code）	发行量（百万元） Issued Vol （M Yuan）	到期日 Expiration Date	票面利率（%） Coupon Rate
赤兔04优（168633）	630.00	2021.06.17	4.7500	赤兔04次（168634）	7.00	2021.06.17	0.0000
泰富2优（168635）	260.00	2021.06.18	4.7000	泰富2次（168636）	1.00	2021.06.18	0.0000
惠盈02A（168637）	890.00	2021.06.24	3.0700	惠盈02B（168638）	40.00	2021.06.24	3.3000
惠盈02C（168639）	40.00	2021.06.24	5.6000	惠盈02D（168640）	30.00	2022.05.23	0.0000
惠盈03A（168641）	890.00	2021.07.22	3.1400	惠盈03B（168642）	40.00	2021.07.22	3.3500
惠盈03C（168643）	40.00	2021.07.22	5.6000	惠盈03D（168644）	30.00	2022.06.22	0.0000
PR安2A1（168645）	1400.00	2021.06.14	3.1000	平租2A2（168646）	580.00	2022.09.12	3.8000
平租2B（168647）	90.00	2022.12.12	4.3000	平租2次（168648）	137.24	2024.12.12	0.0000
信润03A1（168649）	5250.00	2020.10.25	2.4600	信润03A2（168650）	4530.00	2021.06.25	2.8000
PR03A3（168651）	200.00	2021.06.25	2.8000	信润03次（168652）	18.14	2021.06.25	0.0000
FSK2优（168653）	190.00	2021.12.24	3.4000	FSK2次（168654）	10.00	2022.06.24	0.0000
诚正1A（168655）	67.00	2021.05.20	5.0000	诚正1次（168656）	7.00	2021.05.20	0.0000
PRBL07A（168657）	301.00	2021.06.16	2.7000	PR产2A（168658）	2750.00	2045.04.26	3.5600
沪地产2C（168659）	50.00	2045.04.26	0.0000	PR优（168660）	1900.00	2038.07.27	6.3900
正弘次（168661）	300.00	2038.07.27	0.0000	PRW2A（168662）	363.00	2021.10.27	6.2000
君创W2B（168663）	34.00	2021.10.27	6.8000	君创W2次（168664）	99.00	2022.04.27	0.0000
PRSC07A（168665）	64.00	2021.07.09	5.4000	搜车07B（168666）	12.00	2021.08.10	6.4000
搜车07C（168667）	10.00	2021.08.10	10.6600	搜车07次（168668）	6.00	2021.08.10	0.0000
赤兔05优（168669）	222.00	2021.06.18	4.7500	赤兔05次（168670）	3.00	2021.06.18	0.0000
20裕源02（168671）	548.00	2021.06.10	3.0500	G福新2优（168672）	1436.00	2023.07.29	3.8800
G福新2次（168673）	75.00	2023.07.29	0.0000	PR2A（168674）	450.00	2021.05.23	5.5000
悦租2B（168675）	88.00	2021.11.23	6.9000	悦租2次（168676）	72.00	2022.11.23	0.0000
惠盈2A（168677）	849.00	2021.07.08	5.5500	惠盈2次（168678）	1.00	2021.07.08	0.0000
璀璨13A（168679）	400.00	2021.06.18	4.1500	1欲晓A01（168680）	4250.00	2020.09.21	2.4600
1欲晓A02（168681）	2150.00	2020.12.21	2.6000	1欲晓A03（168682）	3500.00	2021.06.21	2.8000
1欲晓次（168683）	100.00	2021.06.21	0.0000	七局1A（168684）	354.00	2021.06.23	2.8800
七局1S（168685）	1.00	2021.06.23	0.0000	铁建016A（168686）	2266.00	2021.07.20	2.9000
铁建016C（168687）	119.00	2021.07.20	5.0000	PR04优（168688）	615.00	2021.06.16	2.7000
建五04次（168689）	1.00	2021.06.16	0.0000	宁安居01（168690）	35.00	2021.03.16	6.0000
宁安居02（168691）	69.00	2021.09.16	6.1000	宁安居03（168692）	74.00	2022.03.16	6.2000
宁安居04（168693）	108.00	2022.09.16	6.3000	宁安居05（168694）	107.00	2023.03.16	6.4000
宁安居06（168695）	132.00	2023.09.16	6.5000	宁安居次（168696）	30.00	2023.09.16	0.0000
珠华发06（168697）	242.00	2021.06.23	3.7900	荣隽07优（168698）	75.00	2021.06.10	5.3000
荣隽07次（168699）	1.00	2021.06.10	0.0000	PR诚泰A1（168700）	509.00	2021.12.27	5.3000
20诚泰A2（168701）	300.00	2023.03.27	6.5000	20诚泰B（168702）	59.00	2023.09.26	7.5000
20诚泰次（168703）	126.25	2025.03.26	0.0000	合生8A（168704）	237.00	2021.06.22	5.5000
合生8次（168705）	1.00	2021.06.22	0.0000	建工4优（168706）	1410.00	2023.06.23	3.5000
建工4次（168707）	90.00	2023.06.23	0.0000	广汇优1A（168708）	251.00	2021.07.03	6.5000
广汇次1C（168709）	14.00	2021.07.03	0.0000	PR皖新1A（168710）	430.00	2021.09.27	3.2700
20皖新1B（168711）	140.00	2022.03.28	4.6000	20皖新次（168712）	30.00	2022.12.26	0.0000
20川新优（168713）	1150.00	2023.07.15	4.0900	20川新次（168714）	61.00	2023.07.15	0.0000
铁保04A1（168715）	285.00	2021.06.03	2.6000	铁保04A2（168716）	216.00	2022.06.06	2.8800
铁保04A3（168717）	173.00	2023.05.17	3.4000	铁保04次（168718）	1.00	2023.05.17	0.0000
PR泰交01（168719）	75.00	2021.07.20	2.8000	泰交02（168720）	74.50	2022.07.20	3.9000
泰交03（168721）	74.50	2023.07.16	4.2500	泰交04（168722）	77.00	2024.07.20	4.7000
泰交05（168723）	80.00	2025.07.20	4.7000	泰交06（168724）	84.00	2026.07.16	4.7000
泰交07（168725）	87.50	2027.07.20	4.7000	泰交08（168726）	91.50	2028.07.20	4.7000
泰交09（168727）	96.00	2029.07.16	4.7000	泰交次（168728）	39.00	2029.07.16	0.0000
20工鑫1A（168729）	2382.00	2023.06.23	3.4800	20工鑫1C（168730）	152.00	2023.06.23	0.0000
华发优2A（168731）	1180.00	2022.06.25	4.1000	华发2次（168732）	70.00	2022.06.25	0.0000

债券信息
List of Bonds

债券简称（代码）Bond Name（Code）	发行量（百万元）Issued Vol（M Yuan）	到期日 Expiration Date	票面利率（%）Coupon Rate	债券简称（代码）Bond Name（Code）	发行量（百万元）Issued Vol（M Yuan）	到期日 Expiration Date	票面利率（%）Coupon Rate
申程 01 优（168733）	895.00	2021.06.28	4.2000	申程 01 次（168734）	1.00	2021.06.28	0.0000
申六局 4A（168735）	191.00	2021.06.21	3.5000	PR 控租 A1（168736）	665.00	2021.06.28	2.9800
20 控租 A2（168737）	491.00	2022.09.28	3.4900	20 控租 A3（168738）	161.00	2023.03.28	3.8500
20 控租 A4（168739）	133.00	2023.09.28	4.1000	20 控租次（168740）	156.69	2025.03.28	0.0000
铁十 02 优（168741）	1100.00	2022.01.19	3.7100	铁十 02 次（168742）	1.00	2022.01.19	0.0000
PR 融 1 优（168743）	820.00	2021.06.10	2.8500	2 电融 1 次（168744）	1.00	2021.06.10	0.0000
PR 中大 3A（168745）	462.00	2021.12.29	3.7000	中大 03B（168746）	42.00	2022.03.02	4.2000
中大 03 次（168747）	86.91	2023.12.28	0.0000	链科 08 优（168748）	730.00	2021.07.02	2.9900
链科 08 次（168749）	1.00	2021.07.02	0.0000	PR 蓝光 A（168750）	320.00	2039.01.27	6.0000
20 蓝光 B（168751）	370.00	2039.01.27	6.5000	20 蓝光 C（168752）	215.00	2039.01.27	6.8000
20 蓝光次（168753）	160.00	2039.01.27	0.0000	湾区 01A（168754）	188.50	2021.08.04	3.6000
湾区 01B（168755）	1.00	2021.08.04	0.0000	复地 04A（168756）	316.00	2021.07.06	4.2000
复地 04 次（168757）	1.00	2021.07.06	0.0000	PR 惠农 02（168758）	270.00	2021.07.16	3.5000
惠农 02 次（168759）	15.00	2021.07.16	0.0000	PR 航租 2A（168760）	1026.00	2021.06.30	3.4000
20 航租 2B（168761）	670.00	2022.06.30	3.6000	20 航租 2C（168762）	285.00	2023.03.31	3.7000
20 航租次（168763）	105.00	2024.06.30	0.0000	20 宝龙 A（168764）	820.00	2022.07.29	6.0000
20 宝龙 B（168765）	460.00	2022.07.29	6.5000	20 宝龙次（168766）	80.00	2022.07.29	0.0000
20 太平 2A（168767）	1998.00	2021.03.08	3.2000	20 太平 2C（168768）	2.00	2021.03.08	0.0000
华能 7 优（168769）	1350.00	2022.05.23	3.0500	华能 7 次（168770）	150.00	2023.04.21	0.0000
20 京玺 5A（168771）	1425.00	2021.07.07	3.2700	20 京玺 5B（168772）	75.00	2021.07.07	0.0000
G 西高热 1（168773）	174.00	2021.05.23	4.0000	G 西高热 2（168774）	206.00	2022.05.23	4.5000
G 西高热 3（168775）	241.00	2023.05.23	5.0000	20 立根次（168776）	95.75	2025.02.26	0.0000
G 西高热 5（168777）	305.00	2025.05.23	5.3000	G 西高热 6（168778）	343.00	2026.05.23	5.5000
G 西高热 7（168779）	384.00	2027.05.23	5.6000	G 西高热 8（168780）	422.00	2028.05.23	5.7000
G 西高热 9（168781）	454.00	2029.05.23	5.8000	G 高热次（168782）	200.00	2029.05.23	0.0000
PR 立根 A1（168783）	800.00	2021.05.26	3.4000	20 立根 A2（168784）	635.00	2022.08.26	3.7000
20 立根 B（168785）	355.00	2023.05.26	4.1000	G 西高热 4（168786）	271.00	2024.05.23	5.1000
金地 18A（168787）	586.00	2021.07.09	2.9700	金地 18 次（168788）	1.00	2021.07.09	0.0000
信润 04A1（168789）	2590.00	2020.12.25	2.9900	信润 04A2（168790）	4050.00	2021.07.05	3.3000
信润 04A3（168791）	3140.00	2022.01.05	3.6500	信润 04A4（168792）	200.00	2022.01.05	3.6500
信润 04 次（168793）	15.69	2022.01.05	0.0000	昆交 01A（168794）	294.00	2021.07.02	4.8000
昆交 01B（168795）	1.00	2021.07.02	0.0000	至臻 01A1（168796）	400.00	2021.08.11	3.4500
至臻 01A2（168797）	500.00	2022.01.12	3.5000	至臻 01B（168798）	30.00	2022.01.12	3.7000
至臻 01C（168799）	70.00	2022.04.14	0.0000	20 中和 3A（168800）	430.00	2022.07.14	5.8000
20 中和 3B（168801）	70.00	2022.07.14	0.0000	PR2A1（168802）	965.00	2021.11.17	3.4000
建租 2A2（168803）	315.00	2022.08.23	3.8000	建租 2A3（168804）	92.00	2023.02.23	3.9800
建租 2 次（168805）	81.00	2024.11.25	0.0000	苏宁 06 优（168806）	97.00	2021.07.14	7.5000
苏宁 06 次（168807）	6.00	2021.07.14	0.0000	时宁 02 优（168808）	800.00	2022.01.21	4.8900
时宁 02 次（168809）	1.00	2022.01.21	0.0000	PR6A1（168810）	300.00	2021.07.17	3.3000
睿安 6A2（168811）	400.00	2022.07.17	3.7500	睿安 6A3（168812）	285.00	2023.07.17	4.1000
睿安 6 次（168813）	15.00	2023.10.17	15.0000	同煤 07 优（168814）	495.00	2021.07.02	5.0000
同煤 07 次（168815）	1.00	2021.07.02	0.0000	福电 01 优（168816）	521.00	2022.10.27	5.5000
福电 01 次（168817）	27.00	2022.10.27	0.0000	PR 辰 1A1（168818）	180.00	2021.08.16	3.7000
辰悦 1A2（168819）	125.00	2022.08.15	4.0000	辰悦 1A3（168820）	79.00	2023.04.17	4.1000
辰悦 1 次（168821）	16.00	2023.06.15	0.0000	杭实 01 优（168822）	716.00	2023.07.22	3.6700
杭实 01 次（168823）	62.00	2023.07.22	0.0000	二局 10A1（168824）	94.00	2021.01.12	2.6500
二局 10A2（168825）	385.00	2021.07.13	2.9000	二局 10 次（168826）	1.00	2021.07.13	0.0000
欲晓 2A01（168827）	4050.00	2020.10.20	2.8900	欲晓 2A02（168828）	3200.00	2021.07.20	3.1900
欲晓 2 次（168829）	75.00	2021.07.20	0.0000	PR 惠 3A1（168830）	360.00	2021.07.23	3.4500
惠洋 3A2（168831）	274.00	2022.07.22	3.7800	惠洋 3A3（168832）	177.00	2023.06.27	4.1000

债券信息
List of Bonds

债券
Bond

债券简称（代码） Bond Name（Code）	发行量（百万元） Issued Vol （M Yuan）	到期日 Expiration Date	票面利率（%） Coupon Rate	债券简称（代码） Bond Name（Code）	发行量（百万元） Issued Vol （M Yuan）	到期日 Expiration Date	票面利率（%） Coupon Rate
惠沣 3 次（168833）	16.60	2023.10.24	0.0000	PR28A1（168834）	370.00	2021.05.26	3.5000
恒信 28A2（168835）	450.00	2022.08.26	3.8500	恒信 28A3（168836）	130.00	2023.05.26	4.1000
恒信 28 次（168837）	50.00	2023.05.26	0.0000	璀璨 14A（168841）	570.00	2021.07.20	4.6000
璀璨 15A（168842）	570.00	2021.07.29	4.4800	20 天圆 01（168843）	858.00	2021.07.16	3.4000
平裕 4 优（168844）	538.00	2021.05.24	4.5800	PR 鲁能 1A（168849）	1383.00	2041.06.28	3.8800
20 鲁能 1C（168850）	1.00	2041.06.28	0.0000	中交建 5A（168851）	55.00	2021.06.24	3.3000
中交建 5B（168852）	349.00	2022.06.24	3.6800	PR7A1（168853）	300.00	2021.08.03	3.5000
睿安 7A2（168854）	400.00	2022.08.03	3.8500	睿安 7A3（168855）	285.00	2023.08.03	4.4000
睿安 7 次（168856）	15.00	2023.11.03	15.0000	普链保 1A（168857）	205.00	2022.08.07	3.8500
普链保 1B（168858）	11.00	2022.08.07	0.0000	金供链 2A（168859）	2945.00	2022.04.23	5.5000
金供链 2B（168860）	155.00	2022.04.23	0.0000	安远 02 优（168861）	266.00	2021.07.23	3.6000
安远 02 次（168862）	1.00	2021.07.23	0.0000	PR 海 1 优 1（168863）	620.00	2021.11.30	4.3000
海租 1 优 2（168864）	169.00	2022.08.31	4.8000	海租 1 次（168865）	98.00	2024.11.29	0.0000
香溢优（168866）	500.00	2038.08.07	5.5000	香溢次（168867）	1.00	2038.08.07	0.0000
20 科贷 2A（168868）	190.00	2023.09.12	4.5000	20 科贷 2C（168869）	10.00	2023.09.12	0.0000
PR 金助 A（168870）	605.00	2021.05.14	3.5000	金助优 B（168871）	90.00	2021.05.14	4.5000
金助次级（168872）	105.00	2021.05.14	0.0000	PR8A1（168873）	300.00	2021.08.17	3.5000
睿安 8A2（168874）	400.00	2022.08.17	3.9000	睿安 8A3（168875）	285.00	2023.08.17	4.4000
睿安 8 次（168876）	15.00	2023.11.17	15.0000	PR 恒祥 A2（168878）	2649.00	2038.07.30	4.2500
20 恒祥次（168879）	1.00	2038.07.30	0.0000	益行 04A1（168880）	425.00	2023.07.07	4.0900
益行 04A2（168881）	37.50	2023.07.07	4.2500	益行 04B（168882）	37.50	2023.07.07	0.0000
益行 05A1（168883）	1290.00	2022.08.09	3.8500	益行 05A2（168884）	112.50	2022.08.09	4.0000
益行 05B（168885）	97.50	2022.08.09	0.0000	PR 润 6A1（168886）	300.00	2021.07.15	3.2900
安润 6A2（168887）	400.00	2022.07.15	3.7000	安润 6A3（168888）	285.00	2023.06.15	4.1900
安润 6 次（168889）	15.00	2023.07.22	0.0000	PR01A1（168890）	96.00	2021.06.25	3.5000
云泰 01A2（168891）	100.00	2022.06.27	3.7300	云泰 01A3（168892）	105.00	2023.06.26	4.0200
云泰 01A4（168893）	110.00	2024.06.25	4.0700	云泰 01A5（168894）	115.00	2025.06.25	4.0800
云泰 01A6（168895）	122.00	2026.06.25	4.1000	云泰 01A7（168896）	127.00	2027.06.25	4.1000
云泰 01A8（168897）	134.00	2028.06.26	4.2500	云泰 01A9（168898）	141.00	2029.06.25	4.2500
云泰 01B（168899）	56.00	2029.06.25	0.0000	PR 租 A1（168900）	260.00	2022.01.26	3.3000
高新租 A2（168901）	230.00	2023.07.26	3.7800	高新租 B（168902）	78.00	2024.04.26	4.5000
高新租 C（168903）	30.91	2025.04.28	0.0000	PR 信 1A（168904）	435.00	2022.09.22	5.8000
太农信 1B（168905）	40.00	2022.09.22	6.8000	太农信 1C（168906）	25.00	2022.09.22	0.0000
健弘 05A（168907）	850.00	2023.07.07	4.1000	健弘 05B（168908）	75.00	2023.07.07	4.2500
健弘 05C（168909）	75.00	2023.07.07	0.0000	华发荟 A（168910）	220.00	2041.08.05	4.5000
华发荟 B（168911）	182.00	2041.08.05	4.7000	华发荟次（168912）	20.00	2041.08.05	0.0000
PR29A1（168915）	500.00	2021.04.26	3.4900	恒信 29A2（168916）	400.00	2022.01.26	3.6800
恒信 29A3（168917）	50.00	2022.04.26	3.9900	恒信 29 次（168918）	50.00	2024.07.26	0.0000
联保 13 优（168919）	495.00	2021.07.21	7.5000	联保 13 次（168920）	1.00	2021.07.21	0.0000
信润 05A1（168921）	1930.00	2021.03.25	3.1400	信润 05A2（168922）	7850.00	2021.09.27	3.3000
信润 05A3（168923）	200.00	2021.09.27	3.4000	信润 05 次（168924）	17.84	2021.09.27	0.0000
开新 9 优（168925）	536.00	2021.07.21	4.0500	开新 9 次（168926）	29.00	2021.07.21	0.0000
PR 慧 3A1（168927）	300.00	2020.12.15	3.5000	PR 慧 3A2（168928）	300.00	2023.02.15	3.8500
安慧 3A3（168929）	385.00	2023.07.30	4.4000	安慧 3 次（168930）	15.00	2023.07.30	0.0000
20 江南 A1（168931）	109.00	2021.10.08	3.4400	20 江南 A2（168932）	160.00	2022.09.30	3.8000
20 江南 A3（168933）	169.00	2023.10.10	3.9000	20 江南 A4（168934）	180.00	2024.10.08	4.0600
20 江南 A5（168935）	237.00	2025.09.30	4.4000	20 江南 B（168936）	45.00	2025.09.30	0.0000
PR 融 2 优（168937）	499.00	2021.07.12	3.1000	2 电融 2 次（168938）	1.00	2021.07.12	0.0000
PR 恒华 1A（168939）	114.00	2021.01.21	3.8000	20 恒华 1B（168940）	191.00	2022.07.21	4.4000
20 恒华 1C（168941）	76.85	2024.10.21	0.0000	宇培 01 优（168942）	500.00	2038.05.04	4.1500

债券信息
List of Bonds

债券简称（代码）Bond Name（Code）	发行量（百万元）Issued Vol（M Yuan）	到期日 Expiration Date	票面利率（%）Coupon Rate	债券简称（代码）Bond Name（Code）	发行量（百万元）Issued Vol（M Yuan）	到期日 Expiration Date	票面利率（%）Coupon Rate
宇培 01 次（168943）	30.00	2038.05.04	0.0000	珠华发 07（168944）	245.00	2021.08.05	3.7900
大阳沟 A1（168945）	180.00	2021.06.18	3.9400	大阳沟 A2（168946）	260.00	2022.06.20	4.1000
大阳沟 A3（168947）	260.00	2023.06.19	4.2000	大阳沟次（168948）	40.00	2023.06.19	0.0000
20 国风 2A（168949）	486.00	2021.07.30	3.2500	20 国风 2C（168950）	1.00	2021.07.30	0.0000
当代 01 优（168951）	300.00	2021.08.05	7.5000	当代 02 优（168952）	150.00	2022.08.05	8.0000
当代 03 优（168953）	100.00	2022.08.05	8.1000	当代次级（168954）	70.00	2022.08.05	0.0000
赤兔 06 优（168955）	204.00	2021.08.06	4.7800	赤兔 06 次（168956）	3.00	2021.08.06	0.0000
武清开 01（168957）	570.00	2021.01.25	5.5000	武清开 02（168958）	610.00	2022.01.25	6.0000
武清开 03（168959）	480.00	2023.01.16	6.7000	武清开 C（168960）	90.00	2023.01.16	0.0000
博山 02（168962）	50.00	2021.04.30	5.5000	博山 03（168963）	57.00	2022.04.30	6.0000
博山 04（168964）	36.80	2023.04.30	6.8000	博山 05（168965）	53.00	2024.04.30	7.0000
博山次级（168966）	20.00	2024.04.30	0.0000	万融 01 优（168967）	385.00	2021.08.09	3.3000
万融 01 次（168968）	1.00	2021.08.09	0.0000	链科 11 优（168969）	765.00	2021.08.02	3.2800
链科 11 次（168970）	1.00	2021.08.02	0.0000	光信 4A（168971）	860.00	2021.08.02	3.5000
光信 4B（168972）	74.00	2021.08.02	4.1600	光信 4C（168973）	66.00	2021.08.02	0.0000
建借 2A（168974）	860.00	2021.08.30	3.6000	建借 2B（168975）	75.00	2021.08.30	3.9000
建借 2 次（168976）	65.00	2021.08.30	0.0000	建借 1A（168977）	850.00	2022.08.24	4.0000
建借 1B（168978）	75.00	2022.08.24	4.1000	建借 1 次（168979）	75.00	2022.08.24	0.0000
20 北方优（168980）	480.00	2023.08.18	3.7000	20 北方次（168981）	26.00	2023.08.18	0.0000
天信 8A（168982）	1350.00	2021.03.23	3.2500	天信 8B（168983）	60.00	2021.03.23	3.5500
天信 8C（168984）	45.00	2021.03.23	5.3000	天信 8 次（168985）	45.00	2022.02.23	0.0000
知识 2 优（168986）	60.30	2021.07.26	3.4900	知识 2 次（168987）	6.70	2021.07.26	0.0000
PR 微 1A1（168988）	1889.00	2021.09.30	3.3800	20 微 1A2（168989）	246.00	2022.03.30	3.5800
20 微 1 次（168990）	112.50	2023.06.30	0.0000	20 泰康 1A（168991）	1800.00	2021.09.10	3.3000
20 泰康 1B（168992）	160.00	2021.09.10	12.0000	20 泰康 1C（168993）	40.00	2021.09.10	0.0000
惠盈 04A（168994）	445.00	2021.08.23	3.3800	惠盈 04B（168995）	20.00	2021.08.23	3.6000
惠盈 04C（168996）	20.00	2021.08.23	5.6000	惠盈 04D（168997）	15.00	2022.07.21	0.0000
PR 京玺 6A（168998）	1425.00	2021.02.22	3.3000	20 京玺 6B（168999）	75.00	2021.02.22	0.0000
华樾 A1（169000）	440.00	2021.10.22	3.4000	华樾 A2（169001）	360.00	2021.10.22	3.5000
华樾次级（169002）	50.00	2021.10.22	0.0000	智禾 02A（169003）	890.00	2021.08.23	3.5000
智禾 02B（169004）	40.00	2021.08.23	3.6000	智禾 02C（169005）	40.00	2021.08.23	5.6000
智禾 02 次（169006）	30.00	2022.07.21	0.0000	东借 05A1（169007）	850.00	2022.08.24	3.9800
东借 05A2（169008）	75.00	2022.08.24	4.1000	东借 05B（169009）	75.00	2022.08.24	0.0000
弘花 03A（169010）	1800.00	2021.03.01	3.2800	弘花 03B（169011）	60.00	2021.03.01	3.6000
弘花 03 次（169012）	140.00	2021.03.01	0.0000	PR 国租 A1（169013）	491.00	2021.07.21	3.2900
20 国租 A2（169014）	478.00	2022.07.21	3.5900	20 国租 A3（169015）	464.00	2023.07.21	3.8400
20 国租次（169016）	44.00	2024.07.19	0.0000	光借 5A（169017）	860.00	2022.02.23	3.7800
光借 5B（169018）	75.00	2022.02.23	4.0900	光借 5C（169019）	65.00	2022.02.23	0.0000
PR08A（169020）	102.00	2021.08.31	5.4000	搜车 08B（169021）	20.00	2021.09.30	6.4000
搜车 08C（169022）	17.00	2021.09.30	10.0000	搜车 08 次（169023）	8.00	2021.09.30	0.0000
合生 01 优（169024）	283.00	2021.08.05	5.8000	合生 01 次（169025）	1.00	2021.08.05	0.0000
20 汇筑 A1（169026）	155.00	2021.02.05	3.2800	20 汇筑 A2（169027）	335.00	2021.08.12	3.3000
20 汇筑次（169028）	1.00	2021.08.12	0.0000	20 信易 3A（169029）	605.00	2021.08.13	3.4800
20 信易 3B（169030）	2.00	2021.08.13	0.0000	益行 06A1（169031）	425.00	2023.07.27	4.1000
益行 06A2（169032）	37.50	2023.07.27	4.3000	益行 06B（169033）	37.50	2023.07.27	0.0000
益行 07A1（169034）	1275.00	2023.08.22	4.1000	益行 07A2（169035）	112.50	2023.08.22	4.3000
益行 07B（169036）	112.50	2023.08.22	0.0000	鲁商 2A（169037）	290.00	2021.08.05	5.5000
鲁商 2 次（169038）	6.00	2021.08.05	0.0000	ZJBL08A（169039）	188.00	2021.08.13	3.3000
ZJBL08B（169040）	152.00	2022.08.12	3.7000	滇中优 1（169041）	920.00	2022.08.16	5.5000
滇中次 1（169042）	49.00	2022.08.16	0.0000	惠盈 05A（169043）	890.00	2021.08.23	3.4500

债券信息
List of Bonds

债券
Bond

债券简称（代码） Bond Name（Code）	发行量（百万元） Issued Vol（M Yuan）	到期日 Expiration Date	票面利率（%） Coupon Rate	债券简称（代码） Bond Name（Code）	发行量（百万元） Issued Vol（M Yuan）	到期日 Expiration Date	票面利率（%） Coupon Rate
惠盈 05B（169044）	40.00	2021.08.23	3.7000	惠盈 05C（169045）	40.00	2021.08.23	5.6000
惠盈 05D（169046）	30.00	2022.07.21	0.0000	PR 滨海 A1（169047）	291.00	2021.08.26	4.5000
滨海 A2（169048）	308.00	2022.08.26	4.8000	滨海 A3（169049）	316.50	2023.08.26	5.0000
滨海 A4（169050）	334.00	2024.08.26	6.0000	滨海 A5（169051）	361.50	2025.08.26	6.0000
滨海 A6（169052）	384.50	2026.08.26	6.5000	滨海 A7（169053）	413.50	2027.08.26	6.5000
滨海 A8（169054）	441.50	2028.08.26	6.7000	滨海次（169055）	176.00	2029.08.26	0.0000
滨海 A9（169056）	472.50	2029.08.26	6.7000	PR2A1（169057）	320.00	2021.07.30	5.0000
爱建 2A2（169058）	267.00	2022.07.30	5.2000	爱建 2B（169059）	93.00	2023.01.30	6.3000
爱建 2 次（169060）	52.00	2023.05.30	0.0000	至臻 2A1（169061）	400.00	2021.09.10	3.7200
至臻 2A2（169062）	500.00	2022.02.16	3.8000	至臻 2B（169063）	30.00	2022.02.16	3.9500
至臻 2C（169064）	70.00	2022.05.12	0.0000	PRYT01A（169065）	1050.00	2038.07.25	4.5000
20YT01B（169066）	792.00	2038.07.25	6.5000	20YT01 次（169067）	96.95	2038.07.25	0.0000
PR 慧 4A1（169068）	300.00	2022.01.15	3.5000	安慧 4A2（169069）	300.00	2023.03.15	3.8400
安慧 4A3（169070）	385.00	2023.08.31	4.4000	安慧 4 次（169071）	15.00	2023.08.31	0.0000
PR 润 7A1（169072）	300.00	2021.09.15	3.7000	安润 7A2（169073）	400.00	2022.09.15	3.9500
安润 7A3（169074）	285.00	2023.08.15	4.4000	安润 7 次（169075）	15.00	2023.09.15	0.0000
智禾 03A（169076）	890.00	2022.08.24	3.8500	智禾 03B（169077）	35.00	2022.08.24	3.9500
智禾 03C（169078）	30.00	2022.08.24	6.3000	智禾 03 次（169079）	45.00	2023.07.25	0.0000
PR 电租优（169080）	600.00	2030.02.20	3.8500	20 电租次（169081）	27.00	2030.02.20	0.0000
安远 03 优（169082）	321.00	2021.08.20	3.4500	安远 03 次（169083）	1.00	2021.08.20	0.0000
健弘 06A（169084）	1275.00	2023.08.01	4.0700	健弘 06B（169085）	112.50	2023.08.01	4.3000
健弘 06C（169086）	112.50	2023.08.01	0.0000	信润 06A1（169087）	2140.00	2021.03.25	3.2000
信润 06A2（169088）	3890.00	2021.05.25	3.2500	信润 06A3（169089）	3950.00	2021.08.13	3.3000
信润 06 次（169090）	13.54	2021.08.13	0.0000	20 电建 A1（169091）	350.00	2021.08.12	3.1800
20 电建 A2（169092）	724.00	2022.08.01	3.4800	20 电建次（169093）	56.00	2022.08.01	0.0000
20 天圆 02（169094）	689.00	2021.08.19	3.5800	PR 北 A（169095）	685.00	2038.01.27	5.7000
中北 B（169096）	95.00	2038.01.27	6.5000	中北次（169097）	3.00	2038.01.27	0.0000
蒙牛 1 优（169098）	143.00	2021.07.13	2.9900	蒙牛 1 次（169099）	8.00	2021.07.13	0.0000
橡树 01（169100）	1368.00	2021.07.26	3.8000	橡树 02（169101）	1368.00	2021.07.26	4.5300
橡树 03（169102）	144.00	2021.10.26	0.0000	20 天圆次（169103）	2.00	2021.08.19	0.0000
20 野风 A（169104）	300.00	2025.08.26	5.0000	20 野风 B（169105）	200.00	2025.08.26	6.2500
20 野风次（169106）	50.00	2025.08.26	0.0000	PR 赛达 A（169115）	410.00	2038.08.28	5.7000
赛达优 B（169116）	55.00	2038.08.28	5.7000	赛达次（169117）	35.00	2038.08.28	0.0000
长治 01A（169118）	850.00	2023.08.03	4.0500	长治 01B（169119）	75.00	2023.08.03	4.2500
长治 01C（169120）	75.00	2023.08.03	0.0000	锦河 01A（169121）	890.00	2023.08.30	4.6900
锦河 01C（169122）	110.00	2023.08.30	0.0000	锦河 02A（169123）	890.00	2023.08.30	4.6900
锦河 02C（169124）	110.00	2023.08.30	0.0000	世欧优 1（169125）	2100.00	2038.07.14	5.2000
世欧次（169126）	100.00	2038.07.14	0.0000	西曲 01 优（169127）	300.00	2021.08.30	4.8000
西曲 01 次（169128）	18.00	2021.08.30	0.0000	珠华发 08（169129）	240.00	2021.08.26	3.8500
20 花呗 2A（169130）	900.00	2021.03.01	3.2800	20 花呗 2B（169131）	30.00	2021.03.01	3.6000
20 花呗 2C（169132）	70.00	2021.03.01	0.0000	20 绿城 A2（169133）	353.00	2021.08.13	3.5800
20 绿城 B2（169134）	1.00	2021.08.13	0.0000	龙控 05 优（169135）	579.00	2022.09.15	4.3500
龙控 05 次（169136）	31.00	2022.09.15	0.0000	PR9A1（169137）	300.00	2021.09.11	3.7000
睿安 9A2（169138）	400.00	2022.09.11	3.9500	睿安 9A3（169139）	285.00	2023.09.11	4.4000
睿安 9 次（169140）	15.00	2023.12.11	15.0000	惠盈 06A（169141）	450.00	2021.03.24	3.4200
惠盈 06B（169142）	20.00	2021.03.24	3.6000	惠盈 06C（169143）	15.00	2021.03.24	5.4000
惠盈 06D（169144）	15.00	2022.02.23	0.0000	锦河 03A（169145）	890.00	2023.09.05	4.6900
锦河 03C（169146）	110.00	2023.09.05	0.0000	20 绿城 1A（169147）	160.00	2038.11.03	4.2000
20 绿城 1B（169148）	740.00	2038.11.03	4.4000	20 绿城 1C（169149）	48.00	2038.11.03	0.0000
PR 通优 1A（169150）	226.00	2020.12.31	4.0000	通商优 1B（169151）	16.00	2020.12.31	5.2500

债券信息 List of Bonds

债券 Bond

债券简称（代码） Bond Name（Code）	发行量（百万元） Issued Vol（M Yuan）	到期日 Expiration Date	票面利率（%） Coupon Rate	债券简称（代码） Bond Name（Code）	发行量（百万元） Issued Vol（M Yuan）	到期日 Expiration Date	票面利率（%） Coupon Rate
PR 通次 1A（169152）	14.00	2021.06.30	0.0000	PR 通次 1B（169153）	14.00	2021.06.30	0.0000
PR 通次 1C（169154）	14.00	2021.06.30	0.0000	盐保障 01（169155）	50.00	2020.09.16	0.1000
盐保障 02（169156）	53.00	2021.01.20	5.0000	盐保障 03（169157）	64.00	2021.07.20	5.5000
盐保障 04（169158）	68.00	2022.01.20	5.5000	盐保障 05（169159）	68.00	2022.07.20	5.5000
盐保障 06（169160）	77.00	2023.01.20	6.5000	盐保障次（169161）	20.00	2023.01.20	0.0000
G 中车优（169162）	500.00	2022.06.30	3.5000	碧胜 02 优（169163）	1034.00	2023.09.04	4.3000
碧胜 02 次（169164）	55.00	2023.09.04	0.0000	华能 8 优（169165）	900.00	2022.07.12	3.5000
华能 8 次（169166）	100.00	2023.06.09	0.0000	20 海伦 1A（169167）	227.00	2021.07.26	7.3000
20 海伦 1B（169168）	12.00	2024.07.26	0.0000	PR 安吉 7A（169169）	1716.00	2022.12.26	3.6000
20 安吉 7B（169170）	34.00	2023.01.30	4.3000	20 安吉 7C（169171）	157.71	2025.05.26	0.0000
PR 融 3 优（169172）	795.00	2021.07.29	3.3500	2 电融 3 次（169173）	1.00	2021.07.29	0.0000
合生 02 优（169174）	232.00	2021.09.17	6.1500	合生 02 次（169175）	1.00	2021.09.17	0.0000
3 欲晓 A01（169176）	3400.00	2020.11.20	2.9500	3 欲晓 A02（169177）	3600.00	2021.08.20	3.3500
3 欲晓次（169178）	71.00	2021.08.20	0.0000	20 工鑫 2A（169179）	4009.00	2022.09.09	3.8000
20 工鑫 2C（169180）	256.00	2022.09.09	0.0000	同煤 08 优（169181）	761.00	2021.08.31	5.0000
同煤 08 次（169182）	1.00	2021.08.31	0.0000	天信 9A（169183）	2225.00	2021.09.23	3.9000
天信 9B（169184）	100.00	2021.09.23	4.2000	天信 9C（169185）	100.00	2021.09.23	6.2000
天信 9 次（169186）	75.00	2022.08.23	0.0000	水 11 优 03（169187）	106.00	2021.08.27	3.2900
水 11 次 03（169188）	1.00	2021.08.27	0.0000	PR30A1（169191）	420.00	2021.07.26	3.4500
恒信 30A2（169192）	450.00	2022.10.26	4.0000	恒信 30A3（169193）	80.00	2023.04.26	4.2000
恒信 30 次（169194）	50.00	2023.07.26	0.0000	20 睿盈 1A（169197）	400.00	2021.07.12	5.5000
20 睿盈 1B（169198）	100.00	2022.03.10	0.0000	铁十 03 优（169199）	299.00	2022.05.05	4.2000
铁十 03 次（169200）	1.00	2022.05.05	0.0000	光信 5A（169201）	688.00	2021.08.31	3.7000
光信 5B（169202）	59.20	2021.08.31	4.5000	光信 5C（169203）	52.80	2021.08.31	0.0000
泰华信 2A（169204）	335.00	2021.09.14	5.8000	泰华信 2C（169205）	1.00	2021.09.14	0.0000
20 二航 4A（169206）	817.00	2021.09.03	3.2700	20 二航 4D（169207）	1.00	2021.09.03	0.0000
20 建工 A（169210）	1000.00	2041.08.20	3.9700	20 建工 B（169211）	1.00	2041.08.20	5.5000
20 花 03A1（169212）	2670.00	2021.08.23	3.7000	20 花 03A2（169213）	120.00	2021.08.23	4.0000
20 花 03B（169214）	210.00	2021.08.23	0.0000	PR 社 A（169215）	670.00	2041.08.28	3.8500
麒麟社次（169216）	30.00	2041.08.28	0.0000	诚正 2A（169217）	316.00	2021.09.06	5.7500
诚正 2 次（169218）	4.00	2021.09.06	0.0000	建花 14A（169219）	2670.00	2021.07.21	3.6500
建花 14B（169220）	120.00	2021.07.21	4.0000	建花 14C（169221）	210.00	2021.07.21	0.0000
智禾 04A（169222）	890.00	2022.03.23	4.1000	智禾 04B（169223）	35.00	2022.03.23	4.3000
智禾 04C（169224）	30.00	2022.03.23	6.3000	智禾 04 次（169225）	45.00	2023.02.22	0.0000
20 京玺 7A（169228）	1425.00	2021.03.29	3.5000	20 京玺 7B（169229）	75.00	2021.03.29	0.0000
中交建 06（169230）	44.00	2022.08.30	3.9700	建借 3A（169231）	1700.00	2022.09.21	4.8000
建借 3B（169232）	150.00	2022.09.21	5.0000	建借 3C（169233）	150.00	2022.09.21	0.0000
陕钢 02 优（169234）	390.00	2021.08.31	3.5800	陕钢 02 次（169235）	3.00	2021.08.31	0.0000
东借 06A1（169236）	850.00	2022.09.26	4.6900	东借 06B（169237）	75.00	2022.09.26	0.0000
东借 06A2（169238）	75.00	2022.09.26	4.9000	PR 微 2A1（169239）	1470.00	2021.12.20	3.7000
20 微 2A2（169240）	191.00	2022.06.20	3.9500	20 微 2 次（169241）	87.40	2023.09.20	0.0000
二局 11A1（169242）	103.00	2021.03.12	3.3800	二局 11A2（169243）	221.00	2021.09.10	3.4000
二局 11 次（169244）	1.00	2021.09.10	0.0000	上城投优（169247）	1300.00	2029.09.25	3.9000
上城投次（169248）	70.00	2029.10.25	0.0000	至臻 03A1（169249）	600.00	2021.10.19	4.1900
至臻 03A2（169250）	300.00	2022.03.10	4.2900	至臻 03B（169251）	30.00	2022.03.10	4.3000
至臻 03C（169252）	70.00	2022.06.13	0.0000	中能化 1A（169253）	850.00	2023.10.20	4.5000
中能化 1C（169254）	44.74	2023.10.20	8.0000	畅融 3 优（169255）	890.00	2022.09.28	6.0000
畅融 3 次（169256）	110.00	2022.09.28	0.0000	复地 05A（169257）	203.00	2021.09.15	4.1700
复地 05 次（169258）	1.00	2021.09.15	0.0000	锦河 04A（169259）	890.00	2022.09.21	6.0000
锦河 04C（169260）	110.00	2022.09.21	0.0000	锦河 05A（169261）	1335.00	2022.09.21	6.0000

债券信息
List of Bonds

债券
Bond

债券简称（代码）Bond Name (Code)	发行量（百万元）Issued Vol (M Yuan)	到期日 Expiration Date	票面利率（%）Coupon Rate	债券简称（代码）Bond Name (Code)	发行量（百万元）Issued Vol (M Yuan)	到期日 Expiration Date	票面利率（%）Coupon Rate
锦河05C（169262）	165.00	2022.09.21	0.0000	京贰1A（169263）	1425.00	2021.09.13	3.9900
京贰1B（169264）	75.00	2021.09.13	0.0000	惠盈07A（169265）	1335.00	2021.09.24	3.9600
惠盈07B（169266）	60.00	2021.09.24	4.3000	惠盈07C（169267）	60.00	2021.09.24	5.7000
惠盈07D（169268）	45.00	2022.08.24	0.0000	20花呗3A（169269）	1780.00	2021.07.22	3.6000
20花呗3B（169270）	80.00	2021.07.22	4.0100	20花呗3C（169271）	140.00	2021.07.22	0.0000
博雅1A（169272）	860.00	2022.10.17	4.3800	博雅1B（169273）	75.00	2022.10.17	4.9000
博雅1次（169274）	65.00	2022.10.17	0.0000	华能9优（169275）	1350.00	2022.08.01	3.7000
华能9次（169276）	150.00	2023.06.30	0.0000	光恒和1A（169277）	740.00	2021.04.07	4.3000
光恒和1B（169278）	829.00	2022.03.14	5.0000	光恒和1C（169279）	83.40	2022.03.14	5.0000
光借6A（169280）	850.00	2022.04.27	4.4800	光借6B（169281）	75.00	2022.04.27	4.8000
光借6C（169282）	75.00	2022.04.27	0.0000	惠农03优（169283）	389.00	2022.08.16	4.0300
惠农03次（169284）	21.00	2022.08.16	0.0000	东花15A1（169288）	3560.00	2022.02.23	4.0000
东花15B（169289）	300.00	2022.02.23	0.0000	东花15A2（169290）	140.00	2022.02.23	4.3000
PR02A（169291）	510.00	2021.12.28	4.9500	信远02B（169292）	55.00	2022.03.28	6.0000
信远02次（169293）	140.00	2023.06.28	0.0000	荣茂09优（169294）	355.00	2021.09.06	3.6000
荣茂09次（169295）	1.00	2021.09.06	0.0000	智禾05A（169296）	890.00	2022.08.23	4.4000
智禾05B（169297）	35.00	2022.08.23	4.8000	智禾05C（169298）	30.00	2022.08.23	6.5000
智禾05次（169299）	45.00	2023.07.21	0.0000	水八04优（169300）	614.00	2022.09.23	4.0000
水八04次（169301）	1.00	2022.09.23	0.0000	PR曹操A1（169302）	438.00	2021.05.27	3.6500
20曹操A2（169303）	453.00	2022.05.27	4.2000	20曹操A3（169304）	359.00	2023.05.26	4.7000
20曹操次（169305）	100.00	2023.05.26	0.0000	兴辰01A（169306）	1780.00	2022.08.24	4.3900
兴辰01B（169307）	70.00	2022.08.24	4.8000	兴辰01C（169308）	60.00	2022.08.24	6.5000
兴辰01次（169309）	90.00	2023.07.24	0.0000	兴辰02A（169310）	1780.00	2021.09.24	4.0000
兴辰02B（169311）	80.00	2021.09.24	4.3000	兴辰02C（169312）	80.00	2021.09.24	5.8000
兴辰02次（169313）	60.00	2022.08.24	0.0000	太保1优A（169314）	1800.00	2021.09.22	3.4000
太保1优B（169315）	140.00	2021.09.22	12.0000	太保1C（169316）	60.00	2021.09.22	0.0000
PR31A1（169317）	440.00	2021.09.27	3.6900	恒信31A2（169318）	420.00	2022.12.26	4.0000
恒信31A3（169319）	90.00	2023.06.26	4.3000	恒信31次（169320）	50.00	2023.06.26	0.0000
八局德2A（169321）	380.00	2021.09.03	3.4000	八局德2C（169322）	1.00	2021.09.03	0.0000
鑫创202A（169325）	200.00	2021.09.22	3.2500	20京高优（169326）	4200.00	2035.10.16	4.0400
20京高次（169327）	50.00	2035.10.16	0.0000	开新10优（169328）	437.00	2021.09.17	4.3000
开新10次（169329）	23.00	2021.09.17	0.0000	同煤09优（169330）	717.00	2021.09.13	5.3000
同煤09次（169331）	1.00	2021.09.13	0.0000	珠华发09（169332）	292.00	2021.09.23	4.0000
20风电A（169333）	950.00	2023.06.30	3.8500	20风电C（169334）	50.00	2023.06.30	0.0000
瑞诚1优（169335）	890.00	2023.09.21	5.6000	瑞诚1次（169336）	110.00	2023.09.21	0.0000
瑞诚2优（169337）	890.00	2023.09.21	5.6000	瑞诚2次（169338）	110.00	2023.09.21	0.0000
PR君创A（169339）	468.00	2022.05.12	6.2000	20君创B（169340）	25.00	2022.05.12	6.7000
20君创次（169341）	115.40	2024.11.11	0.0000	PR辰2A1（169342）	315.00	2021.09.15	3.9000
辰悦2A2（169343）	188.00	2022.09.15	4.2000	辰悦2A3（169344）	124.80	2023.05.15	4.3000
辰悦2次（169345）	26.20	2023.07.17	0.0000	PR万1A1（169346）	429.00	2021.06.22	3.6500
PR万1A2（169347）	429.00	2021.06.22	3.9300	PR万1A3（169348）	442.00	2021.06.22	3.9800
万橡1次（169349）	50.00	2021.09.22	0.0000	赤兔07优（169350）	520.00	2021.09.24	4.9800
赤兔07次（169351）	6.00	2021.09.24	0.0000	金地2优（169352）	235.10	2030.07.24	4.6000
金地2次（169353）	1.00	2030.07.24	0.0000	20五局2A（169354）	480.00	2021.09.23	3.4000
太盟11A1（169355）	134.00	2020.11.27	6.2000	PR太11A2（169356）	123.00	2021.11.27	6.5000
太盟11B（169357）	31.00	2022.03.27	7.5000	太盟11次（169358）	34.00	2022.10.27	0.0000
瑞诚3优（169359）	890.00	2023.09.21	5.6000	瑞诚3次（169360）	110.00	2023.09.21	0.0000
瑞诚4优（169361）	890.00	2023.09.21	5.6000	瑞诚4次（169362）	110.00	2023.09.21	0.0000
盛安01A（169363）	1320.00	2023.10.12	6.3000	盛安01B（169364）	180.00	2023.10.12	0.0000
盛安02A（169365）	890.00	2022.10.12	6.0000	盛安02B（169366）	110.00	2022.10.12	0.0000

债券信息
List of Bonds

债券
Bond

债券简称（代码） Bond Name（Code）	发行量 （百万元） Issued Vol （M Yuan）	到期日 Expiration Date	票面利率（%） Coupon Rate	债券简称（代码） Bond Name（Code）	发行量 （百万元） Issued Vol （M Yuan）	到期日 Expiration Date	票面利率（%） Coupon Rate
惠盈 08A（169367）	1335.00	2021.09.24	4.0000	惠盈 08B（169368）	60.00	2021.09.24	4.3500
惠盈 08C（169369）	60.00	2021.09.24	5.8000	惠盈 08D（169370）	45.00	2022.08.24	0.0000
惠盈 09A（169371）	890.00	2021.09.27	3.9900	惠盈 09B（169372）	40.00	2021.09.27	4.3000
惠盈 09C（169373）	40.00	2021.09.27	5.8000	惠盈 09D（169374）	30.00	2022.08.24	0.0000
PR 华元 A2（169376）	2650.00	2021.04.25	3.6000	华元 01A3（169377）	1770.00	2021.10.25	3.8000
华元 01A4（169378）	3360.00	2022.04.25	4.2500	华元 01A5（169379）	380.00	2022.10.25	4.2500
华元 01A6（169380）	1560.00	2023.04.25	4.5000	华元 01 次（169381）	206.16	2023.10.25	0.0000
长治 02A（169382）	1700.00	2023.08.31	4.7200	长治 02B（169383）	150.00	2023.08.31	4.9000
长治 02C（169384）	150.00	2023.08.31	0.0000	20 光信 1A（169385）	2156.00	2022.08.17	4.0000
20 光信 1B（169386）	162.00	2022.08.17	4.5000	20 光信 1C（169387）	377.60	2022.08.25	0.0000
4 欲晓 A01（169388）	3144.00	2021.01.20	3.2600	4 欲晓 A02（169389）	2400.00	2021.10.20	3.5400
4 欲晓次（169390）	56.00	2021.10.20	0.0000	PR1A1（169391）	300.00	2021.09.15	3.8000
橙安 1A2（169392）	400.00	2022.09.15	4.1500	橙安 1A3（169393）	285.00	2023.09.15	4.5000
橙安 1 次（169394）	15.00	2023.12.15	15.0000	20 浦投优（169395）	1460.00	2025.10.15	4.1900
20 浦投次（169396）	40.00	2025.10.15	0.0000	泰富 3 优（169397）	324.00	2021.09.24	5.0000
泰富 3 次（169398）	1.00	2021.09.24	0.0000	七局 2A（169399）	315.00	2021.09.25	3.6000
七局 2S（169400）	1.00	2021.09.25	0.0000	东花 16A1（169401）	890.00	2021.07.23	3.6000
东花 16A2（169402）	40.00	2021.07.23	3.9900	东花 16B（169403）	70.00	2021.07.23	0.0000
20 国泰 1A（169404）	119.00	2020.12.15	4.0000	20 国泰 1B（169405）	26.00	2020.12.15	4.5000
20 国泰 1C（169406）	25.00	2020.12.15	0.0000	畅融 5 优（169409）	1335.00	2022.10.17	6.0000
畅融 5 次（169410）	165.00	2022.10.17	0.0000	2 电融 4 优（169411）	863.00	2021.09.07	3.5500
2 电融 4 次（169412）	1.00	2021.09.07	0.0000	霄驰 01A（169422）	1780.00	2021.09.24	4.0000
霄驰 01B（169423）	80.00	2021.09.24	4.3000	霄驰 01C（169424）	80.00	2021.09.24	6.0000
霄驰 01 次（169425）	60.00	2022.08.24	0.0000	信投 1 优（169426）	309.00	2021.10.26	4.9800
信投 1 次（169427）	1.00	2021.10.26	0.0000	前交 04A1（169428）	18.00	2021.05.19	4.6000
前交 04A2（169429）	58.00	2021.07.28	4.7000	前交 04A3（169430）	72.00	2021.08.24	4.7000
前交 04 次（169431）	7.80	2021.08.24	0.0000	20 龙元 01（169432）	483.00	2023.03.27	6.8000
20 龙元 02（169433）	241.00	2023.03.27	8.3300	龙元次级（169434）	81.00	2023.03.27	0.0000
国借 1A（169435）	1275.00	2022.05.05	4.5800	国借 1B（169436）	112.50	2022.05.05	4.8000
国借 1C（169437）	112.50	2022.05.05	7.5000	弘花 04A（169438）	900.00	2021.03.01	3.4000
弘花 04B（169439）	30.00	2021.03.01	3.7000	弘花 04 次（169440）	70.00	2021.03.01	0.0000
PR 上实 A1（169441）	1070.00	2021.11.22	5.8000	20 上实 A2（169442）	396.00	2022.05.20	6.2000
20 上实 B（169443）	139.00	2022.08.22	7.0000	20 上实次（169444）	195.00	2022.08.22	0.0000
PR 红美 A（169445）	420.00	2038.06.28	5.5000	20 红美 B（169446）	110.00	2038.06.28	6.0000
20 红美次（169447）	30.00	2038.06.28	0.0000	弘德 01A（169448）	1780.00	2021.09.27	4.0000
弘德 01B（169449）	80.00	2021.09.27	4.3000	弘德 01C（169450）	80.00	2021.09.27	5.8000
弘德 01D（169451）	60.00	2022.08.24	0.0000	光晨 1A（169452）	3500.00	2022.09.08	5.5000
光晨 1B（169453）	865.00	2022.09.08	6.5000	光晨 1C（169454）	720.30	2022.09.08	0.0000
PRYD3A1（169455）	1310.00	2021.09.27	3.6500	20YD3A2（169456）	707.00	2022.12.26	3.9400
20YD3C（169457）	115.00	2024.09.26	0.0000	20 宝地优（169460）	1665.00	2038.08.10	3.5000
20 宝地次（169461）	10.00	2038.08.10	0.0000	建四 1A（169462）	244.00	2021.03.29	3.4000
G1 电建 A1（169463）	129.00	2021.09.15	3.5000	G1 电建 A2（169464）	643.00	2022.09.15	3.9000
G1 电建 C（169465）	41.00	2022.09.15	0.0000	中林 02 优（169466）	551.00	2022.11.25	5.8500
中林 02 次（169467）	29.00	2022.11.25	0.0000	锦河 06A（169468）	890.00	2022.10.17	6.0000
锦河 06C（169469）	110.00	2022.10.17	0.0000	20 中车 1A（169470）	750.00	2022.04.22	4.3000
20 中车 1B（169471）	200.00	2023.04.24	5.3000	20 中车次（169472）	50.00	2023.10.27	0.0000
20 睿盈 2A（169473）	800.00	2021.10.19	5.5000	20 睿盈 2B（169474）	200.00	2022.06.13	0.0000
铁保 05A1（169475）	154.00	2021.09.15	3.5000	铁保 05A2（169476）	467.00	2022.09.15	3.9600
铁保 05A3（169477）	64.00	2023.08.30	4.1000	铁保 05 次（169478）	1.00	2023.08.30	0.0000
PR 通盛 A（169479）	330.00	2021.09.17	4.9900	20 通盛 B（169480）	99.00	2022.06.17	3.9900

债券信息 List of Bonds

债券 Bond

债券简称（代码） Bond Name（Code）	发行量（百万元） Issued Vol（M Yuan）	到期日 Expiration Date	票面利率（%） Coupon Rate	债券简称（代码） Bond Name（Code）	发行量（百万元） Issued Vol（M Yuan）	到期日 Expiration Date	票面利率（%） Coupon Rate
20 通盛次（169481）	68.94	2023.06.17	0.0000	20 新力 1A（169482）	500.00	2022.10.21	7.0000
20 新力 1B（169483）	190.00	2022.10.21	7.5000	20 新力 1C（169484）	37.00	2022.10.21	0.0000
PRXF2A1（169488）	250.00	2021.09.28	4.5000	QCXF2A2（169489）	50.00	2022.02.28	5.0000
QCXF2B（169490）	38.00	2022.11.28	6.2000	QCXF2C1（169491）	10.00	2025.06.28	8.1500
QCXF2C2（169492）	10.00	2025.06.28	8.1500	QCXF2C3（169493）	10.00	2025.06.28	8.1500
QCXF2C4（169494）	7.00	2025.06.28	8.1500	QCXF2D（169495）	5.00	2025.06.28	8.0000
QCXF2E1（169496）	10.00	2025.06.28	0.0000	QCXF2E2（169497）	10.00	2025.06.28	0.0000
电气 07 优（169498）	690.00	2021.11.15	4.5000	电气 07 次（169499）	60.65	2021.11.15	0.0000
20 睿盈 3A（169500）	800.00	2021.11.10	5.5000	20 睿盈 3B（169501）	200.00	2022.07.12	0.0000
铁建 018A（169502）	2987.00	2022.09.30	3.9900	铁建 018C（169503）	158.00	2022.09.30	5.0000
G20 电建 A（169504）	716.00	2023.10.23	4.5000	G20 电建 C（169505）	37.00	2023.10.23	0.0000
东花 17A1（169506）	2670.00	2022.02.23	3.9000	东花 17A2（169507）	105.00	2022.02.23	4.3000
东花 17B（169508）	225.00	2022.02.23	0.0000	达兴 01A（169509）	1320.00	2023.10.14	6.3000
达兴 01C（169510）	180.00	2023.10.14	0.0000	霄驰 02A（169511）	1350.00	2021.05.24	3.7700
霄驰 02B（169512）	60.00	2021.05.24	4.2000	霄驰 02C（169513）	45.00	2021.05.24	5.7000
霄驰 02 次（169514）	45.00	2022.04.22	0.0000	弘花 05A（169515）	2670.00	2021.10.25	3.7000
弘花 05B（169516）	120.00	2021.10.25	4.3000	弘花 05 次（169517）	210.00	2021.10.25	0.0000
盛安 03A（169518）	1320.00	2023.10.25	6.3000	盛安 03B（169519）	180.00	2023.10.25	0.0000
盛安 04A（169520）	880.00	2023.10.25	6.3000	盛安 04B（169521）	120.00	2023.10.25	0.0000
东借 07A1（169522）	860.00	2021.10.29	4.0000	东借 07A2（169523）	75.00	2021.10.29	4.5000
东借 07B（169524）	65.00	2021.10.29	0.0000	兴辰 03A（169525）	1780.00	2021.10.21	3.9800
兴辰 03B（169526）	80.00	2021.10.21	4.3000	兴辰 03C（169527）	80.00	2021.10.21	5.8000
兴辰 03 次（169528）	60.00	2022.09.21	0.0000	南郊 1A（169529）	41.00	2021.04.16	4.2000
南郊 1B（169530）	41.50	2021.10.16	4.2000	南郊 1C（169531）	43.50	2022.04.16	4.4000
南郊 1D（169532）	44.00	2022.10.16	4.4000	南郊 1E（169533）	47.00	2023.04.16	5.0000
南郊 1F（169534）	47.00	2023.10.16	5.0000	南郊 1G（169535）	48.00	2024.04.16	5.0000
南郊 1H（169536）	49.00	2024.10.16	5.0000	南郊 1I（169537）	51.00	2025.04.16	5.0000
南郊 1J（169538）	52.00	2025.10.16	5.0000	南郊 1 次（169539）	36.00	2025.10.16	0.0000
铁建 017A（169540）	2947.00	2022.09.28	3.9800	铁建 017C（169541）	156.00	2022.09.28	0.0000
PR 垦优（169542）	1000.00	2030.05.27	5.1000	桂农垦次（169543）	50.00	2030.05.27	0.0000
建花 15A（169548）	2670.00	2022.10.21	4.4000	建花 15B（169549）	105.00	2022.10.21	4.6000
建花 15C（169550）	225.00	2022.10.21	0.0000	PR 药租 A1（169551）	682.00	2021.10.28	4.0000
20 药租 A2（169552）	620.00	2023.04.28	4.2000	20 药租 A3（169553）	150.00	2023.10.28	4.4500
20 药租次（169554）	156.06	2025.04.28	0.0000	中局 1 优（169555）	899.00	2023.09.28	4.1400
中局 1 次（169556）	47.00	2023.09.28	0.0000	汇筑 2 优（169561）	178.00	2021.10.19	4.2000
汇筑 2 次（169562）	1.00	2021.10.19	0.0000	电惠融 1A（169565）	300.00	2020.12.28	3.2000
电惠融 1C（169566）	1.00	2020.12.28	0.0000	至臻 04A1（169567）	600.00	2021.11.10	4.2900
至臻 04A2（169568）	300.00	2022.04.14	4.3500	至臻 04B（169569）	30.00	2022.04.14	4.5500
至臻 04C（169570）	70.00	2022.07.12	0.0000	锦河 07A（169571）	880.00	2023.10.25	6.3000
锦河 07C（169572）	120.00	2023.10.25	0.0000	20 凯盛 A1（169573）	520.00	2022.09.26	4.4000
20 凯盛 A2（169574）	606.00	2023.09.25	4.8000	20 凯盛次（169575）	60.00	2023.09.25	0.0000
新城 20 优（169576）	864.00	2022.10.19	6.5000	新城 20 次（169577）	46.00	2022.10.19	0.0000
PR 诚 2 微 A（169578）	755.00	2022.03.26	5.5000	诚泰 2 微 B（169579）	122.00	2022.09.26	7.5000
诚微 2 次（169580）	99.51	2024.03.26	0.0000	PR 慧 5A1（169581）	300.00	2022.02.15	3.8000
安慧 5A2（169582）	300.00	2023.04.15	4.1500	安慧 5A3（169583）	385.00	2023.10.16	4.5000
安慧 5 次（169584）	15.00	2023.10.16	0.0000	20 花 04A1（169585）	2670.00	2021.10.22	3.7000
20 花 04A2（169586）	120.00	2021.10.22	4.1500	20 花 04B（169587）	210.00	2021.10.22	0.0000
汇享 01A（169588）	880.00	2023.11.01	6.3000	汇享 01B（169589）	120.00	2023.11.01	0.0000
汇享 02A（169590）	880.00	2023.11.01	6.3000	汇享 02B（169591）	120.00	2023.11.01	0.0000
汇享 03A（169592）	890.00	2022.11.01	6.0000	汇享 03B（169593）	110.00	2022.11.01	0.0000

债券信息
List of Bonds

债券简称（代码）Bond Name（Code）	发行量（百万元）Issued Vol（M Yuan）	到期日 Expiration Date	票面利率（%）Coupon Rate	债券简称（代码）Bond Name（Code）	发行量（百万元）Issued Vol（M Yuan）	到期日 Expiration Date	票面利率（%）Coupon Rate
汇享04A（169594）	890.00	2022.11.02	6.0000	汇享04B（169595）	110.00	2022.11.02	0.0000
20信易4A（169596）	361.00	2021.10.21	3.7500	20信易4B（169597）	2.00	2021.10.21	0.0000
惠盈10A（169598）	1800.00	2021.05.25	3.8000	惠盈10B（169599）	80.00	2021.05.25	4.2000
惠盈10C（169600）	60.00	2021.05.25	5.7000	惠盈10D（169601）	60.00	2022.04.25	0.0000
万融02优（169602）	321.00	2021.10.15	3.3400	万融02次（169603）	1.00	2021.10.15	0.0000
花财01A（169604）	2670.00	2021.10.25	3.7000	花财01B（169605）	120.00	2021.10.25	4.1500
花财01次（169606）	210.00	2021.10.25	0.0000	PR润8A1（169607）	300.00	2021.09.15	3.8000
安润8A2（169608）	400.00	2022.10.15	4.1500	安润8A3（169609）	285.00	2023.08.15	4.5000
安润8次（169610）	15.00	2023.10.16	0.0000	健弘07A（169611）	850.00	2023.10.12	4.4600
健弘07B（169612）	75.00	2023.10.12	4.7000	健弘07C（169613）	75.00	2023.10.12	0.0000
龙联07A（169614）	490.00	2021.10.26	4.5000	龙联07次（169615）	1.00	2021.10.26	0.0000
PR安吉8A（169616）	2039.00	2023.08.28	3.9000	20安吉8B（169617）	40.00	2023.09.26	4.2800
20安吉8C（169618）	187.72	2025.09.26	0.0000	PR源优1（169619）	325.00	2021.03.15	4.6000
G金源优2（169620）	337.00	2022.03.15	4.7000	G金源优3（169621）	210.00	2022.12.15	4.8000
G金源次（169622）	76.00	2025.09.15	0.0000	京玺21A（169623）	1425.00	2021.11.11	4.3000
京玺21B（169624）	75.00	2021.11.11	0.0000	苏信2优A（169625）	800.00	2023.07.13	4.3000
苏信2优B（169626）	90.00	2023.07.13	4.8000	苏信2次（169627）	110.00	2023.07.13	0.0000
益辰01A1（169628）	850.00	2023.10.17	4.3800	益辰01A2（169629）	75.00	2023.10.17	4.7000
益辰01B（169630）	75.00	2023.10.17	0.0000	20华碧优（169631）	1360.00	2021.11.06	4.3500
20华碧次（169632）	40.00	2021.11.06	0.0000	光启1A（169633）	890.00	2021.11.23	5.3000
光启1C（169634）	110.00	2022.10.21	0.0000	光启2A（169635）	1780.00	2021.11.24	5.3000
光启2C（169636）	220.00	2022.10.24	0.0000	弘德02A（169637）	1780.00	2021.10.22	3.8900
弘德02B（169638）	80.00	2021.10.22	4.3000	弘德02C（169639）	80.00	2021.10.22	5.8000
弘德02D（169640）	60.00	2022.09.22	0.0000	钱投优（169641）	2000.00	2038.10.28	3.9800
钱投次（169642）	1.00	2038.10.28	0.0000	美团1A（169643）	350.80	2022.04.27	4.7000
美团1B（169644）	22.40	2022.05.26	5.2000	美团1C（169645）	26.80	2022.11.21	0.0000
天信10A（169646）	890.00	2021.10.25	3.9500	天信10B（169647）	40.00	2021.10.25	4.2000
天信10C（169648）	40.00	2021.10.25	5.8000	天信10次（169649）	30.00	2022.09.23	0.0000
华能10优（169650）	720.00	2022.09.05	3.8000	华能10次（169651）	80.00	2023.08.04	0.0000
20金采1A（169652）	805.00	2021.05.12	4.2000	20金采1B（169653）	68.00	2021.05.12	4.5000
20金采1C（169654）	96.25	2021.05.12	0.0000	京诚贰3A（169655）	1425.00	2021.04.30	3.5500
京诚贰3B（169656）	75.00	2021.04.30	0.0000	至臻05A1（169657）	600.00	2021.11.10	4.1500
至臻05A2（169658）	300.00	2022.04.14	4.3500	至臻05B（169659）	30.00	2022.04.14	4.4500
至臻05C（169660）	70.00	2022.07.12	0.0000	PR银优A（169661）	2400.00	2037.12.23	4.5000
银泰优B（169662）	1400.00	2037.12.23	5.3400	银泰次级（169663）	100.00	2037.12.23	0.0000
蚁借01A（169664）	1720.00	2021.07.02	3.8900	蚁借01B（169665）	150.00	2021.07.02	4.4000
蚁借01C（169666）	130.00	2021.07.02	0.0000	长治03A（169667）	860.00	2022.11.01	4.3000
长治03B（169668）	75.00	2022.11.01	4.6000	长治03C（169669）	65.00	2022.11.01	0.0000
青租9A1（169670）	820.00	2022.08.26	5.0000	青租9A2（169671）	560.00	2023.08.28	5.5000
青租9A3（169672）	100.00	2023.11.27	6.0000	青租9次（169673）	180.00	2023.11.27	0.0000
PR2A1（169676）	300.00	2021.10.15	4.0000	橙安2A2（169677）	400.00	2022.10.15	4.2500
橙安2A3（169678）	285.00	2023.10.15	4.7000	橙安2次（169679）	15.00	2024.01.15	15.0000
锦河08A（169680）	1335.00	2022.11.02	6.0000	锦河08C（169681）	165.00	2022.11.02	0.0000
致远01A1（169682）	4850.00	2021.03.25	3.4500	致远01A2（169683）	5130.00	2021.05.25	3.5000
致远01B（169684）	18.32	2021.05.25	0.0000	新基建1A（169685）	1492.00	2022.10.27	3.9500
新基建1C（169686）	8.00	2022.10.27	0.0000	正荣03优（169687）	1000.00	2022.11.20	6.1500
正荣03次（169688）	53.00	2022.11.20	0.0000	国借2A（169689）	1275.00	2023.11.08	4.8000
国借2B（169690）	112.50	2023.11.08	5.1000	国借2C（169691）	112.50	2023.11.08	8.0000
光耀02A（169692）	368.00	2021.10.27	4.5000	光耀02次（169693）	1.00	2021.10.27	0.0000
恒信32A1（169694）	600.00	2021.10.26	3.9800	恒信32A2（169695）	300.00	2022.04.26	4.1500

债券信息 List of Bonds

债券 Bond

债券简称（代码）Bond Name（Code）	发行量（百万元）Issued Vol（M Yuan）	到期日 Expiration Date	票面利率（%）Coupon Rate	债券简称（代码）Bond Name（Code）	发行量（百万元）Issued Vol（M Yuan）	到期日 Expiration Date	票面利率（%）Coupon Rate
恒信32A3（169696）	50.00	2022.07.26	4.3000	恒信32次（169697）	50.00	2023.07.26	0.0000
20借01A1（169698）	2125.00	2023.11.08	4.8000	20借01A2（169699）	187.50	2023.11.08	5.1000
20借01B（169700）	187.50	2023.11.08	0.0000	20诸暨优（169701）	190.00	2030.10.28	4.7000
20诸暨次（169702）	10.00	2030.10.28	0.0000	鑫鑫A（169703）	100.00	2023.06.02	3.9000
鑫鑫B（169704）	80.00	2023.06.02	4.1000	鑫鑫次级（169705）	20.00	2023.06.02	0.0000
印象1优（169706）	1000.00	2038.08.31	4.2000	印象1次（169707）	50.00	2038.08.31	0.0000
智禾07A（169708）	1780.00	2021.10.25	4.0000	智禾07B（169709）	80.00	2021.10.25	4.3000
智禾07次（169710）	60.00	2022.09.23	0.0000	智禾07C（169711）	80.00	2021.10.25	5.8000
蚁借02A（169712）	1720.00	2022.11.09	4.2000	蚁借02B（169713）	150.00	2022.11.09	4.5000
蚁借02C（169714）	130.00	2022.11.09	0.0000	长盛01A（169715）	1350.00	2021.05.24	3.8000
长盛01B（169716）	60.00	2021.05.24	4.2000	长盛01C（169717）	45.00	2021.05.24	5.7000
长盛01D（169718）	45.00	2022.04.22	0.0000	兵保01优（169719）	147.00	2021.07.16	3.3000
兵保01次（169720）	1.00	2021.07.16	0.0000	东花19A1（169721）	1780.00	2021.11.23	4.5000
东花19A2（169722）	80.00	2021.11.23	4.6500	东花19B（169723）	140.00	2021.11.23	0.0000
达辰01A（169724）	890.00	2021.11.24	5.3000	达辰01C（169725）	110.00	2022.10.24	0.0000
光启3A（169726）	1780.00	2021.11.24	5.3000	光启3C（169727）	220.00	2022.10.25	0.0000
君享01A（169728）	400.00	2021.10.19	5.3000	君享01B（169729）	100.00	2022.07.12	0.0000
君享02A（169730）	400.00	2021.11.10	5.3000	君享02B（169731）	100.00	2022.08.10	0.0000
瑞安1优（169732）	1780.00	2021.11.24	5.3000	瑞安1次（169733）	220.00	2022.10.25	0.0000
瑞安2优（169734）	2670.00	2023.10.25	5.6000	瑞安2次（169735）	330.00	2023.10.25	0.0000
玺悦01优（169736）	1900.00	2022.09.30	4.4000	玺悦01次（169737）	100.00	2022.09.30	0.0000
光信6A（169738）	774.00	2021.10.29	3.8000	光信6B（169739）	66.60	2021.10.29	4.5000
光信6C（169740）	59.40	2021.10.29	0.0000	世茂01优（169741）	2430.00	2038.12.17	5.1000
世茂01次（169742）	20.00	2038.12.17	0.0000	万和2A（169743）	334.00	2022.10.31	4.2000
万和2B（169744）	18.00	2022.10.31	0.0000	弘德03A（169745）	890.00	2022.03.23	4.1800
弘德03B（169746）	35.00	2022.03.23	4.4000	弘德03C（169747）	30.00	2022.03.23	6.0000
弘德03D（169748）	45.00	2023.02.23	0.0000	20领航31（169749）	583.00	2021.11.26	3.7300
20领航32（169750）	315.00	2022.11.26	4.0900	20领航3C（169751）	48.28	2023.08.26	0.0000
橙安3A1（169752）	300.00	2021.10.15	4.0000	橙安3A2（169753）	400.00	2022.10.15	4.2500
橙安3A3（169754）	285.00	2023.10.15	4.7000	橙安3次（169755）	15.00	2024.01.15	15.0000
20四局1A（169756）	241.00	2023.04.27	4.2500	20四局1C（169757）	14.00	2023.04.27	0.0000
20大北01（169758）	32.50	2021.11.05	5.2000	20大北02（169759）	34.50	2022.11.05	5.3000
20大北03（169760）	36.50	2023.11.05	5.4000	20大北04（169761）	39.50	2024.11.05	5.4000
20大北05（169762）	42.80	2025.11.05	5.4000	20大北06（169763）	46.30	2026.11.05	5.4000
20大北07（169764）	48.80	2027.11.05	5.4000	20大北08（169765）	52.50	2028.11.05	5.4000
20大北09（169766）	56.60	2029.11.05	5.4000	20大北次（169767）	21.00	2029.11.05	5.4000
同煤10优（169768）	453.00	2021.10.19	5.1000	同煤10次（169769）	1.00	2021.10.19	0.0000
华发R3优（169770）	1487.00	2038.11.02	5.0000	华发R3次（169771）	820.00	2038.11.02	0.0000
至臻06A1（169774）	600.00	2021.12.10	4.3400	至臻06A2（169775）	300.00	2022.05.12	4.4500
至臻06B（169776）	30.00	2022.05.12	4.5500	至臻06C（169777）	70.00	2022.08.10	0.0000
瑞泰01优（169778）	292.00	2021.10.26	4.5800	瑞泰01次（169779）	1.00	2021.10.26	0.0000
20宝厦优（169780）	1500.00	2038.11.01	5.3500	20宝厦次（169781）	3.00	2038.11.01	0.0000
维泰优A（169782）	450.00	2023.11.03	5.5000	维泰优B（169783）	150.00	2023.11.03	6.0000
维泰次（169784）	150.00	2023.11.03	0.0000	瑞晖1A1（169785）	495.00	2021.11.16	3.7000
瑞晖1A2（169786）	480.00	2021.11.16	4.6500	瑞晖1A3（169787）	525.00	2021.11.16	3.7000
瑞晖1次（169788）	69.00	2021.11.16	0.0000	建花12A（169789）	900.00	2021.02.09	4.0800
建花12B（169790）	30.00	2021.02.09	4.4000	建花12C（169791）	70.00	2021.02.09	0.0000
弘花06A（169792）	890.00	2021.11.23	4.3600	弘花06B（169793）	40.00	2021.11.23	4.7000
弘花06次（169794）	70.00	2021.11.23	0.0000	20借02A1（169795）	2150.00	2022.11.23	4.7400
20借02A2（169796）	187.50	2022.11.23	4.9700	20借02B（169797）	162.50	2022.11.23	0.0000

债券信息
List of Bonds

债券
Bond

债券简称（代码） Bond Name（Code）	发行量（百万元） Issued Vol（M Yuan）	到期日 Expiration Date	票面利率（%） Coupon Rate	债券简称（代码） Bond Name（Code）	发行量（百万元） Issued Vol（M Yuan）	到期日 Expiration Date	票面利率（%） Coupon Rate
20 太保 2A（169798）	2745.00	2021.11.12	3.6000	20 太保 2B（169799）	210.00	2021.11.12	12.0000
20 太保 2C（169800）	45.00	2021.11.12	10.0000	霄驰 04A（169801）	900.00	2021.05.21	4.5000
霄驰 04B（169802）	40.00	2021.05.21	5.0000	霄驰 04C（169803）	30.00	2021.05.21	6.4000
霄驰 04 次（169804）	30.00	2022.04.21	0.0000	辰悦 3A1（169805）	380.00	2021.11.15	4.4000
辰悦 3A2（169806）	295.00	2022.11.15	4.6000	辰悦 3A3（169807）	194.00	2023.07.17	5.0000
辰悦 3 次（169808）	37.00	2023.09.15	0.0000	20 二航 5A（169813）	378.00	2021.11.05	3.4900
20 二航 5D（169814）	1.00	2021.11.05	0.0000	20 旭辉 1A（169815）	2500.00	2038.10.25	4.7500
20 旭辉 1C（169816）	1.00	2038.10.25	0.0000	京贰 2A（169817）	1425.00	2021.05.20	4.5000
京贰 2B（169818）	75.00	2021.05.20	0.0000	安新 1 优（169819）	444.00	2021.11.10	4.2000
安新 1 次（169820）	1.00	2021.11.10	0.0000	致远 02A1（169821）	3050.00	2021.04.23	3.4300
致远 02A2（169822）	6930.00	2021.10.25	3.5800	致远 02 次（169823）	13.71	2021.10.25	0.0000
瑞安 3 优（169824）	1780.00	2021.12.22	5.3000	瑞安 3 次（169825）	220.00	2022.11.23	0.0000
惠农 04 优（169828）	447.00	2022.10.25	4.5000	惠农 04 次（169829）	24.00	2022.10.25	0.0000
兴辰 04A（169830）	1800.00	2021.05.21	4.4800	兴辰 04B（169831）	80.00	2021.05.21	4.8000
兴辰 04C（169832）	60.00	2021.05.21	6.4000	兴辰 04 次（169833）	60.00	2022.04.21	0.0000
盛云 01A（169834）	890.00	2021.12.22	5.3000	盛云 01B（169835）	110.00	2022.11.23	0.0000
3 金易 1A（169836）	587.00	2021.11.12	3.9800	3 金易 1C（169837）	2.00	2021.11.12	0.0000
水八 05 优（169838）	360.00	2022.11.11	4.0000	水八 05 次（169839）	1.00	2022.11.11	0.0000
益辰 02A1（169843）	850.00	2023.10.26	5.0900	益辰 02A2（169844）	75.00	2023.10.26	5.4000
益辰 02B（169845）	75.00	2023.10.26	0.0000	东借 08A1（169846）	1290.00	2021.11.24	4.6200
东借 08A2（169847）	112.50	2021.11.24	4.9000	东借 08B（169848）	97.50	2021.11.24	0.0000
20 花 05A1（169849）	2700.00	2021.02.09	4.0900	20 花 05A2（169850）	90.00	2021.02.09	4.5000
20 花 05B（169851）	210.00	2021.02.09	0.0000	橙安 4A1（169852）	300.00	2021.11.15	4.8000
橙安 4A2（169853）	400.00	2022.11.15	5.2000	橙安 4A3（169854）	285.00	2023.11.15	5.3000
橙安 4 次（169855）	15.00	2024.02.15	15.0000	银顺 1 优（169856）	1290.00	2022.03.10	7.0000
银顺 1 次（169857）	67.90	2022.03.10	0.0000	龙控 06 优（169858）	572.00	2022.11.21	4.7000
龙控 06 次（169859）	31.00	2022.11.21	0.0000	建一 3 期（169860）	231.00	2021.11.20	3.7200
陕钢 03 优（169861）	390.00	2021.10.27	4.2000	陕钢 03 次（169862）	3.00	2021.10.27	0.0000
7 欲晓 A01（169863）	3900.00	2021.02.10	3.4000	7 欲晓 A02（169864）	3910.00	2021.11.22	3.6000
7 欲晓次（169865）	79.00	2021.11.22	0.0000	至臻 07A1（169866）	600.00	2021.12.10	4.5200
至臻 07A2（169867）	300.00	2022.05.12	4.7000	至臻 07B（169868）	30.00	2022.05.12	4.9000
至臻 07C（169869）	70.00	2022.08.10	0.0000	20 八局 01（169870）	94.00	2021.09.26	3.8000
20 八局 02（169871）	91.00	2022.09.26	4.2000	20 八局 03（169872）	88.00	2023.09.26	4.5000
20 八局 04（169873）	88.00	2024.09.26	4.5000	20 八局 05（169874）	87.00	2025.09.26	4.5000
20 八局 06（169875）	58.00	2026.09.26	4.5000	20 八局次（169876）	26.00	2026.09.26	0.0000
弘源 01A（169877）	1780.00	2021.12.22	5.3000	弘源 01C（169878）	220.00	2022.11.23	0.0000
弘源 02A（169879）	1780.00	2021.12.22	5.3000	弘源 02C（169880）	220.00	2022.11.23	0.0000
光耀 03A（169881）	857.00	2021.11.19	4.8000	光耀 03 次（169882）	1.00	2021.11.19	0.0000
20 天圆 03（169883）	1142.00	2021.11.12	4.0000	天圆 03 次（169884）	2.00	2021.11.12	0.0000
蚁借 03A（169889）	2580.00	2022.04.27	5.1000	蚁借 03B（169890）	225.00	2022.04.27	5.6000
蚁借 03C（169891）	195.00	2022.04.27	0.0000	PR 园恒 A1（169896）	215.00	2021.03.24	3.5000
园恒 A2（169897）	225.00	2021.09.28	3.6000	园恒 A3（169898）	195.00	2022.03.24	3.7000
园恒 A4（169899）	150.00	2022.09.26	3.8000	园恒 A5（169900）	215.00	2023.03.24	3.9900
园恒次（169901）	80.00	2025.03.24	0.0000	至远 01A1（169902）	600.00	2021.09.10	4.4500
至远 01A2（169903）	300.00	2022.01.12	4.6000	至远 01B（169904）	30.00	2022.01.12	4.8000
至远 01C（169905）	70.00	2022.05.11	0.0000	弘德 04A（169909）	1780.00	2021.11.23	4.7000
弘德 04B（169910）	80.00	2021.11.23	5.0000	弘德 04C（169911）	80.00	2021.11.23	6.5000
弘德 04D（169912）	60.00	2022.10.21	0.0000	花财 02A（169913）	2700.00	2021.05.21	4.2800
花财 02B（169914）	90.00	2021.05.21	4.5000	花财 02 次（169915）	210.00	2021.05.21	0.0000
国信热 01（169916）	75.00	2021.02.25	6.0000	国信热 03（169917）	95.00	2023.02.25	6.0000

债券信息
List of Bonds

债券简称（代码）Bond Name（Code）	发行量（百万元）Issued Vol（M Yuan）	到期日 Expiration Date	票面利率（%）Coupon Rate	债券简称（代码）Bond Name（Code）	发行量（百万元）Issued Vol（M Yuan）	到期日 Expiration Date	票面利率（%）Coupon Rate
国信热02（169918）	80.00	2022.02.25	6.0000	国信热次（169919）	15.00	2023.02.25	0.0000
金采贰1A（169920）	863.00	2021.11.30	4.8000	金采贰1B（169921）	148.00	2021.11.30	0.0000
金采贰2A（169922）	863.00	2021.12.08	4.8000	金采贰2B（169923）	148.00	2021.12.08	0.0000
东花20A1（169931）	2670.00	2022.02.23	4.7500	东花20A2（169932）	105.00	2022.02.23	5.0000
东花20B（169933）	225.00	2022.02.23	0.0000	智禾08A（169934）	1780.00	2021.11.23	4.6900
智禾08B（169935）	80.00	2021.11.23	4.9900	智禾08C（169936）	80.00	2021.11.23	6.7000
智禾08次（169937）	60.00	2022.10.21	0.0000	20花06A1（169938）	1780.00	2022.02.23	4.7500
20花06A2（169939）	70.00	2022.02.23	5.0000	20花06B（169940）	150.00	2022.02.23	0.0000
弘源03A（169941）	1780.00	2022.09.23	5.6000	弘源03C（169942）	220.00	2023.08.23	0.0000
首置01优（169943）	960.00	2022.11.25	4.8000	首置01次（169944）	40.00	2022.11.25	0.0000
盛云02A（169945）	890.00	2021.12.23	5.3000	盛云02B（169946）	110.00	2022.11.23	0.0000
盛云03A（169947）	890.00	2022.09.22	5.6000	盛云03B（169948）	110.00	2023.08.23	0.0000
20借03A1（169949）	850.00	2023.12.05	5.1000	20借03A2（169950）	75.00	2023.12.05	5.4000
20借03B（169951）	75.00	2023.12.05	0.0000	蚁借04A（169952）	850.00	2023.12.06	5.1000
蚁借04B（169953）	75.00	2023.12.06	5.4000	蚁借04C（169954）	75.00	2023.12.06	0.0000
珠华发10（169955）	500.00	2021.11.24	4.3000	荣茂10优（169956）	317.00	2021.11.05	3.9800
荣茂10次（169957）	1.00	2021.11.05	0.0000	君享03A（169958）	400.00	2021.11.10	5.3000
君享03B（169959）	100.00	2022.08.10	0.0000	君享04A（169960）	400.00	2021.11.10	5.3000
君享04B（169961）	100.00	2022.08.10	0.0000	君享05A（169962）	800.00	2021.12.10	5.3000
君享05B（169963）	200.00	2022.09.13	0.0000	2电融5优（169964）	475.00	2021.09.13	3.6000
2电融5次（169965）	1.00	2021.09.13	0.0000	聚盈07A（169966）	900.00	2021.05.24	4.4500
聚盈07B（169967）	40.00	2021.05.24	4.8000	聚盈07C（169968）	30.00	2021.05.24	6.3000
聚盈07D（169969）	30.00	2022.04.22	0.0000	惠盈11A（169970）	1780.00	2021.11.24	4.6000
惠盈11B（169971）	80.00	2021.11.24	4.9900	惠盈11C（169972）	80.00	2021.11.24	6.7000
惠盈11D（169973）	60.00	2022.10.24	0.0000	20工鑫3A（169977）	6855.00	2023.11.23	4.4500
20工鑫3C（169978）	438.00	2023.11.23	0.0000	20融和A1（169979）	750.00	2023.04.21	4.3000
20融和A2（169980）	729.00	2025.04.21	4.7000	20融和次（169981）	78.00	2030.12.31	0.0000
国借3A（169982）	1290.00	2022.10.13	5.0500	国借3B（169983）	112.50	2022.10.13	5.5000
国借3C（169984）	97.50	2022.10.13	0.0000	中航3A01（169988）	1060.00	2021.10.26	4.0000
中航3A02（169989）	670.00	2022.10.25	4.4500	中航3A03（169990）	335.00	2023.07.25	4.8000
中航3次（169991）	109.00	2025.01.27	0.0000	中恒02A1（169992）	298.00	2021.10.20	3.8000
中恒02A2（169993）	200.00	2022.07.13	4.0000	中恒02次（169994）	27.00	2023.01.12	0.0000
8欲晓A01（169995）	3600.00	2021.05.20	3.7000	8欲晓A02（169996）	3528.00	2021.11.21	3.9000
8欲晓次（169997）	72.00	2021.11.21	0.0000	20河南14（171000）	9315.27	2050.03.23	3.5800
20河南15（171001）	5801.37	2025.03.23	2.7900	20河南16（171002）	1288.00	2030.03.23	2.9500
20河南17（171003）	1281.00	2035.03.23	3.3400	20河南18（171004）	577.00	2025.03.23	2.7900
20河南19（171005）	481.00	2027.03.23	2.9500	20河南20（171006）	2292.00	2030.03.23	2.9500
20河南21（171007）	881.00	2035.03.23	3.3400	20辽宁09（171008）	4160.51	2040.03.24	3.4200
20陕西12（171009）	9355.00	2030.03.25	2.9400	20陕西13（171010）	1822.00	2030.03.25	2.9400
20陕西14（171011）	760.00	2040.03.25	3.4100	20陕西15（171012）	317.00	2035.03.25	3.3400
20陕西16（171013）	109.00	2030.03.25	2.9400	20陕西17（171014）	1212.00	2040.03.25	3.4100
20四川65（171015）	1000.00	2023.03.25	2.4900	20四川66（171016）	3699.27	2050.03.25	3.5800
20四川67（171017）	6452.74	2050.03.25	3.5800	20吉林05（171018）	8700.00	2030.03.25	2.9400
20吉林06（171019）	10000.00	2050.03.25	3.5800	20吉林07（171020）	7257.95	2030.03.25	2.9400
20大连01（171021）	1700.00	2030.03.26	2.9300	20湖南20（171022）	8400.00	2030.03.26	2.9300
20湖南21（171023）	100.00	2030.03.26	2.9300	20湖南22（171024）	1765.00	2035.03.26	3.3300
20湖南23（171025）	2594.00	2035.03.26	3.3300	20湖南24（171026）	535.00	2040.03.26	3.4000
20湖南25（171027）	510.00	2030.03.26	2.9300	20湖南26（171028）	670.00	2035.03.26	3.3300
20湖南27（171029）	660.00	2030.03.26	2.9300	20山东21（171030）	3643.00	2040.03.26	3.4000
20云南14（171031）	7374.00	2023.03.26	2.4700	20云南15（171032）	6870.00	2023.03.26	2.4700

债券信息
List of Bonds

债券简称（代码）Bond Name（Code）	发行量（百万元）Issued Vol（M Yuan）	到期日 Expiration Date	票面利率（%）Coupon Rate	债券简称（代码）Bond Name（Code）	发行量（百万元）Issued Vol（M Yuan）	到期日 Expiration Date	票面利率（%）Coupon Rate
20海南07（171033）	4500.00	2025.03.27	2.7400	20海南08（171034）	4400.00	2027.03.27	2.9300
20安徽07（171035）	1701.35	2027.04.01	2.8700	20安徽08（171036）	2973.00	2025.04.01	2.6600
20安徽09（171037）	5038.00	2027.04.01	2.8700	20安徽10（171038）	20156.00	2030.04.01	2.8700
20安徽11（171039）	2615.00	2035.04.01	3.2600	20安徽12（171040）	218.00	2030.04.01	2.8700
20浙江12（171041）	24200.00	2030.04.01	2.8700	20河北15（171042）	4930.00	2030.04.01	2.8700
20河北16（171043）	1999.00	2030.04.01	2.8700	20河北17（171044）	11699.00	2030.04.01	2.8700
20河北18（171045）	3802.00	2025.04.01	2.6600	20河北19（171046）	1980.00	2030.04.01	2.8700
20深圳23（171047）	400.00	2030.04.03	2.8400	20深圳24（171048）	400.00	2030.04.03	2.8400
20深圳25（171049）	330.00	2030.04.03	2.8400	20深圳26（171050）	700.00	2030.04.03	2.8400
20深圳27（171051）	330.00	2027.04.03	2.8300	20深圳28（171052）	240.00	2030.04.03	2.8400
20四川68（171053）	4122.95	2027.04.08	2.8100	20四川69（171054）	4552.22	2030.04.08	2.8400
20湖北17（171055）	2143.83	2030.04.10	2.8000	20湖北18（171056）	2000.00	2030.04.10	2.8000
20湖北19（171057）	2638.00	2030.04.10	2.8000	20湖北20（171058）	2272.00	2035.04.10	3.2000
20湖北21（171059）	4486.00	2035.04.10	3.2000	20湖北22（171060）	700.00	2040.04.10	3.2700
20湖北23（171061）	350.00	2050.04.10	3.4500	20辽宁10（171062）	5875.95	2040.04.13	3.2700
20山东22（171063）	2103.00	2050.04.13	3.4600	20山东23（171064）	18016.00	2030.04.13	2.7900
20山东24（171065）	10734.00	2040.04.13	3.2700	20甘肃07（171066）	3750.00	2040.04.14	3.2700
20甘肃08（171067）	345.00	2030.04.14	2.7800	20甘肃09（171068）	5683.00	2040.04.14	3.2700
20宁夏02（171069）	3203.00	2050.04.17	3.5700	20宁夏03（171070）	202.00	2035.04.17	3.2900
20宁夏04（171071）	115.11	2035.04.17	3.2900	20宁夏05（171072）	557.00	2040.04.17	3.3600
20宁夏06（171073）	82.00	2050.04.17	3.5700	20江苏06（171074）	30351.00	2025.04.20	2.3100
20江苏07（171075）	9262.00	2050.04.20	3.5300	20江苏08（171076）	15712.00	2025.04.20	2.3100
20贵州14（171077）	5212.96	2035.04.21	3.2600	20贵州15（171078）	4946.46	2027.04.21	2.7100
20贵州16（171079）	7993.79	2030.04.21	2.8000	20重庆04（171080）	4098.00	2025.04.23	2.2700
20重庆05（171081）	3970.00	2050.04.23	3.5700	20重庆06（171082）	1346.00	2030.04.23	2.8100
20重庆07（171083）	14180.00	2050.04.23	3.5700	20新疆12（171084）	7000.00	2030.04.24	2.8600
20新疆13（171085）	1000.00	2030.04.24	2.8600	20新疆14（171086）	5540.00	2035.04.24	3.3400
20新疆15（171087）	1830.00	2035.04.24	3.3400	20江西12（171088）	14082.17	2027.04.24	2.7100
20江西13（171089）	4356.30	2027.04.24	2.7100	20吉林08（171090）	2629.00	2050.04.28	3.5600
20吉林09（171091）	1108.50	2030.04.28	2.7900	20吉林10（171092）	587.00	2035.04.28	3.2700
20吉林11（171093）	410.00	2040.04.28	3.3900	20吉林12（171094）	5520.00	2050.04.28	3.5600
20吉林13（171095）	200.00	2030.04.28	2.7900	20吉林14（171096）	608.00	2030.04.28	2.7900
20吉林15（171097）	110.00	2035.04.28	3.2700	20吉林16（171098）	1274.50	2040.04.28	3.3900
20吉林17（171099）	271.00	2030.04.28	2.7900	20吉林18（171100）	150.00	2040.04.28	3.3900
20吉林19（171101）	100.00	2050.04.28	3.5600	20青海08（171102）	15200.00	2050.04.29	3.6000
20青海09（171103）	2040.76	2030.04.29	2.8300	20青海10（171104）	952.00	2027.04.29	2.6700
20青海11（171105）	1833.00	2030.04.29	2.8300	20青海12（171106）	255.00	2035.04.29	3.3100
20青海13（171107）	360.00	2050.04.29	3.6000	20青海14（171108）	718.03	2030.04.29	2.8300
20广西14（171109）	3320.00	2030.04.29	2.7800	20广西15（171110）	530.00	2030.04.29	2.7800
20广西16（171111）	1320.00	2035.04.29	3.2600	20广西17（171112）	50.00	2035.04.29	3.2600
20龙江14（171113）	6921.52	2035.04.30	3.2600	20龙江15（171114）	785.86	2035.04.30	3.2600
20内蒙07（171115）	21600.00	2025.05.06	2.0900	20内蒙08（171116）	1600.00	2030.05.06	2.7700
20内蒙09（171117）	1460.00	2035.05.06	3.2600	20内蒙10（171118）	110.00	2025.05.06	2.0900
20内蒙11（171119）	28.00	2027.05.06	2.6000	20内蒙12（171120）	2521.00	2030.05.06	2.7700
20内蒙13（171121）	3373.00	2035.05.06	3.2600	20内蒙14（171122）	1058.00	2040.05.06	3.3800
20宁夏07（171123）	89.00	2025.05.06	2.0900	20宁夏08（171124）	454.89	2030.05.06	2.7700
20北京12（171125）	557.06	2027.05.08	2.6200	20北京13（171126）	7160.00	2025.05.08	2.0700
20河北20（171127）	20826.00	2035.05.11	3.3000	20河北21（171128）	800.00	2035.05.11	3.3000
20河北22（171129）	10500.00	2030.05.11	2.8100	20湖北24（171130）	5827.84	2027.05.13	2.7400
20广东32（171131）	30960.23	2030.05.13	2.8800	20广东33（171132）	5375.00	2030.05.13	2.8800

债券信息
List of Bonds

债券简称（代码）Bond Name（Code）	发行量（百万元）Issued Vol（M Yuan）	到期日 Expiration Date	票面利率（%）Coupon Rate	债券简称（代码）Bond Name（Code）	发行量（百万元）Issued Vol（M Yuan）	到期日 Expiration Date	票面利率（%）Coupon Rate
20 广东 34（171133）	830.00	2050.05.13	3.6600	20 广东 35（171134）	3422.00	2027.05.13	2.7400
20 广东 36（171135）	8319.00	2030.05.13	2.8800	20 广东 37（171136）	1650.00	2035.05.13	3.3700
20 广东 38（171137）	600.00	2040.05.13	3.4900	20 广东 39（171138）	1590.00	2050.05.13	3.6600
20 广东 40（171139）	470.00	2030.05.13	2.8800	20 广东 41（171140）	640.00	2030.05.13	2.8800
20 广东 42（171141）	2252.00	2035.05.13	3.3700	20 广东 43（171142）	3624.00	2030.05.13	2.8800
20 广东 44（171143）	590.00	2040.05.13	3.4900	20 广东 45（171144）	5148.00	2030.05.13	2.8800
20 广东 46（171145）	740.00	2050.05.13	3.6600	20 广东 47（171146）	1205.00	2030.05.13	2.8800
20 广东 48（171147）	1250.00	2050.05.13	3.6600	20 广东 49（171148）	3829.00	2030.05.13	2.8800
20 广东 50（171149）	1100.00	2035.05.13	3.3700	20 广东 51（171150）	940.00	2050.05.13	3.6600
20 广东 52（171151）	1285.03	2040.05.13	3.4900	20 广东 53（171152）	756.00	2030.05.13	2.8800
20 广东 54（171153）	559.00	2050.05.13	3.6600	20 广东 55（171154）	700.00	2030.05.13	2.8800
20 广东 56（171155）	485.00	2050.05.13	3.6600	20 广东 57（171156）	6256.00	2030.05.13	2.8800
20 广东 58（171157）	2767.47	2040.05.13	3.4900	20 广东 59（171158）	716.50	2035.05.13	3.3700
20 广东 60（171159）	6829.00	2030.05.13	2.8800	20 广东 61（171160）	2892.00	2050.05.13	3.6600
20 广东 62（171161）	1680.00	2035.05.13	3.3700	20 广东 63（171162）	2700.00	2030.05.13	2.8800
20 广东 64（171163）	1350.09	2030.05.13	2.8800	20 内蒙 15（171164）	7835.31	2023.05.15	1.8400
20 辽宁 11（171165）	5299.97	2030.05.15	2.9100	20 辽宁 12（171166）	2677.27	2040.05.15	3.5200
20 四川 70（171167）	6429.76	2040.05.15	3.5200	20 四川 71（171168）	2962.69	2040.05.15	3.5200
20 四川 72（171169）	4646.00	2050.05.15	3.6900	20 青岛 11（171170）	3860.00	2035.05.18	3.4200
20 青岛 12（171171）	317.00	2035.05.18	3.4200	20 山东 25（171172）	11676.00	2030.05.19	2.9300
20 山东 26（171173）	4777.00	2035.05.19	3.4300	20 山东 27（171174）	10179.00	2040.05.19	3.5500
20 山东 28（171175）	3851.00	2050.05.19	3.7200	20 山东 29（171176）	6927.00	2030.05.19	2.9300
20 山东 30（171177）	6860.00	2035.05.19	3.4300	20 山东 31（171178）	3881.00	2040.05.19	3.5500
20 山东 32（171179）	4164.00	2050.05.19	3.7200	20 深圳 29（171180）	1000.00	2050.05.19	3.7200
20 深圳 30（171181）	1230.00	2030.05.19	2.9300	20 深圳 31（171182）	150.00	2035.05.19	3.4300
20 深圳 32（171183）	2970.00	2030.05.19	2.9300	20 深圳 33（171184）	70.00	2035.05.19	3.4300
20 深圳 34（171185）	520.00	2030.05.19	2.9300	20 深圳 35（171186）	216.00	2030.05.19	2.9300
20 深圳 36（171187）	676.00	2030.05.19	2.9300	20 深圳 37（171188）	143.00	2040.05.19	3.5500
20 深圳 38（171189）	143.00	2040.05.19	3.5500	20 深圳 39（171190）	100.00	2040.05.19	3.5500
20 深圳 40（171191）	752.00	2027.05.19	2.8000	20 深圳 41（171192）	160.00	2027.05.19	2.8000
20 深圳 42（171193）	590.00	2035.05.19	3.4300	20 深圳 43（171194）	240.00	2030.05.19	2.9300
20 深圳 44（171195）	300.00	2027.05.19	2.8000	20 深圳 45（171196）	620.00	2035.05.19	3.4300
20 深圳 46（171197）	120.00	2025.05.19	2.2700	20 深圳 47（171198）	20.00	2035.05.19	3.4300
20 深圳 48（171199）	110.00	2035.05.19	3.4300	20 深圳 49（171200）	90.00	2030.05.19	2.9300
20 深圳 50（171201）	155.00	2035.05.19	3.4300	20 深圳 51（171202）	200.00	2030.05.19	2.9300
20 深圳 52（171203）	85.00	2030.05.19	2.9300	20 深圳 53（171204）	99.90	2040.05.19	3.5500
20 深圳 54（171205）	246.10	2030.05.19	2.9300	20 深圳 55（171206）	489.00	2030.05.19	2.9300
20 深圳 56（171207）	85.00	2035.05.19	3.4300	20 深圳 57（171208）	263.00	2035.05.19	3.4300
20 深圳 58（171209）	57.00	2027.05.19	2.8000	20 福建 19（171210）	8984.81	2030.05.20	2.9400
20 福建 20（171211）	4164.81	2030.05.20	2.9400	20 大连 02（171212）	850.00	2040.05.20	3.5700
20 大连 03（171213）	850.00	2030.05.20	2.9400	20 山西 09（171214）	1695.00	2030.05.20	2.9400
20 山西 10（171215）	2959.00	2030.05.20	2.9400	20 山西 11（171216）	8826.00	2035.05.20	3.4400
20 山西 12（171217）	4432.00	2040.05.20	3.5700	20 山西 13（171218）	3883.00	2050.05.20	3.7400
20 辽宁 13（171219）	2000.00	2050.05.21	3.7600	20 辽宁 14（171220）	715.00	2030.05.21	2.9600
20 辽宁 15（171221）	741.00	2030.05.21	2.9600	20 辽宁 16（171222）	1416.00	2035.05.21	3.4600
20 辽宁 17（171223）	3128.00	2040.05.21	3.5800	20 吉林 20（171224）	1031.00	2030.05.21	2.9600
20 吉林 21（171225）	1190.00	2040.05.21	3.5800	20 吉林 22（171226）	563.00	2050.05.21	3.7600
20 广西 18（171227）	16615.73	2027.05.21	2.8200	20 广西 19（171228）	2860.00	2050.05.21	3.7600
20 广西 20（171229）	4250.00	2050.05.21	3.7600	20 广西 21（171230）	2430.00	2035.05.21	3.4600
20 广西 22（171231）	1280.00	2035.05.21	3.4600	20 广西 23（171232）	785.00	2050.05.21	3.7600

债券信息
List of Bonds

债券
Bond

债券简称（代码） Bond Name（Code）	发行量 （百万元） Issued Vol （M Yuan）	到期日 Expiration Date	票面利率（%） Coupon Rate	债券简称（代码） Bond Name（Code）	发行量 （百万元） Issued Vol （M Yuan）	到期日 Expiration Date	票面利率（%） Coupon Rate
20广西24（171233）	1540.00	2035.05.21	3.4600	20广西25（171234）	4995.00	2050.05.21	3.7600
20广西26（171235）	1730.00	2035.05.21	3.4600	20广西27（171236）	877.00	2040.05.21	3.5800
20广西28（171237）	4153.00	2050.05.21	3.7600	20贵州17（171238）	257.00	2027.05.22	2.8300
20贵州18（171239）	2096.00	2030.05.22	2.9500	20贵州19（171240）	7533.00	2035.05.22	3.4600
20贵州20（171241）	1760.00	2040.05.22	3.5800	20贵州21（171242）	247.00	2050.05.22	3.7700
20贵州22（171243）	290.00	2030.05.22	2.9500	20贵州23（171244）	3824.00	2035.05.22	3.4600
20贵州24（171245）	999.00	2040.05.22	3.5800	20贵州25（171246）	150.00	2050.05.22	3.7700
20贵州26（171247）	2324.00	2030.05.22	2.9500	20贵州27（171248）	4253.00	2035.05.22	3.4600
20贵州28（171249）	352.00	2040.05.22	3.5800	20贵州29（171250）	231.00	2030.05.22	2.9500
20贵州30（171251）	313.00	2035.05.22	3.4600	20贵州31（171252）	455.00	2040.05.25	3.5800
20贵州32（171253）	8643.00	2050.05.25	3.7700	20贵州33（171254）	180.00	2030.05.25	2.9500
20贵州34（171255）	1530.00	2035.05.25	3.4600	20贵州35（171256）	1314.00	2040.05.25	3.5800
20贵州36（171257）	3349.00	2050.05.25	3.7700	20河南22（171258）	5183.59	2027.05.26	2.8400
20河南23（171259）	20966.29	2030.05.26	2.9400	20河南24（171260）	3101.50	2035.05.26	3.4500
20河南25（171261）	6240.10	2030.05.26	2.9400	20河南26（171262）	7053.70	2035.05.26	3.4500
20河南27（171263）	1947.20	2035.05.26	3.4500	20河南28（171264）	3856.00	2030.05.26	2.9400
20河南29（171265）	12738.80	2035.05.26	3.4500	20河南30（171266）	5962.70	2050.05.26	3.7600
20新疆16（171267）	4390.00	2040.05.26	3.6200	20新疆17（171268）	550.00	2027.05.26	2.8900
20新疆18（171269）	2500.00	2030.05.26	2.9900	20新疆19（171270）	2350.00	2035.05.26	3.5000
20新疆20（171271）	500.00	2035.05.26	3.5000	20新疆21（171272）	15530.00	2040.05.26	3.6200
20新疆22（171273）	1270.00	2050.05.26	3.8100	20湖北25（171274）	17904.55	2030.05.26	2.9400
20湖北26（171275）	7200.00	2030.05.26	2.9400	20湖北27（171276）	5896.06	2025.05.26	2.3500
20湖北28（171277）	25.00	2025.05.26	2.3500	20湖北29（171278）	191.00	2027.05.26	2.8400
20湖北30（171279）	2903.00	2030.05.26	2.9400	20湖北31（171280）	3851.00	2035.05.26	3.4500
20湖北32（171281）	1910.00	2040.05.26	3.5700	20湖北33（171282）	4576.00	2050.05.26	3.7600
20青海15（171283）	480.00	2050.05.26	3.8100	20青海16（171284）	1659.00	2030.05.26	2.9900
20青海17（171285）	625.00	2035.05.26	3.5000	20青海18（171286）	230.00	2040.05.26	3.6200
20青海19（171287）	306.00	2050.05.26	3.8100	20江西14（171288）	6000.00	2040.05.27	3.5600
20江西15（171289）	5658.18	2035.05.27	3.4400	20江西16（171290）	2327.15	2035.05.27	3.4400
20江西17（171291）	4000.00	2035.05.27	3.4400	20江西18（171292）	7695.62	2035.05.27	3.4400
20江西19（171293）	5719.17	2027.05.27	2.8400	20江西20（171294）	8975.33	2035.05.27	3.4400
20江西21（171295）	6729.82	2040.05.27	3.5600	20江西22（171296）	3894.73	2050.05.27	3.7500
20海南09（171297）	5468.86	2027.05.27	2.8400	20海南10（171298）	880.62	2030.05.27	2.9300
20海南11（171299）	1470.00	2025.05.27	2.3700	20海南12（171300）	3380.00	2030.05.27	2.9300
20海南13（171301）	900.00	2035.05.27	3.4400	20海南14（171302）	400.00	2040.05.27	3.5600
20海南15（171303）	720.00	2030.05.27	2.9300	20海南16（171304）	300.00	2030.05.27	2.9300
20海南17（171305）	2490.00	2027.05.27	2.8400	20海南18（171306）	1340.00	2030.05.27	2.9300
20上海05（171307）	10400.00	2030.05.28	2.9300	20上海06（171308）	3570.00	2030.05.28	2.9300
20上海07（171309）	6060.00	2035.05.28	3.4400	20青岛13（171310）	320.00	2030.05.28	2.9300
20青岛14（171311）	3480.00	2035.05.28	3.4400	20青岛15（171312）	4170.00	2030.05.28	2.9300
20青岛16（171313）	1345.00	2040.05.28	3.5600	20青岛17（171314）	300.00	2035.05.28	3.4400
20青岛18（171315）	1100.00	2040.05.28	3.5600	20青岛19（171316）	285.00	2030.05.28	2.9300
20山东33（171317）	13634.00	2030.05.27	2.9300	20山东34（171318）	670.00	2030.05.27	2.9300
20山东35（171319）	8434.00	2030.05.27	2.9300	20山东36（171320）	5439.00	2035.05.27	3.4400
20山东37（171321）	4111.00	2040.05.27	3.5600	20山东38（171322）	2137.00	2050.05.27	3.7500
20山东39（171323）	4477.00	2030.05.27	2.9300	20山东40（171324）	4253.00	2035.05.27	3.4400
20山东41（171325）	4534.00	2040.05.27	3.5600	20宁夏09（171326）	492.00	2035.05.28	3.4900
20宁夏10（171327）	82.50	2030.05.28	2.9800	20宁夏11（171328）	121.00	2040.05.28	3.6100
20宁夏12（171329）	304.50	2035.05.28	3.4900	20厦门07（171330）	1100.00	2035.05.28	3.4400
20厦门08（171331）	4000.00	2035.05.28	3.4400	20厦门09（171332）	2200.00	2027.05.28	2.8500

债券信息
List of Bonds

债券简称（代码） Bond Name（Code）	发行量 （百万元） Issued Vol （M Yuan）	到期日 Expiration Date	票面利率（%） Coupon Rate	债券简称（代码） Bond Name（Code）	发行量 （百万元） Issued Vol （M Yuan）	到期日 Expiration Date	票面利率（%） Coupon Rate
20 厦门 10（171333）	600.00	2030.05.28	2.9300	20 厦门 11（171334）	200.00	2035.05.28	3.4400
20 厦门 12（171335）	1500.00	2030.05.28	2.9300	20 厦门 13（171336）	1500.00	2027.05.28	2.8500
20 吉林 23（171337）	6694.25	2030.05.28	2.9300	20 吉林 24（171338）	299.00	2025.05.28	2.3900
20 吉林 25（171339）	769.00	2027.05.28	2.8500	20 吉林 26（171340）	1120.00	2030.05.28	2.9300
20 吉林 27（171341）	870.00	2035.05.28	3.4400	20 吉林 28（171342）	4055.10	2040.05.28	3.5600
20 吉林 29（171343）	9175.40	2050.05.28	3.7500	20 北京 14（171344）	900.00	2023.05.29	1.9900
20 北京 15（171345）	3150.00	2025.05.29	2.4200	20 北京 16（171346）	1500.00	2027.05.29	2.8600
20 北京 17（171347）	13251.00	2030.05.29	2.9500	20 北京 18（171348）	1349.00	2035.05.29	3.4500
20 北京 19（171349）	4010.00	2040.05.29	3.5700	20 北京 20（171350）	2940.00	2040.05.29	3.5700
20 江苏 12（171351）	25155.00	2030.05.29	2.9500	20 江苏 13（171352）	27745.00	2035.05.29	3.4500
20 兵团 03（171353）	616.00	2035.05.29	3.4500	20 兵团 04（171354）	1781.00	2040.05.29	3.5700
20 兵团 05（171355）	603.00	2050.05.29	3.7500	20 甘肃 10（171356）	5970.00	2025.05.29	2.4200
20 甘肃 11（171357）	5000.00	2030.05.29	2.9500	20 甘肃 12（171358）	2431.00	2050.05.29	3.7500
20 甘肃 13（171359）	1400.00	2030.05.29	2.9500	20 甘肃 14（171360）	4600.00	2040.05.29	3.5700
20 甘肃 15（171361）	218.00	2030.05.29	2.9500	20 甘肃 16（171362）	10282.00	2040.05.29	3.5700
20 甘肃 17（171363）	1500.00	2050.05.29	3.7500	20 福建 21（171364）	480.00	2035.06.01	3.4500
20 福建 22（171365）	4670.00	2040.06.01	3.5700	20 福建 23（171366）	3041.00	2035.06.01	3.4500
20 福建 24（171367）	2090.00	2030.06.01	2.9500	20 福建 25（171368）	5066.00	2035.06.01	3.4500
20 福建 26（171369）	4238.00	2040.06.01	3.5700	20 福建 27（171370）	837.00	2030.06.01	2.9500
20 福建 28（171371）	516.00	2035.06.01	3.4500	20 福建 29（171372）	3059.00	2040.06.01	3.5700
20 福建 30（171373）	160.00	2025.06.01	2.4400	20 福建 31（171374）	2031.00	2030.06.01	2.9500
20 福建 32（171375）	1145.00	2035.06.01	3.4500	20 福建 33（171376）	2667.00	2040.06.01	3.5700
20 陕西 18（171377）	4443.99	2030.06.01	2.9500	20 陕西 19（171378）	4536.83	2030.06.01	2.9500
20 陕西 20（171379）	2745.00	2030.06.01	2.9500	20 陕西 21（171380）	2199.74	2030.06.01	2.9500
20 陕西 22（171381）	254.00	2030.06.01	2.9500	20 陕西 23（171382）	2180.00	2035.06.01	3.4500
20 陕西 24（171383）	3376.00	2040.06.01	3.5700	20 陕西 25（171384）	3900.00	2050.06.01	3.7500
20 陕西 26（171385）	530.00	2040.06.01	3.5700	20 陕西 27（171386）	30.00	2030.06.01	2.9500
20 陕西 28（171387）	1286.00	2040.06.01	3.5700	20 陕西 29（171388）	667.00	2050.06.01	3.7500
20 陕西 30（171389）	49.00	2025.06.01	2.4400	20 陕西 31（171390）	1148.00	2030.06.01	2.9500
20 陕西 32（171391）	70.00	2035.06.01	3.4500	20 陕西 33（171392）	3605.00	2040.06.01	3.5700
20 陕西 34（171393）	90.00	2030.06.01	2.9500	20 陕西 35（171394）	43.00	2035.06.01	3.4500
20 陕西 36（171395）	790.00	2040.06.01	3.5700	20 陕西 37（171396）	173.00	2030.06.01	2.9500
20 陕西 38（171397）	530.00	2035.06.01	3.4500	20 陕西 39（171398）	172.00	2040.06.01	3.5700
20 陕西 40（171399）	684.00	2030.06.01	2.9500	20 陕西 41（171400）	803.00	2035.06.01	3.4500
20 陕西 42（171401）	5830.00	2040.06.01	3.5700	20 陕西 43（171402）	100.00	2030.06.01	2.9500
20 陕西 44（171403）	420.00	2040.06.01	3.5700	20 陕西 45（171404）	20.00	2030.06.01	2.9500
20 陕西 46（171405）	199.00	2040.06.01	3.5700	20 安徽 13（171406）	9164.39	2050.06.01	3.8000
20 安徽 14（171407）	1414.00	2025.06.01	2.4400	20 安徽 15（171408）	2858.95	2027.06.01	2.8800
20 安徽 16（171409）	22978.84	2030.06.01	2.9500	20 安徽 17（171410）	7077.50	2035.06.01	3.4500
20 安徽 18（171411）	1907.00	2040.06.01	3.5700	20 安徽 19（171412）	1463.71	2030.06.01	2.9500
20 浙江 13（171413）	11110.00	2030.06.01	2.9500	20 浙江 14（171414）	120.00	2030.06.01	2.9500
20 浙江 15（171415）	5166.00	2035.06.01	3.4500	20 浙江 16（171416）	285.00	2030.06.01	2.9500
20 浙江 17（171417）	1045.00	2035.06.01	3.4500	20 浙江 18（171418）	1307.00	2040.06.01	3.5700
20 浙江 19（171419）	1646.00	2025.06.01	2.4400	20 浙江 20（171420）	5923.00	2027.06.01	2.8800
20 浙江 21（171421）	6240.00	2030.06.01	2.9500	20 浙江 22（171422）	11954.00	2035.06.01	3.4500
20 浙江 23（171423）	13759.00	2040.06.01	3.5700	20 浙江 24（171424）	3420.00	2050.06.01	3.7500
20 龙江 16（171425）	43.35	2023.06.01	2.0400	20 龙江 17（171426）	589.86	2025.06.01	2.4400
20 龙江 18（171427）	45.39	2027.06.01	2.8800	20 龙江 19（171428）	1495.44	2030.06.01	2.9500
20 龙江 20（171429）	1401.75	2035.06.01	3.4500	20 龙江 21（171430）	2056.61	2040.06.01	3.5700
20 龙江 22（171431）	810.60	2050.06.01	3.7500	20 龙江 23（171432）	1000.00	2030.06.01	2.9500

债券信息
List of Bonds

债券简称（代码）Bond Name（Code）	发行量（百万元）Issued Vol（M Yuan）	到期日 Expiration Date	票面利率（%）Coupon Rate	债券简称（代码）Bond Name（Code）	发行量（百万元）Issued Vol（M Yuan）	到期日 Expiration Date	票面利率（%）Coupon Rate
20 贵州 37（171433）	9918.38	2040.06.02	3.5900	20 四川 90（171434）	11858.71	2025.06.03	2.5000
20 四川 91（171435）	13277.79	2027.06.03	2.9100	20 湖北 34（171436）	8350.41	2027.06.09	3.0600
20 湖北 35（171437）	9930.37	2025.06.09	2.6400	20 湖北 36（171438）	20.00	2027.06.09	3.0600
20 湖北 37（171439）	3224.00	2030.06.09	3.0500	20 湖北 38（171440）	2359.00	2035.06.09	3.5300
20 湖北 39（171441）	6293.00	2040.06.09	3.6500	20 湖北 40（171442）	1360.00	2050.06.09	3.8200
20 湖南 46（171443）	14199.81	2025.06.10	2.7000	20 西藏 05（171444）	380.00	2030.06.11	3.0700
20 西藏 06（171445）	100.00	2030.06.11	3.0700	20 西藏 07（171446）	200.00	2035.06.11	3.5500
20 西藏 08（171447）	100.00	2035.06.11	3.5500	20 西藏 09（171448）	720.00	2040.06.11	3.6700
20 西藏 10（171449）	200.00	2040.06.11	3.6700	20 云南 24（171450）	9065.00	2025.06.12	2.7500
20 云南 25（171451）	658.00	2025.06.12	2.7500	20 宁夏 13（171452）	5256.67	2050.06.12	3.8600
20 陕西 47（171453）	8838.47	2030.06.17	3.0400	20 陕西 48（171454）	3400.00	2030.06.17	3.0400
20 甘肃 18（171455）	5450.00	2027.06.17	3.0600	20 北京 21（171456）	2871.86	2023.06.17	2.5600
20 北京 22（171457）	2675.00	2027.06.17	3.0600	20 北京 23（171458）	2785.47	2030.06.17	3.0400
20 辽宁 18（171459）	10244.51	2040.06.17	3.6400	20 新疆 23（171460）	5720.00	2040.06.17	3.6900
20 龙江 24（171461）	323.00	2027.06.23	3.1200	20 龙江 25（171462）	4406.00	2030.06.23	3.1000
20 龙江 26（171463）	834.00	2035.06.23	3.5600	20 龙江 27（171464）	1170.00	2040.06.23	3.6800
20 龙江 28（171465）	1750.00	2050.06.23	3.8300	20 湖北 41（171466）	80.00	2027.06.24	3.1500
20 湖北 42（171467）	1386.00	2030.06.24	3.1200	20 湖北 43（171468）	503.00	2035.06.24	3.5900
20 湖北 44（171469）	2118.00	2040.06.24	3.7100	20 湖北 45（171470）	137.00	2050.06.24	3.8500
20 湖北 46（171471）	300.00	2030.06.24	3.1200	20 吉林 30（171472）	4823.42	2030.06.30	3.1300
20 吉林 31（171473）	564.00	2030.06.30	3.1300	20 吉林 32（171474）	1877.50	2040.06.30	3.7200
20 吉林 33（171475）	2163.00	2050.06.30	3.8500	20 湖北 47（171476）	6214.15	2035.07.02	3.5700
20 湖北 48（171477）	920.00	2025.07.02	2.8400	20 贵州 38（171478）	11999.59	2035.07.02	3.5700
20 贵州 39（171479）	2990.36	2035.07.02	3.5700	20 四川 92（171480）	17060.24	2050.07.02	3.8400
20 湖南 47（171481）	12576.93	2023.07.06	2.6500	20 湖南 48（171482）	348.00	2035.07.06	3.5600
20 天津 56（171483）	700.00	2025.07.07	2.8400	20 天津 57（171484）	4264.00	2025.07.07	2.8400
20 辽宁 19（171485）	8719.90	2035.07.08	3.5900	20 辽宁 20（171486）	1271.18	2040.07.08	3.7200
20 安徽 20（171487）	9395.88	2050.07.10	3.9700	20 安徽 21（171488）	5891.54	2050.07.10	3.9700
20 山东 42（171489）	1400.00	2040.07.14	3.8600	20 山东 43（171490）	4847.00	2040.07.14	3.8600
20 山东 44（171491）	7650.00	2040.07.14	3.8600	20 北京 24（171492）	3418.00	2025.07.14	3.0800
20 北京 25（171493）	1302.00	2030.07.14	3.2900	20 湖北 49（171494）	15387.81	2030.07.15	3.3000
20 湖北 50（171495）	5000.00	2025.07.15	3.1100	20 湖北 51（171496）	63.00	2027.07.15	3.2800
20 湖北 52（171497）	556.00	2030.07.15	3.3000	20 湖北 53（171498）	508.00	2035.07.15	3.7500
20 湖北 54（171499）	345.00	2040.07.15	3.8700	20 湖北 55（171500）	1204.00	2050.07.15	3.9900
20 湖北 56（171501）	3375.00	2035.07.15	3.7500	20 湖北 57（171502）	128.00	2040.07.15	3.8700
20 湖北 58（171503）	650.00	2040.07.15	3.8700	20 湖北 59（171504）	60.00	2050.07.15	3.9900
20 湖北 60（171505）	122.00	2050.07.15	3.9900	20 湖南 49（171506）	3500.00	2050.07.16	4.0000
20 广西 29（171507）	9569.95	2027.07.15	3.2800	20 广西 30（171508）	650.00	2030.07.15	3.3000
20 龙江 29（171509）	7938.69	2040.07.17	3.8600	20 龙江 30（171510）	2001.52	2030.07.17	3.2800
20 山西 14（171511）	4559.00	2027.07.17	3.2900	20 山西 15（171512）	1300.00	2025.07.17	3.0900
20 陕西 49（171513）	9308.86	2025.07.21	3.0200	20 陕西 50（171514）	6409.23	2025.07.21	3.0200
20 吉林 34（171515）	1130.95	2040.07.23	3.7900	20 吉林 35（171516）	1679.94	2040.07.23	3.7900
20 兵团 06（171517）	1126.00	2030.07.23	3.1900	20 兵团 07（171518）	1270.00	2040.07.23	3.7900
20 厦门 14（171519）	1163.90	2030.07.24	3.1700	20 厦门 15（171520）	1735.60	2030.07.24	3.1700
20 四川 93（171521）	8591.65	2025.07.28	2.8800	20 内蒙 22（171522）	1300.00	2027.07.30	3.1300
20 湖北 61（171523）	41.00	2027.07.31	3.1300	20 湖北 62（171524）	332.00	2030.07.31	3.1500
20 湖北 63（171525）	151.00	2035.07.31	3.6200	20 湖北 64（171526）	80.00	2030.07.31	3.1500
20 湖北 65（171527）	110.00	2035.07.31	3.6200	20 湖北 66（171528）	600.00	2035.07.31	3.6200
20 湖北 67（171529）	561.00	2040.07.31	3.7400	20 湖北 68（171530）	1904.00	2040.07.31	3.7400
20 湖北 69（171531）	3257.00	2050.07.31	3.8800	20 湖北 70（171532）	4050.00	2025.07.31	2.9000

债券信息 债券
List of Bonds Bond

债券简称（代码）Bond Name（Code）	发行量（百万元）Issued Vol（M Yuan）	到期日 Expiration Date	票面利率（%）Coupon Rate	债券简称（代码）Bond Name（Code）	发行量（百万元）Issued Vol（M Yuan）	到期日 Expiration Date	票面利率（%）Coupon Rate
20湖北71（171533）	7356.00	2027.07.31	3.1300	20湖北72（171534）	3700.00	2030.07.31	3.1500
20湖北73（171535）	600.00	2030.07.31	3.1500	20大连11（171536）	1000.00	2050.07.31	3.8800
20河北28（171537）	2200.00	2025.08.03	2.9000	20河北29（171538）	9235.00	2035.08.03	3.6200
20辽宁21（171539）	8065.70	2030.08.05	3.1900	20云南26（171540）	2596.00	2030.08.06	3.2000
20云南27（171541）	5292.00	2027.08.06	3.2100	20云南28（171542）	4200.00	2025.08.06	2.9400
20云南29（171543）	5087.00	2023.08.06	2.7800	20云南30（171544）	521.00	2023.08.06	2.7800
20广西31（171545）	13303.71	2025.08.06	2.9400	20广西32（171546）	4547.41	2027.08.06	3.2100
20广西33（171547）	2634.00	2050.08.06	3.9300	20广西34（171548）	5423.00	2050.08.06	3.9300
20广西35（171549）	6396.00	2035.08.06	3.6700	20广西36（171550）	5063.00	2040.08.06	3.7900
20广西37（171551）	8284.00	2035.08.06	3.6700	20贵州40（171552）	20520.89	2030.08.07	3.2000
20山东45（171553）	9221.00	2030.08.10	3.2100	20山东46（171554）	4244.00	2035.08.10	3.6900
20山东47（171555）	8533.00	2040.08.10	3.8100	20山东48（171556）	6085.00	2050.08.10	3.9600
20山东49（171557）	22915.00	2027.08.10	3.2500	20山东50（171558）	1410.00	2027.08.10	3.2500
20山东51（171559）	1066.00	2030.08.10	3.2100	20山东52（171560）	3094.00	2030.08.10	3.2100
20山东53（171561）	1988.00	2035.08.10	3.6900	20山东54（171562）	2210.00	2040.08.10	3.8100
20山东55（171563）	1692.00	2030.08.10	3.2100	20山东56（171564）	1905.00	2035.08.10	3.6900
20山东57（171565）	2537.00	2040.08.10	3.8100	20山东58（171566）	700.00	2030.08.10	3.2100
20山东59（171567）	2275.00	2040.08.10	3.8100	20天津58（171568）	3200.00	2050.08.11	3.9800
20天津59（171569）	5305.00	2025.08.11	3.0100	20广东65（171570）	13582.47	2027.08.12	3.2700
20广东66（171571）	3290.00	2027.08.17	3.2700	20广东67（171572）	1580.00	2030.08.12	3.2100
20广东68（171573）	1690.00	2050.08.12	3.9800	20广东69（171574）	1616.00	2035.08.12	3.7000
20广东70（171575）	8125.00	2035.08.12	3.7000	20广东71（171576）	2366.00	2035.08.12	3.7000
20广东72（171577）	2671.00	2040.08.12	3.8200	20广东73（171578）	7000.00	2030.08.12	3.2100
20广东74（171579）	4212.00	2040.08.12	3.8200	20广东75（171580）	1590.00	2040.08.12	3.8200
20广东76（171581）	5745.00	2030.08.12	3.2100	20广东77（171582）	1150.00	2035.08.12	3.7000
20广东78（171583）	1185.00	2050.08.12	3.9800	20广东79（171584）	190.00	2040.08.12	3.8200
20广东80（171585）	1161.00	2030.08.12	3.2100	20广东81（171586）	320.00	2040.08.12	3.8200
20广东82（171587）	1020.00	2050.08.12	3.9800	20广东83（171588）	1849.00	2040.08.12	3.8200
20广东84（171589）	520.00	2030.08.12	3.2100	20广东85（171590）	6039.00	2035.08.12	3.7000
20广东86（171591）	3463.00	2050.08.12	3.9800	20广东87（171592）	1152.00	2035.08.12	3.7000
20广东88（171593）	4090.00	2035.08.12	3.7000	20广东89（171594）	900.00	2040.08.12	3.8200
20广东90（171595）	2429.00	2050.08.12	3.9800	20广东91（171596）	738.00	2040.08.12	3.8200
20广东92（171597）	2009.00	2030.08.12	3.2100	20广东93（171598）	300.00	2035.08.12	3.7000
20海南19（171599）	2717.30	2025.08.12	3.0300	20海南20（171600）	2827.87	2027.08.12	3.2700
20海南21（171601）	3000.00	2050.08.12	3.9800	20海南22（171602）	1013.05	2030.08.12	3.2100
20新疆24（171603）	5080.00	2040.08.14	3.8800	20新疆25（171604）	7110.00	2050.08.14	4.0400
20新疆26（171605）	590.00	2027.08.14	3.3200	20新疆27（171606）	2240.00	2030.08.14	3.2700
20新疆28（171607）	9300.00	2030.08.14	3.2700	20新疆29（171608）	2390.00	2035.08.14	3.7500
20新疆30（171609）	900.00	2035.08.14	3.7500	20新疆31（171610）	9850.00	2040.08.14	3.8800
20新疆32（171611）	530.00	2050.08.14	4.0400	20湖北74（171612）	5400.00	2027.08.14	3.2700
20湖北75（171613）	99.00	2027.08.14	3.2700	20湖北76（171614）	659.00	2030.08.14	3.2200
20湖北77（171615）	498.00	2035.08.14	3.7000	20湖北78（171616）	115.00	2040.08.14	3.8300
20湖北79（171617）	77.00	2050.08.14	3.9900	20湖北80（171618）	177.00	2030.08.14	3.2200
20湖北81（171619）	43.00	2035.08.14	3.7000	20湖北82（171620）	127.00	2035.08.14	3.7000
20湖北83（171621）	55.00	2040.08.14	3.8300	20湖北84（171622）	776.00	2040.08.14	3.8300
20湖北85（171623）	150.00	2050.08.14	3.9900	20湖北86（171624）	20.00	2050.08.14	3.9900
20湖北87（171625）	9463.00	2025.08.14	3.0800	20湖北88（171626）	5383.00	2027.08.14	3.2700
20湖北89（171627）	4000.00	2030.08.14	3.2200	20内蒙23（171628）	8120.62	2030.08.17	3.2400
20安徽22（171629）	5664.58	2050.08.17	4.0300	20安徽23（171630）	1036.20	2050.08.17	4.0300
20安徽24（171631）	1289.04	2050.08.17	4.0300	20江苏16（171632）	32127.00	2035.08.17	3.7000

债券信息
List of Bonds

债券简称（代码） Bond Name（Code）	发行量（百万元） Issued Vol （M Yuan）	到期日 Expiration Date	票面利率（%） Coupon Rate	债券简称（代码） Bond Name（Code）	发行量（百万元） Issued Vol （M Yuan）	到期日 Expiration Date	票面利率（%） Coupon Rate
20 江苏 17（171633）	24822.00	2040.08.17	3.8200	20 北京 26（171634）	1908.60	2025.08.18	3.0800
20 湖南 50（171635）	14605.89	2025.08.19	3.0800	20 湖南 51（171636）	3599.43	2023.08.19	2.9400
20 龙江 31（171637）	17667.44	2050.08.19	3.9600	20 陕西 51（171638）	14882.64	2035.08.20	3.6800
20 陕西 52（171639）	2592.13	2027.08.20	3.2500	20 吉林 37（171640）	8575.52	2050.08.21	3.9600
20 吉林 36（171641）	10880.94	2050.08.21	3.9600	20 吉林 38（171642）	2072.31	2040.08.21	3.8100
20 吉林 39（171643）	1276.00	2035.08.21	3.6900	20 吉林 40（171644）	533.00	2050.08.21	3.9600
20 辽宁 22（171645）	4048.00	2030.08.21	3.2100	20 辽宁 23（171646）	200.00	2040.08.21	3.8100
20 辽宁 24（171647）	905.00	2030.08.21	3.2100	20 辽宁 25（171648）	486.00	2035.08.21	3.6900
20 辽宁 26（171649）	882.00	2040.08.21	3.8100	20 辽宁 27（171650）	406.00	2030.08.21	3.2100
20 辽宁 28（171651）	5121.00	2035.08.21	3.6900	20 河北 30（171652）	10928.00	2040.08.24	3.8200
20 河北 31（171653）	14578.04	2050.08.24	3.9700	20 河北 32（171654）	5230.00	2035.08.24	3.7000
20 河北 33（171655）	15164.00	2030.08.24	3.2200	20 北京 27（171656）	792.00	2025.08.25	3.1200
20 北京 28（171657）	10112.76	2027.08.25	3.2700	20 北京 29（171658）	700.00	2035.08.25	3.7000
20 北京 30（171659）	3410.00	2023.08.25	2.9800	20 北京 31（171660）	10690.00	2025.08.25	3.1200
20 北京 32（171661）	10500.00	2027.08.25	3.2700	20 北京 33（171662）	1500.00	2030.08.25	3.2300
20 山东 60（171663）	4119.00	2030.08.26	3.2400	20 山东 61（171664）	2418.00	2030.08.26	3.2400
20 山东 62（171665）	22236.00	2050.08.26	3.9800	20 山东 63（171666）	2497.00	2040.08.26	3.8300
20 上海 08（171667）	2650.00	2025.08.27	3.1500	20 上海 09（171668）	22050.00	2030.08.27	3.2500
20 上海 10（171669）	2340.00	2023.08.27	3.0300	20 上海 11（171670）	10930.00	2025.08.27	3.1500
20 贵州 41（171671）	2902.16	2030.08.27	3.2500	20 贵州 42（171672）	2826.21	2035.08.27	3.7200
20 贵州 43（171673）	663.85	2040.08.27	3.8400	20 贵州 44（171674）	404.54	2030.08.27	3.2500
20 贵州 45（171675）	1861.54	2035.08.27	3.7200	20 贵州 46（171676）	476.83	2040.08.27	3.8400
20 贵州 47（171677）	274.30	2050.08.27	3.9800	20 贵州 48（171678）	1682.67	2035.08.27	3.7200
20 贵州 49（171679）	1051.95	2040.08.27	3.8400	20 贵州 50（171680）	1461.00	2050.08.27	3.9800
20 贵州 51（171681）	926.59	2027.08.27	3.3000	20 贵州 52（171682）	3441.20	2030.08.27	3.2500
20 贵州 53（171683）	9979.89	2035.08.27	3.7200	20 贵州 54（171684）	1410.67	2040.08.27	3.8400
20 贵州 55（171685）	180.00	2050.08.27	3.9800	20 贵州 56（171686）	903.53	2030.08.27	3.2500
20 贵州 57（171687）	2710.49	2035.08.27	3.7200	20 贵州 58（171688）	487.51	2040.08.27	3.8400
20 贵州 59（171689）	3419.24	2050.08.27	3.9800	20 贵州 60（171690）	702.00	2030.08.27	3.2500
20 贵州 61（171691）	3731.36	2035.08.27	3.7200	20 贵州 62（171692）	1302.47	2040.08.27	3.8400
20 四川 98（171693）	688.00	2040.08.27	3.8400	20 四川 99（171694）	2272.25	2030.08.27	3.2500
20 川 100（171695）	6743.10	2035.08.27	3.7200	20 川 101（171696）	4896.00	2040.08.27	3.8400
20 川 102（171697）	1862.34	2050.08.27	3.9800	20 川 103（171698）	1545.00	2050.08.27	3.9800
20 川 104（171699）	898.00	2025.08.27	3.1500	20 川 105（171700）	4732.85	2027.08.27	3.3000
20 川 106（171701）	3067.80	2030.08.27	3.2500	20 川 107（171702）	1452.90	2035.08.27	3.7200
20 川 108（171703）	970.00	2035.08.27	3.7200	20 川 109（171704）	2250.00	2040.08.27	3.8400
20 龙江 32（171705）	3430.24	2025.08.27	3.1500	20 龙江 33（171706）	307.74	2027.08.27	3.3000
20 龙江 34（171707）	1412.32	2030.08.27	3.2500	20 龙江 35（171708）	1205.78	2035.08.27	3.7200
20 龙江 36（171709）	3695.93	2040.08.27	3.8400	20 龙江 37（171710）	548.14	2050.08.27	3.9800
20 龙江 38（171711）	500.00	2030.08.27	3.2500	20 深圳 59（171712）	1400.00	2025.08.28	3.1700
20 深圳 60（171713）	430.00	2040.08.28	3.8500	20 深圳 61（171714）	170.00	2040.08.28	3.8500
20 深圳 62（171715）	110.00	2025.08.28	3.1700	20 深圳 63（171716）	1725.80	2035.08.28	3.7300
20 深圳 64（171717）	231.50	2030.08.28	3.2600	20 深圳 65（171718）	259.00	2030.08.28	3.2600
20 深圳 66（171719）	489.50	2035.08.28	3.7300	20 深圳 67（171720）	1517.00	2030.08.28	3.2600
20 深圳 68（171721）	794.20	2035.08.28	3.7300	20 深圳 69（171722）	1933.00	2035.08.28	3.7300
20 深圳 70（171723）	52.00	2027.08.28	3.3100	20 深圳 71（171724）	30.00	2035.08.28	3.7300
20 深圳 72（171725）	180.00	2030.08.28	3.2600	20 深圳 73（171726）	1000.00	2030.08.28	3.2600
20 深圳 74（171727）	3540.00	2030.08.28	3.2600	20 深圳 75（171728）	1698.00	2030.08.28	3.2600
20 深圳 76（171729）	410.00	2025.08.28	3.1700	20 深圳 77（171730）	500.00	2040.08.28	3.8500
20 深圳 78（171731）	500.00	2025.08.28	3.1700	20 深圳 79（171732）	350.00	2035.08.28	3.7300

债券信息 List of Bonds

债券 Bond

债券简称（代码）Bond Name（Code）	发行量（百万元）Issued Vol（M Yuan）	到期日 Expiration Date	票面利率（%）Coupon Rate	债券简称（代码）Bond Name（Code）	发行量（百万元）Issued Vol（M Yuan）	到期日 Expiration Date	票面利率（%）Coupon Rate
20深圳80（171733）	580.00	2030.08.28	3.2600	20湖南52（171734）	200.00	2025.08.31	3.1900
20湖南53（171735）	117.00	2027.08.31	3.3300	20湖南54（171736）	1854.00	2030.08.31	3.2800
20湖南55（171737）	3207.56	2035.08.31	3.7400	20湖南56（171738）	534.00	2040.08.31	3.8600
20湖南57（171739）	916.00	2035.08.31	3.7400	20湖南58（171740）	150.00	2040.08.31	3.8600
20湖南59（171741）	621.00	2035.08.31	3.7400	20湖南60（171742）	100.00	2040.08.31	3.8600
20湖南61（171743）	281.00	2030.08.31	3.2800	20湖南62（171744）	1109.00	2035.08.31	3.7400
20湖南63（171745）	345.00	2040.08.31	3.8600	20湖南64（171746）	500.00	2035.08.31	3.7400
20湖南65（171747）	200.00	2050.08.31	3.9900	20江苏18（171748）	13900.00	2030.09.01	3.2900
20浙江30（171749）	6090.00	2050.09.01	4.0000	20浙江31（171750）	370.00	2023.09.01	3.1200
20浙江32（171751）	5505.00	2030.09.01	3.2900	20浙江33（171752）	8127.00	2025.09.04	3.2100
20浙江34（171753）	8002.00	2027.09.01	3.3500	20浙江35（171754）	1000.00	2035.09.01	3.7500
20浙江36（171755）	200.00	2030.09.01	3.2900	20浙江37（171756）	215.00	2035.09.01	3.7500
20浙江38（171757）	1807.00	2040.09.01	3.8700	20浙江39（171758）	565.00	2025.09.01	3.2100
20浙江40（171759）	1231.00	2027.09.01	3.3500	20浙江41（171760）	6910.00	2030.09.01	3.2900
20浙江42（171761）	16780.00	2035.09.01	3.7500	20浙江43（171762）	20673.00	2040.09.01	3.8700
20浙江44（171763）	590.00	2050.09.01	4.0000	20天津80（171764）	2000.00	2050.09.02	4.0100
20天津81（171765）	1900.00	2023.09.02	3.1400	20厦门16（171766）	2600.00	2050.09.02	4.0100
20厦门17（171767）	3500.00	2030.09.02	3.3000	20厦门18（171768）	1500.00	2030.09.02	3.3000
20厦门19（171769）	500.00	2030.09.02	3.3000	20厦门20（171770）	100.00	2025.09.02	3.2200
20内蒙24（171771）	13190.49	2025.09.03	3.2300	20内蒙25（171772）	4126.16	2025.09.03	3.2300
20福建37（171773）	8920.48	2035.09.04	3.7600	20福建38（171774）	12950.41	2035.09.04	3.7600
20宁夏14（171775）	865.23	2050.09.04	4.0200	20青岛32（171776）	1752.00	2030.09.09	3.3500
20广西38（171777）	9016.17	2027.09.09	3.4400	20广西39（171778）	850.00	2030.09.09	3.3500
20河南41（171779）	25635.00	2025.09.10	3.3400	20河南42（171780）	5782.00	2027.09.10	3.4500
20河南43（171781）	1762.00	2030.09.10	3.3700	20河南44（171782）	815.00	2030.09.10	3.3700
20河南45（171783）	1637.00	2050.09.10	4.0500	20安徽25（171784）	16717.46	2050.09.11	4.1100
20安徽26（171785）	329.00	2025.09.11	3.3300	20安徽27（171786）	782.00	2027.09.11	3.4400
20安徽28（171787）	6225.50	2030.09.11	3.3700	20安徽29（171788）	8220.20	2035.09.11	3.8100
20安徽30（171789）	7522.00	2040.09.11	3.9300	20安徽31（171790）	3085.00	2050.09.11	4.1100
20安徽32（171791）	974.30	2035.09.11	3.8100	20安徽33（171792）	670.00	2040.09.11	3.9300
20安徽34（171793）	2500.00	2050.09.11	4.1100	20安徽35（171794）	13151.00	2025.09.11	3.3300
20安徽36（171795）	8104.00	2027.09.11	3.4400	20安徽37（171796）	1438.00	2030.09.11	3.3700
20安徽38（171797）	199.00	2030.09.11	3.3700	20湖北90（171798）	2182.70	2027.09.16	3.4300
20湖北91（171799）	720.00	2025.09.16	3.2900	20湖北92（171800）	196.00	2027.09.16	3.4300
20湖北93（171801）	1916.00	2030.09.16	3.3600	20湖北94（171802）	2147.00	2035.09.16	3.8200
20湖北95（171803）	105.00	2040.09.16	3.9400	20湖北96（171804）	475.00	2050.09.16	4.0700
20湖北97（171805）	199.00	2027.09.16	3.4300	20湖北98（171806）	435.00	2035.09.16	3.8200
20湖北99（171807）	2250.00	2040.09.16	3.9400	20鄂100（171808）	125.00	2040.09.16	3.9400
20鄂101（171809）	579.00	2050.09.16	4.0700	20鄂102（171810）	500.00	2050.09.16	4.0700
20鄂103（171811）	753.00	2050.09.16	4.0700	20鄂104（171812）	2354.00	2025.09.16	3.2900
20鄂105（171813）	3076.00	2027.09.16	3.4300	20鄂106（171814）	1500.00	2040.09.16	3.9400
20川110（171815）	7025.53	2030.09.18	3.3700	20川111（171816）	694.00	2027.09.18	3.4200
20川112（171817）	149.00	2030.09.18	3.3700	20川113（171818）	170.00	2025.09.18	3.2700
20川114（171819）	113.00	2027.09.18	3.4200	20川115（171820）	3253.49	2030.09.18	3.3700
20川116（171821）	1142.00	2035.09.18	3.8200	20川117（171822）	886.00	2040.09.18	3.9400
20川118（171823）	630.00	2050.09.18	4.0700	20川119（171824）	212.50	2025.09.18	3.2700
20川120（171825）	829.66	2027.09.18	3.4200	20川121（171826）	9150.90	2030.09.18	3.3700
20川122（171827）	5838.95	2035.09.18	3.8200	20川123（171828）	3871.35	2040.09.18	3.9400
20川124（171829）	4101.40	2050.09.18	4.0700	20川125（171830）	579.51	2030.09.18	3.3700
20重庆12（171831）	4900.00	2025.09.21	3.2700	20重庆13（171832）	9476.00	2030.09.21	3.3800

债券信息
List of Bonds

债券简称（代码）Bond Name（Code）	发行量（百万元）Issued Vol（M Yuan）	到期日 Expiration Date	票面利率（%）Coupon Rate	债券简称（代码）Bond Name（Code）	发行量（百万元）Issued Vol（M Yuan）	到期日 Expiration Date	票面利率（%）Coupon Rate
20 重庆 14（171833）	28524.00	2050.09.21	4.0700	20 山西 23（171834）	2126.00	2027.09.22	3.4300
20 山西 24（171835）	2954.00	2027.09.22	3.4300	20 山西 25（171836）	2252.00	2030.09.22	3.3800
20 山西 26（171837）	3058.00	2035.09.22	3.8300	20 山西 27（171838）	1181.00	2040.09.22	3.9500
20 山西 28（171839）	1001.00	2030.09.22	3.3800	20 山西 29（171840）	400.00	2035.09.22	3.8300
20 山西 30（171841）	806.00	2027.09.22	3.4300	20 宁波 17（171842）	1840.00	2030.09.22	3.3800
20 宁波 18（171843）	1500.00	2030.09.22	3.3800	20 宁波 19（171844）	4280.00	2030.09.22	3.3800
20 宁波 20（171845）	410.00	2030.09.22	3.3800	20 宁波 21（171846）	860.00	2035.09.22	3.8300
20 宁波 22（171847）	850.00	2040.09.22	3.9500	20 宁波 23（171848）	600.00	2050.09.22	4.0700
20 兵团 08（171849）	1242.00	2030.09.23	3.3700	20 兵团 09（171850）	1858.00	2040.09.23	3.9400
20 兵团 10（171851）	824.00	2035.09.23	3.8200	20 兵团 11（171852）	2968.00	2040.09.23	3.9400
20 兵团 12（171853）	1008.00	2050.09.23	4.0700	20 大连 12（171854）	1400.00	2040.09.24	3.9400
20 大连 13（171855）	600.00	2040.09.24	3.9400	20 大连 14（171856）	100.00	2040.09.24	3.9400
20 新疆 33（171857）	6280.00	2035.09.24	3.8700	20 新疆 34（171858）	1860.00	2040.09.24	3.9900
20 吉林 41（171859）	1732.00	2030.09.24	3.3600	20 吉林 42（171860）	890.00	2035.09.24	3.8200
20 吉林 43（171861）	700.00	2030.09.24	3.3600	20 吉林 44（171862）	4895.00	2040.09.24	3.9400
20 吉林 45（171863）	4052.00	2050.09.24	4.0700	20 吉林 46（171864）	830.00	2050.09.24	4.0700
20 鄂 107（171865）	20602.21	2027.09.25	3.4000	20 上海 22（171866）	240.00	2025.09.28	3.2000
20 上海 23（171867）	2120.00	2023.09.28	3.0700	20 上海 24（171868）	1950.00	2025.09.28	3.2000
20 龙江 39（171869）	270.00	2027.09.29	3.3900	20 龙江 40（171870）	983.00	2030.09.29	3.3500
20 龙江 41（171871）	1327.00	2040.09.29	3.9300	20 龙江 42（171872）	690.00	2050.09.29	4.0700
20 海南 23（171873）	1469.71	2050.09.29	4.0700	20 海南 24（171874）	1373.32	2030.09.29	3.3500
20 海南 25（171875）	1520.00	2027.09.29	3.3900	20 海南 26（171876）	1570.00	2025.09.29	3.2200
20 海南 27（171877）	2570.00	2030.09.29	3.3500	20 海南 28（171878）	1490.00	2035.09.29	3.8100
20 海南 29（171879）	400.00	2030.09.29	3.3500	20 海南 30（171880）	1150.00	2030.09.29	3.3500
20 陕西 53（171881）	72.00	2035.10.09	3.8200	20 陕西 54（171882）	243.00	2040.10.09	3.9400
20 陕西 55（171883）	1900.00	2050.10.09	4.0700	20 陕西 56（171884）	67.00	2030.10.09	3.4200
20 陕西 57（171885）	40.00	2035.10.09	3.8300	20 陕西 58（171886）	38.00	2030.10.09	3.4200
20 陕西 59（171887）	1380.00	2040.10.09	3.9400	20 陕西 60（171888）	420.00	2030.10.09	3.3700
20 陕西 61（171889）	838.00	2040.10.09	3.9400	20 陕西 62（171890）	20.00	2030.10.09	3.3700
20 陕西 63（171891）	711.00	2040.10.09	3.9400	20 陕西 64（171892）	37.00	2030.10.09	3.4200
20 陕西 65（171893）	342.00	2030.10.09	3.3700	20 陕西 66（171894）	279.00	2035.10.09	3.8200
20 陕西 67（171895）	1688.00	2040.10.09	3.9400	20 陕西 68（171896）	940.00	2050.10.09	4.0700
20 陕西 69（171897）	500.00	2035.10.09	3.8200	20 陕西 70（171898）	58.00	2035.10.09	3.8200
20 陕西 71（171899）	104.00	2040.10.09	3.9500	20 陕西 72（171900）	150.00	2023.10.09	3.1300
20 陕西 73（171901）	2798.00	2030.10.09	3.3700	20 陕西 74（171902）	2905.00	2025.10.09	3.2500
20 陕西 75（171903）	5230.00	2027.10.09	3.4100	20 北京 34（171904）	3827.03	2035.10.13	3.8500
20 西藏 21（171905）	1900.00	2030.10.13	3.4000	20 湖南 80（171906）	9143.83	2050.10.14	4.1100
20 湖南 81（171907）	253.00	2030.10.14	3.4200	20 湖南 82（171908）	798.00	2040.10.14	3.9900
20 湖南 83（171909）	623.00	2035.10.14	3.8700	20 湖南 84（171910）	194.00	2040.10.14	3.9900
20 湖南 85（171911）	960.00	2030.10.14	3.4200	20 湖南 86（171912）	444.00	2035.10.14	3.8700
20 湖南 87（171913）	971.00	2025.10.14	3.3300	20 湖南 88（171914）	2285.00	2027.10.14	3.4900
20 安徽 39（171915）	9498.98	2050.10.14	4.1600	20 安徽 40（171916）	9847.22	2050.10.14	4.1600
20 安徽 41（171917）	1191.27	2023.10.14	3.2100	20 江西 33（171918）	703.71	2025.10.14	3.3300
20 江西 34（171919）	14564.54	2030.10.14	3.4200	20 江西 35（171920）	800.00	2025.10.14	3.3300
20 江西 36（171921）	3351.32	2030.10.14	3.4200	20 内蒙 40（171922）	15571.12	2030.10.15	3.4800
20 内蒙 41（171923）	3929.03	2025.10.15	3.4000	20 浙江 45（171924）	7030.00	2030.10.15	3.4300
20 浙江 46（171925）	980.00	2025.10.15	3.3500	20 浙江 47（171926）	8170.00	2030.10.15	3.4300
20 川 126（171927）	2585.64	2023.10.23	3.2600	20 川 127（171928）	18811.03	2030.10.20	3.4600
20 青岛 38（171929）	900.00	2030.10.20	3.4600	20 青岛 39（171930）	424.00	2035.10.20	3.9000
20 青岛 40（171931）	166.00	2035.10.20	3.9000	20 辽宁 31（171932）	7699.95	2025.10.22	3.3900

债券信息
List of Bonds

债券
Bond

债券简称（代码） Bond Name（Code）	发行量（百万元） Issued Vol （M Yuan）	到期日 Expiration Date	票面利率（%） Coupon Rate	债券简称（代码） Bond Name（Code）	发行量（百万元） Issued Vol （M Yuan）	到期日 Expiration Date	票面利率（%） Coupon Rate
20 宁夏 17（171933）	2935.75	2025.10.23	3.3800	20 宁夏 18（171934）	1457.90	2050.10.23	4.2000
20 陕西 76（171935）	5430.98	2027.10.23	3.5100	20 陕西 77（171936）	6335.47	2027.10.23	3.5100
20 陕西 78（171937）	2640.00	2035.10.23	3.9000	20 陕西 79（171938）	1000.00	2050.10.23	4.1500
20 陕西 80（171939）	1100.00	2027.10.28	3.5100	20 河北 38（171940）	2056.00	2030.10.23	3.4600
20 河北 39（171941）	4500.00	2040.10.23	4.0300	20 河北 40（171942）	364.00	2025.10.23	3.3700
20 河北 41（171943）	4441.00	2027.10.23	3.5100	20 河北 42（171944）	5973.00	2030.10.23	3.4600
20 河北 43（171945）	130.00	2035.10.23	3.9000	20 河北 44（171946）	9800.00	2050.10.23	4.1500
20 湖南 89（171947）	2358.00	2035.10.27	3.8900	20 湖南 90（171948）	622.44	2040.10.27	4.0100
20 湖南 91（171949）	340.00	2040.10.27	4.0100	20 湖南 92（171950）	1500.00	2050.10.27	4.1400
20 湖南 93（171951）	322.00	2040.10.27	4.0100	20 湖南 94（171952）	245.00	2050.10.27	4.1400
20 湖南 95（171953）	1366.00	2035.10.27	3.8900	20 湖南 96（171954）	660.00	2040.10.27	4.0100
20 湖南 97（171955）	601.00	2035.10.27	3.8900	20 湖南 98（171956）	2476.00	2040.10.27	4.0100
20 湖南 99（171957）	570.00	2040.10.27	4.0100	20 湘 100（171958）	500.00	2050.10.27	4.1400
20 吉林 47（171959）	9882.36	2040.10.27	4.0100	20 吉林 48（171960）	6794.75	2030.10.27	3.4400
20 吉林 49（171961）	484.00	2035.10.27	3.8900	20 吉林 50（171962）	1730.00	2040.10.27	4.0100
20 吉林 51（171963）	5078.00	2050.10.27	4.1400	20 河南 46（171964）	14526.25	2025.10.28	3.2800
20 河南 47（171965）	5177.84	2025.10.28	3.2800	20 河南 48（171966）	75.00	2025.10.28	3.2800
20 河南 49（171967）	60.00	2027.10.28	3.4900	20 河南 50（171968）	170.00	2030.10.28	3.4400
20 河南 51（171969）	40.00	2030.10.28	3.4400	20 天津 82（171970）	1647.00	2050.10.28	4.1400
20 天津 83（171971）	2941.00	2023.10.28	3.2100	20 贵州 65（171972）	520.15	2050.10.28	4.1400
20 贵州 66（171973）	7960.20	2050.10.28	4.1400	20 贵州 67（171974）	20815.50	2025.10.28	3.2800
20 山东 71（171975）	1999.00	2030.10.28	3.4400	20 山东 72（171976）	8035.00	2035.10.28	3.8900
20 鄂 126（171977）	95.00	2027.10.29	3.4800	20 鄂 127（171978）	797.00	2030.10.29	3.4300
20 鄂 128（171979）	484.00	2035.10.29	3.8800	20 鄂 129（171980）	331.00	2040.10.29	4.0000
20 鄂 130（171981）	932.00	2030.10.29	3.4300	20 鄂 131（171982）	445.00	2035.10.29	3.8800
20 鄂 132（171983）	187.00	2035.10.29	3.8800	20 鄂 133（171984）	1529.00	2035.10.29	3.8800
20 鄂 134（171985）	1143.00	2040.10.29	4.0000	20 鄂 135（171986）	1421.00	2040.10.29	4.0000
20 鄂 136（171987）	544.00	2050.10.29	4.1300	20 鄂 137（171988）	370.00	2050.10.29	4.1300
20 鄂 138（171989）	96.00	2050.10.29	4.1300	20 鄂 139（171990）	1000.00	2025.10.29	3.2500
20 鄂 140（171991）	2424.00	2027.10.29	3.4800	20 鄂 141（171992）	39.00	2030.10.29	3.4300
20 鄂 142（171993）	150.00	2030.10.29	3.4300	20 鄂 143（171994）	300.00	2035.10.29	3.8800
20 鄂 144（171995）	170.00	2040.10.29	4.0000	20 大连 15（171996）	3477.19	2030.10.30	3.4300
20 大连 16（171997）	2286.57	2030.10.30	3.4300	20 龙江 43（171998）	19168.75	2040.10.30	4.0000
20 龙江 44（171999）	4853.93	2035.10.30	3.8800	20 龙江 45（173000）	529.85	2050.10.30	4.1300
20 湘 101（173001）	420.00	2035.11.02	3.8800	20 湘 102（173002）	404.00	2035.11.02	3.8800
20 湘 103（173003）	449.00	2035.11.02	3.8800	20 湘 104（173004）	450.00	2040.11.02	4.0000
20 湘 105（173005）	450.00	2040.11.02	4.0000	20 湘 106（173006）	498.00	2035.11.02	3.8800
20 湘 107（173007）	171.00	2030.11.02	3.4300	20 湘 108（173008）	356.00	2035.11.02	3.8800
20 湘 109（173009）	196.00	2040.11.02	4.0000	20 湘 110（173010）	304.00	2040.11.02	4.0000
20 山西 31（173011）	1512.81	2025.11.02	3.2400	20 山西 32（173012）	1632.25	2030.11.02	3.4300
20 山西 33（173013）	1465.25	2035.11.02	3.8800	20 山西 34（173014）	460.00	2040.11.02	4.0000
20 山西 35（173015）	1500.00	2027.11.02	3.4900	20 山西 36（173016）	877.00	2030.11.02	3.4300
20 山西 37（173017）	462.50	2030.11.02	3.4300	20 云南 39（173018）	11320.00	2025.11.03	3.2400
20 云南 40（173019）	5048.00	2025.11.03	3.2400	20 兵团 13（173020）	457.11	2027.11.06	3.4800
20 兵团 14（173021）	145.19	2027.11.06	3.4800	20 湘 111（173022）	10129.40	2040.11.11	4.0000
20 北京 35（173023）	3407.24	2022.11.11	3.1500	20 北京 36（173024）	1210.00	2025.11.11	3.2600
20 北京 37（173025）	2500.00	2030.11.11	3.4500	20 新疆 35（173026）	8120.00	2050.11.13	4.1800
20 山西 38（173027）	5504.00	2023.11.13	3.2200	20 山西 39（173028）	5500.00	2025.11.13	3.2900
20 山西 40（173029）	5234.00	2030.11.13	3.4700	20 浙江 48（173030）	720.00	2023.11.13	3.2200
20 浙江 49（173031）	14970.00	2030.11.13	3.4700	20 湘 112（173032）	11692.71	2050.11.18	4.1500

债券信息
List of Bonds

债券简称（代码） Bond Name（Code）	发行量（百万元） Issued Vol （M Yuan）	到期日 Expiration Date	票面利率（%） Coupon Rate	债券简称（代码） Bond Name（Code）	发行量（百万元） Issued Vol （M Yuan）	到期日 Expiration Date	票面利率（%） Coupon Rate
20 湘 113（173033）	19971. 54	2030. 11. 18	3. 5000	20 贵州 68（173034）	4788. 21	2050. 11. 20	4. 1600
20 贵州 69（173035）	9041. 12	2027. 11. 20	3. 5500	20 辽宁 32（173036）	5500. 29	2025. 11. 20	3. 3700
20 辽宁 33（173037）	3310. 36	2030. 11. 20	3. 5300	20 内蒙 42（173038）	4315. 78	2023. 11. 23	3. 3400
20 内蒙 43（173039）	1045. 74	2025. 11. 23	3. 4400	20 青岛 41（173040）	420. 00	2027. 11. 30	3. 5700
20 天津 84（173041）	1240. 00	2023. 12. 02	3. 3200	20 天津 85（173042）	4750. 00	2023. 12. 02	3. 3200
20 辽宁 34（173043）	21658. 70	2023. 12. 04	3. 2900	20 江苏 23（173044）	15000. 00	2030. 12. 07	3. 5300
20 广东 97（173045）	10000. 00	2030. 12. 08	3. 5200	20 广西 41（173046）	2500. 00	2025. 12. 16	3. 3700
20 山西 41（173047）	728. 00	2023. 12. 24	3. 1800	20 山西 42（173048）	15300. 00	2030. 12. 24	3. 5200
20 广西 42（173049）	7500. 00	2030. 12. 28	3. 6500	20 广西 43（173050）	1800. 00	2030. 12. 28	3. 6500
20 广西 44（173051）	2500. 00	2030. 12. 28	3. 6500	20 浙江 50（173052）	5000. 00	2030. 12. 28	3. 5000
20 甘肃 29（173053）	2949. 00	2027. 12. 29	3. 4800	20 甘肃 30（173054）	1718. 00	2027. 12. 29	3. 4800
20 山东 73（173055）	190. 00	2030. 12. 29	3. 4800	20 山东 74（173056）	6125. 00	2030. 12. 29	3. 4800
20 山东 75（173057）	3253. 00	2030. 12. 29	3. 4800	20 天津 86（173058）	10000. 00	2027. 12. 29	3. 4800
20 天津 87（173059）	5300. 00	2027. 12. 29	3. 4800	20 宁夏 19（173060）	3000. 00	2030. 12. 29	3. 5300
20 宁夏 20（173061）	2500. 00	2030. 12. 29	3. 5300	20 广西 45（173062）	1700. 00	2027. 12. 28	3. 4900
20 广西 46（173063）	1300. 00	2027. 12. 28	3. 4900	20 鄂 113（173500）	1367. 00	2030. 10. 20	3. 4600
20 鄂 114（173501）	793. 00	2035. 10. 20	3. 9000	20 鄂 115（173502）	190. 00	2040. 10. 20	4. 0200
20 鄂 116（173503）	22. 00	2027. 10. 20	3. 5300	20 鄂 117（173504）	849. 00	2030. 10. 20	3. 4600
20 鄂 118（173505）	1180. 00	2035. 10. 20	3. 9000	20 鄂 119（173506）	791. 00	2040. 10. 20	4. 0200
20 鄂 120（173507）	1645. 00	2040. 10. 20	4. 0200	20 鄂 121（173508）	1099. 00	2050. 10. 20	4. 1400
20 鄂 122（173509）	20. 00	2050. 10. 20	4. 1400	20 鄂 123（173510）	286. 00	2050. 10. 20	4. 1400
20 鄂 124（173511）	71. 00	2030. 10. 20	3. 4600	20 鄂 125（173512）	150. 00	2040. 10. 20	4. 0200
20 海南 31（173514）	1889. 18	2035. 10. 21	3. 9100	20 江苏 20（173515）	7354. 00	2030. 11. 02	3. 4300
20 江苏 21（173516）	42231. 00	2035. 11. 02	3. 8800	20 江苏 22（173517）	1200. 00	2035. 11. 02	3. 8800
20 宁波 24（173518）	2441. 29	2030. 11. 10	3. 4300	20 宁波 25（173519）	200. 00	2023. 11. 10	3. 2000
20 宁波 26（173520）	320. 00	2025. 11. 10	3. 2400	20 宁波 27（173521）	1052. 27	2035. 11. 10	3. 8700
20 上海 25（173522）	1520. 00	2030. 11. 02	3. 4300	20 上海 26（173523）	1660. 00	2035. 11. 02	3. 8800
20 上海 27（173526）	4690. 00	2030. 12. 15	3. 5200	20 光证 Y1（175000）	2000. 00	2025. 08. 17	4. 4000
20 交建 Y1（175001）	2000. 00	2023. 08. 13	3. 8500	20 传媒 01（175004）	2000. 00	2025. 08. 20	4. 2000
20 电投 Y7（175005）	2000. 00	2023. 08. 13	3. 8800	20 东兴 G3（175006）	1850. 00	2021. 09. 13	3. 0000
20 东兴 G4（175007）	1000. 00	2023. 08. 13	3. 5700	20 大唐 Y1（175008）	3500. 00	2023. 08. 25	3. 8400
20 苏交 G1（175010）	1000. 00	2023. 08. 19	3. 4800	20 宁德 01（175011）	800. 00	2025. 08. 18	3. 9000
20 鲁高 02（175013）	2500. 00	2023. 08. 19	3. 5500	20 金隅 04（175014）	1500. 00	2025. 08. 14	3. 6400
20 江公 01（175015）	2000. 00	2025. 08. 24	3. 9500	20 桂冠 01（175016）	1500. 00	2023. 08. 18	3. 6000
20 黔高 01（175017）	1500. 00	2023. 08. 21	3. 7000	20 常城 04（175019）	1000. 00	2025. 08. 21	4. 0700
20 延长 Y1（175020）	2000. 00	2023. 08. 20	3. 9000	20 平证 05（175021）	2000. 00	2022. 08. 19	2. 9500
20 中瑞 01（175022）	900. 00	2023. 08. 19	7. 0000	20 融信 03（175023）	1300. 00	2024. 08. 19	5. 4200
20 铁 Y09（175025）	3500. 00	2023. 08. 19	3. 9500	20 中化 Y5（175027）	1000. 00	2022. 09. 16	4. 0000
20 杭交 01（175029）	1700. 00	2025. 08. 25	3. 9900	20 唐新 Y6（175030）	1000. 00	2023. 08. 21	4. 0000
20 东证 Y1（175032）	5000. 00	2025. 08. 26	4. 7500	20 招金 Y1（175034）	1000. 00	2023. 08. 25	4. 1600
20 美置 05（175035）	1500. 00	2025. 08. 21	4. 3300	20 美置 06（175036）	1576. 00	2024. 08. 21	3. 9800
20 中证 17（175037）	4200. 00	2021. 08. 29	2. 9500	20 中证 18（175038）	2800. 00	2023. 08. 24	3. 4800
20 云投 G5（175039）	2500. 00	2023. 08. 21	4. 3600	20 航租 03（175041）	600. 00	2023. 08. 24	3. 8000
20 乌江 01（175042）	500. 00	2025. 08. 27	4. 8000	20 环球 06（175043）	500. 00	2025. 08. 24	4. 0500
20 贵安 G3（175044）	1000. 00	2025. 11. 17	6. 5000	20 电投 Y8（175046）	2000. 00	2023. 08. 20	3. 8400
20 牡资 01（175047）	1000. 00	2025. 08. 21	6. 5000	20 苏交 G2（175048）	1000. 00	2023. 08. 25	3. 4600
20 世茂 06（175049）	2700. 00	2025. 08. 27	3. 9000	20 中保 Y1（175051）	3000. 00	2023. 08. 28	4. 4700
20 绿原债（175052）	280. 00	2023. 09. 04	6. 0000	20 平证 06（175053）	1000. 00	2021. 12. 25	3. 0700
20 柳投 04（175054）	1000. 00	2025. 08. 25	6. 7000	20 首钢 03（175055）	2500. 00	2026. 08. 26	3. 6900
20 豫资 03（175058）	1500. 00	2023. 09. 02	3. 8800	20 苏交 G3（175059）	1000. 00	2023. 09. 02	3. 6500

债券信息
List of Bonds

债券简称（代码）Bond Name（Code）	发行量（百万元）Issued Vol（M Yuan）	到期日 Expiration Date	票面利率（%）Coupon Rate	债券简称（代码）Bond Name（Code）	发行量（百万元）Issued Vol（M Yuan）	到期日 Expiration Date	票面利率（%）Coupon Rate
20鲁商01（175060）	1000.00	2023.08.27	6.0000	20濮阳01（175061）	950.00	2025.08.25	5.2000
20光证G5（175062）	4800.00	2023.08.28	3.7000	20豫园03（175063）	1300.00	2023.08.27	3.8000
G龙源Y1（175064）	2000.00	2023.08.28	4.1000	20五资01（175066）	1500.00	2023.08.26	3.7900
20葛洲Y1（175067）	1000.00	2023.08.28	3.9900	20合景04（175068）	1800.00	2023.08.25	5.6000
20长飞01（175070）	500.00	2023.08.28	3.5000	20达州G1（175071）	1000.00	2025.08.31	5.8400
20津投17（175072）	1000.00	2024.09.03	3.8900	20津投18（175073）	1000.00	2023.09.03	4.2000
20海保G2（175074）	1000.00	2025.09.10	4.1300	20中金Y1（175075）	5000.00	2025.08.28	4.6400
20世茂G3（175077）	500.00	2022.09.01	3.9900	20建一Y1（175078）	1500.00	2023.09.07	4.3000
20柳钢01（175080）	1000.00	2023.09.11	4.5000	20兴泸01（175081）	650.00	2025.08.31	4.0000
20中交01（175083）	2000.00	2025.09.01	3.4200	20华福G1（175085）	1660.00	2023.08.31	3.8000
20华福G2（175086）	200.00	2025.08.31	4.2900	20杭实G1（175087）	800.00	2023.09.01	3.8500
20HHPY1（175088）	2000.00	2023.09.02	4.2700	20CHNE04（175089）	5000.00	2023.08.28	3.5500
20龙控04（175090）	2000.00	2025.09.14	4.8000	20翔业01（175091）	500.00	2023.09.10	3.6000
20华电Y3（175092）	3000.00	2023.09.14	4.2500	20远资01（175093）	1000.00	2023.09.09	4.7000
20焦煤Y1（175094）	2000.00	2023.09.02	4.4000	20核电Y2（175096）	3000.00	2023.09.16	4.2700
20正荣03（175097）	1000.00	2024.09.14	5.4500	20国君G5（175099）	4000.00	2023.09.04	3.7500
20宏河02（175101）	250.00	2023.09.04	7.0000	20漳九Y1（175102）	1500.00	2022.09.07	4.4800
20安租05（175103）	1400.00	2024.09.08	3.8500	20安租06（175104）	600.00	2025.09.08	4.0200
20京发01（175105）	2000.00	2023.09.04	3.9000	20建工Y1（175106）	1000.00	2023.09.21	4.4800
20花样01（175108）	2500.00	2023.09.08	7.5000	20靖江02（175109）	600.00	2025.09.08	5.9500
20晋中债（175110）	800.00	2025.09.10	4.5000	20常新G1（175111）	500.00	2025.10.21	4.2000
20金城03（175112）	800.00	2025.09.10	4.0500	G20雅砻2（175114）	1000.00	2023.09.10	3.6000
20象屿Y4（175116）	540.00	2023.09.14	4.8000	20建集Y5（175117）	700.00	2023.09.09	4.4900
20万达01（175119）	3800.00	2025.09.09	5.5800	20唐新Y8（175120）	1000.00	2023.09.09	4.4500
20中金07（175122）	5000.00	2025.09.10	3.7800	20中证19（175124）	2200.00	2021.09.16	3.2300
20中证20（175125）	800.00	2030.09.11	4.2000	20远东七（175126）	3000.00	2023.09.14	3.9400
20资本Y2（175128）	2500.00	2022.09.10	4.2000	20华能Y5（175129）	3000.00	2023.09.10	4.3800
20光明02（175130）	1000.00	2023.09.10	3.8000	20渝枢06（175132）	1000.00	2025.09.16	4.9000
20华安G1（175133）	1500.00	2022.09.14	3.7200	20电投Y9（175134）	2000.00	2023.09.14	4.1800
20美置07（175135）	840.00	2025.09.15	4.4000	20美置08（175136）	160.00	2024.09.15	3.9900
20HHPY2（175137）	2000.00	2023.09.22	4.4000	20中铁01（175138）	3590.00	2025.09.15	4.0500
20腾越01（175139）	2000.00	2024.09.15	4.2800	20景控02（175140）	900.00	2025.09.18	4.6900
20安信G2（175143）	3000.00	2023.09.16	3.8600	20恒泰G1（175144）	950.00	2023.09.18	4.3900
20药投01（175145）	600.00	2023.09.21	3.7000	20川金02（175146）	1000.00	2023.09.18	3.7000
20青租03（175147）	1000.00	2023.09.21	5.5000	20科创01（175148）	1000.00	2025.09.17	3.2000
20建租02（175150）	400.00	2027.09.17	4.3000	20科工Y1（175151）	900.00	2023.10.27	5.6000
20海国04（175152）	3000.00	2023.09.17	3.9800	唐新Y10（175153）	1000.00	2021.09.22	3.7300
20宁投01（175155）	800.00	2025.09.29	3.9900	20恒信G2（175156）	1000.00	2023.09.17	4.2000
20住宅03（175157）	2390.00	2023.09.18	3.9400	20江油01（175159）	250.00	2023.09.17	6.1500
20常城05（175160）	600.00	2025.09.18	4.2000	20东吴G1（175162）	2600.00	2021.09.24	3.2900
20东吴G2（175163）	1400.00	2023.09.21	3.8100	20南钢G1（175164）	200.00	2023.10.20	5.6000
20万向01（175165）	1150.00	2023.09.22	5.3000	20赣铁01（175166）	2000.00	2027.09.18	4.3500
20港务01（175167）	1200.00	2025.09.21	3.8200	20沪开02（175168）	1800.00	2023.09.18	4.0700
20焦煤Y3（175169）	1000.00	2023.09.18	4.4800	20扬子G2（175170）	800.00	2025.09.21	4.1800
20财证06（175171）	800.00	2024.09.21	4.1000	20幸福01（175172）	1250.00	2025.09.21	7.0900
G20洪轨1（175173）	2000.00	2025.09.21	3.8900	20招证G4（175174）	2900.00	2022.09.21	3.5500
20招证G5（175175）	2900.00	2023.09.21	3.7800	20长寿G2（175177）	2000.00	2025.09.22	5.7700
20安租Y2（175178）	800.00	2022.09.29	4.7500	20保利05（175180）	700.00	2025.09.29	3.7200
20保利06（175181）	1610.00	2027.09.29	4.1800	20东债02（175182）	3500.00	2023.09.28	3.7500
20三局Y1（175183）	1400.00	2023.09.25	4.8400	20青纾01（175184）	900.00	2025.09.23	3.8700

债券
Bond

债券信息
List of Bonds

债券简称（代码）Bond Name（Code）	发行量（百万元）Issued Vol（M Yuan）	到期日 Expiration Date	票面利率（%）Coupon Rate	债券简称（代码）Bond Name（Code）	发行量（百万元）Issued Vol（M Yuan）	到期日 Expiration Date	票面利率（%）Coupon Rate
20 财证 05（175185）	1200.00	2022.09.21	3.4700	20 扬子 Y3（175186）	2000.00	2023.10.27	4.4700
20 济城 G1（175188）	3000.00	2025.09.24	4.2400	20 凤凰 01（175189）	2000.00	2023.09.22	3.8500
20 中金 09（175190）	5000.00	2025.09.23	3.8000	20 世茂 G4（175192）	500.00	2022.09.24	3.9400
20 延长 Y2（175194）	3000.00	2023.09.24	4.4300	20 银河 Y1（175196）	5000.00	2025.11.24	4.8000
20 国都 G1（175197）	2000.00	2023.10.27	4.6000	20 华综 Y3（175198）	1000.00	2023.09.28	4.7900
20 首开 01（175200）	1900.00	2025.09.23	3.9000	20 合景 06（175201）	1000.00	2025.10.12	6.0000
20 中航 Y3（175203）	1000.00	2022.09.25	4.1500	20 中航 Y4（175204）	1000.00	2023.09.25	4.4400
20 赣速 02（175205）	1800.00	2025.09.29	4.0700	20 建一 Y2（175206）	1500.00	2023.09.24	4.4000
20 铁建 Y1（175209）	2200.00	2023.09.25	4.4300	20 高速 01（175211）	2000.00	2025.09.25	4.0800
20 铁 Y11（175212）	2000.00	2022.10.19	4.2000	20 铁 Y12（175213）	1000.00	2023.10.19	4.4700
20 碧地 03（175214）	2000.00	2025.09.24	4.3800	20 东莞 01（175215）	2800.00	2025.09.25	4.4000
20 华创 03（175216）	1583.00	2023.09.25	5.8000	20 建集 Y7（175217）	1300.00	2023.10.15	4.7000
20 首钢 04（175219）	2500.00	2026.10.15	3.8700	20 株国 07（175220）	500.00	2025.09.29	4.5000
20 珠投 01（175222）	550.00	2025.10.19	6.5000	20 桂冠 02（175223）	1000.00	2023.09.29	3.3000
20 电建 Y1（175224）	2000.00	2023.09.29	4.4200	20 万达 02（175225）	2000.00	2024.10.09	5.5000
20 义乌 05（175226）	1000.00	2023.10.15	4.1500	20 建发 Y1（175228）	2000.00	2022.10.21	4.3300
20 大唐 Y3（175229）	4000.00	2023.10.14	4.3800	唐新 Y12（175231）	1000.00	2021.10.16	3.6900
20 南港 01（175233）	1200.00	2025.10.21	4.5000	20 金地 01（175235）	3000.00	2025.10.12	3.9500
20 沪国 03（175237）	2000.00	2023.10.22	3.6000	20 闽能 Y1（175238）	1200.00	2022.10.16	4.1000
G20 柳控 2（175239）	500.00	2025.10.20	5.8000	20 远东八（175240）	500.00	2022.10.19	3.3500
20 远东九（175241）	2500.00	2024.10.19	3.9100	20 青城 01（175242）	500.00	2026.10.16	3.8000
20 青城 02（175243）	1000.00	2028.10.16	4.2000	20 淮矿 01（175244）	1000.00	2023.10.22	3.9500
20 藏城发（175245）	200.00	2025.11.17	4.5000	20 邮政 Y1（175246）	4000.00	2022.10.20	3.9500
20 邮政 Y2（175247）	1500.00	2023.10.20	4.2500	20 邮政 Y3（175248）	500.00	2025.10.20	4.5200
20 京电 01（175249）	800.00	2023.10.15	3.7500	20 中证 21（175250）	7500.00	2022.10.21	3.4800
20 津投 19（175251）	1000.00	2026.10.15	4.2200	20 鲁能 01（175252）	2040.00	2025.10.19	3.8500
20 能建 Y2（175254）	3500.00	2021.10.16	3.6700	20 建材 Y2（175256）	2000.00	2022.10.19	3.9900
20 旭辉 03（175259）	750.00	2025.10.26	4.2300	20 五资 02（175260）	1300.00	2023.11.03	3.7900
20 财达 01（175261）	2000.00	2025.10.20	4.2600	20 中金 11（175262）	2500.00	2023.10.19	3.5000
20 中金 12（175263）	2500.00	2025.10.19	3.7400	20 电建 Y2（175264）	2000.00	2023.10.16	4.4300
20 葛洲 Y2（175265）	3000.00	2022.10.15	4.1400	20 巨化 01（175267）	1000.00	2023.10.20	4.0500
20 狮桥 03（175268）	500.00	2023.10.27	4.9000	20 安租 07（175269）	800.00	2024.10.27	3.6500
20 安租 08（175270）	1200.00	2025.10.27	3.8800	G20 深高 1（175271）	800.00	2025.10.22	3.6500
20 银河 G2（175272）	3000.00	2023.10.23	3.7000	20 锡铁 03（175273）	880.00	2025.10.21	3.7200
20 兖煤 04（175274）	3500.00	2035.10.23	3.8900	20 兖煤 05（175275）	1500.00	2030.10.23	4.2700
20 鄂交 Y2（175276）	1500.00	2023.10.20	4.5000	20 浦土 03（175277）	1500.00	2025.10.22	3.7700
20 金港 02（175278）	1000.00	2025.10.27	4.1000	20 中财 G2（175279）	2000.00	2025.10.21	3.7700
20 中财 G3（175280）	1000.00	2025.10.21	4.2000	20 控租 03（175281）	800.00	2023.10.23	3.8800
20 华鑫 03（175282）	450.00	2022.11.12	4.5000	20 昆交 G2（175283）	1500.00	2025.10.21	5.4000
20 智光 G1（175284）	500.00	2023.10.21	6.5000	20 核电 Y3（175285）	3000.00	2022.10.22	3.9400
20 电投 Y0（175287）	2000.00	2022.10.26	3.8400	20 焦煤 Y4（175288）	1500.00	2022.10.21	4.1700
20 常城 06（175289）	1300.00	2025.10.26	4.2000	20 青港 01（175291）	3000.00	2023.10.29	3.7000
20 招证 G6（175292）	3000.00	2022.10.26	3.4300	20 招证 G7（175293）	1000.00	2023.10.26	3.6300
20 滨建 G1（175294）	450.00	2023.10.26	4.2000	20 天宁 02（175295）	600.00	2023.10.27	4.0600
20 景控 03（175296）	500.00	2025.10.28	4.5000	20 延长 Y4（175298）	3000.00	2023.10.26	4.3500
20 扬子 G3（175299）	2700.00	2023.11.02	3.7800	20 青城 03（175301）	500.00	2026.10.27	3.7500
20 青城 04（175302）	2000.00	2028.10.27	4.1800	20 广汇 G2（175303）	550.00	2023.10.30	7.0000
20 复星 04（175304）	1600.00	2025.11.02	4.8000	20 鲁高 Y1（175305）	1500.00	2023.10.29	4.2300
20 晋金 02（175306）	1000.00	2025.11.02	3.9800	20 绿城 07（175307）	950.00	2025.10.27	3.8200
20 上唐 Y1（175309）	500.00	2021.10.28	4.1500	20 上唐 Y2（175310）	500.00	2022.10.28	4.7500

债券信息
List of Bonds

债券
Bond

债券简称（代码） Bond Name（Code）	发行量（百万元） Issued Vol （M Yuan）	到期日 Expiration Date	票面利率（%） Coupon Rate	债券简称（代码） Bond Name（Code）	发行量（百万元） Issued Vol （M Yuan）	到期日 Expiration Date	票面利率（%） Coupon Rate
G 龙源 Y3（175311）	1000.00	2021.10.27	3.5900	G 龙源 Y4（175312）	1000.00	2022.10.27	3.9000
20 电建 Y4（175314）	2000.00	2023.10.29	4.2700	20 中证 22（175315）	800.00	2021.11.02	3.1600
20 中证 23（175316）	4300.00	2022.10.28	3.4500	20 中证 24（175317）	900.00	2030.10.28	4.2700
20 新汶 Y1（175319）	1000.00	2023.10.30	5.0000	20 东兴 G5（175320）	1120.00	2021.11.27	3.2300
20 东兴 G6（175321）	1410.00	2023.10.27	3.7000	20 福电 Y1（175322）	1500.00	2023.10.28	4.3700
20 中泰 03（175323）	4000.00	2023.10.29	3.7900	20 柳发 01（175324）	1100.00	2025.10.29	6.7000
20 中金 13（175325）	2000.00	2023.10.28	3.4800	20 中金 14（175326）	3000.00	2025.10.28	3.6800
20 京粮 Y1（175327）	800.00	2022.11.10	3.9300	20 交投 Y2（175328）	500.00	2022.11.02	3.9900
20 交投 Y3（175329）	1000.00	2023.11.02	4.3700	20 红美 03（175330）	500.00	2023.10.30	6.2000
20 万达 03（175331）	2500.00	2024.10.28	5.3800	20 中公 Y1（175332）	1000.00	2022.10.30	4.0500
20 中公 Y2（175333）	1000.00	2023.10.30	4.4400	20 葛洲 Y4（175334）	2000.00	2022.10.28	3.9700
20 葛洲 Y5（175335）	1000.00	2023.10.28	4.2500	20 沪资 01（175337）	200.00	2023.10.29	3.3000
20 安租 Y4（175338）	1000.00	2022.11.02	4.7500	20 一航 Y1（175340）	2000.00	2023.11.04	4.6000
20 信保 Y1（175341）	1500.00	2023.11.05	4.2000	20 漳九 Y2（175342）	1500.00	2022.11.02	4.1700
20 浙金 02（175343）	1200.00	2025.11.10	3.1500	20 恒信 G3（175344）	800.00	2023.10.30	4.1500
20 平证 07（175345）	2550.00	2023.10.29	3.7000	20 财达 02（175346）	1500.00	2024.11.04	3.9800
20 润药 Y1（175347）	1000.00	2022.10.30	3.7900	20 铁 Y13（175348）	900.00	2021.10.29	3.6200
20 铁 Y14（175349）	2000.00	2022.10.29	3.9400	20 东债 03（175350）	3500.00	2023.11.04	3.6500
20 中化 Y7（175351）	4000.00	2022.11.05	3.9500	20 昌投 G1（175353）	1000.00	2025.11.11	4.5000
20 融侨 02（175354）	800.00	2024.11.18	6.8000	20 安租 09（175356）	300.00	2024.11.03	3.6900
20 安租 10（175357）	950.00	2025.11.03	3.9000	中交 20Y1（175358）	1000.00	2022.11.04	3.7700
中交 20Y2（175359）	1000.00	2023.11.04	4.1100	20 舟投 01（175360）	1000.00	2025.11.05	4.6600
20 茅台 01（175361）	13000.00	2027.11.06	3.0000	20 远发 01（175362）	1000.00	2030.11.05	4.4600
20 苏新 01（175363）	1700.00	2025.11.17	3.9500	20 柳投 05（175364）	400.00	2025.12.18	7.0000
20 海资 G1（175365）	1000.00	2025.11.04	3.8500	20 碧地 04（175366）	1778.00	2025.11.03	4.1500
20 牡资 02（175368）	1000.00	2025.11.20	6.5000	20 象屿 Y5（175369）	1000.00	2022.11.05	4.9800
20 建材 Y5（175371）	2000.00	2022.11.05	3.7900	20 建材 Y6（175372）	1000.00	2023.11.05	4.1000
20 邮政 Y4（175373）	800.00	2022.11.09	3.7000	20 邮政 Y5（175374）	1500.00	2023.11.09	4.0400
20 云投 G7（175375）	1000.00	2023.11.05	4.6300	20 皖高 01（175376）	370.00	2022.11.10	3.7000
20 二局 Y2（175377）	400.00	2022.11.06	3.9000	20 二局 Y3（175378）	800.00	2023.11.06	4.3000
20 建集 Y9（175379）	1500.00	2023.11.10	4.5000	20 冀通 01（175381）	1000.00	2025.11.13	3.7900
20 冀通 02（175382）	800.00	2030.11.13	4.5300	20 晋电 Y1（175383）	500.00	2023.11.12	5.3000
20 闽能 Y2（175384）	1200.00	2022.11.11	3.8400	20 台州 01（175386）	1000.00	2025.11.17	3.9800
20 鑫苑 01（175387）	900.00	2025.11.13	8.3500	20 大唐 Y5（175389）	4500.00	2023.11.12	4.1200
20 合景 08（175393）	700.00	2025.11.12	6.1900	20 环球 07（175396）	1000.00	2025.11.11	3.9500
20 国丰 Y1（175397）	2000.00	2023.11.13	4.6600	20 晋旅 Y2（175398）	300.00	2023.11.10	6.5000
20 住总 Y1（175399）	800.00	2023.11.12	4.4300	20 华发 04（175401）	1500.00	2025.11.12	4.1900
20 华发 05（175402）	920.00	2025.11.12	3.8900	20 航控 Y1（175404）	1500.00	2022.11.16	4.1300
20 航控 Y2（175405）	500.00	2023.11.16	4.3000	20 国创 01（175406）	500.00	2025.11.16	4.1900
20 延长 Y5（175407）	500.00	2022.11.13	3.8500	20 延长 Y6（175408）	2500.00	2023.11.13	4.2500
20 华泰 C1（175409）	5000.00	2025.11.13	4.4800	20 杭实 G2（175415）	1200.00	2023.12.14	3.9900
20 华证 02（175416）	500.00	2023.11.18	3.7000	G20 水利 1（175418）	1000.00	2025.11.23	4.6800
20 鲁高 Y2（175420）	2000.00	2023.11.16	4.2100	20 渝开 03（175421）	600.00	2025.11.17	4.7000
20 杭金 01（175423）	900.00	2025.11.24	4.3800	20 核电 Y5（175425）	1000.00	2022.11.16	3.7800
20 世控 02（175426）	1000.00	2025.11.24	3.9700	20 远东 10（175427）	2100.00	2022.11.23	4.0000
20 远东 11（175428）	1400.00	2024.11.23	4.3500	20 扬州 02（175429）	1000.00	2023.11.26	4.1000
20 栖建 01（175430）	300.00	2025.12.04	5.0000	20 电力 Y2（175432）	1200.00	2022.11.30	4.0600
20 腾越 02（175433）	2000.00	2024.11.23	4.6400	20 联泰 01（175436）	400.00	2025.11.19	6.5000
20 首股 Y1（175439）	1000.00	2023.11.20	4.8000	20 中电 Y1（175440）	1000.00	2023.11.24	4.5500
20 亦庄 02（175444）	2000.00	2023.11.27	4.1200	20 亦庄 03（175445）	1000.00	2025.11.27	4.4500

债券信息
List of Bonds

债券简称（代码）Bond Name（Code）	发行量（百万元）Issued Vol（M Yuan）	到期日 Expiration Date	票面利率（%）Coupon Rate	债券简称（代码）Bond Name（Code）	发行量（百万元）Issued Vol（M Yuan）	到期日 Expiration Date	票面利率（%）Coupon Rate
20 金辉 03（175446）	1220.00	2024.11.19	6.9500	20 花样 02（175447）	1543.00	2023.11.25	7.5000
20 工业 Y1（175448）	1250.00	2023.12.04	4.7700	20 交投 Y4（175450）	1500.00	2022.12.04	4.3900
20 交投 Y5（175451）	500.00	2023.12.04	4.6900	20 中航 Y5（175452）	1000.00	2022.11.26	4.2800
20 中航 Y6（175453）	500.00	2023.11.26	4.5500	20 赣融 Y1（175454）	750.00	2023.11.27	5.0000
20 信投 C1（175455）	4000.00	2022.02.24	3.9000	20 信投 C2（175456）	1000.00	2023.11.24	4.2000
20 柳建 05（175458）	400.00	2025.11.20	7.3000	20 红星 05（175459）	2500.00	2023.11.26	6.8800
20 浦土 04（175461）	1500.00	2025.11.25	3.9900	20 国君 G6（175462）	3900.00	2022.11.23	3.8000
20 国君 G7（175463）	2000.00	2023.11.23	3.9000	20 科工 Y2（175464）	600.00	2023.12.23	5.8000
20 华金 01（175466）	740.00	2023.11.23	4.4800	20 中财 G5（175467）	1000.00	2025.11.24	3.9800
20 中化 Y9（175470）	5000.00	2022.12.04	4.2600	20 星发 03（175472）	200.00	2025.11.24	4.6000
20 华泰 G7（175473）	3500.00	2023.11.24	3.9000	20 即投 01（175474）	600.00	2025.12.01	4.4000
20 蓉高 03（175477）	1000.00	2030.12.03	4.4000	20 黔高 03（175478）	2000.00	2023.11.25	4.2700
20 华安 G2（175479）	2000.00	2023.11.27	4.0800	20 名城债（175481）	1459.10	2023.12.01	7.5000
20 银河 G3（175482）	4000.00	2022.11.27	3.8000	20 中泰 C1（175483）	3000.00	2023.11.27	4.5500
20 赣速 03（175484）	1500.00	2025.12.11	4.0500	20DTFDY1（175485）	4500.00	2023.11.26	4.3900
20 兴泰 Y1（175488）	1000.00	2023.11.26	4.5000	20 中公 Y3（175489）	1300.00	2022.12.03	4.4500
20 中公 Y4（175490）	700.00	2023.12.03	4.7000	20 华租 01（175491）	1000.00	2023.12.03	4.3000
20 深钜 05（175492）	900.00	2025.11.27	6.5000	20 航控 Y3（175493）	1500.00	2021.12.03	4.0900
20 航控 Y4（175494）	500.00	2022.12.03	4.3800	20 万达 04（175496）	1500.00	2024.12.04	6.0000
20 航租 Y1（175501）	1500.00	2021.12.11	4.6000	G20 杭水 1（175503）	1000.00	2025.12.02	3.7900
20 方圆 01（175505）	918.00	2024.12.03	10.0000	20 洪政 02（175507）	1000.00	2025.12.01	4.3500
20 建 Y11（175508）	900.00	2022.12.07	4.5900	20 奉交 01（175509）	800.00	2025.12.17	4.1000
20 唐租 Y2（175510）	600.00	2021.11.30	4.8000	20 鲁金 Y1（175514）	2700.00	2023.12.03	4.8000
20 招证 C1（175515）	4430.00	2023.06.03	4.3800	20 招证 C2（175516）	1070.00	2023.12.03	4.4300
20 信投 C3（175517）	5000.00	2022.03.10	3.8400	20 信投 C4（175518）	1000.00	2023.12.10	4.1800
20 华综 Y4（175519）	1000.00	2021.12.07	4.5500	20 国君 G8（175520）	2200.00	2021.12.07	3.4000
20 国君 G9（175521）	2900.00	2023.12.07	3.7700	20 延长 Y7（175522）	1000.00	2022.12.08	4.2900
20 延长 Y8（175523）	2000.00	2023.12.08	4.6300	20 神木 01（175526）	1400.00	2025.12.08	4.5000
20 柳发 02（175527）	1550.00	2025.12.08	6.7000	20 唐租 Y4（175528）	500.00	2021.12.07	5.2000
20 明诚 04（175530）	400.00	2025.12.17	7.5000	20 柳控 04（175531）	150.00	2025.12.23	6.0000
20 京投 04（175532）	2000.00	2023.12.09	3.7600	20 华泰 G8（175534）	4000.00	2022.12.09	3.6700
20 华泰 G9（175535）	4000.00	2023.12.09	3.7900	20 中咨 Y1（175536）	1000.00	2022.12.14	4.9500
20 义乌 07（175537）	1000.00	2023.12.21	4.3700	20 江建 01（175538）	900.00	2025.12.14	4.1600
20 甘投 Y1（175539）	1200.00	2022.12.14	4.9900	20 泸投 01（175542）	500.00	2025.12.14	5.3000
中交 20Y3（175543）	1200.00	2022.12.16	3.8900	中交 20Y4（175544）	1800.00	2023.12.16	4.1500
20 中财 G6（175545）	1000.00	2025.12.15	3.8500	20 杉杉 01（175546）	950.00	2025.12.10	6.9800
20 铁建 Y3（175547）	2500.00	2023.12.15	4.3700	20 天盈 03（175549）	400.00	2025.12.17	6.8000
20 常高 G1（175550）	800.00	2023.12.15	4.1900	20 特房 01（175551）	1250.00	2022.12.22	4.1000
G 龙源 Y5（175553）	1000.00	2021.12.15	3.7000	20 首股 Y2（175554）	1000.00	2022.12.16	4.3000
20 漳九 Y3（175555）	500.00	2022.12.21	4.9000	20 华电 Y5（175557）	1000.00	2022.12.17	3.8500
20 湖交 02（175558）	1000.00	2025.12.22	4.0500	20 铁一 Y1（175559）	2200.00	2022.12.17	4.5500
20 化学 Y1（175561）	3000.00	2022.12.23	4.1800	20 鲁金 Y2（175566）	1300.00	2023.12.21	4.6900
20 昌投 G2（175567）	500.00	2025.12.22	5.1800	20 平证 08（175568）	2450.00	2022.06.18	3.4400
20 铁京 Y1（175572）	700.00	2022.12.18	4.8500	20 路桥 02（175573）	1000.00	2023.12.21	3.8600
20 深钜 06（175576）	300.00	2025.12.24	6.0000	20 航控 Y5（175578）	1000.00	2021.12.18	4.0000
20 航控 Y6（175579）	500.00	2022.12.18	4.3200	20 铁二 Y1（175580）	2000.00	2022.12.23	4.9500
20 上航 Y1（175581）	500.00	2021.12.22	4.0000	20 上航 Y2（175582）	1500.00	2022.12.22	4.4700
20 光证 G6（175583）	3000.00	2021.12.27	3.1200	20 光证 G7（175584）	1700.00	2023.12.25	3.6000
20 红星 07（175587）	500.00	2025.12.23	7.0000	20 铁沪 Y1（175588）	700.00	2022.12.24	4.7700
20 嘉滨 03（177001）	400.00	2023.10.29	4.6000	20 滨城 02（177002）	800.00	2023.11.13	6.1300

债券信息
List of Bonds

债券简称（代码） Bond Name（Code）	发行量 （百万元） Issued Vol （M Yuan）	到期日 Expiration Date	票面利率（%） Coupon Rate	债券简称（代码） Bond Name（Code）	发行量 （百万元） Issued Vol （M Yuan）	到期日 Expiration Date	票面利率（%） Coupon Rate
20浏城03（177003）	1100.00	2025.11.02	4.7500	20望城01（177004）	600.00	2025.11.03	4.6300
20新业D1（177005）	1000.00	2021.11.04	5.4000	20当涂01（177006）	250.00	2023.11.04	5.9500
20红河01（177007）	370.00	2025.10.30	7.0000	20西投01（177009）	1000.00	2027.11.02	3.9900
20开扶02（177010）	600.00	2025.10.30	6.9500	20云工01（177011）	750.00	2023.11.03	6.5000
20唐控D2（177013）	500.00	2021.11.11	6.3000	20邗建01（177014）	300.00	2023.11.06	5.0000
20鑫诚02（177016）	700.00	2025.10.30	4.7500	20融和03（177017）	400.00	2025.11.12	4.4500
20瀚控03（177018）	200.00	2022.11.24	7.5500	20泰金01（177019）	500.00	2023.11.03	4.9500
20兰陵01（177020）	670.00	2025.11.12	7.0000	20张控01（177022）	500.00	2023.11.04	4.6800
20新高01（177023）	1000.00	2023.11.05	5.2900	20中林D1（177024）	300.00	2021.08.17	4.6000
20浔城03（177025）	560.00	2029.11.17	6.0000	20句容03（177026）	850.00	2025.11.02	6.0000
20新蒲02（177027）	270.00	2023.11.30	5.9900	20贵溪01（177029）	1000.00	2022.10.30	6.5000
20吴发03（177030）	1000.00	2025.12.01	4.3800	20华发03（177033）	520.00	2025.11.05	4.3800
20兴盛01（177034）	500.00	2023.11.23	6.5000	20嘉城02（177035）	500.00	2023.11.03	4.0000
S20凉山2（177036）	1010.00	2025.11.04	5.9600	20桐资01（177037）	1000.00	2023.11.05	4.7800
20新沂03（177038）	800.00	2022.11.06	6.4500	20射城02（177040）	400.00	2022.11.05	7.5000
20林城01（177041）	300.00	2023.11.03	6.0000	20冀交03（177042）	600.00	2023.11.04	4.1400
20万投01（177043）	1400.00	2028.11.03	6.0000	20漳龙01（177045）	1000.00	2025.11.05	4.4700
20润城01（177046）	1000.00	2023.11.03	5.9000	20银城02（177047）	1380.00	2025.11.06	5.2000
20营海02（177048）	450.00	2025.11.25	7.9000	20北城01（177050）	2000.00	2025.11.20	4.5000
20即墨01（177051）	500.00	2025.11.09	4.3400	20滨发01（177052）	980.00	2025.11.20	4.8000
20郴新01（177053）	900.00	2025.11.03	7.3000	20杭开01（177054）	1000.00	2025.11.06	4.1400
20通元债（177055）	1400.00	2023.12.22	4.7800	20复地F2（177056）	800.00	2023.11.06	5.1000
20新集02（177057）	320.00	2025.11.20	5.2800	20同煤06（177058）	2000.00	2023.11.09	5.0000
20常新03（177060）	1000.00	2025.11.09	4.7000	20吴中02（177061）	300.00	2025.11.18	4.6800
20玉林02（177063）	700.00	2025.11.25	6.9500	20高新03（177064）	770.00	2025.11.12	5.0000
20眉资02（177065）	500.00	2025.11.19	6.9800	20亭公01（177066）	700.00	2022.11.11	6.8000
20襄投03（177068）	530.00	2027.11.10	5.8600	20广德01（177069）	500.00	2025.11.23	6.5000
20航发01（177070）	500.00	2025.11.20	4.4400	20巴中02（177071）	760.00	2022.11.11	7.5000
20石柱01（177072）	500.00	2023.11.10	6.6000	20城墙债（177073）	200.00	2025.11.25	6.2000
G20建湖3（177074）	300.00	2025.11.06	7.3000	20商发01（177075）	500.00	2027.11.10	4.6100
20银产02（177076）	300.00	2023.11.12	6.0000	20常山01（177077）	1000.00	2023.11.26	5.8000
20遵桥D6（177078）	500.00	2021.11.05	7.5000	20城控02（177079）	1600.00	2025.11.12	4.8500
20邗江D1（177080）	500.00	2021.11.11	3.8000	20启东02（177081）	1500.00	2025.11.16	4.5400
20平阳02（177082）	1000.00	2023.11.13	5.2000	20四维02（177083）	250.00	2023.11.19	5.5000
20延安02（177084）	500.00	2025.11.11	5.4800	20内投01（177085）	1000.00	2025.11.12	7.0000
20晋宁01（177086）	900.00	2023.11.13	7.5000	20人和01（177087）	300.00	2025.11.11	6.8000
20南水01（177088）	1100.00	2025.11.11	4.9000	20南水02（177089）	400.00	2025.11.11	4.2300
20北仑02（177090）	1200.00	2025.11.13	4.3800	20锡南01（177091）	900.00	2023.11.19	4.6200
20滁同创（177092）	400.00	2025.11.12	5.3700	20慈交02（177093）	500.00	2025.11.16	4.2500
20兴建01（177094）	1350.00	2023.11.13	4.6000	20绿产D3（177095）	412.00	2021.11.16	4.9800
20任丘01（177096）	500.00	2022.11.13	5.4900	20合投01（177097）	1000.00	2025.11.11	6.4000
20襄阳01（177098）	1500.00	2025.11.19	4.8000	20巴资02（177099）	200.00	2023.11.17	6.5000
20巴资03（177100）	200.00	2023.11.17	6.5000	20阿地01（177102）	1000.00	2025.11.11	5.4000
20柯城01（177103）	2000.00	2025.11.12	4.8000	20城资D3（177105）	500.00	2021.11.16	5.5000
20金堂02（177106）	600.00	2022.11.13	7.8000	20丰经04（177108）	150.00	2023.11.09	7.0000
20象投01（177109）	1000.00	2023.11.18	4.9000	20润铜01（177110）	400.00	2025.12.10	5.5000
20海陵03（177111）	1100.00	2025.11.16	5.8900	20嘉禾01（177113）	520.00	2027.11.16	6.5000
20滨旅02（177115）	500.00	2025.11.17	6.9900	20杭湾02（177116）	300.00	2025.11.13	4.5800
20泰州04（177117）	120.00	2023.11.16	7.0000	20通新02（177119）	1500.00	2025.11.16	4.3500
20微山01（177120）	800.00	2023.11.17	7.0000	20吉发03（177122）	760.00	2025.11.16	7.3000

债券信息 List of Bonds

债券 Bond

债券简称（代码） Bond Name（Code）	发行量（百万元） Issued Vol（M Yuan）	到期日 Expiration Date	票面利率（%） Coupon Rate	债券简称（代码） Bond Name（Code）	发行量（百万元） Issued Vol（M Yuan）	到期日 Expiration Date	票面利率（%） Coupon Rate
20 通融 03（177123）	650.00	2025.11.16	5.4000	20 通融 04（177124）	350.00	2025.11.16	5.5000
20 济轨 Y1（177125）	2000.00	2021.11.17	4.6000	20 东泰 02（177126）	700.00	2025.11.26	5.4000
20 浙商 C7（177127）	1000.00	2023.11.17	4.1800	20 扬子 03（177128）	2000.00	2023.11.16	4.0000
20 拱墅 02（177130）	1500.00	2025.11.23	4.0800	20 兴南 03（177131）	200.00	2023.11.12	7.9500
20 海发 05（177133）	1400.00	2025.11.23	5.2000	20 金鑫 02（177134）	750.00	2025.11.18	7.0000
20 溧开 04（177135）	1100.00	2025.11.20	4.9800	20 鸿业 02（177136）	600.00	2025.11.16	7.5000
20 溧投 D1（177137）	400.00	2021.11.16	4.5000	20 新沂 04（177138）	200.00	2022.11.16	7.0000
20 浦江 02（177140）	800.00	2023.11.25	5.7900	20 淮开 07（177141）	410.00	2025.11.26	6.4200
20 丹投 D1（177143）	1000.00	2021.11.17	5.5000	20 遵桥 D7（177144）	335.00	2021.11.12	7.5000
20 维扬 01（177145）	500.00	2025.11.23	5.1800	20 银桥 D2（177146）	800.00	2021.11.16	3.9000
20 中证 F1（177147）	5600.00	2021.11.24	3.5300	20 天建 01（177149）	800.00	2025.11.27	4.5500
20 泰兴 02（177150）	500.00	2022.11.16	7.0000	20 科技 05（177153）	650.00	2025.11.12	7.5000
20 浦交 02（177154）	360.00	2027.11.20	4.6700	20 金外 01（177155）	500.00	2025.11.20	4.4500
20 芝罘债（177156）	1500.00	2025.11.25	3.9900	20 金水 D1（177157）	500.00	2021.11.16	4.5000
20 鹰控 03（177158）	1000.00	2025.11.17	5.5900	20 泰交 02（177159）	800.00	2025.11.24	4.5700
20 甬商贸（177160）	450.00	2025.11.25	4.5800	20 国兴 02（177162）	1000.00	2025.11.19	4.4900
20 金禹 02（177163）	250.00	2025.11.17	5.8000	20 中新 02（177164）	420.00	2022.11.19	7.5000
20 兰溪 03（177167）	600.00	2023.11.17	5.8000	锦生态 02（177168）	1500.00	2025.11.19	4.7500
20 海通 F3（177170）	5000.00	2022.01.13	3.7000	20 沂投 01（177171）	1320.00	2022.11.20	7.5000
20 金东债（177172）	250.00	2023.11.23	6.4000	20 防港 03（177174）	500.00	2025.11.19	7.0000
20 常城 07（177175）	1000.00	2023.11.19	4.2800	20 名建 01（177176）	1000.00	2025.11.24	4.3000
20 泰城 03（177178）	1000.00	2025.11.24	4.5600	20 开源 C1（177179）	900.00	2023.11.30	5.5000
20 江科 01（177180）	600.00	2023.11.20	3.9800	20 滨湖 D2（177181）	150.00	2021.11.18	4.0000
G20 安吉 2（177182）	680.00	2025.11.24	6.0000	20 通经 02（177183）	800.00	2023.11.23	4.2000
20 龙廷 02（177184）	460.00	2025.11.18	6.5000	20 镇文 03（177186）	500.00	2022.11.30	6.8000
20 遵桥 D8（177189）	554.00	2021.11.18	7.5000	20 产投 Y1（177190）	460.00	2023.12.03	5.2000
20 宜城 02（177191）	600.00	2025.11.24	4.5000	20 镇交 D1（177192）	500.00	2021.11.26	5.9000
20 诸东 02（177193）	500.00	2023.11.19	4.9000	20 中意 01（177194）	700.00	2023.11.24	5.0000
20 丰开 01（177196）	605.00	2025.12.01	7.3000	S20 南康 1（177198）	500.00	2023.12.08	6.5000
20 宁河 01（177199）	1000.00	2025.11.20	6.8000	20 自高债（177203）	750.00	2023.11.24	6.8000
20 衢金 01（177204）	500.00	2023.11.30	4.6400	20 虞资 D1（177205）	600.00	2021.11.23	4.2000
20 众鑫 01（177206）	300.00	2023.12.18	6.5000	20 太湖 03（177207）	720.00	2025.11.24	6.3000
20 溧水 F2（177210）	1046.00	2025.11.20	4.7500	20 亭湖 05（177211）	500.00	2023.11.20	7.0000
20 潍州 04（177212）	450.00	2022.11.24	7.0000	20 齐河 02（177214）	600.00	2025.11.23	6.5000
20 宁城 03（177215）	700.00	2025.11.23	5.0000	20 苏农 01（177216）	200.00	2023.11.20	6.8000
G20 兴市 1（177218）	800.00	2025.11.23	7.5000	20 丰创 01（177219）	400.00	2025.11.24	6.8000
20 虞舜 02（177220）	500.00	2023.11.24	4.6800	20 建湖 02（177221）	200.00	2023.12.11	7.0000
20 建湖 03（177222）	300.00	2023.12.11	7.0000	20 德发 01（177223）	900.00	2025.11.27	5.0000
20 南浦 02（177224）	500.00	2023.11.24	4.6500	20 海安 02（177225）	500.00	2025.11.24	6.5000
20 湘乡 01（177226）	350.00	2023.12.16	7.9000	20 国联 C2（177229）	1000.00	2022.11.26	4.7000
20 抚州 02（177231）	800.00	2025.11.25	4.8800	20 轻纺 02（177234）	500.00	2023.11.27	4.7900
20 海润 04（177235）	580.00	2025.11.24	4.6800	20 浙南 01（177237）	800.00	2025.11.24	4.5000
20 任城 03（177238）	500.00	2023.12.04	7.0000	20 潍创债（177239）	900.00	2023.12.02	6.5000
20 昌新 01（177240）	2000.00	2023.12.02	6.5000	20 广投 01（177241）	495.00	2023.12.11	6.8000
20 安控 D1（177243）	1000.00	2021.11.30	5.0000	20 达州 03（177244）	1000.00	2025.12.17	6.4000
20 铜都 01（177245）	1500.00	2022.11.24	6.9000	20 宏利 02（177246）	550.00	2023.11.26	7.4900
20 扬子 04（177247）	1200.00	2023.11.26	4.0800	20 平远 02（177249）	3000.00	2022.12.01	4.5000
20 般阳 01（177251）	400.00	2023.11.30	6.0000	20 龙债 01（177254）	600.00	2025.12.03	5.2000
20 城北 01（177257）	500.00	2025.12.01	4.9700	20 昌发 02（177258）	500.00	2023.11.27	4.7000
20 沂发 02（177259）	500.00	2027.11.27	7.3000	20 安投 02（177260）	500.00	2023.12.02	6.7500

债券信息 债券
List of Bonds Bond

债券简称（代码） Bond Name（Code）	发行量（百万元） Issued Vol （M Yuan）	到期日 Expiration Date	票面利率（%） Coupon Rate	债券简称（代码） Bond Name（Code）	发行量（百万元） Issued Vol （M Yuan）	到期日 Expiration Date	票面利率（%） Coupon Rate
20 扬化 02（177261）	600.00	2025.11.27	6.3000	20 创鸿 D2（177262）	700.00	2021.12.01	5.0000
20 遵桥 04（177264）	200.00	2025.12.28	5.4000	20 吴金 01（177265）	170.00	2025.12.02	4.5000
20 淮清 01（177267）	620.00	2025.12.01	6.4000	20 瑞建 01（177269）	175.00	2027.12.08	7.5000
20 苏铁 D1（177270）	500.00	2021.12.03	3.9000	20 渝东 06（177271）	940.00	2027.12.14	4.7000
20 宁现 01（177274）	800.00	2025.12.01	4.5000	20 沧州 01（177275）	800.00	2025.12.04	4.8900
20 眉府 02（177276）	600.00	2027.12.03	5.5000	G20 桂城 1（177277）	300.00	2023.11.30	5.8000
20 绿产 D4（177278）	588.00	2021.12.01	4.9200	20 扬开 02（177279）	480.00	2026.11.27	4.7900
20 东台 D1（177280）	1000.00	2021.12.15	5.3000	20 海瀛 D3（177281）	200.00	2021.11.27	6.0000
20 嘉定 01（177282）	500.00	2025.11.27	4.4000	20 甬湾 01（177284）	710.00	2025.12.03	4.3500
20 十堰 02（177285）	570.00	2023.12.03	6.5000	20 遵桥 D9（177286）	218.00	2021.12.10	7.5000
20 济建 04（177287）	1500.00	2023.12.15	4.2900	20 桂城 03（177288）	360.00	2025.11.30	5.8000
20 舟海 03（177290）	300.00	2023.12.09	4.9500	20 徐金开（177293）	1300.00	2023.12.24	5.4000
20 鲁公 03（177294）	420.00	2023.12.04	6.5000	20 鄞通 01（177296）	1000.00	2025.12.10	4.3500
20 环资债（177297）	420.00	2030.12.02	7.5000	20 沂投 02（177298）	240.00	2022.12.04	7.5000
20 铜旅 01（177299）	1000.00	2025.12.17	7.5000	20 韩城 04（177300）	290.00	2025.12.15	7.5000
20 新业 02（177301）	650.00	2025.12.15	6.2000	20 青羊 01（177302）	500.00	2025.12.02	4.7000
20 西经 D2（177303）	125.00	2021.12.09	6.0000	20 防旅 01（177304）	300.00	2025.12.02	7.0000
20 泽洲 02（177305）	200.00	2025.12.04	5.0000	20 泽洲 03（177306）	620.00	2023.12.04	5.5000
20 淮开 D2（177307）	960.00	2021.12.04	5.1900	20 淮经 03（177309）	610.00	2025.12.02	6.2000
20 津建 03（177311）	2000.00	2025.12.02	6.6000	20 株城 08（177313）	800.00	2025.12.08	4.8500
20 昆国创（177316）	1280.00	2025.12.04	4.4900	20 沪投 01（177317）	1500.00	2025.12.08	4.5000
20 凯建 01（177319）	1000.00	2025.12.04	8.0000	20 淮交 D2（177320）	900.00	2021.12.11	4.8000
20 海连 02（177321）	1000.00	2023.12.08	6.0000	20 苏投 02（177322）	800.00	2025.12.07	4.3000
20 迪投 01（177323）	800.00	2025.12.18	4.8000	20 安信 03（177324）	4000.00	2023.12.07	4.2500
20 恒业 D1（177326）	2200.00	2021.12.23	4.3000	20 金坛 06（177327）	1000.00	2025.12.14	6.0000
20 如东 02（177328）	1000.00	2025.12.14	5.4800	20 新梁 01（177329）	800.00	2025.12.07	6.7000
20 曹国 02（177330）	1000.00	2025.12.07	6.2700	20 天投 04（177331）	2000.00	2023.12.07	4.4300
20 院士 01（177332）	700.00	2025.12.08	4.9000	20 湖城 03（177333）	2000.00	2025.12.08	4.4900
S20 播交 3（177335）	250.00	2030.12.21	7.5000	20 金海 01（177340）	700.00	2023.12.08	6.3000
20 川菜 01（177342）	850.00	2025.12.11	6.2000	20 常城 08（177343）	1000.00	2023.12.09	4.3700
20 崇兴 01（177344）	500.00	2025.12.18	6.8000	20 陶都债（177346）	370.00	2025.12.14	5.0000
20 高密 03（177347）	710.00	2025.12.07	6.5000	20 炜赋 02（177348）	300.00	2022.12.11	4.5000
20 青平 02（177349）	400.00	2025.12.23	5.2000	20 益两 01（177351）	600.00	2023.12.25	5.9500
20 萧经 02（177353）	1200.00	2025.12.10	4.2800	20 镇城 F7（177355）	960.00	2023.12.16	5.6000
20 天长 02（177357）	800.00	2023.12.15	5.8200	20 建桥 02（177358）	250.00	2025.12.11	5.2000
20 建桥 03（177359）	750.00	2025.12.11	6.2000	20 城资 D4（177361）	300.00	2021.12.16	5.0000
20 椒发 01（177362）	700.00	2023.12.25	4.6000	20 衢资 03（177363）	800.00	2025.12.15	4.3500
20 楚晟 01（177364）	200.00	2025.12.10	6.3000	20 楚晟 02（177365）	400.00	2025.12.10	6.3000
20 历控 01（177366）	1050.00	2025.12.14	4.4900	20 淮宏 02（177367）	320.00	2022.12.18	7.8000
20 汇兴 02（177368）	130.00	2025.12.18	7.0000	20 柳城建（177369）	700.00	2025.12.11	6.5000
20 临公 03（177370）	200.00	2022.12.11	6.4500	20 延安 03（177371）	500.00	2025.12.17	6.2000
20 盛州 01（177372）	700.00	2025.12.10	7.5000	20 渭南债（177373）	500.00	2022.12.14	6.5000
20 实创 02（177375）	500.00	2025.12.17	5.1900	20 瀚控 04（177376）	912.00	2022.12.08	7.5500
20 曹国 D3（177377）	1300.00	2021.12.17	5.9000	20 武侯 D2（177378）	700.00	2021.12.15	4.0000
G20 苏铁 1（177379）	200.00	2025.12.17	4.3000	20 青城 D2（177380）	1500.00	2021.10.10	3.8500
20 青城 D3（177381）	2000.00	2021.12.14	3.9500	20 中金 F4（177385）	2500.00	2023.12.14	3.8500
20 中金 F5（177386）	2500.00	2025.12.14	4.0900	G20 扬易（177387）	500.00	2023.12.16	5.3000
20 邗江 D2（177389）	500.00	2021.12.14	4.4000	G20 盐交 1（177390）	460.00	2025.12.14	5.1800
20 靖建 03（177391）	200.00	2025.12.11	7.6000	20 西南 C1（177394）	2000.00	2023.12.15	4.7000
20 威凯 03（177396）	340.00	2025.12.17	5.8000	20 弥工 01（177398）	900.00	2023.12.21	7.5000

债券信息 债券
List of Bonds Bond

债券简称（代码） Bond Name（Code）	发行量 （百万元） Issued Vol （M Yuan）	到期日 Expiration Date	票面利率（%） Coupon Rate	债券简称（代码） Bond Name（Code）	发行量 （百万元） Issued Vol （M Yuan）	到期日 Expiration Date	票面利率（%） Coupon Rate
20 南开 03（177399）	200.00	2025.12.17	6.5000	20 洋城 01（177402）	200.00	2025.12.14	5.5000
20 洋城 02（177403）	360.00	2025.12.14	6.3000	20 恒驰 01（177406）	100.00	2023.12.16	7.2000
20 奉农投（177407）	700.00	2023.12.22	5.3500	20 玉资 01（177408）	760.00	2025.12.21	6.8000
20 南新 04（177412）	500.00	2025.12.17	5.5000	20 融汇 01（177413）	1000.00	2025.12.21	4.4800
20 宣城 01（177414）	500.00	2023.12.18	5.5000	20 贵公 01（177415）	250.00	2025.12.21	6.0000
20 高密 04（177416）	400.00	2025.12.18	6.8000	20 金霞 01（177418）	500.00	2023.12.22	5.4000
20 大理债（177420）	1000.00	2023.12.21	7.5000	20 光华 01（177422）	580.00	2026.12.22	6.5000
20 冀资 03（177423）	500.00	2023.12.22	5.5000	20 嵊城 03（177424）	1500.00	2025.12.23	5.2700
20 红河 02（177426）	280.00	2025.12.18	7.5000	20 吉发 04（177427）	164.00	2025.12.22	7.3500
G20 新交 1（177428）	200.00	2027.12.18	6.5000	20 六新 03（177430）	844.00	2025.12.21	5.0000
20 南建 02（177431）	1100.00	2025.12.25	4.6500	20 桐旅债（177433）	500.00	2023.12.21	5.0000
20 阳安 01（177435）	200.00	2023.12.18	7.5000	20 巴中 03（177443）	200.00	2023.12.17	7.5000
20 吴兴 03（177444）	700.00	2025.12.24	5.2000	20 兴化 D4（177445）	1000.00	2021.12.24	6.3800
20 泸临 01（177446）	610.00	2023.12.23	6.8000	20 岳交 03（177448）	200.00	2023.12.23	5.2000
20 鹿城 Y1（177450）	500.00	2021.12.22	5.5000	20 申太 03（177451）	500.00	2023.12.23	5.9000
20 民泰 02（177452）	800.00	2022.12.23	6.0000	20 眉资 03（177454）	100.00	2025.12.25	6.9000
20 惠临 03（177457）	400.00	2027.12.24	6.5000	20 普洱 01（177459）	750.00	2023.12.22	7.5000
20 润新债（177462）	150.00	2023.12.24	6.3000	20 简州 02（177465）	120.00	2025.12.25	6.5000
20 峨眉 02（177468）	200.00	2022.12.25	8.0000	20 新力 01（177469）	300.00	2025.12.22	7.0000
20 诸资 05（177477）	1000.00	2025.12.24	4.6500	20 鑫垚 01（177481）	1200.00	2025.12.28	7.5000
20 德兴 02（177483）	500.00	2025.12.25	5.0000	20 淄国 01（177484）	500.00	2025.12.24	5.9000
20 桂物 02（177491）	200.00	2023.12.25	6.8000	兴辰 05A（179002）	890.00	2021.11.24	4.4500
兴辰 05B（179003）	40.00	2021.11.24	5.1000	兴辰 05C（179004）	40.00	2021.11.24	6.7000
兴辰 05 次（179005）	30.00	2022.10.25	0.0000	20 富水 01（179006）	67.00	2022.01.21	3.9000
20 富水 02（179007）	78.00	2023.01.21	4.1000	20 富水 03（179008）	86.00	2023.11.26	4.2000
20 富水 04（179009）	96.00	2025.01.21	4.3000	20 富水 05（179010）	108.00	2026.01.21	4.3000
20 富水 06（179011）	123.00	2026.11.26	4.3000	20 富水 07（179012）	135.00	2028.01.21	4.3000
20 富水 08（179013）	146.00	2029.01.21	4.3000	20 富水 09（179014）	161.00	2029.11.26	4.3000
20 富水次（179015）	55.00	2029.11.26	0.0000	惠盈 12A（179016）	900.00	2021.05.25	4.3500
惠盈 12B（179017）	40.00	2021.05.25	4.7900	惠盈 12C（179018）	30.00	2021.05.25	6.3000
惠盈 12D（179019）	30.00	2022.04.25	0.0000	联金 01A（179020）	320.00	2022.05.16	4.9500
联金 01C（179021）	80.00	2022.05.16	0.0000	铁建 19A（179028）	3072.00	2021.11.25	3.8800
铁建 19C（179029）	162.00	2021.11.25	0.0000	光借 7A（179039）	1700.00	2023.12.06	5.1000
光借 7B（179040）	150.00	2023.12.06	5.4000	光借 7C（179041）	150.00	2023.12.06	0.0000
20 微 3A1（179042）	2160.00	2021.11.20	3.9500	20 微 3A2（179043）	470.00	2022.05.20	4.3000
20 微 3A3（179044）	280.00	2022.08.20	4.4500	20 微 3 次（179045）	154.79	2023.11.20	0.0000
20 核建 2A（179050）	2346.00	2023.12.07	4.4300	20 核建 2C（179051）	124.00	2023.12.07	0.0000
弘德 05A（179071）	1780.00	2021.11.24	4.5400	弘德 05B（179072）	80.00	2021.11.24	5.1000
弘德 05C（179073）	80.00	2021.11.24	6.7000	弘德 05D（179074）	60.00	2022.10.25	0.0000
20 安 1A1（179075）	405.00	2021.09.30	3.9000	20 安 1A2（179076）	121.00	2022.09.30	4.3000
20 安 1A3（179077）	48.00	2023.03.30	4.9800	20 安 1 次（179078）	31.10	2023.09.30	0.0000
信花 01A（179079）	2670.00	2022.02.23	4.7500	信花 01B（179080）	105.00	2022.02.23	5.1000
信花 01C（179081）	225.00	2022.02.23	0.0000	兰州优 A1（179091）	131.00	2021.07.22	4.0000
兰州优 A2（179092）	165.00	2022.07.22	4.2000	兰州优 A3（179093）	179.00	2023.07.24	4.4000
兰州次级（179094）	25.00	2023.07.24	0.0000	国借 4A（179095）	2580.00	2022.12.07	4.8000
国借 4B（179096）	225.00	2022.12.07	5.1000	国借 4C（179097）	195.00	2022.12.07	0.0000
渝建工优（179106）	380.00	2023.12.04	3.9000	渝建工次（179107）	20.00	2023.12.04	0.0000
20YX2A（179110）	611.00	2022.04.26	5.2500	20YX2B（179111）	71.00	2022.07.26	7.8000
20YX2C（179112）	71.80	2023.07.26	0.0000	20 车 1A1（179119）	1000.00	2021.11.03	3.7800
20 车 1A2（179120）	518.00	2022.07.29	4.0900	20 车 1B（179121）	148.00	2022.11.03	4.6500

债券信息
List of Bonds

债券简称（代码） Bond Name（Code）	发行量 （百万元） Issued Vol （M Yuan）	到期日 Expiration Date	票面利率（%） Coupon Rate	债券简称（代码） Bond Name（Code）	发行量 （百万元） Issued Vol （M Yuan）	到期日 Expiration Date	票面利率（%） Coupon Rate
20车1次（179122）	227.00	2023.11.02	0.0000	20花07A1（179142）	1335.00	2021.12.22	4.1600
20花07A2（179143）	60.00	2021.12.22	4.7000	20花07B（179144）	105.00	2021.12.22	0.0000
余杭水01（179156）	30.00	2021.06.10	3.7500	余杭水02（179157）	31.00	2021.12.10	3.8000
余杭水03（179158）	44.00	2022.06.10	3.8200	余杭水04（179159）	33.00	2022.12.10	3.8700
余杭水05（179160）	46.00	2023.06.10	3.8900	余杭水06（179161）	35.00	2023.12.10	3.9600
余杭水07（179162）	48.00	2024.06.10	3.9600	余杭水08（179163）	37.00	2024.12.10	3.9600
余杭水09（179164）	52.00	2025.06.10	3.9600	余杭水10（179165）	40.00	2025.12.10	4.0000
余杭水11（179166）	58.00	2026.06.10	4.0000	余杭水12（179167）	46.00	2026.12.10	4.0000
余杭水次（179168）	30.00	2026.12.10	0.0000	电建1A1（179169）	98.00	2021.12.08	3.9500
电建1A2（179170）	1650.00	2022.12.08	4.2000	电建1次（179171）	92.00	2022.12.08	0.0000
远海租61（179172）	740.00	2021.07.25	4.2000	远海租62（179173）	510.00	2023.01.25	4.8000
远海租63（179174）	134.00	2023.04.25	4.7700	远海租6C（179175）	108.89	2024.04.25	0.0000
20借04A1（179190）	1290.00	2021.12.27	4.2000	20借04A2（179191）	112.50	2021.12.27	4.7500
20借04B（179192）	97.50	2021.12.27	0.0000	华元02A1（179200）	2215.00	2021.04.26	3.5800
华元02A2（179201）	5250.00	2021.10.25	3.7800	华元02A3（179202）	1380.00	2022.04.25	4.1800
华元02A4（179203）	700.00	2022.10.25	4.2500	华元02次（179204）	364.36	2022.10.25	0.0000
华文01优（179213）	1900.00	2022.12.30	4.4000	华文01次（179214）	100.00	2022.12.30	0.0000
三盛01A（179218）	278.00	2022.06.15	6.0000	三盛01B（179219）	65.00	2022.06.15	6.5000
三盛01次（179220）	19.00	2022.06.15	0.0000	光信7A（179226）	1720.00	2021.11.30	4.5000
光信7B（179227）	148.00	2021.11.30	4.9000	光信7C（179228）	132.00	2021.11.30	0.0000
20五局优（179234）	384.00	2028.07.20	4.3000	20五局次（179235）	21.00	2028.07.20	0.0000
安慧6A1（179240）	300.00	2022.04.15	4.7000	安慧6A2（179241）	300.00	2023.06.15	4.9900
安慧6A3（179242）	385.00	2023.12.10	5.1000	安慧6次（179243）	15.00	2023.12.10	0.0000
赛腾定转（110800）	126.00	2021.05.24	0.0100	继峰定02（110802）	718.20	2025.11.18	3.0000

债券成交
Bond Trading

债券
Bond

债券简称（代码）Bond Name（Code）	本年收盘（元）Close（Yuan）	成交数量（万张）Trading Vol（10000 Lots）	成交金额（亿元）Trading Value（100M Yuan）	债券简称（代码）Bond Name（Code）	本年收盘（元）Close（Yuan）	成交数量（万张）Trading Vol（10000 Lots）	成交金额（亿元）Trading Value（100M Yuan）
21 国债(7)（010107）	101.30	18163.70	186.27	03 国债(3)（010303）	101.51	8027.44	82.44
05 国债(4)（010504）	104.79	31.03	0.33	05 国债(12)（010512）	100.05	14.31	0.14
06 国债(19)（010619）	100.43	1.28	0.01	国开 1401（018003）	119.60	594.59	7.14
国开 1702（018006）	101.78	11267.12	115.59	国开 1801（018007）	99.98	29458.92	296.29
国开 1802（018008）	102.91	10326.65	106.85	国开 1803（018009）	110.26	4023.07	44.79
国开 1902（018010）	100.48	1544.33	15.59	国开 2002（018011）	100.20	2762.71	27.69
国开 2003（018012）	99.95	2813.88	28.44	国开 2004（018013）	100.00	8607.82	86.31
国开 2005（018014）	98.50	3656.57	36.07	国开 2006（018015）	101.79	516.91	5.17
国开 19G1（018016）	100.31	420.00	4.24	国开 2007（018017）	99.00	3676.85	36.78
进出 1911（018061）	100.00	6542.26	65.53	进出 1912（018062）	99.83	489.16	4.92
农发 1901（018081）	100.00	974.68	9.76	农发 1902（018082）	100.50	1356.10	13.76
农发 2001（018083）	99.74	450.00	4.49	农发 2002（018084）	99.38	2530.00	25.23
10 国债 12（019012）	100.25	1.23	0.01	11 国债 12（019112）	109.81	50.00	0.55
11 国债 19（019119）	101.00	0.01	0.00	11 国债 23（019123）	108.10	120.00	1.30
11 国债 24（019124）	101.65	2.00	0.02	12 国债 04（019204）	100.05	460.09	4.72
12 国债 09（019209）	101.00	200.01	2.05	12 国债 15（019215）	100.00	150.00	1.54
12 国债 18（019218）	105.92	6.09	0.07	13 国债 03（019303）	100.38	0.03	0.00
13 国债 05（019305）	101.73	380.00	3.89	13 国债 08（019308）	100.05	0.55	0.01
13 国债 11（019311）	102.71	238.11	2.46	13 国债 15（019315）	100.07	16.97	0.17
13 国债 18（019318）	103.89	0.02	0.00	13 国债 19（019319）	124.60	9.37	0.11
13 国债 20（019320）	102.80	0.84	0.01	14 国债 03（019403）	101.45	134.76	1.37
14 国债 05（019405）	103.00	19.50	0.21	14 国债 06（019406）	100.54	0.46	0.00
14 国债 13（019413）	100.57	10.90	0.11	14 国债 24（019424）	100.70	12.06	0.12
14 国债 29（019429）	102.00	650.57	6.88	15 国债 02（019502）	100.21	1.71	0.02
15 国债 03（019503）	100.30	60.00	0.60	15 国债 05（019505）	103.73	272.01	2.81
15 国债 07（019507）	100.63	1156.01	11.87	15 国债 08（019508）	106.66	14.45	0.16
15 国债 10（019510）	109.00	3.39	0.04	15 国债 11（019511）	101.00	5.57	0.06
15 国债 14（019514）	100.32	2341.12	23.98	15 国债 16（019516）	104.34	1714.01	17.73
15 国债 17（019517）	103.02	144.95	1.55	15 国债 19（019519）	100.58	0.71	0.01
15 国债 21（019521）	101.77	14.16	0.15	15 国债 23（019523）	99.70	12.30	0.13
15 国债 26（019526）	99.90	52.33	0.53	15 国债 28（019528）	101.98	45.67	0.49
16 国债 02（019530）	100.02	137.04	1.37	16 国债 04（019532）	98.00	380.86	3.88
16 国债 06（019534）	99.61	24.93	0.26	16 国债 07（019535）	99.90	517.43	5.21
16 国债 08（019536）	96.42	13869.32	139.47	16 国债 10（019538）	99.59	1905.70	19.17
16 国债 13（019541）	98.11	350.07	3.54	16 国债 14（019542）	100.51	304.12	3.09
16 国债 15（019543）	100.15	1802.44	18.11	16 国债 17（019545）	113.60	1379.60	13.70
16 国债 19（019547）	93.13	43378.20	414.01	16 国债 20（019548）	99.59	802.49	8.12
16 国债 21（019549）	99.21	680.27	6.80	16 国债 23（019551）	97.37	9.92	0.10
16 国债 26（019554）	93.18	14.22	0.14	17 国债 01（019555）	100.22	583.69	5.90
17 国债 02（019556）	100.43	1.35	0.01	17 国债 06（019560）	101.23	50.00	0.52
17 国债 07（019561）	100.28	143.76	1.46	17 国债 08（019562）	99.99	0.01	0.00
17 国债 10（019564）	104.91	11.63	0.12	17 国债 13（019567）	102.84	9.50	0.10
17 国债 14（019568）	100.63	9.82	0.10	17 国债 15（019569）	104.49	222.70	2.40
17 国债 18（019572）	102.36	10.60	0.11	17 特国 03（019574）	101.65	900.00	9.21
17 国债 20（019575）	103.20	12.29	0.13	17 国债 23（019578）	101.00	3.00	0.03
17 国债 25（019580）	109.46	2.89	0.03	18 国债 01（019583）	106.30	1.55	0.02
18 国债 04（019586）	107.46	20.01	0.22	18 国债 05（019587）	104.25	68.93	0.73
18 国债 07（019589）	100.18	12.20	0.12	18 国债 08（019590）	100.00	70.00	0.70
18 国债 09（019591）	100.37	0.94	0.01	18 国债 11（019593）	107.24	5.60	0.06
18 国债 14（019596）	100.00	150.00	1.51	18 国债 16（019598）	100.97	1224.01	12.63

债券成交 债券
Bond Trading Bond

债券简称（代码）Bond Name（Code）	本年收盘（元）Close（Yuan）	成交数量（万张）Trading Vol（10000 Lots）	成交金额（亿元）Trading Value（100M Yuan）	债券简称（代码）Bond Name（Code）	本年收盘（元）Close（Yuan）	成交数量（万张）Trading Vol（10000 Lots）	成交金额（亿元）Trading Value（100M Yuan）
18国债17（019599）	102.56	149.70	1.55	18国债19（019601）	106.31	55.38	0.58
18国债20（019602）	102.85	10.53	0.11	18国债21（019603）	100.25	700.00	7.11
18国债22（019604）	104.98	0.32	0.00	18国债23（019605）	100.67	2019.23	20.68
18国债24（019606）	104.70	162.76	1.74	18国债27（019609）	103.27	9.56	0.10
18国债28（019610）	100.34	660.91	6.73	19国债01（019611）	99.99	2209.68	22.10
19国债02（019612）	100.00	101.24	1.01	19国债03（019613）	99.77	3890.66	39.21
19国债04（019614）	101.46	2047.39	20.76	19国债05（019615）	99.99	8916.61	89.36
19国债06（019616）	100.08	1529.67	15.74	19国债07（019617）	101.79	0.73	0.01
19国债08（019618）	102.58	420.29	4.38	19国债09（019619）	100.00	100.11	1.01
19国债10（019620）	113.28	1540.00	16.48	19国债11（019621）	100.01	1450.00	14.54
19国债12（019622）	100.02	310.87	3.11	19国债13（019623）	99.88	1397.41	14.20
19国债14（019624）	100.00	710.00	7.09	19国债15（019625）	101.00	2424.10	25.14
19国债16（019626）	100.00	280.00	2.90	20国债01（019627）	100.03	105686.08	1057.41
20国债02（019628）	99.83	2190.00	22.00	20国债03（019629）	100.00	840.00	8.47
20国债04（019630）	93.50	1356.72	13.13	20国债05（019631）	95.82	1578.67	15.20
20国债06（019632）	100.00	1311.00	12.73	20国债07（019633）	97.46	509.88	4.99
20国债08（019634）	100.00	1580.00	15.40	20特国03（019637）	100.00	20.00	0.19
20国债09（019638）	98.42	3331.52	32.82	20国债10（019640）	99.92	49120.38	489.71
20国债11（019641）	99.54	2249.00	22.36	20国债12（019642）	99.65	610.00	6.08
20国债13（019643）	99.96	840.95	8.41	20国债14（019644）	100.00	370.00	3.69
20国债15（019645）	100.61	2961.65	29.66	20国债16（019646）	100.00	200.00	2.00
20国债17（019647）	100.48	351.31	3.51	20国债18（019648）	100.00	200.00	2.00
19贴债43（020320）	98.80	0.18	0.00	20贴债06（020339）	99.17	1010.00	9.99
20贴债07（020340）	99.62	1500.00	14.94	20贴债11（020344）	99.11	480.00	4.76
20贴债16（020349）	99.35	860.00	8.55	20贴债17（020350）	99.76	140.00	1.40
20贴债18（020351）	99.78	1000.00	9.98	20贴债20（020353）	99.78	1000.00	9.98
20贴债21（020354）	99.48	2220.00	22.08	20贴债22（020355）	99.76	823.44	8.21
20贴债23（020356）	99.74	1000.00	9.97	20贴债24（020357）	99.33	553.42	5.50
20贴债25（020358）	99.66	500.00	4.98	20贴债26（020359）	99.56	300.00	2.99
20贴债27（020360）	99.07	79.92	0.79	20贴债29（020362）	99.55	700.00	6.97
20贴债31（020364）	99.53	600.00	5.97	20贴债32（020365）	99.52	1000.00	9.95
20贴债33（020366）	99.18	521.14	5.16	20贴债34（020367）	99.53	350.00	3.48
20贴债36（020369）	99.48	800.49	7.96	20贴债37（020370）	99.49	140.00	1.39
20贴债38（020371）	98.85	490.37	4.85	20贴债39（020372）	99.48	1049.98	10.44
20贴债40（020373）	98.80	530.00	5.23	20贴债41（020374）	99.47	900.00	8.95
20贴债42（020375）	99.46	985.00	9.79	20贴债43（020376）	98.72	650.00	6.42
20贴债44（020377）	99.44	600.03	5.96	20贴债45（020378）	99.44	200.00	1.99
20贴债47（020380）	98.81	1500.22	14.81	20贴债48（020381）	99.41	2150.00	21.37
20贴债49（020382）	98.60	3053.98	30.13	20贴债50（020383）	99.36	1500.00	14.90
20贴债51（020384）	99.37	940.00	9.34	20贴债52（020385）	98.67	900.00	8.88
20贴债53（020386）	99.35	3110.00	30.89	20贴债54（020387）	98.64	823.02	8.12
20贴债56（020389）	99.28	1010.00	10.03	20贴债57（020390）	98.52	1010.00	9.95
20贴债58（020391）	99.28	1170.00	11.61	20贴债59（020392）	99.30	690.00	6.85
20贴债60（020393）	98.57	300.00	2.96	20贴债61（020394）	99.33	600.00	5.96
20贴债62（020395）	99.37	550.00	5.46	航信转债（110031）	106.08	2734.05	31.89
国贸转债（110033）	109.25	1902.55	21.49	九州转债（110034）	118.01	4675.94	54.84
济川转债（110038）	105.11	1460.83	16.84	蒙电转债（110041）	109.12	2333.76	26.66
航电转债（110042）	116.32	11026.93	147.05	无锡转债（110043）	116.72	6943.21	79.31
广电转债（110044）	249.18	57712.87	1431.04	海澜转债（110045）	97.22	2808.83	28.19
圆通转债（110046）	100.23	7335.22	92.93	山鹰转债（110047）	106.92	3927.02	45.21

债券成交
Bond Trading

债券
Bond

债券简称（代码）Bond Name（Code）	本年收盘（元）Close（Yuan）	成交数量（万张）Trading Vol（10000 Lots）	成交金额（亿元）Trading Value（100M Yuan）	债券简称（代码）Bond Name（Code）	本年收盘（元）Close（Yuan）	成交数量（万张）Trading Vol（10000 Lots）	成交金额（亿元）Trading Value（100M Yuan）
福能转债（110048）	112.45	4766.01	55.50	佳都转债（110050）	132.28	3834.40	50.38
中天转债（110051）	119.64	20677.10	256.38	贵广转债（110052）	101.68	4057.15	47.49
苏银转债（110053）	108.77	33358.02	375.62	通威转债（110054）	107.50	12545.09	177.83
伊力转债（110055）	171.76	28240.00	435.13	亨通转债（110056）	108.41	10025.60	128.80
现代转债（110057）	110.67	4903.86	57.02	永鼎转债（110058）	102.15	11348.30	133.40
浦发转债（110059）	101.91	67950.88	716.41	天路转债（110060）	110.85	8491.30	117.10
川投转债（110061）	119.37	2817.44	33.42	烽火转债（110062）	113.35	25053.70	345.61
鹰19转债（110063）	107.09	5981.48	69.79	建工转债（110064）	102.20	6142.35	67.58
淮矿转债（110065）	126.11	11158.58	129.87	盛屯转债（110066）	186.02	30129.97	445.28
华安转债（110067）	118.15	14268.30	167.83	龙净转债（110068）	103.10	4555.01	49.52
瀚蓝转债（110069）	133.77	3381.76	45.25	凌钢转债（110070）	100.81	2064.92	21.48
湖盐转债（110071）	104.95	1712.45	19.58	广汇转债（110072）	86.69	12690.41	129.24
国投转债（110073）	115.41	18057.08	211.94	精达转债（110074）	102.50	2022.21	22.30
南航转债（110075）	126.12	16363.37	192.35	华海转债（110076）	126.99	2385.72	28.98
洪城转债（110077）	112.40	2584.23	27.80	电气转债（113008）	107.33	14989.45	167.76
广汽转债（113009）	117.84	6662.42	75.65	光大转债（113011）	124.83	57895.63	703.13
骆驼转债（113012）	111.02	2396.68	26.71	国君转债（113013）	120.07	20188.38	247.32
林洋转债（113014）	110.47	6110.16	67.21	小康转债（113016）	110.75	49074.09	597.61
吉视转债（113017）	96.70	3873.46	40.26	玲珑转债（113019）	135.88	6304.32	83.29
桐昆转债（113020）	163.64	18877.87	266.97	中信转债（113021）	105.74	16656.15	180.94
浙商转债（113022）	118.46	62423.56	885.22	核建转债（113024）	101.72	4116.43	44.04
明泰转债（113025）	128.02	6405.00	76.65	核能转债（113026）	103.70	7189.50	75.09
华钰转债（113027）	115.41	23063.18	310.66	环境转债（113028）	114.22	4666.53	59.98
明阳转债（113029）	154.61	12651.31	170.28	东风转债（113030）	104.96	2184.45	25.74
博威转债（113031）	120.91	8240.18	107.87	桐20转债（113032）	140.86	9393.81	119.84
利群转债（113033）	106.42	5614.23	61.09	滨化转债（113034）	117.00	9450.13	108.22
福莱转债（113035）	304.42	31430.65	696.84	宁建转债（113036）	101.00	1053.31	12.03
紫银转债（113037）	108.65	12325.06	135.66	隆20转债（113038）	176.39	21087.49	323.74
嘉泽转债（113039）	103.19	4067.33	41.81	星宇转债（113040）	143.16	3239.94	45.60
紫金转债（113041）	154.64	9496.36	138.36	财通转债（113043）	118.04	5274.18	59.32
嘉澳转债（113502）	97.12	3617.41	41.20	泰晶转债（113503）	125.47	18283.93	465.45
艾华转债（113504）	138.90	3725.97	51.47	杭电转债（113505）	99.26	6533.62	74.54
新凤转债（113508）	113.80	2877.95	30.71	新泉转债（113509）	237.60	12808.68	239.63
再升转债（113510）	120.19	9513.63	177.33	千禾转债（113511）	202.82	5988.06	106.68
威帝转债（113514）	123.34	24122.45	360.25	高能转债（113515）	130.36	2941.79	38.46
苏农转债（113516）	108.16	2437.04	26.62	曙光转债（113517）	117.52	5742.65	75.43
顾家转债（113518）	177.68	4151.21	64.24	长久转债（113519）	98.13	1145.39	12.56
百合转债（113520）	215.03	23740.19	475.41	科森转债（113521）	168.63	14190.60	252.37
旭升转债（113522）	158.58	4047.33	70.58	伟明转债（113523）	155.78	246.99	3.42
奇精转债（113524）	99.85	1889.03	21.06	台华转债（113525）	101.99	2314.46	26.92
联泰转债（113526）	133.61	9929.17	162.18	维格转债（113527）	82.86	5857.63	57.93
长城转债（113528）	99.96	3344.02	35.83	大丰转债（113530）	99.28	1015.33	10.82
百姓转债（113531）	130.03	1326.32	17.79	海环转债（113532）	99.24	760.30	8.12
参林转债（113533）	142.29	281.39	4.04	鼎胜转债（113534）	110.51	4083.28	47.70
大业转债（113535）	96.29	6555.81	73.86	三星转债（113536）	117.03	4446.43	56.54
文灿转债（113537）	141.88	17059.78	246.46	安图转债（113538）	187.09	1035.23	17.92
圣达转债（113539）	161.51	1249.92	19.60	南威转债（113540）	122.53	2508.44	34.51
荣晟转债（113541）	111.25	1867.79	21.47	好客转债（113542）	113.31	2224.44	27.67
欧派转债（113543）	187.21	6207.09	91.82	桃李转债（113544）	119.48	4246.08	53.04
金能转债（113545）	154.16	7681.61	102.68	迪贝转债（113546）	101.96	8234.94	99.09

债券成交 债券

Bond Trading Bond

债券简称（代码） Bond Name（Code）	本年收盘（元） Close（Yuan）	成交数量（万张） Trading Vol（10000 Lots）	成交金额（亿元） Trading Value（100M Yuan）	债券简称（代码） Bond Name（Code）	本年收盘（元） Close（Yuan）	成交数量（万张） Trading Vol（10000 Lots）	成交金额（亿元） Trading Value（100M Yuan）
索发转债（113547）	140.66	5464.79	75.63	石英转债（113548）	162.96	11529.35	180.40
白电转债（113549）	105.92	5089.14	61.48	常汽转债（113550）	142.69	14532.04	221.90
福特转债（113551）	207.28	4751.61	69.67	克来转债（113552）	253.95	6675.59	128.73
金牌转债（113553）	128.46	5050.17	67.39	仙鹤转债（113554）	145.27	14892.68	249.64
振德转债（113555）	417.87	106218.94	3006.51	至纯转债（113556）	149.71	29873.01	478.26
森特转债（113557）	97.69	2613.07	28.78	日月转债（113558）	150.44	5513.47	73.31
永创转债（113559）	106.02	5175.44	60.71	XD 正裕转（113561）	115.86	3804.29	44.31
璞泰转债（113562）	132.14	10962.38	145.29	柳药转债（113563）	109.35	3258.89	39.70
天目转债（113564）	122.03	6777.52	88.67	宏辉转债（113565）	113.75	54495.31	735.44
翔港转债（113566）	102.44	7565.03	94.49	君禾转债（113567）	99.82	2339.46	26.80
新春转债（113568）	100.12	2280.11	25.36	科达转债（113569）	92.37	2954.96	32.32
百达转债（113570）	103.90	1528.04	17.27	博特转债（113571）	139.42	8089.58	116.32
三祥转债（113572）	114.84	4729.67	59.26	纵横转债（113573）	100.01	5398.27	58.42
华体转债（113574）	101.81	2258.85	25.36	东时转债（113575）	134.16	3935.84	50.79
起步转债（113576）	106.69	42786.00	620.35	春秋转债（113577）	114.87	7708.12	108.91
全筑转债（113578）	103.51	8400.58	117.40	健友转债（113579）	114.52	2861.75	38.91
康隆转债（113580）	214.23	12819.98	201.44	龙蟠转债（113581）	295.16	38455.88	780.03
火炬转债（113582）	293.88	8773.65	164.25	益丰转债（113583）	135.26	6948.89	93.01
家悦转债（113584）	103.45	2761.70	34.55	寿仙转债（113585）	123.60	3922.65	53.18
上机转债（113586）	414.87	19603.91	511.25	泛微转债（113587）	156.40	3090.10	47.05
润达转债（113588）	107.46	2191.10	28.65	天创转债（113589）	86.75	2497.20	24.98
海容转债（113590）	165.82	7850.84	118.58	胜达转债（113591）	99.96	2354.06	24.72
安 20 转债（113592）	164.62	5990.44	88.03	沪工转债（113593）	144.37	3614.32	45.13
淳中转债（113594）	108.12	1405.05	16.70	花王转债（113595）	94.28	4926.39	56.64
城地转债（113596）	89.68	2283.62	25.90	佳力转债（113597）	98.78	875.92	9.62
法兰转债（113598）	120.05	1797.99	23.77	嘉友转债（113599）	103.45	3115.85	36.00
新星转债（113600）	96.43	1671.24	17.69	塞力转债（113601）	104.56	1864.74	20.02
景 20 转债（113602）	116.50	2958.87	34.30	东缆转债（113603）	127.04	3302.37	39.13
多伦转债（113604）	110.76	1749.68	20.38	大参转债（113605）	121.15	3079.65	39.87
荣泰转债（113606）	109.01	1214.14	13.93	伟 20 转债（113607）	116.88	854.51	10.15
威派转债（113608）	103.00	657.84	7.29	永安转债（113609）	94.08	866.40	8.17
灵康转债（113610）	104.00	1048.65	11.11	福 20 转债（113611）	144.00	1850.36	26.31
02 三峡债（120201）	102.10	3326.72	34.53	03 三峡债（120303）	104.59	206.26	2.21
05 大唐债（120506）	100.87	50.02	0.50	05 铁道债（120508）	100.01	209.82	2.11
05 武城投（120527）	100.07	2.00	0.02	06 大唐债（120601）	100.50	302.06	3.18
06 冀建投（120602）	100.30	8.03	0.08	06 航天债（120603）	101.15	640.02	6.51
06 三峡债（120605）	101.60	380.50	3.94	06 沪水务（120607）	100.50	0.70	0.01
06 鲁高速（120608）	100.00	41.63	0.42	07 世博(2)（120702）	99.01	12.22	0.13
10 中铁 G2（122046）	99.70	41.30	0.41	10 石化 02（122052）	100.00	601.33	6.03
10 中铁 G3（122054）	100.17	226.84	2.29	10 中铁 G4（122055）	102.00	90.24	0.95
11 西矿 02（122062）	99.68	452.19	4.52	11 大唐 01（122066）	100.87	323.65	3.30
11 海航 02（122071）	51.48	1128.15	10.09	11 大连港（122072）	100.63	120.85	1.24
12 亿利 01（122143）	99.96	172.86	1.65	12 石化 02（122150）	102.18	359.67	3.71
12 西钢债（122158）	100.00	23.98	0.24	12 亿利 02（122159）	99.96	115.98	1.11
12 兖煤 02（122168）	101.10	201.47	2.06	12 科环 03（122179）	105.70	1592.00	16.49
12 中水 02（122194）	105.17	1.50	0.02	12 海螺 02（122203）	102.90	217.60	2.29
12 中油 02（122210）	102.30	322.50	3.36	12 中油 03（122211）	109.80	60.00	0.64
12 国航 01（122218）	103.39	2202.20	23.25	12 重工 02（122221）	100.02	1.13	0.01
13 中油 02（122240）	91.69	150.00	1.55	12 东航 01（122241）	102.72	0.03	0.00
12 广汽 02（122243）	102.50	239.98	2.53	12 大唐 01（122244）	103.50	856.25	9.07

债券成交
Bond Trading

债券
Bond

债券简称（代码）Bond Name（Code）	本年收盘（元）Close（Yuan）	成交数量（万张）Trading Vol（10000 Lots）	成交金额（亿元）Trading Value（100M Yuan）	债券简称（代码）Bond Name（Code）	本年收盘（元）Close（Yuan）	成交数量（万张）Trading Vol（10000 Lots）	成交金额（亿元）Trading Value（100M Yuan）
13 甬热电（122245）	100. 50	0. 18	0. 00	13 福新 02（122248）	104. 00	227. 01	2. 37
13 平煤债（122249）	73. 17	2940. 69	28. 61	13 和邦 01（122250）	99. 80	10. 33	0. 10
13 南车 02（122252）	105. 73	30. 00	0. 32	13 赣粤 01（122255）	103. 26	0. 03	0. 00
13 云煤业（122258）	99. 90	9. 40	0. 09	13 中信 02（122260）	103. 60	419. 99	4. 40
13 海通 03（122282）	116. 00	74. 20	0. 81	13 鲁金 02（122284）	100. 10	146. 03	1. 47
13 兴业 02（122293）	100. 71	407. 20	4. 19	13 天房债（122302）	98. 99	0. 31	0. 00
14 赣粤 01（122316）	101. 50	514. 78	5. 25	14 赣粤 02（122317）	107. 59	310. 10	3. 35
14 银河 G2（122322）	100. 13	9. 16	0. 09	12 开滦 02（122328）	100. 00	592. 40	6. 02
14 营口港（122331）	101. 90	254. 02	2. 58	14 亿利 01（122332）	100. 00	6. 13	0. 06
12 大唐 02（122334）	104. 00	432. 30	4. 51	14 爱众 01（122335）	102. 30	365. 73	3. 75
13 金桥债（122338）	102. 70	932. 87	9. 63	14 连云港（122341）	100. 14	2. 50	0. 03
14 中炬 02（122349）	100. 00	0. 30	0. 00	14 北辰 02（122351）	101. 20	583. 39	5. 97
12 广汽 03（122352）	100. 25	1. 00	0. 01	14 齐鲁债（122355）	100. 00	0. 52	0. 01
15 际华 03（122358）	100. 75	2526. 90	25. 52	14 福田债（122361）	100. 05	67. 46	0. 68
14 上实 01（122362）	100. 02	26. 82	0. 27	14 渝路 01（122364）	98. 00	0. 00	0. 00
14 昊华 01（122365）	100. 00	856. 12	8. 75	14 财富债（122367）	101. 50	134. 00	1. 34
14 渝路 02（122368）	99. 60	4. 19	0. 04	14 华远债（122370）	100. 40	173. 00	1. 73
14 亨通 01（122371）	99. 98	90. 64	0. 91	14 财通债（122372）	100. 00	33. 04	0. 33
15 舟港债（122373）	100. 50	25. 00	0. 25	14 招商债（122374）	104. 30	2849. 69	30. 70
15 首置 01（122376）	100. 08	655. 23	6. 57	14 首开债（122377）	100. 03	644. 83	6. 47
13 楚天 02（122378）	100. 07	132. 51	1. 33	14 瀚华 01（122380）	99. 99	631. 98	6. 16
14 安源债（122381）	100. 00	200. 00	2. 00	15 恒大 01（122383）	99. 90	372. 93	3. 75
15 中信 01（122384）	100. 08	956. 92	9. 61	15 中信 02（122385）	104. 50	1004. 52	10. 73
15 城乡 01（122387）	100. 05	20. 00	0. 20	15 龙湖 01（122390）	100. 00	654. 30	6. 57
15 云能投（122391）	100. 75	5. 00	0. 05	15 恒大 03（122393）	84. 99	12801. 88	123. 33
15 富力债（122395）	99. 50	36. 71	0. 37	15 时代债（122396）	100. 06	851. 87	8. 57
15 宜华 01（122397）	35. 90	254. 37	0. 88	15 远洋 03（122401）	107. 00	1016. 15	10. 71
15 城建 01（122402）	101. 00	9938. 83	101. 01	14 西南 02（122404）	100. 98	1129. 46	11. 39
15 宜华 02（122405）	35. 00	177. 51	0. 65	15 新湖债（122406）	99. 98	804. 03	7. 98
15 广证债（122407）	101. 81	277. 00	2. 80	15 龙湖 02（122409）	100. 90	36. 00	0. 36
15 龙湖 03（122410）	99. 25	1630. 52	16. 30	14 招金债（122411）	100. 06	206. 30	2. 07
15 好民居（122416）	100. 21	492. 00	4. 95	15 东旭集（122417）	99. 99	32. 79	0. 03
15 华业债（122424）	80. 00	4. 30	0. 04	15 际华 01（122425）	100. 03	571. 22	5. 74
15 际华 02（122426）	102. 80	379. 20	3. 84	15 海正 01（122427）	99. 99	123. 50	1. 24
15 信投 01（122428）	100. 10	563. 40	5. 66	15 闽高速（122431）	100. 08	1054. 21	10. 61
15 融创 01（122432）	100. 02	1007. 67	10. 17	15 融创 02（122433）	100. 00	986. 70	9. 90
15 远洋 02（122436）	101. 00	2262. 00	22. 85	15 远洋 01（122437）	100. 18	895. 78	9. 02
15 红豆债（122439）	99. 98	657. 36	6. 17	15 龙光 01（122440）	100. 03	1913. 75	19. 35
15 赣长运（122441）	99. 69	79. 00	0. 80	15 桂金债（122443）	99. 88	1800. 42	17. 82
15 冠城债（122444）	100. 19	507. 95	5. 11	15 融创 03（122445）	100. 10	108. 89	1. 10
15 万达 01（122446）	100. 04	2608. 62	26. 33	15 绿城 01（122449）	100. 18	655. 74	6. 60
15 齐鲁债（122450）	100. 90	1686. 28	16. 96	15 九鼎债（122451）	99. 99	261. 59	2. 57
15 杭实 01（122452）	100. 15	506. 00	5. 10	15 绿城 02（122455）	100. 24	612. 46	6. 16
15 绿城 03（122456）	100. 25	1339. 77	13. 46	15 新金债（122457）	100. 05	997. 98	9. 98
15 杭实 02（122461）	101. 00	662. 50	6. 69	15 花样年（122463）	99. 95	757. 53	7. 52
15 世茂 01（122464）	100. 25	3488. 55	35. 35	15 广越 02（122466）	100. 07	374. 57	3. 76
15 万达 02（122467）	100. 10	3850. 95	38. 93	15 五矿 01（122468）	100. 12	619. 07	6. 22
15 五矿 02（122469）	101. 30	67. 77	0. 70	15 泛海 03（122470）	62. 00	3. 87	0. 03
15 联发 02（122473）	100. 60	410. 00	4. 12	15 格房产（122474）	100. 60	13. 00	0. 13
15 亿达 01（122475）	90. 00	0. 20	0. 00	PR 天瑞债（122476）	49. 80	213. 89	1. 05

债券成交 Bond Trading

债券 Bond

债券简称（代码）Bond Name（Code）	本年收盘（元）Close（Yuan）	成交数量（万张）Trading Vol（10000 Lots）	成交金额（亿元）Trading Value（100M Yuan）	债券简称（代码）Bond Name（Code）	本年收盘（元）Close（Yuan）	成交数量（万张）Trading Vol（10000 Lots）	成交金额（亿元）Trading Value（100M Yuan）
14 粤运 01（122478）	100.88	193.00	1.96	15 南铝 01（122479）	100.00	82.76	0.82
15 南铝 02（122480）	95.00	31.10	0.31	15 铁建 01（122481）	100.04	2691.57	27.11
15 龙源 01（122484）	100.03	2040.31	20.56	15 厦住宅（122485）	101.42	1036.00	10.45
15 旭辉 01（122486）	100.30	207.56	2.10	15 金地 01（122488）	100.85	3384.21	34.26
15 三福 01（122490）	99.90	1.00	0.01	15 藏城投（122491）	100.50	695.74	7.07
14 国电 03（122493）	100.01	1933.45	19.43	15 华夏 05（122494）	98.10	7430.67	72.94
15 世茂 02（122496）	98.80	1412.32	14.18	15 远洋 04（122497）	101.70	2380.29	24.41
15 远洋 05（122498）	107.00	1212.00	12.57	PR 吴交投（122506）	25.53	95.46	0.24
PR 椒江债（122564）	26.00	295.44	0.75	PR 鹤城债（122590）	30.93	102.51	0.47
PR 荆门债（122598）	30.00	51.23	0.24	PR 黔铁债（122616）	40.10	92.79	0.47
12 统众债（122618）	109.50	129.70	1.30	PR 晋国电（122631）	62.60	520.00	3.66
12 石油 06（122659）	101.39	1781.44	18.28	12 石油 07（122660）	102.77	2264.90	23.32
12 国网 01（122666）	101.90	1290.51	13.35	12 国网 02（122667）	108.50	813.08	9.03
PR 河套债（122679）	27.00	418.15	1.14	12 三胞债（122690）	79.93	78.82	0.24
12 石油 05（122723）	101.90	7201.47	74.20	PR 攀国 02（122724）	40.00	80.46	0.36
11 京资 02（122734）	101.88	1220.00	12.57	12 石油 04（122737）	105.50	439.72	4.81
12 鲁高速（122742）	102.60	581.52	6.04	12 晋煤运（122747）	98.00	0.00	0.00
12 石油 02（122749）	101.70	2077.21	21.23	11 泛海 02（122765）	64.00	365.12	2.18
11 国网 01（122770）	101.80	1826.99	18.94	11 国网 02（122771）	107.92	20.07	0.22
PR 滨投 02（122774）	24.36	450.00	1.26	11 冀投 01（122796）	100.90	344.50	3.54
PR 滁建投（122803）	30.58	148.21	0.89	11 宁交通（122813）	103.00	35.25	0.36
11 兴泸债（122835）	100.70	264.94	2.73	11 横店债（122845）	100.22	386.74	3.93
11 甬交投（122847）	100.00	166.89	1.69	10 杭交投（122866）	100.00	773.88	7.82
PR 石城建（122867）	40.24	159.82	0.65	PR 凯迪债（122890）	29.01	82.24	0.31
10 鄂国资（122912）	100.20	22.20	0.22	10 镇城投（122941）	100.50	370.52	3.76
14 京投 02（123017）	100.33	190.00	1.91	PR 江沿债（123020）	25.11	100.00	0.25
PR 穗热电（123024）	61.38	90.00	0.66	14 首创 02（123027）	90.00	75.00	0.75
PR 温城 01（123031）	59.91	120.00	0.72	16 穗铁 01（123032）	90.00	110.00	1.03
H16 神雾（123034）	34.30	100.00	0.34	16 宁水 01（123046）	100.28	510.00	5.16
18 昌控 01（123048）	103.42	420.00	4.34	15 中金 Y1（123064）	100.30	360.00	3.61
15 齐鲁 Y1（123073）	100.33	155.00	1.56	15 国君 Y2（123213）	100.18	132.00	1.32
15 中信投（123238）	100.39	300.00	3.01	15 瑞热 06（123598）	100.60	30.00	0.30
吉水务 06（123615）	100.00	70.00	0.70	吉水务 07（123616）	100.00	49.00	0.49
丰源 A10（123807）	99.50	18.00	0.18	世茂天 05（123872）	101.25	20.00	0.20
海航 203（123909）	100.00	9.52	0.10	首航 04（123924）	100.94	159.00	1.61
15 濮热 06（123938）	102.19	60.00	0.61	15 庆热 06（123987）	101.70	390.00	3.95
12 豫铁投（124031）	104.00	522.00	5.59	12 联想债（124044）	99.98	1172.97	11.94
12 营口港（124053）	100.65	537.64	5.41	PR 启国投（124056）	31.00	47.12	0.19
PR 汕城开（124057）	30.97	14.61	0.05	12 国网 04（124064）	103.00	855.72	8.95
PR 津开 02（124066）	31.30	144.00	0.55	PR 青国信（124082）	31.20	414.37	1.78
12 甬交投（124094）	105.04	150.00	1.61	PR 南城投（124123）	20.05	2.00	0.00
PR 柳城投（124126）	30.30	375.97	1.74	13 浙吉利（124141）	99.95	2.00	0.02
PR 蓉城投（124144）	20.07	0.00	0.00	PR 蓉兴城（124145）	20.06	3.83	0.01
PR 镇水利（124149）	20.00	3.52	0.01	13 宁禄口（124152）	101.12	30.00	0.31
13 国网 01（124153）	100.20	40.00	0.40	13 瑞水泥（124161）	99.01	2242.82	21.56
PR 洪市政（124165）	20.03	1.37	0.00	PR 江滨投（124166）	20.01	0.19	0.00
PR 常城投（124172）	20.03	0.06	0.00	PR 吉城债（124174）	20.00	5.00	0.01
PR 武地铁（124176）	20.02	192.02	0.38	13 广越秀（124179）	100.88	140.00	1.40
PR 津广成（124183）	41.00	271.72	1.50	13 京投债（124184）	103.65	600.00	6.28
PR 海宁债（124185）	20.00	2.03	0.00	PR 泰矿债（124187）	20.00	35.51	0.07

债券成交
Bond Trading

债券简称（代码） Bond Name（Code）	本年收盘（元） Close（Yuan）	成交数量（万张） Trading Vol（10000 Lots）	成交金额（亿元） Trading Value（100M Yuan）	债券简称（代码） Bond Name（Code）	本年收盘（元） Close（Yuan）	成交数量（万张） Trading Vol（10000 Lots）	成交金额（亿元） Trading Value（100M Yuan）
PR 奉南城（124190）	20.05	0.59	0.00	PR 津城投（124204）	43.88	224.42	1.06
PR 余创债（124205）	20.32	118.00	0.24	13 祥源债（124206）	99.90	27.06	0.27
13 西投债（124208）	105.70	20.00	0.21	PR 甘投债（124211）	40.00	5.00	0.02
PR 微山矿（124223）	39.99	241.25	0.96	PR 宁国 01（124227）	20.00	1.19	0.00
PR 宁国 02（124228）	46.10	776.52	4.13	PR 晋公投（124229）	20.05	0.01	0.00
PR 苏海发（124232）	44.20	437.80	2.04	PR 鹏铁 01（124234）	46.00	294.29	1.58
PR 鄞城投（124239）	20.10	0.00	0.00	PR 杭运河（124245）	20.02	0.08	0.00
PR 溧城发（124246）	20.10	2.50	0.01	13 绍交投（124247）	100.04	0.02	0.00
PR 宿建投（124250）	24.80	100.00	0.20	13 鲁信投（124251）	100.25	45.00	0.45
13 邯交通（124252）	102.00	183.93	1.90	PR 新乡投（124253）	20.07	1.36	0.00
PR 浙新昌（124255）	22.90	30.00	0.06	13 潞矿 01（124258）	100.02	220.00	2.26
13 潞矿 02（124259）	100.00	200.00	2.04	PR 遂发展（124260）	20.20	10.00	0.02
PR 临国资（124263）	20.00	10.01	0.02	PR 晋城投（124264）	20.04	20.07	0.04
PR 红河路（124265）	20.00	7.82	0.02	PR 金坛投（124267）	20.08	3.00	0.01
PR 渝万盛（124270）	20.00	0.74	0.00	PR 金外滩（124271）	18.50	167.00	0.34
13 翔宇债（124273）	99.95	4.71	0.05	13 大丰港（124277）	100.00	52.46	0.52
PR 石地产（124281）	20.03	478.33	0.96	13 武新港（124283）	100.55	10.72	0.11
13 琼洋浦（124284）	100.00	0.06	0.00	13 同煤债（124285）	102.10	3513.00	35.49
13 海航债（124286）	70.00	30.45	0.22	PR 长轨交（124290）	48.35	90.00	0.57
PR 溧城建（124292）	20.13	6.00	0.01	PR 苏华靖（124294）	20.12	20.00	0.04
PR 桐乡投（124297）	20.01	0.15	0.00	PR 临汾投（124298）	20.03	16.00	0.03
PR 西经开（124299）	20.00	4.96	0.01	PR 日照债（124301）	20.15	90.00	0.18
12 桂交投（124302）	100.38	140.00	1.47	PR 咸荣盛（124303）	20.24	140.00	0.28
PR 合川投（124304）	20.32	30.00	0.06	PR 眉宏大（124308）	20.00	6.29	0.01
PR 洪水利（124310）	20.05	165.74	0.33	PR 弘湘资（124311）	20.00	180.00	0.36
PR 景国资（124312）	20.06	0.10	0.00	PR 苏家屯（124313）	20.00	1.41	0.00
13 瓯交投（124315）	100.70	24.89	0.25	PR 新天治（124323）	20.00	50.57	0.10
PR 郑建投（124326）	20.00	41.10	0.08	13 中电投（124327）	110.46	220.00	2.33
PR 湘振湘（124332）	20.00	46.61	0.09	PR 铜城建（124333）	20.66	10.00	0.02
PR 博国资（124334）	19.90	0.06	0.00	PR 海国资（124335）	20.00	154.21	0.31
PR 渝地债（124336）	20.00	563.55	1.14	PR 铜建设（124337）	20.25	162.00	0.33
PR 闽经开（124338）	20.08	350.14	0.70	PR 渝城投（124339）	20.25	220.00	0.44
PR 张保债（124340）	26.04	70.00	0.14	PR 阳江债（124343）	20.15	0.01	0.00
PR 京煤债（124345）	20.27	92.62	0.19	13 晋煤运（124350）	100.06	662.52	6.60
PR 平凉债（124352）	20.00	12.26	0.02	PR 珠汇华（124356）	21.15	144.50	0.29
PR 成阿债（124360）	20.06	239.69	0.48	PR 钦滨海（124362）	20.00	0.06	0.00
PR 临尧都（124364）	20.10	1.00	0.00	PR 锡城发（124367）	20.30	321.06	0.65
PR 虞新区（124370）	20.55	160.00	0.33	PR 北辰发（124371）	27.15	325.00	0.73
PR 平天湖（124373）	19.90	0.39	0.00	PR 渝物流（124376）	20.29	0.90	0.00
PR 渝碚城（124377）	20.30	45.00	0.09	PR 湘九华（124378）	19.98	700.68	1.39
PR 曹妃甸（124380）	20.10	857.19	1.73	PR 新沂债（124386）	20.00	466.48	0.95
PR 湛基投（124387）	20.10	89.50	0.18	PR 任城债（124388）	23.40	350.00	0.71
PR 资水务（124389）	20.00	170.56	0.35	PR 葫岛 01（124390）	20.04	60.00	0.12
PR 葫岛 02（124391）	45.20	1.58	0.01	PR 荆门投（124392）	18.57	80.00	0.16
PR 永城投（124394）	22.15	0.04	0.00	PR 姜发展（124396）	20.60	100.00	0.20
PR 郫国投（124397）	20.01	80.00	0.16	PR 株城发（124398）	20.03	110.78	0.23
PR 渝双福（124400）	20.00	21.29	0.04	13 冀广网（124401）	102.15	3.00	0.03
PR 丹投 01（124402）	20.16	604.99	1.22	PR 怀化工（124404）	20.10	1.33	0.00
PR 宝工债（124405）	20.04	152.02	0.31	PR 荆经开（124406）	20.10	0.80	0.00
PR 泰州债（124407）	47.55	166.84	1.03	PR 宛城投（124408）	20.17	163.13	0.33

债券成交
Bond Trading

债券
Bond

债券简称（代码）Bond Name（Code）	本年收盘（元）Close（Yuan）	成交数量（万张）Trading Vol（10000 Lots）	成交金额（亿元）Trading Value（100M Yuan）	债券简称（代码）Bond Name（Code）	本年收盘（元）Close（Yuan）	成交数量（万张）Trading Vol（10000 Lots）	成交金额（亿元）Trading Value（100M Yuan）
PR宿城投（124409）	20.26	291.45	0.59	13国网03（124410）	100.01	866.99	8.80
13国网04（124411）	116.64	100.00	1.17	PR金利源（124412）	20.00	260.69	0.53
13鄂投01（124415）	107.41	260.00	2.75	13鄂投02（124416）	123.97	160.00	1.84
PR江高新（124417）	20.55	152.42	0.31	PR盐国资（124420）	20.20	539.62	1.09
PR海新区（124421）	21.42	380.00	0.78	PR宜环科（124423）	20.40	113.00	0.23
PR澄港城（124426）	21.00	30.00	0.06	PR襄建投（124432）	26.60	60.00	0.12
PR冶城投（124438）	20.15	196.63	0.40	PR武威01（124442）	20.40	80.00	0.16
PR泰成兴（124445）	19.85	47.85	0.10	PR大理01（124448）	20.60	62.00	0.13
PR常滨湖（124449）	20.15	482.98	0.99	PR府谷债（124452）	20.00	202.52	0.41
PR越都债（124455）	24.50	168.00	0.34	13闽投债（124456）	100.56	1614.98	16.35
PR镇投01（124458）	28.50	156.00	0.32	PR忻州01（124460）	20.08	0.08	0.00
PR清远债（124461）	20.00	2.03	0.00	PR海财01（124462）	20.00	6.94	0.01
PR津住宅（124463）	19.99	380.44	0.75	PR天易01（124464）	22.72	145.00	0.30
PR黄冈01（124465）	20.13	721.09	1.47	PR锦州01（124467）	20.00	142.52	0.29
PR丰城01（124468）	20.60	100.38	0.21	PR格尔木（124469）	20.00	0.09	0.00
PR宁海01（124471）	25.00	20.00	0.04	PR海西州（124472）	20.30	311.98	0.63
PR东台01（124480）	20.50	4.69	0.01	PR镇投02（124481）	28.49	216.80	0.46
14苏沿海（124485）	103.28	71.40	0.72	PR邵城债（124487）	20.17	155.58	0.32
PR吴兴南（124488）	20.00	116.80	0.24	PR首开01（124490）	20.00	400.00	0.83
PR皋开债（124491）	29.00	362.97	0.74	PR江夏投（124492）	27.92	140.00	0.29
PR伊宁债（124493）	19.92	316.84	0.65	PR丰城02（124496）	20.97	256.00	0.53
14金资01（124498）	105.30	190.00	1.93	PR鹏铁02（124500）	62.90	494.14	3.18
PR皋沿江（124501）	20.05	447.99	0.96	PR嘉市镇（124505）	20.12	7.61	0.02
PR湘潭新（124509）	28.99	33.40	0.07	PR忻州02（124518）	21.07	380.00	0.78
PR淮新01（124519）	20.00	40.00	0.08	PR14太资（124520）	20.20	360.68	0.73
PR连普湾（124522）	19.75	579.99	1.32	PR毕开源（124525）	30.00	80.00	0.16
14甘公01（124532）	100.95	40.00	0.40	PR渝中债（124534）	20.18	126.09	0.26
PR眉山资（124535）	20.00	23.56	0.05	PR莱开投（124536）	20.60	714.00	1.45
PR伊财通（124537）	20.20	363.00	1.04	PR汉车都（124540）	20.96	340.00	0.73
PR临港控（124543）	20.03	371.27	0.75	14裕峰债（124548）	103.60	174.60	1.80
PR新滨江（124549）	21.00	50.00	0.20	PR桃城投（124550）	20.00	5.00	0.01
PR长兴经（124551）	30.00	52.00	0.11	PR如金鑫（124552）	24.03	76.00	0.16
PR余城集（124555）	20.14	193.65	0.40	PR余经开（124556）	20.75	68.50	0.15
PR天易02（124557）	20.30	203.70	0.62	14宏桥01（124558）	99.13	242.08	2.38
PR冶城投（124559）	23.53	60.00	0.12	PR苏汾湖（124561）	20.00	188.41	0.51
PR吉铁投（124563）	19.75	1173.72	2.34	PR潭两型（124566）	20.00	5.11	0.01
PR扬开发（124567）	40.00	129.00	0.52	14株国投（124568）	101.00	9.47	0.10
PR嘉经投（124569）	21.13	10.00	0.04	PR首开02（124570）	20.12	43.06	0.09
PR遂川中（124572）	20.00	155.97	0.33	PR攀国01（124574）	20.32	10.00	0.02
PR汕投资（124575）	63.50	50.75	0.33	PR甬广聚（124577）	26.30	190.00	0.47
PR青莱西（124578）	28.79	20.00	0.04	PR淮开发（124580）	27.84	340.00	0.69
PR黄冈02（124581）	20.12	221.64	0.62	PR津房信（124583）	19.50	110.69	0.17
14南网债（124585）	107.00	1190.50	12.96	PR武清02（124590）	20.00	120.00	0.25
PR长土开（124591）	20.00	100.00	0.20	PR并国投（124592）	26.50	282.00	0.72
PR相城投（124593）	22.60	370.00	0.86	14海资01（124597）	102.78	149.60	1.50
PR济城投（124598）	20.26	403.17	1.03	PR温高01（124605）	19.70	55.78	0.14
PR菏泽债（124606）	20.95	234.00	0.54	PR津环城（124607）	20.35	1090.00	2.37
PR句容福（124608）	40.25	207.94	1.24	PR常德投（124609）	20.30	1156.50	2.54
14桂农垦（124614）	102.20	34.00	0.35	PR昆高新（124615）	20.16	384.05	0.90
14鄂交01（124616）	108.00	749.98	8.29	14鄂交02（124617）	114.50	753.00	8.41

债券成交
Bond Trading

债券
Bond

债券简称（代码）Bond Name（Code）	本年收盘（元）Close（Yuan）	成交数量（万张）Trading Vol（10000 Lots）	成交金额（亿元）Trading Value（100M Yuan）	债券简称（代码）Bond Name（Code）	本年收盘（元）Close（Yuan）	成交数量（万张）Trading Vol（10000 Lots）	成交金额（亿元）Trading Value（100M Yuan）
PR14 渝黔（124620）	20. 00	28. 50	0. 09	PR 宣国资（124621）	26. 00	105. 00	0. 22
PR 盛经 01（124624）	23. 90	60. 00	0. 12	PR 渝豪 02（124626）	20. 00	60. 00	0. 12
PR 启东 01（124628）	20. 46	3. 80	0. 01	PR 苏金灌（124629）	20. 80	160. 70	0. 54
PR 防城港（124636）	20. 50	15. 56	0. 03	PR 信阳债（124638）	26. 30	366. 00	1. 03
PR14 沭阳（124639）	20. 00	200. 00	0. 41	PR 江宁开（124641）	64. 10	69. 78	0. 45
14 冀高开（124643）	102. 30	50. 18	0. 51	PR 娄底债（124647）	30. 31	50. 00	0. 10
PR 海财 02（124650）	20. 00	10. 70	0. 03	PR 遂河投（124653）	27. 82	7. 00	0. 01
PR 宁海 02（124655）	20. 70	2. 97	0. 01	PR 张经投（124657）	28. 99	309. 62	0. 65
PR14 桂城（124658）	23. 00	400. 00	0. 81	PR 平经开（124659）	20. 66	72. 49	0. 15
PR 桐庐投（124660）	20. 98	320. 00	0. 95	PR 赣四通（124661）	20. 37	9. 29	0. 02
14 京投债（124662）	100. 08	9. 62	0. 10	PR 余交通（124665）	21. 85	100. 00	0. 20
14 苏元禾（124667）	101. 53	770. 00	7. 88	14 滇公路（124668）	100. 30	208. 34	2. 09
PR 徐开发（124672）	20. 30	204. 21	0. 43	PR 崇川债（124675）	25. 40	360. 00	0. 74
PR 衢国资（124676）	23. 42	160. 00	0. 32	PR 乌城建（124677）	5. 42	282. 87	0. 15
PR 宁开控（124678）	29. 00	20. 00	0. 04	PR 宜经开（124679）	30. 19	455. 00	1. 13
PR 徐高新（124681）	31. 50	60. 00	0. 12	PR 新城基（124684）	20. 20	10. 69	0. 03
PR 昌平债（124686）	20. 37	286. 43	0. 59	PR 南化债（124687）	31. 20	162. 85	0. 64
PR 潜城投（124688）	20. 35	7. 98	0. 02	PR 雨城投（124689）	24. 00	570. 00	1. 17
PR 嘉公路（124692）	20. 75	232. 20	0. 54	PR 东台 02（124696）	28. 48	60. 00	0. 12
PR 马城投（124697）	20. 90	121. 19	0. 25	PR 汇通债（124699）	25. 00	0. 01	0. 00
PR 内江投（124700）	28. 53	100. 00	0. 37	PR 临开债（124701）	24. 00	150. 00	0. 31
PR 衡水投（124702）	21. 10	80. 00	0. 16	PR 蓉隆博（124703）	20. 45	9. 38	0. 02
PR 武威 02（124704）	20. 10	0. 90	0. 00	PR 巴国资（124706）	20. 35	150. 29	0. 31
PR 渝江 01（124707）	20. 45	353. 34	0. 98	PR 兴展债（124710）	20. 20	189. 99	0. 46
PR 黔铁投（124713）	60. 60	366. 29	2. 51	14 鲁国集（124714）	100. 04	32. 98	0. 33
PR 宁国债（124716）	20. 00	60. 15	0. 13	PR 姜鑫源（124717）	25. 10	0. 08	0. 00
PR 启东 02（124723）	20. 20	3. 61	0. 01	PR 富山居（124724）	29. 00	250. 40	0. 51
PR 曲开投（124725）	22. 55	300. 00	0. 62	PR 德高新（124726）	28. 26	121. 30	0. 43
PR 长交 01（124730）	30. 30	50. 00	0. 21	PR 渝高开（124732）	30. 80	20. 00	0. 04
PR 随州 02（124734）	20. 71	31. 07	0. 09	PR 合建投（124735）	63. 30	447. 05	2. 97
PR 柳龙投（124736）	61. 79	99. 49	0. 65	PR 虞交公（124737）	27. 00	190. 00	0. 43
PR 青经开（124740）	21. 37	100. 00	0. 20	PR 银城投（124743）	20. 00	203. 67	0. 42
PR 萧经开（124744）	20. 85	192. 17	0. 79	PR 贺城投（124746）	21. 00	122. 55	0. 26
PR 铜示范（124748）	27. 18	40. 00	0. 14	PR 宜春投（124750）	23. 47	500. 00	1. 01
PR 徐高铁（124751）	20. 20	640. 20	1. 43	14 海控 01（124753）	103. 80	415. 85	4. 29
PR 余城投（124760）	20. 40	124. 05	0. 26	14 深业团（124761）	100. 50	1889. 54	19. 12
PR 萍昌盛（124762）	29. 34	20. 00	0. 08	PR 昆交发（124763）	25. 45	340. 00	0. 74
PR 蔡家湖（124764）	41. 00	129. 20	0. 53	PR 景洪投（124766）	20. 00	0. 27	0. 00
PR 云城投（124768）	18. 00	244. 45	0. 66	PR 亳建投（124771）	26. 50	799. 70	1. 83
PR 当阳债（124772）	20. 00	100. 00	0. 29	PR 温高 02（124773）	19. 99	8. 47	0. 03
PR 新余东（124775）	27. 00	34. 39	0. 07	PR 绿地债（124776）	25. 06	314. 32	0. 79
PR 渝江 02（124781）	20. 37	1152. 77	4. 56	PR 绍袍江（124783）	23. 90	40. 00	0. 08
PR 青宏源（124785）	27. 50	10. 00	0. 04	PR 苏海集（124786）	25. 00	90. 00	0. 35
PR 陶都债（124790）	23. 50	315. 00	0. 79	PR 孝城投（124791）	20. 40	87. 22	0. 31
PR 襄高投（124796）	23. 38	190. 00	0. 51	14 十二师（124797）	101. 00	106. 12	1. 09
PR 金城债（124800）	20. 20	133. 91	0. 34	PR 恩城投（124801）	27. 54	60. 00	0. 21
PR 津宁投（124803）	27. 50	150. 00	0. 61	PR 津南债（124804）	20. 00	883. 66	2. 93
PR 穗铁 02（124805）	62. 70	236. 06	1. 50	PR 金国发（124807）	20. 00	110. 00	0. 35
PR 长交 02（124812）	20. 20	18. 21	0. 04	PR 井开债（124813）	20. 87	90. 00	0. 37
14 郑投控（124814）	102. 54	180. 00	1. 83	14 天瑞 02（124815）	86. 00	446. 26	4. 26

债券成交
Bond Trading

债券
Bond

债券简称（代码）Bond Name（Code）	本年收盘（元）Close（Yuan）	成交数量（万张）Trading Vol（10000 Lots）	成交金额（亿元）Trading Value（100M Yuan）	债券简称（代码）Bond Name（Code）	本年收盘（元）Close（Yuan）	成交数量（万张）Trading Vol（10000 Lots）	成交金额（亿元）Trading Value（100M Yuan）
14北国资（124817）	107.20	203.56	2.21	PR德源债（124818）	22.25	560.00	1.48
PR济高债（124820）	20.26	77.35	0.16	PR百色投（124821）	20.00	91.58	0.28
14金桥棚（124824）	101.70	0.50	0.01	PR普国资（124827）	41.90	480.00	2.43
PR孝高01（124829）	32.72	20.00	0.08	PR崇建设（124831）	25.50	200.00	0.50
PR睢宁润（124832）	20.25	21.50	0.04	PR如东泰（124833）	25.90	541.00	1.73
PR渝南债（124835）	20.76	192.94	0.40	PR漳九龙（124840）	20.30	119.95	0.26
PR神木债（124842）	20.60	269.46	0.90	PR晋开发（124845）	20.65	2.90	0.01
PR瘦西湖（124846）	20.00	400.00	0.86	PR合川投（124850）	21.00	260.00	0.53
PR淮城投（124855）	20.26	40.70	0.08	PR兴城建（124864）	25.00	60.00	0.15
PR南二建（124866）	19.99	481.92	1.36	PR渝长寿（124869）	20.17	160.00	0.61
PR嵊投控（124870）	20.59	286.05	0.95	PR杭拱墅（124872）	20.40	40.00	0.12
PR盛经02（124873）	25.00	330.00	1.30	PR苏高新（124878）	20.45	146.83	0.52
PR淮新02（124879）	27.50	80.00	0.29	PR曲经开（124880）	20.51	370.00	1.25
PR江北嘴（124882）	20.41	0.25	0.00	PR西微债（124883）	22.33	690.00	2.52
PR双水02（124884）	25.00	1.10	0.00	PR临城建（124885）	28.50	92.00	0.19
PR长农建（124886）	19.50	180.38	0.73	PR城南投（124887）	20.40	292.06	1.06
PR定国资（124889）	20.18	207.00	0.80	14甘电投（124890）	111.60	32.00	0.35
PR株高01（124891）	20.86	42.00	0.17	14海资02（124894）	85.90	0.01	0.00
14北港债（124896）	103.89	356.00	3.67	PR津广投（124897）	29.00	28.00	0.11
PR津水务（124898）	21.80	50.00	0.20	PR虞城建（124901）	21.15	588.71	1.75
PR鹤投资（124903）	20.99	220.00	0.86	PR迁安02（124906）	20.00	160.00	0.66
PR芜宜居（124907）	20.30	400.00	1.09	PR靖江港（124908）	20.16	440.00	1.03
14超威债（124909）	99.98	268.70	2.65	PR石景山（124910）	23.87	70.00	0.16
PR北辰债（124911）	27.00	360.00	1.13	PR绍交投（124913）	20.48	345.00	1.03
PR慈建投（124914）	28.80	232.00	0.86	14宏桥02（124915）	92.00	286.30	2.72
PR新开元（124916）	21.00	121.00	0.41	PR沣西债（124917）	19.00	581.54	2.01
PR沪南汇（124918）	20.30	6.75	0.03	PR浏阳债（124921）	20.50	53.43	0.22
PR白沙投（124924）	24.50	80.00	0.32	PR金湖资（124925）	21.33	168.00	0.40
PR阜宁债（124926）	21.15	20.00	0.08	PR九龙债（124928）	20.26	78.47	0.27
PR巴南01（124929）	20.00	122.00	0.47	PR揭城投（124933）	20.27	72.80	0.16
14冀建投（124935）	101.15	2269.20	22.79	PR天门债（124936）	25.16	120.00	0.25
PR湖中兴（124937）	22.38	146.00	0.50	PR郴百福（124938）	20.00	130.65	0.43
PR蒙盛祥（124939）	24.00	252.00	0.98	PR滁州债（124940）	20.30	40.40	0.17
PR14钦滨（124941）	20.00	200.00	0.40	PR兰国投（124943）	14.90	0.90	0.00
PR广建设（124944）	27.00	60.00	0.25	PR西港债（124947）	22.28	180.00	0.74
14金资02（124948）	101.40	1638.92	16.90	PR随建投（124949）	21.20	70.00	0.28
14登电债（124950）	99.90	7.62	0.08	PR马高新（124952）	23.00	100.00	0.41
PR锑都债（124956）	20.00	0.25	0.00	PR胶发展（124960）	21.30	78.08	0.16
PR武经开（124962）	19.53	108.45	0.41	14京国资（124966）	100.58	240.07	2.46
PR盐东投（124968）	20.05	80.90	0.25	PR杭地铁（124970）	62.73	1171.54	8.46
PR安高债（124972）	27.00	40.00	0.16	PR宣建债（124973）	26.00	20.00	0.08
PR泸纳债（124974）	20.44	169.00	0.64	PR溧经开（124975）	21.29	590.00	2.15
PR张掖债（124976）	20.90	100.00	0.25	14天瑞03（124977）	92.00	856.33	8.28
PR陂城投（124979）	23.02	655.00	2.21	PR孝高02（124983）	26.69	230.00	0.82
PR鄂城02（124984）	20.53	2.52	0.01	PR建开债（124986）	22.75	70.00	0.28
14闽投债（124988）	97.50	40.00	0.39	15饶城投（125604）	100.02	1765.00	17.86
15贵安债（125605）	99.85	679.41	6.80	15驻投01（125609）	99.95	928.00	9.41
15碧园01（125611）	100.12	400.00	4.05	15碧海债（125623）	100.00	1832.67	16.47
15昆经开（125624）	100.75	145.00	1.47	15鄂铁01（125627）	100.37	270.00	2.72
15柳东02（125629）	98.10	2690.00	26.82	15金坛01（125635）	100.17	128.00	1.30

债券成交
Bond Trading

债券
Bond

债券简称（代码）Bond Name（Code）	本年收盘（元）Close（Yuan）	成交数量（万张）Trading Vol（10000 Lots）	成交金额（亿元）Trading Value（100M Yuan）	债券简称（代码）Bond Name（Code）	本年收盘（元）Close（Yuan）	成交数量（万张）Trading Vol（10000 Lots）	成交金额（亿元）Trading Value（100M Yuan）
15 吴江 01（125639）	100.05	259.00	2.60	15 柳东 01（125641）	100.00	1065.00	10.64
15 新投 01（125642）	100.00	955.00	9.64	15 绿投 01（125647）	102.15	66.00	0.67
PR 绵科 01（125655）	50.10	20.00	0.10	15 晋交 01（125665）	100.32	1600.00	16.22
15 苏宁 01（125668）	98.35	3156.23	30.99	15 中房 01（125670）	100.36	7.00	0.07
15 润弘投（125673）	99.90	983.00	9.87	15 中地 01（125678）	100.05	740.00	7.42
15 南通债（125679）	100.08	1224.00	12.33	15 浙五金（125682）	100.28	220.00	2.22
15 望城 01（125685）	100.03	737.50	7.43	15 伊财 02（125686）	100.68	268.00	2.69
15 淮水 01（125688）	100.20	650.00	6.57	15 遵桥梁（125693）	97.51	1540.00	14.94
16 海陵 01（125698）	100.48	1348.00	13.65	15 政通债（125702）	100.27	460.00	4.66
15 惠憬 02（125704）	100.55	230.00	2.32	15 太湖 01（125705）	100.21	276.10	2.79
15 漳龙债（125707）	100.11	599.00	6.04	15 伊财 01（125715）	100.60	362.00	3.66
15 都兴市（125719）	100.00	54.00	0.54	15 汾湖 01（125725）	100.00	470.00	4.75
15 永兴债（125729）	100.52	764.00	7.70	15 国控债（125733）	100.23	1882.00	19.08
15 新业 01（125749）	100.49	311.40	3.14	15 都江堰（125755）	99.98	1092.62	10.61
15 山钢 04（125756）	100.09	759.00	7.68	15 伊资 02（125760）	100.12	575.00	5.81
15 天风次（125762）	100.05	1136.40	11.45	15 漳九龙（125765）	100.24	990.00	10.02
15 首股 01（125766）	100.10	148.00	1.50	15 坛国 01（125773）	100.03	1418.20	14.22
15 银发债（125780）	100.54	20.00	0.20	15 恒大 04（125782）	98.50	5340.50	53.19
15 恒大 05（125783）	97.00	1258.00	12.52	15 潞矿 02（125785）	100.22	245.00	2.48
15 潞矿 01（125786）	100.25	1307.00	13.22	15 首开 01（125787）	100.10	1100.00	11.12
15 绵投控（125791）	102.55	3237.00	33.56	15 华信 02（125804）	100.24	642.00	6.44
15 锡东科（125808）	100.10	2236.50	22.60	15 宜城 01（125813）	100.64	540.00	5.45
15 扬化债（125815）	100.44	582.00	5.90	15 华信 01（125821）	100.10	255.20	2.56
15 常城 02（125823）	100.47	910.00	9.23	15 常城 01（125824）	100.53	1104.30	11.23
15 云城投（125847）	99.74	413.00	4.12	15 南华 01（125854）	100.15	60.00	0.60
15 金禹 02（125857）	100.11	27.00	0.27	15 广证 02（125861）	100.20	280.00	2.82
15 焦作 02（125864）	100.10	1039.00	10.47	15 鄂长投（125868）	100.26	786.00	7.94
15 焦作 01（125875）	100.14	310.00	3.12	H 城六局（125877）	0.00	100.00	0.00
15 金禹 01（125879）	100.20	159.50	1.60	15 普湾 02（125909）	98.80	702.28	6.84
15 伟驰 03（125915）	100.00	14.00	0.14	15 宁化工（125921）	100.04	110.00	1.10
15 湘财 04（125926）	100.27	20.00	0.20	15 华福 Y1（125929）	100.45	120.00	1.21
15 伟驰 01（125972）	100.38	149.00	1.50	15 东海债（125991）	100.21	50.00	0.50
14 天能 02（127002）	99.95	36.05	0.36	PR 溧昆仑（127004）	18.00	160.00	0.53
PR 乐清投（127005）	20.85	196.00	0.58	PR 蓬莱债（127006）	40.80	454.00	2.51
PR 潭万楼（127007）	35.49	98.00	0.37	PR 海城投（127010）	20.70	100.25	0.41
PR 乐山债（127013）	20.00	21.00	0.04	PR 世园债（127015）	21.46	190.00	0.77
14 粤高债（127017）	104.30	80.00	0.88	PR 新昌 01（127018）	21.06	520.00	1.97
PR 丹徒投（127019）	19.80	118.52	0.41	PR 玉交 01（127020）	20.22	97.00	0.38
14 京天恒（127021）	100.11	512.00	5.17	PR 沪建债（127026）	61.65	773.64	4.96
PR 晋城债（127027）	20.00	48.00	0.19	PR 岳阳债（127029）	20.07	120.00	0.48
PR 鹿城债（127030）	20.17	6.86	0.02	PR 连交通（127032）	25.00	10.97	0.02
PR 即旅投（127033）	21.00	370.00	1.30	PR 永嘉债（127034）	20.00	200.00	0.61
PR 双桥债（127037）	26.25	20.00	0.08	PR 吴经发（127038）	20.32	180.00	0.41
PR 中山交（127041）	20.00	100.00	0.20	PR 来工投（127042）	20.00	15.00	0.06
PR 黑重建（127043）	6.81	240.00	0.16	PR 河润业（127044）	25.88	160.00	0.66
PR 长兴债（127045）	19.00	300.00	0.81	14 海控 02（127046）	103.00	185.00	1.92
PR 江油债（127047）	40.31	3.00	0.02	PR 浏经开（127048）	18.60	210.00	0.85
PR 绍柯开（127049）	20.00	10.00	0.04	PR 松原债（127050）	20.78	149.90	0.56
PR 滕建债（127051）	40.00	40.00	0.20	14 甘公 02（127052）	104.60	1140.00	11.75
15 天瑞 01（127053）	99.40	1274.10	12.53	PR 邳恒润（127055）	22.46	102.00	0.42

债券成交
Bond Trading

债券
Bond

债券简称（代码）Bond Name (Code)	本年收盘（元）Close (Yuan)	成交数量（万张）Trading Vol (10000 Lots)	成交金额（亿元）Trading Value (100M Yuan)	债券简称（代码）Bond Name (Code)	本年收盘（元）Close (Yuan)	成交数量（万张）Trading Vol (10000 Lots)	成交金额（亿元）Trading Value (100M Yuan)
16朝国资（127056）	100.04	984.58	9.91	PR牟中债（127057）	26.20	88.00	0.36
PR芜建债（127059）	26.35	6.00	0.02	PR博兴债（127062）	20.58	470.00	1.95
PR新昌02（127068）	21.20	301.00	1.25	PR淮国投（127069）	22.10	1504.10	6.18
PR泾河债（127072）	43.10	50.00	0.21	PR铜大江（127074）	48.00	8.60	0.04
PR鸡西资（127075）	40.85	114.70	0.47	PR郴高投（127079）	48.60	365.32	1.47
PR达州01（127080）	40.00	20.00	0.08	PR望经开（127082）	48.81	200.00	0.82
PR中区债（127084）	44.44	120.00	0.49	PR榕城01（127087）	40.00	40.00	0.16
PR15汇丰（127088）	40.54	180.00	0.73	PR梵净山（127091）	40.00	228.00	0.94
PR淀山湖（127092）	25.75	60.58	0.16	15铜发债（127093）	105.50	60.00	0.62
PR盘经开（127094）	40.76	60.00	0.24	PR湘九债（127095）	38.37	634.87	2.45
PR东方财（127096）	39.59	435.00	1.75	PR毕建投（127097）	45.65	170.00	0.73
15天瑞02（127099）	98.20	360.74	3.46	PR新交投（127100）	41.53	1118.16	4.60
PR吉华投（127101）	42.82	5.00	0.02	PR襄矿债（127102）	54.50	152.66	0.84
PR涪交旅（127104）	40.00	140.00	0.65	PR咸荣投（127105）	40.56	150.00	0.61
PR黑债01（127106）	18.55	12.00	0.02	PR兴城债（127110）	40.00	200.00	0.81
PR黔南投（127111）	38.51	160.60	0.74	PR娄开债（127117）	47.00	354.20	1.65
PR丰城投（127118）	44.49	18.50	0.08	PR兴堰债（127119）	37.30	5.04	0.02
PR巴南债（127120）	39.20	85.39	0.35	15苏国信（127121）	100.05	583.80	5.85
10湘高速（127122）	100.10	2.77	0.03	PR阜新02（127123）	36.00	235.00	0.93
14中色03（127124）	108.35	100.00	1.04	PR三门02（127125）	40.00	220.00	0.90
PR遂富源（127126）	44.18	170.00	0.68	PR渭城债（127127）	40.00	40.00	0.17
PR尧都债（127130）	40.49	127.00	0.51	PR梅山债（127132）	48.29	60.00	0.33
PR泗洪债（127133）	40.35	250.00	1.02	PR广安债（127134）	44.00	40.00	0.25
PR阳高新（127135）	48.00	260.00	1.56	PR柯岩债（127138）	40.00	140.00	0.78
PR邛崃债（127139）	40.80	210.50	0.86	PR东南债（127141）	47.32	235.00	0.96
PR怀经开（127142）	40.00	98.00	0.56	PR新泰债（127143）	40.75	100.00	0.41
15黄河债（127144）	100.00	60.00	0.60	PR长轨01（127145）	73.60	319.91	2.37
PR汴新债（127146）	59.98	0.01	0.00	PR15郫国（127147）	48.83	12.00	0.06
PR九江置（127148）	40.36	18.00	0.07	PR包科教（127150）	45.50	13.00	0.05
PR白工投（127151）	45.00	40.14	0.16	PR渝铜梁（127152）	40.00	70.00	0.29
PR吐国投（127153）	40.39	116.00	0.50	PR宜兴债（127155）	40.00	100.00	0.41
PR石城投（127157）	40.64	4.95	0.02	PR东营资（127158）	41.58	460.00	1.87
PR越投债（127159）	40.50	155.01	0.82	PR石国控（127161）	47.20	380.00	1.89
PR15海门（127163）	42.20	1370.00	5.65	PR庐江债（127164）	40.00	40.00	0.25
PR洋口港（127166）	47.50	210.00	1.19	PR阳江投（127167）	41.20	102.25	0.50
PR绍城建（127168）	48.00	104.00	0.64	PR渝水债（127170）	41.39	336.00	1.98
PR乌经开（127171）	40.00	10.00	0.04	PR津铁投（127173）	73.40	342.00	2.87
PR迁安投（127174）	46.90	263.00	1.08	15武铁01（127175）	98.10	4749.20	47.41
PR武铁02（127176）	40.58	487.42	1.99	PR郴新债（127180）	40.00	313.52	1.28
PR桂经投（127181）	40.00	90.00	0.36	PR阿信投（127182）	40.24	94.00	0.43
PR淮城债（127183）	41.54	486.00	2.01	PR漳经发（127184）	40.60	43.66	0.22
PR绍城债（127185）	40.39	3.57	0.01	PR宜城债（127187）	40.00	370.00	1.52
PR江新债（127188）	41.10	10.10	0.06	PR济高02（127191）	41.50	137.00	0.73
PR沪闵城（127192）	40.79	251.00	1.32	PR马花山（127193）	40.60	372.12	1.99
16闽投02（127195）	99.98	473.01	4.74	PR瓯海债（127197）	40.60	151.71	0.62
PR绍城北（127198）	40.70	55.76	0.27	PR津城债（127200）	41.70	100.00	0.41
PR丹开债（127201）	40.00	60.00	0.36	PR呼伦债（127202）	40.36	140.00	0.69
15兴泰债（127203）	101.25	180.00	1.87	PR沈经区（127206）	38.00	101.87	0.42
15国网01（127208）	102.07	1295.25	13.38	15国网02（127209）	100.15	52.66	0.53
PR黄城债（127212）	40.00	224.79	0.91	15建发债（127214）	101.04	1053.55	10.70

债券成交
Bond Trading

债券简称（代码）Bond Name（Code）	本年收盘（元）Close（Yuan）	成交数量（万张）Trading Vol（10000 Lots）	成交金额（亿元）Trading Value（100M Yuan）	债券简称（代码）Bond Name（Code）	本年收盘（元）Close（Yuan）	成交数量（万张）Trading Vol（10000 Lots）	成交金额（亿元）Trading Value（100M Yuan）
PR 兴荣控（127215）	58.50	407.60	2.54	PR 蜀城投（127216）	40.50	251.00	1.23
PR 九城投（127219）	39.55	50.00	0.27	PR 赣城投（127221）	40.00	20.00	0.08
PR 大洼债（127223）	39.30	183.75	0.90	PR 鹰高新（127225）	41.18	445.10	2.16
PR 锡山债（127227）	40.00	260.00	1.36	PR 牡新区（127230）	45.00	188.60	0.84
PR 长轨 02（127232）	70.00	350.00	2.84	PR 椒江 01（127235）	44.00	300.00	1.23
PR 吴江投（127236）	40.60	29.60	0.18	PR 喀城建（127237）	40.00	29.00	0.12
PR 陕东岭（127238）	40.00	90.00	0.54	15 洪轨 02（127240）	101.40	160.00	1.62
PR 郑经开（127241）	40.00	20.00	0.12	PR 当涂债（127242）	40.45	207.21	1.10
15 潍渤海（127243）	100.00	164.00	1.63	PR 中关村（127244）	40.29	976.80	4.80
PR 徐新盛（127246）	44.46	410.00	1.66	PR 京科债（127248）	40.10	409.84	1.95
PR 丽水债（127249）	40.70	245.31	1.36	PR 闽漳龙（127250）	40.00	60.00	0.24
15 粤电 01（127253）	102.00	140.00	1.48	PR 平湖债（127255）	40.80	1270.00	6.68
PR 博投债（127257）	39.00	4.20	0.02	PR 太科债（127259）	44.65	15.00	0.06
PR 般阳债（127261）	40.00	50.00	0.30	PR15 沭阳（127263）	46.00	34.20	0.16
PR 邵武债（127267）	43.39	520.00	3.19	PR 汝州债（127268）	23.00	209.93	1.04
PR 武夷债（127269）	40.60	986.67	5.71	PR 铜城投（127274）	40.00	142.40	0.82
PR 津地铁（127278）	74.00	85.00	0.69	PR 浏新城（127279）	39.87	1076.00	5.78
15 魏桥债（127280）	91.40	0.20	0.00	PR 邳经发（127281）	40.00	60.00	0.36
PR 贵路桥（127282）	41.00	1270.00	7.62	PR 大同建（127283）	40.20	1526.32	7.75
PR 桐建债（127284）	60.00	190.00	1.16	PR 芜新投（127287）	39.50	6.82	0.04
PR 通高新（127288）	41.52	490.00	2.76	PR 河池债（127289）	42.42	50.00	0.30
PR 伊国投（127290）	39.00	3.55	0.02	PR 苍南债（127291）	40.00	0.94	0.00
15 国网 04（127293）	100.11	924.75	9.30	PR 天心 01（127294）	40.10	408.00	2.12
15 云能源（127296）	104.60	533.00	5.53	PR 任丘债（127298）	41.09	450.00	2.74
15 国泰债（127300）	99.84	159.00	1.59	PR 武清投（127301）	39.00	1233.37	7.36
PR 桂城投（127302）	40.00	345.24	2.06	PR 秦汉债（127303）	41.01	467.27	2.54
PR 蒙金隆（127304）	39.50	30.00	0.18	16 穗港 03（127305）	100.00	323.00	3.24
PR 赣陶债（127309）	40.00	120.00	0.72	PR 海城改（127310）	40.88	780.00	4.77
15 海航债（127312）	29.10	353.81	1.77	PR 东丽投（127313）	59.90	830.99	4.94
15 机场债（127315）	100.00	100.00	0.77	PR 洛城债（127316）	40.00	10.00	0.04
PR 平崆旅（127317）	36.00	137.11	0.82	15 闽投专（127318）	101.00	501.80	5.06
PR 日建债（127319）	39.50	4.12	0.02	PR 义城投（127322）	40.40	398.00	2.42
PR 海资债（127323）	39.00	14.27	0.08	PR 达州 02（127324）	40.00	60.00	0.36
15 国网 06（127327）	100.48	473.00	4.77	PR 长轨 03（127328）	70.00	280.00	2.27
PR 马高投（127329）	60.40	889.00	7.11	PR 和济投（127330）	40.00	131.00	0.78
PR 凤城债（127332）	40.00	100.00	0.52	PR 榕城 02（127333）	40.55	5.00	0.02
15 锡创投（127334）	99.70	60.00	0.60	PR 昌乐债（127335）	40.41	300.00	1.81
PR 潜城债（127337）	40.00	90.00	0.54	PR 宜高投（127338）	40.00	190.00	1.15
PR 金昌债（127339）	40.00	240.00	1.44	PR 正棚改（127341）	55.00	360.00	2.29
PR 仁发债（127344）	40.00	265.00	1.61	PR 盐高新（127345）	39.90	815.39	4.91
PR 响水债（127348）	36.60	36.34	0.21	PR 邵东债（127349）	59.31	450.00	2.68
PR 浙滨债（127350）	39.50	226.66	1.38	PR 黔畅达（127351）	37.20	78.00	0.46
16 恒投 01（127352）	100.00	57.00	0.58	PR 渝缙云（127353）	39.89	216.00	1.29
PR 梅建投（127354）	40.00	350.00	2.12	PR 常德债（127356）	60.00	1114.00	6.74
PR 永经投（127357）	61.20	1008.00	6.08	PR 平阳债（127358）	60.00	90.00	0.54
16 穗金控（127359）	100.30	686.00	6.89	PR 兴义债（127360）	38.40	1.00	0.01
PR 老边 01（127361）	60.00	160.00	0.94	16 闽投 01（127362）	100.04	683.71	6.88
PR 新沂投（127363）	60.00	280.00	1.67	PR 潼南债（127364）	40.00	90.00	0.54
PR 渝两江（127365）	39.99	1319.10	5.31	16 红小微（127366）	99.98	151.27	1.49
PR 沪城建（127367）	60.03	23.22	0.14	PR 普兰店（127371）	57.42	484.69	2.75

债券成交 Bond Trading

债券简称（代码） Bond Name（Code）	本年收盘（元） Close（Yuan）	成交数量（万张） Trading Vol （10000 Lots）	成交金额（亿元） Trading Value （100M Yuan）	债券简称（代码） Bond Name（Code）	本年收盘（元） Close（Yuan）	成交数量（万张） Trading Vol （10000 Lots）	成交金额（亿元） Trading Value （100M Yuan）
PR 大理债（127372）	59.82	138.00	0.83	PR 六盘水（127374）	58.38	1272.32	7.66
PR 黄冈债（127377）	59.95	90.95	0.55	PR 泗阳债（127379）	60.56	9.20	0.06
PR 阿勒泰（127380）	58.00	11.00	0.07	PR 仪征发（127381）	60.00	20.00	0.12
16 赣投债（127382）	99.90	700.00	7.04	PR 宁乡债（127383）	60.00	415.40	2.51
PR 开福 01（127384）	58.50	4.76	0.03	PR 兴资债（127385）	59.68	375.00	2.19
PR 丹投资（127386）	59.22	939.43	5.60	PR 雨花债（127387）	59.98	770.10	4.71
PR 瓯专项（127388）	59.89	0.74	0.00	PR 芙蓉债（127390）	60.67	2370.00	14.43
PR 瓦沿海（127391）	58.70	720.00	4.15	PR 平交投（127392）	60.10	1758.55	10.62
PR 吉城建（127395）	59.90	1511.80	9.09	PR 威海债（127398）	58.40	366.00	2.18
16 鲁信债（127399）	99.98	224.00	2.25	16 广晟 01（127400）	100.05	1298.86	13.03
PR 铜建专（127401）	60.00	19.00	0.11	PR 老边 02（127403）	60.00	394.00	2.43
16 唐金债（127404）	99.79	170.01	1.70	PR 盐都债（127405）	59.46	787.00	4.95
PR 渝产债（127409）	60.10	910.00	5.71	PR 德投债（127410）	60.58	34.20	0.21
PR 鸠江债（127412）	57.60	418.99	2.53	PR 皋交投（127413）	59.10	324.52	2.15
PR 三明交（127415）	59.70	1949.06	13.54	PR 贾汪债（127416）	60.42	763.12	4.84
PR 启交通（127418）	59.88	1468.13	10.01	PR 启国控（127419）	59.30	718.00	4.60
PR 渝开债（127420）	59.95	579.02	3.58	16 青小微（127421）	100.10	121.00	1.21
PR 惠开债（127424）	59.83	2009.89	12.56	16 穗港 01（127425）	100.30	330.00	3.32
PR 两江 01（127426）	40.60	2220.05	10.65	PR 渤海 01（127427）	59.69	450.00	2.98
PR 渤海 02（127428）	80.00	270.00	2.28	G16 京汽 1（127429）	100.00	1519.00	15.24
PR 淮资债（127430）	60.90	1294.42	8.72	PR16 洛新（127431）	58.85	193.17	1.17
PR 太新 01（127432）	60.50	626.13	4.16	PR 海发债（127433）	61.51	590.00	4.18
16 晋煤 01（127434）	102.60	666.30	6.86	PR 磁湖 01（127435）	63.00	680.00	5.17
PR 惠棚改（127436）	40.45	1273.76	6.74	PR 扬城投（127437）	62.27	506.79	3.75
PR 望城建（127438）	61.05	1429.99	9.06	PR 樟树债（127439）	62.67	150.00	0.90
PR 惠投 01（127440）	59.90	723.86	4.72	16 广晟 02（127442）	98.60	1060.00	10.67
PR 湘潭 01（127443）	55.80	639.97	4.30	PR 两江 02（127445）	39.70	1622.56	8.85
16 穗城 02（127446）	100.34	240.00	2.43	PR 宁地铁（127447）	59.40	1383.48	9.36
PR 天心 02（127448）	59.83	418.00	3.07	PR 太新 02（127449）	59.50	764.00	5.76
PR16 晋城（127450）	59.60	1033.94	7.68	G17 龙湖 1（127451）	100.40	4059.80	40.84
PR 硚口债（127452）	58.93	1040.00	7.94	PR 建安 01（127453）	61.00	741.12	5.55
PR 南管廊（127454）	88.21	1003.00	9.54	PR 广陵债（127455）	57.93	1081.49	7.50
16 穗港 02（127456）	100.00	215.00	2.16	PR 广饶债（127457）	60.00	1090.00	7.50
PR 济市中（127458）	57.00	303.19	2.28	16 广晟 03（127459）	99.85	784.10	7.87
PR 建湖项（127460）	41.00	440.00	2.63	G16 国网 2（127462）	99.89	1788.89	17.87
PR 溧经技（127463）	59.09	641.94	5.06	PR 德清投（127465）	59.04	255.00	2.04
G17 龙湖 2（127467）	100.00	620.00	6.28	PR 长经 01（127468）	80.00	580.00	5.38
17 首房专（127469）	101.75	360.00	3.72	G17 龙湖 3（127470）	102.20	310.01	3.18
PR 苏众安（127471）	82.40	682.00	5.68	PR 宿裕丰（127472）	84.26	170.10	1.40
PR 慈溪债（127473）	83.13	41.45	0.35	PR 三明国（127474）	80.50	493.59	4.66
PR 宿经开（127475）	81.66	991.00	9.20	PR 众邦债（127476）	83.00	237.00	2.33
PR 邳润债（127477）	82.65	1632.02	14.73	PR 新交通（127478）	82.57	410.00	4.13
PR 瀚瑞 01（127479）	60.51	851.40	6.22	PR 陂城债（127480）	82.00	950.00	8.42
PR 产建 1（127482）	81.02	289.97	2.35	PR 宝城投（127483）	81.40	102.52	0.86
17 乌城投（127484）	100.20	3141.86	31.52	PR 威高新（127486）	80.20	284.29	2.37
PR 惠通投（127488）	80.80	780.96	6.39	PR 六交投（127489）	77.12	879.26	7.94
PR 延新投（127490）	76.40	188.72	1.62	PR 灌东债（127491）	80.80	130.80	1.27
PR 海盐债（127492）	83.10	614.37	5.64	PR 泰高港（127494）	83.70	680.00	6.18
G17 京汽 1（127495）	105.00	1242.00	12.80	PR 毕节 01（127496）	80.56	347.67	3.02
PR 永兴 01（127497）	80.00	50.00	0.38	PR 望铜官（127501）	93.11	343.00	3.23

债券成交 Bond Trading

债券 Bond

债券简称（代码） Bond Name（Code）	本年收盘（元） Close（Yuan）	成交数量（万张） Trading Vol（10000 Lots）	成交金额（亿元） Trading Value（100M Yuan）	债券简称（代码） Bond Name（Code）	本年收盘（元） Close（Yuan）	成交数量（万张） Trading Vol（10000 Lots）	成交金额（亿元） Trading Value（100M Yuan）
PR 即旅债（127503）	80.05	81.50	0.67	PR 沛国经（127504）	80.00	216.50	2.04
PR 榕经开（127505）	59.60	572.04	3.56	PR 永州投（127507）	78.90	676.79	6.60
PR 邮发 02（127509）	82.10	795.50	7.48	PR 诸经开（127510）	82.58	689.94	6.34
PR 民科债（127512）	80.00	60.00	0.62	PR 广国投（127513）	82.40	268.00	2.39
PR 诸资 01（127516）	82.50	218.00	2.24	PR 荆投债（127517）	81.70	228.00	2.18
PR 嵊州债（127518）	84.83	383.00	3.46	PR 桂阳投（127519）	80.00	20.00	0.16
PR 伟驰 01（127520）	80.00	25.00	0.22	PR 邮发 01（127521）	60.00	240.00	1.69
17 厦轨 01（127522）	101.00	230.00	2.31	PR 启创债（127523）	83.60	209.00	1.93
PR 诸资 02（127524）	82.00	111.15	0.91	PR 攀投债（127527）	80.00	86.00	0.52
PR 秦投 02（127529）	80.00	6.00	0.06	PR 浠凤 01（127531）	82.50	0.01	0.00
PR 红投债（127532）	71.00	510.57	4.83	PR 衡滨江（127534）	81.84	411.00	3.91
PR 古蔺专（127535）	84.51	0.00	0.00	PR 黔投（127536）	80.00	27.00	0.27
PR 咸宁债（127537）	90.00	50.00	0.46	PR 雨山 01（127539）	80.00	390.00	3.36
G17 龙源 2（127540）	102.16	2113.50	21.96	PR 新津 02（127541）	80.00	90.00	0.72
PR 铜建 01（127542）	80.00	56.00	0.50	PR 张家界（127544）	88.36	6.04	0.06
PR 毕节 02（127545）	80.00	40.00	0.39	PR 宿新债（127547）	80.00	50.00	0.40
PR 泗专项（127549）	79.80	150.16	1.23	PR 包头 01（127550）	81.40	344.25	3.45
PR 黄岩 01（127552）	83.60	50.00	0.52	PR 金投 01（127553）	80.00	206.00	1.54
PR 靖新债（127556）	83.53	440.00	4.56	17 广铁 01（127557）	101.98	2039.85	20.90
PR 蒲城债（127558）	80.00	90.00	0.73	17 粤海 01（127559）	102.40	351.10	3.60
17 厦轨 02（127560）	100.58	422.00	4.25	PR 淮水债（127565）	80.00	570.00	5.55
PR 永兴 02（127566）	80.00	45.00	0.45	PR 萍昌债（127568）	80.00	100.00	0.89
PR 宁开 02（127569）	79.57	214.00	2.15	PR 产建 2（127570）	77.90	340.00	3.08
PR 淄创 01（127571）	84.80	332.00	3.26	PR 包头 02（127572）	83.70	295.00	3.07
PR 铜建 02（127576）	80.00	41.00	0.38	PR 濮阳债（127577）	84.01	103.00	1.07
PR 启城投（127578）	82.51	832.00	8.33	PR 信泰债（127579）	81.84	195.50	1.90
PR 运通债（127581）	80.41	636.01	5.95	PR 宝开 01（127585）	81.10	218.40	2.15
PR 新东观（127587）	70.05	286.33	2.60	PR 金洲投（127593）	80.00	70.00	0.70
PR17 泾河（127594）	80.20	140.02	1.13	PR 兴蜀债（127595）	80.00	80.00	0.69
PR 湖滨 02（127596）	80.00	322.00	3.23	PR 广安鑫（127602）	79.30	12.96	0.11
PR 开元 02（127603）	80.00	167.80	1.64	PR 苏科债（127607）	80.00	790.00	7.80
PR 渝丰都（127611）	80.00	40.00	0.41	PR 淮南 01（127613）	80.92	540.00	5.47
G17 发展 1（127616）	105.09	2258.01	23.38	PR 南陵债（127618）	80.00	50.00	0.40
PR 阜宁投（127620）	81.23	588.10	5.03	PR 新宇 01（127621）	66.75	295.58	2.46
PR 吉首 02（127622）	80.00	48.00	0.48	17 桂金债（127623）	97.00	30.00	0.29
PR 盈地债（127625）	80.00	62.00	0.63	PR 安丘债（127627）	75.00	11.00	0.09
PR 黄岩 02（127629）	78.59	100.49	0.97	PR 安投债（127634）	65.00	93.97	0.70
PR 淮安债（127636）	81.39	324.87	3.14	PR 蒙城债（127637）	81.77	211.08	2.06
PR 武隆 01（127638）	79.50	10.49	0.10	PR 汇丰债（127641）	79.50	370.00	3.29
PR 遵湘江（127643）	80.00	320.00	3.25	PR 雨山 02（127645）	83.50	510.77	5.09
PR 江北债（127648）	82.50	500.00	5.20	PR 白云 02（127650）	80.00	156.00	1.47
PR17 邳经（127651）	80.00	100.00	0.94	PR 锡东债（127652）	80.00	20.00	0.21
PR 泸汇兴（127653）	81.16	240.00	2.43	PR 温高新（127654）	78.00	60.55	0.63
PR 恒驰 01（127655）	80.00	100.00	1.00	PR 食科债（127656）	83.03	390.20	3.74
PR 莒南 01（127657）	78.00	590.00	5.59	PR 扬化工（127658）	80.00	200.00	1.90
PR 武胜债（127660）	80.00	0.84	0.01	PR 旅投 01（127661）	70.05	9.02	0.06
PR 珲春 01（127664）	79.84	169.50	1.60	PR 昆银桥（127666）	84.10	40.00	0.41
PR 宝开 02（127667）	83.00	181.02	1.77	PR 郑蒲 01（127669）	84.26	220.00	2.05
PR 秀洲债（127671）	81.80	280.00	2.59	PR 双福债（127672）	80.00	130.00	1.29
PR 播投 02（127673）	80.00	140.81	1.19	PR 黄梅 02（127675）	80.00	10.00	0.10

债券成交 Bond Trading

债券 Bond

债券简称（代码）Bond Name（Code）	本年收盘（元）Close（Yuan）	成交数量（万张）Trading Vol（10000 Lots）	成交金额（亿元）Trading Value（100M Yuan）	债券简称（代码）Bond Name（Code）	本年收盘（元）Close（Yuan）	成交数量（万张）Trading Vol（10000 Lots）	成交金额（亿元）Trading Value（100M Yuan）
PR都江堰（127677）	66.00	343.07	2.95	PR南谯债（127680）	80.00	30.00	0.31
PR安交投（127681）	65.00	150.05	1.23	PR淮产债（127682）	84.00	593.00	5.86
PR哈密债（127685）	80.00	70.00	0.74	G17扬城1（127686）	105.61	1070.00	11.19
PR南漳02（127688）	80.00	40.00	0.40	PRG丹徒1（127690）	85.66	752.00	7.18
PR乐行债（127695）	80.00	13.79	0.14	PR普定01（127700）	84.00	23.50	0.22
PR汕尾债（127703）	85.18	263.00	2.49	17青交01（127713）	100.00	60.00	0.62
PR湖织债（127717）	81.70	148.01	1.50	PR太和债（127721）	83.35	140.00	1.37
PR红安债（127722）	80.00	20.00	0.21	PR郎溪债（127725）	86.55	262.00	2.58
PR湖口债（127726）	80.00	120.00	1.22	PR桃源01（127733）	80.00	20.00	0.20
PR襄阳债（127734）	81.00	220.00	2.34	PR桐建01（127736）	80.00	92.00	0.88
17青交02（127738）	100.00	40.00	0.42	PR宿迁02（127740）	80.00	56.00	0.60
PR肥西债（127758）	61.24	547.00	3.72	18普定01（127761）	105.00	37.80	0.38
G18城南1（127764）	106.11	170.00	1.80	18钱投债（127767）	105.80	2717.10	28.40
18白云01（127768）	100.00	60.00	0.62	18邵赛01（127771）	100.00	60.00	0.61
18文停01（127773）	100.00	20.00	0.20	18洋口01（127775）	101.83	400.00	4.19
18万盛01（127778）	102.00	210.00	2.19	18巢城投（127779）	102.60	3.66	0.04
18歙县债（127781）	105.04	60.00	0.63	G18金控1（127782）	100.00	250.00	2.63
18芜新债（127783）	102.40	625.93	6.60	18泸工债（127784）	100.00	150.00	1.52
18榕城01（127785）	104.17	155.00	1.61	18来安债（127787）	104.88	190.00	1.95
18陶都01（127789）	102.20	231.53	2.45	18温岭01（127791）	101.00	142.15	1.48
G18龙源1（127792）	103.15	2396.70	24.85	18草堂债（127793）	107.41	100.00	1.07
18荣经开（127794）	106.89	320.00	3.35	18秀湖债（127796）	100.00	230.00	2.44
18庐江债（127797）	104.00	186.12	1.97	G18嘉湘1（127798）	100.00	60.00	0.64
18谷城01（127800）	100.00	60.00	0.62	18泗阳01（127801）	100.00	50.00	0.52
18绵安01（127803）	100.00	102.50	1.06	18益阳01（127805）	100.00	488.00	5.06
G18安吉1（127806）	104.90	123.00	1.28	G18黄山1（127808）	100.00	20.00	0.21
18彭山01（127809）	100.00	60.00	0.62	G18广业1（127810）	100.00	90.00	0.92
18唐金债（127811）	107.35	90.00	0.97	18万盛02（127812）	102.39	778.21	8.04
18泗县债（127815）	100.00	70.00	0.73	18乳山债（127818）	104.24	260.00	2.74
18常德源（127819）	100.00	20.00	0.21	18鄂交投（127820）	103.00	146.02	1.53
18蓉园01（127822）	100.00	30.00	0.27	18城北01（127823）	104.90	563.00	5.97
18产投01（127824）	105.88	150.00	1.65	18青平度（127828）	102.80	1118.37	11.95
18常鼎01（127829）	100.00	240.00	2.50	18珠江债（127830）	104.50	590.99	6.18
18西高01（127831）	100.00	430.00	4.59	18宿高01（127833）	100.00	410.00	4.41
18金交投（127836）	100.00	150.00	1.58	18京投01（127838）	102.30	663.60	6.84
G18树业（127839）	100.80	104.00	1.05	G18广业2（127840）	106.34	100.40	1.03
18武义01（127841）	100.00	151.00	1.59	18新宇01（127843）	80.00	701.40	6.23
G18武铁2（127845）	103.50	62.11	0.65	18洋口02（127846）	102.50	495.00	5.18
18浔开01（127847）	102.00	20.00	0.20	18厦轨01（127848）	101.91	600.00	6.06
18宏鼎债（127849）	101.49	634.00	6.53	18良渚债（127850）	100.00	120.00	1.28
18永修02（127851）	100.00	1131.00	11.65	18溧停车（127852）	103.87	220.00	2.29
18尖山01（127854）	102.53	75.29	0.81	18南黄海（127855）	106.48	503.00	5.29
18安发01（127856）	98.00	946.49	9.55	18桃源01（127857）	100.00	130.30	1.30
18当涂债（127858）	100.00	160.00	1.71	18华汽01（127859）	55.80	2347.18	10.44
18华汽02（127860）	56.93	648.08	3.77	18兴义02（127862）	100.00	50.00	0.50
18苏交04（127863）	105.59	2545.00	26.31	18威蓝债（127864）	100.00	171.00	1.78
18崇左债（127867）	100.00	150.00	1.56	18西桃花（127868）	100.00	252.00	2.46
18沛经01（127871）	108.06	960.00	10.21	18宿高02（127872）	100.00	40.00	0.42
18章贡债（127873）	100.00	272.00	2.80	18天易02（127877）	104.41	307.00	3.23
18即旅投（127878）	100.00	60.00	0.64	18水高科（127884）	103.00	782.77	7.67

债券成交
Bond Trading

债券
Bond

债券简称（代码）Bond Name（Code）	本年收盘（元）Close（Yuan）	成交数量（万张）Trading Vol（10000 Lots）	成交金额（亿元）Trading Value（100M Yuan）	债券简称（代码）Bond Name（Code）	本年收盘（元）Close（Yuan）	成交数量（万张）Trading Vol（10000 Lots）	成交金额（亿元）Trading Value（100M Yuan）
18 乌兴 01（127885）	100.00	120.00	1.26	18 什邡债（127886）	100.00	24.00	0.25
18 弥勒 01（127888）	100.93	61.00	0.62	G18 余旅（127889）	105.71	175.00	1.84
18 邮政债（127891）	102.88	220.00	2.23	18 华汽 03（127893）	59.80	3003.46	13.64
18 彭泽 01（127895）	100.00	90.00	0.92	18 凤建 01（127897）	103.63	450.00	4.67
18 漳城投（127899）	100.00	100.00	1.04	18 铁道 17（127900）	105.33	1732.23	18.04
18 铁道 19（127902）	106.07	587.00	6.09	18 铁道 20（127903）	100.00	260.00	2.90
18 铁道 21（127904）	102.00	444.00	4.61	18 铁道 22（127905）	105.62	40.00	0.45
18 铁道 23（127906）	102.00	250.00	2.59	18 铁道 24（127907）	104.87	400.00	4.23
19 铁道 01（127908）	103.91	144.00	1.48	19 铁道 02（127909）	102.50	50.00	0.51
19 铁道 03（127910）	103.00	342.00	3.43	19 铁道 04（127911）	100.00	80.00	0.84
19 铁道 05（127912）	101.55	2.00	0.02	19 铁道 06（127913）	100.00	170.00	1.71
19 铁道 07（127914）	102.70	175.00	1.78	19 铁道 08（127915）	101.00	0.00	0.00
19 铁道 09（127916）	103.65	163.00	1.63	19 铁道 10（127917）	102.00	130.00	1.34
19 铁道 11（127918）	103.83	23.00	0.23	19 铁道 12（127919）	100.00	2240.00	22.47
19 铁道 14（127921）	101.00	170.00	1.80	19 铁道 15（127922）	100.00	60.00	0.61
19 铁道 16（127923）	103.00	200.01	2.04	20 铁道 01（127926）	100.00	150.00	1.50
20 铁道 02（127927）	100.00	2490.00	24.81	20 铁道 03（127928）	100.00	350.00	3.49
20 铁道 04（127929）	100.00	2040.00	20.32	20 铁道 05（127930）	100.00	1200.00	11.97
20 铁道 06（127931）	100.00	1150.00	11.46	20 铁道 07（127932）	100.00	540.00	5.38
20 铁道 08（127933）	100.00	470.00	4.68	20 铁道 09（127934）	100.00	300.00	2.99
20 铁道 10（127935）	100.00	430.00	4.28	20 铁道 12（127937）	100.00	600.00	5.98
20 铁道 13（127938）	100.00	200.00	1.99	20 铁道 14（127939）	100.00	1160.00	11.58
15 江苏 03（130163）	98.80	50.00	0.51	15 广西 03（130175）	100.59	300.00	3.01
15 山东 03（130179）	100.00	100.00	1.02	15 安徽 04（130192）	100.00	100.00	1.01
15 江西 03（130226）	100.00	70.00	0.72	15 四川 03（130238）	100.00	50.00	0.51
15 四川 04（130239）	100.00	30.00	0.31	15 河南 03（130242）	100.00	60.00	0.62
15 河南 04（130243）	100.00	70.00	0.71	15 辽宁 02（130245）	100.00	90.00	0.90
15 云南 04（130251）	100.00	10.00	0.10	15 内蒙 03（130285）	100.00	40.00	0.41
15 四川 07（130297）	100.00	250.00	2.56	15 四川 08（130298）	100.00	120.00	1.25
15 甘肃 04（130302）	101.09	100.44	1.01	15 云南 Z2（130361）	100.00	30.00	0.30
15 上海 03（130380）	100.00	50.00	0.50	15 河南 07（130449）	100.00	50.00	0.51
15 江苏 07（130469）	103.28	30.00	0.31	15 山东 11（130477）	100.00	600.00	6.17
15 云南 08（130518）	100.76	20.24	0.21	15 四川 11（130543）	100.00	400.00	4.12
15 四川 12（130544）	100.00	150.00	1.55	15 浙江 10（130560）	100.00	140.00	1.41
15 浙江 Z6（130564）	100.00	140.00	1.41	15 浙江 Z8（130566）	100.00	680.00	6.96
15 江西 07（130575）	100.00	640.00	6.55	15 江西 08（130576）	100.00	1840.00	18.88
15 四川 Z4（130595）	99.20	300.00	3.08	15 安徽 12（130606）	100.00	1000.00	10.24
15 安徽 13（130607）	101.60	40.00	0.41	15 广东 14（130628）	100.50	16.32	0.16
15 广东 16（130630）	98.13	300.05	2.98	15 山西 06（130632）	99.46	30.00	0.30
15 江苏 10（130650）	100.50	23.32	0.23	15 江苏 12（130652）	97.59	50.00	0.50
15 北京 06（130718）	100.00	40.00	0.40	15 上海 09（130731）	100.51	50.00	0.50
15 贵州 16（130739）	100.00	200.00	2.01	15 贵州 Z8（130743）	100.10	0.06	0.00
15 浙江 14（130745）	97.67	30.00	0.30	15 山西 12（130775）	99.00	0.01	0.00
16 广东 01（130784）	99.89	40.00	0.40	16 广东 07（130790）	100.00	100.00	0.99
16 浙江 02（130792）	100.00	50.00	0.50	16 浙江 04（130794）	100.00	600.00	6.16
16 内蒙 02（130804）	100.67	460.01	4.64	16 内蒙 03（130805）	100.45	60.00	0.60
16 内蒙 04（130806）	150.00	0.01	0.00	16 江苏 03（130809）	100.00	40.00	0.40
16 江苏 06（130812）	100.00	150.00	1.50	16 四川 04（130855）	100.00	160.00	1.58
16 辽宁 04（130859）	100.90	41.54	0.43	16 广东 11（130871）	100.00	150.00	1.48
16 河北 04（130912）	100.00	40.00	0.40	16 山西 03（130930）	100.45	20.00	0.20

债券成交
Bond Trading

债券简称（代码） Bond Name（Code）	本年收盘（元） Close（Yuan）	成交数量 （万张） Trading Vol （10000 Lots）	成交金额 （亿元） Trading Value （100M Yuan）	债券简称（代码） Bond Name（Code）	本年收盘（元） Close（Yuan）	成交数量 （万张） Trading Vol （10000 Lots）	成交金额 （亿元） Trading Value （100M Yuan）
16山东10（130933）	101.00	100.00	1.00	16山东12（130935）	100.00	500.00	4.95
16陕西02（130937）	100.00	2.00	0.02	16四川06（130965）	97.90	200.00	2.03
16四川10（130969）	100.00	500.00	5.06	16四川11（130970）	100.00	20.00	0.20
16四川12（130971）	98.00	0.01	0.00	16辽宁06（130977）	99.80	2.03	0.02
16陕西10（130985）	100.10	340.00	3.40	巩燃06（131037）	100.00	3.00	0.03
余燃气5（131129）	99.96	195.00	1.95	余燃气6（131130）	102.23	515.00	5.19
PR云A（131188）	95.71	233.00	2.25	恒浩云B（131189）	99.16	3186.00	31.84
恒浩云C（131190）	100.00	200.00	2.00	常公交06（131266）	100.71	8.10	0.08
苏帕河6（131300）	100.00	30.00	0.30	启供水5（131315）	100.67	20.00	0.20
启供水6（131316）	99.97	36.00	0.36	启供水7（131317）	99.91	30.00	0.30
武经开04（131329）	102.58	100.00	1.03	恒源05（131377）	99.42	35.40	0.35
保利物09（131588）	101.18	130.00	1.32	上实次级（131591）	94.34	293.90	2.86
凯公05（131629）	100.00	30.00	0.30	上实A10（131670）	100.12	120.00	1.20
镇交1F（131826）	100.00	160.00	1.59	镇交1G（131827）	97.19	42.00	0.41
镇交1H（131828）	100.73	202.00	2.03	16华凌5（131859）	100.80	100.00	1.01
16华凌6（131860）	100.00	260.00	2.60	16幸福A4（131921）	100.00	91.00	0.91
16幸福A5（131922）	100.30	379.00	3.81	15国盛EB（132004）	100.82	7084.39	71.12
15国资EB（132005）	109.93	4295.78	48.29	16皖新EB（132006）	109.65	1371.04	14.89
16凤凰EB（132007）	102.99	3436.31	35.12	17山高EB（132008）	103.70	3211.98	33.29
17中油EB（132009）	101.29	14342.29	144.52	17浙报EB（132011）	98.50	1049.38	10.31
17巨化EB（132012）	101.97	2211.44	22.71	17宝武EB（132013）	102.98	21366.52	218.41
18中化EB（132014）	104.50	2351.23	25.11	18中油EB（132015）	100.60	22734.77	228.00
19东创EB（132016）	103.85	126.02	1.40	19新钢EB（132017）	103.20	1423.91	14.70
G三峡EB1（132018）	117.81	25867.12	291.71	19蓝星EB（132020）	112.02	4246.78	50.16
19中电EB（132021）	119.74	4918.06	63.51	20广版EB（132022）	101.00	1231.06	12.73
16兴长01（135029）	100.00	1764.14	17.80	16湄潭01（135033）	99.91	168.00	1.68
15黔南01（135041）	100.00	11.00	0.11	16首股01（135052）	100.08	1810.00	18.25
16遵桥01（135062）	97.80	589.00	5.69	16中地01（135067）	100.01	933.00	9.38
16世茂01（135068）	100.16	4803.50	48.54	16承控01（135071）	100.17	1390.00	14.02
16锡藕01（135072）	100.06	330.00	3.31	16华夏01（135082）	99.69	2587.00	26.15
16柳东01（135086）	99.96	663.50	6.64	16润新债（135097）	99.60	300.00	2.99
16郑地01（135099）	101.05	775.00	7.77	16渝开01（135204）	100.21	140.00	1.41
16玉柴01（135206）	99.89	319.10	3.20	16远东二（135208）	100.10	900.00	9.03
16永城投（135213）	101.55	770.00	7.85	16马经开（135216）	100.10	607.50	6.12
16无锡01（135251）	100.13	460.00	4.63	16无锡02（135252）	100.11	135.00	1.36
16财通Y1（135253）	100.13	130.00	1.31	16永兴01（135258）	100.17	1806.30	18.23
16滨海01（135260）	99.50	1665.00	16.60	16碧园01（135261）	100.32	5428.50	54.88
16华发01（135266）	100.29	470.00	4.77	16融创03（135268）	100.04	5723.50	57.56
16东兴01（135269）	100.23	375.00	3.79	16长湖01（135281）	99.98	778.00	7.83
16镇投01（135282）	100.13	830.00	8.34	16海河01（135283）	100.09	170.00	1.70
16住宅01（135284）	100.34	715.00	7.21	16宜城01（135286）	100.17	673.00	6.79
PR盘城发（135289）	24.99	1238.40	12.41	16昆投01（135291）	100.31	1549.00	15.60
16江东01（135295）	100.41	2045.30	20.73	16株湘01（135297）	100.25	410.00	4.11
16柯桥01（135298）	100.18	853.00	8.60	16太湖01（135301）	99.96	575.00	5.79
16华夏04（135302）	98.00	2182.00	21.98	16迈瑞01（135305）	100.85	2488.50	25.07
16常熟01（135308）	100.26	806.00	8.12	16贵安01（135309）	98.39	254.00	2.54
16常交01（135311）	100.19	1375.00	13.93	16蓉文旅（135312）	100.69	210.00	2.11
16华信02（135313）	100.82	120.00	1.20	16洛投01（135316）	100.12	1056.00	10.63
16田岭洞（135322）	99.92	156.30	1.56	16昆银桥（135323）	100.21	536.90	5.42
16普湾01（135327）	97.82	548.00	5.15	16华发03（135329）	100.35	3616.00	36.62

债券成交
Bond Trading

债券
Bond

债券简称（代码）Bond Name（Code）	本年收盘（元）Close（Yuan）	成交数量（万张）Trading Vol（10000 Lots）	成交金额（亿元）Trading Value（100M Yuan）	债券简称（代码）Bond Name（Code）	本年收盘（元）Close（Yuan）	成交数量（万张）Trading Vol（10000 Lots）	成交金额（亿元）Trading Value（100M Yuan）
PR 岳阳 01（135331）	50.04	1740.00	10.89	16 柳龙 01（135334）	100.05	1022.00	10.26
16 金坛 01（135338）	99.80	519.00	5.22	16 宝投 01（135341）	100.75	1327.00	13.30
16 同煤 01（135343）	101.55	1776.00	18.19	16 柳投 02（135345）	100.02	4065.64	40.75
16 凤凰 01（135346）	100.09	270.00	2.72	16 住总 02（135351）	100.35	100.00	1.00
16 武经 01（135353）	100.00	610.00	6.16	16 常文旅（135354）	100.03	676.32	6.78
16 泰交债（135356）	100.20	2497.00	25.15	16 昆投 02（135359）	100.36	220.00	2.22
16 绵投 01（135360）	101.16	1165.00	12.02	16 绵投 02（135361）	101.87	1265.00	12.98
16 新芦淞（135367）	100.35	1067.50	10.81	16 海陵 02（135368）	100.56	762.00	7.71
16 望城 01（135369）	100.62	789.00	7.97	16 先导 02（135370）	100.29	1314.00	13.32
16 自贡债（135371）	99.90	1431.00	14.42	16 汇通 01（135372）	100.00	1163.20	11.76
16 硕经发（135382）	100.10	50.00	0.50	16 首业 02（135384）	100.23	920.00	9.29
16 中交 01（135386）	100.22	1161.00	11.69	16 郑地 02（135388）	99.50	1135.00	11.47
16 濮阳 01（135389）	99.50	50.00	0.50	16 华夏 05（135391）	93.30	1937.00	19.66
16 桐乡债（135393）	99.17	71.00	0.71	16 迈瑞 02（135397）	100.25	1247.80	12.56
16 鑫域 01（135398）	100.38	823.50	8.33	16 北辰 01（135403）	100.61	280.00	2.82
16 中铁 03（135407）	100.27	1520.00	15.37	16 融创 04（135408）	100.06	140.00	1.41
16 宁建发（135410）	100.21	360.00	3.67	PR 合华债（135412）	82.00	323.55	2.82
16 内投债（135413）	101.36	780.00	7.95	16 滕建 01（135414）	99.65	2310.97	23.11
16 星城 01（135416）	100.74	3002.00	30.61	16 南通债（135420）	100.35	1740.00	17.53
16 金港债（135425）	100.83	200.00	2.02	16 三水 01（135432）	100.37	210.00	2.10
16 甬海 01（135440）	100.48	1281.00	12.96	16 眉控 01（135441）	100.66	602.00	6.16
16 龙光 02（135446）	100.40	95.00	0.95	16 金建债（135448）	100.61	435.00	4.36
16 巴中 01（135450）	99.79	1349.00	13.58	16 靖北辰（135455）	100.37	1442.48	14.53
16 红谷滩（135456）	100.43	1293.50	13.06	16 金建 02（135457）	100.30	1108.00	11.12
16 盛泽 01（135459）	100.21	97.00	0.98	16 华夏 06（135465）	101.00	2775.70	28.07
16 天恒 01（135467）	100.31	1525.00	15.39	16 富力 06（135468）	80.00	3335.25	29.65
16 云能 01（135472）	100.55	560.00	5.64	16 循环债（135473）	91.00	2421.09	23.61
16 高投 01（135475）	100.25	60.00	0.60	16 綦江债（135476）	100.40	415.00	4.16
H 同益 01（135477）	33.64	45.50	0.19	16 淮经 01（135480）	100.61	390.00	3.95
16 常通 01（135482）	100.70	415.00	4.21	16 海通 02（135485）	101.45	900.00	9.05
16 滨海 02（135489）	99.77	883.00	8.82	16 中铁建（135495）	100.35	1022.00	10.31
16 梅州 01（135498）	100.80	1979.00	20.19	PR 邳经债（135504）	40.21	2064.00	9.47
16 华夏 07（135507）	100.14	120.00	1.20	16 富力 08（135508）	99.86	189.00	1.88
16 大庆 01（135509）	100.35	440.00	4.44	16 郑地 03（135512）	100.56	1122.00	11.39
16 鑫隆 01（135513）	100.00	200.00	2.00	16 黔投 02（135514）	100.28	790.00	7.93
16 晋交 01（135515）	100.31	630.00	6.39	16 眉控 02（135518）	100.68	720.00	7.37
16 首业 04（135522）	100.43	730.00	7.36	16 海兴 01（135523）	100.14	510.00	5.13
16 湖州 01（135525）	100.48	2279.00	22.95	16 碧园 03（135531）	100.70	971.20	9.83
16 四面债（135536）	100.44	1500.00	15.07	16 滁城投（135537）	100.32	390.00	3.94
16 先导 03（135540）	100.53	1164.00	11.82	16 任城债（135541）	99.96	1881.00	18.92
16 融创 05（135548）	100.49	1770.00	17.93	16 盐城 01（135549）	100.68	974.00	9.84
16 常港 01（135552）	101.68	40.00	0.41	16 姜城 01（135553）	100.50	364.00	3.68
16 华夏 08（135557）	100.11	780.00	7.85	16 财通 02（135558）	99.66	600.00	6.02
16 滁同创（135559）	100.35	170.00	1.71	16 长沙 01（135562）	100.22	922.00	9.30
16 先导 04（135565）	100.27	490.00	4.94	16 张公 01（135567）	100.17	2204.80	22.27
16 开乾 01（135572）	100.34	44.00	0.44	16 格地 01（135577）	100.38	4462.00	44.90
16 任兴债（135580）	100.11	449.50	4.51	16 悦来债（135582）	99.88	1331.00	13.39
16 甬海 02（135587）	100.29	537.00	5.43	16 安投 01（135589）	100.61	502.00	5.10
16 盛锦债（135590）	100.98	1200.00	12.12	16 盐国 03（135592）	100.00	120.00	1.21
16 九华 01（135593）	100.00	473.90	4.61	16 宁城投（135594）	100.96	1566.00	15.93

债券成交
Bond Trading

债券
Bond

债券简称（代码）Bond Name（Code）	本年收盘（元）Close（Yuan）	成交数量（万张）Trading Vol（10000 Lots）	成交金额（亿元）Trading Value（100M Yuan）	债券简称（代码）Bond Name（Code）	本年收盘（元）Close（Yuan）	成交数量（万张）Trading Vol（10000 Lots）	成交金额（亿元）Trading Value（100M Yuan）
16淮水02（135596）	100.00	540.00	5.45	16无锡04（135600）	100.38	528.00	5.34
16运和债（135602）	101.20	364.00	3.67	16鲁水01（135606）	100.48	715.00	7.26
16海宁01（135610）	100.59	150.00	1.51	16武经02（135620）	100.83	1999.90	20.27
16鲁水02（135624）	100.64	570.00	5.77	16长开01（135627）	100.35	631.00	6.33
16常通02（135629）	100.21	586.70	5.91	16建房01（135631）	100.69	370.00	3.73
16首业06（135637）	100.21	785.50	7.92	16大庆02（135638）	101.60	570.00	5.78
16哈居01（135640）	98.93	75.00	0.74	PR淮交债（135642）	34.88	906.00	5.18
16上虞01（135647）	100.00	4356.00	43.97	16余姚01（135650）	100.92	307.30	3.13
16合景01（135658）	100.34	3863.00	38.81	16雨投02（135659）	100.19	119.00	1.20
16长寿01（135671）	99.89	737.00	7.37	16碧海01（135672）	95.00	709.70	6.62
16生态01（135673）	100.97	1500.00	15.15	16盛泽02（135678）	99.44	1003.00	10.09
16黔水02（135683）	100.14	36.00	0.36	16绿建01（135687）	99.64	195.00	1.95
16东海债（135691）	99.05	1570.00	15.68	16合景02（135693）	100.12	2320.00	23.36
16世茂02（135696）	99.82	308.00	3.08	16国联C1（135699）	99.55	1180.00	11.77
PR秀山01（135702）	91.66	63.23	0.58	16大航01（135704）	100.00	214.50	2.14
16九华02（135707）	95.70	347.40	3.42	16清浦01（135716）	99.68	1039.00	10.39
16贵安03（135719）	97.30	15.00	0.15	16汾湖投（135721）	100.19	496.00	5.01
16首发01（135726）	100.10	1924.50	19.45	16汇通02（135729）	100.00	435.50	4.40
16碧海02（135733）	102.35	781.00	7.58	16南城04（135734）	99.47	200.00	1.99
16鑫鸿01（135737）	100.48	109.00	1.09	16江城02（135742）	100.51	2430.00	24.50
16京融01（135751）	99.99	2388.00	24.02	H16锡01（135756）	30.00	28.48	0.02
16五控02（135762）	100.47	570.00	5.72	16上虞02（135765）	100.76	130.00	1.31
16上虞03（135766）	100.44	890.00	9.03	16余交01（135768）	99.12	1552.50	15.41
16淮经02（135772）	99.81	1149.80	11.31	16渝南01（135781）	99.24	762.00	7.50
16盛泽03（135786）	100.34	748.00	7.54	16沪证Y1（135787）	99.38	1680.00	16.78
16漯河01（135792）	100.73	832.00	8.42	16京开01（135793）	100.00	170.00	1.71
16迈瑞03（135794）	99.64	1570.00	15.69	16碧园04（135796）	100.03	1491.50	15.05
16碧园05（135797）	102.04	9167.00	93.09	16铜旅01（135798）	100.35	2251.70	22.45
16海河02（135800）	99.70	1047.90	10.39	16方洋01（135801）	98.72	906.00	8.90
16兴长02（135804）	98.58	1744.00	17.41	16政通01（135808）	100.76	95.00	0.96
16万林01（135811）	99.53	376.00	3.71	16首股02（135812）	99.85	580.00	5.79
16金交01（135814）	99.80	420.00	4.17	16绍城01（135819）	100.00	510.00	5.18
16厦特01（135820）	100.62	1510.00	15.29	16九华03（135822）	94.80	951.80	9.38
PR岳阳02（135825）	49.90	495.00	4.34	16清浦02（135828）	98.81	475.00	4.65
16天宁01（135832）	100.02	664.50	6.64	16华发05（135834）	100.35	2375.00	24.05
16六安02（135836）	99.92	255.00	2.56	16新城04（135838）	98.57	320.00	3.15
16承控02（135839）	99.68	1260.00	12.64	16新中泰（135840）	99.46	120.00	1.19
16筑投01（135841）	98.50	2062.00	20.40	16旭辉02（135842）	101.06	3581.00	36.40
16旭辉03（135843）	100.73	788.00	7.97	16潞矿02（135845）	99.87	890.00	9.03
16三水02（135846）	100.30	75.00	0.75	16永兴02（135847）	99.94	230.00	2.32
16邳州债（135848）	101.26	507.40	5.04	H16正源3（135850）	25.00	87.97	0.21
16海西01（135853）	100.88	620.00	6.28	16诸资01（135855）	100.20	1512.00	15.27
16花园02（135862）	100.00	0.10	0.00	16常高01（135863）	100.00	1002.00	10.05
16通泰02（135866）	100.16	1654.00	16.44	16湘财01（135871）	99.85	1297.00	13.07
16大足债（135872）	103.15	80.00	0.82	16兴业02（135874）	99.72	2250.00	22.65
16大庆03（135875）	100.65	285.00	2.89	16新港05（135877）	99.29	690.00	6.83
16华创01（135878）	100.17	210.00	2.10	16世茂05（135881）	100.00	720.00	7.21
16雅居02（135882）	98.52	3948.00	39.30	16雅居03（135883）	99.33	1528.00	15.22
16市北01（135885）	99.98	290.00	2.92	16郑地04（135887）	100.28	2325.60	23.37
16国开次（135889）	99.91	3800.00	37.97	16威海投（135897）	98.41	1720.30	16.90

债券成交
Bond Trading

债券
Bond

债券简称（代码）Bond Name（Code）	本年收盘（元）Close（Yuan）	成交数量（万张）Trading Vol（10000 Lots）	成交金额（亿元）Trading Value（100M Yuan）	债券简称（代码）Bond Name（Code）	本年收盘（元）Close（Yuan）	成交数量（万张）Trading Vol（10000 Lots）	成交金额（亿元）Trading Value（100M Yuan）
15 浙国资（136000）	100. 15	948. 80	9. 57	15 福能债（136001）	99. 99	95. 68	0. 96
15 赣粤 02（136002）	100. 25	756. 09	7. 65	15 如意债（136003）	100. 00	156. 80	1. 47
14 武控 02（136004）	100. 14	292. 11	2. 93	15 鲁星 01（136006）	100. 00	471. 58	4. 66
15 协鑫债（136008）	95. 01	466. 11	4. 47	15 中骏 01（136010）	100. 00	966. 89	9. 78
15 财达债（136013）	101. 13	1358. 10	13. 70	15 福投债（136014）	100. 45	1667. 00	16. 79
15 名城 01（136017）	100. 00	1211. 36	12. 06	15 龙湖 04（136019）	98. 54	487. 40	4. 89
15 华安 02（136020）	100. 00	181. 73	1. 84	15 新城 01（136021）	100. 35	649. 19	6. 57
15 东吴债（136022）	100. 18	1794. 20	18. 08	15 沪城开（136024）	100. 20	1502. 09	15. 18
15 三福 02（136027）	99. 50	193. 12	1. 93	15 花园 01（136028）	99. 99	62. 70	0. 61
15 常发投（136031）	100. 54	660. 00	6. 66	15 红美 01（136032）	100. 00	0. 00	0. 00
15 东旭 02（136033）	99. 98	166. 00	0. 12	15 沪国资（136034）	100. 18	1046. 00	10. 54
15 远东一（136035）	101. 32	2090. 00	21. 10	15 苏元禾（136036）	100. 20	426. 20	4. 31
15 旭辉 02（136037）	102. 00	549. 00	5. 56	15 石化 02（136040）	100. 05	747. 07	7. 52
15 渝信 02（136042）	100. 00	7898. 88	77. 01	15 华凌 01（136043）	98. 00	0. 02	0. 00
15 通运 01（136044）	108. 00	820. 00	8. 27	15 复地 01（136045）	100. 20	2261. 82	22. 97
15 中海 01（136046）	100. 85	4983. 10	50. 70	15 国君 G2（136048）	100. 38	463. 00	4. 65
15 中海 02（136049）	100. 42	10. 00	0. 10	15 景德 01（136050）	101. 00	629. 60	6. 42
15 五矿 03（136051）	100. 59	590. 00	6. 00	15 五矿 04（136052）	101. 40	140. 00	1. 44
15 南航 01（136053）	100. 15	1622. 62	16. 36	15 华发 01（136057）	100. 35	2045. 60	20. 70
15 宜集债（136058）	30. 00	22. 49	0. 05	15 东证债（136061）	100. 01	5718. 35	57. 59
15 大连港（136062）	100. 00	1954. 40	19. 67	15 中骏 02（136063）	100. 00	1499. 10	15. 18
15 晋电 01（136065）	100. 23	1106. 30	11. 13	15 西王 01（136066）	49. 94	125. 93	0. 78
15 洪市政（136067）	100. 49	753. 00	7. 60	15 哈投 02（136068）	99. 85	759. 50	7. 63
15 双欣债（136069）	99. 80	335. 00	3. 30	15 开元 01（136071）	100. 01	1322. 19	13. 31
15 云能 02（136073）	100. 10	1923. 70	19. 39	15 合作债（136074）	98. 50	54. 00	0. 54
15 桂铁投（136075）	100. 10	7. 80	0. 08	15 禹洲 01（136078）	100. 00	2660. 34	26. 95
15 中航债（136079）	100. 00	3902. 98	39. 24	15 北汽 01（136080）	100. 00	831. 53	8. 38
15 浙交 01（136082）	100. 07	419. 10	4. 23	15 浙交 02（136083）	100. 00	100. 02	1. 04
15 金茂投（136085）	100. 01	654. 30	6. 59	15 保利 01（136087）	100. 00	354. 46	3. 56
15 保利 02（136088）	99. 80	316. 00	3. 18	15 绿地 01（136089）	99. 95	1951. 53	19. 45
15 绿地 02（136090）	99. 99	6263. 80	63. 32	15 连云港（136092）	101. 35	271. 00	2. 74
15 华信债（136093）	61. 29	91. 78	0. 27	15 晋电 02（136094）	100. 00	288. 64	2. 90
15 锡交 01（136095）	100. 03	1355. 51	13. 62	16 复星 01（136096）	100. 06	5000. 13	50. 67
15 鲁高 01（136097）	100. 00	886. 16	8. 91	15 义市 01（136098）	100. 10	591. 11	5. 95
15 绍交 01（136099）	99. 50	112. 11	1. 13	15 合景 01（136101）	101. 50	1449. 62	14. 59
15 合景 02（136102）	99. 99	658. 11	6. 57	15 滇路 01（136103）	101. 44	2035. 02	20. 56
15 市北债（136104）	100. 10	536. 00	5. 38	15 三友 01（136105）	100. 60	0. 00	0. 00
15 三友 02（136106）	101. 16	296. 42	3. 02	15 穗工债（136107）	101. 70	558. 00	5. 65
14 粤运 02（136108）	100. 05	217. 82	2. 19	PR 康达债（136109）	20. 00	0. 59	0. 01
14 昊华 02（136110）	100. 00	780. 38	8. 01	15 中环 01（136111）	98. 07	240. 00	2. 42
15 广证 G2（136115）	100. 08	1399. 00	14. 11	15 天富债（136116）	99. 75	757. 00	7. 56
PR 苏伟驰（136117）	60. 00	2761. 17	16. 60	15 融信 01（136118）	100. 00	1907. 80	19. 23
15 国创 01（136119）	99. 00	1. 10	0. 01	15 鲁能债（136120）	100. 01	1587. 47	15. 97
15 南山 02（136121）	99. 95	433. 72	4. 17	15 中合 01（136123）	99. 35	837. 58	8. 26
15 中江 01（136127）	99. 00	208. 02	2. 08	16 葛洲 01（136130）	100. 02	2398. 83	24. 07
15 邢钢债（136132）	99. 96	269. 35	2. 54	16 番雅债（136134）	100. 15	457. 88	4. 61
16 联泰 01（136135）	100. 00	142. 74	1. 42	16 茂业 02（136137）	99. 75	1. 31	0. 01
16 常高新（136138）	100. 16	492. 40	4. 94	16 国美 01（136139）	98. 01	4032. 75	37. 36
16 富力 01（136140）	99. 84	4045. 67	39. 62	16 邦信 01（136141）	101. 24	660. 00	6. 75
16 中铁 01（136142）	100. 02	3315. 58	33. 34	16 万达 01（136143）	100. 05	7173. 93	72. 37

债券成交
Bond Trading

债券
Bond

债券简称（代码） Bond Name（Code）	本年收盘（元） Close（Yuan）	成交数量 （万张） Trading Vol （10000 Lots）	成交金额 （亿元） Trading Value （100M Yuan）	债券简称（代码） Bond Name（Code）	本年收盘（元） Close（Yuan）	成交数量 （万张） Trading Vol （10000 Lots）	成交金额 （亿元） Trading Value （100M Yuan）
16远东一（136144）	101.30	42.16	0.43	16金辉01（136145）	100.00	70.14	0.70
16东兴债（136146）	100.20	204.00	2.04	16中粮01（136147）	100.04	762.90	7.68
16宏桥01（136148）	99.90	1357.24	13.48	16宏桥02（136149）	99.95	485.97	4.77
16保利01（136151）	100.03	2822.80	28.50	16保利02（136152）	100.75	2496.20	25.07
16珠投01（136153）	99.94	1479.71	14.71	16西王01（136154）	97.38	231.17	2.42
16电建01（136155）	99.98	1938.89	19.45	16同益债（136156）	82.00	8.12	0.02
16重水01（136157）	97.26	270.00	2.71	16融信01（136158）	100.00	1267.75	12.75
16沪国资（136159）	99.99	951.12	9.54	16东旭01（136160）	99.82	37.45	0.02
16渝交投（136161）	100.00	559.19	5.61	16中静01（136162）	107.00	0.21	0.00
16青国信（136163）	99.59	860.00	8.61	16中油01（136164）	100.01	5077.66	50.90
16中油02（136165）	99.10	2446.80	24.50	16广新01（136166）	99.93	921.08	9.25
16华夏债（136167）	99.40	1147.44	11.52	16建发01（136168）	100.40	1730.00	17.37
16狮桥债（136169）	101.64	1048.51	10.57	16景瑞01（136170）	98.00	1007.10	10.00
16华证01（136171）	100.06	410.23	4.14	16龙源01（136173）	99.95	2062.09	20.69
16工艺01（136174）	99.90	292.76	2.93	16绿地01（136176）	99.50	7300.98	73.83
16兆泰01（136178）	100.10	1405.77	14.16	16绿地02（136179）	99.50	687.57	6.84
16国汽01（136180）	100.13	1131.72	11.43	16万通01（136181）	92.00	888.00	8.94
16新华债（136183）	99.99	134.80	1.30	16上港01（136184）	99.55	180.00	1.81
16国发01（136185）	100.10	812.10	8.16	16苏新债（136186）	97.47	820.00	8.26
16景德01（136187）	100.30	630.50	6.34	16富力03（136188）	99.61	1860.67	18.06
16新业01（136189）	100.00	406.00	4.07	16靖江港（136191）	100.00	375.02	3.79
16广越01（136193）	100.00	1820.00	18.29	16广越02（136194）	100.45	1050.00	10.62
16龙湖01（136195）	100.72	1929.70	19.45	16龙湖02（136196）	100.00	2019.41	20.29
16鑫苑01（136197）	100.00	1188.34	11.88	16铁工01（136199）	100.75	1250.00	12.60
16铁工02（136200）	89.93	110.00	1.10	16宏桥03（136202）	100.00	1298.00	12.81
16龙盛01（136205）	100.05	220.59	2.22	16龙盛02（136206）	100.10	52.03	0.52
16武金01（136207）	101.00	1911.20	19.16	16广新02（136208）	100.50	1088.00	10.95
16国美02（136209）	100.00	117.77	1.16	16中交债（136212）	100.10	459.00	4.63
16晋建发（136213）	101.00	414.38	4.20	14上实02（136214）	99.04	80.00	0.80
16华凌01（136218）	100.00	50.00	0.50	16新投01（136220）	101.20	579.40	5.81
16疏浚01（136222）	100.00	1754.30	17.65	16卓越01（136223）	99.80	2295.40	23.07
16新业02（136224）	100.00	93.00	0.93	16锡公01（136226）	100.17	1099.00	11.02
16住总01（136227）	100.00	2138.60	21.56	16珠投03（136229）	99.60	2510.03	24.74
16宏桥05（136230）	99.90	783.04	7.69	16漳九龙（136232）	100.05	1617.66	16.20
16保利03（136233）	100.10	2090.99	21.12	16保利04（136234）	100.39	463.10	4.74
16晋然01（136235）	101.31	295.00	2.99	16复药01（136236）	100.10	2246.20	22.64
16兴发01（136238）	100.50	24.00	0.24	16国联01（136239）	100.33	2130.00	21.42
16北部湾（136240）	99.96	855.72	8.57	16中车G1（136242）	100.00	288.10	2.89
16中车G2（136243）	99.88	1735.56	17.39	16华夏02（136244）	99.00	2103.14	21.47
16津投01（136246）	100.02	2730.00	27.31	16华综01（136247）	100.21	3922.56	39.63
16外运01（136248）	100.03	3151.29	31.61	16海怡01（136249）	101.22	533.51	5.39
16信地01（136251）	101.10	1923.20	19.48	16中油03（136253）	100.07	8966.06	89.86
16中油04（136254）	100.30	91.50	0.93	PR泰阳债（136255）	42.70	259.00	1.14
16新投02（136257）	99.90	667.90	6.71	16龙湖03（136259）	100.48	1038.97	10.55
16龙湖04（136260）	100.15	1790.10	17.99	16建元01（136262）	100.12	863.39	8.68
16建元02（136263）	100.78	263.90	2.65	16隆基01（136264）	100.30	957.50	9.66
16鑫苑02（136266）	100.50	558.61	5.59	16广越03（136267）	100.10	1512.08	15.16
16广越04（136268）	99.10	1180.00	12.07	16伊品债（136269）	100.00	71.00	0.71
16南网01（136270）	100.00	3853.43	38.68	16天富01（136271）	100.00	1094.10	11.05
16国控01（136272）	99.90	348.70	3.50	16亿达01（136273）	98.99	45.00	0.44

债券成交
Bond Trading

债券简称（代码）Bond Name（Code）	本年收盘（元）Close（Yuan）	成交数量（万张）Trading Vol（10000 Lots）	成交金额（亿元）Trading Value（100M Yuan）	债券简称（代码）Bond Name（Code）	本年收盘（元）Close（Yuan）	成交数量（万张）Trading Vol（10000 Lots）	成交金额（亿元）Trading Value（100M Yuan）
16海正债（136275）	100.00	1037.08	10.46	16南山01（136276）	95.86	2744.97	25.58
16渤水产（136279）	96.99	702.75	6.63	16北汽01（136280）	99.98	1787.99	17.92
16华综02（136281）	100.20	1278.80	12.84	16浙交01（136283）	100.00	1590.30	15.96
16浙交02（136284）	102.40	35.00	0.35	16金隅01（136285）	100.10	4324.70	43.57
16金隅02（136286）	100.35	689.00	6.92	16首开01（136287）	99.99	1704.82	17.10
16建发02（136288）	100.14	1808.60	18.11	16珠江01（136289）	100.00	510.00	5.12
16力帆02（136291）	87.00	2.50	0.02	16中星01（136292）	101.20	1945.59	19.60
16兆泰02（136293）	100.15	305.00	3.07	16信地02（136294）	100.30	615.50	6.24
16川电01（136295）	99.50	365.00	3.66	16珠投04（136296）	100.00	2142.42	21.42
16青港01（136298）	100.07	1658.50	16.69	16翠微01（136299）	101.26	310.00	3.14
16龙盛03（136301）	100.01	1658.09	16.71	16龙盛04（136302）	101.10	251.00	2.52
16紫金01（136304）	100.20	381.48	3.81	16紫金02（136305）	100.00	3302.00	33.11
16协信03（136307）	96.10	500.00	5.00	16云投01（136309）	99.70	2075.51	20.77
16中化01（136311）	100.00	3264.60	32.74	16皖投01（136312）	99.50	140.00	1.40
16西高科（136313）	99.80	1814.15	18.16	16远东三（136315）	100.12	1892.31	19.01
16福能债（136316）	100.01	290.00	2.93	16中油05（136318）	100.04	7904.78	79.33
16中油06（136319）	98.97	783.05	7.88	16宇通02（136322）	100.03	977.80	9.83
16越交01（136323）	100.14	584.00	5.89	16越交02（136324）	100.06	712.00	7.16
16金地01（136325）	101.67	1625.00	16.54	16金地02（136326）	99.80	1294.00	12.99
16特房01（136327）	100.39	3867.07	39.14	16国美03（136329）	85.00	952.13	9.07
16扬城控（136330）	99.99	1574.50	15.78	16金辉02（136331）	99.40	1934.86	19.33
16银宝01（136334）	100.00	1724.51	17.29	16北汽集（136335）	99.60	831.61	8.32
16宏泰债（136336）	100.00	691.99	6.94	16乌房01（136337）	100.49	2164.74	22.04
16漳诏01（136338）	100.50	324.00	3.25	16滇路01（136339）	91.91	2511.93	25.44
16洋河01（136341）	100.00	730.00	7.33	16浦集01（136342）	99.87	990.44	9.94
16泸工债（136343）	98.70	1132.76	11.15	16广电01（136344）	100.04	2306.00	23.15
16天建01（136345）	101.22	925.50	9.41	16天建02（136346）	99.30	854.15	8.50
16国机债（136348）	100.04	2468.34	24.79	16象屿债（136353）	100.13	681.20	6.85
16鲁商01（136354）	97.01	70.94	0.69	16大华01（136355）	101.42	171.01	1.73
16宁远高（136356）	76.99	718.99	6.64	16川电02（136358）	100.06	936.34	9.39
16富力04（136360）	86.96	1400.98	11.99	16富力05（136361）	97.85	550.11	5.08
16复星02（136363）	100.05	834.86	8.46	16十二师（136364）	100.00	617.00	6.20
16桂铁债（136365）	99.00	485.10	4.87	16当代02（136366）	100.00	702.90	6.97
16国君G2（136368）	100.10	1100.00	11.04	16宁开控（136370）	100.20	669.21	6.75
16光大01（136372）	100.15	295.50	2.97	16建业01（136374）	100.30	553.24	5.58
16恒健01（136375）	99.82	2659.05	26.67	16泰玻债（136377）	100.84	958.36	9.74
16华泰01（136378）	60.00	8.58	0.01	16新湖01（136380）	98.40	1022.25	9.87
16南港01（136383）	100.65	457.23	4.59	16三花01（136384）	101.55	213.00	2.16
16财信债（136386）	101.82	1678.00	16.97	16福投01（136387）	100.40	465.00	4.69
16鲁商02（136389）	99.66	46.72	0.46	16武金02（136393）	100.00	951.10	9.58
16北水01（136397）	99.95	169.00	1.70	16华融德（136398）	100.20	270.00	2.72
16金辉03（136400）	100.00	283.00	2.83	16华润01（136401）	100.20	5154.12	51.96
16红星01（136402）	100.00	91.31	0.91	16红星02（136403）	97.50	132.63	1.30
16外高01（136404）	100.15	3.43	0.03	14亿利02（136405）	100.00	328.19	3.09
16正才03（136406）	100.00	95.06	0.95	16绵投债（136414）	102.40	924.00	9.42
16华建01（136415）	100.56	175.28	1.77	16南山03（136416）	91.00	0.01	0.00
16万达02（136417）	100.13	10219.62	103.10	16中电01（136420）	100.20	1570.00	15.79
16春秋01（136421）	100.10	260.00	2.61	16葛洲02（136427）	99.99	1.80	0.02
16浙五金（136430）	100.30	564.60	5.70	16广安01（136431）	100.29	380.00	3.82
16协信05（136432）	100.00	69.92	0.69	16晟晏债（136433）	91.85	695.20	6.89

债券成交 Bond Trading

债券 Bond

债券简称（代码） Bond Name（Code）	本年收盘（元） Close（Yuan）	成交数量（万张） Trading Vol （10000 Lots）	成交金额（亿元） Trading Value （100M Yuan）	债券简称（代码） Bond Name（Code）	本年收盘（元） Close（Yuan）	成交数量（万张） Trading Vol （10000 Lots）	成交金额（亿元） Trading Value （100M Yuan）
16 葛洲 03（136434）	99.80	2498.59	25.15	16 远洋 01（136436）	100.46	5732.37	58.00
16 渝开投（136440）	100.00	1861.52	18.74	16 国盛 01（136442）	99.85	307.22	3.03
16 蓉金 01（136443）	100.79	1133.70	11.39	16 复星 03（136447）	100.00	6694.88	67.87
16 万达 03（136448）	101.30	6736.46	67.96	16 油服 02（136450）	103.45	600.00	6.00
16 南航 02（136452）	100.24	327.80	3.28	PR 吴交 01（136454）	75.00	204.47	1.55
16 银河 G2（136456）	100.00	1020.00	10.29	16 希望 01（136457）	100.30	430.80	4.35
16 市政 01（136460）	96.00	190.00	1.91	16 漕河泾（136462）	101.86	190.00	1.92
16 香城建（136463）	100.40	857.64	8.69	16 国投 01（136465）	100.33	2212.62	22.48
16 联通 02（136470）	98.15	370.00	3.73	16 杨农债（136471）	100.31	770.30	7.74
16 青港 02（136472）	100.31	643.00	6.49	16 中化债（136473）	100.18	1702.52	17.13
16 万达 04（136474）	100.62	3727.85	37.54	16 北控 02（136478）	100.10	75.70	0.76
16 华能 01（136479）	100.10	968.43	9.77	16 华能 02（136480）	100.00	651.32	6.59
16 华福 G1（136482）	100.00	370.00	3.72	16 光大 02（136483）	100.15	1921.90	19.37
16 南港 02（136488）	100.00	430.00	4.30	16 红美 01（136490）	91.45	27.80	0.27
16 红美 02（136491）	98.50	914.92	9.12	16 成渝 01（136493）	101.49	808.75	8.14
16 粤高 01（136495）	100.00	740.01	7.18	16 西王 02（136497）	100.00	89.36	0.76
PR 河西 01（136498）	40.00	1418.53	7.99	16 洪市政（136499）	99.80	720.08	7.22
16 天风 01（136501）	100.21	4104.64	41.54	16 穗控 01（136502）	100.29	3830.00	38.49
16 中关 01（136504）	100.17	2748.00	27.67	16 奥克斯（136507）	100.00	896.47	9.00
16 广电 02（136508）	100.10	1699.55	17.08	16 三胞 02（136509）	92.59	12.00	0.07
16 广安 02（136512）	100.45	354.00	3.55	16 远东五（136514）	100.00	39.00	0.39
16 疏浚 02（136515）	100.30	3413.30	34.41	16 疏浚 03（136516）	100.34	1100.00	11.03
16 云投 02（136517）	100.00	1189.00	11.93	16 鲁高 01（136518）	99.95	2312.00	23.23
16 陆嘴 01（136519）	100.28	8073.25	81.56	16 鸿坤 01（136521）	97.50	613.57	5.99
16 首股债（136522）	100.58	516.00	5.20	16 广新 03（136523）	100.30	949.60	9.55
16 联想 01（136524）	97.00	2533.08	25.03	16 联想 02（136525）	98.50	400.00	3.73
16 中车 G3（136529）	101.85	668.10	6.73	16 深燃 01（136530）	99.50	180.22	1.80
13 牡丹 02（136531）	100.09	248.58	2.50	16 粤桥 01（136532）	90.89	350.00	3.40
G16 能新 1（136533）	100.00	700.10	7.09	16 晟晏 02（136534）	100.00	129.78	1.30
16 万达 05（136535）	100.00	2420.15	24.36	16 国汽 02（136536）	101.82	30.05	0.30
16GLP02（136538）	99.57	490.00	4.92	16 协信 06（136540）	108.00	521.90	5.08
16 希望 02（136541）	100.25	287.40	2.89	16 云工 01（136542）	98.37	600.34	5.92
16 龙湖 05（136543）	100.73	560.00	5.66	16 皖经 02（136545）	70.01	140.18	0.78
16 龙湖 06（136546）	99.90	2558.00	25.76	16 正源 01（136548）	43.89	2.05	0.01
16 紫金 03（136549）	99.64	52.00	0.52	16 紫金 04（136550）	100.50	997.00	10.04
16 融侨 01（136551）	99.80	327.90	3.27	16 圆融 02（136552）	99.40	880.00	8.82
16 联投 01（136553）	99.82	2433.79	24.40	16 中金 01（136554）	100.19	2775.75	28.02
16 中金 02（136555）	100.05	512.75	5.17	16 鸿坤 02（136556）	97.75	311.86	3.03
16 国寿投（136557）	100.29	2321.10	23.33	16 华电 02（136558）	101.10	11.20	0.11
16 华电 03（136559）	100.06	2548.46	25.68	16 福投 02（136563）	99.86	2514.50	25.22
16 凯华 01（136567）	101.36	198.40	2.01	16 张江 01（136568）	99.80	1945.80	19.64
16 海亮 03（136569）	99.90	347.05	3.46	16 正源 02（136571）	96.00	0.50	0.00
16 港投债（136573）	99.30	117.60	1.18	PR 河西 02（136574）	39.76	539.91	3.47
16 光控 01（136575）	100.43	1398.21	14.10	16 光控 02（136576）	100.00	4857.00	48.77
16 鲁能 01（136577）	100.70	3110.21	31.30	16 万达 06（136580）	99.00	3236.48	32.61
16 外高 02（136581）	100.27	293.00	2.94	16 国联 02（136582）	100.20	13.40	0.13
16 北新集（136583）	100.15	247.00	2.48	16 水务 02（136588）	99.89	2384.30	23.93
16 融侨 02（136589）	99.26	1899.91	19.01	16 西经发（136591）	99.40	240.00	2.42
16 鄂稻 01（136592）	100.00	697.79	6.98	16 新华 01（136593）	100.21	648.72	6.55
16 同仁堂（136594）	101.45	360.00	3.64	16 南港 03（136595）	99.50	505.00	5.03

债券成交
Bond Trading

债券
Bond

债券简称（代码）Bond Name（Code）	本年收盘（元）Close（Yuan）	成交数量（万张）Trading Vol（10000 Lots）	成交金额（亿元）Trading Value（100M Yuan）	债券简称（代码）Bond Name（Code）	本年收盘（元）Close（Yuan）	成交数量（万张）Trading Vol（10000 Lots）	成交金额（亿元）Trading Value（100M Yuan）
16 南港 04（136596）	97.30	142.30	1.39	16 首旅 01（136598）	100.22	270.00	2.70
16 首旅 02（136599）	100.04	1072.70	10.74	16 穗建 02（136601）	100.20	3018.82	30.48
16 义市 01（136603）	100.00	1220.80	12.28	G16 北控 1（136605）	100.30	631.00	6.33
16 宁安 01（136607）	99.92	4269.50	42.96	16 广新 04（136608）	99.66	334.40	3.35
16 舟交 01（136609）	100.15	570.00	5.71	16 电投 04（136611）	99.90	2398.02	24.24
16 不动产（136612）	99.84	4021.10	40.37	16 西王 03（136613）	96.00	31.66	0.32
16 碱业 02（136615）	99.48	832.20	8.33	16 中静 02（136619）	100.00	554.78	5.51
16 锡交 01（136620）	100.65	1224.90	12.31	16 粤高 02（136621）	95.50	488.71	4.61
16 国君 G4（136623）	99.90	3638.87	36.53	16 融创 07（136624）	99.18	4640.44	46.19
G16 节能 2（136626）	99.88	2318.30	23.20	16 杭汽 01（136628）	100.00	260.00	2.62
16 兵装 01（136629）	100.17	235.00	2.38	16 兵装 02（136630）	100.31	1547.61	15.48
16 亚洲浆（136632）	101.50	0.76	0.01	16 融创 06（136633）	101.50	1402.27	14.34
16 黔高速（136634）	99.92	2090.00	20.97	16 津投 03（136635）	95.40	1070.00	10.30
16 海资 01（136638）	98.50	591.50	5.90	16 海亮 05（136641）	100.00	188.17	1.88
16 华宇 02（136643）	99.80	120.00	1.20	16 中海 01（136646）	100.08	5249.40	52.78
16 华新 01（136647）	100.58	455.91	4.64	16 佳源 01（136648）	100.00	2513.97	25.09
16 普天 02（136651）	98.40	758.88	7.46	16 洪政 02（136652）	100.20	1026.00	10.32
16 清控 01（136653）	66.77	173.95	1.35	16 外运 03（136654）	100.73	2470.00	24.92
14 银河 G4（136656）	99.95	421.00	4.23	16 友阿 01（136662）	98.00	0.21	0.00
16 友阿 02（136663）	91.30	66.61	0.61	16 云工 02（136664）	95.00	568.31	5.56
16 外高 03（136666）	100.41	240.00	2.41	16 重水 02（136668）	100.00	380.00	3.85
16 南山 04（136669）	85.00	118.00	0.99	16 南山 05（136670）	86.29	529.34	4.53
16 中车 01（136671）	100.11	559.40	5.61	16 正才 05（136674）	99.50	634.59	6.31
16 天风 02（136676）	100.02	1668.61	16.75	16 穗建 03（136678）	101.02	3734.00	37.73
16 穗建 04（136679）	100.10	783.40	7.86	16 川电 03（136680）	99.80	764.00	7.64
G16 三峡 2（136683）	93.42	1495.00	14.77	16 海投债（136685）	96.99	2495.20	24.97
16 环球 01（136686）	100.20	855.00	8.61	16 鸿商 01（136688）	99.86	280.00	2.79
16 绿水 01（136689）	101.85	838.00	8.47	16 恒安 01（136690）	100.01	428.04	4.27
16 鲁能 02（136692）	101.40	1078.00	10.81	16 晋然 02（136693）	100.00	134.00	1.36
16 铁峰 01（136694）	98.99	724.50	7.30	16 申信 01（136698）	60.00	364.20	0.43
16 皖经 03（136699）	95.00	55.72	0.12	16 蓝光 01（136700）	98.00	1923.83	19.20
16 椒江债（136701）	101.60	2645.00	26.73	16 宁资 01（136703）	100.02	502.00	5.03
16 协信 08（136705）	100.00	280.00	2.71	16 当代 03（136706）	100.00	275.00	2.74
16 通运 01（136708）	99.50	2.00	0.02	16 粤桥 02（136709）	94.00	135.00	1.28
16 福新 01（136710）	100.16	3853.30	38.88	16 港务 01（136712）	100.17	710.00	7.11
16 康恩贝（136713）	99.60	74.20	0.74	G16 节能 3（136714）	99.78	438.00	4.38
G16 节能 4（136715）	86.25	1460.00	14.24	16 浙证债（136718）	100.08	1432.00	14.37
16 珠江 02（136719）	99.85	2265.70	22.73	16 西王 04（136720）	96.55	46.86	0.48
16 石化 01（136721）	99.40	1511.00	15.24	16 石化 02（136722）	99.89	6271.65	62.93
16 石化 03（136723）	101.31	490.00	4.83	16 鲁公债（136724）	96.10	140.00	1.39
16 中材 01（136725）	99.35	150.00	1.50	16 中材 02（136726）	100.28	1834.00	18.44
16 平海 01（136727）	100.10	210.00	2.12	G16 唐新 2（136730）	99.91	446.50	4.48
16 刚集 01（136731）	90.00	80.00	0.33	16 穗建 05（136732）	99.90	2400.70	24.18
16 穗建 06（136733）	101.33	672.00	6.75	16 大唐 01（136734）	98.89	702.00	6.99
16 大唐 02（136735）	92.64	262.00	2.55	16 通用 01（136738）	100.01	201.00	2.01
16 通用 02（136739）	100.00	2699.19	27.13	16 祥源债（136744）	100.00	585.82	5.82
16 南港 05（136745）	97.50	220.00	2.19	16 南港 06（136746）	100.00	400.00	3.92
16 南港 07（136747）	90.56	312.00	2.90	G16 博天（136749）	99.40	0.03	0.00
16 荣盛 01（136750）	100.50	873.67	8.86	16 佳源 07（136752）	100.00	378.09	3.77
16 大华 02（136753）	101.68	1018.00	10.38	16 兵装 04（136755）	99.55	2209.50	22.15

债券成交
Bond Trading

债券简称（代码） Bond Name（Code）	本年收盘（元） Close（Yuan）	成交数量（万张） Trading Vol （10000 Lots）	成交金额（亿元） Trading Value （100M Yuan）	债券简称（代码） Bond Name（Code）	本年收盘（元） Close（Yuan）	成交数量（万张） Trading Vol （10000 Lots）	成交金额（亿元） Trading Value （100M Yuan）
16 凯华 02（136757）	101.00	604.76	6.11	16 凯华 03（136758）	99.50	110.02	1.09
16 三胞 05（136759）	99.50	49.73	0.16	16 长电 01（136762）	96.26	766.70	7.49
16 张江 02（136763）	99.95	300.00	3.01	16 陕燃 01（136765）	99.00	525.26	5.24
16 油服 03（136766）	99.50	1.90	0.02	16 油服 04（136767）	99.90	4017.70	40.41
16 苏海 01（136768）	99.20	612.30	6.08	16 华资 01（136770）	99.80	12.25	0.12
16 沪宁 01（136771）	99.00	607.67	6.08	16 清控 02（136773）	48.64	4164.82	28.97
16 中船 01（136774）	99.50	62.54	0.62	16 中船 02（136775）	100.15	6137.13	61.48
16 国航 02（136776）	99.60	3137.21	31.47	G16 唐新 3（136777）	100.11	940.00	9.40
16 融强债（136778）	99.04	1056.11	10.42	16 腾越 01（136779）	100.34	248.80	2.52
16 腾越 02（136780）	99.50	1519.53	15.19	16 华泰 03（136786）	74.00	125.44	0.24
16 天目湖（136787）	98.80	200.00	2.01	16 东航 01（136789）	100.03	1778.00	17.82
16 东航 02（136790）	96.60	80.09	0.78	16 丰盛 04（136791）	100.00	20.00	0.09
16 中筑 01（136792）	97.60	1354.74	13.30	16 国投电（136793）	99.60	352.10	3.53
16 瀚蓝 01（136797）	102.80	1055.90	10.62	16 环球 02（136798）	100.00	620.50	6.24
16 中金 04（136800）	100.02	1610.30	16.17	16 津创 01（136801）	98.70	563.70	5.61
16 中燃 G1（136802）	99.80	40.00	0.40	16 南三 01（136803）	100.00	411.09	4.06
16 越交 03（136804）	100.00	100.00	1.01	16 七师 01（136805）	101.80	82.00	0.84
16 越交 04（136806）	99.88	744.00	7.45	16 方圆 01（136807）	99.99	86.07	0.48
16 常城 01（136809）	99.40	14.43	0.14	16 福新 03（136811）	100.16	740.00	7.41
16 中电 02（136813）	99.88	2821.81	28.43	16 新华 02（136818）	101.38	25.00	0.25
16 川发 01（136819）	98.30	1754.00	17.61	16 南山 06（136822）	99.84	33.00	0.26
16 南山 07（136823）	80.50	470.94	3.86	16 滇路 02（136824）	100.80	404.90	4.09
16 滇路 03（136825）	99.20	870.00	8.76	16 国网 02（136827）	99.99	3355.23	33.65
16 中信 G2（136831）	100.22	2225.00	22.46	G17 三峡 1（136833）	100.05	693.77	6.99
16 紫金债（136835）	100.33	336.65	3.39	16 鲁信 01（136836）	103.08	393.70	3.91
16 穗发 01（136837）	101.84	4278.50	43.20	16 国投控（136838）	100.08	360.00	3.63
16 港务 02（136839）	99.64	340.00	3.42	16 华福 G2（136840）	100.33	810.00	8.11
17 苏新 01（136843）	100.78	818.74	8.33	16 环球 03（136845）	100.31	1511.11	15.21
16 玉皇 03（136847）	94.00	131.13	0.92	16 华能债（136849）	98.50	4856.14	48.73
16 宝丰 02（136850）	100.57	2.00	0.02	16 华泰 G2（136852）	101.90	1900.00	19.26
16 光控 03（136855）	100.54	3413.02	34.57	16 光控 04（136856）	100.48	2821.30	28.25
16 重汽 01（136857）	100.00	441.00	4.45	16 乌资 01（136860）	99.50	1082.00	10.90
16 恒健 02（136861）	100.18	3901.40	39.31	16 汇丰 02（136866）	100.00	0.07	0.00
16 广核 01（136869）	100.20	1500.00	15.16	16 中关 02（136870）	100.55	1043.70	10.51
16 玉皇 04（136871）	90.00	59.94	0.45	16 豫投债（136872）	101.18	720.60	7.34
16 华泰 G4（136874）	100.25	1516.01	15.43	17 甬开投（136881）	101.50	1249.88	12.76
16 南翔 03（136886）	100.00	2006.35	20.07	17 北汽 01（136892）	101.27	1314.80	13.39
17 泰达债（136893）	81.71	4298.34	42.52	17 中信 G1（136895）	100.16	574.00	5.75
17 中信 G2（136896）	101.41	560.00	5.73	17 绿原 01（136897）	99.78	78.30	0.79
17 蚌投 01（136898）	100.99	716.00	7.21	18 海航 Y5（136901）	103.50	36.40	0.38
18 铁工 Y6（136902）	101.50	1178.00	11.97	18 铁工 Y7（136903）	102.49	410.00	4.23
18 津保 Y1（136905）	100.30	418.73	4.21	18 建三 Y1（136907）	100.00	1370.00	13.87
18 航租 Y1（136910）	102.36	288.20	2.94	18 路建 Y1（136912）	101.49	1150.00	11.68
G18 京 Y3（136913）	101.30	3601.00	36.49	G18 京 Y4（136914）	105.80	982.00	10.06
18 中大 Y1（136915）	100.00	1903.90	19.31	18 中公 Y2（136916）	100.00	856.00	8.66
18 蒙电 Y1（136917）	103.10	1634.04	16.59	18 蒙电 Y2（136918）	100.00	540.00	5.51
18 三峡 Y1（136919）	101.15	164.46	1.69	18 铁工 Y3（136921）	100.00	995.00	10.10
18 铁工 Y4（136922）	102.40	507.80	5.24	18 特变 Y3（136923）	100.00	215.00	2.18
18 铁工 Y1（136924）	101.92	1160.00	11.75	18 铁工 Y2（136925）	100.80	220.00	2.28
18 方程 Y1（136926）	100.00	1700.00	17.26	18 联投 Y1（136928）	102.80	1847.00	18.84

债券成交
Bond Trading

债券简称（代码）Bond Name（Code）	本年收盘（元）Close（Yuan）	成交数量（万张）Trading Vol（10000 Lots）	成交金额（亿元）Trading Value（100M Yuan）	债券简称（代码）Bond Name（Code）	本年收盘（元）Close（Yuan）	成交数量（万张）Trading Vol（10000 Lots）	成交金额（亿元）Trading Value（100M Yuan）
18 滇建 Y2（136931）	100.00	79.00	0.80	18 中化 Y5（136932）	100.40	2425.50	24.45
18 中化 Y6（136933）	100.92	1230.00	12.51	G18XHY1（136935）	102.00	1180.00	11.99
18CHNG3Y（136936）	101.93	960.00	9.85	18CHNG4Y（136937）	105.00	452.00	4.73
18CHNG1Y（136938）	102.40	582.00	5.98	18CHNG2Y（136939）	105.00	287.40	2.98
18 青城 Y2（136942）	103.25	965.56	10.06	18 大唐 Y5（136943）	105.14	159.00	1.68
18 大唐 Y4（136944）	101.76	1799.00	18.24	18 大唐 Y3（136945）	101.34	870.00	8.78
18 海航 Y3（136946）	103.90	114.47	1.17	18 建材 Y5（136947）	101.45	1190.10	12.14
18 建材 Y6（136948）	103.12	270.00	2.80	18 中化 Y3（136949）	101.12	960.00	9.66
18 中化 Y4（136950）	100.00	590.00	6.00	18 紫金 Y1（136951）	102.50	2120.00	21.47
18 中公 Y1（136952）	100.00	860.00	8.72	18 风电 Y1（136953）	101.70	360.00	3.64
18 风电 Y2（136954）	100.00	200.00	2.08	18 沪建 Y3（136955）	104.80	970.10	10.08
18 海航 Y2（136956）	95.67	272.04	2.62	18 大唐 Y1（136957）	102.84	3253.00	33.21
18 中交 Y1（136959）	103.20	1111.70	11.24	18 海航 Y1（136960）	44.50	101.99	0.57
18 中化 Y1（136961）	100.00	1247.00	12.56	18 中化 Y2（136962）	101.20	771.16	7.86
G18 京 Y1（136963）	102.23	840.00	8.55	18 新金 Y2（136965）	101.46	419.50	4.26
18 建集 Y2（136966）	100.00	1120.00	11.44	18 新际 Y5（136968）	102.20	1042.50	10.62
17 中冶 Y3（136972）	100.20	210.00	2.10	17 中工 Y1（136974）	100.37	30.00	0.30
17 中材 02（136977）	98.48	282.50	2.83	17 鑫海 01（136979）	99.99	18.80	0.19
17 申证 01（136980）	101.03	3440.00	34.92	17 晋电 01（136983）	102.55	1132.00	11.63
17 黄金债（136985）	98.50	11.58	0.11	17 中山 01（136986）	100.19	100.00	1.00
17 中冶 Y1（136987）	100.90	70.00	0.70	17 锡投 Y1（136989）	100.00	1171.00	11.99
G16 北 Y1（136991）	101.65	2732.00	27.42	16 葛洲 Y4（136993）	99.90	5231.41	52.45
16 葛洲 Y2（136995）	100.05	4252.00	42.77	16 电投 Y1（136996）	100.20	4409.70	44.26
16 浙交 Y1（136999）	100.14	1628.97	16.37	17 塔城 EB（137025）	100.00	93.69	0.94
17 豪园 EB（137026）	109.70	181.00	2.27	17 新华 EB（137028）	120.55	7.00	0.08
17 阳煤 EB（137032）	102.40	162.00	1.64	17 华西 EB（137035）	108.46	260.00	2.81
17 顺 01EB（137039）	100.40	54.30	0.55	17 兖 02EB（137043）	99.93	567.51	5.66
17 中交 EB（137047）	103.00	2572.18	26.17	17 版 01EB（137049）	104.50	71.00	0.74
17 正集 EB（137051）	110.22	150.00	1.62	17 郑瑞 EB（137055）	100.00	222.20	2.22
18 伊力 EB（137057）	126.00	42.00	0.44	18 红豆 EB（137058）	100.00	85.00	0.82
18 浙能 EB（137059）	99.09	690.00	7.00	18 兖 01EB（137063）	97.45	8.00	0.08
18 立业 EB（137065）	100.00	123.50	1.23	18 广 01EB（137069）	113.60	29.00	0.33
18 红星 EB（137070）	99.51	40.00	0.40	18 广 02EB（137071）	100.00	50.00	0.50
19 美 02EB（137075）	101.45	200.00	2.03	19 美 03EB（137076）	103.21	100.00	1.03
19 方钢 EB（137077）	108.49	1015.00	10.81	19YG02EB（137090）	124.69	10.00	0.12
19 九 01EB（137093）	104.23	120.00	1.25	19 百业 EB（137094）	138.31	142.00	1.65
19 安图 EB（137095）	144.15	215.00	3.04	19 九 02EB（137096）	153.01	70.00	0.97
19 中 02EB（137097）	100.00	499.00	4.99	20 国资 EB（137098）	100.00	16.90	0.17
20 电气 EB（137099）	115.00	1604.70	17.43	20 顾家 EB（137101）	100.00	257.00	2.62
20 华夏 EB（137102）	96.34	57.00	0.56	20 卧龙 EB（137104）	135.68	442.30	4.50
20 诚控 EB（137106）	94.90	281.00	2.75	20 华 EB02（137110）	100.00	560.00	5.58
20 市北 EB（137114）	105.31	210.00	2.19	20 三一 EB（137116）	115.00	1193.00	12.09
PR 襄经开（139001）	60.20	20.00	0.12	PR 井发债（139002）	59.03	90.00	0.53
PR 浏产专（139004）	59.87	370.00	2.33	PR 郴福城（139005）	59.99	60.00	0.36
PR 上饶债（139006）	60.55	270.00	1.66	PR 富春债（139007）	60.22	180.00	1.09
PR 泸兴阳（139008）	59.59	285.00	1.70	PR 岳专项（139010）	82.71	30.00	0.25
PR 观投 01（139011）	60.14	30.00	0.18	PR 沣东债（139012）	59.77	70.00	0.42
PR 普湾债（139014）	55.01	20.00	0.11	PR 新密财（139015）	60.16	190.00	1.14
PR 齐河债（139016）	59.82	80.00	0.48	PR 嘉建投（139018）	59.90	80.00	0.48
PR 郴新天（139020）	73.36	105.00	0.79	PR 观投 02（139022）	59.76	110.00	0.66

债券成交
Bond Trading

债券简称（代码） Bond Name（Code）	本年收盘（元） Close（Yuan）	成交数量（万张） Trading Vol （10000 Lots）	成交金额（亿元） Trading Value （100M Yuan）	债券简称（代码） Bond Name（Code）	本年收盘（元） Close（Yuan）	成交数量（万张） Trading Vol （10000 Lots）	成交金额（亿元） Trading Value （100M Yuan）
PR 安开债（139023）	60.15	120.00	0.80	PR 恒澄债（139025）	59.65	60.00	0.36
PR 建安债（139027）	59.92	240.00	1.44	PR 荆城投（139029）	59.73	768.13	4.96
PR 资水投（139030）	58.43	490.00	3.28	PR 百福债（139031）	73.72	138.00	1.04
PR 湘天易（139034）	57.95	100.00	0.61	PR 阿克债（139035）	59.59	310.00	1.86
PR 枣阳债（139036）	60.70	300.00	1.82	PR 株循环（139037）	53.98	330.00	1.90
16 亿利债（139039）	99.16	417.55	4.08	PR 眉宏投（139041）	59.30	490.00	2.93
PR 靖城投（139042）	60.89	20.00	0.12	PR 如皋债（139043）	60.13	113.00	0.68
PR 苏新城（139044）	60.01	80.00	0.48	PR 国融债（139046）	50.20	340.60	1.99
PR 鑫泰债（139047）	61.03	80.00	0.57	PR 白国资（139048）	59.90	152.00	0.92
PR 璧山债（139049）	59.90	780.00	4.73	16 冀建投（139052）	101.07	10.00	0.10
PR 奉化投（139053）	80.64	96.00	0.77	PR 宿建债（139054）	59.89	500.00	3.02
PR 玉鑫债（139055）	59.76	94.00	0.56	PR 当鑫源（139056）	60.07	10.00	0.06
PR 遵车债（139057）	70.03	9.60	0.08	PR 文专项（139059）	58.94	126.00	0.74
PR 庐城投（139060）	59.52	270.00	1.62	PR 开乾债（139061）	58.91	60.00	0.35
PR 大冶 01（139062）	59.99	160.00	1.16	PR 温港城（139063）	60.17	760.00	4.90
PR 宣城债（139064）	59.87	360.00	2.16	PR 钱城债（139066）	59.98	160.00	1.00
PR 海开债（139068）	59.81	500.00	3.17	PR 虞经开（139069）	60.84	40.00	0.24
PR 遂开债（139070）	58.47	210.00	1.65	PR 盱眙债（139072）	59.74	200.00	1.44
PR 纳兴债（139074）	58.87	50.00	0.29	PR 广安开（139075）	58.80	110.00	0.65
PR 龙铁债（139076）	59.70	80.00	0.64	PR 宜居债（139080）	60.28	60.00	0.36
PR 秦城发（139083）	60.15	25.00	0.15	PR 牟发投（139084）	60.47	120.00	0.73
PR 红日债（139085）	58.54	30.00	0.18	PR 内人和（139088）	59.31	300.00	2.08
PR 津广集（139089）	58.06	484.00	3.31	PR 聊开债（139090）	59.25	140.00	0.83
PR 渝迈瑞（139091）	61.35	40.00	0.33	PR 长乐债（139092）	60.30	60.00	0.36
PR 秀工投（139093）	60.61	150.00	1.01	PR 温城 02（139097）	61.04	120.00	0.73
PR 瀚瑞 02（139103）	58.13	260.00	1.83	PR 溧水债（139104）	60.46	60.00	0.37
PR 怀化投（139105）	59.99	180.00	1.20	PR 平城发（139108）	60.73	60.00	0.36
16 广铁 01（139109）	101.62	30.00	0.30	PR 渝宏安（139111）	60.47	90.00	0.55
PR 新东港（139112）	60.00	30.00	0.24	PR 宜建债（139114）	59.99	39.20	0.29
PR 襄建债（139115）	60.14	20.00	0.12	PR 吉经开（139117）	60.47	14.40	0.09
PR 娄经债（139118）	57.02	350.00	1.99	PR 堰管廊（139119）	82.60	14.40	0.12
PR 湘城建（139123）	39.90	90.00	0.36	PR 莆高新（139126）	50.22	101.60	0.51
PR 龙建投（139128）	60.42	70.00	0.42	PR 空港债（139131）	60.10	50.00	0.34
PR 西发 01（139132）	60.58	100.00	0.61	PR 磁湖 02（139133）	59.90	60.00	0.45
PR 曲经投（139134）	59.81	60.00	0.36	PR 姜堰债（139135）	60.13	190.00	1.14
PR 盘改债（139138）	48.61	40.00	0.29	16 首创 01（139139）	100.51	700.00	7.06
PR 丰棚改（139140）	19.84	50.00	0.27	PR 栖霞债（139142）	60.08	172.00	1.03
PR 宁科债（139143）	60.69	60.00	0.41	16 鄂旅投（139144）	100.02	180.00	1.81
16 旅顺债（139146）	99.88	112.00	1.11	PR 北固债（139147）	59.42	185.00	1.30
PR 临川债（139148）	60.51	120.00	0.72	PR 汇华债（139150）	59.84	220.00	1.57
16 鄂交 01（139152）	100.46	860.00	8.66	PR 东坡债（139153）	60.11	20.00	0.12
PR 金农债（139155）	57.91	210.00	1.39	PR 南投债（139158）	60.32	50.00	0.40
PR 洪泽债（139159）	59.17	1298.00	8.64	PR 江南债（139160）	59.83	60.00	0.42
PR 一带债（139162）	60.44	190.00	1.42	PR 嘉湘 01（139163）	60.65	30.00	0.24
16 淮小微（139164）	101.04	80.00	0.81	PR 汉建投（139165）	58.53	97.50	0.65
PR 安城债（139166）	59.64	455.00	3.63	PR 镜停债（139167）	59.99	320.00	2.52
PR 金湖债（139171）	50.27	75.00	0.48	16 穗城 01（139172）	100.45	690.00	6.94
PR 禹停车（139173）	78.11	671.00	5.43	PR 马经 01（139174）	58.76	30.00	0.24
PR 岳港 01（139175）	57.95	227.00	1.32	PR 新路鑫（139177）	13.57	50.00	0.07
PR 双创债（139179）	59.00	14.80	0.10	16 铜小微（139180）	100.26	30.00	0.30

债券成交
Bond Trading

债券
Bond

债券简称（代码） Bond Name（Code）	本年收盘（元） Close（Yuan）	成交数量（万张） Trading Vol（10000 Lots）	成交金额（亿元） Trading Value（100M Yuan）	债券简称（代码） Bond Name（Code）	本年收盘（元） Close（Yuan）	成交数量（万张） Trading Vol（10000 Lots）	成交金额（亿元） Trading Value（100M Yuan）
16 南康债（139181）	100.78	10.00	0.10	PR 镇新债（139182）	59.61	330.00	1.97
PR 湘潭 02（139186）	56.86	140.00	0.93	PR16 荆高（139188）	59.24	140.00	1.11
PR 万宝 02（139189）	58.14	20.00	0.16	PR 合江债（139191）	57.80	140.00	0.81
PR 新干债（139192）	58.02	190.00	1.30	PR 赤壁债（139193）	59.84	382.50	2.90
PR 章丘债（139194）	59.19	120.00	0.79	16 穗城 03（139197）	100.02	770.00	7.72
PR 金发债（139202）	59.18	400.00	3.02	PR 开福 02（139204）	59.97	160.00	1.28
16 海集 02（139205）	43.00	33.00	0.19	PR 大冶 02（139207）	58.26	60.00	0.35
PR 渝新梁（139208）	56.40	110.00	0.84	PR 湘环科（139209）	59.17	290.00	2.07
PR 足棚改（139210）	78.79	310.00	2.91	PR 合川债（139211）	60.12	275.00	2.20
PR 金沙债（139212）	58.56	505.00	3.60	PR 马经 02（139213）	58.13	31.00	0.24
PR 湘乡投（139214）	55.45	157.00	1.05	PR 怀专项（139215）	58.91	430.00	3.18
PR 建安 02（139216）	59.43	100.00	0.72	16 济专项（139217）	99.55	110.00	1.10
PR 通港债（139220）	39.80	5.00	0.02	16 黔开投（139221）	100.00	150.00	1.50
16 鲁经投（139222）	100.17	20.00	0.20	PR 白城投（139223）	73.94	340.00	2.52
PR 诸城建（139225）	59.41	150.00	1.00	PR 瑞金债（139226）	58.57	160.00	1.12
PR 文山债（139227）	58.80	50.00	0.35	PR 柯城债（139229）	59.50	110.00	0.88
PR 番禺 01（139231）	79.24	60.00	0.54	PR 凯宏债（139236）	61.00	10.60	0.07
PR 宁高 01（139237）	59.44	20.00	0.16	PR 芜交 02（139238）	59.32	120.00	0.71
PR 汝州债（139240）	56.01	450.00	2.52	16 永专 01（139241）	95.96	207.00	2.00
PR 苏大行（139242）	58.75	93.00	0.73	PR 株高孵（139243）	58.74	260.00	1.73
16 温铁债（139244）	100.37	285.00	2.86	16 宁投 01（139245）	99.64	180.00	1.80
16 中瑞债（139249）	99.01	170.00	1.68	16 武铁 01（139252）	96.50	317.50	3.07
PR 邕高 02（139253）	58.85	90.00	0.53	PR 新港债（139254）	58.92	30.00	0.18
PR 大洼临（139255）	69.50	311.00	2.66	16 鄂国资（139256）	101.47	80.00	0.81
PR 玉城 02（139257）	60.39	20.00	0.16	PR 瓯新城（139258）	59.25	40.00	0.24
PR 杭运（139259）	59.41	970.00	6.94	PR 韶关债（139260）	68.07	120.00	0.82
16 柳东城（139264）	100.31	120.00	1.21	PR 恩施债（139265）	58.97	60.00	0.47
PR 益集 01（139266）	52.69	70.00	0.52	PR 贵溪债（139268）	58.67	560.60	4.02
16 荆管廊（139269）	96.80	135.77	1.33	PR 岳港 02（139270）	56.74	402.35	2.41
PR 共青城（139277）	58.91	291.00	1.80	PR 锡新城（139279）	60.16	130.00	1.04
PR 徐高开（139280）	59.75	316.00	2.52	PR 简州债（139281）	57.22	80.00	0.62
PR 筑城 02（139282）	73.93	520.00	4.36	PR 牡城 02（139283）	76.60	1.00	0.01
PR 分宜债（139284）	58.04	30.00	0.23	PR 海创债（139286）	59.00	375.00	2.94
PR 天门债（139287）	58.32	120.00	0.82	PR 东宝债（139289）	19.73	70.00	0.14
PR 水城投（139290）	54.02	240.00	1.54	PR 昌吉债（139291）	58.83	80.00	0.63
PR 江城建（139292）	59.34	80.00	0.47	PR 乐平债（139295）	58.43	110.00	0.65
PR 金潼 01（139297）	60.00	40.00	0.30	PR 金阳 01（139298）	77.30	170.00	1.44
PR 兴安债（139300）	27.87	339.00	1.48	PR 中岳债（139301）	19.98	57.00	0.34
PR 宁高 02（139302）	59.82	40.00	0.32	PR 益集 02（139304）	57.68	40.00	0.31
PR 临城开（139306）	60.96	120.00	0.97	PR 富源债（139309）	54.12	250.00	1.86
PR 韩城投（139310）	57.85	110.00	0.85	PR 沾化债（139311）	58.20	70.00	0.55
PR 德溪 02（139313）	54.96	100.00	0.75	PR 邵开债（139315）	58.81	120.00	0.95
16 奥德 02（139322）	77.50	61.60	0.54	PR 浏阳 01（139332）	59.98	5.00	0.03
PR 浏经债（139333）	59.89	100.00	0.60	PR 昆滇投（139335）	82.87	420.00	4.35
PR 广水债（139336）	80.65	10.00	0.08	PR 蚌埠债（139340）	82.89	20.00	0.17
PR 资兴 01（139344）	80.50	30.00	0.24	PR 南开债（139345）	82.56	60.00	0.62
PR 博山债（139347）	81.45	30.00	0.24	17 鄂交 Y1（139351）	102.00	740.00	7.58
PR 黔南 01（139356）	80.12	80.00	0.63	PR 襄汉江（139359）	81.81	280.00	2.39
PR 沣西 G1（139362）	81.48	85.00	0.76	PR 长葛债（139371）	80.01	140.00	1.12
G17 云绿 1（139372）	99.31	80.00	0.80	PR 简工债（139374）	81.60	50.00	0.41

债券成交 Bond Trading

债券 Bond

债券简称（代码）Bond Name（Code）	本年收盘（元）Close（Yuan）	成交数量（万张）Trading Vol（10000 Lots）	成交金额（亿元）Trading Value（100M Yuan）	债券简称（代码）Bond Name（Code）	本年收盘（元）Close（Yuan）	成交数量（万张）Trading Vol（10000 Lots）	成交金额（亿元）Trading Value（100M Yuan）
17鄂交Y2（139380）	103.40	450.00	4.65	PR襄高新（139381）	82.21	30.00	0.25
PR阿纺织（139384）	79.55	151.00	1.36	PR巴州债（139385）	83.16	40.00	0.33
PR吉首01（139386）	80.40	6.00	0.06	PR市北01（139395）	81.53	100.00	1.00
17蓉轨Y1（139398）	102.44	597.00	6.12	PR高科01（139399）	92.80	20.00	0.19
PR蒙自01（139402）	64.00	90.00	0.61	PR西高01（139403）	83.74	540.00	5.72
18陕高Y1（139404）	104.65	95.00	1.00	18上饶县（139407）	102.00	1461.20	14.50
18绵金债（139410）	101.99	78.00	0.80	G18HGY1（139411）	102.80	60.00	0.62
19首旅01（139414）	101.59	160.00	1.63	19首创Y1（139416）	102.63	50.00	0.51
19清镇债（139417）	101.70	446.00	4.56	PR兴开投（139418）	59.52	100.00	0.80
19蓉轨Y1（139423）	100.48	120.00	1.22	G19HGY2（139425）	103.59	190.00	1.94
G19商都1（139427）	100.00	462.40	4.63	19惠宁01（139428）	100.60	54.00	0.54
19陕投Y1（139429）	102.46	90.00	0.92	19河钢01（139431）	100.46	350.00	3.55
19陕煤Y1（139433）	99.07	760.00	7.66	G19珠Y1（139434）	101.78	90.00	0.92
19陕投Y2（139436）	100.04	260.00	2.60	19陕煤Y2（139437）	98.99	1030.00	10.34
20河钢01（139438）	99.79	520.00	5.29	20甘交Y1（139439）	101.04	30.00	0.30
20鄂交Y1（139440）	97.67	140.00	1.38	20云投Y2（139442）	99.53	210.00	2.10
20兖矿01（139444）	97.26	620.00	6.13	20河钢02（139447）	95.81	260.00	2.52
20河钢03（139449）	99.55	120.00	1.19	20兖矿02（139450）	100.33	670.00	6.71
20陕投Y1（139451）	100.00	100.00	1.00	G20公交1（139452）	100.00	10.00	0.10
G20武Y1（139453）	99.99	100.00	1.00	20蓉轨Y2（139457）	100.00	100.00	1.00
18陕交Y（139459）	106.79	160.00	1.71	16内蒙07（140006）	100.00	60.00	0.60
16河南06（140009）	99.90	30.00	0.30	16天津12（140022）	94.15	29.90	0.30
16甘肃06（140048）	100.00	1.05	0.01	16广西13（140059）	100.00	60.00	0.60
16江苏10（140065）	100.12	160.00	1.61	16江苏12（140067）	101.31	0.00	0.00
16浙江08（140075）	101.37	1.00	0.01	16福建03（140098）	101.27	610.00	6.17
16四川14（140103）	99.00	50.00	0.50	16吉林02（140111）	95.64	10.00	0.10
16内蒙10（140128）	96.83	50.00	0.51	16安徽09（140153）	100.00	100.00	1.02
16辽宁12（140164）	100.30	0.20	0.00	16上海02（140187）	100.00	150.00	1.50
16四川23（140219）	100.00	100.00	1.00	16上海06（140255）	99.48	160.48	1.60
16江苏32（140351）	96.35	2.70	0.03	16山东28（140375）	95.98	20.68	0.20
16内蒙20（140387）	100.00	1000.00	10.01	16重庆19（140394）	100.00	150.00	1.50
16浙江20（140413）	100.00	400.00	4.04	16浙江21（140414）	100.00	60.00	0.61
16陕西30（140456）	100.00	360.00	3.59	16北京12（140493）	99.90	20.00	0.20
16江苏38（140506）	100.00	200.00	2.00	17山西02（140547）	100.00	140.00	1.40
17江苏03（140565）	100.00	190.00	1.91	17浙江04（140586）	100.00	150.00	1.50
17云南05（140611）	100.00	50.00	0.52	17云南07（140613）	100.00	50.00	0.52
17广东03（140638）	100.00	30.00	0.31	17河南08（140660）	104.72	50.00	0.55
17河北10（140684）	100.00	10.00	0.10	17山东08（140715）	100.00	40.00	0.41
17广东10（140782）	102.10	100.00	1.04	17山东10（140809）	100.00	10.00	0.10
17新疆18（140841）	100.00	30.00	0.31	17贵州15（140879）	103.64	150.00	1.61
16上海10（140901）	100.00	60.00	0.60	16上海12（140903）	97.10	4.26	0.04
17河北06（140906）	100.00	20.00	0.21	17内蒙04（140930）	100.50	0.15	0.00
17浙江07（140936）	100.20	1.21	0.01	17云南09（140940）	102.00	0.08	0.00
17河南10（140945）	99.00	0.02	0.00	17云南14（140970）	100.40	0.25	0.00
17云南15（140971）	102.10	15.00	0.15	17广西23（140981）	104.01	6.40	0.07
PR银泰A（142037）	91.43	6.60	0.06	PRA（142050）	49.36	750.00	7.02
兴银B（142051）	97.50	114.00	1.10	兴银次（142052）	100.00	720.00	7.20
PR聚信次（142064）	115.84	117.00	1.34	学费05（142100）	100.00	15.00	0.15
学费06（142101）	101.30	113.92	1.14	PR远东4B（142152）	4.55	55.00	0.22
16新热04（142182）	100.00	20.00	0.20	16新热05（142183）	100.00	25.00	0.25

债券成交
Bond Trading

债券
Bond

债券简称（代码） Bond Name（Code）	本年收盘（元） Close（Yuan）	成交数量（万张） Trading Vol （10000 Lots）	成交金额（亿元） Trading Value （100M Yuan）	债券简称（代码） Bond Name（Code）	本年收盘（元） Close（Yuan）	成交数量（万张） Trading Vol （10000 Lots）	成交金额（亿元） Trading Value （100M Yuan）
16 云水 07（142211）	100.00	121.00	1.21	16 云水 08（142212）	100.00	133.00	1.33
16 云水 09（142213）	90.00	37.00	0.31	PR 郑 1A3（142284）	51.30	100.00	0.51
PR 远东 5B（142393）	16.19	437.00	3.55	PR 聚肆次（142403）	116.31	130.00	1.53
德清 07（142472）	102.50	14.00	0.14	PR 皖新 1A（142491）	88.75	360.00	3.34
16 皖新 1B（142492）	100.00	195.00	1.95	G 葛洲坝 5（142530）	99.78	152.00	1.52
PR03（142536）	6.78	50.00	0.03	PR04（142537）	6.69	515.00	5.14
富龙 05（142538）	100.45	300.00	2.99	富龙 06（142539）	93.60	40.00	0.37
PR 聚伍次（142546）	96.48	112.00	1.11	PR 远东 6A（142556）	5.55	150.00	0.13
PR 远东 6B（142557）	68.87	386.46	3.84	怀运 04（142645）	100.11	230.00	2.30
怀运 05（142646）	99.41	250.00	2.48	怀运 06（142647）	99.30	260.00	2.57
怀运 07（142648）	99.20	280.00	2.79	绍兴 1E（142671）	100.71	24.00	0.24
绍兴 1F（142672）	101.32	286.00	2.91	绍兴 1G（142673）	101.18	322.00	3.28
绍兴 1H（142674）	100.88	334.00	3.40	兴光 2 号 I（142730）	101.07	30.00	0.30
PR04（142756）	7.60	99.00	0.37	财信 06（142758）	100.00	23.27	0.23
PR 聚 01B（142763）	76.97	162.00	1.63	17 聚 01 次（142764）	115.90	176.00	2.04
凯恒优 A（142779）	101.44	350.00	3.55	凯恒优 B（142780）	98.31	350.00	3.44
17 九通 A4（142799）	100.00	236.00	2.36	17 九通 A5（142800）	102.00	345.00	3.46
17 九通 A6（142801）	100.00	333.00	3.33	PR 上实次（142851）	40.00	438.50	2.24
21 世纪 09（142863）	100.64	76.00	0.77	PRG 贵交 4（142894）	25.00	90.00	0.90
G 贵公交 5（142895）	101.13	60.00	0.61	G 贵公交 6（142896）	101.13	30.00	0.30
PR 庆春 A（142897）	85.72	284.00	2.43	PR 庆春 B（142898）	85.75	108.46	0.93
G 贵公交 7（142900）	99.04	255.00	2.56	G 贵公交 8（142901）	98.12	315.00	3.15
PR02（142984）	25.01	210.00	0.53	PR03（142985）	75.00	146.00	1.46
17 中民 07（142997）	100.00	342.00	3.42	17 浦建 01（143001）	100.13	0.40	0.00
17 中核 01（143002）	100.00	450.00	4.50	17 联邦 01（143004）	100.00	75.75	0.76
17 长发 01（143005）	100.00	290.10	2.90	17 东旭 01（143007）	45.00	480.08	0.40
17 鲁资 01（143010）	100.16	316.20	3.17	17 沪投 01（143011）	101.31	140.00	1.42
17 渝信 01（143012）	99.95	723.66	7.16	17 渝信 02（143013）	86.49	2040.47	17.51
17 锡公 01（143015）	102.05	2206.00	22.49	17 智慧 01（143016）	99.50	0.00	0.00
17 华汽 01（143017）	80.00	4222.91	32.05	18 金地 07（143018）	102.50	564.50	5.74
17 东莞债（143019）	102.20	838.00	8.52	17 复药 01（143020）	100.20	1257.00	12.62
17 东吴债（143021）	102.00	500.00	5.14	17 豫电 01（143023）	99.70	7.10	0.07
17 桂农 01（143024）	100.50	30.00	0.30	17 辽能 01（143025）	100.80	700.00	7.05
18 中储 01（143026）	102.00	180.00	1.85	17 荣盛 01（143027）	100.00	1361.84	13.75
18 沪资 02（143029）	101.29	1020.00	10.36	17 华置债（143031）	100.05	286.53	2.87
17 杭旅 01（143032）	104.18	519.00	5.30	17 保文 01（143033）	100.00	10.00	0.10
17 中保债（143034）	99.20	869.49	8.75	17 工投 01（143035）	99.94	30.00	0.30
17 国证债（143036）	100.17	655.00	6.56	17 中科 01（143037）	100.00	75.00	0.76
17 北方 01（143039）	100.70	1052.00	10.79	17 金钰债（143040）	100.00	10.00	0.01
17 闽电 01（143042）	100.00	847.98	8.54	17 邮政 01（143043）	100.20	484.00	4.85
17 晋电 05（143044）	103.73	411.00	4.23	17 广晟 01（143045）	99.72	2399.60	24.11
17 南传 01（143047）	96.00	179.11	1.63	17 兵器 01（143048）	100.25	711.00	7.13
17 长峰 01（143051）	99.52	172.15	1.70	17 成龙 01（143052）	90.00	150.00	1.47
17 南三 01（143055）	100.00	510.00	5.04	17 富宇 01（143057）	102.00	60.00	0.60
17 中经债（143058）	101.80	3171.00	32.27	17 蚌投 02（143060）	100.00	599.11	6.02
17 正集 01（143061）	100.60	185.00	1.85	17 首农 01（143062）	100.44	140.00	1.41
17 三鼎 01（143063）	87.98	43.20	0.13	17 邮政 02（143064）	100.09	931.00	9.33
17 海资 01（143065）	104.43	497.00	5.10	17 桂铁 01（143066）	101.45	391.00	3.99
17 广晟 02（143067）	100.97	678.00	6.76	17 新新能（143068）	99.60	431.87	4.33
17 川投 01（143069）	100.00	3707.76	37.05	17 鲁高 01（143070）	100.10	230.77	2.31

债券成交 Bond Trading

债券 Bond

债券简称（代码） Bond Name（Code）	本年收盘（元） Close（Yuan）	成交数量（万张） Trading Vol（10000 Lots）	成交金额（亿元） Trading Value（100M Yuan）	债券简称（代码） Bond Name（Code）	本年收盘（元） Close（Yuan）	成交数量（万张） Trading Vol（10000 Lots）	成交金额（亿元） Trading Value（100M Yuan）
17 鲁高 02（143071）	102.57	880.00	9.03	17 北汽集（143072）	100.33	472.00	4.73
17 桂交 01（143073）	102.00	2317.10	23.25	18 亦庄 01（143074）	100.98	3709.90	37.74
17 重汽 01（143075）	99.00	1482.10	14.81	17 兵装 01（143076）	100.01	250.05	2.50
17 兵装 02（143077）	99.47	732.19	7.30	17 神州 01（143078）	100.00	10.73	0.11
17 信投 G1（143079）	100.30	412.00	4.13	17 津投 01（143080）	100.40	1062.00	10.57
17 长电 01（143081）	99.99	790.18	7.94	18 陕燃 01（143082）	102.50	294.19	2.99
17 国电资（143084）	99.99	197.10	1.98	17 光明 01（143085）	100.06	1005.92	10.09
17 鲁资 02（143086）	98.90	849.00	8.50	17 穗发 01（143087）	100.00	5471.02	55.17
17 南水 01（143088）	100.02	329.25	3.30	17 南水 02（143089）	102.28	120.00	1.25
17 桂铁 02（143090）	100.93	370.00	3.71	17 华资 01（143091）	101.25	988.00	9.85
18 三友 01（143094）	100.00	673.60	6.91	17 金玛 01（143095）	100.13	12.69	0.03
17 宜交 01（143096）	102.90	1081.00	11.05	18 川投 01（143098）	100.80	1470.01	14.91
17 连港 01（143099）	102.52	245.00	2.53	17 晋交 01（143100）	102.25	1120.00	11.23
17 当代 01（143101）	100.00	875.00	8.67	17 南海 01（143102）	99.50	220.00	2.20
17 云投 G1（143103）	92.00	1172.57	11.69	17 陕能债（143104）	104.90	1284.00	13.47
17 能投 01（143105）	101.85	1559.98	15.60	17 洋河 01（143106）	100.00	285.00	2.93
17 欣捷 01（143107）	99.98	123.12	1.10	17 翔业 01（143108）	100.60	349.60	3.52
18 国证债（143109）	100.52	1796.00	18.14	G17 龙源 1（143110）	98.69	2862.00	28.34
17 亦庄 01（143113）	104.57	10.00	0.11	17 电投 01（143114）	100.00	253.84	2.54
17 电投 02（143115）	99.38	710.29	7.07	17 信投 G2（143116）	100.22	383.00	3.85
17 常熟 01（143117）	100.90	903.00	9.03	17 常熟 02（143118）	103.75	26.00	0.28
17 电投 03（143120）	100.12	83.53	0.84	17 电投 04（143121）	99.40	584.19	5.82
皖交控 01（143122）	102.35	691.00	7.11	17 天图 01（143124）	102.00	963.60	9.77
17 金隅 01（143125）	100.00	5253.73	52.66	17 金隅 02（143126）	103.10	67.90	0.71
17 天风 01（143127）	99.00	1560.00	15.49	G17 华电 1（143130）	99.07	160.00	1.61
17 浦土 01（143132）	98.42	592.50	5.92	17 兴泸 01（143133）	100.00	2950.00	29.49
18 双欣 01（143134）	98.50	45.24	0.44	17 东兴 02（143135）	100.85	390.00	3.92
17 东兴 03（143136）	103.40	709.20	7.31	18 际华 01（143137）	100.30	656.11	6.65
17 长园债（143139）	99.89	883.37	8.82	17 武投 01（143142）	100.00	550.00	5.64
17 鹏博债（143143）	96.00	1367.61	10.59	17 皖盐债（143145）	100.00	70.00	0.70
17 恒信 01（143146）	100.27	444.00	4.46	17 特变 01（143147）	100.00	0.18	0.00
17 特变 02（143148）	100.00	218.50	2.20	17 广汇 01（143149）	100.00	168.02	1.67
17 金玛 02（143150）	99.78	15.14	0.09	17 国信二（143152）	100.30	313.40	3.15
17 圆融 01（143153）	101.00	160.00	1.61	17 光证 G1（143154）	100.01	764.19	7.68
17 光证 G2（143155）	102.88	1567.42	16.05	17 港务 01（143156）	100.65	221.00	2.22
17 华融 G1（143157）	100.41	301.91	3.04	17 银河 G1（143158）	100.02	2476.54	24.91
17 联想 01（143159）	99.24	944.80	9.50	17 电投 05（143160）	100.00	175.43	1.76
17 电投 06（143161）	98.15	603.36	6.03	17 电投 07（143162）	100.07	600.21	6.01
17 电投 08（143163）	98.25	294.55	2.96	17 世茂 G1（143165）	100.01	439.75	4.42
17 光控 01（143166）	99.80	1615.50	16.13	17 光控 02（143167）	102.50	1891.00	19.45
17 兵装 05（143169）	100.10	1107.60	11.12	17 杭旅 02（143171）	102.20	555.00	5.71
17 沪宁 01（143172）	100.00	260.00	2.66	17 广药 02（143174）	100.25	105.00	1.06
17 金地 01（143175）	102.15	3153.82	32.09	17 金地 02（143176）	103.20	633.00	6.60
17 杭金 01（143178）	104.99	181.40	1.86	17 杭金 02（143179）	100.00	412.00	4.14
G17 华电 2（143180）	101.10	110.00	1.10	G17 华电 3（143181）	102.30	365.00	3.76
17 建材 01（143182）	100.00	799.80	8.04	17 建材 02（143183）	101.80	1035.00	10.71
17 巨化 01（143184）	100.00	127.56	1.28	17 工贸债（143186）	100.99	181.00	1.81
17 洪政 01（143187）	100.85	123.00	1.24	18 长电 01（143188）	100.62	1620.10	16.44
18 蓉产 01（143189）	100.00	1696.00	17.36	17 荣盛 02（143190）	100.50	407.18	4.09
17 恒信 02（143191）	100.64	470.05	4.73	17 邮政 03（143192）	100.00	1520.00	15.28

债券成交
Bond Trading

债券简称（代码）Bond Name（Code）	本年收盘（元）Close（Yuan）	成交数量（万张）Trading Vol（10000 Lots）	成交金额（亿元）Trading Value（100M Yuan）	债券简称（代码）Bond Name（Code）	本年收盘（元）Close（Yuan）	成交数量（万张）Trading Vol（10000 Lots）	成交金额（亿元）Trading Value（100M Yuan）
17 电投 09（143193）	100. 02	821. 95	8. 24	17 电投 10（143194）	98. 90	500. 20	5. 03
18 格地 02（143195）	101. 65	1290. 00	12. 80	17 张江 01（143196）	101. 20	3140. 00	31. 33
17 晋圣 01（143197）	103. 85	1471. 00	15. 24	17 华鲁 01（143198）	100. 08	490. 60	4. 93
17 中煤 01（143199）	100. 70	271. 00	2. 72	17 产发 01（143200）	103. 00	595. 09	6. 08
17 南山 01（143201）	94. 99	165. 40	1. 60	17 电控 01（143203）	100. 05	501. 00	5. 04
17 平租 02（143204）	99. 71	3411. 00	34. 02	17 福投 01（143205）	101. 30	680. 00	6. 98
17 皖交 03（143207）	102. 60	42. 87	0. 44	17 皖交 04（143208）	102. 85	466. 40	4. 78
G17 光水 1（143209）	100. 75	1254. 00	12. 52	17 合盛 01（143210）	100. 30	106. 60	1. 07
17 豫高速（143213）	101. 40	2683. 00	26. 78	17 晋然债（143214）	98. 60	98. 68	0. 99
17 京资 01（143215）	99. 90	727. 00	7. 32	17 京资 02（143216）	101. 80	441. 00	4. 51
17 华药债（143217）	99. 80	20. 00	0. 20	17 清控 01（143218）	36. 40	1688. 37	11. 47
17 昌控 01（143219）	101. 00	591. 00	6. 03	17 连云港（143220）	100. 05	1702. 00	17. 05
17 海资 02（143221）	100. 40	310. 90	3. 13	17 圆融 02（143222）	98. 99	492. 00	4. 94
17 南水 03（143223）	100. 50	854. 00	8. 59	17 南水 04（143224）	101. 75	107. 22	1. 10
17 津投 03（143225）	100. 50	1711. 50	16. 79	18 格地 03（143226）	103. 12	529. 10	5. 41
17 船重 01（143227）	100. 80	280. 00	2. 82	18 中煤 07（143228）	101. 79	1034. 30	10. 48
17 国君 G1（143229）	100. 07	1842. 73	18. 55	17 国君 G2（143230）	101. 53	208. 95	2. 14
17 海通 01（143231）	100. 11	1072. 81	10. 79	17 海通 02（143232）	102. 86	10. 00	0. 10
17 东方债（143233）	104. 40	1158. 20	12. 19	17 陕煤 01（143234）	100. 02	1007. 50	10. 13
17 舟交 01（143235）	102. 00	438. 70	4. 51	17 鲁信 01（143236）	102. 70	160. 00	1. 64
17 苏新 02（143237）	102. 25	974. 33	10. 10	17 普天 01（143238）	99. 99	327. 36	3. 27
17 电投 11（143239）	100. 00	427. 40	4. 28	17 电投 12（143240）	100. 79	130. 00	1. 31
17 南山 02（143241）	99. 69	295. 06	2. 87	17 首农 02（143242）	100. 12	504. 00	5. 08
17 光大 01（143243）	100. 00	1909. 01	19. 23	17 光大 02（143244）	104. 58	1804. 00	18. 54
17 电投 13（143245）	100. 20	543. 40	5. 45	17 电投 14（143246）	100. 53	270. 00	2. 71
17 浦土 02（143247）	100. 00	60. 00	0. 60	18 杭金 03（143248）	100. 00	468. 00	4. 78
G17 华电 4（143249）	100. 71	420. 00	4. 23	18 杭金 04（143250）	103. 25	40. 00	0. 42
17 荣盛 03（143251）	99. 99	609. 00	6. 12	17 鄂资 01（143252）	100. 10	132. 00	1. 31
17 豫电 02（143253）	99. 96	90. 44	0. 91	17 国联 01（143254）	99. 90	10. 00	0. 10
17 中油 01（143255）	100. 88	828. 00	8. 34	17 泰瑞 01（143256）	99. 08	26. 38	0. 25
17 广电 01（143257）	102. 70	1712. 05	17. 55	17 洋河 02（143258）	100. 71	198. 90	2. 00
18 闽能 02（143259）	100. 69	837. 00	8. 49	17 国投 01（143260）	100. 87	520. 00	5. 23
17 百联 01（143261）	100. 99	340. 14	3. 43	17 平租 04（143263）	100. 39	3681. 90	36. 88
17 港务 02（143264）	100. 50	551. 80	5. 55	17 泰达 02（143265）	90. 00	1029. 66	10. 20
17 光大 03（143266）	100. 30	80. 00	0. 81	17 光大 04（143267）	100. 00	200. 00	2. 05
17 远东四（143268）	100. 90	135. 74	1. 37	17 远东五（143269）	102. 89	1297. 70	13. 39
17 东港 01（143270）	100. 60	188. 00	1. 90	17 南铝债（143271）	100. 00	206. 93	2. 07
17 建发 01（143272）	100. 25	626. 10	6. 28	17 两江 01（143273）	100. 79	622. 00	6. 27
17 沪国 01（143275）	103. 70	969. 00	9. 94	17 川电 01（143276）	102. 23	300. 00	3. 11
17 信债 01（143278）	100. 96	660. 00	6. 66	17 宁资债（143280）	100. 20	190. 00	1. 92
18 张江 02（143281）	101. 30	580. 00	5. 90	17 平租 05（143282）	100. 90	991. 00	9. 87
17 江海 G1（143283）	101. 04	390. 00	3. 93	17 鑫海 02（143284）	102. 99	140. 00	1. 40
G17 风电 1（143285）	100. 07	224. 99	2. 29	17 杭汽 01（143286）	102. 00	830. 00	8. 39
17 联投 01（143287）	100. 24	2357. 22	23. 69	17 广汇 02（143290）	99. 80	70. 54	0. 69
17 渝高 01（143291）	103. 54	1105. 10	11. 40	17 津投 05（143292）	100. 74	1047. 00	10. 42
18 川发 02（143293）	102. 30	1447. 00	15. 05	17 银河 G2（143294）	100. 48	1758. 50	17. 72
17 象屿 01（143295）	100. 30	1650. 00	16. 64	17 富宇 02（143296）	70. 00	0. 10	0. 00
17 大华 01（143297）	100. 00	280. 00	2. 80	17 兵装 07（143298）	100. 03	872. 40	8. 80
17 兵装 08（143299）	103. 85	300. 00	3. 10	17 兵装 09（143300）	100. 00	120. 00	1. 26
17 海通 03（143301）	103. 00	360. 00	3. 83	17 中科 02（143302）	100. 00	155. 00	1. 56

债券成交 Bond Trading

债券 Bond

债券简称（代码） Bond Name（Code）	本年收盘（元） Close（Yuan）	成交数量（万张） Trading Vol（10000 Lots）	成交金额（亿元） Trading Value（100M Yuan）	债券简称（代码） Bond Name（Code）	本年收盘（元） Close（Yuan）	成交数量（万张） Trading Vol（10000 Lots）	成交金额（亿元） Trading Value（100M Yuan）
17 北方 02（143303）	101.50	1604.54	16.46	17 江铜 01（143304）	101.14	298.00	3.03
17 电建债（143305）	106.10	404.12	4.20	17 不动 01（143306）	100.30	838.08	8.45
17 世茂 G2（143308）	101.40	270.00	2.73	18 苏通 01（143309）	102.00	1417.59	14.69
17 建租 01（143310）	100.29	577.50	5.82	17 义乌 01（143311）	99.88	5065.00	50.67
17 义乌 02（143312）	100.00	130.00	1.33	17 华药 02（143313）	99.80	253.15	2.53
17 居然 01（143314）	99.17	788.00	7.85	17 广汇 G2（143315）	97.70	450.01	4.47
17 三鼎 02（143316）	90.00	60.00	0.20	18 五资 02（143317）	101.12	1040.00	10.56
17 农投 01（143319）	100.95	210.00	2.12	17 晋中 01（143320）	100.00	451.01	4.54
17 首创债（143323）	100.50	237.00	2.39	17 苏保债（143324）	101.00	375.02	3.79
17 光证 G3（143325）	100.20	1424.60	14.39	17 光证 G4（143326）	101.75	210.00	2.16
17 中材 03（143328）	102.26	332.00	3.41	G17 三峡 3（143329）	100.00	559.90	5.66
18 华数 02（143330）	100.81	1123.50	11.40	17 广汇 03（143331）	98.00	555.79	5.24
17 世茂 G3（143332）	100.19	225.00	2.27	17 江海 G2（143333）	99.44	785.00	7.90
17 蓉工 01（143334）	102.13	1110.00	11.16	17 国元 01（143335）	102.21	280.00	2.87
17 海通 04（143336）	100.00	245.00	2.48	17 国君 G3（143337）	100.18	722.80	7.29
17 益佰 01（143338）	99.50	0.40	0.00	17 卓越 01（143339）	100.20	1667.60	16.70
17 老窖 01（143340）	99.80	943.30	9.49	17 南京 01（143341）	101.75	536.50	5.49
17 招商 G2（143342）	100.00	295.00	2.97	17 洪政 02（143343）	101.00	482.00	4.87
17 红星 01（143344）	99.76	552.47	5.47	17 红星 02（143345）	98.00	39.68	0.38
17 科工 01（143346）	100.00	73.00	0.73	G17 能源 1（143347）	99.50	245.00	2.46
17 五资 01（143348）	101.30	447.00	4.49	17 天图 02（143349）	100.60	760.70	7.66
17 科发债（143350）	101.00	1308.60	13.27	18 翔业 01（143352）	101.14	1423.80	14.41
17 中车 G1（143353）	101.31	1385.00	13.96	17 中车 G2（143354）	104.69	1010.00	10.52
17 国控 01（143355）	102.10	516.00	5.33	17 日照 01（143356）	102.50	280.00	2.87
17 工投 02（143357）	99.94	160.00	1.60	17 天风 02（143358）	100.30	1274.00	12.77
17 华汇 01（143359）	99.20	115.00	1.16	17 川发 01（143360）	103.50	978.20	10.38
17 中冶 01（143361）	100.00	546.00	5.70	17 三鼎 03（143362）	90.00	6.70	0.01
18 广汇 G1（143363）	100.00	660.42	6.64	17 北控 02（143364）	102.82	1410.00	14.51
17 九华旅（143365）	100.48	146.76	1.48	17 环能 01（143366）	102.50	5322.30	54.59
17 金证 01（143367）	101.70	340.00	3.48	17 招金 01（143368）	99.90	411.00	4.15
17 招商 G3（143369）	100.09	500.00	5.04	17 沪中环（143371）	101.72	210.00	2.10
18 核建 01（143372）	100.45	1445.63	14.62	18 核建 02（143373）	100.42	1281.50	12.96
17 红豆 01（143374）	99.51	319.48	3.06	17 成龙 03（143376）	94.99	147.85	1.31
17 穗金控（143377）	104.40	935.00	9.64	17 绍交 02（143378）	101.00	845.00	8.51
17 合盛 02（143379）	100.00	84.00	0.84	17 华能 01（143380）	100.94	657.40	6.63
18 宁安 02（143381）	100.39	2823.00	28.61	17 颖泰 01（143383）	100.00	1235.25	12.10
18 粤控 01（143386）	101.03	816.00	8.28	17 永钢 01（143389）	97.89	280.00	2.79
18 招商 G6（143392）	100.48	3446.50	34.84	17 招金 02（143394）	98.90	130.00	1.32
17 汇鸿 01（143395）	101.62	901.00	9.12	17 浙旅 01（143396）	101.70	66.00	0.66
18 闽电 01（143397）	99.00	461.12	4.65	17 中船 01（143398）	100.00	110.00	1.10
17 中船 02（143399）	105.13	380.00	3.95	17 开旅 01（143401）	100.00	42.00	0.42
17 远洋 01（143402）	104.90	1652.10	16.81	17 三福 02（143404）	99.78	39.27	0.38
17 新大 01（143405）	100.00	301.20	0.69	17 不动 02（143407）	100.00	240.00	2.42
18 招金 02（143408）	100.60	1469.00	14.90	17 万向 01（143409）	100.00	100.00	1.01
17 义乌 03（143410）	99.58	2018.00	20.13	17 贵产 01（143413）	105.80	782.00	8.30
17 兴泸 03（143414）	102.10	1951.00	19.49	18 钢钒 02（143415）	101.00	1081.20	11.01
17 中信 G4（143417）	100.30	600.00	6.09	17 亚通 01（143418）	104.00	91.41	0.91
18 津投 05（143419）	100.00	1237.00	12.62	18 津投 06（143420）	103.30	295.13	3.06
18 新发 01（143421）	100.65	171.50	1.73	18 复药 01（143422）	101.35	594.00	6.05
17 联讯 01（143423）	101.15	595.00	6.02	17 绍交 03（143424）	100.74	816.00	8.26

债券成交
Bond Trading

债券简称（代码） Bond Name（Code）	本年收盘（元） Close（Yuan）	成交数量（万张） Trading Vol（10000 Lots）	成交金额（亿元） Trading Value（100M Yuan）	债券简称（代码） Bond Name（Code）	本年收盘（元） Close（Yuan）	成交数量（万张） Trading Vol（10000 Lots）	成交金额（亿元） Trading Value（100M Yuan）
17 绍城投（143426）	100.00	50.00	0.52	17 红星 03（143427）	99.70	158.70	1.57
17 三鼎 04（143429）	80.00	58.53	0.21	18 三峡 01（143430）	100.00	47.00	0.47
17 泰瑞 02（143431）	97.50	45.19	0.42	18 云工 01（143432）	100.00	600.00	6.03
17 陕能 02（143433）	105.50	1130.00	11.70	17 陕能 03（143434）	111.15	1434.96	15.46
17 紫江 01（143435）	101.80	105.00	1.06	17 海科 01（143436）	99.90	212.63	1.98
17 乌资 01（143438）	100.00	566.19	5.74	18 熊猫 01（143440）	100.00	100.00	1.01
17 贵安 01（143441）	99.00	1614.92	15.85	18 光水 01（143442）	101.92	254.00	2.57
18 复星 01（143446）	100.00	585.71	5.92	18 力控 01（143447）	92.00	2.50	0.01
18 大华 01（143448）	100.00	150.00	1.53	18 绿城 01（143450）	100.40	1525.85	15.45
18 市北 02（143451）	101.87	218.00	2.23	18 国都 G1（143452）	100.00	40.00	0.40
18 吉高 01（143453）	101.80	1689.03	17.70	18 路桥 01（143454）	103.15	300.00	3.03
18 红狮 01（143455）	102.70	256.90	2.62	18 成大 01（143458）	99.98	256.60	2.66
18 招商 G1（143460）	100.25	460.00	4.69	18 紫金 01（143461）	100.47	2211.00	22.48
18 东风 01（143462）	100.00	40.00	0.40	18 延长 01（143463）	100.69	6441.02	65.58
18 海通 04（143464）	102.48	3061.00	30.93	18 亦庄 02（143465）	101.33	1424.00	14.45
18 中银 01（143466）	100.21	21.00	0.21	18 联想 01（143467）	100.00	332.81	3.39
18 国联 01（143468）	100.56	660.00	6.61	18 建材 09（143469）	100.47	1543.10	15.68
18 建材 10（143470）	103.60	1500.00	15.43	18 新业 01（143471）	100.90	195.00	1.97
18 陕投 01（143473）	101.12	100.00	1.04	18 陕投 02（143474）	106.10	250.00	2.71
18 建材 01（143475）	100.29	139.50	1.41	18 台金 01（143476）	100.00	657.10	6.67
18 贵安 01（143477）	96.65	2871.98	28.18	18 皖投 01（143478）	100.30	1660.00	16.77
18 浦建 01（143479）	99.50	209.00	2.09	18 海通 01（143480）	100.43	3630.00	36.61
18 京资 01（143482）	101.00	1766.66	17.99	18 京资 02（143483）	105.88	800.00	8.55
18 南水 02（143486）	101.30	910.00	9.25	18 帝泰 01（143487）	99.99	35.63	0.36
18 复星 02（143488）	103.30	1044.00	10.59	18 渝高 01（143489）	102.40	700.00	7.11
18 银河 G1（143492）	100.46	1695.00	17.31	18 象屿 01（143493）	100.85	160.00	1.62
18 香江 01（143494）	100.00	166.00	1.64	18 豫高 01（143495）	101.70	610.00	6.20
18 沪资 01（143496）	100.65	480.50	4.88	18 天风 01（143497）	103.48	1310.00	13.33
18 国信三（143498）	101.46	640.00	6.46	18 深航 02（143499）	101.40	153.00	1.56
18 公用 01（143500）	103.32	210.00	2.16	18 南山 03（143501）	99.30	477.85	4.69
18 铁建 Y1（143502）	103.20	1594.00	16.17	18 招金 01（143503）	101.78	2128.00	21.74
18 华能 01（143504）	100.52	661.00	6.73	18 舟交 01（143505）	102.94	1020.00	10.38
18 建材 02（143507）	100.30	1277.70	13.07	18 宜华 01（143509）	47.99	66.50	0.34
18 龙湖 01（143510）	100.80	2010.57	20.49	18 南报 01（143511）	100.00	60.00	0.61
18 中信 G1（143512）	100.48	930.96	9.48	18 国控 01（143513）	106.31	380.00	3.97
18 粤桥 01（143515）	100.00	20.00	0.21	18 当代 01（143516）	100.00	348.00	3.46
18 锦江 01（143517）	102.33	110.00	1.11	G18 临港 1（143518）	102.50	486.00	4.89
G18 临港 2（143519）	101.81	58.50	0.60	18 金地 01（143520）	101.52	2576.50	26.39
18 吉高 02（143522）	101.86	5186.00	54.49	18 宁安 01（143523）	100.50	797.12	8.11
G18 光水 1（143525）	100.50	254.32	2.58	18 老窖 01（143526）	100.70	1949.69	19.81
18 国君 G1（143528）	100.40	2287.00	23.24	18 海通 02（143529）	101.17	3461.20	35.16
18 陕投 03（143530）	107.00	704.98	7.40	18 陕投 04（143531）	106.80	276.00	2.89
18 绍城 01（143532）	100.40	892.00	9.13	18 国投 01（143533）	100.48	1797.25	18.25
18 天风 02（143534）	100.70	1409.53	14.36	18 荣和 01（143535）	100.00	600.00	6.00
18 复星 03（143536）	99.60	190.59	1.93	18 陆债 01（143538）	102.52	572.00	5.81
18 凤祥 01（143539）	98.70	113.41	1.12	18 栖建 01（143540）	102.67	832.80	8.46
18 南资 01（143541）	101.10	470.00	4.75	18 钢钒 01（143542）	102.70	195.00	1.97
G18 华综 1（143544）	100.15	632.38	6.44	18 建材 11（143545）	100.60	1301.80	13.12
18 旭辉 03（143547）	100.11	975.00	9.81	18 海科 01（143548）	97.50	66.32	0.65
18 珠实 01（143549）	100.00	865.00	8.78	18 华夏 01（143550）	89.59	4775.14	47.69

债券成交
Bond Trading

债券
Bond

债券简称（代码） Bond Name（Code）	本年收盘（元） Close（Yuan）	成交数量（万张） Trading Vol （10000 Lots）	成交金额（亿元） Trading Value （100M Yuan）	债券简称（代码） Bond Name（Code）	本年收盘（元） Close（Yuan）	成交数量（万张） Trading Vol （10000 Lots）	成交金额（亿元） Trading Value （100M Yuan）
18华夏02（143551）	94.30	826.76	8.35	18市政01（143552）	101.86	40.00	0.41
18市政02（143553）	94.00	81.10	0.84	18国信一（143554）	100.43	358.00	3.59
18国信二（143555）	101.40	276.00	2.80	18特变01（143556）	100.37	368.00	3.68
18特变02（143557）	100.00	80.00	0.80	18桂交01（143559）	102.90	1207.00	12.32
18豫高02（143560）	101.50	835.00	8.51	18航集01（143561）	102.28	920.00	9.37
18川发01（143562）	103.77	1278.10	13.55	18张江01（143563）	100.83	1566.10	15.86
18京投03（143564）	100.46	1273.45	12.92	18不动01（143566）	100.42	1920.10	19.49
18住总01（143567）	100.59	470.10	4.80	18建材12（143568）	102.19	800.00	8.23
18国控02（143569）	103.90	1328.00	13.94	18兵器01（143570）	100.50	2894.00	29.35
18南水01（143571）	101.29	1678.20	17.05	18南京01（143572）	103.20	200.00	2.05
18杭金01（143573）	100.45	1052.00	10.73	18杭金02（143574）	103.35	1294.01	13.46
18光证G1（143575）	100.10	567.00	5.69	18光证G2（143576）	100.40	3427.30	34.79
18南山01（143577）	99.31	119.82	1.18	18南山02（143578）	92.12	781.53	7.08
18军工债（143579）	102.55	114.00	1.16	18穗发01（143580）	100.65	1260.50	12.83
18象屿02（143581）	100.67	685.40	6.95	18中化01（143582）	100.60	2153.30	21.79
18龙湖03（143583）	100.65	1254.00	12.81	18电投01（143584）	100.40	2670.91	27.06
18深燃01（143585）	101.70	578.61	5.99	18神州01（143586）	100.00	82.03	0.81
18航集02（143587）	100.05	510.00	5.11	18沪国01（143588）	103.00	369.94	3.86
18建材03（143589）	100.39	960.10	9.75	18建材04（143590）	102.32	341.60	3.58
18鲁金02（143591）	101.70	1080.00	10.90	18能建01（143592）	102.20	1858.00	18.84
18招金03（143593）	101.40	433.00	4.39	18华数01（143594）	102.50	782.30	7.97
18君华01（143595）	95.90	1533.85	14.99	18陕煤01（143598）	100.45	2060.00	20.92
18甬投01（143599）	98.28	909.50	9.14	18阳集01（143600）	100.00	633.00	6.31
18深航04（143601）	100.50	534.00	5.41	18雅砻01（143602）	101.84	395.00	4.00
18扬城控（143605）	103.90	1170.86	12.30	18鹏博债（143606）	84.83	1448.62	13.45
18国君G2（143607）	100.52	5747.80	58.45	18威国01（143608）	101.00	363.25	3.69
18津创01（143609）	100.30	690.00	7.00	18新工01（143610）	100.45	180.00	1.82
18新工02（143611）	102.20	144.50	1.46	18绍城02（143612）	100.00	790.00	7.99
18市北01（143613）	101.34	450.00	4.57	18景国01（143614）	100.00	160.00	1.64
18远海01（143615）	100.40	713.50	7.25	18浙能01（143616）	104.00	2397.00	25.00
18迈科01（143617）	100.00	1413.91	14.15	18陕旅01（143618）	106.20	853.00	8.76
18歌山01（143619）	100.00	30.71	0.31	18国科01（143620）	100.41	446.20	4.48
18蓝星02（143621）	102.69	150.00	1.54	18粤电01（143623）	100.95	2379.54	24.19
18中科01（143624）	100.00	102.00	1.04	18贵产01（143625）	109.80	423.00	4.59
18招商G2（143626）	100.31	2158.00	21.70	18招商G3（143627）	102.82	960.00	9.77
18新业03（143628）	101.00	378.01	3.89	18中凯01（143629）	101.40	681.00	6.95
18华谊01（143630）	103.09	263.00	2.71	18南港01（143631）	99.00	143.01	1.49
18海通03（143632）	100.45	3952.00	40.18	18粤财01（143633）	100.60	1285.00	12.99
18中冶01（143634）	100.55	1173.60	11.95	18中冶02（143635）	106.99	173.00	1.81
18国联G1（143636）	101.80	790.68	8.12	18日照01（143637）	105.10	205.00	2.08
18中煤01（143638）	101.75	310.90	3.14	18中煤02（143639）	102.70	40.00	0.41
18隧道01（143640）	100.53	296.00	3.02	18江海债（143641）	100.00	300.00	3.04
18国电01（143642）	100.40	778.50	7.91	18联想02（143643）	98.39	1238.00	12.56
18复地01（143644）	99.70	3698.00	37.12	18电投02（143645）	100.60	1577.01	16.06
18电投03（143647）	100.69	2154.50	21.94	18国投02（143648）	100.53	806.00	8.19
18成龙01（143649）	99.99	100.20	0.77	18绿城07（143650）	101.47	1528.98	15.58
18北方01（143651）	100.00	170.00	1.71	18光证G3（143652）	102.99	2585.00	26.26
18元禾01（143653）	100.75	416.40	4.27	18泰富01（143654）	100.96	538.00	5.44
18文投01（143656）	100.00	770.00	7.75	18金地03（143657）	102.90	907.40	9.16
18金地04（143658）	103.30	1485.00	15.22	18西地01（143659）	101.00	31.50	0.32

债券成交 Bond Trading

债券 Bond

债券简称（代码） Bond Name（Code）	本年收盘（元） Close（Yuan）	成交数量（万张） Trading Vol（10000 Lots）	成交金额（亿元） Trading Value（100M Yuan）	债券简称（代码） Bond Name（Code）	本年收盘（元） Close（Yuan）	成交数量（万张） Trading Vol（10000 Lots）	成交金额（亿元） Trading Value（100M Yuan）
18 国电 02（143662）	100.71	922.92	9.40	18 苏城 01（143663）	100.69	884.82	9.01
18 保集 01（143664）	107.90	770.96	7.61	18 兴泸 01（143665）	103.30	640.00	6.52
18 远洋 01（143666）	101.62	1259.00	12.84	18 农投 01（143667）	102.31	10.00	0.10
18 皖高速（143668）	103.20	210.00	2.15	18 宁开控（143669）	106.21	660.00	7.02
18 中煤 03（143670）	100.60	1094.00	11.14	18 恒安 01（143671）	100.00	652.00	6.54
18 兴泸 02（143672）	100.00	10.00	0.11	18 伊泰 01（143673）	103.00	1771.00	18.02
18 临债 01（143674）	98.24	276.10	2.76	18 津投 02（143676）	103.50	60.00	0.62
18 临债 02（143677）	102.84	340.00	3.44	18 新望 01（143678）	100.10	150.00	1.51
18 龙湖 04（143679）	100.77	1354.10	13.74	18 西股 01（143680）	101.05	503.00	5.10
18 中银投（143681）	100.82	1168.00	11.89	18 中核 01（143682）	100.90	1394.70	14.14
18 建材 05（143684）	101.66	2273.50	23.03	18 中证 G1（143685）	100.69	2311.10	23.49
18 中证 G2（143686）	103.41	1120.00	11.69	18 建材 06（143687）	105.74	753.00	7.88
18 建投 01（143689）	101.18	710.00	7.23	18 齐鲁 01（143690）	102.83	1223.00	12.46
18 桂交 02（143691）	101.43	815.00	8.33	18 当代 02（143692）	100.00	1613.00	16.07
18 华夏 03（143693）	93.00	2931.64	29.36	18 金地 05（143694）	101.00	1184.85	11.97
18 金地 06（143695）	101.06	311.50	3.21	18 盛屯 01（143696）	100.00	30.50	0.30
18 华宇 05（143698）	100.00	1470.00	14.65	18 佛控 01（143699）	100.68	214.00	2.18
18 宁资 01（143700）	102.08	370.00	3.77	18 居然 01（143701）	100.00	170.00	1.71
18 闽能 01（143704）	101.46	971.00	9.88	18 蓝星 01（143705）	101.68	1019.00	10.34
18 中煤 05（143706）	100.58	1656.50	16.88	18 中煤 06（143707）	105.89	691.00	7.25
18 诚通 01（143709）	100.88	6291.05	64.17	18 招商 G5（143712）	100.61	2980.10	30.25
18 实业 02（143714）	99.00	161.16	1.56	18 国电 03（143716）	100.70	1637.10	16.59
18 渝高 02（143719）	101.46	968.60	9.83	18 建材 07（143721）	101.52	1730.00	17.61
18 建材 08（143722）	104.00	779.00	8.15	G18 风电 1（143723）	102.30	720.00	7.31
18 津投 03（143724）	100.50	1207.00	12.34	18 光明 01（143725）	100.74	3896.58	39.67
18 津投 04（143727）	103.94	316.00	3.32	18 国科 02（143728）	101.00	774.20	7.84
18 国科 03（143729）	103.14	1130.00	11.68	18 康美 01（143730）	90.00	4.00	0.03
18 金隅 01（143731）	100.67	1456.00	14.71	18 国君 G3（143732）	101.55	5544.00	56.47
18 国君 G4（143733）	105.00	192.00	2.01	18 金隅 02（143734）	103.10	1337.00	13.94
18 远海 02（143736）	100.68	4833.00	49.03	18 远海 03（143737）	102.48	1576.10	16.32
18 广开 01（143738）	104.19	1290.00	13.41	18 广开 02（143739）	102.80	2320.00	23.70
18 公用 03（143740）	100.57	598.00	6.08	18 华资 01（143742）	101.90	700.00	7.06
18 公用 04（143743）	105.50	493.00	5.17	G18 三峡 1（143744）	100.40	2960.40	29.93
G18 三峡 2（143745）	101.20	735.00	7.57	18 光明 02（143746）	101.75	3330.00	33.75
18 粤财 02（143747）	100.71	1380.50	13.92	18 粤财 03（143748）	102.20	873.00	8.98
18 云城 01（143749）	99.20	1025.09	10.26	18 云城 02（143750）	98.34	508.73	5.01
18 华综 01（143751）	100.50	923.31	9.35	18 京投 05（143753）	100.51	1150.10	11.64
18CHNG1B（143756）	100.00	60.18	0.63	18CHNG1C（143757）	105.70	272.00	2.86
18 保文 01（143760）	101.20	412.00	4.18	18 电投 04（143761）	100.80	4652.00	47.40
18 招商 G8（143762）	101.90	2550.00	25.85	18 电投 05（143764）	100.70	5316.00	54.03
18 津投 07（143765）	101.10	1128.00	11.37	18 兵装 01（143769）	100.96	3948.02	40.04
18 诚通 03（143771）	100.94	4227.70	43.01	18 诚通 02（143772）	100.80	4486.80	45.59
18 北汽集（143774）	102.32	1680.00	17.36	18 红星 01（143777）	99.98	312.16	3.10
18 绿城 09（143779）	102.83	282.00	2.89	18 中燃 01（143781）	101.00	1161.00	11.78
18 国元债（143783）	101.35	315.00	3.25	18 湘财 02（143785）	100.00	300.00	3.06
18 京投 07（143787）	101.00	1456.00	14.72	18 京投 08（143788）	100.00	20.00	0.21
18 中车 G1（143789）	100.75	3720.10	37.85	18 电投 06（143791）	100.75	5941.10	60.48
18 深航 06（143793）	100.66	601.10	6.07	18 兵器 02（143794）	100.65	2224.00	22.54
18 华福 G1（143795）	100.00	638.00	6.43	18 华能 03（143798）	107.10	450.08	4.80
18 天目湖（143799）	101.35	825.00	8.27	18 佛控 02（143800）	102.10	770.00	7.83

债券成交 Bond Trading

债券 Bond

债券简称（代码） Bond Name（Code）	本年收盘（元） Close（Yuan）	成交数量（万张） Trading Vol（10000 Lots）	成交金额（亿元） Trading Value（100M Yuan）	债券简称（代码） Bond Name（Code）	本年收盘（元） Close（Yuan）	成交数量（万张） Trading Vol（10000 Lots）	成交金额（亿元） Trading Value（100M Yuan）
18双欣02（143801）	100.00	68.23	0.68	18爱众01（143802）	100.00	187.00	1.92
18中铝01（143804）	101.56	1400.00	14.26	18中铝02（143805）	104.37	160.00	1.65
18纺织01（143806）	101.14	35.00	0.36	18电投07（143807）	100.80	4992.03	50.84
18华宝01（143808）	100.67	2249.00	22.89	18首置01（143812）	101.95	2254.40	23.01
18通用01（143814）	101.56	2020.70	20.52	18广汇G2（143817）	99.00	654.01	6.46
18如意01（143818）	52.10	171.73	1.15	18杭城01（143820）	100.85	1323.28	13.42
18旭辉05（143821）	103.68	695.00	7.11	G18绿园1（143822）	101.59	1063.36	10.82
18闽能03（143823）	101.62	657.00	6.69	18国美01（143824）	99.80	969.17	9.33
18长电02（143825）	99.77	4003.96	40.04	18粤电02（143826）	100.92	1157.00	11.83
18中航集（143827）	100.80	5318.66	54.04	18油气01（143828）	102.30	950.00	9.68
18恒信01（143829）	102.57	430.00	4.37	18保利01（143831）	101.73	500.00	5.11
18奥园04（143835）	99.80	2479.50	24.90	18建投02（143836）	100.83	850.00	8.63
18永钢01（143838）	101.33	335.50	3.41	18晟晏G1（143839）	89.00	436.60	4.27
18香江02（143841）	100.00	230.00	2.27	18淄矿01（143843）	101.76	50.00	0.51
18南港02（143844）	104.00	1220.00	12.54	18航租02（143846）	100.00	705.20	7.10
18兴杭01（143848）	101.00	3050.00	31.06	S18红狮2（143849）	100.00	110.00	1.10
18华宝03（143850）	103.03	1065.00	10.79	18华宝04（143851）	102.07	210.00	2.18
18中凯02（143852）	100.74	187.44	1.90	18阳集02（143853）	100.00	285.00	2.85
18穗建01（143854）	100.80	1372.00	13.93	18穗建02（143855）	101.76	1209.40	12.31
18北汽02（143856）	101.65	1008.60	10.36	18鸿坤01（143857）	100.00	206.72	2.04
18甬投02（143858）	100.39	140.70	1.43	18东港01（143859）	100.00	249.00	2.54
18南水04（143860）	100.91	677.00	6.85	18保集02（143862）	100.00	260.59	2.53
18腾越01（143863）	100.00	1285.92	12.99	18渝信01（143865）	94.98	2299.02	19.76
18电投08（143867）	100.79	4234.06	43.01	18电投09（143868）	102.01	2045.00	21.03
18格力01（143869）	100.00	250.00	2.52	18蓉高01（143871）	101.85	940.00	9.59
18实业05（143874）	99.87	164.41	1.63	G18三峡3（143876）	100.76	4457.01	45.16
18浦土01（143878）	101.34	1000.00	10.14	18滇城01（143880）	100.00	950.18	9.57
18恒信03（143883）	102.30	580.00	5.89	18复星04（143885）	100.53	723.00	7.33
18津投09（143886）	98.38	1250.00	12.63	18西地02（143888）	100.00	140.00	1.43
18华证01（143889）	100.00	1390.00	14.02	18陆债02（143890）	100.56	304.30	3.11
18疏浚01（143891）	100.61	4672.23	47.38	18凤祥02（143892）	100.00	401.16	3.98
18洋河01（143893）	104.30	837.83	8.62	18洋河02（143894）	102.20	414.00	4.17
18新控05（143896）	99.60	4125.77	41.47	18兴杭02（143897）	100.94	590.00	5.99
18福晟02（143899）	60.00	377.94	3.74	17招金Y1（143900）	102.50	171.00	1.75
17云续Y1（143901）	99.90	59.17	0.59	17中冶Y5（143902）	100.65	295.00	2.97
18能投Y5（143903）	100.91	1200.00	12.07	17远东Y1（143904）	100.70	1718.00	17.26
17首旅Y1（143905）	100.00	220.00	2.21	17首旅Y2（143906）	102.00	140.00	1.43
17中冶Y7（143907）	100.80	360.00	3.63	17中航Y1（143909）	100.66	700.00	7.06
18建五Y3（143910）	100.00	240.00	2.43	17首旅Y3（143911）	100.00	90.00	0.91
17首旅Y4（143912）	101.65	460.00	4.69	17渝信Y1（143913）	99.94	1016.99	9.77
17电投Y1（143915）	102.54	800.00	8.26	17兖煤Y1（143916）	100.00	2362.72	23.80
17紫金Y1（143917）	100.71	405.00	4.07	17华能Y1（143918）	101.05	555.00	5.59
17华能Y2（143919）	102.60	1463.60	15.06	17云建Y1（143920）	99.89	255.00	2.55
18阳煤Y3（143921）	102.44	1154.20	11.84	17锡投Y2（143922）	103.20	800.00	8.33
17建材Y1（143923）	101.45	335.00	3.40	17建材Y2（143924）	105.61	1010.00	10.37
17电投Y2（143925）	106.12	1433.00	14.82	17电投Y3（143926）	105.33	2605.40	26.88
17鲁高Y1（143927）	101.13	2876.00	29.01	17平租Y1（143928）	100.72	2670.23	26.90
17建集Y1（143929）	105.09	2561.00	26.60	17中保Y1（143930）	101.40	640.00	6.48
17中保Y2（143931）	103.30	360.00	3.70	17云建Y3（143932）	100.00	40.00	0.40
18建集Y1（143933）	101.83	1020.00	10.37	17新际Y1（143934）	101.75	580.00	5.87

债券成交
Bond Trading

债券简称（代码）Bond Name（Code）	本年收盘（元）Close（Yuan）	成交数量（万张）Trading Vol（10000 Lots）	成交金额（亿元）Trading Value（100M Yuan）	债券简称（代码）Bond Name（Code）	本年收盘（元）Close（Yuan）	成交数量（万张）Trading Vol（10000 Lots）	成交金额（亿元）Trading Value（100M Yuan）
17 新际 Y2（143935）	100.00	60.00	0.61	17 福新 Y1（143936）	100.00	347.00	3.52
17 鲁高 Y2（143938）	100.00	660.00	6.66	17 中交 Y1（143939）	102.50	20.00	0.20
17 建集 Y2（143940）	105.06	890.00	9.26	18 新际 Y3（143941）	102.00	300.00	3.05
17 华信 Y1（143943）	100.00	15.00	0.13	17 华信 Y2（143944）	100.00	415.00	4.13
17 能投 Y1（143945）	99.90	342.00	3.47	18 闽电 Y1（143946）	101.02	130.00	1.31
17 铁投 Y1（143947）	102.30	1584.60	16.12	18 航集 Y1（143948）	100.00	1040.00	10.43
18 航集 Y2（143950）	100.00	370.00	3.71	18 中建 Y1（143951）	107.94	667.00	7.06
G18 新 Y1（143952）	102.11	250.00	2.53	18 电力 Y1（143953）	102.80	140.00	1.42
18 能投 Y1（143954）	101.00	384.00	3.88	18 供销 Y1（143955）	100.00	270.00	2.77
18 鲁高 Y2（143956）	102.40	430.00	4.38	18 鲁高 Y1（143957）	102.91	730.00	7.47
18 京汽 Y1（143958）	102.00	865.00	8.79	18 兖煤 Y1（143959）	100.88	3701.00	37.73
18 阳煤 Y1（143960）	99.52	1268.99	13.02	18 铁建 Y2（143961）	101.30	520.00	5.27
18 能投 Y3（143962）	100.00	288.00	2.92	18 华电 Y3（143963）	100.00	520.00	5.31
18 特变 Y1（143964）	100.00	1614.00	16.26	18 华电 Y4（143965）	107.10	317.00	3.28
18 新际 Y1（143966）	101.30	2080.00	21.01	18 新际 Y2（143967）	102.90	61.00	0.63
18 渝信 Y1（143968）	98.88	733.39	6.92	18 新金 Y1（143969）	100.49	101.50	1.02
18 鲁商 Y1（143970）	100.00	557.80	5.44	18 鲁商 Y2（143971）	99.13	826.40	8.17
18 厦贸 Y1（143972）	100.00	110.07	1.10	18 电力 Y2（143973）	103.00	1370.00	13.96
18 铁投 Y1（143974）	102.00	691.00	7.05	18 兵装 Y1（143975）	101.38	1245.50	12.60
18 建五 Y1（143976）	103.20	589.00	6.00	18 沪建 Y1（143977）	102.35	2514.80	25.54
18 铁建 Y3（143978）	102.30	810.00	8.21	18 阳煤 Y2（143979）	103.63	270.00	2.77
18 建材 Y1（143980）	102.99	1278.11	13.02	18 建材 Y2（143981）	105.60	68.18	0.71
18 电投 Y1（143982）	107.83	2525.00	26.24	18 电投 Y2（143983）	103.47	1006.40	10.53
18 建二 Y1（143984）	103.02	2570.00	26.30	18 中关 Y1（143989）	101.75	3957.00	40.40
18 铁投 Y2（143990）	101.11	80.00	0.80	18 铁投 Y3（143991）	103.40	1590.00	16.19
18 华电 Y1（143992）	100.82	480.00	4.89	18 华电 Y2（143993）	102.30	270.00	2.81
18 电力 Y3（143994）	102.14	910.00	9.29	18 福新 Y1（143995）	100.00	1313.00	13.31
18 福新 Y2（143996）	100.00	220.00	2.28	18 山招 Y2（143997）	100.50	310.70	3.16
18 建材 Y3（143998）	100.00	950.00	9.63	18 建材 Y4（143999）	104.30	218.70	2.25
16 太证 C1（145001）	96.21	1405.00	13.80	16 潞矿 04（145003）	100.36	581.00	5.88
16 智光 03（145005）	100.40	60.00	0.60	16 德邦 03（145007）	98.50	100.00	0.99
16 仁怀 01（145010）	99.43	1327.80	12.57	16 上饶 01（145015）	100.49	670.00	6.75
16 合景 03（145016）	100.60	5886.80	58.76	16 合景 04（145017）	99.89	2346.20	23.27
16 合景 05（145018）	99.40	4139.00	41.11	16 山金 01（145020）	99.88	1560.00	15.61
16 阜水债（145022）	100.01	120.00	1.20	16 上饶 02（145027）	100.39	1036.00	10.43
16 慈溪 01（145028）	100.14	450.00	4.54	16 锡城投（145032）	100.02	2146.00	21.55
16 中保 01（145033）	100.07	1600.00	16.15	16 余城建（145035）	100.15	1581.50	15.96
16 海兴 02（145037）	99.35	1880.00	18.66	16 山金 02（145038）	99.67	2606.00	26.24
16 青建投（145040）	99.88	3388.00	34.00	H16 秋 01（145041）	95.00	56.00	0.53
16 首股 03（145042）	99.78	95.00	0.95	16 兴业 03（145044）	98.92	3367.00	33.62
16 长湖 02（145045）	100.00	1091.20	10.97	16 嵊州 01（145046）	101.34	1931.00	19.63
16 新泰发（145047）	99.93	410.00	4.12	16 大庆 04（145051）	101.21	30.00	0.30
16 安投 02（145052）	100.11	1138.00	11.57	16 湘财 03（145053）	99.45	362.00	3.63
16 商飞 01（145057）	98.98	2630.00	26.07	17 青城 01（145058）	99.48	740.00	7.45
17 青城 02（145059）	102.89	1320.00	13.62	16 柯桥 02（145068）	99.90	2456.60	24.66
16 东泰 01（145077）	99.85	190.00	1.90	16 涪交旅（145078）	101.07	80.00	0.81
16 苏控 01（145083）	100.13	60.00	0.60	16 淮水 05（145084）	99.83	640.00	6.41
16 长寿 02（145097）	99.42	1040.70	10.31	16 绍交 01（145102）	99.86	1413.80	14.19
16 开乾 02（145104）	100.11	470.00	4.69	16 文旅 01（145109）	99.91	287.00	2.85
16 先导 05（145112）	100.14	2265.00	22.70	17 湘乡 01（145113）	100.00	375.00	3.77

债券成交
Bond Trading

债券
Bond

债券简称（代码） Bond Name（Code）	本年收盘（元） Close（Yuan）	成交数量（万张） Trading Vol (10000 Lots)	成交金额（亿元） Trading Value (100M Yuan)	债券简称（代码） Bond Name（Code）	本年收盘（元） Close（Yuan）	成交数量（万张） Trading Vol (10000 Lots)	成交金额（亿元） Trading Value (100M Yuan)
17湘乡02（145114）	100.29	90.00	0.90	17郴高01（145115）	99.90	150.00	1.50
16景陶02（145120）	101.91	4308.50	43.67	16江东02（145127）	99.94	1935.00	19.40
16嵊州02（145128）	101.18	1636.00	16.60	17高创03（145129）	101.44	1580.00	15.92
16绿投01（145133）	100.58	140.00	1.41	16余姚03（145144）	100.00	1261.80	12.65
16大庆05（145147）	100.71	494.00	4.97	16国君C4（145149）	99.72	1860.00	18.56
16茶开01（145150）	99.08	942.00	9.31	16国都01（145153）	99.54	110.00	1.10
16长兴01（145155）	99.70	75.00	0.75	16东证次（145159）	99.66	2160.00	21.59
16郑建01（145164）	99.80	725.00	7.25	16姜城02（145166）	102.13	20.00	0.20
16东控02（145175）	99.00	217.00	2.15	16海通C2（145180）	99.43	1000.00	9.97
16驻投03（145182）	101.30	220.00	2.23	16昆投03（145183）	100.81	593.50	5.99
16梅州02（145184）	101.36	918.00	9.37	17东兴F2（145185）	101.49	320.00	3.25
17东投01（145189）	99.65	294.50	2.94	16中联01（145191）	100.00	50.00	0.50
17乌经建（145193）	100.47	274.00	2.76	16马花山（145198）	98.68	1165.00	11.46
16稻花香（145200）	100.00	58.70	0.59	16万林02（145202）	98.26	945.20	9.38
16星城02（145205）	101.28	1203.00	12.29	H16千里（145206）	0.89	900.00	0.08
16宝龙03（145208）	100.47	1584.50	15.85	16清浦03（145213）	99.83	385.00	3.85
17凉山01（145216）	100.12	643.00	6.47	17恒泰01（145218）	98.09	1346.00	13.49
16浙商02（145222）	100.19	860.00	8.61	16赣开01（145224）	100.30	1781.00	17.91
16慈商01（145230）	100.00	256.50	2.56	17港闸01（145233）	101.17	1645.20	16.69
17漳九01（145240）	102.73	2917.00	30.09	16漯河02（145242）	99.98	2219.50	22.40
16生态02（145248）	101.67	1500.00	15.25	17绍城01（145249）	100.93	960.00	9.74
16中金C2（145251）	100.81	2490.00	25.15	16大航02（145261）	99.30	45.00	0.45
16西工投（145263）	100.00	813.00	8.11	16渝园01（145265）	100.00	479.50	4.83
16西秀01（145266）	99.96	610.00	6.17	16物流01（145270）	99.90	220.10	2.20
17枝金03（145273）	99.94	70.00	0.70	16大庆06（145274）	89.63	640.00	6.39
17金港02（145277）	100.92	290.00	2.91	17滁城01（145290）	100.80	770.00	7.82
17高创01（145303）	102.88	2430.00	24.74	17张公01（145306）	101.02	1230.00	12.48
17安仁01（145308）	100.86	200.00	2.02	17同煤01（145313）	100.00	2313.00	23.80
17新奥01（145318）	100.73	1233.00	12.50	17云济01（145326）	99.91	40.00	0.40
17远东一（145338）	100.53	1525.00	15.34	17招商Y1（145340）	101.30	3786.00	38.43
17云能01（145341）	100.00	357.00	3.64	17信达C1（145342）	99.70	390.00	3.88
17海兴01（145344）	100.00	198.00	1.97	17长沙01（145345）	100.11	100.00	1.00
17长兴01（145348）	100.00	1315.20	13.18	17中投02（145359）	101.22	560.00	5.67
17黔江01（145366）	100.15	875.00	8.75	17同煤02（145368）	99.91	2901.00	29.79
17招商Y2（145371）	101.23	3782.37	38.67	17鸿业01（145373）	100.50	650.00	6.51
17常城01（145375）	102.11	1227.00	12.68	17晋能01（145376）	100.09	380.00	3.80
17鑫科02（145377）	99.94	329.58	2.53	17东泰01（145378）	100.34	3405.00	34.40
17常交通（145379）	101.27	204.00	2.10	17新沂01（145381）	100.30	170.00	1.72
17余交02（145383）	100.49	526.00	5.33	17浙湖01（145387）	99.76	1009.50	10.12
17晋电02（145388）	100.10	370.00	3.70	17新奥02（145391）	100.76	218.00	2.21
17星城01（145392）	101.57	1176.00	12.03	17太证C1（145395）	100.04	520.00	5.20
17天富01（145396）	100.07	90.00	0.90	17潍水01（145398）	99.80	90.00	0.90
17长寿01（145400）	100.54	854.00	8.58	17枝金01（145402）	96.00	40.00	0.40
17鸿业02（145404）	100.00	265.20	2.65	17长兴债（145406）	100.56	1160.30	11.63
17渝南债（145408）	98.39	514.00	5.10	17东兴01（145410）	99.20	610.00	6.08
17海通C1（145411）	100.04	93.00	0.93	17泰佳鑫（145413）	101.50	200.00	2.03
17兴业C2（145416）	100.12	510.00	5.11	17融禾01（145418）	93.86	460.00	4.58
17海兴02（145422）	99.36	718.00	7.18	17紫光01（145423）	80.00	60.00	0.56
17苏宁01（145425）	99.83	370.50	3.56	17晋能02（145427）	100.17	264.00	2.65
17德感01（145430）	99.79	605.00	6.06	17赣开01（145431）	100.29	4404.00	44.36

债券成交

Bond Trading

债券

Bond

债券简称（代码）Bond Name（Code）	本年收盘（元）Close（Yuan）	成交数量（万张）Trading Vol（10000 Lots）	成交金额（亿元）Trading Value（100M Yuan）	债券简称（代码）Bond Name（Code）	本年收盘（元）Close（Yuan）	成交数量（万张）Trading Vol（10000 Lots）	成交金额（亿元）Trading Value（100M Yuan）
17 住保 01（145436）	101.95	530.00	5.44	17 云能 02（145441）	100.02	98.00	0.98
17 盐城 01（145442）	99.82	817.25	8.15	17 海宁 01（145445）	100.24	180.00	1.80
17 长建债（145446）	99.33	1455.00	14.52	17 常城 02（145447）	101.69	1767.50	17.98
17 来雁 01（145448）	100.60	468.00	4.72	17 廊控 02（145450）	100.23	40.00	0.40
17 云投 03（145451）	99.98	67.80	0.68	17 大宁 01（145452）	101.78	125.00	1.29
17 晋电 06（145454）	100.19	553.00	5.54	17 苏控 01（145455）	99.90	372.00	3.72
17 汇盛 01（145457）	100.50	730.00	7.38	17 祥云债（145460）	100.00	10.00	0.10
17 城发 01（145461）	99.82	521.00	5.25	17 洛新 01（145462）	100.45	40.00	0.40
17 德感 02（145464）	99.96	396.00	3.97	17 鄂宏泰（145465）	99.69	2768.00	27.73
17 天风次（145466）	100.47	2463.10	25.08	17 渝园债（145467）	100.53	292.00	2.92
17 常城 03（145468）	99.41	897.00	8.98	17 淮经 01（145471）	100.20	818.90	8.23
17 天源债（145474）	100.00	130.00	1.30	17 瓦房 03（145484）	99.50	135.00	1.35
17 长开 01（145485）	100.12	1236.00	12.37	17 绿港 01（145486）	100.13	342.88	3.43
17 江海 C1（145487）	100.05	370.00	3.71	17 天源 01（145488）	100.00	190.00	1.90
17 绍兴 01（145489）	101.01	1516.00	15.51	17 连工 01（145491）	100.18	50.00	0.50
17 任丘 01（145492）	101.01	2190.00	22.02	17 高创 02（145493）	101.90	882.00	9.01
17 东吴 01（145494）	100.09	203.00	2.03	17 东吴 02（145495）	101.94	510.00	5.20
17 工控 01（145496）	102.50	60.00	0.62	17 余经 01（145499）	100.78	110.00	1.11
17 泉丰 01（145501）	100.00	11.00	0.11	17 金洲 02（145503）	100.00	19.00	0.19
17 兴业 C4（145504）	100.30	48.00	0.48	17 光证 06（145507）	100.09	20.00	0.20
17 苏宁 03（145508）	98.42	110.00	1.09	17 苏宁 04（145509）	99.30	555.00	5.54
17 大装 01（145511）	100.28	223.50	2.25	17 长寿 03（145512）	100.52	325.00	3.25
17 东次 01（145513）	100.23	200.00	2.00	17 东次 02（145514）	101.41	1550.00	15.81
17 华融 C1（145515）	100.21	130.00	1.30	17 银河 F6（145517）	100.11	40.00	0.40
17 定城 01（145520）	100.00	559.50	5.62	17 薛城 01（145521）	99.81	1358.10	13.54
G17 首 Y1（145523）	100.38	50.00	0.50	17 复地 F1（145524）	100.03	392.00	3.93
17 中区 01（145526）	100.53	2229.00	22.63	17 金发债（145529）	99.88	1800.00	18.00
17 钦临 01（145531）	101.62	60.00	0.61	17 云投 04（145532）	100.00	160.00	1.60
17 中金 02（145533）	100.19	96.00	0.96	17 中金 03（145534）	101.69	1090.00	11.16
17 民生 C2（145535）	100.16	90.00	0.90	17 东莞 01（145536）	100.37	18.00	0.18
17 华泰 04（145538）	100.26	70.00	0.70	17 腾越 02（145541）	100.18	929.00	9.37
17 国资 01（145543）	100.14	60.00	0.60	17 沪券 C1（145544）	100.13	200.00	2.01
17 招商 Y3（145545）	101.71	1210.27	12.50	17 东吴 03（145550）	100.50	50.00	0.50
17 东吴 04（145551）	102.92	510.00	5.25	17 太证 C3（145552）	100.14	75.50	0.75
17 东次 03（145553）	100.23	80.00	0.80	17 东次 04（145554）	102.45	280.00	2.88
17 余交 03（145555）	100.71	299.40	3.07	17 中金 C1（145556）	101.28	510.00	5.24
17 苏控 02（145557）	100.67	603.00	6.04	17 中信 C1（145558）	100.34	160.00	1.61
17 中信 C2（145559）	101.53	1812.69	18.66	17 株高 01（145560）	99.83	944.00	9.46
17 红塔 01（145562）	100.84	116.00	1.17	17 钦临 02（145565）	103.63	159.03	1.65
17 兴阳 01（145567）	100.40	611.70	6.12	H17 刚泰 1（145568）	10.00	50.00	0.05
17 首创 C2（145571）	100.31	74.80	0.75	17 深业 01（145572）	98.48	705.02	7.05
17 富阳债（145573）	102.84	1499.00	15.49	17 中盐 01（145574）	98.65	140.00	1.39
17 泰交 01（145575）	102.44	1072.00	11.02	17 东证 01（145576）	100.53	1000.00	10.05
17 东证 02（145577）	102.22	800.00	8.24	17 高投 01（145578）	103.06	690.00	7.15
17 招商 Y4（145579）	101.97	1370.00	14.10	17 华阔 01（145580）	100.38	273.00	2.76
17 沅江 01（145581）	100.00	1140.00	11.48	17 建房 01（145584）	100.29	140.00	1.41
17 新郑 01（145586）	100.48	113.00	1.14	17 政通 02（145587）	101.70	540.00	5.54
17 长隆 02（145588）	100.11	638.40	6.42	17 枝金 02（145589）	92.56	120.00	1.11
17 亭湖 01（145590）	99.81	260.00	2.60	17 宁化 01（145591）	100.04	131.00	1.31
17 金投 01（145593）	99.98	450.00	4.50	17 浙湖 02（145596）	99.95	130.00	1.30

债券成交
Bond Trading

债券简称（代码）Bond Name（Code）	本年收盘（元）Close（Yuan）	成交数量（万张）Trading Vol（10000 Lots）	成交金额（亿元）Trading Value（100M Yuan）	债券简称（代码）Bond Name（Code）	本年收盘（元）Close（Yuan）	成交数量（万张）Trading Vol（10000 Lots）	成交金额（亿元）Trading Value（100M Yuan）
17 余交 05（145603）	100.55	351.00	3.52	17 萍乡 01（145604）	100.09	170.00	1.70
G7 云水 Y1（145605）	99.84	112.00	1.12	17 佳源 02（145606）	100.00	218.67	2.19
17 滨海 01（145607）	99.94	2709.75	27.14	17 雅居 01（145608）	100.13	953.20	9.56
17 天府 01（145610）	100.00	1066.00	10.63	17 城发 02（145614）	100.18	1412.00	14.12
17 厦特 01（145617）	100.08	531.00	5.34	17 乌高 01（145619）	101.68	1050.00	10.72
17 华创 01（145621）	100.26	340.00	3.41	17 沭阳 01（145622）	99.36	342.00	3.43
17 太证 C4（145623）	100.37	40.00	0.40	17 余杭 01（145624）	99.59	571.80	5.71
17 金隅 03（145625）	100.05	475.00	4.75	17 信投 F1（145626）	100.09	900.00	9.06
17 金隅 04（145629）	97.01	1069.00	10.75	17 宝投资（145632）	100.86	1294.00	13.02
17 扬教 01（145634）	100.11	75.00	0.75	17 株高 02（145635）	101.46	722.00	7.29
17 新中泰（145637）	99.97	287.00	2.88	17 织里 02（145638）	100.00	222.00	2.22
17 平煤 01（145639）	91.73	395.00	4.04	17 江海 C2（145640）	99.34	920.60	9.23
17 家园 01（145641）	99.96	171.00	1.72	17 中盐 02（145642）	98.77	430.00	4.33
17 平租 01（145643）	99.31	1849.00	18.40	17 中原 01（145644）	100.16	110.00	1.10
17 金港 01（145646）	100.37	120.00	1.20	17 清浦 01（145647）	100.00	1900.00	18.86
17 云港债（145649）	100.05	593.00	5.94	17 中金 C2（145650）	101.26	1090.00	11.08
17 山金 Y1（145652）	100.34	482.00	4.85	17 中投 F1（145653）	100.76	100.00	1.01
17 中投 F2（145654）	101.51	820.00	8.33	17 宁化 02（145659）	100.20	194.80	1.96
17 迈瑞 01（145660）	102.39	1013.50	10.30	17 宝工 01（145661）	97.52	366.00	3.64
17 中原 02（145663）	100.11	310.00	3.14	17 华泰 C2（145664）	100.06	800.00	8.03
17 宝庆 01（145666）	98.00	318.10	3.16	17 中金 04（145668）	100.71	80.00	0.81
17 信达 01（145670）	100.09	575.00	5.78	17 天山 01（145672）	100.52	459.00	4.61
17 慈溪 01（145673）	99.08	3132.00	31.01	17 天宁 01（145674）	100.31	326.00	3.28
17 上虞 01（145676）	100.62	100.00	1.01	17 剑江 02（145677）	99.83	230.00	2.30
17 兴阳 02（145678）	100.00	101.00	1.01	17 迈瑞 02（145679）	101.40	200.00	2.03
17 华福 C1（145681）	101.45	350.00	3.57	17 东建 01（145684）	99.79	3717.70	37.08
17 江公 01（145685）	100.12	365.00	3.67	17 昭投 01（145686）	100.00	805.25	7.18
17 上虞 02（145688）	100.36	310.00	3.11	17 中金 C3（145689）	102.76	1230.00	12.72
17 铜旅 01（145690）	100.00	1577.52	15.56	17 鄱阳 01（145691）	99.92	1686.00	16.97
17 冶园 03（145693）	100.48	40.00	0.40	17 巴中 02（145694）	99.95	349.70	3.51
17 水务 02（145695）	100.66	273.00	2.75	17 沪券 C2（145698）	100.57	360.00	3.62
17 华信 01（145705）	100.14	670.00	6.72	17 腾越 01（145706）	100.22	4684.00	47.31
17 九通 01（145707）	86.00	1170.00	11.68	17 常通 02（145708）	103.19	59.00	0.62
17 亭公 01（145711）	100.07	190.00	1.90	17 山金 Y2（145712）	100.92	50.00	0.50
17 玄武债（145713）	100.75	990.08	10.06	17 浦交 01（145714）	100.00	320.00	3.23
17 株湘 01（145715）	100.91	370.00	3.73	17 平租 03（145716）	99.70	2940.00	29.41
17 物流 03（145717）	100.00	250.00	2.50	17 九华 01（145718）	91.64	282.39	2.70
17 新港 01（145719）	100.06	190.00	1.90	17 新港 02（145720）	100.98	254.00	2.57
17 绍交 01（145721）	101.70	1432.00	14.58	17 物流 02（145723）	100.00	562.63	5.61
17 苏宁 06（145726）	99.54	230.00	2.31	17 文投 02（145727）	100.00	298.00	2.99
17 华靖 01（145728）	101.30	885.00	8.93	17 华建 03（145730）	99.56	6.00	0.06
17 红日 02（145732）	100.00	225.00	2.25	17 常投 01（145733）	101.75	1019.00	10.37
17 宁城 01（145734）	102.50	1362.00	13.96	PR 延旅 01（145736）	95.08	50.00	0.51
17 中冶 Y9（145739）	100.35	170.00	1.71	17 钱城 01（145741）	100.11	610.00	6.12
17 瑞茂 01（145743）	100.00	134.80	1.35	17 潞安 01（145744）	99.81	2091.00	21.12
17 山能 01（145746）	99.89	366.00	3.67	17 如皋 01（145747）	100.07	150.00	1.50
17 工控 02（145748）	101.19	2752.00	27.74	17 华汽 03（145749）	99.62	20.00	0.20
17 白沙 01（145751）	100.50	240.00	2.40	17 云工 01（145757）	99.81	229.00	2.29
17 太仓 01（145758）	99.16	230.00	2.30	17 中银 01（145759）	100.28	150.00	1.50
17 九通 03（145760）	99.93	1375.40	13.75	17 巴中 01（145763）	100.24	30.00	0.30

债券成交
Bond Trading

债券
Bond

债券简称（代码）Bond Name（Code）	本年收盘（元）Close（Yuan）	成交数量（万张）Trading Vol（10000 Lots）	成交金额（亿元）Trading Value（100M Yuan）	债券简称（代码）Bond Name（Code）	本年收盘（元）Close（Yuan）	成交数量（万张）Trading Vol（10000 Lots）	成交金额（亿元）Trading Value（100M Yuan）
17 观城 01（145764）	99.80	518.00	5.14	17 中金 06（145771）	100.50	970.00	9.82
17 薛城 02（145776）	100.02	1285.35	12.85	17 中泰 F1（145777）	100.04	1932.00	19.37
17 时代 01（145782）	100.13	214.00	2.15	17 时代 02（145783）	99.32	2209.00	21.98
17 国都 01（145784）	100.05	970.00	9.72	17 融德 02（145787）	100.37	30.00	0.30
17 西高地（145791）	100.00	1026.90	10.28	PR 东广 01（145792）	71.48	226.00	2.26
17 平租 06（145793）	99.90	2204.00	21.92	17 昌吉 01（145794）	100.08	1383.00	13.89
17 惠基 01（145795）	102.85	123.40	1.26	17 当涂 02（145797）	100.89	310.00	3.08
17 铁投 01（145798）	92.00	2399.40	23.33	17 维泰 01（145803）	100.12	380.00	3.83
17 沅江 02（145804）	100.67	167.60	1.69	17 本钢 01（145806）	100.00	1419.60	14.19
17 神华 01（145808）	88.75	29.80	0.26	17 银产 01（145809）	100.77	440.00	4.44
17 金凤 01（145811）	97.47	659.00	6.50	17 方正 C1（145812）	99.80	329.60	3.31
17 崇川 01（145813）	100.00	150.00	1.50	17 邹城 01（145815）	100.00	190.90	1.91
17 兴业 F3（145816）	100.65	300.00	3.02	17 安吉 01（145817）	100.81	394.80	3.96
17 温投 01（145818）	99.51	180.00	1.79	17 皋投债（145819）	100.16	116.00	1.16
G17 华昱 1（145820）	99.90	720.00	7.21	17 宁高新（145821）	102.25	1387.00	14.19
H17 刚泰 2（145824）	98.10	52.00	0.07	17 宝工 02（145825）	100.34	50.00	0.50
17 鑫科 01（145826）	73.74	158.50	1.22	17 麒麟 01（145829）	100.14	30.00	0.30
17 仁水 01（145830）	100.00	707.00	6.98	17 虞资 01（145831）	100.01	3075.00	30.86
17 泰交 02（145833）	102.04	1365.00	13.94	17 红日 01（145836）	99.71	549.00	5.48
17 彭统建（145837）	100.00	120.91	1.21	17 洛新 03（145840）	100.26	313.60	3.17
17 方正 C2（145842）	100.07	876.70	8.78	17 湖州 01（145843）	103.50	1767.30	18.15
17 晋路 01（145844）	100.09	1994.00	20.15	17 港闸 02（145845）	101.90	1450.00	14.76
17 国融 01（145846）	98.30	630.00	6.33	17 剑江 03（145847）	99.14	10.00	0.10
17 新源 01（145848）	99.97	100.00	1.00	17 华阔 02（145849）	100.00	467.00	4.69
17 振浔 01（145853）	99.30	657.00	6.55	17 中金 05（145855）	100.57	1160.00	11.73
17 响水债（145858）	102.00	472.85	4.68	17 民生 C3（145859）	100.09	10.00	0.10
H17 华汽 5（145860）	15.00	1426.91	10.98	17 台商债（145861）	98.28	2626.00	25.90
17 锡交 01（145864）	102.27	1120.00	11.44	17 启迪 01（145865）	70.00	17.00	0.13
17 新港 03（145866）	100.09	652.00	6.56	17 信投 F2（145868）	101.21	290.00	2.93
17 财富 01（145869）	100.50	190.00	1.92	17 常经 01（145870）	101.43	220.00	2.25
17 中信 C3（145871）	100.08	80.00	0.80	17 中信 C4（145872）	102.42	3100.00	31.98
17 中信资（145873）	100.43	440.00	4.43	17 亭公 02（145874）	99.11	1040.00	10.42
17 汇盛 03（145875）	102.27	1296.90	13.20	17 惠基 02（145876）	103.62	421.60	4.32
17 绍兴 02（145877）	102.18	585.00	5.96	17 兴化债（145881）	100.00	120.00	1.20
17 蒙中 01（145882）	100.25	650.00	6.54	17 中天 01（145883）	100.00	50.00	0.50
17 恒盛 02（145884）	100.69	560.00	5.67	17 阳煤 02（145886）	100.18	754.20	7.62
17 濮阳 01（145892）	100.64	1452.00	14.58	17 申太 01（145893）	100.55	222.00	2.23
17 淮交控（145896）	102.28	2312.00	23.63	17 盘江 01（145897）	100.23	1054.00	10.58
17 物流 04（145898）	100.00	47.25	0.47	17 旭杰转（145900）	100.00	8.96	0.08
17 中民 11（146001）	100.00	408.00	4.08	17 中民 12（146002）	100.00	390.00	3.90
PR17 远 1B（146017）	83.36	48.00	0.48	PR 租 A5（146044）	69.05	70.00	0.71
PR17A（146056）	5.19	46.60	0.02	华邦优 B（146178）	100.00	100.00	1.00
17 聚 02B2（146213）	100.00	37.06	0.37	17 聚 02 次（146214）	116.60	184.00	2.15
恒信 04 优（146248）	100.00	1567.50	15.68	PR01A3（146252）	7.35	31.00	0.09
PR 桥 03（146268）	64.45	49.50	0.38	鄂黄桥 04（146269）	103.99	58.00	0.60
武夷优 01（146283）	100.07	90.00	0.90	武夷优 02（146284）	100.92	60.00	0.61
武夷优 03（146285）	102.17	50.00	0.51	17 临热 04（146309）	99.03	690.08	6.89
17 临热 05（146310）	97.97	930.83	9.19	17 临热 06（146311）	96.13	948.02	9.24
黄公交 06（146323）	100.00	37.00	0.37	PRG 桑德（146326）	80.60	122.00	1.04
青兰路 05（146335）	100.49	4.70	0.05	PR 保利优（146372）	99.35	5033.58	50.26

债券成交 Bond Trading

债券 Bond

债券简称（代码） Bond Name（Code）	本年收盘（元） Close（Yuan）	成交数量（万张） Trading Vol （10000 Lots）	成交金额（亿元） Trading Value （100M Yuan）	债券简称（代码） Bond Name（Code）	本年收盘（元） Close（Yuan）	成交数量（万张） Trading Vol （10000 Lots）	成交金额（亿元） Trading Value （100M Yuan）
PR保利A（146373）	97.20	1151.21	11.35	保利优B（146374）	100.00	751.50	7.52
PR远东2A（146376）	2.97	50.00	0.06	PR远东2B（146377）	96.32	390.00	3.91
美凯龙1B（146551）	94.03	178.80	1.83	PRD（146600）	37.15	68.00	0.54
上实6B（146608）	100.00	11.00	0.11	上实6次（146609）	100.00	316.80	3.16
厦工院06（146615）	100.00	124.50	1.25	PR平安2A（146659）	1.70	1100.00	0.43
17平安2B（146660）	100.63	30.00	0.30	PR17三B（146666）	90.40	150.00	1.52
PRWT03优（146711）	4.24	40.00	0.40	长虹优A（146759）	100.04	676.41	6.77
长虹优B（146760）	100.05	68.36	0.68	镜泊湖A3（146787）	100.04	42.00	0.42
镜泊湖A4（146788）	100.00	66.00	0.66	17聚03B1（146796）	100.60	152.00	1.55
17聚03B2（146797）	100.00	45.70	0.46	17聚03次（146798）	112.84	218.00	2.46
仪师04（146806）	100.16	21.00	0.21	仪师05（146807）	100.16	22.50	0.23
仪师06（146808）	101.65	23.50	0.24	仪师07（146809）	101.87	25.00	0.25
仪师08（146810）	102.41	26.00	0.27	仪师09（146811）	102.52	27.50	0.28
仪师10（146812）	102.52	29.00	0.30	仪师11（146813）	96.84	30.50	0.30
仪师12（146814）	96.84	81.50	0.79	PR17汇次（146862）	75.41	640.00	6.77
17华夏A4（146872）	100.68	500.00	5.03	17华夏A5（146873）	100.73	500.00	5.01
17华夏A6（146874）	100.00	500.00	5.00	建房优3（146883）	99.99	480.00	4.80
17中投1A（146885）	100.40	1110.00	11.15	PR1A（146895）	102.31	730.00	7.37
17甘肃20（147064）	100.00	20.00	0.22	17福建20（147159）	100.00	100.00	1.04
17安徽17（147169）	100.00	0.10	0.00	17湖北29（147180）	107.37	1.12	0.01
17吉林11（147192）	100.00	50.00	0.52	18河北04（147246）	100.00	10.00	0.11
18湖北02（147250）	100.00	50.00	0.51	18山西01（147261）	100.32	140.00	1.42
18贵州05（147293）	100.00	150.00	1.51	18贵州09（147297）	100.00	100.00	1.01
18安徽01（147301）	100.00	100.00	1.02	18四川04（147306）	101.91	80.00	0.84
18山东07（147323）	102.02	10.00	0.10	18青海01（147324）	100.00	50.00	0.51
18浙江02（147328）	102.62	34.89	0.37	18贵州13（147335）	102.48	100.00	1.06
18贵州14（147336）	100.75	50.00	0.51	18贵州15（147337）	101.49	20.00	0.21
18新疆06（147338）	100.00	20.00	0.22	18广东08（147342）	101.87	10.19	0.11
18广西09（147366）	102.69	80.00	0.82	18四川08（147380）	100.00	150.00	1.58
18新疆07（147381）	100.00	40.00	0.41	18甘肃11（147443）	102.35	70.00	0.74
18广西14（147448）	100.00	50.00	0.56	18安徽09（147450）	100.00	50.00	0.52
18浙江12（147465）	100.00	130.00	1.37	18北京08（147470）	100.00	60.00	0.61
18四川19（147473）	102.90	140.00	1.47	18河北39（147486）	99.90	240.00	2.48
18河北40（147487）	102.80	50.00	0.52	18陕西24（147492）	100.07	57.00	0.59
18陕西25（147493）	100.00	40.00	0.42	18广西15（147497）	100.00	26.00	0.28
18山西13（147509）	100.00	80.00	0.83	18山西14（147510）	103.49	20.35	0.21
18天津29（147520）	100.00	50.00	0.51	18山东13（147523）	100.00	20.00	0.21
18山东14（147524）	101.11	140.00	1.43	18山东15（147525）	101.11	240.00	2.43
18山东16（147526）	100.00	100.00	1.02	18山东17（147527）	100.00	180.00	1.83
18辽宁15（147528）	100.00	210.00	2.14	18江西19（147540）	99.90	70.00	0.73
18上海10（147551）	103.50	0.88	0.01	18上海12（147553）	100.00	420.00	4.29
18上海13（147554）	100.00	200.00	2.03	18福建15（147559）	100.00	100.00	1.04
18广东35（147576）	100.50	60.00	0.60	18重庆13（147592）	103.09	141.69	1.53
18重庆14（147593）	100.00	50.00	0.52	18四川31（147595）	104.09	90.00	0.95
18山东09（147608）	100.00	10.00	0.10	18浙江04（147609）	100.00	50.00	0.52
18河南07（147621）	100.00	60.00	0.62	18河南15（147629）	100.00	100.00	1.03
18河南21（147635）	100.00	100.00	1.03	18河南23（147637）	100.00	100.00	1.04
18天津18（147641）	100.00	40.00	0.41	18内蒙18（147658）	100.00	10.00	0.11
18贵州20（147662）	104.34	22.29	0.24	18四川14（147669）	99.87	20.00	0.22
18浙江11（147683）	100.00	20.00	0.21	18山东11（147693）	100.00	90.00	0.93

债券成交
Bond Trading

债券
Bond

债券简称（代码）Bond Name（Code）	本年收盘（元）Close（Yuan）	成交数量（万张）Trading Vol（10000 Lots）	成交金额（亿元）Trading Value（100M Yuan）	债券简称（代码）Bond Name（Code）	本年收盘（元）Close（Yuan）	成交数量（万张）Trading Vol（10000 Lots）	成交金额（亿元）Trading Value（100M Yuan）
18 河北 26（147695）	101.20	240.00	2.45	18 河北 30（147699）	100.00	20.00	0.21
18 龙江 08（147716）	102.60	50.01	0.53	18 青岛 03（147723）	100.00	100.00	1.01
18 江西 11（147726）	100.00	100.00	1.06	18 江西 12（147727）	104.65	2.50	0.03
18 江西 16（147731）	104.18	120.00	1.32	18 云南 08（147740）	100.00	100.00	1.02
18 云南 09（147741）	100.00	200.00	2.04	18 宁夏 02（147747）	100.00	300.00	3.05
18 龙江 10（147753）	100.00	290.00	3.07	18 陕西 14（147763）	103.74	110.54	1.18
18 福建 10（147771）	103.60	1.74	0.02	18 安徽 08（147779）	101.61	150.00	1.55
18 河北 13（147781）	100.00	60.00	0.62	18 河北 14（147782）	100.00	100.00	1.04
18 湖北 05（147794）	100.33	100.00	1.01	18 贵州 16（147797）	100.00	60.00	0.61
18 四川 02（147851）	103.39	10.00	0.10	18 福建 04（147857）	102.17	0.89	0.01
18 内蒙 07（147868）	100.55	4.88	0.05	18 内蒙 12（147873）	103.75	20.00	0.22
18 湖南 04（147874）	100.00	90.00	0.92	18 云南 04（147879）	101.94	20.00	0.21
18 云南 05（147880）	100.00	30.00	0.33	18 河南 01（147889）	100.00	100.00	1.02
18 河南 02（147890）	100.00	150.00	1.57	18 天津 02（147893）	100.00	300.00	3.15
18 天津 03（147894）	100.00	200.00	2.11	18 天津 08（147899）	100.00	20.00	0.21
17 天津 23（147905）	100.95	10.00	0.10	17 山东 26（147935）	100.00	50.00	0.52
17 内蒙 08（147955）	101.00	1.14	0.01	17 江西 28（147994）	100.00	10.00	0.10
17 江西 29（147995）	100.00	10.00	0.10	PR 云城 A（149051）	98.97	300.00	2.97
17 云城 B（149052）	99.50	255.60	2.55	PR 优 02（149118）	99.57	103.50	1.01
PR 五 A（149148）	2.23	1060.00	0.38	平安五 B（149149）	101.38	37.00	0.38
PR17 四 4A（149166）	8.93	130.00	0.12	PRA（149187）	106.63	313.00	3.34
17 民通 05（149197）	103.50	20.00	0.21	PRJC02B（149201）	43.10	81.00	0.35
PRJC02C（149202）	16.79	35.05	0.35	保利 R1 优（149212）	100.35	1210.90	12.18
新建元 1A（149214）	103.84	150.00	1.56	PR 光明 1A（149237）	99.39	100.00	0.99
18 光明 B（149238）	100.76	372.00	3.75	PR 青 3A3（149242）	8.27	85.80	0.18
18 金辉 1A（149254）	100.07	123.00	1.23	PRA4（149273）	30.71	140.00	1.40
松江 A5（149274）	101.94	304.00	3.09	松江 A8（149277）	100.00	183.00	1.83
松江 A9（149278）	100.00	195.00	1.95	松江 A10（149279）	102.56	44.00	0.45
PR 长安 A（149299）	94.97	1400.00	13.47	18 长安 B（149300）	101.83	1600.00	16.33
PR 东莞 1A（149321）	58.29	772.00	7.80	PR 聚 01A2（149325）	2.61	6.00	0.02
18 聚 01B1（149327）	100.00	360.00	3.60	18 聚 01 次（149328）	120.15	97.00	1.16
PR 豫盛 A3（149341）	53.83	186.00	1.00	18 皖新 1B（149350）	100.92	180.00	1.82
PRYD01A（149355）	5.25	450.00	0.60	PR 康 3A3（149360）	22.03	57.00	0.13
PR 康 3A4（149361）	17.68	140.00	0.48	康富 3B（149362）	100.00	139.24	1.40
康富 3 次 1（149363）	100.00	226.50	2.26	财通 06（149370）	102.16	50.00	0.51
财通 07（149371）	101.01	156.00	1.56	金供链优（149376）	99.60	36.00	0.36
18 融侨 B（149405）	100.06	50.00	0.50	PR 上雅优（149407）	100.06	418.00	4.18
18 远东 B（149429）	100.50	250.00	2.51	PRX7A4（149462）	24.56	64.00	0.29
PR 富力 1A（149465）	99.26	1560.00	15.52	PR03B（149481）	44.66	21.00	0.21
PR 正荣优（149484）	26.10	1819.80	17.15	PR 铁 03（149493）	37.31	23.00	0.23
G 宁铁 04（149494）	102.58	26.00	0.27	G 宁铁 05（149495）	103.61	30.00	0.31
G 宁铁 06（149496）	104.20	34.00	0.35	G 宁铁 07（149497）	104.74	41.00	0.43
G 宁铁 08（149498）	105.39	43.00	0.45	G 宁铁 09（149499）	105.85	49.00	0.52
G 宁铁 10（149500）	106.30	53.00	0.56	高供水 03（149511）	93.10	110.00	0.98
PR 日 A10（149527）	67.46	545.00	3.68	PR 租 A3（149535）	48.57	34.20	0.35
18 电投优（149545）	100.47	220.00	2.21	18 荣发 03（149551）	100.00	1940.00	19.40
18 新城 1A（149562）	100.55	756.00	7.53	PR 京蓝优（149568）	61.48	230.14	1.47
PR2A3（149572）	78.13	600.00	5.59	豫盛 2B（149583）	100.47	360.00	3.62
18 花 12A1（149591）	101.18	180.00	1.82	18 花 12B（149593）	102.91	163.00	1.68
PR18 汇 A3（149610）	91.32	439.00	4.35	18 汇融 B（149611）	101.83	185.00	1.89

债券成交
Bond Trading

债券
Bond

债券简称（代码） Bond Name（Code）	本年收盘（元） Close（Yuan）	成交数量（万张） Trading Vol （10000 Lots）	成交金额（亿元） Trading Value （100M Yuan）	债券简称（代码） Bond Name（Code）	本年收盘（元） Close（Yuan）	成交数量（万张） Trading Vol （10000 Lots）	成交金额（亿元） Trading Value （100M Yuan）
18汇融次（149613）	100.82	399.00	4.02	PR亚中03（149620）	73.14	37.00	0.37
18亚中05（149622）	100.00	172.00	1.72	18亚中06（149624）	100.00	228.00	2.28
18领昱1A（149628）	100.67	27.00	0.27	18领昱1B（149629）	100.92	18.00	0.18
18领昱次（149630）	108.00	100.00	1.08	花呗60B（149639）	106.06	116.38	1.23
18联储B（149652）	100.00	13.00	0.13	PR汇01（149656）	100.40	990.00	9.98
PR湖02（149676）	51.48	60.00	0.61	青山湖03（149677）	101.88	329.00	3.39
PR工诚1B（149709）	44.94	275.00	1.52	宁远05A5（149735）	100.78	813.00	8.19
宁远05A6（149736）	101.63	240.00	2.44	PR05A7（149737）	27.58	65.40	0.27
PR亿家A3（149743）	50.52	285.00	1.44	18亿家A4（149744）	100.00	299.00	2.99
18亿家A5（149745）	100.00	318.00	3.18	18亿家A6（149746）	100.00	336.00	3.36
18亿家A7（149747）	100.00	321.40	3.22	18亿家A8（149748）	100.00	191.50	1.92
18亿家A9（149749）	100.00	206.50	2.07	G1华光03（149759）	100.67	35.20	0.35
PR红企优（149764）	4.05	448.47	4.45	PR碧海03（149783）	79.19	60.00	0.61
PR金融优（149792）	100.19	900.00	9.02	PR昌西03（149819）	56.19	40.00	0.41
昌西04（149820）	100.93	220.00	2.25	昌西05（149821）	101.90	248.00	2.55
昌西06（149822）	104.81	144.00	1.52	昌西07（149823）	105.60	151.00	1.60
昌西08（149824）	105.46	168.00	1.78	昌西09（149825）	105.68	182.00	1.93
PR大华A（149827）	100.31	820.00	8.26	18大华B（149828）	101.00	10.00	0.10
PR平租4A（149847）	5.47	200.00	0.11	18花13A1（149858）	100.51	278.00	2.81
18花13B（149860）	102.86	220.00	2.27	18花16A1（149867）	100.27	694.00	6.96
18花16A2（149868）	100.36	50.00	0.50	18花16B（149869）	105.07	108.00	1.13
18借01A1（149873）	100.47	90.00	0.91	18借01B（149875）	102.91	92.00	0.95
18借02A1（149876）	100.28	240.00	2.43	18借02B（149878）	103.81	22.00	0.23
18借03A1（149879）	100.16	20.00	0.20	18借03B（149881）	105.34	106.00	1.11
18借04A1（149882）	100.38	100.00	1.01	18借04B（149884）	103.13	21.00	0.22
18借05A1（149885）	100.11	685.00	6.90	18借05B（149887）	102.94	80.00	0.82
PR18红1A（149897）	14.49	515.50	2.57	花呗62B（149911）	105.42	128.70	1.35
花呗61A1（149912）	100.21	820.00	8.27	花呗61B（149914）	105.47	355.55	3.66
18建花A（149933）	100.16	1182.00	11.91	18建花C（149935）	104.39	78.00	0.81
18借呗1A（149936）	100.25	240.00	2.42	18借呗1C（149938）	105.42	188.70	1.97
18借呗2A（149939）	100.50	100.00	1.01	18借呗2C（149941）	105.46	168.75	1.77
华润3优2（149963）	100.07	65.00	0.65	PRX8A3（149972）	26.16	180.00	1.51
PR平安6A（149977）	8.70	210.00	0.38	平裕3优（149989）	99.69	178.00	1.78
花呗64B（149992）	105.39	70.63	0.74	花呗65A1（149993）	101.14	40.00	0.40
18建花2A（149997）	100.55	1504.00	15.16	18建花2C（149999）	103.94	80.00	0.83
17华融F1（150004）	100.39	831.10	8.37	17淮矿01（150005）	100.27	837.00	8.50
17木渎01（150008）	101.02	170.00	1.72	17黄发01（150009）	101.09	747.00	7.58
17黄发02（150011）	101.10	110.00	1.11	17公投01（150012）	99.16	1411.16	14.21
17通高新（150013）	100.10	2225.00	22.49	17伟控01（150016）	99.06	565.00	5.63
17遵红债（150017）	100.26	30.00	0.30	17方圆01（150018）	100.01	2325.00	23.17
17巨力债（150022）	100.96	100.00	1.01	17鲁水01（150028）	100.02	2309.00	23.79
17镇新债（150029）	99.93	461.00	4.60	17振浔02（150030）	100.00	485.00	4.86
17苏宁07（150031）	99.90	212.00	2.12	17江城01（150034）	103.04	290.00	2.98
17铜城01（150039）	100.31	430.00	4.33	17伟控02（150040）	99.98	20.00	0.20
17晋开01（150041）	100.00	28.00	0.28	17任兴01（150043）	100.36	318.60	3.20
17涪交01（150044）	101.26	1000.00	10.17	17博天01（150049）	100.00	300.00	3.00
17华置F1（150051）	100.12	884.00	8.90	17金灌债（150052）	100.09	540.00	5.41
18红河01（150053）	101.00	135.00	1.36	17红日03（150054）	99.64	152.00	1.51
17嘉兴01（150057）	100.00	88.00	0.88	17西南C1（150058）	100.13	1338.80	13.51
17通滨海（150059）	100.15	370.00	3.71	17顾家02（150062）	100.20	230.00	2.30

债券成交
Bond Trading

债券简称（代码）Bond Name（Code）	本年收盘（元）Close（Yuan）	成交数量（万张）Trading Vol（10000 Lots）	成交金额（亿元）Trading Value（100M Yuan）	债券简称（代码）Bond Name（Code）	本年收盘（元）Close（Yuan）	成交数量（万张）Trading Vol（10000 Lots）	成交金额（亿元）Trading Value（100M Yuan）
17 振浔 03（150064）	99.60	481.00	4.82	18 渝旅 01（150073）	99.79	446.80	4.49
18 惠金债（150076）	100.34	158.00	1.59	18 桂交投（150077）	100.12	851.72	8.59
18 寿光 01（150079）	100.01	480.00	4.85	18 润田 01（150082）	100.00	85.00	0.85
18 漳九 01（150083）	100.20	300.00	3.05	18 开滦 01（150089）	100.31	110.00	1.12
18 银河 F2（150091）	100.10	454.00	4.55	18 兴业 F1（150095）	100.29	1180.00	11.85
18 溧水 01（150098）	100.44	801.00	8.09	18 台基 01（150100）	101.27	770.00	7.78
18 滨海 01（150102）	100.20	570.00	5.75	18 淮资 01（150103）	99.91	1455.00	14.61
18 东吴 F1（150105）	100.27	1755.08	17.65	18 民生 F2（150107）	101.51	117.00	1.19
18 海门 01（150108）	100.09	192.00	1.92	H18 方正 2（150110）	49.23	25.00	0.12
18 中金 02（150112）	100.32	355.00	3.59	18 桂金 01（150113）	100.00	273.30	2.73
18 昌吉 01（150117）	101.56	485.00	4.99	18 粤铁 01（150118）	100.46	410.00	4.13
18 公投 01（150120）	100.29	415.00	4.19	18 晋交 01（150121）	100.57	1822.00	18.52
18 龙控 01（150123）	100.40	540.00	5.44	18 水产 01（150124）	100.00	0.10	0.00
18 创启 01（150125）	100.17	470.00	4.73	18 中泰 F1（150126）	100.35	740.00	7.45
18 雨花 01（150129）	105.50	5130.00	53.28	18 海门 02（150130）	100.40	230.00	2.30
18 东兴 01（150131）	100.01	1980.00	19.88	18 科投 01（150132）	100.63	653.30	6.62
18 临淄 01（150136）	99.82	760.00	7.66	18 江水 01（150137）	100.00	210.00	2.11
18 融盛 01（150138）	100.00	100.00	1.00	18 融盛 02（150139）	100.00	571.00	5.76
18 义乌 01（150140）	99.76	945.00	9.44	18 川铁 01（150141）	103.94	2857.00	29.55
18 镇交 01（150144）	100.04	9.00	0.09	18 明诚 01（150145）	100.00	44.40	0.45
18 银河 F4（150147）	100.37	146.00	1.47	18 华安 01（150148）	100.00	276.28	2.76
18 华融 F1（150149）	100.25	1683.00	17.01	18 德清 01（150150）	100.00	246.00	2.48
18 六合 01（150152）	100.80	100.00	1.01	18 云锡 01（150153）	100.00	229.50	2.30
18 邦信 02（150160）	100.13	355.00	3.57	18 高投 01（150163）	100.44	451.00	4.80
18 协信 01（150164）	90.00	128.50	1.20	18 旭辉 01（150166）	101.20	1530.00	15.41
18 旭辉 02（150167）	100.54	2275.00	22.93	18 九通 01（150170）	99.69	1490.00	14.96
18 创启 02（150174）	100.40	266.00	2.67	18 山钢 01（150176）	100.08	1388.00	14.08
18 景德 01（150178）	100.00	459.00	4.61	18 财通 C1（150183）	100.12	40.00	0.40
18 连金 01（150185）	100.00	209.00	2.11	18 大同 02（150186）	100.00	26.60	0.27
18 明诚 02（150188）	99.90	141.75	1.43	18 同煤 01（150191）	98.62	3326.23	33.50
18 云投 01（150194）	100.07	190.00	1.90	18 滨海 02（150196）	95.10	2470.00	24.95
18 建租 02（150197）	100.00	80.00	0.80	18 鲁钢 01（150198）	99.50	1331.00	13.37
18 大宁 01（150199）	100.51	985.00	9.95	18 首创 C1（150203）	100.14	462.50	4.65
18 鲁金 01（150204）	100.71	300.00	3.02	18 绿城 03（150206）	99.11	234.00	2.33
18 绿城 04（150207）	101.28	474.00	4.85	18 中投 01（150208）	100.53	174.00	1.77
18 柯建 01（150209）	101.30	249.62	2.50	18 柯建 02（150210）	100.61	300.00	3.01
18 龙控 02（150211）	100.33	3355.60	33.57	18 蓝光 02（150215）	100.00	15.10	0.15
18 滁城 01（150218）	101.40	300.00	3.09	18 中宝 01（150219）	93.70	415.00	4.11
18 漳九 02（150220）	100.70	1280.00	13.11	18 九通 02（150222）	98.70	1935.00	19.35
18 溧水 02（150223）	100.00	320.00	3.22	18 淮矿 01（150225）	100.43	1140.00	11.57
18 川铁 02（150226）	101.12	486.00	5.04	18 余杭 01（150227）	100.35	50.00	0.50
18 金凤 01（150228）	101.98	241.50	2.46	18 大成 01（150231）	102.59	563.20	5.80
18 相城 01（150232）	100.53	430.00	4.47	18 国金 01（150233）	100.46	30.00	0.30
18 国金 02（150234）	100.52	1440.40	14.62	18 吴开 01（150235）	100.59	750.00	7.63
18 薛城 01（150240）	100.00	150.00	1.49	18 绍兴 01（150241）	100.00	401.00	4.06
18 太仓 01（150244）	100.55	60.00	0.60	18 绵投 01（150245）	100.58	1915.00	19.48
G18 湖州 1（150246）	100.61	654.00	6.66	18 滨江 01（150247）	100.61	739.00	7.67
18 桂金 02（150251）	99.58	368.15	3.66	18 川铁 03（150252）	103.53	800.00	8.23
18 凉山 01（150253）	101.17	317.00	3.21	18 海资 01（150254）	100.49	330.00	3.35
18 云投 03（150255）	100.13	610.00	6.11	18 余杭 02（150261）	99.97	20.00	0.20

债券成交
Bond Trading

债券
Bond

债券简称（代码） Bond Name（Code）	本年收盘（元） Close（Yuan）	成交数量（万张） Trading Vol (10000 Lots)	成交金额（亿元） Trading Value (100M Yuan)	债券简称（代码） Bond Name（Code）	本年收盘（元） Close（Yuan）	成交数量（万张） Trading Vol (10000 Lots)	成交金额（亿元） Trading Value (100M Yuan)
18雨花02（150264）	105.61	2580.00	26.69	18新港01（150265）	100.94	760.00	7.71
S18云电1（150268）	100.10	750.00	7.52	18东兴02（150271）	100.61	1398.00	14.23
18乳山01（150272）	98.52	250.00	2.50	18建租03（150274）	100.13	41.00	0.41
18台基02（150275）	100.67	1030.00	10.52	18山钢03（150276）	100.02	1548.55	15.67
18首业01（150278）	99.57	300.00	2.99	18首业02（150279）	100.59	968.00	9.80
18融通02（150281）	100.48	200.00	2.01	18建租04（150284）	100.00	540.00	5.48
18东兴F1（150285）	100.55	500.00	5.08	18常新01（150286）	99.59	560.00	5.61
18常新02（150287）	101.04	140.00	1.42	18信投F2（150288）	100.56	2540.00	25.84
18海盐01（150290）	100.82	1481.30	15.14	18苏新01（150291）	100.18	772.00	7.77
18新昌01（150292）	102.00	801.60	8.11	18安租01（150293）	100.75	1788.00	18.28
18寿光02（150299）	98.31	1457.00	14.73	18义乌02（150300）	100.78	697.00	7.08
18融和01（150303）	100.67	765.00	7.80	18桂金03（150305）	99.47	1419.28	14.16
18柯建04（150307）	100.75	1414.20	14.36	18柯建03（150308）	100.00	595.80	5.97
18蓝光06（150312）	98.01	202.60	2.02	18金辉01（150313）	99.99	262.00	2.64
18银河C2（150314）	100.41	1178.40	11.85	18中金C1（150315）	102.77	750.00	7.78
18华融C1（150317）	100.93	770.00	7.78	18金控01（150318）	100.60	256.00	2.58
18国联02（150319）	100.24	20.00	0.20	18海门03（150322）	100.90	1214.00	12.37
18中原01（150323）	100.20	688.00	6.93	18方程01（150324）	100.65	684.90	6.91
18邦信03（150325）	100.79	836.50	8.53	18邦信04（150326）	100.29	311.00	3.12
18民生C1（150327）	100.08	1246.60	12.55	18民生C2（150328）	100.01	92.70	0.93
18甬展01（150329）	100.00	73.80	0.74	18天风C1（150330）	100.51	1430.60	14.52
18薛城02（150332）	100.26	842.00	8.43	18任城01（150333）	102.58	320.00	3.25
18南湖01（150337）	100.40	635.00	6.38	18滨海03（150338）	100.07	250.00	2.54
18青城01（150339）	100.95	200.00	2.04	18青城02（150340）	104.07	70.00	0.73
18东兴F3（150342）	100.55	1423.00	14.46	18云港01（150343）	100.05	716.00	7.22
18中泰F2（150344）	100.84	820.00	8.31	18台基03（150346）	99.82	2962.00	29.69
18绵投02（150347）	100.78	700.00	7.12	18绍兴03（150348）	100.00	222.00	2.27
18绍兴04（150349）	102.69	58.00	0.60	18恒驰01（150350）	100.00	260.00	2.59
18建租05（150352）	100.74	440.00	4.48	18宝工02（150353）	100.00	485.50	4.85
18泰投01（150354）	100.93	604.00	6.10	18万联C1（150355）	98.70	216.20	2.16
18徐矿01（150357）	100.39	328.00	3.29	18国厚01（150360）	100.00	50.00	0.50
18公投02（150364）	100.40	1314.50	13.25	18海亮01（150370）	100.01	376.50	3.73
18黔物01（150374）	100.63	150.00	1.51	18西南C1（150375）	100.62	1977.00	20.13
18长投01（150378）	101.17	666.00	6.87	18海金01（150380）	100.62	186.30	1.87
18杭租01（150381）	100.38	290.00	2.92	18中信02（150384）	100.59	1397.75	14.16
18格地01（150385）	98.52	1030.00	10.14	18华泰C2（150386）	100.51	2258.13	22.77
18兴业F2（150388）	100.66	1142.00	11.51	18俊发01（150390）	100.00	900.00	8.34
18绿城05（150392）	99.54	638.00	6.37	18金辉02（150394）	99.00	1676.00	16.65
18安租03（150395）	100.60	848.00	8.60	18人居债（150396）	100.54	992.00	10.07
18上虞01（150397）	100.00	192.50	1.95	18先导01（150398）	101.10	2250.00	23.01
18龙控03（150399）	99.78	275.00	2.76	18中盐01（150402）	100.83	842.00	8.55
18雨花03（150403）	100.19	630.00	6.42	18平证03（150404）	100.72	600.00	6.04
18天府01（150407）	102.00	615.00	6.26	18国发01（150410）	100.73	500.00	5.09
18包钢01（150411）	99.95	658.00	6.56	18银河C3（150416）	100.08	265.00	2.66
18连金02（150418）	100.02	561.00	5.62	18金鑫01（150422）	100.00	140.00	1.40
18金城01（150424）	103.50	349.30	3.64	18金堂02（150425）	100.00	659.00	6.59
18华宇03（150427）	99.97	200.00	2.00	18常熟01（150430）	101.06	290.00	2.94
18锡交01（150431）	100.98	855.00	8.71	18灵璧债（150432）	100.09	2294.53	22.33
18锡交02（150433）	101.28	377.00	3.85	18融和02（150434）	101.33	130.00	1.33
18东兴03（150435）	100.23	252.00	2.53	18东兴04（150436）	99.79	1026.00	10.30

债券成交
Bond Trading

债券简称（代码）Bond Name（Code）	本年收盘（元）Close（Yuan）	成交数量（万张）Trading Vol（10000 Lots）	成交金额（亿元）Trading Value（100M Yuan）	债券简称（代码）Bond Name（Code）	本年收盘（元）Close（Yuan）	成交数量（万张）Trading Vol（10000 Lots）	成交金额（亿元）Trading Value（100M Yuan）
18 富力 01（150437）	99.64	170.00	1.69	18 山钢 05（150440）	99.53	1943.90	19.56
18 张投 01（150441）	100.03	129.00	1.32	18 泰交 01（150442）	100.74	50.00	0.50
18 豫能 01（150445）	99.90	545.50	5.49	18 华福 C1（150446）	100.66	730.00	7.36
18 川铁 04（150447）	100.40	192.00	1.97	18 方正 F1（150449）	100.11	330.40	3.31
18 财达 C1（150450）	99.61	756.20	7.57	18 同煤 03（150452）	99.65	4150.80	42.19
18 融侨 01（150453）	99.66	180.00	1.80	18 昆租 01（150454）	100.75	2592.40	26.07
18 射阳 01（150455）	101.05	1019.75	10.15	18 华创 C1（150457）	100.68	210.00	2.12
18 环球 01（150460）	98.30	226.00	2.24	18 即旅 01（150461）	100.01	984.00	9.91
18 九通 03（150466）	99.58	2230.80	22.30	18 安租 04（150467）	101.08	865.00	8.84
18 中证 03（150470）	100.54	150.00	1.51	18 鲁金 04（150473）	101.15	160.00	1.62
18 常熟 02（150474）	100.85	433.00	4.43	18 富力 04（150476）	99.53	120.20	1.20
18 文控 01（150477）	101.09	30.00	0.30	18 汇川 01（150480）	100.00	2921.77	29.14
18 东科 01（150485）	99.40	47.90	0.48	18 常经 01（150487）	101.56	380.00	3.89
18 名城 01（150489）	99.60	122.70	1.22	18 吴开 02（150490）	101.35	120.00	1.22
18 滇中 01（150491）	100.00	683.50	6.85	H18 方正 7（150497）	41.55	957.00	3.98
18 大宁 02（150499）	104.40	336.20	3.52	18 新昌 02（150500）	102.10	260.00	2.65
G18 天成 1（150502）	100.60	30.00	0.30	18 晋交 03（150503）	101.56	1792.40	18.63
18 中金 06（150504）	100.89	517.00	5.23	18 长安 02（150505）	100.00	2.00	0.02
18 通泰 01（150508）	100.22	397.00	3.98	18 安租 06（150509）	101.43	1803.00	18.53
18 城发 01（150515）	99.61	1420.00	14.32	18 新源 01（150516）	100.77	300.00	3.02
18 申太 01（150518）	102.14	30.00	0.31	18 宝钛债（150519）	103.54	40.00	0.41
18 奥园 01（150522）	99.06	1520.20	15.24	G18 华昱 1（150527）	100.00	60.00	0.60
18 中证 04（150528）	100.13	1130.00	11.32	18 华安 02（150530）	84.45	791.00	7.81
18 方正 F3（150532）	100.07	277.00	2.78	18 信投 F3（150533）	100.84	1646.00	16.65
18 山能 01（150535）	101.16	446.00	4.53	18 山能 02（150536）	99.33	402.00	4.02
18 常新 03（150538）	100.00	480.00	4.82	18 首业 03（150540）	100.25	806.00	8.12
18 首业 04（150541）	101.55	258.00	2.65	18 东次 01（150542）	100.11	870.00	8.72
18 奥园 02（150545）	99.26	832.00	8.30	18 安租 05（150546）	100.54	470.00	4.73
18 山能 04（150548）	99.55	962.00	9.65	18 住宅 02（150553）	99.99	300.00	3.04
H18 丰 01（150554）	118.25	500.00	5.91	18 汝州 01（150556）	99.60	2230.00	21.09
18 国兴 01（150557）	100.69	601.30	6.10	18 常通 01（150558）	102.17	540.00	5.56
18 嘉兴 01（150559）	101.00	100.00	1.01	18 中租 01（150561）	100.78	150.00	1.51
18 中租 02（150562）	102.48	172.00	1.77	18 信投 F4（150563）	100.87	340.00	3.43
18 嘉善 01（150564）	101.25	665.25	6.79	18 嘉善 02（150565）	108.80	570.00	6.12
18 腾冲 01（150566）	99.96	99.00	0.99	18 青城 03（150567）	101.04	841.00	8.59
18 温投 01（150572）	100.43	573.00	5.85	18 保置 01（150574）	100.58	460.00	4.64
18 紫光 03（150576）	99.00	193.79	1.78	18 如皋债（150577）	102.08	180.00	1.84
18 鄂长 01（150578）	100.80	870.00	8.81	18 常熟 03（150579）	101.41	480.00	4.88
18 国发 02（150580）	100.18	760.00	7.71	18 蒙城 01（150581）	102.04	180.00	1.84
18 蒙中 02（150582）	100.32	203.00	2.04	18 光证 05（150584）	100.22	300.00	3.01
18 光证 06（150585）	100.59	3580.00	36.18	G18 青信 1（150587）	100.61	777.00	7.90
18 长安 03（150588）	100.00	130.00	1.30	18 皖高债（150589）	100.72	25.00	0.25
18 苏高新（150590）	100.94	739.25	7.48	18 东兴 F4（150592）	100.84	3520.00	35.69
18 潞矿 02（150594）	101.17	1065.00	10.78	18 宁新 01（150595）	102.12	420.00	4.27
18 晟晏 01（150597）	89.73	99.60	0.98	18 明诚 03（150600）	100.52	429.20	4.31
18 晋交 04（150604）	100.21	1594.47	16.11	18 中租 04（150607）	100.90	40.00	0.40
18 兴城 01（150608）	101.03	1561.00	15.94	18 阿地 01（150609）	97.41	2019.40	19.97
18 富力 06（150611）	98.84	240.00	2.38	18 富力 07（150612）	99.04	319.00	3.16
18 秦发 01（150613）	101.90	596.00	6.10	18 相城 02（150615）	101.53	350.00	3.58
18 岳阳 01（150616）	102.08	400.00	4.14	18 江公 01（150617）	104.64	402.00	4.24

债券成交 Bond Trading

债券 Bond

债券简称（代码）Bond Name（Code）	本年收盘（元）Close（Yuan）	成交数量（万张）Trading Vol（10000 Lots）	成交金额（亿元）Trading Value（100M Yuan）	债券简称（代码）Bond Name（Code）	本年收盘（元）Close（Yuan）	成交数量（万张）Trading Vol（10000 Lots）	成交金额（亿元）Trading Value（100M Yuan）
18财通C3（150618）	100.83	870.00	8.80	18绵投03（150619）	101.45	250.00	2.54
18新控01（150620）	99.61	874.00	8.76	18兴业F3（150621）	100.75	2984.33	30.11
18开滦02（150623）	100.00	2025.18	20.44	18住宅04（150628）	103.00	421.00	4.26
18长安04（150629）	100.00	230.00	2.30	18环球02（150630）	100.28	540.00	5.44
18盛泽01（150631）	101.16	200.00	2.02	18时代09（150632）	100.27	1313.00	13.26
18先导02（150634）	101.32	460.00	4.69	18电建01（150635）	100.06	1136.00	11.47
18禹洲01（150636）	100.04	1744.00	17.53	18中航01（150639）	100.65	190.00	1.92
18临矿01（150641）	101.05	10.00	0.10	18常通02（150642）	100.52	215.00	2.20
18江投01（150643）	98.71	698.75	6.91	18华安C1（150644）	100.56	1100.00	11.08
18射阳02（150645）	100.70	859.50	8.64	G18乌交1（150646）	101.37	115.00	1.17
18川资01（150647）	99.70	340.00	3.42	18淮资02（150649）	100.20	1106.00	11.09
18中金C2（150650）	100.84	400.00	4.06	18岳阳02（150652）	108.17	840.00	9.02
18海信01（150653）	100.25	328.00	3.30	18首股01（150654）	101.25	1620.00	16.64
18山钢06（150655）	100.58	866.10	8.69	18农垦01（150657）	103.30	80.00	0.83
18粤铁02（150658）	102.45	170.00	1.73	G18安租1（150659）	101.40	398.00	4.08
H18天物1（150660）	15.75	71.00	0.12	18包钢03（150661）	99.86	20.00	0.20
18振湘01（150663）	100.00	146.50	1.47	18中投02（150664）	100.12	1230.00	12.34
18滇中02（150668）	100.00	800.00	8.06	18德清02（150669）	98.84	225.00	2.26
18滇投01（150670）	100.03	1040.00	10.40	18绿城11（150674）	101.05	413.00	4.21
18广汇01（150677）	100.00	207.90	2.09	18淮发01（150678）	101.88	332.00	3.42
18临淄02（150679）	100.31	673.00	6.76	18甬交02（150680）	101.00	480.00	4.85
18柳控01（150681）	100.02	1609.31	16.23	18华夏04（150683）	90.00	1530.00	14.99
18通泰03（150684）	99.66	741.00	7.48	18中宝02（150685）	93.00	2268.00	21.84
18扬交产（150687）	103.98	260.00	2.72	18景德02（150688）	100.49	152.00	1.53
18山钢07（150689）	100.38	4460.00	44.84	18宁投01（150690）	100.29	169.40	1.70
18联储C1（150691）	99.95	60.00	0.60	18川港01（150694）	100.63	715.00	7.27
18四联01（150699）	100.01	434.70	4.33	18新汶01（150700）	101.13	90.00	0.91
G18天成2（150701）	100.96	120.00	1.21	18禹洲03（150702）	99.85	1424.00	14.28
18厦特02（150704）	99.81	200.40	2.00	18禹洲04（150705）	100.09	1431.00	14.41
18晟晏02（150708）	100.00	109.00	1.09	18环球03（150709）	99.53	727.40	7.31
18海信02（150712）	100.28	940.00	9.41	18顺城01（150713）	100.82	75.00	0.76
18中投03（150714）	100.75	900.00	9.17	18中租05（150715）	100.29	250.00	2.51
18滨城01（150718）	101.34	355.00	3.60	18滨城02（150719）	100.22	120.00	1.21
18乌经建（150720）	101.10	540.00	5.54	18京发01（150721）	100.28	20.00	0.20
18木渎01（150723）	101.10	60.00	0.61	18新力02（150725）	98.00	319.24	3.10
18淮资03（150726）	100.69	1025.00	10.31	18鑫业01（150727）	100.00	486.06	4.86
18安顺01（150728）	100.02	342.00	3.44	18沣东01（150729）	102.54	25.00	0.26
18中资01（150732）	99.49	875.97	8.78	18景旅01（150733）	99.91	2120.00	21.25
18江水02（150734）	100.97	642.90	6.55	18生态01（150735）	100.52	583.20	5.91
H18天物2（150736）	24.00	186.88	0.64	18鄂旅01（150737）	101.12	685.00	6.97
18峨眉01（150738）	99.96	50.00	0.50	18粤铁03（150739）	100.27	350.00	3.54
18金控02（150741）	101.18	596.00	6.08	18兴海01（150742）	100.00	69.40	0.66
18百矿01（150743）	100.02	378.26	3.80	G18川铁1（150744）	100.96	668.10	6.81
18华远01（150745）	100.11	1537.00	15.48	18漳九03（150746）	101.10	760.00	7.75
18国太01（150748）	101.45	263.00	2.69	18山煤Y1（150749）	100.84	1195.00	12.21
18苏新02（150751）	100.10	130.00	1.31	18平投02（150752）	100.26	585.00	5.93
18涪交03（150753）	100.50	366.00	3.69	18时代11（150755）	100.42	1691.00	17.13
18红河02（150757）	100.00	1245.15	12.46	18湘洞庭（150758）	100.00	295.50	2.99
18中银C1（150759）	100.84	1640.00	16.60	18中证C1（150760）	100.67	2600.00	26.18
18渝开01（150761）	102.01	104.00	1.07	18株国01（150762）	105.39	175.25	1.84

债券成交
Bond Trading

债券简称（代码） Bond Name（Code）	本年收盘（元） Close（Yuan）	成交数量（万张） Trading Vol（10000 Lots）	成交金额（亿元） Trading Value（100M Yuan）	债券简称（代码） Bond Name（Code）	本年收盘（元） Close（Yuan）	成交数量（万张） Trading Vol（10000 Lots）	成交金额（亿元） Trading Value（100M Yuan）
18 兵国 01（150765）	100. 19	345. 00	3. 48	18 安租 07（150768）	99. 70	463. 00	4. 68
18 银河 C6（150770）	100. 52	3770. 05	38. 03	18 协信 03（150772）	99. 80	712. 75	7. 01
18 济高 02（150773）	101. 20	2080. 00	21. 07	18 同煤 06（150775）	100. 48	5667. 00	56. 91
18 新津 01（150777）	100. 00	427. 00	4. 32	18 通泰 04（150778）	100. 25	677. 40	6. 79
18 金辉 03（150779）	99. 75	436. 50	4. 36	18 海资 02（150780）	100. 57	346. 00	3. 53
18 浙商 C3（150782）	100. 87	2430. 00	24. 76	18 融和 03（150783）	102. 16	660. 00	6. 78
18 太水 01（150784）	100. 00	185. 00	1. 86	18 江公 02（150785）	105. 02	714. 73	7. 41
18 中航 03（150788）	100. 11	602. 30	6. 11	18 川资 03（150789）	99. 77	470. 40	4. 72
18 南通 01（150791）	101. 48	879. 00	8. 92	18 融信 01（150794）	99. 99	441. 00	4. 42
18 国惠 01（150796）	100. 35	1895. 00	19. 11	18 黄交 01（150797）	100. 73	2020. 50	20. 29
18 交实 01（150798）	99. 60	834. 00	8. 34	18 豫控 01（150799）	100. 68	360. 00	3. 62
18 晋能 01（150800）	100. 36	890. 00	8. 97	18 兴港 Y1（150801）	102. 10	50. 00	0. 51
18 鲁钢 02（150802）	100. 30	782. 00	7. 87	18 陕集 01（150805）	100. 77	1629. 00	16. 59
18 海门 04（150806）	101. 86	250. 00	2. 55	18 南开 01（150807）	100. 39	1235. 00	12. 44
18 国融 C1（150808）	98. 23	120. 00	1. 18	18 水发 01（150810）	101. 68	457. 00	4. 68
18 安租 08（150811）	100. 19	374. 00	3. 77	18 有色 Y1（150812）	100. 42	240. 00	2. 43
18 潍城投（150814）	101. 86	1064. 00	10. 91	18 鸿坤 02（150815）	99. 25	208. 69	2. 07
18 中资 02（150816）	100. 16	110. 00	1. 11	18 浙浔 01（150818）	100. 70	110. 00	1. 11
18 粤江 01（150819）	98. 72	473. 50	4. 73	18 陕旅 02（150821）	99. 34	619. 00	6. 23
18 皋投 02（150822）	101. 92	818. 00	8. 42	18 融侨 02（150824）	99. 51	1911. 20	19. 07
18 工投 01（150825）	100. 87	1480. 00	14. 75	18 吉投 01（150826）	101. 50	106. 50	1. 07
18 海专项（150828）	100. 01	869. 00	8. 69	18 中证 C2（150829）	100. 56	2550. 00	25. 78
18 信投 C1（150832）	100. 37	1780. 00	17. 91	18 豫能 02（150833）	30. 00	523. 10	3. 45
G18 平煤 2（150838）	100. 25	689. 00	6. 96	18 国裕 01（150839）	100. 70	417. 20	4. 20
18 洞庭债（150840）	99. 00	418. 00	4. 14	18 新控 02（150841）	100. 27	448. 00	4. 53
18 泸工 02（150844）	99. 50	120. 00	1. 19	18 财信 01（150845）	100. 53	1060. 00	10. 66
18 济轨 01（150846）	101. 04	1203. 00	12. 19	18 牡丹 01（150847）	100. 00	310. 00	3. 11
18 海怡 01（150848）	100. 00	2416. 00	24. 21	18 湖州 01（150849）	101. 19	600. 00	6. 08
18 雨经发（150850）	101. 00	297. 00	3. 01	18 中区 01（150851）	101. 15	2782. 00	28. 24
18 嘉善 03（150852）	101. 30	700. 00	7. 10	G18 海兴 1（150853）	100. 61	52. 50	0. 53
18 农化 01（150854）	99. 08	190. 00	1. 91	18 山煤 Y2（150856）	101. 39	1990. 50	20. 34
H18 方 14（150857）	44. 36	900. 00	3. 99	18 六合 02（150858）	101. 50	654. 50	6. 63
18 云锡 04（150860）	100. 00	450. 10	4. 50	18 华控 01（150862）	100. 00	4458. 66	44. 61
18 潭高 01（150863）	100. 46	75. 60	0. 76	18 东科 02（150864）	96. 02	181. 00	1. 74
18 滨海 04（150865）	99. 65	4535. 00	45. 56	18 滨海 05（150866）	100. 99	570. 00	5. 75
18 任城 03（150867）	100. 80	1155. 00	11. 55	18 淮发 02（150868）	102. 23	1478. 20	15. 39
18 海盐 02（150869）	101. 28	65. 30	0. 66	18 南通 02（150870）	101. 04	487. 50	4. 99
18 江城 01（150872）	99. 80	584. 60	5. 90	18 财达 C2（150873）	100. 36	850. 00	8. 61
18 湘轻盐（150874）	100. 00	376. 95	3. 79	18 科投 02（150876）	105. 05	1776. 90	18. 27
18 民泰债（150877）	102. 20	1883. 50	18. 88	18 华创 02（150878）	100. 38	1010. 00	10. 20
18 渝南 02（150879）	100. 88	660. 00	6. 68	18 金科 01（150881）	100. 03	1259. 00	12. 62
18 鲁公 01（150883）	100. 10	370. 00	3. 72	19 株金 01（150884）	100. 00	742. 12	7. 43
18 唐煤 01（150885）	100. 26	1124. 00	11. 29	18 唐煤 02（150886）	101. 30	2104. 20	21. 44
18 合川 01（150887）	100. 62	130. 00	1. 31	18 华凌 01（150889）	100. 10	90. 00	0. 90
18 滨城 04（150891）	100. 11	759. 00	7. 65	18 金沙 01（150892）	77. 84	1509. 60	13. 51
18 阿地 03（150893）	98. 74	2598. 00	25. 63	18 昆发 01（150895）	99. 86	450. 00	4. 51
18 晋能 02（150896）	98. 17	1150. 00	11. 59	18 厦特 03（150897）	100. 20	700. 00	7. 07
18 航发 01（150898）	100. 50	601. 20	6. 10	18 国太 02（150900）	100. 00	610. 00	6. 18
18SMGJY1（150902）	101. 69	1069. 75	10. 81	18 株高 01（150905）	101. 85	200. 00	2. 05
18 兴阳 01（150906）	102. 50	1350. 00	13. 79	18 清源 01（150907）	99. 83	193. 20	1. 92

债券成交
Bond Trading

债券
Bond

债券简称（代码）Bond Name（Code）	本年收盘（元）Close（Yuan）	成交数量（万张）Trading Vol（10000 Lots）	成交金额（亿元）Trading Value（100M Yuan）	债券简称（代码）Bond Name（Code）	本年收盘（元）Close（Yuan）	成交数量（万张）Trading Vol（10000 Lots）	成交金额（亿元）Trading Value（100M Yuan）
18 宝龙 01（150908）	99.78	3124.50	31.24	18 六住 01（150909）	100.11	300.00	3.01
18 泰交 02（150911）	101.31	579.00	5.87	18 江北 01（150912）	99.92	287.00	2.90
18 潼南 01（150914）	101.36	1020.00	10.35	18 交水 01（150916）	100.01	550.00	5.54
18 平神 01（150917）	99.92	180.00	1.80	18 文控 04（150919）	101.18	49.00	0.50
18 兴化 01（150920）	100.80	3368.00	34.01	18 龙控 06（150921）	100.21	505.00	5.10
18 清源 03（150924）	100.00	423.00	4.17	18 镇城 01（150926）	100.88	142.40	1.44
18 陕集 02（150927）	100.86	2461.00	25.09	18 金城 04（150928）	99.84	218.00	2.21
18 招 F10（150930）	100.93	1650.00	16.63	18 高科债（150931）	99.98	494.80	4.90
18 漳九 04（150932）	101.04	2040.00	20.64	18 丰经 01（150933）	100.36	685.00	6.88
18 新津 02（150934）	100.00	101.00	1.02	G19 湖州 1（150935）	100.68	20.00	0.20
18 西秀 01（150936）	98.69	739.00	7.29	18 赣开 01（150940）	100.23	11045.61	110.97
18 华发 03（150941）	100.00	2447.70	24.64	18 光证 C1（150942）	100.21	1864.00	18.97
18 永煤 Y1（150944）	100.38	840.00	8.49	18 新力 03（150945）	98.10	448.17	4.37
18 醴渌 01（150948）	101.21	256.00	2.59	18 吉投 02（150949）	99.65	217.18	2.19
18 金科 02（150951）	100.00	1730.00	17.34	18 银河 C8（150953）	100.11	900.00	9.09
18 新投 01（150954）	98.00	1408.00	14.04	18 渭南 01（151005）	100.36	331.00	3.37
18 腾越 03（151006）	100.10	1395.00	14.07	18 中租 06（151009）	101.05	648.00	6.59
19 邳经 01（151010）	99.80	2044.60	20.71	19 安东 01（151011）	100.00	10.00	0.10
18 唐煤 04（151013）	101.13	751.20	7.63	18 百投债（151014）	100.30	1186.64	11.86
18 宁邮 02（151015）	101.33	1384.00	14.01	H18 浩通 2（151016）	52.89	27.54	0.13
18 常城 01（151017）	101.79	1195.00	12.29	18 渝物 01（151018）	99.15	280.00	2.81
18 昆投 01（151019）	101.04	695.00	6.97	S18 鄂旅 2（151020）	100.26	360.00	3.62
18 乳山 F1（151025）	101.55	1301.00	13.21	18 融侨 03（151029）	100.00	2006.80	20.00
18 鲁纾 01（151030）	100.28	355.00	3.59	18 株城 01（151031）	107.12	980.00	10.61
18 阜阳 01（151032）	100.71	510.00	5.15	18 延长 Y1（151034）	100.19	590.00	5.96
18 海投 Y1（151036）	102.29	186.50	1.89	18 常投 01（151037）	100.60	270.00	2.71
S18 酉 02（151038）	99.63	985.00	9.91	18 中资 03（151039）	100.00	430.00	4.31
18 盐城 02（151041）	100.40	30.00	0.30	18 新投 02（151045）	100.46	440.00	4.40
18 水发 02（151050）	100.95	1582.00	16.00	18 柳建 01（151051）	100.00	1217.22	12.17
18 惠临 01（151052）	100.20	46.00	0.46	18 新投 03（151053）	100.36	390.00	3.89
19 清能 01（151054）	100.15	656.00	6.63	18 柳控 03（151055）	100.17	166.00	1.68
18 东丽 01（151057）	100.30	160.00	1.61	19 开扶贫（151058）	100.15	298.50	3.00
18 东吴 F2（151059）	100.49	280.00	2.83	18 鑫业 02（151060）	100.00	857.64	8.58
18 吉保 01（151062）	99.96	1785.00	17.95	18 能投 01（151063）	101.23	160.00	1.62
18 国瑞 C1（151064）	100.76	200.00	2.03	18 蓉纾 01（151066）	100.87	1200.00	12.16
18 新投 04（151069）	100.00	160.00	1.60	18 桂建 Y1（151070）	100.96	278.00	2.82
19 清源 01（151072）	97.96	1248.00	12.45	19 财通 C1（151073）	100.44	1626.00	16.44
19 澄港 01（151075）	100.00	1667.00	16.82	19 晋能 01（151076）	99.50	1904.00	19.18
19 瑞安 01（151077）	100.00	177.00	1.79	19 信投 C1（151078）	100.00	3678.00	37.07
19 桂金 01（151079）	100.00	33.00	0.33	19 城发 01（151082）	99.95	113.00	1.14
19 城发 02（151083）	100.90	178.00	1.84	19 中铁 01（151084）	100.18	230.00	2.31
19 华控 01（151085）	100.00	3125.99	31.25	19 华控 02（151086）	100.00	2079.31	20.75
19 东资 01（151087）	100.94	1992.00	20.11	19 红塔债（151088）	99.60	424.20	4.22
19 建投 02（151090）	100.00	652.40	6.60	19 北仑 01（151091）	100.70	675.00	6.78
19 金港 01（151092）	100.00	645.00	6.52	19 中铁 02（151093）	100.52	1196.00	12.17
19 兴港 Y1（151096）	101.43	40.00	0.41	19 苏通 02（151098）	100.00	205.00	2.05
19 昆投 01（151099）	101.71	1004.00	10.20	19 厦特 01（151100）	100.15	1381.50	13.98
19 同煤 01（151102）	99.82	1684.00	16.88	19 大航 01（151103）	100.00	116.01	1.08
19 滨海 01（151104）	99.82	2440.00	24.49	19 国都 C1（151105）	99.00	440.00	4.42
19 信地 01（151106）	100.06	882.00	8.92	19 青纾 01（151107）	100.48	800.00	8.12

债券成交 Bond Trading

债券 Bond

债券简称（代码）Bond Name（Code）	本年收盘（元）Close（Yuan）	成交数量（万张）Trading Vol（10000 Lots）	成交金额（亿元）Trading Value（100M Yuan）	债券简称（代码）Bond Name（Code）	本年收盘（元）Close（Yuan）	成交数量（万张）Trading Vol（10000 Lots）	成交金额（亿元）Trading Value（100M Yuan）
H19 浩通 1（151108）	100.00	358.35	2.85	19 常城 01（151109）	101.65	1439.00	14.76
19 杭租 01（151112）	100.02	120.00	1.20	19 光证 01（151115）	100.10	2860.00	28.83
19 晋能 02（151116）	100.08	2830.00	28.67	19 大航 02（151117）	100.00	311.17	2.97
19 鲁华 01（151118）	99.96	160.00	1.60	19 太水 01（151119）	99.83	136.00	1.37
19 渝销 01（151120）	100.22	600.00	6.01	19 科学城（151121）	100.06	208.00	2.08
H19 华晨 2（151123）	13.44	1301.70	10.30	19 湖织 01（151124）	100.01	453.00	4.56
19 柳控 01（151127）	99.85	1630.00	16.58	19 滕投 01（151128）	100.53	604.00	6.10
19 天地 01（151129）	99.65	380.60	3.82	19 中泰 C1（151130）	100.20	1120.00	11.25
19 中资 01（151131）	100.59	280.00	2.80	19 财鑫 01（151132）	99.91	635.50	6.36
19 时代 01（151133）	100.23	904.00	9.15	19 江都 02（151136）	100.00	388.00	3.90
19 华控 03（151137）	100.00	2081.73	20.86	19 京房 01（151138）	100.44	2170.00	21.81
19HG01（151139）	100.22	2977.00	30.28	19 双龙 01（151140）	100.47	50.00	0.50
19 遵经 01（151141）	99.95	818.50	8.10	19 滇度 01（151142）	100.01	330.00	3.30
19 银河 C2（151144）	100.30	4252.00	42.78	19 酒投 01（151145）	98.61	108.00	1.07
19 融和 01（151146）	100.10	430.00	4.35	19 吉保 01（151147）	101.44	90.00	0.91
19 绍城 Y1（151149）	100.00	210.00	2.12	19 浙金 01（151150）	100.00	500.00	5.00
19 醴渌 01（151151）	99.70	656.50	6.60	19 国裕 01（151153）	101.61	2052.15	20.95
19 复地 F1（151154）	99.96	1457.00	14.72	19 惠临 01（151155）	100.34	54.60	0.55
19 平湖 01（151156）	99.53	227.10	2.29	19 天门 01（151157）	100.00	410.50	4.11
19 金海 01（151159）	100.43	520.00	5.21	S19 春蕾 1（151162）	99.80	60.00	0.60
19 振湘 01（151163）	100.00	271.65	2.73	S19 阳煤 1（151165）	100.00	2311.84	23.31
19 建湖 01（151167）	100.11	523.00	5.14	19 峨眉 01（151169）	99.77	222.00	2.22
19 云城 01（151170）	99.05	2300.00	22.87	19 华远 01（151171）	99.87	1564.00	15.74
19 贵安 01（151172）	92.05	1886.30	18.55	19 广湖 01（151173）	100.30	49.00	0.49
19 豫峡 01（151175）	100.36	718.40	7.25	19 天保 01（151177）	99.01	4200.00	42.34
S19 九龙 1（151178）	101.17	420.00	4.27	19 漳交 01（151179）	100.65	480.00	4.90
19 宁海 01（151183）	100.00	2604.00	26.60	19 滨水 01（151184）	86.50	528.20	5.08
19 电建债（151187）	100.03	558.00	5.65	19 雨经发（151188）	100.96	50.00	0.50
19 大航 03（151189）	100.00	670.00	6.68	19 张公 01（151190）	100.83	451.40	4.57
19 长安 01（151191）	100.00	150.00	1.50	19 望城 01（151192）	102.45	284.00	2.90
G19 青信 1（151193）	100.23	799.00	8.07	19 建租 01（151194）	100.42	574.00	5.85
19 华发 01（151195）	100.56	395.00	3.99	19 华发 02（151196）	100.08	229.00	2.31
19 银河 C4（151198）	100.00	1304.65	13.29	19 吴开 01（151199）	100.09	890.00	8.93
19 水发 Y1（151200）	100.43	1495.00	15.22	19 淮交 01（151201）	101.47	570.00	5.76
19 海通 C1（151202）	100.12	700.00	7.00	19 吉发 01（151203）	100.00	1741.30	17.48
19 江控 01（151204）	101.05	1200.00	12.12	19 方正 F1（151205）	100.13	2408.00	23.98
19 柳建 02（151206）	100.00	1685.92	16.93	19 国瑞 C2（151207）	100.60	620.00	6.28
19 昆经 02（151208）	101.15	1894.30	19.31	19 恒信 01（151209）	101.27	80.00	0.82
19 中证 01（151210）	100.55	1370.70	13.78	19 高新 01（151211）	99.34	45.00	0.45
19 赣纾 01（151212）	100.51	390.00	3.95	19 泛海 F1（151213）	93.74	550.00	5.16
19 鄂长 01（151214）	100.27	130.00	1.30	19 江城 Y1（151215）	101.50	602.00	6.21
19 常新 01（151216）	101.27	1412.00	14.30	19 澄港 02（151217）	100.29	540.44	5.44
19 临矿 01（151218）	100.17	629.50	6.34	19 药租 01（151219）	100.14	435.00	4.35
19 联投 01（151220）	100.32	290.00	2.91	H19 方正 2（151221）	34.53	365.00	1.13
19 皋投 01（151223）	99.87	683.00	6.86	19 渝南 01（151224）	100.10	1202.00	12.20
19 淮新 01（151225）	100.49	1038.00	10.59	19 长投 01（151227）	101.87	2050.00	21.08
19 滨海 02（151228）	100.35	391.00	3.93	19 中泰 C2（151229）	100.41	1080.00	10.88
19 舟城 01（151230）	100.24	1105.40	11.10	19 首发 01（151231）	100.00	6179.55	62.54
19 镇城 01（151232）	99.93	1122.00	11.22	19 中交 02（151233）	100.79	1770.00	17.95
19 翔宇 01（151234）	100.01	295.00	2.95	H19 华晨 4（151236）	8.00	3534.00	24.62

债券成交
Bond Trading

债券
Bond

债券简称（代码）Bond Name（Code）	本年收盘（元）Close（Yuan）	成交数量（万张）Trading Vol（10000 Lots）	成交金额（亿元）Trading Value（100M Yuan）	债券简称（代码）Bond Name（Code）	本年收盘（元）Close（Yuan）	成交数量（万张）Trading Vol（10000 Lots）	成交金额（亿元）Trading Value（100M Yuan）
G19 川铁 1（151237）	101.02	1255.00	12.72	19 鄂旅 01（151238）	100.00	561.00	5.63
19 滨海 03（151239）	100.42	400.00	4.05	19 民生 01（151240）	99.64	1290.40	12.91
19 冀控 01（151241）	101.02	590.00	5.96	19 银河 C5（151242）	100.12	780.00	7.85
19 银河 C6（151243）	99.89	130.00	1.31	19 金港 02（151244）	100.10	530.00	5.35
19 慈商 01（151245）	100.92	373.20	3.77	19 郑建 01（151246）	100.00	480.00	4.83
19 西秀 01（151247）	90.36	664.10	6.59	19 株城 02（151249）	105.95	1200.00	12.86
19 绵控 01（151252）	100.96	1914.00	19.47	19 京融 01（151253）	100.24	693.45	7.03
19 东吴 C1（151255）	100.85	1725.00	17.42	19 东莞 01（151256）	99.51	280.00	2.80
19 长投 02（151257）	99.99	1516.00	15.40	19 宋都 01（151258）	100.00	673.00	6.74
19 鄂桥 01（151259）	101.06	620.00	6.29	19 江油 01（151260）	100.50	831.40	8.39
19 豫金 01（151261）	99.72	212.00	2.15	19 景旅 01（151262）	100.43	252.50	2.56
19 瑞安 02（151263）	99.93	1396.60	14.01	19 龙交 01（151264）	100.54	701.00	7.14
19 莱钢 01（151265）	100.20	1982.00	19.94	19 吴开 02（151267）	100.49	150.00	1.51
19 中证 02（151268）	100.66	1770.00	17.87	19 信达 C1（151269）	99.81	1240.00	12.46
19 天投 01（151270）	100.57	575.00	5.82	19 兴业 F1（151271）	100.50	880.00	8.88
19 格地 01（151272）	101.74	91.20	0.92	19 联储 01（151273）	100.00	610.60	6.11
19 滁城 01（151274）	100.89	798.00	8.06	19 平证 02（151277）	100.47	2070.00	20.96
19 东次 01（151278）	100.38	3610.00	36.55	19 余投 01（151279）	104.89	60.00	0.63
19 余投 02（151280）	100.58	60.00	0.60	19 天地 F1（151281）	100.00	1950.00	19.71
19 曹国 01（151283）	101.25	120.00	1.21	19 曹国 02（151284）	102.33	1518.00	15.36
19 桃城 02（151285）	99.50	932.45	9.35	19 复地 F2（151286）	100.28	462.00	4.66
19 俊发 01（151288）	100.00	400.00	4.00	19 望城 02（151291）	102.00	664.80	6.78
19 中铁 03（151293）	100.47	80.00	0.81	19 昆投 03（151294）	101.41	1140.00	11.62
19 句福 01（151296）	100.22	657.00	6.59	19 东兴 F1（151297）	100.01	350.00	3.50
19 华控 D1（151298）	100.00	350.44	3.50	19 新汶 01（151299）	100.36	813.00	8.20
19 银宝 02（151300）	99.98	20.00	0.20	G19 淮海 1（151301）	100.01	216.90	2.17
S19 延安 1（151302）	100.40	866.00	8.79	19 润弘 01（151306）	100.00	575.00	5.75
19 华远 02（151307）	97.68	1807.00	18.20	19 张公 02（151308）	101.21	190.00	1.92
19 建湖 03（151309）	100.71	270.00	2.66	19 海投 01（151310）	100.89	621.00	6.26
19 金纾 01（151311）	100.66	300.00	3.02	19 公用 01（151313）	100.10	880.00	8.90
19 盐高新（151315）	100.27	510.00	5.17	19 渝开 01（151316）	101.39	1245.00	12.64
19 兰石债（151317）	99.97	30.00	0.30	19 绍城 01（151318）	100.00	456.20	4.60
G19 南浔 1（151320）	101.28	440.00	4.47	19 华福 C1（151321）	100.61	1640.00	16.61
19 漯河 02（151323）	100.37	1174.00	11.81	19 启东 01（151324）	100.56	629.00	6.35
19 石交 01（151325）	101.11	361.00	3.69	19 国联 C1（151326）	100.56	1583.00	16.02
19 苏水 01（151327）	100.00	1094.20	10.94	19 秦发 01（151328）	101.21	200.00	2.02
19 桂金 04（151329）	98.92	182.00	1.81	19 惠开 01（151330）	100.99	482.00	4.87
19 泰投 01（151331）	100.25	1310.00	13.15	19 武经 01（151332）	102.97	132.00	1.36
19 相城 01（151333）	100.49	400.00	4.05	19 中纾 01（151334）	101.58	460.00	4.66
19 广元 01（151335）	100.20	895.00	9.03	19 六合 01（151336）	101.50	616.10	6.31
19 财通 C3（151337）	100.23	940.00	9.43	19 空港 01（151338）	100.57	159.00	1.59
19 荆城 01（151339）	101.48	100.00	1.01	19 安吉 01（151342）	100.70	630.20	6.33
G19 海兴 1（151343）	100.00	218.00	2.18	19 海门 01（151344）	100.00	160.00	1.60
G19 新港 1（151345）	101.59	1150.00	11.58	19 咸金 01（151346）	100.00	400.00	4.01
19 高新 02（151347）	99.87	30.00	0.30	19 象山 01（151348）	99.73	540.00	5.41
19 北辰 01（151349）	100.23	430.00	4.33	19 融德 01（151350）	99.75	2287.00	22.84
19 融德 02（151351）	99.80	749.00	7.53	19 嘉建 01（151353）	101.20	100.00	1.01
19 镇城 02（151354）	101.28	250.00	2.52	19 株高 01（151355）	100.85	1154.00	11.58
19 华融 C1（151356）	100.61	6049.00	61.00	19 国惠 01（151358）	100.21	804.00	8.06
19 永煤 01（151359）	11.60	203.20	2.03	19 绵控 02（151361）	101.35	532.00	5.42

债券成交
Bond Trading

债券简称（代码）Bond Name（Code）	本年收盘（元）Close（Yuan）	成交数量（万张）Trading Vol（10000 Lots）	成交金额（亿元）Trading Value（100M Yuan）	债券简称（代码）Bond Name（Code）	本年收盘（元）Close（Yuan）	成交数量（万张）Trading Vol（10000 Lots）	成交金额（亿元）Trading Value（100M Yuan）
19 通泰 01（151362）	100.41	850.00	8.60	19 阿地 01（151363）	100.49	515.00	5.21
19 鲁公债（151365）	102.97	200.00	2.04	19 新力 02（151366）	99.97	922.34	9.21
19 陕纾 01（151367）	99.90	460.00	4.64	19 大同 01（151368）	98.76	30.00	0.30
19 闽电 F1（151369）	100.15	930.00	9.34	19 航发 01（151370）	100.36	189.00	1.91
19 江都 03（151371）	100.53	870.00	8.73	19 徐庄 01（151372）	100.00	148.40	1.49
19 住宅 01（151373）	100.18	236.00	2.37	19 高创 01（151374）	100.00	1220.00	12.35
19 京融 02（151375）	100.53	920.00	9.26	19 余水务（151379）	100.00	349.70	3.51
19 悦达 01（151380）	100.00	145.00	1.45	19 金海 02（151382）	101.23	400.00	4.03
19 遵投 01（151384）	99.87	305.80	3.07	19 张公 03（151385）	100.24	342.00	3.48
19 渝经开（151386）	101.76	204.00	2.09	19 阿克苏（151387）	100.19	300.00	3.02
19 中环 01（151388）	100.00	331.15	3.34	19 湘纾 01（151390）	99.68	200.00	1.99
19 甬象 01（151391）	100.01	487.80	4.90	19 晋能 04（151393）	99.80	2138.70	21.66
19 晋经 01（151395）	102.00	170.00	1.75	19 常新 D1（151396）	100.07	608.00	6.08
19 江公 01（151398）	100.84	340.00	3.42	19 晋能 06（151400）	100.65	3798.79	38.47
19 天风 01（151401）	99.89	900.00	9.08	19 首业 01（151402）	100.18	795.00	8.01
19 首业 02（151403）	100.45	430.00	4.34	19 兰交 01（151404）	99.82	615.40	6.16
19 兰交 02（151405）	100.19	395.00	3.99	S19 安租 1（151406）	101.34	300.00	3.05
H19 华晨 5（151408）	15.00	793.24	6.37	19 惠通债（151409）	100.73	579.00	5.88
19 首租 01（151410）	100.08	720.00	7.22	19 招商 F3（151412）	100.08	415.00	4.15
19 招商 F4（151413）	100.38	2360.00	23.75	19 交水 01（151415）	100.31	640.00	6.44
19 常熟 01（151416）	100.57	640.00	6.44	19 蓝创 01（151417）	100.50	926.30	9.31
19 建资 01（151418）	99.70	130.20	1.31	19 北辰 F1（151419）	101.01	234.00	2.38
19 东吴 F1（151420）	100.63	752.00	7.58	19 阳安 01（151421）	101.96	215.00	2.19
19 潞安 01（151423）	100.78	869.00	8.82	19 信投 C2（151427）	100.30	3990.00	40.31
19 鑫泰 01（151428）	100.52	715.00	7.21	19 绿投债（151429）	100.00	533.00	5.36
19 上虞 01（151430）	100.86	1747.20	17.68	19 宁资 01（151431）	101.09	310.00	3.13
19 济建 01（151432）	100.00	1630.80	16.49	19 郑地 01（151433）	101.08	115.00	1.19
19 漳州 02（151434）	100.50	410.00	4.14	19 郑建 02（151435）	100.87	60.00	0.61
19 东兴 C1（151436）	99.54	1110.00	11.19	19 丹高 01（151437）	99.40	688.90	6.84
19 东莞债（151438）	100.37	4670.00	47.26	19 中投 01（151439）	100.14	1252.00	12.57
19 中金 C1（151440）	100.13	1300.00	13.12	19 平湖 02（151442）	100.43	500.00	5.04
19 迈瑞 01（151443）	101.99	1929.20	19.73	19 北仑 02（151444）	99.66	80.00	0.80
19 冀交 01（151445）	100.42	355.00	3.57	19 科城 02（151446）	99.95	355.00	3.61
19 汾湖 01（151447）	100.86	759.30	7.59	19 济西 01（151448）	100.28	1240.00	12.58
G19 长滨 1（151449）	100.00	30.00	0.30	G19 鲁钢 1（151450）	100.41	1717.00	17.37
19 天府 01（151451）	91.50	562.71	5.57	19 淳建 01（151452）	100.40	197.85	2.01
19 腾越 01（151453）	99.85	3503.00	35.01	19 中证 C1（151454）	100.08	2220.00	22.56
19 南浔 01（151455）	100.38	775.10	7.83	19 漯河 03（151456）	100.54	2718.00	27.35
19 浙商 C1（151458）	99.61	1920.80	19.41	19 平证 04（151459）	100.21	800.00	8.05
19 水发 01（151460）	102.35	998.30	10.30	19 吉铁 02（151461）	94.90	839.67	8.22
19 锡滨 01（151462）	100.48	354.00	3.55	19 济纾 01（151463）	100.63	500.00	5.04
19 中投 C1（151464）	100.75	2220.00	22.45	19 鲁班 01（151465）	100.00	1011.32	10.18
19 江旅 01（151466）	98.75	130.00	1.29	19 建邺 01（151468）	101.97	760.00	7.59
19 药租 02（151469）	100.21	190.00	1.91	19 方正 C1（151470）	99.64	1020.00	10.19
19 滨湖 01（151471）	100.91	720.00	7.24	19 澄港 03（151472）	100.37	395.00	3.98
19 嵊州 01（151475）	102.15	1105.95	11.31	19 宁海 02（151477）	99.75	1215.00	12.32
19 巴中 01（151478）	99.93	1185.40	11.87	19 联创 01（151479）	100.00	970.00	9.69
19 兵国 01（151480）	100.76	820.00	8.23	19 豫峡 03（151481）	101.71	330.00	3.37
19 天宁 01（151483）	99.80	130.00	1.30	19 晋能 08（151485）	100.09	1940.00	19.65
19 崇川 01（151486）	100.35	500.00	5.06	19 城发 03（151487）	100.43	1882.00	19.02

债券成交
Bond Trading

债券
Bond

债券简称（代码） Bond Name（Code）	本年收盘（元） Close（Yuan）	成交数量（万张） Trading Vol（10000 Lots）	成交金额（亿元） Trading Value（100M Yuan）	债券简称（代码） Bond Name（Code）	本年收盘（元） Close（Yuan）	成交数量（万张） Trading Vol（10000 Lots）	成交金额（亿元） Trading Value（100M Yuan）
19嘉高01（151489）	100.00	2169.60	22.05	19山能01（151490）	100.18	605.00	6.09
19绵控03（151492）	101.19	381.00	3.86	19盐高02（151494）	100.40	480.00	4.81
19招商F5（151495）	100.02	960.00	9.64	19招商F6（151496）	100.54	5210.00	52.74
19武纾01（151497）	101.99	3838.00	39.13	19肇庆01（151498）	101.44	1849.00	18.91
19长轨01（151499）	102.04	1270.00	12.96	19上投01（151500）	101.23	2050.20	20.81
19平神01（151501）	96.80	723.70	7.21	19潍滨01（151504）	99.72	124.00	1.24
19西游发（151505）	100.00	310.00	3.11	19融海01（151506）	101.50	240.00	2.43
19余投03（151507）	103.15	69.00	0.71	19曹国03（151509）	100.41	720.00	7.24
19曹国04（151510）	100.86	1147.66	11.62	19浙商01（151511）	100.24	400.00	4.03
19浔交01（151512）	100.22	517.00	5.20	19安租02（151513）	100.33	970.00	9.86
19淮新03（151514）	101.79	340.00	3.51	S19兰考1（151515）	101.10	200.00	2.02
19沪唐01（151516）	100.20	358.00	3.61	19桂东01（151517）	100.67	1279.25	12.86
19嘉善01（151518）	100.23	339.60	3.45	19中证03（151519）	100.60	4210.00	42.64
19惠开债（151520）	100.00	1674.00	16.84	19金海03（151521）	99.93	497.00	5.01
19民生C1（151523）	99.95	577.00	5.78	19康富02（151524）	100.00	1024.20	10.24
G19南浔2（151525）	101.00	978.00	9.90	19盐投01（151526）	100.46	705.20	7.16
19黔江01（151527）	100.00	794.00	7.97	19青控01（151528）	100.00	1348.00	13.66
19南资01（151529）	100.00	300.00	3.00	19开乾01（151530）	99.85	400.00	4.01
19冀交02（151531）	100.47	600.00	6.05	19扬经开（151532）	101.31	262.00	2.66
19瀚控01（151533）	99.45	1719.00	17.19	19日港01（151534）	100.91	434.00	4.37
19滨城01（151537）	99.95	203.30	2.04	19山能03（151538）	99.69	270.00	2.70
19山能04（151539）	100.29	2505.00	25.26	19鄂桥02（151542）	101.06	890.00	9.02
19桓台02（151543）	100.89	20.00	0.20	19首发02（151544）	100.43	3500.00	35.23
19金纾03（151545）	100.75	4800.00	48.48	19吉发02（151547）	100.00	131.73	1.32
19长开01（151548）	100.30	508.50	5.13	19长开02（151549）	101.38	1020.00	10.29
19华安C1（151550）	99.44	520.00	5.20	19城资01（151551）	99.31	775.00	7.83
19信投C3（151552）	99.93	3905.00	39.31	19常新D2（151553）	100.04	447.50	4.47
19昆产01（151554）	101.50	500.00	5.06	19天保02（151555）	100.06	540.00	5.45
19新泰01（151557）	100.07	190.00	1.90	19津港01（151559）	99.99	1790.00	18.13
19津港02（151560）	99.93	260.00	2.60	19沭东01（151561）	102.17	226.00	2.26
G19株国1（151563）	104.44	440.00	4.60	19遵红01（151564）	100.00	34.00	0.34
19云龙01（151565）	100.00	927.50	9.31	19维扬债（151566）	100.08	390.00	3.94
19安顺02（151568）	100.00	1474.94	14.64	19江海C1（151569）	98.36	754.00	7.49
19首股01（151570）	101.02	535.00	5.40	19红腾01（151571）	99.51	1751.48	17.50
19信地02（151572）	100.46	2519.00	25.45	19合川01（151573）	101.20	400.00	4.01
19义市01（151574）	101.43	1590.00	16.20	19安租03（151575）	100.22	300.00	3.02
19唐租02（151576）	100.16	960.00	9.69	19永兴债（151577）	101.19	484.00	4.89
19华泰02（151579）	100.19	1970.00	19.82	19晋路桥（151580）	101.17	1196.40	12.18
19山钢01（151582）	100.28	2912.00	29.20	G19株国2（151584）	100.48	1443.00	14.57
19恒润01（151585）	99.70	356.50	3.60	19首业04（151587）	100.00	5094.30	51.37
19北科01（151589）	99.71	100.00	1.00	19云能01（151590）	99.80	1290.00	12.98
19锡山01（151591）	100.72	564.60	5.69	19海盐01（151592）	100.11	200.00	2.02
19郑地02（151593）	101.67	700.00	7.07	19中泰C3（151594）	100.29	1785.00	18.01
H19华晨6（151595）	12.80	1981.80	15.78	19浦口01（151596）	100.52	2270.00	23.01
19靖投01（151598）	100.64	1215.00	12.28	19招商F8（151600）	99.93	2660.00	26.68
19新蒲01（151602）	99.52	120.70	1.21	19瑞安03（151603）	100.23	459.50	4.62
19瑞安04（151604）	100.17	66.00	0.66	H19方D1（151605）	41.54	477.00	1.98
S20盘旅（151607）	100.00	4111.50	41.09	19武经03（151609）	101.76	1663.50	17.01
19渝开D1（151610）	100.20	209.00	2.09	G19绿洲1（151611）	100.05	1426.00	14.40
19郑控01（151612）	100.00	467.28	4.72	19山水01（151613）	99.19	362.00	3.63

债券成交
Bond Trading

债券简称（代码）Bond Name（Code）	本年收盘（元）Close（Yuan）	成交数量（万张）Trading Vol（10000 Lots）	成交金额（亿元）Trading Value（100M Yuan）	债券简称（代码）Bond Name（Code）	本年收盘（元）Close（Yuan）	成交数量（万张）Trading Vol（10000 Lots）	成交金额（亿元）Trading Value（100M Yuan）
19 甘农垦（151614）	100.97	110.00	1.11	19 舟普 01（151615）	101.30	1416.00	14.38
19 中证 C2（151616）	100.13	2520.00	25.32	19 新沂 01（151617）	100.40	664.00	6.74
19 高投 01（151618）	100.24	1101.10	11.16	19 吉铁 03（151619）	94.80	889.40	8.76
19 内投 01（151620）	101.12	360.00	3.60	19 融和 02（151621）	100.71	654.00	6.61
19 濮阳 01（151623）	99.87	1100.00	11.07	19 苏新 01（151625）	100.63	235.00	2.37
19 惠鑫 01（151626）	101.33	50.00	0.51	19 丹阳债（151628）	99.15	2121.20	21.22
19 天域 01（151629）	100.41	20.00	0.20	19 佳源 01（151630）	99.44	386.78	3.86
19 眉资 01（151632）	101.00	236.00	2.40	19 兴旅 01（151633）	99.88	210.00	2.11
19 建湖 04（151636）	100.24	706.50	7.08	19 句茅 02（151638）	100.02	90.00	0.90
19 华靖 02（151639）	102.15	750.00	7.70	19 甘交 01（151641）	99.50	380.00	3.82
19 贵安 02（151643）	85.00	8139.07	78.68	19 盛泽 01（151644）	99.90	284.00	2.86
19 江城 Y2（151645）	102.35	172.00	1.76	19 安投 01（151646）	91.00	3383.42	33.51
19 兴港 01（151648）	100.83	1328.65	13.44	19 玄武 01（151649）	100.99	125.30	1.27
19 山煤 01（151650）	102.30	1224.38	12.33	19 天保 03（151651）	100.13	1015.00	10.26
19 惠临 02（151652）	99.75	904.20	9.06	19 昆投 04（151653）	100.00	1016.55	10.23
19 苏科 01（151654）	100.67	310.00	3.08	19 皋投 02（151655）	100.20	793.50	8.02
19 荆城 02（151656）	100.42	225.00	2.26	19 城资 02（151657）	100.01	856.50	8.61
19 青资 01（151658）	93.45	1719.57	16.91	19 滨江 01（151659）	101.51	180.00	1.83
19 中租 01（151661）	100.31	346.00	3.49	19 中企 01（151662）	100.86	350.00	3.52
19 安城 01（151663）	101.32	400.00	4.04	19 华远 03（151664）	98.95	1546.00	15.54
19 遵旅 01（151665）	100.00	814.50	8.09	19 南浦 01（151666）	100.00	338.00	3.43
19 正荣 01（151667）	99.65	730.00	7.27	19 冶投 01（151668）	100.26	393.00	3.95
19 城东 01（151669）	100.60	210.70	2.11	19 江控 02（151670）	101.11	3030.00	30.58
19 沪唐 02（151671）	100.06	354.00	3.56	19 融侨 F1（151672）	99.43	1525.00	15.15
19 兴城 01（151673）	100.86	1490.00	15.03	19 靖城 01（151674）	100.20	115.00	1.15
19 晋国 01（151677）	99.85	293.50	2.93	19 宏圣 01（151678）	100.03	50.00	0.50
19 金坛 01（151679）	100.24	2243.96	22.57	19 宜春 02（151681）	100.75	3297.00	33.30
19 迈瑞 02（151682）	102.22	1489.00	15.24	19 东次 02（151683）	100.02	3080.00	31.09
19 中证 04（151684）	100.01	1040.00	10.47	19 启东 02（151685）	99.39	104.00	1.06
19 南湖 01（151686）	103.11	166.00	1.71	19 建城 01（151687）	100.14	216.00	2.17
19 软件 01（151688）	101.40	210.00	2.12	19HG02（151690）	100.05	2637.00	26.86
19 建投 04（151692）	100.70	378.00	3.82	19 眉山 01（151695）	100.70	1665.00	16.79
19 张公 04（151696）	101.16	550.00	5.62	G19 鲁钢 2（151697）	100.67	1977.00	19.97
19 苏通 03（151698）	99.99	53.80	0.54	19 不动 01（151700）	100.85	40.00	0.40
19 盛泽 02（151701）	100.00	225.00	2.26	19 龙投 01（151702）	99.58	190.00	1.90
19 寿光 01（151703）	100.71	567.50	5.73	19 慈建 02（151706）	99.78	203.00	2.05
19 住宅 03（151708）	100.52	915.00	9.24	19 交投 01（151709）	100.17	453.00	4.58
19 赤水 01（151710）	99.98	45.00	0.45	19 洛轴 01（151711）	101.18	288.13	2.87
19 药租 03（151712）	100.10	855.00	8.64	19 湘高 01（151713）	100.22	2376.00	23.90
19 恒澄 01（151714）	100.64	1052.40	10.55	19 遵旅 02（151715）	100.02	421.00	4.23
19 明宫 01（151716）	100.07	812.00	8.14	19 绍城 02（151718）	99.91	30.00	0.30
19 句容 02（151721）	101.29	230.00	2.31	19 吉发 03（151722）	100.00	187.12	1.87
19 安东 02（151723）	100.64	90.00	0.91	19 正润 01（151724）	100.16	100.00	1.00
19 常新 02（151725）	100.72	450.00	4.54	19 建邺 02（151726）	100.36	971.00	9.79
19 嘉海 01（151728）	101.94	190.00	1.94	19 芜湖 01（151730）	100.48	1246.00	12.59
19 兖投 01（151731）	100.05	3051.00	30.55	19 吉铁 04（151732）	94.99	608.70	6.02
19 日港 02（151733）	101.16	200.00	2.02	19 洛投 01（151734）	100.86	880.00	8.93
19 洛投 02（151735）	104.16	126.00	1.31	19 虞资 01（151736）	100.72	100.00	1.01
19 安租 05（151738）	100.83	280.00	2.84	G19 川铁 2（151739）	100.56	1734.50	17.58
19 余开 01（151741）	100.40	45.90	0.46	19 国金 C1（151742）	99.75	354.00	3.55

债券成交
Bond Trading

债券简称（代码） Bond Name（Code）	本年收盘（元） Close（Yuan）	成交数量（万张） Trading Vol（10000 Lots）	成交金额（亿元） Trading Value（100M Yuan）	债券简称（代码） Bond Name（Code）	本年收盘（元） Close（Yuan）	成交数量（万张） Trading Vol（10000 Lots）	成交金额（亿元） Trading Value（100M Yuan）
19通达01（151743）	100.13	900.00	9.03	19绍兴01（151744）	100.11	904.00	9.18
19洪政F1（151745）	99.62	592.00	5.97	19洋口01（151747）	100.32	510.00	5.13
19龙交02（151748）	100.31	535.00	5.44	19首钢01（151749）	100.00	1895.00	19.24
19肇庆02（151750）	100.56	1197.00	12.08	19金瓯01（151752）	100.72	250.00	2.51
19环城02（151755）	100.50	1052.00	10.60	19相城02（151758）	100.82	520.00	5.25
19吉华01（151759）	101.12	690.00	6.97	19日通01（151760）	100.09	1310.00	13.19
19双龙02（151761）	100.32	82.00	0.81	19嵊州02（151762）	102.30	2207.10	22.70
19靖投02（151763）	102.85	260.00	2.68	19饶江01（151764）	99.84	1270.00	12.73
19珠实01（151765）	101.32	315.00	3.20	19宝龙02（151766）	101.20	400.00	4.02
19鼎力01（151767）	100.88	780.00	7.82	19望城04（151768）	100.97	349.90	3.53
19宁桥01（151769）	99.80	445.00	4.46	19海科01（151772）	99.94	85.00	0.85
19联创02（151773）	100.47	365.00	3.66	19天富01（151774）	100.01	92.00	0.92
19贵安D1（151775）	100.02	240.00	2.40	19苏新02（151776）	100.35	230.00	2.32
19内建01（151777）	101.34	340.00	3.46	S19利发1（151778）	99.68	100.00	1.00
S19利发3（151780）	99.59	128.00	1.27	19武侯01（151781）	100.97	1336.00	13.56
19南安债（151784）	101.46	889.00	8.99	19义市02（151785）	100.34	395.00	3.99
19华创01（151786）	100.30	1086.30	11.00	19秦发02（151788）	100.99	256.00	2.60
同煤Y2（151790）	100.04	281.00	2.81	19海兴01（151791）	102.26	60.00	0.61
19义佛01（151792）	101.89	659.80	6.71	19赤水02（151793）	99.37	357.43	3.57
19东兴F2（151797）	100.02	1823.00	18.24	19江旅02（151800）	98.40	3440.00	34.18
19株国03（151801）	100.57	1660.00	16.82	19信达C2（151802）	100.85	470.00	4.78
19海宁03（151803）	99.88	319.00	3.21	19常港01（151805）	101.71	65.00	0.66
19浙金02（151806）	99.99	226.20	2.26	19阜阳01（151807）	101.95	1800.00	18.37
19峨眉02（151808）	100.01	390.00	3.89	19平湖03（151809）	99.99	366.50	3.68
19盐高03（151810）	100.72	778.00	7.83	19首业06（151812）	100.36	943.00	9.47
19曹国06（151814）	100.00	1011.02	10.23	19惠通02（151815）	102.87	120.00	1.23
19建桥01（151817）	100.37	20.00	0.20	19长滨01（151818）	100.24	1090.00	10.96
G19川铁3（151819）	100.70	1147.50	11.60	19上投02（151820）	100.87	1016.00	10.27
19不动02（151822）	100.06	100.00	1.00	19绿港01（151823）	102.17	613.96	6.25
G19菱花1（151824）	100.00	60.00	0.60	19兴城02（151826）	100.13	1330.00	13.44
19海盐02（151827）	100.71	803.00	8.12	19新蒲02（151829）	70.00	82.40	0.79
19兴阳01（151830）	100.98	875.50	8.84	19中控02（151831）	101.19	118.50	1.20
19豫资01（151832）	100.22	1486.00	14.95	G19济轨1（151836）	102.17	200.00	2.04
19包钢01（151837）	100.00	399.00	3.99	19嘉海02（151840）	100.30	151.00	1.52
19天风C1（151841）	100.51	539.20	5.46	19惠控01（151842）	100.40	988.00	9.95
19滇度02（151843）	100.00	180.00	1.80	19潍东01（151844）	101.72	870.00	8.86
19建业02（151848）	99.78	780.00	7.76	19安信C5（151849）	99.88	1670.00	16.69
19绿建01（151851）	99.20	3973.00	40.36	19株城04（151854）	107.41	430.00	4.61
19鲁金01（151855）	100.26	797.00	8.02	19相城03（151856）	100.20	780.00	7.85
19首钢02（151857）	100.63	1505.00	15.23	19宁高01（151858）	101.10	120.00	1.22
19长轨02（151859）	101.85	20.00	0.20	19句福02（151860）	100.10	200.00	2.00
19华金C1（151861）	100.30	950.00	9.59	19黔水债（151862）	97.50	1284.50	12.20
19恒信02（151864）	100.67	148.00	1.49	19浙商02（151865）	101.10	240.00	2.45
19宝发投（151866）	100.44	784.00	7.92	19滨城02（151867）	99.34	251.10	2.53
19靖城02（151868）	99.53	189.00	1.90	19首证C1（151869）	99.64	344.00	3.46
19融侨F2（151870）	99.01	1474.00	14.71	19路公01（151871）	103.47	1393.00	14.56
19湛交01（151872）	100.75	319.08	3.21	19崇川02（151873）	99.65	121.00	1.22
19恒达01（151874）	100.00	569.60	5.72	19饶江02（151875）	100.00	638.12	6.41
19余投05（151876）	101.00	111.80	1.13	19豫资03（151878）	100.47	930.00	9.43
19中租02（151879）	100.34	50.00	0.50	19中租03（151880）	100.56	320.00	3.22

债券成交 Bond Trading

债券简称（代码）Bond Name (Code)	本年收盘（元）Close (Yuan)	成交数量（万张）Trading Vol (10000 Lots)	成交金额（亿元）Trading Value (100M Yuan)	债券简称（代码）Bond Name (Code)	本年收盘（元）Close (Yuan)	成交数量（万张）Trading Vol (10000 Lots)	成交金额（亿元）Trading Value (100M Yuan)
19 长开 03（151881）	100.00	722.00	7.26	19 信地 03（151883）	99.87	230.00	2.32
19 镇城 03（151884）	101.18	139.70	1.41	19 吴城 01（151886）	100.19	364.50	3.66
19 昆产 02（151887）	100.31	580.00	5.88	19 硕放 01（151889）	99.84	180.00	1.80
19 商城 01（151890）	101.79	300.00	3.05	19 贵文 01（151891）	100.00	1542.40	15.36
19 交投 02（151892）	100.08	950.00	9.52	19 同创 01（151893）	101.86	367.50	3.76
19 吴发 01（151894）	99.94	508.60	5.11	19 滨水 02（151895）	99.25	95.00	0.95
19 青控 03（151897）	99.63	380.00	3.82	19 锡工 01（151898）	100.50	54.00	0.54
19 惠投 01（151899）	100.17	650.00	6.57	19 凯里 01（151900）	99.92	480.00	4.81
G19 安租 1（151901）	100.90	2440.00	24.57	19 启东 D1（151902）	100.25	710.00	7.12
19 云港 01（151903）	101.29	320.00	3.27	19 苏通 04（151904）	100.66	219.00	2.20
19 舟交 01（151905）	100.14	515.00	5.18	19 江城 01（151906）	99.99	408.00	4.12
19 江城 02（151907）	101.32	135.00	1.38	19 山钢 Y1（151908）	100.19	1430.00	14.45
19 姜交 01（151909）	100.82	150.00	1.51	19 豫峡 04（151910）	100.00	830.00	8.47
19 融和 03（151911）	100.45	600.00	6.04	19 连城 01（151912）	100.39	340.00	3.43
19 桐城 01（151913）	100.22	1680.00	16.97	19 句容 03（151915）	101.34	370.00	3.70
19 瀛洲 01（151916）	100.71	15.00	0.15	19 德投 01（151917）	100.03	2773.00	27.95
19 长旅 02（151919）	100.87	40.00	0.40	19 淮城 01（151920）	100.77	300.00	3.02
19 淮交 02（151921）	101.60	360.00	3.68	19 济纾 02（151922）	100.37	190.00	1.91
19 清浦 01（151923）	100.93	366.00	3.71	G19 织里 1（151924）	100.00	290.00	2.91
19 景瑞 01（151925）	97.50	454.06	4.45	19 腾海 01（151926）	98.80	210.00	2.10
19 鑫泰 02（151928）	100.97	15.00	0.15	19 贵安 03（151929）	70.00	1755.67	16.97
19 株教 01（151930）	100.41	126.00	1.26	19 永投 01（151931）	97.68	598.50	5.97
19 晋交 01（151932）	101.83	1909.00	19.43	PRG 国太（151934）	91.80	158.00	1.47
19 安租 06（151935）	100.34	1714.00	17.29	19 兴港 02（151936）	100.33	2886.50	29.02
19 海投 Y1（151937）	101.06	160.00	1.62	19 融禾 01（151938）	100.00	250.00	2.50
19 漳龙 03（151940）	100.23	755.00	7.63	19 文蓝 01（151944）	100.30	2622.00	26.50
19 江津 01（151946）	100.75	710.00	7.20	19 潍东 03（151947）	100.85	1160.00	11.71
19 昆发 01（151949）	100.01	120.00	1.20	19 虞资 03（151950）	100.28	1780.00	17.89
19 景旅 02（151952）	100.80	1214.00	12.24	19 苏铁 01（151954）	100.14	520.00	5.19
19 兰花 01（151955）	100.33	156.00	1.57	19 淮开 01（151959）	100.54	2030.50	20.54
19 济西 02（151961）	99.51	852.00	8.55	19 新沂 02（151962）	100.64	310.00	3.14
19 浙浔 01（151963）	101.15	200.00	2.02	19 嘉高 02（151964）	100.44	690.00	6.96
19 晋佳 01（151965）	101.01	383.80	3.88	19 锡滨 02（151966）	99.65	150.00	1.51
19 东丽 03（151969）	100.00	335.00	3.35	19 靖投 03（151970）	100.80	328.00	3.34
19 天门 02（151971）	100.00	497.00	4.98	19 宁城 01（151972）	101.59	2088.00	21.33
19 循环 01（151973）	99.51	524.50	5.24	19 宁东 01（151974）	100.29	1515.00	15.42
19 新会 01（151975）	101.50	3778.00	38.65	19 融盛 01（151976）	100.26	822.00	8.29
19 黄发 01（151978）	100.85	700.00	7.08	19 平煤 01（151979）	83.00	2277.00	22.80
19 浦现 01（151980）	100.33	160.00	1.61	19 遵桥 01（151981）	97.85	1144.85	11.35
19 滨投 01（151982）	100.00	465.00	4.66	19 佳源 03（151984）	100.00	242.38	2.42
19 滁城 02（151985）	100.13	1170.00	11.77	19 滨投 02（151986）	100.00	309.00	3.10
19 先导 01（151988）	99.65	1804.00	18.11	19 大华 01（151990）	100.00	1300.00	13.10
19 余经 01（151991）	99.35	608.50	6.10	19 华发 03（151992）	100.61	1159.00	11.69
19 华发 04（151993）	100.12	370.00	3.73	19 安吉 02（151994）	100.46	1151.00	11.58
19 蒙水务（151995）	100.76	528.00	5.35	19 张经 01（151996）	100.15	245.50	2.46
19 首钢 03（151997）	100.33	3204.00	32.20	G19 长滨 2（151998）	100.64	671.00	6.73
19 上饶 01（151999）	100.38	2171.00	22.06	18 温岭 02（152001）	100.00	120.00	1.25
18 朔州 01（152002）	100.00	410.00	4.21	18 西工 01（152003）	101.50	70.00	0.66
18 海宁债（152006）	100.00	300.00	3.10	18 绵安 02（152007）	100.00	448.50	4.48
18 赤壁债（152009）	100.00	164.00	1.70	18 梧州 01（152010）	105.30	0.89	0.01

债券成交
Bond Trading

债券
Bond

债券简称（代码）Bond Name（Code）	本年收盘（元）Close（Yuan）	成交数量（万张）Trading Vol（10000 Lots）	成交金额（亿元）Trading Value（100M Yuan）	债券简称（代码）Bond Name（Code）	本年收盘（元）Close（Yuan）	成交数量（万张）Trading Vol（10000 Lots）	成交金额（亿元）Trading Value（100M Yuan）
18京投09（152011）	105.88	2141.00	21.96	18泰兴黄（152013）	100.00	206.00	2.12
18西苑01（152014）	103.00	242.01	2.46	18永安01（152015）	100.00	746.00	7.70
18水城债（152016）	71.00	519.01	4.18	18滨江债（152017）	100.00	40.00	0.42
18振东01（152018）	100.00	112.50	1.13	18南溪02（152019）	100.00	110.00	1.13
18和济01（152020）	100.00	310.00	3.15	18易盛德（152021）	104.91	340.00	3.50
18宁地铁（152023）	101.46	1045.09	10.62	18铜管廊（152024）	99.80	1395.00	13.90
18粤高01（152031）	100.00	100.00	1.04	18毕节债（152032）	79.95	801.66	6.97
18安发02（152033）	100.00	465.50	4.67	18锡惠债（152034）	102.35	520.00	5.38
18合力01（152035）	98.99	326.50	3.43	18大冶债（152036）	107.41	430.00	4.55
18海发01（152037）	98.70	176.21	1.81	18柯岩债（152038）	100.00	180.00	1.88
18国盛01（152040）	100.00	1200.00	12.19	18蓉高投（152041）	100.93	682.00	6.92
18浙资01（152042）	101.68	720.00	7.38	18济西投（152043）	101.50	1743.63	17.85
18通化01（152046）	100.00	200.00	2.00	G18先行（152047）	105.53	100.00	1.04
18泗阳02（152048）	101.01	200.00	2.02	18泰新债（152050）	101.20	146.00	1.50
18榕城02（152051）	100.00	490.00	4.97	18吴中债（152053）	100.00	188.00	1.93
18众鑫01（152054）	105.00	530.01	5.50	18朔州02（152055）	103.00	290.02	3.05
18大荔债（152056）	100.00	250.00	2.62	18珠管01（152058）	102.11	41.00	0.41
18长湖01（152059）	100.00	329.00	3.37	18南充债（152063）	100.00	110.00	1.10
18武义02（152064）	100.00	21.00	0.22	18湘高速（152065）	101.06	763.00	7.84
18东坡02（152067）	100.00	94.00	0.95	18顺兴01（152071）	100.00	18.00	0.18
19百东01（152072）	99.67	155.90	1.59	19鑫鸿01（152073）	103.90	0.10	0.00
G19广铁1（152075）	100.28	1274.01	12.93	19安方债（152077）	100.00	80.00	0.81
G19水投1（152078）	103.50	853.50	8.60	19怀远债（152079）	100.49	105.17	1.08
19常鼎01（152081）	100.00	480.00	4.94	19龙岭债（152083）	100.30	378.00	3.85
19轩达01（152085）	100.00	46.00	0.47	19贾旅01（152088）	103.96	429.00	4.44
19潜江01（152089）	103.28	320.00	3.32	19新平01（152090）	78.00	257.77	2.51
19宜都债（152091）	100.00	342.50	3.46	19栾川01（152093）	100.00	380.00	3.92
19上栗01（152094）	100.49	65.00	0.65	19麒麟债（152095）	100.00	291.30	3.04
19龙海01（152097）	100.00	62.00	0.64	19绵经01（152098）	100.00	60.00	0.62
19冶高01（152099）	100.00	165.00	1.71	19大洼债（152101）	100.00	568.90	5.61
19宏河债（152102）	100.00	270.00	2.54	19盘双01（152103）	100.00	192.60	1.94
19舟蓬01（152104）	100.00	24.00	0.25	19金霞债（152105）	100.00	38.00	0.39
19海发01（152106）	100.00	76.80	0.76	19杨凌01（152107）	100.00	90.00	0.93
19西苑债（152108）	101.00	0.01	0.00	19渝江01（152110）	101.30	225.71	2.29
19弥勒01（152111）	100.00	40.00	0.40	19祥云债（152113）	100.00	133.00	1.19
19息烽债（152115）	100.00	240.00	2.41	19东台债（152118）	106.27	310.00	3.26
19浔经债（152119）	100.00	147.00	1.50	19简州债（152120）	105.54	260.40	2.68
19瓯经投（152121）	98.00	134.53	1.38	19鄂科01（152122）	100.00	170.00	1.73
19粤路建（152123）	100.00	40.00	0.42	19榕城01（152125）	100.95	283.84	2.88
19钟停01（152126）	100.00	256.80	2.61	19桐乡01（152127）	94.50	4.10	0.04
19金乡01（152128）	100.00	217.30	2.20	19扬子01（152129）	101.70	1498.35	15.38
19长顺债（152130）	100.00	401.50	4.09	19射阳01（152131）	103.00	591.00	6.11
19普洱01（152132）	101.80	173.15	1.74	19海城投（152133）	106.25	31.00	0.33
19华汽01（152134）	54.80	1495.54	7.62	19梧州01（152136）	100.80	276.00	2.89
19凤建01（152142）	99.80	241.20	2.58	19兰陵债（152143）	100.00	423.40	4.23
19蒙自债（152144）	98.52	308.00	3.03	19翠屏债（152146）	101.50	693.28	7.17
19安高债（152150）	100.00	746.00	7.59	19淄创01（152152）	103.30	202.00	2.08
19冶高02（152154）	101.00	111.01	1.12	19海城发（152156）	100.00	630.00	6.55
19粤高01（152157）	104.10	60.30	0.61	19孟津债（152158）	99.70	192.21	1.99
19郑国资（152159）	100.00	20.00	0.20	19木渎债（152161）	102.60	20.01	0.20

债券成交
Bond Trading

债券
Bond

债券简称（代码）Bond Name（Code）	本年收盘（元）Close（Yuan）	成交数量（万张）Trading Vol（10000 Lots）	成交金额（亿元）Trading Value（100M Yuan）	债券简称（代码）Bond Name（Code）	本年收盘（元）Close（Yuan）	成交数量（万张）Trading Vol（10000 Lots）	成交金额（亿元）Trading Value（100M Yuan）
19 汉江债（152163）	100.00	40.00	0.42	19 德清 01（152164）	102.12	176.10	1.78
19 射阳 02（152166）	105.00	690.01	7.08	19 同建债（152167）	100.00	70.00	0.71
19 乐亭债（152168）	99.35	1083.30	10.78	19 费城 01（152169）	100.00	16.90	0.17
19 君山 01（152171）	100.00	89.80	0.92	19 临潼债（152172）	100.00	480.00	4.94
19 川投 01（152173）	100.00	290.00	3.02	19 川投 02（152174）	100.00	190.00	1.92
19 鱼台 01（152175）	100.00	224.80	2.30	19 国盛 01（152176）	100.10	388.00	3.95
19 锡西债（152179）	105.38	340.80	3.55	19 靖滨债（152180）	102.42	143.00	1.45
19 鄂科 02（152181）	100.00	240.00	2.47	19 筑经 01（152184）	100.00	280.00	2.82
19 渭投债（152185）	100.00	440.00	4.52	19 贾旅 02（152186）	104.59	59.00	0.60
19 济城 01（152188）	100.00	32.00	0.33	19 通源 01（152191）	100.00	293.30	2.53
19 蓉国投（152192）	100.00	505.00	5.22	19 旺通债（152194）	100.00	150.00	1.53
19 红日债（152195）	98.00	524.08	5.26	19 福州 01（152197）	102.85	263.00	2.71
19 安岳 01（152198）	100.00	113.10	1.09	19 东财 01（152199）	100.00	50.00	0.53
19 谷城 01（152201）	100.00	143.00	1.47	19 长湖 01（152204）	100.00	292.00	3.01
19 锡藕 01（152205）	105.25	486.00	5.06	19 桐乡 02（152207）	100.00	10.00	0.10
19 森特 01（152208）	100.00	618.80	6.20	G19HGY1（152209）	101.45	280.20	2.89
19 宜春债（152210）	102.20	720.00	7.40	19 万年债（152211）	99.78	451.76	4.64
19 伊川债（152212）	101.89	250.00	2.57	19 国兴 01（152214）	105.34	0.60	0.01
19 金东 01（152215）	103.79	112.81	1.18	G19 广铁 2（152216）	100.74	862.01	8.68
G19 青州（152217）	100.00	538.00	5.44	19 华汽 02（152218）	60.78	733.04	4.40
19 杨凌 02（152219）	100.00	340.00	3.49	G19 城南 1（152221）	101.40	125.00	1.27
19 邯建投（152222）	100.00	240.00	2.51	19 宜高投（152226）	100.00	200.00	2.06
19 海控 01（152227）	102.29	80.80	0.81	19 广控 01（152228）	100.60	351.40	3.64
19 云建 01（152229）	100.62	250.00	2.51	19 句容债（152230）	104.17	281.00	2.90
19 中豫 01（152231）	101.92	203.00	2.04	19 南网 05（152233）	99.92	2742.00	27.62
19 北仑 Q1（152234）	96.50	2.23	0.02	19 龙海 02（152235）	100.00	45.00	0.46
19 柳东债（152236）	101.10	120.00	1.22	19 亳城建（152237）	95.50	46.51	0.49
19 即墨债（152239）	100.47	4.50	0.05	19 秦投 01（152241）	100.00	523.77	5.23
19 颍上债（152242）	100.00	195.00	1.99	19 兴蜀债（152243）	100.60	284.00	2.89
19 扬子 02（152244）	100.30	4176.74	42.22	19 怀工 01（152245）	100.00	170.00	1.72
19 金灌 01（152246）	101.30	185.00	1.90	19 昌控 01（152247）	100.00	100.00	1.02
19 东财 03（152248）	100.00	99.00	0.98	19 嵊城 01（152249）	100.00	70.00	0.71
19 平天湖（152250）	100.00	40.00	0.41	19 金凤凰（152251）	100.00	655.20	6.51
19 南网 06（152252）	99.79	20.00	0.20	19 蓉兴 01（152253）	99.90	1049.30	10.54
19 中电 01（152254）	100.00	590.00	5.96	19 浙资 01（152255）	100.00	703.00	7.08
19 陕投 01（152257）	100.15	323.00	3.25	19 陕投 02（152258）	100.00	120.00	1.25
G19 长交 1（152259）	100.00	20.00	0.21	19 苏交 01（152260）	99.79	820.00	8.30
19 滨海债（152261）	103.25	0.80	0.01	G19 承控 1（152263）	100.00	40.00	0.42
19 桂建 01（152264）	100.00	120.00	1.20	G19 广铁 3（152265）	99.80	1760.00	17.65
19 旅投 01（152268）	100.00	1350.00	12.79	19 咸宁债（152269）	100.00	60.00	0.63
19 河投 01（152270）	102.10	436.00	4.37	19 齐交 01（152271）	104.15	107.00	1.09
19 临朐债（152273）	100.97	110.80	1.12	19 沪建 01（152274）	100.95	150.00	1.52
19 沪建 02（152275）	99.80	470.30	4.75	19 瑞丽债（152276）	100.00	459.00	4.62
19 皋高债（152277）	102.90	153.80	1.56	19 皖投 02（152278）	99.78	841.53	8.47
19 桃源 01（152279）	100.00	109.50	1.09	19 贵溪债（152280）	100.00	60.00	0.61
19 通瑞 01（152282）	100.00	329.00	3.35	G19 黄石（152285）	104.45	0.40	0.00
19 西峡债（152286）	100.00	509.01	5.14	19 四面债（152287）	100.00	100.00	1.01
G19 宁铁 1（152288）	100.26	2190.10	22.23	G19 武铁 1（152290）	103.87	77.60	0.80
19 吴江 02（152291）	105.78	100.80	1.04	19 桃源 02（152292）	100.00	139.00	1.40
19 中豫 02（152294）	103.70	596.00	5.95	19 长兴债（152295）	101.49	80.00	0.82

债券成交
Bond Trading

债券简称（代码）Bond Name（Code）	本年收盘（元）Close（Yuan）	成交数量（万张）Trading Vol（10000 Lots）	成交金额（亿元）Trading Value（100M Yuan）	债券简称（代码）Bond Name（Code）	本年收盘（元）Close（Yuan）	成交数量（万张）Trading Vol（10000 Lots）	成交金额（亿元）Trading Value（100M Yuan）
19张建发（152297）	102.99	287.00	2.91	19山高01（152298）	100.25	1262.27	12.78
19绵经02（152299）	100.00	300.00	3.02	19扬子03（152300）	102.43	480.20	4.85
19沪国际（152301）	100.00	730.00	7.34	19国资债（152302）	100.00	100.00	1.03
19南网07（152303）	100.00	650.00	6.59	19易盛德（152304）	103.54	161.40	1.66
19海资01（152305）	99.46	1265.02	12.58	19嵊城02（152306）	94.79	2.64	0.03
19金灌02（152307）	99.50	569.10	5.81	19扬子04（152308）	101.50	1879.50	19.15
19梁平债（152312）	100.00	256.00	2.58	19郑住投（152313）	99.30	5.57	0.06
19涪新债（152317）	104.60	120.71	1.24	19天泰债（152318）	100.00	60.00	0.59
19西咸01（152319）	100.00	235.00	2.38	19众鑫01（152321）	103.86	60.40	0.63
19蓉产01（152322）	100.26	240.01	2.41	19蓉产02（152323）	100.00	40.00	0.41
19云建02（152324）	100.00	264.00	2.66	19永安01（152328）	100.00	206.00	2.08
19含浦01（152329）	100.00	76.30	0.77	19含浦02（152330）	100.00	210.00	2.14
19齐交02（152331）	103.54	1931.00	19.53	19乌铁01（152332）	100.00	42.00	0.44
19南网08（152333）	103.01	1044.40	10.52	19贵高科（152334）	100.27	462.50	4.68
19山高02（152335）	100.00	1010.00	10.49	19平原债（152339）	100.00	165.00	1.65
G19水投2（152340）	103.10	715.00	7.20	19赣城投（152341）	98.80	770.40	7.90
19埇桥债（152342）	101.50	0.50	0.01	19柯城债（152343）	100.00	110.00	1.13
19天山债（152345）	100.00	111.50	1.12	19新天地（152346）	100.00	60.00	0.61
19天水02（152347）	100.00	116.00	1.16	19渝江02（152348）	100.20	781.32	7.85
19国开投（152349）	100.00	60.00	0.61	19潜江02（152350）	89.88	382.00	3.85
19潍滨城（152352）	100.00	60.00	0.60	G19广铁4（152355）	100.00	660.00	6.62
19福州02（152358）	103.50	205.00	2.06	19天轨01（152359）	100.00	390.00	3.93
19樊城01（152360）	101.64	233.40	2.33	19怀工02（152361）	100.00	330.00	3.32
19皖投03（152362）	103.00	453.20	4.56	19广建02（152363）	100.00	360.00	3.60
19北部湾（152364）	100.00	300.00	3.02	19栾川02（152365）	100.00	60.00	0.60
19金牛01（152366）	95.50	62.34	0.64	19益阳01（152370）	100.00	280.00	2.82
19阳交债（152371）	102.50	77.00	0.77	19秦投02（152372）	100.00	595.00	5.95
19邵东债（152373）	100.87	50.00	0.50	19惠临债（152374）	100.00	82.00	0.83
19六横02（152375）	100.00	116.00	1.16	19杭投01（152376）	103.88	560.10	5.67
G19长交2（152377）	100.00	220.00	2.27	19济建设（152378）	102.49	1280.00	12.87
20龙川01（152379）	101.00	875.01	8.89	20启专债（152380）	100.00	20.00	0.20
20石首债（152382）	99.50	20.20	0.20	20吉利01（152383）	99.45	101.00	1.01
G20广铁1（152384）	100.00	1130.00	11.27	20福州01（152386）	98.60	480.00	4.80
20海控01（152388）	100.00	140.00	1.40	20豫辉债（152389）	102.72	531.00	5.38
G20遂河1（152390）	100.00	80.00	0.81	20德清01（152391）	101.99	80.00	0.81
20乐行债（152393）	97.48	283.00	2.81	20郑产投（152394）	100.00	130.00	1.29
20津资01（152395）	100.00	238.10	2.37	G20晋开（152396）	97.10	354.32	3.51
20云建01（152398）	101.00	967.00	9.56	20首基01（152399）	100.00	440.00	4.40
20上投债（152400）	100.00	2190.00	21.59	G20广铁2（152401）	97.45	810.20	7.99
20鄂交01（152402）	102.03	873.00	8.55	20吉利02（152403）	97.50	791.00	7.74
20锡新城（152404）	100.00	20.00	0.19	20空港01（152405）	100.00	120.00	1.18
20鄂科01（152406）	100.00	330.00	3.24	G20武控（152407）	100.00	50.00	0.50
20君山01（152408）	100.00	350.00	3.45	20交投01（152409）	100.00	3820.00	37.82
20国新债（152410）	102.00	763.00	7.52	20雪浪债（152411）	100.00	60.00	0.58
20鄂投01（152412）	100.00	1450.00	14.50	20陕煤一（152413）	97.00	470.00	4.64
20天轨01（152416）	100.00	940.00	9.38	20天轨02（152417）	100.00	155.00	1.55
20泰信01（152418）	98.50	235.01	2.31	G20德源1（152419）	100.00	255.21	2.55
20天长债（152420）	100.00	40.00	0.39	20蜀州01（152421）	100.00	430.00	4.27
20国盛01（152422）	100.00	420.00	4.21	20淮管廊（152424）	100.00	50.00	0.50
20金牛01（152425）	93.20	2.28	0.02	20北仑Q1（152426）	93.15	0.84	0.01

债券成交
Bond Trading

债券
Bond

债券简称（代码）Bond Name（Code）	本年收盘（元）Close（Yuan）	成交数量（万张）Trading Vol（10000 Lots）	成交金额（亿元）Trading Value（100M Yuan）	债券简称（代码）Bond Name（Code）	本年收盘（元）Close（Yuan）	成交数量（万张）Trading Vol（10000 Lots）	成交金额（亿元）Trading Value（100M Yuan）
20 沪建 01（152427）	96.96	661.00	6.53	20 空港债（152429）	96.53	555.00	5.43
G20 桐乡（152430）	93.00	2.23	0.02	20 齐交 01（152433）	100.00	180.00	1.80
20 龙停债（152434）	100.00	526.00	5.24	20 万国债（152436）	100.00	220.00	2.18
G20 永兴（152437）	98.39	164.20	1.63	20 宜国 01（152438）	99.00	1222.10	12.11
G20 武铁 1（152439）	100.00	360.00	3.61	20 兴发债（152441）	100.00	60.00	0.60
20 桂北 01（152442）	100.00	940.00	9.29	20 孝高创（152443）	100.00	20.00	0.20
20 五华债（152444）	100.00	211.00	2.06	20 双龙 01（152445）	100.00	600.00	5.85
20 两江 01（152447）	100.00	224.00	2.17	20 建安 01（152448）	100.00	20.00	0.20
20 佛建 01（152451）	100.00	60.00	0.58	20 景陶债（152453）	100.00	664.42	6.57
20 京保 01（152454）	96.75	898.00	8.85	20 兴城 01（152455）	96.61	267.57	2.60
G20 宁铁 1（152458）	97.25	2832.39	27.82	20 井开债（152460）	100.00	1295.53	12.56
20 厦轨 01（152461）	100.00	1410.00	13.74	20 济建设（152462）	100.00	3511.00	34.57
20 天源债（152463）	100.00	240.00	2.34	G20 淮南（152464）	100.00	30.00	0.30
20 晋建 01（152465）	100.00	60.00	0.59	20 攸养老（152466）	100.00	220.00	2.16
20 湘速 01（152467）	97.12	730.00	7.19	G20 榆神 1（152468）	100.00	150.00	1.47
20 黄桥债（152469）	96.50	80.30	0.79	G20 滨江（152470）	97.01	74.15	0.73
20 蓉产 01（152471）	99.00	604.40	5.93	20 桂交 01（152472）	100.00	780.00	7.58
20 西咸 03（152473）	100.00	1022.50	10.13	20 西咸 04（152474）	95.90	410.00	4.08
20 云建 02（152475）	100.00	97.00	0.96	20 松滋债（152476）	99.00	800.00	7.81
20 科学城（152479）	100.00	200.00	1.96	20 洞庭 01（152480）	100.00	50.00	0.50
20 海资 01（152481）	100.00	1490.01	14.33	20 眉岷债（152483）	100.00	90.00	0.90
20 崇左债（152486）	100.00	279.00	2.75	20 宜国 02（152488）	99.50	168.50	1.67
G20 广铁 3（152489）	100.00	670.00	6.55	20 天投 G1（152490）	98.44	398.00	3.96
20 环天债（152491）	100.00	160.00	1.60	20 惠通 01（152492）	100.00	120.00	1.22
20 陕煤二（152494）	100.00	2890.00	28.91	20 筑富债（152495）	100.00	200.00	1.97
G20 遂东 2（152496）	100.00	90.00	0.89	20 黔西南（152497）	100.00	1580.00	15.80
20 陕高速（152498）	100.00	220.00	2.16	20 陆嘴 01（152500）	100.00	1110.00	10.99
20 兴安债（152501）	100.00	374.60	3.74	20 厦轨 02（152502）	100.00	1140.00	11.32
20 上党债（152503）	100.00	41.00	0.41	20 梅溪湖（152504）	100.00	60.00	0.60
20 安陆 01（152505）	96.00	0.30	0.00	20 晋建 02（152506）	100.00	210.00	2.09
20 皖投 01（152508）	100.00	450.00	4.50	20 桂发 01（152509）	100.00	10.00	0.10
20 栾川 01（152512）	100.00	80.00	0.80	20 钦临 01（152513）	100.00	130.00	1.30
20 安庆 01（152514）	100.00	20.00	0.20	20 洞庭 02（152517）	100.00	10.00	0.10
20 渝百盐（152519）	100.00	380.00	3.78	20 蜀州 02（152520）	100.00	160.00	1.59
20 苏交 01（152521）	99.90	580.00	5.80	20 京保 02（152522）	100.00	280.00	2.79
20 广金债（152525）	100.00	60.00	0.60	20 安溪债（152526）	100.00	210.00	2.08
20 天轨 03（152530）	100.00	320.00	3.20	20 宜国 03（152531）	100.00	330.00	3.29
20 盛泽债（152534）	100.00	38.00	0.38	G20 常鼎 1（152536）	100.00	122.00	1.22
20 东乡债（152538）	100.00	250.00	2.49	20 海安债（152539）	100.00	10.00	0.10
20 青州债（152541）	100.00	310.00	3.11	G20 广业 1（152543）	99.68	580.00	5.78
20 乐清 01（152547）	100.00	80.00	0.80	20 汉江 01（152552）	100.00	270.00	2.72
20 财金债（152555）	100.00	90.00	0.90	20 开远 01（152556）	100.00	222.00	2.22
20 永兴 01（152557）	100.00	350.00	3.52	20 荆经开（152559）	100.00	50.00	0.50
20 应城债（152560）	100.00	260.00	2.60	20 盐高 01（152563）	100.00	100.00	1.00
20 雨经 01（152564）	99.50	118.00	1.18	20 南川债（152565）	100.00	177.00	1.76
20 定西债（152566）	100.00	301.50	3.02	20 连云 01（152567）	100.20	201.00	2.02
20 丰管廊（152568）	100.00	390.00	3.90	20 萍城投（152569）	100.00	190.00	1.90
20 蒙开 01（152570）	100.00	110.00	1.10	20 禹投 03（152571）	100.00	188.00	1.87
20 天轨 04（152572）	100.00	420.00	4.19	20 汇丰 01（152573）	100.00	20.00	0.20
20 汇丰 02（152574）	100.00	260.00	2.61	20 郑发 01（152575）	100.00	1230.00	12.31

债券成交 Bond Trading

债券 Bond

债券简称（代码）Bond Name（Code）	本年收盘（元）Close（Yuan）	成交数量（万张）Trading Vol（10000 Lots）	成交金额（亿元）Trading Value（100M Yuan）	债券简称（代码）Bond Name（Code）	本年收盘（元）Close（Yuan）	成交数量（万张）Trading Vol（10000 Lots）	成交金额（亿元）Trading Value（100M Yuan）
20乌城01（152580）	100.00	140.00	1.40	20资中债（152581）	100.00	414.20	4.14
20渤水01（152582）	100.00	103.00	1.02	20温铁01（152583）	100.00	40.00	0.40
20云建03（152584）	100.00	20.00	0.20	20衡高01（152585）	100.00	470.00	4.71
20蒙城债（152586）	100.00	210.00	2.10	20高创03（152587）	100.00	60.00	0.60
G20资兴1（152588）	100.00	270.00	2.70	20攸投01（152589）	100.00	280.00	2.80
20京投03（152590）	100.00	460.00	4.60	20富诚债（152591）	100.00	50.00	0.50
20鹤城投（152594）	100.00	237.00	2.36	G20冶高（152596）	100.00	150.00	1.49
G20宁铁2（152597）	100.50	917.78	9.19	20晋江01（152599）	100.00	40.00	0.40
20晋江02（152600）	99.26	40.62	0.41	20濂溪债（152602）	100.00	60.00	0.59
20山高01（152603）	100.00	550.00	5.50	20川债01（152604）	100.00	100.00	1.00
20雨花01（152605）	100.00	60.00	0.60	20聊开债（152606）	100.00	380.00	3.75
20扬子债（152610）	100.00	60.00	0.60	20湘速02（152612）	100.00	140.00	1.40
20宜国04（152613）	100.00	780.00	7.79	20十堰（152617）	100.00	10.00	0.10
20常鼎01（152619）	100.00	370.00	3.70	20白沙03（152621）	100.00	80.00	0.80
20萧资01（152624）	100.00	150.00	1.50	20苏高投（152625）	100.00	200.00	1.99
G20吉安1（152626）	100.00	100.00	1.00	20大双债（152627）	101.50	130.00	1.30
20吉凤01（152629）	100.00	50.00	0.50	20皖江债（152631）	100.00	40.00	0.40
20蓉园01（152632）	100.00	230.00	2.30	20常城投（152633）	100.00	50.00	0.50
20咸宁债（152634）	100.00	10.00	0.10	20醴陵债（152635）	100.00	90.00	0.90
20浙投01（152636）	100.00	50.00	0.50	20雨经02（152640）	100.00	90.00	0.90
20安溪02（152641）	100.00	80.00	0.80	20国盛02（152642）	100.00	130.00	1.29
20德兴债（152645）	100.00	107.00	1.07	20浙资01（152647）	100.00	100.00	1.00
G20内建1（152648）	100.00	30.00	0.30	20福州02（152656）	100.00	220.00	2.20
20广元债（152658）	100.00	270.00	2.70	G20洪轨2（152659）	100.00	210.00	2.10
20众邦债（152661）	100.00	30.00	0.30	20宜国05（152663）	100.00	350.00	3.50
20桂城投（152668）	100.00	102.00	1.03	20沪地02（152670）	100.00	200.00	1.98
20高创05（152672）	100.00	30.00	0.30	20乌建发（152673）	100.00	20.00	0.20
G20国通（152679）	100.00	30.00	0.30	20文登债（152681）	100.00	570.00	5.70
20常经02（152683）	100.00	88.00	0.88	20蒙开02（152684）	100.00	170.20	1.70
20宜国06（152687）	100.00	590.00	5.90	20沪国际（152689）	100.00	20.00	0.20
20天台债（152690）	100.00	120.00	1.20	20杭投01（152691）	100.00	170.00	1.70
20浏城建（152697）	100.00	40.00	0.40	20绵科债（152706）	100.00	360.00	3.60
18红美01（155001）	100.05	1479.50	14.89	18都城01（155003）	100.00	620.00	6.25
18平证06（155004）	101.30	2840.00	28.84	18上药01（155006）	100.49	2674.50	27.08
18龙湖06（155010）	100.20	2400.00	24.45	18广核01（155012）	100.70	2660.00	26.93
18铁龙01（155014）	100.25	652.00	6.57	18电投10（155015）	100.72	3557.96	36.12
18电投11（155016）	101.73	1997.35	20.52	18鲁商02（155017）	100.00	1257.60	12.55
18邮政01（155018）	100.42	2397.10	24.28	18浙商01（155019）	100.00	562.24	5.68
18实业08（155022）	100.00	607.00	6.04	18台纾01（155024）	102.10	289.00	2.95
18光大01（155025）	100.75	2130.00	21.67	18沪资03（155026）	100.30	1089.00	11.05
18杭机01（155027）	104.40	295.80	3.02	18闽纾债（155028）	100.90	460.00	4.65
18青城05（155029）	101.25	995.58	10.17	18三友03（155030）	100.19	520.00	5.26
18中铝03（155032）	100.64	1602.00	16.34	18中铝04（155033）	102.80	650.00	6.68
18柳投控（155035）	98.86	1417.87	14.35	18电投12（155036）	101.07	2040.00	20.69
18电投13（155037）	101.00	3957.11	40.83	18海通05（155038）	103.01	4024.00	40.75
18粤桥02（155039）	103.00	150.00	1.58	18高新01（155040）	100.56	695.00	7.03
18远高01（155041）	93.49	248.99	2.41	18锦江02（155042）	100.88	625.00	6.35
18复星05（155043）	99.21	3955.00	39.73	18元禾02（155044）	100.81	608.00	6.16
18豫园01（155045）	102.00	1641.40	16.74	18华泰G1（155047）	100.50	3290.00	33.31
18华泰G2（155048）	100.00	1015.00	10.35	18齐鲁02（155049）	101.18	800.00	8.07

债券成交
Bond Trading

债券简称（代码）Bond Name（Code）	本年收盘（元）Close（Yuan）	成交数量（万张）Trading Vol（10000 Lots）	成交金额（亿元）Trading Value（100M Yuan）	债券简称（代码）Bond Name（Code）	本年收盘（元）Close（Yuan）	成交数量（万张）Trading Vol（10000 Lots）	成交金额（亿元）Trading Value（100M Yuan）
18 中航 G1（155050）	102.00	293.50	2.98	18 迈科 02（155051）	100.00	130.00	1.30
18 南航 01（155052）	100.00	1050.00	10.64	G18 首股（155053）	100.72	910.20	9.33
18 国药 01（155054）	100.60	3414.00	34.49	18 津投 11（155055）	100.72	545.00	5.52
18 津投 12（155056）	105.00	340.00	3.49	G18 龙源 2（155057）	100.39	2470.10	24.95
18 京能 01（155058）	101.05	530.00	5.37	18 镇投 01（155059）	102.00	130.00	1.32
18 联想 03（155060）	100.60	1144.00	11.47	18 富力 08（155061）	98.00	5284.84	50.60
18 渝信 03（155063）	92.60	4049.99	36.80	18 三福 01（155065）	100.00	289.40	2.89
18 中储 02（155066）	101.80	578.00	5.85	18 复药 02（155067）	100.88	200.00	2.00
18 复药 03（155068）	101.57	1530.35	15.56	18 保文 02（155069）	100.00	490.00	4.96
18 大众 01（155070）	100.97	260.00	2.65	18 首置 03（155071）	101.65	2090.00	21.22
18 首置 04（155072）	101.30	670.00	6.86	18 悦达 01（155074）	100.29	792.70	7.96
18 宁农 01（155076）	101.02	106.00	1.07	18 东风 03（155077）	100.69	710.00	7.19
18 东风 04（155078）	104.81	1005.00	10.25	18 汽车 G3（155080）	99.70	1502.98	14.95
18 沱牌 01（155081）	100.00	30.00	0.30	18 时代 13（155082）	100.30	1029.01	10.42
18 时代 14（155083）	105.00	442.50	4.58	18 紫光 04（155085）	11.65	5934.78	21.58
18 津投 13（155086）	101.02	540.00	5.48	18 津投 14（155087）	101.30	592.00	6.02
18 粤控 02（155088）	100.62	735.00	7.46	18 中泰 01（155089）	100.70	3250.00	32.93
18 福晟 03（155090）	70.99	1729.10	15.29	18 景国 02（155091）	100.17	634.00	6.43
18 花样年（155092）	99.50	1564.79	15.61	18 万向 01（155093）	101.30	1125.00	11.33
18 皖投 02（155095）	100.07	2550.01	25.96	19 国管 01（155098）	100.00	3248.00	32.98
18 海纾困（155100）	96.29	6445.66	65.14	18 华夏 06（155102）	100.00	2264.02	23.03
18 华夏 07（155103）	107.00	1448.41	15.85	18 铁牛 02（155104）	100.00	550.00	5.37
18 富力 10（155106）	99.69	2585.45	25.20	19 浦土 01（155108）	100.74	780.00	7.86
18 金光 01（155112）	100.00	255.20	2.53	18 鸿坤 03（155117）	100.00	269.94	2.60
18 伊泰 02（155118）	103.00	2005.50	20.46	18 海怡 02（155121）	100.00	465.00	4.67
19 中粮 01（155123）	100.20	2050.50	20.78	19 中粮 02（155124）	100.51	524.20	5.32
19 津投 01（155125）	100.50	2030.00	20.44	19 津投 02（155126）	100.00	520.00	5.22
19 铁工 01（155127）	100.60	2984.10	30.13	19 葛洲 01（155129）	101.23	282.00	2.85
19 京投 01（155130）	100.64	6745.00	68.11	19 京投 02（155131）	99.91	2130.10	21.64
19 蓝星 01（155132）	99.80	1405.97	14.21	19 金隅 01（155133）	100.75	538.00	5.43
19 金隅 02（155134）	100.65	813.00	8.27	19 闽电 01（155136）	100.03	1684.04	16.96
19 联想 01（155138）	96.48	1192.16	11.87	19 联想 02（155139）	100.00	715.74	7.20
19 镇投 01（155140）	100.00	240.00	2.46	19 世茂 G1（155142）	100.30	1775.49	17.99
19 栖建 01（155143）	100.00	160.00	1.63	19 汽车 01（155144）	100.00	600.00	5.97
19 无锡 01（155146）	103.00	223.00	2.24	19 无锡 02（155147）	104.04	345.00	3.49
19 南山 01（155148）	99.50	659.97	6.26	19 临债 01（155150）	100.41	323.00	3.24
19 临债 02（155151）	100.60	307.00	3.09	19 红星 01（155152）	99.70	886.35	8.78
19 渤海 01（155154）	99.30	2348.20	23.72	19 光水 01（155155）	100.59	345.00	3.50
19 绿城 01（155156）	101.40	163.00	1.65	19 新燃 01（155158）	100.80	708.00	7.15
19CHNE01（155159）	102.20	1650.00	16.61	19 渝物 01（155160）	100.00	203.00	2.03
19 津投 03（155161）	107.00	920.00	9.32	19 津投 04（155162）	100.00	20.00	0.21
19 蓝光 01（155163）	99.00	1692.04	16.91	19 建材 01（155164）	100.45	292.00	2.95
19 建材 02（155165）	99.95	260.10	2.61	19 中铝 01（155166）	100.44	2200.00	22.30
19 航租 01（155167）	102.98	580.20	5.88	19 口岸 01（155168）	95.01	196.04	1.88
19 紫光 01（155169）	13.00	974.53	4.25	19 正才 01（155171）	90.49	541.59	5.34
19 东方 01（155175）	98.00	532.98	5.02	19 山招 01（155176）	100.87	1022.01	10.35
19 长电 01（155177）	102.00	4645.00	46.76	19 住总 01（155178）	100.00	1210.03	12.25
G19 三峡 1（155180）	100.28	1270.32	12.84	G19 三峡 2（155181）	100.00	210.00	2.16
19CHNE02（155182）	100.24	1781.50	17.96	19 翔业 01（155183）	99.45	411.01	4.13
19 南航 01（155185）	100.00	3290.00	33.07	19 蓝星 02（155186）	101.74	1180.00	11.96

债券成交
Bond Trading

债券简称（代码）Bond Name（Code）	本年收盘（元）Close（Yuan）	成交数量（万张）Trading Vol（10000 Lots）	成交金额（亿元）Trading Value（100M Yuan）	债券简称（代码）Bond Name（Code）	本年收盘（元）Close（Yuan）	成交数量（万张）Trading Vol（10000 Lots）	成交金额（亿元）Trading Value（100M Yuan）
19金茂投（155188）	101.27	1600.00	16.07	19龙湖01（155189）	100.35	1301.00	13.10
19龙湖02（155190）	99.35	370.00	3.81	19信债01（155191）	102.50	4192.00	42.18
19信债02（155192）	100.00	770.00	7.86	19平证01（155193）	100.44	1120.00	11.31
19泰达01（155194）	83.52	3160.74	26.73	19国美01（155195）	98.95	294.27	2.83
19津投05（155196）	100.52	1550.00	15.64	19津投06（155197）	100.77	240.00	2.51
19柳投控（155198）	100.00	310.01	3.17	19远海02（155200）	100.00	100.00	1.02
19陆债01（155201）	100.80	4589.00	46.56	19渝高01（155203）	102.90	356.00	3.63
19华宇01（155204）	99.94	380.00	3.80	19福晟01（155205）	107.09	721.32	7.09
19远高01（155206）	100.00	84.40	0.84	19新燃02（155207）	100.00	830.00	8.37
19招商G1（155208）	100.30	2610.00	26.28	19广能01（155209）	100.00	50.00	0.50
19苏城01（155210）	100.79	1253.90	12.65	19建材03（155211）	101.30	940.00	9.50
19苏垦01（155213）	101.00	683.00	6.88	19浙旅01（155214）	100.00	550.00	5.62
19北汽01（155215）	104.60	271.00	2.74	19漳九01（155216）	100.90	1571.05	15.94
19洪政G1（155217）	102.78	1986.00	20.22	19中航G1（155219）	100.42	790.00	7.97
19兵装01（155220）	99.98	2095.00	20.98	19兵装02（155221）	102.82	1750.00	17.68
19兵装03（155222）	101.47	1000.00	10.15	19葛洲02（155223）	101.50	1165.35	11.93
19住总03（155224）	101.78	2030.00	20.65	19中希01（155228）	100.10	567.20	5.69
19阳煤01（155229）	102.90	692.00	7.03	19台州01（155230）	100.00	372.00	3.75
19兴发01（155231）	102.50	143.80	1.48	19红星03（155232）	98.90	805.00	7.97
19特变01（155235）	100.66	410.00	4.10	19杭纾01（155236）	100.00	700.00	7.10
19中林02（155239）	100.00	30.00	0.30	19华泰G1（155240）	100.28	8263.60	83.39
19成龙01（155242）	98.00	158.09	1.49	19闽交02（155244）	101.10	702.00	7.10
19风电01（155245）	100.50	250.80	2.53	19风电02（155246）	100.00	100.00	1.01
19京发G1（155247）	103.00	551.00	5.55	19华润01（155248）	100.15	3880.00	39.18
19中信02（155250）	100.00	340.00	3.50	19湖州01（155251）	100.60	1217.66	12.35
19中铁04（155252）	101.09	2054.51	20.96	19世茂G2（155254）	100.90	1118.00	11.30
19远洋01（155255）	101.70	2159.55	21.95	19远洋02（155256）	105.20	834.00	8.54
19北方01（155257）	100.10	590.00	5.94	19中原01（155259）	100.15	1322.00	13.39
19东风01（155261）	100.52	2300.00	23.16	19国科01（155263）	100.00	490.00	5.00
19阳集02（155265）	100.00	660.00	6.56	19建集01（155266）	104.61	720.00	7.42
19新城01（155268）	99.95	1073.44	10.74	19新城02（155269）	100.50	1153.43	11.61
G19鲁金1（155270）	101.70	1327.10	13.40	19鲁创01（155271）	103.00	331.00	3.38
19五资01（155272）	100.00	1590.00	16.03	19华夏01（155273）	97.50	653.65	6.59
19国新01（155274）	103.00	2123.20	21.48	19三友01（155275）	100.00	410.00	4.15
19川发01（155277）	101.35	2181.00	22.30	19紫光02（155279）	16.55	2746.60	13.79
19云投01（155280）	95.24	853.31	8.21	19常高01（155283）	102.24	247.00	2.50
19唐租01（155285）	100.00	420.00	4.24	19爱建01（155286）	100.00	649.12	6.50
19平证03（155287）	101.24	1700.00	17.14	19成大01（155288）	100.00	280.00	2.84
19三峡01（155289）	99.00	428.53	4.34	19中保01（155290）	100.55	2344.00	23.73
19鑫苑01（155291）	100.00	1269.84	12.70	19镇投03（155292）	100.00	234.40	2.37
19云工02（155294）	99.00	792.27	7.89	19光明01（155295）	100.25	364.10	3.68
19西南01（155296）	100.42	3200.03	32.31	19漳九02（155297）	101.63	714.08	7.25
19建银01（155298）	100.53	1240.00	12.50	19兰石01（155301）	100.00	69.00	0.70
19特电01（155302）	100.00	170.00	1.72	19京客隆（155303）	100.00	50.00	0.50
19禹洲01（155304）	101.50	1883.10	19.14	19禹洲02（155305）	104.10	885.00	9.17
19伊泰01（155306）	100.00	310.00	3.15	19建材05（155307）	100.00	423.00	4.29
19新工01（155309）	100.55	537.00	5.43	19汇鸿01（155310）	100.00	390.00	3.97
19节能01（155312）	100.00	180.00	1.81	19碧地01（155313）	100.00	317.00	3.21
19洋河01（155314）	100.00	470.00	4.85	19路桥01（155315）	103.11	1152.00	11.74
19海通01（155316）	100.36	2360.00	23.86	19铁投01（155318）	100.42	386.00	3.92

债券成交
Bond Trading

债券简称（代码）Bond Name（Code）	本年收盘（元）Close（Yuan）	成交数量（万张）Trading Vol（10000 Lots）	成交金额（亿元）Trading Value（100M Yuan）	债券简称（代码）Bond Name（Code）	本年收盘（元）Close（Yuan）	成交数量（万张）Trading Vol（10000 Lots）	成交金额（亿元）Trading Value（100M Yuan）
19 津投 07（155319）	102.57	80.20	0.82	19 楚天 01（155321）	100.30	155.00	1.57
19 无锡 03（155322）	100.00	737.00	7.45	19 湘粮债（155324）	100.00	90.00	0.90
19 佛控 01（155325）	105.35	243.60	2.49	19 汇金 01（155326）	101.35	167.01	1.68
19 首集 01（155328）	105.87	300.00	3.06	19 国信一（155329）	101.36	1580.00	16.03
19 铁工 04（155332）	100.00	790.00	7.96	19 西股 01（155333）	100.00	860.00	8.60
19 中旅 01（155334）	100.33	5380.00	54.27	19 沪国 01（155336）	100.65	1110.00	11.23
19 舜通 01（155337）	102.57	220.00	2.26	19 中产 01（155339）	101.72	679.99	6.90
19 华宝 01（155340）	101.13	1264.00	12.87	19 建材 07（155342）	100.72	2278.00	22.99
19 鲁资 01（155344）	103.57	1446.80	14.70	19 安租 01（155346）	100.80	380.01	3.84
19 口岸 02（155347）	91.00	53.45	0.50	19 京能 01（155348）	100.00	1190.00	11.98
19 中信 03（155349）	100.00	80.00	0.83	19 国联 01（155350）	105.00	31.02	0.32
19 兴杭 01（155351）	103.00	2330.00	23.67	19 华电 01（155352）	100.78	3276.51	33.22
19 创控 01（155353）	100.74	1366.00	13.85	19 航控 02（155355）	100.19	2910.00	29.33
19 福晟 02（155356）	100.00	100.00	0.96	19 华能 01（155357）	100.00	80.00	0.83
19 华泰 G3（155358）	100.26	2320.00	23.42	19 杭机 01（155362）	100.00	300.00	3.06
19 泸水 01（155363）	102.93	65.00	0.67	19 上实 01（155364）	100.00	42.00	0.42
19 浦集 01（155366）	100.70	2282.60	23.20	19 中林 03（155367）	98.90	666.60	6.63
19 能投 01（155368）	101.60	731.51	7.45	19 葛洲 03（155370）	100.00	600.00	6.04
19 国君 G1（155371）	101.94	1240.00	12.50	19 津投 09（155373）	100.20	2203.93	22.50
19 津投 10（155374）	101.00	267.00	2.76	19 中天 01（155375）	100.00	1930.00	19.21
19 雅砻 01（155376）	100.06	300.00	3.02	19 朝纾 01（155377）	102.61	2550.00	26.00
19 赣投 01（155378）	100.21	900.01	9.18	19 西集 01（155380）	100.00	20.28	0.20
19 金光 01（155382）	100.00	420.00	4.17	19 邮政 01（155383）	100.76	3420.00	34.83
19 紫竹 01（155384）	100.00	90.00	0.90	19 电控 01（155385）	105.00	660.20	6.66
19 晋中 01（155386）	101.00	200.00	2.04	19 深航 01（155388）	101.67	360.00	3.65
19 南网 01（155389）	100.86	3103.97	31.51	19 绿原 01（155390）	100.00	374.10	3.76
19 世茂 G3（155391）	100.00	92.00	0.93	19 新际 01（155392）	100.00	1940.00	19.58
19 宏泰债（155394）	102.40	440.00	4.46	19 陆债 03（155395）	101.40	721.00	7.32
19 宜华 01（155396）	54.00	5.87	0.03	19 宜华 02（155397）	100.00	100.00	0.84
19 国租 01（155398）	101.81	100.00	1.02	19 杭实 01（155400）	100.80	1195.20	12.15
19 齐鲁 01（155402）	100.57	1150.00	11.63	19 淮矿 01（155403）	101.10	970.00	9.80
19 富力 01（155404）	94.71	1154.35	10.73	19 富力 02（155405）	84.00	160.62	1.26
19 恒大 01（155406）	92.89	10977.26	101.95	19 恒大 02（155407）	86.00	406.18	3.32
19 无锡 05（155408）	100.00	100.00	1.01	19 光大债（155410）	102.40	188.00	1.91
19 穗专 01（155411）	100.41	1665.00	16.80	19 宇通 01（155413）	102.40	150.00	1.51
19 粤港 01（155414）	100.42	160.00	1.62	19 中银 01（155415）	99.94	2235.25	22.52
19 隧道 01（155416）	103.19	670.60	6.80	19 南航 02（155417）	100.00	830.00	8.38
19 泰富 01（155418）	102.92	751.00	7.57	19 南网 02（155419）	100.64	1790.00	18.14
19 南网 03（155420）	101.10	2273.20	23.48	19 津投 11（155421）	100.73	470.00	4.75
19 津投 12（155422）	100.00	213.00	2.16	19 国君 G3（155423）	100.36	2935.00	29.70
19 风电 03（155424）	104.20	781.00	8.05	19 国投 01（155426）	101.62	1310.00	13.27
19 川桥 01（155427）	100.51	1590.00	16.06	19 金辉 01（155428）	100.10	1350.70	13.45
19 平证 05（155429）	100.00	1590.00	16.00	19 润药 01（155430）	100.00	370.00	3.75
19 京投 03（155431）	101.20	4230.00	42.81	19 京投 04（155432）	100.00	220.00	2.26
19 中泰 01（155433）	100.24	950.00	9.56	19 苏城 02（155434）	100.50	771.24	7.78
19 南网 04（155435）	100.96	2133.01	22.01	19 穗建 01（155436）	103.40	2350.70	23.76
19 穗建 02（155437）	101.68	702.00	7.14	19 远租 01（155438）	100.00	422.30	4.25
19 中船 01（155439）	100.28	4390.00	44.22	19 中核 01（155441）	100.61	3841.00	38.66
19 中飞 01（155443）	101.67	210.00	2.13	19 津投 13（155444）	102.80	1635.10	16.49
19 安租 04（155446）	101.07	552.00	5.60	19 义纾 01（155447）	103.55	630.00	6.50

债券成交
Bond Trading

债券简称（代码）Bond Name（Code）	本年收盘（元）Close（Yuan）	成交数量（万张）Trading Vol（10000 Lots）	成交金额（亿元）Trading Value（100M Yuan）	债券简称（代码）Bond Name（Code）	本年收盘（元）Close（Yuan）	成交数量（万张）Trading Vol（10000 Lots）	成交金额（亿元）Trading Value（100M Yuan）
19融侨01（155448）	99.00	1331.50	13.23	19航控04（155449）	103.00	2730.20	27.67
19小商01（155450）	101.80	1050.76	10.66	19泰达02（155451）	83.88	1393.70	11.08
19京电01（155452）	101.48	1411.00	14.31	19时代04（155454）	100.00	150.00	1.51
19南山03（155456）	89.00	679.58	6.00	19国投电（155457）	103.71	470.00	4.87
19红美02（155458）	94.94	1880.13	18.71	19航控05（155459）	100.00	960.00	9.68
19津投15（155460）	103.45	766.20	7.78	19津投16（155461）	100.00	60.00	0.62
19中船03（155462）	101.39	3550.00	35.65	19环球01（155463）	100.00	470.00	4.74
19兴泰01（155466）	100.60	484.35	4.87	19昆交01（155467）	100.00	170.00	1.73
19能源01（155469）	101.37	2518.00	25.53	19鲁星01（155471）	93.90	248.70	2.38
19华电02（155472）	100.60	1163.00	11.77	19华电03（155473）	105.00	689.70	7.03
19沪国02（155475）	101.00	310.00	3.17	19阳集03（155476）	99.00	249.00	2.46
19联想03（155477）	99.75	20.00	0.20	19联通01（155478）	99.89	1397.86	14.19
G19天成1（155480）	100.86	182.00	1.83	19光大01（155481）	100.00	1300.00	13.14
19光大02（155482）	101.20	265.00	2.68	19鲁高Y1（155483）	100.94	1890.00	19.16
19蓝光02（155484）	99.00	1178.31	11.68	19渝物02（155485）	100.00	105.00	1.05
19北控01（155486）	100.65	1500.00	15.16	19海宁01（155487）	101.63	330.00	3.38
19芯鑫01（155489）	100.42	1199.00	12.12	19节能02（155490）	99.90	275.00	2.77
19中产02（155491）	100.70	580.00	5.85	19永钢01（155492）	100.28	450.00	4.51
19花样年（155493）	100.00	210.00	2.08	19伊泰02（155494）	100.00	270.00	2.71
19东方02（155495）	100.00	3.20	0.03	19美置03（155496）	101.20	3308.00	33.55
19兰石02（155499）	101.50	152.30	1.56	19融信01（155500）	101.00	2844.62	28.73
19融信02（155501）	100.91	890.00	9.13	19鸿商01（155502）	98.79	104.60	1.03
19西集03（155503）	100.00	51.20	0.53	19北汽02（155504）	99.90	1215.00	12.20
19北汽03（155505）	101.20	2594.10	26.25	19文投01（155507）	100.80	10.00	0.06
19津投17（155508）	100.00	440.00	4.44	19津投18（155509）	100.00	350.00	3.57
19恒健01（155510）	99.89	13635.00	137.97	19华润02（155511）	99.80	2727.22	27.44
19铁工05（155512）	101.50	1790.01	18.02	19铁工06（155513）	101.00	745.04	7.56
19华能02（155514）	100.46	965.00	9.71	19晋建发（155515）	102.00	438.00	4.46
19北新01（155516）	102.66	144.80	1.45	19建房01（155518）	100.83	658.00	6.65
19建房02（155519）	102.94	650.00	6.57	19龙湖03（155520）	99.71	285.00	2.89
19龙湖04（155521）	103.66	1120.00	11.37	19国电01（155522）	100.62	1592.00	16.07
19榕建01（155523）	100.00	400.60	4.11	19中证G1（155524）	99.88	810.00	8.11
19中证G2（155525）	99.87	574.00	5.80	19青控02（155526）	102.20	0.02	0.00
19京融G1（155527）	100.00	470.20	4.72	19京融G2（155528）	104.20	484.00	4.90
19中信04（155529）	105.15	30.00	0.31	19中信05（155530）	104.60	200.00	2.09
19国联02（155531）	102.58	1260.00	12.68	19常高03（155533）	102.60	210.00	2.14
19建银03（155535）	100.80	1865.00	18.89	19建银04（155536）	100.00	536.00	5.45
19邮政02（155537）	102.53	1988.71	20.00	19新工02（155538）	100.00	220.00	2.22
19西南02（155539）	100.74	1948.00	19.70	19津保01（155540）	98.40	940.00	9.38
19环球02（155541）	99.50	347.00	3.48	19京发G2（155542）	100.39	330.00	3.32
19华电04（155543）	100.42	3740.00	37.73	19昆交03（155546）	100.00	1065.00	10.82
19电气01（155548）	101.17	2036.00	20.42	19财金01（155549）	102.60	1130.00	11.30
19皖投01（155551）	106.50	2681.02	26.92	19鲁能01（155552）	102.72	880.00	8.92
19金证债（155554）	100.00	120.00	1.21	19津投19（155555）	101.85	470.10	4.80
19津投20（155556）	101.69	490.00	5.04	19伊泰03（155558）	100.00	240.00	2.43
19渤海02（155559）	100.60	1998.00	20.15	19宏泰02（155560）	100.00	160.00	1.62
19国投02（155561）	105.40	622.97	6.42	19北汽05（155562）	99.98	1410.00	14.16
19北汽06（155563）	99.84	4340.00	43.85	19中交G1（155565）	102.83	3150.00	31.79
19中交G2（155566）	100.90	714.00	7.23	19湘投01（155567）	100.78	50.01	0.50
19碧地02（155569）	101.05	2397.80	24.38	19宁安01（155570）	100.50	2954.01	29.82

债券成交
Bond Trading

债券简称（代码）Bond Name（Code）	本年收盘（元）Close（Yuan）	成交数量（万张）Trading Vol（10000 Lots）	成交金额（亿元）Trading Value（100M Yuan）	债券简称（代码）Bond Name（Code）	本年收盘（元）Close（Yuan）	成交数量（万张）Trading Vol（10000 Lots）	成交金额（亿元）Trading Value（100M Yuan）
19 中核 03（155571）	102. 10	2360. 00	23. 91	19 不动 04（155573）	103. 35	877. 00	8. 97
19 兵装 05（155575）	101. 20	1200. 00	12. 05	19 锡公 01（155576）	100. 50	292. 08	2. 95
19 国科 03（155578）	101. 06	301. 00	3. 03	19 国科 04（155579）	100. 62	748. 00	7. 50
19 南方 01（155580）	100. 00	197. 00	1. 97	19 南山 04（155583）	99. 98	354. 16	3. 45
19 国创 01（155584）	102. 50	288. 00	2. 89	19 建材 09（155585）	105. 00	263. 00	2. 72
19 建房 03（155586）	99. 70	92. 02	0. 93	19 建房 04（155587）	100. 00	500. 00	5. 02
19 京融 G3（155588）	101. 61	163. 00	1. 64	19 京融 G4（155589）	98. 54	823. 30	8. 26
19 中铝 G3（155594）	100. 00	400. 00	4. 05	19 美置 04（155595）	103. 13	1228. 80	12. 66
19 东吴债（155596）	100. 66	3407. 00	34. 32	19 民生 G1（155597）	100. 00	814. 00	8. 07
19 景国 01（155598）	101. 22	1279. 00	13. 23	19 航集 01（155599）	101. 74	300. 00	3. 03
19 联发 01（155600）	100. 12	690. 00	6. 96	19 联发 02（155601）	101. 37	1172. 01	11. 84
19 焦煤 02（155603）	99. 90	635. 00	6. 36	G19 天成 2（155604）	101. 35	510. 00	5. 11
19 中交 G3（155605）	100. 10	3175. 00	31. 92	19 中交 G4（155606）	103. 08	860. 50	8. 82
19 华福 G1（155607）	102. 90	1353. 00	13. 65	19 宇通 02（155608）	102. 85	375. 00	3. 78
19 津投 21（155609）	100. 19	700. 00	7. 09	19 国宏 01（155611）	101. 47	1400. 00	14. 25
19 中车 G1（155612）	101. 81	2910. 00	29. 35	19 中车 G2（155613）	99. 84	380. 00	3. 83
19 中信 06（155614）	104. 60	3. 00	0. 03	19 恒健 02（155616）	100. 01	5861. 80	59. 10
19 西集 04（155617）	99. 00	56. 38	0. 51	19 东航 01（155618）	101. 10	7808. 11	78. 39
19 航集 02（155619）	101. 75	962. 00	9. 68	19 津保 02（155620）	100. 15	1054. 00	10. 57
19 大唐 Y5（155621）	99. 62	1400. 00	14. 03	19 大唐 Y6（155622）	103. 70	1966. 00	19. 76
19 川发 03（155623）	103. 90	1540. 01	15. 49	19 川发 04（155624）	101. 38	1240. 03	12. 76
19 都城 01（155625）	99. 40	711. 00	7. 20	19 新际 03（155626）	99. 45	872. 00	8. 80
19 新际 04（155627）	104. 40	407. 00	4. 17	19 建材 11（155629）	102. 65	690. 00	6. 92
19 不动 05（155631）	102. 60	642. 01	6. 45	19 不动 06（155632）	103. 67	503. 00	5. 07
19 豫投 01（155633）	101. 86	620. 00	6. 24	19 云投 G1（155634）	99. 11	958. 01	9. 22
19 云投 G2（155635）	102. 20	1078. 00	10. 88	19 椒江 01（155636）	100. 33	1297. 47	13. 14
19 宁德 01（155637）	100. 00	1044. 50	10. 54	19 包钢联（155638）	99. 50	560. 12	5. 68
19 国管 02（155639）	100. 41	3885. 01	38. 93	19 浦土 02（155642）	101. 80	1320. 20	13. 30
19 航集 03（155643）	100. 00	170. 00	1. 73	19 陕金 01（155644）	100. 07	300. 00	3. 00
19 金茂 02（155646）	102. 90	1816. 00	18. 31	19 沪开 01（155647）	100. 00	435. 00	4. 41
19 滇城 01（155648）	100. 10	100. 04	1. 00	19 华集 01（155651）	100. 00	1365. 42	9. 05
19 鸿商 02（155652）	99. 00	60. 00	0. 59	19 杭旅 01（155653）	102. 50	390. 00	3. 89
19 天地一（155655）	100. 00	130. 00	1. 31	19 保利 01（155656）	99. 80	2733. 00	27. 38
19 保利 02（155657）	103. 95	613. 00	6. 19	19 国集 01（155658）	100. 00	70. 00	0. 70
19 华证 01（155659）	100. 00	365. 00	3. 67	19 红狮 01（155660）	101. 90	838. 01	8. 54
19 建房 05（155661）	101. 30	959. 00	9. 78	19 建房 06（155662）	100. 00	120. 00	1. 20
19 国控 01（155663）	100. 00	3330. 00	33. 37	19 鲁资 03（155664）	103. 00	1350. 00	13. 57
19 鲁资 04（155665）	100. 71	836. 00	8. 44	19 阳股 02（155666）	100. 60	390. 00	3. 95
19 君创 01（155667）	100. 00	538. 50	5. 37	19 南建 01（155669）	100. 00	80. 00	0. 82
19 北汽 08（155670）	100. 00	630. 00	6. 32	19 北汽 09（155671）	101. 50	1588. 02	15. 93
19 洪政 G3（155673）	102. 37	60. 00	0. 61	19 长电 02（155674）	100. 25	1659. 70	16. 75
19 国新 02（155675）	100. 00	1280. 00	13. 12	19 当代 F1（155676）	99. 30	601. 90	5. 88
19 中铝 G4（155677）	100. 00	186. 00	1. 86	19 兴发 02（155679）	100. 00	434. 00	4. 44
G19 三峡 3（155680）	102. 90	513. 00	5. 13	G19 三峡 4（155681）	103. 00	859. 00	8. 87
19 沱牌 01（155682）	100. 00	120. 00	1. 20	19 云建 G1（155683）	100. 50	904. 00	9. 07
G19 鲁高 1（155684）	100. 00	1422. 90	14. 32	19 新湖 01（155685）	100. 00	208. 89	1. 95
19 奥园 02（155688）	102. 20	1011. 00	10. 25	19 正荣 02（155689）	100. 55	1674. 00	16. 90
19 朗诗 01（155691）	100. 00	631. 40	6. 30	19 航控 07（155692）	101. 05	2134. 00	21. 43
19 航控 08（155693）	99. 40	704. 00	7. 07	19 安租 07（155694）	100. 15	1121. 00	11. 35
19 昆租 01（155695）	100. 00	680. 00	6. 90	19 昆租 02（155696）	104. 17	302. 00	3. 23

债券成交
Bond Trading

债券
Bond

债券简称（代码）Bond Name（Code）	本年收盘（元）Close（Yuan）	成交数量（万张）Trading Vol（10000 Lots）	成交金额（亿元）Trading Value（100M Yuan）	债券简称（代码）Bond Name（Code）	本年收盘（元）Close（Yuan）	成交数量（万张）Trading Vol（10000 Lots）	成交金额（亿元）Trading Value（100M Yuan）
19路劲01（155697）	101.20	616.00	6.23	19杭城01（155701）	99.70	1650.01	16.53
G19科环（155702）	100.00	380.00	3.83	19昆交05（155703）	101.50	2799.21	28.89
19昆速01（155704）	100.00	475.00	4.77	19建材12（155706）	99.54	950.00	9.53
19建材14（155708）	100.00	350.00	3.58	19上汽01（155709）	99.85	3485.80	34.97
19汽车02（155710）	100.00	309.80	3.03	19钢联03（155712）	85.40	3879.79	38.20
19CHNE03（155713）	100.58	9270.00	93.43	19建银05（155714）	100.07	1526.00	15.38
19建银06（155715）	104.00	500.00	5.08	19西集05（155716）	100.00	39.00	0.40
19世茂01（155719）	99.90	513.00	5.19	19通用01（155721）	100.52	3344.00	33.87
19台金01（155723）	100.00	992.00	10.02	19泸水02（155724）	100.00	150.00	1.51
19上报01（155725）	100.00	20.00	0.20	19北方03（155726）	102.39	4145.00	41.68
19牡丹01（155727）	100.00	60.00	0.60	19招金01（155728）	102.28	1330.00	13.43
19建工01（155729）	99.84	1093.10	11.07	19北新能（155731）	99.00	1047.02	10.51
19绵投01（155732）	100.00	826.00	8.31	19淄矿01（155733）	102.80	859.00	8.69
19邮政03（155734）	100.26	1531.60	15.43	19国贸01（155735）	100.00	260.00	2.60
19嘉宝01（155736）	100.40	533.00	5.40	19爱众01（155737）	100.00	180.00	1.84
19朝纾02（155738）	99.30	2640.10	26.60	19远高02（155739）	100.00	16.03	0.16
19财信01（155740）	99.75	1183.40	11.91	19华兴01（155741）	100.00	60.00	0.60
19赣国资（155742）	102.80	1341.00	13.68	19保利03（155743）	100.23	2883.00	28.86
19沪众01（155745）	100.50	650.00	6.49	19云工03（155746）	100.95	30.00	0.30
19HDGJ01（155747）	100.15	2944.90	29.72	19恒力01（155749）	99.75	690.00	6.91
19小商02（155750）	101.28	825.00	8.38	19正奇01（155751）	100.00	251.00	2.51
19南建02（155753）	100.00	92.87	0.94	19凯盛01（155754）	100.00	239.40	2.41
19唐新01（155756）	100.17	1686.00	16.98	19发展01（155758）	100.00	40.00	0.40
19穗建04（155760）	100.10	1838.00	18.47	19青城G1（155761）	102.68	1202.00	12.09
19国发01（155762）	100.00	200.00	2.00	19杉杉01（155764）	100.00	100.00	0.97
19建发01（155765）	100.00	1253.20	12.61	19南山05（155766）	100.00	330.00	3.25
19青租01（155767）	100.00	550.00	5.52	19中财01（155768）	101.00	1374.95	13.83
19能源03（155769）	101.50	2135.00	21.53	19国君G4（155771）	100.20	2222.00	22.19
19CHNE04（155772）	100.31	4597.90	46.38	19津投23（155773）	96.50	1460.00	14.71
19津投24（155774）	103.10	652.00	6.66	19中地01（155775）	100.00	165.00	1.66
19东风03（155776）	100.57	5540.70	55.84	19联想04（155778）	100.00	510.00	5.10
19陕金02（155780）	100.30	1040.00	10.52	19新燃03（155781）	101.80	405.00	4.07
19同方01（155782）	99.68	355.00	3.55	19义乌01（155784）	100.35	2110.00	21.41
19成大02（155786）	100.00	220.00	2.22	19天集03（155787）	100.00	110.00	1.10
19中航G2（155788）	100.00	990.00	10.01	19赣投03（155792）	99.70	453.90	4.53
19新能02（155793）	100.00	150.00	1.50	19CHNE05（155794）	99.57	2150.00	21.66
19沪城01（155797）	99.80	1305.00	13.16	19宁投01（155799）	100.73	250.00	2.54
19华证02（155800）	100.60	530.00	5.34	19宝钛01（155801）	100.00	623.70	6.23
19华创03（155803）	100.00	1373.20	13.90	19华创04（155804）	104.70	13.00	0.13
19天富债（155805）	100.50	361.00	3.66	19青城G2（155806）	101.00	1152.33	11.76
19中华01（155807）	100.50	92.60	0.93	19油气01（155809）	101.30	1557.00	15.77
19贵安G1（155810）	100.00	2126.90	21.02	19伟驰01（155811）	100.00	40.00	0.40
19杉杉02（155813）	100.00	346.00	3.46	19兴业G1（155814）	100.55	11136.00	112.45
19紫金01（155816）	102.50	643.00	6.46	19川发05（155817）	100.00	80.00	0.82
19川发06（155818）	107.10	2620.00	27.82	19昆速03（155819）	100.00	532.00	5.37
19新际05（155821）	99.98	1947.00	19.72	19财金02（155822）	101.80	1683.50	17.00
19杭交01（155826）	100.36	2230.00	22.73	19国丰01（155827）	100.00	940.00	9.41
19国丰02（155828）	100.54	1261.80	12.91	19雪松01（155829）	100.00	300.00	2.88
19海通02（155830）	100.17	3600.00	36.21	19世茂03（155831）	100.44	622.00	6.23
19世茂04（155832）	100.00	550.00	5.54	19中大01（155833）	100.76	903.00	9.10

债券成交 Bond Trading

债券 Bond

债券简称（代码）Bond Name（Code）	本年收盘（元）Close（Yuan）	成交数量（万张）Trading Vol（10000 Lots）	成交金额（亿元）Trading Value（100M Yuan）	债券简称（代码）Bond Name（Code）	本年收盘（元）Close（Yuan）	成交数量（万张）Trading Vol（10000 Lots）	成交金额（亿元）Trading Value（100M Yuan）
19 华电 06（155834）	100.35	760.00	7.63	19 国联 03（155835）	99.70	933.00	9.45
19 张江 01（155836）	100.37	468.00	4.69	19 渝高股（155837）	99.99	967.00	9.70
19 安信 G1（155838）	100.47	1755.00	17.54	19 镇投 05（155839）	101.10	780.01	7.93
19 京投 05（155840）	103.80	2580.02	25.93	19 国投 03（155842）	101.46	1020.00	10.27
19 国投 04（155843）	105.47	767.00	7.90	19 柳投资（155844）	100.81	1026.00	10.42
19 京洁 01（155845）	100.00	1190.00	11.97	19 电建 Y1（155846）	100.96	2024.00	20.50
19 上汽 02（155847）	99.98	2477.00	25.02	19 延长 Y5（155848）	100.93	7485.00	75.86
19 滇建 Y1（155850）	100.00	100.00	1.01	19 润药 Y1（155852）	100.00	2340.00	23.53
19 交建 Y1（155853）	100.29	4060.00	40.89	19 铁建 Y3（155855）	103.01	3250.20	32.89
19 铁建 Y4（155856）	101.00	1335.00	13.62	19 首股 Y1（155857）	102.27	1685.00	16.95
19 通用 Y1（155859）	99.95	2276.70	23.00	19 中化 Y1（155862）	100.00	1830.00	18.42
19CHNG9Y（155864）	100.70	939.00	9.51	19CHNG0Y（155865）	102.00	70.05	0.71
19 中工 Y1（155867）	100.90	356.50	3.58	19 铁建 Y1（155868）	100.30	1260.00	12.68
19 铁建 Y2（155869）	100.00	881.00	8.96	19 信保 Y1（155870）	99.90	1046.90	10.52
19 延长 Y3（155871）	102.17	4560.80	46.12	19 延长 Y4（155872）	102.72	551.10	5.63
19 平煤 Y1（155873）	100.00	340.00	3.40	19 华电 Y3（155874）	102.50	410.00	4.15
19 华电 Y4（155875）	100.40	1575.00	16.03	电投 Y25（155876）	100.00	392.00	3.95
电投 Y26（155877）	99.21	163.00	1.64	19 延长 Y1（155878）	102.03	1507.00	15.23
19 延长 Y2（155879）	101.44	1070.00	10.81	19 大唐 Y7（155881）	102.51	2034.00	20.45
19 大唐 Y8（155882）	99.00	2668.80	27.22	19 住总 Y1（155883）	100.00	1161.00	11.72
19CHNG7Y（155884）	102.99	1098.00	11.07	19CHNG8Y（155885）	104.40	224.00	2.28
G19 京 Y1（155886）	100.30	1834.60	18.41	G19 京 Y2（155887）	102.99	1247.00	12.66
19 建集 Y1（155888）	101.85	947.00	9.55	19 华电 Y1（155889）	100.00	730.00	7.37
19 华电 Y2（155890）	100.50	2025.00	20.47	电投 Y23（155891）	100.00	224.00	2.26
电投 Y24（155892）	103.09	703.00	7.08	电投 Y21（155893）	102.50	153.00	1.53
电投 Y22（155894）	99.54	734.00	7.41	电投 Y19（155895）	100.20	87.00	0.87
电投 Y20（155896）	103.00	1396.00	14.06	19 象屿 Y2（155897）	100.70	670.10	6.76
19 山招 Y3（155898）	101.76	414.10	4.16	19 北控 Y1（155899）	100.00	431.00	4.32
19 晋建 Y2（155901）	99.90	430.01	4.31	电投 Y17（155902）	102.80	432.00	4.34
电投 Y18（155903）	100.20	440.00	4.43	电投 Y15（155904）	100.00	1080.00	10.91
电投 Y16（155905）	101.50	288.00	2.90	19 四局 Y1（155906）	100.00	674.00	6.79
电投 Y13（155907）	102.90	815.00	8.22	电投 Y14（155908）	102.80	282.00	2.92
19 路建 Y1（155910）	100.00	210.00	2.11	19 中交 Y1（155911）	102.14	1004.00	10.14
19 国泰 Y1（155912）	100.00	436.08	4.36	19 漳九 Y2（155913）	100.00	2110.00	21.38
19 远发 Y8（155914）	101.60	910.00	9.21	19 风电 Y1（155916）	100.00	716.00	7.26
19 风电 Y2（155917）	101.19	800.00	8.25	19 核建 Y5（155918）	102.63	300.00	3.08
19 核建 Y3（155919）	101.59	890.00	9.06	19 大唐 Y3（155920）	100.35	4004.00	40.58
19 大唐 Y4（155921）	105.70	1597.00	16.26	19CHNG5Y（155922）	90.00	195.60	1.99
19CHNG6Y（155923）	108.00	350.00	3.67	19 特变 Y1（155924）	100.00	40.00	0.40
电投 Y11（155925）	100.83	860.00	8.74	电投 Y12（155926）	103.53	61.00	0.63
19 远发 Y6（155927）	100.00	559.00	5.66	19CHNG3Y（155929）	104.90	250.00	2.56
19CHNG4Y（155930）	104.57	285.80	3.01	19 葛洲 Y1（155931）	100.80	5795.00	58.88
19 电投 Y9（155933）	103.35	833.00	8.46	19 电投 Y0（155934）	102.20	140.00	1.44
19 电投 Y7（155935）	101.05	1701.00	17.43	19 象屿 Y1（155937）	100.00	450.00	4.63
19 电投 Y5（155938）	101.00	1063.94	10.88	19 电投 Y6（155939）	102.40	343.00	3.56
19 山招 Y1（155940）	100.00	211.00	2.13	19 远发 Y3（155941）	100.00	906.00	9.23
19 大唐 Y1（155943）	100.85	1653.50	16.88	19 大唐 Y2（155944）	101.60	340.00	3.57
19 桂建 Y1（155945）	100.00	610.00	6.11	19 漳九 Y1（155947）	100.00	1410.00	14.26
19 中航 Y5（155948）	100.00	1970.00	19.90	19CHNG1Y（155950）	104.99	1982.00	20.21
19 远发 Y1（155952）	100.00	2080.00	21.12	19 中航 Y3（155954）	101.00	5345.10	54.27

债券成交
Bond Trading

债券
Bond

债券简称（代码） Bond Name（Code）	本年收盘（元） Close（Yuan）	成交数量（万张） Trading Vol （10000 Lots）	成交金额（亿元） Trading Value （100M Yuan）	债券简称（代码） Bond Name（Code）	本年收盘（元） Close（Yuan）	成交数量（万张） Trading Vol （10000 Lots）	成交金额（亿元） Trading Value （100M Yuan）
G19新Y1（155956）	100.33	578.00	5.86	19电投Y3（155957）	100.62	1913.00	19.49
19电投Y4（155958）	100.00	620.00	6.45	19不动Y2（155959）	102.90	1167.00	11.83
19中航Y1（155960）	101.75	841.00	8.53	19建材Y1（155962）	100.00	940.02	9.54
19安租Y1（155964）	100.72	2700.00	27.48	19电投Y1（155966）	102.86	1267.00	12.82
19电投Y2（155967）	104.80	232.00	2.37	19中公Y1（155969）	101.45	717.00	7.22
19核建Y1（155970）	100.00	640.00	6.49	19核建Y2（155971）	100.00	60.00	0.61
18远发Y1（155972）	100.00	788.00	7.97	18中电Y1（155974）	101.75	3922.60	39.97
G18八Y1（155976）	100.00	95.00	0.96	18环球Y1（155977）	100.00	2220.00	22.45
18化学Y1（155979）	101.39	3582.00	36.33	18铁Y09（155982）	101.64	1000.00	10.20
18铁Y10（155983）	100.00	340.00	3.49	18象屿Y3（155984）	100.00	180.00	1.84
18津保Y3（155985）	101.00	954.50	9.72	18美达Y1（155987）	100.00	150.00	1.50
18铁投Y4（155988）	100.00	810.00	8.18	18阳煤Y4（155989）	103.50	2232.53	23.03
18漳九Y1（155990）	100.00	990.00	10.02	18中化Y7（155992）	100.75	2636.00	26.58
18中化Y8（155993）	103.15	2324.00	23.69	18鲁高Y3（155994）	100.00	580.00	5.88
18青城Y4（155996）	106.09	210.80	2.19	18建集Y4（155997）	103.74	367.05	3.74
18联投Y3（155998）	101.20	1152.00	11.72	19不动Y1（155999）	101.00	870.00	8.80
PR2A2（156001）	54.09	248.11	1.40	宁远06A5（156009）	100.20	834.00	8.38
宁远06A6（156010）	100.59	492.00	4.98	PR上实A3（156031）	36.44	600.00	5.31
18上实B（156032）	100.00	204.00	2.04	18上实次（156033）	100.20	581.05	5.81
PR18GLP1（156039）	99.99	450.00	4.50	18借呗3A（156064）	100.50	110.00	1.11
18借呗3C（156066）	105.40	112.50	1.18	PR2A1（156069）	6.53	126.00	0.17
PR2A2（156070）	82.96	320.00	3.08	赣发2B（156071）	100.62	306.00	3.12
PR优A（156073）	39.75	20.00	0.08	滇中优B（156074）	100.33	44.00	0.44
借呗58A1（156078）	100.32	270.00	2.71	借呗58B（156080）	105.27	78.65	0.82
18十局优（156097）	99.99	482.50	4.82	蚌公交06（156105）	105.50	12.00	0.12
蚌公交07（156106）	99.48	10.00	0.10	蚌公交08（156107）	100.00	18.00	0.18
长兴04（156114）	100.33	108.50	1.09	长兴05（156115）	100.34	143.55	1.44
长兴06（156116）	100.38	164.25	1.65	长兴07（156117）	100.42	194.00	1.95
平遥04（156136）	100.70	30.00	0.30	平遥05（156137）	100.70	144.00	1.46
平遥06（156138）	101.15	102.00	1.04	PR京水优（156147）	72.50	520.00	3.77
八局1优（156151）	100.91	500.00	5.05	PR18平GA（156153）	5.46	200.00	0.28
PR海尔1A（156162）	5.21	57.00	0.03	PR4A3（156170）	15.69	182.00	1.28
国药4B（156171）	100.09	69.85	0.70	国花02A（156173）	100.31	1648.00	16.57
国花02B（156174）	100.38	40.00	0.40	国花02次（156175）	104.32	82.80	0.86
PR豫煤03（156184）	65.65	55.00	0.55	豫煤气04（156185）	100.00	105.00	1.05
豫煤气05（156186）	100.00	143.00	1.43	借呗59A1（156189）	100.15	585.00	5.90
借呗59A2（156190）	101.07	10.00	0.10	借呗59B（156191）	104.41	39.05	0.40
18七局优（156197）	102.02	100.00	1.02	PR金茂A3（156204）	79.24	40.00	0.40
18金茂A4（156205）	100.00	58.00	0.59	18金茂A5（156206）	103.06	40.00	0.41
18金茂A6（156207）	101.42	50.00	0.51	18金茂A7（156208）	101.42	70.00	0.71
18金茂A8（156209）	101.42	70.00	0.71	18金茂A9（156210）	101.42	60.00	0.61
18二局1A（156234）	102.75	200.00	2.06	18二局1C（156235）	111.10	58.50	0.65
花呗68A1（156236）	100.35	537.00	5.41	花呗68A2（156237）	100.39	10.50	0.11
花呗68B（156238）	104.22	8.00	0.08	武公租14（156261）	100.81	41.00	0.41
武公租15（156262）	100.81	69.00	0.70	武公租16（156263）	100.81	75.00	0.76
武公租17（156264）	101.19	118.50	1.20	PR日A02（156268）	20.46	100.00	0.20
PR日A03（156269）	99.41	650.00	6.57	道桥优A（156271）	100.00	120.00	1.20
道桥优B（156272）	100.10	335.50	3.36	18浣水03（156276）	101.91	2.00	0.02
18浣水04（156277）	101.91	4.00	0.04	18浣水05（156278）	101.78	7.00	0.07
18浣水06（156279）	101.21	207.00	2.10	宁远07A4（156291）	99.99	310.00	3.11

债券成交
Bond Trading

债券简称（代码）Bond Name（Code）	本年收盘（元）Close（Yuan）	成交数量（万张）Trading Vol（10000 Lots）	成交金额（亿元）Trading Value（100M Yuan）	债券简称（代码）Bond Name（Code）	本年收盘（元）Close（Yuan）	成交数量（万张）Trading Vol（10000 Lots）	成交金额（亿元）Trading Value（100M Yuan）
宁远 07A5（156292）	100.30	130.00	1.30	PR07A6（156293）	13.29	250.00	0.33
东花 01A1（156295）	100.29	417.00	4.20	东花 01A2（156296）	100.40	10.50	0.11
PR 远东 3A（156306）	1.52	180.00	0.42	PR 远东 3B（156307）	18.98	127.00	0.77
PR 君创 A2（156316）	3.94	15.50	0.04	18 经发 04（156324）	101.28	39.00	0.40
18 经发 05（156325）	102.20	7.00	0.07	18 环球 B（156332）	100.00	414.10	4.19
PR18 正优（156334）	35.61	232.00	2.33	PR03 次（156338）	19.60	23.20	0.21
G 国电 1 优（156343）	101.33	1100.00	11.24	平租八 B（156354）	100.00	159.20	1.60
平租八 C（156355）	102.46	87.50	0.90	PR 优 A（156357）	98.77	350.00	3.46
PRG 康 4A2（156364）	20.11	85.00	0.17	PRG 康 4A3（156365）	61.09	275.00	2.23
PRG 康 4A4（156366）	21.00	204.00	0.64	G 康富 4B（156367）	100.03	95.20	0.97
诚泰 2 次（156375）	100.00	131.35	1.31	奥园 1 优（156384）	100.81	242.70	2.45
PR 新生 1C（156395）	8.16	32.90	0.34	借呗 61A2（156399）	100.96	37.50	0.38
借呗 61B（156400）	103.97	80.00	0.85	PR18 聚 A3（156403）	81.91	260.00	2.60
18 聚信 A4（156404）	100.00	30.00	0.30	18 聚信 B2（156406）	100.00	48.70	0.49
18 聚信次（156407）	105.36	85.00	0.90	18 借 06A1（156408）	100.32	50.00	0.51
18 借 06B（156410）	103.85	105.00	1.09	18 远洋 A2（156412）	100.40	35.00	0.35
中原建优（156419）	102.01	10.00	0.10	18 八局 1B（156422）	100.00	125.00	1.25
18 电建优（156430）	100.44	1230.00	12.39	东借 02A1（156432）	100.11	590.00	5.92
东借 02A2（156433）	101.12	12.00	0.12	东借 02B（156434）	103.93	31.00	0.32
建工 2 优（156439）	101.10	1300.00	13.15	电投 18 优（156443）	100.47	251.33	2.53
PR02 优（156455）	100.00	45.00	0.45	远洋 R1A2（156458）	102.01	780.00	8.06
远洋 R1 次（156459）	130.50	224.21	2.44	18 八局次（156464）	100.00	125.00	1.25
PR 平 9A2（156468）	15.96	300.00	0.89	慈公交 05（156475）	101.03	136.00	1.38
慈公交 06（156476）	102.85	72.00	0.74	慈公交 07（156477）	102.35	76.00	0.78
慈公交 08（156478）	102.15	52.00	0.53	18 华电优（156484）	100.49	581.75	5.87
18 红美 A2（156487）	100.14	464.00	4.63	PR 青城 A（156489）	3.66	427.60	0.26
PR 青城 B（156490）	27.99	72.00	0.72	铁一 1 优（156494）	100.69	820.00	8.26
珠华发 05（156500）	99.70	380.00	3.80	PR18 平 7A（156503）	2.70	50.00	0.07
申七局 1A（156517）	100.49	110.00	1.11	18 二局 2A（156519）	100.42	200.00	2.01
PR 北辰 A（156521）	95.12	200.00	1.93	18 北辰 B（156522）	100.98	230.00	2.32
PR 建投优（156524）	76.56	114.00	1.01	18 西塘 07（156536）	101.30	164.00	1.66
18 西塘 08（156537）	101.00	318.00	3.21	18 西塘 09（156538）	101.69	418.00	4.21
天士力优（156540）	100.00	30.00	0.30	中化 01（156544）	100.65	220.00	2.21
18 铁五优（156548）	100.41	340.00	3.41	中交 001A（156552）	100.73	236.00	2.38
奇艺优 A2（156557）	100.72	2.20	0.02	东建投优（156559）	100.61	132.00	1.33
PR 优（156561）	82.86	172.00	1.51	朗诗优 03（156576）	100.00	7.50	0.08
朗诗优 04（156577）	100.00	59.00	0.59	朗诗优 05（156578）	100.00	250.00	2.50
中交 004A（156580）	100.52	695.90	7.00	中交 004C（156581）	115.15	138.00	1.59
PR 优先（156587）	40.00	1138.00	5.26	PR19A（156589）	58.92	1336.00	8.35
远大 19B（156590）	100.01	406.04	4.06	光明 A2（156604）	100.00	25.00	0.25
18 南水优（156608）	100.83	444.00	4.47	九局优（156610）	100.14	600.00	6.01
九局次（156611）	110.36	300.00	3.31	PR 奥 9A2（156619）	1.24	180.00	0.46
PR 奥 9A3（156620）	78.11	316.00	3.16	PR 奥克 9B（156622）	37.69	16.00	0.16
PR 中渝 1（156624）	93.69	119.05	1.14	中渝优 2（156625）	100.00	225.00	2.26
PR 北方（156627）	69.35	178.00	1.55	旭辉 19 优（156653）	100.31	1110.00	11.14
国控三 B（156657）	100.75	140.00	1.42	PR 产 1A（156659）	97.52	513.00	5.01
财碧 18 优（156666）	100.49	95.00	0.96	禹物优 08（156668）	100.02	56.50	0.58
海门优 A2（156683）	100.44	10.00	0.10	PR 普者黑（156689）	90.15	290.00	2.61
PR18GLP2（156703）	99.84	599.70	5.97	时代优 A（156705）	100.77	176.00	1.77
PRPA 十 A（156722）	1.13	750.00	0.94	平安十 B（156723）	100.09	17.00	0.17

债券成交 Bond Trading

债券 Bond

债券简称（代码）Bond Name（Code）	本年收盘（元）Close（Yuan）	成交数量（万张）Trading Vol（10000 Lots）	成交金额（亿元）Trading Value（100M Yuan）	债券简称（代码）Bond Name（Code）	本年收盘（元）Close（Yuan）	成交数量（万张）Trading Vol（10000 Lots）	成交金额（亿元）Trading Value（100M Yuan）
平安十 C（156724）	99.34	154.30	1.56	PR01（156732）	15.46	909.00	7.29
泰豪 02（156733）	100.60	172.00	1.73	福晟 1 优 A（156738）	45.59	294.70	2.86
福晟 1 优 B（156739）	52.80	74.50	0.63	PR 租 02（156748）	10.33	937.30	6.06
远海租 03（156749）	102.53	441.00	4.51	19 瑞融 B（156756）	100.00	140.00	1.40
禹物优 02（156763）	100.02	150.00	1.51	禹物优 03（156764）	100.23	72.00	0.73
禹物优 04（156765）	100.02	83.00	0.84	禹物优 05（156766）	100.02	31.00	0.31
禹物优 06（156767）	100.02	94.00	0.95	禹物优 07（156768）	100.02	124.00	1.26
PR 中骏 A（156776）	42.46	342.00	3.33	19 中骏 B（156777）	100.20	47.00	0.47
PR12A3（156781）	62.21	324.00	2.63	和信 01 优（156783）	100.00	11.00	0.11
璀璨 8A（156786）	100.00	20.00	0.20	逸锟 03A（156787）	99.93	54.00	0.54
PR13A3（156791）	16.81	6.00	0.06	信泽 01A3（156795）	100.06	100.00	1.00
信泽 01A4（156796）	100.05	1783.00	17.91	信泽 01A5（156797）	100.25	550.00	5.51
信泽 01A6（156798）	100.29	1410.00	14.19	19 安吉 1C（156803）	100.00	52.00	0.52
19 中置 01（156805）	100.00	14.40	0.14	19 中置 02（156806）	100.55	7.95	0.08
19 中置 03（156807）	101.06	7.00	0.07	19 中置 04（156808）	102.72	7.35	0.08
19 中置 05（156809）	102.39	7.60	0.08	19 中置 06（156810）	103.50	8.00	0.08
19 中置 07（156811）	102.08	7.85	0.08	19 中置 08（156812）	102.13	8.30	0.08
PR1 优（156821）	101.55	285.00	2.89	PR 中和 1A（156823）	3.89	51.00	0.36
沣邦 2C（156838）	110.13	62.00	0.68	PR 海 A（156850）	98.81	240.00	2.39
爱琴海 B（156851）	100.00	400.00	4.03	19 中泰 1A（156853）	100.15	228.20	2.29
PR 光谷 2B（156858）	12.49	99.20	0.26	19 绿城 A（156864）	101.46	300.00	3.04
联保 7 优（156866）	99.92	45.00	0.45	太保 19A（156868）	100.05	1533.00	15.37
PR 租 12（156872）	47.60	177.00	1.29	远海租 13（156873）	101.14	30.00	0.30
PR 日 A01（156875）	22.15	1659.30	6.18	3 如日 A02（156876）	100.47	848.20	8.55
18 中航 2C（156882）	100.35	36.00	0.36	嘉善水 08（156891）	103.50	126.00	1.30
嘉善水 09（156892）	104.50	132.00	1.38	PR19 建优（156894）	38.72	120.00	0.84
菜鸟 19 优（156900）	100.68	180.00	1.81	PR 平 1A1（156902）	21.90	30.00	0.07
PR 平 1A3（156904）	26.96	90.00	0.90	19 平 1C（156906）	100.40	71.00	0.71
PRT4 优 A（156908）	28.50	210.00	0.60	19 佳美 2A（156911）	100.00	120.00	1.20
G 国中优 4（156916）	100.00	118.00	1.18	G 国中优 5（156917）	100.48	135.00	1.36
G 国中优 6（156918）	100.00	134.00	1.34	G 国中优 7（156919）	100.52	90.00	0.91
G 国中优 8（156920）	100.00	156.00	1.56	G 国中优 9（156921）	101.24	111.00	1.12
PR 操 A2（156931）	26.08	20.00	0.10	人福优 A（156934）	99.98	300.00	3.00
人福优 B（156935）	100.00	46.00	0.46	海尔 03A（156938）	100.58	302.00	3.02
花呗 70A1（156940）	99.98	1306.00	13.10	花呗 70B（156942）	102.48	182.29	1.86
华发 R1 优（156945）	101.51	580.00	5.86	PR 云城 A1（156947）	4.06	150.00	0.52
19 云城 A2（156948）	100.15	45.00	0.45	19 建花 4A（156950）	99.97	834.00	8.38
19 建花 4C（156952）	105.65	63.00	0.65	苍南水 04（156960）	102.44	27.00	0.28
苍南水 05（156961）	102.08	85.00	0.86	苍南水 06（156962）	100.00	210.00	2.10
东花 02A1（156968）	99.96	800.00	8.00	东花 02B（156970）	106.62	62.00	0.64
PR19 远 A（156971）	0.58	117.72	0.13	19 远优 B（156972）	99.90	480.00	4.80
PR 梅溪优（156999）	101.03	140.00	1.42	18 江苏 12（157006）	100.00	200.00	2.04
18 深圳 03（157031）	100.00	11.00	0.12	18 山西 18（157037）	100.06	30.00	0.32
18 天津 34（157046）	100.00	50.00	0.52	18 云南 24（157047）	100.00	240.00	2.46
18 浙江 14（157052）	100.00	50.00	0.52	18 浙江 15（157053）	100.00	210.00	2.20
18 山东 18（157065）	100.00	10.00	0.10	18 河南 32（157066）	102.50	100.00	1.04
18 河南 33（157067）	100.00	10.00	0.10	18 兵团 02（157069）	103.19	1.96	0.02
18 山西 21（157072）	101.44	50.00	0.51	18 山西 23（157074）	100.00	610.00	6.29
18 天津 36（157078）	101.87	20.00	0.20	18 北京 11（157080）	100.00	50.00	0.52
18 北京 12（157081）	104.60	0.65	0.01	18 北京 13（157082）	100.00	30.00	0.30

债券成交
Bond Trading

债券
Bond

债券简称（代码）Bond Name（Code）	本年收盘（元）Close（Yuan）	成交数量（万张）Trading Vol（10000 Lots）	成交金额（亿元）Trading Value（100M Yuan）	债券简称（代码）Bond Name（Code）	本年收盘（元）Close（Yuan）	成交数量（万张）Trading Vol（10000 Lots）	成交金额（亿元）Trading Value（100M Yuan）
18 四川 50（157085）	101.23	100.00	1.05	18 大连 13（157086）	100.00	10.00	0.10
18 大连 14（157087）	104.50	0.00	0.00	18 江西 20（157089）	100.00	5.00	0.05
18 内蒙 34（157091）	100.28	40.00	0.40	18 山东 20（157103）	100.00	50.00	0.51
18 浙江 17（157104）	100.00	50.00	0.51	19 河南 01（157112）	100.00	160.00	1.60
19 河南 02（157113）	100.00	360.00	3.67	19 河南 04（157115）	102.50	30.00	0.31
19 河南 06（157117）	100.00	210.00	2.11	19 山东 01（157123）	103.50	110.03	1.13
19 河北 01（157128）	100.00	10.00	0.10	19 安徽 01（157132）	100.00	500.00	5.01
19 厦门 02（157134）	100.00	20.00	0.20	19 广西 01（157144）	100.00	310.00	3.10
19 北京 02（157146）	100.00	60.00	0.61	19 浙江 01（157149）	100.00	60.00	0.61
19 浙江 03（157151）	99.90	80.00	0.80	19 广东 01（157152）	100.00	50.00	0.51
19 广东 02（157153）	99.20	24.94	0.25	19 广东 09（157160）	100.45	0.11	0.00
19 广东 14（157165）	100.00	100.00	1.00	19 新疆 04（157175）	102.80	2.00	0.02
19 陕西 02（157200）	100.00	60.00	0.60	19 广西 02（157203）	100.00	100.00	1.00
19 天津 13（157210）	100.00	10.00	0.10	19 江苏 03（157218）	100.00	100.00	1.00
19 江苏 04（157219）	101.80	30.00	0.31	19 天津 14（157226）	100.00	10.00	0.10
19 天津 15（157227）	100.00	10.00	0.10	19 四川 35（157261）	100.00	300.00	3.01
19 四川 36（157262）	100.00	300.00	3.01	19 山东 20（157308）	100.00	200.00	2.00
19 北京 05（157333）	100.00	10.00	0.10	19 山西 12（157344）	100.00	80.00	0.80
19 福建 12（157370）	100.99	102.48	1.04	19 四川 85（157403）	100.00	110.00	1.15
19 北京 10（157415）	100.00	250.00	2.54	19 海南 08（157422）	100.00	90.00	0.92
19 上海 04（157440）	100.00	90.00	0.90	19 上海 07（157443）	100.00	330.00	3.33
19 广东 37（157448）	100.00	200.00	2.01	18 江苏 16（157504）	101.80	280.00	2.90
18 安徽 17（157508）	100.00	90.00	0.93	18 安徽 18（157509）	100.00	40.00	0.41
18 贵州 25（157528）	100.00	50.00	0.52	18 宁波 16（157529）	100.00	30.00	0.31
18 宁波 17（157530）	102.55	5.98	0.06	18 贵州 26（157533）	100.00	50.00	0.52
18 贵州 27（157534）	100.00	190.00	1.99	18 河北 41（157536）	101.54	510.00	5.21
18 河北 42（157537）	102.24	7.64	0.08	18 江西 21（157541）	100.00	20.00	0.20
18 青岛 14（157544）	101.42	3.00	0.03	19 天津 02（157552）	100.00	10.00	0.10
19 天津 04（157554）	101.96	480.00	4.91	19 天津 09（157559）	102.95	4.00	0.04
19 福建 03（157564）	100.00	80.00	0.81	19 云南 03（157569）	100.00	210.00	2.10
19 山西 02（157594）	100.00	70.00	0.70	19 山西 10（157602）	101.30	20.00	0.20
19 宁夏 01（157617）	100.79	106.00	1.08	19 福建 04（157625）	100.00	50.00	0.50
19 河南 08（157626）	100.00	400.00	4.01	19 安徽 02（157645）	101.80	80.00	0.81
19 江苏 08（157661）	100.00	100.00	1.00	19 河北 11（157663）	100.00	390.00	3.93
19 陕西 12（157673）	100.60	1.80	0.02	19 山东 21（157710）	100.00	160.00	1.62
19 山东 22（157711）	102.10	6.78	0.07	19 河北 14（157729）	100.00	250.00	2.52
19 重庆 06（157741）	100.00	210.00	2.10	19 浙江 12（157749）	101.07	700.00	7.08
19 河南 16（157757）	100.00	50.00	0.51	19 吉林 13（157840）	100.00	160.00	1.63
19 福建 16（157878）	100.00	10.00	0.10	19 川 104（157914）	100.00	480.00	4.81
19 湖北 23（157928）	100.00	30.00	0.30	19 吉林 18（157954）	100.80	222.50	2.22
19 上海 10（157970）	100.50	1172.50	11.79	PR 一优（159002）	100.67	92.10	0.93
PR 坊 A（159006）	100.03	200.00	2.00	逸锟 05A（159014）	100.03	80.00	0.80
启程 02 优（159017）	100.05	20.00	0.20	合生 3A（159019）	100.00	80.00	0.80
19 建花 5A（159037）	99.94	1211.00	12.14	19 建花 5B（159038）	100.43	29.27	0.29
19 建花 5C（159039）	104.58	190.00	1.96	联保 8 优（159040）	99.94	40.00	0.40
19 花 01A1（159042）	100.06	699.00	6.99	19 花 01B（159044）	107.28	1.00	0.01
PR 青城 5B（159049）	58.92	240.00	2.40	青城 5B（159050）	100.29	126.00	1.27
东花 03A1（159058）	100.28	394.00	3.95	东花 03A2（159059）	100.33	17.00	0.17
联中 04 优（159065）	100.20	10.00	0.10	PR19 聚 A2（159084）	50.77	91.00	0.87
PR19 聚 A3（159085）	97.54	142.00	1.42	19 聚 01A4（159086）	100.00	100.00	1.00

债券成交 Bond Trading

债券 Bond

债券简称（代码）Bond Name（Code）	本年收盘（元）Close（Yuan）	成交数量（万张）Trading Vol（10000 Lots）	成交金额（亿元）Trading Value（100M Yuan）	债券简称（代码）Bond Name（Code）	本年收盘（元）Close（Yuan）	成交数量（万张）Trading Vol（10000 Lots）	成交金额（亿元）Trading Value（100M Yuan）
19聚01B2（159088）	100.00	53.70	0.54	19聚01次（159089）	101.27	44.00	0.45
逸锟优04（159090）	100.13	40.00	0.40	PR中和2A（159092）	36.70	170.00	1.55
PRG漳交2（159095）	50.10	30.00	0.15	G漳公交7（159100）	101.50	123.00	1.25
G漳公交8（159101）	101.50	133.50	1.36	G漳公交9（159102）	101.50	148.50	1.51
云泰优B（159111）	97.00	460.85	4.49	PR融创A（159113）	99.73	274.00	2.89
PR19四A（159116）	9.72	3300.00	8.03	19远东4C（159118）	100.61	18.00	0.18
同煤联05（159120）	100.02	31.00	0.31	蚂蚁02A1（159132）	100.07	252.00	2.53
保物二3（159139）	100.96	268.00	2.69	保物二6（159142）	100.00	131.00	1.34
PR金控优（159150）	28.30	74.00	0.41	19泰山B3（159156）	100.18	153.00	1.53
PR海信优（159158）	101.17	660.00	6.68	阳煤01优（159162）	100.10	45.50	0.46
PR平一A2（159170）	12.66	312.00	0.40	19平一C（159172）	107.33	20.00	0.21
PR19易B（159176）	77.99	15.00	0.15	信泽02A3（159182）	100.27	400.00	4.01
信泽02A5（159184）	100.05	400.00	4.01	PRGLP1A（159191）	2.04	155.00	0.03
19中泰2A（159197）	100.23	254.00	2.55	19龙光优（159199）	100.30	430.00	4.33
东花04A1（159201）	100.47	405.00	4.07	东花04A2（159202）	100.27	18.00	0.18
国控2A3（159208）	100.14	557.00	5.58	国控2B（159209）	100.52	22.00	0.22
19京保4B（159214）	160.89	26.36	0.42	19建花6A（159215）	100.24	290.00	2.91
19建花6B（159216）	100.27	20.00	0.20	19建花6C（159217）	102.58	30.00	0.31
威新04优（159218）	100.08	36.00	0.36	PR鼎晟02（159221）	51.73	71.60	0.37
鼎晟03优（159222）	100.48	78.60	0.79	鼎晟04优（159223）	100.63	83.20	0.84
鼎晟05优（159224）	100.72	74.40	0.75	鼎晟06优（159225）	100.72	79.20	0.80
鼎晟07优（159226）	100.86	87.60	0.88	鼎晟08优（159227）	100.90	114.80	1.16
鼎晟09优（159228）	100.91	127.00	1.28	DXM1B（159235）	100.49	60.00	0.60
DXM1次1（159236）	100.00	19.00	0.19	PR15A3（159242）	44.47	30.00	0.30
PR平4A2（159245）	11.83	309.00	0.83	福链1优（159250）	100.00	5.00	0.05
宝联2A（159252）	100.04	5.00	0.05	PR01A（159290）	16.34	50.00	0.08
时代03优（159293）	100.14	100.00	1.00	PR国泰A3（159299）	69.43	100.00	0.91
PR国泰B（159300）	43.21	891.00	8.36	金地13A（159304）	100.17	50.00	0.50
辉玥02优（159308）	100.02	9.90	0.10	PRG京投（159310）	94.75	930.00	8.92
信泽03A3（159314）	100.06	1000.00	10.01	信泽03A4（159315）	100.11	1814.00	18.20
新鸥鹏02（159322）	100.00	15.80	0.16	PR16A2（159331）	8.96	50.00	0.32
恒信16A3（159332）	100.06	155.00	1.55	旭辉02优（159333）	100.00	66.00	0.66
19花02A1（159340）	100.06	730.00	7.34	19花02A2（159341）	100.42	31.00	0.31
PR02优（159346）	82.48	465.00	4.29	19问津A3（159353）	100.15	524.00	5.26
19问津A4（159354）	101.32	77.00	0.78	花呗71A1（159358）	100.37	686.00	6.89
花呗71A2（159359）	100.41	28.00	0.28	花呗71B（159360）	104.31	212.00	2.20
东花05A1（159361）	100.75	620.00	6.25	东花05A2（159362）	100.42	9.00	0.09
联中05优（159381）	100.09	268.00	2.69	璀璨9A（159387）	100.00	127.00	1.27
19建花7A（159388）	100.85	163.00	1.64	19建花7C（159390）	101.85	20.00	0.20
合生4A（159394）	100.00	163.50	1.64	PR远东5A（159397）	16.19	300.00	1.12
PR上实A1（159402）	2.97	54.00	0.22	19上实次（159405）	99.99	553.01	5.53
PR009A（159413）	99.37	625.00	6.26	荣隽02优（159415）	100.12	103.00	1.03
联保10优（159417）	99.94	80.00	0.80	启程04优（159424）	100.01	115.00	1.15
铁建010A（159426）	100.36	722.00	7.25	PR康1A2（159429）	6.30	150.00	1.18
康高1A3（159430）	100.23	430.00	4.31	黄岩优04（159435）	99.98	18.00	0.18
黄岩优05（159436）	99.98	47.10	0.47	PR02A2（159443）	97.62	311.00	3.07
19隆泰优（159445）	100.80	187.23	1.88	PR借条2A（159449）	96.21	923.20	8.98
19昆交A2（159458）	100.06	1.80	0.02	19昆交A3（159459）	101.93	10.75	0.11
19昆交A5（159461）	100.00	800.00	8.00	PR万达优（159463）	100.83	60.00	0.61
十七01（159470）	101.28	161.50	1.64	二十二01（159472）	101.23	129.60	1.31

债券成交
Bond Trading

债券
Bond

债券简称（代码）Bond Name（Code）	本年收盘（元）Close（Yuan）	成交数量（万张）Trading Vol（10000 Lots）	成交金额（亿元）Trading Value（100M Yuan）	债券简称（代码）Bond Name（Code）	本年收盘（元）Close（Yuan）	成交数量（万张）Trading Vol（10000 Lots）	成交金额（亿元）Trading Value（100M Yuan）
PR 城投优（159474）	92.91	600.00	5.58	19 融侨 A（159476）	99.97	555.00	5.54
19 融侨 B（159477）	101.32	400.00	4.05	PR 远东 6A（159479）	19.24	1020.00	4.87
19 信易 06（159487）	100.07	10.00	0.10	金茂权益（159490）	107.39	150.00	1.61
辉玥 03 优（159491）	99.64	77.30	0.77	19 小微 1B（159496）	100.10	28.00	0.28
时代 04 优（159499）	100.00	2963.00	29.64	19 裕源 08（159507）	100.23	50.40	0.51
PR 杭租优（159508）	31.18	53.20	0.22	龙联 03A（159510）	100.15	45.00	0.45
PR 新湖 A2（159520）	13.26	72.00	0.16	珠实一 03（159524）	100.54	74.00	0.74
珠实一 04（159525）	101.17	23.00	0.23	信泽 04A2（159532）	100.16	13.00	0.13
信泽 04A3（159533）	100.02	1228.00	12.29	信泽 04A4（159534）	99.94	588.00	5.89
信泽 04A5（159535）	100.05	598.00	5.99	19 新湖 A4（159538）	99.18	70.00	0.69
PR 中航 02（159542）	22.04	80.00	0.80	福链 2 优（159545）	100.00	104.00	1.04
联保 11 优（159547）	100.27	150.00	1.50	19 建花 8A（159551）	100.32	272.00	2.73
19 建花 8B（159552）	100.29	10.00	0.10	19 建花 8C（159553）	107.23	20.00	0.21
珠华发 02（159554）	100.00	32.00	0.32	PR 红美 A（159557）	97.68	885.00	8.78
19 邵水 01（159562）	100.01	75.00	0.75	19 邵水 02（159563）	100.00	84.00	0.84
19 邵水 03（159564）	100.00	85.00	0.85	19 佳美 3A（159571）	100.25	50.00	0.50
PR 银河 01（159573）	81.45	1421.12	12.59	PR 中车 1A（159575）	3.49	200.00	0.19
PR 中车 1B（159576）	69.44	60.00	0.60	绿联 2A1（159578）	100.02	617.00	6.17
PRYX2A2（159581）	8.14	320.00	1.93	19YX2B（159582）	100.00	30.00	0.30
融信 01 优（159588）	100.51	1895.00	18.96	联中 06 优（159590）	100.07	130.00	1.31
荣茂 04 优（159592）	100.00	84.00	0.84	同煤联 06（159594）	100.03	114.00	1.14
春秋 01 优（159595）	100.02	40.00	0.40	搜车 02B（159601）	100.00	14.50	0.15
PR 贵水 A2（159604）	69.56	23.80	0.24	19 遵投 A3（159617）	99.53	457.00	4.60
阳煤 02 优（159624）	100.00	151.00	1.51	PR 广租 02（159626）	23.20	181.00	0.42
G2 武铁 02（159630）	100.27	129.00	1.29	G2 武铁 03（159631）	100.52	117.70	1.18
隆辉 01 优（159639）	100.16	164.00	1.64	小米 032B（159642）	100.01	33.00	0.33
19 凯晨 A1（159647）	100.08	956.70	9.60	19 宝龙 B（159651）	100.70	35.00	0.35
启程 05 优（159653）	100.13	60.00	0.60	PR18A2（159656）	12.58	382.00	3.84
荣隽 03 优（159659）	100.01	148.30	1.48	PR 平 7A2（159662）	51.04	382.00	3.34
19 平 7B（159663）	100.71	20.00	0.20	PR 借条 3A（159665）	97.21	270.00	2.63
借条 3C（159667）	103.74	23.40	0.24	开新 3 优（159669）	99.80	30.00	0.30
PR 平二 A2（159672）	44.85	747.00	7.48	19 平二 B（159673）	100.74	90.00	0.90
19 平二 C（159674）	104.70	20.00	0.21	PR 交 02（159680）	50.22	40.00	0.40
桂公交 03（159681）	100.49	40.00	0.40	桂公交 09（159687）	102.30	50.00	0.51
璀璨 10A（159690）	100.01	893.00	8.96	19 八局优（159698）	100.36	528.00	5.29
信泽 05A2（159702）	100.10	20.00	0.20	信泽 05A3（159703）	100.00	810.00	8.10
信泽 05A4（159704）	100.04	710.00	7.13	信泽 05A5（159705）	99.63	815.00	8.13
PR 诚泰 A2（159707）	56.95	375.00	3.12	19 诚泰 B（159708）	98.77	27.50	0.27
PR05A6（159710）	23.79	250.00	1.01	东花 06A1（159712）	99.37	104.00	1.04
东花 06A2（159713）	100.29	10.50	0.11	19 国控 B（159717）	100.00	72.00	0.72
娄安置 04（159722）	99.90	94.00	0.96	娄安置 05（159723）	100.38	212.00	2.15
19 建材 1A（159725）	100.26	336.10	3.37	PR 国 5A2（159728）	5.39	727.00	5.77
国药 5A3（159729）	100.62	316.60	3.19	国药 5B（159730）	100.00	79.50	0.80
PR 农信优（159733）	80.45	10.00	0.10	珠华发 03（159735）	100.44	90.00	0.90
荣茂 05 优（159746）	100.09	85.00	0.85	19 首置优（159752）	100.22	600.00	6.01
PR 平 6A2（159755）	60.06	1223.80	11.00	龙控 01 优（159758）	100.36	431.00	4.36
平裕 1 优（159766）	100.83	75.00	0.75	19 山钢优（159767）	100.00	430.00	4.31
红美 01 优（159769）	99.90	44.00	0.44	PR01（159771）	25.00	90.00	0.23
岷水 02（159772）	99.97	277.00	2.77	岷水 03（159773）	99.97	224.00	2.24
岷水 04（159774）	100.11	123.00	1.23	岷水 05（159775）	100.11	246.00	2.46

债券成交
Bond Trading

债券简称（代码） Bond Name（Code）	本年收盘（元） Close（Yuan）	成交数量（万张） Trading Vol（10000 Lots）	成交金额（亿元） Trading Value（100M Yuan）	债券简称（代码） Bond Name（Code）	本年收盘（元） Close（Yuan）	成交数量（万张） Trading Vol（10000 Lots）	成交金额（亿元） Trading Value（100M Yuan）
岷水 06（159776）	100.11	472.50	4.73	岷水 07（159777）	100.11	364.50	3.65
PR03 优（159790）	60.91	200.00	1.38	19 海安 06（159799）	100.52	78.00	0.79
19 宁铁 04（159804）	100.20	23.00	0.23	19 宁铁 05（159805）	99.74	22.00	0.22
19 宁铁 06（159806）	99.84	22.00	0.22	19 宁铁 07（159807）	99.14	22.00	0.22
19 宁铁 08（159808）	100.50	22.00	0.22	19 宁铁 09（159809）	100.84	22.00	0.22
19 宁铁 10（159810）	100.90	22.00	0.22	19 宁铁 11（159811）	101.22	22.00	0.22
19 宁铁 12（159812）	101.51	24.00	0.24	启程 06 优（159813）	100.17	200.00	2.01
PR 电租优（159815）	73.17	190.00	1.49	19 电建优（159817）	99.63	1876.00	18.80
PR 融资 A1（159825）	54.88	351.00	2.99	联中 07 优（159831）	100.30	20.00	0.20
PR 甬优（159833）	94.88	270.00	2.56	PR19 微 2B（159836）	2.84	100.00	1.01
19 小微 2C（159837）	100.66	160.00	1.61	PR 易 03A1（159839）	2.86	200.00	0.56
PR 易 03A2（159840）	51.22	255.40	2.56	易鑫 03B（159841）	100.00	52.00	0.52
PR 小米 1A（159845）	59.36	352.00	3.53	19 建花 9A（159848）	100.00	388.00	3.88
19 建花 9B（159849）	99.94	21.00	0.21	19 建花 9C（159850）	101.26	355.00	3.70
国器 1 优 1（159851）	100.43	511.00	5.13	国器 1 优 2（159852）	100.54	326.00	3.28
PR 锦 1A1（159864）	78.87	41.00	0.32	PR 锦 1A2（159865）	78.90	20.00	0.16
PR 锦 1A3（159866）	79.02	30.00	0.24	PR 锦 1A4（159867）	78.98	17.00	0.16
联发优 A（159874）	100.00	309.00	3.09	PR 奥 10A1（159879）	9.31	42.00	0.04
奥克 10A3（159881）	99.23	30.90	0.31	领途 19 优（159887）	100.00	236.77	2.37
东花 07A1（159889）	100.07	891.00	8.92	东花 07A2（159890）	100.06	115.50	1.15
东花 07B（159891）	102.07	281.75	2.89	PRBL03A（159892）	95.00	22.91	0.22
时代 05 优（159895）	100.00	243.00	2.43	蒙高路 01（159902）	99.91	58.00	0.58
蒙高路 02（159903）	100.01	15.00	0.15	蒙高路 04（159905）	101.25	120.00	1.21
蒙高路 05（159906）	100.07	180.00	1.80	申六局 1A（159908）	100.08	50.00	0.50
19 借 02A1（159909）	100.05	520.00	5.21	19 借 02B（159911）	105.65	128.40	1.34
中花 01A1（159912）	100.08	791.00	7.92	中花 01A2（159913）	99.94	31.00	0.31
中花 01B（159914）	101.87	147.60	1.51	19 借 01A1（159915）	100.11	390.00	3.91
19 借 01B（159917）	104.19	91.20	0.95	如皋优（159924）	100.00	232.50	2.33
青城 6A3（159928）	100.00	351.00	3.51	PR 赁 A2（159933）	65.87	14.35	0.09
PR 赁 B（159934）	42.41	22.30	0.22	19 广州优（159940）	100.39	166.00	1.67
PRK1 优（159949）	0.56	19.00	0.19	19 六局 1A（159951）	100.13	97.00	0.97
白玉兰 A2（159956）	100.00	1044.50	10.47	PR 平 8A2（159959）	58.30	430.00	4.30
PR 君创 2（159963）	48.82	320.00	3.03	19 中泰 3A（159970）	100.35	300.00	3.01
19 资本 1A（159972）	100.00	1792.70	17.94	19 铭著 A1（159977）	100.00	107.20	1.06
19 铭著 A2（159978）	100.00	1.50	0.02	PRG 顺泰 A（159980）	34.70	30.00	0.10
G 顺泰 B（159981）	100.22	72.00	0.72	PR 建租 1A（159983）	2.22	127.00	0.16
PR 京采 1A（159986）	6.27	100.00	1.00	19 京采 1C（159988）	100.01	25.80	0.26
19 京采 1D（159989）	146.36	257.82	3.74	东花 08A1（159997）	99.91	142.00	1.42
东花 08A2（159998）	99.86	10.50	0.10	东花 08B（159999）	101.44	9.25	0.09
19 河北 21（160049）	100.00	30.00	0.30	19 江西 27（160075）	100.43	40.00	0.40
19 内蒙 24（160077）	100.00	10.00	0.11	19 安徽 13（160087）	100.65	40.00	0.40
19 山东 48（160106）	100.00	390.00	4.03	19 湖北 28（160117）	101.50	30.00	0.30
19 江苏 18（160120）	98.71	5.57	0.06	19 龙江 13（160127）	99.48	352.70	3.55
19 重庆 17（160177）	100.00	40.00	0.40	19 重庆 18（160178）	100.00	150.00	1.50
19 河北 40（160181）	100.32	10.82	0.11	19 海南 22（160189）	100.00	140.00	1.41
19 云南 27（160196）	100.00	90.00	0.91	19 广西 20（160200）	100.00	20.00	0.20
19 广西 21（160201）	100.00	80.00	0.81	19 厦门 08（160202）	100.00	100.00	1.06
20 河南 01（160209）	100.00	20.00	0.20	20 河南 02（160210）	100.00	300.00	3.05
20 河南 03（160211）	100.00	20.00	0.20	20 河南 05（160213）	100.00	460.00	4.68
20 河南 12（160220）	100.00	40.00	0.40	20 河北 02（160228）	100.00	30.00	0.30

债券成交
Bond Trading

债券简称（代码）Bond Name（Code）	本年收盘（元）Close（Yuan）	成交数量（万张）Trading Vol（10000 Lots）	成交金额（亿元）Trading Value（100M Yuan）	债券简称（代码）Bond Name（Code）	本年收盘（元）Close（Yuan）	成交数量（万张）Trading Vol（10000 Lots）	成交金额（亿元）Trading Value（100M Yuan）
20 河北 06（160232）	100.00	16.00	0.16	20 浙江 02（160308）	99.77	10.24	0.10
20 湖北 02（160319）	100.00	20.00	0.21	20 北京 02（160332）	98.72	1.20	0.01
20 北京 04（160334）	100.00	50.00	0.50	20 北京 06（160336）	100.00	260.00	2.60
20 北京 08（160338）	100.00	40.00	0.40	20 北京 09（160339）	92.63	90.00	0.89
20 北京 11（160341）	100.00	40.00	0.40	20 广东 31（160342）	100.00	150.00	1.53
20 湖北 09（160346）	94.98	11.23	0.11	20 海南 01（160353）	100.00	77.00	0.78
20 江西 11（160369）	100.00	150.00	1.53	20 山东 15（160370）	97.55	60.00	0.58
20 天津 22（160382）	100.00	50.00	0.50	20 青海 01（160391）	100.00	90.00	0.86
20 四川 48（160410）	100.00	46.00	0.46	20 四川 49（160411）	100.00	20.00	0.20
20 江苏 05（160439）	100.00	340.00	3.36	20 重庆 01（160444）	100.00	50.00	0.52
20 福建 18（160447）	100.00	240.00	2.41	20 河北 12（160459）	100.00	60.00	0.61
20 甘肃 06（160462）	100.00	120.00	1.19	20 宁夏 01（160463）	100.00	10.00	0.10
20 宁波 05（160471）	100.00	120.00	1.08	19 吉林 26（160501）	100.00	160.00	1.63
19 吉林 29（160504）	99.62	471.80	4.73	19 湖南 34（160523）	100.00	50.00	0.50
20 四川 11（160552）	100.00	240.00	2.40	20 青岛 04（160569）	100.00	10.00	0.10
20 云南 01（160572）	100.00	100.00	0.99	20 云南 02（160573）	100.00	280.00	2.78
20 山西 01（160582）	100.00	20.00	0.20	20 安徽 01（160587）	100.00	20.00	0.20
20 江苏 01（160592）	100.00	60.00	0.61	20 江苏 02（160593）	100.00	20.00	0.20
20 江苏 03（160594）	100.00	710.00	7.09	20 江西 05（160604）	100.00	10.00	0.10
20 江西 10（160609）	99.85	70.07	0.71	20 湖南 01（160641）	100.00	100.00	1.02
20 云南 11（160652）	100.00	40.00	0.41	20 云南 13（160654）	100.00	20.00	0.20
20 山东 10（160664）	100.00	50.00	0.50	20 甘肃 01（160685）	100.00	110.00	1.12
20 甘肃 02（160686）	100.00	20.00	0.20	20 贵州 05（160695）	100.00	10.00	0.10
20 云南 19（160750）	94.58	790.00	7.48	20 河北 25（160757）	100.00	30.00	0.30
20 河北 27（160759）	100.00	120.00	1.18	20 重庆 08（160780）	97.36	0.60	0.01
20 重庆 09（160781）	100.00	620.00	6.20	20 宁波 14（160798）	100.00	20.00	0.20
20 重庆 11（160803）	100.00	120.00	1.20	20 浙江 26（160828）	100.00	150.00	1.49
20 河南 31（160836）	99.10	537.22	5.32	20 辽宁 29（160903）	100.00	30.00	0.30
20 云南 37（160925）	100.00	121.00	1.21	20 上海 13（160973）	100.16	10.00	0.10
20 上海 17（160977）	99.96	50.00	0.50	20 上海 20（160980）	100.00	1200.00	11.86
19 杭湾 01（162001）	100.53	448.70	4.49	19 光证 02（162002）	99.56	1190.00	11.96
19 联投 02（162003）	100.95	3987.00	40.52	19 常新 03（162005）	100.56	1055.00	10.70
19 信投 Y1（162006）	98.72	3843.00	38.29	19 淮建 01（162007）	102.00	1186.64	12.22
19 株国 04（162008）	102.20	424.00	4.33	19 财富 01（162009）	99.38	150.00	1.49
19 惠憬 01（162011）	101.27	222.80	2.26	19 昆城 01（162012）	99.79	500.00	5.01
19 郑建 03（162013）	100.49	140.00	1.43	19 江油 02（162014）	100.00	408.10	4.08
19 宜城 01（162015）	100.26	510.00	5.13	19 余工 01（162016）	100.03	378.00	3.82
19 军融 01（162017）	100.42	808.90	8.12	19 鹰潭债（162018）	99.77	1822.00	18.32
19 崇川 03（162019）	100.10	720.00	7.23	新交投 01（162021）	100.00	60.00	0.60
新交投 02（162022）	99.79	150.00	1.51	19HG03（162023）	99.20	4898.00	49.23
19 能投 03（162024）	100.34	610.00	6.19	19 常城 03（162026）	100.38	610.00	6.16
19 连城 02（162027）	100.04	285.00	2.86	19 海瀛 01（162029）	99.23	1153.15	11.50
19 江海 C2（162030）	100.07	210.00	2.11	19 华控 04（162031）	99.96	2449.92	24.49
19 驻投 02（162034）	100.00	410.00	4.13	19 咸阳 01（162035）	100.90	820.00	8.31
19 咸阳 02（162036）	100.80	1160.00	11.79	19 海保 01（162037）	99.01	220.00	2.21
19 蓝创 02（162038）	100.00	574.60	5.72	19 雅安 01（162039）	99.85	766.00	7.68
G19 高能 2（162040）	99.97	15.00	0.15	19 江北 03（162044）	100.14	40.00	0.40
19 绍改 01（162045）	101.88	1120.00	11.45	G19 天成 3（162046）	98.45	355.00	3.55
19 沪宁债（162047）	99.90	184.00	1.84	19 泰通 01（162048）	100.32	60.00	0.60
19 慈东 01（162049）	100.95	255.00	2.58	19 经开 01（162050）	99.54	1040.00	10.45

债券成交
Bond Trading

债券简称（代码） Bond Name（Code）	本年收盘（元） Close（Yuan）	成交数量（万张） Trading Vol （10000 Lots）	成交金额（亿元） Trading Value （100M Yuan）	债券简称（代码） Bond Name（Code）	本年收盘（元） Close（Yuan）	成交数量（万张） Trading Vol （10000 Lots）	成交金额（亿元） Trading Value （100M Yuan）
19建投05（162051）	99.23	450.00	4.55	19融控01（162052）	99.57	640.00	6.41
19永煤03（162055）	49.60	695.00	6.97	19明升01（162057）	99.94	198.00	1.99
19贵文02（162058）	98.00	1406.00	13.80	19华创02（162059）	100.47	520.00	5.25
19甬海01（162060）	100.30	1060.00	10.63	19宁交01（162061）	100.00	399.20	4.01
19惠建01（162062）	101.12	50.00	0.51	19淮新04（162063）	100.65	929.00	9.44
19华宇02（162065）	100.00	60.00	0.60	19高创02（162066）	101.60	822.00	8.40
19金港03（162067）	100.54	350.00	3.51	19首股02（162068）	99.62	815.00	8.22
19市北01（162069）	100.00	537.00	5.40	19舟城02（162070）	99.72	680.00	6.81
19联储02（162071）	99.63	22.60	0.22	19山钢02（162072）	100.60	1256.00	12.69
19漳龙04（162073）	100.86	230.00	2.32	19滨湖02（162074）	100.82	266.00	2.69
19盐城01（162076）	99.75	1163.00	11.58	19海兴02（162078）	100.16	320.00	3.23
19启东D2（162080）	100.01	734.00	7.35	19嘉高03（162081）	100.11	400.00	4.04
19滨江02（162082）	100.12	300.00	3.01	19城资03（162083）	101.00	242.00	2.44
19豫纾01（162084）	100.44	385.00	3.87	19望城05（162085）	100.20	180.00	1.81
19海瀛02（162088）	100.51	2934.20	29.47	19兴永01（162089）	100.42	310.00	3.13
19中租04（162090）	99.75	585.00	5.87	19大庆01（162091）	100.59	1127.00	11.30
19遵桥02（162092）	94.50	373.50	3.62	19东莞02（162093）	99.63	1137.00	11.49
19锡山02（162094）	100.40	219.50	2.22	19惠玉01（162096）	101.06	100.00	1.01
19柳投01（162097）	100.46	1266.82	12.79	19安投02（162099）	95.72	1305.00	12.66
19银桥01（162100）	99.68	280.00	2.80	19国惠02（162101）	100.02	2349.00	23.55
19姜城01（162102）	101.03	318.00	3.22	19瀚控02（162103）	99.55	820.00	8.23
19潍东05（162104）	100.79	870.00	8.76	19西海01（162106）	99.84	620.00	6.20
19莱钢03（162108）	100.17	1175.00	11.80	19鲁公02（162109）	100.50	310.00	3.13
19绍交01（162110）	100.46	770.00	7.74	19柯建01（162111）	101.71	3201.60	32.47
19珠实02（162112）	99.77	241.00	2.44	19天风02（162113）	99.50	1680.00	16.90
19阳安02（162114）	99.95	550.00	5.54	19川纾01（162115）	99.50	165.00	1.64
19不动07（162116）	100.17	924.00	9.33	19申太01（162117）	100.00	380.00	3.80
19智光01（162118）	100.02	867.00	8.61	19北碚01（162119）	100.26	926.00	9.34
19邯纾01（162120）	101.10	1869.50	18.99	19贵安D2（162121）	99.97	968.00	9.69
19浙商03（162122）	102.25	120.00	1.22	19嵊南01（162123）	100.10	662.40	6.64
19冀控02（162124）	100.65	400.00	4.05	19冀资01（162127）	100.29	560.00	5.64
19渝开03（162128）	100.85	339.00	3.43	19慈建03（162129）	99.94	570.00	5.72
19广湖04（162131）	100.10	1208.60	12.11	19河西01（162132）	99.99	620.00	6.23
19七师01（162134）	100.85	185.00	1.87	19西南C1（162136）	100.60	2306.60	23.31
19余工02（162137）	101.59	260.00	2.62	19方洋01（162138）	99.01	385.00	3.88
19翠屏01（162141）	101.35	340.00	3.46	19嵊州03（162142）	101.04	420.00	4.28
19昆投05（162143）	100.68	204.40	2.06	19吴发02（162144）	100.03	260.00	2.60
19醴渌02（162145）	100.00	228.50	2.30	19吴城02（162146）	100.95	300.00	3.02
19恒澄D1（162147）	100.05	1372.00	13.75	19青城01（162149）	99.86	912.00	9.16
19财投01（162151）	99.69	740.00	7.39	19湖城01（162152）	98.86	1988.00	19.99
19晋佳02（162153）	100.12	140.00	1.40	19柳龙01（162155）	99.68	509.85	5.13
20盐投D1（162156）	100.00	684.00	6.83	19浔发01（162157）	100.74	128.50	1.30
19国都C2（162158）	100.16	1215.00	12.24	19九鼎01（162159）	100.58	18.00	0.18
19驻投04（162162）	100.89	544.00	5.50	19政通01（162163）	100.84	261.00	2.65
19宿城01（162164）	99.97	290.00	2.91	19仁怀01（162165）	99.19	56.00	0.56
19仁怀02（162166）	99.30	629.50	6.28	19国君Y1（162167）	97.75	6675.00	65.36
19城建02（162169）	100.81	1434.00	14.53	19九通01（162170）	99.94	4316.00	43.16
19崇川04（162172）	99.13	420.00	4.24	19高密01（162173）	100.85	80.00	0.81
19济产01（162174）	100.00	830.00	8.34	19通经01（162175）	100.01	380.00	3.80
19西苑01（162176）	100.11	562.00	5.62	19融海02（162177）	100.00	369.00	3.72

债券成交

Bond Trading

债券简称（代码） Bond Name（Code）	本年收盘（元） Close（Yuan）	成交数量 （万张） Trading Vol （10000 Lots）	成交金额 （亿元） Trading Value （100M Yuan）	债券简称（代码） Bond Name（Code）	本年收盘（元） Close（Yuan）	成交数量 （万张） Trading Vol （10000 Lots）	成交金额 （亿元） Trading Value （100M Yuan）
19 融海 03（162178）	100.00	299.00	3.02	19 淮开 03（162179）	101.08	167.00	1.69
S19 西江 1（162180）	100.42	150.00	1.51	19 兴港 03（162181）	100.52	910.00	9.20
19 首钢 04（162182）	100.00	4280.00	43.12	19 张投 01（162183）	99.91	730.00	7.29
19 渝枢 01（162184）	100.94	1438.00	14.46	19 江公 Y1（162185）	99.78	760.30	7.66
19 新宇 01（162186）	94.25	260.00	2.44	19 吐国 01（162187）	100.07	697.00	7.06
19 绍城 04（162189）	98.98	220.00	2.21	19 新昌 01（162190）	103.60	860.60	8.71
19 海城 01（162194）	99.80	590.90	5.92	19 株城 06（162196）	104.98	276.00	2.93
19 海门 03（162197）	100.08	510.00	5.12	19 科城 03（162198）	100.00	29.70	0.30
19 滕房 01（162199）	100.00	370.00	3.70	19 漳交 03（162201）	100.18	380.00	3.81
19 潍滨 02（162202）	84.00	1200.53	11.78	19 即墨 01（162203）	100.61	975.00	9.84
19 山煤 02（162205）	100.70	792.75	7.95	19 中区 01（162206）	101.13	1440.50	14.81
19 虞尚 01（162207）	100.00	39.00	0.39	19 同创 02（162208）	100.95	579.00	5.87
19 恒润 02（162209）	101.00	1353.00	13.69	G19 株湘 1（162210）	99.33	50.00	0.50
19 相城 04（162211）	99.62	1450.00	14.57	19 濮阳 03（162212）	101.17	1085.00	10.98
19 遵投 02（162213）	101.20	250.00	2.52	19 宜兴 01（162215）	100.00	58.40	0.58
19 轻纺 01（162216）	99.27	376.00	3.77	19 轻纺 02（162217）	100.10	960.00	9.61
19 百投债（162218）	100.72	160.00	1.61	19 南浔 03（162220）	99.53	490.00	4.89
19 秀宏 01（162221）	101.38	1160.00	11.69	19 迈瑞 03（162223）	101.90	1611.00	16.28
19 有色 Y1（162224）	101.59	40.00	0.41	19 永兴 02（162225）	99.62	485.00	4.86
19 云铁 01（162226）	101.74	560.00	5.69	19 杭城建（162227）	100.17	129.80	1.30
19 兰花 02（162228）	100.00	617.00	6.18	19 吴中 01（162229）	100.00	20.00	0.20
19 碧桂 02（162230）	101.25	1875.00	19.24	19 亭公 01（162231）	101.00	675.53	6.82
19 乌经建（162232）	100.79	530.00	5.37	19 嘉梅 01（162233）	100.00	253.80	2.54
19 浔城 01（162234）	101.20	1800.00	18.13	19 陕煤 01（162235）	99.56	4714.00	47.22
19 三水 01（162236）	98.22	156.00	1.56	19 海江 01（162237）	99.13	271.20	2.72
19 桂金 05（162238）	98.54	388.00	3.81	19 遵红 02（162240）	97.00	250.64	2.47
19 兰交 03（162241）	99.32	678.00	6.78	19 袍工 01（162242）	102.50	1355.00	13.93
19 景旅 03（162243）	100.60	1360.00	13.69	19 湘侨 01（162244）	99.55	1062.50	10.63
19 太湖 01（162246）	99.95	928.00	9.27	19 安租 08（162247）	100.82	2014.00	20.55
19 东港 01（162250）	99.03	255.00	2.53	19 晋纾 01（162251）	99.26	252.00	2.53
S19 万州 1（162252）	100.20	932.50	9.33	19 渝丰资（162253）	101.43	100.00	1.01
19 荆城 03（162254）	101.73	757.00	7.71	19 泰投 02（162255）	100.61	600.00	6.03
19 城乡 01（162256）	100.27	2440.00	24.33	19 城乡 02（162257）	100.22	227.20	2.29
19 千建 01（162259）	99.88	124.80	1.26	19 城发 05（162260）	101.69	1020.00	10.40
19 金辉 02（162261）	100.00	1525.26	15.18	19 黔城 02（162263）	100.80	789.00	7.99
19 丰经 01（162264）	101.50	300.00	3.01	19 万盛 01（162265）	99.77	795.00	7.97
19 即旅 01（162266）	100.00	496.80	4.98	19 循环 02（162267）	99.68	196.30	1.96
19 榕交 01（162268）	99.38	118.00	1.18	19 苏科 02（162269）	98.60	309.00	3.09
19 融控 03（162270）	99.68	570.00	5.72	19 厦特 02（162271）	100.30	2029.00	20.43
19 海科 02（162272）	101.00	788.00	7.94	19 中金 C3（162273）	98.78	375.00	3.70
19 江海 C3（162274）	100.00	350.00	3.50	19 安国投（162275）	99.90	1342.31	13.47
19 军融 02（162276）	100.08	390.00	3.91	19 瀚控 03（162277）	99.53	892.10	8.90
19 安城 02（162278）	99.92	90.00	0.90	19 天风 03（162279）	99.82	150.00	1.51
19 海交 01（162280）	98.79	316.00	3.16	19 浏新 01（162281）	101.14	496.00	5.02
19 惠控 02（162282）	99.43	460.00	4.62	19 常城 04（162283）	100.32	292.00	2.93
G19XHY（162284）	99.59	410.00	4.14	19 不动 08（162285）	101.34	40.00	0.41
19 交投 03（162286）	99.80	1667.40	16.71	G19 永荣（162287）	100.64	264.00	2.65
19 泰州 01（162288）	99.45	120.00	1.19	19 晋交 03（162289）	102.02	525.00	5.39
19 阳澄 01（162291）	102.62	30.00	0.31	19 洋口 02（162292）	100.80	570.00	5.74
19 康富 04（162293）	99.95	150.00	1.50	19 肇庆 03（162294）	100.49	383.00	3.88

债券成交
Bond Trading

债券简称（代码）Bond Name（Code）	本年收盘（元）Close（Yuan）	成交数量（万张）Trading Vol（10000 Lots）	成交金额（亿元）Trading Value（100M Yuan）	债券简称（代码）Bond Name（Code）	本年收盘（元）Close（Yuan）	成交数量（万张）Trading Vol（10000 Lots）	成交金额（亿元）Trading Value（100M Yuan）
19 镇城 D1（162295）	100.07	871.00	8.73	19 浦现 02（162296）	99.01	130.00	1.30
19 环球 03（162297）	99.16	1560.00	15.63	19 大庆 02（162298）	100.00	672.60	6.76
19 金水 01（162300）	100.18	1385.20	14.04	19 日通 02（162305）	100.43	880.00	8.80
19 铜梁 01（162306）	101.92	1104.00	11.24	19 山钢 03（162307）	98.82	2371.60	23.72
19 渝隆 01（162310）	100.78	1810.00	18.50	19 川城 01（162311）	100.87	550.00	5.56
19 天投 02（162313）	99.63	100.00	1.00	19 滨湖 03（162314）	100.79	190.00	1.91
19 舟普 02（162315）	100.00	243.90	2.44	19 创鸿 01（162316）	100.74	580.00	5.83
19 淮高新（162317）	101.40	150.00	1.52	19 柳控 02（162318）	99.38	540.00	5.44
19 金投 01（162321）	99.75	306.40	3.08	19 铜官 01（162322）	99.72	380.70	3.82
19 中原 C1（162323）	99.82	250.00	2.53	19 华泰 03（162324）	99.79	1990.00	19.96
20 恒澄 D1（162326）	99.38	310.00	3.10	19 淮经 01（162327）	101.79	430.00	4.36
19 佳源 04（162328）	99.25	622.77	6.21	19 郑蒲 01（162329）	100.00	589.50	5.91
19 义佛 02（162330）	101.45	581.50	5.88	19 渝合 01（162331）	102.47	1063.00	10.95
19 星发 01（162332）	100.78	880.00	8.87	19 淮开 D1（162334）	100.27	480.00	4.82
19 衢资 01（162335）	99.66	2020.00	20.23	19 惠建 02（162336）	100.00	217.70	2.19
19 澄港 04（162337）	101.02	2768.20	27.82	19 民泰 01（162338）	101.61	1552.00	15.54
同煤 Y4（162340）	100.00	685.00	6.85	19 望水 01（162341）	100.00	767.20	7.68
19 汇川 02（162343）	98.00	530.70	5.29	19 江都 04（162344）	100.00	649.00	6.55
19 寿光 02（162346）	100.42	809.00	8.15	19 新蒲 03（162347）	99.70	140.00	1.40
19 铸康债（162348）	100.00	40.20	0.40	19 金纾 05（162349）	100.00	590.00	5.92
19 莱钢 04（162351）	100.16	455.00	4.56	19 铁十六（162352）	99.68	507.70	5.08
19 东丽 04（162354）	100.89	707.00	7.13	19 津建 01（162358）	101.41	310.00	3.13
19 禹通 01（162359）	100.14	371.00	3.72	19 黔水 03（162361）	100.00	442.00	4.27
19 世纪 01（162362）	99.72	160.00	1.59	19 兴奉 01（162363）	100.92	610.00	6.10
19 云租 01（162364）	100.07	1737.00	17.52	19 通泰 02（162365）	100.65	1113.12	11.18
19 淮新 06（162366）	101.26	235.00	2.41	19 诸资 01（162368）	100.00	2314.00	23.37
19 蔡家 01（162370）	100.05	1500.00	15.07	19 先行 01（162371）	100.38	600.00	6.02
19 明升 02（162372）	100.00	540.00	5.42	19 眉控 01（162373）	100.72	853.00	8.63
19 简阳 01（162374）	99.98	300.00	3.02	19 家园 01（162375）	101.47	700.00	7.10
19 瀚控 D1（162376）	99.60	375.10	3.73	19 海保 02（162377）	99.83	520.00	5.22
19 扬临港（162378）	99.25	182.00	1.82	19 淮建 02（162379）	101.17	133.90	1.36
19 新郑 01（162381）	102.13	979.00	10.05	19 首证 C2（162383）	98.72	760.90	7.66
19 西旅 01（162384）	99.50	380.00	3.79	19 进纾 01（162386）	100.53	790.00	8.00
19 安租 09（162387）	100.62	2170.00	22.00	19 陕煤 02（162388）	99.93	3963.00	39.88
19 瓯经 01（162389）	98.60	1445.10	14.49	19 黄投 01（162390）	101.60	345.00	3.51
19 金禹 01（162391）	100.70	80.00	0.81	19 筑城 01（162392）	98.61	1420.00	14.29
19 济建 02（162393）	100.38	3430.00	34.63	19 惠投 02（162394）	100.73	547.00	5.50
19 新泰 03（162395）	100.00	137.00	1.39	19 清浦 02（162397）	100.92	165.00	1.68
19 遵投 03（162398）	100.00	141.00	1.41	19 开源 D2（162399）	100.05	130.00	1.30
19 长发 01（162401）	100.90	700.00	7.10	19 远东一（162402）	100.00	100.00	1.00
19 长交 01（162403）	100.30	690.00	6.99	19 曹国 D1（162410）	100.00	1778.00	17.82
19 国都 C5（162412）	101.85	266.00	2.70	19 桂金 07（162413）	100.00	300.00	2.98
19 皖江 01（162414）	99.94	177.00	1.78	19 常城 05（162415）	100.34	1071.00	10.85
19 广旅发（162418）	99.57	910.99	9.16	19 沪券 D1（162419）	100.04	480.00	4.80
19 明宫 02（162420）	100.58	1119.00	11.22	19 山钢 Y2（162421）	99.99	487.00	4.90
19 靖城 03（162422）	100.30	683.00	6.87	19 苏国 01（162424）	100.15	680.00	6.79
19 鑫投 01（162425）	99.50	514.10	5.14	19 济西 03（162426）	99.88	315.00	3.14
19 金坛 02（162428）	100.99	845.00	8.49	19 太仓 01（162429）	98.84	670.00	6.66
G20 桐庐 1（162430）	100.30	162.00	1.62	19 柳投 03（162431）	101.00	974.66	9.86
19 慈商 02（162433）	99.38	204.10	2.05	19 长兴 02（162435）	100.62	2401.00	23.97

债券成交
Bond Trading

债券简称（代码）Bond Name（Code）	本年收盘（元）Close（Yuan）	成交数量（万张）Trading Vol（10000 Lots）	成交金额（亿元）Trading Value（100M Yuan）	债券简称（代码）Bond Name（Code）	本年收盘（元）Close（Yuan）	成交数量（万张）Trading Vol（10000 Lots）	成交金额（亿元）Trading Value（100M Yuan）
19 惠鑫 02（162436）	99.95	70.00	0.71	19 淳资 01（162437）	100.83	17.50	0.18
19 浙商 04（162440）	99.56	282.00	2.83	S19 石门 2（162442）	99.80	34.50	0.34
19 青纾 02（162443）	99.32	530.00	5.31	G19 有轨 1（162447）	99.85	88.00	0.88
19 汾湖 02（162448）	100.15	889.60	8.91	19 鲁海洋（162449）	99.00	245.00	2.43
19 长开 05（162450）	101.08	928.70	9.40	19 长开 06（162451）	101.16	460.00	4.65
19 滕投 03（162452）	102.80	80.00	0.82	19 农投 01（162454）	100.30	378.00	3.84
19 通经 02（162455）	100.08	180.00	1.80	19 天宁 02（162456）	100.52	570.00	5.70
19 抚州 01（162457）	99.70	1478.00	14.83	19 日交 01（162459）	100.00	132.00	1.33
19 平金 01（162461）	99.50	660.00	6.58	19 建邺 03（162462）	99.40	469.50	4.69
19 瀚宇 01（162463）	100.00	156.00	1.56	19 绍兴 02（162464）	100.40	150.00	1.50
19 舟交 02（162465）	99.99	103.00	1.03	19 汇盛 01（162466）	100.46	1300.60	13.10
19 华阔 01（162467）	100.00	74.90	0.75	19 大晟 01（162469）	100.36	900.00	9.04
19 中金 C4（162470）	98.62	480.00	4.74	19 豫铁 01（162471）	99.93	899.00	8.99
19 中企 02（162472）	101.13	2046.00	20.60	19 姜城 02（162473）	102.31	204.50	2.08
19 世园 01（162475）	100.00	921.78	9.35	19 镇城 D2（162476）	100.20	604.00	6.06
19 虞纾 01（162477）	100.04	170.00	1.71	19 驻投 06（162480）	100.86	710.00	7.19
19 栖科 01（162481）	99.98	231.00	2.31	19 蓟州 01（162482）	98.01	291.00	2.89
19 成华债（162484）	100.81	1320.00	13.33	19 荆投 01（162485）	100.42	340.00	3.44
19 龙川 01（162487）	101.54	1004.50	10.17	19 青信 01（162488）	100.28	2010.00	20.18
19 康富 D1（162489）	100.00	390.00	3.90	19 运和 02（162491）	101.46	2035.00	20.70
19 萍乡 01（162492）	97.48	1596.80	15.84	19 萍乡 02（162493）	100.00	213.00	2.13
19 豫水 01（162495）	99.55	150.00	1.50	19 昌兴 01（162496）	100.00	2376.10	23.92
19 鲁金 02（162497）	100.93	280.00	2.83	19 阜宁债（162500）	100.00	246.16	2.42
19 嘉城 01（162501）	100.45	290.00	2.91	19 镇旅 01（162502）	100.02	539.40	5.40
19 首钢 05（162506）	100.28	4705.00	47.39	19 姚经 01（162507）	100.95	390.00	3.94
19 海交投（162508）	100.04	182.70	1.83	19 沿海 01（162509）	100.00	419.90	4.20
19 富港 01（162511）	100.60	291.00	2.92	19 蓉投 01（162513）	100.26	820.00	8.23
19 桂铁 F1（162514）	100.32	524.00	5.24	19 天目 01（162515）	100.19	671.30	6.77
19 扬庆 01（162516）	99.80	372.00	3.73	19 海曙 01（162517）	99.18	520.00	5.20
19 黔投 03（162518）	100.00	114.00	1.14	19 阳安 03（162519）	100.00	156.00	1.56
19 宁海 03（162520）	101.08	610.00	6.15	19 淮开 04（162521）	101.27	1956.00	19.82
19 遵经 02（162525）	98.15	798.00	7.92	19 义建 01（162526）	99.72	645.50	6.51
19 虞城 01（162527）	98.68	1070.20	10.66	19 盐交 01（162528）	99.92	69.00	0.69
19 南京 C1（162530）	99.16	420.00	4.19	19 喀斯特（162531）	99.92	843.00	8.43
19 新蒲 05（162532）	99.03	476.00	4.75	19 遵旅 03（162533）	99.01	1578.80	15.69
19 瀚控 D2（162535）	100.04	448.90	4.49	19 环球 04（162536）	100.04	150.00	1.50
19 四面山（162537）	99.00	1330.00	13.22	19 兴资 01（162539）	99.96	714.50	7.14
19 兴资 02（162540）	103.52	192.00	1.95	19 华福 F1（162541）	99.45	1500.00	15.02
19 金城 01（162543）	99.31	450.00	4.52	19 袍工 02（162544）	102.37	508.00	5.20
19 海盐 03（162545）	99.73	765.00	7.65	19 渝南 02（162546）	100.77	490.00	4.94
19 哈纾 01（162547）	101.64	740.00	7.55	19 遵桥 03（162548）	97.10	1712.60	16.90
19 宁高 02（162549）	100.76	703.00	7.11	19 九通 03（162550）	99.95	2709.00	27.09
19 泰顺 01（162552）	101.66	174.60	1.76	19 吴发 03（162554）	99.60	950.00	9.53
19 伊资 01（162555）	100.84	590.00	6.04	19 临经 01（162556）	100.04	380.00	3.80
19 青租 02（162557）	99.67	590.00	5.94	19 太重 01（162558）	99.00	275.00	2.74
G19 盐交 1（162560）	100.25	455.00	4.57	19 锡南 01（162561）	100.15	930.00	9.34
19 渝枢 02（162562）	102.13	410.00	4.14	19 渝枢 03（162563）	100.47	1036.00	10.41
19 远东二（162564）	99.68	5356.00	53.48	19 诸新 02（162566）	101.02	1984.20	19.99
19 邗江 01（162567）	99.84	735.00	7.36	19 住保债（162568）	99.78	600.00	6.00
19 潞安 Y1（162569）	100.98	930.00	9.43	19 中证 05（162570）	99.81	2860.00	28.85

债券成交 Bond Trading

债券 Bond

债券简称（代码） Bond Name（Code）	本年收盘（元） Close（Yuan）	成交数量（万张） Trading Vol（10000 Lots）	成交金额（亿元） Trading Value（100M Yuan）	债券简称（代码） Bond Name（Code）	本年收盘（元） Close（Yuan）	成交数量（万张） Trading Vol（10000 Lots）	成交金额（亿元） Trading Value（100M Yuan）
19 西电 01（162571）	100.22	395.50	3.98	19 徐庄 02（162572）	99.97	331.00	3.31
19 家园 02（162573）	101.52	135.00	1.38	20 华安 01（162574）	99.32	910.00	9.03
19 金水 02（162575）	99.55	2030.00	20.43	20 东港 01（162576）	96.98	20.00	0.19
19 万州 01（162577）	100.94	441.00	4.42	19 柯岩 01（162578）	100.21	2890.90	29.41
19 华宇 03（162579）	98.74	600.00	5.92	19 滨投 03（162580）	100.00	339.00	3.37
19 铜示 02（162582）	101.43	422.00	4.23	19 绿洲 01（162583）	99.77	465.00	4.66
19 柳房 01（162584）	98.80	1879.76	18.84	19 浙证 01（162585）	98.95	2090.00	20.93
G19 滁绿 1（162588）	101.78	1050.00	10.66	19 滨江 D1（162589）	100.01	72.00	0.72
19 鹰投 01（162590）	101.49	839.00	8.49	19 江东 01（162591）	101.52	560.00	5.62
19 兰扶 01（162592）	101.50	225.00	2.26	19 建工 Y2（162593）	100.20	326.00	3.27
19 曲水 01（162594）	101.34	400.00	4.02	19 惠基 01（162595）	101.57	50.00	0.51
19 海门 04（162598）	100.02	580.00	5.81	19 铜山 01（162599）	100.38	711.90	7.17
19 山煤 Y1（162600）	100.00	100.00	1.00	19 洛建 01（162601）	100.44	4290.00	43.41
G19 贵水 1（162602）	99.98	990.00	9.92	19 瀛洲 02（162603）	100.80	70.00	0.71
G19 莱芜 1（162604）	101.50	810.00	8.13	19 长寿 D1（162605）	100.11	900.00	9.02
19 湖交 01（162607）	99.60	1900.00	19.05	19 宜城 F1（162608）	99.86	1190.00	11.93
19 农副 01（162609）	100.00	75.60	0.76	19 龙投 02（162610）	100.47	665.00	6.71
19 洪泽 01（162611）	100.00	243.00	2.44	19 南平 01（162612）	101.18	699.00	7.06
19 温投债（162613）	98.81	153.00	1.52	19 宁开 01（162614）	100.00	831.00	8.34
19 渝开 D2（162615）	100.06	560.00	5.60	19 兴城建（162616）	98.70	600.00	5.97
19 公用 02（162617）	100.18	564.00	5.64	19 晋佳 03（162619）	100.17	550.00	5.50
19 海创 01（162620）	100.37	2655.00	26.71	19 常德 01（162621）	100.79	40.00	0.40
19 衡滨 01（162622）	100.62	714.00	7.17	19 株高 03（162623）	100.38	700.00	7.03
19 百盐 01（162625）	100.00	40.00	0.40	19 阳山 01（162627）	99.90	80.00	0.80
19 阳山 02（162628）	99.78	50.00	0.50	19 锡工 02（162629）	100.00	400.00	4.00
19 甬象 02（162630）	99.99	659.20	6.61	20 青开 01（162631）	99.80	360.00	3.61
19 云龙 02（162632）	100.49	80.00	0.80	20 松原 01（162634）	99.83	459.47	4.59
19 南安 02（162635）	100.60	450.00	4.53	19 镇城 D3（162636）	100.13	759.10	7.62
G19 衢交 1（162637）	98.84	270.00	2.70	19 浔旅 01（162638）	100.00	1265.00	12.72
19 华融 C3（162639）	100.46	445.00	4.46	19 中德 01（162640）	100.25	150.00	1.50
19 筑铁 01（162642）	101.19	715.00	7.27	19 黄桥 01（162644）	99.40	327.00	3.30
19 中金 C5（162645）	98.84	1846.00	18.32	19 豫资 04（162646）	100.23	195.00	1.97
19 平神 Y1（162647）	100.00	1044.79	10.37	19 青信 02（162648）	100.58	1280.00	12.79
19 天台 01（162649）	99.07	381.55	3.81	19 创投 01（162650）	99.98	1102.00	11.00
19 金东债（162651）	100.00	416.10	4.17	20 娄城 01（162652）	99.44	335.00	3.34
19 龙川 02（162653）	103.96	153.00	1.58	19 宿城 02（162654）	100.89	700.19	7.02
19 高明 01（162655）	98.57	1176.00	11.74	19 昆高新（162656）	99.07	90.00	0.89
19 藏投 01（162657）	99.98	1140.00	11.47	19 联投 04（162658）	99.71	1890.00	19.01
19 虞经开（162659）	100.81	1577.20	15.84	19 新锦 01（162662）	99.54	737.00	7.44
19 宁城 02（162664）	99.45	551.00	5.54	19 世园 02（162665）	101.73	180.00	1.82
19 晋交 Y1（162666）	100.00	50.00	0.50	19 于控 02（162667）	100.60	174.60	1.76
19 冀控 D1（162668）	100.00	446.00	4.46	19 新城债（162669）	101.84	690.00	7.05
19 姚江 01（162670）	99.96	230.00	2.30	19 药租 04（162671）	100.23	583.00	5.87
19 恒泰 01（162672）	101.00	270.00	2.71	19 酒投 02（162673）	100.00	180.00	1.80
19 仁怀 03（162674）	99.12	1074.00	10.67	19 仁怀 04（162675）	100.06	250.00	2.51
19 长湖债（162676）	100.86	1210.80	12.16	19 宁科创（162677）	100.97	229.90	2.30
19 柯资 01（162678）	99.73	710.00	7.21	19 白沙洲（162679）	96.15	363.47	3.52
19 象港 01（162680）	101.97	983.16	9.98	19 建开 01（162681）	100.53	456.00	4.59
19 苏铁 D1（162682）	99.99	462.00	4.63	19 传感 01（162683）	100.00	98.73	0.99
19 新安 01（162684）	100.68	1011.00	10.13	19 南京 C2（162685）	99.21	363.10	3.67

债券成交 债券
Bond Trading Bond

债券简称（代码）Bond Name（Code）	本年收盘（元）Close（Yuan）	成交数量（万张）Trading Vol（10000 Lots）	成交金额（亿元）Trading Value（100M Yuan）	债券简称（代码）Bond Name（Code）	本年收盘（元）Close（Yuan）	成交数量（万张）Trading Vol（10000 Lots）	成交金额（亿元）Trading Value（100M Yuan）
19 六新 01（162686）	100.06	130.00	1.30	19 南投 01（162689）	100.00	1444.10	14.51
19 财达 C1（162690）	101.26	825.00	8.30	20 农副 01（162691）	98.62	120.00	1.19
19 威中城（162692）	101.38	2720.00	27.31	19 柯建 02（162693）	100.01	2120.40	21.33
19 兰溪（162694）	101.43	500.00	5.05	20 遵桥 D1（162695）	95.00	3332.27	31.60
19 蓝光 08（162696）	98.99	600.00	5.94	19 柳城 01（162697）	98.24	3015.29	29.93
19 临淄 01（162698）	100.42	880.00	8.87	19 惠鑫 03（162699）	99.30	121.00	1.21
19 华通 01（162700）	99.86	150.00	1.50	19 西海 03（162705）	99.60	470.00	4.70
19 余杭 03（162706）	99.65	550.00	5.50	19 开封 01（162707）	97.80	309.10	3.09
19 鑫泰 03（162708）	100.72	818.00	8.29	19 长建 01（162711）	101.53	560.00	5.60
19 滨州 01（162714）	101.97	1762.00	17.97	19 雅安 02（162715）	101.19	411.00	4.17
19 盐建 01（162716）	101.00	510.00	5.12	19 高控 01（162717）	100.11	2152.00	21.60
19 宜经 01（162719）	101.25	438.83	4.41	19 潍水 D1（162720）	99.90	1572.30	15.72
19 新昌 02（162721）	99.81	670.00	6.73	19 阿纺 01（162723）	99.91	100.00	1.00
19 航城 01（162724）	99.62	471.00	4.71	19 苏海 01（162725）	100.85	120.00	1.21
19 石刻 01（162726）	100.36	275.00	2.76	19 信诚 02（162727）	100.40	360.00	3.61
19 滁城 03（162728）	100.00	114.00	1.16	19 吉发 04（162729）	100.41	1759.60	17.68
20 万盛 01（162731）	98.37	986.50	9.76	19 宏大 01（162732）	101.23	694.00	6.99
19 启东 03（162733）	99.74	1321.00	13.22	19 兴信 01（162734）	99.09	560.00	5.57
19 凯里 03（162736）	100.87	890.00	8.92	19 武政 02（162737）	99.61	282.00	2.81
19 黄城债（162738）	102.14	1127.65	11.34	19 建邺 D1（162739）	100.03	281.50	2.82
19 曹国 D2（162740）	100.01	854.00	8.55	19 中资 02（162742）	98.20	248.00	2.47
19 裕丰 01（162743）	100.56	289.00	2.90	19 泰滨 01（162744）	100.37	745.00	7.50
19 惠投 03（162745）	99.89	498.00	5.01	19 石交 02（162749）	98.71	295.00	2.97
19 九江 01（162750）	100.55	1099.00	11.07	S19 兰考 2（162751）	99.49	17.00	0.17
S19 兰考 3（162752）	100.30	450.00	4.53	19 鹰投 02（162753）	100.35	1449.00	14.55
19 大庆 05（162754）	100.04	370.00	3.71	19 赣振 01（162755）	99.85	1112.00	11.20
19 赣振 02（162756）	100.13	1520.00	15.23	19 晋经 02（162757）	99.84	528.00	5.29
19 晋煤 01（162760）	99.25	320.00	3.20	19 廊控 01（162761）	100.55	1020.00	10.32
19 沿海 03（162765）	100.00	100.00	1.00	19 晋能 09（162766）	102.20	1267.00	12.88
19 嘉建 02（162769）	98.28	615.00	6.03	19 申太 02（162770）	100.00	130.00	1.31
19 邳经债（162771）	101.50	1990.00	20.06	19 天山 01（162772）	100.12	1280.00	12.84
19 通投 01（162773）	100.32	275.00	2.76	19 赣建 01（162775）	101.30	3352.27	33.69
19 景城 01（162776）	100.46	1170.00	11.73	19 泰通 02（162777）	99.00	857.00	8.59
19 贵电 01（162778）	100.08	3460.50	34.28	19 通泰债（162781）	100.00	1597.38	15.96
19 南新 01（162783）	100.67	1142.00	11.52	19 宁创 01（162784）	100.00	38.00	0.38
19 临城债（162786）	99.78	2736.40	27.35	19 兴荣 01（162787）	100.95	900.00	9.08
19 姜交 02（162788）	101.30	100.00	1.01	19 遵物 01（162790）	97.67	2812.00	27.86
20 怀交 01（162791）	100.67	280.00	2.81	G19 日照（162793）	100.15	928.00	9.29
20 南岸 01（162794）	99.72	874.00	8.72	19 茅山 01（162795）	99.97	70.00	0.70
19 深业 01（162797）	100.00	1235.53	12.31	19 百东投（162799）	100.88	62.00	0.62
19 龙债 01（162801）	99.38	666.00	6.65	19 龙债 02（162802）	98.70	220.00	2.19
19 天地 02（162803）	96.55	277.80	2.73	19 镇交 01（162804）	100.18	376.00	3.77
19 新业 01（162805）	100.43	1090.00	11.00	19 兴永 02（162808）	100.40	1100.00	11.08
19 新沂债（162809）	101.01	377.00	3.81	19 奥体 01（162810）	99.21	260.00	2.59
20 融晋 01（162811）	100.44	1139.97	11.41	19 青财 01（162813）	100.04	2155.00	21.56
19 兴市 01（162815）	97.50	507.20	5.03	19 婺城债（162816）	99.79	1733.30	17.38
19 鄂供 01（162818）	100.00	35.00	0.35	19 兖投 02（162820）	100.00	1623.00	16.24
19 赣水 Y1（162822）	99.51	1327.50	13.36	19 浦城 01（162824）	100.92	280.50	2.83
S19 六民（162826）	100.72	785.00	6.92	19 九通 05（162829）	99.98	1937.80	19.41
20 慈建 01（162831）	100.09	285.60	2.87	20 西湖 01（162832）	100.12	2250.00	22.50

债券成交
Bond Trading

债券
Bond

债券简称（代码） Bond Name（Code）	本年收盘（元） Close（Yuan）	成交数量（万张） Trading Vol（10000 Lots）	成交金额（亿元） Trading Value（100M Yuan）	债券简称（代码） Bond Name（Code）	本年收盘（元） Close（Yuan）	成交数量（万张） Trading Vol（10000 Lots）	成交金额（亿元） Trading Value（100M Yuan）
20万州01（162834）	99.62	451.00	4.50	20群英01（162835）	99.95	160.00	1.60
19东泰01（162838）	100.89	1051.00	10.57	20西峡01（162840）	100.00	798.40	7.84
S19安远1（162843）	99.22	261.00	2.61	19大足01（162844）	102.12	832.00	8.35
19嵊经01（162845）	101.17	861.40	8.67	19镇投D1（162847）	100.09	700.00	7.02
19冶投02（162848）	100.20	1377.80	13.80	19东海债（162850）	99.33	350.00	3.50
19遵经03（162852）	99.89	189.00	1.89	19生态01（162854）	99.95	2482.80	24.95
19皖再贷（162855）	100.58	320.00	3.21	20同城01（162859）	98.60	400.00	3.99
19常经01（162860）	100.67	1128.00	11.32	19临港01（162862）	100.01	575.00	5.76
20任兴01（162863）	100.40	3545.00	35.53	19千建02（162864）	101.02	404.83	4.07
20锦生态（162866）	98.84	1575.00	15.67	20开投01（162867）	100.31	2239.00	22.42
20新蒲01（162868）	100.00	91.00	0.87	20湘型01（162869）	100.00	556.00	5.56
20晋电01（162871）	101.21	2221.00	22.48	20远东一（162872）	100.47	768.00	7.73
20镇旅01（162873）	100.02	1502.00	15.03	20嵊南01（162874）	100.09	1160.00	11.65
20潍滨01（162875）	99.94	1223.05	12.20	S20独山1（162876）	100.00	200.00	2.00
20武经01（162877）	100.01	1236.00	12.48	20药租01（162878）	99.83	390.00	3.91
20常交01（162879）	100.68	230.00	2.31	20湘投01（162880）	99.01	130.00	1.29
20遵桥01（162881）	96.93	1666.35	16.46	20鲁公01（162882）	99.99	70.00	0.70
20咸金01（162883）	98.77	1295.40	12.93	20安投债（162884）	100.91	1205.50	11.67
20舟交01（162885）	98.48	709.65	7.01	20迈瑞01（162886）	101.02	1306.00	13.12
20城发01（162887）	99.13	962.00	9.69	20滨江D1（162889）	99.99	466.80	4.67
20上投01（162890）	100.05	1408.00	14.22	20镇投01（162891）	98.75	406.00	4.01
20新昌01（162892）	101.75	1275.90	12.79	20诸资01（162893）	99.41	1228.85	12.32
20惠基01（162895）	99.44	100.00	1.00	20晋能01（162896）	101.71	1319.00	13.34
20兴阳01（162897）	100.45	180.00	1.81	20济城01（162898）	99.19	2720.00	27.24
20云港01（162899）	98.62	1000.00	10.02	G20天成1（162900）	98.71	470.00	4.68
20南浦01（162901）	99.63	420.00	4.17	20扬子01（162902）	100.02	1940.00	19.57
20淳建01（162905）	99.77	60.00	0.60	G20长交1（162906）	98.88	900.00	8.98
20镇城D1（162907）	100.08	1311.00	13.18	20银河C1（162908）	99.80	678.00	6.79
20银河C2（162909）	99.15	2889.00	28.68	G20盛泽1（162910）	100.09	56.00	0.56
20太经01（162911）	99.31	550.00	5.50	20陶都01（162912）	100.00	90.00	0.90
20盐湖01（162913）	100.00	434.52	4.34	20海保01（162914）	98.83	180.00	1.78
20凯文01（162915）	100.00	2169.00	21.62	20铁投01（162916）	99.73	60.00	0.60
20铁投02（162917）	98.55	400.00	4.02	20太城01（162918）	100.00	442.90	4.47
20城乡01（162919）	99.53	369.50	3.68	20南平01（162920）	99.83	574.00	5.73
20创投01（162921）	99.44	745.00	7.41	20宁桥01（162922）	99.47	190.00	1.90
20中租01（162923）	99.85	1250.00	12.52	20寿城01（162925）	98.52	480.00	4.81
20黄发01（162926）	100.16	988.50	9.95	20舟蓬01（162927）	98.27	234.70	2.32
20吉发01（162928）	99.80	547.36	5.48	20水发01（162929）	100.72	1718.00	17.27
20江城01（162930）	99.81	1030.00	10.35	20中德01（162932）	99.20	600.00	5.94
20遵经01（162933）	98.00	175.20	1.72	20鼎力01（162934）	100.00	916.00	9.14
20鼎力02（162935）	98.56	3.00	0.03	G20洞庭1（162936）	100.54	2450.00	24.66
G20洞庭2（162937）	100.35	1057.50	10.62	20建开01（162938）	99.84	630.00	6.32
20六新01（162939）	99.39	310.00	3.10	20商铁01（162940）	99.35	1720.25	17.20
20晋煤01（162941）	100.00	1250.00	12.49	20建邺01（162943）	99.62	680.00	6.80
20兴化01（162944）	100.61	856.00	8.60	20溧水01（162945）	100.36	902.28	9.07
20鼎兴01（162946）	98.06	312.00	3.09	20国泰01（162947）	98.95	190.00	1.90
20新师01（162948）	100.65	314.00	3.16	20共享01（162949）	99.84	175.00	1.75
20光证D1（162950）	100.23	495.00	4.97	20青向01（162951）	99.45	540.00	5.41
20金洲01（162953）	100.57	946.50	9.48	20昆交01（162955）	100.12	2105.00	21.26
20新田01（162957）	98.24	350.00	3.48	20国联01（162958）	99.48	760.00	7.64

债券成交
Bond Trading

债券
Bond

债券简称（代码）Bond Name（Code）	本年收盘（元）Close（Yuan）	成交数量（万张）Trading Vol（10000 Lots）	成交金额（亿元）Trading Value（100M Yuan）	债券简称（代码）Bond Name（Code）	本年收盘（元）Close（Yuan）	成交数量（万张）Trading Vol（10000 Lots）	成交金额（亿元）Trading Value（100M Yuan）
20 如皋 01（162959）	100.60	685.00	6.85	20 洛建 01（162960）	100.67	1190.00	12.00
20 定城 01（162961）	99.82	438.30	4.39	20 裕丰 01（162962）	100.02	289.00	2.89
20 松滋 01（162963）	100.48	340.00	3.41	20 兴阳 02（162964）	100.25	1030.00	10.31
20 虞尚 01（162965）	100.00	10.60	0.11	G20 贵水 1（162966）	100.79	340.00	3.44
20 海交 01（162967）	99.21	520.80	5.17	20 柳控 01（162969）	98.31	1160.00	11.47
20 仙游 01（162970）	101.79	688.70	6.95	20 昌吉 01（162971）	100.22	505.00	5.05
20 北辰 01（162972）	99.88	1106.00	11.03	20 株金科（162973）	100.00	660.50	6.59
20 宁交 01（162974）	100.59	384.00	3.86	20 川城 01（162975）	100.28	340.00	3.42
20 新城 01（162976）	100.28	1746.00	17.53	20 西苑 01（162978）	100.19	167.00	1.67
20 常高 01（162979）	99.45	910.00	9.04	20 遵投 01（162980）	99.79	330.00	3.29
20 惠控 01（162981）	99.06	618.00	6.18	20 镇交 01（162982）	99.10	1350.00	13.42
20 仪征 01（162983）	100.31	320.00	3.20	20 家园 01（162984）	100.00	585.00	5.88
20 句容 01（162985）	100.66	455.00	4.58	20 乳山 01（162986）	98.00	613.00	5.96
20 纳兴 01（162987）	99.60	1102.00	11.01	20 遵旅 01（162988）	99.87	1022.80	10.23
20 启创投（162989）	100.02	731.00	7.32	20 景德 01（162990）	101.05	620.00	6.26
20 环球 02（162992）	99.67	710.00	7.08	20 安阳 02（162994）	100.67	105.00	1.06
20 兴港 01（162995）	99.58	1440.00	14.50	20 柳城 01（162996）	100.00	2092.43	20.84
20 淮新 01（162997）	101.00	1105.00	11.14	20 宁海 01（162998）	99.37	762.07	7.65
20 柳州 01（162999）	100.42	1938.76	19.52	19 浙纾 02（163003）	103.40	312.00	3.15
19 厦航 01（163004）	100.00	710.00	7.09	19 北汽 11（163005）	99.91	1969.00	19.80
19 北汽 12（163006）	100.22	1182.00	11.96	19 宝龙 G1（163008）	101.70	676.00	6.86
19 浦集 02（163010）	100.55	1520.00	15.33	19 浦集 03（163011）	101.00	167.00	1.72
19 龙控 04（163012）	101.96	2013.00	20.46	19 平煤债（163013）	87.00	189.85	1.84
19 申资 01（163014）	99.59	952.00	9.54	19 碧地 03（163015）	101.23	2520.30	25.57
19 贵安 G2（163016）	100.00	1767.50	17.76	19 中金 04（163019）	100.00	1610.00	16.21
19 上国投（163020）	101.50	492.00	4.96	19 君创 03（163021）	99.26	179.00	1.77
19 鸿坤 01（163023）	107.41	309.25	3.07	19 东方债（163024）	100.18	3495.00	35.18
19 花样 02（163025）	97.30	953.24	9.19	19 杭纾 03（163026）	102.78	490.00	4.97
19 漳九 03（163028）	100.00	400.00	4.01	19 济金控（163029）	100.00	140.00	1.41
19 鲁高 02（163030）	99.68	2966.00	29.83	19 山金 01（163031）	101.11	1950.00	19.55
19 兖东 01（163033）	100.00	380.00	3.81	19 津保 03（163034）	96.80	1826.49	18.28
19 伊利 01（163035）	100.00	359.00	3.60	19 实业 03（163036）	100.00	41.80	0.42
19 狮桥 01（163037）	100.00	200.00	2.00	19 豫园 01（163038）	100.87	300.10	3.07
19 朗诗 02（163040）	100.00	821.07	8.10	19 文投 02（163041）	97.36	984.00	9.74
19 国资 01（163042）	100.00	600.00	6.06	19 洛钼 01（163043）	100.10	871.00	8.72
G19 华综 1（163044）	100.00	250.00	2.51	19 绿城 02（163045）	100.00	618.00	6.19
19 绿城 03（163046）	100.00	260.00	2.65	19 金辉 03（163047）	100.00	1117.20	11.10
19 东科 02（163049）	100.00	100.00	1.00	19 豫投 02（163050）	100.01	900.00	9.41
19 油气 02（163051）	100.20	1820.00	18.35	19 长电 03（163052）	100.00	1320.00	13.27
19 中泰 02（163053）	101.21	3060.05	30.96	19 兴投 01（163054）	101.15	990.00	10.00
19 绿城 04（163055）	100.00	270.00	2.71	19 华租 01（163056）	100.00	820.00	8.24
19 川发 07（163057）	99.95	440.00	4.46	19 川发 08（163058）	105.70	1147.00	11.80
19 常高 05（163059）	100.00	430.00	4.32	19 常高 06（163060）	100.00	180.00	1.85
19 温交 01（163061）	102.70	660.00	6.64	19 青信 03（163063）	102.50	2070.00	20.78
19 津保 04（163065）	96.29	1022.00	10.31	19 淄矿 02（163066）	100.00	30.00	0.30
19 苏农 01（163067）	99.13	400.00	4.00	19 中航 04（163068）	99.96	710.00	7.11
19 中航 05（163069）	102.92	3780.00	38.11	G19 唐环 1（163070）	100.00	500.00	5.00
19 津投 25（163071）	100.00	670.00	6.74	19 津投 26（163072）	100.00	710.00	7.13
19 津投 27（163073）	100.00	730.00	7.70	19 同辐债（163074）	100.00	410.00	4.09
19 正奇 03（163075）	99.20	272.01	2.72	19 远东三（163077）	100.31	2292.00	23.09

债券成交 Bond Trading

债券简称（代码）Bond Name（Code）	本年收盘（元）Close（Yuan）	成交数量（万张）Trading Vol（10000 Lots）	成交金额（亿元）Trading Value（100M Yuan）	债券简称（代码）Bond Name（Code）	本年收盘（元）Close（Yuan）	成交数量（万张）Trading Vol（10000 Lots）	成交金额（亿元）Trading Value（100M Yuan）
19株国06（163079）	103.20	640.00	6.49	19靖江港（163081）	100.00	700.00	7.04
19云投02（163082）	99.19	3206.95	31.99	19齐鲁Y1（163083）	103.35	1586.10	16.00
19诚通01（163085）	99.74	7100.10	71.62	19兰创01（163086）	99.26	212.00	2.12
19当代03（163087）	100.00	170.00	1.69	20建投01（163090）	102.18	1600.00	16.10
20京汽01（163091）	99.80	2307.70	23.13	20安信G1（163092）	99.63	3250.01	32.54
20成高01（163093）	102.74	460.10	4.64	20江东01（163094）	99.60	5041.13	50.64
20长电01（163096）	100.10	1900.00	19.06	20长电02（163097）	99.44	470.40	4.73
20津保01（163098）	100.00	380.00	3.77	20张江01（163099）	102.66	578.00	5.81
20龙控01（163100）	100.00	650.00	6.53	20津投01（163101）	97.50	2592.00	25.96
20津投02（163102）	99.45	3990.10	40.27	20青信01（163103）	99.55	855.00	8.60
20建发01（163104）	100.39	3270.00	32.82	20国君G1（163105）	99.90	4380.00	43.94
20潍柴01（163106）	101.49	1683.10	16.83	20CHNE01（163108）	100.16	5991.00	60.34
20奉发01（163109）	100.04	1080.00	10.82	20东方01（163110）	101.40	1428.00	14.32
20金隅02（163112）	99.29	9093.10	91.94	20象屿01（163113）	102.10	1325.00	13.30
20大宁01（163114）	99.92	316.00	3.15	20鲁创01（163115）	103.01	51.00	0.52
20义乌01（163116）	100.00	800.00	7.99	20义乌02（163117）	100.00	340.00	3.43
20华集01（163118）	100.00	1068.00	10.56	20甘交G1（163119）	101.50	200.00	1.98
20伟驰01（163120）	100.00	600.00	6.04	20风电01（163121）	102.33	1325.00	13.36
20青城G1（163123）	99.14	1810.00	18.17	20中航01（163124）	102.15	2495.00	25.16
20中航02（163125）	100.00	1506.00	15.21	20中财G1（163126）	100.00	780.00	7.79
20红星01（163127）	100.00	445.46	4.42	20贵安G1（163129）	100.00	1100.00	10.99
20财富01（163130）	100.00	616.00	6.17	20国投01（163131）	102.92	1793.20	18.09
20国投02（163132）	99.76	1160.00	11.61	20中电01（163133）	100.00	2850.00	28.67
20平证01（163134）	100.18	530.00	5.32	20顾家01（163135）	100.00	868.00	8.63
20云投01（163136）	100.00	2554.01	25.48	20诚通01（163137）	100.00	9010.01	90.72
20宝龙01（163138）	100.48	1048.57	10.56	20龙湖01（163139）	100.00	1175.00	11.77
20龙湖02（163140）	100.55	3890.00	38.90	20时代01（163141）	100.00	85.00	0.85
20时代02（163142）	99.38	746.03	7.42	20国新01（163144）	103.30	1495.00	15.13
20复地01（163145）	99.46	1423.33	14.26	20津投03（163146）	100.23	1930.00	19.27
20津投04（163147）	100.00	5760.00	57.59	20海通01（163148）	99.10	7535.00	74.67
20兴业G1（163149）	98.61	3180.00	31.62	20东科01（163150）	100.00	150.00	1.50
20CHNE02（163152）	99.86	7900.00	79.04	20浦建01（163153）	101.16	600.00	5.96
20凯盛01（163154）	100.00	116.00	1.16	20凯盛02（163155）	100.00	258.00	2.58
20中证G1（163156）	99.05	3010.00	30.03	20中证G2（163157）	97.50	575.00	5.61
20长交01（163158）	100.00	171.00	1.70	20嘉投01（163160）	98.42	2700.00	26.85
20财金01（163161）	97.69	4810.00	47.73	20天集01（163162）	100.00	260.00	2.60
20航控01（163164）	99.04	770.00	7.68	20航控02（163165）	100.93	778.00	7.67
20三友01（163166）	100.00	630.00	6.23	20华发02（163168）	100.33	1580.00	15.76
20广越01（163169）	101.48	3750.00	37.51	20广越02（163170）	97.80	441.00	4.37
20美置01（163171）	99.72	2876.60	28.76	20豫园01（163172）	98.79	2490.00	24.79
20中信02（163175）	100.00	1560.00	15.47	20象屿02（163176）	98.00	775.50	7.70
20安租Y1（163177）	99.36	2123.10	21.21	20中冶01（163178）	101.21	3895.10	38.84
20北电01（163179）	100.00	620.00	6.13	20银宝G1（163180）	100.00	135.00	1.35
20东风01（163181）	99.07	6610.00	65.90	20国新02（163182）	98.00	701.00	7.03
20贵安G2（163183）	100.00	666.00	6.55	20涪交02（163185）	100.00	640.00	6.38
20国金01（163186）	99.50	1038.00	10.43	20国金02（163187）	100.63	860.00	8.56
20奥园01（163188）	98.40	3571.28	35.57	20兰石01（163189）	100.00	662.80	6.63
20绵投01（163190）	100.00	800.00	7.92	20新投01（163191）	98.10	217.00	2.15
20能源01（163192）	98.96	3745.20	37.41	20能源02（163193）	97.65	1445.00	14.33
20渝枢02（163195）	100.00	620.00	6.16	20龙湖04（163197）	100.12	5006.00	49.80

债券成交
Bond Trading

债券简称（代码）Bond Name（Code）	本年收盘（元）Close（Yuan）	成交数量（万张）Trading Vol（10000 Lots）	成交金额（亿元）Trading Value（100M Yuan）	债券简称（代码）Bond Name（Code）	本年收盘（元）Close（Yuan）	成交数量（万张）Trading Vol（10000 Lots）	成交金额（亿元）Trading Value（100M Yuan）
20 兰创 01（163198）	100.00	772.00	7.61	20 青城 G2（163199）	98.00	1801.00	17.86
G20 天成 2（163200）	100.20	550.00	5.45	20 联储 G1（163202）	100.00	1205.00	12.03
20 津投 05（163203）	99.24	1800.00	17.86	20 津投 06（163204）	100.00	4830.00	47.11
20 成高 02（163205）	101.05	350.00	3.51	20 金控 01（163206）	100.35	1066.00	10.48
20 航集 01（163207）	100.00	1090.00	10.78	20 武金 01（163208）	100.00	160.00	1.61
20 国机 01（163209）	101.01	2720.00	27.13	20 皖控 01（163210）	99.40	340.01	3.36
20 海国 01（163211）	96.00	6800.30	67.70	20 焦煤 01（163212）	99.26	1620.00	16.10
20 焦煤 02（163213）	100.00	2120.00	20.94	20 甬港 01（163214）	98.39	2150.00	21.42
20 甬港 02（163215）	98.00	1320.02	13.03	20 世茂 G1（163216）	97.49	1690.29	16.83
20 津保 02（163217）	100.00	1125.00	11.11	20 中铝 01（163219）	96.79	1110.00	10.96
20 诚通 02（163220）	98.40	3785.00	37.57	20 诚通 03（163221）	101.23	2580.00	25.62
20 信投 G1（163222）	98.38	7685.00	76.32	20 信投 G2（163223）	96.95	1350.00	13.17
20 柳投资（163224）	100.00	570.00	5.66	20 宝钢 01（163225）	98.12	11105.00	110.79
20 浦集 01（163226）	100.00	1600.00	15.91	20 渝水 01（163228）	102.00	5110.02	50.52
20 亦纾 01（163229）	100.00	450.00	4.45	20 北方 01（163230）	100.00	210.00	2.07
20 首创 01（163231）	98.35	1460.00	14.44	20 民生 G1（163232）	98.00	120.00	1.19
20 建租 01（163233）	99.30	890.00	8.87	20 兖煤 01（163234）	98.12	390.00	3.89
20 兖煤 02（163235）	97.00	7563.00	74.55	20 兖煤 03（163236）	100.00	3580.00	35.64
20 浙交 01（163237）	100.00	3800.00	37.75	20 浙交 02（163238）	100.00	1210.00	11.87
20 新控 01（163239）	99.30	844.01	8.42	20 宁证 01（163241）	101.00	1910.50	19.07
20 绿城 01（163242）	98.93	1760.00	17.50	20 中证 G3（163244）	98.31	3250.00	32.29
20 中证 G4（163245）	96.73	1290.00	12.61	20 上国投（163246）	100.04	1240.00	12.36
20 国投 G1（163247）	99.82	900.00	9.00	20 国投 G2（163248）	100.82	3940.00	39.11
20 同方 01（163249）	100.00	630.00	6.30	20 象屿 G1（163251）	100.00	830.00	8.20
20 象屿 G2（163252）	100.00	410.00	3.99	20 电信 01（163253）	101.63	6585.00	65.81
20 同安 01（163254）	97.06	540.00	5.29	20 建材 01（163255）	96.97	5790.00	57.21
20 临矿 01（163256）	100.00	1650.00	16.60	20 铁投 G1（163257）	101.44	1677.00	16.74
20 铁投 G2（163258）	100.00	970.00	9.49	20 红美 01（163259）	100.00	450.00	4.48
20 海国 02（163260）	100.00	4872.00	47.93	20 汽车 G1（163261）	100.00	473.35	4.65
20 武金 02（163262）	100.00	500.00	4.94	20 北港 01（163263）	98.55	700.00	7.01
20 北控 01（163264）	100.00	1340.00	13.32	20 南海 01（163265）	98.23	1010.00	9.99
20 湖州 01（163266）	98.60	964.55	9.62	20 建工 01（163267）	100.92	1180.00	11.69
20 建工 02（163268）	100.00	1270.00	12.45	20 人福 01（163269）	100.00	385.00	3.86
20 新投 02（163270）	101.00	195.00	1.95	20 风电 03（163271）	98.92	1930.00	19.22
20 风电 04（163272）	97.89	750.00	7.41	20 厦航 01（163273）	98.22	1310.00	12.94
20 蓝光 02（163275）	99.70	788.97	7.87	20 中船 01（163276）	98.49	6420.00	64.10
20 新汶 01（163278）	98.70	676.00	6.68	20 电控 01（163279）	101.42	3919.10	39.01
20 铁投 G3（163280）	100.00	520.00	5.15	20CHNE03（163281）	98.88	6119.30	60.98
20 宜春 01（163282）	101.63	1404.00	14.07	20 联想 01（163284）	100.00	1568.50	15.47
20 兴信 01（163286）	99.34	2780.00	27.82	20 控租 01（163287）	101.07	474.00	4.70
20 川发 02（163289）	100.00	495.00	4.94	20 海通 02（163290）	98.80	2580.10	25.56
S20 凉山 1（163292）	100.00	2187.50	21.81	20 川金 01（163293）	98.14	1200.00	11.91
20 华远 01（163294）	98.00	1601.74	15.91	20 诚通 04（163295）	98.16	2600.00	25.98
20 冀资 01（163297）	100.00	50.00	0.50	20 陕建 01（163298）	101.00	590.10	5.89
20 杭城 01（163299）	100.80	1828.90	18.10	20 深高 01（163300）	99.14	2092.00	20.77
20 保利 01（163301）	98.67	3698.00	36.81	20 楚天 01（163303）	98.60	350.00	3.47
20 穗建 01（163304）	99.12	2700.00	26.85	20 港发债（163306）	99.70	660.00	6.56
20 南钢 01（163307）	100.00	440.00	4.39	20 镇投 G1（163308）	100.00	100.00	1.00
20 中林 01（163309）	98.30	1646.30	16.38	20 美置 02（163310）	99.18	835.00	8.34
20 财信 02（163311）	100.00	761.00	7.59	20 中铝 02（163312）	101.01	3140.00	31.48

债券成交
Bond Trading

债券
Bond

债券简称（代码） Bond Name（Code）	本年收盘（元） Close（Yuan）	成交数量（万张） Trading Vol（10000 Lots）	成交金额（亿元） Trading Value（100M Yuan）	债券简称（代码） Bond Name（Code）	本年收盘（元） Close（Yuan）	成交数量（万张） Trading Vol（10000 Lots）	成交金额（亿元） Trading Value（100M Yuan）
20 新际 Y2（163313）	100.00	2394.00	23.71	20 远租 01（163314）	97.75	180.00	1.79
20 时代 04（163315）	102.10	818.00	8.31	20 时代 05（163316）	99.30	2692.40	26.86
20 首集 01（163317）	97.57	3460.00	34.54	20 香建 01（163318）	100.00	420.00	4.17
20 中煤 01（163319）	98.09	7730.00	77.08	20 能源 03（163320）	99.43	3130.00	31.09
20 能源 04（163321）	97.91	2157.00	21.35	20 温交 01（163322）	98.64	560.00	5.53
20 中信 03（163323）	100.00	1220.00	12.23	20 中信 04（163324）	100.00	730.00	7.40
20 国君 G2（163325）	98.66	4040.00	40.06	20 国电 01（163327）	98.20	2929.80	29.29
20 四局 Y1（163328）	100.00	390.00	3.88	20 桂农 01（163330）	97.27	180.00	1.75
20 鲁高 01（163331）	98.63	3870.00	38.20	20 港航 01（163332）	99.40	350.00	3.47
20 华证 01（163334）	100.52	620.00	6.18	20 中车 01（163335）	98.68	1200.00	11.91
20 兵器 01（163336）	100.00	1850.00	18.50	20 邮政 01（163337）	99.02	7365.00	73.74
20 赣版 01（163338）	100.00	2790.00	27.37	20 中证 G5（163339）	100.00	2420.00	24.11
20 中证 G6（163340）	97.60	2640.00	25.92	20 中证 G7（163341）	97.00	1458.00	14.15
20 盐投 01（163342）	100.00	130.00	1.30	20 宜春 02（163343）	100.00	634.00	6.33
20 紫江债（163344）	99.67	70.00	0.70	20 世茂 02（163346）	98.02	2230.00	21.99
20 世茂 03（163347）	100.00	1460.39	14.16	20 中旅 01（163349）	98.31	3929.10	39.04
20 远东三（163350）	103.50	2076.00	20.75	20 信达 01（163351）	98.59	2140.00	21.17
20 信达 02（163352）	100.00	400.00	3.94	20 华泰 G1（163353）	98.83	7650.00	76.02
20 靖江 01（163355）	100.00	745.00	7.43	20 华电 Y1（163356）	101.51	1221.00	12.16
20 华电 Y2（163357）	101.20	1543.60	15.19	20 沪城 01（163358）	99.00	2827.00	28.23
20 华宇 G1（163359）	97.44	210.00	2.05	20 创元 01（163360）	100.00	375.00	3.74
20 中金 G1（163361）	100.51	2160.00	21.49	20 中金 G2（163362）	100.00	1620.00	15.89
20 碧地 01（163363）	99.70	2715.00	27.12	20 津投 07（163366）	100.00	1830.00	18.24
20 津投 08（163367）	100.00	2130.00	21.18	20 兴投 01（163370）	98.31	1470.10	14.56
20 同方 03（163371）	100.00	240.00	2.40	20 华融 G1（163373）	98.20	6238.90	61.69
20 华远 02（163374）	100.00	368.00	3.65	20 融创 01（163376）	98.70	4464.60	44.60
20 融创 02（163377）	99.90	4241.80	42.37	20 绿城 03（163378）	98.09	450.00	4.45
20 绿城 04（163379）	100.00	200.00	1.98	20 中交 Y1（163380）	97.52	998.00	9.80
20 川发 03（163381）	100.31	570.00	5.65	20 川发 04（163382）	97.80	5070.40	50.59
20 建发 G1（163383）	100.00	1218.00	12.13	20 厦贸 Y5（163384）	97.21	447.40	4.44
20 青城 G3（163385）	96.35	870.00	8.61	20 青城 G4（163386）	96.90	871.00	8.58
20 沪国 01（163387）	96.11	630.00	6.10	20 沪国 02（163388）	100.00	610.00	5.98
20 浦房 01（163389）	97.92	1120.00	11.06	20 诚通 06（163391）	98.18	2400.00	23.85
20 诚通 07（163392）	97.00	746.00	7.39	20 湘粮债（163393）	100.00	40.00	0.39
20 盛泽 01（163394）	100.00	490.00	4.84	G20 雅砻 1（163395）	98.50	1200.50	11.88
20 宏河 01（163396）	100.00	355.00	3.55	20 环球 05（163397）	100.00	438.00	4.31
20 阳煤 01（163398）	97.30	487.00	4.85	20 亿利 01（163399）	100.00	510.72	5.05
20 晶电 01（163400）	100.00	468.61	4.67	20 二局 Y1（163401）	100.00	2589.00	25.65
20 新际 01（163402）	98.51	2754.41	27.36	20 国丰 01（163403）	96.48	3571.68	34.86
20 国联 03（163404）	100.00	1530.00	15.24	20 昆租 01（163405）	100.00	700.00	6.98
20 信投 G3（163406）	98.02	1740.00	17.05	20 华宝 01（163407）	97.75	2150.00	21.20
20 元禾 01（163408）	97.94	410.00	4.05	20HBST01（163409）	96.65	1499.99	14.83
20 厦贸 Y3（163410）	100.00	660.00	6.52	20 风电 05（163412）	97.69	1440.10	14.08
20 复星 01（163414）	102.60	1416.01	14.12	20 复星 02（163415）	98.63	180.00	1.79
20 金高 01（163416）	99.60	260.00	2.58	20 新汶 02（163418）	100.00	300.00	2.93
20 光明 01（163420）	97.75	9340.00	92.60	20 国机 02（163421）	99.88	4165.00	41.10
G20 八 Y1（163422）	100.00	312.00	3.06	20 天风 01（163423）	100.00	740.00	7.21
20 扬子 Y1（163424）	100.00	1130.00	11.21	20 扬子 Y2（163425）	100.00	152.00	1.52
20 杭租 01（163426）	98.50	478.00	4.71	20 泰豪 01（163427）	100.00	80.00	0.80
20 桂投 Y1（163428）	100.00	939.30	9.46	20 京投 01（163429）	98.04	6267.00	62.00

债券成交
Bond Trading

债券简称（代码） Bond Name（Code）	本年收盘（元） Close（Yuan）	成交数量 （万张） Trading Vol （10000 Lots）	成交金额 （亿元） Trading Value （100M Yuan）	债券简称（代码） Bond Name（Code）	本年收盘（元） Close（Yuan）	成交数量 （万张） Trading Vol （10000 Lots）	成交金额 （亿元） Trading Value （100M Yuan）
20国宏01（163430）	100.00	240.00	2.34	G20FXY1（163431）	100.00	855.00	8.41
20京洁01（163433）	98.02	670.00	6.56	20京洁02（163434）	100.00	1010.00	9.81
20中车G1（163435）	99.45	5088.00	50.22	20紫金G1（163437）	97.75	1370.00	13.48
20津保Y1（163439）	100.00	1425.00	14.21	20阳泰01（163440）	100.00	646.00	6.44
20外高01（163441）	98.10	3558.00	35.20	20延长01（163442）	97.11	4385.01	42.97
20柳控03（163443）	102.30	340.00	3.40	20能源Y1（163444）	100.00	5525.00	54.30
20浦创01（163445）	99.65	740.00	7.23	20扬州01（163446）	97.90	520.00	5.09
20津投09（163447）	100.00	1800.00	17.80	20津投10（163448）	83.88	1050.00	10.25
20浦创03（163449）	97.32	1382.00	13.45	20大众01（163450）	100.00	725.00	7.15
20北汽01（163451）	95.90	7240.00	70.20	20北汽02（163452）	100.00	1910.00	18.33
20中化01（163453）	99.85	4150.00	41.07	20邮政02（163454）	102.00	4740.02	46.50
20财通01（163455）	97.79	1720.00	16.82	20财通02（163456）	97.22	1130.00	10.99
20住总01（163457）	100.00	380.00	3.75	20新际02（163458）	100.00	3045.00	30.04
20国航01（163459）	99.70	630.00	6.27	20中信05（163460）	100.00	840.00	8.34
20中信06（163461）	100.00	750.00	7.48	20铁发01（163463）	96.50	1280.00	12.47
20鲁资01（163465）	100.25	880.00	8.65	20相城02（163466）	100.00	320.00	3.16
20江东04（163467）	97.40	900.00	8.92	20路桥01（163469）	100.00	310.00	3.03
20华能Y3（163470）	100.00	3406.00	33.49	20世茂04（163472）	97.76	1920.00	18.83
20东航01（163475）	97.23	4932.00	48.23	20云投G1（163476）	100.00	2140.00	21.08
20云投G2（163477）	100.00	700.00	6.88	G20三峡1（163478）	97.52	902.00	8.98
G20三峡2（163479）	100.00	500.00	5.00	20上实01（163480）	100.00	407.00	4.01
20苏垦01（163481）	97.90	1120.00	10.92	20华泰G3（163482）	96.18	4020.01	38.63
20杭资01（163484）	97.28	1338.00	13.07	20中冶02（163485）	97.20	2891.00	28.54
20余投01（163486）	100.00	380.00	3.73	20路桥Y1（163487）	100.00	1560.00	15.29
20扬子G1（163488）	97.40	1250.00	12.04	20临城01（163489）	97.62	1755.40	17.18
20国发01（163490）	100.00	1760.00	17.30	20厦贸G1（163491）	100.00	1090.00	10.68
20国美01（163492）	100.00	147.39	1.36	20兵装01（163493）	99.60	1362.00	13.55
20兵装02（163494）	98.10	5540.00	54.38	20一汽01（163495）	97.33	8960.00	88.27
20杭城02（163497）	95.82	1150.00	11.02	20杭旅01（163498）	96.54	1730.00	16.83
20中船03（163500）	97.09	9380.00	91.87	20汇金01（163501）	100.00	210.00	2.10
20不动Y1（163502）	100.00	2550.00	25.49	20青城Y1（163503）	100.00	2810.00	27.44
20中天01（163504）	100.00	800.00	7.82	20新国资（163505）	100.00	100.00	1.00
20楚昌01（163506）	97.70	475.15	4.74	20海通04（163507）	96.30	9980.01	97.75
20海通05（163508）	95.36	890.00	8.56	20红星03（163509）	100.00	1435.00	14.19
20居然01（163511）	100.00	26.00	0.26	20产发01（163512）	100.00	470.00	4.58
20中金G3（163513）	98.15	4740.00	46.41	20中金G4（163514）	96.06	550.00	5.27
20云投02（163515）	100.00	1550.00	15.50	20北控02（163516）	100.00	1800.00	17.65
20华港Y1（163518）	100.00	680.00	6.69	20能投01（163520）	100.00	1340.00	13.14
20北汽03（163521）	95.69	3890.00	37.55	20柳建01（163523）	107.00	1507.50	15.02
20渤海01（163525）	99.99	1080.00	10.73	20渝高01（163526）	101.80	4135.95	40.74
20中信08（163528）	100.00	100.00	1.00	20诚通08（163529）	97.23	3200.00	31.40
20诚通09（163530）	95.92	2510.00	24.45	20首投01（163531）	98.44	105.00	1.03
20泰山02（163532）	98.40	1010.96	10.06	20欣捷02（163534）	103.99	214.32	2.13
20芯鑫01（163535）	97.44	450.00	4.39	20芯鑫02（163536）	98.04	210.00	2.07
20首集租（163537）	100.00	730.00	7.17	20旭辉01（163539）	98.62	1562.00	15.45
20旭辉02（163540）	98.63	1260.00	12.42	20诚通10（163541）	99.50	2551.10	25.13
20诚通11（163542）	97.07	880.00	8.67	20宏泰01（163544）	100.00	240.00	2.34
20首创02（163545）	100.00	1607.10	15.79	20十六01（163546）	100.00	150.00	1.47
20华建02（163547）	98.57	310.00	3.07	20华创01（163548）	99.00	1010.40	9.97
20华创02（163549）	100.00	47.00	0.47	20蒙资01（163550）	98.04	1010.00	9.94

债券成交 Bond Trading

债券 Bond

债券简称（代码） Bond Name（Code）	本年收盘（元） Close（Yuan）	成交数量（万张） Trading Vol（10000 Lots）	成交金额（亿元） Trading Value（100M Yuan）	债券简称（代码） Bond Name（Code）	本年收盘（元） Close（Yuan）	成交数量（万张） Trading Vol（10000 Lots）	成交金额（亿元） Trading Value（100M Yuan）
20国电02（163551）	97.97	3040.00	29.88	20建设02（163553）	97.21	240.00	2.34
20鲁海洋（163554）	100.00	20.00	0.20	20铁工Y1（163555）	100.00	1470.00	14.50
20世博01（163557）	96.52	1450.00	14.10	20华泰G4（163558）	97.32	2430.00	23.54
G20FXY3（163559）	100.00	4731.20	46.55	20津保Y2（163561）	100.00	1045.00	10.39
20渝开01（163563）	100.00	70.00	0.70	20渝开02（163564）	100.00	160.00	1.60
20国金03（163565）	100.00	780.00	7.74	20中化Y1（163566）	100.00	3398.00	33.50
20海通06（163568）	98.27	11604.00	114.36	20时代07（163571）	99.50	1326.02	13.19
20大宁02（163572）	100.00	100.00	1.00	20绍城01（163573）	96.70	1460.00	14.11
20际华01（163574）	100.00	770.00	7.64	20鲁金01（163575）	98.30	370.00	3.64
20南瑞01（163577）	97.75	570.00	5.59	20武金Y1（163578）	100.00	1010.00	10.00
20海湾01（163580）	98.07	400.00	3.95	20榕建01（163581）	97.74	543.00	5.33
20环境01（163582）	100.00	670.00	6.63	20中证08（163583）	100.00	660.00	6.58
20中证09（163584）	98.10	3620.00	35.53	20红美02（163587）	100.00	200.10	1.98
20武资01（163588）	100.00	880.00	8.63	20电投Y1（163589）	100.00	3420.00	33.67
20景控01（163590）	100.58	1154.50	11.58	20常城01（163591）	97.14	250.00	2.47
20常城02（163592）	100.00	640.00	6.36	20平煤Y1（163593）	100.00	410.00	4.09
20诚通13（163594）	102.00	4300.00	42.77	20诚通14（163595）	98.50	935.00	9.24
20京路01（163596）	100.00	200.00	1.97	20电力Y1（163599）	100.00	860.00	8.52
20浦土01（163600）	102.00	195.00	1.94	20苏信02（163602）	98.46	60.00	0.59
20天盈01（163603）	100.00	439.00	4.38	20东方02（163604）	98.40	274.00	2.72
20北汽05（163605）	97.86	5267.11	51.96	20北汽06（163606）	98.47	690.00	6.84
20北汽07（163607）	100.00	140.00	1.39	20西南01（163608）	98.20	980.97	9.72
20中金G5（163610）	100.00	770.00	7.61	20长控01（163612）	100.00	906.00	9.00
20弘辉01（163614）	99.98	50.00	0.50	20中林02（163616）	100.00	90.00	0.90
20藏投01（163617）	100.00	290.00	2.89	20新金01（163618）	100.00	80.00	0.80
20浙商01（163620）	99.20	709.40	7.05	20浦创04（163621）	99.38	170.00	1.69
20浦创05（163622）	99.36	210.00	2.09	20远东四（163623）	100.00	1670.00	16.65
20西证01（163624）	102.00	1129.00	11.28	20龙控03（163625）	100.00	1000.00	9.98
20中泰01（163626）	100.00	1329.98	13.19	20新控03（163627）	100.00	150.00	1.50
20新控04（163628）	99.30	600.00	5.97	20中证11（163629）	100.00	1430.00	14.20
20电投Y2（163632）	98.75	1850.00	18.38	20保利03（163633）	98.31	1200.00	11.90
20保利04（163634）	99.18	360.00	3.57	20津投11（163635）	98.50	2772.01	27.51
20沪开01（163637）	98.72	490.00	4.80	20深业03（163638）	100.00	10.00	0.10
20铁工Y3（163639）	100.00	2785.00	27.63	20铁工Y4（163640）	100.00	942.00	9.35
20光证G1（163641）	98.22	490.00	4.84	20世茂G2（163644）	100.00	710.00	7.06
20蚌投01（163645）	100.00	325.00	3.25	20中核Y5（163648）	100.00	2170.00	21.72
20能建Y1（163650）	100.00	1020.00	10.12	20海国03（163651）	99.47	1359.00	13.49
20东兴G1（163652）	100.00	1630.00	16.24	20国联G1（163654）	98.55	340.00	3.36
20盐投03（163656）	99.37	325.00	3.24	20工投01（163657）	98.63	194.00	1.91
20金辉01（163658）	100.00	894.30	8.80	20融侨01（163659）	100.00	1341.10	13.31
20金隅03（163660）	99.06	2130.00	21.11	20中航Y1（163661）	100.00	389.00	3.87
20宏泰02（163664）	100.00	120.00	1.20	20柳投02（163665）	100.00	612.74	6.13
20远东Y3（163666）	100.00	1120.20	11.15	G20柳控1（163668）	100.00	350.00	3.50
20华泰G5（163669）	100.00	1320.00	13.17	20华泰G6（163670）	98.64	1330.00	13.16
20晋旅Y1（163671）	100.00	100.00	1.00	20泛海G1（163672）	100.00	100.00	1.00
国电投01（163673）	100.00	1920.00	19.05	20筑城01（163674）	99.40	730.00	7.25
20株国04（163676）	98.90	230.00	2.29	20核电Y1（163678）	100.00	470.00	4.67
20诚通15（163679）	100.00	1830.00	18.17	20建房01（163681）	100.00	260.00	2.59
20CHNG5Y（163682）	100.00	125.00	1.24	20CHNG6Y（163683）	100.00	20.00	0.20
20金港01（163684）	100.00	360.00	3.59	20厦贸G2（163685）	100.00	150.00	1.49

债券成交
Bond Trading

债券
Bond

债券简称（代码） Bond Name（Code）	本年收盘（元） Close（Yuan）	成交数量 （万张） Trading Vol (10000 Lots)	成交金额 （亿元） Trading Value (100M Yuan)	债券简称（代码） Bond Name（Code）	本年收盘（元） Close（Yuan）	成交数量 （万张） Trading Vol (10000 Lots)	成交金额 （亿元） Trading Value (100M Yuan)
20 锡铁 01（163686）	97.90	1226.00	12.10	20 狮桥 02（163689）	100.00	30.00	0.30
20 铁工 Y5（163690）	100.00	240.00	2.39	20 亿利 02（163692）	100.00	61.59	0.60
20 泰山 03（163693）	99.60	30.00	0.30	20 正奇 01（163694）	100.00	185.00	1.85
20 建二 Y1（163696）	100.00	330.00	3.23	20 电投 Y3（163698）	98.77	1092.00	10.82
20 津投 13（163699）	100.00	2490.00	24.79	20 广药 01（163701）	100.00	270.00	2.68
20 碧地 02（163702）	99.55	1090.00	10.83	20 城建 01（163703）	100.00	1240.00	12.34
20 钢联 03（163705）	100.00	121.00	1.15	20 北电 02（163706）	99.70	210.00	2.10
20 中证 13（163707）	100.00	550.00	5.50	20 唐新 Y4（163709）	100.90	1850.00	18.50
20 信投 G4（163711）	100.00	535.00	5.35	20 航租 01（163712）	100.01	660.00	6.59
20 东海 01（163713）	100.00	500.00	5.02	20 东海 02（163714）	100.00	220.00	2.19
20 建集 Y3（163715）	100.00	910.00	9.11	20 经开 01（163717）	99.61	370.00	3.70
20 美置 03（163719）	100.00	1220.00	12.11	20 美置 04（163720）	100.10	425.00	4.25
20 时代 09（163722）	100.00	720.00	7.23	20 国药 01（163723）	100.00	1440.00	14.36
20 远东五（163726）	100.00	1090.00	10.94	20 新望 01（163727）	100.00	270.00	2.70
20 冠城 01（163729）	100.00	80.00	0.80	20 恒信 G1（163730）	98.90	196.00	1.94
20 光证 G3（163731）	100.00	210.00	2.10	20 信达 G1（163736）	100.00	565.00	5.65
20 电投 Y4（163738）	100.00	430.00	4.30	20 复地 02（163739）	100.00	1970.00	19.71
20 当代 01（163740）	100.00	10.00	0.10	20 诚通 17（163741）	100.00	2160.00	21.60
20 诚通 18（163742）	100.00	100.00	1.00	20 粤港 01（163743）	99.62	250.00	2.49
20 财信 01（163746）	100.00	763.00	7.62	20 长控 03（163747）	99.20	1128.00	11.28
20 盛泽 02（163749）	99.90	60.00	0.60	20 张江一（163750）	99.97	190.00	1.90
20 闽高 01（163751）	99.80	646.00	6.43	20 中建 G1（163753）	99.82	2625.00	26.14
20 厦贸 Y6（163755）	100.00	380.00	3.78	20 国君 G4（163756）	100.00	2400.00	24.01
20 招商 G1（163757）	99.67	950.00	9.49	20 平证 03（163759）	100.00	940.00	9.39
20 京资 01（163760）	99.59	3740.00	37.31	20 融信 01（163761）	100.00	875.00	8.75
20 信投 G5（163763）	99.45	3030.00	30.24	20 常城 03（163764）	100.00	300.00	3.00
20 云投 G3（163765）	100.00	1490.00	14.82	20 中泰 02（163767）	100.00	910.00	9.09
20 铁工 Y7（163769）	100.00	2255.00	22.49	20 沪盛 01（163771）	100.00	270.00	2.68
20 中证 15（163774）	100.00	5000.00	49.94	20 电投 Y5（163775）	100.00	1155.00	11.52
20 华综 Y2（163776）	100.00	1810.00	18.07	20 津保 Y3（163777）	100.00	150.00	1.50
20 晋金 01（163778）	99.76	380.00	3.79	20 昆交 G1（163780）	99.00	1755.00	17.49
20 正荣 02（163782）	100.00	1293.00	12.67	20GLP01（163783）	100.00	178.00	1.77
20 平证 04（163785）	100.00	1130.00	11.33	20 浙商 02（163786）	100.07	505.00	5.05
20 蓝光 04（163788）	100.01	691.78	6.69	20 浦土 02（163789）	100.00	420.00	4.18
20 北控 Y1（163792）	100.00	650.00	6.48	20 唐租 Y1（163793）	100.00	2835.00	28.08
20 铁龙 01（163794）	102.10	62.00	0.62	20 交投 Y1（163795）	100.00	650.00	6.50
20 茂业 01（163796）	99.25	30.05	0.30	20 茂业 02（163797）	100.20	28.02	0.28
20 京投 02（163798）	99.80	1546.90	15.44	20 国元 G1（163799）	99.64	623.00	6.21
20 光明 S1（163801）	99.99	1560.00	15.59	20 浙资 S1（163802）	100.00	810.00	8.10
20 豫投 S1（163803）	100.00	120.00	1.20	20 伊利 S2（163804）	100.00	165.00	1.65
20 特电 S1（163805）	100.00	40.00	0.40	20 伊利 S1（163806）	100.00	1200.00	12.00
20 海通 S1（163807）	100.00	800.00	7.97	20HHPS1（163811）	100.00	80.00	0.80
20 信投 S2（163812）	100.00	435.00	4.34	20 招商 S2（163814）	100.00	610.00	6.09
20 中证 S1（163815）	100.00	140.00	1.40	20 中证 S2（163816）	100.00	1590.00	15.88
20 国君 S1（163817）	99.70	998.00	9.96	20 银河 S1（163820）	100.00	600.00	5.99
20 安租 S1（163821）	100.00	200.00	2.00	20 豫园 S4（163822）	100.00	40.00	0.40
20 华泰 S1（163823）	100.00	830.00	8.28	20 华泰 S2（163824）	100.00	650.00	6.49
20 津投 S1（163825）	100.00	1020.00	10.19	20 天风 S1（163826）	100.00	1210.00	12.10
20 华泰 S3（163828）	100.00	1010.00	10.09	20 光证 S1（163829）	100.00	820.00	8.19
20 华泰 S4（163830）	100.00	750.00	7.50	20 石化 S1（163831）	99.91	2900.00	28.95

债券成交 Bond Trading

债券 Bond

债券简称（代码）Bond Name（Code）	本年收盘（元）Close（Yuan）	成交数量（万张）Trading Vol（10000 Lots）	成交金额（亿元）Trading Value（100M Yuan）	债券简称（代码）Bond Name（Code）	本年收盘（元）Close（Yuan）	成交数量（万张）Trading Vol（10000 Lots）	成交金额（亿元）Trading Value（100M Yuan）
20CHNES1（163832）	100.05	4483.18	44.79	20国君S2（163833）	100.00	1480.00	14.78
20浙资S2（163835）	100.00	800.00	7.99	20安租S3（163837）	100.00	160.00	1.60
20银河S2（163838）	100.00	210.00	2.10	20津投S2（163839）	96.89	920.00	9.05
20国金S1（163841）	100.00	70.00	0.70	20国君S3（163842）	100.00	500.00	5.00
20安信S1（163843）	100.00	995.00	9.96	20中泰S1（163844）	100.00	350.00	3.50
20东吴S1（163846）	100.00	200.00	2.00	20银河S3（163847）	100.00	220.00	2.20
20红狮S1（163848）	100.00	210.00	2.10	20安租S4（163849）	100.00	180.00	1.80
20华发S1（163852）	100.00	150.00	1.50	20中租S1（163854）	100.00	170.00	1.70
20龙湖05（163900）	99.48	1849.00	18.43	20龙湖06（163901）	99.77	470.00	4.67
20航租02（163902）	100.00	530.00	5.29	20海通08（163903）	100.00	1100.00	10.98
20控租02（163904）	100.00	180.00	1.80	20海保G1（163905）	100.00	280.00	2.80
20电投Y6（163906）	100.00	420.00	4.20	20天宁01（163907）	100.00	23.00	0.23
20CMG1YA（163908）	100.00	1230.00	12.28	20中证16（163910）	99.41	950.00	9.48
20奥园02（163911）	100.00	690.00	6.62	20津投15（163912）	100.00	805.00	8.02
20津投16（163913）	100.00	310.00	3.09	G20天成Y（163914）	100.00	1246.00	12.39
20远东六（163915）	100.00	680.00	6.79	20复星03（163916）	99.66	618.00	6.16
20中化Y3（163917）	99.58	3870.00	38.64	20安租04（163919）	100.00	570.00	5.69
20同股01（163920）	100.00	1408.00	14.02	20新湖01（163921）	100.00	496.00	4.95
20浙金01（163923）	97.42	1260.00	12.29	20招证G2（163924）	100.00	460.00	4.59
20招证G3（163925）	99.80	790.00	7.88	20花园01（163926）	100.00	834.80	8.34
20东债01（163927）	99.55	1250.00	12.44	20能投Y1（163928）	100.00	3895.00	38.83
20鄂长Y1（163929）	99.40	623.00	6.20	20建集Y1（163930）	100.00	1240.00	12.23
20建集Y2（163931）	100.00	280.00	2.73	20华能Y1（163932）	100.00	1085.00	10.82
20华能Y2（163933）	100.00	1535.00	15.15	20CHNG3Y（163934）	97.42	1293.00	12.68
20CHNG4Y（163935）	98.22	525.02	5.20	20华综Y1（163936）	100.00	850.00	8.49
20中核Y3（163937）	100.00	3582.00	35.55	20中核Y4（163938）	100.00	2190.00	21.71
20七局Y1（163939）	100.00	630.00	6.34	20CHNG1Y（163940）	97.59	1080.00	10.59
20CHNG2Y（163941）	100.00	570.00	5.62	20新际Y1（163942）	100.75	2481.00	24.60
20建材Y1（163943）	100.00	916.00	9.06	20齐鲁Y1（163944）	100.00	2286.00	22.80
19航租Y1（163945）	100.50	558.70	5.66	19工业Y1（163947）	100.00	1197.00	11.97
G19八Y1（163949）	100.00	300.00	3.04	19通用Y3（163950）	100.83	220.00	2.21
19晋建Y4（163952）	100.00	1680.01	16.97	CHNG11Y（163953）	100.50	652.00	6.57
CHNG12Y（163954）	100.00	260.00	2.64	19锡公Y1（163955）	100.00	1245.00	12.49
19电建Y2（163956）	101.78	2415.00	24.51	19电建Y3（163957）	102.47	3385.00	34.22
19首股Y3（163958）	102.77	1051.00	10.66	19厦贸Y1（163960）	100.00	773.00	7.72
19阳煤Y1（163962）	98.50	2225.00	22.50	中化债Y1（163963）	100.00	907.00	9.10
19中化Y3（163964）	100.00	2990.00	30.05	19能建Y1（163965）	100.00	3010.00	30.22
19铁建Y5（163969）	99.70	1142.00	11.53	19铁建Y6（163970）	100.00	360.00	3.63
19建集Y2（163971）	100.08	2695.00	27.21	19青控Y1（163975）	100.00	735.00	7.38
19交建Y3（163976）	100.83	4750.00	47.59	19中航Y7（163978）	100.00	3540.00	35.54
19特电Y1（163982）	98.80	595.30	5.95	19二商Y1（163983）	99.07	945.10	9.46
19中铝Y1（163984）	100.00	200.00	2.00	19京粮Y1（163985）	101.35	1812.00	18.33
20中核Y1（163986）	102.70	3777.00	38.03	20中核Y2（163987）	99.89	830.00	8.34
20唐新Y1（163988）	102.01	5719.90	57.47	20赣投Y1（163989）	99.50	2200.50	21.97
20厦贸Y1（163991）	98.00	3170.00	31.27	20鲁资Y1（163993）	100.00	1240.00	12.31
20远东Y1（163994）	100.00	2433.00	24.28	20远东Y2（163995）	100.00	430.00	4.33
20象屿Y1（163996）	100.00	240.00	2.40	20象屿Y2（163997）	100.80	3145.30	31.30
20唐新Y2（163998）	101.67	3287.00	32.79	PR1A1（165001）	14.23	90.00	0.13
PR1A2（165002）	30.00	85.00	0.82	仁恒2优（165005）	100.01	140.00	1.40
PR安吉2A（165007）	11.25	733.80	0.83	PR安吉2B（165008）	47.59	9.90	0.10

债券成交
Bond Trading

债券简称（代码）Bond Name（Code）	本年收盘（元）Close（Yuan）	成交数量（万张）Trading Vol（10000 Lots）	成交金额（亿元）Trading Value（100M Yuan）	债券简称（代码）Bond Name（Code）	本年收盘（元）Close（Yuan）	成交数量（万张）Trading Vol（10000 Lots）	成交金额（亿元）Trading Value（100M Yuan）
企发 01A（165015）	100.33	40.00	0.40	海发优 B（165018）	101.00	200.00	2.03
19 佳美 4A（165020）	100.01	246.00	2.46	PR19 京 8A（165022）	31.52	80.00	0.56
PR19 京 9A（165024）	19.84	90.00	0.39	19 京保 9B（165025）	121.39	22.00	0.27
PR 京 10B（165027）	83.28	47.50	0.57	PR19A1（165028）	33.94	20.00	0.07
恒信 19A3（165030）	100.10	20.00	0.20	建一 1 期（165032）	100.00	80.00	0.80
联保 12 优（165041）	100.00	288.00	2.85	碧强 01 优（165049）	100.71	300.60	3.04
PR1A2（165052）	38.27	309.00	3.08	PR 苏 1 优 A（165059）	99.68	30.00	0.30
龙联 04A（165062）	100.23	205.00	2.06	PRG 虞优（165064）	82.07	150.00	1.31
新建元 2B（165067）	100.00	200.00	2.00	成停车 03（165070）	100.39	4.00	0.04
成停车 08（165075）	100.48	185.00	1.86	成停车 09（165076）	100.46	130.00	1.30
PR 大 01 次（165080）	98.31	18.00	0.18	PR19 度 2B（165082）	17.38	30.00	0.30
PR19 度 2C（165083）	16.05	29.00	0.29	PR 度 E2D（165084）	30.58	6.00	0.06
PR19 度 2E（165085）	55.05	23.00	0.23	19 国风 1A（165091）	100.11	6.00	0.06
聚盈 01A（165093）	100.18	149.00	1.49	聚盈 01B（165094）	99.81	20.00	0.20
荣茂 06 优（165099）	100.07	94.00	0.94	荣隽 04 优（165101）	99.99	107.00	1.07
东花 09A1（165103）	99.99	487.00	4.87	东花 09A2（165104）	100.15	21.00	0.21
东花 09B（165105）	101.42	32.50	0.33	海垦 02（165107）	100.21	80.00	0.80
PRYD8A2（165113）	91.81	640.00	6.42	19YD8B（165114）	101.51	240.00	2.43
苏天 A3（165118）	99.82	16.00	0.16	苏天 A4（165119）	100.01	34.00	0.34
苏天 A5（165120）	100.01	15.00	0.15	苏天 A6（165121）	100.01	15.00	0.15
苏天 A7（165122）	99.94	9.00	0.09	苏天 A8（165123）	99.94	9.00	0.09
苏天 A9（165124）	99.94	9.00	0.09	苏天 A10（165125）	99.94	8.00	0.08
PR2A2（165128）	44.18	150.00	1.42	万安 2A3（165129）	100.00	45.00	0.45
19 奥通优（165131）	99.97	1640.00	16.30	19 西北优（165141）	100.63	340.00	3.42
联中 08 优（165143）	100.05	155.00	1.56	小米 033B（165146）	100.65	150.00	1.51
PR19 诚 1A（165149）	21.94	20.00	0.14	十九冶优（165151）	100.38	578.00	5.80
19 建七 02（165155）	100.01	297.00	2.97	PR 宁 A（165156）	99.26	600.00	6.00
东借 03B（165164）	103.49	97.50	1.01	东花 10A1（165165）	99.21	473.00	4.72
东花 10A2（165166）	100.01	420.00	4.20	东花 10B（165167）	105.05	337.50	3.55
华润 4 优 A（165168）	100.10	300.00	3.00	19 绿城 A2（165172）	100.01	465.00	4.66
联发优 03（165180）	100.00	78.00	0.78	PR3A1（165189）	50.21	140.00	0.70
PR3A2（165190）	52.65	350.00	2.92	19 金光 B（165196）	100.00	460.00	4.60
19 核建 A（165198）	100.03	680.00	6.80	PR19 汇 A1（165206）	8.16	310.00	3.10
PR 汇通 A2（165207）	41.41	634.00	6.34	19 借 03B（165216）	105.26	74.38	0.78
19 花 05A1（165217）	100.00	70.00	0.70	19 信易 07（165226）	100.16	433.00	4.35
PR 京诚 2A（165227）	11.75	20.00	0.20	光借 4C（165231）	104.76	38.75	0.41
PR2 优（165232）	99.98	36.00	0.36	聚盈 02A（165236）	100.06	382.00	3.83
聚盈 02B（165237）	100.00	85.00	0.85	东花 11B（165242）	104.93	337.50	3.54
建花 11A（165243）	100.09	90.00	0.91	建花 11B（165244）	100.01	186.00	1.86
建花 11C（165245）	104.85	210.00	2.20	19 花 06A1（165246）	100.01	410.00	4.10
19 奇艺优（165249）	100.69	300.00	3.01	PR 远大 2A（165251）	58.79	579.45	4.52
19 远大 2B（165252）	99.60	938.70	9.38	19 天启 01（165254）	100.06	588.00	5.91
声赫 01 优（165255）	99.91	218.50	2.19	铁一 2 优（165257）	99.88	300.00	3.00
华冶优（165259）	100.10	100.00	1.00	铁建 011A（165261）	100.10	1307.00	13.10
花呗 74B（165265）	104.75	45.00	0.47	天信 1A（165268）	100.00	250.00	2.50
天信 1B（165269）	100.00	160.00	1.60	天信 1C（165270）	100.00	80.00	0.80
天信 1 次（165271）	104.92	60.00	0.63	天信 2A（165272）	99.95	340.00	3.41
天信 2B（165273）	100.50	280.00	2.81	天信 2C（165274）	100.00	40.00	0.40
天信 2 次（165275）	104.86	15.00	0.16	中花 03A1（165276）	100.15	220.00	2.21
中花 03A2（165277）	100.01	200.00	2.00	中花 03B（165278）	104.97	210.00	2.20

债券成交
Bond Trading

债券
Bond

债券简称（代码） Bond Name（Code）	本年收盘（元） Close（Yuan）	成交数量（万张） Trading Vol （10000 Lots）	成交金额（亿元） Trading Value （100M Yuan）	债券简称（代码） Bond Name（Code）	本年收盘（元） Close（Yuan）	成交数量（万张） Trading Vol （10000 Lots）	成交金额（亿元） Trading Value （100M Yuan）
19教投优（165279）	100.00	60.00	0.60	米科191B（165286）	100.00	152.00	1.52
米科191D（165288）	155.36	64.00	0.99	花呗75B（165291）	105.03	81.40	0.84
聚盈03A（165292）	100.53	297.00	2.97	聚盈03B（165293）	100.00	100.00	1.00
小米034B（165297）	100.00	47.00	0.47	小米034C（165298）	100.00	40.00	0.40
PR共进A1（165300）	13.06	112.00	0.15	19共进B（165302）	100.00	95.50	0.95
19裕源09（165304）	100.63	150.00	1.51	PR国金A1（165305）	12.86	173.00	0.89
19国金B1（165307）	100.00	64.50	0.65	19国金B2（165308）	100.03	66.50	0.67
19海尔1A（165310）	100.10	140.00	1.40	春源02（165313）	100.02	58.80	0.59
春源06（165317）	99.23	99.00	0.99	PR4A2（165320）	56.32	120.00	0.68
PR海国优（165324）	100.28	1178.80	11.85	19十局优（165332）	100.01	454.40	4.54
信泽06A1（165334）	100.34	30.00	0.30	信泽06A2（165335）	99.98	594.00	5.94
信泽06A3（165336）	100.09	359.00	3.61	信泽06A4（165337）	100.00	360.00	3.60
信泽06A5（165338）	99.95	1360.00	13.58	信泽06A6（165339）	99.52	469.00	4.67
PR06A7（165340）	81.40	388.00	3.72	PR锦2A4（165345）	62.99	10.00	0.09
辉玥04优（165347）	100.00	202.00	2.01	PR优先（165349）	98.52	180.00	1.78
龙控02优（165351）	100.11	311.00	3.13	申六局2A（165353）	100.09	170.00	1.70
PR青7A1（165354）	25.22	455.00	2.09	青城7A2（165355）	100.00	304.50	3.05
中交007A（165358）	99.16	300.00	2.97	中交007C（165359）	111.69	150.00	1.68
冶建19优（165360）	99.93	300.00	3.00	冶建19次（165361）	107.48	150.00	1.61
PR三01（165362）	16.22	60.00	0.17	中航三03（165364）	100.00	47.00	0.47
PR迈科A（165370）	99.60	2714.17	27.08	PR迈科B（165371）	100.50	1329.43	13.33
万融2优（165373）	100.07	63.00	0.63	19中骏1A（165375）	100.20	610.00	6.13
碧强02优（165378）	100.59	63.00	0.63	19苏宁A1（165380）	99.22	300.00	2.98
19苏宁B1（165381）	100.00	32.00	0.32	19苏宁C1（165382）	97.91	330.00	3.29
19交通01（165384）	100.28	51.30	0.51	铁建013A（165386）	100.13	506.00	5.07
八局德1A（165389）	100.22	200.00	2.00	铁建012A（165391）	99.99	1648.00	16.49
PR铁控A1（165393）	1.95	56.00	0.16	PR04优（165396）	85.24	486.00	4.86
电气04次（165397）	105.13	166.00	1.71	搜车04C（165403）	101.00	18.00	0.18
19天启02（165405）	100.16	262.00	2.63	PR03A（165408）	42.26	200.00	2.00
PR5A1（165409）	5.37	90.00	0.56	PR5A2（165410）	63.64	140.00	1.26
阳煤03优（165413）	100.09	136.40	1.37	PR晋汽01（165414）	24.99	36.00	0.17
19晋汽02（165415）	100.00	20.00	0.20	PR和1A（165418）	45.75	450.00	2.43
19平三B（165422）	100.82	467.00	4.69	19平三C（165423）	105.16	1.00	0.01
19首约02（165425）	100.15	42.00	0.42	宏源热6（165435）	101.32	30.00	0.30
大渡河优（165438）	99.97	233.00	2.32	19花07A1（165442）	100.01	625.00	6.25
19花07A2（165443）	99.99	398.05	3.99	19花07B（165444）	104.96	100.00	1.05
东花12A1（165445）	100.43	754.00	7.58	东花12B（165447）	103.37	225.00	2.33
19微3次（165451）	100.36	35.00	0.35	华发R2优（165458）	101.46	415.00	4.18
PR20A1（165466）	23.04	65.00	0.42	19瑞碧优（165470）	100.72	80.00	0.80
PR1B（165473）	28.09	46.00	0.39	远洋R2优（165475）	99.65	300.00	2.99
开新5优（165477）	100.05	564.00	5.65	PR19海优（165481）	30.10	300.00	0.90
19资本2A（165483）	100.00	980.00	9.80	19中联1A（165492）	100.15	50.00	0.50
红美02优（165494）	99.77	89.60	0.89	19象屿优（165496）	100.00	86.00	0.86
G冀建投1（165501）	99.86	85.00	0.85	PR江保01（165503）	51.72	107.00	1.07
19江保02（165504）	100.00	58.00	0.58	天信3A（165515）	100.00	350.00	3.51
天信3B（165516）	100.50	280.00	2.81	天信3C（165517）	100.00	40.00	0.40
天信3次（165518）	104.82	15.00	0.16	天信4A（165519）	100.00	250.00	2.50
天信4B（165520）	100.50	280.00	2.81	天信4C（165521）	100.00	40.00	0.40
天信4次（165522）	104.80	15.00	0.16	G国电2优（165523）	100.12	1460.00	14.61
中电建A1（165530）	100.18	12.00	0.12	中电建A2（165531）	99.68	30.00	0.30

债券成交
Bond Trading

债券简称（代码）Bond Name（Code）	本年收盘（元）Close（Yuan）	成交数量（万张）Trading Vol（10000 Lots）	成交金额（亿元）Trading Value（100M Yuan）	债券简称（代码）Bond Name（Code）	本年收盘（元）Close（Yuan）	成交数量（万张）Trading Vol（10000 Lots）	成交金额（亿元）Trading Value（100M Yuan）
PR 宝业 A1（165552）	97.78	130.00	1.27	19 宝业 B1（165553）	98.66	45.00	0.44
PR6 优 A（165555）	12.30	110.00	0.22	中电 6 次 D（165560）	106.74	90.00	0.92
PR1 号（165577）	8.41	50.00	0.50	华润 5 优 A（165595）	100.22	704.00	7.06
PR21A1（165602）	2.90	40.00	0.40	PR05 优（165609）	98.66	121.20	1.20
中电 1C（165613）	99.35	23.00	0.23	花呗 76A1（165617）	100.00	750.00	7.51
花呗 76A2（165618）	100.20	44.00	0.44	花呗 76B（165619）	103.43	190.00	1.97
PR 电气优（165622）	61.39	943.60	6.30	19 电气次（165623）	100.00	104.24	1.09
PR 新兴 A（165630）	98.21	348.00	3.45	搜车 05C（165640）	101.00	19.00	0.19
PR 安吉 4A（165644）	45.85	498.00	3.70	PR 海洋 A（165647）	36.06	140.13	0.73
PR 城燃 01（165654）	22.20	30.00	0.30	城燃优 05（165658）	101.33	160.50	1.62
电建 BL 优（165660）	99.82	321.00	3.21	苏宁 05 优（165662）	100.00	149.40	1.49
PRYD9A2（165665）	91.00	102.00	1.02	19YD9B（165666）	100.00	3.00	0.03
PR6A1（165668）	31.88	100.00	0.53	PR6A2（165669）	76.58	30.00	0.30
弘阳优 A（165672）	97.83	642.00	6.25	弘阳优 B（165673）	100.50	946.80	9.47
20 钢构 1A（165675）	100.00	60.00	0.60	PR 领航 1A（165677）	18.53	50.00	0.25
小米 035B（165681）	100.00	81.30	0.81	小米 035C（165682）	100.00	30.00	0.30
陕煤次 01（165685）	100.44	10.00	0.10	宝联 4A（165686）	100.02	642.00	6.42
天信 5A（165688）	100.00	120.00	1.20	天信 5C（165690）	100.31	120.00	1.20
天信 5 次（165691）	103.91	60.00	0.62	建花 13A（165692）	100.18	533.00	5.34
建花 13B（165693）	100.16	23.00	0.23	建花 13C（165694）	100.10	130.00	1.36
金地 14A（165695）	100.10	590.00	5.92	PRG 成 1A1（165697）	19.63	34.00	0.23
PRG 成 1A2（165698）	88.35	50.00	0.50	合生 5A（165700）	100.00	255.00	2.55
复地 02A（165702）	99.97	118.00	1.18	PR05A（165704）	23.11	444.00	2.91
福田 05B（165705）	100.19	100.00	1.00	仁恒 3 优（165709）	100.26	74.00	0.74
20 佳美 1A（165714）	100.00	619.00	6.22	春秋 02 优（165716）	100.09	238.00	2.39
20 六局 2A（165717）	100.01	110.00	1.10	龙联 05A（165719）	100.03	895.00	8.98
时代 06 优（165721）	100.02	721.00	7.23	东花 13A1（165723）	99.19	2435.00	24.39
东花 13A2（165724）	99.01	186.50	1.86	东花 13B（165725）	103.88	337.50	3.51
20 首置优（165728）	99.52	685.00	6.87	中花 04A1（165730）	99.95	1305.00	13.06
中花 04A2（165731）	100.09	135.00	1.35	中花 04B（165732）	103.84	210.00	2.18
铁十 01 优（165733）	99.92	124.00	1.24	20 花 01A1（165735）	99.98	593.00	5.94
20 花 01A2（165736）	100.10	23.00	0.23	20 花 01B（165737）	100.45	100.40	1.01
PR 卓越 1A（165738）	99.69	222.30	2.22	20 卓越 1B（165739）	100.00	350.00	3.50
璀璨 11A（165741）	99.95	1135.00	11.40	PR5A2（165745）	0.66	20.00	0.00
PR5A3（165746）	78.75	55.00	0.55	赤兔 01 优（165748）	100.03	345.00	3.46
PR 建租 A1（165750）	9.24	470.00	2.45	20 建租 A2（165751）	99.50	174.00	1.74
20 建租 B（165753）	100.67	96.50	0.97	聚盈 05A（165755）	99.94	282.00	2.82
聚盈 05C（165757）	100.01	21.00	0.21	聚盈 05D（165758）	102.18	40.00	0.41
花呗 77A1（165759）	100.09	1315.00	13.17	花呗 77A2（165760）	100.10	169.00	1.70
花呗 77B（165761）	102.60	135.20	1.38	聚盈 04A（165762）	99.96	172.00	1.73
聚盈 04D（165765）	102.18	60.00	0.61	链科 05 优（165766）	100.65	50.00	0.50
荣隽 05 优（165768）	100.00	295.50	2.96	旭辉 03 优（165770）	99.87	188.50	1.88
君美 1 优（165772）	99.89	535.00	5.38	PR7A1（165776）	37.73	120.00	0.61
PR7A2（165777）	83.36	90.00	0.90	PR 置 01（165782）	49.82	24.00	0.24
溧安置 02（165783）	100.00	40.00	0.40	溧安置 05（165786）	98.12	200.00	1.98
平裕 2 优（165790）	100.31	20.00	0.20	启程 07 优（165791）	100.03	286.00	2.86
申六局 3A（165795）	100.00	104.00	1.04	搜车 06C（165798）	101.00	20.00	0.20
璀璨 12A（165800）	99.74	346.00	3.45	通商优 A（165801）	100.01	67.00	0.67
PR 通商 YB（165802）	72.93	23.00	0.23	赤兔 02 优（165806）	99.96	419.00	4.19
大峡谷 1（165808）	100.00	30.00	0.30	大峡谷 2（165809）	101.00	45.40	0.46

债券成交 Bond Trading

债券 Bond

债券简称（代码）Bond Name（Code）	本年收盘（元）Close（Yuan）	成交数量（万张）Trading Vol（10000 Lots）	成交金额（亿元）Trading Value（100M Yuan）	债券简称（代码）Bond Name（Code）	本年收盘（元）Close（Yuan）	成交数量（万张）Trading Vol（10000 Lots）	成交金额（亿元）Trading Value（100M Yuan）
大峡谷3（165810）	101.00	48.00	0.48	大峡谷4（165811）	101.00	12.60	0.13
大峡谷5（165812）	100.50	13.50	0.14	PR安吉5A（165814）	49.48	54.00	0.39
PRW1A（165819）	16.16	60.00	0.60	PRW1B（165820）	82.53	8.70	0.09
中垠01A3（165828）	100.00	50.00	0.50	PR8A2（165831）	92.94	80.00	0.80
万安8A3（165832）	99.34	140.00	1.40	PR安1A1（165845）	7.38	214.00	1.92
PR安1A2（165846）	78.07	330.00	3.28	金诚01A（165849）	100.49	541.00	5.43
东花14A1（165854）	97.87	80.00	0.78	东花14A2（165855）	98.02	35.00	0.34
链科06优（165857）	100.29	80.00	0.80	中花05A2（165860）	99.86	42.00	0.42
20花02A1（165862）	98.76	130.00	1.29	20花02B（165864）	100.61	41.30	0.42
龙联06A（165865）	99.87	490.00	4.90	威新05优（165867）	99.74	338.00	3.38
PR01A（165869）	56.21	42.00	0.36	20小米1A（165871）	98.25	492.60	4.86
PR22A1（165874）	11.85	136.00	1.13	PR22A2（165875）	89.73	30.00	0.30
恒信22B（165876）	100.00	365.00	3.65	恒信22次（165877）	79.23	37.60	0.30
泰富1优（165878）	100.04	551.00	5.51	PR6A1（165880）	7.18	120.00	0.68
PR6A2（165881）	1.12	30.00	0.00	PR6A3（165882）	79.71	433.00	4.31
PR20京1B（165885）	118.16	91.25	1.11	PR京诚2B（165889）	64.91	71.25	0.86
淮开优01（165890）	99.97	8.00	0.08	建融02优（165892）	99.76	110.00	1.10
珠华发04（165894）	99.74	160.00	1.60	正荣01优（165895）	100.00	842.40	8.42
联融01优（165897）	99.24	303.00	3.02	悦秀2优（165899）	100.00	6.00	0.06
PR租32（165901）	84.26	328.10	3.24	远海租3C（165903）	100.00	26.00	0.26
滇中2优A（165907）	100.00	400.00	4.02	滇中2优B（165908）	99.75	725.00	7.26
荣茂07优（165910）	99.99	117.00	1.17	20佳美2A（165912）	99.98	601.60	6.02
开新6优（165914）	99.85	99.00	0.99	PR20京3A（165916）	20.87	248.22	2.49
20京诚3B（165917）	152.35	167.50	2.49	云能投1A（165918）	99.87	420.80	4.21
20三局1A（165924）	99.88	190.00	1.90	红美03优（165925）	99.11	60.00	0.59
惠沣1A3（165929）	100.00	50.00	0.50	申领1（165933）	100.00	171.00	1.71
PR微A（165934）	25.28	110.89	0.61	诚泰微B（165935）	100.00	212.50	2.13
诚泰微次（165936）	100.00	43.30	0.43	华能5优（165937）	99.79	322.00	3.23
PR9A1（165939）	9.54	170.00	1.41	万安9A2（165940）	99.20	200.00	1.99
万安9A3（165941）	100.00	80.00	0.80	PR国控A1（165943）	56.07	387.00	2.60
20国控A2（165944）	99.88	61.00	0.61	PR1A1（165954）	20.94	197.00	1.86
PR1A2（165955）	79.77	103.00	0.87	PR润1A2（165965）	62.25	78.00	0.71
安润1A3（165966）	99.30	80.00	0.80	PR1优（165968）	44.55	90.00	0.90
20济钢优（165970）	100.00	30.00	0.30	融信02优（165972）	100.00	1691.90	16.87
信润01A3（165984）	99.48	415.00	4.17	信润01A4（165985）	100.39	315.00	3.16
信润01A5（165986）	100.69	120.00	1.21	链融优（165992）	99.64	1150.00	11.48
PR20京4B（165995）	71.96	71.25	0.84	PR20京5B（165997）	82.85	87.75	1.04
20鄂租01（166001）	100.01	915.00	9.18	20津静01（166002）	99.91	1670.00	16.76
20金坛01（166005）	100.00	245.00	2.45	20奉化01（166006）	100.60	255.50	2.59
20皖江01（166007）	100.00	156.00	1.56	20滨海01（166008）	98.73	1290.00	12.94
20世纪01（166009）	98.38	453.28	4.52	20双溪01（166010）	101.50	280.00	2.80
20瀚控01（166011）	98.10	1978.00	19.70	20晋能02（166012）	99.80	3315.00	33.65
20泉丰01（166015）	100.00	233.55	2.33	20诸城01（166016）	99.00	1551.72	15.49
20富春01（166018）	100.00	963.70	9.61	20泰交D1（166021）	100.00	1790.00	17.92
20铅山01（166022）	99.38	445.50	4.43	20兴化D1（166023）	100.15	2490.00	25.02
20普城01（166024）	100.01	1159.28	11.65	20中浦01（166025）	100.00	62.90	0.63
20牟中01（166026）	99.97	1584.80	15.97	20聊城01（166027）	100.62	270.50	2.72
20润新01（166028）	98.76	510.00	5.09	20天目01（166029）	99.78	531.00	5.32
20新昌G1（166031）	102.12	700.00	7.05	S20百盐1（166032）	99.25	756.20	7.56
20常经01（166033）	98.69	1290.00	12.93	20华融C1（166035）	97.77	2632.50	26.05

债券成交
Bond Trading

债券简称（代码）Bond Name（Code）	本年收盘（元）Close（Yuan）	成交数量（万张）Trading Vol（10000 Lots）	成交金额（亿元）Trading Value（100M Yuan）	债券简称（代码）Bond Name（Code）	本年收盘（元）Close（Yuan）	成交数量（万张）Trading Vol（10000 Lots）	成交金额（亿元）Trading Value（100M Yuan）
20 黔江 01（166036）	100.21	723.00	7.23	20 江都 01（166037）	100.44	1016.00	10.31
20 云济 01（166038）	99.49	1643.00	16.40	20 兴南 01（166039）	100.35	210.00	2.10
20 开滦 02（166041）	100.76	606.00	6.10	20 上数 01（166044）	98.32	1070.00	10.57
20 振东 01（166045）	100.00	460.00	4.61	20 驻投 02（166047）	100.00	302.00	3.06
20 新安 01（166049）	99.65	585.00	5.87	20 润弘 01（166050）	99.84	694.00	6.94
20 海投 01（166051）	101.20	235.00	2.35	20 齐河 01（166052）	100.90	300.00	3.03
20 大同 01（166053）	98.61	182.80	1.82	20 靖投 D1（166055）	100.01	1549.00	15.55
20 首钢 01（166056）	99.59	4774.00	47.74	20 潍州 01（166057）	101.00	642.40	6.44
20 蓉水城（166058）	98.50	994.00	9.92	20 溧开 01（166059）	101.59	754.25	7.65
20 徐新 01（166060）	100.56	1618.40	16.23	20 叠石 02（166064）	99.26	427.00	4.27
20 盐交 01（166065）	99.45	211.40	2.11	20 百东 01（166067）	100.00	217.00	2.17
20 赣港 01（166068）	97.99	90.00	0.89	20 中金 C1（166069）	97.43	924.00	9.08
20 泰通 01（166070）	100.30	572.00	5.72	20 高明 01（166071）	98.76	355.00	3.52
20 蚌资 01（166072）	99.16	80.00	0.80	20 银河 F1（166073）	99.49	1410.00	14.12
20 银河 F2（166074）	97.90	1100.00	10.98	20 长投 01（166075）	98.35	190.00	1.88
20 首股 01（166076）	99.02	810.00	8.06	20 产投 01（166077）	98.56	406.00	4.00
20 武经 02（166078）	100.45	520.00	5.20	20 舟普 01（166079）	100.01	862.90	8.61
20 药租 02（166080）	99.52	790.00	7.90	20 能交 01（166081）	99.77	512.00	5.16
20 瓯经 01（166083）	100.00	1666.00	16.63	20 洛建 02（166084）	100.71	845.00	8.48
20 晋能 05（166086）	98.69	1010.00	10.18	20 锡山 01（166087）	99.24	505.40	5.02
20 华福 C1（166088）	98.73	1420.60	14.20	20 高控 01（166089）	98.36	265.00	2.62
20 高控 02（166090）	101.00	440.00	4.45	20 安租 D1（166091）	99.71	408.00	4.08
20 乳山 02（166092）	100.01	1004.40	10.05	20 商铁 02（166093）	98.76	515.00	5.15
20 玄武 01（166096）	98.16	100.00	0.98	20 鄂旅 01（166097）	99.59	85.00	0.85
20 陕煤债（166098）	98.69	870.00	8.61	20 远东二（166099）	99.39	1080.00	10.81
20 青租 01（166100）	98.88	140.00	1.39	20 余杭 01（166101）	98.96	700.00	6.98
20 山煤 D1（166102）	101.09	830.00	8.32	20 渝能 01（166103）	98.82	210.00	2.09
20 南新 01（166104）	100.18	937.00	9.37	20 山钢 01（166105）	99.80	1416.00	14.17
20 顺德 01（166106）	100.24	1334.00	13.32	20 汕投 01（166107）	97.42	790.00	7.76
20 沪唐 D1（166108）	99.88	1685.00	16.84	20 深业 01（166109）	98.80	944.79	9.40
20 邯建 01（166110）	99.68	850.00	8.46	20 天易 01（166111）	99.02	567.00	5.65
20 晋电 02（166112）	100.03	3472.00	34.86	20 太经 02（166113）	99.33	120.00	1.19
G20 衢交 1（166114）	98.10	274.60	2.71	20 东资 01（166115）	99.35	1165.00	11.66
20 东资 02（166116）	98.66	1135.00	11.30	20 绍交 01（166117）	98.27	540.00	5.32
20 农投 01（166118）	99.90	437.90	4.39	20 农投 02（166119）	99.97	570.00	5.69
20 苏金 01（166120）	100.00	26.00	0.26	20 吴发 01（166121）	98.12	1044.30	10.32
20 吴城 D1（166122）	99.88	310.00	3.09	20 兴港 02（166123）	98.97	470.00	4.70
20 镇旅 D2（166124）	99.80	2980.00	29.77	20 绿产 D1（166125）	99.79	313.50	3.14
20 晋煤 02（166126）	97.97	990.00	9.86	20 济城 02（166127）	98.60	3430.00	33.93
20 天风 C1（166128）	97.40	323.50	3.24	20 天风 C2（166129）	97.89	394.60	3.94
20 共享 02（166130）	98.71	46.50	0.46	20 中金 F1（166132）	98.00	960.00	9.57
20 苏科 01（166133）	100.27	660.00	6.64	20 东吴 C1（166134）	99.14	1740.00	17.19
20 康居 01（166136）	100.00	261.20	2.60	20 陕金 01（166137）	98.64	3264.96	32.36
20 润田 01（166138）	100.87	820.00	8.23	20 綦江 01（166139）	99.50	1100.00	11.05
20 缙云 01（166140）	100.00	50.00	0.50	20 淮建 D1（166141）	100.06	2157.00	21.59
20 晋旅 01（166143）	99.00	110.00	1.07	20 遵旅 02（166144）	99.78	983.42	9.79
20 绵兴 01（166145）	98.63	1090.00	10.86	20 西湖 02（166146）	98.39	530.00	5.29
20 财投 01（166147）	100.00	300.40	2.98	20 津资 D1（166148）	99.70	1136.00	11.34
20 恒天 Y1（166149）	98.95	311.21	3.06	20 丰县 01（166151）	100.01	720.00	7.21
20 瀚控 D1（166152）	99.67	1745.00	17.42	20 商古 01（166153）	99.95	900.00	9.02

债券成交 Bond Trading

债券 Bond

债券简称（代码）Bond Name（Code）	本年收盘（元）Close（Yuan）	成交数量（万张）Trading Vol（10000 Lots）	成交金额（亿元）Trading Value（100M Yuan）	债券简称（代码）Bond Name（Code）	本年收盘（元）Close（Yuan）	成交数量（万张）Trading Vol（10000 Lots）	成交金额（亿元）Trading Value（100M Yuan）
20环球04（166156）	97.72	350.00	3.46	20宏贸01（166157）	100.00	307.50	3.07
20义市01（166159）	99.04	560.00	5.56	20融盛01（166160）	98.00	1133.20	11.24
20丰住01（166161）	100.00	725.00	7.22	20晋信01（166162）	99.52	150.00	1.49
20丰经01（166163）	100.00	150.00	1.49	20甘交01（166164）	98.48	350.00	3.48
20长开01（166165）	100.60	662.00	6.66	20新安02（166166）	100.00	217.83	2.18
G20唐租1（166167）	98.23	2375.00	23.58	G20宁经1（166168）	100.15	120.00	1.20
20中区01（166169）	99.85	1244.90	12.58	20星发01（166170）	99.01	200.00	1.97
20亭湖01（166171）	98.90	200.00	2.00	20平发01（166172）	98.05	370.00	3.68
20湘高01（166173）	99.72	1323.00	13.21	20湘投02（166174）	99.10	1658.40	16.48
20芜湖01（166175）	98.40	545.00	5.40	20镇城D2（166176）	99.85	740.00	7.38
20防港01（166177）	98.95	186.94	1.86	20防港02（166178）	99.17	263.60	2.62
20晋能06（166179）	99.09	470.00	4.71	20即旅D1（166180）	99.73	232.00	2.32
20曹国D1（166181）	99.76	1855.00	18.54	20浙天01（166182）	100.00	331.10	3.30
20豫纾01（166183）	97.94	305.00	3.02	20联投Y1（166184）	99.77	3720.00	37.21
20开滦04（166185）	97.93	461.25	4.60	20牛首01（166187）	98.74	370.00	3.67
G20新昌1（166188）	101.08	903.00	9.02	20不动01（166189）	99.03	720.00	7.17
20康富01（166190）	99.30	700.00	6.98	20邗江01（166192）	99.16	240.00	2.37
20岳阳01（166193）	99.12	360.00	3.57	20太仓01（166194）	100.00	381.60	3.80
20锡藕01（166196）	100.00	181.00	1.81	20融和01（166197）	98.74	370.00	3.67
20上投02（166199）	99.14	1753.00	17.37	20国联C1（166200）	100.00	679.00	6.78
20新沂债（166201）	102.22	122.00	1.24	H20华晨1（166202）	98.25	497.00	4.93
20方洋01（166203）	99.94	80.00	0.80	20国君Y1（166204）	96.03	3938.00	38.33
20响水01（166205）	102.35	180.00	1.84	20招商F1（166206）	99.81	1130.00	11.30
20冀交01（166208）	98.16	3870.00	38.22	20廊控01（166209）	100.33	450.00	4.50
20浦交01（166210）	100.00	120.00	1.20	20鑫泰01（166211）	101.75	253.00	2.56
20华金C1（166212）	98.16	660.00	6.50	20衢资01（166213）	97.66	300.00	2.97
20枫桥01（166214）	98.85	144.45	1.42	20惠民01（166215）	100.10	1685.00	16.85
20国联02（166216）	97.86	2834.80	27.93	20首股02（166217）	99.38	1224.70	12.16
20宁城01（166218）	98.19	140.00	1.37	20华福01（166219）	97.82	367.00	3.63
20华福02（166220）	97.17	505.60	5.01	20高密债（166221）	99.22	2083.00	20.44
20光证F1（166222）	98.60	1630.00	16.15	20惠建01（166223）	97.03	470.00	4.63
20长兴02（166225）	100.00	1001.25	10.01	20漳九01（166226）	99.02	1280.00	12.71
20中租02（166227）	97.73	340.00	3.36	20银河F3（166228）	99.09	3040.00	30.18
20银河F4（166229）	97.94	590.00	5.85	20兰交01（166230）	99.83	740.00	7.40
20华建债（166232）	98.78	220.00	2.18	20永投01（166234）	97.04	570.80	5.61
20漳州01（166235）	98.20	920.00	9.06	20中泰F1（166236）	98.83	1790.00	17.85
20梁溪01（166237）	99.41	398.70	3.96	20南资01（166238）	97.84	585.00	5.76
20晋能07（166239）	100.53	390.00	3.91	20滨海02（166240）	98.74	1080.00	10.77
20淮经01（166241）	100.00	925.00	9.21	20龙川D1（166242）	99.73	315.00	3.14
20科投01（166243）	100.00	351.90	3.49	20物流01（166244）	98.04	668.00	6.59
20相城01（166245）	98.79	1550.00	15.30	20绿投债（166246）	98.39	280.00	2.78
20云控01（166247）	99.16	430.00	4.29	20沪唐D2（166248）	99.83	1100.00	10.99
20吴中01（166251）	99.36	313.00	3.12	20常新D1（166252）	100.17	1143.00	11.40
20扬子02（166253）	98.41	1920.00	19.05	20淮交D1（166254）	99.87	1050.00	10.48
20兴港D1（166255）	99.80	380.00	3.80	20东乡01（166256）	98.43	499.00	4.94
20镇旅D3（166257）	99.71	880.00	8.76	G20莱开1（166258）	99.28	1501.56	15.03
20城发02（166259）	98.67	720.00	7.15	20宁通01（166260）	97.97	301.50	2.93
20苏纾01（166262）	98.08	918.00	9.11	20晋路01（166263）	98.80	2154.64	21.56
20宜经01（166266）	97.06	399.50	3.91	20平证02（166267）	98.46	710.00	7.05
20淮新02（166269）	99.57	104.00	1.03	20滨新01（166270）	100.00	149.60	1.50

债券成交 Bond Trading

债券简称（代码） Bond Name（Code）	本年收盘（元） Close（Yuan）	成交数量（万张） Trading Vol（10000 Lots）	成交金额（亿元） Trading Value（100M Yuan）	债券简称（代码） Bond Name（Code）	本年收盘（元） Close（Yuan）	成交数量（万张） Trading Vol（10000 Lots）	成交金额（亿元） Trading Value（100M Yuan）
20 新业 01（166271）	99.49	698.00	6.97	20 川城 02（166272）	98.60	415.00	4.16
20 宿惠 01（166273）	98.81	682.00	6.80	20 惠投 D1（166275）	99.79	1570.00	15.68
20 津资 D2（166276）	100.10	1271.00	12.70	20 海陵 01（166277）	100.50	1064.00	10.68
20 盐城 D1（166278）	100.00	100.00	1.00	20 赣建 01（166280）	99.95	1653.00	16.55
20 陕旅 01（166281）	99.59	400.80	3.99	20 津静 03（166282）	100.59	537.00	5.39
20 桂城 01（166283）	100.39	704.18	7.03	20 天生债（166284）	100.02	505.00	5.05
20 仁和 01（166285）	97.61	300.00	2.93	20 秀宏 01（166286）	100.00	30.00	0.30
20 钱塘 01（166287）	98.04	200.00	1.96	20 泰山 01（166288）	98.25	560.00	5.60
20 淮开 02（166290）	99.18	300.00	2.98	20 达州 02（166292）	101.09	520.00	5.21
20 乌当 01（166293）	100.07	360.00	3.58	20 长寿 D1（166294）	99.88	1019.00	10.20
20 清浦 01（166295）	100.00	2681.00	26.70	20 合景 01（166296）	98.33	1430.00	14.09
20 德恒 01（166299）	98.72	335.00	3.32	20 平凉债（166300）	100.07	275.00	2.76
20 济轨 01（166301）	99.14	1070.00	10.48	20 淮交 Y1（166302）	98.97	300.00	2.99
20 鲁公 02（166303）	100.00	15.00	0.15	20 黄投 01（166304）	100.88	380.00	3.83
20 漯河 01（166305）	100.98	220.00	2.21	20 娄城 D1（166306）	99.50	90.00	0.90
20 昆城 01（166307）	98.31	720.00	7.16	20 柳龙 01（166308）	98.88	592.44	5.86
20 西港 01（166309）	98.90	2459.00	24.53	20 明诚 01（166310）	100.00	320.00	3.20
20 双江 01（166311）	100.00	1905.70	18.94	20 锡建 01（166312）	98.49	250.00	2.48
20 锡建 02（166313）	99.94	60.00	0.60	20 滨州 01（166314）	100.06	940.00	9.42
20 路公 01（166315）	100.01	1419.70	14.15	20 东兴 F1（166316）	98.33	1880.00	18.75
20 豫峡 D1（166317）	99.71	630.00	6.29	20 靖城 01（166318）	100.76	340.00	3.40
20 西城 01（166319）	98.01	210.00	2.07	G20 吴城 1（166320）	100.00	0.70	0.01
20 龙川 02（166323）	98.33	195.00	1.94	20 周口 01（166324）	96.75	670.00	6.69
20 常投 01（166325）	99.02	970.00	9.56	20 河海 01（166326）	98.34	70.00	0.69
20 金外滩（166329）	98.07	268.20	2.64	20 融德 01（166330）	99.33	120.00	1.19
20 蓉投 01（166332）	98.59	258.00	2.54	20 金坛 02（166333）	99.88	650.00	6.51
20 交投 D1（166335）	99.70	100.00	1.00	20 晋电 03（166336）	100.15	1290.00	12.84
20 上虞 01（166337）	98.28	100.00	0.98	20 天易 D1（166338）	99.67	135.00	1.35
20 安阳 03（166339）	100.00	630.00	6.29	20 常新 01（166340）	98.39	763.00	7.56
20 宜兴 01（166341）	100.00	157.10	1.55	20 山钢 02（166342）	100.28	469.00	4.71
20 宁交 02（166343）	98.43	140.00	1.39	20 石刻 01（166344）	97.32	30.00	0.29
20 天台 01（166347）	98.50	661.60	6.57	20 兴化 D2（166349）	100.13	500.00	5.02
20 海洋 01（166350）	98.39	1075.10	10.61	20 兴永 01（166351）	99.99	203.00	2.03
20 金阳 01（166352）	98.97	970.90	9.61	20 锡开 01（166353）	100.00	283.00	2.82
20 海门 01（166354）	97.99	536.80	5.34	20 余经 01（166355）	97.66	65.00	0.64
20 瀚控 D2（166356）	99.78	1049.00	10.46	20 金建债（166357）	100.00	240.00	2.40
20 信投 Y1（166358）	97.24	2964.00	28.84	20 丰县 02（166359）	98.50	1870.00	18.70
20 瀚控 02（166361）	97.30	1763.00	17.40	20 财通 C1（166362）	98.12	2220.00	22.07
20 渝合 01（166363）	100.73	2304.00	23.17	20 郴投 01（166364）	99.93	253.00	2.53
20 兴资 01（166366）	100.00	80.00	0.80	20 兴资 02（166367）	98.31	220.00	2.19
20 巴中 01（166368）	100.00	660.00	6.60	20 桐城 01（166369）	96.60	180.00	1.78
20 衡高新（166370）	99.86	215.00	2.14	20 启东 01（166371）	98.36	513.70	5.09
20 东证 01（166372）	99.65	800.00	8.00	20 东证 02（166373）	99.02	880.00	8.73
20 秦发 01（166374）	99.43	280.00	2.79	20 金禹 01（166375）	96.97	133.00	1.31
20 华靖 01（166377）	99.84	950.00	9.48	20 新沂 01（166378）	100.98	655.00	6.57
20 金凤 01（166379）	98.35	134.00	1.33	20 昆承 01（166380）	98.36	120.00	1.18
20 常高 02（166381）	98.98	990.00	9.82	20 港闸 01（166382）	97.46	163.50	1.61
20 郑建 01（166383）	100.00	113.65	1.15	20 世纪 D1（166384）	100.01	175.00	1.75
20 安城 01（166385）	97.70	120.00	1.18	20 象港 01（166386）	100.00	168.10	1.67
20 复地 F1（166387）	100.73	910.00	9.13	20 临投 01（166388）	100.00	437.90	4.36

债券成交 Bond Trading

债券 Bond

债券简称（代码） Bond Name（Code）	本年收盘（元） Close（Yuan）	成交数量（万张） Trading Vol (10000 Lots)	成交金额（亿元） Trading Value (100M Yuan)	债券简称（代码） Bond Name（Code）	本年收盘（元） Close（Yuan）	成交数量（万张） Trading Vol (10000 Lots)	成交金额（亿元） Trading Value (100M Yuan)
20 慈交 01（166389）	98.14	110.00	1.08	20 中证 C1（166390）	98.81	3910.60	38.48
20 象开 01（166392）	100.00	520.10	5.18	20 良渚 01（166393）	98.03	350.00	3.47
20 万联 C1（166394）	99.21	633.90	6.29	20 华建 01（166396）	98.26	580.80	5.73
20 长建 01（166397）	98.01	220.00	2.20	20 洛城 01（166398）	98.87	1648.00	16.61
20 政通 01（166399）	100.48	863.00	8.68	20 桂金 01（166400）	96.49	790.00	7.69
20 云化 01（166401）	100.00	250.00	2.50	20 济建 01（166402）	98.95	1800.00	17.89
20 塔城 01（166404）	99.41	225.00	2.24	20 宜城 01（166405）	98.83	190.00	1.89
20 碑林 01（166406）	100.00	1100.00	10.91	20 禾裕 01（166407）	98.16	77.00	0.76
20 浏城 01（166408）	99.87	935.00	9.33	20 瀚宇 01（166409）	98.70	246.00	2.43
20 南新 02（166410）	98.84	464.00	4.59	G20 永荣（166412）	99.39	165.00	1.64
20 东资 03（166413）	99.88	350.00	3.50	20 招商 F3（166414）	99.77	420.00	4.20
20 招商 F4（166415）	99.26	300.00	3.01	20 海瀛 D1（166416）	100.00	100.00	1.00
20 柳控 02（166417）	100.00	150.00	1.50	20 太湖 01（166418）	99.17	1265.25	12.58
20 融侨 F1（166419）	97.90	600.00	5.94	20 渝东 01（166421）	98.30	730.00	7.22
20 十一冶（166423）	98.81	595.20	5.95	20 鹤壁 01（166424）	101.10	938.00	9.45
20 宜国投（166425）	98.63	170.00	1.70	20 蓉江 01（166426）	99.00	1261.10	12.56
20 蓉江 02（166427）	98.60	330.00	3.28	20 广安 02（166429）	98.70	285.00	2.80
20 穗开 01（166430）	98.51	30.00	0.30	20 奥体 01（166431）	98.46	730.00	7.22
20 首业 02（166433）	98.58	1440.00	14.30	20 宜新 01（166434）	98.60	470.00	4.68
20 醴陵 01（166435）	99.30	1715.00	17.12	20 众兴 01（166436）	99.38	400.00	4.00
20 天信 01（166437）	96.70	300.00	2.90	20 新能 01（166438）	100.00	50.00	0.50
20 渝南 01（166439）	99.93	300.00	3.00	20 惠控 02（166440）	98.68	355.00	3.52
20 德建 01（166441）	99.90	1226.20	12.25	20 德旅 01（166442）	99.09	200.00	1.99
20 镇城 F1（166443）	99.36	1160.00	11.56	20 高创 01（166445）	99.89	330.00	3.27
20 金鑫 01（166447）	99.55	230.00	2.30	20 临淄 01（166448）	100.00	530.00	5.29
20 安控 01（166450）	97.80	340.00	3.38	20 先行 01（166451）	98.66	400.00	3.94
20 银桥 D1（166452）	98.00	180.00	1.78	20 柳州 02（166453）	99.29	2444.74	24.58
20 鑫诚债（166454）	97.73	862.00	8.53	20 海兴 02（166456）	100.25	220.00	2.20
20 富阳 01（166457）	96.11	1250.35	12.35	20 淮建 01（166459）	101.25	1411.85	14.18
20 杭港 01（166460）	97.32	340.00	3.30	20 金交 01（166461）	98.62	180.00	1.79
20 新建 01（166463）	99.77	330.00	3.30	G20 江北 1（166464）	100.20	628.60	6.27
20 苏甪直（166465）	98.43	190.70	1.88	20 海发 01（166466）	98.91	230.00	2.29
20 绍改 01（166467）	98.01	60.00	0.60	20 临经 01（166468）	100.00	490.00	4.83
20 聊开 01（166469）	100.00	210.00	2.10	20 冶园 01（166470）	100.00	70.00	0.70
20 西苑 02（166471）	98.35	70.00	0.70	20 青开 02（166472）	98.41	240.00	2.37
20 龙城 01（166473）	98.94	1764.00	17.48	20 铜梁 01（166474）	100.00	938.00	9.44
20 潍经投（166475）	99.09	621.30	6.20	20 北碚 01（166476）	99.94	90.00	0.90
20 贵控 01（166477）	101.58	100.00	1.02	20 浦水 01（166479）	100.00	275.00	2.75
20 住宅 02（166482）	100.02	2130.00	21.25	G20 建湖 1（166483）	100.00	20.00	0.20
20 国裕债（166484）	98.51	618.00	6.15	S20 鸿业 1（166485）	99.59	373.00	3.73
20 如开 01（166486）	100.71	305.00	3.06	20 锡经 D1（166487）	99.45	420.00	4.18
20 城资 01（166490）	100.96	685.00	6.87	20 潍文 01（166491）	98.25	260.00	2.58
20 太重 01（166492）	99.11	290.00	2.89	20 曲水 01（166493）	101.00	788.00	7.92
20 申太 01（166494）	99.45	310.00	3.09	20 禹通 01（166495）	99.41	130.00	1.28
20 牛首 02（166496）	98.37	350.00	3.42	20 山煤 D2（166497）	99.56	345.00	3.43
20 永开 01（166498）	99.85	171.00	1.70	20 九联 01（166500）	100.77	980.00	9.86
20 新会 01（166501）	98.60	784.00	7.73	20 陶都 02（166502）	100.00	100.47	1.00
20 陶都 03（166503）	99.19	435.00	4.31	20 南康 01（166504）	95.29	570.00	5.44
20 南康 02（166505）	98.83	665.00	6.67	20 西旅 01（166506）	99.99	320.00	3.20
20 蔡家 01（166507）	98.59	110.00	1.10	20 丰兴 01（166508）	98.89	116.00	1.15

债券成交
Bond Trading

债券简称（代码） Bond Name（Code）	本年收盘（元） Close（Yuan）	成交数量 （万张） Trading Vol (10000 Lots)	成交金额 （亿元） Trading Value (100M Yuan)	债券简称（代码） Bond Name（Code）	本年收盘（元） Close（Yuan）	成交数量 （万张） Trading Vol (10000 Lots)	成交金额 （亿元） Trading Value (100M Yuan)
20 仁怀 01（166509）	98.48	96.00	0.95	20 仁怀 02（166510）	100.51	362.00	3.61
20 临港 01（166511）	101.20	30.00	0.30	20 华通 01（166514）	99.05	420.00	4.17
20 财信 03（166518）	99.77	1070.00	10.68	20 财信 04（166519）	99.16	650.00	6.46
20 上数 02（166520）	98.34	345.00	3.40	20 麓投资（166521）	98.16	78.00	0.76
20 泰交 01（166522）	99.15	630.00	6.23	20 浙农 01（166523）	100.00	60.00	0.60
20 大庆 01（166524）	99.28	195.00	1.94	20 联和 01（166526）	99.20	920.00	9.21
20 瀚控 D3（166527）	99.64	3126.35	30.95	20 瓦房 01（166528）	100.00	90.70	0.91
20 兰溪 01（166529）	97.88	439.00	4.38	20 浔交 01（166530）	97.34	100.00	0.99
20 姜交 01（166531）	100.51	87.00	0.87	20 连城 01（166532）	98.15	360.00	3.58
20 旧改 01（166533）	98.74	1167.70	11.49	20 虞资 01（166534）	98.13	580.00	5.77
20 海盐 01（166536）	100.00	152.45	1.51	20 昆旅 01（166538）	98.10	60.00	0.59
20 双福 01（166539）	99.68	582.00	5.81	20 中财 F1（166540）	97.91	2210.00	21.67
20 济城 03（166541）	96.99	1080.00	10.52	20 金水 01（166542）	99.05	318.00	3.16
20 麓建 01（166543）	97.86	250.00	2.48	20 国瑞 C1（166544）	97.02	260.00	2.56
20 榕交 01（166545）	97.60	110.00	1.07	G20 莱芜 1（166546）	100.40	200.00	2.00
20 绵控 01（166547）	99.79	2980.00	29.77	20 义乌 03（166548）	99.26	3895.00	38.71
20 苏国 01（166549）	98.08	180.00	1.76	20 经投 01（166550）	98.62	120.00	1.19
20 德创 01（166551）	98.31	1047.00	10.36	20 新发 01（166552）	97.33	970.00	9.54
20 传感 01（166553）	97.37	189.30	1.87	20 周投 01（166554）	96.17	115.00	1.12
20 扬建工（166555）	100.00	70.00	0.70	20 洋口 01（166556）	99.73	130.00	1.30
20 义乌 04（166557）	97.66	80.00	0.79	20 浙越 01（166558）	97.81	310.00	3.06
20 首钢 02（166560）	98.26	2420.00	24.09	20 融和 D1（166561）	99.36	160.00	1.59
20 象经 01（166562）	98.55	272.50	2.72	G20 邗江（166563）	97.54	140.00	1.37
20 明升 01（166564）	97.69	149.00	1.48	20 溧水 02（166565）	99.25	415.00	4.11
20 天投 01（166566）	97.55	540.00	5.32	20 兖东 01（166568）	99.05	60.00	0.59
20 即旅 01（166569）	98.79	300.00	2.96	20 滁城 01（166570）	98.12	240.00	2.36
20 百福 01（166572）	99.59	170.00	1.70	20 晋信 02（166573）	99.91	70.00	0.70
20 南开 01（166574）	100.20	110.00	1.10	20 苏金 02（166575）	99.85	100.00	1.00
20 遵和 01（166576）	99.70	54.00	0.54	20 康居 02（166577）	99.23	80.00	0.80
20 渝隆 D1（166579）	99.67	555.00	5.54	20 海交投（166580）	100.00	53.40	0.53
20 襄投 01（166581）	98.21	100.00	0.98	20 滨投 01（166582）	99.45	1226.65	12.27
G20 德交 1（166583）	99.12	153.90	1.53	20 大晟 01（166584）	100.00	40.00	0.40
20 中租 03（166585）	99.11	330.00	3.27	20 北投 01（166587）	98.22	200.00	1.98
20 汾湖 D1（166588）	99.18	250.00	2.47	20 新密 01（166589）	98.34	310.00	3.07
20 云龙 01（166590）	100.00	278.80	2.78	20 萍乡 01（166591）	97.84	534.00	5.27
20 中财 C1（166592）	96.77	1630.00	15.92	20 豫铁 01（166593）	97.61	540.00	5.28
20 衡建 01（166594）	100.00	90.00	0.90	20 苏投 01（166595）	97.99	330.00	3.26
20 天运 01（166597）	99.11	1333.00	13.19	20 深业 D1（166598）	100.00	1820.43	18.20
20 龙控 02（166599）	100.01	975.00	9.72	20 家投 01（166600）	97.19	890.00	8.83
20 启国 01（166602）	97.43	1190.00	11.74	20 宁高 01（166603）	100.00	370.00	3.65
20 株高 01（166605）	99.89	570.00	5.69	20 衢资 02（166606）	97.23	140.00	1.37
20 德恒 02（166607）	98.49	255.00	2.55	20 浙商 C1（166608）	97.83	963.00	9.45
20 浙商 C2（166609）	98.24	795.00	7.86	20 湖东 01（166610）	99.00	770.00	7.67
20 兰扶 01（166611）	99.62	307.60	3.07	20 深业 02（166612）	100.00	650.00	6.50
20 宁开 01（166615）	98.11	181.00	1.77	20 余杭 02（166616）	97.57	150.00	1.46
20 锡东 01（166617）	100.00	762.95	7.54	20 漳九 02（166618）	98.49	1890.00	18.56
20 东泰 01（166619）	98.74	180.00	1.79	20 眉控 01（166621）	99.25	592.30	5.92
20 海安 01（166622）	100.59	894.00	8.93	20 镇城 F3（166623）	99.42	1283.00	12.76
20 娄城 02（166625）	96.63	600.00	5.81	20 城发 03（166626）	97.52	380.00	3.72
20 沿海 01（166627）	98.71	70.00	0.69	20 海陵 D1（166628）	99.61	404.00	4.03

债券成交 Bond Trading

债券 Bond

债券简称（代码）Bond Name（Code）	本年收盘（元）Close（Yuan）	成交数量（万张）Trading Vol（10000 Lots）	成交金额（亿元）Trading Value（100M Yuan）	债券简称（代码）Bond Name（Code）	本年收盘（元）Close（Yuan）	成交数量（万张）Trading Vol（10000 Lots）	成交金额（亿元）Trading Value（100M Yuan）
20新开01（166629）	101.00	406.00	4.06	20镇旅D4（166630）	99.02	824.00	8.20
20中原C1（166631）	97.67	200.00	1.95	20豫资01（166632）	99.00	1390.00	13.63
20川资02（166633）	98.33	40.00	0.39	20文旅01（166636）	97.07	2004.00	19.68
20先导01（166637）	97.51	440.00	4.29	20通新01（166639）	98.27	1325.00	12.96
20银桥01（166641）	97.76	100.00	0.98	20淮开03（166643）	100.00	50.00	0.50
20淮开04（166644）	99.56	30.00	0.30	20开扶贫（166645）	98.01	103.00	1.01
20扬交01（166646）	97.76	290.00	2.84	20西旅一（166647）	97.48	220.00	2.14
20襄置01（166648）	98.02	1400.00	13.84	20平金01（166650）	97.43	1577.00	15.58
20六民债（166651）	99.30	1446.00	14.45	20丰住02（166652）	98.25	1370.40	13.52
20丰住03（166653）	99.88	522.00	5.19	20溪地01（166654）	98.62	294.59	2.94
20潍控01（166655）	100.00	100.00	1.00	20淮控01（166656）	99.63	120.00	1.20
20绍国01（166657）	97.00	30.00	0.29	20遵桥03（166658）	100.00	1200.65	11.94
20穗开02（166659）	97.77	35.00	0.34	20桐庐01（166660）	98.28	282.00	2.78
20海尖01（166661）	97.66	605.20	5.94	20新城03（166662）	99.62	1068.00	10.64
20常新02（166663）	98.11	609.00	5.98	20银产01（166664）	101.37	390.00	3.91
20江海01（166665）	98.67	784.40	7.77	20江海02（166666）	98.00	903.80	8.88
S20安远1（166667）	98.75	107.80	1.07	20大气债（166668）	99.22	107.00	1.06
20桂铁F1（166669）	97.89	590.00	5.82	20宜春03（166670）	99.83	975.00	9.69
20玉环01（166671）	96.66	190.00	1.83	20海发02（166673）	99.37	482.00	4.77
20海门02（166674）	97.98	220.00	2.17	20明诚03（166675）	98.28	308.46	3.06
20交通01（166676）	97.13	150.00	1.46	20市中01（166677）	100.40	1754.00	17.68
20淮经02（166678）	98.60	210.00	2.09	20华阔01（166679）	96.20	640.00	6.27
20金石01（166680）	99.62	80.00	0.80	20华荣01（166681）	99.31	779.70	7.68
20常交02（166682）	98.93	130.00	1.29	20牛首03（166683）	98.31	144.40	1.43
20邯纾01（166685）	98.98	570.00	5.65	20柯岩01（166686）	99.21	1892.60	18.78
20靖投D2（166687）	99.78	613.00	6.13	20高邮01（166688）	99.41	235.00	2.33
20新安04（166689）	100.00	200.00	2.00	20金投01（166690）	97.83	968.00	9.52
20宜春D1（166691）	99.67	820.00	8.17	20龙阳01（166692）	99.30	185.00	1.84
20豫管01（166693）	97.30	610.00	6.01	20万联01（166694）	97.64	90.00	0.89
20富通01（166696）	97.32	570.00	5.62	20连城02（166697）	97.85	40.00	0.39
20西南D1（166698）	99.73	968.00	9.64	20株国01（166699）	98.64	89.00	0.88
20招商F5（166701）	99.02	1230.00	12.17	20航城01（166702）	97.91	420.20	4.15
20兴湘01（166703）	97.01	200.00	1.94	20泰滨01（166704）	98.55	881.00	8.74
20新昌02（166706）	101.51	1037.00	10.40	20崇川01（166707）	99.35	230.00	2.28
20庐陵01（166709）	99.01	247.70	2.48	20柳州03（166710）	99.62	270.00	2.70
20湖城01（166711）	97.57	200.00	1.97	20新沂02（166712）	98.10	875.00	8.72
20如皋02（166713）	99.80	830.00	8.28	20兖东02（166715）	98.99	220.00	2.19
20郑交01（166716）	96.94	1050.56	10.28	20镇文01（166717）	99.16	858.00	8.53
20贵控02（166719）	100.57	390.00	3.92	20明宫01（166721）	100.10	1636.00	16.38
20武开01（166723）	98.14	1350.00	13.25	20南投01（166724）	99.53	100.00	1.00
20安龙01（166725）	99.80	1376.00	13.75	20简工01（166726）	98.10	585.00	5.81
20滨江02（166728）	100.42	240.00	2.40	20邳恒润（166729）	100.69	801.50	8.04
20亿集02（166730）	91.48	50.19	0.48	20河池债（166731）	101.20	545.47	5.49
20周东01（166732）	99.98	780.00	7.78	20杭湾01（166734）	98.31	105.00	1.03
20置业01（166735）	99.91	609.00	6.06	20长湖债（166736）	100.00	350.00	3.48
20姜交02（166737）	100.00	210.00	2.10	20华鑫01（166738）	98.59	470.00	4.66
20自贡01（166739）	98.30	550.00	5.43	20张经01（166740）	98.50	435.00	4.28
20融禾01（166741）	100.00	400.00	4.00	20新经01（166745）	99.80	20.00	0.20
20裕城01（166746）	98.97	1655.00	16.44	20同创D1（166747）	99.67	163.00	1.63
20金建02（166749）	100.00	75.00	0.75	20药城01（166750）	100.00	515.00	5.14

债券成交
Bond Trading

债券简称（代码）Bond Name（Code）	本年收盘（元）Close（Yuan）	成交数量（万张）Trading Vol（10000 Lots）	成交金额（亿元）Trading Value（100M Yuan）	债券简称（代码）Bond Name（Code）	本年收盘（元）Close（Yuan）	成交数量（万张）Trading Vol（10000 Lots）	成交金额（亿元）Trading Value（100M Yuan）
20桃源01（166751）	99.66	348.00	3.46	20羊安01（166752）	99.93	300.00	3.00
20天易02（166753）	97.09	120.00	1.17	20柯资D1（166754）	99.60	534.00	5.31
20南康03（166757）	100.00	736.00	7.34	20临发01（166758）	98.23	1805.00	17.67
20临发02（166759）	96.33	80.00	0.77	20枝金02（166761）	98.77	730.00	7.18
20渝合02（166762）	101.10	860.00	8.61	20甘公Y1（166763）	98.79	172.50	1.71
20芙蓉01（166764）	98.48	1634.80	16.07	20益交01（166765）	100.50	18.00	0.18
20恒金01（166767）	98.51	413.70	4.10	20动迁01（166768）	98.00	451.00	4.43
20茅山01（166769）	100.00	151.00	1.51	20雅安02（166770）	98.50	80.00	0.80
20雅安03（166771）	99.09	167.00	1.66	20海创D1（166772）	99.50	725.00	7.20
20青即01（166773）	97.29	235.00	2.30	20渝旅债（166776）	97.80	1150.00	11.33
G20江北2（166777）	100.00	12.85	0.13	20济高Y1（166778）	98.30	410.00	4.04
20锡东02（166779）	97.30	85.00	0.83	20高密01（166780）	100.00	1255.00	12.58
20津港02（166782）	99.93	550.00	5.50	20筑投01（166783）	97.91	658.00	6.50
20义建01（166784）	96.50	820.00	7.97	20恒信F1（166785）	96.67	285.00	2.76
20湛基01（166788）	98.08	987.00	9.68	20湛基02（166789）	99.45	20.00	0.20
20建控01（166790）	98.82	170.00	1.70	20建控02（166791）	100.00	50.00	0.50
20城旅01（166792）	97.45	540.50	5.28	20鑫域01（166794）	96.50	20.00	0.19
20新港01（166795）	99.93	200.00	2.00	20平原02（166798）	99.53	215.00	2.15
20铁投03（166800）	97.64	450.00	4.44	20铁投04（166801）	96.36	188.00	1.82
20红塔01（166802）	100.00	400.00	4.00	20鄂租02（166803）	99.05	375.00	3.69
20泸汇兴（166804）	100.00	204.49	2.04	20台城01（166805）	98.31	743.50	7.28
20吉铁01（166806）	100.05	560.00	5.60	20邳经01（166807）	99.91	230.00	2.30
20通泰01（166808）	98.95	751.00	7.50	20河口01（166810）	100.26	1298.00	12.99
20嘉海01（166811）	99.07	250.00	2.49	20动投01（166812）	100.00	182.00	1.80
20宜高01（166813）	97.52	429.00	4.19	20安控02（166814）	99.70	713.50	7.08
20龙廷01（166815）	98.59	191.00	1.90	20财达C1（166816）	98.98	973.00	9.63
20唐山01（166817）	99.62	1592.50	15.94	20湘型02（166818）	98.78	150.00	1.48
20淳安01（166819）	97.39	277.10	2.73	20昌兴01（166820）	98.45	1823.20	18.10
20昌投01（166821）	99.74	910.00	9.08	20牟中02（166822）	98.72	893.00	8.94
20实创债（166823）	99.40	310.00	3.09	20兴化D3（166824）	100.30	161.50	1.62
20栖科01（166826）	97.00	125.70	1.25	20西苑03（166827）	100.00	586.65	5.87
20首证01（166829）	98.94	72.00	0.71	20江海03（166831）	98.50	137.00	1.36
20江海04（166832）	98.08	161.00	1.59	20柳建02（166833）	100.02	277.38	2.77
20首业04（166835）	98.13	2710.00	26.81	20淮建02（166836）	99.86	155.00	1.55
20舟海01（166838）	100.00	143.20	1.42	20舟海02（166839）	97.79	4.50	0.04
20家园02（166842）	100.00	612.00	6.11	20建桥01（166844）	97.74	602.00	5.91
20纳兴02（166845）	100.00	654.30	6.52	20东坡01（166846）	97.31	350.00	3.42
20江津01（166848）	99.03	750.00	7.42	20吴城01（166849）	97.55	100.00	0.98
20昆自01（166850）	98.07	360.00	3.54	20嘉服01（166851）	96.25	180.00	1.73
20苏园01（166852）	100.00	80.90	0.81	20苏园02（166853）	98.15	35.00	0.34
20锡藕02（166854）	99.30	274.40	2.71	20海城D1（166856）	98.24	245.00	2.43
20中金F2（166857）	96.99	580.00	5.66	20普城02（166858）	99.18	240.00	2.38
20津静04（166859）	100.00	60.00	0.60	20承控01（166860）	96.39	580.00	5.57
20花竹01（166861）	98.46	360.00	3.55	20枫桥02（166862）	97.88	150.00	1.47
20锡经D2（166864）	99.20	241.00	2.39	20兴荣01（166865）	98.51	1270.00	12.48
20东兴C1（166866）	97.90	3637.50	35.68	20农银01（166868）	98.67	100.00	0.99
20眉资01（166870）	100.00	30.00	0.30	20荣成01（166871）	99.11	405.00	4.01
20商建01（166872）	97.53	260.00	2.55	20陕金02（166873）	97.46	210.00	2.09
20浔发01（166874）	99.11	1440.00	14.34	20惠憬01（166875）	98.28	300.00	2.95
20秀湖01（166876）	97.64	446.00	4.35	20宏信01（166877）	100.00	195.00	1.95

债券成交 Bond Trading

债券 Bond

债券简称（代码）Bond Name（Code）	本年收盘（元）Close（Yuan）	成交数量（万张）Trading Vol（10000 Lots）	成交金额（亿元）Trading Value（100M Yuan）	债券简称（代码）Bond Name（Code）	本年收盘（元）Close（Yuan）	成交数量（万张）Trading Vol（10000 Lots）	成交金额（亿元）Trading Value（100M Yuan）
20渝枢04（166879）	99.97	580.00	5.79	20诸资03（166880）	100.00	340.60	3.36
20蓉高Y1（166883）	97.92	101.00	0.99	20合川01（166884）	99.68	464.00	4.62
20响水02（166885）	100.16	525.40	5.26	20食科01（166886）	98.25	450.00	4.43
20南司01（166887）	98.52	1140.00	11.28	20靖建01（166888）	99.98	230.00	2.30
20科技01（166889）	100.00	1035.80	10.33	20泰顺01（166891）	99.45	40.00	0.40
20中银F1（166892）	96.92	960.00	9.35	20星发02（166893）	96.90	163.40	1.58
20康居03（166894）	99.11	201.00	1.99	20昌吉02（166895）	100.21	1119.00	11.17
20柳投01（166896）	99.72	854.56	8.60	20高密02（166897）	98.00	1710.00	16.99
20锡山D1（166898）	99.32	60.00	0.60	20邛崃01（166899）	100.00	1225.00	12.25
20浦城01（166900）	98.39	182.90	1.80	20惠鑫01（166901）	97.49	227.90	2.23
20泉丰02（166902）	100.11	385.50	3.81	20桐控01（166903）	98.29	140.00	1.37
20宜城Y1（166904）	98.00	300.00	2.94	20潍恒01（166905）	98.80	1193.80	11.93
20虞交01（166906）	97.80	50.00	0.49	20高科01（166907）	99.42	230.00	2.29
20高科02（166908）	95.82	300.00	2.87	G20生态（166910）	99.94	160.00	1.60
20土地01（166911）	97.25	890.00	8.67	20威产01（166912）	97.22	1024.90	9.98
20海曙01（166913）	97.49	50.00	0.49	20鑫泰02（166914）	99.70	466.00	4.66
20吴发02（166915）	97.17	100.00	0.97	20武开02（166917）	99.33	1550.10	15.42
20皖盐01（166920）	98.17	328.00	3.24	20靖建02（166921）	100.00	90.00	0.90
20万州02（166922）	99.00	229.00	2.27	20安化01（166923）	100.00	54.00	0.54
20苏电01（166924）	99.70	777.85	7.70	20余开01（166925）	97.01	203.00	1.97
20滨城01（166926）	97.50	922.67	9.11	20蓝创01（166928）	100.00	100.00	1.00
20滨海03（166930）	98.34	600.00	5.96	20鼎通01（166931）	98.29	345.00	3.39
20丰经02（166932）	99.65	950.00	9.42	20世园01（166933）	98.86	347.00	3.43
20宏利01（166934）	100.00	1853.10	18.42	20泰州01（166935）	99.09	70.00	0.70
20商城01（166937）	100.50	135.00	1.36	20振东02（166938）	100.01	430.00	4.30
20济轨02（166941）	97.71	470.00	4.65	20融德03（166942）	100.00	265.00	2.65
20进纾01（166944）	97.77	395.00	3.86	20大江债（166945）	98.42	536.00	5.35
20石交01（166948）	98.81	30.00	0.30	20运和02（166950）	99.60	450.00	4.48
20浔旅01（166951）	100.10	1139.00	11.39	20仪征02（166952）	98.52	380.00	3.78
20平神Y1（166953）	100.00	280.00	2.74	S20兰考1（166954）	99.67	198.50	1.98
20仙游02（166955）	100.39	1067.70	10.71	20平原04（166958）	99.70	125.00	1.25
20青平01（166959）	99.35	220.00	2.18	20平金02（166960）	98.12	677.20	6.66
20龙游01（166961）	94.63	257.00	2.43	20禾泽01（166962）	100.70	661.00	6.60
20湖城02（166963）	98.50	200.00	1.97	20港发01（166964）	97.61	149.35	1.46
20北投02（166965）	98.67	140.00	1.38	20东海债（166966）	99.79	240.00	2.40
20双溪02（166969）	99.60	460.00	4.59	20成金01（166970）	100.18	387.00	3.87
20定投债（166971）	99.78	360.00	3.59	20财通F1（166973）	98.30	1530.00	15.03
20日照01（166974）	99.45	140.00	1.40	20东阳01（166975）	98.50	250.00	2.47
20宁海02（166977）	99.97	430.00	4.26	S20播交1（166978）	98.98	267.52	2.64
20兴航01（166979）	99.13	805.00	8.03	20苏金03（166980）	97.85	20.00	0.20
20东吴C2（166981）	98.56	490.00	4.85	20联投Y2（166982）	99.96	400.00	4.00
20天信Y1（166983）	98.10	1000.00	9.84	20碧海01（166984）	80.00	1923.57	18.95
20瀚控D4（166985）	99.20	100.00	0.99	20桃源02（166986）	101.50	956.50	9.57
20白沙01（166987）	99.65	250.00	2.49	20通投01（166988）	99.90	126.00	1.26
20芦淞01（166989）	94.19	230.00	2.17	20诸城02（166990）	98.58	600.00	5.91
20长宁01（166991）	98.16	85.00	0.83	20沂城01（166992）	101.44	3249.00	32.47
20忻州01（166994）	100.05	260.00	2.60	20融控01（166995）	97.00	155.00	1.51
20招商F6（166996）	99.29	620.00	6.16	20招商F7（166997）	99.05	2050.00	20.29
20海兴03（166998）	100.46	150.00	1.50	20灵宝01（166999）	99.33	205.00	2.04
20丽投01（167002）	99.13	200.00	1.98	20缙资01（167003）	99.34	167.90	1.67

债券成交
Bond Trading

债券
Bond

债券简称（代码）Bond Name（Code）	本年收盘（元）Close（Yuan）	成交数量（万张）Trading Vol（10000 Lots）	成交金额（亿元）Trading Value（100M Yuan）	债券简称（代码）Bond Name（Code）	本年收盘（元）Close（Yuan）	成交数量（万张）Trading Vol（10000 Lots）	成交金额（亿元）Trading Value（100M Yuan）
20启东D1（167004）	99.46	90.00	0.90	20明宫02（167007）	99.75	295.00	2.95
G20新津2（167008）	99.50	330.00	3.30	20金湖01（167009）	100.00	470.00	4.70
20东证03（167010）	98.81	2070.00	20.44	20古蔺01（167011）	100.00	90.00	0.90
20启海01（167013）	99.94	380.00	3.79	20醴渌01（167014）	99.23	460.00	4.58
20兖投01（167017）	100.01	896.00	8.94	20鼎城01（167018）	99.38	85.00	0.85
20锡新01（167019）	98.03	240.00	2.35	20遵经02（167020）	73.00	100.00	0.88
20通海01（167021）	98.77	95.00	0.94	20奉化02（167022）	99.30	140.00	1.39
20西城02（167023）	100.05	400.00	3.99	20泉港01（167025）	99.47	202.10	2.01
20同创D2（167027）	99.68	340.00	3.39	20青租02（167030）	98.41	695.60	6.92
20景城01（167031）	97.69	1120.00	11.00	20松原02（167032）	99.01	900.70	8.99
20古镇01（167033）	100.63	560.00	5.61	20商古02（167034）	100.00	100.00	1.00
20安租01（167035）	99.00	330.00	3.27	20恒利轩（167036）	99.62	1211.70	12.08
20国都C1（167037）	99.94	50.00	0.50	20淮高01（167038）	99.87	605.00	6.05
20鹰控01（167042）	99.84	480.00	4.79	20佳源02（167043）	100.00	118.73	1.19
20冀交02（167044）	99.61	680.00	6.77	20南明01（167045）	99.66	898.00	8.98
20贵安03（167046）	88.38	389.00	3.76	20济城04（167047）	99.11	970.00	9.61
20峨眉01（167048）	100.00	22.00	0.22	20诸东01（167050）	100.00	288.00	2.88
20天府01（167051）	100.00	50.00	0.50	20恒信F2（167052）	98.79	67.00	0.66
20百投01（167054）	100.00	60.00	0.60	20晋资01（167057）	100.93	90.00	0.91
20铜仁01（167060）	92.78	1383.64	13.67	20潍水01（167061）	100.00	648.10	6.43
20盐交02（167062）	98.00	1300.00	12.71	20恒业02（167063）	99.02	307.00	3.05
20冶园02（167065）	96.72	100.00	0.97	20平阳01（167066）	98.49	659.00	6.44
20临颍01（167067）	100.10	228.00	2.28	20高港01（167068）	99.42	1866.50	18.61
20福晟01（167069）	100.30	670.00	6.71	20旅业01（167071）	100.00	90.00	0.90
20浙天02（167072）	98.69	135.00	1.34	20金交02（167075）	99.34	270.00	2.70
20贵控03（167076）	98.86	360.00	3.56	20海水01（167079）	99.45	150.00	1.49
20任兴02（167080）	101.07	170.00	1.70	20郓城01（167081）	100.00	133.40	1.33
20中租D1（167082）	99.46	400.00	3.98	20佳鑫01（167085）	100.00	1170.00	11.66
20中荆01（167086）	98.00	136.00	1.35	20双岛01（167087）	100.00	130.00	1.30
20遵物01（167088）	99.31	1360.00	13.44	20延安01（167089）	100.00	530.00	5.29
20通达01（167090）	97.55	180.00	1.79	20厦特01（167091）	99.32	159.00	1.57
20滨江债（167092）	97.45	288.00	2.85	20动迁02（167093）	98.41	300.00	2.97
20梅旅01（167094）	100.00	24.90	0.25	20幸庄01（167095）	99.43	521.80	5.21
20昆发01（167096）	99.66	100.00	1.00	20桂债01（167098）	99.40	1039.00	10.36
20淮新03（167100）	99.92	450.00	4.50	20绵兴02（167101）	97.55	362.00	3.56
20浦江01（167103）	100.25	1145.15	11.47	20海投02（167105）	99.02	245.00	2.44
20柳建03（167106）	98.32	325.10	3.25	20海盐03（167107）	97.76	216.00	2.13
20溧水01（167108）	98.67	340.00	3.37	20天风C3（167109）	99.02	1202.00	11.89
20舟蓬02（167112）	96.81	604.00	5.84	20芜建01（167113）	98.75	470.00	4.69
20桐控02（167114）	100.00	348.90	3.47	20荆投01（167116）	99.26	185.00	1.84
20临港02（167117）	98.52	304.00	3.03	20锡经D3（167118）	99.46	320.00	3.20
20唐控D1（167119）	100.00	365.71	3.66	20兴市01（167120）	100.00	200.00	2.00
20豫水01（167121）	99.27	140.00	1.39	20筑铁01（167122）	98.97	310.00	3.09
20武侯D1（167123）	100.06	750.00	7.50	20茅控01（167124）	99.66	60.00	0.60
20筑投02（167125）	98.86	217.00	2.16	20莲湖01（167127）	98.62	2670.00	26.41
20番雅01（167129）	99.80	1665.00	16.55	20常宁01（167130）	100.00	610.00	6.10
G20仙山（167131）	98.99	861.00	8.59	20瀚控D5（167132）	98.71	1354.00	13.35
20金坛03（167135）	98.85	408.00	4.00	20柳州D1（167136）	98.85	247.00	2.46
20青科01（167137）	99.06	390.00	3.88	20裕丰02（167138）	99.98	795.06	7.95
20建控03（167139）	98.87	160.00	1.59	G20安吉1（167140）	97.92	48.00	0.47

债券成交 Bond Trading

债券 Bond

债券简称（代码）Bond Name（Code）	本年收盘（元）Close（Yuan）	成交数量（万张）Trading Vol（10000 Lots）	成交金额（亿元）Trading Value（100M Yuan）	债券简称（代码）Bond Name（Code）	本年收盘（元）Close（Yuan）	成交数量（万张）Trading Vol（10000 Lots）	成交金额（亿元）Trading Value（100M Yuan）
20古都01（167141）	100.00	429.60	4.30	20巴资01（167142）	100.00	555.00	5.55
20上城01（167144）	99.59	1624.00	16.36	20南川01（167145）	98.56	397.00	3.91
20舜宁01（167146）	100.00	180.00	1.80	20潍州03（167148）	99.23	565.00	5.65
20广成D1（167149）	100.00	120.00	1.20	20成金02（167150）	100.00	415.00	4.13
20福晟02（167151）	100.00	3000.00	30.00	20嵊交01（167153）	99.87	280.00	2.79
20融盛02（167154）	98.00	200.00	1.98	20城发D1（167155）	99.57	760.00	7.60
20科技02（167156）	100.00	565.00	5.64	20仁水01（167157）	99.77	1773.40	17.74
20红发D1（167158）	99.76	60.00	0.60	20益民01（167159）	98.81	990.00	9.90
20益民02（167160）	99.13	150.00	1.49	20上饶01（167161）	99.10	710.00	7.08
20泰交D2（167164）	99.96	687.00	6.86	20南新D1（167165）	99.25	50.00	0.50
20定城02（167166）	100.06	403.05	4.03	20首业06（167168）	98.39	2905.00	28.88
20扬教01（167170）	99.12	234.00	2.32	20罗美01（167172）	100.01	500.00	5.00
20彭泽01（167173）	100.23	180.00	1.80	20鹰控02（167176）	101.35	750.00	7.59
20吴城02（167177）	98.88	40.00	0.40	20湖产01（167178）	100.47	100.00	1.00
20资开01（167179）	99.67	176.00	1.76	20烟投01（167181）	99.65	910.00	9.08
20新发02（167182）	98.34	300.00	2.95	20遵和02（167183）	98.19	100.00	0.98
20海怡01（167184）	100.00	300.00	3.00	20滨海04（167185）	98.99	340.00	3.38
G20惠建1（167187）	97.44	30.00	0.29	20雅安04（167188）	100.88	155.00	1.55
20滕房01（167189）	100.40	240.00	2.40	20江津02（167190）	99.16	900.00	8.92
20盐镇01（167191）	100.00	160.00	1.60	20南黄海（167192）	99.67	380.00	3.79
20高新01（167193）	98.70	105.50	1.05	20中盐01（167195）	100.00	164.80	1.64
20贵安04（167197）	100.00	149.00	1.49	20桐交01（167198）	100.04	180.00	1.80
20虞资03（167199）	99.62	450.00	4.48	20常高03（167201）	99.99	360.00	3.59
20仁投01（167202）	96.63	379.00	3.68	20郑交02（167203）	100.00	50.00	0.50
20崂发01（167204）	100.00	400.00	4.00	20济矿02（167208）	98.94	50.00	0.49
20虞水01（167209）	100.00	356.90	3.58	20苏科D1（167210）	98.73	154.00	1.53
20政通02（167211）	100.81	174.00	1.74	20烟台01（167212）	98.72	1630.00	16.22
20安信D1（167213）	99.71	830.00	8.28	20娄城D2（167214）	99.10	138.00	1.37
20遵资01（167215）	98.00	228.70	2.27	20长建02（167216）	98.50	70.00	0.69
20众安01（167217）	99.90	540.00	5.40	20中租D2（167218）	99.86	485.00	4.85
20国兴01（167220）	98.94	100.00	0.99	20新庐01（167222）	100.10	1436.50	14.37
20安租03（167224）	100.01	215.00	2.15	20安租D2（167225）	99.86	360.00	3.60
20海发03（167226）	100.43	150.00	1.50	20昆城D1（167227）	98.73	60.00	0.59
20旅发D1（167228）	99.42	275.42	2.75	20湘侨01（167229）	100.00	367.30	3.67
20梁溪02（167230）	99.72	300.00	2.99	20温港01（167231）	98.82	1025.20	10.12
20瑞投01（167232）	99.99	330.00	3.30	20惠通债（167235）	97.61	200.00	1.96
20溪地02（167236）	100.00	503.45	5.00	20薛城债（167237）	100.00	347.00	3.47
20盐城D2（167239）	99.81	1936.00	19.29	20泰凤01（167240）	99.38	100.00	0.99
20淮开D1（167241）	99.82	960.00	9.59	20北铁01（167242）	99.18	410.00	4.07
20彭统建（167243）	98.61	467.20	4.61	20食科02（167244）	98.97	300.00	2.98
20市中02（167246）	100.81	1506.50	15.11	20睢专01（167248）	100.00	138.80	1.39
20宿新01（167249）	101.97	721.50	7.32	20阳山01（167250）	100.63	100.00	1.01
20融控02（167251）	100.01	330.00	3.30	20平融01（167252）	99.46	759.00	7.57
20银河F5（167253）	99.91	530.00	5.30	20景旅01（167254）	99.49	955.00	9.55
20吉发02（167255）	100.00	1103.00	11.03	20华荣02（167257）	85.00	464.00	4.54
20鄂租03（167259）	100.00	50.00	0.50	20桐庐02（167261）	99.61	247.20	2.47
20芜湖02（167262）	98.32	180.00	1.77	20定城建（167264）	99.90	79.90	0.80
20福华01（167265）	100.00	200.00	2.00	20海创01（167266）	99.09	430.00	4.28
20交通02（167269）	98.90	130.00	1.29	20兖投02（167270）	99.99	745.00	7.46
20兖投03（167271）	100.00	238.00	2.38	20眉府01（167272）	99.60	420.00	4.20

债券成交
Bond Trading

债券简称（代码）Bond Name（Code）	本年收盘（元）Close（Yuan）	成交数量（万张）Trading Vol（10000 Lots）	成交金额（亿元）Trading Value（100M Yuan）	债券简称（代码）Bond Name（Code）	本年收盘（元）Close（Yuan）	成交数量（万张）Trading Vol（10000 Lots）	成交金额（亿元）Trading Value（100M Yuan）
20碧海02（167273）	100.00	2279.48	22.65	20钱投01（167274）	99.71	60.00	0.60
20创鸿D1（167276）	99.50	20.00	0.20	20乌投01（167277）	99.93	430.00	4.30
20乌高01（167279）	98.76	740.00	7.31	20娄城03（167281）	97.78	100.00	0.98
G20宁经2（167283）	98.50	263.00	2.59	20滨海05（167284）	99.69	1320.00	13.17
20珠海01（167285）	98.57	303.50	3.01	20嘉服02（167286）	99.05	100.00	0.99
20中金F3（167287）	99.29	508.60	5.06	20共享03（167288）	98.78	280.00	2.77
20绍滨01（167290）	99.97	50.00	0.50	20东阳02（167291）	100.00	220.00	2.20
20华泰02（167293）	99.85	1110.00	11.07	20恒达01（167295）	97.43	70.00	0.68
20盐控01（167296）	99.39	530.00	5.29	20漯河02（167298）	101.87	1177.00	11.86
20长融01（167299）	97.77	200.00	1.96	20沪券D1（167300）	100.00	155.00	1.55
20株金01（167301）	99.50	210.00	2.09	20海宁01（167302）	98.26	770.00	7.60
20安投01（167303）	100.56	840.00	8.38	20中财F2（167305）	98.92	982.00	9.72
20恒泰01（167306）	100.17	100.00	1.00	20惠民02（167308）	99.44	1090.00	10.87
20豫峡D2（167309）	99.90	780.00	7.78	20弋阳01（167311）	98.43	700.00	6.91
20禹洲01（167312）	99.74	451.00	4.51	20汕投02（167313）	97.74	115.00	1.12
20银河F6（167315）	99.53	2030.00	20.21	20银河F7（167316）	99.66	545.00	5.42
20柳州04（167317）	99.69	423.10	4.24	20万联03（167318）	98.62	320.00	3.16
20湖东02（167319）	100.00	380.00	3.80	20融和02（167320）	99.50	120.00	1.20
20济产02（167321）	100.01	857.50	8.55	20苏海01（167323）	99.80	337.00	3.37
20金辉02（167325）	95.93	1210.00	11.84	20台商债（167326）	100.00	112.00	1.12
20桐控03（167327）	100.00	120.00	1.19	20宁城02（167329）	100.21	140.00	1.40
20株城01（167330）	99.38	468.00	4.67	20通经01（167332）	99.41	391.00	3.88
20泾河01（167333）	101.14	540.00	5.42	20赣恒01（167334）	99.08	346.00	3.46
20南沙01（167335）	98.23	203.00	1.98	20市北01（167336）	100.00	80.00	0.80
20南开02（167337）	97.69	180.00	1.76	20柯经开（167339）	98.27	1222.20	12.15
20时代10（167340）	99.96	170.00	1.70	20兴信02（167341）	98.63	420.00	4.16
20钱城01（167344）	97.79	1044.00	10.32	20句农01（167346）	99.65	285.00	2.85
20崇投01（167349）	99.95	412.52	4.13	20延旅债（167350）	100.00	55.00	0.55
20润田02（167351）	100.00	240.00	2.40	20南建01（167352）	100.00	370.00	3.66
20松原03（167353）	99.50	648.00	6.45	20玉城01（167354）	99.05	620.00	6.11
20新安05（167356）	100.00	842.16	8.42	20陕财01（167358）	99.85	400.00	4.00
20玉林01（167359）	100.01	192.41	1.92	G20德交2（167361）	100.00	190.00	1.90
20吴兴01（167362）	100.01	863.00	8.62	20海投03（167363）	100.00	396.00	3.96
20赣江01（167364）	100.00	2119.80	21.13	20兴蓉西（167366）	100.00	100.00	1.00
20九联02（167368）	97.77	570.00	5.52	20虞建开（167369）	100.00	249.40	2.49
20宜文01（167372）	99.45	160.00	1.59	20太科01（167373）	97.55	10.00	0.10
20惠基02（167374）	99.91	48.00	0.48	20滨投02（167375）	99.91	880.00	8.80
20炜赋01（167376）	99.78	260.00	2.60	20弘湘01（167377）	100.00	130.00	1.30
20铜川01（167378）	100.00	447.70	4.46	20纳兴03（167379）	100.01	200.00	2.00
20新开02（167380）	99.51	145.00	1.45	20新开03（167381）	100.16	770.00	7.70
20盐投D2（167382）	99.37	380.00	3.78	20世纪D2（167383）	100.00	1968.00	19.68
20沭新01（167384）	100.00	250.00	2.50	20安信02（167385）	99.69	1820.00	18.16
20新昌G2（167386）	98.64	40.00	0.39	20西海01（167387）	100.01	230.00	2.30
20溧开02（167388）	100.28	138.00	1.38	20鼎力03（167389）	99.57	261.00	2.61
20瀛洲01（167390）	100.56	80.00	0.80	20苏园03（167391）	100.00	130.00	1.30
20苏园04（167392）	99.93	119.40	1.19	20豫水02（167393）	98.99	550.00	5.45
20桓台01（167394）	99.51	640.68	6.40	20南新D2（167396）	99.32	643.78	6.41
20信诚01（167397）	100.00	225.00	2.25	20金坛04（167398）	97.70	100.00	0.98
S20产城1（167399）	100.87	180.00	1.80	20轻纺01（167400）	98.84	310.00	3.07
20锡西01（167401）	99.44	180.00	1.79	20西城04（167402）	100.16	212.00	2.12

债券成交
Bond Trading

债券
Bond

债券简称（代码）Bond Name（Code）	本年收盘（元）Close（Yuan）	成交数量（万张）Trading Vol（10000 Lots）	成交金额（亿元）Trading Value（100M Yuan）	债券简称（代码）Bond Name（Code）	本年收盘（元）Close（Yuan）	成交数量（万张）Trading Vol（10000 Lots）	成交金额（亿元）Trading Value（100M Yuan）
20 南湖 01（167403）	100.00	290.00	2.88	20 绿投 03（167404）	99.35	90.00	0.90
20 文汇 01（167405）	98.52	400.00	3.97	20 渝合 D1（167406）	99.63	320.00	3.19
20 滨海 06（167407）	99.56	130.00	1.30	20 九江 01（167408）	99.87	310.00	3.09
20 昆投 01（167409）	100.05	550.00	5.50	20 青城 D1（167410）	99.83	120.00	1.20
20 渝园 01（167411）	99.02	1229.00	12.19	20 兴福 02（167414）	99.80	380.00	3.79
20 泰州 02（167415）	99.80	17.50	0.17	20 兴港 D2（167417）	99.45	260.00	2.60
20 十堰 01（167418）	100.00	580.00	5.79	20 安阳 04（167419）	100.00	150.00	1.50
20 惠临 01（167421）	99.37	90.00	0.89	20 晋资 02（167422）	100.23	545.00	5.44
20 绿产 D2（167423）	99.72	114.00	1.14	20 岳交 01（167424）	99.89	150.00	1.50
20 岳交 02（167425）	100.00	20.00	0.20	20 泗宏 01（167426）	100.00	1435.17	14.35
20 中航 C1（167428）	99.59	606.00	6.04	20 株城 03（167429）	99.50	435.00	4.34
20 连城 03（167431）	99.49	100.00	1.00	20 财通 C2（167435）	99.36	510.00	5.06
20 镇交 02（167436）	98.79	600.00	5.93	20 龙水 01（167437）	99.33	107.00	1.06
20 葛化 01（167438）	98.80	1200.00	11.89	20 高新 02（167439）	100.36	580.00	5.81
20 宁证 C1（167440）	99.15	160.00	1.59	20 路公 D1（167441）	99.60	195.00	1.95
20 莱城发（167442）	99.90	180.00	1.80	20 山钢 03（167443）	100.64	1331.00	13.38
20 河口 02（167444）	100.00	1384.00	13.82	20 六安 01（167446）	100.23	40.00	0.40
20 株国 06（167447）	98.37	400.00	3.96	20 浏城 02（167450）	99.43	130.00	1.29
20 绵控 02（167452）	99.56	340.00	3.40	20 建开 02（167453）	100.00	50.00	0.50
20 建开 03（167454）	100.05	300.00	3.00	20 焦作 01（167455）	99.44	285.00	2.85
20 焦作 02（167456）	100.20	530.00	5.32	20 丰兴 02（167457）	100.00	259.00	2.59
20 荣成 02（167458）	98.48	1730.00	17.07	20 虞舜 01（167461）	99.24	150.00	1.49
20 时代 12（167463）	100.02	580.00	5.80	20 龙川 03（167464）	98.76	100.00	0.99
20 先导 03（167465）	99.31	210.00	2.10	20 海连 01（167466）	97.96	360.00	3.55
20 金义 01（167467）	99.49	350.00	3.48	20 德源 01（167468）	96.81	80.00	0.77
20 余发 01（167469）	99.30	300.00	2.99	20 瀚控 D6（167472）	99.66	1019.10	10.17
20 沪券 C1（167473）	99.60	985.00	9.84	20 渝隆 D2（167474）	99.60	90.00	0.90
20 通海 02（167475）	99.19	93.00	0.92	20 遵桥 D2（167476）	99.15	117.60	1.17
20 融控 03（167477）	99.22	100.00	0.99	20 禹城 01（167478）	99.69	1394.40	13.95
20 长寿 01（167479）	100.00	536.00	5.36	20 乌经建（167480）	100.41	280.00	2.80
20 柯资 01（167482）	99.89	650.00	6.46	20 南司 02（167483）	99.77	1350.00	13.39
20 汾湖 01（167484）	98.52	100.00	0.99	G20 建城 1（167485）	97.03	1017.00	10.00
20 湖交 01（167486）	98.31	300.00	2.97	20 云济 02（167487）	99.19	1330.00	13.29
G20 潼南 1（167489）	100.00	543.80	5.43	20 民泰 01（167490）	100.00	205.00	2.04
20 高港 02（167491）	99.90	175.00	1.75	20 高港 03（167492）	99.00	40.00	0.40
20 融和 D2（167494）	99.47	80.00	0.80	20 云控 02（167495）	99.48	200.00	1.98
20 滨建 01（167496）	97.45	100.00	0.97	20 天投 03（167499）	98.96	350.00	3.46
20 河西 01（167500）	99.16	230.00	2.28	20 蓉西 D1（167501）	100.01	400.00	4.00
20 松原 04（167502）	99.16	516.30	5.16	20 桂城 02（167503）	98.92	32.91	0.33
20 虞水 02（167504）	99.68	140.00	1.40	G20 日照（167505）	100.01	200.00	2.00
20 中泰 F2（167506）	99.96	1310.00	13.08	20 农谷债（167507）	100.00	200.00	2.00
20 银城 01（167508）	100.77	268.00	2.69	20 崇川 02（167509）	99.13	170.00	1.69
20 柳州 D2（167511）	98.68	846.00	8.46	20 康居 04（167512）	99.90	175.00	1.75
20 华鑫 02（167513）	99.42	100.00	1.00	20 弋阳 02（167514）	99.00	847.00	8.47
20 张发 01（167516）	99.94	540.00	5.39	20 产建 01（167519）	98.65	275.00	2.73
20 畅道 01（167520）	99.95	230.00	2.28	G20 苏科 1（167521）	95.95	70.00	0.68
20 蓉兴 01（167522）	99.80	210.00	2.10	20 遵桥 D3（167523）	83.50	865.10	7.71
20 大庆 02（167524）	100.94	190.00	1.91	20 富开 01（167526）	98.00	820.00	8.05
20 绵兴 03（167527）	98.90	270.00	2.68	20 曹国 01（167528）	100.00	1465.94	14.66
20 枝金 03（167529）	100.00	408.00	4.08	20 嘉城 01（167531）	99.96	180.00	1.80

债券成交
Bond Trading

债券简称（代码）Bond Name（Code）	本年收盘（元）Close（Yuan）	成交数量（万张）Trading Vol（10000 Lots）	成交金额（亿元）Trading Value（100M Yuan）	债券简称（代码）Bond Name（Code）	本年收盘（元）Close（Yuan）	成交数量（万张）Trading Vol（10000 Lots）	成交金额（亿元）Trading Value（100M Yuan）
20 安控 03（167532）	98.30	60.00	0.59	G20 生态 2（167533）	99.79	90.00	0.90
20 舜宁 02（167534）	98.56	250.00	2.48	20 江来 01（167535）	99.37	201.00	2.00
20 兰投 01（167539）	98.51	390.00	3.87	20 启海 02（167540）	98.75	70.00	0.69
20 洛城 02（167541）	100.00	1354.00	13.58	20 高投 01（167542）	97.72	75.00	0.73
20 古都 02（167543）	100.03	80.00	0.80	20 启东 D2（167544）	99.60	1070.00	10.66
20 曲金 01（167545）	99.92	70.00	0.70	20 象港 02（167546）	97.80	260.00	2.56
20 近湖 01（167547）	100.00	122.50	1.23	20 空港 F1（167548）	97.48	860.00	8.46
20 相高 01（167549）	99.91	570.00	5.70	20 文登 01（167550）	99.76	100.00	1.00
20 句容 02（167551）	97.60	120.00	1.17	20 广安 03（167552）	98.78	300.00	2.96
20 全南 01（167553）	100.00	314.00	3.13	20 东泰 D1（167554）	99.36	330.00	3.28
20 赣恒 04（167556）	99.56	902.00	8.99	20 海陵 02（167557）	100.00	310.00	3.03
20 虞开 02（167558）	98.26	60.00	0.60	20 山煤 01（167560）	100.00	180.00	1.80
20 黄城 01（167561）	99.98	144.00	1.44	20 库城 01（167562）	99.56	363.00	3.63
20 浙商 C3（167567）	99.37	340.00	3.38	20 浙商 C4（167568）	99.56	300.00	2.97
20 铜开 01（167569）	100.00	1477.00	14.51	20 济金 02（167570）	99.38	220.00	2.19
20 未央 01（167571）	99.83	300.00	2.99	20 穗开 03（167573）	98.88	124.00	1.23
20 锡藕 03（167574）	99.25	120.00	1.19	20 德兴 01（167575）	99.46	371.00	3.71
20 临公 01（167576）	100.00	110.00	1.10	20 怀经 02（167577）	100.10	270.00	2.70
20 钱塘债（167578）	98.26	300.00	2.95	20 齐财 01（167579）	100.60	250.00	2.51
20 临颍 02（167580）	99.89	310.00	3.09	20 深钜 01（167581）	100.00	457.58	4.58
20 西经 D1（167582）	80.00	1292.50	12.79	20 智慧 01（167583）	99.99	70.00	0.70
20 开封 01（167585）	96.20	250.00	2.45	20 恒澄 01（167586）	98.47	201.00	1.98
20 鑫通 01（167587）	100.00	510.00	5.10	20 建开 04（167588）	98.80	232.20	2.32
20 饶资 01（167589）	99.34	812.00	8.10	20 沂发 01（167590）	100.00	320.50	3.20
20 海江 01（167592）	98.85	107.50	1.05	20 怀远 01（167593）	100.00	1638.87	16.39
20 兴化 02（167594）	101.64	330.00	3.31	20 柳控 F3（167595）	98.99	270.39	2.70
20 禹洲 02（167596）	101.48	706.00	7.05	20 鄞开 01（167597）	99.09	80.00	0.79
20 合川 02（167598）	100.00	396.00	3.95	20 高创 02（167599）	100.00	879.50	8.85
20 滨湖 D1（167600）	99.50	515.00	5.11	20 红塔 02（167601）	100.00	178.28	1.78
20 锡西 02（167602）	100.00	210.00	2.10	20 襄国 01（167603）	100.00	310.00	3.10
20 水发 D1（167604）	100.02	860.00	8.60	20 中租 D3（167605）	99.93	525.00	5.25
20 如东 01（167606）	99.70	500.00	4.99	20 进纾 02（167607）	99.35	380.00	3.77
20 滨海 07（167608）	99.89	160.00	1.60	20 高邮 02（167609）	99.19	120.00	1.19
20 三阳 01（167610）	100.00	475.00	4.76	20 宜城 D1（167614）	100.00	190.00	1.90
20 平城 01（167615）	100.01	378.00	3.78	20 药城 02（167616）	100.00	50.00	0.50
20 扬化 01（167618）	99.50	45.00	0.45	20 甬滨 01（167620）	99.43	100.00	0.99
20 汾湖 D2（167621）	99.79	250.00	2.49	20 通投 02（167624）	100.00	120.00	1.20
20 潍水 D1（167625）	100.00	330.00	3.29	20 恒信 F4（167626）	100.03	80.00	0.80
20 浔城 02（167627）	98.99	140.00	1.39	20 南投 02（167628）	100.00	300.00	3.00
20 生态 01（167630）	98.86	180.00	1.78	20 太旅 01（167631）	97.95	30.00	0.29
20 晋资 03（167632）	99.43	680.00	6.76	20 唐山 02（167636）	100.00	1283.00	12.81
20 惠投 D2（167637）	99.68	150.00	1.50	20 皋沿 01（167638）	97.42	300.00	2.94
20 双溪 03（167639）	100.01	153.00	1.53	20 贵产 01（167640）	99.73	760.00	7.56
20 茅控 02（167642）	100.00	32.00	0.32	20 济建 03（167643）	99.76	1120.00	11.19
20 怀高 01（167644）	96.50	627.00	6.19	20 盘水 02（167646）	98.30	10.00	0.10
20 龙海 01（167647）	98.55	200.00	1.98	20 黄经 01（167649）	100.00	76.00	0.76
20 乌高 02（167650）	100.12	550.00	5.49	20 仙城 01（167651）	99.20	300.00	2.99
20 瀚控 D7（167653）	99.49	260.00	2.58	20 仁怀 03（167654）	98.75	353.00	3.47
20 浙天 03（167655）	100.00	180.00	1.80	20 郴投 02（167656）	98.94	90.00	0.89
20 宁证 C2（167658）	99.41	650.00	6.46	20 虞资 05（167659）	100.00	830.00	8.31

债券成交
Bond Trading

债券简称（代码） Bond Name（Code）	本年收盘（元） Close（Yuan）	成交数量（万张） Trading Vol （10000 Lots）	成交金额（亿元） Trading Value （100M Yuan）	债券简称（代码） Bond Name（Code）	本年收盘（元） Close（Yuan）	成交数量（万张） Trading Vol （10000 Lots）	成交金额（亿元） Trading Value （100M Yuan）
20建设03（167660）	98.65	50.00	0.49	20通融02（167662）	99.99	100.00	1.00
20沣西债（167663）	99.80	787.00	7.85	20抚州01（167664）	100.10	260.00	2.60
20三门01（167666）	100.00	600.00	5.73	20兴业C1（167668）	99.83	890.00	8.89
G20有轨1（167669）	100.00	25.00	0.25	20渝合D2（167670）	99.83	400.00	4.00
20博山01（167671）	100.00	1347.00	13.47	20中新01（167672）	100.00	248.40	2.48
20大行01（167673）	100.00	94.70	0.95	20科技04（167674）	100.00	417.00	4.17
20开福01（167675）	98.56	388.00	3.86	20溧开03（167678）	99.66	427.00	4.27
20长建03（167679）	99.32	803.00	8.01	20株产01（167681）	99.40	481.40	4.80
20百投03（167683）	100.00	121.00	1.21	20缙云02（167684）	97.50	80.00	0.78
20佳源03（167685）	100.00	735.00	7.35	20伊资01（167686）	100.00	100.00	1.00
20漳九03（167687）	100.00	20.00	0.20	20四维01（167688）	100.00	4.50	0.05
20中航C2（167689）	99.37	660.00	6.60	20成金03（167690）	100.00	96.00	0.96
20金控03（167691）	99.88	70.00	0.70	20赣租01（167692）	99.14	45.00	0.45
20扬开01（167693）	99.95	355.00	3.54	20城控01（167695）	99.35	200.00	1.99
20株城05（167696）	99.60	60.00	0.60	20金洲03（167697）	98.82	530.00	5.26
20交通03（167699）	99.45	140.00	1.39	20雪浪01（167701）	95.69	172.00	1.64
20桂债02（167702）	100.18	187.50	1.88	20博融01（167703）	100.01	160.00	1.60
20泰顺02（167704）	100.00	170.00	1.70	G20新天1（167705）	96.16	367.50	3.54
20城资D1（167706）	100.10	200.00	2.00	20蓉西02（167708）	99.56	140.00	1.39
20锡东03（167709）	97.97	290.00	2.87	20能投02（167710）	99.47	610.00	6.09
20天目02（167711）	97.95	450.00	4.40	20兴安01（167712）	99.35	540.00	5.31
20溧水F1（167713）	99.38	374.00	3.73	20三江投（167714）	100.00	127.70	1.28
20海兴04（167715）	98.34	610.00	6.05	20浦经01（167716）	99.59	160.00	1.60
20资开03（167717）	99.00	300.00	2.99	20绿港03（167719）	98.59	5.30	0.05
20如开D1（167720）	99.60	335.00	3.34	20葫岛01（167721）	100.00	25.00	0.25
20新经02（167723）	100.00	65.00	0.65	20会展01（167724）	98.95	340.00	3.39
20山金01（167725）	100.00	60.00	0.60	20宿控01（167726）	97.99	185.00	1.84
20城旅02（167727）	98.66	320.00	3.16	20麒麟01（167728）	100.00	468.50	4.69
20北仑01（167730）	98.63	60.00	0.59	20绍滨02（167731）	99.81	200.00	2.00
20申太02（167733）	99.81	760.00	7.55	20泸建01（167734）	99.81	400.00	3.99
20泉水01（167735）	100.13	193.60	1.93	20新创01（167736）	99.20	160.00	1.59
20驻投03（167737）	100.96	30.00	0.30	20濮水02（167740）	99.50	707.00	7.04
20郓城02（167741）	99.70	97.54	0.97	20晋产01（167742）	100.06	330.00	3.30
20世园D1（167743）	99.93	260.00	2.60	20如皋04（167744）	100.00	67.00	0.67
20桐振01（167745）	97.88	299.00	2.94	20延平债（167746）	98.69	240.00	2.40
20灵宝02（167747）	100.00	105.00	1.05	20运河01（167748）	97.53	493.00	4.86
20兆泰01（167749）	99.45	297.00	2.93	20岳湖01（167750）	99.27	246.40	2.46
20宁科02（167751）	99.08	20.00	0.20	20番雅02（167752）	98.78	2524.00	25.08
20浙商C5（167754）	100.12	50.00	0.50	20浔交02（167756）	98.28	60.00	0.59
20遵桥D4（167757）	74.00	488.40	4.66	20即墨D1（167758）	99.57	110.00	1.10
20临建01（167759）	100.00	498.00	4.96	20广成D2（167760）	98.33	220.00	2.19
20皋通01（167762）	99.90	270.00	2.69	20佳鑫02（167763）	100.07	240.00	2.40
20任兴03（167764）	98.31	860.20	8.48	20中租D4（167765）	100.02	355.00	3.55
20明城01（167766）	100.39	120.00	1.20	20麒麟02（167767）	100.00	658.10	6.58
20SAICC1（167768）	98.92	170.00	1.68	20洛城03（167769）	100.01	300.00	3.00
20吴兴02（167770）	100.48	630.00	6.31	20兴海02（167772）	100.00	800.00	8.00
20甬开01（167773）	99.30	150.00	1.49	20深钜02（167774）	100.00	2098.54	21.05
20江公02（167775）	100.06	50.00	0.50	20浏新01（167776）	99.35	62.00	0.62
20舟金债（167777）	99.70	60.00	0.60	20环湖01（167778）	99.48	550.00	5.48
20同租01（167779）	100.35	615.00	6.14	20柯资D3（167780）	100.00	12.50	0.13

债券成交
Bond Trading

债券简称（代码）Bond Name（Code）	本年收盘（元）Close（Yuan）	成交数量（万张）Trading Vol（10000 Lots）	成交金额（亿元）Trading Value（100M Yuan）	债券简称（代码）Bond Name（Code）	本年收盘（元）Close（Yuan）	成交数量（万张）Trading Vol（10000 Lots）	成交金额（亿元）Trading Value（100M Yuan）
20 日经 01（167781）	100.00	30.00	0.30	20 江油 02（167782）	100.01	593.00	5.92
20 金堂 01（167783）	100.00	690.00	6.90	20 成兴 01（167785）	99.01	500.00	4.98
20 天泰 01（167786）	100.00	15.00	0.15	20 泰控债（167789）	100.00	30.00	0.30
20 咸阳 01（167791）	100.00	457.00	4.56	G20 阿地 1（167792）	100.10	420.00	4.20
20 宁运 01（167794）	99.97	253.50	2.53	20 连工 02（167795）	100.00	50.00	0.50
20 恒泰 C1（167799）	100.00	516.60	5.16	20 浔旅 02（167800）	98.20	230.00	2.29
20 诸交 01（167801）	100.00	132.00	1.32	20 寿光 01（167802）	100.00	250.00	2.50
20 徐州 01（167803）	100.00	727.28	7.28	20 信诚 02（167804）	99.82	126.00	1.26
20 杭港 02（167806）	97.98	100.00	0.98	20 沭东 02（167807）	100.02	130.00	1.30
20 平远 01（167808）	99.83	1365.50	13.65	20 平发 02（167810）	100.00	170.00	1.70
20 伊川 01（167811）	100.00	80.00	0.80	20 新昌 D1（167812）	99.29	90.00	0.89
20 润投 01（167813）	100.00	50.00	0.50	20 城资 D2（167814）	100.49	540.00	5.41
20 柯资 02（167816）	99.67	88.00	0.88	20 富开 02（167817）	99.10	308.00	3.03
20 启创 01（167818）	100.00	200.00	2.00	20 魏投 01（167819）	100.00	40.00	0.40
20 魏投 02（167820）	100.00	103.00	1.03	20 淮开 05（167823）	100.00	130.00	1.30
20 株高 F1（167824）	100.43	450.00	4.49	20 惠农 01（167827）	99.98	310.00	3.10
20 太湖 02（167829）	100.00	952.20	9.49	20 鹤山 01（167830）	96.58	557.00	5.40
20 青田债（167835）	99.84	86.00	0.86	20 遵桥 D5（167836）	99.26	173.00	1.72
20 嵊南 02（167837）	98.89	260.00	2.59	20 昌发 01（167839）	99.17	40.00	0.40
20 金坛 05（167841）	96.80	200.00	1.95	20 深钜 D1（167844）	100.00	453.35	4.56
20 首股 03（167845）	99.96	110.00	1.10	20 新泰 01（167846）	101.19	200.00	2.01
20 溧城 D1（167848）	99.39	550.00	5.48	20 恒瑞 01（167849）	100.00	300.00	3.00
20 涪交 03（167850）	100.00	60.00	0.60	20 国联 04（167851）	99.41	400.00	3.97
20 宜经 02（167855）	97.74	71.10	0.70	20 建发 02（167857）	100.50	145.00	1.45
20 九洲 02（167858）	97.62	121.00	1.19	20 濮阳 02（167859）	100.00	100.00	1.00
20 醴渌 02（167860）	98.60	1063.88	10.60	20 义城 01（167863）	100.00	543.00	5.39
20 广丰 01（167864）	100.84	1650.10	16.48	20 嘉服 03（167865）	99.56	200.00	1.99
20 海润 03（167867）	97.48	127.00	1.25	20 金义 02（167868）	99.87	500.00	4.98
20 济高 Y2（167869）	100.00	120.00	1.20	20 亭湖 04（167875）	100.00	123.30	1.23
20 家园 05（167876）	100.00	90.00	0.90	20 淳安 02（167878）	98.53	600.00	5.94
20 新昌 04（167880）	99.70	210.00	2.09	20 宿东 01（167881）	100.70	67.00	0.67
20 宁科 01（167882）	98.75	75.00	0.74	20 新余 02（167884）	99.61	260.00	2.60
20 智谷 01（167886）	99.38	80.00	0.80	20 财通 C3（167887）	99.38	345.00	3.44
20 宜新 02（167888）	99.18	40.00	0.40	20 伊资 02（167889）	100.00	190.00	1.90
20 新源 01（167891）	100.00	40.00	0.40	20 新集 01（167895）	100.00	510.00	5.10
20 海通 F1（167896）	99.84	630.00	6.29	20 海通 F2（167897）	99.65	643.00	6.40
20 淮新 05（167899）	99.79	160.00	1.60	20 万通 03（167902）	100.00	60.00	0.60
20 泰投 01（167903）	100.00	557.00	5.57	20 同煤 04（167904）	98.75	307.00	3.07
20 富通 02（167905）	99.68	138.00	1.38	20 惠基 03（167906）	99.36	398.00	3.96
20 东城 01（167907）	100.00	7.00	0.07	20 忻州 02（167908）	100.00	30.00	0.30
20 椒社 01（167909）	99.23	290.00	2.87	20 鹿城 01（167910）	100.00	205.00	2.01
20 余开投（167911）	99.60	30.00	0.30	20 宁经 01（167912）	98.04	240.00	2.37
20 新锦 01（167913）	98.64	240.00	2.38	20 家园 06（167914）	99.80	165.00	1.65
20 昆交发（167915）	97.41	100.00	0.98	20 淮开 06（167917）	99.00	2270.00	22.57
20 连城 04（167918）	99.17	534.00	5.30	20 华融 F1（167919）	99.40	255.00	2.55
20 华融 C2（167920）	100.01	200.00	2.00	20 华靖 02（167921）	98.36	360.00	3.54
20 厦特 02（167922）	100.00	20.00	0.20	20 海曙 02（167923）	99.85	20.00	0.20
20 奉投 01（167924）	97.40	370.00	3.62	20 邵东 01（167925）	97.87	78.00	0.78
20 余杭 03（167927）	99.54	694.00	6.88	20 肥西 01（167929）	100.00	775.00	7.72
20 渝枢 08（167931）	99.98	540.00	5.36	20 西电 01（167932）	99.43	123.00	1.22

债券成交 Bond Trading

债券 Bond

债券简称（代码） Bond Name（Code）	本年收盘（元） Close（Yuan）	成交数量（万张） Trading Vol（10000 Lots）	成交金额（亿元） Trading Value（100M Yuan）	债券简称（代码） Bond Name（Code）	本年收盘（元） Close（Yuan）	成交数量（万张） Trading Vol（10000 Lots）	成交金额（亿元） Trading Value（100M Yuan）
20昆城D2（167933）	99.51	300.00	2.98	20永安债（167934）	100.00	10.00	0.10
20乌开01（167935）	100.00	50.00	0.50	20滨海08（167936）	99.87	281.00	2.77
20平金03（167937）	100.00	146.00	1.46	20近湖02（167938）	100.00	2.50	0.03
20淮水01（167939）	100.01	1018.00	10.16	20同煤05（167940）	99.12	1015.00	10.12
20柳旅01（167942）	99.99	26.00	0.26	20宁旅01（167943）	100.00	520.00	5.20
20滨旅01（167944）	99.20	244.50	2.44	20远景01（167945）	100.00	627.80	6.28
20衢城01（167946）	99.19	215.00	2.13	G20建湖2（167947）	99.65	205.00	2.05
20沭东04（167949）	100.00	80.00	0.80	20崇发01（167951）	100.00	138.00	1.38
20襄置02（167952）	100.00	80.00	0.80	20兴堰01（167953）	100.00	1438.00	14.36
G20嵊交1（167954）	99.99	260.00	2.60	20瀚控D8（167955）	99.56	197.60	1.97
20海城D2（167956）	99.39	510.00	5.08	20恒泰F1（167957）	100.00	366.50	3.65
20三资01（167959）	100.51	1360.00	13.59	20高创04（167960）	98.31	230.00	2.30
20兴港D3（167961）	99.72	960.00	9.59	20句农02（167963）	99.48	185.00	1.85
20未来01（167964）	99.52	150.00	1.50	20长投02（167965）	100.54	415.00	4.17
20南新03（167966）	99.20	200.00	1.99	20药城03（167967）	100.00	320.00	3.20
20龙经01（167968）	100.23	294.00	2.94	20鑫华01（167969）	98.33	220.00	2.16
20余交01（167970）	98.31	270.00	2.66	20普城03（167971）	99.71	60.00	0.60
20创投02（167972）	98.03	1708.60	17.03	20南湖02（167974）	100.13	350.00	3.50
20曹国D2（167977）	100.00	605.66	6.06	20永兴03（167978）	97.55	331.00	3.27
20西海02（167980）	99.54	510.00	5.08	G20桐庐2（167981）	100.00	165.00	1.65
20铜交01（167982）	100.00	70.00	0.70	20株城06（167985）	100.00	55.00	0.55
20广鑫01（167987）	100.00	130.00	1.30	20玉环02（167989）	97.53	200.00	1.97
20赣建02（167990）	100.00	660.00	6.60	20阜建02（167993）	100.03	649.00	6.49
20商铁04（167995）	100.00	210.00	2.10	20古镇02（167996）	100.00	330.00	3.29
PR1优（168004）	99.14	266.00	2.66	亚特01A（168006）	99.35	8804.30	87.78
小米036A（168008）	100.00	20.00	0.20	PR23A2（168013）	69.52	26.00	0.26
恒信23A3（168014）	99.50	11.00	0.11	开新7优（168018）	99.78	75.00	0.75
合生6A（168020）	100.00	437.00	4.37	20宁远1A（168024）	100.00	10.00	0.10
PR10A1（168026）	15.47	60.00	0.37	万安10A2（168027）	99.74	230.00	2.30
万安10A3（168028）	100.00	105.00	1.05	聚盈06A（168029）	100.00	160.00	1.60
聚盈06C（168031）	100.00	15.00	0.15	聚盈06D（168032）	105.21	26.00	0.27
君美2优（168034）	99.71	655.00	6.54	华鑫融2A（168036）	99.64	100.00	1.00
20德清A2（168041）	99.21	298.00	2.97	20德清A3（168042）	99.09	215.00	2.13
20德清A4（168043）	98.23	365.00	3.65	20德清A5（168044）	100.00	680.00	6.80
PR君创2A（168049）	32.84	380.00	2.02	PR建上A1（168052）	24.91	93.00	0.41
20建上B（168054）	99.97	50.00	0.50	20平一A2（168063）	98.01	390.00	3.82
20平一C（168065）	102.21	6.00	0.06	PR半岛优（168066）	98.37	206.00	2.05
绿联3A1（168068）	99.97	81.00	0.81	光耀01A（168081）	99.91	84.00	0.84
逸锟06A（168087）	99.69	496.00	4.95	PR润2A1（168089）	10.94	140.00	0.69
PR润2A2（168090）	78.46	334.00	3.30	安润2A3（168091）	100.00	400.00	4.00
20裕源01（168093）	99.85	60.00	0.60	PR1A（168101）	72.15	125.00	1.25
光信1B（168102）	99.95	42.00	0.42	PR交A1（168104）	24.67	23.00	0.11
银公交A2（168105）	100.00	10.00	0.10	银公交A3（168106）	100.00	22.00	0.22
银公交A4（168107）	100.00	393.00	3.94	PR1A1（168113）	15.69	70.00	0.23
PR1A2（168114）	79.26	204.00	1.94	睿安1A3（168115）	100.00	85.00	0.85
PR7A2（168121）	0.35	130.00	0.53	合惠7A3（168122）	99.85	178.00	1.78
PR5A1（168124）	16.42	338.00	2.53	康富5A2（168125）	99.05	175.00	1.74
康富5A3（168126）	99.39	754.00	7.53	康富5B（168127）	100.00	198.00	1.98
中交003C（168135）	109.83	81.00	0.89	20财鑫A1（168136）	100.00	321.50	3.22
20财鑫A2（168137）	99.22	60.00	0.60	20财鑫A3（168138）	99.35	96.50	0.96

债券成交
Bond Trading

债券简称（代码）Bond Name（Code）	本年收盘（元）Close（Yuan）	成交数量（万张）Trading Vol（10000 Lots）	成交金额（亿元）Trading Value（100M Yuan）	债券简称（代码）Bond Name（Code）	本年收盘（元）Close（Yuan）	成交数量（万张）Trading Vol（10000 Lots）	成交金额（亿元）Trading Value（100M Yuan）
PR20易1A（168140）	44.54	517.00	4.84	20易鑫1B（168141）	100.00	93.60	0.94
20安一A2（168144）	99.62	70.00	0.70	20安一B（168146）	100.00	45.00	0.45
中大02A2（168149）	99.93	150.00	1.50	中大02次（168151）	105.96	28.00	0.29
仁恒4优（168163）	99.76	90.00	0.90	开新8优（168171）	99.94	54.00	0.54
20中泰1A（168174）	99.73	70.00	0.70	20宋都优（168178）	99.63	250.00	2.50
PR润3A1（168180）	3.38	106.60	0.67	PR润3A2（168181）	83.82	180.00	1.79
安润3A3（168182）	100.00	105.00	1.05	PR京玺1A（168184）	8.85	95.50	0.77
PR京玺1B（168185）	99.39	55.00	0.65	龙控03优（168186）	99.79	320.00	3.19
PR燃产01（168188）	91.67	10.00	0.10	燃产02（168189）	100.00	10.00	0.10
燃产03（168190）	100.00	30.00	0.30	燃产04（168191）	100.00	30.00	0.30
PR惠农01（168195）	0.45	18.00	0.18	PR2A1（168200）	6.48	120.00	0.55
PR2A2（168201）	87.40	200.00	1.97	睿安2A3（168202）	100.00	540.00	5.40
PR1A2（168205）	97.94	234.00	2.32	PR京玺2A（168211）	0.94	275.25	2.71
PR京玺2B（168212）	68.28	47.50	0.56	PR京玺3A（168213）	3.85	355.00	3.32
PR京玺3B（168214）	107.17	47.50	0.54	20信易01（168220）	99.63	40.00	0.40
靖安置02（168221）	100.00	20.00	0.20	靖安置03（168222）	99.07	40.00	0.40
PR京玺4A（168231）	4.30	335.50	3.16	PR京玺4B（168232）	108.97	47.50	0.53
德泰水04（168239）	100.00	5.80	0.06	德泰水05（168240）	98.76	105.80	1.05
平易02优（168242）	99.44	24.00	0.24	20远东A2（168245）	98.88	888.00	8.68
兆玺02优（168247）	98.09	538.00	5.34	正荣02优（168257）	99.00	722.00	7.20
华能6优（168259）	100.00	100.00	1.00	PR仁皇优（168261）	99.94	154.00	1.54
碧山01优（168263）	99.84	510.00	5.09	泰华信1A（168268）	100.00	60.00	0.60
信润02A2（168271）	99.57	50.00	0.50	信润02A3（168272）	99.33	10.00	0.10
信润02A4（168273）	99.94	500.00	5.00	信润02A5（168274）	99.78	600.00	5.99
国药6A2（168287）	97.53	40.00	0.39	国药6A3（168288）	100.00	300.00	3.00
国药6B（168289）	100.00	70.00	0.70	20国泰B（168293）	100.00	105.00	1.05
赤兔03优（168295）	100.00	218.00	2.18	时粤01优（168298）	97.65	1110.00	10.75
电气06次（168301）	103.04	36.68	0.38	健弘01A（168304）	99.88	342.00	3.42
健弘01B（168305）	99.85	100.00	1.00	健弘01C（168306）	102.49	77.40	0.78
益行01A1（168318）	96.63	217.50	2.16	益行01A2（168319）	96.55	15.00	0.14
益行01B（168320）	100.30	37.50	0.38	融信03优（168326）	100.00	1440.00	14.36
PR2A（168328）	74.38	206.40	2.06	光信2B（168329）	99.88	183.12	1.83
PR北优（168335）	99.69	141.00	1.41	PR3A1（168337）	9.66	30.00	0.26
PR3A2（168338）	89.05	105.00	1.04	睿安3A3（168339）	100.00	70.00	0.70
PR润4A1（168341）	11.53	72.00	0.63	PR润4A2（168342）	89.77	160.00	1.54
安润4A3（168343）	100.00	70.00	0.70	PR慧1A1（168345）	5.54	30.00	0.25
PR慧1A2（168346）	1.50	147.50	1.46	安慧1A3（168347）	98.08	144.00	1.44
桂东优先（168349）	98.80	80.00	0.80	20昌优01（168351）	100.00	3.85	0.04
20昌优02（168352）	100.00	3.85	0.04	20昌优03（168353）	100.00	4.50	0.05
20昌优04（168354）	100.00	5.00	0.05	PR顺泰2A（168376）	60.95	138.00	1.18
顺泰2B（168377）	97.32	60.00	0.58	20中林1A（168386）	99.38	97.20	0.97
20中林1B（168387）	99.45	210.40	2.09	绿联4A1（168389）	99.65	169.00	1.69
太融1优（168398）	100.00	60.00	0.60	G顺泰2B（168401）	98.12	30.00	0.29
PR优A2（168410）	66.43	108.00	1.08	诚泰优A3（168411）	100.00	73.00	0.73
诚泰优A4（168412）	100.00	86.00	0.86	诚泰优B（168413）	100.00	64.00	0.64
诚泰次级（168414）	100.00	37.50	0.38	复地03A（168417）	99.60	210.00	2.09
海创园B（168420）	98.06	92.00	0.90	20海天1B（168423）	100.00	10.00	0.10
合生7A（168425）	100.00	116.00	1.16	惠盈01A（168436）	99.44	285.00	2.84
PR20度1A（168450）	0.27	98.00	0.32	20度E1D（168453）	100.00	13.00	0.13
20度E1E（168454）	100.00	10.00	0.10	惠盈1A（168456）	99.68	825.00	8.24

债券成交
Bond Trading

债券简称（代码）Bond Name（Code）	本年收盘（元）Close（Yuan）	成交数量（万张）Trading Vol（10000 Lots）	成交金额（亿元）Trading Value（100M Yuan）	债券简称（代码）Bond Name（Code）	本年收盘（元）Close（Yuan）	成交数量（万张）Trading Vol（10000 Lots）	成交金额（亿元）Trading Value（100M Yuan）
荣茂08优（168458）	99.33	90.00	0.89	PR润5A1（168460）	29.01	20.00	0.16
PR润5A2（168461）	97.27	130.00	1.29	安润5A3（168462）	100.00	65.00	0.65
PRXF1A1（168466）	11.09	150.00	1.15	QCXF1A2（168467）	99.90	120.00	1.19
QCXF1B（168468）	100.00	24.00	0.24	QCXF1C（168469）	100.00	46.00	0.46
健弘02A（168483）	97.21	240.00	2.39	健弘02C（168485）	101.39	25.00	0.25
01正泰优（168486）	99.93	58.00	0.58	光赫1优（168488）	99.23	161.00	1.60
山海01优（168490）	99.27	100.00	0.99	PR优1A（168498）	97.91	1202.00	11.87
安远01优（168500）	99.60	20.00	0.20	辉玥05优（168502）	99.92	159.00	1.58
碧胜01优（168504）	99.35	144.00	1.43	鑫创201A（168508）	99.33	45.00	0.45
PR优先（168519）	95.45	204.40	2.03	PR4A1（168521）	9.33	92.00	0.92
睿安4A2（168522）	98.39	200.00	1.99	睿安4A3（168523）	100.00	80.00	0.80
PR惠2A1（168525）	32.75	25.00	0.25	惠沣2A2（168526）	98.35	200.00	1.98
时宁01优（168529）	98.89	220.00	2.19	PR8A1（168531）	39.52	78.50	0.49
青城8A2（168532）	98.53	147.00	1.46	青城8A3（168533）	100.16	190.00	1.90
PR26A1（168537）	45.28	80.00	0.80	恒信26A2（168538）	99.53	50.00	0.50
恒信26A3（168539）	99.67	31.00	0.31	龙控04优（168543）	99.67	370.00	3.69
DJBL02优（168547）	99.09	145.00	1.44	PR中航A1（168549）	30.04	92.55	0.47
20中航A2（168550）	98.13	738.00	7.26	PR慧2A2（168558）	55.92	350.00	3.16
安慧2A3（168559）	98.38	460.00	4.57	中宏03A2（168564）	100.00	82.00	0.82
光信3A（168566）	100.00	258.00	2.58	光信3B（168567）	99.79	44.40	0.44
PR远海51（168571）	51.15	109.00	0.77	天信6A（168585）	98.47	480.00	4.77
天信6C（168587）	100.00	60.00	0.60	天信6次（168588）	103.66	65.00	0.67
天信7A（168589）	99.99	787.00	7.86	天信7次（168592）	102.65	19.00	0.19
恒信27A2（168597）	100.00	70.00	0.70	弘花02次（168602）	101.01	28.00	0.28
健弘03A（168605）	97.30	35.00	0.34	健弘03B（168606）	100.01	40.00	0.40
健弘03C（168607）	103.36	176.20	1.80	健弘04A（168608）	98.08	353.00	3.51
健弘04C（168610）	100.79	65.00	0.66	DJHBGC优（168611）	100.00	377.00	3.77
智禾01A（168613）	99.46	519.00	5.17	智禾01B（168614）	99.62	21.00	0.21
智禾01次（168616）	103.08	90.00	0.92	益行02A1（168617）	98.73	214.60	2.13
益行02B（168619）	101.07	36.00	0.36	益行03A1（168620）	98.72	532.00	5.26
益行03B（168622）	100.77	75.00	0.76	一局02优（168623）	99.69	39.00	0.39
20花呗1A（168625）	98.38	92.20	0.91	20花呗1B（168626）	100.01	49.00	0.49
20花呗1C（168627）	103.29	60.00	0.62	PR安吉6A（168630）	69.29	40.00	0.40
赤兔04优（168633）	99.97	30.00	0.30	泰富2优（168635）	99.47	92.00	0.91
惠盈02A（168637）	99.65	983.00	9.79	惠盈02B（168638）	99.62	4.00	0.04
惠盈02C（168639）	100.00	7.00	0.07	惠盈02D（168640）	100.84	30.00	0.30
惠盈03A（168641）	99.32	135.00	1.35	惠盈03D（168644）	100.80	30.00	0.30
PR安2A1（168645）	22.98	43.00	0.43	平租2A2（168646）	98.89	250.00	2.48
平租2B（168647）	98.10	85.80	0.84	信润03A1（168649）	99.89	100.00	1.00
信润03A2（168650）	99.45	1970.00	19.62	诚正1A（168655）	99.79	251.00	2.51
PR产2A（168658）	98.55	1170.00	11.53	PR优（168660）	99.68	404.00	4.03
PRW2A（168662）	60.16	183.00	1.83	赤兔05优（168669）	100.00	18.00	0.18
G福新2次（168673）	100.00	75.00	0.75	惠盈2A（168677）	99.93	390.00	3.89
璀璨13A（168679）	99.46	214.00	2.13	1欲晓A03（168682）	99.64	500.00	4.98
宁安居02（168691）	100.00	12.00	0.12	宁安居03（168692）	100.00	30.00	0.30
荣隽07优（168698）	100.00	66.00	0.66	20诚泰A2（168701）	100.03	300.00	3.00
合生8A（168704）	99.46	253.00	2.52	泰交04（168722）	99.71	14.00	0.14
泰交05（168723）	99.71	20.00	0.20	20工鑫1C（168730）	100.82	10.00	0.10
申程01优（168733）	99.45	320.00	3.20	申六局4A（168735）	100.00	25.00	0.25
铁十02优（168741）	98.77	670.00	6.62	PR融1优（168743）	68.84	70.00	0.70

债券成交
Bond Trading

债券简称（代码）Bond Name（Code）	本年收盘（元）Close（Yuan）	成交数量（万张）Trading Vol（10000 Lots）	成交金额（亿元）Trading Value（100M Yuan）	债券简称（代码）Bond Name（Code）	本年收盘（元）Close（Yuan）	成交数量（万张）Trading Vol（10000 Lots）	成交金额（亿元）Trading Value（100M Yuan）
PR 蓝光 A（168750）	99.78	85.30	0.85	复地 04A（168756）	99.75	124.00	1.24
PR 惠农 02（168758）	41.60	40.00	0.40	20 航租 2B（168761）	100.00	6.00	0.06
20 航租次（168763）	100.34	49.60	0.50	20 宝龙 A（168764）	98.10	802.00	7.96
20 宝龙 B（168765）	100.00	85.00	0.85	20 京玺 5A（168771）	99.69	129.00	1.29
20 京玺 5B（168772）	145.80	105.00	1.52	20 立根 B（168785）	99.99	208.00	2.07
金地 18A（168787）	99.40	35.00	0.35	信润 04A3（168791）	100.03	1252.90	12.51
昆交 01A（168794）	99.76	31.00	0.31	至臻 01A1（168796）	99.73	60.00	0.60
至臻 01A2（168797）	99.80	38.00	0.38	20 中和 3A（168800）	100.00	238.00	2.38
PR2A1（168802）	55.71	160.00	1.58	建租 2A2（168803）	99.72	30.00	0.30
时宁 02 优（168808）	99.41	119.00	1.19	睿安 6A2（168811）	100.00	100.00	1.00
睿安 6A3（168812）	99.14	400.00	3.97	同煤 07 优（168814）	99.71	148.00	1.48
欲晓 2A01（168827）	100.00	220.00	2.20	欲晓 2A02（168828）	99.79	480.00	4.79
璀璨 14A（168841）	99.71	179.00	1.79	璀璨 15A（168842）	100.05	80.00	0.80
20 天圆 01（168843）	99.80	281.00	2.81	平裕 4 优（168844）	99.62	251.00	2.50
睿安 7A3（168855）	100.00	115.00	1.15	普链保 1A（168857）	99.78	66.00	0.66
金供链 2A（168859）	98.29	443.30	4.42	安远 02 优（168861）	100.00	79.00	0.79
海租 1 优 2（168864）	100.00	85.20	0.85	香溢优（168866）	95.00	153.00	1.49
睿安 8A2（168874）	100.00	20.00	0.20	睿安 8A3（168875）	100.00	95.00	0.95
益行 04A1（168880）	100.00	127.50	1.27	益行 04B（168882）	100.40	37.50	0.38
益行 05A1（168883）	98.56	694.85	6.90	益行 05B（168885）	100.38	97.50	0.98
安润 6A3（168888）	99.10	173.00	1.72	云泰 01A8（168897）	99.61	12.00	0.12
PR 信 1A（168904）	100.00	222.40	2.22	太农信 1B（168905）	95.34	38.00	0.36
健弘 05A（168907）	100.00	250.00	2.50	健弘 05C（168909）	100.71	25.00	0.25
联保 13 优（168919）	97.01	60.00	0.59	信润 05A1（168921）	99.81	290.00	2.89
信润 05A2（168922）	99.72	290.00	2.89	信润 05A3（168923）	100.00	1.00	0.01
开新 9 优（168925）	99.75	36.00	0.36	安慧 3A3（168929）	99.55	90.00	0.90
PR 融 2 优（168937）	89.05	51.30	0.51	PR 恒华 1A（168939）	37.23	34.00	0.34
赤兔 06 优（168955）	99.74	42.00	0.42	武清开 01（168957）	100.00	262.80	2.62
武清开 02（168958）	99.42	30.00	0.30	武清开 03（168959）	100.01	120.00	1.20
博山 04（168964）	100.00	4.00	0.04	博山 05（168965）	100.00	12.00	0.12
万融 01 优（168967）	99.68	140.00	1.39	光信 4A（168971）	100.00	258.00	2.58
光信 4B（168972）	100.00	12.00	0.12	建借 2A（168974）	99.65	180.00	1.79
建借 1A（168977）	100.00	255.00	2.55	天信 8A（168982）	99.87	796.00	7.95
天信 8 次（168985）	101.61	90.00	0.91	惠盈 04A（168994）	99.66	247.00	2.47
惠盈 04B（168995）	99.20	35.00	0.35	PR 京玺 6A（168998）	43.06	476.00	4.76
20 京玺 6B（168999）	119.63	185.85	2.20	东借 05A1（169007）	100.00	255.00	2.53
弘花 03A（169010）	99.90	35.00	0.35	合生 01 优（169024）	100.00	416.00	4.16
20 汇筑 A1（169026）	99.87	10.00	0.10	益行 06A1（169031）	100.00	127.50	1.28
益行 06B（169033）	100.42	37.50	0.38	滇中优 1（169041）	101.29	65.00	0.66
惠盈 05D（169046）	100.18	30.00	0.30	滨海 A6（169052）	101.41	280.00	2.81
滨海 A7（169053）	98.80	174.05	1.75	滨海 A8（169054）	102.01	50.00	0.51
滨海 A9（169056）	102.01	50.00	0.51	爱建 2A2（169058）	99.00	154.00	1.52
至臻 2A1（169061）	99.81	80.00	0.80	安慧 4A2（169069）	100.00	30.00	0.30
安慧 4A3（169070）	99.71	155.00	1.55	PR 润 7A1（169072）	75.58	90.00	0.90
安润 7A2（169073）	99.18	70.00	0.69	安润 7A3（169074）	100.00	115.00	1.15
智禾 03A（169076）	100.00	267.00	2.67	安远 03 优（169082）	100.00	96.00	0.96
健弘 06A（169084）	100.00	417.00	4.17	健弘 06C（169086）	100.37	28.00	0.28
20 天圆 02（169094）	99.86	446.00	4.46	长治 01A（169118）	98.79	625.00	6.20
长治 01C（169120）	100.41	35.00	0.35	西曲 01 优（169127）	99.52	15.00	0.15
20 绿城 A2（169133）	99.62	66.00	0.66	PR9A1（169137）	66.38	90.00	0.90

债券成交
Bond Trading

债券简称（代码） Bond Name（Code）	本年收盘（元） Close（Yuan）	成交数量 （万张） Trading Vol （10000 Lots）	成交金额 （亿元） Trading Value （100M Yuan）	债券简称（代码） Bond Name（Code）	本年收盘（元） Close（Yuan）	成交数量 （万张） Trading Vol （10000 Lots）	成交金额 （亿元） Trading Value （100M Yuan）
睿安 9A2（169138）	100.00	110.00	1.10	睿安 9A3（169139）	100.00	340.00	3.40
惠盈 06A（169141）	99.94	22.00	0.22	惠盈 06D（169144）	101.38	30.00	0.30
盐保障 03（169157）	100.00	20.00	0.20	碧胜 02 优（169163）	99.88	74.00	0.74
20 海伦 1A（169167）	98.98	58.00	0.57	PR 融 3 优（169172）	72.85	119.00	1.19
合生 02 优（169174）	100.00	209.00	2.09	天信 9A（169183）	100.01	187.50	1.87
天信 9B（169184）	100.01	100.00	1.00	天信 9C（169185）	100.00	200.00	2.00
天信 9 次（169186）	102.09	225.00	2.30	光信 5A（169201）	100.00	206.40	2.06
光信 5B（169202）	100.00	27.60	0.28	泰华信 2A（169204）	100.00	35.00	0.35
20 二航 4A（169206）	99.40	248.00	2.46	20 花 03A1（169212）	99.98	520.00	5.19
诚正 2A（169217）	99.97	115.00	1.15	智禾 04A（169222）	100.00	39.00	0.39
20 京玺 7B（169229）	116.32	89.25	1.04	建借 3A（169231）	100.55	526.00	5.27
建借 3C（169233）	101.24	225.00	2.28	东借 06A1（169236）	100.00	227.50	2.28
20 微 2A2（169240）	99.19	75.00	0.74	二局 11A1（169242）	99.80	40.00	0.40
至臻 03A1（169249）	100.01	210.00	2.10	至臻 03A2（169250）	99.99	80.00	0.80
中能化 1C（169254）	100.00	20.00	0.20	畅融 3 次（169256）	101.31	220.00	2.23
复地 05A（169257）	100.00	33.00	0.33	锦河 04C（169260）	101.22	220.00	2.23
锦河 05C（169262）	101.33	330.00	3.34	京贰 1B（169264）	136.51	156.25	2.12
惠盈 07A（169265）	99.95	523.60	5.23	惠盈 07C（169267）	99.21	25.00	0.25
博雅 1A（169272）	99.77	72.00	0.72	博雅 1B（169273）	100.00	22.00	0.22
光恒和 1B（169278）	100.00	869.00	8.69	光恒和 1C（169279）	100.00	83.40	0.83
光借 6A（169280）	100.09	180.00	1.80	光借 6B（169281）	99.76	35.00	0.35
东花 15A1（169288）	100.00	520.00	5.19	荣茂 09 优（169294）	99.65	36.00	0.36
20 曹操 A3（169304）	100.17	238.00	2.38	兴辰 01A（169306）	99.55	100.00	1.00
兴辰 01 次（169309）	100.69	90.00	0.91	兴辰 02A（169310）	100.00	100.00	1.00
八局德 2A（169321）	99.62	152.00	1.51	开新 10 优（169328）	99.35	160.00	1.59
同煤 09 优（169330）	100.00	55.00	0.55	珠华发 09（169332）	100.01	160.00	1.60
瑞诚 1 次（169336）	101.90	330.00	3.36	瑞诚 2 次（169338）	101.92	330.00	3.36
辰悦 2A3（169344）	100.00	15.00	0.15	赤兔 07 优（169350）	100.00	20.00	0.20
金地 2 优（169352）	100.00	43.60	0.44	20 五局 2A（169354）	99.23	6.00	0.06
盛安 01B（169364）	101.25	540.00	5.47	惠盈 08A（169367）	99.97	439.00	4.39
惠盈 09A（169371）	99.97	403.00	4.03	惠盈 09B（169372）	99.67	30.00	0.30
华元 01A4（169378）	100.00	2460.00	24.60	华元 01A6（169380）	99.86	1740.00	17.40
长治 02A（169382）	100.00	133.50	1.33	长治 02B（169383）	99.72	74.50	0.74
20 光信 1A（169385）	100.00	892.00	8.84	PR1A1（169391）	76.00	150.00	1.50
橙安 1A2（169392）	100.00	110.00	1.10	橙安 1A3（169393）	100.42	30.00	0.30
泰富 3 优（169397）	99.09	85.00	0.84	七局 2A（169399）	99.50	94.00	0.94
霄驰 01A（169422）	99.77	290.00	2.90	霄驰 01B（169423）	99.74	36.00	0.36
信投 1 优（169426）	99.87	133.00	1.33	前交 04A2（169429）	100.00	10.00	0.10
国借 1A（169435）	100.35	350.00	3.51	弘花 04A（169438）	100.02	180.00	1.80
弘花 04B（169439）	99.88	18.00	0.18	PR 上实 A1（169441）	59.33	10.00	0.10
PR 红美 A（169445）	98.50	210.00	2.07	20 红美 B（169446）	98.50	40.00	0.39
弘德 01A（169448）	99.79	230.00	2.30	弘德 01B（169449）	99.51	36.00	0.36
PRYD3A1（169455）	62.61	75.00	0.75	建四 1A（169462）	100.00	20.00	0.20
G1 电建 A1（169463）	100.03	38.00	0.38	锦河 06C（169469）	101.54	220.00	2.23
铁保 05A1（169475）	99.91	46.00	0.46	PR 通盛 A（169479）	40.75	179.44	1.46
20 通盛 B（169480）	99.73	18.00	0.18	20 新力 1A（169482）	100.00	230.00	2.30
20 新力 1B（169483）	100.00	190.00	1.90	QCXF2B（169490）	100.00	10.00	0.10
QCXF2C1（169491）	100.00	10.00	0.10	QCXF2C2（169492）	100.00	7.00	0.07
QCXF2D（169495）	100.00	4.50	0.05	电气 07 优（169498）	100.28	50.00	0.50
G20 电建 A（169504）	99.72	70.00	0.70	达兴 01C（169510）	101.32	360.00	3.65

债券成交 Bond Trading

债券 Bond

债券简称（代码）Bond Name（Code）	本年收盘（元）Close（Yuan）	成交数量（万张）Trading Vol（10000 Lots）	成交金额（亿元）Trading Value（100M Yuan）	债券简称（代码）Bond Name（Code）	本年收盘（元）Close（Yuan）	成交数量（万张）Trading Vol（10000 Lots）	成交金额（亿元）Trading Value（100M Yuan）
霄驰02A（169511）	100.00	360.00	3.60	霄驰02B（169512）	99.84	39.00	0.39
霄驰02次（169514）	100.67	15.00	0.15	弘花05A（169515）	99.54	106.00	1.06
弘花05B（169516）	99.71	36.00	0.36	东借07A1（169522）	100.02	260.00	2.60
兴辰03A（169525）	100.00	360.00	3.60	兴辰03次（169528）	101.06	60.00	0.61
铁建017A（169540）	100.00	250.00	2.50	建花15A（169548）	100.00	238.00	2.37
建花15B（169549）	99.43	90.00	0.89	建花15C（169550）	100.50	140.00	1.41
PR药租A1（169551）	56.30	130.00	1.30	20药租A2（169552）	99.20	180.00	1.78
20药租次（169554）	100.11	19.85	0.20	中局1优（169555）	100.00	130.00	1.30
汇筑2优（169561）	100.22	50.00	0.50	至臻04A1（169567）	100.00	140.00	1.40
至臻04A2（169568）	100.00	85.00	0.85	至臻04C（169570）	100.95	140.00	1.41
新城20优（169576）	100.00	131.00	1.31	PR诚2微A（169578）	60.95	40.00	0.40
诚泰2微B（169579）	100.00	15.00	0.15	安慧5A2（169582）	100.00	111.00	1.11
安慧5A3（169583）	99.51	17.00	0.17	20花04A1（169585）	99.00	1120.00	11.17
20花04B（169587）	100.40	52.50	0.53	汇享01B（169589）	101.09	240.00	2.43
汇享02B（169591）	101.23	240.00	2.43	汇享04B（169595）	100.59	220.00	2.21
惠盈10A（169598）	99.99	700.00	7.00	惠盈10B（169599）	99.73	71.00	0.71
花财01A（169604）	99.63	697.00	6.95	花财01B（169605）	99.39	36.00	0.36
花财01次（169606）	100.00	51.00	0.51	PR润8A1（169607）	77.56	20.00	0.20
安润8A2（169608）	99.46	50.00	0.50	安润8A3（169609）	100.00	80.60	0.80
健弘07A（169611）	100.00	125.00	1.25	龙联07A（169614）	100.00	70.00	0.70
PR源优1（169619）	11.58	123.00	1.23	G金源优2（169620）	99.73	138.00	1.38
G金源优3（169621）	99.76	24.00	0.24	京玺21A（169623）	100.00	100.00	1.00
益辰01A1（169628）	99.19	15.00	0.15	益辰01A2（169629）	100.00	40.00	0.40
益辰01B（169630）	100.56	93.00	0.93	20华碧优（169631）	99.61	40.00	0.40
光启1C（169634）	101.24	220.00	2.23	弘德02A（169637）	99.91	575.00	5.75
弘德02D（169640）	101.02	18.00	0.18	天信10A（169646）	100.00	160.00	1.60
天信10次（169649）	101.00	60.00	0.60	20金采1A（169652）	99.83	60.00	0.60
20金采1B（169653）	100.00	22.00	0.22	京诚贰3B（169656）	113.46	91.25	1.03
至臻05A1（169657）	100.00	90.00	0.90	至臻05A2（169658）	100.00	45.00	0.45
长治03A（169667）	99.82	244.00	2.44	长治03B（169668）	100.00	10.00	0.10
长治03C（169669）	101.04	40.00	0.40	青租9A1（169670）	99.50	105.00	1.05
青租9A2（169671）	100.10	65.00	0.65	PR2A1（169676）	87.38	20.00	0.17
致远01A1（169682）	99.92	20.00	0.20	致远01A2（169683）	100.00	3900.00	39.00
正荣03优（169687）	99.35	630.00	6.27	光耀02A（169692）	100.00	137.00	1.37
20借01A2（169699）	100.00	30.00	0.30	20借01B（169700）	100.54	421.88	4.24
智禾07A（169708）	99.90	620.00	6.20	蚁借02A（169712）	100.13	339.00	3.39
长盛01A（169715）	100.00	190.00	1.90	长盛01B（169716）	99.72	25.00	0.25
长盛01D（169718）	100.61	98.55	0.99	东花19A1（169721）	100.00	100.00	1.00
东花19A2（169722）	99.89	10.00	0.10	光信6A（169738）	100.00	286.20	2.86
光信6B（169739）	99.90	39.96	0.40	万和2A（169743）	98.99	42.00	0.42
弘德03A（169745）	99.55	160.00	1.60	20大北01（169758）	100.00	8.00	0.08
20大北02（169759）	100.00	17.00	0.17	20大北03（169760）	100.00	9.00	0.09
20大北04（169761）	100.00	9.00	0.09	20大北05（169762）	100.00	20.00	0.20
20大北06（169763）	100.00	21.00	0.21	20大北07（169764）	99.58	18.00	0.18
20大北08（169765）	100.00	13.00	0.13	20大北09（169766）	100.00	14.00	0.14
同煤10优（169768）	100.00	98.00	0.98	至臻06A2（169775）	100.20	40.00	0.40
瑞泰01优（169778）	100.00	40.00	0.40	20宝厦优（169780）	99.72	100.00	1.00
瑞晖1A3（169787）	99.28	70.00	0.70	弘花06A（169792）	100.13	266.00	2.66
弘花06B（169793）	100.00	40.00	0.40	20借02A1（169795）	100.00	10.00	0.10
20太保2A（169798）	100.02	1192.00	11.92	霄驰04A（169801）	100.00	300.00	3.00

债券成交
Bond Trading

债券简称（代码） Bond Name（Code）	本年收盘（元） Close（Yuan）	成交数量（万张） Trading Vol（10000 Lots）	成交金额（亿元） Trading Value（100M Yuan）	债券简称（代码） Bond Name（Code）	本年收盘（元） Close（Yuan）	成交数量（万张） Trading Vol（10000 Lots）	成交金额（亿元） Trading Value（100M Yuan）
辰悦3A3（169807）	99.80	44.00	0.44	安新1优（169819）	99.50	358.00	3.58
致远02A2（169822）	100.00	900.00	9.00	兴辰04A（169830）	100.24	450.00	4.50
兴辰04次（169833）	100.32	175.20	1.76	3金易1A（169836）	99.61	450.00	4.48
益辰02A1（169843）	100.00	30.00	0.30	益辰02B（169845）	100.24	167.00	1.67
东借08A1（169846）	100.00	170.00	1.70	东借08A2（169847）	99.99	10.00	0.10
20花05A1（169849）	100.00	300.00	3.00	橙安4A1（169852）	100.00	30.00	0.30
橙安4A2（169853）	100.00	100.00	1.00	橙安4A3（169854）	100.00	130.00	1.30
龙控06优（169858）	99.88	240.00	2.40	7欲晓A02（169864）	100.01	1200.00	12.00
光耀03A（169881）	100.00	295.00	2.95	20天圆03（169883）	100.10	146.00	1.46
蚁借03A（169889）	100.91	1781.00	17.81	蚁借03B（169890）	100.00	10.00	0.10
至远01A1（169902）	100.01	90.00	0.90	至远01A2（169903）	100.02	60.00	0.60
弘德04A（169909）	100.00	356.00	3.56	花财02A（169913）	100.21	640.00	6.41
花财02B（169914）	99.79	65.00	0.65	金采贰1A（169920）	100.00	93.00	0.93
智禾08A（169934）	100.00	403.00	4.03	20花06B（169940）	100.26	312.60	3.13
20借03B（169951）	100.15	56.25	0.56	珠华发10（169955）	100.00	90.00	0.90
荣茂10优（169956）	99.53	50.00	0.50	君享03A（169958）	100.00	120.00	1.20
惠盈11A（169970）	100.11	262.00	2.62	惠盈11B（169971）	99.00	9.00	0.09
中航3A03（169990）	100.00	65.00	0.65	中航3次（169991）	100.00	21.00	0.21
20四川65（171015）	100.00	15.00	0.15	20云南14（171031）	100.00	70.00	0.70
20海南07（171033）	100.00	210.00	2.10	20四川68（171053）	100.00	10.00	0.10
20江苏06（171074）	100.00	90.00	0.89	20北京13（171126）	100.00	1190.00	11.86
20广东42（171141）	93.19	40.00	0.37	20四川72（171169）	100.00	60.00	0.58
20深圳31（171182）	95.66	10.00	0.10	20深圳37（171188）	95.79	10.00	0.10
20深圳45（171196）	95.66	40.00	0.38	20深圳53（171204）	95.79	10.00	0.10
20福建19（171210）	100.00	2500.00	23.79	20福建20（171211）	100.00	900.00	8.58
20贵州32（171253）	100.00	100.00	1.00	20新疆22（171273）	100.00	40.00	0.39
20湖北33（171282）	100.00	20.00	0.20	20青海15（171283）	100.00	10.00	0.10
20青海19（171287）	100.00	10.00	0.10	20上海07（171309）	94.32	50.00	0.47
20山东37（171321）	100.00	1500.00	14.36	20江苏13（171352）	94.70	50.00	0.47
20甘肃13（171359）	95.05	400.00	3.80	20湖北35（171437）	97.36	2.70	0.03
20湖南47（171481）	100.00	50.00	0.49	20安徽20（171487）	100.00	40.00	0.41
20湖北50（171495）	99.31	0.60	0.01	20湖南49（171506）	100.00	100.00	1.01
20山西15（171512）	99.22	10.24	0.10	20北京26（171634）	99.10	20.60	0.21
20陕西52（171639）	100.00	100.00	1.00	20北京32（171661）	100.00	50.00	0.50
20深圳59（171712）	100.00	100.00	0.99	20江苏18（171748）	97.55	600.00	5.85
20浙江33（171752）	100.00	100.00	1.00	20厦门17（171767）	97.63	600.00	5.86
20内蒙24（171771）	100.00	750.00	7.43	20川124（171829）	100.00	20.00	0.20
20重庆12（171831）	100.00	340.00	3.39	20安徽39（171915）	100.00	320.00	3.24
20安徽40（171916）	100.00	50.00	0.51	20宁夏18（171934）	100.00	50.00	0.51
20河北44（171946）	100.00	140.00	1.41	20河南46（171964）	100.00	290.00	2.90
20贵州67（171974）	100.00	445.50	4.45	20鄂138（171989）	100.00	10.00	0.10
20湘111（173022）	100.00	100.00	1.00	20新疆35（173026）	100.00	50.00	0.51
20贵州68（173034）	100.00	70.00	0.71	20江苏21（173516）	99.60	50.00	0.50
20光证Y1（175000）	100.00	60.00	0.60	20交建Y1（175001）	100.00	290.00	2.90
20传媒01（175004）	99.00	584.00	5.83	20电投Y7（175005）	100.00	640.00	6.38
20东兴G3（175006）	100.00	170.00	1.70	20东兴G4（175007）	99.45	70.00	0.70
20大唐Y1（175008）	100.00	5141.00	51.21	20苏交G1（175010）	100.00	1100.00	10.97
20宁德01（175011）	99.27	330.00	3.27	20鲁高02（175013）	100.00	1610.00	16.05
20金隅04（175014）	100.00	500.00	4.97	20江公01（175015）	99.30	900.00	8.99
20桂冠01（175016）	98.91	1740.00	17.29	20黔高01（175017）	99.48	110.00	1.09

债券成交
Bond Trading

债券简称（代码）Bond Name（Code）	本年收盘（元）Close（Yuan）	成交数量（万张）Trading Vol（10000 Lots）	成交金额（亿元）Trading Value（100M Yuan）	债券简称（代码）Bond Name（Code）	本年收盘（元）Close（Yuan）	成交数量（万张）Trading Vol（10000 Lots）	成交金额（亿元）Trading Value（100M Yuan）
20常城04（175019）	100.00	330.00	3.28	20延长Y1（175020）	100.00	3390.00	33.72
20平证05（175021）	100.00	730.00	7.29	20中瑞01（175022）	100.06	254.70	2.55
20融信03（175023）	99.50	1168.99	11.67	20铁Y09（175025）	100.00	1730.00	17.26
20中化Y5（175027）	100.00	890.00	8.90	20杭交01（175029）	99.68	2599.00	25.85
20唐新Y6（175030）	100.00	1160.00	11.57	20东证Y1（175032）	100.00	1040.00	10.40
20招金Y1（175034）	100.00	460.00	4.58	20美置05（175035）	100.00	230.00	2.30
20美置06（175036）	100.00	370.00	3.69	20中证17（175037）	100.00	900.00	8.98
20中证18（175038）	99.07	610.00	6.06	20云投G5（175039）	100.00	1000.00	9.97
20航租03（175041）	100.00	180.00	1.79	20乌江01（175042）	100.30	210.00	2.11
20环球06（175043）	100.00	440.00	4.39	20电投Y8（175046）	100.00	572.00	5.71
20牡资01（175047）	100.00	150.50	1.50	20苏交G2（175048）	100.00	2680.00	26.67
20世茂06（175049）	99.11	2503.00	24.79	20中保Y1（175051）	100.00	1803.80	18.02
20绿原债（175052）	100.00	58.00	0.58	20平证06（175053）	100.00	150.00	1.50
20柳投04（175054）	100.00	620.62	6.20	20首钢03（175055）	99.64	3660.00	36.45
20豫资03（175058）	100.25	650.00	6.51	20苏交G3（175059）	99.85	2220.00	22.16
20濮阳01（175061）	100.00	495.00	4.95	20光证G5（175062）	100.11	2178.00	21.76
20豫园03（175063）	100.00	1330.00	13.28	G龙源Y1（175064）	100.00	550.00	5.49
20五资01（175066）	100.00	360.00	3.59	20葛洲Y1（175067）	100.00	965.00	9.62
20合景04（175068）	100.00	1880.00	18.71	20长飞01（175070）	99.19	50.00	0.50
20达州G1（175071）	100.00	1100.00	11.07	20津投17（175072）	100.00	410.00	4.09
20津投18（175073）	100.00	580.00	5.78	20中金Y1（175075）	100.00	1310.00	13.07
20世茂G3（175077）	100.00	20.00	0.20	20建一Y1（175078）	100.00	545.00	5.44
20柳钢01（175080）	100.00	120.00	1.20	20兴泸01（175081）	99.70	330.00	3.29
20中交01（175083）	99.39	3600.00	35.77	20华福G1（175085）	100.00	40.00	0.40
20华福G2（175086）	100.00	98.00	0.98	20杭实G1（175087）	100.01	970.00	9.70
20HHPY1（175088）	100.00	1200.00	12.00	20CHNE04（175089）	100.00	5540.00	55.33
20龙控04（175090）	100.00	1840.00	18.40	20翔业01（175091）	99.88	260.00	2.60
20华电Y3（175092）	100.00	340.00	3.40	20远资01（175093）	99.70	200.00	2.00
20焦煤Y1（175094）	100.00	580.00	5.77	20核电Y2（175096）	100.00	980.00	9.80
20正荣03（175097）	99.14	1755.00	17.45	20国君G5（175099）	100.00	730.00	7.31
20漳九Y1（175102）	100.00	1805.00	18.07	20安租05（175103）	100.00	170.00	1.70
20安租06（175104）	100.00	220.00	2.20	20京发01（175105）	100.00	1070.00	10.69
20建工Y1（175106）	100.00	970.00	9.69	20花样01（175108）	100.00	1117.00	11.17
20晋中债（175110）	100.70	220.00	2.20	20金城03（175112）	99.21	221.00	2.21
G20雅砻2（175114）	100.02	400.00	4.00	20象屿Y4（175116）	100.00	860.00	8.56
20建集Y5（175117）	100.00	280.00	2.80	20万达01（175119）	99.65	3190.00	31.84
20唐新Y8（175120）	100.00	650.00	6.50	20中金07（175122）	100.00	2460.00	24.62
20中证19（175124）	100.00	120.00	1.20	20远东七（175126）	100.00	930.00	9.29
20资本Y2（175128）	100.00	1020.00	10.21	20华能Y5（175129）	100.00	790.00	7.92
20光明02（175130）	100.41	1375.00	13.76	20渝枢06（175132）	101.06	561.00	5.66
20华安G1（175133）	100.00	620.00	6.20	20电投Y9（175134）	100.00	160.00	1.60
20美置07（175135）	100.00	104.00	1.04	20美置08（175136）	100.00	38.00	0.38
20HHPY2（175137）	100.00	460.00	4.61	20中铁01（175138）	100.54	1690.00	16.95
20腾越01（175139）	100.00	1240.00	12.37	20景控02（175140）	100.90	755.00	7.56
20安信G2（175143）	100.00	240.00	2.40	20恒泰G1（175144）	100.00	745.00	7.45
20药投01（175145）	100.00	221.00	2.21	20川金02（175146）	99.31	370.00	3.67
20青租03（175147）	100.00	600.00	6.00	20科创01（175148）	98.59	470.00	4.63
20建租02（175150）	100.00	60.00	0.60	20科工Y1（175151）	100.00	250.00	2.49
20海国04（175152）	99.00	160.00	1.59	唐新Y10（175153）	100.00	1420.00	14.20
20宁投01（175155）	99.85	320.00	3.19	20恒信G2（175156）	100.00	430.00	4.30

债券成交 Bond Trading

债券 Bond

债券简称（代码） Bond Name（Code）	本年收盘（元） Close（Yuan）	成交数量（万张） Trading Vol（10000 Lots）	成交金额（亿元） Trading Value（100M Yuan）	债券简称（代码） Bond Name（Code）	本年收盘（元） Close（Yuan）	成交数量（万张） Trading Vol（10000 Lots）	成交金额（亿元） Trading Value（100M Yuan）
20住宅03（175157）	100.00	910.00	9.11	20江油01（175159）	100.00	125.00	1.25
20常城05（175160）	100.00	606.00	6.04	20东吴G1（175162）	100.00	320.00	3.20
20东吴G2（175163）	100.20	410.00	4.09	20南钢G1（175164）	100.00	30.00	0.30
20万向01（175165）	100.49	45.00	0.45	20赣铁01（175166）	100.00	230.00	2.30
20港务01（175167）	100.00	730.00	7.31	20沪开02（175168）	100.00	40.00	0.40
20焦煤Y3（175169）	100.00	360.00	3.60	20扬子G2（175170）	100.00	450.00	4.51
20财证06（175171）	100.00	450.00	4.51	20幸福01（175172）	100.00	916.00	9.16
G20洪轨1（175173）	100.00	2365.00	23.63	20招证G4（175174）	100.25	2250.00	22.52
20招证G5（175175）	100.29	2210.00	22.15	20长寿G2（175177）	100.00	2050.00	20.59
20安租Y2（175178）	100.00	885.00	8.91	20保利05（175180）	99.50	630.00	6.29
20保利06（175181）	100.00	750.00	7.51	20东债02（175182）	100.00	1720.00	17.21
20三局Y1（175183）	100.00	420.00	4.21	20青纾01（175184）	100.00	780.00	7.80
20财证05（175185）	100.00	180.00	1.80	20扬子Y3（175186）	100.00	2520.00	25.20
20济城G1（175188）	100.00	860.00	8.60	20凤凰01（175189）	99.84	1748.00	17.52
20中金09（175190）	100.00	3265.00	32.75	20世茂G4（175192）	100.00	100.00	1.00
20延长Y2（175194）	100.00	1420.00	14.19	20银河Y1（175196）	100.00	2916.00	29.20
20国都G1（175197）	100.00	292.00	2.91	20华综Y3（175198）	100.00	340.00	3.40
20首开01（175200）	100.26	1020.00	10.22	20合景06（175201）	100.00	560.00	5.60
20中航Y3（175203）	100.00	615.00	6.16	20中航Y4（175204）	100.00	230.00	2.31
20赣速02（175205）	100.03	1680.00	16.81	20建一Y2（175206）	100.00	570.00	5.69
20铁建Y1（175209）	100.00	732.00	7.36	20高速01（175211）	100.24	1690.00	16.92
20铁Y11（175212）	100.00	620.00	6.21	20铁Y12（175213）	100.00	310.00	3.11
20碧地03（175214）	100.32	622.00	6.22	20东莞01（175215）	100.00	314.00	3.15
20华创03（175216）	100.00	522.00	5.25	20建集Y7（175217）	100.00	690.00	6.90
20首钢04（175219）	100.00	3640.00	36.37	20株国07（175220）	100.00	15.00	0.15
20珠投01（175222）	100.00	11.00	0.11	20桂冠02（175223）	100.00	260.00	2.60
20电建Y1（175224）	100.00	630.00	6.30	20万达02（175225）	100.06	1120.00	11.20
20义乌05（175226）	100.00	200.00	2.00	20建发Y1（175228）	100.00	1090.00	10.91
20大唐Y3（175229）	100.00	3250.00	32.56	唐新Y12（175231）	100.00	820.00	8.19
20南港01（175233）	100.00	30.00	0.30	20金地01（175235）	100.00	1090.00	10.91
20沪国03（175237）	99.76	1910.00	19.04	20闽能Y1（175238）	100.00	20.00	0.20
G20柳控2（175239）	100.00	110.00	1.10	20远东八（175240）	100.00	70.00	0.70
20远东九（175241）	100.00	930.00	9.30	20青城01（175242）	100.00	200.00	2.00
20青城02（175243）	100.00	470.00	4.70	20淮矿01（175244）	100.00	101.00	1.01
20藏城发（175245）	100.00	80.00	0.80	20邮政Y1（175246）	100.00	2390.00	23.94
20邮政Y2（175247）	100.00	550.00	5.52	20邮政Y3（175248）	100.00	170.00	1.70
20京电01（175249）	100.00	260.00	2.59	20中证21（175250）	100.11	1940.00	19.38
20津投19（175251）	100.00	680.00	6.79	20鲁能01（175252）	99.79	500.00	4.99
20能建Y2（175254）	100.00	1550.00	15.49	20建材Y2（175256）	100.00	1130.00	11.30
20旭辉03（175259）	98.80	505.20	5.03	20五资02（175260）	100.00	120.00	1.20
20财达01（175261）	100.00	450.00	4.49	20中金11（175262）	100.09	1070.00	10.68
20中金12（175263）	100.00	1600.00	16.00	20电建Y2（175264）	100.00	1179.00	11.82
20葛洲Y2（175265）	100.00	2360.00	23.62	20巨化01（175267）	100.00	150.00	1.49
20狮桥03（175268）	100.00	180.00	1.78	20安租07（175269）	99.52	150.00	1.50
20安租08（175270）	100.00	230.00	2.30	G20深高1（175271）	100.00	80.00	0.80
20银河G2（175272）	100.00	1070.00	10.71	20锡铁03（175273）	99.85	900.00	8.99
20兖煤04（175274）	100.00	1140.00	11.41	20兖煤05（175275）	100.00	910.00	9.11
20鄂交Y2（175276）	100.00	340.00	3.41	20浦土03（175277）	100.00	190.00	1.90
20金港02（175278）	100.00	470.00	4.67	20中财G2（175279）	100.00	670.00	6.70
20中财G3（175280）	100.00	450.00	4.52	20控租03（175281）	100.00	320.00	3.20

债券成交
Bond Trading

债券简称（代码）Bond Name（Code）	本年收盘（元）Close（Yuan）	成交数量（万张）Trading Vol（10000 Lots）	成交金额（亿元）Trading Value（100M Yuan）	债券简称（代码）Bond Name（Code）	本年收盘（元）Close（Yuan）	成交数量（万张）Trading Vol（10000 Lots）	成交金额（亿元）Trading Value（100M Yuan）
20 华鑫 03（175282）	100.00	40.00	0.40	20 昆交 G2（175283）	100.00	1580.00	15.76
20 智光 G1（175284）	100.00	50.00	0.50	20 核电 Y3（175285）	100.00	2190.00	21.93
20 电投 Y0（175287）	100.00	1260.00	12.61	20 焦煤 Y4（175288）	100.00	400.00	4.00
20 常城 06（175289）	100.00	740.00	7.40	20 青港 01（175291）	99.74	710.00	7.08
20 招证 G6（175292）	100.00	1040.00	10.37	20 招证 G7（175293）	99.96	270.00	2.70
20 滨建 G1（175294）	100.00	30.00	0.30	20 天宁 02（175295）	100.00	130.00	1.29
20 景控 03（175296）	100.00	330.00	3.30	20 延长 Y4（175298）	100.00	4310.00	43.07
20 扬子 G3（175299）	99.83	1350.00	13.49	20 青城 03（175301）	100.00	501.00	5.00
20 青城 04（175302）	100.00	1770.00	17.71	20 复星 04（175304）	100.00	909.00	9.07
20 鲁高 Y1（175305）	100.00	120.00	1.20	20 晋金 02（175306）	101.00	130.00	1.29
20 绿城 07（175307）	99.12	1691.00	16.85	20 上唐 Y1（175309）	100.00	1270.00	12.68
20 上唐 Y2（175310）	100.00	800.00	7.98	G 龙源 Y3（175311）	100.00	700.00	6.99
G 龙源 Y4（175312）	100.00	530.00	5.28	20 电建 Y4（175314）	100.00	1110.00	11.12
20 中证 22（175315）	100.00	400.00	4.00	20 中证 23（175316）	99.80	510.00	5.08
20 新汶 Y1（175319）	100.00	830.00	8.30	20 东兴 G5（175320）	100.00	300.00	2.99
20 东兴 G6（175321）	100.00	300.00	3.00	20 福电 Y1（175322）	100.00	280.00	2.79
20 中泰 03（175323）	100.24	3050.00	30.50	20 柳发 01（175324）	100.00	150.00	1.50
20 中金 13（175325）	100.00	150.00	1.50	20 中金 14（175326）	100.00	320.00	3.19
20 京粮 Y1（175327）	100.00	210.00	2.09	20 交投 Y2（175328）	100.00	360.00	3.59
20 交投 Y3（175329）	100.00	810.00	8.09	20 红美 03（175330）	100.00	240.00	2.38
20 万达 03（175331）	99.25	1576.00	15.74	20 中公 Y1（175332）	100.00	610.00	6.08
20 中公 Y2（175333）	100.00	100.00	1.00	20 葛洲 Y4（175334）	100.00	2400.00	23.99
20 葛洲 Y5（175335）	100.00	70.00	0.70	20 沪资 01（175337）	98.37	140.00	1.38
20 安租 Y4（175338）	100.00	1100.00	11.03	20 一航 Y1（175340）	100.00	1690.00	16.86
20 信保 Y1（175341）	100.00	338.00	3.32	20 漳九 Y2（175342）	100.00	1440.00	14.39
20 浙金 02（175343）	100.00	350.00	3.44	20 恒信 G3（175344）	99.60	415.00	4.15
20 平证 07（175345）	100.00	1180.00	11.77	20 财达 02（175346）	100.00	340.00	3.38
20 润药 Y1（175347）	100.00	300.00	2.99	20 铁 Y13（175348）	100.00	710.00	7.10
20 铁 Y14（175349）	100.00	360.00	3.59	20 东债 03（175350）	100.00	1020.00	10.18
20 中化 Y7（175351）	100.00	3820.00	38.18	20 昌投 G1（175353）	100.00	120.00	1.19
20 融侨 02（175354）	100.00	530.00	5.24	20 安租 09（175356）	100.00	60.00	0.60
20 安租 10（175357）	100.00	95.00	0.94	中交 20Y1（175358）	100.00	940.00	9.37
中交 20Y2（175359）	100.00	750.00	7.49	20 舟投 01（175360）	99.80	430.00	4.30
20 茅台 01（175361）	98.25	3891.00	38.16	20 远发 01（175362）	100.00	480.00	4.78
20 苏新 01（175363）	100.00	207.50	2.07	20 柳投 05（175364）	100.00	160.00	1.58
20 海资 G1（175365）	100.00	380.00	3.79	20 碧地 04（175366）	99.15	44.00	0.44
20 牡资 02（175368）	100.00	150.00	1.50	20 象屿 Y5（175369）	100.00	1018.50	10.14
20 建材 Y5（175371）	100.00	2060.00	20.54	20 建材 Y6（175372）	99.35	1040.00	10.38
20 邮政 Y4（175373）	100.00	330.00	3.29	20 邮政 Y5（175374）	100.00	370.00	3.69
20 云投 G7（175375）	100.00	180.00	1.80	20 二局 Y2（175377）	100.00	290.00	2.89
20 二局 Y3（175378）	100.00	950.00	9.49	20 建集 Y9（175379）	100.00	885.00	8.84
20 冀通 01（175381）	100.00	240.00	2.39	20 冀通 02（175382）	100.00	560.00	5.60
20 晋电 Y1（175383）	100.00	130.00	1.30	20 闽能 Y2（175384）	100.00	290.00	2.89
20 鑫苑 01（175387）	100.00	248.30	2.48	20 大唐 Y5（175389）	100.00	3800.00	37.93
20 合景 08（175393）	100.00	155.00	1.55	20 环球 07（175396）	100.00	820.00	8.18
20 国丰 Y1（175397）	100.00	490.00	4.90	20 晋旅 Y2（175398）	100.00	113.84	1.13
20 住总 Y1（175399）	100.00	460.00	4.60	20 华发 04（175401）	100.00	350.00	3.50
20 华发 05（175402）	100.00	210.00	2.09	20 航控 Y1（175404）	100.00	630.00	6.28
20 航控 Y2（175405）	100.00	170.00	1.69	20 国创 01（175406）	100.00	26.00	0.26
20 延长 Y5（175407）	100.00	360.00	3.59	20 延长 Y6（175408）	100.00	2750.00	27.40

债券成交 Bond Trading

债券 Bond

债券简称（代码）Bond Name（Code）	本年收盘（元）Close（Yuan）	成交数量（万张）Trading Vol（10000 Lots）	成交金额（亿元）Trading Value（100M Yuan）	债券简称（代码）Bond Name（Code）	本年收盘（元）Close（Yuan）	成交数量（万张）Trading Vol（10000 Lots）	成交金额（亿元）Trading Value（100M Yuan）
20 华泰 C1（175409）	100.00	430.00	4.26	20 杭实 G2（175415）	100.00	260.00	2.60
20 华证 02（175416）	100.00	100.00	1.00	G20 水利 1（175418）	100.06	120.00	1.20
20 鲁高 Y2（175420）	100.00	150.00	1.50	20 渝开 03（175421）	100.00	31.00	0.31
20 杭金 01（175423）	100.00	80.00	0.81	20 核电 Y5（175425）	100.00	440.00	4.39
20 世控 02（175426）	100.99	700.00	7.03	20 远东 10（175427）	100.00	935.00	9.36
20 远东 11（175428）	100.00	390.00	3.91	20 扬州 02（175429）	100.00	710.00	7.08
20 栖建 01（175430）	100.00	70.00	0.70	20 电力 Y2（175432）	100.00	100.00	1.00
20 腾越 02（175433）	100.00	100.00	1.00	20 首股 Y1（175439）	100.00	850.00	8.56
20 亦庄 02（175444）	100.00	350.00	3.51	20 亦庄 03（175445）	100.00	110.00	1.10
20 金辉 03（175446）	100.00	1214.71	12.03	20 花样 02（175447）	100.00	50.00	0.50
20 工业 Y1（175448）	100.00	330.00	3.31	20 交投 Y4（175450）	100.00	252.00	2.52
20 交投 Y5（175451）	100.00	315.00	3.16	20 中航 Y5（175452）	100.00	630.00	6.30
20 中航 Y6（175453）	100.00	435.00	4.36	20 赣融 Y1（175454）	100.00	100.00	1.00
20 信投 C1（175455）	100.00	460.00	4.62	20 信投 C2（175456）	100.00	656.50	6.57
20 柳建 05（175458）	100.00	140.00	1.40	20 浦土 04（175461）	100.00	830.00	8.31
20 国君 G6（175462）	100.00	1390.00	13.96	20 国君 G7（175463）	100.00	100.00	1.01
20 华金 01（175466）	100.00	90.00	0.90	20 中财 G5（175467）	100.00	140.00	1.40
20 中化 Y9（175470）	100.00	2820.00	28.24	20 华泰 G7（175473）	100.00	1060.00	10.67
20 即投 01（175474）	100.00	130.00	1.30	20 蓉高 03（175477）	100.00	440.00	4.40
20 华安 G2（175479）	99.96	270.00	2.70	20 名城债（175481）	100.00	516.61	5.17
20 银河 G3（175482）	100.00	860.00	8.62	20 中泰 C1（175483）	100.00	220.00	2.23
20 赣速 03（175484）	100.00	710.00	7.13	20DTFDY1（175485）	100.00	2300.00	23.04
20 中公 Y3（175489）	100.00	372.00	3.72	20 中公 Y4（175490）	100.00	380.00	3.81
20 华租 01（175491）	100.00	510.00	5.09	20 航控 Y3（175493）	100.00	820.00	8.20
20 航控 Y4（175494）	100.00	20.00	0.20	20 万达 04（175496）	100.00	1540.05	15.32
20 航租 Y1（175501）	100.00	790.00	7.90	G20 杭水 1（175503）	100.04	800.00	7.97
20 方圆 01（175505）	100.00	600.00	6.00	20 洪政 02（175507）	101.14	400.00	4.02
20 建 Y11（175508）	100.00	320.00	3.20	20 奉交 01（175509）	100.00	60.00	0.60
20 唐租 Y2（175510）	100.00	410.00	4.10	20 鲁金 Y1（175514）	100.00	1041.50	10.43
20 招证 C1（175515）	100.00	320.00	3.22	20 招证 C2（175516）	100.00	310.00	3.12
20 信投 C3（175517）	100.00	180.00	1.80	20 信投 C4（175518）	100.00	549.20	5.49
20 华综 Y4（175519）	100.00	1050.00	10.50	20 国君 G8（175520）	100.15	340.00	3.41
20 国君 G9（175521）	100.00	550.00	5.51	20 延长 Y7（175522）	100.00	500.00	5.00
20 延长 Y8（175523）	100.00	2220.00	22.22	20 柳发 02（175527）	100.00	30.00	0.30
20 唐租 Y4（175528）	100.00	490.00	4.90	20 柳控 04（175531）	100.00	90.00	0.90
20 京投 04（175532）	100.00	1010.00	10.10	20 华泰 G8（175534）	100.00	830.00	8.32
20 华泰 G9（175535）	100.00	510.00	5.11	20 中咨 Y1（175536）	100.00	580.00	5.80
20 义乌 07（175537）	100.00	270.00	2.70	20 江建 01（175538）	100.00	270.00	2.70
20 甘投 Y1（175539）	100.00	400.00	4.00	20 泸投 01（175542）	100.00	130.00	1.30
中交 20Y3（175543）	100.00	220.00	2.20	中交 20Y4（175544）	100.00	140.00	1.40
20 中财 G6（175545）	100.00	510.00	5.10	20 杉杉 01（175546）	100.00	220.00	2.16
20 铁建 Y3（175547）	100.00	500.00	5.00	20 常高 G1（175550）	100.00	140.00	1.40
20 特房 01（175551）	100.00	100.00	1.00	G 龙源 Y5（175553）	100.00	230.00	2.30
20 首股 Y2（175554）	100.00	370.00	3.70	20 漳九 Y3（175555）	100.00	495.00	4.95
20 华电 Y5（175557）	100.00	450.00	4.50	20 湖交 02（175558）	100.00	278.00	2.77
20 铁一 Y1（175559）	100.00	1183.00	11.83	20 化学 Y1（175561）	100.00	390.00	3.90
20 鲁金 Y2（175566）	100.00	490.00	4.90	20 昌投 G2（175567）	100.00	80.00	0.80
20 平证 08（175568）	100.00	50.00	0.50	20 铁京 Y1（175572）	100.00	240.00	2.40
20 路桥 02（175573）	100.00	240.00	2.40	20 航控 Y5（175578）	100.00	200.00	2.00
20 铁二 Y1（175580）	100.00	600.00	6.00	20 上航 Y2（175582）	100.00	10.00	0.10

债券成交
Bond Trading

债券简称（代码）Bond Name（Code）	本年收盘（元）Close（Yuan）	成交数量（万张）Trading Vol（10000 Lots）	成交金额（亿元）Trading Value（100M Yuan）	债券简称（代码）Bond Name（Code）	本年收盘（元）Close（Yuan）	成交数量（万张）Trading Vol（10000 Lots）	成交金额（亿元）Trading Value（100M Yuan）
20 光证 G7（175584）	100.00	50.00	0.50	20 铁沪 Y1（175588）	100.00	30.00	0.30
20 滨城 02（177002）	98.34	288.00	2.84	20 浏城 03（177003）	99.98	175.00	1.75
20 望城 01（177004）	100.00	60.00	0.60	20 新业 D1（177005）	100.00	670.00	6.70
20 当涂 01（177006）	100.06	30.00	0.30	20 红河 01（177007）	100.00	2.50	0.03
20 西投 01（177009）	98.78	200.00	1.98	20 开扶 02（177010）	97.97	165.00	1.62
20 唐控 D2（177013）	99.81	400.00	4.00	20 鑫诚 02（177016）	99.70	110.00	1.10
20 融和 03（177017）	98.91	120.00	1.20	20 泰金 01（177019）	100.00	30.00	0.30
20 兰陵 01（177020）	100.00	200.00	2.00	20 张控 01（177022）	99.82	5.00	0.05
20 新高 01（177023）	96.38	194.00	1.92	20 浔城 03（177025）	98.07	220.00	2.17
20 句容 03（177026）	99.48	210.00	2.09	20 贵溪 01（177029）	100.00	491.00	4.91
20 华发 03（177033）	100.00	30.00	0.30	20 兴盛 01（177034）	99.07	794.00	7.84
20 嘉城 02（177035）	99.04	75.00	0.74	S20 凉山 2（177036）	99.35	475.00	4.74
20 桐资 01（177037）	99.15	820.00	8.13	20 新沂 03（177038）	98.03	794.00	7.82
20 射城 02（177040）	100.05	466.00	4.66	20 林城 01（177041）	99.30	350.00	3.49
20 冀交 03（177042）	99.02	170.00	1.69	20 万投 01（177043）	99.94	622.00	6.22
20 漳龙 01（177045）	99.87	525.00	5.24	20 润城 01（177046）	99.46	297.00	2.94
20 银城 02（177047）	100.40	210.00	2.11	20 即墨 01（177051）	98.82	30.00	0.30
20 滨发 01（177052）	99.25	120.00	1.20	20 郴新 01（177053）	99.97	90.00	0.90
20 杭开 01（177054）	98.03	300.00	2.94	20 复地 F2（177056）	99.04	750.00	7.48
20 新集 02（177057）	100.00	40.00	0.40	20 同煤 06（177058）	95.21	370.00	3.68
20 常新 03（177060）	98.63	20.00	0.20	20 吴中 02（177061）	99.29	90.00	0.89
20 高新 03（177064）	98.97	170.00	1.69	20 眉资 02（177065）	100.00	50.00	0.50
20 亭公 01（177066）	100.02	517.19	5.17	20 襄投 03（177068）	100.00	30.00	0.30
20 广德 01（177069）	100.00	210.00	2.10	20 航发 01（177070）	99.04	40.00	0.40
20 巴中 02（177071）	100.00	461.00	4.61	20 商发 01（177075）	100.00	50.00	0.50
20 银产 02（177076）	98.98	231.00	2.30	20 常山 01（177077）	100.00	109.00	1.09
20 遵桥 D6（177078）	99.20	293.00	2.92	20 城控 02（177079）	100.50	140.00	1.41
20 邗江 D1（177080）	99.42	120.00	1.19	20 启东 02（177081）	98.74	128.20	1.27
20 平阳 02（177082）	98.83	350.00	3.46	20 延安 02（177084）	99.32	152.00	1.51
20 内投 01（177085）	101.30	939.00	9.40	20 晋宁 01（177086）	100.00	1185.00	11.84
20 人和 01（177087）	99.61	90.00	0.90	20 南水 01（177088）	100.00	90.00	0.90
20 北仑 02（177090）	98.49	100.00	0.99	20 锡南 01（177091）	100.00	20.00	0.20
20 滁同创（177092）	100.00	120.00	1.20	20 慈交 02（177093）	98.03	100.00	0.98
20 绿产 D3（177095）	100.00	121.00	1.21	20 任丘 01（177096）	100.00	130.00	1.30
20 合投 01（177097）	99.25	425.00	4.24	20 襄阳 01（177098）	100.00	180.00	1.80
20 巴资 02（177099）	100.00	110.00	1.10	20 巴资 03（177100）	100.00	40.00	0.40
20 阿地 01（177102）	100.56	120.00	1.20	20 柯城 01（177103）	99.99	603.00	6.02
20 城资 D3（177105）	99.73	450.00	4.48	20 金堂 02（177106）	100.00	569.01	5.69
20 丰经 04（177108）	100.01	214.80	2.15	20 象投 01（177109）	100.78	120.00	1.21
20 润铜 01（177110）	100.19	350.00	3.51	20 海陵 03（177111）	98.24	473.00	4.67
20 嘉禾 01（177113）	99.17	155.00	1.54	20 滨旅 02（177115）	100.09	300.00	3.00
20 杭湾 02（177116）	100.00	80.00	0.80	20 通新 02（177119）	99.07	5.00	0.05
20 微山 01（177120）	100.20	1117.70	11.18	20 吉发 03（177122）	100.10	243.00	2.43
20 通融 03（177123）	100.41	32.50	0.33	20 济轨 Y1（177125）	99.92	585.00	5.85
20 东泰 02（177126）	100.33	250.00	2.51	20 浙商 C7（177127）	97.93	90.00	0.88
20 扬子 03（177128）	100.01	520.00	5.19	20 拱墅 02（177130）	98.83	440.00	4.35
20 溧开 04（177135）	100.00	130.00	1.30	20 鸿业 02（177136）	99.52	168.00	1.67
20 溧投 D1（177137）	100.00	30.00	0.30	20 浦江 02（177140）	100.05	240.00	2.40
20 淮开 07（177141）	98.16	100.00	0.98	20 丹投 D1（177143）	99.34	860.00	8.55
20 维扬 01（177145）	97.45	150.00	1.46	20 银桥 D2（177146）	100.00	102.00	1.02

债券成交 Bond Trading

债券 Bond

债券简称（代码）Bond Name（Code）	本年收盘（元）Close（Yuan）	成交数量（万张）Trading Vol（10000 Lots）	成交金额（亿元）Trading Value（100M Yuan）	债券简称（代码）Bond Name（Code）	本年收盘（元）Close（Yuan）	成交数量（万张）Trading Vol（10000 Lots）	成交金额（亿元）Trading Value（100M Yuan）
20中证F1（177147）	100.15	590.00	5.90	20天建01（177149）	97.33	230.00	2.28
20泰兴02（177150）	99.71	280.00	2.80	20科技05（177153）	100.00	28.26	0.28
20金外01（177155）	98.69	40.00	0.39	20芝罘债（177156）	100.00	140.00	1.40
20金水D1（177157）	99.97	220.00	2.20	20鹰控03（177158）	101.84	479.00	4.83
20泰交02（177159）	98.99	100.00	0.99	20甬商贸（177160）	98.77	135.00	1.33
20国兴02（177162）	98.78	50.00	0.49	20中新02（177164）	100.00	52.30	0.52
20兰溪03（177167）	100.00	49.00	0.49	锦生态02（177168）	99.13	300.00	2.97
20海通F3（177170）	100.13	420.00	4.20	20沂投01（177171）	100.00	972.00	9.69
20金东债（177172）	99.10	200.00	1.98	20常城07（177175）	100.00	160.00	1.60
20滨湖D2（177181）	99.36	85.00	0.84	G20安吉2（177182）	98.50	50.00	0.49
20通经02（177183）	99.53	115.00	1.13	20镇文03（177186）	99.91	100.00	1.00
20遵桥D8（177189）	100.00	253.30	2.46	20产投Y1（177190）	100.28	80.00	0.80
20宜城02（177191）	99.98	120.00	1.20	20镇交D1（177192）	99.80	110.00	1.10
20诸东02（177193）	100.48	380.00	3.81	20中意01（177194）	99.28	150.00	1.49
20丰开01（177196）	99.73	330.00	3.30	S20南康1（177198）	100.00	70.00	0.70
20衢金01（177204）	99.91	208.50	2.07	20虞资D1（177205）	99.96	70.00	0.70
20众鑫01（177206）	98.68	30.00	0.30	20太湖03（177207）	101.38	290.00	2.91
20溧水F2（177210）	99.21	292.00	2.90	20亭湖05（177211）	100.08	561.00	5.60
20潍州04（177212）	98.76	350.00	3.47	20齐河02（177214）	100.00	100.00	1.00
20宁城03（177215）	99.82	30.00	0.30	20丰创01（177219）	99.94	570.00	5.69
20德发01（177223）	100.11	170.00	1.70	20海安02（177225）	99.55	175.00	1.74
20湘乡01（177226）	100.00	10.00	0.10	20国联C2（177229）	99.74	80.00	0.80
20抚州02（177231）	100.00	930.00	9.26	20海润04（177235）	97.99	92.00	0.90
20浙南01（177237）	98.78	160.00	1.58	20潍创债（177239）	100.39	161.00	1.61
20昌新01（177240）	100.31	1717.00	17.09	20广投01（177241）	100.00	98.00	0.98
20安控D1（177243）	100.00	160.00	1.60	20达州03（177244）	100.00	70.00	0.70
20铜都01（177245）	99.94	436.00	4.35	20宏利02（177246）	100.00	510.50	5.10
20扬子04（177247）	100.42	330.00	3.31	20平远02（177249）	100.00	1240.00	12.40
20龙债01（177254）	98.39	90.00	0.88	20城北01（177257）	100.00	20.00	0.20
20昌发02（177258）	98.80	150.00	1.48	20安投02（177260）	100.00	150.00	1.50
20扬化02（177261）	98.35	190.00	1.88	20创鸿D2（177262）	98.76	400.00	3.96
20淮清01（177267）	100.58	150.00	1.51	20瑞建01（177269）	100.00	72.00	0.72
20苏铁D1（177270）	98.66	80.00	0.79	20渝东06（177271）	99.77	90.00	0.90
20宁现01（177274）	99.71	370.00	3.67	20沧州01（177275）	100.01	350.00	3.50
20绿产D4（177278）	100.17	60.00	0.60	20扬开02（177279）	100.00	160.00	1.60
20东台D1（177280）	100.00	50.00	0.50	20海瀛D3（177281）	100.01	84.00	0.84
20嘉定01（177282）	98.39	150.00	1.48	20十堰02（177285）	99.10	310.00	3.08
20济建04（177287）	100.00	60.00	0.60	20鲁公03（177294）	100.01	150.00	1.50
20环资债（177297）	100.00	65.00	0.65	20沂投02（177298）	100.00	66.00	0.66
20铜旅01（177299）	98.00	425.50	4.02	20新业02（177301）	100.00	195.00	1.95
20青羊01（177302）	100.01	100.00	1.00	20西经D2（177303）	101.90	65.00	0.66
20泽洲02（177305）	100.00	30.00	0.30	20泽洲03（177306）	98.54	588.00	5.87
20淮开D2（177307）	99.96	1670.00	16.60	20淮经03（177309）	99.00	60.00	0.59
20昆国创（177316）	99.57	380.00	3.78	20沪投01（177317）	100.00	50.00	0.50
20淮交D2（177320）	100.01	220.00	2.20	20海连02（177321）	100.32	380.00	3.81
20迪投01（177323）	100.01	145.00	1.45	20安信03（177324）	100.47	600.00	6.01
20金坛06（177327）	100.00	390.00	3.90	20曹国02（177330）	100.00	1220.30	12.20
20天投04（177331）	100.41	50.00	0.50	20院士01（177332）	100.00	79.70	0.80
20金海01（177340）	99.85	215.00	2.15	20高密03（177347）	100.00	273.00	2.73
20萧经02（177353）	99.38	40.00	0.40	20镇城F7（177355）	100.00	200.00	2.00

债券成交
Bond Trading

债券简称（代码）Bond Name（Code）	本年收盘（元）Close（Yuan）	成交数量（万张）Trading Vol（10000 Lots）	成交金额（亿元）Trading Value（100M Yuan）	债券简称（代码）Bond Name（Code）	本年收盘（元）Close（Yuan）	成交数量（万张）Trading Vol（10000 Lots）	成交金额（亿元）Trading Value（100M Yuan）
20 天长 02（177357）	100. 00	140. 00	1. 40	20 衢资 03（177363）	99. 44	20. 00	0. 20
20 楚晟 01（177364）	99. 99	140. 00	1. 40	20 楚晟 02（177365）	96. 89	462. 00	4. 58
20 临公 03（177370）	100. 01	160. 00	1. 60	20 延安 03（177371）	100. 00	90. 00	0. 90
20 渭南债（177373）	100. 00	20. 00	0. 20	20 瀚控 04（177376）	99. 97	1200. 00	12. 00
20 曹国 D3（177377）	100. 00	739. 00	7. 39	20 青城 D2（177380）	100. 00	10. 00	0. 10
20 中金 F4（177385）	99. 98	350. 00	3. 50	20 中金 F5（177386）	100. 16	357. 20	3. 57
G20 扬易（177387）	100. 00	50. 00	0. 50	20 邗江 D2（177389）	100. 03	200. 00	2. 00
G20 盐交 1（177390）	100. 00	100. 00	1. 00	20 西南 C1（177394）	100. 14	40. 00	0. 40
20 弥工 01（177398）	100. 00	500. 00	5. 00	20 南开 03（177399）	99. 99	60. 00	0. 60
20 奉农投（177407）	100. 00	130. 00	1. 30	20 南新 04（177412）	99. 63	50. 00	0. 50
20 融汇 01（177413）	99. 89	150. 00	1. 50	20 宣城 01（177414）	100. 00	297. 00	2. 97
20 高密 04（177416）	100. 00	20. 00	0. 20	20 金霞 01（177418）	100. 00	60. 00	0. 60
20 大理债（177420）	100. 00	324. 00	3. 24	20 冀资 03（177423）	99. 98	200. 00	2. 00
20 嵊城 03（177424）	100. 00	80. 00	0. 80	20 红河 02（177426）	100. 00	110. 00	1. 10
20 六新 03（177430）	100. 00	20. 00	0. 20	20 兴化 D4（177445）	100. 00	220. 00	2. 20
20 岳交 03（177448）	100. 02	56. 00	0. 56	20 鹿城 Y1（177450）	100. 00	50. 00	0. 50
20 申太 03（177451）	100. 00	124. 90	1. 24	20 民泰 02（177452）	98. 86	10. 00	0. 10
20 惠临 03（177457）	100. 00	41. 00	0. 41	20 普洱 01（177459）	100. 04	112. 00	1. 12
20 诸资 05（177477）	100. 00	70. 00	0. 70	兴辰 05A（179002）	100. 00	50. 00	0. 50
兴辰 05 次（179005）	100. 23	60. 00	0. 60	惠盈 12A（179016）	100. 11	353. 00	3. 53
光借 7C（179041）	100. 57	337. 50	3. 39	20 微 3A2（179043）	100. 48	61. 00	0. 61
20 微 3A3（179044）	100. 00	120. 00	1. 20	弘德 05A（179071）	100. 00	100. 00	1. 00
远海租 61（179172）	99. 88	126. 00	1. 26	华元 02A2（179201）	100. 00	50. 00	0. 50

大宗交易平台
Bulk Trading

大宗交易平台 Bulk Trading	2020 年	2019 年	增减（%） Change
交易天数（天）No. of Trading Days	243	244	-0.41
交易证券数（只）No. of Securities	1326	1218	8.87
股票 Shares	871	720	20.97
债券 Bonds	414	462	-10.39
基金 Funds	41	36	13.89
总成交金额（亿元）Total Trading Val（100M Yuan）	3252.09	2482.04	31.02
股票 Shares	2411.83	1729.99	39.41
债券 Bonds	794.27	645.30	23.09
基金 Funds	45.99	106.75	-56.92
日均成交金额（百万元）Average Trading Val（M Yuan）	1338.31	1017.23	31.56
股票 Shares	992.52	709.01	39.99
债券 Bonds	326.86	264.47	23.59
基金 Funds	18.92	43.75	-56.75
总成交量（亿张）Total Trading Vol（100M Lots）	215.63	263.85	-18.28
股票 Shares	173.73	197.68	-12.12
债券 Bonds	7.85	6.68	17.52
基金 Funds	34.05	59.49	-42.76
日均成交量（百万张）Average Trading Vol（M Lots）	88.74	108.13	-17.93
股票 Shares	71.49	81.02	-11.76
债券 Bonds	3.23	2.74	17.88
基金 Funds	14.01	24.38	-42.53
总成交笔数（笔）Total Transactions	12609	8019	57.24
股票 Shares	10462	5341	95.88
债券 Bonds	2016	2509	-19.65
基金 Funds	131	169	-22.49
日均成交笔数（笔）Average Transactions	51	32	59.38
股票 Shares	43	21	104.76
债券 Bonds	8	10	-20.00
基金 Funds	0	0	0.00

固定收益平台
Fixed-Incoming Trading System

固定收益平台交易 Trading of Fixed-Incoming Trading System	2020 年	2019 年	增减（%） Change
交易天数（天）Trading Days	243	244	-0.41
总成交金额（亿元）Total Trading Val（100M Yuan）	107566.96	81546.41	31.91
政府债 G-Bonds	1275.64	1173.35	8.72
公司债 C-Bonds	79538.41	49421.47	60.94
债券回购 Bond Repo	26752.92	30951.59	-13.57
日均成交金额（百万元）Average Turnover In Val（M Yuan）	44266.24	33420.66	32.45
政府债 G-Bonds	524.95	480.88	9.16
公司债 C-Bonds	32731.86	20254.70	61.60
债券回购 Bond Repo	11009.43	12685.08	-13.21
总成交量（百万张）Total Trading Vol（M Lots）	108620.37	82116.31	32.27
政府债 G-Bonds	1267.24	1163.20	8.94
公司债 C-Bonds	80600.13	50001.52	61.19
债券回购 Bond Repo	26753	30952	-13.57
日均成交量（百万张）Average Trading Vol（M Lots）	447.00	336.54	32.82
政府债 G-Bonds	5.21	4.77	9.39
公司债 C-Bonds	331.69	204.92	61.86
债券回购 Bond Repo	1100943	1268508	-13.21
总成交笔数（笔）Total Transactions	475773	296190	60.63
政府债 G-Bonds	1981	2085	-4.99
公司债 C-Bonds	306698	193820	58.23
债券回购 Bond Repo	167094	100285	66.61
日均成交笔数（笔）Average Transactions	1958	1214	61.29
政府债 G-Bonds	8	9	-11.11
公司债 C-Bonds	1262	794	58.94
债券回购 Bond Repo	688	411	67.40

沪港通概况
Shanghai-Hong Kong Stock Connect

规模情况

板块	标的股票数量（只）	总市值（亿元）	流通市值（亿元）
沪股通	574	360599	319480
港股通	325	279171	279171

成交情况

板块	交易净额（亿元）	交易额（亿元）	占标的股总交易额比（%）	日均交易额（亿元）	日均交易额同比增长（%）
沪股通	855	90359	7. 81	391	83. 38
港股通	2970	26237	7. 33	116	94. 30

注：香港成交金额折算为人民币，汇率使用国家外汇管理局港元对人民币中间价。

额度使用情况

板块	日均使用额度（亿元）	日均额度使用率（%）
沪股通	13. 22	2. 54
港股通	20. 62	4. 91

注：2018 年 5 月 1 日起沪港通额度调整。

基金通申赎
Fund Expert Trading

基金通
Fund Expert

证券代码 Code	证券简称 Security Name	申购总量（万份） Buy Vol（10000 Lots）	赎回总量（万份） Sell Vol（10000 Lots）
519001	银华优选	237.83	409.66
519002	安信消费	627.60	2596.97
519003	海富收益	39.05	59.31
519005	海富股票	2776.67	1656.45
519007	海富回报	13.92	45.96
519008	添富优势	92.15	137.20
519011	海富精选	402.60	283.38
519013	海富优势	16.02	45.94
519015	海富贰号	1.15	0.38
519017	大成成长	314.07	654.46
519018	添富均衡	614.00	845.94
519019	大成景阳	356.07	1098.07
519020	国泰金泰	59.09	919.02
519021	金鼎价值	203.14	523.96
519023	海富债券	15.01	15.01
519025	海富领先	1.55	36.53
519026	海富小盘	110.77	93.37
519027	海富周期	1.14	1.20
519028	华夏稳增	0.00	103.26
519029	华夏稳增	133.14	228.65
519030	海富稳固	3.44	4.23
519032	海富非周	0.00	3.79
519033	海富国策	86.51	72.03
519034	海富 500	11.66	0.97
519035	富国天博	173.58	382.74
519039	长盛同德	13.74	460.65
519050	海富安颐	5.41	2.57
519056	海富内需	113.63	290.43
519060	海富纯 C	5.56	21.16
519061	海富纯 A	14.67	31.53
519062	海富对冲	609.43	1012.50
519066	添富蓝筹	672.08	425.85
519068	添富焦点	351.70	338.96
519069	添富价值	495.39	423.13
519078	添富增收	8.33	10.48
519087	新华分红	169.07	430.81
519089	新华成长	49.66	99.68
519093	新华钻石	2.77	3.94
519095	新华行业	2.34	5.71
519097	新华市值	1.72	2.25
519099	新华主题	0.16	0.22
519100	长盛 100	12.87	74.99
519110	价值 A	27.36	117.69
519112	收益债 C	5.87	5.87
519113	浦银生活	5.64	56.94
519115	浦银红利	16.71	77.54
519116	浦银 300	34.08	4.23
519117	浦银 400	0.67	0.67
519119	幸福债 B	0.00	0.00
519120	新兴产业	7.93	15.02

基金通申赎
Fund Expert Trading

证券代码 Code	证券简称 Security Name	申购总量（万份） Buy Vol（10000 Lots）	赎回总量（万份） Sell Vol（10000 Lots）
519122	6月债C	0.00	0.00
519125	消费A	1.07	2.47
519126	新经济	3.84	1.45
519127	盛世A	6.83	1.19
519130	海富新内	4.67	4.67
519133	海富改革	32.99	25.07
519134	海富富祥	0.03	2.02
519138	海富瑞祥	0.00	0.00
519150	新华消费	7.64	8.19
519152	新华纯A	310.12	333.59
519153	新华纯C	113.75	151.25
519156	新华配置	38.82	138.38
519158	新华趋势	779.76	755.09
519160	新华惠A	0.00	1.82
519162	新华增A	0.00	0.46
519163	新华增C	0.00	0.28
519167	新华精选	0.00	0.00
519170	浦银增长	16.07	244.62
519171	浦银医疗	38.05	38.24
519172	睿智A	0.11	0.11
519173	睿智C	2.30	6.08
519180	万家180	12.96	55.26
519181	万家和谐	202.10	201.92
519183	万家引擎	0.64	0.64
519185	万家精选	47.56	143.20
519186	万家稳增	0.00	0.50
519188	万家恒A	0.86	0.85
519189	万家恒C	12.07	12.08
519190	万家双利	0.70	4.97
519191	万家新利	24.82	29.05
519193	万家成长	11.64	92.67
519195	万家品质	73.91	81.08
519196	万家蓝筹	134.90	78.40
519197	万家颐达	0.01	0.01
519198	万家颐和	0.13	1.02
519199	万家家享	1.99	1.87
519208	万家政A	3.35	3.34
519209	万家政C	1.86	0.00
519300	大成300A	137.59	317.33
519327	聚益C	0.00	0.00
519505	海富货A	486.15	728.01
519506	海富货B	30003.88	1046.61
519507	万家货B	5000.00	5028.55
519508	万家货A	2260.67	2935.84
519509	浦银货A	302.47	323.79
519510	浦银货B	0.00	774.74
519511	万家薪A	9.59	9.11
519512	万家薪B	0.00	0.00
519518	添富货币	4946.95	4567.09
519519	友邦增利	16.67	14.92

基金通申赎 Fund Expert Trading

证券代码 Code	证券简称 Security Name	申购总量（万份） Buy Vol（10000 Lots）	赎回总量（万份） Sell Vol（10000 Lots）
519566	日日盈 A	97.72	106.54
519567	日日盈 B	107.00	107.00
519598	利息 B	0.00	0.00
519599	利息 A	149.01	5.81
519606	国泰金鑫	127.53	3360.27
519610	银河旺 A	0.00	28.56
519611	银河旺 C	95.43	95.43
519613	银河尚 A	0.00	8.43
519614	银河尚 C	0.09	40.96
519616	银河信 A	0.00	0.00
519617	银河信 C	50.28	99.54
519619	银河荣 A	2.22	22.06
519620	银河荣 C	1.37	8.12
519624	银河耀 C	0.98	0.25
519626	银河盛 C	33.99	47.71
519627	君润 A	0.86	0.86
519628	君润 C	49.01	13.43
519629	银河睿 A	0.26	0.26
519630	银河睿 C	1598.12	1600.25
519640	银河鸿 A	0.19	5.19
519642	银河智造	70.31	48.65
519644	银河智联	46.16	662.45
519651	银河转型	24.22	49.24
519653	银河鑫 C	1032.03	956.60
519654	银河丰利	0.00	0.10
519655	银河服务	30.61	3331.09
519656	银河灵 A	0.23	0.23
519657	银河灵 C	0.00	2.30
519660	银河增 A	12.35	17.52
519662	银河回 A	0.00	0.00
519663	银河回 C	0.00	0.00
519664	美丽 A	7.35	45.65
519665	美丽 C	8.59	63.94
519666	银河银信	67.97	134.86
519668	银河成长	96.62	74.80
519669	银河领先	40.94	152.08
519670	银河行业	225.99	228.10
519671	300 价值	352.98	531.55
519672	银河蓝筹	87.01	99.88
519673	银河康乐	13.75	98.64
519674	银河创新	1417.74	1228.39
519675	银河泰利	29.47	31.57
519676	银河保本	18.25	27.93
519677	定投宝	110.88	229.16
519678	银河消费	1.37	4.04
519679	银河主题	14.96	32.85
519680	交银增利	5.69	3.92
519683	交银双利	43.21	42.08
519688	交银精选	1149.70	736.33
519690	交银稳健	63.13	299.72

基金通申赎
Fund Expert Trading

证券代码 Code	证券简称 Security Name	申购总量（万份） Buy Vol（10000 Lots）	赎回总量（万份） Sell Vol（10000 Lots）
519692	交银成长	37.30	56.42
519698	交银先锋	7.97	21.71
519700	交银主题	61.31	40.78
519702	交银趋势	286.10	297.43
519704	交银制造	179.81	132.36
519706	交银价值	6.57	8.30
519712	交银核心	635.37	594.05
519714	交银消费	155.35	107.10
519718	交银纯债	24.20	24.37
519723	交银双轮	0.07	1.90
519727	交银 30	527.68	1526.58
519733	交银强债	76.88	76.76
519908	兴华基金	468.83	6034.89
519909	安顺配置	762.81	4861.87
519915	富国消费	246.40	2852.06
519918	基金兴和	159.73	2851.36
519929	信息量化	68.89	48.00
519933	长信利发	27.35	3.38
519935	长信创新	9.45	6.36
519942	CXLLZC	6.16	6.29
519944	富安 C	0.00	1.00
519945	富安 A	0.00	0.00
519947	CXLBA	0.69	0.69
519949	CXLXA	1.63	1.74
519951	CXLTA	0.03	3.45
519956	睿进 C	50.48	0.04
519957	睿进 A	0.01	0.01
519959	长信多利	16.59	35.68
519961	利广 A	33.69	41.91
519963	利盈 A	0.01	0.01
519965	CXLHDCLA	0.02	164.25
519967	长信利富	1.49	1.49
519969	长信新利	9.22	29.49
519971	长信 GGHL	0.80	1.56
519972	CX 纯债 C	0.00	0.00
519973	CX 纯债 A	0.00	3.84
519975	CXLH 中小	4.93	96.03
519976	CX 转债 C	1006.83	648.25
519977	CX 转债 A	154.79	409.17
519979	CXNXA	13.98	23.94
519983	长信 LHA	15.89	225.91
519985	CXCZYHA	22.50	81923.96
519987	长信恒利	1.00	3.88
519989	长信 LFC	8.10	13.03
519991	CXSLA	0.48	11.00
519993	长信增利	20.68	47.67
519995	长信金利	284.15	355.84
519997	长信银利	13.05	42.50

历年上海市场股票市值占 GDP 比
Stock Market Capital and GDP

证券市场与国民经济
Stock Market and National Economy

年份 Year	国内生产总值（亿元）GDP（100M Yuan）	总市值（亿元）Market Cap（100M Yuan）	占比（%）Rate	流通市值（亿元）Negotiable Capital（100M Yuan）	占比（%）Rate
1990	18872. 9	12. 34	0. 07	—	—
1991	22005. 6	29. 43	0. 13	—	—
1992	27194. 5	558. 40	2. 05	—	—
1993	35673. 2	2206. 20	6. 18	423. 94	1. 19
1994	48637. 5	2600. 13	5. 35	586. 96	1. 21
1995	61339. 9	2525. 66	4. 12	587. 00	0. 96
1996	71813. 6	5477. 81	7. 63	1408. 75	1. 96
1997	79715. 0	9218. 06	11. 56	2513. 47	3. 15
1998	85195. 5	10625. 91	12. 47	2947. 44	3. 46
1999	90564. 4	14580. 47	16. 10	4249. 69	4. 69
2000	100280. 1	26930. 86	26. 86	8481. 33	8. 46
2001	110863. 1	27590. 56	24. 89	8382. 11	7. 56
2002	121717. 4	25363. 72	20. 84	7467. 30	6. 13
2003	137422. 0	29804. 92	21. 69	8201. 14	5. 97
2004	161840. 2	26014. 34	16. 07	7350. 88	4. 54
2005	187318. 9	23096. 13	12. 33	6754. 61	3. 61
2006	219438. 5	71612. 38	32. 63	16428. 33	7. 49
2007	270092. 3	269838. 87	99. 91	64532. 17	23. 89
2008	319244. 6	97251. 91	30. 46	32305. 91	10. 12
2009	348517. 7	184655. 23	52. 98	114805. 00	32. 94
2010	412119. 3	179007. 24	43. 44	142337. 44	34. 54
2011	487940. 2	148376. 22	30. 41	122851. 36	25. 18
2012	538580. 0	158698. 44	29. 47	134294. 45	24. 93
2013	592963. 2	151165. 27	25. 49	136526. 38	23. 02
2014	643563. 1	243974. 02	37. 91	220495. 87	34. 26
2015	688858. 2	295194. 20	42. 85	254127. 84	36. 89
2016	746395. 1	284607. 63	38. 13	240006. 24	32. 16
2017	832035. 9	331324. 82	39. 82	281365. 67	33. 82
2018	919281. 1	269515. 01	29. 32	232698. 75	25. 31
2019	986515. 2	355519. 70	36. 04	301254. 52	30. 54
2020	1015986. 2	455321. 59	44. 82	380012. 99	37. 40

注：GDP 数据来源于国家统计局。

历年股票印花税占财政收入比
Stamp-duty and State Revenue

年份 Year	股票印花税（亿元） Stamp Duty (100M Yuan)	财政收入（亿元） State Revenue (100M Yuan)	占比（%） Rate
1998	111.48	9875.95	1.13
1999	135.51	11444.08	1.18
2000	250.30	13395.23	1.87
2001	167.55	16386.04	1.02
2002	67.59	18903.64	0.36
2003	82.85	21715.25	0.38
2004	105.69	26396.47	0.40
2005	39.90	31649.29	0.13
2006	115.63	38760.20	0.30
2007	1347.72	51321.78	2.63
2008	524.24	61330.35	0.85
2009	346.51	68518.30	0.51
2010	304.32	83101.51	0.37
2011	237.56	103874.43	0.23
2012	164.05	117253.52	0.14
2013	229.61	129209.64	0.18
2014	375.15	140370.03	0.27
2015	1325.59	152269.23	0.87
2016	497.86	159604.97	0.31
2017	507.77	172592.77	0.29
2018	401.97	183359.84	0.22
2019	543.84	190390.08	0.29
2020	839.86	182894.92	0.49

注：财政收入数据来源于国家统计局。

四 上市公司

LISTING COMPANIES

上市公司地区、行业分布
Region and Industry Distribution

地区 Area	仅发A（CDR）股 A（CDR）Share	A（B）、H股 A（B）&H Share	A、B股 A&B Share	仅发B股 B Share	主板	科创板	合计 Total
上海	205	18	30	4	221	36	257
浙江	244	2	1		230	17	247
江苏	229	5	1		194	41	235
北京	151	34			152	33	185
广东	105	11			85	31	116
山东	84	7			82	9	91
福建	61	2			58	5	63
安徽	53	3	1		49	8	57
湖北	46	1	1		44	4	48
四川	46	3			45	4	49
湖南	36		1		31	6	37
辽宁	33	1	1		32	3	35
天津	26	5	1		28	4	32
新疆	30	1			31		31
河南	26	5			29	2	31
重庆	27	2			29		29
陕西	28				24	4	28
黑龙江	26		1		26	1	27
江西	23	1			21	3	24
河北	20	3			23		23
山西	19		1		20		20
吉林	17		1		17	1	18
广西	17				17		17
甘肃	16				16		16
内蒙古	14	1	1		16		16
云南	15				15		15
贵州	15				15		15
海南	10		2		12		12
西藏	9				9		9
青海	8				8		8
宁夏	6				6		6
境外	2	1				3	3
合计	1647	106	43	4	1585	215	1800

2020年市场筹融资
Capital Raised in 2020

证券类型	筹、融资方式		公司数（家）		筹资金额（亿元）	
			本年		本年	
			主板	科创板	主板	科创板
股票	首发	公开发行	88	145	1208.18	2151.16
		超额配售	1	2	42.67	75.06
		首发小计	233		3477.06	
	再发	公开增发	1	0	19.91	0.00
		定向增发	242	6	4601.27	11.14
		配股	7	0	286.70	0.00
		可转债转股	137	0	585.65	0.00
		优先股	4	0	170.00	0.00
		再发小计	354		5674.66	
	股票合计		582		9151.73	
债券	公司债		3586		37672.07	
	资产支持证券		2605		10551.60	
	债券合计		6191		48223.67	

注：1. 筹资以上市日期为统计截止日期；除注明外，金额均以人民币计。

2. 统计上市公司筹资家数时（股票、债券），在统计周期内不对同一家上市公司重复统计。

3. 再次发行包括增发（向公众增发、定向增发）、配股、可转债转股、优先股。债券包括公司债及资产支持证券；其中，公司债包括可转债、可分离债、证监会审批发行的公司纯债、私募债。

股票历年筹资
Capital Raised 1990—2020

年份 Year	主板 A 股（亿元）Main Board A Shares（100M Yuan）		主板 B 股（亿元）Main Board B Shares（100M Yuan）		科创板（亿元）Star Market（100M Yuan）		总计（亿元）Total（100M Yuan）
	首发（IPO）	再发（SPO）	首发（IPO）	再发（SPO）	首发（IPO）	再发（SPO）	
1990	10. 11	0	0	0	0	0	10. 11
1991	0	0. 24	0	0	0	0	0. 24
1992	10. 85	2. 53	37. 66	0	0	0	51. 05
1993	57. 52	27. 4	22. 83	0. 5	0	0	107. 06
1994	98. 98	31. 29	34. 43	2. 26	0	0	166. 95
1995	24. 29	27. 76	6. 13	0	0	0	58. 16
1996	130. 46	44. 95	15. 85	9. 64	0	0	205. 14
1997	278. 57	131	47. 02	18. 28	0	0	474. 87
1998	230. 69	139. 24	9. 84	0. 19	0	0	379. 91
1999	291. 96	190. 86	1. 89	0. 33	0	0	486. 37
2000	591. 18	325. 13	0. 44	0	0	0	919. 95
2001	534. 29	423. 2	0	0	0	0	957. 49
2002	516. 96	97. 55	0	0	0	0	614. 51
2003	453. 51	103. 9	0	0. 43	0	0	560. 96
2004	237. 24	219. 66	0	0	0	0	456. 9
2005	28. 55	271. 22	0	0	0	0	299. 77
2006	1180. 23	534. 18	0	0	0	0	1714. 41
2007	4379. 92	2425. 89	0	0	0	0	6805. 81
2008	733. 54	1504. 62	0	0	0	0	2238. 16
2009	1251. 25	2091. 91	0	0	0	0	3343. 15
2010	1891. 51	3640. 62	0	0	0	0	5532. 14
2011	1014. 01	2185. 68	0	0	0	0	3199. 69
2012	333. 57	2556. 74	0	0	0	0	2890. 31
2013	0	2515. 72	0	0	0	0	2515. 72
2014	311. 77	3650. 82	0	0	0	0	3962. 59
2015	1086. 9	7626. 06	0	0	0	0	8712. 96
2016	1017. 23	7039. 22	0	0	0	0	8056. 45
2017	1376. 55	6201. 5	0	0	0	0	7578. 06
2018	864. 93	5249. 03	0	0	0	0	6113. 96
2019	1019. 66	5851. 4	0	0	824. 27	0	7695. 33
2020	1250. 85	5663. 53	0	0	2226. 22	11. 14	9151. 73

股票年度首次发行
IPOs in 2020

证券代码 Code	证券简称 Security Name	招股说明书刊登日 Prospectus Announced Date	所属行业 Industry	注册地 Area	发行数量（百万股） Issue Vol（M Shares）	发行方式 Issue Method
600918	中泰证券	2020. 05. 18	金融业	山东	696. 863	按市值申购
600956	新天绿能	2020. 06. 10	电力、热力、燃气及水生产和供应业	河北	134. 750	按市值申购
601187	厦门银行	2020. 10. 09	金融业	福建	263. 913	按市值申购
601456	国联证券	2020. 07. 17	金融业	江苏	475. 719	按市值申购
601568	北元集团	2020. 09. 28	制造业	陕西	361. 111	按市值申购
601609	金田铜业	2020. 04. 08	制造业	浙江	242. 000	按市值申购
601686	友发集团	2020. 11. 20	制造业	天津	142. 000	按市值申购
601696	中银证券	2020. 02. 11	金融业	上海	278. 000	按市值申购
601702	华峰铝业	2020. 08. 24	制造业	上海	249. 630	按市值申购
601778	晶科科技	2020. 04. 29	电力、热力、燃气及水生产和供应业	江西	594. 593	按市值申购
601816	京沪高铁	2020. 01. 02	交通运输、仓储和邮政业	北京	6285. 630	按市值申购
601827	三峰环境	2020. 05. 19	水利、环境和公共设施管理业	重庆	378. 268	按市值申购
601995	中金公司	2020. 10. 16	金融业	北京	458. 589	按市值申购
603087	甘李药业	2020. 06. 12	制造业	北京	40. 200	按市值申购
603095	越剑智能	2020. 03. 31	制造业	浙江	33. 000	按市值申购
603112	华翔股份	2020. 08. 31	制造业	山西	53. 200	按市值申购
603155	新亚强	2020. 08. 18	制造业	江苏	38. 890	按市值申购
603195	公牛集团	2020. 01. 14	制造业	浙江	60. 000	按市值申购
603212	赛伍技术	2020. 04. 16	制造业	江苏	40. 010	按市值申购
603221	爱丽家居	2020. 03. 09	制造业	江苏	60. 000	按市值申购
603290	斯达半导	2020. 01. 13	制造业	浙江	40. 000	按市值申购
603353	和顺石油	2020. 03. 23	批发和零售业	湖南	33. 380	按市值申购
603392	万泰生物	2020. 04. 13	制造业	北京	43. 600	按市值申购
603408	建霖家居	2020. 07. 16	制造业	福建	45. 000	按市值申购
603439	贵州三力	2020. 04. 14	制造业	贵州	40. 740	按市值申购
603551	奥普家居	2019. 12. 30	制造业	浙江	40. 010	按市值申购
603565	中谷物流	2020. 09. 14	交通运输、仓储和邮政业	上海	66. 667	按市值申购
603682	锦和商业	2020. 04. 07	租赁和商务服务业	上海	94. 500	按市值申购
603719	良品铺子	2020. 02. 10	批发和零售业	湖北	41. 000	按市值申购
603893	瑞芯微	2020. 01. 16	制造业	福建	42. 000	按市值申购
603931	格林达	2020. 08. 05	制造业	浙江	25. 454	按市值申购
603948	建业股份	2020. 02. 17	制造业	浙江	40. 000	按市值申购
603949	雪龙集团	2020. 02. 25	制造业	浙江	37. 470	按市值申购
603950	长源东谷	2020. 05. 12	制造业	湖北	57. 881	按市值申购
605001	威奥股份	2020. 05. 07	制造业	山东	75. 560	按市值申购
605003	众望布艺	2020. 08. 25	制造业	浙江	22. 000	按市值申购
605006	山东玻纤	2020. 08. 19	制造业	山东	100. 000	按市值申购
605007	五洲特纸	2020. 10. 26	制造业	浙江	40. 010	按市值申购
605008	长鸿高科	2020. 08. 10	制造业	浙江	46. 000	按市值申购
605009	豪悦护理	2020. 08. 26	制造业	浙江	26. 670	按市值申购
605018	长华股份	2020. 09. 15	制造业	浙江	41. 680	按市值申购
605050	福然德	2020. 09. 07	交通运输、仓储和邮政业	上海	75. 000	按市值申购
605058	澳弘电子	2020. 09. 29	制造业	江苏	35. 731	按市值申购
605066	天正电气	2020. 07. 27	制造业	浙江	71. 000	按市值申购
605068	明新旭腾	2020. 11. 09	制造业	浙江	41. 500	按市值申购
605088	冠盛股份	2020. 08. 03	制造业	浙江	40. 000	按市值申购
605099	共创草坪	2020. 09. 16	制造业	江苏	40. 090	按市值申购
605100	华丰股份	2020. 07. 27	制造业	山东	21. 700	按市值申购
605108	同庆楼	2020. 07. 02	住宿和餐饮业	安徽	50. 000	按市值申购
605111	新洁能	2020. 09. 14	制造业	江苏	25. 300	按市值申购

注：发行数量指同一只股票不同发行方式的发行总量。

股票年度首次发行 IPOs in 2020

证券发行 Security Issue

发行价（元） Issue Price（Yuan）	发行日期 Issue Date	中签率（%） Lot Rate	筹资金额（百万元） Capital Raised（M Yuan）	发行市盈率（倍） Issue P/E	主承销商 Lead Underwriter
4. 380	2020. 05. 20	0. 2417	3052. 258	48. 08	东吴证券股份有限公司
3. 180	2020. 06. 12	0. 0737	428. 505	8. 96	中德证券有限责任公司
6. 710	2020. 10. 13	0. 0923	1770. 855	10. 35	中信建投证券股份有限公司
4. 250	2020. 07. 21	0. 1482	2021. 806	19. 60	南京证券股份有限公司
10. 170	2020. 09. 30	0. 1236	3672. 500	22. 41	华泰联合证券有限责任公司
6. 550	2020. 04. 10	0. 1152	1585. 100	22. 97	财通证券股份有限公司
12. 860	2020. 11. 24	0. 0628	1826. 120	22. 97	东兴证券股份有限公司
5. 470	2020. 02. 13	0. 1264	1520. 660	22. 97	国泰君安证券股份有限公司
3. 690	2020. 08. 26	0. 0873	921. 135	22. 93	兴业证券股份有限公司
4. 370	2020. 05. 06	0. 2168	2598. 371	16. 58	中信建投证券股份有限公司
4. 880	2020. 01. 06	0. 7892	30673. 874	23. 39	中信建投证券股份有限公司
6. 840	2020. 05. 21	0. 1498	2587. 353	22. 67	中信建投证券股份有限公司
28. 780	2020. 10. 20	0. 0855	13198. 191	33. 89	东方证券承销保荐有限公司
63. 320	2020. 06. 16	0. 0389	2545. 464	22. 99	中信证券股份有限公司
26. 160	2020. 04. 02	0. 0328	863. 280	22. 99	浙商证券股份有限公司
7. 820	2020. 09. 02	0. 0375	416. 024	22. 98	国泰君安证券股份有限公司
31. 850	2020. 08. 20	0. 0279	1238. 647	22. 76	国金证券股份有限公司
59. 450	2020. 01. 16	0. 0486	3567. 000	22. 93	国金证券股份有限公司
10. 460	2020. 04. 20	0. 0387	418. 505	22. 57	东吴证券股份有限公司
12. 900	2020. 03. 11	0. 0402	774. 000	22. 98	广发证券股份有限公司
12. 740	2020. 01. 15	0. 0361	509. 600	22. 98	中信证券股份有限公司
27. 790	2020. 03. 25	0. 0313	927. 630	22. 99	信达证券股份有限公司
8. 750	2020. 04. 15	0. 0409	381. 500	22. 98	国金证券股份有限公司
15. 530	2020. 07. 20	0. 0359	698. 850	22. 98	长江证券承销保荐有限公司
7. 350	2020. 04. 16	0. 0402	299. 439	22. 97	申港证券股份有限公司
15. 210	2020. 01. 02	0. 0408	608. 552	21. 85	招商证券股份有限公司
22. 190	2020. 09. 16	0. 0400	1479. 333	22. 99	中国国际金融股份有限公司
7. 910	2020. 04. 09	0. 0591	747. 495	21. 69	中信建投证券股份有限公司
11. 900	2020. 02. 12	0. 0425	487. 900	22. 99	广发证券股份有限公司
9. 680	2020. 01. 20	0. 0438	406. 560	22. 98	兴业证券股份有限公司
21. 380	2020. 08. 07	0. 0230	544. 204	22. 98	兴业证券股份有限公司
14. 250	2020. 02. 19	0. 0345	570. 000	17. 94	浙商证券股份有限公司
12. 660	2020. 02. 27	0. 0344	474. 370	22. 99	广发证券股份有限公司
15. 810	2020. 05. 14	0. 0404	915. 091	22. 99	第一创业证券承销保荐有限责任公司
16. 140	2020. 05. 11	0. 0474	1219. 538	22. 99	中信建投证券股份有限公司
25. 750	2020. 08. 27	0. 0235	566. 500	22. 24	国信证券股份有限公司
3. 840	2020. 08. 21	0. 0481	384. 000	15. 98	民生证券股份有限公司
10. 090	2020. 10. 28	0. 0342	403. 701	22. 97	华创证券有限责任公司
10. 540	2020. 08. 12	0. 0356	484. 840	22. 99	华西证券股份有限公司
62. 260	2020. 08. 28	0. 0238	1660. 474	21. 58	平安证券股份有限公司
9. 720	2020. 09. 17	0. 0338	405. 130	21. 98	长城证券股份有限公司
10. 900	2020. 09. 09	0. 0424	817. 500	19. 00	中信建投证券股份有限公司
18. 230	2020. 10. 09	0. 0266	651. 376	22. 98	国金证券股份有限公司
10. 020	2020. 07. 29	0. 0420	711. 420	22. 98	国泰君安证券股份有限公司
23. 170	2020. 11. 11	0. 0302	961. 555	22. 99	第一创业证券承销保荐有限责任公司
15. 570	2020. 08. 05	0. 0268	622. 800	22. 98	国金证券股份有限公司
15. 440	2020. 09. 18	0. 0327	618. 990	22. 99	中信证券股份有限公司
39. 430	2020. 07. 29	0. 0230	855. 631	22. 99	国金证券股份有限公司
16. 700	2020. 07. 06	0. 0331	835. 000	18. 87	国元证券股份有限公司
19. 910	2020. 09. 16	0. 0230	503. 723	22. 99	平安证券股份有限公司

股票年度首次发行 IPOs in 2020

证券发行 Security Issue

证券代码 Code	证券简称 Security Name	招股说明书刊登日 Prospectus Announced Date	所属行业 Industry	注册地 Area	发行数量（百万股）Issue Vol（M Shares）	发行方式 Issue Method
605116	奥锐特	2020.09.07	制造业	浙江	41.000	按市值申购
605118	力鼎光电	2020.07.16	制造业	福建	41.000	按市值申购
605123	派克新材	2020.08.11	制造业	江苏	27.000	按市值申购
605128	上海沿浦	2020.09.01	制造业	上海	20.000	按市值申购
605136	丽人丽妆	2020.09.15	批发和零售业	上海	40.010	按市值申购
605151	西上海	2020.11.30	制造业	上海	33.340	按市值申购
605155	西大门	2020.12.18	制造业	浙江	24.000	按市值申购
605158	华达新材	2020.07.23	制造业	浙江	98.400	按市值申购
605166	聚合顺	2020.06.04	制造业	浙江	78.887	按市值申购
605168	三人行	2020.05.14	租赁和商务服务业	陕西	17.267	按市值申购
605169	洪通燃气	2020.10.16	电力、热力、燃气及水生产和供应业	新疆	40.000	按市值申购
605177	东亚药业	2020.11.12	制造业	浙江	28.400	按市值申购
605178	时空科技	2020.08.07	建筑业	北京	17.727	按市值申购
605179	一鸣食品	2020.12.14	制造业	浙江	61.000	按市值申购
605183	确成股份	2020.11.23	制造业	江苏	48.720	按市值申购
605186	健麾信息	2020.12.08	制造业	上海	34.000	按市值申购
605188	国光连锁	2020.07.14	批发和零售业	江西	49.580	按市值申购
605198	德利股份	2020.09.04	制造业	山东	20.000	按市值申购
605199	葫芦娃	2020.06.23	制造业	海南	40.100	按市值申购
605218	伟时电子	2020.09.14	制造业	江苏	53.208	按市值申购
605222	起帆电缆	2020.07.17	制造业	上海	50.000	按市值申购
605255	天普股份	2020.08.11	制造业	浙江	33.520	按市值申购
605258	协和电子	2020.11.17	制造业	江苏	22.000	按市值申购
605266	健之佳	2020.11.17	批发和零售业	云南	13.250	按市值申购
605288	凯迪股份	2020.05.18	制造业	江苏	12.500	按市值申购
605299	舒华体育	2020.11.30	制造业	福建	50.000	按市值申购
605318	法狮龙	2020.07.17	制造业	浙江	32.293	按市值申购
605333	沪光股份	2020.08.04	制造业	江苏	40.100	按市值申购
605336	帅丰电器	2020.09.22	制造业	浙江	35.200	按市值申购
605338	巴比食品	2020.09.21	制造业	上海	62.000	按市值申购
605358	立昂微	2020.08.28	制造业	浙江	40.580	按市值申购
605366	宏柏新材	2020.07.29	制造业	江西	83.000	按市值申购
605369	拱东医疗	2020.09.02	制造业	浙江	20.000	按市值申购
605376	博迁新材	2020.11.24	制造业	江苏	65.400	按市值申购
605377	华旺科技	2020.12.15	制造业	浙江	50.967	按市值申购
605388	均瑶健康	2020.08.04	制造业	湖北	70.000	按市值申购
605399	晨光新材	2020.07.21	制造业	江西	46.000	按市值申购
605500	森林包装	2020.12.07	制造业	浙江	50.000	按市值申购
688004	博汇科技	2020.06.01	信息传输、软件和信息技术服务业	北京	14.200	按市值申购
688013	天臣医疗	2020.09.15	制造业	江苏	20.000	按市值申购
688017	绿的谐波	2020.08.17	制造业	江苏	30.104	按市值申购
688026	洁特生物	2020.01.09	制造业	广东	25.000	按市值申购
688027	国盾量子	2020.06.22	制造业	安徽	20.000	按市值申购
688050	爱博医疗	2020.07.16	制造业	北京	26.290	按市值申购
688051	佳华科技	2020.03.06	信息传输、软件和信息技术服务业	北京	19.334	按市值申购
688055	龙腾光电	2020.08.04	制造业	江苏	333.333	按市值申购
688056	莱伯泰科	2020.08.19	制造业	北京	17.000	按市值申购
688057	金达莱	2020.10.29	水利、环境和公共设施管理业	江西	69.000	按市值申购
688060	云涌科技	2020.06.29	信息传输、软件和信息技术服务业	江苏	15.000	按市值申购
688063	派能科技	2020.12.16	制造业	上海	38.711	按市值申购

注：发行数量指同一只股票不同发行方式的发行总量。

股票年度首次发行 IPOs in 2020

证券发行 Security Issue

发行价（元）Issue Price (Yuan)	发行日期 Issue Date	中签率（%）Lot Rate	筹资金额（百万元）Capital Raised (M Yuan)	发行市盈率（倍）Issue P/E	主承销商 Lead Underwriter
8. 370	2020. 09. 09	0. 0329	343. 170	22. 98	安信证券股份有限公司
9. 280	2020. 07. 20	0. 0343	380. 480	22. 99	国金证券股份有限公司
30. 330	2020. 08. 13	0. 0241	818. 910	22. 99	东兴证券股份有限公司
23. 310	2020. 09. 03	0. 0132	466. 200	22. 99	中银国际证券股份有限公司
12. 230	2020. 09. 17	0. 0325	489. 322	22. 44	中信证券股份有限公司
16. 130	2020. 12. 02	0. 0264	537. 774	22. 99	海通证券股份有限公司
21. 170	2020. 12. 22	0. 0245	508. 080	22. 99	浙商证券股份有限公司
8. 550	2020. 07. 27	0. 0449	841. 320	20. 66	海通证券股份有限公司
7. 050	2020. 06. 08	0. 0466	556. 153	22. 97	广发证券股份有限公司
60. 620	2020. 05. 18	0. 0155	1046. 707	22. 99	兴业证券股份有限公司
22. 220	2020. 10. 20	0. 0281	888. 800	22. 23	西部证券股份有限公司
31. 130	2020. 11. 16	0. 0259	884. 092	22. 99	东兴证券股份有限公司
64. 310	2020. 08. 11	0. 0129	1140. 023	22. 38	中信建投证券股份有限公司
9. 210	2020. 12. 16	0. 0415	561. 810	22. 98	中信证券股份有限公司
14. 380	2020. 11. 25	0. 0376	700. 599	22. 99	中信建投证券股份有限公司
14. 200	2020. 12. 10	0. 0279	482. 800	22. 98	国信证券股份有限公司
4. 650	2020. 07. 16	0. 0408	230. 547	22. 98	中信证券股份有限公司
7. 600	2020. 09. 08	0. 0131	152. 000	18. 10	华英证券有限责任公司
5. 190	2020. 06. 29	0. 0379	208. 119	22. 98	中信建投证券股份有限公司
10. 970	2020. 09. 16	0. 0311	583. 696	22. 98	民生证券股份有限公司
18. 430	2020. 07. 21	0. 0369	921. 500	22. 98	海通证券股份有限公司
12. 660	2020. 08. 13	0. 0254	424. 363	22. 99	财通证券股份有限公司
26. 560	2020. 11. 19	0. 0244	584. 320	22. 99	民生证券股份有限公司
72. 890	2020. 11. 19	0. 0119	965. 793	22. 99	红塔证券股份有限公司
92. 590	2020. 05. 20	0. 0138	1157. 375	22. 99	中信建投证券股份有限公司
7. 270	2020. 12. 02	0. 0363	363. 500	22. 99	中信证券股份有限公司
13. 090	2020. 07. 21	0. 0272	422. 713	22. 99	中德证券有限责任公司
5. 300	2020. 08. 06	0. 0318	212. 530	22. 97	中信建投证券股份有限公司
24. 290	2020. 09. 24	0. 0274	855. 008	22. 99	国信证券股份有限公司
12. 720	2020. 09. 23	0. 0350	788. 640	22. 99	国元证券股份有限公司
4. 920	2020. 09. 01	0. 0320	199. 654	22. 97	东方证券承销保荐有限公司
9. 980	2020. 07. 31	0. 0390	828. 340	22. 78	中信证券股份有限公司
31. 650	2020. 09. 04	0. 0133	633. 000	22. 99	中泰证券股份有限公司
11. 690	2020. 11. 26	0. 0372	764. 526	22. 98	海通证券股份有限公司
18. 630	2020. 12. 17	0. 0322	949. 510	22. 98	中信建投证券股份有限公司
13. 430	2020. 08. 06	0. 0404	940. 100	22. 98	国泰君安证券股份有限公司
13. 160	2020. 07. 23	0. 0307	605. 360	22. 99	国元证券股份有限公司
18. 970	2020. 12. 09	0. 0315	948. 500	22. 99	光大证券股份有限公司
28. 770	2020. 06. 03	0. 0363	408. 534	35. 53	浙商证券股份有限公司
18. 620	2020. 09. 17	0. 0286	372. 400	38. 21	安信证券股份有限公司
35. 060	2020. 08. 19	0. 0298	1055. 453	106. 24	国泰君安证券股份有限公司
16. 490	2020. 01. 13	0. 0418	412. 250	34. 93	民生证券股份有限公司
36. 180	2020. 06. 24	0. 0352	723. 600	196. 99	国元证券股份有限公司
33. 550	2020. 07. 20	0. 0320	882. 030	55. 55	招商证券股份有限公司
50. 810	2020. 03. 10	0. 0378	982. 361	65. 17	光大证券股份有限公司
1. 220	2020. 08. 06	0. 0558	406. 667	38. 35	东吴证券股份有限公司
24. 800	2020. 08. 21	0. 0303	421. 600	27. 15	招商证券股份有限公司
25. 840	2020. 11. 02	0. 0339	1782. 960	29. 11	申港证券股份有限公司
44. 470	2020. 07. 01	0. 0363	667. 050	41. 90	浙商证券股份有限公司
56. 000	2020. 12. 18	0. 0305	2167. 827	60. 17	中信建投证券股份有限公司

股票年度首次发行 IPOs in 2020

证券代码 Code	证券简称 Security Name	招股说明书刊登日 Prospectus Announced Date	所属行业 Industry	注册地 Area	发行数量（百万股） Issue Vol（M Shares）	发行方式 Issue Method
688065	凯赛生物	2020.07.30	制造业	上海	41.668	按市值申购
688069	德林海	2020.07.09	水利、环境和公共设施管理业	江苏	14.870	按市值申购
688077	大地熊	2020.07.09	制造业	安徽	20.000	按市值申购
688080	映翰通	2020.01.20	制造业	北京	13.107	按市值申购
688081	兴图新科	2019.12.20	制造业	湖北	18.400	按市值申购
688085	三友医疗	2020.03.24	制造业	上海	51.334	按市值申购
688086	紫晶存储	2020.02.13	制造业	广东	47.596	按市值申购
688090	瑞松科技	2020.02.03	制造业	广东	16.840	按市值申购
688093	世华科技	2020.09.16	制造业	江苏	43.000	按市值申购
688095	福昕软件	2020.08.26	信息传输、软件和信息技术服务业	福建	12.040	按市值申购
688096	京源环保	2020.03.25	制造业	江苏	26.830	按市值申购
688100	威胜信息	2020.01.03	制造业	湖南	50.000	按市值申购
688106	金宏气体	2020.06.03	制造业	江苏	121.083	按市值申购
688126	沪硅产业	2020.04.07	制造业	上海	620.068	按市值申购
688127	蓝特光学	2020.09.08	制造业	浙江	40.900	按市值申购
688129	东来技术	2020.10.09	制造业	上海	30.000	按市值申购
688133	泰坦科技	2020.10.16	科学研究和技术服务业	上海	19.062	按市值申购
688135	利扬芯片	2020.10.28	制造业	广东	34.100	按市值申购
688136	科兴制药	2020.11.27	制造业	山东	49.675	按市值申购
688155	先惠技术	2020.07.28	制造业	上海	18.910	按市值申购
688156	路德环境	2020.09.08	水利、环境和公共设施管理业	湖北	22.960	按市值申购
688157	松井股份	2020.05.25	制造业	湖南	19.900	按市值申购
688158	优刻得	2020.01.06	信息传输、软件和信息技术服务业	上海	58.500	按市值申购
688159	有方科技	2020.01.10	制造业	广东	22.920	按市值申购
688160	步科股份	2020.10.29	制造业	上海	21.000	按市值申购
688165	埃夫特	2020.07.01	制造业	安徽	130.447	按市值申购
688169	石头科技	2020.02.07	制造业	北京	16.667	按市值申购
688177	百奥泰	2020.02.07	制造业	广东	60.000	按市值申购
688178	万德斯	2019.12.30	水利、环境和公共设施管理业	江苏	21.249	按市值申购
688179	阿拉丁	2020.10.12	科学研究和技术服务业	上海	25.233	按市值申购
688180	君实生物	2020.06.30	制造业	上海	87.130	按市值申购
688181	八亿时空	2019.12.23	制造业	北京	24.118	按市值申购
688185	康希诺	2020.07.29	制造业	天津	24.800	按市值申购
688186	广大特材	2020.01.17	制造业	江苏	41.800	按市值申购
688189	南新制药	2020.03.12	制造业	湖南	35.000	按市值申购
688200	华峰测控	2020.02.05	制造业	北京	15.296	按市值申购
688208	道通科技	2020.01.23	制造业	广东	50.000	按市值申购
688215	瑞晟智能	2020.08.14	制造业	浙江	10.010	按市值申购
688219	会通股份	2020.11.02	制造业	安徽	45.928	按市值申购
688221	前沿生物	2020.10.14	制造业	江苏	89.960	按市值申购
688222	成都先导	2020.03.30	科学研究和技术服务业	四川	40.680	按市值申购
688228	开普云	2020.03.13	信息传输、软件和信息技术服务业	广东	16.783	按市值申购
688229	博睿数据	2020.08.03	信息传输、软件和信息技术服务业	北京	11.100	按市值申购
688233	神工股份	2020.02.07	制造业	辽宁	40.000	按市值申购
688256	寒武纪	2020.07.06	信息传输、软件和信息技术服务业	北京	40.100	按市值申购
688266	泽璟制药	2020.01.10	制造业	江苏	60.000	按市值申购
688277	天智航	2020.06.18	制造业	北京	41.900	按市值申购
688278	特宝生物	2020.01.03	制造业	福建	46.500	按市值申购
688286	敏芯股份	2020.07.27	制造业	江苏	13.300	按市值申购
688289	圣湘生物	2020.08.14	制造业	湖南	40.000	按市值申购

注：发行数量指同一只股票不同发行方式的发行总量。

股票年度首次发行 IPOs in 2020

证券发行 Security Issue

发行价（元） Issue Price（Yuan）	发行日期 Issue Date	中签率（%） Lot Rate	筹资金额（百万元） Capital Raised（M Yuan）	发行市盈率（倍） Issue P/E	主承销商 Lead Underwriter
133.450	2020.08.03	0.0351	5560.621	120.70	中信证券股份有限公司
67.200	2020.07.13	0.0325	999.264	42.36	申港证券股份有限公司
28.070	2020.07.13	0.0323	561.400	49.01	华泰联合证券有限责任公司
27.630	2020.01.22	0.0424	362.152	32.38	光大证券股份有限公司
28.210	2019.12.24	0.0440	519.064	51.70	中泰证券股份有限公司
20.960	2020.03.26	0.0426	1075.950	48.96	东方花旗证券有限公司
21.490	2020.02.17	0.0422	1022.841	39.80	中信建投证券股份有限公司
27.550	2020.02.05	0.0431	463.946	43.30	广发证券股份有限公司
17.550	2020.09.18	0.0312	754.650	41.12	华泰联合证券有限责任公司
238.530	2020.08.28	0.0301	2871.901	191.42	兴业证券股份有限公司
14.340	2020.03.27	0.0404	384.742	25.56	平安证券股份有限公司
13.780	2020.01.07	0.0466	689.000	42.46	中国国际金融股份有限公司
15.480	2020.06.05	0.0518	1874.371	43.93	招商证券股份有限公司
3.890	2020.04.09	0.1009	2412.065	0.00	海通证券股份有限公司
15.410	2020.09.10	0.0342	630.269	56.80	华泰联合证券有限责任公司
15.220	2020.10.13	0.0296	456.600	24.71	东方证券承销保荐有限公司
44.470	2020.10.20	0.0302	847.701	48.81	中信证券股份有限公司
15.720	2020.10.30	0.0307	536.052	36.58	东莞证券股份有限公司
22.330	2020.12.01	0.0307	1109.249	27.70	中信建投证券股份有限公司
38.770	2020.07.30	0.0325	733.141	47.74	东兴证券股份有限公司
15.910	2020.09.10	0.0292	365.294	34.01	安信证券股份有限公司
34.480	2020.05.27	0.0379	686.152	30.18	德邦证券股份有限公司
33.230	2020.01.08	0.0507	1943.955	181.85	中国国际金融股份有限公司
20.350	2020.01.14	0.0420	466.422	49.31	华创证券有限责任公司
20.340	2020.11.02	0.0306	427.140	41.62	海通证券股份有限公司
6.350	2020.07.03	0.0490	828.337	0.00	国信证券股份有限公司
271.120	2020.02.11	0.0419	4518.667	58.76	中信证券股份有限公司
32.760	2020.02.11	0.0467	1965.600	0.00	中国国际金融股份有限公司
25.200	2020.01.02	0.0407	535.486	29.14	广发证券股份有限公司
19.430	2020.10.14	0.0302	490.285	30.79	西部证券股份有限公司
55.500	2020.07.02	0.0444	4835.715	0.00	中国国际金融股份有限公司
43.980	2019.12.25	0.0431	1060.721	37.35	首创证券有限责任公司
209.710	2020.07.31	0.0336	5200.808	0.00	中信证券股份有限公司
17.160	2020.01.21	0.0458	717.288	23.40	中信建投证券股份有限公司
34.940	2020.03.16	0.0424	1222.900	55.48	西部证券股份有限公司
107.410	2020.02.07	0.0460	1642.975	72.58	中国国际金融股份有限公司
24.360	2020.02.04	0.0491	1218.000	36.16	中信证券股份有限公司
34.730	2020.08.18	0.0312	347.647	34.75	民生证券股份有限公司
8.290	2020.11.04	0.0347	380.746	38.14	中信证券股份有限公司
20.500	2020.10.16	0.0384	1844.180	0.00	瑞银证券有限责任公司
20.520	2020.04.01	0.0483	834.754	110.77	中国国际金融股份有限公司
59.260	2020.03.17	0.0418	994.582	53.58	国金证券股份有限公司
65.820	2020.08.05	0.0296	730.602	51.73	兴业证券股份有限公司
21.670	2020.02.11	0.0425	866.800	32.53	国泰君安证券股份有限公司
64.390	2020.07.08	0.0398	2582.039	0.00	中信证券股份有限公司
33.760	2020.01.14	0.0502	2025.600	0.00	中国国际金融股份有限公司
12.040	2020.06.22	0.0411	504.476	0.00	中信建投证券股份有限公司
8.240	2020.01.07	0.0466	383.160	209.46	国金证券股份有限公司
62.670	2020.07.29	0.0317	833.511	65.46	国泰君安证券股份有限公司
50.480	2020.08.18	0.0306	2019.200	536.30	西部证券股份有限公司

股票年度首次发行
IPOs in 2020

证券代码 Code	证券简称 Security Name	招股说明书刊登日 Prospectus Announced Date	所属行业 Industry	注册地 Area	发行数量（百万股）Issue Vol（M Shares）	发行方式 Issue Method
688298	东方生物	2020.01.14	制造业	浙江	30.000	按市值申购
688301	奕瑞科技	2020.09.03	制造业	上海	18.200	按市值申购
688308	欧科亿	2020.11.27	制造业	湖南	25.000	按市值申购
688309	恒誉环保	2020.07.01	制造业	山东	20.003	按市值申购
688311	盟升电子	2020.07.20	制造业	四川	28.670	按市值申购
688312	燕麦科技	2020.05.25	制造业	广东	35.870	按市值申购
688313	仕佳光子	2020.07.29	制造业	河南	46.000	按市值申购
688318	财富趋势	2020.04.13	信息传输、软件和信息技术服务业	广东	16.670	按市值申购
688330	宏力达	2020.09.22	制造业	上海	25.000	按市值申购
688335	复洁环保	2020.08.03	制造业	上海	18.200	按市值申购
688336	三生国健	2020.07.09	制造业	上海	61.621	按市值申购
688338	赛科希德	2020.07.21	制造业	北京	20.412	按市值申购
688339	亿华通	2020.07.27	制造业	北京	17.631	按市值申购
688356	键凯科技	2020.08.11	制造业	北京	15.000	按市值申购
688360	德马科技	2020.05.19	制造业	浙江	21.419	按市值申购
688365	光云科技	2020.04.16	信息传输、软件和信息技术服务业	浙江	40.100	按市值申购
688377	迪威尔	2020.06.19	制造业	江苏	48.667	按市值申购
688378	奥来德	2020.08.20	制造业	吉林	18.284	按市值申购
688379	华光新材	2020.08.05	制造业	浙江	22.000	按市值申购
688386	泛亚微透	2020.09.25	制造业	江苏	17.500	按市值申购
688390	固德威	2020.08.21	制造业	江苏	22.000	按市值申购
688393	安必平	2020.08.06	制造业	广东	23.340	按市值申购
688396	华润微	2020.02.10	制造业	其他	336.943	按市值申购
688398	赛特新材	2020.01.20	制造业	福建	20.000	按市值申购
688408	中信博	2020.08.14	制造业	江苏	33.929	按市值申购
688418	震有科技	2020.07.09	制造业	广东	48.410	按市值申购
688466	金科环境	2020.04.21	水利、环境和公共设施管理业	北京	25.690	按市值申购
688488	艾迪药业	2020.07.03	制造业	江苏	60.000	按市值申购
688500	慧辰资讯	2020.07.03	信息传输、软件和信息技术服务业	北京	18.569	按市值申购
688505	复旦张江	2020.06.04	制造业	上海	120.000	按市值申购
688508	芯朋微	2020.07.09	信息传输、软件和信息技术服务业	江苏	28.200	按市值申购
688510	航亚科技	2020.12.01	制造业	江苏	64.600	按市值申购
688513	苑东生物	2020.08.17	制造业	四川	30.090	按市值申购
688516	奥特维	2020.05.08	制造业	江苏	24.670	按市值申购
688518	联赢激光	2020.06.08	制造业	广东	74.800	按市值申购
688519	南亚新材	2020.08.04	制造业	上海	58.600	按市值申购
688520	神州细胞	2020.06.05	制造业	北京	50.000	按市值申购
688521	芯原股份	2020.08.05	信息传输、软件和信息技术服务业	上海	48.319	按市值申购
688526	科前生物	2020.09.09	制造业	湖北	105.000	按市值申购
688528	秦川物联	2020.06.15	制造业	四川	42.000	按市值申购
688529	豪森股份	2020.10.26	制造业	辽宁	32.000	按市值申购
688536	思瑞浦	2020.09.07	信息传输、软件和信息技术服务业	江苏	20.000	按市值申购
688550	瑞联新材	2020.08.18	制造业	陕西	17.550	按市值申购
688551	科威尔	2020.08.26	制造业	安徽	20.000	按市值申购
688555	泽达易盛	2020.06.08	信息传输、软件和信息技术服务业	天津	20.780	按市值申购
688556	高测股份	2020.07.23	制造业	山东	40.463	按市值申购
688557	兰剑智能	2020.11.19	制造业	山东	18.170	按市值申购
688558	国盛智科	2020.06.15	制造业	江苏	33.000	按市值申购
688559	海目星	2020.08.24	制造业	广东	50.000	按市值申购
688560	明冠新材	2020.12.10	制造业	江西	41.022	按市值申购

注：发行数量指同一只股票不同发行方式的发行总量。

股票年度首次发行
IPOs in 2020

发行价（元）Issue Price（Yuan）	发行日期 Issue Date	中签率（%）Lot Rate	筹资金额（百万元）Capital Raised（M Yuan）	发行市盈率（倍）Issue P/E	主承销商 Lead Underwriter
21.250	2020.01.16	0.0413	637.500	40.73	光大证券股份有限公司
119.600	2020.09.07	0.0288	2176.720	101.78	海通证券股份有限公司
23.990	2020.12.01	0.0287	599.750	28.93	民生证券股份有限公司
24.790	2020.07.03	0.0352	495.867	31.44	方正证券承销保荐有限责任公司
41.580	2020.07.22	0.0322	1192.099	68.31	华泰联合证券有限责任公司
19.680	2020.05.27	0.0398	705.922	32.26	华泰联合证券有限责任公司
10.820	2020.07.31	0.0350	497.720	0.00	华泰联合证券有限责任公司
107.410	2020.04.15	0.0399	1790.525	42.12	中国银河证券股份有限公司
88.230	2020.09.24	0.0306	2205.750	41.97	华泰联合证券有限责任公司
46.220	2020.08.05	0.0299	841.204	56.67	海通证券股份有限公司
28.180	2020.07.13	0.0388	1736.484	75.73	华泰联合证券有限责任公司
50.350	2020.07.23	0.0328	1027.744	57.99	中国国际金融股份有限公司
76.650	2020.07.29	0.0401	1351.380	0.00	国泰君安证券股份有限公司
41.180	2020.08.13	0.0303	617.700	45.26	中信证券股份有限公司
25.120	2020.05.21	0.0381	538.049	40.02	光大证券股份有限公司
10.800	2020.04.20	0.0447	433.080	47.90	中国国际金融股份有限公司
16.420	2020.06.23	0.0400	799.112	33.71	华泰联合证券有限责任公司
62.570	2020.08.24	0.0292	1144.042	51.45	申万宏源证券承销保荐有限责任公司
16.780	2020.08.07	0.0306	369.160	26.71	中国银河证券股份有限公司
16.280	2020.09.29	0.0316	284.900	26.08	东方证券承销保荐有限公司
37.930	2020.08.25	0.0297	834.460	34.59	东兴证券股份有限公司
30.560	2020.08.10	0.0295	713.270	40.37	民生证券股份有限公司
12.800	2020.02.12	0.0793	4312.871	46.56	中国国际金融股份有限公司
24.120	2020.01.22	0.0422	482.400	47.45	兴业证券股份有限公司
42.190	2020.08.18	0.0306	1431.459	40.48	安信证券股份有限公司
16.250	2020.07.13	0.0349	786.663	54.27	中信证券股份有限公司
24.610	2020.04.23	0.0406	632.231	34.61	招商证券股份有限公司
13.990	2020.07.07	0.0401	839.400	285.07	华泰联合证券有限责任公司
34.210	2020.07.07	0.0342	635.233	41.80	中信证券股份有限公司
8.950	2020.06.08	0.0483	1074.000	46.93	海通证券股份有限公司
28.300	2020.07.13	0.0324	798.060	52.16	华林证券股份有限公司
8.170	2020.12.03	0.0315	527.782	53.35	华泰联合证券有限责任公司
44.360	2020.08.19	0.0299	1334.792	60.64	中信证券股份有限公司
23.280	2020.05.12	0.0405	574.318	33.15	信达证券股份有限公司
7.810	2020.06.10	0.0444	584.188	43.04	中山证券有限责任公司
32.600	2020.08.06	0.0333	1910.360	55.24	光大证券股份有限公司
25.640	2020.06.09	0.0428	1282.000	0.00	中国国际金融股份有限公司
38.530	2020.08.07	0.0358	1861.742	0.00	招商证券股份有限公司
11.690	2020.09.11	0.0377	1227.450	26.23	招商证券股份有限公司
11.330	2020.06.17	0.0397	475.860	45.43	华安证券股份有限公司
20.200	2020.10.28	0.0302	646.400	75.80	海通证券股份有限公司
115.710	2020.09.09	0.0298	2314.200	141.48	海通证券股份有限公司
113.720	2020.08.20	0.0291	1995.786	56.56	海通证券股份有限公司
37.940	2020.08.28	0.0290	758.800	53.52	国元证券股份有限公司
19.490	2020.06.10	0.0387	405.002	31.95	东兴证券股份有限公司
14.410	2020.07.27	0.0329	583.070	80.67	国信证券股份有限公司
27.700	2020.11.23	0.0288	503.309	31.69	中泰证券股份有限公司
17.370	2020.06.17	0.0386	573.210	29.77	申港证券股份有限公司
14.560	2020.08.26	0.0322	728.000	37.60	中信证券股份有限公司
15.870	2020.12.14	0.0306	651.019	32.11	民生证券股份有限公司

股票年度首次发行
IPOs in 2020

证券代码 Code	证券简称 Security Name	招股说明书刊登日 Prospectus Announced Date	所属行业 Industry	注册地 Area	发行数量（百万股） Issue Vol（M Shares）	发行方式 Issue Method
688561	奇安信	2020.07.10	信息传输、软件和信息技术服务业	北京	101.942	按市值申购
688566	吉贝尔	2020.04.29	制造业	江苏	46.735	按市值申购
688567	孚能科技	2020.07.02	制造业	江西	214.134	按市值申购
688568	中科星图	2020.06.22	信息传输、软件和信息技术服务业	北京	55.000	按市值申购
688569	铁科轨道	2020.08.17	制造业	北京	52.667	按市值申购
688571	杭华股份	2020.11.26	制造业	浙江	80.000	按市值申购
688577	浙海德曼	2020.09.02	制造业	浙江	13.500	按市值申购
688578	艾力斯	2020.11.17	制造业	上海	90.000	按市值申购
688579	山大地纬	2020.07.02	信息传输、软件和信息技术服务业	山东	40.010	按市值申购
688580	伟思医疗	2020.07.06	制造业	江苏	17.087	按市值申购
688585	上纬新材	2020.09.15	制造业	上海	43.200	按市值申购
688586	江航装备	2020.07.20	制造业	安徽	100.936	按市值申购
688588	凌志软件	2020.04.22	信息传输、软件和信息技术服务业	江苏	40.010	按市值申购
688589	力合微	2020.07.09	信息传输、软件和信息技术服务业	广东	27.000	按市值申购
688590	新致软件	2020.11.23	信息传输、软件和信息技术服务业	上海	45.506	按市值申购
688595	芯海科技	2020.09.14	制造业	广东	25.000	按市值申购
688596	正帆科技	2020.08.06	制造业	上海	64.235	按市值申购
688598	金博股份	2020.04.29	制造业	湖南	20.000	按市值申购
688599	天合光能	2020.05.27	制造业	江苏	310.200	按市值申购
688600	皖仪科技	2020.06.17	制造业	安徽	33.340	按市值申购
688608	恒玄科技	2020.12.01	制造业	上海	30.000	按市值申购
688618	三旺通信	2020.12.17	制造业	广东	12.632	按市值申购
688658	悦康药业	2020.12.10	制造业	北京	90.000	按市值申购
688668	鼎通科技	2020.12.07	制造业	广东	21.290	按市值申购
688678	福立旺	2020.12.09	制造业	江苏	43.350	按市值申购
688679	通源环境	2020.12.10	水利、环境和公共设施管理业	安徽	32.922	按市值申购
688686	奥普特	2020.12.18	制造业	广东	20.620	按市值申购
688698	伟创电气	2020.12.16	制造业	江苏	45.000	按市值申购
688699	明微电子	2020.12.04	信息传输、软件和信息技术服务业	广东	18.592	按市值申购
688777	中控技术	2020.11.09	信息传输、软件和信息技术服务业	浙江	49.130	按市值申购
688788	科思科技	2020.09.29	制造业	广东	18.884	按市值申购
688981	中芯国际	2020.07.03	制造业	其他	1938.463	按市值申购
689009	九号公司	2020.10.15	制造业	其他	70.409	按市值申购

注：发行数量指同一只股票不同发行方式的发行总量。

股票年度首次发行
IPOs in 2020

发行价（元） Issue Price（Yuan）	发行日期 Issue Date	中签率（%） Lot Rate	筹资金额（百万元） Capital Raised（M Yuan）	发行市盈率（倍） Issue P/E	主承销商 Lead Underwriter
56.100	2020.07.14	0.0409	5718.923	0.00	中信建投证券股份有限公司
23.690	2020.05.06	0.0417	1107.162	48.20	国金证券股份有限公司
15.900	2020.07.06	0.0509	3404.730	1737.49	华泰联合证券有限责任公司
16.210	2020.06.24	0.0394	891.550	37.88	中信建投证券股份有限公司
22.460	2020.08.19	0.0319	1182.894	32.53	中信建投证券股份有限公司
5.330	2020.11.30	0.0353	426.400	21.82	浙商证券股份有限公司
33.130	2020.09.04	0.0306	447.255	42.47	民生证券股份有限公司
22.730	2020.11.19	0.0362	2045.700	0.00	中信证券股份有限公司
8.120	2020.07.06	0.0385	324.881	46.49	民生证券股份有限公司
67.580	2020.07.08	0.0349	1154.717	48.88	长江证券承销保荐有限公司
2.490	2020.09.17	0.0336	107.568	12.83	申万宏源证券承销保荐有限责任公司
10.270	2020.07.22	0.0405	1036.614	47.17	中信证券股份有限公司
11.490	2020.04.24	0.0458	459.715	34.82	天风证券股份有限公司
17.910	2020.07.13	0.0329	483.570	48.48	兴业证券股份有限公司
10.730	2020.11.25	0.0307	488.275	30.15	长江证券承销保荐有限公司
22.820	2020.09.16	0.0303	570.500	61.14	中信证券股份有限公司
15.670	2020.08.10	0.0333	1006.569	52.97	国泰君安证券股份有限公司
47.200	2020.05.06	0.0386	944.000	59.60	海通证券股份有限公司
8.160	2020.05.29	0.0783	2531.232	27.61	华泰联合证券有限责任公司
15.500	2020.06.19	0.0373	516.770	38.81	光大证券股份有限公司
162.070	2020.12.03	0.0293	4862.100	355.03	中信建投证券股份有限公司
34.080	2020.12.21	0.0292	430.499	31.79	中信建投证券股份有限公司
24.360	2020.12.14	0.0364	2192.400	40.78	中信证券股份有限公司
20.070	2020.12.09	0.0285	427.290	33.25	东莞证券股份有限公司
18.050	2020.12.11	0.0306	782.468	30.04	东吴证券股份有限公司
12.050	2020.12.14	0.0302	396.715	18.86	国元证券股份有限公司
78.490	2020.12.22	0.0291	1618.464	31.46	国信证券股份有限公司
10.750	2020.12.18	0.0315	483.750	33.62	国泰君安证券股份有限公司
38.430	2020.12.08	0.0294	714.491	39.13	中信建投证券股份有限公司
35.730	2020.11.11	0.0335	1755.415	64.04	申万宏源证券承销保荐有限责任公司
106.040	2020.10.09	0.0303	2002.412	37.13	中天国富证券有限公司
27.460	2020.07.07	0.2120	53230.194	0.00	海通证券股份有限公司
18.940	2020.10.19	0.0400	1333.550	0.00	国泰君安证券股份有限公司

股票年度再次发行 Secondary Offerings in 2020

证券代码 Code	证券简称 Security Name	所属行业 Industry	注册地 Area	发行数量（百万股）Issue Vol（M Shares）	发行方式 Issue Method	发行价（元）Issue Price（Yuan）	发行日期 Issue Date	筹资金额（百万元）Capital Raised（M Yuan）
600004	白云机场	交通运输、仓储和邮政业	广东	297.398	定向募集	10.760	2020.11.04	3200.000
600008	首创股份	电力、热力、燃气及水生产和供应业	北京	1655.142	配股	2.290	2020.10.16	3790.276
600026	中远海能	交通运输、仓储和邮政业	上海	730.659	定向募集	6.980	2020.03.17	5100.000
600029	南方航空	交通运输、仓储和邮政业	广东	2453.434	定向募集	5.210	2020.06.17	12782.394
600030	中信证券	金融业	广东	809.868	定向募集	16.620	2020.03.11	13460.000
600031	三一重工	制造业	北京	2.002	定向募集	7.110	2020.07.28	14.234
600031	三一重工	制造业	北京	0.279	定向募集	7.530	2020.07.28	2.104
600031	三一重工	制造业	北京	6.513	定向募集	4.770	2020.07.28	31.069
600031	三一重工	制造业	北京	5.224	定向募集	7.530	2020.07.01	39.335
600031	三一重工	制造业	北京	23.066	定向募集	5.190	2020.07.01	119.715
600031	三一重工	制造业	北京	2.280	定向募集	7.530	2020.03.31	17.167
600031	三一重工	制造业	北京	7.007	定向募集	5.190	2020.03.31	36.366
600031	三一重工	制造业	北京	0.888	定向募集	5.190	2019.12.31	4.609
600031	三一重工	制造业	北京	0.861	定向募集	5.190	2020.07.28	4.470
600031	三一重工	制造业	北京	0.430	定向募集	7.110	2020.09.30	3.060
600031	三一重工	制造业	北京	2.494	定向募集	4.770	2020.09.30	11.899
600039	四川路桥	建筑业	四川	1064.275	定向募集	3.990	2020.11.23	4246.456
600039	四川路桥	建筑业	四川	94.800	定向募集	1.960	2020.02.07	185.808
600039	四川路桥	建筑业	四川	7.970	定向募集	3.120	2020.12.15	24.866
600048	保利地产	房地产业	广东	32.660	定向募集	6.690	2020.09.16	218.495
600048	保利地产	房地产业	广东	1.555	定向募集	6.690	2020.06.22	10.402
600048	保利地产	房地产业	广东	0.726	定向募集	6.690	2020.11.06	4.855
600075	新疆天业	制造业	新疆	387.205	定向募集	5.940	2020.05.12	2300.000
600079	人福医药	制造业	湖北	190.320	定向募集	12.640	2020.11.05	2405.650
600095	哈高科	金融业	黑龙江	106.496	定向募集	9.390	2020.08.06	1000.000
600095	哈高科	金融业	黑龙江	2214.230	定向募集	4.791	2020.06.09	10608.378
600096	云天化	制造业	云南	4.760	定向募集	2.620	2020.01.08	12.471
600110	诺德股份	制造业	吉林	246.957	定向募集	5.750	2020.12.03	1420.000
600116	三峡水利	电力、热力、燃气及水生产和供应业	重庆	854.704	定向募集	7.220	2020.05.27	6170.966
600116	三峡水利	电力、热力、燃气及水生产和供应业	重庆	64.433	定向募集	7.760	2020.06.23	500.000
600131	岷江水电	电力、热力、燃气及水生产和供应业	四川	603.221	定向募集	5.560	2019.12.27	3353.909
600131	国网信通	电力、热力、燃气及水生产和供应业	四川	88.048	定向募集	16.820	2020.05.08	1480.972
600133	东湖高新	建筑业	湖北	41.667	定向募集	5.280	2020.05.22	220.000
600135	乐凯胶片	制造业	河北	54.773	定向募集	6.390	2020.01.22	350.000
600141	兴发集团	制造业	湖北	3.160	定向募集	5.120	2020.04.22	16.179
600141	兴发集团	制造业	湖北	88.000	定向募集	9.010	2020.11.20	792.880
600150	中国船舶	制造业	上海	2843.871	定向募集	13.140	2020.03.30	37368.462
600150	中国船舶	制造业	上海	250.440	定向募集	15.440	2020.07.30	3866.800
600153	建发股份	批发和零售业	福建	28.352	定向募集	5.430	2020.11.26	153.951
600158	中体产业	房地产业	天津	70.489	定向募集	7.620	2020.08.05	537.125
600158	中体产业	房地产业	天津	45.289	定向募集	11.860	2020.12.08	537.125
600163	中闽能源	电力、热力、燃气及水生产和供应业	福建	689.838	定向募集	3.390	2020.03.30	2338.550
600171	上海贝岭	制造业	上海	0.495	定向募集	10.040	2020.04.23	4.969
600183	生益科技	制造业	广东	8.317	定向募集	12.950	2020.06.30	107.704
600183	生益科技	制造业	广东	5.452	定向募集	12.950	2020.09.30	70.606
600195	中牧股份	制造业	北京	4.721	定向募集	9.790	2020.05.12	46.215
600201	生物股份	制造业	内蒙古	6.279	定向募集	14.600	2020.11.30	91.673
600223	鲁商发展	房地产业	山东	7.863	定向募集	2.670	2020.11.25	20.994
600248	延长化建	建筑业	陕西	2230.029	定向募集	3.820	2020.12.23	8518.712
600250	南纺股份	批发和零售业	江苏	14.085	定向募集	5.68	2020.01.06	80.000
600251	冠农股份	制造业	新疆	6.020	定向募集	2.720	2020.07.22	16.374

股票年度再次发行
Secondary Offerings in 2020

证券代码 Code	证券简称 Security Name	所属行业 Industry	注册地 Area	发行数量（百万股）Issue Vol（M Shares）	发行方式 Issue Method	发行价（元）Issue Price（Yuan）	发行日期 Issue Date	筹资金额（百万元）Capital Raised（M Yuan）
600251	冠农股份	制造业	新疆	1.360	定向募集	3.980	2020.12.03	5.413
600258	首旅酒店	住宿和餐饮业	北京	0.500	定向募集	8.180	2020.06.10	4.090
600276	恒瑞医药	制造业	江苏	24.967	定向募集	46.910	2020.10.23	1171.188
600278	东方创业	批发和零售业	上海	189.545	定向募集	11.280	2020.06.15	2138.069
600278	东方创业	批发和零售业	上海	156.673	定向募集	8.030	2020.12.14	1258.080
600282	南钢股份	制造业	江苏	1.015	定向募集	3.570	2019.12.31	3.624
600282	南钢股份	制造业	江苏	5.534	定向募集	3.050	2020.03.31	16.878
600282	南钢股份	制造业	江苏	4.762	定向募集	3.270	2020.06.30	15.572
600282	南钢股份	制造业	江苏	3.904	定向募集	2.750	2020.06.30	10.736
600282	南钢股份	制造业	江苏	1.210	定向募集	3.270	2020.09.30	3.955
600282	南钢股份	制造业	江苏	0.525	定向募集	2.750	2020.07.06	1.444
600282	南钢股份	制造业	江苏	1698.164	定向募集	2.700	2020.07.08	4585.042
600282	南钢股份	制造业	江苏	1.190	定向募集	2.750	2020.09.30	3.273
600282	南钢股份	制造业	江苏	0.513	定向募集	3.270	2020.07.06	1.678
600310	桂东电力	电力、热力、燃气及水生产和供应业	广西	208.651	定向募集	3.570	2020.12.21	744.883
600315	上海家化	制造业	上海	6.721	定向募集	19.570	2020.11.30	131.530
600328	兰太实业	制造业	内蒙古	398.053	定向募集	8.410	2020.01.17	3347.625
600328	兰太实业	制造业	内蒙古	121.581	定向募集	6.580	2020.04.24	800.000
600329	中新药业	制造业	天津	3.930	定向募集	7.200	2020.01.07	28.296
600329	中新药业	制造业	天津	0.940	定向募集	8.890	2020.07.27	8.357
600363	联创光电	制造业	江西	12.000	定向募集	11.260	2020.12.22	135.120
600369	西南证券	金融业	重庆	1000.000	定向募集	4.900	2020.07.22	4900.000
600370	三房巷	制造业	江苏	2859.922	定向募集	2.570	2020.09.17	7350.000
600378	昊华科技	制造业	四川	20.605	定向募集	11.440	2020.06.16	235.721
600380	健康元	制造业	广东	8.887	定向募集	8.050	2020.03.31	71.542
600380	健康元	制造业	广东	0.617	定向募集	8.050	2020.06.30	4.968
600380	健康元	制造业	广东	2.185	定向募集	10.310	2020.09.30	22.529
600380	健康元	制造业	广东	1.065	定向募集	7.890	2020.09.30	8.400
600419	天润乳业	制造业	新疆	61.485	配股	7.240	2020.01.23	445.151
600438	通威股份	制造业	四川	213.693	定向募集	28.000	2020.12.08	5983.390
600461	洪城水业	电力、热力、燃气及水生产和供应业	江西	5.885	定向募集	3.050	2020.01.17	17.949
600462	*ST 九有	租赁和商务服务业	广东	50.070	定向募集	1.260	2020.10.15	63.088
600466	蓝光发展	房地产业	四川	2.648	定向募集	6.840	2019.12.31	18.112
600466	蓝光发展	房地产业	四川	3.650	定向募集	6.840	2020.03.31	24.966
600466	蓝光发展	房地产业	四川	17.054	定向募集	6.840	2020.06.30	116.649
600466	蓝光发展	房地产业	四川	1.710	定向募集	5.130	2020.06.30	8.774
600469	风神股份	制造业	河南	168.724	定向募集	3.710	2020.11.12	625.966
600475	华光股份	水利、环境和公共设施管理业	江苏	15.889	定向募集	6.910	2020.06.01	109.792
600482	中国动力	制造业	河北	465.686	定向募集	20.230	2020.05.14	9420.821
600483	福能股份	电力、热力、燃气及水生产和供应业	福建	208.541	定向募集	7.340	2020.06.18	1530.691
600487	亨通光电	制造业	江苏	47.641	定向募集	14.750	2020.03.12	702.709
600487	亨通光电	制造业	江苏	409.423	定向募集	12.310	2020.12.16	5040.000
600488	天药股份	制造业	天津	9.020	定向募集	2.310	2020.06.02	20.836
600489	中金黄金	采矿业	北京	1191.467	定向募集	6.660	2020.05.11	7935.171
600489	中金黄金	采矿业	北京	204.708	定向募集	9.770	2020.08.06	2000.000
600496	精工钢构	制造业	安徽	202.429	定向募集	4.940	2020.08.28	1000.000
600499	科达洁能	制造业	广东	311.214	定向募集	3.680	2020.06.04	1145.268
600500	中化国际	制造业	上海	53.240	定向募集	3.160	2020.03.13	168.238
600517	置信电气	金融业	上海	3955.418	定向募集	3.640	2020.02.28	14397.720
600517	国网英大	金融业	上海	406.850	定向募集	5.500	2020.05.15	2237.677

股票年度再次发行 Secondary Offerings in 2020

证券代码 Code	证券简称 Security Name	所属行业 Industry	注册地 Area	发行数量（百万股）Issue Vol (M Shares)	发行方式 Issue Method	发行价（元）Issue Price (Yuan)	发行日期 Issue Date	筹资金额（百万元）Capital Raised (M Yuan)
600556	ST慧球	信息传输、软件和信息技术服务业	广西	1331.667	定向募集	3.000	2019.12.30	3995.000
600556	天下秀	信息传输、软件和信息技术服务业	广西	127.327	定向募集	16.650	2020.09.16	2120.000
600561	江西长运	交通运输、仓储和邮政业	江西	47.413	定向募集	4.960	2020.07.01	235.167
600562	国睿科技	制造业	江苏	581.119	定向募集	11.740	2020.06.18	6822.342
600562	国睿科技	制造业	江苏	38.388	定向募集	15.630	2020.07.24	600.000
600565	迪马股份	房地产业	重庆	128.760	定向募集	1.480	2020.09.10	190.565
600566	济川药业	制造业	湖北	73.330	定向募集	19.160	2020.10.26	1405.000
600567	山鹰纸业	制造业	安徽	10.756	定向募集	2.772	2020.03.10	29.816
600580	卧龙电驱	制造业	浙江	8.052	定向募集	8.460	2019.12.17	68.120
600580	卧龙电驱	制造业	浙江	6.731	定向募集	8.310	2020.06.30	55.935
600588	用友网络	信息传输、软件和信息技术服务业	北京	0.514	定向募集	9.120	2020.02.25	4.685
600588	用友网络	信息传输、软件和信息技术服务业	北京	0.253	定向募集	21.450	2020.12.10	5.437
600588	用友网络	信息传输、软件和信息技术服务业	北京	18.275	定向募集	12.230	2020.08.31	223.505
600588	用友网络	信息传输、软件和信息技术服务业	北京	21.474	定向募集	6.820	2020.09.28	146.456
600596	新安股份	制造业	浙江	83.200	定向募集	7.900	2020.11.20	657.280
600596	新安股份	制造业	浙江	30.332	定向募集	10.550	2020.12.17	320.000
600600	青岛啤酒	制造业	山东	13.200	定向募集	21.180	2020.07.24	279.576
600603	广汇物流	综合	四川	5.129	定向募集	4.680	2020.03.27	24.006
600609	金杯汽车	制造业	辽宁	218.533	定向募集	2.990	2020.06.04	653.415
600651	*ST飞乐	制造业	上海	1273.361	定向募集	3.530	2020.08.27	4494.964
600651	*ST飞乐	制造业	上海	248.447	定向募集	3.220	2020.09.28	800.000
600679	上海凤凰	制造业	上海	63.541	定向募集	11.380	2020.12.22	723.100
600686	金龙汽车	制造业	福建	110.309	定向募集	6.490	2020.02.14	715.905
600699	均胜电子	制造业	浙江	130.822	定向募集	19.110	2020.11.06	2500.000
600703	三安光电	制造业	湖北	400.916	定向募集	17.460	2020.06.23	7000.000
600705	中航资本	金融业	黑龙江	32.931	定向募集	2.680	2020.03.18	88.256
600727	鲁北化工	制造业	山东	88.691	定向募集	6.190	2020.09.23	549.000
600727	鲁北化工	制造业	山东	88.905	定向募集	6.180	2020.07.14	549.434
600728	佳都科技	信息传输、软件和信息技术服务业	广东	6.300	定向募集	4.830	2020.07.02	30.429
600732	爱旭股份	制造业	上海	206.441	定向募集	12.110	2020.08.14	2500.000
600742	一汽富维	制造业	吉林	9.168	定向募集	9.420	2020.09.14	86.362
600745	闻泰科技	制造业	湖北	44.581	定向募集	130.100	2020.07.27	5800.000
600745	闻泰科技	制造业	湖北	68.381	定向募集	90.430	2020.07.27	6183.715
600745	闻泰科技	制造业	湖北	7.942	定向募集	55.870	2020.07.16	443.703
600746	江苏索普	制造业	江苏	691.926	定向募集	5.370	2020.04.01	3715.642
600746	江苏索普	制造业	江苏	50.000	定向募集	5.630	2020.04.23	281.500
600755	厦门国贸	批发和零售业	福建	20.800	定向募集	4.090	2020.09.25	85.072
600764	中国海防	制造业	北京	78.961	定向募集	26.760	2020.02.13	2113.003
600765	中航重机	制造业	贵州	6.077	定向募集	6.890	2020.06.29	41.871
600800	天津磁卡	制造业	天津	391.135	定向募集	4.810	2020.01.15	1881.360
600800	天津磁卡	制造业	天津	183.381	定向募集	3.850	2020.12.24	706.018
600803	新奥股份	制造业	河北	1370.627	定向募集	9.670	2020.09.18	13253.960
600810	神马股份	制造业	河南	262.412	定向募集	6.360	2020.09.22	1668.939
600817	ST宏盛	房地产业	河南	332.829	定向募集	6.610	2020.11.12	2200.000
600817	ST宏盛	房地产业	河南	28.544	定向募集	10.510	2020.12.11	300.000
600821	*ST劝业	批发和零售业	天津	680.349	定向募集	3.570	2020.08.27	2428.847
600821	*ST劝业	批发和零售业	天津	124.880	定向募集	3.920	2020.10.12	489.531
600826	兰生股份	批发和零售业	上海	115.279	定向募集	10.050	2020.11.03	1158.550
600837	海通证券	金融业	上海	1562.500	定向募集	12.800	2020.08.05	20000.000
600845	宝信软件	信息传输、软件和信息技术服务业	上海	15.245	定向募集	20.480	2020.05.26	312.218

股票年度再次发行
Secondary Offerings in 2020

证券代码 Code	证券简称 Security Name	所属行业 Industry	注册地 Area	发行数量（百万股）Issue Vol (M Shares)	发行方式 Issue Method	发行价（元）Issue Price (Yuan)	发行日期 Issue Date	筹资金额（百万元）Capital Raised (M Yuan)
600850	华东电脑	信息传输、软件和信息技术服务业	上海	0.373	定向募集	14.070	2019.12.31	5.244
600860	*ST京城	制造业	北京	63.000	定向募集	3.410	2020.07.09	214.830
600867	通化东宝	制造业	吉林	6.990	定向募集	8.500	2020.12.28	59.415
600875	东方电气	制造业	四川	27.989	定向募集	5.930	2020.01.07	165.973
600875	东方电气	制造业	四川	0.972	定向募集	6.540	2020.11.26	6.357
600886	国投电力	电力、热力、燃气及水生产和供应业	北京	163.500	发行GDR	8.262	2020.10.16	1350.772
600886	国投电力	电力、热力、燃气及水生产和供应业	北京	16.350	超额配售	8.262	2020.11.19	135.077
600887	伊利股份	制造业	内蒙古	18.086	定向募集	13.660	2020.07.01	247.058
600893	航发动力	制造业	陕西	415.750	定向募集	20.420	2020.09.25	8489.611
600896	览海医疗	卫生和社会工作	海南	155.706	定向募集	3.780	2020.11.13	588.570
600900	长江电力	电力、热力、燃气及水生产和供应业	北京	50.86	超额配售	16.640	2020.10.19	846.277
600900	长江电力	电力、热力、燃气及水生产和供应业	北京	691.000	发行GDR	16.640	2020.09.24	11497.964
600901	江苏租赁	金融业	江苏	29.160	定向募集	3.890	2020.03.30	113.432
600926	杭州银行	金融业	浙江	800.000	定向募集	8.950	2020.04.23	7160.000
600933	爱柯迪	制造业	浙江	0.200	定向募集	5.520	2020.06.12	1.104
600933	爱柯迪	制造业	浙江	1.356	定向募集	7.820	2020.06.05	10.602
600933	爱柯迪	制造业	浙江	0.171	定向募集	7.820	2020.11.12	1.337
600933	爱柯迪	制造业	浙江	1.270	定向募集	7.870	2020.11.12	9.993
600973	宝胜股份	制造业	江苏	149.254	定向募集	3.350	2020.02.20	500.000
600982	宁波热电	电力、热力、燃气及水生产和供应业	浙江	31.073	定向募集	1.840	2020.04.03	57.174
600984	建设机械	制造业	陕西	139.163	定向募集	10.820	2020.04.23	1505.748
600988	赤峰黄金	采矿业	内蒙古	108.742	定向募集	4.690	2020.01.22	510.000
600999	招商证券	金融业	广东	1702.997	配股	7.460	2020.07.31	12704.359
601002	晋亿实业	制造业	浙江	158.538	定向募集	5.000	2020.04.30	792.690
601009	南京银行	金融业	江苏	1524.809	定向募集	7.620	2020.04.23	11619.045
601016	节能风电	电力、热力、燃气及水生产和供应业	北京	831.112	定向募集	2.490	2020.09.02	2069.469
601018	宁波港	交通运输、仓储和邮政业	浙江	2634.570	定向募集	3.670	2020.08.25	9668.870
601127	小康股份	制造业	重庆	327.381	定向募集	11.760	2020.04.16	3850.000
601138	工业富联	制造业	广东	17.111	定向募集	5.901	2020.05.28	100.973
601138	工业富联	制造业	广东	1.802	定向募集	11.721	2020.09.30	21.124
601138	工业富联	制造业	广东	0.160	定向募集	11.921	2020.06.30	1.904
601155	新城控股	房地产业	江苏	0.867	定向募集	15.980	2020.06.02	13.855
601162	天风证券	金融业	湖北	1485.967	配股	3.600	2020.03.31	5349.482
601208	东材科技	制造业	四川	13.170	定向募集	2.230	2020.07.22	29.369
601211	国泰君安	金融业	上海	79.000	定向募集	7.640	2020.11.02	603.560
601231	环旭电子	制造业	上海	3.164	定向募集	15.540	2019.12.31	49.176
601231	环旭电子	制造业	上海	2.046	定向募集	15.540	2020.03.31	31.797
601231	环旭电子	制造业	上海	0.149	定向募集	15.540	2020.06.30	2.318
601231	环旭电子	制造业	上海	1.330	定向募集	15.540	2020.09.30	20.669
601231	环旭电子	制造业	上海	0.630	定向募集	15.540	2020.12.07	9.784
601231	环旭电子	制造业	上海	25.940	定向募集	12.640	2020.12.08	327.881
601238	广汽集团	制造业	广东	102.101	定向募集	4.990	2020.12.11	509.486
601330	绿色动力	水利、环境和公共设施管理业	广东	232.240	定向募集	7.820	2020.12.07	1816.117
601375	中原证券	金融业	河南	773.814	定向募集	4.710	2020.07.30	3644.664
601388	怡球资源	制造业	江苏	176.326	定向募集	1.380	2020.06.04	243.330
601388	怡球资源	制造业	江苏	14.575	定向募集	1.280	2020.11.12	18.656
601555	东吴证券	金融业	江苏	880.519	配股	6.800	2020.04.02	5987.529
601601	中国太保	金融业	上海	514.367	发行GDR	24.906	2020.06.16	12810.709
601601	中国太保	金融业	上海	43.97	超额配售	24.906	2020.07.09	1095.231
601611	中国核建	建筑业	上海	25.444	定向募集	4.380	2020.05.07	111.446

股票年度再次发行

Secondary Offerings in 2020

证券代码 Code	证券简称 Security Name	所属行业 Industry	注册地 Area	发行数量（百万股）Issue Vol (M Shares)	发行方式 Issue Method	发行价（元）Issue Price (Yuan)	发行日期 Issue Date	筹资金额（百万元）Capital Raised (M Yuan)
601615	明阳智能	制造业	广东	23.340	定向募集	5.222	2020.07.07	121.884
601615	明阳智能	制造业	广东	413.917	定向募集	14.020	2020.11.18	5803.112
601633	长城汽车	制造业	河北	49.304	定向募集	4.370	2020.06.03	215.456
601865	福莱特	制造业	浙江	4.600	定向募集	6.230	2020.08.28	28.658
601872	招商轮船	交通运输、仓储和邮政业	上海	673.507	定向募集	5.360	2020.01.08	3610.000
601965	中国汽研	科学研究和技术服务业	重庆	1.430	定向募集	6.020	2020.06.10	8.609
601965	中国汽研	科学研究和技术服务业	重庆	17.432	定向募集	5.820	2020.06.10	101.456
601966	玲珑轮胎	制造业	山东	12.807	定向募集	10.380	2020.01.17	132.937
601966	玲珑轮胎	制造业	山东	63.798	网上、网下定价发行	31.210	2020.11.20	1991.136
601990	南京证券	金融业	江苏	387.538	定向募集	11.290	2020.11.06	4375.300
603002	宏昌电子	制造业	广东	267.273	定向募集	3.850	2020.12.23	1029.000
603007	花王股份	建筑业	江苏	0.545	定向募集	3.660	2020.12.04	1.995
603013	亚普股份	制造业	江苏	4.231	定向募集	9.220	2020.02.28	39.005
603017	中衡设计	科学研究和技术服务业	江苏	1.507	定向募集	9.255	2020.07.24	13.951
603017	中衡设计	科学研究和技术服务业	江苏	0.364	定向募集	9.255	2020.09.15	3.365
603019	中科曙光	制造业	天津	148.678	定向募集	32.150	2020.11.04	4780.000
603036	如通股份	制造业	江苏	0.648	定向募集	5.030	2020.11.03	3.259
603055	台华新材	制造业	浙江	57.803	定向募集	5.190	2020.12.18	300.000
603063	禾望电气	制造业	广东	2.171	定向募集	6.949	2020.09.30	15.083
603063	禾望电气	制造业	广东	1.376	定向募集	6.949	2020.12.31	9.561
603078	江化微	制造业	江苏	8.788	定向募集	33.000	2020.11.27	290.000
603083	剑桥科技	制造业	上海	24.225	定向募集	30.960	2020.04.21	750.000
603083	剑桥科技	制造业	上海	1.369	定向募集	18.431	2020.07.22	25.227
603085	天成自控	制造业	浙江	79.239	定向募集	6.310	2020.08.11	500.000
603086	先达股份	制造业	山东	1.690	定向募集	7.910	2020.09.22	13.368
603096	新经典	文化、体育和娱乐业	天津	0.837	定向募集	43.290	2020.06.12	36.234
603113	金能科技	制造业	山东	131.406	定向募集	7.610	2020.11.11	1000.000
603123	翠微股份	批发和零售业	北京	223.598	定向募集	6.090	2020.12.09	1361.715
603127	昭衍新药	科学研究和技术服务业	北京	0.199	定向募集	28.520	2020.05.20	5.668
603127	昭衍新药	科学研究和技术服务业	北京	0.063	定向募集	47.390	2020.08.11	2.986
603127	昭衍新药	科学研究和技术服务业	北京	0.710	定向募集	34.120	2020.11.06	24.218
603133	碳元科技	制造业	江苏	0.640	定向募集	10.370	2020.01.02	6.637
603160	汇顶科技	制造业	广东	0.486	定向募集	82.920	2020.09.30	40.324
603160	汇顶科技	制造业	广东	0.258	定向募集	104.030	2020.09.30	26.844
603160	汇顶科技	制造业	广东	0.322	定向募集	98.580	2020.02.14	31.757
603160	汇顶科技	制造业	广东	0.109	定向募集	104.030	2020.06.30	11.365
603160	汇顶科技	制造业	广东	0.961	定向募集	82.920	2020.06.30	79.706
603160	汇顶科技	制造业	广东	0.061	定向募集	108.120	2020.07.24	6.623
603160	汇顶科技	制造业	广东	0.169	定向募集	120.820	2020.07.24	20.426
603180	金牌厨柜	制造业	福建	0.739	定向募集	28.500	2020.04.20	21.050
603180	金牌厨柜	制造业	福建	0.512	定向募集	31.040	2020.04.20	15.903
603183	建研院	科学研究和技术服务业	江苏	31.069	定向募集	6.410	2020.07.13	199.150
603185	上机数控	制造业	江苏	1.965	定向募集	12.050	2020.02.28	23.678
603185	上机数控	制造业	江苏	0.635	定向募集	28.070	2020.08.13	17.810
603186	华正新材	制造业	浙江	12.695	定向募集	51.200	2020.05.27	650.000
603195	公牛集团	制造业	浙江	0.614	定向募集	76.130	2020.07.06	46.729
603218	日月股份	制造业	浙江	137.457	定向募集	20.370	2020.11.27	2800.000
603228	景旺电子	制造业	广东	6.363	定向募集	22.050	2020.03.20	140.300
603228	景旺电子	制造业	广东	2.068	定向募集	16.660	2020.12.22	34.450
603229	奥翔药业	制造业	浙江	15.206	定向募集	27.620	2020.12.21	420.000

股票年度再次发行
Secondary Offerings in 2020

证券代码 Code	证券简称 Security Name	所属行业 Industry	注册地 Area	发行数量（百万股）Issue Vol（M Shares）	发行方式 Issue Method	发行价（元）Issue Price（Yuan）	发行日期 Issue Date	筹资金额（百万元）Capital Raised（M Yuan）
603232	格尔软件	信息传输、软件和信息技术服务业	上海	20.901	定向募集	30.850	2020.08.31	644.800
603233	大参林	批发和零售业	广东	2.281	定向募集	43.590	2020.12.23	99.407
603238	诺邦股份	制造业	浙江	3.620	定向募集	19.640	2020.09.23	71.097
603258	电魂网络	信息传输、软件和信息技术服务业	浙江	0.470	定向募集	11.450	2019.12.26	5.382
603258	电魂网络	信息传输、软件和信息技术服务业	浙江	3.967	定向募集	20.570	2020.12.11	81.601
603259	药明康德	科学研究和技术服务业	江苏	0.383	定向募集	40.590	2020.09.17	15.556
603259	药明康德	科学研究和技术服务业	江苏	12.943	定向募集	32.440	2019.12.31	419.863
603259	药明康德	科学研究和技术服务业	江苏	0.063	定向募集	46.340	2020.09.17	2.906
603259	药明康德	科学研究和技术服务业	江苏	62.690	定向募集	104.130	2020.09.23	6527.940
603266	天龙股份	制造业	浙江	0.432	定向募集	5.470	2019.12.27	2.364
603269	海鸥股份	制造业	江苏	21.049	配股	7.550	2020.08.05	158.919
603279	景津环保	制造业	山东	11.705	定向募集	10.660	2020.11.18	124.770
603283	赛腾股份	制造业	江苏	5.186	定向募集	12.820	2019.12.30	66.481
603297	永新光学	制造业	浙江	1.345	定向募集	16.300	2020.02.26	21.924
603300	华铁应急	租赁和商务服务业	浙江	199.275	定向募集	5.520	2020.08.20	1100.000
603300	华铁应急	租赁和商务服务业	浙江	23.348	定向募集	6.500	2020.09.24	151.763
603305	旭升股份	制造业	浙江	32.336	定向募集	32.410	2020.06.09	1048.000
603313	梦百合	制造业	江苏	0.330	定向募集	10.350	2020.02.05	3.416
603313	梦百合	制造业	江苏	25.600	定向募集	27.080	2020.11.30	693.250
603317	天味食品	制造业	四川	1.910	定向募集	19.900	2020.07.09	38.009
603317	天味食品	制造业	四川	28.596	定向募集	57.000	2020.11.30	1630.000
603326	我乐家居	制造业	江苏	0.290	定向募集	7.200	2020.01.16	2.088
603328	依顿电子	制造业	广东	0.062	定向募集	9.230	2019.12.31	0.573
603328	依顿电子	制造业	广东	0.134	定向募集	9.230	2020.03.31	1.235
603328	依顿电子	制造业	广东	0.017	定向募集	9.230	2020.06.30	0.154
603337	杰克股份	制造业	浙江	1.243	定向募集	9.400	2020.10.14	11.686
603345	安井食品	制造业	福建	6.310	定向募集	26.970	2020.01.06	170.181
603345	安井食品	制造业	福建	0.298	定向募集	66.310	2020.09.04	19.760
603348	文灿股份	制造业	广东	7.900	定向募集	9.180	2020.08.13	72.522
603355	莱克电气	制造业	江苏	10.073	定向募集	12.510	2020.09.18	126.007
603363	傲农生物	制造业	福建	75.585	定向募集	18.390	2020.05.18	1390.000
603363	傲农生物	制造业	福建	10.000	定向募集	7.400	2020.05.28	74.000
603363	傲农生物	制造业	福建	0.200	定向募集	7.400	2020.06.16	1.480
603363	傲农生物	制造业	福建	1.300	定向募集	8.540	2020.11.06	11.102
603368	柳药股份	批发和零售业	广西	0.300	定向募集	17.220	2020.05.26	5.172
603378	亚士创能	制造业	上海	11.373	定向募集	35.170	2020.12.23	400.000
603429	集友股份	制造业	安徽	5.480	定向募集	17.790	2020.02.05	97.489
603456	九洲药业	制造业	浙江	1.927	定向募集	15.910	2020.09.21	30.659
603477	振静股份	农、林、牧、渔业	四川	227.912	定向募集	7.470	2020.07.20	1702.500
603486	科沃斯	制造业	江苏	1.344	定向募集	20.580	2020.11.06	27.649
603489	八方股份	制造业	江苏	0.315	定向募集	80.030	2020.12.10	25.206
603499	翔港科技	制造业	上海	0.143	定向募集	7.180	2019.12.26	1.025
603501	韦尔股份	制造业	上海	1.731	定向募集	94.130	2020.12.09	162.938
603501	韦尔股份	制造业	上海	2.292	定向募集	111.460	2020.12.16	255.444
603505	金石资源	采矿业	浙江	2.352	定向募集	10.330	2020.04.21	24.296
603516	淳中科技	制造业	北京	2.335	定向募集	17.450	2020.02.18	40.746
603520	司太立	制造业	浙江	9.543	定向募集	70.420	2020.08.04	672.000
603520	司太立	制造业	浙江	0.660	定向募集	39.500	2020.10.27	26.066
603536	惠发食品	制造业	山东	3.886	定向募集	7.670	2020.12.03	29.806
603583	捷昌驱动	制造业	浙江	0.536	定向募集	27.720	2020.06.04	14.855

股票年度再次发行
Secondary Offerings in 2020

证券发行
Security Issue

证券代码 Code	证券简称 Security Name	所属行业 Industry	注册地 Area	发行数量（百万股）Issue Vol (M Shares)	发行方式 Issue Method	发行价（元）Issue Price (Yuan)	发行日期 Issue Date	筹资金额（百万元）Capital Raised (M Yuan)
603583	捷昌驱动	制造业	浙江	24.392	定向募集	60.880	2020.10.16	1485.000
603586	金麒麟	制造业	山东	2.970	定向募集	7.820	2020.01.17	23.225
603588	高能环境	水利、环境和公共设施管理业	北京	0.059	定向募集	9.430	2019.12.31	0.554
603588	高能环境	水利、环境和公共设施管理业	北京	2.623	定向募集	9.430	2020.06.30	24.734
603588	高能环境	水利、环境和公共设施管理业	北京	39.975	定向募集	9.940	2020.07.22	397.354
603588	高能环境	水利、环境和公共设施管理业	北京	0.901	定向募集	9.360	2020.08.24	8.430
603588	高能环境	水利、环境和公共设施管理业	北京	10.897	定向募集	15.600	2020.08.26	169.999
603588	高能环境	水利、环境和公共设施管理业	北京	0.899	定向募集	9.360	2020.09.30	8.418
603588	高能环境	水利、环境和公共设施管理业	北京	5.619	定向募集	8.510	2020.12.11	47.818
603596	伯特利	制造业	安徽	0.400	定向募集	7.290	2020.07.20	2.916
603599	广信股份	制造业	安徽	3.173	定向募集	10.000	2020.12.17	31.733
603601	再升科技	制造业	重庆	5.002	定向募集	6.780	2020.06.30	33.911
603601	再升科技	制造业	重庆	0.232	定向募集	6.680	2020.09.30	1.550
603612	索通发展	制造业	山东	7.537	定向募集	6.550	2020.06.09	49.364
603613	国联股份	信息传输、软件和信息技术服务业	北京	32.991	定向募集	74.750	2020.11.27	2466.067
603626	科森科技	制造业	江苏	9.392	定向募集	5.380	2020.03.06	50.529
603630	拉芳家化	制造业	广东	2.273	定向募集	8.160	2020.09.04	18.548
603633	徕木股份	制造业	上海	60.110	配股	3.900	2020.07.30	234.428
603656	泰禾光电	制造业	安徽	4.255	定向募集	7.220	2020.08.28	30.721
603658	安图生物	制造业	河南	20.376	定向募集	151.160	2020.11.12	3080.000
603659	璞泰来	制造业	上海	50.707	定向募集	90.550	2020.12.04	4591.500
603690	至纯科技	制造业	上海	0.200	定向募集	16.494	2020.07.23	3.299
603707	健友股份	制造业	江苏	0.227	定向募集	28.350	2020.07.08	6.435
603713	密尔克卫	交通运输、仓储和邮政业	上海	2.263	定向募集	18.410	2020.01.07	41.662
603722	阿科力	制造业	江苏	0.990	定向募集	12.250	2020.01.10	12.128
603722	阿科力	制造业	江苏	0.248	定向募集	13.685	2020.06.11	3.387
603727	博迈科	采矿业	天津	0.049	定向募集	18.400	2020.09.30	0.906
603737	三棵树	制造业	福建	8.188	定向募集	48.850	2020.10.16	400.000
603738	泰晶科技	制造业	湖北	3.110	定向募集	10.020	2020.12.25	31.162
603757	大元泵业	制造业	浙江	3.235	定向募集	8.760	2020.11.06	28.339
603757	大元泵业	制造业	浙江	0.100	定向募集	8.760	2020.11.24	0.876
603778	乾景园林	建筑业	北京	142.857	定向募集	3.570	2020.12.18	510.000
603799	华友钴业	制造业	浙江	34.110	定向募集	23.600	2020.02.20	805.000
603799	华友钴业	制造业	浙江	28.480	定向募集	28.090	2020.04.21	800.000
603801	志邦家居	制造业	安徽	4.749	定向募集	9.650	2020.03.06	45.828
603809	豪能股份	制造业	四川	7.275	定向募集	9.310	2020.09.23	67.730
603810	丰山集团	制造业	江苏	0.091	定向募集	16.060	2020.11.05	1.461
603818	曲美家居	制造业	北京	96.276	定向募集	6.850	2020.07.22	659.487
603828	柯利达	建筑业	江苏	14.500	定向募集	2.710	2020.10.22	39.295
603838	四通股份	制造业	广东	53.336	定向募集	6.250	2020.06.24	333.350
603855	华荣股份	制造业	上海	6.120	定向募集	4.800	2020.01.10	29.376
603855	华荣股份	制造业	上海	0.490	定向募集	9.630	2020.12.03	4.719
603867	新化股份	制造业	浙江	0.900	定向募集	13.450	2020.12.11	12.105
603880	南卫股份	制造业	江苏	5.480	定向募集	7.200	2020.12.02	39.456
603881	数据港	信息传输、软件和信息技术服务业	上海	24.361	定向募集	69.460	2020.09.24	1692.149
603882	金域医学	卫生和社会工作	广东	1.603	定向募集	28.790	2020.09.02	46.150
603890	春秋电子	制造业	江苏	1.575	定向募集	7.610	2020.07.02	11.986
603893	瑞芯微	制造业	福建	3.598	定向募集	31.500	2020.11.06	113.337
603899	晨光文具	制造业	上海	7.428	定向募集	23.700	2020.05.29	176.034
603901	永创智能	制造业	浙江	6.662	定向募集	3.580	2020.06.23	23.848

股票年度再次发行 证券发行
Secondary Offerings in 2020 Security Issue

证券代码 Code	证券简称 Security Name	所属行业 Industry	注册地 Area	发行数量（百万股）Issue Vol (M Shares)	发行方式 Issue Method	发行价（元）Issue Price (Yuan)	发行日期 Issue Date	筹资金额（百万元）Capital Raised (M Yuan)
603901	永创智能	制造业	浙江	1.715	定向募集	3.580	2020.11.06	6.140
603915	国茂股份	制造业	江苏	9.220	定向募集	9.480	2020.09.16	87.406
603916	苏博特	制造业	江苏	2.940	定向募集	17.220	2020.10.28	50.627
603918	金桥信息	信息传输、软件和信息技术服务业	上海	1.950	定向募集	5.870	2020.11.06	11.447
603936	博敏电子	制造业	广东	69.959	定向募集	12.050	2020.11.24	843.000
603939	益丰药房	批发和零售业	湖南	0.687	定向募集	34.700	2020.07.10	23.828
603955	大千生态	建筑业	江苏	22.620	定向募集	13.460	2020.06.05	304.465
603959	百利科技	建筑业	湖南	51.259	定向募集	5.560	2020.06.22	285.000
603960	克来机电	制造业	上海	3.684	定向募集	18.230	2020.06.15	67.158
603960	克来机电	制造业	上海	2.284	定向募集	21.890	2020.06.16	50.000
603977	国泰集团	制造业	江西	2.753	定向募集	10.350	2020.02.28	28.492
603982	泉峰汽车	制造业	江苏	1.532	定向募集	8.140	2020.06.17	12.474
603986	兆易创新	制造业	北京	0.114	定向募集	65.968	2020.05.25	7.541
603986	兆易创新	制造业	北京	21.219	定向募集	203.780	2020.06.03	4324.024
603986	兆易创新	制造业	北京	0.790	定向募集	73.332	2020.09.11	57.944
603986	兆易创新	制造业	北京	0.056	定向募集	73.332	2020.11.11	4.096
603987	康德莱	制造业	上海	5.190	定向募集	3.650	2020.06.22	18.944
603990	麦迪科技	信息传输、软件和信息技术服务业	江苏	19.863	定向募集	36.630	2020.12.04	727.600
605168	三人行	租赁和商务服务业	陕西	0.611	定向募集	104.850	2020.12.21	64.074
688001	华兴源创	制造业	江苏	28.086	定向募集	25.920	2020.06.23	728.000
688001	华兴源创	制造业	江苏	9.450	定向募集	35.660	2020.12.25	337.000
688007	光峰科技	制造业	广东	1.202	定向募集	17.425	2020.11.24	20.953
688018	乐鑫科技	信息传输、软件和信息技术服务业	上海	0.031	定向募集	64.125	2020.11.20	1.956
688066	航天宏图	信息传输、软件和信息技术服务业	北京	0.336	定向募集	17.195	2020.12.22	5.771
688180	君实生物	制造业	上海	1.220	定向募集	9.200	2020.11.02	11.219
688521	芯原股份	信息传输、软件和信息技术服务业	上海	1.822	定向募集	3.853	2020.09.17	7.019
688521	芯原股份	信息传输、软件和信息技术服务业	上海	0.504	定向募集	3.843	2020.10.21	1.938

优先股年度首次发行
Issuance of Pref in 2019

代码 Code	简称 Name	公司代码 Company Code	发行标志 Issue Flag	发行股息率（%） Dividend	发行日期 Issue Date	发行价（元） Issue Price（Yuan）	筹资金额（百万元） Capital Raised（M Yuan）
360038	长银优 1	601577	首次非公开发行	5.30	2020-01-06	100.00	6000.00
360039	九州优 1	600998	首次非公开发行	6.02	2020-08-04	100.00	1200.00
360040	阳煤优 1	600348	首次非公开发行	4.80	2020-09-01	100.00	1000.00
360041	九州优 2	600998	首次非公开发行	6.02	2020-10-29	100.00	800.00
360042	五资优 1	600390	首次非公开发行	4.70	2020-11-20	100.00	5000.00
360043	五资优 2	600390	首次非公开发行	4.70	2020-12-18	100.00	3000.00

上市公司基本信息
Listed Companies in 2020

公司代码 Code	证券简称 Security Name	总股本 Total Vol	A股流通股 A-Share Negotiable	B股 B-Share	境外上市股份 H/D/S-Share	优先股 Pref Share	所属行业 Industry	注册地 Area
600000	浦发银行	29352.1	29352.1	0.0	0.0	300.0	金融业	上海
600004	白云机场	2366.7	2069.3	0.0	0.0	0.0	交通运输、仓储和邮政业	广东
600006	东风汽车	2000.0	2000.0	0.0	0.0	0.0	制造业	湖北
600007	中国国贸	1007.3	1007.3	0.0	0.0	0.0	房地产业	北京
600008	首创股份	7340.6	7340.6	0.0	0.0	0.0	电力、热力、燃气及水生产和供应业	北京
600009	上海机场	1927.0	1093.5	0.0	0.0	0.0	交通运输、仓储和邮政业	上海
600010	包钢股份	45585.0	31677.2	0.0	0.0	0.0	制造业	内蒙古
600011	华能国际	15698.1	10997.7	0.0	4700.4	0.0	电力、热力、燃气及水生产和供应业	北京
600012	皖通高速	1658.6	1165.6	0.0	493.0	0.0	交通运输、仓储和邮政业	安徽
600015	华夏银行	15387.2	12822.7	0.0	0.0	200.0	金融业	北京
600016	民生银行	43782.4	35462.1	0.0	8320.3	200.0	金融业	北京
600017	日照港	3075.7	3075.7	0.0	0.0	0.0	交通运输、仓储和邮政业	山东
600018	上港集团	23173.7	23173.7	0.0	0.0	0.0	交通运输、仓储和邮政业	上海
600019	宝钢股份	22269.4	22156.0	0.0	0.0	0.0	制造业	上海
600020	中原高速	2247.4	2247.4	0.0	0.0	0.0	交通运输、仓储和邮政业	河南
600021	上海电力	2617.2	2347.2	0.0	0.0	0.0	电力、热力、燃气及水生产和供应业	上海
600022	山东钢铁	10946.5	10946.5	0.0	0.0	0.0	制造业	山东
600023	浙能电力	13600.7	13600.7	0.0	0.0	0.0	电力、热力、燃气及水生产和供应业	浙江
600025	华能水电	18000.0	18000.0	0.0	0.0	0.0	电力、热力、燃气及水生产和供应业	云南
600026	中远海能	4762.7	2736.0	0.0	1296.0	0.0	交通运输、仓储和邮政业	上海
600027	华电国际	9863.0	8145.7	0.0	1717.2	0.0	电力、热力、燃气及水生产和供应业	山东
600028	中国石化	121071.2	95557.8	0.0	25513.4	0.0	采矿业	北京
600029	南方航空	15329.3	8111.5	0.0	4275.1	0.0	交通运输、仓储和邮政业	广东
600030	中信证券	12926.8	9814.7	0.0	2278.3	0.0	金融业	广东
600031	三一重工	8475.7	8475.7	0.0	0.0	0.0	制造业	北京
600033	福建高速	2744.4	2744.4	0.0	0.0	0.0	交通运输、仓储和邮政业	福建
600035	楚天高速	1610.1	1604.4	0.0	0.0	0.0	交通运输、仓储和邮政业	湖北
600036	招商银行	25219.8	20628.9	0.0	4590.9	275.0	金融业	广东
600037	歌华有线	1391.8	1391.8	0.0	0.0	0.0	信息传输、软件和信息技术服务业	北京
600038	中直股份	589.5	589.5	0.0	0.0	0.0	制造业	黑龙江
600039	四川路桥	4777.6	3610.5	0.0	0.0	0.0	建筑业	四川
600048	保利地产	11967.6	11967.6	0.0	0.0	0.0	房地产业	广东
600050	中国联通	31015.6	30537.3	0.0	0.0	0.0	信息传输、软件和信息技术服务业	北京
600051	宁波联合	310.9	310.9	0.0	0.0	0.0	批发和零售业	浙江
600052	浙江广厦	844.2	844.2	0.0	0.0	0.0	文化、体育和娱乐业	浙江
600053	九鼎投资	433.5	433.5	0.0	0.0	0.0	金融业	江西
600054	黄山旅游	729.4	513.3	216.1	0.0	0.0	水利、环境和公共设施管理业	安徽
600055	万东医疗	540.8	540.8	0.0	0.0	0.0	制造业	北京
600056	中国医药	1068.5	1068.1	0.0	0.0	0.0	制造业	北京
600057	厦门象屿	2157.5	2157.5	0.0	0.0	0.0	租赁和商务服务业	福建
600058	五矿发展	1071.9	1071.9	0.0	0.0	0.0	批发和零售业	北京
600059	古越龙山	808.5	808.5	0.0	0.0	0.0	制造业	浙江
600060	海信视像	1308.5	1308.5	0.0	0.0	0.0	制造业	山东
600061	国投资本	4227.1	4227.1	0.0	0.0	0.0	金融业	上海
600062	华润双鹤	1043.2	1043.2	0.0	0.0	0.0	制造业	北京
600063	皖维高新	1925.9	1925.9	0.0	0.0	0.0	制造业	安徽
600064	南京高科	1236.0	1236.0	0.0	0.0	0.0	房地产业	江苏
600066	宇通客车	2213.9	2213.9	0.0	0.0	0.0	制造业	河南
600067	冠城大通	1492.1	1492.1	0.0	0.0	0.0	房地产业	福建
600068	葛洲坝	4604.8	4604.8	0.0	0.0	0.0	建筑业	湖北

注：股本的单位为百万股（M Shares）。

上市公司基本信息
Listed Companies in 2020

公司代码 Code	证券简称 Security Name	总股本 Total Vol	A 股流通股 A-Share Negotiable	B 股 B-Share	境外上市股份 H/D/S-Share	优先股 Pref Share	所属行业 Industry	注册地 Area
600069	退市银鸽	1623.8	1623.8	0.0	0.0	0.0	制造业	河南
600070	浙江富润	521.9	521.9	0.0	0.0	0.0	信息传输、软件和信息技术服务业	浙江
600071	凤凰光学	281.6	237.5	0.0	0.0	0.0	制造业	江西
600072	中船科技	736.2	736.2	0.0	0.0	0.0	建筑业	上海
600073	上海梅林	937.7	937.7	0.0	0.0	0.0	制造业	上海
600074	退市保千	2437.9	1018.3	0.0	0.0	0.0	制造业	江苏
600075	新疆天业	1359.7	972.5	0.0	0.0	0.0	制造业	新疆
600076	康欣新材	1034.3	1034.3	0.0	0.0	0.0	制造业	山东
600077	宋都股份	1340.1	1340.1	0.0	0.0	0.0	房地产业	浙江
600078	澄星股份	662.6	662.6	0.0	0.0	0.0	制造业	江苏
600079	人福医药	1544.0	1353.7	0.0	0.0	0.0	制造业	湖北
600080	ST 金花	373.3	305.3	0.0	0.0	0.0	制造业	陕西
600081	东风科技	313.6	313.6	0.0	0.0	0.0	制造业	上海
600082	海泰发展	646.1	634.3	0.0	0.0	0.0	房地产业	天津
600083	*ST 博信	230.0	228.0	0.0	0.0	0.0	批发和零售业	江苏
600084	ST 中葡	1123.7	1123.7	0.0	0.0	0.0	制造业	新疆
600085	同仁堂	1371.5	1371.5	0.0	0.0	0.0	制造业	北京
600086	*ST 金钰	1350.0	1056.8	0.0	0.0	0.0	制造业	湖北
600088	中视传媒	397.7	397.7	0.0	0.0	0.0	文化、体育和娱乐业	上海
600089	特变电工	3714.3	3714.3	0.0	0.0	0.0	制造业	新疆
600090	*ST 济堂	1439.7	1439.7	0.0	0.0	0.0	批发和零售业	新疆
600091	ST 明科	437.4	437.4	0.0	0.0	0.0	制造业	内蒙古
600093	易见股份	1122.4	1122.4	0.0	0.0	0.0	租赁和商务服务业	四川
600094	大名城	2475.3	2276.6	198.7	0.0	0.0	房地产业	上海
600095	湘财股份	2682.0	361.3	0.0	0.0	0.0	金融业	黑龙江
600096	云天化	1425.9	1321.4	0.0	0.0	0.0	制造业	云南
600097	开创国际	240.9	240.9	0.0	0.0	0.0	农、林、牧、渔业	上海
600098	广州发展	2726.2	2726.2	0.0	0.0	0.0	电力、热力、燃气及水生产和供应业	广东
600099	林海股份	219.1	219.1	0.0	0.0	0.0	制造业	江苏
600100	同方股份	2963.9	2963.9	0.0	0.0	0.0	制造业	北京
600101	明星电力	421.4	421.4	0.0	0.0	0.0	电力、热力、燃气及水生产和供应业	四川
600103	青山纸业	2305.8	2305.8	0.0	0.0	0.0	制造业	福建
600104	上汽集团	11683.5	11683.5	0.0	0.0	0.0	制造业	上海
600105	永鼎股份	1364.7	1364.7	0.0	0.0	0.0	制造业	江苏
600106	重庆路桥	1329.0	1329.0	0.0	0.0	0.0	交通运输、仓储和邮政业	重庆
600107	美尔雅	360.0	360.0	0.0	0.0	0.0	制造业	湖北
600108	亚盛集团	1946.9	1946.9	0.0	0.0	0.0	农、林、牧、渔业	甘肃
600109	国金证券	3024.4	3024.4	0.0	0.0	0.0	金融业	四川
600110	诺德股份	1397.3	1150.3	0.0	0.0	0.0	制造业	吉林
600111	北方稀土	3633.1	3633.1	0.0	0.0	0.0	制造业	内蒙古
600112	ST 天成	509.2	509.2	0.0	0.0	0.0	制造业	贵州
600113	浙江东日	411.4	411.4	0.0	0.0	0.0	租赁和商务服务业	浙江
600114	东睦股份	616.4	613.3	0.0	0.0	0.0	制造业	浙江
600115	东方航空	16379.5	9808.5	0.0	5176.8	0.0	交通运输、仓储和邮政业	上海
600116	三峡水利	1912.1	993.0	0.0	0.0	0.0	电力、热力、燃气及水生产和供应业	重庆
600117	西宁特钢	1045.1	1045.1	0.0	0.0	0.0	制造业	青海
600118	中国卫星	1182.5	1182.5	0.0	0.0	0.0	制造业	北京
600119	ST 长投	307.4	307.4	0.0	0.0	0.0	交通运输、仓储和邮政业	上海
600120	浙江东方	2227.9	2227.9	0.0	0.0	0.0	金融业	浙江
600121	郑州煤电	1218.4	1218.4	0.0	0.0	0.0	采矿业	河南

注：股本的单位为百万股（M Shares）。

上市公司基本信息
Listed Companies in 2020

公司代码 Code	证券简称 Security Name	总股本 Total Vol	A股流通股 A-Share Negotiable	B股 B-Share	境外上市股份 H/D/S-Share	优先股 Pref Share	所属行业 Industry	注册地 Area
600122	*ST宏图	1158.3	1158.3	0.0	0.0	0.0	批发和零售业	江苏
600123	兰花科创	1142.4	1142.4	0.0	0.0	0.0	采矿业	山西
600125	铁龙物流	1305.5	1305.5	0.0	0.0	0.0	交通运输、仓储和邮政业	辽宁
600126	杭钢股份	3377.2	3377.2	0.0	0.0	0.0	制造业	浙江
600127	金健米业	641.8	641.8	0.0	0.0	0.0	制造业	湖南
600128	弘业股份	246.8	246.8	0.0	0.0	0.0	批发和零售业	江苏
600129	太极集团	556.9	543.9	0.0	0.0	0.0	制造业	重庆
600130	波导股份	768.0	768.0	0.0	0.0	0.0	制造业	浙江
600131	国网信通	1195.4	540.2	0.0	0.0	0.0	电力、热力、燃气及水生产和供应业	四川
600132	重庆啤酒	484.0	484.0	0.0	0.0	0.0	制造业	重庆
600133	东湖高新	795.5	775.9	0.0	0.0	0.0	建筑业	湖北
600135	乐凯胶片	553.3	373.0	0.0	0.0	0.0	制造业	河北
600136	当代文体	584.6	486.9	0.0	0.0	0.0	文化、体育和娱乐业	湖北
600137	浪莎股份	97.2	97.2	0.0	0.0	0.0	制造业	四川
600138	中青旅	723.8	723.8	0.0	0.0	0.0	租赁和商务服务业	北京
600139	西部资源	661.9	661.9	0.0	0.0	0.0	金融业	四川
600141	兴发集团	1119.4	841.6	0.0	0.0	0.0	制造业	湖北
600143	金发科技	2573.6	2573.6	0.0	0.0	0.0	制造业	广东
600145	*ST新亿	1491.1	1491.1	0.0	0.0	0.0	制造业	新疆
600146	*ST环球	470.0	470.0	0.0	0.0	0.0	制造业	宁夏
600148	长春一东	141.5	141.5	0.0	0.0	0.0	制造业	吉林
600149	ST坊展	380.2	380.2	0.0	0.0	0.0	电力、热力、燃气及水生产和供应业	河北
600150	中国船舶	4472.4	1378.1	0.0	0.0	0.0	制造业	上海
600151	航天机电	1434.3	1434.3	0.0	0.0	0.0	制造业	上海
600152	维科技术	420.9	303.3	0.0	0.0	0.0	制造业	浙江
600153	建发股份	2863.6	2835.2	0.0	0.0	0.0	批发和零售业	福建
600155	华创阳安	1739.6	1739.6	0.0	0.0	0.0	金融业	北京
600156	华升股份	402.1	402.1	0.0	0.0	0.0	制造业	湖南
600157	*ST永泰	22217.8	22217.8	0.0	0.0	0.0	电力、热力、燃气及水生产和供应业	山西
600158	中体产业	959.5	657.5	0.0	0.0	0.0	房地产业	天津
600159	大龙地产	830.0	830.0	0.0	0.0	0.0	房地产业	北京
600160	巨化股份	2699.7	2699.7	0.0	0.0	0.0	制造业	浙江
600161	天坛生物	1254.4	1254.4	0.0	0.0	0.0	制造业	北京
600162	香江控股	3395.8	3395.8	0.0	0.0	0.0	房地产业	广东
600163	中闽能源	1689.3	999.5	0.0	0.0	0.0	电力、热力、燃气及水生产和供应业	福建
600165	新日恒力	684.9	684.9	0.0	0.0	0.0	制造业	宁夏
600166	福田汽车	6575.2	6575.2	0.0	0.0	0.0	制造业	北京
600167	联美控股	2288.1	2288.1	0.0	0.0	0.0	电力、热力、燃气及水生产和供应业	辽宁
600168	武汉控股	709.6	709.6	0.0	0.0	0.0	电力、热力、燃气及水生产和供应业	湖北
600169	太原重工	2564.0	2564.0	0.0	0.0	0.0	制造业	山西
600170	上海建工	8904.4	8904.4	0.0	0.0	0.0	建筑业	上海
600171	上海贝岭	704.1	699.6	0.0	0.0	0.0	制造业	上海
600172	黄河旋风	1442.2	1224.2	0.0	0.0	0.0	制造业	河南
600173	卧龙地产	701.0	700.4	0.0	0.0	0.0	房地产业	浙江
600175	退市美都	3576.5	3576.5	0.0	0.0	0.0	综合	浙江
600176	中国巨石	3502.3	3502.3	0.0	0.0	0.0	制造业	浙江
600177	雅戈尔	4629.0	4629.0	0.0	0.0	0.0	制造业	浙江
600178	东安动力	462.1	462.1	0.0	0.0	0.0	制造业	黑龙江
600179	*ST安通	4364.3	3564.9	0.0	0.0	0.0	交通运输、仓储和邮政业	黑龙江
600180	瑞茂通	1016.5	1016.5	0.0	0.0	0.0	批发和零售业	山东

注：股本的单位为百万股（M Shares）。

上市公司基本信息

Listed Companies in 2020

公司代码 Code	证券简称 Security Name	总股本 Total Vol	A股流通股 A-Share Negotiable	B股 B-Share	境外上市股份 H/D/S-Share	优先股 Pref Share	所属行业 Industry	注册地 Area
600182	S佳通	340.0	170.0	0.0	0.0	0.0	制造业	黑龙江
600183	生益科技	2290.0	2290.0	0.0	0.0	0.0	制造业	广东
600184	光电股份	508.8	508.8	0.0	0.0	0.0	制造业	湖北
600185	格力地产	2061.1	2061.1	0.0	0.0	0.0	房地产业	广东
600186	莲花健康	1379.9	1379.9	0.0	0.0	0.0	制造业	河南
600187	国中水务	1653.9	1653.9	0.0	0.0	0.0	电力、热力、燃气及水生产和供应业	黑龙江
600188	兖州煤业	4860.0	2960.0	0.0	1900.0	0.0	采矿业	山东
600189	泉阳泉	715.2	562.8	0.0	0.0	0.0	制造业	吉林
600190	锦州港	2002.3	1779.5	222.8	0.0	0.0	交通运输、仓储和邮政业	辽宁
600191	华资实业	484.9	484.9	0.0	0.0	0.0	制造业	内蒙古
600192	长城电工	441.7	441.7	0.0	0.0	0.0	制造业	甘肃
600193	ST创兴	425.4	425.4	0.0	0.0	0.0	建筑业	上海
600195	中牧股份	1015.6	1015.6	0.0	0.0	0.0	制造业	北京
600196	复星医药	2562.9	2011.0	0.0	551.9	0.0	制造业	上海
600197	伊力特	434.6	434.6	0.0	0.0	0.0	制造业	新疆
600198	大唐电信	882.1	880.5	0.0	0.0	0.0	制造业	北京
600199	金种子酒	657.8	606.5	0.0	0.0	0.0	制造业	安徽
600200	江苏吴中	712.4	712.4	0.0	0.0	0.0	综合	江苏
600201	生物股份	1126.2	1120.0	0.0	0.0	0.0	制造业	内蒙古
600202	哈空调	383.3	383.3	0.0	0.0	0.0	制造业	黑龙江
600203	福日电子	456.4	456.4	0.0	0.0	0.0	制造业	福建
600206	有研新材	846.6	841.5	0.0	0.0	0.0	制造业	北京
600207	安彩高科	863.0	863.0	0.0	0.0	0.0	电力、热力、燃气及水生产和供应业	河南
600208	新湖中宝	8599.3	8598.2	0.0	0.0	0.0	房地产业	浙江
600209	ST罗顿	439.0	439.0	0.0	0.0	0.0	建筑业	海南
600210	紫江企业	1516.7	1516.7	0.0	0.0	0.0	制造业	上海
600211	西藏药业	247.9	247.9	0.0	0.0	0.0	制造业	西藏
600212	*ST江泉	511.7	511.7	0.0	0.0	0.0	综合	山东
600213	亚星客车	220.0	220.0	0.0	0.0	0.0	制造业	江苏
600215	*ST经开	465.0	465.0	0.0	0.0	0.0	房地产业	吉林
600216	浙江医药	965.1	965.1	0.0	0.0	0.0	制造业	浙江
600217	中再资环	1388.7	1388.7	0.0	0.0	0.0	制造业	陕西
600218	全柴动力	368.8	368.8	0.0	0.0	0.0	制造业	安徽
600219	南山铝业	11950.5	11950.5	0.0	0.0	0.0	制造业	山东
600220	江苏阳光	1783.3	1783.3	0.0	0.0	0.0	制造业	江苏
600221	海航控股	16806.1	16436.0	369.4	0.0	0.0	交通运输、仓储和邮政业	海南
600222	太龙药业	573.9	573.9	0.0	0.0	0.0	制造业	河南
600223	鲁商发展	1008.8	1008.8	0.0	0.0	0.0	房地产业	山东
600225	*ST松江	935.5	932.9	0.0	0.0	0.0	房地产业	天津
600226	*ST瀚叶	3129.0	2449.9	0.0	0.0	0.0	信息传输、软件和信息技术服务业	浙江
600227	圣济堂	1693.1	1278.2	0.0	0.0	0.0	制造业	贵州
600228	ST昌九	241.3	241.3	0.0	0.0	0.0	制造业	江西
600229	城市传媒	702.1	702.1	0.0	0.0	0.0	文化、体育和娱乐业	山东
600230	沧州大化	411.9	411.9	0.0	0.0	0.0	制造业	河北
600231	凌钢股份	2771.1	2771.1	0.0	0.0	0.0	制造业	辽宁
600232	金鹰股份	364.7	364.7	0.0	0.0	0.0	制造业	浙江
600233	圆通速递	3159.8	3157.6	0.0	0.0	0.0	交通运输、仓储和邮政业	辽宁
600234	ST山水	202.4	202.4	0.0	0.0	0.0	制造业	山西
600235	民丰特纸	351.3	351.3	0.0	0.0	0.0	制造业	浙江
600236	桂冠电力	7882.4	7882.4	0.0	0.0	0.0	电力、热力、燃气及水生产和供应业	广西

注：股本的单位为百万股（M Shares）。

上市公司基本信息
Listed Companies in 2020

公司代码 Code	证券简称 Security Name	总股本 Total Vol	A 股流通股 A-Share Negotiable	B 股 B-Share	境外上市股份 H/D/S-Share	优先股 Pref Share	所属行业 Industry	注册地 Area
600237	铜峰电子	564.4	564.4	0.0	0.0	0.0	制造业	安徽
600238	ST 椰岛	448.2	445.0	0.0	0.0	0.0	制造业	海南
600239	云南城投	1605.7	1605.7	0.0	0.0	0.0	房地产业	云南
600240	退市华业	1424.3	1424.3	0.0	0.0	0.0	房地产业	北京
600241	*ST 时万	294.3	294.3	0.0	0.0	0.0	批发和零售业	辽宁
600242	*ST 中昌	456.7	451.3	0.0	0.0	0.0	信息传输、软件和信息技术服务业	广东
600243	*ST 海华	438.9	438.9	0.0	0.0	0.0	制造业	青海
600246	万通发展	2054.0	2054.0	0.0	0.0	0.0	房地产业	北京
600247	*ST 成城	336.4	336.4	0.0	0.0	0.0	批发和零售业	吉林
600248	延长化建	3148.0	656.7	0.0	0.0	0.0	建筑业	陕西
600249	两面针	550.0	550.0	0.0	0.0	0.0	制造业	广西
600250	南纺股份	310.6	270.0	0.0	0.0	0.0	批发和零售业	江苏
600251	冠农股份	784.8	777.5	0.0	0.0	0.0	制造业	新疆
600252	中恒集团	3475.1	3475.1	0.0	0.0	0.0	制造业	广西
600255	*ST 鑫科	1769.6	1769.6	0.0	0.0	0.0	制造业	安徽
600256	广汇能源	6754.0	6754.0	0.0	0.0	0.0	采矿业	新疆
600257	大湖股份	481.2	481.2	0.0	0.0	0.0	农、林、牧、渔业	湖南
600258	首旅酒店	987.7	978.9	0.0	0.0	0.0	住宿和餐饮业	北京
600259	广晟有色	301.8	301.8	0.0	0.0	0.0	采矿业	海南
600260	凯乐科技	997.2	972.6	0.0	0.0	0.0	制造业	湖北
600261	阳光照明	1452.1	1452.1	0.0	0.0	0.0	制造业	浙江
600262	北方股份	170.0	170.0	0.0	0.0	0.0	制造业	内蒙古
600265	ST 景谷	129.8	129.8	0.0	0.0	0.0	农、林、牧、渔业	云南
600266	城建发展	2256.5	2256.5	0.0	0.0	0.0	房地产业	北京
600267	海正药业	965.5	965.5	0.0	0.0	0.0	制造业	浙江
600268	国电南自	695.3	695.3	0.0	0.0	0.0	制造业	江苏
600269	赣粤高速	2335.4	2335.4	0.0	0.0	0.0	交通运输、仓储和邮政业	江西
600271	航天信息	1852.8	1852.8	0.0	0.0	0.0	制造业	北京
600272	开开实业	243.0	160.0	80.0	0.0	0.0	批发和零售业	上海
600273	嘉化能源	1432.7	1432.7	0.0	0.0	0.0	制造业	浙江
600275	ST 昌鱼	508.8	508.8	0.0	0.0	0.0	制造业	湖北
600276	恒瑞医药	5331.7	5295.7	0.0	0.0	0.0	制造业	江苏
600277	亿利洁能	2738.9	2738.9	0.0	0.0	0.0	制造业	内蒙古
600278	东方创业	868.5	522.2	0.0	0.0	0.0	批发和零售业	上海
600279	重庆港九	1186.9	869.9	0.0	0.0	0.0	交通运输、仓储和邮政业	重庆
600280	*ST 中商	1148.3	1148.3	0.0	0.0	0.0	批发和零售业	江苏
600281	太化股份	514.4	514.4	0.0	0.0	0.0	制造业	山西
600282	南钢股份	6145.3	4447.1	0.0	0.0	0.0	制造业	江苏
600283	钱江水利	353.0	353.0	0.0	0.0	0.0	电力、热力、燃气及水生产和供应业	浙江
600284	浦东建设	970.3	970.3	0.0	0.0	0.0	建筑业	上海
600285	羚锐制药	567.8	567.8	0.0	0.0	0.0	制造业	河南
600287	江苏舜天	436.8	436.8	0.0	0.0	0.0	批发和零售业	江苏
600288	大恒科技	436.8	436.8	0.0	0.0	0.0	制造业	北京
600289	*ST 信通	631.1	565.9	0.0	0.0	0.0	信息传输、软件和信息技术服务业	黑龙江
600290	*ST 华仪	759.9	759.9	0.0	0.0	0.0	制造业	浙江
600291	西水股份	1093.1	1093.1	0.0	0.0	0.0	金融业	内蒙古
600292	远达环保	780.8	780.8	0.0	0.0	0.0	水利、环境和公共设施管理业	重庆
600293	三峡新材	1160.1	1160.1	0.0	0.0	0.0	批发和零售业	湖北
600295	鄂尔多斯	1427.9	652.5	420.0	0.0	0.0	制造业	内蒙古
600297	广汇汽车	8110.3	8110.3	0.0	0.0	0.0	批发和零售业	辽宁

注：股本的单位为百万股（M Shares）。

上市公司基本信息
Listed Companies in 2020

公司代码 Code	证券简称 Security Name	总股本 Total Vol	A股流通股 A-Share Negotiable	B股 B-Share	境外上市股份 H/D/S-Share	优先股 Pref Share	所属行业 Industry	注册地 Area
600298	安琪酵母	824.1	824.1	0.0	0.0	0.0	制造业	湖北
600299	安迪苏	2681.9	2681.9	0.0	0.0	0.0	制造业	北京
600300	维维股份	1672.0	1672.0	0.0	0.0	0.0	制造业	江苏
600301	ST南化	235.1	235.1	0.0	0.0	0.0	制造业	广西
600302	标准股份	346.0	346.0	0.0	0.0	0.0	制造业	陕西
600303	曙光股份	675.6	675.6	0.0	0.0	0.0	制造业	辽宁
600305	恒顺醋业	1003.0	1003.0	0.0	0.0	0.0	制造业	江苏
600306	*ST商城	178.1	177.5	0.0	0.0	0.0	批发和零售业	辽宁
600307	酒钢宏兴	6263.4	6263.4	0.0	0.0	0.0	制造业	甘肃
600308	华泰股份	1167.6	1167.6	0.0	0.0	0.0	制造业	山东
600309	万华化学	3139.7	1423.8	0.0	0.0	0.0	制造业	山东
600310	桂东电力	1036.4	827.8	0.0	0.0	0.0	电力、热力、燃气及水生产和供应业	广西
600311	*ST荣华	665.6	665.6	0.0	0.0	0.0	采矿业	甘肃
600312	平高电气	1356.9	1356.9	0.0	0.0	0.0	制造业	河南
600313	农发种业	1082.2	1019.4	0.0	0.0	0.0	农、林、牧、渔业	北京
600315	上海家化	678.0	671.2	0.0	0.0	0.0	制造业	上海
600316	洪都航空	717.1	717.1	0.0	0.0	0.0	制造业	江西
600317	营口港	6473.0	6473.0	0.0	0.0	0.0	交通运输、仓储和邮政业	辽宁
600318	新力金融	513.4	504.2	0.0	0.0	0.0	金融业	安徽
600319	ST亚星	315.6	315.6	0.0	0.0	0.0	制造业	山东
600320	振华重工	5268.4	3322.0	1946.4	0.0	0.0	制造业	上海
600321	正源股份	1510.6	1510.6	0.0	0.0	0.0	制造业	四川
600322	天房发展	1105.7	1105.7	0.0	0.0	0.0	房地产业	天津
600323	瀚蓝环境	766.3	766.3	0.0	0.0	0.0	水利、环境和公共设施管理业	广东
600325	华发股份	2117.2	2110.8	0.0	0.0	0.0	房地产业	广东
600326	西藏天路	918.5	918.5	0.0	0.0	0.0	制造业	西藏
600327	大东方	884.8	884.8	0.0	0.0	0.0	批发和零售业	江苏
600328	中盐化工	957.7	559.6	0.0	0.0	0.0	制造业	内蒙古
600329	中新药业	773.6	565.9	0.0	200.0	0.0	制造业	天津
600330	天通股份	996.6	996.6	0.0	0.0	0.0	制造业	浙江
600331	宏达股份	2032.0	2032.0	0.0	0.0	0.0	制造业	四川
600332	白云山	1625.8	1405.9	0.0	219.9	0.0	制造业	广东
600333	长春燃气	609.0	609.0	0.0	0.0	0.0	电力、热力、燃气及水生产和供应业	吉林
600335	国机汽车	1456.9	1029.7	0.0	0.0	0.0	批发和零售业	天津
600336	澳柯玛	799.2	783.9	0.0	0.0	0.0	制造业	山东
600337	美克家居	1766.8	1766.8	0.0	0.0	0.0	批发和零售业	新疆
600338	西藏珠峰	914.2	914.2	0.0	0.0	0.0	采矿业	西藏
600339	中油工程	5583.1	5583.1	0.0	0.0	0.0	采矿业	新疆
600340	华夏幸福	3913.7	3893.4	0.0	0.0	0.0	房地产业	河北
600343	航天动力	638.2	638.2	0.0	0.0	0.0	制造业	陕西
600345	长江通信	198.0	198.0	0.0	0.0	0.0	制造业	湖北
600346	恒力石化	7039.1	4631.9	0.0	0.0	0.0	制造业	辽宁
600348	阳泉煤业	2405.0	2405.0	0.0	0.0	10.0	采矿业	山西
600350	山东高速	4811.2	4811.2	0.0	0.0	0.0	交通运输、仓储和邮政业	山东
600351	亚宝药业	770.0	770.0	0.0	0.0	0.0	制造业	山西
600352	浙江龙盛	3253.3	3253.3	0.0	0.0	0.0	制造业	浙江
600353	旭光电子	543.7	543.7	0.0	0.0	0.0	制造业	四川
600354	*ST敦种	527.8	527.8	0.0	0.0	0.0	农、林、牧、渔业	甘肃
600355	精伦电子	492.1	492.1	0.0	0.0	0.0	制造业	湖北
600356	恒丰纸业	298.7	298.7	0.0	0.0	0.0	制造业	黑龙江

注：股本的单位为百万股（M Shares）。

上市公司基本信息
Listed Companies in 2020

公司代码 Code	证券简称 Security Name	总股本 Total Vol	A股流通股 A-Share Negotiable	B股 B-Share	境外上市股份 H/D/S-Share	优先股 Pref Share	所属行业 Industry	注册地 Area
600358	*ST 联合	504.9	504.9	0.0	0.0	0.0	信息传输、软件和信息技术服务业	江苏
600359	新农开发	381.5	381.5	0.0	0.0	0.0	农、林、牧、渔业	新疆
600360	华微电子	960.3	960.3	0.0	0.0	0.0	制造业	吉林
600361	华联综超	665.8	665.8	0.0	0.0	0.0	批发和零售业	北京
600362	江西铜业	3462.7	2075.2	0.0	1387.5	0.0	制造业	江西
600363	联创光电	455.5	443.5	0.0	0.0	0.0	制造业	江西
600365	ST 通葡	400.0	400.0	0.0	0.0	0.0	制造业	吉林
600366	宁波韵升	989.1	989.1	0.0	0.0	0.0	制造业	浙江
600367	红星发展	295.5	291.2	0.0	0.0	0.0	制造业	贵州
600368	五洲交通	1125.6	1125.6	0.0	0.0	0.0	交通运输、仓储和邮政业	广西
600369	西南证券	6645.1	5645.1	0.0	0.0	0.0	金融业	重庆
600370	三房巷	3657.2	797.2	0.0	0.0	0.0	制造业	江苏
600371	万向德农	292.6	292.6	0.0	0.0	0.0	农、林、牧、渔业	黑龙江
600372	中航电子	1928.2	1928.2	0.0	0.0	0.0	制造业	北京
600373	中文传媒	1355.1	1355.1	0.0	0.0	0.0	文化、体育和娱乐业	江西
600375	汉马科技	555.7	555.7	0.0	0.0	0.0	制造业	安徽
600376	首开股份	2579.6	2579.6	0.0	0.0	0.0	房地产业	北京
600377	宁沪高速	5037.7	3799.8	0.0	1222.0	0.0	交通运输、仓储和邮政业	江苏
600378	昊华科技	917.2	356.6	0.0	0.0	0.0	制造业	四川
600379	宝光股份	330.2	330.2	0.0	0.0	0.0	制造业	陕西
600380	健康元	1950.8	1950.8	0.0	0.0	0.0	制造业	广东
600381	青海春天	587.1	587.1	0.0	0.0	0.0	制造业	青海
600382	广东明珠	788.9	788.9	0.0	0.0	0.0	批发和零售业	广东
600383	金地集团	4514.6	4514.6	0.0	0.0	0.0	房地产业	广东
600385	ST 金泰	148.1	142.8	0.0	0.0	0.0	制造业	山东
600386	北巴传媒	806.4	806.4	0.0	0.0	0.0	批发和零售业	北京
600387	海越能源	471.8	404.0	0.0	0.0	0.0	批发和零售业	浙江
600388	龙净环保	1069.1	1069.1	0.0	0.0	0.0	制造业	福建
600389	江山股份	297.0	297.0	0.0	0.0	0.0	制造业	江苏
600390	五矿资本	4498.1	4498.1	0.0	0.0	80.0	金融业	湖南
600391	航发科技	330.1	330.1	0.0	0.0	0.0	制造业	四川
600392	盛和资源	1755.2	1755.2	0.0	0.0	0.0	制造业	四川
600393	粤泰股份	2536.2	988.2	0.0	0.0	0.0	房地产业	广东
600395	盘江股份	1655.1	1655.1	0.0	0.0	0.0	采矿业	贵州
600396	金山股份	1472.7	1472.7	0.0	0.0	0.0	电力、热力、燃气及水生产和供应业	辽宁
600397	安源煤业	990.0	990.0	0.0	0.0	0.0	采矿业	江西
600398	海澜之家	4319.6	4319.6	0.0	0.0	0.0	制造业	江苏
600399	ST 抚钢	1972.1	1972.1	0.0	0.0	0.0	制造业	辽宁
600400	红豆股份	2533.3	2533.3	0.0	0.0	0.0	制造业	江苏
600403	大有能源	2390.8	2390.8	0.0	0.0	0.0	采矿业	河南
600405	动力源	557.1	553.3	0.0	0.0	0.0	制造业	北京
600406	国电南瑞	4621.7	4583.7	0.0	0.0	0.0	信息传输、软件和信息技术服务业	江苏
600408	ST 安泰	1006.8	1006.8	0.0	0.0	0.0	制造业	山西
600409	三友化工	2064.3	2064.3	0.0	0.0	0.0	制造业	河北
600410	华胜天成	1098.7	1098.7	0.0	0.0	0.0	信息传输、软件和信息技术服务业	北京
600415	小商品城	5443.2	5443.2	0.0	0.0	0.0	租赁和商务服务业	浙江
600416	*ST 湘电	945.8	945.8	0.0	0.0	0.0	制造业	湖南
600418	江淮汽车	1893.3	1893.3	0.0	0.0	0.0	制造业	安徽
600419	天润乳业	268.6	268.6	0.0	0.0	0.0	制造业	新疆
600420	现代制药	1027.0	1027.0	0.0	0.0	0.0	制造业	上海

注：股本的单位为百万股（M Shares）。

上市公司基本信息
Listed Companies in 2020

公司代码 Code	证券简称 Security Name	总股本 Total Vol	A股流通股 A-Share Negotiable	B股 B-Share	境外上市股份 H/D/S-Share	优先股 Pref Share	所属行业 Industry	注册地 Area
600421	ST华嵘	195.6	195.6	0.0	0.0	0.0	制造业	湖北
600422	昆药集团	758.3	758.3	0.0	0.0	0.0	制造业	云南
600423	ST柳化	798.7	798.7	0.0	0.0	0.0	制造业	广西
600425	青松建化	1378.8	1378.8	0.0	0.0	0.0	制造业	新疆
600426	华鲁恒升	1626.7	1620.3	0.0	0.0	0.0	制造业	山东
600428	中远海特	2146.7	2146.7	0.0	0.0	0.0	交通运输、仓储和邮政业	广东
600429	三元股份	1497.6	1497.6	0.0	0.0	0.0	制造业	北京
600433	冠豪高新	1271.3	1271.3	0.0	0.0	0.0	制造业	广东
600435	北方导航	1489.3	1489.3	0.0	0.0	0.0	制造业	北京
600436	片仔癀	603.3	603.3	0.0	0.0	0.0	制造业	福建
600438	通威股份	4501.5	4287.9	0.0	0.0	0.0	制造业	四川
600439	瑞贝卡	1132.0	1132.0	0.0	0.0	0.0	制造业	河南
600444	国机通用	146.4	146.4	0.0	0.0	0.0	制造业	安徽
600446	金证股份	860.4	855.3	0.0	0.0	0.0	信息传输、软件和信息技术服务业	广东
600448	华纺股份	629.8	629.8	0.0	0.0	0.0	制造业	山东
600449	宁夏建材	478.2	478.2	0.0	0.0	0.0	制造业	宁夏
600452	涪陵电力	439.0	439.0	0.0	0.0	0.0	电力、热力、燃气及水生产和供应业	重庆
600455	博通股份	62.5	62.5	0.0	0.0	0.0	综合	陕西
600456	宝钛股份	430.3	430.3	0.0	0.0	0.0	制造业	陕西
600458	时代新材	802.8	802.8	0.0	0.0	0.0	制造业	湖南
600459	贵研铂业	437.7	437.7	0.0	0.0	0.0	制造业	云南
600460	士兰微	1312.1	1312.1	0.0	0.0	0.0	制造业	浙江
600461	洪城水业	948.0	910.6	0.0	0.0	0.0	电力、热力、燃气及水生产和供应业	江西
600462	*ST九有	583.9	533.8	0.0	0.0	0.0	租赁和商务服务业	广东
600463	空港股份	300.0	300.0	0.0	0.0	0.0	建筑业	北京
600466	蓝光发展	3034.9	3034.9	0.0	0.0	0.0	房地产业	四川
600467	好当家	1461.0	1461.0	0.0	0.0	0.0	农、林、牧、渔业	山东
600468	百利电气	1121.9	1121.9	0.0	0.0	0.0	制造业	天津
600469	风神股份	731.1	562.4	0.0	0.0	0.0	制造业	河南
600470	*ST六化	521.6	521.6	0.0	0.0	0.0	制造业	安徽
600475	华光环能	559.4	543.5	0.0	0.0	0.0	水利、环境和公共设施管理业	江苏
600476	湘邮科技	161.1	161.1	0.0	0.0	0.0	信息传输、软件和信息技术服务业	湖南
600477	杭萧钢构	2153.7	2153.6	0.0	0.0	0.0	制造业	浙江
600478	科力远	1653.3	1604.1	0.0	0.0	0.0	制造业	湖南
600479	千金药业	418.5	418.5	0.0	0.0	0.0	制造业	湖南
600480	凌云股份	765.3	763.5	0.0	0.0	0.0	制造业	河北
600481	双良节能	1632.3	1627.3	0.0	0.0	0.0	制造业	江苏
600482	中国动力	2160.7	869.8	0.0	0.0	0.0	制造业	河北
600483	福能股份	1760.4	1551.8	0.0	0.0	0.0	电力、热力、燃气及水生产和供应业	福建
600485	*ST信威	2923.7	1895.0	0.0	0.0	0.0	制造业	北京
600486	扬农化工	309.9	309.9	0.0	0.0	0.0	制造业	江苏
600487	亨通光电	2362.2	1905.1	0.0	0.0	0.0	制造业	江苏
600488	天药股份	1100.8	987.1	0.0	0.0	0.0	制造业	天津
600489	中金黄金	4847.3	3451.1	0.0	0.0	0.0	采矿业	北京
600490	鹏欣资源	2212.9	1678.7	0.0	0.0	0.0	制造业	上海
600491	龙元建设	1529.8	1529.8	0.0	0.0	0.0	建筑业	浙江
600493	凤竹纺织	272.0	272.0	0.0	0.0	0.0	制造业	福建
600495	晋西车轴	1208.2	1208.2	0.0	0.0	0.0	制造业	山西
600496	精工钢构	2012.9	1510.4	0.0	0.0	0.0	制造业	安徽
600497	驰宏锌锗	5091.3	5091.3	0.0	0.0	0.0	采矿业	云南

注：股本的单位为百万股（M Shares）。

上市公司基本信息
Listed Companies in 2020

公司代码 Code	证券简称 Security Name	总股本 Total Vol	A 股流通股 A-Share Negotiable	B 股 B-Share	境外上市股份 H/D/S-Share	优先股 Pref Share	所属行业 Industry	注册地 Area
600498	烽火通信	1170.2	1131.5	0.0	0.0	0.0	制造业	湖北
600499	科达制造	1888.4	1577.2	0.0	0.0	0.0	制造业	广东
600500	中化国际	2760.6	2707.9	0.0	0.0	0.0	制造业	上海
600501	航天晨光	421.3	421.3	0.0	0.0	0.0	制造业	江苏
600502	安徽建工	1721.2	1721.2	0.0	0.0	0.0	建筑业	安徽
600503	华丽家族	1602.3	1602.3	0.0	0.0	0.0	房地产业	上海
600505	西昌电力	364.6	364.6	0.0	0.0	0.0	电力、热力、燃气及水生产和供应业	四川
600506	香梨股份	147.7	147.7	0.0	0.0	0.0	农、林、牧、渔业	新疆
600507	方大特钢	2156.0	2156.0	0.0	0.0	0.0	制造业	江西
600508	上海能源	722.7	722.7	0.0	0.0	0.0	采矿业	上海
600509	天富能源	1151.4	1151.4	0.0	0.0	0.0	电力、热力、燃气及水生产和供应业	新疆
600510	黑牡丹	1047.1	1047.1	0.0	0.0	0.0	房地产业	江苏
600511	国药股份	754.5	553.3	0.0	0.0	0.0	批发和零售业	北京
600512	腾达建设	1598.9	1598.9	0.0	0.0	0.0	建筑业	浙江
600513	联环药业	288.0	285.5	0.0	0.0	0.0	制造业	江苏
600515	海航基础	3907.6	1658.3	0.0	0.0	0.0	房地产业	海南
600516	方大炭素	3806.0	3806.0	0.0	0.0	0.0	制造业	甘肃
600517	国网英大	5718.4	1763.0	0.0	0.0	0.0	金融业	上海
600518	ST 康美	4973.9	4408.8	0.0	0.0	30.0	制造业	广东
600519	贵州茅台	1256.2	1256.2	0.0	0.0	0.0	制造业	贵州
600520	文一科技	158.4	158.4	0.0	0.0	0.0	制造业	安徽
600521	华海药业	1454.6	1454.6	0.0	0.0	0.0	制造业	浙江
600522	中天科技	3066.1	3066.1	0.0	0.0	0.0	制造业	江苏
600523	贵航股份	404.3	404.0	0.0	0.0	0.0	制造业	贵州
600525	长园集团	1305.8	1305.8	0.0	0.0	0.0	制造业	广东
600526	菲达环保	547.4	547.4	0.0	0.0	0.0	制造业	浙江
600527	江南高纤	1731.8	1731.8	0.0	0.0	0.0	制造业	江苏
600528	中铁工业	2221.6	2221.6	0.0	0.0	0.0	制造业	北京
600529	山东药玻	595.0	595.0	0.0	0.0	0.0	制造业	山东
600530	*ST 交昂	780.0	780.0	0.0	0.0	0.0	制造业	上海
600531	豫光金铅	1090.2	1090.2	0.0	0.0	0.0	制造业	河南
600532	宏达矿业	516.1	516.1	0.0	0.0	0.0	采矿业	上海
600533	栖霞建设	1050.0	1050.0	0.0	0.0	0.0	房地产业	江苏
600535	天士力	1512.7	1512.7	0.0	0.0	0.0	制造业	天津
600536	中国软件	494.6	494.6	0.0	0.0	0.0	信息传输、软件和信息技术服务业	北京
600537	亿晶光电	1176.4	1176.4	0.0	0.0	0.0	制造业	浙江
600538	国发股份	464.4	464.4	0.0	0.0	0.0	批发和零售业	广西
600539	ST 狮头	230.0	230.0	0.0	0.0	0.0	制造业	山西
600540	新赛股份	470.9	470.9	0.0	0.0	0.0	农、林、牧、渔业	新疆
600543	莫高股份	321.1	321.1	0.0	0.0	0.0	制造业	甘肃
600545	卓郎智能	1895.4	1895.4	0.0	0.0	0.0	制造业	新疆
600546	山煤国际	1982.5	1982.5	0.0	0.0	0.0	批发和零售业	山西
600547	山东黄金	4313.9	3290.4	0.0	699.5	0.0	采矿业	山东
600548	深高速	2180.8	1433.3	0.0	747.5	0.0	交通运输、仓储和邮政业	广东
600549	厦门钨业	1406.0	1406.0	0.0	0.0	0.0	制造业	福建
600550	保变电气	1841.5	1534.6	0.0	0.0	0.0	制造业	河北
600551	时代出版	505.8	505.8	0.0	0.0	0.0	文化、体育和娱乐业	安徽
600552	凯盛科技	763.9	763.9	0.0	0.0	0.0	制造业	安徽
600555	*ST 海创	1303.5	973.5	330.0	0.0	0.0	房地产业	海南
600556	天下秀	1807.7	348.8	0.0	0.0	0.0	信息传输、软件和信息技术服务业	广西

注：股本的单位为百万股（M Shares）。

上市公司基本信息
Listed Companies in 2020

公司代码 Code	证券简称 Security Name	总股本 Total Vol	A 股流通股 A-Share Negotiable	B 股 B-Share	境外上市股份 H/D/S-Share	优先股 Pref Share	所属行业 Industry	注册地 Area
600557	康缘药业	592.9	592.9	0.0	0.0	0.0	制造业	江苏
600558	大西洋	897.6	897.6	0.0	0.0	0.0	制造业	四川
600559	老白干酒	897.3	876.7	0.0	0.0	0.0	制造业	河北
600560	金自天正	223.6	223.6	0.0	0.0	0.0	制造业	北京
600561	江西长运	284.5	237.1	0.0	0.0	0.0	交通运输、仓储和邮政业	江西
600562	国睿科技	1241.9	622.4	0.0	0.0	0.0	制造业	江苏
600563	法拉电子	225.0	225.0	0.0	0.0	0.0	制造业	福建
600565	迪马股份	2562.2	2402.4	0.0	0.0	0.0	房地产业	重庆
600566	济川药业	888.3	814.9	0.0	0.0	0.0	制造业	湖北
600567	山鹰国际	4595.6	4595.6	0.0	0.0	0.0	制造业	安徽
600568	*ST 中珠	1992.9	1669.1	0.0	0.0	0.0	制造业	湖北
600569	安阳钢铁	2872.4	2393.7	0.0	0.0	0.0	制造业	河南
600570	恒生电子	1044.1	1044.1	0.0	0.0	0.0	信息传输、软件和信息技术服务业	浙江
600571	信雅达	439.3	430.7	0.0	0.0	0.0	信息传输、软件和信息技术服务业	浙江
600572	康恩贝	2667.3	2660.6	0.0	0.0	0.0	制造业	浙江
600573	惠泉啤酒	250.0	250.0	0.0	0.0	0.0	制造业	福建
600575	淮河能源	3886.3	3886.3	0.0	0.0	0.0	交通运输、仓储和邮政业	安徽
600576	祥源文化	619.4	619.4	0.0	0.0	0.0	文化、体育和娱乐业	浙江
600577	精达股份	1921.4	1921.4	0.0	0.0	0.0	制造业	安徽
600578	京能电力	6746.7	6746.7	0.0	0.0	0.0	电力、热力、燃气及水生产和供应业	北京
600579	克劳斯	734.2	409.5	0.0	0.0	0.0	制造业	山东
600580	卧龙电驱	1307.9	1306.6	0.0	0.0	0.0	制造业	浙江
600581	八一钢铁	1532.9	1532.9	0.0	0.0	0.0	制造业	新疆
600582	天地科技	4138.6	4138.6	0.0	0.0	0.0	制造业	北京
600583	海油工程	4421.4	4421.4	0.0	0.0	0.0	采矿业	天津
600584	长电科技	1602.9	1359.8	0.0	0.0	0.0	制造业	江苏
600585	海螺水泥	5299.3	3999.7	0.0	1299.6	0.0	制造业	安徽
600586	金晶科技	1428.8	1428.8	0.0	0.0	0.0	制造业	山东
600587	新华医疗	406.4	403.5	0.0	0.0	0.0	制造业	山东
600588	用友网络	3270.4	3250.7	0.0	0.0	0.0	信息传输、软件和信息技术服务业	北京
600589	广东榕泰	704.0	704.0	0.0	0.0	0.0	制造业	广东
600590	泰豪科技	858.8	844.9	0.0	0.0	0.0	制造业	江西
600592	龙溪股份	399.6	399.6	0.0	0.0	0.0	制造业	福建
600593	大连圣亚	128.8	128.8	0.0	0.0	0.0	水利、环境和公共设施管理业	辽宁
600594	益佰制药	791.9	791.9	0.0	0.0	0.0	制造业	贵州
600595	*ST 中孚	1961.2	1741.5	0.0	0.0	0.0	制造业	河南
600596	新安股份	818.4	699.9	0.0	0.0	0.0	制造业	浙江
600597	光明乳业	1224.5	1224.3	0.0	0.0	0.0	制造业	上海
600598	北大荒	1777.7	1777.7	0.0	0.0	0.0	农、林、牧、渔业	黑龙江
600599	*ST 熊猫	166.0	166.0	0.0	0.0	0.0	金融业	湖南
600600	青岛啤酒	1364.2	695.9	0.0	655.1	0.0	制造业	山东
600601	方正科技	2194.9	2194.9	0.0	0.0	0.0	制造业	上海
600602	云赛智联	1367.7	1074.3	293.4	0.0	0.0	信息传输、软件和信息技术服务业	上海
600603	广汇物流	1257.0	1249.2	0.0	0.0	0.0	综合	四川
600604	市北高新	1873.3	1407.5	465.9	0.0	0.0	房地产业	上海
600605	汇通能源	147.3	147.3	0.0	0.0	0.0	批发和零售业	上海
600606	绿地控股	12168.2	12168.2	0.0	0.0	0.0	房地产业	上海
600608	ST 沪科	328.9	318.4	0.0	0.0	0.0	制造业	上海
600609	金杯汽车	1311.2	1092.7	0.0	0.0	0.0	制造业	辽宁
600610	ST 毅达	1071.3	375.6	360.4	0.0	0.0	制造业	上海

注：股本的单位为百万股（M Shares）。

上市公司基本信息
Listed Companies in 2020

公司代码 Code	证券简称 Security Name	总股本 Total Vol	A股流通股 A-Share Negotiable	B股 B-Share	境外上市股份 H/D/S-Share	优先股 Pref Share	所属行业 Industry	注册地 Area
600611	大众交通	2364.1	1563.3	800.8	0.0	0.0	交通运输、仓储和邮政业	上海
600612	老凤祥	523.1	317.1	206.0	0.0	0.0	制造业	上海
600613	神奇制药	534.1	479.3	54.8	0.0	0.0	制造业	上海
600614	*ST鹏起	1752.8	1511.5	241.3	0.0	0.0	制造业	吉林
600615	丰华股份	188.0	187.6	0.0	0.0	0.0	制造业	上海
600616	金枫酒业	669.0	669.0	0.0	0.0	0.0	制造业	上海
600617	国新能源	1084.7	974.9	109.7	0.0	0.0	电力、热力、燃气及水生产和供应业	山西
600618	氯碱化工	1156.4	749.8	406.6	0.0	0.0	制造业	上海
600619	海立股份	883.3	582.1	284.2	0.0	0.0	制造业	上海
600620	天宸股份	686.7	686.7	0.0	0.0	0.0	综合	上海
600621	华鑫股份	1060.9	1060.9	0.0	0.0	0.0	金融业	上海
600622	光大嘉宝	1499.7	1499.7	0.0	0.0	0.0	房地产业	上海
600623	华谊集团	2105.3	1862.2	243.1	0.0	0.0	制造业	上海
600624	复旦复华	684.7	684.7	0.0	0.0	0.0	综合	上海
600626	申达股份	852.3	808.2	0.0	0.0	0.0	批发和零售业	上海
600628	新世界	646.9	646.9	0.0	0.0	0.0	批发和零售业	上海
600629	华建集团	533.9	518.6	0.0	0.0	0.0	科学研究和技术服务业	上海
600630	龙头股份	424.9	424.9	0.0	0.0	0.0	制造业	上海
600633	浙数文化	1301.9	1301.9	0.0	0.0	0.0	信息传输、软件和信息技术服务业	浙江
600634	*ST富控	575.7	575.7	0.0	0.0	0.0	信息传输、软件和信息技术服务业	上海
600635	大众公用	2952.4	2418.8	0.0	533.6	0.0	电力、热力、燃气及水生产和供应业	上海
600636	国新文化	446.9	446.9	0.0	0.0	0.0	制造业	上海
600637	东方明珠	3414.5	3414.5	0.0	0.0	0.0	信息传输、软件和信息技术服务业	上海
600638	新黄浦	673.4	673.4	0.0	0.0	0.0	房地产业	上海
600639	浦东金桥	1122.4	850.2	272.2	0.0	0.0	房地产业	上海
600640	号百控股	795.7	795.7	0.0	0.0	0.0	信息传输、软件和信息技术服务业	上海
600641	万业企业	957.9	957.9	0.0	0.0	0.0	房地产业	上海
600642	申能股份	4912.0	4552.0	0.0	0.0	0.0	电力、热力、燃气及水生产和供应业	上海
600643	爱建集团	1621.9	1434.1	0.0	0.0	0.0	金融业	上海
600644	乐山电力	538.4	538.4	0.0	0.0	0.0	电力、热力、燃气及水生产和供应业	四川
600645	中源协和	467.9	411.0	0.0	0.0	0.0	科学研究和技术服务业	天津
600647	同达创业	139.1	139.1	0.0	0.0	0.0	批发和零售业	上海
600648	外高桥	1135.3	934.8	200.6	0.0	0.0	批发和零售业	上海
600649	城投控股	2529.6	2529.6	0.0	0.0	0.0	房地产业	上海
600650	锦江投资	551.6	390.6	161.1	0.0	0.0	交通运输、仓储和邮政业	上海
600651	*ST飞乐	2507.0	985.2	0.0	0.0	0.0	制造业	上海
600652	ST游久	832.7	832.7	0.0	0.0	0.0	信息传输、软件和信息技术服务业	上海
600653	申华控股	1946.4	1946.4	0.0	0.0	0.0	批发和零售业	辽宁
600654	ST中安	1283.0	755.0	0.0	0.0	0.0	信息传输、软件和信息技术服务业	上海
600655	豫园股份	3883.5	1605.3	0.0	0.0	0.0	批发和零售业	上海
600657	信达地产	2851.9	1524.3	0.0	0.0	0.0	房地产业	北京
600658	电子城	1118.6	1118.6	0.0	0.0	0.0	房地产业	北京
600660	福耀玻璃	2508.6	2003.0	0.0	505.6	0.0	制造业	福建
600661	昂立教育	286.5	286.5	0.0	0.0	0.0	教育	上海
600662	强生控股	1053.4	1053.4	0.0	0.0	0.0	交通运输、仓储和邮政业	上海
600663	陆家嘴	4034.2	2933.5	1100.7	0.0	0.0	房地产业	上海
600664	哈药股份	2507.0	2507.0	0.0	0.0	0.0	制造业	黑龙江
600665	天地源	864.1	864.1	0.0	0.0	0.0	房地产业	陕西
600666	ST瑞德	1227.3	803.7	0.0	0.0	0.0	制造业	黑龙江
600667	太极实业	2106.2	2106.2	0.0	0.0	0.0	制造业	江苏

注：股本的单位为百万股（M Shares）。

上市公司基本信息
Listed Companies in 2020

公司代码 Code	证券简称 Security Name	总股本 Total Vol	A 股流通股 A-Share Negotiable	B 股 B-Share	境外上市股份 H/D/S-Share	优先股 Pref Share	所属行业 Industry	注册地 Area
600668	尖峰集团	344.1	344.1	0.0	0.0	0.0	制造业	浙江
600671	*ST 目药	121.8	121.7	0.0	0.0	0.0	制造业	浙江
600673	东阳光	3013.9	2458.9	0.0	0.0	0.0	综合	广东
600674	川投能源	4402.1	4402.1	0.0	0.0	0.0	电力、热力、燃气及水生产和供应业	四川
600675	中华企业	6096.1	2240.5	0.0	0.0	0.0	房地产业	上海
600676	交运股份	1028.5	1028.5	0.0	0.0	0.0	交通运输、仓储和邮政业	上海
600677	*ST 航通	521.8	453.8	0.0	0.0	0.0	批发和零售业	浙江
600678	四川金顶	349.0	349.0	0.0	0.0	0.0	制造业	四川
600679	上海凤凰	465.7	230.6	171.6	0.0	0.0	制造业	上海
600681	百川能源	1442.7	1440.7	0.0	0.0	0.0	电力、热力、燃气及水生产和供应业	湖北
600682	南京新百	1346.1	1165.0	0.0	0.0	0.0	批发和零售业	江苏
600683	京投发展	740.8	740.8	0.0	0.0	0.0	房地产业	浙江
600684	珠江实业	853.5	853.5	0.0	0.0	0.0	房地产业	广东
600685	中船防务	1413.5	821.4	0.0	592.1	0.0	制造业	广东
600686	金龙汽车	717.0	606.7	0.0	0.0	0.0	制造业	福建
600687	*ST 刚泰	1488.7	1488.7	0.0	0.0	0.0	制造业	甘肃
600688	上海石化	10823.8	7328.8	0.0	3495.0	0.0	制造业	上海
600689	上海三毛	201.0	152.2	48.8	0.0	0.0	制造业	上海
600690	海尔智家	9027.8	6308.6	0.0	2719.3	0.0	制造业	山东
600691	阳煤化工	2376.0	1756.4	0.0	0.0	0.0	制造业	山西
600692	亚通股份	351.8	255.0	0.0	0.0	0.0	房地产业	上海
600693	东百集团	898.2	897.2	0.0	0.0	0.0	批发和零售业	福建
600694	大商股份	293.7	293.7	0.0	0.0	0.0	批发和零售业	辽宁
600695	绿庭投资	711.1	366.5	344.7	0.0	0.0	金融业	上海
600696	ST 岩石	334.5	334.5	0.0	0.0	0.0	房地产业	上海
600697	欧亚集团	159.1	155.2	0.0	0.0	0.0	批发和零售业	吉林
600698	ST 天雁	1064.4	737.6	230.0	0.0	0.0	制造业	湖南
600699	均胜电子	1368.1	1237.3	0.0	0.0	0.0	制造业	浙江
600701	*ST 工新	1034.7	775.9	0.0	0.0	0.0	信息传输、软件和信息技术服务业	黑龙江
600702	ST 舍得	336.2	331.5	0.0	0.0	0.0	制造业	四川
600703	三安光电	4479.3	4078.4	0.0	0.0	0.0	制造业	湖北
600704	物产中大	5062.2	5062.2	0.0	0.0	0.0	批发和零售业	浙江
600705	中航资本	8920.0	8887.0	0.0	0.0	0.0	金融业	黑龙江
600706	曲江文旅	215.4	213.5	0.0	0.0	0.0	水利、环境和公共设施管理业	陕西
600707	彩虹股份	3588.4	2474.9	0.0	0.0	0.0	制造业	陕西
600708	光明地产	2228.6	2225.3	0.0	0.0	0.0	房地产业	上海
600710	苏美达	1306.7	1306.7	0.0	0.0	0.0	批发和零售业	江苏
600711	盛屯矿业	2563.7	2163.0	0.0	0.0	0.0	采矿业	福建
600712	南宁百货	544.7	538.4	0.0	0.0	0.0	批发和零售业	广西
600713	南京医药	1041.6	897.4	0.0	0.0	0.0	批发和零售业	江苏
600714	金瑞矿业	288.2	288.2	0.0	0.0	0.0	制造业	青海
600715	文投控股	1854.9	1854.9	0.0	0.0	0.0	文化、体育和娱乐业	辽宁
600716	凤凰股份	936.1	936.1	0.0	0.0	0.0	房地产业	江苏
600717	天津港	2411.7	2411.7	0.0	0.0	0.0	交通运输、仓储和邮政业	天津
600718	东软集团	1242.4	1242.4	0.0	0.0	0.0	信息传输、软件和信息技术服务业	辽宁
600719	大连热电	404.6	404.6	0.0	0.0	0.0	电力、热力、燃气及水生产和供应业	辽宁
600720	祁连山	776.3	776.2	0.0	0.0	0.0	制造业	甘肃
600721	ST 百花	375.1	360.8	0.0	0.0	0.0	科学研究和技术服务业	新疆
600722	金牛化工	680.3	680.3	0.0	0.0	0.0	制造业	河北
600723	首商股份	658.4	658.1	0.0	0.0	0.0	批发和零售业	北京

注：股本的单位为百万股（M Shares）。

上市公司基本信息
Listed Companies in 2020

公司代码 Code	证券简称 Security Name	总股本 Total Vol	A股流通股 A-Share Negotiable	B股 B-Share	境外上市股份 H/D/S-Share	优先股 Pref Share	所属行业 Industry	注册地 Area
600724	宁波富达	1445.2	1444.9	0.0	0.0	0.0	制造业	浙江
600725	ST云维	1232.5	1232.5	0.0	0.0	0.0	制造业	云南
600726	华电能源	1966.7	1534.7	432.0	0.0	0.0	电力、热力、燃气及水生产和供应业	黑龙江
600727	鲁北化工	528.6	350.9	0.0	0.0	0.0	制造业	山东
600728	佳都科技	1757.4	1729.7	0.0	0.0	0.0	信息传输、软件和信息技术服务业	广东
600729	重庆百货	406.5	406.4	0.0	0.0	0.0	批发和零售业	重庆
600730	中国高科	586.7	586.7	0.0	0.0	0.0	教育	北京
600731	湖南海利	355.2	326.7	0.0	0.0	0.0	制造业	湖南
600732	爱旭股份	2036.3	446.4	0.0	0.0	0.0	制造业	上海
600733	北汽蓝谷	3493.7	1824.7	0.0	0.0	0.0	制造业	北京
600734	*ST实达	622.4	534.9	0.0	0.0	0.0	制造业	福建
600735	新华锦	376.0	376.0	0.0	0.0	0.0	制造业	山东
600736	苏州高新	1151.3	1151.3	0.0	0.0	0.0	房地产业	江苏
600737	中粮糖业	2138.8	2111.1	0.0	0.0	0.0	制造业	新疆
600738	兰州民百	773.5	740.5	0.0	0.0	0.0	批发和零售业	甘肃
600739	辽宁成大	1529.7	1529.7	0.0	0.0	0.0	批发和零售业	辽宁
600740	山西焦化	1970.9	962.9	0.0	0.0	0.0	制造业	山西
600741	华域汽车	3152.7	3152.7	0.0	0.0	0.0	制造业	上海
600742	一汽富维	669.1	669.1	0.0	0.0	0.0	制造业	吉林
600743	华远地产	2346.1	2346.1	0.0	0.0	0.0	房地产业	北京
600744	华银电力	1781.1	827.6	0.0	0.0	0.0	电力、热力、燃气及水生产和供应业	湖南
600745	闻泰科技	1244.9	819.7	0.0	0.0	0.0	制造业	湖北
600746	江苏索普	1048.3	304.7	0.0	0.0	0.0	制造业	江苏
600748	上实发展	1844.6	1844.6	0.0	0.0	0.0	房地产业	上海
600749	西藏旅游	227.0	227.0	0.0	0.0	0.0	水利、环境和公共设施管理业	西藏
600750	江中药业	630.0	630.0	0.0	0.0	0.0	制造业	江西
600751	海航科技	2899.3	2573.2	326.1	0.0	0.0	批发和零售业	天津
600753	东方银星	179.2	179.2	0.0	0.0	0.0	批发和零售业	福建
600754	锦江酒店	957.9	801.9	156.0	0.0	0.0	住宿和餐饮业	上海
600755	厦门国贸	1870.9	1850.1	0.0	0.0	0.0	批发和零售业	福建
600756	浪潮软件	324.1	324.1	0.0	0.0	0.0	信息传输、软件和信息技术服务业	山东
600757	长江传媒	1213.7	1213.5	0.0	0.0	0.0	文化、体育和娱乐业	湖北
600758	辽宁能源	1322.0	1320.7	0.0	0.0	0.0	采矿业	辽宁
600759	洲际油气	2263.5	2258.2	0.0	0.0	0.0	采矿业	海南
600760	中航沈飞	1400.4	1398.3	0.0	0.0	0.0	制造业	山东
600761	安徽合力	740.2	740.2	0.0	0.0	0.0	制造业	安徽
600763	通策医疗	320.6	320.6	0.0	0.0	0.0	卫生和社会工作	浙江
600764	中国海防	710.6	417.1	0.0	0.0	0.0	制造业	北京
600765	中航重机	939.7	857.4	0.0	0.0	0.0	制造业	贵州
600766	园城黄金	224.2	223.9	0.0	0.0	0.0	采矿业	山东
600767	ST运盛	341.0	340.9	0.0	0.0	0.0	信息传输、软件和信息技术服务业	四川
600768	宁波富邦	133.7	133.7	0.0	0.0	0.0	制造业	浙江
600769	祥龙电业	375.0	375.0	0.0	0.0	0.0	建筑业	湖北
600770	综艺股份	1300.0	1300.0	0.0	0.0	0.0	综合	江苏
600771	广誉远	492.0	492.0	0.0	0.0	0.0	制造业	青海
600773	西藏城投	819.7	746.1	0.0	0.0	0.0	房地产业	西藏
600774	汉商集团	226.9	226.8	0.0	0.0	0.0	批发和零售业	湖北
600775	南京熊猫	913.8	671.8	0.0	242.0	0.0	制造业	江苏
600776	东方通信	1256.0	956.0	300.0	0.0	0.0	制造业	浙江
600777	新潮能源	6800.5	6232.1	0.0	0.0	0.0	采矿业	山东

注：股本的单位为百万股（M Shares）。

上市公司基本信息
Listed Companies in 2020

公司代码 Code	证券简称 Security Name	总股本 Total Vol	A股流通股 A-Share Negotiable	B股 B-Share	境外上市股份 H/D/S-Share	优先股 Pref Share	所属行业 Industry	注册地 Area
600778	友好集团	311.5	311.2	0.0	0.0	0.0	批发和零售业	新疆
600779	水井坊	488.4	488.3	0.0	0.0	0.0	制造业	四川
600780	通宝能源	1146.5	1146.5	0.0	0.0	0.0	电力、热力、燃气及水生产和供应业	山西
600781	*ST辅仁	627.2	374.3	0.0	0.0	0.0	制造业	河南
600782	新钢股份	3188.7	3188.7	0.0	0.0	0.0	制造业	江西
600783	鲁信创投	744.4	744.4	0.0	0.0	0.0	金融业	山东
600784	鲁银投资	568.2	568.2	0.0	0.0	0.0	制造业	山东
600785	新华百货	225.6	225.6	0.0	0.0	0.0	批发和零售业	宁夏
600787	中储股份	2199.8	2199.8	0.0	0.0	0.0	交通运输、仓储和邮政业	天津
600789	鲁抗医药	880.2	852.1	0.0	0.0	0.0	制造业	山东
600790	轻纺城	1465.8	1465.8	0.0	0.0	0.0	租赁和商务服务业	浙江
600791	京能置业	452.9	452.3	0.0	0.0	0.0	房地产业	北京
600792	云煤能源	989.9	989.9	0.0	0.0	0.0	制造业	云南
600793	宜宾纸业	176.9	176.9	0.0	0.0	0.0	制造业	四川
600794	保税科技	1212.2	1212.2	0.0	0.0	0.0	交通运输、仓储和邮政业	江苏
600795	国电电力	19650.4	19650.4	0.0	0.0	0.0	电力、热力、燃气及水生产和供应业	辽宁
600796	钱江生化	301.4	301.4	0.0	0.0	0.0	制造业	浙江
600797	浙大网新	1027.5	1027.5	0.0	0.0	0.0	信息传输、软件和信息技术服务业	浙江
600798	宁波海运	1206.5	1030.9	0.0	0.0	0.0	交通运输、仓储和邮政业	浙江
600800	天津磁卡	1185.8	611.0	0.0	0.0	0.0	制造业	天津
600801	华新水泥	2096.6	1361.9	734.7	0.0	0.0	制造业	湖北
600802	福建水泥	458.2	458.2	0.0	0.0	0.0	制造业	福建
600803	新奥股份	2600.0	1229.4	0.0	0.0	0.0	制造业	河北
600804	鹏博士	1432.4	1432.4	0.0	0.0	0.0	信息传输、软件和信息技术服务业	四川
600805	悦达投资	850.9	850.3	0.0	0.0	0.0	综合	江苏
600807	济南高新	884.6	787.0	0.0	0.0	0.0	房地产业	山东
600808	马钢股份	7700.7	5967.8	0.0	1732.9	0.0	制造业	安徽
600809	山西汾酒	871.5	865.8	0.0	0.0	0.0	制造业	山西
600810	神马股份	837.4	575.0	0.0	0.0	0.0	制造业	河南
600811	东方集团	3714.6	3714.6	0.0	0.0	0.0	制造业	黑龙江
600812	华北制药	1630.8	1630.8	0.0	0.0	0.0	制造业	河北
600814	杭州解百	715.0	715.0	0.0	0.0	0.0	批发和零售业	浙江
600815	*ST厦工	1774.1	1774.1	0.0	0.0	0.0	制造业	福建
600816	*ST安信	5469.1	5264.3	0.0	0.0	0.0	金融业	上海
600817	ST宏盛	522.3	155.7	0.0	0.0	0.0	房地产业	河南
600818	中路股份	321.4	238.0	83.5	0.0	0.0	制造业	上海
600819	耀皮玻璃	934.9	747.4	187.5	0.0	0.0	制造业	上海
600820	隧道股份	3144.1	3144.1	0.0	0.0	0.0	建筑业	上海
600821	*ST劝业	1221.5	416.3	0.0	0.0	0.0	批发和零售业	天津
600822	上海物贸	496.0	396.1	99.8	0.0	0.0	批发和零售业	上海
600823	世茂股份	3751.2	3751.2	0.0	0.0	0.0	房地产业	上海
600824	益民集团	1054.0	1054.0	0.0	0.0	0.0	批发和零售业	上海
600825	新华传媒	1044.9	1044.9	0.0	0.0	0.0	文化、体育和娱乐业	上海
600826	兰生股份	535.9	420.6	0.0	0.0	0.0	批发和零售业	上海
600827	百联股份	1784.2	1604.4	179.7	0.0	0.0	批发和零售业	上海
600828	茂业商业	1732.0	1731.4	0.0	0.0	0.0	批发和零售业	四川
600829	人民同泰	579.9	579.9	0.0	0.0	0.0	批发和零售业	黑龙江
600830	香溢融通	454.3	454.3	0.0	0.0	0.0	租赁和商务服务业	浙江
600831	广电网络	710.5	710.5	0.0	0.0	0.0	信息传输、软件和信息技术服务业	陕西
600833	第一医药	223.1	223.1	0.0	0.0	0.0	批发和零售业	上海

注：股本的单位为百万股（M Shares）。

上市公司基本信息
Listed Companies in 2020

公司代码 Code	证券简称 Security Name	总股本 Total Vol	A股流通股 A-Share Negotiable	B股 B-Share	境外上市股份 H/D/S-Share	优先股 Pref Share	所属行业 Industry	注册地 Area
600834	申通地铁	477.4	477.4	0.0	0.0	0.0	交通运输、仓储和邮政业	上海
600835	上海机电	1022.7	806.5	216.2	0.0	0.0	制造业	上海
600836	*ST界龙	662.8	662.8	0.0	0.0	0.0	制造业	上海
600837	海通证券	13064.2	8092.1	0.0	3409.6	0.0	金融业	上海
600838	上海九百	400.9	400.9	0.0	0.0	0.0	批发和零售业	上海
600839	四川长虹	4616.2	4615.0	0.0	0.0	0.0	制造业	四川
600841	上柴股份	866.7	521.9	344.8	0.0	0.0	制造业	上海
600843	上工申贝	548.6	304.6	243.9	0.0	0.0	制造业	上海
600844	丹化科技	1016.5	822.7	193.8	0.0	0.0	制造业	江苏
600845	宝信软件	1155.4	836.4	297.4	0.0	0.0	信息传输、软件和信息技术服务业	上海
600846	同济科技	624.8	624.8	0.0	0.0	0.0	建筑业	上海
600847	万里股份	153.3	153.3	0.0	0.0	0.0	制造业	重庆
600848	上海临港	2102.1	1214.6	107.1	0.0	0.0	房地产业	上海
600850	华东电脑	426.9	426.9	0.0	0.0	0.0	信息传输、软件和信息技术服务业	上海
600851	海欣股份	1207.1	738.2	468.9	0.0	0.0	制造业	上海
600853	龙建股份	1004.9	837.4	0.0	0.0	0.0	建筑业	黑龙江
600854	春兰股份	519.5	519.5	0.0	0.0	0.0	制造业	江苏
600855	航天长峰	438.5	340.9	0.0	0.0	0.0	制造业	北京
600856	*ST中天	1366.7	1343.4	0.0	0.0	0.0	电力、热力、燃气及水生产和供应业	北京
600857	宁波中百	224.3	224.3	0.0	0.0	0.0	批发和零售业	浙江
600858	银座股份	520.1	517.5	0.0	0.0	0.0	批发和零售业	山东
600859	王府井	776.3	568.8	0.0	0.0	0.0	批发和零售业	北京
600860	*ST京城	485.0	322.0	0.0	100.0	0.0	制造业	北京
600861	北京城乡	316.8	316.8	0.0	0.0	0.0	批发和零售业	北京
600862	中航高科	1393.0	1393.0	0.0	0.0	0.0	制造业	江苏
600863	内蒙华电	5808.5	5808.5	0.0	0.0	0.0	电力、热力、燃气及水生产和供应业	内蒙古
600864	哈投股份	2080.6	2080.6	0.0	0.0	0.0	金融业	黑龙江
600865	百大集团	376.2	376.2	0.0	0.0	0.0	批发和零售业	浙江
600866	星湖科技	739.0	722.4	0.0	0.0	0.0	制造业	广东
600867	通化东宝	2034.0	2027.0	0.0	0.0	0.0	制造业	吉林
600868	梅雁吉祥	1898.1	1898.1	0.0	0.0	0.0	电力、热力、燃气及水生产和供应业	广东
600869	智慧能源	2219.4	2219.4	0.0	0.0	0.0	制造业	青海
600870	ST厦华	523.2	523.2	0.0	0.0	0.0	制造业	福建
600871	石化油服	18984.3	12042.7	0.0	5415.0	0.0	采矿业	北京
600872	中炬高新	796.6	796.6	0.0	0.0	0.0	制造业	广东
600873	梅花生物	3100.0	3087.0	0.0	0.0	0.0	制造业	西藏
600874	创业环保	1427.2	1087.2	0.0	340.0	0.0	电力、热力、燃气及水生产和供应业	天津
600875	东方电气	3119.8	1996.9	0.0	340.0	0.0	制造业	四川
600876	洛阳玻璃	548.5	278.6	0.0	250.0	0.0	制造业	河南
600877	ST电能	822.2	687.3	0.0	0.0	0.0	制造业	重庆
600879	航天电子	2719.3	2719.3	0.0	0.0	0.0	制造业	湖北
600880	博瑞传播	1093.3	1093.0	0.0	0.0	0.0	文化、体育和娱乐业	四川
600881	亚泰集团	3248.9	3248.9	0.0	0.0	0.0	制造业	吉林
600882	妙可蓝多	409.3	408.8	0.0	0.0	0.0	制造业	上海
600883	博闻科技	236.1	236.1	0.0	0.0	0.0	制造业	云南
600884	杉杉股份	1628.0	1628.0	0.0	0.0	0.0	制造业	浙江
600885	宏发股份	744.8	744.8	0.0	0.0	0.0	制造业	湖北
600886	国投电力	6965.9	6965.9	0.0	0.0	0.0	电力、热力、燃气及水生产和供应业	北京
600887	伊利股份	6082.6	5930.2	0.0	0.0	0.0	制造业	内蒙古
600888	新疆众和	1024.7	928.3	0.0	0.0	0.0	制造业	新疆

注：股本的单位为百万股（M Shares）。

上市公司基本信息
Listed Companies in 2020

公司代码 Code	证券简称 Security Name	总股本 Total Vol	A股流通股 A-Share Negotiable	B股 B-Share	境外上市股份 H/D/S-Share	优先股 Pref Share	所属行业 Industry	注册地 Area
600889	南京化纤	366.3	338.0	0.0	0.0	0.0	制造业	江苏
600890	中房股份	579.2	579.2	0.0	0.0	0.0	房地产业	北京
600891	*ST秋林	617.6	384.2	0.0	0.0	0.0	制造业	黑龙江
600892	*ST大晟	559.5	540.4	0.0	0.0	0.0	信息传输、软件和信息技术服务业	广东
600893	航发动力	2665.6	2108.1	0.0	0.0	0.0	制造业	陕西
600894	广日股份	859.9	859.9	0.0	0.0	0.0	制造业	广东
600895	张江高科	1548.7	1548.7	0.0	0.0	0.0	房地产业	上海
600896	览海医疗	1024.8	869.1	0.0	0.0	0.0	卫生和社会工作	海南
600897	厦门空港	297.8	297.8	0.0	0.0	0.0	交通运输、仓储和邮政业	福建
600898	*ST美讯	252.5	252.5	0.0	0.0	0.0	制造业	山东
600900	长江电力	22741.9	22741.9	0.0	0.0	0.0	电力、热力、燃气及水生产和供应业	北京
600901	江苏租赁	2986.6	1791.3	0.0	0.0	0.0	金融业	江苏
600903	贵州燃气	1138.2	1138.2	0.0	0.0	0.0	电力、热力、燃气及水生产和供应业	贵州
600908	无锡银行	1848.3	1723.6	0.0	0.0	0.0	金融业	江苏
600909	华安证券	3621.0	3621.0	0.0	0.0	0.0	金融业	安徽
600917	重庆燃气	1556.0	1556.0	0.0	0.0	0.0	电力、热力、燃气及水生产和供应业	重庆
600918	中泰证券	6968.6	696.9	0.0	0.0	0.0	金融业	山东
600919	江苏银行	11544.5	11430.3	0.0	0.0	200.0	金融业	江苏
600926	杭州银行	5930.2	5041.4	0.0	0.0	100.0	金融业	浙江
600928	西安银行	4444.4	1155.6	0.0	0.0	0.0	金融业	陕西
600929	雪天盐业	917.8	337.3	0.0	0.0	0.0	制造业	湖南
600933	爱柯迪	860.2	854.3	0.0	0.0	0.0	制造业	浙江
600936	广西广电	1671.0	1671.0	0.0	0.0	0.0	信息传输、软件和信息技术服务业	广西
600939	重庆建工	1814.5	1814.5	0.0	0.0	0.0	建筑业	重庆
600956	新天绿能	3849.9	134.8	0.0	1839.0	0.0	电力、热力、燃气及水生产和供应业	河北
600958	东方证券	6993.7	5736.6	0.0	1027.1	0.0	金融业	上海
600959	江苏有线	5000.7	4527.2	0.0	0.0	0.0	信息传输、软件和信息技术服务业	江苏
600960	渤海汽车	950.5	950.5	0.0	0.0	0.0	制造业	山东
600961	株冶集团	527.5	527.5	0.0	0.0	0.0	制造业	湖南
600962	国投中鲁	262.2	254.0	0.0	0.0	0.0	制造业	北京
600963	岳阳林纸	1805.1	1805.1	0.0	0.0	0.0	制造业	湖南
600965	福成股份	818.7	818.7	0.0	0.0	0.0	农、林、牧、渔业	河北
600966	博汇纸业	1336.8	1336.8	0.0	0.0	0.0	制造业	山东
600967	内蒙一机	1689.6	1689.6	0.0	0.0	0.0	制造业	内蒙古
600968	海油发展	10165.1	1865.1	0.0	0.0	0.0	采矿业	北京
600969	郴电国际	370.1	370.1	0.0	0.0	0.0	电力、热力、燃气及水生产和供应业	湖南
600970	中材国际	1737.6	1737.6	0.0	0.0	0.0	建筑业	江苏
600971	恒源煤电	1200.0	1200.0	0.0	0.0	0.0	采矿业	安徽
600973	宝胜股份	1371.4	1222.1	0.0	0.0	0.0	制造业	江苏
600975	新五丰	652.7	652.7	0.0	0.0	0.0	农、林、牧、渔业	湖南
600976	健民集团	153.4	153.3	0.0	0.0	0.0	批发和零售业	湖北
600977	中国电影	1867.0	1867.0	0.0	0.0	0.0	文化、体育和娱乐业	北京
600978	*ST宜生	1482.9	1482.9	0.0	0.0	0.0	制造业	广东
600979	广安爱众	1232.3	1232.3	0.0	0.0	0.0	电力、热力、燃气及水生产和供应业	四川
600980	北矿科技	155.2	152.2	0.0	0.0	0.0	制造业	北京
600981	汇鸿集团	2242.4	2242.4	0.0	0.0	0.0	批发和零售业	江苏
600982	宁波热电	1117.8	746.9	0.0	0.0	0.0	电力、热力、燃气及水生产和供应业	浙江
600983	惠而浦	766.4	532.8	0.0	0.0	0.0	制造业	安徽
600984	建设机械	967.0	859.1	0.0	0.0	0.0	制造业	陕西
600985	淮北矿业	2172.5	650.1	0.0	0.0	0.0	采矿业	安徽

注：股本的单位为百万股（M Shares）。

上市公司基本信息
Listed Companies in 2020

公司代码 Code	证券简称 Security Name	总股本 Total Vol	A 股流通股 A-Share Negotiable	B 股 B-Share	境外上市股份 H/D/S-Share	优先股 Pref Share	所属行业 Industry	注册地 Area
600986	科达股份	1324.6	1316.2	0.0	0.0	0.0	信息传输、软件和信息技术服务业	山东
600987	航民股份	1080.8	921.2	0.0	0.0	0.0	制造业	浙江
600988	赤峰黄金	1663.9	1426.4	0.0	0.0	0.0	采矿业	内蒙古
600989	宝丰能源	7333.4	1994.3	0.0	0.0	0.0	制造业	宁夏
600990	四创电子	159.2	159.2	0.0	0.0	0.0	制造业	安徽
600992	贵绳股份	245.1	245.1	0.0	0.0	0.0	制造业	贵州
600993	马应龙	431.1	430.3	0.0	0.0	0.0	批发和零售业	湖北
600995	文山电力	478.5	478.5	0.0	0.0	0.0	电力、热力、燃气及水生产和供应业	云南
600996	贵广网络	1051.7	1051.7	0.0	0.0	0.0	信息传输、软件和信息技术服务业	贵州
600997	开滦股份	1587.8	1587.8	0.0	0.0	0.0	制造业	河北
600998	九州通	1873.8	1873.8	0.0	0.0	20.0	批发和零售业	湖北
600999	招商证券	8696.5	7422.0	0.0	1274.5	0.0	金融业	广东
601000	唐山港	5925.9	5925.9	0.0	0.0	0.0	交通运输、仓储和邮政业	河北
601001	晋控煤业	1673.7	1673.7	0.0	0.0	0.0	采矿业	山西
601002	晋亿实业	951.2	849.5	0.0	0.0	0.0	制造业	浙江
601003	柳钢股份	2562.8	2562.8	0.0	0.0	0.0	制造业	广西
601005	重庆钢铁	8918.6	8380.5	0.0	538.1	0.0	制造业	重庆
601006	大秦铁路	14866.8	14866.8	0.0	0.0	0.0	交通运输、仓储和邮政业	山西
601007	金陵饭店	300.0	300.0	0.0	0.0	0.0	住宿和餐饮业	江苏
601008	连云港	1093.8	1015.2	0.0	0.0	0.0	交通运输、仓储和邮政业	江苏
601009	南京银行	10007.0	8482.2	0.0	0.0	99.0	金融业	江苏
601010	文峰股份	1848.0	1848.0	0.0	0.0	0.0	批发和零售业	江苏
601011	宝泰隆	1604.8	1604.8	0.0	0.0	0.0	制造业	黑龙江
601012	隆基股份	3771.8	3771.7	0.0	0.0	0.0	制造业	陕西
601015	陕西黑猫	1629.8	1629.8	0.0	0.0	0.0	制造业	陕西
601016	节能风电	4986.7	4155.6	0.0	0.0	0.0	电力、热力、燃气及水生产和供应业	北京
601018	宁波港	15807.4	13172.8	0.0	0.0	0.0	交通运输、仓储和邮政业	浙江
601019	山东出版	2086.9	2086.9	0.0	0.0	0.0	文化、体育和娱乐业	山东
601020	华钰矿业	555.1	553.8	0.0	0.0	0.0	采矿业	西藏
601021	春秋航空	916.5	916.5	0.0	0.0	0.0	交通运输、仓储和邮政业	上海
601028	玉龙股份	783.0	783.0	0.0	0.0	0.0	制造业	江苏
601038	一拖股份	985.9	593.9	0.0	391.9	0.0	制造业	河南
601058	赛轮轮胎	2699.5	2558.9	0.0	0.0	0.0	制造业	山东
601066	中信建投	7646.4	1315.0	0.0	1261.0	0.0	金融业	北京
601068	中铝国际	2959.1	295.9	0.0	399.5	0.0	建筑业	北京
601069	西部黄金	636.0	636.0	0.0	0.0	0.0	采矿业	新疆
601077	渝农商行	11357.0	5874.5	0.0	2513.3	0.0	金融业	重庆
601086	国芳集团	666.0	666.0	0.0	0.0	0.0	批发和零售业	甘肃
601088	中国神华	19889.6	16491.0	0.0	3398.6	0.0	采矿业	北京
601098	中南传媒	1796.0	1796.0	0.0	0.0	0.0	文化、体育和娱乐业	湖南
601099	太平洋	6816.3	6816.3	0.0	0.0	0.0	金融业	云南
601100	恒立液压	1305.4	1305.4	0.0	0.0	0.0	制造业	江苏
601101	昊华能源	1200.0	1200.0	0.0	0.0	0.0	采矿业	北京
601106	中国一重	6857.8	6857.8	0.0	0.0	0.0	制造业	黑龙江
601107	四川成渝	3058.1	2162.7	0.0	895.3	0.0	交通运输、仓储和邮政业	四川
601108	财通证券	3589.0	3589.0	0.0	0.0	0.0	金融业	浙江
601111	中国国航	14524.8	9962.1	0.0	4562.7	0.0	交通运输、仓储和邮政业	北京
601113	ST 华鼎	1141.5	907.7	0.0	0.0	0.0	制造业	浙江
601116	三江购物	547.7	410.8	0.0	0.0	0.0	批发和零售业	浙江
601117	中国化学	4933.0	4933.0	0.0	0.0	0.0	建筑业	北京

注：股本的单位为百万股（M Shares）。

上市公司基本信息
Listed Companies in 2020

公司代码 Code	证券简称 Security Name	总股本 Total Vol	A股流通股 A-Share Negotiable	B股 B-Share	境外上市股份 H/D/S-Share	优先股 Pref Share	所属行业 Industry	注册地 Area
601118	海南橡胶	4279.4	4279.4	0.0	0.0	0.0	农、林、牧、渔业	海南
601126	四方股份	813.2	813.2	0.0	0.0	0.0	制造业	北京
601127	小康股份	1260.8	933.4	0.0	0.0	0.0	制造业	重庆
601128	常熟银行	2740.9	2604.3	0.0	0.0	0.0	金融业	江苏
601137	博威合金	790.0	720.0	0.0	0.0	0.0	制造业	浙江
601138	工业富联	19870.2	2896.0	0.0	0.0	0.0	制造业	广东
601139	深圳燃气	2876.8	2876.7	0.0	0.0	0.0	电力、热力、燃气及水生产和供应业	广东
601155	新城控股	2255.7	2249.5	0.0	0.0	0.0	房地产业	江苏
601158	重庆水务	4800.0	4800.0	0.0	0.0	0.0	电力、热力、燃气及水生产和供应业	重庆
601162	天风证券	6666.0	3838.5	0.0	0.0	0.0	金融业	湖北
601163	三角轮胎	800.0	800.0	0.0	0.0	0.0	制造业	山东
601166	兴业银行	20774.2	19615.3	0.0	0.0	560.0	金融业	福建
601168	西部矿业	2383.0	2383.0	0.0	0.0	0.0	采矿业	青海
601169	北京银行	21143.0	21143.0	0.0	0.0	179.0	金融业	北京
601177	杭齿前进	400.1	400.1	0.0	0.0	0.0	制造业	浙江
601179	中国西电	5125.9	5125.9	0.0	0.0	0.0	制造业	陕西
601186	中国铁建	13579.5	11503.2	0.0	2076.3	0.0	建筑业	北京
601187	厦门银行	2639.1	263.9	0.0	0.0	0.0	金融业	福建
601188	龙江交通	1315.9	1315.9	0.0	0.0	0.0	交通运输、仓储和邮政业	黑龙江
601198	东兴证券	2758.0	2758.0	0.0	0.0	0.0	金融业	北京
601199	江南水务	935.2	935.2	0.0	0.0	0.0	电力、热力、燃气及水生产和供应业	江苏
601200	上海环境	1121.9	1121.9	0.0	0.0	0.0	水利、环境和公共设施管理业	上海
601208	东材科技	626.6	613.4	0.0	0.0	0.0	制造业	四川
601211	国泰君安	8908.4	7437.6	0.0	1391.8	0.0	金融业	上海
601212	白银有色	7404.8	7404.8	0.0	0.0	0.0	制造业	甘肃
601216	君正集团	8438.0	8438.0	0.0	0.0	0.0	制造业	内蒙古
601218	吉鑫科技	977.4	977.4	0.0	0.0	0.0	制造业	江苏
601222	林洋能源	1748.9	1748.9	0.0	0.0	0.0	制造业	江苏
601225	陕西煤业	10000.0	10000.0	0.0	0.0	0.0	采矿业	陕西
601226	华电重工	1155.0	1155.0	0.0	0.0	0.0	科学研究和技术服务业	北京
601228	广州港	6193.2	6193.2	0.0	0.0	0.0	交通运输、仓储和邮政业	广东
601229	上海银行	14206.5	13703.9	0.0	0.0	200.0	金融业	上海
601231	环旭电子	2209.2	2183.2	0.0	0.0	0.0	制造业	上海
601233	桐昆股份	2134.2	2134.2	0.0	0.0	0.0	制造业	浙江
601236	红塔证券	3633.4	1474.9	0.0	0.0	0.0	金融业	云南
601238	广汽集团	10340.0	7139.3	0.0	3098.6	0.0	制造业	广东
601258	ST庞大	10227.2	10227.2	0.0	0.0	0.0	批发和零售业	河北
601288	农业银行	349983.0	294055.3	0.0	30738.8	800.0	金融业	北京
601298	青岛港	6491.1	1869.9	0.0	1099.0	0.0	交通运输、仓储和邮政业	山东
601311	骆驼股份	1121.7	1121.7	0.0	0.0	0.0	制造业	湖北
601318	中国平安	18280.2	10832.7	0.0	7447.6	0.0	金融业	广东
601319	中国人保	44224.0	5601.6	0.0	8726.2	0.0	金融业	北京
601326	秦港股份	5587.4	4757.6	0.0	829.9	0.0	交通运输、仓储和邮政业	河北
601328	交通银行	74262.7	39250.9	0.0	35011.9	450.0	金融业	上海
601330	绿色动力	1393.4	255.7	0.0	404.4	0.0	水利、环境和公共设施管理业	广东
601333	广深铁路	7083.5	5652.2	0.0	1431.3	0.0	交通运输、仓储和邮政业	广东
601336	新华保险	3119.5	2085.4	0.0	1034.1	0.0	金融业	北京
601339	百隆东方	1500.0	1500.0	0.0	0.0	0.0	制造业	浙江
601360	三六零	6764.1	1789.2	0.0	0.0	0.0	信息传输、软件和信息技术服务业	天津
601366	利群股份	860.5	860.5	0.0	0.0	0.0	批发和零售业	山东

注：股本的单位为百万股（M Shares）。

上市公司基本信息
Listed Companies in 2020

公司代码 Code	证券简称 Security Name	总股本 Total Vol	A股流通股 A-Share Negotiable	B股 B-Share	境外上市股份 H/D/S-Share	优先股 Pref Share	所属行业 Industry	注册地 Area
601368	绿城水务	883.0	860.3	0.0	0.0	0.0	电力、热力、燃气及水生产和供应业	广西
601369	陕鼓动力	1678.0	1638.8	0.0	0.0	0.0	制造业	陕西
601375	中原证券	4642.9	2673.7	0.0	1195.4	0.0	金融业	河南
601377	兴业证券	6696.7	6696.7	0.0	0.0	0.0	金融业	福建
601388	怡球资源	2201.7	2010.8	0.0	0.0	0.0	制造业	江苏
601390	中国中铁	24570.9	20363.5	0.0	4207.4	0.0	建筑业	北京
601398	工商银行	356406.3	269612.2	0.0	86794.0	1150.0	金融业	北京
601399	ST国重装	7268.3	493.6	0.0	0.0	0.0	建筑业	四川
601456	国联证券	2378.1	475.7	0.0	442.6	0.0	金融业	江苏
601500	通用股份	872.3	872.3	0.0	0.0	0.0	制造业	江苏
601512	中新集团	1498.9	797.4	0.0	0.0	0.0	房地产业	江苏
601515	东风股份	1334.4	1334.4	0.0	0.0	0.0	制造业	广东
601518	吉林高速	1350.4	1213.2	0.0	0.0	0.0	交通运输、仓储和邮政业	吉林
601519	大智慧	1987.7	1987.7	0.0	0.0	0.0	金融业	上海
601555	东吴证券	3880.5	3880.5	0.0	0.0	0.0	金融业	江苏
601558	退市锐电	6030.6	6030.6	0.0	0.0	0.0	制造业	北京
601566	九牧王	574.6	574.6	0.0	0.0	0.0	制造业	福建
601567	三星医疗	1386.6	1386.6	0.0	0.0	0.0	制造业	浙江
601568	北元集团	3611.1	361.1	0.0	0.0	0.0	制造业	陕西
601577	长沙银行	3421.6	995.3	0.0	0.0	60.0	金融业	湖南
601579	会稽山	497.4	497.4	0.0	0.0	0.0	制造业	浙江
601588	北辰实业	3367.0	2660.0	0.0	707.0	0.0	房地产业	北京
601595	上海电影	448.2	448.2	0.0	0.0	0.0	文化、体育和娱乐业	上海
601598	中国外运	7400.8	1351.6	0.0	2144.9	0.0	交通运输、仓储和邮政业	北京
601599	鹿港文化	892.7	892.7	0.0	0.0	0.0	制造业	江苏
601600	中国铝业	17022.7	13078.7	0.0	3944.0	0.0	制造业	北京
601601	中国太保	9620.3	6845.0	0.0	2775.3	0.0	金融业	上海
601606	长城军工	724.2	297.7	0.0	0.0	0.0	制造业	安徽
601607	上海医药	2842.1	1922.9	0.0	919.1	0.0	批发和零售业	上海
601608	中信重工	4339.4	4339.4	0.0	0.0	0.0	制造业	河南
601609	金田铜业	1457.0	242.0	0.0	0.0	0.0	制造业	浙江
601611	中国核建	2650.5	2625.0	0.0	0.0	0.0	建筑业	上海
601615	明阳智能	1874.7	982.4	0.0	0.0	0.0	制造业	广东
601616	广电电气	935.6	935.6	0.0	0.0	0.0	制造业	上海
601618	中国中冶	20723.6	17852.6	0.0	2871.0	0.0	建筑业	北京
601619	嘉泽新能	2074.1	2074.1	0.0	0.0	0.0	电力、热力、燃气及水生产和供应业	宁夏
601628	中国人寿	28264.7	20823.5	0.0	7441.2	0.0	金融业	北京
601633	长城汽车	9176.0	6027.7	0.0	3099.5	0.0	制造业	河北
601636	旗滨集团	2686.2	2683.2	0.0	0.0	0.0	制造业	湖南
601658	邮储银行	86978.6	11274.5	0.0	19856.2	0.0	金融业	北京
601666	平煤股份	2327.7	2327.7	0.0	0.0	0.0	采矿业	河南
601668	中国建筑	41965.1	41253.6	0.0	0.0	150.0	建筑业	北京
601669	中国电建	15299.0	11144.4	0.0	0.0	20.0	建筑业	北京
601677	明泰铝业	616.3	595.5	0.0	0.0	0.0	制造业	河南
601678	滨化股份	1544.4	1544.4	0.0	0.0	0.0	制造业	山东
601686	友发集团	1411.6	142.0	0.0	0.0	0.0	制造业	天津
601688	华泰证券	9076.7	7357.6	0.0	1719.0	0.0	金融业	江苏
601689	拓普集团	1055.0	1055.0	0.0	0.0	0.0	制造业	浙江
601696	中银证券	2778.0	278.0	0.0	0.0	0.0	金融业	上海
601698	中国卫通	4000.0	407.6	0.0	0.0	0.0	信息传输、软件和信息技术服务业	北京

注：股本的单位为百万股（M Shares）。

上市公司基本信息
Listed Companies in 2020

公司代码 Code	证券简称 Security Name	总股本 Total Vol	A 股流通股 A-Share Negotiable	B 股 B-Share	境外上市股份 H/D/S-Share	优先股 Pref Share	所属行业 Industry	注册地 Area
601699	潞安环能	2991.4	2991.4	0.0	0.0	0.0	采矿业	山西
601700	风范股份	1133.2	1133.2	0.0	0.0	0.0	制造业	江苏
601702	华峰铝业	998.5	249.6	0.0	0.0	0.0	制造业	上海
601717	郑煤机	1732.5	1489.2	0.0	243.2	0.0	制造业	河南
601718	际华集团	4391.6	4391.6	0.0	0.0	0.0	制造业	北京
601727	上海电气	15155.6	11178.6	0.0	2972.9	0.0	制造业	上海
601766	中国中车	28698.9	24327.8	0.0	4371.1	0.0	制造业	北京
601777	*ST 力帆	4527.9	4500.0	0.0	0.0	0.0	制造业	重庆
601778	晶科科技	2765.5	594.6	0.0	0.0	0.0	电力、热力、燃气及水生产和供应业	江西
601788	光大证券	4610.8	3906.7	0.0	704.1	0.0	金融业	上海
601789	宁波建工	976.1	976.1	0.0	0.0	0.0	建筑业	浙江
601798	蓝科高新	354.5	354.5	0.0	0.0	0.0	制造业	甘肃
601799	星宇股份	276.2	276.2	0.0	0.0	0.0	制造业	江苏
601800	中国交建	16174.7	11747.2	0.0	4427.5	145.0	建筑业	北京
601801	皖新传媒	1989.2	1989.2	0.0	0.0	0.0	文化、体育和娱乐业	安徽
601808	中海油服	4771.6	2960.5	0.0	1811.1	0.0	采矿业	天津
601811	新华文轩	1233.8	791.9	0.0	441.9	0.0	文化、体育和娱乐业	四川
601816	京沪高铁	49106.5	3211.9	0.0	0.0	0.0	交通运输、仓储和邮政业	北京
601818	光大银行	52489.3	39810.6	0.0	12678.7	650.0	金融业	北京
601827	三峰环境	1678.3	378.3	0.0	0.0	0.0	水利、环境和公共设施管理业	重庆
601828	美凯龙	3905.0	435.4	0.0	741.3	0.0	租赁和商务服务业	上海
601838	成都银行	3612.3	1895.1	0.0	0.0	0.0	金融业	四川
601857	中国石油	183021.0	161922.1	0.0	21098.9	0.0	采矿业	北京
601858	中国科传	790.5	790.5	0.0	0.0	0.0	文化、体育和娱乐业	北京
601860	紫金银行	3660.9	1740.0	0.0	0.0	0.0	金融业	江苏
601865	福莱特	1954.6	341.0	0.0	450.0	0.0	制造业	浙江
601866	中远海发	11608.1	7932.1	0.0	3676.0	0.0	交通运输、仓储和邮政业	上海
601869	长飞光纤	757.9	106.6	0.0	351.6	0.0	制造业	湖北
601872	招商轮船	6740.1	5299.5	0.0	0.0	0.0	交通运输、仓储和邮政业	上海
601877	正泰电器	2150.0	2150.0	0.0	0.0	0.0	制造业	浙江
601878	浙商证券	3614.0	3614.0	0.0	0.0	0.0	金融业	浙江
601880	大连港	12894.5	7735.8	0.0	5158.7	0.0	交通运输、仓储和邮政业	辽宁
601881	中国银河	10137.3	6446.3	0.0	3691.0	0.0	金融业	北京
601882	海天精工	522.0	522.0	0.0	0.0	0.0	制造业	浙江
601886	江河集团	1154.1	1154.1	0.0	0.0	0.0	建筑业	北京
601888	中国中免	1952.5	1952.5	0.0	0.0	0.0	租赁和商务服务业	北京
601890	亚星锚链	959.4	959.4	0.0	0.0	0.0	制造业	江苏
601898	中煤能源	13258.7	9152.0	0.0	4106.7	0.0	采矿业	北京
601899	紫金矿业	25377.3	19640.3	0.0	5736.9	0.0	采矿业	福建
601900	南方传媒	895.9	895.9	0.0	0.0	0.0	文化、体育和娱乐业	广东
601901	方正证券	8232.1	8232.1	0.0	0.0	0.0	金融业	湖南
601908	京运通	1993.0	1993.0	0.0	0.0	0.0	制造业	北京
601916	浙商银行	21268.7	7010.6	0.0	4554.0	0.0	金融业	浙江
601918	新集能源	2590.5	2590.5	0.0	0.0	0.0	采矿业	安徽
601919	中远海控	12259.5	8657.3	0.0	2580.6	0.0	交通运输、仓储和邮政业	天津
601928	凤凰传媒	2544.9	2544.9	0.0	0.0	0.0	文化、体育和娱乐业	江苏
601929	吉视传媒	3111.1	3111.1	0.0	0.0	0.0	信息传输、软件和信息技术服务业	吉林
601933	永辉超市	9516.3	9468.3	0.0	0.0	0.0	批发和零售业	福建
601939	建设银行	250011.0	9593.7	0.0	240417.3	600.0	金融业	北京
601949	中国出版	1822.5	1822.5	0.0	0.0	0.0	文化、体育和娱乐业	北京

注：股本的单位为百万股（M Shares）。

上市公司基本信息
Listed Companies in 2020

公司代码 Code	证券简称 Security Name	总股本 Total Vol	A股流通股 A-Share Negotiable	B股 B-Share	境外上市股份 H/D/S-Share	优先股 Pref Share	所属行业 Industry	注册地 Area
601952	苏垦农发	1378.0	1378.0	0.0	0.0	0.0	制造业	江苏
601956	东贝集团	511.3	207.0	0.0	0.0	0.0	制造业	湖北
601958	金钼股份	3226.6	3226.6	0.0	0.0	0.0	采矿业	陕西
601965	中国汽研	988.5	964.6	0.0	0.0	0.0	科学研究和技术服务业	重庆
601966	玲珑轮胎	1373.5	1361.0	0.0	0.0	0.0	制造业	山东
601968	宝钢包装	833.3	833.3	0.0	0.0	0.0	制造业	上海
601969	海南矿业	1954.7	1954.7	0.0	0.0	0.0	采矿业	海南
601975	招商南油	4942.1	3584.7	0.0	0.0	0.0	交通运输、仓储和邮政业	江苏
601985	中国核电	15565.5	15565.5	0.0	0.0	0.0	电力、热力、燃气及水生产和供应业	北京
601988	中国银行	294387.8	210765.5	0.0	83622.3	1600.0	金融业	北京
601989	中国重工	22802.0	18283.9	0.0	0.0	0.0	制造业	北京
601990	南京证券	3686.4	2061.0	0.0	0.0	0.0	金融业	江苏
601991	大唐发电	18506.7	9994.4	0.0	6110.6	0.0	电力、热力、燃气及水生产和供应业	北京
601992	金隅集团	10677.8	8334.2	0.0	2338.8	0.0	制造业	北京
601995	中金公司	4827.3	260.3	0.0	1903.7	0.0	金融业	北京
601996	丰林集团	1145.6	1080.3	0.0	0.0	0.0	制造业	广西
601997	贵阳银行	3218.0	3096.0	0.0	0.0	50.0	金融业	贵州
601998	中信银行	48934.8	31905.2	0.0	14882.2	350.0	金融业	北京
601999	出版传媒	550.9	550.9	0.0	0.0	0.0	文化、体育和娱乐业	辽宁
603000	人民网	1105.7	1105.7	0.0	0.0	0.0	信息传输、软件和信息技术服务业	北京
603001	奥康国际	401.0	401.0	0.0	0.0	0.0	制造业	浙江
603002	宏昌电子	881.7	614.4	0.0	0.0	0.0	制造业	广东
603003	龙宇燃油	416.5	416.5	0.0	0.0	0.0	批发和零售业	上海
603005	晶方科技	321.6	321.6	0.0	0.0	0.0	制造业	江苏
603006	联明股份	191.1	191.1	0.0	0.0	0.0	制造业	上海
603007	花王股份	335.7	333.4	0.0	0.0	0.0	建筑业	江苏
603008	喜临门	387.4	387.4	0.0	0.0	0.0	制造业	浙江
603009	北特科技	359.0	328.0	0.0	0.0	0.0	制造业	上海
603010	万盛股份	346.6	345.4	0.0	0.0	0.0	制造业	浙江
603011	合锻智能	450.7	448.9	0.0	0.0	0.0	制造业	安徽
603012	创力集团	636.6	636.6	0.0	0.0	0.0	制造业	上海
603013	亚普股份	514.2	60.0	0.0	0.0	0.0	制造业	江苏
603015	弘讯科技	404.2	404.2	0.0	0.0	0.0	制造业	浙江
603016	新宏泰	148.2	148.2	0.0	0.0	0.0	制造业	江苏
603017	中衡设计	276.8	273.3	0.0	0.0	0.0	科学研究和技术服务业	江苏
603018	华设集团	557.2	557.2	0.0	0.0	0.0	科学研究和技术服务业	江苏
603019	中科曙光	1450.7	1302.1	0.0	0.0	0.0	制造业	天津
603020	爱普股份	320.0	320.0	0.0	0.0	0.0	制造业	上海
603021	山东华鹏	319.9	319.9	0.0	0.0	0.0	制造业	山东
603022	新通联	200.0	200.0	0.0	0.0	0.0	制造业	上海
603023	威帝股份	562.1	562.1	0.0	0.0	0.0	制造业	黑龙江
603025	大豪科技	926.1	921.9	0.0	0.0	0.0	制造业	北京
603026	石大胜华	202.7	202.7	0.0	0.0	0.0	制造业	山东
603027	千禾味业	665.7	659.8	0.0	0.0	0.0	制造业	四川
603028	赛福天	220.8	220.8	0.0	0.0	0.0	制造业	江苏
603029	天鹅股份	93.3	93.3	0.0	0.0	0.0	制造业	山东
603030	全筑股份	538.1	538.1	0.0	0.0	0.0	建筑业	上海
603031	安德利	112.0	112.0	0.0	0.0	0.0	批发和零售业	安徽
603032	德新交运	160.0	160.0	0.0	0.0	0.0	交通运输、仓储和邮政业	新疆
603033	三维股份	426.2	248.9	0.0	0.0	0.0	制造业	浙江

注：股本的单位为百万股（M Shares）。

上市公司基本信息
Listed Companies in 2020

公司代码 Code	证券简称 Security Name	总股本 Total Vol	A股流通股 A-Share Negotiable	B股 B-Share	境外上市股份 H/D/S-Share	优先股 Pref Share	所属行业 Industry	注册地 Area
603035	常熟汽饰	335.5	335.5	0.0	0.0	0.0	制造业	江苏
603036	如通股份	206.7	204.2	0.0	0.0	0.0	制造业	江苏
603037	凯众股份	104.9	104.9	0.0	0.0	0.0	制造业	上海
603038	华立股份	184.1	184.1	0.0	0.0	0.0	制造业	广东
603039	泛微网络	212.3	209.2	0.0	0.0	0.0	信息传输、软件和信息技术服务业	上海
603040	新坐标	103.3	103.3	0.0	0.0	0.0	制造业	浙江
603041	美思德	140.9	140.4	0.0	0.0	0.0	制造业	江苏
603042	华脉科技	136.0	136.0	0.0	0.0	0.0	制造业	江苏
603043	广州酒家	404.0	404.0	0.0	0.0	0.0	制造业	广东
603045	福达合金	137.6	94.9	0.0	0.0	0.0	制造业	浙江
603050	科林电气	162.2	161.6	0.0	0.0	0.0	制造业	河北
603053	成都燃气	888.9	560.9	0.0	0.0	0.0	电力、热力、燃气及水生产和供应业	四川
603055	台华新材	832.0	774.2	0.0	0.0	0.0	制造业	浙江
603056	德邦股份	960.0	217.7	0.0	0.0	0.0	交通运输、仓储和邮政业	上海
603058	永吉股份	419.1	418.3	0.0	0.0	0.0	制造业	贵州
603059	倍加洁	100.0	25.0	0.0	0.0	0.0	制造业	江苏
603060	国检集团	431.2	431.2	0.0	0.0	0.0	科学研究和技术服务业	北京
603063	禾望电气	432.5	426.4	0.0	0.0	0.0	制造业	广东
603066	音飞储存	300.7	300.7	0.0	0.0	0.0	交通运输、仓储和邮政业	江苏
603067	振华股份	431.2	431.2	0.0	0.0	0.0	制造业	湖北
603068	博通集成	138.7	94.2	0.0	0.0	0.0	制造业	上海
603069	海汽集团	316.0	316.0	0.0	0.0	0.0	交通运输、仓储和邮政业	海南
603076	乐惠国际	74.5	74.5	0.0	0.0	0.0	制造业	浙江
603077	和邦生物	8831.3	8831.3	0.0	0.0	0.0	制造业	四川
603078	江化微	150.7	142.0	0.0	0.0	0.0	制造业	江苏
603079	圣达生物	171.2	171.2	0.0	0.0	0.0	制造业	浙江
603080	新疆火炬	141.5	87.2	0.0	0.0	0.0	电力、热力、燃气及水生产和供应业	新疆
603081	大丰实业	401.8	401.8	0.0	0.0	0.0	制造业	浙江
603083	剑桥科技	252.2	252.2	0.0	0.0	0.0	制造业	上海
603085	天成自控	370.2	291.0	0.0	0.0	0.0	制造业	浙江
603086	先达股份	158.5	156.8	0.0	0.0	0.0	制造业	山东
603087	甘李药业	561.5	56.3	0.0	0.0	0.0	制造业	北京
603088	宁波精达	219.5	219.5	0.0	0.0	0.0	制造业	浙江
603089	正裕工业	221.1	221.1	0.0	0.0	0.0	制造业	浙江
603090	宏盛股份	100.0	100.0	0.0	0.0	0.0	制造业	江苏
603093	南华期货	580.0	110.4	0.0	0.0	0.0	金融业	浙江
603095	越剑智能	132.0	33.0	0.0	0.0	0.0	制造业	浙江
603096	新经典	135.9	135.9	0.0	0.0	0.0	文化、体育和娱乐业	天津
603098	森特股份	480.0	480.0	0.0	0.0	0.0	建筑业	北京
603099	长白山	266.7	266.7	0.0	0.0	0.0	水利、环境和公共设施管理业	吉林
603100	川仪股份	395.0	395.0	0.0	0.0	0.0	制造业	重庆
603101	汇嘉时代	470.4	470.4	0.0	0.0	0.0	批发和零售业	新疆
603103	横店影视	634.2	634.2	0.0	0.0	0.0	文化、体育和娱乐业	浙江
603105	芯能科技	500.0	308.3	0.0	0.0	0.0	制造业	浙江
603106	恒银科技	400.4	400.4	0.0	0.0	0.0	制造业	天津
603108	润达医疗	579.5	579.5	0.0	0.0	0.0	批发和零售业	上海
603109	神驰机电	146.7	46.7	0.0	0.0	0.0	制造业	重庆
603110	东方材料	143.7	143.7	0.0	0.0	0.0	制造业	浙江
603111	康尼机电	993.3	836.0	0.0	0.0	0.0	制造业	江苏
603112	华翔股份	425.0	53.2	0.0	0.0	0.0	制造业	山西

注：股本的单位为百万股（M Shares）。

上市公司基本信息
Listed Companies in 2020

公司代码 Code	证券简称 Security Name	总股本 Total Vol	A股流通股 A-Share Negotiable	B股 B-Share	境外上市股份 H/D/S-Share	优先股 Pref Share	所属行业 Industry	注册地 Area
603113	金能科技	807.4	676.0	0.0	0.0	0.0	制造业	山东
603115	海星股份	208.0	52.0	0.0	0.0	0.0	制造业	江苏
603116	红蜻蜓	576.2	576.2	0.0	0.0	0.0	制造业	浙江
603117	万林物流	638.7	633.1	0.0	0.0	0.0	租赁和商务服务业	江苏
603118	共进股份	775.7	775.7	0.0	0.0	0.0	制造业	广东
603121	华培动力	259.2	118.9	0.0	0.0	0.0	制造业	上海
603123	翠微股份	747.7	524.1	0.0	0.0	0.0	批发和零售业	北京
603126	中材节能	610.5	610.5	0.0	0.0	0.0	科学研究和技术服务业	天津
603127	昭衍新药	227.5	226.9	0.0	0.0	0.0	科学研究和技术服务业	北京
603128	华贸物流	1309.5	1309.5	0.0	0.0	0.0	交通运输、仓储和邮政业	上海
603129	春风动力	134.4	134.1	0.0	0.0	0.0	制造业	浙江
603131	上海沪工	318.0	294.8	0.0	0.0	0.0	制造业	上海
603133	碳元科技	210.3	209.0	0.0	0.0	0.0	制造业	江苏
603136	天目湖	116.0	116.0	0.0	0.0	0.0	水利、环境和公共设施管理业	江苏
603138	海量数据	252.7	252.7	0.0	0.0	0.0	信息传输、软件和信息技术服务业	北京
603139	康惠制药	99.9	99.9	0.0	0.0	0.0	制造业	陕西
603155	新亚强	155.6	38.9	0.0	0.0	0.0	制造业	江苏
603156	养元饮品	1265.5	767.3	0.0	0.0	0.0	制造业	河北
603157	*ST拉夏	547.7	145.8	0.0	214.8	0.0	制造业	新疆
603158	腾龙股份	217.0	217.0	0.0	0.0	0.0	制造业	江苏
603159	上海亚虹	140.0	140.0	0.0	0.0	0.0	制造业	上海
603160	汇顶科技	457.7	453.3	0.0	0.0	0.0	制造业	广东
603161	科华控股	133.4	69.4	0.0	0.0	0.0	制造业	江苏
603165	荣晟环保	250.4	250.4	0.0	0.0	0.0	制造业	浙江
603166	福达股份	592.0	592.0	0.0	0.0	0.0	制造业	广西
603167	渤海轮渡	472.8	465.7	0.0	0.0	0.0	交通运输、仓储和邮政业	山东
603168	莎普爱思	322.6	322.6	0.0	0.0	0.0	制造业	浙江
603169	兰石重装	1051.5	1051.5	0.0	0.0	0.0	制造业	甘肃
603177	德创环保	202.0	202.0	0.0	0.0	0.0	水利、环境和公共设施管理业	浙江
603178	圣龙股份	201.1	201.0	0.0	0.0	0.0	制造业	浙江
603179	新泉股份	316.3	316.3	0.0	0.0	0.0	制造业	江苏
603180	金牌厨柜	103.3	101.5	0.0	0.0	0.0	制造业	福建
603181	皇马科技	406.0	406.0	0.0	0.0	0.0	制造业	浙江
603183	建研院	298.3	249.2	0.0	0.0	0.0	科学研究和技术服务业	江苏
603185	上机数控	232.5	58.2	0.0	0.0	0.0	制造业	江苏
603186	华正新材	142.0	140.8	0.0	0.0	0.0	制造业	浙江
603187	海容冷链	158.5	118.3	0.0	0.0	0.0	制造业	山东
603188	ST亚邦	576.0	576.0	0.0	0.0	0.0	制造业	江苏
603189	网达软件	220.8	220.8	0.0	0.0	0.0	信息传输、软件和信息技术服务业	上海
603192	汇得科技	106.7	26.7	0.0	0.0	0.0	制造业	上海
603195	公牛集团	600.6	60.0	0.0	0.0	0.0	制造业	浙江
603196	日播时尚	240.0	240.0	0.0	0.0	0.0	制造业	上海
603197	保隆科技	165.1	163.9	0.0	0.0	0.0	制造业	上海
603198	迎驾贡酒	800.0	800.0	0.0	0.0	0.0	制造业	安徽
603199	九华旅游	110.7	110.7	0.0	0.0	0.0	水利、环境和公共设施管理业	安徽
603200	上海洗霸	100.8	100.2	0.0	0.0	0.0	水利、环境和公共设施管理业	上海
603203	快克股份	156.5	156.5	0.0	0.0	0.0	制造业	江苏
603208	江山欧派	105.1	105.1	0.0	0.0	0.0	制造业	浙江
603212	赛伍技术	400.0	40.0	0.0	0.0	0.0	制造业	江苏
603214	爱婴室	142.8	77.8	0.0	0.0	0.0	批发和零售业	上海

注：股本的单位为百万股（M Shares）。

上市公司基本信息
Listed Companies in 2020

公司代码 Code	证券简称 Security Name	总股本 Total Vol	A股流通股 A-Share Negotiable	B股 B-Share	境外上市股份 H/D/S-Share	优先股 Pref Share	所属行业 Industry	注册地 Area
603217	元利科技	127.5	45.7	0.0	0.0	0.0	制造业	山东
603218	日月股份	967.6	826.6	0.0	0.0	0.0	制造业	浙江
603220	中贝通信	337.8	185.6	0.0	0.0	0.0	信息传输、软件和信息技术服务业	湖北
603221	爱丽家居	240.0	60.0	0.0	0.0	0.0	制造业	江苏
603222	济民制药	320.0	320.0	0.0	0.0	0.0	制造业	浙江
603223	恒通股份	282.2	282.2	0.0	0.0	0.0	交通运输、仓储和邮政业	山东
603225	新凤鸣	1396.1	1367.5	0.0	0.0	0.0	制造业	浙江
603226	菲林格尔	210.4	210.4	0.0	0.0	0.0	制造业	上海
603227	雪峰科技	658.7	658.7	0.0	0.0	0.0	制造业	新疆
603228	景旺电子	853.5	839.4	0.0	0.0	0.0	制造业	广东
603229	奥翔药业	239.2	224.0	0.0	0.0	0.0	制造业	浙江
603232	格尔软件	193.1	172.2	0.0	0.0	0.0	信息传输、软件和信息技术服务业	上海
603233	大参林	658.6	656.3	0.0	0.0	0.0	批发和零售业	广东
603236	移远通信	107.0	71.0	0.0	0.0	0.0	制造业	上海
603238	诺邦股份	123.6	120.0	0.0	0.0	0.0	制造业	浙江
603239	浙江仙通	270.7	270.7	0.0	0.0	0.0	制造业	浙江
603256	宏和科技	877.8	136.0	0.0	0.0	0.0	制造业	上海
603258	电魂网络	248.0	241.2	0.0	0.0	0.0	信息传输、软件和信息技术服务业	浙江
603259	药明康德	2441.7	1413.2	0.0	306.9	0.0	科学研究和技术服务业	江苏
603260	合盛硅业	938.0	938.0	0.0	0.0	0.0	制造业	浙江
603266	天龙股份	199.0	196.8	0.0	0.0	0.0	制造业	浙江
603267	鸿远电子	231.5	157.5	0.0	0.0	0.0	制造业	北京
603268	松发股份	124.2	124.2	0.0	0.0	0.0	制造业	广东
603269	海鸥股份	112.5	112.5	0.0	0.0	0.0	制造业	江苏
603277	银都股份	410.1	408.2	0.0	0.0	0.0	制造业	浙江
603278	大业股份	289.9	289.9	0.0	0.0	0.0	制造业	山东
603279	景津环保	411.7	190.3	0.0	0.0	0.0	制造业	山东
603283	赛腾股份	176.1	171.8	0.0	0.0	0.0	制造业	江苏
603286	日盈电子	88.1	88.1	0.0	0.0	0.0	制造业	江苏
603288	海天味业	3240.4	3240.4	0.0	0.0	0.0	制造业	广东
603289	泰瑞机器	266.8	265.7	0.0	0.0	0.0	制造业	浙江
603290	斯达半导	160.0	40.0	0.0	0.0	0.0	制造业	浙江
603297	永新光学	110.5	51.1	0.0	0.0	0.0	制造业	浙江
603298	杭叉集团	866.4	866.4	0.0	0.0	0.0	制造业	浙江
603299	苏盐井神	774.4	559.4	0.0	0.0	0.0	制造业	江苏
603300	华铁应急	902.7	669.0	0.0	0.0	0.0	租赁和商务服务业	浙江
603301	振德医疗	227.2	107.5	0.0	0.0	0.0	制造业	浙江
603303	得邦照明	487.7	487.7	0.0	0.0	0.0	制造业	浙江
603305	旭升股份	447.0	447.0	0.0	0.0	0.0	制造业	浙江
603306	华懋科技	308.7	307.0	0.0	0.0	0.0	制造业	福建
603308	应流股份	488.0	488.0	0.0	0.0	0.0	制造业	安徽
603309	维力医疗	260.0	260.0	0.0	0.0	0.0	制造业	广东
603311	金海高科	210.0	210.0	0.0	0.0	0.0	制造业	浙江
603313	梦百合	371.8	344.3	0.0	0.0	0.0	制造业	江苏
603315	福鞍股份	307.0	220.0	0.0	0.0	0.0	制造业	辽宁
603316	诚邦股份	203.3	203.3	0.0	0.0	0.0	建筑业	浙江
603317	天味食品	629.6	125.2	0.0	0.0	0.0	制造业	四川
603318	派思股份	402.2	402.2	0.0	0.0	0.0	制造业	辽宁
603319	湘油泵	104.9	104.9	0.0	0.0	0.0	制造业	湖南
603320	迪贝电气	130.0	130.0	0.0	0.0	0.0	制造业	浙江

注：股本的单位为百万股（M Shares）。

上市公司基本信息
Listed Companies in 2020

公司代码 Code	证券简称 Security Name	总股本 Total Vol	A 股流通股 A-Share Negotiable	B 股 B-Share	境外上市股份 H/D/S-Share	优先股 Pref Share	所属行业 Industry	注册地 Area
603321	梅轮电梯	307.0	307.0	0.0	0.0	0.0	制造业	浙江
603322	超讯通信	156.5	156.5	0.0	0.0	0.0	信息传输、软件和信息技术服务业	广东
603323	苏农银行	1803.1	1440.0	0.0	0.0	0.0	金融业	江苏
603326	我乐家居	316.5	314.5	0.0	0.0	0.0	制造业	江苏
603327	福蓉科技	401.0	102.5	0.0	0.0	0.0	制造业	四川
603328	依顿电子	998.4	998.4	0.0	0.0	0.0	制造业	广东
603329	上海雅仕	132.0	132.0	0.0	0.0	0.0	交通运输、仓储和邮政业	上海
603330	上海天洋	152.9	152.9	0.0	0.0	0.0	制造业	上海
603331	百达精工	179.0	178.2	0.0	0.0	0.0	制造业	浙江
603332	苏州龙杰	118.9	29.7	0.0	0.0	0.0	制造业	江苏
603333	尚纬股份	519.9	516.8	0.0	0.0	0.0	制造业	四川
603335	迪生力	428.1	428.1	0.0	0.0	0.0	制造业	广东
603336	宏辉果蔬	329.1	329.1	0.0	0.0	0.0	制造业	广东
603337	杰克股份	445.7	444.5	0.0	0.0	0.0	制造业	浙江
603338	浙江鼎力	485.5	485.5	0.0	0.0	0.0	制造业	浙江
603339	四方科技	309.4	309.4	0.0	0.0	0.0	制造业	江苏
603345	安井食品	236.7	230.1	0.0	0.0	0.0	制造业	福建
603348	文灿股份	251.5	93.6	0.0	0.0	0.0	制造业	广东
603351	威尔药业	130.7	59.7	0.0	0.0	0.0	制造业	江苏
603353	和顺石油	133.4	33.4	0.0	0.0	0.0	批发和零售业	湖南
603355	莱克电气	411.1	401.0	0.0	0.0	0.0	制造业	江苏
603356	华菱精工	133.3	90.2	0.0	0.0	0.0	制造业	安徽
603357	设计总院	454.5	454.5	0.0	0.0	0.0	科学研究和技术服务业	安徽
603358	华达科技	313.6	313.6	0.0	0.0	0.0	制造业	江苏
603359	东珠生态	318.6	318.6	0.0	0.0	0.0	水利、环境和公共设施管理业	江苏
603360	百傲化学	261.3	261.3	0.0	0.0	0.0	制造业	辽宁
603363	傲农生物	674.0	624.8	0.0	0.0	0.0	制造业	福建
603365	水星家纺	266.7	266.7	0.0	0.0	0.0	制造业	上海
603366	日出东方	800.0	800.0	0.0	0.0	0.0	制造业	江苏
603367	辰欣药业	453.4	453.4	0.0	0.0	0.0	制造业	山东
603368	柳药股份	362.7	359.9	0.0	0.0	0.0	批发和零售业	广西
603369	今世缘	1254.5	1254.5	0.0	0.0	0.0	制造业	江苏
603377	东方时尚	588.0	588.0	0.0	0.0	0.0	教育	北京
603378	亚士创能	206.2	194.8	0.0	0.0	0.0	制造业	上海
603379	三美股份	610.5	193.1	0.0	0.0	0.0	制造业	浙江
603380	易德龙	160.0	160.0	0.0	0.0	0.0	制造业	江苏
603383	顶点软件	168.3	168.3	0.0	0.0	0.0	信息传输、软件和信息技术服务业	福建
603385	惠达卫浴	369.4	369.4	0.0	0.0	0.0	制造业	河北
603386	广东骏亚	224.5	211.4	0.0	0.0	0.0	制造业	广东
603387	基蛋生物	260.3	259.7	0.0	0.0	0.0	制造业	江苏
603388	元成股份	285.1	285.1	0.0	0.0	0.0	建筑业	浙江
603389	*ST 亚振	262.8	262.8	0.0	0.0	0.0	制造业	江苏
603390	通达电气	351.7	128.5	0.0	0.0	0.0	制造业	广东
603392	万泰生物	433.6	43.6	0.0	0.0	0.0	制造业	北京
603393	新天然气	313.6	313.6	0.0	0.0	0.0	电力、热力、燃气及水生产和供应业	新疆
603396	金辰股份	105.8	105.8	0.0	0.0	0.0	制造业	辽宁
603398	邦宝益智	296.4	296.4	0.0	0.0	0.0	制造业	广东
603399	吉翔股份	510.5	508.1	0.0	0.0	0.0	制造业	辽宁
603408	建霖家居	446.7	45.0	0.0	0.0	0.0	制造业	福建
603416	信捷电气	140.6	91.2	0.0	0.0	0.0	制造业	江苏

注：股本的单位为百万股（M Shares）。

上市公司基本信息
Listed Companies in 2020

公司代码 Code	证券简称 Security Name	总股本 Total Vol	A 股流通股 A-Share Negotiable	B 股 B-Share	境外上市股份 H/D/S-Share	优先股 Pref Share	所属行业 Industry	注册地 Area
603421	鼎信通讯	656.7	652.2	0.0	0.0	0.0	信息传输、软件和信息技术服务业	山东
603429	集友股份	380.2	372.6	0.0	0.0	0.0	制造业	安徽
603439	贵州三力	407.3	40.7	0.0	0.0	0.0	制造业	贵州
603444	吉比特	71.9	71.9	0.0	0.0	0.0	信息传输、软件和信息技术服务业	福建
603456	九洲药业	805.2	803.3	0.0	0.0	0.0	制造业	浙江
603458	勘设股份	241.4	236.6	0.0	0.0	0.0	科学研究和技术服务业	贵州
603466	风语筑	291.6	290.2	0.0	0.0	0.0	文化、体育和娱乐业	上海
603477	巨星农牧	467.9	240.0	0.0	0.0	0.0	农、林、牧、渔业	四川
603486	科沃斯	564.4	179.6	0.0	0.0	0.0	制造业	江苏
603488	展鹏科技	292.5	292.0	0.0	0.0	0.0	制造业	江苏
603489	八方股份	120.3	71.4	0.0	0.0	0.0	制造业	江苏
603496	恒为科技	201.0	198.9	0.0	0.0	0.0	制造业	上海
603499	翔港科技	202.2	200.3	0.0	0.0	0.0	制造业	上海
603500	祥和实业	176.4	176.4	0.0	0.0	0.0	制造业	浙江
603501	韦尔股份	867.6	784.5	0.0	0.0	0.0	制造业	上海
603505	金石资源	240.0	237.6	0.0	0.0	0.0	采矿业	浙江
603506	南都物业	134.1	33.5	0.0	0.0	0.0	房地产业	浙江
603507	振江股份	126.8	125.6	0.0	0.0	0.0	制造业	江苏
603508	思维列控	272.5	225.1	0.0	0.0	0.0	制造业	河南
603515	欧普照明	754.7	753.8	0.0	0.0	0.0	制造业	上海
603516	淳中科技	133.3	88.3	0.0	0.0	0.0	制造业	北京
603517	绝味食品	608.6	608.6	0.0	0.0	0.0	制造业	湖南
603518	锦泓集团	252.4	250.0	0.0	0.0	0.0	制造业	江苏
603519	立霸股份	221.9	221.9	0.0	0.0	0.0	制造业	江苏
603520	司太立	244.9	234.7	0.0	0.0	0.0	制造业	浙江
603527	众源新材	243.8	243.8	0.0	0.0	0.0	制造业	安徽
603528	多伦科技	626.8	624.1	0.0	0.0	0.0	制造业	江苏
603530	神马电力	400.0	40.0	0.0	0.0	0.0	制造业	江苏
603533	掌阅科技	401.0	401.0	0.0	0.0	0.0	信息传输、软件和信息技术服务业	北京
603535	嘉诚国际	150.4	150.4	0.0	0.0	0.0	交通运输、仓储和邮政业	广东
603536	惠发食品	171.9	168.0	0.0	0.0	0.0	制造业	山东
603538	美诺华	149.6	147.8	0.0	0.0	0.0	制造业	浙江
603551	奥普家居	400.0	40.0	0.0	0.0	0.0	制造业	浙江
603555	*ST 贵人	628.6	628.6	0.0	0.0	0.0	制造业	福建
603556	海兴电力	488.7	488.7	0.0	0.0	0.0	制造业	浙江
603557	起步股份	472.0	470.0	0.0	0.0	0.0	制造业	浙江
603558	健盛集团	416.4	416.4	0.0	0.0	0.0	制造业	浙江
603559	中通国脉	143.3	143.3	0.0	0.0	0.0	信息传输、软件和信息技术服务业	吉林
603565	中谷物流	666.7	66.7	0.0	0.0	0.0	交通运输、仓储和邮政业	上海
603566	普莱柯	321.5	321.5	0.0	0.0	0.0	制造业	河南
603567	珍宝岛	849.2	849.2	0.0	0.0	0.0	制造业	黑龙江
603568	伟明环保	1256.6	1256.3	0.0	0.0	0.0	水利、环境和公共设施管理业	浙江
603569	长久物流	560.3	560.3	0.0	0.0	0.0	租赁和商务服务业	北京
603577	汇金通	288.3	245.0	0.0	0.0	0.0	制造业	山东
603578	三星新材	91.7	91.4	0.0	0.0	0.0	制造业	浙江
603579	荣泰健康	140.0	140.0	0.0	0.0	0.0	制造业	上海
603580	艾艾精工	130.7	130.7	0.0	0.0	0.0	制造业	上海
603583	捷昌驱动	272.8	147.8	0.0	0.0	0.0	制造业	浙江
603585	苏利股份	180.0	180.0	0.0	0.0	0.0	制造业	江苏
603586	金麒麟	203.6	200.8	0.0	0.0	0.0	制造业	山东

注：股本的单位为百万股（M Shares）。

上市公司基本信息
Listed Companies in 2020

公司代码 Code	证券简称 Security Name	总股本 Total Vol	A 股流通股 A-Share Negotiable	B 股 B-Share	境外上市股份 H/D/S-Share	优先股 Pref Share	所属行业 Industry	注册地 Area
603587	地素时尚	481.2	114.0	0.0	0.0	0.0	制造业	上海
603588	高能环境	806.5	750.1	0.0	0.0	0.0	水利、环境和公共设施管理业	北京
603589	口子窖	600.0	600.0	0.0	0.0	0.0	制造业	安徽
603590	康辰药业	160.0	83.4	0.0	0.0	0.0	制造业	北京
603595	东尼电子	212.9	161.3	0.0	0.0	0.0	制造业	浙江
603596	伯特利	408.6	171.4	0.0	0.0	0.0	制造业	安徽
603598	引力传媒	270.6	267.9	0.0	0.0	0.0	租赁和商务服务业	北京
603599	广信股份	464.7	461.5	0.0	0.0	0.0	制造业	安徽
603600	永艺股份	302.5	302.5	0.0	0.0	0.0	制造业	浙江
603601	再升科技	719.0	719.0	0.0	0.0	0.0	制造业	重庆
603602	纵横通信	203.8	203.8	0.0	0.0	0.0	信息传输、软件和信息技术服务业	浙江
603603	博天环境	417.8	256.3	0.0	0.0	0.0	水利、环境和公共设施管理业	北京
603605	珀莱雅	201.1	200.4	0.0	0.0	0.0	制造业	浙江
603606	东方电缆	654.1	654.1	0.0	0.0	0.0	制造业	浙江
603607	京华激光	178.5	178.5	0.0	0.0	0.0	制造业	浙江
603608	天创时尚	428.9	424.7	0.0	0.0	0.0	制造业	广东
603609	禾丰牧业	922.1	904.3	0.0	0.0	0.0	制造业	辽宁
603610	麒盛科技	207.5	103.0	0.0	0.0	0.0	制造业	浙江
603611	诺力股份	267.2	267.2	0.0	0.0	0.0	制造业	浙江
603612	索通发展	433.6	426.0	0.0	0.0	0.0	制造业	山东
603613	国联股份	237.2	120.2	0.0	0.0	0.0	信息传输、软件和信息技术服务业	北京
603615	茶花股份	244.6	241.8	0.0	0.0	0.0	制造业	福建
603616	韩建河山	293.4	293.4	0.0	0.0	0.0	制造业	北京
603617	君禾股份	199.5	198.1	0.0	0.0	0.0	制造业	浙江
603618	杭电股份	691.0	691.0	0.0	0.0	0.0	制造业	浙江
603619	中曼石油	400.0	400.0	0.0	0.0	0.0	采矿业	上海
603626	科森科技	490.9	482.1	0.0	0.0	0.0	制造业	江苏
603628	清源股份	273.8	273.8	0.0	0.0	0.0	制造业	福建
603629	利通电子	100.0	30.0	0.0	0.0	0.0	制造业	江苏
603630	拉芳家化	226.7	224.4	0.0	0.0	0.0	制造业	广东
603633	徕木股份	263.5	263.5	0.0	0.0	0.0	制造业	上海
603636	南威软件	590.8	590.8	0.0	0.0	0.0	信息传输、软件和信息技术服务业	福建
603637	镇海股份	243.7	243.0	0.0	0.0	0.0	建筑业	浙江
603638	艾迪精密	598.8	559.0	0.0	0.0	0.0	制造业	山东
603639	海利尔	237.4	236.5	0.0	0.0	0.0	制造业	山东
603648	畅联股份	368.7	368.7	0.0	0.0	0.0	租赁和商务服务业	上海
603650	彤程新材	586.0	131.4	0.0	0.0	0.0	制造业	上海
603655	朗博科技	106.0	106.0	0.0	0.0	0.0	制造业	江苏
603656	泰禾智能	153.1	148.9	0.0	0.0	0.0	制造业	安徽
603657	春光科技	134.4	40.1	0.0	0.0	0.0	制造业	浙江
603658	安图生物	451.0	430.6	0.0	0.0	0.0	制造业	河南
603659	璞泰来	496.0	443.3	0.0	0.0	0.0	制造业	上海
603660	苏州科达	499.3	494.2	0.0	0.0	0.0	制造业	江苏
603661	恒林股份	100.0	28.8	0.0	0.0	0.0	制造业	浙江
603662	柯力传感	167.2	76.2	0.0	0.0	0.0	制造业	浙江
603663	三祥新材	192.5	191.8	0.0	0.0	0.0	制造业	福建
603665	康隆达	148.0	148.0	0.0	0.0	0.0	制造业	浙江
603666	亿嘉和	138.6	39.5	0.0	0.0	0.0	制造业	江苏
603667	五洲新春	292.3	263.1	0.0	0.0	0.0	制造业	浙江
603668	天马科技	339.8	338.5	0.0	0.0	0.0	制造业	福建

注：股本的单位为百万股（M Shares）。

上市公司基本信息
Listed Companies in 2020

公司代码 Code	证券简称 Security Name	总股本 Total Vol	A股流通股 A-Share Negotiable	B股 B-Share	境外上市股份 H/D/S-Share	优先股 Pref Share	所属行业 Industry	注册地 Area
603669	灵康药业	713.4	713.4	0.0	0.0	0.0	制造业	西藏
603676	卫信康	423.0	423.0	0.0	0.0	0.0	制造业	西藏
603677	奇精机械	192.1	192.1	0.0	0.0	0.0	制造业	浙江
603678	火炬电子	452.7	452.7	0.0	0.0	0.0	制造业	福建
603679	华体科技	142.9	141.6	0.0	0.0	0.0	制造业	四川
603680	今创集团	790.7	253.0	0.0	0.0	0.0	制造业	江苏
603681	永冠新材	166.6	61.7	0.0	0.0	0.0	制造业	上海
603682	锦和商业	472.5	94.5	0.0	0.0	0.0	租赁和商务服务业	上海
603683	晶华新材	126.7	126.7	0.0	0.0	0.0	制造业	上海
603685	晨丰科技	169.0	169.0	0.0	0.0	0.0	制造业	浙江
603686	龙马环卫	415.7	415.7	0.0	0.0	0.0	制造业	福建
603687	大胜达	410.8	141.8	0.0	0.0	0.0	制造业	浙江
603688	石英股份	353.0	353.0	0.0	0.0	0.0	制造业	江苏
603689	皖天然气	336.0	336.0	0.0	0.0	0.0	电力、热力、燃气及水生产和供应业	安徽
603690	至纯科技	260.0	242.3	0.0	0.0	0.0	制造业	上海
603693	江苏新能	618.0	193.0	0.0	0.0	0.0	电力、热力、燃气及水生产和供应业	江苏
603696	安记食品	235.2	235.2	0.0	0.0	0.0	制造业	福建
603697	有友食品	304.5	89.9	0.0	0.0	0.0	制造业	重庆
603698	航天工程	536.0	536.0	0.0	0.0	0.0	科学研究和技术服务业	北京
603699	纽威股份	750.0	750.0	0.0	0.0	0.0	制造业	江苏
603700	宁水集团	203.2	103.3	0.0	0.0	0.0	制造业	浙江
603701	德宏股份	262.7	261.4	0.0	0.0	0.0	制造业	浙江
603703	盛洋科技	229.7	229.7	0.0	0.0	0.0	制造业	浙江
603706	东方环宇	160.0	58.3	0.0	0.0	0.0	电力、热力、燃气及水生产和供应业	新疆
603707	健友股份	934.2	932.7	0.0	0.0	0.0	制造业	江苏
603708	家家悦	608.4	608.4	0.0	0.0	0.0	批发和零售业	山东
603709	中源家居	80.0	20.0	0.0	0.0	0.0	制造业	浙江
603711	香飘飘	418.2	402.6	0.0	0.0	0.0	制造业	浙江
603712	七一二	772.0	366.4	0.0	0.0	0.0	制造业	天津
603713	密尔克卫	154.7	68.0	0.0	0.0	0.0	交通运输、仓储和邮政业	上海
603716	塞力医疗	205.0	192.5	0.0	0.0	0.0	批发和零售业	湖北
603717	天域生态	241.8	241.8	0.0	0.0	0.0	建筑业	重庆
603718	海利生物	644.0	644.0	0.0	0.0	0.0	制造业	上海
603719	良品铺子	401.0	41.0	0.0	0.0	0.0	批发和零售业	湖北
603721	中广天择	130.0	130.0	0.0	0.0	0.0	文化、体育和娱乐业	湖南
603722	阿科力	87.9	86.7	0.0	0.0	0.0	制造业	江苏
603725	天安新材	205.4	205.4	0.0	0.0	0.0	制造业	广东
603726	朗迪集团	185.7	185.7	0.0	0.0	0.0	制造业	浙江
603727	博迈科	234.2	234.2	0.0	0.0	0.0	采矿业	天津
603728	鸣志电器	416.0	416.0	0.0	0.0	0.0	制造业	上海
603729	龙韵股份	93.3	93.3	0.0	0.0	0.0	租赁和商务服务业	上海
603730	岱美股份	579.5	579.5	0.0	0.0	0.0	制造业	上海
603733	仙鹤股份	706.0	156.0	0.0	0.0	0.0	制造业	浙江
603737	三棵树	268.9	260.7	0.0	0.0	0.0	制造业	福建
603738	泰晶科技	173.3	170.2	0.0	0.0	0.0	制造业	湖北
603739	蔚蓝生物	154.7	74.4	0.0	0.0	0.0	制造业	山东
603755	日辰股份	98.6	34.2	0.0	0.0	0.0	制造业	山东
603757	大元泵业	167.6	164.2	0.0	0.0	0.0	制造业	浙江
603758	秦安股份	438.8	438.8	0.0	0.0	0.0	制造业	重庆
603766	隆鑫通用	2053.5	2053.5	0.0	0.0	0.0	制造业	重庆

注：股本的单位为百万股（M Shares）。

上市公司基本信息
Listed Companies in 2020

公司代码 Code	证券简称 Security Name	总股本 Total Vol	A 股流通股 A-Share Negotiable	B 股 B-Share	境外上市股份 H/D/S-Share	优先股 Pref Share	所属行业 Industry	注册地 Area
603767	中马传动	306.1	301.6	0.0	0.0	0.0	制造业	浙江
603768	常青股份	204.0	204.0	0.0	0.0	0.0	制造业	安徽
603773	沃格光电	94.6	64.3	0.0	0.0	0.0	制造业	江西
603776	永安行	187.6	187.6	0.0	0.0	0.0	科学研究和技术服务业	江苏
603777	来伊份	337.1	336.6	0.0	0.0	0.0	批发和零售业	上海
603778	乾景园林	642.9	500.0	0.0	0.0	0.0	建筑业	北京
603779	ST 威龙	332.7	305.5	0.0	0.0	0.0	制造业	山东
603786	科博达	400.1	40.1	0.0	0.0	0.0	制造业	上海
603787	新日股份	204.0	204.0	0.0	0.0	0.0	制造业	江苏
603788	宁波高发	223.1	223.1	0.0	0.0	0.0	制造业	浙江
603789	星光农机	260.0	260.0	0.0	0.0	0.0	制造业	浙江
603790	雅运股份	191.4	61.6	0.0	0.0	0.0	制造业	上海
603797	联泰环保	449.8	449.8	0.0	0.0	0.0	水利、环境和公共设施管理业	广东
603798	康普顿	200.0	200.0	0.0	0.0	0.0	制造业	山东
603799	华友钴业	1141.3	1107.2	0.0	0.0	0.0	制造业	浙江
603800	道森股份	208.0	208.0	0.0	0.0	0.0	制造业	江苏
603801	志邦家居	223.3	217.8	0.0	0.0	0.0	制造业	安徽
603803	瑞斯康达	421.1	421.1	0.0	0.0	0.0	制造业	北京
603806	福斯特	769.6	769.6	0.0	0.0	0.0	制造业	浙江
603808	歌力思	332.5	332.5	0.0	0.0	0.0	制造业	广东
603809	豪能股份	216.3	209.1	0.0	0.0	0.0	制造业	四川
603810	丰山集团	116.2	55.3	0.0	0.0	0.0	制造业	江苏
603811	诚意药业	167.0	167.0	0.0	0.0	0.0	制造业	浙江
603813	原尚股份	88.8	88.8	0.0	0.0	0.0	交通运输、仓储和邮政业	广东
603815	交建股份	499.0	163.3	0.0	0.0	0.0	建筑业	安徽
603816	顾家家居	632.4	622.8	0.0	0.0	0.0	制造业	浙江
603817	海峡环保	450.0	450.0	0.0	0.0	0.0	电力、热力、燃气及水生产和供应业	福建
603818	曲美家居	582.9	484.1	0.0	0.0	0.0	制造业	北京
603819	神力股份	217.7	217.3	0.0	0.0	0.0	制造业	江苏
603822	嘉澳环保	73.4	73.4	0.0	0.0	0.0	制造业	浙江
603823	百合花	315.0	315.0	0.0	0.0	0.0	制造业	浙江
603825	华扬联众	228.6	226.4	0.0	0.0	0.0	信息传输、软件和信息技术服务业	北京
603826	坤彩科技	468.0	468.0	0.0	0.0	0.0	制造业	福建
603828	柯利达	562.1	547.6	0.0	0.0	0.0	建筑业	江苏
603829	洛凯股份	160.0	72.4	0.0	0.0	0.0	制造业	江苏
603833	欧派家居	596.4	596.4	0.0	0.0	0.0	制造业	广东
603838	四通股份	320.0	284.8	0.0	0.0	0.0	制造业	广东
603839	安正时尚	400.1	400.1	0.0	0.0	0.0	制造业	浙江
603843	正平股份	560.0	560.0	0.0	0.0	0.0	建筑业	青海
603848	好太太	401.0	401.0	0.0	0.0	0.0	制造业	广东
603855	华荣股份	337.7	331.1	0.0	0.0	0.0	制造业	上海
603856	东宏股份	256.4	256.4	0.0	0.0	0.0	制造业	山东
603858	步长制药	1141.6	1141.6	0.0	0.0	0.0	制造业	山东
603859	能科股份	139.2	129.8	0.0	0.0	0.0	科学研究和技术服务业	北京
603860	中公高科	66.7	66.7	0.0	0.0	0.0	科学研究和技术服务业	北京
603861	白云电器	441.8	412.8	0.0	0.0	0.0	制造业	广东
603863	松炀资源	205.9	108.6	0.0	0.0	0.0	制造业	广东
603866	桃李面包	680.2	680.2	0.0	0.0	0.0	制造业	辽宁
603867	新化股份	140.9	84.7	0.0	0.0	0.0	制造业	浙江
603868	飞科电器	435.6	435.6	0.0	0.0	0.0	制造业	上海

注：股本的单位为百万股（M Shares）。

上市公司基本信息
Listed Companies in 2020

公司代码 Code	证券简称 Security Name	总股本 Total Vol	A股流通股 A-Share Negotiable	B股 B-Share	境外上市股份 H/D/S-Share	优先股 Pref Share	所属行业 Industry	注册地 Area
603869	新智认知	504.5	504.5	0.0	0.0	0.0	信息传输、软件和信息技术服务业	广西
603871	嘉友国际	219.5	54.9	0.0	0.0	0.0	交通运输、仓储和邮政业	北京
603876	鼎胜新材	433.6	239.3	0.0	0.0	0.0	制造业	江苏
603877	太平鸟	476.7	476.7	0.0	0.0	0.0	制造业	浙江
603878	武进不锈	400.8	400.8	0.0	0.0	0.0	制造业	江苏
603879	永悦科技	279.4	279.4	0.0	0.0	0.0	制造业	福建
603880	南卫股份	225.2	219.7	0.0	0.0	0.0	制造业	江苏
603881	数据港	234.9	210.6	0.0	0.0	0.0	信息传输、软件和信息技术服务业	上海
603882	金域医学	459.5	459.5	0.0	0.0	0.0	卫生和社会工作	广东
603883	老百姓	408.7	407.4	0.0	0.0	0.0	批发和零售业	湖南
603885	吉祥航空	1966.1	1797.0	0.0	0.0	0.0	交通运输、仓储和邮政业	上海
603886	元祖股份	240.0	240.0	0.0	0.0	0.0	制造业	上海
603887	城地香江	375.6	286.6	0.0	0.0	0.0	信息传输、软件和信息技术服务业	上海
603888	新华网	519.0	519.0	0.0	0.0	0.0	信息传输、软件和信息技术服务业	北京
603889	新澳股份	511.7	511.7	0.0	0.0	0.0	制造业	浙江
603890	春秋电子	384.8	378.3	0.0	0.0	0.0	制造业	江苏
603893	瑞芯微	415.9	42.0	0.0	0.0	0.0	制造业	福建
603895	天永智能	108.1	32.8	0.0	0.0	0.0	制造业	上海
603896	寿仙谷	143.5	142.2	0.0	0.0	0.0	制造业	浙江
603897	长城科技	178.4	55.5	0.0	0.0	0.0	制造业	浙江
603898	好莱客	311.3	311.3	0.0	0.0	0.0	制造业	广东
603899	晨光文具	927.4	920.0	0.0	0.0	0.0	制造业	上海
603900	莱绅通灵	340.5	340.5	0.0	0.0	0.0	批发和零售业	江苏
603901	永创智能	439.4	431.0	0.0	0.0	0.0	制造业	浙江
603903	中持股份	202.3	202.3	0.0	0.0	0.0	水利、环境和公共设施管理业	北京
603906	龙蟠科技	344.4	342.9	0.0	0.0	0.0	制造业	江苏
603908	牧高笛	66.7	66.7	0.0	0.0	0.0	制造业	浙江
603909	合诚股份	143.2	143.2	0.0	0.0	0.0	科学研究和技术服务业	福建
603912	佳力图	217.0	212.7	0.0	0.0	0.0	制造业	江苏
603915	国茂股份	472.5	124.9	0.0	0.0	0.0	制造业	江苏
603916	苏博特	350.3	345.1	0.0	0.0	0.0	制造业	江苏
603917	合力科技	156.8	156.8	0.0	0.0	0.0	制造业	浙江
603918	金桥信息	235.0	232.4	0.0	0.0	0.0	信息传输、软件和信息技术服务业	上海
603919	金徽酒	507.3	491.3	0.0	0.0	0.0	制造业	甘肃
603920	世运电路	409.5	407.1	0.0	0.0	0.0	制造业	广东
603922	金鸿顺	128.0	128.0	0.0	0.0	0.0	制造业	江苏
603926	铁流股份	160.2	158.6	0.0	0.0	0.0	制造业	浙江
603927	中科软	424.0	324.6	0.0	0.0	0.0	信息传输、软件和信息技术服务业	北京
603928	兴业股份	201.6	201.6	0.0	0.0	0.0	制造业	江苏
603929	亚翔集成	213.4	213.4	0.0	0.0	0.0	建筑业	江苏
603931	格林达	101.8	25.5	0.0	0.0	0.0	制造业	浙江
603933	睿能科技	201.2	201.2	0.0	0.0	0.0	制造业	福建
603936	博敏电子	511.0	396.7	0.0	0.0	0.0	制造业	广东
603937	丽岛新材	208.9	208.9	0.0	0.0	0.0	制造业	江苏
603938	三孚股份	150.2	150.2	0.0	0.0	0.0	制造业	河北
603939	益丰药房	531.1	514.6	0.0	0.0	0.0	批发和零售业	湖南
603948	建业股份	160.0	40.0	0.0	0.0	0.0	制造业	浙江
603949	雪龙集团	209.8	52.5	0.0	0.0	0.0	制造业	浙江
603950	长源东谷	231.5	57.9	0.0	0.0	0.0	制造业	湖北
603955	大千生态	135.7	135.7	0.0	0.0	0.0	建筑业	江苏

注：股本的单位为百万股（M Shares）。

上市公司基本信息
Listed Companies in 2020

公司代码 Code	证券简称 Security Name	总股本 Total Vol	A 股流通股 A-Share Negotiable	B 股 B-Share	境外上市股份 H/D/S-Share	优先股 Pref Share	所属行业 Industry	注册地 Area
603956	威派格	426.0	87.9	0.0	0.0	0.0	制造业	上海
603958	哈森股份	217.4	217.4	0.0	0.0	0.0	制造业	江苏
603959	百利科技	490.3	490.3	0.0	0.0	0.0	建筑业	湖南
603960	克来机电	260.9	257.3	0.0	0.0	0.0	制造业	上海
603963	大理药业	219.7	219.7	0.0	0.0	0.0	制造业	云南
603966	法兰泰克	211.0	209.8	0.0	0.0	0.0	制造业	江苏
603967	中创物流	266.7	66.7	0.0	0.0	0.0	交通运输、仓储和邮政业	山东
603968	醋化股份	204.5	204.5	0.0	0.0	0.0	制造业	江苏
603969	银龙股份	841.0	841.0	0.0	0.0	0.0	制造业	天津
603970	中农立华	192.0	95.5	0.0	0.0	0.0	批发和零售业	北京
603976	正川股份	151.2	151.2	0.0	0.0	0.0	制造业	重庆
603977	国泰集团	551.6	433.3	0.0	0.0	0.0	制造业	江西
603978	深圳新星	160.0	160.0	0.0	0.0	0.0	制造业	广东
603979	金诚信	583.4	583.4	0.0	0.0	0.0	采矿业	北京
603980	吉华集团	700.0	700.0	0.0	0.0	0.0	制造业	浙江
603982	泉峰汽车	201.5	81.4	0.0	0.0	0.0	制造业	江苏
603983	丸美股份	401.0	77.0	0.0	0.0	0.0	制造业	广东
603985	恒润股份	203.8	203.8	0.0	0.0	0.0	制造业	江苏
603986	兆易创新	471.6	439.2	0.0	0.0	0.0	制造业	北京
603987	康德莱	441.6	436.4	0.0	0.0	0.0	制造业	上海
603988	中电电机	235.2	235.2	0.0	0.0	0.0	制造业	江苏
603989	艾华集团	396.2	396.2	0.0	0.0	0.0	制造业	湖南
603990	麦迪科技	165.5	145.6	0.0	0.0	0.0	信息传输、软件和信息技术服务业	江苏
603991	至正股份	74.5	74.5	0.0	0.0	0.0	制造业	上海
603992	松霖科技	401.0	44.8	0.0	0.0	0.0	制造业	福建
603993	洛阳钼业	21599.2	17665.8	0.0	3933.5	0.0	采矿业	河南
603995	甬金股份	230.7	103.3	0.0	0.0	0.0	制造业	浙江
603996	*ST 中新	300.2	300.2	0.0	0.0	0.0	制造业	浙江
603997	继峰股份	1021.2	780.6	0.0	0.0	0.0	制造业	浙江
603998	方盛制药	429.4	429.4	0.0	0.0	0.0	制造业	湖南
603999	读者传媒	576.0	576.0	0.0	0.0	0.0	文化、体育和娱乐业	甘肃
605001	威奥股份	302.2	75.6	0.0	0.0	0.0	制造业	山东
605003	众望布艺	88.0	22.0	0.0	0.0	0.0	制造业	浙江
605006	山东玻纤	500.0	100.0	0.0	0.0	0.0	制造业	山东
605007	五洲特纸	400.0	40.0	0.0	0.0	0.0	制造业	浙江
605008	长鸿高科	458.8	46.0	0.0	0.0	0.0	制造业	浙江
605009	豪悦护理	106.7	26.7	0.0	0.0	0.0	制造业	浙江
605018	长华股份	416.7	41.7	0.0	0.0	0.0	制造业	浙江
605050	福然德	435.0	75.0	0.0	0.0	0.0	交通运输、仓储和邮政业	上海
605058	澳弘电子	142.9	35.7	0.0	0.0	0.0	制造业	江苏
605066	天正电气	401.0	71.0	0.0	0.0	0.0	制造业	浙江
605068	明新旭腾	166.0	41.5	0.0	0.0	0.0	制造业	浙江
605088	冠盛股份	160.0	40.0	0.0	0.0	0.0	制造业	浙江
605099	共创草坪	400.1	40.1	0.0	0.0	0.0	制造业	江苏
605100	华丰股份	86.7	21.7	0.0	0.0	0.0	制造业	山东
605108	同庆楼	200.0	50.0	0.0	0.0	0.0	住宿和餐饮业	安徽
605111	新洁能	101.2	25.3	0.0	0.0	0.0	制造业	江苏
605116	奥锐特	401.0	41.0	0.0	0.0	0.0	制造业	浙江
605118	力鼎光电	405.5	41.0	0.0	0.0	0.0	制造业	福建
605123	派克新材	108.0	27.0	0.0	0.0	0.0	制造业	江苏

注：股本的单位为百万股（M Shares）。

上市公司基本信息
Listed Companies in 2020

公司代码 Code	证券简称 Security Name	总股本 Total Vol	A股流通股 A-Share Negotiable	B股 B-Share	境外上市股份 H/D/S-Share	优先股 Pref Share	所属行业 Industry	注册地 Area
605128	上海沿浦	80.0	20.0	0.0	0.0	0.0	制造业	上海
605136	丽人丽妆	400.0	40.0	0.0	0.0	0.0	批发和零售业	上海
605151	西上海	133.3	33.3	0.0	0.0	0.0	制造业	上海
605155	西大门	96.0	24.0	0.0	0.0	0.0	制造业	浙江
605158	华达新材	393.4	98.4	0.0	0.0	0.0	制造业	浙江
605166	聚合顺	315.5	78.9	0.0	0.0	0.0	制造业	浙江
605168	三人行	69.7	17.3	0.0	0.0	0.0	租赁和商务服务业	陕西
605169	洪通燃气	160.0	40.0	0.0	0.0	0.0	电力、热力、燃气及水生产和供应业	新疆
605177	东亚药业	113.6	28.4	0.0	0.0	0.0	制造业	浙江
605178	时空科技	70.9	17.7	0.0	0.0	0.0	建筑业	北京
605179	一鸣食品	401.0	61.0	0.0	0.0	0.0	制造业	浙江
605183	确成股份	414.0	48.7	0.0	0.0	0.0	制造业	江苏
605186	健麾信息	136.0	34.0	0.0	0.0	0.0	制造业	上海
605188	国光连锁	495.6	49.6	0.0	0.0	0.0	批发和零售业	江西
605198	德利股份	378.0	20.0	0.0	107.5	0.0	制造业	山东
605199	葫芦娃	400.1	40.1	0.0	0.0	0.0	制造业	海南
605218	伟时电子	212.8	53.2	0.0	0.0	0.0	制造业	江苏
605222	起帆电缆	400.6	50.0	0.0	0.0	0.0	制造业	上海
605255	天普股份	134.1	33.5	0.0	0.0	0.0	制造业	浙江
605258	协和电子	88.0	22.0	0.0	0.0	0.0	制造业	江苏
605266	健之佳	53.0	13.3	0.0	0.0	0.0	批发和零售业	云南
605288	凯迪股份	50.0	12.5	0.0	0.0	0.0	制造业	江苏
605299	舒华体育	411.5	50.0	0.0	0.0	0.0	制造业	福建
605318	法狮龙	129.2	32.3	0.0	0.0	0.0	制造业	浙江
605333	沪光股份	401.0	40.1	0.0	0.0	0.0	制造业	江苏
605336	帅丰电器	140.8	35.2	0.0	0.0	0.0	制造业	浙江
605338	巴比食品	248.0	62.0	0.0	0.0	0.0	制造业	上海
605358	立昂微	400.6	40.6	0.0	0.0	0.0	制造业	浙江
605366	宏柏新材	332.0	83.0	0.0	0.0	0.0	制造业	江西
605369	拱东医疗	80.0	20.0	0.0	0.0	0.0	制造业	浙江
605376	博迁新材	261.6	65.4	0.0	0.0	0.0	制造业	江苏
605377	华旺科技	203.9	51.0	0.0	0.0	0.0	制造业	浙江
605388	均瑶健康	430.0	70.0	0.0	0.0	0.0	制造业	湖北
605399	晨光新材	184.0	46.0	0.0	0.0	0.0	制造业	江西
605500	森林包装	200.0	50.0	0.0	0.0	0.0	制造业	浙江
688001	华兴源创	438.5	39.8	0.0	0.0	0.0	制造业	江苏
688002	睿创微纳	445.0	230.4	0.0	0.0	0.0	制造业	山东
688003	天准科技	193.6	72.4	0.0	0.0	0.0	制造业	江苏
688004	博汇科技	56.8	13.7	0.0	0.0	0.0	信息传输、软件和信息技术服务业	北京
688005	容百科技	443.3	275.1	0.0	0.0	0.0	制造业	浙江
688006	杭可科技	401.0	109.1	0.0	0.0	0.0	制造业	浙江
688007	光峰科技	452.8	285.9	0.0	0.0	0.0	制造业	广东
688008	澜起科技	1129.8	420.2	0.0	0.0	0.0	制造业	上海
688009	中国通号	10589.8	2012.0	0.0	1968.8	0.0	制造业	北京
688010	福光股份	153.6	61.3	0.0	0.0	0.0	制造业	福建
688011	新光光电	100.0	41.0	0.0	0.0	0.0	制造业	黑龙江
688012	中微公司	534.9	246.4	0.0	0.0	0.0	制造业	上海
688013	天臣医疗	80.0	16.5	0.0	0.0	0.0	制造业	江苏
688015	交控科技	160.0	91.7	0.0	0.0	0.0	制造业	北京
688016	心脉医疗	72.0	37.5	0.0	0.0	0.0	制造业	上海

注：股本的单位为百万股（M Shares）。

上市公司基本信息
Listed Companies in 2020

公司代码 Code	证券简称 Security Name	总股本 Total Vol	A 股流通股 A-Share Negotiable	B 股 B-Share	境外上市股份 H/D/S-Share	优先股 Pref Share	所属行业 Industry	注册地 Area
688017	绿的谐波	120.4	27.8	0.0	0.0	0.0	制造业	江苏
688018	乐鑫科技	80.0	44.6	0.0	0.0	0.0	信息传输、软件和信息技术服务业	上海
688019	安集科技	53.1	30.1	0.0	0.0	0.0	制造业	上海
688020	方邦股份	80.0	36.8	0.0	0.0	0.0	制造业	广东
688021	奥福环保	77.3	45.7	0.0	0.0	0.0	制造业	山东
688022	瀚川智能	108.0	58.0	0.0	0.0	0.0	制造业	江苏
688023	安恒信息	74.1	52.0	0.0	0.0	0.0	信息传输、软件和信息技术服务业	浙江
688025	杰普特	92.4	48.7	0.0	0.0	0.0	制造业	广东
688026	洁特生物	100.0	24.7	0.0	0.0	0.0	制造业	广东
688027	国盾量子	80.0	17.5	0.0	0.0	0.0	制造业	安徽
688028	沃尔德	80.0	37.6	0.0	0.0	0.0	制造业	北京
688029	南微医学	133.3	43.9	0.0	0.0	0.0	制造业	江苏
688030	山石网科	180.2	94.7	0.0	0.0	0.0	信息传输、软件和信息技术服务业	江苏
688033	天宜上佳	448.7	305.7	0.0	0.0	0.0	制造业	北京
688036	传音控股	800.0	391.5	0.0	0.0	0.0	制造业	广东
688037	芯源微	84.0	44.3	0.0	0.0	0.0	制造业	辽宁
688039	当虹科技	80.0	48.9	0.0	0.0	0.0	信息传输、软件和信息技术服务业	浙江
688050	爱博医疗	105.1	21.7	0.0	0.0	0.0	制造业	北京
688051	佳华科技	77.3	18.6	0.0	0.0	0.0	信息传输、软件和信息技术服务业	北京
688055	龙腾光电	3333.3	272.6	0.0	0.0	0.0	制造业	江苏
688056	莱伯泰科	67.0	15.7	0.0	0.0	0.0	制造业	北京
688057	金达莱	276.0	64.0	0.0	0.0	0.0	水利、环境和公共设施管理业	江西
688058	宝兰德	40.0	21.9	0.0	0.0	0.0	信息传输、软件和信息技术服务业	北京
688060	云涌科技	60.0	13.8	0.0	0.0	0.0	信息传输、软件和信息技术服务业	江苏
688063	派能科技	154.8	37.1	0.0	0.0	0.0	制造业	上海
688065	凯赛生物	416.7	38.0	0.0	0.0	0.0	制造业	上海
688066	航天宏图	166.3	97.2	0.0	0.0	0.0	信息传输、软件和信息技术服务业	北京
688068	热景生物	62.2	43.3	0.0	0.0	0.0	制造业	北京
688069	德林海	59.5	13.7	0.0	0.0	0.0	水利、环境和公共设施管理业	江苏
688077	大地熊	80.0	18.6	0.0	0.0	0.0	制造业	安徽
688078	龙软科技	70.8	35.0	0.0	0.0	0.0	信息传输、软件和信息技术服务业	北京
688080	映翰通	52.4	12.6	0.0	0.0	0.0	制造业	北京
688081	兴图新科	73.6	17.7	0.0	0.0	0.0	制造业	湖北
688085	三友医疗	205.3	45.6	0.0	0.0	0.0	制造业	上海
688086	紫晶存储	190.4	45.9	0.0	0.0	0.0	制造业	广东
688088	虹软科技	406.0	266.1	0.0	0.0	0.0	信息传输、软件和信息技术服务业	浙江
688089	嘉必优	120.0	65.6	0.0	0.0	0.0	制造业	湖北
688090	瑞松科技	67.4	16.2	0.0	0.0	0.0	制造业	广东
688093	世华科技	172.0	39.5	0.0	0.0	0.0	制造业	江苏
688095	福昕软件	48.1	11.0	0.0	0.0	0.0	信息传输、软件和信息技术服务业	福建
688096	京源环保	107.3	25.9	0.0	0.0	0.0	制造业	江苏
688098	申联生物	409.7	261.0	0.0	0.0	0.0	制造业	上海
688099	晶晨股份	411.1	212.6	0.0	0.0	0.0	信息传输、软件和信息技术服务业	上海
688100	威胜信息	500.0	44.4	0.0	0.0	0.0	制造业	湖南
688101	三达膜	333.9	179.6	0.0	0.0	0.0	制造业	陕西
688106	金宏气体	484.3	108.3	0.0	0.0	0.0	制造业	江苏
688108	赛诺医疗	410.0	288.6	0.0	0.0	0.0	制造业	天津
688111	金山办公	461.0	217.7	0.0	0.0	0.0	信息传输、软件和信息技术服务业	北京
688116	天奈科技	231.9	179.0	0.0	0.0	0.0	制造业	江苏
688118	普元信息	95.4	66.9	0.0	0.0	0.0	信息传输、软件和信息技术服务业	上海

注：股本的单位为百万股（M Shares）。

上市公司基本信息
Listed Companies in 2020

公司代码 Code	证券简称 Security Name	总股本 Total Vol	A 股流通股 A-Share Negotiable	B 股 B-Share	境外上市股份 H/D/S-Share	优先股 Pref Share	所属行业 Industry	注册地 Area
688122	西部超导	441.3	312.2	0.0	0.0	0.0	制造业	陕西
688123	聚辰股份	120.8	83.1	0.0	0.0	0.0	制造业	上海
688126	沪硅产业	2480.3	499.5	0.0	0.0	0.0	制造业	上海
688127	蓝特光学	401.6	37.6	0.0	0.0	0.0	制造业	浙江
688128	中国电研	404.5	94.4	0.0	0.0	0.0	制造业	广东
688129	东来技术	120.0	27.4	0.0	0.0	0.0	制造业	上海
688133	泰坦科技	76.2	16.4	0.0	0.0	0.0	科学研究和技术服务业	上海
688135	利扬芯片	136.4	28.4	0.0	0.0	0.0	制造业	广东
688136	科兴制药	198.7	41.0	0.0	0.0	0.0	制造业	山东
688138	清溢光电	266.8	79.0	0.0	0.0	0.0	制造业	广东
688139	海尔生物	317.1	183.3	0.0	0.0	0.0	制造业	山东
688155	先惠技术	75.6	17.5	0.0	0.0	0.0	制造业	上海
688156	路德环境	91.8	21.0	0.0	0.0	0.0	水利、环境和公共设施管理业	湖北
688157	松井股份	79.6	19.2	0.0	0.0	0.0	制造业	湖南
688158	优刻得	422.5	48.5	0.0	0.0	0.0	信息传输、软件和信息技术服务业	上海
688159	有方科技	91.7	20.2	0.0	0.0	0.0	制造业	广东
688160	步科股份	84.0	19.2	0.0	0.0	0.0	制造业	上海
688165	埃夫特	521.8	118.7	0.0	0.0	0.0	制造业	安徽
688166	博瑞医药	410.0	180.9	0.0	0.0	0.0	制造业	江苏
688168	安博通	51.2	28.5	0.0	0.0	0.0	信息传输、软件和信息技术服务业	北京
688169	石头科技	66.7	16.6	0.0	0.0	0.0	制造业	北京
688177	百奥泰	414.1	59.0	0.0	0.0	0.0	制造业	广东
688178	万德斯	85.0	20.6	0.0	0.0	0.0	水利、环境和公共设施管理业	江苏
688179	阿拉丁	100.9	22.9	0.0	0.0	0.0	科学研究和技术服务业	上海
688180	君实生物	872.5	70.9	0.0	182.7	0.0	制造业	上海
688181	八亿时空	96.5	22.2	0.0	0.0	0.0	制造业	北京
688185	康希诺	247.4	23.1	0.0	132.7	0.0	制造业	天津
688186	广大特材	164.8	40.3	0.0	0.0	0.0	制造业	江苏
688188	柏楚电子	100.0	26.2	0.0	0.0	0.0	信息传输、软件和信息技术服务业	上海
688189	南新制药	140.0	33.6	0.0	0.0	0.0	制造业	湖南
688196	卓越新能	120.0	29.1	0.0	0.0	0.0	制造业	福建
688198	佰仁医疗	96.0	23.0	0.0	0.0	0.0	制造业	北京
688199	久日新材	111.2	78.5	0.0	0.0	0.0	制造业	天津
688200	华峰测控	61.2	14.3	0.0	0.0	0.0	制造业	北京
688202	美迪西	62.0	26.2	0.0	0.0	0.0	科学研究和技术服务业	上海
688208	道通科技	450.0	49.2	0.0	0.0	0.0	制造业	广东
688215	瑞晟智能	40.0	9.2	0.0	0.0	0.0	制造业	浙江
688218	江苏北人	117.3	82.4	0.0	0.0	0.0	制造业	江苏
688219	会通股份	459.3	41.8	0.0	0.0	0.0	制造业	安徽
688221	前沿生物	359.8	82.6	0.0	0.0	0.0	制造业	江苏
688222	成都先导	400.7	37.8	0.0	0.0	0.0	科学研究和技术服务业	四川
688228	开普云	67.1	15.2	0.0	0.0	0.0	信息传输、软件和信息技术服务业	广东
688229	博睿数据	44.4	10.2	0.0	0.0	0.0	信息传输、软件和信息技术服务业	北京
688233	神工股份	160.0	38.4	0.0	0.0	0.0	制造业	辽宁
688256	寒武纪	400.1	33.6	0.0	0.0	0.0	信息传输、软件和信息技术服务业	北京
688258	卓易信息	87.0	42.8	0.0	0.0	0.0	信息传输、软件和信息技术服务业	江苏
688266	泽璟制药	240.0	59.3	0.0	0.0	0.0	制造业	江苏
688268	华特气体	120.0	33.7	0.0	0.0	0.0	制造业	广东
688277	天智航	418.4	35.3	0.0	0.0	0.0	制造业	北京
688278	特宝生物	406.8	40.2	0.0	0.0	0.0	制造业	福建

注：股本的单位为百万股（M Shares）。

上市公司基本信息
Listed Companies in 2020

公司代码 Code	证券简称 Security Name	总股本 Total Vol	A 股流通股 A-Share Negotiable	B 股 B-Share	境外上市股份 H/D/S-Share	优先股 Pref Share	所属行业 Industry	注册地 Area
688286	敏芯股份	53.2	12.4	0.0	0.0	0.0	制造业	江苏
688288	鸿泉物联	100.0	51.7	0.0	0.0	0.0	制造业	浙江
688289	圣湘生物	400.0	33.3	0.0	0.0	0.0	制造业	湖南
688298	东方生物	120.0	29.2	0.0	0.0	0.0	制造业	浙江
688299	长阳科技	282.6	224.4	0.0	0.0	0.0	制造业	浙江
688300	联瑞新材	86.0	52.6	0.0	0.0	0.0	制造业	江苏
688301	奕瑞科技	72.5	15.7	0.0	0.0	0.0	制造业	上海
688308	欧科亿	100.0	24.0	0.0	0.0	0.0	制造业	湖南
688309	恒誉环保	80.0	18.4	0.0	0.0	0.0	制造业	山东
688310	迈得医疗	83.6	36.9	0.0	0.0	0.0	制造业	浙江
688311	盟升电子	114.7	26.6	0.0	0.0	0.0	制造业	四川
688312	燕麦科技	143.5	32.9	0.0	0.0	0.0	制造业	广东
688313	仕佳光子	458.8	42.1	0.0	0.0	0.0	制造业	河南
688318	财富趋势	66.7	16.2	0.0	0.0	0.0	信息传输、软件和信息技术服务业	广东
688321	微芯生物	410.0	252.0	0.0	0.0	0.0	制造业	广东
688330	宏力达	100.0	23.3	0.0	0.0	0.0	制造业	上海
688333	铂力特	80.0	45.3	0.0	0.0	0.0	制造业	陕西
688335	复洁环保	72.5	16.7	0.0	0.0	0.0	制造业	上海
688336	三生国健	616.2	56.5	0.0	0.0	0.0	制造业	上海
688338	赛科希德	81.6	19.0	0.0	0.0	0.0	制造业	北京
688339	亿华通	70.5	16.1	0.0	0.0	0.0	制造业	北京
688356	键凯科技	60.0	13.7	0.0	0.0	0.0	制造业	北京
688357	建龙微纳	57.8	26.8	0.0	0.0	0.0	制造业	河南
688358	祥生医疗	80.0	19.2	0.0	0.0	0.0	制造业	江苏
688360	德马科技	85.7	20.5	0.0	0.0	0.0	制造业	浙江
688363	华熙生物	480.0	93.7	0.0	0.0	0.0	制造业	山东
688365	光云科技	401.0	35.5	0.0	0.0	0.0	信息传输、软件和信息技术服务业	浙江
688366	昊海生科	177.8	39.5	0.0	40.0	0.0	制造业	上海
688368	晶丰明源	61.6	15.3	0.0	0.0	0.0	信息传输、软件和信息技术服务业	上海
688369	致远互联	77.0	58.5	0.0	0.0	0.0	信息传输、软件和信息技术服务业	北京
688377	迪威尔	194.7	44.6	0.0	0.0	0.0	制造业	江苏
688378	奥来德	73.1	15.1	0.0	0.0	0.0	制造业	吉林
688379	华光新材	88.0	20.2	0.0	0.0	0.0	制造业	浙江
688386	泛亚微透	70.0	14.4	0.0	0.0	0.0	制造业	江苏
688388	嘉元科技	230.9	166.2	0.0	0.0	0.0	制造业	广东
688389	普门科技	422.2	155.9	0.0	0.0	0.0	制造业	广东
688390	固德威	88.0	20.2	0.0	0.0	0.0	制造业	江苏
688393	安必平	93.3	21.4	0.0	0.0	0.0	制造业	广东
688396	华润微	1215.9	254.9	0.0	0.0	0.0	制造业	其他
688398	赛特新材	80.0	19.4	0.0	0.0	0.0	制造业	福建
688399	硕世生物	58.6	34.4	0.0	0.0	0.0	制造业	江苏
688408	中信博	135.7	31.6	0.0	0.0	0.0	制造业	江苏
688418	震有科技	193.6	40.2	0.0	0.0	0.0	制造业	广东
688466	金科环境	102.8	24.7	0.0	0.0	0.0	水利、环境和公共设施管理业	北京
688488	艾迪药业	420.0	51.8	0.0	0.0	0.0	制造业	江苏
688500	慧辰资讯	74.3	17.1	0.0	0.0	0.0	信息传输、软件和信息技术服务业	北京
688505	复旦张江	1043.0	97.7	0.0	340.0	0.0	制造业	上海
688508	芯朋微	112.8	25.7	0.0	0.0	0.0	信息传输、软件和信息技术服务业	江苏
688510	航亚科技	258.4	62.4	0.0	0.0	0.0	制造业	江苏
688513	苑东生物	120.1	24.8	0.0	0.0	0.0	制造业	四川

注：股本的单位为百万股（M Shares）。

上市公司基本信息
Listed Companies in 2020

公司代码 Code	证券简称 Security Name	总股本 Total Vol	A股流通股 A-Share Negotiable	B股 B-Share	境外上市股份 H/D/S-Share	优先股 Pref Share	所属行业 Industry	注册地 Area
688516	奥特维	98.7	21.4	0.0	0.0	0.0	制造业	江苏
688518	联赢激光	299.2	71.5	0.0	0.0	0.0	制造业	广东
688519	南亚新材	234.4	48.9	0.0	0.0	0.0	制造业	上海
688520	神州细胞	435.3	50.0	0.0	0.0	0.0	制造业	北京
688521	芯原股份	485.5	43.9	0.0	0.0	0.0	信息传输、软件和信息技术服务业	上海
688526	科前生物	465.0	80.1	0.0	0.0	0.0	制造业	湖北
688528	秦川物联	168.0	38.6	0.0	0.0	0.0	制造业	四川
688529	豪森股份	128.0	29.6	0.0	0.0	0.0	制造业	辽宁
688536	思瑞浦	80.0	18.2	0.0	0.0	0.0	信息传输、软件和信息技术服务业	江苏
688550	瑞联新材	70.2	16.3	0.0	0.0	0.0	制造业	陕西
688551	科威尔	80.0	18.5	0.0	0.0	0.0	制造业	安徽
688555	泽达易盛	83.1	19.9	0.0	0.0	0.0	信息传输、软件和信息技术服务业	天津
688556	高测股份	161.9	37.4	0.0	0.0	0.0	制造业	山东
688557	兰剑智能	72.7	16.6	0.0	0.0	0.0	制造业	山东
688558	国盛智科	132.0	31.8	0.0	0.0	0.0	制造业	江苏
688559	海目星	200.0	46.4	0.0	0.0	0.0	制造业	广东
688560	明冠新材	164.1	35.4	0.0	0.0	0.0	制造业	江西
688561	奇安信	679.6	69.6	0.0	0.0	0.0	信息传输、软件和信息技术服务业	北京
688566	吉贝尔	186.9	40.2	0.0	0.0	0.0	制造业	江苏
688567	孚能科技	1070.7	153.2	0.0	0.0	0.0	制造业	江西
688568	中科星图	220.0	47.5	0.0	0.0	0.0	信息传输、软件和信息技术服务业	北京
688569	铁科轨道	210.7	48.4	0.0	0.0	0.0	制造业	北京
688571	杭华股份	320.0	76.7	0.0	0.0	0.0	制造业	浙江
688577	浙海德曼	54.0	12.3	0.0	0.0	0.0	制造业	浙江
688578	艾力斯	450.0	69.9	0.0	0.0	0.0	制造业	上海
688579	山大地纬	400.0	36.8	0.0	0.0	0.0	信息传输、软件和信息技术服务业	山东
688580	伟思医疗	68.3	15.7	0.0	0.0	0.0	制造业	江苏
688585	上纬新材	403.2	39.4	0.0	0.0	0.0	制造业	上海
688586	江航装备	403.7	89.5	0.0	0.0	0.0	制造业	安徽
688588	凌志软件	400.0	39.7	0.0	0.0	0.0	信息传输、软件和信息技术服务业	江苏
688589	力合微	100.0	24.8	0.0	0.0	0.0	信息传输、软件和信息技术服务业	广东
688590	新致软件	182.0	41.5	0.0	0.0	0.0	信息传输、软件和信息技术服务业	上海
688595	芯海科技	100.0	20.7	0.0	0.0	0.0	制造业	广东
688596	正帆科技	256.5	54.9	0.0	0.0	0.0	制造业	上海
688598	金博股份	80.0	20.0	0.0	0.0	0.0	制造业	湖南
688599	天合光能	2068.0	304.2	0.0	0.0	0.0	制造业	江苏
688600	皖仪科技	133.3	30.7	0.0	0.0	0.0	制造业	安徽
688608	恒玄科技	120.0	23.6	0.0	0.0	0.0	制造业	上海
688618	三旺通信	50.5	11.4	0.0	0.0	0.0	制造业	广东
688658	悦康药业	450.0	85.6	0.0	0.0	0.0	制造业	北京
688668	鼎通科技	85.1	20.4	0.0	0.0	0.0	制造业	广东
688678	福立旺	173.4	37.5	0.0	0.0	0.0	制造业	江苏
688679	通源环境	131.7	31.6	0.0	0.0	0.0	水利、环境和公共设施管理业	安徽
688686	奥普特	82.5	17.0	0.0	0.0	0.0	制造业	广东
688698	伟创电气	180.0	43.4	0.0	0.0	0.0	制造业	江苏
688699	明微电子	74.4	17.8	0.0	0.0	0.0	信息传输、软件和信息技术服务业	广东
688777	中控技术	491.3	40.2	0.0	0.0	0.0	信息传输、软件和信息技术服务业	浙江
688788	科思科技	75.5	16.9	0.0	0.0	0.0	制造业	广东
688981	中芯国际	7678.5	1112.1	0.0	5740.0	0.0	制造业	其他
689009	九号公司	704.1	58.8	0.0	0.0	0.0	制造业	其他

注：股本的单位为百万股（M Shares）。

上市公司基本信息
Listed Companies in 2020

公司代码 Code	证券简称 Security Name	总股本 Total Vol	A 股流通股 A-Share Negotiable	B 股 B-Share	境外上市股份 H/D/S-Share	优先股 Pref Share	所属行业 Industry	注册地 Area
900929	锦旅 B 股	132.6	0.0	66.0	0.0	0.0	租赁和商务服务业	上海
900939	汇丽 B	181.5	0.0	88.0	0.0	0.0	建筑业	上海
900948	伊泰 B 股	3254.0	0.0	1328.0	326.0	0.0	采矿业	内蒙古
900951	退市大化	275.0	0.0	100.0	0.0	0.0	制造业	辽宁
900953	凯马 B	640.0	0.0	240.0	0.0	0.0	制造业	上海
900956	东贝 B 股	235.0	0.0	115.0	0.0	0.0	制造业	湖北
900957	凌云 B 股	349.0	0.0	184.0	0.0	0.0	房地产业	上海

注：股本的单位为百万股（M Shares）。

上市公司股份变动

Change of Shares Outstanding in 2020

股票代码 Code	股票简称 Stock Name	变动后总股本（百万股） Total Share (M Shares)	变动原因 Change Reason	变动日期 Change Date	股票代码 Code	股票简称 Stock Name	变动后总股本（百万股） Total Share (M Shares)	变动原因 Change Reason	变动日期 Change Date
600000	浦发银行	29352.11	债转股	2020.07.07	600000	浦发银行	29352.13	债转股	2020.09.03
600000	浦发银行	29352.13	限售期满	2020.09.04	600000	浦发银行	29352.13	债转股	2020.10.14
600004	白云机场	2366.72	增发上市	2020.11.10	600008	首创股份	7340.59	配股上市	2020.10.16
600019	宝钢股份	22274.46	限售期满	2020.01.16	600019	宝钢股份	22271.29	股份注销	2020.03.27
600019	宝钢股份	22269.45	股份注销	2020.11.26	600025	华能水电	18000.00	限售期满	2020.12.15
600026	中远海能	4762.69	增发上市	2020.03.23	600027	华电国际	9862.98	限售期满	2020.07.20
600029	南方航空	12875.87	其他股本变动	2020.04.17	600029	南方航空	15329.30	增发上市	2020.06.23
600030	中信证券	12926.78	增发上市	2020.03.17	600031	三一重工	8426.25	增发上市	2020.01.06
600031	三一重工	8435.53	增发上市	2020.04.03	600031	三一重工	8435.53	增发上市	2020.04.03
600031	三一重工	8435.53	限售期满	2020.07.02	600031	三一重工	8463.82	增发上市	2020.07.06
600031	三一重工	8463.82	增发上市	2020.07.06	600031	三一重工	8472.79	增发上市	2020.08.21
600031	三一重工	8472.79	股份注销	2020.08.21	600031	三一重工	8472.79	增发上市	2020.08.21
600031	三一重工	8472.79	增发上市	2020.08.21	600031	三一重工	8472.79	增发上市	2020.08.21
600031	三一重工	8475.72	增发上市	2020.10.13	600031	三一重工	8475.72	增发上市	2020.10.13
600035	楚天高速	1692.93	限售期满	2020.02.24	600035	楚天高速	1610.12	股份注销	2020.09.18
600039	四川路桥	3705.33	增发上市	2020.02.12	600039	四川路桥	3705.33	限售期满	2020.09.11
600039	四川路桥	4769.60	增发上市	2020.11.27	600039	四川路桥	4777.57	增发上市	2020.12.21
600048	保利地产	11934.23	增发上市	2020.07.02	600048	保利地产	11966.89	增发上市	2020.09.23
600048	保利地产	11967.62	增发上市	2020.11.13	600050	中国联通	31025.51	股份注销	2020.02.27
600050	中国联通	31025.51	限售期满	2020.04.09	600050	中国联通	31015.60	股份注销	2020.09.17
600050	中国联通	31015.60	限售期满	2020.11.02	600052	浙江广厦	844.19	股份注销	2020.08.26
600061	国投资本	4227.13	限售期满	2020.10.27	600070	浙江富润	521.95	限售期满	2020.01.20
600070	浙江富润	521.95	限售期满	2020.05.15	600075	新疆天业	1359.73	增发上市	2020.05.19
600079	人福医药	1353.70	限售期满	2020.11.03	600079	人福医药	1544.02	增发上市	2020.11.12
600095	湘财股份	2575.49	增发上市	2020.06.16	600095	湘财股份	2681.99	增发上市	2020.08.12
600096	云天化	1432.43	增发上市	2020.01.13	600096	云天化	1430.78	股份注销	2020.04.02
600096	云天化	1425.92	股份注销	2020.09.24	600097	开创国际	240.94	限售期满	2020.12.07
600104	上汽集团	11683.46	限售期满	2020.01.20	600105	永鼎股份	1245.45	债转股	2020.01.07
600105	永鼎股份	1245.51	债转股	2020.04.07	600105	永鼎股份	1238.37	股份注销	2020.06.24
600105	永鼎股份	1238.38	债转股	2020.07.03	600105	永鼎股份	1301.59	债转股	2020.10.13
600105	永鼎股份	1364.71	债转股	2020.11.24	600106	重庆路桥	1329.03	送股	2020.06.09
600110	诺德股份	1397.27	增发上市	2020.12.09	600114	东睦股份	616.45	股份注销	2020.03.26
600114	东睦股份	616.45	限售期满	2020.06.22	600114	东睦股份	616.39	股份注销	2020.12.24
600116	三峡水利	1847.71	增发上市	2020.06.02	600116	三峡水利	1912.14	增发上市	2020.07.01
600120	浙江东方	2227.94	送股	2020.05.22	600120	浙江东方	2227.94	限售期满	2020.06.15
600131	国网信通	1107.35	增发上市	2020.01.03	600131	国网信通	1195.39	增发上市	2020.05.14
600131	国网信通	1195.39	限售期满	2020.11.09	600131	国网信通	1195.39	限售期满	2020.12.29
600133	东湖高新	795.47	增发上市	2020.05.29	600133	东湖高新	795.47	限售期满	2020.09.21
600133	东湖高新	795.47	限售期满	2020.11.23	600133	东湖高新	795.47	限售期满	2020.12.07
600135	乐凯胶片	553.31	增发上市	2020.02.05	600141	兴发集团	1031.39	增发上市	2020.04.27
600141	兴发集团	1031.39	限售期满	2020.08.24	600141	兴发集团	1119.39	增发上市	2020.11.25
600141	兴发集团	1119.39	限售期满	2020.12.11	600150	中国船舶	4221.99	增发上市	2020.04.07
600150	中国船舶	4472.43	增发上市	2020.08.06	600152	维科技术	420.92	限售期满	2020.07.17
600153	建发股份	2863.55	增发上市	2020.12.01	600157	*ST永泰	22217.76	送股	2020.12.30
600158	中体产业	914.22	增发上市	2020.08.11	600158	中体产业	959.51	增发上市	2020.12.14
600160	巨化股份	2699.75	股份注销	2020.05.13	600161	天坛生物	1254.44	送股	2020.07.16
600162	香江控股	3395.78	限售期满	2020.01.06	600162	香江控股	3395.78	限售期满	2020.04.14
600163	中闽能源	1689.30	增发上市	2020.04.07	600170	上海建工	8904.40	限售期满	2020.03.02
600171	上海贝岭	704.34	增发上市	2020.04.29	600171	上海贝岭	704.12	股份注销	2020.05.21
600171	上海贝岭	704.12	限售期满	2020.12.14	600172	黄河旋风	1442.18	限售期满	2020.03.26

上市公司股份变动
Change of Shares Outstanding in 2020

股票代码 Code	股票简称 Stock Name	变动后总股本（百万股）Total Share (M Shares)	变动原因 Change Reason	变动日期 Change Date	股票代码 Code	股票简称 Stock Name	变动后总股本（百万股）Total Share (M Shares)	变动原因 Change Reason	变动日期 Change Date
600173	卧龙地产	701.12	限售期满	2020.06.15	600173	卧龙地产	700.99	股份注销	2020.12.10
600177	雅戈尔	4629.00	股份注销	2020.05.25	600179	*ST安通	1486.98	限售期满	2020.07.07
600179	*ST安通	4364.29	送股	2020.12.08	600183	生益科技	2284.51	增发上市	2020.07.06
600183	生益科技	2289.96	增发上市	2020.10.15	600186	莲花健康	1379.92	送股	2020.01.22
600187	国中水务	1653.94	限售期满	2020.03.02	600188	兖州煤业	4860.00	股份回购	2020.07.02
600189	泉阳泉	716.87	限售期满	2020.07.16	600189	泉阳泉	715.20	股份注销	2020.10.23
600189	泉阳泉	715.20	限售期满	2020.11.16	600189	泉阳泉	715.20	限售期满	2020.11.18
600195	中牧股份	847.13	增发上市	2020.05.19	600195	中牧股份	1015.61	送股	2020.07.09
600197	伊力特	434.34	股份注销	2020.01.06	600197	伊力特	434.34	债转股	2020.01.06
600197	伊力特	434.34	债转股	2020.04.03	600197	伊力特	434.44	债转股	2020.07.03
600197	伊力特	434.62	债转股	2020.10.13	600199	金种子酒	657.80	限售期满	2020.04.07
600200	江苏吴中	712.39	限售期满	2020.04.22	600201	生物股份	1126.24	增发上市	2020.12.04
600201	生物股份	1126.24	股份回购	2020.12.04	600206	有研新材	846.68	限售期满	2020.02.12
600206	有研新材	846.62	股份注销	2020.04.08	600211	西藏药业	247.94	送股	2020.04.20
600211	西藏药业	247.94	限售期满	2020.05.06	600217	中再资环	1388.66	限售期满	2020.04.21
600219	南山铝业	11950.48	限售期满	2020.06.08	600222	太龙药业	573.89	限售期满	2020.04.24
600223	鲁商发展	1008.83	增发上市	2020.12.01	600225	*ST松江	935.49	限售期满	2020.10.22
600226	*ST瀚叶	3129.01	股份注销	2020.08.04	600226	*ST瀚叶	3129.01	限售期满	2020.08.13
600233	圆通速递	2842.93	债转股	2020.01.07	600233	圆通速递	2842.57	股份注销	2020.01.16
600233	圆通速递	3164.46	债转股	2020.03.25	600233	圆通速递	3159.83	股份注销	2020.07.02
600241	*ST时万	294.30	限售期满	2020.12.11	600242	*ST中昌	456.67	限售期满	2020.09.22
600248	延长化建	3147.98	增发上市	2020.12.30	600250	南纺股份	310.59	增发上市	2020.01.07
600250	南纺股份	310.59	限售期满	2020.12.28	600251	冠农股份	784.84	股份回购	2020.07.29
600251	冠农股份	784.84	增发上市	2020.07.29	600251	冠农股份	784.84	增发上市	2020.12.10
600251	冠农股份	784.84	股份回购	2020.12.10	600256	广汇能源	6793.97	限售期满	2020.01.07
600256	广汇能源	6793.59	股份注销	2020.02.06	600256	广汇能源	6754.03	股份注销	2020.11.19
600258	首旅酒店	988.22	增发上市	2020.06.16	600258	首旅酒店	987.72	股份注销	2020.10.29
600260	凯乐科技	1000.72	限售期满	2020.06.23	600260	凯乐科技	997.18	股份注销	2020.12.10
600266	城建发展	2256.54	送股	2020.06.30	600268	国电南自	695.27	限售期满	2020.12.21
600271	航天信息	1862.52	债转股	2020.01.08	600271	航天信息	1862.53	债转股	2020.04.07
600271	航天信息	1862.53	债转股	2020.06.15	600271	航天信息	1857.49	股份注销	2020.06.16
600271	航天信息	1857.49	限售期满	2020.07.13	600271	航天信息	1857.50	债转股	2020.10.14
600271	航天信息	1857.50	债转股	2020.12.15	600271	航天信息	1852.85	股份注销	2020.12.16
600273	嘉化能源	1432.73	限售期满	2020.07.13	600276	恒瑞医药	4422.81	限售期满	2020.01.20
600276	恒瑞医药	4422.81	限售期满	2020.02.03	600276	恒瑞医药	4422.29	股份注销	2020.04.22
600276	恒瑞医药	5306.75	送股	2020.05.26	600276	恒瑞医药	5331.72	增发上市	2020.10.29
600277	亿利洁能	2738.94	限售期满	2020.02.10	600278	东方创业	711.79	增发上市	2020.06.19
600278	东方创业	868.46	增发上市	2020.12.18	600279	重庆港九	1186.87	限售期满	2020.12.11
600282	南钢股份	4429.47	增发上市	2020.01.07	600282	南钢股份	4435.00	增发上市	2020.04.03
600282	南钢股份	4443.67	增发上市	2020.07.06	600282	南钢股份	4443.67	增发上市	2020.07.06
600282	南钢股份	6142.87	增发上市	2020.07.14	600282	南钢股份	6142.87	增发上市	2020.07.14
600282	南钢股份	6142.87	增发上市	2020.07.14	600282	南钢股份	6145.27	增发上市	2020.10.13
600282	南钢股份	6145.27	增发上市	2020.10.13	600293	三峡新材	1160.15	股份注销	2020.03.05
600295	鄂尔多斯	1427.95	限售期满	2020.11.30	600297	广汇汽车	8158.03	股份注销	2020.03.12
600297	广汇汽车	8110.30	股份注销	2020.05.29	600305	恒顺醋业	1002.96	送股	2020.06.05
600306	*ST商城	178.14	限售期满	2020.12.18	600310	桂东电力	1036.43	增发上市	2020.12.25
600315	上海家化	677.97	增发上市	2020.12.04	600318	新力金融	513.36	限售期满	2020.06.01
600325	华发股份	2117.22	限售期满	2020.05.08	600326	西藏天路	865.42	债转股	2020.07.06
600326	西藏天路	918.53	债转股	2020.10.14	600328	中盐化工	836.08	增发上市	2020.01.23
600328	中盐化工	957.66	增发上市	2020.04.30	600328	中盐化工	957.66	限售期满	2020.10.26

上市公司股份变动
Change of Shares Outstanding in 2020

股票代码 Code	股票简称 Stock Name	变动后总股本（百万股）Total Share（M Shares）	变动原因 Change Reason	变动日期 Change Date	股票代码 Code	股票简称 Stock Name	变动后总股本（百万股）Total Share（M Shares）	变动原因 Change Reason	变动日期 Change Date
600329	中新药业	772.80	增发上市	2020.01.10	600329	中新药业	773.74	增发上市	2020.07.31
600329	中新药业	773.64	股份注销	2020.10.30	600333	长春燃气	609.03	限售期满	2020.07.13
600336	澳柯玛	799.18	限售期满	2020.12.08	600337	美克家居	1766.77	股份注销	2020.06.17
600337	美克家居	1766.77	限售期满	2020.09.14	600339	中油工程	5583.15	限售期满	2020.01.03
600340	华夏幸福	3011.06	股份注销	2020.06.19	600340	华夏幸福	3914.38	送股	2020.07.13
600340	华夏幸福	3913.93	股份注销	2020.08.21	600340	华夏幸福	3913.93	限售期满	2020.09.21
600340	华夏幸福	3913.93	限售期满	2020.10.29	600340	华夏幸福	3913.72	股份注销	2020.11.16
600360	华微电子	963.97	限售期满	2020.01.17	600360	华微电子	960.30	股份注销	2020.08.06
600363	联创光电	455.48	增发上市	2020.12.28	600367	红星发展	295.65	股份注销	2020.09.04
600367	红星发展	295.48	股份注销	2020.12.31	600369	西南证券	6645.11	增发上市	2020.07.29
600370	三房巷	3657.17	增发上市	2020.09.24	600371	万向德农	292.58	送股	2020.07.09
600372	中航电子	1759.52	债转股	2020.01.06	600372	中航电子	1759.53	债转股	2020.04.07
600372	中航电子	1759.53	债转股	2020.07.07	600372	中航电子	1928.21	债转股	2020.09.10
600378	昊华科技	917.23	增发上市	2020.06.22	600378	昊华科技	917.23	限售期满	2020.10.26
600380	健康元	1946.92	增发上市	2020.04.07	600380	健康元	1947.54	增发上市	2020.07.06
600380	健康元	1950.79	增发上市	2020.10.14	600380	健康元	1950.79	增发上市	2020.10.14
600382	广东明珠	788.93	送股	2020.07.07	600387	海越能源	471.77	限售期满	2020.04.29
600387	海越能源	471.77	限售期满	2020.11.30	600388	龙净环保	1069.05	债转股	2020.10.13
600390	五矿资本	4498.07	限售期满	2020.01.20	600392	盛和资源	1755.17	限售期满	2020.02.24
600392	盛和资源	1755.17	限售期满	2020.04.13	600398	海澜之家	4420.01	债转股	2020.01.07
600398	海澜之家	4420.02	债转股	2020.04.03	600398	海澜之家	4420.02	债转股	2020.07.03
600398	海澜之家	4319.59	债转股	2020.08.12	600398	海澜之家	4319.59	股份注销	2020.08.12
600398	海澜之家	4319.59	债转股	2020.10.14	600405	动力源	557.14	股份注销	2020.10.15
600406	国电南瑞	4621.94	股份注销	2020.01.10	600406	国电南瑞	4621.74	股份注销	2020.11.20
600406	国电南瑞	4621.74	限售期满	2020.12.28	600409	三友化工	2064.35	限售期满	2020.06.19
600419	天润乳业	268.60	配股上市	2020.01.23	600420	现代制药	1026.94	债转股	2020.01.07
600420	现代制药	1026.94	限售期满	2020.03.09	600420	现代制药	1026.95	债转股	2020.04.07
600420	现代制药	1026.95	债转股	2020.07.06	600420	现代制药	1026.96	债转股	2020.10.14
600422	昆药集团	758.39	股份注销	2020.08.24	600422	昆药集团	758.26	股份注销	2020.12.15
600422	昆药集团	758.26	限售期满	2020.12.22	600429	三元股份	1497.56	限售期满	2020.02.06
600438	通威股份	3882.59	债转股	2020.01.08	600438	通威股份	4287.86	债转股	2020.03.19
600438	通威股份	4501.55	增发上市	2020.12.14	600446	金证股份	860.44	限售期满	2020.09.28
600448	华纺股份	629.82	送股	2020.06.12	600448	华纺股份	629.82	限售期满	2020.11.30
600452	涪陵电力	439.04	送股	2020.06.24	600461	洪城水业	948.04	增发上市	2020.01.22
600461	洪城水业	948.04	限售期满	2020.11.19	600462	* ST 九有	583.85	增发上市	2020.10.21
600466	蓝光发展	3012.52	增发上市	2020.01.07	600466	蓝光发展	3016.17	增发上市	2020.04.03
600466	蓝光发展	3034.93	增发上市	2020.07.03	600466	蓝光发展	3034.93	增发上市	2020.07.03
600469	风神股份	731.14	增发上市	2020.11.19	600475	华光环能	559.39	股份回购	2020.06.05
600475	华光环能	559.39	增发上市	2020.06.05	600475	华光环能	559.39	吸收合并	2020.08.05
600475	华光环能	559.39	限售期满	2020.08.05	600477	杭萧钢构	2153.74	股份注销	2020.01.17
600478	科力远	1653.28	限售期满	2020.04.07	600480	凌云股份	546.67	股份注销	2020.07.02
600480	凌云股份	765.34	送股	2020.07.17	600481	双良节能	1632.30	股份注销	2020.06.17
600482	中国动力	2160.68	增发上市	2020.05.20	600483	福能股份	1551.83	债转股	2020.01.07
600483	福能股份	1551.83	债转股	2020.04.03	600483	福能股份	1760.38	增发上市	2020.06.23
600483	福能股份	1760.38	债转股	2020.07.03	600483	福能股份	1760.38	债转股	2020.10.13
600487	亨通光电	1903.69	债转股	2020.01.06	600487	亨通光电	1951.36	债转股	2020.03.19
600487	亨通光电	1951.36	增发上市	2020.03.19	600487	亨通光电	1952.75	债转股	2020.04.07
600487	亨通光电	1952.76	债转股	2020.07.06	600487	亨通光电	1952.76	债转股	2020.07.27
600487	亨通光电	1952.76	限售期满	2020.07.28	600487	亨通光电	1952.76	债转股	2020.10.14
600487	亨通光电	2362.19	增发上市	2020.12.21	600487	亨通光电	2362.19	债转股	2020.12.21

上市公司股份变动
Change of Shares Outstanding in 2020

股票代码 Code	股票简称 Stock Name	变动后总股本（百万股）Total Share（M Shares）	变动原因 Change Reason	变动日期 Change Date	股票代码 Code	股票简称 Stock Name	变动后总股本（百万股）Total Share（M Shares）	变动原因 Change Reason	变动日期 Change Date
600488	天药股份	1100.91	增发上市	2020.06.08	600488	天药股份	1100.91	限售期满	2020.08.25
600488	天药股份	1100.79	股份注销	2020.12.31	600489	中金黄金	4642.60	增发上市	2020.05.15
600489	中金黄金	4847.31	增发上市	2020.08.12	600490	鹏欣资源	2215.77	限售期满	2020.03.03
600490	鹏欣资源	2215.77	限售期满	2020.04.22	600490	鹏欣资源	2212.89	股份注销	2020.07.30
600496	精工钢构	2012.87	增发上市	2020.09.03	600497	驰宏锌锗	5091.29	限售期满	2020.12.01
600498	烽火通信	1171.00	债转股	2020.07.13	600498	烽火通信	1170.14	股份注销	2020.09.11
600498	烽火通信	1170.14	限售期满	2020.09.28	600498	烽火通信	1170.15	债转股	2020.10.13
600498	烽火通信	1170.15	限售期满	2020.11.18	600499	科达制造	1888.42	增发上市	2020.06.10
600499	科达制造	1888.42	限售期满	2020.11.30	600500	中化国际	2761.16	增发上市	2020.03.19
600500	中化国际	2760.59	股份注销	2020.12.16	600502	安徽建工	1721.16	吸收合并	2020.07.03
600502	安徽建工	1721.16	限售期满	2020.08.03	600507	方大特钢	2157.18	送股	2020.04.10
600507	方大特钢	2157.18	限售期满	2020.05.13	600507	方大特钢	2155.95	股份注销	2020.07.03
600509	天富能源	1151.42	限售期满	2020.11.09	600511	国药股份	754.50	限售期满	2020.06.08
600513	联环药业	287.99	股份注销	2020.03.11	600516	方大炭素	3805.97	送股	2020.06.05
600517	国网英大	5311.59	增发上市	2020.03.05	600517	国网英大	5718.44	增发上市	2020.05.21
600517	国网英大	5718.44	限售期满	2020.11.16	600521	华海药业	1454.61	送股	2020.06.09
600521	华海药业	1454.61	限售期满	2020.09.10	600522	中天科技	3066.08	债转股	2020.01.07
600522	中天科技	3066.12	债转股	2020.04.07	600522	中天科技	3066.14	债转股	2020.07.06
600522	中天科技	3066.15	债转股	2020.10.13	600527	江南高纤	1731.76	送股	2020.06.02
600527	江南高纤	1731.76	限售期满	2020.11.12	600528	中铁工业	2221.55	限售期满	2020.07.13
600545	卓郎智能	1895.41	限售期满	2020.09.07	600547	山东黄金	3099.61	限售期满	2020.05.15
600547	山东黄金	4339.46	送股	2020.08.20	600547	山东黄金	4313.95	股份注销	2020.12.16
600556	天下秀	348.75	股份注销	2020.01.02	600556	天下秀	1680.42	增发上市	2020.01.03
600556	天下秀	1807.75	增发上市	2020.09.21	600557	康缘药业	592.88	限售期满	2020.05.20
600559	老白干酒	897.29	限售期满	2020.02.13	600559	老白干酒	897.29	限售期满	2020.04.03
600561	江西长运	284.48	增发上市	2020.07.07	600562	国睿科技	1203.47	增发上市	2020.06.23
600562	国睿科技	1241.86	增发上市	2020.07.30	600565	迪马股份	2435.98	限售期满	2020.05.12
600565	迪马股份	2564.74	增发上市	2020.09.16	600565	迪马股份	2562.24	股份注销	2020.10.30
600566	济川药业	814.92	债转股	2020.01.07	600566	济川药业	814.93	债转股	2020.04.03
600566	济川药业	814.93	债转股	2020.07.06	600566	济川药业	814.93	债转股	2020.10.14
600566	济川药业	888.26	增发上市	2020.11.02	600567	山鹰国际	4584.72	债转股	2020.01.07
600567	山鹰国际	4595.48	增发上市	2020.03.17	600567	山鹰国际	4595.52	债转股	2020.04.08
600567	山鹰国际	4595.55	债转股	2020.07.06	600567	山鹰国际	4595.59	债转股	2020.10.14
600570	恒生电子	1044.09	送股	2020.06.08	600571	信雅达	439.28	股份注销	2020.06.10
600576	祥源文化	619.40	限售期满	2020.01.07	600578	京能电力	6746.73	限售期满	2020.02.24
600579	克劳斯	882.47	股份注销	2020.08.05	600579	克劳斯	734.24	股份注销	2020.08.12
600580	卧龙电驱	1301.21	增发上市	2020.01.06	600580	卧龙电驱	1301.21	限售期满	2020.05.22
600580	卧龙电驱	1307.94	增发上市	2020.07.08	600584	长电科技	1602.87	限售期满	2020.06.19
600584	长电科技	1602.87	限售期满	2020.12.21	600588	用友网络	2504.41	增发上市	2020.03.03
600588	用友网络	2503.28	股份注销	2020.04.20	600588	用友网络	3248.72	送股	2020.05.20
600588	用友网络	3248.72	限售期满	2020.08.12	600588	用友网络	3248.72	股份回购	2020.09.09
600588	用友网络	3248.72	增发上市	2020.09.09	600588	用友网络	3270.20	增发上市	2020.10.13
600588	用友网络	3270.20	限售期满	2020.10.28	600588	用友网络	3270.20	限售期满	2020.11.12
600588	用友网络	3270.45	增发上市	2020.12.17	600590	泰豪科技	866.30	限售期满	2020.08.27
600590	泰豪科技	858.78	股份注销	2020.11.19	600596	新安股份	704.90	股份注销	2020.05.28
600596	新安股份	704.90	限售期满	2020.07.14	600596	新安股份	788.10	增发上市	2020.11.26
600596	新安股份	818.43	增发上市	2020.12.22	600600	青岛啤酒	1364.18	增发上市	2020.07.30
600602	云赛智联	1367.67	限售期满	2020.09.14	600603	广汇物流	1259.90	增发上市	2020.04.03
600603	广汇物流	1259.90	限售期满	2020.04.27	600603	广汇物流	1259.90	限售期满	2020.07.02
600603	广汇物流	1259.90	限售期满	2020.07.22	600603	广汇物流	1257.03	股份注销	2020.09.28

上市公司股份变动

Change of Shares Outstanding in 2020

股票代码 Code	股票简称 Stock Name	变动后总股本（百万股）Total Share（M Shares）	变动原因 Change Reason	变动日期 Change Date	股票代码 Code	股票简称 Stock Name	变动后总股本（百万股）Total Share（M Shares）	变动原因 Change Reason	变动日期 Change Date
600603	广汇物流	1257. 03	限售期满	2020. 09. 30	600609	金杯汽车	1311. 20	增发上市	2020. 06. 09
600616	金枫酒业	669. 00	送股	2020. 07. 13	600621	华鑫股份	1060. 90	限售期满	2020. 05. 06
600621	华鑫股份	1060. 90	限售期满	2020. 05. 15	600629	华建集团	534. 15	限售期满	2020. 03. 03
600629	华建集团	533. 90	股份注销	2020. 10. 27	600640	号百控股	795. 70	限售期满	2020. 03. 09
600641	万业企业	957. 93	送股	2020. 07. 28	600645	中源协和	467. 97	限售期满	2020. 07. 27
600645	中源协和	467. 95	股份注销	2020. 12. 17	600649	城投控股	2529. 58	限售期满	2020. 04. 08
600651	＊ST 飞乐	2258. 58	增发上市	2020. 09. 02	600651	＊ST 飞乐	2507. 03	增发上市	2020. 10. 12
600655	豫园股份	3883. 50	股份注销	2020. 11. 24	600655	豫园股份	3883. 50	限售期满	2020. 12. 18
600661	昂立教育	286. 55	限售期满	2020. 06. 23	600664	哈药股份	2506. 96	股份注销	2020. 12. 04
600667	太极实业	2106. 19	限售期满	2020. 01. 20	600674	川投能源	4402. 14	债转股	2020. 07. 03
600674	川投能源	4402. 14	债转股	2020. 10. 14	600679	上海凤凰	465. 74	增发上市	2020. 12. 29
600681	百川能源	1442. 74	限售期满	2020. 10. 14	600681	百川能源	1442. 74	限售期满	2020. 12. 08
600682	南京新百	1346. 13	限售期满	2020. 02. 12	600682	南京新百	1346. 13	限售期满	2020. 07. 10
600686	金龙汽车	717. 05	增发上市	2020. 02. 20	600690	海尔智家	9027. 85	其他股本变动	2020. 12. 24
600699	均胜电子	1368. 08	增发上市	2020. 11. 12	600702	ST 舍得	336. 64	股份注销	2020. 03. 26
600702	ST 舍得	336. 64	限售期满	2020. 08. 25	600702	ST 舍得	336. 18	股份注销	2020. 10. 23
600703	三安光电	4479. 34	增发上市	2020. 07. 02	600704	物产中大	5062. 18	限售期满	2020. 11. 11
600705	中航资本	8976. 33	股份回购	2020. 03. 25	600705	中航资本	8976. 33	增发上市	2020. 03. 25
600705	中航资本	8919. 97	股份注销	2020. 09. 02	600707	彩虹股份	3588. 39	限售期满	2020. 10. 13
600710	苏美达	1306. 75	限售期满	2020. 05. 14	600711	盛屯矿业	2308. 03	限售期满	2020. 05. 20
600711	盛屯矿业	2308. 03	限售期满	2020. 07. 02	600711	盛屯矿业	2308. 03	限售期满	2020. 09. 18
600711	盛屯矿业	2314. 46	债转股	2020. 10. 14	600711	盛屯矿业	2563. 73	债转股	2020. 12. 24
600715	文投控股	1854. 85	限售期满	2020. 06. 29	600715	文投控股	1854. 85	限售期满	2020. 08. 21
600717	天津港	2411. 67	送股	2020. 06. 22	600721	ST 百花	400. 39	限售期满	2020. 02. 03
600721	ST 百花	375. 13	股份注销	2020. 07. 21	600721	ST 百花	375. 13	限售期满	2020. 10. 26
600727	鲁北化工	439. 89	增发上市	2020. 07. 20	600727	鲁北化工	528. 58	增发上市	2020. 09. 29
600728	佳都科技	1670. 82	债转股	2020. 01. 07	600728	佳都科技	1715. 76	债转股	2020. 04. 07
600728	佳都科技	1752. 18	债转股	2020. 04. 13	600728	佳都科技	1751. 11	股份注销	2020. 04. 28
600728	佳都科技	1757. 41	增发上市	2020. 07. 08	600728	佳都科技	1757. 41	限售期满	2020. 11. 05
600728	佳都科技	1757. 41	限售期满	2020. 11. 26	600731	湖南海利	355. 22	限售期满	2020. 11. 10
600732	爱旭股份	2036. 33	增发上市	2020. 08. 19	600733	北汽蓝谷	3493. 66	限售期满	2020. 02. 03
600734	＊ST 实达	622. 37	限售期满	2020. 09. 28	600737	中粮糖业	2138. 85	限售期满	2020. 04. 14
600738	兰州民百	773. 46	限售期满	2020. 05. 18	600740	山西焦化	1516. 05	限售期满	2020. 02. 03
600740	山西焦化	1970. 86	送股	2020. 06. 24	600742	一汽富维	659. 95	送股	2020. 06. 29
600742	一汽富维	669. 12	增发上市	2020. 09. 23	600745	闻泰科技	1131. 98	增发上市	2020. 07. 22
600745	闻泰科技	1244. 94	增发上市	2020. 07. 30	600745	闻泰科技	1244. 94	增发上市	2020. 07. 30
600745	闻泰科技	1244. 94	限售期满	2020. 11. 02	600745	闻泰科技	1244. 94	限售期满	2020. 12. 21
600746	江苏索普	998. 35	增发上市	2020. 04. 09	600746	江苏索普	1048. 35	增发上市	2020. 04. 29
600750	江中药业	630. 00	送股	2020. 06. 15	600753	东方银星	179. 20	送股	2020. 06. 02
600755	厦门国贸	1850. 07	债转股	2020. 01. 07	600755	厦门国贸	1850. 07	债转股	2020. 04. 07
600755	厦门国贸	1870. 87	增发上市	2020. 10. 12	600755	厦门国贸	1870. 87	债转股	2020. 10. 12
600758	辽宁能源	1322. 02	限售期满	2020. 01. 10	600760	中航沈飞	1400. 39	限售期满	2020. 11. 23
600760	中航沈飞	1400. 39	限售期满	2020. 12. 14	600760	中航沈飞	1400. 39	限售期满	2020. 12. 21
600764	中国海防	710. 63	增发上市	2020. 02. 18	600764	中国海防	710. 63	限售期满	2020. 12. 18
600765	中航重机	939. 68	增发上市	2020. 07. 07	600765	中航重机	939. 68	限售期满	2020. 12. 21
600777	新潮能源	6800. 50	限售期满	2020. 09. 23	600779	水井坊	488. 44	股份注销	2020. 12. 10
600793	宜宾纸业	126. 36	限售期满	2020. 05. 18	600793	宜宾纸业	176. 90	送股	2020. 06. 16
600797	浙大网新	1027. 53	股份注销	2020. 07. 23	600797	浙大网新	1027. 53	限售期满	2020. 09. 14
600800	天津磁卡	1002. 41	增发上市	2020. 01. 21	600800	天津磁卡	1185. 79	增发上市	2020. 12. 30
600802	福建水泥	458. 25	送股	2020. 07. 10	600803	新奥股份	2599. 98	增发上市	2020. 09. 24

上市公司股份变动

Change of Shares Outstanding in 2020

股票代码 Code	股票简称 Stock Name	变动后总股本（百万股）Total Share (M Shares)	变动原因 Change Reason	变动日期 Change Date	股票代码 Code	股票简称 Stock Name	变动后总股本（百万股）Total Share (M Shares)	变动原因 Change Reason	变动日期 Change Date
600810	神马股份	837.38	增发上市	2020.09.28	600817	ST 宏盛	493.74	增发上市	2020.11.17
600817	ST 宏盛	522.28	增发上市	2020.12.16	600821	*ST 劝业	1096.62	增发上市	2020.09.03
600821	*ST 劝业	1221.50	增发上市	2020.10.16	600826	兰生股份	535.92	增发上市	2020.11.09
600828	茂业商业	1731.98	限售期满	2020.08.14	600831	广电网络	708.85	债转股	2020.01.06
600831	广电网络	710.39	债转股	2020.04.03	600831	广电网络	710.40	债转股	2020.07.03
600831	广电网络	710.46	债转股	2020.10.13	600837	海通证券	13064.20	增发上市	2020.08.11
600839	四川长虹	4616.24	限售期满	2020.11.25	600845	宝信软件	1140.37	限售期满	2020.02.03
600845	宝信软件	1155.62	增发上市	2020.05.29	600845	宝信软件	1155.44	股份注销	2020.12.11
600848	上海临港	2102.07	限售期满	2020.01.06	600848	上海临港	2102.07	限售期满	2020.02.10
600848	上海临港	2102.07	限售期满	2020.07.16	600848	上海临港	2102.07	限售期满	2020.12.02
600850	华东电脑	426.85	增发上市	2020.01.06	600853	龙建股份	1004.90	送股	2020.12.04
600855	航天长峰	438.54	股份注销	2020.09.21	600860	*ST 京城	485.00	增发上市	2020.07.15
600863	内蒙华电	5808.49	债转股	2020.01.07	600863	内蒙华电	5808.50	债转股	2020.04.03
600863	内蒙华电	5808.51	债转股	2020.07.06	600863	内蒙华电	5808.53	债转股	2020.10.13
600866	星湖科技	739.02	限售期满	2020.02.17	600866	星湖科技	739.02	限售期满	2020.03.20
600866	星湖科技	739.02	限售期满	2020.04.27	600867	通化东宝	2033.99	增发上市	2020.12.31
600867	通化东宝	2033.99	股份回购	2020.12.31	600873	梅花生物	3100.02	股份注销	2020.06.10
600873	梅花生物	3100.02	限售期满	2020.07.17	600875	东方电气	3118.79	增发上市	2020.01.13
600875	东方电气	3119.76	增发上市	2020.12.02	600876	洛阳玻璃	548.54	股份注销	2020.11.09
600879	航天电子	2719.27	限售期满	2020.04.21	600881	亚泰集团	3248.91	限售期满	2020.06.22
600882	妙可蓝多	409.36	限售期满	2020.02.03	600882	妙可蓝多	409.36	限售期满	2020.06.01
600882	妙可蓝多	409.31	股份注销	2020.09.10	600884	杉杉股份	1628.01	送股	2020.06.22
600886	国投电力	6949.52	增发上市	2020.10.22	600886	国投电力	6965.87	行使超额配售选择权	2020.11.19
600887	伊利股份	6096.38	限售期满	2020.01.16	600887	伊利股份	6065.89	股份注销	2020.03.26
600887	伊利股份	6083.97	增发上市	2020.07.09	600887	伊利股份	6083.44	股份注销	2020.07.28
600887	伊利股份	6083.21	股份注销	2020.08.06	600887	伊利股份	6083.21	限售期满	2020.10.22
600887	伊利股份	6082.62	股份注销	2020.12.17	600888	新疆众和	1024.71	股份注销	2020.05.26
600888	新疆众和	1024.71	限售期满	2020.07.06	600893	航发动力	2249.84	限售期满	2020.09.28
600893	航发动力	2665.59	增发上市	2020.10.12	600896	览海医疗	1024.81	增发上市	2020.11.19
600900	长江电力	22691.00	增发上市	2020.09.30	600900	长江电力	22741.86	行使超额配售选择权	2020.10.19
600901	江苏租赁	2986.65	增发上市	2020.04.03	600901	江苏租赁	2986.65	股份回购	2020.04.03
600903	贵州燃气	1138.19	限售期满	2020.11.09	600908	无锡银行	1848.26	债转股	2020.01.07
600908	无锡银行	1848.26	债转股	2020.04.08	600908	无锡银行	1848.27	债转股	2020.07.07
600908	无锡银行	1848.30	债转股	2020.09.22	600908	无锡银行	1848.30	限售期满	2020.09.23
600908	无锡银行	1848.30	债转股	2020.10.13	600909	华安证券	3621.04	债转股	2020.10.14
600918	中泰证券	6968.63	A 股新上市	2020.06.03	600919	江苏银行	11544.50	债转股	2020.01.07
600919	江苏银行	11544.51	债转股	2020.04.08	600919	江苏银行	11544.51	债转股	2020.07.07
600919	江苏银行	11544.51	债转股	2020.07.31	600919	江苏银行	11544.51	限售期满	2020.08.03
600919	江苏银行	11544.51	债转股	2020.10.13	600926	杭州银行	5930.20	增发上市	2020.04.29
600926	杭州银行	5930.20	限售期满	2020.05.21	600926	杭州银行	5930.20	限售期满	2020.06.12
600926	杭州银行	5930.20	限售期满	2020.10.27	600928	西安银行	4444.44	限售期满	2020.03.02
600933	爱柯迪	857.38	股份注销	2020.01.06	600933	爱柯迪	858.73	增发上市	2020.06.10
600933	爱柯迪	858.73	限售期满	2020.06.12	600933	爱柯迪	858.93	增发上市	2020.06.18
600933	爱柯迪	858.93	限售期满	2020.09.18	600933	爱柯迪	858.93	限售期满	2020.09.28
600933	爱柯迪	858.78	股份注销	2020.11.02	600933	爱柯迪	858.78	限售期满	2020.11.17
600933	爱柯迪	860.22	增发上市	2020.11.18	600933	爱柯迪	860.22	增发上市	2020.11.18
600933	爱柯迪	860.22	限售期满	2020.12.07	600939	重庆建工	1814.50	限售期满	2020.02.26
600939	重庆建工	1814.51	债转股	2020.07.06	600939	重庆建工	1814.52	债转股	2020.10.14
600956	新天绿能	3849.91	A 股新上市	2020.06.29	600958	东方证券	6993.66	限售期满	2020.12.28
600959	江苏有线	5000.72	限售期满	2020.06.29	600960	渤海汽车	950.52	限售期满	2020.06.15

上市公司股份变动
Change of Shares Outstanding in 2020

股票代码 Code	股票简称 Stock Name	变动后总股本（百万股）Total Share（M Shares）	变动原因 Change Reason	变动日期 Change Date	股票代码 Code	股票简称 Stock Name	变动后总股本（百万股）Total Share（M Shares）	变动原因 Change Reason	变动日期 Change Date
600963	岳阳林纸	1805.05	送股	2020.05.14	600963	岳阳林纸	1805.05	限售期满	2020.05.19
600967	内蒙一机	1689.63	限售期满	2020.02.10	600970	中材国际	1737.65	股份注销	2020.10.26
600970	中材国际	1737.65	限售期满	2020.11.19	600973	宝胜股份	1371.37	增发上市	2020.03.02
600979	广安爱众	1232.26	送股	2020.06.17	600981	汇鸿集团	2242.43	限售期满	2020.11.17
600982	宁波热电	1117.77	增发上市	2020.04.09	600984	建设机械	966.96	增发上市	2020.04.28
600984	建设机械	966.96	限售期满	2020.10.27	600985	淮北矿业	2172.41	限售期满	2020.03.11
600985	淮北矿业	2172.41	限售期满	2020.04.24	600985	淮北矿业	2172.41	债转股	2020.07.03
600985	淮北矿业	2172.46	债转股	2020.10.14	600986	科达股份	1325.19	限售期满	2020.04.28
600986	科达股份	1324.55	股份注销	2020.07.21	600986	科达股份	1324.55	限售期满	2020.12.31
600988	赤峰黄金	1663.91	增发上市	2020.02.04	600989	宝丰能源	7333.36	限售期满	2020.10.14
600990	四创电子	159.18	限售期满	2020.05.25	600990	四创电子	159.18	限售期满	2020.11.25
600996	贵广网络	1051.70	债转股	2020.01.07	600996	贵广网络	1051.70	债转股	2020.04.03
600996	贵广网络	1051.70	债转股	2020.10.13	600997	开滦股份	1587.80	限售期满	2020.02.10
600998	九州通	1877.66	限售期满	2020.05.18	600998	九州通	1877.66	债转股	2020.07.06
600998	九州通	1877.67	债转股	2020.09.29	600998	九州通	1873.81	股份注销	2020.09.30
600998	九州通	1873.81	限售期满	2020.11.27	600999	招商证券	8402.41	配股上市	2020.07.31
600999	招商证券	8696.53	其他股本变动	2020.08.20	601002	晋亿实业	951.23	增发上市	2020.05.11
601002	晋亿实业	951.23	限售期满	2020.11.02	601009	南京银行	10007.02	增发上市	2020.04.29
601011	宝泰隆	1610.39	股份注销	2020.01.14	601011	宝泰隆	1604.81	股份注销	2020.06.29
601012	隆基股份	3771.83	股份注销	2020.09.18	601012	隆基股份	3771.77	股份注销	2020.11.17
601012	隆基股份	3771.77	限售期满	2020.11.27	601015	陕西黑猫	1629.79	限售期满	2020.10.27
601016	节能风电	4986.67	增发上市	2020.09.08	601018	宁波港	13172.85	限售期满	2020.02.19
601018	宁波港	15807.42	增发上市	2020.09.01	601019	山东出版	2086.90	限售期满	2020.11.23
601020	华钰矿业	525.92	债转股	2020.01.07	601020	华钰矿业	525.92	债转股	2020.04.03
601020	华钰矿业	525.92	债转股	2020.04.28	601020	华钰矿业	524.22	股份注销	2020.04.29
601020	华钰矿业	524.22	债转股	2020.07.06	601020	华钰矿业	555.12	债转股	2020.10.14
601021	春秋航空	916.46	股份注销	2020.06.23	601058	赛轮轮胎	2699.48	股份注销	2020.08.06
601058	赛轮轮胎	2699.48	限售期满	2020.11.23	601058	赛轮轮胎	2699.48	限售期满	2020.12.16
601058	赛轮轮胎	2699.48	限售期满	2020.12.21	601066	中信建投	7646.39	限售期满	2020.07.20
601066	中信建投	7646.39	限售期满	2020.09.01	601077	渝农商行	11357.00	限售期满	2020.04.30
601077	渝农商行	11357.00	限售期满	2020.10.30	601086	国芳集团	666.00	限售期满	2020.09.29
601100	恒立液压	1305.36	送股	2020.07.02	601106	中国一重	6857.78	限售期满	2020.10.26
601108	财通证券	3589.00	限售期满	2020.10.26	601111	中国国航	14524.82	限售期满	2020.03.10
601127	小康股份	939.95	债转股	2020.01.07	601127	小康股份	939.95	债转股	2020.04.08
601127	小康股份	1267.33	增发上市	2020.04.23	601127	小康股份	1267.33	债转股	2020.04.23
601127	小康股份	1267.33	债转股	2020.07.06	601127	小康股份	1260.77	股份注销	2020.07.07
601127	小康股份	1260.77	债转股	2020.10.15	601127	小康股份	1260.77	股份注销	2020.10.15
601128	常熟银行	2740.86	限售期满	2020.09.30	601137	博威合金	755.14	债转股	2020.08.28
601137	博威合金	790.04	债转股	2020.09.02	601138	工业富联	19854.83	限售期满	2020.05.18
601138	工业富联	19871.94	增发上市	2020.06.03	601138	工业富联	19872.10	增发上市	2020.07.06
601138	工业富联	19872.10	限售期满	2020.09.23	601138	工业富联	19873.90	增发上市	2020.10.13
601138	工业富联	19870.24	股份注销	2020.10.16	601138	工业富联	19870.24	限售期满	2020.12.08
601139	深圳燃气	2876.77	限售期满	2020.08.31	601155	新城控股	2256.72	增发上市	2020.06.05
601155	新城控股	2256.72	股份回购	2020.06.05	601155	新城控股	2255.74	股份注销	2020.11.25
601155	新城控股	2255.74	限售期满	2020.12.31	601162	天风证券	6665.97	配股上市	2020.03.31
601166	兴业银行	20774.19	限售期满	2020.04.07	601169	北京银行	21142.98	限售期满	2020.12.28
601187	厦门银行	2639.13	A股新上市	2020.10.27	601200	上海环境	913.39	债转股	2020.01.07
601200	上海环境	913.42	债转股	2020.04.03	601200	上海环境	913.42	限售期满	2020.04.08
601200	上海环境	913.47	债转股	2020.07.06	601200	上海环境	1026.73	债转股	2020.09.11
601200	上海环境	1121.86	债转股	2020.09.22	601208	东材科技	626.60	股份回购	2020.07.28

上市公司股份变动
Change of Shares Outstanding in 2020

股票代码 Code	股票简称 Stock Name	变动后总股本（百万股）Total Share (M Shares)	变动原因 Change Reason	变动日期 Change Date	股票代码 Code	股票简称 Stock Name	变动后总股本（百万股）Total Share (M Shares)	变动原因 Change Reason	变动日期 Change Date
601208	东材科技	626.60	增发上市	2020.07.28	601211	国泰君安	8907.95	债转股	2020.01.07
601211	国泰君安	8907.95	债转股	2020.04.07	601211	国泰君安	8907.95	债转股	2020.07.07
601211	国泰君安	8908.45	债转股	2020.10.14	601211	国泰君安	8908.45	增发上市	2020.11.05
601211	国泰君安	8908.45	债转股	2020.11.05	601211	国泰君安	8908.45	股份回购	2020.11.05
601212	白银有色	7404.77	限售期满	2020.02.17	601212	白银有色	7404.77	限售期满	2020.04.13
601212	白银有色	7404.77	限售期满	2020.06.22	601218	吉鑫科技	977.36	股份注销	2020.10.15
601222	林洋能源	1757.67	债转股	2020.04.07	601222	林洋能源	1748.88	股份注销	2020.06.22
601222	林洋能源	1748.88	债转股	2020.07.06	601222	林洋能源	1748.88	债转股	2020.10.13
601228	广州港	6193.18	限售期满	2020.03.30	601229	上海银行	14206.53	限售期满	2020.06.10
601229	上海银行	14206.53	限售期满	2020.11.16	601231	环旭电子	2179.09	增发上市	2020.01.07
601231	环旭电子	2181.13	增发上市	2020.04.03	601231	环旭电子	2181.28	增发上市	2020.07.03
601231	环旭电子	2182.61	增发上市	2020.10.13	601231	环旭电子	2209.18	增发上市	2020.12.15
601231	环旭电子	2209.18	增发上市	2020.12.15	601233	桐昆股份	1847.93	债转股	2020.01.06
601233	桐昆股份	1847.93	债转股	2020.04.03	601233	桐昆股份	1847.99	债转股	2020.07.03
601233	桐昆股份	1850.32	债转股	2020.10.14	601233	桐昆股份	2013.72	债转股	2020.11.19
601233	桐昆股份	2134.20	债转股	2020.12.01	601236	红塔证券	3633.41	限售期满	2020.07.06
601238	广汽集团	10237.71	债转股	2020.02.07	601238	广汽集团	10237.93	债转股	2020.07.07
601238	广汽集团	10237.93	债转股	2020.08.07	601238	广汽集团	10237.93	债转股	2020.10.14
601238	广汽集团	10237.93	债转股	2020.11.05	601238	广汽集团	10237.93	限售期满	2020.11.16
601238	广汽集团	10237.93	债转股	2020.12.07	601238	广汽集团	10340.03	增发上市	2020.12.17
601298	青岛港	6491.10	限售期满	2020.01.21	601311	骆驼股份	863.82	债转股	2020.07.10
601311	骆驼股份	1121.70	送股	2020.07.14	601311	骆驼股份	1121.70	债转股	2020.10.13
601326	秦港股份	5587.41	限售期满	2020.08.17	601330	绿色动力	1393.44	增发上市	2020.12.11
601360	三六零	6764.06	限售期满	2020.02.27	601360	三六零	6764.06	限售期满	2020.03.09
601360	三六零	6764.06	限售期满	2020.05.11	601366	利群股份	860.50	限售期满	2020.04.13
601368	绿城水务	882.97	限售期满	2020.07.23	601369	陕鼓动力	1677.96	股份注销	2020.03.11
601375	中原证券	3869.07	限售期满	2020.01.03	601375	中原证券	4642.88	增发上市	2020.08.05
601388	怡球资源	2201.73	增发上市	2020.06.10	601388	怡球资源	2201.73	股份回购	2020.11.19
601388	怡球资源	2201.73	增发上市	2020.11.19	601390	中国中铁	24570.93	限售期满	2020.09.21
601399	ST 国重装	7268.26	A 股新上市	2020.06.08	601456	国联证券	2378.12	A 股新上市	2020.07.31
601500	通用股份	872.29	限售期满	2020.03.26	601512	中新集团	1498.89	限售期满	2020.12.21
601515	东风股份	1334.41	债转股	2020.10.14	601515	东风股份	1334.41	债转股	2020.10.14
601555	东吴证券	3880.52	配股上市	2020.04.02	601568	北元集团	3611.11	A 股新上市	2020.10.20
601595	上海电影	448.20	送股	2020.07.27	601600	中国铝业	17022.67	限售期满	2020.02.26
601601	中国太保	9576.37	增发上市	2020.06.22	601601	中国太保	9620.34	行使超额配售选择权	2020.07.09
601609	金田铜业	1456.97	A 股新上市	2020.04.22	601611	中国核建	2625.01	债转股	2020.01.10
601611	中国核建	2625.01	债转股	2020.04.08	601611	中国核建	2650.46	增发上市	2020.05.13
601611	中国核建	2650.46	债转股	2020.05.13	601611	中国核建	2650.46	债转股	2020.10.14
601615	明阳智能	1379.72	限售期满	2020.01.23	601615	明阳智能	1379.73	债转股	2020.07.06
601615	明阳智能	1403.07	增发上市	2020.07.10	601615	明阳智能	1403.07	债转股	2020.07.10
601615	明阳智能	1404.25	债转股	2020.10.13	601615	明阳智能	1874.67	增发上市	2020.11.24
601615	明阳智能	1874.67	债转股	2020.11.24	601619	嘉泽新能	2074.10	限售期满	2020.07.27
601619	嘉泽新能	2074.10	限售期满	2020.12.17	601633	长城汽车	9176.57	增发上市	2020.06.09
601633	长城汽车	9175.95	股份注销	2020.09.11	601636	旗滨集团	2687.70	限售期满	2020.01.13
601636	旗滨集团	2687.15	股份注销	2020.03.13	601636	旗滨集团	2687.15	限售期满	2020.06.24
601636	旗滨集团	2686.41	股份注销	2020.07.16	601636	旗滨集团	2686.24	股份注销	2020.10.20
601658	邮储银行	86978.56	行使超额配售选择权	2020.01.13	601658	邮储银行	86978.56	限售期满	2020.06.10
601658	邮储银行	86978.56	限售期满	2020.12.10	601666	平煤股份	2327.70	股份注销	2020.03.23
601668	中国建筑	41975.63	限售期满	2020.02.14	601668	中国建筑	41965.07	股份注销	2020.04.15
601677	明泰铝业	616.30	债转股	2020.01.07	601677	明泰铝业	616.30	债转股	2020.04.03

上市公司股份变动
Change of Shares Outstanding in 2020

股票代码 Code	股票简称 Stock Name	变动后总股本（百万股）Total Share (M Shares)	变动原因 Change Reason	变动日期 Change Date	股票代码 Code	股票简称 Stock Name	变动后总股本（百万股）Total Share (M Shares)	变动原因 Change Reason	变动日期 Change Date
601677	明泰铝业	616.30	债转股	2020.07.03	601677	明泰铝业	616.30	限售期满	2020.07.16
601677	明泰铝业	616.30	限售期满	2020.09.24	601677	明泰铝业	616.30	债转股	2020.10.14
601686	友发集团	1411.56	A股新上市	2020.12.04	601689	拓普集团	1054.99	限售期满	2020.05.25
601696	中银证券	2778.00	A股新上市	2020.02.26	601698	中国卫通	4000.00	限售期满	2020.06.29
601702	华峰铝业	998.53	A股新上市	2020.09.07	601717	郑煤机	1732.47	限售期满	2020.03.23
601727	上海电气	15152.46	债转股	2020.01.07	601727	上海电气	15152.46	限售期满	2020.03.02
601727	上海电气	15152.47	债转股	2020.07.08	601727	上海电气	15145.06	股份注销	2020.09.18
601727	上海电气	15155.64	债转股	2020.10.13	601727	上海电气	15155.64	限售期满	2020.11.06
601766	中国中车	28698.86	限售期满	2020.01.17	601777	*ST力帆	4527.93	送股	2020.12.24
601778	晶科科技	2765.50	A股新上市	2020.05.19	601816	京沪高铁	49106.48	A股新上市	2020.01.16
601816	京沪高铁	49106.48	限售期满	2020.07.16	601818	光大银行	52489.32	债转股	2020.01.08
601818	光大银行	52489.33	债转股	2020.04.08	601818	光大银行	52489.33	债转股	2020.07.07
601818	光大银行	52489.34	债转股	2020.10.14	601827	三峰环境	1678.27	A股新上市	2020.06.05
601828	美凯龙	3905.00	送股	2020.07.07	601838	成都银行	3612.25	限售期满	2020.02.03
601838	成都银行	3612.25	限售期满	2020.08.31	601838	成都银行	3612.25	限售期满	2020.11.30
601858	中国科传	790.50	限售期满	2020.02.03	601860	紫金银行	3660.89	限售期满	2020.01.03
601860	紫金银行	3660.89	限售期满	2020.03.03	601860	紫金银行	3660.89	限售期满	2020.04.03
601860	紫金银行	3660.89	限售期满	2020.05.06	601860	紫金银行	3660.89	限售期满	2020.06.03
601860	紫金银行	3660.89	限售期满	2020.07.03	601860	紫金银行	3660.89	限售期满	2020.08.03
601860	紫金银行	3660.89	限售期满	2020.09.03	601860	紫金银行	3660.89	限售期满	2020.10.09
601860	紫金银行	3660.89	限售期满	2020.11.03	601865	福莱特	1950.00	限售期满	2020.02.17
601865	福莱特	1954.60	增发上市	2020.09.02	601872	招商轮船	6740.12	增发上市	2020.01.14
601877	正泰电器	2150.25	股份注销	2020.02.21	601877	正泰电器	2149.97	股份注销	2020.04.10
601878	浙商证券	3333.35	债转股	2020.01.07	601878	浙商证券	3333.35	债转股	2020.04.07
601878	浙商证券	3333.35	债转股	2020.06.24	601878	浙商证券	3333.35	限售期满	2020.06.29
601878	浙商证券	3614.04	债转股	2020.08.28	601881	中国银河	10137.26	限售期满	2020.01.23
601899	紫金矿业	25377.26	限售期满	2020.06.08	601900	南方传媒	895.88	限售期满	2020.10.22
601916	浙商银行	21268.70	限售期满	2020.05.26	601916	浙商银行	21268.70	限售期满	2020.11.26
601919	中远海控	12259.53	限售期满	2020.02.03	601929	吉视传媒	3111.06	债转股	2020.01.06
601929	吉视传媒	3111.09	债转股	2020.04.03	601929	吉视传媒	3111.10	债转股	2020.07.06
601929	吉视传媒	3111.11	债转股	2020.10.13	601933	永辉超市	9516.29	股份注销	2020.07.16
601949	中国出版	1822.50	限售期满	2020.08.21	601952	苏垦农发	1378.00	限售期满	2020.05.15
601956	东贝集团	511.32	A股新上市	2020.12.25	601965	中国汽研	969.66	股份注销	2020.04.28
601965	中国汽研	969.66	限售期满	2020.05.13	601965	中国汽研	988.53	增发上市	2020.06.15
601965	中国汽研	988.53	增发上市	2020.06.15	601966	玲珑轮胎	1200.01	债转股	2020.01.07
601966	玲珑轮胎	1200.01	股份回购	2020.01.23	601966	玲珑轮胎	1200.01	债转股	2020.01.23
601966	玲珑轮胎	1200.01	增发上市	2020.01.23	601966	玲珑轮胎	1200.02	债转股	2020.04.03
601966	玲珑轮胎	1200.02	债转股	2020.07.03	601966	玲珑轮胎	1309.97	债转股	2020.09.08
601966	玲珑轮胎	1309.71	股份注销	2020.10.22	601966	玲珑轮胎	1373.51	增发上市	2020.12.11
601975	招商南油	5023.40	限售期满	2020.01.08	601975	招商南油	4942.12	股份注销	2020.04.17
601985	中国核电	15565.45	债转股	2020.01.06	601985	中国核电	15565.45	债转股	2020.04.07
601985	中国核电	15565.45	债转股	2020.07.06	601985	中国核电	15565.46	债转股	2020.10.14
601990	南京证券	3686.36	增发上市	2020.11.13	601995	中金公司	4827.26	A股新上市	2020.11.02
601996	丰林集团	1145.74	限售期满	2020.04.21	601996	丰林集团	1145.62	股份注销	2020.07.23
601997	贵阳银行	3218.03	限售期满	2020.08.17	601998	中信银行	48934.81	债转股	2020.01.07
601998	中信银行	48934.82	债转股	2020.04.07	601998	中信银行	48934.82	债转股	2020.07.03
601998	中信银行	48934.83	债转股	2020.10.13	603002	宏昌电子	881.68	增发上市	2020.12.29
603005	晶方科技	321.55	送股	2020.05.20	603007	花王股份	335.17	股份注销	2020.08.31
603007	花王股份	335.72	增发上市	2020.12.09	603008	喜临门	387.42	股份注销	2020.07.03
603010	万盛股份	346.62	股份注销	2020.09.10	603010	万盛股份	346.62	限售期满	2020.12.07

上市公司股份变动

Change of Shares Outstanding in 2020

股票代码 Code	股票简称 Stock Name	变动后总股本（百万股）Total Share（M Shares）	变动原因 Change Reason	变动日期 Change Date	股票代码 Code	股票简称 Stock Name	变动后总股本（百万股）Total Share（M Shares）	变动原因 Change Reason	变动日期 Change Date
603011	合锻智能	450.71	股份注销	2020.10.28	603013	亚普股份	514.23	增发上市	2020.03.05
603013	亚普股份	514.22	股份注销	2020.11.20	603015	弘讯科技	404.22	股份注销	2020.08.07
603017	中衡设计	275.11	限售期满	2020.01.23	603017	中衡设计	274.94	股份注销	2020.06.17
603017	中衡设计	276.44	增发上市	2020.07.30	603017	中衡设计	276.81	增发上市	2020.09.21
603018	华设集团	557.25	送股	2020.06.03	603018	华设集团	557.25	限售期满	2020.07.20
603018	华设集团	557.18	股份注销	2020.10.29	603019	中科曙光	900.31	债转股	2020.01.07
603019	中科曙光	930.04	债转股	2020.04.02	603019	中科曙光	1302.05	送股	2020.05.11
603019	中科曙光	1450.73	增发上市	2020.11.10	603023	威帝股份	453.34	债转股	2020.01.06
603023	威帝股份	453.46	债转股	2020.04.03	603023	威帝股份	453.47	债转股	2020.06.08
603023	威帝股份	539.63	送股	2020.06.10	603023	威帝股份	539.68	债转股	2020.07.03
603023	威帝股份	562.08	债转股	2020.09.02	603025	大豪科技	926.15	限售期满	2020.03.24
603025	大豪科技	926.10	股份注销	2020.06.18	603025	大豪科技	926.10	限售期满	2020.12.28
603027	千禾味业	465.68	限售期满	2020.01.03	603027	千禾味业	465.85	债转股	2020.01.07
603027	千禾味业	465.85	债转股	2020.04.07	603027	千禾味业	475.58	债转股	2020.06.02
603027	千禾味业	665.81	送股	2020.06.12	603027	千禾味业	665.68	股份注销	2020.07.31
603030	全筑股份	538.15	股份注销	2020.01.15	603030	全筑股份	538.12	股份注销	2020.07.31
603030	全筑股份	538.12	限售期满	2020.08.17	603032	德新交运	160.01	限售期满	2020.01.06
603033	三维股份	426.19	送股	2020.06.05	603035	常熟汽饰	280.00	限售期满	2020.01.06
603035	常熟汽饰	285.92	债转股	2020.07.03	603035	常熟汽饰	312.09	债转股	2020.08.17
603035	常熟汽饰	335.48	债转股	2020.10.14	603036	如通股份	206.68	增发上市	2020.11.06
603036	如通股份	206.68	限售期满	2020.11.18	603037	凯众股份	105.82	限售期满	2020.01.20
603037	凯众股份	104.90	股份注销	2020.09.30	603038	华立股份	131.57	限售期满	2020.01.16
603038	华立股份	131.55	股份注销	2020.06.22	603038	华立股份	184.17	送股	2020.07.09
603038	华立股份	184.14	股份注销	2020.10.26	603038	华立股份	184.14	限售期满	2020.11.11
603038	华立股份	184.13	股份注销	2020.12.29	603039	泛微网络	151.64	限售期满	2020.01.13
603039	泛微网络	212.30	送股	2020.05.12	603039	泛微网络	212.29	股份注销	2020.10.23
603039	泛微网络	212.29	限售期满	2020.11.03	603040	新坐标	79.48	限售期满	2020.02.10
603040	新坐标	103.33	送股	2020.06.10	603040	新坐标	103.33	限售期满	2020.07.21
603040	新坐标	103.33	限售期满	2020.09.02	603040	新坐标	103.31	股份注销	2020.09.21
603041	美思德	100.64	限售期满	2020.03.30	603041	美思德	140.90	送股	2020.05.12
603041	美思德	140.90	限售期满	2020.06.22	603041	美思德	140.90	限售期满	2020.10.28
603042	华脉科技	136.00	限售期满	2020.06.02	603043	广州酒家	404.00	限售期满	2020.06.29
603050	科林电气	162.22	限售期满	2020.04.14	603050	科林电气	162.22	限售期满	2020.08.06
603050	科林电气	162.21	股份注销	2020.10.27	603053	成都燃气	888.89	限售期满	2020.12.17
603055	台华新材	766.64	债转股	2020.04.07	603055	台华新材	766.64	债转股	2020.07.06
603055	台华新材	773.77	债转股	2020.09.18	603055	台华新材	773.77	限售期满	2020.09.21
603055	台华新材	774.24	债转股	2020.10.13	603055	台华新材	832.04	增发上市	2020.12.23
603055	台华新材	832.04	债转股	2020.12.23	603058	永吉股份	419.07	限售期满	2020.05.08
603058	永吉股份	419.07	限售期满	2020.12.23	603060	国检集团	431.20	送股	2020.06.18
603063	禾望电气	430.67	股份注销	2020.03.17	603063	禾望电气	430.67	限售期满	2020.05.21
603063	禾望电气	430.58	股份注销	2020.07.08	603063	禾望电气	430.58	限售期满	2020.07.28
603063	禾望电气	432.75	增发上市	2020.10.13	603063	禾望电气	432.47	股份注销	2020.12.31
603068	博通集成	138.71	限售期满	2020.04.16	603076	乐惠国际	74.50	限售期满	2020.11.13
603078	江化微	109.20	限售期满	2020.04.10	603078	江化微	141.96	送股	2020.05.07
603078	江化微	150.75	增发上市	2020.12.04	603079	圣达生物	122.28	债转股	2020.03.13
603079	圣达生物	171.19	送股	2020.06.09	603079	圣达生物	171.19	限售期满	2020.08.24
603081	大丰实业	401.80	债转股	2020.01.07	603081	大丰实业	401.81	债转股	2020.04.07
603081	大丰实业	401.81	限售期满	2020.04.20	603081	大丰实业	401.81	债转股	2020.07.06
603083	剑桥科技	193.67	增发上市	2020.05.12	603083	剑桥科技	192.65	股份注销	2020.07.03
603083	剑桥科技	194.02	增发上市	2020.07.29	603083	剑桥科技	252.22	送股	2020.08.14

上市公司股份变动

Change of Shares Outstanding in 2020

股票代码 Code	股票简称 Stock Name	变动后总股本（百万股）Total Share（M Shares）	变动原因 Change Reason	变动日期 Change Date	股票代码 Code	股票简称 Stock Name	变动后总股本（百万股）Total Share（M Shares）	变动原因 Change Reason	变动日期 Change Date
603083	剑桥科技	252.22	限售期满	2020.10.21	603083	剑桥科技	252.22	限售期满	2020.11.10
603085	天成自控	370.23	增发上市	2020.08.14	603086	先达股份	112.00	限售期满	2020.05.11
603086	先达股份	156.80	送股	2020.06.18	603086	先达股份	158.49	增发上市	2020.09.25
603087	甘李药业	401.10	A股新上市	2020.06.29	603087	甘李药业	561.54	送股	2020.08.21
603088	宁波精达	219.52	送股	2020.06.23	603089	正裕工业	154.67	限售期满	2020.02.03
603089	正裕工业	208.81	送股	2020.06.01	603089	正裕工业	221.12	债转股	2020.10.13
603093	南华期货	580.00	限售期满	2020.08.31	603095	越剑智能	132.00	A股新上市	2020.04.15
603096	新经典	135.31	限售期满	2020.04.27	603096	新经典	136.15	增发上市	2020.06.19
603096	新经典	135.89	股份注销	2020.11.19	603098	森特股份	480.01	债转股	2020.07.03
603098	森特股份	480.02	债转股	2020.10.13	603101	汇嘉时代	470.40	送股	2020.06.11
603103	横店影视	634.20	限售期满	2020.10.12	603106	恒银科技	400.40	限售期满	2020.09.25
603109	神驰机电	146.67	限售期满	2020.12.31	603110	东方材料	143.73	限售期满	2020.10.13
603112	华翔股份	425.00	A股新上市	2020.09.17	603113	金能科技	675.94	限售期满	2020.05.11
603113	金能科技	675.94	债转股	2020.07.03	603113	金能科技	675.95	债转股	2020.10.14
603113	金能科技	807.36	债转股	2020.11.17	603113	金能科技	807.36	增发上市	2020.11.17
603117	万林物流	638.74	股份注销	2020.06.24	603121	华培动力	216.00	限售期满	2020.01.13
603121	华培动力	259.20	送股	2020.06.18	603123	翠微股份	747.74	增发上市	2020.12.14
603127	昭衍新药	161.72	限售期满	2020.05.11	603127	昭衍新药	161.92	增发上市	2020.05.27
603127	昭衍新药	226.68	送股	2020.06.09	603127	昭衍新药	226.74	增发上市	2020.08.17
603127	昭衍新药	226.74	限售期满	2020.08.25	603127	昭衍新药	226.74	限售期满	2020.10.29
603127	昭衍新药	227.45	增发上市	2020.11.13	603128	华贸物流	1309.46	送股	2020.08.07
603129	春风动力	134.38	股份注销	2020.04.01	603129	春风动力	134.38	限售期满	2020.06.19
603129	春风动力	134.38	限售期满	2020.08.18	603131	上海沪工	317.97	限售期满	2020.02.19
603131	上海沪工	317.97	限售期满	2020.03.12	603131	上海沪工	317.97	限售期满	2020.05.07
603131	上海沪工	317.97	限售期满	2020.07.06	603133	碳元科技	211.12	增发上市	2020.01.10
603133	碳元科技	211.09	股份注销	2020.01.21	603133	碳元科技	211.09	限售期满	2020.03.20
603133	碳元科技	211.07	股份注销	2020.07.07	603133	碳元科技	210.32	股份注销	2020.10.20
603136	天目湖	116.00	限售期满	2020.09.28	603136	天目湖	116.02	债转股	2020.10.13
603138	海量数据	210.61	限售期满	2020.03.06	603138	海量数据	210.61	限售期满	2020.05.06
603138	海量数据	210.55	股份注销	2020.06.12	603138	海量数据	252.66	送股	2020.07.01
603138	海量数据	252.66	限售期满	2020.11.02	603139	康惠制药	99.88	限售期满	2020.04.21
603155	新亚强	155.56	A股新上市	2020.09.01	603156	养元饮品	1265.49	送股	2020.05.25
603160	汇顶科技	456.05	增发上市	2020.02.20	603160	汇顶科技	456.05	限售期满	2020.06.22
603160	汇顶科技	457.12	增发上市	2020.07.07	603160	汇顶科技	457.12	增发上市	2020.07.07
603160	汇顶科技	456.69	股份注销	2020.07.10	603160	汇顶科技	456.69	限售期满	2020.07.24
603160	汇顶科技	456.92	增发上市	2020.07.30	603160	汇顶科技	456.92	增发上市	2020.07.30
603160	汇顶科技	457.67	增发上市	2020.10.15	603160	汇顶科技	457.67	增发上市	2020.10.15
603165	荣晟环保	177.35	限售期满	2020.01.17	603165	荣晟环保	177.35	债转股	2020.04.13
603165	荣晟环保	177.35	债转股	2020.05.18	603165	荣晟环保	248.30	送股	2020.05.20
603165	荣晟环保	248.30	债转股	2020.07.06	603165	荣晟环保	250.41	债转股	2020.10.13
603166	福达股份	592.02	股份注销	2020.07.22	603167	渤海轮渡	472.81	限售期满	2020.05.27
603168	莎普爱思	322.59	限售期满	2020.03.13	603169	兰石重装	1051.50	限售期满	2020.07.15
603177	德创环保	202.00	限售期满	2020.02.07	603178	圣龙股份	201.84	限售期满	2020.03.30
603178	圣龙股份	201.14	股份注销	2020.11.05	603179	新泉股份	227.63	债转股	2020.01.06
603179	新泉股份	226.20	股份注销	2020.03.09	603179	新泉股份	226.20	限售期满	2020.03.17
603179	新泉股份	226.21	债转股	2020.04.03	603179	新泉股份	226.21	债转股	2020.05.18
603179	新泉股份	294.07	送股	2020.05.20	603179	新泉股份	309.41	债转股	2020.07.06
603179	新泉股份	316.31	债转股	2020.10.14	603180	金牌厨柜	67.73	股份回购	2020.04.23
603180	金牌厨柜	67.73	增发上市	2020.04.23	603180	金牌厨柜	67.73	增发上市	2020.04.23
603180	金牌厨柜	67.73	限售期满	2020.05.12	603180	金牌厨柜	94.82	送股	2020.05.29

上市公司股份变动
Change of Shares Outstanding in 2020

股票代码 Code	股票简称 Stock Name	变动后总股本（百万股）Total Share（M Shares）	变动原因 Change Reason	变动日期 Change Date	股票代码 Code	股票简称 Stock Name	变动后总股本（百万股）Total Share（M Shares）	变动原因 Change Reason	变动日期 Change Date
603180	金牌厨柜	94.52	股份注销	2020.07.03	603180	金牌厨柜	94.52	债转股	2020.07.03
603180	金牌厨柜	97.13	债转股	2020.10.14	603180	金牌厨柜	103.26	债转股	2020.12.08
603181	皇马科技	280.00	限售期满	2020.08.24	603181	皇马科技	406.00	送股	2020.09.22
603183	建研院	267.21	送股	2020.05.27	603183	建研院	267.21	限售期满	2020.06.15
603183	建研院	298.28	增发上市	2020.07.16	603183	建研院	298.28	限售期满	2020.09.07
603183	建研院	298.28	限售期满	2020.12.09	603185	上机数控	178.37	增发上市	2020.03.05
603185	上机数控	231.87	送股	2020.05.21	603185	上机数控	232.51	增发上市	2020.08.18
603186	华正新材	129.35	限售期满	2020.01.03	603186	华正新材	142.05	增发上市	2020.06.04
603186	华正新材	142.05	限售期满	2020.11.30	603187	海容冷链	158.48	送股	2020.04.17
603187	海容冷链	158.48	限售期满	2020.07.02	603195	公牛集团	600.00	A 股新上市	2020.02.06
603195	公牛集团	600.61	增发上市	2020.07.09	603196	日播时尚	240.00	限售期满	2020.06.01
603197	保隆科技	166.08	限售期满	2020.05.19	603197	保隆科技	165.13	股份注销	2020.09.11
603200	上海洗霸	101.30	限售期满	2020.06.01	603200	上海洗霸	100.77	股份注销	2020.08.26
603203	快克股份	157.37	股份注销	2020.04.03	603203	快克股份	156.53	股份注销	2020.07.14
603208	江山欧派	80.82	限售期满	2020.02.10	603208	江山欧派	105.06	送股	2020.06.05
603212	赛伍技术	400.01	A 股新上市	2020.04.30	603214	爱婴室	142.88	送股	2020.05.06
603214	爱婴室	142.88	限售期满	2020.07.03	603214	爱婴室	142.81	股份注销	2020.09.03
603214	爱婴室	142.81	限售期满	2020.12.02	603217	元利科技	127.46	送股	2020.05.29
603217	元利科技	127.46	限售期满	2020.06.22	603217	元利科技	127.46	限售期满	2020.12.21
603218	日月股份	531.35	限售期满	2020.02.17	603218	日月股份	531.28	股份注销	2020.04.20
603218	日月股份	743.80	送股	2020.06.04	603218	日月股份	743.80	限售期满	2020.07.17
603218	日月股份	743.74	股份注销	2020.07.31	603218	日月股份	830.15	债转股	2020.08.21
603218	日月股份	967.60	增发上市	2020.12.02	603218	日月股份	967.60	限售期满	2020.12.07
603221	爱丽家居	240.00	A 股新上市	2020.03.23	603225	新凤鸣	1399.57	债转股	2020.01.06
603225	新凤鸣	1399.57	债转股	2020.04.03	603225	新凤鸣	1399.57	债转股	2020.04.17
603225	新凤鸣	1399.57	限售期满	2020.04.20	603225	新凤鸣	1399.57	债转股	2020.07.06
603225	新凤鸣	1396.10	股份注销	2020.09.18	603225	新凤鸣	1396.10	债转股	2020.10.14
603225	新凤鸣	1396.10	债转股	2020.12.04	603225	新凤鸣	1396.10	限售期满	2020.12.07
603226	菲林格尔	210.35	送股	2020.06.10	603226	菲林格尔	210.35	限售期满	2020.06.16
603226	菲林格尔	210.35	限售期满	2020.10.19	603228	景旺电子	602.37	限售期满	2020.01.07
603228	景旺电子	608.73	增发上市	2020.03.26	603228	景旺电子	608.37	股份注销	2020.05.12
603228	景旺电子	851.72	送股	2020.05.27	603228	景旺电子	851.42	股份注销	2020.06.23
603228	景旺电子	851.42	限售期满	2020.11.26	603228	景旺电子	853.48	增发上市	2020.12.28
603229	奥翔药业	160.00	限售期满	2020.05.11	603229	奥翔药业	224.00	送股	2020.06.24
603229	奥翔药业	239.21	增发上市	2020.12.25	603232	格尔软件	121.27	限售期满	2020.04.21
603232	格尔软件	172.20	送股	2020.06.02	603232	格尔软件	193.10	增发上市	2020.09.03
603233	大参林	539.54	债转股	2020.01.07	603233	大参林	546.95	债转股	2020.01.21
603233	大参林	656.34	送股	2020.06.18	603233	大参林	656.34	限售期满	2020.07.31
603233	大参林	658.62	增发上市	2020.12.28	603236	移远通信	107.02	送股	2020.06.11
603236	移远通信	107.02	限售期满	2020.07.16	603238	诺邦股份	120.00	限售期满	2020.02.24
603238	诺邦股份	123.62	增发上市	2020.09.29	603256	宏和科技	877.80	限售期满	2020.07.20
603258	电魂网络	244.18	增发上市	2020.01.02	603258	电魂网络	244.18	限售期满	2020.07.06
603258	电魂网络	244.03	股份注销	2020.08.21	603258	电魂网络	247.99	增发上市	2020.12.17
603258	电魂网络	247.99	限售期满	2020.12.28	603259	药明康德	1651.13	增发上市	2020.01.07
603259	药明康德	1651.13	限售期满	2020.05.12	603259	药明康德	2311.58	送股	2020.06.05
603259	药明康德	2379.78	其他股本变动	2020.08.12	603259	药明康德	2378.88	股份注销	2020.08.19
603259	药明康德	2379.27	增发上市	2020.09.21	603259	药明康德	2379.33	增发上市	2020.09.23
603259	药明康德	2442.02	增发上市	2020.09.28	603259	药明康德	2441.68	股份注销	2020.12.17
603260	合盛硅业	938.00	限售期满	2020.10.30	603266	天龙股份	199.07	增发上市	2020.01.03
603266	天龙股份	199.07	限售期满	2020.01.10	603266	天龙股份	199.07	限售期满	2020.05.27

上市公司股份变动
Change of Shares Outstanding in 2020

股票代码 Code	股票简称 Stock Name	变动后总股本（百万股）Total Share（M Shares）	变动原因 Change Reason	变动日期 Change Date	股票代码 Code	股票简称 Stock Name	变动后总股本（百万股）Total Share（M Shares）	变动原因 Change Reason	变动日期 Change Date
603266	天龙股份	198. 96	股份注销	2020. 07. 30	603267	鸿远电子	165. 34	限售期满	2020. 05. 15
603267	鸿远电子	231. 48	送股	2020. 06. 03	603269	海鸥股份	91. 47	限售期满	2020. 05. 18
603269	海鸥股份	112. 52	配股上市	2020. 08. 05	603277	银都股份	410. 06	股份注销	2020. 03. 27
603277	银都股份	410. 06	限售期满	2020. 09. 14	603277	银都股份	410. 06	限售期满	2020. 12. 28
603278	大业股份	289. 93	债转股	2020. 01. 09	603278	大业股份	289. 93	债转股	2020. 04. 08
603278	大业股份	289. 93	债转股	2020. 07. 03	603278	大业股份	289. 93	债转股	2020. 10. 15
603278	大业股份	289. 93	债转股	2020. 11. 12	603278	大业股份	289. 93	限售期满	2020. 11. 13
603279	景津环保	400. 04	限售期满	2020. 07. 29	603279	景津环保	411. 74	增发上市	2020. 11. 23
603283	赛腾股份	176. 09	增发上市	2020. 01. 03	603283	赛腾股份	176. 09	限售期满	2020. 05. 22
603283	赛腾股份	176. 06	股份注销	2020. 07. 07	603283	赛腾股份	176. 06	限售期满	2020. 07. 27
603283	赛腾股份	176. 06	限售期满	2020. 12. 02	603283	赛腾股份	176. 06	限售期满	2020. 12. 03
603283	赛腾股份	176. 06	限售期满	2020. 12. 25	603286	日盈电子	88. 08	限售期满	2020. 07. 06
603288	海天味业	3240. 44	送股	2020. 05. 08	603289	泰瑞机器	266. 80	限售期满	2020. 11. 02
603290	斯达半导	160. 00	A 股新上市	2020. 02. 04	603297	永新光学	110. 55	增发上市	2020. 03. 02
603297	永新光学	110. 53	股份注销	2020. 09. 04	603298	杭叉集团	866. 40	送股	2020. 06. 01
603299	苏盐井神	774. 38	股份注销	2020. 09. 24	603300	华铁应急	680. 08	限售期满	2020. 06. 05
603300	华铁应急	879. 36	增发上市	2020. 08. 25	603300	华铁应急	902. 71	增发上市	2020. 09. 30
603300	华铁应急	902. 71	限售期满	2020. 11. 23	603301	振德医疗	196. 00	送股	2020. 06. 09
603301	振德医疗	198. 86	债转股	2020. 07. 03	603301	振德医疗	212. 13	债转股	2020. 10. 13
603301	振德医疗	215. 75	债转股	2020. 10. 29	603301	振德医疗	227. 20	债转股	2020. 12. 08
603303	得邦照明	487. 72	限售期满	2020. 03. 31	603305	旭升股份	400. 60	债转股	2020. 01. 06
603305	旭升股份	414. 70	债转股	2020. 03. 03	603305	旭升股份	447. 04	增发上市	2020. 06. 12
603305	旭升股份	447. 04	限售期满	2020. 07. 10	603305	旭升股份	447. 04	限售期满	2020. 12. 09
603306	华懋科技	308. 74	股份注销	2020. 07. 24	603308	应流股份	487. 96	限售期满	2020. 11. 16
603309	维力医疗	260. 00	送股	2020. 05. 26	603313	梦百合	333. 59	债转股	2020. 01. 06
603313	梦百合	339. 71	债转股	2020. 02. 11	603313	梦百合	339. 71	增发上市	2020. 02. 11
603313	梦百合	340. 00	债转股	2020. 02. 27	603313	梦百合	339. 91	股份注销	2020. 03. 03
603313	梦百合	341. 19	债转股	2020. 04. 03	603313	梦百合	341. 19	限售期满	2020. 05. 19
603313	梦百合	344. 17	债转股	2020. 07. 03	603313	梦百合	344. 16	股份注销	2020. 07. 14
603313	梦百合	345. 51	债转股	2020. 10. 14	603313	梦百合	371. 76	增发上市	2020. 12. 03
603313	梦百合	371. 76	债转股	2020. 12. 03	603316	诚邦股份	203. 28	限售期满	2020. 06. 19
603317	天味食品	413. 16	限售期满	2020. 04. 16	603317	天味食品	599. 07	送股	2020. 05. 11
603317	天味食品	600. 98	增发上市	2020. 07. 14	603317	天味食品	629. 58	增发上市	2020. 12. 04
603320	迪贝电气	100. 00	限售期满	2020. 05. 06	603320	迪贝电气	100. 00	债转股	2020. 05. 25
603320	迪贝电气	130. 01	送股	2020. 05. 27	603320	迪贝电气	130. 01	债转股	2020. 07. 06
603320	迪贝电气	130. 01	债转股	2020. 10. 13	603321	梅轮电梯	307. 00	限售期满	2020. 09. 15
603323	苏农银行	1803. 07	债转股	2020. 04. 07	603323	苏农银行	1803. 07	债转股	2020. 07. 07
603323	苏农银行	1803. 07	债转股	2020. 10. 13	603323	苏农银行	1803. 07	限售期满	2020. 11. 30
603326	我乐家居	226. 23	增发上市	2020. 01. 21	603326	我乐家居	226. 17	股份注销	2020. 06. 09
603326	我乐家居	226. 17	限售期满	2020. 06. 16	603326	我乐家居	316. 64	送股	2020. 07. 06
603326	我乐家居	316. 64	限售期满	2020. 09. 10	603326	我乐家居	316. 54	股份注销	2020. 12. 17
603327	福蓉科技	401. 00	限售期满	2020. 05. 25	603328	依顿电子	998. 29	增发上市	2020. 01. 07
603328	依顿电子	998. 43	增发上市	2020. 04. 03	603328	依顿电子	998. 44	增发上市	2020. 07. 06
603329	上海雅仕	132. 00	限售期满	2020. 12. 29	603330	上海天洋	109. 20	限售期满	2020. 02. 13
603330	上海天洋	152. 88	送股	2020. 08. 07	603331	百达精工	127. 82	股份注销	2020. 06. 03
603331	百达精工	127. 82	限售期满	2020. 07. 06	603331	百达精工	178. 95	送股	2020. 07. 21
603331	百达精工	178. 95	债转股	2020. 10. 13	603333	尚纬股份	519. 91	限售期满	2020. 05. 25
603333	尚纬股份	519. 91	限售期满	2020. 10. 26	603335	迪生力	428. 14	限售期满	2020. 06. 22
603336	宏辉果蔬	326. 77	送股	2020. 05. 25	603336	宏辉果蔬	329. 07	债转股	2020. 10. 14
603337	杰克股份	445. 95	限售期满	2020. 01. 08	603337	杰克股份	445. 95	限售期满	2020. 01. 20

上市公司股份变动

Change of Shares Outstanding in 2020

股票代码 Code	股票简称 Stock Name	变动后总股本（百万股）Total Share（M Shares）	变动原因 Change Reason	变动日期 Change Date	股票代码 Code	股票简称 Stock Name	变动后总股本（百万股）Total Share（M Shares）	变动原因 Change Reason	变动日期 Change Date
603337	杰克股份	444.49	股份注销	2020.04.24	603337	杰克股份	445.73	增发上市	2020.10.19
603338	浙江鼎力	485.49	送股	2020.06.08	603339	四方科技	209.08	股份注销	2020.06.16
603339	四方科技	309.44	送股	2020.07.07	603345	安井食品	236.38	增发上市	2020.01.10
603345	安井食品	236.38	限售期满	2020.02.24	603345	安井食品	236.67	增发上市	2020.09.10
603348	文灿股份	221.01	债转股	2020.01.07	603348	文灿股份	231.59	债转股	2020.04.07
603348	文灿股份	231.60	债转股	2020.07.03	603348	文灿股份	239.50	增发上市	2020.08.19
603348	文灿股份	239.50	债转股	2020.08.19	603348	文灿股份	242.54	债转股	2020.10.13
603348	文灿股份	251.50	债转股	2020.11.11	603351	威尔药业	93.33	限售期满	2020.02.03
603351	威尔药业	130.67	送股	2020.05.28	603353	和顺石油	133.38	A股新上市	2020.04.07
603355	莱克电气	411.07	增发上市	2020.09.23	603357	设计总院	454.54	限售期满	2020.08.03
603358	华达科技	313.60	限售期满	2020.02.03	603359	东珠生态	318.64	限售期满	2020.09.01
603360	百傲化学	186.68	限售期满	2020.02.07	603360	百傲化学	261.35	送股	2020.04.29
603363	傲农生物	509.79	增发上市	2020.05.22	603363	傲农生物	519.79	增发上市	2020.06.03
603363	傲农生物	519.99	增发上市	2020.06.23	603363	傲农生物	517.83	股份注销	2020.07.20
603363	傲农生物	517.83	限售期满	2020.09.28	603363	傲农生物	673.18	送股	2020.10.22
603363	傲农生物	674.48	增发上市	2020.11.11	603363	傲农生物	674.48	限售期满	2020.11.18
603363	傲农生物	674.02	股份注销	2020.12.29	603365	水星家纺	266.67	限售期满	2020.11.20
603367	辰欣药业	453.35	限售期满	2020.09.29	603368	柳药股份	259.05	股份注销	2020.05.19
603368	柳药股份	259.05	股份回购	2020.06.01	603368	柳药股份	259.05	增发上市	2020.06.01
603368	柳药股份	362.67	送股	2020.06.29	603368	柳药股份	362.67	限售期满	2020.07.15
603368	柳药股份	362.66	股份注销	2020.09.15	603368	柳药股份	362.66	债转股	2020.10.13
603378	亚士创能	194.80	限售期满	2020.09.28	603378	亚士创能	206.17	增发上市	2020.12.29
603379	三美股份	436.06	限售期满	2020.04.02	603379	三美股份	610.48	送股	2020.06.03
603380	易德龙	160.00	限售期满	2020.06.22	603383	顶点软件	120.19	限售期满	2020.05.22
603383	顶点软件	168.26	送股	2020.06.09	603383	顶点软件	168.25	股份注销	2020.08.12
603383	顶点软件	168.25	限售期满	2020.09.07	603385	惠达卫浴	369.40	限售期满	2020.04.07
603386	广东骏亚	224.95	股份注销	2020.06.24	603386	广东骏亚	224.95	限售期满	2020.09.07
603386	广东骏亚	224.95	限售期满	2020.09.14	603386	广东骏亚	224.49	股份注销	2020.10.14
603387	基蛋生物	260.38	限售期满	2020.03.16	603387	基蛋生物	260.34	股份注销	2020.06.23
603387	基蛋生物	260.34	限售期满	2020.07.17	603388	元成股份	288.63	限售期满	2020.03.24
603388	元成股份	285.14	股份注销	2020.09.24	603390	通达电气	351.69	限售期满	2020.11.25
603392	万泰生物	433.60	A股新上市	2020.04.29	603393	新天然气	313.60	送股	2020.05.21
603396	金辰股份	105.78	限售期满	2020.10.19	603399	吉翔股份	543.85	股份注销	2020.01.21
603399	吉翔股份	535.60	股份注销	2020.08.12	603399	吉翔股份	518.07	股份注销	2020.08.31
603399	吉翔股份	510.52	股份注销	2020.12.11	603408	建霖家居	446.68	A股新上市	2020.07.30
603421	鼎信通讯	469.11	股份注销	2020.01.08	603421	鼎信通讯	469.07	股份注销	2020.05.28
603421	鼎信通讯	656.69	送股	2020.07.07	603421	鼎信通讯	656.69	限售期满	2020.07.31
603429	集友股份	266.12	限售期满	2020.02.03	603429	集友股份	271.60	增发上市	2020.02.11
603429	集友股份	380.24	送股	2020.06.03	603429	集友股份	380.24	限售期满	2020.07.27
603439	贵州三力	407.32	A股新上市	2020.04.28	603444	吉比特	71.88	限售期满	2020.01.06
603444	吉比特	71.86	股份注销	2020.03.06	603444	吉比特	71.86	限售期满	2020.04.17
603456	九洲药业	803.31	股份注销	2020.06.15	603456	九洲药业	805.23	增发上市	2020.09.25
603458	勘设股份	241.66	送股	2020.07.08	603458	勘设股份	241.66	限售期满	2020.08.10
603458	勘设股份	241.44	股份注销	2020.12.23	603458	勘设股份	241.44	限售期满	2020.12.30
603466	风语筑	291.75	限售期满	2020.05.20	603466	风语筑	291.55	股份注销	2020.07.21
603466	风语筑	291.55	限售期满	2020.10.20	603477	巨星农牧	467.91	增发上市	2020.07.24
603477	巨星农牧	467.91	限售期满	2020.12.18	603486	科沃斯	563.22	股份注销	2020.07.09
603486	科沃斯	564.57	增发上市	2020.11.12	603486	科沃斯	564.37	股份注销	2020.12.31
603488	展鹏科技	208.94	限售期满	2020.05.18	603488	展鹏科技	292.52	送股	2020.06.08
603488	展鹏科技	292.52	限售期满	2020.06.29	603489	八方股份	120.00	限售期满	2020.11.18

上市公司股份变动
Change of Shares Outstanding in 2020

股票代码 Code	股票简称 Stock Name	变动后总股本（百万股）Total Share（M Shares）	变动原因 Change Reason	变动日期 Change Date	股票代码 Code	股票简称 Stock Name	变动后总股本（百万股）Total Share（M Shares）	变动原因 Change Reason	变动日期 Change Date
603489	八方股份	120.31	增发上市	2020.12.15	603496	恒为科技	202.40	股份注销	2020.03.03
603496	恒为科技	200.99	股份注销	2020.05.28	603496	恒为科技	200.99	限售期满	2020.06.08
603499	翔港科技	141.85	增发上市	2020.01.03	603499	翔港科技	141.84	股份注销	2020.04.17
603499	翔港科技	198.57	送股	2020.07.02	603499	翔港科技	202.15	债转股	2020.10.13
603499	翔港科技	202.15	限售期满	2020.10.16	603500	祥和实业	176.40	限售期满	2020.09.04
603501	韦尔股份	863.66	限售期满	2020.02.18	603501	韦尔股份	863.58	股份注销	2020.03.13
603501	韦尔股份	863.58	限售期满	2020.08.31	603501	韦尔股份	863.58	限售期满	2020.11.30
603501	韦尔股份	867.60	增发上市	2020.12.22	603501	韦尔股份	867.60	增发上市	2020.12.22
603505	金石资源	240.00	股份回购	2020.04.28	603505	金石资源	240.00	增发上市	2020.04.28
603505	金石资源	240.00	限售期满	2020.05.06	603507	振江股份	128.07	限售期满	2020.11.06
603507	振江股份	126.84	股份注销	2020.11.27	603508	思维列控	194.74	限售期满	2020.04.15
603508	思维列控	272.63	送股	2020.06.10	603508	思维列控	272.63	限售期满	2020.06.18
603508	思维列控	272.52	股份注销	2020.09.11	603515	欧普照明	755.95	股份注销	2020.10.15
603515	欧普照明	754.70	股份注销	2020.11.05	603516	淳中科技	133.30	增发上市	2020.02.27
603517	绝味食品	608.63	限售期满	2020.03.17	603518	锦泓集团	252.40	债转股	2020.04.01
603518	锦泓集团	252.40	限售期满	2020.04.02	603520	司太立	234.96	送股	2020.06.02
603520	司太立	244.50	增发上市	2020.08.10	603520	司太立	244.90	增发上市	2020.11.02
603520	司太立	244.90	股份回购	2020.11.02	603527	众源新材	243.82	送股	2020.06.09
603527	众源新材	243.82	限售期满	2020.09.07	603528	多伦科技	626.78	股份注销	2020.03.06
603528	多伦科技	626.78	限售期满	2020.06.01	603533	掌阅科技	401.00	限售期满	2020.09.21
603535	嘉诚国际	150.40	限售期满	2020.08.10	603536	惠发食品	168.00	限售期满	2020.06.15
603536	惠发食品	171.89	增发上市	2020.12.08	603538	美诺华	149.68	限售期满	2020.04.07
603538	美诺华	149.65	股份注销	2020.09.02	603538	美诺华	149.65	限售期满	2020.09.09
603538	美诺华	149.65	限售期满	2020.09.22	603538	美诺华	149.61	股份注销	2020.10.23
603551	奥普家居	400.01	A 股新上市	2020.01.15	603556	海兴电力	488.68	股份注销	2020.09.30
603557	起步股份	471.96	股份注销	2020.07.24	603557	起步股份	471.96	限售期满	2020.08.18
603558	健盛集团	416.36	限售期满	2020.08.31	603559	中通国脉	143.31	限售期满	2020.05.07
603565	中谷物流	666.67	A 股新上市	2020.09.25	603568	伟明环保	954.64	债转股	2020.01.07
603568	伟明环保	954.64	限售期满	2020.01.15	603568	伟明环保	966.58	债转股	2020.02.10
603568	伟明环保	966.58	限售期满	2020.04.29	603568	伟明环保	1256.56	送股	2020.06.24
603569	长久物流	560.28	债转股	2020.07.03	603569	长久物流	560.28	债转股	2020.10.13
603577	汇金通	288.27	送股	2020.04.30	603578	三星新材	89.55	债转股	2020.01.07
603578	三星新材	89.55	限售期满	2020.03.06	603578	三星新材	89.57	债转股	2020.04.03
603578	三星新材	89.58	债转股	2020.07.03	603578	三星新材	91.74	债转股	2020.10.13
603578	三星新材	91.74	债转股	2020.12.25	603578	三星新材	91.74	限售期满	2020.12.28
603579	荣泰健康	140.00	限售期满	2020.01.13	603580	艾艾精工	130.67	限售期满	2020.05.26
603583	捷昌驱动	178.04	增发上市	2020.06.10	603583	捷昌驱动	177.45	股份注销	2020.06.23
603583	捷昌驱动	248.43	送股	2020.07.13	603583	捷昌驱动	272.82	增发上市	2020.10.22
603586	金麒麟	203.74	增发上市	2020.02.03	603586	金麒麟	203.74	股份回购	2020.02.03
603586	金麒麟	203.74	限售期满	2020.04.07	603586	金麒麟	203.65	股份注销	2020.09.25
603587	地素时尚	481.20	送股	2020.05.25	603588	高能环境	674.07	增发上市	2020.01.07
603588	高能环境	680.41	债转股	2020.04.07	603588	高能环境	754.32	债转股	2020.06.22
603588	高能环境	754.52	增发上市	2020.07.06	603588	高能环境	794.49	增发上市	2020.07.28
603588	高能环境	806.29	增发上市	2020.09.01	603588	高能环境	806.29	增发上市	2020.09.01
603588	高能环境	805.64	股份注销	2020.09.18	603588	高能环境	805.64	限售期满	2020.09.25
603588	高能环境	806.54	增发上市	2020.10.14	603588	高能环境	806.54	股份回购	2020.12.17
603588	高能环境	806.54	增发上市	2020.12.17	603595	东尼电子	212.93	股份注销	2020.05.11
603595	东尼电子	212.93	限售期满	2020.07.13	603595	东尼电子	212.93	限售期满	2020.10.16
603596	伯特利	408.56	增发上市	2020.07.24	603596	伯特利	408.56	股份回购	2020.07.24
603599	广信股份	464.68	增发上市	2020.12.23	603599	广信股份	464.68	股份回购	2020.12.23

上市公司股份变动

Change of Shares Outstanding in 2020

股票代码 Code	股票简称 Stock Name	变动后总股本（百万股）Total Share (M Shares)	变动原因 Change Reason	变动日期 Change Date	股票代码 Code	股票简称 Stock Name	变动后总股本（百万股）Total Share (M Shares)	变动原因 Change Reason	变动日期 Change Date
603600	永艺股份	302.51	股份注销	2020.11.30	603600	永艺股份	302.51	限售期满	2020.12.04
603601	再升科技	702.82	债转股	2020.01.07	603601	再升科技	713.74	债转股	2020.03.27
603601	再升科技	718.74	增发上市	2020.07.03	603601	再升科技	718.97	增发上市	2020.10.13
603602	纵横通信	203.84	送股	2020.06.09	603602	纵横通信	203.84	限售期满	2020.08.10
603603	博天环境	417.78	限售期满	2020.06.18	603603	博天环境	417.78	限售期满	2020.08.03
603605	珀莱雅	201.27	限售期满	2020.01.06	603605	珀莱雅	201.12	股份注销	2020.10.30
603605	珀莱雅	201.12	限售期满	2020.11.16	603606	东方电缆	654.10	限售期满	2020.12.18
603607	京华激光	178.52	送股	2020.06.19	603607	京华激光	178.52	限售期满	2020.10.26
603608	天创时尚	430.07	股份注销	2020.01.08	603608	天创时尚	430.07	限售期满	2020.01.15
603608	天创时尚	430.07	限售期满	2020.02.20	603608	天创时尚	430.07	限售期满	2020.05.27
603608	天创时尚	428.90	股份注销	2020.11.04	603609	禾丰牧业	922.30	限售期满	2020.04.09
603609	禾丰牧业	922.30	限售期满	2020.04.24	603609	禾丰牧业	922.06	股份注销	2020.05.19
603610	麒盛科技	207.46	送股	2020.06.08	603610	麒盛科技	207.46	限售期满	2020.11.06
603611	诺力股份	267.54	限售期满	2020.01.06	603611	诺力股份	267.54	限售期满	2020.01.23
603611	诺力股份	267.54	限售期满	2020.08.10	603611	诺力股份	267.18	股份注销	2020.11.18
603612	索通发展	344.52	债转股	2020.06.12	603612	索通发展	344.52	增发上市	2020.06.12
603612	索通发展	344.54	债转股	2020.07.17	603612	索通发展	344.54	限售期满	2020.07.20
603612	索通发展	380.06	债转股	2020.09.01	603612	索通发展	433.58	债转股	2020.09.22
603613	国联股份	204.18	送股	2020.05.22	603613	国联股份	204.18	限售期满	2020.07.30
603613	国联股份	237.17	增发上市	2020.12.04	603615	茶花股份	244.66	限售期满	2020.02.13
603615	茶花股份	244.66	限售期满	2020.05.20	603615	茶花股份	244.55	股份注销	2020.07.08
603617	君禾股份	199.51	送股	2020.05.18	603617	君禾股份	199.51	限售期满	2020.06.05
603617	君禾股份	199.46	股份注销	2020.07.07	603617	君禾股份	199.46	限售期满	2020.07.15
603617	君禾股份	199.46	债转股	2020.10.13	603617	君禾股份	199.46	股份注销	2020.11.06
603618	杭电股份	691.03	债转股	2020.01.07	603618	杭电股份	691.03	债转股	2020.04.07
603618	杭电股份	691.03	债转股	2020.07.03	603618	杭电股份	691.04	债转股	2020.10.13
603619	中曼石油	400.00	限售期满	2020.11.18	603626	科森科技	423.81	债转股	2020.01.07
603626	科森科技	423.81	限售期满	2020.02.10	603626	科森科技	458.27	债转股	2020.02.27
603626	科森科技	472.90	债转股	2020.03.13	603626	科森科技	472.90	增发上市	2020.03.13
603626	科森科技	472.92	债转股	2020.04.03	603626	科森科技	474.96	债转股	2020.07.03
603626	科森科技	485.11	债转股	2020.10.13	603626	科森科技	491.49	债转股	2020.12.01
603626	科森科技	490.89	股份注销	2020.12.22	603628	清源股份	273.80	限售期满	2020.01.14
603630	拉芳家化	226.72	限售期满	2020.03.16	603630	拉芳家化	226.72	股份回购	2020.09.11
603630	拉芳家化	226.72	增发上市	2020.09.11	603633	徕木股份	263.50	配股上市	2020.07.30
603636	南威软件	526.49	限售期满	2020.01.09	603636	南威软件	590.81	债转股	2020.03.27
603636	南威软件	590.79	股份注销	2020.04.30	603637	镇海股份	174.13	限售期满	2020.02.10
603637	镇海股份	174.07	股份注销	2020.06.17	603637	镇海股份	243.70	送股	2020.07.03
603637	镇海股份	243.70	限售期满	2020.07.15	603638	艾迪精密	412.97	限售期满	2020.01.20
603638	艾迪精密	598.81	送股	2020.06.02	603639	海利尔	169.64	限售期满	2020.01.13
603639	海利尔	169.62	股份注销	2020.05.14	603639	海利尔	169.62	限售期满	2020.05.22
603639	海利尔	237.47	送股	2020.06.16	603639	海利尔	237.47	限售期满	2020.06.29
603639	海利尔	237.45	股份注销	2020.12.22	603648	畅联股份	368.67	限售期满	2020.09.14
603655	朗博科技	106.00	限售期满	2020.12.29	603656	泰禾智能	148.88	限售期满	2020.03.23
603656	泰禾智能	153.14	增发上市	2020.09.02	603657	春光科技	134.40	送股	2020.06.04
603658	安图生物	430.60	债转股	2020.02.21	603658	安图生物	450.98	增发上市	2020.11.17
603659	璞泰来	435.22	债转股	2020.10.13	603659	璞泰来	435.22	限售期满	2020.11.03
603659	璞泰来	485.93	增发上市	2020.12.10	603659	璞泰来	496.16	债转股	2020.12.23
603659	璞泰来	496.03	股份注销	2020.12.30	603660	苏州科达	503.71	股份注销	2020.04.20
603660	苏州科达	499.57	股份注销	2020.06.16	603660	苏州科达	499.36	股份注销	2020.09.30
603660	苏州科达	499.37	债转股	2020.10.14	603660	苏州科达	499.28	股份注销	2020.12.24

上市公司股份变动
Change of Shares Outstanding in 2020

股票代码 Code	股票简称 Stock Name	变动后总股本（百万股）Total Share（M Shares）	变动原因 Change Reason	变动日期 Change Date	股票代码 Code	股票简称 Stock Name	变动后总股本（百万股）Total Share（M Shares）	变动原因 Change Reason	变动日期 Change Date
603662	柯力传感	167. 16	送股	2020. 07. 06	603662	柯力传感	167. 16	限售期满	2020. 08. 06
603663	三祥新材	189. 99	限售期满	2020. 03. 30	603663	三祥新材	189. 98	股份注销	2020. 08. 03
603663	三祥新材	192. 46	债转股	2020. 10. 14	603665	康隆达	100. 00	限售期满	2020. 03. 13
603665	康隆达	148. 00	送股	2020. 06. 17	603666	亿嘉和	138. 64	送股	2020. 06. 29
603667	五洲新春	292. 33	债转股	2020. 10. 13	603668	天马科技	340. 64	限售期满	2020. 01. 17
603668	天马科技	339. 76	股份注销	2020. 09. 04	603669	灵康药业	713. 44	送股	2020. 05. 27
603676	卫信康	423. 00	限售期满	2020. 07. 21	603677	奇精机械	193. 65	限售期满	2020. 02. 06
603677	奇精机械	193. 65	债转股	2020. 04. 07	603677	奇精机械	192. 13	股份注销	2020. 04. 28
603677	奇精机械	192. 13	债转股	2020. 07. 03	603677	奇精机械	192. 13	债转股	2020. 10. 13
603679	华体科技	102. 07	股份注销	2020. 03. 05	603679	华体科技	102. 07	限售期满	2020. 05. 12
603679	华体科技	102. 07	限售期满	2020. 06. 22	603679	华体科技	142. 89	送股	2020. 07. 09
603679	华体科技	142. 89	限售期满	2020. 09. 04	603679	华体科技	142. 89	限售期满	2020. 12. 10
603680	今创集团	790. 87	股份注销	2020. 05. 28	603680	今创集团	790. 87	限售期满	2020. 09. 23
603680	今创集团	790. 67	股份注销	2020. 10. 22	603681	永冠新材	166. 59	限售期满	2020. 03. 26
603682	锦和商业	472. 50	A股新上市	2020. 04. 21	603683	晶华新材	126. 67	限售期满	2020. 10. 21
603685	晨丰科技	169. 00	限售期满	2020. 11. 30	603687	大胜达	410. 83	限售期满	2020. 07. 27
603688	石英股份	346. 74	债转股	2020. 07. 06	603688	石英股份	352. 96	债转股	2020. 10. 14
603689	皖天然气	336. 00	限售期满	2020. 01. 10	603690	至纯科技	258. 91	限售期满	2020. 01. 13
603690	至纯科技	257. 82	股份注销	2020. 03. 13	603690	至纯科技	257. 82	限售期满	2020. 04. 13
603690	至纯科技	257. 82	限售期满	2020. 04. 27	603690	至纯科技	257. 82	限售期满	2020. 05. 18
603690	至纯科技	257. 97	债转股	2020. 07. 03	603690	至纯科技	257. 97	限售期满	2020. 07. 21
603690	至纯科技	260. 02	增发上市	2020. 07. 29	603690	至纯科技	260. 02	债转股	2020. 07. 29
603690	至纯科技	260. 02	限售期满	2020. 09. 28	603690	至纯科技	260. 05	债转股	2020. 10. 13
603697	有友食品	304. 55	限售期满	2020. 05. 08	603700	宁水集团	156. 34	限售期满	2020. 01. 22
603700	宁水集团	203. 24	送股	2020. 06. 01	603701	德宏股份	202. 07	股份注销	2020. 05. 14
603701	德宏股份	262. 69	送股	2020. 06. 05	603703	盛洋科技	229. 70	限售期满	2020. 05. 11
603707	健友股份	718. 47	限售期满	2020. 05. 19	603707	健友股份	718. 35	股份注销	2020. 07. 02
603707	健友股份	718. 58	增发上市	2020. 07. 13	603707	健友股份	934. 16	送股	2020. 07. 24
603707	健友股份	934. 16	限售期满	2020. 07. 30	603711	香飘飘	418. 17	股份注销	2020. 01. 14
603711	香飘飘	418. 17	限售期满	2020. 01. 21	603711	香飘飘	418. 17	限售期满	2020. 11. 30
603713	密尔克卫	154. 74	增发上市	2020. 01. 16	603716	塞力医疗	205. 03	股份注销	2020. 11. 12
603716	塞力医疗	205. 03	限售期满	2020. 11. 19	603717	天域生态	241. 80	限售期满	2020. 03. 30
603719	良品铺子	401. 00	A股新上市	2020. 02. 24	603721	中广天择	130. 00	限售期满	2020. 08. 11
603722	阿科力	87. 69	增发上市	2020. 01. 15	603722	阿科力	87. 94	增发上市	2020. 06. 16
603722	阿科力	87. 94	限售期满	2020. 10. 26	603725	天安新材	205. 35	限售期满	2020. 09. 07
603727	博迈科	234. 19	增发上市	2020. 10. 13	603728	鸣志电器	416. 00	限售期满	2020. 05. 11
603730	岱美股份	400. 59	限售期满	2020. 07. 28	603730	岱美股份	580. 86	送股	2020. 08. 11
603730	岱美股份	579. 53	股份注销	2020. 09. 29	603733	仙鹤股份	612. 01	债转股	2020. 07. 06
603733	仙鹤股份	677. 45	债转股	2020. 08. 06	603733	仙鹤股份	705. 97	债转股	2020. 09. 15
603737	三棵树	186. 23	股份注销	2020. 01. 06	603737	三棵树	260. 72	送股	2020. 06. 30
603737	三棵树	268. 90	增发上市	2020. 10. 22	603737	三棵树	268. 90	限售期满	2020. 11. 09
603738	泰晶科技	167. 11	债转股	2020. 01. 07	603738	泰晶科技	168. 94	债转股	2020. 04. 03
603738	泰晶科技	170. 19	债转股	2020. 05. 29	603738	泰晶科技	173. 30	增发上市	2020. 12. 30
603739	蔚蓝生物	154. 67	限售期满	2020. 01. 16	603755	日辰股份	98. 61	限售期满	2020. 08. 28
603757	大元泵业	164. 25	限售期满	2020. 07. 13	603757	大元泵业	167. 48	增发上市	2020. 11. 12
603757	大元泵业	167. 58	增发上市	2020. 11. 30	603758	秦安股份	438. 80	限售期满	2020. 05. 18
603767	中马传动	306. 10	限售期满	2020. 06. 15	603767	中马传动	306. 10	限售期满	2020. 12. 21
603768	常青股份	204. 00	限售期满	2020. 03. 24	603776	永安行	187. 58	限售期满	2020. 08. 17
603777	来伊份	337. 13	股份注销	2020. 08. 20	603778	乾景园林	642. 86	增发上市	2020. 12. 25
603787	新日股份	204. 00	限售期满	2020. 04. 27	603797	联泰环保	318. 77	债转股	2020. 01. 07

上市公司股份变动

Change of Shares Outstanding in 2020

股票代码 Code	股票简称 Stock Name	变动后总股本 (百万股) Total Share (M Shares)	变动原因 Change Reason	变动日期 Change Date	股票代码 Code	股票简称 Stock Name	变动后总股本 (百万股) Total Share (M Shares)	变动原因 Change Reason	变动日期 Change Date
603797	联泰环保	319.65	债转股	2020.04.07	603797	联泰环保	319.65	限售期满	2020.04.13
603797	联泰环保	319.66	债转股	2020.07.06	603797	联泰环保	319.66	债转股	2020.07.08
603797	联泰环保	447.52	送股	2020.07.10	603797	联泰环保	449.77	债转股	2020.10.14
603799	华友钴业	1112.78	增发上市	2020.02.26	603799	华友钴业	1141.26	增发上市	2020.04.24
603799	华友钴业	1141.26	限售期满	2020.10.21	603801	志邦家居	223.33	股份回购	2020.03.12
603801	志邦家居	223.33	增发上市	2020.03.12	603801	志邦家居	223.33	限售期满	2020.07.07
603801	志邦家居	223.33	限售期满	2020.10.21	603803	瑞斯康达	421.06	限售期满	2020.05.15
603806	福斯特	731.64	送股	2020.05.19	603806	福斯特	756.79	债转股	2020.07.06
603806	福斯特	769.55	债转股	2020.07.20	603808	歌力思	332.52	股份注销	2020.06.17
603809	豪能股份	216.35	增发上市	2020.09.28	603809	豪能股份	216.35	限售期满	2020.11.30
603810	丰山集团	82.97	股份注销	2020.06.23	603810	丰山集团	116.15	送股	2020.07.13
603810	丰山集团	116.14	股份注销	2020.09.09	603810	丰山集团	116.23	增发上市	2020.11.10
603811	诚意药业	119.28	限售期满	2020.03.16	603811	诚意药业	166.99	送股	2020.06.04
603813	原尚股份	88.78	股份注销	2020.06.11	603813	原尚股份	88.78	限售期满	2020.09.18
603815	交建股份	499.00	限售期满	2020.10.21	603816	顾家家居	601.81	债转股	2020.01.06
603816	顾家家居	601.63	股份注销	2020.03.24	603816	顾家家居	601.63	债转股	2020.04.03
603816	顾家家居	601.63	限售期满	2020.05.20	603816	顾家家居	604.14	债转股	2020.07.03
603816	顾家家居	604.07	股份注销	2020.07.31	603816	顾家家居	632.41	债转股	2020.09.01
603816	顾家家居	632.41	限售期满	2020.11.25	603817	海峡环保	450.00	债转股	2020.01.07
603817	海峡环保	450.00	限售期满	2020.02.20	603817	海峡环保	450.00	债转股	2020.04.03
603817	海峡环保	450.00	债转股	2020.07.03	603817	海峡环保	450.01	债转股	2020.10.13
603818	曲美家居	584.95	增发上市	2020.07.28	603818	曲美家居	583.00	股份注销	2020.08.14
603818	曲美家居	582.88	股份注销	2020.12.15	603819	神力股份	217.75	送股	2020.06.29
603819	神力股份	217.73	股份注销	2020.11.13	603819	神力股份	217.73	限售期满	2020.12.25
603822	嘉澳环保	73.36	债转股	2020.04.07	603822	嘉澳环保	73.36	债转股	2020.07.06
603823	百合花	315.00	送股	2020.05.27	603823	百合花	315.00	限售期满	2020.12.21
603825	华扬联众	230.94	股份注销	2020.05.06	603825	华扬联众	230.94	限售期满	2020.08.03
603825	华扬联众	228.62	股份注销	2020.08.10	603826	坤彩科技	468.00	限售期满	2020.04.14
603828	柯利达	547.58	股份注销	2020.04.24	603828	柯利达	562.08	增发上市	2020.10.28
603833	欧派家居	420.17	限售期满	2020.03.30	603833	欧派家居	420.17	债转股	2020.04.03
603833	欧派家居	420.17	债转股	2020.07.03	603833	欧派家居	420.17	债转股	2020.07.20
603833	欧派家居	588.24	送股	2020.07.22	603833	欧派家居	596.36	债转股	2020.10.13
603838	四通股份	320.02	增发上市	2020.07.02	603838	四通股份	320.02	限售期满	2020.12.24
603839	安正时尚	401.83	限售期满	2020.02.14	603839	安正时尚	401.64	股份注销	2020.03.23
603839	安正时尚	400.10	股份注销	2020.06.12	603848	好太太	401.00	限售期满	2020.12.01
603855	华荣股份	337.19	增发上市	2020.01.16	603855	华荣股份	337.19	限售期满	2020.05.25
603855	华荣股份	337.17	股份注销	2020.10.29	603855	华荣股份	337.66	增发上市	2020.12.08
603856	东宏股份	256.41	限售期满	2020.11.06	603859	能科股份	139.15	限售期满	2020.05.25
603860	中公高科	66.68	限售期满	2020.08.03	603861	白云电器	451.93	债转股	2020.07.03
603861	白云电器	451.93	限售期满	2020.07.09	603861	白云电器	441.82	股份注销	2020.09.04
603861	白云电器	441.82	债转股	2020.10.14	603863	松炀资源	205.89	限售期满	2020.06.22
603866	桃李面包	658.88	债转股	2020.04.07	603866	桃李面包	658.88	债转股	2020.07.03
603866	桃李面包	680.15	债转股	2020.09.22	603867	新化股份	140.00	限售期满	2020.06.29
603867	新化股份	140.90	增发上市	2020.12.16	603871	嘉友国际	219.52	送股	2020.06.16
603876	鼎胜新材	433.62	债转股	2020.01.07	603876	鼎胜新材	433.63	债转股	2020.04.03
603876	鼎胜新材	433.63	债转股	2020.07.03	603876	鼎胜新材	433.63	债转股	2020.10.14
603877	太平鸟	478.88	限售期满	2020.01.09	603877	太平鸟	476.73	股份注销	2020.08.27
603878	武进不锈	400.76	送股	2020.06.23	603878	武进不锈	400.76	限售期满	2020.07.13
603879	永悦科技	200.41	限售期满	2020.06.15	603879	永悦科技	279.39	送股	2020.07.13
603880	南卫股份	219.70	送股	2020.06.15	603880	南卫股份	219.70	限售期满	2020.08.07

上市公司股份变动
Change of Shares Outstanding in 2020

股票代码 Code	股票简称 Stock Name	变动后总股本（百万股）Total Share (M Shares)	变动原因 Change Reason	变动日期 Change Date	股票代码 Code	股票简称 Stock Name	变动后总股本（百万股）Total Share (M Shares)	变动原因 Change Reason	变动日期 Change Date
603880	南卫股份	225.18	增发上市	2020.12.08	603881	数据港	210.59	限售期满	2020.02.10
603881	数据港	234.95	增发上市	2020.09.30	603882	金域医学	457.88	限售期满	2020.09.09
603882	金域医学	459.49	增发上市	2020.09.22	603883	老百姓	286.69	债转股	2020.01.17
603883	老百姓	286.59	股份注销	2020.03.26	603883	老百姓	286.60	债转股	2020.04.03
603883	老百姓	286.60	限售期满	2020.05.08	603883	老百姓	292.00	债转股	2020.05.25
603883	老百姓	291.95	股份注销	2020.08.12	603883	老百姓	408.73	送股	2020.08.24
603883	老百姓	408.73	限售期满	2020.11.23	603883	老百姓	408.73	限售期满	2020.11.23
603887	城地香江	268.31	限售期满	2020.05.08	603887	城地香江	268.27	股份注销	2020.05.13
603887	城地香江	375.58	送股	2020.06.09	603887	城地香江	375.58	限售期满	2020.09.10
603887	城地香江	375.58	限售期满	2020.11.09	603890	春秋电子	383.58	送股	2020.05.29
603890	春秋电子	385.15	增发上市	2020.07.08	603890	春秋电子	385.15	限售期满	2020.08.06
603890	春秋电子	384.78	股份注销	2020.09.22	603890	春秋电子	384.78	限售期满	2020.12.14
603893	瑞芯微	412.28	A股新上市	2020.02.07	603893	瑞芯微	415.88	增发上市	2020.11.12
603896	寿仙谷	143.52	股份注销	2020.03.30	603896	寿仙谷	143.52	限售期满	2020.05.11
603896	寿仙谷	143.52	限售期满	2020.07.10	603897	长城科技	178.40	债转股	2020.01.08
603897	长城科技	178.40	债转股	2020.04.07	603897	长城科技	178.40	债转股	2020.07.07
603897	长城科技	178.40	债转股	2020.10.13	603898	好莱客	309.60	债转股	2020.04.03
603898	好莱客	309.60	债转股	2020.07.03	603898	好莱客	311.28	债转股	2020.10.13
603899	晨光文具	927.43	增发上市	2020.06.04	603901	永创智能	439.39	限售期满	2020.05.29
603901	永创智能	439.39	增发上市	2020.07.01	603901	永创智能	439.39	股份回购	2020.07.01
603901	永创智能	439.39	债转股	2020.07.14	603901	永创智能	439.41	债转股	2020.10.13
603901	永创智能	439.41	债转股	2020.11.13	603901	永创智能	439.41	股份回购	2020.11.13
603901	永创智能	439.41	增发上市	2020.11.13	603903	中持股份	144.61	限售期满	2020.03.16
603903	中持股份	144.53	股份注销	2020.03.27	603903	中持股份	144.53	限售期满	2020.04.07
603903	中持股份	202.34	送股	2020.07.14	603903	中持股份	202.30	股份注销	2020.12.22
603903	中持股份	202.30	限售期满	2020.12.30	603906	龙蟠科技	302.60	股份注销	2020.03.11
603906	龙蟠科技	302.60	限售期满	2020.04.10	603906	龙蟠科技	302.60	限售期满	2020.06.19
603906	龙蟠科技	302.43	股份注销	2020.11.06	603906	龙蟠科技	342.46	债转股	2020.12.03
603906	龙蟠科技	344.37	债转股	2020.12.15	603908	牧高笛	66.69	限售期满	2020.03.09
603909	合诚股份	143.24	股份注销	2020.06.23	603909	合诚股份	143.23	股份注销	2020.11.13
603909	合诚股份	143.23	限售期满	2020.11.25	603912	佳力图	216.95	限售期满	2020.05.26
603912	佳力图	216.95	限售期满	2020.11.02	603915	国茂股份	463.33	限售期满	2020.06.15
603915	国茂股份	472.55	增发上市	2020.09.22	603916	苏博特	310.61	限售期满	2020.04.21
603916	苏博特	310.55	股份注销	2020.07.30	603916	苏博特	310.55	限售期满	2020.08.21
603916	苏博特	332.65	增发上市	2020.11.03	603916	苏博特	332.65	债转股	2020.11.03
603916	苏博特	332.65	限售期满	2020.11.10	603916	苏博特	350.26	债转股	2020.11.20
603917	合力科技	156.80	限售期满	2020.12.04	603918	金桥信息	233.33	限售期满	2020.03.05
603918	金桥信息	233.32	股份注销	2020.04.21	603918	金桥信息	233.17	股份注销	2020.06.19
603918	金桥信息	233.17	限售期满	2020.07.29	603918	金桥信息	233.17	限售期满	2020.08.26
603918	金桥信息	235.12	增发上市	2020.11.11	603918	金桥信息	235.04	股份注销	2020.11.25
603919	金徽酒	507.26	送股	2020.05.21	603919	金徽酒	507.26	限售期满	2020.05.29
603920	世运电路	409.67	限售期满	2020.04.27	603920	世运电路	409.50	股份注销	2020.06.23
603920	世运电路	409.50	限售期满	2020.10.20	603920	世运电路	409.50	限售期满	2020.12.16
603922	金鸿顺	128.00	限售期满	2020.10.23	603926	铁流股份	160.36	限售期满	2020.05.11
603926	铁流股份	160.36	限售期满	2020.05.15	603926	铁流股份	160.23	股份注销	2020.06.19
603926	铁流股份	160.21	股份注销	2020.10.30	603927	中科软	424.00	限售期满	2020.09.09
603931	格林达	101.82	A股新上市	2020.08.19	603933	睿能科技	201.23	限售期满	2020.07.06
603936	博敏电子	315.04	限售期满	2020.01.07	603936	博敏电子	441.05	送股	2020.06.05
603936	博敏电子	441.05	限售期满	2020.06.17	603936	博敏电子	511.01	增发上市	2020.12.01
603937	丽岛新材	208.88	限售期满	2020.11.02	603938	三孚股份	150.17	限售期满	2020.06.29

上市公司股份变动

Change of Shares Outstanding in 2020

股票代码 Code	股票简称 Stock Name	变动后总股本（百万股）Total Share（M Shares）	变动原因 Change Reason	变动日期 Change Date	股票代码 Code	股票简称 Stock Name	变动后总股本（百万股）Total Share（M Shares）	变动原因 Change Reason	变动日期 Change Date
603939	益丰药房	530.49	送股	2020.05.19	603939	益丰药房	530.38	股份注销	2020.06.30
603939	益丰药房	530.38	限售期满	2020.07.06	603939	益丰药房	531.07	增发上市	2020.07.15
603948	建业股份	160.00	A股新上市	2020.03.02	603949	雪龙集团	149.86	A股新上市	2020.03.10
603949	雪龙集团	209.81	送股	2020.09.22	603950	长源东谷	231.52	A股新上市	2020.05.26
603955	大千生态	113.10	限售期满	2020.03.10	603955	大千生态	135.72	增发上市	2020.06.11
603955	大千生态	135.72	限售期满	2020.12.07	603956	威派格	425.96	限售期满	2020.02.24
603959	百利科技	490.30	增发上市	2020.06.30	603959	百利科技	490.30	限售期满	2020.12.22
603960	克来机电	175.76	限售期满	2020.03.17	603960	克来机电	246.06	送股	2020.05.27
603960	克来机电	252.03	增发上市	2020.06.22	603960	克来机电	252.03	增发上市	2020.06.22
603960	克来机电	252.03	债转股	2020.06.22	603960	克来机电	252.93	债转股	2020.07.06
603960	克来机电	260.94	债转股	2020.08.11	603960	克来机电	260.94	限售期满	2020.12.16
603963	大理药业	219.70	送股	2020.06.09	603963	大理药业	219.70	限售期满	2020.09.22
603966	法兰泰克	210.98	限售期满	2020.02.03	603966	法兰泰克	210.98	限售期满	2020.04.30
603976	正川股份	151.20	限售期满	2020.08.24	603977	国泰集团	393.99	增发上市	2020.03.06
603977	国泰集团	551.58	送股	2020.05.22	603978	深圳新星	160.00	限售期满	2020.08.07
603980	吉华集团	700.00	限售期满	2020.06.15	603982	泉峰汽车	200.00	限售期满	2020.05.22
603982	泉峰汽车	201.53	增发上市	2020.06.22	603983	丸美股份	401.00	限售期满	2020.07.27
603985	恒润股份	145.60	限售期满	2020.05.06	603985	恒润股份	203.84	送股	2020.06.17
603986	兆易创新	321.03	股份注销	2020.03.13	603986	兆易创新	321.03	限售期满	2020.04.02
603986	兆易创新	449.45	送股	2020.05.08	603986	兆易创新	449.56	增发上市	2020.06.01
603986	兆易创新	470.78	增发上市	2020.06.10	603986	兆易创新	470.78	限售期满	2020.06.22
603986	兆易创新	470.78	限售期满	2020.08.07	603986	兆易创新	470.78	限售期满	2020.09.07
603986	兆易创新	471.57	增发上市	2020.09.18	603986	兆易创新	471.63	增发上市	2020.11.18
603986	兆易创新	471.63	限售期满	2020.12.03	603987	康德莱	441.61	股份回购	2020.06.30
603987	康德莱	441.61	增发上市	2020.06.30	603989	艾华集团	390.01	债转股	2020.04.03
603989	艾华集团	391.04	债转股	2020.07.06	603989	艾华集团	396.17	债转股	2020.10.14
603990	麦迪科技	146.19	送股	2020.07.06	603990	麦迪科技	145.60	股份注销	2020.09.22
603990	麦迪科技	165.46	增发上市	2020.12.10	603991	至正股份	74.53	限售期满	2020.04.10
603992	松霖科技	401.01	限售期满	2020.08.26	603995	甬金股份	230.67	限售期满	2020.12.24
603997	继峰股份	1021.25	股份注销	2020.07.21	603997	继峰股份	1021.25	限售期满	2020.12.10
603998	方盛制药	434.46	限售期满	2020.02.04	603998	方盛制药	433.84	股份注销	2020.04.14
603998	方盛制药	429.43	股份注销	2020.07.14	603998	方盛制药	429.43	限售期满	2020.07.20
605001	威奥股份	302.22	A股新上市	2020.05.22	605003	众望布艺	88.00	A股新上市	2020.09.08
605006	山东玻纤	500.00	A股新上市	2020.09.03	605007	五洲特纸	400.01	A股新上市	2020.11.10
605008	长鸿高科	458.84	A股新上市	2020.08.21	605009	豪悦护理	106.67	A股新上市	2020.09.11
605018	长华股份	416.68	A股新上市	2020.09.29	605050	福然德	435.00	A股新上市	2020.09.24
605058	澳弘电子	142.92	A股新上市	2020.10.21	605066	天正电气	401.00	A股新上市	2020.08.07
605068	明新旭腾	166.00	A股新上市	2020.11.23	605088	冠盛股份	160.00	A股新上市	2020.08.17
605099	共创草坪	400.09	A股新上市	2020.09.30	605100	华丰股份	86.70	A股新上市	2020.08.11
605108	同庆楼	200.00	A股新上市	2020.07.16	605111	新洁能	101.20	A股新上市	2020.09.28
605116	奥锐特	401.00	A股新上市	2020.09.21	605118	力鼎光电	405.50	A股新上市	2020.07.30
605123	派克新材	108.00	A股新上市	2020.08.25	605128	上海沿浦	80.00	A股新上市	2020.09.15
605136	丽人丽妆	400.01	A股新上市	2020.09.29	605151	西上海	133.34	A股新上市	2020.12.15
605155	西大门	96.00	A股新上市	2020.12.31	605158	华达新材	393.40	A股新上市	2020.08.05
605166	聚合顺	315.55	A股新上市	2020.06.18	605168	三人行	69.07	A股新上市	2020.05.28
605168	三人行	69.68	增发上市	2020.12.25	605169	洪通燃气	160.00	A股新上市	2020.10.30
605177	东亚药业	113.60	A股新上市	2020.11.25	605178	时空科技	70.89	A股新上市	2020.08.21
605179	一鸣食品	401.00	A股新上市	2020.12.28	605183	确成股份	414.02	A股新上市	2020.12.07
605186	健麾信息	136.00	A股新上市	2020.12.22	605188	国光连锁	495.58	A股新上市	2020.07.28
605198	德利股份	378.00	A股新上市	2020.09.18	605199	葫芦娃	400.11	A股新上市	2020.07.10

上市公司股份变动
Change of Shares Outstanding in 2020

股票代码 Code	股票简称 Stock Name	变动后总股本（百万股）Total Share (M Shares)	变动原因 Change Reason	变动日期 Change Date	股票代码 Code	股票简称 Stock Name	变动后总股本（百万股）Total Share (M Shares)	变动原因 Change Reason	变动日期 Change Date
605218	伟时电子	212.83	A 股新上市	2020.09.28	605222	起帆电缆	400.58	A 股新上市	2020.07.31
605255	天普股份	134.08	A 股新上市	2020.08.25	605258	协和电子	88.00	A 股新上市	2020.12.03
605266	健之佳	53.00	A 股新上市	2020.12.01	605288	凯迪股份	50.00	A 股新上市	2020.06.01
605299	舒华体育	411.50	A 股新上市	2020.12.15	605318	法狮龙	129.17	A 股新上市	2020.08.03
605333	沪光股份	401.00	A 股新上市	2020.08.18	605336	帅丰电器	140.80	A 股新上市	2020.10.19
605338	巴比食品	248.00	A 股新上市	2020.10.12	605358	立昂微	400.58	A 股新上市	2020.09.11
605366	宏柏新材	332.00	A 股新上市	2020.08.12	605369	拱东医疗	80.00	A 股新上市	2020.09.16
605376	博迁新材	261.60	A 股新上市	2020.12.08	605377	华旺科技	203.87	A 股新上市	2020.12.28
605388	均瑶健康	430.00	A 股新上市	2020.08.18	605399	晨光新材	184.00	A 股新上市	2020.08.04
605500	森林包装	200.00	A 股新上市	2020.12.22	688001	华兴源创	401.00	限售期满	2020.01.22
688001	华兴源创	429.09	增发上市	2020.06.24	688001	华兴源创	438.54	增发上市	2020.12.29
688002	睿创微纳	445.00	限售期满	2020.01.22	688002	睿创微纳	445.00	限售期满	2020.07.22
688003	天准科技	193.60	限售期满	2020.01.22	688003	天准科技	193.60	限售期满	2020.07.22
688004	博汇科技	56.80	A 股新上市	2020.06.12	688004	博汇科技	56.80	限售期满	2020.12.14
688005	容百科技	443.29	限售期满	2020.01.22	688005	容百科技	443.29	限售期满	2020.07.22
688006	杭可科技	401.00	限售期满	2020.01.22	688006	杭可科技	401.00	限售期满	2020.07.22
688007	光峰科技	451.55	限售期满	2020.01.22	688007	光峰科技	451.55	限售期满	2020.07.22
688007	光峰科技	452.76	增发上市	2020.11.27	688007	光峰科技	452.76	限售期满	2020.11.27
688008	澜起科技	1129.81	限售期满	2020.01.22	688008	澜起科技	1129.81	限售期满	2020.07.22
688009	中国通号	10589.82	限售期满	2020.01.22	688009	中国通号	10589.82	限售期满	2020.07.22
688009	中国通号	10589.82	限售期满	2020.07.28	688009	中国通号	10589.82	限售期满	2020.07.29
688010	福光股份	153.58	限售期满	2020.01.22	688010	福光股份	153.58	限售期满	2020.07.22
688011	新光光电	100.00	限售期满	2020.01.22	688011	新光光电	100.00	限售期满	2020.07.22
688012	中微公司	534.86	限售期满	2020.01.22	688012	中微公司	534.86	限售期满	2020.07.22
688013	天臣医疗	80.00	A 股新上市	2020.09.28	688015	交控科技	160.00	限售期满	2020.01.22
688015	交控科技	160.00	限售期满	2020.07.22	688016	心脉医疗	71.98	限售期满	2020.01.22
688016	心脉医疗	71.98	限售期满	2020.07.22	688017	绿的谐波	120.42	A 股新上市	2020.08.28
688018	乐鑫科技	80.00	限售期满	2020.01.22	688018	乐鑫科技	80.00	限售期满	2020.07.22
688018	乐鑫科技	80.03	限售期满	2020.11.26	688018	乐鑫科技	80.03	增发上市	2020.11.26
688019	安集科技	53.11	限售期满	2020.01.22	688019	安集科技	53.11	限售期满	2020.07.22
688020	方邦股份	80.00	限售期满	2020.01.22	688020	方邦股份	80.00	限售期满	2020.07.22
688021	奥福环保	77.28	限售期满	2020.05.06	688021	奥福环保	77.28	限售期满	2020.11.06
688022	瀚川智能	108.00	限售期满	2020.01.22	688022	瀚川智能	108.00	限售期满	2020.07.22
688023	安恒信息	74.07	限售期满	2020.05.06	688023	安恒信息	74.07	限售期满	2020.11.05
688025	杰普特	92.37	限售期满	2020.04.30	688025	杰普特	92.37	限售期满	2020.11.02
688026	洁特生物	100.00	A 股新上市	2020.01.22	688026	洁特生物	100.00	限售期满	2020.07.22
688027	国盾量子	80.00	A 股新上市	2020.07.09	688028	沃尔德	80.00	限售期满	2020.01.22
688028	沃尔德	80.00	限售期满	2020.07.22	688029	南微医学	133.34	限售期满	2020.01.22
688029	南微医学	133.34	限售期满	2020.07.22	688030	山石网科	180.22	限售期满	2020.03.30
688030	山石网科	180.22	限售期满	2020.09.30	688033	天宜上佳	448.74	限售期满	2020.01.22
688033	天宜上佳	448.74	限售期满	2020.07.22	688036	传音控股	800.00	限售期满	2020.03.30
688036	传音控股	800.00	限售期满	2020.09.30	688037	芯源微	84.00	限售期满	2020.06.16
688037	芯源微	84.00	限售期满	2020.12.16	688039	当虹科技	80.00	限售期满	2020.06.11
688039	当虹科技	80.00	限售期满	2020.12.11	688050	爱博医疗	105.14	A 股新上市	2020.07.29
688051	佳华科技	77.33	A 股新上市	2020.03.20	688051	佳华科技	77.33	限售期满	2020.09.21
688055	龙腾光电	3333.33	A 股新上市	2020.08.17	688056	莱伯泰科	67.00	A 股新上市	2020.09.02
688057	金达莱	276.00	A 股新上市	2020.11.11	688058	宝兰德	40.00	限售期满	2020.05.06
688058	宝兰德	40.00	限售期满	2020.11.02	688060	云涌科技	60.00	A 股新上市	2020.07.10
688063	派能科技	154.84	A 股新上市	2020.12.30	688065	凯赛生物	416.68	A 股新上市	2020.08.12
688066	航天宏图	165.98	限售期满	2020.01.22	688066	航天宏图	165.98	限售期满	2020.07.22

上市公司股份变动
Change of Shares Outstanding in 2020

股票代码 Code	股票简称 Stock Name	变动后总股本（百万股） Total Share （M Shares）	变动原因 Change Reason	变动日期 Change Date	股票代码 Code	股票简称 Stock Name	变动后总股本（百万股） Total Share （M Shares）	变动原因 Change Reason	变动日期 Change Date
688066	航天宏图	166. 32	限售期满	2020. 12. 28	688066	航天宏图	166. 32	增发上市	2020. 12. 28
688068	热景生物	62. 20	限售期满	2020. 03. 30	688068	热景生物	62. 20	限售期满	2020. 09. 30
688069	德林海	59. 47	A 股新上市	2020. 07. 22	688077	大地熊	80. 00	A 股新上市	2020. 07. 22
688078	龙软科技	70. 75	限售期满	2020. 06. 30	688078	龙软科技	70. 75	限售期满	2020. 12. 30
688080	映翰通	52. 43	A 股新上市	2020. 02. 12	688080	映翰通	52. 43	限售期满	2020. 08. 12
688081	兴图新科	73. 60	A 股新上市	2020. 01. 06	688081	兴图新科	73. 60	限售期满	2020. 07. 06
688085	三友医疗	205. 33	A 股新上市	2020. 04. 09	688085	三友医疗	205. 33	限售期满	2020. 10. 09
688086	紫晶存储	190. 38	A 股新上市	2020. 02. 26	688086	紫晶存储	190. 38	限售期满	2020. 08. 26
688088	虹软科技	406. 00	限售期满	2020. 01. 22	688088	虹软科技	406. 00	限售期满	2020. 07. 22
688089	嘉必优	120. 00	限售期满	2020. 06. 19	688089	嘉必优	120. 00	限售期满	2020. 12. 21
688090	瑞松科技	67. 36	A 股新上市	2020. 02. 17	688090	瑞松科技	67. 36	限售期满	2020. 08. 17
688093	世华科技	172. 00	A 股新上市	2020. 09. 30	688095	福昕软件	48. 14	A 股新上市	2020. 09. 08
688096	京源环保	107. 29	A 股新上市	2020. 04. 09	688096	京源环保	107. 29	限售期满	2020. 10. 09
688098	申联生物	409. 70	限售期满	2020. 04. 28	688098	申联生物	409. 70	限售期满	2020. 10. 28
688099	晶晨股份	411. 12	限售期满	2020. 02. 10	688099	晶晨股份	411. 12	限售期满	2020. 08. 10
688100	威胜信息	500. 00	A 股新上市	2020. 01. 21	688100	威胜信息	500. 00	限售期满	2020. 07. 21
688101	三达膜	333. 88	限售期满	2020. 05. 15	688101	三达膜	333. 88	限售期满	2020. 11. 16
688106	金宏气体	484. 33	A 股新上市	2020. 06. 16	688106	金宏气体	484. 33	限售期满	2020. 12. 16
688108	赛诺医疗	410. 00	限售期满	2020. 04. 30	688108	赛诺医疗	410. 00	限售期满	2020. 10. 30
688111	金山办公	461. 00	限售期满	2020. 05. 18	688111	金山办公	461. 00	限售期满	2020. 11. 18
688116	天奈科技	231. 86	限售期满	2020. 03. 25	688116	天奈科技	231. 86	限售期满	2020. 09. 25
688118	普元信息	95. 40	限售期满	2020. 06. 04	688118	普元信息	95. 40	限售期满	2020. 12. 04
688122	西部超导	441. 27	限售期满	2020. 01. 22	688122	西部超导	441. 27	限售期满	2020. 07. 22
688123	聚辰股份	120. 84	限售期满	2020. 06. 23	688123	聚辰股份	120. 84	限售期满	2020. 12. 23
688126	沪硅产业	2480. 26	A 股新上市	2020. 04. 20	688126	沪硅产业	2480. 26	限售期满	2020. 10. 20
688127	蓝特光学	401. 58	A 股新上市	2020. 09. 21	688128	中国电研	404. 50	限售期满	2020. 05. 06
688128	中国电研	404. 50	限售期满	2020. 11. 05	688129	东来技术	120. 00	A 股新上市	2020. 10. 23
688133	泰坦科技	76. 25	A 股新上市	2020. 10. 30	688135	利扬芯片	136. 40	A 股新上市	2020. 11. 11
688136	科兴制药	198. 70	A 股新上市	2020. 12. 14	688138	清溢光电	266. 80	限售期满	2020. 05. 20
688138	清溢光电	266. 80	限售期满	2020. 11. 20	688139	海尔生物	317. 07	限售期满	2020. 04. 27
688139	海尔生物	317. 07	限售期满	2020. 10. 26	688155	先惠技术	75. 63	A 股新上市	2020. 08. 11
688156	路德环境	91. 84	A 股新上市	2020. 09. 22	688157	松井股份	79. 60	A 股新上市	2020. 06. 09
688157	松井股份	79. 60	限售期满	2020. 12. 09	688158	优刻得	422. 53	A 股新上市	2020. 01. 20
688158	优刻得	422. 53	限售期满	2020. 07. 20	688159	有方科技	91. 68	A 股新上市	2020. 01. 23
688159	有方科技	91. 68	限售期满	2020. 07. 23	688160	步科股份	84. 00	A 股新上市	2020. 11. 12
688165	埃夫特	521. 78	A 股新上市	2020. 07. 15	688166	博瑞医药	410. 00	限售期满	2020. 05. 08
688166	博瑞医药	410. 00	限售期满	2020. 11. 09	688168	安博通	51. 18	限售期满	2020. 03. 06
688168	安博通	51. 18	限售期满	2020. 09. 07	688169	石头科技	66. 67	A 股新上市	2020. 02. 21
688169	石头科技	66. 67	限售期满	2020. 08. 21	688177	百奥泰	414. 08	A 股新上市	2020. 02. 21
688177	百奥泰	414. 08	限售期满	2020. 08. 21	688178	万德斯	85. 00	A 股新上市	2020. 01. 14
688178	万德斯	85. 00	限售期满	2020. 07. 14	688179	阿拉丁	100. 93	A 股新上市	2020. 10. 26
688180	君实生物	871. 28	A 股新上市	2020. 07. 15	688180	君实生物	872. 50	增发上市	2020. 11. 03
688181	八亿时空	96. 47	A 股新上市	2020. 01. 06	688181	八亿时空	96. 47	限售期满	2020. 07. 06
688185	康希诺	247. 45	A 股新上市	2020. 08. 13	688186	广大特材	164. 80	A 股新上市	2020. 02. 11
688186	广大特材	164. 80	限售期满	2020. 08. 11	688188	柏楚电子	100. 00	限售期满	2020. 02. 10
688188	柏楚电子	100. 00	限售期满	2020. 08. 10	688189	南新制药	140. 00	A 股新上市	2020. 03. 26
688189	南新制药	140. 00	限售期满	2020. 09. 28	688196	卓越新能	120. 00	限售期满	2020. 05. 21
688198	佰仁医疗	96. 00	限售期满	2020. 06. 09	688198	佰仁医疗	96. 00	限售期满	2020. 12. 09
688199	久日新材	111. 23	限售期满	2020. 05. 06	688199	久日新材	111. 23	限售期满	2020. 11. 05
688200	华峰测控	61. 19	A 股新上市	2020. 02. 18	688200	华峰测控	61. 19	限售期满	2020. 08. 18

上市公司股份变动

Change of Shares Outstanding in 2020

股票代码 Code	股票简称 Stock Name	变动后总股本（百万股）Total Share（M Shares）	变动原因 Change Reason	变动日期 Change Date	股票代码 Code	股票简称 Stock Name	变动后总股本（百万股）Total Share（M Shares）	变动原因 Change Reason	变动日期 Change Date
688202	美迪西	62. 00	限售期满	2020. 05. 06	688202	美迪西	62. 00	限售期满	2020. 11. 05
688208	道通科技	450. 00	A 股新上市	2020. 02. 13	688208	道通科技	450. 00	限售期满	2020. 08. 13
688215	瑞晟智能	40. 04	A 股新上市	2020. 08. 28	688218	江苏北人	117. 34	限售期满	2020. 06. 11
688218	江苏北人	117. 34	限售期满	2020. 12. 11	688219	会通股份	459. 28	A 股新上市	2020. 11. 18
688221	前沿生物	359. 76	A 股新上市	2020. 10. 28	688222	成都先导	400. 68	A 股新上市	2020. 04. 16
688222	成都先导	400. 68	限售期满	2020. 10. 16	688228	开普云	67. 13	A 股新上市	2020. 03. 27
688228	开普云	67. 13	限售期满	2020. 09. 28	688229	博睿数据	44. 40	A 股新上市	2020. 08. 17
688233	神工股份	160. 00	A 股新上市	2020. 02. 21	688233	神工股份	160. 00	限售期满	2020. 08. 21
688256	寒武纪	400. 10	A 股新上市	2020. 07. 20	688258	卓易信息	86. 96	限售期满	2020. 06. 09
688258	卓易信息	86. 96	限售期满	2020. 12. 09	688266	泽璟制药	240. 00	A 股新上市	2020. 01. 23
688266	泽璟制药	240. 00	限售期满	2020. 07. 23	688268	华特气体	120. 00	限售期满	2020. 06. 29
688268	华特气体	120. 00	限售期满	2020. 12. 28	688277	天智航	418. 44	A 股新上市	2020. 07. 07
688278	特宝生物	406. 80	A 股新上市	2020. 01. 17	688278	特宝生物	406. 80	限售期满	2020. 07. 17
688286	敏芯股份	53. 20	A 股新上市	2020. 08. 10	688288	鸿泉物联	100. 00	限售期满	2020. 05. 06
688288	鸿泉物联	100. 00	限售期满	2020. 11. 06	688289	圣湘生物	400. 00	A 股新上市	2020. 08. 28
688298	东方生物	120. 00	A 股新上市	2020. 02. 05	688298	东方生物	120. 00	限售期满	2020. 08. 05
688299	长阳科技	282. 57	限售期满	2020. 05. 06	688299	长阳科技	282. 57	限售期满	2020. 11. 06
688300	联瑞新材	85. 97	限售期满	2020. 05. 15	688300	联瑞新材	85. 97	限售期满	2020. 11. 16
688301	奕瑞科技	72. 55	A 股新上市	2020. 09. 18	688308	欧科亿	100. 00	A 股新上市	2020. 12. 10
688309	恒誉环保	80. 01	A 股新上市	2020. 07. 14	688310	迈得医疗	83. 60	限售期满	2020. 06. 03
688310	迈得医疗	83. 60	限售期满	2020. 12. 03	688311	盟升电子	114. 67	A 股新上市	2020. 07. 31
688312	燕麦科技	143. 48	A 股新上市	2020. 06. 08	688312	燕麦科技	143. 48	限售期满	2020. 12. 08
688313	仕佳光子	458. 80	A 股新上市	2020. 08. 12	688318	财富趋势	66. 67	A 股新上市	2020. 04. 27
688318	财富趋势	66. 67	限售期满	2020. 10. 27	688321	微芯生物	410. 00	限售期满	2020. 02. 12
688321	微芯生物	410. 00	限售期满	2020. 08. 12	688330	宏力达	100. 00	A 股新上市	2020. 10. 15
688333	铂力特	80. 00	限售期满	2020. 01. 22	688333	铂力特	80. 00	限售期满	2020. 07. 22
688335	复洁环保	72. 52	A 股新上市	2020. 08. 17	688336	三生国健	616. 21	A 股新上市	2020. 07. 22
688338	赛科希德	81. 65	A 股新上市	2020. 08. 06	688339	亿华通	70. 50	A 股新上市	2020. 08. 10
688356	键凯科技	60. 00	A 股新上市	2020. 08. 26	688357	建龙微纳	57. 82	限售期满	2020. 06. 04
688357	建龙微纳	57. 82	限售期满	2020. 12. 04	688358	祥生医疗	80. 00	限售期满	2020. 06. 03
688360	德马科技	85. 68	A 股新上市	2020. 06. 02	688360	德马科技	85. 68	限售期满	2020. 12. 02
688363	华熙生物	480. 00	限售期满	2020. 05. 06	688363	华熙生物	480. 00	限售期满	2020. 11. 06
688365	光云科技	401. 00	A 股新上市	2020. 04. 29	688365	光云科技	401. 00	限售期满	2020. 10. 29
688366	昊海生科	177. 85	限售期满	2020. 04. 30	688366	昊海生科	177. 85	限售期满	2020. 10. 30
688368	晶丰明源	61. 60	限售期满	2020. 04. 14	688368	晶丰明源	61. 60	限售期满	2020. 10. 14
688369	致远互联	76. 99	限售期满	2020. 05. 06	688369	致远互联	76. 99	限售期满	2020. 11. 02
688377	迪威尔	194. 67	A 股新上市	2020. 07. 08	688378	奥来德	73. 14	A 股新上市	2020. 09. 03
688379	华光新材	88. 00	A 股新上市	2020. 08. 19	688386	泛亚微透	70. 00	A 股新上市	2020. 10. 16
688388	嘉元科技	230. 88	限售期满	2020. 01. 22	688388	嘉元科技	230. 88	限售期满	2020. 07. 22
688389	普门科技	422. 20	限售期满	2020. 05. 06	688389	普门科技	422. 20	限售期满	2020. 11. 05
688390	固德威	88. 00	A 股新上市	2020. 09. 04	688393	安必平	93. 34	A 股新上市	2020. 08. 20
688396	华润微	1171. 98	A 股新上市	2020. 02. 27	688396	华润微	1215. 93	增发上市	2020. 04. 02
688396	华润微	1215. 93	限售期满	2020. 08. 27	688398	赛特新材	80. 00	A 股新上市	2020. 02. 11
688398	赛特新材	80. 00	限售期满	2020. 08. 11	688399	硕世生物	58. 62	限售期满	2020. 06. 05
688399	硕世生物	58. 62	限售期满	2020. 12. 07	688408	中信博	135. 72	A 股新上市	2020. 08. 28
688418	震有科技	193. 61	A 股新上市	2020. 07. 22	688466	金科环境	102. 76	A 股新上市	2020. 05. 08
688466	金科环境	102. 76	限售期满	2020. 11. 09	688488	艾迪药业	420. 00	A 股新上市	2020. 07. 20
688500	慧辰资讯	74. 27	A 股新上市	2020. 07. 16	688505	复旦张江	1043. 00	A 股新上市	2020. 06. 19
688505	复旦张江	1043. 00	限售期满	2020. 12. 21	688508	芯朋微	112. 80	A 股新上市	2020. 07. 22
688510	航亚科技	258. 38	A 股新上市	2020. 12. 16	688513	苑东生物	120. 09	A 股新上市	2020. 09. 02

上市公司股份变动

Change of Shares Outstanding in 2020

股票代码 Code	股票简称 Stock Name	变动后总股本（百万股）Total Share（M Shares）	变动原因 Change Reason	变动日期 Change Date	股票代码 Code	股票简称 Stock Name	变动后总股本（百万股）Total Share（M Shares）	变动原因 Change Reason	变动日期 Change Date
688516	奥特维	98.67	A股新上市	2020.05.21	688516	奥特维	98.67	限售期满	2020.11.23
688518	联赢激光	299.20	A股新上市	2020.06.22	688518	联赢激光	299.20	限售期满	2020.12.22
688519	南亚新材	234.40	A股新上市	2020.08.18	688520	神州细胞	435.34	A股新上市	2020.06.22
688520	神州细胞	435.34	限售期满	2020.12.22	688521	芯原股份	483.19	A股新上市	2020.08.18
688521	芯原股份	485.01	增发上市	2020.09.23	688521	芯原股份	485.52	增发上市	2020.10.26
688526	科前生物	465.00	A股新上市	2020.09.22	688528	秦川物联	168.00	A股新上市	2020.07.01
688529	豪森股份	128.00	A股新上市	2020.11.09	688536	思瑞浦	80.00	A股新上市	2020.09.21
688550	瑞联新材	70.18	A股新上市	2020.09.02	688551	科威尔	80.00	A股新上市	2020.09.10
688555	泽达易盛	83.11	A股新上市	2020.06.23	688555	泽达易盛	83.11	限售期满	2020.12.23
688556	高测股份	161.85	A股新上市	2020.08.07	688557	兰剑智能	72.67	A股新上市	2020.12.02
688558	国盛智科	132.00	A股新上市	2020.06.30	688558	国盛智科	132.00	限售期满	2020.12.30
688559	海目星	200.00	A股新上市	2020.09.09	688560	明冠新材	164.09	A股新上市	2020.12.24
688561	奇安信	679.62	A股新上市	2020.07.22	688566	吉贝尔	186.94	A股新上市	2020.05.18
688566	吉贝尔	186.94	限售期满	2020.11.18	688567	孚能科技	1070.67	A股新上市	2020.07.17
688568	中科星图	220.00	A股新上市	2020.07.08	688569	铁科轨道	210.67	A股新上市	2020.08.31
688571	杭华股份	320.00	A股新上市	2020.12.11	688577	浙海德曼	53.97	A股新上市	2020.09.16
688578	艾力斯	450.00	A股新上市	2020.12.02	688579	山大地纬	400.01	A股新上市	2020.07.17
688580	伟思医疗	68.35	A股新上市	2020.07.21	688585	上纬新材	403.20	A股新上市	2020.09.28
688586	江航装备	403.74	A股新上市	2020.07.31	688588	凌志软件	400.01	A股新上市	2020.05.11
688588	凌志软件	400.01	限售期满	2020.11.12	688589	力合微	100.00	A股新上市	2020.07.22
688590	新致软件	182.02	A股新上市	2020.12.07	688595	芯海科技	100.00	A股新上市	2020.09.28
688596	正帆科技	256.50	A股新上市	2020.08.20	688598	金博股份	80.00	A股新上市	2020.05.18
688598	金博股份	80.00	限售期满	2020.11.18	688599	天合光能	2068.03	A股新上市	2020.06.10
688599	天合光能	2068.03	限售期满	2020.12.10	688600	皖仪科技	133.34	A股新上市	2020.07.03
688608	恒玄科技	120.00	A股新上市	2020.12.16	688618	三旺通信	50.53	A股新上市	2020.12.30
688658	悦康药业	450.00	A股新上市	2020.12.24	688668	鼎通科技	85.14	A股新上市	2020.12.21
688678	福立旺	173.35	A股新上市	2020.12.23	688679	通源环境	131.69	A股新上市	2020.12.25
688686	奥普特	82.48	A股新上市	2020.12.31	688698	伟创电气	180.00	A股新上市	2020.12.29
688699	明微电子	74.37	A股新上市	2020.12.18	688777	中控技术	491.29	A股新上市	2020.11.24
688788	科思科技	75.53	A股新上市	2020.10.22	688981	中芯国际	7136.42	A股新上市	2020.07.16
688981	中芯国际	7425.61	H股股本变动	2020.07.29	688981	中芯国际	7678.45	行使超额配售选择权	2020.08.19
689009	九号公司	704.09	A股新上市	2020.10.29					

上市公司派发现金红利
Dividends in 2020

股票代码 Code	股票简称 Stock Name	发放日期 Date	每股红利（含税）（元）Dividend (Pre-Tax) (Yuan)	代发红利总额（百万元）Cash (M Yuan)	股票代码 Code	股票简称 Stock Name	发放日期 Date	每股红利（含税）（元）Dividend (Pre-Tax) (Yuan)	代发红利总额（百万元）Cash (M Yuan)
600000	浦发银行	2020.07.23	0.600	17611.27	600004	白云机场	2020.08.04	0.145	300.05
600006	东风汽车	2020.07.17	0.066	132.80	600007	中国国贸	2020.07.10	0.380	382.77
600008	首创股份	2020.05.21	0.080	454.84	600009	上海机场	2020.08.20	0.790	1522.30
600011	华能国际	2020.07.06	0.135	1484.69	600012	皖通高速	2020.07.22	0.230	268.09
600015	华夏银行	2020.06.19	0.249	3831.42	600016	民生银行	2020.07.13	0.370	13120.99
600017	日照港	2020.06.05	0.025	76.89	600018	上港集团	2020.07.31	0.145	3360.18
600019	宝钢股份	2020.06.03	0.280	6235.96	600020	中原高速	2020.07.10	0.058	130.35
600021	上海电力	2020.05.28	0.130	340.23	600023	浙能电力	2020.07.07	0.200	2720.14
600025	华能水电	2020.06.19	0.180	3240.00	600026	中远海能	2020.07.10	0.040	138.67
600027	华电国际	2020.07.29	0.146	1189.28	600028	中国石化	2020.10.23	0.070	6689.04
600028	中国石化	2020.06.10	0.190	18155.98	600030	中信证券	2020.08.21	0.500	5324.22
600031	三一重工	2020.07.22	0.420	3554.81	600033	福建高速	2020.08.20	0.050	137.22
600035	楚天高速	2020.08.05	0.160	270.87	600036	招商银行	2020.07.10	1.200	24754.73
600037	歌华有线	2020.06.19	0.660	918.57	600038	中直股份	2020.08.12	0.300	176.84
600039	四川路桥	2020.07.08	0.070	259.37	600048	保利地产	2020.05.29	0.820	9784.79
600050	中国联通	2020.06.24	0.060	1873.94	600051	宁波联合	2020.05.08	0.200	62.18
600052	浙江广厦	2020.07.31	0.097	84.80	600054	黄山旅游	2020.07.07	0.109	55.95
600055	万东医疗	2020.06.19	0.050	27.04	600056	中国医药	2020.06.30	0.276	294.40
600057	厦门象屿	2020.06.03	0.250	539.36	600059	古越龙山	2020.06.17	0.100	80.85
600060	海信视像	2020.07.06	0.127	166.18	600061	国投资本	2020.06.19	0.140	591.80
600062	华润双鹤	2020.07.17	0.304	317.14	600063	皖维高新	2020.06.17	0.060	115.55
600064	南京高科	2020.07.07	0.450	556.18	600066	宇通客车	2020.05.20	1.000	2213.94
600068	葛洲坝	2020.08.07	0.156	718.35	600070	浙江富润	2020.07.10	0.080	41.76
600072	中船科技	2020.07.24	0.057	41.97	600073	上海梅林	2020.07.09	0.120	112.53
600077	宋都股份	2020.07.23	0.040	53.60	600078	澄星股份	2020.07.10	0.010	6.63
600079	人福医药	2020.07.28	0.050	67.69	600080	ST 金花	2020.07.30	0.030	11.20
600081	东风科技	2020.07.07	0.142	44.53	600085	同仁堂	2020.07.20	0.260	356.58
600088	中视传媒	2020.07.28	0.070	27.84	600089	特变电工	2020.07.06	0.165	612.86
600094	大名城	2020.07.02	0.030	68.30	600095	哈高科	2020.06.05	0.009	3.25
600097	开创国际	2020.06.22	0.080	19.27	600098	广州发展	2020.07.07	0.050	136.31
600099	林海股份	2020.08.07	0.040	8.76	600100	同方股份	2020.07.09	0.035	103.74
600101	明星电力	2020.07.10	0.050	21.07	600104	上汽集团	2020.06.30	0.880	10281.45
600105	永鼎股份	2020.07.13	0.060	74.30	600106	重庆路桥	2020.06.08	0.067	80.95
600108	亚盛集团	2020.07.23	0.005	8.76	600109	国金证券	2020.06.08	0.050	151.22
600113	浙江东日	2020.06.29	0.050	20.57	600114	东睦股份	2020.06.05	0.200	123.29
600115	东方航空	2020.08.06	0.050	560.14	600116	三峡水利	2020.05.19	0.100	99.30
600118	中国卫星	2020.07.09	0.100	118.25	600120	浙江东方	2020.05.21	0.060	95.48
600123	兰花科创	2020.06.22	0.200	228.48	600125	铁龙物流	2020.06.19	0.110	143.61
600126	杭钢股份	2020.11.25	0.120	405.26	600128	弘业股份	2020.07.03	0.050	12.34
600131	国网信通	2020.08.07	0.125	149.42	600132	重庆啤酒	2020.05.29	1.400	677.56
600133	东湖高新	2020.06.12	0.025	19.89	600135	乐凯胶片	2020.07.02	0.047	26.01
600137	浪莎股份	2020.06.15	0.100	9.72	600138	中青旅	2020.06.03	0.040	28.95
600141	兴发集团	2020.07.17	0.100	103.14	600143	金发科技	2020.06.24	0.100	257.36
600148	长春一东	2020.06.30	0.115	16.22	600153	建发股份	2020.06.29	0.500	1417.60
600158	中体产业	2020.06.15	0.035	29.53	600159	大龙地产	2020.06.18	0.050	41.50
600160	巨化股份	2020.06.12	0.120	323.97	600161	天坛生物	2020.07.15	0.060	62.72
600162	香江控股	2020.07.02	0.067	227.52	600167	联美控股	2020.06.19	0.210	480.51
600168	武汉控股	2020.09.15	0.106	75.21	600170	上海建工	2020.07.16	0.140	1246.62
600171	上海贝岭	2020.06.12	0.110	77.45	600173	卧龙地产	2020.06.05	0.150	105.17
600176	中国巨石	2020.05.22	0.193	675.95	600177	雅戈尔	2020.06.05	0.200	925.80

上市公司派发现金红利
Dividends in 2020

股票代码 Code	股票简称 Stock Name	发放日期 Date	每股红利（含税）（元）Dividend (Pre-Tax) (Yuan)	代发红利总额（百万元）Cash (M Yuan)	股票代码 Code	股票简称 Stock Name	发放日期 Date	每股红利（含税）（元）Dividend (Pre-Tax) (Yuan)	代发红利总额（百万元）Cash (M Yuan)
600180	瑞茂通	2020. 08. 13	0. 122	124. 01	600182	S 佳通	2020. 08. 13	0. 079	26. 86
600183	生益科技	2020. 05. 29	0. 400	910. 48	600184	光电股份	2020. 06. 04	0. 037	18. 82
600188	兖州煤业	2020. 07. 07	0. 580	1716. 80	600190	锦州港	2020. 07. 02	0. 020	35. 59
600191	华资实业	2020. 07. 16	0. 015	7. 27	600192	长城电工	2020. 06. 24	0. 006	2. 65
600195	中牧股份	2020. 07. 08	0. 094	80. 03	600196	复星医药	2020. 07. 30	0. 390	784. 27
600197	伊力特	2020. 07. 02	0. 438	190. 24	600201	生物股份	2020. 06. 12	0. 060	67. 57
600202	哈空调	2020. 08. 18	0. 040	15. 33	600206	有研新材	2020. 06. 12	0. 016	13. 55
600208	新湖中宝	2020. 07. 10	0. 010	85. 99	600210	紫江企业	2020. 07. 22	0. 200	303. 35
600211	西藏药业	2020. 04. 17	1. 060	187. 72	600215	* ST 经开	2020. 06. 22	0. 050	23. 25
600216	浙江医药	2020. 06. 29	1. 000	965. 13	600218	全柴动力	2020. 07. 16	0. 080	29. 50
600219	南山铝业	2020. 06. 24	0. 050	597. 52	600220	江苏阳光	2020. 06. 19	0. 025	44. 58
600223	鲁商发展	2020. 07. 13	0. 110	110. 11	600229	城市传媒	2020. 07. 09	0. 200	140. 42
600230	沧州大化	2020. 08. 13	0. 018	7. 41	600231	凌钢股份	2020. 06. 05	0. 049	135. 78
600232	金鹰股份	2020. 06. 23	0. 200	72. 94	600233	圆通速递	2020. 06. 08	0. 150	474. 67
600235	民丰特纸	2020. 06. 09	0. 005	1. 76	600236	桂冠电力	2020. 06. 22	0. 190	1497. 65
600246	万通地产	2020. 07. 23	0. 060	123. 24	600248	延长化建	2020. 07. 10	0. 020	18. 36
600252	中恒集团	2020. 06. 05	0. 060	208. 51	600258	首旅酒店	2020. 07. 17	0. 070	69. 18
600261	阳光照明	2020. 06. 05	0. 170	246. 86	600262	北方股份	2020. 07. 13	0. 120	20. 40
600266	城建发展	2020. 06. 29	0. 240	451. 31	600267	海正药业	2020. 07. 15	0. 050	48. 28
600268	国电南自	2020. 06. 12	0. 050	34. 76	600269	赣粤高速	2020. 07. 16	0. 150	350. 31
600271	航天信息	2020. 07. 20	0. 231	428. 37	600272	开开实业	2020. 07. 31	0. 028	4. 56
600273	嘉化能源	2020. 06. 05	0. 165	236. 40	600273	嘉化能源	2020. 12. 03	0. 200	286. 55
600276	恒瑞医药	2020. 05. 25	0. 230	1017. 13	600277	亿利洁能	2020. 08. 27	0. 100	273. 89
600278	东方创业	2020. 05. 22	0. 065	33. 95	600279	重庆港九	2020. 07. 08	0. 050	59. 34
600282	南钢股份	2020. 05. 13	0. 300	1330. 50	600284	浦东建设	2020. 05. 28	0. 140	135. 84
600285	羚锐制药	2020. 06. 19	0. 300	170. 34	600287	江苏舜天	2020. 06. 03	0. 090	39. 31
600288	大恒科技	2020. 07. 23	0. 008	3. 49	600292	远达环保	2020. 07. 10	0. 050	39. 04
600295	鄂尔多斯	2020. 05. 26	0. 400	403. 18	600298	安琪酵母	2020. 05. 15	0. 400	329. 63
600299	安迪苏	2020. 06. 12	0. 156	418. 38	600303	曙光股份	2020. 06. 23	0. 021	14. 19
600305	恒顺醋业	2020. 06. 04	0. 207	162. 20	600308	华泰股份	2020. 07. 10	0. 175	204. 32
600309	万华化学	2020. 05. 15	1. 300	4081. 67	600310	桂东电力	2020. 06. 18	0. 060	49. 67
600312	平高电气	2020. 07. 17	0. 051	69. 20	600315	上海家化	2020. 08. 13	0. 250	167. 81
600316	洪都航空	2020. 07. 31	0. 015	10. 76	600317	营口港	2020. 07. 31	0. 048	310. 70
600318	新力金融	2020. 07. 10	0. 020	10. 27	600320	振华重工	2020. 08. 18	0. 050	166. 10
600321	正源股份	2020. 07. 06	0. 010	15. 11	600323	瀚蓝环境	2020. 07. 03	0. 220	168. 58
600325	华发股份	2020. 07. 08	0. 400	846. 89	600326	西藏天路	2020. 07. 17	0. 080	69. 23
600327	大东方	2020. 06. 11	0. 180	159. 26	600327	大东方	2020. 09. 24	0. 500	442. 39
600328	中盐化工	2020. 09. 21	0. 140	134. 07	600328	中盐化工	2020. 06. 22	0. 110	105. 34
600329	中新药业	2020. 06. 24	0. 300	171. 84	600330	天通股份	2020. 06. 03	0. 050	49. 83
600332	白云山	2020. 07. 13	0. 589	828. 07	600335	国机汽车	2020. 07. 16	0. 060	87. 41
600336	澳柯玛	2020. 06. 12	0. 080	63. 93	600339	中油工程	2020. 07. 30	0. 044	245. 66
600340	华夏幸福	2020. 07. 10	1. 500	4516. 59	600345	长江通信	2020. 07. 29	0. 100	19. 80
600346	恒力石化	2020. 06. 18	0. 400	2815. 64	600348	阳泉煤业	2020. 06. 01	0. 280	673. 40
600350	山东高速	2020. 07. 10	0. 380	1828. 24	600351	亚宝药业	2020. 07. 14	0. 020	15. 40
600352	浙江龙盛	2020. 07. 10	0. 250	813. 33	600353	旭光股份	2020. 06. 18	0. 060	32. 62
600356	恒丰纸业	2020. 06. 19	0. 090	26. 89	600360	华微电子	2020. 06. 30	0. 025	24. 10
600361	华联综超	2020. 07. 13	0. 070	46. 61	600362	江西铜业	2020. 07. 16	0. 100	207. 52
600363	联创光电	2020. 07. 10	0. 045	19. 96	600366	宁波韵升	2020. 07. 08	0. 040	39. 56
600367	红星发展	2020. 06. 09	0. 026	7. 75	600368	五洲交通	2020. 07. 21	0. 080	90. 05
600369	西南证券	2020. 06. 12	0. 080	451. 61	600370	三房巷	2020. 04. 27	0. 030	23. 92

上市公司派发现金红利
Dividends in 2020

股票代码 Code	股票简称 Stock Name	发放日期 Date	每股红利（含税）（元） Dividend (Pre-Tax) (Yuan)	代发红利总额（百万元） Cash (M Yuan)	股票代码 Code	股票简称 Stock Name	发放日期 Date	每股红利（含税）（元） Dividend (Pre-Tax) (Yuan)	代发红利总额（百万元） Cash (M Yuan)
600371	万向德农	2020.07.08	0.100	22.51	600372	中航电子	2020.08.17	0.060	105.57
600373	中文传媒	2020.06.19	0.500	677.53	600376	首开股份	2020.06.15	0.400	1031.83
600377	宁沪高速	2020.08.21	0.460	1755.24	600378	昊华科技	2020.07.07	0.172	157.81
600379	宝光股份	2020.05.22	0.076	25.10	600380	健康元	2020.07.03	0.160	311.51
600382	广东明珠	2020.07.06	0.060	36.41	600383	金地集团	2020.07.10	0.670	3024.77
600386	北巴传媒	2020.08.20	0.040	32.26	600388	龙净环保	2020.07.17	0.200	213.81
600389	江山股份	2020.06.11	0.310	92.07	600389	江山股份	2020.09.24	1.000	297.00
600390	五矿资本	2020.09.28	0.079	355.35	600395	盘江股份	2020.08.06	0.400	662.02
600398	海澜之家	2020.07.08	0.280	1237.60	600400	红豆股份	2020.06.12	0.050	126.66
600403	大有能源	2020.08.27	0.010	23.19	600406	国电南瑞	2020.07.09	0.290	1340.36
600409	三友化工	2020.07.08	0.166	342.68	600410	华胜天成	2020.07.09	0.030	32.96
600415	小商品城	2020.07.21	0.070	381.02	600418	江淮汽车	2020.08.14	0.017	32.19
600419	天润乳业	2020.07.03	0.157	42.17	600420	现代制药	2020.06.24	0.100	102.69
600422	昆药集团	2020.06.10	0.200	152.19	600426	华鲁恒升	2020.06.18	0.350	569.33
600429	三元股份	2020.08.12	0.027	40.43	600433	冠豪高新	2020.05.29	0.028	35.60
600436	片仔癀	2020.06.24	0.820	494.72	600438	通威股份	2020.05.26	0.186	797.54
600439	瑞贝卡	2020.07.16	0.030	33.96	600444	国机通用	2020.05.25	0.150	21.96
600446	金证股份	2020.07.13	0.028	24.09	600449	宁夏建材	2020.05.29	0.510	243.87
600452	涪陵电力	2020.06.23	0.220	68.99	600456	宝钛股份	2020.05.28	0.200	86.05
600458	时代新材	2020.06.19	0.025	20.07	600459	贵研铂业	2020.07.03	0.270	118.18
600460	士兰微	2020.07.08	0.005	6.56	600461	洪城水业	2020.07.09	0.260	246.49
600466	蓝光发展	2020.07.06	0.287	871.03	600467	好当家	2020.07.17	0.014	20.45
600469	风神股份	2020.05.22	0.050	28.12	600475	华光环能	2020.07.23	0.100	55.94
600475	华光环能	2020.09.11	0.250	139.85	600477	杭萧钢构	2020.05.06	0.100	215.37
600479	千金药业	2020.06.17	0.500	209.25	600481	双良节能	2020.07.03	0.120	195.88
600483	福能股份	2020.06.08	0.250	387.96	600486	扬农化工	2020.08.28	0.650	201.43
600487	亨通光电	2020.06.29	0.080	156.22	600488	天药股份	2020.04.30	0.040	43.68
600489	中金黄金	2020.07.16	0.019	89.60	600491	龙元建设	2020.07.15	0.072	110.14
600493	凤竹纺织	2020.07.21	0.030	8.16	600495	晋西车轴	2020.08.07	0.020	24.16
600496	精工钢构	2020.08.05	0.023	41.64	600497	驰宏锌锗	2020.06.19	0.120	610.95
600498	烽火通信	2020.07.17	0.340	398.14	600500	中化国际	2020.06.24	0.160	441.79
600502	安徽建工	2020.07.13	0.150	258.17	600503	华丽家族	2020.07.10	0.018	28.84
600505	西昌电力	2020.07.01	0.031	11.30	600508	上海能源	2020.06.19	0.239	172.73
600510	黑牡丹	2020.07.09	0.231	241.88	600511	国药股份	2020.06.19	0.638	481.37
600512	腾达建设	2020.05.27	0.030	47.97	600513	联环药业	2020.06.23	0.084	24.19
600519	贵州茅台	2020.06.24	17.025	21386.77	600521	华海药业	2020.06.08	0.200	264.47
600522	中天科技	2020.07.16	0.100	306.61	600523	贵航股份	2020.05.26	0.167	67.52
600527	江南高纤	2020.06.01	0.100	144.31	600528	中铁工业	2020.08.24	0.126	279.92
600529	山东药玻	2020.07.07	0.300	178.49	600531	豫光金铅	2020.07.08	0.060	65.41
600533	栖霞建设	2020.07.16	0.100	105.00	600535	天士力	2020.06.12	0.330	499.18
600536	中国软件	2020.06.05	0.040	19.78	600543	莫高股份	2020.08.14	0.026	8.35
600546	山煤国际	2020.07.27	0.060	118.95	600547	山东黄金	2020.08.19	0.100	260.00
600548	深高速	2020.07.10	0.520	745.30	600549	厦门钨业	2020.06.22	0.100	140.60
600552	凯盛科技	2020.07.16	0.100	76.39	600556	天下秀	2020.07.09	0.015	25.88
600557	康缘药业	2020.06.18	0.080	47.43	600558	大西洋	2020.08.06	0.030	26.93
600559	老白干酒	2020.06.15	0.150	134.59	600560	金自天正	2020.07.17	0.038	8.50
600562	国睿科技	2020.05.15	0.021	13.07	600563	法拉电子	2020.06.01	1.300	292.50
600565	迪马股份	2020.07.31	0.060	146.16	600566	济川药业	2020.04.24	1.230	1002.36
600569	安阳钢铁	2020.07.23	0.050	143.62	600570	恒生电子	2020.06.05	0.530	425.67
600571	信雅达	2020.07.10	0.140	61.50	600573	惠泉啤酒	2020.07.22	0.030	7.50

上市公司派发现金红利
Dividends in 2020

股票代码 Code	股票简称 Stock Name	发放日期 Date	每股红利（含税）（元）Dividend (Pre-Tax) (Yuan)	代发红利总额（百万元）Cash (M Yuan)	股票代码 Code	股票简称 Stock Name	发放日期 Date	每股红利（含税）（元）Dividend (Pre-Tax) (Yuan)	代发红利总额（百万元）Cash (M Yuan)
600575	淮河能源	2020. 06. 02	0. 100	388. 63	600577	精达股份	2020. 05. 11	0. 070	134. 50
600577	精达股份	2020. 09. 28	0. 050	96. 07	600578	京能电力	2020. 08. 07	0. 120	809. 61
600580	卧龙电驱	2020. 06. 09	0. 150	195. 18	600582	天地科技	2020. 07. 10	0. 100	413. 86
600583	海油工程	2020. 06. 12	0. 060	265. 28	600585	海螺水泥	2020. 06. 18	2. 000	7999. 41
600586	金晶科技	2020. 07. 15	0. 030	42. 86	600587	新华医疗	2020. 06. 30	0. 100	40. 64
600588	用友网络	2020. 05. 19	0. 260	650. 85	600590	泰豪科技	2020. 07. 10	0. 055	47. 65
600592	龙溪股份	2020. 06. 24	0. 110	43. 95	600594	益佰制药	2020. 06. 03	0. 300	237. 58
600594	益佰制药	2020. 09. 02	0. 300	237. 58	600596	新安股份	2020. 07. 02	0. 200	140. 98
600597	光明乳业	2020. 06. 30	0. 130	159. 18	600598	北大荒	2020. 05. 27	0. 380	675. 52
600600	青岛啤酒	2020. 06. 24	0. 550	382. 75	600602	云赛智联	2020. 07. 24	0. 054	58. 01
600603	广汇物流	2020. 04. 22	0. 500	629. 95	600604	市北高新	2020. 06. 04	0. 012	16. 89
600605	汇通能源	2020. 05. 14	0. 050	7. 37	600606	绿地控股	2020. 07. 10	0. 400	4867. 26
600611	大众交通	2020. 08. 06	0. 125	195. 41	600612	老凤祥	2020. 08. 03	1. 150	364. 68
600616	金枫酒业	2020. 07. 10	0. 030	15. 44	600618	氯碱化工	2020. 07. 29	0. 100	74. 98
600619	海立股份	2020. 06. 10	0. 180	107. 84	600620	天宸股份	2020. 07. 24	0. 030	20. 60
600621	华鑫股份	2020. 07. 10	0. 019	20. 16	600622	光大嘉宝	2020. 07. 16	0. 060	89. 98
600623	华谊集团	2020. 07. 29	0. 100	186. 22	600624	复旦复华	2020. 08. 03	0. 027	18. 49
600626	申达股份	2020. 07. 09	0. 025	21. 31	600628	新世界	2020. 08. 21	0. 030	19. 41
600629	华建集团	2020. 07. 22	0. 120	64. 10	600633	浙数文化	2020. 06. 30	0. 080	104. 15
600635	大众公用	2020. 08. 12	0. 060	145. 13	600636	国新文化	2020. 07. 03	0. 100	44. 69
600637	东方明珠	2020. 08. 07	0. 270	921. 92	600639	浦东金桥	2020. 07. 09	0. 310	263. 57
600640	号百控股	2020. 07. 16	0. 054	42. 97	600642	申能股份	2020. 07. 23	0. 220	1080. 65
600643	爱建集团	2020. 06. 18	0. 250	405. 48	600648	外高桥	2020. 07. 24	0. 240	224. 35
600649	城投控股	2020. 07. 31	0. 072	182. 13	600650	锦江投资	2020. 07. 29	0. 250	97. 64
600655	豫园股份	2020. 06. 17	0. 290	1126. 29	600657	信达地产	2020. 06. 23	0. 100	285. 19
600658	电子城	2020. 07. 03	0. 134	149. 89	600660	福耀玻璃	2020. 07. 23	0. 750	1502. 24
600662	强生控股	2020. 07. 16	0. 040	42. 13	600663	陆家嘴	2020. 05. 20	0. 456	1337. 66
600665	天地源	2020. 07. 14	0. 148	127. 89	600667	太极实业	2020. 06. 23	0. 148	311. 72
600668	尖峰集团	2020. 07. 16	0. 300	103. 23	600674	川投能源	2020. 07. 16	0. 340	1496. 73
600675	中华企业	2020. 07. 23	0. 138	841. 27	600676	交运股份	2020. 07. 21	0. 040	41. 14
600681	百川能源	2020. 05. 22	0. 425	613. 16	600684	珠江实业	2020. 06. 23	0. 030	25. 60
600686	金龙汽车	2020. 07. 17	0. 025	17. 93	600688	上海石化	2020. 07. 21	0. 120	879. 46
600689	上海三毛	2020. 06. 22	0. 013	1. 98	600690	海尔智家	2020. 07. 16	0. 375	2365. 71
600694	大商股份	2020. 06. 24	0. 770	226. 16	600697	欧亚集团	2020. 07. 08	0. 400	63. 64
600699	均胜电子	2020. 07. 09	0. 070	86. 61	600702	ST 舍得	2020. 11. 27	0. 200	67. 33
600703	三安光电	2020. 06. 02	0. 100	407. 84	600704	物产中大	2020. 06. 11	0. 250	1265. 55
600705	中航资本	2020. 10. 23	0. 105	936. 60	600706	曲江文旅	2020. 06. 11	0. 017	3. 66
600708	光明地产	2020. 06. 29	0. 100	222. 86	600710	苏美达	2020. 06. 19	0. 102	133. 29
600711	盛屯矿业	2020. 07. 14	0. 042	96. 94	600712	南宁百货	2020. 06. 09	0. 003	1. 63
600713	南京医药	2020. 06. 24	0. 100	104. 16	600716	凤凰股份	2020. 07. 09	0. 100	93. 61
600717	天津港	2020. 06. 19	0. 090	180. 88	600719	大连热电	2020. 06. 24	0. 009	3. 64
600720	祁连山	2020. 05. 29	0. 580	450. 25	600723	首商股份	2020. 07. 17	0. 190	125. 10
600724	宁波富达	2020. 06. 04	0. 270	390. 22	600728	佳都科技	2020. 07. 17	0. 040	70. 30
600729	重庆百货	2020. 07. 20	0. 730	296. 77	600735	新华锦	2020. 06. 09	0. 063	23. 69
600736	苏州高新	2020. 07. 09	0. 052	59. 87	600737	中粮糖业	2020. 07. 20	0. 125	267. 36
600739	辽宁成大	2020. 06. 19	0. 100	152. 97	600740	山西焦化	2020. 06. 23	0. 100	151. 60
600741	华域汽车	2020. 07. 17	0. 850	2679. 82	600742	一汽富维	2020. 06. 24	0. 200	101. 53
600743	华远地产	2020. 06. 12	0. 120	281. 53	600745	闻泰科技	2020. 07. 08	0. 150	168. 61
600748	上实发展	2020. 07. 24	0. 100	184. 46	600750	江中药业	2020. 06. 12	0. 300	157. 50
600754	锦江酒店	2020. 06. 12	0. 600	481. 16	600755	厦门国贸	2020. 07. 03	0. 230	425. 52

上市公司派发现金红利
Dividends in 2020

股票代码 Code	股票简称 Stock Name	发放日期 Date	每股红利（含税）（元）Dividend（Pre-Tax）（Yuan）	代发红利总额（百万元）Cash（M Yuan）	股票代码 Code	股票简称 Stock Name	发放日期 Date	每股红利（含税）（元）Dividend（Pre-Tax）（Yuan）	代发红利总额（百万元）Cash（M Yuan）
600756	浪潮软件	2020.05.25	0.030	9.72	600757	长江传媒	2020.06.24	0.200	242.73
600758	辽宁能源	2020.07.10	0.006	7.93	600760	中航沈飞	2020.06.19	0.150	210.06
600761	安徽合力	2020.06.18	0.350	259.06	600764	中国海防	2020.08.19	0.273	194.00
600765	中航重机	2020.06.04	0.045	42.01	600773	西藏城投	2020.06.24	0.015	12.29
600775	南京熊猫	2020.07.14	0.018	11.76	600776	东方通信	2020.06.18	0.040	38.24
600779	水井坊	2020.07.10	1.450	708.39	600780	通宝能源	2020.08.07	0.080	91.72
600782	新钢股份	2020.06.12	0.200	637.74	600783	鲁信创投	2020.07.13	0.150	111.65
600784	鲁银投资	2020.07.20	0.008	4.55	600785	新华百货	2020.06.05	0.200	45.13
600789	鲁抗医药	2020.07.23	0.045	39.61	600790	轻纺城	2020.06.03	0.180	263.84
600791	京能置业	2020.06.30	0.012	5.43	600795	国电电力	2020.07.03	0.050	982.52
600797	浙大网新	2020.07.16	0.030	31.40	600798	宁波海运	2020.05.19	0.060	72.39
600801	华新水泥	2020.07.08	1.210	1647.87	600802	福建水泥	2020.07.09	0.160	61.10
600803	新奥股份	2020.06.04	0.210	258.16	600808	马钢股份	2020.07.29	0.080	477.42
600809	山西汾酒	2020.06.19	0.900	784.38	600810	神马股份	2020.07.29	0.220	126.49
600812	华北制药	2020.07.30	0.030	48.92	600814	杭州解百	2020.07.21	0.100	71.50
600819	耀皮玻璃	2020.08.07	0.067	50.08	600820	隧道股份	2020.06.24	0.210	660.26
600823	世茂股份	2020.07.16	0.260	975.30	600824	益民集团	2020.07.15	0.025	26.35
600825	新华传媒	2020.06.16	0.007	7.31	600826	兰生股份	2020.06.24	0.130	54.68
600827	百联股份	2020.08.06	0.100	160.44	600828	茂业商业	2020.04.30	0.300	519.59
600830	香溢融通	2020.06.12	0.020	9.09	600833	第一医药	2020.08.20	0.075	16.73
600834	申通地铁	2020.07.02	0.043	20.53	600835	上海机电	2020.07.14	0.370	298.41
600837	海通证券	2020.11.27	0.280	2703.30	600838	上海九百	2020.07.16	0.075	30.07
600839	四川长虹	2020.08.19	0.010	46.16	600841	上柴股份	2020.07.20	0.041	21.40
600845	宝信软件	2020.06.12	0.400	343.27	600846	同济科技	2020.07.28	0.340	212.42
600848	上海临港	2020.06.15	0.240	478.78	600850	华东电脑	2020.06.29	0.250	106.71
600851	海欣股份	2020.08.03	0.030	22.15	600853	龙建股份	2020.06.22	0.030	25.12
600853	龙建股份	2020.12.03	0.020	16.75	600854	春兰股份	2020.06.03	0.040	20.78
600855	航天长峰	2020.07.06	0.030	13.19	600858	银座股份	2020.07.30	0.035	18.20
600859	王府井	2020.07.01	0.380	294.98	600861	北京城乡	2020.08.07	0.020	6.34
600862	中航高科	2020.07.30	0.160	222.89	600863	内蒙华电	2020.07.29	0.126	731.87
600864	哈投股份	2020.08.14	0.036	74.90	600865	百大集团	2020.07.06	0.120	45.15
600867	通化东宝	2020.05.25	0.200	406.80	600868	梅雁吉祥	2020.05.06	0.010	18.98
600869	智慧能源	2020.06.30	0.012	26.63	600872	中炬高新	2020.05.14	0.280	223.06
600873	梅花生物	2020.06.30	0.260	806.01	600874	创业环保	2020.07.10	0.107	116.33
600875	东方电气	2020.08.24	0.205	569.65	600879	航天电子	2020.08.14	0.060	163.16
600880	博瑞传播	2020.07.28	0.020	21.87	600883	博闻科技	2020.06.05	0.010	2.36
600884	杉杉股份	2020.06.19	0.120	134.73	600885	宏发股份	2020.07.23	0.290	215.98
600886	国投电力	2020.08.14	0.245	1664.61	600887	伊利股份	2020.06.10	0.810	4913.37
600888	新疆众和	2020.06.12	0.060	61.48	600893	航发动力	2020.07.15	0.144	323.98
600894	广日股份	2020.06.18	0.150	128.99	600895	张江高科	2020.07.17	0.120	185.84
600897	厦门空港	2020.07.03	0.523	155.75	600900	长江电力	2020.07.17	0.680	14960.00
600901	江苏租赁	2020.06.22	0.240	716.80	600903	贵州燃气	2020.05.27	0.051	58.05
600908	无锡银行	2020.06.05	0.180	332.69	600909	华安证券	2020.07.06	0.100	362.10
600917	重庆燃气	2020.06.19	0.085	132.26	600919	江苏银行	2020.06.24	0.278	3209.37
600926	杭州银行	2020.07.09	0.350	2075.57	600928	西安银行	2020.05.27	0.185	822.22
600929	湖南盐业	2020.06.18	0.017	15.60	600933	爱柯迪	2020.05.21	0.250	214.34
600936	广西广电	2020.07.28	0.020	33.42	600939	重庆建工	2020.07.16	0.076	137.90
600956	新天绿能	2020.11.02	0.125	251.36	600958	东方证券	2020.06.29	0.150	894.99
600959	江苏有线	2020.07.15	0.030	150.02	600960	渤海汽车	2020.07.17	0.010	9.51
600963	岳阳林纸	2020.05.13	0.047	65.69	600965	福成股份	2020.06.12	0.150	122.81

上市公司派发现金红利

Dividends in 2020

股票代码 Code	股票简称 Stock Name	发放日期 Date	每股红利（含税）（元） Dividend (Pre-Tax) (Yuan)	代发红利总额（百万元） Cash (M Yuan)	股票代码 Code	股票简称 Stock Name	发放日期 Date	每股红利（含税）（元） Dividend (Pre-Tax) (Yuan)	代发红利总额（百万元） Cash (M Yuan)
600966	博汇纸业	2020.07.16	0.017	22.73	600967	内蒙一机	2020.07.20	0.034	57.45
600967	内蒙一机	2020.09.25	0.034	57.45	600968	海油发展	2020.07.10	0.037	376.11
600969	郴电国际	2020.06.24	0.041	15.14	600970	中材国际	2020.06.11	0.301	523.61
600971	恒源煤电	2020.06.24	0.350	420.00	600973	宝胜股份	2020.06.22	0.034	46.63
600975	新五丰	2020.06.19	0.030	19.58	600976	健民集团	2020.07.01	0.200	30.68
600977	中国电影	2020.08.12	0.318	593.71	600979	广安爱众	2020.06.16	0.030	28.44
600980	北矿科技	2020.06.15	0.030	4.66	600981	汇鸿集团	2020.07.10	0.050	112.12
600982	宁波热电	2020.06.02	0.049	54.33	600983	惠而浦	2020.07.08	0.050	38.32
600985	淮北矿业	2020.06.05	0.600	1303.45	600987	航民股份	2020.05.28	0.220	237.78
600989	宝丰能源	2020.06.04	0.275	2019.97	600990	四创电子	2020.07.15	0.070	11.14
600992	贵绳股份	2020.07.24	0.036	8.82	600993	马应龙	2020.07.30	0.260	112.07
600995	文山电力	2020.06.23	0.220	105.28	600996	贵广网络	2020.07.17	0.100	105.17
600997	开滦股份	2020.06.24	0.220	349.32	600999	招商证券	2020.12.11	0.335	2486.37
601000	唐山港	2020.06.10	0.090	533.33	601003	柳钢股份	2020.05.28	0.450	1153.26
601006	大秦铁路	2020.07.02	0.480	7136.06	601008	连云港	2020.05.28	0.002	2.19
601009	南京银行	2020.06.19	0.392	3922.75	601010	文峰股份	2020.05.28	0.090	166.32
601012	隆基股份	2020.06.04	0.200	754.40	601012	隆基股份	2020.10.26	0.180	678.93
601015	陕西黑猫	2020.06.12	0.100	162.98	601016	节能风电	2020.06.23	0.051	211.93
601018	宁波港	2020.07.08	0.099	1304.11	601019	山东出版	2020.06.12	0.320	667.81
601021	春秋航空	2020.07.09	0.200	183.35	601058	赛轮轮胎	2020.06.11	0.100	270.03
601066	中信建投	2020.06.30	0.235	1500.56	601068	中铝国际	2020.07.17	0.004	9.21
601069	西部黄金	2020.05.28	0.020	12.72	601077	渝农商行	2020.06.19	0.230	2034.04
601086	国芳集团	2020.07.01	0.100	66.60	601088	中国神华	2020.06.15	1.260	20778.71
601098	中南传媒	2020.06.22	0.620	1113.52	601100	恒立液压	2020.07.01	0.600	529.20
601101	昊华能源	2020.07.30	0.070	84.00	601107	四川成渝	2020.06.19	0.110	237.90
601108	财通证券	2020.07.13	0.160	574.24	601111	中国国航	2020.07.16	0.044	442.52
601116	三江购物	2020.06.01	0.200	109.54	601117	中国化学	2020.07.15	0.187	922.47
601118	海南橡胶	2020.06.24	0.004	14.98	601126	四方股份	2020.07.08	0.178	144.74
601127	小康股份	2020.07.22	0.040	50.43	601128	常熟银行	2020.07.14	0.200	548.17
601137	博威合金	2020.06.03	0.200	136.90	601138	工业富联	2020.06.30	0.200	3974.39
601139	深圳燃气	2020.06.19	0.180	517.82	601155	新城控股	2020.07.13	1.700	3836.43
601158	重庆水务	2020.06.10	0.257	1233.60	601162	天风证券	2020.06.30	0.006	40.00
601163	三角轮胎	2020.07.23	0.350	280.00	601166	兴业银行	2020.07.15	0.762	15829.93
601168	西部矿业	2020.05.21	0.100	238.30	601169	北京银行	2020.07.15	0.305	6448.61
601177	杭齿前进	2020.07.03	0.020	8.00	601179	中国西电	2020.06.19	0.050	256.29
601186	中国铁建	2020.07.27	0.210	2415.68	601188	龙江交通	2020.06.10	0.160	210.54
601198	东兴证券	2020.07.23	0.140	386.11	601199	江南水务	2020.06.19	0.080	74.82
601200	上海环境	2020.08.07	0.085	77.65	601211	国泰君安	2020.08.12	0.390	2931.29
601212	白银有色	2020.07.17	0.002	17.77	601216	君正集团	2020.05.26	0.350	2953.31
601218	吉鑫科技	2020.06.30	0.013	12.89	601222	林洋能源	2020.07.17	0.050	87.44
601225	陕西煤业	2020.07.10	0.360	3600.00	601226	华电重工	2020.07.31	0.030	34.65
601228	广州港	2020.06.23	0.042	260.11	601229	上海银行	2020.07.08	0.400	5682.61
601231	环旭电子	2020.06.17	0.175	381.70	601233	桐昆股份	2020.07.08	0.235	434.28
601236	红塔证券	2020.06.17	0.100	363.34	601238	广汽集团	2020.06.22	0.150	1070.86
601238	广汽集团	2020.09.21	0.030	214.18	601288	农业银行	2020.07.10	0.182	58070.52
601298	青岛港	2020.08.05	0.200	1080.03	601311	骆驼股份	2020.07.13	0.210	181.40
601318	中国平安	2020.05.08	1.300	14082.46	601318	中国平安	2020.09.16	0.800	8666.13
601319	中国人保	2020.08.21	0.116	4117.74	601319	中国人保	2020.12.08	0.036	1277.92
601326	秦港股份	2020.06.24	0.090	428.18	601328	交通银行	2020.07.14	0.315	12364.02
601330	绿色动力	2020.06.19	0.100	75.68	601333	广深铁路	2020.08.14	0.060	339.13

上市公司派发现金红利
Dividends in 2020

股票代码 Code	股票简称 Stock Name	发放日期 Date	每股红利（含税）（元） Dividend (Pre-Tax) (Yuan)	代发红利总额（百万元） Cash (M Yuan)	股票代码 Code	股票简称 Stock Name	发放日期 Date	每股红利（含税）（元） Dividend (Pre-Tax) (Yuan)	代发红利总额（百万元） Cash (M Yuan)
601336	新华保险	2020.08.07	1.410	2940.47	601339	百隆东方	2020.06.19	0.060	90.00
601360	三六零	2020.05.29	0.053	358.49	601366	利群股份	2020.07.20	0.150	129.08
601368	绿城水务	2020.07.08	0.090	79.47	601369	陕鼓动力	2020.05.29	0.230	385.93
601377	兴业证券	2020.08.20	0.080	535.73	601388	怡球资源	2020.08.04	0.016	35.23
601390	中国中铁	2020.08.07	0.169	3441.44	601398	工商银行	2020.06.30	0.263	70854.09
601500	通用股份	2020.06.12	0.050	43.61	601512	中新集团	2020.06.22	0.220	329.76
601515	东风股份	2020.06.23	0.150	200.16	601555	东吴证券	2020.06.10	0.130	504.47
601566	九牧王	2020.05.29	0.650	373.51	601567	三星医疗	2020.06.23	0.210	291.18
601577	长沙银行	2020.07.15	0.320	1094.90	601588	北辰实业	2020.07.03	0.150	399.00
601595	上海电影	2020.07.24	0.113	42.21	601598	中国外运	2020.07.16	0.120	630.71
601601	中国太保	2020.06.11	1.200	7544.04	601606	长城军工	2020.07.16	0.042	30.42
601607	上海医药	2020.07.20	0.440	846.13	601608	中信重工	2020.08.20	0.007	30.81
601609	金田铜业	2020.07.10	0.102	148.61	601611	中国核建	2020.07.14	0.056	148.43
601615	明阳智能	2020.05.28	0.078	107.62	601616	广电电气	2020.06.15	0.050	46.78
601618	中国中冶	2020.07.17	0.072	1285.39	601619	嘉泽新能	2020.08.04	0.043	89.19
601628	中国人寿	2020.07.16	0.730	15201.18	601633	长城汽车	2020.06.30	0.250	1519.26
601636	旗滨集团	2020.06.18	0.300	806.15	601658	邮储银行	2020.06.10	0.210	14109.13
601666	平煤股份	2020.06.12	0.302	702.97	601668	中国建筑	2020.06.24	0.185	7763.54
601669	中国电建	2020.07.07	0.040	608.29	601677	明泰铝业	2020.06.08	0.100	61.63
601678	滨化股份	2020.06.03	0.100	154.44	601688	华泰证券	2020.07.16	0.300	2207.28
601689	拓普集团	2020.08.07	0.190	200.45	601696	中银证券	2020.08.19	0.030	83.34
601698	中国卫通	2020.06.15	0.012	48.00	601698	中国卫通	2020.12.29	0.011	44.00
601699	潞安环能	2020.06.29	0.239	714.95	601717	郑煤机	2020.07.06	0.185	275.51
601718	际华集团	2020.07.20	0.030	131.75	601766	中国中车	2020.08.14	0.150	3649.17
601778	晶科科技	2020.08.28	0.027	74.67	601788	光大证券	2020.07.24	0.037	144.55
601789	宁波建工	2020.06.03	0.100	97.61	601799	星宇股份	2020.06.08	1.000	276.16
601800	中国交建	2020.06.23	0.233	2734.29	601801	皖新传媒	2020.06.16	0.160	318.27
601808	中海油服	2020.06.12	0.160	473.67	601811	新华文轩	2020.06.09	0.300	237.57
601816	京沪高铁	2020.08.19	0.053	2592.82	601818	光大银行	2020.06.24	0.214	8519.47
601828	美凯龙	2020.07.06	0.253	727.65	601838	成都银行	2020.07.13	0.420	1517.15
601857	中国石油	2020.06.30	0.066	10688.48	601857	中国石油	2020.09.22	0.087	14155.23
601858	中国科传	2020.07.09	0.190	150.20	601860	紫金银行	2020.05.21	0.100	366.09
601865	福莱特	2020.11.09	0.065	97.80	601866	中远海发	2020.07.28	0.045	356.95
601869	长飞光纤	2020.08.14	0.318	129.22	601872	招商轮船	2020.06.24	0.100	674.01
601877	正泰电器	2020.06.24	0.500	1074.99	601878	浙商证券	2020.06.11	0.090	300.00
601880	大连港	2020.07.23	0.021	162.45	601881	中国银河	2020.07.15	0.160	1031.40
601882	海天精工	2020.04.24	0.045	23.49	601886	江河集团	2020.05.26	0.300	346.22
601888	中国中免	2020.07.16	0.720	1405.78	601890	亚星锚链	2020.06.08	0.030	28.78
601898	中煤能源	2020.07.07	0.127	1162.30	601899	紫金矿业	2020.07.17	0.100	1964.03
601900	南方传媒	2020.07.30	0.250	223.97	601916	浙商银行	2020.07.10	0.240	4011.53
601918	新集能源	2020.07.23	0.020	51.81	601928	凤凰传媒	2020.07.29	0.300	763.47
601929	吉视传媒	2020.07.09	0.004	11.82	601933	永辉超市	2020.06.18	0.130	1244.16
601939	建设银行	2020.07.10	0.320	3069.97	601949	中国出版	2020.08.06	0.116	211.41
601952	苏垦农发	2020.06.18	0.200	275.60	601958	金钼股份	2020.07.03	0.300	967.98
601965	中国汽研	2020.06.24	0.250	247.13	601966	玲珑轮胎	2020.06.11	0.430	516.01
601968	宝钢包装	2020.07.17	0.077	64.17	601985	中国核电	2020.07.17	0.122	1898.99
601988	中国银行	2020.07.15	0.191	40256.21	601990	南京证券	2020.07.16	0.070	230.92
601991	大唐发电	2020.08.28	0.065	805.75	601992	金隅集团	2020.07.09	0.120	1000.68
601996	丰林集团	2020.05.25	0.060	68.74	601997	贵阳银行	2020.06.22	0.310	997.59
601998	中信银行	2020.07.15	0.239	8138.59	601999	出版传媒	2020.08.21	0.082	45.18

上市公司派发现金红利
Dividends in 2020

股票代码 Code	股票简称 Stock Name	发放日期 Date	每股红利（含税）（元）Dividend (Pre-Tax) (Yuan)	代发红利总额（百万元）Cash (M Yuan)	股票代码 Code	股票简称 Stock Name	发放日期 Date	每股红利（含税）（元）Dividend (Pre-Tax) (Yuan)	代发红利总额（百万元）Cash (M Yuan)
603000	人民网	2020. 07. 24	0. 131	144. 85	603001	奥康国际	2020. 06. 09	0. 500	200. 49
603002	宏昌电子	2020. 06. 09	0. 063	38. 71	603005	晶方科技	2020. 05. 19	0. 100	22. 97
603006	联明股份	2020. 06. 23	0. 120	22. 93	603007	花王股份	2020. 06. 16	0. 100	33. 71
603008	喜临门	2020. 07. 21	0. 050	19. 37	603010	万盛股份	2020. 06. 01	0. 150	52. 02
603011	合锻智能	2020. 07. 17	0. 020	9. 06	603012	创力集团	2020. 06. 17	0. 070	44. 56
603013	亚普股份	2020. 07. 03	0. 500	257. 12	603016	新宏泰	2020. 05. 26	0. 540	80. 01
603017	中衡设计	2020. 07. 13	0. 435	119. 60	603018	中设集团	2020. 06. 02	0. 250	116. 09
603019	中科曙光	2020. 05. 08	0. 140	130. 21	603020	爱普股份	2020. 06. 01	0. 150	48. 00
603023	威帝股份	2020. 06. 09	0. 100	45. 35	603025	大豪科技	2020. 05. 11	0. 220	203. 75
603027	千禾味业	2020. 06. 11	0. 128	60. 87	603028	赛福天	2020. 06. 29	0. 020	4. 42
603029	天鹅股份	2020. 06. 10	0. 099	9. 24	603030	全筑股份	2020. 07. 16	0. 040	21. 53
603033	三维股份	2020. 06. 04	0. 230	70. 02	603035	常熟汽饰	2020. 07. 16	0. 285	81. 49
603036	如通股份	2020. 06. 19	0. 120	24. 72	603037	凯众股份	2020. 07. 07	0. 550	58. 20
603038	华立股份	2020. 07. 08	0. 230	30. 26	603039	泛微网络	2020. 05. 11	0. 150	22. 75
603040	新坐标	2020. 06. 09	0. 500	39. 74	603041	美思德	2020. 05. 11	0. 220	22. 14
603042	华脉科技	2020. 06. 19	0. 053	7. 21	603043	广州酒家	2020. 06. 10	0. 300	121. 20
603045	福达合金	2020. 07. 20	0. 150	20. 64	603050	科林电气	2020. 05. 22	0. 170	27. 58
603053	成都燃气	2020. 07. 14	0. 245	217. 33	603055	台华新材	2020. 06. 22	0. 080	61. 33
603056	德邦股份	2020. 07. 07	0. 030	28. 80	603058	永吉股份	2020. 06. 01	0. 120	50. 29
603059	倍加洁	2020. 06. 11	0. 200	20. 00	603060	国检集团	2020. 06. 17	0. 203	62. 52
603063	禾望电气	2020. 06. 03	0. 016	6. 89	603066	音飞储存	2020. 07. 20	0. 052	15. 64
603067	振华股份	2020. 06. 18	0. 100	43. 12	603068	博通集成	2020. 06. 29	0. 370	51. 32
603069	海汽集团	2020. 07. 08	0. 050	15. 80	603078	江化微	2020. 05. 06	0. 100	10. 92
603079	圣达生物	2020. 06. 08	0. 120	14. 67	603080	新疆火炬	2020. 06. 04	0. 062	8. 77
603081	大丰实业	2020. 06. 12	0. 120	48. 22	603083	剑桥科技	2020. 08. 13	0. 034	6. 60
603086	先达股份	2020. 06. 17	0. 300	33. 60	603087	甘李药业	2020. 08. 20	0. 500	200. 55
603088	宁波精达	2020. 06. 22	0. 380	59. 58	603089	正裕工业	2020. 05. 29	0. 400	61. 87
603090	宏盛股份	2020. 05. 22	0. 100	10. 00	603093	南华期货	2020. 06. 03	0. 048	27. 84
603096	新经典	2020. 05. 27	0. 750	101. 48	603098	森特股份	2020. 08. 07	0. 150	72. 00
603099	长白山	2020. 08. 13	0. 043	11. 47	603100	川仪股份	2020. 06. 03	0. 200	79. 00
603103	横店影视	2020. 06. 08	0. 171	108. 45	603109	神驰机电	2020. 06. 05	0. 230	33. 73
603110	东方材料	2020. 06. 09	0. 280	40. 25	603110	东方材料	2020. 09. 25	0. 270	38. 81
603115	海星股份	2020. 07. 10	0. 750	156. 00	603116	红蜻蜓	2020. 06. 19	0. 180	103. 72
603117	万林物流	2020. 07. 17	0. 040	25. 55	603118	共进股份	2020. 06. 04	0. 122	94. 64
603121	华培动力	2020. 06. 17	0. 220	47. 52	603123	翠微股份	2020. 07. 07	0. 110	57. 66
603126	中材节能	2020. 06. 18	0. 070	42. 74	603127	昭衍新药	2020. 06. 08	0. 340	55. 05
603128	华贸物流	2020. 08. 06	0. 050	50. 60	603129	春风动力	2020. 06. 15	0. 400	53. 75
603131	上海沪工	2020. 06. 08	0. 100	31. 80	603136	天目湖	2020. 12. 01	0. 700	81. 21
603138	海量数据	2020. 06. 30	0. 040	8. 42	603139	康惠制药	2020. 07. 13	0. 086	8. 59
603156	养元饮品	2020. 05. 22	2. 000	2109. 16	603158	腾龙股份	2020. 06. 19	0. 120	26. 04
603159	上海亚虹	2020. 06. 05	0. 150	21. 00	603159	上海亚虹	2020. 09. 17	0. 080	11. 20
603160	汇顶科技	2020. 06. 03	0. 800	364. 84	603165	荣晟环保	2020. 05. 19	0. 430	76. 26
603166	福达股份	2020. 04. 29	0. 150	89. 29	603167	渤海轮渡	2020. 07. 08	0. 400	189. 12
603168	莎普爱思	2020. 06. 12	0. 011	3. 55	603179	新泉股份	2020. 05. 19	0. 400	90. 48
603180	金牌厨柜	2020. 05. 28	0. 900	60. 96	603181	皇马科技	2020. 05. 28	0. 300	84. 00
603183	建研院	2020. 05. 26	0. 128	24. 43	603185	上机数控	2020. 05. 20	0. 320	57. 08
603186	华正新材	2020. 04. 17	0. 170	21. 99	603187	海容冷链	2020. 04. 16	0. 600	67. 92
603189	网达软件	2020. 06. 12	0. 050	11. 04	603192	汇得科技	2020. 06. 05	0. 372	39. 68
603195	公牛集团	2020. 06. 01	3. 800	2280. 00	603196	日播时尚	2020. 06. 12	0. 200	48. 00
603197	保隆科技	2020. 08. 20	0. 320	53. 14	603198	迎驾贡酒	2020. 06. 24	0. 700	560. 00

上市公司派发现金红利
Dividends in 2020

股票代码 Code	股票简称 Stock Name	发放日期 Date	每股红利（含税）（元）Dividend (Pre-Tax) (Yuan)	代发红利总额（百万元）Cash (M Yuan)	股票代码 Code	股票简称 Stock Name	发放日期 Date	每股红利（含税）（元）Dividend (Pre-Tax) (Yuan)	代发红利总额（百万元）Cash (M Yuan)
603199	九华旅游	2020.07.28	0.220	24.35	603203	快克股份	2020.06.24	0.210	33.05
603208	江山欧派	2020.06.04	1.000	80.82	603212	赛伍技术	2020.07.20	0.050	20.00
603214	爱婴室	2020.04.30	0.500	51.03	603217	元利科技	2020.05.28	0.600	54.62
603218	日月股份	2020.06.03	0.300	159.39	603220	中贝通信	2020.06.24	0.150	50.66
603221	爱丽家居	2020.06.18	0.180	43.20	603222	济民制药	2020.06.16	0.048	15.36
603223	恒通股份	2020.06.01	0.003	0.85	603225	新凤鸣	2020.05.18	0.130	181.94
603227	雪峰科技	2020.07.01	0.050	32.94	603228	景旺电子	2020.05.26	0.300	182.51
603229	奥翔药业	2020.06.23	0.075	12.00	603232	格尔软件	2020.06.01	0.180	21.83
603233	大参林	2020.06.17	0.600	328.17	603236	移远通信	2020.06.10	0.500	44.59
603238	诺邦股份	2020.05.27	0.250	30.00	603239	浙江仙通	2020.05.27	0.500	135.36
603256	宏和科技	2020.06.23	0.072	63.20	603258	电魂网络	2020.05.27	0.200	48.84
603258	电魂网络	2020.09.29	0.250	61.01	603259	药明康德	2020.06.04	0.337	498.97
603260	合盛硅业	2020.06.04	0.230	215.74	603266	天龙股份	2020.06.30	0.070	13.94
603267	鸿远电子	2020.06.02	0.010	1.65	603269	海鸥股份	2020.06.22	0.200	18.29
603277	银都股份	2020.08.14	0.220	90.21	603278	大业股份	2020.06.17	0.160	46.39
603279	景津环保	2020.06.05	0.600	240.02	603283	赛腾股份	2020.06.15	0.560	98.61
603286	日盈电子	2020.06.29	0.061	5.37	603288	海天味业	2020.05.07	1.080	2916.40
603289	泰瑞机器	2020.05.22	0.200	53.36	603290	斯达半导	2020.06.01	0.254	40.64
603297	永新光学	2020.06.15	0.440	48.64	603298	杭叉集团	2020.05.29	0.350	216.60
603299	苏盐井神	2020.07.02	0.102	79.12	603301	振德医疗	2020.06.08	0.430	60.20
603303	得邦照明	2020.06.05	0.228	111.20	603306	华懋科技	2020.06.03	0.450	139.76
603308	应流股份	2020.06.18	0.081	39.52	603309	维力医疗	2020.05.25	0.200	40.00
603311	金海环境	2020.06.09	0.160	33.60	603315	福鞍股份	2020.07.07	0.165	50.66
603316	诚邦股份	2020.06.05	0.032	6.50	603317	天味食品	2020.05.08	0.280	115.68
603319	湘油泵	2020.06.11	0.280	29.37	603320	迪贝电气	2020.05.26	0.124	12.40
603321	梅轮电梯	2020.06.11	0.050	15.35	603323	苏农银行	2020.07.02	0.150	270.46
603326	我乐家居	2020.07.03	0.280	63.33	603327	福蓉科技	2020.05.14	0.250	100.25
603328	依顿电子	2020.10.22	0.120	119.81	603328	依顿电子	2020.07.07	0.350	349.45
603330	上海天洋	2020.08.06	0.073	7.97	603331	百达精工	2020.07.20	0.236	30.17
603332	苏州龙杰	2020.06.12	0.600	71.36	603333	尚纬股份	2020.08.14	0.060	31.19
603335	迪生力	2020.04.23	0.020	8.56	603336	宏辉果蔬	2020.05.22	0.110	24.79
603337	杰克股份	2020.05.27	0.140	62.23	603338	浙江鼎力	2020.06.05	0.350	121.37
603339	四方科技	2020.07.06	0.188	39.31	603345	安井食品	2020.05.25	0.474	112.04
603348	文灿股份	2020.05.13	0.150	34.74	603351	威尔药业	2020.05.27	0.450	42.00
603353	和顺石油	2020.07.06	0.400	53.35	603355	莱克电气	2020.06.08	0.260	104.26
603356	华菱精工	2020.07.07	0.190	25.33	603357	设计总院	2020.07.10	0.220	100.00
603358	华达科技	2020.06.11	0.300	94.08	603359	东珠生态	2020.05.29	0.200	63.73
603360	百傲化学	2020.04.28	0.600	112.01	603363	傲农生物	2020.10.21	0.100	51.78
603365	水星家纺	2020.06.11	0.800	213.34	603366	日出东方	2020.06.19	0.063	50.00
603367	辰欣药业	2020.07.15	0.268	121.50	603368	柳药股份	2020.06.24	0.680	176.15
603369	今世缘	2020.06.24	0.410	514.35	603377	东方时尚	2020.06.16	0.200	117.60
603378	亚士创能	2020.07.07	0.180	35.06	603379	三美股份	2020.06.02	0.450	196.23
603380	易德龙	2020.07.06	0.250	40.00	603383	顶点软件	2020.06.08	0.500	60.09
603385	惠达卫浴	2020.04.29	0.230	84.96	603386	广东骏亚	2020.07.16	0.050	11.32
603387	基蛋生物	2020.05.08	0.400	104.15	603390	通达电气	2020.06.12	0.100	35.17
603393	新天然气	2020.05.20	0.800	179.20	603396	金辰股份	2020.06.29	0.180	19.04
603408	建霖家居	2020.09.18	0.350	156.34	603416	信捷电气	2020.07.17	0.160	22.49
603421	鼎信通讯	2020.07.06	0.104	48.78	603429	集友股份	2020.06.02	0.260	70.62
603444	吉比特	2020.05.20	5.000	359.32	603456	九洲药业	2020.07.08	0.200	160.66
603458	勘设股份	2020.07.07	0.700	130.12	603477	振静股份	2020.04.27	0.050	12.00

上市公司派发现金红利
Dividends in 2020

股票代码 Code	股票简称 Stock Name	发放日期 Date	每股红利（含税）（元）Dividend (Pre-Tax) (Yuan)	代发红利总额（百万元）Cash (M Yuan)	股票代码 Code	股票简称 Stock Name	发放日期 Date	每股红利（含税）（元）Dividend (Pre-Tax) (Yuan)	代发红利总额（百万元）Cash (M Yuan)
603488	展鹏科技	2020. 06. 05	0. 280	58. 50	603489	八方股份	2020. 06. 12	1. 000	120. 00
603496	恒为科技	2020. 06. 19	0. 105	21. 10	603499	翔港科技	2020. 07. 01	0. 080	11. 35
603500	祥和实业	2020. 04. 30	0. 300	52. 92	603501	韦尔股份	2020. 07. 24	0. 070	60. 45
603505	金石资源	2020. 07. 17	0. 300	72. 00	603506	南都物业	2020. 07. 16	0. 255	34. 20
603507	振江股份	2020. 06. 17	0. 090	11. 53	603508	思维列控	2020. 06. 09	0. 479	93. 28
603515	欧普照明	2020. 07. 02	0. 500	378. 03	603516	淳中科技	2020. 05. 06	0. 300	39. 99
603517	绝味食品	2020. 07. 07	0. 530	322. 57	603519	立霸股份	2020. 05. 28	0. 300	66. 58
603520	司太立	2020. 06. 01	0. 350	58. 76	603527	众源新材	2020. 06. 08	0. 220	38. 32
603528	多伦科技	2020. 05. 19	0. 080	50. 14	603530	神马电力	2020. 06. 09	0. 220	88. 01
603533	掌阅科技	2020. 05. 22	0. 150	60. 15	603535	嘉诚国际	2020. 07. 17	0. 100	15. 04
603536	惠发食品	2020. 05. 29	0. 020	3. 36	603538	美诺华	2020. 06. 29	0. 110	16. 47
603551	奥普家居	2020. 06. 02	0. 330	132. 00	603556	海兴电力	2020. 06. 05	0. 600	294. 24
603557	起步股份	2020. 06. 05	0. 400	189. 70	603558	健盛集团	2020. 04. 27	0. 350	145. 72
603566	普莱柯	2020. 06. 17	0. 200	64. 30	603567	珍宝岛	2020. 06. 04	0. 217	184. 27
603568	伟明环保	2020. 06. 23	0. 310	299. 64	603569	长久物流	2020. 06. 12	0. 699	391. 63
603577	汇金通	2020. 04. 29	0. 088	18. 12	603578	三星新材	2020. 06. 12	0. 210	18. 81
603579	荣泰健康	2020. 05. 13	1. 500	210. 00	603580	艾艾精工	2020. 07. 15	0. 082	10. 72
603583	捷昌驱动	2020. 07. 10	0. 500	88. 72	603585	苏利股份	2020. 06. 03	0. 600	108. 00
603586	金麒麟	2020. 06. 17	0. 600	122. 24	603587	地素时尚	2020. 05. 22	1. 000	401. 00
603588	高能环境	2020. 07. 20	0. 070	52. 82	603589	口子窖	2020. 06. 09	1. 500	900. 00
603590	康辰药业	2020. 06. 11	0. 500	80. 00	603596	伯特利	2020. 06. 22	0. 100	40. 86
603600	永艺股份	2020. 06. 03	0. 200	60. 51	603601	再升科技	2020. 07. 13	0. 100	71. 87
603602	纵横通信	2020. 06. 08	0. 040	6. 27	603605	珀莱雅	2020. 05. 13	0. 590	118. 75
603606	东方电缆	2020. 05. 22	0. 130	85. 03	603607	京华激光	2020. 06. 18	0. 300	38. 25
603608	天创时尚	2020. 10. 12	0. 200	86. 01	603609	禾丰牧业	2020. 06. 02	0. 220	202. 85
603610	麒盛科技	2020. 06. 05	1. 000	150. 33	603612	索通发展	2020. 07. 15	0. 062	21. 23
603613	国联股份	2020. 05. 21	0. 115	16. 19	603615	茶花股份	2020. 05. 14	0. 600	146. 80
603617	君禾股份	2020. 05. 15	0. 160	22. 80	603618	杭电股份	2020. 06. 05	0. 100	69. 10
603629	利通电子	2020. 06. 30	0. 200	20. 00	603630	拉芳家化	2020. 06. 11	0. 130	29. 47
603636	南威软件	2020. 06. 19	0. 160	94. 53	603637	镇海股份	2020. 07. 02	0. 200	34. 81
603638	艾迪精密	2020. 06. 01	0. 170	70. 21	603639	海利尔	2020. 06. 15	0. 300	50. 89
603648	畅联股份	2020. 08. 05	0. 180	66. 36	603650	彤程新材	2020. 06. 12	0. 330	193. 38
603655	朗博科技	2020. 07. 28	0. 070	7. 42	603656	泰禾光电	2020. 05. 27	0. 100	14. 89
603657	春光科技	2020. 06. 03	0. 500	48. 00	603658	安图生物	2020. 06. 11	0. 900	387. 54
603659	璞泰来	2020. 05. 12	0. 450	195. 85	603660	苏州科达	2020. 07. 01	0. 040	19. 98
603661	恒林股份	2020. 06. 23	0. 280	28. 00	603662	柯力传感	2020. 07. 03	0. 500	59. 70
603663	三祥新材	2020. 05. 18	0. 100	19. 00	603665	康隆达	2020. 06. 16	1. 500	150. 00
603666	亿嘉和	2020. 06. 24	0. 260	25. 75	603667	五洲新春	2020. 06. 16	0. 170	49. 70
603669	灵康药业	2020. 05. 26	0. 200	101. 92	603676	卫信康	2020. 06. 02	0. 045	19. 04
603677	奇精机械	2020. 04. 14	0. 280	54. 22	603677	奇精机械	2020. 09. 17	0. 200	38. 43
603678	火炬电子	2020. 04. 28	0. 170	76. 95	603679	华体科技	2020. 07. 08	0. 130	13. 27
603680	今创集团	2020. 07. 13	0. 160	126. 54	603681	永冠新材	2020. 06. 19	0. 150	24. 99
603682	锦和商业	2020. 10. 16	0. 380	179. 55	603683	晶华新材	2020. 06. 03	0. 118	15. 00
603685	晨丰科技	2020. 05. 28	0. 300	50. 70	603686	龙马环卫	2020. 05. 26	0. 200	83. 13
603687	大胜达	2020. 06. 02	0. 026	10. 68	603688	石英股份	2020. 06. 10	0. 150	50. 59
603689	皖天然气	2020. 07. 23	0. 210	70. 56	603690	至纯科技	2020. 06. 29	0. 086	22. 07
603693	江苏新能	2020. 07. 16	0. 150	92. 70	603696	安记食品	2020. 06. 12	0. 300	70. 56
603697	有友食品	2020. 06. 30	0. 080	24. 36	603698	航天工程	2020. 06. 12	0. 087	46. 63
603699	纽威股份	2020. 07. 13	0. 400	300. 00	603700	宁水集团	2020. 05. 29	0. 300	46. 90
603701	德宏股份	2020. 06. 04	0. 200	40. 41	603703	盛洋科技	2020. 07. 08	0. 010	2. 30

上市公司派发现金红利
Dividends in 2020

股票代码 Code	股票简称 Stock Name	发放日期 Date	每股红利（含税）（元）Dividend (Pre-Tax) (Yuan)	代发红利总额（百万元）Cash (M Yuan)	股票代码 Code	股票简称 Stock Name	发放日期 Date	每股红利（含税）（元）Dividend (Pre-Tax) (Yuan)	代发红利总额（百万元）Cash (M Yuan)
603706	东方环宇	2020.06.30	0.450	72.00	603707	健友股份	2020.07.23	0.300	215.57
603708	家家悦	2020.05.25	0.500	304.20	603709	中源家居	2020.06.01	0.230	18.40
603711	香飘飘	2020.07.10	0.250	104.54	603712	七一二	2020.06.11	0.100	77.20
603713	密尔克卫	2020.06.04	0.190	29.40	603716	塞力斯	2020.06.18	0.080	16.41
603718	海利生物	2020.07.15	0.006	3.86	603719	良品铺子	2020.06.19	0.255	102.26
603722	阿科力	2020.06.04	0.300	26.31	603725	天安新材	2020.05.26	0.100	20.54
603726	朗迪集团	2020.07.03	0.350	64.98	603727	博迈科	2020.05.13	0.100	23.41
603728	鸣志电器	2020.06.18	0.042	17.47	603730	岱美股份	2020.08.10	0.500	200.30
603733	仙鹤股份	2020.05.15	0.400	244.80	603737	三棵树	2020.06.29	0.660	122.91
603738	泰晶科技	2020.06.22	0.080	13.62	603739	蔚蓝生物	2020.06.03	0.200	30.93
603755	日辰股份	2020.06.11	0.550	54.24	603757	大元泵业	2020.07.28	0.500	82.12
603758	秦安股份	2020.06.04	0.081	35.54	603766	隆鑫通用	2020.07.10	0.100	205.35
603767	中马传动	2020.05.26	0.200	61.22	603768	常青股份	2020.07.17	0.037	7.55
603773	沃格光电	2020.07.10	0.162	15.32	603776	永安行	2020.06.05	0.180	33.76
603777	来伊份	2020.07.15	0.100	33.91	603778	乾景园林	2020.06.10	0.007	3.50
603786	科博达	2020.06.08	0.360	144.04	603787	新日股份	2020.06.09	0.120	24.48
603788	宁波高发	2020.05.28	0.600	133.84	603790	雅运股份	2020.06.22	0.200	38.27
603797	联泰环保	2020.07.09	0.165	52.80	603798	康普顿	2020.06.18	0.050	10.00
603800	道森股份	2020.06.09	0.500	104.00	603801	志邦家居	2020.06.02	0.660	147.40
603803	瑞斯康达	2020.06.17	0.150	63.16	603806	福斯特	2020.05.18	0.550	287.43
603808	歌力思	2020.07.20	0.250	83.13	603809	豪能股份	2020.06.03	0.200	41.81
603810	丰山集团	2020.07.10	0.126	10.45	603811	诚意药业	2020.06.03	0.400	47.71
603813	原尚股份	2020.05.13	0.232	20.81	603815	交建股份	2020.06.09	0.100	49.90
603816	顾家家居	2020.06.11	1.170	703.91	603817	海峡环保	2020.07.10	0.058	26.10
603819	神力股份	2020.06.24	0.300	50.49	603822	嘉澳环保	2020.04.14	0.255	18.71
603823	百合花	2020.05.26	0.310	69.75	603825	华扬联众	2020.06.24	0.250	57.73
603829	洛凯股份	2020.07.24	0.100	16.00	603833	欧派家居	2020.07.21	1.090	457.99
603838	四通股份	2020.06.02	0.050	13.33	603839	安正时尚	2020.06.01	0.350	140.57
603839	安正时尚	2020.10.19	0.350	140.04	603843	正平股份	2020.07.20	0.020	11.20
603848	好太太	2020.06.30	0.250	100.25	603855	华荣股份	2020.06.05	0.200	67.44
603855	华荣股份	2020.11.30	0.300	101.15	603856	东宏股份	2020.05.15	0.236	60.51
603858	步长制药	2020.07.20	1.614	1842.51	603859	能科股份	2020.06.08	0.050	6.96
603860	中公高科	2020.05.21	0.165	11.01	603861	白云电器	2020.06.17	0.110	49.71
603863	松炀资源	2020.10.30	0.100	20.59	603866	桃李面包	2020.06.01	1.000	658.88
603867	新化股份	2020.07.10	0.250	35.00	603868	飞科电器	2020.06.02	1.000	435.60
603871	嘉友国际	2020.06.15	1.000	156.80	603876	鼎胜新材	2020.07.24	0.100	43.36
603877	太平鸟	2020.06.16	0.700	335.22	603878	武进不锈	2020.06.22	0.700	200.38
603879	永悦科技	2020.07.10	0.050	10.02	603880	南卫股份	2020.06.12	0.050	8.45
603881	数据港	2020.05.22	0.053	11.16	603882	金域医学	2020.07.01	0.136	62.27
603883	老百姓	2020.08.21	0.420	122.62	603885	吉祥航空	2020.05.22	0.100	196.61
603886	元祖股份	2020.05.27	1.200	288.00	603887	城地股份	2020.06.08	0.050	13.41
603888	新华网	2020.07.10	0.195	101.21	603889	新澳股份	2020.06.10	0.160	81.88
603890	春秋电子	2020.05.28	0.200	54.80	603893	瑞芯微	2020.06.11	0.350	144.30
603896	寿仙谷	2020.05.26	0.345	49.52	603897	长城科技	2020.05.26	0.280	49.95
603897	长城科技	2020.09.23	0.300	53.52	603898	好莱客	2020.06.05	0.365	113.01
603899	晨光文具	2020.05.22	0.400	368.00	603900	莱绅通灵	2020.06.24	0.400	136.19
603901	永创智能	2020.06.12	0.070	30.76	603903	中持股份	2020.07.13	0.077	11.13
603906	龙蟠科技	2020.06.04	0.128	38.73	603908	牧高笛	2020.06.02	0.750	50.02
603912	佳力图	2020.07.03	0.250	54.24	603915	国茂股份	2020.06.04	0.200	92.67
603916	苏博特	2020.05.26	0.300	93.18	603917	合力科技	2020.07.16	0.110	17.25

上市公司派发现金红利
Dividends in 2020

股票代码 Code	股票简称 Stock Name	发放日期 Date	每股红利（含税）（元）Dividend (Pre-Tax) (Yuan)	代发红利总额（百万元）Cash (M Yuan)	股票代码 Code	股票简称 Stock Name	发放日期 Date	每股红利（含税）（元）Dividend (Pre-Tax) (Yuan)	代发红利总额（百万元）Cash (M Yuan)
603918	金桥信息	2020. 07. 09	0. 085	19. 82	603919	金徽酒	2020. 05. 20	0. 242	94. 43
603920	世运电路	2020. 07. 09	0. 500	204. 75	603926	铁流股份	2020. 07. 08	0. 300	48. 07
603927	中科软	2020. 05. 22	0. 450	190. 80	603928	兴业股份	2020. 06. 08	0. 200	40. 32
603929	亚翔集成	2020. 06. 15	0. 250	53. 34	603933	睿能科技	2020. 05. 26	0. 100	20. 12
603936	博敏电子	2020. 06. 04	0. 070	22. 05	603937	丽岛新材	2020. 07. 08	0. 170	35. 51
603938	三孚股份	2020. 04. 29	0. 150	22. 52	603939	益丰药房	2020. 05. 18	0. 300	113. 68
603948	建业股份	2020. 09. 29	0. 250	40. 00	603949	雪龙集团	2020. 05. 11	0. 300	44. 96
603950	长源东谷	2020. 09. 08	1. 200	277. 83	603955	大千生态	2020. 09. 22	0. 500	67. 86
603956	威派格	2020. 05. 27	0. 150	63. 89	603958	哈森股份	2020. 07. 28	0. 030	6. 52
603960	克来机电	2020. 05. 26	0. 171	30. 05	603966	法兰泰克	2020. 05. 29	0. 100	21. 10
603967	中创物流	2020. 05. 19	0. 375	100. 00	603968	醋化股份	2020. 06. 18	0. 500	102. 24
603969	银龙股份	2020. 06. 24	0. 060	50. 46	603970	中农立华	2020. 06. 24	0. 250	48. 00
603976	正川股份	2020. 07. 08	0. 324	48. 99	603977	国泰集团	2020. 05. 21	0. 120	47. 28
603978	深圳新星	2020. 05. 29	0. 063	10. 00	603979	金诚信	2020. 06. 15	0. 080	46. 67
603980	吉华集团	2020. 06. 30	0. 450	315. 00	603982	泉峰汽车	2020. 07. 15	0. 149	30. 00
603983	丸美股份	2020. 07. 01	0. 390	156. 39	603985	恒润股份	2020. 06. 16	0. 300	43. 68
603985	恒润股份	2020. 09. 29	0. 200	40. 77	603986	兆易创新	2020. 05. 07	0. 380	121. 99
603987	康德莱	2020. 05. 21	0. 150	66. 24	603988	中电电机	2020. 05. 29	0. 252	59. 27
603988	中电电机	2020. 08. 24	0. 213	50. 10	603989	艾华集团	2020. 06. 19	0. 300	117. 00
603990	麦迪科技	2020. 07. 03	0. 127	14. 28	603992	松霖科技	2020. 05. 29	0. 176	70. 58
603993	洛阳钼业	2020. 06. 30	0. 043	759. 63	603995	甬金股份	2020. 06. 12	0. 700	161. 47
603997	继峰股份	2020. 05. 07	0. 200	204. 72	603998	方盛制药	2020. 06. 17	0. 060	26. 03
603998	方盛制药	2020. 09. 29	0. 060	25. 77	603999	读者传媒	2020. 07. 10	0. 034	19. 58
605088	冠盛股份	2020. 11. 05	0. 300	48. 00	605168	三人行	2020. 07. 13	1. 500	103. 60
688001	华兴源创	2020. 05. 22	0. 135	54. 14	688002	睿创微纳	2020. 06. 10	0. 046	20. 47
688003	天准科技	2020. 05. 22	0. 200	38. 72	688005	容百科技	2020. 06. 30	0. 090	39. 90
688006	杭可科技	2020. 06. 08	0. 220	88. 22	688007	光峰科技	2020. 07. 01	0. 075	33. 87
688008	澜起科技	2020. 07. 06	0. 300	338. 94	688009	中国通号	2020. 07. 03	0. 200	1724. 20
688010	福光股份	2020. 07. 10	0. 200	30. 72	688011	新光光电	2020. 06. 30	0. 182	18. 15
688015	交控科技	2020. 05. 21	0. 240	38. 40	688016	心脉医疗	2020. 06. 22	0. 650	46. 79
688018	乐鑫科技	2020. 05. 07	0. 875	70. 00	688019	安集科技	2020. 07. 03	0. 380	20. 18
688020	方邦股份	2020. 06. 12	0. 500	40. 00	688021	奥福环保	2020. 06. 10	0. 200	15. 46
688022	瀚川智能	2020. 06. 17	0. 278	30. 02	688023	安恒信息	2020. 06. 01	0. 378	28. 00
688025	杰普特	2020. 06. 04	0. 210	19. 40	688026	洁特生物	2020. 06. 04	0. 500	50. 00
688028	沃尔德	2020. 05. 28	0. 650	52. 00	688028	沃尔德	2020. 10. 29	0. 280	22. 40
688029	南微医学	2020. 05. 12	1. 000	133. 34	688030	山石网科	2020. 06. 15	0. 056	10. 09
688033	天宜上佳	2020. 06. 22	0. 095	42. 63	688036	传音控股	2020. 06. 11	0. 680	544. 00
688037	芯源微	2020. 07. 06	0. 125	10. 50	688039	当虹科技	2020. 06. 29	0. 400	32. 00
688051	佳华科技	2020. 08. 06	0. 462	35. 73	688058	宝兰德	2020. 05. 27	0. 500	20. 00
688066	航天宏图	2020. 07. 08	0. 055	9. 13	688068	热景生物	2020. 06. 24	0. 300	18. 66
688069	德林海	2020. 10. 16	0. 400	23. 79	688078	龙软科技	2020. 06. 23	0. 208	14. 72
688080	映翰通	2020. 06. 18	0. 200	10. 49	688081	兴图新科	2020. 06. 03	0. 250	18. 40
688086	紫晶存储	2020. 07. 10	0. 218	41. 50	688088	虹软科技	2020. 06. 16	0. 100	40. 60
688089	嘉必优	2020. 07. 09	0. 500	60. 00	688090	瑞松科技	2020. 06. 24	0. 180	12. 12
688096	京源环保	2020. 10. 22	0. 400	42. 92	688098	申联生物	2020. 06. 08	0. 080	32. 78
688099	晶晨股份	2020. 06. 30	0. 120	49. 33	688100	威胜信息	2020. 06. 08	0. 175	87. 50
688101	三达膜	2020. 06. 18	0. 250	83. 47	688108	赛诺医疗	2020. 07. 10	0. 100	41. 00
688111	金山办公	2020. 06. 02	0. 300	138. 30	688116	天奈科技	2020. 07. 09	0. 143	33. 16
688118	普元信息	2020. 07. 01	0. 160	15. 26	688122	西部超导	2020. 06. 19	0. 300	132. 38
688123	聚辰股份	2020. 05. 26	0. 260	31. 42	688128	中国电研	2020. 06. 10	0. 300	121. 35

上市公司派发现金红利

Dividends in 2020

股票代码 Code	股票简称 Stock Name	发放日期 Date	每股红利（含税）（元）Dividend (Pre-Tax) (Yuan)	代发红利总额（百万元）Cash (M Yuan)	股票代码 Code	股票简称 Stock Name	发放日期 Date	每股红利（含税）（元）Dividend (Pre-Tax) (Yuan)	代发红利总额（百万元）Cash (M Yuan)
688138	清溢光电	2020. 06. 09	0. 080	21. 34	688139	海尔生物	2020. 05. 26	0. 180	57. 07
688155	先惠技术	2020. 12. 25	0. 400	30. 25	688158	优刻得	2020. 08. 18	0. 050	21. 13
688159	有方科技	2020. 07. 01	0. 081	7. 43	688160	步科股份	2020. 12. 28	0. 300	25. 20
688166	博瑞医药	2020. 06. 08	0. 082	33. 62	688168	安博通	2020. 06. 15	0. 450	23. 03
688169	石头科技	2020. 07. 10	2. 000	133. 33	688178	万德斯	2020. 05. 29	0. 440	37. 40
688181	八亿时空	2020. 06. 11	0. 360	34. 73	688186	广大特材	2020. 05. 20	0. 500	82. 40
688188	柏楚电子	2020. 06. 02	0. 740	74. 00	688196	卓越新能	2020. 05. 19	0. 720	86. 40
688198	佰仁医疗	2020. 07. 03	0. 200	19. 20	688199	久日新材	2020. 06. 19	1. 000	111. 23
688200	华峰测控	2020. 06. 01	0. 600	36. 71	688208	道通科技	2020. 05. 12	0. 400	180. 00
688218	江苏北人	2020. 06. 24	0. 140	16. 43	688222	成都先导	2020. 07. 07	0. 125	50. 09
688228	开普云	2020. 07. 17	0. 350	23. 50	688229	博睿数据	2020. 11. 30	1. 000	44. 40
688233	神工股份	2020. 07. 06	0. 150	24. 00	688258	卓易信息	2020. 06. 30	0. 142	12. 35
688268	华特气体	2020. 06. 12	0. 250	30. 00	688278	特宝生物	2020. 06. 04	0. 025	10. 17
688288	鸿泉物联	2020. 05. 19	0. 300	30. 00	688289	圣湘生物	2020. 12. 03	0. 750	300. 00
688298	东方生物	2020. 06. 10	0. 210	25. 20	688299	长阳科技	2020. 05. 28	0. 160	45. 21
688300	联瑞新材	2020. 06. 24	0. 500	42. 99	688310	迈得医疗	2020. 06. 16	0. 350	29. 26
688311	盟升电子	2020. 09. 22	0. 350	40. 13	688312	燕麦科技	2020. 10. 14	0. 200	28. 70
688318	财富趋势	2020. 09. 29	0. 600	40. 00	688333	铂力特	2020. 07. 08	0. 094	7. 48
688357	建龙微纳	2020. 05. 27	0. 500	28. 91	688358	祥生医疗	2020. 06. 17	1. 000	80. 00
688363	华熙生物	2020. 07. 17	0. 370	177. 60	688365	光云科技	2020. 06. 17	0. 150	60. 15
688366	昊海生科	2020. 07. 17	0. 700	96. 46	688368	晶丰明源	2020. 06. 18	0. 500	30. 80
688369	致远互联	2020. 06. 11	0. 400	30. 80	688388	嘉元科技	2020. 05. 20	0. 430	99. 28
688389	普门科技	2020. 05. 19	0. 120	50. 66	688396	华润微	2020. 06. 11	0. 033	40. 13
688398	赛特新材	2020. 06. 24	0. 300	24. 00	688399	硕世生物	2020. 06. 22	1. 500	87. 93
688399	硕世生物	2020. 09. 25	1. 500	87. 93	688466	金科环境	2020. 07. 31	0. 073	7. 50
688516	奥特维	2020. 09. 01	0. 400	39. 47	688566	吉贝尔	2020. 10. 19	0. 240	44. 87
688569	铁科轨道	2020. 11. 30	0. 100	21. 07	688588	凌志软件	2020. 07. 02	0. 200	80. 00
688598	金博股份	2020. 09. 14	0. 250	20. 00	688599	天合光能	2020. 07. 31	0. 100	206. 80
900901	云赛 B 股	2020. 07. 24	0. 054	15. 84	900902	市北 B 股	2020. 06. 04	0. 012	5. 59
900903	大众 B 股	2020. 08. 06	0. 125	100. 10	900905	老凤祥 B	2020. 08. 03	1. 150	233. 48
900908	氯碱 B 股	2020. 07. 29	0. 100	40. 66	900909	华谊 B 股	2020. 07. 29	0. 100	24. 31
900910	海立 B 股	2020. 06. 10	0. 180	51. 15	900911	金桥 B 股	2020. 07. 09	0. 310	84. 37
900912	外高 B 股	2020. 07. 24	0. 240	48. 13	900914	锦投 B 股	2020. 07. 29	0. 250	40. 26
900917	海欣 B 股	2020. 08. 03	0. 030	14. 07	900918	耀皮 B 股	2020. 08. 07	0. 067	12. 56
900920	上柴 B 股	2020. 07. 20	0. 041	14. 14	900922	三毛 B 股	2020. 06. 22	0. 013	0. 63
900923	百联 B 股	2020. 08. 06	0. 100	17. 97	900925	机电 B 股	2020. 07. 14	0. 370	80. 01
900926	宝信 B 股	2020. 06. 12	0. 400	118. 98	900928	临港 B 股	2020. 06. 15	0. 240	25. 71
900929	锦旅 B 股	2020. 07. 09	0. 242	15. 82	900932	陆家 B 股	2020. 05. 20	0. 456	501. 94
900933	华新 B 股	2020. 07. 08	1. 210	884. 33	900934	锦江 B 股	2020. 06. 12	0. 600	93. 60
900936	鄂资 B 股	2020. 05. 26	0. 400	168. 00	900940	大名城 B	2020. 07. 02	0. 030	5. 96
900941	东信 B 股	2020. 06. 18	0. 040	12. 00	900942	黄山 B 股	2020. 07. 07	0. 109	23. 55
900943	开开 B 股	2020. 07. 31	0. 028	2. 24	900947	振华 B 股	2020. 08. 18	0. 050	97. 32
900948	伊泰 B 股	2020. 05. 28	0. 350	465. 78	900952	锦港 B 股	2020. 07. 02	0. 020	4. 46

上市公司送股
Bonus Shares in 2020

股票代码 Code	股票简称 Stock Name	股权登记日 Registration Date	除权除息日 Ex-Date	送股上市日 Bonus Share Listing	送股比例 Bonus Share Ratio
600106	重庆路桥	2020. 06. 05	2020. 06. 08	2020. 06. 09	0. 10
600120	浙江东方	2020. 05. 20	2020. 05. 21	2020. 05. 22	0. 40
600157	*ST 永泰	2020. 12. 28	2020. 12. 29	2020. 12. 30	0. 79
600161	天坛生物	2020. 07. 14	2020. 07. 15	2020. 07. 16	0. 20
600179	*ST 安通	2020. 12. 04	2020. 12. 07	2020. 12. 08	1. 94
600186	莲花健康	2020. 01. 20	2020. 01. 21	2020. 01. 22	0. 30
600195	中牧股份	2020. 07. 07	2020. 07. 08	2020. 07. 09	0. 20
600211	西藏药业	2020. 04. 16	2020. 04. 17	2020. 04. 20	0. 40
600266	城建发展	2020. 06. 24	2020. 06. 29	2020. 06. 30	0. 20
600276	恒瑞医药	2020. 05. 22	2020. 05. 25	2020. 05. 26	0. 20
600305	恒顺醋业	2020. 06. 03	2020. 06. 04	2020. 06. 05	0. 28
600340	华夏幸福	2020. 07. 09	2020. 07. 10	2020. 07. 13	0. 30
600371	万向德农	2020. 07. 07	2020. 07. 08	2020. 07. 09	0. 30
600382	广东明珠	2020. 07. 03	2020. 07. 06	2020. 07. 07	0. 30
600448	华纺股份	2020. 06. 10	2020. 06. 11	2020. 06. 12	0. 20
600452	涪陵电力	2020. 06. 22	2020. 06. 23	2020. 06. 24	0. 40
600480	凌云股份	2020. 07. 15	2020. 07. 16	2020. 07. 17	0. 40
600507	方大特钢	2020. 04. 08	2020. 04. 09	2020. 04. 10	0. 49
600516	方大炭素	2020. 06. 03	2020. 06. 04	2020. 06. 05	0. 40
600521	华海药业	2020. 06. 05	2020. 06. 08	2020. 06. 09	0. 10
600527	江南高纤	2020. 05. 29	2020. 06. 01	2020. 06. 02	0. 20
600547	山东黄金	2020. 08. 18	2020. 08. 19	2020. 08. 20	0. 40
600570	恒生电子	2020. 06. 04	2020. 06. 05	2020. 06. 08	0. 30
600588	用友网络	2020. 05. 18	2020. 05. 19	2020. 05. 20	0. 30
600616	金枫酒业	2020. 07. 09	2020. 07. 10	2020. 07. 13	0. 30
600641	万业企业	2020. 07. 24	2020. 07. 27	2020. 07. 28	0. 20
600717	天津港	2020. 06. 18	2020. 06. 19	2020. 06. 22	0. 20
600740	山西焦化	2020. 06. 22	2020. 06. 23	2020. 06. 24	0. 30
600742	一汽富维	2020. 06. 23	2020. 06. 24	2020. 06. 29	0. 30
600750	江中药业	2020. 06. 11	2020. 06. 12	2020. 06. 15	0. 20
600753	东方银星	2020. 05. 29	2020. 06. 01	2020. 06. 02	0. 40
600793	宜宾纸业	2020. 06. 12	2020. 06. 15	2020. 06. 16	0. 40
600802	福建水泥	2020. 07. 08	2020. 07. 09	2020. 07. 10	0. 20
600853	龙建股份	2020. 12. 02	2020. 12. 03	2020. 12. 04	0. 20
600884	杉杉股份	2020. 06. 18	2020. 06. 19	2020. 06. 22	0. 45
600963	岳阳林纸	2020. 05. 12	2020. 05. 13	2020. 05. 14	0. 30
600979	广安爱众	2020. 06. 15	2020. 06. 16	2020. 06. 17	0. 30
601100	恒立液压	2020. 06. 30	2020. 07. 01	2020. 07. 02	0. 48
601311	骆驼股份	2020. 07. 10	2020. 07. 13	2020. 07. 14	0. 30
601595	上海电影	2020. 07. 23	2020. 07. 24	2020. 07. 27	0. 20
601777	*ST 力帆	2020. 12. 22	2020. 12. 23	2020. 12. 24	2. 50
601828	美凯龙	2020. 07. 03	2020. 07. 06	2020. 07. 07	0. 10
603005	晶方科技	2020. 05. 18	2020. 05. 19	2020. 05. 20	0. 40
603018	华设集团	2020. 06. 01	2020. 06. 02	2020. 06. 03	0. 20
603019	中科曙光	2020. 05. 07	2020. 05. 08	2020. 05. 11	0. 40
603023	威帝股份	2020. 06. 08	2020. 06. 09	2020. 06. 10	0. 19
603027	千禾味业	2020. 06. 10	2020. 06. 11	2020. 06. 12	0. 40
603033	三维股份	2020. 06. 03	2020. 06. 04	2020. 06. 05	0. 40
603038	华立股份	2020. 07. 07	2020. 07. 08	2020. 07. 09	0. 40
603039	泛微网络	2020. 05. 08	2020. 05. 11	2020. 05. 12	0. 40

上市公司送股
Bonus Shares in 2020

股票代码 Code	股票简称 Stock Name	股权登记日 Registration Date	除权除息日 Ex-Date	送股上市日 Bonus Share Listing	送股比例 Bonus Share Ratio
603040	新坐标	2020. 06. 08	2020. 06. 09	2020. 06. 10	0. 30
603041	美思德	2020. 05. 08	2020. 05. 11	2020. 05. 12	0. 40
603060	国检集团	2020. 06. 16	2020. 06. 17	2020. 06. 18	0. 40
603078	江化微	2020. 04. 30	2020. 05. 06	2020. 05. 07	0. 30
603079	圣达生物	2020. 06. 05	2020. 06. 08	2020. 06. 09	0. 40
603083	剑桥科技	2020. 08. 12	2020. 08. 13	2020. 08. 14	0. 30
603086	先达股份	2020. 06. 16	2020. 06. 17	2020. 06. 18	0. 40
603087	甘李药业	2020. 08. 19	2020. 08. 20	2020. 08. 21	0. 40
603088	宁波精达	2020. 06. 19	2020. 06. 22	2020. 06. 23	0. 40
603089	正裕工业	2020. 05. 28	2020. 05. 29	2020. 06. 01	0. 35
603101	汇嘉时代	2020. 06. 09	2020. 06. 10	2020. 06. 11	0. 40
603121	华培动力	2020. 06. 16	2020. 06. 17	2020. 06. 18	0. 20
603127	昭衍新药	2020. 06. 05	2020. 06. 08	2020. 06. 09	0. 40
603128	华贸物流	2020. 08. 05	2020. 08. 06	2020. 08. 07	0. 30
603138	海量数据	2020. 06. 29	2020. 06. 30	2020. 07. 01	0. 20
603156	养元饮品	2020. 05. 21	2020. 05. 22	2020. 05. 25	0. 20
603165	荣晟环保	2020. 05. 18	2020. 05. 19	2020. 05. 20	0. 40
603179	新泉股份	2020. 05. 18	2020. 05. 19	2020. 05. 20	0. 30
603180	金牌厨柜	2020. 05. 27	2020. 05. 28	2020. 05. 29	0. 40
603181	皇马科技	2020. 09. 18	2020. 09. 21	2020. 09. 22	0. 45
603183	建研院	2020. 05. 25	2020. 05. 26	2020. 05. 27	0. 40
603185	上机数控	2020. 05. 19	2020. 05. 20	2020. 05. 21	0. 30
603187	海容冷链	2020. 04. 15	2020. 04. 16	2020. 04. 17	0. 40
603208	江山欧派	2020. 06. 03	2020. 06. 04	2020. 06. 05	0. 30
603214	爱婴室	2020. 04. 29	2020. 04. 30	2020. 05. 06	0. 40
603217	元利科技	2020. 05. 27	2020. 05. 28	2020. 05. 29	0. 40
603218	日月股份	2020. 06. 02	2020. 06. 03	2020. 06. 04	0. 40
603226	菲林格尔	2020. 06. 08	2020. 06. 09	2020. 06. 10	0. 39
603228	景旺电子	2020. 05. 25	2020. 05. 26	2020. 05. 27	0. 40
603229	奥翔药业	2020. 06. 22	2020. 06. 23	2020. 06. 24	0. 40
603232	格尔软件	2020. 05. 29	2020. 06. 01	2020. 06. 02	0. 42
603233	大参林	2020. 06. 16	2020. 06. 17	2020. 06. 18	0. 20
603236	移远通信	2020. 06. 09	2020. 06. 10	2020. 06. 11	0. 20
603259	药明康德	2020. 06. 03	2020. 06. 04	2020. 06. 05	0. 40
603267	鸿远电子	2020. 06. 01	2020. 06. 02	2020. 06. 03	0. 40
603288	海天味业	2020. 05. 06	2020. 05. 07	2020. 05. 08	0. 20
603298	杭叉集团	2020. 05. 28	2020. 05. 29	2020. 06. 01	0. 40
603301	振德医疗	2020. 06. 05	2020. 06. 08	2020. 06. 09	0. 40
603309	维力医疗	2020. 05. 22	2020. 05. 25	2020. 05. 26	0. 30
603317	天味食品	2020. 05. 07	2020. 05. 08	2020. 05. 11	0. 45
603320	迪贝电气	2020. 05. 25	2020. 05. 26	2020. 05. 27	0. 30
603326	我乐家居	2020. 07. 02	2020. 07. 03	2020. 07. 06	0. 40
603330	上海天洋	2020. 08. 05	2020. 08. 06	2020. 08. 07	0. 40
603331	百达精工	2020. 07. 17	2020. 07. 20	2020. 07. 21	0. 40
603336	宏辉果蔬	2020. 05. 21	2020. 05. 22	2020. 05. 25	0. 45
603338	浙江鼎力	2020. 06. 04	2020. 06. 05	2020. 06. 08	0. 40
603339	四方科技	2020. 07. 03	2020. 07. 06	2020. 07. 07	0. 48
603351	威尔药业	2020. 05. 26	2020. 05. 27	2020. 05. 28	0. 40
603360	百傲化学	2020. 04. 27	2020. 04. 28	2020. 04. 29	0. 40
603363	傲农生物	2020. 10. 20	2020. 10. 21	2020. 10. 22	0. 30

上市公司送股
Bonus Shares in 2020

股票代码 Code	股票简称 Stock Name	股权登记日 Registration Date	除权除息日 Ex-Date	送股上市日 Bonus Share Listing	送股比例 Bonus Share Ratio
603368	柳药股份	2020. 06. 23	2020. 06. 24	2020. 06. 29	0. 40
603379	三美股份	2020. 06. 01	2020. 06. 02	2020. 06. 03	0. 40
603383	顶点软件	2020. 06. 05	2020. 06. 08	2020. 06. 09	0. 40
603393	新天然气	2020. 05. 19	2020. 05. 20	2020. 05. 21	0. 40
603421	鼎信通讯	2020. 07. 03	2020. 07. 06	2020. 07. 07	0. 40
603429	集友股份	2020. 06. 01	2020. 06. 02	2020. 06. 03	0. 40
603458	勘设股份	2020. 07. 06	2020. 07. 07	2020. 07. 08	0. 30
603488	展鹏科技	2020. 06. 04	2020. 06. 05	2020. 06. 08	0. 40
603499	翔港科技	2020. 06. 30	2020. 07. 01	2020. 07. 02	0. 40
603508	思维列控	2020. 06. 08	2020. 06. 09	2020. 06. 10	0. 40
603520	司太立	2020. 05. 29	2020. 06. 01	2020. 06. 02	0. 40
603527	众源新材	2020. 06. 05	2020. 06. 08	2020. 06. 09	0. 40
603568	伟明环保	2020. 06. 22	2020. 06. 23	2020. 06. 24	0. 30
603577	汇金通	2020. 04. 28	2020. 04. 29	2020. 04. 30	0. 40
603583	捷昌驱动	2020. 07. 09	2020. 07. 10	2020. 07. 13	0. 40
603587	地素时尚	2020. 05. 21	2020. 05. 22	2020. 05. 25	0. 20
603602	纵横通信	2020. 06. 05	2020. 06. 08	2020. 06. 09	0. 30
603607	京华激光	2020. 06. 17	2020. 06. 18	2020. 06. 19	0. 40
603610	麒盛科技	2020. 06. 04	2020. 06. 05	2020. 06. 08	0. 38
603613	国联股份	2020. 05. 20	2020. 05. 21	2020. 05. 22	0. 45
603617	君禾股份	2020. 05. 14	2020. 05. 15	2020. 05. 18	0. 40
603637	镇海股份	2020. 07. 01	2020. 07. 02	2020. 07. 03	0. 40
603638	艾迪精密	2020. 05. 29	2020. 06. 01	2020. 06. 02	0. 45
603639	海利尔	2020. 06. 12	2020. 06. 15	2020. 06. 16	0. 40
603657	春光科技	2020. 06. 02	2020. 06. 03	2020. 06. 04	0. 40
603662	柯力传感	2020. 07. 02	2020. 07. 03	2020. 07. 06	0. 40
603665	康隆达	2020. 06. 15	2020. 06. 16	2020. 06. 17	0. 48
603666	亿嘉和	2020. 06. 23	2020. 06. 24	2020. 06. 29	0. 40
603669	灵康药业	2020. 05. 25	2020. 05. 26	2020. 05. 27	0. 40
603679	华体科技	2020. 07. 07	2020. 07. 08	2020. 07. 09	0. 40
603700	宁水集团	2020. 05. 28	2020. 05. 29	2020. 06. 01	0. 30
603701	德宏股份	2020. 06. 03	2020. 06. 04	2020. 06. 05	0. 30
603707	健友股份	2020. 07. 22	2020. 07. 23	2020. 07. 24	0. 30
603730	岱美股份	2020. 08. 07	2020. 08. 10	2020. 08. 11	0. 45
603737	三棵树	2020. 06. 24	2020. 06. 29	2020. 06. 30	0. 40
603797	联泰环保	2020. 07. 08	2020. 07. 09	2020. 07. 10	0. 40
603806	福斯特	2020. 05. 15	2020. 05. 18	2020. 05. 19	0. 40
603810	丰山集团	2020. 07. 09	2020. 07. 10	2020. 07. 13	0. 40
603811	诚意药业	2020. 06. 02	2020. 06. 03	2020. 06. 04	0. 40
603819	神力股份	2020. 06. 23	2020. 06. 24	2020. 06. 29	0. 30
603823	百合花	2020. 05. 25	2020. 05. 26	2020. 05. 27	0. 40
603833	欧派家居	2020. 07. 20	2020. 07. 21	2020. 07. 22	0. 40
603871	嘉友国际	2020. 06. 12	2020. 06. 15	2020. 06. 16	0. 40
603878	武进不锈	2020. 06. 19	2020. 06. 22	2020. 06. 23	0. 40
603879	永悦科技	2020. 07. 09	2020. 07. 10	2020. 07. 13	0. 40
603880	南卫股份	2020. 06. 11	2020. 06. 12	2020. 06. 15	0. 30
603883	老百姓	2020. 08. 20	2020. 08. 21	2020. 08. 24	0. 40
603887	城地香江	2020. 06. 05	2020. 06. 08	2020. 06. 09	0. 40
603890	春秋电子	2020. 05. 27	2020. 05. 28	2020. 05. 29	0. 40
603903	中持股份	2020. 07. 10	2020. 07. 13	2020. 07. 14	0. 40

上市公司送股
Bonus Shares in 2020

股票代码 Code	股票简称 Stock Name	股权登记日 Registration Date	除权除息日 Ex-Date	送股上市日 Bonus Share Listing	送股比例 Bonus Share Ratio
603919	金徽酒	2020.05.19	2020.05.20	2020.05.21	0.30
603936	博敏电子	2020.06.03	2020.06.04	2020.06.05	0.40
603939	益丰药房	2020.05.15	2020.05.18	2020.05.19	0.40
603949	雪龙集团	2020.09.18	2020.09.21	2020.09.22	0.40
603960	克来机电	2020.05.25	2020.05.26	2020.05.27	0.40
603963	大理药业	2020.06.05	2020.06.08	2020.06.09	0.30
603977	国泰集团	2020.05.20	2020.05.21	2020.05.22	0.40
603985	恒润股份	2020.06.15	2020.06.16	2020.06.17	0.40
603986	兆易创新	2020.05.06	2020.05.07	2020.05.08	0.40
603990	麦迪科技	2020.07.02	2020.07.03	2020.07.06	0.30

上市公司配股
Allotment in 2020

股票代码 Code	股票简称 Security Name	股权登记日 Registration Date	除权除息日 Ex-Date	配股上市日 Right Issue Listing	配股价（元）Right Issue Price (Yuan)	配股比例 Right Issue Ratio
600008	首创股份	2020. 09. 18	2020. 09. 29	2020. 10. 16	2. 290	0. 3000
600419	天润乳业	2020. 01. 03	2020. 01. 14	2020. 01. 23	7. 240	0. 3000
600999	招商证券	2020. 07. 09	2020. 07. 20	2020. 07. 31	7. 460	0. 3000
601162	天风证券	2020. 03. 10	2020. 03. 19	2020. 03. 31	3. 600	0. 3000
601555	东吴证券	2020. 03. 12	2020. 03. 23	2020. 04. 02	6. 800	0. 3000
603269	海鸥股份	2020. 07. 17	2020. 07. 28	2020. 08. 05	7. 550	0. 2500
603633	徕木股份	2020. 07. 10	2020. 07. 21	2020. 07. 30	3. 900	0. 3000

五 会员公司

MEMBER COMPANIES

会员公司概貌
Member Companies Overview

会员公司 Member Companies	2020 年	2019 年	增减（%） Change
会员公司数量（个）No. of Member Companies	118	117	0. 85
席位数量（个）No. of Seats	25131	21975	14. 36
A 股 A Share Seat	24934	21788	14. 44
B 股 B Share Seat	197	187	5. 35
B 股证券商（个）B Share Brokers	101	101	0. 00
境内 Domestic	62	62	0. 00
境外 Overseas	39	39	0. 00
会员公司交易金额（亿元）Trading Val（100M Yuan）	7334060. 23	5669637. 52	29. 36
股票 Share	1679721. 72	1087688. 03	54. 43
A 股 A Share	1546480. 28	1060300. 00	45. 85
B 股 B Share	781. 13	760. 41	2. 72
科创板 Star Market	132460. 34	26627. 62	397. 45
优先股 Preferred	2202. 03	781. 34	181. 83
债券 Bond	229004. 49	128173. 70	78. 67
政府债 G-Bond	8209. 75	4767. 13	72. 22
公司债现货 C-Bond	220794. 74	123406. 57	78. 92
基金 Fund	215053. 69	137179. 16	56. 77
ETF	105829. 11	53688. 63	97. 12
LOF	1374. 13	585. 79	134. 58
交易型货币基金 Exchange-traded Money Market Fund	107850. 46	82760. 37	30. 32
期权 Option	14334. 15	6777. 57	111. 49
回购 Repo	5193744. 14	4309037. 72	20. 53

会员公司信息
List of Member Companies

会员公司 Company	地址 Address	法人代表 Representative	电话 Tel	传真 Fax	注册资本（百万元）Registed Capital (M Yuan)
华西证券股份有限公司	四川省成都市高新区天府二街198号	杨炯洋	028-86150593	028-86150615	2625.0
华英证券有限责任公司	无锡经济开发区金融一街10号无锡金融中心5层01-06单元	姚志勇	0510-82833989	0510-85203300	800.0
华菁证券有限公司	上海市虹口区吴淞路575号2501室	刘威	021-60156768	021-60156733	3024.0
华鑫证券有限责任公司	深圳市福田区莲花街道福中社区深南大道2008号中国凤凰大厦1栋20C-1房	俞洋	0755-82083788	0755-82083408	3600.0
汇丰前海证券有限责任公司	深圳市前海深港合作区前湾一路63号前海企业公馆27栋A、B单元	何善文	0755-88983188	0755-88983226	1800.0
江海证券有限公司	黑龙江省哈尔滨市高新技术产业开发区创新三路833号11号楼江海证券	赵洪波	0451-51845001	0451-82269290	6767.0
金通证券有限责任公司	浙江省杭州市滨江区东信大道66号5幢D座A区3层	李勇进	010-60836768	010-60836210	135.0
金元证券股份有限公司	深圳市深南大道4001号时代金融中心大厦17层	王作义	0755-83025618	0755-83025511	4030.8
金圆统一证券有限公司	中国（福建）自由贸易试验区厦门片区象屿路93号厦门国际航运中心C栋4层431单元A之九	薛荷	0592-3117997	0592-3117993	1200.0
九州证券股份有限公司	北京市朝阳区安立路30号仰山公园东一门2号楼	魏先锋	010-57672002	010-57672020	3370.0
开源证券股份有限公司	西安市高新区锦业路1号都市之门B座5层	李刚	029-88365836	029-88365835	3453.4
联储证券有限责任公司	深圳市福田区福田街道岗厦社区深南大道南侧金地中心大厦9楼	吕春卫	021-80295666	021-61049870	2573.1
民生证券股份有限公司	北京市东城区建国门内大街28号民生金融中心A座16-18层	冯鹤年	010-85127766	010-85127766	11456.2
摩根大通证券（中国）有限公司	中国（上海）自由贸易试验区银城中路501号4901-4908室	朴学谦	021-61066088	021-68901235	800.0
摩根士丹利华鑫证券有限责任公司	上海市浦东新区世纪大道100号上海环球金融中心75层	钱菁	021-20336006	021-20336040	1020.0
南京证券股份有限公司	江苏省南京市江东中路389号	李剑锋	025-85330588	025-83367377	3298.8
平安证券股份有限公司	深圳市福田区福田街道益田路5023号平安金融中心B座第22-25层	何之江	0755-88675888	—	13800.0
瑞信方正证券有限责任公司	北京市西城区金融大街甲九号金融街中心南楼15层	涂雷	010-66538688	010-66538588	1089.0
瑞银证券有限责任公司	北京市西城区金融大街7号英蓝国际金融中心12、15层	钱于军	021-38668866	—	1490.0
山西证券股份有限公司	太原市府西街69号山西国贸中心	侯巍	0351-8689699	0351-8686918	3589.8
上海证券有限责任公司	上海市黄浦区四川中路213号7楼	李俊杰	021-53686888	021-53686100	2610.0
申港证券股份有限公司	上海浦东新区世纪大道1589号长泰国际金融大厦16/22/23楼	邵亚良	021-20639555	021-20639696	4315.0
申万宏源西部证券有限公司	新疆乌鲁木齐市高新区（新市区）北京南路358号大成国际大厦20楼2005室	王献军	0991-2301633	0991-2301927	4700.0
申万宏源证券承销保荐有限责任公司	新疆乌鲁木齐市高新区（新市区）北京南路358号大成国际大厦20楼2004室	张剑	010-88085118	010-88085166	1000.0
申万宏源证券有限公司	上海市徐汇区长乐路989号45层	杨玉成	021-33388058	021-54046088	47000.0
世纪证券有限责任公司	广东省深圳市福田区福田街道金田路2026号能源大厦北塔23-25层	李强	0755-83199599	0755-83199502	4000.0
首创证券股份有限公司	北京市西城区德胜门外大街115号德胜尚城E座	毕劲松	010-59366166	010-59366298	2460.0
太平洋证券股份有限公司	云南省昆明市北京路926号同德广场写字楼31楼	李长伟	0871-68885858	0871-68898100	6816.3
天风证券股份有限公司	武汉市武昌区中南路99号武汉保利广场37楼	余磊	027-87618881	027-87618863	6666.0
万和证券股份有限公司	深圳市福田区深南大道7028号时代科技大厦20层西厅	冯周让	0755-82724057	0755-25170093	2273.0
万联证券股份有限公司	广州市天河区珠江东路11号18、19楼全层	罗钦城	020-38286208	020-38286588	5954.3
网信证券有限责任公司	沈阳市沈河区热闹路49号	王媖	024-22939909	024-22958441	500.0
五矿证券有限公司	深圳市金田路4028号荣超经贸中心A座47层	黄海洲	0755-82545668	0755-82545500	9797.8
西部证券股份有限公司	陕西省西安市新城区东新街319号8幢10000室	徐朝晖	029-87406183	029-87406259	3501.8
西南证券股份有限公司	重庆市江北区桥北苑8号西南证券大厦	廖庆轩	023-67663772	023-63786001	6645.1
湘财证券股份有限公司	湖南省长沙市天心区湘府中路198号新南城商务中心A栋11楼	高振营	010-56510700	010-56510700	4019.0
新时代证券股份有限公司	北京市海淀区北三环西路99号院1号楼15层1501	林雯	010-83561008	—	2910.0
信达证券股份有限公司	北京市西城区闹市口大街9号院1号楼信达金融中心	祝瑞敏	010-63081158	010-63080918	2918.7
兴业证券股份有限公司	福建省福州市湖东路268号证券大厦	杨华辉	021-68982299	021-382819999	6696.7
野村东方国际证券有限公司	上海市黄浦区淮海中路381号中环广场10楼	孙冬青	021-66199128	021-66199220	2000.0
银泰证券有限责任公司	广东省深圳市福田区竹子林四路紫竹七道18号	黄冰	0755-83710058	0755-83708126	1400.0
英大证券有限责任公司	深圳市福田区深南中路华能大厦三十、三十一层	郝京春	0755-83007066	0755-83007040	4335.7
粤开证券股份有限公司	广州市黄埔区科学大道60号开发区金控中心21-23层	严亦斌	020-82113123	020-81008809	3126.2
招商证券股份有限公司	广东省深圳市福田区福田街道福华一路111号	霍达	0755-83081199	0755-82943100	6699.4
浙商证券股份有限公司	浙江省杭州市江干区五星路201号	吴承根	0571-87901370	—	3333.3
中德证券有限责任公司	北京市朝阳区建国路81号华贸中心德意志大厦22层	侯巍	010-59026668	010-59026670	1000.0
中国国际金融股份有限公司	北京市建国门外大街1号国贸大厦2座28层	沈如军	010-65051166	010-65058120	4368.7
中国银河证券股份有限公司	北京市西城区金融大街35号2-6层	陈共炎	—	010-66568532	10137.3
中国证券金融股份有限公司	北京市西城区丰盛胡同28号太平洋保险大厦6层	聂庆平	010-63211658	010-63211601	100000.0
中国中金财富证券有限公司	深圳市福田区益田路与福中路交界处荣超商务中心A栋第18-21层及第04层	高涛	0755-82026666	0755-82026976	8000.0

会员公司信息
List of Member Companies

会员公司 Company	地址 Address	法人代表 Representative	电话 Tel	传真 Fax	注册资本（百万元）Registed Capital（M Yuan）
中航证券有限公司	江西省南昌市红谷滩新区红谷中大道1619号南昌国际金融大厦A栋41层	丛中	010-59562611	010-59562637	3633.6
中山证券有限责任公司	深圳市南山区粤海街道蔚蓝海岸社区创业路1777号海信南方大厦21层、22层	吴小静	0755-23982930	0755-82940511	1700.0
中泰证券股份有限公司	山东省济南市市中区经七路86号	李峰	0531-68888099	0531-68888088	6968.6
中天国富证券有限公司	贵州省贵阳市观山湖区长岭北路中天会展城B区金融商务区集中商业（北）	余维佳	0755-33522899	0755-28777969	3280.2
中天证券股份有限公司	辽宁省沈阳市和平区光荣街23甲	马功勋	024-23253627	024-23255606	2225.0
中信建投证券股份有限公司	北京市东城区朝内大街188号	王常青	010-85130505	010-65186399	7646.4
中信证券（山东）有限责任公司	青岛市市南区东海西路28号	冯恩新	0531-89606156	0531-85022301	2493.8
中信证券股份有限公司	北京市朝阳区亮马桥路48号中信证券大厦（100026） 深圳市福田区中心三路8号中信证券大厦（518048）	张佑君	010-60838936	010-60836031	12926.8
中信证券华南股份有限公司	广州市天河区珠江西路5号501房	胡伏云	020-88836999	020-88836900	5360.5
中银国际证券股份有限公司	上海市浦东新区银城中路200号中银大厦39楼	宁敏	010-66229096	010-66578955	2778.0
中邮证券有限责任公司	北京市东城区珠市口大街17号一层东侧	丁奇文	010-67017788-8001	—	5060.0
中原证券股份有限公司	河南省郑州市郑东新区商务外环路10号	菅明军	0371-65585698	0371-65585118	4642.9
安信证券股份有限公司	深圳市福田区金田路4018号安联大厦35层、28层A02单元	黄炎勋	0755-82825500	0755-82825329	10000.0
北京高华证券有限责任公司	北京市西城区金融大街7号北京英蓝国际金融中心 18层1801-1806室、1826-1832室	章星	010-66273038	010-66273001	1072.0
渤海证券股份有限公司	天津市南开区水上公园东路宁汇大厦A座	安志勇	022-23839086	022-28451600	8037.2
财达证券股份有限公司	石家庄市桥西区自强路35号庄家金融大厦	翟建强	0311-66006222	0311-66006200	2745.0
财通证券股份有限公司	浙江省杭州市天目山路198号	陆建强	0571-87820011	0571-87820011	3589.0
财信证券有限责任公司	长沙市芙蓉中路中路二段80号顺天国际财富中心26层	刘宛晨	0731-89955798	0731-84403330	5309.1
长城国瑞证券有限公司	厦门市莲前西路2号莲富大厦十七楼	王勇	0592-2029576	0592-2079228	3350.0
长城证券股份有限公司	深圳市福田区福田街道金田路2026号能源大厦南塔楼10-19层	张巍	0755-83461256	0755-83516244	3103.4
长江证券承销保荐有限公司	中国（上海）自由贸易试验区世纪大道1198号28层	王承军	021-61118880	021-61118973	300.0
长江证券股份有限公司	湖北省武汉市江汉区新华路特8号	李新华	027-65799888	027-85481900	5529.5
川财证券有限责任公司	中国（四川）自由贸易试验区成都市高新区交子大道177号中海国际中心B座17楼	金树成	028-86583099	028-86583002	1000.0
大通证券股份有限公司	大连市沙河口区会展路129号期货大厦38、39层	赵玺	0411-39673393	0411-82826601	3300.0
大同证券有限责任公司	山西省太原市长治路111号山西世贸中心A座12、13层	董祥	0351-4150788	0351-4192803	730.0
德邦证券股份有限公司	上海市福山路500号城建国际中心29楼	武晓春	021-68761616	021-68767880	3967.0
第一创业证券承销保荐有限责任公司	北京市西城区武定侯街6号卓著中心10层	王芳	010-63212001	010-66032671	400.0
第一创业证券股份有限公司	深圳市福田区福华一路115号投行大厦	刘学民	0755-23838686	0755-25832833	4202.4
东北证券股份有限公司	长春市生态大街6666号	李福春	0431-85096886	0431-85604083	2340.5
东方财富证券股份有限公司	上海市徐汇区宛平南路88号金座9-18楼	郑立坤	021-23586755	021-23586789	8300.0
东方证券承销保荐有限公司	上海市黄浦区中山南路318号24层	马骥	021-63326178	021-63326175	800.0
东方证券股份有限公司	上海市中山南路119号、中山南路318号2号	金文忠（代）	021-63325888	021-63327888	6993.7
东海证券股份有限公司	江苏常州延陵西路23号投资广场18、19号楼	钱俊文	021-20333330	021-50585608	1670.0
东吴证券股份有限公司	苏州市工业园区星阳街5号	范力	0512-62938858	0512-62938858	3880.5
东兴证券股份有限公司	北京市西城区金融大街5号（新盛大厦）12、15层	魏庆华	010-66555633	010-66555663	2758.0
东亚前海证券有限责任公司	深圳市福田区中心四路1号嘉里建设广场第一座第23层	田洪	0755-21376801	0755-21376999	1500.0
东莞证券股份有限公司	广东省东莞市莞城区可园南路1号金源中心	陈照星	0769-22113878	0769-22116999	1500.0
方正证券承销保荐有限责任公司	北京市朝阳区北四环中路27号盘古大观A座40-43层	陈琨	010-59355982	010-56437031	1400.0
方正证券股份有限公司	长沙市天心区湘江中路二段36号华远华中心4、5号楼3701-3717室	施华	010-57398299	010-57398299	8232.1
高盛高华证券有限责任公司	北京市西城区金融大街7号北京英蓝国际金融中心十八层1807-1819室	方风雷	010-65353288	010-65353300	1093.9
光大证券股份有限公司	上海市静安区新闸路1508号	刘秋明	021-22169058	021-62151789	4610.8
广发证券股份有限公司	广州市天河区马场路26号广发证券大厦	孙树明	020-66336225	020-87553600	7621.1
国都证券股份有限公司	北京市东城区东直门南大街3号国华投资大厦9层、10层	翁振杰	010-84183399	010-84183129	5300.0
国海证券股份有限公司	广西壮族自治区南宁市滨湖路46号	何春梅	0771-5896688	0771-5530903	5444.5
国金证券股份有限公司	四川省成都市东城根上街95号	冉云	028-86690307	028-86690365	3024.4
国开证券股份有限公司	北京市西城区阜外大街29号	孙孝坤	010-88300568	010-88300568	9500.0
国联证券股份有限公司	无锡市滨湖区太湖新城金融一街8号国联金融大厦7-9楼	姚志勇	0510-82833989	0510-82833124	2378.1
国融证券股份有限公司	内蒙古自治区呼和浩特市武川县腾飞大道1号四楼	张智河	010-83991990	010-88086637	1782.5
国盛证券有限责任公司	南昌市红谷滩新区凤凰中大道1115号北京银行南昌分行营业大楼	周军	0791-88250703	—	4695.3
国泰君安证券股份有限公司	上海市静安区南京西路768号	贺青	021-38676909	021-38670666	8908.0

会员公司信息
List of Member Companies

会员公司 Company	地址 Address	法人代表 Representative	电话 Tel	传真 Fax	注册资本（百万元） Registed Capital（M Yuan）
国信证券股份有限公司	深圳市罗湖区红岭中路1012号国信证券大厦	何如	0755-82130639	0755-82130570	9612.4
爱建证券有限责任公司	上海市浦东新区世纪大道1600号32楼	祝健	021-68728958	021-68728958	1100.0
国元证券股份有限公司	合肥市梅山路18号国元证券	俞仕新	0551-62207380	0551-62207322	3365.5
海通证券股份有限公司	上海市黄浦区广东路689号海通证券大厦	周杰	021-23219000	021-63411010	13064.2
恒泰长财证券有限责任公司	长春市经济技术开发区卫星路以北，仙台大街以西仙台大街3333号润德大厦C区七层717、719、720、721、723、72	王琳晶	010-56673701	010-56673701	200.0
恒泰证券股份有限公司	内蒙古自治区呼和浩特市新城区海拉尔东街满世尚都办公商业综合楼	—	010-66297236	010-66297236	2604.6
宏信证券有限责任公司	成都市人民南路二段十八号川信大厦10楼	吴玉明	028-86199160	028-86199079	1000.0
红塔证券股份有限公司	昆明市北京路155号附1号红塔大厦7-11楼	李素明	0871-63577113	0871-63577922	3633.4
华安证券股份有限公司	合肥市政务文化新区天鹅湖路198号	章宏韬	0551-65161601	0551-65161600	3621.0
华宝证券有限责任公司	中国（上海）自由贸易试验区世纪大道100号57层	刘加海	021-68777998	021-68778030	4000.0
华创证券有限责任公司	贵州省贵阳市中华北路216号华创大厦	陶永泽	0851-86856815	0851-86856537	9225.9
华福证券有限责任公司	福州市台江区江滨中大道398号兴业银行大厦主楼22-23层	黄金琳	0591-87855777	0591-87841150	3300.0
华金证券股份有限公司	上海市浦东新区杨高南路759号30层	宋卫东	021-20655599	021-20655566	3450.0
华林证券股份有限公司	深圳市南山区粤海街道深南大道9668号华润置地大厦C座31-33	林立	0755-82763280	0755-82707882-1158	2700.0
华龙证券股份有限公司	甘肃省兰州市东岗西路638号	陈牧原	0931-8855909	0931-8855909	6326.6
华融证券股份有限公司	北京市朝阳区朝阳门北大街18号11-18层	张海文	010-85556828	010-85556690	5840.7
华泰联合证券有限责任公司	深圳市福田区深南大道4011号香港中旅大厦26层	江禹	010-56839318	010-56839588	997.5
华泰证券股份有限公司	江苏省南京市江东中路228号	张伟	025-83389606	025-83387337	9076.7

B 股券商
B Share Brokers

公司名称 Company	公司地址 Address
申万宏源证券有限公司	上海市徐汇区长乐路 989 号 45 层
海通证券股份有限公司	上海市黄浦区广东路 689 号海通证券大厦
华泰证券股份有限公司	江苏省南京市江东中路 228 号
国泰君安证券股份有限公司	上海市静安区南京西路 768 号
招商证券股份有限公司	广东省深圳市福田区福田街道福华一路 111 号
中信证券股份有限公司	北京市朝阳区亮马桥路 48 号中信证券大厦（100026）　深圳市福田区中心三路 8 号中信证券大厦（518048）
中国银河证券有限责任公司	北京市西城区金融大街 35 号国际企业大厦 C 座
广发证券股份有限公司	广州市天河区马场路 26 号广发证券大厦
国信证券股份有限公司	深圳市罗湖区红岭中路 1012 号国信证券大厦
上海证券有限责任公司	上海市黄浦区四川中路 213 号 7 楼
东方证券股份有限公司	上海市中山南路 119 号、中山南路 318 号 2 号
中信建投证券股份有限公司	北京市东城区朝内大街 188 号
方正证券股份有限公司	长沙市天心区湘江中路二段 36 号华远华中心 4、5 号楼 3701-3717
中国中金财富证券有限公司	深圳市福田区益田路与福中路交界处荣超商务中心 A 栋第 18-21 层及第 04 层
中银国际证券股份有限公司	上海市浦东新区银城中路 200 号中银大厦 39 楼
光大证券股份有限公司	上海市静安区新闸路 1508 号
长江证券股份有限公司	湖北省武汉市江汉区新华路特 8 号
华鑫证券有限责任公司	深圳市福田区莲花街道福中社区深南大道 2008 号中国凤凰大厦 1 栋 20C-1 房
中国国际金融股份有限公司	中国北京建国门外大街 1 号国贸大厦 2 座 28 层
中泰证券股份有限公司	山东省济南市市中区经七路 86 号
国元证券股份有限公司	合肥市梅山路 18 号国元证券
兴业证券股份有限公司	福建省福州市湖东路 268 号证券大厦
湘财证券股份有限公司	湖南省长沙市天心区湘府中路 198 号新南城商务中心 A 栋 11 楼
渤海证券股份有限公司	天津市南开区水上公园东路宁汇大厦 A 座
东吴证券股份有限公司	苏州市工业园区星阳街 5 号
华安证券股份有限公司	合肥市政务文化新区天鹅湖路 198 号
申万宏源西部证券有限公司	新疆乌鲁木齐市高新区（新市区）北京南路 358 号大成国际大厦 20 楼 2005 室
里昂证券有限公司（Credit Lyonnais）	香港金钟道 88 号太古广场 1 期 18 楼
平安证券股份有限公司	深圳市福田区福田街道益田路 5023 号平安金融中心 B 座第 22-25 层
中信证券（山东）有限责任公司	青岛市市南区东海西路 28 号
长城证券股份有限公司	深圳市福田区福田街道金田路 2026 号能源大厦南塔楼 10-19 层
国联证券股份有限公司	无锡市滨湖区太湖新城金融一街 8 号国联金融大厦 7-9 楼
东北证券股份有限公司	长春市生态大街 6666 号
华西证券股份有限公司	四川省成都市高新区天府二街 198 号
山西证券股份有限公司	太原市府西街 69 号山西国贸中心
南京证券股份有限公司	江苏省南京市江东中路 389 号
西南证券股份有限公司	重庆市江北区桥北苑 8 号西南证券大厦
恒泰证券股份有限公司	内蒙古自治区呼和浩特市新城区海拉尔东街满世尚都办公商业综合楼
新鸿基投资服务有限公司（Sun Hung Kai）	香港铜锣湾希慎道 33 号利园一期 28 楼
国海证券股份有限公司	广西壮族自治区南宁市滨湖路 46 号
万联证券股份有限公司	广州市天河区珠江东路 11 号 18、19 楼全层
民生证券股份有限公司	北京市东城区建国门内大街 28 号民生金融中心 A 座 16-18 层
德邦证券股份有限公司	上海市福山路 500 号城建国际中心 29 楼
首创证券股份有限公司	北京市西城区德胜门外大街 115 号德胜尚城 E 座
中信证券华南股份有限公司	广州市天河区珠江西路 5 号 501 房
西部证券股份有限公司	陕西省西安市新城区东新街 319 号 8 幢 10000 室
华林证券股份有限公司	深圳市南山区粤海街道深南大道 9668 号华润置地大厦 C 座 31-33
财信证券有限责任公司	长沙市芙蓉中路中路二段 80 号顺天国际财富中心 26 层
华龙证券股份有限公司	甘肃省兰州市东岗西路 638 号
东莞证券股份有限公司	广东省东莞市莞城区可园南路 1 号金源中心

B 股券商
B Share Brokers

公司名称 Company	公司地址 Address
世纪证券有限责任公司	广东省深圳市福田区福田街道金田路 2026 号能源大厦北塔 23-25 层
大通证券股份有限公司	大连市沙河口区会展路 129 号期货大厦 38、39 层
国盛证券有限责任公司	南昌市红谷滩新区凤凰中大道 1115 号北京银行南昌分行营业大楼
红塔证券股份有限公司	昆明市北京路 155 号附 1 号红塔大厦 7-11 楼
华创证券有限责任公司	贵州省贵阳市中华北路 216 号华创大厦
东方财富证券股份有限公司	上海市徐汇区宛平南路 88 号金座 9-18 楼
第一创业证券股份有限公司	深圳市福田区福华一路 115 号投行大厦
英大证券有限责任公司	深圳市福田区深南中路华能大厦三十、三十一层
大华继显（香港）有限公司	香港中环皇后大道中 29 号怡安华人行 15 楼
华宝证券有限责任公司	中国（上海）自由贸易试验区世纪大道 100 号 57 层
华金证券股份有限公司	上海市浦东新区杨高南路 759 号 30 层
万和证券股份有限公司	深圳市福田区深南大道 7028 号时代科技大厦 20 层西厅
京华山一国际（香港）有限公司	香港中环大道中 183 号新纪元广场中远大厦 36 楼
群益证券（香港）有限公司	上海浦东南路 360 号新上海国际大厦 18 楼
方正证券承销保荐有限责任公司	北京市朝阳区北四环中路 27 号盘古大观 A 座 40-43 层
华泰联合证券有限责任公司	深圳市福田区深南大道 4011 号香港中旅大厦 26 层

交易地区分布
Regional Distribution by Turnover Ranking

地区 Area	营业部（家） Number	排名 Rank	交易金额（百亿元）Trading Val（10B Yuan）						
			总计 Total	股票 Stock	基金 Fund	政府债 G-Bond	公司债 C-Bond	债券回购 Bond Repo	期权 Option
上海	847	1	17349. 55	2497. 43	458. 37	22. 28	410. 53	13937. 90	12. 64
广东	1602	2	14058. 77	2813. 23	269. 91	14. 44	452. 72	10487. 77	18. 42
北京	586	3	10016. 40	1331. 15	295. 45	19. 51	420. 72	7927. 26	14. 68
江苏	1014	4	6155. 31	1459. 25	219. 69	4. 85	100. 76	4350. 05	20. 30
浙江	1120	5	3679. 18	1792. 52	173. 71	1. 00	79. 77	1627. 10	4. 59
福建	547	6	2909. 34	757. 48	87. 28	2. 87	59. 26	1999. 31	2. 95
四川	472	7	2324. 41	531. 86	55. 46	2. 12	42. 16	1691. 28	1. 45
湖北	424	8	1998. 54	454. 61	66. 46	2. 60	70. 60	1403. 09	1. 16
山东	666	9	1786. 53	601. 22	91. 59	1. 26	37. 74	1047. 65	6. 71
江西	347	10	988. 29	266. 58	40. 53	0. 95	16. 17	663. 31	0. 75
黑龙江	179	11	940. 78	137. 02	51. 06	0. 70	19. 67	724. 94	7. 40
湖南	427	12	900. 10	337. 74	62. 44	0. 98	19. 84	477. 97	1. 12
陕西	292	13	841. 15	242. 72	18. 04	1. 04	15. 75	562. 76	0. 77
辽宁	377	14	742. 41	278. 21	30. 39	0. 56	12. 76	419. 53	0. 92
安徽	345	15	635. 74	284. 30	19. 62	0. 76	13. 01	317. 43	0. 60
重庆	238	16	614. 80	209. 54	23. 06	0. 20	12. 12	369. 18	0. 70
河南	398	17	545. 77	322. 30	29. 75	0. 16	6. 80	185. 83	0. 94
山西	214	18	543. 42	122. 78	8. 01	1. 87	250. 58	159. 72	0. 46
西藏	26	19	542. 79	434. 49	28. 75	0. 09	24. 43	54. 57	0. 47
河北	275	20	534. 48	187. 82	16. 69	0. 10	7. 25	321. 74	0. 88
天津	181	21	518. 11	162. 79	26. 34	0. 40	10. 56	316. 76	1. 26
广西	188	22	459. 62	136. 63	14. 15	0. 44	8. 66	299. 21	0. 53
吉林	153	23	369. 37	95. 16	10. 78	0. 33	9. 82	252. 73	0. 56
云南	178	24	347. 71	97. 32	11. 80	0. 55	27. 98	204. 73	5. 32
内蒙古	122	25	247. 59	48. 37	3. 47	0. 26	19. 12	176. 08	0. 29
贵州	121	26	210. 57	46. 26	25. 24	1. 53	61. 45	75. 97	0. 08
海南	79	27	156. 96	51. 31	4. 09	0. 20	1. 72	99. 47	0. 18
新疆	122	28	113. 05	69. 90	2. 51	0. 01	0. 60	39. 94	0. 08
甘肃	108	29	87. 43	47. 93	3. 21	0. 02	1. 04	35. 12	0. 12
宁夏	56	30	82. 87	58. 08	2. 23	0. 01	1. 81	20. 65	0. 09
青海	27	31	14. 78	8. 94	0. 28	0. 00	0. 20	5. 34	0. 02

六 投资者

SHAREHOLDER

股票投资者历年开户累计
Shareholder's Accounts

年份 Year	开户总数 Total Account			A股开户总数 A Share Account		B股开户总数 B Share Account		信用交易开户总数 Credit Account		
	总数 Total	自然人 Individual	机构 Institution	自然人 Individual	机构 Institution	自然人 Individual	机构 Institution	总数 Total	自然人 Individual	机构 Institution
1992	111.2	110.5	0.7	110.2	0.7	0.0	0.0	—	—	—
1993	423.5	421.9	1.6	421.1	1.4	0.8	0.2	—	—	—
1994	574.9	572.6	2.3	571.0	2.0	1.6	0.3	—	—	—
1995	685.2	682.3	2.9	680.0	2.5	2.3	0.4	—	—	—
1996	1207.9	1204.1	3.8	1200.0	3.3	4.1	0.5	—	—	—
1997	1713.3	1708.1	5.2	1702.2	4.6	5.9	0.6	—	—	—
1998	1999.4	1993.1	6.3	1986.1	5.6	7.1	0.7	—	—	—
1999	2281.1	2272.8	8.3	2264.7	7.6	8.1	0.8	—	—	—
2000	2957.8	2944.9	13.0	2931.2	12.1	13.7	0.8	—	—	—
2001	3419.8	3403.1	16.8	3311.1	15.9	92.0	0.9	—	—	—
2002	3556.0	3536.9	19.1	3441.4	18.1	95.5	1.0	—	—	—
2003	3632.1	3612.1	20.0	3515.1	19.0	97.1	1.0	—	—	—
2004	3703.1	3682.4	20.7	3584.2	19.5	98.2	1.1	—	—	—
2005	3747.9	3726.6	21.3	3628.0	20.1	98.6	1.2	—	—	—
2006	3901.5	3878.8	22.8	3778.5	21.4	100.3	1.3	—	—	—
2007	5817.0	5788.2	28.8	5645.9	27.3	142.4	1.5	—	—	—
2008	6542.6	6510.9	31.7	6365.4	30.1	145.5	1.6	—	—	—
2009	7405.4	7370.3	35.1	7221.6	33.4	148.6	1.7	—	—	—
2010	8154.2	8116.5	37.8	7965.5	36.0	151.0	1.8	2.1	2.1	0.0
2011	8705.0	8664.9	40.1	8512.7	38.1	152.2	2.0	17.4	17.3	0.0
2012	8996.4	8954.9	41.5	8802.1	39.5	152.8	2.1	49.4	49.2	0.2
2013	9253.4	9210.1	43.3	9056.5	41.2	153.6	2.2	132.6	132.2	0.3
2014	9737.5	9691.5	46.1	9536.9	43.8	154.5	2.3	292.2	291.7	0.5
2015	13751.3	13698.9	52.4	13536.3	50.0	162.6	2.4	394.0	393.2	0.6
2016	16994.8	16936.5	58.3	16772.5	55.9	164.1	2.5	421.5	420.5	0.6
2017	19500.1	19435.8	64.3	19270.9	61.8	165.0	2.5	452.1	450.7	0.7
2018	21447.9	21379.0	68.8	21213.7	66.2	165.4	2.6	469.0	467.3	1.7
2019	23600.3	23524.8	75.5	23359.0	72.9	165.8	2.6	506.6	504.3	2.2
2020	26608.1	26525.0	83.1	26358.6	80.4	166.4	2.7	554.8	551.7	3.1

注：开户单位为万户。

股票投资者历年新开户
New Shareholder's Accounts

年份 Year	新开户总数 New			A股新开户数 New (A Share)		B股开户总数 New (B Share)		信用交易开户总数 New (Credit Account)		
	总数 Total	自然人 Individual	机构 Institution	自然人 Individual	机构 Institution	自然人 Individual	机构 Institution	总数 Total	自然人 Individual	机构 Institution
1992	100.2	99.5	0.7	99.5	0.7	0.0	0.0	—	—	—
1993	312.3	311.4	0.9	310.6	0.7	0.8	0.0	—	—	—
1994	151.4	150.7	0.7	149.9	0.6	0.7	0.2	—	—	—
1995	110.3	109.8	0.6	109.0	0.5	0.8	0.1	—	—	—
1996	522.7	521.8	0.9	520.0	0.8	1.8	0.1	—	—	—
1997	502.8	501.4	2.2	499.6	2.0	1.8	0.1	—	—	—
1998	286.1	285.1	1.0	283.9	1.0	1.2	0.2	—	—	—
1999	281.7	279.7	2.1	278.6	2.0	1.0	0.1	—	—	—
2000	676.7	672.1	4.6	666.5	4.6	5.6	0.1	—	—	—
2001	462.0	458.2	3.8	379.9	3.8	78.3	0.1	—	—	—
2002	136.1	133.8	2.3	130.4	2.2	3.5	0.0	—	—	—
2003	76.1	75.2	0.9	73.6	0.9	1.6	0.0	—	—	—
2004	71.0	70.3	0.7	69.1	0.6	1.2	0.1	—	—	—
2005	44.8	44.2	0.6	43.8	0.5	0.4	0.1	—	—	—
2006	153.6	152.1	1.5	150.5	1.4	1.6	0.1	—	—	—
2007	1915.5	1909.5	6.0	1867.4	5.9	42.1	0.1	—	—	—
2008	725.6	722.7	2.9	719.5	2.8	3.2	0.1	—	—	—
2009	862.8	859.3	3.4	856.2	3.4	3.1	0.1	—	—	—
2010	748.9	746.2	2.7	743.9	2.6	2.3	0.1	2.1	2.1	0.0
2011	550.8	548.5	2.3	547.2	2.2	1.3	0.1	15.5	15.4	0.0
2012	291.4	290.0	1.4	289.4	1.3	0.6	0.1	32.4	32.3	0.1
2013	257.0	255.3	1.8	254.4	1.7	0.8	0.1	84.9	84.7	0.2
2014	484.1	481.3	2.8	480.4	2.6	0.9	0.1	163.2	163.0	0.2
2015	4013.8	4007.5	6.3	3999.4	6.2	8.1	0.1	107.4	107.1	0.2
2016	3243.5	3237.6	6.0	3236.1	5.9	1.4	0.1	32.5	32.2	0.1
2017	2505.3	2499.3	6.0	2498.4	5.9	0.9	0.1	35.8	35.3	0.1
2018	1947.8	1943.2	4.5	1942.8	4.5	0.4	0.1	21.5	20.9	0.6
2019	2152.4	2145.7	6.7	2145.3	6.6	0.4	0.1	44.4	43.6	0.8
2020	3007.8	3000.2	7.6	2999.6	7.5	0.7	0.0	55.5	54.2	1.3

注：开户单位为万户。

年末各类投资者持股情况
Share Hold of Investors by 2020

	持股市值（亿元）Hold Value（100M Yuan）	占比（%）Ratio	持股账户数（万户）Hold Account（10 Thousand）	占比（%）Ratio
自然人投资者	87042	22.93	4181.61	99.74
其中：10万元以下	3538	0.93	2249.17	53.65
10万~50万元	10449	2.75	1212.50	28.92
50万~100万元	8395	2.21	355.40	8.48
100万~300万元	13631	3.59	259.64	6.19
300万~1000万元	12176	3.21	80.26	1.91
1000万元以上	38852	10.24	24.65	0.59
一般法人	212427	55.97	4.74	0.11
沪股通	12659	3.34	0.00	0.00
专业机构	67430	17.77	6.27	0.15
其中：投资基金	23171	6.10	0.45	0.01

投资者开户逐月信息
Monthly New Accounts in 2020

日期 Date	总数 Total	A 股 A Share	B 股 B Share	基金 Fund
2020. 01	155. 72	149. 06	0. 04	6. 62
2020. 02	175. 05	167. 14	0. 01	7. 89
2020. 03	342. 95	324. 41	0. 03	18. 51
2020. 04	273. 37	261. 83	0. 04	11. 50
2020. 05	201. 49	193. 35	0. 07	8. 06
2020. 06	264. 12	252. 99	0. 09	11. 04
2020. 07	423. 73	404. 60	0. 10	19. 03
2020. 08	308. 61	294. 84	0. 10	13. 66
2020. 09	265. 23	252. 34	0. 05	12. 83
2020. 10	190. 99	181. 51	0. 03	9. 44
2020. 11	267. 91	255. 15	0. 06	12. 70
2020. 12	282. 66	269. 86	0. 06	12. 74
2020 年合计	3151. 82	3007. 10	0. 70	144. 02
累计总户数	27550. 29	26438. 98	169. 09	942. 22

注：开户单位为万户。

年末分行业持股信息
Hold Distribution by 2020

行业代码 Industry Code	行业名称 Industry Name	自然人 Individual		专业机构 Institution		一般法人 Corporation	
		持股市值	比例（%）	持股市值	比例（%）	持股市值	比例（%）
A	农、林、牧、渔业	459.56	41.90	23.87	2.18	613.28	55.92
B	采矿业	3494.81	14.15	2067.46	8.37	19141.66	77.48
C	制造业	63627.38	29.95	31458.41	14.81	117363.33	55.24
D	电力、热力、燃气及水生产和供应业	2436.52	16.41	1433.93	9.66	10978.59	73.93
E	建筑业	2416.22	26.15	749.08	8.11	6075.90	65.75
F	批发和零售业	3622.27	39.19	686.91	7.43	4934.59	53.38
G	交通运输、仓储和邮政业	3032.61	16.93	1426.23	7.96	13452.80	75.11
H	住宿和餐饮业	83.69	11.72	152.55	21.36	477.88	66.92
I	信息传输、软件和信息技术服务业	6564.17	32.30	2236.32	11.00	11524.95	56.70
J	金融业	14075.05	11.91	13467.30	11.39	90684.91	76.70
K	房地产业	2711.18	26.61	1037.02	10.18	6438.72	63.21
L	租赁和商务服务业	848.13	12.36	1863.82	27.17	4148.29	60.47
M	科学研究和技术服务业	1000.79	23.04	1205.98	27.76	2136.78	49.19
N	水利、环境和公共设施管理业	691.08	43.49	105.33	6.63	792.64	49.88
P	教育	96.22	51.41	12.09	6.46	78.86	42.13
Q	卫生和社会工作	352.15	23.22	487.96	32.18	676.41	44.60
R	文化、体育和娱乐业	555.47	27.21	183.24	8.98	1302.38	63.81
S	综合	260.32	52.72	11.28	2.28	222.20	45.00

注：持股市值单位为亿元。

年末个股股东持股情况

Distribution of Shareholders by 2020

证券代码 Code	证券简称 Security Name	合计持股数 Total Hold	自然人 Individual		一般法人 Corporation		专业机构 Institution	
			持有股数	比例（%）	持有股数	比例（%）	持有股数	比例（%）
600000	浦发银行	2935214.09	318767.71	10.86	2359713.32	80.39	256733.06	8.75
600004	白云机场	236671.83	32848.43	13.88	157295.43	66.46	46527.97	19.66
600006	东风汽车	200000.00	60784.08	30.39	133680.99	66.84	5534.93	2.77
600007	中国国贸	100728.25	15540.15	15.43	82586.67	81.99	2601.44	2.58
600008	首创股份	734059.07	266118.79	36.25	436676.42	59.49	31263.86	4.26
600009	上海机场	192695.84	17826.33	9.25	118876.97	61.69	55992.55	29.06
600010	包钢股份	4558503.26	1278717.25	28.05	3036176.95	66.60	243609.06	5.34
600011	华能国际	1099770.99	79786.63	7.25	909683.11	82.72	110301.25	10.03
600012	皖通高速	116560.00	15634.61	13.41	95075.88	81.57	5849.51	5.02
600015	华夏银行	1538722.40	185511.57	12.06	1269766.24	82.52	83444.60	5.42
600016	民生银行	3546212.32	668809.04	18.86	2559059.03	72.16	318344.25	8.98
600017	日照港	307565.39	125836.56	40.91	173679.24	56.47	8049.59	2.62
600018	上港集团	2317367.47	178634.98	7.71	2027657.44	87.50	111075.05	4.79
600019	宝钢股份	2226944.77	274158.82	12.31	1356845.53	60.93	595940.42	26.76
600020	中原高速	224737.18	85372.09	37.99	137227.80	61.06	2137.30	0.95
600021	上海电力	261716.42	43511.82	16.63	207578.42	79.31	10626.19	4.06
600022	山东钢铁	1094654.96	451239.99	41.22	626101.01	57.20	17313.96	1.58
600023	浙能电力	1360069.00	151911.68	11.17	886021.62	65.15	322135.70	23.69
600025	华能水电	1800000.00	122150.78	6.79	1650836.87	91.71	27012.35	1.50
600026	中远海能	346669.19	76534.14	22.08	250314.32	72.21	19820.72	5.72
600027	华电国际	814574.31	123704.22	15.19	617187.55	75.77	73682.54	9.05
600028	中国石化	9555777.10	546707.61	5.72	8536568.25	89.33	472501.24	4.94
600029	南方航空	1105415.75	144833.23	13.10	834138.25	75.46	126444.27	11.44
600030	中信证券	1064844.83	371821.04	34.92	500289.61	46.98	192734.18	18.10
600031	三一重工	847850.67	136517.21	16.10	336433.23	39.68	374900.22	44.22
600033	福建高速	274440.00	121113.35	44.13	152148.61	55.44	1178.04	0.43
600035	楚天高速	161011.59	64933.75	40.33	95693.31	59.43	384.54	0.24
600036	招商银行	2062894.44	148233.81	7.19	1475031.62	71.50	439629.01	21.31
600037	歌华有线	139177.79	59013.73	42.40	71013.53	51.02	9150.53	6.57
600038	中直股份	58947.67	9680.32	16.42	38214.25	64.83	11053.11	18.75
600039	四川路桥	477757.03	94751.20	19.83	361079.59	75.58	21926.24	4.59
600048	保利地产	1196761.57	164028.27	13.71	726972.68	60.74	305760.62	25.55
600050	中国联通	3101559.55	702264.98	22.64	2288317.43	73.78	110977.13	3.58
600051	宁波联合	31088.00	21035.94	67.67	9863.49	31.73	188.58	0.61
600052	浙江广厦	84419.47	44851.71	53.13	39462.95	46.75	104.81	0.12
600053	九鼎投资	43354.08	10051.99	23.19	32103.70	74.05	1198.39	2.76
600054	黄山旅游	51330.00	18739.28	36.51	30220.30	58.87	2370.42	4.62
600055	万东医疗	54081.62	34082.69	63.02	19371.70	35.82	627.22	1.16
600056	中国医药	106848.55	42586.79	39.86	61807.04	57.85	2454.72	2.30
600057	厦门象屿	215745.41	63782.01	29.56	138777.39	64.32	13186.01	6.11
600058	五矿发展	107191.07	36385.50	33.94	69835.95	65.15	969.62	0.90
600059	古越龙山	80852.42	37232.28	46.05	40450.59	50.03	3169.54	3.92
600060	海信视像	130848.12	45239.40	34.57	69998.07	53.50	15610.65	11.93
600061	国投资本	422712.97	60722.97	14.37	331016.79	78.31	30973.21	7.33
600062	华润双鹤	104323.77	33190.71	31.82	65726.01	63.00	5407.05	5.18
600063	皖维高新	192589.47	120999.72	62.83	69434.68	36.05	2155.07	1.12
600064	南京高科	123595.69	64358.01	52.07	56385.07	45.62	2852.61	2.31
600066	宇通客车	221393.92	22551.11	10.19	122092.26	55.15	76750.55	34.67
600067	冠城大通	149211.07	95593.99	64.07	52604.01	35.25	1013.08	0.68
600068	葛洲坝	460477.74	206331.78	44.81	217945.41	47.33	36200.56	7.86

注：合计持股数包含F类账户；单位为万股。

年末个股股东持股情况
Distribution of Shareholders by 2020

证券代码 Code	证券简称 Security Name	合计持股数 Total Hold	自然人 Individual		一般法人 Corporation		专业机构 Institution	
			持有股数	比例（%）	持有股数	比例（%）	持有股数	比例（%）
600070	浙江富润	52194.61	35710.57	68.42	15054.97	28.84	1429.07	2.74
600071	凤凰光学	28157.39	13340.61	47.38	14621.11	51.93	195.68	0.69
600072	中船科技	73624.99	41311.14	56.11	31300.99	42.51	1012.86	1.38
600073	上海梅林	93772.95	51381.23	54.79	39212.60	41.82	3179.12	3.39
600075	新疆天业	141972.77	45123.41	31.78	95680.72	67.39	1168.64	0.82
600076	康欣新材	103426.41	78885.36	76.27	24312.73	23.51	228.32	0.22
600077	宋都股份	134012.23	68337.30	50.99	65178.69	48.64	496.24	0.37
600078	澄星股份	66257.29	38233.70	57.70	27902.27	42.11	121.32	0.18
600079	人福医药	154402.47	45801.57	29.66	72057.18	46.67	36543.72	23.67
600080	ST 金花	37327.03	26815.41	71.84	10501.72	28.13	9.90	0.03
600081	东风科技	31356.00	9903.28	31.58	21043.58	67.11	409.14	1.30
600082	海泰发展	64611.58	42766.58	66.19	21748.67	33.66	96.34	0.15
600083	*ST 博信	23000.00	13725.06	59.67	9249.98	40.22	24.96	0.11
600084	ST 中葡	112372.68	56646.08	50.41	55674.25	49.54	52.35	0.05
600085	同仁堂	137147.03	44010.45	32.09	84010.11	61.26	9126.47	6.65
600086	*ST 金钰	135000.00	61659.43	45.67	68403.22	50.67	4937.35	3.66
600088	中视传媒	39770.64	16247.50	40.85	23398.64	58.83	124.50	0.31
600089	特变电工	371431.28	179653.32	48.37	156033.34	42.01	35744.63	9.62
600090	*ST 济堂	143966.29	71611.40	49.74	72304.99	50.22	49.90	0.03
600091	ST 明科	43741.25	25461.89	58.21	18269.18	41.77	10.18	0.02
600093	易见股份	112244.75	38776.48	34.55	72778.33	64.84	689.95	0.61
600094	大名城	227660.50	159612.02	70.11	55615.40	24.43	12433.08	5.46
600095	湘财股份	268199.03	29337.30	10.94	232171.02	86.57	6690.70	2.49
600096	云天化	142591.65	71201.33	49.93	69176.59	48.51	2213.74	1.55
600097	开创国际	24093.66	11579.72	48.06	12331.37	51.18	182.56	0.76
600098	广州发展	272619.66	37333.33	13.69	232720.61	85.36	2565.72	0.94
600099	林海股份	21912.00	12326.79	56.26	9380.29	42.81	204.92	0.94
600100	同方股份	296389.90	201445.40	67.97	92909.77	31.35	2034.72	0.69
600101	明星电力	42143.27	26378.79	62.59	15719.47	37.30	45.01	0.11
600103	青山纸业	230581.78	152024.74	65.93	78190.30	33.91	366.74	0.16
600104	上汽集团	1168346.14	67221.37	5.75	972490.60	83.24	128634.16	11.01
600105	永鼎股份	138085.20	82407.81	59.68	54735.25	39.64	942.14	0.68
600106	重庆路桥	132902.51	88813.45	66.83	42724.69	32.15	1364.37	1.03
600107	美尔雅	36000.00	28279.08	78.55	7577.83	21.05	143.09	0.40
600108	亚盛集团	194691.51	141952.92	72.91	51021.44	26.21	1717.15	0.88
600109	国金证券	302435.93	138478.16	45.79	128266.58	42.41	35691.19	11.80
600110	诺德股份	139726.86	82069.51	58.74	45197.98	32.35	12459.37	8.92
600111	北方稀土	363306.60	223428.84	61.50	92771.04	25.54	47106.71	12.97
600112	ST 天成	50920.48	41405.94	81.31	9482.21	18.62	32.34	0.06
600113	浙江东日	41143.12	20526.51	49.89	20476.48	49.77	140.13	0.34
600114	东睦股份	61638.94	38366.19	62.24	19494.36	31.63	3778.38	6.13
600115	东方航空	1120273.14	135572.32	12.10	903984.13	80.69	80716.69	7.21
600116	三峡水利	191214.29	28722.36	15.02	148017.24	77.41	14474.70	7.57
600117	西宁特钢	104511.83	51240.26	49.03	52900.02	50.62	371.55	0.36
600118	中国卫星	118248.91	47306.60	40.01	63270.47	53.51	7671.84	6.49
600119	ST 长投	30740.00	18079.89	58.82	12640.90	41.12	19.22	0.06
600120	浙江东方	222794.09	89562.32	40.20	127928.98	57.42	5302.79	2.38
600121	郑州煤电	121841.20	41629.44	34.17	78978.83	64.82	1232.94	1.01
600122	*ST 宏图	115825.84	71596.20	61.81	43796.74	37.81	432.90	0.37
600123	兰花科创	114240.00	57778.52	50.58	54023.61	47.29	2437.87	2.13

注：合计持股数包含 F 类账户；单位为万股。

年末个股股东持股情况
Distribution of Shareholders by 2020

证券代码 Code	证券简称 Security Name	合计持股数 Total Hold	自然人 Individual		一般法人 Corporation		专业机构 Institution	
			持有股数	比例（%）	持有股数	比例（%）	持有股数	比例（%）
600125	铁龙物流	130552.19	84374.26	64.63	42099.93	32.25	4077.99	3.12
600126	杭钢股份	337718.91	79690.28	23.60	227322.22	67.31	30706.41	9.09
600127	金健米业	64178.32	50000.35	77.91	14037.31	21.87	140.67	0.22
600128	弘业股份	24676.75	17167.92	69.57	7337.94	29.74	170.89	0.69
600129	太极集团	55689.07	23334.38	41.90	30077.56	54.01	2277.13	4.09
600130	波导股份	76800.00	62373.28	81.22	13946.26	18.16	480.47	0.63
600131	国网信通	119539.45	25272.76	21.14	89619.02	74.97	4647.67	3.89
600132	重庆啤酒	48397.12	1222.96	2.53	33522.84	69.27	13651.33	28.21
600133	东湖高新	79546.92	49677.90	62.45	29219.02	36.73	650.00	0.82
600135	乐凯胶片	55330.71	24005.44	43.39	30890.65	55.83	434.62	0.79
600136	当代文体	58461.86	33792.88	57.80	22984.37	39.32	1684.61	2.88
600137	浪莎股份	9721.76	3294.23	33.89	6406.89	65.90	20.64	0.21
600138	中青旅	72384.00	37815.61	52.24	12051.60	16.65	22516.79	31.11
600139	西部资源	66189.05	44885.47	67.81	20650.23	31.20	653.35	0.99
600141	兴发集团	111939.27	38913.84	34.76	61853.58	55.26	11171.84	9.98
600143	金发科技	257362.23	208265.58	80.92	31225.41	12.13	17871.24	6.94
600145	*ST 新亿	149110.04	42291.98	28.36	106798.16	71.62	19.90	0.01
600146	*ST 环球	46997.00	33728.05	71.77	11662.54	24.82	1606.41	3.42
600148	长春一东	14151.65	6263.03	44.26	7844.27	55.43	44.35	0.31
600149	ST 坊展	38016.00	24129.06	63.47	13856.20	36.45	30.75	0.08
600150	中国船舶	447242.88	51595.88	11.54	389693.54	87.13	5953.45	1.33
600151	航天机电	143425.23	80864.18	56.38	59304.09	41.35	3256.96	2.27
600152	维科技术	42092.01	23162.40	55.03	18293.55	43.46	636.06	1.51
600153	建发股份	286355.25	82190.27	28.70	166427.98	58.12	37737.00	13.18
600155	华创阳安	173955.66	46134.08	26.52	118295.45	68.00	9526.13	5.48
600156	华升股份	40211.07	23358.28	58.09	16639.54	41.38	213.25	0.53
600157	*ST 永泰	2221776.41	584095.99	26.29	1556016.95	70.03	81663.48	3.68
600158	中体产业	95951.31	57024.91	59.43	33187.28	34.59	5739.12	5.98
600159	大龙地产	83000.32	42135.14	50.77	40550.61	48.86	314.57	0.38
600160	巨化股份	269974.61	81801.80	30.30	169304.83	62.71	18867.98	6.99
600161	天坛生物	125444.02	26911.96	21.45	79902.69	63.70	18629.37	14.85
600162	香江控股	339578.14	101371.12	29.85	234926.67	69.18	3280.35	0.97
600163	中闽能源	168930.30	39840.95	23.58	128921.61	76.32	167.73	0.10
600165	新日恒力	68488.38	47603.71	69.51	20633.97	30.13	250.70	0.37
600166	福田汽车	657519.20	302990.20	46.08	305475.06	46.46	49053.94	7.46
600167	联美控股	228811.95	60225.55	26.32	150092.96	65.60	18493.44	8.08
600168	武汉控股	70956.97	24338.87	34.30	46405.29	65.40	212.80	0.30
600169	太原重工	256395.50	157796.08	61.54	97619.11	38.07	980.31	0.38
600170	上海建工	890439.77	255978.38	28.75	450270.13	50.57	184191.26	20.69
600171	上海贝岭	70412.16	48151.50	68.39	18646.50	26.48	3614.17	5.13
600172	黄河旋风	144218.45	95787.47	66.42	46851.58	32.49	1579.40	1.10
600173	卧龙地产	70098.92	26968.39	38.47	42850.59	61.13	279.95	0.40
600176	中国巨石	350230.68	30882.47	8.82	200223.81	57.17	119124.41	34.01
600177	雅戈尔	462900.30	184532.41	39.86	236725.29	51.14	41642.60	9.00
600178	东安动力	46208.00	21155.16	45.78	24045.85	52.04	1006.99	2.18
600179	*ST 安通	436428.61	126745.14	29.04	307858.66	70.54	1824.81	0.42
600180	瑞茂通	101647.75	27500.27	27.05	62515.30	61.50	11632.18	11.44
600182	S 佳通	34000.00	16932.28	49.80	17053.75	50.16	13.96	0.04
600183	生益科技	229082.01	47341.61	20.67	141775.21	61.89	39965.19	17.45
600184	光电股份	50876.08	14196.62	27.90	33317.54	65.49	3361.91	6.61

注：合计持股数包含F类账户；单位为万股。

年末个股股东持股情况

Distribution of Shareholders by 2020

证券代码 Code	证券简称 Security Name	合计持股数 Total Hold	自然人 Individual		一般法人 Corporation		专业机构 Institution	
			持有股数	比例（%）	持有股数	比例（%）	持有股数	比例（%）
600185	格力地产	206109.14	53118.74	25.77	135603.57	65.79	17386.83	8.44
600186	莲花健康	137992.40	89839.71	65.10	47787.96	34.63	364.72	0.26
600187	国中水务	165393.51	111720.87	67.55	53371.20	32.27	301.45	0.18
600188	兖州煤业	296000.00	44298.47	14.97	195863.75	66.17	55837.79	18.86
600189	泉阳泉	71519.78	38273.48	53.51	30663.57	42.87	2582.73	3.61
600190	锦州港	177948.45	39754.12	22.34	138075.93	77.59	118.41	0.07
600191	华资实业	48493.20	19764.73	40.76	27888.62	57.51	839.85	1.73
600192	长城电工	44174.80	26513.43	60.02	17452.76	39.51	208.61	0.47
600193	ST 创兴	42537.30	27237.39	64.03	15297.07	35.96	2.84	0.01
600195	中牧股份	101561.06	34277.85	33.75	60511.80	59.58	6771.41	6.67
600196	复星医药	201095.80	80478.53	40.02	103016.01	51.23	17601.27	8.75
600197	伊力特	46769.34	19877.95	42.50	24418.71	52.21	2472.68	5.29
600198	大唐电信	88210.85	55593.26	63.02	32183.57	36.48	434.02	0.49
600199	金种子酒	65779.68	33520.31	50.96	27779.62	42.23	4479.75	6.81
600200	江苏吴中	71238.88	55541.72	77.97	14602.28	20.50	1094.89	1.54
600201	生物股份	112624.02	37135.83	32.97	27062.79	24.03	48425.40	43.00
600202	哈空调	38334.07	24646.54	64.29	13570.96	35.40	116.57	0.30
600203	福日电子	45644.71	26482.77	58.02	18498.82	40.53	663.12	1.45
600206	有研新材	84662.09	48290.07	57.04	32317.81	38.17	4054.21	4.79
600207	安彩高科	86295.60	26857.45	31.12	58570.66	67.87	867.49	1.01
600208	新湖中宝	859934.35	380151.08	44.21	430964.20	50.12	48819.07	5.68
600209	ST 罗顿	43901.12	30769.03	70.09	13117.86	29.88	14.23	0.03
600210	紫江企业	151673.62	107102.82	70.61	40264.42	26.55	4306.38	2.84
600211	西藏药业	24793.78	9635.64	38.86	14565.19	58.75	592.95	2.39
600212	*ST 江泉	51169.72	43594.74	85.20	7544.56	14.74	30.42	0.06
600213	亚星客车	22000.00	8787.51	39.94	12441.06	56.55	771.44	3.51
600215	*ST 经开	46503.29	34733.51	74.69	11738.47	25.24	31.31	0.07
600216	浙江医药	96512.80	45707.97	47.36	46181.67	47.85	4623.16	4.79
600217	中再资环	138865.98	44326.81	31.92	87395.53	62.94	7143.64	5.14
600218	全柴动力	36875.50	23697.71	64.26	13051.80	35.39	125.99	0.34
600219	南山铝业	1195048.15	381467.42	31.92	636677.87	53.28	176902.86	14.80
600220	江苏阳光	178334.03	142955.10	80.16	34780.03	19.50	598.91	0.34
600221	海航控股	1643667.39	714575.49	43.47	871914.94	53.05	57176.96	3.48
600222	太龙药业	57388.63	47668.38	83.06	9310.73	16.22	409.52	0.71
600223	鲁商发展	100883.09	36349.15	36.03	61703.01	61.16	2830.93	2.81
600225	*ST 松江	93549.26	44718.36	47.80	48823.97	52.19	6.93	0.01
600226	*ST 瀚叶	312901.26	284838.70	91.03	27893.81	8.91	168.75	0.05
600227	圣济堂	169313.42	92950.96	54.90	75959.76	44.86	402.71	0.24
600228	ST 昌九	24132.00	17845.41	73.95	6275.56	26.01	11.03	0.05
600229	城市传媒	70209.60	27394.08	39.02	42459.04	60.47	356.48	0.51
600230	沧州大化	41186.35	20584.70	49.98	20542.73	49.88	58.91	0.14
600231	凌钢股份	277111.47	64384.05	23.23	211792.24	76.43	935.18	0.34
600232	金鹰股份	36471.85	17744.16	48.65	18661.69	51.17	66.01	0.18
600233	圆通速递	315983.07	61086.01	19.33	243688.63	77.12	11208.43	3.55
600234	ST 山水	20244.59	15502.93	76.58	4739.96	23.41	1.70	0.01
600235	民丰特纸	35130.00	22496.49	64.04	12466.61	35.49	166.90	0.48
600236	桂冠电力	788237.78	35658.99	4.52	743647.17	94.34	8931.62	1.13
600237	铜峰电子	56436.96	44598.73	79.02	11657.05	20.65	181.18	0.32
600238	ST 椰岛	44820.00	22736.58	50.73	22065.92	49.23	17.50	0.04
600239	云南城投	160568.69	86791.72	54.05	72352.89	45.06	1424.08	0.89

注：合计持股数包含 F 类账户；单位为万股。

年末个股股东持股情况
Distribution of Shareholders by 2020

证券代码 Code	证券简称 Security Name	合计持股数 Total Hold	自然人 Individual		一般法人 Corporation		专业机构 Institution	
			持有股数	比例（%）	持有股数	比例（%）	持有股数	比例（%）
600241	*ST时万	29430.21	12486.02	42.43	16925.97	57.51	18.22	0.06
600242	*ST中昌	45666.51	25268.29	55.33	20368.86	44.60	29.36	0.06
600243	*ST海华	43885.00	21765.54	49.60	22105.10	50.37	14.37	0.03
600246	万通发展	205400.93	67845.80	33.03	135096.87	65.77	2458.27	1.20
600247	*ST成城	33644.16	30931.26	91.94	2666.52	7.93	46.38	0.14
600248	延长化建	314798.19	32827.92	10.43	281800.05	89.52	170.22	0.05
600249	两面针	55000.00	32549.18	59.18	22319.77	40.58	131.04	0.24
600250	南纺股份	31059.39	13603.04	43.80	17345.50	55.85	110.85	0.36
600251	冠农股份	78484.20	35846.54	45.67	40539.52	51.65	2098.14	2.67
600252	中恒集团	347510.71	188971.53	54.38	142686.08	41.06	15853.11	4.56
600255	*ST鑫科	176959.36	152665.14	86.27	23859.53	13.48	434.69	0.25
600256	广汇能源	675403.28	249524.57	36.94	339776.70	50.31	86102.02	12.75
600257	大湖股份	48123.72	31225.28	64.89	15813.68	32.86	1084.76	2.25
600258	首旅酒店	98771.55	11128.51	11.27	64041.44	64.84	23601.60	23.90
600259	广晟有色	30180.23	13518.07	44.79	15630.64	51.79	1031.52	3.42
600260	凯乐科技	99718.12	76286.22	76.50	17469.14	17.52	5962.77	5.98
600261	阳光照明	145210.29	75241.16	51.82	63978.62	44.06	5990.50	4.13
600262	北方股份	17000.00	6799.48	40.00	10162.71	59.78	37.81	0.22
600265	ST景谷	12980.00	4339.46	33.43	8635.34	66.53	5.21	0.04
600266	城建发展	225653.76	104228.42	46.19	110093.61	48.79	11331.73	5.02
600267	海正药业	96553.18	48860.44	50.60	45420.65	47.04	2272.09	2.35
600268	国电南自	69526.52	30350.63	43.65	38914.19	55.97	261.69	0.38
600269	赣粤高速	233540.70	107936.61	46.22	124680.76	53.39	923.33	0.40
600271	航天信息	185285.00	62742.25	33.86	110567.33	59.67	11975.43	6.46
600272	开开实业	16300.00	8538.34	52.38	7673.71	47.08	87.95	0.54
600273	嘉化能源	143273.05	68173.81	47.58	53317.61	37.21	21781.63	15.20
600275	ST昌鱼	50883.72	34358.63	67.52	15828.60	31.11	696.50	1.37
600276	恒瑞医药	533171.70	53809.32	10.09	309974.54	58.14	169387.85	31.77
600277	亿利洁能	273894.01	106463.35	38.87	164386.92	60.02	3043.75	1.11
600278	东方创业	86845.94	16918.05	19.48	68310.52	78.66	1617.36	1.86
600279	重庆港九	118686.63	39725.46	33.47	78727.63	66.33	233.55	0.20
600280	*ST中商	114833.49	95131.07	82.84	19666.39	17.13	36.03	0.03
600281	太化股份	51440.20	27829.29	54.10	23509.79	45.70	101.13	0.20
600282	南钢股份	614620.60	181112.49	29.47	390987.99	63.61	42520.11	6.92
600283	钱江水利	35299.58	10467.30	29.65	24768.26	70.17	64.01	0.18
600284	浦东建设	97025.60	54481.65	56.15	40772.44	42.02	1771.50	1.83
600285	羚锐制药	56780.90	34233.18	60.29	19759.10	34.80	2788.62	4.91
600287	江苏舜天	43679.61	20413.33	46.73	23007.56	52.67	258.72	0.59
600288	大恒科技	43680.00	42479.51	97.25	725.14	1.66	475.34	1.09
600289	*ST信通	63105.21	39496.33	62.59	22869.67	36.24	739.21	1.17
600290	*ST华仪	75990.35	47582.79	62.62	28363.14	37.32	44.42	0.06
600291	西水股份	109306.44	45684.88	41.80	61989.51	56.71	1632.06	1.49
600292	远达环保	78081.69	35620.52	45.62	42129.61	53.96	331.55	0.42
600293	三峡新材	116014.50	72889.14	62.83	43011.98	37.07	113.38	0.10
600295	鄂尔多斯	100794.71	14945.13	14.83	83906.41	83.24	1943.16	1.93
600297	广汇汽车	811030.18	191704.96	23.64	536700.31	66.18	82624.91	10.19
600298	安琪酵母	82408.09	19431.28	23.58	42865.30	52.02	20111.51	24.40
600299	安迪苏	268190.13	24631.89	9.18	174771.06	65.17	68787.18	25.65
600300	维维股份	167200.00	83882.04	50.17	78842.85	47.15	4475.11	2.68
600301	ST南化	23514.81	14953.94	63.59	8557.70	36.39	3.18	0.01

注：合计持股数包含F类账户；单位为万股。

年末个股股东持股情况

Distribution of Shareholders by 2020

证券代码 Code	证券简称 Security Name	合计持股数 Total Hold	自然人 Individual		一般法人 Corporation		专业机构 Institution	
			持有股数	比例（%）	持有股数	比例（%）	持有股数	比例（%）
600302	标准股份	34600.98	18930.56	54.71	15566.23	44.99	104.20	0.30
600303	曙光股份	67560.42	46338.83	68.59	20109.38	29.77	1112.21	1.65
600305	恒顺醋业	100295.60	26151.19	26.07	55344.36	55.18	18800.05	18.74
600306	*ST 商城	17813.89	10357.30	58.14	7453.08	41.84	3.51	0.02
600307	酒钢宏兴	626335.74	267957.72	42.78	348920.46	55.71	9457.57	1.51
600308	华泰股份	116756.14	69078.78	59.17	45225.03	38.73	2452.33	2.10
600309	万华化学	313974.66	36253.51	11.55	198453.38	63.21	79267.77	25.25
600310	桂东电力	103642.56	39277.45	37.90	64056.42	61.81	308.69	0.30
600311	*ST 荣华	66560.00	53783.69	80.80	12701.79	19.08	74.52	0.11
600312	平高电气	135692.13	63232.33	46.60	68699.97	50.63	3759.83	2.77
600313	农发种业	108219.87	63804.96	58.96	43754.49	40.43	660.42	0.61
600315	上海家化	67796.95	15566.19	22.96	45065.37	66.47	7165.39	10.57
600316	洪都航空	71711.45	24627.93	34.34	38457.35	53.63	8626.17	12.03
600317	营口港	647298.30	113234.86	17.49	513762.73	79.37	20300.71	3.14
600318	新力金融	51336.44	30477.20	59.37	17864.11	34.80	2995.13	5.83
600319	ST 亚星	31559.40	16791.11	53.20	14749.19	46.73	19.10	0.06
600320	振华重工	332199.77	149340.87	44.96	182123.29	54.82	735.60	0.22
600321	正源股份	151055.00	73692.46	48.79	76972.67	50.96	389.87	0.26
600322	天房发展	110570.00	68361.98	61.83	41826.98	37.83	381.04	0.34
600323	瀚蓝环境	76669.99	13009.25	16.97	44151.31	57.59	19509.43	25.45
600325	华发股份	211721.96	121615.31	57.44	74464.20	35.17	15642.46	7.39
600326	西藏天路	91852.92	65115.40	70.89	25008.60	27.23	1728.92	1.88
600327	大东方	88477.95	37859.41	42.79	42410.27	47.93	8208.28	9.28
600328	中盐化工	95766.46	35482.21	37.05	59595.22	62.23	689.03	0.72
600329	中新药业	57364.31	18843.51	32.85	35953.06	62.67	2567.74	4.48
600330	天通股份	99656.57	79654.93	79.93	19033.79	19.10	967.85	0.97
600331	宏达股份	203200.00	101700.16	50.05	100940.41	49.68	559.43	0.28
600332	白云山	140589.09	33808.29	24.05	98597.58	70.13	8183.22	5.82
600333	长春燃气	60903.07	24811.94	40.74	35966.51	59.06	124.63	0.20
600335	国机汽车	145687.54	35200.87	24.16	107068.20	73.49	3418.47	2.35
600336	澳柯玛	79918.33	40520.88	50.70	38245.30	47.86	1152.14	1.44
600337	美克家居	176677.27	54360.44	30.77	104399.59	59.09	17917.25	10.14
600338	西藏珠峰	91421.02	28904.52	31.62	58685.57	64.19	3830.92	4.19
600339	中油工程	558314.75	73340.75	13.14	468178.00	83.86	16796.00	3.01
600340	华夏幸福	391372.03	112614.19	28.77	214865.25	54.90	63892.59	16.33
600343	航天动力	63820.63	35001.62	54.84	28498.51	44.65	320.51	0.50
600345	长江通信	19800.00	10245.09	51.74	9469.84	47.83	85.07	0.43
600346	恒力石化	703909.98	114659.20	16.29	504523.07	71.67	84727.71	12.04
600348	阳泉煤业	240500.00	111691.76	46.44	98199.37	40.83	30608.87	12.73
600350	山东高速	481116.59	21814.14	4.53	369970.74	76.90	89331.71	18.57
600351	亚宝药业	77000.00	49745.63	64.60	27021.35	35.09	233.02	0.30
600352	浙江龙盛	325333.19	253134.42	77.81	30435.06	9.36	41763.70	12.84
600353	旭光电子	54372.00	28879.87	53.12	25450.22	46.81	41.90	0.08
600354	*ST 敦种	52780.21	34748.55	65.84	17960.59	34.03	71.07	0.13
600355	精伦电子	49208.92	48101.74	97.75	348.93	0.71	758.25	1.54
600356	恒丰纸业	29873.14	17881.67	59.86	11090.79	37.13	900.68	3.02
600358	*ST 联合	50493.67	27261.36	53.99	23202.54	45.95	29.77	0.06
600359	新农开发	38151.28	22154.04	58.07	15929.59	41.75	67.65	0.18
600360	华微电子	96029.53	66391.82	69.14	23078.40	24.03	6559.31	6.83
600361	华联综超	66580.79	27654.53	41.54	37064.68	55.67	1861.59	2.80

注：合计持股数包含 F 类账户；单位为万股。

年末个股股东持股情况
Distribution of Shareholders by 2020

证券代码 Code	证券简称 Security Name	合计持股数 Total Hold	自然人 Individual		一般法人 Corporation		专业机构 Institution	
			持有股数	比例（%）	持有股数	比例（%）	持有股数	比例（%）
600362	江西铜业	207524.74	58626.36	28.25	127296.99	61.34	21601.39	10.41
600363	联创光电	45547.68	31199.89	68.50	13309.04	29.22	1038.75	2.28
600365	ST 通葡	40000.00	33107.66	82.77	6813.14	17.03	79.21	0.20
600366	宁波韵升	98911.37	53776.47	54.37	40650.34	41.10	4484.56	4.53
600367	红星发展	29547.80	18540.30	62.75	10827.87	36.65	179.62	0.61
600368	五洲交通	112563.21	51707.38	45.94	58172.31	51.68	2683.52	2.38
600369	西南证券	664510.91	156411.57	23.54	468173.55	70.45	39925.79	6.01
600370	三房巷	365716.64	35549.89	9.72	330114.78	90.27	51.97	0.01
600371	万向德农	29257.80	14565.72	49.78	14480.91	49.49	211.18	0.72
600372	中航电子	192821.43	39844.90	20.66	132944.92	68.95	20031.60	10.39
600373	中文传媒	135506.37	40242.81	29.70	81839.88	60.40	13423.69	9.91
600375	汉马科技	55574.06	41298.99	74.31	14114.88	25.40	160.19	0.29
600376	首开股份	257956.52	36672.92	14.22	203518.85	78.90	17764.75	6.89
600377	宁沪高速	381574.75	14224.98	3.73	347835.38	91.16	19514.38	5.11
600378	昊华科技	91722.97	11931.88	13.01	77870.78	84.90	1920.31	2.09
600379	宝光股份	33020.16	18310.70	55.45	13902.80	42.10	806.65	2.44
600380	健康元	195278.08	58697.64	30.06	113276.39	58.01	23304.05	11.93
600381	青海春天	58706.07	27986.84	47.67	30294.84	51.60	424.39	0.72
600382	广东明珠	78893.38	55168.43	69.93	23345.33	29.59	379.63	0.48
600383	金地集团	451458.36	50103.73	11.10	313046.32	69.34	88308.31	19.56
600385	ST 金泰	14810.71	7967.88	53.80	6839.88	46.18	2.96	0.02
600386	北巴传媒	80640.00	35222.85	43.68	44894.99	55.67	522.16	0.65
600387	海越能源	47177.45	26935.27	57.09	19568.92	41.48	673.25	1.43
600388	龙净环保	106906.01	60624.04	56.71	41475.86	38.80	4806.12	4.50
600389	江山股份	29700.00	11277.43	37.97	18389.37	61.92	33.20	0.11
600390	五矿资本	449806.55	67433.54	14.99	349463.04	77.69	32909.96	7.32
600391	航发科技	33012.94	18976.28	57.48	12608.06	38.19	1428.60	4.33
600392	盛和资源	175516.71	105891.80	60.33	56653.69	32.28	12971.21	7.39
600393	粤泰股份	253624.79	88166.30	34.76	164690.22	64.93	768.27	0.30
600395	盘江股份	165505.19	26830.96	16.21	127833.72	77.24	10840.51	6.55
600396	金山股份	147270.68	54339.86	36.90	92675.28	62.93	255.53	0.17
600397	安源煤业	98995.99	55913.14	56.48	41489.38	41.91	1593.47	1.61
600398	海澜之家	431959.22	34649.58	8.02	353484.71	81.83	43824.92	10.15
600399	ST 抚钢	197210.00	67222.50	34.09	105354.34	53.42	24633.16	12.49
600400	红豆股份	253325.69	66634.18	26.30	153898.86	60.75	32792.65	12.94
600403	大有能源	239081.24	27459.04	11.49	210548.00	88.07	1074.20	0.45
600405	动力源	55714.39	53791.76	96.55	1733.39	3.11	189.25	0.34
600406	国电南瑞	462173.55	53767.84	11.63	306312.57	66.28	102093.13	22.09
600408	ST 安泰	100680.00	100123.45	99.45	485.31	0.48	71.24	0.07
600409	三友化工	206434.94	41070.84	19.90	120668.20	58.45	44695.90	21.65
600410	华胜天成	109874.34	98244.74	89.42	8233.24	7.49	3396.36	3.09
600415	小商品城	544321.42	157303.20	28.90	358337.99	65.83	28680.23	5.27
600416	*ST 湘电	94583.43	38246.87	40.44	39162.34	41.41	17174.22	18.16
600418	江淮汽车	189331.21	98256.94	51.90	82592.91	43.62	8481.36	4.48
600419	天润乳业	26859.93	13808.49	51.41	11384.24	42.38	1667.20	6.21
600420	现代制药	102695.94	36371.39	35.42	64822.12	63.12	1502.43	1.46
600421	ST 华嵘	19560.00	9772.93	49.96	9777.77	49.99	9.30	0.05
600422	昆药集团	75825.58	42483.78	56.03	31810.21	41.95	1531.59	2.02
600423	ST 柳化	79869.50	36143.63	45.25	43720.02	54.74	5.86	0.01
600425	青松建化	137879.01	81130.89	58.84	56163.51	40.73	584.61	0.42

注：合计持股数包含 F 类账户；单位为万股。

年末个股股东持股情况
Distribution of Shareholders by 2020

证券代码 Code	证券简称 Security Name	合计持股数 Total Hold	自然人 Individual		一般法人 Corporation		专业机构 Institution	
			持有股数	比例（%）	持有股数	比例（%）	持有股数	比例（%）
600426	华鲁恒升	162665.98	9694.75	5.96	82520.67	50.73	70450.55	43.31
600428	中远海特	214665.08	70930.83	33.04	142900.47	66.57	833.78	0.39
600429	三元股份	149755.74	29701.25	19.83	117360.12	78.37	2694.37	1.80
600433	冠豪高新	127131.54	73800.62	58.05	51517.37	40.52	1813.55	1.43
600435	北方导航	148932.00	76838.25	51.59	68920.90	46.28	3172.85	2.13
600436	片仔癀	60331.72	15109.52	25.04	38741.92	64.21	6480.28	10.74
600438	通威股份	450154.82	62712.48	13.93	272031.17	60.43	115411.17	25.64
600439	瑞贝卡	113198.54	66990.52	59.18	45496.13	40.19	711.89	0.63
600444	国机通用	14642.19	6446.36	44.03	8100.91	55.33	94.92	0.65
600446	金证股份	86044.05	76955.17	89.44	6223.85	7.23	2865.04	3.33
600448	华纺股份	62981.97	43457.95	69.00	19489.53	30.94	34.48	0.05
600449	宁夏建材	47818.10	23532.20	49.21	23772.50	49.71	513.41	1.07
600452	涪陵电力	43904.00	19187.79	43.70	24380.81	55.53	335.40	0.76
600455	博通股份	6245.80	4854.95	77.73	1360.53	21.78	30.32	0.49
600456	宝钛股份	43026.57	9816.46	22.81	28052.27	65.20	5157.83	11.99
600458	时代新材	80279.82	33757.42	42.05	44987.92	56.04	1534.48	1.91
600459	贵研铂业	43770.80	22258.32	50.85	18611.79	42.52	2900.70	6.63
600460	士兰微	131206.16	50223.46	38.28	60037.55	45.76	20945.15	15.96
600461	洪城水业	94803.84	29233.86	30.84	60170.11	63.47	5399.86	5.70
600462	*ST 九有	58385.00	45748.43	78.36	12457.64	21.34	178.93	0.31
600463	空港股份	30000.00	9482.34	31.61	20312.90	67.71	204.76	0.68
600466	蓝光发展	303493.04	126685.30	41.74	151037.22	49.77	25770.53	8.49
600467	好当家	146099.43	101972.68	69.80	43005.77	29.44	1120.98	0.77
600468	百利电气	112189.50	39912.08	35.58	70549.36	62.88	1728.07	1.54
600469	风神股份	73113.72	25638.30	35.07	47305.63	64.70	169.79	0.23
600470	*ST 六化	52160.00	35861.52	68.75	16178.10	31.02	120.38	0.23
600475	华光环能	55939.22	13353.49	23.87	42328.44	75.67	257.29	0.46
600476	湘邮科技	16107.00	8949.65	55.56	7112.01	44.15	45.34	0.28
600477	杭萧钢构	215373.74	207449.82	96.32	6605.80	3.07	1318.12	0.61
600478	科力远	165328.14	103930.58	62.86	58184.62	35.19	3212.94	1.94
600479	千金药业	41850.71	26662.97	63.71	14417.68	34.45	770.06	1.84
600480	凌云股份	76534.04	28772.93	37.59	43393.47	56.70	4367.64	5.71
600481	双良节能	163229.58	90093.55	55.19	69335.30	42.48	3800.74	2.33
600482	中国动力	216068.16	21803.40	10.09	184854.98	85.55	9409.79	4.36
600483	福能股份	176037.68	14648.34	8.32	159016.11	90.33	2373.22	1.35
600485	*ST 信威	292374.28	265606.55	90.84	21362.56	7.31	5405.17	1.85
600486	扬农化工	30989.89	1686.78	5.44	19195.79	61.94	10107.32	32.61
600487	亨通光电	236218.84	134653.47	57.00	90643.96	38.37	10921.41	4.62
600488	天药股份	110078.67	47130.89	42.82	60146.93	54.64	2800.85	2.54
600489	中金黄金	484731.26	145604.21	30.04	306006.48	63.13	33120.56	6.83
600490	鹏欣资源	221288.71	128007.50	57.85	90918.01	41.09	2363.21	1.07
600491	龙元建设	152975.80	116994.42	76.48	32193.79	21.05	3787.58	2.48
600493	凤竹纺织	27200.00	25786.52	94.80	1331.32	4.89	82.16	0.30
600495	晋西车轴	120819.09	82743.35	68.49	37762.83	31.26	312.91	0.26
600496	精工钢构	201287.43	95695.53	47.54	85903.29	42.68	19688.61	9.78
600497	驰宏锌锗	509129.16	279402.12	54.88	201842.28	39.64	27884.76	5.48
600498	烽火通信	117015.40	54166.68	46.29	55869.94	47.75	6978.78	5.96
600499	科达制造	188841.99	148672.53	78.73	35002.01	18.54	5167.46	2.74
600500	中化国际	276058.65	106764.17	38.67	164770.55	59.69	4523.92	1.64
600501	航天晨光	42128.36	20131.83	47.79	21713.93	51.54	282.60	0.67

注：合计持股数包含 F 类账户；单位为万股。

年末个股股东持股情况

Distribution of Shareholders by 2020

证券代码 Code	证券简称 Security Name	合计持股数 Total Hold	自然人 Individual		一般法人 Corporation		专业机构 Institution	
			持有股数	比例（%）	持有股数	比例（%）	持有股数	比例（%）
600502	安徽建工	172116.03	80761.92	46.92	89176.78	51.81	2177.33	1.27
600503	华丽家族	160229.00	135212.33	84.39	23345.87	14.57	1670.79	1.04
600505	西昌电力	36456.75	24932.88	68.39	11472.61	31.47	51.25	0.14
600506	香梨股份	14770.69	10764.15	72.88	3811.52	25.80	195.02	1.32
600507	方大特钢	215595.02	75231.82	34.89	62079.48	28.79	78283.72	36.31
600508	上海能源	72271.80	24113.24	33.36	47201.77	65.31	956.79	1.32
600509	天富能源	115141.50	49227.51	42.75	65678.98	57.04	235.00	0.20
600510	黑牡丹	104709.50	36687.82	35.04	67576.04	64.54	445.64	0.43
600511	国药股份	75450.30	25801.69	34.20	47355.51	62.76	2293.10	3.04
600512	腾达建设	159890.28	155699.54	97.38	2375.35	1.49	1815.39	1.14
600513	联环药业	28799.04	17401.07	60.42	11374.12	39.49	23.84	0.08
600515	海航基础	390759.25	94908.04	24.29	291884.86	74.70	3966.35	1.02
600516	方大炭素	380597.04	196617.61	51.66	163502.14	42.96	20477.29	5.38
600517	国网英大	571843.57	68485.66	11.98	499722.97	87.39	3634.95	0.64
600518	ST 康美	497386.17	193137.71	38.83	248650.16	49.99	55598.30	11.18
600519	贵州茅台	125619.78	11810.35	9.40	87185.01	69.40	26624.42	21.19
600520	文一科技	15843.00	10936.26	69.03	4813.89	30.38	92.85	0.59
600521	华海药业	145460.80	76755.44	52.77	26264.10	18.06	42441.27	29.18
600522	中天科技	306615.29	146297.42	47.71	113006.15	36.86	47311.72	15.43
600523	贵航股份	40431.13	16941.45	41.90	23254.19	57.52	235.49	0.58
600525	长园集团	130577.52	84284.51	64.55	44519.27	34.09	1773.73	1.36
600526	菲达环保	54740.47	29751.24	54.35	24787.52	45.28	201.72	0.37
600527	江南高纤	173176.09	168633.31	97.38	4092.83	2.36	449.95	0.26
600528	中铁工业	222155.16	71253.41	32.07	143315.49	64.51	7586.26	3.41
600529	山东药玻	59496.77	31240.71	52.51	16299.05	27.39	11957.01	20.10
600530	*ST 交昂	78000.00	36274.19	46.51	41680.28	53.44	45.53	0.06
600531	豫光金铅	109024.26	66044.28	60.58	40229.33	36.90	2750.65	2.52
600532	宏达矿业	51606.57	33131.64	64.20	17218.71	33.37	1256.22	2.43
600533	栖霞建设	105000.00	54432.13	51.84	50303.10	47.91	264.77	0.25
600535	天士力	151266.62	56942.34	37.64	84007.10	55.54	10317.19	6.82
600536	中国软件	49456.28	22553.29	45.60	17786.04	35.96	9116.95	18.43
600537	亿晶光电	117635.93	89463.54	76.05	26564.05	22.58	1608.34	1.37
600538	国发股份	51177.13	44192.84	86.35	6120.63	11.96	863.66	1.69
600539	ST 狮头	23000.00	9851.88	42.83	13145.81	57.16	2.31	0.01
600540	新赛股份	47092.33	26723.29	56.75	20321.95	43.15	47.09	0.10
600543	莫高股份	32112.00	18700.70	58.24	12324.44	38.38	1086.86	3.38
600545	卓郎智能	189541.30	56545.85	29.83	129325.02	68.23	3670.43	1.94
600546	山煤国际	198245.61	94736.75	47.79	96386.46	48.62	7122.40	3.59
600547	山东黄金	361444.33	99883.58	27.63	223393.88	61.81	38166.87	10.56
600548	深高速	143327.03	14500.08	10.12	123992.81	86.51	4834.14	3.37
600549	厦门钨业	140604.62	43303.43	30.80	85476.01	60.79	11825.17	8.41
600550	保变电气	184152.85	62723.91	34.06	121061.30	65.74	367.63	0.20
600551	时代出版	50582.53	13748.36	27.18	36764.46	72.68	69.71	0.14
600552	凯盛科技	76388.40	53599.12	70.17	22325.52	29.23	463.77	0.61
600555	*ST 海创	97350.00	66098.67	67.90	31080.41	31.93	170.91	0.18
600556	天下秀	180774.76	30365.94	16.80	143355.84	79.30	7052.99	3.90
600557	康缘药业	59288.10	22685.41	38.26	31594.27	53.29	5008.43	8.45
600558	大西洋	89760.48	59260.59	66.02	30351.36	33.81	148.53	0.17
600559	老白干酒	89728.74	48510.94	54.06	34126.46	38.03	7091.35	7.90
600560	金自天正	22364.55	11971.91	53.53	10344.12	46.25	48.52	0.22

注：合计持股数包含 F 类账户；单位为万股。

年末个股股东持股情况
Distribution of Shareholders by 2020

证券代码 Code	证券简称 Security Name	合计持股数 Total Hold	自然人 Individual		一般法人 Corporation		专业机构 Institution	
			持有股数	比例（%）	持有股数	比例（%）	持有股数	比例（%）
600561	江西长运	28447.68	15854.94	55.73	12309.47	43.27	283.27	1.00
600562	国睿科技	124185.78	25499.72	20.53	92610.54	74.57	6075.52	4.89
600563	法拉电子	22500.00	2072.96	9.21	12119.26	53.86	8307.78	36.92
600565	迪马股份	256223.63	141695.84	55.30	99311.62	38.76	15216.16	5.94
600566	济川药业	88825.73	26389.93	29.71	57980.69	65.27	4455.11	5.02
600567	山鹰国际	459560.24	320174.20	69.67	123049.91	26.78	16336.13	3.55
600568	*ST 中珠	199286.97	105552.67	52.97	75079.19	37.67	18655.10	9.36
600569	安阳钢铁	287242.14	89724.88	31.24	195995.47	68.23	1521.80	0.53
600570	恒生电子	104409.08	30470.91	29.18	32982.85	31.59	40955.32	39.23
600571	信雅达	43927.74	33407.70	76.05	10141.38	23.09	378.67	0.86
600572	康恩贝	266732.02	163813.90	61.42	88163.55	33.05	14754.56	5.53
600573	惠泉啤酒	25000.00	11095.64	44.38	13581.38	54.33	322.98	1.29
600575	淮河能源	388626.11	125375.27	32.26	258455.29	66.50	4795.55	1.23
600576	祥源文化	61940.24	32483.99	52.44	29381.65	47.44	74.60	0.12
600577	精达股份	192140.52	118389.51	61.62	69608.96	36.23	4142.05	2.16
600578	京能电力	674673.45	75839.38	11.24	576352.21	85.43	22481.86	3.33
600579	克劳斯	73423.80	17520.31	23.86	55667.38	75.82	236.11	0.32
600580	卧龙电驱	130794.26	63002.63	48.17	53176.17	40.66	14615.46	11.17
600581	八一钢铁	153289.79	65458.88	42.70	83844.19	54.70	3986.72	2.60
600582	天地科技	413858.89	113905.25	27.52	274315.25	66.28	25638.40	6.19
600583	海油工程	442135.48	108351.32	24.51	306513.67	69.33	27270.49	6.17
600584	长电科技	160287.46	66146.76	41.27	63906.97	39.87	30233.72	18.86
600585	海螺水泥	399970.26	71962.78	17.99	232100.40	58.03	95907.08	23.98
600586	金晶科技	142877.00	89680.61	62.77	50114.18	35.08	3082.21	2.16
600587	新华医疗	40642.81	19124.43	47.05	20381.19	50.15	1137.19	2.80
600588	用友网络	327044.92	72444.36	22.15	194704.08	59.53	59896.48	18.31
600589	广东榕泰	70403.33	47896.12	68.03	22282.37	31.65	224.84	0.32
600590	泰豪科技	85878.23	48172.31	56.09	37548.05	43.72	157.86	0.18
600592	龙溪股份	39955.36	22958.26	57.46	16934.89	42.38	62.20	0.16
600593	大连圣亚	12880.00	6065.67	47.09	6756.18	52.45	58.14	0.45
600594	益佰制药	79192.74	72445.81	91.48	4459.02	5.63	2287.91	2.89
600595	*ST 中孚	196122.41	79282.19	40.42	90172.41	45.98	26667.81	13.60
600596	新安股份	81843.24	45679.01	55.81	31578.51	38.58	4585.72	5.60
600597	光明乳业	122448.75	34033.93	27.79	74048.18	60.47	14366.64	11.73
600598	北大荒	177767.99	44715.06	25.15	123793.97	69.64	9258.96	5.21
600599	*ST 熊猫	16600.00	9523.53	57.37	7048.04	42.46	28.43	0.17
600600	青岛啤酒	70911.36	5382.41	7.59	49242.78	69.44	16286.18	22.97
600601	方正科技	219489.12	212271.34	96.71	6576.94	3.00	640.84	0.29
600602	云赛智联	107430.30	55516.80	51.68	49826.19	46.38	2087.30	1.94
600603	广汇物流	125702.68	45206.34	35.96	72400.80	57.60	8095.54	6.44
600604	市北高新	140745.48	55111.38	39.16	69694.95	49.52	15939.15	11.32
600605	汇通能源	14734.46	5475.65	37.16	9223.98	62.60	34.83	0.24
600606	绿地控股	1216815.44	197762.01	16.25	935518.41	76.88	83535.01	6.87
600608	ST 沪科	32886.14	26647.33	81.03	6234.55	18.96	4.27	0.01
600609	金杯汽车	131120.06	78204.68	59.64	52333.24	39.91	582.14	0.44
600610	ST 毅达	71091.46	32698.90	46.00	12377.33	17.41	26015.22	36.59
600611	大众交通	156331.64	100833.08	64.50	54481.43	34.85	1017.12	0.65
600612	老凤祥	31710.96	3463.61	10.92	23780.66	74.99	4466.70	14.09
600613	神奇制药	47932.00	28954.13	60.41	18793.84	39.21	184.03	0.38
600614	*ST 鹏起	151148.77	102183.47	67.60	45827.79	30.32	3137.51	2.08

注：合计持股数包含 F 类账户；单位为万股。

年末个股股东持股情况
Distribution of Shareholders by 2020

证券代码 Code	证券简称 Security Name	合计持股数 Total Hold	自然人 Individual		一般法人 Corporation		专业机构 Institution	
			持有股数	比例（%）	持有股数	比例（%）	持有股数	比例（%）
600615	丰华股份	18802.05	10726.88	57.05	8008.04	42.59	67.13	0.36
600616	金枫酒业	66900.50	37400.58	55.90	28072.27	41.96	1427.65	2.13
600617	国新能源	97491.43	28437.26	29.17	68716.22	70.48	337.96	0.35
600618	氯碱化工	74984.00	19038.12	25.39	55628.90	74.19	316.97	0.42
600619	海立股份	59913.06	21696.58	36.21	37959.20	63.36	257.28	0.43
600620	天宸股份	68667.71	26086.05	37.99	42467.22	61.84	114.44	0.17
600621	华鑫股份	106089.93	36519.39	34.42	65543.39	61.78	4027.15	3.80
600622	光大嘉宝	149968.54	65764.61	43.85	82103.00	54.75	2100.93	1.40
600623	华谊集团	186219.68	36635.79	19.67	145012.57	77.87	4571.31	2.45
600624	复旦复华	68471.20	46599.30	68.06	21698.41	31.69	173.49	0.25
600626	申达股份	85229.13	49444.18	58.01	34846.39	40.89	938.56	1.10
600628	新世界	64687.54	28738.76	44.43	35616.00	55.06	332.78	0.51
600629	华建集团	53390.18	15198.04	28.47	37780.32	70.76	411.82	0.77
600630	龙头股份	42486.16	29044.92	68.36	13266.64	31.23	174.60	0.41
600633	浙数文化	130192.40	51558.85	39.60	56278.20	43.23	22355.35	17.17
600634	*ST富控	57573.21	38976.95	67.70	18474.57	32.09	121.69	0.21
600635	大众公用	241879.17	192152.24	79.44	48563.35	20.08	1163.57	0.48
600636	国新文化	44693.69	24259.17	54.28	20359.15	45.55	75.36	0.17
600637	东方明珠	341450.02	111839.09	32.75	199621.01	58.46	29989.93	8.78
600638	新黄浦	67339.68	23554.81	34.98	43324.40	64.34	460.47	0.68
600639	浦东金桥	85023.67	15444.95	18.17	61758.68	72.64	7820.04	9.20
600640	号百控股	79569.59	18857.24	23.70	58999.47	74.15	1712.89	2.15
600641	万业企业	95793.04	36513.38	38.12	53146.29	55.48	6133.38	6.40
600642	申能股份	491203.83	107523.25	21.89	344470.20	70.13	39210.38	7.98
600643	爱建集团	162192.25	66680.86	41.11	87555.61	53.98	7955.78	4.91
600644	乐山电力	53840.07	18871.25	35.05	34724.90	64.50	243.91	0.45
600645	中源协和	46794.89	27627.80	59.04	16512.43	35.29	2654.67	5.67
600647	同达创业	13914.36	6839.46	49.15	7062.26	50.76	12.63	0.09
600648	外高桥	93479.16	27627.09	29.55	64129.15	68.60	1722.92	1.84
600649	城投控股	252957.56	96425.19	38.12	139816.99	55.27	16715.39	6.61
600650	锦江投资	39056.01	15517.60	39.73	22057.24	56.48	1481.17	3.79
600651	*ST飞乐	250702.80	62139.42	24.79	185355.01	73.93	3208.37	1.28
600652	ST游久	83270.35	65677.10	78.87	17509.43	21.03	83.82	0.10
600653	申华控股	194638.03	140236.38	72.05	53025.52	27.24	1376.13	0.71
600654	ST中安	128302.10	68678.64	53.53	58793.60	45.82	829.86	0.65
600655	豫园股份	388349.85	61245.76	15.77	315331.87	81.20	11772.22	3.03
600657	信达地产	285187.86	47178.77	16.54	232142.74	81.40	5866.35	2.06
600658	电子城	111858.50	35604.40	31.83	72613.63	64.92	3640.47	3.25
600660	福耀玻璃	200298.63	30110.28	15.03	103941.91	51.89	66246.44	33.07
600661	昂立教育	28654.88	12899.79	45.02	15350.82	53.57	404.28	1.41
600662	强生控股	105336.22	51461.09	48.85	50573.59	48.01	3301.54	3.13
600663	陆家嘴	293346.14	29698.88	10.12	247494.12	84.37	16153.14	5.51
600664	哈药股份	250695.51	110745.69	44.18	136739.50	54.54	3210.32	1.28
600665	天地源	86412.25	33367.75	38.61	52505.48	60.76	539.02	0.62
600666	ST瑞德	122732.62	97854.21	79.73	24790.95	20.20	87.46	0.07
600667	太极实业	210619.02	94528.86	44.88	99547.71	47.26	16542.45	7.85
600668	尖峰集团	34408.38	28143.84	81.79	5982.55	17.39	281.99	0.82
600671	*ST目药	12177.89	5464.51	44.87	6454.23	53.00	259.15	2.13
600673	东阳光	301389.73	111790.96	37.09	179289.89	59.49	10308.88	3.42
600674	川投能源	440214.64	57473.57	13.06	346572.61	78.73	36168.46	8.22

注：合计持股数包含F类账户；单位为万股。

年末个股股东持股情况
Distribution of Shareholders by 2020

证券代码 Code	证券简称 Security Name	合计持股数 Total Hold	自然人 Individual		一般法人 Corporation		专业机构 Institution	
			持有股数	比例（%）	持有股数	比例（%）	持有股数	比例（%）
600675	中华企业	609613.53	105151.13	17.25	487786.04	80.02	16676.36	2.74
600676	交运股份	102849.29	48097.47	46.76	53988.25	52.49	763.58	0.74
600677	*ST 航通	52179.17	41012.60	78.60	11101.28	21.28	65.29	0.13
600678	四川金顶	34899.00	27408.56	78.54	7318.07	20.97	172.37	0.49
600679	上海凤凰	29414.02	8628.18	29.33	20732.50	70.49	53.34	0.18
600681	百川能源	144274.03	75964.69	52.65	41062.74	28.46	27246.59	18.89
600682	南京新百	134613.22	46102.13	34.25	86769.85	64.46	1741.25	1.29
600683	京投发展	74077.76	39702.65	53.60	34018.67	45.92	356.44	0.48
600684	珠江实业	85346.07	54087.42	63.37	30824.98	36.12	433.67	0.51
600685	中船防务	82143.52	27092.11	32.98	51740.17	62.99	3311.24	4.03
600686	金龙汽车	71704.74	24080.08	33.58	43469.49	60.62	4155.17	5.79
600687	*ST 刚泰	148871.53	51646.67	34.69	97063.65	65.20	161.22	0.11
600688	上海石化	732881.35	80931.74	11.04	605885.58	82.67	46064.03	6.29
600689	上海三毛	15220.41	9770.30	64.19	5405.86	35.52	44.25	0.29
600690	海尔智家	630855.27	64246.25	10.18	348204.11	55.20	218404.91	34.62
600691	阳煤化工	237598.20	108075.85	45.49	127489.20	53.66	2033.15	0.86
600692	亚通股份	35176.41	23233.43	66.05	11737.30	33.37	205.68	0.58
600693	东百集团	89822.91	42730.30	47.57	46473.46	51.74	619.16	0.69
600694	大商股份	29371.87	14502.20	49.37	12203.54	41.55	2666.13	9.08
600695	绿庭投资	36646.72	21567.68	58.85	14870.81	40.58	208.23	0.57
600696	ST 岩石	33446.94	14952.30	44.70	18490.06	55.28	4.59	0.01
600697	欧亚集团	15908.81	10846.77	68.18	4795.02	30.14	267.02	1.68
600698	ST 天雁	83441.00	42962.25	51.49	40419.54	48.44	59.21	0.07
600699	均胜电子	136808.46	34188.91	24.99	72114.82	52.71	30504.74	22.30
600701	*ST 工新	103473.52	89556.90	86.55	13916.32	13.45	0.30	0.00
600702	ST 舍得	33617.91	20510.00	61.01	12996.26	38.66	111.65	0.33
600703	三安光电	447934.13	93641.57	20.91	244837.73	54.66	109454.83	24.44
600704	物产中大	506218.20	145756.54	28.79	337497.88	66.67	22963.78	4.54
600705	中航资本	891997.46	267741.93	30.02	572058.86	64.13	52196.67	5.85
600706	曲江文旅	21541.16	9078.63	42.15	12299.37	57.10	163.16	0.76
600707	彩虹股份	358838.97	54289.68	15.13	300979.77	83.88	3569.52	0.99
600708	光明地产	222863.67	87659.38	39.33	131843.91	59.16	3360.38	1.51
600710	苏美达	130674.94	43259.06	33.10	85774.08	65.64	1641.81	1.26
600711	盛屯矿业	263949.18	166054.57	62.91	77772.47	29.46	20122.14	7.62
600712	南宁百货	54465.54	31503.54	57.84	22901.33	42.05	60.67	0.11
600713	南京医药	104161.12	51728.27	49.66	51971.62	49.90	461.24	0.44
600714	金瑞矿业	28817.63	10587.85	36.74	18137.98	62.94	91.80	0.32
600715	文投控股	185485.35	61972.94	33.41	122893.02	66.25	619.39	0.33
600716	凤凰股份	93606.06	42938.63	45.87	50380.06	53.82	287.37	0.31
600717	天津港	241166.75	87646.81	36.34	149294.06	61.90	4225.88	1.75
600718	东软集团	124237.03	71522.47	57.57	47945.54	38.59	4769.02	3.84
600719	大连热电	40459.96	22614.33	55.89	17592.05	43.48	253.58	0.63
600720	祁连山	77629.03	47135.20	60.72	25042.63	32.26	5451.20	7.02
600721	ST 百花	37513.44	22058.26	58.80	15450.66	41.19	4.51	0.01
600722	金牛化工	68031.97	29329.29	43.11	38532.74	56.64	169.94	0.25
600723	首商股份	65840.76	25117.33	38.15	40040.43	60.81	682.99	1.04
600724	宁波富达	144524.11	29561.72	20.45	114093.06	78.94	869.33	0.60
600725	ST 云维	123247.00	50628.96	41.08	72617.77	58.92	0.27	0.00
600726	华电能源	153467.52	61819.15	40.28	91271.96	59.47	376.41	0.25
600727	鲁北化工	52858.31	23458.81	44.38	26687.50	50.49	2712.01	5.13

注：合计持股数包含 F 类账户；单位为万股。

年末个股股东持股情况
Distribution of Shareholders by 2020

证券代码 Code	证券简称 Security Name	合计持股数 Total Hold	自然人 Individual		一般法人 Corporation		专业机构 Institution	
			持有股数	比例（%）	持有股数	比例（%）	持有股数	比例（%）
600728	佳都科技	175740.75	140226.74	79.79	26114.61	14.86	9399.40	5.35
600729	重庆百货	40652.85	8306.40	20.43	26866.37	66.09	5480.08	13.48
600730	中国高科	58665.60	51999.24	88.64	6470.07	11.03	196.29	0.33
600731	湖南海利	35522.27	20736.95	58.38	14471.99	40.74	313.33	0.88
600732	爱旭股份	203632.92	88832.47	43.62	98605.21	48.42	16195.24	7.95
600733	北汽蓝谷	349365.93	58824.21	16.84	275532.74	78.87	15008.98	4.30
600734	*ST 实达	62237.23	28980.37	46.56	31812.60	51.12	1444.26	2.32
600735	新华锦	37599.23	18596.02	49.46	18914.65	50.31	88.56	0.24
600736	苏州高新	115129.29	57639.66	50.07	55907.94	48.56	1581.69	1.37
600737	中粮糖业	213884.82	67151.17	31.40	135044.50	63.14	11689.15	5.47
600738	兰州民百	77346.45	29610.08	38.28	47100.47	60.90	635.89	0.82
600739	辽宁成大	152970.98	77852.06	50.89	68096.39	44.52	7022.53	4.59
600740	山西焦化	197086.24	46196.40	23.44	146927.09	74.55	3962.75	2.01
600741	华域汽车	315272.40	17880.88	5.67	222298.72	70.51	75092.80	23.82
600742	一汽富维	66912.10	34149.59	51.04	27947.99	41.77	4814.51	7.20
600743	华远地产	234610.09	76977.22	32.81	156428.14	66.68	1204.73	0.51
600744	华银电力	178112.43	58613.84	32.91	119418.79	67.05	79.80	0.04
600745	闻泰科技	124493.77	35232.72	28.30	78065.47	62.71	11195.58	8.99
600746	江苏索普	104834.83	11622.15	11.09	92404.23	88.14	808.45	0.77
600748	上实发展	184456.29	51825.15	28.10	126927.34	68.81	5703.80	3.09
600749	西藏旅游	22696.55	8840.75	38.95	13828.82	60.93	26.99	0.12
600750	江中药业	63000.00	31930.88	50.68	30115.43	47.80	953.69	1.51
600751	海航科技	257318.91	116848.98	45.41	139080.40	54.05	1389.53	0.54
600753	东方银星	17920.00	9903.51	55.27	7743.44	43.21	273.05	1.52
600754	锦江酒店	80193.64	1897.14	2.37	58720.22	73.22	19576.29	24.41
600755	厦门国贸	194625.19	108697.64	55.85	80292.04	41.25	5635.51	2.90
600756	浪潮软件	32409.88	24551.57	75.75	6977.84	21.53	880.47	2.72
600757	长江传媒	121365.03	45311.63	37.33	73994.99	60.97	2058.40	1.70
600758	辽宁能源	132201.74	46597.71	35.25	83305.74	63.01	2298.29	1.74
600759	洲际油气	226350.75	137591.53	60.79	83459.18	36.87	5300.04	2.34
600760	中航沈飞	140038.93	14104.03	10.07	109863.41	78.45	16071.49	11.48
600761	安徽合力	74018.08	17268.12	23.33	41886.95	56.59	14863.01	20.08
600763	通策医疗	32064.00	6863.22	21.40	15287.29	47.68	9913.49	30.92
600764	中国海防	71062.94	9324.59	13.12	60199.53	84.71	1538.82	2.17
600765	中航重机	93968.08	23494.81	25.00	56530.43	60.16	13942.84	14.84
600766	园城黄金	22422.68	21547.20	96.10	722.05	3.22	153.43	0.68
600767	ST 运盛	34101.02	25608.24	75.10	8460.65	24.81	32.12	0.09
600768	宁波富邦	13374.72	8096.75	60.54	5211.51	38.97	66.46	0.50
600769	祥龙电业	37497.72	26921.15	71.79	10547.80	28.13	28.78	0.08
600770	综艺股份	130000.00	92894.24	71.46	35600.58	27.39	1505.18	1.16
600771	广誉远	49199.97	27718.05	56.34	20592.84	41.86	889.08	1.81
600773	西藏城投	81966.07	35016.97	42.72	45642.92	55.69	1306.18	1.59
600774	汉商集团	22694.80	9542.16	42.05	13133.64	57.87	19.00	0.08
600775	南京熊猫	67183.85	34009.07	50.62	32397.56	48.22	777.22	1.16
600776	东方通信	95600.01	35438.75	37.07	56043.95	58.62	4117.31	4.31
600777	新潮能源	680049.58	305754.24	44.96	369080.47	54.27	5214.87	0.77
600778	友好集团	31149.14	18651.96	59.88	12378.74	39.74	118.44	0.38
600779	水井坊	48843.56	7002.45	14.34	32375.08	66.28	9466.03	19.38
600780	通宝能源	114650.25	34229.75	29.86	79776.57	69.58	643.93	0.56
600781	*ST 辅仁	62715.75	22321.68	35.59	40382.32	64.39	11.76	0.02

注：合计持股数包含 F 类账户；单位为万股。

年末个股股东持股情况
Distribution of Shareholders by 2020

证券代码 Code	证券简称 Security Name	合计持股数 Total Hold	自然人 Individual		一般法人 Corporation		专业机构 Institution	
			持有股数	比例（%）	持有股数	比例（%）	持有股数	比例（%）
600782	新钢股份	318872.27	70983.28	22.26	148684.42	46.63	99204.57	31.11
600783	鲁信创投	74435.93	21784.34	29.27	52405.76	70.40	245.83	0.33
600784	鲁银投资	56817.78	38935.36	68.53	17490.23	30.78	392.20	0.69
600785	新华百货	22563.13	7700.32	34.13	14824.81	65.70	38.00	0.17
600787	中储股份	219980.10	61031.55	27.74	142991.97	65.00	15956.59	7.25
600789	鲁抗医药	88022.97	63670.99	72.33	23969.07	27.23	382.92	0.44
600790	轻纺城	146579.09	79191.17	54.03	66439.19	45.33	948.74	0.65
600791	京能置业	45288.00	22511.18	49.71	22010.39	48.60	766.44	1.69
600792	云煤能源	98992.36	37041.42	37.42	60790.84	61.41	1160.10	1.17
600793	宜宾纸业	17690.40	6512.87	36.82	11151.95	63.04	25.58	0.14
600794	保税科技	121215.22	76293.45	62.94	44837.49	36.99	84.27	0.07
600795	国电电力	1965039.78	582274.66	29.63	1242938.16	63.25	139826.97	7.12
600796	钱江生化	30140.21	19621.68	65.10	10384.34	34.45	134.20	0.45
600797	浙大网新	102752.71	78478.94	76.38	22917.36	22.30	1356.42	1.32
600798	宁波海运	120653.42	55443.41	45.95	64885.50	53.78	324.51	0.27
600800	天津磁卡	118578.76	44641.61	37.65	73794.00	62.23	143.15	0.12
600801	华新水泥	136187.99	33935.78	24.92	89358.41	65.61	12893.79	9.47
600802	福建水泥	45824.84	30344.24	66.22	15118.17	32.99	362.43	0.79
600803	新奥股份	259998.25	26741.91	10.29	210723.27	81.05	22533.07	8.67
600804	鹏博士	143239.43	97960.38	68.39	34250.43	23.91	11028.62	7.70
600805	悦达投资	85089.45	42088.21	49.46	42135.25	49.52	865.98	1.02
600807	济南高新	88463.47	47420.13	53.60	40804.21	46.13	239.13	0.27
600808	马钢股份	596775.12	179537.31	30.08	385769.24	64.64	31468.56	5.27
600809	山西汾酒	87152.83	4611.12	5.29	64244.76	73.72	18296.95	20.99
600810	神马股份	83737.58	19300.97	23.05	60631.64	72.41	3804.97	4.54
600811	东方集团	371457.61	200553.90	53.99	156254.54	42.07	14649.17	3.94
600812	华北制药	163080.47	58986.39	36.17	102818.26	63.05	1275.82	0.78
600814	杭州解百	71502.68	20863.95	29.18	50026.25	69.96	612.48	0.86
600815	*ST厦工	177409.45	49871.36	28.11	127217.28	71.71	320.81	0.18
600816	*ST安信	546913.79	274089.45	50.12	259053.68	47.37	13770.66	2.52
600817	ST宏盛	52228.34	9042.63	17.31	41140.41	78.77	2045.30	3.92
600818	中路股份	23795.79	14239.94	59.84	9433.26	39.64	122.59	0.52
600819	耀皮玻璃	74741.61	21678.45	29.00	51934.96	69.49	1128.20	1.51
600820	隧道股份	314409.61	136031.42	43.27	153347.58	48.77	25030.61	7.96
600821	*ST劝业	122149.80	33612.70	27.52	88525.35	72.47	11.76	0.01
600822	上海物贸	39614.79	15159.78	38.27	24293.00	61.32	162.00	0.41
600823	世茂股份	375116.83	31130.89	8.30	305952.23	81.56	38033.70	10.14
600824	益民集团	105402.71	62769.04	59.55	42314.06	40.15	319.61	0.30
600825	新华传媒	104488.79	43071.59	41.22	59415.55	56.86	2001.64	1.92
600826	兰生股份	53592.09	17129.91	31.96	35789.25	66.78	672.93	1.26
600827	百联股份	160444.99	49975.36	31.15	104795.10	65.32	5674.53	3.54
600828	茂业商业	173198.25	22036.38	12.72	149944.38	86.57	1217.50	0.70
600829	人民同泰	57988.86	11728.35	20.23	46174.33	79.63	86.18	0.15
600830	香溢融通	45432.27	26850.03	59.10	18480.50	40.68	101.74	0.22
600831	广电网络	71048.04	44212.28	62.23	24898.50	35.04	1937.26	2.73
600833	第一医药	22308.63	10420.53	46.71	11789.05	52.85	99.06	0.44
600834	申通地铁	47738.19	18385.01	38.51	28950.04	60.64	403.15	0.84
600835	上海机电	80650.43	13596.70	16.86	53890.45	66.82	13163.28	16.32
600836	*ST界龙	66275.31	47949.39	72.35	18301.31	27.61	24.61	0.04
600837	海通证券	965463.12	279569.19	28.96	530064.61	54.90	155829.32	16.14

注：合计持股数包含F类账户；单位为万股。

年末个股股东持股情况
Distribution of Shareholders by 2020

证券代码 Code	证券简称 Security Name	合计持股数 Total Hold	自然人 Individual		一般法人 Corporation		专业机构 Institution	
			持有股数	比例（%）	持有股数	比例（%）	持有股数	比例（%）
600838	上海九百	40088.20	25540.05	63.71	12345.56	30.80	2202.58	5.49
600839	四川长虹	461624.42	324822.33	70.37	123551.39	26.76	13250.70	2.87
600841	上柴股份	52189.25	8627.17	16.53	43287.11	82.94	274.97	0.53
600843	上工申贝	30464.59	15319.03	50.28	15016.66	49.29	128.89	0.42
600844	丹化科技	82273.06	59587.32	72.43	22590.57	27.46	95.18	0.12
600845	宝信软件	85799.88	7671.59	8.94	61441.58	71.61	16686.71	19.45
600846	同济科技	62476.15	43430.25	69.51	17982.52	28.78	1063.38	1.70
600847	万里股份	15328.74	8736.21	56.99	6578.87	42.92	13.66	0.09
600848	上海临港	199492.69	21147.53	10.60	171591.26	86.01	6753.90	3.39
600850	华东电脑	42685.22	21257.15	49.80	20757.74	48.63	670.34	1.57
600851	海欣股份	73820.61	28402.81	38.48	45365.50	61.45	52.30	0.07
600853	龙建股份	100490.15	54240.96	53.98	45844.96	45.62	404.23	0.40
600854	春兰股份	51945.85	30991.91	59.66	20603.45	39.66	350.50	0.67
600855	航天长峰	43853.66	21919.92	49.98	21599.71	49.25	334.03	0.76
600856	*ST 中天	136665.44	68126.23	49.85	68263.84	49.95	275.36	0.20
600857	宁波中百	22431.99	15187.19	67.70	7076.05	31.54	168.75	0.75
600858	银座股份	52006.66	15106.31	29.05	33626.15	64.66	3274.21	6.30
600859	王府井	77625.04	17938.22	23.11	54730.64	70.51	4956.17	6.38
600860	*ST 京城	38500.00	13666.32	35.50	24656.00	64.04	177.67	0.46
600861	北京城乡	31680.49	19225.61	60.69	11843.26	37.38	611.62	1.93
600862	中航高科	139304.91	18257.83	13.11	92337.58	66.28	28709.50	20.61
600863	内蒙华电	580853.82	179427.59	30.89	377874.29	65.05	23551.94	4.05
600864	哈投股份	208057.05	61145.39	29.39	140791.14	67.67	6120.52	2.94
600865	百大集团	37624.03	21008.47	55.84	16486.53	43.82	129.03	0.34
600866	星湖科技	73901.92	48490.97	65.62	23424.99	31.70	1985.96	2.69
600867	通化东宝	203398.85	77596.17	38.15	85026.62	41.80	40776.07	20.05
600868	梅雁吉祥	189814.87	179061.04	94.33	10164.43	5.35	589.40	0.31
600869	智慧能源	221935.27	98098.28	44.20	121596.43	54.79	2240.57	1.01
600870	ST 厦华	52319.97	35271.88	67.42	17028.80	32.55	19.29	0.04
600871	石化油服	1356937.86	148466.44	10.94	1200178.63	88.45	8292.78	0.61
600872	中炬高新	79663.72	8446.74	10.60	37321.46	46.85	33895.51	42.55
600873	梅花生物	310002.18	258890.67	83.51	27200.15	8.77	23911.37	7.71
600874	创业环保	108722.84	33914.23	31.19	73595.13	67.69	1213.48	1.12
600875	东方电气	277976.41	82198.72	29.57	183468.00	66.00	12309.69	4.43
600876	洛阳玻璃	29854.04	8876.78	29.73	20171.94	67.57	805.32	2.70
600877	ST 电能	82216.17	53075.43	64.56	29070.33	35.36	70.41	0.09
600879	航天电子	271927.13	144938.26	53.30	108448.26	39.88	18540.61	6.82
600880	博瑞传播	109333.21	63487.82	58.07	43292.39	39.60	2553.00	2.34
600881	亚泰集团	324891.36	131283.66	40.41	183885.55	56.60	9722.15	2.99
600882	妙可蓝多	40930.90	18191.01	44.44	13203.46	32.26	9536.44	23.30
600883	博闻科技	23608.80	12174.13	51.57	11241.35	47.62	193.32	0.82
600884	杉杉股份	162800.92	44305.61	27.21	85458.40	52.49	33036.91	20.29
600885	宏发股份	74476.16	3034.82	4.07	41227.27	55.36	30214.07	40.57
600886	国投电力	696587.33	119380.50	17.14	494872.40	71.04	82334.44	11.82
600887	伊利股份	608262.48	145144.26	23.86	177766.90	29.23	285351.32	46.91
600888	新疆众和	102470.54	51194.11	49.96	49735.17	48.54	1541.26	1.50
600889	南京化纤	36634.60	17596.15	48.03	18780.60	51.26	257.86	0.70
600890	中房股份	57919.49	28510.78	49.22	27874.59	48.13	1534.12	2.65
600891	*ST 秋林	61758.58	28768.22	46.58	32903.81	53.28	86.55	0.14
600892	*ST 大晟	55946.42	44836.86	80.14	11088.84	19.82	20.72	0.04

注：合计持股数包含 F 类账户；单位为万股。

年末个股股东持股情况
Distribution of Shareholders by 2020

证券代码 Code	证券简称 Security Name	合计持股数 Total Hold	自然人 Individual		一般法人 Corporation		专业机构 Institution	
			持有股数	比例（%）	持有股数	比例（%）	持有股数	比例（%）
600893	航发动力	266559. 42	38306. 10	14. 37	193664. 76	72. 65	34588. 57	12. 98
600894	广日股份	85994. 69	29739. 54	34. 58	54955. 90	63. 91	1299. 25	1. 51
600895	张江高科	154868. 96	60725. 00	39. 21	86360. 54	55. 76	7783. 41	5. 03
600896	览海医疗	102480. 54	54529. 52	53. 21	47932. 39	46. 77	18. 63	0. 02
600897	厦门空港	29781. 00	8088. 55	27. 16	21292. 68	71. 50	399. 77	1. 34
600898	*ST 美讯	25252. 38	21068. 16	83. 43	4114. 40	16. 29	69. 82	0. 28
600900	长江电力	2274185. 92	115625. 61	5. 08	1702897. 43	74. 88	455662. 89	20. 04
600901	江苏租赁	298665. 00	71531. 50	23. 95	222212. 62	74. 40	4920. 88	1. 65
600903	贵州燃气	113818. 50	19115. 40	16. 79	93408. 19	82. 07	1294. 91	1. 14
600908	无锡银行	184829. 97	79515. 75	43. 02	84090. 89	45. 50	21223. 33	11. 48
600909	华安证券	362104. 47	123741. 20	34. 17	195728. 99	54. 05	42634. 28	11. 77
600917	重庆燃气	157134. 00	13728. 61	8. 74	142499. 03	90. 69	906. 37	0. 58
600918	中泰证券	696862. 58	61779. 38	8. 87	628597. 93	90. 20	6485. 26	0. 93
600919	江苏银行	1473849. 96	294065. 53	19. 95	962025. 34	65. 27	217759. 09	14. 77
600926	杭州银行	593020. 04	51735. 64	8. 72	487751. 50	82. 25	53532. 91	9. 03
600928	西安银行	444444. 44	67290. 74	15. 14	373265. 26	83. 98	3888. 45	0. 87
600929	雪天盐业	91775. 11	25010. 37	27. 25	66648. 97	72. 62	115. 77	0. 13
600933	爱柯迪	86022. 45	16481. 88	19. 16	63354. 17	73. 65	6186. 40	7. 19
600936	广西广电	167102. 62	38199. 40	22. 86	128685. 42	77. 01	217. 81	0. 13
600939	重庆建工	181453. 02	22259. 45	12. 27	159173. 69	87. 72	19. 88	0. 01
600956	新天绿能	201090. 60	12960. 56	6. 45	187984. 96	93. 48	145. 08	0. 07
600958	东方证券	596657. 58	126931. 35	21. 27	390741. 24	65. 49	78984. 99	13. 24
600959	江苏有线	500071. 77	123115. 04	24. 62	363603. 88	72. 71	13352. 84	2. 67
600960	渤海汽车	95051. 55	45549. 37	47. 92	49044. 45	51. 60	457. 73	0. 48
600961	株冶集团	52745. 79	28085. 32	53. 25	24236. 92	45. 95	423. 55	0. 80
600962	国投中鲁	26221. 00	13453. 61	51. 31	12693. 30	48. 41	74. 09	0. 28
600963	岳阳林纸	180505. 31	88251. 42	48. 89	87306. 82	48. 37	4947. 07	2. 74
600965	福成股份	81870. 10	42591. 51	52. 02	38798. 15	47. 39	480. 44	0. 59
600966	博汇纸业	133684. 43	41823. 63	31. 29	69281. 73	51. 82	22579. 07	16. 89
600967	内蒙一机	168963. 18	50218. 93	29. 72	103489. 78	61. 25	15254. 47	9. 03
600968	海油发展	1016510. 42	169578. 89	16. 68	833263. 48	81. 97	13668. 04	1. 34
600969	郴电国际	37005. 05	21174. 76	57. 22	15778. 60	42. 64	51. 69	0. 14
600970	中材国际	173764. 70	81060. 39	46. 65	80541. 31	46. 35	12163. 00	7. 00
600971	恒源煤电	120000. 49	54717. 88	45. 60	53860. 78	44. 88	11421. 83	9. 52
600973	宝胜股份	137136. 62	64917. 09	47. 34	71358. 56	52. 03	860. 97	0. 63
600975	新五丰	65267. 56	39496. 43	60. 51	25005. 68	38. 31	765. 45	1. 17
600976	健民集团	15339. 86	7233. 44	47. 15	6293. 24	41. 03	1813. 18	11. 82
600977	中国电影	186700. 00	45186. 36	24. 20	133557. 74	71. 54	7955. 90	4. 26
600978	*ST 宜生	148287. 00	112921. 25	76. 15	35029. 31	23. 62	336. 45	0. 23
600979	广安爱众	123225. 98	66992. 91	54. 37	55938. 06	45. 39	295. 01	0. 24
600980	北矿科技	15520. 99	9305. 58	59. 95	6191. 54	39. 89	23. 86	0. 15
600981	汇鸿集团	224243. 32	47207. 96	21. 05	162012. 39	72. 25	15022. 97	6. 70
600982	宁波热电	111776. 82	53152. 58	47. 55	58245. 00	52. 11	379. 24	0. 34
600983	惠而浦	76643. 90	17554. 87	22. 90	57625. 54	75. 19	1463. 49	1. 91
600984	建设机械	96695. 69	33263. 01	34. 40	46308. 02	47. 89	17124. 65	17. 71
600985	淮北矿业	217262. 47	11877. 45	5. 47	194934. 65	89. 72	10450. 36	4. 81
600986	科达股份	132455. 24	108234. 72	81. 71	23922. 03	18. 06	298. 49	0. 23
600987	航民股份	108081. 88	30503. 52	28. 22	72626. 17	67. 20	4952. 19	4. 58
600988	赤峰黄金	166391. 14	105986. 59	63. 70	30782. 59	18. 50	29621. 95	17. 80
600989	宝丰能源	733336. 00	129865. 24	17. 71	582146. 42	79. 38	21324. 34	2. 91

注：合计持股数包含 F 类账户；单位为万股。

年末个股股东持股情况
Distribution of Shareholders by 2020

证券代码 Code	证券简称 Security Name	合计持股数 Total Hold	自然人 Individual		一般法人 Corporation		专业机构 Institution	
			持有股数	比例（%）	持有股数	比例（%）	持有股数	比例（%）
600990	四创电子	15917.91	5892.22	37.02	8901.75	55.92	1123.95	7.06
600992	贵绳股份	24509.00	17907.45	73.06	6509.81	26.56	91.74	0.37
600993	马应龙	43105.39	21634.66	50.19	17439.05	40.46	4031.68	9.35
600995	文山电力	47852.64	31592.01	66.02	16047.70	33.54	212.93	0.44
600996	贵广网络	105170.22	27480.40	26.13	76457.78	72.70	1232.03	1.17
600997	开滦股份	158779.99	41434.73	26.10	114360.04	72.02	2985.22	1.88
600998	九州通	187381.67	51281.13	27.37	109418.88	58.39	26681.66	14.24
600999	招商证券	742200.53	65660.53	8.85	602753.15	81.21	73786.84	9.94
601000	唐山港	592592.86	177339.95	29.93	389949.45	65.80	25303.47	4.27
601001	晋控煤业	167370.00	55342.03	33.07	108535.04	64.85	3492.93	2.09
601002	晋亿实业	95122.80	48553.96	51.04	45330.95	47.66	1237.89	1.30
601003	柳钢股份	256279.32	44844.16	17.50	192738.79	75.21	18696.37	7.30
601005	重庆钢铁	838047.51	175701.70	20.97	647335.68	77.24	15010.13	1.79
601006	大秦铁路	1486679.15	184848.96	12.43	1149329.82	77.31	152500.36	10.26
601007	金陵饭店	30000.00	12167.24	40.56	17754.10	59.18	78.66	0.26
601008	连云港	109382.62	50457.08	46.13	58726.43	53.69	199.11	0.18
601009	南京银行	1000701.70	182014.35	18.19	717173.50	71.67	101513.84	10.14
601010	文峰股份	184800.00	127592.25	69.04	56939.63	30.81	268.12	0.15
601011	宝泰隆	160480.74	109088.93	67.98	48864.22	30.45	2527.58	1.58
601012	隆基股份	377176.89	190202.36	50.43	61530.20	16.31	125444.33	33.26
601015	陕西黑猫	162978.95	60692.95	37.24	100361.16	61.58	1924.84	1.18
601016	节能风电	498667.20	163658.22	32.82	314741.25	63.12	20267.73	4.06
601018	宁波港	1580741.74	120752.61	7.64	1416121.05	89.59	43868.08	2.78
601019	山东出版	208690.00	32274.60	15.47	168749.46	80.86	7665.94	3.67
601020	华钰矿业	55514.72	25829.71	46.53	29098.80	52.42	586.20	1.06
601021	春秋航空	91646.27	8281.27	9.04	68226.28	74.45	15138.71	16.52
601028	玉龙股份	78302.58	38651.84	49.36	39527.89	50.48	122.85	0.16
601038	一拖股份	59391.00	11605.41	19.54	42249.06	71.14	5536.53	9.32
601058	赛轮轮胎	269948.07	134461.98	49.81	88633.02	32.83	46853.06	17.36
601066	中信建投	649567.10	56360.18	8.68	538294.95	82.87	54911.97	8.45
601068	中铝国际	255959.07	26974.53	10.54	227060.91	88.71	1923.63	0.75
601069	西部黄金	63600.00	19151.91	30.11	42571.04	66.94	1877.05	2.95
601077	渝农商行	884366.40	310365.03	35.09	563230.54	63.69	10770.83	1.22
601086	国芳集团	66600.00	66341.30	99.61	164.26	0.25	94.45	0.14
601088	中国神华	1649103.80	88603.19	5.37	1431133.41	86.78	129367.20	7.84
601098	中南传媒	179600.00	20663.59	11.51	123053.29	68.52	35883.12	19.98
601099	太平洋	681631.64	499093.88	73.22	121168.13	17.78	61369.63	9.00
601100	恒立液压	130536.00	4705.82	3.60	93870.61	71.91	31959.57	24.48
601101	昊华能源	119999.83	35573.20	29.64	82906.65	69.09	1519.98	1.27
601106	中国一重	685778.29	227426.82	33.16	446856.96	65.16	11494.51	1.68
601107	四川成渝	216274.00	44829.98	20.73	170288.15	78.74	1155.86	0.53
601108	财通证券	358900.00	156368.36	43.57	177983.54	49.59	24548.10	6.84
601111	中国国航	996213.18	107288.69	10.77	806194.09	80.93	82730.41	8.30
601113	ST 华鼎	114148.11	48128.28	42.16	65946.62	57.77	73.20	0.06
601116	三江购物	54767.84	14789.37	27.00	37467.23	68.41	2511.23	4.59
601117	中国化学	493300.00	105125.45	21.31	249554.86	50.59	138619.69	28.10
601118	海南橡胶	427942.78	122592.62	28.65	300584.28	70.24	4765.89	1.11
601126	四方股份	81317.20	31052.83	38.19	46540.55	57.23	3723.82	4.58
601127	小康股份	127843.99	25147.31	19.67	96241.53	75.28	6455.15	5.05
601128	常熟银行	274085.59	92501.28	33.75	99956.75	36.47	81627.57	29.78

注：合计持股数包含 F 类账户；单位为万股。

年末个股股东持股情况
Distribution of Shareholders by 2020

证券代码 Code	证券简称 Security Name	合计持股数 Total Hold	自然人 Individual		一般法人 Corporation		专业机构 Institution	
			持有股数	比例（%）	持有股数	比例（%）	持有股数	比例（%）
601137	博威合金	79004.50	24777.44	31.36	49219.24	62.30	5007.82	6.34
601138	工业富联	1987064.54	123521.86	6.22	1803123.60	90.74	60419.08	3.04
601139	深圳燃气	287676.75	29144.76	10.13	243879.58	84.78	14652.42	5.09
601155	新城控股	225573.72	44855.80	19.89	157851.90	69.98	22866.02	10.14
601158	重庆水务	480000.00	37747.90	7.86	429396.46	89.46	12855.64	2.68
601162	天风证券	666596.73	248191.12	37.23	386917.80	58.04	31487.81	4.72
601163	三角轮胎	80000.00	27151.59	33.94	51124.69	63.91	1723.72	2.15
601166	兴业银行	2077419.08	291123.13	14.01	1404555.33	67.61	381740.62	18.38
601168	西部矿业	238300.00	91259.37	38.30	121100.00	50.82	25940.63	10.89
601169	北京银行	2114298.43	422735.43	19.99	1511443.82	71.49	180119.18	8.52
601177	杭齿前进	40006.00	18605.12	46.51	21221.66	53.05	179.22	0.45
601179	中国西电	512588.24	134481.36	26.24	361235.90	70.47	16870.97	3.29
601186	中国铁建	1150324.55	259436.11	22.55	806911.55	70.15	83976.88	7.30
601187	厦门银行	263912.79	32523.57	12.32	231257.43	87.63	131.79	0.05
601188	龙江交通	131587.86	44421.18	33.76	87012.23	66.12	154.45	0.12
601198	东兴证券	275796.07	64382.78	23.34	188877.41	68.48	22535.87	8.17
601199	江南水务	93521.03	33132.49	35.43	60241.95	64.42	146.58	0.16
601200	上海环境	112185.85	42884.10	38.23	65605.91	58.48	3695.84	3.29
601208	东材科技	62660.10	38351.03	61.20	20828.09	33.24	3480.97	5.56
601211	国泰君安	751662.10	142629.59	18.98	500707.09	66.61	108325.42	14.41
601212	白银有色	740477.45	145566.45	19.66	586311.30	79.18	8599.70	1.16
601216	君正集团	843801.74	583230.30	69.12	194260.81	23.02	66310.63	7.86
601218	吉鑫科技	97736.00	93832.16	96.01	2912.59	2.98	991.25	1.01
601222	林洋能源	174888.19	74416.54	42.55	89473.25	51.16	10998.41	6.29
601225	陕西煤业	1000000.00	115655.66	11.57	773002.81	77.30	111341.53	11.13
601226	华电重工	115500.00	37240.14	32.24	75501.50	65.37	2758.36	2.39
601228	广州港	619318.00	73430.24	11.86	543346.07	87.73	2541.69	0.41
601229	上海银行	1420652.87	220565.12	15.53	1108082.05	78.00	92005.69	6.48
601231	环旭电子	220934.34	23282.29	10.54	178714.00	80.89	18938.05	8.57
601233	桐昆股份	219698.50	45356.48	20.64	105019.47	47.80	69322.55	31.55
601236	红塔证券	363340.54	35619.87	9.80	321686.29	88.54	6034.38	1.66
601238	广汽集团	725107.65	59316.51	8.18	650698.13	89.74	15093.01	2.08
601258	ST 庞大	1022722.51	496860.89	48.58	500235.02	48.91	25626.60	2.51
601288	农业银行	31924421.08	791587.48	2.48	29198091.10	91.46	1934742.50	6.06
601298	青岛港	539207.50	41591.37	7.71	490800.58	91.02	6815.54	1.26
601311	骆驼股份	112170.33	86087.00	76.75	20690.77	18.45	5392.56	4.81
601318	中国平安	1083266.45	230977.43	21.32	514382.82	47.48	337906.20	31.19
601319	中国人保	3549775.66	198686.46	5.60	2990048.07	84.23	361041.13	10.17
601326	秦港股份	475755.90	67474.36	14.18	406891.78	85.53	1389.76	0.29
601328	交通银行	3925086.40	649267.07	16.54	2658614.97	67.73	617204.37	15.72
601330	绿色动力	98908.02	20576.68	20.80	76772.52	77.62	1558.82	1.58
601333	广深铁路	565223.70	246650.40	43.64	299144.82	52.93	19428.48	3.44
601336	新华保险	208543.93	21457.63	10.29	156699.39	75.14	30386.91	14.57
601339	百隆东方	150000.00	76974.08	51.32	68990.10	45.99	4035.82	2.69
601360	三六零	676405.52	175940.46	26.01	489547.05	72.37	10918.01	1.61
601366	利群股份	86051.23	43091.65	50.08	42855.92	49.80	103.66	0.12
601368	绿城水务	88297.31	24692.53	27.97	63398.31	71.80	206.46	0.23
601369	陕鼓动力	167796.02	45756.83	27.27	119690.21	71.33	2348.99	1.40
601375	中原证券	344751.97	96568.16	28.01	209337.97	60.72	38845.84	11.27
601377	兴业证券	669667.17	241469.04	36.06	333204.30	49.76	94993.82	14.19

注：合计持股数包含 F 类账户；单位为万股。

年末个股股东持股情况
Distribution of Shareholders by 2020

证券代码 Code	证券简称 Security Name	合计持股数 Total Hold	自然人 Individual		一般法人 Corporation		专业机构 Institution	
			持有股数	比例（%）	持有股数	比例（%）	持有股数	比例（%）
601388	怡球资源	220172.61	123411.46	56.05	95492.21	43.37	1268.94	0.58
601390	中国中铁	2036353.93	356334.44	17.50	1526419.05	74.96	153600.44	7.54
601398	工商银行	26961221.25	657894.14	2.44	24395936.47	90.49	1907390.65	7.07
601399	ST国重装	726826.37	38426.62	5.29	688357.65	94.71	42.10	0.01
601456	国联证券	193547.90	40545.44	20.95	147225.24	76.07	5777.23	2.98
601500	通用股份	87229.01	20988.80	24.06	66180.20	75.87	60.00	0.07
601512	中新集团	149889.00	14649.92	9.77	134779.86	89.92	459.21	0.31
601515	东风股份	133440.68	45660.85	34.22	85256.17	63.89	2523.66	1.89
601518	吉林高速	135039.51	41978.01	31.09	92812.52	68.73	248.98	0.18
601519	大智慧	198770.00	165020.82	83.02	31882.72	16.04	1866.46	0.94
601555	东吴证券	388051.89	130501.19	33.63	215891.74	55.63	41658.96	10.74
601566	九牧王	57463.72	14904.79	25.94	38561.81	67.11	3997.11	6.96
601567	三星医疗	138656.91	84812.59	61.17	52652.37	37.97	1191.95	0.86
601568	北元集团	361111.11	116577.97	32.28	244468.42	67.70	64.72	0.02
601577	长沙银行	342155.38	50071.88	14.63	282473.75	82.56	9609.75	2.81
601579	会稽山	49736.00	15148.21	30.46	34283.39	68.93	304.40	0.61
601588	北辰实业	266000.00	124729.82	46.89	137229.06	51.59	4041.11	1.52
601595	上海电影	44820.00	11748.44	26.21	32636.10	72.82	435.45	0.97
601598	中国外运	525591.69	77967.63	14.83	418154.49	79.56	29469.56	5.61
601599	鹿港文化	89272.50	84536.96	94.70	4632.49	5.19	103.05	0.12
601600	中国铝业	1307870.70	396163.82	30.29	809889.17	61.92	101817.71	7.78
601601	中国太保	684504.15	38502.01	5.62	536249.16	78.34	109752.97	16.03
601606	长城军工	72422.84	20155.06	27.83	51292.60	70.82	975.18	1.35
601607	上海医药	192301.66	56069.95	29.16	111299.47	57.88	24932.24	12.97
601608	中信重工	433941.93	119656.88	27.57	307713.17	70.91	6571.88	1.51
601609	金田铜业	145696.90	94534.58	64.88	50454.44	34.63	707.88	0.49
601611	中国核建	265046.49	61025.15	23.02	194465.97	73.37	9555.37	3.61
601615	明阳智能	187537.57	35886.93	19.14	121475.14	64.77	30175.50	16.09
601616	广电电气	93557.50	71578.32	76.51	21861.63	23.37	117.54	0.13
601618	中国中冶	1785261.92	408222.44	22.87	1249648.44	70.00	127391.03	7.14
601619	嘉泽新能	207410.00	49685.07	23.96	157213.57	75.80	511.36	0.25
601628	中国人寿	2082353.00	37802.53	1.82	1955650.19	93.92	88900.28	4.27
601633	长城汽车	607641.33	22022.76	3.62	532102.09	87.57	53516.49	8.81
601636	旗滨集团	268623.58	99537.45	37.05	103206.83	38.42	65879.30	24.52
601658	邮储银行	6712239.52	125794.27	1.87	6321498.64	94.18	264946.61	3.95
601666	平煤股份	232770.45	57187.71	24.57	156064.22	67.05	19518.51	8.39
601668	中国建筑	4196507.15	949764.07	22.63	2717886.91	64.77	528856.17	12.60
601669	中国电建	1529903.50	304025.61	19.87	1128566.37	73.77	97311.52	6.36
601677	明泰铝业	66135.66	43666.55	66.03	10870.01	16.44	11599.10	17.54
601678	滨化股份	164431.05	137489.89	83.62	20435.43	12.43	6505.73	3.96
601686	友发集团	141155.66	141054.78	99.93	55.46	0.04	45.42	0.03
601688	华泰证券	735760.43	209948.12	28.53	359943.02	48.92	165869.29	22.54
601689	拓普集团	105498.77	7126.81	6.76	76320.18	72.34	22051.78	20.90
601696	中银证券	277800.00	25366.22	9.13	249519.39	89.82	2914.39	1.05
601698	中国卫通	400000.00	33382.50	8.35	362622.03	90.66	3995.47	1.00
601699	潞安环能	299140.92	69360.66	23.19	211362.44	70.66	18417.83	6.16
601700	风范股份	113323.20	110732.60	97.71	2455.28	2.17	135.32	0.12
601702	华峰铝业	99853.06	27480.05	27.52	71335.15	71.44	1037.86	1.04
601717	郑煤机	148923.72	52820.86	35.47	76441.06	51.33	19661.80	13.20
601718	际华集团	439162.94	168869.98	38.45	264987.05	60.34	5305.91	1.21

注：合计持股数包含F类账户；单位为万股。

年末个股股东持股情况
Distribution of Shareholders by 2020

证券代码 Code	证券简称 Security Name	合计持股数 Total Hold	自然人 Individual		一般法人 Corporation		专业机构 Institution	
			持有股数	比例（%）	持有股数	比例（%）	持有股数	比例（%）
601727	上海电气	1225687.09	211506.09	17.26	846696.16	69.08	167484.84	13.66
601766	中国中车	2432779.80	496861.57	20.42	1798558.01	73.93	137360.22	5.65
601777	＊ST 力帆	452793.13	69702.09	15.39	381389.74	84.23	1701.30	0.38
601778	晶科科技	276550.19	54310.65	19.64	219498.47	79.37	2741.08	0.99
601788	光大证券	390669.88	109838.08	28.12	246829.31	63.18	34002.49	8.70
601789	宁波建工	97608.00	59558.19	61.02	37169.85	38.08	879.96	0.90
601798	蓝科高新	35452.82	11525.88	32.51	23872.68	67.34	54.26	0.15
601799	星宇股份	27615.52	14169.05	51.31	3855.40	13.96	9591.08	34.73
601800	中国交建	1174723.54	142432.72	12.12	962582.24	81.94	69708.59	5.93
601801	皖新传媒	198920.47	35424.77	17.81	129088.75	64.89	34406.96	17.30
601808	中海油服	296046.80	23700.54	8.01	250679.82	84.68	21666.44	7.32
601811	新华文轩	79190.39	8873.26	11.20	69443.78	87.69	873.34	1.10
601816	京沪高铁	4910648.46	257971.16	5.25	4523621.64	92.12	129055.66	2.63
601818	光大银行	4135317.35	271875.77	6.57	3394210.76	82.08	469230.82	11.35
601827	三峰环境	167826.80	35520.03	21.16	130400.82	77.70	1905.95	1.14
601828	美凯龙	316371.44	29162.93	9.22	227200.53	71.81	60007.98	18.97
601838	成都银行	361225.13	44161.34	12.23	280411.93	77.63	36651.86	10.15
601857	中国石油	16192207.78	562869.53	3.48	14817497.35	91.51	811840.91	5.01
601858	中国科传	79050.00	12695.88	16.06	65714.38	83.13	639.74	0.81
601860	紫金银行	366088.89	145084.01	39.63	214174.96	58.50	6829.92	1.87
601865	福莱特	159124.88	148576.70	93.37	3288.62	2.07	7259.55	4.56
601866	中远海发	793212.50	276172.02	34.82	489482.33	61.71	27558.14	3.47
601869	长飞光纤	40633.83	6644.36	16.35	33042.43	81.32	947.04	2.33
601872	招商轮船	674012.01	149420.82	22.17	497535.48	73.82	27055.71	4.01
601877	正泰电器	214997.36	30389.34	14.13	135518.27	63.03	49089.74	22.83
601878	浙商证券	361404.45	105760.45	29.26	239112.12	66.16	16531.88	4.57
601880	大连港	773582.00	216303.12	27.96	549580.50	71.04	7698.39	1.00
601881	中国银河	644627.41	82114.83	12.74	533090.57	82.70	29422.01	4.56
601882	海天精工	52200.00	8206.00	15.72	43771.74	83.85	222.26	0.43
601886	江河集团	115405.00	59746.01	51.77	55268.29	47.89	390.70	0.34
601888	中国中免	195247.55	13463.21	6.90	119493.53	61.20	62290.81	31.90
601890	亚星锚链	95940.00	93585.25	97.55	1565.09	1.63	789.66	0.82
601898	中煤能源	915200.04	98641.70	10.78	772591.35	84.42	43967.00	4.80
601899	紫金矿业	1964031.99	319685.10	16.28	1003693.80	51.10	640653.09	32.62
601900	南方传媒	89587.66	16711.67	18.65	57433.61	64.11	15442.37	17.24
601901	方正证券	823210.14	245012.17	29.76	371716.29	45.15	206481.68	25.08
601908	京运通	199301.77	115879.87	58.14	81246.11	40.77	2175.80	1.09
601916	浙商银行	1671469.68	210260.07	12.58	1438170.86	86.04	23038.74	1.38
601918	新集能源	259054.18	146109.90	56.40	109722.70	42.36	3221.59	1.24
601919	中远海控	967892.92	166732.51	17.23	694676.35	71.77	106484.06	11.00
601928	凤凰传媒	254490.00	37764.32	14.84	125454.55	49.30	91271.13	35.86
601929	吉视传媒	311111.18	131008.99	42.11	175884.69	56.53	4217.49	1.36
601933	永辉超市	951628.56	459669.81	48.30	403007.78	42.35	88950.97	9.35
601939	建设银行	959365.76	303269.16	31.61	255961.34	26.68	400135.26	41.71
601949	中国出版	182250.00	27391.23	15.03	148793.75	81.64	6065.02	3.33
601952	苏垦农发	137800.00	29855.43	21.67	98395.72	71.40	9548.84	6.93
601956	东贝集团	51132.00	20349.94	39.80	30770.69	60.18	11.37	0.02
601958	金钼股份	322660.44	64518.65	20.00	246781.48	76.48	11360.32	3.52
601965	中国汽研	98852.57	14806.35	14.98	71014.32	71.84	13031.90	13.18
601966	玲珑轮胎	137351.24	9155.39	6.67	101270.28	73.73	26925.57	19.60

注：合计持股数包含 F 类账户；单位为万股。

年末个股股东持股情况
Distribution of Shareholders by 2020

证券代码 Code	证券简称 Security Name	合计持股数 Total Hold	自然人 Individual		一般法人 Corporation		专业机构 Institution	
			持有股数	比例（%）	持有股数	比例（%）	持有股数	比例（%）
601968	宝钢包装	83333.33	21356.92	25.63	54526.61	65.43	7449.80	8.94
601969	海南矿业	195472.03	22854.02	11.69	168170.62	86.03	4447.39	2.28
601975	招商南油	494211.63	227475.44	46.03	259718.48	52.55	7017.72	1.42
601985	中国核电	1745601.56	291983.32	16.73	1354397.81	77.59	99220.43	5.68
601988	中国银行	21076551.48	693488.51	3.29	19333105.27	91.73	1049957.71	4.98
601989	中国重工	2280203.53	605084.70	26.54	1548429.29	67.91	126689.55	5.56
601990	南京证券	368636.10	113711.78	30.85	231548.79	62.81	23375.53	6.34
601991	大唐发电	1239608.91	145352.58	11.73	1055299.09	85.13	38957.24	3.14
601992	金隅集团	833900.63	210597.48	25.25	566167.35	67.89	57135.80	6.85
601995	中金公司	292354.24	21384.92	7.31	261828.30	89.56	9141.03	3.13
601996	丰林集团	114562.28	53257.87	46.49	59844.38	52.24	1460.03	1.27
601997	贵阳银行	321802.87	137170.86	42.63	161114.33	50.07	23517.68	7.31
601998	中信银行	3405267.56	116354.92	3.42	3154165.24	92.63	134747.40	3.96
601999	出版传媒	55091.47	16219.74	29.44	38694.29	70.24	177.44	0.32
603000	人民网	110569.11	38109.74	34.47	70019.98	63.33	2439.38	2.21
603001	奥康国际	40098.00	25403.55	63.35	12988.78	32.39	1705.67	4.25
603002	宏昌电子	91447.13	33899.15	37.07	57043.07	62.38	504.91	0.55
603003	龙宇燃油	41653.24	26826.76	64.40	14625.48	35.11	201.00	0.48
603005	晶方科技	32155.12	13782.89	42.86	13832.02	43.02	4540.21	14.12
603006	联明股份	19107.82	7010.85	36.69	11887.20	62.21	209.76	1.10
603007	花王股份	33571.82	17100.43	50.94	16410.85	48.88	60.53	0.18
603008	喜临门	38741.78	9913.34	25.59	20871.13	53.87	7957.31	20.54
603009	北特科技	35900.22	34579.36	96.32	1251.65	3.49	69.20	0.19
603010	万盛股份	34662.33	15284.04	44.09	15798.19	45.58	3580.11	10.33
603011	合锻智能	45070.81	35333.77	78.40	9565.95	21.22	171.09	0.38
603012	创力集团	63656.00	44677.85	70.19	12703.02	19.96	6275.14	9.86
603013	亚普股份	51422.45	6080.13	11.82	45184.70	87.87	157.62	0.31
603015	弘讯科技	40421.90	16447.03	40.69	23841.24	58.98	133.63	0.33
603016	新宏泰	14816.00	10444.77	70.50	4364.26	29.46	6.96	0.05
603017	中衡设计	27680.77	15764.41	56.95	11791.26	42.60	125.11	0.45
603018	华设集团	55718.41	37520.63	67.34	7676.01	13.78	10521.77	18.88
603019	中科曙光	145072.90	84063.09	57.95	50415.06	34.75	10594.75	7.30
603020	爱普股份	32000.00	28304.08	88.45	3627.78	11.34	68.14	0.21
603021	山东华鹏	31994.81	24595.23	76.87	7327.83	22.90	71.74	0.22
603022	新通联	20000.00	19180.70	95.90	773.15	3.87	46.16	0.23
603023	威帝股份	56207.98	43767.87	77.87	12274.12	21.84	165.98	0.30
603025	大豪科技	92610.17	60678.75	65.52	31428.24	33.94	503.18	0.54
603026	石大胜华	20268.00	10876.46	53.66	8347.19	41.18	1044.36	5.15
603027	千禾味业	66567.53	48627.07	73.05	4930.17	7.41	13010.29	19.54
603028	赛福天	22080.00	10013.23	45.35	11979.10	54.25	87.66	0.40
603029	天鹅股份	9334.00	2903.15	31.10	6404.64	68.62	26.21	0.28
603030	全筑股份	53812.80	48898.91	90.87	4565.54	8.48	348.35	0.65
603031	安德利	11200.00	9721.96	86.80	1455.14	12.99	22.90	0.20
603032	德新交运	16000.80	5798.57	36.24	10180.98	63.63	21.25	0.13
603033	三维股份	42618.54	41240.32	96.77	1074.58	2.52	303.64	0.71
603035	常熟汽饰	34310.51	30580.33	89.13	3075.49	8.96	654.70	1.91
603036	如通股份	20668.10	20546.45	99.41	98.99	0.48	22.67	0.11
603037	凯众股份	10490.14	9204.28	87.74	1263.87	12.05	21.99	0.21
603038	华立股份	18413.19	17064.29	92.67	1224.42	6.65	124.48	0.68
603039	泛微网络	21385.91	16152.37	75.53	2694.52	12.60	2539.01	11.87

注：合计持股数包含F类账户；单位为万股。

年末个股股东持股情况
Distribution of Shareholders by 2020

证券代码 Code	证券简称 Security Name	合计持股数 Total Hold	自然人 Individual		一般法人 Corporation		专业机构 Institution	
			持有股数	比例（%）	持有股数	比例（%）	持有股数	比例（%）
603040	新坐标	10330.58	2847.29	27.56	6767.44	65.51	715.85	6.93
603041	美思德	14089.96	6103.34	43.32	7792.32	55.30	194.30	1.38
603042	华脉科技	13600.00	13482.74	99.14	104.73	0.77	12.52	0.09
603043	广州酒家	40399.62	7865.88	19.47	28987.43	71.75	3546.31	8.78
603045	福达合金	13762.00	12517.96	90.96	1052.85	7.65	191.19	1.39
603050	科林电气	16221.01	15606.11	96.21	537.42	3.31	77.47	0.48
603053	成都燃气	88889.00	16775.18	18.87	72084.25	81.09	29.57	0.03
603055	台华新材	83204.47	16760.82	20.14	66320.09	79.71	123.56	0.15
603056	德邦股份	96000.00	14045.98	14.63	74988.02	78.11	6966.01	7.26
603058	永吉股份	41907.44	14794.87	35.30	26861.69	64.10	250.88	0.60
603059	倍加洁	10000.00	8561.32	85.61	1405.40	14.05	33.29	0.33
603060	国检集团	43120.00	8102.01	18.79	33288.58	77.20	1729.41	4.01
603063	禾望电气	43384.15	30424.03	70.13	11094.27	25.57	1865.85	4.30
603066	音飞储存	30070.29	13599.00	45.22	16120.82	53.61	350.46	1.17
603067	振华股份	43120.00	40967.51	95.01	2020.22	4.69	132.28	0.31
603068	博通集成	13871.35	3001.11	21.64	9250.44	66.69	1619.80	11.68
603069	海汽集团	31600.00	10189.32	32.24	21012.87	66.50	397.81	1.26
603076	乐惠国际	7450.00	4247.61	57.01	3157.44	42.38	44.95	0.60
603077	和邦生物	883125.02	453384.36	51.34	406569.95	46.04	23170.71	2.62
603078	江化微	15074.79	12354.25	81.95	2408.24	15.98	312.30	2.07
603079	圣达生物	17118.90	7446.34	43.50	9294.81	54.30	377.75	2.21
603080	新疆火炬	14150.00	13114.89	92.68	954.25	6.74	80.86	0.57
603081	大丰实业	40181.32	37107.66	92.35	3043.31	7.57	30.35	0.08
603083	剑桥科技	25222.06	13294.93	52.71	11092.41	43.98	834.72	3.31
603085	天成自控	37022.54	16144.49	43.61	18692.32	50.49	2185.74	5.90
603086	先达股份	15849.00	14099.91	88.96	391.43	2.47	1357.66	8.57
603087	甘李药业	56154.00	23576.87	41.99	32346.83	57.60	230.30	0.41
603088	宁波精达	21952.00	11793.67	53.72	10146.52	46.22	11.82	0.05
603089	正裕工业	22247.65	11790.02	52.99	10375.17	46.63	82.46	0.37
603090	宏盛股份	10000.00	9472.19	94.72	516.56	5.17	11.25	0.11
603093	南华期货	58000.00	8384.55	14.46	48940.97	84.38	674.47	1.16
603095	越剑智能	13200.00	8328.45	63.09	4867.77	36.88	3.78	0.03
603096	新经典	13588.50	8746.22	64.36	1640.05	12.07	3202.23	23.57
603098	森特股份	48001.98	30181.81	62.88	17673.54	36.82	146.64	0.31
603099	长白山	26667.00	7177.90	26.92	19439.12	72.90	49.98	0.19
603100	川仪股份	39500.00	12091.64	30.61	26144.88	66.19	1263.49	3.20
603101	汇嘉时代	47040.00	43519.08	92.52	3506.79	7.45	14.13	0.03
603103	横店影视	63420.00	4153.73	6.55	56635.69	89.30	2630.58	4.15
603105	芯能科技	50000.00	36620.14	73.24	12973.83	25.95	406.03	0.81
603106	恒银科技	40040.00	21136.08	52.79	18829.42	47.03	74.50	0.19
603108	润达医疗	57953.63	37197.58	64.19	19844.96	34.24	911.09	1.57
603109	神驰机电	14667.00	9686.87	66.05	4970.53	33.89	9.60	0.07
603110	东方材料	14373.34	13449.05	93.57	786.53	5.47	137.76	0.96
603111	康尼机电	99327.55	72390.91	72.88	26165.12	26.34	771.53	0.78
603112	华翔股份	42500.00	6974.87	16.41	35450.08	83.41	75.05	0.18
603113	金能科技	84856.08	62350.58	73.48	11524.50	13.58	10981.00	12.94
603115	海星股份	20800.00	5120.34	24.62	15661.26	75.29	18.39	0.09
603116	红蜻蜓	57620.08	30013.68	52.09	27468.89	47.67	137.51	0.24
603117	万林物流	63874.11	45141.35	70.67	18374.75	28.77	358.01	0.56
603118	共进股份	77573.33	74893.88	96.55	1709.28	2.20	970.18	1.25

注：合计持股数包含 F 类账户；单位为万股。

年末个股股东持股情况
Distribution of Shareholders by 2020

证券代码 Code	证券简称 Security Name	合计持股数 Total Hold	自然人 Individual		一般法人 Corporation		专业机构 Institution	
			持有股数	比例（%）	持有股数	比例（%）	持有股数	比例（%）
603121	华培动力	25920.00	12943.66	49.94	12800.09	49.38	176.26	0.68
603123	翠微股份	74774.27	27951.14	37.38	46756.07	62.53	67.06	0.09
603126	中材节能	61050.00	25730.72	42.15	34891.45	57.15	427.84	0.70
603127	昭衍新药	22745.47	16934.17	74.45	1210.50	5.32	4600.80	20.23
603128	华贸物流	130946.30	34044.24	26.00	75592.07	57.73	21309.99	16.27
603129	春风动力	13437.82	1713.09	12.75	8049.37	59.90	3675.36	27.35
603131	上海沪工	31797.43	27290.07	85.82	3712.27	11.67	795.09	2.50
603133	碳元科技	21032.35	18455.03	87.75	1662.20	7.90	915.12	4.35
603136	天目湖	11655.06	9582.53	82.22	682.76	5.86	1389.77	11.92
603138	海量数据	25266.45	24936.39	98.69	235.64	0.93	94.42	0.37
603139	康惠制药	9988.00	4640.28	46.46	5306.56	53.13	41.16	0.41
603155	新亚强	15556.00	11313.39	72.73	3588.69	23.07	653.92	4.20
603156	养元饮品	126549.36	97587.41	77.11	25138.81	19.86	3823.13	3.02
603157	*ST拉夏	33288.18	27099.61	81.41	6118.12	18.38	70.45	0.21
603158	腾龙股份	21697.12	12871.58	59.32	6823.99	31.45	2001.55	9.22
603159	上海亚虹	14000.00	13819.94	98.71	127.85	0.91	52.21	0.37
603160	汇顶科技	45772.40	32591.76	71.20	8277.00	18.08	4903.64	10.71
603161	科华控股	13340.00	11357.95	85.14	980.85	7.35	1001.20	7.51
603165	荣晟环保	25310.01	25143.22	99.34	124.12	0.49	42.67	0.17
603166	福达股份	59201.87	23844.21	40.28	35176.78	59.42	180.88	0.31
603167	渤海轮渡	47280.66	29111.13	61.57	16046.58	33.94	2122.95	4.49
603168	莎普爱思	32259.25	23683.81	73.42	8532.87	26.45	42.57	0.13
603169	兰石重装	105150.25	34011.10	32.35	70966.14	67.49	173.01	0.16
603177	德创环保	20200.00	5338.45	26.43	14813.60	73.33	47.95	0.24
603178	圣龙股份	20113.90	5735.75	28.52	14325.99	71.22	52.16	0.26
603179	新泉股份	31800.67	11167.03	35.12	10607.97	33.36	10025.68	31.53
603180	金牌厨柜	10326.00	4829.09	46.77	5031.21	48.72	465.70	4.51
603181	皇马科技	40600.00	19530.25	48.10	17131.31	42.20	3938.44	9.70
603183	建研院	29828.01	26476.25	88.76	2651.80	8.89	699.96	2.35
603185	上机数控	24380.95	21045.22	86.32	2137.40	8.77	1198.33	4.92
603186	华正新材	14204.53	6267.18	44.12	6361.95	44.79	1575.40	11.09
603187	海容冷链	15848.00	9634.66	60.79	1225.12	7.73	4988.22	31.48
603188	ST亚邦	57600.00	33775.98	58.64	22760.45	39.51	1063.57	1.85
603189	网达软件	22080.00	20323.40	92.04	1713.49	7.76	43.11	0.20
603192	汇得科技	10666.67	5040.49	47.25	5621.50	52.70	4.68	0.04
603195	公牛集团	60061.38	21325.16	35.51	35793.04	59.59	2943.18	4.90
603196	日播时尚	24000.00	11058.60	46.08	12808.93	53.37	132.47	0.55
603197	保隆科技	16513.30	13109.64	79.39	650.93	3.94	2752.73	16.67
603198	迎驾贡酒	80000.00	13238.27	16.55	63311.29	79.14	3450.44	4.31
603199	九华旅游	11068.00	3550.07	32.08	7497.86	67.74	20.07	0.18
603200	上海洗霸	10076.76	9633.03	95.60	367.96	3.65	75.77	0.75
603203	快克股份	15653.38	5081.68	32.46	9930.19	63.44	641.51	4.10
603208	江山欧派	10506.09	7621.04	72.54	953.87	9.08	1931.18	18.38
603212	赛伍技术	40001.00	1943.20	4.86	37026.85	92.56	1030.94	2.58
603214	爱婴室	14280.84	9341.09	65.41	3412.69	23.90	1527.05	10.69
603217	元利科技	12745.60	11840.35	92.90	894.68	7.02	10.58	0.08
603218	日月股份	96760.40	54038.61	55.85	21860.02	22.59	20861.77	21.56
603220	中贝通信	33776.00	29954.46	88.69	3560.66	10.54	260.88	0.77
603221	爱丽家居	24000.00	7731.18	32.21	16255.27	67.73	13.54	0.06
603222	济民制药	32000.00	19909.15	62.22	11392.23	35.60	698.62	2.18

注：合计持股数包含F类账户；单位为万股。

年末个股股东持股情况
Distribution of Shareholders by 2020

证券代码 Code	证券简称 Security Name	合计持股数 Total Hold	自然人 Individual		一般法人 Corporation		专业机构 Institution	
			持有股数	比例（%）	持有股数	比例（%）	持有股数	比例（%）
603223	恒通股份	28224.00	20131.81	71.33	6980.43	24.73	1111.76	3.94
603225	新凤鸣	139610.37	67925.23	48.65	66516.32	47.64	5168.82	3.70
603226	菲林格尔	21035.02	5697.86	27.09	15321.95	72.84	15.21	0.07
603227	雪峰科技	65870.00	37361.94	56.72	28194.01	42.80	314.04	0.48
603228	景旺电子	85348.37	10638.83	12.47	67397.76	78.97	7311.77	8.57
603229	奥翔药业	23920.64	18785.15	78.53	3702.59	15.48	1432.90	5.99
603232	格尔软件	19310.17	12750.37	66.03	4819.54	24.96	1740.26	9.01
603233	大参林	65862.12	53532.29	81.28	2956.50	4.49	9373.33	14.23
603236	移远通信	10701.60	5354.73	50.04	3040.36	28.41	2306.51	21.55
603238	诺邦股份	12362.00	2233.29	18.07	8600.29	69.57	1528.42	12.36
603239	浙江仙通	27072.00	26788.79	98.95	204.86	0.76	78.35	0.29
603256	宏和科技	87780.00	11501.60	13.10	75354.55	85.84	923.86	1.05
603258	电魂网络	24799.30	23086.13	93.09	977.19	3.94	735.98	2.97
603259	药明康德	213476.04	18213.62	8.53	115253.35	53.99	80009.07	37.48
603260	合盛硅业	93800.00	21788.30	23.23	69233.73	73.81	2777.97	2.96
603266	天龙股份	19896.49	8962.30	45.04	10887.94	54.72	46.26	0.23
603267	鸿远电子	23147.60	15732.98	67.97	1994.19	8.62	5420.43	23.42
603268	松发股份	12416.88	8355.51	67.29	4025.45	32.42	35.92	0.29
603269	海鸥股份	11251.89	10391.06	92.35	814.15	7.24	46.68	0.41
603277	银都股份	41005.50	35339.17	86.18	4437.45	10.82	1228.89	3.00
603278	大业股份	28993.40	26040.59	89.82	2926.98	10.10	25.82	0.09
603279	景津环保	41173.95	22468.03	54.57	18132.48	44.04	573.44	1.39
603283	赛腾股份	17924.48	15622.82	87.16	1076.63	6.01	1225.03	6.83
603286	日盈电子	8807.60	7858.01	89.22	905.94	10.29	43.65	0.50
603288	海天味业	324044.32	93488.88	28.85	193577.22	59.74	36978.22	11.41
603289	泰瑞机器	26680.00	7168.95	26.87	19460.49	72.94	50.56	0.19
603290	斯达半导	16000.00	1492.74	9.33	12388.22	77.43	2119.04	13.24
603297	永新光学	11053.00	3030.24	27.42	7931.98	71.76	90.77	0.82
603298	杭叉集团	86639.59	17926.22	20.69	58956.99	68.05	9756.38	11.26
603299	苏盐井神	77437.97	22963.61	29.65	54128.12	69.90	346.24	0.45
603300	华铁应急	90270.65	68450.52	75.83	21781.53	24.13	38.60	0.04
603301	振德医疗	22720.47	11116.04	48.93	11246.84	49.50	357.59	1.57
603303	得邦照明	48771.54	9931.08	20.36	37611.86	77.12	1228.59	2.52
603305	旭升股份	44703.85	16063.53	35.93	27389.73	61.27	1250.60	2.80
603306	华懋科技	30874.02	15758.19	51.04	14571.82	47.20	544.01	1.76
603308	应流股份	48796.21	13602.94	27.88	23409.10	47.97	11784.17	24.15
603309	维力医疗	26000.00	12492.90	48.05	13430.35	51.66	76.75	0.30
603311	金海高科	21000.00	8767.80	41.75	12149.51	57.85	82.69	0.39
603313	梦百合	37440.07	26959.15	72.01	4792.14	12.80	5688.78	15.19
603315	福鞍股份	30702.63	14318.82	46.64	9354.57	30.47	7029.24	22.89
603316	诚邦股份	20328.00	20012.35	98.45	291.65	1.43	24.00	0.12
603317	天味食品	63044.44	51403.01	81.53	3287.90	5.22	8353.53	13.25
603318	派思股份	40216.23	15973.72	39.72	24169.21	60.10	73.30	0.18
603319	湘油泵	10490.16	8145.54	77.65	1009.46	9.62	1335.16	12.73
603320	迪贝电气	13000.72	6072.76	46.71	6917.90	53.21	10.07	0.08
603321	梅轮电梯	30700.00	30548.38	99.51	100.67	0.33	50.95	0.17
603322	超讯通信	15652.00	14656.05	93.64	958.25	6.12	37.70	0.24
603323	苏农银行	180306.88	101764.65	56.44	75440.02	41.84	3102.21	1.72
603326	我乐家居	31654.46	27072.67	85.53	4384.91	13.85	196.87	0.62
603327	福蓉科技	40100.00	5467.52	13.63	34473.23	85.97	159.25	0.40

注：合计持股数包含 F 类账户；单位为万股。

年末个股股东持股情况
Distribution of Shareholders by 2020

证券代码 Code	证券简称 Security Name	合计持股数 Total Hold	自然人 Individual		一般法人 Corporation		专业机构 Institution	
			持有股数	比例（%）	持有股数	比例（%）	持有股数	比例（%）
603328	依顿电子	99844.26	27750.78	27.79	64619.13	64.72	7474.35	7.49
603329	上海雅仕	13200.00	5002.91	37.90	8152.59	61.76	44.50	0.34
603330	上海天洋	15288.00	12848.64	84.04	1582.19	10.35	857.17	5.61
603331	百达精工	17895.29	10855.91	60.66	7018.89	39.22	20.50	0.11
603332	苏州龙杰	11893.80	5370.18	45.15	6380.25	53.64	143.37	1.21
603333	尚纬股份	51990.50	50253.50	96.66	1622.93	3.12	114.08	0.22
603335	迪生力	42814.46	16673.86	38.94	26002.08	60.73	138.52	0.32
603336	宏辉果蔬	33740.29	32118.98	95.19	1046.68	3.10	574.63	1.70
603337	杰克股份	44573.14	7682.40	17.24	29042.68	65.16	7848.05	17.61
603338	浙江鼎力	48548.56	26175.50	53.92	8807.97	18.14	13565.09	27.94
603339	四方科技	30944.12	29718.11	96.04	454.15	1.47	771.86	2.49
603345	安井食品	23667.46	4511.56	19.06	10740.47	45.38	8415.44	35.56
603348	文灿股份	25876.82	17086.86	66.03	6071.94	23.46	2718.02	10.50
603351	威尔药业	13066.67	11692.90	89.49	1191.82	9.12	181.95	1.39
603353	和顺石油	13338.00	5941.60	44.55	6785.59	50.87	610.81	4.58
603355	莱克电气	41107.25	12658.22	30.79	27012.33	65.71	1436.70	3.50
603356	华菱精工	13334.00	13123.34	98.42	157.12	1.18	53.54	0.40
603357	设计总院	45454.27	22055.16	48.52	22533.44	49.57	865.67	1.90
603358	华达科技	31360.00	30219.42	96.36	706.28	2.25	434.30	1.38
603359	东珠生态	31864.00	25851.88	81.13	4997.04	15.68	1015.08	3.19
603360	百傲化学	26134.64	9089.66	34.78	16921.74	64.75	123.24	0.47
603363	傲农生物	67401.63	36649.64	54.38	24964.26	37.04	5787.73	8.59
603365	水星家纺	26667.00	13767.05	51.63	12614.12	47.30	285.83	1.07
603366	日出东方	80000.00	30929.05	38.66	48727.07	60.91	343.88	0.43
603367	辰欣药业	45335.30	15984.66	35.26	29093.55	64.17	257.10	0.57
603368	柳药股份	36266.38	27019.64	74.50	4679.72	12.90	4567.02	12.59
603369	今世缘	125450.00	25341.90	20.20	76296.62	60.82	23811.48	18.98
603377	东方时尚	61058.43	27782.33	45.50	27386.32	44.85	5889.79	9.65
603378	亚士创能	20617.33	7276.38	35.29	9559.54	46.37	3781.41	18.34
603379	三美股份	61047.90	47965.20	78.57	12666.44	20.75	416.26	0.68
603380	易德龙	16000.00	12892.97	80.58	2347.07	14.67	759.96	4.75
603383	顶点软件	16825.05	11789.75	70.07	4918.35	29.23	116.95	0.70
603385	惠达卫浴	37976.23	21671.04	57.06	15149.13	39.89	1156.06	3.04
603386	广东骏亚	22449.24	7666.60	34.15	14718.86	65.57	63.78	0.28
603387	基蛋生物	26034.09	20648.54	79.31	3358.07	12.90	2027.48	7.79
603388	元成股份	28514.21	27978.41	98.12	520.50	1.83	15.29	0.05
603389	*ST 亚振	26275.20	7446.10	28.34	18818.81	71.62	10.29	0.04
603390	通达电气	35168.70	34250.57	97.39	889.92	2.53	28.20	0.08
603392	万泰生物	43360.00	16993.20	39.19	25158.45	58.02	1208.35	2.79
603393	新天然气	31360.00	30579.18	97.51	668.54	2.13	112.28	0.36
603396	金辰股份	10577.93	8616.10	81.45	1612.80	15.25	349.03	3.30
603398	邦宝益智	29638.28	14485.01	48.87	14702.74	49.61	450.53	1.52
603399	吉翔股份	51052.36	24293.10	47.58	26610.46	52.12	148.80	0.29
603408	建霖家居	44668.00	4461.54	9.99	40191.92	89.98	14.54	0.03
603416	信捷电气	14056.00	9843.99	70.03	808.94	5.76	3403.08	24.21
603421	鼎信通讯	65669.39	65430.08	99.64	101.41	0.15	137.90	0.21
603429	集友股份	38023.90	34708.42	91.28	1709.31	4.50	1606.16	4.22
603439	贵州三力	40732.22	32568.57	79.96	6646.38	16.32	1517.27	3.72
603444	吉比特	7186.46	4254.02	59.19	599.67	8.34	2332.76	32.46
603456	九洲药业	80523.50	13176.92	16.36	48026.27	59.64	19320.31	23.99

注：合计持股数包含F类账户；单位为万股。

年末个股股东持股情况
Distribution of Shareholders by 2020

证券代码 Code	证券简称 Security Name	合计持股数 Total Hold	自然人 Individual		一般法人 Corporation		专业机构 Institution	
			持有股数	比例（%）	持有股数	比例（%）	持有股数	比例（%）
603458	勘设股份	24143.79	23636.97	97.90	435.58	1.80	71.24	0.30
603466	风语筑	29155.04	25283.59	86.72	3121.49	10.71	749.96	2.57
603477	巨星农牧	46791.16	16514.91	35.29	30226.05	64.60	50.20	0.11
603486	科沃斯	56436.55	1786.90	3.17	45945.13	81.41	8704.53	15.42
603488	展鹏科技	29251.74	24709.87	84.47	4242.17	14.50	299.70	1.02
603489	八方股份	12031.50	8770.44	72.90	1196.12	9.94	2064.94	17.16
603496	恒为科技	20098.52	17691.39	88.02	2074.55	10.32	332.58	1.65
603499	翔港科技	20215.07	17834.93	88.23	2327.55	11.51	52.59	0.26
603500	祥和实业	17640.00	16423.47	93.10	1168.39	6.62	48.14	0.27
603501	韦尔股份	86759.94	36224.76	41.75	30408.86	35.05	20126.32	23.20
603505	金石资源	24000.00	9566.07	39.86	12219.51	50.91	2214.41	9.23
603506	南都物业	13412.70	6255.52	46.64	6841.57	51.01	315.61	2.35
603507	振江股份	12683.64	6514.94	51.36	4984.75	39.30	1183.95	9.33
603508	思维列控	27252.19	25416.93	93.27	1773.58	6.51	61.68	0.23
603515	欧普照明	75469.57	30804.30	40.82	36883.57	48.87	7781.70	10.31
603516	淳中科技	13330.04	11106.48	83.32	1579.17	11.85	644.40	4.83
603517	绝味食品	60863.07	2928.60	4.81	36753.75	60.39	21180.72	34.80
603518	锦泓集团	25241.66	22669.90	89.81	2538.65	10.06	33.11	0.13
603519	立霸股份	22193.99	15465.76	69.68	6334.01	28.54	394.22	1.78
603520	司太立	24490.47	12355.06	50.45	4079.05	16.66	8056.37	32.90
603527	众源新材	24382.40	22714.18	93.16	1637.31	6.72	30.91	0.13
603528	多伦科技	62677.95	23842.98	38.04	36183.79	57.73	2651.18	4.23
603530	神马电力	40004.45	12965.88	32.41	27033.72	67.58	4.85	0.01
603533	掌阅科技	40100.00	32265.42	80.46	6481.52	16.16	1353.06	3.37
603535	嘉诚国际	15040.00	11195.21	74.44	2688.92	17.88	1155.87	7.69
603536	惠发食品	17188.60	9076.86	52.81	6265.35	36.45	1846.39	10.74
603538	美诺华	14960.93	8536.47	57.06	5407.44	36.14	1017.02	6.80
603551	奥普家居	40001.00	3940.65	9.85	36022.84	90.05	37.51	0.09
603555	*ST 贵人	62860.21	10833.65	17.23	50419.51	80.21	1607.06	2.56
603556	海兴电力	48868.40	15182.41	31.07	31595.37	64.65	2090.63	4.28
603557	起步股份	49600.37	22054.09	44.46	27276.40	54.99	269.89	0.54
603558	健盛集团	41635.63	31928.28	76.68	5277.29	12.67	4430.06	10.64
603559	中通国脉	14331.32	13949.12	97.33	357.63	2.50	24.57	0.17
603565	中谷物流	66666.67	5879.02	8.82	60733.36	91.10	54.29	0.08
603566	普莱柯	32149.60	24356.33	75.76	3683.64	11.46	4109.63	12.78
603567	珍宝岛	84916.00	16873.92	19.87	67947.58	80.02	94.50	0.11
603568	伟明环保	125655.83	45210.60	35.98	69137.41	55.02	11307.82	9.00
603569	长久物流	56027.64	11189.76	19.97	44744.46	79.86	93.42	0.17
603577	汇金通	28826.82	19778.64	68.61	9036.16	31.35	12.02	0.04
603578	三星新材	9173.85	8289.43	90.36	718.79	7.84	165.63	1.81
603579	荣泰健康	14000.00	11486.91	82.05	1671.06	11.94	842.03	6.01
603580	艾艾精工	13067.32	12781.70	97.81	267.28	2.05	18.34	0.14
603583	捷昌驱动	27282.08	15570.88	57.07	5785.77	21.21	5925.43	21.72
603585	苏利股份	18000.00	16047.25	89.15	1871.60	10.40	81.15	0.45
603586	金麒麟	20364.87	8307.80	40.79	11980.33	58.83	76.74	0.38
603587	地素时尚	48120.00	39548.79	82.19	4201.91	8.73	4369.30	9.08
603588	高能环境	80967.39	61676.69	76.17	9539.62	11.78	9751.07	12.04
603589	口子窖	60000.00	40225.10	67.04	8418.16	14.03	11356.73	18.93
603590	康辰药业	16000.00	11516.62	71.98	4228.68	26.43	254.70	1.59
603595	东尼电子	21292.52	18747.27	88.05	2433.44	11.43	111.81	0.53

注：合计持股数包含 F 类账户；单位为万股。

年末个股股东持股情况
Distribution of Shareholders by 2020

证券代码 Code	证券简称 Security Name	合计持股数 Total Hold	自然人 Individual		一般法人 Corporation		专业机构 Institution	
			持有股数	比例（%）	持有股数	比例（%）	持有股数	比例（%）
603596	伯特利	40856. 10	16741. 29	40. 98	16098. 49	39. 40	8016. 33	19. 62
603598	引力传媒	27062. 30	25490. 15	94. 19	985. 83	3. 64	586. 31	2. 17
603599	广信股份	46467. 91	12730. 01	27. 40	23004. 75	49. 51	10733. 15	23. 10
603600	永艺股份	30251. 26	9648. 67	31. 90	14941. 13	49. 39	5661. 45	18. 71
603601	再升科技	71899. 43	47902. 54	66. 62	8909. 88	12. 39	15087. 01	20. 98
603602	纵横通信	20384. 48	20237. 79	99. 28	102. 52	0. 50	44. 18	0. 22
603603	博天环境	41778. 41	17150. 09	41. 05	24584. 60	58. 85	43. 71	0. 10
603605	珀莱雅	20111. 69	14919. 44	74. 18	1239. 52	6. 16	3952. 73	19. 65
603606	东方电缆	65410. 45	26387. 24	40. 34	30551. 41	46. 71	8471. 81	12. 95
603607	京华激光	17851. 68	12092. 86	67. 74	5731. 11	32. 10	27. 71	0. 16
603608	天创时尚	42889. 55	17670. 50	41. 20	25197. 95	58. 75	21. 10	0. 05
603609	禾丰牧业	92205. 99	72592. 41	78. 73	17882. 65	19. 39	1730. 93	1. 88
603610	麒盛科技	20745. 91	14235. 53	68. 62	6330. 23	30. 51	180. 14	0. 87
603611	诺力股份	26718. 47	24386. 09	91. 27	1272. 74	4. 76	1059. 65	3. 97
603612	索通发展	43358. 01	32024. 33	73. 86	6841. 90	15. 78	4491. 78	10. 36
603613	国联股份	23717. 26	12209. 71	51. 48	7674. 34	32. 36	3833. 22	16. 16
603615	茶花股份	24455. 00	23340. 33	95. 44	496. 05	2. 03	618. 62	2. 53
603616	韩建河山	29336. 00	15672. 53	53. 42	13612. 07	46. 40	51. 40	0. 18
603617	君禾股份	19946. 02	7367. 75	36. 94	12554. 12	62. 94	24. 15	0. 12
603618	杭电股份	69103. 81	32317. 95	46. 77	36564. 99	52. 91	220. 87	0. 32
603619	中曼石油	40000. 01	18344. 50	45. 86	21603. 60	54. 01	51. 91	0. 13
603626	科森科技	49088. 55	41124. 65	83. 78	4304. 83	8. 77	3659. 07	7. 45
603628	清源股份	27380. 00	20369. 02	74. 39	6865. 38	25. 07	145. 60	0. 53
603629	利通电子	10000. 00	9293. 26	92. 93	594. 93	5. 95	111. 81	1. 12
603630	拉芳家化	22672. 00	16091. 87	70. 98	6263. 25	27. 63	316. 88	1. 40
603633	徕木股份	26350. 12	19962. 83	75. 76	6190. 00	23. 49	197. 29	0. 75
603636	南威软件	59079. 36	51559. 04	87. 27	7222. 94	12. 23	297. 38	0. 50
603637	镇海股份	24370. 20	20496. 19	84. 10	3852. 72	15. 81	21. 29	0. 09
603638	艾迪精密	59880. 96	40415. 44	67. 49	17011. 84	28. 41	2453. 68	4. 10
603639	海利尔	23744. 89	20885. 87	87. 96	2263. 21	9. 53	595. 81	2. 51
603648	畅联股份	36866. 67	14631. 23	39. 69	22058. 95	59. 83	176. 49	0. 48
603650	彤程新材	58598. 75	5548. 71	9. 47	51446. 28	87. 79	1603. 77	2. 74
603655	朗博科技	10600. 00	9209. 80	86. 88	1241. 85	11. 72	148. 35	1. 40
603656	泰禾智能	15313. 66	14460. 73	94. 43	813. 70	5. 31	39. 23	0. 26
603657	春光科技	13440. 00	5510. 31	41. 00	7733. 97	57. 54	195. 71	1. 46
603658	安图生物	45097. 87	1026. 00	2. 28	33332. 61	73. 91	10739. 26	23. 81
603659	璞泰来	49602. 84	21938. 41	44. 23	15615. 02	31. 48	12049. 40	24. 29
603660	苏州科达	49927. 97	48394. 76	96. 93	1191. 07	2. 39	342. 14	0. 69
603661	恒林股份	10000. 00	7845. 05	78. 45	1853. 69	18. 54	301. 26	3. 01
603662	柯力传感	16716. 06	13863. 36	82. 93	2837. 75	16. 98	14. 96	0. 09
603663	三祥新材	19246. 20	8306. 11	43. 16	10908. 63	56. 68	31. 46	0. 16
603665	康隆达	15823. 87	8471. 05	53. 53	7091. 41	44. 81	261. 41	1. 65
603666	亿嘉和	13863. 87	8929. 91	64. 41	3912. 54	28. 22	1021. 42	7. 37
603667	五洲新春	29233. 24	25094. 99	85. 84	4105. 65	14. 04	32. 60	0. 11
603668	天马科技	33975. 73	29138. 95	85. 76	4706. 59	13. 85	130. 19	0. 38
603669	灵康药业	71344. 00	34565. 30	48. 45	35692. 07	50. 03	1086. 64	1. 52
603676	卫信康	42300. 00	16463. 07	38. 92	25806. 82	61. 01	30. 11	0. 07
603677	奇精机械	19213. 22	8970. 59	46. 69	10148. 89	52. 82	93. 73	0. 49
603678	火炬电子	45984. 69	25741. 18	55. 98	6972. 90	15. 16	13270. 61	28. 86
603679	华体科技	14289. 32	13003. 63	91. 00	1242. 01	8. 69	43. 68	0. 31

注：合计持股数包含F类账户；单位为万股。

年末个股股东持股情况
Distribution of Shareholders by 2020

证券代码 Code	证券简称 Security Name	合计持股数 Total Hold	自然人 Individual		一般法人 Corporation		专业机构 Institution	
			持有股数	比例（%）	持有股数	比例（%）	持有股数	比例（%）
603680	今创集团	79067.45	55261.97	69.89	23402.49	29.60	402.99	0.51
603681	永冠新材	16659.16	14432.01	86.63	2094.79	12.57	132.36	0.79
603682	锦和商业	47250.00	10051.89	21.27	37143.33	78.61	54.78	0.12
603683	晶华新材	12667.00	11338.44	89.51	1203.03	9.50	125.53	0.99
603685	晨丰科技	16900.00	4136.74	24.48	12719.28	75.26	43.98	0.26
603686	龙马环卫	41565.57	25255.75	60.76	8104.18	19.50	8205.64	19.74
603687	大胜达	41083.07	6510.66	15.85	34551.90	84.10	20.51	0.05
603688	石英股份	35296.05	21274.46	60.27	12916.02	36.59	1105.57	3.13
603689	皖天然气	33600.00	7266.79	21.63	25806.30	76.80	526.91	1.57
603690	至纯科技	30780.46	19821.67	64.40	8295.28	26.95	2663.51	8.65
603693	江苏新能	61800.00	11404.52	18.45	50291.16	81.38	104.32	0.17
603696	安记食品	23520.00	19186.48	81.58	4158.97	17.68	174.55	0.74
603697	有友食品	30454.50	30117.59	98.89	253.53	0.83	83.38	0.27
603698	航天工程	53599.00	11803.80	22.02	41666.53	77.74	128.67	0.24
603699	纽威股份	75000.00	12840.34	17.12	55255.39	73.67	6904.27	9.21
603700	宁水集团	20324.20	17759.64	87.38	976.19	4.80	1588.37	7.82
603701	德宏股份	26269.26	18004.98	68.54	8234.48	31.35	29.80	0.11
603703	盛洋科技	29861.00	17815.22	59.66	10126.76	33.91	1919.02	6.43
603706	东方环宇	18938.27	13382.51	70.66	5548.46	29.30	7.31	0.04
603707	健友股份	93416.05	56249.80	60.21	26895.59	28.79	10270.67	10.99
603708	家家悦	60840.06	9793.09	16.10	44318.61	72.84	6728.36	11.06
603709	中源家居	8000.00	4348.25	54.35	3638.06	45.48	13.69	0.17
603711	香飘飘	41817.11	37825.47	90.45	3776.28	9.03	215.36	0.52
603712	七一二	77200.00	8172.67	10.59	55189.22	71.49	13838.11	17.93
603713	密尔克卫	15473.70	7766.94	50.19	4803.37	31.04	2903.38	18.76
603716	塞力医疗	20502.67	8948.68	43.65	11475.78	55.97	78.22	0.38
603717	天域生态	24179.62	23177.32	95.85	902.83	3.73	99.47	0.41
603718	海利生物	64400.00	33675.05	52.29	28745.38	44.64	1979.57	3.07
603719	良品铺子	40100.00	3272.70	8.16	36136.39	90.12	690.91	1.72
603721	中广天择	13000.00	5404.84	41.58	7301.08	56.16	294.08	2.26
603722	阿科力	8793.75	8616.96	97.99	164.44	1.87	12.36	0.14
603725	天安新材	20535.20	19391.49	94.43	866.10	4.22	277.61	1.35
603726	朗迪集团	18565.12	18330.96	98.74	86.38	0.47	147.78	0.80
603727	博迈科	23419.44	5718.52	24.42	17191.52	73.41	509.40	2.18
603728	鸣志电器	41600.00	7384.26	17.75	32784.23	78.81	1431.51	3.44
603729	龙韵股份	9333.80	8994.50	96.36	273.06	2.93	66.23	0.71
603730	岱美股份	57953.24	17172.58	29.63	38077.08	65.70	2703.58	4.67
603733	仙鹤股份	70597.23	12984.56	18.39	55825.45	79.08	1787.22	2.53
603737	三棵树	26890.47	20068.96	74.63	1167.93	4.34	5653.58	21.02
603738	泰晶科技	17330.38	15389.03	88.80	1504.07	8.68	437.28	2.52
603739	蔚蓝生物	15466.70	6852.48	44.30	8497.16	54.94	117.06	0.76
603755	日辰股份	9861.37	496.12	5.03	7756.26	78.65	1608.99	16.32
603757	大元泵业	16758.30	16241.94	96.92	367.11	2.19	149.24	0.89
603758	秦安股份	43879.70	39561.59	90.16	4268.67	9.73	49.45	0.11
603766	隆鑫通用	205354.19	88601.74	43.15	112828.62	54.94	3923.82	1.91
603767	中马传动	30609.80	13053.08	42.64	17494.27	57.15	62.45	0.20
603768	常青股份	20400.00	20097.60	98.52	276.41	1.35	25.99	0.13
603773	沃格光电	9459.56	7532.77	79.63	1906.20	20.15	20.58	0.22
603776	永安行	18758.00	16466.18	87.78	2260.43	12.05	31.39	0.17
603777	来伊份	33713.21	10898.62	32.33	22593.52	67.02	221.07	0.66

注：合计持股数包含 F 类账户；单位为万股。

年末个股股东持股情况
Distribution of Shareholders by 2020

证券代码 Code	证券简称 Security Name	合计持股数 Total Hold	自然人 Individual		一般法人 Corporation		专业机构 Institution	
			持有股数	比例（%）	持有股数	比例（%）	持有股数	比例（%）
603778	乾景园林	64285.71	45827.94	71.29	11683.82	18.17	6773.95	10.54
603779	ST威龙	33274.92	21659.09	65.09	11608.84	34.89	6.98	0.02
603786	科博达	40010.00	5852.60	14.63	31673.13	79.16	2484.27	6.21
603787	新日股份	20400.00	15349.86	75.24	3443.68	16.88	1606.46	7.87
603788	宁波高发	22306.51	8724.03	39.11	10964.34	49.15	2618.14	11.74
603789	星光农机	26000.00	14545.62	55.94	11444.64	44.02	9.74	0.04
603790	雅运股份	19136.00	19011.66	99.35	117.96	0.62	6.37	0.03
603797	联泰环保	44977.45	13315.06	29.60	31630.71	70.33	31.68	0.07
603798	康普顿	20000.00	8062.19	40.31	11869.64	59.35	68.17	0.34
603799	华友钴业	114126.15	24639.36	21.59	56703.88	49.69	32782.92	28.73
603800	道森股份	20800.00	6714.16	32.28	14070.76	67.65	15.09	0.07
603801	志邦家居	22333.34	14141.55	63.32	4666.68	20.90	3525.11	15.78
603803	瑞斯康达	42105.56	37489.62	89.04	4161.35	9.88	454.59	1.08
603806	福斯特	76955.24	13667.87	17.76	47882.76	62.22	15404.61	20.02
603808	歌力思	33251.56	11728.09	35.27	20770.20	62.46	753.27	2.27
603809	豪能股份	21634.82	18214.14	84.19	1829.37	8.46	1591.31	7.36
603810	丰山集团	11623.36	10422.51	89.67	1085.39	9.34	115.46	0.99
603811	诚意药业	16699.20	13378.31	80.11	1328.56	7.96	1992.33	11.93
603813	原尚股份	8878.20	4304.95	48.49	4560.53	51.37	12.72	0.14
603815	交建股份	49900.00	13480.26	27.01	36269.15	72.68	150.59	0.30
603816	顾家家居	63241.18	3789.44	5.99	42776.33	67.64	16675.41	26.37
603817	海峡环保	45000.54	15481.50	34.40	29505.81	65.57	13.24	0.03
603818	曲美家居	58287.95	42522.06	72.95	12487.72	21.42	3278.17	5.62
603819	神力股份	21773.02	16861.18	77.44	4856.03	22.30	55.80	0.26
603822	嘉澳环保	7335.73	2613.56	35.63	3372.87	45.98	1349.30	18.39
603823	百合花	31500.00	10543.44	33.47	20947.74	66.50	8.82	0.03
603825	华扬联众	22861.56	19249.63	84.20	3547.52	15.52	64.41	0.28
603826	坤彩科技	46800.00	42068.75	89.89	2962.89	6.33	1768.36	3.78
603828	柯利达	61046.02	33866.33	55.48	24154.15	39.57	3025.53	4.96
603829	洛凯股份	16000.00	3789.51	23.68	12105.66	75.66	104.83	0.66
603833	欧派家居	60153.19	47290.33	78.62	2023.99	3.36	10838.87	18.02
603838	四通股份	32001.60	25999.79	81.25	5080.61	15.88	921.20	2.88
603839	安正时尚	40010.22	37879.21	94.67	932.11	2.33	1198.90	3.00
603843	正平股份	56000.42	50260.87	89.75	5608.91	10.02	130.64	0.23
603848	好太太	40100.00	38949.14	97.13	1038.13	2.59	112.73	0.28
603855	华荣股份	33766.00	27796.38	82.32	1867.64	5.53	4101.98	12.15
603856	东宏股份	25641.46	10232.52	39.91	14786.60	57.67	622.34	2.43
603858	步长制药	114158.06	39064.80	34.22	68902.75	60.36	6190.51	5.42
603859	能科股份	13915.23	10914.41	78.44	1583.11	11.38	1417.70	10.19
603860	中公高科	6668.00	3465.88	51.98	3149.90	47.24	52.22	0.78
603861	白云电器	44181.99	39039.86	88.36	5122.49	11.59	19.64	0.04
603863	松炀资源	20589.40	18450.93	89.61	2083.42	10.12	55.06	0.27
603866	桃李面包	68015.27	49210.99	72.35	5260.25	7.73	13544.03	19.91
603867	新化股份	14090.00	11329.84	80.41	2646.59	18.78	113.57	0.81
603868	飞科电器	43560.00	5297.91	12.16	35619.40	81.77	2642.69	6.07
603869	新智认知	50450.05	21491.92	42.60	28723.76	56.94	234.38	0.46
603871	嘉友国际	21952.00	12019.24	54.75	9175.22	41.80	757.53	3.45
603876	鼎胜新材	43363.01	14049.92	32.40	28728.91	66.25	584.19	1.35
603877	太平鸟	47672.78	6732.86	14.12	37280.50	78.20	3659.41	7.68
603878	武进不锈	40075.88	34034.47	84.93	5037.22	12.57	1004.20	2.51

注：合计持股数包含F类账户；单位为万股。

年末个股股东持股情况
Distribution of Shareholders by 2020

证券代码 Code	证券简称 Security Name	合计持股数 Total Hold	自然人 Individual		一般法人 Corporation		专业机构 Institution	
			持有股数	比例（%）	持有股数	比例（%）	持有股数	比例（%）
603879	永悦科技	27938.88	27283.41	97.65	595.10	2.13	60.37	0.22
603880	南卫股份	22518.00	21101.34	93.71	1404.98	6.24	11.68	0.05
603881	数据港	23494.80	6186.64	26.33	14120.34	60.10	3187.82	13.57
603882	金域医学	45948.76	10962.06	23.86	18296.90	39.82	16689.79	36.32
603883	老百姓	40873.21	4590.38	11.23	25708.01	62.90	10574.81	25.87
603885	吉祥航空	196614.42	27961.58	14.22	145456.38	73.98	23196.46	11.80
603886	元祖股份	24000.00	6330.22	26.38	16444.70	68.52	1225.08	5.10
603887	城地香江	37558.03	26185.14	69.72	7920.28	21.09	3452.61	9.19
603888	新华网	51902.94	16693.43	32.16	34161.51	65.82	1047.99	2.02
603889	新澳股份	51174.64	33089.59	64.66	17646.19	34.48	438.86	0.86
603890	春秋电子	38551.08	35009.72	90.81	3256.72	8.45	284.64	0.74
603893	瑞芯微	41587.80	26174.58	62.94	14628.72	35.18	784.50	1.89
603895	天永智能	10808.00	3255.97	30.13	7546.99	69.83	5.04	0.05
603896	寿仙谷	14801.06	8396.52	56.73	6284.51	42.46	120.02	0.81
603897	长城科技	17840.38	9259.52	51.90	8514.97	47.73	65.88	0.37
603898	好莱客	31127.65	25540.41	82.05	2817.71	9.05	2769.54	8.90
603899	晨光文具	92742.76	7168.85	7.73	63090.30	68.03	22483.61	24.24
603900	莱绅通灵	34047.38	28370.72	83.33	5336.05	15.67	340.61	1.00
603901	永创智能	43940.74	36829.61	83.82	5020.71	11.43	2090.42	4.76
603903	中持股份	20230.38	12726.94	62.91	7492.78	37.04	10.65	0.05
603906	龙蟠科技	34436.82	22339.18	64.87	6733.05	19.55	5364.60	15.58
603908	牧高笛	6669.00	2076.70	31.14	4532.27	67.96	60.03	0.90
603909	合诚股份	14322.70	14055.77	98.14	95.23	0.66	171.70	1.20
603912	佳力图	21695.14	5823.92	26.84	15622.84	72.01	248.37	1.14
603915	国茂股份	47254.74	14405.99	30.49	29898.81	63.27	2949.95	6.24
603916	苏博特	35025.73	12645.92	36.10	15367.12	43.87	7012.69	20.02
603917	合力科技	15680.00	15445.46	98.50	215.37	1.37	19.17	0.12
603918	金桥信息	23504.43	20245.14	86.13	3147.52	13.39	111.77	0.48
603919	金徽酒	50726.00	11549.39	22.77	36981.04	72.90	2195.56	4.33
603920	世运电路	40949.52	4000.43	9.77	30963.46	75.61	5985.63	14.62
603922	金鸿顺	12800.00	3269.10	25.54	9506.27	74.27	24.63	0.19
603926	铁流股份	16021.20	10607.02	66.21	5368.50	33.51	45.68	0.29
603927	中科软	42400.00	23835.08	56.21	17431.30	41.11	1133.62	2.67
603928	兴业股份	20160.00	19452.53	96.49	611.84	3.03	95.63	0.47
603929	亚翔集成	21336.00	6621.27	31.03	14652.39	68.67	62.34	0.29
603931	格林达	10181.55	2459.14	24.15	7709.52	75.72	12.89	0.13
603933	睿能科技	20123.32	4908.17	24.39	15185.34	75.46	29.81	0.15
603936	博敏电子	51101.21	41272.61	80.77	5368.87	10.51	4459.73	8.73
603937	丽岛新材	20888.00	20470.80	98.00	265.55	1.27	151.65	0.73
603938	三孚股份	15016.66	10141.78	67.54	4772.16	31.78	102.72	0.68
603939	益丰药房	53151.79	10765.01	20.25	28284.16	53.21	14102.61	26.53
603948	建业股份	16000.00	12234.98	76.47	3761.93	23.51	3.09	0.02
603949	雪龙集团	20980.61	12226.79	58.28	8344.81	39.77	409.01	1.95
603950	长源东谷	23152.20	21115.58	91.20	2016.46	8.71	20.16	0.09
603955	大千生态	13572.00	4433.71	32.67	8519.93	62.78	618.36	4.56
603956	威派格	42596.01	32923.73	77.29	8814.35	20.69	857.93	2.01
603958	哈森股份	21736.00	4857.64	22.35	16583.42	76.29	294.94	1.36
603959	百利科技	49029.90	18994.79	38.74	28481.00	58.09	1554.10	3.17
603960	克来机电	26094.45	15323.38	58.72	3578.00	13.71	7193.07	27.57
603963	大理药业	21970.00	14802.97	67.38	7153.75	32.56	13.28	0.06

注：合计持股数包含 F 类账户；单位为万股。

年末个股股东持股情况
Distribution of Shareholders by 2020

证券代码 Code	证券简称 Security Name	合计持股数 Total Hold	自然人 Individual		一般法人 Corporation		专业机构 Institution	
			持有股数	比例（%）	持有股数	比例（%）	持有股数	比例（%）
603966	法兰泰克	21097.96	17162.72	81.35	3731.17	17.68	204.07	0.97
603967	中创物流	26666.67	12630.92	47.37	14024.75	52.59	11.00	0.04
603968	醋化股份	20448.00	15814.09	77.34	4208.84	20.58	425.07	2.08
603969	银龙股份	84100.00	76468.47	90.93	7383.02	8.78	248.51	0.30
603970	中农立华	19200.01	4318.18	22.49	14521.26	75.63	360.57	1.88
603976	正川股份	15120.00	8797.82	58.19	6244.66	41.30	77.52	0.51
603977	国泰集团	55158.16	16860.89	30.57	38259.05	69.36	38.22	0.07
603978	深圳新星	16000.00	11206.07	70.04	4764.64	29.78	29.29	0.18
603979	金诚信	58340.84	23932.59	41.02	32957.23	56.49	1451.02	2.49
603980	吉华集团	70000.00	36465.35	52.09	33513.66	47.88	20.98	0.03
603982	泉峰汽车	20153.24	5437.23	26.98	14553.98	72.22	162.03	0.80
603983	丸美股份	40100.00	35733.35	89.11	3123.16	7.79	1243.49	3.10
603985	恒润股份	20384.00	15893.27	77.97	3016.62	14.80	1474.11	7.23
603986	兆易创新	47162.67	19068.60	40.43	13754.33	29.16	14339.74	30.40
603987	康德莱	44160.90	12641.92	28.63	21956.09	49.72	9562.89	21.65
603988	中电电机	23520.00	16869.77	71.73	6639.16	28.23	11.07	0.05
603989	艾华集团	39626.01	12038.62	30.38	21361.05	53.91	6226.34	15.71
603990	麦迪科技	16546.35	11062.81	66.86	3261.21	19.71	2222.32	13.43
603991	至正股份	7453.50	4852.78	65.11	2589.62	34.74	11.09	0.15
603992	松霖科技	40100.99	16441.59	41.00	23054.38	57.49	605.02	1.51
603993	洛阳钼业	1766577.26	459337.51	26.00	1129416.73	63.93	177823.02	10.07
603995	甬金股份	23067.00	17160.13	74.39	4275.39	18.53	1631.49	7.07
603996	*ST 中新	30015.00	14464.31	48.19	15544.63	51.79	6.06	0.02
603997	继峰股份	102124.96	11107.44	10.88	87640.75	85.82	3376.76	3.31
603998	方盛制药	42942.97	41086.47	95.68	1826.44	4.25	30.07	0.07
603999	读者传媒	57600.00	20441.80	35.49	36325.37	63.06	832.83	1.45
605001	威奥股份	30222.00	19359.18	64.06	10850.11	35.90	12.71	0.04
605003	众望布艺	8800.00	1709.90	19.43	6987.00	79.40	103.10	1.17
605006	山东玻纤	50000.00	9541.21	19.08	40280.38	80.56	178.41	0.36
605007	五洲特纸	40001.00	36475.52	91.19	3494.25	8.74	31.23	0.08
605008	长鸿高科	45884.32	8187.51	17.84	37628.97	82.01	67.84	0.15
605009	豪悦护理	10667.00	8666.01	81.24	1807.61	16.95	193.38	1.81
605018	长华股份	41668.00	36269.18	87.04	5313.56	12.75	85.25	0.20
605050	福然德	43500.00	23437.19	53.88	20052.40	46.10	10.41	0.02
605058	澳弘电子	14292.40	12512.24	87.54	1756.76	12.29	23.40	0.16
605066	天正电气	40100.00	28575.51	71.26	11511.31	28.71	13.18	0.03
605068	明新旭腾	16600.00	11554.82	69.61	4321.90	26.04	723.28	4.36
605088	冠盛股份	16000.00	12012.10	75.08	3974.19	24.84	13.71	0.09
605099	共创草坪	40009.00	31753.52	79.37	7910.59	19.77	344.89	0.86
605100	华丰股份	8670.00	3174.49	36.61	5492.91	63.36	2.60	0.03
605108	同庆楼	20000.00	8704.68	43.52	10655.11	53.28	640.21	3.20
605111	新洁能	10120.00	4450.48	43.98	4571.81	45.18	1097.71	10.85
605116	奥锐特	40100.00	20304.26	50.63	19762.80	49.28	32.93	0.08
605118	力鼎光电	40550.00	4039.07	9.96	36491.50	89.99	19.43	0.05
605123	派克新材	10800.00	8350.88	77.32	1923.74	17.81	525.38	4.86
605128	上海沿浦	8000.00	7255.32	90.69	733.06	9.16	11.62	0.15
605136	丽人丽妆	40001.00	16877.04	42.19	22912.25	57.28	211.71	0.53
605151	西上海	13334.00	10206.10	76.54	3099.93	23.25	27.97	0.21
605155	N 西大门	9600.00	9457.07	98.51	61.13	0.64	81.80	0.85
605158	华达新材	39340.00	12026.91	30.57	27298.63	69.39	14.46	0.04

注：合计持股数包含F类账户；单位为万股。

年末个股股东持股情况
Distribution of Shareholders by 2020

证券代码 Code	证券简称 Security Name	合计持股数 Total Hold	自然人 Individual		一般法人 Corporation		专业机构 Institution	
			持有股数	比例（%）	持有股数	比例（%）	持有股数	比例（%）
605166	聚合顺	31554.70	19132.96	60.63	12407.49	39.32	14.25	0.05
605168	三人行	6967.78	2659.87	38.17	4064.28	58.33	243.63	3.50
605169	洪通燃气	16000.00	14578.81	91.12	1398.98	8.74	22.21	0.14
605177	东亚药业	11360.00	9179.03	80.80	2161.27	19.03	19.70	0.17
605178	时空科技	7089.40	6374.84	89.92	713.06	10.06	1.50	0.02
605179	一鸣食品	40100.00	21055.39	52.51	18729.44	46.71	315.17	0.79
605183	确成股份	41401.80	10275.86	24.82	30433.89	73.51	692.05	1.67
605186	健麾信息	13600.00	9104.81	66.95	4333.37	31.86	161.82	1.19
605188	国光连锁	49558.00	22136.11	44.67	27259.50	55.01	162.39	0.33
605198	德利股份	27053.60	1765.46	6.53	25195.00	93.13	93.15	0.34
605199	葫芦娃	40010.88	13119.73	32.79	26861.10	67.13	30.05	0.08
605218	伟时电子	21283.35	20006.81	94.00	1253.05	5.89	23.49	0.11
605222	起帆电缆	40058.00	38747.81	96.73	1291.56	3.22	18.63	0.05
605255	天普股份	13408.00	4520.21	33.71	8874.62	66.19	13.17	0.10
605258	协和电子	8800.00	8082.99	91.85	681.23	7.74	35.77	0.41
605266	健之佳	5300.00	3241.92	61.17	2037.28	38.44	20.80	0.39
605288	凯迪股份	5000.00	1887.40	37.75	2753.57	55.07	359.02	7.18
605299	舒华体育	41149.90	7890.72	19.18	33205.46	80.69	53.72	0.13
605318	法狮龙	12917.12	4955.26	38.36	7930.51	61.40	31.35	0.24
605333	沪光股份	40100.00	37640.68	93.87	2409.53	6.01	49.78	0.12
605336	帅丰电器	14080.00	7188.00	51.05	6883.34	48.89	8.65	0.06
605338	巴比食品	24800.00	17245.49	69.54	5454.99	22.00	2099.53	8.47
605358	立昂微	40058.00	31346.59	78.25	8310.56	20.75	400.85	1.00
605366	宏柏新材	33200.00	8535.76	25.71	24641.09	74.22	23.15	0.07
605369	拱东医疗	8000.00	7371.32	92.14	622.97	7.79	5.71	0.07
605376	博迁新材	26160.00	7009.50	26.79	18573.88	71.00	576.62	2.20
605377	华旺科技	20386.67	13403.87	65.75	6932.57	34.01	50.23	0.25
605388	均瑶健康	43000.00	21268.72	49.46	21562.94	50.15	168.33	0.39
605399	晨光新材	18400.00	4459.83	24.24	13921.20	75.66	18.98	0.10
605500	森林包装	20000.00	18497.47	92.49	1475.50	7.38	27.04	0.14
688001	华兴源创	43853.68	12893.25	29.40	30085.98	68.61	874.44	1.99
688002	睿创微纳	44500.00	25244.64	56.73	9461.75	21.26	9793.61	22.01
688003	天准科技	19360.00	5075.26	26.22	13426.45	69.35	858.29	4.43
688004	博汇科技	5680.00	4243.48	74.71	1401.90	24.68	34.62	0.61
688005	容百科技	44328.57	4676.36	10.55	31195.68	70.37	8456.52	19.08
688006	杭可科技	40100.00	23079.25	57.55	11737.55	29.27	5283.20	13.18
688007	光峰科技	45275.69	9333.25	20.61	33793.78	74.64	2148.66	4.75
688008	澜起科技	112981.39	7115.66	6.30	90794.36	80.36	15071.38	13.34
688009	中国通号	862101.80	144034.30	16.71	686896.62	79.68	31170.88	3.62
688010	福光股份	15358.19	4549.26	29.62	10414.84	67.81	394.10	2.57
688011	新光光电	10000.00	8131.72	81.32	1301.38	13.01	566.90	5.67
688012	中微公司	53486.22	7153.81	13.38	37745.44	70.57	8586.97	16.05
688013	天臣医疗	8000.00	5984.69	74.81	1651.21	20.64	364.11	4.55
688015	交控科技	16000.00	8202.94	51.27	6897.63	43.11	899.43	5.62
688016	心脉医疗	7197.81	644.32	8.95	5117.36	71.10	1436.13	19.95
688017	绿的谐波	12041.67	7007.85	58.20	3214.13	26.69	1819.69	15.11
688018	乐鑫科技	8003.05	1306.49	16.32	5431.58	67.87	1264.98	15.81
688019	安集科技	5310.84	921.90	17.36	3537.48	66.61	851.46	16.03
688020	方邦股份	8000.00	4249.35	53.12	3215.44	40.19	535.21	6.69

注：合计持股数包含 F 类账户；单位为万股。

年末个股股东持股情况
Distribution of Shareholders by 2020

证券代码 Code	证券简称 Security Name	合计持股数 Total Hold	自然人 Individual		一般法人 Corporation		专业机构 Institution	
			持有股数	比例（%）	持有股数	比例（%）	持有股数	比例（%）
688021	奥福环保	7728.36	5806.45	75.13	790.28	10.23	1131.64	14.64
688022	瀚川智能	10800.00	4534.44	41.99	6152.16	56.96	113.40	1.05
688023	安恒信息	7407.41	1835.34	24.78	3527.98	47.63	2044.08	27.60
688025	杰普特	9236.86	4565.66	49.43	4078.97	44.16	592.23	6.41
688026	洁特生物	10000.00	5701.13	57.01	4265.31	42.65	33.56	0.34
688027	国盾量子	8000.00	4228.99	52.86	3520.97	44.01	250.04	3.13
688028	沃尔德	8000.00	7088.42	88.61	878.25	10.98	33.33	0.42
688029	南微医学	13334.00	1425.64	10.69	9661.91	72.46	2246.44	16.85
688030	山石网科	18022.35	5595.30	31.05	10733.88	59.56	1693.17	9.39
688033	天宜上佳	44873.72	30876.70	68.81	13765.19	30.68	231.82	0.52
688036	传音控股	80000.00	2222.04	2.78	67236.04	84.05	10541.92	13.18
688037	芯源微	8400.00	3085.02	36.73	4871.52	57.99	443.45	5.28
688039	当虹科技	8000.00	1898.97	23.74	5102.44	63.78	998.60	12.48
688050	爱博医疗	10513.93	4266.02	40.57	5248.18	49.92	999.72	9.51
688051	佳华科技	7733.40	3837.59	49.62	3824.74	49.46	71.07	0.92
688055	龙腾光电	333333.34	26894.19	8.07	301973.69	90.59	4465.46	1.34
688056	莱伯泰科	6700.00	1532.77	22.88	5108.81	76.25	58.42	0.87
688057	金达莱	27600.00	22838.77	82.75	3603.88	13.06	1157.35	4.19
688058	宝兰德	4000.00	3335.52	83.39	556.75	13.92	107.72	2.69
688060	云涌科技	6000.00	5832.67	97.21	100.60	1.68	66.73	1.11
688063	派能科技	15484.45	4246.48	27.42	10271.54	66.33	966.44	6.24
688065	凯赛生物	41668.20	3551.37	8.52	37741.94	90.58	374.88	0.90
688066	航天宏图	16631.89	8560.60	51.47	7221.50	43.42	849.79	5.11
688068	热景生物	6219.63	4290.98	68.99	1862.40	29.94	66.26	1.07
688069	德林海	5947.00	5082.28	85.46	588.80	9.90	275.91	4.64
688077	大地熊	8000.00	6921.94	86.52	957.90	11.97	120.17	1.50
688078	龙软科技	7075.00	6721.73	95.01	311.70	4.41	41.56	0.59
688080	映翰通	5242.88	3827.28	73.00	1159.76	22.12	255.84	4.88
688081	兴图新科	7360.00	5076.81	68.98	2262.61	30.74	20.58	0.28
688085	三友医疗	20533.35	8591.55	41.84	10120.24	49.29	1821.56	8.87
688086	紫晶存储	19038.15	5880.86	30.89	13119.98	68.91	37.31	0.20
688088	虹软科技	40600.00	3550.86	8.75	32207.31	79.33	4841.83	11.93
688089	嘉必优	12000.00	2283.31	19.03	9384.58	78.20	332.11	2.77
688090	瑞松科技	6736.06	5113.09	75.91	1606.66	23.85	16.31	0.24
688093	世华科技	17200.00	11948.89	69.47	4667.14	27.13	583.97	3.40
688095	福昕软件	4814.00	3496.05	72.62	809.97	16.83	507.99	10.55
688096	京源环保	10729.35	6965.99	64.92	3733.44	34.80	29.93	0.28
688098	申联生物	40970.00	21409.04	52.26	19027.46	46.44	533.50	1.30
688099	晶晨股份	41112.00	1944.98	4.73	29966.82	72.89	9200.20	22.38
688100	威胜信息	50000.00	7919.75	15.84	41137.21	82.27	943.03	1.89
688101	三达膜	33388.00	7297.94	21.86	25444.64	76.21	645.42	1.93
688106	金宏气体	48433.34	38931.66	80.38	8868.28	18.31	633.40	1.31
688108	赛诺医疗	41000.00	6685.47	16.31	33876.01	82.62	438.52	1.07
688111	金山办公	46100.00	1283.27	2.78	39315.23	85.28	5501.49	11.93
688116	天奈科技	23185.81	5208.81	22.47	10979.65	47.36	6997.35	30.18
688118	普元信息	9540.00	7556.34	79.21	1962.48	20.57	21.18	0.22
688122	西部超导	44127.20	4022.22	9.12	28970.74	65.65	11134.23	25.23
688123	聚辰股份	12084.19	2723.19	22.54	9292.51	76.90	68.49	0.57
688126	沪硅产业	248026.00	38389.70	15.48	198117.74	79.88	11518.55	4.64
688127	蓝特光学	40158.00	32193.74	80.17	6533.10	16.27	1431.16	3.56

注：合计持股数包含F类账户；单位为万股。

年末个股股东持股情况
Distribution of Shareholders by 2020

证券代码 Code	证券简称 Security Name	合计持股数 Total Hold	自然人 Individual		一般法人 Corporation		专业机构 Institution	
			持有股数	比例（%）	持有股数	比例（%）	持有股数	比例（%）
688128	中国电研	40450.00	5296.07	13.09	35149.94	86.90	3.99	0.01
688129	东来技术	12000.00	4265.16	35.54	7477.65	62.31	257.18	2.14
688133	泰坦科技	7624.90	3511.83	46.06	3408.42	44.70	704.65	9.24
688135	利扬芯片	13640.00	11356.17	83.26	1684.93	12.35	598.90	4.39
688136	科兴制药	19870.07	3978.56	20.02	15718.69	79.11	172.82	0.87
688138	清溢光电	26680.00	5843.05	21.90	20187.12	75.66	649.82	2.44
688139	海尔生物	31707.18	4174.68	13.17	25144.51	79.30	2387.98	7.53
688155	先惠技术	7563.00	5224.19	69.08	2063.73	27.29	275.09	3.64
688156	路德环境	9184.00	6679.68	72.73	2424.59	26.40	79.72	0.87
688157	松井股份	7960.00	1827.66	22.96	5397.74	67.81	734.60	9.23
688158	优刻得	42253.22	13747.21	32.54	26920.52	63.71	1585.48	3.75
688159	有方科技	9167.95	2566.56	27.99	6289.80	68.61	311.59	3.40
688160	步科股份	8400.00	3350.01	39.88	4898.13	58.31	151.86	1.81
688165	埃夫特	52178.00	11851.61	22.71	39715.18	76.11	611.21	1.17
688166	博瑞医药	41000.00	17543.03	42.79	21581.94	52.64	1875.03	4.57
688168	安博通	5118.00	3108.07	60.73	1978.77	38.66	31.16	0.61
688169	石头科技	6666.67	2793.68	41.91	2890.29	43.35	982.69	14.74
688177	百奥泰	41408.00	6144.58	14.84	35027.27	84.59	236.15	0.57
688178	万德斯	8499.78	3206.30	37.72	5259.01	61.87	34.48	0.41
688179	阿拉丁	10093.34	6595.42	65.34	2784.39	27.59	713.53	7.07
688180	君实生物	68974.95	44161.44	64.03	22877.07	33.17	1936.44	2.81
688181	八亿时空	9647.30	6094.37	63.17	3093.78	32.07	459.15	4.76
688185	康希诺	11477.90	5701.03	49.67	5536.23	48.23	240.64	2.10
688186	广大特材	16480.00	8068.94	48.96	8030.90	48.73	380.16	2.31
688188	柏楚电子	10000.00	7856.51	78.57	390.76	3.91	1752.74	17.53
688189	南新制药	14000.00	3084.22	22.03	10544.14	75.32	371.64	2.65
688196	卓越新能	12000.00	2444.95	20.37	9257.31	77.14	297.74	2.48
688198	佰仁医疗	9600.00	7463.97	77.75	1792.93	18.68	343.10	3.57
688199	久日新材	11122.68	8326.88	74.86	2402.47	21.60	393.33	3.54
688200	华峰测控	6118.52	1559.03	25.48	3940.48	64.40	619.01	10.12
688202	美迪西	6200.00	3947.11	63.66	1224.91	19.76	1027.97	16.58
688208	道通科技	45000.00	20850.52	46.33	20669.40	45.93	3480.08	7.73
688215	瑞晟智能	4004.00	3199.93	79.92	754.92	18.85	49.15	1.23
688218	江苏北人	11734.00	7750.02	66.05	3711.88	31.63	272.10	2.32
688219	会通股份	45928.36	23825.25	51.87	21755.93	47.37	347.19	0.76
688221	前沿生物	35976.00	12523.48	34.81	22751.51	63.24	701.01	1.95
688222	成都先导	40068.00	11668.25	29.12	28051.14	70.01	348.60	0.87
688228	开普云	6713.34	3639.50	54.21	2966.29	44.19	107.55	1.60
688229	博睿数据	4440.00	3347.78	75.40	822.33	18.52	269.89	6.08
688233	神工股份	16000.00	3294.29	20.59	12331.06	77.07	374.66	2.34
688256	寒武纪	40010.00	14998.73	37.49	24610.98	61.51	400.30	1.00
688258	卓易信息	8695.66	6503.12	74.79	2122.13	24.40	70.41	0.81
688266	泽璟制药	24000.00	11922.39	49.68	10847.42	45.20	1230.19	5.13
688268	华特气体	12000.00	5707.20	47.56	6166.71	51.39	126.09	1.05
688277	天智航	41844.26	19335.46	46.21	21914.99	52.37	593.81	1.42
688278	特宝生物	40680.00	26987.70	66.34	12697.79	31.21	994.51	2.44
688286	敏芯股份	5320.00	2610.92	49.08	2611.32	49.08	97.76	1.84
688288	鸿泉物联	10000.00	6193.59	61.94	3656.40	36.56	150.01	1.50
688289	圣湘生物	40000.00	24438.94	61.10	14856.32	37.14	704.74	1.76
688298	东方生物	12000.00	2520.30	21.00	9289.48	77.41	190.23	1.59

注：合计持股数包含 F 类账户；单位为万股。

年末个股股东持股情况
Distribution of Shareholders by 2020

证券代码 Code	证券简称 Security Name	合计持股数 Total Hold	自然人 Individual		一般法人 Corporation		专业机构 Institution	
			持有股数	比例（%）	持有股数	比例（%）	持有股数	比例（%）
688299	长阳科技	28256.86	18223.38	64.49	7827.14	27.70	2206.34	7.81
688300	联瑞新材	8597.34	3912.41	45.51	4488.80	52.21	196.13	2.28
688301	奕瑞科技	7254.78	503.18	6.94	5896.17	81.27	855.43	11.79
688308	欧科亿	10000.00	5457.09	54.57	4354.80	43.55	188.12	1.88
688309	恒誉环保	8001.07	2712.95	33.91	5225.37	65.31	62.76	0.78
688310	迈得医疗	8360.00	7658.70	91.61	686.90	8.22	14.40	0.17
688311	盟升电子	11467.00	2592.03	22.60	7863.81	68.58	1011.15	8.82
688312	燕麦科技	14347.87	12219.86	85.17	1927.11	13.43	200.90	1.40
688313	仕佳光子	45880.23	15638.03	34.08	30057.90	65.51	184.30	0.40
688318	财富趋势	6667.00	6204.86	93.07	394.48	5.92	67.66	1.01
688321	微芯生物	41000.00	12765.63	31.14	25480.02	62.15	2754.34	6.72
688330	宏力达	10000.00	4127.91	41.28	5732.79	57.33	139.30	1.39
688333	铂力特	8000.00	4666.30	58.33	2855.95	35.70	477.75	5.97
688335	复洁环保	7252.15	3765.12	51.92	3428.28	47.27	58.76	0.81
688336	三生国健	61621.14	5539.67	8.99	55842.64	90.62	238.84	0.39
688338	赛科希德	8164.80	7192.66	88.09	885.87	10.85	86.27	1.06
688339	亿华通	7050.00	2847.86	40.40	3365.51	47.74	836.63	11.87
688356	键凯科技	6000.00	4102.77	68.38	1218.21	20.30	679.02	11.32
688357	建龙微纳	5782.00	3543.12	61.28	2038.96	35.26	199.92	3.46
688358	祥生医疗	8000.00	3330.15	41.63	4399.80	55.00	270.05	3.38
688360	德马科技	8567.66	2451.24	28.61	6094.71	71.14	21.71	0.25
688363	华熙生物	48000.00	2347.57	4.89	42759.57	89.08	2892.86	6.03
688365	光云科技	40100.00	7768.35	19.37	31728.11	79.12	603.54	1.51
688366	昊海生科	13780.00	12203.99	88.56	1282.69	9.31	293.33	2.13
688368	晶丰明源	6160.00	3354.35	54.45	1781.88	28.93	1023.78	16.62
688369	致远互联	7698.96	3874.13	50.32	2844.40	36.95	980.43	12.73
688377	迪威尔	19466.70	13361.83	68.64	5926.86	30.45	178.01	0.91
688378	奥来德	7313.67	4439.34	60.70	2768.52	37.85	105.80	1.45
688379	华光新材	8800.00	5911.83	67.18	2797.43	31.79	90.74	1.03
688386	泛亚微透	7000.00	4011.45	57.31	2721.43	38.88	267.12	3.82
688388	嘉元科技	23087.60	5059.64	21.91	11403.18	49.39	6624.78	28.69
688389	普门科技	42220.00	21420.55	50.74	18834.68	44.61	1964.77	4.65
688390	固德威	8800.00	5827.93	66.23	1800.04	20.46	1172.02	13.32
688393	安必平	9334.00	4249.93	45.53	4984.57	53.40	99.50	1.07
688396	华润微	121592.52	14834.43	12.20	98435.72	80.96	8322.37	6.84
688398	赛特新材	8000.00	7009.71	87.62	652.09	8.15	338.20	4.23
688399	硕世生物	5862.00	2866.18	48.89	2942.69	50.20	53.13	0.91
688408	中信博	13571.55	7941.59	58.52	3780.67	27.86	1849.29	13.63
688418	震有科技	19361.00	7367.10	38.05	11253.56	58.12	740.34	3.82
688466	金科环境	10276.00	5575.83	54.26	4615.23	44.91	84.94	0.83
688488	艾迪药业	42000.00	8021.05	19.10	33483.99	79.72	494.96	1.18
688500	慧辰资讯	7427.45	1811.58	24.39	5552.83	74.76	63.03	0.85
688505	复旦张江	70300.00	28858.59	41.05	40075.18	57.01	1366.23	1.94
688508	芯朋微	11280.00	8086.30	71.69	2323.14	20.60	870.56	7.72
688510	航亚科技	25838.26	14137.35	54.71	9857.42	38.15	1843.50	7.13
688513	苑东生物	12009.00	8849.77	73.69	2781.28	23.16	377.94	3.15
688516	奥特维	9867.00	5961.00	60.41	2998.84	30.39	907.16	9.19
688518	联赢激光	29920.00	18390.75	61.47	9196.61	30.74	2332.64	7.80
688519	南亚新材	23440.00	7835.00	33.43	14397.03	61.42	1207.97	5.15
688520	神州细胞	43533.57	6417.18	14.74	37018.31	85.03	98.09	0.23

注：合计持股数包含F类账户；单位为万股。

年末个股股东持股情况
Distribution of Shareholders by 2020

证券代码 Code	证券简称 Security Name	合计持股数 Total Hold	自然人 Individual		一般法人 Corporation		专业机构 Institution	
			持有股数	比例（%）	持有股数	比例（%）	持有股数	比例（%）
688521	芯原股份	48551.86	3358.29	6.92	43428.62	89.45	1764.95	3.64
688526	科前生物	46500.00	31476.01	67.69	12098.08	26.02	2925.91	6.29
688528	秦川物联	16800.00	14894.41	88.66	1761.50	10.49	144.09	0.86
688529	豪森股份	12800.00	4231.79	33.06	8354.50	65.27	213.71	1.67
688536	思瑞浦	8000.00	1727.98	21.60	5076.46	63.46	1195.57	14.94
688550	瑞联新材	7018.16	3048.21	43.43	3773.79	53.77	196.16	2.80
688551	科威尔	8000.00	7026.96	87.84	903.00	11.29	70.04	0.88
688555	泽达易盛	8311.00	3850.90	46.33	4415.24	53.13	44.86	0.54
688556	高测股份	16185.14	11338.08	70.05	4602.38	28.44	244.68	1.51
688557	兰剑智能	7267.00	4836.39	66.55	2364.72	32.54	65.89	0.91
688558	国盛智科	13200.00	11632.74	88.13	1493.57	11.31	73.69	0.56
688559	海目星	20000.00	4644.06	23.22	14727.60	73.64	628.34	3.14
688560	明冠新材	16408.77	11099.95	67.65	4608.72	28.09	700.10	4.27
688561	奇安信	67961.60	19704.77	28.99	46613.73	68.59	1643.10	2.42
688566	吉贝尔	18694.16	8137.08	43.53	10052.29	53.77	504.80	2.70
688567	孚能科技	107066.97	7495.48	7.00	93354.08	87.19	6217.41	5.81
688568	中科星图	22000.00	4564.52	20.75	16928.69	76.95	506.79	2.30
688569	铁科轨道	21066.67	4801.51	22.79	16113.45	76.49	151.71	0.72
688571	杭华股份	32000.00	7211.22	22.54	24217.50	75.68	571.29	1.79
688577	浙海德曼	5397.17	4242.30	78.60	1104.06	20.46	50.81	0.94
688578	艾力斯	45000.00	10774.13	23.94	32341.59	71.87	1884.28	4.19
688579	山大地纬	40001.00	14236.28	35.59	24879.64	62.20	885.08	2.21
688580	伟思医疗	6834.67	5045.57	73.82	1251.99	18.32	537.11	7.86
688585	上纬新材	40320.00	2856.25	7.08	36905.27	91.53	558.48	1.39
688586	江航装备	40374.45	8578.30	21.25	31358.99	77.67	437.16	1.08
688588	凌志软件	40001.00	25335.59	63.34	12820.32	32.05	1845.09	4.61
688589	力合微	10000.00	6440.92	64.41	3407.60	34.08	151.48	1.51
688590	新致软件	18202.23	3586.74	19.70	13998.57	76.91	616.92	3.39
688595	芯海科技	10000.00	4363.14	43.63	4909.43	49.09	727.43	7.27
688596	正帆科技	25650.00	11330.90	44.18	13513.81	52.69	805.29	3.14
688598	金博股份	8000.00	4832.48	60.41	2785.43	34.82	382.09	4.78
688599	天合光能	206802.64	57628.79	27.87	144002.39	69.63	5171.46	2.50
688600	皖仪科技	13334.00	10979.61	82.34	2241.69	16.81	112.71	0.85
688608	恒玄科技	12000.00	4094.34	34.12	6837.45	56.98	1068.21	8.90
688618	三旺通信	5052.75	2062.95	40.83	2828.74	55.98	161.06	3.19
688658	悦康药业	45000.00	8148.25	18.11	36369.55	80.82	482.20	1.07
688668	鼎通科技	8514.00	2867.45	33.68	5513.52	64.76	133.03	1.56
688678	福立旺	17335.00	4245.44	24.49	12269.85	70.78	819.71	4.73
688679	通源环境	13168.97	8911.11	67.67	3986.14	30.27	271.71	2.06
688686	N 奥普特	8247.57	6519.10	79.04	1057.88	12.83	670.59	8.13
688698	伟创电气	18000.00	3634.07	20.19	13655.05	75.86	710.88	3.95
688699	明微电子	7436.80	3856.91	51.86	3469.45	46.65	110.44	1.49
688777	中控技术	49129.00	19149.22	38.98	25644.62	52.20	4335.16	8.82
688788	科思科技	7553.42	5923.68	78.42	1156.63	15.31	473.11	6.26
688981	中芯国际	193846.30	88348.06	45.58	70455.89	36.35	35042.35	18.08
900901	云赛 B 股	29337.05	—	—	—	—	—	—
900902	市北 B 股	46585.00	—	—	—	—	—	—
900903	大众 B 股	80080.65	—	—	—	—	—	—
900904	神奇 B 股	5475.17	—	—	—	—	—	—

注：合计持股数包含 F 类账户；单位为万股。

年末个股股东持股情况
Distribution of Shareholders by 2020

证券代码 Code	证券简称 Security Name	合计持股数 Total Hold	自然人 Individual		一般法人 Corporation		专业机构 Institution	
			持有股数	比例（%）	持有股数	比例（%）	持有股数	比例（%）
900905	老凤祥B	20600.81	—	—	—	—	—	—
900906	ST毅达B	36036.00	—	—	—	—	—	—
900907	*ST鹏起B	24128.61	—	—	—	—	—	—
900908	氯碱B股	40656.00	—	—	—	—	—	—
900909	华谊B股	24310.00	—	—	—	—	—	—
900910	海立B股	28416.96	—	—	—	—	—	—
900911	金桥B股	27217.62	—	—	—	—	—	—
900912	外高B股	20055.75	—	—	—	—	—	—
900913	国新B股	10974.93	—	—	—	—	—	—
900914	锦投B股	16105.00	—	—	—	—	—	—
900915	中路B股	8349.00	—	—	—	—	—	—
900916	凤凰B股	17160.00	—	—	—	—	—	—
900917	海欣B股	46885.06	—	—	—	—	—	—
900918	耀皮B股	18750.00	—	—	—	—	—	—
900919	绿庭B股	34466.50	—	—	—	—	—	—
900920	上柴B股	34479.73	—	—	—	—	—	—
900921	丹科B股	19379.36	—	—	—	—	—	—
900922	三毛B股	4878.72	—	—	—	—	—	—
900923	百联B股	17971.82	—	—	—	—	—	—
900924	上工B股	24394.38	—	—	—	—	—	—
900925	机电B股	21623.50	—	—	—	—	—	—
900926	宝信B	29744.00	—	—	—	—	—	—
900927	物贸B股	9982.50	—	—	—	—	—	—
900928	临港B股	10714.56	—	—	—	—	—	—
900929	锦旅B股	6600.00	—	—	—	—	—	—
900932	陆家B股	110073.60	—	—	—	—	—	—
900933	华新B股	73472.00	—	—	—	—	—	—
900934	锦江B股	15600.00	—	—	—	—	—	—
900936	鄂资B股	42000.00	—	—	—	—	—	—
900937	华电B股	43200.00	—	—	—	—	—	—
900938	海科B	32614.87	—	—	—	—	—	—
900939	汇丽B	8800.00	—	—	—	—	—	—
900940	大名城B	19872.01	—	—	—	—	—	—
900941	东信B股	30000.00	—	—	—	—	—	—
900942	黄山B股	21607.94	—	—	—	—	—	—
900943	开开B股	8000.00	—	—	—	—	—	—
900945	海控B股	36944.64	—	—	—	—	—	—
900946	ST天雁B	23000.00	—	—	—	—	—	—
900947	振华B股	194635.58	—	—	—	—	—	—
900948	伊泰B股	132800.00	—	—	—	—	—	—
900952	锦港B股	22280.70	—	—	—	—	—	—
900953	凯马B	24000.00	—	—	—	—	—	—
900955	*ST海创B	33000.00	—	—	—	—	—	—
900957	凌云B股	18400.00	—	—	—	—	—	—

注：合计持股数包含F类账户；单位为万股。

七 大事记

EVENTS

2020 年上海证券交易所大事记

1 月 15 日，本所与中国证券登记结算有限责任公司联合发布《关于银行参与上海证券交易所债券交易结算有关事项的通知》（上证发〔2020〕4 号）。

1 月 31 日，本所向湖北省慈善总会捐赠资金 3000 万元，专项用于武汉及周边地区的新冠肺炎疫情的抗击及防治工作。同时，本所还推出了减免上市费用、减免湖北地区会员交易单元相关费用、提供专门服务通道、新设网络上市仪式等一系列支持措施，与全市场共渡战疫关键期。

2 月 27 日，华润微电子有限公司在科创板挂牌交易。这是首个登陆 A 股的红筹企业，也是首家引入“绿鞋”机制的科创板企业。

3 月 1 日，本所发布《关于上海证券交易所公开发行公司债券实施注册制相关业务安排的通知》（上证发〔2020〕13 号），上海证券交易所公开发行公司债券正式实行注册制。

3 月 13 日，本所修订并发布《上海证券交易所交易规则》（上证发〔2020〕17 号）。

3 月 16 日，发行人中国中煤能源股份有限公司成功完成注册制下上海证券交易所首单公开发行公司债券簿记发行。

3 月 27 日，本所发布《上海证券交易所科创板企业发行上市申报及推荐暂行规定》（上证发〔2020〕21 号）。

4 月 17 日，本所发布《关于通过协议转让方式进行股票质押式回购交易违约处置相关事项的通知》（上证发〔2020〕28 号）。

4 月 18 日，在浦东开发开放 30 周年纪念日当天，本所以视频会议方式，成功召开第十次会员大会。大会审议通过上海证券交易所第四届理事会工作报告、2019 年总经理工作报告、第二届监事会工作报告、2019 年度财务决算及 2020 年度财务预算报告、《上海证券交易所章程（2020 年修订草案）》，选举产生第五届理事会会员理事、第三届监事会会员监事和理事会政策咨询委员会委员。

4 月 29 日，科创板迎来第 100 家上市企业。

6 月 5 日，本所发布《关于红筹企业申报科创板发行上市有关事项的通知》（上证发〔2020〕44 号）。

6 月 11 日，经中国证监会党委决定，蔡建春同志任上海证券交易所党委副书记、总经理。

6 月 12 日，境内首只专门投资法国股票市场的跨境 ETF 产品——华安法国 CAC40 ETF 在本所挂牌上市。

6 月 17 日，本所上市公司中国太平洋保险（集团）股份有限公司全球存托凭证（GDR）在伦敦证券交易所成功上市。

7 月 3 日，本所发布《科创板上市公司股东以向特定机构投资者询价转让和配售方式减持股份实施细则》（上证发〔2020〕49 号）。

7 月 3 日，本所发布《科创板上市公司证券发行上市审核规则》（上证发〔2020〕50 号）、《科创板上市公司证券发行承销实施细则》（上证发〔2020〕51 号）、《科创板上市公司证券发行上市审核问答》（上证发〔2020〕52 号）。

7 月 22 日，科创板公司首次公开发行股票上市暨科创板开市一周年纪念仪式在本所举行。中国证监会副主席方星海，上海市委常委、副市长吴清，上海证券交易所理事长黄红元，北京市、上海市、江苏省、安徽省、深圳市等省市领导，中国证监会和各相关市场机构代表等出席仪式。一年来，科创板上市公司达 140 家，总市值逾 2.79 万亿元，合计融资 2179 亿元。

7 月 22 日，上证综合指数编制方案正式开始修订，剔除实施风险警示的证券，延长新股计入时间，并将科创板证券纳入样本空间。

7月23日，本所正式发布上证科创50成分指数实时行情，指数简称“科创50”，指数代码“000688”。

9月4日，本所就《上海证券交易所公开募集基础设施证券投资基金（REITs）业务办法（试行）》《上海证券交易所公开募集基础设施证券投资基金（REITs）发售业务指引（试行）》两项配套业务规则，向社会公开征求意见。

9月30日，本所上市公司中国长江电力股份有限公司全球存托凭证（GDR）在伦敦证券交易所成功上市。

10月27日，2020年上海证券交易所国际投资者大会在沪开幕。中国证监会副主席方星海通过视频方式向大会致辞。上海市委常委、副市长吴清，上海证券交易所党委书记、理事长黄红元为大会致开幕辞。本次大会受到境内外投资者的高度关注，线上线下吸引了全球超20个国家和地区、300余家机构近千名代表参会。

10月29日，九号有限公司在科创板挂牌交易。这是首家发行中国存托凭证（CDR）并在A股上市的企业。

10月30日，本所发布《上海证券交易所证券交易规则适用指引第1号——合格境外机构投资者和人民币合格境外机构投资者》（上证发〔2020〕82号）。

11月3日，本所作出暂缓蚂蚁科技集团股份有限公司科创板上市的决定。

11月3日，为切实贯彻落实《国务院关于进一步提高上市公司质量的意见》，本所制定《推动提高沪市上市公司质量三年行动计划》。

11月27日，本所向市场公布沪深港交易所就扩大沪深港通股票范围达成的共识，主要涉及科创板股票纳入沪深港通标的范围的安排，以及在港上市的生物科技公司纳入港股通标的范围的安排。

12月4日，本所修订并发布《上海证券交易所科创板股票发行上市审核规则》（上证发〔2020〕89号）、《上海证券交易所科创板上市委员会管理办法》（上证发〔2020〕90号）。

12月14日，本所和中证指数有限公司将上市时间超过1年的科创板证券纳入上证180、沪深300等成分指数样本空间。

12月19日，本所开业30周年纪念日。

12月31日，本所修订并发布新一轮退市制度改革规则，包括《上海证券交易所股票上市规则》（上证发〔2020〕100号）、《上海证券交易所科创板股票上市规则》（上证发〔2020〕101号）、《上海证券交易所退市公司重新上市实施办法》（上证发〔2020〕102号）、《上海证券交易所风险警示板股票交易管理办法》（上证发〔2020〕103号）。

责任编辑：张熠婧
责任校对：刘　明
责任印制：程　颖

图书在版编目（CIP）数据

上海证券交易所统计年鉴．2021卷／上海证券交易所编．—北京：中国金融出版社，2021.10
ISBN 978-7-5220-1353-4

Ⅰ．①上…　Ⅱ．①上…　Ⅲ．①证券交易所—统计资料—上海—2021—年鉴　Ⅳ．①F832.51-54

中国版本图书馆CIP数据核字（2021）第206751号

上海证券交易所统计年鉴．2021卷
SHANGHAI ZHENGQUAN JIAOYISUO TONGJI NIANJIAN. 2021 JUAN
出版
发行　中国金融出版社
社址　北京市丰台区益泽路2号
市场开发部　(010)66024766，63805472，63439533（传真）
网上书店　www.cfph.cn
(010)66024766，63372837（传真）
读者服务部　(010)66070833，62568380
邮编　100071
经销　新华书店
印刷　北京九州迅驰传媒文化有限公司
尺寸　210毫米×285毫米
印张　46.25
插页　10
字数　1502千
版次　2021年11月第1版
印次　2021年11月第1次印刷
定价　300.00元
ISBN 978-7-5220-1353-4
如出现印装错误本社负责调换　联系电话(010)63263947